“十三五”国家级专项规划汇编

（上）

国家发展和改革委员会 编

人民出版社

出版说明

国家“十三五”规划《纲要》发布实施以来，国务院各有关部门围绕《纲要》确定的主要目标和重要任务，组织编制了一批“十三五”国家级专项规划。这些专项规划的印发实施，对于推进《纲要》贯彻落实，确保全面建成小康社会将发挥重要作用。

为加强规划宣传，增进各方共识，鼓励社会各界积极参与推动规划实施，切实发挥规划对经济社会发展的引领作用，我们选取了16个重点专项规划和45个其他专项规划汇编出版，供有关方面工作参考。其中，“十三五”重点专项规划由国务院确定并印发，是《纲要》实施的重要抓手与支撑，对于贯彻落实新发展理念、促进关键领域发展、破解重点难点问题具有重要意义。45个其他专项规划也是相关领域的重要规划，主要涉及科技创新、农业农村、产业体系、基础设施、生态环境、民生保障等。

希望本书的出版发行，能够为各级政府部门提供决策参考的依据，为科研中介机构提供研究咨询的素材，为社会各界提供增进发展共识的途径，引导各有关方面努力将“十三五”经济社会发展宏伟蓝图变为现实。

本书汇编和出版过程中，得到了国务院各有关部门的大力协助，在此一并表示感谢。

编　者

2017年12月

目　录 Contents

上　册

一、重点专项规划

下 册

二、其他专项规划

一、重点专项规划

“十三五”国家科技创新规划

国发〔2016〕43 号

“十三五”国家科技创新规划，依据《中华人民共和国国民经济和社会发展第十三个五年规划纲要》、《国家创新驱动发展战略纲要》和《国家中长期科学和技术发展规划纲要（2006—2020 年）》编制，主要明确“十三五”时期科技创新的总体思路、发展目标、主要任务和重大举措，是国家在科技创新领域的重点专项规划，是我国迈进创新型国家行列的行动指南。

第一篇　迈进创新型国家行列

“十三五”时期是全面建成小康社会和进入创新型国家行列的决胜阶段，是深入实施创新驱动发展战略、全面深化科技体制改革的关键时期，必须认真贯彻落实党中央、国务院决策部署，面向全球、立足全局，深刻认识并准确把握经济发展新常态的新要求和国内外科技创新的新趋势，系统谋划创新发展新路径，以科技创新为引领开拓发展新境界，加速迈进创新型国家行列，加快建设世界科技强国。

第一章　把握科技创新发展新态势

“十二五”以来特别是党的十八大以来，党中央、国务院高度重视科技创新，作出深入实施创新驱动发展战略的重大决策部署。我国科技创新步入以跟踪为主转向跟踪和并跑、领跑并存的新阶段，正处于从量的积累向质的飞跃、从点的突破向系统能力提升的重要时期，在国家发展全局中的核心位置更加凸显，在全球创新版图中的位势进一步提升，已成为具有重要影响力的科技大国。

科技创新能力持续提升，战略高技术不断突破，基础研究国际影响力大幅增强。取得载人航天和探月工程、载人深潜、深地钻探、超级计算、量子反常霍尔效应、量子通信、中微子振荡、诱导多功能干细胞等重大创新成果。2015 年,全社会研究与试验发展经费支出达 14220 亿元;国际科技论文数稳居世界第 2 位,被引用数升至第 4 位;全国技术合同成交金额达到 9835 亿元;国家综合创新能力跻身世界第 18 位。经济增长的科技含量不断提升,科技进步贡献率从 2010 年的 50.9%提高到 2015 年的 55.3%。高速铁路、水电装备、特高压输变电、杂交水稻、第四代移动通信(4G)、对地观测卫星、北斗导航、电动汽车等重大装备和战略产品取得重大突破,部分产品和技术开始走向世界。科技体制改革向系统化纵深化迈进,中央财政科技计划(专项、基金等)管理改革取得实质性进展,科技资源统筹协调进一步加强,市场导向的技术创新机制逐步完善,企业技术创新主体地位不断增强。科技创新国际化水平大幅提升,国际科技合作深入开展,国际顶尖科技人才、研发机构等高端创新资源加速集聚,科技外交在国家总体外交中的作用日益凸显。全社会创新创业生态不断优化,国家自主创新示范区和高新技术产业开发区成为创新创业重要载体,《中华人民共和国促进科技成果转化法》修订实施,企业研发费用加计扣除等政策落实成效明显,科技与金融结合更加紧密,公民科学素质稳步提升,全社会创新意识和创新活力显著增强。

“十三五”时期,世界科技创新呈现新趋势,国内经济社会发展进入新常态。

全球新一轮科技革命和产业变革蓄势待发。科学技术从微观到宏观各个尺度向纵深演进,学科多点突破、交叉融合趋势日益明显。物质结构、宇宙演化、生命起源、意识本质等一些重大科学问题的原创性突破正在开辟新前沿新方向,信息网络、人工智能、生物技术、清洁能源、新材料、先进制造等领域呈现群体跃进态势,颠覆性技术不断涌现,催生新经济、新产业、新业态、新模式,对人类生产方式、生活方式乃至思维方式将产生前所未有的深刻影响。科技创新在应对人类共同挑战、实现可持续发展中发挥着日益重要的作用。全球创新创业进入高度密集活跃期,人才、知识、技术、资本等创新资源全球流动的速度、范围和规模达到空前水平。创新模式发生重大变化,创新活动的网络化、全球化特征更加突出。全球创新版图正在加速重构,创新多极化趋势日益明显,科技创新成为各国实现经济再平衡、打造国家竞争新优势的核心,正在深刻影响和改变国家力量对比,重塑世界经济结构和国际竞争格局。

我国经济发展进入速度变化、结构优化和动力转换的新常态。推进供给侧结构性改革,促进经济提质增效、转型升级,迫切需要依靠科技创新培育发展新动力。协调推进新型工业化、信息化、城镇化、农业现代化和绿色化,建设生态文明,迫切需要依靠科技创新突破资源环境瓶颈制约。应对人口老龄化、消除贫困、增强人民健康素质、创新社会治理,迫切需要依靠科技创新支撑民生改善。落实总体国家安全观,维护国家安全和战略利益,迫切需要依靠科技创新提供强大保障。同时,我国国民收入稳步增加,市场需求加速释放,产业体系更加完备,体制活力显著增强,教育水平和人力资本素质持续提升,经济具有持续向好发展的巨大潜力、韧性和回旋余地,综合国力将再上新台阶,必将为科技创新的加速突破提供坚实基础。

同时,必须清醒地认识到,与进入创新型国家行列和建设世界科技强国的要求相比,我国科技创新还存在一些薄弱环节和深层次问题,主要表现为:科技基础仍然薄弱,科技创新能力特别是原创能力还有很大差距,关键领域核心技术受制于人的局面没有从根本上改变,许多产业仍处于全球价值链中低端,科技对经济增长的贡献率还不够高。制约创新发展的思想观念和深层次体制机制障碍依然存在,创新体系整体效能不高。高层次领军人才和高技能人才十分缺乏,创新型企业家群体亟需发展壮大。激励创新的环境亟待完善,政策措施落实力度需要进一步加强,创新资源开放共享水平有待提高，科学精神和创新文化需要进一步弘扬。

综合判断，我国科技创新正处于可以大有作为的重要战略机遇期，也面临着差距进一步拉大的风险。必须牢牢把握机遇，树立创新自信，增强忧患意识，勇于攻坚克难，主动顺应和引领时代潮流，把科技创新摆在更加重要位置，优化科技事业发展总体布局，让创新成为国家意志和全社会的共同行动，在新的历史起点上开创国家创新发展新局面，开启建设世界科技强国新征程。

第二章　确立科技创新发展新蓝图

一、指导思想

"十三五"时期科技创新的指导思想是：高举中国特色社会主义伟大旗帜，全面贯彻党的十八大和十八届三中、四中、五中全会精神，以马克思列宁主义、毛泽东思想、邓小平理论、"三个代表"重要思想、科学发展观为指导，深入贯彻习近平总书记系列重要讲话精神，认真落实党中央、国务院决策部署，坚持"五位一体"总体布局和"四个全面"战略布局，坚持创新、协调、绿色、开放、共享发展理念，坚持自主创新、重点跨越、支撑发展、引领未来的指导方针，坚持创新是引领发展的第一动力，把创新摆在国家发展全局的核心位置，以深入实施创新驱动发展战略、支撑供给侧结构性改革为主线，全面深化科技体制改革，大力推进以科技创新为核心的全面创新，着力增强自主创新能力，着力建设创新型人才队伍，着力扩大科技开放合作，着力推进大众创业万众创新，塑造更多依靠创新驱动、更多发挥先发优势的引领型发展，确保如期进入创新型国家行列，为建成世界科技强国奠定坚实基础，为实现"两个一百年"奋斗目标和中华民族伟大复兴中国梦提供强大动力。

二、基本原则

——坚持把支撑国家重大需求作为战略任务。聚焦国家战略和经济社会发展重大需求，明确主攻方向和突破口；加强关键核心共性技术研发和转化应用；充分发挥科技创新在培育发展战略性新兴产业、促进经济提质增效升级、塑造引领型发展和维护国家安全中的重要作用。

——坚持把加速赶超引领作为发展重点。把握世界科技前沿发展态势，在关系长远发展的基础前沿领域，超前规划布局，实施非对称战略，强化原始创新，加强基础研究，在独创独有上下功夫，全面增强自主创新能力，在重要科技领域实现跨越发展，跟上甚至引领世界科技发展新方向，掌握新一轮全球科技竞争的战略主动。

——坚持把科技为民作为根本宗旨。紧紧围绕人民切身利益和紧迫需求，把科技创新与改善民生福祉相结合，发挥科技创新在提高人民生活水平、增强全民科学文化素质和健康素质、促进高质量就业创业、扶贫脱贫、建设资源节约型环境友好型社会中的重要作用，让更多创新成果由人民共享，提升民众获得感。

——坚持把深化改革作为强大动力。坚持科技体制改革和经济社会领域改革同步发力，充分发挥市场配置创新资源的决定性作用和更好发挥政府作用，强化技术创新的市场导向机制，破除科技与经济深度融合的体制机制障碍，激励原创突破和成果转化，切实提高科技投入效率，形成充满活力的科技管理和运行机制，为创新发展提供持续动力。

——坚持把人才驱动作为本质要求。落实人才优先发展战略，把人才资源开发摆在科技创新最优先的位置，在创新实践中发现人才，在创新活动中培养人才，在创新事业中凝聚人才，改革人才培养使用机制，培育造就规模宏大、结构合理、素质优良的人才队伍。

——坚持把全球视野作为重要导向。主动融入布局全球创新网络，在全球范围内优化配置创新资源，把科技创新与国家外交战略相结合，推动建立广泛的创新共同体，在更高水平上开展科技创新合作，力争成为若干重要领域的引领者和重要规则的贡献者，提高在全球创新治理中的话语权。

三、发展目标

“十三五”科技创新的总体目标是：国家科技实力和创新能力大幅跃升，创新驱动发展成效显著，国家综合创新能力世界排名进入前 15 位，迈进创新型国家行列，有力支撑全面建成小康社会目标实现。

——自主创新能力全面提升。基础研究和战略高技术取得重大突破，原始创新能力和国际竞争力显著提升，整体水平由跟跑为主向并行、领跑为主转变。研究与试验发展经费投入强度达到 2.5%，基础研究占全社会研发投入比例大幅提高，规模以上工业企业研发经费支出与主营业务收入之比达到 1.1%；国际科技论文被引次数达到世界第二；每万人口发明专利拥有量达到 12 件，通过《专利合作条约》(PCT)途径提交的专利申请量比 2015 年翻一番。

——科技创新支撑引领作用显著增强。科技创新作为经济工作的重要方面，在促进经济平衡性、包容性和可持续性发展中的作用更加突出，科技进步贡献率达到 60%。高新技术企业营业收入达到 34 万亿元，知识密集型服务业增加值占国内生产总值(GDP)的比例达到 20%，全国技术合同成交金额达到 2 万亿元；成长起一批世界领先的创新型企业、品牌和标准，若干企业进入世界创新百强，形成一批具有强大辐射带动作用的区域创新增长极，新产业、新经济成为创造国民财富和高质量就业的新动力，创新成果更多为人民共享。

——创新型人才规模质量同步提升。规模宏大、结构合理、素质优良的创新型科技人才队伍初步形成，涌现一批战略科技人才、科技领军人才、创新型企业家和高技能人才，青年科技人才队伍进一步壮大，人力资源结构和就业结构显著改善，每万名就业人员中研发人员达到 60 人年。人才评价、流动、激励机制更加完善，各类人才创新活力充分激发。

——有利于创新的体制机制更加成熟定型。科技创新基础制度和政策体系基本形成，科技创新管理的法治化水平明显提高，创新治理能力建设取得重大进展。以企业为主体、市场为导向的技术创新体系更加健全，高等学校、科研院所治理结构和发展机制更加科学，军民融合创新机制更加完善，国家创新体系整体效能显著提升。

——创新创业生态更加优化。科技创新政策法规不断完善，知识产权得到有效保护。科技与金融结合更加紧密，创新创业服务更加高效便捷。人才、技术、资本等创新要素流动更加顺畅，科技创新全方位开放格局初步形成。科学精神进一步弘扬，创新创业文化氛围更加浓厚，全社会科学文化素质明显提高，公民具备科学素质的比例超过 10%。

专栏1 "十三五"科技创新主要指标

	指标	2015年指标值	2020年目标值
1	国家综合创新能力世界排名(位)	18	15
2	科技进步贡献率(%)	55.3	60
3	研究与试验发展经费投入强度(%)	2.1	2.5
4	每万名就业人员中研发人员(人年)	48.5	60
5	高新技术企业营业收入(万亿元)	22.2	34
6	知识密集型服务业增加值占国内生产总值的比例(%)	15.6	20
7	规模以上工业企业研发经费支出与主营业务收入之比(%)	0.9	1.1
8	国际科技论文被引次数世界排名	4	2
9	PCT专利申请量(万件)	3.05	翻一番
10	每万人口发明专利拥有量(件)	6.3	12
11	全国技术合同成交金额(亿元)	9835	20000
12	公民具备科学素质的比例(%)	6.2	10

四、总体部署

未来五年，我国科技创新工作将紧紧围绕深入实施国家"十三五"规划纲要和创新驱动发展战略纲要，有力支撑"中国制造2025"、"互联网+"、网络强国、海洋强国、航天强国、健康中国建设、军民融合发展、"一带一路"建设、京津冀协同发展、长江经济带发展等国家战略实施，充分发挥科技创新在推动产业迈向中高端、增添发展新动能、拓展发展新空间、提高发展质量和效益中的核心引领作用。

一是围绕构筑国家先发优势，加强兼顾当前和长远的重大战略布局。加快实施国家科技重大专项，启动"科技创新2030—重大项目"；构建具有国际竞争力的产业技术体系，加强现代农业、新一代信息技术、智能制造、能源等领域一体化部署，推进颠覆性技术创新，加速引领产业变革；健全支撑民生改善和可持续发展的技术体系，突破资源环境、人口健康、公共安全等领域的瓶颈制约；建立保障国家安全和战略利益的技术体系，发展深海、深地、深空、深蓝等领域的战略高技术。

二是围绕增强原始创新能力，培育重要战略创新力量。持续加强基础研究，全面布局、前瞻部署，聚焦重大科学问题，提出并牵头组织国际大科学计划和大科学工程，力争在更多基础前沿领域引领世界科学方向，在更多战略性领域实现率先突破；完善以国家实验室为引领的创新基地建设，按功能定位分类推进科研基地的优化整合。培育造就一批世界水平的科学家、科技领军人才、高技能人才和高水平创新团队，支持青年科技人才脱颖而出，壮大创新型企业家队伍。

三是围绕拓展创新发展空间，统筹国内国际两个大局。支持北京、上海建设具有全球影响力的科技创新中心，建设一批具有重大带动作用的创新型省市和区域创新中心，推动国家自主创新示范区和高新区创新发展，系统推进全面创新改革试验；完善区域协同创新机制，加大科技扶贫力度，激发基层创新活力；打造"一带一路"协同创新共同体，提高全球配置创新资源的能力，深度参与全球创新治理，促进创新资源双向开放和流动。

四是围绕推进大众创业万众创新，构建良好创新创业生态。大力发展科技服务业，建立统一开放的技术交易市场体系，提升面向创新全链条的服务能力；加强创新创业综合载体建设，发展众创空间,支持众创众包众扶众筹,服务实体经济转型升级;深入实施知识产权和技术标准战略。完善科技与金融结合机制,大力发展创业投资和多层次资本市场。

五是围绕破除束缚创新和成果转化的制度障碍,全面深化科技体制改革。加快中央财政科技计划(专项、基金等)管理改革,强化科技资源的统筹协调;深入实施国家技术创新工程,建设国家技术创新中心,提高企业创新能力;推动健全现代大学制度和科研院所制度,培育面向市场的新型研发机构,构建更加高效的科研组织体系;实施促进科技成果转移转化行动,完善科技成果转移转化机制,大力推进军民融合科技创新。

六是围绕夯实创新的群众和社会基础,加强科普和创新文化建设。深入实施全民科学素质行动,全面推进全民科学素质整体水平的提升;加强科普基础设施建设,大力推动科普信息化,培育发展科普产业;推动高等学校、科研院所和企业的各类科研设施向社会公众开放;弘扬科学精神,加强科研诚信建设,增强与公众的互动交流,培育尊重知识、崇尚创造、追求卓越的企业家精神和创新文化。

第三章　建设高效协同国家创新体系

深入实施创新驱动发展战略,支撑供给侧结构性改革,必须统筹推进高效协同的国家创新体系建设,促进各类创新主体协同互动、创新要素顺畅流动高效配置,形成创新驱动发展的实践载体、制度安排和环境保障。

一、培育充满活力的创新主体

进一步明确各类创新主体的功能定位,突出创新人才的核心驱动作用,增强企业的创新主体地位和主导作用,发挥国家科研机构的骨干和引领作用,发挥高等学校的基础和生力军作用,鼓励和引导新型研发机构等发展,充分发挥科技类社会组织的作用,激发各类创新主体活力,系统提升创新主体能力。

二、系统布局高水平创新基地

瞄准世界科技前沿和产业变革趋势,聚焦国家战略需求,按照创新链、产业链加强系统整合布局,以国家实验室为引领,形成功能完备、相互衔接的创新基地,充分聚集一流人才,增强创新储备,提升创新全链条支撑能力,为实现重大创新突破、培育高端产业奠定重要基础。

三、打造高端引领的创新增长极

遵循创新区域高度聚集规律,结合区域创新发展需求,引导高端创新要素围绕区域生产力布局加速流动和聚集,以国家自主创新示范区和高新区为基础、区域创新中心和跨区域创新平台为龙头,推动优势区域打造具有重大引领作用和全球影响力的创新高地,形成区域创新发展梯次布局,带动区域创新水平整体提升。

四、构建开放协同的创新网络

围绕打通科技与经济的通道,以技术市场、资本市场、人才市场为纽带,以资源开放共享为手段，围绕产业链部署创新链，围绕创新链完善资金链，加强各类创新主体间合作，促进产学研用紧密结合，推进科教融合发展，深化军民融合创新，健全创新创业服务体系，构建多主体协同互动与大众创新创业有机结合的开放高效创新网络。

五、建立现代创新治理结构

进一步明确政府和市场分工，持续推进简政放权、放管结合、优化服务改革，推动政府职能从研发管理向创新服务转变；明确和完善中央与地方分工，强化上下联动和统筹协调；加强科技高端智库建设，完善科技创新重大决策机制；改革完善资源配置机制，引导社会资源向创新集聚，提高资源配置效率，形成政府引导作用与市场决定性作用有机结合的创新驱动制度安排。

六、营造良好创新生态

强化创新的法治保障，积极营造有利于知识产权创造和保护的法治环境；持续优化创新政策供给，构建普惠性创新政策体系，增强政策储备，加大重点政策落实力度；激发全社会的创造活力，营造崇尚创新创业的文化环境。

第二篇　构筑国家先发优势

围绕提升产业竞争力、改善民生和保障国家安全的战略需求，加强重点领域的系统部署，为塑造更多依靠创新驱动、发挥先发优势的引领型发展提供有力支撑。

第四章　实施关系国家全局和长远的重大科技项目

重大科技项目是体现国家战略目标、集成科技资源、实现重点领域跨越发展的重要抓手。“十三五”期间，要在实施好已有国家科技重大专项的基础上，面向2030年再部署一批体现国家战略意图的重大科技项目，探索社会主义市场经济条件下科技创新的新型举国体制，完善重大项目组织模式，在战略必争领域抢占未来竞争制高点，开辟产业发展新方向，培育新经济增长点，带动生产力跨越发展，为提高国家综合竞争力、保障国家安全提供强大支撑。

一、深入实施国家科技重大专项

按照聚焦目标、突出重点、加快推进的要求，加快实施已部署的国家科技重大专项，推动专项成果应用及产业化，提升专项实施成效，确保实现专项目标。持续攻克“核高基”（核心电子器件、高端通用芯片、基础软件）、集成电路装备、宽带移动通信、数控机床、油气开发、核电、水污染治理、转基因、新药创制、传染病防治等关键核心技术，着力解决制约经济社会发展和事关国家安全的重大科技问题；研发具有国际竞争力的重大战略产品，建设高水平重大示范工程，发挥对民生改善和国家支柱产业发展的辐射带动作用；凝聚和培养一批科技领军人才和高水平创新创业团队，建成一批引领性强的创新平台和具有国际影响力的产业化基地，造就一批具有较强国际竞争力的创新型领军企业，在部分领域形成世界领先的高科技产业。

专栏2　国家科技重大专项

核心电子器件、高端通用芯片及基础软件产品。突破超级计算机中央处理器（CPU）架构设计技术，提升服务器及桌面计算机CPU、操作系统和数据库、办公软件等的功能、效能和可靠性，攻克智能终端嵌入式CPU和操作系统的高性能低功耗等核心关键技术；面向云计算、大数据等新需求开展操作系统等关键基础软硬件研发，基本形成核心电子器件、高端通用芯片和基础软件产品的自主发展能力，扭转我国基础信息产品在安全可控、自主保障方面的被动局面。

极大规模集成电路制造装备及成套工艺。攻克14纳米刻蚀设备、薄膜设备、掺杂设备等高端制造装备及零部件，突破28纳米浸没式光刻机及核心部件，研制300毫米硅片等关键材料，研发14纳米逻辑与存储芯片成套工艺及相应系统封测技术，开展75纳米关键技术研究，形成28—14纳米装备、材料、工艺、封测等较完整的产业链，整体创新能力进入世界先进行列。

新一代宽带无线移动通信网。开展第五代移动通信（5G）关键核心技术和国际标准以及5G芯片、终端及系统设备等关键产品研制，重点推进5G技术标准和生态系统构建，支持4G增强技术的芯片、仪表等技术薄弱环节的攻关，形成完整的宽带无线移动通信产业链，保持与国际先进水平同步发展，推动我国成为宽带无线移动通信技术、标准、产业、服务与应用领域的领先国家之一，为2020年启动5G商用提供支撑。

高档数控机床与基础制造装备。重点攻克高档数控系统、功能部件及刀具等关键共性技术和高档数控机床可靠性、精度保持性等关键技术，满足航空航天、汽车领域对高精度、高速度、高可靠性高档数控机床的急需，提升高档数控机床与基础制造装备主要产品的自主开发能力，总体技术水平进入国际先进行列，部分产品国际领先。

大型油气田及煤层气开发。重点攻克陆上深层、海洋深水油气勘探开发技术和装备并实现推广应用，攻克页岩气、煤层气经济有效开发的关键技术与核心装备，以及提高复杂油气田采收率的新技术，提升关键技术开发、工业装备制造能力，为保障我国油气安全提供技术支撑。

大型先进压水堆及高温气冷堆核电站。突破CAP1400压水堆屏蔽主泵、控制系统、燃料组件等关键技术和试验验证，高温堆蒸汽发生器、燃料系统、核级石墨等关键技术设备材料和验证。2017年，20万千瓦高温气冷堆核电站示范工程实现并网发电；2020年，CAP1400示范工程力争建设完成。形成具有国际先进水平的核电技术研发、试验验证、关键设备设计制造、标准和自主知识产权体系，打造具有国际竞争力的核电设计、建设和服务全产业链。

水体污染控制与治理。按照控源减排、减负修复、综合调控的步骤，在水循环系统修复、水污染全过程治理、饮用水安全保障、生态服务功能修复和长效管理机制等方面研发一批核心关键技术，集成一批整装成套的技术和设备，在京津冀地区和太湖流域开展综合示范，形成流域水污染治理、水环境管理和饮用水安全保障三大技术体系，建设水环境监测与监控大数据平台。

转基因生物新品种培育。加强作物抗虫、抗病、抗旱、抗寒基因技术研究，加大转基因棉花、玉米、大豆研发力度，推进新型抗虫棉、抗虫玉米、抗除草剂大豆等重大产品产业化，强化基因克隆、转基因操作、生物安全新技术研发，在水稻、小麦等主粮作物中重点支持基于非胚乳特异性表达、基因编辑等新技术的性状改良研究，使我国农业转基因生物研究整体水平跃居世界前列，为保障国家粮食安全提供品种和技术储备。建成规范的生物安全性评价技术体系，确保转基因产品安全。

重大新药创制。围绕恶性肿瘤、心脑血管疾病等10类（种）重大疾病，加强重大疫苗、抗体研制，重点支持创新性强、疗效好、满足重要需求、具有重大产业化前景的药物开发，以及重大共性关键技术和基础研究能力建设，强化创新平台的资源共享和开放服务，基本建成具有世界先进水平的国家药物创新体系，新药研发的综合能力和整体水平进入国际先进行列，加速推进我国由医药大国向医药强国转变。

艾滋病和病毒性肝炎等重大传染病防治。突破突发急性传染病综合防控技术，提升应急处置技术能力；攻克艾滋病、乙肝、肺结核诊防治关键技术和产品，加强疫苗研究，研发一批先进检测诊断产品，提高艾滋病、乙肝、肺结核临床治疗方案有效性，形成中医药特色治疗方案。形成适合国情的降低“三病两率”综合防治新模式，为把艾滋病控制在低流行水平、乙肝由高流行区向中低流行区转变、肺结核新发感染率和病死率降至中等发达国家水平提供支撑。

大型飞机。C919完成首飞，取得中国民航局型号合格证并实现交付，开展民机适航审定关键技术研究。

高分辨率对地观测系统。完成天基和航空观测系统、地面系统、应用系统建设，基本建成陆地、大气、海洋对地观测系统并形成体系。

载人航天与探月工程。发射新型大推力运载火箭，发射天宫二号空间实验室、空间站试验核心舱，以及载人飞船和货运飞船；掌握货物运输、航天员中长期驻留等技术，为全面建成我国近地载人空间站奠定基础。突破全月球到达、高数据率通信、高精度导航定位、月球资源开发等关键技术。突破地外天体自动返回技术，研制发射月球采样返回器技术，实现特定区域软着陆并实现采样返回。

二、部署启动新的重大科技项目

面向2030年，再选择一批体现国家战略意图的重大科技项目，力争有所突破。从更长远的战略需求出发，坚持有所为、有所不为，力争在航空发动机及燃气轮机、深海空间站、量子通信与量子计算、脑科学与类脑研究、国家网络空间安全、深空探测及空间飞行器在轨服务与维护系统、种业自主创新、煤炭清洁高效利用、智能电网、天地一体化信息网络、大数据、智能制造和机器人、重点新材料研发及应用、京津冀环境综合治理、健康保障等重点方向率先突破。按照“成熟一项、启动一项”的原则，分批次有序启动实施。

专栏3　科技创新2030—重大项目

重大科技项目：

1. 航空发动机及燃气轮机。开展材料、制造工艺、试验测试等共性基础技术和交叉学科研究，攻克总体设计等关键技术。

2. 深海空间站。开展深海探测与作业前沿共性技术及通用与专用型、移动与固定式深海空间站核心关键技术研究。

3. 量子通信与量子计算机。研发城域、城际、自由空间量子通信技术，研制通用量子计算原型机和实用化量子模拟机。

4. 脑科学与类脑研究。以脑认知原理为主体，以类脑计算与脑机智能、脑重大疾病诊治为两翼，搭建关键技术平台，抢占脑科学前沿研究制高点。

5. 国家网络空间安全。发展涵盖信息和网络两个层面的网络空间安全技术体系，提升信息保护、网络防御等技术能力。

6. 深空探测及空间飞行器在轨服务与维护系统。重点突破在轨服务维护技术，提高我国空间资产使用效益，保障飞行器在轨安全可靠运行。

重大工程：

1. 种业自主创新。以农业植物、动物、林木、微生物四大种业领域为重点，重点突破杂种优势利用、分子设计育种等现代种业关键技术，为国家粮食安全战略提供支撑。

2. 煤炭清洁高效利用。加快煤炭绿色开发、煤炭高效发电、煤炭清洁转化、煤炭污染控制、碳捕集利用与封存等核心关键技术研发，示范推广一批先进适用技术，燃煤发电及超低排放技术实现整体领先，现代煤化工和多联产技术实现重大突破。

3. 智能电网。聚焦部署大规模可再生能源并网调控、大电网柔性互联、多元用户供需互动用电、智能电网基础支撑技术等重点任务，实现智能电网技术装备与系统全面国产化，提升电力装备全球市场占有率。

4. 天地一体化信息网络。推进天基信息网、未来互联网、移动通信网的全面融合，形成覆盖全球的天地一体化信息网络。

5. 大数据。突破大数据共性关键技术，建成全国范围内数据开放共享的标准体系和交换平台，形成面向典型应用的共识性应用模式和技术方案，形成具有全球竞争优势的大数据产业集群。

6. 智能制造和机器人。以智能、高效、协同、绿色、安全发展为总目标，构建网络协同制造平台，研发智能机器人、高端成套装备、三维(3D)打印等装备，夯实制造基础保障能力。

7. 重点新材料研发及应用。重点研制碳纤维及其复合材料、高温合金、先进半导体材料、新型显示及其材料、高端装备用特种合金、稀土新材料、军用新材料等，突破制备、评价、应用等核心关键技术。

8. 京津冀环境综合治理。构建水—土—气协同治理、工—农—城资源协同循环、区域环境协同管控的核心技术、产业装备、规范政策体系。建成一批综合示范工程，形成区域环境综合治理系统解决方案。

9. 健康保障。围绕健康中国建设需求，加强精准医学等技术研发，部署慢性非传染性疾病、常见多发病等疾病防控，生殖健康及出生缺陷防控研究，加快技术成果转移转化，推进惠民示范服务。

建立重大项目动态调整机制，综合把握国际科技前沿趋势和国家经济社会发展紧迫需求，在地球深部探测、人工智能等方面遴选重大任务，适时充实完善重大项目布局。

科技创新2030—重大项目与国家科技重大专项，形成远近结合、梯次接续的系统布局。在电子信息领域，形成涵盖高端芯片及核心软硬件研制、前沿技术突破和信息能力构建的整体布局；在先进制造领域，形成涵盖基础材料、关键技术、重大战略产品和装备研发的整体布局；在能源领域，形成涵盖能源多元供给、高效清洁利用和前沿技术突破的整体布局；在环境领域，形成由单一污染治理转向区域综合治理的系统技术解决方案；在农业领域，形成兼顾前沿技术突破和解决种业发展基本问题的整体布局；在生物和健康领域，形成涵盖重大疾病防治、基础健康保障服务和前沿医疗技术突破的整体布局；在太空海洋开发利用领域，形成涵盖空间、海洋探测利用技术的整体布局。

已有国家科技重大专项和新部署的科技创新2030—重大项目要进一步加强与其他科技计划任务部署的衔接，完善和创新项目组织实施模式，改进项目管理体制，明确管理责任，优化管理流程，提高管理效率。完善监督评估制度，定期开展评估。加强动态调整，加强地球深部探测等候选重大科技项目的储备论证。

第五章　构建具有国际竞争力的现代产业技术体系

把握世界科技革命和产业变革新趋势，围绕我国产业国际竞争力提升的紧迫需求，强化重点领域关键环节的重大技术开发，突破产业转型升级和新兴产业培育的技术瓶颈，构建结构合理、先进管用、开放兼容、自主可控的技术体系，为我国产业迈向全球价值链中高端提供有力支撑。

一、发展高效安全生态的现代农业技术

以加快推进农业现代化、保障国家粮食安全和农民增收为目标，深入实施藏粮于地、藏粮于技战略，超前部署农业前沿和共性关键技术研究。以做大做强民族种业为重点，发展以动植物组学为基础的设计育种关键技术，培育具有自主知识产权的优良品种，开发耕地质量提升与土地综合整治技术，从源头上保障国家粮食安全；以发展农业高新技术产业、支撑农业转型升级为目标，重点发展农业生物制造、农业智能生产、智能农机装备、设施农业等关键技术和产品；围绕提高资源利用率、土地产出率、劳动生产率，加快转变农业发展方式，突破一批节水农业、循环农业、农业污染控制与修复、盐碱地改造、农林防灾减灾等关键技术，实现农业绿色发展。力争到2020年，建立信息化主导、生物技术引领、智能化生产、可持续发展的现代农业技术体系，支撑农业走出产出高效、产品安全、资源节约、环境友好的现代化道路。

专栏4　现代农业技术

1. 生物育种研发。以农作物、畜禽水产和林果花草为重点，突破种质资源挖掘、工程化育种、新品种创制、规模化测试、良种繁育、种子加工等核心关键技术，培育一批有效聚合高产、高效、优质、多抗、广适等多元优良性状的突破性动植物新品种；培育具有较强核心竞争力的现代种业企业，显著提高种业自主创新能力。

2. 粮食丰产增效。围绕粮食安全和农业结构调整对作物高产高效协同、生产生态协调的科技需求，在东北、黄淮海、长江中下游三大平原，开展水稻、小麦、玉米三大作物丰产增效新理论、新技术和集成示范研究，使产量提高5%，减损降低5%以上，肥水效率提高10%以上，光温资源效率提高15%，生产效率提高20%。

3. 主要经济作物优质高产与产业提质增效。以种植规模较大的果树、花卉、茶叶、木本（草本）油料、热带经济作物、特色经济植物、杂粮等为对象，重点突破增产提质增效理论和方法，创制优异新种质，研发新产品，形成高效轻简技术，确保我国农业产品多样性和国家农业安全，促进主要经济作物产业提质增效。

4. 海洋农业（蓝色粮仓）与淡水渔业科技创新。研究种质资源开发、新品种选育、淡水与海水健康养殖、捕捞与新资源开发、精深加工、渔业环境保护等新原理、新装备、新方法和新技术，建成生态优先、陆海统筹、三产贯通的区域性蓝色粮仓，促进海洋农业资源综合利用，改善渔业生态环境，强化优质蛋白供给，引领海洋农业与淡水渔业健康发展。

续表

5. 畜禽安全高效养殖与草牧业健康发展。以安全、环保、高效为目标，围绕主要动物疫病检测与防控、主要畜禽安全健康养殖工艺与环境控制、畜禽养殖设施设备、养殖废弃物无害化处理与资源化利用、饲料产业、草食畜牧业、草原生态保护和草牧业全产业链提质增效等方面开展技术研发，为我国养殖业转型升级提供理论与技术支撑。

6. 林业资源培育与高效利用。加强速生用材林、珍贵用材林、经济林、花卉等资源的高效培育与绿色增值加工等关键技术研究，开展林业全产业链增值增效技术集成与示范，形成产业集群发展新模式，单位蓄积增加15%，资源利用效率提高20%，主要林产品国际竞争力显著提升。

7. 农业面源和重金属污染农田综合防治与修复。突破农林生态系统氮磷、有毒有害化学品与生物、重金属、农林有机废弃物等污染机理基础理论及防治修复重大关键技术瓶颈，提升技术、产品和装备标准化产业化水平。制定重点区域污染综合防治技术方案，有效遏制农业面源与重金属污染问题。

8. 农林资源环境可持续发展利用。突破肥药减施、水土资源高效利用、生态修复、农林防灾减灾等关键技术，加强农作物病虫害防控关键技术研究，提升农作物病虫害综合治理能力，推动形成资源利用高效、生态系统稳定、产地环境良好、产品质量安全的农业发展格局。

9. 盐碱地等低产田改良增粮增效。加强盐碱地水盐运移机理与调控、土壤洗盐排盐、微咸水利用、抗盐碱农作物新品种选育及替代种植、水分调控等基础理论及改良重大关键技术研究，开发新型高效盐碱地改良剂、生物有机肥等新产品和新材料。开发盐碱地治理新装备，选择典型盐碱地及低产田区域建立示范基地，促进研发成果示范应用。

10. 农业生物制造。以生物农药、生物肥料、生物饲料为重点，开展作用机理、靶标设计、合成生物学、病原作用机制、养分控制释放机制等研究，创制新型基因工程疫苗和分子诊断技术、生物农药、生物饲料、生物肥料、植物生长调节剂、生物能源、生物基材料等农业生物制品并实现产业化。

11. 农机装备与设施。突破决策监控、先进作业装置及其制造等关键核心技术，研发高效环保农林动力、多功能与定位变量作业、设施种植和健康养殖精细生产、农产品产地处理与干燥、林木培育、采收加工、森林灾害防控等技术与装备，形成农林智能化装备技术体系，支撑全程全面机械化发展。

12. 农林生物质高效利用。研究农林废弃物（农作物秸秆、畜禽粪便、林业剩余物等）和新型生物质资源（能源植物、微藻等）的清洁收储、高效转化、产品提质、产业增效等新理论、新技术和新业态，使农林生物质高效利用技术进入国际前列，利用率达到80%以上。

13. 智慧农业。研发农林动植物生命信息获取与解析、表型特征识别与可视化表达、主要作业过程精准实施等关键技术和产品，构建大田和果园精准生产、设施农业智能化生产及规模化畜禽水产养殖信息化作业等现代化生产技术系统，建立面向农业生产、农民生活、农村管理以及乡村新兴产业发展的信息服务体系。

14. 智能高效设施农业。突破设施光热动力学机制、环境与生物互作响应机理等基础理论，以及设施轻简装配化、作业全程机械化、环境调控智能化、水肥管理一体化等关键技术瓶颈，创制温室节能蓄能、光伏利用、智慧空中农场等高新技术及装备，实现设施农业科技与产业跨越发展。

二、发展新一代信息技术

大力发展泛在融合、绿色宽带、安全智能的新一代信息技术，研发新一代互联网技术，保障网络空间安全，促进信息技术向各行业广泛渗透与深度融合。发展先进计算技术，重点加强E级（百亿亿次级）计算、云计算、量子计算、人本计算、异构计算、智能计算、机器学习等技术研发及应用；发展网络与通信技术，重点加强一体化融合网络、软件定义网络/网络功能虚拟化、超高速超大容量超长距离光通信、无线移动通信、太赫兹通信、可见光通信等技术研发及应用；发展自然人机交互技术，重点是智能感知与认知、虚实融合与自然交互、语义理解和智慧决策、云端融合交互和可穿戴等技术研发及应用。发展微电子和光电子技术，重点加强极低功耗芯片、新型传感器、第三代半导体芯片和硅基光电子、混合光电子、微波光电子等技术与器件的研发。

专栏5 新一代信息技术

1. 微纳电子与系统集成技术。开展逼近器件物理极限和面向不同系统应用的半导体新材料、新器件、新工艺和新电路的前沿研究和相关理论研究，突破极低功耗器件和电路、7纳米以下新器件及系统集成工艺、下一代非易失性存储器、下一代射频芯片、硅基太赫兹技术、新原理计算芯片等关键技术，加快10纳米及以下器件工艺的生产研发，显著提升智能终端和物联网系统芯片产品市场占有率。

续表

2. 光电子器件及集成。针对信息技术在速率、能耗和智能化等方面的核心技术瓶颈，研制满足高速光通信设备所需的光电子集成器件；突破光电子器件制造的标准化难题和技术瓶颈，建立和发展光电子器件应用示范平台和支撑技术体系，逐步形成从分析模型、优化设计、芯片制备、测试封装到可靠性研究的体系化研发平台，推动我国信息光电子器件技术和集成电路设计达到国际先进水平。

3. 高性能计算。突破E级计算机核心技术，依托自主可控技术，研制满足应用需求的E级高性能计算机系统，使我国高性能计算机的性能在"十三五"期间保持世界领先水平。研发一批关键领域/行业的高性能计算应用软件，建立若干高性能计算应用软件中心，构建高性能计算应用生态环境。建立具有世界一流资源能力和服务水平的国家高性能计算环境，促进我国计算服务业发展。

4. 云计算。开展云计算核心基础软件、软件定义的云系统管理平台、新一代虚拟化等云计算核心技术和设备的研制以及云开源社区的建设，构建完备的云计算生态和技术体系，支撑云计算成为新一代ICT(信息通信技术)的基础设施，推动云计算与大数据、移动互联网深度耦合互动发展。

5. 人工智能。重点发展大数据驱动的类人智能技术方法；突破以人为中心的人机物融合理论方法和关键技术，研制相关设备、工具和平台；在基于大数据分析的类人智能方向取得重要突破，实现类人视觉、类人听觉、类人语言和类人思维，支撑智能产业的发展。

6. 宽带通信和新型网络。以网络融合化发展为主线，突破一体化融合网络组网、超高速和超宽带通信与网络支撑等核心关键技术，在芯片、成套网络设备、网络体系结构等方面取得一批突破性成果，超前部署下一代网络技术，大幅提升网络产业国际竞争力。

7. 物联网。开展物联网系统架构、信息物理系统感知和控制等基础理论研究，攻克智能硬件(硬件嵌入式智能)、物联网低功耗可信泛在接入等关键技术，构建物联网共性技术创新基础支撑平台，实现智能感知芯片、软件以及终端的产品化。

8. 智能交互。探索感知认知加工机制及心理运动模型的机器实现，构建智能交互的理论体系，突破自然交互、生理计算、情感表达等核心关键技术，形成智能交互的共性基础软硬件平台，提升智能交互在设备和系统方面的原始创新能力，并在教育、办公、医疗等关键行业形成示范应用，推动人机交互领域研究和应用达到国际先进水平。

9. 虚拟现实与增强现实。突破虚实融合渲染、真三维呈现、实时定位注册、适人性虚拟现实技术等一批关键技术，形成高性能真三维显示器、智能眼镜、动作捕捉和分析系统、个性化虚拟现实整套装置等具有自主知识产权的核心设备。基本形成虚拟现实与增强现实技术在显示、交互、内容、接口等方面的规范标准。在工业、医疗、文化、娱乐等行业实现专业化和大众化的示范应用，培育虚拟现实与增强现实产业。

10. 智慧城市。开展城市计算智能、城市系统模型、群体协同服务等基础理论研究，突破城市多尺度立体感知、跨领域数据汇聚与管控、时空数据融合的智能决策、城市数据活化服务、城市系统安全保障等共性关键技术，研发智慧城市公共服务一体化运营平台，开展新型智慧城市群的集中应用创新示范。

三、发展智能绿色服务制造技术

围绕建设制造强国，大力推进制造业向智能化、绿色化、服务化方向发展。发展网络协同制造技术，重点研究基于"互联网+"的创新设计、基于物联网的智能工厂、制造资源集成管控、全生命周期制造服务等关键技术；发展绿色制造技术与产品，重点研究再设计、再制造与再资源化等关键技术，推动制造业生产模式和产业形态创新。发展机器人、智能感知、智能控制、微纳制造、复杂制造系统等关键技术，开发重大智能成套装备、光电子制造装备、智能机器人、增材制造、激光制造等关键装备与工艺，推进制造业智能化发展。开展设计技术、可靠性技术、制造工艺、关键基础件、工业传感器、智能仪器仪表、基础数据库、工业试验平台等制造基础共性技术研发，提升制造基础能力。推动制造业信息化服务增效，加强制造装备及产品"数控一代"创新应用示范，提高制造业信息化和自动化水平，支撑传统制造业转型升级。

专栏6　先进制造技术

1. 网络协同制造。开展工业信息物理融合理论与系统、工业大数据等前沿技术研究，突破智慧数据空间、智能工厂异构集成等关键技术，发展"互联网+"制造业的新型研发设计、智能工程、云服务、个性化定制等新型模式，培育一批智慧企业，开展典型示范应用。

续表

2. 绿色制造。发展绿色化设计技术、基础加工工艺技术、机电产品开发技术、再制造与再资源化技术等，构建基于产品全生命周期的绿色制造技术体系，开展绿色制造技术和装备的推广应用和产业示范。

3. 智能装备与先进工艺。开展非传统制造工艺与流程、重大装备可靠性与智能化水平等关键技术研究，研制一批代表性智能加工装备、先进工艺装备和重大智能成套装备，引领装备的智能化升级。

4. 光电子制造关键装备。开展新型光通信器件、半导体照明、高效光伏电池、MEMS(微机电系统)传感器、柔性显示、新型功率器件、下一代半导体材料制备等新兴产业关键制造装备研发，提升新兴领域核心装备自主研发能力。

5. 智能机器人。开展下一代机器人技术、智能机器人学习与认知、人机自然交互与协作共融等前沿技术研究，攻克核心部件关键技术，工业机器人实现产业化，服务机器人实现产品化，特种机器人实现批量化应用。

6. 增材制造。开展高性能金属结构件激光增材制造控形控性等基础理论研究，攻克高效高精度激光增材制造熔覆喷头等核心部件，研发金属、非金属及生物打印典型工艺装备，构建相对完善的增材制造技术创新与研发体系。

7. 激光制造。开展超快脉冲、超大功率激光制造等理论研究，突破激光制造关键技术，研发高可靠长寿命激光器核心功能部件、国产先进激光器以及高端激光制造工艺装备，开发先进激光制造应用技术和装备。

8. 制造基础技术与关键部件。研究关键基础件、基础工艺等基础前沿技术，建立健全基础数据库，完善技术标准体系和工业试验验证平台，研制一批高端产品，提高重点领域和重大成套装备配套能力。

9. 工业传感器。开展工业传感器核心器件、智能仪器仪表、传感器集成应用等技术攻关，加强工业传感器技术在智能制造体系建设中的应用，提升工业传感器产业技术创新能力。

四、发展新材料技术

围绕重点基础产业、战略性新兴产业和国防建设对新材料的重大需求，加快新材料技术突破和应用。发展先进结构材料技术，重点是高温合金、高品质特殊钢、先进轻合金、特种工程塑料、高性能纤维及复合材料、特种玻璃与陶瓷等技术及应用。发展先进功能材料技术，重点是第三代半导体材料、纳米材料、新能源材料、印刷显示与激光显示材料、智能/仿生/超材料、高温超导材料、稀土新材料、膜分离材料、新型生物医用材料、生态环境材料等技术及应用。发展变革性的材料研发与绿色制造新技术，重点是材料基因工程关键技术与支撑平台，短流程、近终形、高能效、低排放为特征的材料绿色制造技术及工程应用。

专栏7　新材料技术

1. 重点基础材料。着力解决基础材料产品同质化、低值化，环境负荷重、能源效率低、资源瓶颈制约等重大共性问题，突破基础材料的设计开发、制造流程、工艺优化及智能化绿色化改造等关键技术和国产化装备，开展先进生产示范。

2. 先进电子材料。以第三代半导体材料与半导体照明、新型显示为核心，以大功率激光材料与器件、高端光电子与微电子材料为重点，推动跨界技术整合，抢占先进电子材料技术的制高点。

3. 材料基因工程。构建高通量计算、高通量实验和专用数据库三大平台，研发多层次跨尺度设计、高通量制备、高通量表征与服役评价、材料大数据四大关键技术，实现新材料研发由传统的“经验指导实验”模式向“理论预测、实验验证”新模式转变，在五类典型新材料的应用示范上取得突破，实现新材料研发周期缩短一半、研发成本降低一半的目标。

4. 纳米材料与器件。研发新型纳米功能材料、纳米光电器件及集成系统、纳米生物医用材料、纳米药物、纳米能源材料与器件、纳米环境材料、纳米安全与检测技术等，突破纳米材料宏量制备及器件加工的关键技术与标准，加强示范应用。

5. 先进结构材料。以高性能纤维及复合材料、高温合金为核心，以轻质高强材料、金属基和陶瓷基复合材料、材料表面工程、3D 打印材料为重点，解决材料设计与结构调控的重大科学问题，突破结构与复合材料制备及应用的关键共性技术，提升先进结构材料的保障能力和国际竞争力。

6. 先进功能材料。以稀土功能材料、先进能源材料、高性能膜材料、功能陶瓷、特种玻璃等战略新材料为重点，大力提升功能材料在重大工程中的保障能力；以石墨烯、高端碳纤维为代表的先进碳材料、超导材料、智能/仿生/超材料、极端环境材料等前沿新材料为突破口，抢占材料前沿制高点。

五、发展清洁高效能源技术

大力发展清洁低碳、安全高效的现代能源技术，支撑能源结构优化调整和温室气体减排，保障能源安全，推进能源革命。发展煤炭清洁高效利用和新型节能技术，重点加强煤炭高效发电、煤炭清洁转化、燃煤二氧化碳捕集利用封存、余热余压深度回收利用、浅层低温地能开发利用、新型节能电机、城镇节能系统化集成、工业过程节能、能源梯级利用、“互联网+”节能、大型数据中心节能等技术研发及应用。发展可再生能源大规模开发利用技术，重点加强高效低成本太阳能电池、光热发电、太阳能供热制冷、大型先进风电机组、海上风电建设与运维、生物质发电供气供热及液体燃料等技术研发及应用。发展智能电网技术，重点加强特高压输电、柔性输电、大规模可再生能源并网与消纳、电网与用户互动、分布式能源以及能源互联网和大容量储能、能源微网等技术研发及应用。稳步发展核能与核安全技术及其应用，重点是核电站安全运行、大型先进压水堆、超高温气冷堆、先进快堆、小型核反应堆和后处理等技术研发及应用。实施“科技冬奥”行动计划，为奥运专区及周边提供零碳/低碳、经济智慧的能源解决方案。

专栏8　清洁高效能源技术

1. 煤炭安全清洁高效开发利用与新型节能。突破燃煤发电技术，实现火电厂平均供电煤耗每千瓦时305克标煤，煤制清洁燃气关键技术和装备的国产化水平达到90%以上。突破煤炭污染控制技术，常规污染物在现有水平上减排50%。开展燃烧后二氧化碳捕集实现百万吨/年的规模化示范。

2. 可再生能源与氢能技术。开展太阳能光伏、太阳能热利用、风能、生物质能、地热能、海洋能、氢能、可再生能源综合利用等技术方向的系统、部件、装备、材料和平台的研究。

3. 核安全和先进核能。开展先进核燃料、乏燃料后处理、放射性废物处理、严重事故、风险管理、数值反应堆、电站老化与延寿、超高温气冷堆、先进快堆、超临界水冷堆、新型模块化小堆等研究。

4. 智能电网。研制±1100千伏直流和柔性直流输电成套装备，建成±1100千伏特高压直流输电示范工程。实现2.5亿千瓦风电、1.5亿千瓦光伏的并网消纳，建成百万用户级供需互动用电系统等。

5. 建筑节能。突破超低能耗建筑技术标准和建筑能耗评价体系，研究节能集成技术、高效冷却技术等基础性技术，研发主动式/被动式多能源协调高效利用系统、新型采光与高效照明等应用关键技术，降低能源消耗。

六、发展现代交通技术与装备

面向建设“安全交通、高效交通、绿色交通、和谐交通”重大需求，大力发展新能源、高效能、高安全的系统技术与装备，完善我国现代交通运输核心技术体系，培育新能源汽车、高端轨道交通、民用航空等新兴产业。重点发展电动汽车智能化、网联化、轻量化技术及自动驾驶技术，发展具有国际竞争力的高速列车、高中速磁浮、快捷货运技术与装备，发展轨道交通的安全保障、智能化、绿色化技术，研发运输管理前沿技术，提升交通运输业可持续发展能力和“走出去”战略支撑能力。

专栏9　现代交通技术与装备

1. 新能源汽车。实施“纯电驱动”技术转型战略，根据“三纵三横”研发体系，突破电池与电池管理、电机驱动与电力电子、电动汽车智能化技术、燃料电池动力系统、插电/增程式混合动力系统、纯电动力系统的基础前沿和核心关键技术，完善新能源汽车能耗与安全性相关标准体系，形成完善的电动汽车动力系统技术体系和产业链，实现各类电动汽车产业化。

续表

2. 轨道交通。在轨道交通系统安全保障、综合效能提升、可持续性和互操作等方向，形成以新架构、新材料、新能源和跨国互联互通为特征的核心技术、关键装备、集成应用与标准规范。加强高速列车、高速磁浮、中速磁浮、联合运输、快捷货运、高速货运等方面的关键技术与装备研发，满足泛欧亚铁路互联互通要求，实现轨道交通系统全生命周期运营成本、运营安全水平、单位周转量能耗水平国际领先。 3. 海洋运输。突破绿色、智能船舶核心技术，形成船舶运维智能化技术体系，研制一批高技术、高性能船舶和高效通用配套产品，为提升我国造船、航运整体水平，培育绿色船舶、智能船舶等产业提供支撑。 4. 航空运输技术与装备。开展未来民机产品概念方案（新构型、新能源、超声速）论证研究，突破气动声学与低噪声设计、先进航电、飞控技术、先进多电、飞发一体化设计等技术，为提高民机产品竞争力提供支撑。瞄准航空运输服务低空空域开放、通用航空发展、航空应急救援体系建立所需的技术基础，围绕安全、高效、绿色航空器和航空运输系统两条主线，掌握通航飞机、协同空管、机场运控技术等重点方向前沿核心技术。 5. 综合交通运输与智能交通。以提供高效、便捷、可持续交通为目标，突破交通信息精准感知与可靠交互、交通系统协同式互操作、泛在智能化交通服务等共性关键技术。重点解决综合交通信息服务、交通系统控制优化、城市交通控制功能提升与设计问题，促进交通运输业与相关产业的融合发展。

七、发展先进高效生物技术

瞄准世界科技前沿，抢抓生物技术与各领域融合发展的战略机遇，坚持超前部署和创新引领，以生物技术创新带动生命健康、生物制造、生物能源等创新发展，加快推进我国从生物技术大国到生物技术强国的转变。重点部署前沿共性生物技术、新型生物医药、绿色生物制造技术、先进生物医用材料、生物资源利用、生物安全保障、生命科学仪器设备研发等任务，加快合成生物技术、生物大数据、再生医学、3D 生物打印等引领性技术的创新突破和应用发展，提高生物技术原创水平，力争在若干领域取得集成性突破，推动技术转化应用并服务于国家经济社会发展，大幅提高生物经济国际竞争力。

专栏 10　先进高效生物技术
1. 前沿共性生物技术。加快推进基因组学新技术、合成生物技术、生物大数据、3D 生物打印技术、脑科学与人工智能、基因编辑技术、结构生物学等生命科学前沿关键技术突破，加强生物产业发展及生命科学研究核心关键装备研发，提升我国生物技术前沿领域原创水平，抢占国际生物技术竞争制高点。 2. 新型生物医药技术。开展重大疫苗、抗体研制、免疫治疗、基因治疗、细胞治疗、干细胞与再生医学、人体微生物组解析及调控等关键技术研究，研发一批创新医药生物制品，构建具有国际竞争力的医药生物技术产业体系。 3. 生物医用材料。以组织替代、功能修复、智能调控为方向，加快 3D 生物打印、材料表面生物功能化及改性、新一代生物材料检验评价方法等关键技术突破，重点布局可组织诱导生物医用材料、组织工程产品、新一代植介入医疗器械、人工器官等重大战略性产品，提升医用级基础原材料的标准，构建新一代生物医用材料产品创新链，提升生物医用材料产业竞争力。 4. 绿色生物制造技术。开展重大化工产品的生物制造、新型生物能源开发、有机废弃物及气态碳氧化物资源的生物转化、重污染行业生物过程替代等研究，突破原料转化利用、生物工艺效率、生物制造成本等关键技术瓶颈，拓展工业原材料新来源和开发绿色制造新工艺，形成生物技术引领的工业和能源经济绿色发展新路线。 5. 生物资源利用技术。聚焦战略生物资源的整合、挖掘与利用，推进人类遗传资源的系统整合与深度利用研究，构建国家战略生物资源库和信息服务平台，扩大资源储备，加强开发共享，掌握利用和开发的主动权，为生物产业可持续发展提供资源保障。 6. 生物安全保障技术。开展生物威胁风险评估、监测预警、检测溯源、预防控制、应急处置等生物安全相关技术研究，建立生物安全相关的信息和实体资源库，构建高度整合的国家生物安全防御体系。

八、发展现代食品制造技术

遵循现代食品制造业高科技、智能化、多梯度、全利用、低能耗、高效益、可持续的国际发展趋势，围绕标准化加工、智能化控制、健康型消费等重大产业需求，以现代加工制造为主线，加快高效分离、质构重组、物性修饰、生物制造、节能干燥、新型杀菌等工程化技术研发与应用；攻克连续化、自动化、数字化、工程化成套装备制造技术，突破食品产业发展的装备制约；重视食品质量安全，聚焦食品源头污染问题日益严重、过程安全控制能力薄弱、监管科技支撑能力不足等突出问题，重点开展监测检测、风险评估、溯源预警、过程控制、监管应急等食品安全防护关键技术研究；围绕发展保鲜物流，开展智能冷链物流、绿色防腐保鲜、新型包装控制、粮食现代储备、节粮减损等产业急需技术研发；以营养健康为目标，突破营养功能组分稳态化保持与靶向递送、营养靶向设计与健康食品精准制造、主食现代化等高新技术。力争到2020年，在营养优化、物性修饰、智能加工、低碳制造、冷链物流、全程控制等技术领域实现重大突破，形成较为完备的现代食品制造技术体系，支撑我国现代食品制造业转型升级和持续发展。

专栏11　现代食品制造技术

1. 加工制造。开展新型节能干燥、超微粉碎、冷冻冷藏、杀菌包装等共性技术研究，突破物性重构、风味修饰、质构重组、低温加工和生物制造等关键技术，攻克绿色加工、低碳制造和品质控制等核心技术，有效支撑食品加工产业技术升级。

2. 机械装备。开展食品装备的机械物性、数字化设计、信息感知、仿真优化等新方法、新原理研究，研发非热加工、新型杀菌、高效分离、自动包装等共性装备，节能挤压、高效干燥、连续焙烤、3D打印等关键装备，以及连续化、自动化、智能化和工程化成套加工装备，为食品装备升级换代提供支撑。

3. 质量安全。开展食品品质评价与系统识别、危害因子靶向筛查与精准确证、多重风险分析与暴露评估、在线监测与快速检测、安全控制原理和工艺、监管和应急处置等共性技术研究，重点突破食品风险因子非定向筛查、快速检测核心试剂高效筛选、体外替代毒性测试、致病生物全基因溯源、全产业链追溯与控制、真伪识别等核心技术，加强食品安全防护关键技术研究，强化食品安全基础标准研究，加强基于互联网新兴业态的监管技术研究，构建全产业链质量安全技术体系。

4. 保鲜物流。开展物流过程中食品品质保持、损耗控制、货架期延长等共性技术研究，突破环境因子精准控制、品质劣变智能检测与控制、新型绿色包装等关键技术，加强粮食现代储备关键技术装备研发，开展粮食流通节粮减损关键技术研发和示范，掌握智能冷链物流、绿色防腐保鲜等核心技术，构建我国食品冷链物流新模式，推动食品保鲜物流产业跨越式发展。

5. 营养健康。开展食品营养品质调控、营养组学与抗慢性疾病机理研究，突破营养功能组分筛选、稳态化保持、功效评价等关键技术，掌握营养功能组分高效运载及靶向递送、营养代谢组学大数据挖掘等核心技术，以及基于改善肠道微生态的营养靶向设计与新型健康食品精准制造技术，加强主食营养健康机理与现代化关键技术研发，开发多样性和个性化营养健康食品，有力支撑全民营养健康水平提升。

九、发展支撑商业模式创新的现代服务技术

面向"互联网+"时代的平台经济、众包经济、创客经济、跨界经济、分享经济的发展需求，以新一代信息和网络技术为支撑，加强现代服务业技术基础设施建设，加强技术集成和商业模式创新，提高现代服务业创新发展水平。围绕生产性服务业共性需求，重点推进电子商务、现代物流、系统外包等发展，增强服务能力，提升服务效率，提高服务附加值。加强网络化、个性化、虚拟化条件下服务技术研发与集成应用，加强文化产业关键技术研发。大力开展服务模式创新，重点发展数字文化、数字医疗与健康、数字生活、教育与培训等新兴服务业。围绕企业技术创新需求，加快推进工业设计、文化创意和相关产业融合发展，提升我国重点产业的创新设计能力。

十、发展引领产业变革的颠覆性技术

加强产业变革趋势和重大技术的预警，加强对颠覆性技术替代传统产业拐点的预判，及时布局

新兴产业前沿技术研发，在信息、制造、生物、新材料、能源等领域，特别是交叉融合的方向，加快部署一批具有重大影响、能够改变或部分改变科技、经济、社会、生态格局的颠覆性技术研究，在新一轮产业变革中赢得竞争优势。重点开发移动互联、量子信息、人工智能等技术，推动增材制造、智能机器人、无人驾驶汽车等技术的发展，重视基因编辑、干细胞、合成生物、再生医学等技术对生命科学、生物育种、工业生物领域的深刻影响，开发氢能、燃料电池等新一代能源技术，发挥纳米技术、智能技术、石墨烯等对新材料产业发展的引领作用。

第六章　健全支撑民生改善和可持续发展的技术体系

围绕改善民生和促进可持续发展的迫切需求，加大资源环境、人口健康、新型城镇化、公共安全等领域核心关键技术攻关和转化应用的力度，为形成绿色发展方式和生活方式，全面提升人民生活品质提供技术支撑。

一、发展生态环保技术

以提供重大环境问题系统性技术解决方案和发展环保高新技术产业体系为目标，形成源头控制、清洁生产、末端治理和生态环境修复的成套技术。加强大气污染形成机理、污染源追踪与解析关键技术研究，提高空气质量预报和污染预警技术水平；加强重要水体、水源地、源头区、水源涵养区等水质监测与预报预警技术体系建设；突破饮用水质健康风险控制、地下水污染防治、污废水资源化能源化与安全利用、垃圾处理及清洁焚烧发电、放射性废物处理处置等关键技术；开展土壤污染机制和风险评估等基础性研究，完善土壤环境监测与污染预警关键技术；加强环境基准研究；开展环境监测新技术和新方法研究，健全生态环境监测技术体系。提高生态环境监测立体化、自动化、智能化水平，推进陆海统筹、天地一体、上下协同、信息共享的生态环境监测网络建设。

突破生态评估、产品生态设计和实现生态安全的过程控制与绿色替代关键技术。开发环境健康风险评估与管理技术、高风险化学品的环境友好替代技术，开展重大工程生态评价与生态重建技术研究。在京津冀地区、长江经济带等重点区域开展环境污染防治技术应用试点示范，促进绿色技术转移转化，加强环保高新技术产业园区建设，推动形成区域环境治理协同创新共同体。开发生态环境大数据应用技术，建立智慧环保管理和技术支撑体系。力争实现生态环保技术的跨越发展，为我国环境污染控制、质量改善和环保产业竞争力提升提供科技支撑。

专栏 12　生态环保技术

1. 大气污染防治。加强灰霾和臭氧形成机理、来源解析、迁移规律及监测预警研究，为污染治理提供科学支撑，加强大气污染与人群健康关系的研究，加强脱硫、脱硝、高效除尘、挥发性有机物控制、柴油机（车）排放净化、环境监测等技术研发，建设大气污染排放控制及空气质量技术体系，开展大气联防联控技术示范，支撑重点区域空气质量改善，保障国家重大活动环境质量。

2. 土壤污染防治。针对农田土壤污染、工业用地污染、矿区土壤污染等治理，开展土壤环境基准、土壤环境容量与承载能力，污染物迁移转化规律、污染生态效应、重金属低积累作物和修复植物筛选，以及土壤污染与农产品质量、人体健康关系等方面研究。推进土壤污染诊断、风险管控、治理与修复等共性关键技术研发。

续表

3. 水环境保护。加快研发废水深度处理、生活污水低成本高标准处理、海水淡化和工业高盐废水脱盐、饮用水微量有毒污染物处理、地下水污染修复、危险化学品事故和水上溢油应急处置等技术，开展有机物和重金属等水环境基准、水污染对人体健康影响、新型污染物风险评价、水环境损害评估、高品质再生水补充饮用水水源等研究。 4. 清洁生产。针对工农业污染排放和城市污染，研究钢铁、化工等生态设计、清洁生产、污染减量等技术，研究环境友好产品、清洁生产与循环经济技术政策及标准体系。 5. 生态保护与修复。围绕国家“两屏三带”生态安全屏障建设，以森林、草原、湿地、荒漠等生态系统为对象，研究关键区域主要生态问题演变规律、生态退化机理、生态稳定维持等理论，研究生态保护与修复、监测与预警技术；开发岩溶地区、青藏高原、长江黄河中上游、黄土高原、重要湿地、荒漠及荒漠化地区、三角洲与海岸带区、南方红壤丘陵区、塔里木河流域盐碱地、农牧交错带和矿产开采区等典型生态脆弱区治理技术，研发应对城市开发建设区域造成的生态破碎化、物种栖息地退化治理技术，开发适宜的生态产业技术，支撑生态退化区域可持续发展，提升陆地生态系统服务能力。 6. 化学品环境风险防控。结合我国化学品产业结构特点及化学品安全需要，加强化学品危害识别、风险评估与管理、化学品火灾爆炸及污染事故预警与应急控制等技术研究，研发高风险化学品的环境友好替代、高放废物深地质处置、典型化学品生产过程安全保障等关键技术，构建符合我国国情的化学品整合测试策略技术框架，全面提升我国化学品环境和健康风险评估及防控技术水平。 7. 环保产业技术。推动环保技术研发、示范、推广，发展环保产业新业态、新模式、新机制，建设绿色技术标准体系，推广“城市矿产”、“环境医院”、“库布其治沙产业”等模式，加快先进环保技术产业化。 8. 重大自然灾害监测预警与风险控制。针对地震、地质、气象、水利、海洋等重大环境自然灾害，加快天气中长期精细化数值预报、全球海洋数值预报、雾霾数值预报、地质灾害监测预警、洪涝与旱灾监测预警、地震监测预警、森林火灾监测预警与防控、沙尘暴监测预警等系统研究，提升重大自然灾害监测预警与风险评估能力。 9. 全球环境变化应对。突破温室气体排放控制、生物多样性保护、生物安全管理、化学品风险管理、臭氧层保护、荒漠化防治、湿地保护等技术瓶颈，解决污染物跨国境输送机制、国际履约谈判等中的科学问题，提升我国履行国际环境公约的能力。

二、发展资源高效循环利用技术

以保障资源安全供给和促进资源型行业绿色转型为目标，大力发展水资源、矿产资源的高效开发和节约利用技术。在水土资源综合利用、国土空间优化开发、煤炭资源绿色开发、天然气水合物探采、油气与非常规油气资源开发、金属资源清洁开发、盐湖与非金属资源综合利用、废物循环利用等方面，集中突破一批基础性理论与核心关键技术，重点研发一批重大关键装备，构建资源勘探、开发与综合利用理论及技术体系，解决我国资源可持续发展保障、产业转型升级面临的突出问题；建立若干具有国际先进水平的基础理论研究与技术研发平台、工程转化与技术转移平台、工程示范与产业化基地，逐步形成与我国经济社会发展水平相适应的资源高效利用技术体系，为建立资源节约型环境友好型社会提供强有力的科技支撑。

专栏13　资源高效循环利用技术
1. 水资源高效开发利用。围绕提升国家水资源安全保障科技支撑能力，发展工业节水、综合节水和非常规水资源开发利用技术与设备，研究水资源综合配置战略、水工程建设与运行、安全和应急管理技术，发展水沙联合调控、河口治理及河湖生态安全保护技术，开展水资源系统智能调度与精细化管理等研究，构建水资源综合利用理论技术体系和示范推广平台，跻身国际水资源研究先进行列。 2. 煤炭资源绿色开发。围绕“安全、绿色、智能”目标，开展煤炭绿色资源勘探、大型矿井快速建井、安全绿色开采、煤机装备智能化、低品质煤提质、煤系伴生资源协同开发、矿区全物质循环规划与碳排放控制等理论与技术攻关，推动生态矿山、智慧矿山以及煤炭清洁加工与综合利用重大科技示范工程建设，促进煤炭集约化开发，为煤炭产业转变发展方式、提质增效提供强大的科技支撑。 3. 油气与非常规油气资源开发。围绕国家能源安全需求，针对复杂环境、低品位、老油田挖潜和深层油气资源四大领域，通过钻井、采油、储运等关键技术与装备攻关，研发一批具有自主知识产权的重大高端装备、工具、软件、材料和成套技术，为油气资源高效勘探开发和清洁利用提供技术支撑。

续表

4. 金属和非金属资源清洁开发与利用。研究复杂矿清洁选冶、“三废”综合利用等金属矿产资源高效开发技术，研究稀有金属、稀土元素及稀散元素构成的矿产资源保护性开发技术，研究放射性资源高效提取、盐湖资源综合利用、非金属资源高值化等重要战略资源保护开发技术，解决金属矿产资源选冶过程中环境污染严重、物耗高、资源综合利用率低等问题。 5. 废物循环利用。研究资源循环基础理论与模型，研发废物分类、处置及资源化成套技术装备，重点推进大宗固废源头减量与循环利用、生物质废弃物高效利用、新兴城市矿产精细化高值利用等关键技术与装备研发，加强固废循环利用管理与决策技术研究。加强典型区域循环发展集成示范，实施“十城百座”废物处置技术示范工程。

三、发展人口健康技术

紧密围绕健康中国建设需求，突出解决重大慢病防控、人口老龄化应对等影响国计民生的重大问题，以提升全民健康水平为目标，系统加强生物数据、临床信息、样本资源的整合，统筹推进国家临床医学研究中心和疾病协同研究网络建设，促进医研企结合开展创新性和集成性研究，加快推动医学科技发展。重点部署疾病防控、精准医学、生殖健康、康复养老、药品质量安全、创新药物开发、医疗器械国产化、中医药现代化等任务，加快慢病筛查、智慧医疗、主动健康等关键技术突破，加强疾病防治技术普及推广和临床新技术新产品转化应用，建立并完善临床医学技术标准体系。力争到2020年，形成医养康护一体化、连续性的健康保障体系，为提高医疗服务供给质量、加快健康产业发展、助推医改和健康中国建设提供坚实的科技支撑。

专栏14　人口健康技术
1. 重大疾病防控。聚焦心脑血管疾病、恶性肿瘤、代谢性疾病、呼吸系统疾病、精神神经系统疾病等重大慢病，消化、口腔、眼耳鼻喉等常见多发病，包虫、疟疾、血吸虫病等寄生虫疾病，以及伤害预防与救治技术等，加强基础研究、临床转化、循证评价、示范应用一体化布局，突破一批防治关键技术，开发一批新型诊疗方案，推广一批适宜技术，有效解决临床实际问题和提升基层服务水平。 2. 精准医学关键技术。把握生物技术和信息技术融合发展机遇，建立百万健康人群和重点疾病病人的前瞻队列，建立多层次精准医疗知识库体系和国家生物医学大数据共享平台，重点攻克新一代基因测序技术、组学研究和大数据融合分析技术等精准医疗核心关键技术，开发一批重大疾病早期筛查、分子分型、个体化治疗、疗效预测及监控等精准化应用解决方案和决策支持系统，推动医学诊疗模式变革。 3. 生殖健康及出生缺陷防控。解决我国出生缺陷防控、不孕不育和避孕节育等方面的突出问题，建立覆盖全国的育龄人口和出生人口队列，建立国家级生物信息和样本资源库，研发一批基层适宜技术和创新产品，全面提升出生缺陷防控科技水平，保障育龄人口生殖健康，提高出生人口素质。 4. 数字诊疗装备。以早期、精准、微创诊疗为方向，重点推进多模态分子成像、新型磁共振成像系统、新型X射线计算机断层成像、新一代超声成像、低剂量X射线成像、复合窥镜成像、新型显微成像、大型放射治疗装备、手术机器人、医用有源植入式装置等产品研发，加快推进数字诊疗装备国产化、高端化、品牌化。 5. 体外诊断产品。突破微流控芯片、单分子检测、自动化核酸检测等关键技术，开发全自动核酸检测系统、高通量液相悬浮芯片、医用生物质谱仪、快速病理诊断系统等重大产品，研发一批重大疾病早期诊断和精确治疗诊断试剂以及适合基层医疗机构的高精度诊断产品，提升我国体外诊断产业竞争力。 6. 健康促进关键技术。以定量监测、精准干预为方向，围绕健康状态辨识、健康风险预警、健康自主干预等环节，重点攻克无创检测、穿戴式监测、生物传感、健康物联网、健康危险因素干预等关键技术和产品，加强国民体质监测网络建设，构建健康大数据云平台，研发数字化、个性化的行为/心理干预、能量/营养平衡、功能代偿/增进等健康管理解决方案，加快主动健康关键技术突破和健康闭环管理服务研究。 7. 健康服务技术。推动信息技术与医疗健康服务融合创新，突破网络协同、分布式支持系统等关键技术，制定并完善隐私保护和信息安全标准及技术规范，建立基于信息共享、知识集成、多学科协同的集成式、连续性疾病诊疗和健康管理服务模式，推进“互联网+”健康医疗科技示范行动，实现优化资源配置、改善就医模式和强化健康促进的目标。 8. 药品质量安全。瞄准临床用药需求，完善化学仿制药一致性评价技术体系，开展高风险品种、儿童用药、辅助用药的质量和疗效评价，以及药品不良反应监测和评估、药品质量控制等研究，提高我国居民的用药保障水平，提升药品安全风险防控能力。

续表

9. 养老助残技术。以智能服务、功能康复、个性化适配为方向，突破人机交互、神经—机器接口、多信息融合与智能控制等关键技术，开发功能代偿、生活辅助、康复训练等康复辅具产品，建立和完善人体心理、生理等方面功能的综合评估监测指标体系和预警方法，建立和完善促进老龄健康的干预节点和适宜技术措施，建立和完善养老服务技术标准体系和解决方案。

10. 中医药现代化。加强中医原创理论创新及中医药的现代传承研究，加快中医四诊客观化、中医药治未病、中药材生态种植、中药复方精准用药等关键技术突破，制定一批中医药防治重大疾病和疑难疾病的临床方案，开发一批中医药健康产品，提升中医药国际科技合作层次，加快中医药服务现代化和大健康产业发展。

四、发展新型城镇化技术

围绕新型城镇化领域的瓶颈制约，针对绿色、智慧、创新、人文、紧凑型城市建设，以系统工程理念为出发点，尊重城市发展规律，创新和改进规划方法，把生态环境承载力、历史文脉传承、绿色低碳等理念融入规划设计全过程，通过科技创新统筹引领城市规划、建设、管理等各个环节，研发系统性技术解决方案。加强城镇区域发展动态监测、城镇布局和形态功能优化、城镇基础设施功能提升、城镇用地节约集约和低效用地再开发、城市地下综合管廊、地下空间合理布局与节约利用、城市信息化与智慧城市等关键技术研发，加强绿色生态基础设施和海绵城市建设技术研发，着力恢复城市自然生态；加强建筑节能、室内外环境质量改善、绿色建筑及装配式建筑等的规划设计、建造、运维一体化技术和标准体系研究，发展近零能耗和既有建筑改造技术体系，推进和提升节地、节能、节水、节材和环保技术在城市建设中的应用推广；加强文化遗产保护传承和公共文化、体育健身等公共服务关键技术研究，培育教育、文化、体育、旅游等城市创新发展新业态，推动历史文脉延续和人文城市建设。力争到2020年形成较为完备的新型城镇化建设和发展理论体系、共性关键技术和标准规范体系，推动城镇可持续人居环境建设和公共服务功能提升，有力保障中国特色新型城镇化建设。

专栏 15　新型城镇化技术

1. 城镇功能提升和协调发展。开展城镇空间规划、基础设施建设和功能提升、城镇用地节约集约和低效用地再开发等关键技术研发及示范，形成城镇规划建设管理和基础设施功能提升的技术体系与装备，突破城市地下综合管廊建设关键技术及装备、支撑城市地下基础设施管网建设的地质勘测技术、城市生态修复和有机更新技术、市政管线建设—探测—维护—修复和运行技术、城镇电—气—热能源系统结构布局和管网优化技术，推动海绵城市、绿色城市、智慧城市建设和城市精细化管理，优化城镇化布局和形态，构建综合性城市管理数据库和基础设施智能管控系统，推动智慧住区、社区和园区建设，全面推进区域人居环境优化提质和城市文脉传承，为建设绿色、智慧、创新、人文、紧凑型城市提供科技支撑。

2. 绿色建筑与装配式建筑研究。加强绿色建筑规划设计方法与模式、近零能耗建筑、建筑新型高效供暖解决方案研究，建立绿色建筑基础数据系统，研发室内环境保障和既有建筑高性能改造技术。加强建筑信息模型、大数据技术在建筑设计、施工和运维管理全过程研发应用。加强装配式建筑设计理论、技术体系和施工方法研究。研究装配式混凝土结构、钢结构、木结构和混合结构技术体系、关键技术和通用化、标准化、模数化部品部件。研究装配式装修集成技术。构建装配式建筑的设计、施工、建造和检测评价技术及标准体系，开发耐久性好、本质安全、轻质高强的绿色建材，促进绿色建筑及装配式建筑实现规模化、高效益和可持续发展。

3. 文化遗产保护与公共文化服务。加强文化遗产认知、保护、监测、利用、传承等技术研发与示范，支撑文化遗产价值挖掘，支撑馆藏文物、重要遗产地、墓葬、壁画等的保护，支撑智慧博物馆、“平安故宫”工程建设和“中华古籍保护计划”实施，促进世界遗产和风景名胜区的管理、保护和利用。加强文化设施空间与服务的技术研发应用，促进公共文化资源开放共享。开展竞技体育和体育装备关键技术研发与示范，促进全民健康水平提高和体育产业发展。

五、发展可靠高效的公共安全与社会治理技术

围绕平安中国建设，以建立健全公共安全体系为导向，以提高社会治理能力和水平为目的，针对公共安全共性基础科学问题、国家公共安全综合保障、社会安全监测预警与控制、重特大生产安全事故防控与生产安全保障、国家重大基础设施安全保障、城镇公共安全风险防控与治理、综合应急技术装备等方面开展公共安全保障关键技术攻关和应用示范，形成主动保障型公共安全技术体系。聚焦地震灾害、地质灾害、气象灾害、水旱灾害、海洋灾害等重大自然灾害基础理论问题，重点灾种的关键技术环节和巨灾频发与高危险区域，开展重大自然灾害监测预警、风险防控与综合应对关键科学技术问题基础研究、技术研发和集成应用示范。运用现代科技改进社会治理方法和手段，开展社会治理公共服务平台多系统和多平台信息集成共享、政策仿真建模和分析技术研究，开展社会基础信息、信用信息等数据共享交换关键技术和综合应用技术研究。力争到2020年，形成较为完备、可靠、高效的公共安全与社会治理技术体系，为经济社会持续稳定安全发展提供科技保障。

专栏16　公共安全与社会治理技术

1. 公共安全风险防控与应急技术装备。开展公共安全预防准备、监测预警、态势研判、救援处置、综合保障等关键技术研发和应用示范，加强国家公共安全综合保障平台、公共安全视频监控与智能化应用技术、超深井超大矿山安全开采技术、口岸突发事件应急处置技术等的研发，推动一批自主研发重大应急技术装备投入使用，为单位国内生产总值生产安全事故死亡率下降30%、全面提升公共安全保障能力提供科技支撑。

2. 重大灾害风险监测与防范。深化对地球内动力演化、海陆空多尺度耦合影响重大自然灾害发生的科学认知，发展天地空一体化观测关键技术，提升危险性分析、风险评估和灾害情景预测分析的精细化和精准度。加强高效数值模拟等技术研发，提升预警与灾情快速评估时效与精度。加强相关仪器设备研制和业务平台构建，强化各级政府防灾、抗灾、救灾决策支撑能力，提高社会防范能力，有效减轻重大自然灾害人员和财产损失。

3. 社会治理与社会安全关键技术研发和应用示范。加强社会基础信息共享利用、城乡社区综合服务管理平台、社会组织、流动人口、贫困人群和特殊人群监测、就业创业和流动人才管理服务一体化集成等技术研发和应用示范，强化社会安全基础信息综合应用、社会治安综合治理信息数据共享交换、立体化社会治安防控、新型犯罪侦查等技术研发和应用示范，构建社会安全立体防控技术体系。

第七章　发展保障国家安全和战略利益的技术体系

围绕国家和人类长远发展需求，加强海洋、空天以及深地极地空间拓展的关键技术突破，提升战略空间探测、开发和利用能力，为促进人类共同资源有效利用和保障国家安全提供技术支撑。

一、发展海洋资源高效开发、利用和保护技术

按照建设海洋强国和“21世纪海上丝绸之路”的总体部署和要求，坚持以强化近海、拓展远海、探查深海、引领发展为原则，重点发展维护海洋主权和权益、开发海洋资源、保障海上安全、保护海洋环境的重大关键技术。开展全球海洋变化、深渊海洋科学等基础科学研究，突破深海运载作业、海洋环境监测、海洋油气资源开发、海洋生物资源开发、海水淡化与综合利用、海洋能开发利用、海上核动力平台等关键核心技术，强化海洋标准研制，集成开发海洋生态保护、防灾减灾、航运保障等

应用系统。通过创新链设计和一体化组织实施，为深入认知海洋、合理开发海洋、科学管理海洋提供有力的科技支撑。加强海洋科技创新平台建设，培育一批自主海洋仪器设备企业和知名品牌，显著提升海洋产业和沿海经济可持续发展能力。

专栏17　海洋资源开发利用技术

1. 深海探测。围绕实施深海安全战略的科技需求，突破全海深（最大深度11000米）潜水器研制，形成1000—7000米级潜水器作业应用能力。研制深远海油气勘探开发装备，加快大洋海底矿产资源勘探及试开采进程，初步形成“透明海洋”技术体系，为我国深海资源开发利用提供科技支撑。

2. 海洋环境安全保障。发展近海环境质量监测传感器和仪器系统、深远海动力环境长期持续观测重点仪器装备，研发海洋环境数值预报模式，提高海洋环境灾害及突发事件的预报预警水平和应急处置能力，解决国家海洋环境安全保障平台建设中的关键技术问题，构建海洋环境与资源开发标准计量体系，提升我国海洋环境安全保障能力。

3. 海洋生物资源可持续开发利用。围绕海洋生物科学研究和蓝色经济发展需求，针对海洋特有的群体资源、遗传资源、产物资源，在科学问题认知、关键技术突破、产业示范应用三个层面，一体化布局海洋生物资源开发利用重点任务创新链，培育与壮大我国海洋生物产业，全面提升海洋生物资源可持续开发创新能力。

4. 海水淡化与综合利用。突破低成本、高效能海水淡化系统优化设计、成套和施工各环节的核心技术；研发海水提钾、海水提溴和溴系镁系产品的高值化深加工成套技术与装备，建成专用分离材料和装备生产基地；突破环境友好型大生活用海水核心共性技术，积极推进大生活用海水示范园区建设。

5. 大型海洋工程装备。突破超深水半潜式钻井平台和生产平台、浮式液化天然气生产储卸装置和存储再气化装置、深水钻井船、深水勘察船、极地科考破冰船等海洋工程装备及其配套设备设计制造技术，形成自主研发和设计制造能力，建立健全研发、设计、制造和标准体系。

二、发展空天探测、开发和利用技术

发展新一代空天系统技术和临近空间技术，提升卫星平台和载荷能力以及临近空间持久信息保障能力，强化空天技术对国防安全、经济社会发展、全球战略力量部署的综合服务和支撑作用。增强空天综合信息应用水平与技术支撑能力，拓展我国地球信息产业链。加强空间科学新技术新理论研究，开展空间探测活动。开展新机理新体制遥感载荷与平台、空间辐射基准与传递定标、超敏捷卫星与空天地智能组网、全球空间信息精准获取与定量化应用、高精度全物理场定位与智能导航、泛在精确导航与位置服务、量子导航、多源多尺度时空大数据分析与地球系统模拟、地理信息系统在线可视化服务、空间核动力等核心关键技术研究及示范应用。全面提升航天运输系统技术能力，开展新概念运输系统技术研究。

专栏18　空天探测、开发和利用技术

1. 空间科学卫星系列。开展依托空间科学卫星系列的基础科学前沿研究，围绕已发射暗物质粒子探测卫星等任务，在暗物质、量子力学完备性、空间物理、黑洞、微重力科学和空间生命科学等方面取得重大科学发现与突破。研制太阳风—磁层相互作用全景成像卫星、爱因斯坦探针卫星、全球水循环观测卫星、先进天基太阳天文台卫星等，争取在2020年前后发射，为在地球空间耦合规律、引力波电磁对应体探测、全球变化与水循环、太阳磁层与爆发活动之间关系等方面取得原创性成果奠定基础，引领带动航天尖端技术发展。

2. 深空探测。围绕太阳系及地月系统起源与演化、小行星和太阳活动对地球的影响、地外生命信息探寻等重大科学问题，以提升我国深空探测与科学研究能力水平为目标，力争获取一批原创性科学成果。2018年发射嫦娥四号，实施世界首次月球背面着陆巡视探测。2020年完成小行星、木星系、月球后续等深空探测工程方案深化论证和关键技术攻关。

3. 首次火星探测。围绕火星环境、地质等研究和生命信息探寻等科学问题，按照“一步实现绕落巡、二步完成取样回”的发展路线，到2020年发射首颗火星探测器，突破火星环绕和进入、着陆与巡视核心关键技术，通过一次发射实现火星环绕和着陆巡视探测，开展火星全球性、综合性的科学探测，高起点完成首次火星探测任务，实现我国月球以远深空探测能力的突破。

续表

4. 地球观测与导航。突破信息精准获取、定量遥感应用等关键技术和复杂系统集成共性技术，开展地球观测与导航前瞻性技术及理论、共性关键技术、应用示范等技术研究，为构建综合精准、自主可控的地球观测与导航信息应用技术系统奠定基础。

5. 新型航天器。突破分布式可重构弹性空间体系与技术体制、分布式可重构航天器协同测控和能量传输等关键技术；加强超强性能航天器平台、可维修可重复使用卫星、空间机器人等技术研发；面向下一代新型空间系统建设，开发智能高品质新型卫星平台等。推进我国空间体系战略转型、空间探测新机制、空间技术前沿理论与自主核心技术发展。

6. 重型运载火箭。围绕深空探测、载人登月等大规模空间活动任务需求，研制近地轨道运载能力百吨级重型运载火箭，2020 年前突破 10 米级大直径箭体结构、500 吨级液氧煤油和 220 吨级液氢液氧两型大推力火箭发动机等核心关键技术，确定合理可行的总体方案。全面开展工程组织实施，带动一系列高新技术集群突破。

三、发展深地极地关键核心技术

围绕深地极地探测开发的技术需求，重点研究深地资源勘探理论和技术装备，开展极地环境观测和资源开发利用。从构造背景、深部过程、成矿规律、勘探技术和成矿信息提取等方面开展全链条研究，深化对成矿过程的全面理解，提高深部资源探测能力，构建深地资源保障供应的资源可持续发展模式。研究海冰—海洋—大气的稠合变化机理和极区环境变化对全球的影响，重点研究对我国气候和灾害性天气的影响机理；探索和了解极区的油气、矿产、渔业、航道资源并评估资源潜力和商业价值；开发耐低温环境的仪器装备，发展极区自动观测网的组网技术，形成对极区的持续观测能力；通过在极区观测网、海底资源开发、深冰芯钻探等领域的国际合作，探索设立大型极区国际合作研究计划，提高我国极地科研水平和技术保障条件。

专栏 19　深地极地技术

1. 深地资源勘探。揭示成矿系统的三维结构与时空展布规律，构建深部矿产预测评价体系，拓展深地矿产开采理论与技术，开发矿产资源勘探关键技术与装备，实现深部油气资源 8000—10000 米、矿产资源 1000—3000 米的勘探能力，建立 3000 米深度矿产资源勘查实践平台、深层油气和铀矿资源勘查实践平台。

2. 极区环境观测。开展极区冰雪观测、冰盖运动与物质平衡，极区环境过程观测与生物地球化学循环，极区生物的生命特征、生态系统及其演替，极区海洋沉积物结构及古气候、古环境变化等方面研究。建立两极海冰—海洋—大气相互作用、协同集成的观测系统，开发极区环境信息服务平台，形成我国认识极地的多学科数据源。

3. 极区变化对全球及我国气候的影响。研究极区环流、海冰—海洋—大气稠合变化及其气候效应，研究南极深冰芯记录、北极冰冻圈演变过程、极区空间天气大气过程的相互作用及其对全球气候变化和我国气候与灾害性天气过程的影响。

4. 极区资源探测与利用。开展极区地质构造及潜在矿产资源探测，极区油气和天然气水合物资源探测，加强北极航道环境适航性探查与安全保障。

5. 我国主导的大型极区国际合作计划。实施北极长期观测计划、南大洋长期观测计划、南极深冰探测联合研究计划，提升我国在极区国际地缘政治中的影响力和话语权。

四、发展维护国家安全和支撑反恐的关键技术

强化科技对国家应对传统安全和非传统安全紧迫需求的支撑，支持信息安全、网络安全、生物安全、反恐、保密等方面关键核心技术研发。

第三篇 增强原始创新能力

围绕增加创新的源头供给，持续加强基础研究，布局建设重大科技创新基地，壮大创新型科技人才队伍，力争在更多领域引领世界科学前沿发展方向，为人类科技进步作出更多贡献。

第八章 持续加强基础研究

坚持面向国家重大需求和世界科学前沿，坚持鼓励自由探索和目标导向相结合，加强重大科学问题研究，完善基础研究体制机制，补好基础研究短板，增强创新驱动源头供给，显著提升我国的科学地位和国际影响力。

一、加强自由探索与学科体系建设

面向基础前沿，遵循科学规律，进一步加大对好奇心驱动基础研究的支持力度，引导科学家将学术兴趣与国家目标相结合，鼓励科学家面向重大科学研究方向，勇于攻克最前沿的科学难题，提出更多原创理论，作出更多原创发现。切实加大对非共识、变革性创新研究的支持力度，鼓励质疑传统、挑战权威，重视可能重塑重要科学或工程概念、催生新范式或新学科新领域的研究。

加强学科体系建设。重视数学、物理学、化学、天文学、地学、生命科学等基础学科，推动学科持续发展；加强信息、生物、纳米等新兴学科建设，鼓励开展跨学科研究，促进学科交叉与融合；重视产业升级与结构调整所需解决的核心科学问题，推进环境科学、海洋科学、材料科学、工程科学和临床医学等应用学科发展。各学科论文总量和论文被引用数进一步增长，部分学科学术影响力达到世界领先。

二、强化目标导向的基础研究和前沿技术研究

面向我国经济社会发展中的关键科学问题、国际科学研究发展前沿领域以及未来可能产生变革性技术的科学基础，统筹优势科研队伍、国家科研基地平台和重大科技基础设施，超前投入、强化部署目标导向的基础研究和前沿技术研究。

聚焦国家重大战略任务部署基础研究。面向国家重大需求、面向国民经济主战场，针对事关国计民生、产业核心竞争力的重大战略任务，凝练现代农业、人口健康、资源环境和生态保护、产业转型升级、节能环保和新能源、新型城镇化等领域的关键科学问题，促进基础研究与经济社会发展需求紧密结合，为创新驱动发展提供源头供给。

专栏 20 面向国家重大战略任务重点部署的基础研究
1. 农业生物遗传改良和可持续发展。 2. 能源高效洁净利用与转化的物理化学基础。 3. 面向未来人机物融合的信息科学。

续表

4. 地球系统过程与资源、环境和灾害效应。
5. 新材料设计与制备新原理和新方法。
6. 极端环境条件下的制造。
7. 重大工程复杂系统的灾变形成及预测。
8. 航空航天重大力学问题。
9. 医学免疫学问题。

面向世界科学前沿和未来科技发展趋势，选择对提升持续创新能力带动作用强、研究基础和人才储备较好的战略性前瞻性重大科学问题，强化以原始创新和系统布局为特点的大科学研究组织模式，部署基础研究重点专项，实现重大科学突破、抢占世界科学发展制高点。

专栏 21　战略性前瞻性重大科学问题

1. 纳米科技。
2. 量子调控与量子信息。
3. 蛋白质机器与生命过程调控。
4. 干细胞及转化。
5. 依托大科学装置的前沿研究。
6. 全球变化及应对。
7. 发育的遗传与环境调控。
8. 合成生物学。
9. 基因编辑。
10. 深海、深地、深空、深蓝科学研究。
11. 物质深层次结构和宇宙大尺度物理研究。
12. 核心数学及应用数学。
13. 磁约束核聚变能发展。

以实现重点科技领域的战略领先为目标，面向未来有望引领人类生活和工业生产实现跨越式发展的前沿方向，建立变革性技术科学基础的培育机制，加强部署基因编辑、材料素化、神经芯片、超构材料、精准介观测量等方面的基础研究和超前探索，通过科学研究的创新和突破带动变革性技术的出现和发展，为未来我国产业变革和经济社会可持续发展提供科学储备。

三、组织实施国际大科学计划和大科学工程

面向基础研究领域和重大全球性问题，结合我国发展战略需要、现实基础和优势特色，积极参与国际大科学计划和大科学工程。加强顶层设计，长远规划，择机布局，重点在数理天文、生命科学、地球环境科学、能源以及综合交叉等我国已相对具备优势的领域，研究提出未来 5 至 10 年我国可能组织发起的国际大科学计划和大科学工程。调动国际资源和力量，在前期充分研究基础上，力争发起和组织若干新的国际大科学计划和大科学工程，为世界科学发展作出贡献。

专栏 22　国际大科学计划和大科学工程

1. 国际热核聚变实验堆(ITER)计划。全面参与 ITER 计划国际组织管理，提升我国核聚变能源研发能力；以参加 ITER 计划为契机，带动更多国内相关机构参与国际研发，提升我国参与大科学工程项目管理的能力，树立我国参与国际大科学工程项目管理的典范。

续表

2. 平方公里阵列射电望远镜(SKA)计划。积极参与SKA计划政府间正式谈判,继续深入参与SKA国际工作包研发并确保我国工业界在SKA—1建设中的优势地位,在国内部署开展科学预研及推动设立SKA—1专项。
3. 地球观测组织(GEO)。构建综合地球观测领域全球合作体系,主导亚洲大洋洲区域全球综合地球观测系统(GEOSS)的建设,运行我国全球综合地球观测数据共享服务平台,向全球发布专题报告。选择“一带一路”区域开展遥感产品生产与示范应用。
4. 国际大洋发现计划(IODP)。瞄准国际前沿科学问题,验证大陆破裂形成海洋的重大理论假说,解决南海北部油气勘探开发中的关键问题。创新参与模式,提高我国的主导作用。
5. 发起实施国际大科学计划和大科学工程。在数理天文、生命科学、地球环境科学、能源以及综合交叉等领域选择全球共同关心的重大科学问题,发起实施若干国际大科学计划和大科学工程,并在其中发挥重要作用。

四、加强国家重大科技设施建设

聚焦能源、生命、粒子物理和核物理、空间和天文、海洋、地球系统和环境等领域,以提升原始创新能力和支撑重大科技突破为目标,依托高等学校、科研院所布局建设一批重大科技基础设施,支持依托重大科技基础设施开展科学前沿问题研究。加强运行管理,推动大科学装置等重大科技基础设施与国家实验室等紧密结合,强化大科学装置等国家重大科技基础设施绩效评估,促进开放共享。围绕生态保障、现代农业、气候变化和灾害防治等国家需求,建设布局一批野外科学观测研究站,完善国家野外观测站体系,推动野外科学观测研究站的多能化、标准化、规范化和网络化建设运行,促进联网观测和协同创新。

五、开展重大科学考察与调查

面向重要科学问题、农业可持续发展、生态恢复与重建、自然灾害的防灾减灾、国家权益维护和重大战略需求,组织开展跨学科、跨领域、跨区域的重大科学考察与调查,获得一批基础性、公益性、系统性、权威性的科技资源。在我国重要地理区、生态环境典型区、国际经济合作走廊以及极地、大洋等重点、特殊和空白地区,开展科学考察与调查,摸清自然本底和动态变化状况,为原始性创新、重大工程建设和国家决策提供支撑。

专栏23　科学考察与调查

1. 重大综合科学考察。在我国重要地理区、生态环境典型区等重点、特殊和空白地区,开展地理、地质、生态、环境、生物、农业、林业、海洋、健康等多领域多要素的科学考察与调查,采集、收集科技基础资源,摸清自然本底和动态变化状况。
2. 南北极科学考察。围绕极区快速变化及其对区域和全球气候、环境、生态以及人类活动影响等重要方向,依托极地科考站、科考船和综合立体观测系统,开展极地雪冰、资源环境、海洋沉积、极光和电离层特征、地质构造等科学考察与调查,提高对极地系统的科学新认知,提升极地科学研究的能力与水平。
3. 种质资源普查与收集。开展全国范围内的种质资源普查和征集,开展典型区域的种质资源系统调查,抢救性收集各类栽培作物的古老地方品种、重要作物的野生近缘植物以及其他珍稀、濒危野生植物种质资源等,丰富种质资源的数量和多样性。
4. 科学调查。开展岩石、地层、古生物、构造、矿产、水文、环境、地貌、地球化学、重点疾病等科学调查,获取相关学科研究所需基础资料和信息。

六、加强基础研究协同保障

完善基础研究投入机制,提高基础研究占全社会研发投入比例,充分发挥国家对基础研究投入的主体作用，加大中央财政对基础研究的支持力度，加大对基础学科、基础研究基地和基础科学重大设施的稳定支持。强化政策环境、体制机制、科研布局、评价导向等方面的系统设计，多措并举支持基础研究。积极引导和鼓励地方政府、企业和社会力量加大对基础研究的投入，形成全社会重视和支持基础研究的合力。

加强顶层设计和整体布局，完善国家基础研究管理部门之间的沟通协调机制，按照新的国家科技计划体系对基础研究工作进行系统性部署和支持。发挥国家自然科学基金支持源头创新的重要作用，充分尊重科学家的学术敏感，包容和支持非共识研究，构建宽松包容的学术环境。国家重点研发计划以及基地和人才专项加强支持开展目标导向类基础研究和协同创新，建立按照国家目标凝练基础研究重点任务的有效机制，进行长期稳定支持。

推进科教融合发展，结合国际一流科研机构、世界一流大学和一流学科建设，支持高等学校与科研机构自主布局基础研究，扩大高等学校与科研机构学术自主权和个人科研选题选择权，支持一批高水平大学和科研院所组建跨学科、综合交叉的科研团队，促进高等学校和科研院所全面参与基础研究，推进基础研究全面、协调、可持续发展。

改善学术环境，建立符合基础研究特点和规律的评价机制。自由探索类基础研究采用长周期评价机制，实行国际同行评估，主要评价研究的原创性和学术贡献；目标导向类基础研究强调目标实现程度，主要评价解决重大科学问题的效能；确立以创新质量和学术贡献为核心的评价导向。

第九章　建设高水平科技创新基地

紧密围绕国家战略需求，大力推进以国家实验室为引领的科技创新基地建设，加强基地优化整合，创新运行机制，促进科技资源开放共享，夯实自主创新的物质技术基础。

一、优化国家科研基地和平台布局

以提升科技创新能力为目标，着眼长远和全局，统筹科研基地、科技资源共享服务平台和科研条件保障能力建设，坚持优化布局、重点建设、分层管理、规范运行的原则，围绕国家战略和创新链布局需求对现有国家科研基地平台进行合理归并，优化整合为战略综合类、技术创新类、科学研究类、基础支撑类等，进一步明确功能定位和目标任务。战略综合类主要是国家实验室。技术创新类包括国家技术创新中心、国家临床医学研究中心，以及对现有国家工程技术研究中心、国家工程研究中心、国家工程实验室、企业国家重点实验室等优化整合后形成的科研基地。科学研究类主要是国家重点实验室。基础支撑类包括国家野外科学观测研究站、科技资源服务平台等基础性、公益性基地和平台。

以国家实验室为引领统筹布局国家科研基地建设，推动地方和部门按照国家科研基地总体布局，建设适合区域发展和行业特色的科技创新基地，形成国家、部门、地方分层次的合理构架。进一步完善管理运行机制，加强评估考核，强化稳定支持。

二、在重大创新领域布局建设国家实验室

聚焦国家目标和战略需求，优先在具有明确国家目标和紧迫战略需求的重大领域，在有望引领

未来发展的战略制高点，面向未来、统筹部署，布局建设一批突破型、引领型、平台型一体的国家实验室。以重大科技任务攻关和国家大型科技基础设施为主线，依托最有优势的创新单元，整合全国创新资源，聚集国内外一流人才，探索建立符合大科学时代科研规律的科学研究组织形式、学术和人事管理制度，建立目标导向、绩效管理、协同攻关、开放共享的新型运行机制，同其他各类科研机构、大学、企业研发机构形成功能互补、良性互动的协同创新新格局。加大持续稳定支持强度，开展具有重大引领作用的跨学科、大协同的创新攻关，打造体现国家意志、具有世界一流水平、引领发展的重要战略科技力量。

三、推进国家科学研究与技术创新基地建设

瞄准科学前沿和重点行业领域发展方向，加强以国家重点实验室为重要载体的科学研究基地建设，在孕育原始创新、推动学科发展和前沿技术研发方面发挥重要作用，在若干学科领域实现并跑和领跑，产出国际一流成果。根据国家科技计划管理改革的整体要求，按照国家科研基地顶层设计，对现有国家重点实验室进行优化布局，重点在前沿交叉、优势特色学科择优建设一批国家重点实验室，推进省部共建、军民共建及港澳伙伴实验室建设发展工作。完善运行管理制度和机制，强化定期评估考核和调整，形成具有持续创新活力、能进能出的重要科学研究基地。

聚焦国家战略产业技术领域，建设综合性、集成性，面向全球竞争、开放协同的国家技术创新中心。面向行业和产业发展需求，整合国家工程技术研究中心和国家工程研究中心，完善布局，实行动态调整和有序退出机制。在先进制造、现代农业、生态环境、社会民生等重要领域建设高水平的技术创新和成果转化基地。建成若干国家临床研究中心和覆盖全国的网络化、集群化协同研究网络，促进医学科技成果转化应用。

四、强化科技资源开放共享与服务平台建设

加强平台建设系统布局，形成涵盖科研仪器、科研设施、科学数据、科技文献、实验材料等的科技资源共享服务平台体系，强化对前沿科学研究、企业技术创新、大众创新创业等的支撑，着力解决科技资源缺乏整体布局、重复建设和闲置浪费等问题。整合和完善科技资源共享服务平台，更好满足科技创新需求。建立健全共享服务平台运行绩效考核、后补助和管理监督机制。深入开展重点科技资源调查，完善国家科技资源数据库建设，强化科技资源挖掘加工、评价鉴定等。面向国家重大需求提供高水平专题服务。建立科技资源信息公开制度，完善科学数据汇交和共享机制，加强科技计划项目成果数据的汇交。

专栏 24　科技资源共享服务

1. 科研仪器共享服务平台。完善科研仪器国家网络管理平台建设，对国家财政购置的各类科研仪器设备进行集约式管理，积极推动面向科研院所、企业及全社会开放共享，为科学研究和创新创业提供支撑保障。

2. 科研设施共享服务平台。充分发挥国家重大科研基础设施、大型科学装置和科研设施、野外科学观测研究站等重要公共科技资源的优势，推动面向科技界开放共享，为相关学科发展提供支撑保障。

3. 科学数据共享服务平台。加强各类科学数据的整合和质量控制，完善科学数据汇交机制，推动科学数据的汇聚和更新，加工形成专题数据产品，面向国家重大战略需求提供科学数据支撑。

4. 科技文献共享服务平台。扩大科技文献信息资源采集范围，建立长期保存制度，建设面向重大科技发展方向的语义知识组织体系，提升科技资源大数据语义揭示、开放关联和知识发现的支撑能力，全面构建适应大数据环境和知识服务需求的国家科技文献信息保障服务体系。

续表

5. 生物(种质)资源与实验材料共享服务平台。重点加强实验动物、标准物质、科研试剂、特殊人类遗传资源、基因、细胞、微生物菌种、植物种质、动物种质、岩矿化石标本、生物标本等资源的收集、整理、保藏工作,提高资源质量,提升资源保障能力和服务水平。

五、提升科研条件保障能力

以提升原始创新能力和支撑重大科技突破为目标,加强大型科学仪器设备、实验动物、科研试剂、创新方法等保障研究开发的科研条件建设,夯实科技创新的物质和条件基础,提升科研条件保障能力。强化重大科研仪器设备、核心技术和关键部件研制与开发,推动科学仪器设备工程化和产业化技术研究;强化国家质量技术基础研究,支持计量、标准、检验检测、认证认可等技术研发,加强技术性贸易措施研究;加强实验动物品种培育、模型创制及相关设备的研发,全面推进实验动物标准化和质量控制体系建设;加强国产科研用试剂研发、应用与示范,研发一批填补国际空白、具有自主知识产权的原创性科研用试剂,不断满足我国科学技术研究和高端检测领域的需求;开展科技文献信息数字化保存、信息挖掘、语义揭示、知识计算等方面关键共性技术研发。

专栏 25　科研条件保障
1. 科学仪器设备。以关键核心技术和部件自主研发为突破口,聚焦高端通用和专业重大科学仪器设备研发、工程化和产业化,研制一批核心关键部件,显著降低核心关键部件对外依存度,明显提高高端通用科学仪器的产品质量和可靠性,大幅提升我国科学仪器行业核心竞争力。
2. 国家质量技术基础。研发具有国际水平的计量、标准、检验检测和认证认可技术,提升我国国际互认计量测量能力,参与和主导研制国际标准,突破一批检验检测检疫认证新技术,实现国家质量技术基础总体水平与发达国家并跑,个别领域达到领跑。
3. 实验动物。开展实验动物新资源和新品种培育,加快人源化和复杂疾病动物模型创制与应用,新增一批新品种、新品系,资源总量接近发达国家水平;开展动物实验新技术和新设备开发,加强实验动物标准化体系建设,为人类健康和公共安全提供有效技术保障。
4. 科研试剂。重点围绕人口健康、资源环境以及公共安全领域需求,加强高端检测试剂、高纯试剂、高附加值专有试剂研发,研发一批具有自主知识产权的原创性试剂;开展科研用试剂共性测试技术研究,加强技术标准建设,完善质量体系,提升科研用试剂保障能力。

第十章　加快培育集聚创新型人才队伍

人才是经济社会发展的第一资源,是创新的根基,创新驱动实质上是人才驱动。深入实施人才优先发展战略,坚持把人才资源开发放在科技创新最优先的位置,优化人才结构,构建科学规范、开放包容、运行高效的人才发展治理体系,形成具有国际竞争力的创新型科技人才制度优势,努力培养造就规模宏大、结构合理、素质优良的创新型科技人才队伍,为建设人才强国作出重要贡献。

一、推进创新型科技人才结构战略性调整

促进科学研究、工程技术、科技管理、科技创业人员和技能型人才等协调发展,形成各类创新型

科技人才衔接有序、梯次配备、合理分布的格局。深入实施国家重大人才工程，打造国家高层次创新型科技人才队伍。突出“高精尖缺”导向，加强战略科学家、科技领军人才的选拔和培养。加强创新团队建设，形成科研人才和科研辅助人才的梯队合理配备。加大对优秀青年科技人才的发现、培养和资助力度，建立适合青年科技人才成长的用人制度，增强科技创新人才后备力量。大力弘扬新时期工匠精神，加大面向生产一线的实用工程人才、卓越工程师和专业技能人才培养。培养造就一大批具有全球战略眼光、创新能力和社会责任感的企业家人才队伍。加大少数民族创新型科技人才培养和使用，重视和提高女性科技人才的比例。加强知识产权和技术转移人才队伍建设，提升科技管理人才的职业化和专业化水平。加大对新兴产业以及重点领域、企业急需紧缺人才的支持力度。研究制定国家重大战略、国家重大科技项目和重大工程等的人才支持措施。建立完善与老少边穷地区人才交流合作机制，促进区域人才协调发展。

二、大力培养和引进创新型科技人才

发挥政府投入引导作用，鼓励企业、高等学校、科研院所、社会组织、个人等有序参与人才资源开发和人才引进，更大力度引进急需紧缺人才，聚天下英才而用之。促进创新型科技人才的科学化分类管理，探索个性化培养路径。促进科教结合，构建创新型科技人才培养模式，强化基础教育兴趣爱好和创造性思维培养，探索研究生培养科教结合的学术学位新模式。深化高等学校创新创业教育改革，促进专业教育与创新创业教育有机结合，支持高等职业院校加强制造等专业的建设和技能型人才培养，完善产学研用结合的协同育人模式。鼓励科研院所和高等学校联合培养人才。

加大对国家高层次人才的支持力度。加快科学家工作室建设，鼓励开展探索性、原创性研究，培养一批具有前瞻性和国际眼光的战略科学家群体；形成一支具有原始创新能力的杰出科学家队伍；在若干重点领域建设一批有基础、有潜力、研究方向明确的高水平创新团队，提升重点领域科技创新能力；瞄准世界科技前沿和战略性新兴产业，支持和培养具有发展潜力的中青年科技创新领军人才；改革博士后制度，发挥高等学校、科研院所、企业在博士后研究人员招收培养中的主体作用，为博士后从事科技创新提供良好条件保障；遵循创业人才成长规律，拓宽培养渠道，支持科技成果转化领军人才发展。培育一批具备国际视野、了解国际科学前沿和国际规则的中青年科研与管理人才。

加大海外高层次人才引进力度。围绕国家重大需求，面向全球引进首席科学家等高层次创新人才，对国家急需紧缺的特殊人才，开辟专门渠道，实行特殊政策，实现精准引进。改进与完善外籍专家在华工作、生活环境和相关服务。支持引进人才深度参与国家计划项目、开展科技攻关，建立外籍科学家领衔国家科技项目的机制。开展高等学校和科研院所部分非涉密岗位全球招聘试点。完善国际组织人才培养推送机制。

优化布局各类创新型科技人才计划，加强衔接协调。统筹安排人才开发培养经费，调整和规范人才工程项目财政性支出，提高资金使用效益，发挥人才发展专项资金等政府投入的引导和撬动作用。推动人才工程项目与各类科研、基地计划相衔接。

三、健全科技人才分类评价激励机制

改进人才评价考核方式，突出品德、能力和业绩评价，实行科技人员分类评价。探索基础研究类科研人员的代表作同行学术评议制度，进一步发挥国际同行评议的作用，适当延长基础研究人才评价考核周期。对从事应用研究和技术开发的科研人员注重市场检验和用户评价。引导科研辅助和实验技术类人员提高服务水平和技术支持能力。完善科技人才职称评价体系，突出用人主体在职称评审中的主导作用，合理界定和下放职称评审权限，推动高等学校、科研院所和国有企业自主评审，探索高层次人才、急需紧缺人才职称直聘办法，畅通非公有制经济组织和社会组织人才申报参加职称评审渠道。做好人才评价与项目评审、机构评估的有机衔接。

改革薪酬和人事制度，为各类人才创造规则公平和机会公平的发展空间。完善科研事业单位收入分配制度，推进实施绩效工资，保证科研人员合理工资待遇水平，健全与岗位职责、工作业绩、实际贡献紧密联系和鼓励创新创造的分配激励机制，重点向关键岗位、业务骨干和作出突出贡献的人员倾斜。依法赋予创新领军人才更大的人财物支配权、技术路线决定权，实行以增加知识价值为导向的激励机制。积极推行社会化、市场化选人用人。创新科研事业单位选聘、聘用高端人才的体制机制，探索高等学校、科研院所负责人年薪制和急需紧缺等特殊人才协议工资、项目工资等多种分配办法。深化国家科技奖励制度改革，优化结构、减少数量、提高质量、强化奖励的荣誉性和对人的激励，逐步完善推荐提名制，引导和规范社会力量设奖。改进完善院士制度，健全院士遴选、管理和退出机制。

四、完善人才流动和服务保障机制

优化人力资本配置，按照市场规律让人才自由流动，实现人尽其才、才尽其用、用有所成。改进科研人员薪酬和岗位管理制度，破除人才流动障碍，研究制定高等学校、科研院所等事业单位科研人员离岗创业的政策措施，允许高等学校、科研院所设立一定比例的流动岗位，吸引具有创新实践经验的企业家、科技人才兼职，促进科研人员在事业单位和企业间合理流动。健全有利于人才向基层、中西部地区流动的政策体系。加快社会保障制度改革，完善科研人员在企业与事业单位之间流动时社保关系转移接续政策，为人才跨地区、跨行业、跨体制流动提供便利条件，促进人才双向流动。

针对不同层次、不同类型的人才，制定相应管理政策和服务保障措施。实施更加开放的创新型科技人才政策，探索柔性引智机制，推进和保障创新型科技人才的国际流动。落实外国人永久居留管理政策，探索建立技术移民制度。对持有外国人永久居留证的外籍高层次人才开展创办科技型企业等创新活动，给予其与中国籍公民同等待遇，放宽科研事业单位对外籍人员的岗位限制，放宽外国高层次科技人才取得外国人永久居留证的条件。推进内地与港澳台创新型科技人才的双向流动。加强对海外引进人才的扶持与保护，避免知识产权纠纷。健全创新人才维权援助机制，建立创新型科技人才引进使用中的知识产权鉴定机制。完善留学生培养支持机制，提高政府奖学金资助标准，扩大来华留学规模，优化留学生结构。鼓励和支持来华留学生和在海外留学生以多种形式参与创新创业活动。进一步完善教学科研人员因公临时出国分类管理政策。

拓展人才服务新模式。积极培育专业化人才服务机构，发展内外融通的专业性、行业性人才市场，完善对人才公共服务的监督管理。搭建创新型科技人才服务区域和行业发展的平台，探索人才和智力流动长效服务机制。

第四篇　拓展创新发展空间

统筹国内国际两个大局,促进创新资源集聚和高效流动。以打造区域创新高地为重点带动提升区域创新发展整体水平,深度融入和布局全球创新网络,全方位提升科技创新的国际化水平。

第十一章　打造区域创新高地

围绕推动地方实施创新驱动发展战略和落实国家区域发展总体战略,充分发挥地方在区域创新中的主体作用,优化发展布局,创新体制机制,集成优势创新资源,着力打造区域创新高地,引领带动区域创新水平整体跃升。

一、支持北京上海建设具有全球影响力的科技创新中心

支持北京发挥高水平大学和科研机构、高端科研成果、高层次人才密集的优势,建设具有强大引领作用的全国科技创新中心。鼓励开展重大基础和前沿科学研究,聚集世界级研究机构和创新团队,打造原始创新策源地。强化央地共建共享,建立跨区域科技资源服务平台,全面提升重点产业技术创新能力,积极培育新兴业态,形成全国"高精尖"产业集聚区。建设国家科技金融创新中心,推动科技人才、科研条件、金融资本、科技成果开放服务,在京津冀及全国创新驱动发展中发挥核心支撑和先发引领作用。构筑全球开放创新高地,打造全球科技创新的引领者和创新网络的关键枢纽。

支持上海发挥科技、资本、市场等资源优势和国际化程度高的开放优势,建设具有全球影响力的科技创新中心。瞄准世界科技前沿和顶尖水平,布局建设世界一流重大科技基础设施群。支持面向生物医药、集成电路等优势产业领域建设若干科技创新平台,形成具有国际竞争力的高新技术产业集群。鼓励政策先行先试,促进国家重大科技成果转化落地,吸引集聚全球顶尖科研机构、领军人才和一流创新团队,引导新型研发机构快速发展,培育创新创业文化。推进上海张江国家自主创新示范区、中国(上海)自由贸易试验区和全面创新改革试验区联动,全面提升科技国际合作水平。发挥上海在长江经济带乃至全国范围内的高端引领和辐射带动作用,打造全球科技创新网络重要枢纽,建设富有活力的世界创新城市。

二、推动国家自主创新示范区和高新区创新发展

紧密结合国家重大战略,按照"东转西进"的原则优化布局,依托国家高新区再建设一批国家自主创新示范区。大力提升国家自主创新示范区创新能力,发挥科教资源集聚优势,释放高等学校和科研院所创新效能,整合国内外创新资源,深化企业主导的产学研合作,着力提升战略性新兴产业竞争力,发挥在创新发展中的引领示范和辐射带动作用。支持国家自主创新示范区先行先试,全面深化科技体制改革和政策创新,结合功能提升和改革示范的需求建设创新特区。加强政策总结

评估，加快成熟试点政策向全国推广。

国家高新区围绕做实做好“高”和“新”两篇文章，加大体制机制改革和政策先行先试力度，促进科技、人才、政策等要素的优化配置，完善从技术研发、技术转移、企业孵化到产业集聚的创新服务和产业培育体系。稳步推进省级高新区升级，按照择优选择、以升促建、分步推进、特色鲜明的原则，推动国家高新区在全国大部分地级市布局，加快推进中西部地区高新区升级。建设创新型产业集群，发挥集群骨干企业创新示范作用，促进大中小企业的分工协作，引导跨区域跨领域集群协同发展。

加强国家农业科技园、国家现代农业科技示范区建设，布局一批农业高新技术产业示范区和现代农业产业科技创新中心，培育壮大农业高新技术企业，促进农业高新技术产业发展。

三、建设带动性强的创新型省市和区域创新中心

按照创新型国家建设的总体部署，发挥地方主体作用，加强中央和地方协同共建，有效集聚各方科技资源和创新力量，加快推进创新型省份和创新型城市建设，推动创新驱动发展走在前列的省份和城市率先进入创新型省市行列，依托北京、上海、安徽等大科学装置集中的地区建设国家综合性科学中心，形成一批具有全国乃至全球影响力的科学技术重要发源地和新兴产业策源地，在优势产业、优势领域形成全球竞争力。根据各地资源禀赋、产业特征、区位优势、发展水平等基础条件，突出优势特色，探索各具特色的创新驱动发展模式，打造形成若干具有强大带动力的区域创新中心，辐射带动周边区域创新发展。

四、系统推进全面创新改革试验

围绕发挥科技创新在全面创新中的引领作用，在京津冀、上海、安徽、广东、四川和沈阳、武汉、西安等区域开展系统性、整体性、协同性的全面创新改革试验，推动形成若干具有示范带动作用的区域性改革创新平台，形成促进创新的体制架构。支持改革试验区域统筹产业链、创新链、资金链和政策链，在市场公平竞争、知识产权、科技成果转化、金融创新、人才培养和激励、开放创新、科技管理体制等方面取得一批重大改革突破，在率先实现创新驱动发展方面迈出实质性步伐。在对8个区域改革试验总结评估的基础上，形成可复制的重大改革举措，向全国推广示范。

第十二章　提升区域创新协调发展水平

完善跨区域协同创新机制，引导创新要素聚集流动，构建跨区域创新网络，集中力量加大科技扶贫开发力度，充分激发基层创新活力。

一、推动跨区域协同创新

紧紧围绕京津冀协同发展需求，打造协同创新共同体。着力破解产业转型升级、生态环保等重大科技问题，加快科技资源互联互通和开放共享，建立一体化技术交易市场，推动建设河北·京南科技成果转移转化示范区，促进产业有序对接，推动京津冀区域率先实现创新驱动发展。围绕长江经济带发展重大战略部署，着力解决流域生态保护和修复、产业转型升级的重大科技问题，促

进长江经济带各地区技术转移、研发合作与资源共享，推动科技、产业、教育、金融等深度融合，提升创新发展整体水平。加速长三角、珠三角科技创新一体化进程，建设开放创新转型升级新高地。

打破区域体制机制障碍，促进创新资源流动，实现东中西部区域协同发展。支持东部地区率先实现创新驱动发展，更好发挥辐射带动作用。围绕东北地区等老工业基地振兴和中部崛起，加大对重点产业创新支持力度，提高创新资源配置的市场化程度，增强创新动力和活力。加快面向中西部地区的创新基地优化布局，发展特色优势学科和产业。加强对西部区域和欠发达地区的差别化支持，紧密对接革命老区、民族地区、边疆地区、贫困地区科技需求，加大科技援疆、援藏、援青以及对口支援力度，为跨越式发展和长治久安提供有力支撑。支持中西部地区结合发展需求探索各具特色的创新驱动发展模式，支持和推进甘肃兰白科技创新改革试验区、贵州大数据产业技术创新试验区、四川成都中韩创新创业园、云南空港国际科技创新园、宁夏沿黄经济带科技创新改革试验区等建设，优化创新创业环境，聚集创新资源，示范引领区域转型发展。深化部省会商机制，加大中央和地方科技资源的集成与协调。

二、加大科技扶贫开发力度

围绕打赢脱贫攻坚战，强化科技创新对精准扶贫精准脱贫的支撑作用，大力推进智力扶贫、创业扶贫、协同扶贫。推动科技人员支持边远贫困地区、边疆民族地区和革命老区建设，在贫困地区、革命老区转化推广一大批先进适用技术成果。加强科技园区和创新创业孵化载体建设，引导资本、技术、人才等创新创业资源向贫困地区集聚，鼓励和支持结合贫困地区资源和产业特色的科技型创业。支持做好片区扶贫，完善跨省协调机制。结合贫困地区需求，强化定点扶贫，实施“一县一团”、“一县一策”，建设创新驱动精准脱贫的试验田和示范点。发挥科技在行业脱贫中的带动作用，重点扶持贫困地区特色优势产业发展壮大。

三、提升基层科技创新服务能力

进一步加强基层科技工作系统设计与指导，坚持面向基层、重心下移，统筹中央和地方科技资源支持基层科技创新。开展县域创新驱动发展示范，加强全国县(市)科技创新能力监测和评价。加强基层科技管理队伍建设，发展和壮大社会化创业服务，鼓励和培育多元化、个性化服务模式。深入推行科技特派员制度，发展壮大科技特派员队伍，培育发展新型农业经营和服务主体，健全农业社会化科技服务体系，鼓励创办领办科技型企业和专业合作社、专业技术协会，加大先进适用技术的推广应用力度。

专栏 26　县域创新驱动发展示范

1. 创新驱动发展示范县。选择有示范带动能力的特色县(市)，重点开展科研单位与县(市)科技合作平台建设，培育壮大农业高新技术产业，发展县(市)科技成果转化与创新服务平台，加强创新驱动的考核评价。

2. 农业现代化科技示范县。选择农业现代化水平高、科技创新能力强、农业高新技术产业密集、科教资源丰富的县(市)，创建农业现代化科技示范县，形成农业现代化发展样板。

3. 农村一二三产业融合发展示范县。选择农业资源、生物质资源、休闲农业资源丰富，产业基础好的县(市)，发展“互联网+”现代农业，延伸拓展农业产业链，促进农村一二三产业融合发展，拓展农业产业增值空间。

四、促进区域可持续发展

优化国家可持续发展实验区布局，针对不同类型地区经济、社会和资源环境协调发展的问题，开展创新驱动区域可持续发展的实验和示范。完善实验区指标与考核体系，加大科技成果转移转化力度，促进实验区创新创业，积极探索区域协调发展新模式。在国家可持续发展实验区基础上，围绕落实国家重大战略和联合国2030年可持续发展议程，以推动绿色发展为核心，创建国家可持续发展创新示范区，力争在区域层面形成一批现代绿色农业、资源节约循环利用、新能源开发利用、污染治理与生态修复、绿色城镇化、人口健康、公共安全、防灾减灾和社会治理的创新模式和典型。

第十三章　打造“一带一路”协同创新共同体

发挥科技创新合作对共建“一带一路”的先导作用，围绕沿线国家科技创新合作需求，全面提升科技创新合作层次和水平，打造发展理念相通、要素流动畅通、科技设施联通、创新链条融通、人员交流顺通的创新共同体。

一、密切科技沟通和人文交流

加强与“一带一路”沿线国家人文交流，扩大人员往来。与沿线国家共同培养科技人才，扩大杰出青年科学家来华工作计划规模，广泛开展先进适用技术、科技管理与政策、科技创业等培训。鼓励我国科技人员赴沿线国家开展科技志愿服务，解决技术问题，满足技术需求。合作开展科普活动，促进青少年科普交流。密切与沿线国家科技政策的交流与沟通，形成科技创新政策协作网络。

二、加强联合研发和技术转移中心建设

结合沿线国家的重大科技需求，鼓励我国科研机构、高等学校和企业与沿线国家相关机构合作，围绕重点领域共建联合实验室（联合研究中心），联合推进高水平科学研究，开展科技人才的交流与培养，促进适用技术转移和成果转化，构建长期、稳定的合作关系。充分发挥我国面向东盟、中亚、南亚和阿拉伯国家的国际技术转移中心，以及中国—以色列创新合作中心等的作用，共建一批先进适用技术示范与推广基地，促进与沿线国家技术交流合作与转移。合作建设一批特色鲜明的科技园区，探索多元化建设模式，搭建企业走出去平台。鼓励科技型企业在沿线国家创新创业，推动移动互联网、云计算、大数据、物联网等行业企业与沿线国家传统产业结合，促进新技术、新业态和新商业模式合作。

三、促进科技基础设施互联互通

加强适应性关键技术研发和技术标准对接，支撑铁路、公路联运联通，以及电网、信息通信网络互联互通，保障海上丝绸之路运输大通道建设。加快数据共享平台与信息服务设施建设，促进大型科研基础设施、科研数据和科技资源互联互通。持续推进大型科研基础设施国际开放，优先在“一带一路”沿线国家建立平台服务站点。建立地球观测与科学数据共享服务平台，实现亚太主要地

球观测数据中心互联。搭建生物技术信息网络,促进沿线国家生物资源和技术成果数据库的共建共享。

四、加强与“一带一路”沿线国家的合作研究

积极开展重大科学问题和应对共同挑战的合作研究。加强在农业、人口健康、水治理、荒漠化与盐渍化治理、环境污染监控、海水淡化与综合利用、海洋和地质灾害监测、生态系统保护、生物多样性保护、世界遗产保护等重大公益性科技领域的实质性合作,推动在中医药、民族医药等领域开展生物资源联合开发、健康服务推广。在航空航天、装备制造、节水农业、生物医药、节能环保、新能源、信息、海洋等领域加强合作开发与产业示范,提升我国重点产业创新能力。加强“一带一路”区域创新中心建设,支持新疆建设丝绸之路经济带创新驱动发展试验区,支持福建建设21世纪海上丝绸之路核心区。

第十四章 全方位融入和布局全球创新网络

坚持以全球视野谋划和推动创新,实施科技创新国际化战略,积极融入和主动布局全球创新网络,探索科技开放合作新模式、新路径、新体制,深度参与全球创新治理,促进创新资源双向开放和流动,全方位提升科技创新的国际化水平。

一、完善科技创新开放合作机制

加强国家科技外交和科技合作的系统设计。深化政府间科技合作,分类制定国别战略,丰富新型大国关系的科技内涵,推进与科技发达国家建立创新战略伙伴关系,与周边国家打造互利合作的创新共同体,拓展对发展中国家科技伙伴计划框架。创新国际科技人文交流机制,丰富和深化创新对话机制,扩大对话范围,围绕研发合作、创新政策、技术标准、知识产权、跨国并购等开展深度沟通。加强与非洲、拉美等地区的科技合作。扩大科技援助规模,创新援助方式,支持发展中国家加强科技创新能力建设。

加大国家科技计划开放力度,支持海外专家牵头或参与国家科技计划项目,参与国家科技计划与专项的战略研究、指南制定和项目评审等工作。与国外共设创新基金或合作计划。实施更加积极的人才引进政策,加快推进签证制度改革,围绕国家重大需求面向全球引进首席科学家等高层次科技创新人才,健全对外创新合作的促进政策和服务体系。

专栏27 科技创新开放合作机制

1. 创新对话。加强与主要国家、重要国际组织和多边机制围绕政策制定、科学合作和技术交流平台、重大国际研发任务等内容开展对话合作。鼓励和支持产业界深度参与,增进创新政策和实践交流,加深与高级别人文交流的有机衔接,拓展双边外交的新形态。

2. 科技伙伴计划。继续拓展中国—非洲科技伙伴计划、中国—东盟科技伙伴计划、中国—南亚科技伙伴计划、中国—上合组织科技伙伴计划、中国—金砖国家科技创新合作框架计划及中国—拉美科技伙伴计划,筹备启动中国—阿拉伯国家科技伙伴计划,打造与相关国家务实高效、充满活力的新型科技伙伴关系,重点加强科技人才培养、共建联合实验室(联合研究中心)、共建科技园区、共建技术示范推广基地、共建技术转移中心、推动科技资源共享、科技政策规划与咨询等方面的合作。

二、促进创新资源双向开放和流动

围绕国家重大科技需求，与相关领域具有创新优势的国家合作建设一批联合研究中心和国际技术转移中心。提升企业发展的国际化水平，鼓励有实力的企业采取多种方式开展国际科技创新合作，支持企业在海外设立研发中心、参与国际标准制定，推动装备、技术、标准、服务走出去。鼓励外商投资战略性新兴产业、高新技术产业、现代服务业，鼓励国外跨国公司、研发机构、研究型大学在华设立或合作设立高水平研发机构和技术转移中心。充分发挥国际科技合作基地的作用，与优势国家在相关领域合作建设高层次联合研究中心。推动我国科研机构和企业采取与国际知名科研机构、跨国公司联合组建等多种方式设立海外研发机构。发挥区域创新优势，推动地方建立国际科技创新合作中心。加强创新创业国际合作，深化科技人员国际交流，吸引海外杰出青年科学家来华工作、交流，开展国际青少年科普活动等。

专栏 28　科技资源双向流动和开放

1. 政府间科技合作。完善政府间科技合作机制，落实双多边科技合作协定及涵盖科技合作的各类协议。分类部署与大国、周边国家、其他发达和发展中国家、国际组织和多边机制的科技合作。开展重大政府间合作。共同资助开展联合研发。支持科技人员交流。

2. 重大国际科技创新合作。重点推动农业农村、城镇化及城市发展、清洁能源和可再生能源、新一代电子信息及网络技术、地球观测与导航、新材料、先进制造、交通运输、资源环境、生物技术、海洋与极地、人口与健康、公共安全等领域的重大国际合作。促进在环保、气象预测、种质资源等领域的技术和设备引进，解决重大、核心和关键技术问题。

3. 国家国际科技合作基地。加强国际科技合作基地联盟建设。支持基地开展联合研究。开展国际培训、人才培养和信息服务。优化合作平台的集群建设。建立以国际科技与创新合作成果为导向的国际科技合作基地评估动态调整和重点资助机制。

三、加强与港澳台的科技创新合作

发挥港澳地区的独特科技优势和开放平台作用，利用港澳科技合作委员会机制，促进内地与港澳科技合作机制化与制度化。组织实施高水平科技创新合作项目，共建研发基地。推进科研设施向港澳台开放，支持港澳台青年科学家到内地开展短期合作研究，以互利共赢方式深化科技交流。充分发挥海峡西岸经济区、中国（福建）自由贸易试验区、平潭综合实验区、福厦泉国家自主创新示范区、昆山深化两岸产业合作试验区等的先行先试作用，打造科技创新合作平台。加快构建大陆与台湾、内地与港澳联合研发、人文交流、知识产权、技术转移转化等综合性合作平台。以高新区和大学科技园等为载体，深化和拓展与港澳台地区高等学校、科研院所、企业间科技研发和创新创业的合作。

专栏 29　与港澳台科技创新合作重点

加强内地与港澳、大陆与台湾青年人创新创业及科技园区合作；出台优惠政策，为港澳台地区青年人来内地创新创业提供便利条件；鼓励和组织港澳台青年参加各类创新创业大赛和训练营活动；推动内地科技园区、众创空间与港澳台地区相关机构合作，扩大北京、天津、上海、广东与香港科技园的合作空间；支持内地大学与港澳大学合办大学科技园。

四、深度参与全球创新治理

积极参与重大国际科技合作规则制定，围绕各国重大关切和全球性挑战，创制国际科技合作公共产品，加快推动全球大型科研基础设施共享，主动设置全球性议题，提升对国际科技创新的影响力和制度性话语权。加强和优化驻外科技机构和科技外交官的全球布局。发挥民间组织在促进国际科技创新合作中的作用。争取和吸引国际组织在我国落户，鼓励设立新的国际组织，支持和推荐更多的科学家等优秀人才到国际科技组织交流和任职。

第五篇 推动大众创业万众创新

顺应大众创业、万众创新的新趋势，构建支撑科技创新创业全链条的服务网络，激发亿万群众创造活力，增强实体经济发展的新动能。

第十五章 全面提升科技服务业发展水平

以满足科技创新需求和促进创新创业为导向，建立健全科技服务体系，全面提升科技服务业的专业化、网络化、规模化、国际化发展水平。

一、提升全链条科技服务能力

围绕创新链完善服务链，大力发展专业科技服务和综合科技服务。重点发展研究开发、技术转移、检验检测认证、创业孵化、知识产权、科技咨询等业态，基本形成覆盖科技创新全链条的科技服务体系。充分运用现代信息和网络技术，依托各类科技创新载体，整合科技服务资源，推动技术集成创新和商业模式创新，积极培育科技服务新业态。优化科技服务业区域和行业布局，促进各类科技服务机构优势互补和信息共享，提升面向创新主体的协同服务能力。建立健全科技服务的标准体系，促进科技服务业规范化发展。壮大科技服务市场主体，培育一批拥有知名品牌的科技服务机构和龙头企业，形成一批科技服务产业集群。采取多种方式对符合条件的科技服务企业予以支持，以政府购买服务、后补助等方式支持公共科技服务发展，鼓励有条件的地方采用创业券、创新券等方式引导科技服务机构为创新创业企业和团队提供高质量服务。

二、建立统一开放的技术交易市场体系

加强全国技术市场一体化布局，探索建立统一的技术交易规范和流程。发展多层次技术交易市场体系，推进国家技术转移区域中心建设，加快形成国家技术交易网络平台；鼓励地方完善区域技术交易服务平台，突出区域和产业发展特色，统筹区域技术交易平台资源。支持技术交易机构探索基于互联网的在线技术交易模式，加强各类创新资源集成，提供信息发布、融资并购、公开挂牌、竞价拍卖、咨询辅导等线上线下相结合的专业化服务。鼓励技术交易机构创新服务模式，发展技术

交易信息增值服务，为企业提供跨领域、跨区域、全过程的集成服务。大力培育技术经纪人，引导技术交易机构向专业化、市场化、国际化发展。

三、促进科技服务业国际化发展

强化科技服务机构全球资源链接能力，支持科技服务机构"走出去"，通过海外并购、联合经营、设立分支机构等方式开拓国际市场。推动科技服务机构牵头组建以技术、专利、标准为纽带的国际化科技服务联盟。支持科技服务机构开展技术、人才等方面的国际交流合作，积极吸引国际科技服务人才来华工作、短期交流或举办培训。鼓励国外知名科技服务机构在我国设立分支机构或开展科技服务合作。支持国内科技服务机构与国外同行开展深层次合作，形成信息共享、资源分享、互联互通的国际科技服务协作网络。

第十六章　建设服务实体经济的创业孵化体系

围绕实体经济转型升级，加强专业化高水平的创新创业综合载体建设，完善创业服务功能，形成高效便捷的创业孵化体系。

一、建设各具特色的众创空间

推进众创空间向专业化、细分化方向发展，提升服务实体经济能力。围绕重点产业领域发展细分领域众创空间，促进成熟产业链与创新创业的结合，解决产业需求和行业共性技术难题。鼓励龙头骨干企业围绕主营业务方向建设众创空间，形成以龙头骨干企业为核心，高等学校、科研院所积极参与，辐射带动中小微企业成长发展的产业创新生态群落。鼓励高等学校、科研院所围绕优势专业领域建设以科技人员为核心、成果转移转化为主要功能的专业化众创空间，增加源头技术供给，为科技型创新创业提供专业化服务。国家高新区、国家级经济技术开发区、国家现代农业示范区等发挥重点区域创新创业要素集聚优势，打造一批具有本地特色的众创空间。

二、发展面向农村创业的"星创天地"

加大"星创天地"建设力度，以农业科技园区、高等学校新农村发展研究院、科技型企业、科技特派员创业基地、农民专业合作社等为载体，通过市场化机制、专业化服务和资本化运作方式，利用线下孵化载体和线上网络平台，面向科技特派员、大学生、返乡农民工、职业农民等打造融合科技示范、技术集成、融资孵化、创新创业、平台服务于一体的"星创天地"，营造专业化、社会化、便捷化的农村科技创业服务环境，推进一二三产业融合。

三、完善创业孵化服务链条

构建创新创业孵化生态系统，充分发挥大学科技园、科技企业孵化器在大学生创业中的载体作用，引导企业、社会资本参与投资建设孵化器。促进天使投资与创业孵化紧密结合，推广"孵化+创投"、创业导师等孵化模式，探索基于互联网的新型孵化方式。加强创业孵化服务的衔接，支持建立"创业苗圃+孵化器+加速器"的创业孵化服务链条，鼓励开源社区、开发者社群等各类互助平台发展，为培育新兴产业提供源头支撑。构建区域间孵化网络，促进孵化器跨区域协同发展。促进互联网孵化平台与实体经济的骨干企业合作，实现实体经济与虚拟经济融合发展。加强创业培训，提升创业孵化从业人员的专业化能力。提高创业孵化机构国际化水平，加强海外科技人才离岸创业基地建设，吸引更多的国际创新创业资源。鼓励通过开展创新创业大赛和大学生挑战赛等活动，加强创新创业项目与投资孵化机构对接。支持知识产权服务机构为创业孵化提供全链条知识产权服务。

第十七章　健全支持科技创新创业的金融体系

发挥金融创新对创新创业的重要助推作用，开发符合创新需求的金融产品和服务，大力发展创业投资和多层次资本市场，完善科技和金融结合机制，提高直接融资比重，形成各类金融工具协同融合的科技金融生态。

一、壮大科技创业投资规模

发展天使投资、创业投资、产业投资，壮大创业投资和政府创业投资引导基金规模，强化对种子期、初创期创业企业的直接融资支持。全面实施国家科技成果转化引导基金，吸引优秀创业投资管理团队联合设立一批创业投资子基金。充分发挥国家新兴产业创业投资引导基金和国家中小企业发展基金的作用，带动社会资本支持高新技术产业发展。研究制定天使投资相关法规，鼓励和规范天使投资发展。引导保险资金投资创业投资基金，加大对外资创业投资企业的支持力度，引导境外资本投向创新领域。

二、发展支持创新的多层次资本市场

支持创新创业企业进入资本市场融资，完善企业兼并重组机制，鼓励发展多种形式的并购融资。深化创业板市场改革，健全适合创新型、成长型企业发展的制度安排，扩大服务实体经济覆盖面。强化全国中小企业股份转让系统融资、并购、交易等功能。规范发展区域性股权市场，增强服务小微企业能力。打通各类资本市场，加强不同层次资本市场在促进创新创业融资上的有机衔接。开发符合创新需求的金融服务，推进高收益债券及股债相结合的融资方式。发挥沪深交易所股权质押融资机制作用，支持符合条件的创新创业企业主要通过非公开方式发行公司信用类债券。支持符合条件的企业发行项目收益债，募集资金用于加大创新投入。加快发展支持节能环保等领域的绿色金融。

三、促进科技金融产品和服务创新

深化促进科技和金融结合试点，建立从实验研究、中试到生产的全过程、多元化和差异性的科技创新融资模式，鼓励和引导金融机构参与产学研合作创新。在依法合规、风险可控的前提下，支持符合创新特点的结构性、复合性金融产品开发，加大对企业创新活动的金融支持力度。选择符合条件的银行业金融机构，为创新创业企业提供股权和债权相结合的融资方式，与创业投资机构合作实现投贷联动，支持科技项目开展众包众筹。充分发挥政策性银行作用，在业务范围内加大对企业创新活动的支持力度。引导银行等金融机构创新信贷产品与金融服务,提高信贷支持创新的灵活性和便利性,支持民营银行面向中小微企业创新需求的金融产品创新。加快发展科技保险,鼓励保险机构发起或参与设立创业投资基金,探索保险资金支持重大科技项目和科技企业发展。推进知识产权证券化试点和股权众筹融资试点,探索和规范发展服务创新的互联网金融。建立知识产权质押融资市场化风险补偿机制,简化知识产权质押融资流程,鼓励有条件的地区建立科技保险奖补机制和再保险制度。开展专利保险试点,完善专利保险服务机制。推进各具特色的科技金融专营机构和服务中心建设,集聚科技资源和金融资源,打造区域科技金融服务品牌,鼓励高新区和自贸试验区开展科技金融先行先试。

第六篇　全面深化科技体制改革

紧紧围绕促进科技与经济社会发展深度融合,贯彻落实党中央、国务院关于深化科技体制改革的决策部署,加强重点改革措施实施力度,促进科技体制改革与其他领域改革的协调,增强创新主体能力,构建高效协同创新网络,最大限度激发科技第一生产力、创新第一动力的巨大潜能。

第十八章　深入推进科技管理体制改革

围绕推动政府职能从研发管理向创新服务转变,深化科技计划管理改革,加强科技创新管理基础制度建设,全面提升创新服务能力和水平。

一、健全科技创新治理机制

顺应创新主体多元、活动多样、路径多变的新趋势,推动政府管理创新,形成多元参与、协同高效的创新治理格局。转变政府职能,合理定位政府和市场功能,推动简政放权、放管结合、优化服务改革,强化政府战略规划、政策制定、环境营造、公共服务、监督评估和重大任务实施等职能,重点支持市场不能有效配置资源的基础前沿、社会公益、重大共性关键技术研究等公共科技活动,积极营造有利于创新创业的市场和社会环境。竞争性的新技术、新产品、新业态开发交由市场和企业来决定。合理确定中央各部门功能性分工,发挥行业主管部门在创新需求凝练、任务组织实施、成果推广应用等方面的作用。科学划分中央和地方科技管理事权,中央政府职能侧重全局性、基础性、长远性工作,地方政府职能侧重推动技术开发和转化应用。加快建立科技咨询支撑行政决策的科技决策机制,推进重大科技决策制度化。完善国家科技创新决策咨询制度,定期向党中央、国务院报告国内外科技创新动向,就重大科技创新问题提出咨询意见。建设高水平科技创新智库体系,发挥好院士群体、高等学校和科研院所高水平专家在战略规划、咨询评议和宏观决策中的作用。增强企业家在国家创新决策体系中的话语权,发挥各类行业协会、基金会、科技社团等在推动科技创新中的作用,健全社会公众参与决策机制。

二、构建新型科技计划体系

深入推进中央财政科技计划(专项、基金等)管理改革。按照国家自然科学基金、国家科技重大专项、国家重点研发计划、技术创新引导专项(基金)、基地和人才专项等五类科技计划重构国家科技计划布局,实行分类管理、分类支持。科技计划(专项、基金等)全部纳入统一的国家科技管理平台,完善国家科技计划(专项、基金等)管理部际联席会议运行机制,加强科技计划管理和重大事项统筹协调,充分发挥行业、部门和地方的作用。国家重点研发计划更加聚焦重大战略任务,根据国民经济和社会发展重大需求及科技发展优先领域,凝练形成若干目标明确、边界清晰的重点专项,从基础前沿、重大共性关键技术到应用示范进行全链条创新设计,一体化组织实施。分类整合技术创新引导专项(基金),通过市场机制引导社会资金和金融资本进入技术创新领域。加快推进基地和人才专项的整合与布局,深化国家科技重大专项管理改革,加强国家自然科学基金与其他科技计划的成果共享和工作对接。建立专业机构管理项目机制,加快建设运行公开透明、制度健全规范、管理公平公正的专业机构,提高专业化管理水平和服务效率。建立统一的国家科技计划监督评估机制,制定监督评估通则和标准规范,强化科技计划实施和经费监督检查,开展第三方评估。

三、进一步完善科研项目和资金管理

进一步完善科研项目和资金管理,建立符合科研规律、高效规范的管理制度,解决简单套用行政预算和财务管理方法管理科技资源等问题,让经费为人的创造性活动服务,促进形成充满活力的科研项目和资金管理机制,以深化改革更好地激发广大科研人员积极性。制定和修订相关计划管理办法和经费管理办法,改进和规范项目管理流程,精简程序、简化手续。建立科研财务助理制度。完善科研项目间接费用管理,加大绩效激励力度,落实好项目承担单位项目预算调剂权。完善稳定支持和竞争性支持相协调的机制,加大稳定支持力度,支持研究机构自主布局科研项目,扩大高等学校、科研院所学术自主权和个人科研选题选择权。在基础研究领域建立包容和支持非共识创新项目的制度。

四、强化科技管理基础制度建设

建立统一的国家科技管理信息系统,对科技计划实行全流程痕迹管理。全面实行国家科技报告制度,建立科技报告共享服务机制,将科技报告呈交和共享情况作为对项目承担单位后续支持的依据。完善科研信用管理制度,建立覆盖项目决策、管理、实施主体的逐级考核问责机制。推进国家创新调查制度建设,发布国家、区域、高新区、企业等创新能力监测评价报告。建立技术预测长效机制,加强对我国技术发展水平的动态评价和国家关键技术选择。进一步完善科技统计制度。

五、完善创新导向的评价制度

改革科技评价制度,建立以科技创新质量、贡献、绩效为导向的分类评价体系,正确评价科技创新成果的科学价值、技术价值、经济价值、社会价值、文化价值。推进高等学校和科研院所分类评价,实施绩效评价,把技术转移和科研成果对经济社会的影响纳入评价指标,将评价结果作为财政科技经费支持的重要依据。推行第三方评价,探索建立政府、社会组织、公众等多方参与的评价机制,拓展社会化、专业化、国际化评价渠道。完善国民经济核算体系,逐步探索将反映创新活动的研发支出纳入 GDP 核算,反映无形资产对经济的贡献,突出创新活动的投入和成效。改革完善国有企业评价机制,把研发投入和创新绩效作为重要考核指标。

六、增强民用技术对国防建设的支持

深入贯彻落实军民融合发展战略,推动形成全要素、多领域、高效益的军民科技创新深度融合格局。加强科技领域统筹,在国家研发任务安排中贯彻国防需求,把研发布局调整同国防布局完善有机结合起来,推进国家科技和国防科技在规划、计划层面的统筹协调,建立完善军民重大任务联合论证、共同实施的新机制,为国防建设提供更加强大的技术支撑。充分发挥高等学校、科研院所的优势,积极引导鼓励优势民口科研力量参与国防重大科技创新任务。打通阻碍转化的关键环节,加强评估引导,为军用技术向民用技术转化提供良好政策环境。持续推进技术标准、科研条件平台统筹布局和开放共享,增强对科技创新和国防建设的整体支撑能力,大力提升军民科技创新融合发展水平。

第十九章　强化企业创新主体地位和主导作用

深入实施国家技术创新工程,加快建设以企业为主体的技术创新体系。以全面提升企业创新能力为核心,引导各类创新要素向企业集聚,不断增强企业创新动力、创新活力、创新实力,使创新转化为实实在在的产业活动,形成创新型领军企业"顶天立地"、科技型中小微企业"铺天盖地"的发展格局。

一、培育创新型领军企业

加强创新型企业建设,培育一批有国际影响力的创新型领军企业。推进创新企业百强工程。吸引更多企业参与研究制定国家科技创新规划、计划、政策和标准,支持企业牵头联合高等学校、科研机构承担国家科技计划项目。充分发挥政策的激励引导作用,开展龙头企业转型试点,鼓励企业加大研发投入,推动设备更新和新技术广泛应用。建立健全国有企业技术创新的经营业绩考核制度,落实和完善国有企业研发投入视同利润的考核措施。鼓励建设高水平研究机构,在龙头骨干企业布局建设企业国家重点实验室等。支持有条件的企业开展基础研究和前沿技术攻关,推动企业向产业链高端攀升。鼓励在企业内部建设众创空间,引导职工进行技术创新。鼓励大中型企业通过投资职工创业开拓新的业务领域、开发创新产品,提升市场适应能力和创新能力。鼓励围绕创新链的企业兼并重组,推动创新型企业做大做强。聚焦经济转型升级和新兴产业发展,培育一批创新百强企业,促进企业快速壮大,强化引领带动作用,提升国际竞争力。

二、支持科技型中小微企业健康发展

发挥国家科技成果转化引导基金、国家中小企业发展基金、国家新兴产业创业投资引导基金等创业投资引导基金对全国创投市场培育和发展的引领作用,引导各类社会资本为符合条件的科技型中小微企业提供融资支持。制定和完善科技型中小微企业标准。落实中央财政科技计划(专项、基金等)管理改革,加强企业技术创新平台和环境建设,促进科技型中小微企业技术创新和改

造升级。支持高成长性的科技型中小微企业发展，培育一批掌握行业“专精特新”技术的“隐形冠军”。推动形成一批专业领域技术创新服务平台，面向科技型中小微企业提供研发设计、检验检测、技术转移、大型共用软件、知识产权、人才培训等服务。探索通过政府购买服务等方式，引导技术创新服务平台建立有效运行的良好机制，为科技型中小微企业创新的不同环节、不同阶段提供集成化、市场化、专业化、网络化支撑服务。

三、深化产学研协同创新机制

坚持以市场为导向、企业为主体、政策为引导，推进政产学研用创紧密结合。完善科技计划组织管理方式，确立企业在产业导向的科技计划中决策者、组织者、投资者的功能实现方式，发挥国家科技计划作为资源配置和动员手段促进企业与高等学校、科研院所深度合作的作用。改革完善产业技术创新战略联盟形成和运行机制，按照自愿原则和市场机制，深化产学研、上中下游、大中小企业的紧密合作，促进产业链和创新链深度融合。加强产学研结合的中试基地和共性技术研发平台建设。在战略性领域探索企业主导、院校协作、多元投资、军民融合、成果分享的合作模式。允许符合条件的高等学校和科研院所科研人员经所在单位批准，带着科研项目和成果到企业开展创新工作和创办企业。开展高等学校和科研院所设立流动岗位吸引企业人才兼职试点，允许高等学校和科研院所设立一定比例流动岗位，吸引有创新实践经验的企业家和企业科技人才兼职。试点将企业任职经历作为高等学校新聘工程类教师的必要条件。

四、推动创新资源向企业集聚

发挥产业技术创新战略联盟在集聚产业创新资源、加快产业共性技术研发、推动重大科技成果应用等方面的重要作用，推动企业提升创新能力。支持企业引进海外高层次人才，加强专业技术人才和高技能人才队伍建设。实施创新驱动助力工程，通过企业院士专家工作站、博士后工作站、科技特派员等多种方式，引导科技人员服务企业。健全科技资源开放共享制度，加强国家重大科技基础设施和大型仪器设备面向企业的开放共享，加强区域性科研设备协作，提高对企业技术创新的支撑服务能力。

第二十章　建立高效研发组织体系

深化科研组织体系改革，全面提升高等学校创新能力，加快建设有特色高水平科研院所，培育面向市场的新型研发机构，完善科研运行管理机制，形成高效的研发组织体系。

一、全面提升高等学校创新能力

统筹推进世界一流大学和一流学科建设，系统提升人才培养、学科建设、科技研发、社会服务协同创新能力，增强原始创新能力和服务经济社会发展能力，扩大国际影响力。强化行业特色高等学校主干学科和办学特色。加强区域内高等学校科研合作、学术交流和资源开放共享，面向市场需求开展应用技术研发。加快中国特色现代大学制度建设，落实和扩大高等学校法人自主权，统筹推进教育创新、科技创新、体制创新、开放创新和文化创新，激发高等学校办学动力和活力。深化高等学校科研体制机制改革，推进科教紧密融合，开展高等学校科研组织方式改革试点。以产教融合、科教协同为原则推进研究生培养改革，鼓励开展案例式、互动式、启发式教学，培养富有创新精神和实践能力的各类创新型、应用型、复合型优秀人才。改革完善高等学校创新能力提升计划组织实施方式，加强协同创新中心建设。

专栏30　高等学校创新能力提升计划

面向国家重大需求，加强协同创新中心建设顶层设计，促进多学科交叉融合，推动高等学校、科研院所和企业协同创新。完善经费、政策支持机制，调整认定机制，组织开展"2011协同创新中心"绩效评估，建立激励和退出机制，建成能进能出、动态调整的质量保障体系。

二、加快建设有特色高水平科研院所

加快科研院所分类改革，建立健全现代科研院所制度。按照事业单位分类改革方案，继续深化公益类科研院所改革，建设完善法人治理结构，推动科研机构实行章程管理，健全规章制度体系，逐步推进科研去行政化，增强在基础前沿和行业共性关键技术研发中的骨干引领作用。建立科研机构创新绩效评价制度，研究完善科研机构绩效拨款机制。坚持开发类科研院所企业化转制方向，按照承担行业共性科研任务、生产经营活动等不同情况，实行分类改革、分类管理、分类考核。落实和扩大科研院所法人自主权。实施中科院率先行动计划，发挥其集科研院所、学部、教育机构于一体的优势，探索中国特色国家现代科研院所制度。

专栏31　中科院率先行动计划

加快推进建设一批面向国家重大需求的创新研究院、面向世界科技前沿的卓越创新中心与大科学研究中心、面向国民经济主战场的特色研究所，形成旗舰团队，率先实现科学技术跨越发展、率先建成国家创新人才高地、率先建成国家高水平科技智库、率先建设国际一流科研机构，成为抢占国际科技制高点的重要战略创新力量。

三、培育发展新型研发机构

发展面向市场的新型研发机构，围绕区域性、行业性重大技术需求，形成跨区域跨行业的研发和服务网络。积极推广众包、用户参与设计、云设计等新型研发组织模式，鼓励研发类企业专业化发展，积极培育市场化新型研发组织、研发中介和研发服务外包新业态。对民办科研机构等新型研发组织，在承担国家科技任务、人才引进等方面与同类公办科研机构实行一视同仁的支持政策。制定鼓励社会化新型研发机构发展的意见，探索非营利性运行模式。

第二十一章　完善科技成果转移转化机制

实施促进科技成果转移转化行动，进一步破除制约科技成果转移转化的体制机制障碍，完善相

关配套措施,强化技术转移机制建设,加强科技成果权益管理改革,激发科研人员创新创业活力。

一、建立健全技术转移组织体系

推动高等学校、科研院所建立健全技术转移工作体系和机制,加强专业化科技成果转化队伍建设,优化科技成果转化流程,通过本单位负责技术转移工作的机构或者委托独立的科技成果转化服务机构开展技术转移。鼓励高等学校、科研院所在不增加编制的前提下建设专业化技术转移机构,培育一批运营机制灵活、专业人才集聚、服务能力突出、具有国际影响力的国家技术转移机构。建立高等学校和科研院所科技成果与市场对接转化渠道,推动科技成果与产业、企业技术创新需求有效对接。支持企业与高等学校、科研院所联合设立研发机构或技术转移机构,共同开展研究开发、成果应用与推广、标准研究与制定等。建立和完善国家科技计划形成科技成果的转化机制,发布转化一批符合产业转型升级方向、投资规模与产业带动作用显著的科技成果包,增强产业创新发展的技术源头供给。建立国家科技成果信息系统,加强各类科技成果信息汇交,鼓励开展科技成果数据挖掘与开发利用。

二、深化科技成果权益管理改革

落实高等学校、科研院所对其持有的科技成果可以自主决定转让、许可或者作价投资的权利,除涉及国家秘密、国家安全外,不需审批或者备案。高等学校、科研院所有权依法以持有的科技成果作价入股确认股权和出资比例,并通过发起人协议、投资协议或者公司章程等形式对科技成果的权属、作价、折股数量或者出资比例等事项明确约定,明晰产权。科技成果转化所获得的收入全部留归单位,扣除对完成和转化职务科技成果作出重要贡献人员的奖励和报酬后,应当主要用于科学技术研发与成果转化等相关工作,并对技术转移机构的运行和发展给予保障。进一步探索推进科技成果归属权益改革。建立健全科技成果向境外转移管理制度。

三、完善科技成果转化激励评价制度

积极引导符合条件的国有科技型企业实施股权和分红激励政策,落实国有企业事业单位成果转化奖励的相关政策。完善职务发明制度,推动修订专利法、公司法,完善科技成果、知识产权归属和利益分享机制。高等学校、科研院所对科技成果转化中科技人员的奖励应不低于净收入的50%,在研究开发和科技成果转化中作出主要贡献的人员获得奖励的份额不低于奖励总额的50%。对于担任领导职务的科技人员获得科技成果转化奖励,按照分类管理的原则执行。健全职务发明的争议仲裁和法律救济制度。

高等学校、科研院所的主管部门以及财政、科技等相关部门,在对单位进行绩效考评时应当将科技成果转化的情况作为评价指标之一。加大对科技成果转化绩效突出的高等学校、科研院所及人员的支持力度,相关主管部门以及财政、科技等相关部门根据单位科技成果转化年度报告情况等,对单位科技成果转化绩效予以评价,并将评价结果作为对单位予以支持的依据之一。高等学校、科研院所制定激励制度,对业绩突出的专业化技术转移机构给予奖励。高等学校、科研院所应向主管部门报送科技成果转化年度报告。

四、强化科技成果转化市场化服务

以"互联网+"科技成果转移转化为核心,以需求为导向,打造线上与线下相结合的国家技术交易网络平台，提供信息发布、融资并购、公开挂牌、竞价拍卖、咨询辅导等专业化服务。完善技术转移区域中心、国际技术转移中心布局与功能，支持地方和有关机构建立完善区域性、行业性技术市场，打造链接国内外技术、资本、人才等创新资源的技术转移网络。完善技术产权交易、知识产权交易等各类平台功能，促进科技成果与资本的有效对接。支持有条件的技术转移机构与天使投资、创业投资等开展设立投资基金等合作，加大对科技成果转化项目的投资力度。

五、大力推动地方科技成果转移转化

健全省、市、县三级科技成果转化工作网络，强化科技管理部门开展科技成果转移转化工作职能。以创新资源集聚、工作基础好的省区市为主导，依托国家自主创新示范区、高新区、农业科技园区、创新型城市等，建设国家科技成果转移转化示范区，探索形成一批可复制、可推广的工作经验与模式。支持地方建设通用性或行业性技术创新服务平台，搭建科技成果中试与产业化载体，开展研发设计、中试熟化、检验检测、知识产权、投融资等服务。

专栏 32　促进科技成果转移转化行动
推动一批见效快、产业升级带动力强的重大科技成果转化应用，显著提高企业、高等学校和科研院所科技成果转移转化能力，进一步健全市场化的技术交易服务体系，推动科技型创新创业，发展壮大专业化技术转移人才队伍，建立完善多元化的科技成果转移转化投入渠道，全面建成功能完善、运行高效、市场化的科技成果转移转化体系。

第七篇　加强科普和创新文化建设

全面提升公民科学素质，加强科普基础设施建设，加快科学精神和创新文化的传播塑造，使公众能够更好地理解、掌握、运用和参与科技创新，进一步夯实创新发展的群众和社会基础。

第二十二章　全面提升公民科学素质

深入实施全民科学素质行动计划纲要，以青少年、农民、城镇劳动者、领导干部和公务员等为重点人群，按照中国公民科学素质基准，以到2020年我国公民具备科学素质比例超过10%为目标，广泛开展科技教育、传播与普及，提升全民科学素质整体水平。

一、加强面向青少年的科技教育

以增强科学兴趣、创新意识和学习实践能力为主，完善基础教育阶段的科学教育。拓展校外青少年科技教育渠道，鼓励青少年广泛参加科技活动，推动高等学校、科研院所、科技型企业等面向青少年开放实验室等教学、科研设施。巩固农村义务教育普及成果，提高农村中小学科技教育质量，

为农村青少年提供更多接受科技教育和参加科普活动的机会。以培养劳动技能为主,加强中等职业学校科技教育,推动科技教育与创新创业实践进课堂进教材。完善高等教育阶段的科技教育,支持在校大学生开展创新性实验、创业训练和创业实践项目。广泛开展各类科技创新类竞赛等活动。

二、提升劳动者科学文化素质

大力开展农业科技教育培训,全方位、多层次培养各类新型职业农民和农村实用技术人才。广泛开展形式多样的农村科普活动,大力普及绿色发展、安全健康、耕地保护、防灾减灾等科技知识和观念,传播科学理念,反对封建迷信,帮助农民养成科学健康文明的生产生活方式。加强农村科普公共服务建设,提升乡镇村寨科普服务能力。完善专业技术人员继续教育制度,加强专业技术人员继续教育工作。构建以企业为主体、职业院校为基础,各类培训机构积极参与、公办与民办并举的职业培训和技能人才培养体系。广泛开展进城务工人员培训教育,推动职业技能、安全生产、信息技术等知识和观念的广泛普及。强化社区科普公共服务,广泛开展社区科技教育、传播与普及活动。开展老年人科技传播与科普服务,促进健康养老、科学养老。

三、提高领导干部科学决策和管理水平

把科技教育作为领导干部和公务员培训的重要内容,突出科技知识和科学方法的学习培训以及科学思想、科学精神的培养。丰富学习渠道和载体,引导领导干部和公务员不断提升科学管理能力和科学决策水平。积极利用网络化、智能化、数字化等教育培训方式,扩大优质科普信息覆盖面,满足领导干部和公务员多样化学习需求。不断完善领导干部考核评价机制,在领导干部考核和公务员录用中体现科学素质的要求。制定并不断完善领导干部和公务员科学素质监测、评估标准。提高领导干部和公务员的科技意识、科学决策能力、科学治理水平和科学生活素质。广泛开展针对领导干部和公务员的院士专家科技讲座、科普报告等各类科普活动。

第二十三章　加强国家科普能力建设

完善国家科普基础设施体系,大力推进科普信息化,推动科普产业发展,促进创新创业与科普相结合,提高科普基础服务能力和水平。

一、强化科普基础设施和科普信息化建设

加强科普基础设施的系统布局,推进国家科普示范基地和国家特色科普基地建设,提升科普基础设施服务能力,实现科普公共服务均衡发展。进一步建立完善以实体科技馆为基础,科普大篷车、流动科技馆、学校科技馆、数字科技馆为延伸,辐射基层科普设施的中国特色现代科技馆体系。加强基层科普设施建设,因地制宜建设一批具备科技教育、培训、展示等多功能的开放性、群众性科普活动场所和科普设施。提高各级各类科普基地的服务能力和水平,提高中小科技场馆的科普业务水平。研究制定科普基础设施标准和评估体系,加强运行和服务监测评估。推动中西部地区和地市级科普基础设施建设。

大力推进科普信息化。推进信息技术与科技教育、科普活动融合发展，推动实现科普理念和科普内容、传播方式、运行和运营机制等服务模式的不断创新。以科普的内容信息、服务云、传播网络、应用端为核心，构建科普信息化服务体系。加大传统媒体的科技传播力度，发挥新兴媒体的优势，提高科普创作水平，创新科普传播形式，推动报刊、电视等传统媒体与新兴媒体在科普内容、渠道、平台、经营和管理上的深度融合，实现包括纸质出版、网络传播、移动终端传播在内的多渠道全媒体传播。推动科普信息应用，提升大众传媒的科学传播质量，满足公众科普信息需求。适应现代科普发展需求，壮大专兼职科普人才队伍，加强科普志愿者队伍建设，推动科普人才知识更新和能力培养。

二、提升科普创作能力与产业化发展水平

加强优秀科普作品的创作，推动产生一批水平高、社会影响力大的原创科普精品。开展全国优秀科普作品、微视频评选推介等活动，加强对优秀科普作品的表彰、奖励。创新科普讲解方式，提升科普讲解水平，增强科学体验效果。鼓励和引导科研机构、科普机构、企业等提高科普产品研发能力，推动科技创新成果向科普产品转化。以多元化投资和市场化运作的方式，推动科普展览、科普展教品、科普图书、科普影视、科普玩具、科普旅游、科普网络与信息等科普产业的发展。鼓励建立科普园区和产业基地，培育一批具有较强实力和较大规模的科普设计制作、展览、服务企业，形成一批具有较高知名度的科普品牌。

三、促进创新创业与科普结合

推进科研与科普的结合。在国家科技计划项目实施中进一步明确科普义务和要求，项目承担单位和科研人员要主动面向社会开展科普服务。推动高等学校、科研机构、企业向公众开放实验室、陈列室和其他科技类设施，充分发挥天文台、野外台站、重点实验室和重大科技基础设施等高端科研设施的科普功能，鼓励高新技术企业对公众开放研发设施、生产设施或展览馆等，推动建设专门科普场所。

促进创业与科普的结合。鼓励和引导众创空间等创新创业服务平台面向创业者和社会公众开展科普活动。推动科普场馆、科普机构等面向创新创业者开展科普服务。鼓励科研人员积极参与创新创业服务平台和孵化器的科普活动，支持创客参与科普产品的设计、研发和推广。结合重点科普活动，加强创新创业代表性人物和事迹的宣传。

第二十四章　营造激励创新的社会文化氛围

营造崇尚创新的文化环境，加快科学精神和创新价值的传播塑造，动员全社会更好理解和投身科技创新。营造鼓励探索、宽容失败和尊重人才、尊重创造的氛围，加强科研诚信、科研道德、科研伦理建设和社会监督，培育尊重知识、崇尚创造、追求卓越的创新文化。

一、大力弘扬科学精神

把弘扬科学精神作为社会主义先进文化建设的重要内容。大力弘扬求真务实、勇于创新、追求

卓越、团结协作、无私奉献的科学精神。鼓励学术争鸣，激发批判思维，提倡富有生气、不受约束、敢于发明和创造的学术自由。引导科技界和科技工作者强化社会责任，报效祖国，造福人民，在践行社会主义核心价值观、引领社会良好风尚中率先垂范。

坚持制度规范和道德自律并举原则，建设教育、自律、监督、惩治于一体的科研诚信体系。积极开展科研诚信教育和宣传。完善科研诚信的承诺和报告制度等，明确学术不端行为监督调查惩治主体和程序，加强监督和对科研不端行为的查处力度和曝光力度。实施科研严重失信行为记录制度，对于纳入严重失信记录的责任主体，在项目申报、职位晋升、奖励评定等方面采取限制措施。发挥科研机构和学术团体的自律功能，引导科技人员加强自我约束、自我管理。加强对科研诚信、科研道德的社会监督，扩大公众对科研活动的知情权和监督权。倡导负责任的研究与创新，加强科研伦理建设，强化科研伦理教育，提高科技工作者科研伦理规范意识，引导企业在技术创新活动中重视和承担保护生态、保障安全等社会责任。

二、增进科技界与公众的互动互信

加强科技界与公众的沟通交流，塑造科技界在社会公众中的良好形象。在科技规划、技术预测、科技评估以及科技计划任务部署等科技管理活动中扩大公众参与力度，拓展有序参与渠道。围绕重点热点领域积极开展科学家与公众对话，通过开放论坛、科学沙龙和展览展示等形式，创造更多科技界与公众交流的机会。加强科技舆情引导和动态监测，建立重大科技事件应急响应机制，抵制伪科学和歪曲、不实、不严谨的科技报道。

三、培育企业家精神与创新文化

大力培育中国特色创新文化，增强创新自信，积极倡导敢为人先、勇于冒尖、宽容失败的创新文化，形成鼓励创新的科学文化氛围，树立崇尚创新、创业致富的价值导向，大力培育企业家精神和创客文化，形成吸引更多人才从事创新活动和创业行为的社会导向，使谋划创新、推动创新、落实创新成为自觉行动。引导创新创业组织建设开放、平等、合作、民主的组织文化，尊重不同见解，承认差异，促进不同知识、文化背景人才的融合。鼓励创新创业组织建立有效激励机制，为不同知识层次、不同文化背景的创新创业者提供平等的机会，实现创新价值的最大化。鼓励建立组织内部众创空间等非正式交流平台，为创新创业提供适宜的软环境。加强科技创新宣传力度，报道创新创业先进事迹，树立创新创业典型人物，进一步形成尊重劳动、尊重知识、尊重人才、尊重创造的良好风尚。加快完善包容创新的文化环境，形成人人崇尚创新、人人渴望创新、人人皆可创新的社会氛围。

第八篇　强化规划实施保障

强化各级政府部门在规划实施中的职责，充分调动科技界和社会各界的积极性和创造性，从政策法规、资源配置、监督评估等方面完善任务落实机制，确保规划实施取得明显成效。

第二十五章　落实和完善创新政策法规

围绕营造良好创新生态,强化创新的法治保障,加大普惠性政策落实力度,加强创新链各环节政策的协调和衔接,形成有利于创新发展的政策导向。

一、强化创新法治保障

健全保护创新的法治环境,加快薄弱环节和领域的立法进程,修改不符合创新导向的法规文件,废除制约创新的制度规定,构建综合配套法治保障体系。研究起草规范和管理政府科研机构、科技类民办非企业单位等的法规,合理调整和规范科技创新领域各类主体的权利义务关系。推动科技资源共享立法,研究起草科学数据保护与共享等法规,强化财政资助形成的科技资源开放共享义务。研究制定规范和管理科研活动的法规制度,完善科学共同体、企业、社会公众等共同参与科技创新管理的规范。加强生物安全等特定领域立法,加快制定《人类遗传资源管理条例》,加快修订《国家科学技术奖励条例》、《实验动物管理条例》等,研究制定天使投资管理相关法规,完善和落实政府采购扶持中小企业发展的相关法规政策。深入推进《中华人民共和国科学技术进步法》、《中华人民共和国促进科技成果转化法》、《中华人民共和国科学技术普及法》等的落实,加大宣传普及力度,加强法规落实的监督评估。鼓励地方结合实际,修订制定相关科技创新法规。

二、完善支持创新的普惠性政策体系

发挥市场竞争激励创新的根本性作用,营造公平、开放、透明的市场环境,强化产业政策对创新的引导,促进优胜劣汰,增强市场主体创新动力。坚持结构性减税方向,逐步将国家对企业技术创新的投入方式转变为以普惠性财税政策为主。加大研发费用加计扣除、高新技术企业税收优惠、固定资产加速折旧等政策的落实力度,推动设备更新和新技术利用。对包括天使投资在内的投向种子期、初创期等创新活动的投资,统筹研究相关税收支持政策。研究扩大促进创业投资企业发展的税收优惠政策,适当放宽创业投资企业投资高新技术企业的条件限制。

通过落实税收优惠、保险、价格补贴和消费者补贴等,促进新产品、新技术的市场化规模化应用。加强新兴产业、新兴业态相关政策研究。强化政策培训,完善政策实施程序,切实扩大政策覆盖面。落实引进技术的消化吸收和再创新政策。及时总结区域创新改革试点政策,加大推广力度。加强政策落实的部门协调机制,加强对政策实施的监测评估。

三、深入实施知识产权战略

加快建设知识产权强国,加强知识产权创造、运用、管理、保护和服务。完善知识产权法律法规,加强知识产权保护,加大对知识产权侵权行为的惩处力度,提高侵权损害赔偿标准,探索实施惩罚性赔偿制度,降低维权成本。研究商业模式等新形态创新成果的知识产权保护办法。健全知识产权侵权查处机制,强化行政执法与司法保护衔接,加强知识产权综合行政执法,将侵权行为信息纳入社会信用记录。建立知识产权海外维权援助机制。建立专利审批绿色通道。引导支持市场主体创造和运用知识产权,以知识产权利益分享机制为纽带,促进创新成果的知识产权化。实施中央财政科技计划(专项、基金等)的全流程知识产权管理,建立知识产权目标评估制度。构建服务主体多元化的知识产权服务体系,培育一批知识产权服务品牌机构。

四、持续推进技术标准战略

健全技术标准体系,统筹推进科技、标准、产业协同创新,健全科技成果转化为技术标准机制。加强基础通用和产业共性技术标准研制,加快新兴和融合领域技术标准研制,健全科技创新、专利保护与标准互动支撑机制。发挥标准在技术创新中的引导作用,及时更新标准,强化强制性标准制定与实施,逐步提高生产环节和市场准入的环保、节能、节水、节材、安全指标及相关标准,形成支撑产业升级的技术标准体系。开展军民通用标准的制定和整合,推动军用标准和民用标准双向转化,促进军用标准和民用标准兼容发展。充分发挥行业协会等的作用,大力培育发展团体标准,推行标准“领跑者”制度,培育发展标准化服务业,提升市场主体技术标准研制能力。促进标准体系的公开、开放和兼容,加强公平执法和严格执法。支持我国企业、联盟和社会组织参与或主导国际标准研制,推动中国标准“走出去”,提升中国标准国际影响力。

五、强化政策统筹协调

建立创新政策协调审查机制,组织开展创新政策清理,及时废止有违创新规律、阻碍新兴产业和新兴业态发展的政策条款,对新制定政策是否制约创新进行审查。加强科技体制改革与经济体制改革协调,强化顶层设计,加强科技政策与财税、金融、贸易、投资、产业、教育、知识产权、社会保障、社会治理等政策的协同,形成目标一致、部门协作配合的政策合力,提高政策的系统性、可操作性。加强中央和地方的政策协调,保证中央、地方政策相互支持和配合。建立创新政策调查和评价制度,广泛听取企业和社会公众意见,定期对政策落实情况进行跟踪分析,并及时调整完善。

第二十六章　完善科技创新投入机制

发挥好财政科技投入的引导激励作用和市场配置各类创新要素的导向作用,优化创新资源配置,引导社会资源投入创新,形成财政资金、金融资本、社会资本多方投入的新格局。

一、加强规划任务与资源配置衔接

改革国家科技创新战略规划和资源配置体制机制,围绕产业链部署创新链、围绕创新链完善资金链,聚焦国家战略目标,集中资源、形成合力,突破关系国计民生和经济命脉的重大关键科技问题。把规划作为科技任务部署的重要依据,形成规划引导资源配置的机制。

二、建立多元化科技投入体系

切实加大对基础性、战略性和公益性研究支持力度,完善稳定支持和竞争性支持相协调的机制。加强中央财政投入和地方创新发展需求衔接,引导地方政府加大科技投入力度。创新财政科技投入方式,加强财政资金和金融手段的协调配合,综合运用创业投资、风险补偿、贷款贴息等多种方式,充分发挥财政资金的杠杆作用,引导金融资金和民间资本进入创新领域,完善多元化、多渠道、多层次的科技投入体系。

三、提高科技投入配置效率

加强科技创新战略规划、科技计划布局设置、科技创新优先领域、重点任务、重大项目和年度计划安排的统筹衔接,加强科技资金的综合平衡。按照新五类中央财政科技计划(专项、基金等)布局,加强各类科技计划、各研发阶段衔接,优化科技资源在各类科技计划(专项、基金等)中的配置,按照各类科技计划(专项、基金等)定位和内涵配置科技资源。加强科研资金监管与绩效管理,建立科研资金信用管理制度,逐步建立财政科技资金的预算绩效评价体系,建立健全相应的绩效评价和监督管理机制。

第二十七章　加强规划实施与管理

加强组织领导,明确分工责任,强化规划实施中的协调管理,形成规划实施的强大合力与制度保障。

一、健全组织领导机制

在国家科技体制改革和创新体系建设领导小组的领导下,建立各部门、各地方协同推进的规划实施机制。各部门、各地方要依据本规划,结合实际,强化本部门、本地方科技创新部署,做好与规划总体思路和主要目标的衔接,做好重大任务分解和落实。充分调动和激发科技界、产业界、企业界等社会各界的积极性,最大限度地凝聚共识,广泛动员各方力量,共同推动规划顺利实施。

二、强化规划协调管理

编制一批科技创新专项规划,细化落实本规划提出的主要目标和重点任务,形成以"十三五"国家科技创新规划为统领、专项规划为支撑的国家科技创新规划体系。建立规划符合性审查机制,科技重大任务、重大项目、重大措施的部署实施,要与规划任务内容对标并进行审查。健全部门之间、中央与地方之间的工作会商与沟通协调机制,加强不同规划间的有机衔接。加强年度计划与规划的衔接,确保规划提出的各项任务落到实处。建立规划滚动编制机制,适时启动新一轮中长期科技创新规划战略研究与编制工作,加强世界科技强国重大问题研究。

三、加强规划实施监测评估

开展规划实施情况的动态监测和第三方评估,把监测和评估结果作为改进政府科技创新管理工作的重要依据。开展规划实施中期评估和期末总结评估,对规划实施效果作出综合评价,为规划调整和制定新一轮规划提供依据。在监测评估的基础上,根据科技创新最新进展和经济社会需求新变化,对规划指标和任务部署进行及时、动态调整。加强宣传引导,调动和增强社会各方面落实规划的主动性、积极性。

全国农业现代化规划

（2016—2020年）

国发〔2016〕58号

为贯彻落实《中华人民共和国国民经济和社会发展第十三个五年规划纲要》的部署，大力推进农业现代化，特编制本规划。

第一章　认清形势　准确把握发展新特征

一、农业现代化建设成效显著

“十二五”以来，党中央、国务院不断加大强农惠农富农政策力度，带领广大农民群众凝心聚力、奋发进取，农业现代化建设取得了巨大成绩。综合生产能力迈上新台阶。粮食连年增产，产量连续三年超过12000亿斤。肉蛋奶、水产品等“菜篮子”产品丰产丰收、供应充足，农产品质量安全水平稳步提升，现代农业标准体系不断完善。物质技术装备达到新水平。农田有效灌溉面积占比、农业科技进步贡献率、主要农作物耕种收综合机械化率分别达到52%、56%和63%，良种覆盖率超过96%，现代设施装备、先进科学技术支撑农业发展的格局初步形成。适度规模经营呈现新局面。以土地制度、经营制度、产权制度、支持保护制度为重点的农村改革深入推进，家庭经营、合作经营、集体经营、企业经营共同发展，多种形式的适度规模经营比重明显上升。产业格局呈现新变化。农产品加工业与农业总产值比达到2.2∶1，电子商务等新型业态蓬勃兴起，发展生态友好型农业逐步成为社会共识。农民收入实现新跨越。农村居民人均可支配收入达到11422元，增幅连续六年高于城镇居民收入和国内生产总值增幅，城乡居民收入差距缩小到2.73∶1。典型探索取得新突破。东部沿海、大城市郊区、大型垦区的部分县市已基本实现农业现代化，国家现代农业示范区已成为引领全国农业现代化的先行区。农业现代化已进入全面推进、重点突破、梯次实现的新时期。

二、农业现代化发展挑战加大

“十三五”时期，农业现代化的内外部环境更加错综复杂。在居民消费结构升级的背景下，部分农产品供求结构性失衡的问题日益凸显。优质化、多样化、专用化农产品发展相对滞后，大豆供需缺口进一步扩大，玉米增产超过了需求增长，部分农产品库存过多，确保供给总量与结构平衡的难度加大。在资源环境约束趋紧的背景下，农业发展方式粗放的问题日益凸显。工业“三废”和城市生活垃圾等污染向农业农村扩散，耕地数量减少质量下降、地下水超采、投入品过量使用、农业面源污染问题加重，农产品质量安全风险增多，推动绿色发展和资源永续利用十分迫切。在国内外农产品市场深度融合的背景下，农业竞争力不强的问题日益凸显。劳动力、土地等生产成本持续攀升，主要农产品国内外市场价格倒挂，部分农产品进口逐年增多，传统优势农产品出口难度加大，我国农业大而不强、多而不优的问题更加突出。在经济发展速度放缓、动力转换的背景下，农民持续增收难度加大的问题日益凸显。农产品价格提升空间较为有限，依靠转移就业促进农民收入增长的空间收窄，家庭经营收入和工资性收入增速放缓，加快缩小城乡居民收入差距、确保如期实现农村全面小康任务艰巨。

三、农业现代化条件更加有利

展望“十三五”，推进农业现代化的有利条件不断积蓄。发展共识更加凝聚。党中央、国务院始终坚持把解决好“三农”问题作为全部工作的重中之重，加快补齐农业现代化短板成为全党和全社会的共识，为开创工作新局面汇聚强大推动力。外部拉动更加强劲。新型工业化、信息化、城镇化快速推进，城乡共同发展新格局加快建立，为推进“四化”同步发展提供强劲拉动力。转型基础更加坚实。农业基础设施加快改善，农产品供给充裕，农民发展规模经营主动性不断增强，为农业现代化提供不竭源动力。市场空间更加广阔。人口数量继续增长，个性化、多样化、优质化农产品和农业多种功能需求潜力巨大，为拓展农业农村发展空间增添巨大带动力。创新驱动更加有力。农村改革持续推进，新一轮科技革命和产业革命蓄势待发，新主体、新技术、新产品、新业态不断涌现，为农业转型升级注入强劲驱动力。

综合判断，“十三五”时期，我国农业现代化建设仍处于补齐短板、大有作为的重要战略机遇期，必须紧紧围绕全面建成小康社会的目标要求，遵循农业现代化发展规律，加快发展动力升级、发展方式转变、发展结构优化，推动农业现代化与新型工业化、信息化、城镇化同步发展。

第二章　更新理念　科学谋划发展新思路

一、战略要求

——发展定位。农业的根本出路在于现代化，农业现代化是国家现代化的基础和支撑。没有农业现代化，国家现代化是不完整、不全面、不牢固的。在新型工业化、信息化、城镇化、农业现代化中，农业现代化是基础，不能拖后腿。

——发展主线。新形势下农业主要矛盾已经由总量不足转变为结构性矛盾，推进农业供给侧结构性改革，提高农业综合效益和竞争力，是当前和今后一个时期我国农业政策改革和完善的主要方向。

——战略重点。坚持以我为主、立足国内、确保产能、适度进口、科技支撑的国家粮食安全战略，确保谷物基本自给、口粮绝对安全。坚定不移地深化农村改革、加快农村发展、维护农村和谐稳定，突出抓好建设现代农业产业体系、生产体系、经营体系三个重点，紧紧扭住发展现代农业、增加农民收入、建设社会主义新农村三大任务。

二、指导思想

全面贯彻党的十八大和十八届三中、四中、五中全会精神，深入贯彻习近平总书记系列重要讲话精神，按照“五位一体”总体布局和“四个全面”战略布局，牢固树立创新、协调、绿色、开放、共享的发展理念，认真落实党中央、国务院决策部署，以提高质量效益和竞争力为中心，以推进农业供给侧结构性改革为主线，以多种形式适度规模经营为引领，加快转变农业发展方式，构建现代农业产业体系、生产体系、经营体系，保障农产品有效供给、农民持续增收和农业可持续发展，走产出高效、产品安全、资源节约、环境友好的农业现代化发展道路，为实现“四化”同步发展和如期全面建成小康社会奠定坚实基础。

三、基本原则

——坚持农民主体地位。以维护农民权益与增进农民福祉为工作的出发点和落脚点，尊重农民经营自主权和首创精神，激发广大农民群众创新、创业、创造活力，让农民成为农业现代化的自觉参与者和真正受益者。

——坚持优产能调结构协调兼顾。以保障国家粮食安全为底线，更加注重提高农业综合生产能力，更加注重调整优化农业结构，提升供给体系质量和效率，加快形成数量平衡、结构合理、品质优良的有效供给。

——坚持生产生活生态协同推进。妥善处理好农业生产、农民增收与环境治理、生态修复的关系，大力发展资源节约型、环境友好型、生态保育型农业，推进清洁化生产，推动农业提质增效、绿色发展。

——坚持改革创新双轮驱动。把体制机制改革和科技创新作为两大动力源，统筹推进农村土地制度、经营制度、集体产权制度等各项改革，着力提升农业科技自主创新能力，推动农业发展由注重物质要素投入向创新驱动转变。

——坚持市场政府两手发力。充分发挥市场在资源配置中的决定性作用，更好发挥政府在政策引导、宏观调控、支持保护、公共服务等方面作用，建立主体活力迸发、管理顺畅高效、制度保障完备的现代管理机制。

——坚持国内国际统筹布局。顺应全方位对外开放的大趋势，实施互利共赢的开放战略，加快形成进出有序、优势互补的农业对外合作局面，实现补充国内市场需求、促进结构调整、提升农业竞争力的有机统一。

——坚持农业现代化和新型城镇化相辅相成。引导农村剩余劳动力有序向城镇转移，积极发展小城镇，加快农业转移人口市民化进程，为发展多种形式适度规模经营、提高农业质量效益、实现农业现代化创造条件。

四、发展目标

到2020年，全国农业现代化取得明显进展，国家粮食安全得到有效保障，农产品供给体系质量和效率显著提高，农业国际竞争力进一步增强，农民生活达到全面小康水平，美丽宜居乡村建设迈上新台阶。东部沿海发达地区、大城市郊区、国有垦区和国家现代农业示范区基本实现农业现代化。以高标准农田为基础、以粮食生产功能区和重要农产品生产保护区为支撑的产能保障格局基本建立；粮经饲统筹、农林牧渔结合、种养加一体、一二三产业融合的现代农业产业体系基本构建；农业灌溉用水总量基本稳定，化肥、农药使用量零增长，畜禽粪便、农作物秸秆、农膜资源化利用目标基本实现。

专栏1 “十三五”农业现代化主要指标

类　别	指　　标	2015年基期值	2020年目标值	年均增速〔累计〕	指标属性
粮食供给保障	粮食（谷物）综合生产能力（亿吨）	5	5.5	〔0.5〕	约束性
	小麦稻谷自给率（%）	100	100	—	约束性
农业结构	玉米种植面积（亿亩）	5.7	5	〔-0.7〕	预期性
	大豆种植面积（亿亩）	0.98	1.4	〔0.42〕	预期性
	棉花种植面积（万亩）	5698	5000	〔-698〕	预期性
	油料种植面积（亿亩）	2.1	2	〔-0.1〕	预期性
	糖料种植面积（万亩）	2610	2400	〔-210〕	预期性
	肉类产量（万吨）	8625	9000	0.85%	预期性
	奶类产量（万吨）	3870	4100	1.16%	预期性
	水产品产量（万吨）	6699	6600	-0.3%	预期性
	畜牧业产值占农业总产值比重（%）	28	>30	〔>2〕	预期性
	渔业总产值占农业总产值比重（%）	10	>10	—	预期性
	农产品加工业与农业总产值比	2.2	2.4	〔0.2〕	预期性
质量效益	农业劳动生产率（万元/人）	3	>4.7	>9.4%	预期性
	农村居民人均可支配收入增幅（%）	—	—	>6.5	预期性
	农产品质量安全例行监测总体合格率（%）	97	>97	—	预期性
可持续发展	耕地保有量（亿亩）	18.65	18.65	—	约束性
	草原综合植被盖度（%）	54	56	〔2〕	约束性
	农田灌溉水有效利用系数	0.532	>0.55	〔>0.018〕	预期性
	主要农作物化肥利用率（%）	35.2	40	〔4.8〕	约束性
	主要农作物农药利用率（%）	36.6	40	〔3.4〕	约束性
	农膜回收率（%）	60	80	〔20〕	约束性
	养殖废弃物综合利用率（%）	60	75	〔15〕	约束性
技术装备	农田有效灌溉面积（亿亩）	9.88	>10	〔>0.12〕	预期性
	农业科技进步贡献率（%）	56	60	〔4〕	预期性
	农作物耕种收综合机械化率（%）	63	70	〔7〕	预期性
规模经营	多种形式土地适度规模经营占比（%）	30	40	〔10〕	预期性
	畜禽养殖规模化率（%）	54	65	〔11〕	预期性
	水产健康养殖示范面积比重（%）	45	65	〔20〕	预期性
支持保护	全国公共财政农林水事务支出总额（亿元）	17380	>17380	—	预期性
	农业保险深度（%）	0.62	0.9	〔0.28〕	预期性

备注：1. 小麦稻谷自给率是指小麦稻谷国内生产能力满足需求的程度。
2. 农业保险深度是指农业保费收入与农林牧渔业增加值的比值。

第三章 创新强农 着力推进农业转型升级

创新是农业现代化的第一动力,必须着力推进供给创新、科技创新和体制机制创新,加快实施藏粮于地、藏粮于技战略和创新驱动发展战略,培育更健康、更可持续的增长动力。

一、推进农业结构调整

(一)调整优化种植结构。坚持有保有压,推进以玉米为重点的种植业结构调整。稳定冬小麦面积,扩大专用小麦面积,巩固北方粳稻和南方双季稻生产能力。减少东北冷凉区、北方农牧交错区、西北风沙干旱区、太行山沿线区、西南石漠化区籽粒玉米面积,推进粮改饲。恢复和增加大豆面积,发展高蛋白食用大豆,保持东北优势区油用大豆生产能力,扩大粮豆轮作范围。在棉花、油料、糖料、蚕桑优势产区建设一批规模化、标准化生产基地。推动马铃薯主食产业开发。稳定大中城市郊区蔬菜保有面积,确保一定的自给率。在海南、广东、云南、广西等地建设国家南菜北运生产基地。(农业部牵头,国家发展改革委、财政部、水利部、商务部等部门参与)

(二)提高畜牧业发展质量。统筹考虑种养规模和资源环境承载力,推进以生猪和草食畜牧业为重点的畜牧业结构调整,形成规模化生产、集约化经营为主导的产业发展格局,在畜牧业主产省(区)率先实现现代化。保持生猪生产稳定、猪肉基本自给,促进南方水网地区生猪养殖布局调整。加快发展草食畜牧业,扩大优质肉牛肉羊生产,加强奶源基地建设,提高国产乳品质量和品牌影响力。发展安全高效环保饲料产品,加快建设现代饲料工业体系。(农业部牵头,工业和信息化部、质检总局、食品药品监管总局等部门参与)

(三)推进渔业转型升级。以保护资源和减量增收为重点,推进渔业结构调整。统筹布局渔业发展空间,合理确定湖泊和水库等公共水域养殖规模,稳定池塘养殖,推进稻田综合种养和低洼盐碱地养殖。大力发展水产健康养殖,加强养殖池塘改造。降低捕捞强度,减少捕捞产量,加大减船转产力度,进一步清理绝户网等违规渔具和"三无"(无捕捞许可证、无船舶登记证书、无船舶检验证书)渔船。加快渔政渔港等基础设施建设,完善全国渔政执法监管指挥调度平台。规范有序发展远洋渔业,完善远洋捕捞加工、流通、补给等产业链,建设海外渔业综合服务基地。(农业部牵头,国家发展改革委、财政部、国家海洋局等部门参与)

(四)壮大特色农林产品生产。开展特色农产品标准化生产示范,推广名优品种和适用技术,建设一批原产地保护基地,培育一批特色明显、类型多样、竞争力强的专业村、专业乡镇。实施木本粮油建设工程和林业特色产业工程,发展林下经济。(农业部、国家林业局牵头,国家发展改革委、财政部等部门参与)

二、增强粮食等重要农产品安全保障能力

(一)建立粮食生产功能区和重要农产品生产保护区。全面完成永久基本农田划定,将15.46亿亩基本农田保护面积落地到户、上图入库,实施最严格的特殊保护。优先在永久基本农田上划定和建设粮食生产功能区和重要农产品生产保护区。优先将水土资源匹配较好、相对集中连片的稻谷小麦田划定为粮食生产功能区,对大豆、棉花、糖料蔗等重要农产品划定生产保护区,明确保有规

模，加大建设力度，实行重点保护。（国家发展改革委、国土资源部、农业部牵头，财政部、环境保护部、水利部、国家统计局、国家粮食局等部门参与）

（二）大规模推进高标准农田建设。整合完善建设规划，统一建设标准、监管考核和上图入库。统筹各类农田建设资金，做好项目衔接配套，形成高标准农田建设合力。创新投融资方式，通过委托代建、先建后补等方式支持新型经营主体和工商资本加大高标准农田投入，引导政策性银行和开发性金融机构加大信贷支持力度。（国家发展改革委牵头，财政部、国土资源部、水利部、农业部、人民银行、中国气象局、银监会等部门参与）

三、提高技术装备和信息化水平

（一）全面提高自主创新能力。坚持以科技创新为引领，激发创新活力，农业科技创新能力总体上达到发展中国家领先水平。深化农业科技体制改革，强化企业在技术创新中的主体地位。实施一批重点科技计划，尽快突破一批具有自主知识产权的重大技术及装备。强化技术集成创新，深入开展粮棉油糖绿色增产模式攻关和整建制绿色高产高效创建，加强沙化草原治理、盐碱地改造等技术模式攻关。改善农业重点学科实验室、科学实验站（场）研究条件，推进现代农业产业技术体系建设，打造现代农业产业科技创新中心。实施农业科研杰出人才培养计划，建设国家农业科技创新联盟。加强生物安全监管，促进现代农业生物技术健康发展。（科技部、农业部牵头，国家发展改革委、财政部、人力资源社会保障部、质检总局、中科院等部门参与）

（二）推进现代种业创新发展。保障国家种业安全，加强杂种优势利用、分子设计育种、高效制繁种等关键技术研发，培育和推广适应机械化生产、高产优质、多抗广适的突破性新品种，完善良种繁育基地设施条件，健全园艺作物良种苗木繁育体系，推进主要农作物新一轮品种更新换代。建设畜禽良种繁育体系，推进联合育种和全基因组选择育种，加快本品种选育和新品种培育，推动主要畜禽品种国产化。提升现代渔业种业创新能力，建设一批水产种质资源保护库、种质资源场、育种创新基地、品种性能测试中心。加强种质资源普查、收集、保护与评价利用。深入推进种业领域科研成果权益改革，加快培育一批具有国际竞争力的现代种业企业。（农业部、科技部牵头，国家发展改革委、财政部、国土资源部、国家林业局、中科院等部门参与）

（三）增强科技成果转化应用能力。健全农业科技成果使用、处置和收益管理制度，深化基层农技推广体系改革，完善科技推广人员绩效考核和激励机制，构建以基层农技推广机构为主导、科研院校为支撑、农业社会化服务组织广泛参与的新型农技推广体系，探索建立集农技推广、信用评价、保险推广、营销于一体的公益性、综合性农业服务组织。加强农业知识产权保护和应用。建设全国农业科技成果转移服务中心，推行科技特派员制度，推进国家农业科技园区建设。（科技部、农业部牵头，国家发展改革委、教育部、财政部、国家知识产权局、银监会、保监会等部门参与）

（四）促进农业机械化提档升级。提升小麦生产全程机械化质量，提高水稻机械栽插、玉米马铃薯甘蔗机械收获水平，尽快突破棉油糖牧草等作物生产全程机械化和丘陵山区机械化制约瓶颈。推进农机深耕深松作业，力争粮食主产区年度深耕深松整地面积达到30%左右。积极发展畜牧业和渔业机械化，提升设施农业、病虫防治装备水平，发展农用航空。（农业部牵头，国家发展改革委、科技部、工业和信息化部、财政部、国家粮食局等部门参与）

（五）推进信息化与农业深度融合。加快实施“互联网+”现代农业行动，加强物联网、智能装备的推广应用,推进信息进村入户,提升农民手机应用技能,力争到2020年农业物联网等信息技术应用比例达到17%、农村互联网普及率达到52%、信息进村入户村级信息服务站覆盖率达到80%。建设全球农业数据调查分析系统,定期发布重要农产品供需信息,基本建成集数据监测、分析、发布和服务于一体的国家数据云平台。加强农业遥感基础设施建设,建立重要农业资源台账制度。健全农村固定观察点调查体系。(农业部、国家发展改革委牵头,工业和信息化部、财政部、国土资源部、环境保护部、水利部、商务部、国家统计局、国家林业局、中科院、中国气象局等部门参与)

四、深化农业农村改革

(一)稳定完善农村基本经营制度。稳定农村土地承包关系并保持长久不变,落实集体所有权,稳定农户承包权,放活土地经营权,完善"三权"分置办法。加快推进农村承包地确权登记颁证,力争2018年底基本完成。在有条件的地方稳妥推进进城落户农民土地承包权有偿退出试点。健全县乡农村经营管理体系,加强土地流转和规模经营的管理服务。(中央农办、农业部牵头,国家发展改革委、财政部、人力资源社会保障部、国土资源部、国务院法制办等部门参与)

(二)积极发展多种形式适度规模经营。继续坚持和完善家庭联产承包责任制,在尊重农民意愿和保护农民权益的前提下,更好地发挥村集体统筹协调作用,引导农户依法自愿有序流转土地经营权,鼓励农户通过互换承包地、联耕联种等多种方式,实现打掉田埂、连片耕种,解决农村土地细碎化问题,提高机械化水平和生产效率。支持通过土地流转、土地托管、土地入股等多种形式发展适度规模经营,加强典型经验总结和推广。加快建立新型经营主体支持政策体系,扩大新型经营主体承担涉农项目规模,建立新型经营主体生产经营信息直报制度。实施农业社会化服务支撑工程,扩大农业生产全程社会化服务创新试点和政府购买公益性服务机制创新试点范围,推进代耕代种、病虫害统防统治等服务的专业化、规模化、社会化。(农业部牵头,中央农办、国家发展改革委、财政部、国土资源部、水利部、人民银行、税务总局、工商总局、国家统计局、银监会、保监会、供销合作总社等部门参与)

(三)深化农村集体产权制度改革。着力推进农村集体资产确权到户和股份合作制改革,赋予农民对集体资产股份占有、收益、有偿退出及抵押、担保、继承权。有序推进农村集体资产股份权能改革试点,到2020年基本完成经营性资产折股量化到本集体经济组织成员,健全非经营性资产集体统一运行管护机制。加快建立城乡统一用地市场,在符合规划、用途管制和依法取得前提下,推进农村集体经营性建设用地与国有建设用地同等入市、同权同价。稳妥推进农村土地征收、集体经营性建设用地入市、宅基地制度改革等试点,加强经验总结,适时修订完善相关法律法规。完善集体林权制度,引导林权规范有序流转,鼓励发展家庭林场、股份合作林场。(中央农办、农业部、国土资源部、国家林业局牵头,国家发展改革委、财政部、住房城乡建设部、人民银行、国务院法制办等部门参与)

(四)打造农业创新发展试验示范平台。发挥国家现代农业示范区引领作用,率先实现基础设施完备化、技术应用集成化、生产经营集约化、生产方式绿色化、支持保护系统化。推动农村改革试验区先行先试,率先突破制约农业现代化发展的体制机制障碍。推进农业可持续发展试验示范区建设,探索农业资源高效利用、生态修复保护、突出问题治理、循环农业发展等模式。发挥农垦在农业现代化建设中的排头兵作用和国有农业经济中的骨干作用,加快实施农垦国际大粮商战略,推进垦区集团化、农场企业化改革，推动农垦联合联盟联营。深化黑龙江省“两大平原”现代农业综合配套改革、重庆市和成都市统筹城乡综合配套改革试验。（农业部、国家发展改革委牵头，财政部、国土资源部、环境保护部等部门参与）

专栏2　创新强农重大工程

（一）高标准农田建设工程

以粮食主产区为重点，优先建设确保口粮安全的高标准农田，开展农田灌排设施、机耕道路、农田林网、输配电设施、农机具存放设施和土壤改良等田间工程建设，大规模改造中低产田，到2020年确保建成8亿亩、力争完成10亿亩集中连片、旱涝保收、稳产高产、生态友好的高标准农田。加快大中型灌区建设及续建配套、大中型灌排泵站更新改造，因地制宜实施田间渠系、“五小水利”等工程。建设国家耕地质量调查监测网络，建立耕地质量大数据平台。（国家发展改革委牵头，财政部、国土资源部、水利部、农业部等部门参与）

（二）现代种业建设工程

完善种质资源保护利用体系，建设一批国家种质资源库（圃）。建设海南、甘肃、四川三大国家级育种制种基地和100个区域性良种繁育基地。改善育种科研、种子生产、种业监管等基础设施条件，建成一批品种测试站、种畜禽及水产良种场。加强种子质量检测、进境种苗和种用动物检疫能力建设。（农业部、国家发展改革委牵头，科技部、财政部、国土资源部、质检总局等部门参与）

（三）现代农业科技创新驱动工程

加强农业科技创新条件建设，改善200个农业重点实验室创新条件，提升200个国家农业科学观测站基础设施水平，建设200个现代化科学实验基地。提升农业机械化水平，创建500个全程机械化示范县。建设和改造升级一批农业高新技术产业示范区、国家农业科技园区和现代农业产业科技创新中心，培育1万家左右的农业高新技术企业。（农业部、科技部牵头，国家发展改革委、财政部等部门参与）

（四）智慧农业引领工程

对大田种植、畜禽养殖、渔业生产等进行物联网改造，建成10个农业物联网应用示范省、100个农业物联网应用示范区、1000个农业物联网应用示范基地。建设村级益农信息社，到2020年基本覆盖所有行政村。建设全球农业数据调查分析系统，改造升级国家农业数据中心。建设基于卫星遥感、航空无人机、田间观测一体化的农业遥感应用与研究中心。（农业部、国家发展改革委牵头，工业和信息化部、财政部等部门参与）

（五）种养结合循环农业工程

开展畜禽规模养殖场（小区）、水产养殖场和屠宰场标准化改造，改善养殖和屠宰加工条件，完善粪污处理等设施，推进循环利用。建设300个种养结合循环农业发展示范县，促进种养业绿色发展。以畜禽规模养殖场为重点，建设大型沼气工程、生物质燃气提纯利用及有机肥加工设施，发展以沼气为纽带的生态循环农业。（农业部、国家发展改革委牵头，财政部、环境保护部、国家能源局等部门参与）

第四章　协调惠农　着力促进农业均衡发展

协调是农业现代化的内在要求，必须树立全面统筹的系统观，着力推进产业融合、区域统筹、主体协同，加快形成内部协调、与经济社会发展水平和资源环境承载力相适应的农业产业布局，促进农业现代化水平整体跃升。

一、推进农村一二三产业融合发展

（一）协同推进农产品生产与加工业发展。统筹布局农产品生产基地建设与初加工、精深加工发展及副产品综合利用，扩大产地初加工补助项目实施区域和品种范围，加快完善粮食、“菜篮子”产品和特色农产品产后商品化处理设施。鼓励玉米等农产品精深加工业向优势产区和关键物流节点转移，加快消化粮棉油库存。提升主食产业化水平，推动农产品加工副产物循环、全值、梯次利用。（农业部牵头，国家发展改革委、工业和信息化部、财政部、国土资源部、商务部、国家粮食局等部门参与）

（二）完善农产品市场流通体系。在优势产区建设一批国家级、区域级产地批发市场和田头市场，推动公益性农产品市场建设。实施农产品产区预冷工程，建设农产品产地运输通道、冷链物流配送中心和配送站。打造农产品营销公共服务平台，推广农社、农企等形式的产销对接，支持城市社区设立鲜活农产品直销网点，推进商贸流通、供销、邮政等系统物流服务网络和设施为农服务。（国家发展改革委、商务部、农业部牵头，财政部、交通运输部、食品药品监管总局、国家粮食局、国家邮政局、供销合作总社等部门参与）

（三）发展农业新型业态。加快发展农产品电子商务，完善服务体系，引导新型经营主体对接各类电子商务平台，健全标准体系和冷链物流体系，到“十三五”末农产品网上零售额占农业总产值比重达到8%。推动科技、人文等元素融入农业，稳步发展农田艺术景观、阳台农艺等创意农业，鼓励发展工厂化、立体化等高科技农业，积极发展定制农业、会展农业等新型业态。（农业部、商务部牵头，国家发展改革委、工业和信息化部、供销合作总社等部门参与）

（四）拓展农业多种功能。依托农村绿水青山、田园风光、乡土文化等资源，大力发展生态休闲农业。采取补助、贴息、鼓励社会资本以市场化原则设立产业投资基金等方式，支持休闲农业和乡村旅游重点村改善道路、宽带、停车场、厕所、垃圾污水处理设施等条件，建设魅力村庄和森林景区。加强重要农业文化遗产发掘、保护、传承和利用，强化历史文化名村（镇）、传统村落整体格局和历史风貌保护，传承乡土文化。（农业部、国家旅游局牵头，国家发展改革委、财政部、住房城乡建设部、水利部、文化部、国家林业局、国家文物局等部门参与）

（五）创新一二三产业融合机制。以产品为依托，发展订单农业和产业链金融，开展共同营销，强化对农户的技术培训、贷款担保等服务。以产业为依托，发展农业产业化，建设一批农村一二三产业融合先导区和农业产业化示范基地，推动农民合作社、家庭农场与龙头企业、配套服务组织集群集聚。以产权为依托，推进土地经营权入股发展农业产业化经营，通过“保底+分红”等形式增加农民收入。以产城融合为依托，引导二三产业向县域重点乡镇及产业园区集中，推动农村产业发展与新型城镇化相结合。（国家发展改革委、农业部牵头，中央农办、财政部、人民银行、银监会、保监会等部门参与）

二、促进区域农业统筹发展

（一）优化发展区。对水土资源匹配较好的区域，提升重要农产品生产能力，壮大区域特色产业，加快实现农业现代化。（农业部、国家发展改革委牵头，财政部、国土资源部、环境保护部等部门参与）

东北区。合理控制地下水开发利用强度较大的三江平原地区水稻种植规模，适当减少高纬度区玉米种植面积，增加食用大豆生产。适度扩大生猪、奶牛、肉牛生产规模。提高粮油、畜禽产品深加工能力，加快推进黑龙江等垦区大型商品粮基地和优质奶源基地建设。

华北区。适度调减地下水严重超采地区的小麦种植，加强果蔬、小杂粮等特色农产品生产。稳定生猪、奶牛、肉牛肉羊养殖规模，发展净水渔业。推动京津冀现代农业协同发展。

长江中下游区。稳步提升水稻综合生产能力，巩固长江流域“双低”（低芥酸、低硫甙）油菜生产，发展高效园艺产业。调减重金属污染区水稻种植面积。控制水网密集区生猪、奶牛养殖规模，适度开发草山草坡资源发展草食畜牧业，大力发展名优水产品生产。

华南区。稳定水稻面积，扩大南菜北运基地和热带作物产业规模。巩固海南、广东天然橡胶生产能力，稳定广西糖料蔗产能，加强海南南繁基地建设。稳步发展大宗畜产品，加快发展现代水产养殖。

（二）适度发展区。对农业资源环境问题突出的区域，重点加快调整农业结构，限制资源消耗大的产业规模，稳步推进农业现代化。（农业部、国家发展改革委牵头，财政部、国土资源部、环境保护部等部门参与）

西北区。调减小麦种植面积，增加马铃薯、饲用玉米、牧草、小杂粮种植。扩大甘肃玉米良种繁育基地规模，稳定新疆优质棉花种植面积，稳步发展设施蔬菜和特色园艺。发展适度规模草食畜牧业，推进冷水鱼类资源开发利用。

北方农牧交错区。推进农林复合、农牧结合、农牧业发展与生态环境深度融合，发展粮草兼顾型农业和草食畜牧业。调减籽粒玉米种植面积，扩大青贮玉米和优质牧草生产规模，发展奶牛和肉牛肉羊养殖。

西南区。稳定水稻面积，扩大马铃薯种植，大力发展特色园艺产业，巩固云南天然橡胶和糖料蔗生产能力。合理开发利用草地资源和水产资源，发展生态畜牧业和特色渔业。

（三）保护发展区。对生态脆弱的区域，重点划定生态保护红线，明确禁止类产业，加大生态建设力度，提升可持续发展水平。（环境保护部、农业部、国家发展改革委牵头，财政部、国土资源部、国家海洋局等部门参与）

青藏区。严守生态保护红线，加强草原保护建设。稳定青稞、马铃薯、油菜发展规模，推行禁牧休牧轮牧和舍饲半舍饲，发展牦牛、藏系绵羊、绒山羊等特色畜牧业。

海洋渔业区。控制近海养殖规模，拓展外海养殖空间。扩大海洋牧场立体养殖、深水网箱养殖规模，建设海洋渔业优势产业带。

三、推动经营主体协调发展

（一）加快构建新型职业农民队伍。加大农村实用人才带头人、现代青年农场主、农村青年创业致富“领头雁”和新型经营主体带头人培训力度，到“十三五”末，实现新型经营主体带头人轮训一遍。将新型职业农民培育纳入国家教育培训发展规划，鼓励农民采取“半农半读”等方式就近就地接受职业教育。建立教育培训、规范管理、政策扶持相衔接配套的新型职业农民培育制度，提高农业广播电视学校教育培训能力。（农业部、人力资源社会保障部牵头，中央组织部、教育部、财政部、水利部、国家林业局、共青团中央等部门参与）

（二）提升新型经营主体带动农户能力。培育发展家庭农场，提升农民合作社规范化水平，鼓励发展农民合作社联合社，落实财政补助形成的资产转交合作社持有和管护政策。强化农业产业化龙头企业联农带农激励机制，带动农户发展适度规模经营，带动农民合作社、家庭农场开拓市场。加强工商资本租赁农户承包地监管和风险防范，强化土地流转、订单等合同履约监督。（农业部牵头，国家发展改革委、财政部、工商总局、供销合作总社等部门参与）

（三）促进农村人才创业就业。建立创业就业服务平台，强化信息发布、技能培训、创业指导等服务。加大政府创业投资引导基金对农民创业支持力度，中小企业专项资金要按规定对农民工和大学生返乡创业予以支持。实施农民工等人员返乡创业行动计划，开展百万乡村旅游创客行动，引导有志投身现代农业建设的农村青年、返乡农民工、农村大中专毕业生创办领办家庭农场、农民合作社和农业企业。（人力资源社会保障部、农业部牵头，国家发展改革委、教育部、工业和信息化

部、财政部、共青团中央等部门参与）

专栏 3 协调惠农重大工程

（一）农村一二三产业融合发展工程

开展“百县千乡万村”农村一二三产业融合发展试点示范，打造一批农村产业融合领军企业，培育一批产业融合先导区。改善农产品初加工、深加工、休闲农业和乡村旅游设施条件，建设规模化、标准化原料生产基地及农产品加工技术集成基地，打造 1500 个“一村一品”示范村镇。（国家发展改革委牵头，工业和信息化部、财政部、农业部、商务部、国家林业局、国家旅游局、国家粮食局等部门参与）

（二）新型经营主体培育工程

创建示范家庭农场、农民合作社示范社、产业化示范基地、社会化服务示范组织。实施现代农业人才支撑计划。开展新型经营主体带头人培育行动，实施现代青年农场经营者、农村实用人才和新型职业农民培育工程。（农业部牵头，国家发展改革委、财政部、人力资源社会保障部、共青团中央等部门参与）

第五章 绿色兴农 着力提升农业可持续发展水平

绿色是农业现代化的重要标志，必须牢固树立绿水青山就是金山银山的理念，推进农业发展绿色化，补齐生态建设和质量安全短板，实现资源利用高效、生态系统稳定、产地环境良好、产品质量安全。

一、推进资源保护和生态修复

（一）严格保护耕地。落实最严格的耕地保护制度，坚守耕地红线，严控新增建设用地占用耕地。完善耕地占补平衡制度，研究探索重大建设项目国家统筹补充耕地办法，全面推进建设占用耕地耕作层土壤剥离再利用。大力实施农村土地整治，推进耕地数量、质量、生态“三位一体”保护。实施耕地质量保护与提升行动，力争到“十三五”末全国耕地质量提升 0.5 个等级（别）以上。（国土资源部、农业部牵头，国家发展改革委、财政部、环境保护部、住房城乡建设部、水利部等部门参与）

（二）节约高效用水。在西北、华北等地区推广耐旱品种和节水保墒技术，限制高耗水农作物种植面积。在粮食主产区、生态环境脆弱区、水资源开发过度区等重点地区加快实施田间高效节水灌溉工程，完善雨水集蓄利用等设施。推进农业水价综合改革，建立节水奖励和精准补贴机制，增强农民节水意识。推进农业灌溉用水总量控制和定额管理。加强人工影响天气能力建设，加大云水资源开发利用力度。（水利部牵头，国家发展改革委、财政部、国土资源部、农业部、中国气象局等部门参与）

（三）加强林业和湿地资源保护。严格执行林地、湿地保护制度，深入推进林业重点生态工程建设，搞好天然林保护，确保“十三五”末森林覆盖率达到 23.04%、森林蓄积量达到 165 亿立方米。开展湿地保护和恢复，加强湿地自然保护区建设。继续推进退耕还林、退耕还湿，加快荒漠化石漠化治理。（国家林业局牵头，国家发展改革委、财政部、环境保护部、水利部、农业部等部门参与）

（四）修复草原生态。加快基本草原划定和草原确权承包工作，全面实施禁牧休牧和草畜平衡制度，落实草原生态保护补助奖励政策。继续推进退牧还草、退耕还草、草原防灾减灾和鼠虫草害防治等重大工程，建设人工草场和节水灌溉饲草料基地，扩大舍饲圈养规模。合理利用南方草地资

源，保护南方高山草甸生态。（农业部牵头，国家发展改革委、财政部、水利部等部门参与）

（五）强化渔业资源养护。建立一批水生生物自然保护区和水产种质资源保护区，恢复性保护产卵场、索饵场、越冬场和洄游通道等重要渔业水域，严格保护中华鲟、长江江豚、中华白海豚等水生珍稀濒危物种。促进渔业资源永续利用，扩大水生生物增殖放流规模，建设人工鱼礁、海洋牧场。建立海洋渔业资源总量管理制度，加强渔业资源调查，健全渔业生态环境监测网络体系，实施渔业生态补偿。（农业部牵头，国家发展改革委、财政部、环境保护部、国家海洋局等部门参与）

（六）维护生物多样性。加强农业野生植物资源和畜禽遗传资源保护，建设一批野生动植物保护区。完善野生动植物资源监测和保存体系，开展濒危动植物物种专项救护，遏制生物多样性减退速度。强化外来物种入侵和遗传资源丧失防控。（农业部、国家林业局、质检总局牵头，国家发展改革委、环境保护部、海关总署等部门参与）

二、强化农业环境保护

（一）开展化肥农药使用量零增长行动。集成推广水肥一体化、机械深施等施肥模式，集成应用全程农药减量增效技术，发展装备精良、专业高效的病虫害防治专业化服务组织，力争到"十三五"末主要农作物测土配方施肥技术推广覆盖率达到90%以上，绿色防控覆盖率达到30%以上。（农业部牵头，工业和信息化部、财政部、环境保护部等部门参与）

（二）推动农业废弃物资源化利用无害化处理。推进畜禽粪污综合利用，推广污水减量、厌氧发酵、粪便堆肥等生态化治理模式，建立第三方治理与综合利用机制。完善病死畜禽无害化处理设施，建成覆盖饲养、屠宰、经营、运输整个链条的无害化处理体系。推动秸秆肥料化、饲料化、基料化、能源化、原料化应用，率先在大气污染防治重点区域基本实现全量化利用。健全农田残膜回收再利用激励机制，严禁生产和使用厚度0.01毫米以下的地膜，率先在东北地区实现大田生产地膜零增长。（农业部、国家发展改革委牵头，工业和信息化部、财政部、国土资源部、环境保护部、国家能源局等部门参与）

（三）强化环境突出问题治理。推广应用低污染、低消耗的清洁种养技术，加强农业面源污染治理，实施源头控制、过程拦截、末端治理与循环利用相结合的综合防治。控制华北等地下水漏斗区用水总量，调整种植结构，推广节水设施。综合治理耕地重金属污染，严格监测产地污染，推进分类管理，开展修复试点。扩大黑土地保护利用试点规模，在重金属污染区、地下水漏斗区、生态严重退化地区实行耕地轮作休耕制度试点。（国家发展改革委牵头，财政部、国土资源部、环境保护部、水利部、农业部、国家林业局等部门参与）

三、确保农产品质量安全

（一）提升源头控制能力。探索建立农药、兽药、饲料添加剂等投入品电子追溯码监管制度，推行高毒农药定点经营和实名购买，推广健康养殖和高效低毒兽药，严格饲料质量安全管理。落实家庭农场、农民合作社、农业产业化龙头企业生产档案记录和休药期制度。（农业部牵头，工业和信息化部、食品药品监管总局等部门参与）

（二）提升标准化生产能力。加快构建农兽药残留限量标准体系，实施农业标准制修订五年行动计划。创建农业标准化示范区，深入推进园艺作物、畜禽水产养殖、屠宰标准化创建，基本实现全

国“菜篮子”产品生产大县规模种养基地生产过程标准化、规范化。（农业部、质检总局牵头，食品药品监管总局等部门参与）

（三）提升品牌带动能力。构建农业品牌制度，增强无公害、绿色、有机农产品影响力，有效保护农产品地理标志，打造一批知名公共品牌、企业品牌、合作社品牌和农户品牌。（农业部牵头，商务部、质检总局、食品药品监管总局等部门参与）

（四）提升风险防控能力。建立健全农产品质量安全风险评估、监测预警和应急处置机制，深入开展突出问题专项整治。启动动植物保护能力提升工程，实现全国动植物检疫防疫联防联控。加强人畜共患传染病防治，建设无规定动物疫病区和生物安全隔离区，完善动物疫病强制免疫和强制扑杀补助政策。强化风险评估，推进口岸动植物检疫规范化建设，健全国门生物安全查验机制。（农业部、质检总局牵头，国家发展改革委、财政部、国家卫生计生委、海关总署、食品药品监管总局等部门参与）

（五）提升农产品质量安全监管能力。建立农产品追溯制度，建设互联共享的国家农产品质量安全监管追溯管理信息平台，农业产业化龙头企业、“三品一标”（无公害、绿色、有机农产品和农产品地理标志）获证企业、农业示范基地率先实现可追溯。创建国家农产品质量安全县，全面提升质量安全水平。开展农产品生产者信用体系建设，打造农产品生产企业信用信息系统，加大信用信息公开力度。（农业部牵头，国家发展改革委、工业和信息化部、商务部、工商总局、质检总局、食品药品监管总局、国家粮食局等部门参与）

专栏4　绿色兴农重大工程

（一）农业资源与生态环境保护工程

1. 水土资源保护。加强重点区域耕地保护，建设东北黑土地保护示范区、西北旱作节水农业示范区、南方酸性水稻土污染综合治理示范区。发展节水农业，加快实施东北节水增粮、西北节水增效、华北节水压采、南方节水减排等区域规模化高效节水灌溉工程，新增高效节水灌溉面积1亿亩。（农业部、水利部牵头，国家发展改革委、财政部、国土资源部、环境保护部等部门参与）

2. 生态保护修复。实施新一轮退耕退牧还林还草工程。稳定扩大退牧还草范围，合理布局草原围栏和退化草原补播改良，开展毒害草、黑土滩和农牧交错带已垦草原治理。加强长江中上游、黄河沿线及贵州草海等自然湿地保护，综合治理功能降低、生物多样性减少的湿地。在粮食主产区营造农田防护林网，提升防护林体系综合功能。（国家发展改革委、农业部、国家林业局牵头，科技部、财政部、环境保护部等部门参与）

3. 水生珍稀濒危物种抢救性保护。建设中华鲟产卵场、救护中心、保种中心，江豚迁地保护区，以及珍稀濒危物种保护繁育中心、遗传基因库，建设一批水生生物自然保护区、水产种质资源保护区。（农业部牵头，国家发展改革委、财政部、环境保护部等部门参与）

4. 农业废弃物资源化利用无害化处理示范。在种养密集区域，创建一批示范县，完善畜禽粪污和秸秆综合利用、病死畜禽无害化处理、农田残膜回收再利用设施，探索农业废弃物资源化利用模式。（农业部、国家发展改革委牵头，工业和信息化部、财政部、国土资源部、环境保护部、国家能源局等部门参与）

（二）农业生产安全保障工程

改善动物疫病控制净化设施，强化外来动植物疫病虫害和有害生物查验截获、检测鉴定、除害处理、监测防控体系建设。建设草原生物灾害监测点、草原火灾监测点和草原固定监测点，完善区域性草原生物灾害防治站、防火站和雪灾防灾设施，加强草原火险预报预警。完善区域性渔船避灾设施，建设一批中心渔港和一级渔港、二级渔港、避风锚地及内陆渔港。建设区域农机安全应急救援中心，提高快速救援、维修和作业实时监测能力。建设森林防火大型装备队伍、风力灭火机械化队伍、以水灭火机械化队伍。（农业部、国家发展改革委、国家林业局牵头，财政部等部门参与）

（三）农产品质量安全工程

强化农业执法监管能力建设。健全农产品质量安全监管追溯体系，完善国家农产品质量安全监管追溯管理信息平台，建立省级监管指挥调度中心和县级追溯点。提升基层农产品质量安全监管能力，改善监管条件。建设50家国家农产品质量安全风险评估实验室和50家主产区实验站。（农业部牵头，国家发展改革委、财政部、商务部、质检总局、食品药品监管总局、国家粮食局等部门参与）

第六章　开放助农　着力扩大农业对外合作

开放是农业现代化的必由之路，必须坚持双向开放、合作共赢、共同发展，着力加强农业对外合作，统筹用好国内国际两个市场两种资源，提升农业对外开放层次和水平。

一、优化农业对外合作布局

统筹考虑全球农业资源禀赋、农产品供求格局和投资政策环境等因素，分区域、国别、产业、产品确定开放布局。加强与“一带一路”沿线国家在农业投资、贸易、技术和产能领域的合作，与生产条件好的农产品出口国开展调剂型、紧缺型农产品供给能力合作。强化与粮食进口国和主要缺粮国的种养业技术合作，增强其生产能力。（农业部、国家发展改革委、商务部牵头，外交部、财政部、国家粮食局等部门参与）

专栏5　农业对外合作重点领域

粮食产业：示范生产基地以及粮食仓储、加工物流。
经济作物产业：大豆、天然橡胶、糖料、棕榈油、棉花、剑麻和茧丝绸生产、加工物流。
畜牧产业：畜禽养殖、加工物流。
渔业产业：远洋捕捞、水产养殖以及渔业码头、加工厂、冷库等远洋渔业配套服务。
农产品仓储物流业：农产品港口码头、仓储和物流。
农机装备产业：先进适用农机设备生产、维修、保养以及大型农机装备研发。
农资产业：种子、农药、化肥、饲料、兽药。
森林产业：森林资源开发利用、木材加工。

二、提升农业对外合作水平

（一）培育大型跨国涉农企业集团。培育一批具有国际竞争力和品牌知名度的生产商、流通商和跨国农业企业集团，支持企业在农产品生产、加工、仓储、港口和物流等环节开展跨国全产业链布局，在农机、农药、种子、化肥等农业投入品领域开展国际产能合作。支持企业以境外资产和股权抵质押获得贷款，鼓励符合条件的企业通过境内外上市、发行债券等方式融资，支持保险机构开发农业对外合作保险产品。（农业部牵头，农业对外合作部际联席会议其他各成员单位参与）

（二）推进农业科技对外合作。鼓励农业科研院校、企业在发达国家建立海外农业科学联合实验室，在发展中国家设立农业重点实验室、技术实验示范基地和科技示范园区，促进成果分享和技术出口。积极参与涉农国际规则、标准制定，承担国际标准化组织等工作，推进农业标准和农产品认证互认与合作。鼓励我国科技特派员到中亚、东南亚、非洲等地开展科技创业，引进国际人才到我国开展农村科技创业。（农业部、科技部、质检总局牵头，农业对外合作部际联席会议其他各成员单位参与）

（三）完善农业对外合作服务体系。统筹农业对外合作资金渠道，加大对农业对外合作支持力度。建设农业对外合作公共信息服务平台，强化行业协会、中介组织、企业联盟在推动和规范农业对外合作中的作用。支持大专院校加强农业国际合作教育，培养跨国农业研究、投资与经营管理人才。在“一带一路”沿线以及非洲、拉美等区域和国家，建立一批境外农业合作园区。（商务部、农业部牵头，农业对外合作部际联席会议其他各成员单位参与）

（四）提高农业引进来质量。加强先进技术装备引进，鼓励引进全球农业技术领先的企业、机构和管理团队。推行准入前国民待遇加负面清单管理模式，鼓励外资投向现代农机装备制造业、特色产业、农产品加工业、农业废弃物资源化利用。完善海外高层次农业人才引进支持政策，强化与世界一流涉农高等院校、科研机构、国际组织的人才合作。（农业部、国家发展改革委、商务部牵头，外交部、人力资源社会保障部等部门参与）

三、促进农产品贸易健康发展

（一）促进优势农产品出口。巩固果蔬、茶叶、水产等传统出口产业优势，建设一批出口农产品质量安全示范基地（区），培育一批有国际影响力的农业品牌，对出口基地的优质农产品实施检验检疫配套便利化措施，落实出口退税政策。鼓励建设农产品出口交易平台，建设境外农产品展示中心，用“互联网+外贸”推动优势农产品出口。加强重要农产品出口监测预警，积极应对国际贸易纠纷。（商务部、质检总局牵头，国家发展改革委、财政部、农业部、海关总署、国家粮食局等部门参与）

（二）加强农产品进口调控。把握好重要农产品进口时机、节奏，完善进口调控政策，适度增加国内紧缺农产品进口。积极参加全球农业贸易规则制定，加强粮棉油糖等大宗农产品进口监测预警，健全产业损害风险监测评估、重要农产品贸易救济、贸易调整援助等机制。加强进口农产品检验检疫监管，强化边境管理，打击农产品走私。（国家发展改革委、商务部牵头，财政部、农业部、海关总署、质检总局、国家粮食局等部门参与）

专栏6　开放助农重大工程

（一）农业对外合作支撑工程

支持农业对外合作企业在境内外建设育种研发、加工转化、仓储物流、港口码头等设施。开展农业对外合作“扬帆出海”培训，打造农业企业家、技术推广专家、研究学者、行政管理人员、国际组织后备人才等五支队伍，建立农业对外合作人才储备库。（农业部牵头，外交部、国家发展改革委、财政部、商务部、国家粮食局等部门参与）

（二）优势农产品出口促进工程

选择一批特色鲜明、技术先进、优势明显的农产品出口大县，建设一批规模化、标准化生产基地，培育一批精通国际规则、出口规模大的龙头企业。（农业部牵头，国家发展改革委、财政部、商务部、质检总局等部门参与）

第七章　共享富农　着力增进民生福祉

共享是农业现代化的本质要求，必须坚持发展为了人民、发展依靠人民，促进农民收入持续增长，着力构建机会公平、服务均等、成果普惠的农业发展新体制，让农民生活得更有尊严、更加体面。

一、推进产业精准脱贫

（一）精准培育特色产业。以促进贫困户增收为导向，精选市场潜力大、覆盖面广、发展有基础、有龙头带动的优势特色产业，实施贫困村“一村一品”产业推进行动。到2020年，贫困县初步形成优势特色产业体系，贫困乡镇、贫困村特色产业增加值显著提升，每个建档立卡贫困户掌握1—2项实用技术。（农业部、国务院扶贫办牵头，国家发展改革委、财政部、国家林业局等部门参与）

（二）精准帮扶贫困农户。支持有意愿、有实力、带动能力强的新型经营主体，扩大优势特色产业发展规模，与贫困户建立稳定的带动关系。支持有劳动能力的贫困人口就地转为护林员等生态保护人员。探索资产收益扶贫，通过财政涉农资金投入设施农业、养殖、光伏、水电、乡村旅游等项目形成的资产折股量化以及土地托管、吸引土地经营权入股等方式，让贫困户分享更多资产收益。（农业部、国务院扶贫办牵头，国家发展改革委、工业和信息化部、财政部、水利部、国家林业局、国家旅游局、国家能源局等部门参与）

（三）精准强化扶持政策。贫困县可统筹整合各级财政安排的农业生产发展和农村基础设施建设资金，因地制宜扶持发展特色产业。加大扶贫小额信贷、扶贫贴息贷款政策实施力度。加强扶贫再贷款使用管理和考核评估，引导金融机构优先和主要支持带动贫困户就业发展的企业和建档立卡贫困户。鼓励金融机构开发符合贫困地区特色产业发展特点的金融产品和服务方式，鼓励保险机构在贫困地区开展农产品价格保险、特色产品保险和扶贫小额贷款保证保险，地方给予保费补贴支持。（财政部、人民银行牵头，国家发展改革委、农业部、国家林业局、银监会、证监会、保监会、国务院扶贫办等部门参与）

（四）精准实施督查考核。动态跟踪贫困户参与产业脱贫信息，对产业扶贫进行精准化管理。建立产业扶贫考核指标体系，对重点部门、重点地区产业扶贫情况进行考核。加强对产业扶贫资金项目的监督检查，委托第三方机构对产业扶贫工作开展评估。（农业部、国务院扶贫办牵头，国家发展改革委、财政部、国家林业局等部门参与）

二、促进特殊区域农业发展

（一）推进新疆农牧业协调发展。以高效节水型农业为主攻方向，适度调减高耗水粮食作物、退减低产棉田，做大做强特色林果产业，有序发展设施蔬菜和冷水渔业，加快发展畜牧业，努力建成国家优质商品棉基地、优质畜产品基地、特色林果业基地和农牧产品精深加工出口基地。（农业部牵头，国家发展改革委、财政部、商务部、国家林业局等部门参与）

（二）推进西藏和其他藏区农牧业绿色发展。以生态保育型农业为主攻方向，稳定青稞生产，适度发展蔬菜生产，积极开发高原特色农产品，扩大饲草料种植面积，发展农畜产品加工业，保护草原生态，努力建成国家重要的高原特色农产品基地。（农业部牵头，国家发展改革委、财政部等部门参与）

（三）推进革命老区、民族地区、边疆地区农牧业加快发展。以优势特色农业为主攻方向，突出改善生产设施，建设特色产品基地，保护与选育地方特色农产品品种，推广先进适用技术，提升加工水平，培育特色品牌，形成市场优势。（农业部牵头，国家发展改革委、财政部等部门参与）

三、推动城乡基础设施和基本公共服务均等化

（一）改善农村基础设施条件。实施农村饮水安全巩固提升工程，提高贫困地区农村饮水安全保障水平。实施新一轮农村电网改造升级工程，实现城乡电力公共服务一体化。强化农村道路建设，实现所有具备条件的建制村通硬化路、通客车。推动有条件地区燃气向农村覆盖，充分利用农村有机废弃物发展沼气。加大农村危房改造力度，全面完成贫困地区存量危房改造任务。（国家发展改革委牵头，财政部、环境保护部、住房城乡建设部、交通运输部、水利部、农业部、国家林业局、国家能源局等部门参与）

（二）建设美丽宜居乡村。分类分村编制乡村建设规划，合理引导农村人口集中居住。实施乡

村清洁工程，加强人居环境整治，改善垃圾、污水收集处理和防洪排涝设施条件。加强农村河道堰塘整治、水系连通、水土保持设施建设，改善农村生活环境和河流生态。（住房城乡建设部、环境保护部、水利部牵头，国家发展改革委、财政部、国土资源部、农业部等部门参与）

（三）推动城乡基本公共服务均衡配置。把社会事业发展重点放在农村和接纳农业转移人口较多的城镇，推动城镇公共服务向农村延伸。加快农村教育、卫生计生、社保、文化等事业发展，全面改善农村义务教育薄弱学校基本办学条件，建立城乡统筹的养老保险、医疗保险制度，巩固城乡居民大病保险，引导公共文化资源向农村倾斜。（国家发展改革委牵头，教育部、民政部、财政部、人力资源社会保障部、文化部、国家卫生计生委等部门参与）

（四）推进农业转移人口市民化。深化户籍制度改革，全面实行居住证制度，统筹推动农业转移人口就业、社保、住房、子女教育等方面改革，推进有能力在城镇稳定就业和生活的农业转移人口举家进城落户，保障进城落户居民与城镇居民享有同等权利和义务。实施支持农业转移人口市民化若干财政政策，建立城镇建设用地增加规模同吸纳农业转移人口落户数量挂钩机制，实现1亿左右农业转移人口和其他常住人口在城镇定居落户。（国家发展改革委牵头，教育部、公安部、财政部、人力资源社会保障部、国土资源部、住房城乡建设部等部门参与）

专栏7 共享富农重大工程

（一）特色产业扶贫工程

重点支持贫困村、贫困户发展种养业和传统手工业，实施电商扶贫、光伏扶贫、乡村旅游扶贫工程，确保到2020年3000万以上贫困人口脱贫。对生态敏感和脆弱地区的贫困人口，加大生态补偿力度和生态保护修复工程实施力度，创造更多就业岗位。（农业部、国务院扶贫办牵头，国家发展改革委、工业和信息化部、商务部、国家林业局、国家旅游局、国家能源局等部门参与）

（二）农民收入倍增行动

支持农民依托特色产业增收、规模经营增收、加工增值增收、功能拓展增收、节本降耗增收、转移就业增收，重点加大对低收入农户的支持，确保2020年农民收入比2010年翻一番。（农业部牵头，中央农办、国家发展改革委、财政部、国家林业局、国务院扶贫办等部门参与）

第八章 强化支撑 加大强农惠农富农政策力度

一、完善财政支农政策

（一）健全财政投入稳定增长机制。在厘清政府和市场边界的基础上，将农业农村作为国家财政支出和固定资产投资的重点保障领域，建立健全与事权和支出责任相适应的涉农资金投入保障机制，确保国家固定资产投资用于农业农村的总量逐步增加。（财政部、国家发展改革委牵头，有关部门参与）

（二）整合优化农业建设投入。统筹整合各类建设性质相同、内容相近、投向相似的固定资产投资资金，实施一批打基础、管长远、影响全局的重大工程。鼓励采取投入补助等方式实施建设项目。鼓励社会资本主导设立农业产业投资基金、农垦产业发展股权投资基金。（国家发展改革委、财政部牵头，农业部、人民银行、银监会、证监会等部门参与）

（三）调整优化农业补贴政策。逐步扩大“绿箱”补贴规模和范围，调整改进“黄箱”政策。完善农业三项补贴政策，将种粮农民直接补贴、农作物良种补贴、农资综合补贴合并为农业支持保护补贴。优化农机购置补贴政策，加大保护性耕作、深松整地、秸秆还田等绿色增产技术所需机具补贴力度。完善结构调整补助政策，继续支持粮改饲、粮豆轮作，加大畜禽水产标准化健康养殖支持力度，落实渔业油价补贴政策。健全生态建设补贴政策，提高草原生态保护奖补标准，开展化肥减量增效、农药减量控害、有机肥增施和秸秆资源化利用试点，探索建立以绿色生态为导向的农业补贴制度。完善主产区利益补偿政策，加大对产粮（油）大县、商品粮大省奖励力度，逐步将农垦系统纳入国家农业支持和民生改善政策覆盖范围。（财政部牵头，国家发展改革委、国土资源部、环境保护部、农业部、国家粮食局等部门参与）

二、创新金融支农政策

（一）完善信贷支持政策。强化开发性金融、政策性金融对农业发展和农村基础设施建设的支持，建立健全对商业银行发展涉农金融业务的激励和考核机制，稳步推进农民合作社内部信用合作。针对金融机构履行支农责任情况，实施差别化的货币信贷政策措施。健全覆盖全国的农业信贷担保体系，建立农业信贷担保机构的监督考核和风险防控机制。稳妥推进农村承包土地的经营权和农民住房财产权抵押贷款试点，对稳粮增收作用大的高标准农田、先进装备、设施农业、加工流通贷款予以财政贴息支持。建立新型经营主体信用评价体系，对信用等级较高的实行贷款优先等措施。开展粮食生产规模经营主体营销贷款试点，推行农业保险保单质押贷款。（人民银行、银监会牵头，中央农办、国家发展改革委、财政部、住房城乡建设部、农业部、证监会、保监会、开发银行、农业发展银行等部门和单位参与）

（二）加大保险保障力度。逐步提高产粮大县主要粮食作物保险覆盖面，扩大畜牧业保险品种范围和实施区域，探索建立水产养殖保险制度，支持发展特色农产品保险、设施农业保险。研究出台对地方特色优势农产品保险的中央财政以奖代补政策，将主要粮食作物制种保险纳入中央财政保费补贴目录。创新开发新型经营主体“基本险+附加险”的保险产品，探索开展收入保险、农机保险、天气指数保险，加大农业对外合作保险力度。建立农业补贴、涉农信贷、农产品期货和农业保险联动机制，扩大“保险+期货”试点，研究完善农业保险大灾风险分散机制。（保监会、财政部、农业部牵头，国家发展改革委、人民银行、中国气象局、证监会等部门参与）

三、完善农业用地政策

新型经营主体用于经营性畜禽养殖、工厂化作物栽培、水产养殖以及规模化粮食生产的生产设施、附属设施和配套设施的用地，可按设施农用地管理。在各省（区、市）年度建设用地指标中单列一定比例，专门用于新型经营主体进行辅助设施建设。支持新型经营主体将集中连片整理后新增加的部分耕地，按规定用于完善规模经营配套设施。（国土资源部、农业部牵头，国家发展改革委等部门参与）

四、健全农产品市场调控政策

继续执行并完善稻谷、小麦最低收购价政策。积极稳妥推进玉米收储制度改革，综合考虑农民合理收益、财政承受能力、产业链协调发展等因素，建立玉米生产者补贴制度。调整完善棉花、大豆目标价格政策。继续推进生猪等目标价格保险试点。探索建立鲜活农产品调控目录制度,合理确定调控品种和调控工具。改革完善重要农产品储备管理体制,推进政策性职能和经营性职能相分离,科学确定储备规模,完善吞吐调节机制。发展多元化的市场购销主体。稳步推进农产品期货等交易,创设农产品期货品种。(国家发展改革委、财政部牵头,中央农办、农业部、商务部、人民银行、证监会、保监会、国家粮食局、中储粮总公司等部门和单位参与)

第九章　落实责任　保障规划顺利实施

一、加强组织领导

建立农业部牵头的农业现代化建设协调机制,统筹研究解决规划实施过程中的重要问题和重大建设项目,推进规划任务的组织落实、跟踪调度、检查评估,重大情况及时向国务院报告。根据国民经济和社会发展情况以及国内外市场形势,适时完善规划目标任务。各省(区、市)要建立规划落实的组织协调机制,统筹推进本地区农业现代化工作。(农业部牵头,有关部门参与)

二、逐级衔接落实

各地各部门要把推进农业现代化作为农业农村工作的重大任务。各省(区、市)要按照本规划提出的目标任务,抓紧制定本地区农业现代化推进规划或实施方案,落实规划任务,细化政策措施。各部门要根据规划的任务分工,强化政策配套,协同推进规划实施。加强规划监测评估,委托第三方机构对规划目标任务完成情况进行中期评估和期末评估,评估结果向社会公布。(农业部牵头,有关部门参与)

三、完善考核机制

完善粮食安全省长责任制和“菜篮子”市长负责制的考核机制,将高标准农田建设情况纳入地方各级政府耕地保护责任目标考核内容,把保障农产品质量和食品安全作为衡量党政领导班子政绩的重要考核内容。建立农业现代化监测评价指标体系,分级评价各地农业现代化进程和规划实施情况,定期发布评价结果。根据各地实际,探索将粮食生产功能区、重要农产品生产保护区和“农业灌溉用水总量基本稳定,化肥、农药使用量零增长,畜禽粪便、农作物秸秆、农膜资源化利用”等规划目标任务完成情况纳入地方政府绩效考核指标体系。(农业部牵头,中央组织部、国家发展改革委、国土资源部、水利部、商务部、国家粮食局等部门参与)

四、强化法治保障

依法构建现代农业治理体系,加快保障国家粮食安全与农产品质量安全、健全农业支持保护体系、完善农村基本经营制度、保护集体与农民权益、保护农业资源环境等领域的立法修法工作。强化普法宣传,采取群众喜闻乐见的方式宣传贯彻农业法律知识,增强农村干部和农民群众尊法学法守法用法意识和能力。深入推进农业综合执法,改善执法条件,建设执法信息化平台和指挥中心,促进依法护农、依法兴农。(农业部、国务院法制办牵头,中央农办、国家发展改革委、财政部、环境保护部、食品药品监管总局、国家粮食局等部门参与)

“十三五”脱贫攻坚规划

国发〔2016〕64 号

消除贫困、改善民生、逐步实现共同富裕,是社会主义的本质要求,是我们党的重要使命。“十三五”时期,是全面建成小康社会、实现第一个百年奋斗目标的决胜阶段,也是打赢脱贫攻坚战的决胜阶段。本规划根据《中国农村扶贫开发纲要(2011—2020 年)》、《中共中央 国务院关于打赢脱贫攻坚战的决定》和《中华人民共和国国民经济和社会发展第十三个五年规划纲要》编制,主要阐明“十三五”时期国家脱贫攻坚总体思路、基本目标、主要任务和重大举措,是指导各地脱贫攻坚工作的行动指南,是各有关方面制定相关扶贫专项规划的重要依据。

规划范围包括 14 个集中连片特困地区的片区县、片区外国家扶贫开发工作重点县,以及建档立卡贫困村和建档立卡贫困户。

第一章 总体要求

第一节 面临形势

改革开放以来,在全党全社会的共同努力下,我国成功解决了几亿农村贫困人口的温饱问题,成为世界上减贫人口最多的国家,探索和积累了许多宝贵经验。党的十八大以来,以习近平同志为核心的党中央把扶贫开发摆到治国理政的重要位置,提升到事关全面建成小康社会、实现第一个百年奋斗目标的新高度,纳入“五位一体”总体布局和“四个全面”战略布局进行决策部署,加大扶贫投入,创新扶贫方式,出台系列重大政策措施,扶贫开发取得巨大成就。2011 年至 2015 年,现行标准下农村贫困人口减少 1 亿多人、贫困发生率降低 11.5 个百分点,贫困地区农民收入大幅提升,贫困人口生产生活条件明显改善,上学难、就医难、行路难、饮水不安全等问题逐步缓解,基本公共服务水平与全国平均水平差距趋于缩小,为打赢脱贫攻坚战创造了有利条件。

当前,贫困问题依然是我国经济社会发展中最突出的“短板”,脱贫攻坚形势复杂严峻。从贫困现状看，截至2015年底，我国还有5630万农村建档立卡贫困人口，主要分布在832个国家扶贫开发工作重点县、集中连片特困地区县（以下统称贫困县）和12.8万个建档立卡贫困村，多数西部省份的贫困发生率在10%以上，民族8省区贫困发生率达12.1%。现有贫困人口贫困程度更深、减贫成本更高、脱贫难度更大，依靠常规举措难以摆脱贫困状况。从发展环境看，经济形势更加错综复杂，经济下行压力大，地区经济发展分化对缩小贫困地区与全国发展差距带来新挑战；贫困地区县级财力薄弱，基础设施瓶颈制约依然明显，基本公共服务供给能力不足；产业发展活力不强，结构单一，环境约束趋紧，粗放式资源开发模式难以为继；贫困人口就业渠道狭窄，转移就业和增收难度大。实现到2020年打赢脱贫攻坚战的目标，时间特别紧迫，任务特别艰巨。

“十三五”时期，新型工业化、信息化、城镇化、农业现代化同步推进和国家重大区域发展战略加快实施，为贫困地区发展提供了良好环境和重大机遇，特别是国家综合实力不断增强，为打赢脱贫攻坚战奠定了坚实的物质基础。中央扶贫开发工作会议确立了精准扶贫、精准脱贫基本方略，党中央、国务院制定出台了系列重大政策措施，为举全国之力打赢脱贫攻坚战提供了坚强的政治保证和制度保障；各地区各部门及社会各界积极行动、凝神聚气、锐意进取，形成强大合力；贫困地区广大干部群众盼脱贫、谋发展的意愿强烈，内生动力和活力不断激发，脱贫攻坚已经成为全党全社会的统一意志和共同行动。

打赢脱贫攻坚战，确保到2020年现行标准下农村贫困人口实现脱贫，是促进全体人民共享改革发展成果、实现共同富裕的重大举措，是促进区域协调发展、跨越“中等收入陷阱”的重要途径，是促进民族团结、边疆稳固的重要保证，是全面建成小康社会的重要内容，是积极响应联合国2030年可持续发展议程的重要行动，事关人民福祉，事关党的执政基础和国家长治久安，使命光荣、责任重大。

第二节　指导思想

全面贯彻党的十八大和十八届三中、四中、五中、六中全会以及中央扶贫开发工作会议精神，深入贯彻习近平总书记系列重要讲话精神和治国理政新理念新思想新战略，统筹推进“五位一体”总体布局和协调推进“四个全面”战略布局，牢固树立和贯彻落实创新、协调、绿色、开放、共享的发展理念，按照党中央、国务院决策部署，坚持精准扶贫、精准脱贫基本方略，坚持精准帮扶与区域整体开发有机结合，以革命老区、民族地区、边疆地区和集中连片特困地区为重点，以社会主义政治制度为根本保障，不断创新体制机制，充分发挥政府、市场和社会协同作用，充分调动贫困地区干部群众的内生动力，大力推进实施一批脱贫攻坚工程，加快破解贫困地区区域发展瓶颈制约，不断增强贫困地区和贫困人口自我发展能力，确保与全国同步进入全面小康社会。

必须遵循以下原则：

——坚持精准扶贫、精准脱贫。坚持以“六个精准”统领贫困地区脱贫攻坚工作，精确瞄准、因地制宜、分类施策，大力实施精准扶贫脱贫工程，变“大水漫灌”为“精准滴灌”，做到真扶贫、扶真贫、真脱贫。

——坚持全面落实主体责任。充分发挥政治优势和制度优势，强化政府在脱贫攻坚中的主体责任，创新扶贫考评体系，加强脱贫成效考核。按照中央统筹、省负总责、市县抓落实的工作机制，坚持问题导向和目标导向，压实责任、强力推进。

——坚持统筹推进改革创新。脱贫攻坚工作要与经济社会发展各领域工作相衔接，与新型工业化、信息化、城镇化、农业现代化相统筹,充分发挥政府主导和市场机制作用,稳步提高贫困人口增收脱贫能力,逐步解决区域性整体贫困问题。加强改革创新,不断完善资金筹措、资源整合、利益联结、监督考评等机制,形成有利于发挥各方面优势、全社会协同推进的大扶贫开发格局。

——坚持绿色协调可持续发展。牢固树立绿水青山就是金山银山的理念,把贫困地区生态环境保护摆在更加重要位置,探索生态脱贫有效途径,推动扶贫开发与资源环境相协调、脱贫致富与可持续发展相促进,使贫困人口从生态保护中得到更多实惠。

——坚持激发群众内生动力活力。坚持群众主体地位,保障贫困人口平等参与、平等发展权利,充分调动贫困地区广大干部群众积极性、主动性、创造性,发扬自强自立精神,依靠自身努力改变贫困落后面貌,实现光荣脱贫。

第三节 脱贫目标

到2020年,稳定实现现行标准下农村贫困人口不愁吃、不愁穿,义务教育、基本医疗和住房安全有保障(以下称"两不愁、三保障")。贫困地区农民人均可支配收入比2010年翻一番以上,增长幅度高于全国平均水平,基本公共服务主要领域指标接近全国平均水平。确保我国现行标准下农村贫困人口实现脱贫,贫困县全部摘帽,解决区域性整体贫困。

专栏1 "十三五"时期贫困地区发展和贫困人口脱贫主要指标

指标	2015年	2020年	属性	数据来源
建档立卡贫困人口(万人)	5630①	实现脱贫	约束性	国务院扶贫办
建档立卡贫困村(万个)	12.8	0	约束性	国务院扶贫办
贫困县(个)	832②	0	约束性	国务院扶贫办
实施易地扶贫搬迁贫困人口(万人)	—	981	约束性	国家发展改革委、国务院扶贫办
贫困地区农民人均可支配收入增速(%)	11.7	年均增速高于全国平均水平	预期性	国家统计局
贫困地区农村集中供水率(%)	75	≥83	预期性	水利部
建档立卡贫困户存量危房改造率(%)	—	近100	约束性	住房城乡建设部、国务院扶贫办
贫困县义务教育巩固率(%)	90	93	预期性	教育部
建档立卡贫困户因病致(返)贫户数(万户)	838.5	基本解决	预期性	国家卫生计生委
建档立卡贫困村村集体经济年收入(万元)	2	≥5	预期性	国务院扶贫办

注:①国家统计局抽样统计调查显示,截至2015年底全国农村贫困人口为5575万人。根据国务院扶贫办扶贫开发建档立卡信息系统识别认定,截至2015年底全国农村建档立卡贫困人口为5630万人。按照精准扶贫、精准脱贫要求,为确保脱贫一户、销号一户,本规划使用扶贫开发建档立卡信息系统核定的贫困人口数。②此外,还有新疆维吾尔自治区阿克苏地区6县1市享受片区政策。

——现行标准下农村建档立卡贫困人口实现脱贫。贫困户有稳定收入来源,人均可支配收入稳定超过国家扶贫标准,实现"两不愁、三保障"。

——建档立卡贫困村有序摘帽。村内基础设施、基本公共服务设施和人居环境明显改善，基本农田和农田水利等设施水平明显提高，特色产业基本形成，集体经济有一定规模，社区管理能力不断增强。

——贫困县全部摘帽。县域内基础设施明显改善，基本公共服务能力和水平进一步提升，全面解决出行难、上学难、就医难等问题，社会保障实现全覆盖，县域经济发展壮大，生态环境有效改善，可持续发展能力不断增强。

第二章　产业发展脱贫

立足贫困地区资源禀赋，以市场为导向，充分发挥农民合作组织、龙头企业等市场主体作用，建立健全产业到户到人的精准扶持机制，每个贫困县建成一批脱贫带动能力强的特色产业，每个贫困乡、村形成特色拳头产品，贫困人口劳动技能得到提升，贫困户经营性、财产性收入稳定增加。

第一节　农林产业扶贫

优化发展种植业。粮食主产县要大规模建设集中连片、旱涝保收、稳产高产、生态友好的高标准农田，巩固提升粮食生产能力。非粮食主产县要大力调整种植结构，重点发展适合当地气候特点、经济效益好、市场潜力大的品种，建设一批贫困人口参与度高、受益率高的种植基地，大力发展设施农业，积极支持园艺作物标准化创建。适度发展高附加值的特色种植业。生态退化地区要坚持生态优先，发展低耗水、有利于生态环境恢复的特色作物种植，实现种地养地相结合。

积极发展养殖业。因地制宜在贫困地区发展适度规模标准化养殖，加强动物疫病防控工作，建立健全畜禽水产良种繁育体系，加强地方品种保护与利用，发展地方特色畜牧业。通过实施退牧还草等工程和草原生态保护补助奖励政策，提高饲草供给能力和质量，大力发展草食畜牧业，坚持草畜平衡。积极推广适合贫困地区发展的农牧结合、粮草兼顾、生态循环种养模式。有序发展健康水产养殖业，加快池塘标准化改造，推进稻田综合种养工程，积极发展环保型养殖方式，打造区域特色水产生态养殖品牌。

大力发展林产业。结合国家生态建设工程，培育一批兼具生态和经济效益的特色林产业。因地制宜大力推进木本油料、特色林果、林下经济、竹藤、花卉等产业发展，打造一批特色示范基地，带动贫困人口脱贫致富。着力提高木本油料生产加工水平，扶持发展以干鲜果品、竹藤、速生丰产林、松脂等为原料的林产品加工业。

促进产业融合发展。深度挖掘农业多种功能，培育壮大新产业、新业态，推进农业与旅游、文化、健康养老等产业深度融合，加快形成农村一二三产业融合发展的现代产业体系。积极发展特色农产品加工业，鼓励地方扩大贫困地区农产品产地初加工补助政策实施区域，加强农产品加工技术研发、引进、示范和推广。引导农产品加工业向贫困地区县域、重点乡镇和产业园区集中，打造产业集群。推动农产品批发市场、产地集配中心等流通基础设施以及鲜活农产品冷链物流设施建设，促进跨区域农产品产销衔接。加快实施农业品牌战略，积极培育品牌特色农产品，促进供需结构升级。加快发展无公害农产品、绿色食品、有机农产品和地理标志农产品。

扶持培育新型经营主体。培育壮大贫困地区农民专业合作社、龙头企业、种养大户、家庭农(林)场、股份制农(林)场等新型经营主体,支持发展产供直销,鼓励采取订单帮扶模式对贫困户开展定向帮扶,提供全产业链服务。支持各类新型经营主体通过土地托管、土地流转、订单农业、牲畜托养、土地经营权股份合作等方式,与贫困村、贫困户建立稳定的利益联结机制,使贫困户从中直接受益。鼓励贫困地区各类企业开展农业对外合作,提升经营管理水平,扩大农产品出口。推进贫困地区农民专业合作社示范社创建,鼓励组建联合社。现代青年农场主培养计划向贫困地区倾斜。

加大农林技术推广和培训力度。强化贫困地区基层农业技术推广体系建设。鼓励科研机构和企业加强对地方特色动植物资源、优良品种的保护和开发利用。支持农业科研机构、技术推广机构建立互联网信息帮扶平台,向贫困户免费传授技术、提供信息。强化新型职业农民培育,扩大贫困地区培训覆盖面,实施农村实用人才带头人和大学生村官示范培训,加大对脱贫致富带头人、驻村工作队和大学生村官培养力度。对农村贫困家庭劳动力进行农林技术培训,确保有劳动力的贫困户中至少有1名成员掌握1项实用技术。

专栏2　产业扶贫工程

(一)农林种养产业扶贫工程

重点实施"一村一品"强村富民、粮油扶贫、园艺作物扶贫、畜牧业扶贫、水产扶贫、中草药扶贫、林果扶贫、木本油料扶贫、林下经济扶贫、林木种苗扶贫、花卉产业扶贫、竹产业扶贫等专项工程。

(二)农村一二三产业融合发展试点示范工程

支持农业集体经济组织、新型经营主体、企业、合作社开展原料基地、农产品加工、营销平台等生产流通设施建设,鼓励贫困地区因地制宜发展产业园区,以发展劳动密集型项目为主,带动当地贫困人口就地就近就业。

(三)贫困地区培训工程

重点实施新型经营主体培育、新型职业农民培育、农村实用人才带头人和大学生村官示范培训、致富带头人培训、农民手机应用技能培训等专项工程。

第二节　旅游扶贫

因地制宜发展乡村旅游。开展贫困村旅游资源普查和旅游扶贫摸底调查,建立乡村旅游扶贫工程重点村名录。以具备发展乡村旅游条件的2.26万个建档立卡贫困村为乡村旅游扶贫重点,推进旅游基础设施建设,实施乡村旅游后备箱工程、旅游基础设施提升工程等一批旅游扶贫重点工程,打造精品旅游线路,推动游客资源共享。安排贫困人口旅游服务能力培训和就业。

大力发展休闲农业。依托贫困地区特色农产品、农事景观及人文景观等资源,积极发展带动贫困人口增收的休闲农业和森林休闲健康养生产业。实施休闲农业和乡村旅游提升工程,加强休闲农业聚集村、休闲农业园等配套服务设施建设,培育扶持休闲农业新型经营主体,促进农业与旅游观光、健康养老等产业深度融合。引导和支持社会资本开发农民参与度高、受益面广的休闲农业项目。

积极发展特色文化旅游。打造一批辐射带动贫困人口就业增收的风景名胜区、特色小镇,实施特色民族村镇和传统村落、历史文化名镇名村保护与发展工程。依托当地民族特色文化、红色文化、乡土文化和非物质文化遗产,大力发展贫困人口参与并受益的传统文化展示表演与体验活动等乡村文化旅游。开展非物质文化遗产生产性保护，鼓励民族传统工艺传承发展和产品生产销售。坚持创意开发，推出具有地方特点的旅游商品和纪念品。支持农村贫困家庭妇女发展家庭手工旅游产品。

专栏3 旅游扶贫工程

（一）旅游基础设施提升工程

支持中西部地区重点景区、乡村旅游、红色旅游、集中连片特困地区生态旅游交通基础设施建设，加快风景名胜区和重点村镇旅游集聚区旅游基础设施和公共服务设施建设。对乡村旅游经营户实施改厨、改厕、改院落、整治周边环境工程，支持国家扶贫开发工作重点县、集中连片特困地区县中具备条件的6130个村的基础设施建设。支持贫困村周边10公里范围内具备条件的重点景区基础设施建设。

（二）乡村旅游产品建设工程

鼓励各类资本和大学生、返乡农民工等参与贫困村旅游开发。鼓励开发建设休闲农庄、乡村酒店、特色民宿以及自驾露营、户外运动和养老养生等乡村旅游产品，培育1000家乡村旅游创客基地，建成一批金牌农家乐、A级旅游景区、中国风情小镇、特色景观旅游名镇名村、中国度假乡村、中国精品民宿。

（三）休闲农业和乡村旅游提升工程

在贫困地区扶持建设一批休闲农业聚集村、休闲农庄、休闲农业园、休闲旅游合作社。认定推介一批休闲农业和乡村旅游示范县，推介一批中国美丽休闲乡村，加大品牌培育力度，鼓励创建推介有地方特色的休闲农业村、星级户、精品线路等，逐步形成品牌体系。

（四）森林旅游扶贫工程

推出一批森林旅游扶贫示范市、示范县、示范景区，确定一批重点森林旅游地和特色旅游线路，鼓励发展“森林人家”，打造多元化旅游产品。

（五）乡村旅游后备箱工程

鼓励和支持农民将当地农副土特产品、手工艺品通过自驾车旅游渠道就地就近销售，推出一批乡村旅游优质农产品推荐名录。到2020年，全国建设1000家“乡村旅游后备箱工程示范基地”，支持在临近的景区、高速公路服务区设立特色农产品销售店。

（六）乡村旅游扶贫培训宣传工程

培养一批乡村旅游扶贫培训师。鼓励各地设立一批乡村旅游教学基地和实训基地，对乡村旅游重点村负责人、乡村旅游带头人、从业人员等分类开展旅游经营管理和服务技能培训。2020年前，每年组织1000名乡村旅游扶贫重点村村官开展乡村旅游培训。开展“乡村旅游+互联网”万村千店扶贫专项行动，加大对贫困地区旅游线路、旅游产品、特色农产品等宣传推介力度。组织开展乡村旅游扶贫公益宣传。鼓励各地打造一批具有浓郁地方特色的乡村旅游节庆活动。

第三节 电商扶贫

培育电子商务市场主体。将农村电子商务作为精准扶贫的重要载体，把电子商务纳入扶贫开发工作体系，以建档立卡贫困村为工作重点，提升贫困户运用电子商务创业增收的能力。依托农村现有组织资源，积极培育农村电子商务市场主体。发挥大型电商企业孵化带动作用，支持有意愿的贫困户和带动贫困户的农民专业合作社开办网上商店，鼓励引导电商和电商平台企业开辟特色农产品网上销售平台，与合作社、种养大户建立直采直供关系。加快物流配送体系建设，鼓励邮政、供销合作等系统在贫困乡村建立和改造服务网点，引导电商平台企业拓展农村业务，加强农产品网上销售平台建设。实施电商扶贫工程，逐步形成农产品进城、工业品下乡的双向流通服务网络。对贫困户通过电商平台创业就业的，鼓励地方政府和电商企业免费提供网店设计、推介服务和经营管理培训，给予网络资费补助和小额信贷支持。

改善农村电子商务发展环境。加强交通、商贸流通、供销合作、邮政等部门及大型电商、快递企业信息网络共享衔接，鼓励多站合一、服务同网。加快推进适应电子商务的农产品质量标准体系和可追溯体系建设以及分等分级、包装运输标准制定和应用。

专栏 4　电商扶贫工程

通过设备和物流补助、宽带网络优惠、冷链建设、培训支持等方式实施电商扶贫工程。鼓励有条件的地方和电商企业，对贫困村电商站、设备配置以及代办物流快递服务点等，给予适当补助和小额信贷支持；当地电信运营企业根据用户需求负责宽带入户建设，鼓励电信运营企业对贫困村网络流量资费给予适当优惠；在有条件的贫困村建设一批生鲜冷链物流设施。

第四节　资产收益扶贫

组织开展资产收益扶贫工作。鼓励和引导贫困户将已确权登记的土地承包经营权入股企业、合作社、家庭农（林）场与新型经营主体形成利益共同体，分享经营收益。积极推进农村集体资产、集体所有的土地等资产资源使用权作价入股，形成集体股权并按比例量化到农村集体经济组织。财政扶贫资金、相关涉农资金和社会帮扶资金投入设施农业、养殖、光伏、水电、乡村旅游等项目形成的资产，可折股量化到农村集体经济组织，优先保障丧失劳动能力的贫困户。建立健全收益分配机制，强化监督管理，确保持股贫困户和农村集体经济组织分享资产收益。创新水电、矿产资源开发占用农村集体土地的补偿补助方式，在贫困地区选择一批项目开展资源开发资产收益扶贫改革试点。通过试点，形成可复制、可推广的模式和制度，并在贫困地区推广，让贫困人口分享资源开发收益。

专栏 5　资产收益扶贫工程

（一）光伏扶贫工程

在前期开展试点、光照条件较好的 5 万个建档立卡贫困村实施光伏扶贫，保障 280 万无劳动能力建档立卡贫困户户均年增收 3000 元以上。其他光照条件好的贫困地区可因地制宜推进实施。

（二）水库移民脱贫工程

完善地方水库移民扶持基金分配制度，在避险解困、产业发展、技能培训、教育卫生等方面向贫困水库移民倾斜，探索实施水库移民扶持基金对贫困水库移民发展产业的直接补助、贷款贴息、担保服务、小额贷款保证保险保费补助、资产收益扶贫等扶持政策。

（三）农村小水电扶贫工程

在总结试点经验基础上，全面实施农村小水电扶贫工程。建设农村小水电扶贫装机 200 万千瓦，让贫困地区 1 万个建档立卡贫困村的 100 万贫困农户每年稳定获得小水电开发收益，助力贫困户脱贫。

第五节　科技扶贫

促进科技成果向贫困地区转移转化。组织高等学校、科研院所、企业等开展技术攻关，解决贫困地区产业发展和生态建设关键技术问题。围绕全产业链技术需求，加大贫困地区新品种、新技术、新成果的开发、引进、集成、试验、示范力度，鼓励贫困县建设科技成果转化示范基地，围绕支柱产业转化推广 5 万项以上先进适用技术成果。

提高贫困人口创新创业能力。深入推行科技特派员制度，基本实现特派员对贫困村科技服务和创业带动全覆盖。鼓励和支持高等院校、科研院所发挥科技优势，为贫困地区培养科技致富带头人。大力实施边远贫困地区、边疆民族地区和革命老区人才支持计划科技人员专项计划，引导支持科技人员与贫困户结成利益共同体，创办、领办、协办企业和农民专业合作社，带动贫困人口脱贫。

加强乡村科普工作，为贫困群众提供线上线下、点对点、面对面的培训。

加强贫困地区创新平台载体建设。支持贫困地区建设一批“星创天地”、科技园区等科技创新载体。充分发挥各类科技园区在扶贫开发中的技术集中、要素聚集、应用示范、辐射带动作用，通过“科技园区+贫困村+贫困户”的方式带动贫困人口脱贫。推动高等学校新农村发展研究院在贫困地区建设一批农村科技服务基地。实施科技助力精准扶贫工程，在贫困地区支持建设1000个以上农技协联合会（联合体）和10000个以上农村专业技术协会。

第三章 转移就业脱贫

加强贫困人口职业技能培训和就业服务，保障转移就业贫困人口合法权益，开展劳务协作，推进就地就近转移就业，促进已就业贫困人口稳定就业和有序实现市民化、有劳动能力和就业意愿未就业贫困人口实现转移就业。

第一节 大力开展职业培训

完善劳动者终身职业技能培训制度。针对贫困家庭中有转移就业愿望劳动力、已转移就业劳动力、新成长劳动力的特点和就业需求，开展差异化技能培训。整合各部门各行业培训资源，创新培训方式，以政府购买服务形式，通过农林技术培训、订单培训、定岗培训、定向培训、“互联网+培训”等方式开展就业技能培训、岗位技能提升培训和创业培训。加强对贫困家庭妇女的职业技能培训和就业指导服务。支持公共实训基地建设。

提高贫困家庭农民工职业技能培训精准度。深入推进农民工职业技能提升计划，加强对已外出务工贫困人口的岗位培训。继续开展贫困家庭子女、未升学初高中毕业生（俗称“两后生”）、农民工免费职业培训等专项行动，提高培训的针对性和有效性。实施农民工等人员返乡创业培训五年行动计划（2016—2020年）、残疾人职业技能提升计划。

第二节 促进稳定就业和转移就业

加强对转移就业贫困人口的公共服务。输入地政府对已稳定就业的贫困人口予以政策支持，将符合条件的转移人口纳入当地住房保障范围，完善随迁子女在当地接受义务教育和参加中高考政策，保障其本人及随迁家属平等享受城镇基本公共服务。支持输入地政府吸纳贫困人口转移就业和落户。为外出务工的贫困人口提供法律援助。

开展地区间劳务协作。建立健全劳务协作信息共享机制。输出地政府与输入地政府要加强劳务信息共享和劳务协作对接工作，全面落实转移就业相关政策措施。输出地政府要摸清摸准贫困家庭劳动力状况和外出务工意愿，输入地政府要协调提供就业信息和岗位，采取多种方式协助做好就业安置工作。对到东部地区或省内经济发达地区接受职业教育和技能培训的贫困家庭“两后生”，培训地政府要帮助有意愿的毕业生在当地就业。建立健全转移就业工作考核机制。输出地政府和输入地政府要加强对务工人员的禁毒法制教育。

推进就地就近转移就业。建立定向培训就业机制，积极开展校企合作和订单培训。将贫困人口转移就业与产业聚集园区建设、城镇化建设相结合，鼓励引导企业向贫困人口提供就业岗位。财政资金支持的企业或园区,应优先安排贫困人口就业,资金应与安置贫困人口就业任务相挂钩。支持贫困户自主创业,鼓励发展居家就业等新业态,促进就地就近就业。

专栏 6　就业扶贫行动

(一)劳务协作对接行动

依托东西部扶贫协作机制和对口支援工作机制,开展省际劳务协作,同时积极推动省内经济发达地区和贫困县开展劳务协作。围绕实现精准对接、促进稳定就业的目标,通过开发岗位、劳务协作、技能培训等措施,带动一批未就业贫困劳动力转移就业,帮助一批已就业贫困劳动力稳定就业,帮助一批贫困家庭未升学初高中毕业生就读技工院校毕业后实现技能就业。

(二)重点群体免费职业培训行动

组织开展贫困家庭子女、未升学初高中毕业生等免费职业培训。到 2020 年,力争使新进入人力资源市场的贫困家庭劳动力都有机会接受 1 次就业技能培训;使具备一定创业条件或已创业的贫困家庭劳动力都有机会接受 1 次创业培训。

(三)春潮行动

到 2020 年,力争使各类农村转移就业劳动者都有机会接受 1 次相应的职业培训,平均每年培训 800 万人左右,优先保障有劳动能力的建档立卡贫困人口培训。

(四)促进建档立卡贫困劳动者就业

根据建档立卡贫困劳动者就业情况,分类施策、精准服务。对已就业的,通过跟踪服务、落实扶持政策,促进其稳定就业。对未就业的,通过健全劳务协作机制、开发就业岗位、强化就业服务和技能培训,促进劳务输出和就地就近就业。

(五)返乡农民工创业培训行动

实施农民工等人员返乡创业培训五年行动计划(2016—2020 年),推进建档立卡贫困人口等人员返乡创业培训工作。到 2020 年,力争使有创业要求和培训愿望、具备一定创业条件或已创业的贫困家庭农民工等人员,都能得到 1 次创业培训。

(六)技能脱贫千校行动

在全国组织千所省级重点以上的技工院校开展技能脱贫千校行动,使每个有就读技工院校意愿的贫困家庭应、往届"两后生"都能免费接受技工教育,使每个有劳动能力且有参加职业培训意愿的贫困家庭劳动力每年都能到技工院校接受至少 1 次免费职业培训,对接受技工教育和职业培训的贫困家庭学生(学员)推荐就业。加大政策支持,对接受技工教育的,落实助学金、免学费和对家庭给予补助的政策,制定并落实减免学生杂费、书本费和给予生活费补助的政策;对接受职业培训的,按规定落实职业培训、职业技能鉴定补贴政策。

第四章　易地搬迁脱贫

组织实施好易地扶贫搬迁工程,确保搬迁群众住房安全得到保障,饮水安全、出行、用电等基本生活条件得到明显改善,享有便利可及的教育、医疗等基本公共服务,迁出区生态环境得到有效治理,确保有劳动能力的贫困家庭后续发展有门路、转移就业有渠道、收入水平不断提高,实现建档立卡搬迁人口搬得出、稳得住、能脱贫。

第一节　精准识别搬迁对象

合理确定搬迁范围和对象。以扶贫开发建档立卡信息系统识别认定结果为依据,以生活在自然条件严酷、生存环境恶劣、发展条件严重欠缺等"一方水土养不起一方人"地区的农村建档立卡贫困人口为对象,以省级政府批准的年度搬迁进度安排为主要参考,确定易地扶贫搬迁人口总规模和年度搬迁任务。

确保建档立卡贫困人口应搬尽搬。在充分尊重群众意愿基础上,加强宣传引导和组织动员,保障搬迁资金,确保符合条件的建档立卡贫困人口应搬尽搬。统筹规划同步搬迁人口。

第二节 稳妥实施搬迁安置

因地制宜选择搬迁安置方式。根据水土资源条件、经济发展环境和城镇化进程，按照集中安置与分散安置相结合、以集中安置为主的原则选择安置方式和安置区（点）。采取集中安置的，可依托移民新村、小城镇、产业园区、旅游景区、乡村旅游区等适宜区域进行安置，并做好配套建设。采取分散安置的，可选择"插花"、进城务工、投亲靠友等方式进行安置，也可在确保有房可住、有业可就的前提下，采取货币化方式进行安置。地方各级政府要结合本地实际，加强安置区（点）建设方案研究论证工作，将安置区（点）后续产业发展和搬迁人口就业等安排情况纳入建设方案专章表述，并做好推进落实工作。鼓励地方选择基础较好、具备条件的安置区（点），开展低碳社区建设试点。

合理确定住房建设标准。按照"保障基本、安全适用"的原则规划建设安置住房，严格执行建档立卡搬迁户人均住房建设面积不超过25平方米的标准。在稳定脱贫前，建档立卡搬迁户不得自行举债扩大安置住房建设面积。合理制定建房补助标准和相关扶持政策，鼓励地方因地制宜采取差异化补助标准。国家易地扶贫搬迁政策范围内的建房补助资金，应以建档立卡搬迁户人口数量为依据进行核算和补助，不得变相扩大或缩小补助范围。同步搬迁人口所需建房资金，由省级及以下政府统筹相关资源、农户自筹资金等解决，安置区（点）配套基础设施和公共服务设施可一并统筹规划、统一建设。

配套建设基础设施和公共服务设施。按照"规模适度、功能合理、经济安全、环境整洁、宜居宜业"的原则，配套建设安置区（点）水、电、路、邮政、基础电信网络以及污水、垃圾处理等基础设施，完善安置区（点）商业网点、便民超市、集贸市场等生活服务设施以及必要的教育、卫生、文化体育等公共服务设施。

拓展资金筹措渠道。加大中央预算内投资支持力度，创新投融资机制，安排专项建设基金和地方政府债券资金作为易地扶贫搬迁项目资本金，发行专项金融债券筹集贷款资金支持易地扶贫搬迁工作。建立或明确易地扶贫搬迁省级投融资主体和市县项目实施主体，负责资金承接运作和工程组织实施。地方政府要统筹可支配财力，用好用活城乡建设用地增减挂钩政策，支持省级投融资主体还贷。易地扶贫搬迁资金如有节余，可用于支持搬迁贫困人口后续产业发展。

第三节 促进搬迁群众稳定脱贫

大力发展安置区（点）优势产业。将安置区（点）产业发展纳入当地产业扶贫规划，统筹整合使用财政涉农资金，支持搬迁贫困人口大力发展后续产业。支持"有土安置"的搬迁户通过土地流转等方式开展适度规模经营，发展特色产业。建立完善新型农业经营主体与搬迁户的利益联接机制，确保每个建档立卡搬迁户都有脱贫致富产业或稳定收入来源。

多措并举促进建档立卡搬迁户就业增收。结合农业园区、工业园区、旅游景区和小城镇建设，引导搬迁群众从事种养加工、商贸物流、家政服务、物业管理、旅游服务等工作。在集中安置区（点）开发设立卫生保洁、水暖、电力维修等岗位，为建档立卡贫困人口提供就地就近就业机会，解决好养老保险、医疗保险等问题。鼓励工矿企业、农业龙头企业优先聘用建档立卡搬迁人口。支持安置区（点）发展物业经济，将商铺、厂房、停车场等营利性物业产权量化到建档立卡搬迁户。

促进搬迁人口融入当地社会。引导搬迁人口自力更生，积极参与住房建设、配套设施建设、安置区环境改善等工作，通过投工投劳建设美好家园。加强对易地搬迁人口的心理疏导和先进文化教育，培养其形成与新环境相适应的生产方式和生活习惯。优化安置区（点）社区管理服务，营造开放包容的社区环境，积极引导搬迁人口参与当地社区管理和服务，增强其主人翁意识和适应新生活的信心，使搬迁群众平稳顺利融入当地社会。

专栏7　易地扶贫搬迁工程

“十三五”期间，对全国22个省（区、市）约1400个县（市、区）981万建档立卡贫困人口实施易地扶贫搬迁，按人均不超过25平方米的标准建设住房，同步开展安置区（点）配套基础设施和基本公共服务设施建设、迁出区宅基地复垦和生态修复等工作。安排中央预算内投资、地方政府债券、专项建设基金、长期贴息贷款和农户自筹等易地扶贫搬迁资金约6000亿元。同步搬迁人口建房所需资金，以地方政府补助和农户自筹为主解决，鼓励开发银行、农业发展银行对符合条件的项目给予优惠贷款支持。在分解下达城乡建设用地增减挂钩指标时，向易地扶贫搬迁省份倾斜。允许贫困县将城乡建设用地增减挂钩节余指标在省域范围内流转使用，前期使用贷款进行拆迁安置、基础设施建设和土地复垦。

第五章　教育扶贫

以提高贫困人口基本文化素质和贫困家庭劳动力技能为抓手，瞄准教育最薄弱领域，阻断贫困的代际传递。到2020年，贫困地区基础教育能力明显增强，职业教育体系更加完善，高等教育服务能力明显提升，教育总体质量显著提高，基本公共教育服务水平接近全国平均水平。

第一节　提升基础教育水平

改善办学条件。加快完善贫困地区学前教育公共服务体系，建立健全农村学前教育服务网络，优先保障贫困家庭适龄儿童接受学前教育。全面改善义务教育薄弱学校基本办学条件，加强农村寄宿制学校建设，优化义务教育学校布局，办好必要的村小学和教学点，建立城乡统一、重在农村的义务教育经费保障机制。实施高中阶段教育普及攻坚计划，加大对普通高中和中等职业学校新建改扩建的支持力度，扩大教育资源，提高普及水平。加快推进教育信息化，扩大优质教育资源覆盖面。建立健全双语教学体系。

强化教师队伍建设。通过改善乡村教师生活待遇、强化师资培训、结对帮扶等方式，加强贫困地区师资队伍建设。建立省级统筹乡村教师补充机制，依托师范院校开展“一专多能”乡村教师培养培训，建立城乡学校教师均衡配置机制，推进县（区）域内义务教育学校校长教师交流轮岗。全面落实集中连片特困地区和边远艰苦地区乡村教师生活补助政策。加大对边远艰苦地区农村学校教师周转宿舍建设的支持力度。继续实施特岗计划，“国培计划”向贫困地区乡村教师倾斜。加大双语教师培养力度，加强国家通用语言文字教学。实施好边远贫困地区、边疆民族地区和革命老区人才支持计划教师专项计划，每年向“三区”选派3万名支教教师。建立乡村教师荣誉制度，向在乡村学校从教30年以上的教师颁发荣誉证书。

第二节　降低贫困家庭就学负担

完善困难学生资助救助政策。健全学前教育资助制度，帮助农村贫困家庭幼儿接受学前教育。

稳步推进贫困地区农村义务教育学生营养改善计划。率先对建档立卡贫困家庭学生以及非建档立卡的家庭经济困难残疾学生、农村低保家庭学生、农村特困救助供养学生实施普通高中免除学杂费。完善国家奖助学金、国家助学贷款、新生入学资助、研究生"三助"(助教、助研、助管)岗位津贴、勤工助学、校内奖助学金、困难补助、学费减免等多元化高校学生资助体系,对建档立卡贫困家庭学生优先予以资助,优先推荐勤工助学岗位,做到应助尽助。

第三节　加快发展职业教育

强化职业教育资源建设。加快推进贫困地区职业院校布局结构调整,加强有专业特色并适应市场需求的职业院校建设。继续推动落实东西部联合招生,加强东西部职教资源对接。鼓励东部地区职教集团和职业院校对口支援或指导贫困地区职业院校建设。

加大职业教育力度。引导企业扶贫与职业教育相结合,鼓励职业院校面向建档立卡贫困家庭开展多种形式的职业教育。启动职教圆梦行动计划,省级教育行政部门统筹协调国家中等职业教育改革发展示范学校和国家重点中职学校选择就业前景好的专业,针对建档立卡贫困家庭子女单列招生计划。实施中等职业教育协作计划,支持建档立卡贫困家庭初中毕业生到省外经济较发达地区接受中职教育。让未升入普通高中的初中毕业生都能接受中等职业教育。鼓励职业院校开展面向贫困人口的继续教育。保障贫困家庭妇女、残疾人平等享有职业教育资源和机会。支持民族地区职业学校建设,继续办好内地西藏、新疆中等职业教育班,加强民族聚居地区少数民族特困群体国家通用语言文字培训。

加大贫困家庭子女职业教育资助力度。继续实施"雨露计划"职业教育助学补助政策,鼓励贫困家庭"两后生"就读职业院校并给予政策支持。落实好中等职业学校免学费和国家助学金政策。

专栏 8　教育扶贫工程

(一)普惠性幼儿园建设

重点支持中西部 1472 个区(县)农村适龄儿童入园,鼓励普惠性幼儿园发展。

(二)全面改善贫困地区义务教育薄弱学校基本办学条件

按照"缺什么、补什么"的原则改善义务教育薄弱学校基本办学条件。力争到 2019 年底,使贫困地区所有义务教育学校均达到"20 条底线要求"。以集中连片特困地区县、国家扶贫开发工作重点县、革命老区贫困县等为重点,解决或缓解城镇学校"大班额"和农村寄宿制学校"大通铺"问题,逐步实现未达标城乡义务教育学校校舍、场所标准化。

(三)高中阶段教育普及攻坚计划

增加中西部贫困地区尤其是集中连片特困地区高中阶段教育资源,使中西部贫困地区未升入普通高中的初中毕业生基本进入中等职业学校就读。

(四)乡村教师支持计划

拓展乡村教师补充渠道,扩大特岗计划实施规模,鼓励省级政府建立统筹规划、统一选拔的乡村教师补充机制,推动地方研究制定符合乡村教育实际的招聘办法,鼓励地方根据需求本土化培养"一专多能"乡村教师。到 2020 年,对全体乡村教师校长进行 360 学时的培训。

(五)特殊教育发展

鼓励有条件的特殊教育学校、取得办园许可的残疾儿童康复机构开展学前教育,支持特殊教育学校改善办学条件和建设特教资源中心(教室),为特殊教育学校配备特殊教育教学专用设备设施和仪器等。

(六)农村义务教育学生营养改善计划

以贫困地区和家庭经济困难学生为重点,通过农村义务教育学生营养改善计划国家试点、地方试点、社会参与等方式,逐步改善农村义务教育学生营养状况。中央财政为纳入营养改善计划国家试点的农村义务教育学生按每生每天 4 元(800 元/年)的标准提供营养膳食补助。鼓励地方开展营养改善计划地方试点,中央财政给予适当奖补。

第四节　提高高等教育服务能力

提高贫困地区高等教育质量。支持贫困地区优化高等学校布局，调整优化学科专业结构。中西部高等教育振兴计划、长江学者奖励计划、高等学校青年骨干教师国内访问学者项目等国家专项计划，适当向贫困地区倾斜。

继续实施高校招生倾斜政策。加快推进高等职业院校分类考试招生，同等条件下优先录取建档立卡贫困家庭学生。继续实施重点高校面向贫困地区定向招生专项计划，形成长效机制，畅通贫困地区学生纵向流动渠道。高校招生计划和支援中西部地区招生协作计划向贫困地区倾斜。支持普通高校适度扩大少数民族预科班和民族班规模。

第六章　健康扶贫

改善贫困地区医疗卫生机构条件，提升服务能力，缩小区域间卫生资源配置差距，基本医疗保障制度进一步完善，建档立卡贫困人口大病和慢性病得到及时有效救治，就医费用个人负担大幅减轻，重大传染病和地方病得到有效控制，基本公共卫生服务实现均等化，因病致贫返贫问题得到有效解决。

第一节　提升医疗卫生服务能力

加强医疗卫生服务体系建设。按照“填平补齐”原则，加强县级医院、乡镇卫生院、村卫生室等基层医疗卫生机构以及疾病预防控制和精神卫生、职业病防治、妇幼保健等专业公共卫生机构能力建设，提高基本医疗及公共卫生服务水平。加强常见病、多发病相关专业和临床专科建设。加强远程医疗能力建设，实现城市诊疗资源和咨询服务向贫困县延伸，县级医院与县域内各级各类医疗卫生服务机构互联互通。鼓励新医疗技术服务贫困人口。在贫困地区优先实施基层中医药服务能力提升工程“十三五”行动计划。实施全国三级医院与贫困县县级医院“一对一”帮扶行动。到2020年，每个贫困县至少有1所医院达到二级医院标准，每个30万人口以上的贫困县至少有1所医院达到二级甲等水平。

深化医药卫生体制改革。深化公立医院综合改革。在符合医疗行业特点的薪酬改革方案出台前，贫困县可先行探索制定公立医院绩效工资总量核定办法。制定符合基层实际的人才招聘引进办法，赋予贫困地区医疗卫生机构一定自主招聘权。加快健全药品供应保障机制，统筹做好县级医院与基层医疗卫生机构的药品供应配送管理工作。进一步提高乡村医生的养老待遇。推进建立分级诊疗制度，到2020年，县域内就诊率提高到90%左右。

强化人才培养培训。以提高培养质量为核心，支持贫困地区高等医学教育发展，加大本专科农村订单定向医学生免费培养力度。以全科医生为重点，加强各类医疗卫生人员继续医学教育，推行住院医师规范化培训、助理全科医生培训，做好全科医生和专科医生特设岗位计划实施工作，制定符合基层实际的人才招聘引进办法，提高薪酬待遇。组织开展适宜医疗卫生技术推广。

支持中医药和民族医药事业发展。加强中医医院、民族医医院、民族医特色专科能力建设，加快民族药药材和制剂标准化建设。加强民族医药基础理论和临床应用研究。加强中医、民族医医师和城乡基层中医、民族医药专业技术人员培养培训，培养一批民族医药学科带头人。加强中药民族药资源保护利用。将更多具有良好疗效的特色民族药药品纳入国家基本医疗保险药品目录。

第二节　提高医疗保障水平

降低贫困人口大病、慢性病费用支出。加强基本医疗保险、大病保险、医疗救助、疾病应急救助等制度的有效衔接。建档立卡贫困人口参加城乡居民基本医疗保险个人缴费部分由财政通过城乡医疗救助给予补贴，全面推开城乡居民基本医疗保险门诊统筹，提高政策范围内住院费用报销比例。城乡居民基本医疗保险新增筹资主要用于提高城乡居民基本医疗保障水平，逐步降低贫困人口大病保险起付线。在基本医疗保险报销范围基础上，确定合规医疗费用范围，减轻贫困人口医疗费用负担。加大医疗救助力度，将贫困人口全部纳入重特大疾病医疗救助范围。对突发重大疾病暂时无法获得家庭支持导致基本生活出现严重困难的贫困家庭患者，加大临时救助力度。支持引导社会慈善力量参与医疗救助。在贫困地区先行推进以按病种付费为主的医保支付方式改革，逐步扩大病种范围。

实行贫困人口分类救治。优先为建档立卡贫困人口单独建立电子健康档案和健康卡，推动基层医疗卫生机构提供基本医疗、公共卫生和健康管理等签约服务。以县为单位，进一步核实因病致贫返贫家庭及患病人员情况，对贫困家庭大病和慢性病患者实行分类救治，为有需要的贫困残疾人提供基本康复服务。贫困患者在县域内定点医疗机构住院的，实行先诊疗后付费的结算机制，有条件的地方可探索市域和省域内建档立卡贫困人口先诊疗后付费的结算机制。

第三节　加强疾病预防控制和公共卫生

加大传染病、地方病、慢性病防控力度。全面完成已查明氟、砷超标地区改水工程建设。对建档立卡贫困人口食用合格碘盐给予政府补贴。综合防治大骨节病和克山病等重点地方病，加大对包虫病、布病等人畜共患病的防治力度，加强对艾滋病、结核病疫情防控，加强肿瘤随访登记，扩大癌症筛查和早诊早治覆盖面，加强严重精神障碍患者筛查登记、救治救助和服务管理。治贫治毒相结合，从源头上治理禁毒重点整治地区贫困县的毒品问题。

全面提升妇幼健康服务水平。在贫困地区全面实施农村妇女"两癌"（乳腺癌和宫颈癌）免费筛查项目，加大对贫困患者的救助力度。全面实施免费孕前优生健康检查、农村妇女增补叶酸预防神经管缺陷、新生儿疾病筛查等项目。提升孕产妇和新生儿危急重症救治能力。全面实施贫困地区儿童营养改善项目。实施0—6岁贫困残疾儿童康复救助项目，提供基本辅助器具。加强计划生育工作。

深入开展爱国卫生运动。加强卫生城镇创建活动，持续深入开展城乡环境卫生整洁行动，重点加强农村垃圾和污水处理设施建设，有效提升贫困地区人居环境质量。加快农村卫生厕所建设进程，坚持因地制宜、集中连片、整体推进农村改厕工作，力争到2020年农村卫生厕所普及率达到85%以上。加强健康促进和健康教育工作，广泛宣传居民健康素养基本知识和技能，使其形成良好卫生习惯和健康生活方式。

专栏 9 健康扶贫工程

(一)城乡居民基本医疗保险和大病保险

从2016年起,对建档立卡贫困人口、农村低保对象和特困人员实行倾斜性支持政策,降低特殊困难人群大病保险报销起付线、提高大病保险报销比例,减少贫困人口大病费用个人实际支出。选择部分大病实行单病种付费,医疗费用主要由医疗保险、大病保险、医疗救助按规定比例报销。将符合条件的残疾人医疗康复项目按规定纳入基本医疗保险支付范围。

(二)农村贫困人口大病慢性病救治

继续实施光明工程,为贫困家庭白内障患者提供救治,费用通过医保等渠道解决,鼓励慈善组织参与。从2016年起,对贫困家庭患有儿童急性淋巴细胞白血病、儿童先天性心脏房间隔缺损、食管癌等疾病的患者进行集中救治。

(三)全国三级医院与贫困县县级医院“一对一”帮扶行动

组织全国889家三级医院(含军队和武警部队医院)对口帮扶集中连片特困地区县和国家扶贫开发工作重点县县级医院。采用“组团式”支援方式,向县级医院派驻1名院长或者副院长及医务人员组成的团队驻点帮扶,重点加强近3年外转率前5—10位病种的临床专科能力建设,推广适宜县级医院开展的医疗技术。定期派出医疗队,为贫困人口提供集中诊疗服务。建立帮扶双方远程医疗平台,开展远程诊疗服务。

(四)贫困地区县乡村三级医疗卫生服务网络标准化建设工程

到2020年,每个贫困县至少有1所县级公立医院,每个乡镇有1所标准化乡镇卫生院,每个行政村有1个卫生室。在乡镇卫生院和社区卫生服务中心建立中医综合服务区。

(五)重特大疾病医疗救助行动

将重特大疾病医疗救助对象范围从农村低保对象、特困人员拓展到低收入家庭的老年人、未成年人、重度残疾人和重病患者,积极探索对因病致贫返贫家庭重病患者实施救助,重点加大对符合条件的重病、重残儿童的救助力度。综合考虑患病家庭负担能力、个人自负费用、当地筹资等情况,分类分段设置救助比例和最高救助限额。

(六)医疗救助与基本医疗保险、大病保险等“一站式”结算平台建设

贫困地区逐步实现医疗救助与基本医疗保险、大病保险、疾病应急救助、商业保险等信息管理平台互联互通,广泛开展“一站式”即时结算。

第七章 生态保护扶贫

处理好生态保护与扶贫开发的关系,加强贫困地区生态环境保护与治理修复,提升贫困地区可持续发展能力。逐步扩大对贫困地区和贫困人口的生态保护补偿,增设生态公益岗位,使贫困人口通过参与生态保护实现就业脱贫。

第一节 加大生态保护修复力度

加强生态保护与建设。加快改善西南山区、西北黄土高原等水土流失状况,加强林草植被保护与建设。加大三北等防护林体系建设工程、天然林资源保护、水土保持等重点工程实施力度。加大新一轮退耕还林还草工程实施力度,加强生态环境改善与扶贫协同推进。在重点区域推进京津风沙源治理、岩溶地区石漠化治理、青海三江源保护等山水林田湖综合治理工程,遏制牧区、农牧结合贫困地区土壤沙化退化趋势,缓解土地荒漠化、石漠化,组织动员贫困人口参与生态保护建设工程,提高贫困人口受益水平,结合国家重大生态工程建设,因地制宜发展舍饲圈养和设施农业,大力发展具有经济效益的生态林业产业。

开展水土资源保护。加强贫困地区耕地和永久基本农田保护,建立和完善耕地与永久基本农田保护补偿机制,推进耕地质量保护与提升。全面推广测土配方施肥技术和水肥一体化技术。加强农膜残膜回收,积极推广可降解农膜。开展耕地轮作休耕试点。鼓励在南方贫困地区开发利用

冬闲田、秋闲田，种植肥田作物。优先将大兴安岭南麓山区内黑土流失地区等地区列入综合治理示范区。加强江河源头和水源涵养区保护，推进重点流域水环境综合治理，严禁农业、工业污染物向水体超标排放。

专栏 10　重大生态建设扶贫工程

（一）退耕还林还草工程

在安排新一轮退耕还林还草任务时，向扶贫开发任务重、贫困人口较多的省份倾斜。各有关省份要进一步向贫困地区集中，向建档立卡贫困村、贫困人口倾斜。

（二）退牧还草工程

继续在内蒙古、辽宁、吉林、黑龙江、四川、贵州、云南、西藏、陕西、甘肃、青海、宁夏、新疆和新疆生产建设兵团实施退牧还草工程，并向贫困地区、贫困人口倾斜，合理调整任务实施范围，促进贫困县脱贫攻坚。

（三）青海三江源生态保护和建设二期工程

继续加强三江源草原、森林、荒漠、湿地与湖泊生态系统保护和建设，治理范围从 15.2 万平方公里扩大至 39.5 万平方公里，从根本上遏制生态整体退化趋势，促进三江源地区可持续发展。

（四）京津风沙源治理工程

继续加强燕山—太行山区、吕梁山区等贫困地区的工程建设，建成京津及周边地区的绿色生态屏障，沙尘天气明显减少，农牧民生产生活条件全面改善。

（五）天然林资源保护工程

扩大天然林保护政策覆盖范围，全面停止天然林商业性采伐，逐步提高补助标准，加大对贫困地区的支持。

（六）三北等防护林体系建设工程

优先安排贫困地区三北、长江、珠江、沿海、太行山等防护林体系建设，加大森林经营力度，推进退化林修复，提升森林质量、草原综合植被盖度和整体生态功能，遏制水土流失。加强农田防护林建设，营造农田林网，加强村镇绿化，提升平原农区防护林体系综合功能。

（七）水土保持重点工程

加大长江和黄河上中游、西南岩溶区、东北黑土区等重点区域水土流失治理力度，加快推进坡耕地、侵蚀沟治理工程建设，有效改善贫困地区农业生产生活条件。

（八）岩溶地区石漠化综合治理工程

继续加大滇桂黔石漠化区、滇西边境山区、乌蒙山区和武陵山区等贫困地区石漠化治理力度，恢复林草植被，提高森林质量，统筹利用水土资源，改善农业生产条件，适度发展草食畜牧业。

（九）沙化土地封禁保护区建设工程

继续在内蒙古、西藏、陕西、甘肃、青海、宁夏、新疆等省（区）推进沙化土地封禁保护区建设，优先将 832 个贫困县中适合开展沙化土地封禁保护区建设的县纳入建设范围，实行严格的封禁保护。

（十）湿地保护与恢复工程

对全国重点区域的自然湿地和具有重要生态价值的人工湿地，实行优先保护和修复，扩大湿地面积。对东北生态保育区、长江经济带生态涵养带、京津冀生态协同圈、黄土高原—川滇生态修复带的国际重要湿地、湿地自然保护区和国家湿地公园及其周边范围内非基本农田，实施退耕（牧）还湿、退养还滩。

（十一）农牧交错带已垦草原综合治理工程

在河北、山西、内蒙古、甘肃、宁夏、新疆开展农牧交错带已垦撂荒地治理，通过建植多年生人工草地，提高治理区植被覆盖率和饲草生产、储备、利用能力，保护和恢复草原生态，促进农业结构优化、草畜平衡，实现当地可持续发展。

第二节　建立健全生态保护补偿机制

建立稳定生态投入机制。中央财政加大对国家重点生态功能区中贫困县的转移支付力度，扩大政策实施范围，完善转移支付补助办法，逐步提高对重点生态功能区生态保护与恢复的资金投入水平。

探索多元化生态保护补偿方式。根据“谁受益、谁补偿”原则，健全生态保护补偿机制。在贫困地区开展生态综合补偿试点，逐步提高补偿标准。健全各级财政森林生态效益补偿标准动态调整机制。研究制定鼓励社会力量参与防沙治沙的政策措施。推进横向生态保护补偿，鼓励受益地区与保护地区、流域下游与上游建立横向补偿关系。探索碳汇交易、绿色产品标识等市场化补偿方式。

设立生态公益岗位。中央财政调整生态建设和补偿资金支出结构，支持在贫困县以政府购买服务或设立生态公益岗位的方式，以森林、草原、湿地、沙化土地管护为重点，让贫困户中有劳动能力的人员参加生态管护工作。充实完善国家公园的管护岗位，增加国家公园、国家级自然保护区、国家级风景名胜区周边贫困人口参与巡护和公益服务的就业机会。

专栏 11　生态保护补偿

（一）森林生态效益补偿

健全各级财政森林生态效益补偿标准动态调整机制，依据国家公益林权属实行不同的补偿标准。

（二）草原生态保护补助奖励

在内蒙古、新疆、西藏、青海、四川、甘肃、宁夏、云南、山西、河北、黑龙江、辽宁、吉林等 13 个省（区）和新疆生产建设兵团、黑龙江农垦总局的牧区半牧区县实施草原生态保护补助奖励。中央财政按照每亩每年 7.5 元的测算标准，对禁牧和禁牧封育的牧民给予补助，补助周期 5 年；实施草畜平衡奖励，中央财政对未超载放牧牧民按照每亩每年 2.5 元的标准给予奖励。

（三）跨省流域生态保护补偿试点

在新安江、南水北调中线源头及沿线、京津冀水源涵养区、九洲江、汀江—韩江、东江、西江等开展跨省流域生态保护补偿试点工作。

（四）生态公益岗位脱贫行动

通过购买服务、专项补助等方式，在贫困县中选择一批能胜任岗位要求的建档立卡贫困人口，为其提供生态护林员、草管员、护渔员、护堤员等岗位。在贫困县域内的 553 处国家森林公园、湿地公园和国家级自然保护区，优先安排有劳动能力的建档立卡贫困人口从事森林管护、防火和服务。

第八章　兜底保障

统筹社会救助体系，促进扶贫开发与社会保障有效衔接，完善农村低保、特困人员救助供养等社会救助制度，健全农村“三留守”人员和残疾人关爱服务体系，实现社会保障兜底。

第一节　健全社会救助体系

完善农村最低生活保障制度。完善低保对象认定办法，建立农村低保家庭贫困状况评估指标体系，将符合农村低保条件的贫困家庭全部纳入农村低保范围。加大省级统筹工作力度，动态调整农村低保标准，确保 2020 年前所有地区农村低保标准逐步达到国家扶贫标准。加强农村低保与扶贫开发及其他脱贫攻坚相关政策的有效衔接，引导有劳动能力的低保对象依靠自身努力脱贫致富。

统筹社会救助资源。指导贫困地区健全特困人员救助供养制度，全面实施临时救助制度，积极推进最低生活保障制度与医疗救助、教育救助、住房救助、就业救助等专项救助制度衔接配套，推动专项救助在保障低保对象的基础上向低收入群众适当延伸，逐步形成梯度救助格局，为救助对象提供差别化的救助。合理划分中央和地方政府的社会救助事权和支出责任，统筹整合社会救助资金渠道，提升社会救助政策和资金的综合效益。

第二节　逐步提高贫困地区基本养老保障水平

坚持全覆盖、保基本、有弹性、可持续的方针，统筹推进城乡养老保障体系建设，指导贫困地区全面建成制度名称、政策标准、管理服务、信息系统"四统一"的城乡居民养老保险制度。探索建立适应农村老龄化形势的养老服务模式。

第三节　健全"三留守"人员和残疾人关爱服务体系

完善"三留守"人员服务体系。组织开展农村留守儿童、留守妇女、留守老人摸底排查工作。推动各地通过政府购买服务、政府购买基层公共管理和社会服务岗位、引入社会工作专业人才和志愿者等方式,为"三留守"人员提供关爱服务。加强留守儿童关爱服务设施和队伍建设,建立留守儿童救助保护机制和关爱服务网络。加强未成年人社会保护和权益保护工作。研究制定留守老年人关爱服务政策措施,推进农村社区日间照料中心建设,提升农村特困人员供养服务机构托底保障能力和服务水平。支持各地农村幸福院等社区养老服务设施建设和运营,开展留守老年人关爱行动。加强对"三留守"人员的生产扶持、生活救助和心理疏导。进一步加强对贫困地区留守妇女技能培训和居家灵活就业创业的扶持,切实维护留守妇女权益。

完善贫困残疾人关爱服务体系。将残疾人普遍纳入社会保障体系予以保障和扶持。支持发展残疾人康复、托养、特殊教育,实施残疾人重点康复项目,落实困难残疾人生活补贴和重度残疾人护理补贴制度。加强贫困残疾人实用技术培训,优先扶持贫困残疾人家庭发展生产,支持引导残疾人就业创业。

专栏 12　兜底保障

(一)农村低保标准动态调整

省级人民政府统筹制定农村低保标准动态调整方案,确保所有地区农村低保标准逐步达到国家扶贫标准。进一步完善农村低保标准与物价上涨挂钩联动机制。

(二)农村低保与扶贫开发衔接

将符合农村低保条件的建档立卡贫困户纳入低保范围,将符合扶贫条件的农村低保家庭纳入建档立卡范围。对不在建档立卡范围内的农村低保家庭、特困人员,各地统筹使用相关扶贫开发政策。对返贫家庭,按规定程序审核后分别纳入临时救助、医疗救助、农村低保等社会救助制度和建档立卡贫困户扶贫开发政策覆盖范围。

第九章　社会扶贫

发挥东西部扶贫协作和中央单位定点帮扶的引领示范作用,凝聚国际国内社会各方面力量,进一步提升贫困人口帮扶精准度和帮扶效果,形成脱贫攻坚强大合力。

第一节　东西部扶贫协作

开展多层次扶贫协作。以闽宁协作模式为样板,建立东西部扶贫协作与建档立卡贫困村、贫困户的精准对接机制,做好与西部地区脱贫攻坚规划的衔接,确保产业合作、劳务协作、人才支援、资金支持精确瞄准建档立卡贫困人口。东部省份要根据财力增长情况,逐步增加对口帮扶财政投入,并列入年度预算。东部各级党政机关、人民团体、企事业单位、社会组织、各界人士等要积极参与扶贫协作工作。西部地区要整合用好扶贫协作等各类资源,聚焦脱贫攻坚,形成脱贫合力。启动实施东部省份经济较发达县(市)与对口帮扶省份贫困县“携手奔小康”行动,着力推动县与县精准对接。探索东西部乡镇、行政村之间结对帮扶。协作双方每年召开高层联席会议。

拓展扶贫协作有效途径。注重发挥市场机制作用,推动东部人才、资金、技术向贫困地区流动。鼓励援助方利用帮扶资金设立贷款担保基金、风险保障基金、贷款贴息资金和中小企业发展基金等,支持发展特色产业,引导省内优势企业到受援方创业兴业。鼓励企业通过量化股份、提供就业等形式,带动当地贫困人口脱贫增收。鼓励东部地区通过共建职业培训基地、开展合作办学、实施定向特招等形式,对西部地区贫困家庭劳动力进行职业技能培训,并提供就业咨询服务。帮扶双方要建立和完善省市协调、县乡组织、职校培训、定向安排、跟踪服务的劳务协作对接机制,提高劳务输出脱贫的组织化程度。以县级为重点,加强协作双方党政干部挂职交流。采取双向挂职、两地培训等方式,加大对西部地区特别是基层干部、贫困村创业致富带头人的培训力度。支持东西部学校、医院建立对口帮扶关系。建立东西部扶贫协作考核评价机制,重点考核带动贫困人口脱贫成效,西部地区也要纳入考核范围。

第二节　定点帮扶

明确定点扶贫目标任务。结合当地脱贫攻坚规划,制定各单位定点帮扶工作年度计划,以帮扶对象稳定脱贫为目标,实化帮扶举措,提升帮扶成效。各单位选派优秀中青年干部到定点扶贫县挂职、担任贫困村第一书记。省、市、县三级党委政府参照中央单位做法,组织党政机关、企事业单位开展定点帮扶工作。完善定点扶贫牵头联系机制,各牵头单位要落实责任人,加强工作协调,督促指导联系单位做好定点扶贫工作,协助开展考核评价工作。

专栏 13　中央单位定点扶贫工作牵头联系单位和联系对象

中央直属机关工委牵头联系中央组织部、中央宣传部等 43 家中直机关单位;中央国家机关工委牵头联系外交部、国家发展改革委、教育部等 81 家中央国家机关单位;中央统战部牵头联系民主党派中央和全国工商联。教育部牵头联系北京大学、清华大学、中国农业大学等 44 所高校;人民银行牵头联系中国工商银行、中国农业银行、中国银行等 24 家金融机构和银监会、证监会、保监会;国务院国资委牵头联系中国核工业集团公司、中国核工业建设集团公司、中国航天科技集团公司等 103 家中央企业;中央军委政治工作部牵头联系解放军和武警部队有关单位;中央组织部牵头联系各单位选派挂职扶贫干部和第一书记工作。

第三节　企业帮扶

强化国有企业帮扶责任。深入推进中央企业定点帮扶贫困革命老区“百县万村”活动。用好贫困地区产业发展基金。引导中央企业设立贫困地区产业投资基金,采取市场化运作,吸引企业到贫困地区从事资源开发、产业园区建设、新型城镇化发展等。继续实施“同舟工程——中央企业参与‘救急难’行动”,充分发挥中央企业在社会救助工作中的补充作用。地方政府要动员本地国有企业积极承担包村帮扶等扶贫开发任务。

引导民营企业参与扶贫开发。充分发挥工商联的桥梁纽带作用,以点带面,鼓励引导民营企业和其他所有制企业参与扶贫开发。组织开展“万企帮万村”精准扶贫行动,引导东部地区的民营企业在东西部扶贫协作框架下结对帮扶西部地区贫困村。鼓励有条件的企业设立扶贫公益基金、开展扶贫慈善信托。完善对龙头企业参与扶贫开发的支持政策。吸纳贫困人口就业的企业，按规定享受职业培训补贴等就业支持政策，落实相关税收优惠。设立企业扶贫光荣榜，并向社会公告。

专栏14　企业扶贫重点工程

（一）中央企业定点帮扶贫困革命老区“百县万村”活动

66家中央企业在定点帮扶的108个革命老区贫困县和贫困村中，建设一批水、电、路等小型基础设施项目，加快老区脱贫致富步伐。

（二）同舟工程

中央企业结合定点扶贫工作，对因遭遇突发紧急事件或意外事故，致使基本生活陷入困境乃至面临生存危机的群众，特别是对医疗负担沉重的困难家庭、因病致贫返贫家庭，开展“救急难”行动，实施精准帮扶。

（三）“万企帮万村”精准扶贫行动

动员全国1万家以上民营企业，采取产业扶贫、就业扶贫、公益扶贫等方式，帮助1万个以上贫困村加快脱贫进程，为打赢脱贫攻坚战贡献力量。

第四节　军队帮扶

构建整体帮扶体系。把地方所需、群众所盼与部队所能结合起来，优先扶持家境困难的军烈属、退役军人等群体。中央军委机关各部门（不含直属机构）和副战区级以上单位机关带头做好定点帮扶工作。省军区系统和武警总队帮扶本辖区范围内相关贫困村脱贫。驻贫困地区作战部队实施一批具体扶贫项目和扶贫产业，部队生活物资采购注重向贫困地区倾斜。驻经济发达地区部队和有关专业技术单位根据实际承担结对帮扶任务。

发挥部队帮扶优势。发挥思想政治工作优势，深入贫困地区开展脱贫攻坚宣传教育，组织军民共建活动，传播文明新风，丰富贫困人口精神文化生活。发挥战斗力突击力优势，积极支持和参与农业农村基础设施建设、生态环境治理、易地扶贫搬迁等工作。发挥人才培育优势，配合实施教育扶贫工程，接续做好“八一爱民学校”援建工作，组织开展“1+1”、“N+1”等结对助学活动，团级以上干部与贫困家庭学生建立稳定帮扶关系。采取军地联训、代培代训等方式，帮助贫困地区培养实用人才，培育一批退役军人和民兵预备役人员致富带头人。发挥科技、医疗等资源优势，促进军民两用科技成果转化运用，组织87家军队和武警部队三级医院对口帮扶113家贫困县县级医院，开展送医送药和巡诊治病活动。帮助革命老区加强红色资源开发，培育壮大红色旅游产业。

第五节　社会组织和志愿者帮扶

广泛动员社会力量帮扶。支持社会团体、基金会、社会服务机构等各类组织从事扶贫开发事业。建立健全社会组织参与扶贫开发的协调服务机制，构建社会扶贫信息服务网络。以各级脱贫攻坚规划为引导，鼓励社会组织扶贫重心下移，促进帮扶资源与贫困户精准对接帮扶。支持社会组织通过公开竞争等方式，积极参加政府面向社会购买扶贫服务工作。鼓励和支持社会组织参与扶贫资源动员、资源配置使用、绩效论证评估等工作，支持其承担扶贫项目实施。探索发展公益众筹扶贫模式。着力打造扶贫公益品牌。鼓励社会组织在贫困地区大力倡导现代文明理念和生活方式，努力满足贫困人口的精神文化需求。制定出台社会组织参与脱贫攻坚的指导性文件，从国家层面予以指导。建立健全社会扶贫监测评估机制，创新监测评估方法，及时公开评估结果，增强社会扶贫公信力和影响力。

进一步发挥社会工作专业人才和志愿者扶贫作用。制定出台支持专业社会工作和志愿服务力量参与脱贫攻坚专项政策。实施社会工作专业人才服务贫困地区系列行动计划。鼓励发达地区社会工作专业人才和社会工作服务机构组建专业服务团队、兴办社会工作服务机构,为贫困地区培养和选派社会工作专业人才。实施脱贫攻坚志愿服务行动计划。鼓励支持青年学生、专业技术人员、退休人员和社会各界人士参与扶贫志愿者行动。充分发挥中国志愿服务联合会、中华志愿者协会、中国青年志愿者协会、中国志愿服务基金会和中国扶贫志愿服务促进会等志愿服务行业组织的作用,构建扶贫志愿者服务网络。

办好扶贫日系列活动。在每年的10月17日全国扶贫日期间举办专题活动,动员全社会力量参与脱贫攻坚。举办减贫与发展高层论坛,开展表彰活动,做好宣传推介。从2016年起,在脱贫攻坚期设立"脱贫攻坚奖",表彰为脱贫攻坚作出重要贡献的个人。每年发布《中国的减贫行动与人权进步》白皮书。组织各省(区、市)结合自身实际开展社会公募、慰问调研等系列活动。

专栏15　社会工作专业人才和志愿者帮扶

(一)社会工作专业人才服务贫困地区系列行动计划

实施社会工作专业人才服务"三区"行动计划,每年向边远贫困地区、边疆民族地区和革命老区选派1000名社会工作专业人才,为"三区"培养500名社会工作专业人才。积极实施农村留守人员残疾人社会关爱行动、城市流动人口社会融入计划、特困群体社会关怀行动、发达地区与贫困地区牵手行动、重大自然灾害与突发事件社会工作服务支援行动,支持社会工作服务机构和社会工作者为贫困地区农村各类特殊群体提供有针对性的服务。

(二)脱贫攻坚志愿服务行动计划

实施扶贫志愿者行动计划,每年动员不少于1万人次到贫困地区参与扶贫开发,开展扶贫服务工作。以"扶贫攻坚"志愿者行动项目、"邻里守望"志愿服务行动、扶贫志愿服务品牌培育行动等为重点,支持有关志愿服务组织和志愿者选择贫困程度深的建档立卡贫困村、贫困户和特殊困难群体,在教育、医疗、文化、科技领域开展精准志愿服务行动。以空巢老人、残障人士、农民工及困难职工、留守儿童等群体为重点,开展生活照料、困难帮扶、文体娱乐、技能培训等方面的志愿帮扶活动。通过政府购买服务、公益创投、社会资助等方式,引导支持志愿服务组织和志愿者参与扶贫志愿服务,培育发展精准扶贫志愿服务品牌项目。

第六节　国际交流合作

坚持"引进来"和"走出去"相结合,加强国际交流合作。引进资金、信息、技术、智力、理念、经验等国际资源,服务我国扶贫事业。通过对外援助、项目合作、技术扩散、智库交流等形式,加强与发展中国家和国际机构在减贫领域的交流合作,加强减贫知识分享,加大南南合作力度,增强国际社会对我国精准扶贫、精准脱贫基本方略的认同,提升国际影响力和话语权。组织实施好世界银行第六期贷款、中国贫困片区儿童减贫与综合发展、减贫国际合作等项目。响应联合国2030年可持续发展议程。

第十章　提升贫困地区区域发展能力

以革命老区、民族地区、边疆地区、集中连片特困地区为重点,整体规划,统筹推进,持续加大对集中连片特困地区的扶贫投入力度，切实加强交通、水利、能源等重大基础设施建设，加快解决贫困村通路、通水、通电、通网络等问题，贫困地区区域发展环境明显改善，“造血”能力显著提升，基本公共服务主要领域指标接近全国平均水平，为2020年解决区域性整体贫困问题提供有力支撑。

第一节 继续实施集中连片特困地区规划

统筹推进集中连片特困地区规划实施。组织实施集中连片特困地区区域发展与扶贫攻坚“十三五”省级实施规划，片区重大基础设施和重点民生工程要优先纳入“十三五”相关专项规划和年度计划，集中建设一批区域性重大基础设施和重大民生工程，明显改善片区区域发展环境、提升自我发展能力。

完善片区联系协调机制。进一步完善片区联系工作机制，全面落实片区联系单位牵头责任，充分发挥部省联系会议制度功能，切实做好片区区域发展重大事项的沟通、协调、指导工作。强化片区所在省级政府主体责任，组织开展片区内跨行政区域沟通协调，及时解决片区规划实施中存在的问题和困难，推进片区规划各项政策和项目尽快落地。

第二节 着力解决区域性整体贫困问题

大力推进革命老区、民族地区、边疆地区脱贫攻坚。加大脱贫攻坚力度，支持革命老区开发建设，推进实施赣闽粤原中央苏区、左右江、大别山、陕甘宁、川陕等重点贫困革命老区振兴发展规划，积极支持沂蒙、湘鄂赣、太行、海陆丰等欠发达革命老区加快发展。扩大对革命老区的财政转移支付规模。加快推进民族地区重大基础设施项目和民生工程建设，实施少数民族特困地区和特困群体综合扶贫工程，出台人口较少民族整体脱贫的特殊政策措施。编制边境扶贫专项规划，采取差异化政策，加快推进边境地区基础设施和社会保障设施建设，集中改善边民生产生活条件，扶持发展边境贸易和特色经济，大力推进兴边富民行动，使边民能够安心生产生活、安心守边固边。加大对边境地区的财政转移支付力度，完善边民补贴机制。加大中央投入力度，采取特殊扶持政策，推进西藏、四省藏区和新疆南疆四地州脱贫攻坚。

推动脱贫攻坚与新型城镇化发展相融合。支持贫困地区基础条件较好、具有特色资源的县城和特色小镇加快发展，打造一批休闲旅游、商贸物流、现代制造、教育科技、传统文化、美丽宜居小镇。结合中小城市、小城镇发展进程，加快户籍制度改革，有序推动农业转移人口市民化。统筹规划贫困地区城乡基础设施网络，促进水电路气信等基础设施城乡联网、生态环保设施城乡统一布局建设。推进贫困地区无障碍环境建设。推动城镇公共服务向农村延伸，逐步实现城乡基本公共服务制度并轨、标准统一。

推进贫困地区区域合作与对外开放。推动贫困地区深度融入“一带一路”建设、京津冀协同发展、长江经济带发展三大国家战略，与有关国家级新区、自主创新示范区、自由贸易试验区、综合配套改革试验区建立紧密合作关系，打造区域合作和产业承接发展平台，探索发展“飞地经济”，引导发达地区劳动密集型等产业优先向贫困地区转移。支持贫困地区具备条件的地方申请设立海关特殊监管区域，积极承接加工贸易梯度转移。拓展贫困地区招商引资渠道，利用外经贸发展专项资金促进贫困地区外经贸发展，优先支持贫困地区项目申报借用国外优惠贷款。鼓励贫困地区培育和发展会展平台，提高知名度和影响力。加快边境贫困地区开发开放，加强内陆沿边地区口岸基础设施建设,开辟跨境多式联运交通走廊,促进边境经济合作区、跨境经济合作区发展,提升边民互市贸易便利化水平。

专栏 16 特殊类型地区发展重大行动

（一）革命老区振兴发展行动

规划建设一批铁路、高速公路、支线机场、水利枢纽、能源、信息基础设施工程,大力实施天然林保护、石漠化综合治理、退耕还林还草等生态工程,支持风电、水电等清洁能源开发,建设一批红色旅游精品线路。

（二）民族地区奔小康行动

推进人口较少民族整族整村精准脱贫。对陆地边境抵边一线乡镇因守土戍边不宜易地扶贫搬迁的边民,采取就地就近脱贫措施。实施少数民族特色村镇保护与发展工程,重点建设一批少数民族特色村寨和民族特色小镇。支持少数民族传统手工艺品保护与发展。

（三）沿边地区开发开放行动

实施沿边地区交通基础设施改造提升工程;实施产业兴边工程,建设跨境旅游合作区和边境旅游试验区;实施民生安边工程,完善边民补贴机制。

第三节 加强贫困地区重大基础设施建设

构建外通内联交通骨干通道。加强革命老区、民族地区、边疆地区、集中连片特困地区对外运输通道建设,推动国家铁路网、国家高速公路网连接贫困地区的重大交通项目建设,提高国道省道技术标准,构建贫困地区外通内联的交通运输通道。加快资源丰富和人口相对密集贫困地区开发性铁路建设。完善贫困地区民用机场布局规划,加快支线机场、通用机场建设。在具备水资源开发条件的贫困地区,统筹内河航电枢纽建设和航运发展,提高通航能力。形成布局科学、干支结合、结构合理的区域性综合交通运输网络。在自然条件复杂、灾害多发且人口相对密集的贫困地区,合理布局复合多向、灵活机动的保障性运输通道。依托我国与周边国家互联互通重要通道,推动沿边贫困地区交通基础设施建设。

着力提升重大水利设施保障能力。加强重点水源、大中型灌区续建配套节水改造等工程建设,逐步解决贫困地区工程性缺水和资源性缺水问题,着力提升贫困地区供水保障能力。按照“确有需要、生态安全、可以持续”的原则,科学开展水利扶贫项目前期论证,在保护生态的前提下,提高水资源开发利用水平。加大贫困地区控制性枢纽建设、中小河流和江河重要支流治理、抗旱水源建设、山洪灾害防治、病险水库(闸)除险加固、易涝地区治理力度,坚持工程措施与非工程措施结合,加快灾害防治体系建设。

优先布局建设能源工程。积极推动能源开发建设,煤炭、煤电、核电、油气、水电等重大项目,跨区域重大能源输送通道项目,以及风电、光伏等新能源项目,同等条件下优先在贫困地区规划布局。加快贫困地区煤层气(煤矿瓦斯)产业发展。统筹研究贫困地区煤电布局,继续推进跨省重大电网工程和天然气管道建设。加快推进流域龙头水库和金沙江、澜沧江、雅砻江、大渡河、黄河上游等水电基地重大工程建设,努力推动怒江中下游水电基地开发,支持离网缺电贫困地区小水电开发,重点扶持西藏、四省藏区和少数民族贫困地区小水电扶贫开发工作,风电、光伏发电年度规模安排向贫困地区倾斜。

专栏 17 贫困地区重大基础设施建设工程

（一）交通骨干通道工程

——铁路：加快建设银川至西安、郑州至万州、郑州至阜阳、张家口至大同、太原至焦作、郑州至济南、重庆至贵阳、兰州至合作、玉溪至磨憨、大理至临沧、弥勒至蒙自、叙永至毕节、渝怀铁路增建二线、青藏铁路格拉段扩能改造等项目。规划建设重庆至昆明、赣州至深圳、贵阳至南宁、长沙至赣州、京九高铁阜阳至九江段、西安至十堰、原平至大同、忻州至保定、张家界至吉首至怀化、中卫至兰州、贵阳至兴义、克塔铁路铁厂沟至塔城段、浦梅铁路建宁至冠豸山段、兴国至泉州、西宁至成都（黄胜关）、格尔木至成都、西安至铜川至延安、平凉至庆阳、和田至若羌至罗布泊、宝中铁路中卫至平凉段扩能等项目。

——公路：加快推进 G75 兰州至海口高速公路渭源至武都段、G65E 榆树至蓝田高速公路绥德至延川段、G6911 安康至来凤高速公路镇坪至巫溪段等国家高速公路项目建设，有序推进 G244 乌海至江津公路华池（打扮梁）至庆城段、G569 曼德拉至大通公路武威至仙米寺段等 165 项普通国道建设。

——机场：加快新建巫山、巴中、仁怀、武冈、陇南、祁连、莎车机场项目，安康、泸州、宜宾机场迁建项目和桂林、格尔木、兴义等机场改扩建项目建设进度；积极推动新建武隆、黔北、罗甸、乐山、瑞金、抚州、朔州、共和、黄南机场项目，昭通机场迁建项目以及西宁等机场改扩建项目建设。

（二）重点水利工程

——重点水源工程：加快建设贵州夹岩、西藏拉洛等大型水库工程及一批中小型水库工程；实施甘肃引洮供水二期工程等引提水及供水保障工程；在干旱易发县加强各类抗旱应急水源工程建设，逐步完善重点旱区抗旱体系。

——重点农田水利工程：基本完成涉及内蒙古、河北、河南、安徽、云南、新疆和湖南等省份贫困县列入规划的 117 处大型灌区续建配套与节水改造任务，加快推进中型灌区续建配套与节水改造。建设吉林松原、内蒙古绰勒、青海湟水北干渠、湖南涔天河等灌区。以新疆南疆地区、六盘山区等片区为重点，发展管灌、喷灌、微灌等高效节水灌溉工程。

——重点防洪工程：继续实施大中型病险水闸、水库除险加固。以东北三江治理为重点，进一步完善大江大河大湖防洪减灾体系。基本完成规划内乌江、白龙江、嘉陵江、清水河、湟水等 244 条流域面积 3000 平方公里以上中小河流治理任务。以滇西边境山区、滇桂黔石漠化片区、武陵山区、六盘山区及非集中连片特困地区为重点，加大重点山洪沟防洪治理力度。开展易涝区综合治理工程建设，实施规划内蓄滞洪区建设和淮河流域重点平原洼地治理工程。

（三）重点能源工程

——水电：开工建设金沙江白鹤滩、叶巴滩，澜沧江托巴，雅砻江孟底沟，大渡河硬梁包，黄河玛尔挡、羊曲等水电站；加快推进金沙江龙盘、黄河茨哈峡等水电站项目。

——火电：开工建设贵州习水二郎 2×66 万千瓦、河南内乡 2×100 万千瓦等工程。规划建设新疆南疆阿克苏地区库车俄霍布拉克煤矿 2×66 万千瓦坑口电厂。

——输电工程：开工建设蒙西—天津南特高压交流，宁东—浙江、晋北—江苏特高压直流，川渝第三通道 500 千伏交流等工程。开工建设锦界、府谷—河北南网扩容工程，启动陕北（延安）—湖北特高压直流输电工程工作。

——煤层气：开工建设吕梁三交、柳林煤层气项目，黔西滇东煤层气示范工程，贵州六盘水煤矿瓦斯抽采规模化利用和瓦斯治理示范矿井，新疆南疆阿克苏地区拜城县煤层气示范项目。

——天然气：开工建设新疆煤制气外输管道，楚雄—攀枝花天然气管道等工程。积极推进重庆、四川页岩气开发，开工建设重庆页岩气渝东南、万州—云阳天然气管道等工程，适时推进渝黔桂外输管道工程。

第四节 加快改善贫困村生产生活条件

全面推进村级道路建设。全面完成具备条件的行政村通硬化路建设，优先安排建档立卡贫困村通村道路硬化。推动一定人口规模的自然村通公路，重点支持较大人口规模撤并建制村通硬化路。加强贫困村通客车线路上的生命安全防护工程建设，改造现有危桥，对不能满足安全通客车要求的窄路基路面路段进行加宽改造。加大以工代赈力度，支持贫困地区实施上述村级道路建设任务。通过“一事一议”等方式，合理规划建设村内道路。

巩固提升农村饮水安全水平。全面落实地方政府主体责任，全面推进“十三五”农村饮水安全巩固提升工程，做好与贫困村、贫困户的精准对接，加快建设一批集中供水工程。对分散性供水和水质不达标的，因地制宜实行升级改造。提升贫困村自来水普及率、供水保证率、水质达标率，推动城镇供水设施向有条件的贫困村延伸，着力解决饮水安全问题。到 2020 年，贫困地区农村集中供水率达到83%,自来水普及率达到75%。

多渠道解决生活用能。全面推进能源惠民工程,以贫困地区为重点,加快实施新一轮农村电网改造升级工程,实施配电网建设改造行动计划。实行骨干电网与分布式能源相结合,到2020年,贫困村基本实现稳定可靠的供电服务全覆盖,供电能力和服务水平明显提升。大力发展农村清洁能源,推进贫困村小水电、太阳能、风能、农林和畜牧废弃物等可再生能源开发利用。因地制宜发展沼气工程。鼓励分布式光伏发电与设施农业发展相结合,推广应用太阳能热水器、太阳灶、小风电等农村小型能源设施。提高能源普遍服务水平,推进城乡用电同网同价。

加强贫困村信息和物流设施建设。实施“宽带乡村”示范工程,推动公路沿线、集镇、行政村、旅游景区4G(第四代移动通信)网络基本覆盖。鼓励基础电信企业针对贫困地区出台更优惠的资费方案。加强贫困村邮政基础设施建设,实现村村直接通邮。加快推进“快递下乡”工程,完善农村快递揽收配送网点建设。支持快递企业加强与农业、供销合作、商贸企业的合作,推动在基础条件相对较好的地区率先建立县、乡、村消费品和农资配送网络体系,打造“工业品下乡”和“农产品进城”双向流通渠道。

继续实施农村危房改造。加快推进农村危房改造,按照精准扶贫要求,重点解决建档立卡贫困户、低保户、分散供养特困人员、贫困残疾人家庭的基本住房安全问题。统筹中央和地方补助资金,建立健全分类补助机制。严格控制贫困户建房标准。通过建设农村集体公租房、幸福院,以及利用闲置农户住房和集体公房置换改造等方式,解决好贫困户基本住房安全问题。

加强贫困村人居环境整治。在贫困村开展饮用水源保护、生活污水和垃圾处理、畜禽养殖污染治理、农村面源污染治理、乱埋乱葬治理等人居环境整治工作,保障处理设施运行经费,稳步提升贫困村人居环境水平。到2020年,90%以上贫困村的生活垃圾得到处理,普遍建立村庄保洁制度,设立保洁员岗位并优先聘用贫困人口。开展村庄卫生厕所改造,逐步解决贫困村人畜混居问题。提高贫困村绿化覆盖率。建设村内道路照明等必要的配套公共设施。

健全贫困村社区服务体系。加强贫困村基层公共服务设施建设,整合利用现有设施和场地,拓展学前教育、妇女互助和养老服务、殡葬服务功能,努力实现农村社区公共服务供给多元化。依托“互联网+”拓展综合信息服务功能,逐步构建线上线下相结合的农村社区服务新模式。统筹城乡社区服务体系规划建设,积极培育农村社区社会组织,发展社区社会工作服务。深化农村社区建设试点,加强贫困村移风易俗、乡风和村规民约等文明建设。

加强公共文化服务体系建设。按照公共文化建设标准,对贫困县未达标公共文化设施提档升级、填平补齐。加强面向“三农”的优秀出版物和广播影视节目生产。启动实施流动文化车工程。实施贫困地区县级广播电视播出机构制播能力建设工程。为贫困村文化活动室配备必要的文化器材。推进重大文化惠民工程融合发展,提高公共数字文化供给和服务能力。推动广播电视村村通向户户通升级,到2020年,基本实现数字广播电视户户通。组织开展“春雨工程”——全国文化志愿者边疆行活动。

着力改善生产条件。推进贫困村农田水利、土地整治、中低产田改造和高标准农田建设。抓好以贫困村为重点的田间配套工程、“五小水利”工程和高效节水灌溉工程建设,抗旱水源保障能力明显提升。结合产业发展,建设改造一批资源路、旅游路、产业园区路,新建改造一批生产便道,推进“交通+特色产业”扶贫。大力整治农村河道堰塘。实施贫困村通动力电规划,保障生产用电。加大以工代赈投入力度,着力解决农村生产设施“最后一公里”问题。

专栏 18 改善贫困乡村生产生活条件

（一）百万公里农村公路工程

建设通乡镇硬化路 1 万公里，通行政村硬化路 23 万公里，一定人口规模的自然村公路 25 万公里（其中撤并建制村通硬化路约 8.3 万公里）。新建改建乡村旅游公路和产业园区公路 5 万公里。加大农村公路养护力度，改建不达标路段 23 万公里，着力改造“油返砂”公路 20 万公里。改造农村公路危桥 1.5 万座。

（二）小型水利扶贫工程

实施农村饮水安全巩固提升工程，充分发挥已建工程效益，因地制宜采取改造、配套、升级、联网等措施，统筹解决工程标准低、供水能力不足和水质不达标等农村饮水安全问题。大力开展小型农田水利工程建设，因地制宜实施“五小水利”工程建设。

（三）农村电网改造升级工程

完成贫困村通动力电，到 2020 年，全国农村地区基本实现稳定可靠的供电服务全覆盖，农村电网供电可靠率达到 99.8%，综合电压合格率达到 97.9%，户均配变容量不低于 2 千伏安，建成结构合理、技术先进、安全可靠、智能高效的现代农村电网。

（四）网络通信扶贫工程

实施宽带网络进村工程，推进 11.7 万个建档立卡贫困村通宽带，力争到 2020 年实现宽带网络覆盖 90%以上的贫困村。

（五）土地和环境整治工程

开展土地整治和农村人居环境整治工程，增加耕地数量、提升耕地质量、完善农田基础设施，建设规模 1000 万亩。分别在 8.1 万个行政村建设 55.38 万个公共卫生厕所，8.5 万个村建设 61.84 万处垃圾集中收集点，3.68 万个村建设 15.43 万处污水处理点，3.4 万个村建设 9.92 万处旅游停车场。

（六）农村危房改造

推进农村危房改造，统筹开展农房抗震改造，到 2020 年，完成建档立卡贫困户、低保户、分散供养特困人员、贫困残疾人家庭的存量危房改造任务。

（七）农村社区服务体系建设工程

力争到 2020 年底，农村社区综合服务设施覆盖易地扶贫搬迁安置区（点）和 50%的建档立卡贫困村，农村社区公共服务综合信息平台覆盖 30%的贫困县，努力实现社区公共服务多元化供给。

（八）以工代赈工程

在贫困地区新增和改善基本农田 500 万亩，新增和改善灌溉面积 1200 万亩，新建和改扩建农村道路 80000 公里，治理水土流失面积 11000 平方公里，片区综合治理面积 6000 平方公里，建设草场 600 万亩。

（九）革命老区彩票公益金扶贫工程

支持 396 个革命老区贫困县的贫困村开展村内道路、水利和环境改善等基础设施建设，实现项目区内自然村 100%通公路，道路硬化率 80%，农户饮水安全比重 95%以上，100%有垃圾集中收集点，每个行政村设有文化广场和公共卫生厕所等。

第十一章　保障措施

将脱贫攻坚作为重大政治任务，采取超常规举措，创新体制机制，加大扶持力度，打好政策组合拳，强化组织实施，为脱贫攻坚提供强有力保障。

第一节　创新体制机制

精准扶贫脱贫机制。加强建档立卡工作，健全贫困人口精准识别与动态调整机制，加强精准扶贫大数据管理应用，定期对贫困户和贫困人口进行全面核查，按照贫困人口认定、退出标准和程序，实行有进有出的动态管理。加强农村贫困统计监测体系建设，提高监测能力和数据质量。健全精准施策机制，切实做到项目安排精准、资金使用精准、措施到户精准。健全驻村帮扶机制。严格执行贫困退出和评估认定制度。加强正向激励，贫困人口、贫困村、贫困县退出后，国家原有扶贫政策在一定时期内保持不变，确保实现稳定脱贫。

扶贫资源动员机制。发挥政府投入主导作用，广泛动员社会资源，确保扶贫投入力度与脱贫攻坚任务相适应。推广政府与社会资本合作、政府购买服务、社会组织与企业合作等模式，建立健全招投标机制和绩效评估机制，充分发挥竞争机制对提高扶贫资金使用效率的作用。鼓励社会组织承接东西部扶贫协作、定点扶贫、企业扶贫具体项目的实施，引导志愿者依托社会组织更好发挥扶贫作用。引导社会组织建立健全内部治理机制和行业自律机制。围绕脱贫攻坚目标任务，推进部门之间、政府与社会之间的信息共享、资源统筹和规划衔接，构建政府、市场、社会协同推进的大扶贫开发格局。

贫困人口参与机制。充分发挥贫困村党员干部的引领作用和致富带头人的示范作用，大力弘扬自力更生、艰苦奋斗精神，激发贫困人口脱贫奔小康的积极性、主动性、创造性，引导其光荣脱贫。加强责任意识、法治意识和市场意识培育，提高贫困人口参与市场竞争的自觉意识和能力，推动扶贫开发模式由“输血”向“造血”转变。建立健全贫困人口利益与需求表达机制，充分尊重群众意见，切实回应群众需求。完善村民自治制度，建立健全贫困人口参与脱贫攻坚的组织保障机制。

资金项目管理机制。对纳入统筹整合使用范围内的财政涉农资金项目，将审批权限下放到贫困县，优化财政涉农资金供给机制，支持贫困县围绕突出问题，以摘帽销号为导向，以脱贫攻坚规划为引领，以重点扶贫项目为平台，统筹整合使用财政涉农资金。加强对脱贫攻坚政策落实、重点项目和资金管理的跟踪审计，强化财政监督检查和项目稽查等工作，充分发挥社会监督作用。建立健全扶贫资金、项目信息公开机制，保障资金项目在阳光下运行，确保资金使用安全、有效、精准。

考核问责激励机制。落实脱贫攻坚责任制，严格实施省级党委和政府扶贫开发工作成效考核办法，建立扶贫工作责任清单，强化执纪问责。落实贫困县约束机制，杜绝政绩工程、形象工程。加强社会监督，建立健全第三方评估机制。建立年度脱贫攻坚逐级报告和督查巡查制度。建立重大涉贫事件处置反馈机制。集中整治和加强预防扶贫领域职务犯罪。

第二节　加大政策支持

财政政策。中央财政继续加大对贫困地区的转移支付力度，中央财政专项扶贫资金规模实现较大幅度增长，一般性转移支付资金、各类涉及民生的专项转移支付资金和中央预算内投资进一步向贫困地区和贫困人口倾斜。加大中央集中彩票公益金对扶贫的支持力度。农业综合开发、农村综合改革转移支付等涉农资金要明确一定比例用于贫困村。各部门安排的惠民政策、工程项目等，要最大限度地向贫困地区、贫困村、贫困人口倾斜。扩大中央和地方财政支出规模，增加基础设施和基本公共服务设施建设投入。各省(区、市)要积极调整省级财政支出结构，切实加大扶贫资金投入。

投资政策。加大贫困地区基础设施建设中央投资支持力度。严格落实国家在贫困地区安排的公益性建设项目取消县级和西部集中连片特困地区地市级配套资金的政策。省级政府统筹可支配财力，加大对贫困地区的投入力度。在扶贫开发中推广政府与社会资本合作、政府购买服务等模式。

金融政策。鼓励和引导各类金融机构加大对扶贫开发的金融支持。发挥多种货币政策工具正向激励作用，用好扶贫再贷款，引导金融机构扩大贫困地区涉农贷款投放，促进降低社会融资成本。鼓励银行业金融机构创新金融产品和服务方式，积极开展扶贫贴息贷款、扶贫小额信贷、创业担保贷款和助学贷款等业务。发挥好开发银行和农业发展银行扶贫金融事业部的功能和作用。继续深化农业银行三农金融事业部改革，稳定和优化大中型商业银行县域基层网点设置，推动邮政储蓄银行设立三农金融事业部，发挥好农村信用社、农村商业银行、农村合作银行的农村金融服务主力作用。建立健全融资风险分担和补偿机制，支持有条件的地方设立扶贫贷款风险补偿基金。鼓励有条件的地方设立扶贫开发产业投资基金，支持贫困地区符合条件的企业通过主板、创业板、全国中小企业股份转让系统、区域股权交易市场等进行股本融资。推动开展特色扶贫农业保险、小额人身保险等多种保险业务。

土地政策。支持贫困地区根据第二次全国土地调查及最新年度变更调查成果，调整完善土地利用总体规划。新增建设用地计划指标优先保障扶贫开发用地需要，专项安排国家扶贫开发工作重点县年度新增建设用地计划指标。中央在安排高标准农田建设任务和分配中央补助资金时，继续向贫困地区倾斜，并积极指导地方支持贫困地区土地整治和高标准农田建设。加大城乡建设用地增减挂钩政策支持扶贫开发及易地扶贫搬迁力度，允许集中连片特困地区和其他国家扶贫开发工作重点县将增减挂钩节余指标在省域范围内流转使用。积极探索市场化运作模式，吸引社会资金参与土地整治和扶贫开发工作。在有条件的贫困地区，优先安排国土资源管理制度改革试点，支持开展历史遗留工矿废弃地复垦利用和城镇低效用地再开发试点。

干部人才政策。加大选派优秀年轻干部到贫困地区工作的力度，加大中央单位和中西部地区、民族地区、贫困地区之间干部交流任职的力度，有计划地选派后备干部到贫困县挂职任职。改进贫困地区基层公务员考录工作和有关人员职业资格考试工作。加大贫困地区干部教育培训力度。实施边疆民族地区和革命老区人才支持计划，在职务、职称晋升等方面采取倾斜政策。提高博士服务团和“西部之光”访问学者选派培养水平，深入组织开展院士专家咨询服务活动。完善和落实引导人才向基层和艰苦地区流动的激励政策。通过双向挂职锻炼、扶贫协作等方式，推动东、中、西部地区之间，经济发达地区与贫困地区之间事业单位人员交流，大力选派培养与西部等艰苦地区优势产业、保障和改善民生密切相关的专业技术人才。充实加强各级扶贫开发工作力量，扶贫任务重的乡镇要有专门干部负责扶贫开发工作。鼓励高校毕业生到贫困地区就业创业。

第三节　强化组织实施

加强组织领导。在国务院扶贫开发领导小组统一领导下，扶贫开发任务重的省、市、县、乡各级党委和政府要把脱贫攻坚作为中心任务，层层签订脱贫攻坚责任书，层层落实责任制。重点抓好县级党委和政府脱贫攻坚领导能力建设，改进县级干部选拔任用机制，选好配强扶贫任务重的县党政班子。脱贫攻坚任务期内，县级领导班子保持相对稳定，贫困县党政正职领导干部实行不脱贫不调整、不摘帽不调离。加强基层组织建设，强化农村基层党组织的领导核心地位，充分发挥基层党组织在脱贫攻坚中的战斗堡垒作用和共产党员的先锋模范作用。加强对贫困群众的教育引导，强化贫困群众的主体责任和进取精神。大力倡导新风正气和积极健康的生活方式，逐步扭转落后习俗和不良生活方式。完善村级组织运转经费保障机制，健全党组织领导的村民自治机制，切实提高村委会在脱贫攻坚工作中的组织实施能力。加大驻村帮扶工作力度，提高县以上机关派出干部比例，精准选配第一书记，配齐配强驻村工作队，确保每个贫困村都有驻村工作队，每个贫困户都有帮扶责任人。

明确责任分工。实行中央统筹、省负总责、市县抓落实的工作机制。省级党委和政府对脱贫攻坚负总责，负责组织指导制定省级及以下脱贫攻坚规划，对规划实施提供组织保障、政策保障、资金保障和干部人才保障，并做好监督考核。根据国家关于贫困退出机制的要求，各省(区、市)统筹脱贫进度，制定省级“十三五”脱贫攻坚规划，明确贫困县、贫困村和贫困人口年度脱贫目标。县级党委和政府负责规划的组织实施工作，并对规划实施效果负总责。市（地）党委和政府做好上下衔接、域内协调和督促检查等工作。各有关部门按照职责分工，制定扶贫工作行动计划或实施方案，出台相关配套支持政策，加强业务指导和推进落实。

加强监测评估。国家发展改革委、国务院扶贫办负责本规划的组织实施与监测评估等工作。加强扶贫信息化建设，依托国务院扶贫办扶贫开发建档立卡信息系统和国家统计局贫困监测结果，定期开展规划实施情况动态监测和评估工作。监测评估结果作为省级党委和政府扶贫开发工作成效考核的重要依据，及时向国务院报告。

对本规划确定的约束性指标以及重大工程、重大项目、重大政策和重要改革任务，要明确责任主体、实施进度等要求，确保如期完成。对纳入本规划的重大工程项目，要在依法依规的前提下简化审批核准程序，优先保障规划选址、土地供应和融资安排。

“十三五”生态环境保护规划

国发〔2016〕65号

第一章　全国生态环境保护形势

党中央、国务院高度重视生态环境保护工作。“十二五”以来，坚决向污染宣战，全力推进大气、水、土壤污染防治，持续加大生态环境保护力度，生态环境质量有所改善，完成了“十二五”规划确定的主要目标和任务。“十三五”期间，经济社会发展不平衡、不协调、不可持续的问题仍然突出，多阶段、多领域、多类型生态环境问题交织，生态环境与人民群众需求和期待差距较大，提高环境质量，加强生态环境综合治理，加快补齐生态环境短板，是当前核心任务。

第一节　生态环境保护取得积极进展

生态文明建设上升为国家战略。党中央、国务院高度重视生态文明建设。习近平总书记多次强调，“绿水青山就是金山银山”，“要坚持节约资源和保护环境的基本国策”，“像保护眼睛一样保护生态环境，像对待生命一样对待生态环境”。李克强总理多次指出，要加大环境综合治理力度，提高生态文明水平，促进绿色发展，下决心走出一条经济发展与环境改善双赢之路。党的十八大以来，党中央、国务院把生态文明建设摆在更加重要的战略位置，纳入“五位一体”总体布局，作出一系列重大决策部署，出台《生态文明体制改革总体方案》，实施大气、水、土壤污染防治行动计划。把发展观、执政观、自然观内在统一起来，融入到执政理念、发展理念中，生态文明建设的认识高度、实践深度、推进力度前所未有。

生态环境质量有所改善。2015年，全国338个地级及以上城市细颗粒物($PM_{2.5}$)年均浓度为50微克/立方米，首批开展监测的74个城市细颗粒物年均浓度比2013年下降23.6%，京津冀、长三角、珠三角分别下降27.4%、20.9%、27.7%，酸雨区占国土面积比例由历史高峰值的30%左右降至7.6%，大气污染防治初见成效。全国1940个地表水国控断面Ⅰ—Ⅲ类比例提高至66%，劣Ⅴ类比例下降至9.7%，大江大河干流水质明显改善。全国森林覆盖率提高至21.66%，森林蓄积量达到151.4亿立方米，草原综合植被盖度54%。建成自然保护区2740个，占陆地国土面积14.8%，超过90%的陆地自然生态系统类型、89%的国家重点保护野生动植物种类以及大多数重要自然遗迹在自然保护区内得到保护，大熊猫、东北虎、朱鹮、藏羚羊、扬子鳄等部分珍稀濒危物种野外种群数量稳中有升。荒漠化和沙化状况连续三个监测周期实现面积“双缩减”。

治污减排目标任务超额完成。到2015年，全国脱硫、脱硝机组容量占煤电总装机容量比例分别提高到99%、92%，完成煤电机组超低排放改造1.6亿千瓦。全国城市污水处理率提高到92%，城市建成区生活垃圾无害化处理率达到94.1%。7.2万个村庄实施环境综合整治，1.2亿多农村人口直接受益。6.1万家规模化养殖场（小区）建成废弃物处理和资源化利用设施。“十二五”期间，全国化学需氧量和氨氮、二氧化硫、氮氧化物排放总量分别累计下降12.9%、13%、18%、18.6%。

生态保护与建设取得成效。天然林资源保护、退耕还林还草、退牧还草、防护林体系建设、河湖与湿地保护修复、防沙治沙、水土保持、石漠化治理、野生动植物保护及自然保护区建设等一批重大生态保护与修复工程稳步实施。重点国有林区天然林全部停止商业性采伐。全国受保护的湿地面积增加525.94万公顷，自然湿地保护率提高到46.8%。沙化土地治理10万平方公里、水土流失治理26.6万平方公里。完成全国生态环境十年变化（2000—2010年）调查评估，发布《中国生物多样性红色名录》。建立各级森林公园、湿地公园、沙漠公园4300多个。16个省（区、市）开展生态省建设，1000多个市（县、区）开展生态市（县、区）建设，114个市（县、区）获得国家生态建设示范区命名。国有林场改革方案及国有林区改革指导意见印发实施，6个省完成国有林场改革试点任务。

环境风险防控稳步推进。到2015年，50个危险废物、273个医疗废物集中处置设施基本建成，历史遗留的670万吨铬渣全部处置完毕，铅、汞、镉、铬、砷五种重金属污染物排放量比2007年下降27.7%，涉重金属突发环境事件数量大幅减少。科学应对天津港“8·12”特别重大火灾爆炸等事故环境影响。核设施安全水平持续提高，核技术利用管理日趋规范，辐射环境质量保持良好。

生态环境法治建设不断完善。环境保护法、大气污染防治法、放射性废物安全管理条例、环境空气质量标准等完成制修订，生态环境损害责任追究办法等文件陆续出台，生态保护补偿机制进一步健全。深入开展环境保护法实施年活动和环境保护综合督察。全社会生态环境法治观念和意识不断加强。

第二节　生态环境是全面建成小康社会的突出短板

污染物排放量大面广，环境污染重。我国化学需氧量、二氧化硫等主要污染物排放量仍然处于2000万吨左右的高位，环境承载能力超过或接近上限。78.4%的城市空气质量未达标，公众反映强烈的重度及以上污染天数比例占3.2%，部分地区冬季空气重污染频发高发。饮用水水源安全保障水平亟需提升，排污布局与水环境承载能力不匹配，城市建成区黑臭水体大量存在，湖库富营养化问题依然突出，部分流域水体污染依然较重。全国土壤点位超标率16.1%，耕地土壤点位超标率19.4%，工矿废弃地土壤污染问题突出。城乡环境公共服务差距大，治理和改善任务艰巨。

山水林田湖缺乏统筹保护，生态损害大。中度以上生态脆弱区域占全国陆地国土面积的55%，荒漠化和石漠化土地占国土面积的近20%。森林系统低质化、森林结构纯林化、生态功能低效化、自然景观人工化趋势加剧，每年违法违规侵占林地约200万亩，全国森林单位面积蓄积量只有全球平均水平的78%。全国草原生态总体恶化局面尚未根本扭转，中度和重度退化草原面积仍占1/3以上,已恢复的草原生态系统较为脆弱。全国湿地面积近年来每年减少约510万亩,900多种脊椎动物、3700多种高等植物生存受到威胁。资源过度开发利用导致生态破坏问题突出,生态空间不断被蚕食侵占,一些地区生态资源破坏严重,系统保护难度加大。

产业结构和布局不合理,生态环境风险高。我国是化学品生产和消费大国,有毒有害污染物种类不断增加,区域性、结构性、布局性环境风险日益凸显。环境风险企业数量庞大、近水靠城,危险化学品安全事故导致的环境污染事件频发。突发环境事件呈现原因复杂、污染物质多样、影响地域敏感、影响范围扩大的趋势。过去十年年均发生森林火灾7600多起,森林病虫害发生面积1.75亿亩以上。近年来,年均截获有害生物达100万批次,动植物传染及检疫性有害生物从国境口岸传入风险高。

第三节 生态环境保护面临机遇与挑战

“十三五”期间,生态环境保护面临重要的战略机遇。全面深化改革与全面依法治国深入推进,创新发展和绿色发展深入实施,生态文明建设体制机制逐步健全,为环境保护释放政策红利、法治红利和技术红利。经济转型升级、供给侧结构性改革加快化解重污染过剩产能、增加生态产品供给,污染物新增排放压力趋缓。公众生态环境保护意识日益增强,全社会保护生态环境的合力逐步形成。

同时,我国工业化、城镇化、农业现代化的任务尚未完成,生态环境保护仍面临巨大压力。伴随着经济下行压力加大,发展与保护的矛盾更加突出,一些地方环保投入减弱,进一步推进环境治理和质量改善任务艰巨。区域生态环境分化趋势显现,污染点状分布转向面上扩张,部分地区生态系统稳定性和服务功能下降,统筹协调保护难度大。我国积极应对全球气候变化,推进“一带一路”建设,国际社会尤其是发达国家要求我国承担更多环境责任,深度参与全球环境治理挑战大。

“十三五”期间,生态环境保护机遇与挑战并存,既是负重前行、大有作为的关键期,也是实现质量改善的攻坚期、窗口期。要充分利用新机遇新条件,妥善应对各种风险和挑战,坚定推进生态环境保护,提高生态环境质量。

第二章 指导思想、基本原则与主要目标

第一节 指导思想

全面贯彻党的十八大和十八届三中、四中、五中、六中全会精神,以邓小平理论、“三个代表”重要思想、科学发展观为指导,深入贯彻习近平总书记系列重要讲话精神和治国理政新理念新思想新战略,统筹推进“五位一体”总体布局和协调推进“四个全面”战略布局,牢固树立和贯彻落实创新、协调、绿色、开放、共享的发展理念,按照党中央、国务院决策部署,以提高环境质量为核心,实施最严格的环境保护制度,打好大气、水、土壤污染防治三大战役,加强生态保护与修复,严密防控生态环境风险,加快推进生态环境领域国家治理体系和治理能力现代化,不断提高生态环境管理系统化、科学化、法治化、精细化、信息化水平,为人民提供更多优质生态产品,为实现“两个一百年”奋斗目标和中华民族伟大复兴的中国梦作出贡献。

第二节 基本原则

坚持绿色发展、标本兼治。绿色富国、绿色惠民，处理好发展和保护的关系，协同推进新型工业化、城镇化、信息化、农业现代化与绿色化。坚持立足当前与着眼长远相结合，加强生态环境保护与稳增长、调结构、惠民生、防风险相结合，强化源头防控，推进供给侧结构性改革，优化空间布局，推动形成绿色生产和绿色生活方式，从源头预防生态破坏和环境污染，加大生态环境治理力度，促进人与自然和谐发展。

坚持质量核心、系统施治。以解决生态环境突出问题为导向，分区域、分流域、分阶段明确生态环境质量改善目标任务。统筹运用结构优化、污染治理、污染减排、达标排放、生态保护等多种手段，实施一批重大工程，开展多污染物协同防治，系统推进生态修复与环境治理，确保生态环境质量稳步提升，提高优质生态产品供给能力。

坚持空间管控、分类防治。生态优先，统筹生产、生活、生态空间管理，划定并严守生态保护红线，维护国家生态安全。建立系统完整、责权清晰、监管有效的管理格局，实施差异化管理，分区分类管控，分级分项施策，提升精细化管理水平。

坚持改革创新、强化法治。以改革创新推进生态环境保护，转变环境治理理念和方式，改革生态环境治理基础制度，建立覆盖所有固定污染源的企业排放许可制，实行省以下环保机构监测监察执法垂直管理制度，加快形成系统完整的生态文明制度体系。加强环境立法、环境司法、环境执法，从硬从严，重拳出击，促进全社会遵纪守法。依靠法律和制度加强生态环境保护，实现源头严防、过程严管、后果严惩。

坚持履职尽责、社会共治。建立严格的生态环境保护责任制度，合理划分中央和地方环境保护事权和支出责任，落实生态环境保护“党政同责”、“一岗双责”。落实企业环境治理主体责任，动员全社会积极参与生态环境保护，激励与约束并举，政府与市场“两手发力”，形成政府、企业、公众共治的环境治理体系。

第三节 主要目标

到2020年，生态环境质量总体改善。生产和生活方式绿色、低碳水平上升，主要污染物排放总量大幅减少，环境风险得到有效控制，生物多样性下降势头得到基本控制，生态系统稳定性明显增强，生态安全屏障基本形成，生态环境领域国家治理体系和治理能力现代化取得重大进展，生态文明建设水平与全面建成小康社会目标相适应。

专栏1 “十三五”生态环境保护主要指标

指标		2015年	2020年	〔累计〕[1]	属性
生态环境质量					
1. 空气质量	地级及以上城市[2]空气质量优良天数比率（%）	76.7	>80	—	约束性
	细颗粒物未达标地级及以上城市浓度下降（%）	—	—	〔18〕	约束性
	地级及以上城市重度及以上污染天数比例下降（%）	—	—	〔25〕	预期性

续表

指标		2015年	2020年	〔累计〕[1]	属性
2. 水环境质量	地表水质量[3]达到或好于Ⅲ类水体比例(%)	66	>70	—	约束性
	地表水质量劣Ⅴ类水体比例(%)	9.7	<5	—	约束性
	重要江河湖泊水功能区水质达标率(%)	70.8	>80	—	预期性
	地下水质量极差比例(%)	15.7[4]	15左右	—	预期性
	近岸海域水质优良(一、二类)比例(%)	70.5	70左右	—	预期性
3. 土壤环境质量	受污染耕地安全利用率(%)	70.6	90左右	—	约束性
	污染地块安全利用率(%)	—	90以上	—	约束性
4. 生态状况	森林覆盖率(%)	21.66	23.04	〔1.38〕	约束性
	森林蓄积量(亿立方米)	151	165	〔14〕	约束性
	湿地保有量(亿亩)	—	≥8	—	预期性
	草原综合植被盖度(%)	54	56		预期性
	重点生态功能区所属县域生态环境状况指数	60.4	>60.4	—	预期性
污染物排放总量					
5. 主要污染物排放总量减少(%)	化学需氧量	—	—	〔10〕	约束性
	氨氮	—	—	〔10〕	
	二氧化硫	—	—	〔15〕	
	氮氧化物	—	—	〔15〕	
6. 区域性污染物排放总量减少(%)	重点地区重点行业挥发性有机物[5]	—	—	〔10〕	预期性
	重点地区总氮[6]	—	—	〔10〕	预期性
	重点地区总磷[7]	—	—	〔10〕	
生态保护修复					
7. 国家重点保护野生动植物保护率(%)		—	>95	—	预期性
8. 全国自然岸线保有率(%)		—	≥35	—	预期性
9. 新增沙化土地治理面积(万平方公里)		—	—	〔10〕	预期性
10. 新增水土流失治理面积(万平方公里)		—	—	〔27〕	预期性

注：1.〔　〕内为五年累计数。

2. 空气质量评价覆盖全国338个城市(含地、州、盟所在地及部分省辖县级市，不含三沙和儋州)。
3. 水环境质量评价覆盖全国地表水国控断面，断面数量由“十二五”期间的972个增加到1940个。
4. 为2013年数据。
5. 在重点地区、重点行业推进挥发性有机物总量控制，全国排放总量下降10%以上。
6. 对沿海56个城市及29个富营养化湖库实施总氮总量控制。
7. 总磷超标的控制单元以及上游相关地区实施总磷总量控制。

第三章　强化源头防控，夯实绿色发展基础

绿色发展是从源头破解我国资源环境约束瓶颈、提高发展质量的关键。要创新调控方式，强化源头管理，以生态空间管控引导构建绿色发展格局，以生态环境保护推进供给侧结构性改革，以绿色科技创新引领生态环境治理，促进重点区域绿色、协调发展，加快形成节约资源和保护环境的空间布局、产业结构和生产生活方式，从源头保护生态环境。

第一节 强化生态空间管控

全面落实主体功能区规划。强化主体功能区在国土空间开发保护中的基础作用,推动形成主体功能区布局。依据不同区域主体功能定位,制定差异化的生态环境目标、治理保护措施和考核评价要求。禁止开发区域实施强制性生态环境保护,严格控制人为因素对自然生态和自然文化遗产原真性、完整性的干扰,严禁不符合主体功能定位的各类开发活动,引导人口逐步有序转移。限制开发的重点生态功能区开发强度得到有效控制,形成环境友好型的产业结构,保持并提高生态产品供给能力,增强生态系统服务功能。限制开发的农产品主产区着力保护耕地土壤环境,确保农产品供给和质量安全。重点开发区域加强环境管理与治理,大幅降低污染物排放强度,减少工业化、城镇化对生态环境的影响,改善人居环境,努力提高环境质量。优化开发区域引导城市集约紧凑、绿色低碳发展,扩大绿色生态空间,优化生态系统格局。实施海洋主体功能区规划,优化海洋资源开发格局。

划定并严守生态保护红线。2017 年底前,京津冀区域、长江经济带沿线各省(市)划定生态保护红线;2018 年底前,其他省(区、市)划定生态保护红线;2020 年底前,全面完成全国生态保护红线划定、勘界定标,基本建立生态保护红线制度。制定生态保护红线管控措施,建立健全生态保护补偿机制,定期发布生态保护红线保护状况信息。建立监控体系与评价考核制度,对各省(区、市)生态保护红线保护成效进行评价考核。全面保障国家生态安全,保护和提升森林、草原、河流、湖泊、湿地、海洋等生态系统功能,提高优质生态产品供给能力。

推动"多规合一"。以主体功能区规划为基础,规范完善生态环境空间管控、生态环境承载力调控、环境质量底线控制、战略环评与规划环评刚性约束等环境引导和管控要求,制定落实生态保护红线、环境质量底线、资源利用上线和环境准入负面清单的技术规范,强化"多规合一"的生态环境支持。以市县级行政区为单元,建立由空间规划、用途管制、差异化绩效考核等构成的空间治理体系。积极推动建立国家空间规划体系,统筹各类空间规划,推进"多规合一"。研究制定生态环境保护促进"多规合一"的指导意见。自 2018 年起,启动省域、区域、城市群生态环境保护空间规划研究。

第二节 推进供给侧结构性改革

强化环境硬约束推动淘汰落后和过剩产能。建立重污染产能退出和过剩产能化解机制,对长期超标排放的企业、无治理能力且无治理意愿的企业、达标无望的企业,依法予以关闭淘汰。修订完善环境保护综合名录,推动淘汰高污染、高环境风险的工艺、设备与产品。鼓励各地制定范围更宽、标准更高的落后产能淘汰政策,京津冀地区要加大对不能实现达标排放的钢铁等过剩产能淘汰力度。依据区域资源环境承载能力,确定各地区造纸、制革、印染、焦化、炼硫、炼砷、炼油、电镀、农药等行业规模限值。实行新(改、扩)建项目重点污染物排放等量或减量置换。调整优化产业结构,煤炭、钢铁、水泥、平板玻璃等产能过剩行业实行产能等量或减量置换。

严格环保能耗要求促进企业加快升级改造。实施能耗总量和强度"双控"行动,全面推进工业、建筑、交通运输、公共机构等重点领域节能。严格新建项目节能评估审查,加强工业节能监察,强化全过程节能监管。钢铁、有色金属、化工、建材、轻工、纺织等传统制造业全面实施电机、变压器等能效提升、清洁生产、节水治污、循环利用等专项技术改造,实施系统能效提升、燃煤锅炉节能环保综合提升、绿色照明、余热暖民等节能重点工程。支持企业增强绿色精益制造能力，推动工业园区和企业应用分布式能源。

促进绿色制造和绿色产品生产供给。从设计、原料、生产、采购、物流、回收等全流程强化产品全生命周期绿色管理。支持企业推行绿色设计，开发绿色产品，完善绿色包装标准体系，推动包装减量化、无害化和材料回收利用。建设绿色工厂，发展绿色工业园区，打造绿色供应链，开展绿色评价和绿色制造工艺推广行动，全面推进绿色制造体系建设。增强绿色供给能力，整合环保、节能、节水、循环、低碳、再生、有机等产品认证，建立统一的绿色产品标准、认证、标识体系。发展生态农业和有机农业，加快有机食品基地建设和产业发展，增加有机产品供给。到2020年，创建百家绿色设计示范企业、百家绿色示范园区、千家绿色示范工厂，绿色制造体系基本建立。

推动循环发展。实施循环发展引领计划，推进城市低值废弃物集中处置，开展资源循环利用示范基地和生态工业园区建设，建设一批循环经济领域国家新型工业化产业示范基地和循环经济示范市县。实施高端再制造、智能再制造和在役再制造示范工程。深化工业固体废物综合利用基地建设试点，建设产业固体废物综合利用和资源再生利用示范工程。依托国家“城市矿产”示范基地，培育一批回收和综合利用骨干企业、再生资源利用产业基地和园区。健全再生资源回收利用网络，规范完善废钢铁、废旧轮胎、废旧纺织品与服装、废塑料、废旧动力电池等综合利用行业管理。尝试建立逆向回收渠道，推广“互联网+回收”、智能回收等新型回收方式，实行生产者责任延伸制度。到2020年，全国工业固体废物综合利用率提高到73%。实现化肥农药零增长，实施循环农业示范工程，推进秸秆高值化和产业化利用。到2020年，秸秆综合利用率达到85%，国家现代农业示范区和粮食主产县基本实现农业资源循环利用。

推进节能环保产业发展。推动低碳循环、治污减排、监测监控等核心环保技术工艺、成套产品、装备设备、材料药剂研发与产业化，尽快形成一批具有竞争力的主导技术和产品。鼓励发展节能环保技术咨询、系统设计、设备制造、工程施工、运营管理等专业化服务。大力发展环境服务业，推进形成合同能源管理、合同节水管理、第三方监测、环境污染第三方治理及环境保护政府和社会资本合作等服务市场，开展小城镇、园区环境综合治理托管服务试点。规范环境绩效合同管理，逐步建立环境服务绩效评价考核机制。发布政府采购环境服务清单。鼓励社会资本投资环保企业，培育一批具有国际竞争力的大型节能环保企业与环保品牌。鼓励生态环保领域大众创业、万众创新。充分发挥环保行业组织、科技社团在环保科技创新、成果转化和产业化过程中的作用。完善行业监管制度，开展环保产业常规调查统计工作，建立环境服务企业诚信档案，发布环境服务业发展报告。

第三节　强化绿色科技创新引领

推进绿色化与创新驱动深度融合。把绿色化作为国家实施创新驱动发展战略、经济转型发展的重要基点，推进绿色化与各领域新兴技术深度融合发展。发展智能绿色制造技术，推动制造业向价值链高端攀升。发展生态绿色、高效安全的现代农业技术，深入开展节水农业、循环农业、有机农业、现代林业和生物肥料等技术研发，促进农业提质增效和可持续发展。发展安全、清洁、高效的现代能源技术，推动能源生产和消费革命。发展资源节约循环利用的关键技术，建立城镇生活垃圾资源化利用、再生资源回收利用、工业固体废物综合利用等技术体系。重点针对大气、水、土壤等问题，形成源头预防、末端治理和生态环境修复的成套技术。

加强生态环保科技创新体系建设。瞄准世界生态环境科技发展前沿，立足我国生态环境保护的战略要求,突出自主创新、综合集成创新,加快构建层次清晰、分工明确、运行高效、支撑有力的国家生态环保科技创新体系。重点建立以科学研究为先导的生态环保科技创新理论体系,以应用示范为支撑的生态环保技术研发体系,以人体健康为目标的环境基准和环境标准体系,以提升竞争力为核心的环保产业培育体系,以服务保障为基础的环保科技管理体系。实施环境科研领军人才工程,加强环保专业技术领军人才和青年拔尖人才培养,重点建设一批创新人才培养基地,打造一批高水平创新团队。支持相关院校开展环保基础科学和应用科学研究。建立健全环保职业荣誉制度。

建设生态环保科技创新平台。统筹科技资源,深化生态环保科技体制改革。加强重点实验室、工程技术中心、科学观测研究站、环保智库等科技创新平台建设,加强技术研发推广,提高管理科学化水平。积极引导企业与科研机构加强合作,强化企业创新主体作用,推动环保技术研发、科技成果转移转化和推广应用。推动建立环保装备与服务需求信息平台、技术创新转化交易平台。依托有条件的科技产业园区,集中打造环保科技创新试验区、环保高新技术产业区、环保综合治理技术服务区、国际环保技术合作区、环保高水平人才培养教育区,建立一批国家级环保高新技术产业开发区。

实施重点生态环保科技专项。继续实施水体污染控制与治理国家科技重大专项,实施大气污染成因与控制技术研究、典型脆弱生态修复与保护研究、煤炭清洁高效利用和新型节能技术研发、农业面源和重金属污染农田综合防治与修复技术研发、海洋环境安全保障等重点研发计划专项。在京津冀地区、长江经济带、"一带一路"沿线省(区、市)等重点区域开展环境污染防治和生态修复技术应用试点示范,提出生态环境治理系统性技术解决方案。打造京津冀等区域环境质量提升协同创新共同体,实施区域环境质量提升创新科技工程。创新青藏高原等生态屏障带保护修复技术方法与治理模式,研发生态环境监测预警、生态修复、生物多样性保护、生态保护红线评估管理、生态廊道构建等关键技术,建立一批生态保护与修复科技示范区。支持生态、土壤、大气、温室气体等环境监测预警网络系统及关键技术装备研发,支持生态环境突发事故监测预警及应急处置技术、遥感监测技术、数据分析与服务产品、高端环境监测仪器等研发。开展重点行业危险废物污染特性与环境效应、危险废物溯源及快速识别、全过程风险防控、信息化管理技术等领域研究,加快建立危险废物技术规范体系。建立化学品环境与健康风险评估方法、程序和技术规范体系。加强生态环境管理决策支撑科学研究,开展多污染物协同控制、生态环境系统模拟、污染源解析、生态环境保护规划、生态环境损害评估、网格化管理、绿色国内生产总值核算等技术方法研究应用。

完善环境标准和技术政策体系。研究制定环境基准,修订土壤环境质量标准,完善挥发性有机物排放标准体系,严格执行污染物排放标准。加快机动车和非道路移动源污染物排放标准、燃油产品质量标准的制修订和实施。发布实施船舶发动机排气污染物排放限值及测量方法(中国第一、二阶段)、轻型汽车和重型汽车污染物排放限值及测量方法(中国第六阶段)、摩托车和轻便摩托车污染物排放限值及测量方法(中国第四阶段)、畜禽养殖污染物排放标准。修订在用机动车排放标准,力争实施非道路移动机械国Ⅳ排放标准。完善环境保护技术政策,建立生态保护红线监管技术规范。健全钢铁、水泥、化工等重点行业清洁生产评价指标体系。加快制定完善电力、冶金、有色金属等重点行业以及城乡垃圾处理、机动车船和非道路移动机械污染防治、农业面源污染防治等重点领域技术政策。建立危险废物利用处置无害化管理标准和技术体系。

第四节　推动区域绿色协调发展

促进四大区域绿色协调发展。西部地区要坚持生态优先，强化生态环境保护，提升生态安全屏障功能，建设生态产品供给区，合理开发石油、煤炭、天然气等战略性资源和生态旅游、农畜产品等特色资源。东北地区要加强大小兴安岭、长白山等森林生态系统保护和北方防沙带建设，强化东北平原湿地和农用地土壤环境保护，推动老工业基地振兴。中部地区要以资源环境承载能力为基础，有序承接产业转移，推进鄱阳湖、洞庭湖生态经济区和汉江、淮河生态经济带建设，研究建设一批流域沿岸及交通通道沿线的生态走廊，加强水环境保护和治理。东部地区要扩大生态空间，提高环境资源利用效率，加快推动产业升级，在生态环境质量改善等方面走在前列。

推进“一带一路”绿色化建设。加强中俄、中哈以及中国—东盟、上海合作组织等现有多双边合作机制，积极开展澜沧江—湄公河环境合作，开展全方位、多渠道的对话交流活动，加强与沿线国家环境官员、学者、青年的交流和合作，开展生态环保公益活动，实施绿色丝路使者计划，分享中国生态文明、绿色发展理念与实践经验。建立健全绿色投资与绿色贸易管理制度体系，落实对外投资合作环境保护指南。开展环保产业技术合作园区及示范基地建设，推动环保产业走出去。树立中国铁路、电力、汽车、通信、新能源、钢铁等优质产能绿色品牌。推进“一带一路”沿线省（区、市）产业结构升级与创新升级，推动绿色产业链延伸；开展重点战略和关键项目环境评估，提高生态环境风险防范与应对能力。编制实施国内“一带一路”沿线区域生态环保规划。

推动京津冀地区协同保护。以资源环境承载能力为基础，优化经济发展和生态环境功能布局，扩大环境容量与生态空间。加快推动天津传统制造业绿色化改造。促进河北有序承接北京非首都功能转移和京津科技成果转化。强化区域环保协作，联合开展大气、河流、湖泊等污染治理，加强区域生态屏障建设，共建坝上高原生态防护区、燕山—太行山生态涵养区，推动光伏等新能源广泛应用。创新生态环境联动管理体制机制，构建区域一体化的生态环境监测网络、生态环境信息网络和生态环境应急预警体系，建立区域生态环保协调机制、水资源统一调配制度、跨区域联合监察执法机制，建立健全区域生态保护补偿机制和跨区域排污权交易市场。到 2020 年，京津冀地区生态环境保护协作机制有效运行，生态环境质量明显改善。

推进长江经济带共抓大保护。把保护和修复长江生态环境摆在首要位置，推进长江经济带生态文明建设，建设水清地绿天蓝的绿色生态廊道。统筹水资源、水环境、水生态，推动上中下游协同发展、东中西部互动合作，加强跨部门、跨区域监管与应急协调联动，把实施重大生态修复工程作为推动长江经济带发展项目的优先选项，共抓大保护，不搞大开发。统筹江河湖泊丰富多样的生态要素，构建以长江干支流为经络，以山水林田湖为有机整体，江湖关系和谐、流域水质优良、生态流量充足、水土保持有效、生物种类多样的生态安全格局。上游区重点加强水源涵养、水土保持功能和生物多样性保护，合理开发利用水资源，严控水电开发生态影响；中游区重点协调江湖关系，确保丹江口水库水质安全；下游区加快产业转型升级，重点加强退化水生态系统恢复，强化饮用水水源保护，严格控制城镇周边生态空间占用，开展河网地区水污染治理。妥善处理江河湖泊关系，实施长江干流及洞庭湖上游“四水”、鄱阳湖上游“五河”的水库群联合调度，保障长江干支流生态流量与两湖生态水位。统筹规划、集约利用长江岸线资源，控制岸线开发强度。强化跨界水质断面考核，推动协同治理。

第四章 深化质量管理，大力实施三大行动计划

以提高环境质量为核心，推进联防联控和流域共治，制定大气、水、土壤三大污染防治行动计划的施工图。根据区域、流域和类型差异分区施策，实施多污染物协同控制，提高治理措施的针对性和有效性。实行环境质量底线管理，努力实现分阶段达到环境质量标准、治理责任清单式落地，解决群众身边的突出环境问题。

第一节 分区施策改善大气环境质量

实施大气环境质量目标管理和限期达标规划。各省（区、市）要对照国家大气环境质量标准，开展形势分析，定期考核并公布大气环境质量信息。强化目标和任务的过程管理，深入推进钢铁、水泥等重污染行业过剩产能退出，大力推进清洁能源使用，推进机动车和油品标准升级，加强油品等能源产品质量监管，加强移动源污染治理，加大城市扬尘和小微企业分散源、生活源污染整治力度。深入实施《大气污染防治行动计划》，大幅削减二氧化硫、氮氧化物和颗粒物的排放量，全面启动挥发性有机物污染防治，开展大气氨排放控制试点，实现全国地级及以上城市二氧化硫、一氧化碳浓度全部达标，细颗粒物、可吸入颗粒物浓度明显下降，二氧化氮浓度继续下降，臭氧浓度保持稳定、力争改善。实施城市大气环境质量目标管理，已经达标的城市，应当加强保护并持续改善；未达标的城市，应确定达标期限，向社会公布，并制定实施限期达标规划，明确达标时间表、路线图和重点任务。

加强重污染天气应对。强化各级空气质量预报中心运行管理，提高预报准确性，及时发布空气质量预报信息，实现预报信息全国共享、联网发布。完善重度及以上污染天气的区域联合预警机制，加强东北、西北、成渝和华中区域大气环境质量预测预报能力。健全应急预案体系，制定重污染天气应急预案实施情况评估技术规程，加强对预案实施情况的检查和评估。各省（区、市）和地级及以上城市及时修编重污染天气应急预案，开展重污染天气成因分析和污染物来源解析，科学制定针对性减排措施，每年更新应急减排措施项目清单。及时启动应急响应措施，提高重污染天气应对的有效性。强化监管和督察，对应对不及时、措施不力的地方政府，视情况予以约谈、通报、挂牌督办。

深化区域大气污染联防联控。全面深化京津冀及周边地区、长三角、珠三角等区域大气污染联防联控，建立常态化区域协作机制，区域内统一规划、统一标准、统一监测、统一防治。对重点行业、领域制定实施统一的环保标准、排污收费政策、能源消费政策，统一老旧车辆淘汰和在用车辆管理标准。重点区域严格控制煤炭消费总量，京津冀及山东、长三角、珠三角等区域，以及空气质量排名较差的前10位城市中受燃煤影响较大的城市要实现煤炭消费负增长。通过市场化方式促进老旧车辆、船舶加速淘汰以及防污设施设备改造，强化新生产机动车、非道路移动机械环保达标监管。开展清洁柴油机行动，加强高排放工程机械、重型柴油车、农业机械等管理，重点区域开展柴油车注册登记环保查验，对货运车、客运车、公交车等开展入户环保检查。提高公共车辆中新能源汽车占比，具备条件的城市在2017年底前基本实现公交新能源化。落实珠三角、长三角、环渤海京津冀水域船舶排放控制区管理政策，靠港船舶优先使用岸电，建设船舶大气污染物排放遥感监测和油品质

量监测网点，开展船舶排放控制区内船舶排放监测和联合监管，构建机动车船和油品环保达标监管体系。加快非道路移动源油品升级。强化城市道路、施工等扬尘监管和城市综合管理。

显著削减京津冀及周边地区颗粒物浓度。以北京市、保定市、廊坊市为重点，突出抓好冬季散煤治理、重点行业综合治理、机动车监管、重污染天气应对，强化高架源的治理和监管，改善区域空气质量。提高接受外输电比例，增加非化石能源供应，重点城市实施天然气替代煤炭工程，推进电力替代煤炭，大幅减少冬季散煤使用量，"十三五"期间，北京、天津、河北、山东、河南五省(市)煤炭消费总量下降10%左右。加快区域内机动车排污监控平台建设，重点治理重型柴油车和高排放车辆。到2020年，区域细颗粒物污染形势显著好转，臭氧浓度基本稳定。

明显降低长三角区域细颗粒物浓度。加快产业结构调整，依法淘汰能耗、环保等不达标的产能。"十三五"期间，上海、江苏、浙江、安徽四省(市)煤炭消费总量下降5%左右，地级及以上城市建成区基本淘汰35蒸吨以下燃煤锅炉。全面推进炼油、石化、工业涂装、印刷等行业挥发性有机物综合整治。到2020年，长三角区域细颗粒物浓度显著下降，臭氧浓度基本稳定。

大力推动珠三角区域率先实现大气环境质量基本达标。统筹做好细颗粒物和臭氧污染防控，重点抓好挥发性有机物和氮氧化物协同控制。加快区域内产业转型升级，调整和优化能源结构，工业园区与产业聚集区实施集中供热，有条件的发展大型燃气供热锅炉，"十三五"期间，珠三角区域煤炭消费总量下降10%左右。重点推进石化、化工、油品储运销、汽车制造、船舶制造(维修)、集装箱制造、印刷、家具制造、制鞋等行业开展挥发性有机物综合整治。到2020年，实现珠三角区域大气环境质量基本达标，基本消除重度及以上污染天气。

第二节　精准发力提升水环境质量

实施以控制单元为基础的水环境质量目标管理。依据主体功能区规划和行政区划，划定陆域控制单元，建立流域、水生态控制区、水环境控制单元三级分区体系。实施以控制单元为空间基础、以断面水质为管理目标、以排污许可制为核心的流域水环境质量目标管理。优化控制单元水质断面监测网络，建立控制单元产排污与断面水质响应反馈机制，明确划分控制单元水环境质量责任，从严控制污染物排放量。全面推行"河长制"。在黄河、淮河等流域进行试点，分期分批科学确定生态流量(水位)，作为流域水量调度的重要参考。深入实施《水污染防治行动计划》，落实控制单元治污责任，完成目标任务。固定污染源排放为主的控制单元，要确定区域、流域重点水污染物和主要超标污染物排放控制目标，实施基于改善水质要求的排污许可，将治污任务逐一落实到控制单元内的各排污单位(含污水处理厂、设有排放口的规模化畜禽养殖单位)。面源(分散源)污染为主或严重缺水的控制单元，要采用政策激励、加强监管以及确保生态基流等措施改善水生态环境。自2017年起，各省份要定期向社会公开控制单元水环境质量目标管理情况。

专栏2　各流域需要改善的控制单元

(一)长江流域(108个)

双桥河合肥市控制单元等40个单元由Ⅳ类升为Ⅲ类；乌江重庆市控制单元等7个单元由Ⅴ类升为Ⅲ类；来河滁州市控制单元等9个单元由Ⅴ类升为Ⅳ类；京山河荆门市控制单元等2个单元由劣Ⅴ类升为Ⅲ类；沱江内江市控制单元等4个单元由劣Ⅴ类升为Ⅳ类；十五里河合肥市控制单元等24个单元由劣Ⅴ类升为Ⅴ类；滇池外海昆明市控制单元化学需氧量浓度下降；南淝河合肥市控制单元等3个单元氨氮浓度下降；竹皮河荆门市控制单元等4个单元氨氮、总磷浓度下降；岷江宜宾市控制单元等14个单元总磷浓度下降。

续表

（二）海河流域（75个）

洋河张家口市八号桥控制单元等9个单元由Ⅳ类升为Ⅲ类；妫水河下段北京市控制单元等3个单元由Ⅴ类升为Ⅳ类；潮白河通州区控制单元等26个单元由劣Ⅴ类升为Ⅴ类；宣惠河沧州市控制单元等6个单元化学需氧量浓度下降；通惠河下段北京市控制单元等26个单元氨氮浓度下降；共产主义渠新乡市控制单元等3个单元氨氮、总磷浓度下降；海河天津市海河大闸控制单元化学需氧量、氨氮浓度下降；潮白新河天津市控制单元总磷浓度下降。

（三）淮河流域（49个）

谷河阜阳市控制单元等17个单元由Ⅳ类升为Ⅲ类；东鱼河菏泽市控制单元由Ⅴ类升为Ⅲ类；新濉河宿迁市控制单元等9个单元由Ⅴ类升为Ⅳ类；洙赵新河菏泽市控制单元由劣Ⅴ类升为Ⅲ类；运料河徐州市控制单元由劣Ⅴ类升为Ⅳ类；涡河亳州市岳坊大桥控制单元等16个单元由劣Ⅴ类升为Ⅴ类；包河商丘市控制单元等4个单元氨氮浓度下降。

（四）黄河流域（35个）

伊洛河洛阳市控制单元等14个单元由Ⅳ类升为Ⅲ类；葫芦河固原市控制单元等4个单元由Ⅴ类升为Ⅳ类；岚河吕梁市控制单元由劣Ⅴ类升为Ⅳ类；大黑河乌兰察布市控制单元等8个单元由劣Ⅴ类升为Ⅴ类；昆都仑河包头市控制单元等8个单元氨氮浓度下降。

（五）松花江流域（12个）

小兴凯湖鸡西市控制单元等9个单元由Ⅳ类升为Ⅲ类；阿什河哈尔滨市控制单元由劣Ⅴ类升为Ⅴ类；呼伦湖呼伦贝尔市控制单元化学需氧量浓度下降；饮马河长春市靠山南楼控制单元氨氮浓度下降。

（六）辽河流域（13个）

寇河铁岭市控制单元等6个单元由Ⅳ类升为Ⅲ类；辽河沈阳市巨流河大桥控制单元等3个单元由Ⅴ类升为Ⅳ类；亮子河铁岭市控制单元等2个单元由劣Ⅴ类升为Ⅴ类；浑河抚顺市控制单元总磷浓度下降；条子河四平市控制单元氨氮浓度下降。

（七）珠江流域（17个）

九洲江湛江市排里控制单元等2个单元由Ⅲ类升为Ⅱ类；潭江江门市牛湾控制单元由Ⅳ类升为Ⅱ类；鉴江茂名市江口门控制单元等4个单元由Ⅳ类升为Ⅲ类；东莞运河东莞市樟村控制单元等2个单元由Ⅴ类升为Ⅳ类；小东江茂名市石碧控制单元由劣Ⅴ类升为Ⅳ类；深圳河深圳市河口控制单元等5个单元由劣Ⅴ类升为Ⅴ类；杞麓湖玉溪市控制单元化学需氧量浓度下降；星云湖玉溪市控制单元总磷浓度下降。

（八）浙闽片河流（25个）

浦阳江杭州市控制单元等13个单元由Ⅳ类升为Ⅲ类；汀溪厦门市控制单元等3个单元由Ⅴ类升为Ⅲ类；南溪漳州市控制单元等5个单元由Ⅴ类升为Ⅳ类；金清港台州市控制单元等4个单元由劣Ⅴ类升为Ⅴ类。

（九）西北诸河（3个）

博斯腾湖巴音郭楞蒙古自治州控制单元由Ⅳ类升为Ⅲ类；北大河酒泉市控制单元由劣Ⅴ类升为Ⅲ类；克孜河喀什地区控制单元由劣Ⅴ类升为Ⅴ类。

（十）西南诸河（6个）

黑惠江大理白族自治州控制单元等4个单元由Ⅳ类升为Ⅲ类；异龙湖红河哈尼族彝族自治州控制单元化学需氧量浓度下降；西洱河大理白族自治州控制单元氨氮浓度下降。

实施流域污染综合治理。实施重点流域水污染防治规划。流域上下游各级政府、各部门之间加强协调配合、定期会商，实施联合监测、联合执法、应急联动、信息共享。长江流域强化系统保护，加大水生生物多样性保护力度，强化水上交通、船舶港口污染防治。实施岷江、沱江、乌江、清水江、长江干流宜昌段总磷污染综合治理，有效控制贵州、四川、湖北、云南等总磷污染。太湖坚持综合治理，增强流域生态系统功能，防范蓝藻暴发，确保饮用水安全；巢湖加强氮、磷总量控制，改善入湖河流水质，修复湖滨生态功能；滇池加强氮、磷总量控制，重点防控城市污水和农业面源污染入湖，分区分步开展生态修复，逐步恢复水生态系统。海河流域突出节水和再生水利用，强化跨界水体治理，重点整治城乡黑臭水体，保障白洋淀、衡水湖、永定河生态需水。淮河流域大幅降低造纸、化肥、酿造等行业污染物排放强度，有效控制氨氮污染，持续改善洪河、涡河、颍河、惠济河、包河等支流水质，切实防控突发污染事件。黄河流域重点控制煤化工、石化企业排放，持续改善汾河、涑水河、总排干、大黑河、乌梁素海、湟水河等支流水质，降低中上游水环境风险。松花江流域持续改善阿什河、伊通河等支流水质，重点解决石化、酿造、制药、造纸等行业污染问题，加大水生态保护力度，进一步增加野生鱼类种群数量，加快恢复湿地生态系统。辽河流域大幅降低石化、造纸、化工、农副食品加工等行业污染物排放强度，持续改善浑河、太子河、条子河、招苏台河等支流水质，显著恢复水生态系统，全面恢复湿地生态系统。珠江流域建立健全广东、广西、云南等联合治污防控体系，重点保障东江、西江供水水质安全，改善珠江三角洲地区水生态环境。

优先保护良好水体。实施从水源到水龙头全过程监管，持续提升饮用水安全保障水平。地方各级人民政府及供水单位应定期监测、检测和评估本行政区域内饮用水水源、供水厂出水和用户水龙头水质等饮水安全状况。地级及以上城市每季度向社会公开饮水安全状况信息，县级及以上城市自2018年起每季度向社会公开。开展饮用水水源规范化建设，依法清理饮用水水源保护区内违法建筑和排污口。加强农村饮用水水源保护，实施农村饮水安全巩固提升工程。各省（区、市）应于2017年底前，基本完成乡镇及以上集中式饮用水水源保护区划定，开展定期监测和调查评估。到2020年，地级及以上城市集中式饮用水水源水质达到或优于Ⅲ类比例高于93%。对江河源头及现状水质达到或优于Ⅲ类的江河湖库开展生态环境安全评估，制定实施生态环境保护方案，东江、滦河、千岛湖、南四湖等流域于2017年底前完成。七大重点流域制定实施水生生物多样性保护方案。

推进地下水污染综合防治。定期调查评估集中式地下水型饮用水水源补给区和污染源周边区域环境状况。加强重点工业行业地下水环境监管，采取防控措施有效降低地下水污染风险。公布地下水污染地块清单，管控风险，开展地下水污染修复试点。到2020年，全国地下水污染加剧趋势得到初步遏制，质量极差的地下水比例控制在15%左右。

大力整治城市黑臭水体。建立地级及以上城市建成区黑臭水体等污染严重水体清单，制定整治方案，细化分阶段目标和任务安排，向社会公布年度治理进展和水质改善情况。建立全国城市黑臭水体整治监管平台，公布全国黑臭水体清单，接受公众评议。各城市在当地主流媒体公布黑臭水体清单、整治达标期限、责任人、整治进展及效果；建立长效机制，开展水体日常维护与监管工作。2017年底前，直辖市、省会城市、计划单列市建成区基本消除黑臭水体，其他地级城市实现河面无大面积漂浮物、河岸无垃圾、无违法排污口；到2020年，地级及以上城市建成区黑臭水体比例均控制在10%以内，其他城市力争大幅度消除重度黑臭水体。

改善河口和近岸海域生态环境质量。实施近岸海域污染防治方案，加大渤海、东海等近岸海域污染治理力度。强化直排海污染源和沿海工业园区监管，防控沿海地区陆源溢油污染海洋。开展国际航行船舶压载水及污染物治理。规范入海排污口设置，2017年底前，全面清理非法或设置不合理的入海排污口。到2020年，沿海省（区、市）入海河流基本消除劣Ⅴ类的水体。实施蓝色海湾综合治理，重点整治黄河口、长江口、闽江口、珠江口、辽东湾、渤海湾、胶州湾、杭州湾、北部湾等河口海湾污染。严格禁渔休渔措施。控制近海养殖密度，推进生态健康养殖，大力开展水生生物增殖放流，加强人工鱼礁和海洋牧场建设。加强海岸带生态保护与修复，实施“南红北柳”湿地修复工程，严格控制生态敏感地区围填海活动。到2020年，全国自然岸线（不包括海岛岸线）保有率不低于35%，整治修复海岸线1000公里。建设一批海洋自然保护区、海洋特别保护区和水产种质资源保护区，实施生态岛礁工程，加强海洋珍稀物种保护。

第三节　分类防治土壤环境污染

推进基础调查和监测网络建设。全面实施《土壤污染防治行动计划》，以农用地和重点行业企业用地为重点，开展土壤污染状况详查，2018年底前查明农用地土壤污染的面积、分布及其对农产品质量的影响,2020 年底前掌握重点行业企业用地中的污染地块分布及其环境风险情况。开展电子废物拆解、废旧塑料回收、非正规垃圾填埋场、历史遗留尾矿库等土壤环境问题集中区域风险排查,建立风险管控名录。统一规划、整合优化土壤环境质量监测点位。充分发挥行业监测网作用,支持各地因地制宜补充增加设置监测点位,增加特征污染物监测项目,提高监测频次。2017 年底前,完成土壤环境质量国控监测点位设置,建成国家土壤环境质量监测网络,基本形成土壤环境监测能力;到 2020 年,实现土壤环境质量监测点位所有县(市、区)全覆盖。

实施农用地土壤环境分类管理。按污染程度将农用地划为三个类别,未污染和轻微污染的划为优先保护类,轻度和中度污染的划为安全利用类,重度污染的划为严格管控类,分别采取相应管理措施。各省级人民政府要对本行政区域内优先保护类耕地面积减少或土壤环境质量下降的县(市、区)进行预警提醒并依法采取环评限批等限制性措施。将符合条件的优先保护类耕地划为永久基本农田,实行严格保护,确保其面积不减少、土壤环境质量不下降。根据土壤污染状况和农产品超标情况,安全利用类耕地集中的县(市、区)要结合当地主要作物品种和种植习惯,制定实施受污染耕地安全利用方案,采取农艺调控、替代种植等措施,降低农产品超标风险。加强对严格管控类耕地的用途管理,依法划定特定农产品禁止生产区域,严禁种植食用农产品,继续在湖南长株潭地区开展重金属污染耕地修复及农作物种植结构调整试点。到 2020 年,重度污染耕地种植结构调整或退耕还林还草面积力争达到 2000 万亩。

加强建设用地环境风险管控。建立建设用地土壤环境质量强制调查评估制度。构建土壤环境质量状况、污染地块修复与土地再开发利用协同一体的管理与政策体系。自 2017 年起,对拟收回土地使用权的有色金属冶炼、石油加工、化工、焦化、电镀、制革等行业企业用地,以及用途拟变更为居住和商业、学校、医疗、养老机构等公共设施的上述企业用地,由土地使用权人负责开展土壤环境状况调查评估;已经收回的,由所在地市、县级人民政府负责开展调查评估。将建设用地土壤环境管理要求纳入城市规划和供地管理,土地开发利用必须符合土壤环境质量要求。暂不开发利用或现阶段不具备治理修复条件的污染地块,由所在地县级人民政府组织划定管控区域,设立标志,发布公告,开展土壤、地表水、地下水、空气环境监测。

开展土壤污染治理与修复。针对典型受污染农用地、污染地块,分批实施 200 个土壤污染治理与修复技术应用试点项目,加快建立健全技术体系。自 2017 年起,各地要逐步建立污染地块名录及其开发利用的负面清单,合理确定土地用途。京津冀、长三角、珠三角、东北老工业基地地区城市和矿产资源枯竭型城市等污染地块集中分布的城市,要规范、有序开展再开发利用污染地块治理与修复。长江中下游、成都平原、珠江流域等污染耕地集中分布的省(区、市),应于 2018 年底前编制实施污染耕地治理与修复方案。2017 年底前,发布土壤污染治理与修复责任方终身责任追究办法。建立土壤污染治理与修复全过程监管制度,严格修复方案审查,加强修复过程监督和检查,开展修复成效第三方评估。

强化重点区域土壤污染防治。京津冀区域以城市"退二进三"遗留污染地块为重点,严格管控建设用地开发利用土壤环境风险,加大污灌区、设施农业集中区域土壤环境监测和监管。东北地区加大黑土地保护力度,采取秸秆还田、增施有机肥、轮作休耕等措施实施综合治理。珠江三角洲地区以化工、电镀、印染等重污染行业企业遗留污染地块为重点,强化污染地块开发利用环境监管。湘江流域地区以镉、砷等重金属污染为重点,对污染耕地采取农艺调控、种植结构调整、退耕还林还草等措施,严格控制农产品超标风险。西南地区以有色金属、磷矿等矿产资源开发过程导致的环境污染风险防控为重点，强化磷、汞、铅等历史遗留土壤污染治理。在浙江台州、湖北黄石、湖南常德、广东韶关、广西河池、贵州铜仁等6个地区启动土壤污染综合防治先行区建设。

第五章 实施专项治理，全面推进达标排放与污染减排

以污染源达标排放为底线，以骨干性工程推进为抓手，改革完善总量控制制度，推动行业多污染物协同治污减排，加强城乡统筹治理，严格控制增量，大幅度削减污染物存量，降低生态环境压力。

第一节 实施工业污染源全面达标排放计划

工业污染源全面开展自行监测和信息公开。工业企业要建立环境管理台账制度，开展自行监测，如实申报，属于重点排污单位的还要依法履行信息公开义务。实施排污口规范化整治，2018年底前，工业企业要进一步规范排污口设置，编制年度排污状况报告。排污企业全面实行在线监测，地方各级人民政府要完善重点排污单位污染物超标排放和异常报警机制，逐步实现工业污染源排放监测数据统一采集、公开发布，不断加强社会监督，对企业守法承诺履行情况进行监督检查。2019年底前，建立全国工业企业环境监管信息平台。

排查并公布未达标工业污染源名单。各地要加强对工业污染源的监督检查，全面推进“双随机”抽查制度，实施环境信用颜色评价，鼓励探索实施企业超标排放计分量化管理。对污染物排放超标或者重点污染物排放超总量的企业予以“黄牌”警示，限制生产或停产整治；对整治后仍不能达到要求且情节严重的企业予以“红牌”处罚，限期停业、关闭。自2017年起，地方各级人民政府要制定本行政区域工业污染源全面达标排放计划，确定年度工作目标，每季度向社会公布“黄牌”、“红牌”企业名单。环境保护部将加大抽查核查力度，对企业超标现象普遍、超标企业集中地区的地方政府进行通报、挂牌督办。

实施重点行业企业达标排放限期改造。建立分行业污染治理实用技术公开遴选与推广应用机制，发布重点行业污染治理技术。分流域分区域制定实施重点行业限期整治方案，升级改造环保设施，加大检查核查力度，确保稳定达标。以钢铁、水泥、石化、有色金属、玻璃、燃煤锅炉、造纸、印染、化工、焦化、氮肥、农副食品加工、原料药制造、制革、农药、电镀等行业为重点，推进行业达标排放改造。

完善工业园区污水集中处理设施。实行“清污分流、雨污分流”，实现废水分类收集、分质处理，入园企业应在达到国家或地方规定的排放标准后接入集中式污水处理设施处理，园区集中式污水处理设施总排口应安装自动监控系统、视频监控系统，并与环境保护主管部门联网。开展工业园区污水集中处理规范化改造示范。

第二节 深入推进重点污染物减排

改革完善总量控制制度。以提高环境质量为核心，以重大减排工程为主要抓手，上下结合，科学确定总量控制要求，实施差别化管理。优化总量减排核算体系，以省级为主体实施核查核算，推动自主减排管理，鼓励将持续有效改善环境质量的措施纳入减排核算。加强对生态环境保护重大

工程的调度，对进度滞后地区及早预警通报，各地减排工程、指标情况要主动向社会公开。总量减排考核服从于环境质量考核，重点审查环境质量未达到标准、减排数据与环境质量变化趋势明显不协调的地区，并根据环境保护督查、日常监督检查和排污许可执行情况，对各省（区、市）自主减排管理情况实施“双随机”抽查。大力推行区域性、行业性总量控制，鼓励各地实施特征性污染物总量控制，并纳入各地国民经济和社会发展规划。

推动治污减排工程建设。各省（区、市）要制定实施造纸、印染等十大重点涉水行业专项治理方案，大幅降低污染物排放强度。电力、钢铁、纺织、造纸、石油石化、化工、食品发酵等高耗水行业达到先进定额标准。以燃煤电厂超低排放改造为重点，对电力、钢铁、建材、石化、有色金属等重点行业，实施综合治理，对二氧化硫、氮氧化物、烟粉尘以及重金属等多污染物实施协同控制。各省（区、市）应于2017年底前制定专项治理方案并向社会公开，对治理不到位的工程项目要公开曝光。制定分行业治污技术政策，培育示范企业和示范工程。

专栏3　推动重点行业治污减排

（一）造纸行业

力争完成纸浆无元素氯漂白改造或采取其他低污染制浆技术，完善中段水生化处理工艺，增加深度治理工艺，进一步完善中控系统。

（二）印染行业

实施低排水染整工艺改造及废水综合利用，强化清污分流、分质处理、分质回用，完善中段水生化处理，增加强氧化、膜处理等深度治理工艺。

（三）味精行业

提高生产废水循环利用水平，分离尾液和离交尾液采用絮凝气浮和蒸发浓缩等措施，外排水采取厌氧—好氧二级生化处理工艺；敏感区域应深度处理。

（四）柠檬酸行业

采用低浓度废水循环再利用技术，高浓度废水采用喷浆造粒等措施。

（五）氮肥行业

开展工艺冷凝液水解解析技术改造，实施含氰、含氨废水综合治理。

（六）酒精与啤酒行业

低浓度废水采用物化—生化工艺，预处理后由园区集中处理。啤酒行业采用就地清洗技术。

（七）制糖行业

采用无滤布真空吸滤机、高压水清洗、甜菜干法输送及压粕水回收，推进废糖蜜、酒精废醪液发酵还田综合利用，鼓励废水生化处理后回用，敏感区域执行特别排放限值。

（八）淀粉行业

采用厌氧+好氧生化处理技术，建设污水处理设施在线监测和中控系统。

（九）屠宰行业

强化外排污水预处理，敏感区域执行特别排放限值，有条件的采用膜生物反应器工艺进行深度处理。

（十）磷化工行业

实施湿法磷酸净化改造，严禁过磷酸钙、钙镁磷肥新增产能。发展磷炉尾气净化合成有机化工产品，鼓励各种建材或建材添加剂综合利用磷渣、磷石膏。

（十一）煤电行业

加快推进燃煤电厂超低排放和节能改造。强化露天煤场抑尘措施，有条件的实施封闭改造。

（十二）钢铁行业

完成干熄焦技术改造，不同类型的废水应分别进行预处理。未纳入淘汰计划的烧结机和球团生产设备全部实施全烟气脱硫，禁止设置脱硫设施烟气旁路；烧结机头、机尾、焦炉、高炉出铁场、转炉烟气除尘等设施实施升级改造，露天原料场实施封闭改造，原料转运设施建设封闭皮带通廊，转运站和落料点配套抽风收尘装置。

（十三）建材行业

原料破碎、生产、运输、装卸等各环节实施堆场及输送设备全封闭、道路清扫等措施，有效控制无组织排放。水泥窑全部实施烟气脱硝，水泥窑及窑磨一体机进行高效除尘改造；平板玻璃行业推进“煤改气”、“煤改电”，禁止掺烧高硫石油焦等劣质原料，未使用清洁能源的浮法玻璃生产线全部实施烟气脱硫，浮法玻璃生产线全部实施烟气高效除尘、脱硝；建筑卫生陶瓷行业使用清洁燃料，喷雾干燥塔、陶瓷窑炉安装脱硫除尘设施，氮氧化物不能稳定达标排放的喷雾干燥塔采取脱硝措施。

续表

(十四)石化行业

催化裂化装置实施催化再生烟气治理,对不能稳定达标排放的硫磺回收尾气,提高硫磺回收率或加装脱硫设施。

(十五)有色金属行业

加强富余烟气收集,对二氧化硫含量大于3.5%的烟气,采取两转两吸制酸等方式回收。低浓度烟气和制酸尾气排放超标的必须进行脱硫。规范冶炼企业废气排放口设置,取消脱硫设施旁路。

控制重点地区重点行业挥发性有机物排放。全面加强石化、有机化工、表面涂装、包装印刷等重点行业挥发性有机物控制。细颗粒物和臭氧污染严重省份实施行业挥发性有机污染物总量控制,制定挥发性有机污染物总量控制目标和实施方案。强化挥发性有机物与氮氧化物的协同减排,建立固定源、移动源、面源排放清单,对芳香烃、烯烃、炔烃、醛类、酮类等挥发性有机物实施重点减排。开展石化行业“泄漏检测与修复”专项行动,对无组织排放开展治理。各地要明确时限,完成加油站、储油库、油罐车油气回收治理,油气回收率提高到90%以上,并加快推进原油成品油码头油气回收治理。涂装行业实施低挥发性有机物含量涂料替代、涂装工艺与设备改进,建设挥发性有机物收集与治理设施。印刷行业全面开展低挥发性有机物含量原辅料替代,改进生产工艺。京津冀及周边地区、长三角地区、珠三角地区,以及成渝、武汉及其周边、辽宁中部、陕西关中、长株潭等城市群全面加强挥发性有机物排放控制。

总磷、总氮超标水域实施流域、区域性总量控制。总磷超标的控制单元以及上游相关地区要实施总磷总量控制,明确控制指标并作为约束性指标,制定水质达标改善方案。重点开展100家磷矿采选和磷化工企业生产工艺及污水处理设施建设改造。大力推广磷铵生产废水回用,促进磷石膏的综合加工利用,确保磷酸生产企业磷回收率达到96%以上。沿海地级及以上城市和汇入富营养化湖库的河流,实施总氮总量控制,开展总氮污染来源解析,明确重点控制区域、领域和行业,制定总氮总量控制方案,并将总氮纳入区域总量控制指标。氮肥、味精等行业提高辅料利用效率,加大资源回收力度。印染等行业降低尿素的使用量或使用尿素替代助剂。造纸等行业加快废水处理设施精细化管理,严格控制营养盐投加量。强化城镇污水处理厂生物除磷、脱氮工艺,实施畜禽养殖业总磷、总氮与化学需氧量、氨氮协同控制。

专栏4 区域性、流域性总量控制地区

(一)挥发性有机物总量控制

在细颗粒物和臭氧污染较严重的16个省份实施行业挥发性有机物总量控制,包括:北京市、天津市、河北省、辽宁省、上海市、江苏省、浙江省、安徽省、山东省、河南省、湖北省、湖南省、广东省、重庆市、四川省、陕西省等。

(二)总磷总量控制

总磷超标的控制单元以及上游相关地区实施总磷总量控制,包括:天津市宝坻区,黑龙江省鸡西市,贵州省黔南布依族苗族自治州、黔东南苗族侗族自治州,河南省漯河市、鹤壁市、安阳市、新乡市,湖北省宜昌市、十堰市,湖南省常德市、益阳市、岳阳市,江西省南昌市、九江市,辽宁省抚顺市,四川省宜宾市、泸州市、眉山市、乐山市、成都市、资阳市,云南省玉溪市等。

(三)总氮总量控制

在56个沿海地级及以上城市或区域实施总氮总量控制,包括:丹东市、大连市、锦州市、营口市、盘锦市、葫芦岛市、秦皇岛市、唐山市、沧州市、天津市、滨州市、东营市、潍坊市、烟台市、威海市、青岛市、日照市、连云港市、盐城市、南通市、上海市、杭州市、宁波市、温州市、嘉兴市、绍兴市、舟山市、台州市、福州市、平潭综合实验区、厦门市、莆田市、宁德市、漳州市、泉州市、广州市、深圳市、珠海市、汕头市、江门市、湛江市、茂名市、惠州市、汕尾市、阳江市、东莞市、中山市、潮州市、揭阳市、北海市、防城港市、钦州市、海口市、三亚市、三沙市和海南省直辖县级行政区等。

续表

在29个富营养化湖库汇水范围内实施总氮总量控制，包括：安徽省巢湖、龙感湖，安徽省、湖北省南漪湖，北京市怀柔水库，天津市于桥水库，河北省白洋淀，吉林省松花湖，内蒙古自治区呼伦湖、乌梁素海，山东省南四湖，江苏省白马湖、高邮湖、洪泽湖、太湖、阳澄湖，浙江省西湖，上海市、江苏省淀山湖，湖南省洞庭湖，广东省高州水库、鹤地水库，四川省鲁班水库、邛海，云南省滇池、杞麓湖、星云湖、异龙湖，宁夏回族自治区沙湖、香山湖，新疆维吾尔自治区艾比湖等。

第三节　加强基础设施建设

加快完善城镇污水处理系统。全面加强城镇污水处理及配套管网建设，加大雨污分流、清污混流污水管网改造，优先推进城中村、老旧城区和城乡结合部污水截流、收集、纳管，消除河水倒灌、地下水渗入等现象。到2020年，全国所有县城和重点镇具备污水收集处理能力，城市和县城污水处理率分别达到95%和85%左右，地级及以上城市建成区基本实现污水全收集、全处理。提升污水再生利用和污泥处置水平，大力推进污泥稳定化、无害化和资源化处理处置，地级及以上城市污泥无害化处理处置率达到90%，京津冀区域达到95%。控制初期雨水污染，排入自然水体的雨水须经过岸线净化，加快建设和改造沿岸截流干管，控制渗漏和合流制污水溢流污染。因地制宜、一河一策，控源截污、内源污染治理多管齐下，科学整治城市黑臭水体；因地制宜实施城镇污水处理厂升级改造，有条件的应配套建设湿地生态处理系统，加强废水资源化、能源化利用。敏感区域（重点湖泊、重点水库、近岸海域汇水区域）城镇污水处理设施应于2017年底前全面达到一级A排放标准。建成区水体水质达不到地表水Ⅳ类标准的城市，新建城镇污水处理设施要执行一级A排放标准。到2020年，实现缺水城市再生水利用率达到20%以上，京津冀区域达到30%以上。将港口、船舶修造厂环卫设施、污水处理设施纳入城市设施建设规划，提升含油污水、化学品洗舱水、生活污水等的处置能力。实施船舶压载水管理。

实现城镇垃圾处理全覆盖和处置设施稳定达标运行。加快县城垃圾处理设施建设，实现城镇垃圾处理设施全覆盖。提高城市生活垃圾处理减量化、资源化和无害化水平，全国城市生活垃圾无害化处理率达到95%以上，90%以上村庄的生活垃圾得到有效治理。大中型城市重点发展生活垃圾焚烧发电技术，鼓励区域共建共享焚烧处理设施，积极发展生物处理技术，合理统筹填埋处理技术，到2020年，垃圾焚烧处理率达到40%。完善收集储运系统，设市城市全面推广密闭化收运，实现干、湿分类收集转运。加强垃圾渗滤液处理处置、焚烧飞灰处理处置、填埋场甲烷利用和恶臭处理，向社会公开垃圾处置设施污染物排放情况。加快建设城市餐厨废弃物、建筑垃圾和废旧纺织品等资源化利用和无害化处理系统。以大中型城市为重点，建设生活垃圾分类示范城市（区）、生活垃圾存量治理示范项目，大中型城市建设餐厨垃圾处理设施。支持水泥窑协同处置城市生活垃圾。

推进海绵城市建设。转变城市规划建设理念，保护和恢复城市生态。老城区以问题为导向，以解决城市内涝、雨水收集利用、黑臭水体治理为突破口，推进区域整体治理，避免大拆大建。城市新区以目标为导向，优先保护生态环境，合理控制开发强度。综合采取“渗、滞、蓄、净、用、排”等措施，加强海绵型建筑与小区、海绵型道路与广场、海绵型公园和绿地、雨水调蓄与排水防涝设施等建设。大力推进城市排水防涝设施的达标建设，加快改造和消除城市易涝点。到2020年，能够将70%的降雨就地消纳和利用的土地面积达到城市建成区面积的20%以上。加强城镇节水，公共建筑必须采用节水器具，鼓励居民家庭选用节水器具。到2020年，地级及以上缺水城市全部达到国家节水型城市标准要求，京津冀、长三角、珠三角等区域提前一年完成。

增加清洁能源供给和使用。优先保障水电和国家“十三五”能源发展相关规划内的风能、太阳能、生物质能等清洁能源项目发电上网，落实可再生能源全额保障性收购政策，到2020年，非化石能源装机比重达到39%。煤炭占能源消费总量的比重降至58%以下。扩大城市高污染燃料禁燃区范围，提高城市燃气化率，地级及以上城市供热供气管网覆盖的地区禁止使用散煤，京津冀、长三角、珠三角等重点区域、重点城市实施“煤改气”工程，推进北方地区农村散煤替代。加快城市新能源汽车充电设施建设，政府机关、大中型企事业单位带头配套建设，继续实施新能源汽车推广。

大力推进煤炭清洁化利用。加强商品煤质量管理，限制开发和销售高硫、高灰等煤炭资源，发展煤炭洗选加工，到2020年，煤炭入洗率提高到75%以上。大力推进以电代煤、以气代煤和以其他清洁能源代煤，对暂不具备煤炭改清洁燃料条件的地区，积极推进洁净煤替代。建设洁净煤配送中心，建立以县（区）为单位的全密闭配煤中心以及覆盖所有乡镇、村的洁净煤供应网络。加快纯凝（只发电不供热）发电机组供热改造，鼓励热电联产机组替代燃煤小锅炉，推进城市集中供热。到2017年，除确有必要保留的外，全国地级及以上城市建成区基本淘汰10蒸吨以下燃煤锅炉。

第四节　加快农业农村环境综合治理

继续推进农村环境综合整治。继续深入开展爱国卫生运动，持续推进城乡环境卫生整治行动，建设健康、宜居、美丽家园。深化“以奖促治”政策，以南水北调沿线、三峡库区、长江沿线等重要水源地周边为重点，推进新一轮农村环境连片整治，有条件的省份开展全覆盖拉网式整治。因地制宜开展治理，完善农村生活垃圾“村收集、镇转运、县处理”模式，鼓励就地资源化，加快整治“垃圾围村”、“垃圾围坝”等问题，切实防止城镇垃圾向农村转移。整县推进农村污水处理统一规划、建设、管理。积极推进城镇污水、垃圾处理设施和服务向农村延伸，开展农村厕所无害化改造。继续实施农村清洁工程，开展河道清淤疏浚。到2020年，新增完成环境综合整治建制村13万个。

大力推进畜禽养殖污染防治。划定禁止建设畜禽规模养殖场（小区）区域，加强分区分类管理，以废弃物资源化利用为途径，整县推进畜禽养殖污染防治。养殖密集区推行粪污集中处理和资源化综合利用。2017年底前，各地区依法关闭或搬迁禁养区内的畜禽养殖场（小区）和养殖专业户。大力支持畜禽规模养殖场（小区）标准化改造和建设。

打好农业面源污染治理攻坚战。优化调整农业结构和布局，推广资源节约型农业清洁生产技术，推动资源节约型、环境友好型、生态保育型农业发展。建设生态沟渠、污水净化塘、地表径流集蓄池等设施，净化农田排水及地表径流。实施环水有机农业行动计划。推进健康生态养殖。实行测土配方施肥。推进种植业清洁生产，开展农膜回收利用，率先实现东北黑土地大田生产地膜零增长。在环渤海京津冀、长三角、珠三角等重点区域，开展种植业和养殖业重点排放源氨防控研究与示范。研究建立农药使用环境影响后评价制度，制定农药包装废弃物回收处理办法。到2020年，实现化肥农药使用量零增长，化肥利用率提高到40%以上，农膜回收率达到80%以上；京津冀、长三角、珠三角等区域提前一年完成。

强化秸秆综合利用与禁烧。建立逐级监督落实机制，疏堵结合、以疏为主，完善秸秆收储体系，支持秸秆代木、纤维原料、清洁制浆、生物质能、商品有机肥等新技术产业化发展，加快推进秸秆综合利用；强化重点区域和重点时段秸秆禁烧措施，不断提高禁烧监管水平。

第六章 实行全程管控,有效防范和降低环境风险

提升风险防控基础能力,将风险纳入常态化管理,系统构建事前严防、事中严管、事后处置的全过程、多层级风险防范体系,严密防控重金属、危险废物、有毒有害化学品、核与辐射等重点领域环境风险,强化核与辐射安全监管体系和能力建设,有效控制影响健康的生态和社会环境危险因素,守牢安全底线。

第一节 完善风险防控和应急响应体系

加强风险评估与源头防控。完善企业突发环境事件风险评估制度,推进突发环境事件风险分类分级管理,严格重大突发环境事件风险企业监管。改进危险废物鉴别体系。选择典型区域、工业园区、流域开展试点,进行废水综合毒性评估、区域突发环境事件风险评估,以此作为行业准入、产业布局与结构调整的基本依据,发布典型区域环境风险评估报告范例。

开展环境与健康调查、监测和风险评估。制定环境与健康工作办法,建立环境与健康调查、监测和风险评估制度,形成配套政策、标准和技术体系。开展重点地区、流域、行业环境与健康调查,初步建立环境健康风险哨点监测工作网络,识别和评估重点地区、流域、行业的环境健康风险,对造成环境健康风险的企业和污染物实施清单管理,研究发布一批利于人体健康的环境基准。

严格环境风险预警管理。强化重污染天气、饮用水水源地、有毒有害气体、核安全等预警工作,开展饮用水水源地水质生物毒性、化工园区有毒有害气体等监测预警试点。

强化突发环境事件应急处置管理。健全国家、省、市、县四级联动的突发环境事件应急管埋体系,深入推进跨区域、跨部门的突发环境事件应急协调机制,健全综合应急救援体系,建立社会化应急救援机制。完善突发环境事件现场指挥与协调制度,以及信息报告和公开机制。加强突发环境事件调查、突发环境事件环境影响和损失评估制度建设。

加强风险防控基础能力。构建生产、运输、贮存、处置环节的环境风险监测预警网络,建设"能定位、能查询、能跟踪、能预警、能考核"的危险废物全过程信息化监管体系。建立健全突发环境事件应急指挥决策支持系统,完善环境风险源、敏感目标、环境应急能力及环境应急预案等数据库。加强石化等重点行业以及政府和部门突发环境事件应急预案管理。建设国家环境应急救援实训基地,加强环境应急管理队伍、专家队伍建设,强化环境应急物资储备和信息化建设,增强应急监测能力。推动环境应急装备产业化、社会化,推进环境应急能力标准化建设。

第二节 加大重金属污染防治力度

加强重点行业环境管理。严格控制涉重金属新增产能快速扩张,优化产业布局,继续淘汰涉重金属重点行业落后产能。涉重金属行业分布集中、产业规模大、发展速度快、环境问题突出的地区,制定实施更严格的地方污染物排放标准和环境准入标准,依法关停达标无望、治理整顿后仍不能稳定达标的涉重金属企业。制定电镀、制革、铅蓄电池等行业工业园区综合整治方案,推动园区清洁、规范发展。强化涉重金属工业园区和重点工矿企业的重金属污染物排放及周边环境中的重金属监测,加强环境风险隐患排查,向社会公开涉重金属企业生产排放、环境管理和环境质量等信息。组

织开展金属矿采选冶炼、钢铁等典型行业和贵州黔西南布依族苗族自治州等典型地区铊污染排放调查，制定铊污染防治方案。加强进口矿产品中重金属等环保项目质量监管。

深化重点区域分类防控。重金属污染防控重点区域制定实施重金属污染综合防治规划，有效防控环境风险和改善区域环境质量，分区指导、一区一策，实施差别化防控管理，加快湘江等流域、区域突出问题综合整治，“十三五”期间，争取20个左右地区退出重点区域。在江苏靖江市、浙江平阳县等16个重点区域和江西大余县浮江河流域等8个流域开展重金属污染综合整治示范，探索建立区域和流域重金属污染治理与风险防控的技术和管理体系。建立“锰三角”（锰矿开采和生产过程中存在严重环境污染问题的重庆市秀山县、湖南省花垣县、贵州省松桃县三个县）综合防控协调机制，统一制定综合整治规划。优化调整重点区域环境质量监测点位，2018年底前建成全国重金属环境监测体系。

专栏5 重金属综合整治示范

（一）区域综合防控（16个）

泰州靖江市（电镀行业综合整治）、温州平阳县（产业入园升级与综合整治）、湖州长兴县（铅蓄电池行业综合整治）、济源市（重金属综合治理与环境监测）、黄石大冶市及周边地区（铜冶炼治理与历史遗留污染整治）、湘潭竹埠港及周边地区（历史遗留污染治理）、衡阳水口山及周边地区（行业综合整治提升）、郴州三十六湾及周边地区（历史遗留污染整治和环境风险预警监控）、常德石门县雄黄矿地区（历史遗留砷污染治理与风险防控）、河池金城江区（结构调整与历史遗留污染整治）、重庆秀山县（电解锰行业综合治理）、凉山西昌市（有色行业整治及污染地块治理）、铜仁万山区（汞污染综合整治）、红河个旧市（产业调整与历史遗留污染整治）、渭南潼关县（有色行业综合整治）、金昌市金川区（产业升级与历史遗留综合整治）。

（二）流域综合整治（8个）

赣州大余县浮江河流域（砷）、三门峡灵宝市宏农涧河流域（镉、汞）、荆门钟祥市利河—南泉河流域（砷）、韶关大宝山矿区横石水流域（镉）、河池市南丹县刁江流域（砷、镉）、黔南独山县都柳江流域（锑）、怒江兰坪县沘江流域（铅、镉）、陇南徽县永宁河流域（铅、砷）。

加强汞污染控制。禁止新建采用含汞工艺的电石法聚氯乙烯生产项目，到2020年聚氯乙烯行业每单位产品用汞量在2010年的基础上减少50%。加强燃煤电厂等重点行业汞污染排放控制。禁止新建原生汞矿，逐步停止原生汞开采。淘汰含汞体温计、血压计等添汞产品。

第三节 提高危险废物处置水平

合理配置危险废物安全处置能力。各省（区、市）应组织开展危险废物产生、利用处置能力和设施运行情况评估，科学规划并实施危险废物集中处置设施建设规划，将危险废物集中处置设施纳入当地公共基础设施统筹建设。鼓励大型石油化工等产业基地配套建设危险废物利用处置设施。鼓励产生量大、种类单一的企业和园区配套建设危险废物收集贮存、预处理和处置设施，引导和规范水泥窑协同处置危险废物。开展典型危险废物集中处置设施累积性环境风险评价与防控，淘汰一批工艺落后、不符合标准规范的设施，提标改造一批设施，规范管理一批设施。

防控危险废物环境风险。动态修订国家危险废物名录，开展全国危险废物普查，2020年底前，力争基本摸清全国重点行业危险废物产生、贮存、利用和处置状况。以石化和化工行业为重点，打击危险废物非法转移和利用处置违法犯罪活动。加强进口石化和化工产品质量安全监管，打击以原油、燃料油、润滑油等产品名义进口废油等固体废物。继续开展危险废物规范化管理督查考核，以含铬、铅、汞、镉、砷等重金属废物和生活垃圾焚烧飞灰、抗生素菌渣、高毒持久性废物等为重点开展专项整治。制定废铅蓄电池回收管理办法。明确危险废物利用处置二次污染控制要求及综合利用过程环境保护要求,制定综合利用产品中有毒有害物质含量限值,促进危险废物安全利用。

推进医疗废物安全处置。扩大医疗废物集中处置设施服务范围,建立区域医疗废物协同与应急处置机制,因地制宜推进农村、乡镇和偏远地区医疗废物安全处置。实施医疗废物焚烧设施提标改造工程。提高规范化管理水平,严厉打击医疗废物非法买卖等行为,建立医疗废物特许经营退出机制,严格落实医疗废物处置收费政策。

第四节　夯实化学品风险防控基础

评估现有化学品环境和健康风险。开展一批现有化学品危害初步筛查和风险评估,评估化学品在环境中的积累和风险情况。2017 年底前,公布优先控制化学品名录,严格限制高风险化学品生产、使用、进口,并逐步淘汰替代。加强有毒有害化学品环境与健康风险评估能力建设。

削减淘汰公约管制化学品。到 2020 年,基本淘汰林丹、全氟辛基磺酸及其盐类和全氟辛基磺酰氟、硫丹等一批《关于持久性有机污染物的斯德哥尔摩公约》管制的化学品。强化对拟限制或禁止的持久性有机污染物替代品、最佳可行技术以及相关监测检测设备的研发。

严格控制环境激素类化学品污染。2017 年底前,完成环境激素类化学品生产使用情况调查,监控、评估水源地、农产品种植区及水产品集中养殖区风险,实行环境激素类化学品淘汰、限制、替代等措施。

第五节　加强核与辐射安全管理

我国是核能核技术利用大国。“十三五”期间,要强化核安全监管体系和监管能力建设,加快推进核安全法治进程,落实核安全规划,依法从严监管,严防发生放射性污染环境的核事故。

提高核设施、放射源安全水平。持续提高核电厂安全运行水平,加强在建核电机组质量监督,确保新建核电厂满足国际最新核安全标准。加快研究堆、核燃料循环设施安全改进。优化核安全设备许可管理,提高核安全设备质量和可靠性。实施加强放射源安全行动计划。

推进放射性污染防治。加快老旧核设施退役和放射性废物处理处置,进一步提升放射性废物处理处置能力,落实废物最小化政策。推进铀矿冶设施退役治理和环境恢复,加强铀矿冶和伴生放射性矿监督管理。

强化核与辐射安全监管体系和能力建设。加强核与辐射安全监管体制机制建设,将核安全关键技术纳入国家重点研发计划。强化国家、区域、省级核事故应急物资储备和能力建设。建成国家核与辐射安全监管技术研发基地。建立国家核安全监控预警和应急响应平台,完善全国辐射环境监测网络,加强国家、省、地市级核与辐射安全监管能力。

第七章　加大保护力度,强化生态修复

贯彻“山水林田湖是一个生命共同体”理念,坚持保护优先、自然恢复为主,推进重点区域和重要生态系统保护与修复,构建生态廊道和生物多样性保护网络,全面提升各类生态系统稳定性和生态服务功能,筑牢生态安全屏障。

第一节 维护国家生态安全

系统维护国家生态安全。识别事关国家生态安全的重要区域，以生态安全屏障以及大江大河重要水系为骨架，以国家重点生态功能区为支撑，以国家禁止开发区域为节点，以生态廊道和生物多样性保护网络为脉络，优先加强生态保护，维护国家生态安全。

建设“两屏三带”国家生态安全屏障。建设青藏高原生态安全屏障，推进青藏高原区域生态建设与环境保护，重点保护好多样、独特的生态系统。推进黄土高原—川滇生态安全屏障建设，重点加强水土流失防治和天然植被保护，保障长江、黄河中下游地区生态安全。建设东北森林带生态安全屏障，重点保护好森林资源和生物多样性，维护东北平原生态安全。建设北方防沙带生态安全屏障，重点加强防护林建设、草原保护和防风固沙，对暂不具备治理条件的沙化土地实行封禁保护，保障“三北”地区生态安全。建设南方丘陵山地带生态安全屏障，重点加强植被修复和水土流失防治，保障华南和西南地区生态安全。

构建生物多样性保护网络。深入实施中国生物多样性保护战略与行动计划，继续开展联合国生物多样性十年中国行动，编制实施地方生物多样性保护行动计划。加强生物多样性保护优先区域管理，构建生物多样性保护网络，完善生物多样性迁地保护设施，实现对生物多样性的系统保护。开展生物多样性与生态系统服务价值评估与示范。

第二节 管护重点生态区域

深化国家重点生态功能区保护和管理。制定国家重点生态功能区产业准入负面清单，制定区域限制和禁止发展的产业目录。优化转移支付政策，强化对区域生态功能稳定性和提供生态产品能力的评价和考核。支持甘肃生态安全屏障综合示范区建设，推进沿黄生态经济带建设。加快重点生态功能区生态保护与建设项目实施，加强对开发建设活动的生态监管，保护区域内重点野生动植物资源，明显提升重点生态功能区生态系统服务功能。

优先加强自然保护区建设与管理。优化自然保护区布局，将重要河湖、海洋、草原生态系统及水生生物、自然遗迹、极小种群野生植物和极度濒危野生动物的保护空缺作为新建自然保护区重点，建设自然保护区群和保护小区，全面提高自然保护区管理系统化、精细化、信息化水平。建立全国自然保护区“天地一体化”动态监测体系，利用遥感等手段开展监测，国家级自然保护区每年监测两次，省级自然保护区每年监测一次。定期组织自然保护区专项执法检查，严肃查处违法违规活动，加强问责监督。加强自然保护区综合科学考察、基础调查和管理评估。积极推进全国自然保护区范围界限核准和勘界立标工作，开展自然保护区土地确权和用途管制，有步骤地对居住在自然保护区核心区和缓冲区的居民实施生态移民。到2020年，全国自然保护区陆地面积占我国陆地国土面积的比例稳定在15%左右，国家重点保护野生动植物种类和典型生态系统类型得到保护的占90%以上。

整合设立一批国家公园。加强对国家公园试点的指导，在试点基础上研究制定建立国家公园体制总体方案。合理界定国家公园范围，整合完善分类科学、保护有力的自然保护地体系，更好地保护自然生态和自然文化遗产原真性、完整性。加强风景名胜区、自然文化遗产、森林公园、沙漠公园、地质公园等各类保护地规划、建设和管理的统筹协调，提高保护管理效能。

第三节　保护重要生态系统

保护森林生态系统。完善天然林保护制度，强化天然林保护和抚育，健全和落实天然林管护体系，加强管护基础设施建设，实现管护区域全覆盖，全面停止天然林商业性采伐。继续实施森林管护和培育、公益林建设补助政策。严格保护林地资源，分级分类进行林地用途管制。到 2020 年，林地保有量达到 31230 万公顷。

推进森林质量精准提升。坚持保护优先、自然恢复为主，坚持数量和质量并重、质量优先，坚持封山育林、人工造林并举，宜封则封、宜造则造，宜林则林、宜灌则灌、宜草则草，强化森林经营，大力培育混交林，推进退化林修复，优化森林组成、结构和功能。到 2020 年，混交林占比达到 45%，单位面积森林蓄积量达到 95 立方米/公顷，森林植被碳储量达到 95 亿吨。

保护草原生态系统。稳定和完善草原承包经营制度，实行基本草原保护制度，落实草畜平衡、禁牧休牧和划区轮牧等制度。严格草原用途管制，加强草原管护员队伍建设，严厉打击非法征占用草原、开垦草原、乱采滥挖草原野生植物等破坏草原的违法犯罪行为。开展草原资源调查和统计，建立草原生产、生态监测预警系统。加强“三化”草原治理，防治鼠虫草害。到 2020 年，治理“三化”草原 3000 万公顷。

保护湿地生态系统。开展湿地生态效益补偿试点、退耕还湿试点。在国际和国家重要湿地、湿地自然保护区、国家湿地公园，实施湿地保护与修复工程，逐步恢复湿地生态功能，扩大湿地面积。提升湿地保护与管理能力。

第四节　提升生态系统功能

大规模绿化国土。开展大规模国土绿化行动，加强农田林网建设，建设配置合理、结构稳定、功能完善的城乡绿地，形成沿海、沿江、沿线、沿边、沿湖（库）、沿岛的国土绿化网格，促进山脉、平原、河湖、城市、乡村绿化协同。

继续实施新一轮退耕还林还草和退牧还草。扩大新一轮退耕还林还草范围和规模，在具备条件的 25 度以上坡耕地、严重沙化耕地和重要水源地 15—25 度坡耕地实施退耕还林还草。实施全国退牧还草工程建设规划，稳定扩大退牧还草范围，转变草原畜牧业生产方式，建设草原保护基础设施，保护和改善天然草原生态。

建设防护林体系。加强“三北”、长江、珠江、太行山、沿海等防护林体系建设。“三北”地区乔灌草相结合，突出重点、规模治理、整体推进。长江流域推进退化林修复，提高森林质量，构建“两湖一库”防护林体系。珠江流域推进退化林修复。太行山脉优化林分结构。沿海地区推进海岸基干林带和消浪林建设，修复退化林，完善沿海防护林体系和防灾减灾体系。在粮食主产区营造农田林网，加强村镇绿化，提高平原农区防护林体系综合功能。

建设储备林。在水土光热条件较好的南方省区和其他适宜地区，吸引社会资本参与储备林投资、运营和管理，加快推进储备林建设。在东北、内蒙古等重点国有林区，采取人工林集约栽培、现有林改培、抚育及补植补造等措施，建设以用材林和珍贵树种培育为主体的储备林基地。到 2020 年，建设储备林 1400 万公顷，每年新增木材供应能力 9500 万立方米以上。

培育国土绿化新机制。继续坚持全国动员、全民动手、全社会搞绿化的指导方针，鼓励家庭林场、林业专业合作组织、企业、社会组织、个人开展专业化规模化造林绿化。发挥国有林区和林场在绿化国土中的带动作用,开展多种形式的场外合作造林和森林保育经营,鼓励国有林场担负区域国土绿化和生态修复主体任务。创新产权模式,鼓励地方探索在重要生态区域通过赎买、置换等方式调整商品林为公益林的政策。

第五节 修复生态退化地区

综合治理水土流失。加强长江中上游、黄河中上游、西南岩溶区、东北黑土区等重点区域水土保持工程建设,加强黄土高原地区沟壑区固沟保塬工作,推进东北黑土区侵蚀沟治理,加快南方丘陵地带崩岗治理,积极开展生态清洁小流域建设。

推进荒漠化石漠化治理。加快实施全国防沙治沙规划,开展固沙治沙,加大对主要风沙源区、风沙口、沙尘路径区、沙化扩展活跃区等治理力度,加强"一带一路"沿线防沙治沙,推进沙化土地封禁保护区和防沙治沙综合示范区建设。继续实施京津风沙源治理二期工程,进一步遏制沙尘危害。以"一片两江"(滇桂黔石漠化片区和长江、珠江)岩溶地区为重点,开展石漠化综合治理。到2020年,努力建成10个百万亩、100个十万亩、1000个万亩防沙治沙基地。

加强矿山地质环境保护与生态恢复。严格实施矿产资源开发环境影响评价,建设绿色矿山。加大矿山植被恢复和地质环境综合治理,开展病危险尾矿库和"头顶库"(1公里内有居民或重要设施的尾矿库)专项整治,强化历史遗留矿山地质环境恢复和综合治理。推广实施尾矿库充填开采等技术,建设一批"无尾矿山"(通过有效手段实现无尾矿或仅有少量尾矿占地堆存的矿山),推进工矿废弃地修复利用。

第六节 扩大生态产品供给

推进绿色产业建设。加强林业资源基地建设,加快产业转型升级,促进产业高端化、品牌化、特色化、定制化,满足人民群众对优质绿色产品的需求。建设一批具有影响力的花卉苗木示范基地,发展一批增收带动能力强的木本粮油、特色经济林、林下经济、林业生物产业、沙产业、野生动物驯养繁殖利用示范基地。加快发展和提升森林旅游休闲康养、湿地度假、沙漠探秘、野生动物观赏等产业,加快林产工业、林业装备制造业技术改造和创新,打造一批竞争力强、特色鲜明的产业集群和示范园区,建立绿色产业和全国重点林产品市场监测预警体系。

构建生态公共服务网络。加大自然保护地、生态体验地的公共服务设施建设力度,开发和提供优质的生态教育、游憩休闲、健康养生养老等生态服务产品。加快建设生态标志系统、绿道网络、环卫、安全等公共服务设施,精心设计打造以森林、湿地、沙漠、野生动植物栖息地、花卉苗木为景观依托的生态体验精品旅游线路,集中建设一批公共营地、生态驿站,提高生态体验产品档次和服务水平。

加强风景名胜区和世界遗产保护与管理。开展风景名胜区资源普查,稳步做好世界自然遗产、自然与文化双遗产培育与申报。强化风景名胜区和世界遗产的管理,实施遥感动态监测,严格控制利用方式和强度。加大保护投入,加强风景名胜区保护利用设施建设。

维护修复城市自然生态系统。提高城市生物多样性,加强城市绿地保护,完善城市绿线管理。优化城市绿地布局,建设绿道绿廊,使城市森林、绿地、水系、河湖、耕地形成完整的生态网络。扩大绿地、水域等生态空间,合理规划建设各类城市绿地,推广立体绿化、屋顶绿化。开展城市山体、水体、废弃地、绿地修复,通过自然恢复和人工修复相结合的措施,实施城市生态修复示范工程项目。加强城市周边和城市群绿化,实施"退工还林",成片建设城市森林。大力提高建成区绿化覆盖率,加快老旧公园改造,提升公园绿地服务功能。推行生态绿化方式,广植当地树种,乔灌草合理搭配、自然生长。加强古树名木保护,严禁移植天然大树进城。发展森林城市、园林城市、森林小镇。到2020年,城市人均公园绿地面积达到14.6平方米,城市建成区绿地率达到38.9%。

第七节　保护生物多样性

开展生物多样性本底调查和观测。实施生物多样性保护重大工程,以生物多样性保护优先区域为重点,开展生态系统、物种、遗传资源及相关传统知识调查与评估,建立全国生物多样性数据库和信息平台。到2020年,基本摸清生物多样性保护优先区域本底状况。完善生物多样性观测体系,开展生物多样性综合观测站和观测样区建设。对重要生物类群和生态系统、国家重点保护物种及其栖息地开展常态化观测、监测、评价和预警。

实施濒危野生动植物抢救性保护。保护、修复和扩大珍稀濒危野生动植物栖息地、原生境保护区(点),优先实施重点保护野生动物和极小种群野生植物保护工程,开发濒危物种繁育、恢复和保护技术,加强珍稀濒危野生动植物救护、繁育和野化放归,开展长江经济带及重点流域人工种群野化放归试点示范,科学进行珍稀濒危野生动植物再引入。优化全国野生动物救护网络,完善布局并建设一批野生动物救护繁育中心,建设兰科植物等珍稀濒危植物的人工繁育中心。强化野生动植物及其制品利用监管,开展野生动植物繁育利用及其制品的认证标识。调整修订国家重点保护野生动植物名录。

加强生物遗传资源保护。建立生物遗传资源及相关传统知识获取与惠益分享制度,规范生物遗传资源采集、保存、交换、合作研究和开发利用活动,加强与遗传资源相关传统知识保护。开展生物遗传资源价值评估,加强对生物资源的发掘、整理、检测、培育和性状评价,筛选优良生物遗传基因。强化野生动植物基因保护,建设野生动植物人工种群保育基地和基因库。完善西南部生物遗传资源库,新建中东部生物遗传资源库,收集保存国家特有、珍稀濒危及具有重要价值的生物遗传资源。建设药用植物资源、农作物种质资源、野生花卉种质资源、林木种质资源中长期保存库(圃),合理规划和建设植物园、动物园、野生动物繁育中心。

强化野生动植物进出口管理。加强生物遗传资源、野生动植物及其制品进出口管理,建立部门信息共享、联防联控的工作机制,建立和完善进出口电子信息网络系统。严厉打击象牙等野生动植物制品非法交易,构建情报信息分析研究和共享平台,组建打击非法交易犯罪合作机制,严控特有、珍稀、濒危野生动植物种质资源流失。

防范生物安全风险。加强对野生动植物疫病的防护。建立健全国家生态安全动态监测预警体系,定期对生态风险开展全面调查评估。加强转基因生物环境释放监管,开展转基因生物环境释放风险评价和跟踪监测。建设国门生物安全保护网,完善国门生物安全查验机制,严格外来物种引入管理。严防严控外来有害生物物种入侵,开展外来入侵物种普查、监测与生态影响评价,对造成重大生态危害的外来入侵物种开展治理和清除。

第八章　加快制度创新,积极推进治理体系和治理能力现代化

统筹推进生态环境治理体系建设,以环保督察巡视、编制自然资源资产负债表、领导干部自然

资源资产离任审计、生态环境损害责任追究等落实地方环境保护责任,以环境司法、排污许可、损害赔偿等落实企业主体责任,加强信息公开,推进公益诉讼,强化绿色金融等市场激励机制,形成政府、企业、公众共治的治理体系。

第一节 健全法治体系

完善法律法规。积极推进资源环境类法律法规制修订。适时完善水污染防治、环境噪声污染防治、土壤污染防治、生态保护补偿、自然保护区等相关制度。

严格环境执法监督。完善环境执法监督机制,推进联合执法、区域执法、交叉执法,强化执法监督和责任追究。进一步明确环境执法部门行政调查、行政处罚、行政强制等职责,有序整合不同领域、不同部门、不同层次的执法监督力量,推动环境执法力量向基层延伸。

推进环境司法。健全行政执法和环境司法的衔接机制,完善程序衔接、案件移送、申请强制执行等方面规定,加强环保部门与公安机关、人民检察院和人民法院的沟通协调。健全环境案件审理制度。积极配合司法机关做好相关司法解释的制修订工作。

第二节 完善市场机制

推行排污权交易制度。建立健全排污权初始分配和交易制度,落实排污权有偿使用制度,推进排污权有偿使用和交易试点,加强排污权交易平台建设。鼓励新建项目污染物排放指标通过交易方式取得,且不得增加本地区污染物排放总量。推行用能预算管理制度,开展用能权有偿使用和交易试点。

发挥财政税收政策引导作用。开征环境保护税。全面推进资源税改革,逐步将资源税扩展到占用各种自然生态空间范畴。落实环境保护、生态建设、新能源开发利用的税收优惠政策。研究制定重点危险废物集中处置设施、场所的退役费用预提政策。

深化资源环境价格改革。完善资源环境价格机制,全面反映市场供求、资源稀缺程度、生态环境损害成本和修复效益等因素。落实调整污水处理费和水资源费征收标准政策,提高垃圾处理费收缴率,完善再生水价格机制。研究完善燃煤电厂环保电价政策,加大高耗能、高耗水、高污染行业差别化电价水价等政策实施力度。

加快环境治理市场主体培育。探索环境治理项目与经营开发项目组合开发模式,健全社会资本投资环境治理回报机制。深化环境服务试点,创新区域环境治理一体化、环保“互联网+”、环保物联网等污染治理与管理模式,鼓励各类投资进入环保市场。废止各类妨碍形成全国统一市场和公平竞争的制度规定,加强环境治理市场信用体系建设,规范市场环境。鼓励推行环境治理依效付费与环境绩效合同服务。

建立绿色金融体系。建立绿色评级体系以及公益性的环境成本核算和影响评估体系,明确贷款人尽职免责要求和环境保护法律责任。鼓励各类金融机构加大绿色信贷发放力度。在环境高风险领域建立环境污染强制责任保险制度。研究设立绿色股票指数和发展相关投资产品。鼓励银行和企业发行绿色债券,鼓励对绿色信贷资产实行证券化。加大风险补偿力度,支持开展排污权、收费权、购买服务协议抵押等担保贷款业务。支持设立市场化运作的各类绿色发展基金。

加快建立多元化生态保护补偿机制。加大对重点生态功能区的转移支付力度,合理提高补偿标准,向生态敏感和脆弱地区、流域倾斜,推进有关转移支付分配与生态保护成效挂钩,探索资金、政策、产业及技术等多元互补方式。完善补偿范围,逐步实现森林、草原、湿地、荒漠、河流、海洋和耕地等重点领域和禁止开发区域、重点生态功能区等重要区域全覆盖。中央财政支持引导建立跨省域的生态受益地区和保护地区、流域上游与下游的横向补偿机制,推进省级区域内横向补偿。在长江、黄河等重要河流探索开展横向生态保护补偿试点。深入推进南水北调中线工程水源区对口支援、新安江水环境生态补偿试点,推动在京津冀水源涵养区、广西广东九洲江、福建广东汀江—韩江、江西广东东江、云南贵州广西广东西江等开展跨地区生态保护补偿试点。到2017年,建立京津冀区域生态保护补偿机制,将北京、天津支持河北开展生态建设与环境保护制度化。

第三节　落实地方责任

落实政府生态环境保护责任。建立健全职责明晰、分工合理的环境保护责任体系,加强监督检查,推动落实环境保护党政同责、一岗双责。省级人民政府对本行政区域生态环境和资源保护负总责,对区域流域生态环保负相应责任,统筹推进区域环境基本公共服务均等化,市级人民政府强化统筹和综合管理职责,区县人民政府负责执行落实。

改革生态环境保护体制机制。积极推行省以下环保机构监测监察执法垂直管理制度改革试点,加强对地方政府及其相关部门环保履责情况的监督检查。建立区域流域联防联控和城乡协同的治理模式。建立和完善严格监管所有污染物排放的环境保护管理制度。

推进战略和规划环评。在完成京津冀、长三角、珠三角地区及长江经济带、"一带一路"战略环评基础上,稳步推进省、市两级行政区战略环评。探索开展重大政策环境影响论证试点。严格开展开发建设规划环评,作为规划编制、审批、实施的重要依据。深入开展城市、新区总体规划环评,强化规划环评生态空间保护,完善规划环评会商机制。以产业园区规划环评为重点,推进空间和环境准入的清单管理,探索园区内建设项目环评审批管理改革。加强项目环评与规划环评联动,建设四级环保部门环评审批信息联网系统。地方政府和有关部门要依据战略、规划环评,把空间管制、总量管控和环境准入等要求转化为区域开发和保护的刚性约束。严格规划环评责任追究,加强对地方政府和有关部门规划环评工作开展情况的监督。

编制自然资源资产负债表。探索编制自然资源资产负债表,建立实物量核算账户,建立生态环境价值评估制度,开展生态环境资产清查与核算。实行领导干部自然资源资产离任审计,推动地方领导干部落实自然资源资产管理责任。在完成编制自然资源资产负债表试点基础上,逐步建立健全自然资源资产负债表编制制度,在国家层面探索形成主要自然资源资产价值量核算技术方法。

建立资源环境承载能力监测预警机制。研究制定监测评价、预警指标体系和技术方法,开展资源环境承载能力监测预警与成因解析,对资源消耗和环境容量接近或超过承载能力的地区实行预警提醒和差异化的限制性措施,严格约束开发活动在资源环境承载能力范围内。各省(区、市)应组织开展市、县域资源环境承载能力现状评价,超过承载能力的地区要调整发展规划和产业结构。

实施生态文明绩效评价考核。贯彻落实生态文明建设目标评价考核办法,建立体现生态文明要求的目标体系、考核办法、奖惩机制,把资源消耗、环境损害、生态效益纳入地方各级政府经济社会发展评价体系,对不同区域主体功能定位实行差异化绩效评价考核。

开展环境保护督察。推动地方落实生态环保主体责任,开展环境保护督察,重点检查环境质量呈现恶化趋势的区域流域及整治情况,重点督察地方党委和政府及其有关部门环保不作为、乱作为的情况,重点了解地方落实环境保护党政同责、一岗双责以及严格责任追究等情况,推动地方生态文明建设和环境保护工作，促进绿色发展。

建立生态环境损害责任终身追究制。建立重大决策终身责任追究及责任倒查机制，对在生态环境和资源方面造成严重破坏负有责任的干部不得提拔使用或者转任重要职务，对构成犯罪的依法追究刑事责任。实行领导干部自然资源资产离任审计，对领导干部离任后出现重大生态环境损害并认定其应承担责任的，实行终身追责。

第四节　加强企业监管

建立覆盖所有固定污染源的企业排放许可制度。全面推行排污许可，以改善环境质量、防范环境风险为目标，将污染物排放种类、浓度、总量、排放去向等纳入许可证管理范围，企业按排污许可证规定生产、排污。完善污染治理责任体系，环境保护部门对照排污许可证要求对企业排污行为实施监管执法。2017 年底前，完成重点行业及产能过剩行业企业许可证核发，建成全国排污许可管理信息平台。到 2020 年，全国基本完成排污许可管理名录规定行业企业的许可证核发。

激励和约束企业主动落实环保责任。建立企业环境信用评价和违法排污黑名单制度，企业环境违法信息将记入社会诚信档案，向社会公开。建立上市公司环保信息强制性披露机制，对未尽披露义务的上市公司依法予以处罚。实施能效和环保“领跑者”制度，采取财税优惠、荣誉表彰等措施激励企业实现更高标准的环保目标。到 2020 年，分级建立企业环境信用评价体系，将企业环境信用信息纳入全国信用信息共享平台，建立守信激励与失信惩戒机制。

建立健全生态环境损害评估和赔偿制度。推进生态环境损害鉴定评估规范化管理，完善鉴定评估技术方法。2017 年底前，完成生态环境损害赔偿制度改革试点；自 2018 年起，在全国试行生态环境损害赔偿制度；到 2020 年，力争在全国范围内初步建立生态环境损害赔偿制度。

第五节　实施全民行动

提高全社会生态环境保护意识。加大生态环境保护宣传教育，组织环保公益活动，开发生态文化产品，全面提升全社会生态环境保护意识。地方各级人民政府、教育主管部门和新闻媒体要依法履行环境保护宣传教育责任，把环境保护和生态文明建设作为践行社会主义核心价值观的重要内容，实施全民环境保护宣传教育行动计划。引导抵制和谴责过度消费、奢侈消费、浪费资源能源等行为，倡导勤俭节约、绿色低碳的社会风尚。鼓励生态文化作品创作，丰富环境保护宣传产品，开展环境保护公益宣传活动。建设国家生态环境教育平台，引导公众践行绿色简约生活和低碳休闲模式。小学、中学、高等学校、职业学校、培训机构等要将生态文明教育纳入教学内容。

推动绿色消费。强化绿色消费意识，提高公众环境行为自律意识，加快衣食住行向绿色消费转变。实施全民节能行动计划，实行居民水、电、气阶梯价格制度，推广节水、节能用品和绿色环保家具、建材等。实施绿色建筑行动计划，完善绿色建筑标准及认证体系，扩大强制执行范围，京津冀地区城镇新建建筑中绿色建筑达到 50%以上。强化政府绿色采购制度，制定绿色产品采购目录，倡导非政府机构、企业实行绿色采购。鼓励绿色出行，改善步行、自行车出行条件，完善城市公共交通服务体系。到 2020 年，城区常住人口 300 万以上城市建成区公共交通占机动化出行比例达到 60%。

强化信息公开。建立生态环境监测信息统一发布机制。全面推进大气、水、土壤等生态环境信息公开,推进监管部门生态环境信息、排污单位环境信息以及建设项目环境影响评价信息公开。各地要建立统一的信息公开平台,健全反馈机制。建立健全环境保护新闻发言人制度。

加强社会监督。建立公众参与环境管理决策的有效渠道和合理机制,鼓励公众对政府环保工作、企业排污行为进行监督。在建设项目立项、实施、后评价等环节,建立沟通协商平台,听取公众意见和建议,保障公众环境知情权、参与权、监督权和表达权。引导新闻媒体,加强舆论监督,充分利用"12369"环保热线和环保微信举报平台。研究推进环境典型案例指导示范制度,推动司法机关强化公民环境诉权的保障,细化环境公益诉讼的法律程序,加强对环境公益诉讼的技术支持,完善环境公益诉讼制度。

第六节　提升治理能力

加强生态环境监测网络建设。统一规划、优化环境质量监测点位,建设涵盖大气、水、土壤、噪声、辐射等要素,布局合理、功能完善的全国环境质量监测网络,实现生态环境监测信息集成共享。大气、地表水环境质量监测点位总体覆盖80%左右的区县,人口密集的区县实现全覆盖,土壤环境质量监测点位实现全覆盖。提高大气环境质量预报和污染预警水平,强化污染源追踪与解析,地级及以上城市开展大气环境质量预报。建设国家水质监测预警平台。加强饮用水水源和土壤中持久性、生物富集性以及对人体健康危害大的污染物监测。加强重点流域城镇集中式饮用水水源水质、水体放射性监测和预警。建立天地一体化的生态遥感监测系统,实现环境卫星组网运行,加强无人机遥感监测和地面生态监测。构建生物多样性观测网络。

专栏6　全国生态环境监测网络建设

(一)稳步推进环境质量监测事权上收

对1436个城市大气环境质量自动监测站、96个区域站和16个背景站,2767个国控地表水监测断面、419个近岸海域水环境质量监测点和300个水质自动监测站,40000个土壤环境国家监控点位,承担管理职责,保障运行经费,采取第三方监测服务、委托地方运维管理、直接监测等方式运行,推动环境监测数据联网共享与统一发布。

(二)加快建设生态监测网络

建立天地一体化的生态遥感监测系统,建立生态功能地面监测站点,加强无人机遥感监测,对重要生态系统服务功能开展统一监测、统一信息公布。建设全国生态保护红线监管平台,建立一批相对固定的生态保护红线监管地面核查点。建立生物多样性观测网络体系,开展重要生态系统和生物类群的常态化监测与观测。新建大气辐射自动监测站400个、土壤辐射监测点163个、饮用水水源地辐射监测点330个。建设森林监测站228个、湿地监测站85个、荒漠监测站108个、生物多样性监测站300个。

加强环境监管执法能力建设。实现环境监管网格化管理,优化配置监管力量,推动环境监管服务向农村地区延伸。完善环境监管执法人员选拔、培训、考核等制度,充实一线执法队伍,保障执法装备,加强现场执法取证能力,加强环境监管执法队伍职业化建设。实施全国环保系统人才双向交流计划,加强中西部地区环境监管执法队伍建设。到2020年,基本实现各级环境监管执法人员资格培训及持证上岗全覆盖,全国县级环境执法机构装备基本满足需求。

加强生态环保信息系统建设。组织开展第二次全国污染源普查,建立完善全国污染源基本单位名录。加强环境统计能力,将小微企业纳入环境统计范围,梳理污染物排放数据,逐步实现各套数据的整合和归真。建立典型生态区基础数据库和信息管理系统。建设和完善全国统一、覆盖全面的实时在线环境监测监控系统。加快生态环境大数据平台建设,实现生态环境质量、污染源排放、环境执法、环评管理、自然生态、核与辐射等数据整合集成、动态更新，建立信息公开和共享平台，启动生态环境大数据建设试点。提高智慧环境管理技术水平，重点提升环境污染治理工艺自动化、智能化技术水平，建立环保数据共享与产品服务业务体系。

专栏7 加强生态环境基础调查

加大基础调查力度，重点开展第二次全国污染源普查、全国危险废物普查、集中式饮用水水源环境保护状况调查、农村集中式饮用水水源环境保护状况调查、地下水污染调查、土壤污染状况详查、环境激素类化学品调查、生物多样性综合调查、外来入侵物种调查、重点区域河流湖泊底泥调查、国家级自然保护区资源环境本底调查、公民生活方式绿色化实践调查。开展全国生态状况变化（2011—2015年）调查评估、生态风险调查评估、地下水基础环境状况调查评估、公众生态文明意识调查评估、长江流域生态健康调查评估、环境健康调查、监测和风险评估等。

第九章　实施一批国家生态环境保护重大工程

“十三五”期间，国家组织实施工业污染源全面达标排放等25项重点工程，建立重大项目库，强化项目绩效管理。项目投入以企业和地方政府为主，中央财政予以适当支持。

专栏8 环境治理保护重点工程

（一）工业污染源全面达标排放

限期改造50万蒸吨燃煤锅炉、工业园区污水处理设施。全国地级及以上城市建成区基本淘汰10蒸吨以下燃煤锅炉，完成燃煤锅炉脱硫脱硝除尘改造、钢铁行业烧结机脱硫改造、水泥行业脱硝改造。对钢铁、水泥、平板玻璃、造纸、印染、氮肥、制糖等行业中不能稳定达标的企业逐一进行改造。限期改造工业园区污水处理设施。

（二）大气污染重点区域气化

建设完善京津冀、长三角、珠三角和东北地区天然气输送管道、城市燃气管网、天然气储气库、城市调峰站储气罐等基础设施，推进重点城市“煤改气”工程，替代燃煤锅炉18.9万蒸吨。

（三）燃煤电厂超低排放改造

完成4.2亿千瓦机组超低排放改造任务，实施1.1亿千瓦机组达标改造，限期淘汰2000万千瓦落后产能和不符合相关强制性标准要求的机组。

（四）挥发性有机物综合整治

开展石化企业挥发性有机物治理，实施有机化工园区、医药化工园区及煤化工基地挥发性有机物综合整治，推进加油站、油罐车、储油库油气回收及综合治理。推动工业涂装和包装印刷行业挥发性有机物综合整治。

（五）良好水体及地下水环境保护

对江河源头及378个水质达到或优于Ⅲ类的江河湖库实施严格保护。实施重要江河湖库入河排污口整治工程。完成重要饮用水水源地达标建设，推进备用水源建设、水源涵养和生态修复，探索建设生物缓冲带。加强地下水保护，对报废矿井、钻井、取水井实施封井回填，开展京津冀晋等区域地下水修复试点。

（六）重点流域海域水环境治理

针对七大流域及近岸海域水环境突出问题，以580个优先控制单元为重点，推进流域水环境保护与综合治理，统筹点源、面源污染防治和河湖生态修复，分类施策，实施流域水环境综合治理工程，加大整治力度，切实改善重点流域海域水环境质量。实施太湖、洞庭湖、滇池、巢湖、鄱阳湖、白洋淀、乌梁素海、呼伦湖、艾比湖等重点湖库水污染综合治理。开展长江中下游、珠三角等河湖内源治理。

（七）城镇生活污水处理设施全覆盖

以城市黑臭水体整治和343个水质需改善控制单元为重点，强化污水收集处理与重污染水体治理。加强城市、县城和重点镇污水处理设施建设，加快收集管网建设，对污水处理厂升级改造，全面达到一级A排放标准。推进再生水回用，强化污泥处理处置，提升污泥无害化处理能力。

续表

（八）农村环境综合整治

实施农村生活垃圾治理专项行动，推进13万个行政村环境综合整治，实施农业废弃物资源化利用示范工程，建设污水垃圾收集处理利用设施，梯次推进农村生活污水治理，实现90%的行政村生活垃圾得到治理。实施畜禽养殖废弃物污染治理与资源化利用，开展畜禽规模养殖场（小区）污染综合治理，实现75%以上的畜禽养殖场（小区）配套建设固体废物和污水贮存处理设施。

（九）土壤环境治理

组织开展土壤污染详查，开发土壤环境质量风险识别系统。完成100个农用地和100个建设用地污染治理试点。建设6个土壤污染综合防治先行区。开展1000万亩受污染耕地治理修复和4000万亩受污染耕地风险管控。组织开展化工企业搬迁后污染状况详查，制定综合整治方案，开展治理与修复工程示范，对暂不开发利用的高风险污染地块实施风险管控。全面整治历史遗留尾矿库。实施高风险历史遗留重金属污染地块、河道、废渣污染修复治理工程，完成31块历史遗留无主铬渣污染地块治理修复。

（十）重点领域环境风险防范

开展生活垃圾焚烧飞灰处理处置，建成区域性废铅蓄电池、废锂电池回收网络。加强有毒有害化学品环境和健康风险评估能力建设，建立化学品危害特性基础数据库，建设国家化学品计算毒理中心和国家化学品测试实验室。建设50个针对大型化工园区、集中饮用水水源地等不同类型风险区域的全过程环境风险管理示范区。建设1个国家环境应急救援实训基地，具备人员实训、物资储备、成果展示、应急救援、后勤保障、科技研发等核心功能，配套建设环境应急演练系统、环境应急模拟训练场以及网络培训平台。建设国家生态环境大数据平台，研制发射系列化的大气环境监测卫星和环境卫星后续星并组网运行。建设全国及重点区域大气环境质量预报预警平台、国家水质监测预警平台、国家生态保护监控平台。加强中西部地区市县两级、东部欠发达地区县级执法机构的调查取证仪器设备配置。

（十一）核与辐射安全保障能力提升

建成核与辐射安全监管技术研发基地，加快建设早期核设施退役及历史遗留放射性废物处理处置工程，建设5座中低放射性废物处置场和1个高放射性废物处理地下实验室，建设高风险放射源实时监控系统，废旧放射源100%安全收贮。加强国家核事故应急救援队伍建设。

专栏9　山水林田湖生态工程

（一）国家生态安全屏障保护修复

推进青藏高原、黄土高原、云贵高原、秦巴山脉、祁连山脉、大小兴安岭和长白山、南岭山地地区、京津冀水源涵养区、内蒙古高原、河西走廊、塔里木河流域、滇桂黔喀斯特地区等关系国家生态安全的核心地区生态修复治理。

（二）国土绿化行动

开展大规模植树增绿活动，集中连片建设森林，加强"三北"、沿海、长江和珠江流域等防护林体系建设，加快建设储备林及用材林基地建设，推进退化防护林修复，建设绿色生态保护空间和连接各生态空间的生态廊道。开展农田防护林建设，开展太行山绿化，开展盐碱地、干热河谷造林试点示范，开展山体生态修复。

（三）国土综合整治

开展重点流域、海岸带和海岛综合整治，加强矿产资源开发集中地区地质环境治理和生态修复。推进损毁土地、工矿废弃地复垦，修复受自然灾害、大型建设项目破坏的山体、矿山废弃地。加大京杭大运河、黄河明清故道沿线综合治理力度。推进边疆地区国土综合开发、防护和整治。

（四）天然林资源保护

将天然林和可以培育成为天然林的未成林封育地、疏林地、灌木林地全部划入天然林，对难以自然更新的林地通过人工造林恢复森林植被。

（五）新一轮退耕还林还草和退牧还草

实施具备条件的25度以上坡耕地、严重沙化耕地和重要水源地15—25度坡耕地退耕还林还草。稳定扩大退牧还草范围，优化建设内容，适当提高中央投资补助标准。实施草原围栏1000万公顷、退化草原改良267万公顷，建设人工饲草地33万公顷、舍饲棚圈（储草棚、青贮窑）30万户、开展岩溶地区草地治理33万公顷、黑土滩治理7万公顷、毒害草治理12万公顷。

（六）防沙治沙和水土流失综合治理

实施北方防沙带、黄土高原区、东北黑土区、西南岩溶区以及"一带一路"沿线区域等重点区域水土流失综合防治，以及京津风沙源和石漠化综合治理，推进沙化土地封禁保护、坡耕地综合治理、侵蚀沟整治和生态清洁小流域建设。新增水土流失治理面积27万平方公里。

（七）河湖与湿地保护恢复

加强长江中上游、黄河沿线及贵州草海等自然湿地保护，对功能降低、生物多样性减少的湿地进行综合治理，开展湿地可持续利用示范。加强珍稀濒危水生生物、重要水产种质资源以及产卵场、索饵场、越冬场、洄游通道等重要渔业水域保护。推进京津冀"六河五湖"、湖北"四湖"、钱塘江上游、草海、梁子湖、汾河、滹沱河、红碱淖等重要河湖和湿地生态保护与修复，推进城市河湖生态化治理。

续表

（八）濒危野生动植物抢救性保护 保护和改善大熊猫、朱鹮、虎、豹、亚洲象、兰科植物、苏铁类、野生稻等珍稀濒危野生动植物栖息地，建设原生境保护区、救护繁育中心和基因库，开展拯救繁育和野化放归。加强野外生存繁衍困难的极小种群、野生植物和极度濒危野生动物拯救。开展珍稀濒危野生动植物种质资源调查、抢救性收集和保存，建设种质资源库（圃）。 （九）生物多样性保护 开展生物多样性保护优先区域生物多样性调查和评估，建设50个生物多样性综合观测站和800个观测样区，建立生物多样性数据库及生物多样性评估预警平台、生物物种查验鉴定平台，完成国家级自然保护区勘界确权，60%以上国家级自然保护区达到规范化建设要求，加强生态廊道建设，有步骤地实施自然保护区核心区、缓冲区生态移民，完善迁地保护体系，建设国家生物多样性博物馆。开展生物多样性保护、恢复与减贫示范。 （十）外来入侵物种防治行动 选择50个国家级自然保护区开展典型外来入侵物种防治行动。选择云南、广西和东南沿海省份等外来入侵物种危害严重区域，建立50个外来入侵物种防控和资源化利用示范推广区，建设100个天敌繁育基地、1000公里隔离带。建设300个口岸物种查验点，提升50个重点进境口岸的防范外来物种入侵能力。针对已入侵我国的外来物种进行调查，建立外来入侵物种数据库，构建卫星遥感与地面监测相结合的外来入侵物种监测预警体系。 （十一）森林质量精准提升 加快推进混交林培育、森林抚育、退化林修复、公益林管护和林木良种培育。精准提升大江大河源头、国有林区（场）和集体林区森林质量。森林抚育4000万公顷，退化林修复900万公顷。 （十二）古树名木保护 严格保护古树名木树冠覆盖区域、根系分布区域，科学设置标牌和保护围栏，对衰弱、濒危古树名木采取促进生长、增强树势措施，抢救古树名木60万株、复壮300万株。 （十三）城市生态修复和生态产品供给 对城市规划区范围内自然资源和生态空间进行调查评估，综合识别已被破坏、自我恢复能力差、亟需实施修复的区域，开展城市生态修复试点示范。推进绿道绿廊建设，合理规划建设各类公园绿地，加快老旧公园改造，增加生态产品供给。 （十四）生态环境技术创新 建设一批生态环境科技创新平台，优先推动建设一批专业化环保高新技术开发区。推进水、大气、土壤、生态、风险、智慧环保等重大研究专项，实施京津冀、长江经济带、“一带一路”、东北老工业基地、湘江流域等区域环境质量提升创新工程，实施青藏高原、黄土高原、北方风沙带、西南岩溶区等生态屏障区保护修复创新工程，实施城市废物安全处置与循环利用创新工程、环境风险治理与清洁替代创新工程、智慧环境创新工程。推进环境保护重点实验室、工程技术中心、科学观测站和决策支撑体系建设。建设澜沧江—湄公河水资源合作中心和环境合作中心、“一带一路”信息共享与决策平台。

第十章　健全规划实施保障措施

第一节　明确任务分工

明确地方目标责任。地方各级人民政府是规划实施的责任主体，要把生态环境保护目标、任务、措施和重点工程纳入本地区国民经济和社会发展规划，制定并公布生态环境保护重点任务和年度目标。各地区对规划实施情况进行信息公开，推动全社会参与和监督，确保各项任务全面完成。

部门协同推进规划任务。有关部门要各负其责，密切配合，完善体制机制，加大资金投入，加大规划实施力度。在大气、水、土壤、重金属、生物多样性等领域建立协作机制，定期研究解决重大问题。环境保护部每年向国务院报告环境保护重点工作进展情况。

第二节 加大投入力度

加大财政资金投入。按照中央与地方事权和支出责任划分的要求，加快建立与环保支出责任相适应的财政管理制度，各级财政应保障同级生态环保重点支出。优化创新环保专项资金使用方式，加大对环境污染第三方治理、政府和社会资本合作模式的支持力度。按照山水林田湖系统治理的要求，整合生态保护修复相关资金。

拓宽资金筹措渠道。完善使用者付费制度，支持经营类环境保护项目。积极推行政府和社会资本合作，探索以资源开发项目、资源综合利用等收益弥补污染防治项目投入和社会资本回报，吸引社会资本参与准公益性和公益性环境保护项目。鼓励社会资本以市场化方式设立环境保护基金。鼓励创业投资企业、股权投资企业和社会捐赠资金增加生态环保投入。

第三节 加强国际合作

参与国际环境治理。积极参与全球环境治理规则构建，深度参与环境国际公约、核安全国际公约和与环境相关的国际贸易投资协定谈判，承担并履行好同发展中大国相适应的国际责任，并做好履约工作。依法规范境外环保组织在华活动。加大宣传力度，对外讲好中国环保故事。根据对外援助统一部署，加大对外援助力度，创新对外援助方式。

提升国际合作水平。建立完善与相关国家、国际组织、研究机构、民间团体的交流合作机制，搭建对话交流平台，促进生态环保理念、管理制度政策、环保产业技术等方面的国际交流合作，全面提升国际化水平。组织开展一批大气、水、土壤、生物多样性等领域的国际合作项目。落实联合国2030年可持续发展议程。加强与世界各国、区域和国际组织在生态环保和核安全领域的对话交流与务实合作。加强南南合作，积极开展生态环保和核安全领域的对外合作。严厉打击化学品非法贸易、固体废物非法越境转移。

第四节 推进试点示范

推进国家生态文明试验区建设。以改善生态环境质量、推动绿色发展为目标，以体制创新、制度供给、模式探索为重点，设立统一规范的国家生态文明试验区。积极推进绿色社区、绿色学校、生态工业园区等“绿色细胞”工程。到2017年，试验区重点改革任务取得重要进展，形成若干可操作、有效管用的生态文明制度成果；到2020年，试验区率先建成较为完善的生态文明制度体系，形成一批可在全国复制推广的重大制度成果。

强化示范引领。深入开展生态文明建设示范区创建，提高创建规范化和制度化水平，注重创建的区域平衡性。加强创建与环保重点工作的协调联动，强化后续监督与管理，开展成效评估和经验总结，宣传推广现有的可复制、可借鉴的创建模式。

深入推进重点政策制度试点示范。开展农村环境保护体制机制综合改革与创新试点。试点划分环境质量达标控制区和未达标控制区，分别按照排放标准和质量约束实施污染源监管和排污许可。推进环境审计、环境损害赔偿、环境服务业和政府购买服务改革试点，强化政策支撑和监管，适时扩大环境污染第三方治理试点地区、行业范围。开展省级生态环境保护综合改革试点。

第五节 严格评估考核

环境保护部要会同有关部门定期对各省(区、市)环境质量改善、重点污染物排放、生态环境保护重大工程进展情况进行调度,结果向社会公开。整合各类生态环境评估考核,在2018年、2020年底,分别对本规划执行情况进行中期评估和终期考核,评估考核结果向国务院报告,向社会公布,并作为对领导班子和领导干部综合考核评价的重要依据。

"十三五"国家战略性新兴产业发展规划

国发〔2016〕67 号

战略性新兴产业代表新一轮科技革命和产业变革的方向，是培育发展新动能、获取未来竞争新优势的关键领域。"十三五"时期，要把战略性新兴产业摆在经济社会发展更加突出的位置，大力构建现代产业新体系，推动经济社会持续健康发展。根据"十三五"规划纲要有关部署，特编制本规划，规划期为 2016—2020 年。

一、加快壮大战略性新兴产业，打造经济社会发展新引擎

（一）现状与形势

"十二五"期间，我国节能环保、新一代信息技术、生物、高端装备制造、新能源、新材料和新能源汽车等战略性新兴产业快速发展。2015 年，战略性新兴产业增加值占国内生产总值比重达到 8%左右，产业创新能力和盈利能力明显提升。新一代信息技术、生物、新能源等领域一批企业的竞争力进入国际市场第一方阵，高铁、通信、航天装备、核电设备等国际化发展实现突破，一批产值规模千亿元以上的新兴产业集群有力支撑了区域经济转型升级。大众创业、万众创新蓬勃兴起，战略性新兴产业广泛融合，加快推动了传统产业转型升级，涌现了大批新技术、新产品、新业态、新模式，创造了大量就业岗位，成为稳增长、促改革、调结构、惠民生的有力支撑。

未来 5 到 10 年，是全球新一轮科技革命和产业变革从蓄势待发到群体迸发的关键时期。信息革命进程持续快速演进，物联网、云计算、大数据、人工智能等技术广泛渗透于经济社会各个领域，信息经济繁荣程度成为国家实力的重要标志。增材制造（3D 打印）、机器人与智能制造、超材料与纳米材料等领域技术不断取得重大突破，推动传统工业体系分化变革，将重塑制造业国际分工格局。基因组学及其关联技术迅猛发展，精准医学、生物合成、工业化育种等新模式加快演进推广，生物新经济有望引领人类生产生活迈入新天地。应对全球气候变化助推绿色低碳发展大潮，清洁生产技术应用规模持续拓展，新能源革命正在改变现有国际资源能源版

图。数字技术与文化创意、设计服务深度融合，数字创意产业逐渐成为促进优质产品和服务有效供给的智力密集型产业，创意经济作为一种新的发展模式正在兴起。创新驱动的新兴产业逐渐成为推动全球经济复苏和增长的主要动力，引发国际分工和国际贸易格局重构，全球创新经济发展进入新时代。

"十三五"时期是我国全面建成小康社会的决胜阶段，也是战略性新兴产业大有可为的战略机遇期。我国创新驱动所需的体制机制环境更加完善，人才、技术、资本等要素配置持续优化，新兴消费升级加快，新兴产业投资需求旺盛，部分领域国际化拓展加速，产业体系渐趋完备，市场空间日益广阔。但也要看到，我国战略性新兴产业整体创新水平还不高，一些领域核心技术受制于人的情况仍然存在，一些改革举措和政策措施落实不到位，新兴产业监管方式创新和法规体系建设相对滞后，还不适应经济发展新旧动能加快转换、产业结构加速升级的要求，迫切需要加强统筹规划和政策扶持，全面营造有利于新兴产业蓬勃发展的生态环境，创新发展思路，提升发展质量，加快发展壮大一批新兴支柱产业，推动战略性新兴产业成为促进经济社会发展的强大动力。

（二）指导思想

全面贯彻党的十八大和十八届三中、四中、五中、六中全会精神，深入学习贯彻习近平总书记系列重要讲话精神，认真落实党中央、国务院决策部署，按照"五位一体"总体布局和"四个全面"战略布局要求，积极适应把握引领经济发展新常态，牢固树立和贯彻落实创新、协调、绿色、开放、共享的发展理念，紧紧把握全球新一轮科技革命和产业变革重大机遇，培育发展新动能，推进供给侧结构性改革，构建现代产业体系，提升创新能力，深化国际合作，进一步发展壮大新一代信息技术、高端装备、新材料、生物、新能源汽车、新能源、节能环保、数字创意等战略性新兴产业，推动更广领域新技术、新产品、新业态、新模式蓬勃发展，建设制造强国，发展现代服务业，为全面建成小康社会提供有力支撑。

（三）主要原则

坚持供给创新。创新是战略性新兴产业发展的核心。要深入实施创新驱动发展战略，大力推进大众创业、万众创新，突出企业主体地位，全面提升技术、人才、资金的供给水平，营造创新要素互动融合的生态环境。聚焦突破核心关键技术，进一步提高自主创新能力，全面提升产品和服务的附加价值和国际竞争力。推进简政放权、放管结合、优化服务改革，破除旧管理方式对新兴产业发展的束缚，降低企业成本，激发企业活力，加快新兴企业成长壮大。

坚持需求引领。市场需求是拉动战略性新兴产业发展壮大的关键因素。要强化需求侧政策引导，加快推进新产品、新服务的应用示范，将潜在需求转化为现实供给，以消费升级带动产业升级。营造公平竞争的市场环境，激发市场活力。

坚持产业集聚。集约集聚是战略性新兴产业发展的基本模式。要以科技创新为源头，加快打造战略性新兴产业发展策源地，提升产业集群持续发展能力和国际竞争力。以产业链和创新链协同发展为途径，培育新业态、新模式，发展特色产业集群，带动区域经济转型，形成创新经济集聚发展新格局。

坚持人才兴业。人才是发展壮大战略性新兴产业的首要资源。要针对束缚人才创新活力的关键问题，加快推进人才发展政策和体制创新，保障人才以知识、技能、管理等创新要素参与利益分配，以市场价值回报人才价值，全面激发人才创业创新动力和活力。加大力度培养和吸引各类人才，弘扬工匠精神和企业家精神。

坚持开放融合。开放融合是加快战略性新兴产业发展的客观要求。要以更开放的理念、更包容的方式，搭建国际化创新合作平台，高效利用全球创新资源，大力推动我国优势技术和标准的国际化应用，加快推进产业链、创新链、价值链全球配置，全面提升战略性新兴产业发展能力。

（四）发展目标

到2020年，战略性新兴产业发展要实现以下目标：

产业规模持续壮大，成为经济社会发展的新动力。战略性新兴产业增加值占国内生产总值比重达到15%，形成新一代信息技术、高端制造、生物、绿色低碳、数字创意等5个产值规模10万亿元级的新支柱，并在更广领域形成大批跨界融合的新增长点，平均每年带动新增就业100万人以上。

创新能力和竞争力明显提高，形成全球产业发展新高地。攻克一批关键核心技术，发明专利拥有量年均增速达到15%以上，建成一批重大产业技术创新平台，产业创新能力跻身世界前列，在若干重要领域形成先发优势，产品质量明显提升。节能环保、新能源、生物等领域新产品和新服务的可及性大幅提升。知识产权保护更加严格，激励创新的政策法规更加健全。

产业结构进一步优化，形成产业新体系。发展一批原创能力强、具有国际影响力和品牌美誉度的行业排头兵企业，活力强劲、勇于开拓的中小企业持续涌现。中高端制造业、知识密集型服务业比重大幅提升，支撑产业迈向中高端水平。形成若干具有全球影响力的战略性新兴产业发展策源地和技术创新中心，打造百余个特色鲜明、创新能力强的新兴产业集群。

到2030年，战略性新兴产业发展成为推动我国经济持续健康发展的主导力量，我国成为世界战略性新兴产业重要的制造中心和创新中心，形成一批具有全球影响力和主导地位的创新型领军企业。

（五）总体部署

以创新、壮大、引领为核心，紧密结合“中国制造2025”战略实施，坚持走创新驱动发展道路，促进一批新兴领域发展壮大并成为支柱产业，持续引领产业中高端发展和经济社会高质量发展。立足发展需要和产业基础，大幅提升产业科技含量，加快发展壮大网络经济、高端制造、生物经济、绿色低碳和数字创意等五大领域，实现向创新经济的跨越。着眼全球新一轮科技革命和产业变革的新趋势、新方向，超前布局空天海洋、信息网络、生物技术和核技术领域一批战略性产业，打造未来发展新优势。遵循战略性新兴产业发展的基本规律，突出优势和特色，打造一批战略性新兴产业发展策源地、集聚区和特色产业集群，形成区域增长新格局。把握推进“一带一路”建设战略契机，以更开放的视野高效利用全球创新资源，提升战略性新兴产业国际化水平。加快推进重点领域和关键环节改革，持续完善有利于汇聚技术、资金、人才的政策措施，创造公平竞争的市场环境，全面营造适应新技术、新业态蓬勃涌现的生态环境，加快形成经济社会发展新动能。

二、推动信息技术产业跨越发展，拓展网络经济新空间

实施网络强国战略，加快建设“数字中国”，推动物联网、云计算和人工智能等技术向各行业全面融合渗透，构建万物互联、融合创新、智能协同、安全可控的新一代信息技术产业体系。到2020年，力争在新一代信息技术产业薄弱环节实现系统性突破，总产值规模超过12万亿元。

（一）构建网络强国基础设施。深入推进“宽带中国”战略，加快构建高速、移动、安全、泛在的

新一代信息基础设施。

大力推进高速光纤网络建设。开展智能网络新技术规模应用试点，推动国家骨干网向高速传送、灵活调度、智能适配方向升级。全面实现向全光网络跨越，加快推进城镇地区光网覆盖，提供每秒1000兆比特（1000Mbps）以上接入服务，大中城市家庭用户实现带宽100Mbps以上灵活选择；多方协同推动提升农村光纤宽带覆盖率，98%以上的行政村实现光纤通达，有条件的地区提供100Mbps以上接入服务，半数以上农村家庭用户实现带宽50Mbps以上灵活选择。推动三网融合基础设施发展。推进互联网协议第六版（IPv6）演进升级和应用，推动骨干企业新增网络地址不再使用私有地址。

加快构建新一代无线宽带网。加快第四代移动通信（4G）网络建设，实现城镇及人口密集行政村深度覆盖和广域连续覆盖。在热点公共区域推广免费高速无线局域网。大力推进第五代移动通信（5G）联合研发、试验和预商用试点。优化国家频谱资源配置，提高频谱利用效率，保障频率资源供给。合理规划利用卫星频率和轨道资源，加快空间互联网部署，研制新型通信卫星和应用终端，探索建设天地一体化信息网络，研究平流层通信等高空覆盖新方式。

加快构建下一代广播电视网。推动有线无线卫星广播电视网智能协同覆盖，建设天地一体、互联互通、宽带交互、智能协同、可管可控的广播电视融合传输覆盖网。加速全国有线电视网络基础设施建设和双向化、智能化升级改造，推进全国有线电视网络整合和互联互通。推动下一代地面数字广播电视传输技术研发及产业化，加强地面无线广播电视与互联网的融合创新，创建移动、交互、便捷的地面无线广播电视新业态。

专栏1　宽带乡村示范工程

开展电信普遍服务试点工作，促进三网融合，加快光缆、卫星通信进行政村建设，按需实现光纤入户网络和第四代移动通信（4G）网络向自然村和住户延伸覆盖，利用卫星、移动通信等技术创新加强对海岛、边远地区、山区等覆盖，加快普及电子商务、远程教育、远程医疗、智慧农业、电子政务等信息化应用，支撑扶贫攻坚。

统筹发展应用基础设施。充分利用现有设施，统筹规划大型、超大型数据中心在全国适宜地区布局，有序推进绿色数据中心建设。推动基于现有各类通信网络实现物联网集约部署。持续强化应急通信能力建设。

加强国际合作。加强信息网络基础设施国际互联互通合作。加强海外海缆、陆缆、业务节点、数据中心、卫星通信等设施建设，优化国际通信网络布局。加快建设中国—阿拉伯国家等网上丝绸之路、中国—东盟信息港。

（二）推进“互联网+”行动。促进新一代信息技术与经济社会各领域融合发展，培育“互联网+”生态体系。

深化互联网在生产领域的融合应用。深化制造业与互联网融合发展，推动“中国制造+互联网”取得实质性突破，发展面向制造业的信息技术服务，构筑核心工业软硬件、工业云、智能服务平台等制造新基础，大力推广智能制造、网络化协同、个性化定制、服务化延伸等新业态、新模式。加快发展工业互联网，构建工业互联网体系架构，开展工业互联网创新应用示范。推进移动互联网、云计算、物联网等技术与农业、能源、金融、商务、物流快递等深度融合，支持面向网络协同的行业应用软件研发与系统集成，推动制造业向生产服务型转变、生产性服务业向价值链高端延伸。

拓展生活及公共服务领域的"互联网+"应用。加快行业管理体制创新,促进医疗、教育、社保、就业、交通、旅游等服务智慧化。拓展新型智慧城市应用,推动基于互联网的公共服务模式创新,推进基于云计算的信息服务公共平台建设,增强公共产品供给能力。加快实施"互联网+政务服务",逐步实现政务服务"一号申请、一窗受理、一网通办"。

促进"互联网+"新业态创新。鼓励运用信息网络技术推动生产、管理和营销模式变革,重塑产业链、供应链、价值链,加快形成新的生产和流通交换模式。以体制机制创新推动分享经济发展,建立适应分享经济发展的监管方式,促进交通、旅游、养老、人力资源、日用品消费等领域共享平台企业规范发展,营造分享经济文化氛围。

专栏 2 "互联网+"工程

深入推进"互联网+"创业创新、协同制造、现代农业、智慧能源、普惠金融、益民服务、高效物流、电子商务、便捷交通、绿色生态、人工智能等 11 个重点行动,建设互联网跨领域融合创新支撑服务平台。促进基于云计算的业务模式和商业模式创新,推进公有云和行业云平台建设。加强物联网网络架构研究,组织开展物联网重大应用示范。加快下一代互联网商用部署,构建工业互联网技术试验验证和管理服务平台。创建国家信息经济示范区。

(三)实施国家大数据战略。落实大数据发展行动纲要,全面推进重点领域大数据高效采集、有效整合、公开共享和应用拓展,完善监督管理制度,强化安全保障,推动相关产业创新发展。

加快数据资源开放共享。统筹布局建设国家大数据公共平台,制定出台数据资源开放共享管理办法,推动建立数据资源清单和开放目录,鼓励社会公众对开放数据进行增值性、公益性、创新性开发。加强大数据基础性制度建设,强化使用监管,建立健全数据资源交易机制和定价机制,保护数据资源权益。

发展大数据新应用新业态。加快推进政府大数据应用,建立国家宏观调控和社会治理数据体系,提高政府治理能力。发展大数据在工业、农业农村、创业创新、促进就业等领域的应用,促进数据服务业创新,推动数据探矿、数据化学、数据材料、数据制药等新业态、新模式发展。加强海量数据存储、数据清洗、数据分析挖掘、数据可视化等关键技术研发,形成一批具有国际竞争力的大数据处理、分析和可视化软硬件产品,培育大数据相关产业,完善产业链,促进相关产业集聚发展。推进大数据综合试验区建设。

强化大数据与网络信息安全保障。建立大数据安全管理制度,制定大数据安全管理办法和有关标准规范,建立数据跨境流动安全保障机制。加强数据安全、隐私保护等关键技术攻关,形成安全可靠的大数据技术体系。建立完善网络安全审查制度。采用安全可信产品和服务,提升基础设施关键设备安全可靠水平。建立关键信息基础设施保护制度,研究重要信息系统和基础设施网络安全整体解决方案。

专栏 3 大数据发展工程

整合现有资源,构建政府数据共享交换平台和数据开放平台,健全大数据共享流通体系、大数据标准体系、大数据安全保障体系,推动实现信用、交通、医疗、教育、环境、安全监管等政府数据集向社会开放。支持大数据关键技术研发和产业化,在重点领域开展大数据示范应用,实施国家信息安全专项,促进大数据相关产业健康快速发展。

（四）做强信息技术核心产业。顺应网络化、智能化、融合化等发展趋势，着力培育建立应用牵引、开放兼容的核心技术自主生态体系，全面梳理和加快推动信息技术关键领域新技术研发与产业化，推动电子信息产业转型升级取得突破性进展。

提升核心基础硬件供给能力。提升关键芯片设计水平，发展面向新应用的芯片。加快16/14纳米工艺产业化和存储器生产线建设，提升封装测试业技术水平和产业集中度，加紧布局后摩尔定律时代芯片相关领域。实现主动矩阵有机发光二极管（AMOLED）、超高清（4K/8K）量子点液晶显示、柔性显示等技术国产化突破及规模应用。推动智能传感器、电力电子、印刷电子、半导体照明、惯性导航等领域关键技术研发和产业化，提升新型片式元件、光通信器件、专用电子材料供给保障能力。

专栏4　集成电路发展工程

启动集成电路重大生产力布局规划工程，实施一批带动作用强的项目，推动产业能力实现快速跃升。加快先进制造工艺、存储器、特色工艺等生产线建设，提升安全可靠CPU、数模/模数转换芯片、数字信号处理芯片等关键产品设计开发能力和应用水平，推动封装测试、关键装备和材料等产业快速发展。支持提高代工企业及第三方IP核企业的服务水平，支持设计企业与制造企业协同创新，推动重点环节提高产业集中度。推动半导体显示产业链协同创新。

大力发展基础软件和高端信息技术服务。面向重点行业需求建立安全可靠的基础软件产品体系，支持开源社区发展，加强云计算、物联网、工业互联网、智能硬件等领域操作系统研发和应用，加快发展面向大数据应用的数据库系统和面向行业应用需求的中间件，支持发展面向网络协同优化的办公软件等通用软件。加强信息技术核心软硬件系统服务能力建设，推动国内企业在系统集成各环节向高端发展，规范服务交付，保证服务质量，鼓励探索前沿技术驱动的服务新业态，推动骨干企业在新兴领域加快行业解决方案研发和推广应用。大力发展基于新一代信息技术的高端软件外包业务。

加快发展高端整机产品。推进绿色计算、可信计算、数据和网络安全等信息技术产品的研发与产业化，加快高性能安全服务器、存储设备和工控产品、新型智能手机、下一代网络设备和数据中心成套装备、先进智能电视和智能家居系统、信息安全产品的创新与应用，发展面向金融、交通、医疗等行业应用的专业终端、设备和融合创新系统。大力提升产品品质，培育一批具有国际影响力的品牌。

（五）发展人工智能。培育人工智能产业生态，促进人工智能在经济社会重点领域推广应用，打造国际领先的技术体系。

加快人工智能支撑体系建设。推动类脑研究等基础理论和技术研究，加快基于人工智能的计算机视听觉、生物特征识别、新型人机交互、智能决策控制等应用技术研发和产业化，支持人工智能领域的基础软硬件开发。加快视频、地图及行业应用数据等人工智能海量训练资源库和基础资源服务公共平台建设，建设支撑大规模深度学习的新型计算集群。鼓励领先企业或机构提供人工智能研发工具以及检验评测、创业咨询、人才培养等创业创新服务。

推动人工智能技术在各领域应用。在制造、教育、环境保护、交通、商业、健康医疗、网络安全、社会治理等重要领域开展试点示范，推动人工智能规模化应用。发展多元化、个性化、定制化智能硬件和智能化系统,重点推进智能家居、智能汽车、智慧农业、智能安防、智慧健康、智能机器人、智能可穿戴设备等研发和产业化发展。鼓励各行业加强与人工智能融合,逐步实现智能化升级。利用人工智能创新城市管理,建设新型智慧城市。推动专业服务机器人和家用服务机器人应用,培育新型高端服务产业。

专栏5　人工智能创新工程

推动基础理论研究和核心技术开发,实现类人神经计算芯片、智能机器人和智能应用系统的产业化,将人工智能新技术嵌入各领域。构建人工智能公共服务平台和向社会开放的骨干企业研发服务平台。建立健全人工智能“双创”支撑服务体系。

(六)完善网络经济管理方式。

深化电信体制改革。全面推进三网融合,进一步放开基础电信领域竞争性业务,放宽融合性产品和服务的市场准入限制,推进国有电信企业混合所有制试点工作。破除行业壁垒,推动各行业、各领域在技术、标准、监管等方面充分对接,允许各类主体依法平等参与市场竞争。

加强相关法律法规建设。针对互联网与各行业融合发展的新特点,调整不适应发展要求的现行法规及政策规定。落实加强网络信息保护和信息公开有关规定,加快推动制定网络安全、电子商务等法律法规。

三、促进高端装备与新材料产业突破发展,引领中国制造新跨越

顺应制造业智能化、绿色化、服务化、国际化发展趋势,围绕“中国制造2025”战略实施,加快突破关键技术与核心部件,推进重大装备与系统的工程应用和产业化,促进产业链协调发展,塑造中国制造新形象,带动制造业水平全面提升。力争到2020年,高端装备与新材料产业产值规模超过12万亿元。

(一)打造智能制造高端品牌。着力提高智能制造核心装备与部件的性能和质量,打造智能制造体系,强化基础支撑,积极开展示范应用,形成若干国际知名品牌,推动智能制造装备迈上新台阶。

大力发展智能制造系统。加快推动新一代信息技术与制造技术的深度融合,开展集计算、通信与控制于一体的信息物理系统(CPS)顶层设计,探索构建贯穿生产制造全过程和产品全生命周期,具有信息深度自感知、智慧优化自决策、精准控制自执行等特征的智能制造系统,推动具有自主知识产权的机器人自动化生产线、数字化车间、智能工厂建设,提供重点行业整体解决方案,推进传统制造业智能化改造。建设测试验证平台,完善智能制造标准体系。

推动智能制造关键技术装备迈上新台阶。构建工业机器人产业体系,全面突破高精度减速器、高性能控制器、精密测量等关键技术与核心零部件,重点发展高精度、高可靠性中高端工业机器人。加快高档数控机床与智能加工中心研发与产业化,突破多轴、多通道、高精度高档数控系统、伺服电机等主要功能部件及关键应用软件,开发和推广应用精密、高速、高效、柔性并具有网络通信等功能

的高档数控机床、基础制造装备及集成制造系统。突破智能传感与控制装备、智能检测与装配装备、智能物流与仓储装备、智能农业机械装备,开展首台套装备研究开发和推广应用,提高质量与可靠性。

打造增材制造产业链。突破钛合金、高强合金钢、高温合金、耐高温高强度工程塑料等增材制造专用材料。搭建增材制造工艺技术研发平台,提升工艺技术水平。研制推广使用激光、电子束、离子束及其他能源驱动的主流增材制造工艺装备。加快研制高功率光纤激光器、扫描振镜、动态聚焦镜及高性能电子枪等配套核心器件和嵌入式软件系统,提升软硬件协同创新能力,建立增材制造标准体系。在航空航天、医疗器械、交通设备、文化创意、个性化制造等领域大力推动增材制造技术应用,加快发展增材制造服务业。

专栏 6 重点领域智能工厂应用示范工程

在机械、航空、航天、汽车、船舶、轻工、服装、电子信息等离散制造领域,开展智能车间/工厂的集成创新与应用示范,推进数字化设计、装备智能化升级、工艺流程优化、精益生产、可视化管理、质量控制与溯源、智能物流等试点应用,推动全业务流程智能化整合。

在石化化工、钢铁、有色金属、建材、纺织、食品、医药等流程制造领域,开展智能工厂的集成创新与应用示范,提升企业在资源配置、工艺优化、过程控制、产业链管理、质量控制与溯源、节能减排及安全生产等方面的智能化水平。

(二)实现航空产业新突破。加强自主创新,推进民用航空产品产业化、系列化发展,加强产业配套设施和安全运营保障能力建设,提高产品安全性、环保性、经济性和舒适性,全面构建覆盖航空发动机、飞机整机、产业配套和安全运营的航空产业体系。到 2020 年,民用大型客机、新型支线飞机完成取证交付,航空发动机研制实现重大突破,产业配套和示范运营体系基本建立。

加快航空发动机自主发展。依托航空发动机及燃气轮机重大专项,突破大涵道比大型涡扇发动机关键技术,支撑国产干线飞机发展。发展 1000 千瓦级涡轴发动机和 5000 千瓦级涡桨发动机,满足国产系列化直升机和中型运输机动力需求。发展使用重油的活塞式发动机和应用航空生物燃料的涡轮发动机,推进小型发动机市场化应用。

推进民用飞机产业化。加快实施大型飞机重大专项,完成大型客机研制,启动宽体客机研发,突破核心技术。加快新型支线飞机工程研制和系列化改进改型,开展新机型国内外先锋用户示范运营和设计优化,提高飞机航线适应性和竞争力。大力开发市场需求大的民用直升机、多用途飞机、特种飞机和工业级无人机。

完善产业配套体系建设。提高航空材料和基础元器件自主制造水平,掌握铝锂合金、复合材料等加工制造核心技术。大力发展高可靠性、长寿命、环境适应性强、标准化、低成本的航空设备和系统,实现适航取证。加快航空科研试验重大基础设施建设,加大结构强度、飞行控制、电磁兼容、环境试验等计量测试和验证条件投入,加强试飞条件建设。突破一批适航关键技术,加强适航审定条件和能力建设,加快完善运输类飞机等各类航空产品的适航审定政策,建成具有完善组织机构、充足人力资源、健全规章体系、先进硬件设施和较强国际合作能力的适航审定体系。加快建设一批专业化数字化示范工厂,显著提高航空产品制造质量稳定性和生产效率。积极推进构建国际风险合作伙伴关系,建成功能完备的航空产业配套体系。

发展航空运营新服务。落实促进通用航空业发展的各项政策措施,大力培育通用航空市场,促进通用航空制造与运营服务协调发展。大力发展航空租赁。利用互联网技术建立先进航空运营体系,促进服务模式创新。加强飞行培训,培育航空文化。开发综合化、通用化、智能化的通信、导航和控制系统,发展面向全面风险管控和多类空域融合运用的技术体系和装备,形成安全运营支撑体系。

专栏7 新一代民用飞机创新工程

以重大专项和民用飞机科研为支撑,突破一批核心技术、系统、部件和材料,提高系统集成能力,重点发展系列化单通道窄体、双通道宽体大型飞机,系列化新型涡桨/涡扇支线飞机及先进通用航空器,着力开展新型民用飞机示范运营和市场推广,建立具有市场竞争力的产品保障和客户服务体系。C919、MA700完成适航取证并交付用户,ARJ21实现批量生产交付;一批重点通用航空器完成研制和市场应用。

(三)做大做强卫星及应用产业。建设自主开放、安全可靠、长期稳定运行的国家民用空间基础设施,加速卫星应用与基础设施融合发展。到2020年,基本建成主体功能完备的国家民用空间基础设施,满足我国各领域主要业务需求,基本实现空间信息应用自主保障,形成较为完善的卫星及应用产业链。

加快卫星及应用基础设施建设。构建星座和专题卫星组成的遥感卫星系统,形成“高中低”分辨率合理配置、空天地一体多层观测的全球数据获取能力;加强地面系统建设,汇集高精度、全要素、体系化的地球观测信息,构建“大数据地球”。打造国产高分辨率商业遥感卫星运营服务平台。发展固定通信广播、移动通信广播和数据中继三个卫星系列,形成覆盖全球主要地区的卫星通信广播系统。实施第二代卫星导航系统国家科技重大专项,加快建设卫星导航空间系统和地面系统,建成北斗全球卫星导航系统,形成高精度全球服务能力。采用政府和社会资本合作(PPP)模式推进遥感卫星等建设。

提升卫星性能和技术水平。掌握长寿命、高稳定性、高定位精度、大承载量和强敏捷能力的卫星应用平台技术,突破高分辨率、高精度、高可靠性及综合探测等有效载荷技术。优先发展遥感卫星数据处理技术和业务应用技术。提升宽带通信卫星、移动多媒体广播卫星等技术性能。加强卫星平台型谱化建设,有序推进中小微卫星发展。

推进卫星全面应用。统筹军民空间基础设施,完善卫星数据共用共享机制,加强卫星大众化、区域化、国际化应用,加快卫星遥感、通信与导航融合化应用,利用物联网、移动互联网等新技术,创新“卫星+”应用模式。面向防灾减灾、应急、海洋等领域需求,开展典型区域综合应用示范。面向政府部门业务管理和社会服务需求,开展现代农业、新型城镇化、智慧城市、智慧海洋、边远地区等的卫星综合应用示范。围绕国家区域发展总体战略,推动“互联网+天基信息应用”深入发展,打造空间信息消费全新产业链和商业模式。推进商业卫星发展和卫星商业化应用。积极布局海外市场,建立“一带一路”空间信息走廊。

专栏8 空间信息智能感知工程

加快构建以遥感、通信、导航卫星为核心的国家空间基础设施,加强跨领域资源共享与信息综合服务能力建设,积极推进空间信息全面应用,为资源环境动态监测预警、防灾减灾与应急指挥等提供及时准确的空间信息服务,加强面向全球提供综合信息服务能力建设,大力拓展国际市场。

（四）强化轨道交通装备领先地位。推进轨道交通装备产业智能化、绿色化、轻量化、系列化、标准化、平台化发展，加快新技术、新工艺、新材料的应用，研制先进可靠的系列产品，完善相关技术标准体系，构建现代轨道交通装备产业创新体系，打造覆盖干线铁路、城际铁路、市域（郊）铁路、城市轨道交通的全产业链布局。

打造具有国际竞争力的轨道交通装备产业链。形成中国标准新型高速动车组、节能型永磁电机驱动高速列车、30 吨轴重重载电力机车和车辆、大型养路机械等产品系列，推进时速 500 公里轮轨试验列车、时速 600 公里磁悬浮系统等新型列车研发和产业化，构建完整产业链。加强产品质量检验检测认证综合能力建设。加快“走出去”步伐，提升国际竞争力。

推进新型城市轨道交通装备研发及产业化。面向大城市复杂市域交通需求，推动时速 120—160 公里、与城市轨道交通无缝衔接的市域（郊）铁路装备，适应不同技术路线的跨座式单轨，自动导轨快捷运输系统等研发与应用，构建时速 200 公里及以下中低速磁悬浮系统的设计、制造、试验、检测技术平台，建立完善产品认证制度，建立新型城市轨道交通车辆技术标准和规范，领跑国际技术标准。

突破产业关键零部件及绿色智能化集成技术。进一步研发列车牵引制动系统、列车网络控制系统、通信信号系统、电传动系统、智能化系统、车钩缓冲系统、储能与节能系统、高速轮对、高性能转向架、齿轮箱、轴承、轻量化车体等关键系统和零部件，形成轨道交通装备完整产业链。加强永磁电机驱动、全自动运行、基于第四代移动通信的无线综合承载等技术研发和产业化。优化完善高速铁路列控系统和城际铁路列控技术标准体系。

（五）增强海洋工程装备国际竞争力。推动海洋工程装备向深远海、极地海域发展和多元化发展，实现主力装备结构升级，突破重点新型装备，提升设计能力和配套系统水平，形成覆盖科研开发、总装建造、设备供应、技术服务的完整产业体系。

重点发展主力海洋工程装备。加快推进物探船、深水半潜平台、钻井船、浮式生产储卸装置、海洋调查船、半潜运输船、起重铺管船、多功能海洋工程船等主力海工装备系列化研发，构建服务体系，设计建造能力居世界前列。

加快发展新型海洋工程装备。突破浮式钻井生产储卸装置、浮式液化天然气储存和再气化装置、深吃水立柱式平台、张力腿平台、极地钻井平台、海上试验场等研发设计和建造技术，建立规模化生产制造工艺体系，产品性能及可靠性达到国际先进水平。

加强关键配套系统和设备研发及产业化。产学研用相结合，提高升降锁紧系统、深水锚泊系统、动力定位系统、自动控制系统、水下钻井系统、柔性立管深海观测系统等关键配套设备设计制造水平，大力发展海洋工程用高性能发动机，提升专业化配套能力。

专栏 9　海洋工程装备创新发展工程
推动大型浮式结构物等新型装备、3600 米以上超深水钻井平台等深远海装备、海洋极地调查观测装备等研究开发，实现科研成果工程化和产业化，促进总装及配套产业协调发展。完善海洋工程装备标准体系。

（六）提高新材料基础支撑能力。顺应新材料高性能化、多功能化、绿色化发展趋势，推动特色资源新材料可持续发展，加强前沿材料布局，以战略性新兴产业和重大工程建设需求为导向，优化

新材料产业化及应用环境，加强新材料标准体系建设，提高新材料应用水平，推进新材料融入高端制造供应链。到2020年，力争使若干新材料品种进入全球供应链，重大关键材料自给率达到70%以上，初步实现我国从材料大国向材料强国的战略性转变。

推动新材料产业提质增效。面向航空航天、轨道交通、电力电子、新能源汽车等产业发展需求，扩大高强轻合金、高性能纤维、特种合金、先进无机非金属材料、高品质特殊钢、新型显示材料、动力电池材料、绿色印刷材料等规模化应用范围，逐步进入全球高端制造业采购体系。推动优势新材料企业“走出去”，加强与国内外知名高端制造企业的供应链协作，开展研发设计、生产贸易、标准制定等全方位合作。提高新材料附加值，打造新材料品牌，增强国际竞争力。建立新材料技术成熟度评价体系，研究建立新材料首批次应用保险补偿机制。组建新材料性能测试评价中心。细化完善新材料产品统计分类。

以应用为牵引构建新材料标准体系。围绕新一代信息技术、高端装备制造、节能环保等产业需求，加强新材料产品标准与下游行业设计规范的衔接配套，加快制定重点新材料标准，推动修订老旧标准，强化现有标准推广应用，加强前沿新材料标准预先研究，提前布局一批核心标准。加快新材料标准体系国际化进程，推动国内标准向国际标准转化。

促进特色资源新材料可持续发展。推动稀土、钨钼、钒钛、锂、石墨等特色资源高质化利用，加强专用工艺和技术研发，推进共伴生矿资源平衡利用，支持建立专业化的特色资源新材料回收利用基地、矿物功能材料制造基地。在特色资源新材料开采、冶炼分离、深加工各环节，推广应用智能化、绿色化生产设备与工艺。发展海洋生物来源的医学组织工程材料、生物环境材料等新材料。

前瞻布局前沿新材料研发。突破石墨烯产业化应用技术，拓展纳米材料在光电子、新能源、生物医药等领域应用范围，开发智能材料、仿生材料、超材料、低成本增材制造材料和新型超导材料，加大空天、深海、深地等极端环境所需材料研发力度，形成一批具有广泛带动性的创新成果。

专栏10　新材料提质和协同应用工程

加强新型绿色建材标准与公共建筑节能标准的衔接，加快制定轨道交通装备用齿轮钢、航空航天用碳/碳复合结构材料、高温合金、特种玻璃、宽禁带半导体以及电子信息用化学品、光学功能薄膜、人工晶体材料等标准，完善节能环保用功能性膜材料、海洋防腐材料配套标准，做好增材制造材料、稀土功能材料、石墨烯材料标准布局，促进新材料产品品质提升。加强新材料产业上下游协作配套，在航空铝材、碳纤维复合材料、核电用钢等领域开展协同应用试点示范，搭建协同应用平台。

四、加快生物产业创新发展步伐，培育生物经济新动力

把握生命科学纵深发展、生物新技术广泛应用和融合创新的新趋势，以基因技术快速发展为契机，推动医疗向精准医疗和个性化医疗发展，加快农业育种向高效精准育种升级转化，

拓展海洋生物资源新领域、促进生物工艺和产品在更广泛领域替代应用，以新的发展模式助力生物能源大规模应用，培育高品质专业化生物服务新业态，将生物经济加速打造成为继信息经济后的重要新经济形态，为健康中国、美丽中国建设提供新支撑。到2020年，生物产业规模达到8—10万亿元，形成一批具有较强国际竞争力的新型生物技术企业和生物经济集群。

（一）构建生物医药新体系。加快开发具有重大临床需求的创新药物和生物制品，加快推广绿色化、智能化制药生产技术，强化科学高效监管和政策支持，推动产业国际化发展，加快建设生物医药强国。

推动生物医药行业跨越升级。加快基因测序、细胞规模化培养、靶向和长效释药、绿色智能生产等技术研发应用，支撑产业高端发展。开发新型抗体和疫苗、基因治疗、细胞治疗等生物制品和制剂，推动化学药物创新和高端制剂开发，加速特色创新中药研发，实现重大疾病防治药物原始创新。支持生物类似药规模化发展，开展专利到期药物大品种研发和生产，加快制药装备升级换代，提升制药自动化、数字化和智能化水平，进一步推动中药产品标准化发展，促进产业标准体系与国际接轨，加速国际化步伐。发展海洋创新药物，开发具有民族特色的现代海洋中药产品，推动试剂原料和中间体产业化，形成一批海洋生物医药产业集群。

专栏11　新药创制与产业化工程

围绕构建可持续发展的生物医药产业体系，以抗体药物、重组蛋白药物、新型疫苗等新兴药物为重点，推动临床紧缺的重大疾病、多发疾病、罕见病、儿童疾病等药物的新药研发、产业化和质量升级，整合各类要素形成一批先进产品标准和具有国际先进水平的产业技术体系，提升关键原辅料和装备配套能力，支撑生物技术药物持续创新发展。

创新生物医药监管方式。建立更加科学高效的医药审评审批方式，加快推开药品上市许可持有人制度试点，加快仿制药质量和疗效一致性评价，探索开展医疗新技术临床实验研究认可制度试点。完善药品采购机制，全面推动医药价格和行业监管等领域体制机制改革。

（二）提升生物医学工程发展水平。深化生物医学工程技术与信息技术融合发展，加快行业规制改革，积极开发新型医疗器械，构建移动医疗、远程医疗等诊疗新模式，促进智慧医疗产业发展，推广应用高性能医疗器械，推进适应生命科学新技术发展的新仪器和试剂研发，提升我国生物医学工程产业整体竞争力。

发展智能化移动化新型医疗设备。开发智能医疗设备及其软件和配套试剂、全方位远程医疗服务平台和终端设备，发展移动医疗服务，制定相关数据标准，促进互联互通，初步建立信息技术与生物技术深度融合的现代智能医疗服务体系。

开发高性能医疗设备与核心部件。发展高品质医学影像设备、先进放射治疗设备、高通量低成本基因测序仪、基因编辑设备、康复类医疗器械等医学装备，大幅提升医疗设备稳定性、可靠性。利用增材制造等新技术，加快组织器官修复和替代材料及植介入医疗器械产品创新和产业化。加速发展体外诊断仪器、设备、试剂等新产品，推动高特异性分子诊断、生物芯片等新技术发展，支撑肿瘤、遗传疾病及罕见病等体外快速准确诊断筛查。

专栏 12　生物技术惠民工程

推进网络化基因技术应用示范中心建设，开展出生缺陷基因筛查、肿瘤早期筛查及用药指导等应用示范。发展和应用新型生物治疗技术，推动新型个体化生物治疗标准化、规范化。开发智能化和高性能医疗设备，支持企业、医疗机构、研究机构等联合建设第三方影像中心，开展协同诊疗和培训，试点建立居民健康影像档案。开展区域性综合应用示范，实现区域生物基塑料制品、包装材料等替代 50%以上的传统石化塑料制品。在城镇或企业周边建设生物质集中供气供热示范工程，探索多元协同共赢的市场化发展模式。

（三）加速生物农业产业化发展。以产出高效、产品安全、资源节约、环境友好为目标，创制生物农业新品种，开发动植物营养和绿色植保新产品，构建现代农业新体系，形成一批具有国际竞争力的生物育种企业，为加快农业发展方式转变提供新途径、新支撑。

构建生物种业自主创新体系。开展基因编辑、分子设计、细胞诱变等关键核心技术创新与育种应用，研制推广一批优质、高产、营养、安全、资源高效利用、适应标准化生产的农业动植物新品种，积极推进生物技术培育新品种产业化，形成一批以企业为主体的生物育种创新平台，打造具有核心竞争力的育繁推一体化现代生物种业企业，加快农业动植物新品种产业化和市场推广。发展动植物检疫新技术，加强国外优质动植物品种资源引进检疫平台建设。

开发一批新型农业生物制剂与重大产品。大力发展动植物病虫害防控新技术、新产品，建立基于病虫基因组信息的绿色农药、兽药创制技术体系，创制一批新型动物疫苗、生物兽药、植物新农药等重大产品，实现规模生产与应用，推动农业生产绿色转型。创制可替代抗生素的新型绿色生物饲料和高效生物肥料产品。深度挖掘海洋生物资源，开发绿色、安全、高效的新型海洋生物功能制品，开辟综合利用新途径。推动食品合成生物工程技术、食品生物高效转化技术、肠道微生物宏基因组学等关键技术创新与精准营养食品创制。

（四）推动生物制造规模化应用。加快发展微生物基因组工程、酶分子机器、细胞工厂等新技术，提升工业生物技术产品经济性，推进生物制造技术向化工、材料、能源等领域渗透应用，推动以清洁生物加工方式逐步替代传统化学加工方式，实现可再生资源逐步替代化石资源。

不断提升生物制造产品经济性和规模化发展水平。发展新生物工具创制与应用技术体系，实现一批有机酸、化工醇、烯烃、烷烃、有机胺等基础化工产品的生物法生产与应用，推动生物基聚酯、生物基聚氨酯、生物尼龙、生物橡胶、微生物多糖等生物基材料产业链条化、集聚化、规模化发展，提升氨基酸、维生素等大宗发酵产品自主创新能力和发展水平。

建立生态安全、绿色低碳、循环发展的生物法工艺体系。发展高效工业生物催化转化技术体系，提升绿色生物工艺应用水平。建立甾体药物、手性化合物、稀少糖醇等生物催化合成路线，实现医药化工等中间体绿色化、规模化生产。促进绿色生物工艺在农业、化工、食品、医药、轻纺、冶金、能源等领域全面进入和示范应用，显著降低物耗能耗和污染物排放。

（五）培育生物服务新业态。以专业化分工促进生物技术服务创新发展，构建新技术专业化服务模式，不断创造生物经济新增长点。

增强生物技术对消费者的专业化服务能力。发展专业化诊疗机构，培育符合规范的液体活检、基因诊断等新型技术诊疗服务机构。发展健康体检和咨询、移动医疗等健康管理服务，推动构建生物大数据、医疗健康大数据共享平台，试点建立居民健康影像档案，鼓励构建线上线下相结合的智能诊疗生态系统，推动医学检验检测、影像诊断等服务专业化发展。

专栏 13　生物产业创新发展平台建设工程

依托并整合现有资源，建设一批创新基础平台，支持基因库、干细胞库、中药标准库、高级别生物安全实验室、蛋白元件库等建设。加快推动构建一批转化应用平台，推进抗体筛选平台、医学影像信息库、农作物分子育种平台等载体建设。积极发展一批检测服务平台，推进仿制药一致性评价技术平台、生物药质量及安全测试技术创新平台、农产品安全质量检测平台、生物质能检验检测及监测公共服务平台等建设，完善相关标准。

提高生物技术服务对产业的支持水平。发展符合国际标准的药物研发与生产服务，鼓励医药企业加强与合同研发、委托制造企业的合作。推动基因检测和诊断等新兴技术在各领域应用转化，支持生物信息服务机构提升技术水平。为药品、医疗器械、种业、生物能源等生物产品提供检测、评价、认证等公共服务，加快产品上市进度，提升产品质量。鼓励生物技术在水污染控制、大气污染治理、有毒有害物质降解、废物资源化等领域拓展应用，积极引导生物环保技术企业跨地区、跨行业联合或兼并，实现做大做强。构建生物技术专业化双创平台，降低生物产业创新创业成本，支持各类人员开办虚拟研发企业，释放创新潜能。

（六）创新生物能源发展模式。着力发展新一代生物质液体和气体燃料，开发高性能生物质能源转化系统解决方案，拓展生物能源应用空间，力争在发电、供气、供热、燃油等领域实现全面规模化应用，生物能源利用技术和核心装备技术达到世界先进水平，形成较成熟的商业化市场。

促进生物质能源清洁应用。重点推进高寿命、低电耗生物质燃料成型设备、生物质供热锅炉、分布式生物质热电联产等关键技术和设备研发，促进生物质成型燃料替代燃煤集中供热、生物质热电联产。按照因地制宜、就近生产消纳原则，示范建设集中式规模化生物燃气应用工程，突破大型生物质集中供气原料处理、高效沼气厌氧发酵等关键技术瓶颈。探索建立多元、协同、共赢的市场化发展模式，鼓励多产品综合利用，为生产生活提供清洁优质能源。

推进先进生物液体燃料产业化。重点突破高效低成本的生物质液体燃料原料处理和制备技术瓶颈，建设万吨级生物质制备液体燃料及多产品联产综合利用示范工程。完善原料供应体系，有序发展生物柴油。推进油藻生物柴油、生物航空燃料等前沿技术研发与产业化。

五、推动新能源汽车、新能源和节能环保产业快速壮大，构建可持续发展新模式

把握全球能源变革发展趋势和我国产业绿色转型发展要求，着眼生态文明建设和应对气候变化，以绿色低碳技术创新和应用为重点，引导绿色消费，推广绿色产品，大幅提升新能源汽车和新能源的应用比例，全面推进高效节能、先进环保和资源循环利用产业体系建设，推动新能源汽车、新能源和节能环保等绿色低碳产业成为支柱产业，到 2020 年，产值规模达到 10 万亿元以上。

（一）实现新能源汽车规模应用。强化技术创新，完善产业链，优化配套环境，落实和完善扶持政策，提升纯电动汽车和插电式混合动力汽车产业化水平，推进燃料电池汽车产业化。到 2020 年，实现当年产销 200 万辆以上，累计产销超过 500 万辆，整体技术水平保持与国际同步，形成一批具

有国际竞争力的新能源汽车整车和关键零部件企业。

全面提升电动汽车整车品质与性能。加快推进电动汽车系统集成技术创新与应用,重点开展整车安全性、可靠性研究和结构轻量化设计。提升关键零部件技术水平、配套能力与整车性能。加快电动汽车安全标准制定和应用。加速电动汽车智能化技术应用创新,发展智能自动驾驶汽车。开展电动汽车电力系统储能应用技术研发,实施分布式新能源与电动汽车联合应用示范,推动电动汽车与智能电网、新能源、储能、智能驾驶等融合发展。建设电动汽车联合创新平台和跨行业、跨领域的技术创新战略联盟,促进电动汽车重大关键技术协同创新。完善电动汽车生产准入政策,研究实施新能源汽车积分管理制度。到 2020 年,电动汽车力争具备商业化推广的市场竞争力。

建设具有全球竞争力的动力电池产业链。大力推进动力电池技术研发,着力突破电池成组和系统集成技术,超前布局研发下一代动力电池和新体系动力电池,实现电池材料技术突破性发展。加快推进高性能、高可靠性动力电池生产、控制和检测设备创新,提升动力电池工程化和产业化能力。培育发展一批具有持续创新能力的动力电池企业和关键材料龙头企业。推进动力电池梯次利用,建立上下游企业联动的动力电池回收利用体系。到 2020 年,动力电池技术水平与国际水平同步,产能规模保持全球领先。

专栏 14　新能源汽车动力电池提升工程

完善动力电池研发体系,加快动力电池创新中心建设,突破高安全性、长寿命、高能量密度锂离子电池等技术瓶颈。在关键电池材料、关键生产设备等领域构建若干技术创新中心,突破高容量正负极材料、高安全性隔膜和功能性电解液技术。加大生产、控制和检测设备创新,推进全产业链工程技术能力建设。开展燃料电池、全固态锂离子电池、金属空气电池、锂硫电池等领域新技术研究开发。

系统推进燃料电池汽车研发与产业化。加强燃料电池基础材料与过程机理研究,推动高性能低成本燃料电池材料和系统关键部件研发。加快提升燃料电池堆系统可靠性和工程化水平,完善相关技术标准。推动车载储氢系统以及氢制备、储运和加注技术发展,推进加氢站建设。到 2020 年,实现燃料电池汽车批量生产和规模化示范应用。

加速构建规范便捷的基础设施体系。按照"因地适宜、适度超前"原则,在城市发展中优先建设公共服务区域充电基础设施,积极推进居民区与单位停车位配建充电桩。完善充电设施标准规范,推进充电基础设施互联互通。加快推动高功率密度、高转换效率、高适用性、无线充电、移动充电等新型充换电技术及装备研发。加强检测认证、安全防护、与电网双向互动等关键技术研究。大力推动"互联网+充电基础设施",提高充电服务智能化水平。鼓励充电服务企业创新商业模式,提升持续发展能力。到 2020 年,形成满足电动汽车需求的充电基础设施体系。

(二)推动新能源产业发展。加快发展先进核电、高效光电光热、大型风电、高效储能、分布式能源等,加速提升新能源产品经济性,加快构建适应新能源高比例发展的电力体制机制、新型电网和创新支撑体系,促进多能互补和协同优化,引领能源生产与消费革命。到 2020 年,核电、风电、太阳能、生物质能等占能源消费总量比重达到 8%以上,产业产值规模超过 1.5 万亿元,打造世界领先的新能源产业。

推动核电安全高效发展。采用国际最高安全标准，坚持合作创新，重点发展大型先进压水堆、高温气冷堆、快堆及后处理技术装备，提升关键零部件配套能力，加快示范工程建设。提升核废料回收利用和安全处置能力。整合行业资源，形成系统服务能力，推动核电加快“走出去”。到2020年，核电装机规模达到5800万千瓦，在建规模达到3000万千瓦，形成国际先进的集技术开发、设计、装备制造、运营服务于一体的核电全产业链发展能力。

促进风电优质高效开发利用。大力发展智能电网技术，发展和挖掘系统调峰能力，大幅提升风电消纳能力。加快发展高塔长叶片、智能叶片、分散式和海上风电专用技术等，重点发展5兆瓦级以上风电机组、风电场智能化开发与运维、海上风电场施工、风热利用等领域关键技术与设备。建设风电技术测试与产业监测公共服务平台。到2020年，风电装机规模达到2.1亿千瓦以上，实现风电与煤电上网电价基本相当，风电装备技术创新能力达到国际先进水平。

推动太阳能多元化规模化发展。突破先进晶硅电池及关键设备技术瓶颈，提升薄膜太阳能电池效率，加强钙钛矿、染料敏化、有机等新型高效低成本太阳能电池技术研发，大力发展太阳能集成应用技术，推动高效低成本太阳能利用新技术和新材料产业化，建设太阳能光电光热产品测试与产业监测公共服务平台，大幅提升创新发展能力。统筹电力市场和外输通道，有序推进西部光伏光热发电开发，加快中东部分布式光伏发展，推动多种形式的太阳能综合开发利用。加快实施光伏领跑者计划，形成光热发电站系统集成和配套能力，促进先进太阳能技术产品应用和发电成本快速下降，引领全球太阳能产业发展。到2020年，太阳能发电装机规模达到1.1亿千瓦以上，力争实现用户侧平价上网。其中，分布式光伏发电、光伏电站、光热发电装机规模分别达到6000万千瓦、4500万千瓦、500万千瓦。

积极推动多种形式的新能源综合利用。突破风光互补、先进燃料电池、高效储能与海洋能发电等新能源电力技术瓶颈，加快发展生物质供气供热、生物质与燃煤耦合发电、地热能供热、空气能供热、生物液体燃料、海洋能供热制冷等，开展生物天然气多领域应用和区域示范，推进新能源多产品联产联供技术产业化。加速发展融合储能与微网应用的分布式能源，大力推动多能互补集成优化示范工程建设。建立健全新能源综合开发利用的技术创新、基础设施、运营模式及政策支撑体系。

大力发展“互联网+”智慧能源。加快研发分布式能源、储能、智能微网等关键技术，构建智能化电力运行监测管理技术平台，建设以可再生能源为主体的“源—网—荷—储—用”协调发展、集成互补的能源互联网，发展能源生产大数据预测、调度与运维技术，建立能源生产运行的监测、管理和调度信息公共服务网络，促进能源产业链上下游信息对接和生产消费智能化。推动融合储能设施、物联网、智能用电设施等硬件及碳交易、互联网金融等衍生服务于一体的绿色能源网络发展，促进用户端智能化用能、能源共享经济和能源自由交易发展，培育基于智慧能源的新业务、新业态，建设新型能源消费生态与产业体系。

加快形成适应新能源高比例发展的制度环境。围绕可再生能源比重大幅提高、弃风弃光率近零的目标，完善调度机制和运行管理方式，建立适应新能源电力大规模发展的电网运行管理体系。完善风电、太阳能、生物质能等新能源国家标准和清洁能源定价机制，建立新能源优先消纳机制。建立可再生能源发电补贴政策动态调整机制和配套管理体系。将分布式新能源纳入电力和供热规划以及国家新一轮配网改造计划，促进“源—网—用”协调发展，实现分布式新能源直供与无障碍入网。

专栏 15　新能源高比例发展工程

为实现新能源灵活友好并网和充分消纳，加快安全高效的输电网、可靠灵活的主动配电网以及多种分布式电源广泛接入互动的微电网建设，示范应用智能化大规模储能系统及柔性直流输电工程，建立适应分布式电源、电动汽车、储能等多元化负荷接入需求的智能化供需互动用电系统，建成适应新能源高比例发展的新型电网体系。

选择适宜区域开展分布式光电、分散式风电、生物质能供气供热、地热能、海洋能等多能互补的新能源综合开发，融合应用大容量储能、微网技术，构建分布式能源综合利用系统，引领能源供应方式变革。

（三）大力发展高效节能产业。适应建设资源节约型、环境友好型社会要求，树立节能为本理念，全面推进能源节约，提升高效节能装备技术及产品应用水平，推进节能技术系统集成和示范应用，支持节能服务产业做大做强，促进高效节能产业快速发展。到2020年，高效节能产业产值规模力争达到3万亿元。

大力提升高效节能装备技术及应用水平。鼓励研发高效节能设备（产品）及关键零部件，加大示范推广力度，加速推动降低综合成本。制修订强制性能效和能耗限额标准，加快节能科技成果转化应用。发布节能产品和技术推广目录，完善节能产品政府采购政策，推动提高节能产品市场占有率。完善能效标识制度和节能产品认证制度，在工业、建筑、交通和消费品等领域实施能效领跑者制度，推动用能企业和产品制造商跨越式提高能效。

大力推进节能技术系统集成及示范应用。在示范园区等重点区域和重点行业开展节能技术系统集成试点，整合高耗能企业的余热、余压、余气资源，鼓励利用余热采暖、利用余能和低温余热发电。鼓励重点用能单位及耗能设备配备智能能源计量和远程诊断设备，借助信息网络技术加强系统自动监控和智能分析能力，促进提高综合能效。深入推进流程工业系统优化工艺技术，推动工业企业能源管控中心建设，鼓励企业在低温加热段使用太阳能集热器，实现生产工艺和能源供应的综合优化。推进化石能源近零消耗建筑技术产业化，大力推广应用节能门窗、绿色节能建材等产品。鼓励风电、太阳能发电与企业能源供管系统综合集成，推动可再生能源就地消纳。

做大做强节能服务产业。支持合同能源管理、特许经营等业态快速发展，推动节能服务商业模式创新，推广节能服务整体解决方案。支持节能服务公司通过兼并、联合、重组等方式实现规模化、品牌化、网络化经营。搭建绿色融资平台，推动发行绿色债券，支持节能服务公司融资。制定相关标准，提高节能服务规范化水平。制定节能服务机构管理办法，建立健全节能第三方评估机制。搭建节能服务公司、重点用能单位、第三方评估机构履约登记和服务平台，营造诚实守信的市场环境。

专栏 16　节能技术装备发展工程

组织实施节能关键共性技术提升工程、节能装备制造工程。鼓励研发高性能建筑保温材料、光伏一体化建筑用玻璃幕墙、紧凑型户用空气源热泵装置、大功率半导体照明芯片与器件、先进高效燃气轮机发电设备、煤炭清洁高效利用技术装备、浅层地热能利用装置、蓄热式高温空气燃烧装置等一批高效节能设备（产品）及其关键零部件。

实施燃煤锅炉节能环保综合提升工程、供热管网系统能效综合提升工程、电机拖动系统能效提升工程，推进燃煤电厂节能与超低排放改造、电机系统节能、能量系统优化、余热余压利用等重大关键节能技术与产品规模化应用示范。组织实施城市、园区和企业节能示范工程，推广高效节能技术集成示范应用。

（四）加快发展先进环保产业。大力推进实施水、大气、土壤污染防治行动计划，推动区域与流域污染防治整体联动，海陆统筹深入推进主要污染物减排，促进环保装备产业发展，推动主要污染物监测防治技术装备能力提升，加强先进适用环保技术装备推广应用和集成创新，积极推广应用先进环保产品，促进环境服务业发展，全面提升环保产业发展水平。到2020年，先进环保产业产值规模力争超过2万亿元。

提升污染防治技术装备能力。围绕水、大气、土壤污染防治，集中突破工业废水、雾霾、土壤农药残留、水体及土壤重金属污染等一批关键治理技术，加快形成成套装备、核心零部件及配套材料生产能力。建设一批技术先进、配套齐全、发展规范的重大环保技术装备产业化示范基地，形成以骨干企业为核心、专精特新中小企业快速成长的产业良性发展格局。支持危险废弃物防治技术研发，提高危险废弃物处理处置水平。支持环保产业资源优化整合，积极拓展国际市场。

加强先进适用环保技术装备推广应用和集成创新。定期更新《国家鼓励发展的重大环保技术装备目录》，强化供需对接，加强先进适用环保装备在冶金、化工、建材、食品等重点领域应用。加快环保产业与新一代信息技术、先进制造技术深度融合，强化先进环保装备制造能力，提高综合集成水平。支持建立产学研用相结合的环保技术创新联盟，加快技术集成创新研究与应用。

积极推广应用先进环保产品。大力推广应用离子交换树脂、生物滤料及填料、高效活性炭、循环冷却水处理药剂、杀菌灭藻剂、水处理消毒剂、固体废弃物处理固化剂和稳定剂等环保材料和环保药剂。扩大政府采购环保产品范围，不断提高环保产品采购比例。实施环保产品领跑者制度，提升环保产品标准，积极推广应用先进环保产品，组织实施先进环保装备技术进步与模式创新示范工程。

提升环境综合服务能力。基于各行业污染物大数据，推动建立环保装备与服务需求信息平台、技术创新转化交易平台、环保装备招投标信息平台，提高环保服务信息化水平。推动在环境监测中应用卫星和物联网技术，构建污染排放、环境质量基础数据与监控处置信息平台，提高环境监管智能化水平，深入推进环境服务业试点工作。发展环境修复服务，推广合同环境服务，促进环保服务整体解决方案推广应用。开展环境污染第三方治理试点和环境综合治理托管服务试点，在城镇污水垃圾处理、工业园区污染集中处理等重点领域深入探索第三方治理模式。推进产品绿色设计示范企业创建工作，支持企业开展绿色设计。

专栏17　绿色低碳技术综合创新示范工程

对接绿色低碳试点示范项目，在具备条件的区域，以绿色低碳技术综合应用为核心，以互联网为纽带，建设新能源、新能源汽车与智慧交通系统、低碳社区、碳捕集和富碳农业、绿色智能工厂等综合应用设施，先行先试相关改革措施，促进绿色低碳技术、新一代信息技术与城镇化建设、生产生活的融合创新，广泛开展国际合作，打造相关技术综合应用示范区域。

（五）深入推进资源循环利用。树立节约集约循环利用的资源观，大力推动共伴生矿和尾矿综合利用、“城市矿产”开发、农林废弃物回收利用和新品种废弃物回收利用，发展再制造产业，完善资源循环利用基础设施，提高政策保障水平，推动资源循环利用产业发展壮大。到2020年，力争当年替代原生资源13亿吨，资源循环利用产业产值规模达到3万亿元。

大力推动大宗固体废弃物和尾矿综合利用。推动冶金渣、化工渣、赤泥、磷石膏等产业废弃物综合利用，推广一批先进适用技术与装备，加强对工业固体废弃物中战略性稀贵金属的回收利用。研发尾矿深度加工和综合利用技术，促进尾矿中伴生有价元素回收和高技术含量尾矿产品开发，提高尾矿综合利用经济性。研发复杂多金属尾矿选冶联合关键技术与装备、清洁无害化综合利用关键技术,研发单套设备处理能力达到每年100—500万吨的尾矿高效浓缩及充填料制备、输送、充填成套工艺技术。开发低品位钛渣优化提质技术,提高钒钛磁铁矿资源综合利用率。

促进"城市矿产"开发和低值废弃物利用。提高废弃电器电子产品、报废汽车拆解利用技术装备水平,促进废有色金属、废塑料加工利用集聚化规模化发展。加快建设城市餐厨废弃物、建筑垃圾和废旧纺织品等资源化、无害化处理系统,协同发挥各类固体废弃物处理设施作用,打造城市低值废弃物协同处理基地。落实土地、财税等相关优惠政策。完善再生资源回收利用基础设施,支持现有再生资源回收集散地升级改造。

加强农林废弃物回收利用。基本实现畜禽粪便、残膜、农作物秸秆、林业三剩物等农林废弃物资源化利用。推广秸秆腐熟还田技术,支持秸秆代木、纤维原料、清洁制浆、生物质能、商品有机肥等新技术产业化发展。鼓励利用畜禽粪便、秸秆等多种农林废弃物,因地制宜实施农村户用沼气和集中供沼气工程。推广应用标准地膜,引导回收废旧地膜和使用可降解地膜。鼓励利用林业废弃物建设热、电、油、药等生物质联产项目。积极开发农林废弃物超低排放焚烧技术。

积极开展新品种废弃物循环利用。开展新品种废弃物回收利用体系示范,推动废弃太阳能电池、废旧动力蓄电池、废碳纤维材料、废节能灯等新型废弃物回收利用,推广稀贵金属高效富集与清洁回收利用、电动汽车动力蓄电池梯级利用等。支持碳捕集、利用和封存技术研发与应用,发展碳循环产业。

大力推动海水资源综合利用。加快海水淡化及利用技术研发和产业化,提高核心材料和关键装备的可靠性、先进性和配套能力。推动建设集聚发展的海水淡化装备制造基地。开展海水资源化利用示范工程建设,推进大型海水淡化工程总包与服务。开展海水淡化试点示范,鼓励生产海水淡化桶装水,推进海水淡化水依法进入市政供水管网。推进海水冷却技术在沿海高用水行业规模化应用。加快从海水中提取钾、溴、镁等产品,实现高值化利用。

发展再制造产业。加强机械产品再制造无损检测、绿色高效清洗、自动化表面与体积修复等技术攻关和装备研发,加快产业化应用。组织实施再制造技术工艺应用示范,推进再制造纳米电刷镀技术装备、电弧喷涂等成熟表面工程装备示范应用。开展发动机、盾构机等高值零部件再制造。建立再制造旧件溯源及产品追踪信息系统,促进再制造产业规范发展。

健全资源循环利用产业体系。推动物联网电子监管技术在危险废弃物、电子废弃物利用处置等领域应用,支持再生资源企业建立线上线下融合的回收网络。统筹国内外再生资源利用,加强生活垃圾分类回收与再生资源回收的衔接。建设资源循环利用第三方服务体系,鼓励通过合同管理方式,提供废弃物管理、回收、再生加工、循环利用的整体解决方案。全面落实生产者责任延伸制度,鼓励使用再生产品和原料。建立健全覆盖固体废弃物、危险废弃物、再生产品、污染物控制等方面的标准体系。

专栏18　资源循环替代体系示范工程

实施循环发展引领行动,推动太阳能光伏电池、废弃电子产品稀贵金属多组分分离提取和电动汽车动力蓄电池、废液晶等新品种废弃物的回收利用,开展基于"互联网+"的废弃物回收利用体系示范。推进城市低值废弃物协同处置和大宗固体废弃物综合利用加快发展。建立以售后维修体系为核心的旧件回收体系,在商贸物流、金融保险、维修销售等环节和煤炭、石油等采掘企业推广应用再制造产品。鼓励专业化再制造服务公司提供整体解决方案和专项服务。

六、促进数字创意产业蓬勃发展，创造引领新消费

以数字技术和先进理念推动文化创意与创新设计等产业加快发展，促进文化科技深度融合、相关产业相互渗透。到2020年，形成文化引领、技术先进、链条完整的数字创意产业发展格局，相关行业产值规模达到8万亿元。

（一）创新数字文化创意技术和装备。适应沉浸式体验、智能互动等趋势，加强内容和技术装备协同创新，在内容生产技术领域紧跟世界潮流，在消费服务装备领域建立国际领先优势，鼓励深度应用相关领域最新创新成果。

提升创作生产技术装备水平。加大空间和情感感知等基础性技术研发力度，加快虚拟现实、增强现实、全息成像、裸眼三维图形显示（裸眼3D）、交互娱乐引擎开发、文化资源数字化处理、互动影视等核心技术创新发展，加强大数据、物联网、人工智能等技术在数字文化创意创作生产领域的应用，促进创新链和产业链紧密衔接。鼓励企业运用数字创作、网络协同等手段提升生产效率。

增强传播服务技术装备水平。研发具有自主知识产权的超感影院、混合现实娱乐、广播影视融合媒体制播等配套装备和平台，开拓消费新领域。大力研发数字艺术呈现技术，提升艺术展演展陈数字化、智能化、网络化应用水平，支持文物保护装备产业化及应用。研究制定数字文化创意技术装备关键标准，推动自主标准国际化，完善数字文化创意技术装备和相关服务的质量管理体系。

专栏19　数字文化创意技术装备创新提升工程

以企业为主体、产学研用相结合，构建数字文化创意产业创新平台，加强基础技术研发，大力发展虚拟现实、增强现实、互动影视等新型软硬件产品，促进相关内容开发。完善数字文化创意产业技术与服务标准体系，推动手机（移动终端）动漫、影视传媒等领域标准体系广泛应用，建立文物数字化保护和传承利用、智慧博物馆、超高清内容制作传输等标准。完善数字创意"双创"服务体系。

（二）丰富数字文化创意内容和形式。通过全民创意、创作联动等新方式，挖掘优秀文化资源，激发文化创意，适应互联网传播特点，创作优质、多样、个性化的数字创意内容产品。

促进优秀文化资源创造性转化。鼓励对艺术品、文物、非物质文化遗产等文化资源进行数字化转化和开发。依托地方特色文化，创造具有鲜明区域特点和民族特色的数字创意内容产品。加强现代设计与传统工艺对接，促进融合创新。提高图书馆、美术馆、文化馆、体验馆数字化、智能化水平，加强智慧博物馆和智慧文化遗产地建设，创新交互体验应用。

鼓励创作当代数字创意内容精品。强化高新技术支撑文化产品创作的力度，提高数字创意内容产品原创水平，加快出版发行、影视制作、演艺娱乐、艺术品、文化会展等行业数字化进程，提高动漫游戏、数字音乐、网络文学、网络视频、在线演出等文化品位和市场价值。鼓励多业态联动的创意开发模式，提高不同内容形式之间的融合程度和转换效率，努力形成具有世界影响力的数字创意品牌，支持中华文化"走出去"。

专栏 20　数字内容创新发展工程

依托先进数字技术，推动实施文化创意产品扶持计划和“互联网+”中华文明行动计划，支持推广一批数字文化遗产精品，打造一批优秀数字文化创意产品，建设数字文化资源平台，实现文化创意资源的智能检索、开发利用和推广普及，拓展传播渠道，引导形成产业链。

（三）提升创新设计水平。挖掘创新设计产业发展内生动力，推动设计创新成为制造业、服务业、城乡建设等领域的核心能力。

强化工业设计引领作用。积极发展第三方设计服务，支持设计成果转化。鼓励企业加大工业设计投入，推动工业设计与企业战略、品牌深度融合，促进创新设计在产品设计、系统设计、工艺流程设计、商业模式和服务设计中的应用。支持企业通过创新设计提升传统工艺装备，推进工艺装备由单机向互联、机械化向自动化持续升级。以创意和设计引领商贸流通业创新，加强广告服务，健全品牌价值体系。制定推广行业标准，推动产业转型升级。支持建设工业设计公共服务平台。通过工业设计推动中国制造向中国创造、中国速度向中国质量转变。

提升人居环境设计水平。创新城市规划设计，促进测绘地理信息技术与城市规划相融合，利用大数据、虚拟现实等技术，建立覆盖区域、城乡、地上地下的规划信息平台，引导创新城市规划。从宏观、中观、微观等多层面加强城市设计，塑造地域特色鲜明的风貌。鼓励建筑设计创作，完善招投标制度和专家评标制度，扩展建筑师执业服务范围，引导建筑师参与项目策划、建筑设计、项目管理，形成激励建筑师创作的政策环境。加大建筑师培养力度，培育既有国际视野又有文化自信的建筑师队伍。倡导新型景观设计，改善人居环境。进一步提高装饰设计水平。

专栏 21　创新设计发展工程

制定实施制造业创新设计行动纲要，建设一批国家级工业设计中心，建设一批具有国际影响力的工业设计集聚区。建设增材制造等领域设计大数据平台与知识库，促进数据共享和供需对接。通过发展创业投资、政府购买服务、众筹试点等多种模式促进创新设计成果转化。

（四）推进相关产业融合发展。推动数字文化创意和创新设计在各领域应用，培育更多新产品、新服务以及多向交互融合的新业态，形成创意经济无边界渗透格局。

加快重点领域融合发展。推动数字创意在电子商务、社交网络中的应用，发展虚拟现实购物、社交电商、“粉丝经济”等营销新模式。推动数字创意在教育领域的应用，提升学习内容创意水平，加强数字文化教育产品开发和公共信息资源深度利用，推动教育服务创意化。提升旅游产品开发和旅游服务设计的文化内涵和数字化水平，促进虚拟旅游展示等新模式创新发展。挖掘创意“三农”发展潜力，提高休闲农业创意水平，促进地理标志农产品、乡村文化开发，以创意民宿推动乡村旅游发展和新农村建设。推动数字创意在医疗、展览展示、地理信息、公共管理等领域应用。构建数字创意相关项目资源库和对接服务平台，创新使用多种形式的线上线下推广手段，广泛开展会展活动，鼓励行业协会、研究机构积极开展跨领域交流合作。

推进数字创意生态体系建设。建立涵盖法律法规、行政手段、技术标准的数字创意知识产权保护体系，加大打击数字创意领域盗版侵权行为力度，保障权利人合法权益。积极研究解决虚拟现实、网络游戏等推广应用中存在的风险问题，切实保护用户生理和心理健康。改善数字创意相关行业管理规制，进一步放宽准入条件，简化审批程序，加强事中事后监管，促进融合发展。

七、超前布局战略性产业，培育未来发展新优势

以全球视野前瞻布局前沿技术研发，不断催生新产业，重点在空天海洋、信息网络、生命科学、核技术等核心领域取得突破，高度关注颠覆性技术和商业模式创新，在若干战略必争领域形成独特优势，掌握未来产业发展主动权，为经济社会持续发展提供战略储备、拓展战略空间。

（一）空天海洋领域

显著提升空间进入能力。突破大推力发动机、大直径箭体设计、制造与先进控制等关键技术，发展重型运载火箭，保障未来重大航天任务实施。发展快速、廉价、可重复使用的小载荷天地往返运输系统。超前部署具有高空间定位精度的空间飞行器自主导航和飞行技术。

加快发展新型航天器。加强超高分辨率、超高精度时空基准、超高速安全通信、高性能星上处理、大功率电源、新型材料等关键技术研发，研制新型应用卫星。建立先进的载人空间科学实验平台和生命支持系统。发展空间飞行器轻量化小型化技术，推进应用型微、纳、皮卫星规范有序发展。部署和发射新型试验卫星。加快发展临近空间飞行器、可重复使用航天器等面向未来任务的新型航天器。

加快航空领域关键技术突破和重大产品研发。超前部署氢燃料、全电、组合动力等新型发动机关键技术研究，提升未来航空产业自主发展能力。加快发展多用途无人机、新构型飞机等战略性航空装备。前瞻布局超音速商务机、新概念新构型总体气动技术、先进高可靠性机电技术、新一代航空电子系统、航空新材料及新型复合材料加工技术。

发展新一代深海远海极地技术装备及系统。建立深海区域研究基地，发展海洋遥感与导航、水声探测、深海传感器、无人和载人深潜、深海空间站、深海观测系统、“空—海—底”一体化通信定位、新型海洋观测卫星等关键技术和装备。大力研发深远海油气矿产资源、可再生能源、生物资源等资源开发利用装备和系统，研究发展海上大型浮式结构物，支持海洋资源利用关键技术研发和产业化应用，培育海洋经济新增长点。大力研发极地资源开发利用装备和系统，发展极地机器人、核动力破冰船等装备。

（二）信息网络领域

构建未来网络新体系。着眼于提升当前网络体系架构可扩展性、安全性、可管控性、移动性和内容分发能力，系统布局新型网络架构、技术体系和安全保障体系研究，开展实验网络建设，研究构建泛在融合、绿色带宽、智能安全的新型网络。

加强关键技术和产品研发。面向万物互联需求，发展物联网搜索引擎、E级高性能计算、面向物端的边缘计算等技术和产品。开展深度学习、认知计算、虚拟现实、自然人机交互等领域前沿技术研发，提升信息服务智能化、个性化水平。布局太赫兹通信、可见光通信等技术研发，持续推动量子密钥技术应用。

推动电子器件变革性升级换代。加强低功耗高性能新原理硅基器件、硅基光电子、混合光电子、微波光电子等领域前沿技术和器件研发，形成一批专用关键制造设备，提升光网络通信元器件

支撑能力。统筹布局量子芯片、量子编程、量子软件以及相关材料和装置制备关键技术研发，推动量子计算机的物理实现和量子仿真的应用。加强类脑芯片、超导芯片、石墨烯存储、非易失存储、忆阻器等新原理组件研发，推进后摩尔定律时代微电子技术开发与应用，实现产业跨越式发展。

（三）生物技术领域

构建基于干细胞与再生技术的医学新模式。加快布局体细胞重编程科学技术研发，开发功能细胞获取新技术。完善细胞、组织与器官的体内外生产技术平台与基地。规范干细胞与再生领域法律法规和标准体系，完善知识产权评估与转化机制，持续深化干细胞与再生技术临床应用。发展肿瘤免疫治疗技术。

推进基因编辑技术研发与应用。建立具有自主知识产权的基因编辑技术体系，开发针对重大遗传性疾病、感染性疾病、恶性肿瘤等的基因治疗新技术。建立相关动物资源平台、临床研究及转化应用基地，促进基于基因编辑研究的临床转化和产业化发展。

加强合成生物技术研发与应用。突破基因组化学合成、生物体系设计再造、人工生物调控等关键技术，研究推进人工生物及人工生物器件临床应用和产业化。推动生物育种、生态保护、能源生产等领域颠覆性技术创新，构建基础原料供给、物质转化合成、民生服务新模式，培育合成生物产业链。

（四）核技术领域

加快开发新一代核能装备系统。加快推动铅冷快堆、钍基熔盐堆等新核能系统试验验证和实验堆建设。支持小型和微型核动力堆研发设计和关键设备研制，开展实验堆建设和重点领域示范应用。积极参与国际热核聚变实验堆计划，不断完善全超导托卡马克核聚变实验装置等国家重大科技基础设施，开展实验堆概念设计、关键技术和重要部件研发。

发展非动力核技术。支持发展离子、中子等新型射线源，研究开发高分辨率辐射探测器和多维动态成像装置，发展精准治疗设备、医用放射性同位素、中子探伤、辐射改性等新技术和新产品，持续推动核技术在工业、农业、医疗健康、环境保护、资源勘探、公共安全等领域应用。

八、促进战略性新兴产业集聚发展，构建协调发展新格局

立足区域发展总体战略，围绕推进"一带一路"建设、京津冀协同发展、长江经济带发展，根据各地产业基础和特色优势，坚持因地制宜、因业布局、因时施策，加快形成点面结合、优势互补、错位发展、协调共享的战略性新兴产业发展格局。

（一）打造战略性新兴产业策源地

支持创新资源富集的中心城市形成以扩散知识技术为主要特征的战略性新兴产业策源地。发挥策源地城市科研人才密集、学科齐全、国际交流频繁等优势，支持建设一批国际一流的大学和科研机构，强化重点领域基础研究，大力促进新兴学科、交叉学科发展，支持建设新兴交叉学科研究中心，推进信息、生命、医疗、能源等领域原创性、颠覆性、支撑性技术开发，推动产学研用联动融合，形成引领战略性新兴产业发展的"辐射源"。以推进全面创新改革试验为契机，加快改革攻坚，完善科研项目经费管理和科技成果转移转化机制，最大限度减少不利于创新人才发展的制度障碍，探索

建立适应创新要素跨境流动的体制机制。发挥策源地城市改革创新示范带动作用,在全国范围内推广一批有力度、有特色、有影响的重大改革举措。大力推动科技中介新业态发展,支持海外人才、科研人员、高校师生在策源地城市创业创新,支持海外知名大学、科研机构、企业在策源地城市建设产业创新平台和孵化器,打造战略性新兴产业创业创新高地。鼓励策源地城市开展"知识产权强市"建设,加大知识产权保护力度,强化知识产权运用和管理,加快发展知识产权服务业,更好利用全球创新成果,加速科技成果向全国转移扩散。

(二)壮大一批世界级战略性新兴产业发展集聚区

依托城市群建设,以全面创新改革试验区为重点,发展知识密集型战略性新兴产业集群,打造10个左右具有全球影响力、引领我国战略性新兴产业发展的标志性产业集聚区,推动形成战略性新兴产业发展的体制机制创新区、产业链创新链融合区、国际合作承载区。在东部地区打造国际一流的战略性新兴产业城市群,围绕京津冀协同发展,加强京津冀经济与科技人才联动,形成辐射带动环渤海地区和北方腹地发展的战略性新兴产业发展共同体;发挥长三角城市群对长江经济带的引领作用,以上海、南京、杭州、合肥、苏锡常等都市圈为支点,构筑点面结合、链群交融的产业发展格局;以广州、深圳为核心,全面提升珠三角城市群战略性新兴产业的国际竞争力,延伸布局产业链和服务链,带动区域经济转型发展;推动山东半岛城市群重点发展生物医药、高端装备制造、新一代信息技术、新材料等产业和海洋经济;围绕福州、厦门等重点城市,推动海峡西岸地区生物、海洋、集成电路等产业发展。依托中西部地区产业基础,大力推进成渝地区、武汉都市圈、长株潭城市群、中原城市群、关中平原城市群等重点区域战略性新兴产业发展,积极创造条件承接东部地区产业转移;支持昆明、贵阳等城市发展具有比较优势的产业,促进长江经济带上中下游地区产业协同发展。对接丝绸之路经济带建设,促进天山北坡、兰州—西宁等西北地区城市群发展特色产业。推动东北地区大力发展机器人及智能装备、光电子、生物医药及医疗器械、信息服务等产业,以沈阳、大连、哈尔滨、长春为支点,支持东北地区城市群打造国内领先的战略性新兴产业集群,带动区域经济转型升级。

(三)培育战略性新兴产业特色集群

充分发挥现有产业集聚区作用,通过体制机制创新激发市场活力,采用市场化方式促进产业集聚,完善扶持政策,加大扶持力度,培育百余个特色鲜明、大中小企业协同发展的优势产业集群和特色产业链。完善政府引导产业集聚方式,由招商引资向引资、引智、引技并举转变,打造以人才和科技投入为主的新经济;由"引进来"向"引进来"、"走出去"并重转变,充分整合利用全球创新资源和市场资源;由注重产业链发展向产业链、创新链协同转变,聚焦重点产业领域,依托科研机构和企业研发基础,提升产业创新能力;由产城分离向产城融合转变,推动研究机构、创新人才与企业相对集中,促进不同创新主体良性互动。避免对市场行为的过度干预,防止园区重复建设。鼓励战略性新兴产业向国家级新区等重点功能平台集聚。

九、推进战略性新兴产业开放发展,拓展合作新路径

贯彻国家开放发展战略部署,构建战略性新兴产业国际合作新机制,建设全球创新发展网络,推动产业链全球布局,拓展发展新路径。

（一）积极引入全球资源

抓住“一带一路”建设契机，推进国际产能合作，构建开放型创新体系，鼓励技术引进与合作研发，促进引进消化吸收与再创新。积极引导外商投资方向，鼓励外商投资战略性新兴产业，推动跨国公司、国际知名研究机构在国内设立研发中心。加大海外高端人才引进力度，畅通吸纳海外高端人才的绿色通道，为海外人才来华工作和创业提供更多便利。

（二）打造国际合作新平台

积极建立国际合作机制，推动签署落实政府间新兴产业和创新领域合作协议。推动双边互认人员资质、产品标准、认证认可结果，参与国际多边合作互认机制。以发达国家和“一带一路”沿线国家为重点，建设双边特色产业国际合作园区，引导龙头企业到海外建设境外合作园区。创新合作方式，提升重点领域开放合作水平。加强国际科技成果转化和孵化、人才培训等公共服务体系建设。

（三）构建全球创新发展网络

建立健全国际化创新发展协调推进和服务机制，加强驻外机构服务能力，利用二十国集团（G20）、夏季达沃斯等平台开展新经济交流，充分发挥有关行业协会和商会作用，搭建各类国际经济技术交流与合作平台。引导社会资本设立一批战略性新兴产业跨国并购和投资基金，支持一批城市对接战略性新兴产业国际合作，建设一批国际合作创新中心，发展一批高水平国际化中介服务机构，建立一批海外研发中心，构建全球研发体系，形成政府、企业、投资机构、科研机构、法律机构、中介机构高效协同的国际化合作网络。支持企业和科研机构参与国际科技合作计划、国际大科学计划和大科学工程，承担和组织国际重大科技合作项目。鼓励企业积极参与国际技术标准制定。

（四）深度融入全球产业链

推动产业链全球布局，在高端装备、新一代信息技术、新能源等重点领域，针对重点国家和地区确定不同推进方式和实施路径，推动产业链资源优化整合。支持企业、行业协会和商会、地方政府和部门创新方式开展战略性新兴产业国际产能合作，推动国内企业、中外企业组团共同开拓国际市场，支持产业链“走出去”，将“走出去”获得的优质资产、技术、管理经验反哺国内，形成综合竞争优势。推动高端装备、新一代信息技术等领域龙头企业海外拓展，与国际大企业开展更高层次合作，实现优势互补、共赢发展。

十、完善体制机制和政策体系，营造发展新生态

加快落实创新驱动发展战略，深入推进政府职能转变，持续深化重点领域和关键环节改革，强化制度建设，汇聚知识、技术、资金、人才等创新要素，全面营造有利于战略性新兴产业发展壮大的生态环境。

（一）完善管理方式

推进简政放权、放管结合、优化服务改革。在电信、新药和医疗器械、新能源汽车生产准入等领域，进一步完善审批方式，最大限度减少事前准入限制，修改和废止有碍发展的行政法规和规范性文件，激发市场主体活力。坚持放管结合，区分不同情况，积极探索和创新适合新技术、新产品、新业态、新模式发展的监管方式，既激发创新创造活力，又防范可能引发的风险。对发展前景和潜在

风险看得准的“互联网+”、分享经济等新业态，量身定制监管模式；对看不准的领域，加强监测分析，鼓励包容发展，避免管得过严过死；对潜在风险大、有可能造成严重不良社会后果的，切实加强监管；对以创新之名行非法经营之实的，坚决予以取缔。严格执行降低实体经济企业成本各项政策措施，落实中央财政科研项目资金管理相关政策措施，推进科技成果产权制度改革。全面落实深化国有企业改革各项部署，在战略性新兴产业领域国有企业中率先进行混合所有制改革试点示范，开展混合所有制企业员工持股试点。发布战略性新兴产业重点产品和服务指导目录。

营造公平竞争市场环境。完善反垄断法配套规则，进一步加大反垄断和反不正当竞争执法力度，严肃查处信息服务、医疗服务等领域企业违法行为。建立健全工作机制，保障公平竞争审查制度有序实施，打破可再生能源发电、医疗器械、药品招标等领域的地区封锁和行业垄断，加大对地方保护和行业垄断行为的查处力度。完善信用体系，充分发挥全国信用信息共享平台和国家企业信用信息公示系统等作用，推进各类信用信息平台建设、对接和服务创新，加强信用记录在线披露和共享，为经营者提供信用信息查询、企业身份网上认证等服务。

加强政策协调。充分发挥战略性新兴产业发展部际联席会议制度作用，推动改革措施落地，加强工作沟通，避免相关政策碎片化。持续开展产业发展状况评估和前瞻性课题研究，准确定位改革发展方向。建立高层次政企对话咨询机制，在研究制订相关政策措施时积极听取企业意见。定期发布发展新经济培育新动能、壮大战略性新兴产业有关重点工作安排，统筹推进相关改革发展工作。

（二）构建产业创新体系

深入开展大众创业万众创新。打造众创、众包、众扶、众筹平台，依托“双创”资源集聚的区域、科研院所和创新型企业等载体，支持建设“双创”示范基地，发展专业化众创空间。依托互联网打造开放共享的创新机制和创新平台，推动企业、科研机构、高校、创客等创新主体协同创新。着力完善促进“双创”的法律和政策体系。持续强化“双创”宣传，办好全国“双创”活动周，营造全社会关注“双创”、理解“双创”、支持“双创”的良好氛围。

强化公共创新体系建设。实施一批重大科技项目和重大工程，加强颠覆性技术研发和产业化。创新重大项目组织实施方式，探索实行项目决策、执行、评价、监督相对分开的组织管理机制。构建企业主导、政产学研用相结合的产业技术创新联盟，支持建设关键技术研发平台，在重点产业领域采取新机制建立一批产业创新中心。围绕重点领域创新发展需求，统筹部署国家重大科技基础设施等创新平台建设，加强设施和平台开放共享。按照科研基地优化布局统筹部署，建设一批国家技术创新中心，支撑引领战略性新兴产业发展。加强相关计量测试、检验检测、认证认可、知识和数据中心等公共服务平台建设。成立战略性新兴产业计量科技创新联盟，加强认证认可创新。落实和完善战略性新兴产业标准化发展规划，完善标准体系，支持关键领域新技术标准应用。

支持企业创新能力建设。实施国家技术创新工程，加强企业技术中心能力建设，推进创新企业百强工程，培育一批具有国际影响力的创新型领导企业，引领带动上下游产业创新能力提升。加大对科技型中小企业创新支持力度，落实研发费用加计扣除等税收优惠政策，引导企业加大研发投入。

完善科技成果转移转化制度。落实相关法律法规政策，组织实施促进科技成果转移转化行动。落实科技成果转化有关改革措施，提高科研人员成果转化收益分享比例，加快建立科技成果转移转化绩效评价和年度报告制度。引导有条件的高校和科研院所建立专业化、市场化的技术转移机构，加强战略性新兴产业科技成果发布，探索在战略性新兴产业相关领域率先建立利用财政资金形成的科技成果限时转化制度。

（三）强化知识产权保护和运用

强化知识产权保护维权。积极推进专利法、著作权法修订工作。跟踪新技术、新业态、新模式发展创新，加强互联网、电子商务、大数据等领域知识产权保护规则研究，完善商业模式知识产权保护、商业秘密保护、实用艺术品外观设计专利保护等相关法律法规。完善知识产权快速维权机制，新建一批快速维权中心。将故意侵犯知识产权行为纳入社会信用记录，健全知识产权行政侵权查处机制，依法严厉打击侵犯知识产权犯罪行为，加大海关知识产权执法保护力度，推动提高知识产权侵权法定赔偿上限额度。

加强知识产权布局运用。大力推行知识产权标准化管理，提升创新主体知识产权管理能力。实施知识产权行业布局和区域布局工程，在战略性新兴产业集聚区和龙头企业引导设立知识产权布局设计中心。构建知识产权运营服务体系，推进全国知识产权运营公共服务平台建设，培育一批专业化、品牌化知识产权服务机构，鼓励高端检索分析工具等开发应用，引导知识产权联盟建设。聚焦战略性新兴产业，鼓励创新知识产权金融产品，开发知识产权投贷、投保、投债联动等新产品，探索知识产权股权化、证券化。鼓励企业综合运用专利、版权、商标等知识产权手段打造自有品牌。

完善知识产权发展机制。实施战略性新兴产业知识产权战略推进计划，围绕战略性新兴产业集聚区部署知识产权服务链，建立知识产权集群管理制度，推动形成一批知识产权优势集聚区。加强战略性新兴产业专利分析及动向监测。建立重大经济科技活动知识产权分析评议制度，鼓励企业建立知识产权分析评议机制。完善海外知识产权服务体系，研究发布海外知识产权环境信息，跟踪研究重点产业领域国际知识产权动向，引导建立海外知识产权案件信息提交机制，加强对重大知识产权案件的研究，建立海外知识产权风险预警机制，支持企业开展知识产权海外并购和维权行动。

（四）深入推进军民融合

构建军民融合的战略性新兴产业体系。促进军民科技创新体系相互兼容、协同发展，推进军民融合产业发展。依托国家军民融合创新示范区，促进军民两用技术产业化发展。建设一批军民融合创新平台。在军工单位集中、产业基础较好的地区，推进军民技术双向转移和转化应用。支持军工企业发挥优势向新能源、民用航空航天、物联网等新兴领域拓展业务，引导优势民营企业进入国防科研生产和维修领域，构建各类企业公平竞争的政策环境。

加强军民融合重大项目建设。面向建设航天强国，统筹规划军民卫星研发和使用，加强地面站网整合建设与信息共享，积极发展军民通用化程度高的动力系统、关键部件和基础材料。适应空域改革进程，加强空域管制系统技术和装备研发，推进航空产业军民深度融合发展。面向建设网络强国，加强新一代信息基础设施和系统军民合建共用，组织实施安全可靠信息网络产品和服务相关应用示范工程。面向建设海洋强国，适应军地海洋资源调查、海域使用、海洋观测预报、海洋环境保护和岛礁建设需求，发展军民两用高性能装备和材料技术。开展军民通用标准化工程，促进军民技术双向转移。

（五）加大金融财税支持

提高企业直接融资比重。积极支持符合条件的战略性新兴产业企业上市或挂牌融资，研究推出全国股份转让系统挂牌公司向创业板转板试点，建立全国股份转让系统与区域性股权市场合作对接机制。探索推进场外证券交易市场以及机构间私募产品报价与服务系统建设，支持战略性新兴产业创业企业发展。大力发展创业投资和天使投资，完善鼓励创业投资企业和天使投资人投资种子期、初创期科技型企业的税收支持政策，丰富并购融资和创业投资方式。积极支持符合条件的战略性新兴产业企业发行债券融资，扩大小微企业增信集合债券和中小企业集合票据发行规模，鼓励探索开发高收益债券和可转换债券等金融产品，稳步推进非金融企业债务融资工具发展。鼓励保险公司、社会保险基金和其他机构投资者合法合规参与战略性新兴产业创业投资和股权投资基金。推进投贷联动试点工作。

加强金融产品和服务创新。引导金融机构积极完善适应战略性新兴产业特点的信贷管理和贷款评审制度。探索建立战略性新兴产业投融资信息服务平台，促进银企对接。鼓励建设数字创意、软件等领域无形资产确权、评估、质押、流转体系，积极推进知识产权质押融资、股权质押融资、供应链融资、科技保险等金融产品创新。引导政策性、开发性金融机构加大对战略性新兴产业支持力度。推动发展一批为飞机、海洋工程装备、机器人等产业服务的融资租赁和金融租赁公司。加快设立国家融资担保基金，支持战略性新兴产业项目融资担保工作。

创新财税政策支持方式。发挥财政资金引导作用，创新方式吸引社会投资，大力支持战略性新兴产业发展。充分发挥国家新兴产业创业投资引导基金服务创业创新的作用，完善管理规则，做好风险防控，高效开展投资运作，带动社会资本设立一批创业投资基金，加大对战略性新兴产业的投入。鼓励有条件的地区设立战略性新兴产业发展基金，引导社会资金设立一批战略性新兴产业投资基金和国际化投资基金。积极运用政府和社会资本合作（PPP）等模式，引导社会资本参与重大项目建设。完善政府采购政策，加大对“双创”以及云计算、大数据、循环经济等支持力度，推进智慧城市、信息惠民、“城市矿山”、智能装备等示范应用。进一步完善光伏、风电、生物质等可再生能源发电补贴政策。调整完善新能源汽车推广补贴政策。完善战略性新兴产业企业股权激励个人所得税政策。

（六）加强人才培养与激励

培养产业紧缺人才。实施战略性新兴产业创新领军人才行动，聚焦重点领域，依托重大项目和重大工程建设一批创新人才培养示范基地，重点扶持一批科技创新创业人才。分行业制定战略性新兴产业紧缺人才目录，在国家相关人才计划中予以重点支持。根据产业发展需求，动态调整高校教学内容和课程设置，合理扩大战略性新兴产业相关专业招生比例。加强战略性新兴产业技术技能人才培养，推行企业新型学徒制，建立国家基本职业培训包制度，推动相关企业为职业学校战略性新兴产业相关专业学生实习和教师实践提供岗位。依托专业技术人才知识更新工程，培养一大批高层次急需紧缺人才和骨干专业技术人才，建设一批国家级继续教育基地。支持在线培训发展。

鼓励科技人才向企业流动。探索事业单位科研人员在职创业和离岗创业有关政策，引导和支持事业单位科研人员按照国家有关规定到企业开展创新工作或创办企业。在战略性新兴产业企业设立一批博士后科研工作站，鼓励开展产业关键核心技术研发。落实国家对科研人员的各项激励措施，鼓励企业通过股权、分红等激励方式，调动科研人员创新积极性。建立健全符合行业特点的人才使用、流动、评价、激励体系。

充分利用全球人才。在充分发挥现有人才作用的基础上引进培养一批高端人才。研究优化外国人永久居留制度，简化外籍高层次人才申请永久居留资格程序，为其配偶和未成年子女提供居留与出入境便利。

各地区、各有关部门要高度重视战略性新兴产业发展工作,加强组织领导,加快工作进度,切实抓好本规划实施工作,加强各专项规划、地方规划与本规划的衔接。地方各级人民政府要建立健全工作机制,细化实化政策措施,推动本规划各项任务落实到位。鼓励相关省(区、市)联合编制区域性发展规划,推进战略性新兴产业差别化、特色化协同发展。国家发展改革委要会同科技部、工业和信息化部、财政部,发挥好战略性新兴产业发展部际联席会议的牵头作用,加强宏观指导、统筹协调和督促推动,密切跟踪产业发展情况,及时研究协调产业发展中的重大问题;联席会议各成员单位和相关部门要积极配合,按照职责分工抓紧任务落实,加快制定配套政策,形成工作合力,共同推动战略性新兴产业发展壮大。

附件:重点任务分工方案

附件　重点任务分工方案

序号	重点工作	负责部门
1	构建网络强国基础设施,组织实施宽带乡村示范工程。	工业和信息化部、国家发展改革委牵头,国家网信办、商务部、农业部、财政部、新闻出版广电总局等按职责分工负责。
2	推动三网融合基础设施发展,推进全国有线电视网络整合和互联互通,加快构建下一代广播电视网。	工业和信息化部、新闻出版广电总局按职责分工负责。
3	推进"互联网+"行动,组织实施"互联网+"工程。	国家发展改革委牵头,工业和信息化部、科技部、人力资源社会保障部、国家网信办、农业部、国家能源局、人民银行、商务部、交通运输部、环境保护部、工商总局等按职责分工负责。
4	实施国家大数据战略,组织实施大数据发展工程。	国家发展改革委牵头,工业和信息化部、国家网信办、科技部等按职责分工负责。
5	做强信息技术核心产业,组织实施集成电路发展工程。	国家发展改革委、工业和信息化部、科技部、财政部、国家网信办、质检总局等按职责分工负责。
6	发展人工智能,组织实施人工智能创新工程。	国家发展改革委、科技部、工业和信息化部、财政部、国家网信办等按职责分工负责。
7	完善网络经济管理方式,深化电信体制改革,加强相关法律法规建设。	国家发展改革委、工业和信息化部、国务院国资委、国家网信办、国务院法制办、新闻出版广电总局、工商总局等按职责分工负责。
8	打造智能制造高端品牌,组织实施重点领域智能工厂应用示范工程。	工业和信息化部牵头,国家发展改革委、科技部、财政部、质检总局等按职责分工负责。
9	实现航空产业新突破,组织实施新一代民用飞机创新工程。	工业和信息化部、国家发展改革委牵头,科技部、财政部、质检总局、中国民航局等按职责分工负责。
10	做大做强卫星及应用产业,组织实施空间信息智能感知工程。	国家发展改革委、国家国防科工局、财政部、科技部、工业和信息化部、国家网信办、质检总局、中科院等按职责分工负责。
11	强化轨道交通装备领先地位。	国家发展改革委、交通运输部、国家铁路局、中国铁路总公司、住房城乡建设部、科技部、工业和信息化部、国务院国资委、质检总局等按职责分工负责。
12	增强海洋工程装备国际竞争力,组织实施海洋工程装备创新发展工程。	国家发展改革委、工业和信息化部、科技部、财政部、质检总局、国家国防科工局、国家海洋局等按职责分工负责。

续表

序号	重 点 工 作	负 责 部 门
13	提高新材料基础支撑能力，组织实施新材料提质和协同应用工程。	工业和信息化部、国家发展改革委牵头，科技部、财政部、质检总局、国家国防科工局、国家海洋局等按职责分工负责。
14	构建生物医药新体系，组织实施新药创制与产业化工程。	国家发展改革委、工业和信息化部、科技部、国家卫生计生委、财政部、食品药品监管总局、国家中医药局等按职责分工负责。
15	提升生物医学工程发展水平，组织实施生物技术惠民工程。	国家发展改革委、工业和信息化部、国家卫生计生委、食品药品监管总局、财政部、国家中医药局、国家海洋局等按职责分工负责。
16	加速生物农业产业化发展。	农业部、国家发展改革委、科技部等按职责分工负责。
17	推进生物制造技术向化工、材料、能源等领域渗透应用。	国家发展改革委、工业和信息化部、科技部等按职责分工负责。
18	培育生物服务新业态。	国家发展改革委、工业和信息化部、国家卫生计生委等按职责分工负责。
19	组织实施生物产业创新发展平台建设工程。	国家发展改革委牵头，科技部、工业和信息化部、财政部、国家卫生计生委、食品药品监管总局、质检总局、国家海洋局等按职责分工负责。
20	创新生物能源发展模式。	国家能源局、国家发展改革委、科技部、财政部、农业部、国家海洋局等按职责分工负责。
21	实现新能源汽车规模应用，组织实施新能源汽车动力电池提升工程。	工业和信息化部、国家发展改革委、科技部牵头，财政部、质检总局、国家能源局等按职责分工负责。
22	推动新能源产业发展，组织实施新能源高比例发展工程。	国家能源局牵头，国家发展改革委、科技部、工业和信息化部、财政部等按职责分工负责。
23	大力发展高效节能产业，组织实施节能技术装备发展工程。	国家发展改革委牵头，工业和信息化部、财政部、商务部、质检总局等按职责分工负责。
24	加快发展先进环保产业。	国家发展改革委、环境保护部、科技部、工业和信息化部、农业部、国家海洋局等按职责分工负责。
25	组织实施绿色低碳技术综合创新示范工程。	国家发展改革委牵头，科技部、工业和信息化部、国家能源局、财政部、环境保护部、住房城乡建设部、农业部、质检总局等按职责分工负责。
26	深入推进资源循环利用，组织实施资源循环替代体系示范工程。	国家发展改革委牵头，环境保护部、工业和信息化部、财政部、住房城乡建设部、农业部、商务部等按职责分工负责。
27	创新数字文化创意技术和装备，组织实施数字文化创意技术装备创新提升工程。	工业和信息化部、文化部、国家发展改革委、科技部、财政部、新闻出版广电总局、国家网信办等按职责分工负责。
28	丰富数字文化创意内容和形式，组织实施数字内容创新发展工程。	文化部、工业和信息化部、新闻出版广电总局、国家网信办、科技部、国家发展改革委、财政部等按职责分工负责。
29	提升创新设计水平，组织实施创新设计发展工程。	工业和信息化部、国家发展改革委、科技部、文化部、住房城乡建设部、财政部等按职责分工负责。
30	超前布局战略性产业，重点在空天海洋、信息网络、生命科学、核技术等核心领域取得突破。	科技部、国家发展改革委、工业和信息化部、国家国防科工局、财政部、工程院、中科院、国家能源局、国家海洋局等按职责分工负责。
31	促进战略性新兴产业集聚发展。	国家发展改革委、科技部、工业和信息化部、财政部、商务部等按职责分工负责。

续表

序号	重点工作	负责部门
32	积极建立国际合作机制，推动签署落实政府间新兴产业和创新领域合作协议。推动双边互认人员资质、产品标准、认证认可结果，参与国际多边合作互认机制。	商务部、国家发展改革委、外交部、科技部、工业和信息化部、质检总局、国家国防科工局、国家海洋局等按职责分工负责。
33	以发达国家和“一带一路”沿线国家为重点，建设双边特色产业国际合作园区，提升重点领域开放合作水平。	商务部牵头，国家发展改革委、工业和信息化部等按职责分工负责。
34	构建全球创新发展网络。	国家发展改革委、外交部、商务部、科技部、工业和信息化部等按职责分工负责。
35	推进简政放权、放管结合、优化服务改革，区分不同情况，积极探索和创新适合新技术、新产品、新业态、新模式发展的监管方式。	国家发展改革委、工业和信息化部、民政部、交通运输部、文化部、人民银行、海关总署、工商总局、质检总局、新闻出版广电总局、银监会、证监会、保监会等按职责分工负责。
36	在战略性新兴产业领域国有企业中率先进行混合所有制改革试点示范，开展混合所有制企业员工持股试点。	国家发展改革委牵头，国务院国资委、财政部、工业和信息化部等按职责分工负责。
37	发布战略性新兴产业重点产品和服务指导目录。	国家发展改革委牵头，工业和信息化部、商务部、文化部等按职责分工负责。
38	完善反垄断法配套规则，进一步加大反垄断和反不正当竞争执法力度，严肃查处信息服务、医疗服务等领域企业违法行为。	国家发展改革委、商务部、工商总局、工业和信息化部、国家卫生计生委等按职责分工负责。
39	建立健全工作机制，保障公平竞争审查制度有序实施，打破可再生能源发电、医疗器械、药品招标等领域地区封锁和行业垄断，加大对地方保护和行业垄断行为的查处力度。	国家发展改革委、国务院法制办、商务部、工商总局、财政部、国家卫生计生委、国家能源局等按职责分工负责。
40	建立高层次政企对话咨询机制，在研究制订相关政策措施时积极听取企业意见。	国家发展改革委、工业和信息化部、科技部、财政部、商务部等按职责分工负责。
41	深入开展大众创业万众创新，打造众创、众包、众扶、众筹平台，支持建设“双创”示范基地，发展专业化众创空间。依托互联网打造开放共享的创新机制和创新平台，推动企业、科研机构、高校、创客等创新主体协同创新。	国家发展改革委、科技部、人力资源社会保障部、财政部、工业和信息化部、中科院等按职责分工负责。
42	实施一批重大科技项目和重大工程，加强颠覆性技术研发和产业化。	科技部、国家发展改革委、工业和信息化部、国家网信办、国家国防科工局、财政部、工程院、中科院等按职责分工负责。
43	加强相关计量测试、检验检测、认证认可、知识和数据中心等公共服务平台建设。	质检总局、国家发展改革委、科技部、工业和信息化部等按职责分工负责。
44	落实和完善战略性新兴产业标准化发展规划，完善标准体系，支持关键领域新技术标准应用。	质检总局、科技部、国家发展改革委、工业和信息化部、国家网信办等按职责分工负责。
45	加强企业技术中心能力建设，推进创新企业百强工程。	国家发展改革委、科技部、工业和信息化部等按职责分工负责。
46	落实研发费用加计扣除等税收优惠政策，引导企业加大研发投入。	财政部、税务总局、科技部等按职责分工负责。
47	完善科技成果转移转化制度，组织实施促进科技成果转移转化行动。加快建立科技成果转移转化绩效评价和年度报告制度。	科技部、财政部、教育部、国家发展改革委、工业和信息化部、中科院等按职责分工负责。

续表

序号	重 点 工 作	负 责 部 门
48	探索在战略性新兴产业相关领域率先建立利用财政资金形成的科技成果限时转化制度。	科技部、财政部、国家发展改革委牵头，教育部、工业和信息化部等按职责分工负责。
49	积极推进专利法、著作权法修订工作。跟踪新技术、新业态、新模式发展创新，完善商业模式知识产权保护、商业秘密保护、实用艺术品外观设计专利保护等相关法律法规。推动提高知识产权侵权法定赔偿上限额度。	国家知识产权局、新闻出版广电总局、国务院法制办、科技部、工商总局等按职责分工负责。
50	强化知识产权保护维权。新建一批快速维权中心。将故意侵犯知识产权行为纳入社会信用记录，健全知识产权行政侵权查处机制，依法严厉打击侵犯知识产权犯罪行为，加大海关知识产权执法保护力度。	国家知识产权局牵头，工业和信息化部、国家发展改革委、公安部、工商总局、海关总署等按职责分工负责。
51	实施战略性新兴产业知识产权战略推进计划，围绕战略性新兴产业集聚区部署知识产权服务链，建立知识产权集群管理制度，培育一批专业化、品牌化知识产权服务机构，推动形成一批知识产权优势集聚区。	国家知识产权局、国家发展改革委、科技部、工商总局、工业和信息化部等按职责分工负责。
52	完善海外知识产权服务体系，建立海外知识产权风险预警机制，支持企业开展知识产权海外并购和维权行动。	商务部、国家知识产权局、外交部、国家发展改革委、工业和信息化部、工商总局等按职责分工负责。
53	积极支持符合条件的战略性新兴产业企业上市或挂牌融资，研究推出全国股份转让系统挂牌公司向创业板转板试点，建立全国股份转让系统与区域性股权市场合作对接机制。	证监会、国家发展改革委、工业和信息化部等按职责分工负责。
54	积极支持符合条件的战略性新兴产业企业发行债券融资，扩大小微企业增信集合债券和中小企业集合票据发行规模，鼓励探索开发高收益债券和可转换债券等金融产品，稳步推进非金融企业债务融资工具发展。	人民银行、国家发展改革委、证监会等按职责分工负责。
55	引导金融机构积极完善适应战略性新兴产业特点的信贷管理和贷款评审制度。鼓励建设数字创意、软件等领域无形资产确权、评估、质押、流转体系，推进知识产权质押融资、股权质押融资、供应链融资、科技保险等金融产品创新。	人民银行、银监会牵头，证监会、保监会、国家发展改革委、科技部、工业和信息化部、文化部、工商总局、国家知识产权局等按职责分工负责。
56	探索建立战略性新兴产业投融资信息服务平台，促进银企对接。	国家发展改革委、工业和信息化部、银监会、人民银行等按职责分工负责。
57	引导政策性、开发性金融机构加大对战略性新兴产业支持力度。	人民银行、银监会、国家发展改革委、财政部、工业和信息化部等按职责分工负责。
58	推动发展一批为飞机、海洋工程装备、机器人等产业服务的融资租赁和金融租赁公司。	商务部、银监会、国家发展改革委、工业和信息化部、国家海洋局、中国民航局等按职责分工负责。
59	加快设立国家融资担保基金，支持战略性新兴产业项目融资担保工作。	财政部、国家发展改革委、工业和信息化部等按职责分工负责。
60	鼓励有条件的地区设立战略性新兴产业发展基金，引导社会资金设立一批战略性新兴产业投资基金和国际化投资基金。	国家发展改革委、财政部、证监会、工业和信息化部等按职责分工负责。
61	完善政府采购政策，加大对“双创”以及云计算、大数据、循环经济等支持力度，推进智慧城市、信息惠民、“城市矿山”、智能装备等示范应用。	财政部牵头，国家发展改革委、科技部、工业和信息化部等按职责分工负责。

续表

序号	重点工作	负责部门
62	进一步完善光伏、风电、生物质等可再生能源发电补贴政策。调整完善新能源汽车推广补贴政策。	国家发展改革委、财政部、国家能源局、工业和信息化部等按职责分工负责。
63	实施战略性新兴产业创新领军人才行动，聚焦重点领域，依托重大项目和重大工程建设一批创新人才培养示范基地，重点扶持一批科技创新创业人才。在充分发挥现有人才作用的基础上引进培养一批高端人才。	人力资源社会保障部、中央组织部、教育部、科技部、国家发展改革委等按职责分工负责。
64	根据产业发展需求，动态调整高校教学内容和课程设置，合理扩大战略性新兴产业相关专业招生比例。	教育部牵头，工业和信息化部等按职责分工负责。
65	依托专业技术人才知识更新工程，培养一大批高层次急需紧缺人才和骨干专业技术人才，建设一批国家级继续教育基地。	人力资源社会保障部、教育部、工业和信息化部等按职责分工负责。
66	引导和支持事业单位科研人员按照国家有关规定到企业开展创新工作或创办企业。	人力资源社会保障部、科技部、教育部牵头，国家发展改革委、工业和信息化部等按职责分工负责。
67	在战略性新兴产业企业设立一批博士后科研工作站，鼓励开展产业关键核心技术研发。	人力资源社会保障部牵头，教育部、科技部等按职责分工负责。
68	研究优化外国人永久居留制度，简化外籍高层次人才申请永久居留资格程序，为其配偶和未成年子女提供居留与出入境便利。	公安部、人力资源社会保障部等按职责分工负责。
69	开展战略性新兴产业统计监测调查。	国家统计局牵头，国家发展改革委、工业和信息化部等按职责分工负责。

“十三五”旅游业发展规划

国发〔2016〕70号

为认真贯彻《中华人民共和国国民经济和社会发展第十三个五年规划纲要》，根据《中华人民共和国旅游法》，制定本规划。

第一章 把握机遇 迎接大众旅游新时代

第一节 “十二五”旅游业发展成就

改革开放以来，我国实现了从旅游短缺型国家到旅游大国的历史性跨越。“十二五”期间，旅游业全面融入国家战略体系，走向国民经济建设的前沿，成为国民经济战略性支柱产业。

战略性支柱产业基本形成。2015年，旅游业对国民经济的综合贡献度达到10.8%。国内旅游、入境旅游、出境旅游全面繁荣发展，已成为世界第一大出境旅游客源国和全球第四大入境旅游接待国。旅游业成为社会投资热点和综合性大产业。

综合带动功能全面凸显。“十二五”期间，旅游业对社会就业综合贡献度为10.2%。旅游业成为传播中华传统文化、弘扬社会主义核心价值观的重要渠道，成为生态文明建设的重要力量，并带动大量贫困人口脱贫，绿水青山正在成为金山银山。

现代治理体系初步建立。《中华人民共和国旅游法》公布实施，依法治旅、依法促旅加快推进。建立了国务院旅游工作部际联席会议制度，出台了《国民旅游休闲纲要（2013—2020年）》、《国务院关于促进旅游业改革发展的若干意见》（国发〔2014〕31号）等文件，各地出台了旅游条例等法规制度，形成了以旅游法为核心、政策法规和地方条例为支撑的法律政策体系。

国际地位和影响力大幅提升。出境旅游人数和旅游消费均列世界第一，与世界各国各地区及国际旅游组织的合作不断加强。积极配合国家总体外交战略，举办了中美、中俄、中印、中韩旅游年等具有影响力的旅游交流活动，旅游外交工作格局开始形成。

专栏 1 "十二五"旅游规划主要指标完成情况

指标		规划目标		完成情况	
		2015 年	年均增速(%)	2015 年	完成程度(%)
旅游业总收入(万亿元)		2.5	10	4.13	165
国内旅游人数	(亿人次)	33	10	40	121
	居民出游率(次/人)	2.3	—	3	130
国内旅游收入(万亿元)		2.1	11	3.42	163
入境旅游人数(亿人次)		1.32	3	1.34	102
入境过夜旅游人数(万人次)		5680	8	5689	100
外国人入境旅游人数(万人次)		2573	4.5	2599	101
旅游外汇收入(亿美元)		580	5	1136.5	196
出境旅游人数(万人次)		8800	9	11700	133
直接就业(万人)		1450	4.7	2798	193

第二节 "十三五"旅游业发展机遇

全面建成小康社会对旅游业发展提出了更高要求，为旅游业发展提供了重大机遇，我国旅游业将迎来新一轮黄金发展期。

全面建成小康社会有利于大众旅游消费持续快速增长。随着全面建成小康社会深入推进，城乡居民收入稳步增长，消费结构加速升级，人民群众健康水平大幅提升，带薪休假制度逐步落实，假日制度不断完善，基础设施条件不断改善，航空、高铁、高速公路等快速发展，旅游消费得到快速释放，为旅游业发展奠定良好基础。

贯彻五大发展理念有利于旅游业成为优势产业。旅游业具有内生的创新引领性、协调带动性、开放互动性、环境友好性、共建共享性，与五大发展理念高度契合。贯彻落实五大发展理念将进一步激发旅游业发展动力和活力，促进旅游业成为新常态下的优势产业。

推进供给侧结构性改革有利于促进旅游业转型升级。供给侧结构性改革将通过市场配置资源和更为有利的产业政策，促进增加有效供给，促进中高端产品开发，优化旅游供给结构，推动旅游业由低水平供需平衡向高水平供需平衡提升。

旅游业被确立为幸福产业有利于优化旅游发展环境。旅游业作为惠民生的重要领域，成为改善民生的重要内容，将推动各级政府更加重视旅游业发展，促进更多的城乡居民参与旅游，带动企业投资旅游，旅游业发展环境将进一步优化。

良好外部环境有利于我国旅游业发展。全球旅游业将持续稳定发展，增速将继续高于世界经济增速。亚太地区旅游业保持强劲增长，全球旅游重心将加速东移，我国旅游业发展处于较为有利的国际环境之中。

"十三五"期间，我国旅游业处于黄金发展期、结构调整期和矛盾凸显期，也面临不少挑战。主要是旅游业发展的体制机制与综合产业和综合执法的要求不相适应，政策环境有待优化；旅游基础设施和公共服务明显滞后，补短板任务艰巨；游客的文明素质和从业人员的整体素质有待提升，市场秩序有待规范等。这些问题要在“十三五”期间重点加以解决。

第三节 “十三五”旅游业发展趋势

“十三五”期间，我国旅游业将呈现以下发展趋势：

消费大众化。随着全面建成小康社会持续推进，旅游已经成为人民群众日常生活的重要组成部分。自助游、自驾游成为主要的出游方式。

需求品质化。人民群众休闲度假需求快速增长，对基础设施、公共服务、生态环境的要求越来越高，对个性化、特色化旅游产品和服务的要求越来越高，旅游需求的品质化和中高端化趋势日益明显。

竞争国际化。各国各地区普遍将发展旅游业作为参与国际市场分工、提升国际竞争力的重要手段，纷纷出台促进旅游业发展的政策措施，推动旅游市场全球化、旅游竞争国际化，竞争领域从争夺客源市场扩大到旅游业发展的各个方面。

发展全域化。以抓点为特征的景点旅游发展模式向区域资源整合、产业融合、共建共享的全域旅游发展模式加速转变，旅游业与农业、林业、水利、工业、科技、文化、体育、健康医疗等产业深度融合。

产业现代化。科学技术、文化创意、经营管理和高端人才对推动旅游业发展的作用日益增大。云计算、物联网、大数据等现代信息技术在旅游业的应用更加广泛。产业体系的现代化成为旅游业发展的必然趋势。

第二章 转型升级 明确旅游业发展新要求

第一节 指导思想

“十三五”旅游业发展的指导思想是：高举中国特色社会主义伟大旗帜，全面贯彻党的十八大和十八届三中、四中、五中、六中全会精神，深入贯彻习近平总书记系列重要讲话精神，落实党中央、国务院决策部署，按照“五位一体”总体布局和“四个全面”战略布局，牢固树立和贯彻落实创新、协调、绿色、开放、共享发展理念，以转型升级、提质增效为主题，以推动全域旅游发展为主线，加快推进供给侧结构性改革，努力建成全面小康型旅游大国，将旅游业培育成经济转型升级重要推动力、生态文明建设重要引领产业、展示国家综合实力的重要载体、打赢脱贫攻坚战的重要生力军，为实现中华民族伟大复兴的中国梦作出重要贡献。

第二节 基本原则

“十三五”旅游业发展要遵循以下原则：

坚持市场主导。发挥市场在资源配置中的决定性作用，遵循旅游市场内在规律，尊重企业的市场主体地位。更好发挥政府作用，营造良好的基础环境、发展环境和公共服务环境。

坚持改革开放。改革体制机制，释放旅游业的发展活力，形成宏观调控有力、微观放宽搞活的发展局面。统筹国际国内两个大局,用好两个市场、两种资源,形成内外联动、相互促进的发展格局。

坚持创新驱动。以创新推动旅游业转型升级,推动旅游业从资源驱动和低水平要素驱动向创新驱动转变,使创新成为旅游业发展的不竭动力。

坚持绿色发展。牢固树立"绿水青山就是金山银山"的理念,将绿色发展贯穿到旅游规划、开发、管理、服务全过程,形成人与自然和谐发展的现代旅游业新格局。

坚持以人为本。把人民群众满意作为旅游业发展的根本目的,通过旅游促进人的全面发展,使旅游业成为提升人民群众品质生活的幸福产业。

第三节　发展目标

"十三五"旅游业发展的主要目标是:

旅游经济稳步增长。城乡居民出游人数年均增长10%左右,旅游总收入年均增长11%以上,旅游直接投资年均增长14%以上。到2020年,旅游市场总规模达到67亿人次,旅游投资总额2万亿元,旅游业总收入达到7万亿元。

综合效益显著提升。旅游业对国民经济的综合贡献度达到12%,对餐饮、住宿、民航、铁路客运业的综合贡献率达到85%以上,年均新增旅游就业人数100万人以上。

人民群众更加满意。"厕所革命"取得显著成效,旅游交通更为便捷,旅游公共服务更加健全,带薪休假制度加快落实,市场秩序显著好转,文明旅游蔚然成风,旅游环境更加优美。

国际影响力大幅提升。入境旅游持续增长,出境旅游健康发展,与旅游业发达国家的差距明显缩小,在全球旅游规则制定和国际旅游事务中的话语权和影响力明显提升。

专栏2　"十三五"期间旅游业发展主要指标

指　　标	2015年实际数	2020年规划数	年均增速(%)
国内旅游人数(亿人次)	40	64	9.86
入境旅游人数(亿人次)	1.34	1.50	2.28
出境旅游人数(亿人次)	1.17	1.50	5.09
旅游业总收入(万亿元)	4.13	7.00	11.18
旅游投资规模(万亿元)	1.01	2.00	14.65
旅游业综合贡献度(%)	10.8	12.00	—

第三章　创新驱动　增强旅游业发展新动能

第一节　理念创新　构建发展新模式

改革开放以来,我国旅游业主要依靠景点景区、宾馆饭店等基础旅游要素的发展模式,已经不能适应大众旅游新时代的要求。“十三五”时期，必须创新发展理念，转变发展思路，加快由景点旅游发展模式向全域旅游发展模式转变，促进旅游发展阶段演进，实现旅游业发展战略提升。

围绕全域统筹规划，全域资源整合，全要素综合调动，全社会共治共管、共建共享的目标，在推动综合管理体制改革方面取得新突破；创新规划理念，将全域旅游发展贯彻到城乡建设、土地利用、生态保护等各类规划中，在旅游引领“多规合一”方面取得新突破；补齐短板，加强旅游基础设施建设，在公共服务设施建设方面取得新突破；推进融合发展，丰富旅游供给，形成综合新动能，在推进“旅游+”方面取得新突破；实施旅游扶贫，推进旅游增收富民，在旅游精准扶贫方面取得新突破；规范市场秩序，加强旅游综合执法，在文明旅游方面取得新突破；完善旅游业发展评价考核体系，在健全旅游业统计体系方面取得新突破；保护城乡风貌和自然生态环境，在优化城乡旅游环境方面取得新突破。“十三五”期间，创建500个左右全域旅游示范区。（国家旅游局、国家发展改革委等。责任单位为多个部门的，排在第一位的为牵头单位，下同）

第二节　产品创新　扩大旅游新供给

适应大众化旅游发展，优化旅游产品结构，创新旅游产品体系。

一、推动精品景区建设

全面提升以A级景区为代表的观光旅游产品，着力加强3A级以上景区建设，优化5A级景区布局。重点支持中西部地区观光旅游产品精品化发展。强化A级景区复核和退出机制，实现高等级景区退出机制常态化。（国家旅游局）

二、加快休闲度假产品开发

大力开发温泉、冰雪、滨海、海岛、山地、森林、养生等休闲度假旅游产品，建设一批旅游度假区和国民度假地。支持东部地区加快发展休闲度假旅游，鼓励中西部地区发挥资源优势开发特色休闲度假产品。加快推进环城市休闲度假带建设。（国家旅游局、国土资源部、住房城乡建设部、国家林业局、国家海洋局等）

三、大力发展乡村旅游

坚持个性化、特色化、市场化发展方向，加大乡村旅游规划指导、市场推广和人才培训力度，促进乡村旅游健康发展。建立乡村旅游重点村名录，开展乡村旅游环境整治，推进“厕所革命”向乡村旅游延伸。实施乡村旅游后备箱行动，推动农副土特产品通过旅游渠道销售，增加农民收入。实施乡村旅游创客行动计划，支持旅游志愿者、艺术和科技工作者驻村帮扶、创业就业，推出一批乡村旅游创客基地和以乡情教育为特色的研学旅行示范基地。创新乡村旅游组织方式，推广乡村旅游合作社模式，使亿万农民通过乡村旅游受益。（国家旅游局、国家发展改革委、教育部、人力资源社会保障部、住房城乡建设部、农业部、商务部、文化部等）

四、提升红色旅游发展水平

突出社会效益，强化教育功能，以培育和践行社会主义核心价值观为根本，将红色旅游打造成常学常新的理想信念教育课堂，进一步坚定中国特色社会主义道路自信、理论自信、制度自信、文化自信。推进爱国主义和革命传统教育大众化、常态化。坚持实事求是，相关设施建设要体现应有功能，保障基本需要，同红色纪念设施相得益彰。加强统筹规划，注重与脱贫攻坚、区域发展、城乡建设相衔接，促进融合发展。改革体制机制，创新工作模式，引导社会参与，增强红色旅游发展活力。（国家发展改革委、中央宣传部、财政部、国家旅游局、国家文物局等）

专栏3　红色旅游发展工程

（一）完善全国红色旅游经典景区体系。深挖红色内涵，完善道路交通和服务设施条件，提升服务水平。选择红色资源丰富、基础设施完善、展陈效果较好、教育功能突出、有一定品牌知名度的景区给予重点支持。整合周边自然生态、传统文化、特色乡村等旅游资源，打造推出一批复合型旅游产品，形成覆盖更加全面、内涵更加丰富、特色更加鲜明的景区体系。

（二）着力凸显红色旅游教育功能。结合建党、建军、建立新中国和重要历史事件等重大纪念日，组织系列宣传推广活动。推动大中小学生社会实践活动与红色旅游相结合，依托红色旅游景区组织参观活动，接受红色教育。开展“红色旅游进校园”等形式多样的课外实践活动，深化青少年社会主义核心价值观教育。加强红色旅游国际交流合作，推广红色旅游产品线路。

（三）积极发挥红色旅游脱贫攻坚作用。围绕脱贫攻坚目标，紧密结合集中连片特困地区扶贫开发和革命老区振兴发展，整合当地资源，拓展红色旅游扶贫富民功能。支持当地群众参与餐饮、住宿等经营服务，带动当地贫困人口就业。引导革命老区群众因地制宜发展适合老区的种养业和特色手工业，开发特色旅游商品，培育富有红色文化内涵的旅游品牌。

五、加快发展自驾车旅居车旅游

建设一批公共服务完善的自驾车旅居车旅游线路和旅游目的地，培育营地连锁品牌企业，增强旅居车产品设计制造与技术保障能力，形成网络化的营地服务体系和比较完整的自驾车旅居车旅游产业链。（国家旅游局、国家发展改革委、工业和信息化部、公安部、财政部、国土资源部、环境保护部、住房城乡建设部、交通运输部、体育总局、工商总局）

专栏4　自驾车旅居车旅游推进计划

（一）编制规划与标准。出台国家旅游风景道自驾车旅居车营地建设规划，制定出台自驾游目的地基础设施和公共服务标准。

（二）完善公共服务体系。将营地标识纳入公共交通标识体系。鼓励服务商利用北斗卫星导航系统智能服务平台提供自驾游线路导航、交通联系、安全救援和汽车维修保养等配套服务。完善自驾游服务体系。

（三）加快营地建设。积极发挥社会资本在建设自驾车旅居车营地中的主导作用。评选一批建设经营和管理服务水平高的示范性营地，引导营地功能升级。到2020年建设2000个营地。

（四）提升租赁服务。大力发展自驾车旅居车租赁产业，促进落地自驾游发展，开展异地还车业务。放宽旅居车租赁企业的资质申请条件和经营范围、经营规模限制，鼓励取得汽车租赁经营许可的企业从事自行式和拖挂式旅居车租赁业务。

（五）加强科学管理。严格落实自驾车旅居车营地住宿实名登记制度。强化营地的安全防护和消防设施建设，加快自驾游呼叫中心和紧急救援基地建设，健全自驾游信息的统计、监测与预警系统。

（六）发展相关制造业。将旅居车纳入汽车行业发展规划，建立旅居车整车和相关零配件制造技术标准体系。畅通旅居车零配件供应和维修渠道，延伸旅居车产业链。

（七）推广旅居生活新方式。积极推广自驾车旅居车露营旅游新方式，传播自驾车旅居车旅游文化品牌，推广精品自驾车线路。举办自驾车旅居车旅游博览会。大力培育青少年露营文化。研究改进旅居车驾驶证管理制度。

六、大力发展海洋及滨水旅游

加大海岛旅游投资开发力度，建设一批海岛旅游目的地。加快海南国际旅游岛、平潭国际旅游岛建设，推进横琴岛等旅游开发。制定邮轮旅游发展规划，有序推进邮轮旅游基础设施建设，改善和提升港口、船舶及配套设施的技术水平。推动国际邮轮访问港建设，扩大国际邮轮入境外国旅游团15天免签政策适用区域，有序扩大试点港口城市范围。支持天津、上海、广州、深圳、厦门、青岛等地开展邮轮旅游。制定游艇旅游发展指导意见，发展适合大众消费的中小型游艇。支持长江流域等有条件的江河、湖泊有序发展内河游轮旅游。（国家旅游局、国家发展改革委、工业和信息化部、公安部、交通运输部、水利部、国家海洋局等）

专栏5　邮轮游艇旅游发展计划

（一）加强基础设施建设。制定实施邮轮港口布局规划，形成布局合理的始发港、访问港邮轮港口体系。建设一批公共游艇码头和水上运动中心。促进邮轮运输与航空、铁路、公路等其他运输方式的有效衔接。

（二）开发特色旅游线路。打造具有特色的邮轮航线，探索开辟无目的地邮轮航线、洲际及环球邮轮航线。出台系列政策措施，大力发展国际邮轮入境游。

（三）壮大邮轮市场主体。鼓励多元资本进入邮轮旅游产业，加强与外资邮轮企业合作，支持本土邮轮企业发展。

（四）促进游艇租赁消费。鼓励开展游艇租赁业务，规范游艇租赁运营管理，培育大众游艇消费，推出一批游艇休闲示范项目。

（五）培养邮轮游艇人才。加快培养邮轮游艇驾驶人员、海乘、维修保养、法律咨询、经营管理等专业人才。

七、大力发展冰雪旅游

以办好2022年冬奥会为契机，大力推进冰雪旅游发展。支持黑龙江、吉林等地做好冰雪旅游专项规划。建设一批融滑雪、登山、徒步、露营等多种旅游活动为一体的冰雪旅游度假区或度假地，推出一批复合型冰雪旅游基地，鼓励冰雪场馆开发大众化冰雪旅游项目。支持冰雪设备和运动装备开发。推动建立冰雪旅游推广联盟，搭建冰雪旅游会展平台。支持院校与企业合作，培养冰雪旅游专业化人才。（国家旅游局、工业和信息化部、教育部、商务部、体育总局）

八、加快培育低空旅游

结合低空空域开放试点，选择一批符合条件的景区、城镇开展航空体验、航空运动等多种形式的低空旅游。开发连接旅游景区、运动基地、特色小镇的低空旅游线路。提高航油、通信、导航、气象等保障能力。出台低空旅游管理办法，强化安全监管。支持低空旅游通用航空装备自主研制，建设低空旅游产业园。（国家发展改革委、工业和信息化部、体育总局、国家旅游局、中国民航局等）

第三节　业态创新　拓展发展新领域

实施“旅游+”战略，推动旅游与城镇化、新型工业化、农业现代化和现代服务业的融合发展，拓展旅游发展新领域。

一、旅游+城镇化

完善城市旅游基础设施和公共服务设施，支持大型旅游综合体、主题功能区、中央游憩区等建设。发展城市绿道、骑行公园、慢行系统，拓展城市运动休闲空间。加强规划引导和规范管理，推动

主题公园创新发展。建设一批旅游风情小镇和特色景观名镇。(国家旅游局、住房城乡建设部)

二、旅游+新型工业化

鼓励工业企业因地制宜发展工业旅游,促进转型升级。支持老工业城市和资源型城市通过发展工业遗产旅游助力城市转型发展。推出一批工业旅游示范基地。大力发展旅游用品、户外休闲用品、特色旅游商品制造业。培育一批旅游装备制造业基地,鼓励企业自主研发,并按规定享受国家鼓励科技创新政策。(工业和信息化部、国家发展改革委、科技部、国家旅游局、中国民航局等)

三、旅游+农业现代化

加强规划引导,开展农业遗产普查与保护。大力发展观光农业和休闲农业,推动科技、人文等元素融入农业,发展田园艺术景观、阳台农艺等创意农业,发展定制农业、会展农业和众筹农业等新型农业业态。推进现代农业庄园发展,开展农耕、采摘、饲养等农事活动,促进农业综合开发利用,提高农业附加值。(农业部、国家旅游局)

四、旅游+现代服务业

促进旅游与文化融合发展。培育以文物保护单位、博物馆、非物质文化遗产保护利用设施和实践活动为支撑的体验旅游、研学旅行和传统村落休闲旅游。扶持旅游与文化创意产品开发、数字文化产业相融合。发展文化演艺旅游,推动旅游实景演出发展,打造传统节庆旅游品牌。推动"多彩民族"文化旅游示范区建设,集中打造一批民族特色村镇。(文化部、国家民委、国家旅游局、国家文物局)

促进旅游与健康医疗融合发展。鼓励各地利用优势医疗资源和特色资源,建设一批健康医疗旅游示范基地。发展中医药健康旅游,启动中医药健康旅游示范区、示范基地和示范项目建设。发展温泉旅游,建设综合性康养旅游基地。制定老年旅游专项规划和服务标准,开发多样化老年旅游产品。引导社会资本发展非营利性乡村养老机构,完善景区无障碍旅游设施,完善老年旅游保险产品。(国家旅游局、国家民委、国家卫生计生委、保监会、国家中医药局、全国老龄委、中国残联)

促进旅游与教育融合发展。将研学旅行作为青少年爱国主义和革命传统教育、国情教育的重要载体,纳入中小学生综合素质教育范畴,培养学生的社会责任感、创新精神和实践能力。开展文物古迹、古生物化石等专题研学旅行。成立游学联盟,鼓励对研学旅行给予价格优惠。规范中小学生赴境外研学旅行活动。加强组织管理,完善安全保障机制。(国家旅游局、国家发展改革委、教育部、国家文物局)

促进旅游与体育融合发展。编制体育旅游发展纲要,建成一批具有影响力的体育旅游目的地,建设一批体育旅游示范基地,推出一批体育旅游精品赛事和精品线路。培育具有国际知名度和市场竞争力的体育旅游企业和品牌。引导和鼓励特色体育场馆、设施和基地向旅游者开放共享。支持有条件的地方举办有影响力的体育旅游活动。(国家旅游局、体育总局)

促进旅游与商务会展融合发展。加快北京、上海、杭州、昆明等商务会展旅游目的地建设,发展国际化、专业化的商务会议会展旅游业。加快相关场馆设施建设,培育具有国际影响力的会议会展品牌,提高会展旅游专业化水平。加大会议会展促销力度。(国家旅游局、商务部等)

第四节　技术创新　打造发展新引擎

大力推动旅游科技创新,打造旅游发展科技引擎。推进旅游互联网基础设施建设,加快机场、车站、码头、宾馆饭店、景区景点、乡村旅游点等重点涉旅区域无线网络建设。推动游客集中区、环境敏感区、高风险地区物联网设施建设。(工业和信息化部、科技部、国家旅游局)

建设旅游产业大数据平台。构建全国旅游产业运行监测平台,建立旅游与公安、交通、统计等部门数据共享机制,形成旅游产业大数据平台。实施"互联网+旅游"创新创业行动计划。建设一批国家智慧旅游城市、智慧旅游景区、智慧旅游企业、智慧旅游乡村。支持"互联网+旅游目的地联盟"建设。规范旅游业与互联网金融合作,探索"互联网+旅游"新型消费信用体系。到"十三五"期末,在线旅游消费支出占旅游消费支出20%以上,4A级以上景区实现免费WiFi、智能导游、电子讲解、在线预订、信息推送等全覆盖。(国家旅游局、工业和信息化部、银监会等)

专栏6　旅游信息化提升工程

(一)建设"12301"智慧旅游公共服务平台。建立面向游客和企业的旅游公共服务平台,完善旅游公共信息发布及资讯平台、旅游产业运行监管平台、景区门票预约与客流预警平台、旅游大数据集成平台。

(二)建设旅游行业监管综合平台。完善旅游团队服务管理系统、导游公共服务监管平台、旅游质监执法平台、旅游住宿业标准化管理信息系统、旅行社网上审批系统、旅游志愿者服务管理信息平台、旅游诚信网等。

(三)建设旅游应急指挥体系。建立覆盖主要旅游目的地的实时数据和影像采集系统,建立上下联通、横向贯通的旅游网络数据热线,实现对景区、旅游集散地、线路和区域的突发事件应急处理及客流预测预警。

(四)建设旅游信息化标准体系。建成涵盖旅游服务业态、信息数据、技术体系等在内的旅游信息化标准体系。

(五)建设国家旅游基础数据库。建立旅游统计年鉴数据库、旅游企业直报数据库、国内旅游抽样调查基础数据库、入境花费调查基础数据库、国际旅游基础数据库、旅游产业基础数据库。

第五节　主体创新　提高发展新效能

依托有竞争力的旅游骨干企业,通过强强联合、跨地区兼并重组、境外并购和投资合作及发行上市等途径,促进规模化、品牌化、网络化经营,形成一批大型旅游企业集团。支持旅游企业通过自主开发、联合开发、并购等方式发展知名旅游品牌。(国家旅游局、国家发展改革委、国务院国资委等)

大力发展旅游电子商务,推动网络营销、网络预订、网上支付以及咨询服务等旅游业务发展。规范发展在线旅游租车和在线度假租赁等新业态。支持互联网旅游企业整合上下游及平行企业资源、要素和技术,推动"互联网+旅游"融合,培育新型互联网旅游龙头企业。(国家旅游局、工业和信息化部、商务部等)

支持中小微旅游企业特色化、专业化发展。加快推进中小旅游企业服务体系建设,打造中小微旅游企业创新创业公共平台,发挥其对自主创新创业的孵化作用。(国家旅游局、国家发展改革委)

积极培育具有世界影响力的旅游院校和科研机构,鼓励院校与企业共建旅游创新创业学院或企业内部办学。支持旅游规划、设计、咨询、营销等旅游相关智力型企业发展。构建产学研一体化平台,提升旅游业创新创意水平和科学发展能力。(国家旅游局、教育部)

第四章　协调推进　提升旅游业发展质量

第一节　优化空间布局　构筑新型旅游功能区

按照分类指导、分区推进、重点突破的原则，全面推进跨区域资源要素整合，加快旅游产业集聚发展，构筑新型旅游功能区，构建旅游业发展新格局。

一、做强跨区域旅游城市群

京津冀旅游城市群。全面贯彻落实京津冀协同发展战略，发挥京津旅游辐射作用，构建城市旅游分工协同体系，推进京津冀旅游一体化进程，打造世界一流旅游目的地。

长三角旅游城市群。全面推进旅游国际化进程，大力推动旅游业与现代服务业融合发展，建设一批高品质的旅游度假区、都市休闲区和乡村度假地，形成面向全球、引领全国的世界级旅游城市群，建设亚太地区重要国际旅游门户。

珠三角旅游城市群。充分利用紧邻港澳区域优势，创新出入境管理方式，促进旅游消费便利化，推进城市群与港澳旅游服务贸易自由化，建设具有世界影响力的商务旅游目的地和海上丝绸之路旅游核心门户。

成渝旅游城市群。充分发挥长江上游核心城市作用，依托川渝独特的生态和文化，建设自然与文化遗产国际精品旅游区，打造西部旅游辐射中心。

长江中游旅游城市群。依托长江黄金水道，发挥立体交通网络优势，推动生态旅游、文化旅游、红色旅游、低空旅游和自驾车旅游发展，打造连接东西、辐射南北的全国旅游产业发展引领示范区。（国家旅游局、国家发展改革委、住房城乡建设部、交通运输部等）

二、培育跨区域特色旅游功能区

依托跨区域的自然山水和完整的地域文化单元，培育一批跨区域特色旅游功能区，构建特色鲜明、品牌突出的区域旅游业发展增长极。（国家旅游局、国家发展改革委、环境保护部、住房城乡建设部、交通运输部、文化部、国家海洋局等）

专栏7　特色旅游功能区推进计划

（一）香格里拉民族文化旅游区：涉及四川、云南、西藏3省区。加强旅游基础设施以及自驾车旅游廊道建设，积极推进以昌都、康定、西昌、香格里拉等为核心的旅游城市建设，实施大生态建设与大文化旅游综合开发协调推进，建设具有全球影响力的一流文化生态旅游目的地。

（二）太行山生态文化旅游区：涉及北京、河北、山西、河南4省市。加快保定、石家庄、安阳、鹤壁、新乡、焦作、忻州、太原、阳泉、晋中、长治等旅游城市和旅游集散中心建设。积极推动特色旅游小镇建设，推进旅游精准扶贫，建设全国知名的生态文化旅游目的地。

（三）武陵山生态文化旅游区：涉及湖北、湖南、重庆、贵州4省市。积极推进黔江、恩施、吉首、张家界、怀化、铜仁、遵义等建设中心旅游城市。加快核心旅游区的转型升级和新旅游区的规划建设。以旅游基础设施建设推进跨区域精品旅游线路组织，推进民族文化旅游发展，建设国际知名的生态文化旅游目的地。

续表

（四）长江三峡山水人文旅游区：涉及湖北、重庆2省市。完善重庆、宜昌等城市旅游功能，推进长江游轮旅游提档升级，推动旅游业与库区移民搬迁和经济转型紧密结合，实现三峡旅游的水陆联动，全面提升三峡国际旅游目的地整体水平。 （五）大别山红色旅游区：涉及安徽、河南、湖北3省。全面提升红色旅游发展水平，积极推动黄冈、信阳、六安、安庆、随州、驻马店等核心旅游城市建设。加大交通基础设施投入，推进国家旅游风景道建设，积极推进旅游精准扶贫，建设全国知名的红色旅游目的地。 （六）罗霄山红色旅游区：涉及江西、湖南2省。建设以赣州、井冈山、瑞金和吉安为核心的支点旅游城市。发挥井冈山旅游区引领作用，做大做强红色旅游。加强生态环境保护，推进旅游精准扶贫，建设红色生态文化旅游目的地。 （七）乌蒙山民族文化旅游区：涉及云南、贵州2省。建设毕节、遵义和赤水等重要旅游中心城市，推进旅游区（点）的开发建设，培育民族文化旅游品牌，建设全国知名的民族生态文化旅游目的地。 （八）秦巴山区生态文化旅游区：涉及河南、湖北、重庆、四川、陕西、甘肃6省市。强化西安旅游枢纽地位，统筹宝鸡、渭南、天水、汉中、安康、商洛、陇南、十堰等城市集散功能。加强生态环境保护，推进核心旅游区产业空间集聚。完善秦岭南北通道交通和自驾车旅游廊道体系，建设全球知名的生态旅游目的地。 （九）长白山森林生态旅游区：以延边和长白山等为依托，形成长白山旅游产业功能区。推进国家旅游风景道建设，建设森林生态旅游和冰雪旅游目的地。 （十）大小兴安岭森林生态旅游区：涉及内蒙古、黑龙江2省区。全面提升塔河、漠河、黑河、鹤岗、伊春等城市旅游功能。大力开发冰雪旅游、森林旅游和温泉度假旅游产品，推动旅游业与林区生态保护、林业转型融合，建设全国著名的森林生态旅游目的地。 （十一）中原文化旅游区：包括河南豫中、陕西关中、山西晋中地区。以西安、郑州、太原为中心，积极推进晋中、运城、洛阳、开封、渭南、宝鸡等城市文化旅游水平。推动城市文化创意产业和文化旅游综合体发展，建设世界著名的华夏文明旅游目的地。 （十二）海峡西岸旅游区：涉及浙江、福建、江西、广东4省。提升福州、厦门、宁德、泉州、温州、汕头等城市旅游业国际化发展水平。推进平潭综合试验区旅游开放开发，创新两岸旅游合作模式，共同建设世界旅游目的地。 （十三）南海海洋文化旅游区：以海口、三亚、三沙为核心，积极推进南海旅游开放开发，建设全球著名的国际海洋度假旅游目的地。 （十四）北部湾海洋文化旅游区：涉及广西、海南2省区。以广西滨海特色旅游城市为引领，推进国际旅游集散中心建设。推进边境旅游合作示范区建设，促进与东盟国家的旅游合作，建设国际知名的海洋旅游目的地和国际区域旅游合作典范区。 （十五）六盘山生态文化旅游区：涉及陕西、甘肃、青海、宁夏4省区。加大旅游区开发建设力度，推动核心旅游区转型升级。发展民族文化生态旅游，推进旅游精准扶贫。加强旅游基础设施建设，完善旅游公共服务，建设我国西部重要的山地生态旅游目的地。 （十六）祁连山生态文化旅游区：涉及甘肃、青海2省。以旅游资源保护为基础，推动祁连山国家旅游风景道建设。完善酒泉、武威、张掖、敦煌、德令哈、西宁等城市旅游功能，建设全国著名的自驾车户外旅游基地和特种旅游目的地。 （十七）南岭森林生态文化旅游区：完善桂林、永州、贺州、郴州、清远、韶关、赣州等城市旅游功能，推进旅游集散基地和道路交通基础设施建设。以生态环境保护为基础，推进跨区域自驾车旅游廊道建设。推进旅游精准扶贫，建设区域性生态旅游度假目的地。 （十八）塔里木河沙漠文化旅游区：以喀什、阿克苏、和田等城市为支点，推进重点旅游区开发建设与提档升级。发展特种旅游、生态旅游和民族风情旅游，推动南疆自驾车旅游廊道规划建设，建设国际著名的丝绸之路文化旅游目的地。 （十九）滇黔桂民族文化旅游区：涉及广西、贵州、云南3省区。加强旅游基础设施投入，全面提升旅游可进入性。提升红色旅游目的地建设水平，加快民族生态旅游资源开发建设，推动自驾车旅游廊道建设，建设民族文化旅游示范区。 （二十）浙皖闽赣生态旅游协作区：涉及浙江、安徽、福建、江西4省。以黄山、上饶和杭州为中心，推进池州、安庆、宣城、三明、景德镇、衢州等城市旅游协同发展。推进旅游区产业集聚，加快推进华东世界遗产风景道建设。推进区域旅游公共服务一体化，建设国际一流的生态文化旅游目的地和国家生态旅游协作区。

三、打造国家精品旅游带

遵循景观延续性、文化完整性、市场品牌性和产业集聚性原则，依托线性的江、河、山等自然文化廊道和交通通道，串联重点旅游城市和特色旅游功能区。重点打造丝绸之路旅游带、长江国际黄金旅游带、黄河华夏文明旅游带、长城生态文化旅游带、京杭运河文化旅游带、长征红色记忆旅游带、海上丝绸之路旅游带、青藏铁路旅游带、藏羌彝文化旅游带、茶马古道生态文化旅游带等10条国家精品旅游带。(国家旅游局、国家发展改革委、交通运输部、文化部、国家海洋局、国家文物局等)

四、重点建设国家旅游风景道

以国家等级交通线网为基础,加强沿线生态资源环境保护和风情小镇、特色村寨、汽车营地、绿道系统等规划建设,完善游憩与交通服务设施,实施国家旅游风景道示范工程,形成品牌化旅游廊道。(国家旅游局、国家发展改革委、交通运输部等)

专栏8 国家旅游风景道布局

(一)川藏公路风景道(四川成都、雅安、康定、巴塘—西藏林芝、拉萨)
(二)大巴山风景道(陕西西安、安康—四川达州、广安—重庆)
(三)大别山风景道(湖北大悟、红安、麻城、罗田、英山—安徽岳西、霍山、六安)
(四)大兴安岭风景道(内蒙古阿尔山、呼伦贝尔—黑龙江加格达奇、漠河)
(五)大运河风景道(浙江宁波、绍兴、杭州、湖州、嘉兴—江苏苏州、无锡、常州、镇江、扬州、淮安、宿迁)
(六)滇川风景道(云南楚雄—四川攀枝花、凉山、雅安、乐山)
(七)滇桂粤边海风景道(云南富宁—广西靖西、崇左、钦州、北海—广东湛江)
(八)东北边境风景道(辽宁丹东—吉林集安、长白山、延吉、珲春—黑龙江绥芬河)
(九)东北林海雪原风景道(吉林省吉林市、敦化—黑龙江牡丹江、鸡西)
(十)东南沿海风景道(浙江杭州、宁波、台州、温州—福建福州、厦门—广东汕头、深圳、湛江—广西北海)
(十一)海南环岛风景道(海南海口—东方—三亚—琼海—海口)
(十二)贺兰山六盘山风景道(宁夏贺兰山、沙坡头、六盘山,内蒙古月亮湖)
(十三)华东世界遗产风景道(安徽九华山、黄山—浙江开化钱江源、江郎山—江西上饶—福建武夷山、屏南白水洋)
(十四)黄土高原风景道(内蒙古鄂尔多斯—陕西榆林、延安、铜川、西安)
(十五)罗霄山南岭风景道(湖南株洲—江西井冈山、赣州—广东韶关)
(十六)内蒙古东部风景道(内蒙古阿尔山—呼伦贝尔)
(十七)祁连山风景道(青海门源、祁连—甘肃民乐、张掖)
(十八)青海三江源风景道(青海西宁、海北、海南、果洛、玉树)
(十九)太行山风景道(河北石家庄、邢台、邯郸—河南安阳、新乡、焦作—山西晋城、长治)
(二十)天山世界遗产风景道(新疆霍城、巩留、新源、特克斯、和静)
(二十一)乌江风景道(重庆武隆、彭水、酉阳—贵州遵义、贵阳、铜仁)
(二十二)西江风景道(贵州兴义—广西百色、柳州、荔浦、梧州—广东封开、德庆、肇庆)
(二十三)香格里拉风景道(云南丽江、迪庆—四川稻城—西藏昌都)
(二十四)武陵山风景道(湖北神农架、恩施—湖南湘西—贵州铜仁、遵义、黔东南)
(二十五)长江三峡风景道(重庆长寿—湖北神农架、宜昌)

五、推进特色旅游目的地建设

依托特色旅游资源,打造一批特色旅游目的地,满足大众化、多样化、特色化旅游市场需求。(国家旅游局、环境保护部、住房城乡建设部、水利部、国家林业局、国家海洋局、国家文物局等)

专栏9 特色旅游目的地建设

(一)山岳旅游目的地:安徽黄山、山东泰山、四川九寨沟、湖南张家界、吉林长白山、福建武夷山、陕西华山、广东韶关丹霞山、江西三清山等。

(二)海岛旅游目的地:广西涠洲岛,山东长岛,浙江舟山群岛,福建湄洲岛、鼓浪屿岛、平潭岛,广东海陵岛,海南西沙群岛,辽宁大小长山岛等。

续表

(三)湖泊旅游目的地:浙江千岛湖、青海青海湖、云南泸沽湖、黑龙江五大连池、江苏太湖、湖南洞庭湖、江西鄱阳湖、山东微山湖、云南抚仙湖、西藏纳木错等。 (四)湿地旅游目的地:云南普达措、山东东营黄河口湿地、黑龙江齐齐哈尔扎龙湿地、江苏盐城湿地、西藏拉鲁湿地、辽宁盘锦红海滩湿地、内蒙古额尔古纳湿地、吉林通榆向海湿地等。 (五)草原旅游目的地:新疆那拉提、喀拉峻、巴音布鲁克,内蒙古呼伦贝尔、乌兰布统、鄂尔多斯苏泊罕,甘肃甘南玛曲,河北张北等。 (六)沙漠旅游目的地:甘肃敦煌,宁夏沙坡头,内蒙古响沙湾、巴丹吉林、阿拉善腾格里、库布齐,新疆喀什达瓦昆、塔里木,陕西毛乌素等。 (七)古村落旅游目的地:安徽皖南,福建永定、南靖,广东开平,江西婺源,山西平遥,四川阆中,江苏周庄、同里,浙江乌镇、南浔、西塘等。 (八)民俗风情旅游目的地:贵州黔东南,湖南湘西,新疆喀什,重庆黔江,四川阿坝、甘孜、凉山,云南西双版纳,吉林延边等。

第二节　加强基础设施建设　提升公共服务水平

一、大力推进"厕所革命"

加强政策引导、标准规范、技术创新、典型示范,持续推进旅游"厕所革命"。重点抓好乡村旅游厕所整体改造,着力推进高寒、缺水地区厕所技术革新,鼓励大中型企业、社会组织援建中西部旅游厕所,倡导以商建厕、以商管厕、以商养厕。推进厕所无障碍化。积极倡导文明如厕。"十三五"期间,新建、改扩建 10 万座旅游厕所,主要旅游景区、旅游场所、旅游线路和乡村旅游点的厕所全部达到 A 级标准,实现数量充足、干净无味、实用免费、管理有效,中西部地区旅游厕所建设难题得到初步解决。(国家旅游局、环境保护部、住房城乡建设部、中国残联)

二、加强旅游交通建设

做好旅游交通发展顶层设计。制定促进旅游交通发展的意见,完善旅游交通布局。推动旅游交通大数据应用,建立旅游大数据和交通大数据的共享平台和机制。(交通运输部、国家旅游局)

改善旅游通达条件。推进重要交通干线连接景区的道路建设,加强城市与景区之间交通设施建设和交通组织,实现从机场、车站、客运码头到主要景区交通无缝衔接。支持大型旅游景区、旅游度假区和红色旅游区等建设连通高速公路、国省道干线的公路支线。力争到"十三五"期末,基本实现 4A 级以上景区均有一条高等级公路连接。(交通运输部、国家旅游局)

推进乡村旅游公路建设。提高乡村旅游重点村道路建设等级,重点解决道路养护等问题,推进乡村旅游公路和旅游标识标牌体系建设。加强旅游扶贫重点村通村旅游公路建设。(交通运输部、农业部、国家旅游局、国务院扶贫办)

优化旅游航空布局。加强中西部地区和东北地区支线机场建设,支持有条件的地方新建或改扩建一批支线机场。增加重点旅游城市至主要客源地直航航线航班,优化旅游旺季航班配置。加强重点旅游区的通用机场建设。(中国民航局、国家发展改革委、国家旅游局)

提升铁路旅游客运能力。推动高铁旅游经济圈发展。加大跨区域旅游区、重点旅游经济带内铁路建设力度。根据旅游业发展实际需求,优化配置旅游城市、旅游目的地列车班次。增开特色旅游专列,提升旅游专列服务水准,全面提升铁路旅游客运能力。发展国际铁路旅游。(中国铁路总

公司、国家发展改革委、国家旅游局、国家铁路局）

三、完善旅游公共服务体系

加强旅游集散体系建设，形成便捷、舒适、高效的集散中心体系。完善旅游咨询中心体系，旅游咨询中心覆盖城市主要旅游中心区、3A 级以上景区、重点乡村旅游区以及机场、车站、码头、高速公路服务区、商业步行街区等。完善旅游观光巴士体系，全国省会城市和优秀旅游城市至少开通 1 条旅游观光巴士线路。完善旅游交通标识体系，完成 3A 级以上景区在高速公路等主要公路沿线标识设置，完成乡村旅游点等在公路沿线标识设置。完善旅游绿道体系，建设完成 20 条跨省（区、市）旅游绿道，总里程达 5000 公里以上，全国重点旅游城市至少建成一条自行车休闲绿道。推进残疾人、老年人旅游公共服务体系建设。（住房城乡建设部、国家发展改革委、交通运输部、国家旅游局、全国老龄委、中国残联）

第三节　提升旅游要素水平　促进产业结构升级

一、提升餐饮业发展品质

弘扬中华餐饮文化，开发中国文化型传统菜品，支持文化餐饮“申遗”工作。深入挖掘民间传统小吃，推出金牌小吃，打造特色餐饮品牌，促进民间烹饪技术交流与创新。推动形成有竞争力的餐饮品牌和企业集团，鼓励中餐企业“走出去”。（商务部、食品药品监管总局、国家旅游局）

二、构建新型住宿业

推进结构优化、品牌打造和服务提升，培育一批有竞争力的住宿品牌，推进住宿企业连锁化、网络化、集团化发展。适度控制高星级酒店规模，支持经济型酒店发展。鼓励发展自驾车旅居车营地、帐篷酒店、民宿等新型住宿业态。（商务部、工商总局、国家旅游局）

三、优化旅行社业

鼓励在线旅游企业进行全产业链运营，提高集团化、国际化发展水平。推动传统旅行社转型发展，鼓励有实力的旅行社跨省（区、市）设立分支机构，支持旅行社服务网络进社区、进农村。（国家旅游局、商务部）

四、积极发展旅游购物

实施中国旅游商品品牌提升工程。加强对老字号商品、民族旅游商品的宣传，加大对旅游商品商标、专利的保护力度。构建旅游商品生产标准和认证体系，规范旅游商品流通体系。在机场、高铁车站、邮轮码头、旅游服务中心、重点旅游景区等地，设置特色旅游商品购物区。（国家旅游局、交通运输部、商务部、工商总局、质检总局、国家知识产权局）

五、推动娱乐业健康发展

推广“景区+游乐”、“景区+剧场”、“景区+演艺”等景区娱乐模式。支持高科技旅游娱乐企业发展。有序引进国际主题游乐品牌，推动本土主题游乐企业集团化、国际化发展。提升主题公园的

旅游功能，打造一批特色鲜明、品质高、信誉好的品牌主题公园。（国家旅游局、科技部、住房城乡建设部、文化部）

第五章 绿色发展 提升旅游生态文明价值

第一节 倡导绿色旅游消费

践行绿色旅游消费观念，大力倡导绿色消费方式，发布绿色旅游消费指南。鼓励酒店实施客房价格与水电、低值易耗品消费量挂钩，逐步减少一次性用品的使用。引导旅游者低碳出行，鼓励旅游者在保证安全的前提下拼车出行。提高节能环保交通工具使用比例，大力推广公共交通、骑行或徒步等绿色生态出行方式。（国家旅游局、中央文明办、环境保护部、住房城乡建设部、商务部）

第二节 实施绿色旅游开发

推动绿色旅游产品体系建设，打造生态体验精品线路，拓展绿色宜人的生态空间。开展绿色旅游景区建设，“十三五”期间，创建500家生态文明旅游景区。4A级以上旅游景区全部建成生态停车场，所有新修步道和80%以上的旅游厕所实现生态化。（国家旅游局、环境保护部）

实施全国生态旅游发展规划，加大生态资源富集区基础设施和生态旅游设施建设力度，推动生态旅游协作区、生态旅游目的地、生态旅游精品线路建设，提升生态旅游示范区发展水平。以水利风景区为重点，推出一批生态环境优美、文化品位较高的水利生态景区和旅游产品。（国家发展改革委、环境保护部、水利部、国家旅游局等）

拓展森林旅游发展空间，以森林公园、湿地公园、沙漠公园、国有林场等为重点，完善森林旅游产品和设施，推出一批具备森林游憩、疗养、教育等功能的森林体验基地和森林养生基地。鼓励发展“森林人家”、“森林小镇”，助推精准扶贫。加强森林旅游公益宣传，鼓励举办具有特色的森林旅游宣传推介活动。（国家林业局、国家旅游局等）

加大对能源节约、资源循环利用、生态修复等重大生态旅游技术的研发和支持力度。推进生态旅游技术成果的转化与应用，推进旅游产业生态化、低碳化发展。推广运用厕所处理先进技术，开展以无害化处理为核心的全球人居示范工程。（国家发展改革委、科技部、环境保护部、住房城乡建设部、国家旅游局）

第三节 加强旅游环境保护

严格遵守相关法律法规，坚持保护优先、开发服从保护的方针，对不同类型的旅游资源开发活动进行分类指导。发挥规划引领作用，强化环境影响评价约束作用，规范旅游开发行为。（国家旅游局、环境保护部）

推进旅游业节能减排。加强旅游企业用能计量管理，组织实施旅游业合同能源管理示范项目。实施旅游能效提升计划，降低资源消耗强度。开展旅游循环经济示范区建设。推广节能节水产品和技术，对酒店饭店、景点景区、乡村客栈等建筑进行节能和供热计量改造，建设节水型景区、酒店和旅游村镇。（国家旅游局、国家发展改革委、环境保护部、水利部、质检总局）

第四节 创新绿色发展机制

实施绿色认证制度。建立健全以绿色景区、绿色饭店、绿色建筑、绿色交通为核心的绿色旅游标准体系，推行绿色旅游产品、绿色旅游企业认证制度，统一绿色旅游认证标识，开展绿色发展教育培训，引导企业执行绿色标准。（国家旅游局、环境保护部、质检总局）

建立旅游环境监测预警机制。对资源消耗和环境容量达到最大承载力的旅游景区，实行预警提醒和限制性措施。完善旅游预约制度，建立景区游客流量控制与环境容量联动机制。（环境保护部、国家旅游局等）

健全绿色发展监管制度。在生态保护区和生态脆弱区，对旅游项目实施类型限制、空间规制和强度管制，对生态旅游区实施生态环境审计和问责制度，完善旅游开发利用规划与建设项目环境影响评价信息公开机制。（环境保护部、住房城乡建设部、国家旅游局）

第五节 加强宣传教育

开展绿色旅游公益宣传，推出绿色旅游形象大使。加强绿色旅游教育和培训工作，制定绿色消费奖励措施，引导全行业、全社会树立绿色旅游价值观，形成绿色消费自觉。（国家旅游局、环境保护部、新闻出版广电总局等）

第六章 开放合作 构建旅游开放新格局

第一节 实施旅游外交战略

一、开展“一带一路”国际旅游合作

推动建立“一带一路”沿线国家和地区旅游部长会议机制。建立丝绸之路经济带城市旅游合作机制。推动“一带一路”沿线国家签证便利化，推动航权开放、证照互认、车辆救援、旅游保险等合作。加强与沿线国家旅游投资互惠合作，推动海上丝绸之路邮轮旅游合作，联合打造国际旅游精品线路，提升“一带一路”旅游品牌的知名度和影响力。（国家旅游局、中央宣传部、外交部、国家发展改革委、公安部、交通运输部、中国民航局等）

二、拓展与重点国家旅游交流

推动大国旅游合作向纵深发展，深化与周边国家旅游市场、产品、信息、服务融合发展，加强与中东欧国家旅游合作，扩大与传统友好国家和发展中国家的旅游交流，推动与相关国家城市缔结国际旅游伙伴城市。（国家旅游局、外交部、公安部）

三、创新完善旅游合作机制

完善双多边旅游对话机制，推动建立更多合作平台，倡导成立国际旅游城市推广联盟，引领国际旅游合作。支持旅游行业组织、旅游企业参与国际旅游交流，形成工作合力。推进我国与周边国

家的跨境旅游合作区、边境旅游试验区建设，开发具有边境特色和民族特色的旅游景区和线路。（国家旅游局、外交部、国家民委、公安部、交通运输部等）

第二节 大力提振入境旅游

实施中国旅游国际竞争力提升计划。统筹优化入境旅游政策，推进入境旅游签证、通关便利化，研究制定外国人来华邮轮旅游、自驾游便利化政策。依法扩大符合条件的口岸开展外国人签证业务范围，提升购物退税网络服务水平，开发过境配套旅游产品。完善入境旅游公共服务和商业接待体系，提升入境旅游服务品质。发挥自由贸易试验区在促进入境旅游发展方面的先行先试作用。（国家旅游局、外交部、国家发展改革委、公安部、财政部、商务部、海关总署、税务总局等）

完善旅游推广体系，塑造“美丽中国”形象。加强旅游、外宣合作，健全中央与地方、政府与企业以及部门间联动的旅游宣传推广体系，发挥专业机构市场推广优势。实施入境旅游品牌战略，推出一批入境旅游品牌和线路。调整优化中国旅游驻外办事处职能，适时在巴西、南非等地设立旅游办事机构。实施中国旅游网络营销工程、海外公众旅游宣传推广工程，促进入境旅游持续稳定增长。（国家旅游局、中央宣传部、中央编办、外交部、文化部）

第三节 深化与港澳台旅游合作

一、支持港澳地区旅游发展

创新粤港澳区域旅游合作协调机制，推进便利化建设和一体化发展。支持粤港澳大湾区旅游合作，发挥粤港澳对接广西、福建等内地沿海省份的重要节点作用，开发一程多站旅游线路。支持香港建设多元旅游平台。推动澳门世界旅游休闲中心建设，支持澳门会展业发展，支持澳门举办世界旅游经济论坛。推动粤澳、闽澳联合开发海上丝绸之路旅游产品，打造旅游精品线路。（国家旅游局、交通运输部、商务部、国务院港澳办等）

二、深化对台旅游交流

巩固旅游在两岸人员交往中的主渠道作用，发挥旅游在增进两岸同胞情感、促进两岸关系和平发展方面的积极作用。推动大陆居民赴台旅游健康有序发展，提升大陆居民赴台旅游品质、安全保障水平等。推进两岸乡村旅游、邮轮旅游、旅游文创等领域合作。支持平潭国际旅游岛、福州新区、江苏昆山等建设成为两岸旅游产业合作示范区。推进海峡西岸经济区与台湾、厦门与金门、福州与马祖区域旅游合作。支持环海峡旅游圈建设。（国务院台办、公安部、商务部、国家旅游局）

三、扩大旅游对港澳台开放

依托中国（广东）自由贸易试验区、中国（福建）自由贸易试验区，开展对港澳台旅游先行先试。探索自由贸易试验区有关涉旅政策措施相互延伸。推进邮轮游艇旅游合作发展，支持香港邮轮母港建设和粤澳游艇自由行。加强与港澳台青少年的游学交流，定期组织港澳台青少年赴内地（大陆）开展游学活动。（国家旅游局、公安部、交通运输部、商务部、国务院港澳办、国务院台办等）

四、规范赴港澳台旅游市场秩序

加强与港澳台旅游部门合作，完善旅游安全保障和预警机制，提升突发事件应急处理能力，共同打击以不合理低价组织的团队游和其他违法违规的不正当竞争行为。建立健全大陆居民赴台游保险机制，扩大大陆居民赴台旅游保险覆盖面。（国家旅游局、公安部、国务院港澳办、国务院台办、保监会）

第四节　有序发展出境旅游

推动出境旅游目的地国家和地区简化签证手续、缩短签证申办时间，扩大短期免签证、口岸签证范围。将中文电视广播等媒体落地、改善中文接待环境、中文报警服务、中国公民安全保障措施和游客合法权益保障等纳入中国公民出境旅游目的地管理体系。完善出境旅游服务保障体系，加强境外旅游保险、旅游救援合作。推动建立与有关国家和地区旅游安全预警机制和突发事件应急处理合作机制。加强与友好国家客源互送合作。（国家旅游局、外交部、公安部、新闻出版广电总局、保监会）

第五节　提升旅游业国际影响力

一、实施旅游业“走出去”战略

将旅游业“走出去”发展纳入国家“走出去”战略，制定旅游业“走出去”战略规划。完善支持旅游企业“走出去”政策服务平台，支持有条件的旅游企业统筹利用国际国内两个市场，建立面向中国公民的海外旅游接待体系。推进自由贸易协定旅游服务贸易谈判，推动旅游业双向开放。（国家旅游局、外交部、国家发展改革委、商务部等）

二、实施国家旅游援外计划

制定实施国家旅游援外计划，对“一带一路”沿线国家、部分发展中国家和地区提供旅游投资、品牌、技术、管理、标准等援助。（商务部、外交部、国家发展改革委、财政部、国家旅游局等）

三、积极参与国际旅游规则制定

在联合国世界旅游组织、世界旅游业理事会和亚太旅游协会等国际旅游机构中发挥更为重要的作用。培养一批符合国际组织需求的旅游专门人才，创造条件输送到国际旅游机构，扩大我国在国际旅游机构中的影响力。（国家旅游局、外交部、教育部）

第七章　共建共享　提高人民群众满意度

第一节　实施乡村旅游扶贫工程

通过发展乡村旅游带动2.26万个建档立卡贫困村实现脱贫。

实施乡村旅游扶贫重点村环境整治行动。提升旅游扶贫基础设施，全面提升通村公路、网络通信基站、供水供电、垃圾污水处理设施水平。规划启动“六小工程”，确保每个乡村旅游扶贫重点村建好一个停车场、一个旅游厕所、一个垃圾集中收集站、一个医疗急救站、一个农副土特产品商店和一批旅游标识标牌。到2020年,完成50万户贫困户"改厨、改厕、改客房、整理院落"的"三改一整"工程。(国家旅游局、国家发展改革委、工业和信息化部、住房城乡建设部、交通运输部、国家卫生计生委、国务院扶贫办等)

开展旅游规划扶贫公益行动。动员全国旅游规划设计单位为贫困村义务编制能实施、能脱贫的旅游规划。(国家旅游局、国务院扶贫办)

实施旅游扶贫电商行动。支持有条件的乡村旅游扶贫重点村组织实施"一村一店"。鼓励在景区景点、宾馆饭店、游客集散中心、高速公路服务区等场所开辟农副土特产品销售专区。(国家旅游局、工业和信息化部、交通运输部、国务院扶贫办)

开展万企万村帮扶行动。组织动员全国1万家大型旅游企业、宾馆饭店、景区景点、旅游规划设计单位、旅游院校等单位,通过安置就业、项目开发、输送客源、定点采购、指导培训等方式帮助乡村旅游扶贫重点村发展旅游。(国家旅游局、教育部、国务院扶贫办等)

实施金融支持旅游扶贫行动。落实国家对贫困户扶贫小额信贷、创业担保贷款等支持政策。完善景区带村、能人带户、"企业(合作社)+农户"等扶贫信贷政策,鼓励金融机构加大对旅游扶贫项目的信贷投入。(人民银行、国家旅游局、国务院扶贫办、银监会等)

实施旅游扶贫带头人培训行动。设立乡村旅游扶贫培训基地,建立乡村旅游扶贫专家库,组织全国乡村旅游扶贫重点村村官和扶贫带头人开展乡村旅游培训。(国家旅游局、国务院扶贫办)

启动旅游扶贫观测点计划。设立全国乡村旅游扶贫观测中心,对乡村旅游扶贫精准度和实效性进行跟踪观测,为有效推进乡村旅游扶贫工作提供决策依据。(国家旅游局、国务院扶贫办)

第二节 实施旅游创业就业计划

建设面向旅游创新创业的服务平台。支持各类旅游产业发展孵化器建设。开展国家旅游文创示范园区、国家旅游科技示范园区、国家旅游创业示范园区和示范企业、示范基地建设。举办中国旅游创新创业大赛。推动旅游共享经济商业模式创新,开展互联网约车、民宿旅游接待、分时度假等共享经济试点项目。建设国家旅游就业需求服务平台,提供人才资源、就业信息等。完善居民参与旅游发展利益共享机制,鼓励旅游企业为当地居民提供工作岗位和就业机会。(国家旅游局、国家发展改革委、科技部、工业和信息化部、人力资源社会保障部、工商总局)

第三节 规范旅游市场秩序

一、创新旅游监管机制

发挥各级政府的主导作用和旅游部门的主管作用,明确各相关部门责任,着力解决执法难、执法软问题。发布全国旅游秩序指数,建立重点地区旅游市场监管机制,完善旅游纠纷调解机制,健全互联网旅游企业监管体系。完善"12301"旅游投诉受理机制。严厉打击扰乱旅游市场秩序的违法违规行为,切实维护旅游者合法权益。(国家旅游局、工业和信息化部、公安部、工商总局等)

二、建立健全旅游诚信体系

建立健全旅游从业者、经营者和消费者的信用体系。将旅游失信行为纳入社会信用体系记录范围,及时发布旅游失信行为信息记录。推进旅游失信行为记录和不文明行为记录与全国信用信息共享平台共享，开展联合惩戒。发挥旅游行业协会的自律作用，引导旅游经营者诚信经营。（国家旅游局、中央文明办、国家发展改革委、公安部、商务部、工商总局等）

三、开展专项治理行动

依法打击不合理低价游、强迫或变相强迫旅游消费、虚假广告行为，集中处理典型案件，查处违法违规企业和从业人员。联合有关国家和地区，推进旅游市场秩序常态化治理。发挥旅游志愿者、社会监督员及新闻媒体对各类旅游企业和从业人员的社会监督作用。（国家旅游局、中央宣传部、外交部、公安部、工商总局）

四、引导旅游者理性消费

规范旅游合同管理，加强旅游信息引导，提高旅游者自我防范意识，自觉抵制不合理低价游。增强旅游者合同意识和契约精神，引导理性消费、依法维权。（国家旅游局、中央宣传部、公安部、新闻出版广电总局等）

第四节　大力推进文明旅游

加强宣传教育，建立文明旅游法规体系，落实旅游文明行为公约和行动指南。开展“为中国加分”文明旅游主题活动，征集“中国旅游好故事”。选树旅游行业文明单位、青年文明号，评选文明旅游公益大使，培养一批能够讲好中国故事的导游人员。完善旅游不文明行为记录制度，建立信息通报机制，加大惩戒力度。（中央宣传部、中央文明办、国家旅游局等）

加强旅游志愿者队伍建设。推进旅游志愿服务制度体系建设，完善旅游志愿者管理激励制度。开展志愿服务公益行动，建立一批旅游志愿服务工作站。培育先进模范志愿者、志愿者组织，树立中国旅游志愿者良好形象。依法登记管理旅游志愿者组织。（国家旅游局、中央文明办、民政部等）

第五节　构筑旅游安全保障网

一、加强旅游安全制度建设

完善旅游安全管理制度，强化有关部门安全监管责任。建立健全旅游安全预警机制，加强境外旅行安全提示、热点景区景点最大承载量警示、旅游目的地安全风险提示。落实旅行社、旅游饭店、旅游景区安全规范。做好高风险旅游项目安全管理。（国家旅游局、外交部、公安部）

二、强化重点领域和环节监管

强化对客运索道、大型游乐设施等特种设备的安全监察及景区地质灾害安全管理。落实旅游客运车辆“导游专座”制度。推动旅游客运车辆安装卫星定位装置并实行联网联控，建设旅游包车安全运营及动态监管平台。实施旅游用车联合检查制度。加强旅游节庆活动安全管理。加强景区景点最大承载量管控。加强旅游场所消防基础设施建设，落实消防安全主体责任。（国家旅游局、公安部、国土资源部、交通运输部、质检总局等）

三、加快旅游紧急救援体系建设

健全旅游突发事件应对机制。完善旅游突发事件信息报送和应急值守制度，完善应急预案体系。建设国家旅游应急管理指挥平台。推动建立政府救助与商业救援相结合的旅游紧急救援体系，推进国家旅游紧急救援基地建设，鼓励有条件的旅游企业建立紧急救援队伍。（国家旅游局、公安部、国土资源部、安全监管总局等）

四、深化旅游保险合作机制

完善旅游保险产品，提高保险保障额度，扩大保险覆盖范围，提升保险理赔服务水平。完善旅行社责任保险机制，推动旅游景区、宾馆饭店、旅游大巴及高风险旅游项目旅游责任保险发展。加强与重点出境旅游目的地开展旅游保险合作，建立健全出境旅游保险保障体系。（国家旅游局、保监会等）

第六节　实施旅游服务质量提升计划

推进旅游标准化建设，完善标准体系，建立政府主导与市场自主相互衔接、协同发展的旅游标准制修订机制。加大对旅游标准化的宣传推广力度，开展旅游标准化试点示范，加强旅游标准实施绩效评估。（国家旅游局、质检总局）

深入实施《旅游质量发展纲要（2013—2020年）》，加快建立以游客评价为主的旅游目的地评价机制。开展“品质旅游”宣传推广活动，鼓励旅游企业公布服务质量承诺和执行标准，实施旅游服务质量标杆引领计划。建立优质旅游服务商目录，推出优质旅游服务品牌。（国家旅游局、工商总局、质检总局）

第八章　深化改革　完善旅游发展保障体系

第一节　推进旅游综合管理体制改革

鼓励各地成立由地方政府牵头的旅游业发展领导协调机构。推动旅游综合管理体制改革，增强旅游部门综合协调和行业统筹能力。加强旅游执法队伍和市场监管、司法仲裁等机构建设。（国家旅游局等）

推进旅游业改革创新先行区发展。到2020年，打造50个先行区，进一步完善旅游业统筹协调机制，实现土地、财政、资源、假日、金融、人才、技术等政策支撑措施基本成熟，旅游产业发展引导和行业管理方式进一步优化。（国家旅游局、科技部、财政部、人力资源社会保障部、国土资源部、人民银行、税务总局、国家林业局等）

改革旅游业统计制度，建立健全旅游核算体系，提高旅游业统计服务决策、引导产业发展的能力。建立健全统一规范的全国旅游业数据采集平台，建立旅游业统计数据共建共享机制。鼓励采用服务外包等形式，选择专业统计机构开展旅游业统计抽样调查。推动建立省级旅游数据中心，改进旅游业统计信息发布方式。加强旅游业统计国际合作，积极参与旅游业统计国际标准和规范制

定。（国家旅游局、国家统计局）

第二节 优化景区服务管理机制

建立景区旅游开放备案制度、景区旅游建设与经营项目会商制度、景区建设经营负面清单制度等。推动景区旅游实现特许经营管理，推进经营决策、劳动用工、薪酬制度等去行政化改革。完善景区建设经营活动事中事后监管制度，建立健全景区安全风险评估制度、景区预约预报预订机制。（国家旅游局、国家发展改革委、住房城乡建设部等）

第三节 推进导游旅行社体制改革

以市场主导、执业灵活、服务规范、社会监督为目标，推进导游体制改革，建立适应市场需求的导游准入制度。改革导游注册制度，明确导游资格证终身有效。依法开展导游自由执业改革试点，完善旅行社委派执业制度，打破导游异地执业的区域壁垒。建立导游社会化评价与监督体系。改革导游保险保障体系，建立导游品牌制度，完善导游等级评定制度。（国家旅游局、国务院法制办等）

完善旅行社监管服务平台，实现行政审批公开、透明、可追溯。健全旅行社退出机制，实现动态调整。优化完善旅行社分社网点设立、旅行社质量保证金、旅行社委托招徕、出境旅游保险等方面政策。（国家旅游局、国务院法制办等）

第四节 强化政策扶持

一、落实职工带薪休假制度

将落实职工带薪休假制度纳入各地政府议事日程，制定带薪休假制度实施细则或实施计划，加强监督检查。鼓励机关、社会团体、企事业单位引导职工灵活安排休假时间。各单位可根据自身实际情况，并考虑职工本人意愿，将带薪休假与本地传统节日、地方特色活动相结合，安排错峰休假。（人力资源社会保障部、国家旅游局等）

二、加大投入力度

编制旅游基础设施和公共服务设施建设规划。中央预算内投资加大对革命老区、民族地区、边疆地区和贫困地区等旅游公共服务设施建设的支持力度。落实地方政府对旅游基础设施投入的主体责任。将符合条件的旅游项目纳入新农村建设、扶贫开发等专项资金支持范围。（国家旅游局、国家发展改革委、财政部、交通运输部、农业部、国务院扶贫办等）

三、完善土地供给政策

在土地利用总体规划和城乡规划中统筹考虑旅游产业发展需求，合理安排旅游用地布局。在年度土地供应中合理安排旅游业发展用地。优先保障纳入国家规划和建设计划的重点旅游项目用地和旅游扶贫用地。对使用荒山、荒坡、荒滩及石漠化、边远海岛土地建设的旅游项目，优先安排新增建设用地计划指标。农村集体经济组织可以依法使用建设用地自办或以土地使用权入股、联营等方式开办旅游企业。城乡居民可以利用自有住宅依法从事旅游经营，农村集体经济组织以外的单位和个人可依法通过承包经营流转的方式，使用农民集体所有的农用地、未利用地，从事与旅游相关的种植业、养殖业。（国土资源部、住房城乡建设部、农业部、国家旅游局、国家海洋局）

四、创新金融支持政策

积极推进权属明确、能够产生可预期现金流的旅游相关资产证券化。支持旅游资源丰富、管理体制清晰、符合国家旅游发展战略和发行上市条件的大型旅游企业上市融资。加大债券市场对旅游企业的支持力度。支持和改进旅游消费信贷，探索开发满足旅游消费需要的金融产品。（人民银行、国家旅游局、银监会、证监会）

五、完善旅游财税政策

乡村旅游经营户可以按规定享受小微企业增值税优惠政策。乡村旅游企业在用水、用电、用气价格方面享受一般工业企业同等政策。结合出境旅游消费增长，统筹研究旅游发展基金征收方式。推广实施境外旅客购物离境退税政策。在切实落实进出境游客行李物品监管的前提下，研究进一步增设口岸进境免税店，引导消费回流。（国家旅游局、国家发展改革委、财政部、商务部、海关总署、税务总局）

第五节　加强法治建设

适应旅游业发展要求，修订完善《中国公民出国旅游管理办法》、《旅行社条例》、《导游人员管理条例》等法规和旅游安全监管、发展规划、宣传推广、公共服务等方面规章制度。落实旅游行政处罚、旅游违法行为法律适用指引，推动研究旅行社、导游收取“佣金”、“小费”法律适用问题。积极参与旅游国际规则的研究制定。推动重点地区开展旅游立法试点，健全地方旅游法规体系。加强旅游执法队伍建设。加大旅游执法检查力度，推进依法行政、严格执法。（国家旅游局、国务院法制办等）

第六节　加强人才队伍建设

一、实施重点人才开发计划

依托国家重点人才工程、项目、重点学科等，培育一批具有国际影响力的旅游科研机构、高等院校和新型智库。将旅游人才队伍建设纳入地方重点人才支持计划。（国家旅游局、教育部、人力资源社会保障部）

专栏10　重点人才开发计划

（一）行政领导干部轮训。开展省级、地市级和重点区域旅游部门领导干部轮训。

（二）经营管理人才开发。实施旅游产业领军人才培训和旅游职业经理人培训项目。

（三）专业技术人才开发。开展旅游业专家库建设项目、旅游业青年专家提升计划、旅游基础研究人才支持计划、专业技术人才知识更新工程。

（四）实施万名旅游英才计划。开展研究型英才、创新创业型英才、实践服务型英才、“双师型”教师英才、旅游企业拔尖骨干管理英才、技术技能大师工作室等6个培养项目，培养1万名旅游英才。

（五）导游素质提升。开展导游资格考试和等级考核评定项目、导游“云课堂”远程在线研修培训项目、名导进课堂“送教上门”项目。

续表

(六)旅游人才援助。开展旅游援外教育项目,导游援藏项目,贫困地区、少数民族地区、基层边远地区培训项目。 (七)人才工作平台建设。开展旅游人才工作信息化平台建设项目、人才培训基地建设项目。

二、发展现代旅游职业教育

加强对旅游职业教育改革发展的统筹指导和综合保障,加快建立适应旅游产业发展需求、产教深度融合、中高职有机衔接、布局结构更加合理的现代旅游职业教育体系。遴选和建设一批职业院校旅游类专业示范点,适时将旅游管理类新专业纳入全国技工院校专业目录。加强专业教师培养培训,举办旅游职业教育骨干"双师型"教师、旅游管理硕士专业学位(MTA)骨干师资高级研修班。深化校企合作,建设一批旅游职业教育实习实训基地,开展创新型示范性校企合作项目。办好全国职业院校技能大赛等相关赛项。推动省部共建旅游院校、共同培养人才。(教育部、人力资源社会保障部、国家旅游局)

三、加强旅游相关学科专业建设

鼓励高校根据旅游业发展需求,设置酒店管理、会展经济与管理、旅游管理与服务本科专业。推动适应旅游业发展新形势的教材建设和数字化课程资源建设共享。(教育部、国家旅游局)

四、加强人才培养国际合作

开展"一带一路"等国际旅游人才开发合作,推动高校开展国际交流。大力引进海外高端旅游教育人才和创新创业人才,支持旅游专业骨干教师和优秀学生到海外留学进修。(教育部、人力资源社会保障部、国家旅游局)

五、加强旅游基础研究

整合各方面智力资源,加强我国旅游业发展战略、布局、管理、制度等研究,形成一批基础性、战略性研究成果。支持中国旅游研究院、中国旅游智库等专业智库建设。推动成立中国旅游学会,逐步构建旅游智库群,形成产学研互动的旅游学术共同体。推进中国特色旅游发展理论体系建设,培养和造就一批具有国际视野、学术功底深厚、作风扎实的国家级旅游基础研究专家队伍。(国家旅游局、教育部、科技部等)

各地区要结合本地实际制定具体实施方案或者专项规划,明确工作分工,落实工作责任。各部门要按照职责分工,加强协调配合,明确具体举措和工作进度,抓紧推进。国家旅游局要加强对本规划实施情况的评估和监督检查,及时研究解决本规划实施过程中出现的新情况、新问题,重大情况及时报告国务院。

“十三五”国家信息化规划

国发〔2016〕73号

“十三五”时期是全面建成小康社会的决胜阶段，是信息通信技术变革实现新突破的发轫阶段，是数字红利充分释放的扩展阶段。信息化代表新的生产力和新的发展方向，已经成为引领创新和驱动转型的先导力量。围绕贯彻落实“五位一体”总体布局和“四个全面”战略布局，加快信息化发展，直面“后金融危机”时代全球产业链重组，深度参与全球经济治理体系变革；加快信息化发展，适应把握引领经济发展新常态，着力深化供给侧结构性改革，重塑持续转型升级的产业生态；加快信息化发展，构建统一开放的数字市场体系，满足人民生活新需求；加快信息化发展，增强国家文化软实力和国际竞争力，推动社会和谐稳定与文明进步；加快信息化发展，统筹网上网下两个空间，拓展国家治理新领域，让互联网更好造福国家和人民，已成为我国“十三五”时期践行新发展理念、破解发展难题、增强发展动力、厚植发展优势的战略举措和必然选择。

本规划旨在贯彻落实“十三五”规划纲要和《国家信息化发展战略纲要》，是“十三五”国家规划体系的重要组成部分，是指导“十三五”期间各地区、各部门信息化工作的行动指南。

一、发展现状与形势

（一）发展成就

党中央、国务院高度重视信息化工作。“十二五”时期特别是党的十八大之后，成立中央网络安全和信息化领导小组，通过完善顶层设计和决策体系，加强统筹协调，作出实施网络强国战略、大数据战略、“互联网+”行动等一系列重大决策，开启了信息化发展新征程。各地区、各部门扎实工作、开拓创新，我国信息化取得显著进步和成就。

信息基础设施建设实现跨越式发展，宽带网络建设明显加速。截至2015年底，我国网民数达到6.88亿，互联网普及率达到50.3%，互联网用户、宽带接入用户规模位居全球第一。第三代移动通信网络（3G）覆盖全国所有乡镇，第四代移动通信网络（4G）商用全面铺开，第五代移动通信网络（5G）研发步入全球领先梯队，网络提速降费行动加快推进。三网融合在更大范围推广，宽带广播电视和有线无线卫星融合一体化建设稳步推进。北斗卫星导航系统覆盖亚太地区。

信息产业生态体系初步形成，重点领域核心技术取得突破。集成电路实现28纳米（nm）工艺规模量产，设计水平迈向16/14nm。“神威·太湖之光”超级计算机继“天河二号”后蝉联世界超级计算机500强榜首。高世代液晶面板生产线建设取得重大进展，迈向10.5代线。2015年，信息产业收入规模达到17.1万亿元，智能终端、通信设备等多个领域的电子信息产品产量居全球第一，涌现出一批世界级的网信企业。

网络经济异军突起，基于互联网的新业态新模式竞相涌现。2015年，电子商务交易额达到21.79万亿元，跃居全球第一。“互联网+”蓬勃发展，信息消费大幅增长，产业互联网快速兴起，从零售、物流等领域逐步向一二三产业全面渗透。网络预约出租汽车、大规模在线开放课程（慕课）等新业态新商业模式层出不穷。

电子政务应用进一步深化，网络互联、信息互通、业务协同稳步推进。统一完整的国家电子政务网络基本形成，基础信息资源共享体系初步建立，电子政务服务不断向基层政府延伸，政务公开、网上办事和政民互动水平显著提高，有效促进政府管理创新。

社会信息化水平持续提升，网络富民、信息惠民、服务便民深入发展。信息进村入户工程取得积极成效，互联网助推脱贫攻坚作用明显。大中小学各级教育机构初步实现网络覆盖。国家、省、市、县四级人口健康信息平台建设加快推进，电子病历普及率大幅提升，远程会诊系统初具规模。医保、社保即时结算和跨区统筹取得新进展，截至2015年底，社会保障卡持卡人数达到8.84亿人。

网络安全保障能力显著增强，网上生态持续向好。网络安全审查制度初步建立，信息安全等级保护制度基本落实，网络安全体制机制逐步完善。国家关键信息基础设施安全防护水平明显提升，国民网络安全意识显著提高。发展了中国特色社会主义治网之道，网络文化建设持续加强，互联网成为弘扬社会主义核心价值观和中华优秀传统文化的重要阵地，网络空间日益清朗。

网信军民融合体系初步建立，技术融合、产业融合、信息融合不断深化。网信军民融合顶层设计、战略统筹和宏观指导得到加强，实现了集中统一领导和决策，一批重大任务和重大工程落地实施。军民融合式网信产业基础进一步夯实，初步实现网络安全联防联控、网络舆情军地联合管控，信息基础设施共建合用步伐加快。

网络空间国际交流合作不断深化，网信企业走出去步伐明显加快。成功举办世界互联网大会、中美互联网论坛、中英互联网圆桌会议、中国—东盟信息港论坛、中国—阿拉伯国家网上丝绸之路论坛、中国—新加坡互联网论坛。数字经济合作成为多边、双边合作新亮点。一批网信企业加快走出去，积极参与“一带一路”沿线国家信息基础设施建设。跨境电子商务蓬勃发展，年增速持续保持在30%以上。

“十二五”信息化发展基本情况

指　　标	规划目标		实现情况	
	2015 年	年均增长(%)	2015 年	年均增长(%)
总体发展水平				
1. 信息化发展指数	>79	—	72. 45	—
信息技术与产业				
2. 集成电路芯片规模生产工艺(纳米)	32/28	—	28	—
3. 信息产业收入规模(万亿元)	16	10	17. 1	13
信息基础设施				
4. 网民数量(亿)	8. 5	13. 2	6. 88	8. 5
5. 固定互联网宽带接入用户(亿户)	>2. 7	>15. 7	2. 1	10. 1
6. 光纤入户用户数(亿户)	>0. 77	>103. 6	1. 2	126. 8
7. 城市家庭宽带接入能力(Mbps)	20	38. 0	20	38. 0
8. 农村家庭宽带接入能力(Mbps)	4	14. 9	4	14. 9
9. 县级以上城市有线广播电视网络实现双向化率(%)	80	〔55〕	53	〔28〕
10. 互联网国际出口带宽(Tbps)	6. 5	42. 7	3. 8	37. 5
信息经济				
11. 制造业主要行业大中型企业关键工序数(自)控化率(%)	>70	>6. 08	70	6. 08
12. 电子商务交易规模(万亿元)	>18	>31. 7	21. 79	35. 5
信息服务				
13. 中央部委和省级政务部门主要业务信息化覆盖率(%)	>85	〔>15〕	90. 8	〔20. 8〕
14. 地市级政务部门主要业务信息化覆盖率(%)	70	〔30〕	76. 8	〔36. 8〕
15. 县级政务部门主要业务信息化覆盖率(%)	50	〔25〕	52. 5	〔27. 5〕
16. 电子健康档案城乡居民覆盖率(%)	>70	〔>30〕	75	〔35〕
17. 社会保障卡持卡人数(亿)	8	50. 7	8. 84	53. 7
注:〔　〕表示五年累计数,单位为百分点。				

（二）发展形势

“十三五”时期,全球信息化发展面临的环境、条件和内涵正发生深刻变化。从国际看,世界经济在深度调整中曲折复苏、增长乏力,全球贸易持续低迷,劳动人口数量增长放缓,资源环境约束日益趋紧,局部地区地缘博弈更加激烈,全球性问题和挑战不断增加,人类社会对信息化发展的迫切需求达到前所未有的程度。同时,全球信息化进入全面渗透、跨界融合、加速创新、引领发展的新阶段。信息技术创新代际周期大幅缩短,创新活力、集聚效应和应用潜能裂变式释放,更快速度、更广范围、更深程度地引发新一轮科技革命和产业变革。物联网、云计算、大数据、人工智能、机器深度学习、区块链、生物基因工程等新技术驱动网络空间从人人互联向万物互联演进,数字化、网络化、智能化服务将无处不在。现实世界和数字世界日益交汇融合,全球治理体系面临深刻变革。全球经济体普遍把加快信息技术创新、最大程度释放数字红利,作为应对“后金融危机”时代增长不稳定性和不确定性、深化结构性改革和推动可持续发展的关键引擎。

从国内看，我国经济发展进入新常态，正处于速度换挡、结构优化、动力转换的关键节点，面临传统要素优势减弱和国际竞争加剧双重压力，面临稳增长、促改革、调结构、惠民生、防风险等多重挑战，面临全球新一轮科技产业革命与我国经济转型、产业升级的历史交汇，亟需发挥信息化覆盖面广、渗透性强、带动作用明显的优势，推进供给侧结构性改革，培育发展新动能，构筑国际竞争新优势。从供给侧看，推动信息化与实体经济深度融合，有利于提高全要素生产率，提高供给质量和效率，更好地满足人民群众日益增长、不断升级和个性化的需求；从需求侧看，推动互联网与经济社会深度融合，创新数据驱动型的生产和消费模式，有利于促进消费者深度参与，不断激发新的需求。

同时，我国信息化发展还存在一些突出短板，主要是：技术产业生态系统不完善，自主创新能力不强，核心技术受制于人成为最大软肋和隐患；互联网普及速度放缓，贫困地区和农村地区信息基础设施建设滞后，针对留守儿童、残障人士等特殊人群的信息服务供给薄弱，数字鸿沟有扩大风险；信息资源开发利用和公共数据开放共享水平不高，政务服务创新不能满足国家治理体系和治理能力现代化的需求；制约数字红利释放的体制机制障碍仍然存在，与先进信息生产力相适应的法律法规和监管制度还不健全；网络安全技术、产业发展滞后，网络安全制度有待进一步完善，一些地方和部门网络安全风险意识淡薄，网络空间安全面临严峻挑战。

综合研判，"十三五"时期是信息化引领全面创新、构筑国家竞争新优势的重要战略机遇期，是我国从网络大国迈向网络强国、成长为全球互联网引领者的关键窗口期，是信息技术从跟跑并跑到并跑领跑、抢占战略制高点的激烈竞逐期，也是信息化与经济社会深度融合、新旧动能充分释放的协同迸发期。必须认清形势，树立全球视野，保持战略定力，增强忧患意识，加强统筹谋划，着力补齐短板，主动顺应和引领新一轮信息革命浪潮，务求在未来五到十年取得重大突破、重大进展和重大成果，在新的历史起点上开创信息化发展新局面。

二、总体要求

（一）指导思想

全面贯彻党的十八大和十八届三中、四中、五中、六中全会精神，深入贯彻习近平总书记系列重要讲话精神，认真落实党中央、国务院决策部署，按照"五位一体"总体布局和"四个全面"战略布局，牢固树立创新、协调、绿色、开放、共享的发展理念，着力补齐核心技术短板，全面增强信息化发展能力；着力发挥信息化对经济社会发展的驱动引领作用，培育发展新动能，拓展网络经济空间，壮大网络信息等新兴消费，全面提升信息化应用水平；着力满足广大人民群众普遍期待和经济社会发展关键需要，重点突破，推动信息技术更好服务经济升级和民生改善；着力深化改革，激发创新活力，主动防范和化解风险，全面优化信息化发展环境。坚定不移走中国特色信息化发展道路，实施网络强国战略，让信息化更好造福国家和人民，为如期全面建成小康社会提供强大动力。

（二）主要原则

坚持以惠民为宗旨。把增进人民福祉、促进人的全面发展作为信息化发展的出发点和落脚点，着力发挥信息化促进公共资源优化配置的作用，以信息化提升公共治理和服务水平，促进人民生活水平和质量普遍提高。

坚持全面深化改革。正确处理政府和市场关系，坚持发挥市场在资源配置中的决定性作用，更好发挥政府作用，破除不利于信息化创新发展的体制机制障碍，激发创新活力，加强法治保障，释放数字红利，为经济社会发展提供持续动力。

坚持服务国家战略。围绕推进“一带一路”建设、京津冀协同发展、长江经济带发展等国家战略和经济、政治、文化、社会、生态、国防等重大需求，发挥信息化引领和支撑作用，做到国家利益在哪里、信息化就覆盖到哪里。

坚持全球视野发展。把握全球信息技术创新发展趋势和前沿动态，增强我国在全球范围配置人才、资金、技术、信息的能力，超前布局、加速赶超，积极推动全球互联网治理体系变革，提高我国国际话语权。

坚持安全与发展并重。树立科学的网络安全观，正确处理安全和发展的关系，坚持安全和发展双轮驱动，以安全保发展，以发展促安全，推动网络安全与信息化发展良性互动、互为支撑、协调共进。

（三）发展目标

到2020年，“数字中国”建设取得显著成效，信息化发展水平大幅跃升，信息化能力跻身国际前列，具有国际竞争力、安全可控的信息产业生态体系基本建立。信息技术和经济社会发展深度融合，数字鸿沟明显缩小，数字红利充分释放。信息化全面支撑党和国家事业发展，促进经济社会均衡、包容和可持续发展，为国家治理体系和治理能力现代化提供坚实支撑。

核心技术自主创新实现系统性突破。信息领域核心技术设备自主创新能力全面增强，新一代网络技术体系、云计算技术体系、端计算技术体系和安全技术体系基本建立。集成电路、基础软件、核心元器件等关键薄弱环节实现系统性突破。5G技术研发和标准制定取得突破性进展并启动商用。云计算、大数据、物联网、移动互联网等核心技术接近国际先进水平。部分前沿技术、颠覆性技术在全球率先取得突破，成为全球网信产业重要领导者。

信息基础设施达到全球领先水平。“宽带中国”战略目标全面实现，建成高速、移动、安全、泛在的新一代信息基础设施。固定宽带家庭普及率达到中等发达国家水平，城镇地区提供1000兆比特/秒（Mbps）以上接入服务能力，大中城市家庭用户带宽实现100Mbps以上灵活选择；98%的行政村实现光纤通达，有条件的地区提供100Mbps以上接入服务能力，半数以上农村家庭用户带宽实现50Mbps以上灵活选择；4G网络覆盖城乡，网络提速降费取得显著成效。云计算数据中心和内容分发网络实现优化布局。国际网络布局能力显著增强，互联网国际出口带宽达到20太比特/秒（Tbps），通达全球主要国家和地区的高速信息网络基本建成，建成中国—东盟信息港、中国—阿拉伯国家等网上丝绸之路。北斗导航系统覆盖全球。有线、无线、卫星广播电视传输覆盖能力进一步增强，基本实现广播电视户户通。

信息经济全面发展。信息经济新产业、新业态不断成长，信息消费规模达到6万亿元，电子商务交易规模超过38万亿元，信息化和工业化融合发展水平进一步提高，重点行业数字化、网络化、智能化取得明显进展，网络化协同创新体系全面形成。打破信息壁垒和孤岛，实现各部门业务系统互联互通和信息跨部门跨层级共享共用，公共数据资源开放共享体系基本建立，面向企业和公民的一体化公共服务体系基本建成，电子政务推动公共服务更加便捷均等。电信普遍服务补偿机制进一步完善，网络扶贫成效明显，宽带网络覆盖90%以上的贫困村。

信息化发展环境日趋优化。网络空间法治化进程全面推进，网络空间法律法规体系日趋完善，与信息社会相适应的制度体系基本建成，网信领域军民深度融合迈上新台阶。信息通信技术、产品和互联网服务的国际竞争力明显增强，网络空间国际话语权大幅提升。网络内容建设工程取得积极进展，媒体数字化建设成效明显。网络违法犯罪行为得到有力打击，网络空间持续清朗。信息安全等级保护制度得到全面落实。关键信息基础设施得到有效防护，网络安全保障能力显著提升。

“十三五”信息化发展主要指标

指　　标	2015 年	2020 年	年均增速(%)
总体发展水平			
1. 信息化发展指数	72.45	88	—
信息技术与产业			
2. 信息产业收入规模(万亿元)	17.1	26.2	8.9
3. 国内信息技术发明专利授权数(万件)	11.0	15.3	6.9
4. IT 项目投资占全社会固定资产投资总额的比例(%)	2.2	5	〔2.8〕
信息基础设施			
5. 光纤入户用户占总宽带用户的比率(%)	56	80	〔24〕
6. 固定宽带家庭普及率(%)	40	70	〔30〕
7. 移动宽带用户普及率(%)	57	85	〔28〕
8. 贫困村宽带网络覆盖率(%)	78	90	〔12〕
9. 互联网国际出口带宽(Tbps)	3.8	20	39.4
信息经济			
10. 信息消费规模(万亿元)	3.2	6	13.4
11. 电子商务交易规模(万亿元)	21.79	>38	>11.8
12. 网络零售额(万亿元)	3.88	10	20.8
信息服务			
13. 网民数量(亿)	6.88	>10	>7.8
14. 社会保障卡普及率(%)	64.6	90	〔25.4〕
15. 电子健康档案城乡居民覆盖率(%)	75	90	〔15〕
16. 基本公共服务事项网上办理率(%)	20	80	〔60〕
17. 电子诉讼占比(%)	<1	>15	〔>14〕

注：〔　〕表示五年累计数，单位为百分点。

三、主攻方向

统筹实施网络强国战略、大数据战略、“互联网+”行动，整合集中资源力量，紧密结合大众创业万众创新、“中国制造 2025”，着力在引领创新驱动、促进均衡协调、支撑绿色低碳、深化开放合作、推动共建共享、主动防范风险等方面取得突破，为深化改革开放、推进国家治理体系和治理能力现代化提供数字动力引擎。

（一）引领创新驱动，培育发展新动能

全面助力创新型国家建设。聚焦构筑国家先发优势，发挥信息化引领创新的先导作用，全面推进技术创新、产业创新、业态创新、产品创新、市场创新和管理创新。推动信息技术与制造、能源、材料、生物等技术融合渗透，催生新技术，打造新业态。构建跨行业、跨区域、跨部门的创新网络，建立线上线下结合的开放式创新服务载体，整合利用创新资源，增强创新要素集聚效应。

拓展网络经济空间。建设高速、移动、安全、泛在的新一代信息基础设施，打通经济社会发展信息“大动脉”。解放和发展信息生产力，以信息流带动技术流、资金流、人才流、物资流，激发创业就业，优化资源配置，提升全要素生产率，提高经济发展质量和效益，推动经济持续增长。

创造激励创新的发展环境。加快构建适应信息时代跨界创新、融合创新和迭代创新的体制机制，打破部门和行业信息壁垒，推进简政放权、放管结合、优化服务改革，降低制度性交易成本，优化营商环境，夯实企业创新主体、研发主体地位。完善人才激励机制，赋予创新领军人才更大的人财物支配权和技术路线决定权，激发创新活力。

（二）促进均衡协调，优化发展新格局

驱动新旧动能接续转换。以信息化改造提升传统动能，促进去产能、去库存、去杠杆、降成本、补短板，提高供给体系的质量和效率。以信息化培育新动能，加快基于互联网的各类创新，构建现代产业新体系，用新动能推动新发展。建立公平、透明、开放、诚信、包容的数字市场体系，促进新兴业态和传统产业协调发展，推动社会生产力水平整体提升。

支撑区域协调发展。依托区域优势，强化区域间信息基础设施互联互通和信息资源共建共享，促进要素跨地区跨部门跨行业有序流动、资源优化配置和环境协同治理，优化区域生产力布局，促进区域协调发展。立足西部开发、东北振兴、中部崛起和东部率先的区域发展总体战略和“一带一路”建设、京津冀协同发展、长江经济带发展等重大国家战略，实施区域信息化一体化发展行动，提高区域协同治理和服务水平。

推动基本公共服务城乡覆盖。发挥信息化辐射和带动作用，以远程化、网络化等提高基本公共服务的覆盖面和均等化水平。重点围绕教育文化、医疗卫生、社会保障、住房保障等民生领域，构筑立体化、全方位、广覆盖的信息服务体系，扩大公共服务和产品供给，创新服务方式和手段，为城乡居民提供均等、高效、优质的公共服务。

促进经济建设和国防建设融合发展。建设军民一体、平战结合、攻防兼备的网络安全体系，夯实军地资源优化配置、合理共享、技术兼容、优势互补的信息化发展基础，以信息化促进经济领域和国防领域技术、人才、资金等要素交流，构建全要素、多领域、高效益的军民深度融合发展格局。

（三）支撑绿色低碳，构建发展新模式

发展绿色生产模式。加快信息化和生态文明建设深度融合，利用新一代信息技术，促进产业链接循环化、生产过程清洁化、资源利用高效化、能源消耗清洁化、废物回收网络化。推广智能制造、绿色制造、能源互联网、智慧物流等，发展循环经济，促进一二三产业朝高端、智能、绿色的方向发展。积极推广节能减排新技术在信息通信行业的应用，加快推进数据中心、基站等高耗能信息载体的绿色节能改造。

推广绿色生活方式。以信息化促进资源节约集约循环利用，加强信息化与绿色化在城市管理、公共服务、居民生活等方面的融合应用，倡导可持续发展理念，发展分享经济，促进绿色消费。加快普及网络购物、在线教育、远程医疗、智慧交通、数字家庭、全民健身信息服务等，壮大信息消费，倡导绿色低碳、文明健康的生活方式，促进人与自然和谐共生。

创新生态环境治理模式。以解决生态环境领域突出问题为重点，深化信息技术在生态环境综合治理中的应用，促进跨流域、跨区域联防联控，实现智能监管、及时预警、快速响应，提升突发生态环境事件应对能力。全面推进环境信息公开，支持建立政府、企业、公众共同参与的生态环境协同治理体系。

（四）深化开放合作，拓展发展新空间

促进双向开放合作。发挥互联网在促进国际国内要素有序流动、资源高效配置、市场深度融合中的作用，建立企业全球化发展信息服务体系，提供全球政策法规、财税、金融、投融资、风险评估等信息服务，支持企业全球化发展。有序扩大网信开放领域，有效引进境外资金和先进技术，强化互利共赢。

服务"一带一路"建设。坚持共商共建共享，促进网络互联、信息互通，推动共建网上丝绸之路，推进数字经济、信息技术等合作，促进沿线国家和地区政策沟通、设施联通、贸易畅通、资金融通、民心相通。支持港澳地区网络基础设施建设和信息经济发展，发挥港澳地区在推进"一带一路"建设中的重要作用。

推动全球互联网治理体系变革。坚持尊重网络主权、维护和平安全、促进开放合作、构建良好秩序，积极参与全球网络基础设施建设，打造网上文化交流共享平台，推动网络经济创新发展，保障网络安全，推动建立多边、民主、透明的全球互联网治理体系。主动提出中国方案，加快共同制定国际信息化标准和规则。

（五）推动共建共享，释放发展新红利

增强特殊类型地区发展后劲。大力推进革命老区、民族地区、边疆地区、贫困地区的网络基础设施建设，为人民群众提供用得上、用得起、用得好的信息服务。发挥互联网在助推脱贫攻坚中的作用，以信息化推进精准扶贫、精准脱贫，培育特色优势产业，增强造血功能，促进人民生活明显改善。

构建面向特殊人群的信息服务体系。针对孤寡老人、留守儿童、困境儿童、残障人士、流动人口、受灾人员、失独家庭等特殊人群的实际需求，整合利用网络设施、移动终端、信息内容、系统平台、公共服务等，积极发展网络公益，统筹构建国家特殊人群信息服务体系，提供精准优质高效的公共服务。

提升边疆地区互联网服务能力。利用互联网充分宣传国家方针政策，丰富信息内容服务，确保及时传递到边疆、基层和每一个居民。普及农业科技、文化、商务、交通、医疗、教育等信息化应用，优化边疆地区生产力布局，打造一批有特色、可持续发展的"数字走廊"，促进边疆地区开发开放。

（六）防范安全风险，夯实发展新基石

主动防范和化解新技术应用带来的潜在风险。正确认识网络新技术、新应用、新产品可能带来的挑战，提前应对工业机器人、人工智能等对传统工作岗位的冲击，加快提升国民信息技能，促进社会就业结构调整平滑过渡。提高网络风险防控能力，以可控方式和节奏主动释放互联网可能引发的经济社会风险，维护社会和谐稳定。

提升网络安全保障能力。落实网络安全责任制，促进政府职能部门、企业、社会组织、广大网民共同参与，共筑网络安全防线。加强国家网络安全顶层设计，深化整体、动态、开放、相对、共同的安全理念，提升网络安全防护水平，有效应对网络攻击。

构建网络空间良好氛围。牢牢把握正确导向，创新舆论引导新格局，完善网络生态综合治理机制，加强网络内容建设，增强网络文化产品和服务供给能力，构建向上向善的网上舆论生态。坚持依法治网、依法办网、依法上网，加强网络违法犯罪监控和查处能力建设，依法严格惩治网络违法犯罪行为，建设健康、绿色、安全、文明的网络空间。

促进互联网企业健康发展。坚持鼓励支持和规范发展并重，引导互联网企业维护国家利益，坚守社会道德底线，加快自身发展，服务人民群众。依法防范和治理互联网市场恶性竞争、滥用市场支配地位、损害群众利益等问题，强化对互联网企业数据监管，确保数据安全，保障广大网民合法权益。

四、重大任务和重点工程

着力增强以信息基础设施体系为支撑、信息技术产业生态体系为牵引、数据资源体系为核心的国家信息化发展能力，着力提高信息化在驱动经济转型升级、推进国家治理体系和治理能力现代化、推动信息惠民、促进军民深度融合发展等重点领域的应用水平，着力优化支持网信企业全球化发展、网络空间治理、网络安全保障等的发展环境，加快推动我国信息化水平和安全支撑能力大幅提升。

（一）构建现代信息技术和产业生态体系

打造自主先进的技术体系。制定网络强国战略工程实施纲要，以系统思维构建新一代网络技术体系、云计算体系、安全技术体系以及高端制造装备技术体系，协同攻关高端芯片、核心器件、光通信器件、操作系统、数据库系统、关键网络设备、高端服务器、安全防护产品等关键软硬件设备，建设战略清晰、技术先进、产业领先、安全可靠的网络强国。统筹经济、政治、文化、社会、生态文明等领域网络安全和信息化发展，增强自主创新能力。

强化战略性前沿技术超前布局。立足国情，面向世界科技前沿、国家重大需求和国民经济主要领域，坚持战略导向、前沿导向和安全导向，重点突破信息化领域基础技术、通用技术以及非对称技术，超前布局前沿技术、颠覆性技术。加强量子通信、未来网络、类脑计算、人工智能、全息显示、虚拟现实、大数据认知分析、新型非易失性存储、无人驾驶交通工具、区块链、基因编辑等新技术基础研发和前沿布局，构筑新赛场先发主导优势。加快构建智能穿戴设备、高级机器人、智能汽车等新兴智能终端产业体系和政策环境。鼓励企业开展基础性前沿性创新研究。

专栏1　核心技术超越工程

制定网络强国工程实施纲要。列出核心技术发展的详细清单和规划，实施一批重大项目，加快科技创新成果向现实生产力转化，形成梯次接续的系统布局。攻克高端通用芯片、集成电路装备、基础软件、宽带移动通信等方面的关键核心技术，形成若干战略性先导技术和产品。

大力推进集成电路创新突破。加大面向新型计算、5G、智能制造、工业互联网、物联网的芯片设计研发部署，推动32/28nm、16/14nm工艺生产线建设，加快10/7nm工艺技术研发，大力发展芯片级封装、圆片级封装、硅通孔和三维封装等研发和产业化进程，突破电子设计自动化（EDA）软件。

提升云计算设备和网络设备的核心竞争力。重点突破高端处理器、存储芯片、I/O芯片等核心器件，以及计算资源虚拟化、软件定义网络、超高速远程智能光传输等关键技术。大力推进高端服务器、智能终端设备、存储设备、网络与通信设备、工控设备及安全防护设备等的开发与产业化。

续表

提高基础软件和重点应用软件自主研发水平。推进云操作系统、智能终端操作系统、嵌入式操作系统及相关领域的应用软件研发。面向重点工业领域，研制工控操作系统以及涵盖全生命周期的行业应用软件。

推进智能硬件、新型传感器等创新发展。提升可穿戴设备、智能家居、智能车载等领域智能硬件技术水平。加快高精度、低功耗、高可靠性传感器的研发和应用。

建立国家信息领域重大项目及关键技术引进报告制度。统筹信息化领域重大项目、重大科技攻关、重大技术引进的管理。

推动产业协同创新。统筹基础研究、技术创新、产业发展、市场应用、标准制定与网络安全各环节联动协调发展，强化创新链整合协同、产业链协调互动和价值链高效衔接，打通技术创新成果应用转化通道。引导和支持产学研用深度融合，推动龙头企业和科研机构成立开源技术研发团队，支持科技型中小企业发展，构建产学研用协同创新集群。加快新一代信息技术相关标准制定和专利布局。探索完善资本型协作机制，建立核心技术研发投资公司，发挥龙头企业优势，带动中小企业发展，增强上游技术研发与下游推广应用的协同互动效应。深化安全可靠应用部署，加快构建开放自主的产业生态，培育一大批龙头企业，夯实产业基础。

专栏2　信息产业体系创新工程

构建先进、安全、可控的核心技术与产品体系。围绕云计算与大数据、新一代信息网络、智能终端及智能硬件三大领域，提升体系化创新能力。

完善开发核心技术的生态环境。增强底层芯片、核心器件与上层基础软件、应用软件的适配性，全面布局核心技术的知识产权，发挥资本市场对技术产业的积极作用。

创新核心技术突破的激励机制。探索关键核心技术的市场化揭榜攻关机制。加强产学研用协调，统筹利用国家科技计划（专项、基金等）、信息领域重大科学基础设施，按规定支持关键核心技术研发和重大技术试验验证，强化关键共性技术研发供给。

支持开源社区创新发展。鼓励我国企业积极加入国际重大核心技术的开源组织，从参与者发展为重要贡献者，在优势技术领域争当发起者，积极维护我国相关标准专利在国际开源组织中的权益。

培育核心技术创新企业。培育一批核心技术能力突出、集成创新能力强、引领重要产业发展的创新型企业，力争一批企业进入全球500强。

（二）建设泛在先进的信息基础设施体系

加快高速宽带网络建设。加快光纤到户网络改造和骨干网优化升级，扩大4G网络覆盖，开展5G研发试验和商用，主导形成5G全球统一标准。推进下一代互联网演进升级，加快实施下一代互联网商用部署。全面推进三网融合，基本建成技术先进、高速畅通、安全可靠、覆盖城乡、服务便捷的宽带网络基础设施体系，消除宽带网络接入“最后一公里”瓶颈，进一步推进网络提速降费。推进下一代广播电视网建设和有线无线卫星融合一体化建设，推进广播电视融合媒体制播云、服务云建设，构建互联互通的广播电视融合媒体云。

建设陆海空天一体化信息基础设施。建立国家网络空间基础设施统筹协调机制，推动信息基础设施建设、应用和管理。加快空间互联网部署，整合基于卫星的天基网络、基于海底光缆的海洋网络和传统的陆地网络，实施天基组网、地网跨代，推动空间与地面设施互联互通，构建覆盖全球、无缝连接的天地空间信息系统和服务能力。持续推进北斗系统建设和应用，加快构建和完善北斗导航定位基准站网。积极布局浮空平台、低轨卫星通信、空间互联网等前沿网络技术。加快海上和水下通信技术的研发和推广，增强海洋信息通信能力、综合感知能力、信息分析处理能力、综合管控运维能力、智慧服务能力，推动智慧海洋工程建设。

专栏 3　陆海空天一体化信息网络工程

陆地网络设施建设。继续加快光纤到户网络改造，推进光网城市建设，加快推进光缆到行政村，加快 4G 网络的深度覆盖和延伸覆盖。探索推进互联网交换中心试点，进一步优化互联网骨干网络架构，推动网间带宽持续扩容。适度超前部署超大容量光传输系统、高性能路由设备和智能管控设备。推动广播电视宽带骨干网、接入网建设，采取有线、无线、卫星相结合的方式，推进广播电视宽带网向行政村和有条件的自然村延伸。

海基网络设施建设。统筹海底光缆网络与陆地网络协调发展，构建连接海上丝绸之路战略支点城市的海底网络。加强大型海洋岛屿海底光电缆连接建设。积极研究推动海洋综合观测网络由近岸向近海和中远海拓展，由水面向水下和海底延伸。推进海上公用宽带无线网络部署，发展中远距水声通信装备。

空天网络设施建设。综合利用北斗导航、卫星、浮空平台和飞机遥感遥测系统，积极推进地面配套设施协调建设和军民融合发展，尽快形成全球服务能力。加快高轨和低轨宽带卫星研发和部署，积极开展卫星空间组网示范，构建覆盖全球的天基信息网络。

海外网络设施布局。畅通“一带一路”信息通道，连接经巴基斯坦、缅甸等国到印度洋、经中亚到西亚、经俄罗斯到中东欧国家的陆地信息通道。积极参与面向美洲、欧洲、东南亚和非洲方向海底光缆建设，完善海上信息通道布局，鼓励在“一带一路”沿线节点城市部署数据中心、云计算平台和内容分发网络（CDN）平台等设施。

统筹应用基础设施建设和频谱资源配置。适度超前布局、集约部署云计算数据中心、内容分发网络、物联网设施，实现应用基础设施与宽带网络优化匹配、有效协同。支持采用可再生能源和节能减排技术建设绿色云计算数据中心。推进信息技术广泛运用，加快电网、铁路、公路、水利等公共设施和市政基础设施智能化转型。建设完善国家应急通信保障体系。加强无线电频谱管理，维护安全有序的电波秩序。合理规划利用卫星频率和轨道资源，提高频率使用率，满足国家重大战略和相关行业用频需求。

加快农村及偏远地区网络覆盖。充分发挥中央财政资金引导作用，深入开展电信普遍服务试点工作，引导企业承担市场主体责任，推进未通宽带行政村光纤建设，对已通宽带但接入能力低于 12Mbps 的行政村进行光纤升级改造。利用中央基建投资，实施宽带乡村和中西部地区中小城市基础网络完善工程，加大对边远地区及贫困地区的网络覆盖与投资力度，通过移动蜂窝、光纤、低轨卫星等多种方式，完善边远地区及贫困地区的网络覆盖。

专栏 4　乡村及偏远地区宽带提升工程

推进宽带乡村建设。加快推进电信普遍服务试点。实施宽带乡村工程。持续加强光纤到村建设，完善 4G 网络向行政村和有条件的自然村覆盖，到 2020 年，中西部农村家庭宽带普及率达到 40%。推进农村基层政务信息化应用，发展满足农户农业、林业、畜牧技术需求的内容服务，推广农村电商、远程教育、远程医疗、金融网点进村等信息服务。

完善中西部地区中小城市基础网络。加快推进县城仅有铜缆接入宽带小区的光纤到户改造，完善乡镇驻地家庭用户光纤接入覆盖，大力推进城域网优化扩容，实现中西部城镇家庭用户宽带接入能力达到 50Mbps 以上，有条件地区可提供 100Mbps 以上接入服务能力，大力发展面向中小城市的信息化应用普及服务。

（三）建立统一开放的大数据体系

加强数据资源规划建设。加快推进政务数据资源、社会数据资源、互联网数据资源建设。全面推进重点领域大数据高效采集、有效整合、安全利用，深化政府数据和社会数据关联分析、融合利用，提高宏观调控、市场监管、社会治理和公共服务精准性和有效性。建立国家关键数据资源目录体系,统筹布局区域、行业数据中心,建立国家互联网大数据平台,构建统一高效、互联互通、安全可靠的国家数据资源体系。探索推进离岸数据中心建设,建立完善全球互联网信息资源库。完善电子文件管理服务设施。加强哲学社会科学图书文献、网络、数据库等基础设施和信息化建设,提升国家哲学社会科学文献在线共享和服务能力。

专栏5　国家大数据发展工程

统筹国家基础数据资源建设。全面建成人口、法人、自然资源和地理空间、法律法规、宏观经济、金融、信用、文化、统计、科技等基础信息数据库。整合各类政府信息平台、信息系统和数据中心资源,依托现有平台资源,集中构建统一的互联网政务数据服务平台和信息惠民服务平台。

建立国家治理大数据中心。统筹利用政府和社会数据资源,推动宏观调控决策支持、市场监督管理、社会信用、风险预警大数据应用,建设社会治理和公共服务大数据应用体系。

加强大数据关键技术及产品研发。支持数据存储、分析处理、信息安全与隐私保护等领域技术产品研发,突破大数据关键技术瓶颈。加强大数据基础研究,探索建立数据科学的学科体系。

提升大数据产业支撑能力。加快培育大数据龙头骨干企业,建立政产学研用联动、大中小企业协调发展的大数据产业体系。建立完善大数据产业公共服务支撑体系。

深化大数据应用。建设统一开放平台,逐步实现公共数据集开放,鼓励企业和公众挖掘利用。推动政府治理、公共服务、产业发展、技术研发等领域大数据创新应用。推进贵州等大数据综合试验区建设。

推动数据资源应用。完善政务基础信息资源共建共享应用机制,依托政府数据统一共享交换平台,加快推进跨部门、跨层级数据资源共享共用。稳步推进公共数据资源向社会开放。支持各类市场主体、主流媒体利用数据资源创新媒体制作方式,深化大数据在生产制造、经营管理、售后服务等各环节创新应用,支撑技术、产品和商业模式创新,推动大数据与传统产业协同发展。

强化数据资源管理。建立健全国家数据资源管理体制机制,建立数据开放、产权保护、隐私保护相关政策法规和标准体系。制定政府数据资源管理办法,推动数据资源分类分级管理,建立数据采集、管理、交换、体系架构、评估认证等标准制度。加强数据资源目录管理、整合管理、质量管理、安全管理,提高数据准确性、可用性、可靠性。完善数据资产登记、定价、交易和知识产权保护等制度,探索培育数据交易市场。

专栏6　国家互联网大数据平台建设工程

建立互联网大数据的采集机制。制定互联网数据管理办法,促进政府企业良好合作,制定国家或行业大数据平台技术标准,形成统一的数据采集、分析处理、安全访问等机制。

建设覆盖全国、链接畅通的数据中心。合理规划布局国家互联网大数据平台,考虑现有数据中心布局情况,选择条件适宜的地方建设区域性数据中心,依托安全可靠的通信网络,汇聚政府部门、电信运营商、互联网企业、各地区数据中心、大数据交易所、专业机构等渠道平台的数据,构建汇聚网民、企业和政府三类数据的大数据资源中心,提高信息的及时性、全面性和准确性。

互联网数据展示及应用。通过可视化和虚拟现实等技术,建立我国信息化、经济运行、环境保护、交通运输、综合监管、公共卫生等实时状况和趋势的统一视图,推进互联网大数据在国家治理、社会转型、产业升级等方面的广泛应用,服务科学决策。

注重数据安全保护。实施大数据安全保障工程,加强数据资源在采集、传输、存储、使用和开放等环节的安全保护。推进数据加解密、脱密、备份与恢复、审计、销毁、完整性验证等数据安全技术研发及应用。切实加强对涉及国家利益、公共安全、商业秘密、个人隐私、军工科研生产等信息的保护，严厉打击非法泄露和非法买卖数据的行为。建立跨境数据流动安全监管制度，保障国家基础数据和敏感信息安全。出台党政机关和重点行业采购使用云计算服务、大数据相关规定。

（四）构筑融合创新的信息经济体系

推进信息化和工业化深度融合。在推进实施"中国制造2025"过程中，深化制造业与互联网融合发展，加快构建自动控制与感知技术、工业软硬件、工业云与智能服务平台、工业互联网等制造业新基础，建立完善智能制造标准体系，增强制造业自动化、数字化、智能化基础技术和产业支撑能力。组织实施"芯火"计划和传感器产业提升工程，加快传感器、过程控制芯片、可编程逻辑控制器等研发和产业化。加快计算机辅助设计仿真、制造执行系统、产品全生命周期管理等工业软件的研发和产业化，加强软件定义和支撑制造业的基础性作用。支持开展关键技术、网络、平台、应用环境的兼容适配、互联互通和互操作测试验证，推动工业软硬件与工业大数据平台、工业网络、工业信息安全系统、智能装备的集成应用。积极推进制造企业"双创"以及工业云、工业大数据、工业电子商务等服务平台建设和服务模式创新，全面提升行业系统解决方案能力。推动工业互联网研发应用，制定工业互联网总体体系架构方案，组织开展工业互联网关键资源管理平台和核心技术试验验证平台建设，加快形成工业互联网健康发展新生态。组织实施企业管理能力提升工程，加快信息化和工业化融合管理体系标准制定和应用推广。

专栏7　制造业与互联网融合发展应用与推广工程

培育一批制造企业"双创"平台。组织开展制造业与互联网融合发展试点示范，推动工业云、工业大数据、工业电子商务等技术的集成应用，培育众包研发、协同制造、精益管理、远程服务等新模式，发展面向制造环节的分享经济，促进供给与需求的精准匹配。

提升"双创"服务能力。培育一批支持制造业发展的"双创"示范基地。支持大型互联网企业、基础电信企业建设一批面向制造业中小企业的"双创"服务平台，鼓励大型制造企业开放"双创"平台聚集的各类资源，发展专业咨询、人才培训、检验检测、投融资等线上服务。

提升企业管理能力。加强两化融合管理体系标准制定和应用推广，推动业务流程再造和组织方式变革。依托中国两化融合服务平台，全面开展企业自评估、自诊断和自对标，建设全国两化融合发展数据地图。

强化核心技术研发及产业化。推动实施国家重点研发计划，加快推动自动控制与感知技术、核心工业软硬件、工业互联网、工业云与智能服务平台等新型基础设施和平台设施建设。支持建设信息物理系统监测验证平台，构建参考模型和综合技术标准体系。组织开展行业系统解决方案应用试点示范，培育一批系统解决方案供应商。

提高工业信息系统安全水平。开展工业企业信息安全保障试点示范，支持系统仿真测试、评估验证等关键共性技术平台建设，推动访问控制、追踪溯源、商业信息及隐私保护等核心技术产品产业化。建设国家工业信息安全保障中心，提升工业信息安全监测、评估、验证和应急处理能力。

推进农业信息化。实施"互联网+现代农业"行动计划，着力构建现代农业产业体系、生产体系、经营体系。推动信息技术与农业生产管理、经营管理、市场流通、资源环境融合。推进种植、畜牧、兽医、渔业、种子、农机、农垦、农产品加工、动植物检验检疫、农村集体资产财物管理、农业资源环境保护、农村污水、农村能源，以及水利设施、水资源、节水灌溉、饮水保障等行业和领域的在线化、数据化。加快补齐农业信息化短板，全面加强农村信息化能力建设，建立空间化、智能化的新型农村统计信息综合服务系统。着力发展精准农业、智慧农业，提高农业生产智能化、经营网络化、管理数据化、服务在线化水平，促进农业转型升级和农民持续增收，为加快农业现代化发展提供强大的创新动力。

专栏8　农业农村信息化工程

发展智慧农业。推进智能传感器、卫星导航、遥感、空间地理信息等技术应用,增强对农业生产环境的精准监测能力。组织实施农业物联网区域试验,开展农作物大田种植、设施农业、畜牧水产规模养殖等领域物联网技术应用试点。推进农机精准作业示范和北斗导航技术在农业生产中的应用。

发展农业农村电子商务。推进互联网技术在农业生产、加工、流通等各环节的应用与推广,促进农村和农产品现代市场体系建设,培育多元化农村电子商务市场主体。结合农产品现代流通体系建设,开展农业电子商务试点示范,支持农产品电子商务平台应用。

推动农业农村大数据应用。整合构建国家涉农大数据中心和国家农业云。打造农业走出去公共服务平台,开展全球农业数据调查分析系统建设,建立农业全产业链信息监测分析预警系统。建立国家农产品质量安全监管追溯管理信息平台,不断扩大信息化监管追溯覆盖面。建立农村集体资产监管平台,推动农村集体资产财务管理制度化、规范化、信息化,全面提升农业政务信息化能力和水平。

提升农业信息综合服务能力。大力推进信息进村入户,拓展"12316"的"三农"综合信息服务。推进农村社区信息化建设,开展农民手机应用技能培训,提升农民信息化应用能力,推动城乡信息服务均等化,缩小城乡数字鸿沟。建立水利大数据分析与应用服务工程,提升水利设施和水资源对农业生产及农村发展的支撑保障服务能力。开展农业信息经济示范区建设,完善现代农业信息服务体系。

增强农业信息化发展支撑能力。以应用为导向,推进农业信息基础设施智能化建设。推进农业信息化科技创新能力跨越,构建政产学研用紧密结合的农业信息化科技创新体系,有效支撑农业信息化产业发展。

发展电子商务。全方位规范电子商务市场竞争,加快电子商务模式、市场服务方式创新和科技水平提升,支持移动电商、社区电商、农村电商和跨境电商等新型电商模式发展,促进电子商务提质升级。大力推进"互联网+流通",加强智慧流通基础设施建设,探索网络化定制、全渠道营销、服务到户等多种线上线下融合发展方式,推进电子商务与传统产业深度融合。健全电子商务要素配套服务产业链,大力发展电子商务人才和信息服务业、技术服务业、物流服务业,鼓励发展垂直类、专业类、行业类电子商务,进一步完善电子商务支撑体系,强化电子商务民生服务体系建设,扩大电子商务在医疗、健康、养老、家政服务等领域的应用。

培育发展新兴业态。推进"互联网+"行动,促进互联网深度广泛应用,带动生产模式和组织模式变革,形成网络化、智能化、服务化、协同化的产业发展形态。大力发展基于互联网的众创、众包、众扶和众筹,推进产业组织、商业模式、供应链创新。推动生产性服务业向专业化和价值链高端延伸,促进生活性服务业向精细化和高品质转变。鼓励企业利用互联网推动服务型制造发展,开展个性化定制、按需设计、众包设计等服务,创新生产制造和经营销售环节,提供网络化协同制造、全生命周期管理等业务。发展以开放、便捷、节约、绿色为特征的分享经济。推动宽带网络、移动互联网、物联网、云计算、大数据、三网融合等新一代信息技术融合发展,促进信息消费。积极规范发展互联网金融,促进金融信息服务业健康发展。逐步完善数字版权公共服务体系,促进数字内容产业健康发展。推动互联网在旅游各领域的融合与应用,培育智慧旅游、智慧休闲等创新业态。

专栏9　信息经济创新发展工程

设立信息经济示范区。深化信息技术在现代农业、先进制造、创新创业、金融等领域集成应用,依托现有新技术产业园区、创新园区,面向云计算、大数据、物联网、机器深度学习与新一代信息技术创新,探索形成一批示范效应强、带动效益好的国家级信息经济示范区。

发展分享经济。支持网约车、家庭旅馆借宿、办公场地短租和人人参与的在线知识技能互助等民生领域共享服务发展。探索建立分享经济网上信用平台。

续表

发展电子商务。支持电子商务共性基础设施建设,加快构建电商诚信体系,促进重点领域电子商务创新和融合应用,推进农业、工业、服务业等领域的电子商务应用,大力培育电子商务服务业。推动实施电子商务综合通关提速工程和电子商务国际大通道建设工程。推动杭州等跨境电子商务综合试验区建设,稳步实施综合试验区扩围。 促进创业创新。完善中小企业公共服务平台网络,鼓励行业领军企业、高等院校、科研院所等依托互联网平台向全社会提供专业化创新创业服务,共助中小微企业和创业者成长。支持各类产业创新和商务合作平台发展,开展市场化、专业化、集成化、网络化的众创空间基地试点建设,加强创新创业项目的孵化培育和产业对接能力。 推进智慧物流。推动电子口岸、道路运输危险品监管平台和邮政业监管信息平台等公共信息平台建设。建立跨区域、跨行业的物流信息平台,形成开放、透明、共享的供应链协作模式。打造智能化的物流公共配送中心、中转分拨站,加强物流车辆的规范管理以及社区自提点、服务点的共建共享。 促进质量和品牌建设。实施质量提升行动,以信息化促进质量治理,推进国家质量基础能力建设,保障国民消费质量安全、国门生物安全和特种设备安全。建立国家宏观质量安全监测评价体系、国家质量信息公共服务体系和国家质量安全监测、分析、预警机制,提高国家质量公共服务信息化水平。

（五）支持善治高效的国家治理体系构建

服务党的建设工作。推动"互联网+党建",支持统筹建设全国党员信息库和党员管理信息系统、党员教育信息化平台,提高党组织建设、党员教育管理服务工作网络化、智能化水平。推动整合基层党建信息化工作平台和网上民生服务,促进基层服务型党组织建设。支持建设监督执纪问责信息化平台,完善群众监督和宣传平台,丰富党风廉洁建设和反腐败工作数据资源,助力全面从严治党。

统筹发展电子政务。建立国家电子政务统筹协调机制,完善电子政务顶层设计和整体规划。统筹共建电子政务公共基础设施,加快推进国家电子政务内网建设和应用,支持党的执政能力现代化工程实施,推进国家电子政务内网综合支撑能力提升工程。完善政务外网,支撑社会管理和公共服务应用。支持各级人大机关信息化建设,有效满足立法和监督等工作需求,为人民代表大会及其常委会履职提供信息技术支撑。支持政协信息化建设,推进协商民主广泛多层制度化发展。支持"智慧法院"建设,推行电子诉讼,建设完善公正司法信息化工程。实施"科技强检"战略,积极打造"智慧检务"。创新电子政务投资、建设及服务模式,探索建立第三方建设运行维护机制。完善国家电子政务标准体系,建立电子政务绩效评估监督制度。加强国家电子文件管理,促进电子文件规范应用。

创新社会治理。以信息化为支撑,加强和创新社会治理,推进社会治理精细化、精准化。加快建设安全生产隐患排查治理体系、风险预防控制体系和社会治安立体防控体系,推进网上综合防控体系建设,建立和完善自然灾害综合管理信息系统、重大和重要基础设施综合管理信息系统、安全生产监管信息系统、国家应急平台、社会治安综合治理信息系统和公安大数据中心,加强公共安全视频监控联网应用,提升对自然灾害等突发事件和安全生产、社会治安的综合治理水平。推进多元矛盾纠纷化解信息化平台建设,有效预防和妥善化解各类矛盾纠纷,为社会风险防控提供支撑。完善全国信用信息共享平台,整合金融、工商、税收缴纳、交通违法、安全生产、质量监管等领域信用信息,发挥平台在信用信息共享中的"总枢纽"作用,逐步实现跨部门、跨地区信用信息共享与应用。推行网上受理信访、举报制度,拓展网上政民互动,畅通群众利益协调和权益保障渠道。推进智慧社区建设,完善城乡社区公共服务综合信息平台,建立网上社区居委会,发展线上线下结合的社区服务新模式,提高社区治理和服务水平。

（六）形成普惠便捷的信息惠民体系

拓展民生服务渠道。深入实施信息惠民工程，加快推进信息惠民国家试点城市建设。全面开展"互联网+政务服务"，大力推进政务服务"一号申请、一窗受理、一网通办"，构建方便快捷、公平普惠、优质高效的政务服务信息体系，简化群众办事环节，让信息多跑路、群众少跑腿。全面推进政务公开，加强政民互动交流，建立政府同群众交流沟通的互联网平台，推动各级政府部门通过互联网了解群众，贴近群众，为群众排忧解难。基于互联网建立发扬人民民主、接受人民监督的新渠道，促进政府公共服务"一站式"网上办理及行政权力全流程监督。

创新民生服务供给模式。利用信息化手段不断扩大优质教育资源覆盖面，构建网络化、数字化、个性化、终身化的教育体系，建设学习型社会。深入推进社会保障一卡通工程，统筹推进全面覆盖城乡的社会保障、社会救助系统，实现基本医疗保险异地就医直接结算、社会保险关系网上转移接续。推广在线医疗卫生新模式。推进就业、养老、教育、职业培训、技能人才评价、工伤、生育、法律服务等信息全国联网，构建线上线下相衔接的信息服务体系。积极推进网络公益事业发展。推进交通一卡通互通，实现跨区（市）域、跨交通方式的互联互通，开展交通一卡通在出租汽车、长途客运、城际轨道、水上客运、公共自行车及停车场等交通运输领域的应用，方便居民出行。

专栏10　信息惠民工程

全面开展"互联网+政务服务"。大力推进政务服务"一号申请、一窗受理、一网通办"，构建线上线下一体化政务服务体系，简化优化群众办事流程，提升政府行政效能，增强政务服务的主动性、精准性、便捷性，提高群众办事的满意度。

全面提升民生服务均等普惠水平。围绕当前群众广泛关注和亟待解决的医疗、教育、社保、就业、养老服务等民生问题，进一步推动跨部门、跨层级信息共享，促进公共服务的多方协同合作、资源共享、政策对接、制度创新，加快构建全人群覆盖、全天候受理、公平普惠的民生公共服务体系，增强民生服务有效供给能力，提升信息便民惠民利民水平。

全面推进政务公开。提高权力运行的信息化监督能力，推动法治政府、创新政府、廉洁政府和服务型政府建设。依托"信用中国"网站，全面推进行政许可和行政处罚等信息自作出行政决定之日起7个工作日内上网公开工作。支持各级政府有效利用政府网站、社交媒体、移动互联网等新型手段，建设政务新媒体矩阵。重视网络民意表达，畅通民主监督和参政议政渠道，在医疗、健康、养老、教育、社会保障等民生领域，提供实时在线互动的政务服务。

（七）打造网信军民深度融合发展体系

建立健全网信军民融合机制。健全领导管理体制和工作机制，加快网信军民融合立法进程、促进标准兼容，整合利用军民两方面优势，推动制度创新、管理创新、技术创新。加强网信军民融合评估和风险管理，完善网信动员体系，构建国家网信动员机制，常态化推进军地联合演训，推进网信建设项目贯彻国防要求联审联验，实施军地网信人才融合发展计划，完善接力培养机制。

推进信息基础设施共建共用共享。统筹军地信息传输网络建设，构建军民共用的国家光缆网。深化天基通信系统融合发展，加快推动军民共用全球移动通信卫星系统建设。推进电磁频谱管理专项工程建设，构建军民协同合作的电磁频谱监测、检测和探测网系。加强军民共用信息系统建设，鼓励军队以购买、外包等方式从市场获取高质量、低成本的信息产品，充分挖掘利用民间优势数据资源和数据开发能力。实施军民融合信息资源开发利用工程，完善安全可靠的军地信息资源共享交换平台，规范军事信息资源向社会开放，探索利用企业互联网平台和社会科技资源为军队服务。加强国防科技工业综合管理信息化建设。

加快军民技术双向转化。加大对相关核心关键信息技术科研项目的支持力度，鼓励开展联合攻关。孵化和支持一批具有重大潜在军事应用价值的项目，通过在军事领域的率先突破实现军事需求牵引技术创新。有序推动军民重点实验室相互开放。支持各类社会科技资源参与国防和军队网信建设。发展军民一体信息产业。

专栏11　网信军民深度融合工程

开展军民融合试点示范。统筹推进航天领域军民融合，构建天地一体网络空间基础设施。建设军民一体航海管制系统，推动国家航海管制信息融合共享，形成全国统一的航海管制格局。为军队使用互联网提供便捷用网、规范用网、安全用网服务。统筹推进军警民一体指挥系统、军民兼容的国家大型计算存储和灾备设施、量子通信网络发展等重大工程建设。

实施网信军民融合协同创新中心建设，在体制机制、重大政策制度、融合发展重点工作等方面，选择基础条件好的区域开展创新试验，提升军地网信技术协同创新能力。

推动网信军民融合理论创新。聚合军地资源，重点建设战略性、综合性的高端智库，加强国际交流与合作，提升网信军民融合软实力。

（八）拓展网信企业全球化发展服务体系

建立开放共赢的国际合作体系。建立全球信息化合作服务平台，积极推动网信企业国际拓展，加快建设中国—东盟信息港、中国—阿拉伯国家等网上丝绸之路。建立网信企业走出去服务联盟，引导联盟成员在融资融智、技术创新等方面协同合作，拓展国际信息化交流合作渠道。加强主流媒体网站及新媒体的国际传播能力建设，准确阐述“一带一路”共商、共建、共赢理念，营造良好国际舆论氛围。

专栏12　信息化国际枢纽工程

建设中国—东盟信息港。以广西为支点，加快建立面向东盟、服务西南中南的国际通信网络体系和信息枢纽，与东盟国家共同建设基础设施平台、技术合作平台、经贸服务平台、信息共享平台、人文交流平台。

建设中国—阿拉伯国家网上丝绸之路宁夏枢纽工程。以宁夏为支点构建中阿国际网络大通道，加快区域网络设施、通信光缆建设步伐，优化网络基础资源配置，推动4G、公共WiFi等普及，开展跨境电子商务合作。

建立企业走出去数据库。动态收集、滚动更新“一带一路”沿线国家和地区信息化发展水平、政治环境、经济开放程度、双边关系、当地税制等信息，服务企业走出去。

滚动支持一批合作项目。建立一批信息化合作项目库，支持网信企业积极参与“一带一路”沿线国家和地区的信息基础设施、重大信息系统和数据中心建设。围绕推进“一带一路”建设，编制网信领域海外研发基地建设行动方案，明确整体布局、建设规则、推进计划，优先启动建设一批海外研发基地，充分发挥其示范效应和带动作用。

鼓励和支持网信企业走出去。加大对网信企业走出去的政策支持力度，积极搭建对外投资金融和信息服务平台，构建信息服务体系。制定鼓励和引导跨境并购的扶持政策，引导网信企业采取贸易、绿地投资、海外并购等多种方式走出去，利用多边、双边投资贸易协定和财政担保措施，增强获取全球资源的能力。支持企业拓展海外业务布局，增设海外机构和业务网点，鼓励企业在科技资源密集的国家和地区设立海外研发中心，加快融入国际创新体系。推动区域数字经济合作，共建产业园区，结合网信企业全球化重点需求并综合考虑国际科技合作总体布局，建设一批高水平的海外大科学研究基地。实施网信援外计划，帮助发展中国家建设信息技术产业园区和网络空间实验室，实现技术研发合作、技术转移示范与技术培训相结合。发挥骨干企业和网络社会组织积极性，加快推进中国标准走出去，积极参与制定国际标准，组建跨国标准联盟。

健全企业走出去境外服务体系。完善领事保护机制，建立和完善海外应急及快速响应机制，最大限度地保护中国企业和公民的利益与安全。强化企业知识产权意识，加强对国外行业技术、知识产权等法律法规以及行业标准、评定程序和检验检疫规则的跟踪研判和分析评议，建立公益性专利信息服务平台，为我国企业提供必要的境外专利诉讼和代理、知识产权保护援助服务。

（九）完善网络空间治理体系

加强互联网基础资源管理。进一步推进互联网域名、IP 地址、网站等基础资源和网络互动平台真实身份信息注册登记工作。建设网络可信体系，探索建立全国统一的网络证照服务体系，推进网络身份可溯源和信息保护工作。

依法加强网络空间治理。加强网上正面宣传，用社会主义核心价值观、中华优秀传统文化和人类优秀文明成果滋养人心、滋养社会，做到正能量充沛、主旋律高昂，为广大网民特别是青少年营造一个风清气正的网络空间。推进依法办网，加强对所有从事新闻信息服务、具有媒体属性和舆论动员功能的网络传播平台的管理。健全网络与信息突发安全事件应急机制，完善网络安全和信息化执法联动机制。顺应广大人民群众呼声，重点加大对网络电信诈骗等违法行为打击力度，开展打击网络谣言、网络敲诈、网络诈骗、网络色情等专项行动。加强网络空间精细化管理，清理违法和不良信息，防范并严厉打击利用网络空间进行恐怖、淫秽、贩毒、洗钱、诈骗、赌博等违法犯罪活动，依法惩治网络违法犯罪行为，让人民群众安全放心使用网络。

专栏 13　网络内容建设工程

发挥互联网优势和特点，创新宣传形式，打造宣传平台，扩大宣传覆盖面，鼓励网民、网络社会组织互动，健全宣传支撑体系，推进国际传播、少数民族语种传播、媒体融合等项目。

网上理论传播。强化马克思主义中国化最新理论成果网上传播，推动基础理论鲜活化传播。持续加强网上理论宣传平台建设，突出抓好经济理论网上传播，加快推进理论传播国际化进程。

网络新闻传播。加快推动重点新闻网站建设，增强重点新闻网站在重大主题宣传、典型宣传、形势宣传和成就宣传等方面的能力。拓宽新闻传播渠道，提升传播技术，支持重点新闻网站做大做强，让党的主张成为网络空间最强音。

网络文艺。鼓励推出优秀网络原创作品，推动网络文学、网络音乐、网络剧、微电影、网络演出、网络动漫等新兴文艺类型繁荣发展，促进传统文艺与网络文艺创新性融合，鼓励作家、艺术家积极运用网络创作传播优秀作品。维护网络文艺创作传播秩序，举办网络文艺优秀作品进校园、进社区、进企业等活动。

创新网络社会治理。加强对互联网企业的引导，促进互联网企业健康发展。健全网络社会组织管理，规范和引导网络社团发展，鼓励多元主体参与网络治理，促进互联网行业自律自治。提升网络媒介素养，推进网络诚信建设制度化和互联网领域信用建设。完善全国网络违法信息举报工作体系，畅通公众参与网络治理渠道。加强网络伦理、网络文明建设。

专栏 14　网络文明建设工程

开展网上“讲文明树新风”活动。开展网络伦理、网络道德宣传，深化文明礼仪知识教育，打造一批“中国好网民”品牌项目，建设一批网络文明示范基地，引导人们文明办网、文明上网。推动文明城市、文明村镇、文明单位、文明家庭、文明校园等创建活动向互联网延伸，扩大覆盖面和影响力。

续表

开展网络公益活动。推动各类网站广泛开展扶贫帮困、慈善捐助、支教助学、义务献血等公益活动，吸引网民广泛参与，让公益精神照亮网络。加快建设网上志愿服务招募注册、培训管理、服务对接、褒奖回馈等工作平台，大力推动完善志愿服务制度，全面提升志愿服务的运作水平和服务能力。 开展网络文化活动。鼓励网民创作格调健康的网络文化作品，制作适合互联网和移动端新兴媒体传播的文化精品佳作。加强网络诚信宣传，组织开展网络诚信宣传日活动。分系统分领域培养一批高素质、高水平、敢担当、负责任的网民，使网络空间进一步清朗起来。

深度参与国际网络空间治理。把世界互联网大会打造成网络空间合作最重要的国际平台之一，广泛传播我国治网主张，推动建立多边、民主、透明的国际互联网治理体系，构建网络空间命运共同体。完善网络空间多双边对话协商机制。深度参与互联网治理规则和技术标准制定，积极参加互联网名称和数字地址分配机构、互联网工程任务组等国际互联网技术和管理机构的活动。实施网络社会组织走出去战略，建立打击网络犯罪国际合作机制，共同防范和反对利用网络空间进行商业窃密、黑客攻击、恐怖犯罪等活动。

（十）健全网络安全保障体系

强化网络安全顶层设计。制定实施国家网络空间安全战略。完善网络安全法律法规体系，推动出台网络安全法、密码法、个人信息保护法，研究制定未成年人网络保护条例。建立完善国家网络安全相关制度，健全完善国家网络与信息安全信息通报预警机制，健全网络安全标准体系。加强网络空间安全学科专业建设，创建一流网络安全学院。

构建关键信息基础设施安全保障体系。实施网络安全审查制度，防范重要信息技术产品和服务网络安全风险。建立国家关键信息基础设施目录，制定关于国家关键信息基础设施保护的指导性文件，进一步明确关键信息基础设施安全保护要求。落实国家信息安全等级保护制度，全力保障国家关键信息基础设施安全。加强金融、能源、水利、电力、通信、交通、地理信息等领域关键信息基础设施核心技术装备威胁感知和持续防御能力建设，增强网络安全防御能力和威慑能力。加强重要领域密码应用。

全天候全方位感知网络安全态势。加强网络安全态势感知、监测预警和应急处置能力建设。建立统一高效的网络安全风险报告机制、情报共享机制、研判处置机制，准确把握网络安全风险发生的规律、动向、趋势。建立政府和企业网络安全信息共享机制，加强网络安全大数据挖掘分析，更好感知网络安全态势，做好风险防范工作。完善网络安全检查、风险评估等制度。加快实施党政机关互联网安全接入工程，加强网站安全管理，加强涉密网络保密防护监管。

专栏 15　网络安全监测预警和应急处置工程
网络安全信息共享。建立政府、行业、企业网络安全信息共享机制，制定国家网络安全信息共享指南，制定信息共享标准和规范，建设国家网络安全信息共享平台和网络安全威胁知识库，建立统一高效的网络安全风险报告机制、情况共享机制、研判处置机制。 网络安全态势感知。建立国家网络安全态势感知平台，利用大数据技术对网络安全态势信息进行关联分析、数据挖掘和可视化展示，绘制关键信息基础设施网络安全态势地图。建设工业互联网网络安全监测平台，感知工业互联网网络安全态势，为保障工业互联网安全提供有力支持。 重大网络安全事件应急指挥。建立国家重大网络安全事件应急指挥体系，建立政府部门协同、政企联动、全民参与的应急处置机制，研制分类分级网络安全事件应急处置预案。建立网络安全风险预警系统，提高网络安全事件的协同应对水平。

续表

建设网络安全威胁监测处置平台，实现对国际出入口、境内骨干网络核心节点的网络安全威胁监测，提高对各类网络攻击威胁和安全事件的及时发现、有效处置和准确溯源能力。 建设互联网域名安全保障系统，加强对根及.cn 等重要顶级域名服务器异常事件的监测和应急处置，保障在根及重点顶级域服务系统异常状态下我国大陆境内域名服务体系的正常运行。

强化网络安全科技创新能力。实施国家信息安全专项，提高关键信息基础设施、重要信息系统和涉密信息系统安全保障能力及产业化支撑水平。实施国家网络空间安全重大科技项目，全面提升网络信息技术能力，构建国家网络空间安全技术体系。加快推进安全可靠信息技术产品创新研发、应用和推广，形成信息技术产品自主发展的生态链，推进党政机关电子公文系统安全可靠应用。建立有利于网络安全产业良性发展的市场环境，加快培育我国网络安全龙头企业。加强对新技术、新应用、新业务的网络安全保障和前瞻布局。

专栏 16　网络安全保障能力建设工程
关键信息基础设施安全防护。组织实施信息安全专项，建立关键信息基础设施安全防护平台，支持关键基础设施和重要信息系统，整体提升安全防御能力。强化安全监管、综合防护的技术手段支撑，提升我国域名体系的网络安全和应急处置能力。 网络安全审查能力建设。开展网络安全审查关键技术研究，统筹建立网络设备、大数据、云计算等重点实验室。 网络安全标准能力提升。加强我国网络安全标准专业队伍建设，建设网络安全标准验证和检测平台，重点构建基于芯片和操作系统的安全评测，完善网络安全标准信息共享和实施情况跟踪评估机制。 党政机关信息系统安全防护。完善党政机关互联网信息汇聚平台，扩建网络安全态势感知系统、失泄密监管系统和防窃密技术支持系统，推进基层党政机关网站向安全可靠云服务平台迁移的试点示范。

五、优先行动

遵循信息化发展规律，区分轻重缓急、实现循序渐进，把现代基础设施建设、农村人口脱贫、社会事业发展、生态环境保护、人民生活改善等领域信息化摆在优先位置，积极回应各方诉求，让人民群众在信息化发展中有更多获得感。

（一）新一代信息网络技术超前部署行动

行动目标：到 2018 年，开展 5G 网络技术研发和测试工作，互联网协议第 6 版（IPv6）大规模部署和商用；到 2020 年，5G 完成技术研发测试并商用部署，互联网全面演进升级至 IPv6，未来网络架构和关键技术取得重大突破。

加快推进 5G 技术研究和产业化。统筹国内产学研用力量，推进 5G 关键技术研发、技术试验和标准制定，提升 5G 组网能力、业务应用创新能力。着眼 5G 技术和业务长期发展需求，统筹优化 5G 频谱资源配置，加强无线电频谱管理。适时启动 5G 商用，支持企业发展面向移动互联网、物联网的 5G 创新应用，积极拓展 5G 业务应用领域。

加快推进下一代广播电视网建设与融合。统筹有线无线卫星协调发展，提升广播电视海量视频内容和融合媒体创新业务的承载能力，推动有线无线卫星融合一体化及与互联网的融合发展，构建天地一体、互联互通、宽带交互、智能协调、可管可控的广播电视融合传输覆盖网，支持移动、宽带、交互、跨屏广播电视融合业务的开展。

推动下一代互联网商用进程。加快网络基础设施全面向IPv6演进升级，提升内容分发网络对IPv6内容的快速分发能力。加快IPv6终端和应用系统研发，推动智能终端支持IPv6，实现4G对IPv6的端到端支持。加快推动基于IPv6的移动互联网商用进程，积极引导商业网站、政府及公共企事业单位网站向IPv6迁移。

超前布局未来网络。布局未来网络架构，加快工业互联网、能源互联网、空间互联网等新型网络设施建设，推动未来网络与现有网络兼容发展。加快构建未来网络技术体系，加快建立国家级网络试验床，推进未来网络核心技术重点突破和测试验证。加强未来网络安全保障，积极防范未来网络安全风险。

（二）北斗系统建设应用行动

行动目标：到2018年，面向“一带一路”沿线及周边国家提供基本服务；到2020年，建成由35颗卫星组成的北斗全球卫星导航系统，为全球用户提供服务。

统筹推进北斗建设应用。进一步完善北斗卫星导航产业的领导协调机制，持续推进北斗系统规划、建设、产业、应用等各层面发展。加快地基增强系统建设，搭建北斗高精度位置服务平台，积极开展应用示范。

加强北斗核心技术突破。加大研发支持力度，整合产业资源，完善型谱规划，综合提升北斗导航芯片的性能、功耗、成本等指标，鼓励与通信、计算、传感等芯片的集成发展，推动北斗卫星导航系统及其兼容产品在政府部门的应用，提高产业竞争力。

加快北斗产业化进程。开展行业应用示范，推动北斗系统在国家核心业务系统和交通、通信、广电、水利、电力、公安、测绘、住房城乡建设、旅游等重点领域应用部署。推动北斗导航产业链的发展和完善，促进高精度芯片、终端制造和位置服务产业综合发展。

开拓卫星导航服务国际市场。服务共建“一带一路”倡议，实施卫星导航产业国际化发展综合服务工程，加快海外北斗卫星导航地基增强系统建设，推进北斗在亚太的区域性基站和位置服务平台建设，加快建立国际化的产业技术联盟和专利池。

（三）应用基础设施建设行动

行动目标：到2018年，云计算和物联网原始创新能力显著增强，新建大型云计算数据中心电能使用效率（PUE）值不高于1.5；到2020年，形成具有国际竞争力的云计算和物联网产业体系，新建大型云计算数据中心PUE值不高于1.4。

统筹规划全国数据中心建设布局。优化大型、超大型数据中心布局，杜绝数据中心和相关园区盲目建设。加快推动现有数据中心的节能设计和改造，有序推进绿色数据中心建设。

提升云计算自主创新能力。培育发展一批具有国际竞争力的云计算骨干企业，发挥企业创新主体作用，增强云计算技术原始创新能力，尽快在云计算平台大规模资源管理与调度、运行监控与安全保障、大数据挖掘分析等关键技术和核心软硬件上取得突破。鼓励互联网骨干企业开放平台资源，加强行业云服务平台建设，支持政务系统和行业信息系统向云平台迁移，建设基于云计算的国家科研信息化基础设施，打造“中国科技云”。

积极推进物联网发展。推进物联网感知设施规划布局，发展物联网开环应用。实施物联网重大应用示范工程，推进物联网应用区域试点，建立城市级物联网接入管理与数据汇聚平台，深化物联网在城市基础设施、生产经营等环节中的应用。

（四）数据资源共享开放行动

行动目标：到2018年，形成公共数据资源开放共享的法规制度和政策体系，建成国家政府数据统一共享交换和开放平台，跨部门数据资源共享共用格局基本形成；到2020年，实现民生保障服务等领域的政府数据集向社会开放。

构建全国信息资源共享体系。制定政府数据资源共享管理办法，梳理制定政府数据资源共享目录体系，构建政府数据统一共享交换平台，推动信息资源跨部门跨层级互通和协同共享，打通信息壁垒。

稳步实施公共信息资源共享开放。各地区、各部门根据职能，梳理本地区、本部门所产生和管理的数据集，编制数据共享开放目录，依法推进数据开放。充分利用已有设施资源，建立统一的政府数据共享和开放平台。优先开放人民群众迫切需要、商业增值潜力大的数据集。加强对开放数据的更新维护，不断扩大数据开放范围，保证动态及时更新。

规范数据共享开放管理。加强共享开放数据的全生命周期管理。建立共享开放数据汇聚、存储和安全的管理机制。按照网络安全管理和密码管理等规范标准，加快应用自主核心技术及软硬件产品，提升数据开放平台的安全保障水平。加强数据再利用安全管理。

（五）“互联网+政务服务”行动

行动目标：到2017年，80个信息惠民国家试点城市初步实现政务服务跨区域、跨层级、跨部门“一号申请、一窗受理、一网通办”，形成方便快捷、公平普惠、优质高效的政务服务信息体系；到2020年，全国范围内实现“一号一窗一网”目标，服务流程显著优化，服务模式更加多元，服务渠道更为畅通，群众办事满意度显著提升。

构建统一的政务服务信息系统。依托统一的数据共享交换平台，推动各部门业务系统互通对接、信息共享和业务协同，形成“前台综合受理、后台分类审批、统一窗口出件”的服务模式，拓展自助服务、社区代办、邮政快递等服务渠道，构建跨区域、跨层级、网上网下一体化的政务服务体系，实现一窗口受理、一平台共享、一站式服务。

建立电子证照体系和共享互认机制。按照分散集中相结合原则，建设自然人电子证照库，推进制证系统、业务办理系统与电子证照库对接联通，实现相关信息一次生成、多方复用，一库管理、互认共享。研究制定电子证照规范标准，建立跨区域电子证照互认共享机制，推进跨层级、跨区域、跨部门的电子证照互认共享，逐步实现全国范围内异地业务办理。

建立完善统一身份认证体系。以公民身份号码为唯一标识，探索运用生物特征及网络身份识别等技术，联通整合实体政务服务大厅、政府网站、移动客户端、自助终端、服务热线等不同渠道的用户认证，形成基于公民身份号码的线上线下互认的群众办事统一身份认证体系，实现群众办事多个渠道的一次认证、多点互联、无缝切换。

构建便民服务“一张网”。梳理整合教育、医疗卫生、社会救助、社会福利、社区服务、婚姻登记、劳动就业、住房公积金、社会保障、计划生育、住房保障、法律服务、法治宣传、公共安全等民生服务领域的网上服务资源，联通各个网上办事渠道，构建便民服务“一张网”，实现一次认证、一网通办。

（六）美丽中国信息化专项行动

行动目标：到2018年，自然资源和生态环境动态监测网络和监管体系基本建成，能源互联网建设取得明显成效;到 2020 年,能源利用效率显著提升,生产生活方式绿色化水平大幅提升。

推进“互联网+智慧能源”发展。探索建设多能源互补、分布式协调、开放共享的能源互联网,构建清洁低碳、高效安全的现代能源体系。推进绿色能源网络发展,构建能源消费生态体系,发展用户端智慧用能,促进能源共享经济发展和能源自由交易。实施国家能源管理与监管信息化工程,建立基于互联网的区域能源生产监测和管理调度信息公共服务平台,建设重点用能单位能耗在线监测系统。

加强自然资源动态监测和监管。实施自然资源监测监管信息工程,建立全天候的自然资源监测技术体系,构建面向土地、海洋、能源、矿产资源、水、森林、草原、大气等多种资源的立体监控系统。加强国土资源基础数据建设,建设不动产登记信息管理基础平台和农村土地流转管理信息平台,建立纵向联动、横向协同、互联互通的自然资源信息共享服务平台,为资源监管、国土空间优化开发提供有效支撑。推进测绘地理信息领域信息化建设,强化全国卫星导航定位基准站统筹建设和管理,建设地理信息公共服务平台。

创新区域环境污染防治与管理。实施生态环境监测网络建设工程,建立全天候、多层次的污染物排放与监控智能多源感知体系。支持利用物联网、云计算、大数据、遥感、数据融合等技术,开展大气、水和土壤环境分析,建立污染源清单。开展环境承载力评估试点,加强环境污染预测预警,建立环境污染源管理和污染物减排决策支持系统。推进京津冀、长江经济带、生态森林等重点区域、领域环境监测信息化建设,提高区域流域环境污染联防联控和共治能力。

大力发展绿色智慧产业。利用新一代信息技术提升环保技术装备水平,增强环保服务能力。探索培育用能权、用水权、碳排放权、排污权网上交易市场。大力推动“互联网+”再生资源回收利用、产业废弃物资源化利用,建立规范有序的回收利用体系,提升正逆向物流的耦合度,推动垃圾收运体系与再生资源回收体系的“两网融合”。在城乡固体废弃物分类回收、主要品种再生资源在线交易、再制造、产业共生平台等领域开展示范工程建设。鼓励老旧高耗能设备淘汰退网和绿色节能新技术应用,鼓励企业研发、应用节能型服务器,降低设备能耗。

(七) 网络扶贫行动

行动目标:到 2018 年,建立网络扶贫信息服务体系,试点地区基本实现网络覆盖、信息覆盖、服务覆盖;到 2020 年,完成对 832 个贫困县、12.8 万个贫困村的网络覆盖,电商服务通达乡镇,通过网络教育、网络文化、互联网医疗等帮助贫困地区群众提高文化素质、身体素质和就业能力。

实施网络覆盖工程。加快贫困地区互联网建设和应用步伐,鼓励电信企业积极承担社会责任,确保宽带进村入户与脱贫攻坚相向而行。加快推进贫困地区网络覆盖,深入落实提速降费,探索面向贫困户的网络资费优惠。加快安全可靠移动终端研发和生产应用,推动民族语言语音、视频技术和软件研发,降低少数民族使用移动终端和获取信息服务的语言障碍。

实施电商扶贫工程。鼓励电子商务企业面向农村地区推动特色农产品网上定制化销售、推动贫困地区农村特色产业发展,组织知名电商平台为贫困地区开设扶贫频道,建立贫困县名优特产品网络博览会。依托现有全国乡村旅游电商平台,发展“互联网+旅游”扶贫,推进网上“乡村旅游后备箱工程”、“一村一品”产业建设专项行动。扶持偏远、特困地区的支付服务网络建设。加快建设完善贫困地区产品质量管理、信用和物流服务体系。

实施网络扶智工程。充分应用信息技术推动远程教育,促进优质教育资源城乡共享。加强对县、乡、村各级工作人员的职业教育和技能培训,丰富网络专业知识。支持大学生村官、“三支一扶”人员等基层服务项目参加人员和大学生返乡开展网络创业创新，提高贫困地区群众就业创业能力。

实施扶贫信息服务工程。逐步推进省级以下各级各部门涉农信息平台的“一站式”整合，建立网络扶贫信息服务体系，充分利用全国集中的扶贫开发信息系统以及社会扶贫信息服务平台，促进跨部门扶贫开发信息共享，使脱贫攻坚服务随时随地四通八达，扶贫资源因人因事随需配置。

实施网络公益工程。加快推进网络扶贫移动应用程序（APP）开发使用，宣传国家扶贫开发政策，丰富信息内容服务，普及农业科技知识，涵盖社交、商务、交通、医疗、教育、法律援助等行业应用。依托中国互联网发展基金会、中国扶贫志愿服务促进会等成立网络公益扶贫联盟，广泛动员网信企业、广大网民参与网络扶贫行动。构筑贫困地区民生保障网络系统，建设社会救助综合信息化平台，提供个性化、针对性强的社会救助服务。

（八）新型智慧城市建设行动

行动目标：到2018年，分级分类建设100个新型示范性智慧城市；到2020年，新型智慧城市建设取得显著成效，形成无处不在的惠民服务、透明高效的在线政府、融合创新的信息经济、精准精细的城市治理、安全可靠的运行体系。

分级分类推进新型智慧城市建设。围绕新型城镇化、京津冀协同发展、长江经济带发展等战略部署，根据城市功能和地理区位、经济水平和生活水平，加强分类指导，差别化施策，统筹各类试点示范。支持特大型城市对标国际先进水平，打造世界级智慧城市群。支持省会城市增强辐射带动作用，形成区域性经济社会活动中心。指导中等城市着眼城乡统筹，缩小数字鸿沟，促进均衡发展。推动小城镇发展智慧小镇、特色小镇，实现特色化、差异化发展。开展新型智慧城市评价，突出绩效导向，强化为民服务，增强人民群众在智慧城市建设中的获得感。探索可复制可推广的创新发展经验和建设运营模式，以点带面，以评促建，促进城镇化发展质量和水平全面提升。

打造智慧高效的城市治理。推进智慧城市时空信息云平台建设试点，运用时空信息大数据开展智慧化服务，提升城市规划建设和精细化管理服务水平。推动数字化城管平台建设和功能扩展，统筹推进城市规划、城市管网、园林绿化等信息化、精细化管理，强化城市运行数据的综合采集和管理分析，建立综合性城市管理数据库，重点推进城市建筑物数据库建设。以信息技术为支撑，完善社会治安防治防控网络建设，实现社会治安群防群治和联防联治，建设平安城市，提高城市治理现代化水平。深化信息化与安全生产业务融合，提升生产安全事故防控能力。建设面向城市灾害与突发事件的信息发布系统，提升突发事件应急处置能力。

推动城际互联互通和信息共享。以标准促规范，加快建立新型智慧城市建设标准体系，制定分级分类的基础性标准以及信息服务、互联互通、管理机制等关键环节标准。深化网络基础设施共建共享，把互联网、云计算等作为城市基础设施加以支持和布局，促进基础设施互联互通。

建立安全可靠的运行体系。加强智慧城市网络安全规划、建设、运维管理，研究制定城市网络安全评价指标体系。加快实施网络安全审查，对智慧城市建设涉及的重要网络和信息系统进行网络安全检查和风险评估，保证安全可靠运行。

（九）网上丝绸之路建设行动

行动目标：到2018年，形成与中东欧、东南亚、阿拉伯地区等有关国家的信息经济合作大通道，促进规制互认、设施互联、企业互信和产业互融；到2020年，基本形成覆盖“一带一路”沿线国家和地区重点方向的信息经济合作大通道，信息经济合作应用范围和领域明显扩大。

建设网上丝绸之路经济合作试验区。充分发挥地方积极性，鼓励国内城市与“一带一路”重要节点城市开展点对点合作，在各自城市分别建立网上丝绸之路经济合作试验区，推动双方在信息基础设施、智慧城市、电子商务、远程医疗、“互联网+”等领域开展深度合作。

支持建立国际产业联盟。充分发挥企业的积极性，支持我国互联网企业、科研院所与国外互联网企业及相关机构发起建立国际产业联盟，形成网上丝绸之路的“软实力”，加速我国互联网企业与境外企业的合作进程，推动建立跨国互联网产业投融资平台，主导信息经济领域相关规范的研究制定，将我国互联网产业的比较优势转化为全球信息经济的主导优势。

鼓励支持企业国际拓展。鼓励网信企业以共建电子商务交易平台、物流信息服务平台、在线支付服务平台等多种形式，构建新型信息经济国际合作平台，拓展平台设计、人才培育、创意推广、供应链服务等各类信息技术服务的国际市场，带动国际商品流通、交通物流提质增效。

（十）繁荣网络文化行动

行动目标：到2018年，网络文化服务在公共文化服务体系中的比重明显上升，传统媒体和新兴媒体融合发展水平明显提升；到2020年，形成一批拥有较强实力的新型媒体集团和网络文化企业，优秀网络文化产品供给和输出能力显著提升。

加快文化资源数字化进程。进一步推动文化信息资源库建设，深化文化信息资源的开发利用。继续实施全国文化信息资源共享工程、数字图书馆推广工程和公共电子阅览室建设计划。进一步实施公共文化资源网络开放，建设适合网络文化管理和社会公共服务的基础信息数据库群、数据综合管理与交换平台。实施网络文艺精品创作和传播工程，扶持优秀原创网络作品创作，支持优秀作品网络传播。扶持一批重点文艺网站。

推动传统媒体与新兴媒体融合发展。围绕建立立体多样、融合发展的网络文化传播机制和传播体系，研究把握现代新闻传播规律和新兴媒体发展规律，加快推动传统媒体和新兴媒体融合发展，推动各种媒介资源、生产要素有效整合，推动信息内容、技术应用、平台终端、人才队伍共享融通，着力打造一批形态多样、手段先进、具有竞争力的新型主流媒体，建成若干拥有强大实力和传播力公信力影响力的新型媒体集团。

加强网络文化阵地建设。加快国家骨干新闻媒体的网络化建设，做大做强中央主要新闻网站和地方重点新闻网站，培育具有国际影响力的现代传媒集团。推动多元网络文化产业发展与整合，培育一批创新能力强、专业素质高、具有国际影响力的网络文化龙头企业，增强优秀网络文化产品创新和供给能力。

大力发展网络文化市场。规范网络文化传播秩序，综合利用法律、行政、经济和行业自律等手段，完善网络文化服务准入和退出机制。加大网络文化执法力度，发展网络行业协会，推动网络社会化治理。大力培育网络文化知识产权，严厉打击网络盗版行为，提升网络文化产业输出能力。

（十一）在线教育普惠行动

行动目标：到2018年，“宽带网络校校通”、“优质资源班班通”、“网络学习空间人人通”取得显著进展；到2020年，基本建成数字教育资源公共服务体系，形成覆盖全国、多级分布、互联互通的数字教育资源云服务体系。

促进在线教育发展。建设适合我国国情的在线开放课程和公共服务平台，支持具有学科专业和现代教学技术优势的高等院校开放共享优质课程，提供全方位、高质量、个性化的在线教学服务。支持党校、行政学院、干部学院开展在线教育。

创新教育管理制度。推进在线开放课程学分认定和管理制度创新,鼓励高等院校将在线课程纳入培养方案和教学计划。加强对在校教师和技术人员开展在线课程建设、课程应用以及大数据分析等方面培训。

缩小城乡学校数字鸿沟。完善学校教育信息化基础设施建设,基本实现各级各类学校宽带网络全面覆盖、网络教学环境全面普及,通过教育信息化加快优质教育资源向革命老区、民族地区、边远地区、贫困地区覆盖,共享教育发展成果。

加强对外交流合作。运用在线开放课程公共服务平台,推动国际科技文化交流,优先引进前沿理论、工程技术等领域的优质在线课程。积极推进我国大规模在线开放课程(慕课)走出去,大力弘扬中华优秀传统文化。

(十二) 健康中国信息服务行动

行动目标:到 2018 年,信息技术促进医疗健康服务便捷化程度大幅提升,远程医疗服务体系基本形成;到 2020 年,基于感知技术和产品的新型健康信息服务逐渐普及,信息化对实现人人享有基本医疗卫生服务发挥显著作用。

打造高效便捷的智慧健康医疗便民惠民服务。实施国民电子健康信息服务计划,完善基于新型信息技术的互联网健康咨询、预约分诊、诊间结算、移动支付和检验检查结果查询、随访跟踪等服务,为预约患者和预约转诊患者优先安排就诊,全面推行分时段预约。

全面推进人口健康信息服务体系。全面建成统一权威、互联互通的人口健康信息平台,强化公共卫生、计划生育、医疗服务、医疗保障、药品供应、综合管理等应用信息系统数据集成、集成共享和业务协同,基本实现城乡居民拥有规范化的电子健康档案和功能完备的健康卡。实施健康中国云服务计划,构建健康医疗服务集成平台,提供远程会诊、远程影像、病理结果、心电诊断服务,健全检查检验结果互认共享机制。运用互联网手段,提高重大疾病和突发公共卫生事件应急能力,建立覆盖全国医疗卫生机构的健康传播和远程教育视频系统。完善全球公共卫生风险监测预警决策系统,建立国际旅行健康网络,为出入境人员提供旅行健康安全保障服务。

促进和规范健康医疗大数据应用。推进健康医疗临床和科研大数据应用,加强疑难疾病等重点方面的研究,推进基因芯片和测序技术在遗传性疾病诊断、癌症早期诊断和疾病预防检测中的应用,推动精准医疗技术发展。推进公共卫生大数据应用,全面提升公共卫生监测评估和决策管理能力。推动健康医疗相关的人工智能、生物三维打印、医用机器人、可穿戴设备以及相关微型传感器等技术和产品在疾病预防、卫生应急、健康保健、日常护理中的应用,推动由医疗救治向健康服务转变。

六、政策措施

(一) 完善法律法规,健全法治环境

完善信息化法律框架,统筹信息化立法需求,优先推进电信、网络安全、密码、个人信息保护、电子商务、电子政务、关键信息基础设施等重点领域相关立法工作。加快推动政府数据开放、互联网信息服务管理、数据权属、数据管理、网络社会管理等相关立法工作。完善司法解释,推动现有法律延伸适用到网络空间。理顺网络执法体制机制,明确执法主体、执法权限、执法标准。加强部门信息共享与执法合作，创新执法手段，形成执法合力。提高全社会自觉守法意识，营造良好的信息化法治环境。

（二）创新制度机制，优化市场环境

加大信息化领域关键环节市场化改革力度，推动建立统一开放、竞争有序的数字市场体系。加快开放社会资本进入基础电信领域竞争性业务，形成基础设施共建共享、业务服务相互竞争的市场格局。健全并强化竞争性制度和政策，放宽融合性产品和服务准入限制，逐步消除新技术、新业务进入传统领域的壁垒，最大限度激发微观活力。建立网信领域市场主体准入前信用承诺制度，推动电信和互联网等行业外资准入改革，推动制定新兴行业监管标准，建立有利于信息化创新业务发展的行业监管模式。积极运用大数据分析等技术手段，加强对互联网平台企业、小微企业的随机抽查等事中事后监管，实施企业信用信息依法公示、社会监督和失信联合惩戒。推动建立网信领域信用管理机制，建立诚信档案、失信联合惩戒制度，加强网络资费行为监管，严格查处市场垄断行为。

（三）开拓投融资渠道，激发发展活力

综合运用多种政策工具，引导金融机构扩大对信息化企业信贷投放。鼓励创业投资、股权投资等基金积极投入信息化发展。规范有序开展互联网金融创新试点，支持小微企业发展。推进产融结合创新试点，探索股权债权相结合的融资服务。深化创业板改革，支持符合条件的创新型、成长型互联网企业上市融资，研究特殊股权结构的境外上市企业在境内上市的制度政策。鼓励金融机构加强产品和服务创新，在风险可控的前提下，加大对信息化重点领域、重大工程和薄弱环节的金融支持。积极发展知识产权质押融资、信用保险保单融资增信等新型服务，支持符合条件的信息通信类高新企业发行公司债券和非金融企业债务融资工具筹集资金。在具有战略意义、投资周期长的重点领域，积极探索政府和社会资本合作（PPP）模式，建立重大信息化工程 PPP 项目库，明确风险责任、收益边界，加强绩效评价，推动重大信息化工程项目可持续运营。

（四）加大财税支持，优化资源配置

完善产业投资基金机制，鼓励社会资本发起设立产业投资基金，重点引导基础软件、基础元器件、集成电路、互联网等核心领域产业投资基金发展。创新财政资金支持方式，统筹现有国家科技计划（专项、基金等），按规定支持关键核心技术研发和重大技术试验验证。强化中央财政资金的引导作用，完善政府采购信息化服务配套政策，推动财政支持从补建设环节向补运营环节转变。符合条件的企业，按规定享受相关税收优惠政策；落实企业研发费用加计扣除政策，激励企业增加研发投入，支持创新型企业发展。

（五）着力队伍建设，强化人才支撑

建立适应网信特点的人才管理制度，着力打破体制界限，实现人才的有序顺畅流动。建立完善科研成果、知识产权归属和利益分配机制，制定人才入股、技术入股以及税收等方面的支持政策，提高科研人员特别是主要贡献人员在科技成果转化中的收益比例。聚焦信息化前沿方向和关键领域，依托国家“千人计划”等重大人才工程和“长江学者奖励计划”等人才项目，加快引进信息化领军人才。开辟专门渠道，实施特殊政策，精准引进国家急需紧缺的特殊人才。加快完善外国人才来华签证、永久居留制度。建立网信领域海外高端人才创新创业基地，完善配套服务。建立健全信息化专家咨询制度，引导构建产业技术创新联盟，开展信息化前瞻性、全局性问题研究。推荐信息化领域优秀专家到国际组织任职。支持普通高等学校、军队院校、行业协会、培训机构等开展信息素养培养，加强职业信息技能培训，开展农村信息素养知识宣讲和信息化人才下乡活动，提升国民信息素养。

（六）优化基础环境，推动协同发展

完善信息化标准体系，建立国家信息化领域标准化工作统筹推进机制，优化标准布局，加快关键领域标准制修订工作，提升标准实施效益，增强国际标准话语权。加强知识产权运用和保护，制定融合领域关键环节的专利导航和方向建议清单，鼓励企业开展知识产权战略储备与布局；加快推进专利信息资源开放共享，鼓励大型信息服务企业和制造企业建立交叉交换知识产权池；建立知识产权风险管理体系，健全知识产权行政执法与司法保护优势互补、有机衔接的机制，提高侵权代价和违法成本。健全社会信用体系，加强各地区、各部门信用信息基础设施建设，推进信用信息平台无缝对接，全面推行统一的社会信用代码制度，构建多层次的征信和支付体系；加强分享经济等新业态信用建设，运用大数据建立以诚信为核心的新型市场监管机制。加快研究纳入国民经济和社会发展统计的信息化统计指标，建立完善信息化统计监测体系。

七、组织实施

各地区、各部门要进一步提高思想认识，在中央网络安全和信息化领导小组的统一领导和统筹部署下，把信息化工作提上重要日程，加强组织领导，扎实开展工作，提高信息化发展的整体性、系统性和协调性。中央网信办、国家发展改革委负责制定规划实施方案和年度工作计划，统筹推进各项重大任务、重点工程和优先行动，跟踪督促各地区、各部门的规划实施工作，定期开展考核评估并向社会公布考评情况。各有关部门要按照职责分工，分解细化任务，明确完成时限，加强协调配合，确保各项任务落地实施。地方各级人民政府要加强组织实施，落实配套政策，结合实际科学合理定位，扎实有序推动信息化发展。各地区、各部门要进一步强化责任意识，建立信息化工作问责制度，对工作不力、措施不实、造成严重后果的，要追究有关单位和领导的责任。

中央网信办、国家发展改革委要聚焦重点行业、重点领域和优先方向，统筹推进信息化试点示范工作，组织实施一批基础好、成效高、带动效应强的示范项目，防止一哄而起、盲目跟风，避免重复建设。各地区、各有关部门要发挥好试点示范作用，坚持以点带面、点面结合，边试点、边总结、边推广，推动信息化发展取得新突破。

附件：重点任务分工方案

附件：重点任务分工方案

序号	重点工作	负责单位
1	打造自主先进的技术体系，制定网络强国工程实施纲要，组织实施网络强国工程	中央网信办、国家发展改革委、工业和信息化部牵头，科技部、公安部、中科院等按职责分工负责
2	强化战略性前沿技术超前布局，加强新技术和新材料的基础研发和前沿布局，组织实施核心技术超越工程	科技部牵头，国家发展改革委、工业和信息化部、中央网信办、中科院、工程院、中央军委科学技术委员会等按职责分工负责

续表

序号	重点工作	负责单位
3	推进产业生态体系协同创新，统筹基础研究、技术创新、产业发展、市场应用、标准制定与网络安全各环节联动协调发展，组织实施信息产业体系创新工程	中央网信办、国家发展改革委、工业和信息化部牵头，科技部、公安部、教育部、国务院国资委、国家标准委、国家知识产权局等按职责分工负责
4	加快高速宽带网络建设，全面推进三网融合	工业和信息化部、新闻出版广电总局牵头，国家发展改革委、财政部、公安部、中央网信办等按职责分工负责
5	加强规划设计和组织实施，消除宽带网络接入“最后一公里”瓶颈，进一步推进网络提速降费	工业和信息化部牵头，中央网信办、国家发展改革委、住房城乡建设部、国务院国资委等按职责分工负责
6	建设陆海空天一体化信息基础设施，建立国家网络空间基础设施统筹协调机制，加快空间互联网部署，组织实施陆海空天一体化信息网络工程	工业和信息化部、国家发展改革委、中央网信办、国家国防科工局牵头，公安部、财政部、国家海洋局、军队有关部门等按职责分工负责
7	统筹建设综合基础设施，加快电网、铁路、公路、水利等公共设施和市政基础设施智能化转型	国家发展改革委、工业和信息化部、交通运输部、国家铁路局、国家能源局、住房城乡建设部、水利部、科技部、国务院国资委、国家标准委、国家海洋局等按职责分工负责
8	优化国家频谱资源配置，加强无线电频谱管理，合理规划利用卫星频率和轨道资源	工业和信息化部牵头，新闻出版广电总局、国家国防科工局、军队有关部门等按职责分工负责
9	加快农村及偏远地区网络覆盖，组织开展电信普遍服务试点工作，组织实施宽带乡村和中西部地区中小城市基础网络完善工程	工业和信息化部、财政部、国家发展改革委等按职责分工负责
10	加强数据资源规划建设，加快推进政务数据资源、社会数据资源、互联网数据资源建设，组织实施国家大数据发展工程	国家发展改革委、中央网信办牵头，中央办公厅、国务院办公厅、工业和信息化部、公安部、工商总局、交通运输部、国家卫生计生委、环境保护部、人力资源社会保障部、科技部、安全监管总局、国家国防科工局、国家海洋局等按职责分工负责
11	加强数据资源管理，建立数据产权保护、数据开放、隐私保护相关政策法规和标准体系	国家发展改革委、中央网信办牵头，工业和信息化部、公安部、国务院法制办、国家标准委、国家国防科工局等按职责分工负责
12	推动数据资源应用，稳步推进公共数据资源向社会开放，组织实施国家互联网大数据平台建设工程	国家发展改革委、中央网信办牵头，国务院办公厅、工业和信息化部、科技部、公安部、人力资源社会保障部、国土资源部、文化部、人民银行、工商总局、质检总局、安全监管总局、国务院法制办、国家统计局、国家测绘地信局、中科院、国家国防科工局、国家海洋局等按职责分工负责
13	加强数据安全保护，实施大数据安全保障工程，建立跨境数据流动安全监管制度	中央网信办、工业和信息化部、公安部牵头，安全部、海关总署、国家国防科工局、国家密码局等按职责分工负责
14	组织实施“互联网+”重大工程，推进“互联网+”行动	国家发展改革委牵头，工业和信息化部、中央网信办、公安部、农业部、人民银行、国家能源局、质检总局等按职责分工负责
15	推进信息化和工业化深度融合，实施“中国制造2025”，组织实施制造业与互联网融合发展应用与推广工程	工业和信息化部牵头，国家发展改革委、质检总局、安全监管总局等按职责分工负责

续表

序号	重点工作	负责单位
16	推进农业信息化,实施"互联网+"现代农业行动,组织实施农业农村信息化工程	农业部、水利部牵头,国家发展改革委、工业和信息化部、商务部、国家统计局、质检总局等按职责分工负责
17	发展电子商务,大力推进"互联网+流通"发展,加强智慧流通基础设施建设,支持移动电商、社区电商、农村电商和跨境电商等新型电商模式发展	商务部牵头,工业和信息化部、国家发展改革委、农业部、交通运输部、国家卫生计生委、教育部、国家统计局、海关总署、质检总局、中央网信办等按职责分工负责
18	培育发展新兴业态,组织实施信息经济创新发展工程	中央网信办、国家发展改革委牵头,工业和信息化部、农业部、商务部、交通运输部、人民银行等按职责分工负责
19	统筹发展电子政务,建立国家电子政务统筹协调机制,统筹共建电子政务公共基础设施,加快推进人大信息化建设,加快政协信息化建设,大力推进"智慧法院"建设,积极打造"智慧检务",加强国家电子文件管理	中央网信办、国家发展改革委牵头,中央办公厅、国务院办公厅、全国人大常委会办公厅、全国政协办公厅、最高人民法院、最高人民检察院、工业和信息化部、科技部、公安部、国家标准委等按职责分工负责
20	区分轻重缓急分级分类持续推进打破信息壁垒和孤岛,采取授权使用等机制解决信息安全问题,构建统一高效、互联互通、安全可靠的国家数据资源体系,打通各部门信息系统,推动信息跨部门跨层级共享共用。"十三五"时期在政府系统率先消除信息孤岛	国家发展改革委、中央网信办牵头,各有关部门按职责分工负责
21	创新社会治理,加快建设安全生产隐患排查治理体系、风险预防控制体系和社会治安立体防控体系,推进网上综合防控体系建设,建立和完善自然灾害综合管理信息系统、重大和重要基础设施综合管理信息系统、安全生产监管信息系统、国家应急平台、社会治安综合治理信息系统和公安大数据中心	公安部、民政部、国家发展改革委、安全监管总局、司法部、国务院办公厅、中央网信办等按职责分工负责
22	实施信息惠民工程,拓展民生服务渠道,创新民生服务供给模式,加快推进交通一卡通互联互通,建立全人群覆盖、全天候受理、公平普惠的民生公共服务体系	国家发展改革委牵头,财政部、教育部、公安部、民政部、人力资源社会保障部、国家卫生计生委、国家民委、司法部、交通运输部、国家标准委等按职责分工负责
23	建立健全网信军民融合机制,加快网信军民融合立法进程,实施军地网信人才融合发展计划	中央网信办、中央军委战略规划办公室牵头,国家发展改革委、工业和信息化部、公安部、国家国防科工局、国务院法制办、中央军委训练管理部、中央军委装备发展部等按职责分工负责
24	推进信息基础设施共建共用共享,组织实施网信军民深度融合工程	中央网信办、中央军委战略规划办公室牵头,国家发展改革委、工业和信息化部、公安部、国家国防科工局、中央军委训练管理部、中央军委装备发展部等按职责分工负责
25	加快军民技术双向转化,有序推动军民重点实验室互相开放,发展军民一体信息产业	中央网信办、中央军委战略规划办公室牵头,国家发展改革委、科技部、工业和信息化部、国家国防科工局、中央军委装备发展部、中央军委科学技术委员会、国家标准委等按职责分工负责
26	建立开放共赢的国际合作体系,组织实施信息化国际枢纽工程	国家发展改革委、中央网信办、中央军委装备发展部牵头,外交部、商务部、工业和信息化部、科技部、国家国防科工局、中科院、国家标准委等按职责分工负责

续表

序号	重点工作	负责单位
27	鼓励和支持网信企业走出去,推动区域数字经济合作,实施网信援外计划,加快推进中国标准走出去	中央网信办牵头,国家发展改革委、财政部、工业和信息化部、商务部、外交部、国家标准委等按职责分工负责
28	健全企业走出去境外维权援助体系,完善领事保护机制,建立公益性专利信息服务平台	外交部、国家知识产权局、中央网信办等按职责分工负责
29	顺应广大人民群众呼声,加强对网络安全环境的治理,依法严厉打击网络电信诈骗等违法行为,形成高压态势,让人民群众安全放心使用网络	公安部牵头,工业和信息化部、人民银行、中央网信办等按职责分工负责
30	依法加强网络空间治理,组织实施网络内容建设工程	中央网信办牵头,中央宣传部、文化部、公安部、新闻出版广电总局、国家保密局等按职责分工负责
31	加强互联网基础资源管理,建设网络可信体系,探索建立全国统一的网络证照服务体系	中央网信办、公安部、工业和信息化部牵头,其他相关部门按职责分工负责
32	创新网络社会治理,组织实施网络文明建设工程	中央网信办牵头,中央宣传部、中央文明办、民政部、公安部、文化部等按职责分工负责
33	深度参与国际网络空间治理,推动建立多边、民主、透明的国际互联网治理体系	中央网信办、外交部牵头,工业和信息化部、公安部等按职责分工负责
34	强化网络安全顶层设计,完善网络安全法律法规体系,建立完善网络安全管理制度和标准体系,创建一流网络安全学院	中央网信办牵头,工业和信息化部、公安部、教育部、国务院法制办、国家标准委等按职责分工负责
35	构建关键信息基础设施安全保障体系	中央网信办、公安部、国家保密局牵头,中央办公厅、国家发展改革委、工业和信息化部、安全部、财政部、国家国防科工局、国家密码局等按职责分工负责
36	实施网络安全审查制度	中央网信办牵头,公安部、工业和信息化部、安全部、科技部、国家国防科工局等按职责分工负责
37	全天候全方位感知网络安全态势,组织实施网络安全监测预警和应急处置工程	中央网信办、公安部牵头,工业和信息化部、国家发展改革委、国家保密局等按职责分工负责
38	强化网络安全科技创新能力,组织实施网络安全保障能力建设工程	中央网信办、国家发展改革委牵头,科技部、工业和信息化部、公安部、国家标准委、国家保密局等按职责分工负责
39	组织实施信息安全专项,建立关键信息基础设施安全防护平台,支持关键基础设施和重要信息系统,整体提升安全防御能力	国家发展改革委牵头,中央网信办、工业和信息化部、公安部、国务院国资委等按职责分工负责
40	组织实施新一代信息网络技术超前部署行动,加快推进5G技术研究和产业化,加快推进下一代广播电视网建设与融合,推动下一代互联网商用进程,超前布局未来网络	工业和信息化部、新闻出版广电总局、国家发展改革委、科技部、中科院、中央网信办等按职责分工负责
41	组织实施北斗系统建设应用行动,统筹推进北斗建设应用,加强北斗核心技术突破,加快北斗产业化进程,开拓卫星导航服务国际市场	中央网信办、中央军委装备发展部、中央军委联合参谋部、国家发展改革委牵头,工业和信息化部、科技部、财政部、公安部、国家国防科工局、国家测绘地信局等按职责分工负责
42	组织实施应用基础设施建设行动,统筹规划全国数据中心建设布局,提升云计算自主创新能力,积极推进物联网发展	国家发展改革委、工业和信息化部、科技部、财政部、中央网信办、公安部等按职责分工负责

续表

序号	重点工作	负责单位
43	组织实施数据资源共享开放行动，构建全国信息资源共享体系，稳步实施公共信息资源共享开放，规范数据共享开放管理	国家发展改革委牵头，中央网信办、工业和信息化部、公安部等按职责分工负责
44	组织实施“互联网+政务服务”行动，构建形成方便快捷、公平普惠、优质高效的政务服务信息系统	国务院办公厅、国家发展改革委牵头，财政部、教育部、公安部、民政部、人力资源社会保障部、住房城乡建设部、国家卫生计生委、国务院法制办、国家标准委、司法部、安全监管总局等按职责分工负责
45	组织实施美丽中国信息化专项行动，加强自然资源动态监测和监管，创新区域环境污染防治与管理，大力发展绿色智慧产业。推进“互联网+智慧能源”发展	环境保护部牵头，国家发展改革委、国家能源局、国土资源部、工业和信息化部、水利部、国家海洋局等按职责分工负责
46	组织实施网络扶贫行动，实施网络覆盖工程、电商扶贫工程、网络扶智工程、扶贫信息服务工程、网络公益工程	中央网信办、国家发展改革委、国务院扶贫办牵头，中央组织部、教育部、科技部、工业和信息化部、民政部、财政部、人力资源社会保障部、交通运输部、农业部、水利部、商务部、国家卫生计生委、国家旅游局、国家邮政局、共青团中央、全国妇联、国家民委、司法部、供销合作总社等按职责分工负责
47	组织实施新型智慧城市建设行动，分级分类推进新型智慧城市建设，打造智慧高效的城市治理，推动城际互联互通和信息共享，建立安全可靠的运行体系	国家发展改革委、中央网信办牵头，住房城乡建设部、科技部、工业和信息化部、公安部、安全监管总局等按职责分工负责
48	组织实施网上丝绸之路建设行动，推动网上丝绸之路经济合作试验区建设	国家发展改革委、中央网信办牵头，工业和信息化部、财政部、商务部、海关总署、税务总局、工商总局、质检总局、社科院等按职责分工负责
49	组织实施繁荣网络文化行动，加快文化资源数字化进程，推动传统媒体与新兴媒体融合发展，加强网络文化阵地建设，大力发展网络文化市场	中央网信办、文化部、中央宣传部、国家发展改革委、新闻出版广电总局、社科院等按职责分工负责
50	组织实施在线教育普惠行动，促进在线教育发展，创新教育管理制度，缩小城乡学校数字鸿沟，加强对外交流合作	教育部牵头，中央组织部等按职责分工负责
51	组织实施健康中国信息服务行动，打造高效便捷的智慧健康医疗便民惠民服务，全面推进面向全民的人口健康信息服务体系，促进和规范健康医疗大数据应用，完善全球公共卫生风险监测预警决策系统，建立国际旅行健康网络，为出入境人员提供旅行健康安全保障服务	国家卫生计生委、质检总局牵头，国家发展改革委、工业和信息化部、财政部、人力资源社会保障部、公安部、食品药品监管总局、国家中医药局、国家旅游局、外交部、交通运输部、中国民航局等按职责分工负责
52	加快信息化法律制度建设，优先推进电信、网络安全、密码、个人信息保护、电子商务、电子政务、关键信息基础设施等重点领域相关立法工作，加快推进政府数据开放、互联网信息服务管理、数据权属、数据管理、网络社会管理等相关立法工作	中央网信办、全国人大常委会法工委、国务院法制办牵头，国家发展改革委、工业和信息化部、公安部、商务部、工商总局、国家保密局、国家密码局、国家国防科工局等按职责分工负责
53	推动信息化领域市场开放，健全并强化竞争性制度和政策，放宽融合性产品和服务准入限制，逐步消除新技术新业务进入传统领域的壁垒，最大限度激发微观活力	国家发展改革委、工业和信息化部、中央网信办、社科院、国家保密局、商务部、工商总局、交通运输部、人民银行、银监会、证监会、保监会等按职责分工负责
54	创新监管制度，建立信息领域市场主体准入前信用承诺制度，完善电信和互联网等网信行业外资准入改革	商务部、工商总局、中央网信办、工业和信息化部、公安部等按职责分工负责

续表

序号	重 点 工 作	负 责 单 位
55	强化事中事后监管，实施企业信用信息依法公示、社会监督和失信联合惩戒，推动建立网信领域信用管理机制，建立诚信档案和失信联合惩戒制度	国家发展改革委、工商总局、商务部、人民银行、银监会、证监会、保监会、最高人民法院、最高人民检察院、工业和信息化部、公安部、安全监管总局等按职责分工负责
56	规范有序开展互联网金融创新试点，支持小微企业发展。推进产融结合创新试点，探索股权债权相结合的融资服务。深化创业板改革，支持符合条件的创新型、成长型互联网企业上市融资，研究特殊股权结构的境外上市企业在境内上市的制度政策	人民银行、银监会、证监会、保监会、工业和信息化部、国家发展改革委、中央网信办、工商总局、商务部等按职责分工负责
57	完善金融服务，积极发展知识产权质押融资、信用保险保单融资增信等新型服务，支持符合条件的信息通信类高新企业发行公司债券，通过债券融资方式支持信息化发展	人民银行、工业和信息化部、银监会、证监会、保监会、国家知识产权局等按职责分工负责
58	完善产业投资基金机制，鼓励社会资本发起设立产业投资基金	国家发展改革委、财政部、工业和信息化部、科技部等按职责分工负责
59	统筹现有国家科技计划（专项、基金等），支持关键核心技术研发和重大技术试验验证，强化关键共性技术研发供给	科技部、国家发展改革委、工业和信息化部等按职责分工负责
60	创新财政资金支持方式，强化中央财政资金引导，完善政府采购信息化服务配套政策	财政部、国家发展改革委、工业和信息化部等按职责分工负责
61	落实企业研发费用加计扣除等支持创新型企业发展的税收优惠政策	财政部、税务总局按职责分工负责
62	健全人才激励体制，建立适应网信特点的人事制度、薪酬制度、评价机制，建立信息化领域产权激励机制	人力资源社会保障部、国家发展改革委、教育部、科技部、工业和信息化部、财政部、国家知识产权局、社科院按职责分工负责
63	加强海外高端人才引进力度，加快引进信息化人才，建立网信领域海外高端人才创新创业基地	中央组织部、国家发展改革委、教育部、科技部、工业和信息化部、人力资源社会保障部、外交部、财政部、国家外专局、中科院、社科院、工程院按职责分工负责
64	加强高端智库建设，建立健全信息化领域专家咨询制度，引导构建产业技术创新联盟	中央网信办、国家发展改革委、工业和信息化部牵头，教育部、科技部、中科院、社科院、国家外专局按职责分工负责
65	提升国民信息素养，支持普通高等学校、军队院校、行业协会、培训机构等开展信息素养培养，加大重点行业工人职业信息技能培训力度，完善失业人员再就业技能培训机制，开展农村信息素养知识宣讲和信息化人才下乡活动	中央网信办牵头，教育部、民政部、人力资源社会保障部、农业部、中央军委训练管理部等按职责分工负责
66	健全和完善信息化标准体系，建立国家信息化标准统筹协调推进机制，开展关键领域标准制修订工作	中央网信办、工业和信息化部、国家标准委牵头，国家发展改革委、科技部、公安部等按职责分工负责
67	加强知识产权运用和保护，制定融合领域关键环节的专利导航和方向建议清单，加快推进专利信息资源开放共享	国家知识产权局、中央网信办等按职责分工负责
68	健全社会信用体系，持续推进各领域信用信息平台无缝对接，构建多层次的征信和支付体系。健全互联网领域信用体系，推动运用大数据建立以诚信为核心的新型市场监管机制	国家发展改革委牵头，人民银行、工商总局、中央综治办、中央网信办、公安部等按职责分工负责
69	建立信息化统计监测体系，完善信息化统计监测工作机制	中央网信办、国家统计局牵头，工业和信息化部、国家发展改革委等按职责分工负责

续表

序号	重点工作	负责单位
70	加强组织领导，加强全国信息化工作的统一谋划、统一部署、统一推进、统一实施	中央网信办牵头，各地区、各部门按职责分工负责
71	有序推进实施，制定规划实施方案和年度工作计划，统筹推进规划确定的重大任务、重点工程和优先行动	中央网信办、国家发展改革委牵头，各地区、各部门按职责分工负责
72	规范试点示范，防止一哄而起、盲目跟风，避免重复建设	中央网信办、国家发展改革委牵头，各地区、各部门按职责分工负责
73	完善考核评估，向社会公开发布各地区、各部门信息化考核评估情况	中央网信办、国家发展改革委牵头，各地区、各部门按职责分工负责
74	强化责任意识，建立信息化工作问责制度	中央网信办、国家发展改革委牵头，各地区、各部门按职责分工负责

“十三五”卫生与健康规划

国发〔2016〕77 号

为推进健康中国建设，根据《中华人民共和国国民经济和社会发展第十三个五年规划纲要》和《“健康中国 2030”规划纲要》，编制本规划。

一、规划背景

（一）“十二五”时期取得的成就

“十二五”时期，深化医药卫生体制改革加快实施，卫生与健康事业获得长足发展，人民健康水平持续提高。2015 年人均预期寿命达到 76.34 岁，比 2010 年提高 1.51 岁，婴儿死亡率由 13.1‰下降到 8.1‰，5 岁以下儿童死亡率由 16.4‰下降到 10.7‰，孕产妇死亡率由 30/10 万下降到 20.1/10 万，居民主要健康指标总体上优于中高收入国家平均水平，人口年均自然增长率为 4.97‰，“十二五”卫生与健康事业有关规划确定的主要目标和任务如期完成。

医药卫生体制改革深入推进，取得重大进展和明显成效。全民医保体系加快健全，基本医保参保率保持在 95%以上，城乡居民大病保险、重特大疾病医疗救助、疾病应急救助全面推开。公立医院改革稳步推进，县级公立医院综合改革全面实施，城市公立医院综合改革试点持续拓展深化，以省为单位实施综合医改试点取得积极进展。国家基本药物制度得到巩固完善，基层医疗卫生机构综合改革持续深化。社会办医加快发展。个人卫生支出占卫生总费用的比重由 35.29%下降到 29.27%。

医疗卫生服务体系不断完善，服务能力大幅提升。2015 年，每千人口医疗卫生机构床位数增加到 5.11 张，执业（助理）医师数增加到 2.22 人，注册护士数增加到 2.37 人。医疗卫生机构基础设施条件持续改善。住院医师规范化培训制度初步建立，以全科医生为重点的基层医疗卫生人才队伍建设加快推进，2015 年，每万人口全科医生数达到 1.38 人。有序推进分级诊疗制度建设，广泛开展“进一步改善医疗服务行动计划”等活动，初步建立预防化解医疗纠纷的长效机制。全面加强人口健康信息化建设。

生育政策逐步调整完善,计划生育服务管理改革统筹推进。平稳实施单独两孩政策。截至2015年底,近200万对单独夫妇提出再生育申请。研究启动全面两孩政策。妇幼保健和计划生育机构改革有序开展,计划生育服务管理改革扎实推进。出生人口性别比连续7年下降。国家免费孕前优生健康检查项目扩大到全国所有县(市、区),出生缺陷综合防治不断推进。流动人口免费计划生育服务覆盖率达到89.2%。

基本公共卫生服务均等化水平稳步提高,重大疾病防治成效显著。基本公共卫生服务人均经费补助标准提高到40元,服务内容增加到12类45项。艾滋病疫情控制在低流行水平,肺结核报告发病率下降到63.4/10万,所有血吸虫病流行县达到传播控制标准,基本消除或控制重点地方病危害。初步建立起慢性病防治体系,严重精神障碍防治网络不断完善。爱国卫生运动深入开展。居民健康素养水平稳步提升。推广血液筛查核酸检测,血液安全水平进一步提高。联防联控工作机制不断完善,成功防范和应对人感染禽流感等突发急性传染病和公共卫生事件。卫生计生综合监督执法进一步加强。食品安全标准与监测评估工作扎实推进。

中医药服务能力不断提升,中医药事业得到较快发展。多层次、广覆盖的中医药服务网络基本建立。基层中医药服务能力明显提升,全国超过95%的社区卫生服务中心、90%的乡镇卫生院、80%的社区卫生服务站、60%的村卫生室能够提供中医药服务。推动中医药科技进步,不断拓展中医药健康服务新业态。中医药"走出去"迈出重要步伐。

城乡居民健康差异进一步缩小,医疗卫生服务可及性、服务质量、服务效率和群众满意度显著提高,卫生与健康事业国际影响力凸显,为稳增长、促改革、调结构、惠民生作出了重要贡献,为全面建成小康社会、实现人人享有基本医疗卫生服务打下了坚实的基础。

(二)"十三五"时期面临的机遇和挑战

党中央、国务院高度重视卫生与健康事业发展,提出推进健康中国建设,将卫生与健康事业发展摆在了经济社会发展全局的重要位置。人民群众对全面建成小康社会美好生活的追求激发多层次、多样化的健康需求,为健康服务业创造更为广阔的发展空间。全面依法治国深入推进,为提升卫生与健康治理体系和治理能力现代化水平提供坚实的法治保障。卫生与健康事业发展面临难得的历史机遇。

同时,卫生与健康事业发展也面临新的挑战。人口结构性问题日益突出,出生人口素质有待提高。全面两孩政策实施,老龄化进程加速,城镇化率不断提高,部分地区医疗卫生资源供需矛盾将更加突出。经济社会转型中居民生活环境与生活方式快速变化,慢性病成为主要的健康问题。重大传染病和重点寄生虫病等疾病威胁持续存在。境内外交流的日趋频繁加大传染病疫情和病媒生物输入风险。大气等环境污染和食品安全问题严重影响人民健康。经济发展进入新常态,互联网等新兴信息技术快速发展,要求卫生与健康领域加快转变发展方式,创新服务模式和管理方式。

此外,制约卫生与健康事业改革发展的内部结构性问题依然存在。一是资源总量不足、布局结构不合理尚未根本改变,优质医疗资源尤其缺乏。二是基层服务能力仍是突出的薄弱环节,基层医务人员技术水平亟待提高,服务设施和条件需要持续改善。三是深化改革需要进一步破解深层次的体制机制矛盾。四是计划生育工作思路和方法亟需转变。

二、指导思想和发展目标

（一）指导思想

高举中国特色社会主义伟大旗帜，全面贯彻党的十八大和十八届三中、四中、五中、六中全会精神，以马克思列宁主义、毛泽东思想、邓小平理论、“三个代表”重要思想、科学发展观为指导，深入贯彻习近平总书记系列重要讲话精神，紧紧围绕统筹推进“五位一体”总体布局和协调推进“四个全面”战略布局，认真落实党中央、国务院决策部署，牢固树立和贯彻落实创新、协调、绿色、开放、共享的发展理念，坚持以人民为中心的发展思想，坚持正确的卫生与健康工作方针，坚持计划生育基本国策，把人民健康放在优先发展的战略地位，以改革创新为动力，以促健康、转模式、强基层、重保障为着力点，更加注重预防为主和健康促进，更加注重工作重心下移和资源下沉，更加注重提高服务质量和水平，实现发展方式由以治病为中心向以健康为中心转变，显著提高人民健康水平，奋力推进健康中国建设。

（二）发展目标

到2020年，覆盖城乡居民的基本医疗卫生制度基本建立，实现人人享有基本医疗卫生服务，人均预期寿命在2015年基础上提高1岁。

——制度体系更加成熟定型。卫生计生法律制度进一步健全，治理体系和治理能力现代化水平不断提升，健康融入所有政策取得积极进展。

——健康服务体系持续完善。医疗卫生服务能力大幅提升，更好满足人民群众基本医疗卫生服务需求和多样化、多层次健康需求。

——疾病预防控制成效显著。预防为主，关口前移，普及健康生活方式，提升居民健康素养，有效控制健康危险因素，消除一批重大疾病。

——健康服务模式实现转变。机构间的分工协作更加紧密，家庭医生签约服务制度基本全覆盖，符合国情的分级诊疗制度基本建立。

——适度生育水平得到保持。全面两孩政策平稳实施，计划生育服务管理制度较为完善。

主要发展指标

领域	主要指标	单位	2020年	2015年	指标性质
健康水平	人均预期寿命	岁	>77.3	76.34	预期性
	孕产妇死亡率	/10万	<18	20.1	预期性
	婴儿死亡率	‰	<7.5	8.1	预期性
	5岁以下儿童死亡率	‰	<9.5	10.7	预期性
疾病防控	居民健康素养水平	%	>20	10	预期性
	以乡（镇、街道）为单位适龄儿童免疫规划疫苗接种率	%	>90	>90	约束性
	肺结核发病率	/10万	<58	63.4	预期性
	因心脑血管疾病、癌症、慢性呼吸系统疾病和糖尿病导致的过早死亡率	%	比2015年降低10%	18.5	预期性

续表

领　域	主　要　指　标	单位	2020 年	2015 年	指标性质
妇幼健康	孕产妇系统管理率	%	>90	>90	约束性
	3 岁以下儿童系统管理率	%	>90	>90	约束性
	孕前优生健康检查目标人群覆盖率	%	>80	>80	预期性
医疗服务	三级医院平均住院日	天	<8	10.2	预期性
	院内感染发生率	%	<3.2	3.5	预期性
	30 天再住院率	%	<2.4	2.65	预期性
	门诊处方抗菌药物使用率	%	<10	<11	预期性
计划生育	总人口	亿人	14.2 左右	13.7	预期性
	总和生育率		1.8 左右	1.5—1.6	预期性
	出生人口性别比		<112	113.5	约束性
医疗卫生服务体系	每千人口医疗卫生机构床位数	张	<6	5.11	预期性
	每千人口执业(助理)医师数	人	>2.5	2.22	预期性
	每千人口注册护士数	人	>3.14	2.37	预期性
	每万人口全科医生数	人	>2	1.38	约束性
	社会办医院床位占医院床位总数的比重	%	>30	19.4	预期性
医疗卫生保障政策	范围内住院费用基本医保支付比例	%	75 左右	75 左右	预期性
	个人卫生支出占卫生总费用的比重	%	28 左右	29.27	约束性

三、主要任务

（一）加强重大疾病防治

推进防治结合。建立专业公共卫生机构、综合性医院和专科医院、基层医疗卫生机构“三位一体”的重大疾病防控机制，信息共享、互联互通，推进慢性病和精神疾病防、治、管整体融合发展。落实医疗卫生机构承担公共卫生任务的补偿政策，完善政府购买公共卫生服务机制。（国家卫生计生委、财政部负责）

实施慢性病综合防控。完善政府主导的慢性病综合防控协调机制，优化防控策略，建立以基层为重点的慢性病防控体系，加强国家综合防控示范区建设，覆盖全国 15%以上的县（市、区）。加强脑卒中等慢性病的筛查和早期发现，针对高发地区重点癌种开展早诊早治工作，早诊率达到 55%，提高 5 年生存率。全面实施 35 岁以上人群首诊测血压，逐步开展血压血糖升高、血脂异常、超重肥胖等慢性病高危人群的患病风险评估和干预指导，将口腔健康检查和肺功能检测纳入常规体检。高血压和糖尿病患者健康管理人数分别达到 1 亿人和 3500 万人。健全死因监测、肿瘤登记报告和慢性病与营养监测制度。加强伤害预防和干预。（国家卫生计生委负责）

加强重大传染病防治。加强传染病监测预警、预防控制能力建设，法定传染病报告率达到 95%以上，及时做好疫情调查处置。降低全人群乙肝病毒感染率。加强艾滋病检测、干预和随访，最大限度发现感染者和病人，为所有符合条件且愿意接受治疗的感染者和病人提供抗病毒治疗，将疫情控制在低流行水平。开展肺结核综合防治服务试点，加大一般就诊者肺结核发现力度，强化重点人群主动筛查，加强耐多药肺结核筛查和监测，规范患者全程治疗管理。有效应对霍乱、流感、手足口病、麻疹等重点传染病疫情。实施以传染源控制为主的狂犬病、布病、禽流感等人畜共患病综合治理策略。消除麻风病危害。建立已控制严重传染病防控能力储备机制。(国家卫生计生委牵头,农业部等相关部门参与)加强口岸卫生检疫能力建设,加强境外传染病监测预警和应急处置,推动口岸疑似传染病旅客接受免费传染病检测,严防外来重大传染病传入。(质检总局负责)

强化精神疾病防治。加强严重精神障碍患者报告登记、服务管理和救治救助,在册的严重精神障碍患者管理率达到80%以上。逐步建立和完善精神障碍患者社区康复服务体系。开展焦虑、抑郁等常见精神障碍早期筛查和干预试点,抑郁症治疗率显著提高。加强心理健康服务。(国家卫生计生委牵头,公安部、民政部、中国残联等相关部门和单位参与)

实施扩大国家免疫规划。夯实常规免疫,做好补充免疫和查漏补种,推进接种门诊规范化建设,提升预防接种管理质量。在全国范围内开展脊灰灭活疫苗替代工作,继续维持无脊灰状态。根据防病工作需要,适时调整国家免疫规划疫苗种类,逐步将安全有效、财政可负担的疫苗纳入国家免疫规划。加强疫苗可预防传染病监测。探索建立预防接种异常反应补偿保险机制。改革完善第二类疫苗集中采购机制,加强疫苗冷链管理,推进疫苗全程追溯体系建设,严禁销售非法疫苗。(国家卫生计生委牵头,财政部、食品药品监管总局、质检总局等相关部门参与)

做好重点寄生虫病及地方病防控工作。坚持以传染源控制为主的血吸虫病综合防治策略。加强登革热、疟疾等蚊媒传染病控制,全国实现消除疟疾目标。实施包虫病综合防治策略,基本控制包虫病流行。持续消除碘缺乏危害,人群碘营养总体处于适宜水平。保持基本消除大骨节病、克山病和燃煤污染型氟、砷中毒危害,有效控制饮水型地方性氟、砷中毒危害和饮茶型地氟病危害。(国家卫生计生委牵头,水利部、农业部等相关部门参与)

推进职业病防治工作。开展职业病危害普查和防控,加强尘肺病等重点职业病监测和职业健康风险评估。提高医用辐射防护监测与危害控制水平。提升医疗卫生机构职业病报告、职业健康检查和职业病诊断、鉴定、救治能力。加强职业人群健康教育,推动用人单位落实职业病防治主体责任,开展用人单位职业健康促进试点。(国家卫生计生委、安全监管总局负责)

加强突发事件卫生应急。加强突发公共卫生事件尤其是突发急性传染病综合监测、快速检测、风险评估和及时预警能力建设,提升突发事件卫生应急监测预警水平、应对能力和指挥效力,突发公共卫生事件预警信息响应率达到95%以上。加强卫生应急队伍建设,提高各级医疗卫生机构卫生应急准备和处置能力,鼠疫、人禽流感等突发急性传染病现场规范处置率达95%以上。完善重大自然灾害医学救援、突发公共卫生事件军地联防联控机制。建立并完善国家生物安全协调机制,倡导卫生应急社会参与。(国家卫生计生委、中央军委后勤保障部卫生局负责)

专栏1　重大疾病防治项目

慢性病综合防控:慢性病综合防控示范区,慢性病与营养监测及综合干预,癌症早诊早治,脑卒中、心血管病、慢性呼吸系统疾病筛查干预,高血压、糖尿病高危人群健康干预,重点人群口腔疾病综合干预。(国家卫生计生委负责)

重大传染病防控:艾滋病防控,结核病防控,流感和不明原因肺炎监测,手足口病、狂犬病、布病、流行性出血热、登革热、麻风病等传染病的监测及早期干预,突发急性传染病防控。(国家卫生计生委负责)

精神疾病防治:严重精神障碍患者管理治疗,心理健康服务,精神卫生综合管理试点。(国家卫生计生委负责)

扩大国家免疫规划:扩大国家免疫规划,急性弛缓性麻痹病例及麻疹、乙肝等疫苗可预防重点传染病监测。(国家卫生计生委负责)

续表

重点寄生虫病及地方病防控：血吸虫病防控，疟疾、包虫病等重点寄生虫病防治，重点地方病防控。（国家卫生计生委负责） 职业病防治：重点职业病监测与职业健康风险评估，职业性放射性疾病监测与职业健康风险评估，医疗卫生机构医用辐射防护监测。（国家卫生计生委负责） 基本公共卫生服务项目：居民健康档案、健康教育、预防接种、儿童健康管理、孕产妇健康管理、老年人健康管理、慢性病（高血压、Ⅱ型糖尿病）患者健康管理、严重精神障碍患者管理、结核病患者健康管理，中医药健康管理、卫生计生监督协管、传染病和突发公共卫生事件报告和处理等。（国家卫生计生委、国家中医药局、财政部负责）

（二）推动爱国卫生运动与健康促进

着力改善城乡环境卫生面貌。深入推进卫生城镇创建，国家卫生城市比例提高到40%，国家卫生县城（乡镇）比例提高到5%。开展城乡环境卫生整洁行动，以城市环境卫生薄弱地段和农村垃圾污水处理、改厕为重点，完善城乡环境卫生基础设施和长效管理机制，加快推进农村生活污水治理和无害化卫生厕所建设，农村卫生厕所普及率达到85%以上，实施农村生活垃圾治理专项行动。加快实施农村饮水安全巩固提升工程，推动城镇供水设施向农村延伸，农村集中式供水卫生安全巡查覆盖90%以上的乡镇。科学防治病媒生物。推进多污染物综合防治和环境治理。加强大气污染综合治理，改善大气环境质量。推进重点流域水污染防治和土壤污染治理与修复。加强环境与健康综合监测和风险评估。（国家卫生计生委、环境保护部、住房城乡建设部、水利部负责）

全面推进健康城市和健康村镇建设。开展健康城市综合示范建设，形成可推广的健康城市建设模式。广泛开展健康社区、健康单位、健康学校、健康家庭建设，创新社会动员和群众参与工作方式，鼓励社会组织开展志愿服务、健康自我管理小组、社区健康讲堂等活动。开展健康城市建设效果评价，实现科学、动态管理。推进健康村镇建设，提高农村居民卫生素质和健康水平。健康城市和健康村镇工作体系基本健全，健康管理工作模式基本建立，建成一批健康城市建设示范市和健康村镇建设示范村镇。（国家卫生计生委负责）

深入开展全民健康教育和健康促进活动。广泛开展全民健康素养促进行动和健康中国行等活动，普及合理营养、合理用药、科学就医和灾害自救互救等知识，提高全民健康素养。加强健康科普规范化管理，建立健全健康知识和技能核心信息发布制度。倡导健康文明的生活方式，实施国民营养计划，引导群众加强自我健康管理，深入推进以减盐、减油、减糖、健康口腔、健康体重、健康骨骼为重点的全民健康生活方式行动，广泛宣传合理膳食、适量运动、戒烟限酒、心理平衡等健康科普知识，开展家庭和高危个体健康生活方式强化指导和干预。加强健康教育能力建设，推进医疗机构开展健康教育和健康促进工作。全面推进控烟履约工作，加快控烟立法，大力开展无烟环境建设，全面推进公共场所禁烟，强化戒烟服务，预防和控制被动吸烟。健全健康素养和烟草流行监测体系，15岁以上人群烟草使用流行率控制在25%以下。（国家卫生计生委牵头，中央宣传部、工业和信息化部、体育总局、国务院法制办等相关部门参与）

增强人民体质。推进基本公共体育服务体系建设，统筹建设全民健身场地设施，构建场地设施网络和城市社区15分钟健身圈，人均体育场地面积达到1.8平方米。推动公共体育设施免费或低收费开放，逐步对社会开放学校体育场馆等运动健身场所。广泛组织开展全民健身运动，大力发展群众健身休闲项目，鼓励实行工间健身制度，切实保证中小学生每天一小时校园体育活动。加强全民健身组织建设和人才培养。开展国民体质监测和全民健身活动状况调查，为群众提供个性化的

科学健身指导服务，经常参加体育锻炼的人数达到4.35亿人。（体育总局、教育部负责）

专栏2 爱国卫生与健康促进项目
健康城市和健康村镇：健康城市与健康村镇综合试点，农村改厕，病媒生物监测，城乡环境卫生整治示范村建设。（国家卫生计生委负责） 环境健康危害因素监测：城乡饮用水卫生监测，农村环境卫生监测，公共场所健康危害因素监测，空气污染等对人群健康影响监测，人体生物监测。（国家卫生计生委负责） 全民健康生活方式：减少烟草危害行动，推广减盐、减油、减糖、健康体重、健康口腔、健康骨骼等专项行动。（国家卫生计生委负责） 健康教育：健康素养促进行动，健康中国行活动，健康家庭行动。（国家卫生计生委负责） 全民健身：全民健身场地设施建设，运动促进健康专项行动，青少年体育活动促进计划。（体育总局负责）

（三）加强妇幼卫生保健和生育服务

保障妇幼健康。向孕产妇提供生育全过程的基本医疗保健服务，进一步提高孕产妇、新生儿危急重症救治能力，有效降低孕产妇死亡率和婴儿死亡率。加强高危孕产妇专案管理，预防艾滋病、梅毒、乙肝母婴传播，保障母婴安全。大力倡导婚检，继续实施免费孕前优生健康检查，落实出生缺陷三级预防措施，建立覆盖城乡，涵盖孕前、孕期、新生儿各阶段的出生缺陷防治服务制度，有效减少出生缺陷的发生。加大妇女常见病防治力度，妇女常见病定期筛查率达到80%以上，逐步扩大妇女"两癌"检查项目覆盖范围，提高宫颈癌和乳腺癌的早诊早治率。加强儿童疾病防治和意外伤害预防。大力推行母乳喂养，开展婴幼儿营养与喂养、生长发育及心理行为指导，扩大贫困地区儿童营养改善和新生儿疾病筛查项目覆盖范围，5岁以下儿童生长迟缓率控制在7%以下，低体重率降低到5%以下。加强计划生育技术服务，落实国家规定的免费计划生育技术服务基本项目，全面推行知情选择，普及避孕节育、优生优育和生殖健康知识，提高药具服务的可及性和便捷性，做好再生育技术服务指导，提高生殖健康水平。（国家卫生计生委、财政部负责）

关爱青少年健康。以中小学为重点，加强学校卫生工作。开展学生健康危害因素监测与评价，加强学生近视、龋齿、肥胖等常见病防治工作。加大学校健康教育与健康促进工作力度，将健康教育纳入国民教育体系。在总结好国家试点经验的基础上，实施农村义务教育学生营养改善计划，建立学生营养与健康监测评估制度，加大对学校集体供餐的食品安全和营养质量监管、指导力度。加强学校结核病、艾滋病等传染病防治和心理健康服务。关爱青少年生殖健康，减少非意愿妊娠。加强托幼机构卫生保健工作，托幼机构卫生保健指导实现全覆盖。（国家卫生计生委、教育部、食品药品监管总局负责）

（四）发展老年健康服务

提高老年人健康素养。开展老年常见病、慢性病的健康指导和综合干预，推广以慢病管理、中医药和老年营养运动干预为主的适宜技术，65岁以上老年人健康管理率达到70%以上，有效改善老年人群营养健康状况，降低失能风险。开展长期护理保险试点，探索建立长期护理保险制度。开展老年心理健康和心理关怀服务。积极防治老年痴呆症。（国家卫生计生委、人力资源社会保障部、保监会负责）

健全老年健康服务体系。重点发展社区健康养老服务，提高基层医疗卫生机构为居家老年人提供上门服务的能力。所有医疗机构开设为老年人提供挂号、就医等便利服务的绿色通道，加强综合性医院老年病科建设。提高基层医疗卫生机构康复、护理床位占比，鼓励其根据服务需求增设老年养护、安宁疗护病床。完善治疗—康复—长期护理服务链，发展和加强康复、老年病、长期护理、慢性病管理、安宁疗护等接续性医疗机构。（国家卫生计生委负责）

推动医疗卫生与养老服务融合发展。统筹医疗卫生与养老服务资源，创新健康养老服务模式，建立健全医疗机构与养老机构之间的业务协作机制。鼓励二级以上综合性医院与养老机构开展对口支援、合作共建。推动二级以上综合性医院与老年护理院、康复疗养机构、养老机构内设医疗机构等之间的转诊与合作。支持养老机构按规定开办医疗机构，开展老年病、康复、护理、中医和安宁疗护等服务。推动中医药与养老结合，充分发挥中医药在养生保健和疾病康复领域优势。（国家卫生计生委、民政部牵头，国家中医药局参与）

（五）促进贫困人口等重点人群健康

实施健康扶贫工程。保障贫困人口享有基本医疗卫生服务，努力防止因病致贫、因病返贫。对符合条件的贫困人口参加城乡居民基本医疗保险个人缴费部分按规定由财政给予补贴。新型农村合作医疗和大病保险制度对贫困人口实行政策倾斜，门诊统筹率先覆盖所有贫困地区。将贫困人口按规定纳入重特大疾病医疗救助范围。对患大病和慢性病的农村贫困人口进行分类救治。建立贫困人口健康卡。明显改善贫困地区医疗服务能力。实施军地三级医院与集中连片特困地区县和国家扶贫开发工作重点县县级医院稳定持续的一对一帮扶，深入推进二级以上医疗机构对口帮扶贫困县乡镇卫生院。积极促进远程医疗服务向贫困地区延伸。（国家卫生计生委牵头，国务院扶贫办、民政部、人力资源社会保障部、财政部、中央军委后勤保障部卫生局、保监会、国家中医药局等相关部门参与）

维护流动人口健康。按照常住人口（或服务人口）配置资源，将流动人口纳入流入地卫生计生服务体系。全面推进流动人口基本公共卫生计生服务均等化，流动人口目标人群基本公共卫生计生服务覆盖率达到90%。完善基本医保关系转移接续办法，提高流动人口医疗保障水平。做好流动人口聚居地突发公共卫生事件应对。广泛开展流动人口健康促进行动，提高流动人口健康素养水平。深化流动人口全国“一盘棋”机制建设。关怀关爱留守人群特别是留守儿童，在40个县开展留守儿童健康教育项目，促进社会融合。（国家卫生计生委、人力资源社会保障部、民政部负责）

确保残疾人享有健康服务。城乡残疾人普遍享有基本医疗保障，加大符合条件的低收入残疾人医疗救助力度，逐步将符合条件的残疾人医疗康复项目按规定纳入基本医疗保险支付范围。完善医疗卫生机构无障碍设施。实施精准康复服务行动，以残疾儿童和持证残疾人为重点，有康复需求的残疾人接受基本康复服务的比例达到80%。加强残疾人健康管理和社区康复。（中国残联、国家卫生计生委、人力资源社会保障部、民政部等相关部门和单位负责）

专栏3　重点人群健康改善项目

健康老龄化：老年人健康管理，老年心理健康与心理关怀，医养结合试点示范，长期护理保险试点。（国家卫生计生委、人力资源社会保障部、民政部负责）

健康妇幼：农村妇女“两癌”检查，计划生育技术服务基本项目和避孕药具，再生育技术服务，预防艾滋病、梅毒、乙肝母婴传播。（国家卫生计生委、财政部负责）

出生缺陷综合防治：农村夫妇免费孕前优生健康检查、增补叶酸预防神经管缺陷、孕期唐氏综合症产前筛查和产前诊断、新生儿疾病筛查、地中海贫血防控、先天性心脏病防治。（国家卫生计生委、财政部负责）

青少年健康：学生健康危害因素和常见病监测及防治，心理健康教育。（国家卫生计生委、教育部负责）

续表

健康扶贫:对符合条件的因病致贫人口提供医疗救助,省级巡回医疗队建设,三级医院与重点贫困县医院对口帮扶,二级以上医疗卫生机构对口帮扶贫困县卫生院。(国家卫生计生委、国务院扶贫办、民政部负责) 流动人口健康维护:流动人口基本公共卫生计生服务均等化、流动人口健康促进行动、流动人口卫生计生动态监测。(国家卫生计生委负责)

(六) 完善计划生育政策

实施全面两孩政策。合理配置妇幼保健、儿童照料、学前和中小学教育、社会保障等资源,满足新增公共服务需求。加强分类指导,鼓励按政策生育。做好政策调整前后计划生育政策和相关经济社会政策的衔接,维护群众的合法权益。加强政策解读和宣传倡导,依法依规查处政策外多孩生育,维护良好生育秩序。完善出生人口信息管理,加强出生人口监测预警,及时把握出生人口动态。(国家卫生计生委牵头,国家发展改革委、教育部、人力资源社会保障部等相关部门参与)

改革完善计划生育服务管理。统筹推进生育政策、服务管理制度、家庭发展支持体系和治理机制综合改革,推动人口和计划生育工作由控制人口数量为主向调控总量、提升素质和优化结构并举转变,由管理为主向更加注重服务家庭转变,由主要依靠政府力量向政府、社会和公民多元共治转变,更加注重宣传倡导、服务关怀、政策引导和依法行政。深入开展计划生育优质服务先进单位创建活动。加强计划生育服务管理能力建设,稳定基层工作网络和队伍。实行生育登记服务制度。全面推行网上办事和承诺制。充分发挥计划生育协会等群团组织和其他社会组织的作用,深化诚信计生和基层群众自治活动。(国家卫生计生委负责)

提高计划生育家庭发展能力。完善计划生育家庭奖励和扶助政策体系,加大对计划生育家庭的扶助力度,加强对计划生育特殊家庭的扶助和关爱。继续实施农村部分计划生育家庭奖励扶助制度和计划生育家庭特别扶助制度,实行扶助标准动态调整。在生育水平较高、生态环境脆弱、扶贫任务艰巨的西部地区,着力做好计划生育家庭奖励扶助等工作。坚持男女平等,严厉打击非医学需要的胎儿性别鉴定和选择性别人工终止妊娠行为,综合治理出生人口性别比偏高问题。深入开展关爱女孩行动,做好符合条件的计划生育女孩及女孩家庭扶助工作,提升计划生育女孩家庭发展能力。(国家卫生计生委、财政部负责)

坚持和完善计划生育目标管理责任制。坚持计划生育党政一把手亲自抓、负总责,坚持计划生育兼职委员和领导小组制度,强化各地区各部门齐抓共管的工作格局。建立健全与新时期形势任务相适应、科学合理、便捷高效的计划生育目标管理责任制考核体系和运行机制,落实"一票否决"。(国家卫生计生委负责)

专栏4　计划生育服务管理项目
计划生育服务管理:调整完善生育政策监测,基层计划生育服务管理能力建设,出生人口性别结构平衡促进,社会性别平等促进,农村部分计划生育家庭奖励扶助,计划生育家庭特别扶助,家庭发展追踪调查,创建幸福家庭活动。(国家卫生计生委、财政部负责)

(七) 提升医疗服务水平

实行分级诊疗。以提高基层医疗服务能力为重点,以常见病、多发病、慢性病分级诊疗为突破口，形成科学合理的就医秩序，基本实现基层首诊、双向转诊、急慢分治、上下联动。明确各级各类医疗机构诊疗服务功能定位，控制三级医院普通门诊规模，支持和引导病人优先到基层医疗卫生机构就诊，由基层医疗卫生机构逐步承担公立医院的普通门诊、稳定期和恢复期康复以及慢性病护理等服务。鼓励二级以上医院成立全科医学科。推进全科医生（家庭医生）能力提高及电子健康档案等工作，发挥全科医生（家庭医生）的居民健康“守门人”作用，实施家庭医生签约服务制度，优先覆盖老年人、孕产妇、儿童、残疾人等人群，以及高血压、糖尿病、结核病等慢性疾病和严重精神障碍患者等。推进和规范医师多点执业。完善不同级别医疗机构的医保差异化支付和价格政策，促进各级各类医疗卫生机构分工协作机制的建立。将军队医疗机构全面纳入分级诊疗体系。（国家卫生计生委牵头，国家发展改革委、人力资源社会保障部、中央军委后勤保障部卫生局等相关部门参与）

提高医疗质量安全水平。规范诊疗行为，全面实施临床路径，加强重大疾病规范化诊疗管理，保障医疗安全。加强药师队伍建设，实施遏制细菌耐药国家行动计划，以抗菌药物为重点推进合理用药，加强处方监管，提高临床用药的安全性、有效性。加强医疗质量监管，健全医疗技术临床应用管理制度。逐步完善国家、省级、地市级医疗质量控制网络。建立科学的医疗绩效评价机制以及医疗质量控制动态监测和反馈机制，健全医疗安全保障体系，实现医疗质量和医疗安全水平持续提升。持续提高护理技术水平，充分发挥护理在提升医疗质量中的积极作用。加强医师执业管理，健全医师定期考核制度。完善医疗机构登记和医师注册制度，采用电子证照等信息化手段，实现医疗执业活动动态、全过程管理。建立以控制不合理费用为重点的内审制度，规范医务人员医疗卫生服务行为。（国家卫生计生委、中央军委后勤保障部卫生局负责）

加强临床服务能力建设。加强对临床专科建设发展的规划引导和支持，提升临床专科整体服务能力与水平。加强临床重点专科建设，以发展优质医疗资源为目标，建设一批高水平临床专科，重点支持肿瘤、心脑血管、儿科、精神、感染、妇产等薄弱领域重点专科诊疗能力提升，发挥其示范、引领、带动和辐射作用，促进医疗服务体系协调发展。针对各省专科现状和发展需求加强薄弱专科能力建设，增加优质医疗资源总量，提升专科综合服务能力，降低省外就医率。加强县域内常见病、多发病相关专业，传染病、精神疾病及急诊急救、重症医学、血液透析、妇产科、儿科、中医等临床专科建设，全面提升县级公立医院综合能力，将县域内就诊率提高到90%左右，基本实现大病不出县。加强基层医疗卫生机构服务能力建设，提高常见病、多发病和慢性病的诊治、康复服务能力。进一步拓展中心乡镇卫生院的功能，提升急诊抢救、二级以下常规手术、正常分娩、高危孕产妇筛查、儿科等医疗服务能力。继续开展防盲治盲和防聋治聋工作。（国家卫生计生委、科技部负责）

改善医疗服务。优化诊区设施布局，营造温馨就诊环境。推进预约诊疗服务，有效分流就诊患者。合理调配诊疗资源，推行日间手术，加强急诊力量，畅通急诊绿色通道。发挥信息技术优势，推行电子病历，提供诊疗信息、费用结算、信息查询等服务，完善入院、出院、转院服务流程，改善患者就医体验。全面实施优质护理服务。大力推进医疗联合体内医疗机构检查、检验结果互认和同城同级医疗机构检查、检验结果互认工作。强化患者安全管理。推进社区卫生服务提升工程和建设群众满意乡镇卫生院活动。保持打击涉医违法犯罪行为的高压态势，健全院内调解、人民调解、司法调解、医疗风险分担机制有机结合的“三调解一保险”制度体系，妥善化解医疗纠纷，构建和谐医患关系。（国家卫生计生委、公安部、保监会负责）

完善血液供应保障机制。继续提高人口献血率，无偿献血人次数和献血量增长水平与当地医疗服务需求增长水平相适应。开展血液安全风险监测，巩固血液核酸检测全覆盖成果，健全血液质量控制和改进体系，推进临床合理用血。（国家卫生计生委负责）

专栏 5　医疗服务改进项目

基层医疗卫生服务：电子健康档案，健康卡。（国家卫生计生委负责）
分级诊疗：慢性病一体化诊疗服务试点，家庭医生签约服务。（国家卫生计生委负责）
医疗服务能力：临床专科能力建设。（国家卫生计生委、财政部负责）
医疗质量安全管理：医疗质量管理与控制体系建设，医院感染管理监测和质量持续改进，血液安全。（国家卫生计生委负责）

（八）推动中医药传承创新发展

加强中医药传承创新。加快发展中医医疗服务，健全覆盖城乡的中医医疗服务体系，加强中医重点专科建设，创新中医医院服务模式。充分利用中医药技术方法和现代科学技术，提高危急重症、疑难复杂疾病的中医诊疗服务能力和中医优势病种的中医门诊诊疗服务能力。大力发展中医养生保健服务，推广中医养生保健技术与方法，促进中医养生保健机构规范发展。加强中医临床研究基地和科研机构建设，强化中医理论基础研究，推进中医药标准化、现代化。加强中医药传统知识保护，编撰出版《中华医藏》，建立中医药传统知识保护数据库。完善中医药人才培养体系，加快推进各层次各类型中医药人才培养，健全国医大师评选表彰制度，完善中医药人才评价机制。推进中医药文化传承和发展，弘扬中医药文化精髓，实施中医药健康文化素养提升工程。开展中药资源普查，加强中药资源保护利用，推进中药材规范化种植养殖，加强中药疗效与质量保障体系建设，健全中药材流通追溯机制，促进中药资源可持续发展，提升中药产业发展水平。积极发展民族医药事业。推广中医药适宜技术。（国家中医药局、国家卫生计生委、国家发展改革委、工业和信息化部、教育部、科技部、商务部、农业部负责）

推进中西医协调发展。健全中医药学与现代医学互为补充、惠及大众的中医药健康服务体系。加强中西医结合，促进中医药原创思维和现代快速发展的新技术、新方法有机结合，寻找防治疾病的创新路径和手段，促进中西医药协调发展。加强中西医临床协作，提高重大疑难病、急危重症临床疗效。加强高层次中西医结合人才培养，鼓励西医师全面、系统学习中医。中医类别医师可根据临床需要使用与专业相关的现代医药方法和技术，参加与自身专业相关的特殊准入医疗技术培训。支持非中医类别医师学习中医药理论知识和技能，并在临床实践中应用。实施基层中医药服务能力提升工程，提升基层西医和中医两种手段综合服务能力，力争使所有社区卫生服务机构、乡镇卫生院和70%的村卫生室具备与其功能相适应的中医药服务能力。（国家中医药局、国家卫生计生委、国家发展改革委负责）

专栏 6　中医药传承与创新项目

中医药传承与创新：全面改善中医医院基础设施条件，支持中医馆建设。提升省级中医药机构科研能力。支持中医重点学科和重点专科（专病）建设。加强中医药人才培养。开展中药资源普查。实施中医药传承工程、中医临床优势培育工程、基层中医药服务能力提升工程。（国家中医药局、国家卫生计生委、国家发展改革委、教育部负责）

（九）强化综合监督执法与食品药品安全监管

加强监督执法体系建设。改革和完善卫生计生综合监督行政执法工作，整合卫生计生执法资源，健全完善卫生计生监督执法体系，推动执法重心下移。完善常态化监管机制，加强事中事后监管，实行“双随机”抽查机制，加强全行业监管。建立健全国家重点监督抽检网络。强化依法行政，严格行政执法，提高卫生计生行政执法能力和水平。开展重要卫生计生法律法规落实情况监督检查。健全行政执法制度，围绕社会高度关注、涉及群众切身利益的卫生计生突出问题，大力开展专项整治、重点监督检查和经常性督导检查，严厉打击违法行为。建立健全监督执法责任制和责任追究制。加强卫生计生综合监督行政执法队伍建设。强化监督执法能力建设，完善监管信息系统，推进信息披露和公开，提高监督执法效率。建立健全行业诚信体系和失信联合惩戒机制，建立医药卫生行业“黑名单”制度。（国家卫生计生委负责）

强化食品药品安全监管。实施食品安全战略，完善食品安全法规制度。健全国家食品安全标准体系，完善标准管理制度，加快制定重金属、农药残留、兽药残留等重点食品安全标准，完成不少于300项标准的制定、修订。完善食品安全风险监测与评估工作网络，开展食品安全风险监测，推进食物消费量调查和总膳食研究，系统完成25项食品化学污染物等物质的风险评估。建立健全食品安全事故流行病学调查机制，食源性疾病监测报告网络覆盖县乡村。实施国家药品标准提高行动计划，开展仿制药质量和疗效一致性评价。健全药品医疗器械监管技术支撑体系，提高检验检测能力，提升对药品医疗器械不良反应事件的监测评价和风险预警水平。加强药物临床试验机构建设。健全严密高效、社会共治的食品药品安全治理体系。加大农村食品药品安全治理力度，完善对网络销售食品药品的监管。加强食品药品进口监管。（国家卫生计生委、食品药品监管总局、农业部、质检总局、中央军委后勤保障部卫生局负责）

专栏7　综合监督与食品安全项目

国家重点监督抽检网络建设：国家重点监督抽检，医疗机构医疗卫生和传染病防治监督抽检；公共场所、学校和供水单位公共卫生监督抽检；法律、法规落实情况监督检查；计划生育技术服务机构、采供血机构、放射卫生技术服务机构、消毒产品生产企业和涉水产品生产企业监督抽检。（国家卫生计生委负责）

食品安全标准与监测评估：食品安全标准体系建设，整合现有资源进行食品安全风险监测评估网络和食源性疾病监测报告网络与溯源平台建设，食源性疾病管理和食品安全事故流行病学调查能力建设。（国家卫生计生委负责）

（十）加快健康产业发展

大力发展社会办医。鼓励社会力量兴办健康服务业，按照每千常住人口不低于1.5张床位为社会力量办医预留规划空间，同步预留诊疗科目设置和大型医用设备配置空间。个体诊所设置不受规划布局限制。优先支持举办非营利性医疗机构，推进非营利性民营医院和公立医院同等待遇。放宽社会力量举办医疗机构的服务领域要求，支持社会力量以多种形式参与健康服务。发展专业性医院管理集团，推动社会力量办医疗机构上水平发展。鼓励社会力量发展儿科、精神科、老年病、长期护理、口腔保健、康复、安宁疗护等资源稀缺及满足多元需求的服务。大力推动医师多点执业，鼓励医师到基层医疗卫生机构多点执业。大力发展第三方服务，引导发展专业的医学检验中心和影像中心等。公立医院资源丰富的地区，社会力量可以多种形式参与国有企业所办医疗机构等部分公立医院改制重组。鼓励公立医院与社会力量共同举办新的非营利性医疗机构，满足群众多层次医疗服务需求。强化行业监管和行业自律,规范市场秩序,保障医疗质量和安全。(国家卫生计生委、国家发展改革委、商务部、国务院国资委负责)

积极发展健康服务新业态。提高健康管理与促进服务水平。推动健康医疗旅游发展,开发有特色的中医药健康旅游产品,提升医疗服务的国际化水平。培育健康医疗大数据应用新业态。加强健康体检的规范化管理。发展中医药健康服务。打造一批知名品牌和良性循环的健康服务产业集群,并形成一定的国际竞争力。开拓发展国际旅行健康服务。(国家卫生计生委、质检总局、国家旅游局、国家中医药局负责)

加快发展商业健康保险。鼓励企业和个人通过参加商业保险及多种形式的补充保险解决基本医保之外的需求。鼓励商业保险机构积极开发与健康管理服务相关的健康保险产品,加强健康风险评估和干预。加快发展医疗责任保险、医疗意外保险,探索发展多种形式的医疗执业保险。(保监会负责)

创新发展药品、医疗器械等产业。鼓励创新药和临床急需品种上市。在加强行业规范的基础上,推动基因检测、细胞治疗等新技术的发展。引导企业提高创新质量,培育重大产品。支持企业兼并重组、强强联合,培育具有国际竞争力的大型企业,提高产业集中度。大力发展智能健康医疗装备。支持提升医疗设备的产业化能力和质量水平,推进发展应用。开发可穿戴生理信息监测设备、便携式诊断设备等移动医疗产品和可实现远程监护、诊断、治疗指导的远程医疗系统。(工业和信息化部、国家卫生计生委、食品药品监管总局、科技部、国家发展改革委负责)

专栏8 健康产业发展项目

健康服务业发展:社会办医示范机构、健康管理与促进服务示范机构、健康医疗旅游示范基地建设。(国家卫生计生委、国家发展改革委、财政部、国家旅游局负责)

(十一)加强卫生计生服务体系建设

优化医疗卫生服务体系。统筹规划区域卫生资源,按照军民融合发展战略将军队医院纳入驻地有关规划,优化医疗卫生机构布局,推动京津冀医疗卫生协同发展,促进医疗资源向中西部地区倾斜、向基层和农村流动,缩小区域之间基本医疗卫生服务的差距。强基层、补短板,提高妇幼健康、公共卫生、肿瘤、精神、产科、儿科、康复、护理等急需领域医疗服务能力。构建整合型医疗卫生服务体系,提高资源使用效率,避免重复建设。(国家卫生计生委、中央军委后勤保障部卫生局负责)

推动公立医院科学发展。对新建城区、郊区、卫星城区等薄弱区域,政府要有计划、有步骤建设公立医疗卫生机构,满足群众基本医疗卫生需求。控制公立医院规模过快扩张。依托现有资源,合理规划与设置国家医学中心及国家、省级区域医疗中心,继续加强县级公立医院建设,改善县级医院业务用房和装备条件,提高服务能力。加强大型医用设备配置规划和准入管理,严控公立医院超常装备,逐步建立大型设备共用、共享、共管机制。(国家卫生计生委、国家发展改革委负责)

加强卫生应急体系建设。依托现有机构,布局建设国家紧急医学救援基地和区域紧急医学救援中心,构建陆海空立体化的紧急医学救援网络,完善核辐射和中毒紧急医学救援网络,切实提升重特大突发事件的紧急医学救援水平。提高突发急性传染病医疗救治能力。加强县乡两级急救体系建设。（国家卫生计生委、国家发展改革委、中央军委后勤保障部卫生局负责）

加强基层医疗卫生机构服务能力建设。以贫困地区为重点，加强乡镇卫生院、社区卫生服务机构标准化建设，提升基层医疗卫生服务能力和水平。推进乡镇卫生院和村卫生室一体化管理。每千常住人口基层医疗卫生机构床位数达到1.2张，重点加强护理、康复病床的设置。（国家卫生计生委负责）

加强专业公共卫生机构能力建设。加强疾病预防控制机构建设，实现每个省级疾病预防控制机构内有1个达到生物安全三级水平的实验室，有需要的地市级和县级疾病预防控制机构内有1个达到生物安全二级水平的实验室。建设完善检验检疫系统生物安全三级水平的实验室。提高精神专科服务能力。全面改善妇幼保健和计划生育服务机构的基础设施条件。提升妇幼健康服务机构在孕产保健、出生缺陷防治、儿童保健、妇女保健、计划生育方面的技术与服务能力。加强职业病防治能力、卫生计生综合监督执法能力和食品安全技术支持体系建设。加快改善血站业务用房条件。（国家卫生计生委、国家发展改革委、质检总局负责）

专栏9　卫生计生服务体系建设工程

贫困地区基层服务能力建设：以贫困地区为重点，支持县级医院（含中医医院）业务用房建设，推动乡镇卫生院建设，基层医疗卫生机构标准化达标率达到95%以上，打造30分钟基层医疗服务圈。（国家卫生计生委、国家发展改革委负责）

妇幼健康和计划生育服务能力建设：强化孕产妇和新生儿危急重症救治能力建设，支持省、地市、县三级妇幼健康服务机构服务能力建设，全面改善妇幼健康服务条件，新增产床8.9万张。（国家卫生计生委、国家发展改革委负责）

公共卫生服务能力建设：增强应急能力，依托现有机构建设国家移动应急平台和省级核辐射医疗救治基地。加强省级、地市级、县级疾病预防控制机构业务用房建设。加强省级职业病、传染病、地方病、结核病等防治机构基础设施建设。支持省级血液中心、地市级中心血站业务用房建设。（国家卫生计生委、国家发展改革委负责）

疑难病症诊治能力建设：在肿瘤、心脑血管、呼吸等薄弱领域，支持省部级综合或专科医院建设。（国家卫生计生委、国家发展改革委负责）

（十二）加强人才队伍建设

优化人才队伍的规模与结构。医护比达到1∶1.25，市办及以上医院床护比不低于1∶0.6，每千常住人口公共卫生人员数达到0.83人，人才规模与我国人民群众健康服务需求相适应，城乡和区域医药卫生人才分布趋于合理，各类人才队伍统筹协调发展。（国家卫生计生委负责）

完善人才培养体系。加强医教协同，建立医学人才培养与卫生计生行业人才需求相适应的供需平衡机制，加强对医学院校设置、区域布局以及医学专业学科结构、学历层次、招生规模的宏观调控，增加人才短缺省份毕业生供给。支持有条件的高校增设儿科学、精神医学本科专业，支持高校根据行业需求合理确定儿科学、精神医学本科专业招生规模。加大对中西部地区高等医学院校的支持，缩小区域、院校和学科专业之间培养水平的差距。完善毕业后医学教育制度。全面实施住院医师规范化培训制度，扩大招收规模，重点向全科和儿科、精神科等急需紧缺专业倾斜，到2020年所有新进医疗岗位的临床医师均接受住院医师规范化培训。逐步建立专科医师规范化培训制度。加强培训基地和师资队伍建设。巩固完善继续医学教育制度，建设一批继续医学教育基地，全面提升各级各类卫生计生人员的职业综合素质和专业服务能力。基本建成院校教育、毕业后教育、继续教育三阶段有机衔接的标准化、规范化临床医学人才培养体系。院校教育质量显著提高，毕业后教育得到普及，继续教育实现全覆盖。（国家卫生计生委、教育部、财政部、人力资源社会保障部、国家中医药局负责）

加大人才培养力度。推进以全科医生为重点的基层医疗卫生队伍建设。制订优惠政策，为农村订单定向免费培养医学生。启动实施助理全科医生培训。继续实施基层医疗卫生机构全科医生特设岗位计划，优先安排特岗全科医生到集中连片特困地区乡镇卫生院工作。加强产科、儿科、精神、老年医学、药学、护理、急救、康复等各类紧缺人才以及生殖健康咨询师、护理员等技能型健康服务人才培养。加强高层次人才和公共卫生专业人才队伍建设。加强医院院长职业化培训。加强乡村医生队伍建设。（国家卫生计生委、教育部、财政部、人力资源社会保障部、国家中医药局负责）

创新人才使用、管理和评价机制。健全以聘用制度和岗位管理制度为重点的事业单位用人机制。建立符合医疗行业特点的人事薪酬制度，着力体现医务人员技术劳务价值，优化医务人员职业发展环境。健全基层及紧缺人才激励与约束机制，基层医疗卫生机构内部分配要向关键岗位、业务骨干和作出突出成绩的工作人员倾斜，缩小不同层级医疗卫生机构之间实际收入的差距。落实基层卫生专业技术人员职称评审政策，建立符合基层医疗卫生工作实际的人才评价机制。通过人才服务一体化、柔性引进等多种方式，建立完善城乡联动的人才管理和服务模式。创新公立医院机构编制管理方式，完善编制管理办法，积极探索开展公立医院编制管理改革试点，落实公立医院用人自主权。随着经济社会发展，逐步提高乡村医生待遇水平，完善乡村医生养老政策，稳定和优化村医队伍。（国家卫生计生委、人力资源社会保障部、中央编办、财政部负责）

专栏10　人才发展项目

以全科医生为重点的基层卫生计生人才能力建设：通过开展全科专业住院医师规范化培训、助理全科医生培训、全科医生转岗培训、农村订单定向医学生免费培养，培养培训全科医生。培训全科医学师资。加强城乡基层医疗卫生机构骨干人才培训。（国家卫生计生委、教育部、人力资源社会保障部、国家中医药局负责）

医师规范化培训：规范化培训住院医师50万名。加强规范化培训基地建设。启动专科医师规范化培训试点。培训住院医师师资。（国家卫生计生委、人力资源社会保障部、国家中医药局负责）

县级骨干医师培训：以儿科、妇产科、精神科、病理、康复、老年医学、院前急救等为重点，培训县级医院临床骨干医师，全面提高县级医院服务能力和水平。（国家卫生计生委负责）

完善生育政策服务人才保障：加大妇幼健康领域专业人才培养力度。广泛开展产科、儿科医务人员岗位培训和转岗培训，采取多种形式力争增加产科医生和助产士14万名。（国家卫生计生委负责）

医药卫生创新人才队伍建设：吸引、遴选和造就一批具有国际领先水平的医学领军人才，培养、造就新一代杰出中青年学术带头人，吸引、稳定和培养一批有志于医疗卫生事业的优秀青年骨干人才。支持国家优先发展学科和国际科技前沿领域优秀创新团队。（国家卫生计生委负责）

（十三）加强人口健康信息化建设

促进人口健康信息互通共享。依托区域人口健康信息平台，实现电子健康档案和电子病历的连续记录以及不同级别、不同类别医疗机构之间的信息共享。全员人口信息、电子健康档案和电子病历三大数据库实现数据融合、动态交互和共享，基本覆盖全国人口并实现信息动态更新。建成统一权威、互联互通的国家、省级、地市级、县级人口健康信息平台，实现公共卫生、计划生育、医疗服务、医疗保障、药品供应、综合管理等六大业务应用系统的资源共享和业务协同。普及应用居民健康卡，积极推进居民健康卡与社会保障卡等公共服务卡的应用集成，实现居民健康管理和医疗服务一卡通用。依托国家电子政务网和政府数据共享交换平台，实现各级平台和各级各类卫生计生机构的互联互通和信息共享。建立完善人口健康信息化标准规范体系，强化标准规范的建设和应用管理。面向在线医疗健康信息服务，实施网络安全战略，加强信息安全防护体系建设。引导自主可控的标准化信息产品研制与应用。（国家卫生计生委、国家发展改革委、中央网信办、工业和信息化部、人力资源社会保障部负责）

积极推动健康医疗信息化新业态快速有序发展。全面实施“互联网+”健康医疗益民服务，发展面向中西部和基层的远程医疗和线上线下相结合的智慧医疗，促进云计算、大数据、物联网、移动互联网、虚拟现实等信息技术与健康服务的深度融合，提升健康信息服务能力。鼓励建立区域远程医疗业务平台，推动优质医疗资源纵向流动，远程医疗服务覆盖50%以上的县（区、市）。全面深化健康医疗大数据应用。推进健康医疗行业治理、临床和科研、公共卫生大数据应用，加强健康医疗数据安全保障和患者隐私保护，积极应用物联网技术、可穿戴设备等，探索健康服务新模式，发展智慧健康医疗便民惠民服务，强化预防、治疗、康复的精细服务和居民连续的健康信息管理业务协同，提高服务能力和管理水平。积极发展疾病管理、居民健康管理等网络业务应用，推进网上预约、线上支付、在线随访、健康咨询和检查检验结果在线查询等服务。以居民电子健康档案为基础，整合居民健康管理及医疗信息资源，开展居民医疗健康信息服务，提高居民自我健康管理能力。完善统计制度，加强统计数据分析能力。（国家卫生计生委、国家发展改革委、中央网信办、工业和信息化部负责）

专栏11　人口健康信息化建设工程

人口健康信息化建设：按照填平补齐、查缺补漏的原则，完善省级、地市级、县级平台，实现省级与国家级平台对接，省内平台互联互通和业务协同。巩固完善传染病防控、预防接种、严重精神障碍等报告与管理工作，突出电子病历与电子健康档案信息动态更新。开展大数据和远程医疗应用试点。推进健康医疗大数据应用，加强区域临床医学健康数据示范工作，推动远程会诊、远程诊断（影像、病理、心电）、预约诊疗、双向转诊等惠民服务。（国家卫生计生委、国家发展改革委、中央网信办负责）

（十四）加强医学科技创新体系建设

全面推进卫生与健康科技创新。围绕恶性肿瘤、心脑血管等重大疾病及罕见病等健康问题和健康产业发展需求，加强医学科学前沿基础研究、关键技术研发、成果转移转化、医药产品开发和适宜技术推广。启动实施面向2030年的健康保障重大工程，继续组织实施“重大新药创制”和“艾滋病和病毒性肝炎等重大传染病防治”两个国家科技重大专项，组织实施“精准医学研究”等一批国家重点研发计划，加快诊疗新技术、药品和医疗器械的研发和产业化，显著提高重大疾病防治和健康产业发展的科技支撑能力。加强转化医学国家重大科技基础设施、国家临床医学研究中心和协同研究网络建设，推动现有若干国家重点实验室等国家科研基地的能力提升，调整和完善委级重点实验室，逐步构建规范、整合、高效的医学科技基地平台体系。加强医学科技创新政策环境建设，健全创新人才培养、新技术评估、医学研究标准与规范、医学伦理与科研诚信、知识产权等保障机制，大幅提升医学科技成果转移转化率。发挥国家临床医学研究中心和协同研究网络的作用，促进适宜技术、诊疗指南和技术规范的普及推广。（科技部、国家卫生计生委、国家发展改革委负责）

专栏12 健康科技项目

健康科技重大项目和工程:健康保障重大工程,国家科技重大专项“重大新药创制”和“艾滋病和病毒性肝炎等重大传染病防治”专项;国家重点研发计划“精准医学研究”、“重大慢性非传染性疾病防控研究”、“生殖健康及重大出生缺陷防控研究”等重点专项;中国医学科学院医学与健康科技创新工程。(科技部、国家卫生计生委负责)

成果转化和适宜技术推广:健康科技成果转移转化行动,基层医疗卫生服务适宜技术推广。(科技部、国家卫生计生委负责)

四、保障措施

(一)全面深化医药卫生体制改革

实行医疗、医保、医药联动改革,建立健全覆盖城乡居民的基本医疗卫生制度。健全全民医疗保障制度。加强城乡居民大病保险、重特大疾病医疗救助工作,完善疾病应急救助制度。健全基本医保稳定可持续筹资和报销比例调整机制。整合城乡居民基本医保政策和经办管理。加快推进基本医保异地就医直接结算。全面推进公立医院综合改革。建立现代医院管理制度,完善医院法人治理机制和外部监管机制。控制医药费用不合理增长。健全药品供应保障机制,完善国家药物政策体系,巩固完善基本药物制度,建立药物临床综合评价体系,加强儿童、老年人等特殊人群基本用药保障。推进基本公共卫生服务均等化,完善国家基本公共卫生服务项目,继续实施国家重大公共卫生服务项目。巩固完善基层运行新机制。(国务院医改办、国家卫生计生委、国家发展改革委、财政部、人力资源社会保障部、食品药品监管总局、民政部等相关部门负责)

(二)建立公平有效可持续的筹资体系

进一步明确政府、社会与个人的卫生计生投入责任,完善合理分担机制,缓解个人就医经济负担。明确政府在提供公共卫生和基本医疗服务中的主导地位,加大政府卫生投入,保障人民群众的基本医疗卫生服务需求。鼓励和引导社会力量加大对卫生与健康事业的投入,形成投资主体多元化、投资方式多样化的办医体制。(国家卫生计生委、财政部、人力资源社会保障部负责)

(三)完善卫生计生法制体系

推动基本医疗卫生法立法工作。完善卫生计生法律法规体系,加强医疗、医药、医保、公共卫生、计划生育等重点领域法律法规的制修订工作。做好部门规章立改废释。加强规范性文件的合法性审查,健全依法决策机制。定期开展规章规范性文件清理和标准复审,维护医药卫生法律法规体系的协调性、一致性。健全卫生标准体系,促进强制性卫生标准的实施。深化行政审批制度改革,进一步推进简政放权、放管结合、优化服务改革,创新卫生计生行政管理方式,加快政府职能转变。推进行政审批规范化建设,严禁对已经取消的行政审批事项继续和变相审批,加强承接机构能力建设,确保取消下放事项落实到位。推进政务公开。(国务院法制办、国家卫生计生委、人力资源社会保障部、食品药品监管总局负责)

(四)强化宣传引导

加强正面宣传和典型宣传,增强社会对健康和卫生计生工作的普遍认知,争取各方面的有力支持，保障规划的有效实施。加强社会宣传工作，通过电视、广播、报纸和网络等媒体广泛宣传健康和卫生计生工作相关法律法规和面临的形势与挑战，提高社会各界对健康和卫生计生工作的重视程度。加强卫生计生普法宣传。大力弘扬和践行卫生计生职业精神，深入开展职业精神宣传推介专题活动。完善新闻发布制度和网上舆论工作体系，及时回应网上舆情和社会关切，加强网络舆论引导队伍建设，提升新闻宣传与舆论引导能力。发展健康文化，加强卫生计生文化建设和精神文明建设，建设卫生计生文化宣传基地和文化推广平台。（中央宣传部、国家卫生计生委、中央网信办负责）

（五）做好国际交流合作

制订中国全球卫生战略，实施适应不同国家、地区和组织特点的多层次、多渠道合作策略，提升我国在全球卫生外交中的影响力和国际话语权。积极推进“一带一路”建设中的卫生交流与合作。加强2030年可持续发展议程、全球卫生、医药卫生科研、人口与发展等领域的合作，引进卫生计生改革与发展所需的智力、技术等资源。创新工作模式，继续加强卫生援外工作。推进全球卫生人才培养和队伍建设。深化与港澳台地区的医疗卫生合作交流。推进南南合作。推动医疗设备和药品“走出去”。大力发展国际医疗健康服务贸易，加强中医药国际交流与合作。（国家卫生计生委、国家中医药局、国家发展改革委、商务部、食品药品监管总局负责）

（六）加强组织实施

各级政府要从全面建成小康社会、推进健康中国建设的高度，进一步提高认识，加强领导，将卫生与健康工作纳入重要议事日程。各有关部门要按照职责分工，细化目标，做好相关任务的实施工作。逐步建立健康影响评价评估制度。建立健全监测评价机制，国家卫生计生委负责牵头制订规划监测评估方案，并对规划实施进度和效果进行年度监测和中期、末期评估，监督重大项目的执行情况，及时发现实施中存在的问题，并研究解决对策。地方各级人民政府要定期组织对当地规划实施情况的检查督导，确保规划顺利实施。（国家卫生计生委牵头）

“十三五”促进民族地区和人口较少民族发展规划

国发〔2016〕79号

前　言

我国是一个统一的多民族国家，共有55个少数民族、155个民族自治地方，少数民族人口占全国总人口的8.5%，民族自治地方面积占全国国土总面积的64%。“十三五”时期，把加快少数民族和民族地区发展摆到更加突出的战略位置，对于补齐少数民族和民族地区发展短板，保障少数民族合法权益，提升各族人民福祉，增进民族团结进步，促进各民族交流交往交融，维护社会和谐稳定，确保国家长治久安，实现全面建成小康社会和中华民族伟大复兴中国梦，具有重要意义。

本规划根据《中华人民共和国民族区域自治法》、《中共中央 国务院关于加强和改进新形势下民族工作的意见》、《中华人民共和国国民经济和社会发展第十三个五年规划纲要》编制，主要阐明国家支持少数民族和民族地区发展、加强民族工作的总体目标、主要任务和重大举措，是“十三五”时期促进少数民族和民族地区全面建成小康社会的行动纲领。

第一章　面临的发展环境

第一节　基础条件

“十二五”时期，各地区各部门认真贯彻落实党中央、国务院决策部署，我国少数民族和民族地区发展取得显著成绩。特别是党的十八大以来，在以习近平同志为核心的党中央坚强领导下，少数民族和民族地区综合实力大幅提升，经济社会全面协调发展。基础设施建设取得突破性进展，群众生产生活条件明显改善。特色优势产业快速发展,自我发展能力日益增强。扶贫攻坚成效明显,农牧民收入持续增加。社会事业取得长足进步,基本公共服务水平稳步提高。生态文明建设成效显著,环境质量进一步改善。新型城镇化持续推进,少数民族特色村镇得到有效保护与发展。少数民族文化事业繁荣发展,各族群众精神生活更加丰富。全方位开放合作深化拓宽,国际国内竞争优势日益凸显。民族团结不断巩固,民族关系更加和谐。依法管理民族事务能力持续提升,各民族凝聚力向心力不断增强。总的看,少数民族和民族地区初步具备全面建成小康社会的基础条件。

第二节　主要困难

由于历史、自然和地理等原因,少数民族和民族地区发展仍面临一些突出问题和特殊困难。经济社会发展总体滞后,供给侧结构性改革任务艰巨,产业发展层次水平偏低,新旧动能转换难度较大。城乡区域发展不平衡,基本公共服务供给不足,基础设施建设欠账多,资源环境约束大,创新发展能力弱,对内对外开放水平不高。少数民族和民族地区人口整体素质有待提高,少数民族传统文化传承发展亟待加强,贫困问题依然严峻,维护社会和谐稳定任务繁重,缩小与全国发展差距仍然任重道远。破解多重问题和困难,必须加快少数民族和民族地区发展。

第三节　机遇挑战

"十三五"时期,我国经济发展进入新常态,国际国内发展环境更加复杂,少数民族和民族地区发展呈现新的特点,面临新的机遇和挑战。一方面,世界局势正在发生深刻变化,地缘政治关系多极化不断向纵深发展,世界范围内不稳定不确定不平衡因素显著增多,我国发展面临的国际风险挑战加大。同时,新型工业化、信息化、城镇化、农业现代化深入推进,改革攻坚进入深水区,我国经济下行压力增大,稳增长、调结构、惠民生、防风险任务日益繁重,民族地区协调各方面关系、承受各种风险、化解社会矛盾的压力呈现加大趋势,面临脱贫攻坚和实现全面小康双重任务、发展经济和保护环境双重责任、加快发展和维护团结稳定双重压力。另一方面,随着我国进入全面建成小康社会决胜阶段,"一带一路"建设加快推进,区域协调有序发展,脱贫攻坚全面展开,民族地区奔小康行动深入实施,国家对民族地区、边疆地区、贫困地区全方位扶持力度不断加大,少数民族和民族地区面临难得的发展机遇。"十三五"时期加快少数民族和民族地区发展必须把握机遇,应对挑战,确保如期实现全面建成小康社会目标。

第二章　总体要求

第一节　指导思想

高举中国特色社会主义伟大旗帜,以马克思列宁主义、毛泽东思想、邓小平理论、"三个代表"重要思想、科学发展观为指导,全面贯彻党的十八大和十八届三中、四中、五中、六中全会精神,深入贯彻习近平总书记系列重要讲话精神和治国理政新理念新思想新战略,紧紧围绕"五位一体"总体布局和"四个全面"战略布局,全面落实中央民族工作会议精神和新形势下民族工作总体思路,牢牢把握各民族共同团结奋斗、共同繁荣发展的民族工作主题,坚定不移走中国特色解决民族问题的正确道路，坚持全面贯彻落实党的民族政策，坚持和完善民族区域自治制度，坚持各民族交往交流交融，坚持创新、协调、绿色、开放、共享的发展理念，始终把少数民族和民族地区加快发展摆在更加突出的战略位置，以推动民族团结、社会和谐、人民幸福为宗旨，以增强自我发展能力、提高公共服务水平、改善民生为重点，以完善体制机制和扶持政策为保障，更加注重民族因素与区域因素相结合，更加注重发展经济与改善民生相结合，更加注重释放政策动力与激发内生动力相结合，更加注重推动改革创新与对内对外开放相结合，着力解决制约少数民族和民族地区发展的突出短板和薄弱环节，着力促进少数民族事业发展，着力巩固和发展平等团结互助和谐的社会主义民族关系，着力提高依法管理民族事务能力，确保到2020年少数民族和民族地区与全国人民一道迈入全面小康社会。

第二节　基本原则

——坚持加快发展、缩小差距。紧密围绕全面建成小康社会战略目标，统筹考虑当前与长远、城乡协调发展，突出重点和难点，全力推动供给侧结构性改革，大力推进基础设施建设，着力打造产业发展新优势，不断增强自我发展能力，促进少数民族和民族地区持续健康发展，逐步缩小与其他地区发展差距。

——坚持以人为本、改善民生。坚持以人民为中心，充分调动人民群众的积极性、主动性、创造性，始终把改善民生、凝聚人心、增进人民福祉、促进人的全面发展作为一切工作的出发点和落脚点，着力实现好、维护好、发展好人民群众的根本利益，切实增强各民族群众的获得感和幸福感，让少数民族和民族地区共享改革发展成果。

——坚持绿色发展、保护生态。全面落实节约资源和保护环境基本国策，正确处理经济发展与生态环境保护的关系，深入推进生态文明建设，大力发展绿色经济，推动经济绿色转型，促进人与自然和谐发展，推动少数民族和民族地区走出一条生产发展、生活富裕、生态优美的绿色发展之路。

——坚持因地制宜、分类指导。树立创新、协调、绿色、开放、共享的发展理念，立足民族地区资源环境条件和少数民族传统文化特点，因地制宜、分类施策、突出特色，科学确定发展模式与实施路径，加强对少数民族和民族地区发展薄弱环节的工作指导和政策扶持，确保如期实现脱贫攻坚任务。

——坚持改革创新、扩大开放。充分发挥市场在资源配置中的决定性作用，更好发挥政府作用，深化重点领域和关键环节改革，鼓励先行先试，创新体制机制，释放改革活力，全方位拓展开放合作，努力构筑民族地区对内对外开放新格局。

——坚持国家支持、自力更生。发挥各级党委总揽全局、协调各方的领导核心作用，紧紧抓住国家推动区域协调发展的重大机遇，坚持加大中央支持与激发地方内生动力相结合，加强顶层设计，完善政策体系，加大投入力度，厚植发展优势，加快发展步伐，提升发展水平，促进少数民族和民族地区经济社会跨越式发展。

——坚持民族团结、共同发展。充分发挥社会主义制度的优越性，把民族团结作为各族人民的生命线，促进各民族唇齿相依、手足相亲、守望相助，以繁荣发展促进团结稳定，以团结稳定保障繁荣发展，促进各民族交往交流交融，探索走出一条具有中国特色、符合民族地区特点、体现各族人民意愿的团结发展道路。

第三节　主要目标

按照确保到2020年实现与全国同步全面建成小康社会的要求,"十三五"时期少数民族和民族地区发展的主要目标是:

——经济持续较快发展。经济发展增速高于全国平均水平,到2020年地区生产总值和城乡居民人均收入比2010年翻一番,与全国差距明显缩小。农牧区加快发展,脱贫攻坚取得实效,基础设施更加完善,产业结构持续优化,城镇化水平大幅提升,对内对外开放水平显著提高,综合经济实力明显增强。

——社会事业稳步提升。基本公共服务均等化水平显著提升,资源配置更加合理,城乡差距明显缩小,主要领域指标达到或接近全国平均水平。城乡居民就业更加充分,劳动年龄人口受教育年限明显提高,社会保障实现全覆盖,基本医疗卫生服务人人享有,人民群众整体素质和社会文明程度全面提升。

——民族文化繁荣发展。少数民族优秀传统文化得到传承弘扬,文化事业加快发展,公共文化服务体系基本建成,文化基础设施更加完备,文化产品日益丰富,文化产业持续壮大,文化发展成果惠及各族群众,少数民族特色文化活动广泛开展,各民族共有精神家园建设成效显著。

——生态环境明显改善。国家生态安全屏障基本形成,主体功能区建设成效凸显,生态环境保护能力显著提升,生态保护补偿机制逐步建立健全,资源循环利用体系初步建立,环境治理能力不断增强,城乡人居环境更加优美,资源节约型、环境友好型社会建设稳步推进。

——民族团结更加巩固。中华民族共同体意识深入人心,全社会"三个离不开"(汉族离不开少数民族,少数民族离不开汉族,各少数民族之间也相互离不开)思想全面加强,各民族群众"五个认同"(对伟大祖国、对中华民族、对中华文化、对中国共产党、对中国特色社会主义道路的认同)不断增强,民族理论政策创新发展,民族工作法律法规日臻完善,民族事务治理现代化水平显著提高,相互嵌入式的社会结构和社区环境逐步建立,民族团结进步示范区建设深入推进,各民族和睦相处、和衷共济、和谐发展,社会主义民族关系得到进一步巩固。

专栏1　"十三五"时期民族自治地方经济社会发展主要指标

指　　标	2015年	2020年	年均增速〔累计〕	属　性
经济发展				
(1)地区生产总值(万亿元)	6.65	9.8	>8%	预期性
(2)全员劳动生产率(万元/人)	6.48	9.1	>7%	预期性
协调发展				
(3)工业增加值(万亿元)	2.62	>3.8	>7.5%	预期性
(4)服务业增加值比重(%)	42.26	47	〔4.74〕	预期性
(5)城镇化率(%)	47.09	54.2	〔7.11〕	预期性
共享发展				
(6)农村贫困人口脱贫(万人)	—	—	〔1805〕	约束性
(7)居民人均可支配收入增长(%)	—	—	>9%	预期性

续表

指　　标		2015 年	2020 年	年均增速〔累计〕	属　性
(8)劳动年龄人口平均受教育年限(年)		9.01	10.3	〔1.29〕	约束性
(9)城镇新增就业人数(万人)		—	—	〔>500〕	预期性
(10)基本养老保险参保率(%)		81.7	90	〔8.3〕	预期性
(11)人均预期寿命(岁)		—	—	〔1〕	预期性
绿色发展					
(12)耕地保有量(亿亩)		3.19	3.19	〔0〕	约束性
(13)单位 GDP 能源消耗降低(%)		—	—	〔13〕	约束性
(14)森林覆盖率(%)		17.85	19.8	〔1.95〕	约束性
开放发展					
(15)进出口总额(亿美元)		1201	>2114.4	>14%	预期性
(16)边贸进出口额比重(%)		33.4	43.6	〔10.2〕	预期性
(17)实际利用外资额(亿美元)		109.79	>151.1	>6.6%	预期性
创新发展					
(18)研究与试验发展经费投入强度(%)		0.74	1.7	〔0.96〕	预期性
(19)科技进步贡献率(%)		45.8	54	〔8.2〕	预期性
(20)互联网普及率	固定宽带家庭普及率(%)	36	60	〔24〕	预期性
	移动宽带用户普及率(%)	50	79	〔29〕	
团结发展					
(21)少数民族人口流动率(%)		15.09	16.9	〔1.81〕	预期性
(22)全国民族团结进步教育基地(个)		57	>117	〔>60〕	约束性
(23)全国民族团结进步创建	示范区(个)	0	>1000	〔>1000〕	约束性
	示范单位(个)	135	>1135	〔>1000〕	

注:①地区生产总值、全员劳动生产率、工业增加值按可比价计算,绝对数按 2015 年不变价计算。②〔 〕内为 5 年累计数。③城镇新增就业人数仅包括 5 个自治区。

第三章　全力打赢脱贫攻坚战

第一节　确保如期实现脱贫目标

由于历史、自然和地理等原因,少数民族和民族地区致贫情况复杂、表现特殊,贫困程度深,脱贫任务重。必须牢固树立科学治贫、精准脱贫理念,把脱贫攻坚作为发展头等大事和第一民生工程,采取超常规硬举措,健全扶贫工作机制,确保如期实现少数民族和民族地区脱贫。按照发展生产脱贫一批、易地搬迁脱贫一批、生态补偿脱贫一批、发展教育脱贫一批、社会保障兜底一批的要求,坚持精准扶贫、精准脱贫基本方略,以民族自治地方、边境地区、人口较少民族地区的贫困地区为主战场,加快解决少数民族和民族地区发展瓶颈,稳定实现农村贫困人口不愁吃、不愁穿,义务教育、基本医疗和住房安全有保障,现行标准下农村贫困人口全部脱贫,贫困县全部摘帽,解决区域性整体贫困,确保少数民族和民族地区与全国同步进入全面小康社会。(国务院扶贫办、财政部、国家发展改革委、环境保护部、国土资源部、教育部、人力资源社会保障部、国家民委、国家卫生计生委、住房城乡建设部按职责分工分别负责,下同)

第二节　分类推进特殊贫困地区发展

坚持民族和区域相统筹,因地制宜,分类施策。对居住在生存条件恶劣、生态环境脆弱、"一方水土养不起一方人"的民族地区的建档立卡贫困人口,积极实施易地扶贫搬迁,支持搬迁户新建安置住房,加快安置区配套设施建设,依托少数民族特色村镇、农业园区、工业园区及旅游景区提供更多就业机会,促进搬迁群众稳定脱贫。重点实施生态保护扶贫和水利扶贫,支持绿色农林畜产品生产,组织贫困群众参与国家重大生态保护修复工程和水利设施项目建设,设立生态公益岗位帮助有劳动能力的贫困人员脱贫,创造更多公益性就业岗位,提高贫困人口受益水平。对人口较少民族聚居的建档立卡贫困村,推进整村整族精准脱贫,分期分批推进贫困村退出、贫困人口脱贫。对特困民族地区的建档立卡贫困户、贫困村,实施提升贫困群众素质和激发内生动力扶贫。对守土成边不宜搬迁的陆地边境抵边一线乡镇贫困村边民,采取特殊扶持政策,加大边民扶持力度,改善边民生产生活条件,实施就地就近脱贫,确保边民安心生产生活、安心守边固边。(国务院扶贫办、国家发展改革委、财政部、住房城乡建设部、国土资源部、农业部、环境保护部、水利部、国家林业局、国家民委)

专栏2　少数民族特困地区和特困群体综合扶贫工程

(1)民族自治地方贫困县脱贫专项行动。推进国家各项惠民政策和民生项目向民族自治地方贫困县倾斜。大力培育特色产业,增强自我发展能力。加快通电通水通路通互联网,提升公共服务水平。开展职业技能培训,支持就业创业。(国家民委、国务院扶贫办、国家发展改革委、财政部、国土资源部、农业部、工业和信息化部、国家能源局、水利部、交通运输部、人力资源社会保障部)

(2)边境地区戍边就地就近脱贫专项行动。大力改善基础设施条件和基本公共服务,扶持发展边境贸易和特色经济,提升沿边开发开放水平,加强边民脱贫致富能力,增强边民凝聚力、向心力和自豪感,促进民族团结和边防稳固。(国务院扶贫办、国家发展改革委、海关总署、商务部、国土资源部、农业部、外交部、国家民委)

(3)特困和人口较少民族精准脱贫专项行动。推进人口较少民族整村整族精准脱贫,实施整村推进,分期分批整体脱贫。在特困民族地区,帮助少数民族群众学用普通话、普及科技知识、提高生产生活技能。(国家民委、国务院扶贫办、教育部、财政部、中国科协、国土资源部)

第三节　调动各方力量合力攻坚

积极整合各方资源。加大项目资金支持力度,实行差别化扶持政策,健全帮扶体制机制,增强自我发展能力,提升公共服务水平,支持少数民族和民族地区打赢脱贫攻坚战。充分发挥各方资金、人才、信息、技术等优势,实施特色产业扶贫、劳务输出扶贫、易地搬迁扶贫、交通扶贫、网络扶贫、生态保护脱贫、水利扶贫、教育扶贫、文化扶贫、旅游扶贫、科技扶贫、健康扶贫、社保兜底脱贫等脱贫攻坚重点工程,采取经济、文化、教育、科技创新、医疗卫生、技能培训等综合措施,着力提高贫困群众住房、医疗、卫生、教育、社保等方面保障水平,让贫困群众获得更加持续稳定的脱贫增收能力,最大限度消除返贫现象。(国家民委、国家发展改革委、财政部、国务院扶贫办、国土资源部、农业部、工业和信息化部、人力资源社会保障部、民政部、交通运输部、中央网信办、环境保护部、水利部、教育部、文化部、国家林业局、国家旅游局、科技部、国家卫生计生委、住房城乡建设

部、中国科协）

加大国家扶持力度。支持贫困民族地区发展优势产业和特色经济，重点支持少数民族贫困村、贫困户发展种养业和少数民族传统手工业，实施贫困村“一村一品”产业推进行动和“互联网+”产业扶贫，实施电商扶贫、光伏扶贫、乡村旅游扶贫等工程，拓宽群众增收致富门路。加快推进民族地区重大基础设施项目和民生工程建设，进一步完善基础设施及配套建设，解决民生领域突出困难和问题。实施农村危房改造，统筹开展农房抗震改造，优先解决民族地区建档立卡贫困户、低保户、农村分散供养特困人员、贫困残疾人家庭等贫困户基本住房安全问题。充分发挥贫困村第一书记、驻村工作队深度参与脱贫致富方面的作用。加大对贫困民族地区的东西部扶贫协作、定点扶贫、劳务协作对接扶贫、“百县万村”扶贫、“万企帮万村”扶贫等支持力度，鼓励社会团体、民营企业、个人参与支持贫困民族地区脱贫攻坚，实施扶贫志愿者行动计划和社会工作专业人才服务贫困民族地区计划。（国务院扶贫办、财政部、国土资源部、农业部、国家林业局、工业和信息化部、商务部、国家能源局、国家旅游局、交通运输部、水利部、教育部、中央宣传部、文化部、国家卫生计生委、国务院国资委、人力资源社会保障部、中央组织部、住房城乡建设部、民政部、国家发展改革委、中央统战部、全国工商联、国家民委）

第四章 促进经济跨越发展

第一节 加强基础设施建设

加快重点基础设施建设。加强民族地区现代化综合交通运输体系建设，重点支持骨干铁路、干线公路、支线机场、水运航道和城市地下综合管廊建设，完善乡村交通基础设施网络，建立外通内联区域交通骨干通道，提升运输服务水平。结合国家高速公路、国省道、农村公路规划建设，加强主要旅游景区、景点连接，提高旅游道路等级和养护水平。科学论证、稳步推进重大水利设施建设，统筹加强中小型水利建设，实施“五小水利”工程，强化主要江河治理、中小河流治理、防洪抗旱减灾和保水储水保障能力。加强信息基础设施建设，推进宽带网络发展，全面推进三网融合，支持有条件的民族地区布局云计算数据中心，鼓励开展云计算、大数据、智能制造等试点示范工作，加快云计算数据通道建设。按照“一带一路”建设要求，完善对外开放信息通道布局。加强民族地区地面广播电视传输覆盖网络建设，推动广播电视村村通向户户通升级。加强能源保障体系建设，继续实施国家农村电网改造升级工程，支持骨干电网、城乡中低压配电网、高压输变电工程建设及清洁能源综合利用、可再生能源开发。支持油气管道建设。推进“一带一路”能源合作基地建设。（国家发展改革委、国家铁路局、中国铁路总公司、交通运输部、中国民航局、住房城乡建设部、国家旅游局、水利部、中央网信办、工业和信息化部、新闻出版广电总局、国家能源局、商务部）

加强群众生产生活设施建设。加快推进民族地区农田水利、农网改造和微电网、乡村道路、城乡供水、通信网络、商贸网点、物流配送、快递服务等设施建设。积极推进基层医疗卫生机构、公共文化服务、垃圾污水处理、邮政、公共厕所等公益性民生基础设施建设。改善群众出行条件，推进农村客运和城市公交发展。（国家发展改革委、农业部、水利部、国家能源局、交通运输部、住房城乡建设部、工业和信息化部、商务部、国家邮政局、国家卫生计生委、新闻出版广电总局、环境保护部）

专栏 3　重大基础设施建设

（1）民族地区综合交通基础设施建设。抓好成都—贵阳、昆明—南宁、西安—银川、呼和浩特—张家口—北京、赤峰通辽分别至京沈高铁连接线等高速铁路，阿勒泰—富蕴—准东、玉溪—磨憨、拉萨—林芝铁路以及青藏铁路格尔木—拉萨段扩能等在建重大项目建设，积极推进重庆—昆明、贵阳—南宁、西宁—成都（黄胜关）、包头—银川、克拉玛依—塔城铁路铁厂沟—塔城段、临沧—清水河、银川—巴彦浩特等规划项目前期工作。继续推进西江航运干线扩能，建成贵港二线船闸和梧州至肇庆一级航道，启动西津二线船闸建设。新建霍林郭勒、扎兰屯、东乌旗、玉林、石嘴山、莎车、若羌、甘孜、果洛、祁连、威宁等机场及一批通用机场，迁建呼和浩特、梧州等机场，改扩建拉萨、乌鲁木齐、银川、桂林、格尔木、黎平、荔波等机场。优先安排和重点支持 G7 大黄山—乌鲁木齐、巴里坤—木垒、G0711 乌鲁木齐—库尔勒、G5511 白音察干—安业、大板—查白音塔拉、G10 海拉尔—满洲里、G4216 仁寿—屏山新市、G8513 绵阳—九寨沟等国家高速公路建设。（国家发展改革委、交通运输部、国家铁路局、中国铁路总公司、中国民航局）

（2）民族地区旅游交通设施建设。加强通景区、旅游扶贫重点村的道路及服务设施建设。加快公路标志标识系统建设。打造国家生态风景道，加强旅游风景道路沿线资源环境保护，营造景观空间，建设游憩、服务设施，完善安全救援体系，优化交通管理，实现道路从单一交通功能向交通、美学、游憩和保护等复合功能的转变。加强汽车房车营地与交通干线之间的联通公路建设。积极发展高铁旅游，优化铁路站点及运营时间安排，开辟更多旅游专列。配合河道疏浚等水利工程，统筹考虑旅游需求，开通水上旅游航线。支持通用机场合理布局，推动低空旅游健康发展。（国家发展改革委、国家旅游局、交通运输部、国家铁路局、中国铁路总公司、中国民航局）

（3）民族地区重点水利工程建设。加快青海引大济湟、西藏拉洛水库、青海蓄集峡水利枢纽、新疆阿尔塔什水利枢纽、内蒙古绰勒下游灌区、吉林松原灌区、新疆叶尔羌河治理等在建工程建设。加快推进云南滇中引水、西藏湘河、新疆玉龙喀什等重大水利工程前期工作，力争早日开工建设。积极推进大中型灌区续建配套与节水改造、小型农田水利、农村饮水安全巩固提升、中型水库、中小河流治理、山洪灾害防治和抗旱应急水源等工程建设。（水利部、国家发展改革委、财政部、国土资源部、环境保护部、住房城乡建设部、国家林业局）

（4）民族地区信息化建设。加快信息基础设施建设，继续推进广播电视户户通，实施“宽带中国”战略，重点支持光纤网络、移动通信网络、宽带基础设施升级改造、综合通信网络和少数民族语言网站建设。（工业和信息化部、新闻出版广电总局、国家发展改革委、财政部、科技部、国家民委）

（5）民族地区城乡基础设施建设。统筹考虑城乡结合部、城镇周边农村地区的需求，合理规划基础设施建设布局，加快水、气、污水和垃圾处理等市政公共设施服务向周边农村地区延伸覆盖，强化城乡基础设施的连接，推动市政公用设施城乡联网、共建共享、同质服务。（住房城乡建设部、国家发展改革委、水利部、国家能源局、环境保护部）

第二节　培育壮大特色优势产业

大力培植优势产业。大力发展民族地区现代农牧业，推进农牧业结构调整，转变农牧业发展方式，完善农牧业科技服务体系，加强新型职业农牧民培养，加快建设现代特色农牧业示范区，提高农牧业综合生产能力。有序推进能源矿产资源开发，加快推进国家重要战略资源基地建设，扶持发展能源矿产资源采选和制品加工业，合理培育区域特色能源矿产产业，形成一批特色鲜明、产业集聚的产业基地。围绕民族地区新型工业化产业示范基地和企业技术创新能力建设，推动传统优势产业提档升级，推进重点企业技术改造和创新提升，实施区域品牌发展战略，深入开展全国知名品牌创建示范区建设。积极发展新能源、新材料、高端装备制造、生物、新一代信息技术、节能环保等战略性新兴产业。支持民族地区国家高新技术产业、火炬特色产业基地建设。大力发展民族地区现代服务业，支持建设现代物流、专业市场、科技服务、金融服务、电子商务、商务会展、教育培训、健康服务、创意产业等现代服务业集聚区。积极引导产业优化布局。大力培育县域优势产业。推动军民融合产业发展。（农业部、国家发展改革委、科技部、国家能源局、工业和信息化部、国家中医药局、人民银行、民政部、教育部、国家卫生计生委、商务部、国土资源部、质检总局）

加快发展民族特色产业。充分发挥民族地区自然人文资源比较优势，大力发展特色农牧业及其加工业，支持特色农产品深加工基地建设，创建出口食品农产品质量安全示范区，提升特色食品农产品市场竞争力。大力发展特色林业产业，支持木本油料、特色林果、林下经济、种苗花卉、森林康养基地建设，促进当地群众就近增收。大力发展民族特色旅游业，开发民族特色浓郁的重点旅游景区和线路，打造一批民族特色旅游品牌，促进民族特色旅游与城镇、文化、产业、生态、乡村建设等融合发展。大力支持民族医药及关联产业发展。大力发展少数民族传统手工艺品产业，扶持少数民族手工业龙头企业，支持建立少数民族传统手工艺品生产、技艺传习基地。（农业部、国家发展改革委、国家能源局、国土资源部、国家旅游局、国家林业局、工业和信息化部、国家中医药局、食品药品监管总局、质检总局、文化部、国家民委）

扶持民族贸易和民族特需商品生产。继续执行扶持民族贸易和民族特需商品生产的税收、金融、财政等优惠政策，支持全国民族贸易和民族特需商品定点生产企业发展。支持民族地区市场体系建设，加强对肉菜和中药材流通追溯体系建设的指导和事中事后监管，继续做好边销茶、清真牛羊肉储备管理和市场调控工作。（国家民委、人民银行、财政部、税务总局、国家发展改革委、国家卫生计生委、商务部、农业部、食品药品监管总局）

专栏4　民族特色优势产业振兴

（1）民族地区矿物功能材料示范基地建设。以节能环保、土壤治理、生态修复、现代农业等需求为牵引，加大优势非金属矿资源科学开发支持力度，打造一批特色非金属矿产业园区。发展先进适用技术和装备，提高非金属矿资源开采、选矿回收率和综合利用率，打造一批尾矿近零排放的非金属矿深加工示范区。围绕石墨、膨润土、高岭土、硅藻土、云母等优势矿种，大力推广新技术新产品，培育20个矿物功能材料产业示范基地。（工业和信息化部、国土资源部、环境保护部、农业部、科技部）

（2）民族地区食品农产品出口示范基地建设。推进食品农产品出口示范基地建设，改善食品农产品出口经营环境，提高出口食品农产品质量安全水平，培育食品农产品出口龙头企业，提升食品农产品国际竞争力。（质检总局、海关总署、农业部、工业和信息化部、商务部、食品药品监管总局、国家民委）

（3）民贸民品企业"千家培育百家壮大"工程。重点培育1000家民族贸易和民族特需商品定点生产企业，重点扶持100家民族特需商品定点生产企业、100家民族贸易县内民族贸易企业，培育壮大行业龙头和骨干企业。（国家民委）

（4）少数民族传统手工艺品保护与发展。重点打造一批少数民族传统手工艺品保护与发展基地，扶持一批少数民族传统手工艺品企业，支持一批少数民族传统手工艺品项目，提升一批少数民族传统手工艺品民族特色品牌，建设一批职业院校民族文化传承创新示范专业点，培养一批少数民族传统手工艺传承人。（工业和信息化部、国家民委、教育部、文化部）

（5）民族医药产业发展。充分发挥民族医药资源优势，提升民族医药及相关产品研发、制造能力，打造民族医药品牌，培育壮大民族医药产业，推进民族医疗与养老保健、健康旅游、服务贸易融合发展。（工业和信息化部、国家卫生计生委、国家中医药局、国家民委、国家发展改革委、财政部、科技部、商务部、食品药品监管总局、国家旅游局）

（6）清真食品产业发展。充分发挥清真食品资源优势，加快传统清真食品产业改造提升，培育清真食品知名品牌，支持现代化的清真食品生产、加工、出口基地和产业园区建设，健全清真食品研发、生产、交易支撑体系。（国家发展改革委、工业和信息化部、农业部、国家民委、财政部、商务部、食品药品监管总局、质检总局）

第三节　推进新型城镇化

推进以人为核心的新型城镇化。充分考虑大部分民族地区地广人稀、地处边疆的特点，坚持因地制宜、固土守边的原则，研究制定推进新型城镇化的特殊政策措施。统筹大中城市、小城镇发展，建立健全城市群发展协调机制。加强城镇规划建设管理，推进公用设施建设，提升服务功能。加快中心城市建设，增强辐射带动能力，运用政府和社会资本合作等方式，有效缓解市政建设资金压力。支持中小城市、重点镇、特色镇发展，重点建设一批边贸重镇、产业大镇、工业强镇和旅游名镇。优化城市空间结构和管理格局，加快推进绿色城市、智慧城市、人文城市、海绵城市建设。加快城镇产业集聚和人口集中，吸引各类企业向县城和中心镇汇聚，增强城镇可持续发展能力。全面深化户籍制度改革，建立健全农业转移人口市民化机制，加快推进农业转移人口市民化。加大城市棚户区改造力度。充分尊重农牧民意愿，完善收益形成与返还机制，促进农牧民就近就地城镇化。围绕国家新型城镇化综合试点，培育发展一批山地城镇、生态城镇、旅游城镇等特色城镇，积极探索边境地区、集中连片特困地区、人口较少民族地区新型城镇化的有效路径。（国家发展改革委、住房城乡建设部、财政部、国家开发银行、中国农业发展银行、工业和信息化部、公安部、国土资源部、民政部、人力资源社会保障部、水利部、农业部、环境保护部、文化部、国家文物局、国家旅游局）

推进以民族文化为载体的新型城镇化建设。根据不同民族地区的自然历史文化禀赋、区域差异性和不同民族的文化形态多样性，发展有历史记忆、文化脉络、地域风貌、民族特点的美丽城镇，形成建筑风格、产业优势、文化标识独特的少数民族特色小镇保护与发展模式。在旧城改造中，重视保护历史文化遗产、民族文化风格和传统建筑风貌，促进功能提升与民族文化保护相结合。在新城新区建设中，注重融入传统民族文化元素，与原有城市自然人文特征相协调。加强历史文化名城名镇、历史文化街区、民族特色小镇的文化资源挖掘和整体文化生态保护，打造魅力特色旅游文化街区，推进民族特色突出、历史底蕴厚重、时代特色鲜明的新型民族特色城镇化建设。（住房城乡建设部、国家发展改革委、文化部、国家文物局、环境保护部、国家旅游局、民政部、国家民委）

第四节　强化创新驱动发展

提升科技创新能力。发挥科技创新对民族地区发展的引领作用，加强科技基础条件建设，推动产业创新发展。结合推进创新驱动发展战略，实施一批科技创新项目，加强重点实验室、工程（技术）研究中心、高新技术产业园区和农业科技园区等科技创新基地平台建设。推进特色高水平大学和科研院所建设，鼓励企业开展基础性前沿性创新研究。强化企业技术创新主体地位，加快培育壮大创新型企业。鼓励企业提升技术中心创新能力，构建产业技术创新战略联盟。实施“互联网+”行动计划，发展物联网技术和应用，促进互联网与经济社会融合发展。（科技部、国家发展改革委、教育部、农业部、工业和信息化部、国务院国资委、商务部）

支持产业技术创新。完善民族地区技术创新公共服务平台，加快建立以企业为主体、市场为导向、产学研相结合的技术创新体系。支持开展农产品精深加工与储运、农业农村信息化、智能农机装备等领域先进技术研发与应用推广。加快矿产资源、民族医药等特色优势产业关键技术攻关与应用示范。实施科技创业者行动，培育创新型产业，发展创业孵化载体，构建一批众创空间，加强创业投资支持。加强疾病防控、防灾减灾、生态保护等领域科技创新。继续实施国家文化科技创新工程西部行动。（科技部、农业部、工业和信息化部、国家发展改革委、国土资源部、国家中医药局、人力资源社会保障部、国家卫生计生委、民政部、环境保护部、文化部）

积极开展科普服务。加强民族地区科技服务，推进“科技列车行”、“科技大篷车”等科技服务。深入开展科普活动，推进“科普大篷车”、“流动科技馆”等设施建设。加强双语科普资源开发，建设双语科普基地，培养双语科普人才。开展“科普文化进万家”活动，建设科普中国乡村e站和社区e站。（中国科协、科技部、教育部、文化部、国家民委）

第五章 优先保障和改善民生

第一节 提高教育发展水平

办好各级各类教育。全面贯彻党的教育方针，加强社会主义核心价值观教育。鼓励民族地区普惠性幼儿园发展，继续实施学前教育行动计划。合理布局学前教育机构，支持乡村两级公办幼儿园和普惠性民办幼儿园建设，进一步建立健全学前教育资助制度。推动义务教育均衡发展，支持义务教育学校标准化建设，全面改善义务教育薄弱学校基本办学条件，逐步提高义务教育阶段学校经费保障水平。加强寄宿制学校建设，因地制宜保留并办好必要的乡村小规模学校(含教学点)。提升中小学办学质量。加强对地方课程和学校课程的管理和指导。加快普及高中阶段教育，继续支持教育基础薄弱县普通高中建设。加快中等职业教育发展，优化中职学校布局，重点打造一批具有民族特色、区域特点的职业学校，加强符合民族特色优势产业和经济社会发展需要的应用型特色专业建设，建立健全分类分专业的中职学校生均经费标准，建立稳定投入机制，完善产教融合、校企合作机制，实现初高中未就业毕业生职业技术培训全覆盖。优化高等教育布局和结构，提升民族高等教育发展水平。以就业为导向，优化民族院校和民族地区高校学科专业结构，重点提高工、农、医、管理、旅游等学科比例，支持办好师范类专业，提升民族特色学科水平。办好民族院校，加大省部和行业共建力度。继续实施高等学校招生向民族地区倾斜政策，适度扩大高校少数民族预科班、民族班招生规模。办好特殊教育和继续教育。支持和规范民办教育发展。继续办好内地西藏班、新疆班。鼓励四省藏区举办省内藏区高中班。完善教育经费投入机制，加大学生资助力度，加快推进教育信息化，深入推进教育对口支援工作。(教育部、国家发展改革委、财政部、人力资源社会保障部、民政部、国家民委、中国残联、工业和信息化部、国务院国资委)

科学稳妥推行双语教育。依据法律、遵循规律、结合实际，坚定不移推行国家通用语言文字教育，提升少数民族学生掌握和使用国家通用语言文字的能力和水平。尊重和保障少数民族使用本民族语言文字接受教育的权利，不断提高少数民族语言文字教学水平。在国家通用语言文字教育基础薄弱地区，以民汉双语兼通为目标，建立健全从学前到中小学各阶段教育有效衔接、教学模式与学生学习能力相适应、师资队伍与教学资源满足需要的双语教学体系。国家对双语教师培养培训、教学研究、教材开发和出版给予支持，为接受双语教育的学生升学、考试提供政策支持。建立双语教育督导评估和质量监测机制。(教育部、国家发展改革委、财政部、国家民委、人力资源社会保障部、民政部)

建立完善教师队伍建设长效机制。在民族地区实施乡村教师支持计划。健全教师培养补充制度。制定教师队伍建设专项规划。推进师范院校专业调整和改革，支持民族地区师范院校重点培养双语教师和紧缺学科教师。落实教师配备政策，严格教师准入。农村义务教育学校教师特岗计划和边远贫困地区、边疆民族地区、革命老区人才支持计划教师专项计划向民族地区倾斜。完善教师培训机制，落实每五年一周期的全员教师培训，各类培训计划向民族地区农村教师倾斜。加强师德师风教育，全面提高教师思想政治素质、师德水平和能力素质。落实教师激励政策，切实落实提高农村中小学和内地民族班教师待遇政策措施，落实集中连片特困地区乡村教师生活补助政策。

支持农村教师周转宿舍建设。建立健全校长、教师交流轮岗和城镇教师支援农村教育等制度。(教育部、国家发展改革委、财政部、工业和信息化部、人力资源社会保障部、民政部)

第二节　大力促进就业创业

坚持就业优先战略。实施更加积极的就业政策,大力推动民族地区以创业带动就业,建立跨区域跨省合作机制。健全覆盖民族地区城乡的公共就业创业服务体系,推进基层公共就业服务设施建设,建立面向大众的创业服务平台。大力发展吸纳就业能力强的服务业、劳动密集型产业和少数民族特色技能型产业,支持发展中小微企业,完善落实创业扶持政策。鼓励发展农牧民专业合作组织,促进农牧民就业和稳定持续增收。加强就业援助,加大对各类失业再就业人员、城镇下岗人员、农村转移劳动力的职业技能培训力度。加强残疾人职业技能、农村实用技术培训,帮助支持残疾人就业创业。加强高校少数民族毕业生就业工作,统筹实施高校毕业生就业促进计划和创业引领计划。鼓励少数民族返乡人员创业就业。支持少数民族妇女居家灵活就业。维护少数民族劳动者合法权益。(人力资源社会保障部、国家发展改革委、财政部、工业和信息化部、农业部、教育部、民政部、国家民委、全国总工会、共青团中央、全国妇联、中国残联)

第三节　健全社会保障体系

完善社会保障制度。稳步实施民族地区全民参保计划,基本实现法定人员全覆盖。健全医疗保险稳定可持续筹资和报销比例调整机制。整合城乡居民基本医疗保险制度,创新经办管理,全面实施城乡居民大病保险制度,加强与医疗救助等制度的衔接。健全重特大疾病医疗保障机制。(人力资源社会保障部、国家发展改革委、财政部、民政部、人民银行、保监会、国家卫生计生委)

健全基本社会服务体系。完善民族地区基本社会服务机制,在养老服务、社会救助、社会福利、优抚安置等方面为各族群众提供保障。加大对民族地区贫困群众自然灾害生活救助的投入力度,完善自然灾害应急救助体系。合理确定民族地区城乡最低生活保障标准。支持公益慈善事业健康发展。加强对留守儿童、特困人员、残疾人等特殊人群的社会服务。支持少数民族特色养老机构、农村特困救助供养服务机构、残疾人服务机构和殡葬服务设施建设。(民政部、财政部、国家发展改革委、人力资源社会保障部、国务院扶贫办、共青团中央、全国妇联、中国残联)

第四节　加强医疗卫生服务

健全公共卫生服务体系。完善民族地区重大疾病防控、健康教育、妇幼健康等公共卫生服务网络,进一步提高传染病、慢性病、地方病、职业病和出生缺陷、发育障碍等监测、预防和治疗能力。健全卫生和计划生育综合监督执法体系,完善食品药品安全标准及风险评估、监测预警、应急处置体系和饮用水卫生监测体系。推进卫生应急体系建设,强化突发急性传染病防控能力和紧急医学救援能力。落实农村部分计划生育家庭奖励扶助制度、计划生育家庭特别扶助制度和西部地区"少生快富"工程。(国家卫生计生委、食品药品监管总局、国家发展改革委、中国残联、财政部)

加强医疗服务体系建设。健全和稳定民族地区县、乡、村三级卫生计生服务网络。加强薄弱学科和重点临床专科建设,提升医疗服务能力和水平。根据医疗服务需求,新增医疗卫生资源重点向民族地区倾斜。加大医疗卫生人才综合培养力度,在贫困民族地区实施全科医生转岗和专科医师特设岗位计划,建立医疗卫生人才绿色通道。鼓励内地医学院校毕业生到民族地区服务,鼓励发达地区医务人员到民族地区开展医疗帮扶。支持有条件的民族地区发展远程医疗。支持民族地区流动医院建设。(国家卫生计生委、国家发展改革委、教育部、国务院扶贫办、人力资源社会保障部、财政部)

加快民族医药事业发展。健全民族医药管理机制,提升民族医医院基础设施、设备配置、人员配备标准化水平和服务能力,推进民族医药信息化建设。支持民族医特色专科建设。加强民族医药基础理论和临床应用研究,支持民族医药临床研究能力建设。加强民族药资源保护利用,重点打造一批药材种植资源保护区和药用野生动植物种养基地。加快民族药药材和制剂标准化建设,培育一批民族医药标准化实施推广示范单位。加大民族医医师、药剂师、护理人员及城乡基层民族医药专业技术人员培养和培训力度,稳步推进民族医医师、药剂师、护理人员执业资格考试工作。推进民族医药传承发展,加强民族医药学科和人才队伍建设,建设一批民族医药重点学科,培养一批民族医药学科带头人。(国家卫生计生委、国家中医药局、国家发展改革委、工业和信息化部、人力资源社会保障部、国家民委、财政部、农业部、商务部、质检总局、食品药品监管总局、国家标准委、教育部、科技部)

专栏 5　民生保障改善行动

(1)民族院校建设。支持中央民族大学、中南民族大学、西南民族大学、西北民族大学、北方民族大学、大连民族大学和 15 所地方本科民族院校建设与发展。支持学位点建设。建设一批重点实验室、工程技术中心和人文社会科学研究基地,支持建设国家级协同创新中心。支持培养一批教育教学骨干、学术骨干和学科带头人,建设一批高水平教学和科研团队。(国家民委、国家发展改革委、财政部、科技部、教育部)

(2)民族医药服务体系建设。支持民族自治地方社区卫生服务中心和乡镇卫生院推广民族医药适宜技术,建成一批民族医药特色服务示范点。加强对民族医药独特技术和理论的整理与研究。(国家卫生计生委、国家中医药局、国家发展改革委、财政部、国家民委、教育部)

(3)民族地区综合防灾减灾体系建设。加强自然灾害综合预警能力建设,提升减灾防灾信息采集、分析评估、数据集成、智能处理和服务水平。完善救灾物资储备网络,科学布局救灾物资储备库,提高救灾物资储备库机械化、智能化和自动化水平。(民政部、国家发展改革委、财政部、科技部、工业和信息化部、国家卫生计生委、水利部、农业部、国土资源部)

第五节　推进文化繁荣发展

加快民族地区公共文化服务发展。加大公共文化设施建设力度,落实国家公共文化服务指导标准,推进基层综合性文化服务中心建设,完善公共文化设施网络。整合资源推进中国民族博物馆建设。加强少数民族文艺创作,办好全国少数民族文艺会演、全国少数民族文学创作"骏马奖"评奖、全国少数民族曲艺展演、全国少数民族美术作品展和中国少数民族戏剧会演。开展"中华民族一家亲"文化下基层活动,实施"春雨工程",丰富少数民族群众精神文化生活。支持少数民族公益性文化事业发展。(文化部、国家文物局、国家发展改革委、国家民委)

繁荣发展少数民族新闻出版广播影视事业。加强少数民族语文报刊、少数民族语言广播电视等传统媒体和新媒体能力建设。推进少数民族文化产品上网工程,加强网上文化内容供给和监管。支持民汉双语优秀文化作品互译,鼓励创作少数民族题材电影、电视剧、戏剧、歌舞、动漫、出版物等文化精品,积极推荐少数民族作品纳入"丝绸之路影视桥"工程和"丝路书香"工程。加强少数民族语言文字出版能力和信息化建设,整合资源提升少数民族文字出版基地能力,提高优秀国家通用语言文字、外文出版物和少数民族文字出版物双向翻译出版数量和质量,提升少数民族语言文字出版物印刷复制能力。继续实施少数民族新闻出版"东风工程"和少数民族语言文字出版规划项目。支持实体书店发展和农村基层出版物发行网点建设。推进广播电视户户通、卫星数字农家书屋建设,建立针对民族地区双语教育的多媒体卫星数字服务平台。开展百种优秀少数民族文字出版物推荐活动。支持少数民族优秀传统文化微播平台建设。(新闻出版广电总局、文化部、国家发展改革委、中央宣传部、中央网信办、工业和信息化部、国家民委)

加强少数民族优秀传统文化保护传承。重点抢救和保护少数民族传统经典、民间文学、音乐、舞蹈、美术、技艺、医药等非物质文化遗产。实施重点文物保护工程,提升民族文物展示水平。加强少数民族非物质文化遗产集聚区整体性保护,支持民族地区设立文化生态保护实验区。积极开展少数民族非物质文化遗产生产性保护,命名一批国家级少数民族非物质文化遗产生产性保护示范基地。加大对少数民族非物质文化遗产濒危项目代表性传承人抢救性保护力度。支持少数民族文化申报世界文化遗产名录。继续实施中国语言资源保护工程,建设国家语言资源服务系统,加大少数民族濒危语言文字保护力度。保护发展少数民族传统体育,推广少数民族传统体育项目。加快培养少数民族传统体育人才,建立少数民族传统体育项目训练、示范基地。推动少数民族传统体育项目、体育赛事和全民健身融合发展,打造具有民族特色的全面健身品牌赛事活动。办好全国少数民族传统体育运动会。(文化部、国家文物局、国家发展改革委、中央宣传部、教育部、体育总局、国家民委)

加快民族文化产业发展。推动具有竞争潜力的少数民族文化资源进入国内国际市场,形成一定规模的民族特色文化产业。鼓励民族地区依托保护文化遗产发展旅游及相关产业,建设一批民族特色文化产业基地。支持举办民族特色节庆活动,打造特色民族文化活动品牌。推进特色文化产业发展工程、丝绸之路文化产业带、少数民族文化产业走廊等重大文化产业项目建设。(文化部、新闻出版广电总局、国家文物局、国家民委、工业和信息化部)

专栏6　民族文化繁荣发展行动

(1)少数民族非物质文化遗产保护传承。完善少数民族非物质文化遗产名录体系。建设一批少数民族国家级非物质文化遗产保护利用设施。开展少数民族国家级非物质文化遗产项目代表性传承人抢救性记录。(文化部、国家发展改革委、国家文物局)

(2)中国少数民族电影工程。推动少数民族题材电影创作,支持没有本民族题材电影的少数民族创作本民族题材电影,实现每个少数民族创作一部电影。(国家民委、新闻出版广电总局)

(3)少数民族语言文字服务能力建设。支持全国少数民族语文智能语音翻译系统研发,依托现有研究机构和高校等资源,设立一批少数民族语文翻译基地,支持民汉双语公共服务志愿者队伍建设。(国家民委、中央宣传部、教育部、共青团中央)

(4)少数民族文字数字出版工程。支持少数民族文字数字出版的基础信息化、资源加工标准、资源加工平台、资源管理平台、资源库及资源发布平台等项目建设。(新闻出版广电总局、文化部、工业和信息化部、国家发展改革委、国家民委)

(5)少数民族新闻出版"走出去"工程。深入实施经典中国国际出版工程,推进边疆地区新闻出版"走出去"扶持计划,支持口岸书店、国门书屋、华文书局等实体书店建设。支持民族地区新闻出版企业赴周边国家开办分支机构,参加周边国家书展。(新闻出版广电总局、外交部、商务部)

(6)少数民族出版物精品翻译工程。深入实施"丝路书香"工程,扶持外向型少数民族和民族地区优秀出版物面向周边国家和"一带一路"沿线国家翻译出版,每年资助翻译出版150种左右图书。支持"中国书架"工程建设,面向中亚、东南亚、南亚、中东欧、独联体以及西亚、北非地区等丝绸之路沿线国家,在精品翻译、教材推广、出版物数据库推广、重点图书展会等方面开展深入交流与合作,提升少数民族和民族地区出版产品在周边和丝绸之路沿线国家的市场份额和影响力。(新闻出版广电总局、财政部、文化部)

(7)少数民族传统文化信息资源库建设。全面系统整理收录保存少数民族传统文化信息资源,搭建共享平台,开发利用少数民族传统文化信息资源,推进少数民族语言资源保护工程。(国家民委、文化部、教育部)

续表

(8)少数民族传统体育基地建设。重点支持全国性少数民族传统体育基地建设,开展多种形式的少数民族传统体育活动,培养少数民族传统体育人才。(国家发展改革委、国家民委、体育总局、教育部) (9)少数民族古籍抢救保护工程。加大抢救保护濒临失传少数民族古籍力度,加强少数民族古籍翻译整理研究出版工作。继续编纂《中国少数民族古籍总目提要》,推进少数民族古籍数字化。(国家民委、文化部、国家文物局、工业和信息化部)

第六章　推进生态文明建设

第一节　筑牢国家生态安全屏障

加快重大生态工程建设。加强民族地区重点区域、流域生态建设和环境保护,构筑以草原、湿地和天然林为主体,生态系统良性循环、人与自然和谐相处的国家生态安全屏障。加快形成以青藏高原、黄土高原、云贵高原、东北森林带、北方防沙带及大江大河重要水系等为骨架,以其他重点生态功能区和生态保护红线为重要支撑,以禁止开发区域为重要组成的生态安全战略格局。建立实施重点生态功能区和生态保护红线产业准入负面清单。(国家发展改革委、财政部、国土资源部、环境保护部、住房城乡建设部、国家林业局、水利部、农业部)

第二节　推进资源节约循环高效利用

大力发展循环经济。加快建立民族地区循环型工业、农业、服务业体系。完善民族地区再生资源利用体系,组织开展循环经济示范行动,促进生产和生活系统的循环链接。节约集约利用民族地区水、土地、矿产等资源,加强全过程管理,实施资源消耗总量和强度“双控”行动,大幅降低资源消耗强度。继续健全民族地区用水总量和强度控制指标体系,推动水权交易制度建设。加快发展民族地区风能、太阳能、生物质能、水能和地热能,推进分布式能源发展。开展民族地区重点用能单位节能低碳行动,实施重点产业能效提升计划。(国家发展改革委、科技部、工业和信息化部、农业部、国土资源部、水利部、国家能源局、环境保护部)

第三节　加强生态环境保护

加大山水林田湖生态系统保护力度。大力开展植树造林和森林经营,稳定和扩大民族地区退耕还林还草范围,加快重点防护林体系建设。严格落实禁牧休牧和草畜平衡制度,加快推进基本草原划定和保护工作。全面落实森林、湿地生态效益补偿和草原生态保护补助奖励政策,制定和完善配套扶持政策措施,建立健全生态保护补偿长效机制。加强水土保持,因地制宜推进小流域综合治理。全面落实最严格水资源管理制度,实施地下水保护和超采漏斗区综合治理,有效遏制地下水超采问题。强化农田生态保护,实施耕地质量保护与提升行动,加大退化、污染、损毁农田改良和修复力度。加强重点地区水土流失、土地沙化综合治理,继续实施退牧还草、石漠化治理、防沙治沙、湿地保护与恢复、天然林资源保护等工程。构建生态廊道和生物多样性保护网络,实施生物多样性保护战略行动计划,全面提升森林、河湖、湿地、草原、海洋等自然生态系统稳定性和生态服务功能。

开展民族地区生物多样性保护与减贫试点,加强传统知识保护。加强民族地区各级各类自然保护区规范化建设与管理,支持新建一批自然保护区,对重要生态系统、濒危野生动植物和珍稀物种资源实施强制性抢救保护,防控外来物种入侵。(国家林业局、农业部、水利部、环境保护部、国家发展改革委、财政部、科技部、国土资源部、质检总局)

第四节　推进环境污染治理

推进污染物综合防治和环境治理。在民族地区实行严格的环境保护制度,形成政府、企业、公众共治的环境治理体系。继续落实大气污染防治行动计划,切实改善大气环境质量。实施水污染防治行动计划,严格饮用水水源地保护,全面推进涵养区、源头区等水源地环境整治,加强重点流域、区域、近岸海域水污染防治和湖泊生态环境保护,推进地下水污染防治。实施土壤污染防治行动计划,实施农用地分类管理和建设用地准入管理,加强农业面源污染防治,保障农业生产环境安全和人居环境安全。开展矿山地质环境恢复和综合治理。坚持城乡环境治理并重,统筹城乡供水、改水改厕和垃圾污水处理,推进种养业废弃物资源化利用和无害化处理。严格执行节能减排目标责任评价考核,建立生态保护奖惩机制。(环境保护部、水利部、工业和信息化部、农业部、国家林业局、国土资源部、住房城乡建设部、财政部、国家发展改革委)

第七章　推进全方位开放合作

第一节　助力“一带一路”建设

充分发挥对外开放前沿作用。推动民族地区参与“一带一路”建设,深度融入丝绸之路经济带、21世纪海上丝绸之路等开放合作,积极推进陆上国际经济走廊建设,构建开放型经济新体制,拓展开放型经济新空间。依托上海合作组织、中国—东盟自由贸易区、澜沧江—湄公河合作机制、东北亚和中韩自贸区等区域经济合作平台,促进民族地区与周边国家和地区的经济技术交流与合作。推动民族地区加快对外贸易体制机制创新,主动对接亚洲基础设施投资银行,加快互联互通基础设施建设。支持民族地区与“一带一路”沿线国家合作,联合打造具有丝路特色的国际精品旅游线路和旅游产品。推进新丝绸之路创新品牌行动。加强茶马古道文化遗产研究和保护。(国家发展改革委、外交部、商务部、人民银行、财政部、交通运输部、国家铁路局、中国民航局、国家邮政局、国家能源局、中国铁路总公司、工业和信息化部、海关总署、国家旅游局、科技部、国家民委、文化部、国家文物局)

第二节　大力推进兴边富民行动

促进边境地区又好又快发展。全面改善边民生产生活条件,大力推进边境地区社会保障体系建设,促进边民就业创业,优先发展边境地区教育卫生文化科技事业,全面提升边境地区公共服务能力。加强边境地区综合交通运输体系建设,推进水利、能源、信息基础设施建设,加快边境地区重点城镇建设。大力发展边境地区特色优势产业,推进特色优势农业、特色加工制造业、特色服务业发展,推动边境地区产业园区发展。继续深入推进沿边地区开发开放,着力提升边境地区开发开放水平。加强边境地区生态环境保护，推进边境地区环境污染治理，筑牢国家生态安全屏障。加强边境地区基层治理能力建设，党政军警民合力强边固防。（国家民委、民政部、人力资源社会保障部、教育部、国家卫生计生委、文化部、科技部、交通运输部、水利部、国家能源局、工业和信息化部、住房城乡建设部、国家发展改革委、农业部、外交部、商务部、国土资源部、环境保护部、国家林业局、中央组织部、公安部）

第三节　扩大沿边对外开放合作

实行更加积极主动的开放战略。加快沿边开发开放，全面提升民族地区开放型经济水平。依托独特地缘优势，推动民族地区积极参与国际区域开发和经济合作。加强民族地区国家口岸和通道建设，加快同周边国家和区域基础设施互联互通建设，推进通关便利化，把民族地区建设成为富有发展活力、后发优势得到充分发挥的地区。加快边境经济合作区和跨境经济合作区建设，稳步发展中哈霍尔果斯国际边境合作中心、中老磨憨—磨丁经济合作区等跨境经济合作区。加快广西东兴，云南勐腊（磨憨）、瑞丽，内蒙古二连浩特、满洲里等重点开发开放试验区建设，支持新疆喀什、霍尔果斯等经济开发区建设。协调并推动联合国有关发展机构在民族地区开展相关工作。继续鼓励民族地区符合条件的企业积极参与实施援外项目。实施中国—东盟科技伙伴计划，合作建设科技研发和转移机构、科技示范园区、联合实验室，打造国际合作基地。（国家发展改革委、商务部、外交部、交通运输部、国家铁路局、中国民航局、国家邮政局、国家能源局、中国铁路总公司、工业和信息化部、公安部、海关总署、国务院国资委、科技部、质检总局）

第四节　加强内陆对外开放合作

全面推进内陆对外开放。依托民族地区中心城市和城市群，加强对外经贸合作，培育形成一批国际加工贸易基地、服务外包基地和保税物流基地。加快海关特殊监管区域整合优化，支持符合条件的民族地区新设综合保税区和保税监管场所。继续支持办好丝绸之路国际博览会暨中国东西部合作与投资贸易洽谈会、中国西部国际博览会、中国—东盟博览会、中国—亚欧博览会、中国—阿拉伯国家博览会、中国—南亚博览会、中蒙博览会、中国西藏旅游文化国际博览会，搭建对内对外开放和区域合作重要平台。提升宁夏等内陆开放型经济试验区发展水平，打造内陆开放型经济战略高地。加快对外开放重要通道建设。（国家发展改革委、商务部、外交部、工业和信息化部、科技部、海关总署、税务总局、质检总局）

第五节　加强民族工作对外交流合作

推动民族工作部门参与对外交流合作。加强民族工作部门在中小企业发展、少数民族商品贸易、少数民族手工艺品生产等领域对外交流。扩大少数民族文化对外交流，实施对外文化精品战略，打造“多彩中华”等品牌项目，建设民族工作领域对外传播平台。拓宽对外宣传渠道，加大民族工作对外宣传力度，努力把民族地区打造成为展现中华民族团结和多彩民族文化的重要窗口。积极开展涉及民族领域的国际人权交流。加强与相邻国家民族文化、民族事务管理部门交流合作。扩大民族院校和民族地区高校教育对外交流，提高办学国际化水平。加强民族理论政策研究国际合作。促进与港澳台地区交流与合作，鼓励开展多领域交流，建立稳定的交流合作机制。继续办好海峡两岸少数民族发展研讨会和民族乡镇发展交流会。加强与旅居国外少数民族侨胞的联谊交

往、经贸合作、文化交流等工作。(国家民委、外交部、文化部、中央宣传部、教育部、国务院港澳办、国务院台办、国务院侨办)

第八章 促进人口较少民族加快发展

第一节 同步迈入全面小康

重点扶持人口较少民族聚居行政村及所辖人口相对集中的自然村落,基本公共服务体系建设延伸至人口较少民族的民族乡、自治县、自治州,让更多的少数民族群众共同分享现代化成果。集中帮扶发展相对滞后的人口较少民族整体率先脱贫,推进发展水平较高的人口较少民族整体率先奔小康,分批分步实现全面小康。到2020年,人口较少民族聚居行政村在实现“一达到、二退出、三保障”的基础上,基本实现“四通八达”,实现人口较少民族地区发展更加协调、生活更加富裕、环境更加美好、社会更加和谐,与全国各族人民一道迈入全面小康社会。(国家民委、国家发展改革委、财政部、国务院扶贫办、教育部、国家卫生计生委、住房城乡建设部、交通运输部、工业和信息化部、商务部、文化部)

专栏7 人口较少民族分布地区

总人口在30万人以下的人口较少民族全国共有28个,人口合计189万人,主要分布在内蒙古、辽宁、吉林、黑龙江、福建、江西、广西、贵州、云南、西藏、甘肃、青海、新疆等13个省(区)和新疆生产建设兵团的2390个人口较少民族聚居行政村(人口较少民族人口比例不低于20%),所辖人口相对集中的自然村落约1万个。

专栏8 人口较少民族聚居行政村实现目标

(1)一达到:农村居民人均可支配收入增长幅度达到或高于当地平均水平。
(2)二退出:建档立卡贫困村、贫困人口脱贫退出。
(3)三保障:义务教育、基本医疗和基本住房安全有保障。
(4)四通:通硬化路、通客运班车、通宽带、通电商。
(5)八达:集中式供水、清洁能源、卫生厕所、垃圾污水集中处理、综合性公共文化设施和场所、村务便民服务站、便民连锁超市、稳定增收产业(或创业致富带头人)达到有关建设要求。

第二节 提升发展基础条件

基础设施升级完善。重点加强乡村道路、农田水利、基本公共服务设施、生态环境保护和人居环境整治、民族文化传承等领域项目建设。加快推进人口较少民族具备条件的自治县(区)通二级以上标准公路、具备条件的建制村通硬化路,推动一定人口规模的自然村通公路、村内道路硬化和建制村通客运班车。加快推进“快递下乡”工程,加强农村快递揽收配送网点建设,利用村委会、供销超市、村邮站等公共服务平台开展农村快递服务。开展人口较少民族聚居乡村人居环境整治,加大村庄生活垃圾和污水处理、改厕以及绿化美化力度,推动城镇供水服务向农村延伸,大幅提高清洁能源、集中式供水普及率和污水集中处理率。(国家发展改革委、交通运输部、国务院扶贫办、住房城乡建设部、水利部、环境保护部、文化部、国家邮政局、国家能源局、国家民委)

提高公共服务水平。继续安排人口较少民族农村义务教育阶段寄宿生生活费补助。少数民族预科班、高校民族班对人口较少民族适当倾斜。开展国家通用语言文字教育和扫盲,全面推广和普及国家通用语言文字。开发人口较少民族优秀传统文化特色课程,纳入当地中小学教育教学活动。推进人口较少民族县乡村医疗卫生机构标准化建设,积极促进远程医疗诊治和保健咨询服务向人口较少民族地区延伸。加快建设标准化的人口较少民族地区县级中心敬老院和区域性养老服务中心或综合社会福利中心。(教育部、国家卫生计生委、国家发展改革委、民政部、国家民委、财政部)

第三节　增强发展内生动力

扶持特色乡村和县域经济发展。着力打造支撑地方经济发展的特色优势主导产业,大力发展家庭农庄(牧场)、农民专业合作社、农村专业技术协会,培育创业致富带头人,壮大乡村集体经济。支持发展产业化示范基地、龙头企业,增强县域经济发展实力。支持人口较少民族返乡农民工创业园等产业园区建设,吸纳农村劳动力就地就近转移就业,引导自主创业。加快农村电子商务发展。(农业部、人力资源社会保障部、财政部、国家发展改革委、国务院扶贫办、国土资源部、中国科协、工业和信息化部、国家民委)

促进民族特色旅游繁荣发展。在人口较少民族地区开展美丽乡村旅游富民工程,打造集自然风光、人文景观于一体的原生态民族风情旅游目的地。扶持建设具有历史、地域、民族特点的特色景观旅游村镇,设计开发民族文化体验项目,促进文化生态旅游业发展。(国家旅游局、住房城乡建设部、文化部、商务部、国家民委)

第四节　传承弘扬民族文化

提升公共文化服务能力。完善州、县两级博物馆、图书馆、文化馆、科技馆、足球场、体育场等公共服务设施,继续推进人口较少民族标志性文化设施建设,包括民族博物馆、生态博物馆、民俗馆、民俗文化传习所、民族文化广场等。鼓励社会力量兴办各类民族博物馆,在公共博物馆内可结合当地实际适当设立人口较少民族文物展览室、陈列室或文化展厅。加快文化资源数字化建设,推动建设人口较少民族网上博物馆、数字展厅。(文化部、国家文物局、科技部、体育总局、中国科协、国家发展改革委、财政部、国家民委)

保护传承民族文化遗产。加大对人口较少民族文化遗产的保护力度,加快征集珍贵民族文物,对濒危文化遗产进行抢救性保护,加强濒危文化资源数字化建设,精心实施国家级非物质文化遗产项目代表性传承人抢救性记录工程。加大对入选国家级和省级非物质文化遗产名录的人口较少民族文化遗产保护力度,开展非物质文化遗产传承人群研修研习培训,扩大参与面,提升总体素质。结合实施少数民族特色村镇保护与发展,对人口较少民族的生态资源、语言文化进行文化生态整体性动态保护,建立文化生态乡村。充分利用人口较少民族的民间故事、神话传说、民族史诗、音乐舞蹈等文化资源,鼓励创作人口较少民族文化题材广播影视节目。(文化部、国家文物局、新闻出版广电总局、国家民委)

专栏9　重点保护和发展人口较少民族国家级非物质文化遗产与代表性项目

(1)高山族:拉手舞
(2)景颇族:目瑙斋瓦、目瑙纵歌
(3)柯尔克孜族:玛纳斯、约隆、库姆孜艺术、刺绣、驯鹰习俗、服饰
(4)土族:拉仁布与吉门索、祁家延西、丹麻土族花儿会、於菟、安昭、轮子秋、盘绣、纳顿节、热贡六月会、婚礼、服饰
(5)达斡尔族:民歌、鲁日格勒舞、乌钦、传统曲棍球竞技、祭敖包(达斡尔族沃其贝)、婚俗、服饰
(6)仫佬族:依饭节
(7)布朗族:弹唱、蜂桶鼓舞
(8)撒拉族:骆驼泉传说、民歌、篱笆楼营造技艺、婚礼、服饰
(9)毛南族:打猴鼓舞、花竹帽编织技艺、肥套
(10)锡伯族:民间故事、民歌、贝伦舞、刺绣、满文锡伯文书法、弓箭制作技艺、西迁节、传统婚俗
(11)阿昌族:遮帕麻和遮咪麻、户撒刀锻制技艺
(12)普米族:搓蹉
(13)塔吉克族:民歌、鹰舞、马球、引水节和播种节、诺茹孜节、婚俗、服饰
(14)怒族:达比亚舞、仙女节
(15)乌孜别克族:埃希来、叶来、诺茹孜节
(16)俄罗斯族:民居营造技艺、巴斯克节
(17)鄂温克族:叙事民歌、萨满舞、抢枢、桦树皮制作技艺、驯鹿习俗、瑟宾节、服饰
(18)德昂族:达古达楞格莱标、浇花节
(19)保安族:腰刀锻制技艺
(20)裕固族:民歌、服饰、婚俗
(21)京族:独弦琴艺术、哈节
(22)塔塔尔族:撒班节、诺茹孜节
(23)独龙族:卡雀哇节
(24)鄂伦春族:民歌(赞达仁)、摩苏昆、桦树皮制作技艺、桦树皮船制作技艺、狍皮制作技艺、古伦木沓节
(25)赫哲族:伊玛堪、鱼皮制作技艺、婚俗
(26)门巴族:拨羌姆、山南门巴戏
(27)珞巴族:始祖传说、服饰
(28)基诺族:基诺大鼓舞

第五节　加强人力资源开发

加大干部培养培训力度。拓宽人口较少民族人才选入机关事业单位的入口,注重人口较少民族地区基层领导干部和人口较少民族领导干部培养和使用。加强人口较少民族干部培训交流和挂职锻炼。(中央组织部、中央统战部、国家公务员局、国家民委、人力资源社会保障部)

加强各类人才队伍建设。引导和鼓励人口较少民族农村未继续升学并准备进入非农产业就业或进城务工的应届初高中毕业生接受职业培训,加强农村实用人才队伍建设,培育新型职业农民和农村实用人才带头人。加强对农牧民种养殖技术、传统手工艺、当家理财人、文化传承人、妇幼保健等培训,提高妇女参训比例,提升劳动者整体素质。加大对技能人才的技能提升培训力度,提高创新能力。加强专业技术人才培养和继续教育工作。(人力资源社会保障部、农业部、教育部、国务院扶贫办、全国妇联、国家民委)

专栏10　人口较少民族率先小康行动

在人口较少民族地区选择一批民族团结、和谐发展、率先小康样板县(乡、村),建设一批绿色产业、风情旅游、文化生态等各具特色的不同类型示范县(乡、村),打造一批山更绿、水更清、民更富、心更齐的美丽宜居示范点。(国家民委、国家发展改革委、农业部、国家旅游局)

第九章　加快少数民族特色村镇保护发展

第一节　保护改造民族特色民居

加强少数民族特色民居保护。制定少数民族特色村镇民居保护与发展技术导则，保护营造技法、建造技艺和传统建筑风格，保持与自然生态相协调、与民族文化相适应的村镇风貌，形成有民族特色的传统建筑群落。加强对具有历史文化价值古建筑的保护，筑牢安全屏障，修缮村镇内古建筑和特色民居。推进少数民族特色民居改造，旧民居改造注重保持民族传统建筑风格，新民居建设注重体现民族特色，改建特色民居内部空间格局和设施，适应现代生活需要，满足节能保温和抗震安居等要求。（国家民委、住房城乡建设部、国家发展改革委、文化部、国家文物局）

专栏 11　少数民族特色民居保护与发展主要类型

少数民族特色民居是指具有当地民族特色、与周边自然环境相协调的民居建筑，包括传统民居和新建特色民居。按照分类保护的原则，结合各地实际，重点保护与发展以下三种类型：

（1）保存完好型。传统民居保存较好，村镇传统风貌完整。

（2）新老融合型。传统民居基本得到保存，新建民居民族特色鲜明，较好地实现了新老建筑融合。

（3）传承创新型。以新建建筑为主，民居民族特色鲜明，村镇建筑风貌与自然环境相协调，人居环境优美。

第二节　发展民族特色产业

加快特色产业发展。发挥少数民族特色村镇自然风光优美、民族风情浓郁、建筑风格独特的优势，促进特色产业发展与特色民居保护、民族文化传承、群众就业增收、生态环境保护、民族特色旅游融合发展。大力保护少数民族特色村镇特有农林牧品种资源，扩大农林牧业生产规模，发展特色农林牧产品深加工。加强特色村镇旅游基础设施建设，完善旅游服务功能，提高旅游接待能力和标准化服务水平，推动民族客栈地方标准建设，提升旅游发展品位。深入挖掘少数民族生产生活习俗等特色村镇文化资源，保护民族特色传统生产工艺，扶持具有民族特色、地域特点的传统小吃、手工艺品、旅游纪念品等产业发展。鼓励和支持有条件的村镇申报国家 A 级旅游景区和全国特色景观旅游名镇名村，打造一批在全国具有影响力的特色村镇旅游品牌。支持社会力量参与特色村镇开发、推介和宣传。（农业部、工业和信息化部、住房城乡建设部、国家林业局、国家旅游局、质检总局、文化部、国家文物局、国家民委、国家发展改革委、民政部、新闻出版广电总局）

第三节　改善特色村镇人居环境

加强人居环境综合整治。加快少数民族特色村镇道路建设，重点解决特色村镇与干线道路的公路连接和村内便道硬化。加强特色村镇饮水安全巩固提升工程建设，全面推进集中式供水。加强特色村镇农网改造，保障生产生活用电。推进特色村镇广播电视户户通工程，提高广播电视和宽带网络覆盖率。统筹改善特色村镇群众生产生活条件，全面推进农村生活垃圾和污水处理，实施硬化绿化美化亮化基础设施建设工程，推动改厕改圈改厨，加强消防、防洪、防震、便民利民商贸网点等配套设施建设。鼓励推广使用太阳能等清洁能源。建立健全村镇设施管护、环境卫生保洁等管理长效机制。（国家发展改革委、国家民委、水利部、国家能源局、新闻出版广电总局、国家林业局、工业和信息化部、农业部、环境保护部、公安部、商务部、住房城乡建设部）

第四节　传承发展特色村镇民族传统文化

加强特色村镇民族文化保护传承。重点抓好民族文化的静态保护与活态传承。推进民间文化艺术之乡建设，鼓励引导群众将民族语言、文化艺术、生产技艺、节庆活动和婚丧习俗融入日常生活，传承民族记忆。重视培养村镇乡土文化能人、民族民间文化传承人、少数民族非物质文化遗产项目代表性传承人，支持成立具有当地特色的各类群众文化团队。突出民族文化特色，为群众提供公共文化活动空间。支持开展唱民族歌曲、跳民族舞蹈、演民族戏剧等文化活动，增强特色村镇的文化特色和吸引力。支持传统村落文化保护传承。命名挂牌一批少数民族特色村镇、传统村落示范典型。（住房城乡建设部、国家文物局、体育总局、国家民委、文化部、人力资源社会保障部、国家发展改革委）

营造民族团结友爱的良好氛围。以发展民族风情旅游、民族特色产业为抓手，充分利用少数民族传统节庆活动、文艺演出、体育竞技、文化宣传栏、村规民约等多种形式，大力宣传党的民族政策、民族知识和民族法律法规，结合当地特点开展多种形式的民族团结进步创建活动，促进不同地区不同民族的群众相互欣赏、相互借鉴、相互交流、和谐共处。（国家民委、文化部、体育总局、中央宣传部）

专栏 12　少数民族特色村镇保护与发展

（1）少数民族特色村寨建设。遴选 2000 个基础条件较好、民族特色鲜明、发展成效突出、示范带动作用强的少数民族特色村寨，打造成为少数民族特色村寨建设典范。（国家民委）

（2）少数民族特色小镇试点。遴选 200 个基础条件良好、民族风情浓郁、发展潜力较大的少数民族特色小镇作为国家试点，打造成为全国少数民族特色小镇建设样板。（国家民委、住房城乡建设部、国家发展改革委、国家开发银行、中国农业发展银行）

（3）少数民族特色村镇廊带建设。选择环京津少数民族特色村镇示范带、内蒙古大兴安岭沿麓少数民族特色村镇示范带、辽宁环长白山满族特色村镇示范带、黑龙江三江沿岸赫哲族特色村镇示范带、浙江景宁环敕木山畲族特色村寨示范带、湖北清江土家族风情走廊、湖南湘西怀化土家族苗族侗族特色村寨示范带、桂西北少数民族特色村镇示范带、重庆渝东南土家族苗族特色村镇示范带、贵州黔西南布依族特色村镇示范带、云南边境民族风情走廊、川滇藏大香格里拉高原特色村镇示范带、西藏门巴族珞巴族特色村镇示范带、甘肃丝路少数民族特色村镇风情带、宁夏六盘山连片山区回族特色村镇示范带等地理单元和民族文化单元相对独立完整的特色村镇集中连片地区或廊带，加大投入力度，重点规划建设，整体进行保护，集中打造一批自然环境优美、民族特色鲜明的少数民族特色村镇示范廊带。（国家民委、国家发展改革委、住房城乡建设部、环境保护部）

第十章　深入开展民族团结进步创建活动

第一节　促进各民族交往交流交融

营造各族群众共居共学共事共乐的和谐环境。建设各民族共有精神家园，增强对中华文化认同，促进各民族相互了解、相互尊重、相互包容、相互欣赏、相互学习、相互帮助。推动建立相互嵌入式的社会结构和社区环境，完善政策导向，加强制度保障。深化对口支援和帮扶、定点扶贫、东西扶贫协作、区域合作和干部人才交流，完善有利于少数民族平等进入市场、就业就学、融入城市的政策，鼓励各族群众联合创业、扶贫济困、守望相助。促进各民族文化交融创新，广泛开展群众性互动交流，打造“中华民族一家亲”系列活动平台。建立健全与少数民族代表人士和知识分子沟通联系机制，充分发挥其在联系少数民族群众、维护民族团结和社会稳定等方面的特殊作用，共同推进民族团结进步事业。准确把握民族关系发展趋势和方向，依法妥善处理涉及民族因素的问题，综合运用法律、教育、协商、调解等方法化解，坚决纠正和杜绝违反党的民族政策、伤害民族感情的言行。增强各族干部群众识别大是大非、抵御国内外敌对势力思想渗透的能力，坚决依法打击破坏民族团结和制造民族分裂的违法犯罪行为。（民政部、国家发展改革委、财政部、住房城乡建设部、国务院扶贫办、工商总局、人力资源社会保障部、人民银行、中央宣传部、文化部、科技部、新闻出版广电总局、体育总局、中央统战部、公安部、国家民委）

第二节　推进民族团结进步创建示范区（单位）建设

深化新阶段民族团结进步创建工作。坚持“中华民族一家亲，同心共筑中国梦”总基调，以“建设小康同步、公共服务同质、法治保障同权、民族团结同心、社会和谐同创”为目标，加强各级各类民族团结进步示范区（单位）建设，重点打造一批全国民族团结进步创建示范区（单位），鼓励各地结合实际开展形式多样的民族团结进步创建活动。深入开展民族团结进步创建工作进机关、进企业、进乡镇、进社区、进学校、进宗教活动场所，拓展参与类型、参与范围。鼓励基层探索创新民族团结进步创建活动，积极推动协同创建，发挥好示范区（单位）的示范带动作用。（国家民委、中央统战部、国家发展改革委、财政部、国务院扶贫办、民政部、国务院国资委、教育部、国家宗教局）

第三节　加强民族团结进步宣传教育

培育中华民族共同体意识。深入开展爱国主义和民族团结教育，引导各族群众牢固树立“三个离不开”思想，不断增强“五个认同”，树立正确的国家观、民族观、宗教观、历史观、文化观。健全民族团结教育常态化机制，把民族团结教育纳入国民教育、干部教育、社会教育全过程，推进民族理论、民族政策、民族知识进教材、进课堂、进头脑。推进民族领域思想理论阵地、工作平台及学科建设，加强民族团结教师培训和教材资源建设，增强民族团结进步公共产品有效供给。创新民族团结进步宣传理念、方法和手段，扩大媒体和社会传播，拓展网上传播平台，实施“互联网+民族团结”行动。健全民族团结进步模范表彰工作机制，大力培育、树立和宣传各级各类先进典型。加强民族团结进步教育基地建设，大力开展群众性主题实践教育活动，举办民族团结进步创建活动成果展。加强民族教育领域意识形态安全建设。（国家民委、中央宣传部、中央统战部、教育部、文化部、新闻出版广电总局、中央网信办、人力资源社会保障部、全国总工会、共青团中央、全国妇联）

第四节　完善民族团结进步创建支撑体系

强化民族团结进步创建制度保障。建立健全党政组织领导和部门协同机制、考核测评和验收机制、评审表彰和退出机制，推进民族团结进步创建工作精准化、规范化、社会化、法制化、常态化。明确“国家支持、省负总责、市县落实、分级联创、分类推进”工作方针，强化民族团结进步创建工作责任考核，建立民族团结进步创建工作督查制度。建立健全促进民族团结进步创建的政策、法规和工作体系。加强民族团结进步创建经费保障。（国家民委、中央宣传部、中央统战部、财政部、国家发展改革委）

专栏13 民族团结进步创建

（1）民族团结进步创建保障行动。制定实施全国民族团结进步创建行动计划，出台新阶段创建工作指导意见，完善示范区（单位）创建测评体系和考核办法，建立民族团结进步创建活动激励机制。（国家民委、中央宣传部、中央统战部）

（2）民族团结进步教育基地建设。加快民族团结进步教育基地标准化、多样化、特色化建设，建立国家级、省级民族团结进步教育基地数据信息库，健全民族团结进步教育基地体系。（国家民委、中央宣传部、中央统战部）

（3）民族团结进步典型培树表彰活动。大力培育和树立各级各类先进典型，组织开展民族团结进步模范集体和模范个人表彰活动，表彰奖励各民族联合创业、扶贫济困、守望相助等方面典型。（国家民委、中央宣传部、中央统战部、人力资源社会保障部）

第十一章 创新民族事务治理体系

第一节 提升民族工作法治化水平

完善民族工作法律法规体系。坚持和完善民族区域自治制度，深入贯彻落实民族区域自治法，进一步完善配套法规，推动制定贯彻实施民族区域自治法的部门规章或规范性文件，促进宪法关于民族方面的规定在相关法律法规中贯彻落实。研究修订《城市民族工作条例》、《民族乡行政工作条例》等有关行政法规，研究制定少数民族文化遗产保护利用、少数民族传统医药保护等方面法规规章，提高依法管理民族事务能力和民族工作法治化水平。加强城市和散居地区民族工作法规建设。加强对民族法律法规执行情况的监督检查，建立健全监督检查机制。（国家民委、国务院法制办、文化部、国家中医药局）

加强民族法治宣传教育。实施“七五”普法规划，大力加强宪法和民族区域自治法宣传教育。加强对少数民族流动人口等群体的普法教育，强化各级各类学校法治教育，引导各族群众自觉尊法学法守法用法。（国家民委、中央宣传部、司法部、公安部、教育部）

第二节 加强城市和散居地区民族工作

推进城市和散居地区民族工作制度化建设。引导建立相互嵌入式的社会结构和社区环境，建立以乡镇（街道）、社区、企事业单位、社会组织为依托的网格化管理模式，鼓励开展各民族结对帮扶、共度节庆等交流活动，推动城市民族工作规范化、社会化。充分尊重少数民族群众的风俗习惯和宗教信仰，依法保障和满足城市和散居地区少数民族群众饮食、节庆、婚嫁、丧葬等方面合法权益，严禁民族歧视。提升城市和散居地区清真食品保障能力，加强清真食品监管。支持城市和散居地区设立民族乡发展专项资金，加大对民族乡发展的帮扶力度。（国家民委、全国工商联、文化部、民政部、公安部、商务部、食品药品监管总局、质检总局、财政部、国家发展改革委、国家宗教局）

加强和改进少数民族流动人口服务管理工作。推进少数民族流动人口服务管理示范城市建设，完善城市少数民族流动人口服务管理协调合作、社会服务等机制，构建流出地和流入地信息互通、人员互动、共同负责的工作格局。加强少数民族流动人口信息统计，建立综合服务信息管理平台。完善工商管理、城市管理、社会服务等制度，建立健全有利于少数民族群众进入城市、融入城市的制度机制。保障各民族群众平等享有各项基本公共服务。（国家民委、民政部、司法部、公安部、国家统计局、人力资源社会保障部、教育部、工商总局、国家卫生计生委、全国总工会）

第三节　加强人才队伍建设

加强各级各类人才队伍建设。大力培养、大胆选拔、充分信任、放手使用少数民族干部，注重培养优秀中高级少数民族领导干部，培养长期在民族地区工作的汉族干部，保持干部队伍合理结构。加大民族地区少数民族干部与中央国家机关、东部地区干部双向交流力度。加强少数民族干部挂职锻炼和多岗位锻炼，选派一批骨干到中央国家机关、东部地区任职锻炼。加强培养少数民族专业技术人员、学科带头人，推出一批拔尖人才。支持民族地区实施院士后备人选培养、人才小高地建设，促进高端科技人才聚集发展。大力引进经济社会发展急需紧缺的专门人才，支持和吸引各类人才到民族地区发展、创业。继续开展民族地区专业技术人才特殊培养项目，培养涵盖农林水牧、科教文卫、环境保护等多行业、多领域的专业技术骨干人才。加大基层民族工作部门优秀人才培养选拔力度，强化激励机制，激发基层民族工作干部队伍活力。加强民族地区乡村干部、农村能人培训工作。加强贫困民族地区干部人才教育培养培训，大力实施边远贫困地区、边疆民族地区和革命老区人才支持计划、民族地区本土人才培养计划及少数民族贫困村创业致富带头人培训工程。依托党校、行政学院、普通高校和职业院校，加大少数民族和民族地区干部教育培训力度，支持中央和地方民族干部学院（校）及现场教学点建设。（中央组织部、中央统战部、国家民委、教育部、科技部、人力资源社会保障部、国家发展改革委、财政部、中国科协）

加强双语人才队伍建设。依托民族语文翻译机构、民族院校、民族地区高校等单位，培训熟练掌握国家通用语言文字和少数民族语言文字的双语干部人才。建立推动双语学习激励机制，支持少数民族干部学习国家通用语言，鼓励汉族干部学习少数民族语言。依托双语教学能力较强的民族院校和民族地区高校、党校、行政学院，加强少数民族和民族地区双语人才培养培训。健全少数民族汉语水平等级测试标准。（国家民委、教育部、中央组织部、国家公务员局）

第四节　加快民族事务管理服务能力建设

完善民族工作领导体制和工作机制。坚持民委委员制度，进一步发挥委员单位作用。加强民族工作部门建设，建立健全县级民族工作机制，加大人员、设备保障力度。加强民族工作信息化能力建设，提高民族事务管理服务现代化水平。充分利用大数据和云计算技术，加强少数民族和民族地区经济社会发展分析监测，开展民族事务战略性、趋势性、宏观性重大问题研判。完善民族工作决策机制、专家决策咨询委员会制度和研究成果转化机制。加强民族关系监测，建立健全预警监测体系和应急处理机制，妥善处理涉及民族因素的矛盾纠纷。开展少数民族经济社会调查基础性研究工作。（国家民委、中央组织部、财政部、中央网信办、工业和信息化部、国家统计局）

加强中国特色社会主义民族理论体系研究。依托有关科研机构，深入开展民族地区经济社会发展、民族区域自治、民族关系、城市民族工作、世界民族问题等重大问题研究。支持民族工作新型高端智库建设。办好国家民委民族问题研究项目评审、全国民族问题研究优秀成果和全国民族工作优秀调研成果评选等活动。(国家民委、中央宣传部、教育部、国家发展改革委)

专栏 14 民族事务治理能力提升行动

(1)民族工作智库建设。发挥民族院校服务国家宏观战略、服务民族地区经济社会发展的重要作用,打造一批高水平的民族理论政策研究基地。建设民族理论政策研究专家与成果数据库。支持开展民族问题调查研究。加强民族工作数据库建设。(国家民委、教育部、财政部、国家发展改革委)

(2)少数民族和民族地区干部教育培训。继续实施少数民族和民族地区领导干部培训项目,分期分批对自治州、自治县、边境县、人口较少民族、少数民族特色村镇、集中连片特困民族地区干部以及少数民族中青年干部、女干部进行培训,提升少数民族领导干部综合素质。(国家民委、中央组织部、中央统战部)

(3)民汉双语人才培养。支持双语人才培养培训基地和双语培养培训机构建设。加强双语精品课程和精品教材建设。开发建设双语学习载体和平台。(国家民委、中央组织部、教育部、国家公务员局、工业和信息化部、财政部、国家发展改革委)

(4)少数民族状况评估系统建设。利用现代信息技术,开展少数民族状况动态监测分析,建立民族事务治理数据信息平台,增强民族工作科学决策能力。(国家民委、工业和信息化部、财政部、国家发展改革委)

第十二章 发挥政策支撑作用

第一节 财政政策

充分考虑少数民族和民族地区贫困人口、交通状况、气候条件、生态环境等方面的公共支出成本差异,加大中央财政投入力度,完善财政一般性转移支付增长机制,一般性转移支付资金和相关专项转移支付资金进一步向民族地区倾斜,确保对民族地区转移支付在总盘子中的比重继续增加。建立健全各级支持少数民族发展的投入长效机制,通过现有资金渠道,重点支持贫困民族地区脱贫攻坚、少数民族事业、兴边富民行动、扶持人口较少民族发展等领域建设。充分兼顾民族地区利益,支持民族地区全面开展营改增试点。(财政部、国务院扶贫办、国家民委)

第二节 投资政策

加大中央投入力度。增加对民族地区特别是边远地区重大基础设施、重大基本公共服务项目、重大生态保护工程等投入。加大对民族地区人居环境整治、民族文化传承等领域项目投资力度,推进少数民族事业、兴边富民行动、人口较少民族等重点领域建设。国家在民族地区安排的农村公路、饮水安全巩固提升、流域治理、林业重点工程等公益性建设项目,取消县以下和集中连片特困地区市地州级配套资金。加大现有投资中产业结构调整专项对民族地区特色优势产业发展的支持力度。拓宽民间投资领域和范围,推动社会资本参与民族地区基础设施投资、建设和运营。鼓励国际金融组织和外国政府优惠贷款向民族地区倾斜。(国家发展改革委、财政部、国家民委、人民银行、商务部、水利部、中国民航局、中国铁路总公司)

第三节 金融政策

充分发挥政策性金融、开发性金融、商业性金融和合作性金融作用,加大银行业、证券业、保险业对民族地区支持力度，重点支持基础设施、特色优势产业、能源、环保、教育、文化、医疗卫生等领域建设。加大民族地区信贷投入力度，鼓励民族地区县域内银行业金融机构新吸收存款一定比例用于当地发放贷款，重点支持中小企业、民贸民品企业发展。鼓励符合条件的金融机构在民族地区设立分支机构，加大金融服务力度，努力消除基础金融服务空白乡镇。推动符合条件的民间资本在民族地区依法发起设立民营银行和消费金融公司，参与发起设立村镇银行。规范民族地区信托业发展，支持融资担保机构从事中小企业担保业务。积极支持民族地区符合条件的企业在沪深交易所上市或在“新三板”挂牌并融资，支持符合条件的民族地区上市、挂牌公司通过并购重组做优做强，促进民族地区上市、挂牌公司健康发展。继续暂免征收西藏、新疆、内蒙古、宁夏、广西等自治区“新三板”挂牌公司的挂牌费用，实行专人对接、专人审核制度，做到即报即审、即审即挂。支持民族地区企业通过发行公司债、企业债、非金融企业债务融资工具和资产支持证券等方式进行融资。利用私募基金、产业基金、区域性股权市场和期货市场，支持民族地区经济发展。积极培育民族地区保险市场，不断丰富保险产品，拓宽保险服务领域。推动民族地区开展巨灾保险试点并推广，支持开展农业保险、贷款保证保险等业务。完善信贷风险补偿机制。（人民银行、银监会、证监会、保监会）

第四节　产业政策

根据国家产业结构调整指导目录，引导和支持民族地区承接产业转移。对民族地区符合国家产业政策的产业转移项目，根据权限优先予以核准或备案。支持东部地区符合民族地区特点和生态环境要求的产业有序梯度转移，建立承接产业转移示范园区和区域性产业合作示范区，提升重点企业技术改造和创新能力，引导产业向优化升级、节能减排、绿色环保等方向发展。完善民族地区资源开发利益分配机制，优先布局能源资源及其加工转化类重大产业项目，提高能源资源加工和深加工比例，延长产业链，提高附加值。实施差别化产业政策，支持民族地区发展特色优势产业，适当下放核准权限。加强对民族地区资源型城市可持续发展的引导和支持。（国家发展改革委、工业和信息化部、财政部、国土资源部、科技部、国家能源局、环境保护部）

第五节　土地政策

进一步完善建设用地审批制度，保障民族地区重点工程建设用地。合理确定民族地区产业园区建设用地基准地价。实施差别化土地政策，土地利用年度计划指标向民族地区适度倾斜，适当增加民族地区未利用地计划指标。新增建设用地计划指标和城乡建设用地增减挂钩指标重点向国家扶贫开发工作重点县倾斜，允许开展易地扶贫搬迁的集中连片特困地区、国家扶贫开发工作重点县和贫困老区将城乡建设用地增减挂钩指标在省域范围内使用。探索民族地区在域外发展“飞地”园区。高标准基本农田建设任务和分配中央补助资金继续向民族地区倾斜。支持有条件民族贫困地区开展建设用地整治试点工作。（国土资源部、财政部、国务院扶贫办、农业部、环境保护部）

第六节　社会政策

改革完善边疆、山区、牧区、少数民族聚居地区少数民族考生高考加分优惠政策，继续实施高校少数民族预科班、民族班和少数民族高层次骨干人才计划等特殊招生政策。民族地区投资项目优先吸纳当地劳动力就业，对招收少数民族员工的企业，按规定积极落实就业扶持政策。推动创业担保贷款发放，促进民族地区重点人群和就业困难人员创业就业。推动更多符合条件的民族药品种和民族医诊疗项目纳入医保支付范围，允许民族药医疗机构制剂在民族区域内民族医医疗机构间调剂使用。支持少数民族非物质文化遗产传承人开展传习活动。（国家民委、教育部、人力资源社会保障部、人民银行、国家中医药局、国家卫生计生委、财政部、文化部、食品药品监管总局）

第七节　环境政策

结合实施国家主体功能区规划，率先在民族地区实行资源有偿使用制度和生态保护补偿制度，加快自然资源及其产品价格改革，全面实施资源税改革。合理调整资源开发收益分配政策，强化资源开发对民族地区发展的拉动效应。加大生态保护红线保护力度，逐步建立区域间生态保护补偿机制，重点支持国家禁止开发区域生态保护补偿试点地区和跨省流域生态保护补偿。建立健全民族地区生态保护补偿制度，加快制定出台生态保护补偿条例，逐步对水等自然资源征收资源税。支持民族地区开展森林碳汇参与温室气体自愿减排交易试点。（财政部、国家发展改革委、国土资源部、税务总局、环境保护部、国家林业局、水利部、农业部）

第八节　人才政策

中央国家机关及省级党政机关有计划招录少数民族公务员，继续实施民族地区招录少数民族公务员照顾政策，推动少数民族流动人口较多地区的窗口单位根据需要招录一定数量的少数民族公务员。支持内地高校毕业生到民族地区基层工作。支持高校少数民族毕业生到内地就业创业。加大选调生工作力度，鼓励高校优秀毕业生到民族地区基层锻炼成长。完善机关和事业单位人员工资待遇政策中涉及少数民族和民族地区的相关政策。加大对艰苦边远民族地区人才的政策倾斜力度，落实艰苦边远地区津贴动态调整机制，落实职务晋升、职称评定、职业资格考试、科研项目等方面的特殊政策。加大国家重大人才工程对民族地区支持力度，继续实施国家“千人计划”新疆、西藏项目，继续实施各类人才援藏援疆援青、博士服务团、“西部之光”访问学者、少数民族科技骨干特殊培养、文化名家暨“四个一批”人才工程。（国家公务员局、教育部、人力资源社会保障部、中央组织部、财政部、科技部、文化部、共青团中央、国家民委）

第九节　帮扶政策

鼓励经济较发达省市、大中城市、国有大中型企业采取多种形式支援民族地区加快发展。完善经济支援、产业支援、教育支援、干部支援、人才支援、科技支援等相结合的全面对口支援机制，创新支援方式，加大支援力度。继续实施中央国家机关及企事业单位等定点扶贫和对口支援。继续推进援疆、援藏、援青和对四省藏区的对口支援工作，指导各地进一步做好对口支援工作。继续推进中央企业与国家扶贫开发工作重点县的结对帮扶工作。鼓励社会各界参与支持民族地区公益活动及慈善捐助。（国家发展改革委、国务院国资委、教育部、中央组织部、人力资源社会保障部、科技部、国家民委、中央统战部、国务院扶贫办、民政部、中国科协）

第十三章　强化规划组织实施

第一节　加强组织领导

充分发挥国家民委委员单位和兼职委员在规划实施中的职能作用，建立规划实施领导机制和工作机制，协调解决规划实施过程中的重大问题，定期研究部署推进规划实施工作。充分调动各地各部门积极性，确立国家支持、省负总责、市县抓落实的工作方针，形成党委政府统一领导、有关部门各司其职、社会各方面通力协作的规划实施工作格局。（国家民委、国家发展改革委、教育部、科技部、工业和信息化部、公安部、民政部、财政部、人力资源社会保障部、国土资源部、环境保护部、住房城乡建设部、交通运输部、水利部、农业部、商务部、文化部、国家卫生计生委、人民银行、新闻出版广电总局、体育总局、国家旅游局、国家中医药局、国务院扶贫办）

第二节　明确责任分工

国家民委会同规划编制参加单位，负责制定规划实施方案，落实责任主体，明确工作进度，确保规划落到实处。省级人民政府要及时制定本地区配套规划或实施意见，分解落实工作责任，制定配套政策措施，认真抓好规划落实。对纳入本规划的工程项目，依法依规简化审批核准程序，优先保障规划选址、土地供应和融资安排，确保规划实施取得实效。（国家民委、国家发展改革委、教育部、工业和信息化部、财政部、住房城乡建设部、交通运输部、国土资源部、水利部、农业部、文化部、国家卫生计生委、人民银行、国家林业局、国家旅游局、国务院扶贫办）

第三节　强化督促检查

国家民委会同规划编制参加单位，加强对规划实施情况监督检查，建立规划实施情况年度报告制度，国家有关部门、省级人民政府配合做好相关工作。加强规划实施监测能力建设，建立综合评估指标体系，推进统计信息库建设，组织开展实施情况评估，定期向国务院报告。加强规划宣传，增强规划影响力，营造全社会共同关心支持少数民族和民族地区发展的良好氛围。（国家民委、国家发展改革委、教育部、工业和信息化部、财政部、住房城乡建设部、交通运输部、国土资源部、水利部、农业部、文化部、国家卫生计生委、人民银行、国家林业局、国家旅游局、国务院扶贫办、国家统计局、中央宣传部、新闻出版广电总局）

“十三五”国家知识产权保护和运用规划

国发〔2016〕86号

为贯彻落实党中央、国务院关于知识产权工作的一系列重要部署，全面深入实施《国务院关于新形势下加快知识产权强国建设的若干意见》（国发〔2015〕71号），提升知识产权保护和运用水平，依据《中华人民共和国国民经济和社会发展第十三个五年规划纲要》，制定本规划。

一、规划背景

“十二五”时期，各地区、各相关部门深入实施国家知识产权战略，促进知识产权工作融入经济社会发展大局，为创新驱动发展提供了有力支撑，进一步巩固了我国的知识产权大国地位。发明专利申请量和商标注册量稳居世界首位。与“十一五”末相比，每万人口发明专利拥有量达到6.3件，增长了3倍；每万市场主体的平均有效商标拥有量达到1335件，增长了34.2%；通过《专利合作条约》途径提交的专利申请量（以下称PCT专利申请量）达到3万件，增长了2.4倍，跻身世界前三位；植物新品种申请量居世界第二位；全国作品登记数量和计算机软件著作权登记量分别增长95.9%和282.5%；地理标志、集成电路布图设计等注册登记数量大幅增加。知识产权制度进一步健全，知识产权创造、运用、保护、管理和服务的政策措施更加完善，专业人才队伍不断壮大。市场主体知识产权综合运用能力明显提高，国际合作水平显著提升，形成了一批具有国际竞争力的知识产权优势企业。知识产权质押融资额达到3289亿元，年均增长38%。专利、商标许可备案分别达到4万件、14.7万件，版权产业对国民经济增长的贡献率超过7%。知识产权司法保护体系不断完善，在北京、上海和广州相继设立知识产权法院，民事、刑事、行政案件的“三合一”审理机制改革试点基本完成，司法裁判标准更加细致完备，司法保护能力与水平不断提升。知识产权行政保护不断加强，全国共查处专利侵权假冒案件8.7万件，商标权、商业秘密和其他销售假冒伪劣商品等侵权假冒案件32.2万件，侵权盗版案件3.5万件。全社会知识产权意识得到普遍增强。

同时，我国知识产权数量与质量不协调、区域发展不平衡、保护还不够严格等问题依然突出。核心专利、知名品牌、精品版权较少，布局还不合理。与经济发展融合还不够紧密，转移转化效益还不够高，影响企业知识产权竞争能力提升。侵权易发多发，维权仍面临举证难、成本高、赔偿低等问题，影响创新创业热情。管理体制机制还不够完善，国际交流合作深度与广度还有待进一步拓展。

“十三五”时期是我国由知识产权大国向知识产权强国迈进的战略机遇期。国际知识产权竞争更加激烈。我国经济发展进入速度变化、结构优化、动力转换的新常态。知识产权作为科技成果向现实生产力转化的重要桥梁和纽带，激励创新的基本保障作用更加突出。各地区、各相关部门要准确把握新形势新特点，深化知识产权领域改革，破除制约知识产权发展的障碍，全面提高知识产权治理能力，推动知识产权事业取得突破性进展，为促进经济提质增效升级提供有力支撑。

二、指导思想、基本原则和发展目标

（一）指导思想

全面贯彻党的十八大和十八届三中、四中、五中、六中全会精神，以邓小平理论、“三个代表”重要思想、科学发展观为指导，深入贯彻习近平总书记系列重要讲话精神，紧紧围绕统筹推进“五位一体”总体布局和协调推进“四个全面”战略布局，牢固树立和贯彻落实创新、协调、绿色、开放、共享的发展理念，认真落实党中央、国务院决策部署，以供给侧结构性改革为主线，深入实施国家知识产权战略，深化知识产权领域改革，打通知识产权创造、运用、保护、管理和服务的全链条，严格知识产权保护，加强知识产权运用，提升知识产权质量和效益，扩大知识产权国际影响力，加快建设中国特色、世界水平的知识产权强国，为实现“两个一百年”奋斗目标和中华民族伟大复兴的中国梦提供更加有力的支撑。

（二）基本原则

坚持创新引领。推动知识产权领域理论、制度、文化创新，探索知识产权工作新理念和新模式，厚植知识产权发展新优势，保障创新者的合法权益，激发全社会创新创造热情，培育经济发展新动能。

坚持统筹协调。加强知识产权工作统筹，推进知识产权与产业、科技、环保、金融、贸易以及军民融合等政策的衔接。做好分类指导和区域布局，坚持总体提升与重点突破相结合，推动知识产权事业全面、协调、可持续发展。

坚持绿色发展。加强知识产权资源布局，优化知识产权法律环境、政策环境、社会环境和产业生态，推进传统制造业绿色改造，促进产业低碳循环发展，推动资源利用节约高效、生态环境持续改善。

坚持开放共享。统筹国内国际两个大局，加强内外联动，增加公共产品和公共服务有效供给，强化知识产权基础信息互联互通和传播利用，积极参与知识产权全球治理，推动国际知识产权制度向普惠包容、平衡有效的方向发展，持续提升国际影响力和竞争力。

（三）发展目标

到2020年，知识产权战略行动计划目标如期完成，知识产权重要领域和关键环节的改革取得决定性成果，保护和运用能力得到大幅提升，建成一批知识产权强省、强市，为促进大众创业、万众创新提供有力保障,为建设知识产权强国奠定坚实基础。

——知识产权保护环境显著改善。知识产权法治环境显著优化,法律法规进一步健全,权益分配更加合理,执法保护体系更加健全,市场监管水平明显提升,保护状况社会满意度大幅提高。知识产权市场支撑环境全面优化,服务业规模和水平较好地满足市场需求,形成"尊重知识、崇尚创新、诚信守法"的文化氛围。

——知识产权运用效益充分显现。知识产权的市场价值显著提高,产业化水平全面提升,知识产权密集型产业占国内生产总值(GDP)比重明显提高,成为经济增长新动能。知识产权交易运营更加活跃,技术、资金、人才等创新要素以知识产权为纽带实现合理流动,带动社会就业岗位显著增加,知识产权国际贸易更加活跃,海外市场利益得到有效维护,形成支撑创新发展的运行机制。

——知识产权综合能力大幅提升。知识产权拥有量进一步提高,核心专利、知名品牌、精品版权、优秀集成电路布图设计、优良植物新品种等优质资源大幅增加。行政管理能力明显提升,基本形成权界清晰、分工合理、责权一致、运转高效、法治保障的知识产权体制机制。专业人才队伍数量充足、素质优良、结构合理。构建知识产权运营公共服务平台体系,建成便民利民的知识产权信息公共服务平台。知识产权运营、金融等业态发育更加成熟,资本化、商品化和产业化的渠道进一步畅通,市场竞争能力大幅提升,形成更多具有国际影响力的知识产权优势企业。国际事务处理能力不断提高,国际影响力进一步提升。

"十三五"知识产权保护和运用主要指标

指　　标	2015 年	2020 年	累计增加值	属　性
每万人口发明专利拥有量(件)	6.3	12	5.7	预期性
PCT 专利申请量(万件)	3	6	3	预期性
植物新品种申请总量(万件)	1.7	2.5	0.8	预期性
全国作品登记数量(万件)	135	220	85	预期性
年度知识产权质押融资金额(亿元)	750	1800	1050	预期性
计算机软件著作权登记数量(万件)	29	44	15	预期性
规模以上制造业每亿元主营业务收入有效发明专利数(件)	0.56	0.7	0.14	预期性
知识产权使用费出口额(亿美元)	44.4	100	55.6	预期性
知识产权服务业营业收入年均增长(%)	20	20	—	预期性
知识产权保护社会满意度(分)	70	80	10	预期性

注:知识产权使用费出口额为五年累计值。

三、主要任务

贯彻落实党中央、国务院决策部署,深入实施知识产权战略,深化知识产权领域改革,完善知识产权强国政策体系,全面提升知识产权保护和运用水平,全方位多层次加快知识产权强国建设。

(一) 深化知识产权领域改革

积极研究探索知识产权管理体制机制改革,努力在重点领域和关键环节取得突破性成果。支持地方开展知识产权综合管理改革试点。建立以知识产权为重要内容的创新驱动评价体系，推动知识产权产品纳入国民经济核算，将知识产权指标纳入国民经济和社会发展考核体系。推进简政放权，简化和优化知识产权审查和注册流程。放宽知识产权服务业准入，扩大代理领域开放程度，放宽对专利代理机构股东和合伙人的条件限制。加快知识产权权益分配改革，完善有利于激励创新的知识产权归属制度，构建提升创新效率和效益的知识产权导向机制。

（二）严格实行知识产权保护

加快知识产权法律、法规、司法解释的制修订，构建包括司法审判、刑事司法、行政执法、快速维权、仲裁调解、行业自律、社会监督的知识产权保护工作格局。充分发挥全国打击侵犯知识产权和制售假冒伪劣商品工作领导小组作用，调动各方积极性，形成工作合力。以充分实现知识产权的市场价值为指引，进一步加大损害赔偿力度。推进诉讼诚信建设，依法严厉打击侵犯知识产权犯罪。强化行政执法，改进执法方式，提高执法效率，加大对制假源头、重复侵权、恶意侵权、群体侵权的查处力度，为创新者提供更便利的维权渠道。加强商标品牌保护，提高消费品商标公共服务水平。规范有效保护商业秘密。持续推进政府机关和企业软件正版化工作。健全知识产权纠纷的争议仲裁和快速调解制度。充分发挥行业组织的自律作用，引导企业强化主体责任。深化知识产权保护的区域协作和国际合作。

（三）促进知识产权高效运用

突出知识产权在科技创新、新兴产业培育方面的引领作用，大力发展知识产权密集型产业，完善专利导航产业发展工作机制，深入开展知识产权评议工作。加大高技术含量知识产权转移转化力度。创新知识产权运营模式和服务产品。完善科研开发与管理机构的知识产权管理制度，探索建立知识产权专员派驻机制。建立健全知识产权服务标准，完善知识产权服务体系。完善“知识产权+金融”服务机制，深入推进质押融资风险补偿试点。推动产业集群品牌的注册和保护，开展产业集群、品牌基地、地理标志、知识产权服务业集聚区培育试点示范工作。推动军民知识产权转移转化，促进军民融合深度发展。

四、重点工作

（一）完善知识产权法律制度

1. 加快知识产权法律法规建设。加快推动专利法、著作权法、反不正当竞争法及配套法规、植物新品种保护条例等法律法规的制修订工作。适时做好地理标志立法工作，健全遗传资源、传统知识、民间文艺、中医药、新闻作品、广播电视节目等领域法律制度。完善职务发明制度和规制知识产权滥用行为的法律制度，健全国防领域知识产权法规政策。

2. 健全知识产权相关法律制度。研究完善商业模式和实用艺术品等知识产权保护制度。研究“互联网+”、电子商务、大数据等新业态、新领域知识产权保护规则。研究新媒体条件下的新闻作品版权保护。研究实质性派生品种保护制度。制定关于滥用知识产权的反垄断指南。完善商业秘密保护法律制度，明确商业秘密和侵权行为界定，探索建立诉前保护制度。

专栏1 知识产权法律完善工程

推动修订完善知识产权法律、法规和部门规章。配合全国人大常委会完成专利法第四次全面修改。推进著作权法第三次修改。根据专利法、著作权法修改进度适时推进专利法实施细则、专利审查指南、著作权法实施条例等配套法规和部门规章的修订。完成专利代理条例和国防专利条例修订。

支持开展立法研究。组织研究制定知识产权基础性法律的必要性和可行性。研究在民事基础性法律中进一步明确知识产权制度的基本原则、一般规则及重要概念。研究开展反不正当竞争法、知识产权海关保护条例、生物遗传资源获取管理条例以及中医药等领域知识产权保护相关法律法规修订工作。

（二）提升知识产权保护水平

1. 发挥知识产权司法保护作用。推动知识产权领域的司法体制改革，构建公正高效的知识产权司法保护体系，形成资源优化、科学运行、高效权威的知识产权综合审判体系，推进知识产权民事、刑事、行政案件的"三合一"审理机制，努力为知识产权权利人提供全方位和系统有效的保护，维护知识产权司法保护的稳定性、导向性、终局性和权威性。进一步发挥司法审查和司法监督职能。加强知识产权"双轨制"保护，发挥司法保护的主导作用，完善行政执法和司法保护两条途径优势互补、有机衔接的知识产权保护模式。加大对知识产权侵权行为的惩治力度，研究提高知识产权侵权法定赔偿上限，针对情节严重的恶意侵权行为实施惩罚性赔偿并由侵权人承担实际发生的合理开支。积极开展知识产权民事侵权诉讼程序与无效程序协调的研究。及时、有效做好知识产权司法救济工作。支持开展知识产权司法保护对外合作。

2. 强化知识产权刑事保护。完善常态化打防工作格局，进一步优化全程打击策略，全链条惩治侵权假冒犯罪。深化行政执法部门间的协作配合，探索使用专业技术手段，提升信息应用能力和数据运用水平，完善与电子商务企业协作机制。加强打假专业队伍能力建设。深化国际执法合作，加大涉外知识产权犯罪案件侦办力度，围绕重点案件开展跨国联合执法行动。

3. 加强知识产权行政执法体系建设。加强知识产权行政执法能力建设，统一执法标准，完善执法程序，提高执法专业化、信息化、规范化水平。完善知识产权联合执法和跨地区执法协作机制，积极开展执法专项行动，重点查办跨区域、大规模和社会反映强烈的侵权案件。建立完善专利、版权线上执法办案系统。完善打击侵权假冒商品的举报投诉机制。创新知识产权快速维权工作机制。完善知识产权行政执法监督，加强执法维权绩效管理。加大展会知识产权保护力度。加强严格知识产权保护的绩效评价，持续开展知识产权保护社会满意度调查。建立知识产权纠纷多元解决机制，加强知识产权仲裁机构和纠纷调解机构建设。

4. 强化进出口贸易知识产权保护。落实对外贸易法中知识产权保护相关规定，适时出台与进出口贸易相关的知识产权保护政策。改进知识产权海关保护执法体系，加大对优势领域和新业态、新领域创新成果的知识产权海关保护力度。完善自由贸易试验区、海关特殊监管区内货物及过境、转运、通运货物的知识产权海关保护执法程序，在确保有效监管的前提下促进贸易便利。坚持专项整治、丰富执法手段、完善运行机制，提高打击侵权假冒执行力度，突出打击互联网领域跨境电子商务侵权假冒违法活动。加强国内、国际执法合作，完善从生产源头到流通渠道、消费终端的全链条式管理。

5. 强化传统优势领域知识产权保护。开展遗传资源、传统知识和民间文艺等知识产权资源调查。制定非物质文化遗产知识产权工作指南，加强对优秀传统知识资源的保护和运用。完善传统知识和民间文艺登记、注册机制，鼓励社会资本发起设立传统知识、民间文艺保护和发展基金。研究完善中国遗传资源保护利用制度，建立生物遗传资源获取的信息披露、事先知情同意和惠益分享制度。探索构建中医药知识产权综合保护体系，建立医药传统知识保护名录。建立民间文艺作品的使用保护制度。

6. 加强新领域新业态知识产权保护。加大宽带移动互联网、云计算、物联网、大数据、高性能计算、移动智能终端等领域的知识产权保护力度。强化在线监测，深入开展打击网络侵权假冒行为专项行动。加强对网络服务商传播影视剧、广播电视节目、音乐、文学、新闻、软件、游戏等监督管理工作，积极推进网络知识产权保护协作，将知识产权执法职责与电子商务企业的管理责任结合起来，建立信息报送、线索共享、案件研判和专业培训合作机制。

7. 加强民生领域知识产权保护。加大对食品、药品、环境等领域的知识产权保护力度，健全侵权假冒快速处理机制。建立健全创新药物、新型疫苗、先进医疗装备等领域的知识产权保护长效工作机制。加强污染治理和资源循环利用等生态环保领域的专利保护力度。开展知识产权保护进乡村专项行动，建立县域及乡镇部门协作执法机制和重大案件联合督办制度，加强农村市场知识产权行政执法条件建设。针对电子、建材、汽车配件、小五金、食品、农资等专业市场，加大对侵权假冒商品的打击力度，严堵侵权假冒商品的流通渠道。

专栏2 知识产权保护工程

开展系列专项行动。重点打击侵犯注册商标专用权、擅自使用他人知名商品特有名称包装装潢、冒用他人企业名称或姓名等仿冒侵权违法行为。针对重点领域开展打击侵权盗版专项行动，突出大案要案查处、重点行业专项治理和网络盗版监管，持续开展"红盾网剑"、"剑网"专项行动，严厉打击网络侵权假冒等违法行为。开展打击侵犯植物新品种权和制售假劣种子行为专项行动。

推进跨部门跨领域跨区域执法协作。加大涉嫌犯罪案件移交工作力度。开展与相关国际组织和境外执法部门的联合执法。加强大型商场、展会、电子商务、进出口等领域知识产权执法维权工作。

加强"12330"维权援助与举报投诉体系建设。强化"12330"平台建设，拓展维权援助服务渠道。提升平台服务质量，深入对接产业联盟、行业协会。

完善知识产权快速维权机制。加快推进知识产权快速维权中心建设，提升工作质量与效率。推进快速维权领域由单一行业向多行业扩展、类别由外观设计向实用新型专利和发明专利扩展、区域由特定地区向省域辐射，在特色产业集聚区和重点行业建立一批知识产权快速维权中心。

推进知识产权领域信用体系建设。推进侵权纠纷案件信息公示工作，严格执行公示标准。将故意侵权行为纳入社会信用评价体系，明确专利侵权等信用信息的采集规则和使用方式，向征信机构公开相关信息。积极推动建立知识产权领域信用联合惩戒机制。

（三）提高知识产权质量效益

1. 提高专利质量效益。建立专利申请质量监管机制。深化专利代理领域改革。健全专利审查质量管理机制。优化专利审查流程与方式。完善专利审查协作机制。继续深化专利审查业务国际合作，拓展"专利审查高速路"国际合作网络。加快建设世界一流专利审查机构。加强专利活动与经济效益之间的关联评价。完善专利奖的评审与激励政策，发挥专利奖标杆引领作用。

专栏3 专利质量提升工程

提升发明创造和专利申请质量。在知识产权强省、强市建设和有关试点示范工作中强化专利质量评价和引导。建立专利申请诚信档案，持续开展专利申请质量监测与反馈。

续表

提升专利审查质量。加强审查业务指导体系和审查质量保障体系建设。完善绿色技术专利申请优先审查机制。做好基于审查资源的社会服务工作。构建专利审查指南修订常态化机制。改进审查周期管理,满足创新主体多样化需求。加强与行业协会、代理人、申请人的沟通,形成快捷高效的外部质量反馈机制,提高社会满意度。加大支撑专利审查的信息化基础设施建设。 提升专利代理质量。深化专利代理领域"放管服"改革,提高行业管理水平。强化竞争机制和行业自律,加大对代理机构和代理人的执业诚信信息披露力度。针对专利代理机构的代理质量构建反馈、评价、约谈、惩戒机制。 提升专利运用和保护水平。加快知识产权运营公共服务平台体系建设,为专利转移转化、收购托管、交易流转、质押融资、专利导航等提供平台支撑,提高专利运用效益。制定出台相关政策,营造良好的专利保护环境,促进高质量创造和高价值专利实施。

2. 实施商标战略。提升商标注册便利化水平,优化商标审查体系,建立健全便捷高效的商标审查协作机制。提升商标权保护工作效能,为商标建设营造公平竞争的市场环境。创新商标行政指导和服务监管方式,提升企业运用商标制度能力,打造知名品牌。研究建立商标价值评估体系,构建商标与国民生产总值、就业规模等经济指标相融合的指标体系。建立国家商标信息库。

3. 打造精品版权。全面完善版权社会服务体系,发挥版权社会服务机构的作用。推动版权资产管理制度建设。建立版权贸易基地、交易中心工作协调机制。充分发挥全国版权示范城市、单位、园区(基地)的示范引导作用。打造一批规模化、集约化、专业化的版权企业,带动版权产业健康快速发展。鼓励形成一批拥有精品品牌的广播影视播映和制作经营机构,打造精品影视节目版权和版权产业链。鼓励文化领域商业模式创新,大力发展版权代理和版权经纪业务,促进版权产业和市场的发展。

4. 加强地理标志、植物新品种和集成电路布图设计等领域知识产权工作。建立地理标志联合认定机制,加强我国地理标志在海外市场注册和保护工作。推动建立统筹协调的植物新品种管理机制,推进植物新品种测试体系建设,加快制定植物新品种测试指南,提高审查测试水平。加强种子企业与高校、科研机构的协作创新,建立授权植物新品种的基因图谱数据库,为维权取证和执法提供技术支撑。完善集成电路布图设计保护制度,优化集成电路布图设计的登记和撤销程序,充分发挥集成电路布图设计制度的作用,促进集成电路产业升级发展。

(四)加强知识产权强省、强市建设

1. 建成一批知识产权强省、强市。推进引领型、支撑型、特色型知识产权强省建设,发挥知识产权强省的示范带动作用。深入开展知识产权试点示范工作,可在国家知识产权示范城市、全国版权示范城市等基础上建成一批布局合理、特色明显的知识产权强市。进一步探索建设适合国情的县域知识产权工作机制。

2. 促进区域知识产权协调发展。推动开展知识产权区域布局试点,形成以知识产权资源为核心的配置导向目录,推进区域知识产权资源配置和政策优化调整。支持西部地区改善创新环境,加快知识产权发展,提升企业事业单位知识产权创造运用水平。制定实施支持东北地区等老工业基地振兴的知识产权政策,推动东北地区等老工业基地传统制造业转型升级。提升中部地区特色优势产业的知识产权水平。支持东部地区在知识产权运用方面积极探索、率先发展,培育若干带动区域知识产权协同发展的增长极。推动京津冀知识产权保护一体、运用协同、服务共享,促进创新要素自由合理流动。推进长江经济带知识产权建设,引导产业优化布局和分工协作。

3. 做好知识产权领域扶贫工作。加大对边远地区传统知识、遗传资源、民间文艺、中医药等领域知识产权的保护与运用力度。利用知识产权人才优势、技术优势和信息优势进一步开发地理标志产品,加强植物新品种保护,引导注册地理标志商标,推广应用涉农专利技术。开展知识产权富民工作,推进实施商标富农工程,充分发挥农产品商标和地理标志在农业产业化中的作用,培育一批知识产权扶贫精品项目。支持革命老区、民族地区、边疆地区、贫困地区加强知识产权机构建设,提升知识产权数量和保护水平。

（五）加快知识产权强企建设

1. 提升企业知识产权综合能力。推行企业知识产权管理国家标准,在生产经营、科技创新中加强知识产权全过程管理。完善知识产权认证制度,探索建立知识产权管理体系认证结果的国际互认机制。推动开展知识产权协同运用,鼓励和支持大型企业开展知识产权评议工作,在重点领域合作中开展知识产权评估、收购、运营、风险预警与应对。切实增强企业知识产权意识,支持企业加大知识产权投入,提高竞争力。

2. 培育知识产权优势企业。出台知识产权优势企业建设指南,推动建立企业知识产权服务机制,引导优质服务力量助力企业形成知识产权竞争优势。出台知识产权示范企业培育指导性文件,提升企业知识产权战略管理能力、市场竞争力和行业影响力。

3. 完善知识产权强企工作支撑体系。完善知识产权资产的财务、评估等管理制度及相关会计准则,引导企业发布知识产权经营报告书。提升企业知识产权资产管理能力,推动企业在并购重组、股权激励、对外投资等活动中的知识产权资产管理。加强政府、企业和社会的协作,引导企业开展形式多样的知识产权资本化运作。

专栏 4　知识产权强企工程

推行企业知识产权管理规范。建立政策引导、咨询服务和第三方认证体系。培养企业知识产权管理专业化人才队伍。

制定知识产权强企建设方案。建立分类指导的政策体系,塑造企业示范典型,培育一批具备国际竞争优势的知识产权领军企业。实施中小企业知识产权战略推进工程,加大知识产权保护援助力度,构建服务支撑体系,扶持中小企业创新发展。

鼓励企业国际化发展。引导企业开展海外知识产权布局。发挥知识产权联盟作用,鼓励企业将专利转化为国际标准。促进知识产权管理体系标准、认证国际化。

（六）推动产业升级发展

1. 推动专利导航产业发展。深入实施专利导航试点工程,引导产业创新发展,开展产业知识产权全球战略布局,助推产业提质增效升级。面向战略性新兴产业,在新材料、生物医药、物联网、新能源、高端装备制造等领域实施一批产业规划类和企业运营类专利导航项目。在全面创新改革试验区、自由贸易试验区、中外合作产业园区、知识产权试点示范园区等重点区域,推动建立专利导航产业发展工作机制。

2. 完善"中国制造"知识产权布局。围绕"中国制造 2025"的重点领域和"互联网+"行动的关键环节,形成一批产业关键核心共性技术知识产权。实施制造业知识产权协同运用推进工程,在制造业创新中心建设等重大工程实施中支持骨干企业、高校、科研院所协同创新、联合研发,形成一批产业化导向的专利组合,强化创新成果转化运用。

3. 促进知识产权密集型产业发展。制定知识产权密集型产业目录和发展规划,发布知识产权密集型产业的发展态势报告。运用股权投资基金等市场化方式，引导社会资金投入知识产权密集型产业。加大政府采购对知识产权密集型产品的支持力度。鼓励有条件的地区发展知识产权密集型产业集聚区，构建优势互补的产业协调发展格局。建设一批高增长、高收益的知识产权密集型产业，促进产业提质增效升级。

4. 支持产业知识产权联盟发展。鼓励组建产业知识产权联盟，开展联盟备案管理和服务，建立重点产业联盟管理库，对联盟发展状况进行评议监测和分类指导。支持成立知识产权服务联盟。属于社会组织的，依法履行登记手续。支持联盟构筑和运营产业专利池，推动形成标准必要专利，建立重点产业知识产权侵权监控和风险应对机制。鼓励社会资本设立知识产权产业化专项基金，充分发挥重点产业知识产权运营基金作用，提高产业知识产权运营水平与国际竞争力，保障产业技术安全。

5. 深化知识产权评议工作。实施知识产权评议工程，研究制定相关政策。围绕国家重大产业规划、政府重大投资项目等开展知识产权评议，积极探索重大科技经济活动知识产权评议试点。建立国家科技计划（专项、基金等）知识产权目标评估制度。加强知识产权评议专业机构建设和人才培养，积极推动评议成果运用，建立重点领域评议报告发布机制。推动制定评议服务相关标准。鼓励和支持行业骨干企业与专业机构在重点领域合作开展评议工作，提高创新效率，防范知识产权风险。

专栏 5　知识产权评议工程

推进重点领域知识产权评议工作。加强知识产权主管部门与产业主管部门间的沟通协作，围绕国家科技重大专项以及战略性新兴产业，针对高端通用芯片、高档数控机床、集成电路装备、宽带移动通信、油气田、核电站、水污染治理、转基因生物新品种、新药创制、传染病防治等领域的关键核心技术深入开展知识产权评议工作，及时提供或发布评议报告。

提升知识产权评议能力。制定发布重大经济活动评议指导手册和分类评议实务指引，规范评议范围和程序。实施评议能力提升计划，支持开发评议工具，培养一批评议人才。

培育知识产权评议服务力量。培育知识产权评议服务示范机构，加强服务供需对接。推动评议服务行业组织建设，支持制定评议服务标准，鼓励联盟实施行业自律。加强评议服务机构国际交流，拓展服务空间。

6. 推动军民知识产权转移转化。加强国防知识产权保护，完善国防知识产权归属与利益分配机制。制定促进知识产权军民双向转化的指导意见。放开国防知识产权代理服务行业，建立和完善相应的准入退出机制。推动国防知识产权信息平台建设，分类建设国防知识产权信息资源，逐步开放检索。营造有利于军民协同创新、双向转化的国防科技工业知识产权政策环境。建设完善国防科技工业知识产权平台，完成专利信息平台建设，形成更加完善的国防科技工业专利基础数据库。

（七）促进知识产权开放合作

1. 加强知识产权国际交流合作。进一步加强涉外知识产权事务的统筹协调。加强与经贸相关的多双边知识产权对外谈判、双边知识产权合作磋商机制及国内立场的协调等工作。积极参与知识产权国际规则制定，加快推进保护广播组织条约修订，推动公共健康多哈宣言落实和视听表演北京条约尽快生效，做好我国批准马拉喀什条约相关准备工作。加强与世界知识产权组织、世界贸易组织及相关国际组织的交流合作。拓宽知识产权公共外交渠道。继续巩固发展知识产权多双边合作关系，加强与“一带一路”沿线国家、金砖国家的知识产权交流合作。加强我驻国际组织、主要国家和地区外交机构中涉知识产权事务的人才储备和人力配备。

2. 积极支持创新企业“走出去”。健全企业海外知识产权维权援助体系。鼓励社会资本设立中国企业海外知识产权维权援助服务基金。制定实施应对海外产业重大知识产权纠纷的政策。完善海外知识产权信息服务平台，发布相关国家和地区知识产权制度环境等信息。支持企业广泛开展知识产权跨国交易，推动有自主知识产权的服务和产品“走出去”。继续开展外向型企业海外知识产权保护以及纠纷应对实务培训。

专栏 6　知识产权海外维权工程

健全风险预警机制。推动企业在人才引进、国际参展、产品和技术进出口、企业并购等活动中开展知识产权风险评估，提高企业应对知识产权纠纷能力。加强对知识产权案件的跟踪研究，及时发布风险提示。

建立海外维权援助机制。加强中国保护知识产权海外维权信息平台建设。发布海外知识产权服务机构和专家名录及案例数据库。建立海外展会知识产权快速维权长效机制，组建海外展会快速维权中心，建立海外展会快速维权与常规维权援助联动的工作机制。

五、重大专项

（一）加强知识产权交易运营体系建设

1. 完善知识产权运营公共服务平台。发挥中央财政资金引导作用，建设全国知识产权运营公共服务平台，依托文化产权、知识产权等无形资产交易场所开展版权交易，审慎设立版权交易平台。出台有关行业管理规则，加强对知识产权交易运营的业务指导和行业管理。以知识产权运营公共服务平台为基础，推动建立基于互联网、基础统一的知识产权质押登记平台。

2. 创新知识产权金融服务。拓展知识产权质押融资试点内容和工作范围，完善风险管理以及补偿机制，鼓励社会资本发起设立小微企业风险补偿基金。探索开展知识产权证券化和信托业务，支持以知识产权出资入股，在依法合规的前提下开展互联网知识产权金融服务，加强专利价值分析与应用效果评价工作，加快专利价值分析标准化建设。加强对知识产权质押的动态管理。

3. 加强知识产权协同运用。面向行业协会、高校和科研机构深入开展专利协同运用试点，建立订单式发明、投放式创新的专利协同运用机制。培育建设一批产业特色鲜明、优势突出，具有国际影响力的专业化知识产权运营机构。强化行业协会在知识产权联合创造、协同运用、合力保护、共同管理等方面的作用。鼓励高校和科研机构强化知识产权申请、运营权责，加大知识产权转化力度。引导高校院所、企业联合共建专利技术产业化基地。

专栏 7　知识产权投融资服务工程

建设全国知识产权运营公共服务体系。推进知识产权运营交易全过程电子化，积极开展知识产权运营项目管理。加快培育国家专利运营试点企业，加快推进西安知识产权军民融合试点、珠海知识产权金融试点及华北、华南等区域知识产权运营中心建设。

续表

深化知识产权投融资工作。优化质押融资服务机制，鼓励有条件的地区建立知识产权保险奖补机制。研究推进知识产权海外侵权责任保险工作。深入开展知识产权质押融资风险补偿基金和重点产业知识产权运营基金试点。探索知识产权证券化，完善知识产权信用担保机制，推动发展投贷联动、投保联动、投债联动等新模式。创新知识产权投融资产品。在全面创新改革试验区引导创业投资基金、股权投资基金加强对知识产权领域的投资。 创新管理运行方式。支持探索知识产权创造与运营的众包模式，鼓励金融机构在风险可控和商业可持续的前提下，基于众创、众包、众扶等新模式特点开展金融产品和服务创新，积极发展知识产权质押融资，促进“互联网+”知识产权融合发展。

（二）加强知识产权公共服务体系建设

1. 提高知识产权公共服务能力。建立健全知识产权公共服务网络，增加知识产权信息公共服务产品供给。推动知识产权基础信息与经济、法律、科技、产业运行等其他信息资源互联互通。实施产业知识产权服务能力提升行动，创新对中小微企业和初创型企业的服务方式。发展“互联网+”知识产权服务等新模式，培育规模化、专业化、市场化、国际化的知识产权服务品牌机构。

2. 建设知识产权信息公共服务平台。实现专利、商标、版权、集成电路布图设计、植物新品种、地理标志以及知识产权诉讼等基础信息资源免费或低成本开放共享。运用云计算、大数据、移动互联网等技术，实现平台知识产权信息统计、整合、推送服务。

专栏8　知识产权信息公共服务平台建设工程
建设公共服务网络。制定发布知识产权公共服务事项目录和办事指南。增加知识产权信息服务网点，加强公共图书馆、高校图书馆、科技信息服务机构、行业组织等的知识产权信息服务能力建设。 创建产业服务平台。依托专业机构创建一批布局合理、开放协同、市场化运作的产业知识产权信息公共服务平台，在中心城市、自由贸易试验区、国家自主创新示范区、国家级高新区、国家级经济技术开发区等提供知识产权服务。在众创空间等创新创业平台设置知识产权服务工作站。 整合服务和数据资源。整合知识产权信息资源、创新资源和服务资源，推进实体服务与网络服务协作，促进从研发创意、知识产权化、流通化到产业化的协同创新。建设专利基础数据资源开放平台，免费或低成本扩大专利数据的推广运用。建立财政资助项目形成的知识产权信息和上市企业知识产权信息公开窗口。

3. 建设知识产权服务业集聚区。在自由贸易试验区、国家自主创新示范区、国家级高新区、中外合作产业园区、国家级经济技术开发区等建设一批国家知识产权服务业集聚区。鼓励知识产权服务机构入驻创新创业资源密集区域，提供市场化、专业化的服务，满足创新创业者多样化需求。针对不同区域，加强分类指导，引导知识产权服务资源合理流动，与区域产业深度对接，促进经济提质增效升级。

4. 加强知识产权服务业监管。完善知识产权服务业统计制度，建立服务机构名录库。成立知识产权服务标准化技术组织，推动完善服务标准体系建设，开展标准化试点示范。完善专利代理管理制度，加强事中事后监管。健全知识产权服务诚信信息管理、信用评价和失信惩戒等管理制度，及时披露相关执业信息。研究建立知识产权服务业全国性行业组织。具备条件的地方，可探索开展知识产权服务行业协会组织“一业多会”试点。

（三）加强知识产权人才培育体系建设

1. 加强知识产权人才培养。加强知识产权相关学科专业建设，支持高等学校在管理学和经济学等学科中增设知识产权专业，支持理工类高校设置知识产权专业。加强知识产权学历教育和非学历继续教育，加强知识产权专业学位教育。构建政府部门、高校和社会相结合的多元知识产权教育培训组织模式，支持行业组织与专业机构合作，加大实务人才培育力度。加强国家知识产权培训基地建设工作，完善师资、教材、远程系统等基础建设。加大对领导干部、企业家和各类创新人才的知识产权培训力度。鼓励高等学校、科研院所开展知识产权国际学术交流，鼓励我国知识产权人才获得海外相应资格证书。推动将知识产权课程纳入各级党校、行政学院培训和选学内容。

2. 优化知识产权人才成长体系。加强知识产权高层次人才队伍建设，加大知识产权管理、运营和专利信息分析等人才培养力度。统筹协调知识产权人才培训、实践和使用，加强知识产权领军人才、国际化专业人才的培养与引进。构建多层次、高水平的知识产权智库体系。探索建立行业协会和企业事业单位专利专员制度。选拔一批知识产权创业导师，加强创新创业指导。

3. 建立人才发现与评价机制。建立人才引进使用中的知识产权鉴定机制，利用知识产权信息发现人才。完善知识产权职业水平评价制度，制定知识产权专业人员能力素质标准。鼓励知识产权服务人才和创新型人才跨界交流和有序流动，防范人才流动法律风险。建立创新人才知识产权维权援助机制。

（四）加强知识产权文化建设

1. 加大知识产权宣传普及力度。健全知识产权新闻发布制度，拓展信息发布渠道。组织开展全国知识产权宣传周、中国专利周、绿书签、中国国际商标品牌节等重大宣传活动。丰富知识产权宣传普及形式，发挥新媒体传播作用。支持优秀作品创作，推出具有影响力的知识产权题材影视文化作品，弘扬知识产权正能量。

2. 实施知识产权教育推广计划。鼓励知识产权文化和理论研究，加强普及型教育，推出优秀研究成果和普及读物。将知识产权内容全面纳入国家普法教育和全民科学素养提升工作。

专栏9 知识产权文化建设工程

加强宣传推广。利用新媒体，加强知识产权相关法律法规、典型案例的宣传。讲好中国知识产权故事，推出具有影响力的知识产权主题书籍、影视作品，挖掘报道典型人物和案例。

加强普及型教育。开展全国中小学知识产权教育试点示范工作，建立若干知识产权宣传教育示范学校。引导各类学校把知识产权文化建设与学生思想道德建设、校园文化建设、主题教育活动紧密结合，增强学生的知识产权意识和创新意识。

繁荣文化和理论研究。鼓励支持教育界、学术界广泛参与知识产权理论体系研究，支持创作兼具社会及经济效益的知识产权普及读物，增强知识产权文化传播的针对性和实效性，支撑和促进中国特色知识产权文化建设。

六、实施保障

（一）加强组织协调

各地区、各相关部门要高度重视，加强组织领导，明确责任分工，结合实际细化落实本规划提出的目标任务，制定专项规划、年度计划和配套政策，推动规划有效落实。加强统筹协调，充分发挥国务院知识产权战略实施工作部际联席会议制度作用，做好规划组织实施工作。全国打击侵犯知识产权和制售假冒伪劣商品工作领导小组要切实加强对打击侵犯知识产权和制售假冒伪劣商品工作的统一组织领导。各相关部门要依法履职，认真贯彻落实本规划要求，密切协作，形成规划实施合力。

（二）加强财力保障

加强财政预算与规划实施的相互衔接协调，各级财政按照现行经费渠道对规划实施予以合理保障，鼓励社会资金投入知识产权各项规划工作，促进知识产权事业发展。统筹各级各部门与知识产权相关的公共资源，突出投入重点，优化支出结构，切实保障重点任务、重大项目的落实。

（三）加强考核评估

各地区、各相关部门要加强对本规划实施情况的动态监测和评估工作。国务院知识产权战略实施工作部际联席会议办公室要会同相关部门按照本规划的部署和要求，建立规划实施情况的评估机制，对各项任务落实情况组织开展监督检查和绩效评估工作，重要情况及时报告国务院。

“十三五”市场监管规划

国发〔2017〕6号

“十三五”时期，是全面建成小康社会决胜阶段，是我国经济转型和体制完善的关键时期。加强和改善市场监管，是政府职能转变的重要方向，是维护市场公平竞争、充分激发市场活力和创造力的重要保障，是国家治理体系和治理能力现代化的重要任务。本规划是市场监管的综合性、基础性和战略性规划，强调从维护全国统一大市场出发，从维护市场公平竞争出发，从维护广大消费者权益出发，对市场秩序、市场环境进行综合监管，为市场监管提供一个明确的框架，给广大市场主体一个清晰的信号和稳定的预期，形成综合监管与行业领域专业监管、社会协同监管分工协作、优势互补、相互促进的市场监管格局。

第一章 规划编制背景

一、市场监管的成效与问题

“十二五”时期特别是党的十八大以来，党中央、国务院高度重视市场监管工作，明确把市场监管作为政府的重要职能。各地区、各部门按照简政放权、放管结合、优化服务改革部署，以商事制度改革为突破口，市场监管改革创新取得显著成效，促进了大众创业、万众创新。

商事制度改革取得突破性进展。针对百姓投资创业面临的难点问题，转变政府职能，减少行政审批，大力推进“先照后证”和工商登记制度改革。将注册资本实缴制改为认缴登记制，降低创办企业的资金门槛。将企业年检制改为年报公示制，增强了企业责任意识、信用意识。简化市场主体住所（经营场所）登记，释放住所存量资源。开展名称登记改革，推进电子营业执照和全程电子化登记管理，提高服务效率。实施“五证合一、一照一码”改革，推动相关证照整合。市场主体数量快速增长，我国成为世界上拥有市场主体数量最多的国家。

市场监管新机制逐步建立。精简事前审批，加强事中事后监管，探索市场监管新模式。建立以信用为核心的新型监管机制，强化企业自我约束功能。建立企业信息公示制度、经营异常名录制度和严重违法失信企业名单制度，实施"双随机、一公开"监管，依托全国信用信息共享平台建立政府部门之间信息共享与联合惩戒机制，建设国家企业信用信息公示系统和"信用中国"网站。通过信用监管机制，提高信息透明度，降低市场交易风险，减少政府监管成本，提高经济运行效率。

市场监管体制改革取得初步成效。针对权责交叉、多头执法等问题，推进行政执法体制改革，整合执法主体，相对集中执法权，推进综合执法。各地积极探索综合执法改革，优化执法资源，形成监管合力，提高基层监管效率。同时，确定了"谁审批、谁监管，谁主管、谁监管"的原则，明确了行业主管部门的监管职责。

市场监管法律法规体系逐步完善。按照全面依法治国、建设法治政府的要求，加强市场监管法治建设。制修订公司法、消费者权益保护法、特种设备安全法、商标法、广告法等，基本形成比较完备的市场监管法律法规体系，运用法治思维和法治方式加强市场监管的能力不断提升。

市场秩序和市场环境不断改善。强化生产经营者主体责任，依法规范生产、经营、交易行为，加强质量标准管理，产品质量监督抽查合格率不断提高。加强消费品、食品药品质量安全监管，对消费品实现从生产到流通的全过程管理。消费环境不断改善，消费者权益保护迈上新台阶。中国消费者协会和各类消协组织不断发展，成为维护消费者权益的重要力量。改进和加强竞争执法，加大反垄断和反不正当竞争执法力度，加强市场价格行为监管，加强网络市场、电子商务等新领域监管，积极开展监督检查，打击传销和规范直销，打击侵犯知识产权、制售假冒伪劣商品的行为，产品和服务质量不断提升，市场经济秩序进一步好转。

当前我国正处于经济转型和体制完善的过程中，虽然市场监管取得突出成效，但市场秩序、市场环境还存在一些矛盾和问题。主要是，假冒伪劣、虚假宣传、盗版侵权、价格违法行为和食品药品安全等问题多发，企业的主体责任意识不强，消费者维权难；市场竞争不充分与过度竞争并存，垄断现象与不正当竞争行为时有发生，尤其是行业垄断、地方保护、市场分割等问题比较突出；市场信用体系不健全，信用意识淡薄，各种失信行为比较普遍；行业协会、中介组织监督和约束作用发挥不够，公众监督比较缺乏，推进社会共治不足；行政审批仍较多，百姓投资创业的环节多、程序复杂，市场准入门槛较高；政府职能转变不到位，市场监管体制机制不适应经济发展的需要等。这些问题，影响着市场机制作用的发挥，影响着资源的优化配置，影响着我国经济的健康发展。

二、加强和改善市场监管的重要意义

在全球经济格局调整和竞争优势重塑的重要时期，在我国经济转型和体制完善的关键时期，加强和改善市场监管具有重要意义。

加强和改善市场监管，是完善社会主义市场经济体制的迫切需要。我国社会主义市场经济体制已经初步建立，但仍存在不少问题。主要是，市场秩序不规范，以不正当手段谋取经济利益的现象广泛存在；生产要素市场发展滞后，要素闲置和大量有效需求得不到满足并存；市场规则不统一，部门和地方保护主义大量存在；市场竞争不充分，阻碍优胜劣汰和结构调整；等等。这些问题不解决，完善的社会主义市场经济体制难以形成，迫切需要加强和改善市场监管，破除制约体制完善的各种障碍。

加强和改善市场监管，是加快政府职能转变的迫切需要。发挥市场配置资源的决定性作用和更好发挥政府作用，关键要按照市场化改革方向，深化行政体制改革，转变政府职能，创新政府管理。政府要从发展的主体转为推动发展的主体，加强市场监管，营造公平竞争的市场环境。目前，市场监管的任务越来越重，要通过科学高效的市场监管，维护市场经济的繁荣发展，这是国家治理体系和治理能力现代化的客观要求，是市场经济条件下履行好政府职能的重要方向。

加强和改善市场监管，是推进供给侧结构性改革的迫切需要。落实好化解过剩产能、淘汰“僵尸企业”、培育新产业新动能等一系列任务，迫切需要加强和改善市场监管，充分发挥市场的力量。只有打击各种假冒伪劣、侵害企业权益行为，才能为诚信企业的发展腾出市场空间。只有促进优胜劣汰，形成“僵尸企业”退出机制，才能减少社会资源消耗，促进产业转型升级。只有鼓励竞争，形成有利于大众创业、万众创新的市场环境，才能为经济发展提供新活力。只有改革扭曲市场竞争的政策和制度安排，消除地方保护和行政垄断，才能充分发挥我国统一大市场的优势和潜力。

加强和改善市场监管，是适应科技革命和产业变革新趋势的迫切需要。以大数据、云计算等为代表的新一轮科技革命和产业变革，促进了技术、资源、产业和市场的跨时空、跨领域融合，网络经济、分享经济、众创空间、线上线下互动等新产业、新业态、新模式不断涌现，颠覆了许多传统的生产经营模式和消费模式，对市场监管提出了新要求、新挑战。市场经济在繁荣发展，市场监管也要与时俱进、开拓创新，不断探索市场监管新机制，才能更好地适应发展变化的需要。

总之，要深刻认识“十三五”时期我国市场监管面临的新形势新任务新挑战，强化改革意识，增强创新精神，扩大开放视野，用现代理念引领市场监管，用现代科技武装市场监管，用现代监管方式推进市场监管，积极探索具有中国特色、符合时代要求的市场监管新模式，为各类市场主体营造公平竞争的发展环境。

第二章　总体思路

按照国家“十三五”时期的总体部署，准确把握经济发展规律和市场监管趋势，立足当前，着眼长远，统筹谋划，有序推进，充分发挥市场监管在改革发展大局中的重要作用，为市场经济的高效运行提供保障。

一、指导思想

全面贯彻党的十八大和十八届三中、四中、五中、六中全会精神，深入贯彻习近平总书记系列重要讲话精神和治国理政新理念新思想新战略，认真落实党中央、国务院决策部署，统筹推进“五位一体”总体布局和协调推进“四个全面”战略布局，牢固树立和贯彻落实创新、协调、绿色、开放、共享的发展理念，以深化商事制度改革为突破口，围绕营造良好的市场准入环境、市场竞争环境和市场消费环境，树立现代市场监管理念，改革市场监管体制，创新市场监管机制，强化市场综合监管，提升市场监管的科学性和有效性，促进经济社会持续健康发展。

——激发市场活力。市场经济的内在活力是经济持续增长的重要动力，是经济走向繁荣的重要基础。要改变传统“管”的观念，把激发市场活力和创造力作为市场监管的重要方向，深化商事制度改革，破除各种体制障碍，营造有利于大众创业、万众创新的市场环境，服务市场主体，服务改革发展大局。

——规范市场秩序。完善的市场经济是有活力、有秩序的。没有活力,市场经济就失去了生机;没有秩序,市场经济就失去了保障。要把规范市场秩序、维护公平竞争作为市场监管的重要着力点,坚持放活和管好相结合,做到放而不乱、活而有序,为企业优胜劣汰和产业转型升级提供保障。

——维护消费者权益。保护好消费者权益,保护好人民群众利益,是实现共享发展的本质要求。要树立消费者至上的理念,把维护消费者权益放在市场监管的核心位置,提高人民群众幸福感和获得感。把强化消费维权、改善消费环境,作为推进供给侧结构性改革、实现供给与需求两端发力的重要举措。

——提高监管效率。提高市场运行效率,必须提高市场监管效率。要强化成本意识,增强效能观念,把提高监管效率作为市场监管的基本要求,改变传统的无限监管理念,改革传统的人盯人、普遍撒网的烦苛监管方式,推动市场监管的改革创新。

——强化全球视野。在经济全球化进程中,市场监管理念、监管模式已经成为影响国家竞争力和国际影响力的重要因素。要与我国经济发展全球化趋势相适应,按照提高我国在全球治理中制度性话语权的要求,用国际视野审视市场监管规则的制定和市场监管执法效应,不断提升市场监管的国际化水平。

二、主要目标

到2020年,按照全面建成小康社会和完善社会主义市场经济体制的要求,围绕建设统一开放、竞争有序、诚信守法、监管有力的现代市场体系,完善商事制度框架,健全竞争政策体系,初步形成科学高效的市场监管体系,构建以法治为基础、企业自律和社会共治为支撑的市场监管新格局,形成有利于创业创新、诚信守法、公平竞争的市场环境,形成便利化、国际化、法治化的营商环境。具体目标是:

——宽松便捷的市场准入环境基本形成。市场准入制度进一步完善,公平统一、开放透明的市场准入规则基本形成。各种行政审批大幅削减,商事登记前置、后置审批事项大幅减少,各类不必要的证照基本取消。百姓投资办企业时间缩减,新增市场主体持续增长、活跃发展,新设企业生命周期延长,千人企业数量显著提高。

——公平有序的市场竞争环境基本形成。全国统一的市场监管规则基本形成,多头监管、重复执法基本消除,全国统一大市场进一步完善。反垄断和反不正当竞争执法成效显著,侵权假冒、地方保护、行业垄断得到有效治理,公平竞争、优胜劣汰机制基本建立,市场秩序明显改善,商标品牌作用充分发挥,市场主体质量显著提升。

——安全放心的市场消费环境基本形成。消费维权的法律体系进一步完善,消费维权机制进一步健全。全国统一的消费投诉举报网络平台基本形成,消费维权的便利程度大幅度提高。消费者协会和其他消费者组织发展壮大,消费维权社会化水平明显提高。商品和服务消费的质量安全水平全面提升,消费满意度持续提高。

——权威高效的市场监管体制机制基本建立。市场监管综合执法体制改革全面完成,市场监管格局进一步完善,形成统一规范、权责明确、公正高效、法治保障的市场监管和反垄断执法体系。信用监管、大数据监管以及多元共治等新型监管机制进一步完善。

三、主要原则

——坚持依法依规监管。对各类市场主体一视同仁，依法依规实施公平公正监管，平等保护各类市场主体合法权益。要运用法治思维和法治方式履行市场监管职责，全面实施清单管理制度，通过权力清单明确法无授权不可为，通过责任清单明确法定职责必须为，通过负面清单明确法无禁止即可为，没有法律依据不能随意检查，规范政府部门自由裁量权，推进市场监管的制度化、规范化、法治化。

——坚持简约监管。按照简政放权、放管结合、优化服务改革要求，坚持“简”字当头，实行简约高效的监管方式，消除不必要的管制，革除不合时宜的陈规旧制，打破不合理的条条框框，砍掉束缚创业创新的繁文缛节，减轻企业负担，减少社会成本。

——坚持审慎监管。适应新技术、新产业、新业态、新模式蓬勃发展的趋势，围绕鼓励创新、促进创业，探索科学高效的监管机制和方式方法，实行包容式监管，改革传统监管模式，推动创新经济繁荣发展。对潜在风险大、社会风险高的领域，要严格监管，消除风险隐患。

——坚持综合监管。适应科技创新、产业融合、跨界发展的大趋势，克服相互分割、多头执法、标准不一等痼疾，推进市场监管领域综合执法，建立综合监管体系，发挥各种监管资源的综合效益。加强信息共享，强化部门上下统筹，建立健全跨部门、跨区域执法联动响应和协作机制，消除监管盲点，降低执法成本。

——坚持智慧监管。适应新一轮科技革命和产业变革趋势，适应市场主体活跃发展的客观要求，充分发挥新科技在市场监管中的作用。运用大数据等推动监管创新，依托互联网、大数据技术，打造市场监管大数据平台，推动“互联网+监管”，提高市场监管智能化水平。

——坚持协同监管。市场监管要改变政府大包大揽的传统方式，明确企业的主体责任，推动市场主体自我约束、诚信经营，改变“政府急、企业不急”、“消费者无奈、经营者无惧”的弊端。充分发挥信用体系的约束作用、行业组织的自律作用以及消费者组织、社会舆论和公众的监督作用，实现社会共治。

第三章　市场监管重点任务

围绕供给侧结构性改革，供给需求两端发力，全面深化商事制度改革，加强事中事后监管，把改善市场准入环境、市场竞争环境和市场消费环境作为市场监管重点，为经济发展营造良好的市场环境和具有国际竞争力的营商环境。

一、营造宽松便捷的市场准入环境

推进行政审批制度改革，转变政府职能，减少行政审批，激发百姓创业创新热情，促进市场主体持续较快增长，为经济发展注入新活力新动力。

（一）改革市场准入制度

放宽市场准入。改革各种审批限制，建立统一公开透明的市场准入制度，为投资创业创造公平的准入环境。凡是法律法规未明确禁入的行业和领域，都允许各类市场主体进入。凡是已向外资开放或承诺开放的领域，都向国内民间资本放开。凡是影响民间资本公平进入和竞争的不合理障碍，都予以取消。破除民间投资进入电力、电信、交通、油气、市政公用、养老、医疗、教育等领域的不合理限制和隐性壁垒，取消对民间资本单独设置的附加条件和歧视性条款，保障民间资本的合法权益。建立完善市场准入负面清单制度，对关系人民群众生命财产安全、国家安全、公共安全、生态环境安全等领域，明确市场准入的质量安全、环境和技术等标准，明确市场准入领域和规则。对外商投资实行准入前国民待遇加负面清单的管理模式，逐步减少限制外资进入的领域，培育和扩大国际合作新优势。健全完善相关领域的国家安全审查制度。

深化"先照后证"改革。改革"审批经济"的传统观念，进一步削减各类生产许可证、经营许可证和资质认定，最大限度缩减政府审批范围。加大改革力度，继续削减商事登记前置、后置审批，化解"领照容易、领证难"的矛盾。除涉及人民群众生命财产安全、文化安全和国家安全等的审批事项外，一律放给市场、放给社会，充分发挥市场的调节作用和社会管理功能。完善商事登记前置、后置审批事项目录管理，适时动态调整完善。简化、整合和规范投资项目审批，实行"一站式"网上并联审批，明确标准、缩短流程、限时办结。深化上海"证照分离"改革试点，总结经验，适时向全国推广。

（二）深化商事登记制度改革

推进"多证合一"改革。改革多部门对市场主体的重复审批、重复管理，提高社会投资创业效率。全面实施"五证合一、一照一码"改革，推进"多证合一"，在更大范围、更深层次实现信息共享和业务协同，为企业开办和成长提供便利化服务。做好个体工商户营业执照和税务登记证整合，促进个体私营经济健康发展。通过改革，使营业执照成为企业唯一"身份证"，统一社会信用代码成为企业唯一身份代码。鼓励各地方、有关部门进一步整合各类证照管理，鼓励地方开展证照联办，进一步精减材料手续、精减流程时间。各部门要加强衔接配合，积极推动相关法律、法规的修改完善。建立政企合作机制，支持创业创新孵化机构丰富对企业的服务。对标国际营商环境先进水平，建立开办企业时间统计通报制度，大幅度缩减企业开办时间。研究建立新生市场主体统计调查、监测分析制度。

提高便利化服务水平。改革企业名称核准制度，赋予企业名称自主选择权。除涉及前置审批事项或企业名称核准与企业设立登记不在同一机关外，逐步实现企业名称不再实行预先核准。向社会开放企业名称数据库，完善企业名称管理规范，丰富名称资源。增强企业变更名称的便捷性，提高办理效率。建立企业名称争议处理机制，完善企业名称与驰名商标、注册商标权利冲突解决机制，维护企业合法权益。强化不适宜名称强制纠正机制，维护社会公序良俗。推进企业集团登记制度改革，取消不合理限制。加快推进企业全程电子化登记，提高信息化、便利化水平。推动电子营业执照改革试点，扩大电子营业执照应用范围。

服务创业创新大潮。推进商事登记制度改革，支持创业创新发展。对民间投资进入自然资源开发、环境保护、能源、交通、市政公用事业等领域，除法律法规有明确规定的外，取消最低注册资本、股东结构、股份比例等限制。鼓励创新型公司的发展，在一些创业创新试点地区，在符合法律法规规定的前提下，探索灵活的登记模式。顺应众创空间、创新工场等多样化创业创新孵化平台的发展，支持开展"一址多照"、"一照多址"、工位注册、集群注册、商务秘书公司等多样化改革探索。总结推广自由贸易试验区以及国家自主创新示范区的改革成果，允许具备条件的电商企业实行"一城一号"。对连锁企业设立非企业法人门店和配送中心，所在地政府及有关部门不得设置障碍。

保障企业登记自主权。尊重企业自主经营的权利,允许企业根据实际需要选择组织形式和注册地。除法律法规明确规定外,不得限制企业依法注册登记,不得限制企业必须采取某种组织形式,不得限制企业依法变更其组织形式、住所和注册地,不得限制企业必须在某地登记注册,不得为企业自由迁移设置障碍。除特殊规定外,对已经在其他地方取得营业执照的企业,不得要求其在本地开展经营活动时必须设立子公司。

(三) 完善企业退出机制

完善简易注销机制。简化和完善企业、个体工商户注销流程,构建便捷有序的市场退出机制。探索对资产数额不大、经营地域不广的企业实行简易破产程序。试行对个体工商户、未开业企业以及无债权债务企业实行简易注销程序。

建立强制退出机制。配合去产能、去库存,加大对“僵尸企业”清理力度,释放社会资源。对长期未履行年报义务、长期缺乏有效联系方式、长期无生产经营活动、严重侵害消费者权益等严重违法失信企业探索建立强制退出市场制度。对违反法律法规禁止性规定或达不到节能环保、安全生产、食品药品、工程质量等强制性标准的市场主体,依法予以取缔,吊销相关证照。

形成优胜劣汰长效机制。消除地方保护、行政干预和各种违规补贴,通过市场竞争形成劣势企业的正常退出机制,化解行业性、区域性市场风险。依据法律法规规定,鼓励通过兼并重组、债务重组、破产清算等方式优化资源配置。在一些创新密集区和高科技领域,探索与便捷准入相适应的灵活的企业退出机制,培育创新文化。

(四) 为小微企业创造良好环境

继续研究完善支持小微企业发展的财税优惠政策和金融政策,加快构建中小企业征信体系,发挥国家中小企业发展基金作用,落实完善对小微企业的收费减免政策。

充分发挥国务院促进中小企业发展工作领导小组及其办公室的作用,强化政策协同。梳理已发布的有关支持创业创新发展的各项政策措施,推动“双创”发展,培育“双创”支撑平台,打造“双创”示范基地和城市,促进各项政策惠及更多的小微企业。

充分发挥小微企业名录的作用,拓展小微企业名录功能,完善小微企业名录系统,促进扶持政策宣传和实施。对长期拖欠小微企业货款的大中型企业,经司法认定后,依照相关规定实施联合惩戒,并通过国家企业信用信息公示系统公示。

鼓励各地结合实际制定扶持小微企业发展的政策措施,完善服务体系,创新发展措施和机制,有针对性地提供政策、信息、法律、人才、场地等全方位服务。运用大数据等手段,跟踪分析小微企业特别是新设小微企业运行情况,为完善相关政策提供支持。

二、营造公平有序的市场竞争环境

坚持放管结合,加强事中事后监管,规范企业生产经营行为,维护公平竞争,维护市场秩序,强化市场经营安全,改善市场主体经营发展环境,发挥我国统一大市场的优势和潜力,为企业优胜劣汰和产业转型升级提供保障。

(一) 维护全国统一大市场

按照市场经济发展规律,完善市场监管和服务,促进企业自主经营、公平竞争,消费者自由选择、自主消费,商品和要素自由流动、平等交换,加快形成统一开放、竞争有序的全国统一大市场。

清除统一大市场障碍。按照构建全国统一大市场的要求,废除妨碍全国统一市场和公平竞争的规定和做法,清除针对特定行业的不合理补贴政策,打破制约商品要素流动和服务供给的地区分割、行业垄断和市场壁垒,保证各类市场主体依法平等使用生产要素、公平参与市场竞争。严禁对外地企业、产品和服务设置歧视性准入条件,各地区凡是对本地企业开放的市场领域,不得限制外地企业进入,严禁设置限制企业跨地区经营发展的规定。

健全统一市场监管规则。强化市场规则的统一性、市场监管执法的统一性,建立统一协调的执法体制、执法规则和执法程序,提高市场监管的公开性和透明度。地区性、行业性市场监管规则,不得分割全国统一大市场、限制其发展。

推动市场开放共享。鼓励市场创新,发挥现代科技和商业模式的改革效应,促进区域市场开放、行业资源共享,提高全国市场开放度。发挥现代流通对全国统一大市场的促进作用,通过大市场培育大产业、促进大发展。建立统一市场评价体系和发布机制,推动全国统一大市场建设。

(二)加强重点领域市场监管

把握经济发展的趋势和特点,对一些影响范围广、涉及百姓利益的市场领域,加强监管方式创新,依法规范企业生产经营行为,促进市场健康发展。

加强网络市场监管。坚持创新和规范并重,完善网络市场规制体系,促进网络市场健康发展。加强对网络售假、虚假宣传、虚假促销、刷单炒信、恶意诋毁等违法行为的治理,净化网络市场环境。加强对社交电商、手机应用软件商城等新模式,以及农村电商、跨境电商和服务电商等新业态的监管。强化网络交易平台的责任,规范网络商品和服务经营者行为,推动网络身份认证、网店实名制,保障网络经营活动的规范性和可追溯性。创新网络市场监管机制,完善网络市场监管部际联席会议制度。推进线上线下一体化监管,探索建立风险监测、网上抽查、源头追溯、属地查处、信用管理、电子商务产品质量监督机制,完善网络经营主体数据库,鼓励消费者开展网络监督评议。加强网络市场发展趋势研判,及时完善法律法规,防范网络交易风险。

打击传销、规范直销。强化各级政府责任,加强部门执法联动,通过实施平安建设考核评价、全国文明城市测评等,开展重点区域专项整治,加大打击传销力度。加强对网络传销的查处,遏制网络传销蔓延势头。加强对新形势下假借"微商"、"电商"、"消费投资"等名义开展新型传销的研判,加强风险预警提示和防范,强化案例宣传教育,提高公众识别和防范传销的能力。加强直销企业监管,促进企业规范经营,依法查处直销违法违规行为。

加强广告监管。在支持广告业创新发展的同时,依法强化广告市场监管。围绕食品、医疗、药品、医疗器械、保健食品等重点商品或服务,加大虚假违法广告整治力度。严格规范互联网广告,依法惩处虚假违法广告行为。坚持广告宣传正确导向,严厉打击违背社会良好风尚和造成不良影响的广告,弘扬社会主义核心价值观和中华民族优秀传统文化。创新广告监管方式,加强广告监管平台和互联网广告监测平台建设,健全广告监测制度体系。实施广告信用评价制度,建立违法广告预警机制,完善广告市场主体失信惩戒机制。充分发挥广告行业组织的作用,强化广告经营者、发布者主体责任,引导行业自律,促进行业发展。

加强相关领域规范管理。规范商品交易市场主体经营行为,推动商品质量合格、自律制度健全,深化诚信市场创建活动,积极推进市场诚信体系建设。依法依规开展成品油质量抽检,加大案件查办力度。做好旅游、野生动物保护、拍卖、文物、粮食等领域规范管理。加强合同监管,加大打击合同欺诈力度,强化经纪人监管。加强对中介服务机构的监督管理,规范收费服务行为。加强会计监管,规范市场主体会计核算和信息披露。加大注册会计师行业监管力度,优化会计师事务所执业环境，推动有效履行社会审计监督职能。强化对企业和会计师事务所的监督检查，严肃惩处会计违法违规行为。加强“扫黄打非”和打击非法集资、电信网络犯罪等社会综合治理工作。

加强特种设备安全监管。按照“谁使用、谁管理、谁负责”的原则，强化特种设备使用单位主体责任，建立以多元共治为特征、以风险管理为主线的特种设备安全治理体系。完善特种设备法规标准体系与运行保障机制，健全安全监管制度，实施重点监督检查制度。加强重点使用单位和薄弱环节的安全监察，创新企业主体责任落实机制，完善特种设备隐患排查治理和安全防控体系。根据不同设备、不同环节的安全风险和公共性程度，推进生产环节、使用环节行政许可改革。以电梯、移动式压力容器、气瓶等产品为重点，建立生产单位、使用单位、检验检测机构特种设备数据报告制度，实现特种设备质量安全信息全生命周期可追溯。推进电梯等特种设备安全监管方式改革，构建锅炉安全、节能、环保三位一体的监管体系。强化安全监管能力建设，推进特种设备技术检查机构设置，加强基层安全监察人员培训。提升特种设备风险监测和检验检测能力，建立特种设备风险预警与应急处置平台。鼓励发挥第三方专业服务机构的作用，培育新型服务市场。

（三）强化竞争执法力度

针对市场竞争中的突出问题，强化反垄断和反不正当竞争执法力度，严厉打击侵犯知识产权和制售假冒伪劣商品等违法行为，净化市场环境。

加强反垄断和反不正当竞争执法。加大反垄断法、反不正当竞争法、价格法等执法力度，严肃查处达成实施垄断协议、滥用市场支配地位行为。依法制止滥用行政权力排除、限制竞争行为，依法做好经营者集中反垄断审查工作，保障市场公平竞争、维护消费者权益。针对经济发展中的突出问题，把公用企业、依法实行专营专卖的行业作为监管重点，加强对供水、供电、供气、烟草、邮政等行业的监管，严厉打击滥收费用、强迫交易、搭售商品、附加不合理交易条件等限制竞争和垄断行为。促进医疗、养老、教育等民生领域公平竞争、健康发展。针对经济发展的新趋势，加强网络市场、分享经济以及高技术领域市场监管，制止滥用知识产权排除和限制竞争、阻碍创新行为。加强对与百姓生活密切相关的商品和服务价格垄断、价格欺诈行为的监管，全面放开竞争性领域商品和服务价格。严厉打击仿冒、虚假宣传、价格欺诈、商业贿赂、违法有奖销售、侵犯商业秘密、经营无合法来源进口货物等不正当竞争行为。对公用事业和公共基础设施领域，要引入竞争机制，放开自然垄断行业竞争性业务。

打击制售假冒伪劣商品违法行为。围绕保障和改善民生，加大对与百姓生活密切相关、涉及人身财产安全的日常消费品的打假力度，严惩不符合强制性标准、掺杂掺假、以假充真、以次充好、以不合格产品冒充合格产品等违法行为。强化对利用互联网销售假冒伪劣商品和传播制假售假违法信息的监管。加大对城乡结合部、农村假冒伪劣的打击力度，加强对食品药品、农资、家用电器、儿童用品等商品市场的整治，对列入强制性产品认证目录的产品未经认证擅自出厂、销售、进口或者在其他经营活动中使用的行为，加强执法查处。强化假冒伪劣源头治理，建立商品生产、流通、销售全链条监管机制，完善重点产品追溯制度，构建清晰可追溯的责任体系。探索惩罚性巨额赔偿制度，严厉查处制售假冒伪劣商品违法行为，增强打击侵权假冒违法行为的震慑力。明确地方政府对本地打击假冒伪劣工作的领导责任，严格责任追究和奖惩约束。

（四）推动质量监管

围绕质量强国战略，完善国家计量体系，发挥计量对质量发展的支撑和保障作用，加快质量安全标准与国际标准接轨，发挥标准的引领和规范作用，发挥认证认可检验检测传递信任的证明作用,推动产品和服务质量向国际高端水平迈进。

完善国家计量体系。紧盯国际发展前沿,建立一批高准确度、高稳定性量子计量基准;紧贴战略性新兴产业、高新技术产业等重点领域需求,突破一批关键测量技术,研制一批新型标准物质,不断完善国家计量基标准体系。推动重大测量基础设施和计量科技创新基地建设,按照"全产业链、全量传链、全寿命周期和产业前瞻性"建设思路以及"中心、平台、联盟"整体发展路径,构建国家产业计量测试体系。创新计量监管模式,完善计量法律法规体系、计量监管体系和诚信计量体系。深入推进计量技术机构改革,探索推进计量校准市场和校准机构建设的有效途径,规范计量校准市场,满足社会对量值溯源和校准服务的需求。以贸易便利化、服务外贸进出口、密切国际合作、促进装备走出去为目标,实施计量走出去的国际化发展战略,为建立和维护中国制造、中国创造、中国质量和中国品牌在海外的良好声誉保驾护航。

强化标准体系。改革创新标准制定方式,完善产品和服务质量标准体系。整合精简强制性标准,严格限定在保障人身健康和生命财产安全、国家安全、公共安全、生态环境安全和满足社会经济管理基本要求的范围内,对于强制性标准,市场主体必须严格执行,市场监管部门必须严格监管。优化完善推荐性标准,推动向政府职责范围内的公益类标准过渡。鼓励社会团体制定团体标准,并参与国家标准、行业标准制定。完善企业标准体系,鼓励企业制定高于国家标准或行业标准的企业标准,鼓励领先企业创建国际标准。鼓励组建标准联盟,参与国际标准制定,推动特色优势领域标准国际化,推动与主要贸易国之间加大标准互认力度。适应经济发展趋势,加强服务标准体系建设。加强新产业新业态标准的研究制定,发挥标准的引领规范作用。

健全认证认可检验检测体系。加强认证认可检验检测能力建设,推进检验检测认证机构市场化改革,支持第三方检验检测认证服务发展。完善政府购买检验检测认证服务制度,健全在市场准入、市场监督和行政执法中采信认证认可检验检测结果的措施和办法。加强创新,攻克关键技术,提高现场快速智能识别和定性定量分析的检测技术水平。加快提升认证认可检验检测服务市场监管能力,推进其在电商、微商等新兴领域的广泛应用。加强强制性产品认证,维护质量安全底线。加强自愿性产品、服务、管理体系认证,筑牢质量品牌提升基础。加强检验检测认证品牌建设。深化国际合作,推进国际互认。

强化产品质量和服务监管。落实产品质量法、消费者权益保护法等法律法规,加强产品服务质量监管。严厉查处质量低劣、违反强制性标准、存在质量和安全风险的产品,坚决遏制质量安全事故。加强质量安全日常监管,对重点领域、重点区域、重点商品,加大质量抽检力度,推进线上线下一体化监管。强化全过程质量安全管理与风险监控,对食品、药品、农产品、日用消费品、特种设备、地理标志保护产品等关系人民群众生命财产安全的重要产品加强监督管理,建立健全产品质量追溯体系,形成来源可查、去向可追、责任可究的信息链条。实施质量强国战略,强化企业的主体责任,实行企业产品和服务标准自我声明公开和监督制度,建立完善缺陷产品召回制度、产品事故强制报告制度、产品质量风险监控及风险调查制度,建立商品质量惩罚性赔偿制度,对相关企业、责任人实行市场禁入,增强企业提升质量的内在动力和外部压力。健全服务质量治理与促进体系,推广优质服务承诺标志与管理制度。建立质量信用信息收集和发布制度,形成区域和行业质量安全监测预警机制,防范化解产品服务的质量安全风险。

（五）实施商标品牌战略

围绕品牌经济发展,完善商标注册和管理机制,加强商标品牌法律保护和服务能力建设,充分发挥商标对经济社会发展的促进作用。

推进商标品牌建设。实施商标品牌战略，提高产品服务的品牌价值和影响力，推动中国产品向中国品牌转变。引导企业增强商标品牌意识，发挥企业品牌建设的主体作用。加强对中小企业自主商标、战略性新兴产业商标品牌的培育，推动中华老字号改革创新发展。加强产业集群和区域品牌建设，加强对集体商标和证明商标的管理与保护，运用农产品商标和地理标志推进精准扶贫，开展全国知名品牌创建示范区建设工作，提升区域品牌价值。完善商标服务体系，推进商标注册便利化改革，委托地方受理商标注册申请，优化商标注册流程，完善审查机制，推进商标注册全程电子化。提升商标品牌服务能力，培育一批具有较强影响力的专业服务机构，加强人才培养，建立完善商标品牌评价体系，开展商标品牌评价。加强商标品牌推广和标准制定，鼓励开展国际交流合作，加强自主商标品牌海外保护，提升国际竞争力。

强化商标知识产权等保护。加大对商标、地理标志、知名商品特有名称等保护力度，打击侵犯知识产权和企业合法权益的行为，切实保护商标专用权，加强品牌商誉保护。加强互联网、电子商务、大数据等领域知识产权保护与云服务规则研究，完善相关法律法规。强化商标信用监管，将故意侵犯商标权、假冒商标、违法商标代理行为等纳入全国信用信息共享平台和国家企业信用信息公示系统，加大失信惩戒力度。加强商标代理市场秩序整治，促进商标代理行业自律。

三、营造安全放心的市场消费环境

顺应百姓消费水平提升、消费结构升级趋势，建立从生产、流通到消费全过程的商品质量监管机制，强化消费者权益保护，为百姓营造安全放心的消费环境，提振百姓消费信心。发挥消费的引领作用，通过扩大新消费，带动新投资，培育新产业，形成新动能，促进经济发展良性循环。

（一）加强日常消费领域市场监管

适应百姓消费品质提升的迫切要求，加强质量标准和品牌的引导和约束功能，提高产品和服务质量，缩小国内标准和国际先进标准的差距，提高重点领域主要消费品国际标准一致性程度，逐步实现出口产品与国内销售产品同标准、同质量。

加强食品药品质量安全监管。健全统一权威的食品药品安全监管体系，落实最严谨的标准、最严格的监管、最严厉的处罚、最严肃的问责，实施好国家食品药品安全相关规划。健全食品药品安全领域消费维权机制，加强消费维权制度建设，简化消费争议处理程序，推动完善食品药品消费公益诉讼机制，充分发挥消费者组织作用，提高百姓食品药品消费维权效率。

加强日用消费品监管。强化服装、日用百货、家用电器、建材等质量监管，查处经销无商品名称、无厂名、无厂址等“三无”产品和以假充真、以次充好等损害消费者权益行为。规范家用电器、汽车销售及售后服务市场，明确电动车、老年代步车等交通工具的管理理念和监管规则，完善服务标准，清理整顿虚假售后服务网点。加强对名牌服装、手表、洁具、箱包等品牌商品的监管，规范跨境电子商务经营行为。

加强日常服务消费维权。对百姓住房等大宗消费，要结合去库存，促进房地产市场健康发展，规范购房市场和住房租赁及二手房市场，规范中介服务，加强家装建材质量监管，打击虚假信息、价格欺诈和不公平合同格式条款，保障业主权利，保护购房者和承租者的权益。加强供水、供电、供气、供暖、广播电视、通信、交通运输、银行业、医疗等公用事业领域消费监管，提高服务质量，维护消费者权益。

（二）加强新消费领域市场监管

把握百姓消费升级的发展趋势，针对新的消费领域、新的消费模式和新的消费热点，着眼关键环节和风险点，创新监管思维和监管方式，加强市场监管的前瞻性，消除消费隐患，促进新消费市场健康发展。

加强新消费领域维权。规范电商、微商等新消费领域，强化电商平台、社交平台、搜索引擎等法律责任，打击利用互联网制假售假、虚假宣传等侵害消费者权益的行为，净化网络商品市场，落实网络、电视、电话、邮购等方式销售商品的七日无理由退货制度。强化电信运营商、虚拟运营商的法律责任与社会责任，严惩不良企业利用频道、号码资源进行欺诈的行为。加强对消费者个人信息的保护，加大对违法出售、提供、获取消费者个人信息的处罚力度。

加强新消费领域监管。创新对网约车、房屋分享等新业态的监管，完善服务标准和规范，建立鼓励发展和有效规范相结合的监管机制。加强对平衡车、小型无人机等智能休闲产品的引导和规范，督促生产企业完善质量安全标准，取缔无技术资质、无规范标准的生产经营行为，防范安全风险。加强对旅游、文化、教育、快递、健身等新兴服务消费的监管，完善服务质量标准，强化服务品质保障，做好服务价格监管。加强对预付卡消费的规范，强化对预付卡企业资金管理、备案机制、退费解约等关键环节的监督检查，保障消费安全。

（三）加强重点人群消费维权

维护老年人消费权益。丰富老年人消费需求，加大对老年保健食品、健康用品、休闲旅游等领域虚假宣传、消费欺诈的整治力度，清除消费陷阱。提高老年用品设计、制造标准，确保老年用品的安全性、便捷性和适用性。规范基本生活照料、康复护理、精神慰藉、文化服务等养老服务设施，提高服务质量，满足日益增长的养老服务需求。

维护未成年人消费权益。加强对婴幼儿用品的监管，提高产品质量安全标准，加大对婴幼儿奶粉、食品、服装、玩具等的抽查检验力度，严厉打击制售假冒伪劣商品，确保婴幼儿消费安全。加强学校体育设施器材、文化用品的质量安全监管，为未成年人健康成长提供保障。加强对康复治疗、特殊教育市场监管，严格经营资质和服务标准，严厉查处无照无证经营、超范围经营等不法行为。

（四）加强农村市场监管

按照全面建成小康社会的目标要求，坚持普惠性、均等化发展方向，把加强农村、农民的消费维权作为重要任务，提高城乡消费维权的均等化水平。

加强农村消费市场监管。开展农村日常消费品质量安全检查，防止把农村作为假冒伪劣商品的倾销地。围绕重要节庆时点和春耕、夏种等重要时段，突出城乡结合部、偏远乡镇等重点区域，对农副产品市场、农业生产资料市场等商品交易市场开展综合治理，推动诚信示范市场建设，维护农村市场秩序。以日常大宗生活消费品为重点，针对假冒伪劣和侵权易发多发的商品，从生产源头、流通渠道和消费终端进行全方位整治。结合农村电商发展，在消费网点设立消费投诉点，方便农民就近投诉维权。

保障农业生产安全。围绕重点品种和相应农时，以“打假、护农、增收”为目标，加强对农机、农药、肥料、农膜、种子、兽药、饲料等涉农商品质量监管，开展农资产品抽检，严厉打击假劣农资坑农害农行为，切实保护农民权益。深入开展“合同帮农”、“红盾护农”等专项执法，指导农资经营者完善进货查验、票据管理等制度，推动农资商品质量可追溯，建立维护农村市场秩序的长效机制。

（五）健全消费维权机制

针对百姓维权难、维权成本高，企业侵权成本低、赔付难等突出问题，完善消费维权机制，强化企业主体责任，加大企业违法侵权成本，提高百姓维权效率。

完善消费投诉举报平台。按照便利消费者投诉的要求，建立全国统一的消费者投诉举报互联网平台，优化提升食品药品、质量安全、价格投诉等重点领域消费投诉举报平台功能，建立消费投诉、消费维权公开公示制度。推进“12315”进商场、进超市、进市场、进企业、进景区工作向基层和新领域延伸，建立覆盖城乡的基层消费投诉举报网络。推进“12315”与相关行业、系统消费者申诉平台的衔接与联动。加强消费者权益保护指挥调度系统建设，强化统筹协调、考核督办、提示警示和应急指挥。

健全消费争议处理机制。探索建立消费纠纷多元化解机制，简化消费争议处理程序，提高消费者维权效率。鼓励经营者建立小额消费争议快速和解机制，督促指导经营者主动与消费者协商和解。鼓励社会力量建立消费仲裁机构，完善消费仲裁程序。鼓励小额消费纠纷案件通过小额诉讼程序一审终审，快速处理小额消费纠纷。推动完善消费公益诉讼机制，维护消费群体的合法权益。推动人民调解、行政调解与司法调解有机衔接，完善诉讼、仲裁与调解对接机制。完善消费领域惩罚性赔偿制度，大幅度提高消费者权益损害赔偿力度，强化以消费者为核心的社会监督机制，使消费者成为消费秩序的有力监督者和维护者。

加强消费维权制度建设。完善消费者权益保护法相关配套法规规章，推动调整现行法律法规中不利于消费者权益保护的规定，充分发挥消费者权益保护工作部际联席会议制度的作用。推动在全国范围内开展放心消费创建活动，提高消费环境安全度、经营者诚信度和消费者满意度。鼓励行业组织开展诚信自律等行业信用建设，完善银行、证券、保险及其他金融或金融相关行业，以及电信、快递、教育等领域消费者权益保护制度，建立跨行业、跨领域的消费争议处理和监管执法合作机制。加强国际和地区间消费者权益保护交流与合作，加快建立跨境消费者权益保护机制。

强化生产经营者主体责任。建立“谁生产谁负责、谁销售谁负责”的责任制，明确消费维权的责任链条，提高企业违法成本。健全消费品生产、运输、销售、消费全链条可追溯体系，实现产品可追溯、责任可追查。严格落实企业“三包”制度和缺陷产品召回制度，完善产品质量担保责任，对问题产品采取修理、更换、退货、损害赔偿等措施。严格规范生产经营者价格行为，落实明码标价和收费公示制度。建立产品质量和服务保证金制度，全面推行消费争议先行赔付。完善汽车、家电等耐用消费品举证责任倒置制度。在产品“三包”、重点消费品等领域实施产品质量安全责任保险制度，加强第三方专业监管和服务。

发挥消费者组织的作用。充分发挥消费者协会等组织在维护消费者权益方面的作用。推动扩大公益诉讼的主体范围，增加诉讼类型，针对垄断行业、公用事业、新兴领域以及涉及百姓消费利益的重大事件，加大公益诉讼力度。开展比较试验和体验式调查等消费引导，及时公布权威性调查报告，提高消费者自我保护能力。积极参与有关消费者权益的立法立标工作，反映消费者意见。加强基层消协组织建设，强化消协履职保障。发挥消费者协会专家委员会、消费者协会律师团和消费维权志愿者的作用，为消费者提供专业化消费咨询服务，加大法律援助力度，维护弱势群体利益。加强消费教育引导，提供消费指南，开展风险警示，引导科学理性消费。

第四章 健全市场监管体制机制

要与时俱进、开拓创新，不断完善市场监管体制机制，创新市场监管方式方法，适应市场经济发展变化趋势，提高市场监管的科学性和有效性。

一、强化竞争政策实施

竞争政策是推动市场经济繁荣发展的重要政策体系，具有规范市场秩序、维护公平竞争、鼓励市场创新、推动体制改革、提升市场效率和社会效益的重要作用。

（一）强化竞争政策基础性地位

要以完善社会主义市场经济体制为目标，强化竞争政策在国家政策体系中的基础性地位，健全竞争政策体系，完善竞争法律制度，明确竞争优先目标，建立政策协调机制，倡导竞争文化，推动竞争政策有效实施。发挥国务院反垄断委员会在研究拟订有关竞争政策、评估市场竞争状况、制定反垄断指南、协调反垄断行政执法等方面的职责。

发挥竞争政策的基础性作用，把竞争政策贯穿到经济发展的全过程，推动我国经济转型和体制完善。把竞争政策作为制定经济政策的重要基础，以国家中长期战略规划为导向，充分尊重市场，充分发挥市场的力量，实行竞争中立制度，避免对市场机制的扭曲，影响资源优化配置。把竞争政策作为制定改革政策的重要导向，按照全面市场化改革方向，准确把握改革方向和改革举措，推进垄断行业改革，破除传统体制、传统管理模式的束缚，避免压抑市场创新、抑制发展活力。把竞争政策作为完善法律法规的重要指引，按照全面依法治国的要求，不断完善竞争法律制度，为市场经济高效运行提供法律保障，打破固有利益格局，避免部门分割和地方保护法制化。把竞争政策作为社会文化的重要倡导，形成与社会主义市场经济发展相适应的竞争文化，改革传统计划经济思维和惯性，规范和约束政府行为，推进创业创新、诚信守法、公平竞争。

（二）完善公平竞争审查制度

把规范和约束政府行为作为实施竞争政策的重要任务。实施并完善公平竞争审查制度，研究制定公平竞争审查实施细则，指导政策制定机关开展公平竞争审查和相关政策措施清理工作，保障公平竞争审查制度有序实施。推动产业政策从选择性向功能性转型，建立产业政策与竞争政策的协调机制。开展公平竞争审查制度效应分析，对政策制定机关开展的公平竞争审查成效进行跟踪评估，及时总结经验并发现问题，推动制度不断完善。在条件成熟时适时组织开展第三方评估，提高公平竞争审查的公正性、科学性和规范性。与公平竞争审查制度的事前审查相呼应，建立公平竞争后评估制度，对已经出台的政策措施进行公平竞争评估，对不合理的政策安排进行相应调整完善。

（三）积极倡导竞争文化

倡导竞争文化，形成推动竞争政策实施的良好氛围。在各级政府部门全面普及竞争政策理论，以更好地推动市场经济建设，消除不公平竞争对经济发展的危害。加大竞争政策宣传力度，使各类企业更好地了解市场竞争规则，积极主动面向市场，改变依赖政府优惠政策支持的倾向，使企业成为真正的市场主体，强化经济发展的微观基础。发挥新闻媒体特别是网络新媒体的作用，采取多种形式宣传普及竞争政策的目标任务和政策工具，加强竞争执法案例的分析解读，推动竞争政策的有效实施。

二、健全企业信用监管机制

健全企业信用监管机制，强化企业责任意识，增强企业自我约束机制，让信用创造财富，用信用积累财富，发挥信用在经济运行中的基础性作用，促进社会信用体系建设。

（一）完善企业信息公示制度

完善企业信息公示制度，提高企业信息透明度，增强企业之间的交易安全，降低市场交易风险，提高经济运行效率。适时修改完善《企业信息公示暂行条例》，明确企业信息公示的责任和义务，提高企业年报的公示率和年报信息的准确性。指导市场主体及时公示即时信息，强化对与市场监管有关的出资、行政许可和受到行政处罚等信息的公示。政府部门要提高市场监管行政执法的公开性和透明度，及时公示对企业的行政处罚信息。支持利用新媒体等多渠道公示市场主体信用信息，为社会公众查询信息提供便捷高效的服务。

（二）强化企业信息归集机制

企业信息归集是实现企业信用监管、协同监管、联合惩戒和社会共治的基础。加强信息整合，建立涉企信用信息归集机制，整合各部门涉企信息资源，解决企业信息碎片化、分散化、区域化的问题。建立企业财务会计报表单一来源制度。依托国家企业信用信息公示系统，将企业基础信息和政府部门在履职过程中形成的行政许可、行政处罚及其他监管信息，全部归集到企业名下，形成企业的全景多维画像。建立跨部门信息交换机制，依托全国信用信息共享平台和国家企业信用信息公示系统，推动政府及相关部门及时、有效地交换共享信息，打破信息“孤岛”。健全信息归集机制，完善企业信息归集办法，定期公布涉企信息归集资源目录，制定信息归集标准规范，提升信息归集的统一调度处理能力和互联互通的协同能力。

（三）健全信用约束和失信联合惩戒机制

发挥企业信用监管的作用，推动企业诚信经营。建立市场主体准入前信用承诺制度，将信用承诺纳入市场主体信用记录。完善经营异常名录、严重违法失信企业名单制度，在各地区、各部门“黑名单”管理基础上，形成统一的“黑名单”管理规范。完善法定代表人、相关负责人及高级管理人员任职限制制度，将信用信息作为惩戒失信市场主体的重要依据。实行跨部门信用联合惩戒，加大对失信企业惩治力度，对具有不良信用记录的失信市场主体，在经营、投融资、取得政府供应土地、进出口、出入境、注册新公司、工程招投标、政府采购、获得荣誉、安全许可、生产许可、从业任职资格、资质审核等方面，依法予以限制或禁止。实行企业信用风险分类管理，依据企业信用记录，发布企业风险提示，加强分类监管和风险预防。建立企业信用修复机制，鼓励企业重塑信用。

（四）全面推行“双随机、一公开”监管

推进监管方式改革，提高政府部门对企业监管的规范性、公正性和透明度。改革传统的巡查监管方式，建立健全“双随机、一公开”监管机制，全面推行“双随机、一公开”跨部门联合检查和监管全覆盖。在一些综合执法领域，要建立部门协同、联合监管的工作机制，加强对基层工作的统筹指导，提高执法效能。鼓励地方把“双随机、一公开”扩展到相关政府部门、扩展到对市场主体的各项检查事项上，建立政府部门的“随机联查”制度，发挥跨部门联合惩戒的作用，切实减轻分散检查对企业造成的负担。

三、加强大数据监管

以市场监管信息化推动市场监管现代化,充分运用大数据等新一代信息技术,增强大数据运用能力,实现"互联网+"背景下的监管创新,降低监管成本,提高监管效率,增强市场监管的智慧化、精准化水平。

(一) 加强大数据广泛应用

加强大数据综合分析,整合工商登记、质量安全监管、食品安全、竞争执法、消费维权、企业公示和涉企信息等数据资源,研究构建大数据监管模型,加强对市场环境的监测分析、预测预警,提高市场监管的针对性、科学性和时效性。加强对市场主体经营行为和运行规律的分析,对高风险领域建立市场风险监测预警机制,防范行业性、系统性、区域性风险。在工商登记、质量安全监管、竞争执法、消费维权等领域率先开展大数据示范应用,建设市场监管大数据实验室,推进统一的市场监管综合执法平台建设。加强市场监管数据与宏观经济数据的关联应用,定期形成市场环境形势分析报告,为宏观决策提供依据。运用大数据资源科学研究制定市场监管政策和制度,对监管对象、市场和社会反应进行预测,并就可能出现的风险提出预案。加强对市场监管政策和制度实施效果的跟踪监测,定期评估并根据需要及时调整。

(二) 加强大数据基础设施建设

适应大数据监管趋势要求,推动"互联网+监管"信息化建设,提高政府信用监管的信息化水平。加强国家企业信用信息公示系统建设,按照"全国一体、纵向贯通、横向互联、资源共享、规范统一"的要求,强化顶层设计,结合地方实际,建立完善企业信用信息汇集、共享和利用的国家级一体化信息平台。加强大数据资源体系建设,加快建设国家法人单位基础信息库、全国动物疫病监测和疫情系统,完善市场监管平台建设。依托全国信用信息共享平台和国家企业信用信息公示系统,健全部门信息共享交换机制,进一步加强"信用中国"网站建设。建立大数据标准体系,研究制定有关大数据的基础标准、技术标准、应用标准和管理标准等。加快建立政府信息采集、存储、公开、共享、使用、质量保障和安全管理的技术标准。引导建立企业间信息共享交换的标准规范。建立健全信息安全保障体系,切实保护国家信息安全以及公民、法人和其他组织信息安全。

(三) 发展大数据信用服务市场

积极稳妥推动市场监管数据向社会开放,明确政府统筹利用市场主体大数据的权限及范围,构建政府和社会互动的信息应用机制。加强与企业、社会机构合作,通过政府采购、服务外包、社会众包等多种方式,依托专业企业开展市场监管大数据应用,降低市场监管成本。发展各类信用服务机构,鼓励征信机构、消费者协会、互联网企业、行业组织等社会力量依法采集企业信用信息,建立覆盖各领域、各环节的市场主体信用记录,提供更多的信用产品和服务,扩大信用报告在市场监管和公共服务领域中的应用。加强信用服务市场监管,提高信用服务行业的市场公信力和社会影响力,打击虚假评价信息,培育有公信力、有国际影响力的信用服务机构。通过政府信息公开和数据开放、社会信息资源开放共享,提高市场主体生产经营活动的透明度,为新闻媒体、行业组织、利益相关主体和消费者共同参与对市场主体的监督创造条件。

四、完善市场监管体制

按照加强和改善市场监管的要求,进一步理顺市场监管体制,完善监管机制,优化执法资源,统一执法规则,建立协调配合、运转高效的市场监管体制机制,形成大市场、大监管、大服务的新格局。

（一）推进综合执法

综合执法改革是市场监管改革的重要方向和重点任务,必须科学谋划、统筹推进。研究制定深化地方市场监管领域综合执法改革的政策思路,指导各地规范有序开展综合执法改革,大力推动市场综合监管。大力推进市、县综合行政执法,在总结县级层面经验做法基础上,积极推进地市层面综合执法,尽快完成市、县市场监管综合执法改革。按照市场统一性和执法统一性的要求,从完善政府管理架构、强化治理能力出发,加强市场监管体制改革的顶层设计,明确全国市场监管体制改革的方向。合理确定综合执法范围,探索有效的改革模式,统一执法资格和执法标准,提高综合执法效能。"十三五"期间,形成统一规范、权责明确、公正高效、法治保障的市场监管和反垄断执法体系。

（二）强化部门联动

依法充分发挥综合监管和行业监管作用,建立综合监管部门和行业监管部门联动的工作机制,形成优势互补、分工协作、沟通顺畅、齐抓共管的监管格局。按照"谁审批、谁监管,谁主管、谁监管"的原则,健全行业监管机构和队伍,充分发挥行业监管部门的作用,履行专业监管职责,进一步规范行业领域市场秩序。综合监管部门要强化市场秩序、市场环境的综合监管,维护全国统一大市场,维护公平竞争的市场机制,维护广大消费者合法权益,推动市场经济繁荣发展。建立健全行业监管部门和综合监管部门的协调配合机制,行业监管部门没有专门执法力量或执法力量不足的,应充分发挥综合监管部门市场监管骨干作用,推动跨行业、跨区域执法协作,形成促进行业发展和统一市场协同发展的格局。完善不同层级部门之间执法联动机制,科学划分不同层级的执法权限,增强纵向联动执法合力。

（三）加强基层建设

按照市场监管执法重心下移的要求,推动人财物等资源向基层倾斜,加强基层执法能力建设。充实执法力量,加强业务培训,优化基层干部年龄结构和知识结构,建设高素质、专业化的执法队伍。推行行政执法类、专业技术类公务员分类改革,完善市场监管人员激励机制。研究制定基层执法装备配备标准,合理保障基层装备投入,配备执法记录仪、检验检测设备等先进设备,提高现代科技手段在执法办案中的应用水平。应结合实际需要和财力可能,统筹安排基层执法能力建设经费,并通过优化支出结构、提高资金使用效益予以合理保障。

（四）推动社会共治

顺应现代治理趋势,努力构建"企业自治、行业自律、社会监督、政府监管"的社会共治新机制。强化生产经营者的主体责任,企业要履行好质量管理、营销宣传、售后服务、安全生产等方面的义务,引导企业成为行业秩序、市场环境的监督者和维护者,培育有社会责任的市场主体。引导非公经济组织加强党建、团建工作,自觉依法依规经营。结合行业组织改革,加强行业组织行业自治功能,鼓励参与制定行业标准和行业自律规范,建立行业诚信体系,充分发挥服务企业发展、规范行业主体行为、维护行业秩序的重要作用。充分利用认证认可检验检测等第三方技术手段,为市场监管执法提供技术支撑。积极推动社会共治立法,明晰社会共治主体的权利和义务,加强社会公众、中介机构、新闻媒体等对市场秩序的监督,发挥消费者对生产经营活动的直接监督作用,健全激励和保护消费者制度,构筑全方位市场监管新格局。

五、推动市场监管法治建设

适应市场监管工作新需要，加强市场监管法治建设，完善法律法规体系，推进依法行政，强化执法能力保障，确保市场监管有法可依、执法必严、清正廉洁、公正为民。

（一）完善法律法规

根据市场监管实际需要和行政审批制度改革情况，加快市场监管法律法规体系建设，完善商事法律制度。完善市场监管重点领域立法，研究推动市场竞争、产品质量、外国投资、电子商务等领域的立法。夯实商事制度改革法治基础，适时推动反不正当竞争法、标准化法、无证无照经营查处办法等法律、行政法规的制修订工作，加强相关配套规章的制定、修改和废止工作。

（二）规范执法行为

坚持法定职责必须为，严格依法履行职责。市场监管部门依照法定权限和程序行使权力、履行职责。建立科学监管的规则和方法，优化细化执法工作流程，解决不执法、乱执法、执法扰民等问题。完善行政执法程序和制度，全面落实行政执法责任制。建立行政执法自由裁量基准制度，严格限定和合理规范自由裁量权的行使。健全行政执法调查取证、告知、罚没收入管理等制度。严格执行重大行政执法决定法制审核制度，完善规范性文件制定程序，落实合法性审查制度。建立健全法律顾问制度。按照"谁执法谁普法"的普法要求，建立常态化的普法教育机制，开展法治宣传教育，营造良好的法治环境。

（三）强化执法监督

推行地方各级市场监管部门权力清单制度，依法公开权力运行流程。实行行政执法公示制度，公示行政审批事项目录，公开审批依据、程序、申报条件，公开监测、抽查和监管执法的依据、内容和结果。强化执法考核和行政问责，综合运用监察、审计、行政复议等方式，加强对行政机关不作为、乱作为、以罚代管等违法违规行为的监督。完善内部层级监督和专门监督，建立常态化监督制度，加强行政执法事中事后监督。开展法治建设评价工作，改进上级市场监管机关对下级机关的监督。

（四）加强行政执法与刑事司法衔接

完善案件移送标准和程序，严格执行执法协作相关规定，解决有案不移、有案难移问题。建立和加强市场监管部门、公安机关、检察机关间案情通报机制。市场监管部门发现违法行为涉嫌犯罪的，要及时依法移送公安机关并抄送同级检察机关，严禁以罚代刑、罚过放行。推进市场监管行政执法与刑事司法信息共享系统建设，实现违法犯罪案件信息互联互通。

第五章　规划组织实施

落实本规划提出的目标任务，要履行好各部门、地方各级政府的职责，充分激发各类市场主体、广大消费者、行业组织和社会媒体的积极性，形成市场监管合力。

一、加强组织协调

各部门、各地方要转变观念、提高认识，把加强和改善市场监管作为推动改革、促进发展的一项重大任务，切实抓实抓好。建立市场监管部际联席会议制度，加强组织领导，密切协调配合，健全工作机制,强化部门协同和上下联动,统筹推进规划明确的重要任务和改革部署,全面实现规划目标。加强国际交流,强化国际人才培养,积极参与国际规则制定。组织开展规划的宣传和解读工作,为规划实施营造良好的舆论氛围。

二、明确责任分工

各部门、各地方要积极探索、大胆创新、勇于改革,运用创新性思维、改革性举措,创造性地落实好规划任务。各部门要强化责任意识,树立大局观念,按照职责分工,各司其职,密切配合,把规划提出的目标任务纳入年度工作部署,明确时间表、路线图,扎实推进规划的实施。地方各级政府要切实转变观念,把加强市场监管作为改善地方经济发展环境、推动地方经济繁荣发展的重要保障,把规划目标任务纳入政府工作部署予以落实。相关社会组织和行业协会要按照规划要求,积极参与,主动作为,发挥作用。要发挥市场监管专家委员会以及有关专家学者的作用,加强竞争政策智库建设,针对规划中的重点难点问题,加强理论研究和对策研究,促进重大决策的科学化和民主化。

三、强化督查考核

建立规划实施跟踪评估和绩效考核机制,推动规划有效落实。加强对规划实施情况的动态监测与总结,每年向国务院报送规划实施情况报告,总结规划实施进展,提出推进规划实施建议。各部门和各地方相应做好本领域、本地方的规划落实情况报告。在规划实施中期组织开展评估工作,并将评估结果纳入政府综合评价和绩效考核范畴,建立规划实施长效机制。

“十三五”推进基本公共服务均等化规划

国发〔2017〕9号

基本公共服务是由政府主导、保障全体公民生存和发展基本需要、与经济社会发展水平相适应的公共服务。基本公共服务均等化是指全体公民都能公平可及地获得大致均等的基本公共服务，其核心是促进机会均等，重点是保障人民群众得到基本公共服务的机会，而不是简单的平均化。享有基本公共服务是公民的基本权利，保障人人享有基本公共服务是政府的重要职责。推进基本公共服务均等化，是全面建成小康社会的应有之义，对于促进社会公平正义、增进人民福祉、增强全体人民在共建共享发展中的获得感、实现中华民族伟大复兴的中国梦，都具有十分重要的意义。

本规划依据《中华人民共和国国民经济和社会发展第十三个五年规划纲要》编制，是“十三五”乃至更长一段时期推进基本公共服务体系建设的综合性、基础性、指导性文件。

第一章 规划背景

第一节 发展基础

“十二五”以来，我国已初步构建起覆盖全民的国家基本公共服务制度体系，各级各类基本公共服务设施不断改善，国家基本公共服务项目和标准得到全面落实，保障能力和群众满意度进一步提升。截至2015年，义务教育均衡发展深入推进，国民受教育机会显著增加，九年义务教育巩固率达到93%，进城务工人员随迁子女在流入地公办学校就读的比例超过80%；实施就业优先战略，公共就业创业服务和职业培训不断强化，全国就业人员达到77451万人，劳动者参加就业技能培训后就业率平均达70%以上；覆盖城乡的社会保障体系进一步健全，城乡居民养老保险制度实现整合，保障水平稳步提高，社会服务体系继续完善，临时救助制度全面实施，残疾人小康进程加快推进；基本公共卫生服务项目增加到12类，全民医保体系加快健全，基本医保参保率超过95%，大病保险覆盖全部城乡居民医保参保人员，国家基本公共卫生服务经费和城乡居民基本医疗保险补助标准分别提高到每人每年40元和380元，人民健康水平总体上达到中高收入国家平均水平；城镇保障性安居工程和农村危房改造力度加大，全国累计开工城镇保障性安居工程住房4013万套、其中改造棚户区住房2191万套，改造农村危房1794万户；现代公共文化服务体系建设积极推进，农村公共文化服务能力增强，全民健身活动蓬勃开展，广播、电视人口综合覆盖率均达到98%。

同时，我国基本公共服务还存在规模不足、质量不高、发展不平衡等短板，突出表现在：城乡区域间资源配置不均衡，硬件软件不协调，服务水平差异较大；基层设施不足和利用不够并存，人才短缺严重；一些服务项目存在覆盖盲区，尚未有效惠及全部流动人口和困难群体；体制机制创新滞后，社会力量参与不足。

第二节　发展环境

“十三五”时期是全面建成小康社会的决胜阶段，我国发展仍处于可以大有作为的重要战略机遇期，完善国家基本公共服务体系、推动基本公共服务均等化水平稳步提升，面临新的机遇和挑战。

——经济进入新常态。经济增长从高速转向中高速，经济结构深度调整，发展动力加快转换，保民生兜底线的任务更加艰巨。同时民生持续改善也会为经济发展创造更多有效需求，为推进供给侧结构性改革提供强大内生动力。

——人口形成新结构。人口总量增长势头明显减弱，劳动年龄人口减少，人口老龄化加速，老年抚养比上升，新型城镇化推动城乡人口结构变化，对公共服务供给结构、资源布局、覆盖人群等带来较大影响。

——社会呈现新特征。社会结构深刻变动、利益格局深刻调整，人民群众的公平意识、民主意识、权利意识不断增强，合理引导社会预期、加快基本公共服务均等化任务更加艰巨。

——消费体现新需求。中等收入群体规模不断扩大，群众提高生活水平和改善生活质量的愿望更加强烈，消费需求更加多样化多层次，提高公共服务供给质量和水平的要求更加紧迫。

——科技孕育新突破。新一轮科技革命和产业变革正在兴起，移动互联网、物联网、大数据、云计算等技术快速发展，推动公共服务新业态不断发展、供给方式不断创新、服务模式更加丰富。

第二章　指导思想和主要目标

第一节　指导思想

高举中国特色社会主义伟大旗帜，全面贯彻党的十八大和十八届三中、四中、五中、六中全会精神，深入贯彻习近平总书记系列重要讲话精神和治国理政新理念新思想新战略，认真落实党中央、国务院决策部署，统筹推进“五位一体”总体布局和协调推进“四个全面”战略布局，牢固树立和贯彻落实新发展理念，坚持以人民为中心的发展思想，坚持以社会主义核心价值观为引领，从解决人民群众最关心最直接最现实的利益问题入手，以普惠性、保基本、均等化、可持续为方向，健全国家基本公共服务制度，完善服务项目和基本标准，强化公共资源投入保障，提高共建能力和共享水平，努力提升人民群众的获得感、公平感、安全感和幸福感，实现全体人民共同迈入全面小康社会。

——兜住底线，引导预期。立足基本国情，充分发挥基本公共服务兜底作用，牢牢把握服务项目，严格落实服务指导标准。坚持尽力而为、量力而行，合理引导社会预期，通过人人参与、人人尽力，实现人人共享。

——统筹资源，促进均等。统筹运用各领域各层级公共资源，推进科学布局、均衡配置和优化整合。加大基本公共服务投入力度，向贫困地区、薄弱环节、重点人群倾斜，推动城乡区域人群均等享有和协调发展。

——政府主责，共享发展。深化简政放权、放管结合、优化服务改革，划清政府与市场界限，增强政府基本公共服务职责，合理划分政府财政事权和支出责任，强化公共财政保障和监督问责。充分发挥市场机制作用，支持各类主体平等参与并提供服务，形成扩大供给合力。

——完善制度，改革创新。推进基本公共服务均等化、标准化、法制化，促进制度更加规范。加快转变政府职能，创新服务提供方式，消除体制机制障碍，全面提升基本公共服务质量、效益和群众满意度。

第二节　主要目标

到2020年，基本公共服务体系更加完善，体制机制更加健全，在学有所教、劳有所得、病有所医、老有所养、住有所居等方面持续取得新进展，基本公共服务均等化总体实现。

——均等化水平稳步提高。城乡区域间基本公共服务大体均衡，贫困地区基本公共服务主要领域指标接近全国平均水平，广大群众享有基本公共服务的可及性显著提高。

——标准体系全面建立。国家基本公共服务清单基本建立，标准体系更加明确并实现动态调整，各领域建设类、管理类、服务类标准基本完善并有效实施。

——保障机制巩固健全。基本公共服务供给保障措施更加完善，基层服务基础进一步夯实，人才队伍不断壮大，供给模式创新提效，可持续发展的长效机制基本形成。

——制度规范基本成型。各领域制度规范衔接配套、基本完备，服务提供和享有有规可循、有责可究，基本公共服务依法治理水平明显提升。

“十三五”时期基本公共服务领域主要发展指标

指　　标	2015年	2020年	累　计
基本公共教育			
九年义务教育巩固率（%）	93	95	—
义务教育基本均衡县（市、区）的比例（%）[1]	44.48	95	—
基本劳动就业创业			
城镇新增就业人数（万人）[2]	—	—	>5000
农民工职业技能培训（万人次）	—	—	4000
基本社会保险			
基本养老保险参保率（%）[3]	82	90	—
基本医疗保险参保率（%）[4]	—	>95	—

续表

指　　标	2015年	2020年	累　计
基本医疗卫生			
孕产妇死亡率(1/10万)	20.1	18	—
婴儿死亡率(‰)	8.1	7.5	—
5岁以下儿童死亡率(‰)	10.7	9.5	—
基本社会服务			
养老床位中护理型床位比例(%)	—	30	—
生活不能自理特困人员集中供养率(%)[5]	31.8	50	—
基本住房保障			
城镇棚户区住房改造(万套)	—	—	2000
建档立卡贫困户、低保户、农村分散供养特困人员、贫困残疾人家庭等4类重点对象农村危房改造(万户)	—	—	585
基本公共文化体育			
公共图书馆年流通人次(亿)	5.89	8	—
文化馆(站)年服务人次(亿)	5.07	8	—
广播、电视人口综合覆盖率(%)[6]	>98	>99	—
国民综合阅读率(%)[7]	79.6	81.6	—
经常参加体育锻炼人数(亿人)[8]	3.64	4.35	—
残疾人基本公共服务			
困难残疾人生活补贴和重度残疾人护理补贴覆盖率(%)[9]	—	>95	—
残疾人基本康复服务覆盖率(%)[10]	—	80	—

注：1. 指通过省级评估、国家认定程序认定的义务教育均衡发展县(市、区)占全国所有县(市、区)的比例。
2. 指城镇累计新就业人数减去累计自然减员人数。其中城镇累计新就业人数是指报告期内城镇累计新就业的城镇各类单位、私营企业和个体经济组织、社区公益性岗位就业人员和各种灵活形式就业人员的总和；累计自然减员人数是指报告期内因退休、伤亡等自然原因造成的城镇累计减少的就业人员数。
3. 指按照国家有关法律和社会保险政策规定，实际参加基本养老保险的人数与法定应参加基本养老保险的人数之比。
4. 指按照国家有关法律和社会保险政策规定，实际参加基本医疗保险的人数与法定应参加基本医疗保险的人数之比。
5. 指在机构集中供养的生活不能自理特困人员与生活不能自理特困人员总数之比。
6. 指在对象区内能接收到中央、省(区、市)、市(地、州)、县(市、区)广播、电视传输机构以无线、有线、卫星等方式传输的广播、电视节目信号的人口数占对象区总人口数的比重。
7. 指全国每年有阅读行为(包括阅读书报刊物和数字出版物、手机媒体等各类读物)的人数与总人口数的比例。
8. 指每周参加体育锻炼3次及以上、每次体育锻炼持续时间30分钟及以上、每次体育锻炼的运动强度达到中等及以上的人数。
9. 指困难残疾人享受生活补贴和重度残疾人享受护理补贴的人数达到应享受补贴人数的比例。
10. 指有康复需求的残疾儿童和持证残疾人接受康复评估、手术、药物、功能训练、辅具适配等基本康复服务的比例。

第三章　国家基本公共服务制度

第一节　制度框架

国家基本公共服务制度紧扣以人为本，围绕从出生到死亡各个阶段和不同领域，以涵盖教育、劳动就业创业、社会保险、医疗卫生、社会服务、住房保障、文化体育等领域的基本公共服务清单为核心,以促进城乡、区域、人群基本公共服务均等化为主线,以各领域重点任务、保障措施为依托,以统筹协调、财力保障、人才建设、多元供给、监督评估等五大实施机制为支撑,是政府保障全民基本生存发展需求的制度性安排。

国家基本公共服务制度框架

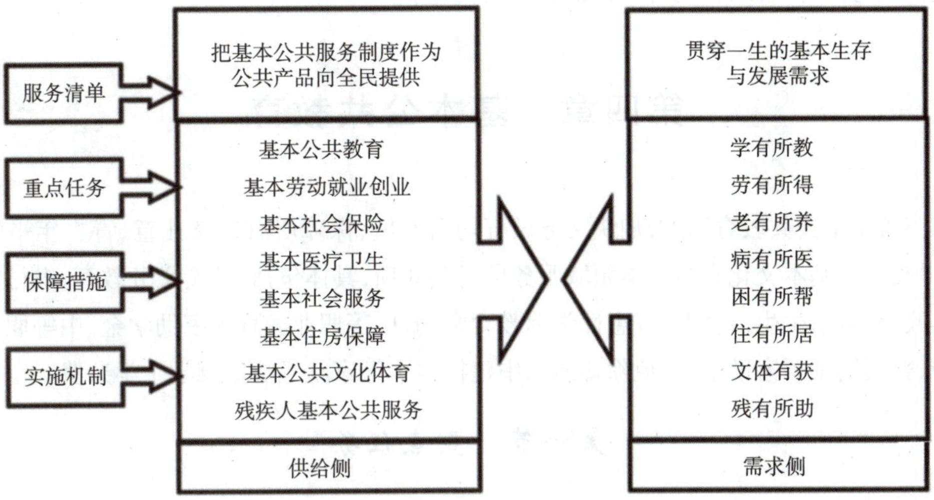

第二节 服务清单

国家建立基本公共服务清单制,依据现行法律法规和相关政策确定基本公共服务主要领域,以及各领域具体服务项目和国家基本标准,向社会公布,作为政府履行职责和公民享有相应权利的依据。《"十三五"国家基本公共服务清单》(以下简称《清单》,详见附件1)包括公共教育、劳动就业创业、社会保险、医疗卫生、社会服务、住房保障、公共文化体育、残疾人服务等八个领域的81个项目。每个项目均明确服务对象、服务指导标准、支出责任、牵头负责单位等。其中,服务对象是指各项目所面向的受众人群;服务指导标准是指各项目的保障水平、覆盖范围、实现程度等;支出责任是指各项目的筹资主体及承担责任;牵头负责单位是指国家层面的主要负责单位,具体落实由地方各级人民政府及有关部门、单位按职责分工负责。

《清单》是"十三五"时期实现基本公共服务均等化的重要基础,各项目服务内容和标准要在规划期内落实到位。在本规划实施过程中,可结合经济社会发展状况,按程序对《清单》具体内容进行动态调整。

第三节 实施机制

国家建立健全科学有效的基本公共服务实施机制,改善人财物等基础条件,以推动规划目标顺利实现,确保国家基本公共服务制度高效运转。

——统筹协调机制。加强中央和地方、政府和社会的互动合作,促进各级公共服务资源有效整合,形成实施合力。

——财力保障机制。拓宽资金来源,增强县级政府财政保障能力,稳定基本公共服务投入。

——人才建设机制。加强人才培养培训，强化激励约束，促进合理流动，相关政策重点向基层倾斜，不断提高服务能力和水平。

——多元供给机制。积极引导社会力量参与，推进政府购买服务，推广政府和社会资本合作（PPP）模式。

——监督评估机制。坚持目标导向和问题导向，完善信息统计收集和需求反馈机制，加强对本规划实施的动态跟踪监测，推动总结评估和督促检查。

第四章　基本公共教育

国家完善基本公共教育制度，加快义务教育均衡发展，保障所有适龄儿童、青少年平等接受教育，不断提高国民基本文化素质。本领域服务项目共8项，具体包括：免费义务教育、农村义务教育学生营养改善、寄宿生生活补助、普惠性学前教育资助、中等职业教育国家助学金、中等职业教育免除学杂费、普通高中国家助学金、免除普通高中建档立卡等家庭经济困难学生学杂费。

第一节　重点任务

——义务教育。建立城乡统一、重在农村的义务教育经费保障机制，加大对中西部和民族、边远、贫困地区的倾斜力度。统筹推进县域内城乡义务教育一体化改革发展，推进建设标准、教师编制标准、生均公用经费基准定额、基本装备配置标准统一和“两免一补”政策城乡全覆盖，基本实现县域校际资源均衡配置，扩大优质教育资源覆盖面，提高乡村学校和教学点办学水平。落实县域内义务教育公办学校校长、教师交流轮岗制度。保障符合条件的进城务工人员随迁子女在公办学校或通过政府购买服务在民办学校就学。加强国家通用语言文字教育基础薄弱地区双语教育。加强学校体育和美育教育。

——高中阶段教育。重点支持中西部贫困地区尤其是集中连片特困地区高中阶段教育发展，积极发展中等职业教育。逐步分类推进中等职业教育免除学杂费，率先从建档立卡等家庭经济困难学生（含非建档立卡的家庭经济困难残疾学生、农村低保家庭学生、农村特困救助供养学生）实施普通高中免除学杂费。

——普惠性学前教育。大力发展公办幼儿园，积极扶持民办幼儿园提供普惠性服务。扩大集中连片特困地区、少数民族地区学前教育资源。支持地方健全学前教育资助制度，资助普惠性幼儿园在园家庭经济困难儿童、孤儿和残疾儿童接受学前教育。

——继续教育。建立个人学习账号和学分累计制度，完善学分认定和转换办法，拓宽学分认定转换渠道，探索建立多种形式学习成果认定转换机制，促进各类学习资源开放共享，推动构建惠及全民的终身教育体系。

第二节　保障措施

——义务教育学校标准化建设。以中西部贫困地区为重点，新建和改扩建校舍、运动场地、食堂（伙房）、厕所、饮水等设施条件，采购课桌凳、学生用床、图书、计算机等教学设施设备，全面改善贫困地区义务教育薄弱学校基本办学条件，逐步推进未达标城乡义务教育学校校舍、场所标准化。

——高中阶段教育设施建设。普及高中阶段教育，改善中西部贫困地区普通高中基本办学条件，逐步实现办学条件达到国家规定的基本标准。改善中等职业学校基本办学条件，重点支持中等职业学校通过校企合作方式加强实习实训设施建设，推动职业教育产教融合发展。

——学前教育行动计划。加强普惠性幼儿园建设，新建、改扩建一批公办幼儿园，积极扶持企事业单位办幼儿园、集体办幼儿园和民办幼儿园向社会提供普惠性学前教育服务，重点保障中西部农村适龄儿童和实施全面两孩政策新增适龄儿童入园需求。

——教师队伍建设。实施乡村教师支持计划。逐步扩大农村教师特岗计划实施规模。落实并完善集中连片特困地区和边远艰苦地区乡村教师生活补助政策。实施中西部中小学首席教师岗位计划，加大“国培计划”对中西部地区乡村教师校长培训的集中支持力度。加强乡村学校音体美等师资紧缺学科教师和民族地区双语教师培训。

——教育信息化建设。鼓励探索网络化教育新模式，对接线上线下教育资源，扩大优质教育资源覆盖面。加快推进“三通两平台”（即“宽带网络校校通、优质资源班班通、网络学习空间人人通”，教育资源公共服务平台、教育管理公共服务平台）建设与应用，继续提升农村中小学信息化水平，通过政府购买服务等方式支持国家级优质教育资源平台建设。建立个人学习账号和学分认证平台，为学习者提供学分认定服务。

第五章　基本劳动就业创业

国家实施就业优先战略，大力推动大众创业、万众创新，鼓励以创业带动就业，健全覆盖城乡的公共就业创业服务体系，加强职业培训，维护职工和企业合法权益，构建和谐劳动关系，推动实现比较充分和更高质量的就业。本领域服务项目共10项，具体包括：基本公共就业服务、创业服务、就业援助、就业见习服务、大中城市联合招聘服务、职业技能培训和技能鉴定、“12333”人力资源和社会保障服务热线电话咨询、劳动关系协调、劳动人事争议调解仲裁、劳动保障监察。

第一节　重点任务

——公共就业服务。全面落实就业政策法规咨询、信息发布、职业指导和职业介绍、就业登记和失业登记等公共就业服务制度，组织开展就业服务专项活动。加强对就业困难人员的就业援助，确保有就业能力的零就业家庭、低保家庭至少有一人就业。做好高校毕业生就业和农村劳动力转移就业，以及化解过剩产能过程中的职工安置工作。加快推进流动人员人事档案信息化服务。建立健全行业人力资源需求预测和就业状况定期发布制度，完善人力资源市场供求分析。

——创业服务。鼓励公共就业服务机构为创业者提供项目选择、开业指导、融资对接、跟踪扶持等服务。把创新创业课程纳入国民教育体系，建立健全衔接创业教育和创业实践的创业培训体系。深化行政审批制度改革和商事制度改革，推行市场主体登记注册便利化，减少政府对企业生产服务项目的行政许可和对正常经营活动的行政干预，落实降低企业负担的税费政策。落实创业担保贷款政策，提高就业重点群体和困难人员金融服务的可获得性。加快发展众创空间等创业服务载体，健全创业辅导制度。

——职业培训。大力开展就业技能培训、岗位技能提升培训和创业培训，开展贫困家庭子女、未升学初高中毕业生、农民工、失业人员和转岗职工、退役军人、残疾人免费接受职业培训行动，打通技能劳动者从初级工、中级工、高级工到技师、高级技师的职业发展通道。

——劳动关系协调和劳动权益保护。完善劳动用工制度，健全最低工资标准调整和工资支付保障长效机制，落实职工带薪年休假制度。加强劳动保障监察和劳动人事争议调解仲裁，推进劳动保障监察综合执法，建立劳动保障监察举报投诉案件省级联动处理机制，健全完善劳动人事争议多元处理机制，维护用人单位和劳动者合法权益。定期发布职业薪酬信息和重点行业人工成本信息。

第二节 保障措施

——基层劳动就业和社会保障服务平台建设。充分依托现有条件和政府综合服务场所，完善县、乡镇两级劳动就业和社会保障服务设施设备，推进基层综合服务全覆盖，保障基层开展就业创业、社会保险经办等服务。

——职业技能公共实训基地建设。充分利用现有设施设备，结合地区实际，建设一批区域性大型公共实训基地、市级综合型公共实训基地和县级地方产业特色型公共实训基地。

——省、市级人力资源服务设施建设。充分依托现有条件和政府综合服务场所，完善省、市级人力资源综合服务设施，改善就业创业和人才服务、劳动关系协调、劳动人事争议调解仲裁、劳动保障监察等综合服务条件。

——信息服务平台建设。建设面向人人的公共就业创业服务平台，推进公共就业服务全程信息化，实现各类就业信息统一发布和信息监测。以"12333"电话咨询为重点，配备必要的服务场地和设施设备，健全咨询服务队伍和服务机制，为社会公众提供政策咨询、信息查询、信息公开、在线受理和投诉举报等服务。

第六章 基本社会保险

国家构建全覆盖、保基本、多层次、可持续的社会保险制度，实施全民参保计划，保障公民在年老、疾病、工伤、失业、生育等情况下依法从国家和社会获得物质帮助。本领域服务项目共 7 项，具体包括：职工基本养老保险、城乡居民基本养老保险、职工基本医疗保险、生育保险、城乡居民基本医疗保险、失业保险、工伤保险。

第一节 重点任务

——社会保险政策制度。继续实行统账结合的城镇职工基本养老保险制度，完善个人账户，健全激励约束机制，提高收付透明度，坚持精算平衡，推动实现职工基础养老金全国统筹。落实机关事业单位养老保险制度改革举措。推进实施城乡居民基本养老保险制度。健全基本医疗保险稳定可持续的筹资和报销比例调整机制，制定城乡居民医保政府补助三年规划，在提高政府补助标准的同时适当提高个人缴费比重，逐步将个人缴费与城乡居民家庭收入水平挂钩。完善医保缴费参保政策，改进个人账户，开展门诊费用统筹。实现基本医保基金中长期精算平衡，增强制度可持续性。改革医保支付方式，合理控制医疗费用，整合城乡居民医保政策和经办管理。全面实施城乡居民大病保险制度。将生育保险与基本医疗保险合并实施。探索建立长期护理保险制度，开展长期护理保险试点。继续完善预防、补偿、康复三位一体的工伤保险制度体系。推动医疗保险、失业保险、工伤保险逐步实现省级统筹。结合社会平均工资和物价变动等因素，合理确定相关社会保险待遇水平。

——社会保险关系转续。建立标准统一、全国联网的社会保障管理信息系统，完善并简化转续流程，推行网上认证、网上办理转续，力争实现全国范围内社会保险待遇异地领取、直接结算，方便参保职工、失业和退休人员流动就业、异地生活。

第二节　保障措施

——社会保障卡工程。全面发行和应用社会保障卡，持卡人口覆盖率达到90%，实现社会保障一卡通，支持社会保障卡跨业务、跨地区、跨部门应用，建立社会保障卡应用平台和覆盖广泛的用卡终端环境，健全社会保障卡便民服务体系，完善社会保障卡规范管理和安全保障体系。

——省、市级社会保障服务设施建设。充分依托现有条件和政府综合服务场所，完善省、市级社会保障服务设施，推动改善社保经办等服务条件。

——全民社会保障信息化。建设部门和省级公共服务信息化平台，支持各类业务系统和各类服务渠道的统一接入、有序整合和统筹调度，推动电话、网站、移动应用、短信、自助服务一体机等多种渠道的协同应用，实现一个窗口对外、一条龙服务。开展网上社保办理、个人社保权益查询、跨地区医保结算等互联网应用。

第七章　基本医疗卫生

国家建立健全覆盖城乡居民的基本医疗卫生制度，推进健康中国建设，坚持计划生育基本国策，以基层为重点，以改革创新为动力，预防为主、中西医并重，提高人民健康水平。本领域服务项目共20项，具体包括：居民健康档案、健康教育、预防接种、传染病及突发公共卫生事件报告和处理、儿童健康管理、孕产妇健康管理、老年人健康管理、慢性病患者管理、严重精神障碍患者管理、卫生计生监督协管、结核病患者健康管理、中医药健康管理、艾滋病病毒感染者和病人随访管理、社区艾滋病高危行为人群干预、免费孕前优生健康检查、基本药物制度、计划生育技术指导咨询、农村部分计划生育家庭奖励扶助、计划生育家庭特别扶助、食品药品安全保障。

第一节　重点任务

——重大疾病防治和基本公共卫生服务。继续实施国家基本公共卫生服务项目和国家重大公共卫生服务项目。开展重大疾病和突发急性传染病联防联控，提高对传染病、慢性病、精神障碍、地方病、职业病和出生缺陷等的监测、预防和控制能力。加强突发公共事件紧急医学救援、突发公共卫生事件监测预警和应急处理。深入开展爱国卫生运动，继续推进卫生城镇创建工作，开展健康城市、健康村镇建设，实施全国城乡环境卫生整洁行动，加快农村改厕，农村卫生厕所普及率提高到85%。加强居民身心健康教育和自我健康管理，做好心理健康服务。

——医疗卫生服务。落实区域卫生规划和医疗机构设置规划，依据常住人口规模和服务半径等合理配置医疗卫生资源。深化基层医改，巩固完善基本药物制度，全面推进公立医院综合改革，推动形成基层首诊、双向转诊、急慢分治、上下联动的分级诊疗模式。完善中医医疗服务体系,发挥中医药特色优势,推动中医药传承与创新。

——妇幼健康和计划生育服务管理。实施全面两孩政策,改革完善计划生育服务管理,实施生育登记服务。开展孕前优生健康检查,加强高危孕产妇和新生儿健康管理。提高妇女常见病筛查率和早诊早治率,扩大农村妇女宫颈癌、乳腺癌项目检查覆盖范围。继续落实计划生育技术服务基本项目,将流动人口纳入城镇计划生育服务范围。加强出生人口性别比综合治理。完善农村部分计划生育家庭奖励扶助制度、计划生育家庭特别扶助制度,继续实施“少生快富”工程。

——食品药品安全。实施食品安全战略,完善法规制度,提高安全标准,全面落实企业主体责任,提高监督检查频次,扩大抽检监测覆盖面,实行全产业链可追溯管理。深化药品医疗器械审评审批制度改革,探索按照独立法人治理模式改革审评机构,推行药品经营企业分级分类管理。加大农村食品药品安全治理力度,完善对网络销售食品药品的监管。

第二节 保障措施

——基层医疗卫生服务能力提升。在县级区域依据常住人口数,原则上办好1个县办综合医院和1个县办中医类医院(含中医、中西医结合、民族医等),每个乡镇(街道)办好1所标准化建设的乡镇卫生院(社区卫生服务中心),每个行政村办好1个村卫生室。优先支持832个国家扶贫开发工作重点县和集中连片特困地区县县级医院和基层医疗卫生机构建设,打造30分钟基层医疗服务圈,基层医疗卫生机构标准化达标率达到95%以上。

——疾病防治和基本公共卫生服务能力强化。加强卫生应急、疾病预防控制、精神卫生、血站、卫生计生监督能力建设。提高肿瘤、心脑血管疾病、呼吸系统疾病等疑难病症防治能力。支持肿瘤、心脑血管疾病、糖尿病、精神病、传染病、职业病、地方病等薄弱领域服务能力建设。

——妇幼健康服务保障。加强儿童医院和综合性医院儿科以及妇幼健康服务机构建设,合理增加产床。加快产科和儿科医师、助产士及护士人才培养,力争增加产科医生和助产士14万名。落实孕前优生健康检查,开展再生育技术服务。

——中医药传承创新。改善中医医院基础设施条件,支持中医重点学科和重点专科(专病)建设,加强中医临床研究基地和科研机构建设,鼓励基层医疗卫生机构开设中医综合服务区(中医馆),继续实施中医药传承与创新人才工程,实施中药民族药标准化行动。

——医疗卫生人才培养。加强住院医师规范化培训,力争到2020年经过规范化培训的住院医师数量达到50万人,每万人口全科医生数达到2名。继续实施助理全科医生培训、全科医生转岗培训和农村订单定向免费培养医学生政策,加强基层医务人员继续教育,完善城市医疗卫生人才对口支援农村制度。

——食品药品安全治理体系建设。完善食品安全协调工作机制,健全检验检测等技术支撑体系和信息化监管系统,建立食品药品职业化检查员队伍,实现各级监管队伍装备配备标准化。

——人口健康信息化。以全民健康保障信息化工程和健康中国云服务计划为基础,依托现有资源统筹建立人口健康信息平台。推进居民电子健康档案应用。积极利用移动互联网提供在线预约诊疗、健康咨询、检查检验报告查询等服务,提高重大疾病和突发公共卫生事件防控能力。完善中西部地区县级医院电子病历等信息系统功能,加强县级医院与对口三级医院、县级医院与基层医疗卫生机构之间的远程诊疗信息系统建设,健全基于互联网、大数据技术的分级诊疗信息系统。

第八章　基本社会服务

国家建立完善基本社会服务制度，为城乡居民提供相应的物质和服务等兜底帮扶，重点保障特定人群和困难群体的基本生存权与平等参与社会发展的权利。本领域服务项目共13项，具体包括：最低生活保障、特困人员救助供养、医疗救助、临时救助、受灾人员救助、法律援助、老年人福利补贴、困境儿童保障、农村留守儿童关爱保护、基本殡葬服务、优待抚恤、退役军人安置、重点优抚对象集中供养。

第一节　重点任务

——社会救助。推进城乡低保统筹发展，健全低保对象认定办法，建立低保标准动态调整机制，确保农村低保标准逐步达到国家扶贫标准。完善特困人员认定条件，合理确定救助供养标准，适度提高救助供养水平。合理界定医疗救助对象，健全疾病应急救助制度，全面开展重特大疾病医疗救助工作，加强医疗救助与基本医疗保险、大病保险和其他救助制度的衔接。全面、高效实施临时救助制度。降低法律援助门槛，扩大法律援助范围。

——社会福利。全面建立针对经济困难高龄、失能老年人的补贴制度，并做好与长期护理保险的衔接。提高城乡社区卫生服务机构为老年人提供医疗保健服务的能力，加快社区居家养老信息网络和服务能力建设，推进医养结合发展。进一步完善孤儿基本生活保障制度，做好困境儿童保障工作，统筹推进未成年人社会保护试点和农村留守儿童关爱保护。全面推进精神障碍患者社区康复服务。

——社会事务。建立和完善公民婚姻信息数据库，探索开展异地办理婚姻登记工作。完善儿童被收养前寻亲公告程序，全面建立收养能力评估制度。推进基本殡葬公共服务，巩固提高遗体火化率，推行火葬区骨灰和土葬改革区遗体规范、集中节地生态安葬。做好第二次全国地名普查，健全地名管理法规标准，加强地名文化保护，开展多种形式的地名信息化服务。

——优抚安置。全面落实优抚安置各项制度政策，提升对复员退伍军人、军休人员的优抚安置和服务保障能力。完善优抚政策和优抚对象抚恤优待标准调整机制。将优抚安置对象优先纳入社区、养老、医疗卫生等服务体系，探索建立优抚安置对象社会化服务平台。

第二节　保障措施

——社会救助经办服务体系建设。充分依托现有条件和政府综合服务场所，推动乡镇人民政府和街道办事处设置社会救助经办平台，加强社会救助管理信息系统与居民家庭经济状况核对系统的整合、集成，提升基层社会救助经办服务能力。

——公共法律服务体系建设。加强法律援助综合服务平台和便民窗口、法律服务中心（站、工作室）、"12348"法律服务热线等基础设施建设，改善服务条件。加强基层普法阵地、人民调解组织、司法鉴定机构建设，健全服务网络。

——养老服务体系建设。支持主要面向失能、半失能老年人的老年养护院，医养结合设施和社区老人日间照料中心，荣誉军人休养院、光荣院，农村特困人员救助供养服务机构等服务设施建设，增加护理型床位和设施设备。推进无障碍通道、老年人专用服务设施、旧楼加建电梯建设,以及适老化路牌标识、适老化照明改造。积极开展养老护理人员培养培训。搭建养老信息服务网络平台,推广应用便携式体检、紧急呼叫监控等设备。

——社会福利服务设施建设。结合地区实际,建设一批县级儿童福利设施。依托现有设施资源,试点建设县级未成年人保护设施。支持尚无精神病人福利设施的地市建设一所精神病人福利设施,为特殊困难精神障碍患者提供集中养护服务。

——殡葬服务设施建设。在火葬区尚无殡仪馆的县(市、区)新建殡仪馆,对已达危房标准、设施设备陈旧的殡仪馆进行改造或改扩建。更新改造已达到强制报废年限或不符合国家环境保护标准的火化炉。试点建设县(市、区)公益性骨灰安放设施。

——自然灾害救助物资储备体系建设。进一步优化中央救灾物资储备库布局,设区的市级以上人民政府和自然灾害多发、易发地区的县级人民政府应当根据自然灾害特点、居民人口数量和分布等情况,按照布局合理、规模适度的原则,设立救灾物资储备库(点),并视情在多灾易灾乡镇(街道)和城乡社区设置救灾物资储备室。

——社会工作者队伍建设。实施社会工作专业人才服务贫困地区计划、农村留守人员社会保护计划、城镇流动人口社会融入计划、特殊群体社会关爱计划,推进社会工作者专业化、职业化,力争到2020年社会工作专业人才总规模达145万人。

第九章　基本住房保障

国家建立健全基本住房保障制度,加大保障性安居工程建设力度,加快解决城镇居民基本住房问题和农村困难群众住房安全问题,更好保障住有所居。本领域服务项目共3项,具体包括:公共租赁住房、城镇棚户区住房改造、农村危房改造。

第一节　重点任务

——公共租赁住房。转变公租房保障方式,实行实物保障与租赁补贴并举,推进公租房货币化。支持公租房保障对象通过市场租房,政府对符合条件的家庭给予租赁补贴。完善租赁补贴制度,结合市场租金水平和保障对象实际情况,合理确定租赁补贴标准。在城镇稳定就业的外来务工人员、新就业大学生和青年医生、青年教师等专业技术人员,符合当地城镇居民公租房准入条件的,应纳入公租房保障范围。提高公租房运营保障能力,健全准入退出管理机制。

——城镇棚户区住房改造。围绕实现约1亿人居住的城镇棚户区、城中村和危房改造目标,实施棚户区改造行动计划和城镇旧房改造工程,基本完成城镇棚户区和危房改造任务。将棚户区改造与城市更新、产业转型升级更好结合起来,加快推进集中成片棚户区和城中村改造,有序推进旧住宅小区综合整治、危旧住房和非成套住房改造,棚户区改造政策覆盖全国重点镇。完善配套基础设施,加强工程质量监管。

——农村危房改造。合理确定农村危房改造补助对象和标准,优先帮助住房最危险、经济最贫困农户解决最基本的住房安全问题。加快推进贫困地区危房改造,按照精准扶贫、精准脱贫要求,重点解决建档立卡贫困户、低保户、农村分散供养特困人员、贫困残疾人家庭的基本住房安全问题。

第二节 保障措施

——保障必要用地需求。在土地利用年度计划中根据保障性住房建设需要,单独列出,做到应保尽保。依法收回的闲置土地、具备净地出让条件的储备土地和农用地转用计划指标,应优先保证保障性住房用地需求。

——实施财税优惠政策。统筹运用政府财力,加大对基本住房保障的支持力度。继续落实好城镇保障性安居工程建设和运营管理涉及的行政事业性收费、政府性基金(含土地出让收入)以及相关税收减免政策。土地出让收益用于保障性安居工程的比例不低于10%。

——加大融资支持力度。支持符合条件的企业发行债券融资,用于保障性安居工程建设。进一步发挥开发性、政策性金融机构作用,加大对棚户区改造项目的信贷支持力度。鼓励商业银行在风险可控、商业可持续的前提下,开发适合住房租赁业务发展需要的信贷产品。

——合理确定住房价格。依据当地经济社会发展水平、保障对象的承受能力以及建设成本等因素,合理制定、调整保障性住房价格或租金标准。

第十章 基本公共文化体育

国家构建现代公共文化服务体系和全民健身公共服务体系,促进基本公共文化服务和全民健身基本公共服务标准化、均等化,更好地满足人民群众精神文化需求和体育健身需求,提高全民文化素质和身体素质。本领域服务项目共10项,具体包括:公共文化设施免费开放、送地方戏、收听广播、观看电视、观赏电影、读书看报、少数民族文化服务、参观文化遗产、公共体育场馆开放、全民健身服务。

第一节 重点任务

——公共文化。落实国家基本公共文化服务指导标准和地方实施标准。深化公益性文化事业单位改革,积极搭建公益性文化活动平台,以群众需求为导向,推行"菜单式"、"订单式"公共文化服务。加大政府向社会力量购买公共文化服务力度。深入推进公共图书馆、博物馆、美术馆、文化馆和综合文化站免费开放工作。以县级文化馆、图书馆为中心推进总分馆制,实现农村、城市社区公共文化服务资源整合和互联互通。加强文化遗产保护。

——广播影视。采用地面无线、直播卫星和有线网络等方式,推动数字广播电视基本实现全覆盖、户户通。进一步改善农村电影放映条件。努力增加贴近基层群众需要的服务性广播电视栏目节目。

——新闻出版。推动全民阅读,加强残疾人等特殊群体的基本阅读权益保障。扶持实体书店发展,加快推进实体书店或各类图书代销代购网点覆盖全国所有乡镇。完善农家书屋出版物补充更新工作。加强"三农"出版物出版发行。推动少数民族语言文字及双语出版物出版发行、数字化传播和少数民族语言文字作品创作。

——群众体育。实施全民健身计划,组织实施国民体质监测,推行《国家体育锻炼标准》,开展全民健身活动,实行科学健身指导。推动公共体育场馆向社会免费或低收费开放。全面实施青少年体育活动促进计划，培养青少年体育爱好和运动技能，推广普及足球、篮球、排球和冰雪运动等。

第二节　保障措施

——公共文化服务体系建设。推动各地区进一步完善图书馆、文化馆（站）、博物馆等基本公共文化服务设施。在乡镇（街道）和村（社区）统筹建设集宣传文化、党员教育、科学普及、普法教育、体育健身等功能于一体的综合性文化服务中心。为集中连片特困地区和西藏、四省藏区、新疆南疆四地州以及国家扶贫开发工作重点县、新疆生产建设兵团边境团场和南疆困难团场每个县级文化馆配备一辆流动文化车，为村文化活动室购置基本公共文化服务设备。

——广播影视服务体系建设。加强广播电视数字化覆盖、广播电视无线发射台站、全国有线电视网络互联互通平台、国家和地方应急广播体系、基层广播电视播出机构制播能力、广播电视和视听新媒体监管平台等建设，支持直播卫星平台扩容。实施农村电影放映工程，继续巩固“一行政村一月放映一场电影”成果。加强少数民族语言广播影视节目译制、制作、播出和传输覆盖能力建设。

——新闻出版服务体系建设。举办“书香中国”系列活动，充分利用现有设施，统筹建设社区阅读中心、数字农家书屋、公共数字阅读终端等设施。合理规划建设农村和中小城市出版物发行网点，建设城乡阅报栏（屏），支持革命老区、民族地区、边疆地区、贫困地区公共阅读设施建设。实施少数民族新闻出版东风工程、盲文出版工程、儿童阅读书报发放计划、市民阅读发放计划。

——遗产保护服务体系建设。重点支持全国重点文物保护单位、国家历史文化名城、国家级非物质文化遗产、国家级风景名胜区、国家森林公园、国家地质公园等文化和自然遗产保护利用设施建设。

——公共体育服务设施建设。重点支持足球场地设施、中小型全民健身中心、县级体育场、农民体育健身工程、社区多功能运动场、冰雪运动设施、科学健身指导服务平台等建设。充分利用体育中心、公园绿地、闲置厂房、校舍操场、社区空置场所等，拓展公共体育设施场所。

——数字文化服务平台建设。推动全国文化信息资源共享、数字图书馆博物馆建设等公共数字文化工程建设。提高公共文化大数据采集、存储和分析处理能力。科学规划公共数字文化资源，建设分布式资源库群，实施“互联网+中华文明”行动计划，鼓励各地区挖掘整合中华优秀文化资源，开发特色数字文化产品。

第十一章　残疾人基本公共服务

国家提供适合残疾人特殊需求的基本公共服务，为残疾人平等参与社会发展创造便利化条件和友好型环境，让残疾人安居乐业、衣食无忧，生活得更加殷实、更加幸福、更有尊严。本领域服务项目共10项，具体包括：困难残疾人生活补贴和重度残疾人护理补贴、无业重度残疾人最低生活保障、残疾人基本社会保险个人缴费资助和保险待遇、残疾人基本住房保障、残疾人托养服务、残疾人康复、残疾人教育、残疾人职业培训和就业服务、残疾人文化体育、无障碍环境支持。

第一节　重点任务

——残疾人基本生活。全面落实困难残疾人生活补贴和重度残疾人护理补贴制度。生活困难、靠家庭供养且无法单独立户的成年无业重度残疾人，经个人申请，可按照单人户纳入最低生活保障范围。对获得最低生活保障后仍有困难的重度残疾人采取必要措施给予生活保障。完成农村贫困残疾人家庭存量危房改造。

——残疾人就业创业和社保服务。为有劳动能力和就业意愿的城乡残疾人免费提供就业创业服务，按规定提供免费职业培训。落实好针对就业困难残疾人的各项就业援助和扶持政策，为智力、精神和重度肢体残疾人提供辅助性、支持性就业服务等。落实贫困和重度残疾人参加社会保险个人缴费资助政策，完善重度残疾人医疗报销制度，做好重度残疾人就医费用结算服务。

——残疾人康复、教育、文体和无障碍服务。继续实施残疾儿童抢救性康复、贫困残疾人辅助器具适配、防盲治盲、防聋治聋等重点康复项目，加强残疾人健康管理和社区康复。积极推进为家庭经济困难的残疾儿童、青少年提供包括义务教育和高中阶段教育在内的12年免费教育。加强国家通用手语、通用盲文的规范与推广。推动公共文化体育场所设施免费或优惠向残疾人开放，为视力、听力残疾人等提供特需文化服务。加快推进公共场所和设施的无障碍改造。

第二节　保障措施

——残疾人服务体系建设。支持各地建设一批专业化残疾人康复设施、托养设施和综合服务设施，配备基本服务设备，推动形成功能完善、网络健全的残疾人专业康复和托养服务体系。

——县域残疾人综合服务能力提升。强化县级残疾人康复、托养、职业培训、辅助器具适配、文化体育等服务能力，充分发挥基层公共服务设施助残功能，推动形成县（市、区）、乡（镇）、村（居）三级联动互补的残疾人基层服务网络。

——特殊教育基础能力提升。依托现有特教学校构建特殊教育资源中心，提升特殊教育普及水平、保障条件和教育质量。完善特殊教育体系，积极创造条件保障完成义务教育且有意愿的残疾学生有机会接受适宜的中等职业教育。

——残疾人服务专业人才培养。建设康复大学，提升高等院校特殊教育专业办学水平，推动师范院校开设特殊教育课程。加快培养残疾人康复、托养、特殊教育、护理照料、就业服务、社会工作等方面的人才队伍。

——残疾人服务信息化。完善残疾人人口基础信息和基本服务需求信息数据管理系统。依托中国残疾人服务网，搭建残疾人就业创业网络服务平台。加快推进智能化残疾人证试点。鼓励支持服务残疾人的电子产品、移动应用软件等开发应用。

第十二章　促进均等共享

以贫困地区和贫困人口为重点，着力扩大覆盖范围、补齐短板、缩小差距，不断提高城乡、区域、人群之间基本公共服务均等化程度。

第一节　推动基本公共服务全覆盖

——开展贫困地区脱贫攻坚。加大革命老区、民族地区、边疆地区、集中连片特困地区脱贫攻坚力度，保障贫困人口享有义务教育、医疗卫生、文化体育、住房安全等基本公共服务，推动贫困地区基本公共服务主要领域指标接近全国平均水平。深入开展教育扶贫、健康扶贫、文化扶贫。在易地扶贫搬迁、整村推进、就业促进等工作中,按照精准扶贫、精准脱贫的要求,确保基本公共服务不留缺口。推动地区对口帮扶,加大基本公共服务资金、项目和人才支援力度。

——重点帮扶特殊困难人群。对农村留守人员、困境儿童和残疾人进行全面摸底排查,建立翔实完备、动态更新的信息台账。逐步完善救助管理机构、福利机构场所设施条件,满足农村留守儿童临时监护照料需要。在外出就业较为集中的农村地区,充分利用布局调整后闲置资源开展托老、托幼等关爱服务。健全孤儿、弃婴、法定抚养人无力抚养儿童、低收入家庭重病重残等困境儿童的福利保障体系。对低保家庭中的老年人、未成年人、重度残疾人等重点救助对象,提高救助水平,保障基本生活。

——促进城镇常住人口全覆盖。深化户籍制度改革,推动有能力在城镇稳定就业和生活的农业转移人口举家进城落户。推进居住证制度覆盖全部未落户城镇常住人口,加大对农业转移人口市民化的财政支持力度并建立动态调整机制,保障居住证持有人在居住地享有教育、就业、卫生等领域的基本公共服务。为农民工提供新市民培训服务,提高农民工综合素质和融入城市的能力。

第二节　促进城乡区域均等化

——缩小城乡服务差距。加快义务教育、社会保障、公共卫生、劳动就业等制度城乡一体设计、一体实施。重点以县(市、区)为单位,有步骤、分阶段推动规划、政策、投入、项目等同城化管理,统筹设施建设和人员安排,推动城乡服务内容和标准统一衔接。把社会事业发展重点放在农村和接纳农业转移人口较多的城镇,补齐农村和特大镇基本公共服务短板。鼓励和引导城镇公共服务资源向农村延伸,促进城市优质资源向农村辐射。

——提高区域服务均等化水平。强化省级人民政府统筹职能,加大对省域内基本公共服务薄弱地区扶持力度,通过完善事权划分、规范转移支付等措施,逐步缩小县域间、地市间服务差距。强化跨区域统筹合作,促进服务项目和标准水平衔接。着力推进京津冀地区、长江经济带等重点区域基本公共服务均等化,形成可复制、可推广的经验。

——夯实基层服务基础。整合相关资源,持续改善基层各类公共服务设施条件。依托政府综合服务大厅完善相关经办服务设施,推动基层综合公共服务平台统筹发展和共建共享。简化基层办事环节和手续,优化服务流程,明确办理时限,推行一站式办理、上门办理、预约办理等服务方式。在山区、草原等地广人稀、居住分散地区,配备必要的教学点,开展卫生巡诊等上门服务。

第十三章　创新服务供给

紧扣增进民生福祉,加快推进社会事业改革,吸引社会力量参与,扩大基本公共服务有效供给,提高服务质量和水平。

第一节　培育多元供给主体

——加快事业单位分类改革。理顺政府与事业单位在基本公共服务供给中的关系,强化提供基本公共服务事业单位的公益属性,推动去行政化和去营利化,逐步将有条件的事业单位转为企业或社会组织。进一步落实事业单位法人自主权,深化人事、收入分配等配套制度改革,确保依法决策、独立自主开展活动并承担责任。

——积极引导社会力量参与。进一步规范和公开基本公共服务机构设立的基本标准、审批程序,严控审批时限,鼓励有条件的地方采取招标等方式确定举办或运营主体。积极推动基本公共服务领域民办非营利性机构享受与同行业公办机构同等待遇。

——大力发展社会组织。深化社会组织登记管理制度改革,落实税收优惠政策。加强社会组织孵化培育和人才扶持,采取人员培训、项目指导、公益创投等多种途径和方式,提升社会组织承接政府购买服务能力。采取降低准入门槛、加强分类指导和业务指导等办法,大力培育发展社区社会组织,支持其承接基层基本公共服务和政府委托事项。

第二节 推动供给方式多元化

——推进政府购买公共服务。能由政府购买服务提供的,政府不再直接承办,交由具备条件、信誉良好的社会组织、机构、事业单位和企业等承担。制定实施政府购买公共服务指导性目录,确定政府购买公共服务的种类、性质和内容,规范项目遴选、信息发布、组织购买、项目监管、绩效评价等流程,加强政府购买公共服务的财政预算管理。

——加强政府和社会资本合作。能由政府和社会资本合作提供的,广泛吸引社会资本参与。政府通过投资补助、基金注资等多种方式,优先支持 PPP 项目。在实践证明有效的领域,推行通过公开招标、邀请招标、竞争性磋商、竞争性谈判等多种方式,公平选择具有相应管理经验、专业能力、融资实力以及信用状况良好的社会资本作为合作伙伴。

——鼓励发展志愿和慈善服务。广泛动员志愿服务组织与志愿者参与基本公共服务提供,定期发布志愿服务项目需求和岗位信息,建立健全志愿服务记录制度,完善激励保障措施。发挥慈善组织、专业社会工作服务机构在基本公共服务提供中的重要补充作用,落实慈善捐赠的相关优惠政策。

——发展"互联网+"益民服务。加快互联网与政府公共服务体系的深度融合,推动公共数据资源开放,促进公共服务创新供给和服务资源整合,构建面向公众的一体化在线公共服务体系。推动具备条件的服务事项实行网上受理、网上办理、网上反馈、实时查询,对暂不具备条件的事项提供全程在线咨询服务。积极应用大数据理念、技术和资源,及时了解公众服务需求和实际感受,为政府决策和监管提供支持。

——扩大开放交流合作。鼓励通过合资、合作等方式,支持合作办医,共建养老和残疾人托养机构。加强公共教育、公共文化体育等领域对外交流与合作。借鉴国际先进管理和服务经验,提升基本公共服务供给质量和水平。

第十四章 强化资源保障

优化资源配置,加强财力保障,加大重大工程项目、服务管理人才和规划用地等投入力度,为促进基本公共服务均等化提供支撑。

第一节 提升财政保障能力

——加大财政投入力度。稳定基本公共服务投入，明确保障措施和《清单》项目支出责任，确保服务项目及标准落实到位。中央和地方各级财政要为提高贫困地区基本公共服务水平提供必要支持。加大地方政府债券对基本公共服务保障的支持力度。

——优化转移支付结构。合理划分中央和地方财政事权与支出责任，适度加强中央政府承担基本公共服务的职责和能力。推进转移支付制度改革，增加一般性转移支付规模和比例，重点增加对老少边穷地区的转移支付，缩小地区间财力差距，提高县级财政保障能力，引导地方将一般性转移支付资金投入到民生等重点领域。对新疆维吾尔自治区、新疆生产建设兵团、西藏自治区、四省藏区、革命老区、集中连片特困地区的民生保障和改善、基础设施建设、基层政权和社会管理能力建设等项目，中央预算内投资给予倾斜支持。

——提高资金使用效率。清理、整合、规范专项转移支付，完善资金管理办法，提高项目管理水平。简化财政管理层级，扩大省直管县财政管理体制改革覆盖面，加大省级人民政府转移支付对省域内基本公共服务财力差距的调节力度。统筹安排、合理使用、规范管理各类公共服务投入资金。对医院、学校、保障性住房等建筑质量实行单位负责人和项目负责人终身负责制。

第二节 加强人才队伍建设

——加强人才培养培训。支持高等院校和中等职业学校开设相关学科专业，扩大专业服务和管理人才培养规模。健全从业人员继续教育制度，强化定岗、定向培养，完善远程教育培训。建立政府、社会、用人单位和个人相结合的投入机制，对参加相关职业培训和职业技能鉴定的人员，按规定给予补贴。探索公办与非公办公共服务机构在技术和人才等方面的合作机制，对非公办机构的人才培养、培训和进修等给予支持。

——促进人才合理流动。实施东部带西部、城市带农村的人才对口支持政策，引导公共服务和管理人才向中西部地区和基层流动。深化公办机构人事制度改革，健全公开招聘和竞争上岗制度，推动服务人员保障社会化管理，逐步由身份管理向岗位管理转变。

——提升基层人员能力。完善基层人员工资待遇、职称评定、医疗保险及养老保障等激励政策。推进基层公共服务队伍轮训，实施高校毕业生基层培养计划，继续做好“三支一扶”计划、西部志愿者计划、大学生村官计划、农村教师特岗计划、全科医生特岗计划、社会工作专业人才队伍建设等工作。鼓励通过优化编制资源配置、积极推进政府购买服务等方式，保障基层服务力量。

第三节 完善配套政策体系

——加强规划布局和用地保障。综合服务半径、服务人口、资源承载能力等因素，对城乡公共服务设施进行统筹布局。结合新型城镇化和人口发展趋势，对土地供给进行前瞻规划，优先保障基本公共服务建设用地。新建居住区要按相关规定，完善教育、卫生、文化体育、养老托幼、社区服务等配套设施，并在合理服务半径内尽量集中安排。

——建立健全服务标准体系。各行业主管部门会同国务院标准化行政主管部门等，分别制定实施基本公共服务各领域设施建设、设备配置、人员配备、经费投入、服务规范和流程等具体标准，推动城乡、区域之间标准衔接。推进基本公共服务标准化工程建设，在有条件的地区开展公共服务标准化试点。

——强化社会信用体系支撑。增强全民诚信意识，健全个人信用档案。加强公共服务行业自律和社会监督，将公共服务机构、从业人员、服务对象诚信情况记入信用记录，纳入全国信用信息共享平台，对严重失信主体采取失信惩戒或依法强制退出等措施。

第十五章　推进规划实施和监督评估

按照长效可行、分工明晰、统筹有力、协调有序的要求，扎实推进规划实施和监督评估，促进政策和项目落地。

第一节　明确责任分工

——国务院各有关部门要按照职责分工，做好行业发展规划、专项建设规划与本规划的衔接，明确工作责任和进度安排，推动各领域重点任务、保障措施和《清单》项目有效落实。要加强部门间统筹协调，共同研究推动解决基本公共服务均等化工作中跨部门、跨行业、跨区域及政策创新等重大问题。

——省级人民政府要强化主体责任，以本规划为指导，结合实际制定推进本地区基本公共服务均等化规划、行动计划或基本公共服务清单，科学确定服务范围和项目内容，分年足额落实财政投入，切实促进省域内基本公共服务均等化。

——市、县级人民政府负责推进落实国家和省级人民政府确定的基本公共服务清单及相关政策措施，制定办事指南，明确责任单位，优化服务流程，提高质量效率，保证清单项目落实到位，并及时向上级政府和有关部门报告进展情况。

第二节　加强监督问责

——国家发展改革委要会同国家统计局等有关部门，建立健全基本公共服务综合评估指标体系，推进基本公共服务基础信息库建设，开展年度统计监测。适时组织开展本规划实施情况中期评估，重大情况及时向国务院报告。

——国务院各有关部门、地方各级人民政府要建立政府主导与社会参与的良性互动机制，推动政务公开和政府信息公开，拓展公众参与渠道，做好舆情监测预警和应对，定期开展基本公共服务需求分析和社会满意度调查，及时妥善回应社会关切。

——地方各级人民政府要加强绩效评价和监督问责，强化过程监管，把本规划落实情况纳入绩效考核。要依法接受同级人大及其常委会的监督，自觉接受人民政协的民主监督，接受社会和人民群众监督。

附件：1.“十三五”国家基本公共服务清单

2. 重点任务分工方案

附件1 “十三五”国家基本公共服务清单

序号	服务项目	服务对象	服务指导标准	支出责任	牵头负责单位
一、基本公共教育					
1	免费义务教育	义务教育学生	对城乡义务教育学生免除学杂费，免费提供教科书；统一城乡义务教育学校生均公用经费基准定额。	中央和地方财政按比例分担。	财政部、教育部
2	农村义务教育学生营养改善	贫困地区农村义务教育学生	在集中连片特困地区开展国家试点，中央财政为试点地区学生提供每生每年800元的营养膳食补助，鼓励各地因地制宜开展地方试点。	国家试点县学生营养膳食补助所需资金由中央财政承担；地方试点县学生营养膳食补助所需资金由地方财政承担，中央财政给予奖励性补助。	教育部、财政部
3	寄宿生生活补助	义务教育家庭经济困难寄宿学生	小学生每生每年1000元，初中生每生每年1250元。	中央和地方财政按5∶5比例共同分担。	财政部、教育部
4	普惠性学前教育资助	经县级以上教育行政部门审批设立的普惠性幼儿园在园家庭经济困难儿童、孤儿和残疾儿童	减免保育教育费，补助伙食费，具体资助方式和资助标准由省级人民政府结合本地实际自行制定。	地方人民政府负责，中央财政予以奖补。按照“地方先行，中央补助”的原则开展相关工作。	财政部、教育部
5	中等职业教育国家助学金	中等职业学校全日制正式学籍一、二年级在校涉农专业学生和非涉农专业家庭经济困难学生；六盘山区等11个集中连片特困地区和西藏、四省藏区、新疆南疆四地州中等职业学校农村（不含县城）学生	国家助学金每生每年2000元，中央财政按区域确定家庭经济困难学生比例，西部地区按在校学生的20%确定，中部地区按在校学生的15%确定，东部地区按在校学生的10%确定。	中央和地方财政按比例分担：西部地区（不分生源地）以及中部、东部地区（生源地为西部的），中央与地方分担比例为8∶2；对中部地区（生源地不是西部的）以及东部地区生源地为中部的，中央与地方分担比例为6∶4；东部地区（生源地不是西部、中部的）分担比例分省（市）确定。	财政部、教育部、人力资源社会保障部
6	中等职业教育免除学杂费	公办中等职业学校全日制正式学籍一、二、三年级在校生中所有农村（含县镇）学生，城市涉农专业学生和家庭经济困难学生（艺术类相关表演专业学生除外），符合条件的民办职业学校学生	按各省（区、市）人民政府及其价格、财政主管部门确定的学费标准免除学杂费。公办中等职业学校，中央财政统一按平均每生每年2000元标准，与地方按比例分担免除学杂费补助资金。符合条件的民办职业学校学生参照当地同类型、同专业公办学校免除学杂费标准予以补助。	中央和地方财政按比例分担：西部地区（不分生源地）以及中部、东部地区（生源地为西部的），中央与地方分担比例为8∶2；对中部地区（生源地不是西部的）以及东部地区生源地为中部的，中央与地方分担比例为6∶4；东部地区（生源地不是西部、中部的）分担比例分省（市）确定。	财政部、教育部、人力资源社会保障部
7	普通高中国家助学金	普通高中在校生中的家庭经济困难学生	国家助学金平均资助标准为每生每年2000元，具体标准由各地结合实际分档确定。	中央和地方财政按比例分担：西部地区中央与地方分担比例为8∶2；中部地区分担比例为6∶4；东部地区除直辖市外，按照财力状况分省确定。	财政部、教育部

续表

序号	服务项目	服务对象	服务指导标准	支出责任	牵头负责单位
8	免除普通高中建档立卡等家庭经济困难学生学杂费	公办普通高中建档立卡等家庭经济困难在校学生(含非建档立卡的家庭经济困难残疾学生、农村低保家庭学生、农村特困救助供养学生),符合条件的民办普通高中学生	按各省(区、市)人民政府及其价格、财政主管部门确定的学费标准免除学杂费(不含住宿费)。中央财政逐省(区、市)核定免学杂费财政补助标准。符合条件的民办学校学生参照当地同类型公办学校免除学杂费标准予以补助。	中央和地方财政按比例分担:西部地区中央与地方分担比例为8:2;中部地区分担比例为6:4;东部地区除直辖市外,按照财力状况分省确定。	财政部、教育部
二、基本劳动就业创业					
9	基本公共就业服务	有就业需求的劳动年龄人口	提供就业政策法规咨询、职业供求信息、市场工资指导价位信息和职业培训信息、职业指导和职业介绍、就业登记和失业登记、流动人员人事档案管理等服务。	国务院有关部门所属人才中介服务机构开展流动人员人事档案管理所需经费由中央财政予以补助,其余由地方人民政府负责。	人力资源社会保障部
10	创业服务	有创业需求的劳动者	提供项目选择、开业指导、融资对接、岗位信息等服务,对符合政策规定的创业者提供创业担保贷款扶持。	地方人民政府负责。	人力资源社会保障部、财政部、人民银行
11	就业援助	零就业家庭和符合条件的就业困难人员	提供政策咨询、职业指导、岗位信息等服务,使城镇有就业能力的零就业家庭至少一人就业。	地方人民政府负责。	人力资源社会保障部
12	就业见习服务	离校一年内未就业高校毕业生	组织有意愿的离校未就业毕业生参加就业见习;指导见习单位和见习人员签订见习协议,安排带教老师,为见习人员办理人身意外保险;见习单位和地方人民政府为见习人员提供基本生活补助。对见习期满留用率达到50%以上的见习单位,适当提高见习补贴标准。	见习人员基本生活补助所需资金由见习单位和地方人民政府分担。	人力资源社会保障部、财政部
13	大中城市联合招聘服务	有求职愿望的高校毕业生和青年人才以及有招聘需求的各类用人单位	提供大中城市联动、线上线下融合的招聘服务,方便服务对象登录用人单位需求库和求职简历库;提供职业能力测试和评估、简历(岗位)筛查和需求分析、预就业创业体验、双向定制推荐岗位(人才)信息、就业创业指导、实用基础课程培训等就业服务。	地方人民政府负责。	人力资源社会保障部

续表

序号	服务项目	服务对象	服务指导标准	支出责任	牵头负责单位
14	职业技能培训和技能鉴定	城乡各类有就业创业、提升岗位技能要求和培训愿望的劳动者	贫困家庭子女、毕业年度高校毕业生、城乡未继续升学的应届初高中毕业生、农村转移就业劳动者、城镇登记失业人员，以及符合条件的企业在职职工可按规定享受职业培训补贴；按规定给予参加劳动预备制培训的农村学员和城市低保家庭学员一定生活费补贴；符合条件人员享受职业技能鉴定补贴。	地方人民政府负责，国家给予适当补助。	人力资源社会保障部、财政部
15	“12333”人力资源和社会保障服务热线电话咨询	所有单位和个人	提供就业、社会保障、劳动关系、人事制度、人才建设、工资收入分配等方面的政策咨询及信息查询服务。人工服务为5×8小时，自助语音服务为7×24小时，综合接通率达到80%以上。	地方人民政府负责。	人力资源社会保障部
16	劳动关系协调	用人单位和与之建立劳动关系的劳动者	提供劳动关系政策咨询、劳动用工指导、获得劳动合同和集体合同示范文本、劳动纠纷调解、集体协商指导等服务，推动企业劳动合同签订率达到90%以上。	地方人民政府负责。	人力资源社会保障部
17	劳动人事争议调解仲裁	存在劳动人事关系的用人单位和劳动者	提供劳动人事争议调解和仲裁服务，推动劳动人事争议调解成功率达到60%以上，仲裁案件结案率达到90%以上。	地方人民政府负责。	人力资源社会保障部
18	劳动保障监察	各类用人单位和劳动者	提供法律咨询和执法维权服务。	地方人民政府负责。	人力资源社会保障部
三、基本社会保险					
19	职工基本养老保险	符合条件的参保退休人员	发放基本养老金，包括基础养老金和个人账户养老金，对改革前参加工作、改革后退休的参保人员增发过渡性养老金，建立基本养老金合理调整机制。	用人单位原则上缴纳工资总额的20%，职工缴纳本人缴费工资的8%。在基本养老保险基金中支出，基本养老保险基金支付不足时财政给予补助。	人力资源社会保障部
20	城乡居民基本养老保险	符合条件的城乡居民	发放基础养老金和个人账户养老金。目前，国家确定的基础养老金最低标准为每人每月70元。根据经济发展和物价变动等情况，建立基础养老金水平合理调整机制。	在基本养老保险基金中支出。国家确定基础养老金最低标准。中央财政对中西部地区按国家确定的基础养老金标准给予全额补助，对东部地区给予50%补助。地方人民政府对参保人缴费给予补贴。	人力资源社会保障部、财政部
21	职工基本医疗保险	职工、无雇工的个体工商户、非全日制从业人员及灵活就业人员	政策范围内住院费用医保基金支付比例稳定在75%左右。	用人单位缴纳工资总额的6%左右，职工缴纳本人缴费工资的2%。具体缴费比例由各统筹地区规定。	人力资源社会保障部

续表

序号	服务项目	服务对象	服务指导标准	支出责任	牵头负责单位
22	生育保险	各类企业、机关、事业单位、社会团体等用人单位	基金支付生育期间的医疗费和生育津贴，生育津贴按职工所在用人单位上年度职工月平均工资计发。	用人单位按照不超过工资总额1%的比例缴纳生育保险费，累计结余超过9个月的统筹地区，应将费率控制在用人单位工资总额的0.5%以内。具体缴费比例由各统筹地区规定。	人力资源社会保障部
23	城乡居民基本医疗保险	除职工基本医疗保险应参保人员以外的其他所有城乡居民（包括农村人口和城镇非就业人员）	整合城镇居民基本医疗保险和新型农村合作医疗保险，政策范围内住院费用医保基金支付比例稳定在75%左右，大病保险的报销比例达到50%以上。	个人缴费和政府补助相结合。	人力资源社会保障部、国家卫生计生委、财政部
24	失业保险	依法参保并足额缴纳失业保险费的用人单位及其职工、失业人员	对符合条件的失业人员支付失业保险金、基本医疗保险费、丧葬补助金和抚恤金等，对符合条件的企业给予各类稳定岗位补贴。参保人数在1.8亿人左右。	按照《失业保险条例》，城镇企业事业单位按照本单位工资总额的2%缴纳失业保险费，职工按照本人缴费工资的1%缴纳失业保险费，农民合同制工人本人不缴纳失业保险费。按照《人力资源社会保障部 财政部关于阶段性降低社会保险费率的通知》（人社部发〔2016〕36号），从2016年5月1日起，失业保险总费率在2015年已降低1个百分点基础上可阶段性降至1%—1.5%。其中个人费率不超过0.5%，降低费率的期限暂按两年执行。具体方案由各省（区、市）确定。	人力资源社会保障部
25	工伤保险	企业、事业单位、社会团体、民办非企业单位、基金会、律师事务所、会计师事务所等组织的职工和个体工商户的雇工	保障因工作遭受事故伤害或者患职业病的职工获得医疗救治和经济补偿，促进工伤预防和职业康复。工伤保险基金和用人单位按规定支付工伤医疗和康复费用、伤残津贴和补助、生活护理费及工亡补助等。参保人数达到2.2亿人以上。	工伤预防的宣传、培训等费用，劳动能力鉴定费用和工伤保险待遇费用依法由工伤保险基金和用人单位支付。	人力资源社会保障部
四、基本医疗卫生					
26	居民健康档案	城乡居民	为辖区常住人口建立统一、规范的居民电子健康档案，建档率逐步达到90%。	地方人民政府负责，中央财政适当补助。	国家卫生计生委
27	健康教育	城乡居民	提供健康教育、健康咨询等服务。	地方人民政府负责，中央财政适当补助。	国家卫生计生委
28	预防接种	0—6岁儿童和其他重点人群	在重点地区，对重点人群进行针对性接种国家免疫规划疫苗。以乡镇（街道）为单位，适龄儿童免疫规划疫苗接种率逐步达到90%以上。	地方人民政府负责，中央财政适当补助。	国家卫生计生委

续表

序号	服务项目	服务对象	服务指导标准	支出责任	牵头负责单位
29	传染病及突发公共卫生事件报告和处理	法定传染病病人、疑似病人、密切接触者和突发公共卫生事件伤病员及相关人群	就诊的传染病病例和疑似病例以及突发公共卫生事件伤病员及时得到发现、登记、报告、处理，提供传染病防治和突发公共卫生事件防范知识宣传和咨询服务。传染病报告率和报告及时率均达到95%，突发公共卫生事件相关信息报告率达到100%。	地方人民政府负责，中央财政适当补助。	国家卫生计生委
30	儿童健康管理	0—6岁儿童	提供新生儿访视、儿童保健系统管理、体格检查、儿童营养与喂养指导、生长发育监测及评价和健康指导等服务。0—6岁儿童健康管理率逐步达到90%。	地方人民政府负责，中央财政适当补助。	国家卫生计生委
31	孕产妇健康管理	孕产妇	提供孕期保健、产后访视及健康指导服务。孕产妇系统管理率逐步达到90%以上。	地方人民政府负责，中央财政适当补助。	国家卫生计生委
32	老年人健康管理	65岁及以上老年人	提供生活方式和健康状况评估、体格检查、辅助检查和健康指导等健康管理服务。65岁及以上老年人健康管理率逐步达到70%。	地方人民政府负责，中央财政适当补助。	国家卫生计生委
33	慢性病患者管理	原发性高血压患者和Ⅱ型糖尿病患者	提供登记管理、健康指导、定期随访和体格检查服务。全国计划管理高血压患者约1亿人，糖尿病患者约3500万人。	地方人民政府负责，中央财政适当补助。	国家卫生计生委
34	严重精神障碍患者管理	严重精神障碍患者	提供登记管理、随访指导服务。在册患者管理率和精神分裂症治疗率逐步均达到80%以上。	地方人民政府负责，中央财政适当补助。	国家卫生计生委
35	卫生计生监督协管	城乡居民	提供食品安全信息报告、饮用水卫生安全巡查、学校卫生服务、非法行医和非法采供血信息报告等服务。逐步覆盖90%以上的乡镇。	地方人民政府负责，中央财政适当补助。	国家卫生计生委
36	结核病患者健康管理	辖区内确诊的肺结核患者	提供肺结核筛查及推介转诊、入户随访、督导服药、结果评估等服务。结核病患者健康管理服务率逐步达到90%。	地方人民政府负责，中央财政适当补助。	国家卫生计生委
37	中医药健康管理	65岁以上老人、0—3岁儿童	通过基本公共卫生服务项目为65岁以上老人提供中医体质辨识和中医保健指导服务，为0—3岁儿童提供中医调养服务。目标人群覆盖率逐步达到65%。	地方人民政府负责，中央财政适当补助。	国家卫生计生委、国家中医药局

续表

序号	服务项目	服务对象	服务指导标准	支出责任	牵头负责单位
38	艾滋病病毒感染者和病人随访管理	艾滋病病毒感染者和病人	在医疗卫生机构指导下，为艾滋病病毒感染者和病人提供随访服务。感染者和病人规范管理率逐步达到90%。	地方人民政府负责，中央财政适当补助。	国家卫生计生委、国家中医药局
39	社区艾滋病高危行为人群干预	艾滋病性传播高危行为人群	为艾滋病性传播高危行为人群提供综合干预措施。干预措施覆盖率逐步达到90%。	地方人民政府负责，中央财政适当补助。	国家卫生计生委
40	免费孕前优生健康检查	农村计划怀孕夫妇	提供健康教育、健康检查、风险评估和咨询指导等孕前优生服务。目标人群覆盖率逐步达到80%。	中央和地方财政按比例分担。	国家卫生计生委
41	基本药物制度	城乡居民	政府办基层医疗卫生机构全部实行基本药物零差率销售，按规定纳入基本医疗保险药品报销目录，逐步提高实际报销水平。	地方人民政府负责，中央财政适当补助。	国家卫生计生委
42	计划生育技术指导咨询	育龄人群	提供计划生育技术指导咨询服务、计划生育相关的临床医疗服务、符合条件的再生育技术服务和计划生育宣传服务。	农村避孕节育技术服务经费由地方财政保障，中央财政对西部困难地区给予补助。	国家卫生计生委、财政部
43	农村部分计划生育家庭奖励扶助	年满60周岁、只生育一个子女或两个女孩的农村计划生育家庭夫妇	发放一定数额的奖励扶助金，并根据经济社会发展水平实行奖励扶助标准动态调整。	中央和地方财政按比例共同负担。	国家卫生计生委、财政部
44	计划生育家庭特别扶助	符合条件的独生子女伤残、死亡的父母及节育手术并发症三级以上人员	根据不同情况，给予适当扶助，并根据经济社会发展水平实行特别扶助标准动态调整。	中央和地方财政按比例共同负担。	国家卫生计生委、财政部
45	食品药品安全保障	城乡居民	对供应城乡居民的食品药品开展监督检查，及时发现并消除风险。对药品医疗器械实施风险分类管理，提高对高风险对象的监管强度。	中央和地方人民政府分类负责。	食品药品监管总局
五、基本社会服务					
46	最低生活保障	家庭成员人均收入低于当地最低生活保障标准，且符合当地最低生活保障家庭财产状况规定的家庭	按照共同生活的家庭成员人均收入低于当地最低生活保障标准的差额，按月发给最低生活保障金。	地方人民政府负责，中央财政对困难地区适当补助。	民政部、财政部
47	特困人员救助供养	无劳动能力、无生活来源且无法定赡养、抚养、扶养义务人，或者其法定义务人无赡养、抚养、扶养能力的老年人、残疾人以及未满16周岁的未成年人	提供基本生活条件；对生活不能自理的给予照料；提供疾病治疗；办理丧葬事宜；对符合规定标准的住房困难的分散供养特困人员，给予住房救助；对在义务教育阶段就学的特困人员，给予教育救助；对在高中教育（含中职）、普通高等教育阶段就学的特困人员，根据实际情况给予适当教育救助。	地方人民政府负责，中央财政对困难地区适当补助。	民政部、财政部

续表

序号	服务项目	服务对象	服务指导标准	支出责任	牵头负责单位
48	医疗救助	重点救助对象：最低生活保障家庭成员和特困救助供养人员。 低收入救助对象：低收入家庭的老年人、未成年人、重度残疾人和重病患者，以及其他特殊困难人员。 重特大疾病医疗救助对象：除上述救助对象以外，还包括因病致贫家庭重病患者。 疾病应急救助对象：在中国境内发生急重危伤病、需要急救但身份不明确或无力支付相应费用的患者。	对重点救助对象参加城乡居民基本医疗保险的个人缴费部分进行补贴，对特困救助供养人员给予全额资助，对最低生活保障家庭成员给予定额资助。重点救助对象在定点医疗机构发生的政策范围内住院费用中，对经过基本医疗保险、城乡居民大病保险及各类补充医疗保险、商业保险报销的个人负担费用，在年度救助限额内按不低于70%的比例给予救助。对重点救助对象和低收入救助对象经基本医疗保险、城乡居民大病保险及各类补充医疗保险、商业保险等报销后个人负担的合规医疗费用，直接予以补助；因病致贫家庭重病患者等其他救助对象负担的合规医疗费用，先由其个人支付，对超过家庭负担能力的部分予以救助。医疗机构对疾病应急救助对象紧急救治所发生的费用，可向疾病应急救助基金申请补助。	地方人民政府负责，中央财政适当补助。	民政部、国家卫生计生委、财政部
49	临时救助	家庭对象：因火灾、交通事故等意外事件，家庭成员突发重大疾病等原因，导致基本生活暂时出现严重困难的家庭；因生活必需支出突然增加超出家庭承受能力，导致基本生活暂时出现严重困难的最低生活保障家庭；遭遇其他特殊困难的家庭。 个人对象：因遭遇火灾、交通事故、突发重大疾病或其他特殊困难，暂时无法得到家庭支持，导致基本生活陷入困境的个人。	为救助对象发放临时救助金；根据临时救助标准和救助对象基本生活需要，发放衣物、食品、饮用水，提供临时住所；对给予临时救助金、实物救助后，仍不能解决临时救助对象困难的，可分情况提供转介服务。县级以上地方人民政府根据救助对象困难类型、困难程度，统筹考虑其他社会救助制度保障水平，合理确定临时救助标准，并适时调整。	地方人民政府负责，中央财政对困难地区适当补助。	民政部、财政部

续表

序号	服务项目	服务对象	服务指导标准	支出责任	牵头负责单位
50	受灾人员救助	基本生活受到自然灾害严重影响的人员	及时为受灾人员提供必要的食品、饮用水、衣被、取暖、临时住所、医疗防疫等应急救助；对住房损毁严重的受灾人员进行过渡性安置；及时核实本行政区域内居民住房恢复重建补助对象，并给予资金、物资等救助；受灾地区人民政府应当为因当年冬寒或者次年春荒遇到生活困难的受灾人员提供基本生活救助。	中央和地方人民政府共同负责。	民政部、财政部
51	法律援助	经济困难公民和特殊案件当事人	提供必要的法律咨询、代理、刑事辩护等无偿法律服务。	地方人民政府负责，中央财政引导地方加大投入力度。	司法部、财政部
52	老年人福利补贴	经济困难的高龄、失能老年人	对经济困难的高龄老年人，逐步给予养老服务补贴；对生活长期不能自理、经济困难的老年人，给予护理补贴。	地方人民政府负责。	民政部、财政部
53	困境儿童保障	因家庭贫困导致生活、就医、就学等困难的儿童，因自身残疾导致康复、照料、护理和社会融入等困难的儿童，以及因家庭监护缺失或监护不当遭受虐待、遗弃、意外伤害、不法侵害等导致人身安全受到威胁或侵害的儿童	为困境儿童提供基本生活、基本医疗、教育等服务，落实监护责任。各地统筹考虑困境儿童的困难类型、困难程度、致困原因，完善落实社会救助、社会福利等保障政策。	地方人民政府负责。	民政部、财政部
54	农村留守儿童关爱保护	父母双方外出务工或一方外出务工另一方无监护能力、未满16周岁的农村户籍未成年人	强化家庭监护主体责任；落实县、乡镇人民政府和村(居)民委员会职责；加大教育部门和学校关爱保护力度；动员群团组织开展关爱服务；推动社会力量积极参与。	地方人民政府负责。	民政部
55	基本殡葬服务	执行国家殡葬政策的困难群众	为城乡困难群众以减免费用或补贴方式提供遗体接运、暂存、火化、骨灰寄存等基本殡葬服务；为优抚对象及城乡困难群众免费或低收费提供骨灰节地生态安葬服务。	地方人民政府负责。	民政部、财政部
56	优待抚恤	享受国家抚恤补助的优抚人员	建立完善优抚对象待遇与贡献相一致的优抚保障体系，将优抚对象优先纳入覆盖一般群众的救助、养老、医疗、住房以及残疾人保障等各项社会保障制度体系。	中央和地方人民政府分级负担。	民政部、财政部

续表

序号	服务项目	服务对象	服务指导标准	支出责任	牵头负责单位
57	退役军人安置	退役军人	自主就业的，在领取退役金后，按规定享受扶持就业优惠政策；其他分别采取安排工作、退休、供养等方式予以安置。	中央和地方人民政府共同负责。	民政部、财政部
58	重点优抚对象集中供养	需要常年医疗或者独身一人不便分散安置的一级至四级残疾退役军人；老年、残疾或者未满16周岁的烈士遗属、因公牺牲军人遗属、病故军人遗属和进入老年的残疾军人、复员军人、退伍军人中无法定赡养人（扶养人、抚养人）或赡养人（扶养人、抚养人）无赡养（扶养、抚养）能力且享受国家定期抚恤补助待遇的优抚对象	建立完善优抚对象待遇与贡献相一致的优抚保障体系，依托优抚医院、光荣院，给予符合条件的重点优抚对象集中供养、医疗等保障。	中央和地方人民政府共同负责。	民政部、财政部
六、基本住房保障					
59	公共租赁住房	符合条件的城镇低收入住房困难家庭、城镇中等偏下收入住房困难家庭、新就业无房职工、城镇稳定就业的外来务工人员	实行实物保障与货币补贴并举，并逐步加大租赁补贴发放力度。	市、县级人民政府负责，引导社会资金投入，省级人民政府给予资金支持，中央财政给予资金补助。	住房城乡建设部、财政部
60	城镇棚户区住房改造	符合条件的城镇居民	实物安置和货币补偿相结合，具体标准由市、县级人民政府确定（有国家标准的，执行国家标准）。全国开工改造包括城市危房、城中村在内的各类棚户区住房2000万套。	政府给予适当补助，企业安排一定的资金，住户承担一部分住房改善费用。	住房城乡建设部、财政部
61	农村危房改造	居住在危房中的建档立卡贫困户、分散供养特困人员、低保户、贫困残疾人家庭等贫困农户	支持符合条件的贫困农户改造危房，各省份确定不同地区、不同类型、不同档次的省级分类补助标准，中央财政给予适当补助，基本完成存量危房改造任务。地震设防地区结合危房改造，统筹开展农房抗震改造。	地方人民政府负责，中央财政安排补助资金、地方财政给予资金支持、个人自筹等相结合。	住房城乡建设部、财政部
七、基本公共文化体育					
62	公共文化设施免费开放	城乡居民	公共图书馆、文化馆（站）、公共博物馆（非文物建筑及遗址类）、公共美术馆等公共文化设施免费开放，基本服务项目健全。	地方人民政府负责，中央财政适当补助。	文化部、国家文物局、财政部

续表

序号	服务项目	服务对象	服务指导标准	支出责任	牵头负责单位
63	送地方戏	农村居民	根据群众实际需求，采取政府购买服务等方式，为农村乡镇每年提供戏曲等文艺演出服务。	地方人民政府负责，中央财政适当补助。	文化部、教育部、新闻出版广电总局、财政部
64	收听广播	城乡居民	为全民提供突发事件应急广播服务。通过直播卫星提供不少于17套广播节目，通过无线模拟提供不少于6套广播节目，通过数字音频提供不少于15套广播节目。	中央和地方人民政府共同负责。	新闻出版广电总局、财政部
65	观看电视	城乡居民	通过直播卫星提供25套电视节目，通过地面数字电视提供不少于15套电视节目，未完成无线数字化转换的地区提供不少于5套电视节目。	中央和地方人民政府共同负责。	新闻出版广电总局、财政部
66	观赏电影	农村居民、中小学生	为农村群众提供数字电影放映服务，其中每年国产新片（院线上映不超过2年）比例不少于1/3。为中小学生每学期提供2部爱国主义教育影片。	地方人民政府负责，中央财政适当补助。	新闻出版广电总局、财政部
67	读书看报	城乡居民	公共图书馆（室）、文化馆（站）和行政村（社区）综合文化服务中心（含农家书屋）等配备图书、报刊和电子书刊，并免费提供借阅服务；在城镇主要街道、公共场所、居民小区等人流密集地点设置公共阅报栏（屏），提供时政、“三农”、科普、文化、生活等方面的信息服务。	地方人民政府负责，中央财政适当补助。	文化部、新闻出版广电总局、财政部
68	少数民族文化服务	主要少数民族地区居民	通过有线、无线、卫星等方式提供民族语言广播影视节目；提供民族语言文字出版的、价格适宜的常用书报刊、电子音像制品和数字出版产品。提供少数民族特色的艺术作品，开展少数民族文化活动。	地方人民政府负责，中央财政对部分事项予以补助。	新闻出版广电总局、文化部、财政部
69	参观文化遗产	未成年人、老年人、现役军人、残疾人和低收入人群	参观文物建筑及遗址类博物馆实行门票减免，文化和自然遗产日免费参观。	中央和地方财政分别负担。	国家文物局、财政部
70	公共体育场馆开放	城乡居民	有条件的公共体育设施免费或低收费开放；推进学校体育设施逐步向公众开放。	地方人民政府负责，中央财政对部分事项予以补助。	体育总局、教育部、财政部

续表

序号	服务项目	服务对象	服务指导标准	支出责任	牵头负责单位
71	全民健身服务	城乡居民	提供科学健身指导、群众健身活动和比赛、科学健身知识等服务;免费提供公园、绿地等公共场所全民健身器材。	地方人民政府负责,中央财政对部分事项予以补助。	体育总局、教育部、财政部
八、残疾人基本公共服务					
72	困难残疾人生活补贴和重度残疾人护理补贴	困难残疾人和重度残疾人	为低保家庭中的残疾人提供生活补贴,为残疾等级被评定为一级、二级且需要长期照护的重度残疾人提供护理补贴。有条件的地方可逐步提高补贴标准、扩大补贴范围。	地方人民政府负责,中央财政适当补助。	民政部、财政部、中国残联
73	无业重度残疾人最低生活保障	生活困难、靠家庭供养且无法单独立户的成年无业重度残疾人	经个人申请,可按照单人户纳入最低生活保障范围。	地方人民政府负责,中央财政适当补助。	民政部、中国残联
74	残疾人基本社会保险个人缴费资助和保险待遇	贫困和重度残疾人	为参加居民基本养老保险、居民基本医疗保险的服务对象按规定提供个人缴费补贴;将符合规定的医疗康复项目、基本的治疗性康复辅助器具逐步纳入基本医疗保障范围。	缴费资助由地方人民政府负责或医疗救助基金支出;报销由基本医疗保险基金支出。	人力资源社会保障部、民政部、国家卫生计生委、中国残联
75	残疾人基本住房保障	残疾人	对符合基本住房保障条件的城镇残疾人家庭给予优先轮候、优先选房等政策;同等条件下优先为经济困难的残疾人家庭实施农村危房改造,完成农村贫困残疾人家庭存量危房改造任务。	由地方人民政府负责,中央财政安排补助资金、地方财政给予资金支持、个人自筹等相结合。	住房城乡建设部、中国残联
76	残疾人托养服务	就业年龄段智力、精神及重度肢体残疾人	支持日间照料机构和专业托养服务机构为100万残疾人提供护理照料、生活自理能力和社会适应能力训练、职业康复、劳动技能培训、辅助性就业等服务。	地方人民政府负责,中央财政适当补助。	中国残联、财政部
77	残疾人康复	有康复需求的持证残疾人、残疾儿童	提供康复建档、评估、训练、心理疏导、护理、生活照料、辅具适配、咨询、指导和转介等基本康复服务;开展残疾儿童康复救助,逐步为0—6岁视力、听力、言语、智力、肢体残疾儿童和孤独症儿童免费提供手术、辅助器具配置和康复训练等服务。	地方人民政府负责,中央财政适当补助。	中国残联、国家卫生计生委、民政部
78	残疾人教育	残疾儿童、青少年	逐步为家庭经济困难的残疾学生提供包括义务教育、高中阶段教育在内的12年免费教育;对残疾儿童普惠性学前教育予以资助;对残疾学生特殊学习用品、教育训练、交通费等予以补助。	地方人民政府负责,中央财政适当补助。	财政部、教育部、中国残联

续表

序号	服务项目	服务对象	服务指导标准	支出责任	牵头负责单位
79	残疾人职业培训和就业服务	有劳动能力和就业意愿的城乡残疾人	各级公共就业服务机构及残疾人就业服务机构按规定为城镇残疾人提供有针对性的职业技能培训、岗位技能提升培训、创业培训等就业创业服务；为50万中西部地区农村贫困残疾人提供农业实用技术培训。	地方人民政府负责，中央财政适当补助。	中国残联、人力资源社会保障部、农业部
80	残疾人文化体育	残疾人	能够收看到有字幕或手语的电视节目，在公共图书馆得到盲文和有声读物等阅读服务；为基层残疾人体育活动场所和残疾人综合服务设施配置适宜的器材器械。	地方人民政府负责，中央财政适当补助。	中国残联、文化部、新闻出版广电总局、体育总局
81	无障碍环境支持	残疾人、老年人等	推进公共场所和设施无障碍改造；对贫困重度残疾人家庭继续开展无障碍改造；逐步开展互联网和移动互联网无障碍信息服务。	地方人民政府负责。	住房城乡建设部、工业和信息化部、中国残联

附件2　重点任务分工方案

序号	重点任务	责任单位
1	完善国家基本公共服务制度，建立基本公共服务清单制，建立健全科学有效的基本公共服务实施机制。	国家发展改革委牵头，其他有关部门按职责分工负责
2	推动基本公共教育领域发展指标、重点任务、保障措施有效落实。	教育部牵头，其他有关部门按职责分工负责
3	推动基本劳动就业创业领域发展指标、重点任务、保障措施有效落实。	人力资源社会保障部牵头，其他有关部门按职责分工负责
4	推动基本社会保险领域发展指标、重点任务、保障措施有效落实。	人力资源社会保障部牵头，其他有关部门按职责分工负责
5	推动基本医疗卫生领域发展指标、重点任务、保障措施有效落实。	国家卫生计生委、食品药品监管总局、国家中医药局分别牵头，其他有关部门按职责分工负责
6	推动基本社会服务领域发展指标、重点任务、保障措施有效落实。	民政部牵头，其他有关部门按职责分工负责
7	推动基本住房保障领域发展指标、重点任务、保障措施有效落实。	住房城乡建设部牵头，其他有关部门按职责分工负责
8	推动基本公共文化体育领域发展指标、重点任务、保障措施有效落实。	文化部、新闻出版广电总局、体育总局、国家文物局分别牵头，其他有关部门按职责分工负责
9	推动残疾人基本公共服务领域发展指标、重点任务、保障措施有效落实。	中国残联牵头，其他有关部门按职责分工负责
10	开展贫困地区脱贫攻坚。	国务院扶贫办牵头，其他有关部门按职责分工负责
11	重点帮扶特殊困难人群。	民政部牵头，其他有关部门按职责分工负责
12	促进基本公共服务城镇常住人口全覆盖。	公安部牵头，其他有关部门按职责分工负责

续表

序号	重 点 任 务	责 任 单 位
13	缩小城乡基本公共服务差距，提高区域服务均等化水平，夯实基层服务基础。	国家发展改革委、财政部牵头，其他有关部门按职责分工负责
14	加快事业单位分类改革，理顺政府与事业单位在基本公共服务供给中的关系。	中央编办牵头，其他有关部门按职责分工负责
15	大力发展社会组织，支持其承接基层基本公共服务和政府委托事项。	民政部牵头，其他有关部门按职责分工负责
16	推进政府购买公共服务。	财政部牵头，其他有关部门按职责分工负责
17	积极引导社会力量参与基本公共服务供给，加强政府和社会资本合作。	财政部、国家发展改革委牵头，其他有关部门按职责分工负责
18	鼓励发展志愿和慈善服务，扩大基本公共服务供给。	民政部牵头，其他有关部门按职责分工负责
19	加大财政对基本公共服务的投入力度，优化转移支付结构，提高资金使用效率。	财政部牵头，其他有关部门按职责分工负责
20	加强公共服务人才培养培训。	教育部、人力资源社会保障部牵头，其他有关部门按职责分工负责
21	促进公共服务人才合理流动，提升基层人员能力。	人力资源社会保障部牵头，其他有关部门按职责分工负责
22	加强公共服务设施规划布局和用地保障。	住房城乡建设部、国土资源部牵头，其他有关部门按职责分工负责
23	建立健全公共服务标准体系。	质检总局牵头，其他有关部门按职责分工负责
24	加强公共服务行业自律和社会监督，强化社会信用体系支撑。	国家发展改革委牵头，其他有关部门按职责分工负责
25	建立健全基本公共服务综合评估指标体系，推进统计信息库建设，开展年度统计监测。	国家发展改革委、国家统计局牵头，其他有关部门按职责分工负责
26	组织规划评估，加强绩效评价和监督问责。	国家发展改革委牵头，地方各级人民政府和其他有关部门按职责分工负责

“十三五”促进就业规划

国发〔2017〕10号

“十二五”以来，面对复杂严峻的国内外形势，党中央、国务院准确把握发展大势，不断创新宏观调控思路和方式，全面深化改革，激发了经济发展内生动力和就业创业活力，就业规模不断扩大、结构持续优化，创业带动就业能力显著增强，劳动者素质明显提高，就业质量进一步提升。

“十三五”时期，做好促进就业工作机遇和挑战并存。一方面，我国发展仍处于可以大有作为的重要战略机遇期，新型工业化、信息化、城镇化、农业现代化孕育巨大发展潜力，新一轮科技革命和产业变革正在兴起，新兴产业、新兴业态吸纳就业能力不断增强，大众创业、万众创新催生更多新的就业增长点，为促进就业奠定了更加坚实的物质基础。另一方面，国际经济形势依然复杂多变，国内一些长期积累的深层次矛盾逐步显现，经济发展新常态和供给侧结构性改革对促进就业提出了新的要求，劳动者素质结构与经济社会发展需求不相适应、结构性就业矛盾突出等问题凸显。就业是最大的民生，也是经济发展最基本的支撑。坚持实施就业优先战略，全面提升劳动者就业创业能力，实现比较充分和高质量的就业，是培育经济发展新动能、推动经济转型升级的内在要求，对发挥人的创造能力、促进群众增收和保障基本生活、适应人们对自身价值的追求具有十分重要的意义。

本规划依据《中华人民共和国国民经济和社会发展第十三个五年规划纲要》编制，旨在进一步加强战略引领、明确主要任务、细化政策重点，是“十三五”时期指导全国促进就业工作的战略性、综合性、基础性规划。

一、总体要求

（一）指导思想

全面贯彻党的十八大和十八届三中、四中、五中、六中全会精神，深入贯彻习近平总书记系列重要讲话精神和治国理政新理念新思想新战略，认真落实党中央、国务院决策部署,统筹推进"五位一体"总体布局和协调推进"四个全面"战略布局,牢固树立和贯彻落实创新、协调、绿色、开放、共享的发展理念,推进供给侧结构性改革,实施就业优先战略和人才优先发展战略,把实施积极的就业政策摆在更加突出的位置,贯彻劳动者自主就业、市场调节就业、政府促进就业和鼓励创业的方针,不断提升劳动者素质,强化各类政策协同机制、优化社会资本带动机制、完善就业创业服务机制、健全劳动关系协调机制、构建就业形势综合监测机制,实现比较充分和更高质量的就业,为全面建成小康社会提供强大支撑。

（二）基本原则

——坚持总量与结构并重。既要着眼于我国人口众多的基本国情,高度重视总量问题,又要从区域、行业、人群分化的实际出发,聚焦关键环节,抓住主要矛盾,坚持分类施策、精准发力,着力解决日益突出的结构性就业矛盾。

——坚持供需两端发力。既要加快培育经济发展新动能,大力发展吸纳就业能力强的产业,不断增强经济发展创造就业岗位能力,优化人力资源市场需求结构,又要坚持需求导向,加强人力资源开发,促进劳动者素质持续提升,改善人力资源市场供给侧结构。

——坚持就业政策与宏观政策协调。既要建立就业政策与宏观经济政策统筹的工作机制,积极扶持就业新形态,不断拓展就业新空间,又要密切关注就业形势变化,加强政策储备,以比较充分和更高质量的就业促进经济平稳运行。

——坚持统筹发挥市场与政府作用。既要优化环境,健全机制,加快消除制度性、体制性障碍,充分发挥市场在促进就业中的决定性作用,又要提高基本公共就业创业服务能力,更好发挥政府作用。

——坚持普惠性与差别化相结合。既要加快建立公平普惠的政策制度,健全人力资源市场体系,维护劳动者提升自身素质、参与就业创业的平等权利,又要坚持突出重点,完善和落实支持政策,扎实做好就业托底工作,帮助就业重点群体和困难群体提升技能、就业创业。

（三）主要目标

到 2020 年,要实现以下目标:

就业规模稳步扩大,就业质量进一步提升。"十三五"时期城镇新增就业 5000 万人以上,全国城镇登记失业率控制在 5%以内,高校毕业生、农民工等重点人群就业形势基本稳定。促进贫困人口就业,带动 1000 万人脱贫。服务业从业人员、城镇就业人员所占比重不断提高,就业结构持续优化。城乡均等的公共就业创业服务体系更加健全,劳动者权益保护制度不断完善,企业劳动合同签订率保持在 90%以上,工资收入合理增长,就业质量进一步提升。

创业环境显著改善,带动就业能力持续增强。促进创业政策体系不断完善,服务能力明显提升,各类劳动者创业创富通道更加畅通,全社会支持创业、参与创业的积极性显著提高,创业成功率明显提升,创业带动创新、促进就业增收能力持续增强。

人力资源结构不断优化,劳动者就业创业能力明显提高。劳动年龄人口平均受教育年限达到 10.8 年,新增劳动力平均受教育年限达到 13.5 年,劳动者素质普遍提高,适应就业形势变化能力不断增强。全国技能劳动者总量达到约 1.7 亿人,其中高技能人才总量达到 5500 万人、占技能劳动者总量的比重达到 32%,技术技能人才短缺状况有效缓解。

二、增强经济发展创造就业岗位能力

坚持就业优先战略，既要以大众创业、万众创新和新动能培育带动就业，也要保护和改造提升能带动就业的传统动能，引导劳动密集型企业向中西部和东北地区转移，大力发展制造业和服务业，通过创造多样化需求带动就业，在新旧动能接续转换中促进就业。

（四）积极培育新的就业增长点

大力发展新兴产业新兴业态，不断拓展新兴就业领域。紧紧把握全球科技革命和产业变革重大机遇，深入实施创新驱动发展战略，不断优化政策组合，大力发展新一代信息技术、高端装备、新材料、生物、新能源汽车、新能源、节能环保、数字创意等战略性新兴产业，拓展产业发展新空间，创造就业新领域。推进新产品、新服务应用示范，加快产业化进程，持续释放吸纳就业潜力。积极探索和创新监管方式，创造更加宽松的环境，加快发展平台经济等新经济形态，催生更多微经济主体，培育更多跨界融合、面向未来的就业创业沃土，开发更多新型就业模式。编制出台共享经济发展指南，通过放宽市场准入、创新监管手段、引导多方治理等优化环境，完善消费者权益保护等相关政策，促进共享经济健康发展。健全就业、劳动保障等相关制度，支持发展就业新形态。

专栏1 支持发展共享经济下的新型就业模式

1. 营造有利于共享经济加快发展的政策环境。加快完善风险控制、信用体系、质量安全、社会保障等政策法规，保障各方合法权益，促进社会资源通过共享实现高效充分利用，支持共享经济加快发展。

2. 完善支持劳动者参与共享经济就业创业的政策措施。支持符合条件、经工商登记注册的共享经济创业人员，按规定享受现行就业创业扶持政策。加快完善用工、工资支付等相关制度，引导和支持更多劳动者参与共享经济下的就业创业活动。加强劳动人事争议调解仲裁和劳动保障监察，切实保护劳动者合法权益。

积极发展吸纳就业能力强的产业和企业，创造更多就业机会。加快发展民生刚性需求大、国际竞争优势明显的轻工业等劳动密集型制造业。鼓励发展家庭手工业，创造更多居家灵活就业机会。开展加快发展现代服务业行动，不断拓展服务业发展广度和深度，鼓励发展就业容量大、门槛低的家政护理等生活性服务业。扩大市场准入范围，落实降税减负等扶持政策，促进中小企业加快发展，培育特色产业集群，带动更多就业。营造公平开放的市场环境，鼓励中小企业利用电商平台等多种方式开拓市场，促进中小企业融入全球产业链和价值链，在发展壮大中持续拓展就业空间。综合运用差别化存款准备金率、再贷款、信贷政策导向效果评估等多种政策工具，引导金融机构开展应收账款融资、动产融资、供应链融资等创新业务，优化小微企业融资环境。鼓励符合条件的金融机构在依法合规、风险可控的前提下，发行小微企业金融债券和小微企业相关信贷资产证券化产品，进一步盘活存量资产，加大小微企业信贷投放力度，增强其吸纳就业能力。

加快发展现代农业，扩大职业农民就业空间。推进农业、林业产业链和价值链建设，着力构建现代农业和林业产业体系、生产体系、经营体系，推动粮经饲统筹、农林牧渔结合、种养加一体、一二三产业融合发展，创造更多职业农民就业机会。完善政策支持体系，积极发展农业生产性服务业、农产品深加工和储运，推动发展“互联网+现代农业”，大力发展农产品电子商务、休闲农业、创意农业、森林体验、森林康养和乡村旅游等新业态,加快培育专业大户、家庭农场、农民合作社、农业企业等新型农业经营主体,扩大职业农民就业规模。

完善创新创造利益回报机制,激发经济升级和扩大就业内生动力。深化收入分配制度改革,不断强化收入分配政策的激励导向。分类施策,支持劳动者以知识、技术、管理、技能等创新要素按贡献参与分配,实行股权、期权等中长期激励政策,以市场价值回报人才价值,全面激发劳动者创业创新热情,加快新旧发展动能转换,实现经济中高速增长、产业迈向中高端水平,不断拓宽就业空间。

专栏2 城乡居民增收行动

1. 技能人才增收行动。发挥企业主体作用,提升技能人才待遇;完善技术工人薪酬激励机制。贯通职业资格、学历等认证渠道;营造崇尚技能的社会氛围,培养造就更多技术工人。

2. 新型职业农民增收行动。将培育新型职业农民纳入国家教育培训发展规划,提高职业农民增收能力,创造更多就业空间,拓展增收渠道。

3. 科研人员增收行动。保障合理的基本薪酬水平,提高就业质量;落实中央财政科研项目资金管理有关政策,发挥科研项目资金的激励引导作用。健全绩效评价和奖励机制,激励创业创新。

4. 小微创业者增收行动。深化简政放权、放管结合、优化服务改革,释放市场活力,降低市场准入门槛,健全创业成果利益分配机制,打通创业创富通道。

5. 企业经营管理人员增收行动。在国有企业建立职业经理人制度,采取多种方式探索完善中长期激励机制;为非公经济组织重点营造公平、公正、透明、稳定的法治环境,依法平等保护财产权。

6. 基层干部队伍增收行动。完善基层干部队伍薪酬制度;实现对不同地区、不同岗位的差别化激励,充分调动基层干部队伍积极性。

7. 有劳动能力的困难群体增收行动。鼓励有劳动能力的困难群体提升人力资本,主动参加生产劳动,通过自身努力增加收入。

(五)着力缓解困难地区困难行业就业压力

加快困难地区脱困步伐,创造更多就地就近就业机会。指导和推动资源枯竭城市等困难地区培育发展劳动密集型接续产业。研究制定支持产业衰退地区振兴发展的指导意见,通过落实财政、投资、金融、土地等支持政策,促进产业衰退地区发展接续产业,增强吸纳就业能力。发挥区域比较优势,引导符合条件的劳动密集型企业特别是高附加值的劳动密集型企业向中西部地区和东北地区转移,创造更多就地就近就业机会。对去产能任务重、待岗职工多、失业风险大的地区,开展就业援助专项行动。

专栏3 重点地区促进就业专项行动

1. 东北老工业基地促进就业行动。组织实施东北地区人才就业专项行动。加大高素质技术技能人才培养和引进力度,在东北地区组织开展老工业基地产业转型技术技能人才双元培育改革试点。加强专业培训,做好高校毕业生就业和失业人员再就业工作,帮助就业困难人员实现就业,确保零就业家庭实现至少一人就业。加强对东北地区就业形势的研判和监测预警。

2. 资源枯竭城市和独立工矿区促进就业行动。支持资源枯竭城市重点发展一批接续替代产业,吸纳失业矿工、棚户区改造回迁居民再就业。开展采煤沉陷区综合治理。加大力度实施独立工矿区改造搬迁工程,支持矿区基础设施、公共服务设施和接续替代产业平台改造建设,通过矿区转型发展创造更多就业机会。

3. 产业衰退地区促进就业行动。发挥产业基础好和产业工人素质高的优势,积极承接有利于延伸产业链、提高技术水平和资源综合利用的产业。全面开展城区老工业区搬迁改造,统筹推进企业搬迁改造和新兴产业培育,提升老工业区就业吸纳能力。建设一批产业转型升级示范区和示范园区,提供宜居宜业的创业创新环境,打造承接中高端人才回流和专业人才就业的重要平台载体。

续表

4. 国有林场和国有林区促进就业行动。推进重点国有林区深山远山职工搬迁以及国有林场撤并整合和职工搬迁,通过中央基建投资支持大小兴安岭和长白山林区接续替代产业发展,在保护好原生态和不破坏森林资源的前提下,支持发展吸纳就业能力强的种养业、林下特色产业、北药产业、生态文化旅游业、商贸服务业,加强园区基础设施建设,推动林区打造产业竞争新优势,进一步扩大就业和再就业。 5. 困难地区就业援助行动。针对因经济结构调整或重大自然灾害而形成的就业困难地区,发挥部门职能优势,动员群团组织力量,搭建政企合作平台,促进重点群体就业创业。

推动困难行业传统产业转型发展,稳定现有用工需求。通过化解过剩产能、淘汰落后产能、落实减税降费政策、加快分离国有企业办社会职能等综合措施,推动钢铁、煤炭等行业转型发展,稳定用工需求。实施制造业重大技术改造升级工程,加快新一代信息技术与制造业的深度融合,提高产品科技含量和附加值,推动传统制造业由生产型向生产服务型转变,延伸产业链条,增加就业岗位。合理降低实体经济企业融资、人工、能源、物流等成本,落实减轻企业税费负担各项措施,加快转型升级步伐,增强经济持续稳定增长动力,扩大用工需求。同步推进产业结构调整和劳动者技能转换,在转型发展中不断增强吸纳就业能力。

三、提升创业带动就业能力

坚持深化"放管服"改革,不断优化创业环境,畅通创业创富通道,激发全社会支持创业、参与创业的积极性,不断增强创业带动就业能力。

(六) 畅通创业创富通道

加快形成有利于劳动者参与创业的政策环境。深化行政审批制度改革、收费管理制度改革、商事制度改革,创新监管方式,优化政府服务,降低市场准入门槛和制度性交易成本,破除制约劳动者创业的体制机制障碍。拓宽创业投融资渠道,管好用好创业担保贷款,合理增加贴息资金投入,扩大担保基金规模。鼓励金融机构充分依托互联网信息技术,通过大数据、交叉信息验证等方式,科学评估还款能力,优化贷款审批流程,提升网络平台创业主体和小微企业创业主体贷款的便捷性和可获得性。落实促进高校毕业生、退役军人、残疾人、登记失业人员等群体创业的税费优惠政策。加大对初创企业的场地支持、设施提供、房租减免、住房优惠等政策扶持力度,降低创业成本。

调动劳动者创业创富积极性。加快落实高校、科研院所等专业技术人员离岗创业政策,鼓励科技、教育、文化等专业人才转变观念,发挥知识和技术优势,成为创业的引领者。积极推进投贷联动试点,探索符合科创企业发展需求的金融服务模式,促进更多科技人才就业创业。支持大中专毕业生转变择业观念,自立自强,成为创业的生力军。研究实施留学人员回国创业创新启动支持计划。进一步放宽外国人才申请签证、工作许可、居留许可和永久居留证的条件,简化开办企业审批流程,加大创业启动资金支持力度,完善子女入学、医疗、住房等配套政策,吸引更多境外高端人才来华创业创新。大力支持农民工等人员返乡下乡创业。引导城镇失业人员等其他各类人员以创业促就业。引导高校开展创业创新训练计划,激发大学生创业创新动力。在全社会大力弘扬创业风尚,培育创业意识,营造鼓励创业、宽容失败的社会氛围。

专栏4　创业创新人才引进计划

1. 加大引进力度。支持设立引进外国人才创业创新试验基地，提供政策支持和优化服务，吸引世界各地创业创新人才聚集。

2. 完善政策措施。组建优秀青年创业导师队伍，为来华创业青年提供政策解读、创业项目推荐、信息咨询等服务。

3. 提升服务能力。搭建孵化增值服务平台，整合创业创新服务资源，不断提升服务的针对性和有效性。

专栏5　结合新型城镇化开展支持农民工等人员返乡创业试点

1. 分类实施试点。按照分类实施、有序推进的原则，以县为主体因地制宜开展培育产业集群、发展农村电商、促进转型脱困、带动扶贫增收、加快民族地区发展等返乡创业试点工作。

2. 完善返乡创业政策。落实相关税费优惠政策，支持试点地区加快出台降低门槛、财政支持、金融服务等创新性政策措施，营造良好的创业环境。支持部分试点地区开展“两权”（农村承包土地的经营权、农民住房财产权）抵押贷款试点。组织开展鼓励农民工等人员返乡创业三年行动计划，大力推进返乡农民工等人员创业培训工作。

3. 优化返乡创业环境。支持部分试点地区建设公共实训基地，提高培训能力；加强交通、物流、电信等基础设施建设，优化发展环境。支持试点地区发展农产品加工、乡村旅游、休闲农业等相关产业。

（七）扩大创业带动就业效应

强化创业服务，提高创业成功率。统筹规划、合理布局，建设一批各具特色、高水平的区域、高校和科研院所、企业“双创”示范基地，提升创业服务能力。推广新型孵化模式，加快发展众创空间，建设一批创业孵化基地和创业园区，提供项目开发、开业指导、融资等一条龙服务，支持劳动者成功创业。建设小微企业创业创新基地，形成线上与线下、孵化与投资相结合的开放式综合服务载体，为小微企业创业兴业提供低成本、便利化、全要素服务。推动乡村旅游创客示范基地建设。打造“预孵化+孵化器+加速器+稳定器”的梯级孵化体系，根据创业主体不同阶段、不同需求，提供有针对性的专业化、差别化、定制化指导服务，促进创业企业加快发展。规范发展区域性股权市场，为创业企业提供直接融资服务。推进知识产权交易，加快建设全国知识产权运营公共服务平台。推动重点实验室、科技园等平台资源向社会开放。探索建立志愿者服务机制，组建高素质辅导师队伍。建立健全课堂教学、自主学习、结合实践、指导帮扶、文化引领融为一体的创业创新教育培训体系。构建面向人人的创业服务平台，深入推进创业型城市创建活动，积极培育创业生态系统。

专栏6　创业培训计划

1. 健全培训制度。建立培训对象甄选制度，完善创业意愿识别和能力短板诊断机制。建立健全培训绩效考评制度，对创业培训工作成效实施第三方评估。

2. 创新培训模式。开发针对不同创业群体、不同阶段创业活动的创业培训项目。积极探索创业培训与技能培训、区域产业相结合的培训模式。试点推广“慕课”等“互联网+”创业培训新模式，大规模开展开放式在线培训。加强远程公益创业培训。研究探索通过“创业券”、“创新券”等方式提供创业培训服务。深入实施高校毕业生就业创业促进计划和技能就业专项行动，鼓励高等院校、职业院校学生在校期间开展创业竞赛、技能竞赛、创业实训等“试创业”实践活动和电子商务培训活动，并按规定将其纳入创业培训政策支持范围。

3. 加强课程开发。以创业活动不同阶段、不同业态的知识技能需求为导向，构建多层次、模块化的创业培训课程体系。鼓励有条件的地区以政府和社会资本合作（PPP）模式组织开发新领域、新业态的创业培训课程并实施创业培训。加强创业培训师资队伍建设，吸纳社会专业人士加入创业培训专家队伍。

4. 规范机构发展。建立健全政府购买服务机制，鼓励和引导各类优质教育培训资源投入创业培训。

健全传导扩散机制，增强创业带动能力。打通“创业—创新—经济和就业增长点”培育链条，统筹产业链、创新链、资金链和政策链，大力支持培育一批吸纳就业能力强的创新型创业企业。完善新兴产业和现代服务业发展政策，鼓励大型互联网企业、行业领军企业通过网络平台向各类创业创新主体开放技术、开发、营销、推广等资源，打通科技和经济结合的通道，加强创业创新资源共享与合作，切实将人才优势和科技优势转化为产业优势和经济优势。鼓励发展“互联网+创业”，支持“自组织、自激励、自就业”的创业模式，强化创业带动就业、促进增收效应。

四、加强重点群体就业保障能力

坚持突出重点，加快完善更加积极的就业政策，统筹做好高校毕业生等重点群体就业工作，兜住民生底线。

（八）切实做好高校毕业生就业工作

拓展高校毕业生就业领域。继续把高校毕业生就业摆在就业工作首位，多方位拓宽就业领域。在产业结构调整中，着力支持科技含量高的智力密集型产业特别是战略性新兴产业、现代服务业以及各类新业态、新模式加快发展，开发更多适合高校毕业生的高质量就业岗位。

引导和鼓励高校毕业生到基层就业。结合政府购买基层公共管理和社会服务开发岗位，统筹实施基层服务项目，落实学费代偿、资金补贴、税费减免等扶持政策，进一步引导和鼓励高校毕业生到城乡基层、中西部地区、中小微企业就业。健全基层服务保障机制，畅通流动渠道，拓展扎根基层高校毕业生职业发展通道。

增强高校毕业生就业服务能力。深入实施高校毕业生就业创业促进计划，健全高校毕业生就业创业服务体系，创新就业信息服务方式方法，注重运用“互联网+就业”模式，加强就业市场供需衔接和精准帮扶。加大就业见习力度，做好困难毕业生就业帮扶工作。

（九）促进农村劳动力转移就业

拓宽农村劳动力转移就业渠道。建立健全城乡劳动者平等就业制度，引导农村劳动力外出就业、就地就近就业。推进农村劳动力转移就业示范基地建设，结合推进新型城镇化建设，合理引导产业梯度转移，创造更多适合农村劳动力转移就业的机会。加强部分行政村劳动力转移就业监测。

促进农村贫困劳动力转移就业。按照政府推动、市场主导的原则，加强劳务协作，积极促进农村建档立卡贫困人口和非建档立卡的农村低保对象、贫困残疾人中的劳动力稳定就业和转移就业。建立健全劳务输出对接机制，提高劳务输出就业脱贫的组织化程度。输出地要摸清底数，准确掌握建档立卡贫困人口和非建档立卡的农村低保对象、贫困残疾人中有就业意愿和劳动能力的未就业人员以及已就业人员基本情况，因人因需提供技能培训和就业服务。输入地要动员企业参与，实现人岗对接，保障稳定就业。引导金融机构创新金融服务体制机制，积极开展扶贫小额信贷、助学贷款、易地扶贫搬迁贷款等业务，支持贫困人口通过发展生产实现就业创业。依据建档立卡贫困人口和非建档立卡的农村低保对象、贫困残疾人信息数据精准识别帮扶对象，建立台账，制订计划，实施“春潮行动”、技能脱贫千校行动。

（十）统筹其他群体就业

强化困难群体就业援助。健全就业援助制度，完善就业援助政策，鼓励企业吸纳困难人员就业。对就业困难人员和零就业家庭成员开展实名制动态管理和分类帮扶，提供一对一就业援助，做到零就业家庭“产生一户、援助一户、消除一户、稳定一户”，确保零就业家庭动态清零。通过公益性岗位托底帮扶一批确实难以通过市场就业的大龄就业困难人员、零就业家庭人员，实现最低生活保障家庭中有劳动能力的成员至少有一人就业。加强社会救助与就业联动，对实现就业的低保对象，在核算其家庭收入时，可扣减必要的就业成本，并通过“低保渐退”等措施，增强其就业意愿和就业稳定性。

高度重视化解过剩产能职工安置工作。将职工安置摆在化解过剩产能工作的突出位置。坚持企业主体、地方组织、依法依规的原则，分类施策，精准发力，拓宽分流渠道，加强转岗再就业帮扶，做好去产能企业职工安置工作。安置过程中要发挥好职工代表大会、厂务公开等民主管理制度的作用。落实通过失业保险基金发放稳岗补贴等扶持政策，引导钢铁、煤炭等行业困难企业以协商薪酬、灵活工时、培训转岗等方式稳定现有工作岗位。充分发挥中央奖补资金作用，通过转岗就业创业、托底安置、内部退养等多种方式妥善安置职工。

做好特定群体就业工作。做好军队转业干部和退役士兵的接收安置工作。高度重视青年群体就业工作，采取有针对性的措施帮助其就业创业。统筹做好残疾人、少数民族劳动者、退役运动员、戒毒康复人员、刑满释放人员等群体就业工作。消除针对特定群体的就业歧视，营造公平就业环境。

专栏7 重点人群就业促进计划

1. 高校毕业生就业创业促进计划。适应高校毕业生就业创业新需要，将就业创业有机融合，建立涵盖学校内外各阶段、求职就业各环节、就业创业全过程的服务体系。健全未就业毕业生实名数据库，为高校毕业生提供就业信息、职业指导和就业见习等就业服务。普及创业教育，加强职业培训。加强部门之间工作衔接、信息共享，推动高校毕业生就业创业。

2. 实施高校毕业生基层服务项目。统筹实施大学生村官、农村教师特岗计划、“三支一扶”计划、志愿服务西部计划和农技特岗计划等专门项目，选拔派遣高校毕业生到基层服务。规范项目管理，加强人员培养使用，强化日常考核监督，切实发挥项目示范引领作用。

3. 促进农村劳动力转移就业。坚持统筹城乡就业，多渠道开发就业岗位，落实扶持政策，加强职业培训和就业创业服务，优化就业创业环境，加强形势分析和就业监测，促进农村富余劳动力有序外出就业、就地就近就业和返乡创业，着力稳定和扩大农民工就业规模。

4. 做好化解过剩产能职工安置工作。以钢铁、煤炭等行业为重点，实施再就业帮扶行动，对确实要离开企业的劳动者，普遍开展转岗培训或技能提升培训，免费提供就业创业服务，落实职业培训补贴等扶持政策，促进其自主创业和转岗就业。对距法定退休年龄五年以内、再就业有困难的职工，经其本人自愿选择和企业同意，可实行内部退养，由企业发放生活费并缴纳基本养老和医疗保险费单位缴纳部分，个人按规定缴费。

5. 推进就业扶贫。通过精准对接、劳务协作和政策扶持，促进有就业意愿和就业能力的未就业贫困人口和非建档立卡的农村低保对象、贫困残疾人转移就业，促进已实现就业的建档立卡贫困人口和非建档立卡的农村低保对象、贫困残疾人稳定就业。组织全国千所左右省级重点以上技工院校开展技能脱贫千校行动，实现“教育培训一人、就业创业一人、脱贫致富一户”的目标。实施职业教育东西协作行动计划，以职业教育和培训为重点，瞄准建档立卡贫困人口和非建档立卡的农村低保对象、贫困残疾人精准发力，促进就业脱贫。通过就业带动促进1000万贫困人口脱贫。

6. 实施就业援助。加大企业吸纳困难群体就业的扶持力度，规范公益性岗位开发管理，畅通进出通道。大力推进残疾人按比例就业。完善就业援助制度，实施精细化的分类帮扶和实名制动态管理，缩短长期失业者失业周期。

五、提高人力资源市场供求匹配能力

坚持发挥市场在人力资源配置中的决定性作用，深化改革，加强监管，提高服务能力，不断提升人力资源市场供求匹配效率。

（十一）规范人力资源市场秩序

健全人力资源市场体系。加快建立统一开放、竞争有序的人力资源市场体系，打破城乡、地区、行业分割和身份、性别歧视，完善市场运行规则，规范招人用人制度，消除影响平等就业的制度障碍。增强劳动力市场灵活性，促进劳动力在地区、行业、企业之间自由流动。推进人力资源市场信用体系和标准体系建设，加强人力资源市场管理信息平台建设。推进户籍制度改革，积极稳妥将有稳定劳动关系并在城镇居住一定年限的农民工及其家属逐步转为城镇居民。

加大监管力度。健全人力资源市场法律法规体系，尊重劳动者和用人单位市场主体地位，依法保障其合法权益。依法规范实施人力资源市场行政许可，进一步简化优化审批流程，提高服务的便捷性和可及性。加强人力资源市场事中事后监管，实施随机抽查监管，建立年度报告公示制度，探索运用新兴信息技术提升监管效能。强化日常监督检查，开展人力资源市场秩序清理整顿专项行动，严厉查处相关违法违规行为。充分发挥各类人力资源服务机构、行业协会和社会力量的监督作用，积极推进社会协同共治。

（十二）提升人力资源市场供求匹配效率

提高公共就业服务能力。合理保障就业创业服务经费、配备工作人员。加快建立职业指导员、职业信息分析专业人员、劳动保障专理员、劳动人事争议调解员仲裁员、劳动保障监察协管员、劳动关系协调员等专业工作人员队伍。完善普惠性就业服务制度，推进服务均等化。综合运用就业服务新技术新方法，指导劳动者规划职业生涯，提高求职就业能力。不断优化服务流程，完善服务功能，推进就业服务项目化，提高就业服务质量和效率。完善就业信息服务制度，建立信息互联互通机制，搭建共享发布平台，开展就业信息分析利用，引导劳动者求职和用人单位招聘。加快公共就业服务信息化建设，推动大数据等新技术应用，到2020年，全面建成省级集中的公共就业服务信息系统和公共就业创业服务平台，充分运用网站、移动应用、自助终端、“12333”热线、微信等渠道，打造线上线下一体的服务体系。开展公共就业创业服务示范城市建设，引导就业服务发展。

大力发展人力资源服务业。以产业引导、政策扶持和环境营造为重点，规范发展人事代理、人才推荐、人员培训、劳务派遣等人力资源服务。加强统筹规划和政策引导，依托重大项目和龙头企业，培育创新发展、符合市场需求的人力资源服务产业园。鼓励创新，实施“互联网+人力资源服务”行动，培育壮大人力资源服务产业。加强人力资源服务业从业人员职业培训，加快全国人力资源市场供求信息监测和发布制度建设。

专栏8　人力资源服务业发展推进计划

1. 人力资源服务机构建设。重点培育一批有核心产品、成长性好、竞争力强的企业集团，推动人力资源服务产品创新、管理创新和服务创新。推进人力资源服务业和互联网技术融合，开展“互联网+人力资源服务”行动。

续表

2. 人力资源服务产业园建设。加强顶层设计，建设一批有特色、有规模、有活力、有效益的人力资源服务产业园，充分发挥园区集聚发展和辐射带动作用。 3. 人力资源服务队伍建设。开展人力资源服务机构经营管理人员培训，加大人力资源服务业高层次人才培养和引进力度。实施人力资源服务业领军人才培养计划。

六、强化劳动者素质提升能力

坚持人才优先，健全劳动者素质提升长效机制，加快培育更高技能水平、更好专业素养和敬业精神、更强创新能力和创业精神的劳动者队伍，着力缓解结构性就业矛盾。

（十三）提升人才培养质量

加快教育结构调整。适应经济社会发展需求变化，引导高校构建与学校定位和办学特色相匹配的学科专业体系，增设经济社会发展和民生改善急需专业，更新升级传统专业，优化人才培养结构。充分发挥行业组织作用，建立专业设置、学生就业与重点产业人才需求相衔接的预测预警机制。继续深入实施基础学科拔尖学生培养试验计划，支持高水平研究型大学依托优势基础学科建设国家青年英才培训基地。加强服务行业发展的特色人才培养。加快建立高等学校分类体系，鼓励不同层次、类型的高校牢牢把握人才需求方向，统筹研究型、应用型、复合型等各类人才培养。鼓励具备条件的地方普通本科院校向应用型转变，培养更多技术技能型人才。推进职业教育与普通教育分类管理，探索建立国家资历框架，引导各级各类职业院校科学定位、办出特色。在优化布局基础上，改善职业院校基本办学条件，建设一批高水平的职业院校和骨干专业，加快培育大批具有专业技能与工匠精神的高素质劳动者和人才。健全公平公正、多元投入、规范高效的国家资助政策体系，保障职业院校家庭经济困难学生完成学业。完善顶层设计，研究制定规范发展继续教育的政策制度。

深化教学改革。推动职业院校、本科高校与行业企业共同实施全流程协同育人，共同开展教育教学、组织质量评价。全面建立职业院校教学工作诊断与改进制度。建立全国高校继续教育质量报告制度，强化高校继续教育责任主体意识，加强事中事后监管。深化专业、课程、教材体系改革，加强教材规划、管理和审查，推动课程内容与职业标准、教学过程与生产过程有效对接，及时调整、更新教学内容和教学方式，强化实践教学。建立和完善现代学校制度，落实学校在人事管理、教师评聘、收入分配等方面的办学自主权，支持职业院校、本科高校自主聘用有丰富实践经验的人员担任专兼职教师，加快建设“双师型”教师队伍。制定实施企业参与职业教育的激励政策、有利于校企人员双向交流的人事管理政策，落实学生实习政策，全面推进现代学徒制试点工作，深入推进职业教育集团化办学，推动学校与企业合作建设一批共建共享的实训基地。

完善终身学习服务体系。充分发挥各级各类学校的优势，加强终身教育制度建设。提供更多继续教育和职业技能培训课程，发展在线教育和远程教育，积极发挥高校继续教育数字化资源开放和在线教育联盟作用，为全体社会成员提供多次选择、多种路径的终身学习机会。进一步办好开放大学。鼓励高等学校招收有实践经历人员，支持社会成员通过直接升学、先就业再升学、边就业边学习等多种方式不断发展。科学设置评估考核指标，加快构建全程化、模块化、多元化的终身学习成果评价体系，增强终身学习质量保障能力，提高社会成员终身学习积极性。

（十四）提高劳动者职业技能

完善职业技能培训制度。适应经济转型要求，推动职业培训转型升级，进一步扩大培训规模。研究建立终身职业技能培训制度，提高劳动者就业创业能力。建立健全以企业、职业院校和各类培训机构为依托，以就业技能培训、岗位技能提升培训和创业培训为主要形式，覆盖全体、贯穿终身的培训体系。调动各方积极性，加快推行工学一体、企业新型学徒制、“互联网+”等培训模式。创新职业培训方式，实行国家基本职业培训包制度，规范管理，提高补贴标准，增强职业培训的针对性和有效性。完善职业技能培训财政资金补贴方式，对建档立卡贫困人口和非建档立卡的农村低保对象、贫困残疾人等符合条件人员，探索采取整建制购买培训项目、直补培训机构等方式，提高培训效果。探索建立重点产业职业技能培训需求指导目录制度，加大对指导目录内培训项目的补贴力度。建立国家职业资格目录清单管理制度，清单之外一律不得许可和认定职业资格，清单之内除准入类职业资格外一律不得与就业创业挂钩。构建科学设置、规范运行、依法监管的国家职业资格框架和管理服务体系。建立培训、鉴定、就业分工合作机制，以及培训信息发布、质量评价和保障机制。

健全劳动者技能提升激励机制。提高技术工人待遇，定期开展高技能人才评选表彰活动。完善技能人才与同等学历、职称人员享受平等待遇政策，落实积分落户、招聘录用、岗位聘任、职务职级晋升、职称评定、薪酬、学习进修、休假体检等待遇，全面加强技能人才激励工作。

增强公共实训能力。突出建设重点，科学合理布局，在整合资源基础上，统筹建设若干区域性大型实训基地、一批地市级综合型实训基地和县级地方产业特色型实训基地，构筑布局合理、定位明确、功能突出、信息互通、协调发展的职业技能实训基地网络，不断提升公共实训能力。采取中央基建投资补助等多种形式，鼓励和引导保险资金等社会资本通过设立职业技能培训产业发展基金等多种途径，参与支持公共实训基地建设。

提升重点人群职业技能。实施高技能人才振兴计划和专业技术人才知识更新工程，突出“高精尖缺”导向，大力发展技工教育，培训急需紧缺人才。开展贫困家庭子女、未升学初高中毕业生、农民工、失业人员和转岗职工、退役军人、残疾人免费接受职业培训行动。组织实施化解过剩产能企业职工、高校毕业生、新生代农民工等重大专项培训计划。实施全员质量素质提升工程。加快实施新型职业农民培育工程，建立教育培训、规范管理和政策扶持相衔接的制度体系。发挥企业主体作用，开展岗位技能提升培训，按照职工工资总额的 1.5%—2.5% 足额提取教育培训经费，专项用于职工特别是一线职工教育培训。

专栏 9　新型职业农民培育工程

1. 健全培育机制。加快建立农业行政主管部门负责，农业广播电视学校、涉农院校、农民合作社、农业产业化龙头企业、农业技术推广机构以及其他各类市场主体多方参与、适度竞争的多元培育机制，强化新型职业农民培育示范，到 2020 年，实现新型职业农民培育工程覆盖全国所有农业县（市、区）。

2. 创新培育模式。促进教学内容与生产实际、教学安排与农时农事、理论教学与实践实习紧密结合，允许分阶段完成培训。采取送教下乡、半农半读、弹性学制等形式，鼓励农民接受中高等职业教育，培养高层次新型职业农民。建设新型职业农民培育信息化平台，为新型职业农民提供在线学习、跟踪指导等服务。

3. 加大支持力度。创新新型职业农民培训财政支持方式，加强财政资金使用监管，着力提高培训效果。采取融资担保等措施，加大对新型职业农民的政策扶持力度。推动有条件的新型职业农民按规定参加养老、医疗等社会保险。

续表

4.壮大新型职业农民队伍。实施现代青年农场主培养计划和农村青年创业致富"领头雁"培养计划,吸引年轻人务农创业。实施新型农业经营主体带头人轮训计划,"十三五"时期将新型农业经营主体带头人轮训一遍。强化管理服务和政策扶持,培养一批有文化、懂技术、善经营、会管理的新型职业农民。

(十五)培养良好职业素养

加强职业道德建设。引导劳动者遵守纪律、诚实守信,自觉履行劳动义务,依法理性维护自身权益。将职业道德教育贯穿于教育培训全过程。引导企业加强职业文化建设,弘扬良好职业行为习惯,推动劳动者形成"干一行、爱一行"的职业理念。

强化职业发展和就业指导教育。普遍开设职业发展与就业指导课程,建立专业化、全程化的就业指导教学体系,增强毕业生特别是高校毕业生自我评估能力、职业开发能力及择业能力,切实转变就业观念。加强就业指导教师培训和实践锻炼,创新教学方法,进一步提高教学效果。

培育工匠精神。充分发挥院校、企业、工会等各方积极性,将培育工匠精神融入到教育培训、企业文化建设等各领域各环节,大力培养劳动者精益求精的职业素质。完善激励机制,培树先进典型,营造尊重劳动、尊重工匠的良好社会氛围,提高劳动者培育工匠精神的自主性。

七、构建更有力的保障支撑体系

不断强化各类政策协同机制、优化社会资本带动机制、完善就业创业服务机制、健全劳动关系协调机制、构建就业形势综合监测机制,加快落实规划重点任务。

(十六)强化各类政策协同机制

坚持实施就业优先战略,充分发挥就业目标的引导作用,统筹制定国民经济和社会发展总体规划,统筹考虑宏观调控的重点和节奏。将促就业稳就业作为宏观经济政策的优先目标,加快完善更加积极的就业政策体系,加强就业政策与财税、货币、产业、投资、贸易等宏观经济政策以及人才、教育、培训、社保等社会政策的统筹协调,形成有利于促进就业的宏观政策体系。各级政府要积极调整财政支出结构,合理加大促进就业相关资金筹集力度,提高财政资金支持就业创业效益,保障就业管理和服务高效运转。实施支持就业创业的税收优惠政策,促进符合条件的重点群体就业创业。鼓励和引导各类金融机构加大对就业创业的金融支持。建立投资带动就业等宏观经济政策的就业影响评估机制。健全促进就业工作机制,完善考核指标体系,加大就业创业指标考核权重,强化政府促进就业责任。加强对就业工作进度和各项目标任务完成情况的督促检查,对就业创业工作成效明显的地方加大激励支持力度,对工作不力的予以问责。坚持底线思维,加强联防联控、相机抉择,建立突发事件应对机制,确保就业形势总体稳定。

(十七)优化社会资本带动机制

统筹发挥好市场和政府"两只手"的作用,创新服务供给模式,通过政府和社会资本合作(PPP)等多种形式,有序有效引导并带动社会资本扩大就业创业服务供给。推动政府向社会力量购买更多基本公共就业创业服务,提升专业化服务水平。鼓励多元主体办学,引导行业企业、社会团体、科研机构和公民个人积极参与举办职业教育,重点支持举办非营利性职业院校,探索发展股份制、混合所有制职业院校,探索公办和社会力量举办的职业院校相互委托管理和购买服务机制。出台实施细则,落实土地供给、资质许可等具体办法,支持社会资本兴办教育和培训机构。落实政府购买培训相关政策,建立政府资金投入与管理制度,逐步形成培训机构自主开展培训、劳动者自主选择培训机构、政府提供资金支持和依法监管的职业技能培训运行机制。

(十八) 完善就业创业服务机制

加强基层公共就业创业服务平台建设,健全覆盖城乡的公共就业创业服务体系,完善运行管理机制。推进公共就业信息服务平台建设,完善全国就业信息监测制度,建立部门和省级就业信息资源库,实现就业管理和就业服务工作全程信息化。加快创业培训信息化管理平台建设,实现数据、信息、资源联通共享。健全人才流动公共服务体系,加快推进流动人员人事档案信息化建设。探索建立与国际接轨的全球人才招聘制度。加强"金保工程"建设,加快社会保险信息互联互通进程,进一步提高社会保险关系转移接续服务能力。完善公共就业创业和教育培训服务效能第三方评估机制。

(十九) 健全劳动关系协调机制

完善劳动标准体系。全面实行劳动合同制度。推行集体协商和集体合同制度。完善协调劳动关系三方机制。健全最低工资增长机制,建立统一规范的企业薪酬调查和信息发布制度,完善企业工资决定和正常增长机制、工资支付保障长效机制。完善劳动保障监察机制,加强劳动保障监察执法能力建设。加强劳动争议调解仲裁工作规范化、标准化、专业化、信息化建设,加快劳动争议调解仲裁服务体系建设,建立健全重大集体劳动争议应急调处机制和仲裁特别程序。

(二十) 构建就业形势综合监测机制

健全就业统计指标体系,完善统计口径和调查方法,建立有关就业新形态、创业情况的统计监测指标,更加全面反映就业创业情况。做好就业统计调查保障工作。建立就业统计数据质量核查机制,加强与社会保险等其他数据校核比对。进一步加强就业形势分析研判,健全就业形势定期综合会商评估工作机制。加强部门与研究机构、市场分析机构的密切协作,建立就业数据与宏观经济、行业经营等数据以及社会机构相关数据交叉比对机制,提高就业形势监测和分析能力。建立全国性的劳动力市场价格监测体系,及时掌握不同地区、重点行业的就业形势与收入变化等情况。建立完善失业监测预警机制,及时掌握监测企业人员变动情况及趋势,适时发布预警信息。

八、组织实施

(二十一) 加强部门协调,明确职责分工

各有关部门要高度重视促进就业工作,切实履行好促进就业鼓励创业的职责,不断完善促进就业创业的政策措施,健全工作机制,明确任务分工,加强跟踪调度,协调解决重大问题,确保本规划重点任务、主要措施有效落实。

(二十二) 加强上下联动,压实各方责任

各地区、各有关部门要结合实际,围绕规划主要任务,进一步细化目标措施,抓好贯彻落实。省级人民政府对辖区内规划实施工作负总责,确保规划重点任务和工程建设落到实处。

（二十三）加强督促检查，抓好规划评估

国家发展改革委、人力资源社会保障部要会同有关部门建立督促检查制度，开展规划实施情况年度监测，组织规划实施中期和终期评估，重大情况及时上报国务院。

附件：重点任务分工方案

附件：重点任务分工方案

序号	重点工作	负责单位
1	紧紧把握全球科技革命和产业变革重大机遇，深入实施创新驱动发展战略，不断优化政策组合，大力发展新一代信息技术、高端装备、新材料、生物、新能源汽车、新能源、节能环保、数字创意等战略性新兴产业，拓展产业发展新空间，创造就业新领域。	国家发展改革委、科技部、工业和信息化部等按职责分工负责
2	积极探索和创新监管方式，创造更加宽松的环境，加快发展平台经济等新经济形态，催生更多微经济主体，培育更多跨界融合、面向未来的就业创业沃土，开发更多新型就业模式。	国家发展改革委、工商总局、工业和信息化部、商务部、人力资源社会保障部等按职责分工负责
3	编制出台共享经济发展指南，通过放宽市场准入、创新监管手段、引导多方治理等优化环境，完善消费者权益保护等相关政策，促进共享经济健康发展。	国家发展改革委牵头负责
4	健全就业、劳动保障等相关制度，支持发展就业新形态。	人力资源社会保障部牵头负责
5	开展加快发展现代服务业行动，不断拓展服务业发展广度和深度，鼓励发展就业容量大、门槛低的家政护理等生活性服务业。	国家发展改革委牵头负责
6	综合运用差别化存款准备金率、再贷款、信贷政策导向效果评估等多种政策工具，引导金融机构开展应收账款融资、动产融资、供应链融资等创新业务，优化小微企业融资环境。鼓励符合条件的金融机构在依法合规、风险可控的前提下，发行小微企业金融债券和小微企业相关信贷资产证券化产品，进一步盘活存量资产，加大小微企业信贷投放，增强其吸纳就业能力。	人民银行、银监会牵头负责
7	推进农业、林业产业链和价值链建设，着力构建现代农业和林业产业体系、生产体系、经营体系，推动粮经饲统筹、农林牧渔结合、种养加一体、一二三产业融合发展，创造更多职业农民就业机会。	农业部、国家发展改革委、国家林业局按职责分工负责
8	完善政策支持体系，积极发展农业生产性服务业、农产品深加工和储运，推动发展“互联网+现代农业”，大力发展农产品电子商务、休闲农业、创意农业、森林体验、森林康养和乡村旅游等新业态，加快培育专业大户、家庭农场、农民合作社、农业企业等新型农业经营主体，扩大职业农民就业规模。	农业部、国家发展改革委、国家林业局、国家旅游局等按职责分工负责
9	分类施策，支持劳动者以知识、技术、管理、技能等创新要素按贡献参与分配，实行股权、期权等中长期激励政策，以市场价值回报人才价值，全面激发劳动者创业创新热情。	国家发展改革委、人力资源社会保障部、科技部、财政部等按职责分工负责
10	开展城乡居民增收行动。	国家发展改革委牵头负责
11	指导和推动资源枯竭城市等困难地区培育发展劳动密集型接续产业。研究制定支持产业衰退地区振兴发展的指导意见，通过落实财政、投资、金融、土地等支持政策，促进产业衰退地区发展接续产业，增强吸纳就业能力。	国家发展改革委牵头负责
12	开展重点地区促进就业专项行动。	国家发展改革委、人力资源社会保障部按职责分工负责

续表

序号	重 点 工 作	负 责 单 位
13	实施制造业重大技术改造升级工程，加快新一代信息技术与制造业的深度融合，提高产品科技含量和附加值，推动传统制造业由生产型向生产服务型转变，延伸产业链条，增加就业岗位。	国家发展改革委牵头，工业和信息化部、科技部按职责分工负责
14	同步推进产业结构调整和劳动者技能转换，在转型发展中不断增强吸纳就业能力。	国家发展改革委、人力资源社会保障部牵头负责
15	拓宽创业投融资渠道，管好用好创业担保贷款，合理增加贴息资金投入，扩大担保基金规模。鼓励金融机构充分依托互联网信息技术，通过大数据、交叉信息验证等方式，科学评估还款能力，优化贷款审批流程，提升网络平台创业主体和小微企业创业主体贷款的便捷性和可获得性。	人力资源社会保障部、国家发展改革委、财政部、人民银行、银监会等按职责分工负责
16	加快落实高校、科研院所等专业技术人员离岗创业政策，鼓励科技、教育、文化等专业人才转变观念，发挥知识和技术优势，成为创业的引领者。积极推进投贷联动试点，探索符合科创企业发展需求的金融服务模式，促进更多科技人才就业创业。	国家发展改革委、教育部、科技部、人力资源社会保障部、人民银行等按职责分工负责
17	进一步放宽外国人才申请签证、工作许可、居留许可和永久居留证的条件，简化开办企业审批流程，加大创业启动资金支持力度，完善子女入学、医疗、住房等配套政策，吸引更多境外高端人才来华创业创新。	国家外专局、人力资源社会保障部牵头，外交部、公安部、工商总局、教育部、国家卫生计生委、住房城乡建设部等按职责分工负责
18	实施创业创新人才引进计划。	国家外专局、人力资源社会保障部牵头负责
19	结合新型城镇化开展支持农民工等人员返乡创业试点。	国家发展改革委牵头，工业和信息化部、财政部、人力资源社会保障部、国土资源部、住房城乡建设部、交通运输部、农业部、商务部、人民银行、国家林业局等按职责分工负责
20	统筹规划、合理布局，建设一批各具特色、高水平的区域、高校和科研院所、企业"双创"示范基地，提升创业服务能力。	国家发展改革委牵头负责
21	推广新型孵化模式，加快发展众创空间，建设一批创业孵化基地和创业园区，提供项目开发、开业指导、融资等一条龙服务，支持劳动者成功创业。	科技部牵头负责
22	建设小微企业创业创新基地，形成线上与线下、孵化与投资相结合的开放式综合服务载体，为小微企业创业兴业提供低成本、便利化、全要素服务。	工业和信息化部牵头负责
23	规范发展区域性股权市场，为创业企业提供直接融资服务。推进知识产权交易，加快建设全国知识产权运营公共服务平台。推动重点实验室、科技园等平台资源向社会开放。	证监会、国家知识产权局、科技部等按职责分工负责
24	构建面向人人的创业服务平台，深入推进创业型城市创建活动，积极培育创业生态系统。实施创业培训计划。	人力资源社会保障部牵头负责
25	打通"创业—创新—经济和就业增长点"培育链条，统筹产业链、创新链、资金链和政策链，大力支持培育一批吸纳就业能力强的创新型创业企业。	国家发展改革委牵头，工业和信息化部、科技部、商务部等按职责分工负责
26	完善新兴产业和现代服务业发展政策，鼓励大型互联网企业、行业领军企业通过网络平台向各类创业创新主体开放技术、开发、营销、推广等资源，打通科技和经济结合的通道，加强创业创新资源共享与合作，切实将人才优势和科技优势转化为产业优势和经济优势。	国家发展改革委、工业和信息化部、科技部等按职责分工负责

续表

序号	重点工作	负责单位
27	在产业结构调整中，着力支持科技含量高的智力密集型产业特别是战略性新兴产业、现代服务业以及各类新业态、新模式加快发展，开发更多适合高校毕业生的高质量就业岗位。	国家发展改革委、工业和信息化部、科技部、商务部等按职责分工负责
28	结合政府购买基层公共管理和社会服务开发岗位，统筹实施基层服务项目，落实学费代偿、资金补贴、税费减免等扶持政策，进一步引导和鼓励高校毕业生到城乡基层、中西部地区、中小微企业就业。健全基层服务保障机制，畅通流动渠道，拓展扎根基层高校毕业生职业发展通道。	人力资源社会保障部、教育部牵头负责
29	深入实施高校毕业生就业创业促进计划，健全高校毕业生就业创业服务体系，创新就业信息服务方式方法，注重运用“互联网+就业”模式，加强就业市场供需衔接和精准帮扶。	人力资源社会保障部、教育部牵头负责
30	推进农村劳动力转移就业示范基地建设，结合推进新型城镇化建设，合理引导产业梯度转移，创造更多适合农村劳动力转移就业的机会。加强部分行政村劳动力转移就业监测。	国家发展改革委、农业部、人力资源社会保障部等按职责分工负责
31	按照政府推动、市场主导的原则，加强劳务协作，积极促进农村建档立卡贫困人口和非建档立卡的农村低保对象、贫困残疾人中的劳动力稳定就业和转移就业。	人力资源社会保障部、国务院扶贫办、民政部、中国残联按职责分工负责
32	对就业困难人员和零就业家庭成员开展实名制动态管理和分类帮扶，提供一对一就业援助，做到零就业家庭“产生一户、援助一户、消除一户、稳定一户”，确保零就业家庭动态清零。通过公益性岗位托底帮扶一批确实难以通过市场就业的大龄就业困难人员、零就业家庭人员，实现最低生活保障家庭中有劳动能力的成员至少有一人就业。加强社会救助与就业联动，对实现就业的低保对象，在核算其家庭收入时，可扣减必要的就业成本，并通过“低保渐退”等措施，增强其就业意愿和就业稳定性。	人力资源社会保障部、民政部按职责分工负责
33	将职工安置摆在化解过剩产能工作的突出位置。坚持企业主体、地方组织、依法依规的原则，分类施策，精准发力，拓宽分流渠道，加强转岗再就业帮扶，做好去产能企业职工安置工作。	人力资源社会保障部、国务院国资委牵头负责
34	实施重点人群就业促进计划。	人力资源社会保障部牵头负责
35	加快建立统一开放、竞争有序的人力资源市场体系，打破城乡、地区、行业分割和身份、性别歧视，完善市场运行规则，规范招人用人制度，消除影响平等就业的制度障碍。增强劳动力市场灵活性，促进劳动力在地区、行业、企业之间自由流动。推进人力资源市场信用体系和标准体系建设，加强人力资源市场管理信息平台建设。	人力资源社会保障部牵头负责
36	实施人力资源服务业发展推进计划。	人力资源社会保障部牵头，国家发展改革委、工业和信息化部按职责分工负责
37	适应经济社会发展需求变化，引导高校构建与学校定位和办学特色相匹配的学科专业体系，增设经济社会发展和民生改善急需专业，更新升级传统专业，优化人才培养结构。充分发挥行业组织作用，建立专业设置、学生就业与重点产业人才需求相衔接的预测预警机制。	教育部牵头，人力资源社会保障部、国家发展改革委按职责分工负责
38	加快建立高等学校分类体系，鼓励不同层次、类型的高校牢牢把握人才需求方向，统筹研究型、应用型、复合型等各类人才培养。鼓励具备条件的地方普通本科院校向应用型转变，培养更多技术技能型人才。	教育部牵头负责
39	健全公平公正、多元投入、规范高效的国家资助政策体系，保障职业院校家庭经济困难学生完成学业。	财政部牵头，国家发展改革委、教育部、人力资源社会保障部按职责分工负责
40	建立全国高校继续教育质量报告制度，强化高校继续教育责任主体意识，加强事中事后监管。	教育部牵头负责

续表

序号	重点工作	负责单位
41	深化专业、课程、教材体系改革，加强教材规划、管理和审查，推动课程内容与职业标准、教学过程与生产过程有效对接，及时调整、更新教学内容和教学方式，强化实践教学。	教育部牵头负责
42	建立和完善现代学校制度，落实学校在人事管理、教师评聘、收入分配等方面的办学自主权，支持职业院校、本科高校自主聘用有丰富实践经验的人员担任专兼职教师，加快建设"双师型"教师队伍。	教育部牵头负责
43	制定实施企业参与职业教育的激励政策、有利于校企人员双向交流的人事管理政策，落实学生实习政策，全面推进现代学徒制试点工作，深入推进职业教育集团化办学，推动学校与企业合作建设一批共建共享的实训基地。	教育部牵头，国家发展改革委、人力资源社会保障部、财政部、国务院国资委等按职责分工负责
44	充分发挥各级各类学校的优势，加强终身教育制度建设。	教育部牵头负责
45	研究建立终身职业技能培训制度。加快推行工学一体、企业新型学徒制、"互联网+"等培训模式。创新职业培训方式，实行国家基本职业培训包制度，规范管理，提高补贴标准，增强职业培训的针对性和有效性。完善职业技能培训财政资金补贴方式，对建档立卡贫困人口和非建档立卡的农村低保对象、贫困残疾人等符合条件人员，探索采取整建制购买培训项目、直补培训机构等方式，提高培训效果。探索建立重点产业职业技能培训需求指导目录制度，加大对指导目录内培训项目的补贴力度。建立国家职业资格目录清单管理制度，清单之外一律不得许可和认定职业资格，清单之内除准入类职业资格外一律不得与就业创业挂钩。构建科学设置、规范运行、依法监管的国家职业资格框架和管理服务体系。建立培训、鉴定、就业分工合作机制，以及培训信息发布、质量评价和保障机制。	人力资源社会保障部牵头负责
46	完善技能人才与同等学历、职称人员享受平等待遇政策，落实积分落户、招聘录用、岗位聘任、职务职级晋升、职称评定、薪酬、学习进修、休假体检等待遇，全面加强技能人才激励工作。	人力资源社会保障部牵头负责
47	突出建设重点，科学合理布局，在整合资源基础上，统筹建设若干区域性大型实训基地、一批地市级综合型实训基地和县级地方产业特色型实训基地，构筑布局合理、定位明确、功能突出、信息互通、协调发展的职业技能实训基地网络，不断提升公共实训能力。	国家发展改革委、人力资源社会保障部牵头负责
48	实施高技能人才振兴计划和专业技术人才知识更新工程，突出"高精尖缺"导向，大力发展技工教育，培训急需紧缺人才。开展贫困家庭子女、未升学初高中毕业生、农民工、失业人员和转岗职工、退役军人、残疾人免费接受职业培训行动。组织实施化解过剩产能企业职工、高校毕业生、新生代农民工等重大专项培训计划。	人力资源社会保障部牵头负责
49	加快实施新型职业农民培育工程，建立教育培训、规范管理和政策扶持相衔接的制度体系。	农业部牵头负责
50	加强职业道德建设。强化职业发展和就业指导教育。培育工匠精神。	人力资源社会保障部、教育部、国务院国资委、全国总工会、共青团中央等按职责分工负责
51	坚持实施就业优先战略，充分发挥就业目标的引导作用，统筹制定国民经济和社会发展总体规划，统筹考虑宏观调控的重点和节奏。	国家发展改革委、人力资源社会保障部、财政部、人民银行等按职责分工负责
52	健全促进就业工作机制，完善考核指标体系，加大就业创业指标考核权重，强化政府促进就业责任。加强对就业工作进度和各项目标任务完成情况的督促检查，对就业创业工作成效明显的地方加大激励支持力度，对工作不力的予以问责。	人力资源社会保障部牵头负责

续表

序号	重点工作	负责单位
53	统筹发挥好市场和政府“两只手”的作用，创新服务供给模式，通过政府和社会资本合作（PPP）等多种形式，有序有效引导并带动社会资本扩大就业创业服务供给。推动政府向社会力量购买更多基本公共就业创业服务，提升专业化服务水平。	人力资源社会保障部牵头负责
54	鼓励多元主体办学，引导行业企业、社会团体、科研机构和公民个人积极参与举办职业教育，重点支持举办非营利性职业院校，探索发展股份制、混合所有制职业院校，探索公办和社会力量举办的职业院校相互委托管理和购买服务机制。	教育部、人力资源社会保障部按职责分工负责
55	出台实施细则，落实土地供给、资质许可等具体办法，支持社会资本兴办教育和培训机构。	教育部、人力资源社会保障部、国土资源部、国家发展改革委等按职责分工负责
56	落实政府购买培训相关政策，建立政府资金投入与管理制度，逐步形成培训机构自主开展培训、劳动者自主选择培训机构、政府提供资金支持和依法监管的职业技能培训运行机制。	人力资源社会保障部、财政部牵头负责
57	推进公共就业信息服务平台建设，完善全国就业信息监测制度，建立部门和省级就业信息资源库，实现就业管理和就业服务工作全程信息化。加快创业培训信息化管理平台建设，实现数据、信息、资源联通共享。健全人才流动公共服务体系，加快推进流动人员人事档案信息化建设。探索建立与国际接轨的全球人才招聘制度。	人力资源社会保障部、国家外专局按职责分工负责
58	完善劳动保障监察机制，加强劳动保障监察执法能力建设。加强劳动争议调解仲裁工作规范化、标准化、专业化、信息化建设，加快劳动争议调解仲裁服务体系建设，建立健全重大集体劳动争议应急调处机制和仲裁特别程序。	人力资源社会保障部牵头负责
59	健全就业统计指标体系，完善统计口径和调查方法，建立有关就业新形态、创业情况的统计监测指标，更加全面反映就业创业情况。做好就业统计调查保障工作。建立就业统计数据质量核查机制，加强与社会保险等其他数据校核比对。	国家统计局牵头负责
60	进一步加强就业形势分析研判，健全就业形势定期综合会商评估工作机制。加强部门与研究机构、市场分析机构的密切协作，建立就业数据与宏观经济、行业经营等数据以及社会机构相关数据交叉比对机制，提高就业形势监测和分析能力。	国家发展改革委、人力资源社会保障部牵头负责
61	建立全国性的劳动力市场价格监测体系，及时掌握不同地区、重点行业的就业形势与收入变化等情况。	国家发展改革委、人力资源社会保障部按职责分工负责
62	建立完善失业监测预警机制，及时掌握监测企业人员变动情况及趋势，适时发布预警信息。	人力资源社会保障部牵头负责

“十三五”现代综合交通运输体系发展规划

国发〔2017〕11号

交通运输是国民经济中基础性、先导性、战略性产业，是重要的服务性行业。构建现代综合交通运输体系，是适应把握引领经济发展新常态，推进供给侧结构性改革，推动国家重大战略实施，支撑全面建成小康社会的客观要求。根据《中华人民共和国国民经济和社会发展第十三个五年规划纲要》，并与“一带一路”建设、京津冀协同发展、长江经济带发展等规划相衔接，制定本规划。

一、总体要求

（一）发展环境

“十二五”时期，我国各种交通运输方式快速发展，综合交通运输体系不断完善，较好完成规划目标任务，总体适应经济社会发展要求。交通运输基础设施累计完成投资13.4万亿元，是“十一五”时期的1.6倍，高速铁路营业里程、高速公路通车里程、城市轨道交通运营里程、沿海港口万吨级及以上泊位数量均位居世界第一，天然气管网加快发展，交通运输基础设施网络初步形成。铁路、民航客运量年均增长率超过10%，铁路客运动车组列车运量比重达到46%，全球集装箱吞吐量排名前十位的港口我国占7席，快递业务量年均增长50%以上，城际、城市和农村交通服务能力不断增强，现代化综合交通枢纽场站一体化衔接水平不断提升。高速铁路装备制造科技创新取得重大突破，电动汽车、特种船舶、国产大型客机、中低速磁悬浮轨道交通等领域技术研发和应用取得进展，技术装备水平大幅提高，交通重大工程施工技术世界领先，走出去步伐不断加快。高速公路电子不停车收费系统（ETC）实现全国联网，新能源运输装备加快推广，交通运输安全应急保障能力进一步提高。铁路管理体制改革顺利实施，大部门管理体制初步建立，交通行政审批改革不断深化，运价改革、投融资改革扎实推进。

专栏1 “十二五”末交通基础设施完成情况

指　　标	单位	2010 年	2015 年	2015 年规划目标
铁路营业里程	万公里	9.1	12.1	12
其中:高速铁路	万公里	0.51	1.9	—
铁路复线率	%	41	53	50
铁路电气化率	%	47	61	60
公路通车里程	万公里	400.8	458	450
其中:国家高速公路	万公里	5.8	8.0	8.3
普通国道二级及以上比重	%	60	69.4	70
乡镇通沥青(水泥)路率	%	96.6	98.6	98
建制村通沥青(水泥)路率	%	81.7	94.5	90
内河高等级航道里程	万公里	1.02	1.36	1.3
油气管网里程	万公里	7.9	11.2	15
城市轨道交通运营里程	公里	1400	3300	3000
沿海港口万吨级及以上泊位数	个	1774	2207	2214
民用运输机场数	个	175	207	230

注:国家高速公路里程统计口径为原“7918”国家高速公路网。

“十三五”时期,交通运输发展面临的国内外环境错综复杂。从国际看,全球经济在深度调整中曲折复苏,新的增长动力尚未形成,新一轮科技革命和产业变革正在兴起,区域合作格局深度调整,能源格局深刻变化。从国内看,“十三五”时期是全面建成小康社会决胜阶段,经济发展进入新常态,生产力布局、产业结构、消费及流通格局将加速变化调整。与“十三五”经济社会发展要求相比,综合交通运输发展水平仍然存在一定差距,主要是:网络布局不完善,跨区域通道、国际通道连通不足,中西部地区、贫困地区和城市群交通发展短板明显;综合交通枢纽建设相对滞后,城市内外交通衔接不畅,信息开放共享水平不高,一体化运输服务水平亟待提升,交通运输安全形势依然严峻;适应现代综合交通运输体系发展的体制机制尚不健全,铁路市场化、空域管理、油气管网运营体制、交通投融资等方面改革仍需深化。

综合判断,“十三五”时期,我国交通运输发展正处于支撑全面建成小康社会的攻坚期、优化网络布局的关键期、提质增效升级的转型期,将进入现代化建设新阶段。站在新的发展起点上,交通运输要准确把握经济发展新常态下的新形势、新要求,切实转变发展思路、方式和路径,优化结构、转换动能、补齐短板、提质增效,更好满足多元、舒适、便捷等客运需求和经济、可靠、高效等货运需求;要突出对“一带一路”建设、京津冀协同发展、长江经济带发展三大战略和新型城镇化、脱贫攻坚的支撑保障,着力消除瓶颈制约,提升运输服务的协同性和均等化水平;要更加注重提高交通安全和应急保障能力,提升绿色、低碳、集约发展水平;要适应国际发展新环境,提高国际通道保障能力和互联互通水平,有效支撑全方位对外开放。

（二）指导思想

全面贯彻党的十八大和十八届二中、三中、四中、五中、六中全会精神,深入贯彻习近平总书记系列重要讲话精神和治国理政新理念新思想新战略,认真落实党中央、国务院决策部署,统筹推进

"五位一体"总体布局和协调推进"四个全面"战略布局,牢固树立和贯彻落实新发展理念,以提高发展质量和效益为中心,深化供给侧结构性改革,坚持交通运输服务人民,着力完善基础设施网络、加强运输服务一体衔接、提高运营管理智能水平、推行绿色安全发展模式,加快完善现代综合交通运输体系,更好地发挥交通运输的支撑引领作用,为全面建成小康社会奠定坚实基础。

（三）基本原则

衔接协调、便捷高效。充分发挥各种运输方式的比较优势和组合效率,提升网络效应和规模效益。加强区域城乡交通运输一体化发展,增强交通公共服务能力,积极引导新生产消费流通方式和新业态新模式发展,扩大交通多样化有效供给,全面提升服务质量效率,实现人畅其行、货畅其流。

适度超前、开放融合。有序推进交通基础设施建设,完善功能布局,强化薄弱环节,确保运输能力适度超前,更好发挥交通先行官作用。坚持建设、运营、维护并重,推进交通与产业融合。积极推进与周边国家互联互通,构建国际大通道,为更高水平、更深层次的开放型经济发展提供支撑。

创新驱动、安全绿色。全面推广应用现代信息技术,以智能化带动交通运输现代化。深化体制机制改革,完善市场监管体系,提高综合治理能力。牢固树立安全第一理念,全面提高交通运输的安全性和可靠性。将生态保护红线意识贯穿到交通发展各环节,建立绿色发展长效机制,建设美丽交通走廊。

（四）主要目标

到2020年,基本建成安全、便捷、高效、绿色的现代综合交通运输体系,部分地区和领域率先基本实现交通运输现代化。

网络覆盖加密拓展。高速铁路覆盖80%以上的城区常住人口100万以上的城市,铁路、高速公路、民航运输机场基本覆盖城区常住人口20万以上的城市,内河高等级航道网基本建成,沿海港口万吨级及以上泊位数稳步增加,具备条件的建制村通硬化路,城市轨道交通运营里程比2015年增长近一倍,油气主干管网快速发展,综合交通网总里程达到540万公里左右。

综合衔接一体高效。各种运输方式衔接更加紧密,重要城市群核心城市间、核心城市与周边节点城市间实现1—2小时通达。打造一批现代化、立体式综合客运枢纽,旅客换乘更加便捷。交通物流枢纽集疏运系统更加完善,货物换装转运效率显著提高,交邮协同发展水平进一步提升。

运输服务提质升级。全国铁路客运动车服务比重进一步提升,民航航班正常率逐步提高,公路交通保障能力显著增强,公路货运车型标准化水平大幅提高、货车空驶率大幅下降,集装箱铁水联运比重明显提升,全社会运输效率明显提高。公共服务水平显著提升,实现村村直接通邮、具备条件的建制村通客车,城市公共交通出行比例不断提高。

智能技术广泛应用。交通基础设施、运载装备、经营业户和从业人员等基本要素信息全面实现数字化,各种交通方式信息交换取得突破。全国交通枢纽站点无线接入网络广泛覆盖。铁路信息化水平大幅提升,货运业务实现网上办理,客运网上售票比例明显提高。基本实现重点城市群内交通一卡通互通,车辆安装使用ETC比例大幅提升。交通运输行业北斗卫星导航系统前装率和使用率显著提高。

绿色安全水平提升。城市公共交通、出租车和城市配送领域新能源汽车快速发展。资源节约集约利用和节能减排成效显著,交通运输主要污染物排放强度持续下降。交通运输安全监管和应急保障能力显著提高,重特大事故得到有效遏制,安全水平明显提升。

专栏2 "十三五"综合交通运输发展主要指标

指标名称		2015年	2020年	属性
基础设施	铁路营业里程(万公里)	12.1	15	预期性
	高速铁路营业里程(万公里)	1.9	3.0	预期性
	铁路复线率(%)	53	60	预期性
	铁路电气化率(%)	61	70	预期性
	公路通车里程(万公里)	458	500	预期性
	高速公路建成里程(万公里)	12.4	15	预期性
	内河高等级航道里程(万公里)	1.36	1.71	预期性
	沿海港口万吨级及以上泊位数(个)	2207	2527	预期性
	民用运输机场数(个)	207	260	预期性
	通用机场数(个)	300	500	预期性
	建制村通硬化路率(%)	94.5	99	约束性
	城市轨道交通运营里程(公里)	3300	6000	预期性
	油气管网里程(万公里)	11.2	16.5	预期性
运输服务	动车组列车承担铁路客运量比重(%)	46	60	预期性
	民航航班正常率(%)	67	80	预期性
	建制村通客车率(%)	94	99	约束性
	公路货运车型标准化率(%)	50	80	预期性
	集装箱铁水联运量年均增长率(%)	10		预期性
	城区常住人口100万以上城市建成区公交站点500米覆盖率(%)	90	100	约束性
智能交通	交通基本要素信息数字化率(%)	90	100	预期性
	铁路客运网上售票率(%)	60	70	预期性
	公路客车ETC使用率(%)	30	50	预期性
绿色安全	交通运输CO_2排放强度下降率(%)	7*		预期性
	道路运输较大以上等级行车事故死亡人数下降率(%)	20*		约束性

注:①硬化路一般指沥青(水泥)路,对于西部部分建设条件特别困难、高海拔高寒和交通需求小的地区,可扩展到石质、砼预制块、砖铺、砂石等路面的公路。
②通用机场统计含起降点。
③排放强度指按单位运输周转量计算的CO_2(二氧化碳)排放。
④*:与"十二五"末相比。

二、完善基础设施网络化布局

(一)建设多向连通的综合运输通道

构建横贯东西、纵贯南北、内畅外通的"十纵十横"综合运输大通道,加快实施重点通道连通工程和延伸工程,强化中西部和东北地区通道建设。贯通上海至瑞丽等运输通道,向东向西延伸西北北部等运输通道,将沿江运输通道由成都西延至日喀则。推进北京至昆明、北京至港澳台、烟台至重庆、二连浩特至湛江、额济纳至广州等纵向新通道建设，沟通华北、西北至西南、华南等地区；推进福州至银川、厦门至喀什、汕头至昆明、绥芬河至满洲里等横向新通道建设，沟通西北、西南至华东地区，强化进出疆、出入藏通道建设。做好国内综合运输通道对外衔接。规划建设环绕我国陆域的沿边通道。

专栏3　综合运输通道布局

（一）纵向综合运输通道

1. 沿海运输通道。起自同江，经哈尔滨、长春、沈阳、大连、秦皇岛、天津、烟台、青岛、连云港、南通、上海、宁波、福州、厦门、汕头、广州、湛江、海口，至防城港、至三亚。

2. 北京至上海运输通道。起自北京，经天津、济南、蚌埠、南京，至上海、至杭州。

3. 北京至港澳台运输通道。起自北京，经衡水、菏泽、商丘、九江、南昌、赣州、深圳，至香港（澳门）；支线经合肥、黄山、福州，至台北。

4. 黑河至港澳运输通道。起自黑河，经齐齐哈尔、通辽、沈阳、北京、石家庄、郑州、武汉、长沙、广州，至香港（澳门）。

5. 二连浩特至湛江运输通道。起自二连浩特，经集宁、大同、太原、洛阳、襄阳、宜昌、怀化，至湛江。

6. 包头至防城港运输通道。起自包头（满都拉），经延安、西安、重庆、贵阳、南宁，至防城港。

7. 临河至磨憨运输通道。起自临河（甘其毛都），经银川、平凉、宝鸡、重庆、昆明，至磨憨、至河口。

8. 北京至昆明运输通道。起自北京，经太原、西安、成都（重庆），至昆明。

9. 额济纳至广州运输通道。起自额济纳（策克），经酒泉（嘉峪关）、西宁（兰州）、成都、泸州（宜宾）、贵阳、桂林，至广州。

10. 烟台至重庆运输通道。起自烟台，经潍坊、济南、郑州、南阳、襄阳，至重庆。

（二）横向综合运输通道

1. 绥芬河至满洲里运输通道。起自绥芬河，经牡丹江、哈尔滨、齐齐哈尔，至满洲里。

2. 珲春至二连浩特运输通道。起自珲春，经长春、通辽、锡林浩特，至二连浩特。

3. 西北北部运输通道。起自天津（唐山、秦皇岛），经北京、呼和浩特、临河、哈密、吐鲁番、库尔勒、喀什，至吐尔尕特、至伊尔克什坦、至红其拉甫；西端支线自哈密，经将军庙，至阿勒泰（吉木乃）。

4. 青岛至拉萨运输通道。起自青岛，经济南、德州、石家庄、太原、银川、兰州、西宁、格尔木，至拉萨。

5. 陆桥运输通道。起自连云港，经徐州、郑州、西安、兰州、乌鲁木齐、精河，至阿拉山口、至霍尔果斯。

6. 沿江运输通道。起自上海，经南京、芜湖、九江、武汉、岳阳、重庆、成都、林芝、拉萨、日喀则，至亚东、至樟木。

7. 上海至瑞丽运输通道。起自上海（宁波），经杭州、南昌、长沙、贵阳、昆明，至瑞丽。

8. 汕头至昆明运输通道。起自汕头，经广州、梧州、南宁、百色，至昆明。

9. 福州至银川运输通道。起自福州，经南昌、九江、武汉、襄阳、西安、庆阳，至银川。

10. 厦门至喀什运输通道。起自厦门，经赣州、长沙、重庆、成都、格尔木、若羌，至喀什。

（二）构建高品质的快速交通网

以高速铁路、高速公路、民用航空等为主体，构建服务品质高、运行速度快的综合交通骨干网络。

推进高速铁路建设。加快高速铁路网建设，贯通京哈—京港澳、陆桥、沪昆、广昆等高速铁路通道，建设京港（台）、呼南、京昆、包（银）海、青银、兰（西）广、京兰、厦渝等高速铁路通道，拓展区域连接线，扩大高速铁路覆盖范围。

完善高速公路网络。加快推进由7条首都放射线、11条北南纵线、18条东西横线，以及地区环线、并行线、联络线等组成的国家高速公路网建设，尽快打通国家高速公路主线待贯通路段，推进建设年代较早、交通繁忙的国家高速公路扩容改造和分流路线建设。有序发展地方高速公路。加强高速公路与口岸的衔接。

完善运输机场功能布局。打造国际枢纽机场，建设京津冀、长三角、珠三角世界级机场群，加快建设哈尔滨、深圳、昆明、成都、重庆、西安、乌鲁木齐等国际航空枢纽，增强区域枢纽机场功能，实施部分繁忙干线机场新建、迁建和扩能改造工程。科学安排支线机场新建和改扩建，增加中西部地区机场数量，扩大航空运输服务覆盖面。推进以货运功能为主的机场建设。优化完善航线网络，推进国内国际、客运货运、干线支线、运输通用协调发展。加快空管基础设施建设，优化空域资源配置，推进军民航空管融合发展，提高空管服务保障水平。

专栏4　快速交通网重点工程

（一）高速铁路

建成北京至沈阳、北京至张家口至呼和浩特、大同至张家口、哈尔滨至牡丹江、石家庄至济南、济南至青岛、徐州至连云港、宝鸡至兰州、西安至成都、成都至贵阳、商丘至合肥至杭州、武汉至十堰、南昌至赣州等高速铁路。

建设银川至西安、贵阳至南宁、重庆至昆明、北京至商丘、济南至郑州、福州至厦门、西宁至成都、成都至自贡、兰州至中卫、黄冈至黄梅、十堰至西安、西安至延安、银川至包头、盐城至南通、杭州至绍兴至台州、襄阳至宜昌、赣州至深圳、长沙至赣州、南昌至景德镇至黄山、池州至黄山、安庆至九江、上海至湖州、杭州至温州、广州至汕尾、沈阳至敦化、牡丹江至佳木斯、郑州至万州、张家界至怀化、合肥至新沂等高速铁路。

（二）高速公路

实施京新高速（G7）、呼北高速（G59）、银百高速（G69）、银昆高速（G85）、汕昆高速（G78）、首都地区环线（G95）等6条区际省际通道贯通工程；推进京哈高速（G1）、京沪高速（G2）、京台高速（G3）、京港澳高速（G4）、沈海高速（G15）、沪蓉高速（G42）、连霍高速（G30）、兰海高速（G75）等8条主通道扩容工程。推进深圳至中山跨江通道建设，新建精河至阿拉山口、二连浩特至赛汗塔拉、靖西至龙邦等连接口岸的高速公路。

（三）民用航空

建成北京新机场、成都新机场以及承德、霍林郭勒、松原、白城、建三江、五大连池、上饶、信阳、武冈、岳阳、巫山、巴中、仁怀、澜沧、陇南、祁连、莎车、若羌、图木舒克、绥芬河、芜湖/宣城、瑞金、商丘、荆州、鄂州/黄冈、郴州、湘西、玉林、武隆、甘孜、黔北、红河等机场。

建设青岛、厦门、呼和浩特新机场，邢台、正蓝旗、丽水、安阳、乐山、元阳等机场。建设郑州等以货运功能为主的机场。研究建设大连新机场、聊城等机场。开展广州、三亚、拉萨新机场前期研究。

扩建上海浦东、广州、深圳、昆明、重庆、西安、乌鲁木齐、哈尔滨、长沙、武汉、郑州、海口、沈阳、贵阳、南宁、福州、兰州、西宁等机场。

推进京沪、京广、中韩、沪哈、沪昆、沪广、沪兰、胶昆等单向循环空中大通道建设，基本形成以单向运行为主的民航干线航路网格局。

（三）强化高效率的普通干线网

以普速铁路、普通国道、港口、航道、油气管道等为主体，构建运行效率高、服务能力强的综合交通普通干线网络。

完善普速铁路网。加快中西部干线铁路建设，完善东部干线铁路网络，加快推进东北地区铁路提速改造，增强区际铁路运输能力，扩大路网覆盖面。实施既有铁路复线和电气化改造，提升路网质量。拓展对外通道，推进边境铁路建设，加强铁路与口岸的连通，加快实现与境外通道的有效衔接。

推进普通国道提质改造。加快普通国道提质改造，基本消除无铺装路面，全面提升保障能力和服务水平，重点加强西部地区、集中连片特困地区、老少边穷地区低等级普通国道升级改造和未贯通路段建设。推进口岸公路建设。加强普通国道日常养护，科学实施养护工程，强化大中修养护管理。推进普通国道服务区建设，提高服务水平。

完善水路运输网络。优化港口布局，推动资源整合，促进结构调整。强化航运中心功能，稳步推进集装箱码头项目，合理把握煤炭、矿石、原油码头建设节奏，有序推进液化天然气、商品汽车等码头建设。提升沿海和内河水运设施专业化水平，加快内河高等级航道建设，统筹航道整治与河道治理，增强长江干线航运能力，推进西江航运干线和京杭运河高等级航道扩能升级改造。

强化油气管网互联互通。巩固和完善西北、东北、西南和海上四大油气进口通道。新建和改扩建一批原油管道,对接西北、东北、西南原油进口管道和海上原油码头。结合油源供应、炼化基地布局,完善成品油管网,逐步提高成品油管输比例。大力推动天然气主干管网、区域管网和互联互通管网建设,加快石油、成品油储备项目和天然气调峰设施建设。

专栏5 普通干线网重点工程

(一)普速铁路

建成蒙西至华中、库尔勒至格尔木、成昆扩能等工程。建设川藏铁路、和田至若羌、黑河至乌伊岭、酒泉至额济纳、沪通铁路太仓至四团、兴国至永安至泉州、建宁至冠豸山、瑞金至梅州、宁波至金华等铁路,实施渝怀、集通、焦柳、中卫至固原等铁路改造工程。

(二)普通国道

实现G219、G331等沿边国道三级及以上公路基本贯通,G228等沿海国道二级及以上公路基本贯通。建设G316、G318、G346、G347等4条长江经济带重要线路,实施G105、G107、G206、G310等4条国道城市群地区拥堵路段扩能改造,提升G211、G213、G215、G216、G335、G345、G356等7条线路技术等级。推进G219线昭苏至都拉塔口岸、G306线乌里雅斯太至珠恩嘎达布其口岸、G314线布伦口至红其拉甫口岸等公路升级改造。

(三)沿海港口

稳步推进天津、青岛、上海、宁波—舟山、厦门、深圳、广州等港口集装箱码头建设。推进唐山、黄骅等北方港口煤炭装船码头以及南方公用煤炭接卸中转码头建设。实施黄骅、日照、宁波—舟山等港口铁矿石码头项目。推进唐山、日照、宁波—舟山、揭阳、洋浦等港口原油码头建设。有序推进商品汽车、液化天然气等专业化码头建设。

(四)内河高等级航道

推进长江干线航道系统治理,改善上游航道条件,提升中下游航道水深,加快南京以下12.5米深水航道建设,研究实施武汉至安庆航道整治工程、长江口深水航道减淤治理工程。继续推进西江航运干线扩能,推进贵港以下一级航道建设。加快京杭运河山东段、江苏段、浙江段航道扩能改造以及长三角高等级航道整治工程。加快合裕线、淮河、沙颍河、赣江、信江、汉江、沅水、湘江、嘉陵江、乌江、岷江、右江、北盘江—红水河、柳江—黔江、黑龙江、松花江、闽江等高等级航道建设。

(五)油气管网

建设中俄原油管道二线、仪长复线、连云港—仪征、日照—洛阳、日照—沾化、董家口—东营原油管道。新建樟树—株洲、湛江—北海、洛阳—临汾、三门峡—西安、永坪—晋中、鄂渝沿江等成品油管道,改扩建青藏成品油管道,适时建设蒙西、蒙东煤制油外输管道。建设中亚D线、中俄东线、西气东输三线(中段)、西气东输四线、西气东输五线、陕京四线、川气东送二线、新疆煤制气外输、鄂尔多斯—安平—沧州、青岛—南京、重庆—贵州—广西、青藏、闽粤、海口—徐闻等天然气管道,加快建设区域管网,适时建设储气库和煤层气、页岩气、煤制气外输管道。

(四)拓展广覆盖的基础服务网

以普通省道、农村公路、支线铁路、支线航道等为主体,通用航空为补充,构建覆盖空间大、通达程度深、惠及面广的综合交通基础服务网络。

合理引导普通省道发展。积极推进普通省道提级、城镇过境段改造和城市群城际路段等扩容工程,加强与城市干道衔接,提高拥挤路段通行能力。强化普通省道与口岸、支线机场以及重要资源地、农牧林区和兵团团场等有效衔接。

全面加快农村公路建设。除少数不具备条件的乡镇、建制村外,全面完成通硬化路任务,有序推进较大人口规模的撤并建制村和自然村通硬化路建设,加强县乡村公路改造,进一步完善农村公路网络。加强农村公路养护,完善安全防护设施,保障农村地区基本出行条件。积极支持国有林场林区道路建设,将国有林场林区道路按属性纳入各级政府相关公路网规划。

积极推进支线铁路建设。推进地方开发性铁路、支线铁路和沿边铁路建设。强化与矿区、产业园区、物流园区、口岸等有效衔接,增强对干线铁路网的支撑作用。

加强内河支线航道建设。推进澜沧江等国际国境河流航道建设。加强长江、西江、京杭运河、淮河重要支流航道建设。推进金沙江、黄河中上游等中西部地区库湖区航运设施建设。

加快推进通用机场建设。以偏远地区、地面交通不便地区、自然灾害多发地区、农产品主产区、主要林区和旅游景区等为重点，推进200个以上通用机场建设，鼓励有条件的运输机场兼顾通用航空服务。

完善港口集疏运网络。加强沿海、长江干线主要港口集疏运铁路、公路建设。

专栏6　基础服务网重点工程

(一)农村公路

除少数不具备条件的乡镇、建制村外，全部实现通硬化路，新增3.3万个建制村通硬化路。改造约25万公里窄路基或窄路面路段。对约65万公里存在安全隐患的路段增设安全防护设施，改造约3.6万座农村公路危桥。有序推进较大人口规模的撤并建制村通硬化路13.5万公里。

(二)港口集疏运体系建设

优先推进上海、大连、天津、宁波—舟山、厦门、南京、武汉、重庆等港口的铁路、公路连接线建设。加快推进营口、青岛、连云港、福州等其他主要港口的集疏运铁路、公路建设。支持唐山、黄骅、湄洲湾等地区性重要港口及其他港口的集疏运铁路、公路建设。新开工一批港口集疏运铁路，建设集疏运公路1500公里以上。

三、强化战略支撑作用

(一) 打造“一带一路”互联互通开放通道

着力打造丝绸之路经济带国际运输走廊。以新疆为核心区，以乌鲁木齐、喀什为支点，发挥陕西、甘肃、宁夏、青海的区位优势，连接陆桥和西北北部运输通道，逐步构建经中亚、西亚分别至欧洲、北非的西北国际运输走廊。发挥广西、云南开发开放优势，建设云南面向南亚东南亚辐射中心，构建广西面向东盟国际大通道，以昆明、南宁为支点，连接上海至瑞丽、临河至磨憨、济南至昆明等运输通道，推进西藏与尼泊尔等国交通合作，逐步构建衔接东南亚、南亚的西南国际运输走廊。发挥内蒙古联通蒙俄的区位优势，加强黑龙江、吉林、辽宁与俄远东地区陆海联运合作，连接绥芬河至满洲里、珲春至二连浩特、黑河至港澳、沿海等运输通道，构建至俄罗斯远东、蒙古、朝鲜半岛的东北国际运输走廊。积极推进与周边国家和地区铁路、公路、水运、管道连通项目建设，发挥民航网络灵活性优势，率先实现与周边国家和地区互联互通。

加快推进21世纪海上丝绸之路国际通道建设。以福建为核心区，利用沿海地区开放程度高、经济实力强、辐射带动作用大的优势，提升沿海港口服务能力，加强港口与综合运输大通道衔接，拓展航空国际支撑功能，完善海外战略支点布局，构建连通内陆、辐射全球的21世纪海上丝绸之路国际运输通道。

加强“一带一路”通道与港澳台地区的交通衔接。强化内地与港澳台的交通联系，开展全方位的交通合作，提升互联互通水平。支持港澳积极参与和助力“一带一路”建设，并为台湾地区参与“一带一路”建设作出妥善安排。

(二) 构建区域协调发展交通新格局

强化区域发展总体战略交通支撑。按照区域发展总体战略要求，西部地区着力补足交通短板，强化内外联通通道建设，改善落后偏远地区通行条件；东北地区提高进出关通道运输能力，提升综合交通网质量；中部地区提高贯通南北、连接东西的通道能力，提升综合交通枢纽功能；东部地区着力优化运输结构，率先建成现代综合交通运输体系。

构建京津冀协同发展的一体化网络。建设以首都为核心的世界级城市群交通体系，形成以“四纵四横一环”运输通道为主骨架、多节点、网格状的区域交通新格局。重点加强城际铁路建设，强化干线铁路与城际铁路、城市轨道交通的高效衔接，加快构建内外疏密有别、高效便捷的轨道交通网络，打造“轨道上的京津冀”。加快推进国家高速公路待贯通路段建设，提升普通国省干线技术等级，强化省际衔接路段建设。加快推进天津北方国际航运核心区建设，加强港口规划与建设的协调，构建现代化的津冀港口群。加快构建以枢纽机场为龙头、分工合作、优势互补、协调发展的世界级航空机场群。完善区域油气储运基础设施。

建设长江经济带高质量综合立体交通走廊。坚持生态优先、绿色发展，提升长江黄金水道功能。统筹推进干线航道系统化治理和支线航道建设，研究建设三峡枢纽水运新通道。优化长江岸线利用与港口布局，积极推进专业化、规模化、现代化港区建设，强化集疏运配套，促进区域港口一体化发展。发展现代航运服务，建设武汉、重庆长江中上游航运中心及南京区域性航运物流中心和舟山江海联运服务中心，实施长江船型标准化。加快铁路建设步伐，建设沿江高速铁路。统筹推进高速公路建设，加快高等级公路建设。完善航空枢纽布局与功能，拓展航空运输网络。建设沿江油气主干管道，推动管网互联互通。

（三）发挥交通扶贫脱贫攻坚基础支撑作用

强化贫困地区骨干通道建设。以革命老区、民族地区、边疆地区、集中连片特殊困难地区为重点，加强贫困地区对外运输通道建设。加强贫困地区市（地、州、盟）之间、县（市、区、旗）与市（地、州、盟）之间高等级公路建设，实施具有对外连接功能的重要干线公路提质升级工程。加快资源丰富和人口相对密集贫困地区开发性铁路建设。在具备水资源开发条件的农村地区，统筹内河航电枢纽建设和航运发展。

夯实贫困地区交通基础。实施交通扶贫脱贫“双百”工程，加快推动既有县乡公路提级改造，增强县乡城镇中心的辐射带动能力。加快通乡连村公路建设，鼓励有需求的相邻县、相邻乡镇、相邻建制村之间建设公路。改善特色小镇、农村旅游景点景区、产业园区和特色农业基地等交通运输条件。

（四）发展引领新型城镇化的城际城市交通

推进城际交通发展。加快建设京津冀、长三角、珠三角三大城市群城际铁路网，推进山东半岛、海峡西岸、中原、长江中游、成渝、关中平原、北部湾、哈长、辽中南、山西中部、呼包鄂榆、黔中、滇中、兰州—西宁、宁夏沿黄、天山北坡等城市群城际铁路建设，形成以轨道交通、高速公路为骨干，普通公路为基础，水路为补充，民航有效衔接的多层次、便捷化城际交通网络。

加强城市交通建设。完善优化超大、特大城市轨道交通网络，推进城区常住人口300万以上的城市轨道交通成网。加快建设大城市市域（郊）铁路，有效衔接大中小城市、新城新区和城镇。优化城市内外交通，完善城市交通路网结构，提高路网密度，形成城市快速路、主次干路和支路相互配合的道路网络，打通微循环。推进城市慢行交通设施和公共停车场建设。

四、加快运输服务一体化进程

（一）优化综合交通枢纽布局

完善综合交通枢纽空间布局。结合全国城镇体系布局，着力打造北京、上海、广州等国际性综合交通枢纽，加快建设全国性综合交通枢纽，积极建设区域性综合交通枢纽，优化完善综合交通枢纽布局，完善集疏运条件，提升枢纽一体化服务功能。

专栏7　综合交通枢纽布局

（一）国际性综合交通枢纽

重点打造北京—天津、上海、广州—深圳、成都—重庆国际性综合交通枢纽，建设昆明、乌鲁木齐、哈尔滨、西安、郑州、武汉、大连、厦门等国际性综合交通枢纽，强化国际人员往来、物流集散、中转服务等综合服务功能，打造通达全球、衔接高效、功能完善的交通中枢。

（二）全国性综合交通枢纽

全面提升长春、沈阳、石家庄、青岛、济南、南京、合肥、杭州、宁波、福州、海口、太原、长沙、南昌—九江、贵阳、南宁、兰州、呼和浩特、银川、西宁、拉萨、秦皇岛—唐山、连云港、徐州、湛江、大同等综合交通枢纽功能，提升部分重要枢纽的国际服务功能。推进烟台、潍坊、齐齐哈尔、吉林、营口、邯郸、包头、通辽、榆林、宝鸡、泉州、喀什、库尔勒、赣州、上饶、蚌埠、芜湖、洛阳、商丘、无锡、温州、金华—义乌、宜昌、襄阳、岳阳、怀化、泸州—宜宾、攀枝花、酒泉—嘉峪关、格尔木、大理、曲靖、遵义、桂林、柳州、汕头、三亚等综合交通枢纽建设，优化中转设施和集疏运网络，促进各种运输方式协调高效，扩大辐射范围。

（三）区域性综合交通枢纽及口岸枢纽

推进一批区域性综合交通枢纽建设，提升对周边的辐射带动能力，加强对综合运输大通道和全国性综合交通枢纽的支撑。

推进丹东、珲春、绥芬河、黑河、满洲里、二连浩特、甘其毛都、策克、巴克图、吉木乃、阿拉山口、霍尔果斯、吐尔尕特、红其拉甫、樟木、亚东、瑞丽、磨憨、河口、龙邦、凭祥、东兴等沿边重要口岸枢纽建设。

提升综合客运枢纽站场一体化服务水平。按照零距离换乘要求，在全国重点打造150个开放式、立体化综合客运枢纽。科学规划设计城市综合客运枢纽，推进多种运输方式统一设计、同步建设、协同管理，推动中转换乘信息互联共享和交通导向标识连续、一致、明晰，积极引导立体换乘、同台换乘。

促进货运枢纽站场集约化发展。按照无缝衔接要求，优化货运枢纽布局，推进多式联运型和干支衔接型货运枢纽（物流园区）建设，加快推进一批铁路物流基地、港口物流枢纽、航空转运中心、快递物流园区等规划建设和设施改造，提升口岸枢纽货运服务功能，鼓励发展内陆港。

促进枢纽站场之间有效衔接。强化城市内外交通衔接，推进城市主要站场枢纽之间直接连接，有序推进重要港区、物流园区等直通铁路，实施重要客运枢纽的轨道交通引入工程，基本实现利用城市轨道交通等骨干公交方式连接大中型高铁车站以及年吞吐量超过1000万人次的机场。

（二）提升客运服务安全便捷水平

推进旅客联程运输发展。促进不同运输方式运力、班次和信息对接，鼓励开展空铁、公铁等联程运输服务。推广普及电子客票、联网售票，健全身份查验制度，加快完善旅客联程、往返、异地等出行票务服务系统，完善铁路客运线上服务功能。推行跨运输方式异地候机候车、行李联程托运等配套服务。鼓励第三方服务平台发展“一票制”客运服务。

完善区际城际客运服务。优化航班运行链条，着力提升航班正常率，提高航空服务能力和品质。拓展铁路服务网络,扩大高铁服务范围,提升动车服务品质,改善普通旅客列车服务水平。发展大站快车、站站停等多样化城际铁路服务,提升中心城区与郊区之间的通勤化客运水平。按照定线、定时、定点要求,推进城际客运班车公交化运行。探索创新长途客运班线运输服务模式。

发展多层次城市客运服务。大力发展公共交通,推进公交都市建设,进一步提高公交出行分担率。强化城际铁路、城市轨道交通、地面公交等运输服务有机衔接,支持发展个性化、定制化运输服务,因地制宜建设多样化城市客运服务体系。

推进城乡客运服务一体化。推动城市公共交通线路向城市周边延伸,推进有条件的地区实施农村客运班线公交化改造。鼓励发展镇村公交,推广农村客运片区经营模式,实现具备条件的建制村全部通客车,提高运营安全水平。

(三)促进货运服务集约高效发展

推进货物多式联运发展。以提高货物运输集装化和运载单元标准化为重点,积极发展大宗货物和特种货物多式联运。完善铁路货运线上服务功能,推动公路甩挂运输联网。制定完善统一的多式联运规则和多式联运经营人管理制度,探索实施"一单制"联运服务模式,引导企业加强信息互联和联盟合作。

统筹城乡配送协调发展。加快建设城市货运配送体系,在城市周边布局建设公共货运场站,完善城市主要商业区、社区等末端配送节点设施,推动城市中心铁路货场转型升级为城市配送中心,优化车辆便利化通行管控措施。加快完善县、乡、村三级物流服务网络,统筹交通、邮政、商务、供销等农村物流资源,推广"多站合一"的物流节点建设,积极推广农村"货运班线"等服务模式。

促进邮政快递业健康发展。以邮区中心局为核心、邮政网点为支撑、村邮站为延伸,加快完善邮政普遍服务网络。推动重要枢纽的邮政和快递功能区建设,实施快递"上车、上船、上飞机"工程,鼓励利用铁路快捷运力运送快件。推进快递"向下、向西、向外"工程,推动快递网络下沉至乡村,扩大服务网络覆盖范围,基本实现乡乡设网点、村村通快递。

推进专业物流发展。加强大件运输管理,健全跨区域、跨部门联合审批机制,推进网上审批、综合协调和互联互认。加快发展冷链运输,完善全程温控相关技术标准和服务规范。加强危险货物全程监管,健全覆盖多种运输方式的法律体系和标准规范,创新跨区域联网联控技术手段和协调机制。

(四)增强国际化运输服务能力

完善国际运输服务网络。完善跨境运输走廊,增加便利货物和人员运输协定过境站点和运输线路。有效整合中欧班列资源,统一品牌,构建"点对点"整列直达、枢纽节点零散中转的高效运输组织体系。加强港航国际联动,鼓励企业建设海外物流中心,推进国际陆海联运、国际甩挂运输等发展。拓展国际航空运输市场,建立海外运营基地和企业,提升境外落地服务水平。完善国际邮件处理中心布局,支持建设一批国际快件转运中心和海外仓,推进快递业跨境发展。

提高国际运输便利化水平。进一步完善双多边运输国际合作机制,加快形成"一站式"口岸通关模式。推动国际运输管理与服务信息系统建设,促进陆路口岸信息资源交互共享。依托区域性国际网络平台,加强与"一带一路"沿线国家和地区在技术标准、数据交换、信息安全等方面的交流合作。积极参与国际和区域运输规则制修订,全面提升话语权与影响力。

鼓励交通运输走出去。推动企业全方位开展对外合作,通过投资、租赁、技术合作等方式参与海外交通基础设施的规划、设计、建设和运营。积极开展轨道交通一揽子合作,提升高铁、城市轨道交通等重大装备综合竞争力，加快自主品牌汽车走向国际，推动各类型国产航空装备出口，开拓港口机械、液化天然气船等船舶和海洋工程装备国际市场。

（五）发展先进适用的技术装备

推进先进技术装备自主化。提升高铁、大功率电力机车、重载货车、中低速磁悬浮轨道交通等装备技术水平，着力研制和应用中国标准动车组谱系产品，研发市域（郊）铁路列车，创新发展下一代高速列车，加快城市轨道交通装备关键技术产业化。积极发展公路专用运输车辆、大型厢式货车和城市配送车辆，鼓励发展大中型高档客车，大力发展安全、实用、经济型乡村客车。发展多式联运成套技术装备，提高集装箱、特种运输等货运装备使用比重。继续发展大型专业化运输船舶。实施适航攻关工程，积极发展国产大飞机和通用航空器。

促进技术装备标准化发展。加快推进铁路多式联运专用装备和机具技术标准体系建设。积极推动载货汽车标准化，加强车辆公告、生产、检测、注册登记、营运使用等环节的标准衔接。加快推进内河运输船舶标准化，大力发展江海直达船舶。推广应用集装化和单元化装载技术。建立共享服务平台标准化网络接口和单证自动转换标准格式。

专栏8　提升综合运输服务行动计划

（一）旅客联程运输专项行动

建设公众出行公共信息服务平台，为旅客提供一站式综合信息服务。推进跨运输方式的客运联程系统建设，实现不同运输方式间有效衔接。鼓励企业完善票务服务系统，提高联程、往返和异地票务服务便捷性。

（二）多式联运专项行动

加快完善货运枢纽多式联运服务功能，支持运载单元、快速转运设备、运输工具、停靠与卸货站点的标准化建设改造，加快多式联运信息资源共享，鼓励组织模式、管理模式和重大技术创新，培育一批具有跨运输方式货运组织能力并承担全程责任的多式联运经营企业。

（三）货车标准化专项行动

按照“政策引导消化存量、强化标准严把增量”的原则，引导发展符合国家标准要求、技术性能先进的车辆运输车、液体危险货物罐车、模块化汽车列车等货运车辆，强化对非法改装、超限超载货运车辆的治理，推动建立门类齐备、技术合理的货运车型标准体系，推进标准化货运车型广泛应用。

（四）城乡交通一体化专项行动

选取100个左右县级行政区组织开展城乡交通一体化推进行动，完善农村客货运服务网络，支持农村客货运场站网络建设和改造，鼓励创新农村客运和物流配送组织模式，推广应用农村客运标准化车型，推进城乡客运、城乡配送协调发展。

（五）公交都市建设专项行动

在地市级及以上城市全面推进公交都市建设，新能源公交车比例不低于35%，城区常住人口300万以上城市基本建成公交专用道网络，整合城市公交运输资源，发展新型服务模式，全面提升城市公共交通服务效率和品质。

五、提升交通发展智能化水平

（一）促进交通产业智能化变革

实施“互联网+”便捷交通、高效物流行动计划。将信息化智能化发展贯穿于交通建设、运行、服务、监管等全链条各环节，推动云计算、大数据、物联网、移动互联网、智能控制等技术与交通运输深度融合，实现基础设施和载运工具数字化、网络化，运营运行智能化。利用信息平台集聚要素，驱动生产组织和管理方式转变，全面提升运输效率和服务品质。

培育壮大智能交通产业。以创新驱动发展为导向，针对发展短板，着眼市场需求，大力推动智能交通等新兴前沿领域创新和产业化。鼓励交通运输科技创新和新技术应用,加快建立技术、市场和资本共同推动的智能交通产业发展模式。

（二）推动智能化运输服务升级

推行信息服务"畅行中国"。推进交通空间移动互联网化,建设形成旅客出行与公务商务、购物消费、休闲娱乐相互渗透的"交通移动空间"。支持互联网企业与交通运输企业、行业协会等整合完善各类交通信息平台,提供综合出行信息服务。完善危险路段与事故区域的实时状态感知和信息告警推送服务。推进交通一卡通跨区(市)域、跨运输方式互通。

发展"一站式"、"一单制"运输组织。推动运营管理系统信息化改造,推进智能协同调度。研究铁路客票系统开放接入条件,与其他运输方式形成面向全国的"一站式"票务系统,加快移动支付在交通运输领域应用。推动使用货运电子运单,建立包含基本信息的电子标签,形成唯一赋码与电子身份,推动全流程互认和可追溯,加快发展多式联运"一单制"。

（三）优化交通运行和管理控制

建立高效运转的管理控制系统。建设综合交通运输运行协调与应急调度指挥中心,推进部门间、运输方式间的交通管理联网联控在线协同和应急联动。全面提升铁路全路网列车调度指挥和运输管理智能化水平。开展新一代国家交通控制网、智慧公路建设试点,推动路网管理、车路协同和出行信息服务的智能化。建设智慧港航和智慧海事,提高港口管理水平和服务效率,提升内河高等级航道运行状态在线监测能力。发展新一代空管系统,加强航空公司运行控制体系建设。推广应用城市轨道交通自主化全自动运行系统、基于无线通信的列车控制系统等,促进不同线路和设备之间相互联通。优化城市交通需求管理,提升城市交通智能化管理水平。

提升装备和载运工具智能化自动化水平。拓展铁路计算机联锁、编组站系统自动化应用,推进全自动集装箱码头系统建设,有序发展无人机自动物流配送。示范推广车路协同技术,推广应用智能车载设备,推进全自动驾驶车辆研发,研究使用汽车电子标识。建设智能路侧设施,提供网络接入、行驶引导和安全告警等服务。

（四）健全智能决策支持与监管

完善交通决策支持系统。增强交通规划、投资、建设、价格等领域信息化综合支撑能力,建设综合交通运输统计信息资源共享平台。充分利用政府和企业的数据信息资源,挖掘分析人口迁徙、公众出行、枢纽客货流、车辆船舶行驶等特征和规律,加强对交通发展的决策支撑。

提高交通行政管理信息化水平。推动在线行政许可"一站式"服务,推进交通运输许可证件(书)数字化,促进跨区域、跨部门行政许可信息和服务监督信息互通共享。加强全国治超联网管理信息系统建设,加快推动交通运输行政执法电子化,推进非现场执法系统试点建设,实现异地交换共享和联防联控。加强交通运输信用信息、安全生产等信息系统与国家相关平台的对接。

（五）加强交通发展智能化建设

打造泛在的交通运输物联网。推动运行监测设备与交通基础设施同步建设。强化全面覆盖交通网络基础设施风险状况、运行状态、移动装置走行情况、运行组织调度信息的数据采集系统,形成动态感知、全面覆盖、泛在互联的交通运输运行监控体系。

构建新一代交通信息基础网络。加快车联网、船联网等建设。在民航、高铁等载运工具及重要交通线路、客运枢纽站点提供高速无线接入互联网公共服务。建设铁路下一代移动通信系统,布局基于下一代互联网和专用短程通信的道路无线通信网。研究规划分配智能交通专用频谱。

推进云计算与大数据应用。增强国家交通运输物流公共信息平台服务功能。强化交通运输信息采集、挖掘和应用，促进交通各领域数据资源综合开发利用和跨部门共享共用。推动交通旅游服务等大数据应用示范。鼓励开展交通大数据产业化应用，推进交通运输电子政务云平台建设。

保障交通网络信息安全。构建行业网络安全信任体系，基本实现重要信息系统和关键基础设施的安全可控，提升抗毁性和容灾恢复能力。加强大数据环境下防攻击、防泄露、防窃取的网络安全监测预警和应急处置能力建设。加强交通运输数据保护，防止侵犯个人隐私和滥用用户信息等行为。

专栏9　交通运输智能化发展重点工程

（一）高速铁路、民用航空器接入互联网工程

选取示范高速铁路线路，提供基于车厢内公众移动通信和无线网的高速宽带互联网接入服务。选取示范国内民用航空器，提供空中接入互联网服务。

（二）交通运输数据资源共享开放工程

建设综合交通运输大数据中心，形成数据开放共享平台。增强国家交通运输物流公共信息平台服务功能，着力推动跨运输方式、跨部门、跨区域、跨国界交通物流信息开放与共享。

（三）综合交通枢纽协同运行与服务示范工程

在京津冀、长江经济带开展综合交通枢纽协同运行与服务示范，建设信息共享与服务平台、应急联动和协调指挥调度决策支持平台，实现城市公交与对外交通之间动态组织、灵活调度。

（四）新一代国家交通控制网示范工程

选取公路路段和中心城市，在公交智能控制、营运车辆智能协同、安全辅助驾驶等领域开展示范工程，应用高精度定位、先进传感、移动互联、智能控制等技术，提升交通调度指挥、运输组织、运营管理、安全应急、车路协同等领域智能化水平。

（五）高速公路电子不停车收费系统（ETC）应用拓展工程

提高全国高速公路ETC车道覆盖率。提高ETC系统安装、缴费等便利性，着重提升在道路客运车辆、出租汽车等各类营运车辆上的使用率。研究推进标准厢式货车不停车收费。提升客服网点和省级联网结算中心服务水平，建设高效结算体系。实现ETC系统在公路沿线、城市公交、出租汽车、停车、道路客运等领域广泛应用。

（六）北斗卫星导航系统推广工程

加快推动北斗系统在通用航空、飞行运行监视、海上应急救援和机载导航等方面的应用。加强全天候、全天时、高精度的定位、导航、授时等服务对车联网、船联网以及自动驾驶等的基础支撑作用。鼓励汽车厂商前装北斗用户端产品，推动北斗模块成为车载导航设备和智能手机的标准配置，拓宽在列车运行控制、港口运营、车辆监管、船舶监管等方面的应用。

六、促进交通运输绿色发展

（一）推动节能低碳发展

优化交通运输结构，鼓励发展铁路、水运和城市公共交通等运输方式，优化发展航空、公路等运输方式。科学划设公交专用道，完善城市步行和自行车等慢行服务系统，积极探索合乘、拼车等共享交通发展。鼓励淘汰老旧高能耗车船，提高运输工具和港站等节能环保技术水平。加快新能源汽车充电设施建设，推进新能源运输工具规模化应用。制定发布交通运输行业重点节能低碳技术和产品推广目录，健全监督考核机制。

（二）强化生态保护和污染防治

将生态环保理念贯穿交通基础设施规划、建设、运营和养护全过程。积极倡导生态选线、环保

设计，利用生态工程技术减少交通对自然保护区、风景名胜区、珍稀濒危野生动植物天然集中分布区等生态敏感区域的影响。严格落实生态保护和水土保持措施，鼓励开展生态修复。严格大城市机动车尾气排放限值标准，实施汽车检测与维护制度，探索建立重点区域交通运输温室气体与大气污染物排放协同联控机制。落实重点水域船舶排放控制区管理政策，加强近海以及长江、西江等水域船舶溢油风险防范和污染排放控制。有效防治公路、铁路沿线噪声、振动，减缓大型机场噪声影响。

（三）推进资源集约节约利用

统筹规划布局线路和枢纽设施，集约利用土地、线位、桥位、岸线等资源，采取有效措施减少耕地和基本农田占用，提高资源利用效率。在工程建设中，鼓励标准化设计及工厂预制，综合利用废旧路面、疏浚土、钢轨、轮胎和沥青等材料以及无害化处理后的工业废料、建筑垃圾，循环利用交通生产生活污水，鼓励企业加入区域资源再生综合交易系统。

专栏 10　交通运输绿色化发展重点工程

（一）交通节能减排工程

支持高速公路服务区充电桩、加气站，以及长江干线、西江干线、京杭运河沿岸加气站等配套设施规划与建设。推进原油、成品油码头油气回收治理，推进靠港船舶使用岸电。在京津冀、长三角、珠三角三大区域，开展船舶污染物排放治理，到 2020 年硫氧化物、氮氧化物、颗粒物年排放总量在 2015 年基础上分别下降 65%、20%、30%。

（二）交通装备绿色化工程

加快推进天然气等清洁运输装备、装卸设施以及纯电动、混合动力汽车应用，鼓励铁路推广使用交—直—交电力机车，逐步淘汰柴油发电车。加速淘汰一批长江等内河老旧客运、危险品运输船舶。

（三）交通资源节约工程

提高土地和岸线利用效率，提升单位长度码头岸线设计通过能力。积极推广公路服务区和港口水资源综合循环利用。建设一批资源循环利用试点工程。

（四）交通生态环保工程

建设一批港口、装卸站、船舶修造厂和船舶含油污水、生活污水、化学品洗舱水和垃圾等污染物的接收设施，并与城市公共转运处置设施衔接。在枢纽、高速公路服务区建设一批污水治理和循环利用设施。

七、加强安全应急保障体系建设

（一）加强安全生产管理

强化交通运输企业安全管理主体责任，推动企业依法依规设置安全生产管理机构，健全安全生产管理制度，加强安全生产标准化建设和风险管理。实施从业人员安全素质提升工程，加强安全生产培训教育。重点围绕基础设施、装备设施、运输工具、生产作业等方面安全操作与管理，打造全寿命周期品质工程。强化对安全生产法律法规和安全常识的公益宣传引导，广泛传播交通安全价值观与理念。

（二）加快监管体系建设

构建安全生产隐患排查治理和风险分级管控体系，加强重大风险源动态全过程控制，健全交通安全事故调查协调机制。完善集监测、监控和管理于一体的铁路网络智能安全监管平台和信息传输系统。完善国家公路网运行监测体系，实时监测东中部全部路段和西部重点路段的高速公路运行情况，全面实现重点营运车辆联网联控。完善近海和内河水上交通安全监管系统布局，加强远海动态巡航执法能力建设,加强“四类重点船舶”运行监测。提升民航飞机在线定位跟踪能力,建立通用航空联合监管机制,实现全过程、可追溯监管。加快城市公交安全管理体系建设,加强城市轨道交通运营安全监管和物流运行监测。实施邮政寄递渠道安全监管“绿盾”工程,实现货物来源可追溯、运输可追踪、责任可倒查。加快实现危险货物运输全链条协同监管,强化应对危险化学品运输中泄漏的应急处理能力,防范次生突发环境事件。

（三）推进应急体系建设

加强交通运输部门与公安、安全监管、气象、海洋、国土资源、水利等部门的信息共享和协调联动,完善突发事件应急救援指挥系统。完善全国交通运输运行监测与应急指挥系统,加快建设省级和中心城市运行监测与应急指挥系统。加快建设铁路、公路和民航应急救援体系。完善沿海、长江干线救助打捞飞行基地和船舶基地布局,加强我国管辖海域应急搜救能力和航海保障建设。提升深海远洋搜寻和打捞能力,加强海外撤侨等国际应急救援合作。

专栏11　交通运输安全应急保障重点工程

(一)深海远海监管搜救工程

研究启动星基船舶自动识别系统,配置中远程监管救助载人机和无人机,提升大型监管救助船舶远海搜救适航性能,推动深海远海分布式探测作业装备研发与应用。提升南海、东海等重点海域监管搜救能力。

(二)长江干线交通安全工程

完善长江干线船舶交通管理系统、船舶自动识别系统和视频监控系统,强化长江海事巡航救助一体化船舶、公安巡逻船和消防船舶配置,建设大型起重船及辅助装备、库区深潜器等成套打捞系统。加强长江干线船舶溢油应急设备库建设。

(三)铁路安保工程

加快建设国家铁路应急救援基地,加强高铁运行、监控、防灾预警等安全保障系统建设;加大道口平交改立交及栅栏封闭等安全防护设施建设力度。

(四)公路安全应急工程

继续实施公路安全生命防护工程。持续开展农村公路隐患治理,加强农村公路隧道隐患整治,继续开展农村公路危桥改造。不断完善道路交通应急体系,提高应急保障能力。

(五)航空安全工程

建设民航安保体系,提高民航空防安全保障和反恐怖防范能力。加强适航审定能力建设,建设全国民航安全保卫信息综合应用平台。依托航空运输等企业加快构建民航应急运输和搜救力量。

(六)邮政寄递渠道安全监管“绿盾”工程

建设行政执法、运行监测、安全预警、应急指挥、决策支持、公共服务等六类信息系统,完善国家邮政安全监控中心,建设省级和重点城市邮政安全监控中心。

八、拓展交通运输新领域新业态

（一）积极引导交通运输新消费

促进通用航空与旅游、文娱等相关产业联动发展,扩大通用航空消费群体,强化与互联网、创意经济融合,拓展通用航空新业态。有序推进邮轮码头建设,拓展国际国内邮轮航线,发展近海内河游艇业务,促进邮轮游艇产业发展。大力发展自驾车、房车营地,配套建设生活服务功能区。鼓励企业发展城市定制公交、农村定制班车、网络预约出租汽车、汽车租赁等新型服务,稳妥推进众包服务,鼓励单位、个人停车位等资源错时共享使用。

（二）培育壮大交通运输新动能

以高速铁路通道为依托,以高铁站区综合开发为载体,培育壮大高铁经济,引领支撑沿线城镇、产业、人口等合理布局,密切区域合作,优化资源配置,加速产业梯度转移和经济转型升级。基本建成上海国际航运中心,加快建设天津北方、大连东北亚、厦门东南国际航运中心,提升临港产业发展水平,延伸和拓展产业链。建设北京新机场、郑州航空港等临空经济区,聚集航空物流、快件快递、跨境电商、商务会展、科技创新、综合保障等产业,形成临空经济新兴增长极。

（三）打造交通物流融合新模式

打通衔接一体的全链条交通物流体系,以互联网为纽带,构筑资源共享的交通物流平台,创新发展模式,实现资源高效利用,推动交通与物流一体化、集装化、网络化、社会化、智能化发展。推进"平台+"物流交易、供应链、跨境电商等合作模式,鼓励"互联网+城乡配送"、"物联网+供应链管理"等业态模式的创新发展。推进公路港等枢纽新业态发展,积极发展无车承运人等互联网平台型企业,整合公路货运资源,鼓励企业开发"卡车航班"等运输服务产品。

（四）推进交通空间综合开发利用

依据城市总体规划和交通专项规划,鼓励交通基础设施与地上、地下、周边空间综合利用,融合交通与商业、商务、会展、休闲等功能。打造依托综合交通枢纽的城市综合体和产业综合区,推动高铁、地铁等轨道交通站场、停车设施与周边空间的联动开发。重点推进地下空间分层开发,拓展地下纵深空间,统筹城市轨道交通、地下道路等交通设施与城市地下综合管廊的规划布局,研究大城市地下快速路建设。

专栏 12　交通运输新领域建设重点工程

（一）通用航空工程

积极发展通用航空短途运输,鼓励有条件的地区发展公务航空。在适宜地区开展空中游览活动,发展飞行培训,提高飞行驾驶执照持有比例。利用会展、飞行赛事、航空文化交流等活动,支持通用航空俱乐部、通用航空爱好者协会等社团发展。规划建设一批航空飞行营地,完善航空运动配套服务,开展航空体育与体验飞行。

（二）国家公路港网络建设工程

以国际性、全国性综合交通枢纽为重点,建设与铁路货运站、港口、机场等有机衔接的综合型公路港;以区域性综合交通枢纽为重点,建设与主干运输通道快速连通的基地型公路港;以国家高速公路沿线城市为重点,形成一批与综合型和基地型公路港有效衔接、分布广泛的驿站型公路港。

（三）邮轮游艇服务工程

有序推进天津、大连、秦皇岛、青岛、上海、厦门、广州、深圳、北海、三亚、重庆、武汉等邮轮码头建设,在沿海沿江沿湖等地区发展公共旅游和私人游艇业务,完善运动船艇配套服务。

（四）汽车营地建设工程

依托重点生态旅游目的地、精品生态旅游线路和国家旅游风景道,规划建设一批服务自驾车、房车等停靠式和综合型汽车营地,利用环保节能材料和技术配套建设生活服务等功能区。

（五）城市交通空间开发利用工程

重点在国际性、全国性综合交通枢纽,以高速铁路客运站、城际铁路客运站、机场为主体,建设一批集交通、商业、商务、会展、文化、休闲于一体的开放式城市功能区。鼓励建设停车楼、地下停车场、机械式立体停车库等集约化停车设施,并按照一定比例配建充电设施。

（六）步道自行车路网建设工程

规划建设城市步行和自行车交通体系,逐步打造国家步道系统和自行车路网,重点建设一批山地户外营地、徒步骑行服务站。

九、全面深化交通运输改革

（一）深化交通管理体制改革

深入推进简政放权、放管结合、优化服务改革，最大程度取消和下放审批事项，加强规划引导，推动交通项目多评合一、统一评审，简化审批流程，缩短审批时间；研究探索交通运输监管政策和管理方式，加强诚信体系建设，完善信用考核标准，强化考核评价监督。完善“大交通”管理体制，推进交通运输综合行政执法改革，建设正规化、专业化、规范化、标准化的执法队伍。完善收费公路政策，逐步建立高速公路与普通公路统筹发展机制。全面推进空域管理体制改革，扎实推进空域规划、精细化改革试点和“低慢小”飞行管理改革、航线审批改革等重点工作，加快开放低空空域。加快油气管网运营体制改革，推动油气企业管网业务独立，组建国有资本控股、投资主体多元的油气管道公司和全国油气运输调度中心，实现网运分离。

（二）推进交通市场化改革

加快建立统一开放、竞争有序的交通运输市场，营造良好营商环境。加快开放民航、铁路等行业的竞争性业务，健全准入与退出机制，促进运输资源跨方式、跨区域优化配置。健全交通运输价格机制，适时放开竞争性领域价格，逐步扩大由市场定价的范围。深化铁路企业和客货运输改革，建立健全法人治理结构，加快铁路市场化运行机制建设。有序推进公路养护市场化进程。加快民航运输市场化进程，有序发展专业化货运公司。积极稳妥深化出租汽车行业改革，完善经营权管理制度。

（三）加快交通投融资改革

建立健全中央与地方投资联动机制，优化政府投资安排方式。在试点示范的基础上，加快推动政府和社会资本合作（PPP）模式在交通运输领域的推广应用，鼓励通过特许经营、政府购买服务等方式参与交通项目建设、运营和维护。在风险可控的前提下，加大政策性、开发性等金融机构信贷资金支持力度，扩大直接融资规模，支持保险资金通过债权、股权等多种方式参与重大交通基础设施建设。积极利用亚洲基础设施投资银行、丝路基金等平台，推动互联互通交通项目建设。

十、强化政策支持保障

（一）加强规划组织实施

各有关部门要按照职能分工，完善相关配套政策措施，做好交通军民融合工作，为本规划实施创造有利条件；做好本规划与国土空间开发、重大产业布局、生态环境建设、信息通信发展等规划的衔接，以及铁路、公路、水运、民航、油气管网、邮政等专项规划对本规划的衔接落实；加强部际合作和沟通配合，协调推进重大项目、重大工程，加强国防交通规划建设；加强规划实施事中事后监管和动态监测分析，适时开展中期评估、环境影响跟踪评估和建设项目后评估，根据规划落实情况及时动态调整。地方各级人民政府要紧密结合发展实际，细化落实本规划确定的主要目标和重点任务，各地综合交通运输体系规划要做好对本规划的衔接落实。

（二）加大政策支持力度

健全公益性交通设施与运输服务政策支持体系，加强土地、投资、补贴等组合政策支撑保障。

切实保障交通建设用地，在用地计划、供地方式等方面给予一定政策倾斜。加大中央投资对铁路、水运等绿色集约运输方式的支持力度。充分发挥各方积极性，用好用足铁路土地综合开发、铁路发展基金等既有支持政策，尽快形成铁路公益性运输财政补贴的制度性安排，积极改善铁路企业债务结构。统筹各类交通建设资金，重点支持交通扶贫脱贫攻坚。充分落实地方政府主体责任，采用中央与地方共建等方式推动综合交通枢纽一体化建设。

（三）完善法规标准体系

研究修订铁路法、公路法、港口法、民用航空法、收费公路管理条例、道路运输条例等，推动制定快递条例，研究制定铁路运输条例等法规。加快制定完善先进适用的高速铁路、城际铁路、市域（郊）铁路、城市轨道交通、联程联运、综合性交通枢纽、交通信息化智能化等技术标准，强化各类标准衔接，加强标准、计量、质量监督，构建综合交通运输标准体系和统计体系。完善城市轨道交通装备标准规范体系，开展城市轨道交通装备认证。依托境外交通投资项目，带动装备、技术和服务等标准走出去。

（四）强化交通科技创新

发挥重点科研平台、产学研联合创新平台作用，加大基础性、战略性、前沿性技术攻关力度，力争在特殊重大工程建设、交通通道能力和工程品质提升、安全风险防控与应急技术装备、综合运输智能管控和协同运行、交通大气污染防控等重大关键技术上取得突破。发挥企业的创新主体作用，鼓励企业以满足市场需求为导向开展技术、服务、组织和模式等各类创新，提高科技含量和技术水平，不断向产业链和价值链高端延伸。

（五）培育多元人才队伍

加快综合交通运输人才队伍建设，培养急需的高层次、高技能人才，加强重点领域科技领军人才和优秀青年人才培养。加强人才使用与激励机制建设，提升行业教育培训的基础条件和软硬件环境。做好国外智力引进和国际组织人才培养推送工作，促进人才国际交流与合作。

附件：1. 重点任务分工方案
2. 综合运输大通道和综合交通枢纽示意图
3. “十三五”铁路规划建设示意图
4. “十三五”国家高速公路规划建设示意图
5. “十三五”民用运输机场规划建设示意图
6. “十三五”内河高等级航道规划建设示意图
7. “十三五”原油、成品油、天然气管道规划建设示意图

附件1　重点任务分工方案

序号	任　务	责任单位
1	建设多向连通的综合运输通道。	国家发展改革委、交通运输部牵头，国家铁路局、中国民航局、中国铁路总公司等按职责分工负责
2	构建高品质的快速交通网。推进高速铁路建设，完善高速公路网络，完善运输机场功能布局。	国家发展改革委、交通运输部、国家铁路局、中国民航局、中国铁路总公司等按职责分工负责

续表

序号	任　　务	责 任 单 位
3	强化高效率的普通干线网。完善普速铁路网，推进普通国道提质改造，完善水路运输网络，强化油气管网互联互通。	交通运输部、国家发展改革委牵头，国家能源局、国家铁路局、中国民航局、中国铁路总公司等按职责分工负责
4	拓展广覆盖的基础服务网。合理引导普通省道发展，全面加快农村公路建设，积极推进支线铁路建设，加强内河支线航道建设，加快推进通用机场建设，完善港口集疏运网络。	交通运输部、国家发展改革委牵头，国家铁路局、中国民航局、中国铁路总公司等按职责分工负责
5	打造“一带一路”互联互通开放通道。着力打造丝绸之路经济带国际运输走廊，加快推进21世纪海上丝绸之路国际通道建设，加强“一带一路”通道与港澳台地区的交通衔接。	国家发展改革委牵头，交通运输部、外交部、商务部、国家铁路局、中国民航局、中国铁路总公司等按职责分工负责
6	构建京津冀协同发展的一体化网络。打造“轨道上的京津冀”，完善综合交通网络。	国家发展改革委牵头，交通运输部、住房城乡建设部、国家铁路局、中国民航局、中国铁路总公司等按职责分工负责
7	建设长江经济带高质量综合立体交通走廊。打造长江黄金水道，构建立体交通走廊。	国家发展改革委牵头，交通运输部、水利部、环境保护部、国家铁路局、中国民航局、中国铁路总公司等按职责分工负责
8	发挥交通扶贫脱贫攻坚基础支撑作用。强化贫困地区骨干通道建设，夯实贫困地区交通基础。	交通运输部、国家发展改革委牵头，国务院扶贫办、国家铁路局、中国民航局、中国铁路总公司等按职责分工负责
9	发展引领新型城镇化的城际城市交通。推进城际交通发展，加强城市交通建设。	国家发展改革委、交通运输部、住房城乡建设部牵头，国家铁路局、中国民航局、中国铁路总公司等按职责分工负责
10	优化综合交通枢纽布局。完善综合交通枢纽空间布局，提升综合客运枢纽站场一体化服务水平，促进货运枢纽站场集约化发展，促进枢纽站场之间有效衔接。	交通运输部、国家发展改革委牵头，住房城乡建设部、国家铁路局、中国民航局、国家邮政局、中国铁路总公司等按职责分工负责
11	提升客运服务安全便捷水平。推进旅客联程运输发展，完善区际城际客运服务，发展多层次城市客运服务，推进城乡客运服务一体化。	交通运输部牵头，国家发展改革委、国家铁路局、中国民航局、中国铁路总公司等按职责分工负责
12	促进货运服务集约高效发展。推进货物多式联运发展，统筹城乡配送协调发展，促进邮政快递业健康发展，推进专业物流发展。	交通运输部牵头，国家发展改革委、商务部、质检总局、国家铁路局、中国民航局、国家邮政局、中国铁路总公司等按职责分工负责
13	增强国际化运输服务能力。完善国际运输服务网络，提高国际运输便利化水平，鼓励交通运输走出去。	交通运输部牵头，国家发展改革委、商务部、海关总署、质检总局、国家铁路局、中国民航局、国家邮政局、中国铁路总公司等按职责分工负责
14	发展先进适用的技术装备。推进先进技术装备自主化，促进技术装备标准化发展。	国家发展改革委、交通运输部、工业和信息化部牵头，科技部、公安部、质检总局、国家铁路局、中国民航局、国家邮政局、中国铁路总公司等按职责分工负责
15	促进交通产业智能化变革。实施“互联网+”行动计划，培育壮大智能交通产业。	国家发展改革委、交通运输部牵头，工业和信息化部、科技部、国家铁路局、中国民航局、中国铁路总公司等按职责分工负责
16	推动智能化运输服务升级。推行信息服务“畅行中国”，发展“一站式”、“一单制”运输组织。	交通运输部、国家发展改革委牵头，工业和信息化部、国家铁路局、中国民航局、中国铁路总公司等按职责分工负责
17	优化交通运行和管理控制。建立高效运转的管理控制系统，提升装备和载运工具智能化自动化水平。	交通运输部牵头，国家发展改革委、工业和信息化部、公安部、国家铁路局、中国民航局、中国铁路总公司等按职责分工负责

续表

序号	任　　务	责任单位
18	健全智能决策支持与监管。完善交通决策支持系统，提高交通行政管理信息化水平。	交通运输部牵头，工业和信息化部、国家铁路局、中国民航局、中国铁路总公司等按职责分工负责
19	加强交通发展智能化建设。打造泛在的交通运输物联网，构建新一代交通信息基础网络，推进云计算与大数据应用，保障交通网络信息安全。	国家发展改革委、交通运输部牵头，工业和信息化部、国家国防科工局、国家铁路局、中国民航局、中国铁路总公司等按职责分工负责
20	推动节能低碳发展。优化运输结构，推广应用节能低碳技术和产品。	交通运输部、住房城乡建设部牵头，国家发展改革委、环境保护部、国家能源局、国家铁路局、中国民航局、中国铁路总公司等按职责分工负责
21	强化生态保护和污染防治。加强全过程全周期生态保护，强化大气、水、噪声污染防治。	交通运输部牵头，国家发展改革委、环境保护部、国家铁路局、中国民航局、中国铁路总公司等按职责分工负责
22	推进资源集约节约利用。提高交通资源利用效率，加强资源综合循环利用。	交通运输部牵头，工业和信息化部、环境保护部、国家铁路局、中国民航局、中国铁路总公司等按职责分工负责
23	加强交通运输安全生产管理。	交通运输部牵头，公安部、安全监管总局、国家铁路局、中国民航局、中国铁路总公司等按职责分工负责
24	加快交通安全监管体系建设。	交通运输部牵头，公安部、安全监管总局、国家铁路局、中国民航局、国家邮政局、中国铁路总公司等按职责分工负责
25	推进交通运输应急体系建设。	交通运输部牵头，公安部、安全监管总局、国家铁路局、中国民航局、中国铁路总公司等按职责分工负责
26	积极引导交通运输新消费。	国家发展改革委、交通运输部牵头，工业和信息化部、住房城乡建设部、国家旅游局、中国民航局、国家邮政局、中国铁路总公司等按职责分工负责
27	培育壮大交通运输新动能。	国家发展改革委、交通运输部牵头，商务部、海关总署、国家旅游局、体育总局、中国铁路总公司等按职责分工负责
28	打造交通物流融合新模式。	国家发展改革委、交通运输部牵头，商务部、工业和信息化部、海关总署、中国铁路总公司等按职责分工负责
29	推进交通空间综合开发利用。	国家发展改革委、交通运输部、住房城乡建设部牵头，国土资源部等按职责分工负责
30	深化交通管理体制改革。	国家发展改革委、交通运输部牵头，工商总局、国家铁路局、中国民航局、中国铁路总公司等按职责分工负责
31	推进交通市场化改革。	国家发展改革委、交通运输部牵头，工商总局、国家铁路局、中国民航局、中国铁路总公司等按职责分工负责
32	加快交通投融资改革。	国家发展改革委、财政部、交通运输部牵头，国土资源部、人民银行、银监会、证监会、保监会、国家铁路局、中国民航局、中国铁路总公司等按职责分工负责
33	完善法规体系。	交通运输部牵头，国务院法制办、国家铁路局、中国民航局、国家邮政局、国家交通战备办公室、中国铁路总公司等按职责分工负责
34	强化标准支撑。	质检总局、交通运输部牵头，工业和信息化部、科技部、住房城乡建设部、国家铁路局、中国民航局、国家邮政局、中国铁路总公司等按职责分工负责

附件2：综合运输大通道和综合交通枢纽示意图

附件3：“十三五”铁路规划建设示意图

附件4：“十三五”国家高速公路规划建设示意图

附件5：“十三五”民用运输机场规划建设示意图

附件6：“十三五”内河高等级航道规划建设示意图

附件7-1：“十三五”原油管道规划建设示意图

附件7-2：“十三五”成品油管道规划建设示意图

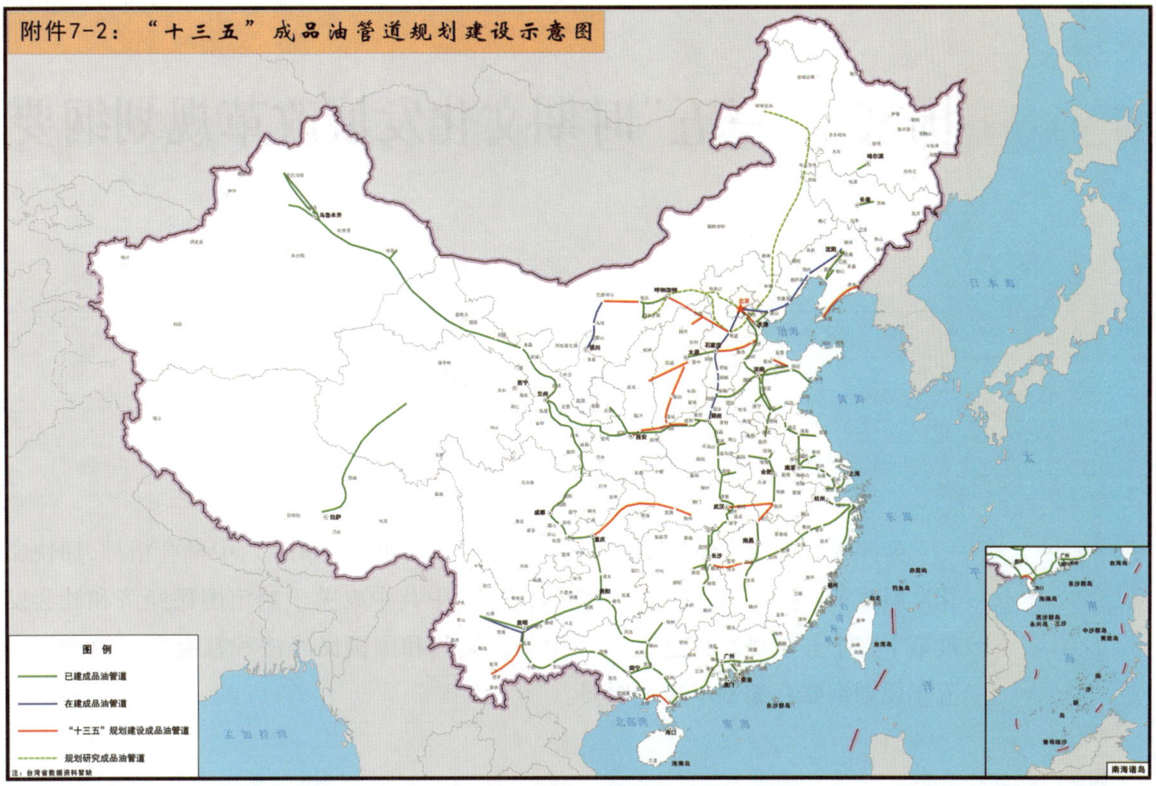

附件7-3：“十三五”天然气管道规划建设示意图

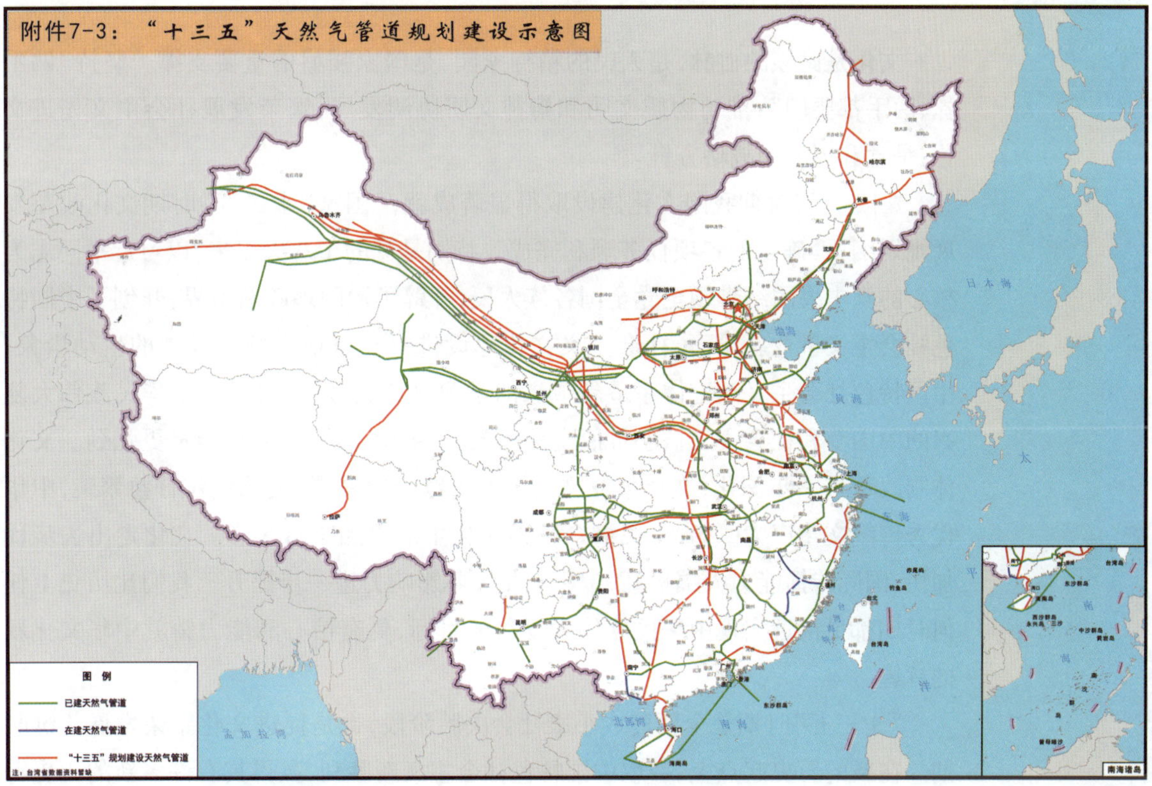

国家"十三五"时期文化发展改革规划纲要

中办发〔2017〕8号

为深入贯彻落实党的十八大和十八届三中、四中、五中、六中全会精神，加快文化发展改革，建设社会主义文化强国，根据《中共中央关于制定国民经济和社会发展第十三个五年规划的建议》和《中华人民共和国国民经济和社会发展第十三个五年规划纲要》，编制本规划纲要。

序　　言

文化是民族的血脉，是人民的精神家园，是国家强盛的重要支撑。坚持"两手抓、两手都要硬"，推动物质文明和精神文明协调发展，繁荣发展社会主义先进文化，是党和国家的战略方针。

"十二五"时期我国文化建设取得显著成就，《国家"十二五"时期文化改革发展规划纲要》确定的各项任务顺利完成。特别是党的十八大以来，以习近平同志为核心的党中央团结带领全党全国各族人民，开辟了治国理政新境界，开创了中国特色社会主义事业新局面，社会主义文化建设进一步呈现出繁荣发展的生动景象。中国特色社会主义理论体系最新成果的学习宣传教育不断加强，中华民族伟大复兴的中国梦和社会主义核心价值观深入人心，主旋律更响亮、正能量更强劲。文化体制改革进一步深化，文化事业文化产业持续健康发展，文艺创作日益繁荣，中华优秀传统文化广为弘扬，人民群众精神文化生活更加丰富多彩。文化走出去步伐加快，国际传播能力大幅提高，中华文化国际影响力进一步提升。我们比历史上任何时期都更接近实现中华民族伟大复兴的目标，更有信心和能力铸就中华文化新的辉煌。

"十三五"时期是全面建成小康社会决胜阶段，也是促进文化繁荣发展关键时期。在新的历史起点上，夺取中国特色社会主义新胜利，赢得具有许多新的历史特点的伟大斗争，必须充分发挥文化引领风尚、教育人民、服务社会、推动发展的作用。全面建成小康社会，迫切需要补齐文化发展短板、实现文化小康，丰富人们精神文化生活，提高国民素质和社会文明程度。适应把握引领经济发展新常态，推动改革全面深化，促进社会和谐稳定，迫切需要牢固树立和贯彻落实创新、协调、绿色、开放、共享的发展理念，增进社会共识、营造良好氛围，激发全民族创造活力。高新技术发展日新月异，社会信息化持续推进，互联网影响广泛而深刻，迫切需要拓展文化发展新领域，发展壮大网上主流舆论阵地，更好运用先进技术发展和传播先进文化。世界多极化、经济全球化、文化多样化、社会信息化深入发展，综合国力竞争日趋激烈，迫切需要提高文化开放水平，广泛参与世界文明对话，增强国际话语权，展示中华文化独特魅力，增强国家文化软实力。面对新形势新要求，要进一步坚定文化自信，增强文化自觉，奋力开创中国特色社会主义文化建设新局面，为做好党和国家各项工作提供强大的价值引领力、文化凝聚力和精神推动力。

一、总体要求

（一）牢牢把握文化发展改革的指导思想

高举中国特色社会主义伟大旗帜，全面贯彻党的十八大和十八届三中、四中、五中、六中全会精神，以马克思列宁主义、毛泽东思想、邓小平理论、“三个代表”重要思想、科学发展观为指导，深入学习贯彻习近平总书记系列重要讲话精神和治国理政新理念新思想新战略，切实增强政治意识、大局意识、核心意识、看齐意识，紧紧围绕统筹推进“五位一体”总体布局和协调推进“四个全面”战略布局，坚持以社会主义核心价值观为引领，坚持社会主义先进文化前进方向，坚持中国特色社会主义文化发展道路，坚持依法治国和以德治国相结合，坚持以人民为中心的发展思想和工作导向，坚持把社会效益放在首位、社会效益和经济效益相统一，全面推进文化发展改革，全面完成文化小康建设各项任务，建设社会主义文化强国，更好地构筑中国精神、中国价值、中国力量、中国贡献，为实现“两个一百年”奋斗目标、实现中华民族伟大复兴的中国梦奠定更加坚实的思想文化基础。

（二）把新发展理念贯穿于文化发展改革全过程

——坚持创新发展。适应社会主义市场经济和高新技术发展要求，体现文化例外要求，加大改革力度，全面推进文化内容形式、方法手段、载体渠道、体制机制、政策法规等创新，激发动力、增强活力、释放潜力，推动出精品出人才出效益。

——坚持协调发展。统筹城乡、区域文化发展，统筹文化发展、改革和管理，正确处理政府与市场、国有与民营、对内与对外等重要关系，促进文化事业全面繁荣、文化产业更好发展、优秀传统文化传承弘扬。

——坚持绿色发展。尊重规律，增加优秀精神文化产品和优质文化服务供给，净化社会文化环境，提升文化产业发展质量和效益，推动形成绿色发展方式和生活方式。

——坚持开放发展。推动中华文化走出去，提高国际传播能力，更好发出中国声音、展现中国精神、提出中国主张，借鉴吸收世界有益文化成果，深化不同文明交流互鉴。

——坚持共享发展。面向基层，贴近群众、依靠群众、服务群众，保障人民基本文化权益，满足人民群众日益增长的精神文化需求，提高群众文化参与度和获得感。

（三）全面实现文化发展改革的目标任务

——马克思主义中国化最新成果广泛普及，中国梦引领凝聚作用进一步增强，富强民主文明和谐、自由平等公正法治、爱国敬业诚信友善的社会主义核心价值观更加深入人心，国民思想道德素质、科学文化素质和社会文明程度显著提高。

——精神文化产品创作生产更加活跃繁荣，哲学社会科学创新发展能力不断提升，文化精品不断涌现，网络文化健康发展，社会精神文化生活丰富多彩。

——现代传播体系逐步建立，传统媒体与新兴媒体融合发展取得阶段性成果，形成一批新型主流媒体和主流媒体集团，网络空间更加清朗，社会舆论积极向上。

——现代公共文化服务体系基本建成，基本公共文化服务标准化、均等化水平稳步提高，体现地方和民族特色的文化设施网络基本形成，公共文化供给与群众文化需求有效匹配。

——现代文化产业体系和现代文化市场体系更加完善，文化市场的积极作用进一步发挥，做优做强做大一批文化企业和文化品牌，文化整体实力和竞争力明显增强，“十三五”末文化产业成为国民经济支柱性产业。

——中华优秀传统文化传承体系基本形成，中华民族文化基因与当代文化相适应、与现代社会相协调，实现传统文化创造性转化和创新性发展。

——文化开放格局日益完善，中华文化影响力持续扩大，中国故事、中国声音广泛传播，良好国家形象全面展示，国家文化软实力和国际话语权进一步增强，促进世界文化多样化发展。

——文化宏观管理体制改革不断深化，微观运行机制进一步健全，文化法治建设深入推进，中国特色社会主义文化制度更加成熟更加定型。

二、加强思想理论建设

坚持用马克思列宁主义、毛泽东思想、邓小平理论、“三个代表”重要思想、科学发展观和习近平总书记系列重要讲话精神武装全党、教育人民、推动实践，不断巩固马克思主义在意识形态领域的指导地位，增强广大干部群众中国特色社会主义道路自信、理论自信、制度自信、文化自信。

(一)深化中国特色社会主义理论体系的学习研究宣传。把深入学习宣传贯彻习近平总书记系列重要讲话精神和治国理政新理念新思想新战略作为重中之重，深化中国特色社会主义和中国梦的学习宣传教育。继续编辑出版《习近平谈治国理政》、修订出版《习近平总书记系列重要讲话读本》等。结合“学党章党规、学系列讲话，做合格党员”学习教育深化理论宣传。深入实施马克思主义理论研究和建设工程规划纲要。抓好马克思主义哲学和党史国史、社会主义发展史的学习研究。发展中国特色社会主义政治经济学。坚持和创新党内学习制度，制定党委(党组)中心组学习规则。组织开展面向基层群众的对象化、互动化的理论宣讲。加强对各种社会思潮的辨析和引导，出版一批通俗理论读物。深入实施高校思想政治理论课建设体系创新计划。加强青少年理想信念教育。

专栏1　理论工作“四大平台”建设

马克思主义理论研究和建设工程：开展重大现实问题、重大理论问题、重大实践经验总结的课题研究，体现时代性、实践性，突出本土化、当代化，深化党中央治国理政新理念新思想新战略的研究阐释，推出一批优秀成果。加快推进工程重点教材建设。

中国特色社会主义理论体系研究中心建设：做实做强一批国家级研究中心，带动各地研究中心壮大发展。

续表

马克思主义学院建设:扶持一批全国重点马克思主义学院,加强马克思主义理论学科建设和骨干人才培养,办好高校思想政治理论课。

报刊网络理论宣传阵地建设:重点建设扶持一批党报理论版和党刊,打造一批有影响力的全国重点理论网站(频道)。

(二)繁荣发展哲学社会科学。坚持马克思主义立场观点方法,按照立足中国、借鉴国外,挖掘历史、把握当代,关怀人类、面向未来的思路,着力构建中国特色哲学社会科学。建立健全哲学社会科学管理体制,加强哲学社会科学创新平台、研究基地、传播中心建设。加强话语体系建设,注重以我为主设置议题,积极开展中国哲学社会科学国际学术研讨活动。举办当代中国马克思主义论坛系列理论研讨会。加强对各类讲座论坛、社科机构的引导和管理。发挥国家哲学社会科学基金示范引导作用,强化考核评价工作。充分发挥中国特色新型智库作用,形成定位明晰、特色鲜明、规模适度、布局合理、能进能出的中国特色新型智库体系。扶持哲学社会科学优秀著作出版。编写哲学社会科学普及读本。

专栏 2　哲学社会科学创新工程

哲学社会科学学科体系建设:统筹基础学科、应用学科、新兴学科建设,发展交叉学科,扶持具有重要文化价值和传承意义的“绝学”、冷门学科,建设一批重点研究基地。

哲学社会科学话语体系建设:以党中央治国理政新理念新思想新战略研究为重点,开展当代中国话语体系建设研究,完善工作机制,加强专题研讨,注重推广研究成果。

哲学社会科学科研体制机制创新:健全课题立项、招标或委托制度,加强管理,探索建立科研成果的短期和中长期评价机制,完善优秀科研成果发布和转化机制。

哲学社会科学协同创新平台建设:加强社科院、高校、党校、行政学院以及政府部门之间的项目合作和人才交流,推动跨部门跨区域跨学科协同创新。

专栏 3　中国特色新型智库建设工程

国家高端智库建设:重点扶持一批国家亟需、特色鲜明、制度创新、引领发展的专业化高端智库。加强社科院、党校、行政学院、高校、企业等智库建设。

(三)加强意识形态领域管理。落实党委(党组)意识形态工作责任制,建立健全考核、督查、问责机制。推动各级党校、行政学院和干部学院开设意识形态工作课程和讲座。坚持党管宣传、党管意识形态、党管媒体,落实属地管理、分级负责和谁主管谁负责的原则,加强意识形态阵地管理,建立健全网络意识形态工作机制,维护国家意识形态安全。

三、提高舆论引导水平

牢牢坚持党性原则、坚持马克思主义新闻观、坚持正确舆论导向、坚持正面宣传为主,把政治方向摆在第一位,高举旗帜、引领导向,围绕中心、服务大局,团结人民、鼓舞士气,成风化人、凝心聚力，澄清谬误、明辨是非，联接中外、沟通世界，加快构建现代传播体系，健全舆情引导机制，强化媒体社会责任，发展壮大主流媒体，切实提高新闻舆论传播力、引导力、影响力、公信力。

（一）做强做大主流舆论。适应分众化、差异化传播趋势，加快构建主流舆论矩阵。加强党报党刊、通讯社、电台电视台等重点新闻媒体建设，提高宣传报道专业化水平。加强和改进正面宣传，做亮党中央治国理政新理念新思想新战略重大主题宣传，做活经济宣传，做好热点引导。综合运用微博、微信、移动新闻客户端等传播方式，拓展主流舆论传播空间。建立和完善民意调查等制度。做好重大突发事件新闻报道和权威信息发布，把握舆论引导的时度效。加强和改进舆论监督，发挥舆论监督建设性作用。

（二）推动媒体融合发展。扶持重点主流媒体创新思路，推动融合发展尽快从相“加”迈向相“融”，形成新型传播模式。支持党报党刊、通讯社、电台电视台建设统一指挥调度的融媒体中心、全媒体采编平台等“中央厨房”，重构新闻采编生产流程，生产全媒体产品。明确不同类型、不同层级媒体定位，统筹推进媒体结构调整和融合发展，打造一批新型主流媒体和媒体集团。

（三）发展壮大网上舆论阵地。遵循网络传播规律，强化互联网思维，加快网络媒体发展。加强重点新闻网站和政府网站建设。加强移动互联网建设和生态治理。强化网站主体责任，健全网站分级分层管理体制。加强教育引导，进一步提升网民网络文明素养。将新闻网站采编人员纳入新闻记者证制度统一管理，纳入新闻采编人员职业资格制度，健全职称评价体系。统筹推进网络舆论引导、网络文化建设、网络文明传播、网络公益活动，增亮网络底色、激发网络正气。

专栏4　网络舆论阵地建设工程

网络传播体系建设：加强重点新闻网站、网络广播电视台等主流网站集群传播能力建设，发展移动互联网“微传播”体系。支持符合条件的网站上市。

新兴网络媒体培育：扶持一批主流媒体所属网站和新媒体，加大对国有资本和社会力量投资互联网文化领域的引导和规范。

网络内容建设工程：推动中国特色社会主义理论创新成果和各种优秀精神文化产品网上传播，推动网络文化产品创作生产，推动主流媒体开展网络信息服务。

政务新媒体建设：规范党政机关、人民团体、国有企事业单位等开办政务新媒体账号或客户端，加强内容建设与管理。

网络评论体系建设：推进网络评论理论、学科、教材阵地建设，提升网络作品创作质量。

网络人才队伍建设：制定实施网络文化重点领域人才培养计划，加强网络应急、网宣、网评、网管、网研等方面队伍建设，引导和发挥网民的积极性。

（四）规范传播秩序。规范地方媒体、行业媒体管理。规范推进电台电视台实质性合并，健全节目退出机制。建设视听新媒体集成播控平台。开展视听类智能终端设备入网认证工作。制定互联网分类管理办法。完善互联网法律法规，将现行新闻出版法律法规延伸覆盖到网络媒体管理。完善网站新闻来源许可机制，加强新闻信息采编转载资质管理，规范商业网站转载行为和网络转载版权秩序。建立完善网络版权使用机制。实行新闻采编专业人员职业资格制度，加强职务行为信息管理。加强互联网信息搜索引擎、即时通信工具、移动新闻客户端等管理，明确微博、微信等的运营主体对所传播内容的主体责任。加大对新闻界突出问题治理力度。严厉打击网络谣言、有害信息、虚假新闻、新闻敲诈和假媒体假记者。

专栏5　舆论引导能力提升工程

重点媒体融合发展：支持中央和省级主要媒体拓展新技术新应用，完善基础设施和硬件系统，创新内容生产与信息服务，加快重点项目建设。

主流媒体内容建设：加强重点栏目、节目建设，加大创新创优力度，推出一批名记者、名编辑、名主持、名评论员，完善首席记者、首席编辑等制度，培养全媒记者和全媒编辑，完善原创新闻作品版权保护和有偿使用制度。

新闻发布制度建设：推动各级党政机关完善信息发布制度，健全政策解读机制。

新闻人才培养：建立健全部校共建新闻教育机制，推进地方党委宣传部门与高校共建新闻学院。做好新闻传播人才教育培养和国际传播后备人才培养工作。

舆论传播能力评估机制建设：科学设置绩效评价指标，引入第三方评价，搭建传播能力建设评估平台，建立全媒体传播效果评价体系。

行业自律和社会监督制度建设：健全工作机制，发挥新闻道德委员会作用，完善媒体社会责任报告制度。

四、培育和践行社会主义核心价值观

把社会主义核心价值观融入经济社会发展各领域、贯穿社会生活全过程，加强教育引导、舆论宣传、文化熏陶、实践养成和制度保障，注重通过法律和政策向社会传导正确价值取向，推动社会主义核心价值观宣传教育落细落小落实，不断增强价值观自信，巩固全党全国各族人民团结奋斗的共同思想基础。

（一）推进社会主义核心价值观学习实践具体化系统化。加强对社会主义核心价值观的研究阐释和宣传普及，充分运用各类媒体、文艺作品、公益广告和群众性文化活动等开展主题宣传。强化实践养成，注重典型示范，开展文化培育，精心设计开展多样化的人民群众喜闻乐见的活动。修订和实施爱国主义教育实施纲要，丰富教育内容、创新教育载体，增强中华民族归属感、认同感、尊严感、荣誉感和命运共同体意识。把社会主义核心价值观纳入国民教育体系，增强学生爱国精神、社会责任感和实践创新能力。发扬红色传统、传承红色基因，用好革命历史类纪念设施、遗址和各类爱国主义教育示范基地等红色资源。弘扬社会主义法治精神，把社会主义核心价值观融入法治建设，推动公正文明执法司法，彰显社会主流价值。推动社会治理体现社会主义核心价值观要求，强化公共政策的价值导向，探索建立重大公共政策道德风险评估和纠偏机制。

专栏6　社会主义核心价值观主题教育实践活动

社会主义核心价值观主题教育活动：开展爱国主义、革命传统、法治、诚信等主题教育，增强国家意识、法治意识、道德意识、社会责任意识、生态文明意识，推动社会主义核心价值观学习实践从个人层面向国家、社会层面延伸。

“爱我中华”主题教育活动：围绕“七一”、“八一”、“十一”等重大纪念日，开展主题活动，弘扬爱国主义精神。加强国防教育，推进国防文化、军旅文化和边塞文化建设。

学雷锋志愿服务活动：完善志愿服务登记、培训和政策法规保障等机制，推动志愿服务活动制度化、常态化。每年命名一批全国学雷锋活动示范点和岗位学雷锋标兵。

“图说我们的价值观”、“讲文明树新风”等公益广告宣传活动：完善配套措施，加大创作刊播力度，强化各类媒体、社会媒介和广告发布者做公益广告的责任。

红色旅游活动：加强精品线路建设，丰富展陈内容，发挥全国爱国主义教育示范基地、全国红色旅游经典景区等的作用，增强教育活动吸引力、感染力。

续表

“我们的节日”主题活动:运用春节、清明节、端午节、中秋节、重阳节等民族传统节日,传承民族文化、凝聚价值共识。 **规范守则教育实践活动**:修订完善市民公约、乡规民约、学生守则、行业规章、职业规则、团体章程,开展专题教育实践,强化人们的准则意识、律己意识。 **平安中国建设活动**:实施“七五”普法规划,组织“国家宪法日”、“全民国家安全教育日”等主题活动,开展公正文明执法活动。 **民族团结进步创建活动**:在机关、企业、社区、乡镇、学校、宗教活动场所等开展创建活动,命名示范单位,宣传民族团结进步模范,维护民族团结,反对民族分裂。

(二)加强和改进群众性思想政治工作。加强对社会热点难点问题的应对解读,合理引导社会预期,组织开展理论宣讲和形势政策教育,设计有特色有实效的活动载体。推动基层党组织、基层单位、城乡社区有针对性地加强思想政治工作,创新新经济组织和新社会组织的思想政治工作方式。加强青少年思想政治工作。加强高校思想政治建设。持续深入推进“基层工作加强年”活动。健全人文关怀和心理疏导机制,培育自尊自信、理性平和、积极向上的社会心态。

专栏7　群众性思想政治工作
基层宣讲:加强基层讲堂建设,开设理论政策大讲坛,面向群众开展宣讲,解疑释惑、化解矛盾。 **通俗理论读物出版**:编写出版《理论热点面对面》等通俗理论读物,开展优秀通俗理论读物推荐活动。 **送温暖、献爱心活动**:把解决思想问题和解决实际问题结合起来,广泛开展扶贫赈灾、慈善资助、支教助学、义务献血等活动。 **网络公益活动**:鼓励网民互动,规范网络捐赠,推动有条件的地方和网站组建公益联盟。 **社会心理服务**:建立健全社会心理监测和服务机制,加强心理危机预警和干预,做好对重点人群的心理疏导。建立社会心理预期数据库。

(三)深入推进公民道德建设。加强社会公德、职业道德、家庭美德、个人品德教育。发挥党员干部的模范带头作用。举办中国公民道德论坛。礼敬英雄人物,加强对全国重大典型和道德模范、时代楷模的学习宣传,广泛推出“最美人物”、善行义举和身边好人。建立健全先进模范发挥作用的长效机制。弘扬中华传统美德,创新发展乡贤文化,开展孝敬教育、勤劳节俭教育、文明礼仪教育。加强社会诚信建设,推进诚信建设制度化。弘扬劳动最光荣、劳动者最伟大的观念,加强企业文化建设,培育创新创业精神。

专栏8　公民道德建设工程
道德模范评选表彰和宣传学习:每两年评选表彰一届全国道德模范。开展“道德模范在身边”宣传学习活动。开展道德模范“传帮带”活动。建立帮扶礼遇制度。做好道德模范管理服务工作。 **公众人物“重品行、树形象、做榜样”活动**:加强社会责任教育,引导企业界以及文艺、体育、教育、科技界名人等强化自身修养、投身公益事业、引领社会风尚。 **未成年人思想道德建设**:完善学校、家庭、社会三结合教育网络,开展主题教育实践活动,加强校外活动场所建设及使用管理,丰富优秀少儿文化产品供给。每三年评选表彰一届全国未成年人思想道德建设工作先进城市。 **新乡贤文化建设**:以乡情为纽带,以优秀基层干部、道德模范、身边好人的嘉言懿行为示范引领,培育新型农民,涵育文明乡风。 **孝敬文化建设**:发扬中华传统美德,弘扬中华孝道,强化孝敬父母、尊敬长辈的社会风尚。 **节俭养德全民行动**:倡导绿色低碳生活方式,积极开展健康有益的各类活动。

续表

推进诚信社会、诚信中国建设：建设全国信用信息共享平台和国家企业信用信息公示系统，建立健全覆盖全社会的征信系统，完善守信激励和失信惩戒机制，开展道德领域突出问题专项教育和治理。

（四）深化拓展群众性精神文明创建活动。广泛开展群众性精神文明创建活动，修订完善各类创建测评体系。加强和改进文明城市创建管理，培育城市精神。加强农村精神文明建设。加强文明行业文明单位创建。培育优良家风家教，传承优良校风校训。针对群众反映强烈的突出问题，开展专项文明行动。完善文化科技卫生“三下乡”长效机制。倡导文明健康生活方式。制定国家礼仪规程。实施全民文明礼仪教育养成行动，培育文明行为习惯。规范升国旗仪式、成人仪式、入党入团入队仪式等礼仪制度。广泛开展军民警民共建精神文明活动。落实党和国家有关政策规定，加强对各类评比活动的规范管理。

专栏 9　精神文明创建工程

文明城市创建：每三年评选表彰一届全国文明城市，每年组织对部分全国文明城市和提名城市进行暗访督查和测评考核。扩大县级文明城市创建活动覆盖面。

文明村镇创建：推进美丽乡村建设示范工程，深化文明村镇创建活动。“十三五”末全国县级及以上文明村和乡镇占比达到50%以上。

文明单位创建：每三年评选表彰一届全国文明单位，在各行各业特别是窗口单位选树一批创建标兵。

文明家庭创建：开展创建全国文明家庭、“五好家庭”、星级文明户和寻找“最美家庭”等活动。加强家庭家风建设，开展党员干部家庭建设专题教育。

文明校园创建：健全工作机制，开展文明校园创建活动，提高师生道德和文明礼仪水平，增强民主法治观念，改善校园文化环境。

专栏 10　精神文明专项行动

文明旅游行动：加强文明出境游和国内游宣传教育、规范约束和社会监督，加强景区景点文明建设，加强导游培训和规范约束，建立游客不文明行为记录制度。

文明交通行动：完善交通安全宣传教育体系，整治交通违法行为，曝光不文明现象，引导人们文明出行。

文明办网、文明上网行动：实施网德工程，推行网站信用等级评价和网上实名制。引导广大青年争当“中国好网民”。引导网民善意、阳光、理性跟帖和评论。开展网络文明传播行动，加强中国文明网建设。

文明使者行动：在乡村、社区遴选文明使者，开展形式多样的文明传播活动。

五、繁荣文化产品创作生产

深入贯彻《中共中央关于繁荣发展社会主义文艺的意见》，着力扶持优秀文化产品创作生产，推出更多传播当代中国价值观念、体现中华文化精神、反映中国人审美追求的精品力作。

（一）把握正确创作导向。牢固树立以人民为中心的创作导向，坚持“二为”方向和“双百”方针，努力为人民抒写、抒情、抒怀。抓好中国梦和爱国主义主题文艺创作，讲好国家民族宏大故事，讲好百姓身边日常故事。建立支持文艺工作者长期深入生活扎根基层的长效保障机制。

（二）推动文化内容形式创新。加强规划指导，加大对具有示范性、引领性作用原创精品的扶持力度。抓好文学、剧本、作曲等基础性环节,支持戏剧、电影、电视、音乐、舞蹈、美术、摄影、书法、曲艺、杂技等艺术门类创新发展,鼓励戏曲流派创新,推动交响乐、歌剧、芭蕾舞等艺术品种的中国化、民族化。推进高雅艺术进校园活动。发挥国家艺术基金、国家出版基金的积极作用。

(三)发展网络文艺。加强网络文化产品创作生产,推动网络文学、网络剧、微电影等新兴文艺类型繁荣有序发展。推动传统文艺与网络文艺创新性融合,促进优秀作品多渠道传输、多平台展示、多终端推送。培养优秀的网络文艺创作、生产、传播和评论人才。健全网络文艺思潮研究分析机制,加大对网络文艺引导力度。

(四)完善评价激励机制。建立健全科学合理的文化产品评价体系,把价值取向、艺术水准、受众反应、社会影响等作为主要指标,合理设置反映市场接受程度的量化指标。建立健全中国特色的收视率调查系统。深化全国性文艺评奖制度改革。引导和规范出版物推荐活动。加强马克思主义文艺理论与评论建设,培养高素质评论队伍。

(五)加强版权保护。全面实施国家知识产权战略,以版权保护促进文化创新。完善版权相关法律法规、行政执法体制和社会服务体系,推进国家版权监管平台建设,依法打击侵权盗版行为,保护版权权利人利益。建立健全信息网络传播权长效保护机制,推进软件正版化工作。推进原创文化作品的版权保护,规范网络使用。完善版权运用的市场机制,推动版权贸易规范化。发展版权产业,形成全产业链的版权开发经营模式。

专栏11 文化精品创作生产

精神文明建设"五个一工程":推动电影(含动画片)、电视剧(含动画片、电视纪录片)、戏剧、歌曲、图书、广播剧等优秀精神文化产品创作生产。

国家重大出版工程:统筹主题出版和重大出版项目,做好党和国家领导人重要著作出版,实施"三个一百"原创出版计划和学术出版奖励计划,编纂出版《中国大百科全书》(第三版)、《中国历代绘画大系》等,建设"中国社会科学词条库"。

中国当代文学艺术创作工程:重点扶持一批现实题材、中国梦题材、爱国主义题材、重大革命和历史题材、少儿题材、军事题材等文艺精品创作项目,推动出版和展演展映展播展示。

经典再造推广工程:做好优秀经典作品重拍、重排、重演、重版,以现代手法和元素激活和重塑经典。

网络文艺精品创作和传播工程:扶持优秀网络原创作品,支持优秀作品网络传播。扶持一批重点文艺网站。

国家舞台艺术精品创作工程:扶持重点剧目创作,推出一批优秀舞台艺术作品,支持优秀保留剧目复排演出。

国家影视精品工程:扶持一批优秀广播电视节目、影视剧、纪录片、动画片等创作生产。

优秀剧本扶持工程:实施影视、舞台等剧本孵化计划,组织作家、编剧采风,建立网上剧本交易平台,完善定制、采购、众筹等机制,支持创作改编和排演推广。

传统戏曲振兴工程:开展全国地方戏曲剧种普查,逐一制定保护传承方案,扶持建设若干戏曲中心,形成文化艺术"大码头"。实施"名家传戏——戏曲名家收徒传艺"计划。实施"像音像"工程。支持地方戏建设排演场所,盘活用好现有剧场资源。将符合条件的地方戏曲纳入非物质文化遗产名录,实施抢救性记录和保存。

国家美术发展和收藏工程:实施当代美术创作引导计划、全国美术馆和画院专业建设提升计划、国家美术收藏计划,实施国家美术作品收藏和捐赠奖励项目。

马克思主义文艺理论与评论建设工程:编好用好马克思主义文艺理论教材,发挥文艺评论组织、研究机构、高校的积极作用,办好重点文艺评论报刊、网站和栏目,资助优秀文艺评论成果。

六、加快现代公共文化服务体系建设

坚持政府主导、社会参与、重心下移、共建共享,坚持缺什么补什么,注重有用、适用、综合、配套,统筹建设、使用与管理,加快构建普惠性、保基本、均等化、可持续的现代公共文化服务体系。

(一)完善公共文化服务网络。鼓励各地按照国家基本公共文化服务指导标准,自主制定富有特色的地方实施办法,健全各级各类公共文化基础设施。立足实际,注重实效,做好公共文化馆、图书馆、博物馆、美术馆、乡镇(街道)综合文化站、村(社区)综合性文化服务中心等的规划建设。提高广播电视播出机构的制播能力和发射(监测)台、卫星地球站、直播卫星平台的承载能力。建设国家和地方应急广播体系。探索农村电影放映长效机制。鼓励社会力量投资或捐助公共文化设施设备。

(二)推动基层公共文化设施资源共建共享。统筹公共文化设施网络和重点文化惠民工程,避免重复建设。整合宣传文化、党员教育、科普普法、体育健身等资源,建设乡镇(街道)、村(社区)的综合文化服务设施。合理利用历史街区、民宅村落、闲置厂房等,兴办公共文化项目。以县级图书馆、文化馆为中心推进总分馆制。推进公共文化设施免费开放。

专栏12　公共文化服务重大工程

国家级重大文化设施建设:推动国家美术馆、中国工艺美术馆、"平安故宫"、中国国家画院、国家图书馆国家文献战略储备库、国家自然博物馆、中国新闻博物馆、中国民族博物馆等重大文化设施建设项目,推动国家级文艺院团重点建设项目。

基层综合文化服务中心建设:推动中心建设,使其基本具备读书看报、文体活动、公共数字文化服务、广播、电影电视放映、村史收集展陈等功能,并配套建设室外活动场地。发挥中心作用,增强对基层群众特别是青少年的吸引力。

广播电视节目无线数字化覆盖:改造全国现有大中功率无线骨干发射台站设备,进行小功率补点建设,实现模拟发射向数字发射转换。

数字广播电视户户通:推进有线电视网络建设和数字化双向化改造,推进直播卫星和地面数字广播电视入户接收,基本实现数字广播电视户户通。

全民阅读:开展"书香中国"系列活动,打造"中国好书"推荐平台。扶持实体书店发展。鼓励兴建各类公共阅读场所,完善全民阅读基础设施。实施儿童阅读促进计划、盲文出版项目。

(三)创新公共文化服务运行机制。推动各级政府购买公共文化服务。鼓励社会组织和企业参与公共文化设施运营和产品服务供给。建立"按需制单、百姓点单"模式,明确由基层选定为主的公共文化服务项目,健全配送网络。推进数字图书馆、文化馆、博物馆建设。开发和提供适合老年人、未成年人、农民工、残疾人等群体的基本公共文化产品和服务。完善公共文化考核评价,探索建立第三方评价机制。

(四)推动老少边贫地区公共文化跨越发展。与国家脱贫攻坚战略相结合,实施一批公共文化设施建设项目。加强少数民族语言频率频道和涉农节目建设。为贫困地区配备或更新多功能流动文化服务车。支持少数民族电影事业发展。加大文化扶贫力度,建立健全"结对子、种文化"工作机制。

专栏13　老少边贫地区公共文化建设

文化基础设施标准化建设:全面加强公共文化馆(站)、图书馆、博物馆、广播电视播出机构和发射(监测)台达标建设。

贫困地区村级综合文化服务中心建设扶持工程:通过盘活存量、调整置换、集中利用和新建等方式,在贫困地区普遍建成村级综合性文化设施,因地制宜配置保障基本文化需求、群众需要的有关场地和设施器材。

少数民族新闻出版东风工程:加强国家民文出版基地建设,支持民族文字媒体发展,提升译制出版和印制发行能力,扩大数字出版和出版物赠阅。

续表

边境和民族地区广播电视节目覆盖能力建设：加强广西、云南、吉林、辽宁等边境地区的广播电视覆盖，让当地群众收听收看高质量境内广播电视节目。 **边远贫困地区、边疆民族地区和革命老区文化人才支持计划**：每年选派一批文化工作者到“三区”工作服务。每年为“三区”培养一批文化工作者。支持贫困地区设立财政补贴的基层公共文化服务岗位。

七、完善现代文化市场体系和现代文化产业体系

加快发展文化产业，促进产业结构优化升级，提高规模化集约化专业化水平，促进文化产品和要素在全国范围内合理流动，促进文化资源与文化产业有机融合，扩大和引导文化消费，提高文化产业发展质量和效益。

（一）发展壮大文化市场主体。发展骨干文化企业，推动产业关联度高、业务相近的国有文化企业联合重组，推动跨所有制并购重组。以党报党刊所属非时政类报刊、实力雄厚的行业报刊为龙头整合报刊资源，对长期经营困难的新闻出版单位实行关停并转。降低社会资本准入门槛，鼓励和引导非公有制文化企业发展。支持“专、精、特、新”中小微文化企业发展。

专栏 14　骨干文化企业培育工程
文化领军企业培育：加快培育一批主业突出、核心竞争力强、市场占有率高的综合性文化企业集团，力争若干家进入世界同行业前列。 **广电网络资源整合**：加快全国有线电视网络整合和智能化建设，建立互联互通、安全可控的全国性数字化文化传播渠道。 **出版发行资源整合**：打造一批新型出版发行机构和出版传媒集团，建设聚合出版发行资源的互联网发行平台。 **知名文化品牌建设**：鼓励打造知名文化品牌，扶持老字号企业扩大品牌影响力，加强商标品牌的培育和保护。

（二）推进文化市场建设。着力构建统一开放、竞争有序的现代文化市场体系，完善文化市场准入和退出机制。加快文化产品市场建设，发展基于互联网的新型文化市场业态，发展电子票务、电影院线、演出院线、网络书店等现代流通组织形式。健全文化要素市场，完善文化资产评估体系。创新文化投融资体制，推动文化资源与金融资本有效对接。鼓励有条件的国有文化企业利用资本市场发展壮大，推动资产证券化。加强文化消费场所建设，开发新型文化消费金融服务模式。发展文化旅游，扩大休闲娱乐消费。培育和发展农村文化市场。加强城乡出版物发行网点建设。规范出版物市场价格行为。加强文化行业组织建设，发展文化中介服务。规范文化产业统计。加强文化市场管理，深入开展“扫黄打非”。

专栏 15　文化市场建设
重点文化会展：办好中国（深圳）国际文化产业博览交易会、中国国际动漫节、北京国际广播电影电视设备展览会、北京国际图书博览会、上海国际电影电视节、上海国际艺术节等重点会展。

续表

重点文化产权交易所:办好重点文化产权交易所,推动文化企业国有资产入场交易,开展电视剧等进场交易试点。 **文化消费促进和引导**:开展促进文化消费试点。鼓励为困难群众等提供适当消费补贴。支持大中城市建设文化娱乐综合体,支持艺术街区、特色书店和小剧场等建设,鼓励把文化消费嵌入各类消费场所。 **全国文化市场技术监管与服务平台**:建立互联网及其服务场所、娱乐场所以及文化产品经营活动等监管系统,加强大数据资源建设,完善文化市场信用制度。

(三)优化文化产业结构布局。加快发展网络视听、移动多媒体、数字出版、动漫游戏、创意设计、3D 和巨幕电影等新兴产业,推动出版发行、影视制作、工艺美术、印刷复制、广告服务、文化娱乐等传统产业转型升级,鼓励演出、娱乐、艺术品展览等传统业态实现线上线下融合。开发文化创意产品,扩大中高端文化供给,推动现代服务业发展。围绕“一带一路”建设、京津冀协同发展、长江经济带发展等国家战略,加强重点文化产业带建设。发掘城市文化资源,推进城市文化中心建设。支持中西部地区、民族地区、贫困地区发展特色文化产业。

专栏 16　重大文化产业工程
电影繁荣发展:全面提高电影质量,做大做强电影市场,推动电影票房和银幕总数稳定增长。推动有条件的乡镇建设数字影院,加强电影衍生品和后产品开发。 **出版融合发展**:优化出版资源和要素,推动传统和新兴出版在内容、技术应用、平台终端等方面共享融通。 **广播电视繁荣发展**:全面提升广播电视节目制作和传播水平,扶持电视剧、电视动画、纪录片、有线网络等产业加快发展,形成视听内容生产传播新优势。 **音乐产业发展**:释放音乐创作活力,建设现代音乐产业综合体系,推动音乐产业与其他产业融合发展。 **“文化+”行动**:推动文化创意与相关产业有机融合,增加文化含量和产业附加值,把文化资源优势转化为产业和市场优势。 **“互联网+”行动**:创新网络文化产品和服务,引导支持网络文化产业基地建设。建设中国文化(出版广电)大数据产业平台。 **文化产业集聚区建设**:结合主体功能区规划布局,依托中心城市和城市群,打造若干文化产业集聚平台,形成内容创新、文化科技创新、文化金融服务创新中心。 **文化产业园区规范引导**:统筹推进各级各类文化产业园区(基地)建设,严格认定标准,建立退出机制。加强国家广告产业园区建设。

(四)强化文化科技支撑。落实中央财政科技计划管理改革的有关要求,通过优化整合后的科技计划(专项、基金等),支持符合条件的文化科技项目。运用云计算、人工智能、物联网等科技成果,催生新型文化业态。加强虚拟现实技术的研发与运用。推动“三网融合”。制定文化产业领域技术标准,深入推进国家文化科技创新工程。依托国家级文化和科技融合示范基地,加强文化科技企业创新能力建设,提高文化核心技术装备制造水平。加强文化资源的数字化采集、保存和应用。

专栏 17　文化科技创新工程
宽带广电建设:加快建设下一代广播电视网,开发智能电视操作系统和融合终端,发展“电视+语音+互联网+智能家居+智慧城市”等综合业务。 **广播影视数字化提升**:推进广播电视台数字化建设,建设影院信息化管理与服务体系和电影市场技术监管体系,加强电视和电影前沿技术研究应用。 **数字出版创新**:建立国家知识服务平台,搭建新闻出版内容生产与分销等平台。支持发展绿色印刷、纳米印刷。

续表

艺术呈现技术提升:加快新型灯光、音响、机械、视效、特效、智能展示等研发应用,提升艺术展演展陈数字化、智能化、网络化水平。

八、传承弘扬中华优秀传统文化

坚守中华文化立场,坚持客观科学礼敬的态度,扬弃继承、转化创新,推动中华文化现代化,让中华优秀传统文化拥有更多的传承载体、传播渠道和传习人群,增强做中国人的骨气和底气。

(一)加强中华优秀传统文化研究挖掘和创新发展。系统梳理中华文化的历史渊源、发展脉络、时代影响,阐明中华文化的独特创造、价值理念。厘清中华优秀传统文化的内涵,改造陈旧的表现形式,赋予新的时代内涵和现代表达形式。加强中华优秀传统文化典籍整理和出版,推进文化典籍资源数字化。推动文博单位开发相关文化创意产品。

(二)开展中华优秀传统文化普及。完善中华优秀传统文化教育,加强中华文化基因校园传承。推动中华优秀传统文化图书音像版权资源共享。加强戏曲保护与传承。普及中华诗词、音乐舞蹈、书法绘画等,举办经典诵读、国学讲堂、文化讲坛、专题展览等活动。鼓励媒体开办主题专栏、节目。利用互联网,推动中华优秀传统文化网络传播。加强语言文字研究和信息化开发应用,大力推广和规范使用国家通用语言文字,科学保护各民族语言文字。

(三)加强文化遗产保护。大力强化全社会文物保护意识,加强世界文化遗产、文物保护单位、大遗址、国家考古遗址公园、重要工业遗址、历史文化名城名镇名村和非物质文化遗产等珍贵遗产资源保护,推动遗产资源合理利用。加强馆藏文物保护和修复。建立健全国家文物督察制度,完善文物登录制度。规范文物流通市场,加大非法流失海外中国文物追索力度。加强考古发掘和整理研究。健全非物质文化遗产保护制度。加强国家级文化生态保护实验区建设,支持非物质文化遗产展览、展示、传习场所建设。推进非物质文化遗产生产性保护。

专栏 18　文化遗产保护工程
国家珍贵文化和自然遗产保护利用:加强国家文化和自然遗产保护利用设施建设、重大文物保护维修,改善基础设施条件。 **重点文物保护**:实施长城、大遗址、世界文化遗产、文物保护单位等重大文物保护维修,开展水下文化遗产保护,进行国有可移动文物抢救性修复。 **考古与大遗址保护**:对古代遗址有重点地进行系统考古发掘整理和有效保护,深化重大专题研究。推进重要遗产保护项目。开展重点海域专项调查和水下考古发掘保护项目,划定一批水下文物保护区。 **南海水下文化遗产保护**:建设水下考古中心南海基地,开展南海水下文化遗产考古调查和抢救性保护。 **传统村落保护利用**:编制总体规划,完善基础设施,对国家和省级重点文物保护单位集中连片的传统村落进行整体保护利用。 **文物数字资源共享**:加快文物藏品数字化保藏,推进数字故宫、数字敦煌、数字丝绸之路和中国人民抗日战争数字博物馆建设。 **非物质文化遗产保护与传承**:对国家级非物质文化遗产代表性传承人实行抢救性记录,实施传承人群研修研习培训计划,加强非物质文化遗产保护利用设施建设。

（四）传承振兴民族民间文化。加强对民间文学、民俗文化、民间音乐舞蹈戏曲、少数民族史诗的研究整理，对濒危技艺、珍贵实物资料进行抢救性保护。扶持民族民间文化社团组织发展。规范和支持非国有博物馆建设。把民族民间文化元素融入新型城镇化和新农村建设，发展有历史记忆、地域特色、民族特点的美丽城镇、美丽乡村。打造一批民间文化艺术之乡。

（五）保护和发展传统工艺。加强对中国传统工艺的传承保护和开发创新，挖掘技术与文化双重价值。推动传统工艺走进现代生活，运用现代设计改进传统工艺，促进传统工艺提高品质、形成品牌、带动就业。

专栏19　中华文化传承工程

中华文化资源数据库建设：统筹规划、加强协调，推动全国文化遗产、古籍资源、少数民族文化资源、民间口头文学、老唱片、电影档案等文化资源数字化建设，搭建文化数据共享平台。

中国古代典籍整理：实施中华古籍保护计划，编修《国家珍贵古籍名录》，推进基础性古籍、散失海外中华古籍、出土文献、古代社会档案等整理出版，统筹推进古籍整理出版数字化。基本完成古籍普查工作，推出300种国家重点古籍整理出版项目。

中国近现代典籍整理：实施民国时期文献保护计划。分期分类梳理近现代重要典籍文献，编纂《复兴文库》。

史志编修：加强中国共产党史、中华人民共和国史编修，加强地方史编写和边疆历史地理研究。完成省、市、县三级地方志书出版工作。开展旧志整理和部分有条件的镇志、村志编纂。

文化经典普及：编纂出版《中华传统文化百部经典》等著作，拍摄《记住乡愁》、《中华文化基因》等系列历史文化专题纪录片。

历史文化记录：实施国家记忆计划。抓紧历史文化记录和保护，重点做好影像记录、口述历史、记忆整理等项目。

国家文化公园建设：依托长城、大运河、黄帝陵、孔府、卢沟桥等重大历史文化遗产，规划建设一批国家文化公园，形成中华文化重要标识。

中华优秀传统文化进校园：将中华优秀传统文化教育融入课程和教材体系，提升教育师资水平，分学段有序推进。推进戏曲进校园。

中华优秀传统文化教育基地建设：发挥历史文化名城、名镇、名街、名村、名人故居以及名战场等的作用，推动主题特色公园建设，推出专题游览路线，形成若干教育基地。

中华民族音乐传承出版：搜集整理民族传统音乐曲谱，完成对珍贵录音录像资料的数字化保护，建设民族音乐资源库，支持民族音乐创新出版传播方式。

民族民间文化典藏与传播：建设传统表演艺术基本动作、传统乐器声学资源和传统文化特征色彩的数字化典藏，建立中国皮影、木偶等艺术音像资源库。

传统工艺振兴：制定传统工艺振兴目录，扶持一批传统工艺项目，建设一批传统工艺工作站，推动形成一批具有民族特色的知名品牌。

九、提高文化开放水平

推动中华文化走出去，统筹对外文化交流、传播和贸易，创新方式方法，讲述好中国故事，阐释好中国特色，让全世界都能听到听清听懂中国声音，不断增强中国国际话语权，使当代中国形象在世界上不断树立和闪亮起来。

（一）加强国际传播能力建设。提升重点媒体国际传播能力，加强项目实施效果评估。建设国家新闻发布平台。推动理论创新、学术创新和表达创新，把话语体系建设研究成果转化为外宣工作资源,在国际上推动形成正确的中国观。

（二）扩大文化交流合作。用好中外人文交流机制,深化政府间文化交流。加强与“一带一路”沿线国家文化交流合作。推进国际汉学交流和中外智库合作。支持民间力量参与对外文化交流,发挥海外侨胞的积极作用。鼓励社会组织、中资机构等参与海外中国文化中心、孔子学院建设。扩大与海外青少年文化交流。加强与港澳台文化交流合作,共同弘扬中华文化。

（三）发展对外文化贸易和投资。培育对外文化贸易主体,鼓励和引导各种所有制文化企业参与文化产品和服务出口,加大内容创新力度,打造外向型骨干文化企业。稳定传统优势文化产品出口,利用跨境电子商务、市场采购贸易等新兴贸易方式,提高数字文化产品的国际市场竞争力,推动文化装备制造技术标准走出去。支持中华医药、中华烹饪、中国园林、中国武术等走出去。大力发展文化服务外包。鼓励各类企业在境外开展文化投资合作,建设国际营销网络,扩大境外优质文化资产规模。支持文化企业参加重要国际性文化节展。

（四）吸收借鉴国外优秀文化成果。统筹引进来和走出去,以我为主、为我所用,积极吸收借鉴国外有益文化成果、先进经营管理理念和有益做法经验。吸引外商投资我国法律法规许可的文化产业领域,推动文化产业领域有序开放,提升引进外资质量和水平。鼓励文化单位同国外有实力的文化机构进行项目合作,学习先进制作技术和管理经验。开展知识产权保护国际合作。

十、推进文化体制改革创新

遵循社会主义精神文明建设规律,把握文化创作生产传播特点,进一步发挥市场在文化资源配置中的积极作用,加强制度创新,构建确保把社会效益放在首位、社会效益和经济效益相统一的体制机制,调动全社会参与文化发展改革的积极性、主动性、创造性。

（一）全面深化文化体制改革。正确处理党委、政府、市场、社会之间的关系,建立健全党委领导、政府管理、行业自律、社会监督、企事业单位依法运营的文化体制机制。加大供给侧结构性改革力度,增强文化产品和服务有效供给。深化公益性文化事业单位改革,强化社会服务功能。推动国有文化企业加快完善文化生产经营机制,提高市场开发和营销能力。引导非公有资本有序进入、规范经营,鼓励社会各方面参与文化创业。科学区分文化建设项目类型,可以产业化、市场化方式运作的以产业化、市场化方式运作。推广政府和社会资本合作（PPP）模式,允许社会资本参与图书馆、文化馆、博物馆、剧院等公共文化设施建设和运营。加强文化领域重要基础性制度研究和评估,进一步完善体制机制。

（二）完善文化管理体制。加快文化立法进程,强化文化法治保障,全面推进依法行政。抓好公共文化服务保障法、网络安全法、电影产业促进法等法律的实施。深化文化行政管理体制改革,推动政府职能转变,赋予文化企事业单位更多的法人自主权。健全互联网管理领导体制,加强互联网文化管理法规制度建设,完善有关管理工作联动机制。健全国有文化资产管理体制机制。深化文化市场综合行政执法改革,理顺执法机构与有关行政管理部门之间的关系,全面落实行政执法责任制。推进文化类社会组织和行业自律建设,深化文联、作协、记协改革。

专栏 20 文化法律制度建设

法律建设:制定文化产业促进法、公共图书馆法等,修订著作权法、文物保护法等。

行政法规建设:制定全民阅读促进条例、未成年人网络保护条例、文化市场综合行政执法管理条例、志愿服务条例等,修订电影管理条例、互联网上网服务营业场所管理条例、印刷业管理条例等。

部门规章建设:修订互联网新闻信息服务管理规定等。

(三)深化文化事业单位改革。分类推进文化事业单位改革,进一步明确不同单位的功能定位。深化人事、收入分配、社会保障、经费保障等制度改革,加强绩效评估考核。推动公共文化馆、图书馆、博物馆、美术馆等建立事业单位法人治理结构。加大对党报党刊、通讯社、电台电视台、时政类报刊社、公益性出版社等主流媒体扶持力度,加强内部管理,严格实行采编与经营分开,规范经营活动。在坚持出版权、播出权特许经营前提下,允许制作和出版、制作和播出分开。

(四)建立健全有文化特色的现代企业制度。加快国有文化企业公司制股份制改造,科学设置内部组织结构,强化经营管理。深化内部改革。完善社会效益和经济效益综合考核评价指标体系,建立健全社会效益的具体评价标准,建立考核结果与薪酬分配挂钩的绩效考核制度。推动党政部门逐步与所属文化企业脱钩,理顺主管主办单位与出资人机构关系。

专栏 21 文化体制机制建设

国有文化资产监管:建立健全党委和政府监管有机结合、宣传部门有效主导的管理模式和工作机制,推动实现管人管事管资产管导向相统一。健全国有文化资产监督管理基础制度和管理办法。

综合考核评价指标体系建设:制定新闻网站、出版发行、影视、演艺等不同类别国有文化企业考核评价办法,明确社会效益指标考核权重占50%以上。

新闻出版传媒企业特殊管理股试点:在从事互联网新闻信息服务、网络出版、信息网络传播视听节目服务等须取得行政许可业务的互联网企业,以及按规定转制的重要国有传媒企业开展试点,推动特殊管理股制度成为新闻出版传媒领域一项重要制度安排。

文化事业单位内部改革:推动公共文化馆、图书馆、博物馆、美术馆等建立理事会制度。推动新闻媒体建立健全对采编和经营活动的不同管理制度和考核办法。规范广播电台、电视台制播分离改革。

国有文化企业内部组织结构建设:完善法人治理结构,实行党委成员以双向进入、交叉任职的方式进入董事会、监事会和经营管理层,建立健全编辑委员会、艺术委员会等专门机构。

国有文化企业干部人才管理:完善国有文化企业管理人员分类分层管理制度、经济效益和社会效益综合考核制度。开展国有控股上市文化企业股权激励试点。开展国有文化企业职业经理人制度试点。

文化类社会组织培育:加强对文化领域行业组织建设的指导,深化协会、商会等改革,健全内部管理制度。

十一、加强文化人才队伍建设

坚持党管干部、党管人才,突出抓好思想政治建设,全面提高能力素质,加快培养造就一支政治坚定、业务精湛、作风优良、党和人民放心的文化人才队伍。

(一)加强思想政治建设和职业道德建设。选好配强宣传思想文化单位领导班子,做到讲政治、强党性、敢担当、勇创新、严律己。大力加强马克思主义新闻观、文艺观教育,开展分层分类培训。深入开展“深入生活、扎根人民”、“走基层、转作风、改文风”等主题实践活动。

(二)培养造就高层次人才。加强领军人才建设,建立健全重大文化项目首席专家制度,培养集聚一批有深厚马克思主义理论素养、学贯中西的思想家和理论家,造就一批人民喜爱、有国际影响的学术大家、艺术大师和民族文化代表人物。加强新闻出版传媒领域高层次人才培养。实施中国特色新型智库高端人才培养计划,壮大公共政策研究和决策咨询队伍。加强文化产业投资运营、文化企业管理、媒体融合发展、网络信息服务等方面复合型人才、紧缺人才培养,多渠道引进海外优秀文化人才。

(三)加强基层宣传文化人才队伍建设。推动解决基层宣传文化单位人员配备、基本待遇、工作条件等方面的实际问题,表彰长期坚守基层、业绩突出的先进工作者,建强基层宣传文化队伍。打造专兼结合的基层工作队伍,扶持民间文艺社团、业余队伍,培养乡土文化能人、民族民间文化传承人和各类文化活动骨干。强化职业院校文化艺术类专业建设,鼓励民间艺人、技艺大师到职业院校兼职任教。深入推进服务农民、服务基层文化建设先进集体创建活动。加强西部及边疆地区基层文化人才队伍建设。大力发展文化志愿者队伍,鼓励社会各方面人士提供公共文化服务、参与基层文化活动。

专栏 22　文化人才队伍建设

文化名家暨“四个一批”人才工程:遴选扶持一批哲学社会科学、新闻出版、广播影视、文化艺术和文物保护、文化经营管理、文化科技等方面高层次人才,培养造就一批有较大影响的领军人才和学术带头人。

地方县级和城乡基层宣传思想文化队伍建设:加强县级宣传文化部门领导班子和重要阵地干部管理。大规模开展基层队伍教育培训,健全培训工作机制,开展全员培训。配齐配好乡镇、村和街道、社区宣传文化工作人员,加大专业技术人才培养力度,支持民间文化人才队伍发展。推进东西部地区培训工作交流合作、对口支持。

国家文化荣誉制度:按照党和国家功勋荣誉表彰制度要求,建立健全国家级文化荣誉称号,表彰奖励有杰出贡献的文化工作者。

十二、完善和落实文化经济政策

加大政策创新和执行力度,进一步健全文化经济政策体系,增强针对性、拓展覆盖面,更好地发挥引导激励和兜底保障作用,为坚持把社会效益放在首位、社会效益和经济效益相统一提供强有力的支撑。

(一)加强财政保障。完善公共财政文化投入机制,多渠道筹措资金支持文化发展改革。合理划分各级政府在文化领域的财政事权和支出责任,明确地方主体责任。进一步完善转移支付体制,加大中央和省级财政转移支付力度,重点向革命老区、民族地区、边疆地区、贫困地区倾斜,落实对国家在贫困地区安排的公益性文化建设项目取消县以下(含县)以及西部地区集中连片特困地区地市级配套资金的政策。加大政府性基金与一般公共预算的统筹力度。中央和省级财政继续设立宣传文化发展专项资金,整合设立中央补助地方公共文化服务体系建设专项资金。加大政府向社会力量购买公共文化服务的力度。中央和地方设立文艺创作专项资金或基金。创新文化产业发展专项资金管理模式,提高资金使用效益。加大文化企业国有资本经营预算投入,补充企业资本金。省属重点文化企业,经省级政府批准,2020 年年底前可免缴国有资本收益。建立财政文化预算安排与资金绩效评价结果挂钩制度。通过政府购买服务、原创剧目补贴、以奖代补等方式,着力扶持文艺院团发展改革。

(二)落实和完善文化税收政策。落实经营性文化事业单位转制为企业以及支持文化创意和设计服务、电影、动漫、出版发行等文化企业发展的相关政策,落实支持社会组织、机构、个人捐赠和兴办公益性文化事业的相关政策。研究非物质文化遗产项目经营等方面的税收优惠政策。按照财税体制改革的总体要求,结合文化产业发展的实际需要,完善相关政策,加强对政策执行情况的评估督察,推动文化企业把社会效益放在首位、更好实现社会效益和经济效益有机统一。

(三)发展文化金融。鼓励金融机构开发适合文化企业特点的文化金融产品。支持符合条件的文化企业直接融资,支持上市文化企业利用资本市场并购重组。规范引导面向文化领域的互联网金融业务发展。完善文化金融中介服务体系,促进文化金融对接。探索开展无形资产抵押、质押贷款业务。鼓励开发文化消费信贷产品。

(四)健全文化贸易促进政策。简化文化出口行政审批流程,清理规范出口环节经营性服务和收费,推进文化贸易投资外汇管理便利化,提高海关通关便利化。加强对外文化贸易公共信息服务,分领域、分国别发布国外文化市场动态和文化产业政策信息。支持开展涉外知识产权维权工作。

(五)加强文化建设用地保障。将文化用地纳入城乡规划、土地利用总体规划,在国家土地政策许可范围内,优先保证重要公益性文化设施和文化产业设施、项目用地。修改城市用地分类与规划建设用地标准,完善文化设施用地类型,增加建设用地混合使用要求,保障文化事业文化产业发展。新建、改建、扩建居民住宅区,按照国家有关规定规划和建设相应的文化体育设施。鼓励将城市转型中退出的工业用地根据相关规划优先用于发展文化产业。

十三、组织实施

各级党委和政府要从全局和战略高度,充分认识“十三五”时期文化发展改革的重要意义,把本规划纲要提出的目标任务纳入经济社会发展全局,作为评价地区发展水平、衡量发展质量和考核领导干部工作业绩的重要内容,切实加强组织领导,抓好贯彻实施,力戒形式主义。要牢牢把握文化发展改革的正确方向,坚持和完善党委统一领导、党政齐抓共管、宣传部门组织协调、有关部门分工负责、社会力量积极参与的工作体制和工作格局,形成推动文化建设的强大合力。

中央网信办、文化部、新闻出版广电总局要根据本规划纲要,抓紧制定本领域的专项规划,报中央文化体制改革和发展工作领导小组批准后实施。国家发展改革委、财政部、国土资源部、商务部、税务总局等要按照职责分工,切实落实有关政策,做好各项重点工程的实施和保障。中央文史馆、国务院参事室等相关部门要积极发挥作用。各地要结合实际,编制好本地区文化发展改革规划。各地区各有关部门要加强对本规划纲要实施情况的跟踪分析和监督检查,推动各项任务措施落到实处。

“十三五”国家老龄事业发展和养老体系建设规划

国发〔2017〕13号

为积极开展应对人口老龄化行动，推动老龄事业全面协调可持续发展，健全养老体系，根据《中华人民共和国老年人权益保障法》和《中华人民共和国国民经济和社会发展第十三个五年规划纲要》，制定本规划。

第一章　规划背景

第一节　“十二五”时期的成就

“十二五”时期我国老龄事业和养老体系建设取得长足发展。《中国老龄事业发展“十二五”规划》、《社会养老服务体系建设规划(2011—2015年)》确定的目标任务基本完成。老年人权益保障和养老服务业发展等方面的法规政策不断完善；基本养老、基本医疗保障覆盖面不断扩大，保障水平逐年提高；以居家为基础、社区为依托、机构为补充、医养相结合的养老服务体系初步形成，养老床位数量达到672.7万张；老年宜居环境建设持续推进，老年人社会参与条件继续优化；老年文化、体育、教育事业快速发展，老年人精神文化生活日益丰富；老年人优待项目更加丰富、范围大幅拓宽，敬老养老助老社会氛围日益浓厚，老年人的获得感和幸福感明显增强。

专栏1　“十二五”期间老龄事业发展和养老体系建设主要指标完成情况

主要指标	完成情况	预期目标	完成率(%)
城镇职工基本养老保险参保人数(亿人)	3.54	3.57	99
城乡居民基本养老保险参保人数(亿人)	5.05	4.5	112
企业退休人员社会化管理比例(%)	81.1	80	101

续表

主要指标	完成情况	预期目标	完成率(%)
离退休人员养老金待遇年均增长率(%)	10.7	7	152
农村五保供养平均标准年均增长率(%)	15.3	7	219
城乡居民基本医疗保险参保人数(亿人)	13.3	13.2	101
每千名老年人拥有养老床位数(张)	30.3	30	101
基层老年法律援助覆盖面(%)	98	75	131
老年协会城乡社区创建率(%)	81.9	87.5	94
老年教育参与率(%)	3.5	5	70
老年志愿者占比(%)	10	10	100

第二节　"十三五"时期的形势

"十三五"时期是我国全面建成小康社会决胜阶段,也是我国老龄事业改革发展和养老体系建设的重要战略窗口期。

严峻形势。预计到2020年,全国60岁以上老年人口将增加到2.55亿人左右,占总人口比重提升到17.8%左右;高龄老年人将增加到2900万人左右,独居和空巢老年人将增加到1.18亿人左右,老年抚养比将提高到28%左右;用于老年人的社会保障支出将持续增长;农村实际居住人口老龄化程度可能进一步加深。

明显短板。涉老法规政策系统性、协调性、针对性、可操作性有待增强;城乡、区域老龄事业发展和养老体系建设不均衡问题突出;养老服务有效供给不足,质量效益不高,人才队伍短缺;老年用品市场供需矛盾比较突出;老龄工作体制机制不健全,社会参与不充分,基层基础比较薄弱。

有利条件。党中央、国务院高度重视老龄事业发展和养老体系建设,"十三五"规划纲要对积极应对人口老龄化提出明确要求。经济社会平稳健康发展,供给侧结构性改革加快推进,公共服务和民生保障能力不断增强,科技创新成果加快推广应用,劳动年龄人口仍较为充足,社会参与老龄事业发展积极性不断提高。

制定实施"十三五"国家老龄事业发展和养老体系建设规划是贯彻落实党中央、国务院关于积极应对人口老龄化决策部署的重要措施,对于保障和改善民生,增强老年人参与感、获得感和幸福感,实现全面建成小康社会奋斗目标具有重要战略意义。

第二章　指导思想、基本原则和发展目标

第一节　指导思想

高举中国特色社会主义伟大旗帜,全面贯彻党的十八大和十八届三中、四中、五中、六中全会精神,深入贯彻习近平总书记系列重要讲话精神和治国理政新理念新思想新战略,认真落实党中央、

国务院决策部署,统筹推进“五位一体”总体布局和协调推进“四个全面”战略布局,牢固树立和贯彻落实创新、协调、绿色、开放、共享的发展理念,坚持党委领导、政府主导、社会参与、全民行动,着力加强全社会积极应对人口老龄化的各方面工作,着力完善老龄政策制度,着力加强老年人民生保障和服务供给,着力发挥老年人积极作用,着力改善老龄事业发展和养老体系建设支撑条件,确保全体老年人共享全面建成小康社会新成果。

第二节 基本原则

以人为本,共建共享。坚持保障和改善老年人民生,逐步增进老年人福祉,大力弘扬孝亲敬老、养老助老优秀传统文化,为老年人参与社会发展、社会力量参与老龄事业发展和养老体系建设提供更多更好支持,实现不分年龄、人人共建共享。

补齐短板,提质增效。坚持问题导向,注重质量效益,着力保基本、兜底线、补短板、调结构,不断健全完善社会保障制度体系,促进资源合理优化配置,强化薄弱环节,加大投入力度,有效保障面向老年人的基本公共服务供给。

改革创新,激发活力。坚持政府引导、市场驱动,深化简政放权、放管结合、优化服务改革,不断增强政府依法履职能力,加快形成统一开放、竞争有序的市场体系,保障公平竞争,改善营商环境,支持创业创新,激发市场活力。

统筹兼顾,协调发展。坚持把应对人口老龄化与促进经济社会发展相结合,促进老龄事业发展和养老体系建设城乡协调、区域协调、事业产业协调,统筹做好老年人经济保障、服务保障和精神关爱等制度安排,实现协调可持续发展。

第三节 发展目标

到 2020 年,老龄事业发展整体水平明显提升,养老体系更加健全完善,及时应对、科学应对、综合应对人口老龄化的社会基础更加牢固。

多支柱、全覆盖、更加公平、更可持续的社会保障体系更加完善。城镇职工和城乡居民基本养老保险参保率达到 90%,基本医疗保险参保率稳定在 95%以上,社会保险、社会福利、社会救助等社会保障制度和公益慈善事业有效衔接,老年人的基本生活、基本医疗、基本照护等需求得到切实保障。

居家为基础、社区为依托、机构为补充、医养相结合的养老服务体系更加健全。养老服务供给能力大幅提高、质量明显改善、结构更加合理,多层次、多样化的养老服务更加方便可及,政府运营的养老床位数占当地养老床位总数的比例不超过 50%,护理型床位占当地养老床位总数的比例不低于 30%,65 岁以上老年人健康管理率达到 70%。

有利于政府和市场作用充分发挥的制度体系更加完备。老龄事业发展和养老体系建设的法治化、信息化、标准化、规范化程度明显提高。政府职能转变、“放管服”改革、行政效能提升成效显著。市场活力和社会创造力得到充分激发,养老服务和产品供给主体更加多元、内容更加丰富、质量更加优良,以信用为核心的新型市场监管机制建立完善。

支持老龄事业发展和养老体系建设的社会环境更加友好。全社会积极应对人口老龄化、自觉支持老龄事业发展和养老体系建设的意识意愿显著增强,敬老养老助老社会风尚更加浓厚,安全绿色便利舒适的老年宜居环境建设扎实推进,老年文化体育教育事业更加繁荣发展,老年人合法权益得到有效保护，老年人参与社会发展的条件持续改善。

专栏2 “十三五”期间国家老龄事业发展和养老体系建设主要指标

类别	指标	目标值
社会保障	基本养老保险参保率	达到90%
	基本医疗保险参保率	稳定在95%以上
养老服务	政府运营的养老床位占比	不超过50%
	护理型养老床位占比	不低于30%
健康支持	老年人健康素养	提升至10%
	二级以上综合医院设老年病科比例	35%以上
	65岁以上老年人健康管理率	达到70%
精神文化生活	建有老年学校的乡镇（街道）比例	达到50%
	经常性参与教育活动的老年人口比例	20%以上
社会参与	老年志愿者注册人数占老年人口比例	达到12%
	城乡社区基层老年协会覆盖率	90%以上
投入保障	福彩公益金用于养老服务业的比例	50%以上

第三章 健全完善社会保障体系

第一节 社会保险制度

完善养老保险制度。制定实施完善和改革基本养老保险制度总体方案。完善社会统筹与个人账户相结合的基本养老保险制度，构建包括职业年金、企业年金，以及个人储蓄性养老保险和商业保险的多层次养老保险体系。推进个人税收递延型商业养老保险试点。建立基本养老金合理调整机制，适当提高退休人员基本养老金标准。加快健全社会保障管理体制和经办服务体系。建立更加便捷的养老保险转移接续机制。

健全医疗保险制度。健全稳定可持续筹资和报销比例调整机制，完善缴费参保政策。加快推进基本医疗保险全国联网和异地就医结算，实现跨省异地安置退休人员住院费用直接结算。鼓励有条件的地方研究将基本治疗性康复辅助器具按规定逐步纳入基本医疗保险支付范围。巩固完善城乡居民大病保险。鼓励发展补充医疗保险和商业健康保险、老年人意外伤害保险。

探索建立长期护理保险制度。开展长期护理保险试点的地区要统筹施策，做好长期护理保险与重度残疾人护理补贴、经济困难失能老年人护理补贴等福利性护理补贴项目的整合衔接，提高资源配置效率效益。鼓励商业保险公司开发适销对路的长期护理保险产品和服务，满足老年人多样化、多层次长期护理保障需求。

第二节 社会福利制度

制定实施老年人照顾服务项目，鼓励地方丰富照顾服务项目、创新和优化照顾服务提供方式。着力保障特殊困难老年人的养老服务需求，确保人人能够享有基本养老服务。在全国范围内基本建成针对经济困难的高龄、失能老年人的补贴制度。对经济困难的老年人，地方各级人民政府逐步给予养老服务补贴。完善农村计划生育家庭奖励扶助和特别扶助制度。

第三节　社会救助制度

确保所有符合条件的老年人按规定纳入最低生活保障、特困人员救助供养等社会救助制度保障范围。完善医疗救助制度，全面开展重特大疾病医疗救助，逐步将低收入家庭老年人纳入救助范围。完善临时救助制度，加强对老年人的“救急难”工作，按规定对流浪乞讨、遭受遗弃等生活无着老年人给予救助。落实农村最低生活保障制度与扶贫开发政策有效衔接有关政策要求，确保现行扶贫标准下农村贫困老年人实现脱贫。

第四节　公益慈善事业

鼓励面向老年人开展募捐捐赠、志愿服务、慈善信托、安全知识教育、急救技能培训、突发事故防范等形式多样的公益慈善活动。依法加强对公益慈善组织和公益慈善活动的扶持和监管，依法及时查处以公益慈善为名实施的侵害老年人合法权益等违反法律法规、违背公序良俗的行为。加强民政部门与公益慈善组织、社会服务机构之间的信息对接和工作衔接，实现政府救助与社会帮扶有机结合。

第四章　健全养老服务体系

第一节　夯实居家社区养老服务基础

大力发展居家社区养老服务。逐步建立支持家庭养老的政策体系，支持成年子女与老年父母共同生活，履行赡养义务和承担照料责任。支持城乡社区定期上门巡访独居、空巢老年人家庭，帮助老年人解决实际困难。支持城乡社区发挥供需对接、服务引导等作用，加强居家养老服务信息汇集，引导社区日间照料中心等养老服务机构依托社区综合服务设施和社区公共服务综合信息平台，创新服务模式，提升质量效率，为老年人提供精准化个性化专业化服务。鼓励老年人参加社区邻里互助养老。鼓励有条件的地方推动扶持残疾、失能、高龄等老年人家庭开展适应老年人生活特点和安全需要的家庭住宅装修、家具设施、辅助设备等建设、配备、改造工作，对其中的经济困难老年人家庭给予适当补助。大力推行政府购买服务，推动专业化居家社区养老机构发展。

加强社区养老服务设施建设。统筹规划发展城乡社区养老服务设施，新建城区和新建居住（小）区按要求配套建设养老服务设施，老城区和已建成居住（小）区无养老服务设施或现有设施未达到规划要求的，通过购置、置换、租赁等方式建设。加强社区养老服务设施与社区综合服务设施的整合利用。支持在社区养老服务设施配备康复护理设施设备和器材。鼓励有条件的地方通过委托管理等方式，将社区养老服务设施无偿或低偿交由专业化的居家社区养老服务项目团队运营。

专栏3　居家社区养老服务工程

依托城乡社区公共服务综合信息平台，以失能、独居、空巢老年人为重点，整合建立居家社区养老服务信息平台、呼叫服务系统和应急救援服务机制，方便养老服务机构和组织向居家老年人提供助餐、助洁、助行、助浴、助医、日间照料等服务。

实施"互联网+"养老工程。支持社区、养老服务机构、社会组织和企业利用物联网、移动互联网和云计算、大数据等信息技术，开发应用智能终端和居家社区养老服务智慧平台、信息系统、APP应用、微信公众号等，重点拓展远程提醒和控制、自动报警和处置、动态监测和记录等功能，规范数据接口，建设虚拟养老院。

第二节　推动养老机构提质增效

加快公办养老机构改革。加快推进具备向社会提供养老服务条件的公办养老机构转制为企业或开展公建民营。实行老年人入住评估制度，优先保障特困供养人员集中供养需求和其他经济困难的孤寡、失能、高龄等老年人的服务需求。完善公建民营养老机构管理办法，鼓励社会力量通过独资、合资、合作、联营、参股、租赁等方式参与公办养老机构改革。政府投资建设和购置的养老设施、新建居住(小)区按规定配建并移交给民政部门的养老设施、党政机关和国有企事业单位培训疗养机构等改建的养老设施，均可实施公建民营。

支持社会力量兴办养老机构。贯彻全面放开养老服务市场、提升养老服务质量的有关政策要求，加快推进养老服务业"放管服"改革。对民间资本和社会力量申请兴办养老机构进一步放宽准入条件，加强开办支持和服务指导。落实好对民办养老机构的投融资、税费、土地、人才等扶持政策。鼓励采取特许经营、政府购买服务、政府和社会资本合作等方式支持社会力量举办养老机构。允许养老机构依法依规设立多个服务网点，实现规模化、连锁化、品牌化运营。鼓励整合改造企业厂房、商业设施、存量商品房等用于养老服务。

全面提升养老机构服务质量。加快建立全国统一的服务质量标准和评价体系，完善安全、服务、管理、设施等标准，加强养老机构服务质量监管。建立健全养老机构分类管理和养老服务评估制度，引入第三方评估，实行评估结果报告和社会公示。加强养老服务行业自律和信用体系建设。支持发展养老机构责任保险，提高养老机构抵御风险能力。

第三节　加强农村养老服务

推动农村特困人员供养服务机构服务设施和服务质量达标，在保障农村特困人员集中供养需求的前提下，积极为低收入、高龄、独居、残疾、失能农村老年人提供养老服务。通过邻里互助、亲友相助、志愿服务等模式和举办农村幸福院、养老大院等方式，大力发展农村互助养老服务。发挥农村基层党组织、村委会、老年协会等作用，积极培育为老服务社会组织，依托农村社区综合服务中心(站)、综合性文化服务中心、村卫生室、农家书屋、全民健身等设施，为留守、孤寡、独居、贫困、残疾等老年人提供丰富多彩的关爱服务。

第五章 健全健康支持体系

第一节 推进医养结合

完善医养结合机制。统筹落实好医养结合优惠扶持政策，深入开展医养结合试点，建立健全医疗卫生机构与养老机构合作机制，建立养老机构内设医疗机构与合作医院间双向转诊绿色通道，为老年人提供治疗期住院、康复期护理、稳定期生活照料以及临终关怀一体化服务。大力开发中医药与养老服务相结合的系列服务产品，鼓励社会力量举办以中医药健康养老为主的护理院、疗养院，建设一批中医药特色医养结合示范基地。

支持养老机构开展医疗服务。支持养老机构按规定开办康复医院、护理院、临终关怀机构和医务室、护理站等。鼓励执业医师到养老机构设置的医疗机构多点执业，支持有相关专业特长的医师及专业人员在养老机构开展疾病预防、营养、中医养生等非诊疗性健康服务。对养老机构设置的医疗机构，符合条件的按规定纳入基本医疗保险定点范围。

第二节 加强老年人健康促进和疾病预防

开展老年人健康教育，促进健康老龄化理念和医疗保健知识宣传普及进社区、进家庭，增强老年人的自我保健意识和能力。加强对老年人健康生活方式和健身活动指导，提升老年人健康素养水平至10%。基层医疗卫生机构为辖区内65周岁以上老年人普遍建立健康档案，开展健康管理服务。加强对老年人心脑血管疾病、糖尿病、恶性肿瘤、呼吸系统疾病、口腔疾病等常见病、慢性病的健康指导、综合干预。指导老年人合理用药，减少不合理用药危害。研究推广老年病防治适宜技术，及时发现健康风险因素，促进老年病早发现、早诊断、早治疗。面向老年人开展中医药健康管理服务项目。加强老年严重精神障碍患者的社区管理和康复服务。

第三节 发展老年医疗与康复护理服务

加强老年康复医院、护理院、临终关怀机构和综合医院老年病科建设。有条件的地区可将部分公立医院转为康复、护理等机构。提高基层医疗卫生机构康复护理床位占比，积极开展家庭医生签约服务，为老年人提供连续的健康管理和医疗服务。到2020年，35%以上的二级以上综合医院设立老年病科。落实老年人医疗服务优待政策，为老年人特别是高龄、重病、残疾、失能老年人就医提供便利服务。鼓励各级医疗卫生机构和医务工作志愿者为老年人开展义诊。加强康复医师、康复治疗师、康复辅助器具配置人才培养，广泛开展偏瘫肢体综合训练、认知知觉功能康复训练等老年康复护理服务。

第四节 加强老年体育健身

结合贯彻落实全民健身计划，依托公园、广场、绿地等公共设施及旧厂房、仓库、老旧商业设施等城市空置场所，建设适合老年人体育健身的场地设施，广泛开展老年人康复健身体育活动。支持乡镇（街道）综合文化站建设体育健身场地，配备适合老年人的设施和器材。支持公共和民办体育设施向老年人免费或优惠开放。加强老年人体育健身方法和项目研究，分层分类引导老年运动项目发展。继续举办全国老年人体育健身大会。鼓励发展老年人体育组织，到2020年，90%的街道和乡镇建立老年人基层体育组织，城乡社区普遍建立老年人健身活动站点和体育团队。

第六章　繁荣老年消费市场

第一节　丰富养老服务业态

大力发展养老服务企业，鼓励连锁化经营、集团化发展，实施品牌战略，培育一批各具特色、管理规范、服务标准的龙头企业，加快形成产业链长、覆盖领域广、经济社会效益显著的养老服务产业集群。支持养老服务产业与健康、养生、旅游、文化、健身、休闲等产业融合发展，丰富养老服务产业新模式、新业态。鼓励金融、地产、互联网等企业进入养老服务产业。利用信息技术提升健康养老服务质量和效率。

第二节　繁荣老年用品市场

增加老年用品供给。引导支持相关行业、企业围绕健康促进、健康监测可穿戴设备、慢性病治疗、康复护理、辅助器具和智能看护、应急救援、通信服务、电子商务、旅游休闲等重点领域，推进老年人适用产品、技术的研发和应用。支持老年用品制造业创新发展，采用新工艺、新材料、新技术，促进产品升级换代。丰富适合老年人的食品、药品、服装等供给；加强老年用品测试和质量监管，鼓励开辟老年用品展示、体验场所，发展老年用品租赁市场，支持办好老龄产业博览会。

提升老年用品科技含量。加强对老年用品产业共性技术的研发和创新。支持推动老年用品产业领域大众创业、万众创新。支持符合条件的老年用品企业牵头承担各类科技计划（专项、基金等）科研项目。支持技术密集型企业、科研院所、高校及老龄科研机构加强适老科技研发和成果转化应用。落实相关税收优惠政策，支持老年用品产业领域科技创新与应用项目。

第七章　推进老年宜居环境建设

第一节　推动设施无障碍建设和改造

严格执行无障碍环境建设相关法律法规，完善涉老工程建设标准规范体系，在规划、设计、施工、监理、验收、运行、维护、管理等环节加强相关标准的实施与监督。加强与老年人自主安全地通行道路、出入相关建筑物、搭乘公共交通工具、交流信息、获得社区服务密切相关的公共设施的无障碍设计与改造。加强居住区公共设施无障碍改造，重点对坡道、楼梯、电梯、扶手等公共建筑节点进行改造。探索鼓励市场主体参与无障碍设施建设和改造的政策措施。

第二节　营造安全绿色便利生活环境

在推进老旧居住（小）区改造、棚户区改造、农村危房改造等工程中优先满足符合住房救助条件的老年人的基本住房安全需求。加强对养老服务设施的安全隐患排查和监管。加强养老服务设施节能宜居改造，将各类养老机构和城乡社区养老服务设施纳入绿色建筑行动重点扶持范围。推动老年人共建共享绿色社区、传统村落、美丽宜居村庄和生态文明建设成果。支持多层老旧住宅加装电梯。引导、支持开发老年宜居住宅和代际亲情住宅。继续推进街道、社区“老年人生活圈”配套设施建设，为老年人提供一站式便捷服务。

专栏4　老年宜居环境建设示范行动

完善老年宜居环境建设评价标准体系，开展“老年友好型城市”和“老年宜居社区”建设示范行动，继续开展全国无障碍建设城市创建工作。到2020年，60%以上城市社区达到老年宜居社区基本条件，40%以上农村具备老年宜居社区基本条件，大部分老年人的基本公共服务需求能够在社区得到满足。

第三节　弘扬敬老养老助老的社会风尚

把敬老养老助老纳入社会公德、职业道德、家庭美德、个人品德建设，纳入文明城市、文明村镇、文明单位、文明校园、文明家庭考评。利用春节、清明节、中秋节、重阳节等传统节日，开展创意新、影响大、形式多的宣传教育活动，推动敬老养老助老教育进学校、进家庭、进机关、进社区。继续开展“敬老月”和全国敬老爱老助老评选表彰活动。推进非本地户籍常住老年人与本地户籍老年人同等享受优待。到2020年，老年人优待制度普遍建立完善。

第八章　丰富老年人精神文化生活

第一节　发展老年教育

落实老年教育发展规划，扩大老年教育资源供给，拓展老年教育发展路径，加强老年教育支持服务，创新老年教育发展机制，促进老年教育可持续发展，优先发展城乡社区老年教育，促进各级各类学校开展老年教育，部门、行业企业、高校举办的老年大学要进一步提高面向社会办学开放度，支持鼓励各类社会力量举办或参与老年教育。实施社会主义核心价值观培育、老年教育机构基础能力提升、学习资源建设整合、远程老年教育推进等计划。到2020年，基本形成覆盖广泛、灵活多样、特色鲜明、规范有序的老年教育新格局。全国县级以上城市至少应有一所老年大学。

专栏5　老年教育机构基础能力提升计划

改善现有老年大学(学校)办学条件。建设一批在本区域发挥示范作用的乡镇(街道)老年人学习场所。改善基层社区老年教育机构设施设备，建设好村、社区老年学习点。探索“养、医、体、文”等场所与老年人学习场所的结合。开展养教结合试点。编辑出版有时代特色、科学内涵、文化品位，适应社会需要的老年教育系列教材。

第二节 繁荣老年文化

完善覆盖城乡的公共文化设施网络，在基层公共文化设施内开辟适宜老年人的文化娱乐活动场所，增加适合老年人的特色文化服务项目。推动公共文化服务设施向老年人免费或优惠开放，为老年人开展文化活动提供便利。文化信息资源共享、农村电影放映、农家书屋等重大文化惠民工程增加面向老年人的服务内容和资源。广泛开展群众性老年文化活动，培育老年文化活动品牌。鼓励创作发行老年人喜闻乐见的图书、报刊以及影视剧、戏剧、广播剧等文艺作品。鼓励制作适合微博、微信、手机客户端等新媒体传播的优秀老年文化作品。加强数字图书馆建设，拓展面向老年人的数字资源服务。加强专业人才和业余爱好者相结合的老年文化队伍建设。

第三节 加强老年人精神关爱

健全老年人精神关爱、心理疏导、危机干预服务网络，督促家庭成员加强对老年人的情感关怀和心理沟通；依托专业精神卫生机构和社会工作服务机构、专业心理工作者和社会工作者开展老年心理健康服务试点，为老年人提供心理关怀和精神关爱；支持企事业单位、社会组织、志愿者等社会力量开展形式多样的老年人关爱活动。鼓励城乡社区为老年人精神关爱提供活动场地、工作条件等支持。

第九章 扩大老年人社会参与

第一节 培育积极老龄观

引导老年人树立终身发展理念，始终保持自尊自爱自信自强的精神状态，积极面对老年生活，参与社会发展，发挥正能量，作出新贡献。引导全社会正确认识、积极接纳、大力支持老年人参与社会发展。

第二节 加强老年人力资源开发

将老年人才开发利用纳入各级人才队伍建设总体规划，鼓励各地制定老年人才开发利用专项规划。鼓励专业技术领域人才延长工作年限。鼓励各有关方面建立老年人才信息库，实现互联互通、资源共享。支持老年人才自主创业，帮助有意愿且身体状况允许的贫困老年人和其他老年人接受岗位技能培训或农业实用技术培训，通过劳动脱贫或致富。推动用人单位与受聘老年人依法签订书面协议。依法保障老年人在生产劳动过程中的合法收入、安全和健康权益。对老有所为贡献突出的老年人和在老有所为工作中贡献突出的单位、个人，可按规定给予表彰或奖励。

第三节 发展老年志愿服务

支持老年人积极参与基层民主监督、社会治安、公益慈善、移风易俗、民事调解、文教卫生、全民健身等工作。发挥老年人优良品行传帮带作用，支持老党员、老专家、老军人、老劳模、老干部开展关心教育下一代活动。深入开展“银龄行动”，组织医疗卫生、文化教育、农业科技等老专家、老知识分子参与东部援助西部、发达地区援助落后地区等志愿服务。推行志愿服务记录制度，鼓励老年人参加志愿服务，到2020年老年志愿者注册人数达到老年人口总数的12%。

第四节 引导基层老年社会组织规范发展

坚持扶持发展和规范管理并重，加强老年社会组织的培育扶持和登记管理。采取政府购买服务等措施加大对公益性、互助性、服务性、专业性基层老年社会组织的支持力度。继续推动老年社会组织加强能力建设和规范化建设，提高专业素质、服务能力和社会公信力，促进老年人通过社会组织实现自我管理、自我教育、自我服务。支持老年社会组织参加或承办政府有关人才培养、项目开发、课题研究、咨询服务等活动。

专栏6 基层老年协会规范化建设工程

多渠道筹措资金支持基层老年协会建设，改善基层老年协会活动设施和条件，加强基层老年协会骨干培训和活动辅导，鼓励专业人士在基层老年协会能力建设中发挥骨干作用。积极推进基层老年协会党建工作，探索发挥基层老年协会在促进当地发展、调解涉老纠纷、开展互助服务、活跃老年人精神文化生活等方面积极作用的有效方式和途径。城乡社区基层老年协会覆盖率达到90%以上。

第十章 保障老年人合法权益

第一节 完善老龄事业法规政策体系

完善老年人权益保障配套法规，积极听取老年人的意见建议，研究建立老年人监护制度，加快老年人社会服务、社会优待、社会参与等制度建设。健全优待老年人的财政投入、服务评价、检查监督、奖励表彰等政策。

第二节 健全老年人权益保障机制

健全贯彻老年人权益保障法律法规的联合执法、执法检查、综合评估等制度。充分发挥基层党组织、基层群众性自治组织、老年社会组织作用，完善维护老年人合法权益社会监督、矛盾纠纷排查调解、多部门快速反应联合查处综合治理等机制。做好老年人来信来访工作。建立老年人法律维权热线，加强老年人法律服务和法律援助，针对老年群体特点开展适应老年人特殊需求的专项法律服务活动。扩大老年人法律援助范围，拓展基层服务网络，推进法律援助工作站点向城市社区和农村延伸，方便老年人及时就近寻求法律帮助。重点做好农村和贫困、高龄、空巢、失能等特殊困难老年群体的法律服务、法律援助和司法救助。

第三节 加大普法宣传教育力度

落实国家“七五”普法规划要求，加强老年人权益保障法律法规普法宣传教育，深入结合“法律六进”活动，推动普法宣传教育规范化、常态化，强化全社会维护老年人合法权益的法治观念。开展更多适合老年人的法治宣传活动，帮助老年人学法、懂法、用法，提高守法意识和依法维权意识。

第十一章　强化工作基础和规划实施保障

第一节　强化工作基础保障

推进信息化建设。落实促进大数据发展行动纲要，在切实保障数据安全的前提下，着力推动各有关部门涉及老年人的人口、保障、服务、信用、财产等基础信息分类分级互联共享，消除信息孤岛。在此基础上推动搭建全国互联、上下贯通的老龄工作信息化平台，加强涉老数据、信息的汇集整合和发掘运用，建立基于大数据的可信统计分析决策机制。支持各地积极推进为老服务综合信息平台在城市社区全覆盖、在农村地区扩大覆盖，推进信息惠民服务向老年人覆盖、数据资源向社会开放，更好地服务于保障改善老年人民生和大众创业、万众创新。

完善投入机制。各级政府要根据经济社会发展状况和老年人口增长情况，建立稳定的老龄事业经费投入保障机制。民政部本级彩票公益金和地方各级政府用于社会福利事业的彩票公益金，50%以上要用于支持发展养老服务业，并随老年人口的增加逐步提高投入比例。落实和完善鼓励政策，引导各类社会资本投入老龄事业，倡导社会各界对老龄事业进行慈善捐赠，形成财政资金、社会资本、慈善基金等多元结合的投入机制。

壮大人才队伍。推进涉老相关专业教育体系建设，加快培养老年医学、康复、护理、营养、心理和社会工作、经营管理、康复辅具配置等人才。建立以品德、能力和业绩为导向的职称评价和技能等级评价制度，拓宽养老服务专业人员职业发展空间。推动各地保障和逐步提高养老服务从业人员薪酬待遇。

专栏7　人才培养工程

在养老服务、医养结合、科技助老等重点领域，每年培养造就一批高层次人才，符合条件的享受人才引进政策，示范带动养老服务业发展。在全国各类养老服务机构中，培养选拔优秀护理员，提供居住落户、住房保障、子女就学等方面的政策扶持。

实施养老护理人员培养培训计划，“十三五”时期力争使全国养老机构护理人员都得到至少一次专业培训。

对各级老龄工作机构的人员定期开展老龄政策和相关知识培训。

加强基层工作。进一步完善老龄工作机制，保证城乡社区老龄工作有人抓、老年人事情有人管、老年人困难有人帮。建立基层老龄工作先进典型激励机制。继续推进离退休人员管理服务社会化，建立健全老年人原工作单位、居住社区、老年社会组织和基层党组织齐抓共管的工作机制。总结创建离退休干部基层服务型党组织的好经验好做法，积极探索老年社会组织党建工作的新途径新办法。探索建立工会、共青团、妇联、残联等群团组织参与老年人管理服务的常态化机制和制度化渠道。

加强科学研究和调查统计。按照深化中央财政科技计划（专项、基金等）管理改革的总体部署，通过优化整合后的国家科技计划（专项、基金等）、社会科学基金等支持老龄事业领域的科技创新、基础理论研究和政策应用研究。完善老龄科学学科体系,加快老龄科学人才培养。在高校、研究机构、企业和地方,设立一批老龄科学理论研究基地、老龄产业实践研究基地、老龄政策创制试点基地。组建高层次老龄问题智库,健全重大决策专家咨询制度。加强国家人口老龄化中长期应对策略研究。完善老龄事业统计指标体系,建立老龄事业统计公报定期发布制度。推动城乡老年人生活状况抽样调查制度化、常态化、规范化。

加强宣传和国际合作。坚持正确舆论导向,充分发挥各类媒体作用,加大对人口老龄化国情、老龄政策法规、老龄事业发展重大主题以及老龄工作典型人物、事迹、经验等的宣传报道力度,提升舆情研判引导能力,营造全社会关注老龄问题、关心老龄事业、支持老龄工作的良好氛围。加强对外宣传,适时向国际社会推介老龄事业发展中国模式,进一步提升我国在国际老龄领域影响力。积极参与全球及地区老龄问题治理,加强与联合国有关机构、国际涉老组织和有关国家的交流与合作。研究筹办应对人口老龄化相关国际会议。推动中国老龄事业发展与落实2030年可持续发展议程相关目标有机对接。

第二节　强化规划实施保障

加强组织领导。坚持党对老龄工作的统一领导,发挥各级党委总揽全局、协调各方的领导核心作用,为规划实施提供坚强保证;强化各级政府落实规划的主体责任,将本规划主要任务指标纳入当地经济社会发展规划,纳入为民办实事项目,纳入政府工作议事日程和目标责任考核内容。健全老龄工作体制机制,形成推进规划实施的合力。加强专家支持系统建设,建立由多学科、多领域专家参与的专家顾问制度,为规划实施提供技术咨询、评估和指导。

加强督促检查。全国老龄办、民政部、国家发展改革委会同有关部门,加强对各地的指导、督促,及时检查并向国务院报告工作进展情况。搭建社会监督平台,健全第三方评估机制,适时对规划执行情况进行评估,向社会公布评估结果。县级以上地方政府要结合实际制定本规划实施方案,细化相关指标,确保责任到位、工作到位、投入到位、见到实效。鼓励各地积极探索,勇于创新,创造性地实施规划。

“十三五”国家级专项规划汇编

（下）

国家发展和改革委员会 编

人民出版社

目　录 Contents

上　册

一、重点专项规划

下　册

二、其他专项规划

二、其他专项规划

（一）科技创新

国家教育事业发展“十三五”规划

国发〔2017〕4 号

“十三五”时期是全面建成小康社会决胜阶段。为加快推进教育现代化，依据《中华人民共和国国民经济和社会发展第十三个五年规划纲要》和《国家中长期教育改革和发展规划纲要（2010—2020 年）》（以下简称《教育规划纲要》），制定本规划。

一、以新理念引领教育现代化

（一）发展环境

“十二五”时期特别是党的十八大以来，按照党中央、国务院决策部署，我国教育改革发展取得了显著成就，社会主义核心价值观教育深入推进，立德树人根本任务有效落实，学生思想道德素质持续向好，教育现代化取得新进展，为促进经济发展、社会和谐、文化繁荣作出重要贡献。

*教育总体发展水平进入世界中上行列。*九年义务教育全面普及，进入均衡发展新阶段，学前三年毛入园率提前实现《教育规划纲要》2020 年目标，高中阶段教育基本普及，基本公共教育服务体系和现代职业教育体系基本确立，高等教育大众化水平显著提升，继续教育持续发展，全民终身学习的态势初步形成。教育质量稳步提升，我国学生在经济合作与发展组织开展的国际学生评估项目中表现良好，我国成为国际工程联盟本科教育互认协议成员，一批高校和学科世界排名显著提升。

*教育公平取得重要进展。*城乡和区域教育发展差距进一步缩小，大中城市义务教育阶段“择校热”有所缓解，国家助学制度更加完善，农村义务教育学生营养改善计划深入实施，贫困地区学生的体质健康得到改善，进城务工人员随迁子女、农村留守儿童、残疾学生受教育权利得到更好保障，中西部地区特别是农村学生接受优质高等教育的机会明显增加。

*服务经济社会发展能力显著增强。*职业学校每年输送近 1000 万名技术技能人才，开展培训上亿人次。普通本科高校累计输送 2000 多万名专业人才。高等学

校牵头承担了一大批国家重大科学研究任务和重大工程项目,产出了一大批服务国家战略、具有国际影响力的标志性研究成果,技术转移和成果转化成效明显。

*教育发展能力显著提升。*教育投入实现历史性突破,2012年首次实现国家财政性教育经费占国内生产总值4%的目标,生均拨款制度逐步建立,各级各类学校特别是农村学校办学条件有较大改善,教师队伍素质进一步提高,教育信息化全面推进。教育对外开放水平显著提升,国际影响力稳步增强。教育体制改革取得重要进展,人才培养体制、办学体制、管理体制、评价体制、保障体制改革全面深化,一些重点领域和环节取得突破性进展。考试招生制度改革全面启动,现代教育督导体系进一步完善。

总体来看,《教育规划纲要》确定的阶段性目标如期实现,教育事业发展"十二五"规划圆满收官,我国教育进入提高质量、优化结构、促进公平的新阶段。

专栏1 教育事业发展"十二五"规划主要目标实现情况

指 标	单 位	"十二五"规划目标	2015年实现情况
学前教育			
在园幼儿数	万人	3700	4265
学前三年毛入园率	%	65.0	75.0
九年义务教育			
在校生	万人	16100	14004
巩固率	%	93.0	93.0
高中阶段教育			
在校生	万人	4500	4038
其中:中等职业教育	万人	2250	1657
毛入学率	%	87.0	87.0
高等教育			
在学总规模	万人	3350	3647
在校生	万人	3080	3452
其中:研究生	万人	170	191
毛入学率	%	36.0	40.0
人力资源开发			
新增劳动力平均受教育年限	年	13.3	13.3
主要劳动年龄人口接受高等教育的比例	%	15.0	16.9

注:1. 高等教育在校生含普通本专科、成人本专科和全日制研究生在校生。
2. 研究生数为全日制研究生在校生数。
3. 主要劳动年龄人口指20—59岁人口。

"十三五"时期,我国发展仍处于可以大有作为的重要战略机遇期,也面临诸多矛盾叠加、风险隐患增多的严峻挑战。有效应对各种风险和挑战,不断开拓发展新境界,对实现教育现代化提出了前所未有的新任务、新要求。

从国际看,世界多极化、经济全球化、文化多样化、社会信息化深入发展,国际金融危机深层次影响在相当长时期依然存在,新一轮科技革命和产业变革蓄势待发,互联网、云计算、大数据、智能机器人、三维(3D)打印等现代技术深刻改变着人类的思维、生产、生活和学习方式,国际竞争日趋激烈,人才培养与争夺成为焦点。优先发展教育,构建现代教育体系,建设学习型社会,培养大批创新人才,已成为人类共同面临的重大课题和应对诸多复杂挑战、实现可持续发展的关键。

从国内看，统筹推动“五位一体”总体布局和协调推进“四个全面”战略布局，贯彻落实创新、协调、绿色、开放、共享的新发展理念，实现2020年全面建成小康社会目标，深化供给侧结构性改革，保持经济中高速增长，深入实施创新驱动发展战略，推进大众创业万众创新，实施“中国制造2025”和“一带一路”建设等战略，迫切需要教育优化人才培养结构，加快培养各类紧缺人才。保障基本民生，实现全体人民共同迈入全面小康社会，迫切要求完善基本公共教育服务体系。新型城镇化加快推进，人民群众生活水平和质量普遍提高，生育政策调整，学龄人口、劳动年龄人口规模结构改变，人口老龄化速度加快，教育需求发生结构性变化，对高质量、多样化的教育需求日益增长，教育体系、结构和布局面临深刻挑战。无论从当前推进经济转型升级，还是从长远促进经济和社会协调发展看，都需要抓住教育这一最基础环节，推进优先发展，提高国家发展水平。

从教育领域看，当今世界教育正在发生革命性变化。确保包容、公平和有质量的教育，促进全民享有终身学习机会，成为世界教育发展新目标。教育与经济社会发展的结合更加紧密，以学习者为中心，注重能力培养，促进人的全面发展，全民学习、终身学习、个性化学习的理念日益深入人心。教育模式、形态、内容和学习方式正在发生深刻变革，教育治理呈现出多方合作、广泛参与的特点。要清醒地看到，我国教育改革发展虽然取得了显著成就，但尚不能完全适应人的全面发展和经济社会发展需要，仍存在一些突出问题，主要表现为：科学的教育理念尚未牢固确立，促进学生全面发展的育人模式与环境有待完善，产教融合、科教融合的协同培养机制尚未形成，学生创新创业能力的培养有待加强；教育发展还存在不平衡、不协调的问题，城乡、区域之间教育差距仍较大，优质教育资源总量不足、布局不合理，学前教育、职业教育、继续教育仍是教育体系中的突出短板，人才培养的类型、层次和学科专业结构与社会需求不够契合；教师队伍素质和结构不能适应提升质量与促进公平的新要求；学校办学活力不强，促进和规范社会力量参与举办教育的法律制度和政策体系亟待完善，多方参与教育治理和评价的体制机制还不健全；教育对外开放的水平不够高；教育优先发展地位需进一步巩固。

人才成就未来，教育成就梦想。人才和人力是国家最大的资源，今天培养的人才将是实现第二个百年奋斗目标的主力军，教育必须承担起实现中华民族伟大复兴中国梦赋予的历史使命，毫不动摇地坚持中国特色社会主义教育发展道路，不断深化对中国特色社会主义教育发展规律的认识，树立科学的教育发展观、质量观、人才观，以更加奋发有为的精神状态和踏石留印、抓铁有痕的工作作风，勇于实践，善于创新，不断实现改革新突破，迈上发展新台阶。

（二）指导思想

全面贯彻党的十八大和十八届三中、四中、五中、六中全会精神，以马克思列宁主义、毛泽东思想、邓小平理论、“三个代表”重要思想、科学发展观为指导，深入贯彻习近平总书记系列重要讲话精神，认真落实党中央、国务院决策部署，紧紧围绕“五位一体”总体布局和“四个全面”战略布局，树立道路自信、理论自信、制度自信、文化自信，以创新、协调、绿色、开放、共享的发展理念统领教育改革发展，坚持党的领导，坚持社会主义办学方向，全面贯彻党的教育方针，全面深化教育改革，着力提高教育质量，着力优化教育结构，着力促进教育公平，加快推进教育现代化，推动创新型国家和人才强国建设，为全面建成小康社会和实现中华民族伟大复兴的中国梦作出更大贡献。

（三）基本原则

推进教育改革发展，实现更高质量、更加公平、更有效率、更可持续的发展，完成国家赋予的历史使命和战略任务，必须遵循以下基本原则：

坚持优先发展。人是国家发展的核心要素。要坚持把教育摆在优先发展的战略地位，充分发挥教育的基础性、先导性、全局性作用，更加注重教育和人力资源开发，加大投资于人的力度，面向现代化，面向世界，面向未来，超前规划，优先发展，加速人力资本积累，为国家和民族的未来奠基。

坚持立德树人。把立德树人作为教育的根本任务，培养德智体美全面发展的社会主义建设者和接班人。要遵循教书育人规律、遵循学生成长规律，以学生为主体，以教师为主导，创新育人模式，培育和践行社会主义核心价值观，不断提高学生思想水平、政治觉悟、道德品质、文化素养，让学生成为德才兼备、全面发展的人才。

坚持服务导向。服务国家发展和人民群众是对教育改革发展的基本要求。教育发展要适应中国特色社会主义现代化建设需要，服务全面建成小康社会和中华民族伟大复兴目标，主动适应和引领经济发展新常态，为国家现代化建设厚植人才优势，培育创新动力。要不断满足广大人民群众对更高质量、更为多样教育的需求，优先解决人民群众关心的重点、热点、难点和焦点问题。

坚持促进公平。教育的公平性是社会主义本质要求，要发展社会主义，逐步实现人民共同富裕，教育公平是基础。注重有教无类，让全体人民、每个家庭的孩子都有机会接受比较好的教育，让教育改革发展成果更好地惠及最广大人民群众。突出精准扶贫，面向中西部地区特别是边远、贫困地区，加大对家庭经济困难学生帮扶力度。

坚持改革创新。改革创新是发展的根本动力。要不断深化教育综合改革，将顶层设计和实践探索有机结合，充分调动基层特别是广大学校、师生的积极性、主动性和创造性，创新体制机制和人才培养模式；要统筹利用国内国际教育资源，广泛借鉴吸收国际先进经验，进一步提升教育对外开放水平，通过改革创新和对外开放解决难题、激发活力、推动发展。

坚持依法治教。法治是实现教育现代化的可靠保障。要坚持依法行政、依法办学、依法执教，更加注重运用法治思维和法治方式推动教育改革发展，更加注重教育法律法规体系和执法体制机制建设，更加注重保障广大人民群众受教育权利和广大师生权益，更加注重保障人民群众对教育改革发展的知情权、参与权和监督权，依法推进教育治理能力现代化，为教育发展创造良好的法治环境。

坚持党的领导。办好中国特色社会主义教育事业关键在党，必须牢牢掌握党对教育工作的领导权，坚持正确的政治方向，掌握教育领域意识形态工作的主导权，着力加强教育系统党的思想建设、组织建设、作风建设、反腐倡廉建设、制度建设，增强政治意识、大局意识、核心意识、看齐意识，强化基层党组织的创造力、凝聚力、战斗力，为教育改革发展提供坚强的政治保证和组织保障。

（四）主要目标

“十三五”时期教育改革发展的总目标是：教育现代化取得重要进展，教育总体实力和国际影响力显著增强，推动我国迈入人力资源强国和人才强国行列，为实现中国教育现代化 2030 远景目标奠定坚实基础。

全民终身学习机会进一步扩大。形成更加适应全民学习、终身学习的现代教育体系，现代职业教育体系更加完善。学前教育机会显著增加，义务教育普及成果进一步巩固提升，普及高中阶段教育，高等教育发展进入普及化阶段，继续教育参与率明显提升，学习型社会建设迈上新台阶。

教育质量全面提升。教师素质进一步提高，学校办学条件明显改善，教育信息化实现新突破，形成信息技术与教育融合创新发展的新局面，学习的便捷性和灵活性明显增强。教育教学改革取得重要进展，学生的思想道德素质、科学文化素质、身心健康素质明显提高，社会责任感、法治意识、创新精神和实践能力显著增强，学业水平和自主学习、终身学习能力全面提升。

教育发展成果更公平地惠及全民。完成教育脱贫攻坚任务，精准扶贫、精准脱贫的效果充分显现。实现家庭经济困难学生资助全覆盖，困难群体、妇女儿童平等受教育权利得到更好保障。义务教育实现基本均衡的县（市、区）比例达到95%，城乡、区域、学校之间差距进一步缩小，建成覆盖城乡、更加均衡的基本公共教育服务体系。人民群众高质量、个性化、多样化的学习需求得到更好满足。

人才供给和高校创新能力明显提升。创新型、复合型、应用型和技术技能型人才培养比例显著提高，人才培养结构更趋合理。各类人才服务国家和区域经济社会发展、参与国际竞争的能力显著增强。提高高等教育发展水平，若干所大学和一批学科进入世界一流行列，若干学科进入世界一流学科前列，在高校建成一批服务国家战略的创新基地和新型智库，创新服务能力全面提升，涌现一批重大创新成果，促进培育新动能，推动文化繁荣和社会进步，增强国家核心竞争力。

教育体系制度更加成熟定型。教育法律法规体系和执法体制机制更加健全，教育标准、监管、评价、督导、投入保障、教师队伍建设等基础性制度体系更加完善，社会力量举办教育、参与教育改革发展的制度更加完备有效。基本实现管办评分离，形成政府依法管理、学校依法自主办学、社会各界依法参与和监督的格局，教育治理体系和治理能力现代化水平明显提升。

专栏2　教育事业发展和人力资源开发“十三五”主要目标

指　　标	2015年	2020年	属　性
学前教育			
在园幼儿数（万人）	4265	4500	预期性
学前三年毛入园率（%）	75.0	85.0	预期性
九年义务教育			
在校生（万人）	14004	15000	预期性
巩固率（%）	93.0	95.0	约束性
高中阶段教育			
在校生（万人）	4038	4130	预期性
其中：中等职业教育	1657	1870	预期性
毛入学率（%）	87.0	90.0	预期性
高等教育			
在学总规模（万人）	3647	3850	预期性
在校生（万人）	3511	3680	预期性
其中：研究生（万人）（含全日制和非全日制研究生）	250[191]	290[230]	预期性
其中：普通本专科（万人）	2625	2655	预期性
毛入学率（%）	40.0	50.0	预期性
继续教育			
从业人员继续教育（万人次）		35000	预期性
人力资源开发			
新增劳动力平均受教育年限（年）	13.3	13.5	预期性

注：1. 高等教育在校生含普通本专科、成人本专科、全日制和非全日制研究生在校生。
2. [　]内为全日制研究生在校生数。

（五）主题主线

贯彻落实新发展理念，全面实现“十三五”时期教育改革发展目标，必须紧紧围绕全面提高教育质量这个主题,把立德树人作为根本任务,全面实施素质教育,积极培育和践行社会主义核心价值观,更新育人理念,创新育人方式,改善育人生态,提高教师素质,建立健全各级各类教育质量保障体系,全面提升育人水平。

必须把教育的结构性改革作为主线,主动适应经济社会发展和人民群众的需求。统筹利用好、布局好各类教育资源,突出保基本、补短板、促公平,公共教育资源配置向薄弱地区、薄弱学校、薄弱环节和困难人群倾斜,推动区域、城乡协调发展,着力提高基本公共教育服务的覆盖面和质量水平;优化人才供给结构,加快高中阶段教育普及进程,推动高等教育分类发展,大力发展现代职业教育和继续教育,加快培养经济社会发展急需人才;创新教育供给方式,大力发展民办教育,拓展教育新形态,以教育信息化推动教育现代化,积极促进信息技术与教育的融合创新发展,努力构建网络化、数字化、个性化、终身化的教育体系,形成人人皆学、处处能学、时时可学的学习环境;改革教育治理体系,深化简政放权、放管结合、优化服务改革,落实学校办学自主权,加快现代学校制度建设;扩大社会参与,提高教育开放水平,整体提升教育服务经济社会发展的能力。

二、全面落实立德树人根本任务

(一) 提升学生思想道德水平

把思想政治工作贯穿教育教学全过程。加强系统谋划和顶层设计,以社会主义核心价值观为引领,科学制定不同年龄阶段和各级各类教育的德育工作目标,实现全员育人、全过程育人、全方位育人。充分发挥品德课、思想政治理论课主渠道作用,深入挖掘课程教材的育人作用,系统推进课程改革和教材修订,推动中国特色社会主义理论体系进教材、进课堂、进头脑,使大中小学德育和思想政治教育由浅入深、分层递进、有机衔接。积极开展少先队和党团组织教育活动。广泛运用情境教学、现场教学、社会实践等方式,关注学生情感体验过程,引导和组织学生通过各种社会实践活动践行社会主义核心价值观,开展自我教育。加强网络环境下的德育工作,强化网络阵地建设,采取多种方式引导学生全面理解、正确对待重大理论和社会热点问题,增强是非辨别能力。充分发挥教师对学生的言传身教、行为引导作用,邀请党政领导干部到学校作形势报告,广泛聘请各行各业先进典型、优秀家长和老干部、老战士、老专家、老教师、老模范等到学校作专题报告,担任思想政治教育兼职教师,强化示范引领效应,使社会主义核心价值观内化于心、外化于行。

着力加强爱国主义教育。坚持爱国和爱党、爱社会主义相统一,创新形式,丰富载体,把爱国主义教育有机融入教育教学各环节,贯穿国民教育全过程。加强爱国主义教育基地建设,开辟爱国主义教育校外课堂,推动各级各类学校积极创造条件,开设以爱国主义为主题内容的选修课和专题讲座,发挥主题党日、团日、班会等载体作用,结合重要纪念日和传统节日开展爱国主义教育,加强国情教育、历史教育特别是党史、国史、改革开放史、社会主义发展史教育,大力推进对国旗、国歌、国徽的礼仪教育。广泛开展民族团结进步教育,强化“五个认同”和“三个离不开”思想,促进各族学生交往交流交融,筑牢各族师生中华民族共同体思想基础,引导青少年学生树立和坚持正确的国家观、民族观、宗教观、历史观、文化观,增强中华民族归属感、认同感、尊严感、荣誉感。

努力增强学生社会责任感。协同加强青少年社会公德、职业道德、家庭美德教育,努力培养学生高尚品格和担当精神。引导学生以国家富强、人民幸福为己任,树立自觉投身于中国特色社会主义伟大实践的宏伟志向。

积极开展法治教育。落实《青少年法治教育大纲》，把法治教育纳入国民教育体系，在中小学设立法治知识课程。加强法治教育实践基地建设，加强宪法教育，多种形式普及法律知识，开展法治实践教育，培养学生的法治意识和素养。

专栏3　落实立德树人根本任务

全面构建“全员育人、全过程育人、全方位育人”体系。深化课程教学改革。加强学校实践教育条件和校外实习实践基地建设。建立健全国家机关、企事业单位和社会团体接收大学生实习实训制度。完善课程、教材、教学方式和评价方法。开发多媒体课程、电子书和动画等德育资源，通过校园网站和互联网平台广为传播。提升青少年身心健康水平和学校美育工作水平。开展文明校园创建活动，实施学生志愿服务行动。加强马克思主义理论学科建设，推动马克思主义理论研究和建设工程重点教材编审和使用，实施马克思主义理论人才重点支持培养计划和青年马克思主义者培养工程。实施高校思想政治理论课建设体系创新计划。实施大学生思想政治教育质量提升工程。

（二）培养学生创新创业精神与能力

从中小学做起，注重激发学生学习兴趣、科学兴趣和创新意识，加强科学方法的训练，逐步培养学生逻辑思维与辩证思维的能力。研究制定中小学生科学素质标准，充分利用各类社会科技教育资源，大力开展校内外结合的科技教育活动，加强对学生科学素质、信息素养和创新能力的培养。鼓励高等学校和职业学校建设学生创新创业服务平台，完善创新创业教育课程体系和管理制度，引导鼓励学生积极参与创新活动和创业实践，强化毕业论文、毕业设计的创新创业导向，开展创新创业竞赛，营造创新创业校园文化。支持本科生和研究生提前进入企业开展创新活动，鼓励高校通过无偿许可的方式向学生授权使用科技成果，引导学生创新创业。鼓励各省级政府统筹区域内高校、企业、产业园区、孵化基地、风险投资基金等资源，扶持大学生创业。

（三）强化学生实践动手能力

践行知行合一，将实践教学作为深化教学改革的关键环节，丰富实践育人有效载体，广泛开展社会调查、生产劳动、志愿服务、公益活动、科技发明和勤工助学等社会实践活动，深化学生对书本知识的认识。加强劳动教育，充分发挥劳动综合育人功能。制定中小学生综合实践活动指导纲要，注重增强学生实践体验，鼓励有条件的地区开展中小学生研学旅行和各种形式的夏令营、冬令营活动。建设一批具有良好示范带动作用的研学旅游基地和目的地。构建学生志愿服务工作体系，把志愿服务纳入社会实践活动课程，组织学生开展志愿服务活动和其他社会实践主题活动，建立学生志愿服务记录档案，把志愿服务纳入学生综合素质评价内容。支持高校广泛开展大学生实践活动，引导大学生走出校门、深入基层，广泛宣传党的方针政策和中国特色社会主义理论，促进学生了解社会、认识国情、增长才干。

（四）塑造学生强健体魄

加强和改进学校体育卫生工作。以全面增强学生体质和意志品质为目标，全面加强学校体育工作。将体质改善情况作为教育质量监测和教育评价的重要内容，开展健康学校创建工作，完善青少年体质健康监测体系，健全大中小学生健康体检制度。加强中小学校体育装备，改革体育教学、训练和竞赛体系，因地制宜强化体育课和课外锻炼，大力扶持校园足球、冰雪运动等各类体育社团发展，推动体育传统项目学校、体育特色学校建设，广泛开展各级学校体育联赛和民间传统体育比赛,着力推动高校加强大学生体育锻炼,广泛开展课外体育锻炼活动,大力培养学生运动兴趣、运动技能、运动习惯,基本实现学生熟练掌握一项以上运动技能的目标。全面加强幼儿园、中小学的卫生与健康工作,加大健康知识宣传力度,提高学生主动防病意识。推动各地采取针对性措施,降低学生近视发生率。注重各级各类学校心理教师队伍建设,进一步完善学生心理健康服务体系,在学校普遍开展心理健康教育,提高学生心理健康意识和心理保健能力,培养身心健康、体魄强健、意志坚强的一代新人。

(五)提高学生文化修养

坚持以美育人、以文化人。以提高学生艺术素养、陶冶高尚情操、培育深厚民族情感、激发创新意识为导向,构建科学的美育课程体系,改进学校美育教学,鼓励特色发展,统筹整合学校与社会美育资源,健全美育评价机制,推动开齐开足艺术课程,开展艺术类第二课堂教育活动,将艺术实践活动纳入课程管理,促进每个学生形成一两项艺术特长和爱好。积极引导学生阅读欣赏中外文学艺术经典,鼓励高雅艺术进校园、非物质文化遗产进校园、民族民间优秀文化进校园。开展校训、家训育人活动。充分利用图书馆、博物馆、文化馆等各类文化资源,广泛开展中华民族优秀传统文化、革命文化、社会主义先进文化教育,培育青少年学生文化认同和文化自信。加强多元文化教育和国际理解教育,提升跨文化沟通能力。

(六)增强学生生态文明素养

强化生态文明教育,将生态文明理念融入教育全过程,鼓励学校开发生态文明相关课程,加强资源环境方面的国情与世情教育,普及生态文明法律法规和科学知识。广泛开展可持续发展教育,深化节水、节电、节粮教育,引导学生厉行节约、反对浪费,树立尊重自然、顺应自然和保护自然的生态文明意识,形成可持续发展理念、知识和能力,践行勤俭节约、绿色低碳、文明健康的生活方式,引领社会绿色风尚。

(七)提高学生综合国防素质

将国防教育纳入国民教育体系,充分发挥国防教育的综合育人功能,丰富学校国家安全教育和国防教育内容,创新教育形式,探索开展中小学国防教育综合社会实践和示范校创建活动试点,继续推动国防教育特色学校建设,充分发挥军营开放日、军事夏令营等平台作用,提高国防教育效果。加强高等学校军事理论教学,加强高等学校和高中阶段学校学生军事技能训练,拓展学生军训综合育人功能,提升青少年国防意识和军事素养。

三、改革创新驱动教育发展

(一)着力推进教育教学改革

推进基础教育课程与教学改革。加强对课程教材建设的顶层设计,修订国家基础教育课程方案和课程标准,体现学生发展核心素养要求,完善教材审查审定和使用监测制度,打造具有科学性、时代性、民族性的基础教育课程教材体系。全面开展课程实施监测和管理。支持有条件的地方推行小班化教学,鼓励普通高中实行"选课制"、"走班制",开设多样优质的选修课程。推动合作探究式学习,倡导任务驱动学习,提高学生分析解决问题的能力。支持有条件的普通高中与高等学校、科研院所开展有效合作,推进创新人才培养。继续推进中学生科技创新后备人才培养计划、全国青少年高校科学营等活动，积极试点探索大学先修课程。落实《幼儿园教育指导纲要》、《3—6岁儿童学习与发展指南》，坚持以游戏为基本活动，培养幼儿健康体魄、良好生活与行为习惯，促进幼儿身心和谐发展。

推行产教融合的职业教育模式。坚持面向市场、服务发展、促进就业的办学方向，科学确定各层次各类型职业教育培养目标，创新技术技能人才培养模式。推行校企一体化育人，推进“订单式”培养、工学交替培养，积极推动校企联合招生、联合培养的现代学徒制。率先在大中型企业开展产教融合试点，推动行业企业与学校共建人才培养基地、技术创新基地、科技服务基地。鼓励学校、行业、企业、科研机构、社会组织等组建职业教育集团，实现教育链和产业链有机融合。建立健全对接产业发展中高端水平的职业教育教学标准体系。以增强学生核心素养、技术技能水平和可持续发展能力为重点，统筹规划课程与教材建设，对接最新行业、职业标准和岗位规范，优化专业课程结构，更新教学内容。强化课堂教学、实习、实训的融合，普及推广项目教学、案例教学、情境教学等教学模式。完善职业学校教学工作诊断与改进制度。引导行业企业深度参与专业教学、顶岗实习、岗位资格认证等方面的标准制定和教学评价。积极推行“双证书”制度，统筹相关课程考试考核与职业技能鉴定。支持在符合条件的职业学校设立职业技能鉴定所（站），完善职业学校合格毕业生取得相应职业资格证书的办法。规范职业学校办学行为，严格落实专业教学标准，防止以升学为目标组织教学。

深化本科教育教学改革。实行产学研用协同育人，探索通识教育和专业教育相结合的人才培养方式，推行模块化通识教育，促进文理交融。继续推进基础学科拔尖学生培养试验计划。推动高校针对不同层次、不同类型人才培养的特点，改进专业培养方案，构建科学的课程体系和学习支持体系。建立支持和奖励机制，激励教师面向经济社会新需求，强化课程研发、教材编写、教学成果推广，及时将最新科研成果、企业先进技术等转化为教学内容。探索建立适应弹性学习、学分制和主辅修制的教学管理制度，逐步扩大学生自主选择专业、课程和教师的权利。推行以学生为中心的启发式、合作式、参与式和研讨式学习方式，加强个性化培养。改进教学评价机制和学生考核机制。全面落实教授给本科生上课制度，建立约束激励机制，调动教师投入本科教学、不断探索教学新技术新方法新形态的积极性。推动高校统筹使用相关经费，加大对课程建设、教学改革的常态化投入，强化实验、实训、实习环节，建立高校与企业、行业、科研机构、社区等合作育人机制，全面提升高等学校教学水平。

推动研究生培养机制改革。扩大高校学术团队招收研究生的自主权，适度提高应届优秀本科毕业生直接攻读博士学位的比例，加强重大基础研究、重大科研攻关方向、重大工程领域、重大社会问题研究的博士研究生培养，紧密结合承担国家和区域重大科研任务，强化博士生原始创新能力，加快培养科技创新前沿的领军人才。支持在职人员以非全日制方式攻读专业硕士学位，鼓励跨学科攻读专业硕士学位。加强联合培养基地建设，探索专业学位研究生开放式培养模式，推行“双导师”等行业企业联合培养机制，结合承担行业企业实际科研生产项目，加快培养能够解决一线实际问题、宽口径的高层次复合型人才。健全以科学与工程技术研究为主导的导师责任制和导师项目资助制。推动高校加强研究生课程建设，强化研究生课程的系统性和前沿性，加强不同培养阶段课程的衔接，提升研究生课程教学质量。

（二）深化考试招生制度改革

加大高校考试招生制度改革实施力度。积极创造条件，稳妥推进普通高校考试招生制度综合改革试点,逐步在全国推广实施高考综合改革方案,探索基于统一高考和高中学业水平考试成绩、参考综合素质评价的多元录取机制。完善高中学业水平考试,覆盖国家规定的所有学习科目,加强命题和考试的组织保障,确保考试安全有序、成绩真实可信。规范高中学生综合素质评价,确保学生综合素质档案真实可靠。深化考试内容改革,着重考查学生独立思考和运用所学知识分析问题、解决问题的能力。大幅减少并严格控制考试加分项目,规范并公开自主招生办法、考核程序和录取结果。创造条件淡化并逐步取消录取批次,推进并完善平行志愿投档方式。探索研究生多元化招生选拔机制。确保国家教育考试安全。深入实施高校招生阳光工程,健全分级负责、规范有效的信息公开制度。加强考试招生全程监督,加大查处违规行为力度。

推进高职院校分类考试,突出“文化素质+职业技能”评价方式。高等职业学校招收有工作经验的学生,应当将工作实绩和能力作为重要的录取依据。健全学前教育、护理等领域和专业实行初中毕业起点、中高职贯通培养的考试招生办法。健全技术技能人才系统培养的招生制度。

完善中小学入学制度。合理设置学校或学区,保障入学需求,完善义务教育免试就近入学制度。改进高中阶段学校考试招生方式,逐步建立基于初中学业水平考试成绩、结合综合素质评价的普通高中招生录取机制,合理分配优质普通高中招生名额。进一步完善进城务工人员随迁子女就学和在流入地升学考试的政策措施。

（三）激发学校办学活力

加快现代大学制度和各类学校管理制度建设。全面落实“一校一章程”。加强对新设立学校和升格、更名、合并、分立的高等学校的章程核准工作,建立和完善各级各类学校依章办学的管理制度和监督办法,推动学校依法依章治校。完善公办高等学校党委领导下的校长负责制和中小学、中等职业学校校长负责制,进一步明确职责分工、议事规则。深化学校管理人员职员制改革,建立符合学校特点的管理制度,鼓励高校推进内设机构取消行政级别试点,克服行政化倾向。拓展师生参与学校民主治理的渠道和途径,学校重大决策和涉及师生利益的重大政策应当经教职工代表大会民主讨论,发挥学生代表大会的桥梁纽带作用。加强中小学家长委员会建设,完善高等学校、职业学校理事会制度。切实实行学术民主,保障高等学校学术委员会、职业学校专家委员会履行职责。

落实学校办学自主权。建立健全各部门统筹推进落实学校办学自主权的会商机制。统筹推进高校综合改革,改革学位授权审核机制,落实高校学科专业设置自主权;改革高校编制及岗位管理制度,积极探索实行高校人员总量管理,落实高校岗位管理自主权;自主制定招聘条件和标准,自主公开招聘人才,根据岗位设置方案和管理办法自主做好人员聘后管理,落实高校用人自主权;下放教师职称评审权,改进教师职称评审方法,落实高校教师职称评审自主权;健全符合现代大学特点的薪酬分配制度,扩大高校薪酬分配自主权;精简对高校经费使用的考核评估,扩大项目资金统筹使用权,落实高校经费使用管理自主权;简化高校建设项目审批程序,扩大基本建设项目自主权;改进高校政府采购管理,优化进口仪器采购服务,落实高校科研仪器设备采购自主权;根据学术交流、教育教学和参与国际合作的需要,改进相关管理制度,为高校教师因公出国、参会提供便利。推动高等学校进一步向院系放权。扩大职业学校在招生、专业设置和调整、教师评聘、资源配置、收入分配、校企合作等方面的办学自主权。进一步落实和扩大中小学在教学工作、资源配置、人事管理等方面的自主权。

（四）统筹推进世界一流大学和一流学科建设

以中国特色、世界一流为核心,以支撑创新驱动发展战略、服务经济社会发展为导向,坚持建设与改革并重，以学科为基础、以绩效为杠杆，统筹高校整体建设和学科建设，鼓励和支持不同类型的高水平大学和学科差别化发展，支持拥有多个国内领先、国际前沿高水平学科的大学，全面建设进入世界一流大学行列或前列；支持拥有若干国内前列、在国际同类院校中居于优势地位的高水平学科的大学，通过学科建设带动学校进入世界同类大学前列；支持拥有某一高水平学科的大学，通过建设进入该学科的世界一流行列或前列。支持省级政府根据国家建设布局，结合经济社会发展需求和基础条件，自主推动区域内高等学校建设高水平大学和优势学科，积极探索不同类型、不同层次高等学校的一流建设之路。

创新建设机制，鼓励公平竞争，强化目标管理，增强建设实效。创新支持方式，综合考虑建设高校基础、学科类别及发展水平等，通过不同途径给予相应经费支持，动员各方力量积极参与一流大学和一流学科建设，增强高等学校财务自主权和统筹安排经费的能力。坚持公开透明，实施动态监测，制定科学合理的绩效评价办法，开展中期评价和第三方评估，强化社会监督。建立退出机制，打破身份固化，形成激励约束机制，激发高校的建设活力。改革完善高等学校创新能力提升计划（“2011 计划”）组织实施方式，推动高校面向国家重大需求多学科交叉融合、校所企协同创新。

专栏 4　世界一流大学和一流学科建设

加强总体规划，引导分类发展，科学合理布局，坚持扶优扶新、扶需扶特，支持处于国内领先地位、在国际上具有较强竞争力、对经济社会发展具有重大作用、具备进入世界一流行列或前列基础和实力的大学，支持建设 100 个左右学科，重点支持一批接近或达到世界先进水平的学科，加强建设关系国家安全和重大利益的学科，重点布局一批国家急需、支撑产业转型升级和区域发展的学科，积极发展一批新兴学科、交叉学科，覆盖哲学社会科学、自然科学、工程技术等重点领域，努力形成支撑国家长远发展的建设体系，大力提升国家自主创新能力和核心竞争力。每五年一个建设周期，建设高校及学科实行开放竞争、动态调整。

提升高等学校创新能力。围绕国家发展重大需求，按照“国家急需、世界一流、制度先进、贡献突出”的总体要求，创新体制机制，深化高校与高校、科研院所、行业企业和国外科研机构的合作，汇聚创新资源和要素，构建协同创新的新模式，全面提升高等学校的人才、学科、科研三位一体创新能力，抢占世界科技创新制高点。

（五）强化高校创新体系建设

全面提升高校科技创新能力。推动高等学校全面参与国家创新体系建设，在优化布局、分类整合的基础上，统筹研究建设国家级科研基地，组织和支持高校积极参加国家科技计划（专项、基金等）和国家级科技创新基地建设，承接国家重大科研项目。优化高校基础研究环境，充分发挥学科、人才优势，凝练主攻方向，聚焦重大科学问题和战略技术问题开展基础技术、前沿技术、非对称技术、“杀手锏”技术、颠覆性技术研究，以基础性的突破带动全局性的创新。支持高校根据国家对外科技合作总体部署，提出并牵头组织、深度参与国际大科学计划和大科学工程。支持高校图书馆建设知识产权信息服务中心，为促进高校创新提供服务。

深化高校科研体制改革。完善中央高校基本科研业务费制度，形成经费长效支持机制，鼓励有条件的地区设立地方高校基本科研业务费，支持研究型大学开展自由探索的基础研究。落实高校科研项目预算调整、间接费用统筹使用、劳务费分配管理、结转结余资金按规定使用等自主权。探索实行充分体现人才创新价值和特点的经费使用管理办法，进一步发挥科研项目资金的引导激励作用，明确劳务费开支范围和标准，提高间接费用比重，加大绩效激励力度。推动高校切实履行法人责任，健全科研经费内部管理办法。多种形式加强高校科研队伍建设，建立健全教师在岗兼职、离岗创业等制度。设置特定的创新科研岗位，聘用海外学者、国内同行和研究生，组织科学创新团队。改革科研评价制度，建立以创新质量、贡献、绩效为导向的分类评价体系。完善同行专家遴选机制和专家库，加强评价专家的自律和责任追究。

深化全方位协同创新。支持高校探索建立基于互联网的科研组织模式，开展跨学校、跨学科、跨领域、跨国界的协同创新。健全产学研协同创新机制，支持高校与行业企业、科研院所联合建设创新中心和创新平台，组建产业技术创新战略联盟，面向社会和企业开放科研基础设施和创新资源，开展产业关键共性技术以及核心基础零部件（元器件）、基础软件、先进基础工艺、关键基础材料和产业技术基础的开发攻关，以增强我国产业核心竞争力。支持高校加强国际合作联合实验室建设，建设世界一流实验室，推进产业技术国际创新合作，积极融入全球创新网络。继续实施高校学科创新引智计划。

完善高校哲学社会科学体系。坚持马克思主义指导地位，实施以育人育才为中心的高校哲学社会科学整体发展战略，把中国特色社会主义理论体系贯穿研究和教学全过程，构筑学生、学术、学科一体的综合发展体系，建立科学权威、公开透明的哲学社会科学成果评价体系，努力形成中国特色、中国风格、中国气派的学科体系、学术体系、话语体系。积极参与马克思主义理论研究和建设工程，通过开展合作研究等方式积极参与哲学社会科学创新工程，深入实施高校哲学社会科学繁荣计划。坚持以人民为中心的研究导向，加强对党中央治国理政新理念新思想新战略的研究阐释，深入开展重大现实问题、重大理论问题、重大实践经验总结研究。积极参与实施国家哲学社会科学人才工程，加大相关人才计划对哲学社会科学人才的支持力度。完善高校哲学社会科学研究创新平台体系，加强高校马克思主义学院建设，重点建好一批高校人文社会科学重点研究基地、专题数据库和文科实验室。推进中国特色新型高校智库建设。加强国别和区域重点研究基地建设。支持高校建立海外中国学术研究中心，参与和设立国际性学术组织，建设一批优秀外文学术网站和学术期刊。

专栏5　中国特色新型高校智库建设推进计划

统筹规划高校各类科研机构、人才团队和项目设置，建立形式多样、结构合理的高校智库。深化高校人文社会科学重点研究基地综合改革，重点建设一批国家急需、特色鲜明、制度创新、引领发展的专业化高端智库。建立咨政研究核心人才库，培养一批复合型智库人才和咨政研究团队。拓展成果应用渠道，支持高校举办高层智库论坛，打造智库成果发布品牌。

促进高校科技成果转化。探索完善科研成果、知识产权的归属及利益分配机制，赋予高校科技成果使用、处置和收益管理自主权，调动高校、科研机构和行业企业共同参与应用研究和成果转化的积极性。健全技术转移应用机制，鼓励有条件的高校建立知识产权运营、科技成果转化的专门队伍，形成科技成果转化和知识产权保护、应用的有效机制，推动建立完善有利于科技成果转化的评价体系。建好一批大学科技园、产业创意园和试验区，孵化和扶植一批科技与文化骨干企业。

（六）促进和规范民办教育发展

推进民办学校分类管理。建立非营利性与营利性民办学校分类管理政策体系，实行差别化扶持，加强分类指导和规范管理，推动各类民办学校明确法人属性，明晰产权归属。建立健全政府补贴、政府购买服务、助学贷款、基金奖励、捐资激励等制度，引导社会力量举办非营利性民办学校。推动民办学校适应经济社会发展需要，更新办学理念，深化教育教学改革，提高办学质量。鼓励公办学校、民办学校开展人才交流和深度合作。保障民办学校依法自主办学，完善法人治理结构，健全收费制度、资产管理和财务会计制度，建立教育质量监测、财务监管、风险防控和退出机制，规范民办学校办学秩序，防范办学风险。

鼓励社会力量进入教育领域。拓展社会力量参与教育发展的渠道和范围。建立更加透明的教育行业准入标准，强化监测监管，鼓励社会力量和民间资本通过多种方式举办学校和教育机构，提供多样化教育产品和服务。发挥市场机制的作用，支持培育教育新业态，扩大教育需求与消费。研究制定相关规范和管理办法，鼓励教育服务外包，引导社会力量为学校提供信息化课程包、实训实习、教师培训、管理支持、质量监测、就业指导等专业化服务，作为政府教育服务的重要补充。

（七）积极发展"互联网+教育"

加快完善制度环境。制定在线教育和数字教育资源质量标准，推动建立数字教育资源的准入和监管机制，完善数字教育资源知识产权保护机制，鼓励企业和其他社会力量开发数字教育资源，形成公平有序的市场环境，培育社会化的数字教育资源服务市场，探索建立"互联网+教育"管理规范，发展互联网教育服务新业态。出台教育数据管理规定，健全安全管理制度，形成教育数据资源开放共享制度机制，确保网络安全与教育资源内容安全。创建一流网络安全学院，加强国家网络安全人才和创新基地建设，形成网络安全人才培养、技术创新、产业发展的良性生态环境。

进一步改善基础条件。加快推进"宽带网络校校通"，完善学校教育信息化基础设施，加强"无线校园"建设，基本实现各级各类学校宽带网络全覆盖和网络教学环境的普及，具备条件的城镇学校实现无线网络全覆盖，鼓励具备条件的学校配置师生用教学终端。完善国家教育资源公共服务平台，推动形成覆盖全国、互联互通、协同服务的数字教育资源公共服务体系。完善国家教育管理公共服务平台，积极推动国家教育资源与教育管理平台的整合集成和协同发展。广泛应用区域教育云等模式，积极推动各级各类学校建设基于统一数据标准的信息管理平台，实现各类数据伴随式收集和集成化管理，形成支撑教育教学和管理的教育云服务体系。推动职业学校网络仿真实训环境建设。推动高校建立基于互联网、云计算技术的科研协作平台。

全力推动信息技术与教育教学深度融合。建设课程教学与应用服务有机结合的优质在线开放课程和资源库，全面推进"优质资源班班通"，鼓励教师利用信息技术提升教学水平、创新教学模式，利用翻转课堂、混合式教学等多种方式用好优质数字资源。深入推进"网络学习空间人人通"，形成线上线下有机结合的网络化泛在学习新模式。引导学校与教师依托网络学习空间记录学生学习过程，进行教学综合分析，创新教学管理方式。鼓励学校利用大数据技术开展对教育教学活动和学生行为数据的收集、分析和反馈，为推动个性化学习和针对性教学提供支持。支持各级各类学校建设智慧校园，综合利用互联网、大数据、人工智能和虚拟现实技术探索未来教育教学新模式。鼓励高等学校基于互联网开展学历与非学历继续教育。

推进优质教育资源共建共享。着力加强"名师课堂"、"名校网络课堂"、"专递课堂"、"在线开放课程"等信息化教育教学和教师教研新模式的探索与推广，加快优质教育资源向农村、边远、贫困、民族地区覆盖；积极鼓励高等学校和职业学校依托优势学科专业开发具有竞争力的在线开放课程，制定在线开放课程教学质量评价标准和学分认定管理办法，将在线课程纳入培养方案和教学计划。鼓励学校或地方通过与具备资质的企业合作、采用线上线下结合等方式，推动在线开放资源平台建设和移动教育应用软件研发。整合各类优质教育资源，推进资源普遍开放共享，鼓励师生共建共享优质资源，加快推动教育服务模式和学习方式的变革。

专栏6 推进"互联网+教育"发展

继续推进"三通两平台"建设与应用,推进数字教育资源普遍开放共享。面向教育发展落后地区和特殊人群,提供公益性数字教育资源服务。加快教育大数据建设与开放共享。发展现代远程教育和在线教育,实施"互联网+教育培训"行动,支持"互联网+教育"教学新模式,发展"互联网+教育"服务新业态。

四、协调推进教育结构调整

(一)推进区域教育协调发展

优化教育资源区域布局。科学规划、分类指导、统筹推进东部、中部、西部和东北地区教育发展。新增教育资源重点向革命老区、民族地区、边疆地区、集中连片特困地区倾斜。推动东部地区率先实现教育现代化。支持东北地区加快提升教育服务支撑老工业基地全面振兴的能力。加快中西部地区教育发展,优化顶层设计,整合工程项目,加强最薄弱环节,深入实施中西部高等教育振兴计划和中西部高校基础能力建设工程,支持中西部本科高校改善办学条件,提高办学水平,办好一批高水平大学,立足中西部经济社会发展实际,大力发展职业教育,增加中西部优质教育资源,提升教育发展综合实力,进一步缩小与东部发达地区差距。继续实施支援中西部地区招生协作计划、农村和贫困地区定向招生专项计划,扩大农村贫困地区学生接受优质高等教育机会。进一步支持赣南等原中央苏区和其他重点贫困革命老区教育发展。

支持国家重大区域发展战略实施。推动"一带一路"建设相关省区市教育合作。加大对"一带一路"建设核心区高等教育和职业教育发展的支持力度。落实京津冀协同发展战略,探索跨行政区划的教育协同发展体制机制,推动三省市教育协同发展,有序疏解北京非首都功能。加强长江经济带教育互联互通,完善区域教育协作机制,引导高等教育、职业教育资源布局与产业由东向西梯度转移相衔接。支持国家重点改革试验区教育创新,及时总结推广试点经验并制度化。

(二)优化城乡基础教育布局

统筹规划城乡教育发展。完善城乡教育布局规划制度和学校布局调整机制,强化省级人民政府对基础教育的统筹规划,以县为基础,建立健全与常住人口变化趋势和空间布局相适应的城乡学校布局建设机制,合理规划学校服务半径。统筹城乡学校布局和建设规模,严控超大规模学校建设,有序扩大城镇学前教育、义务教育资源。城镇新建居住区配建学校、幼儿园实行"交钥匙"工程,促进学校、幼儿园与住宅项目同步规划、同步建设、同步交付使用。加强重点小城镇、城乡结合部、新建城区和城镇危旧房改造区学校建设,增加城镇义务教育学位和乡镇学校寄宿床位,到2020年基本消除56人以上"大班额"。统筹推进县域内城乡义务教育一体化改革发展,实现常住人口基本公共教育服务全覆盖。

加强农村学校布局规划。在交通便利、公共服务成型的农村地区合理布局义务教育学校。针对地广人稀地区、山区、海岛等特殊困难地区人民群众就学需求,合理布局并办好一批寄宿制学校、边境地区学校,保留并办好必要的小规模学校和教学点,努力保障学生就近入学、接受有质量的教育。合理制定闲置校园校舍综合利用方案,优先用于教育事业发展。

（三）加快发展现代职业教育

完善职业学校布局结构。强化地市级人民政府对中等职业教育的统筹规划，根据城镇化和产业布局调整完善职业学校布局，根据产业发展对技术技能人才的需求优化职业教育体系结构。鼓励产业经济发达地区做好县域内中等职业学校布局规划。新增高等职业学校主要向中小城市、产业集聚区布局。在人口集中和产业发展需要的贫困地区建好一批中等职业学校，重点支持贫困地区建设好符合当地经济社会发展需要的中等职业学校。根据各主体功能区的定位，推动区域内职业学校科学定位，使每一所职业学校集中力量办好当地经济社会发展需要的特色优势专业（集群）。着力建设一批服务现代产业发展和扶贫开发等重点工作领域的高水平职业学校，形成国家重点行业都有骨干职业学校支撑的技术技能人才培养格局，服务产业结构调整优化。

提升职业学校基础能力。分类制定职业学校办学标准，实施现代职业教育质量提升计划等项目，提升职业学校办学条件特别是实习实训条件和“双师型”教师队伍建设水平。鼓励社会力量参与举办职业教育。按照鼓励竞争、扶优扶强的原则，通过与行业企业合作，集中力量建设一批高水平职业学校。支持东中西部地区职业学校加强对口合作，通过联合办学、委托管理、集团化办学等形式，提升专业建设、课程开发、学校管理水平。

专栏 7　高水平职业学校建设

围绕深化产教融合、校企合作、工学结合主线，支持 100 所左右高等职业学校和 1000 所左右中等职业学校建设，改善基本办学和实习实训条件，强化国家重点领域产业和区域支柱产业相关专业建设，重点提升学校服务学历教育、社区教育、职工教育培训等能力，建成一批人才培养、科技创新、专业建设与产业融合发展的高水平职业学校。

强化大国工匠后备人才培养。着力提升职业学校人才培养质量，加强职业精神培育，推进产业文化、优秀企业文化、职业文化进校园进课堂，促进职业技能和职业精神高度融合，着力培养崇尚劳动、敬业守信、精益求精、敢于创新的工匠精神。推动职业学校与行业企业共建技术工艺和产品研发中心、实验实训平台、技能大师工作室等，完善职业学校学生技能竞赛制度，统筹职业学校教学体系和竞赛体系，建立健全大国工匠优秀后备人才早期发现、选拔和培养制度。打通职业教育人才培养通道，让职业学校学生的技术技能可以通过不断深造得到发展。

（四）调整高等教育结构

推进高等教育分类发展、合理布局。推动地方开展高等学校分类管理改革试点，以人才培养定位为基础建立高等教育分类体系，研究制定高校分类设置、分类指导、分类拨款、分类评估等制度，努力形成高等学校科学定位、特色发展的局面。改进高等院校设置和招生计划管理办法，探索建立高校办学条件预警机制和退出机制，引导地方着力办好现有高校，强化省级人民政府对高等教育的统筹规划，新增高等教育资源向新的城镇化地区、产业集聚区、边境城市延伸。优先发展应用技术类型高校、小规模有特色学院。加快建成一批为地方经济和社会发展服务的高水平应用型高等学校和高等职业学校。根据高等学校设置制度规定，将符合条件的技师学院纳入高等学校序列。

推动具备条件的普通本科高校向应用型转变。推动各地开展转型发展试点，加强对改革试点的统筹指导，加快推进配套制度改革，总结推广试点典型经验。充分发挥试点高校改革创新的主动性、积极性和示范引领作用，引导高校从治理结构、专业体系、课程内容、教学方式、师资结构等方面进行全方位、系统性的改革，把办学思路真正转到服务地方经济社会发展上来，把办学定位转到培养应用型和技术技能型人才上来，转到增强学生就业创业能力上来，把办学模式转到产教融合、校企合作上来，到“十三五”末，建成一批直接为区域发展和产业振兴服务的中国特色高水平应用型高校，形成科学合理的高等教育结构。

专栏 8　应用型本科高校建设

支持一批地方应用型本科高校建设，重点加强实验实训实习环境、平台和基地建设，鼓励吸引行业企业参与，建设产教融合、校企合作、产学研一体的实验实训实习设施，推动技术技能人才培养和应用技术创新。

提高应用型、技术技能型和复合型人才培养比重。新增高等教育招生计划主要向应用型、技术技能型人才培养倾斜。稳步扩大研究生培养规模。扩大专业学位硕士研究生培养比例，积极稳妥推进博士专业学位研究生培养，新增计划主要用于紧缺人才培养。加快发展新兴学科、交叉学科。推进军民融合，改革完善依托国民教育培养军事人才的政策制度，做好普通高校国防生培养工作，扩大高等学校与军队合作培养军地两用人才规模。

（五）大力发展继续教育

加快构建终身教育制度。制定国家资历框架，建立个人学习账号和学分累计制度。统筹协调各相关部门，建立各类继续教育基本统计制度。建立多种学习成果认证平台。探索高中后教育全面实行学分制，实行弹性学制和学习者自主选课。探索建立与完全学分制相适应的高校教育教学、课程设置、学籍管理、按学分收费等各项制度，推动各类高等学校之间以课程为基础开展学分认定和转换。创新高等教育自学考试学分认定和转换，完善不同专业、不同主考院校的学分认定和转换，推动高等教育自学考试认可高等学校课程学分，探索将高等教育自学考试学分转换为高等学校学分。探索非学历教育学习成果认定和转换，使各种非学历学习成果通过一定的标准和程序，经过高等学校和自考机构认定后，可转换成相应的课程学分，认定标准由高等学校自主制定。允许学习者通过课堂学习、在线学习、自学等方式获得学分，建立健全职业教育与普通教育、学历教育与非学历教育、职前教育与职后教育沟通衔接的机制，逐步扩大高等学校招收有实践经历人员的比例，制定不同人群接受教育的资助制度，使所有公民都有机会通过直接升学、先就业再升学、边就业边学习等多种方式不断发展。

专栏 9　建立学分银行和信息化平台

完善学习成果认证制度，通过部分地区率先探索、以点带面的方式，推进国家学分银行建设，为每一位学习者提供能够记录、存储自己的学习经历和成果的个人学习账号，对学习者的各类学习成果进行统一的认证与核算，使其在各个阶段通过各种途径获得的学分可以得到积累或转换。被认定的学分，可累计作为获取学历证书、职业资格证书或培训证书的凭证。

加强继续教育平台建设。明确各类高等学校和职业学校发展继续教育的职责任务、考核标准，推动高等学校和职业学校进一步开放办学，面向城乡从业人员广泛开展教育培训服务，特别是面向行业企业，持续开展职工继续教育，重点增强职工的职业理想，提高职业道德、技术技能、管理水平以及学历层次。加强顶层设计，完善自学考试制度，办好开放大学，提供优质继续教育资源。继续办好各类成人教育机构。支持办好企业大学和企事业单位职工继续教育基地，鼓励各类社会培训机构依法开展教育培训活动。充分发挥成人、社区教育机构、县级职业教育中心、农业广播电视学校的作用，使之成为区域职业教育与培训、技术推广、扶贫开发和社会生活教育的开放平台，健全遍布城乡的继续教育网络。

统筹扩大继续教育服务。强化省级、地市级政府对继续教育的统筹规划，加快构建政府、企业、社会共同参与的终身学习激励机制，建设覆盖全国城乡、开放便捷的终身学习公共服务体系。整合继续教育资源，基于社会工作岗位需求，向学习者提供教育培训“技能包”。重视开展面向现役和退役军人的继续教育，着力落实好退役大学生士兵专项硕士研究生招生计划等政策。整合资源，健全城乡一体的社区教育办学网络，广泛开展城乡社区教育，促进学校教育资源服务社区居民。推动学习型城市建设。持续开展“全民终身学习活动周”，倡导全民阅读。推进老年教育机构逐步纳入地方公共服务体系，完善老年人学习服务体系，办好老年大学，有效扩大老年教育资源供给。

专栏 10　发展继续教育

建立面向全民的终身学习成果认证、积累与转换公共服务平台。为进城定居农民工、新型职业农民、现代产业工人和退役军人等重点人群提供学历和非学历继续教育，推进实施农民继续教育，支持农民通过半工半读方式就近接受职业教育和培训。实施农民工学历与能力提升行动计划，资助 150 万名符合入学条件的农民工接受本、专科学历继续教育。

（六）加快培养现代产业急需人才

加快学科专业结构调整。扩大高等学校和职业学校专业设置自主权，除对涉及国家安全、公共安全和人身安全等特殊行业的学科和专业实行国家管理外，学校依法自主设置专业。加强专业设置政策引导，及时修订中职、本专科专业目录和研究生学科目录，调减社会需求不足的长线专业。推动高校加快新兴交叉学科建设，通过专业改造等方式设置复合型专业。发挥行业协会与行业职业教育教学指导委员会作用，探索建立多部门协同的人才需求预测机制，完善资源配置机制和评估评价机制等，引导学校围绕科技创新和经济社会发展需要设置专业，形成办学特色。

专栏 11　服务现代产业的新兴学科专业集群建设

建设一大批以校企合作为基础，集人才培养、继续教育、科研创新、科技服务于一体的专业集群，校企联合开发课程和教学资源，联合培养培训师资队伍，共建实验实训实习基地。优先在北京、上海、武汉等地建设一批集成电路实训基地，构建我国集成电路人才培养学科专业集群，加快人才培养和产业关键技术研发。

大力培养现代农业人才。加大对涉农学科专业的投入力度和学生资助力度，推进涉农学科、专业现代化。深化农业人才培养模式改革，加快培养现代农业领军人才、高技能人才和新型职业农民。充分发挥农业院校在新型职业农民培育、农业科技创新、农业技术推广应用等方面的重要作用，形成与现代农业发展相适应的农业人才培养和农业技术创新推广网络。

加快培养战略性新兴产业急需人才。面向“中国制造 2025”重点领域，支持高水平大学加强制造业相关核心技术学科、专业建设，支持职业学校开设先进装备制造和基础制造相关专业。继续实施专业技术人才知识更新工程和先进制造卓越工程师培养计划，加快培养急需工程技术人才。扩大节能环保、新一代信息技术、生物、高端装备制造、新能源、新材料和新能源汽车等战略性新兴产业人才培养规模。服务国家“互联网+”行动、大数据战略，打破传统学科、专业局限，大力发展移动互联网、云计算、大数据、物联网、智能硬件、集成电路等新兴学科专业，加快培养信息技术与产业升级、技术创新和社会服务融合发展的复合型人才。

加强现代服务业和社会管理服务人才培养。完善生产性和生活性服务业人才培养体系，加快培养研发设计、知识产权、检验检测、现代物流、电子商务、金融、涉外法律、国际交流、旅游、健康、体育以及涉老等领域的新型专业人才。完善全科医学人才培养体系，为贫困地区和农村基层定向免费培养全科医学人才。加强儿科等紧缺人才培养，支持儿科医疗资源短缺的地区在有条件的高校举办儿科学本科专业。支持建设康复大学，加快培养康复人才。加强专业社会工作人才培养。积极推动公安院校、公安专业人才招录培养制度改革，加强公安专业人才培养。

五、协同营造良好育人生态

（一）优化校园育人环境

加强校园文化建设。加强和改进学校管理和课堂教学管理，严格课堂纪律、考试纪律、生活纪律，树立良好校风校纪。广泛开展文明校园创建，开展形式多样、健康向上、格调高雅的校园文化活动，推进“一校一品”校园文化建设，引导各级各类学校建设特色校园文化。加强校园网络内容建设，打造若干具有广泛影响的核心价值观主题教育网站和网络互动社区。整合利用资源，探索学校和社会文化基础设施共建共享。继续推进乡村学校少年宫建设。

创建平安校园。开展教育系统稳定风险评估和监测。加强教育系统防灾减灾能力建设。加快学校危旧房改造，消除校舍安全隐患。巩固高等学校后勤改革成果，健全各级各类学校后勤保障机制。完善学校重大突发事件快速反应机制，健全学校安全管理制度，推进学校公共安全视频监控建设及联网应用工作，加强人防、物防、技防设施建设，确保学校食品、人身、设施和活动安全。构建预防和惩治“校园欺凌”的有效机制，防范校园恶性安全事件。探索建立学生意外伤害援助制度，完善事故处理和涉校涉生矛盾纠纷仲裁、调解机制，依法维护学校正常教育教学秩序和师生合法权益。

（二）改善社会育人环境

建立政府、学校、社会、家庭全面参与的协同育人工作机制。落实政府主导责任，坚持正确的舆论导向，壮大主流思想舆论，创新和改进网上宣传，把握网络传播规律，充分利用微博、微信等新媒体、新手段，为青少年提供内容健康向上、具有艺术魅力的精神产品，弘扬主旋律，激发正能量，加强教育公益宣传，引导社会树立正确的教育观、人才观，营造良好舆论环境。开展青年网络文明志愿行动，参与监督和遏制网上违法和不良信息传播，营造清朗网络空间。开展校园及周边文化环境综合治理行动，严禁经营性网吧向未成年人提供服务。促进企事业单位和社区履行教育责任，充分利用各类教育资源，积极参与举办职业教育与培训及育人活动，主动为学生实习、实训和社会实践提供条件和便利。认真执行就业准入制度，促进企业提高技术技能人才收入水平。明确家庭教育责任，强化家长教育，普及家庭教育常识，引导父母做好学生的第一任老师，促进青少年人格养成、心理健康成长。

优化语言文字环境。实施国家通用语言文字普及攻坚工程。强化对社会用语用字的监督检查和教育引导。基本普及国家通用语言文字，各级各类学校国家通用语言文字普及率达到95%，语言文字使用规范化程度全部达标。推进中国语言资源保护工程和语言文字规范标准建设。加强语言文字信息化关键技术研究与应用。推进国家手语和盲文规范化建设，加快规范和推广国家通用手语和盲文。加大中华经典资源库建设工作力度。广泛开展中华经典诵读、规范汉字书写等系列活动。继续办好弘扬传播中华优秀语言文化的品牌节目，打造中国语言文化传播品牌。

（三）构建教育诚信环境

着力加强诚信教育，把诚信教育纳入人才培养各环节，引导学生养成诚实守信的道德品质。完善诚信考试管理体系，充实国家教育考试诚信档案数据库，将有关信用记录纳入全国信用信息共享平台，加大对考试违纪、论文抄袭、学历学位造假等失信违约行为的监督和处罚力度。建立健全定向培养学生履约情况记录与违约惩戒机制。

（四）建立科学评价体系

充分发挥教育评价对科学育人的导向作用，把促进人的全面发展、适应经济社会发展作为评价教育质量的根本标准。全面改进各级各类教育评价体系，注重考查学生适应社会发展和终身发展的能力，防止单纯以升学率考核学校和教师、单纯以分数评价学生。探索实行利益攸关方共同参与的开放式评价，完善评价结果公开机制。

推进基础教育质量综合评价改革。面向未来，明确各学段学生发展核心素养，实施基于核心素养的教学评价，促进学生全面发展和可持续发展。构建教育质量综合评价指标体系，把学生的品德、学业、身心发展水平和兴趣特长养成等作为评价学校教育质量的主要内容。建立学业负担监测机制，切实减轻中小学生过重课业负担。

构建科学的职业教育评价制度。将学习者职业道德、技术技能水平和就业创业能力作为评价的主要内容，强化实习实训环节的评价。支持行业组织开展职业学校人才培养质量评估，完善学校、行业、企业、研究机构和其他社会组织共同参与的职业教育质量评价机制。完善职业教育质量年度报告制度。鼓励企业、用人单位开展毕业生就业质量、满意度等评价。提升人才培养和行业需求的吻合度。

改进高校人才培养质量评价。按照培养有理想、有追求、有担当、有作为、有品质、有修养大学生的目标要求，实施教学质量国家标准，规范专业领域人才培养基本要求，鼓励行业部门（协会）制定人才评价标准，推动高校制定各专业人才培养标准和评价办法。坚持思想道德修养和文化知识学习、创新思维和实践能力、全面发展和个性发展紧密结合，坚持高校学生学习过程性和结果性评价相结合，严格课程考核标准和管理，探索基于真实任务的评价方法，注重考核学生运用知识系统分析问题和解决问题的能力。

（五）建设绿色校园

加强节约型校园建设。推动在教育系统实施能效水效领跑者引领行动。开展绿色校园建设试点。修订和落实学校建设标准，强化绿色节能环保要求。提高学校节能水平，加强节能运行管理和监督评价，探索建立学校用电、用能、用水等资源利用统计和报告公示制度，制定垃圾回收管理办法。完善评价监管措施，形成有利于节约的约束和激励机制，使学校能最大限度地节约各类资源，保护环境并减少污染。鼓励引导有条件的地区和学校应用新能源、新技术。

建设美丽校园。加强校园绿化和环境美化。完善校园环境安全标准，严格对学校土壤、水源、建筑和装修材料、教学仪器设备、体育设施器材、室内空气等的环保检测与管理,为师生提供安全、绿色、健康的教学和生活环境。

六、统筹推动教育开放

(一)优化教育对外开放布局

实施共建"一带一路"教育行动。积极倡议"一带一路"沿线各国构建教育共同体,开展教育互联互通、人才培养培训、丝路合作机制建设等方面重点合作,对接沿线各国意愿,互鉴先进教育经验,共享优质教育资源。设立"丝绸之路"中国政府奖学金。加强与"一带一路"沿线国家学校学历互认、师生互换,建立更加密切的教育合作交流机制。支持有条件的高校和职业学校配合企业走出去,建立办学机构、研发机构。

分类推进教育国际合作交流。加强与大国、周边国家、发展中国家教育务实合作,形成重点推进、合作共赢的教育对外开放局面。以优质资源请进来为重点,深化与发达国家教育合作交流;以教育走出去为重点,扩大与发展中国家教育合作交流。加强与东南亚、非洲国家教育合作。增进新欧亚大陆桥、中国—中亚—西亚、中巴、孟中印缅、中蒙俄等重要廊道及澜湄合作机制下的区域教育合作交流。加强与有关国家语言人才培养合作,加快培养各类非通用语种人才。

打造区域教育对外开放特色。支持东部地区整体提升教育对外开放水平,率先办出中国特色、世界水平的现代教育。加大政策倾斜力度,支持中西部地区、东北地区不断扩大教育对外开放的广度和深度。引导沿边地区利用地缘优势,推进与周边国家教育合作交流。

专栏12 推进共建"一带一路"教育行动

在中国政府奖学金中设立"丝绸之路"项目。对接"一带一路"沿线国家和地区,遴选一批具备一定学科专业、国际交流和人才培养、国别研究基础的高校和职业学校,建设一批"一带一路"人才培养基地,专门培养高素质复合型人才,从"一带一路"沿线国家和地区高校吸引研究相关国家经济、文化、法律等领域的专家学者来华任教,开展"一带一路"国别教育、语言文字、经济、法律、文化、政策等决策咨询研究。实施"一带一路"建设外语非通用语种人才培养专项,支持具备条件的高校开设一批外语非通用语种新专业,培养外语非通用语种人才。

(二)提升教育开放层次和水平

提高留学教育质量。优化出国留学服务工作,健全留学人员信息化管理服务机制,完善留学人员管理服务体系。加强统筹规划,完善派遣政策,充分发挥国家公派留学对高端人才培养的调控补给作用,加快培养国家战略急需人才。实施留学中国计划,打造"留学中国"品牌。建立来华留学质量标准和保障体系,提高师资和课程的国际化水平,加强来华留学管理与监督,提升来华留学服务水平,稳步扩大来华留学规模。更好发挥中国政府奖学金的引领作用,创新奖学金管理模式,加强精英人群培养。做好来华留学校友工作。

深化中外学校间交流与合作。支持有条件的中小学校与国外学校建立友好学校关系,开展多渠道对外文化教育交流,拓展国际视野。支持职业学校和应用型高校引进国(境)外高水平专家和优质课程资源,鼓励中外职业学校教师互派、学生互换。支持研究型大学与世界一流大学和学术机构开展高水平人才联合培养及科学联合攻关，依托优势学科举办高水平国际学术论坛，打造高端国际学术交流合作平台。完善高校教师和科研人员出国交流、国际会议、外事接待等管理制度，开展大中小学校长和骨干教师海外研修培训，鼓励支持教师更广泛更深入地参加国际学术交流与合作。

提升中外合作办学质量。加强中外合作办学管理，完善准入制度，简化审批程序，完善评估认证，强化退出机制，加强信息公开，健全质量保障体系。建立合作办学成功经验共享机制，突出合作办学对学校教学改革的推动作用。重点围绕国家急需的自然科学与工程科学类专业建设，引进国外优质教育资源，建设一批示范性合作办学机构和项目，鼓励和支持职业学校与国外一流职业学校开展合作办学，培养高水平技术技能人才，鼓励研究型大学与世界一流大学在优势学科领域合作举办非独立设置的二级学院，共建研究机构，建设一流学科，推动国内高校和职业学校提升办学水平。

（三）积极参与全球教育治理

深化多边教育合作。推动与联合国教科文组织建立高层定期磋商机制，巩固提升合作水平。完善上海合作组织、亚太经合组织等多边教育部长会议机制，完善金砖国家教育合作机制，拓展亚太经合组织等平台的教育合作空间，以学分互认为重点，推动学生交流，深入参与相关多边教育行动。完善国际组织人才培养机制，有计划地培养推荐优秀人才到国际组织任职。

深度参与国际教育规则制定。加强对各类国际重大教育规则的研究，充分利用国际组织平台，主动在全球教育发展议题上提出新主张、新倡议和新方案。创新方式，推广我国教育评估认证标准和教育改革发展的经验，强化我国在国际教育治理中的负责任形象。

开展教育国际援助。进一步做好教育对外援助，重点投资于人、援助于人、惠及于人。统筹利用国家和民间资源，加快对外教育培训中心和教育援外基地建设，为发展中国家培养培训管理人员、教师、学者和各级各类技术技能人才。积极开展优质教学仪器设备、整体教学方案、配套师资培训一体化援助。结合我国对外援助项目，鼓励教师与青年学生到发展中国家参与项目建设和提供志愿者服务。

（四）统筹推进中外人文交流

完善中外人文交流机制。发挥人文交流在国家对外工作大局中的支柱作用，深化中俄、中美、中英、中欧、中法、中印尼人文交流，加强部门间协同，整合凝聚社会力量，打造一批中外人文交流品牌项目，推动形成机制多层次和区域全覆盖的人文交流良好格局。整合搭建政府间教育磋商、教育领域专业人士务实合作、教师学生友好往来平台。拓展政府间语言学习交换项目，联合更多国家开发语言互通共享课程，推进与世界各国语言互通，提升讲好中国故事、传播中国理念的能力。

办好孔子学院。坚持相互尊重、友好协商、平等互利，完善孔子学院布局。大力加强中方合作院校支撑能力建设，建立健全汉语国际教育学科体系，着力打造一支高素质院长和教师专职队伍，大力培养各国本土汉语师资。办好孔子学院院长学院、示范孔子学院、网络孔子学院，鼓励中资机构、社会组织等参与孔子学院建设，不断提升孔子学院（课堂）的办学质量和水平。深入实施“孔子新汉学计划”，深化与世界各国语言文化交流，支持各国将汉语纳入本国国民教育体系，更加广泛地学习和使用汉语。

（五）深化内地和港澳、大陆和台湾地区教育合作交流

完善内地和港澳教育合作与交流机制。支持港澳加强青少年学生中国历史文化和国情教育，加强内地与港澳在师资、课程、教材、教学、考试评价、督导等领域合作。积极创造条件大力吸引港澳学生到内地就学。提升内地与港澳教育交流合作水平，创新方式、扩大规模、加强利益关联、促进

优势互补，推动内地和港澳教育共同发展。

打造大陆和台湾地区教育合作交流平台。支持两岸教育工作者交流教育发展理念。加强学生交流互访。扩大两岸高校学历互认范围。做好招收台湾学生来大陆学习和大陆学生赴台就学工作。完善两岸语言文字交流合作机制。

七、全面提升教育发展共享水平

（一）打赢教育脱贫攻坚战

全面推进教育精准扶贫、精准脱贫。对接农村贫困人口建档立卡数据库，提高教育扶贫精准度，让贫困家庭子女都能接受公平有质量的教育，阻断贫困代际传递。进一步完善贫困县的教育扶持政策，相关教育项目优先支持贫困县。鼓励地方扩大营养改善计划试点范围，中央财政给予奖补支持，实现集中连片特困地区县、国家扶贫开发工作重点县全覆盖。免除公办普通高中建档立卡等家庭经济困难学生（含非建档立卡的家庭经济困难残疾学生、农村低保家庭学生、农村特困救助供养学生）学杂费，加大对贫困家庭大学生的资助力度。继续对农村和贫困地区学生接受高等教育给予倾斜，让更多困难家庭孩子能够受到良好教育，拥有更多上升通道。

加大职业教育脱贫力度。启动实施职教圆梦行动计划，省级教育行政部门统筹协调国家示范和国家重点中职学校，选择就业好的专业，单列招生计划，针对建档立卡贫困家庭子女招生，确保至少掌握一门实用技能，提升贫困家庭自我发展的“造血”能力。实施中等职业教育协作计划，支持建档立卡贫困家庭初中毕业生到省（区、市）外经济较发达地区接受中等职业教育。

强化教育对口支援。实施教育扶贫结对帮扶行动，推进省内城镇中小学、优质幼儿园对口帮扶农村中小学、幼儿园，实现每一所贫困地区学校都有对口支援学校。鼓励高水平大学尤其是东部高校扩大对口支援中西部高校范围，加强东部职教集团和国家职业教育改革示范校对口帮扶集中连片特困地区职业学校。继续推进定点联系滇西边境山区工作。

专栏13　教育脱贫攻坚行动计划
省级政府统筹学前教育资金向贫困县倾斜。支持各地2017年底前完成贫困县全面改善农村义务教育薄弱学校基本办学条件任务。加快发展职业教育，因地制宜，分类推进，让贫困地区每个劳动者都有机会接受适应就业创业需求的职业教育和培训。实现家庭经济困难学生资助全覆盖。

（二）促进义务教育均衡优质发展

推动县域内均衡发展。加快推进县域内城乡义务教育学校建设标准统一、教师编制标准统一、生均公用经费基准定额统一、基本装备配置标准统一和“两免一补”政策城乡全覆盖，基本实现县域校际资源均衡配置。完善校长教师轮岗交流机制和保障机制，推进城乡校长教师交流轮岗制度化、常态化。推广集团化办学、强校带弱校、委托管理、学区制管理、学校联盟、九年一贯制学校等办学形式，加速扩大优质教育资源覆盖面，大力提升乡村及薄弱地区义务教育质量。在确保2020年全国基本实现县域内义务教育均衡发展的基础上，推动有条件的地区实现市域内均衡发展。

缩小区域差距。省级政府加强统筹，缩小省域内义务教育发展水平差距。各地要因地制宜建立完善义务教育学校建设基本标准，科学推进城乡义务教育公办学校标准化建设，改善薄弱学校和寄宿制学校办学条件。严禁利用财政资金建设超标准豪华学校，杜绝政绩工程、形象工程。推动东中西部义务教育发展更加均衡，提高中西部地区义务教育质量和保障水平，缩小与东部发达地区的差距。

巩固提高普及水平。着力提升辍学现象比较集中的农村、边远、贫困和民族地区教育质量。建立义务教育巩固率监测系统，全面落实控辍保学责任制，建立行政督促复学机制，推动政府、学校、家庭、福利机构、共青团组织和社区联保联控。建立帮扶学习困难学生的责任制度，因地制宜促进农村初中普职教育融合，提供多种成长通道，妥善解决农村学生上学远和寄宿生家校往返交通问题。加大对贫困生帮扶力度，努力不让一个孩子掉队。加快实现义务教育学校管理标准化，整体提升义务教育质量。

（三）加快发展学前教育

继续扩大普惠性学前教育资源，基本解决“入园难”问题。以区县为单位实施学前教育行动计划及后续行动。支持企事业单位和集体办园，扩大公办学前教育资源。完善普惠性民办幼儿园扶持政策，鼓励地方通过政府购买服务、补贴租金、培训教师等方式，加快民办普惠性幼儿园发展。发展0—3岁婴幼儿早期教育，探索建立以幼儿园和妇幼保健机构为依托，面向社区、指导家长的公益性婴幼儿早期教育服务模式。

提高幼儿园保育教育质量。健全学前教育管理体制，强化省级政府的统筹责任，落实县级政府发展学前教育和幼儿园监管的主体责任。加大对贫困地区、民族地区学前教育薄弱环节的扶持力度。建立学前教育质量评估监管体系，落实《幼儿园工作规程》，加强对各类幼儿园准入、安全、师资、收费、卫生保健及质量等方面的日常指导和监管，落实信息公示制度，强化社会监督。着力提升学前教育教师、保育员素质。

（四）普及高中阶段教育

巩固提高中等职业教育发展水平。在义务教育阶段开展职业启蒙教育。保持普通高中和中等职业教育招生规模大体相当，在中西部地区以中等职业教育为重点发展高中阶段教育。加强中等职业教育基础能力建设，重点改善贫困地区和薄弱中等职业学校基本办学条件。调整优化资源配置，统筹办好一批中等职业学校。建立中等职业学校与普通高中统筹招生制度和统一招生平台，扩大优质中等职业学校招生的区域范围和招生规模。

促进普通高中多样化发展。继续支持贫困地区和民族地区普通高中建设。探索综合高中、特色高中等多种模式，促进学校特色发展，为学生提供更多选择机会。推动地方适应高考制度改革和教学改革需要，加强普通高中办学条件和师资配置，确保开齐、开足、开好相关课程。推进普通高中学生发展指导制度建设。推动地方政府制定普通高中生均拨款标准，补足公办普通高中取消“三限生”（根据限分数、限人数、限钱数政策而录取的学生）政策后的经费缺口。对已纳入存量地方政府债务清理甄别结果的普通高中债务，按照地方政府债务管理政策予以偿还。

（五）加快发展民族教育

加快提高民族地区教育发展水平。加快民族地区普惠性幼儿园建设，民族地区学前三年毛入园率达到70%以上。着力提高民族地区义务教育均衡发展水平，努力消除辍学现象。加快发展符合民族地区实际的中等职业教育，继续在四省藏区推行“9+3”中职免费教育模式，提高民族地区高中阶段教育普及水平。改善民族地区职业学校办学条件，扶持发展民族优秀传统文化、现代农牧业等特色优势专业。适当提高东中部省市职业学校招收民族地区学生的比例。积极支持民族地区优化高等学校布局，提高高等学校办学水平，鼓励支持民族地区和东中部省市双向扩大高校招生规模，扩大高等教育入学机会。鼓励在民族地区的中央企业和对口援建项目吸纳当地普通高校、职业学校少数民族毕业生就业。继续做好教育对口支援新疆、西藏和四省藏区工作。对南疆等教育基础薄弱的民族地区给予特殊支持。

科学稳妥推行双语教育。加强民族地区国家通用语言文字教育，确保少数民族学生基本掌握和使用国家通用语言文字，提高少数民族语言文字教学水平，鼓励民族地区汉族师生学习少数民族语言文字，鼓励各少数民族师生之间相互学习语言文字。研究完善双语教师任职条件和评价标准。支持双语教师培养培训、教学研究、教材开发和出版，加强对少数民族文字教材的指导监管。建立健全双语教育督导评估和监测机制。

办好内地民族班。进一步加强内地民族班建设，改善办学条件。强化管理服务，探索推进混班教学、混合住宿，在内地民族班开展“走班制”等多种教学管理模式试点，促进内地民族班学生尽快融入当地学习、生活，严格考核标准，完善淘汰机制，不断提高内地民族班办学水平。

专栏 14　支持民族教育发展

加强双语教师培养培训，建设一批双语教师培养培训基地，通过特岗计划、定向培养、引导内地民族班高校毕业生到农村中小学担任双语教师等方式，补充新疆、西藏、四省藏区双语教师。加强少数民族高端人才培养，培养一批政治素质高、学术造诣深、具有国际影响力和话语权的少数民族优秀人才。落实少数民族高层次骨干人才培养计划，相关工程计划向民族地区倾斜。继续办好内地民族班，加强教育督导评估和质量监测，健全与双语教学配套的升学、考试等政策措施。办好民族院校。

（六）保障困难群体受教育权利

办好特殊教育。继续实施好特殊教育提升计划，完善特殊教育学校布局。完善随班就读支持保障政策体系，重点支持贫困地区和农村地区普通中小学开展随班就读，推行融合教育。以区县为单位，精准施策，全面普及残疾儿童少年义务教育。推动特殊教育学校和残疾儿童康复机构积极创造条件，开展残疾儿童学前教育。加快发展以职业教育为主的残疾人高中阶段教育。为家庭经济困难的残疾儿童和残疾青少年提供包括义务教育、高中阶段教育在内的 12 年免费教育。完善高等学校和职业学校招收残疾学生政策。逐步健全特殊教育课程教材体系、学校基本办学标准。实行轻中度残疾学生随班就读，中重度残疾学生在特教学校就读，为极重度残疾学生送教上门。促进教育与康复相结合，注重残疾学生潜能开发和缺陷补偿，强化职业素养和职业技能培养，加强残疾学生专业学习、就业等方面支持保障服务，促进残疾学生更好融入社会。

实现家庭经济困难学生资助全覆盖。健全更加精准的教育资助体系，确保应助尽助。建立健全以学籍为基础的全国学生资助信息管理系统，加强与人口、民政、扶贫等部门信息系统的对接。根据经济发展水平和财力状况，适时调整资助标准。优先保障特殊困难群体。逐步分类推进中等职业教育免除学杂费。不断完善国家助学金制度和助学贷款政策。

做好随迁子女教育工作。将进城务工人员随迁子女教育纳入城镇发展规划和财政保障范围。实行“两免一补”资金和生均公用经费基准定额资金随学生流动可携带。适应户籍制度改革要求，推动建立以居住证为主要依据的随迁子女入学办法，简化优化入学办理流程和证件要求，保障符合条件的随迁子女都能在公办学校或政府购买服务的民办学校就学，特大城市和随迁子女特别集中的地方可根据实际制定随迁子女入学的具体办法。实行混合编班和统一管理，帮助随迁子女融入学校和社区。进一步完善随迁子女接受义务教育后在流入地参加升学考试的政策措施。

加强对留守儿童的关爱保护。健全服务体系，突出关爱重点，建立台账，掌握情况，实行更加人性化、精细化的服务政策，重点加强对无人监护和双亲在外留守儿童的关心、照顾和救助。加大学校教育关爱力度，建立学校校长、教师联系帮扶校内农村留守儿童的机制。明确强化家庭和家长的法定教育责任，鼓励父母取得居住证的适龄儿童随父母在工作地入学。加强寄宿制学校建设，进一步改善学习生活条件，创新关爱与教育形式，加强心理辅导、法治教育和安全教育。

（七）大力促进高校毕业生就业创业

实施高校毕业生就业创业促进计划。加强对毕业生的思想教育和就业引导，围绕国家重大发展战略拓宽就业渠道，引导鼓励毕业生面向基层就业和自主创业，做好基层就业项目、大学生征兵和大学生志愿服务西部计划等重点工作。进一步完善就业创业服务体系，充分利用“互联网+就业”新模式，建立精准就业服务机制，提高高校就业创业指导水平和服务能力。进一步加大对就业困难毕业生帮扶力度，重点帮助家庭经济困难、少数民族、农村生源、残疾毕业生等各类就业困难群体就业创业，实现更加充分更高质量的就业创业。

专栏15　提升基本公共教育服务能力

以中西部地区、贫困地区和民族地区为重点，补齐基本公共教育服务短板。加强普惠性幼儿园建设，重点保障中西部农村适龄儿童和实施全面两孩政策新增适龄儿童入园需求。加强义务教育学校标准化建设，全面改善贫困地区义务教育薄弱学校基本办学条件，逐步实现未达标城乡义务教育学校校舍、场所的标准化，重点支持革命老区、民族地区、边疆地区和集中连片特困地区。实施高中阶段教育普及攻坚，在中西部集中连片特困县、国家扶贫开发工作重点县、民族地区县、革命老区县新建、改扩建一批办学条件达标的普通高中和中等职业学校，增加高中阶段教育资源。30万人口以下未建设特殊教育学校的县可根据实际需要支持接收随班就读残疾学生较多的普通学校设立特殊教育资源教室（中心）。鼓励有条件的地区试点建设孤独症儿童少年特殊教育学校（部）。依托现有特殊教育和职业教育资源，每个省（区、市）集中力量办好至少一所面向全省（区、市）招生的残疾人中等职业学校、一所盲生高中、一所聋生高中。支持招收残疾学生较多的普通学校建设资源教室，扩大特殊教育规模。

八、着力加强教师队伍建设

（一）加强师德师风建设

落实大中小学师德师风建设长效机制。坚持教书和育人相统一、言传和身教相统一、潜心问道和关注社会相统一、学术自由和学术规范相统一，引导广大教师以德立身、以德立学、以德施教。开展多种形式的师德教育，把教师职业理想、职业道德、法治、心理健康等教育融入培养、培训和管理的全过程，推动各地各校出台具体的实施细则和办法，构筑覆盖各级各类学校的师德建设制度网络，推动学校针对师德建设突出问题开展自查自纠，学校领导干部带头，全面加强教师队伍学风、教风、作风建设，努力建设一支有理想信念、有道德情操、有扎实学识、有仁爱之心的教师队伍。

加强教师思想政治工作。创新工作手段和载体，开辟思想教育新阵地，抓好骨干教师和学科带头人培训，组织广大教师开展多种形式的社会实践活动，了解国情、社情、民情，引导广大教师带头践行社会主义核心价值观，增进对中国特色社会主义的思想认同、政治认同、理论认同和情感认同。加大对新入职教师、海外留学归国教师的国情国史教育力度。大力宣传和表彰优秀教师、师德标兵，提升教师职业的崇高感和荣誉感。

完善师德师风考评监督机制。将师德师风建设作为学校工作考核和教育质量督导评估的重要内容，把师德师风表现作为教师考评的首要内容，建立个人自评、学生测评、同事互评、单位考评等多种形式相结合的考核机制，构建学校、教师、学生、家长和社会多方参与的师德师风监督体系。完善师德表彰奖励制度，将师德表现作为评奖评优的首要条件。依法依规加大对各类违反师德和学术不端行为的查处力度，对考核不合格的教师在职称评审、岗位聘用、评优奖励等环节实行一票否决制，将表现恶劣的清除出教师队伍。建立师德事件及舆情快速反应机制，及时掌握师德师风信息动态，及时纠正不良倾向和问题。

（二）提升教师能力素质

推进教师教育综合改革。加强教师教育体系建设，办好一批师范院校和师范专业，改进教师培养机制、模式、课程，探索建立教师教育质量监测评估制度。做好师范类专业认证试点工作。完善高校、地方政府、中小学“三位一体”的协同育人机制，加强师范生教育实践和教师教育师资队伍建设。全面推动教师教育改革创新，着力提高教师培养质量。继续实施卓越教师培养计划，扩大教育硕士招生规模，培养高层次中小学和中等职业学校教师。

完善教师校长培训体系。落实中小学教师校长五年一周期不少于360学时的全员培训制度，实施新一周期教师校长全员培训。建立培训学分与教师管理结合机制，构建教师校长培训学分银行，加强教师校长网络研修社区建设。加强县级教师培训机构能力建设，整合高等学校、县级教师发展中心和中小学校优质资源，建立中小学教师校长专业发展支持服务体系。加强职业学校“双师型”教师队伍建设，组织专业课教师定期参加企业实践，完善校企共建“双师型”教师培养培训体系。推进高校青年教师专业发展，加强新入职教师岗前培训，建立健全高校教师继续教育与培训制度，重点提高教育教学能力。加强特殊教育教师培养，提高特殊教育教师教育教学能力。健全和强化各级各类学校教研制度和机构，加强教研队伍建设，发挥教学名师和优秀教师的示范引领作用，鼓励青年教师参与教学团队、创新团队。开展教师信息化教育教学培训，提高教师和管理人员信息技术应用能力。全面开展依法治教和教育信息化领导力培训，提升校长和教育行政管理人员现代教育治理的意识和能力素养。注重专业培训，提高少先队辅导员和大学辅导员队伍工作水平。

培养造就教学名师。在国家和省两级认定一批教学名师，鼓励教学名师交流讲学，在全国各地带动造就一大批高水平教学人才。吸引优秀教师到中西部农村任教。鼓励教师在实践中大胆探索，创新教育模式和教育方法，形成教学特色，造就一批教育家。

（三）吸引一流人才从教

吸引优秀毕业生从教。完善师范院校提前批次录取的办法。完善免费师范生制度体系，吸引优秀学生读师范当老师。鼓励重点高校为非师范专业学生提供教师教育课程服务，畅通非师范专业毕业生从教通道。落实完善毕业生到乡村学校服务的学费代偿政策，吸引优秀毕业生到中小学和中等职业学校特别是农村学校任教。

大力引进行业企业一流人才。允许高校和职业学校设立一定比例的流动岗位，吸引具有创新实践经验的企业家、高科技人才及各类高级专业人才兼职任教。鼓励应用型高校和职业学校聘请具有实践经验的专业技术人员、高技能人才、民族民间文化传承人担任兼职教师或专业带头人。力争到 2020 年,应用型高校和职业学校有一大批行业企业认可的领军人才。

建设高校一流人才队伍。加快推进人才发展体制机制改革,优化人才发展环境,充分激发人才创新创业活力。落实好"千人计划"、"万人计划"等重大人才工程,深入实施"长江学者奖励计划"。改进人才培养支持机制,大力培养引进学科领军人才、高层次科技创新人才和青年拔尖人才。实行更积极、更开放、更有效的人才引进政策,对国家急需紧缺的特殊人才,开辟专门渠道,实行特殊政策,实现精准引进。完善引才配套政策,解决引进人才的任职、社会保障、户籍、子女教育等问题。配合外国人永久居留制度改革,健全外籍教师资格认证、服务管理等制度。加大对中西部地区、人文社科领域和青年人才支持力度。

培养造就一支高素质学校领导人员队伍。坚持党管干部原则,坚持德才兼备、以德为先的用人标准,充分结合学校特点,遵循领导人员成长规律,选拔任用讲政治、懂教育、善管理、敢担当、作风正的优秀人才担任学校领导班子成员。出台高等学校领导人员管理暂行办法,严格任职资格条件,健全选拔任用制度,拓展选人用人视野;加强领导人员培养教育和后备人才队伍建设,统筹推进交流,完善激励保障机制,加强人文关怀,造就一批国内外知名的大学校长和教育家。出台中小学校领导人员管理暂行办法,明确任职资格条件,规范选拔任用工作,完善考核评价机制,加强激励保障,建立和推行中小学校长职级制;支持学校领导人员依法依规履行职责,鼓励在实践中大胆探索创新,形成教学特色和办学风格,造就一批优秀中小学校长和教育家。

（四）优化教师资源配置

加强乡村教师队伍建设。推动省级政府建立统筹规划、统一选拔的乡村教师补充机制。逐步扩大农村教师特岗计划实施规模,鼓励地方政府和师范院校加强本土化培养,采取多种方式定向培养"一专多能"的乡村教师。探索建立新聘教师农村学校任教服务期制度,将在乡村学校或薄弱学校任教经历作为城镇中小学教师晋升高级教师的必要条件。鼓励支持教学效果好、身体健康的退休特级教师、高级教师到乡村学校支教讲学。推动地方实行城乡统一的中小学教职工编制标准,对村小学和教学点采取生师比和班师比相结合的方式核定教职工编制。全面落实集中连片特困地区乡村教师生活补助政策,依据学校艰苦边远程度实行差别化的补助标准。建立乡村教师荣誉制度,对长期在乡村学校任教的优秀教师按照国家有关规定进行表彰。

加快补充紧缺教师。推动落实幼儿园教职工配备标准,建立幼儿园教师动态补充机制,并鼓励通过政府购买岗位等方式解决幼儿园教师和保育员、保健员短缺问题,着力补足配齐幼儿园教职工。实行义务教育教师编制城乡、区域统筹和动态管理,县级教育行政部门在核定的教职工编制总额和岗位总量内,按照班额、生源等情况,充分考虑乡村小规模学校、寄宿制学校和城镇学校的实际需要,统筹分配各校教职工编制和岗位数量,并报同级机构编制部门和财政部门备案,着力解决乡村教师结构性缺员和城镇师资不足问题。配齐特殊教育教师。根据职业教育特点核定公办职业学校教职工编制,引导地方采取多种方式定向培养,加大贫困地区中等职业学校教师队伍补充力度。面向人才培养结构调整需要,优化高等学校教师结构,鼓励高等学校加大聘用具有其他学校学习工作和行业企业工作经历教师的力度。

（五）完善教师管理制度

严格教师职业准入。健全教师专业标准,明确师德和心理健康要求,完善教师资格制度。依照科学合理、分类指导原则,依法实施中小学教师资格考试制度,进行中小学教师定期登记。幼儿园新入职教师须取得幼儿园教师资格证,深化义务教育阶段教师"县管校聘"管理改革,探索将行业企业从业经历作为取得职业学校专业课教师资格的必要条件，将新入职教师岗前培训和教学实习作为取得高等学校教师资格的必备条件。

完善教师职称制度。实行教师职称评审与岗位聘用相结合的办法，全面推开中小学教师职务（职称）制度改革，在中小学设置正高级教师职务（职称），推进中等职业学校教师职务（职称）制度改革，探索在中等职业学校设置正高级职务（职称）。建立具有职业教育特点的职业学校职务（职称）评审制度。畅通民办学校教师申报参加职务（职称）评审渠道。

改进教师考核评价制度。加快研制各级各类教师队伍建设标准。建立符合大中小学教师岗位特点的评价机制，深入推进高校教师考核评价制度改革，坚持德才兼备，以实际能力为衡量标准，注重凭能力、实绩和贡献评价人才，克服唯学历、唯职称、唯论文等倾向，引导高校教师潜心教书育人，围绕国家战略需求开展科学研究。

专栏16 加强教师队伍建设

落实乡村教师支持计划，努力造就一支素质优良、甘于奉献、扎根乡村的教师队伍。继续实施“国培计划”，集中支持中西部乡村教师校长培训。实施中西部中小学首席教师岗位计划，遴选师德高尚、教学水平高、带动能力强的优秀教师，组织开展教育教学研究，带动当地教师整体水平提升。建设乡村教师周转宿舍，保障农村特岗教师、支教交流教师、农村寄宿制学校管理教师等必要的住宿生活条件。加强贫困地区中等职业学校教师补充，引导地方采取多种方式定向培养。加快高校高层次人才队伍建设。

九、加快推进教育治理现代化

（一）推进政府职能转变

深化教育行政审批制度改革。建立教育行政权力清单和责任清单制度，全面公开教育及相关政府部门职能、法律依据、实施主体、职责权限、管理流程、监督方式等事项。减少教育行政审批事项，对保留的教育行政审批要简化程序，加强信息公开，方便基层和群众办事。强化事中事后监管。严格控制对各级各类学校的项目评审、教育评估、人才评价和检查事项，强化服务功能。

优化政府服务。努力为学校提供必要的专业性指导和服务，重点加强教学指导、教师培训、基建保障、校园安全纠纷调处、就业信息、质量监测评估诊断、教育涉外机构信息、教育教学基本资源等方面服务，积极探索为学校、教师、学生服务的新途径、新方式。

健全民主决策机制。把公众参与、专家论证、风险评估、合法性审查、集体讨论决定作为重大教育决策法定程序。充分发挥国家教育咨询委员会作用。多形式多渠道听取公众和社会各界对重大教育决策的意见建议。建立科研咨询支撑行政决策的机制，加强教育智库建设，提升教育科研水平，强化教育政策储备研究。

（二）构建有效监管体系

加强教育标准工作。完善教育标准研制、审定、复审机制。加快完善国家教育标准体系，完善各级各类学校教育质量标准，健全各级各类学校建设、教育装备、教师队伍建设、教育投入、教育信息化、教育督导、学校运行、语言文字等标准。推进教育标准实施和监督。

完善教育质量监测制度。健全国家教育质量评估监测机构，继续实施国家义务教育质量监测。探索建立学前教育、特殊教育质量监测评价体系。鼓励行业企业根据职业技能标准开展职业教育质量监测，分行业定期对职业教育质量进行监测评估，建立健全职业教育质量保障体系。逐步扩大工程、医学等高等教育认证范围。分类开展普通高等学校教育教学评估工作。完善研究生教育质量评估，继续做好博士、硕士学位论文抽检，完善学位点淘汰退出机制，严肃处理论文造假行为。探索学校根据标准自定规则程序、政府监管落实情况的机制。建立基于大数据分析的质量监测机制。强化监管结果运用，建立公开承诺、权责一体、违者退出的机制。

进一步完善教育督导制度。完善督政、督学、评估监测制度体系。依法健全教育督导机构，完善督学资格准入、持证履职、聘任考核、聘期管理等制度，强化教育督导队伍建设。加强学校视导员队伍建设，建立地方政府履行教育职责督导制度，完善教育重大政策专项督导制度。完善教育督导报告发布制度，加大教育督导公开和问责力度。进一步健全督导制度，充分发挥督导促进教育改革发展的作用。

强化社会监督评价。加大信息公开力度，建立健全信息公开评议制度，推动各级教育行政部门依法、及时、全面、准确地向社会公开各项政策和重要事项，依法接受各级人大和政协监督。完善学校各类信息公开制度，保障教职工、学生、社会公众对学校重大事项和重要制度的知情权，接受社会特别是利益攸关方的监督。高校本科教学评估报告、专业评估报告、教学质量年度报告、就业质量年度报告、教学质量常态监测数据、学业质量监测结果向社会公开。充分利用全媒体拓宽信息公开的途径和范围，更充分地保证人民群众教育知情权和监督权，发挥舆论监督包括互联网监督作用，运用网络了解民意、感知社会态势、畅通沟通渠道、辅助科学决策。加强对第三方教育质量评估的监督指导，培育专业教育评价机构。鼓励行业企业、专业机构和社会组织规范开展教育评价和决策咨询，大力培育专业服务机构，委托专业机构和社会组织开展评价。

健全教育管理监测体系。加强和改进教育统计，完善教育数据信息国家服务平台，建立学生基础数据库和终身电子学籍档案等各类教育基础数据库，破除信息壁垒，构建全国教育信息资源共享体系。完善教育现代化进程监测体系和教育科学决策服务系统建设。推动各级教育行政部门和学校开展深度数据挖掘和分析，运用互联网、大数据提升教育治理水平，更好地服务公众和政府决策。

（三）全面推进依法治教

完善教育法律法规体系。推动修订职业教育法、残疾人教育条例，加快修订教师法、学位条例，推进学前教育法、终身学习法、学校安全条例、国家教育考试条例的研究起草工作，加快制修订教育规章。

全面推进依法行政。加大教育行政执法力度，遵循法定职权与程序，运用行政指导、行政处罚、行政强制等手段，依法纠正学校和教育机构的违法违规行为，保障教育法律和政策有效实施。及时查处违反教育法律法规、侵害受教育者权益、扰乱教育秩序等行为，依法维护学校、学生、教师和举办者的权益。建立教育重大决策合法性审查机制、重大决策终身责任追究制度及责任倒查机制。

大力推进依法治校。推动学校建立章程配套制度及落实机制，健全各种办事程序、内部机构组织规则、议事规则。健全符合法治原则的教育救济制度。建立健全学校法律顾问制度。强化学校依法办学意识，健全依法治校评价指标体系，深入开展依法治校示范学校创建活动。开展学校领导干部、职能部门工作人员依法治校能力培训，全面提高教师依法执教的意识与能力。

（四）完善教育投入机制

优先保障教育投入。坚持把教育作为各级人民政府财政支出重点领域给予优先保障，保证国家财政性教育经费支出占国内生产总值的比例一般不低于4%。更加注重通过加强政策设计、制度设计、标准设计带动投入，健全保证财政教育投入持续稳定增长的长效机制，确保财政一般公共预算教育支出逐年只增不减，确保按在校学生人数平均的一般公共预算教育支出逐年只增不减。到2020年，各省要制定和落实区域内各级教育生均财政拨款基本标准。健全教育经费统计体系，推动地方建立教育经费统计监测公告制度。

完善教育经费投入机制。根据各类教育事业的不同特点和发展改革实际需要以及财力可能，进一步完善各类教育预算拨款制度和投入机制，合理确定并适时提高相关拨款标准和投入水平。义务教育全面纳入公共财政保障范围，建立城乡统一、重在农村的义务教育经费保障机制。非义务教育实行以政府投入为主、受教育者合理分担、其他多种渠道筹措经费的投入机制。改革完善高校预算拨款制度，优化项目支出与基本支出结构，支持高校内涵发展、提高质量。规范中央对地方的教育转移支付，着力加强重点地区、关键领域和薄弱环节。落实对个人和企业捐赠教育的税收优惠政策，鼓励社会资本加大教育投入力度。

完善非义务教育阶段成本分担机制。建立公办学校学费标准根据培养成本、经济发展状况和群众承受能力，按照规定程序动态调整的机制。非营利性民办学校收费，通过市场化改革试点，逐步实现市场调节价，具体政策由省级人民政府根据办学成本以及本地公办教育保障程度、民办学校发展情况等因素确定。营利性民办学校收费实行市场调节价，具体收费标准由民办学校自主确定。政府依法加强对民办学校收费行为的监管。

加强经费使用管理和国有资产管理。科学编制教育中期财政规划和年度预算，加强项目库管理，硬化预算约束，健全预算绩效管理机制，加强绩效评价结果应用，确保教育经费发挥最大效益。加强教育经费监管，推行高等学校总会计师制度，提升经费管理专业化水平。加快实施学校内部控制制度，加强内部审计，强化审计结果运用。加大学校财务信息公开力度，主动接受社会监督。加强国有资产管理，盘活各类资产存量，规范资产处置行为，提高资产使用效率。

十、加强和改进教育系统党的建设

（一）落实全面从严治党主体责任

完善全面从严治党责任落实机制。理顺领导管理体制，明晰政治责任要求，切实把全面从严治党责任向基层延伸。推动各级党组织建立完善党建工作责任制。明确党组织主体责任和党组织书记第一责任以及分管责任人的直接责任，强化班子成员"党政同责、一岗双责"，强化问责追责，坚持党建工作与中心工作一起谋划、一起部署、一起考核，在机关和高校开展基层党组织书记抓基层党建工作述职评议考核，逐层传导压力，逐级落实责任。推动教育系统各级党组织把"三严三实"要求贯穿于党建工作始终，用好监督执纪"四种形态"，从严要求、管理和监督干部，把党要管党、全面从严治党落到实处。切实贯彻落实中央八项规定精神，持之以恒深入纠正"四风"问题和教育行风问题。强化党内监督，加强巡视工作和纪检监察工作。

（二）加强教育系统思想政治建设

深入学习贯彻习近平总书记系列重要讲话精神和治国理政新理念新思想新战略，完善“两学一做”学习教育常态化、长效化机制，用党的最新理论成果武装头脑，始终在思想上政治上行动上同以习近平同志为核心的党中央保持高度一致。全面加强党对教育工作的领导。落实教育系统各级党委（党组）意识形态工作责任，建立完善定期研究意识形态工作机制，加强对学校意识形态工作的联系指导，开展意识形态工作专项巡视和督查，强化对重点难点问题的研究和党内情况通报，明确意识形态工作问责机制。切实加强意识形态阵地管理，在教育政策制定、教材编写审查选用、教学科研管理、教育媒体管理、对外合作交流等业务工作中，把握正确政治方向，强化思想引领，巩固壮大主流思想文化。做好党员干部教育管理和知识分子工作，着力提升党员干部师生的思想政治素质。

（三）加强基层党组织和党员队伍建设

扩大党的组织和工作覆盖面。加大各级各类学校党组织组建力度，优化组织设置，理顺隶属关系，选好管好党组织书记，加大党务干部培训力度，定期排查整顿软弱涣散基层党组织，提升党组织政治功能和服务水平，充分发挥战斗堡垒作用。立足思想建党，深入贯彻《关于新形势下党内政治生活的若干准则》，加强和规范党内政治生活，认真落实“三会一课”、民主生活会和组织生活会、党员党性分析和民主评议、主题党日活动等制度，督促党员按规定缴纳党费，规范党员党籍和组织关系管理，引导党员增强主体意识和党性观念，严守政治纪律和政治规矩，充分发挥先锋模范作用。推进制度治党，着力构建系统完备的党的建设制度体系，从严落实教育系统机关党建工作制度，完善各级各类学校党建工作管理体制和运行机制，健全组织体系、骨干力量、党建责任制、发展党员和党员教育、管理、服务等制度，使制度规范覆盖到基层党组织建设的神经末梢。出台加强高校教师党支部建设的规范性文件和高校学生党建工作标准。注重发展优秀中青年教师和学术骨干入党，认真做好在高校学生中发展党员工作，进一步提高新发展党员的政治素质。公办高等学校以坚持和完善党委领导下的校长负责制为根本，充分发挥党委在学校改革发展中的领导核心作用。探索完善高等学校院系领导体制和运行机制，强化院系党委（党总支）的政治功能与作用。中小学校党组织要在学校各项工作中发挥政治核心作用，推进中小学校党组织和党的工作全覆盖。高度重视民办高校、中外合作办学中党的建设和思想政治工作，建立健全党组织，建立党组织参与决策和监督机制，探索党组织发挥政治核心作用的有效途径。强化党外人士思想政治引导，加强党外代表人士队伍建设，充分发挥党外知识分子作用，进一步加强和改进高校统战工作。以加强基层党建带动学校工会、共青团等群团组织和学生会组织建设。

（四）加强教育系统党风廉政建设

落实党风廉政建设主体责任和监督责任。以尊崇《中国共产党章程》为核心，以贯彻《中国共产党廉洁自律准则》、《中国共产党纪律处分条例》、《中国共产党问责条例》、《中国共产党党内监督条例》为重点，全面从严教育管理监督干部，坚持把纪律和规矩挺在前面。强化教育系统党员干部党章党规党纪意识，落实廉政风险防控举措，健全反腐倡廉制度，严格执行党风廉政建设责任制，加强监督执纪问责。聚焦主业、深化“转职能、转方式、转作风”，加大执纪审查力度，锲而不舍正风肃纪，以案说纪，加强警示教育作用。完善教育系统惩治和预防腐败体系，大力推进廉政文化进校园，推动构建不敢腐、不能腐、不想腐的有效机制，努力营造风清气正的良好政治生态。

十一、组织实施

(一)落实责任分工

建立规划实施责任制。对改革和发展的重点任务,制定时间表、路线图、任务书。强化与年度计划和各级教育规划的有效衔接,科学制定政策和配置公共资源,精心组织实施重大工程项目,将规划提出的目标、任务、政策、举措落到实处。

(二)协同实施规划

加强相关部门间的协调配合,建立各有关部门共同研究解决教育发展问题的机制。加大省级政府统筹权,推动地方各级党委政府加强对教育规划实施的统筹领导,做好发展战略、主要目标、重点任务、重大工程项目与本规划的衔接,科学制定符合本地实际的发展目标和具体政策措施,将本规划总体部署落实到本地规划和政策中。鼓励社会广泛参与规划实施。引导社会各界和广大人民群众采取多种形式和办法,支持学校建设,参与学校管理,积极为教育发展贡献力量。充分发挥群团组织、社会组织在促进青少年健康成长等方面的积极作用。加强与新闻媒体合作,及时全面向社会传递教育改革发展的信息,引导形成社会各界和广大人民群众共同关心、支持和参与教育发展与改革的局面。

(三)鼓励探索创新

推动基层创新实施规划。完善试点改革制度,推动综合改革和专项改革相结合,加快重点领域和关键环节改革步伐。加强分类指导,建立激励机制,保护和激发基层首创精神,鼓励各地大胆实践、积极探索、创造经验。深入挖掘教育综合改革宝贵经验特别是基层创新经验,不断探索实施规划的有效机制。

(四)加强督促检查

加强督查监测。将规划实施情况作为督促检查各级教育行政部门和学校工作的重要内容。建立规划实施监测评估机制,组织对规划实施情况开展跟踪监测和中期评估,及时发现问题,优化实施策略,出台针对性政策,调整规划目标、任务与政策措施。

加强社会监督。推动各级教育行政部门定期发布教育改革发展动态和规划实施情况,及时向社会公布规划实施进展状况,主动接受家长、社会、媒体的监督,将社会各界对规划的意见和建议作为规划调整的重要依据,确保规划总体目标任务如期完成。

全民科学素质行动计划纲要实施方案

（2016—2020 年）

国办发〔2016〕10 号

根据《中共中央关于制定国民经济和社会发展第十三个五年规划的建议》、《中共中央 国务院关于深化体制机制改革加快实施创新驱动发展战略的若干意见》和《国务院关于印发全民科学素质行动计划纲要（2006—2010—2020 年）的通知》（国发〔2006〕7 号，以下简称《科学素质纲要》），为实现 2020 年全民科学素质工作目标，进一步明确“十三五”期间全民科学素质工作的重点任务和保障措施等，制定本实施方案。

一、背景和意义

自 2006 年国务院颁布实施《科学素质纲要》以来，特别是“十二五”期间，各地各部门围绕党和国家发展大局，联合协作，未成年人、农民、城镇劳动者、领导干部和公务员、社区居民等重点人群科学素质行动扎实推进，带动了全民科学素质水平整体提高；科技教育、传播与普及工作广泛深入开展，科普资源不断丰富，大众传媒特别是新媒体科技传播能力明显增强，基础设施建设持续推进，人才队伍不断壮大，公民科学素质建设的公共服务能力进一步提升；公民科学素质建设共建机制基本建立，大联合大协作的局面进一步形成，为全民科学素质工作顺利开展提供了保障。第九次中国公民科学素质调查显示，2015 年我国公民具备科学素质的比例达到 6. 20%，较 2010 年的 3. 27%提高近 90%，超额完成“十二五”我国公民科学素质水平达到 5%的工作目标，为“十三五”全民科学素质工作奠定坚实基础。

但是，也应清醒地看到，目前我国公民科学素质水平与发达国家相比仍有较大差距，全民科学素质工作发展还不平衡，不能满足全面建成小康社会和建设创新型国家的需要。主要表现在：面向农民、城镇新居民、边远和民族地区群众的全民科学素质工作仍然薄弱，青少年科技教育有待加强；科普技术手段相对落后，均衡化、精准化服务能力亟待提升；科普投入不足，全社会参与的激励机制不完善，市场配置资源的作用发挥不够。“十三五”时期是实施创新驱动发展战略的关键时期，是全面建成小康社会的决胜阶段。科学素质决定公民的思维方式和行为方式，是实现美好生活的前提，是实施创新驱动发展战略的基础，是国家综合国力的体现。进一步加强公民科学素质建设，不断提升人力资源质量，对于增强自主创新能力，推动大众创业、万众创新，引领经济社会发展新常态，注入发展新动能，助力创新型国家建设和全面建成小康社会具有重要战略意义。

二、指导方针和目标

指导方针：

全面贯彻党的十八大、十八届三中、四中、五中全会和习近平总书记系列重要讲话精神，认真落实党中央、国务院决策部署，牢固树立创新、协调、绿色、开放、共享的发展理念，坚持“政府推动、全民参与、提升素质、促进和谐”的工作方针，围绕“节约能源资源、保护生态环境、保障安全健康、促进创新创造”的工作主题，继承创新、拓展提升，开放协同、普惠共享，精准发力、全面跨越，推动科技教育、传播与普及，扎实推进全民科学素质工作，激发大众创业创新的热情和潜力，为创新驱动发展、夺取全面建成小康社会决胜阶段伟大胜利筑牢公民科学素质基础，为实现中华民族伟大复兴的中国梦作出应有贡献。

目标：

到2020年，科技教育、传播与普及长足发展，建成适应创新型国家建设需求的现代公民科学素质组织实施、基础设施、条件保障、监测评估等体系，公民科学素质建设的公共服务能力显著增强，公民具备科学素质的比例超过10%。

——促进创新、协调、绿色、开放、共享的发展理念深入人心。围绕经济社会发展新常态的需求，突出工作主题，弘扬创新创业精神，更加关注保障和改善民生，大力宣传普及高新技术、绿色发展、健康生活等知识和观念，促进在全社会形成崇尚科学的社会氛围和健康文明的生活方式，进一步推动依靠创新驱动，实现更高质量、更有效率、更加公平、更可持续的发展。

——以重点人群科学素质行动带动全民科学素质整体水平跨越提升。青少年的科学兴趣、创新意识、学习实践能力明显提高，领导干部和公务员的科学意识和决策水平不断提升，农民和城镇劳动者的科学生产生活能力快速提高，革命老区、民族地区、边疆地区、集中连片贫困地区公民的科学素质显著提升。

——公民科学素质建设的公共服务能力大幅增强。科技教育与培训体系基本完善，社区科普益民服务机制逐步建立，科普基础设施的保障能力不断增强，科普信息化建设取得突破进展，科普产业快速发展，科普人才队伍不断壮大，公民提升自身科学素质的机会与途径显著增多。

——公民科学素质建设的长效机制不断健全。公民科学素质建设的共建、社会动员、监测评估等机制进一步完善，社会各方面参与公民科学素质建设的积极性明显增强。

三、重点任务

根据指导方针和目标，“十三五”时期重点开展以下工作：

（一）实施青少年科学素质行动

任务：

——宣传创新、协调、绿色、开放、共享的发展理念，普及科学知识和科学方法，激发青少年科学兴趣，培养青少年科学思想和科学精神。

——完善基础教育阶段的科技教育，增强中小学生的创新意识、学习能力和实践能力，促进中小学科技教育水平大幅提升。

——完善高等教育阶段的科技教育，引导大学生树立科学思想，弘扬科学精神，激发大学生创新创造创业热情，提高大学生开展科学研究和就业创业的能力。

——充分发挥现代信息技术在科技教育和科普活动方面的积极作用，促进学校科技教育和校外科普活动有效衔接。

——巩固农村义务教育普及成果，提高农村中小学科技教育质量，为农村青少年提供更多接受科技教育和参加科普活动的机会。

措施：

——推进义务教育阶段的科技教育。基于学生发展核心素养框架，完善中小学科学课程体系，研究提出中小学科学学科素养，更新中小学科技教育内容，加强对探究性学习的指导。修订小学科学课程标准实验教材。增强中学数学、物理、化学、生物等学科教学的横向配合。重视信息技术的普及应用，加快推进教育信息化，继续加大优质教育资源开发和应用力度。

——推进高中阶段的科技教育。修订普通高中科学与技术领域课程标准，明确对学科素养和学业质量的要求。修订普通高中数学、物理、化学、生物、地理、信息技术、通用技术课程标准实验教材，鼓励普通高中探索开展科学创新与技术实践的跨学科探究活动。规范学生综合素质评价机制，促进学生创新精神和实践能力的发展。积极开展研究性学习与科学实践、社区服务与社会实践活动，提高学生的探究能力。深入实施“中学生英才计划”，促进中学教育和大学教育互动衔接，鼓励各地积极探索科技创新和应用人才的培养方式，加强普通高中拔尖创新人才培养基地建设。强化中等职业学校科技教育，发挥课程教学主渠道作用，推动科技教育进课堂、进教材、列入教学计划，系统提升学生科学意识和综合素养。

——推进高等教育阶段科技教育和科普工作。组织开展大学数学、物理、化学、生物学、计算机等课程改革，推进高校科学基础课建设。加强科学史等科学素质类视频公开课建设。深化高校创新创业教育改革，引导大学生转变就业择业观念，支持在校大学生开展创新性实验、创业训练和创业实践项目。推动建立大学生创新创业联盟和创业就业基地，大力开展全国青少年科技创新大赛、“挑战杯”全国大学生课外学术科技作品竞赛、“创青春”全国大学生创业大赛等活动，为青年提供将科技创意转化为实际成果的渠道、平台。深入实施基础学科拔尖学生培养试验计划，完善拔尖创新人才培养机制。

——大力开展校内外结合的科技教育活动。充分发挥非正规教育的促进作用，推动建立校内与校外、正规与非正规相结合的科技教育体系。广泛组织开展学校科技节、科技周、科普日、公众科学日、红领巾科技小社团、“科技之光”青年专家服务团等活动，普及节约资源、保护环境、防灾应急、身心健康等知识，加强珍爱生命、远离毒品和崇尚科学文明、反对愚昧迷信的宣传教育。充分利用重点高校和科研院所开放的科技教育资源，开展全国青少年高校科学营、求真科学营等活动。拓展校外青少年科技教育渠道，鼓励中小学校利用科技馆、青少年宫、科技博物馆、妇女儿童活动中心等各类科技场馆及科普教育基地资源，开展科技学习和实践活动。开展科技场馆、博物馆、科普大篷车进校园工作，探索科技教育校内外有效衔接的模式，推动实现科技教育活动在所有中小学全覆盖。

——充分利用信息技术手段，均衡配置科技教育资源。推进信息技术与科技教育、科普活动融合发展。推进优质科技教育信息资源共建共享。加强信息素养教育，帮助青少年正确合理使用互联网。大力开展线上线下相结合的青少年科普活动，满足青少年对科技、教育信息的个性化需求。面向农村学生特别是农村留守儿童，开展科技辅导、心理疏导、安全健康等方面的志愿服务，帮助他们提高科学素质、丰富生活阅历、增长见识。加强各类家长学校和青少年科普阵地建设，开展科技类亲子体验活动，搭建传播科学家庭教育知识的新平台，提高家长特别是母亲的科学素质。

分工：由教育部、共青团中央、中国科协牵头，中央宣传部、科技部、工业和信息化部、国家民委、民政部、人力资源社会保障部、国土资源部、环境保护部、文化部、卫生计生委、质检总局、新闻出版广电总局、体育总局、食品药品监管总局、林业局、旅游局、中科院、社科院、工程院、地震局、气象局、自然科学基金会、文物局、全国妇联等单位参加。

（二）实施农民科学素质行动

任务：

——宣传创新、协调、绿色、开放、共享的发展理念，围绕农业现代化、加快转变农业发展方式、粮食安全等，贯彻党和国家强农惠农富农政策，普及高效安全、资源节约、环境友好、乡村文明等知识和观念。

——加强农村科普信息化建设，推动“互联网+农业”的发展，促进农业服务现代化。

——着力培养1000万名具有科学文化素质、掌握现代农业科技、具备一定经营管理能力的新型职业农民，全面提升农民的生活水平。

——进一步加大对革命老区、民族地区、边疆地区、集中连片贫困地区科普工作的支持力度，大力提高农村妇女和农村留守人群的科学素质。

措施：

——大力开展农业科技教育培训。实施新型职业农民培育工程和现代青年农场主计划，全方位、多层次培养各类新型职业农民和农村实用人才。充分发挥党员干部现代远程教育网络、农村社区综合服务设施、农业综合服务站（所）、基层综合性文化服务中心等在农业科技培训中的作用，面向农民开展科技教育培训。深入实施农村青年创业致富“领头雁”培养计划，通过开展技能培训、强化专家和导师辅导、举办农村青年涉农产业创业创富大赛等方式，促进农村青年创新创业。深入实施巾帼科技致富带头人培训计划，着力培养一支综合素质高、生产经营能力强、主体作用发挥明显的新型职业女农民队伍。

——广泛开展形式多样的农村科普活动。深入开展文化科技卫生“三下乡”、科普日、科技周、世界粮食日、健康中国行、千乡万村环保科普行动、农村安居宣传、科普之春（冬）等各类科普活动，大力普及绿色发展、安全健康、耕地保护、防灾减灾、绿色殡葬等科技知识和观念，传播科学理念，反对封建迷信，帮助农民养成科学健康文明的生产生活方式，提高农民健康素养，建设美丽乡村和宜居村庄。

——加强农村科普公共服务建设。将科普设施纳入农村社区综合服务设施、基层综合性文化中心等建设中，提升农村社区科普服务能力。深入实施基层科普行动计划，发挥优秀基层农村专业技术协会、农村科普基地、农村科普带头人和少数民族科普工作队的示范带动作用。开展科普示范县(市、区)等创建活动,提升基层科普公共服务能力。

——加强农村科普信息化建设。积极开展信息技术培训,加大对循环农业、创意农业、精准农业和智慧农业的宣传推广力度,实施农村青年电商培育工程,鼓励和支持农村青年利用电子商务创新创业。建设科普中国乡村e站,大力开展农民科学素质网络知识竞赛、新农民微视频展播等线上线下相结合的科技教育和科普活动。发挥中国智慧农民云、科普中国服务云、中国环保科普资源网、中国兴农网、农业科技网络书屋等作用,帮助农民提高科学素质。

——加强对薄弱地区的科普精准帮扶。实施科普精准扶贫,加强革命老区、民族地区、边疆地区、集中连片贫困地区科普服务能力建设,加大对农村留守儿童、留守妇女和留守老人的科普服务力度。实施科普援藏援疆工作,加大科普资源倾斜力度,加强双语科普创作与传播。大力开展巾帼科技致富工程、巾帼科技特派员、巾帼现代农业科技示范基地建设等工作,组织开展“智爱妈妈”活动,努力提高农村妇女科学素质。

分工:由农业部、中国科协牵头,中央组织部、中央宣传部、教育部、科技部、国家民委、民政部、人力资源社会保障部、国土资源部、环境保护部、文化部、卫生计生委、质检总局、新闻出版广电总局、体育总局、食品药品监管总局、林业局、中科院、工程院、地震局、气象局、文物局、全国总工会、共青团中央、全国妇联等单位参加。

（三）实施城镇劳动者科学素质行动

任务:

——宣传创新、协调、绿色、开放、共享的发展理念,弘扬创新创业精神,引导更多劳动者积极投身创新创业活动。

——围绕加快建设制造强国、实施“中国制造2025”、推动生产方式转变,以专业技术人才、高技能人才、进城务工人员及失业人员的培养培训为重点,到2020年基本实现有培训愿望的劳动者都有机会参加一次相应的职业培训。

——推动职业技能、安全生产、信息技术等知识和观念的广泛普及,提高城镇劳动者科学生产和健康生活能力,促进城镇劳动者科学素质整体水平提升。

措施:

——加强专业技术人员继续教育工作。完善专业技术人员继续教育制度,深入实施专业技术人才知识更新工程,全面推进高级研修、急需紧缺人才培养、岗位培训、国家级专业技术人员继续教育基地建设等重点项目,开展少数民族专业技术人才特殊培养工作,构建分层分类的专业技术人员继续教育体系。充分发挥科技社团在专业技术人员继续教育中的重要作用,帮助专业技术人员开展技术攻关、解决技术难题,参加跨行业、跨学科的学术研讨和技术交流活动。

——大规模开展职业培训。构建以企业为主体、技工院校为基础,各类培训机构积极参与、公办与民办共举的职业培训和技能人才培养体系。面向城镇全体劳动者,积极开展订单式、定岗、定向等多种形式的就业技能培训、岗位技能提升培训、安全生产培训和创业培训,基本消除劳动者无技能从业现象,提高城镇劳动者安全生产意识,避免由于培训不到位导致的安全事故。组织开展技能就业培训工程暨高校毕业生技能就业和新一轮全国百家城市技能振兴等专项活动,深入实施国家高技能人才振兴计划,开展全国职工职业技能大赛、全国青年职业技能大赛、全国青年岗位能手评选等工作,大力提升职工职业技能。

——广泛开展进城务工人员培训教育。大力开展农民工求学圆梦行动、"春潮行动"——农民工职业技能提升计划、家政培训、城乡妇女岗位建功评选等活动，将绿色发展、安全生产、健康生活、心理疏导、防灾减灾等作为主要内容，发挥企业、科普机构、科普场馆、科普学校、妇女之家等作用，针对进城务工人员广泛组织开展培训，提高进城务工人员在城镇的稳定就业和科学生活能力，促进常住人口有序实现市民化，助力实现城市可持续发展和宜居。

——大力营造崇尚创新创造的社会氛围。深入开展"大国工匠"、"最美青工"、智慧蓝领、巾帼建功等活动，倡导敢为人先、勇于冒尖的创新精神，激发职工创新创造活力，推动大众创业、万众创新，最大程度释放职工创新潜力，形成人人崇尚创新、人人渴望创新、人人皆可创新的社会氛围。

分工：由人力资源社会保障部、全国总工会、安全监管总局牵头，中央宣传部、教育部、科技部、工业和信息化部、民政部、卫生计生委、质检总局、新闻出版广电总局、食品药品监管总局、中科院、工程院、地震局、气象局、共青团中央、全国妇联、中国科协等单位参加。

（四）实施领导干部和公务员科学素质行动

任务：

——着眼于提高领导干部和公务员的科学执政水平、科学治理能力、科学生活素质，大力加强马克思列宁主义、毛泽东思想和中国特色社会主义理论体系，特别是习近平总书记系列重要讲话精神等科学理论的教育，宣传创新、协调、绿色、开放、共享的发展理念，开展科技革命、产业升级等前沿科技知识的专题教育，充分利用现代信息技术，加强科技知识、科学方法的培训和科学思想、科学精神的培养，使领导干部和公务员的科学素质在各类职业人群中位居前列，推动领导干部和公务员更好地贯彻实施创新驱动发展战略，推进国家治理体系和治理能力现代化。

措施：

——加强规划，把科学素质教育作为领导干部和公务员教育培训的长期任务。认真贯彻落实《2013—2017年全国干部教育培训规划》有关部署要求，严格执行《干部教育培训工作条例》有关规定。在研究制定领导干部和公务员培训规划时，突出科学理论、科学方法和科技知识的学习培训以及科学思想、科学精神的培养，重点加强对市县党政领导干部、各级各部门科技行政管理干部、科研机构负责人和国有企业、高新技术企业技术负责人等的教育培训。

——创新学习渠道和载体，加强领导干部和公务员科学素质教育培训。在党委（党组）中心组学习中，加强对马克思主义基本原理、习近平总书记系列重要讲话精神等内容的学习。把树立科学精神、增强科学素质纳入党校、行政学院和各类干部培训院校教学计划，合理安排课程和班次，引导、帮助领导干部和公务员不断提升科学管理能力和科学决策水平。鼓励领导干部和公务员通过网络培训、自学等方式强化科学素质相关内容的学习。积极利用网络化、智能化、数字化等教育培训手段，扩大优质科普信息覆盖面，满足领导干部和公务员多样化学习需求。在干部培训教材建设中强化新科技内容的编写和使用，编发领导干部和公务员应知必读科普读本。

——在领导干部考核和公务员录用中，体现科学素质的要求。贯彻落实中央关于改进地方党政领导班子和领导干部政绩考核工作的有关要求，不断完善干部考核评价机制。在党政领导干部、企事业单位负责人任职考察、年度考核中，强化与科学素质要求有关的具体内容。在公务员录用考试中，强化科学素质有关内容。制订并不断完善领导干部和公务员科学素质监测、评估标准。

——广泛开展针对领导干部和公务员的各类科普活动。办好院士专家科技讲座、科普报告等各类领导干部和公务员科普活动。继续在党校、行政学院等开设科学思维与决策系列课程。做好心理咨询、心理健康培训等工作，开发系列指导手册，打造网络交流平台。有计划地组织领导干部和公务员到科研场所实地参观学习，鼓励引导领导干部参与科普活动。组织开展院士专家咨询服务活动，着力提升广大基层干部和公务员的科学素质。

——加大宣传力度，为领导干部和公务员提高科学素质营造良好氛围。加强科技宣传，充分发挥新闻媒体的优势，增加科技宣传版面和时段，用好用活新媒体工具，推广发布一批优秀科普作品，大力传播科技知识、科学方法、科学思想、科学精神。围绕科技创新主题，选树一批弘扬科学精神、提倡科学态度、讲究科学方法的先进典型。

分工：由中央组织部、人力资源社会保障部牵头，中央宣传部、科技部、工业和信息化部、国土资源部、环境保护部、文化部、卫生计生委、质检总局、新闻出版广电总局、体育总局、食品药品监管总局、林业局、中科院、社科院、地震局、气象局、文物局、共青团中央、全国妇联、中国科协等单位参加。

（五）实施科技教育与培训基础工程

任务：

——构建科学教师培训体系，加大培训力度，不断提高教师科学素质和科技教育水平，建成一支优秀科学教师队伍。

——完善科技教育课程教材，特别是加强民族语言教材建设，满足不同对象的科技教育和培训需求。

——充分利用现代信息技术，优化教学方法，不断推动科技教育与教学实践深度融合。

——完善科技教育培训基础设施，不断提高科技教育培训基地、场所的利用效率，保障科技教育与培训有效实施。

措施：

——加强科技教育师资培训和研修。鼓励有条件的高等师范院校开设科技教育等专业或相关课程，培养更多科技教育师资。在“国培计划”中，加强教师科学素质能力培训，培养“种子”教师，推动各地加大对科学教师以及相关学科教师的培训力度，提高教师科技教育的教学能力和水平。实施科学教师和科技辅导员专项培训，建立培训基地，到2020年实现对全国一线科学教师和骨干科技辅导员培训全覆盖。

——加强各类人群科技教育培训的教材建设。结合不同人群特点和需求，不断更新丰富科技教育培训的教材内容，开设专业课程与科技前沿讲座等。将科普工作与素质教育紧密结合，注重培养具有创意、创新、创业能力的高层次创造性人才。将创新、协调、绿色、开放、共享的发展理念以及环境保护、节约资源、防灾减灾、安全健康、应急避险、科学测量等相关科普内容，纳入各级各类科技教育培训教材和教学计划。加强职业教育、成人教育、民族地区双语教育和各类培训中科技教育的教材建设。

——进一步改进科技教育教学方法。发挥基础教育国家级教学成果奖的示范辐射作用，加大科技教育优秀教学成果推广力度。加强学生综合实践活动指导，提高学生探究性学习和动手操作能力。加强中小学科技教育研究，研究建立符合我国青少年特点、有利于推动青少年科学素质提高和创新人才培养的青少年科学素质测评体系。

——加强科技教育与培训的基础设施建设。根据实际需求，因地制宜建设科技教育培训基础设施，重点加强农村边远贫困地区中小学科技教育硬件设施建设。合理规划布局现有科技教育培训基地、场所，不断提高使用效率。调动社会资源积极参与中小学科技教育网络资源建设，发挥现代信息技术的作用，不断丰富网络教育内容，促进优质教学资源广泛共享。鼓励高校、科研院所、科技场馆、职业学校、成人教育培训机构、社区学校等各类公共机构积极参与科技教育和培训工作。

——充分发掘高校和科研院所科技教育资源，健全科教结合、共同推动科技教育的有效模式。推动高等院校、科研院所的科技专家参与科学教师培训、中小学科学课程教材建设和教学方法改革。推动有条件的中学科学教师到高等院校、科研机构和重点实验室参与科研实践。加强高校科学道德和学风建设，推动高校师生广泛树立科学道德和科学精神。推动实施“科学与中国”科学教育计划。

分工：由教育部、人力资源社会保障部、中科院牵头，中央宣传部、科技部、工业和信息化部、国家民委、国土资源部、农业部、新闻出版广电总局、体育总局、林业局、社科院、工程院、地震局、气象局、自然科学基金会、全国总工会、共青团中央、全国妇联、中国科协等单位参加。

（六）实施社区科普益民工程

任务：

——宣传创新、协调、绿色、开放、共享的发展理念，普及尊重自然、绿色低碳、科学生活、安全健康、应急避险等知识和观念，提升社区居民应用科学知识解决实际问题、参与公共事务的能力，提高居民健康素养，促进社区居民全面形成科学文明健康的生活方式，促进和谐宜居、富有活力、各具特色的现代化城市建设。

——大力提升社区科普公共服务能力，促进基层社区科普服务设施融合发展，推动城镇常住人口科普基本公共服务均等化，全面提升居民科学素质，助力以人为核心的新型城镇化发展。

措施：

——广泛开展社区科技教育、传播与普及活动。围绕“节约能源资源、保护生态环境、保障安全健康、促进创新创造”的工作主题，深入开展科普日、科技周、世界环境日、世界地球日、世界标准日以及科技、文化、卫生、安全、健康、环保进社区等活动。组织开展社区气象、防震减灾、燃气用电安全、电梯安全以及社区居民安全技能、老年人急救技能培训等各类应急安全教育培训活动。面向城镇新居民开展适应城市生活的科技教育、传播与普及活动，帮助新居民融入城市生产生活。

——大力改善社区科普基础条件。推动基层服务中心融合发展，在新建及现有的基层服务中心拓展科普功能。建设科普中国社区 e 站，依托社区综合服务设施，深入推进社区科普益民服务站、科普学校、科普网络建设，进一步加强社区科普组织和人员建设。充分发挥科普基础设施作用，面向基层群众开展党员教育、体育健身、文化宣传、卫生健康、食品药品、防灾减灾等各类科普活动。

——促进形成政府推动、社会支持、居民参与的社区科普新格局。在现代公共文化服务中切实加强社区科普工作，深入实施基层科普行动计划，推动全国科普示范社区蓬勃发展。激发社会主体参与科普的积极性，面向社区提供多样化的科普产品和服务，动员驻区学校、科研院所、企业、科技社团、科普场馆、科普教育基地等相关单位开发开放科普资源，支持和参与社区科普活动。充分发挥社区组织和科普志愿者组织的作用，组织和引导社区居民参与科普活动，发挥党员先锋岗、工人先锋岗、青年文明岗、巾帼文明岗以及在社区有影响和号召力人士的带动作用，加强社区科学文化建设，助力和谐社区、美丽社区建设。

分工：由文化部、民政部、全国妇联、中国科协牵头，中央宣传部、教育部、科技部、国家民委、国土资源部、环境保护部、卫生计生委、质检总局、新闻出版广电总局、体育总局、安全监管总局、食品药品监管总局、中科院、社科院、地震局、气象局、全国总工会、共青团中央等单位参加。

（七）实施科普信息化工程

任务：

——以科普信息化为核心，推动实现科普理念和科普内容、表达方式、传播方式、组织动员、运行和运营机制等服务模式的全面创新。

——提升优质科普内容资源供给能力，运用群众喜闻乐见的形式，实现科普与艺术、人文有机结合，推出更多有知有趣有用的科普精品，让科学知识在网上和生活中流行。

——提升科技传播能力，推动传统媒体与新兴媒体深度融合，实现多渠道全媒体传播，大幅提升大众传媒的科技传播水平。

——推动科普信息在社区、学校、农村等落地应用，提升科技传播精准服务水平，满足公众泛在化、个性化获取科普信息的需求，定向、精准推送科普信息。

措施：

——实施"互联网+科普"行动。汇聚各方力量打造科普中国品牌，推动科普领域牢固树立精品意识和质量意识，引导建设众创、众包、众扶、众筹、分享的科普生态圈，打造科普新格局。以科普的内容信息、服务云、传播网络、应用端为核心，形成"两级建设、四级应用"的科普信息化服务体系。以提升科普服务效能为核心、以科普信息汇聚生产与有效利用为目标，建设科普中国服务云，实现科普的信息汇聚、数据分析挖掘、应用服务、即时获取、精准推送、决策支持。建立完善网络科普内容科学性把关、网络科普传播舆情实时监测机制。深入探索利用政府和社会资本合作（PPP）的科普公共服务新模式，进一步把政府与市场、需求与生产、内容与渠道、事业与产业有效连接起来，实现科普的倍增效应。

——繁荣科普创作。支持优秀科普原创作品以及科技成果普及、健康生活等重大选题，支持科普创作人才培养和科普文艺创作。大力开展科幻、动漫、视频、游戏等科普创作，推动制定对科幻创作的扶持政策，推动科普游戏开发，加大科普游戏传播推广力度，加强科普创作的国际交流与合作。

——强化科普传播协作。制定鼓励大众传媒开展科技传播的政策措施。引导中央及地方主要新闻媒体加大科技宣传力度，扶持科技宣传报道做大做强。支持电视台、广播电台制作更多群众喜闻乐见的适合在电视、广播电台和互联网同步传播的科普作品，增加播放时间和传播频次，办好电视科普频道。鼓励报刊和网站增加科普内容或增设科普专栏。举办科技类全国电视大赛，营造全社会学科学的浓厚氛围。创新科普传播形式，推动图书、报刊、音像电子、电视等传统媒体与新兴媒体在科普内容、渠道、平台、经营和管理上深度融合，实现包括纸质出版、网络传播、移动终端传播在内的多渠道全媒体传播。组织开展科技宣传报道编辑记者学习培训，提升大众传媒从业者的科学素质与科技传播能力。

——强化科普信息的落地应用。依托大数据、云计算等信息技术手段，洞察和感知公众科普需求，创新科普的精准化服务模式，定向、精准地将科普信息送达目标人群。通过科普中国服务云、科普中国V视快递、科普中国e站推送等方式，推动科普信息在社区、学校、农村等落地应用。强化移动端科普推送，支持移动端科普融合创作，鼓励科研机构通过微信、微博等新媒体平台建设和运行有影响力的科普公众号，强化科普头条新闻推送，促进科普活动线上线下结合。加大对革命老区、民族地区、边疆地区、集中连片贫困地区群众及青少年等重点人群的科普信息服务定制化推送力度。

分工：由中国科协、中央宣传部、新闻出版广电总局牵头，教育部、科技部、工业和信息化部、国家民委、民政部、国土资源部、环境保护部、农业部、文化部、卫生计生委、质检总局、体育总局、安全监管总局、食品药品监管总局、林业局、旅游局、中科院、社科院、工程院、地震局、气象局、自然科学基金会、文物局、全国总工会、共青团中央等单位参加。

（八）实施科普基础设施工程

任务：

——增加科普基础设施总量，完善科普基础设施布局，提升科普基础设施的服务能力，实现科普公共服务均衡发展。

——推进优质科普资源开发开放，优化资源配置，拓展公众参与科普的途径和机会。

措施：

——加强对科普基础设施发展的顶层设计和宏观指导。制订实施科普基础设施发展规划，将科普基础设施建设纳入各地基本建设计划。制定完善各类科普基础设施建设与管理的规范标准和运行机制，研究建立科普基础设施的评估体系，开展监测评估工作。

——创新完善现代科技馆体系。突出信息化、时代化、体验化、标准化、体系化、普惠化、社会化，推动由数量与规模增长的外延式发展模式向提升科普能力与水平的内涵式发展模式转变，进一步建立完善以实体科技馆为龙头和基础，流动科技馆、科普大篷车、虚拟现实科技馆、农村中学科技馆、数字科技馆为拓展和延伸，辐射基层科普设施的中国特色现代科技馆体系。发挥自然博物馆和专业行业类科技馆等场馆以及中国数字科技馆的科普资源集散与服务平台作用。大力推动虚拟现实等技术在科技馆展览教育中的应用，以“超现实体验、多感知互动、跨时空创想”为核心理念，研发可复制、可推广的虚拟现实科技馆，生动展现科技前沿。推动中西部地市级科技馆、专题行业科技馆建设。推动建立科普标准化组织，完善科技馆行业国家标准体系以及相关标准规范，开展科技馆评级与分级评估。建立健全科技馆免费开放制度，提高科技馆公共服务质量和水平。

——加强基层科普设施建设。依托现有资源，因地制宜建设一批具备科技教育、培训、展示等多功能的开放性、群众性科普活动场所和科普设施。加快建设农村中学科技馆、乡村学校少年宫等农村青少年科技活动场所。加强科技场馆及基地等与少年宫、文化馆、博物馆、图书馆等公共文化基础设施的联动，拓展科普活动阵地。充分利用线上科普信息，强化现有设施的科普教育功能。

——加强科普教育基地建设。依托现有资源，建设国土资源、环境保护、安全生产、食品药品、质量监督、检验检疫、林业、地震、气象等行业类、科研类科普教育基地。制定完善科普教育基地的管理制度，加强工作考核和动态管理，提升服务能力。推动青少年宫、妇女儿童活动中心、各类培训基地和文化场所等增加科技教育内容，引导海洋馆、主题公园、自然保护区、森林公园、湿地公园、地质公园、动植物园、旅游景区、地震台站、地震遗址遗迹等公共设施增强科普功能。

——推动优质科普资源开发开放。推动高校、科研机构、工程中心（实验室）、科技社团向公众开放实验室、陈列室和其他科技类设施，推动高端科研资源科普化，充分发挥天文台、野外台站、重点实验室和重大科技基础设施等高端科研设施的科普功能。鼓励高新技术企业对公众开放研发机构、生产设施（流程、车间）或展览馆等，推动建设专门科普场所。充分发挥高校、科研院所、企业等科技人才和资源优势，积极组织开展科普活动。

分工：由中国科协、发展改革委、科技部牵头，中央宣传部、教育部、工业和信息化部、国家民委、民政部、财政部、人力资源社会保障部、国土资源部、环境保护部、农业部、文化部、卫生计生委、质检总局、体育总局、食品药品监管总局、林业局、旅游局、中科院、地震局、气象局、文物局、全国总工会、共青团中央、全国妇联等单位参加。

（九）实施科普产业助力工程

任务：

——研究制定科普产业发展的宏观政策以及技术标准、规范。

——促进科普产业健康发展，大幅提升科普产品和服务供给能力，有效支撑科普事业发展。

措施：

——完善科普产业发展的支持政策。开展科普产品和服务发展相关政策研究，推动制定科普产业发展的相关政策，将科普产业纳入高新技术产业、创意产业和文化产业的相关优惠政策范围，充分发挥市场机制配置科普社会资源的功能。

——推动科普产品研发与创新。成立全国科普服务标准化技术委员会，组织制定科普相关标准，建立完善科普产品和服务的技术规范。依托科普机构、科研机构、产学研中心等建立科普产品研发中心，开展科普产品和服务的基础研究、应用研究、研发推广，增强科普产品和服务的原始创新能力，提升市场竞争力。开展科普创作和产品研发示范团队建设，推动科技创新成果向科普产品转化，探索科技创新和科普产业结合的有效机制。

——加强科普产业市场培育。利用科普活动、科普教育基地、科普场馆、科普机构等有利条件，发挥集成效应，通过竞赛、线上线下相结合等方式，搭建科普创客空间，支持创客参与科普产品的创新、创造、创业。鼓励建立科普产业园区和产业基地，组建中国科学文化出版传媒集团等科普龙头企业，形成科普产业集群，实现集约发展。搭建科普产品和服务交易平台，加大政府购买科普产品和服务的力度。

分工：由科技部、中国科协牵头，发展改革委、教育部、工业和信息化部、国家民委、财政部、人力资源社会保障部、国土资源部、环境保护部、农业部、文化部、卫生计生委、质检总局、新闻出版广电总局、体育总局、安全监管总局、林业局、旅游局、中科院、社科院、工程院、地震局、气象局、文物局、全国总工会、共青团中央、全国妇联等单位参加。

（十）实施科普人才建设工程

任务：

——加强科普人才队伍建设，培养和选拔一批高水平科普人才，壮大专兼职科普人才队伍，推动科普志愿者队伍建设，优化科普人才结构。

——建立完善科普人才激励机制，推动科普人才知识更新和能力培养，增强适应现代科普发展的能力。

措施：

——完善科普人才培养、使用和评价制度。落实国家中长期科技、教育、人才发展规划纲要，加强科普人才培养、使用和评价的政策研究，推动制定科普学科发展、科普专业设置、科普人才评价标准、技术职务等相关制度，建立激励机制，充分调动科普人员积极性。

——加强科普人才培养和继续教育。深入推进高层次科普专门人才培养试点工作，总结推广经验，加强教学大纲、教材、课程和师资队伍建设，加大高层次科普专门人才培养力度。依托高等院校、科研院所、科普组织、企业与相关机构建立完善科普人才继续教育基地，以科普组织管理、科技教育、科技传播、科普活动组织、科普经营管理等从业者为重点，围绕科普的新理论、新方法、新手段等，及时更新补充新知识、扩展新视野、提升创新能力，以适应科技发展、社会进步和现代科普发展的新形势新要求。

——加强科普专业队伍建设。充分发挥科技社团、高等院校、科研机构等作用，搭建科学传播服务平台，发展壮大科学传播专家团队，深入开展科学传播活动。结合科技教育和课外科普活动，重点在中小学校、科普场馆、青少年宫等建立专职青少年科技辅导员队伍。依托基层各类组织，动员科技特派员、大学生村官、农村致富带头人、气象信息员、中小学教师和科普志愿者等担任科普宣传员，实现乡村社区科普宣传员全覆盖。发挥民族院校的作用，加强双语科普人才培养。结合各类社区科普设施和活动，发展壮大社区科普队伍。充分发挥企业科协、企业团委、职工技协、研发中心等作用，结合职工技能培训、继续教育和各类科普活动，培养和造就企业实用科普人才。

——大力发展科普志愿者队伍。建立完善科普志愿者组织管理制度，推动各级各类科普志愿者队伍建设，推动建立科普志愿者社团组织，开展科普志愿者交流、培训、经验推广等工作。搭建科普志愿活动服务平台，充分发挥科普志愿者在各类科普活动中不可替代的作用，规范记录科普志愿者的服务信息，建立完善科普志愿服务激励机制。鼓励老科技工作者、高校师生、中学生、传媒从业者参与科普志愿服务。建立健全应对重大突发事件的科普志愿者动员机制，发展应急科普志愿者队伍。

分工：由中国科协、科技部、人力资源社会保障部牵头，中央组织部、中央宣传部、教育部、工业和信息化部、国家民委、民政部、国土资源部、环境保护部、农业部、文化部、卫生计生委、质检总局、新闻出版广电总局、体育总局、食品药品监管总局、安全监管总局、林业局、旅游局、中科院、社科院、工程院、地震局、气象局、自然科学基金会、文物局、全国总工会、共青团中央、全国妇联等单位参加。

四、组织实施和保障条件

（一）组织领导

——国务院负责领导《科学素质纲要》实施工作。各有关部门按照《科学素质纲要》的要求和本实施方案的分工安排，将有关任务纳入本部门本系统的相关工作规划和计划，充分履行工作职责，发挥各自优势，密切配合，形成合力。中国科协要发挥综合协调作用，做好日常沟通联络工作，会同有关方面共同推进公民科学素质建设。

——地方各级政府负责领导当地的《科学素质纲要》实施工作。要把公民科学素质建设作为推动地区经济社会发展的一项重要工作，纳入本地区经济社会发展总体规划，把实施《科学素质纲要》的重点任务列入年度工作计划，纳入目标管理考核。要因地制宜，制定本地区“十三五”全民科学素质行动的实施方案。要完善公民科学素质建设工作机制，加大政策支持和投入，为实施《科学素质纲要》提供保障，全面推进本地区公民科学素质建设。

——加强《科学素质纲要》实施的督促检查，推动各项工作任务和目标的落实。

（二）长效机制

——建立完善共建机制。全民科学素质纲要实施工作办公室与地方政府建立公民科学素质建设共建机制，形成一级带一级、层层抓落实的工作局面。

——建立科研与科普相结合的机制。继续落实在符合条件的国家科技计划项目中增加科普任务，将科普工作作为国家科技创新工作的有机组成部分，提高科普成果在科技考核指标中所占比重。完善国家科技报告制度，推动重大科技成果实时普及。中科院、工程院的院士专家带头面向公众开展科普活动。

——建立完善监测评估机制。完善公民科学素质调查体系，定期开展中国公民科学素质调查和全国科普统计工作，客观反映公民科学素质建设情况，为《科学素质纲要》实施和监测评估提供依据。加强公民科学素质建设的理论研究，把握公民科学素质建设的基本规律和国际发展趋势，建立符合我国国情的科学素质发展监测指标体系，创新公民科学素质建设的评估方法，适时开展公民科学素质建设第三方评估。

——建立完善社会动员机制。深入开展全国文明城市、国家卫生城市、全国科普示范县（市、区）、全国科普教育基地等创建活动，进一步形成政府推动、社会参与的良性机制。按照国家有关规定，对在公民科学素质建设中作出突出贡献的集体和个人给予奖励和表彰，大力宣传先进人物和典型经验。加强科普的国际交流与合作，用好国际国内两种资源，提高我国公民科学素质建设的国际影响力。

（三）保障条件

——政策法规。在国家和地方的国民经济和社会发展规划、相关专项规划以及有关科技教育、传播与普及的法律法规中，体现公民科学素质建设的目标和要求。完善促进公民科学素质建设的政策法规，推进《中华人民共和国科学技术普及法》实施条例和地方科普条例的研究制定工作，落实有关鼓励科普事业发展的税收优惠等相关政策，研究制定全民科学素质行动长远发展规划，为提高全民科学素质提供政策保障。

——经费投入。各级政府根据财力情况和公民科学素质建设发展的实际需要，逐步提高教育、科普经费的投入水平，并将科普经费列入同级财政预算，国家、省、地市、县四级合理分担科普财政投入。中央财政根据财政状况，继续支持对地方公民科学素质建设相关的转移支付。地方各级政府安排一定的经费用于公民科学素质建设。各有关部门根据承担的《科学素质纲要》实施任务，按照国家预算管理的规定和现行资金渠道，统筹考虑和落实公民科学素质建设所需经费。加强对科普经费、公民科学素质建设经费等专项经费使用情况的绩效考评，确保专款专用和使用效果。通过众筹众包、项目共建、捐款捐赠、政府购买服务等方式，鼓励和吸引社会资本投入公民科学素质建设。

（四）进度安排

——启动实施。2016 年，推动和指导各地制定本地“十三五”全民科学素质工作实施方案并启动实施工作。做好“十三五”《科学素质纲要》实施动员和宣传工作。

——深入实施。2017—2020 年，针对薄弱环节，继续完善工作机制，解决突出问题，全面推进各项重点任务的实施。深入开展调查研究，启动我国全民科学素质行动长远发展战略研究工作。

——总结评估。2020 年，组织开展督查，对“十三五”期间和《科学素质纲要》颁布实施以来的全民科学素质工作进行总结和全面评估，按照国家有关规定开展表彰奖励。

国家重大科技基础设施建设“十三五”规划

发改高技〔2016〕2736号

为落实《中华人民共和国国民经济和社会发展第十三个五年规划纲要》、《国家中长期科学和技术发展规划纲要(2006—2020年)》和《国家重大科技基础设施建设中长期规划(2012—2030年)》有关部署,明确“十三五”重大科技基础设施建设重点,进一步强化设施对经济社会发展、国家安全和科技进步的支撑保障作用,制定本规划。

一、建设基础和面临形势

“十二五”以来,我国重大科技基础设施建设取得显著进展,加快向体系化方向发展。投入运行和在建设施总量近40个,总体技术水平基本进入国际先进行列,500米口径球面射电望远镜、托卡马克核聚变研究装置等一批设施全球领先。粒子物理和核物理、空间和天文科学等优势领域的设施建设进一步巩固和发展,工程技术、地球系统与环境科学等薄弱领域明显加强,设施布局明显优化。北京、上海、合肥等地初步形成集群化态势、具有一定国际影响力的设施群。依托设施开展了蛋白质研究、磁约束核聚变研究、拓扑与超导新物态调控、宇宙结构起源研究、个性化药物研制等大量国际顶尖水平的科研工作,支撑完成了载人航天、探月工程、新药创制、大型客机研制、核心电子器件研制、高分辨率对地观测等有关国家重大科技任务,取得了四夸克物质发现、重大流行病跨种传播机制、磁约束聚变等离子体稳定控制等一批原创科技成果,推动我国高能物理、等离子体物理、结构生物学等领域部分前沿方向进入了国际先进行列,设施支撑科技创新的能力明显增强。设施建设和运行催生出重离子治疗癌症、低温超导材料规模化制备等一批高新技术,在突发自然灾害的监测与评估等方面发挥了重要作用,解决了高速列车研制、濒危野生生物种质资源抢救性保存、农作物基因改良等一批关系国计民生和国家安全的重大科技问题,促进了相关产业技术水平提高。

“十三五”时期是全面建成小康社会和进入创新型国家行列的决胜阶段,全球新一轮科技革命和产业变革蓄势待发，我国科技发展正处于从量的积累向质的飞跃、点的突破向系统能力提升的重要转折期，国家经济社会发展对战略科技支撑的需求比以往任何时期都更加迫切，重大科技基础设施建设面临着机遇和挑战并存的新形势。从国际看，物质结构、宇宙演化、生命起源、意识本质等一些重大科学问题的原创性突破正在开辟新前沿新方向，科学研究不断向宏观拓展、微观深入，学科分化与交叉融合不断加快，研究目标日益综合，科学前沿的革命性突破越来越依赖于重大科技基础设施提供综合性极限研究手段。从国内看，重大科技基础设施已成为支撑我国经济社会发展不可或缺的创新资源，是实现科技强国“三步走”战略目标和全面建成小康社会发展目标的重要保障。掌握国家战略必争领域的关键核心技术，抢占科技创新的战略制高点，破解经济社会发展的科技难题，越来越需要重大科技基础设施的支撑。

面对新形势新任务，必须顺应世界科技发展趋势、围绕国家重大战略需求，着力解决重大科技基础设施学科布局不平衡、整体数量和原创设施偏少、科学效益和经济社会效益发挥不够充分等突出问题，超前和系统部署“十三五”建设重点任务，推动设施运行有效解决经济和产业发展亟需的科技问题，为科技跨越发展夯实物质技术基础，为进入创新型国家行列和建设世界科技强国提供有力支撑。

二、总体要求

（一）指导思想

高举中国特色社会主义伟大旗帜，全面贯彻党的十八大和十八届三中、四中、五中、六中全会精神，以马克思列宁主义、毛泽东思想、邓小平理论、“三个代表”重要思想、科学发展观为指导，深入贯彻习近平总书记系列重要讲话精神，认真落实党中央、国务院决策部署，坚持“五位一体”总体布局和“四个全面”战略布局，坚持创新、协调、绿色、开放、共享发展理念，坚持创新是引领发展的第一动力，贯彻落实全国科技创新大会精神，以提升原始创新能力和支撑重大科技突破为目标，以健全开放共享和协同创新机制为保障，瞄准科技前沿与聚焦国家战略需求相结合、统筹设施布局与推动重点突破相结合、推进设施建设与提高产出效益相结合，加大投入力度，强化动态调整；循序滚动实施，加快建设完善重大科技基础设施体系，全面提升设施建设水平和运行效率，为深入实施创新驱动发展战略和建设世界科技强国提供有力支撑。

（二）基本原则

突出前瞻引领。综合研判世界科技前沿发展态势，瞄准探索未知世界和发现自然规律的科技发展前沿方向，在关系国家长远发展的基础科学前沿领域，适度超前规划重大科技基础设施建设任务，力争在重要科技领域实现跨越发展，跟上甚至引领世界科技发展新方向，掌握新一轮全球科技竞争的战略主动。

支撑战略需求。牢牢把握全球产业发展和变革的大趋势，聚焦我国经济社会发展和国家安全的瓶颈性科技难题，在有望引领未来产业发展、事关长远和全局的科技战略制高点和改善民生、促进可持续发展的关键社会领域，加快建设一批国家发展急需的重大科技基础设施，在战略必争领域形成独特优势，充分发挥设施在创新驱动发展中的重要支撑作用。

遵循科学规律。充分考虑重大科技基础设施技术难度大、系统复杂性高、科学寿命长、兼具工程和科研双重属性等特点，在较长时间周期内循序安排探索预研、筹备论证、启动建设、完善提升等阶段任务，并强化其与世界科技强国建设的“三步走”战略时序的衔接，形成循序渐进、持续发展的良好局面。

创新体制机制。以深化创新驱动体制机制改革为动力，强化与现有科研基地的衔接，加快建立健全高效的投入机制、动态调整的推进机制、开放共享的运行机制、产学研用协同的创新机制、高效灵活的管理机制，提高成果产出质量，促进集群化、集约化发展，进一步提高设施建设和运行的科技效益和经济社会效益。

（三）建设目标

到2020年，重大科技基础设施建设和运行总体技术水平进入国际先进行列，运行和使用效率整体达到国际先进水平，一批设施的技术指标居国际领先地位；薄弱领域设施建设明显加强，优势方向进一步巩固和发展，支撑前沿科技领域开展原创性研究的能力显著增强。基本建成若干具有国际影响力的综合性国家科学中心，形成以开放共享为核心的运行机制，建立起符合设施自身特点与发展规律的管理制度。设施整体国际影响力和地位显著提高，为我国进入创新型国家行列提供有力支撑，为进入创新型国家前列和建设世界科技强国奠定坚实基础。

——投入运行和在建设施总量55个左右，基本覆盖重点学科领域和事关科技长远发展的关键领域。

——依托设施开展一批国际顶尖水平的研究工作，取得一批重大原创成果，有力推动重要学科领域实现跨越发展。

——通过设施建设，衍生出一批新技术、新工艺和新装备，催生出一批颠覆性技术和战略性产品。

——通过设施高效运行，攻克一批产业关键核心技术，突破一批创新发展的瓶颈性科技难题。

——依托设施凝聚一批全球顶尖科技人才，开展一批国际重大科技合作计划，显著提升我国科技国际影响力。

——初步建成若干综合性国家科学中心，使其成为原始创新和重大产业关键技术突破的源头，成为具有重要国际影响力的创新基础平台。

三、重点任务

面向世界科技前沿、面向经济主战场、面向国家重大需求，以能源、生命、地球系统与环境、材料、粒子物理和核物理、空间和天文、工程技术等7个科学领域为重点，从启动建设、筹备论证、探索预研、完善提升四个层面，推动国家重大科技基础设施布局建设和发展，形成循序渐进、滚动实施、动态调整、持续发展的良好局面。统筹布局综合性国家科学中心建设，打造具有世界先进水平的重大科技基础设施群。进一步完善体制机制，形成支持设施持续发展的良好政策环境。

（一）聚力优先项目的启动建设。在我国科技发展急需、具有相对优势和科技突破先兆的领域，根据拟建设施属性、科学目标、技术基础、科研需求和人才队伍等基础条件，优先启动若干建设条件成熟、前期准备工作充分的重大科技基础设施建设项目。“十三五”期间，优先项目包括：空间环境地基监测网（子午工程二期），大型光学红外望远镜，极深地下极低辐射本底前沿物理实验设施，大型地震工程模拟研究设施，聚变堆主机关键系统综合研究设施，高能同步辐射光源，硬X射线自由电子激光装置，多模态跨尺度生物医学成像设施，超重力离心模拟与实验装置，高精度地基授时系统。

（二）深化后备项目的筹备论证。对科学意义重大、国家需求强烈、抢占科技创新制高点、预先研究较为充分并纳入综合评审的设施，加强对其设施属性、建设紧迫性、科学目标、工程目标、技术风险等的深化论证，开展国内外同类设施的对比分析，逐步形成成熟的设施建设方案。按照设施建设紧迫性、方案成熟度和财力保障状况，适时启动若干筹备论证充分的设施建设工作。“十三五”期间，设施筹备论证的后备项目包括：北京在线同位素分离丰中子束流装置，中国陆地生态系统观测实验网络，生物医学大数据基础设施，作物表型组学研究设施，大气环境模拟系统等纳入专家综合评审的设施。

（三）推进设施建成和性能提升。加大在建项目的工程管理、技术攻关和配套条件建设力度，力争早日建成并投入运行一批国家重大科技基础设施，尽早发挥其对科技创新的支撑保障作用。“十三五”期间，建成并投入运行的设施包括：重大工程材料服役安全研究评价设施，农业生物安全科学中心，散裂中子源，极低频探地工程，软X射线自由电子激光试验装置，稳态强磁场实验装置，转化医学研究设施，空间环境地面模拟装置。加快推进“十二五”其他项目进展。持续推进建成设施的服务能力建设，强化设施日常维修维护，支持新建必要的实验装置和配套条件，确保设施运行水平和技术性满足提高科研工作水平的需要。

（四）强化设施的超前探索预研。紧紧围绕世界科技发展前沿，面向国家战略需求，前瞻部署设施预研。充分利用现有科技计划和资金渠道，在可能发生革命性突破的方向，加强设施探索预研工作，为设施建设提供充分的人才、技术和工程储备，以保障设施建设的顺利进行。强化设施预研各阶段任务布局和相互衔接，系统安排原理探索、技术攻关、工程验证等类型的预研项目，支持设施关键技术研究以及实验技术和实验仪器设备的研发。

（五）促进设施科学效益和经济社会效益的持续提高。进一步加强设施开放共享，促进设施建设运行与科学研究的紧密结合，吸引凝聚更多国际高水平研究团队依托设施开展研究。鼓励和支持科学家依托设施开展变革性科学研究，挑战前沿科学难题，提出更多原创理论，作出更多原创发现。在现代农业、人口健康、资源环境和生态保护、产业转型升级等事关国计民生、产业核心竞争力的重大领域，鼓励依托设施设立科学研究基金，开展持续的科技攻关，为创新驱动发展提供更多的源头技术供给。在数理天文、生命科学、地球环境科学、能源等领域，依托设施发起实施若干国际大科学计划和大科学工程，为世界科学发展做出贡献。

（六）建设若干具有国际影响力的综合性国家科学中心。在北京、上海、合肥等设施相对集聚的区域，建设服务国家战略需求、设施水平先进、多学科交叉融合、高端人才和机构汇聚、科研环境自由开放、运行机制灵活有效的综合性国家科学中心。充分利用先进的信息技术，开展设施建设和运行机制的改革探索和先行先试，创新设施建设和运行模式，形成世界级重大科技基础设施集群，成为全球创新网络的重要节点、国家创新体系的基础平台以及带动国家和区域创新发展的辐射中心。协调综合性国家科学中心内的有关单位承担国家重大科技任务，发起大科学计划，推动实现重大原创突破，攻克关键核心技术，增强国际科技竞争话语权。

四、优先项目

“十三五”时期，按照“成熟一项、启动一项”的原则，优先布局10个建设项目。对前期工作深度达到要求的项目，及时启动设施建设工作；对暂不具备建设条件、无法按时启动的项目，及时进行动态调整，不再作为优先项目，从筹备论证的后备项目中择优替补。

（一）空间环境地基监测网（子午工程二期）。空间环境地基综合监测网是开展空间天气研究、保障国家空间活动和空间安全的重要设施。围绕综合性、多尺度、长期连续监测我国空间环境区域性特征和研究日地空间天气变化规律的科学目标，在子午工程现有常规监测链的基础上，主要建设由相控阵非相干散射雷达、高频相干散射雷达群、大口径激光雷达、大规模太阳射电阵等组成的先进探测系统，形成覆盖全国的“两横两纵”地基监测网，具备百公里级空间分辨、实时获取30余种空间环境要素的日地空间天气全过程探测能力。设施建成后，可成为国际上综合性最强、覆盖区域最广的先进地基空间环境监测网，促进我国空间环境的认知水平和应用保障能力进入国际先进水平。

（二）大型光学红外望远镜。大型光学红外望远镜是开展天体物理研究必备的核心基础设施之一。围绕宇宙各层次天体起源和演化、极端宇宙条件物理、由宇宙结构形成揭示的暗物质和暗能量性质及引力波源光学对应体等重大前沿研究需求，优选台址，建设一架12米级口径光学红外望远镜，具备多目标、暗天体高分辨成像和光谱观测的精测能力，最暗天体成像极限亮度达到28星等，最暗天体光谱极限亮度达到25星等。设施建成后，可使我国光学极限探测能力处于国际领先行列，大幅提升天文观测重大发现的综合能力，同时为相关领域的前沿研究提供重要支撑，带动我国先进光学技术的创新发展。

（三）极深地下极低辐射本底前沿物理实验设施。极深地下极低辐射本底前沿物理实验设施，对开展暗物质直接探测、无中微子双贝塔衰变、宇宙重核形成等基础科学前沿研究具有重大意义。优选地址建设该设施，主要包括：垂直岩石覆盖大于2300米、宇宙线通量小于每年每平方米100个、容积大于30万立方米的实验空间；大型液氮低温辐射屏蔽与高纯锗反符合装置；大型常温纯净水辐射屏蔽与液氙自屏蔽装置；组合式固体辐射屏蔽装置；微贝克每公斤量级的辐射本底测量与分析装置等。设施建成后，可为粒子物理与核物理及相关领域重要科学问题研究提供极低宇宙线通量和极低环境辐射本底的实验条件，为建设国际领先水平的研究中心奠定基础。

（四）大型地震工程模拟研究设施。建设大型地震工程模拟研究设施，开展复杂岩土介质与水环境中地震灾害及防控模拟，对揭示地震引起的自然环境和工程灾变机理，防范自然灾害，保障土木、水利和海洋等重大工程的安全具有重要意义。设施主要建设内容包括：移动组合式三向六自由度地震模拟振动台台阵系统、工程地震灾害数字仿真系统及配套设施等，单台最大载重1350吨以上，满载最大加速度20米/秒^2，具备可靠模拟多点多维地震差动、大比尺和足尺模拟工程地震灾害的能力。设施建成后，可大幅提升我国防灾减灾原始创新能力，为提高我国地震灾害的防范水平提供重要支撑。

（五）聚变堆主机关键系统综合研究设施。核聚变能是解决人类能源问题的根本出路之一。建设多场耦合环境下的聚变堆主机关键系统综合研究设施，对保障我国聚变堆的先进性、安全性和可靠性，加快聚变能实际应用进程具有重要意义。设施主要建设最大粒子通量达到 10^{24} 每平方米每秒的偏滤器物理、材料和部件研究系统，以及最高背景场达到 15 特斯拉的超导导体和磁体研究系统，为聚变堆主机关键系统研究提供粒子流、电、磁、热、力等极端实验条件。设施建成后，可成为国际聚变领域参数最高、功能最完备的综合性研究平台，为我国开展聚变堆设计及核心部件研发、热与粒子排除关键问题研究、大规模低温和超导技术研究、强流粒子束与基础等离子体研究、深空推进探索等提供强大的技术支撑。

（六）高能同步辐射光源。高能同步辐射光源是基础科学和工程科学等领域原创性、突破性创新研究的重要支撑平台。围绕航空材料、武器物理、工程材料全寿命周期等国家安全和工业应用相关研究，以及能源、环境、生命科学等基础研究对高亮度、高能量 X 射线的紧迫需求，建设高能同步辐射光源，主要包括注入器、储存环、光束线、实验站以及辅助设施。储存环能量达 6 千兆电子伏，发射度优于 0.1 纳米弧度，高性能光束线站容量不少于 90 条，提供能量达 300 千电子伏的 X 射线，具备纳米量级空间分辨、皮秒量级时间分辨、毫电子伏量级能量分辨能力。设施建成后，可满足前沿科学和工程应用等领域的研究需求，成为国际领先的高能同步辐射光源试验平台，为提升我国科学、技术创新能力提供有力的支撑。

（七）硬 X 射线自由电子激光装置。X 射线自由电子激光具有超高峰值亮度、超短脉冲、高度相干等优异性能，是实现科学突破与技术创新的研究利器。为满足材料、能源、环境、物理与化学、生命及医药等领域的创新研究对高亮度相干 X 射线光源的迫切需求，建设硬 X 射线自由电子激光装置，主要包括：高性能电子直线加速器、高亮度自由电子激光放大器、光束线和四维探测综合实验站等，具备电子能量大于 6 千兆电子伏、光子能量高于 12 千电子伏、及飞秒级时间分辨和纳米级空间分辨的能力。设施建成后，总体性能可达到国际领先水平，与现有同步辐射光源形成优势互补，为解决科学前沿和国家战略需求中的重大科学问题提供有效手段。

（八）多模态跨尺度生物医学成像设施。生命体结构与功能跨尺度的可视化描绘与精确测量对生物医学研究取得革命性突破具有重大意义。以打通尺度壁垒、整合多模态信息、精准描绘生命活动时空过程为科学目标，建设多模态跨尺度生物医学成像设施，主要包括：以亚纳米分辨光电融合技术为代表的多模态高分辨分子成像装置、以毫秒分辨显纳成像为代表的多模态活体细胞成像装置、以超高场磁共振成像为代表的多模态医学成像装置以及全尺度图像整合系统，具备全景式揭示基因表达、分子构象、细胞信号、组织代谢及功能网络的时空动态和内在联系的能力。设施建成后，可通过光、声、电、磁、核素、电子等模态的融合，实现从埃到米、微秒到小时的跨尺度结构与功能成像，为我国生物医学研究提供先进的、全方位的观测手段，促进我国生物医学成像技术的创新发展。

（九）超重力离心模拟与实验装置。超重力环境可以增大多相介质体积力和相间相对运动驱动力，是研究岩土体大尺度演变和灾变、地下环境长历时污染必不可少的实验手段，也是研究材料相分离效应的极端物理条件。围绕实验再现岩土体大尺度演变和灾变及加速材料相分离的科学目标，建设超重力离心模拟与实验装置，主要包括：最大加速度 1500g、最大负载 30 吨、加速度和负载可控可调、容量 1500g · 吨的超重力离心机，以及深地与深海、场地地震、边坡与高坝、地下环境、地质构造、材料制备等超重力实验舱，具备单次实验再现岩土体千米尺度演变与灾变、污染物万年迁移及获取千个材料共晶成分的能力。设施建成后，可为深地深海资源开发、重大工程防灾、废弃物地下处置、新材料制备等领域的研究提供有力支撑。

(十)高精度地基授时系统。授时系统是国家重要科技基础设施,对科学研究、国家安全和基础产业具有重要意义。为进一步提高我国授时系统的安全性、可靠性和授时精度,建设与星基授时系统相对独立、互补增强、融合共用的高精度地基授时系统,主要包括:增补完善增强型罗兰授时系统,实现长波授时信号的全国土覆盖,重点区域授时精度优于百纳秒;利用通信光纤网建设覆盖主要城市和重要用户的高精度光纤时频传递骨干网,时间传递精度优于百皮秒,频率传递精度达到10^{-19}量级。设施建成后,与星基授时系统一起构成我国星地一体化授时系统,可为精密测量物理、精密时频技术等科学研究提供重要实验平台,支撑经济社会和国家安全的长远发展。

五、保障措施

(一)完善管理机制。进一步健全跨部门统筹协调机制,加强规划制定、立项决策、建设管理、运行保障等环节的衔接协同。建立优先项目动态调整机制,适时组织专家和第三方评估机构对优先项目进行评估论证,择优遴选启动建设的项目并滚动调整。围绕设施规划、评估、监理等相关工作需求,进一步充实和完善专家体系,建立健全评审专家遴选和信用考评机制。鼓励和推动主管部门整合人才、资金、技术等资源,制定保障激励政策,强化设施管理,落实配套条件,支持设施建设和运行。支持地方政府参与设施建设,引导其在土地、资金、人才队伍等方面出台相关政策,形成共同支持设施建设的良好局面。

(二)保障资金投入。进一步优化投入结构,建立以国家投入为主、多元化投入相结合的设施建设和运行资金保障体系。充分利用现有科技计划和资金渠道,加大对设施预研和依托设施开展科学研究的投入。规范资金投入管理,加强绩效评价,切实提高资金的使用效率和效益。加快建立设施退役评估机制,适时退出因科学寿命终结或其他原因确需终止运行的设施,确保资金投入取得良好效益。

(三)凝聚优秀人才。结合设施建设运行实际,坚持工程人才和科研人才并重,注重打造高水平团队,制定与设施发展相配套的人才计划,吸引和凝聚高层次创新人才,引进和培养工程技术、科学研究、工程管理骨干人才队伍。建立人才分类管理制度,逐步建立和完善项目总负责人协调下的总工程师、总工艺师、总经济师和首席科学家制度,将建设人员、管理人员、运行维护人员纳入主管部门人才工作体系。推动建立健全针对设施建设人才和运行管理人才的专门考核激励办法,稳定长期从事设施建设运行的专业化人才队伍。

(四)促进国际合作。适应设施发展日益国际化的趋势,结合我国科技发展实际需求,积极参与享有知识产权和使用权的重大科技基础设施国际合作项目。积极探索以我为主的国际合作,鼓励设施提出并牵头组织国际大科学计划和大科学工程,吸引国外优质资源参与我国发起的重大科技基础设施建设和相关科学研究。注重引进国外先进技术和管理经验,提高我国重大科技基础设施建设、运行的技术和管理水平。

（二）农业农村

全国“十三五”易地扶贫搬迁规划

发改地区〔2016〕2022号

前　言

“十三五”时期，是全面建成小康社会的决胜阶段。为坚决打赢脱贫攻坚战，确保到2020年所有贫困地区和贫困人口与全国人民一道迈入全面小康社会，党中央、国务院决定，按照精准扶贫、精准脱贫要求，加快实施易地扶贫搬迁工程，从根本上解决居住在“一方水土养不起一方人”地区贫困人口的脱贫发展问题。根据《中共中央国务院关于打赢脱贫攻坚战的决定》和《国民经济和社会发展第十三个五年规划纲要》，制定本规划。

第一章　基本情况

第一节　工作基础

经国务院批准，从2001年开始，国家发展改革委安排专项资金，在全国范围内陆续组织开展了易地扶贫搬迁工程。截至2015年底，已累计安排易地扶贫搬迁中央补助投资363亿元，搬迁贫困人口680多万人。一些地方也根据本地实际，统筹中央财政专项扶贫资金、扶贫移民、生态移民、避灾搬迁等资金实施了搬迁工程。在中央和地方的共同努力下，全国已累计搬迁1200万人以上。

“十二五”时期，国家发展改革委加大了易地扶贫搬迁工程投入力度，搬迁成效更加明显，累计安排中央预算内投资231亿元，是前10年投入的1.75倍；累计搬迁贫困人口394万人，是前10年的1.37倍。同时，带动其他中央部门资金、地方投资和群众自筹资金近800亿元。5年来，通过实施易地扶贫搬迁工程，建设了一大批安置住房和安置区水、电、路、气、网等基础设施，以及教育、卫生、文化等公共服务设施，大幅改善了贫困地区生产生活条件，有力推动了贫困地区人口、产业集聚和城镇化进程;引导搬迁对象发展现代农业和劳务经济,大幅提高收入水平,加快了脱贫致富步伐;改变了搬迁对象“越穷越垦、越垦越穷”的生产状况,有效遏制了迁出区生态恶化趋势,实现了脱贫致富与生态保护“双赢”。易地扶贫搬迁产生了良好的经济、社会和生态效益,受到搬迁对象的普遍欢迎。

第二节 面临形势

改革开放以来,在有计划、有组织大规模开发式扶贫推动下,贫困地区面貌发生了翻天覆地变化,同时也探索和总结出一系列行之有效的扶贫开发经验。党的十八大以来,党中央、国务院制定实施了一系列力度更大、强度更高的政策措施,为贫困地区加快发展和贫困人口脱贫注入了新动力。当前,我国经济发展进入新常态,正处于全面建成小康社会的决胜时期,贫困问题依然是最突出的“短板”,生活在“一方水土养不起一方人”的贫困问题则是“短板”中的“短板”,必须付出更大气力、采取超常规举措补齐这块“短板”,持续增进贫困地区民生福祉,使贫困人口共享发展成果。习近平总书记指出,易地搬迁脱贫一批,是一个不得不为的措施,也是一项复杂的系统工程,政策性强、难度大。要拓宽资金来源渠道,解决好扶贫搬迁所需资金问题。要做好规划,合理确定搬迁规模,区分轻重缓急,明确搬迁目标任务和建设时序,按规划、分年度、有计划组织实施。李克强总理要求,各地区各部门一定要高度重视,精心部署,结合新型城镇化和农业现代化,科学编制实施易地扶贫搬迁规划,坚持群众自愿、积极稳妥原则,因地制宜选择搬迁安置方式,选好安置点,完善搬迁后续扶持政策,确保搬迁对象有业可就、稳定脱贫,做到搬得出、稳得住、能致富。2015 年底,国务院召开全国易地扶贫搬迁工作电视电话会议,对做好新时期易地扶贫搬迁工作做出全面部署、提出明确要求。国务院扶贫开发领导小组专题会议明确提出,易地扶贫搬迁工作必须紧盯脱贫目标,按照“理顺机制、明晰目标、守住底线、确保脱贫”的要求做好工作。中央领导同志的重要讲话和指示精神,为新时期易地扶贫搬迁工作指明了方向。

按照党中央、国务院决策部署,“十三五”时期,我国将加快实施易地扶贫搬迁工程,通过“挪穷窝”、“换穷业”、“拔穷根”,从根本上解决约 1000 万建档立卡贫困人口的稳定脱贫问题。与以往相比,新一轮易地扶贫搬迁面临着前所未有的挑战。一是搬迁任务繁重艰巨。5 年需要搬迁的建档立卡贫困人口约 1000 万人,搬迁数量在中外历史上前所未有,时间紧迫,任务艰巨。二是安置资源约束日益凸显。搬迁人口高度集中的中西部地区,山地、高原、荒漠化土地、生态脆弱区域占比高,适宜安置的水土资源匹配条件、选址空间日益受限。城镇化加速推进,使新增建设用地日益紧张。承包土地调整难度不断加大,也使搬迁安置工作受到不同以往的挑战。三是搬迁对象贫困程度更深。经过前 15 年的易地扶贫搬迁,有条件、有能力搬迁的贫困人口多数已经迁出,目前尚未搬迁的贫困人口,生存环境和居住条件更为恶劣、贫困程度更深,按原有政策力度难以完成搬迁,属于经过多轮扶持仍未啃下来的“硬骨头”。四是工程实施难度更大。易地扶贫搬迁涉及面广、政策性强,是一项复杂的系统工程和社会工程,既要精心组织做好安置住房、配套水电路气网等基础设施和教育、卫生、文化等公共服务设施建设,也要依据不同安置方式,扎实推进产业培育、就业培训等后续发展工作,确保实现稳定脱贫,是本轮脱贫攻坚战必须攻克的一座艰巨的“堡垒”。

同时也应看到,新时期易地扶贫搬迁工作也具备许多有利条件。一是党中央、国务院高度重视。习近平总书记、李克强总理等中央领导同志对易地扶贫搬迁工作多次作出重要指示批示，把新时期易地扶贫搬迁作为实现精准扶贫、精准脱贫基本方略的一项重大举措部署推进，明确提出目标任务和工作要求。国务院分管领导同志高度重视，多次召开会议研究部署，要求全力以赴做好易地扶贫搬迁工作，同时要求科学规划、建好平台、精准搬迁、稳定脱贫。二是政策措施保障更加有力。“十三五”期间中央将加大政府投入力度、提高补助标准，创新投融资模式，用好用活城乡建设用地增减挂钩政策，整合各类资源，拓宽资金来源渠道，为易地扶贫搬迁提供政策、资金支持。三是各地搬迁安置经验较为丰富。经过多年探索实践，各地在易地扶贫搬迁组织管理、项目建设、搬迁安置、资金管理、部门协作等方面，形成了较为规范、操作性强的工作规程和管理制度，并在体制机制方面积极创新，积累了许多宝贵经验。四是贫困人口搬迁意愿强烈。经过多年实践，易地扶贫搬迁的脱贫致富效果在贫困地区已形成广泛共识，产生了显著示范效应，依然生活在“一方水土养不起一方人”地区的贫困人口，对于通过易地扶贫搬迁实现脱贫致富的做法高度认同，搬迁意愿强烈。

第二章　总体思路

第一节　指导思想

全面贯彻落实党的十八大和十八届三中、四中、五中全会以及中央扶贫开发工作会议精神，深入贯彻习近平总书记系列重要讲话精神，牢固树立并切实贯彻创新、协调、绿色、开放、共享的新发展理念，按照党中央、国务院关于打赢脱贫攻坚战的决策部署，把精准扶贫、精准脱贫作为基本方略，瞄准建档立卡贫困人口，充分尊重群众意愿，坚持易地扶贫搬迁与新型城镇化、农业现代化建设相结合，坚持“挪穷窝”与“换穷业”并举，加大投入、创新机制，因地制宜、综合施策，确保实现搬迁一户、脱贫一户，坚决打赢易地搬迁脱贫攻坚战。

第二节　基本原则

——精准识别，精准搬迁。瞄准“一方水土养不起一方人”地区中的建档立卡贫困人口，提高搬迁对象精准识别和动态管理水平。易地扶贫搬迁各项政策、各项资金都要精准集聚，优先保障建档立卡贫困人口搬迁安置和后续脱贫，防止“大水漫灌”。

——群众自愿，应搬尽搬。充分尊重搬迁群众意愿，不搞强迫命令，防止以易地扶贫搬迁之名搞“运动式”搬迁。努力做到对建档立卡贫困人口应搬尽搬，并统筹处理好整村搬迁的建档立卡贫困人口与未纳入建档立卡的农村低保户、特困户等同步搬迁人口的关系。加强社会风险防控工作，确保有序搬迁、平稳搬迁、顺利搬迁。

——保障基本，完善配套。严格按照“保障基本、安全适用”的要求，做好建档立卡搬迁人口安置住房的规划和建设，严禁“垒大户”、“造盆景”，防止因建房面积过大而增加搬迁群众负担，使建档立卡搬迁人口因建房而负债。统筹规划、合理布局，切实做好安置区配套基础设施和基本公共服务设施建设。

——整合资源，稳定脱贫。紧密围绕搬迁对象脱贫目标，把扶持搬迁对象后续发展摆在更加重要位置，坚持因地制宜、多措并举、精准施策，与相关专项规划充分衔接，积极探索资产收益扶贫新机制，拓宽搬迁对象稳定增收渠道，搬迁安置与产业发展同步推进，实现稳定脱贫。

第三节 主要目标

到2020年，实现约1000万建档立卡贫困人口的搬迁安置，搬迁对象住房安全得到有效保障，安全饮水、出行、用电、通讯等基本生活需求得到基本满足，享有便利可及的教育、医疗等基本公共服务，迁出区生态环境明显改善，安置区特色产业加快发展，搬迁对象有稳定的收入渠道，生活水平明显改善，全部实现稳定脱贫，与全国人民一道迈入全面小康社会。

第三章 迁出区域与搬迁对象

第一节 迁出区选择条件

迁出区域主要为自然条件严酷、生存环境恶劣、发展条件严重欠缺且建档立卡贫困人口相对集中的农村贫困地区。

——深山石山、边远高寒、荒漠化和水土流失严重，且水土、光热条件难以满足日常生活生产需要，不具备基本发展条件的地区。

——国家主体功能区规划中的禁止开发区或限制开发区。

——交通、水利、电力、通信等基础设施，以及教育、医疗卫生等基本公共服务设施十分薄弱，工程措施解决难度大、建设和运行成本高的地区。

——地方病严重、地质灾害频发，以及其他确需实施易地扶贫搬迁的地区。边境一线地区不纳入迁出范围。

第二节 搬迁对象分布

迁出区范围涉及全国22个省（区、市）约1400个县（市、区）。经国务院扶贫办扶贫开发建档立卡信息系统核实，上述范围内需要实施易地扶贫搬迁的建档立卡贫困人口约981万人①。同时，各地计划同步搬迁约647万人。搬迁对象分布情况如下：

从区域板块看，西部地区12省（区、市）建档立卡搬迁人口约664万人（图1），占建档立卡搬迁人口总规模的67.7%，计划同步搬迁约423万人；中部地区6省建档立卡搬迁人口296万人，占建档立卡搬迁人口总规模的30.2%，计划同步搬迁约144万人；东部地区4省建档立卡搬迁人口约21万人，占建档立卡搬迁人口总规模的2.1%，计划同步搬迁约80万人。

从政策区域看，搬迁对象主要集中在国家扶贫开发重点地区。其中，集中连片特殊困难地区县和国家扶贫开发工作重点县内需要搬迁的农村人口占72%；省级扶贫开发工作重点县内需要搬迁的农村人口占12%；其他地区占16%（图2）。

---

① 此数据为国务院扶贫办结合建档立卡“回头看”工作，截至2016年5月底通过扶贫开发建档立卡信息系统核定的建档立卡搬迁人口规模。

图 1　不同区域建档立卡搬迁人口分布

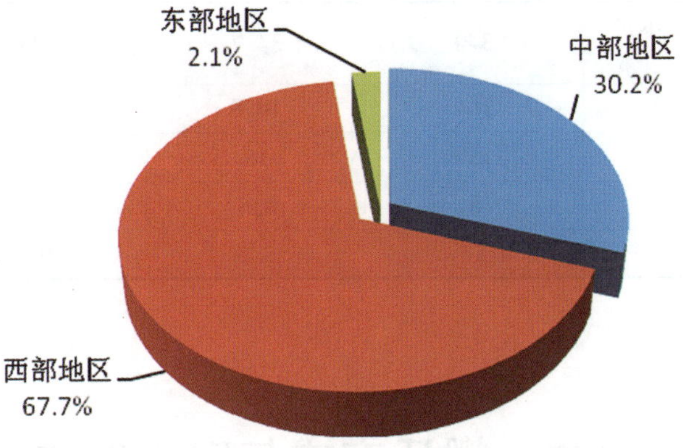

图 2　不同类型县搬迁对象分布

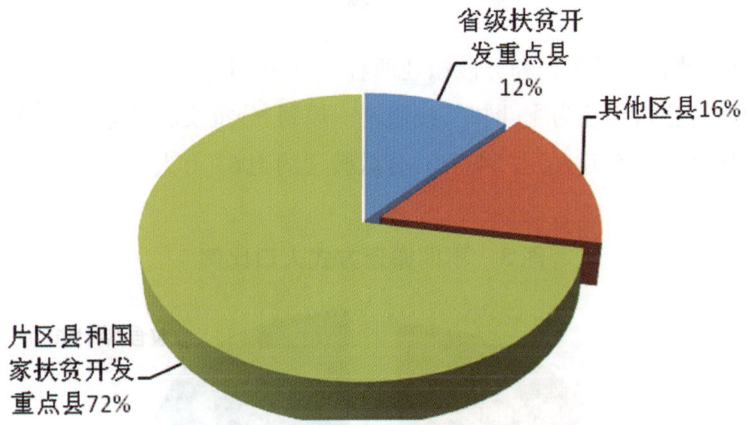

从主要致贫因素看，迁出区与我国生态脆弱地区、地质灾害高发区和地方病多发区等地区高度重合。主要包括：因资源承载力严重不足需要搬迁的建档立卡贫困人口 316 万人，占建档立卡搬迁人口总规模的 32.2%；因公共服务严重滞后且建设成本过高需要搬迁的建档立卡贫困人口 340 万人，占建档立卡搬迁人口总规模的 34.7%；因灾害频发易发需要搬迁的建档立卡贫困人口 106 万人，占建档立卡搬迁人口总规模的 10.8%；因处在国家禁止开发或限制开发区需要搬迁的建档立卡贫困人口 157 万人，占建档立卡搬迁人口总规模的 16%；因地方病高发需要搬迁的建档立卡贫困人口 8 万人，占建档立卡搬迁人口总规模的 0.8%；因其他原因需要搬迁的建档立卡贫困人口 54 万人，占建档立卡搬迁人口总规模的 5.5%（表 1）。

表 1　不同原因搬迁人口分布

单位：万人、%

	建档立卡搬迁人口	比　重	搬迁人口总规模	比　重
合　　计	**981**	**100**	1628	100
资源承载力严重不足地区	**316**	**32.2**	462	28.4

续表

	建档立卡搬迁人口	比重	搬迁人口总规模	比重
公共服务严重滞后且建设成本过高地区	**340**	**34.7**	593	36.4
地质灾害频发易发地区	**106**	**10.8**	210	12.9
国家禁止或限制开发地区	**157**	**16**	257	15.8
地方病高发地区	**8**	**0.8**	13	0.8
其他地区	**54**	**5.5**	93	5.7

第四章　搬迁方式与安置方式

第一节　搬迁方式

搬迁方式包括自然村整村搬迁和分散搬迁两种。其中，生存环境差、贫困程度深、地质灾害严重的村庄，应以自然村整村搬迁为主，同时，按照统一规划、分批实施的原则给予优先安排。搬迁对象中，自然村整村搬迁约565万人，占34.7%；分散搬迁约1063万人，占65.3%（图3）。

图3　不同搬迁方式人口比例

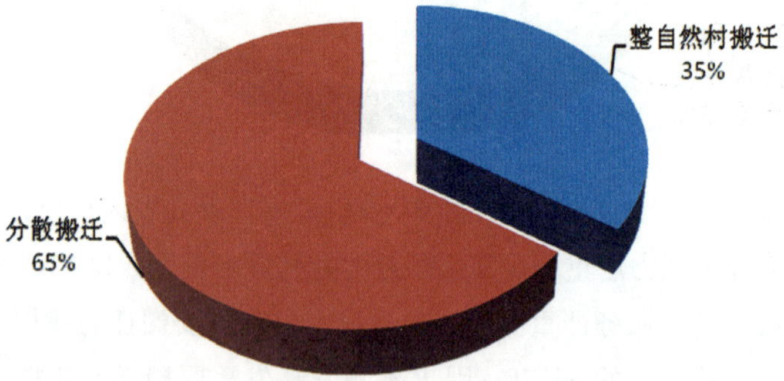

第二节　安置方式

按照群众自愿、应搬尽搬的原则，综合考虑水土资源条件和城镇化进程，采取集中安置与分散安置相结合的方式多渠道解决。其中，集中安置约1244万人，占76.4%；分散安置约384万人，占23.6%。

集中安置

——行政村内就近安置。依托靠近交通要道的中心村或交通条件较好的行政村，引导搬迁对象就近集中安置，占集中安置人口的39%。

——建设移民新村安置。依托新开垦或调整使用耕地，在周边县、乡镇或行政村规划建设移民新村集中安置，占集中安置人口的15%。

——小城镇或工业园区安置。依托新型城镇化建设,在县城、小城镇或工业园区附近建设安置区集中安置,占集中安置人口的 37%。

——乡村旅游区安置。依托当地旅游、民俗文化等特色资源,因地制宜打造乡村旅游重点村镇或旅游景区,引导搬迁对象适度集中安置,占集中安置人口的 5%。

——其他安置方式。特困人员、残疾人等符合集中供养条件的搬迁对象,通过纳入迁入地供养机构或建设专门住房实行集中安置,占集中安置人口的 4%(图 4)。

图 4　不同集中安置方式下人口比例

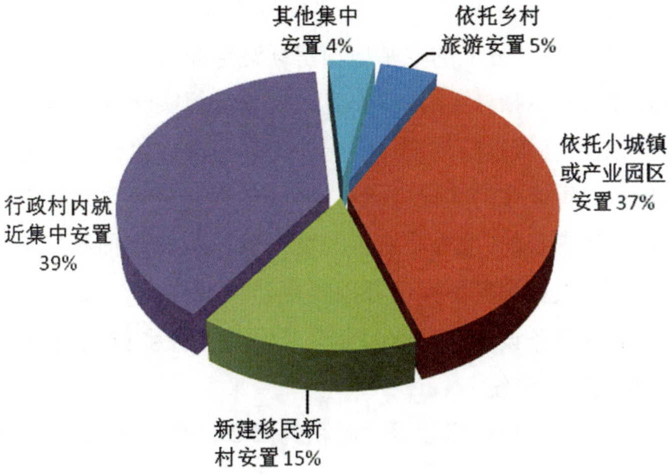

分散安置

——插花安置。依托安置区已有公共设施、空置房屋等资源,由当地政府采取回购空置房屋、配置耕地等方式进行安置,占分散安置人口的 70%。

——其他安置方式。主要为自主选择进城务工、投亲靠友等方式进行安置,占分散安置人口的 30%。

第三节　集中安置区选择

遵循城乡统筹、布局优化、集约用地、规模适度的原则,规划建设集中安置区。安置区选择应符合以下基本条件:

——符合当地土地利用总体规划、城乡土地利用规划等要求,尽量利用存量建设用地、荒山和薄地,严禁占用基本农田。

——规避滑坡、泥石流、地质断裂带等自然灾害隐患点,地势相对平坦开阔,满足环境承载力要求,有安全可靠的水源保障。

——交通较为便利、基础设施和公共服务设施较为完善、产业发展具有一定基础的中心村、小城镇、产业聚集园区等地区。

——旅游景点、历史古迹、革命遗址、民俗文化等特色资源优势突出、开发利用潜力较大的地区。

此外,集中安置规模超过 200 户 800 人以上的大型安置点,应对选址进行水土资源平衡分析和资源环境承载能力评价。

第五章　主要建设任务

第一节　安置住房

建设要求。按照“保障基本、安全适用”的原则，建档立卡搬迁人口住房建设面积严格执行不超过 25 平方米/人的标准（宅基地严格按照当地标准执行），其中单人单户安置住房可采取集中建设公寓、与幸福院、养老院共建等方式解决，具体建设方式和标准由地方政府结合当地实际确定。按照一户一宅方式安置的，可以在分配的宅基地预留续建空间，稳定脱贫后可自行扩建。同步搬迁人口住房建设应在地方政府统一指导下，按照安置区规划组织实施，住房面积标准可以建档立卡搬迁人口标准为参照，由当地市县级政府酌定。新建住房结构设计执行相关建筑规范和技术标准，确保住房质量和安全。集中安置区住房建设应统一规划，工程实施可采取统建、自建、代建等方式进行。依托小城镇或工业园区安置的，地方政府可酌情采取回购符合面积控制标准的城镇商品住房的方式，但不得回购公租房、廉租房等国家已补助投资建设的住房。依托乡村旅游区安置的，安置规划及住房、基础设施、公共服务设施和商业配套等建设要符合乡村旅游特色，充分考虑旅游发展实际需求，促进安置区与景区和谐统一。

建设任务。建档立卡搬迁人口住房建设总面积约 2.2 亿平方米，同步搬迁人口住房建设总面积约 1.9 亿平方米。

第二节　配套基础设施

建设要求。按照“规模适宜、功能合理、经济安全、环境整洁、宜居宜业”的原则，配套建设安置区水、电、路、基础电信网络及垃圾、污水处理设施等基础设施。建设标准执行相关行业标准。

建设任务。建设安置区道路 11.4 万公里、铺设饮水管网 14.1 万公里、供配电网 11.5 万公里。

第三节　基本公共服务设施

建设要求。按照“缺什么补什么”和“适当留有余地”的原则，在充分利用现有基本公共服务设施能力基础上，统筹考虑今后一个时期人口流量流向，同步规划、同步建设一批教育、卫生、文化体育，以及商业网点、便民超市、集贸市场等公共服务设施。功能布局、规模配置和建设标准等，按照国家相关行业标准、技术规范和安置区建设规划执行。

建设任务。建设学校及幼儿园 1612 万平方米、卫生室 573 万平方米、其他村级服务设施 2477 万平方米。

第四节　土地整治

建设要求。对迁出区宅基地等建设用地，以及腾退、废弃土地进行复垦，适宜耕作的优先用于补充耕地资源。组织实施高标准农田、土地整理等工程建设，增加耕地数量，提高耕地质量，尽可能保障搬迁对象农业生产的基本土地（耕地、牧场、林地）等生产资料。建设标准遵从国家相关行业标准。

建设任务。改造基本农田595万亩,新增和改善灌溉面积478万亩、复垦宅基地280万亩。

第五节 迁出区生态恢复

建设要求。根据国家新一轮退耕还林还草的总体部署,加快对迁出区25度以上坡耕地实施退耕。采取退牧还草、农牧交错带已垦草原治理、小流域治理、水土保持、石漠化治理、自然保护区建设等工程和自然措施,对迁出区进行保护修复,纳入相关规划。建设标准参照行业标准。

建设任务。迁出区生态修复1543万亩。

第六章 资金测算与筹措

第一节 资金需求测算

根据各地建设总规模、平均工程造价等数据测算,"十三五"期间,易地扶贫搬迁工程总投资约9463亿元。其中,建档立卡搬迁人口住房建设投资约3094亿元,安置区配套基础设施建设投资1962亿元,基本公共服务设施建设投资866亿元,共计5922亿元,占62.58%;同步搬迁人口住房(配套基础设施和基本公共服务设施与建档立卡搬迁人口共享)建设投资约2640亿元,占27.9%;土地整治、生态修复等其他费用901亿元,占9.52%(表2)。

表2 总投资构成表

单位:亿元、%

内容	总投资	所占比例
总投资	**9463**	**100**
建档立卡搬迁人口住房和安置区建设投资	**5922**	**62.58**
住房建设	3094	52.25
配套基础设施建设	1962	33.13
基本公共服务设施建设	866	14.62
同步搬迁人口住房建设投资	**2640**	**27.90**
土地整治、生态修复等其他投资	**901**	**9.52**

第二节 资金筹措

中央预算内投资。安排约800亿元,主要用于规划范围内建档立卡搬迁人口住房建设。

地方政府债务资金。在国务院批准的地方政府债务用于易地扶贫搬迁的1000亿元限额内,督促有关省份调整结构统筹安排,作为项目资本金注入各省级投融资主体,主要用于规划范围内建档立卡搬迁人口住房建设,以及包括同步搬迁人口在内的安置区配套基础设施、公共服务设施建设。

专项建设基金。通过国家开发银行、中国农业发展银行发行专项建设债券设立的专项建设基金,为市场化运作的省级投融资主体注入500亿元项目资本金,主要用于规划范围内建档立卡搬迁人口住房建设,以及包括同步搬迁人口在内的安置区配套基础设施、公共服务设施建设。

低成本长期贷款。国家开发银行和中国农业发展银行提供总规模3413亿元、贷款期限一般不超过20年的长期贷款,中央财政对贷款给予适当贴息。主要用于规划范围内建档立卡搬迁人口住房建设,以及包括同步搬迁人口在内的安置区配套基础设施、公共服务设施建设。

农户自筹资金。建档立卡搬迁人口自筹建房资金215亿元,各地计划同步搬迁人口自筹建房资金683亿元。建档立卡搬迁人口在稳定脱贫前,不得自行贷款或借款扩大住房建设面积。

地方自筹及整合其他资金。根据工程建设需要,各级政府统筹本级财力,并整合相关渠道资金、社会资金等约2858亿元。主要用于规划范围内同步搬迁人口住房,以及包括土地整治、生态修复等其他工程建设。安置区建设用地征地费用主要由地方政府自筹及整合其他资金解决。

表3　资金筹措方案一览表

单位:亿元、%

内　　容	总投资(亿元)	所占比例(%)
总　投　资	**9463**	**100**
中央预算内投资	800	8.4
地方政府债务资金	994①	10.5
专项建设基金	500	5.3
低成本长期贷款	3413	36.1
农户自筹资金	898	9.5
其中:建档立卡搬迁人口	215	
地方自筹及整合其他资金	2858	30.2

第三节　补助标准

中央预算内投资专项用于建档立卡搬迁人口的住房建设补助,并按照区域类型实行差异化补助政策。其中:河北、山西、吉林、安徽、福建、江西、山东、河南、湖北、湖南等10个东中部省份,按人均7000元标准补助;内蒙古、广西、重庆、贵州、陕西、宁夏等6个西部省份和四川、云南、甘肃3省非藏区,按人均8000元标准补助;新疆、西藏、青海和四川、云南、甘肃3省藏区,按人均10000元标准补助。

在中央预算内投资补助标准基础上,各地应综合考虑区域发展水平、安置资源条件、工程建设成本等因素,制定本地方住房建设补助标准,并向社会公告。在确保有房可住、有业可就、稳定脱贫

① 国务院批准的用于易地扶贫搬迁的地方政府债务限额为1000亿元,并于2015年下达23个省区市,其中下达辽宁省6亿元,后经国务院扶贫办扶贫开发建档立卡信息系统核定,辽宁省无建档立卡搬迁对象且主动申请不纳入易地扶贫搬迁范围。因此,实际用于易地扶贫搬迁的地方政府债务额度为994亿元。

的前提下,可采取货币化安置方式给予现金补助,补助标准应与上述标准做好衔接。

同步搬迁人口建房补助标准,由地方政府在统筹相关资源、搬迁对象自筹资金等基础上自行确定。中央预算内投资不得用于补助同步搬迁人口住房建设。

第七章 资金运作模式

第一节 资金运作主体

按照市场化运作原则,通过新设立、改造或在现有综合性投融资公司中设立子公司方式,组建省级投融资主体,并同步组建市(县)项目实施主体。

省级投融资主体。主要承接通过专项建设基金、地方政府债务注入的易地扶贫搬迁项目资本金,以及国家开发银行、中国农业发展银行等金融机构提供的低成本长期贷款。省级投融资主体所承担的易地扶贫搬迁业务与其他业务物理隔离、独立封闭运行。

市(县)项目实施主体。与省级投融资主体签订资金使用协议,从省级投融资主体承接易地扶贫相关资金,专项用于易地扶贫搬迁工程建设。

第二节 资金运作流程

1. 统一建房资金运作流程

中央预算内投资。国家发展改革委结合各地年度搬迁任务,经综合平衡后,按有关程序分年下达易地扶贫搬迁中央预算内投资计划。省级发展改革委及时将年度投资计划分解下达到项目市(县),由项目实施主体直接补助到具体项目。

专项建设基金。国家发展改革委根据国务院扶贫办扶贫开发建档立卡信息系统核定的建档立卡搬迁人口分省规模,将500亿元易地扶贫搬迁专项建设基金一次性明确分省(区、市)控制规模。省级发展改革委和国家开发银行、中国农业发展银行据此协商确定两行各自承担规模,报国家发展改革委备案。国家发展改革委将基金规模转国家开发银行、中国农业发展银行,由两行发行专项建设债券筹集资金设立基金后,作为资本金注入省级投融资主体。省级投融资主体将基金资金拨付到市(县)项目实施主体。

地方政府债券资金。省级政府发行地方政府债券筹集资金,作为资本金注入省级投融资主体。省级投融资主体将地方政府债券资金拨付到市(县)项目实施主体。

低成本长期贷款。国家开发银行和中国农业发展银行在国家政策确定限额内发放易地扶贫搬迁贷款,所需资金通过在银行间债券市场发行易地扶贫搬迁专项金融债券筹措。省级投融资主体作为借款主体,承接国家开发银行、中国农业发展银行发放的低成本长期贷款。市(县)项目实施主体从省级投融资主体承接资金,用于易地扶贫搬迁工程项目建设。

2. 农户自建住房资金运作流程

农户自建住房资金运作模式与统一建房总体相同,对自行建设住房的建档立卡搬迁人口,省级投融资主体可将符合条件的资金按一定的标准依法合规予以补助。

图5 统一建房资金流向示意图

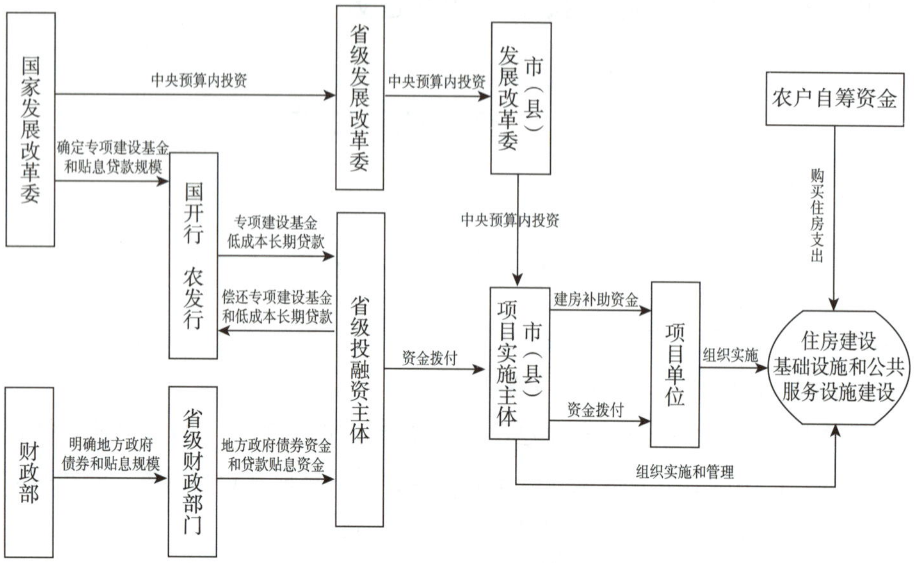

图6 农户自建住房资金流向示意图

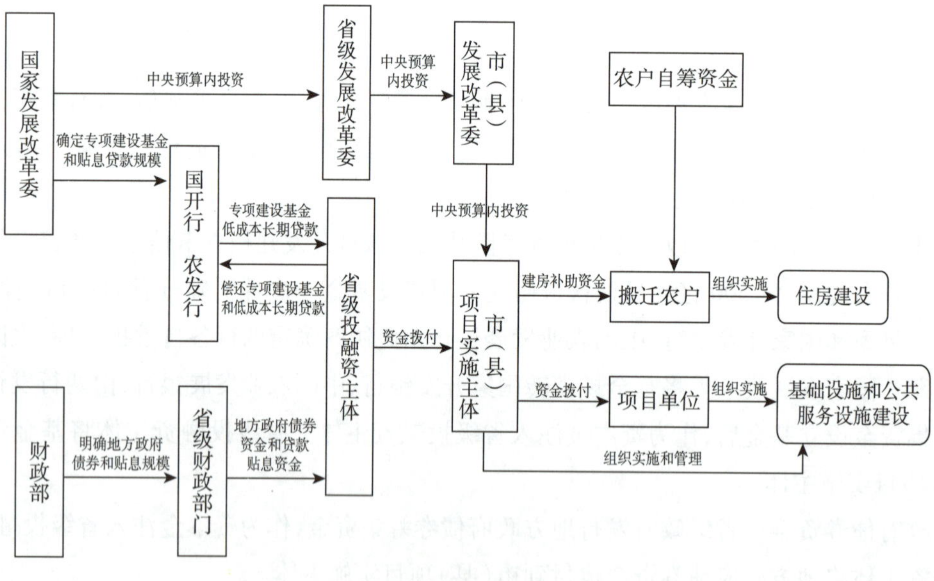

第三节 信贷资金运作模式

由市场化运作的省级投融资主体按照"统贷统还"模式承接贷款,不纳入地方政府债务。省级政府出台相关政策统筹地方可支配财力(含土地出让形成的纯收益),支持投融资主体还贷。构建省级投融资主体与市(县)项目实施主体之间顺畅的信贷资金衔接机制。省级政府授权有关部门作为购买主体与省级投融资主体签署政府购买服务协议。省级投融资主体根据有关部门汇总的市县贷款需求,统一向银行申请贷款,与银行签署借款合同,从银行获得资金。市(县)项目实施主体从省级投融资主体承接银行贷款,并按照本地实施规划或年度实施计划将信贷资金用于易地扶贫搬迁工程项目建设,确保工程进度和信贷资金合规使用。

易地扶贫搬迁原有宅基地具备还耕条件的,全部纳入城乡建设用地增减挂钩项目并予以优先安排。省级国土资源部门建立易地扶贫增减挂钩工作台账,对全省增减挂钩指标统一管理,指导集中连片特困地区县、国家扶贫开发工作重点县、开展易地扶贫搬迁的贫困老区将增减挂钩节余指标在省域内流转使用,用好用活城乡建设用地增减挂钩政策。

图 7　省级"统贷统还"运作模式

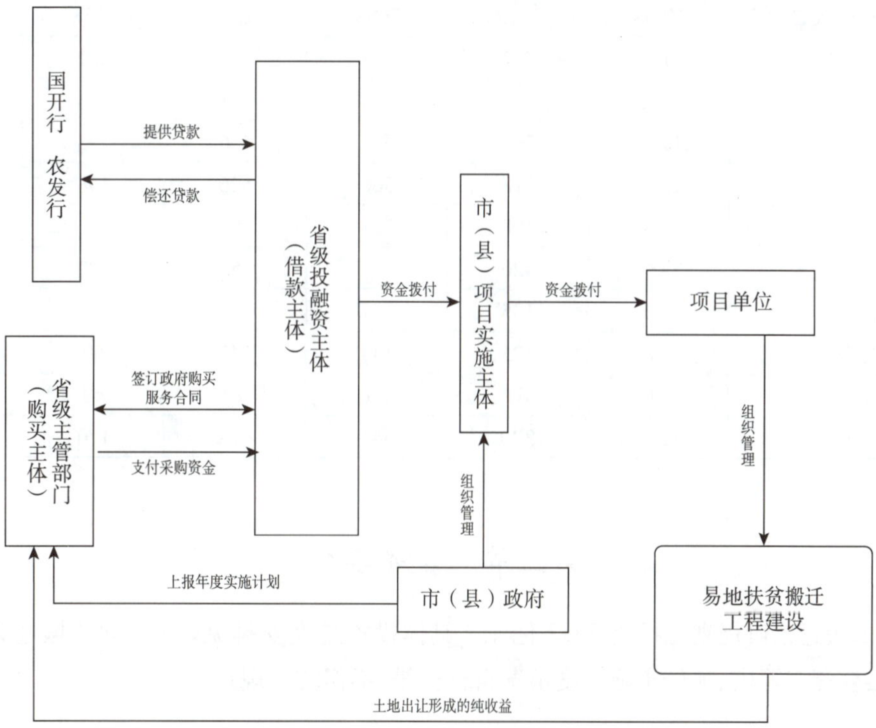

第八章　搬迁进度及投资安排

第一节　搬迁进度

2016—2020 年,全面完成约 981 万建档立卡搬迁人口搬迁脱贫任务。各省(区、市)根据搬迁人口数量、减贫目标,统筹安排好建档立卡搬迁人口和同步搬迁人口的搬迁进度,详见表 4。

表 4　"十三五"时期搬迁任务进度表

单位:万人

内　容	合计	2016	2017	2018	2019	2020
建档立卡搬迁人口	**981**	**249**	**340**	**280**	**100**	**12**
同步搬迁人口	647	171	217	184	68	7
合　计	1628	420	557	464	168	19

第二节　工程进度

易地扶贫搬迁相关工程随安置和建设进度逐年开展，详见表5。

表5　"十三五"时期工程建设进度表

单位：万平方米、万公里、万亩

内　　容	合计	2016	2017	2018	2019	2020
住房	41468	10827	14359	11462	4331	489
其中建档立卡人口住房	**21908**	5572	7608	6266	2238	224
道路	11.4	2.7	3.4	3	2.2	0.1
饮水管网	14.1	2.7	4.8	4.1	2.4	0.1
电网	11.5	2.6	3.9	3.6	1.3	0.1
学校及幼儿园	1612	318	566	526	148	54
卫生院所	573	108	221	187	43	14
其他村级服务设施	2477	420	1099	752	192	14
基本农田改造	595	135	187	165	80	28
新增及改善灌溉面积	478	125	145	143	60	5
宅基地复垦	280	64	85	72	42	17
迁出区生态恢复	1543	320	541	478	170	34

第三节　投资安排

建档立卡搬迁人口规划总投资5922亿元。具体投资进度安排见表6。同步搬迁人口投资进度，由各地结合资金筹措、项目实施进度情况自行安排，不作统一规定。

表6　"十三五"时期建档立卡搬迁人口投资安排进度表

单位：亿元

内　　容	合计	2016	2017	2018	2019	2020
总投资	5922	1463	1939	1625	683	212
中央预算内投资	800	160	160	160	160	160
省级投融资主体统筹安排资金①	4907	1248	1704	1404	501	50
搬迁对象自筹资金	215	55	75	61	22	2

第九章　建档立卡搬迁人口脱贫发展

以建档立卡搬迁人口为扶持对象，立足安置区资源禀赋，依据不同搬迁安置模式，通过统筹整

① 含专项建设基金、地方政府债券资金、低成本长期贷款等资金。

合财政专项扶贫资金和相关涉农资金，支持发展特色农牧业、劳务经济、现代服务业等，探索资产收益扶贫等方式，确保实现稳定脱贫。搬迁任务完成后，易地扶贫搬迁相关剩余资金可用于对建档立卡搬迁人口的后续扶持。

第一节　发展特色农林业脱贫一批

对于行政村内就近集中安置和建设移民新村集中安置的建档立卡搬迁人口，采取补贴补助、技能培训、技术服务、信息发布、示范带动等扶持政策措施，鼓励引导其面向市场需求，发展特色种植、高效养殖、林下经济、设施农业、休闲农业等，拓展农业多种功能，推进农村一二三产业融合发展，确保每个家庭都有脱贫产业，每个有劳动力的家庭至少有一人掌握一门劳动技能。按照因地制宜、各具特色、产业化经营的思路，制定安置区产业发展规划，择优发展水果、蔬菜、茶叶、马铃薯、木本粮油、特色经济林、竹子、中药材、花卉、苗木等特色产业；科学规划种植、养殖业结构和布局，有序推进设施农业、设施养殖业，大力发展高附加值农林产品；积极推进规模化、集约化、标准化建设，在安置区培育家庭农林场、专业大户、农民合作社、农业产业化龙头企业等新型经营主体，推进产业基地建设，形成龙头带基地、基地联农户、经纪人促流通的模式，完善利益联结机制，努力增加农民经营性收入。促进安置区农产品加工，提高农产品加工转化率。结合市场需求，加大农林业科技培训，科研机构、农林业技术推广部门对口建立技术示范点，并选派专业技术人员包点进户指导。在建档立卡搬迁人口中选择一批参与迁出地生态保护与修复，积极开发护林员岗位。

第二节　发展劳务经济脱贫一批

把发展劳务经济作为持续增加收入的主要途径。对于依托工业园区、产业基地、小城镇、旅游景区、乡村旅游区安置的建档立卡搬迁人口，当地政府要努力拓宽就业创业渠道，加强就业指导和劳务输出工作，鼓励引导他们向旅游服务业、商贸流通业、交通运输业、工业企业等二、三产业转移。加大对建档立卡搬迁人口劳务输出培训投入，统筹使用各类培训资源，以就业市场需求为导向，完善“订单式”、“定向式”培训模式，确保有培训意愿和劳动能力的建档立卡搬迁人口至少接受一次职业培训，掌握一项就业技能。健全安置区公共就业服务体系，建立基层劳动就业和社会保障服务平台，加强输出地和输入地劳务对接，按照政府引导、部门主抓、中介搭桥、能人带动的方式，引导建档立卡搬迁人口就地就近就业或向经济活跃区域转移就业，确保建档立卡搬迁人口中有劳动能力和就业意愿的家庭成员至少有一人实现就业。加快培育劳务中介机构，密切与用人企业的联系，为建档立卡搬迁人口转移就业提供优质服务。支持本地企业优先吸纳建档立卡搬迁人口就业，政府补助资金支持的工程建设项目，应优先使用本地建档立卡搬迁人口务工。

第三节　发展现代服务业脱贫一批

充分发挥县城、小城镇、中心村等区位优势，扶持建档立卡搬迁人口从事农副产品营销、餐饮、家政、仓储、配送等服务业。加强安置地商贸流通、供销、邮政等系统物流服务网络和设施建设，加快物流服务业发展。加大“互联网+”扶贫力度，推进现代信息技术应用于安置区农业经营、管理和服务。加大电商扶贫培训力度，鼓励建档立卡搬迁人口开设网店和电子商务服务点，拓宽农产品销售渠道。深入实施乡村旅游扶贫工程，引导和支持社会资本开发建档立卡搬迁人口参与度高、受益面广的旅游项目，支持本地宾馆饭店、景区景点优先吸纳建档立卡搬迁人口就业。积极发展多种形式的休闲度假、旅游观光、健康养生、养老服务、乡村手工艺等产业，实现收入来源多样化。

第四节　资产收益扶贫脱贫一批

积极探索“易地扶贫搬迁配套设施资产变股权、搬迁对象变股民”的资产收益扶贫模式。对投入安置区的设施农业、养殖、光伏、乡村旅游等项目形成的资产，具备条件的可折股量化给建档立卡搬迁人口。水电、矿产等资源开发占用集体土地的，通过赋予集体股权的方式，让建档立卡搬迁人口分享资源开发收益。引导建档立卡搬迁人口以农村土地承包经营权、林权、宅基地使用权、大型农机具等折价入股专业合作社和龙头企业，带动建档立卡搬迁人口增收。有条件的地方，可通过盘活农村闲置房屋、集体建设用地、“四荒地”、林场和水面等资产、资源发展休闲农业和乡村旅游；支持安置地发展物业经济，探索建立物业合作社，将商铺、厂房、停车场等营利性物业产权量化到户到人，增加财产性收入。

第五节　社会保障兜底脱贫一批

完善农村最低生活保障制度，将所有符合条件的搬迁对象纳入低保范围，做到应保尽保。有条件、有需求的地区可以实施“以粮代赈”。搬迁对象基本医疗保险实行属地管理并做好迁出地、迁入地关系转移接续工作。搬迁后转为城镇居民的，与当地城镇居民享有同等教育、养老保险、社会救助、社会福利等社会保障政策；搬迁后仍保留农村户籍的，在原住地享受的最低生活保障、医疗救助、养老保险等政策不变，由迁出、迁入地县级政府安排做好转移接续工作，解除搬迁对象后顾之忧。引导农村贫困人口积极参加续保，逐步提高保障水平。

第十章　保障措施

第一节　加强组织领导

严格落实中央统筹、省负总责、市县抓落实的管理体制。省级政府对本省易地扶贫搬迁工作负总责，组织编制省级规划、确定目标任务、制定配套政策和资金筹措方案、监督检查、考核验收等工作，建立完善省内工作协调机制，层层落实责任。市县政府是易地扶贫搬迁的组织实施主体，负责搬迁对象的组织动员、审查认定、安置区选址，以及落实建设用地和工程组织实施，统筹做好土地调整、迁出区生态修复和土地复垦、户籍迁移、上学就医、社会保障、社会管理等相关工作。搬迁过程中要同步加强基层党组织建设，完善党组织设置，充分发挥党组织战斗堡垒作用和党员先锋模范作用，做好群众思想政治工作，团结带领群众脱贫致富。

第二节　加大政策支持

统筹各类政策资源，全力做好建档立卡贫困人口搬迁安置和稳定脱贫工作。中央财政加大对易地扶贫搬迁重点省份的转移支付力度。鼓励省级政府在权限范围内制定项目建设税费减免、省级投融资主体和市县项目实施主体税费减免等优惠政策。新增建设用地计划指标优先保障易地扶贫搬迁工程用地需要。按照应保尽保的要求，城乡建设用地增减挂钩指标进一步向易地扶贫搬迁地区倾斜。集中连片特困地区、国家扶贫开发工作重点县和开展易地扶贫搬迁的贫困老区,可将增减挂钩节余指标在省域范围内流转使用。建立易地扶贫搬迁用地手续办理审批绿色通道,提高用地审批效率。支持县级政府统筹整合财政专项扶贫资金和相关涉农资金,发展安置区后续产业。鼓励金融机构通过扶贫小额信贷、扶贫贴息贷款、创业担保贷款等方式,为符合条件的搬迁对象和安置区龙头企业提供产业信贷支持。对劳动技能偏低、就业困难并有培训意愿的搬迁对象,按规定全部纳入职业技能培训计划进行培训。鼓励和支持建档立卡搬迁人口通过农村电子商务、休闲农业、农产品深加工、民俗工艺、乡村旅游等就业创业,对吸纳一定比例建档立卡搬迁人口就业的企业,积极落实税费减免政策。加强安置地社会保障服务体系建设,确保搬迁对象充分享受与当地居民同等的社会保障政策。搬迁对象户籍实行属地管理,减免户籍转换和户口迁移中的各类费用。切实维护搬迁对象农村土地(林地)承包经营、农村集体经济组织成员、村民自治等基本权益。

第三节　强化监督管理

易地扶贫搬迁项目严格按照投资项目相关管理规定执行,简化审批手续,优化审批流程,认真落实项目公告公示制度,主动接受社会监督。建立和完善项目建设信息统计报告制度,定期汇总上报工程建设进度、投资安排使用、建档立卡搬迁人口脱贫效果等情况。加强项目管理,建立健全项目档案制度。对建档立卡搬迁人口和同步搬迁人口的资金安排、使用实行分类管理。建立健全资金管理台账制度。国家开发银行、中国农业发展银行加强贷前审查、贷中管理和贷后信贷资金监管,保证资金及时支付,严格做到专款专用,有效防范信贷风险。省级投融资主体按照“物理隔离、封闭运行”的要求规范运行。

第四节　建立考核机制

出台易地扶贫搬迁工作成效考核办法,明确考核指标和具体考核步骤。建立易地扶贫搬迁督查制度,形成定期督查、定期通报的机制。建立奖励机制,对易地扶贫搬迁工作成效突出的省份给予奖励。

第五节　开展宣传动员

充分利用广播、电视、报纸、网络等新闻媒体,加大易地扶贫搬迁政策和工作成效宣传,总结交流工作经验,营造良好氛围。大力宣传搬迁地和搬迁对象自力更生、艰苦创业的精神,充分调动其主动性、积极性和创造性,引导光荣脱贫,确保各项工作有力有序推进,如期完成易地扶贫搬迁目标任务。

兴边富民行动“十三五”规划

国办发〔2017〕50号

实施兴边富民行动，对于推动边境地区经济社会快速发展，提高各族群众生活水平，加强民族团结，巩固祖国边防，维护国家统一，增进中外睦邻友好具有特殊重要意义。“十三五”时期是我国全面深化改革的关键时期，也是边境地区同步全面建成小康社会的决胜阶段。为贯彻落实党中央、国务院关于进一步推进兴边富民行动的决策部署，根据《中共中央 国务院关于加强和改进新形势下民族工作的意见》、《中华人民共和国国民经济和社会发展第十三个五年规划纲要》，编制本规划。

本规划实施范围为我国陆地边境地区，包括内蒙古、辽宁、吉林、黑龙江、广西、云南、西藏、甘肃、新疆等9个省区的140个陆地边境县（市、区、旗）和新疆生产建设兵团的58个边境团场（以下统称边境县）。参照“十二五”期间做法，海南省6个民族自治县继续比照享受兴边富民行动相关政策。

一、规划背景

我国陆地与14个国家接壤，陆地边境线长2.2万公里，其中1.9万公里在民族地区。边境地区国土面积197万平方公里，人口2300多万，其中少数民族人口近一半，有30多个民族与周边国家同一民族毗邻而居。边境地区地处我国对外开放的前沿，是确保国土安全和生态安全的重要屏障，在全国改革发展稳定大局中具有重要战略地位。为推动边境地区加快发展，扶持边境各族人民尽快致富奔小康，党中央、国务院作出了实施兴边富民行动的战略决策。在各有关地方和部门共同努力下，兴边富民行动持续推进，取得显著成效，特别是通过实施兴边富民行动“十一五”、“十二五”规划，边境地区综合经济实力明显增强，基础设施和基本公共服务体系不断健全，边民生产生活条件大幅改善，对外开放水平持续提高，民族团结和边防巩固效果突出，各族群众凝聚力和向心力显著增强，为边境地区全面建成小康社会奠定了坚实基础。

由于特殊的历史、自然、地理和复杂的周边环境等多方面因素影响，同其他地区相比，边境地区经济社会发展仍然相对滞后，基本建设欠账多，发展投入总体不足，基础设施相对落后，新型工业化、信息化、城镇化、农业现代化发展水平较低，贫困问题依然突出，保障和改善民生任务艰巨，各类人才严重匮乏，对外开放层次和水平亟待提升，部分地区反分裂斗争和维稳形势复杂严峻。总体上看，边境地区作为全面建成小康社会的特殊短板和薄弱环节，面临的压力和挑战不容低估。

随着我国全面建成小康社会进入决胜阶段，“一带一路”建设加快推进，区域协调发展不断深化，脱贫攻坚全面展开，国家对边境地区全方位扶持力度不断加大，我国与周边国家关系的发展进入新阶段，深入推进兴边富民行动面临难得的机遇。各有关地方和部门要充分认识加快边境地区发展在党和国家工作全局中的重大意义，把深入推进兴边富民行动摆在更加重要位置，增强责任意识、忧患意识，准确把握战略机遇期，进一步加大工作力度，坚持改革创新，坚持以人为本，坚持维护团结稳定和国家安全，不断推动边境地区经济社会发展迈上新台阶。

二、总体要求

（一）指导思想

高举中国特色社会主义伟大旗帜，以马克思列宁主义、毛泽东思想、邓小平理论、“三个代表”重要思想、科学发展观为指导，全面贯彻党的十八大和十八届三中、四中、五中、六中全会精神，深入贯彻习近平总书记系列重要讲话精神和治国理政新理念新思想新战略，紧紧围绕统筹推进“五位一体”总体布局和协调推进“四个全面”战略布局，牢固树立和贯彻落实创新、协调、绿色、开放、共享的发展理念，坚持“中华民族一家亲，同心共筑中国梦”共同目标，坚持“富民、兴边、强国、睦邻”宗旨任务，坚持捍卫国家主权和领土完整，以保基本、补短板为重点，着力实施强基固边、民生安边、产业兴边、开放睦边、生态护边、团结稳边，建设繁荣稳定和谐边境，巩固祖国边防，确保边境地区与全国同步全面建成小康社会，为实现“两个一百年”奋斗目标、实现中华民族伟大复兴中国梦作出贡献。

（二）基本原则

——边民为本，改善民生。采取特殊政策措施着力保障和改善民生，解决好边民最关心、最直接、最现实的生活问题，兜住民生底线，帮助贫困边民实现脱贫，推进基本公共服务均等化，确保各族群众共享改革发展成果。

——因地制宜，分类指导。紧密围绕国家总体外交和国防边防需要，根据边境各地边民需求、自然生态条件、发展水平及毗邻国家情况，分别研究确定主要任务和重点工程，加强分类指导和政策支持，重点解决特殊困难和突出问题。

——统筹兼顾，突出重点。统筹规划边境地区发展路径，兼顾当前和长远，考虑需要和可能，以沿边境乡镇为重点梯次推进，同时将边境市（地、州、盟）和新疆生产建设兵团边境师（以下统称边境市）作为规划联动区，增强对边境地区建设发展的支撑保障能力，形成边境地区夯实前沿、以边带面、从线到片的空间格局。

——改革创新，活边富民。深化重点领域和关键环节改革，消除制约边境地区发展的体制机制障碍，推动相关新政策、新举措在有条件的边境地区先行先试，推进经济转型升级和大众创业、万众创新，进一步提升边境地区开放水平、产业发展水平，使市场在资源配置中起决定性作用，更好发挥政府作用，带动边民增收致富。

——军民融合，共建共享。以基础设施共建共享、社会服务保障统筹、军地公共安全合作、边防民防融合建设为重点，坚持平战结合、防管一体、深度融合，补齐短板弱项，增强对经济建设和国防建设的支撑能力。

——促进团结，固边睦邻。全面正确贯彻落实党的民族宗教政策，不断巩固平等、团结、互助、和谐的社会主义民族关系，维护边境地区社会稳定，增强兴边富民辐射作用，增进睦邻友好，为边境地区发展营造良好内外环境。

（三）发展目标

到2020年，边境地区同步全面建成小康社会，基础设施进一步完善，服务发展和保障边防能力全面提升；民生保障水平进一步提高，边民安居守边条件全面改善；特色优势产业较快发展，支撑群众居边致富作用全面增强；深度融入“一带一路”建设，沿边开发开放水平显著提高；生态环境保护取得明显成效，经济社会与生态环境实现协调发展；民族团结基础进一步夯实，边境地区安定和谐局面更加巩固。

——综合经济实力显著增强。边境地区生产总值、城乡居民人均收入年均增速高于全国平均水平。人民生活显著改善，新型城镇化持续推进，科技创新能力明显增强，生态环境质量持续好转。

——基础设施条件全面强化。沿边铁路、公路、机场建设全面推进，边境地区区际交通网络初步形成。具备条件的沿边境乡镇、建制村通硬化路和客车，自然村道路交通条件明显改善。农田水利设施基本完善。农村饮水安全保障水平明显提高。用电问题全面解决。清洁能源普及率明显提高。信息基础设施全面加强。

——民生保障水平不断提高。边境地区基本公共服务主要领域指标达到或接近全国平均水平，农村贫困人口全部脱贫，贫困县全部摘帽。城乡居民住房、交通条件得到改善，边民上学难、看病难问题基本解决，劳动年龄人口平均受教育年限明显增加，就业规模不断扩大，边民文化需求基本得到满足，总体实现基本公共服务均等化。

——特色优势产业较快发展。边境地区产业结构进一步调整，产业布局更趋合理，特色优势产业体系更加健全，初步建成一批能源资源、生物资源、民族文化资源、农产品加工基地和区域性国际商贸物流中心及旅游集散中心，自我发展能力进一步增强。

——沿边开放水平显著提高。对外开放平台更加完善，国际经济合作成效显著，口岸功能与设施更加完备，边境货物贸易稳步发展，服务贸易增长明显加快，边境经济合作区、跨境经济合作区等开发开放平台的辐射和示范作用增强，合作层次和水平进一步提升。

——实现生态良好绿色发展。绿色低碳循环的生产生活方式在边境地区深入人心，跨区域生态建设和环境保护联动机制建立健全，森林、草原、河湖、湿地等自然生态系统稳定性和生态服务功能全面提升，边境地区经济与资源环境协调发展态势明显。

——确保边防安全边疆稳固。军民融合发展全面加强，民族团结进步和爱民固边系列创建活动深入推进，边民国家意识、国民意识、国防意识进一步增强。社会治安立体防控体系基本建成，维稳控边能力进一步增强。与周边国家友好往来更加密切。

三、主要任务和重点工程

（一）围绕强基固边推进边境地区基础设施建设

1. 加强边境地区综合交通运输体系建设。

结合国家开放战略和区域发展规划，打通边境地区对内对外联系大通道，实现通江达海出境。深入实施军民融合发展战略，推进沿边区际铁路交通网络、公路交通网络、航空网络和航运网络建设，提升口岸、沿边公路等级，提高国家边防交通保障能力，加强经济中心、人口集聚区、口岸、港口等之间的交通联系。

推动边境地区铁路通道建设。重点推进“一带一路”国际通道、区际干线和沿边铁路建设，扩大路网覆盖面，逐步形成依托国内铁路网、连接周边国家的对外铁路通道网络。加快建设泛亚铁路、第二亚欧大陆桥铁路、东北亚陆海联运铁路，研究推进中朝边境铁路建设。加强边境地区与内地的铁路通道建设，推进川藏通道建设，增强西南、西北、东北地区与内地的通道联系能力。大力实施进出疆、藏工程。

推动边境地区公路通道建设。以国家高速公路网待贯通路段为重点，稳步推进与周边国家互联互通、与内地交通运输联系的大通道项目建设。加快与周边国家的国际公路运输通道建设，基本实现与重点毗邻国家相连的重要公路通道高等级化，提升重点口岸公路通行能力和服务水平。完善边境地区公路网布局，有序推进以通县公路为重点的国省干线公路改造，加强中印、中朝、中缅、中俄、中蒙方向沿边公路和边防公路建设。

加强边境地区航空航运建设。加快发展区域枢纽机场，合理发展支线机场和通用机场。加强跨界河流的航道治理，加强澜沧江—湄公河等国际水运通道建设。积极推进界河跨境桥梁建设，保障和拓宽对外通道。

大力改善边境农村交通状况。继续实施沿边地区特别是边境建制村农村公路通达工程和通畅工程，支持一定人口规模的自然村通硬化路建设，优先解决撤并建制村通硬化路。加强危桥改造、安保工程、县乡公路改造、窄路基路面公路拓宽改造、县级客运站、乡镇客运站、渡口改造等重点工程建设。

（国家发展改革委、交通运输部、铁路总公司、国家铁路局、中国民航局按职责分工分别负责，下同）

2. 加强边境地区水利能源基础设施建设。

推进边境地区水利建设。支持边境地区开展农村饮水安全巩固提升工程、农田水利工程、防洪抗旱减灾工程、水资源开发利用工程、水资源保护工程、水土保持和农村水电工程等民生水利工程建设。继续实施并加快推进一批重点水源工程，不断提高边境地区水资源调蓄能力和供水保障能力。在边境地区优先完成大中型灌区续建配套与节水改造，重点支持农田高效节水灌溉工程，加快实施区域规模化高效节水灌溉工程，以田间渠系配套、“五小水利”工程、农村河塘清淤整治为重点，加强小型农田水利设施建设。安排和支持边境地区中小河流治理、病险水库水闸除险加固等水利建设项目，科学有序推进跨国界河流治理工程建设。加强边境地区山洪灾害防治力度，完善山洪灾害监测预警系统，开展重点山洪沟防洪治理。

加快边境地区能源建设步伐。大力推进油气战略通道建设，稳步推进边境地区与周边国家的电力基础设施合作。在保护生态前提下,积极稳妥开发建设水电,因地制宜发展太阳能光伏发电和风力发电,支持离网缺电贫困地区小水电开发,研究建立水电开发边民共享利益机制。以边境地区小城镇、中心村为重点,深入实施新一轮农村电网改造升级工程,提升边境地区电力普遍服务水平。力争到2020年,电网覆盖全部边境县并达到小康电水平。

(水利部、国家能源局、国家发展改革委、外交部)

3. 加强边境地区信息基础设施建设。

加快完善边境政务信息网络平台,支持电子政务、电子商务、远程教育、远程医疗、网络安全、社会信用体系等重大信息化工程和网络与信息安全设施建设,加快城市光纤宽带接入,完善农村综合信息服务体系,加快推进信息进村入户,实现行政村通宽带、20户以上自然村和重要交通沿线通信信号覆盖、边境地区农村广播电视和信息网络全覆盖。加强边境地区无线电管理技术设施建设,强化与周边国家通信互联互通和无线电频率协调,加快推进边境地区信息网络设施建设,加强边境地区网络与信息安全管理和网络与信息安全技术手段建设,强化信息网络安全与应急保障能力。继续推进兴边富民行动测绘地理信息保障工程,加强边境地区基础性和专题性地理国情监测,为兴边富民行动提供决策依据,为相关重大工程实施提供监管手段。

(国家发展改革委、工业和信息化部、新闻出版广电总局、国家网信办、国家测绘地信局)

4. 因地制宜推进边境地区城镇化建设。

强力推进沿边城镇建设。按照沿边集聚、合理布局、集约发展和适度超前原则,以边境市为引领,构建以边境重要节点城市和小城镇为支撑、临边集镇为节点、抵边村寨为支点,沿边境线辐射延伸的城镇带。加强与周边城市的统筹规划与功能配套,有序推进边境重点镇建设,切实完善基础设施和公共服务,因地制宜发展特色鲜明、产城融合、城乡统筹、充满魅力的边境小城镇,将具有特色资源、区位优势的重点镇培育成为休闲旅游、商贸物流、现代制造、教育科技等特色小镇,发展成为服务农村、带动周边的综合性小城镇。保护边境地区历史文化名城名镇名村,推进传统村落保护和特色景观旅游村镇建设。加强少数民族特色村镇保护与发展,建设边境少数民族特色村镇廊带。

(国家发展改革委、住房城乡建设部、国家旅游局、国家民委)

专栏1 强基固边工程

(1)沿边公共服务设施建设工程。在沿边界线重要节点建设较高水平和标准的学校、医院、国际旅行卫生保健中心、文化广场、公共体育服务设施、市场等,全面提升基础设施建设水平,提高公共服务辐射周边能力,展示国家形象,增强边民凝聚力、向心力和自豪感。(国家发展改革委、教育部、住房城乡建设部、国家卫生计生委、文化部、体育总局、商务部、海关总署、质检总局)

(2)边境交通脱贫攻坚工程。重点建好边境地区康庄大道路、幸福小康路、平安放心路、特色致富路,全力加快边境地区国家高速公路、普通国省道、农村公路、县级客运站、乡镇客运站、渡改桥等重点工程建设。(国家发展改革委、交通运输部、铁路总公司、国家铁路局)

(3)"一带一路"国际铁路通道建设工程。规划建设克拉玛依—塔城(巴克图)铁路,研究建设中吉乌、中巴等铁路。规划建设防城港—东兴等铁路,研究建设临沧—清水河、日喀则—吉隆铁路,推进芒市—猴桥铁路前期工作。(国家发展改革委、交通运输部、铁路总公司、国家铁路局)

(4)沿边铁路、沿边公路贯通工程。研究建设孙吴—逊克—乌伊岭铁路,推进韩家园—黑河、鹤岗—富锦、创业—饶河—东方红、东宁—珲春等东北沿边铁路,芒市—临沧—文山—靖西—防城港等西南沿边铁路的前期工作,逐步推进沿边铁路建设。有序推进G219线(喀纳斯至东兴)东兴—峒中、丙中洛—贡山—福贡—泸水、吉木乃—和布克赛尔、萨嘎县—朗县金东乡等公路建设,G331线(丹东至阿勒泰)阿勒泰—青河、鸣沙山—塔克什肯口岸、二连浩特口岸—满都拉图、北银根—甜水井、新华—英安等公路建设,逐步贯通我国沿边公路。(国家发展改革委、交通运输部、铁路总公司、国家铁路局)

续表

(5)兴地睦边土地整治重大工程。重点对边境地区田、水、路、林、村等进行综合整治,加强农田基础设施建设,改善区域农业生产环境,提高农业综合生产能力。(国土资源部、财政部)

(6)边境农村饮水安全巩固提升工程。加快在边境农村建设一批集中供水工程。对分散性供水和水质不达标的,实行提质增效改造。推进净水设施改造和消毒设备配套工程、水源保护和信息化建设,提升边境村寨自来水普及率、供水保证率、水质达标率,全面解决边境地区群众饮水问题。(水利部、国家发展改革委)

(7)边境地区信息安全基础工程。实施宽带乡村和边境地区中小城市基础网络完善工程。加强农村邮政、电信和互联网基础设施建设。完善边防边控通信设施,加快网络信息安全、无线电监测系统建设。支持边防覆盖和应急通信工程。(工业和信息化部、国家发展改革委、国家邮政局、国家网信办、公安部)

(8)沿边重点城镇建设工程。选择具有一定产业基础、人口规模和发展潜力较大、区位优势较为突出的沿边境重点城镇,完善发展规划、拓展城镇功能、提高管理服务水平,增强人口集聚能力,打造边境地区统筹发展的重要节点。(国家发展改革委、住房城乡建设部、国土资源部、工业和信息化部、公安部、商务部)

(9)边境地区少数民族特色村镇工程。选择一批民族特色突出、地域优势明显的村镇,通过加强民族文化保护、传承和发展,保护完善村落设施,推动特色村镇建设与旅游资源开发、环境保护、特色优势产业发展相结合,建设一批少数民族特色村寨和特色小镇。(国家民委、住房城乡建设部、国土资源部、环境保护部、文化部、国家文物局、国家旅游局、国家发展改革委)

(二)围绕民生安边全力保障和改善边境地区民生

1. 精准推进边境贫困人口居边脱贫。

实施边境地区就地就近脱贫专项行动。围绕守边固土、居边脱贫致富目标,按照“六个精准”的要求,坚持边境地区扶贫开发与富裕边民、巩固边防相结合,制定精准支持边民就地就近脱贫致富的有力措施。采取相关优惠政策,加大扶持力度,因地制宜支持沿边境建档立卡贫困村发展。对居住在沿边境特殊区域的建档立卡贫困户,综合采取经济扶持、金融支持、生活保障、优化服务等措施,彻底解决其生产生活后顾之忧,引导其增强国家认同感和自豪感,安心生活、定心守边。

坚决打赢边境地区脱贫攻坚战。坚持精准扶贫与区域发展相结合,精准到人、扶持到户与整村推进、整乡推进、整县推进相结合,国家各项扶贫政策向边境地区倾斜。全力推进产业扶贫、就业扶贫、教育扶贫、科技扶贫、健康扶贫、生态保护扶贫、残疾人脱贫和兜底保障,提升贫困边民生产生活水平。强力推进边境贫困地区特色产业扶贫,重点支持建档立卡贫困村、贫困户因地制宜发展种养业、传统手工业、农产品加工业和乡村旅游实现脱贫。实施“互联网+”产业扶贫、科技助力精准扶贫、电商扶贫、光伏扶贫、乡村旅游扶贫工程,拓宽边民增收致富渠道。结合国家退耕还林还草、天然林保护、退牧还草等生态工程,提高贫困人口参与度和受益水平。稳步实施教育脱贫攻坚“十三五”规划,实现建档立卡贫困人口教育基本公共服务全覆盖,保障各教育阶段从入学到毕业的全程全部资助。实施边境地区健康扶贫工程,保障贫困人口享有基本医疗卫生服务,努力防止因病致贫、因病返贫。加大各类金融机构特别是政策性金融机构对边境地区扶贫开发的支持力度,拓宽金融扶贫的资金来源渠道,降低扶贫开发融资成本。完善农村最低生活保障制度,对部分或完全丧失劳动能力且无法依靠产业扶持和就业帮助脱贫的家庭实行政策性保障兜底。现行标准下农村贫困人口实现脱贫,贫困县全部摘帽,解决边境地区区域性整体贫困。

(国务院扶贫办、国家发展改革委、农业部、住房城乡建设部、民政部、环境保护部、教育部、科技部、中国科协、人力资源社会保障部、国土资源部、工业和信息化部、国家卫生计生委、国家林业局、国家旅游局、人民银行、中国残联、财政部、国家民委)

2. 全面改善边民居住生活条件。

着力推进沿边村庄建设。综合考虑守土固边需要和具备发展条件两方面因素,整合政策资源,科学规划边境村镇建设、村落分布、农田保护、生态涵养等空间布局,因地制宜制定沿边村庄标准,继续实施以工代赈工程,重点支持边境贫困地区基本农田建设、农田水利建设、乡村道路建设、小流域治理、片区综合开发、草场建设、村容村貌整治等中小型公益性基础设施项目建设。全面改善边民居住条件,全力加强村庄设施建设,推进村庄人居环境综合整治,沿边境线建设一批村美民富、民族团结、睦邻友好、边防稳固、人民幸福的村庄。

着力改善边民生产生活条件。鼓励和扶持边境地区常住居民抵边居住生产,结合各地实际,完善边民补贴机制,适时提高边民补助标准,对护边员、边境联防队员等边境群防组织建设予以倾斜。加快推进边境地区城镇保障性安居工程、农村危房改造、农垦危房改造和游牧民定居工程建设,合理确定补助标准,加大边境地区公立医疗卫生机构医务人员、乡镇干部、乡村学校教师周转房及配套设施建设支持力度,保障边民居住安全。

(国家发展改革委、住房城乡建设部、民政部、环境保护部、农业部、教育部、公安部、国家民委、财政部)

3. 大力推进边境地区社会保障体系建设。

加大边境地区社会保障体系建设支持力度。实施边境地区全民参保计划,加快完善覆盖城乡居民的社会保险体系和社会救助体系。以基本养老、基本医疗、最低生活保障为重点,完善覆盖城乡、制度健全、管理规范的多层次社会保障体系。推进城乡居民养老保险全民参保,为城乡居民提供规范高效便捷服务。整合城乡居民医疗保险制度,全面实施城乡居民大病保险制度,全面推进重特大疾病医疗救助工作,健全医疗救助与基本医疗保险、城乡居民大病保险及相关保障制度的衔接机制。全面高效实施临时救助制度,解决城乡困难群众突发性、紧迫性、临时性基本生活困难。健全特困人员救助供养制度,支持边境地区供养服务机构建设,优先集中供养完全或部分丧失生活自理能力的特困人员。支持边境地区养老服务体系建设。支持区域性救灾减灾指挥中心和救灾物资储备库、应急避难场所建设。

(国家发展改革委、人力资源社会保障部、民政部、国家卫生计生委、财政部)

4. 优先发展边境地区教育事业。

推动边境地区教育事业全面发展。加快完善边境地区学前教育公共服务体系,加大对边境地区农村学前教育的支持力度,鼓励普惠性幼儿园发展。推动县域内城乡义务教育一体化改革发展,全面推进边境地区义务教育学校标准化建设,改善边境地区义务教育阶段基本办学条件,加强边境农村寄宿制学校建设,科学布局、办好村小学和教学点,提升边境学校教育质量,切实保障守土固边边民家庭学龄儿童就近就便有学上、上好学。实施高中阶段教育普及攻坚计划,继续支持边境地区教育基础薄弱县普通高中建设。积极发展符合边境地区实际的职业教育,落实好中等职业教育免学费制度。科学稳妥推行双语教育,坚定不移推行国家通用语言文字教育,尊重和保障少数民族使用本民族语言文字接受教育的权利,加强双语科普资源开发。继续加大对边境地区家庭困难学生的贷款支持力度。加大教育对口支援力度,加强边境地区师资特别是科学教师和科技辅导员培训,选派优秀教师驻边支教,支持当地教师队伍建设。加大教育对外开放力度,支持边境城市与国际知名院校开展合作办学。

(教育部、中国科协、国家民委、国家发展改革委、财政部)

5. 强力推进边境地区卫生事业发展。

全面提升边民身体健康素质。加强边境地区农村三级医疗卫生服务网络和公共卫生体系建设,实施边境地区县级医院、乡镇卫生院、村卫生室标准化建设,进一步加大医疗卫生基础设施建设支持力度，将边境地区尚未达标的县级医院全部纳入中央支持范围。大力推进边境地区远程医疗。以边境市、边境县、边境乡镇、边境口岸、交通沿线城镇为重点，加大对边境基层医疗卫生服务机构的对口支援力度，加大东部医院对西部医院的支持力度。选派国家医疗队加强对边境地区巡回医疗工作，在边境地区部署国家区域卫生应急支队。完善边境地区疾病防控监测体系，强化紧急医学救援能力，与周边国家在人员培训、联合应急演练、专家互访等方面加强合作，共同组织开展传染病、地方病等防治工作。

（国家卫生计生委、质检总局、国家发展改革委、财政部、国家民委）

6. 大力促进边民就业创业。

全力推动边民就地就近就业创业。实施更加积极的就业政策，大力发展吸纳就业能力强的产业和企业，鼓励各类企业或产业园区吸纳边民就业，努力实现边民充分就业。统筹推进重点群体就业，提供就业服务。加强对灵活就业、新就业形态的扶持，促进边民自主就业。加强就业援助，对就业困难边民实行分类帮扶，做好零就业家庭帮扶工作。促进已转移农村贫困劳动力在动态中稳定就业。推进政府购买培训服务，大力推行订单式培训、定岗培训、定向培训等与就业紧密联系的培训模式，提升职业培训质量。深入推行科技特派员制度。加大对乡土人才和创业队伍的培养力度，因地制宜建设一批众创空间、“星创天地”。开展边境地区贫困家庭子女、未升学初高中毕业生、农民工、失业人员、转岗职工、退役军人、残疾人免费接受职业培训行动。将部分有劳动能力的边民转为当地护林员等生态保护人员。鼓励边境省区在沿边一线设立护林护草、沿边乡村道路和界江船只协管等岗位，推进边民就业护边。进一步探索边防工作与解决边民就业问题有机结合的新模式。

（人力资源社会保障部、科技部、工业和信息化部、农业部、国务院扶贫办、中国残联、公安部、环境保护部、国家林业局、财政部）

7. 全面提升边境地区公共文化科技服务能力。

大力推进文化强边。提升公共文化设施建设和管理水平，推动边境地区县级公共图书馆、博物馆按建设标准改扩建。加强边境地区公共文化服务体系建设，进一步加大边境地区公共文化资源供给，加强优秀文化作品的创作、译制和传播，推进基层公共数字文化一站式服务和移动服务。强化边境地区宣传文化阵地建设与管控，维护国家文化安全。加强边境地区文化遗产保护，推动边境地区传统工艺振兴，支持边境地区非物质文化遗产传承人参加非遗传承人群研修研习培训计划，支持非物质文化遗产生产性保护和合理展示。大力支持边境地区特色文化产业发展，加大边境地区文化人才培养，支持边境地区对外文化交流和对外文化产业合作，继续实施“边疆万里数字文化长廊”、“春雨工程”等，鼓励边境省区配置“流动博物馆”。

加强边境地区新闻出版广播电视基础设施建设。促进全民阅读，推动数字阅读，统筹建设城乡阅报栏（屏）、社区阅读中心、数字（卫星）农家书屋、数字（卫星）阅读终端等设施。推进新闻出版广播影视公共服务协调发展，扶持边境县和边境口岸新华书店、国门书屋等实体书店建设，继续推动农家书屋提档升级、送书下乡，加强边境地区数字电影院线建设。全面提升边境地区新闻出版发行网点建设水平和广播电视节目传输覆盖能力，提高新闻出版广播影视内容生产和译制能力，加强少数民族广播影视节目译制和制作，加快推进广播电视村村通向户户通升级。加强基层应急广播建设。依托“东风工程”、“丝路书香工程”、“经典中国国际出版工程”等平台和资源，加快边境地区新闻出版广播影视“走出去”步伐。加强边境地区文化交流和信息服务，探索打造边境文化睦邻综合性服务中心。

提升科技创新能力。加强科技基础条件建设，加快建立以企业为主体、市场为导向、产学研用相结合的技术创新体系。在边境地区深入开展科技服务和科普活动，大力推动"科普中国"落地应用，增强边境地区科普服务能力，继续开展"科技列车行"、"科普大篷车"、边境民族地区双语科普试点等科技服务。

（文化部、国家文物局、新闻出版广电总局、科技部、中国科协、国家民委）

专栏2　民生安边工程

（1）护边脱贫工程。围绕维护边境安全，实施边境生态公益岗位脱贫行动，优先支持边境地区建档立卡贫困人口担任边境护林员、草管员、护渔员，在边境贫困县中的国家森林公园、国家湿地公园、国家沙漠公园、沙化土地封禁保护区和国家级自然保护区，安排建档立卡贫困人口从事森林管护、防火、旅游接待服务，增加其劳务收入。（环境保护部、国家林业局、农业部、国务院扶贫办）

（2）兴边富民整村推进工程。推动边境村庄实现"八通八有"目标。"八通"包括通路、通客车、通电、通安全饮用水、通清洁能源、通广播电视、通信息、通邮政。"八有"包括有合格村级组织活动场所、有文化活动场所和设备、有合格卫生室和村医、有宜居生活环境、有安全住房、有高稳产农田地（草牧场）、有增收致富产业、有规范的农民专业合作组织。（国家发展改革委、农业部、水利部、国家能源局、交通运输部、住房城乡建设部、工业和信息化部、国家邮政局、新闻出版广电总局、环境保护部、文化部、国家卫生计生委、国家民委、国务院扶贫办、财政部）

（3）安居守边工程。分期分批推进农村危房改造，统筹开展农房抗震改造，优先安排沿边境行政村危房改造任务，适当提高政府补助标准。（住房城乡建设部、财政部）

（4）边民就业创业工程。发展劳务经济，促进边境地区农业富余劳动力就地就近转移就业，提高居民就业质量和收入水平。降低创业创新门槛，推进大众创业、万众创新。支持设立返乡创业示范基地。建设区域性公共实训基地。对边民有针对性地开展职业技能和创业培训，对符合条件人员按规定给予职业培训补贴和职业技能鉴定补贴。（人力资源社会保障部、国家发展改革委、财政部、农业部、国家林业局）

（5）边民健康工程。加强卫生计生机构和口岸卫生检疫基础设施建设、乡镇卫生院标准化建设、村卫生室建设、疾病防控体系建设以及口岸公共卫生体系建设，继续实施"万名医生支援农村卫生工程"和县级医院骨干医师培训项目，加强对周边国家传染病疫情的监测和预警。建立与周边国家疾病防治技术交流及突发卫生事件应急信息沟通和联防联控工作机制。（国家卫生计生委、食品药品监管总局、质检总局、国家发展改革委、财政部、国务院扶贫办）

（6）边境地区文化建设工程。加强县、乡、村级文化设施网络建设，统筹无线、有线、卫星三种技术方式，实现数字广播电视户户通。实施广播电视无线发射台基础设施建设工程，完善应急广播体系。实施边境民族文化精品工程、网络文化固边兴边工程。（文化部、新闻出版广电总局、国家网信办、财政部）

（7）边境地区教育建设工程。实施学前教育行动计划，加强普惠性幼儿园建设。全面推进边境地区义务教育学校标准化建设。实施高中阶段教育普及攻坚计划，继续支持边境地区教育基础薄弱县普通高中建设。加强双语教师培养培训，建设一批双语教师培养培训基地。继续实施"国培计划"，支持中西部乡村教师校长培训，选派优秀教师驻边支教。（教育部、国家民委、国家发展改革委、财政部）

（三）围绕产业兴边大力发展边境地区特色优势产业

1.推进边境地区特色优势农业发展。

立足边境地区绿色农业、特色农业发展基础，打造沿边生态高效安全农业经济带。加快转变边境地区农业发展方式，着力构建沿边现代农业产业体系和生产经营体系，提高农业致富边民能力。充分依托边境地区绿色农牧业资源，优化发展特色种植业，积极发展草牧业，有序发展健康水产养殖，大力发展特色林业产业。指导边境地区加快农业产业化发展，发挥龙头企业作用，延伸产业链、打造供应链，形成全产业链，推进一二三产业融合发展，大力发展休闲观光农业、农村电商、农产品定制等新产业新业态。支持边境地区实施"一村一品"强村富民工程、家庭农场建设工程、中药材规范化生产基地建设工程、"互联网+"现代农业行动、农产品产区"快递下乡"工程、新型职业农民培育工程，加快边境地区专业村、专业乡镇建设，大力支持专业村镇特色农产品品牌打造，推进农民合作社创新规范发展，促进边民就业增收。支持边境地区开展农业国际合作项目。强化边境地区农产品地理标志登记保护。推进特色农产品供应基地建设和国家级出口食品农产品质量安全示范区建设。

（农业部、国家林业局、国家发展改革委、财政部、国土资源部、工业和信息化部、科技部、商务部、质检总局、国家邮政局、国家中医药局、食品药品监管总局）

2. 推进边境地区特色加工制造业发展。

大力扶持边境地区发展特色优势加工业，培育规模大、产值高、带动力强、受益面广的增收致富产业。促进新型工业化产业示范基地建设，引导产业集约集聚发展。引进和培育龙头企业，实现产业延伸与发展，把资源优势转化为经济优势。发展外向型优势制造业，因地制宜培育一批轻工、纺织服装、五金建材、装备制造、机电产品、电子信息、能源和原材料等产业基地，形成一批有竞争力的特色产业集群。实施边境地区“互联网+”行动，推动互联网与创业创新、益民服务、高效物流、电子商务、便捷交通、绿色生态、文化旅游等结合，不断拓展融合领域。鼓励少数民族特需商品生产企业技术改造和大型商品市场转型升级，扶持民族特色手工艺品开发和生产。

（工业和信息化部、交通运输部、文化部、人民银行、商务部、国家旅游局、国家民委）

3. 推进边境地区特色服务业发展。

以重点口岸城市为节点，建设一批内外贸一体化的特色商贸市场、商品交易市场，鼓励和支持发展国际商贸物流产业。推动边境地区电子商务发展，建设一批“边境仓”。大力发展服务外包、中医药服务、会展服务、金融服务等服务贸易，推动有条件的地方建设沿边服务外包合作区。依托民族文化资源，大力发展民族文化产业，打造边境民族文化品牌。在项目、资金和政策上对边境地区旅游业予以倾斜支持，大力发展“多彩边境”旅游和跨境特色旅游，积极扶持一批对脱贫致富带动力强的重点景区。推动建设边境旅游试验区、跨境旅游合作区和全域旅游示范区，开发具有边境地域特色、民族特色的旅游项目、主题酒店和特色餐饮，办好民族风情节。支持边境地区特色文化产业和旅游业融合发展，开发高品质特色旅游产品，提升文化旅游层次和水平。打造丝绸之路、茶马古道、环喜马拉雅等国际精品旅游线路，加强重点旅游城市和景点建设。

（商务部、海关总署、外交部、国家旅游局、国家林业局、国家发展改革委、公安部、交通运输部、质检总局、国家民委）

4. 推进边境地区产业园区发展。

根据边境地区资源禀赋、区位优势、产业基础、生态条件以及与周边国家毗邻地区的互补性，建设能源资源加工产业基地、出口加工园区、区域性国际商贸物流中心，进一步健全市场体系，吸引资金、技术和人才等资源要素集聚，大力推进产业园区发展。打造一批国家级特色产业园区和基地，推动边境地区与内地合作共建产业园区，探索发展飞地经济。

（工业和信息化部、商务部、国土资源部、国家发展改革委）

专栏3　产业兴边工程

（1）边境地区特色优势农业培育工程。加快发展绿色有机农业和现代特色农业，建设沿边地区特色优势农业生产基地、加工基地、农技推广示范基地和农业对外开放合作试验区。支持边境地区新型经营主体发展加工流通、直供直销、休闲农业和乡村旅游，支持企业、合作社与农户联合建设原料基地、营销平台，促进一二三产业融合。强力推进“一村一品”专业示范村镇建设，打造一批特色鲜明、附加值高、主导产业突出、农民增收效果显著的专业村镇。（农业部、国家发展改革委、财政部、质检总局、国家中医药局、食品药品监管总局）

续表

(2)边境地区特色林业富民工程。大力推进边境地区实施特色林果、木本油料、木本粮食、国家储备林、林下经济、林木种苗、花卉、竹藤等扶持工程,因地制宜发展林果、林草、林菌、林药、林禽、林畜、林菜、林蜂等富民产业,打造一批特色示范基地。(国家林业局、农业部、国家发展改革委、财政部) (3)多彩边境旅游工程。按照提高层级、打造平台、完善机制的原则,深化与周边国家的旅游合作,支持有条件的地区研究设立跨境旅游合作区。依托边境城市,强化政策集成和制度创新,研究设立边境旅游试验区。大力培育开发具有边境特色的重点旅游景区和国际精品旅游线路,建设一批边境特色旅游区、民族特色旅游村镇。(国家旅游局、国家发展改革委、住房城乡建设部、国家林业局、公安部、外交部、交通运输部、海关总署、质检总局、国家民委) (4)民贸民品和少数民族特色手工艺品发展工程。给予边境地区民贸企业、民族特需商品定点生产企业、民族特色传统手工业和龙头企业特殊扶持,帮助各族群众就地就业、增收致富。(国家民委、财政部、人民银行、商务部、国家发展改革委) (5)边境产业园区建设工程。在边境县、边境市布局建设一批综合服务功能完善、充满活力的产业集聚区,促进劳动力就地就近就业。在有条件的地方建设华侨产业园。建设一批区域性商品物流集散中心,因地制宜推进农产品专业批发市场、文化产业园区、口岸物流基地、国际商贸物流中心建设,加快打造国际物流通道。(工业和信息化部、农业部、国家发展改革委、国务院侨办、商务部、文化部、国土资源部、交通运输部、质检总局) (6)边境创新品牌行动工程。围绕具有民族特色的农产品、医药、食品等搭建创新品牌培育平台,以电子商务、各类品牌博览会为载体,打造一批竞争力强、带动面广、市场前景好、促进群众增收致富的知名品牌,培育品牌竞争力,走出一条品牌引领、科技支撑、产业升级、经济跨越的创新驱动发展之路。(科技部、国家民委、商务部、质检总局) (7)扩大食品农产品出口工程。通过建设特色出口食品农产品质量安全示范区(基地),支持边境地区大力发展农林特色产业,努力扩大出口,引导结构调整、产业层次提升和产品质量提高。(质检总局、国家民委、国务院扶贫办、农业部、国家林业局)

(四)围绕开放睦边着力提升沿边开发开放水平

1. 推动边境地区深度融入"一带一路"建设。

依托区位优势,充分发挥对外开放窗口作用,加快推动边境地区融入"一带一路"建设,在加强与周边国家的政策沟通、设施联通、贸易畅通、资金融通、民心相通方面发挥前沿作用。完善边境地区地方政府对外合作机制。发展一批边境中心城市,推动沿边重点地区加快发展,强化对毗邻地区产业的辐射带动能力。在具备条件的地方推广云南、广西沿边金融综合改革试验区政策。依托上海合作组织、中国—东盟自由贸易区、澜沧江—湄公河合作、中亚区域经济合作、大图们倡议、中巴经济走廊、孟中印缅经济走廊、中蒙俄经济走廊等合作平台,促进边境地区与周边国家和地区的经贸、文化、科技交流与合作。

(国家发展改革委、商务部、外交部、海关总署、工业和信息化部、质检总局)

2. 大力推动边境地区对外贸易发展方式转变。

支持对外贸易转型升级,有序发展边境贸易,完善边贸政策,支持边境小额贸易向综合性多元化贸易转变,探索发展离岸贸易。加强边民互市点建设,修订《边民互市贸易管理办法》和《边民互市进口商品不予免税清单》,严格落实国家规定范围内的免征进口关税和进口环节增值税政策。支持沿边重点地区创建出口商品质量安全示范区,推广电子商务运用,结合区位优势和特色产业做大做强旅游、运输、建筑等传统服务贸易。推进沿边重点地区金融、教育、文化、医疗等服务业领域有序开放,逐步实现高水平对内对外开放。

(商务部、公安部、交通运输部、财政部、海关总署、税务总局、质检总局、人民银行、国家外汇局、工业和信息化部)

3. 提升沿边开放便利化水平。

加大沿边口岸开放力度,推进边境口岸对等设立和扩大开放。切实提高对沿边重要口岸的监管能力，创新口岸监管模式，优化查验机制，在沿边重点地区有条件的海关特殊监管区域深化“一线放开”、“二线安全高效管住”的监管服务改革。加强沿边、内陆、沿海通关协作，依托地方电子口岸平台，推进沿边口岸国际贸易“单一窗口”建设。支持具备条件的沿边重点地区借鉴上海等自由贸易试验区经验，在投资、贸易、金融、创新创业、事中事后监管等方面探索与国际高标准接轨。加强与周边国家在出入境管理、检验检疫和边防检查领域的合作，推进人员往来便利化。

（海关总署、商务部、公安部、质检总局、国家旅游局、外交部）

4. 加强边境地区开发开放平台建设。

加快推进广西东兴、凭祥，云南瑞丽、勐腊（磨憨），内蒙古满洲里、二连浩特，黑龙江绥芬河—东宁等重点开发开放试验区建设，改革创新试验区体制机制，优化区内产业结构，加快建设国际贸易基地、国际物流中心、进出口加工基地、国际人文交流中心等，打造网络化连接、立体式交通、生态型发展的现代化国际口岸城市。加大对边境经济合作区和跨境经济合作区的支持力度。推动边境经济合作区与东部地区国家级经济技术开发区等各类园区一对一合作，鼓励有条件的边境经济合作区与周边国家开展产业合作，积极有序承接境内外产业转移，推动边境经济合作区加工制造、边境贸易、商贸物流、休闲旅游等特色产业和相关新兴产业发展。稳步建设跨境经济合作区，充分发挥其在促进互联互通和探索国际经贸合作新模式等方面的优势，便利贸易投资和人员往来，推进产业合作，带动与相邻国家边境地区经济往来。发挥好周边境外经贸合作区的带动作用。突出生态保护、休闲旅游、口岸通道等功能，建设黑瞎子岛中俄国际合作示范区。

（国家发展改革委、商务部、人民银行、国家旅游局、外交部、公安部、工业和信息化部、质检总局、海关总署）

专栏4　开放睦边工程

（1）边境口岸建设工程。加强口岸统筹规划，优化边境口岸布局。加强边境口岸基础设施及其检查检验检疫配套设施建设，合理配备口岸管理和进出境检查检验检疫设备，提高口岸运行效率，提升通行能力和水平。加快同周边国家和区域基础设施互联互通建设，增强服务能力，发展口岸经济。（海关总署、质检总局、公安部、交通运输部、外交部、国家发展改革委）

（2）边境口岸产业培育工程。依托边境经济合作区、出口加工园区等合作平台，大力发展出口加工业并引进一批合作企业，允许沿边重点口岸、边境城市、边境经济合作区在人才交流、加工物流、旅游等方面实行特殊方式和政策，形成以加工物流、商贸流通、边境旅游为主的优势产业。（工业和信息化部、农业部、财政部、国家发展改革委、商务部、文化部、交通运输部、质检总局）

（3）边民互市贸易点建设工程。优化边民互市点布局，完善基础设施和配套条件，提高管理和服务水平，促进边民互市贸易发展和转型升级。（国家发展改革委、商务部、财政部、海关总署、质检总局）

（4）边境人员往来便利化工程。充分利用因公出访毗邻国家（地区）相关政策，为沿边重点开发开放试验区因公赴毗邻国家（地区）执行任务提供便利。加强与毗邻国家合作，推动允许两国边境居民持双方认可的有效证件依法在两国边境许可范围内自由通行，对常驻边境市从事商贸活动的非边境地区居民实行与边境居民相同的出入境政策。对周边国家合作项目项下人员出入境给予通关便利。（外交部、公安部、国家旅游局、海关总署、质检总局）

（五）围绕生态护边加强边境地区生态文明建设

1. 筑牢国家生态安全屏障。

加快实施以青藏高原生态屏障、黄土高原—川滇生态屏障、东北森林带、北方防沙带等为主体的生态安全战略。大力推进重大生态工程建设，加强重点区域、流域生态建设和环境保护，构筑以草原和天然林为主体、生态系统良性循环、人与自然和谐相处的国家生态安全屏障。加强国门生物安全体系建设，健全国门生物安全查验机制，严防动植物疫病疫情传入。

（国家发展改革委、国家林业局、环境保护部、国土资源部、水利部、农业部、质检总局）

2. 加强边境地区生态建设。

加强重点防护林体系建设，加强水土保持和农田生态保护，继续实施退耕还林还草、退牧还草、石漠化治理、天然林资源保护等工程。构建生态廊道和生物多样性保护网络，实施生物多样性保护行动计划，加大生物多样性保护和自然保护区建设力度。加强边境地区动植物疫病疫情防控，有效防范跨境传播风险。防范物种资源丧失和外来物种入侵。推进水质良好湖泊生态环境保护和生态修复工程。统筹考虑将符合条件的边境县优先纳入国家重点生态功能区。建立生态保护补偿机制。

（国家发展改革委、财政部、农业部、国家林业局、质检总局、水利部、环境保护部）

3. 推进边境地区环境污染治理。

实行最严格的环境保护制度，形成政府、企业、公众共治的环境治理体系。对开发建设类规划，基于资源环境承载能力监测预警评价，依法开展环境影响评价工作，以生态环境质量改善为目标，严把环境准入关，优化区域发展布局与规模。推进多污染物综合防治和环境治理，实行联防联控和流域共治。深入实施大气污染防治行动计划，继续落实水污染防治行动计划和土壤污染防治行动计划，净化农产品产地和农村居民生活环境。加强城乡环境综合整治，普遍推行垃圾分类制度，全面推进农村垃圾治理。进一步强化边境地区环境监管能力建设。严格执行节能减排考核。

（环境保护部、国家发展改革委、国土资源部、水利部、农业部、国家林业局）

专栏5　生态护边工程

（1）边境生态安全保障工程。对生态区域重要、森林草原病虫鼠害和森林草原火灾多发的地区，加大支持力度，尽快建立森林草原病虫鼠害防治和森林草原防火体系。科学划定并严守生态保护红线。健全山水林田湖一体治理机制，加强国土绿化和草原生态修复。（国家发展改革委、国家林业局、环境保护部、水利部、农业部）

（2）人居环境综合整治工程。着力开展农村人居环境综合整治行动，结合美丽乡村和新农村建设加快农村污水治理。加强排污管（沟）、污水处理设施、垃圾无害化处理设施等建设。把发展庭院经济与村寨绿化亮化美化结合起来，建设绿色村庄，充分挖掘和弘扬人与自然和谐相处的传统文化，完善村规民约，健全各项管理制度，把沿边村寨建设成为卫生整洁、生态优良、留得住乡愁的美丽村寨。（住房城乡建设部、环境保护部、水利部、工业和信息化部、农业部、国家林业局、国土资源部、国家发展改革委）

（3）边境地区动植物疫病防控工程。完善进出境动植物疫病疫情联防联控周边合作机制，探索建立边境动物疫病控制区，防范动植物疫病疫情跨境传播。强化外来入侵物种监测预警，建立入侵生物阻截带，防治外来物种入侵。（质检总局、国家林业局、农业部）

（六）围绕团结稳边通力维护民族团结和边防稳固

1. 加强边境地区基层治理能力建设。

贯彻落实全面从严治党要求，着力强化党的政治、思想、制度和作风引领，全面增强基层党组织战斗力，全面提升基层政权建设水平，提升乡镇（街道）服务能力与治理水平，推进基层治理体系和治理能力现代化。加强边境地区基层党组织建设，抓好以村级党组织为核心的村级组织建设，充分发挥基层政权阵地功能，提升基层党组织和党员维护稳定、推动发展、服务群众、凝聚人心、保护生态、促进和谐、巩固边防的能力和水平。加强城乡社区建设，建立健全党组织领导下的基层群众自治机制，实现政府治理和社会调节、居民自治良性互动。

（中央组织部、国家民委、人力资源社会保障部、民政部）

2. 不断巩固和发展民族团结进步事业。

深入开展爱国主义和民族团结宣传教育，牢固树立“三个离不开”思想，培育中华民族共同体意识和国家意识，不断增强对伟大祖国、中华民族、中华文化、中国共产党、中国特色社会主义的认同，树立正确的国家观、民族观、宗教观、历史观、文化观，不断增强维护民族团结和国家统一、反对民族分裂的自觉性、主动性、坚定性，传递民族团结的正能量。促进各民族交往交流交融，依法妥善处理涉及民族因素的问题，坚决依法打击破坏民族团结和分裂祖国的违法犯罪活动。广泛深入开展民族团结进步创建活动，扎实推进民族团结进步示范区（单位）建设。

（国家民委、中央宣传部、中央统战部、教育部、文化部、新闻出版广电总局、国家发展改革委、公安部、共青团中央、国家宗教局）

3. 推进军民深度融合发展。

在边境地区广泛开展爱国守边教育，大力宣传人民边防为人民、人民边防靠人民，筑牢人民边防的铜墙铁壁。在边境建设中贯彻国防巩固要求，同时合理兼顾民用需要。坚持军地资源优化配置、合理共享、平战结合、沿边沿线衔接，加强军地在基础设施和社会服务等领域的统筹发展。实施军民融合发展工程，增强基础设施军民共用的协调性。加强边防基础设施建设。巩固军政军民团结，党政军警民合力强边固防，提高边境综合防卫管控能力，维护边境地区安全稳定。

（公安部、中央军委国防动员部、国家发展改革委、工业和信息化部、财政部、国家民委）

4. 通力共建和谐边疆。

完善边境地区治理协调机制，制定边境地区突发事件应急预案，规范信息报告制度，加强跨部门、跨区域应急联动，提升联合处置能力。深化边防对外交往合作，及时协商处理边境事务，密切睦邻友好关系。推进边境地区治安防控体系建设，深入开展社会治安专项整治，严厉打击走私、贩毒、贩枪、偷越国（边）境、非法出入境等各类违法犯罪活动。扎实推进爱民固边模范村（社区）、乡镇、县市创建。支持边境地区公安机关与周边国家地方警务、边检（移民）、禁毒、边防等执法部门建立对口合作机制，共同维护边境地区安全稳定。加强文化执法合作，打击非法文化产品流入，构筑边境地区文化安全屏障。全面正确贯彻党的宗教工作基本方针，引导宗教界人士和信教群众为稳边固边和边境地区发展服务。继续开展和谐寺观教堂创建活动。

（公安部、国家发展改革委、财政部、外交部、海关总署、质检总局、新闻出版广电总局、国家民委、国家宗教局、中央军委国防动员部）

专栏6　团结稳边工程

（1）民族团结进步创建工程。开展民族团结进步示范典型创建活动，建设一批民族团结进步示范市、县、乡（镇）、村（社区）、学校、企事业单位、连队等，建立一批民族团结进步教育基地，使之成为维护民族团结、巩固祖国边防的战斗堡垒。（国家民委、教育部、文化部、公安部、新闻出版广电总局、人力资源社会保障部、国务院国资委、共青团中央）

（2）兴边富民行动示范工程。开展兴边富民行动示范创建活动，命名一批兴边富民示范县、示范乡（镇）、示范村（社区），表彰一批兴边富民模范单位和模范个人，以示范带动引领，推动兴边富民行动深入开展。（国家民委、国家发展改革委、财政部）

（3）爱民固边模范村创建工程。结合社会主义新农村建设，推动开展“维护治安、民族和谐、经济合作、服务民生”等特色爱民固边模范村创建活动，维护民族团结和边疆稳定。（公安部）

续表

(4)边境地区平安建设工程。创新边境地区社会治安立体防控体系,建立健全党政军警民“五位一体”边境安全管控机制,提高军警民联防、联动、联勤、联合处置能力。加强边境地区突发事件预警和评估,完善重大情况应对预案。加大边境地区人防、物防、技防等基础设施建设力度,加大边境地区反恐、禁毒、打击非法出入境和走私力度。(公安部、中央军委国防动员部、国家发展改革委、财政部、海关总署、国家民委、国家林业局、国家宗教局)

四、政策措施

针对边境地区的重要战略地位和特殊性,国家优先支持边境地区改革创新和加快发展,出台差别化政策予以支持,进一步加大相关优惠政策对边境地区的倾斜力度。国家综合配套改革试验区优先支持一部分边境县市。做好与边境农场、林场等相关政策的衔接。

(一)边民扶持政策

省级人民政府根据实际情况建立动态的边民补助机制,中央财政通过一般性转移支付给予支持,鼓励边境地区群众抵边居住和贴边生产生活。降低边民创业创新门槛,对边民自主创业实行“零成本”注册,引导鼓励符合条件的边民按规定申请10万元以下的创业担保贷款。加大对边境回迁村的扶持力度。各部门安排的各项惠民政策、项目和工程,最大限度地向边境地区尤其是边境贫困地区、贫困村、贫困人口倾斜。加大对边境地区建档立卡贫困户脱贫奔小康的支持力度。

对于在边境地区党政机关、群团组织、国有企事业单位工作满20年以上且无不良记录的工作人员,所在地省级人民政府可探索在其退休时按照国家规定给予表彰。边境地区县乡机关招录公务员时,可以拿出一定数量的职位招考本市县户籍或在本市县长期生活的人员。落实国家对在边境地区工作的公职人员工资、福利、住房等方面待遇政策。出台优惠政策,鼓励优秀复转军人就地安置。

(国务院扶贫办、财政部、国家发展改革委、住房城乡建设部、民政部、人力资源社会保障部、国土资源部、农业部、国家民委)

(二)财政政策

充分考虑边境地区特殊需要,加大对边境地区转移支付力度,推进地区间基本公共服务均等化。国家退耕还林还草、天然林保护、防护林建设、石漠化治理、防沙治沙、湿地保护与恢复、退牧还草、水生态治理等重大生态工程的项目和资金安排进一步向边境贫困地区倾斜。

加大对边境地区基础设施、城镇建设、产业发展、民生保障等方面的支持力度,研究提高对边境地区铁路、民航、能源、信息等建设项目投资补助标准或资本金注入比例。国家发展改革委继续设立兴边富民行动专项,重点支持基础设施、基本公共服务设施、生态环境保护和人居环境整治、民族文化传承等领域项目建设。国家外经贸发展专项资金、旅游发展基金等专项扶持资金向边境地区倾斜。民族自治地方的边境县和兵团边境团场享受民族贸易县的优惠政策。由地方统筹对民族贸易和民族特需商品生产实行优惠政策。

(财政部、国家发展改革委、国务院扶贫办、民政部、环境保护部、农业部、商务部、国家林业局、国家旅游局、国家民委)

（三）金融政策

鼓励和引导商业性、政策性、开发性、合作性等各类金融机构加大对边境地区的支持。支持商业性金融机构积极探索开发适合边境地区的金融产品和服务模式，合理调剂和引导信贷资源，加大对边境地区基础设施、改善民生和特色优势产业的支持。在遵循商业原则及风险可控前提下，对边境地区商业性金融分支机构适度调整授信审批权限，鼓励将更多资源用于服务当地经济社会发展。对边境贫困地区符合条件的金融机构加大扶贫再贷款支持力度。在边境试点地区稳妥开展农村承包土地的经营权和农民住房财产权抵押贷款试点，探索拓宽农村抵押担保物范围。创新金融政策工具，向政策性和开发性金融机构提供长期、低成本资金，用于支持边境地区发展。发挥政策性、开发性金融的功能和作用，大力支持边境地区的建档立卡贫困村、贫困户和贫困人口所在区域基础设施建设、特色产业发展和教育医疗发展。协调亚洲基础设施投资银行、金砖国家新开发银行支持边境地区发展。支持边境地区农村支付服务环境建设。积极发挥双边本币结算协定的作用，扩大边境地区跨境贸易投资中人民币的结算和使用。

培育发展多层次资本市场，支持符合条件的边境地区企业在全国中小企业股份转让系统挂牌。规范发展服务中小微企业的区域性股权市场。鼓励和引导在边境地区设立产业投资基金投资区域性创新创业企业。进一步加大非金融企业债券融资工具推广。支持期货交易所研究在沿边重点地区设立商品期货交割仓库。

（人民银行、银监会、证监会、保监会、国家发展改革委、财政部）

（四）土地政策

坚持最严格的耕地保护制度和最严格的节约用地制度。边境地区国家重点基础设施建设项目新增建设用地计划指标由国土资源部直接安排，保障兴边富民用地需要。分解下达城乡建设用地增减挂钩指标向边境地区倾斜，边境地区国家扶贫开发工作重点县增减挂钩指标可以在省域范围内调剂使用，增减挂钩收益按规定全额缴入国库后，通过支出预算统筹安排用于改善边民生产生活条件和生态移民搬迁。中央和省级在分配高标准农田建设任务、土地整治与高标准农田建设资金时，重点向边境地区倾斜，进一步加大对边境贫困地区的支持力度。在有条件的边境地区，优先安排国土资源管理制度改革试点，支持开展历史遗留工矿废弃地复垦利用试点。

（国土资源部、财政部、国务院扶贫办、农业部、环境保护部）

（五）社会保障政策

加大对边境地区居民基本社保体系的支持力度，合理提高城乡居民基本医疗保险政府补助标准，合理确定最低生活保障标准。对于符合条件的沿边境行政村困难边民参加新农合的个人缴费部分，通过城乡医疗救助给予补助。全面实施城乡居民大病保险，鼓励探索向边境地区贫困人口倾斜的具体办法，合理提高报销比例，切实提高大病保障水平。加大边境地区农村危房改造支持力度。落实好中等职业学校免学费和国家助学金政策。

（人力资源社会保障部、民政部、教育部、国家卫生计生委、财政部、国家民委）

（六）资源开发与生态保护补偿政策

合理扩大边境地区光伏、风电等优势能源资源开发规模。探索在边境地区率先实行自然资源资产收益扶持机制。在边境地区率先探索建立多元化生态保护补偿机制，扩大补偿范围，合理提高补偿标准。逐步建立地区间横向生态保护补偿机制，引导受益地区与提供生态产品的边境地区之间通过资金补助、产业转移、人才培训、共建园区等方式实施补偿。完善并继续实施草原生态保护补助奖励政策,对实施禁牧和草畜平衡的牧民实行补贴和奖励,支持草原畜牧业转型发展。开展边境贫困地区生态综合补偿试点,健全公益林补偿标准动态调整机制。加大边境贫困地区生态保护修复力度。

(国家能源局、环境保护部、农业部、工业和信息化部、国土资源部、财政部、国家发展改革委)

(七)对口支援政策

依托东西部扶贫协作和对口支援机制,有关东部省份和对口援疆援藏省份,加大对内蒙古、广西、云南、西藏、甘肃、新疆等省区边境地区的帮扶力度,在产业合作、劳务协作、人才支援、资金支持等方面向边境地区倾斜,鼓励、组织民营企业、社会组织、公民个人积极参与边境地区建设。鼓励经济较发达省份、大中城市、国有大中型企业采取多种形式积极参与东北边境地区建设,支持辽宁、吉林、黑龙江等省开展省内扶贫协作和对口支援,推动边境地区加快发展。继续实施中央和国家机关及企事业单位等定点扶贫和对口支援。继续推动中央企业与边境地区开展各类经济技术交流活动。

(国家发展改革委、国务院国资委、中央组织部、人力资源社会保障部、科技部、国家民委、中央统战部、国务院扶贫办)

五、组织实施

(一)加强组织领导

按照“国家支持、省负总责、市级联动、县级落实”的方针,加强组织领导,落实任务责任,密切协调合作,确保如期完成本规划确定的发展目标、主要任务和重点工程。充分发挥兴边富民行动协调小组作用,统筹协调兴边富民行动重大问题,研究部署兴边富民行动重点工作和重点任务,推动规划有效实施。

(二)明确责任分工

国家民委、国家发展改革委、财政部具体负责指导边境各省区因地制宜、突出重点推进兴边富民行动,会同有关部门和边境省区进一步加强对接,研究确定各地兴边富民行动的重点方向、重点措施、重点工程。各有关部门要按照要求,将规划主要任务和重点工程与本部门“十三五”专项规划、年度计划相衔接。边境各省区人民政府要加强组织领导,全面负责本省区的规划组织实施工作,制定配套规划或实施意见,明确责任分工,确保规划落到实处。

(三)加强监督检查

国家民委、国家发展改革委、财政部要加强对规划实施情况的监督检查,协调解决规划实施过程中的问题,有关部门和边境省区人民政府要配合做好相关工作。加强规划实施监测,建立综合评价指标体系,推进统计信息库建设,组织开展规划实施情况评估,定期向国务院报告。

全国农村经济发展“十三五”规划

发改农经〔2016〕2257号

序　言

重农固本，是安民之基。“十二五”时期，我国农业农村发展成果丰硕，成为经济社会发展的突出亮点，为赢得全局工作主动发挥了重要作用。“十三五”时期是全面建成小康社会的决胜阶段，拉长农业这条“四化同步”的短腿，补齐农村这块全面小康的短板，努力让农业强起来、农民富起来、农村美起来，解决好“三农”问题，始终是全党工作的重中之重。要坚持强农富农惠农政策不减弱，推进农村全面小康建设不松劲，加快发展现代农业，加快促进农民增收，加快建设社会主义新农村，不断巩固和发展农业农村好势头。

根据《中共中央关于制定国民经济和社会发展第十三个五年规划的建议》和《中华人民共和国国民经济和社会发展第十三个五年规划纲要》的有关部署，国家发展改革委会同有关部门编制了《全国农村经济发展“十三五”规划》。规划紧紧围绕全面建成小康社会这个奋斗目标，从全局和战略的高度对夯实现代农业基础、转变农业发展方式、推进农村产业融合、建设美丽宜居乡村、保护自然生态系统等方面做出了具体部署，明确了发展的总体思路、原则、目标、任务和政策措施。

本规划是“十三五”时期我国农村经济发展的指导性文件。

第一章　规划背景

农业是全面建成小康社会、实现现代化的基础。“十三五”时期，我国农业农村发展环境发生重大变化，既面临诸多有利条件，又必须加快破解各种难题。

一、发展基础

“十二五”期间，中央坚持把“三农”作为全党工作重中之重，不断完善强农惠农富农政策体系，“三农”工作取得显著成绩，是我国农业农村发展的又一个黄金期。

（一）农业综合生产能力实现新跨越。2015年，全国粮食产量达到6.21亿吨，实现历史性的十二连增，连续3年超过6亿吨，亩产达到366公斤，比“十一五”末提高34公斤。棉花、油料、糖料、肉类、禽蛋、水果、蔬菜、水产、天然橡胶等农产品稳定增长，市场供应充足，农产品质量安全水平不断提升。建成高标准农田4亿亩，农业物质技术装备水平明显提高，农业科技进步贡献率、农作物耕种收综合机械化率分别达到56%和63%，农田有效灌溉面积占比超过52%，灌溉水有效利用系数达到0.532。

（二）农民增收实现新突破。2015年，全国农村居民人均可支配收入达到11422元，增速连续6年高于城镇居民，城乡居民收入差距进一步缩小。“十二五”期间，农民收入来源结构日趋多元化，工资性收入对农民增收的贡献率达到48%，成为增收的主渠道。我国现行标准下农村贫困人口从2010年的1.66亿人减少到2015年的5575万人，贫困发生率下降到5.7%。

（三）农村基础设施和公共服务实现新提升。五年累计解决3.04亿农村居民和4133万农村学校师生的饮水安全问题，农村供水质量和水平显著提高。农村电力条件明显改善，实现农村人口全部用上电。全国农村公路总里程突破397万公里，西部地区81%的建制村实现公路通畅。改造农村危房1794万户。农村实现村村通电话、乡乡能上网、广播电视基本全覆盖。农村教育基础设施继续改善，农村医疗卫生服务体系进一步健全。新型农村社会养老保险与城镇居民养老保险并轨，实现制度全覆盖。

（四）生态保护与修复呈现新局面。五年累计造林3000万公顷，1.08亿公顷的天然林得到有效管护，全国森林覆盖率达到21.66%，森林蓄积量达到151亿立方米。草原综合植被盖度达到54%，累计治理水土流失面积26.55万平方公里，全国沙化土地面积年均减少1980平方公里，石漠化面积年均减少16万公顷，近一半湿地得到保护。农业面源污染得到一定控制，农村人居环境进一步改善。

（五）农村改革取得新进展。农村土地承包经营制度改革进一步深化，全国土地承包经营权确权登记面积超过3亿亩。新型农业经营体系加快构建，家庭农场、合作社、龙头企业等新型农业经营主体达到250万家。农村土地征收、集体经营性建设用地入市、宅基地、农村集体资产股份权能改革试点稳步开展，国有林区、国有林场、集体林权、农垦改革等有序推开，农产品价格形成机制改革进一步深化，农业支持保护、农村社会保障、农村社会治理制度和城乡一体化发展的体制机制逐步完善。

专栏1 “十二五”农村经济发展主要指标完成情况

指标	规划目标值	2015年实际值
农业综合生产能力		
耕地保有量（亿亩）	18.18	18.65
新增农田有效灌溉面积（万亩）	[4000]	[7800]

续表

指　　标	规划目标值	2015 年实际值
粮食综合生产能力(万吨)	>54000	55000
棉花总产量(万吨)	>700	560
油料总产量(万吨)	3500	3537
糖料总产量(万吨)	>14000	12500
肉类总产量(万吨)	8500	8625
转变农业发展方式		
农业科技进步贡献率(%)	>55	56
主要农作物耕种收综合机械化率(%)	60	63
灌溉水有效利用系数	0.53	0.532
农村经济结构		
畜牧业产值占农林牧渔业总产值比重(%)	36	28
农产品加工业产值与农业总产值比	2.2	2.2
农民人均纯收入(元)	>8310	9387
农村基础设施		
解决农村饮水安全问题人口(亿人)	[2.98]	[3.04]
新建和改造农村公路(万公里)	[100]	[100]
农村困难家庭危房改造(万户)	[800]	[1794]
生态保护		
森林覆盖率(%)	21.66	21.66
森林蓄积量(亿立方米)	143	151

注:1. 该表规划指标来自《全国农村经济发展“十二五”规划》。
2. 农民人均纯收入按 2010 年价格计算。
3. [ ]为五年累计数。

二、面临形势

“十三五”时期,我国农业农村发展的外部条件和内在动因正在发生深刻变化,既存在不少有利条件,也面临很多困难和挑战。

从有利条件看,一是中央高度重视“三农”工作,加快补齐农业农村短板已经成为全党全社会共识,我国发展仍处于可以大有作为的重要战略机遇期,经济长期向好的基本面没有改变,强农惠农富农政策体系将更加完善。二是粮食等主要农产品供给充足,城乡居民消费结构加快升级,新一轮科技革命和产业变革正在孕育兴起,为农业转方式、调结构、拓展发展空间提供了强有力的支撑。三是农村改革和城乡一体化深入推进,将进一步激发农村发展活力,为促进农民增收和农村繁荣提供持续动力。四是全球经济一体化进程加快以及“一带一路”等战略的实施,有利于更好地统筹利用两个市场两种资源,缓解国内资源环境压力,优化国内农业结构。

从困难挑战看,一是农业供给侧结构性改革任务艰巨,玉米等农产品库存积压和优质化、多样化、专用化农产品供给不足并存,农业生产成本持续上升,农业生产效益低而不稳,农业基础设施建设滞后,农产品质量安全风险增多,农业面临的国际竞争压力加大。二是农业资源环境问题日益突出,水土资源紧张,部分地区耕地基础地力下降明显,面源污染加重,拼资源、拼消耗的生产方式难以为继，农村劳动力老龄化加速，专业型、技术型、创新型人才和青壮年劳动力缺乏，谁来种地问题逐步显现，实现农业持续发展任重道远。三是我国经济发展进入新常态，经济增速放缓，持续大幅增加财政“三农”投入空间有限，促进农民工外出就业和工资增长难度加大。四是城乡二元结构问题突出，城乡资源要素平等交换和均衡配置仍存体制性障碍，农村基础设施和公共服务依然薄弱，缩小城乡差距任务繁重。

“十三五”时期我国农业农村发展机遇与挑战并存，希望与困难同在，实现农业稳定发展、农民持续增收的任务非常艰巨。必须牢固树立强烈的短板意识，坚持问题导向，不断创新工作思路，凝聚各方力量，落实新发展理念，破解发展难题，合力开拓农业农村工作新局面。

第二章　总体要求

一、指导思想

全面贯彻党的十八大和十八届三中、四中、五中全会精神，深入学习贯彻习近平总书记系列重要讲话精神，按照“五位一体”总体布局和“四个全面”战略布局，坚持把解决好“三农”问题作为全党工作重中之重，牢固树立并贯彻落实创新、协调、绿色、开放、共享发展理念，紧紧围绕做强农业、富裕农民、繁荣农村，以农业供给侧结构性改革为主线，持续夯实现代农业基础，转变农业发展方式，推进农村产业融合，构建现代农业产业体系、生产体系和经营体系，推动城乡协调发展，建设美丽宜居乡村，加强山水林田湖保护和修复，提高生态安全保障能力，实现农业农村现代化与工业化、信息化、城镇化同步推进，为全面建成小康社会奠定坚实基础。

二、基本原则

（一）坚持农民主体地位。把增进农民福祉、促进人的全面发展作为“三农”工作的出发点和落脚点，充分调动亿万农民群众的积极性、主动性、创造性，保障农民平等参与、平等发展权利，实现好、维护好、发展好最广大农民的根本利益。持续加大强农惠农富农力度，让农业农村成为可以大有作为的广阔天地。

（二）坚持城乡统筹。以把国家基础设施建设和社会事业发展的重点放在农村和吸纳农业转移人口较多的城镇，补齐农业农村发展短板，实现城乡要素平等交换和公共资源均衡配置，形成以工促农、以城带乡、工农互惠、城乡一体的新型工农关系和城乡关系。

（三）坚持可持续发展。统筹处理好保障国家粮食安全、水安全和生态安全的关系，更加重视土地、水、森林、草原、滩涂等资源的保护和合理利用，加强山水林田湖保护和修复，走产出高效、产品安全、资源节约、环境友好的农业现代化道路。

（四）坚持改革创新。围绕使市场在资源配置中起决定性作用和更好发挥政府作用，全面深化农村改革，增强改革的系统性、整体性和协同性，破除束缚要素自由流动的体制性障碍。推动体制创新、科技创新、政策创新，使创新成为引领农业农村发展的第一动力。

（五）坚持统筹利用国际国内两个市场两种资源。既要立足国内，不断提高农业综合生产能力，确保谷物基本自给，口粮绝对安全，又要注重发挥比较优势，完善农业对外开放战略布局，推动互利共赢,共同发展。

三、发展目标

到2020年,现代农业建设取得明显进展,新农村建设水平显著提高,农民生活达到全面小康水平,生态环境质量总体改善,农村发展活力进一步增强。

——农产品供给保障体系更加健全有效。农业综合生产能力进一步巩固提升,谷物基本自给,口粮绝对安全,棉油糖、肉蛋奶、蔬菜和水产品自给率保持稳定,农产品质量安全得到更有效保障。农业发展方式转变取得积极进展,可持续发展水平和竞争力明显提升,对国际市场和资源的掌控能力稳步增强。

——农村经济发展更加繁荣协调。农村经济结构更加优化,现代农业产业体系基本构建,农产品加工和流通业快速发展,农业多种功能充分拓展,基本形成粮经饲统筹、农林牧渔结合、种养加一体、一二三产业融合发展的格局。农村创业就业空间更加广阔,新型城镇化对农村经济的辐射带动能力进一步增强。

——农民生活水平和质量普遍提高。农民收入持续较快增长,城乡居民收入差距继续缩小,现行标准下农村贫困人口全面脱贫。农村供水、供电、道路、通信等基础设施进一步完善,人居环境得到明显改观,农村更加美丽宜居。农村公共服务水平显著提升,逐步实现城乡基本公共服务制度并轨、标准统一。

——生态环境质量总体改善。森林覆盖率和蓄积量继续提高,草原保护建设进一步强化,自然湿地萎缩和海洋生态功能下降趋势初步遏制。重点治理区域水土流失和土地沙化、石漠化得到有效防控。耕地草原河湖休养生息制度基本建立,农业环境突出问题治理取得阶段性成效。

——农村经济体制更加成熟定型。农村集体资产所有权、农户土地承包经营权和农民财产权的保护制度更加健全,新型农业经营体系基本形成,农业支持保护力度进一步加大、效能更加优化,现代农村金融保险服务规模扩大、水平全面提升,城乡经济社会发展一体化体制机制基本建立。

专栏2 "十三五"时期农村经济发展主要指标

指标	2015年基期值	2020年目标值	年均增速	属性
农业生产				
粮食(谷物)综合生产能力(万吨)	50000	55000	[5000]	约束性
农业科技进步贡献率(%)	56	60	[4]	预期性
耕种收综合机械化率(%)	63	70	[7]	预期性
灌溉水有效利用系数(%)	0.532	>0.55	[>0.018]	预期性
农产品质量安全例行监测总体合格率(%)	97	>97	—	预期性
农村经济发展				
畜牧业产值占农林牧渔业总产值比重(%)	28	>30	[>2]	预期性
渔业产值占农林牧渔业总产值比重(%)	10	>10	—	预期性
农产品加工业与农林牧渔业总产值比	2.2	2.4	[0.2]	预期性
多种形式土地适度规模经营占比(%)	30	40	[10]	预期性

续表

指　　标	2015年基期值	2020年目标值	年均增速	属性
农村民生				
农村居民人均可支配收入(元)	11422	>15649	>6.5%	预期性
农村贫困人口脱贫(万人)	—	[5575]	—	约束性
农村自来水普及率(%)	76	80	[4]	预期性
光纤网络通达的行政村比例(%)	75	98	[23]	预期性
生活垃圾得到处理的行政村比例(%)	62	90	[28]	预期性
资源环境				
耕地保有量(亿亩)	18.65	18.65	—	约束性
森林覆盖率(%)	21.66	23.04	[1.38]	约束性
森林蓄积量(亿立方米)	151	165	[14]	约束性
草原综合植被盖度(%)	54	56	[2]	约束性
新增水土流失综合治理面积(万平方公里)	—	[27]	—	预期性

注:1. 粮食(谷物)即谷物,不包括豆类、薯类。
2. [ ]为五年累计数。

第三章　持续夯实现代农业基础　增强农产品供给保障能力

加快构建现代农业生产体系,强化现代农业发展的物质装备和技术支撑,提高土地产出率、资源利用率和农业劳动生产率,实现藏粮于地、藏粮于技,巩固和提升农业综合生产能力。

一、改善农田基础设施条件

(一)大规模推进高标准农田建设。按照集中连片、旱涝保收、稳产高产、生态友好的要求,加大投入力度,加快建设步伐,到2020年确保建成8亿亩、力争建成10亿亩高标准农田。优化建设布局,以粮食等大宗农产品主产区为重点,优先建设确保口粮安全的高标准农田。整合完善建设规划,统筹新增粮食产能、农业综合开发、土地整治、节水灌溉等农田建设资金,统一建设标准、统一监管考核、统一上图入库,确保建一片成一片。健全管护机制,明确管护主体,落实管护责任和管护经费,发挥长久效益。及时将高标准农田划为永久基本农田,实行特殊保护,确保建成后的高标准农田主要用于重要农产品特别是粮食生产。

(二)加强农田水利建设。加快大中型灌区续建配套和节水改造,开展大中型灌区现代化改造试点,完善灌排设施体系,提高输配水效率。完成列入规划大型灌排泵站更新改造任务,启动实施重点中型灌排泵站更新改造。在东北平原、长江流域及以南等水土资源条件较好的地区新建一批节水型、生态型灌区。加强中小型农田水利设施建设,打通农田水利“最后一公里”,因地制宜兴建“五小水利”工程。加快实施农村机井通电工程,到2017年底,实现平原地区机井用电全覆盖。创新小型农田水利工程建设管理模式,鼓励农民、村组集体、农民用水合作组织、新型农业经营主体等参与农田水利工程建设、管理、经营。深化小型水利工程管理体制和产权制度改革，明确工程所有权和使用权，落实管护主体、责任和经费，促进工程良性运行。

二、强化农业科技创新和技术推广

（一）加强农业科技攻关。重点围绕生物育种、农机装备、智慧农业、生态环保等领域，组织实施农业科技创新重点专项和工程，全面提高自主创新能力。加强农业转基因生物技术研发和监管。健全农业科技创新激励机制，推进科研成果使用、处置、收益管理和科技人员股权激励改革。积极培育农业高新技术企业，强化企业在技术创新和应用的主体地位，壮大农业高新技术产业。建立和完善农业科技协同创新联盟，推动产学研、农科教紧密结合，促进农业科研院所、高等学校和企业开展联合攻关。加快农业技术转移和成果转化，发展农业技术交易市场。加强农业知识产权保护，严厉打击侵权行为。

（二）推动种业科技创新。加强种质资源普查与收集，强化保护、评价和利用。全面推进良种重大科研联合攻关，加快主要粮食作物新一轮品种更新换代，培育和推广适应机械化生产、优质高产、多抗广适新品种。实施畜禽遗传改良计划和渔业种业提升行动，加快培育优异畜禽新品种，构建现代水产良种繁育体系。发展现代种业，建成一批国家级育制种基地及区域级良种繁育基地、品种测试站、种畜禽及水产良种场。深入推进种业领域科研成果权益分配改革。大力推进育繁推一体化，加快构建以企业为主体的商业化育种体系，培育具有国际竞争力的现代种业企业。

（三）增强农业技术推广能力。深化县乡镇农技推广机构管理体制改革，探索农业推广服务的多种实现形式。稳定和加强基层农技推广等公益性服务机构，进一步分离基层农技推广机构的经营性职能。鼓励农业科研院所和高等学校承担农技推广项目，集成、熟化、推广农业科技成果，引导科研教学人员深入基层开展农业技术培训和指导服务，解决农业生产一线的实际问题。推行科技特派员制度，鼓励创办领办农业科技型企业和技术合作组织。发挥农村专业技术协会在农技推广中的作用。

三、提升农业机械化和信息化水平

（一）大力推进农业机械化。推进主要粮食作物生产全程机械化，提高水稻栽植、玉米和马铃薯收获等环节机械化作业水平。突破主要经济作物生产全程机械化瓶颈，示范推广棉花机采、油菜和花生机播和机收、甘蔗机种和机收等关键环节的农机化技术。发展适合机械化作业的品种和种植模式，推广保护性耕作、秸秆还田、土地深松、精量播种、化肥深施、高效植保等技术，促进农机农艺融合。提高畜牧水产养殖业、林果蔬菜、病虫害防治、农产品初加工和农业废弃物综合利用机械化水平。发展农用航空和农田精准作业。

（二）加快农业信息化建设。深入实施“宽带中国”战略，加快信息进村入户，搭建农业信息技术服务平台，不断满足农业生产和农民生活信息需求。实施“互联网+”现代农业行动，推进现代信息技术应用于农业生产、经营、管理和服务，发展网络化、智能化、精细化的现代种养加模式。采用大数据、物联网、云计算等技术，建立数据智能化采集、处理、应用、服务、共享体系。发展智慧气象和农业遥感技术应用，建立健全农业信息监测预警体系，提高农业信息化水平。

四、提高防灾减灾能力

（一）完善防汛抗旱体系。加强江河治理骨干工程建设，加快规划内大江大河主要支流、独流入海和内陆河流治理，继续实施中小河流治理和山洪灾害防治，加强重点易涝区治理，加快实施病险水库水闸除险加固，提高抵御洪涝灾害的能力。加快抗旱水源工程建设，在中西部山丘区，以水窖、水池、塘坝等为重点，提高雨水集蓄能力。完善水文监测站网体系，加强防汛抗旱应急管理，编制完善主要江河防御洪水方案和洪水调度方案，完善防洪抗旱预案。

（二）强化气象为农服务。加强气象卫星、天气雷达、气象站等基础设施和服务体系建设，增强农业气象灾害监测预警、预报服务、应对准备、应急处置能力，提高预报准确度，提升预警信息发布时效性。推进人工影响天气工程建设，开展常态化人工增雨（雪）和防雹作业，科学开发利用空中云水资源。推进气象、海洋和水文信息共建共享，建立联动响应和合作机制。加强农村气象信息服务站建设，扩展气象为农服务领域。

（三）加强动植物疫病和灾害防控。加强植物病虫害防治和动物疫病防控能力建设，推进农作物病虫害联防联控、统防统治和绿色防控。加强动物疫病区域化管理，推进无规定动物疫病区和生物安全隔离区建设，完善重大动物疫病强制免疫和扑杀补偿政策，积极推进病死畜禽无害化处理。加强和规范兽药使用管理，提高兽医工作服务水平。强化边境、口岸及主要物流通道检验检疫能力，严防外来有害物种和疫病入侵。加强草原灾害监测和防灾设施建设，完善饲草料储备制度，提高牧区防灾减灾能力。

专栏3　农业现代化重大工程

（一）高标准农田建设

大规模改造中低产田，更新提质现有高产田，开展农田灌排设施、机耕道路、农田林网、输配电设施和土壤改良等田间工程建设。

（二）农田水利建设

完善灌区骨干工程体系，完成列入规划的434处大型灌区和重点中型灌区续建配套和节水改造任务、251处大型灌排泵站的更新改造任务，启动重点中型灌排泵站更新改造。加强小型农田水利设施建设，因地制宜实施田间配套、“五小水利”、河塘清淤整治等工程。

（三）现代种业

建设国家种质资源收集保存和研究体系。重点加强杂种优势利用、分子设计育种、细胞工程与染色体工程、高效制繁种、种子精深加工等关键技术研发。加强种子质量检测等能力建设。建设海南、甘肃、四川等国家级育制种基地和100个区域性良种繁育基地。

（四）农业机械化

突破水稻机插、油菜机播机收、棉花及甘蔗机收等瓶颈，推广大马力、高性能农机和轻便、耐用、低耗中小型耕种收及植保机械，建设500个全程机械化示范县。推广烘干机械。

（五）智慧农业

实施“互联网+”现代农业，对大田种植、畜禽养殖、渔业生产、林果生产等进行物联网改造，支持电商、物流、商贸、金融等企业参与涉农电子商务平台建设，建立农业信息监测分析预警体系。加强设施农业、设施渔业建设。

（六）动植物疫病和灾害防控体系建设

加强动植物疫病虫害监测防控体系建设，建设草原火灾、雪灾和生物灾害防护设施，改善渔船防灾避灾设施设备，提高灾害监测预警、应急处置和有效防治能力。

第四章　加快转变农业发展方式　提高农业质量效益和竞争力

加快构建现代农业产业体系，推动粮经饲统筹、农林牧渔结合、种养加一体化发展，促进农业资源永续利用,走产出高效、产品安全、资源节约、环境友好的农业现代化道路。

一、优化农业生产结构和区域布局

(一)促进粮经饲三元种植结构协调发展。巩固北方粳稻和南方双季稻生产,扩大优质稻种植面积。稳定冬小麦,恢复春小麦,扩大优质专用小麦生产。优化玉米结构,调减籽粒玉米,扩大青贮玉米,适当发展鲜食玉米,巩固提升玉米优势区,调减"镰刀弯"地区玉米种植面积5000万亩以上。恢复和增加大豆生产面积,发展高蛋白食用大豆,保持东北优势产区大豆生产能力,扩大粮豆轮作范围,力争大豆种植面积达到1.4亿亩。积极发展杂粮、薯类生产,推进马铃薯主食化开发。确保粮食播种面积稳定在16.5亿亩左右,其中谷物面积14亿亩,口粮品种面积稳定在8亿亩。支持棉花、油料、糖料优势产区建设规模化、标准化生产基地,有序消化棉花、食糖库存,合理确定自给水平。发展北方城市冬季设施蔬菜,巩固提升南菜北运、西菜东调淡季瓜菜生产能力。稳定橡胶种植,提高天然橡胶生产能力。发展苜蓿等优质牧草种植,建设现代饲草料产业体系。

(二)提升畜牧业和渔业发展水平。提高畜牧业集约化、机械化、自动化水平,推动适宜地区发展标准化规模养殖,加快建设现代畜牧业。完善农牧结合的养殖模式,稳定生猪生产,加快发展草食畜牧业,扩大优质牛羊肉生产。加强奶源基地建设,推进品种改良,进一步提升乳制品质量,提高市场占有率。稳定发展禽肉、禽蛋生产。优化渔业产业结构,发展水产健康生态养殖。大力发展远洋渔业,提高远洋渔业设施装备水平,推进海外渔业综合服务基地建设,加强渔港建设。

(三)优化农产品生产区域布局。以资源环境承载能力为基础,充分发挥各地比较优势,因地制宜发展适宜性农业,提高农业发展与资源环境的匹配度,构建科学合理、专业化的区域生产格局。划定粮食生产功能区和重要农产品保护区,落实到具体地块,建档立册,上图入库。加强粮食等大宗农产品主产区建设,形成布局合理、数量充足、设施完善、产能提升、管护到位、生产现代化的粮食等重要农产品核心产区和供给基地。继续实施全国新增1000亿斤粮食生产能力规划,提升800个产粮大县粮食生产能力,扩大东北大豆种植,巩固新疆棉花、广西和云南甘蔗、长江流域油料等生产能力,支持中西部地区因地制宜发展特色经济作物、山地牧业、木本油料、林果业、食用菌、中医药、林下经济等。按照环境容量和粪污消纳能力,优化畜牧业养殖布局,合理控制南方水网密集地区生猪养殖,促进草原牧区草畜平衡,发展南方草山草坡特色养殖。科学规划渔业发展空间,调减内陆和近海,开拓外海,发展远洋。

二、发展资源节约和环境友好型农业

(一)切实保护耕地资源。实行最严格的耕地保护制度,严守耕地红线,确保耕地保有量不低于18.65亿亩。完成永久基本农田划定,优先将城镇周边和交通沿线的优质耕地、已建成的高标准农田划为永久基本农田,确保基本农田保护面积不低于15.46亿亩,并实现全面落地到户、上图入库。坚持耕地占补平衡数量与质量并重,全面推进建设占用耕地耕作层土壤剥离再利用。采取深耕深松、保护性耕作、秸秆还田、种植绿肥、增施有机肥等土壤改良方式,增加土壤有机质,提升土壤肥力,全国耕地质量平均提高0.5个等级(别)以上。加强农业环境突出问题治理。加大东北黑土地保护力度,减缓黑土层流失。防治耕地重金属污染和有机污染,实施农用地分类管理。推进受污染耕地安全利用。在重金属污染区、地下水漏斗区、生态严重退化地区,开展耕地轮作休耕制度试点。推进用地养地相结合,逐步建立合理的耕地轮作体系和休耕制度。

（二）发展高效节水农业。加快实施田间高效节水灌溉工程，推进工程节水，推广品种节水、农艺节水、管理节水等技术，发展水肥一体化。发展雨养农业，在半干旱、半湿润偏旱区建设农田集雨等设施，推广地膜覆盖，扩大优质耐旱品种面积，严格限制高耗水农作物种植。稳步推进农业水价综合改革，建立健全合理反映供水成本、有利于节水和农田水利体制机制创新、与投融资体制相适应的农业水价形成机制。完善农业水权制度，构建交易平台，加快建立可持续的农业用水精准补贴和节水奖励机制，保障农民在水权转让中的合法权益。发展高效节水灌溉面积1亿亩，农田灌溉水有效利用系数达到0.55以上。

（三）全面加强农业面源污染防控。改进施肥结构和施肥方式，普及测土配方施肥，大力推动使用缓释、水溶、有机、生物肥料，提高化肥利用效率，实现主要农作物化肥用量零增长。妥善解决镉、汞、砷、铬等重金属及抗生素、激素残留问题。推广高效低毒低残留农药、生物农药和先进施药机械，提高科学用药和绿色防控水平，实现农药使用总量零增长。综合治理地膜污染，推进地膜和农药包装废弃物回收利用。综合治理畜禽养殖污染，完善废弃物收集和处理设施，大力推进畜禽粪污资源化利用，努力实现生态消纳或达标排放，推行病死畜禽无害化处理。推动秸秆收储运输市场化运作和秸秆肥料化、饲料化、基料化、燃料化、原料化应用。

三、健全农产品质量安全保障体系

（一）全面推行农业标准化生产。加快完善农兽药残留限量、产地环境质量、投入品安全使用、种养殖规范、产品分等分级、包装标识等生产规范和标准体系，到2020年基本实现农兽药残留标准与国际食品法典同步。开展标准化生产创建活动，创建一批果菜茶标准园、畜禽标准化示范场、水产健康养殖场。落实生产者责任，努力实现农产品生产设施、过程和产品标准化，加强农产品冷链物流体系建设。大力发展无公害农产品、绿色农产品、有机农产品和地理标志农产品，打造一批知名公共品牌、产品品牌、企业品牌，以品牌化带动标准化、推进产业化。

（二）强化农产品质量安全监管。全面建成农产品质量安全检验检测体系，构建全程覆盖、运转高效的农产品质量安全监管格局，建立健全农产品质量安全追溯体系以及产地准出、市场准入和风险评估制度。加强产地安全监测管理，严格管控农业投入品。在农产品收购、储存、运输环节，推进产地准出和市场准入管理，建立健全进货查验、质量追溯和召回等制度。建立全程可追溯、互联共享的农产品安全追溯管理信息平台，健全风险监测评估和检验检测体系。以优质农产品品牌为引领，强化农产品生产、加工、流通企业诚信意识和安全责任，建立更为严格的监管责任制和责任追究制度，严厉打击农产品质量安全违法行为。

四、统筹利用国际国内两个市场两种资源

（一）完善农业对外合作格局。统筹考虑全球农业资源条件、农产品供求格局和投资环境等因素，优化农业对外合作区域布局，深化与周边及非洲、拉美、中东欧等区域的农业合作，加强与北美、西欧、大洋洲等区域的农业合作，着力抓好与“一带一路”沿线国家和地区的农业合作。支持边境地区建设绿色有机果蔬生产出口基地。加强与相关国际组织的合作与对话，积极参与国际规则和标准制定。加强农业科技和人才的国际合作与交流。

（二）健全农产品贸易调控机制。加强对国际农产品市场信息收集、监测和分析，建立健全农业对外开放信息发布制度和预警机制。适度进口国内紧缺农产品，把握好农产品进口的规模、节奏

和时机。优化重要农产品进口全球布局，推进重要农产品进口来源多元化，建立长期稳定的进口渠道。建立健全产业损害风险监测评估、产业安全保障、贸易救济和产业损害补偿机制。加强农产品进出口检验检疫和监管，打击农产品走私。

(三)积极推动农业走出去。充分发挥农业产业化龙头企业、农垦企业的优势，培育一批具有国际竞争力和品牌知名度的跨国粮商、流通商和农业企业集团。支持企业在境外建设农产品生产、加工、储运基地，打造全球农业全产业链。加强与国际农业企业的联合，促进农机装备、农兽药、化肥等领域的产能合作。择优扶持条件成熟、示范带动作用强的境外农业合作园区。发展跨境农业电子商务，打造优势农产品出口交易平台，巩固果蔬、茶叶、水产等传统出口优势，扩大特色和高附加值农产品出口。

(四)提高农业利用外资质量。优化农业领域外商投资环境，引导外资重点投向畜禽和水产品加工、农机装备制造、农业生态环境保护等领域。健全外资准入和安全管理制度，逐步推行"准入前国民待遇+负面清单"管理模式。争取和用好国际金融组织优惠贷款赠款和政府间合作项目支持，围绕我国农业重大发展战略和重大工程项目，重点投向中西部、东北等老工业基地和革命老区。

专栏4　农业可持续发展重大工程

(一)养殖场标准化改造

推进畜禽规模养殖场(小区)和水产养殖场进行标准化改造，改善养殖条件，发展健康生态养殖。

(二)耕地保护与质量提升

因地制宜采取"养、退、休、轮、调"综合措施，推进工程、农艺、农机措施相结合，将水土流失严重的坡耕地、严重沙化耕地和重金属污染严重的耕地及时退出耕种，对土壤污染严重、生态环境脆弱、自然资源匮乏等不宜连续耕种的农田实行定期休耕。逐步建立科学合理的粮豆轮作、粮经轮作、粮饲轮作等耕地轮作制度。

(三)区域规模化高效节水灌溉

发展低压管道输水灌溉、喷灌和微灌，突出抓好粮食主产区、生态环境脆弱区、水资源开发过度区等重点地区高效节水灌溉工程建设。

(四)化肥农药使用量零增长行动

推广精准施肥施药技术和高效施肥施药机械，推广有机肥替代化肥、高效低毒低残留及生物农药替代高毒高残留农药等技术，推进测土配方施肥和病虫害统防统治，种植绿肥，提高化肥、农药利用率。

(五)农业废弃物资源化利用

在规模化养殖重点区域和种植业优势产区，支持畜禽粪污和秸秆收集、储存、转运、处理以及综合利用等设施设备建设，加快建设大型农村沼气工程，生产沼渣沼液等高效有机肥。在农膜覆盖量大和农药使用量大的地区，建设废旧地膜、农药包装废弃物回收、处理和再利用设施和网点。

(六)农产品质量安全

发展无公害农产品、绿色食品、有机农产品和地理标志农产品。加强疫病虫害监测预警和绿色防控，建立农产品质量安全监管追溯信息系统，实现各类追溯平台互联互通和监管信息共享。实施兽用抗菌药治理行动，农兽药残留量指标基本与国际食品法典标准接轨。

第五章　深入推进农村产业融合发展　促进农民收入持续较快增长

深度挖掘农业多种功能，加快构建现代农业经营体系，完善农民创业就业环境，培育壮大农村新产业新业态新模式，推动一二三产业融合发展，多渠道促进农民增收。

一、推进农业与二三产业交叉融合

（一）促进农产品加工业转型升级。继续实施农产品产地初加工补助政策，引导农产品加工企业向产区延伸，建设一批布局合理、优质稳定的规模化、标准化的农产品加工原料生产基地，降低农产品产后损失，提高商品化率和入市品级。支持粮食主产区发展粮食深加工，实施主食加工提升行动，提高经济作物和菜篮子产品精深加工水平。扎实推动农产品及加工副产物综合利用。发展一批集高效设施农业、农产品加工服务业、农业科技示范、农业休闲观光于一体的各类现代农业示范园区和加工园区，强化区内基础设施和公共平台建设，引导企业向园区集聚。

（二）加强农产品市场体系建设。优化农产品市场结构和布局，创新农产品流通方式。完善农产品市场骨干网络，推动农产品批发市场或物流中心升级改造，加快打造一批具有国内外影响力的农产品集散中心、物流加工配送中心和国际农产品展销中心，发挥价格形成中心的作用。积极发展便民菜店、社区直通车等多元零售业态，推动公益性农产品市场建设。完善农产品期货市场。加强粮食等重要农产品仓储物流设施建设，健全跨区域农产品冷链物流体系。完善农村电子商务服务体系，形成线上线下融合、农产品进城和农资、消费品下乡的双向流通格局。大力推进产销对接，减少流通环节，降低农产品物流成本。

（三）开发农业多种功能。依托农村绿水青山、田园风光、乡土文化等资源，大力发展都市农业、休闲农业和乡村旅游，因地制宜发展庭院经济，围绕特色产业打造一村一品、一村一景、一村一韵的美丽村庄，有序发展以农业和森林为主题的公园。加强农村文化遗迹和传统村落、传统民居和历史文化名村名镇保护，积极发掘、保护、延续和推广农耕文化、乡土民俗文化。利用现有资源建设农业教育和社会实践基地，引导学生和社会公众参与农业科普和农事体验。推动科技、人文等元素融入农业，发展农田艺术景观、阳台农艺、农事节庆活动等创意农业。鼓励发展工厂化、立体化高科技农业，以及定制农业、会展农业、农业众筹等新型业态。

（四）促进农民共享产业融合增值收益。打造农村产业融合利益共同体，让更多农民分享农业产业链延长和价值链提升带来的红利。创新发展订单农业，引导龙头企业与农户、家庭农场、种养大户、农民合作社签订长期稳定的农产品购销合同，提供贷款担保、技术培训等服务，资助订单农户参加农业保险。鼓励大型粮油加工企业与种粮农户以供应链融资方式结成更紧密的利益共同体。鼓励发展股份合作，引导农户自愿以土地经营权等入股龙头企业和农民合作社。探索建立以农户承包土地经营权入股合作社和企业的利润分配机制，切实保障土地经营权入股部分的收益。实行国家相关扶持政策与农民分享产业融合增值收益相挂钩，强化联农带农激励机制。实施农村产业融合发展试点示范工程。

二、加快构建新型农业经营体系

（一）加快培育新型农业经营主体。扶持发展种养大户和规模适度的家庭农场，提升农户家庭经营能力和水平。深入推进示范社建设，引导和促进农民合作社规范发展。培育壮大农业产业化龙头企业，增强企业辐射带动能力，探索组建现代农业产业化联合体。鼓励和支持工商资本发展适合企业化经营的现代种养业、农产品加工流通和农业社会化服务，健全工商资本租赁农地的监管和风险防范机制。加快建立教育培训、规范管理和政策扶持“三位一体”的新型职业农民培育体系，引导各类科技人员、大中专毕业生、返乡农民工等加入职业农民队伍，造就高素质的新型农业生产经营者。进一步推进农垦改革发展，加快农垦规模化农业经营发展步伐，把农垦建成现代农业的示范带动力量。

（二）发展多种形式适度规模经营。稳定并完善农村基本经营制度，以家庭承包经营为基础，推进家庭经营、集体经营、合作经营、企业经营等多种经营方式共同发展。按照依法自愿有偿的原则，引导农民以转包、出租、互换、转让等形式流转承包土地经营权，以及通过代耕代种、联耕联种、土地托管、股份合作等方式，推动实现多种形式的适度规模经营。支持承包农户将土地经营权入股发展农业产业化经营，倡导租金保底加利润分红相结合的收益分配机制。加强经营方向的引导和监管，坚持以粮食为主，防止耕地流转后大面积“非粮化”。加强土地用途管制，严禁耕地“非农化”。

（三）完善农业社会化服务体系。健全覆盖全程、综合配套、便捷高效的农业社会化服务体系，重点支持为农户提供代耕代收、统防统治、烘干储藏等服务，发挥对农业生产经营的支撑作用。支持多种类型的新型农业服务主体开展专业化规模化服务。实施农业社会化服务支撑工程，扩大政府购买农业公益性服务机制创新试点。通过政府购买、资助、奖励等方式，支持科研机构、行业协会、龙头企业和具有资质的经营性服务组织从事农业公益性服务。大力培育主体多元、形式多样、竞争充分的农业经营性服务组织，创新服务模式，鼓励开展农业生产全程社会化服务。推动供销合作社由流通服务向全程农业社会化服务延伸、向全方位城乡社区服务拓展，把供销合作社打造成为与农民利益联结更紧密、服务功能更完备、市场化运作更高效的合作经济组织体系。

三、促进农民就业创业

（一）建立多层次多样化的农民工返乡创业格局。通过引导产业转移、加强对口帮扶与合作等多种方式，带动农民工返乡创业。鼓励输入地在产业升级过程中对口帮扶输出地建设承接产业园区，引导劳动密集型产业转移，大力发展相关配套产业，带动农民工等人员返乡创业。实施返乡创业培训五年行动计划，健全返乡创业服务体系，支持返乡创业园、返乡创业孵化基地、信息服务平台和实训基地建设。鼓励积累了一定资金、技术和管理经验的农民工，抓住机遇创业兴业，把小门面、小作坊升级为特色店、连锁店、品牌店，把适合的产业转移到家乡再创业、再发展。引导和鼓励电子商务交易平台渠道下沉，带动农民工等人员借力“互联网+”信息技术发展现代商业，对少数民族传统手工艺品、绿色农产品等输出地特色产品进行挖掘和升级，促进品牌化经营。加大对农村灵活就业的扶持，支持种养大户、家庭农场、农民合作社等通过“接二连三”实现产业融合。鼓励返乡人员共创农民合作社、家庭农场、农业产业化龙头企业、林场等新型农业经营主体，发展规模种养、农产品加工、农村服务业以及农技推广、林下经济、贸易营销、农资配送、信息咨询等产业。

（二）完善农民就业创业服务体系。进一步强化县乡基层就业和社会保障服务平台、中小企业公共服务平台、农村基层综合公共服务平台、农村社区公共服务综合信息平台的建设。支持乡镇政府、农村集体经济组织与社会资本合作共建智能电商物流仓储基地，健全县、乡、村三级农村物流基础设施网络，畅通农产品进城与工业品下乡的双向流通渠道。依托现有各类合规开发园区、农业产业园，盘活闲置厂房等存量资源，支持和引导地方整合发展一批返乡创业孵化基地，引导早中期创业企业集群发展。加大对农民就业创业培训的支持力度，建设一批农民就业创业实训基地，大力促进新生代农民工职业技能提升。鼓励发展各类就业创业服务机构，为农民就业创业提供咨询指导、项目推介、职业介绍等服务。指导和督促用人单位与农民工依法签订并履行劳动合同，规范农民工劳动用工管理。保障农民工劳动报酬权益，依法将与用人单位建立稳定劳动关系的农民工纳入城镇职工基本养老保险、基本医疗保险和工伤保险，积极推动用人单位为农民工办理失业保险。改善农民工劳动条件，保障安全生产，加强职业病防治和农民工健康服务。及时将返乡创业农民工等人员纳入到社保、住房、教育、医疗等公共服务范围。

四、深入开展精准扶贫

实施精准扶贫、精准脱贫，因人因地施策，提高扶贫实效。对有劳动能力的支持发展特色产业和转移就业，对“一方水土养不起一方人”地区建档立卡贫困人口实施易地扶贫搬迁，对生态特别重要和脆弱的实行生态保护扶贫，对丧失劳动能力且无法依靠产业扶持和就业帮助脱贫的实施兜底性保障政策，对因病致贫的提供医疗救助，提高扶贫实效。

促进贫困地区特色产业发展，鼓励贫困村、贫困户发展特色农产品及其加工业，因地制宜发展振兴传统工艺，深入实施乡村旅游扶贫工程，合理有序开发优势能源矿产资源，因地制宜发展光伏产业。实施贫困村“一村一品”产业推进行动。强化贫困地区农民合作社、龙头企业与建档立卡贫困户的利益联结机制。加大对贫困地区农产品品牌推介营销支持力度。积极组织有劳动能力的贫困群众就地转为森林、草原管护人员。针对生态敏感和脆弱地区（流域）的人口，采取加大生态补偿力度、实施生态保护修复工程等措施，提高收入水平，创造更多就业岗位。在贫困地区组织开展水电、矿产资源开发资产收益扶贫改革试点，对开发水电、矿产资源占用集体土地的，试行给原住居民集体股权方式进行补偿，探索对贫困人口实行资产收益扶持制度。推动金融扶贫，发行政策性金融债券和专项债券筹集资金，设立扶贫再贷款，引导金融机构重点支持贫困地区发展特色产业和贫困人口就业创业。面向建档立卡贫困户，发展财政贴息、免抵押免担保的扶贫小额信贷。

扩大贫困地区基础设施覆盖面，因地制宜解决通路、通水、通电、通网络等问题。全面完成建档立卡贫困户危房改造任务，确保贫困户住房安全有保障。加大贫困村基本人居卫生条件改善力度，消除威胁农民群众健康安全的人居卫生安全隐患。提高贫困地区基础教育质量和医疗服务水平，推进贫困地区基本公共服务均等化。改进水库移民后期扶持工作，在准确甄别水库移民中的贫困人口并建档立卡的基础上，整合后期扶持、扶贫开发等多个渠道资金，因村施策，因户施策，加大对贫困移民扶持力度。

专栏5　农民增收重大工程

（一）农村一二三产业融合发展

实施“百县千乡万村”农村一二三产业融合发展试点示范工程，形成一批可复制推广的融合发展模式和业态，打造一批农村产业融合领军型企业，培育一批产业融合先导区。

（二）农民工返乡创业园建设

依托输出地市、县现有开发区和农业产业园等各类园区、闲置土地、厂房、校舍、批发市场、楼宇、商业街和科研培训设施，整合发展一批农民工返乡创业园。

（三）基层创业服务能力提升行动

建设县、乡基层就业和社会保障服务设施，基本实现主要输出地县级服务设施全覆盖。依托基层就业和社会保障服务平台，整合各职能部门涉及返乡创业的服务职能，建立融资、融智、融商一体化创业服务中心。

（四）发展林业特色产业

建设油茶、核桃、枣、板栗等木本油料和木本粮食林基地，推进加工产业发展。大力发展林下经济，推进林菌、林药、林禽、林畜等林地立体复合经营。发展优质、高产、高效竹业，提高竹产业集约化经营水平。大力发展森林旅游，构建以森林公园为主体，湿地公园、自然保护区、沙漠公园、森林人家等相结合的森林旅游休闲体系，大力发展森林康养和养老产业。

续表

（五）脱贫攻坚 支持贫困村、贫困户发展种养业和传统手工业，实施贫困村“一村一品”产业推动行动和“互联网+”产业扶贫。实施职业技能提升计划和贫困户教育培训工程，确保贫困家庭劳动力至少掌握一门致富技能。实施劳务对接工程，引导青壮年劳动力输出。实施易地扶贫搬迁，做好安置住房和配套基础设施建设，提高建档立卡搬迁人口自我发展能力，实现有业可就、稳定脱贫。

第六章　努力建设美丽宜居乡村推动城乡协调发展

强化规划引领，完善农村基础设施，提升农村基本公共服务水平，改善农村人居环境，加快形成政府主导、多元参与、城乡一体的基础设施和基本公共服务体系。

一、加强农村基础设施建设

实施农村饮水安全巩固提升工程，综合采取改造、配套、升级、联网等方式，进一步提高城镇供水设施覆盖行政村比率、农村集中供水率、自来水普及率、供水保证率、水质达标率，加强农村饮用水水源保护和水质检测能力建设。实施新一轮农村电网改造升级工程，建设结构合理、技术先进、安全可靠、智能高效的现代农村电网，提升供电能力和服务水平，促进全国农村地区基本实现稳定可靠的供电服务全覆盖。积极发展农村清洁可再生能源，加大生物天然气工程和大型农村沼气工程建设力度，在偏远贫困地区有序推进绿色小水电建设，因地制宜发展太阳能、小型风能、省柴节煤炉灶炕，满足农村多能互补、经济便利的用能需要。加快实现所有具备条件的乡镇和建制村通硬化路、通班车，推动一定人口规模的自然村通公路，创造条件推进城乡交通一体化。基本完成现有农村危房改造任务，继续结合农村危房改造推进建筑节能，优先完成建档立卡贫困户危房改造，统筹搞好农房抗震改造，切实保障贫困户住房安全。加强农村信息基础设施建设，推进宽带网络广泛覆盖。支持电信企业加大互联网和移动互联网建设投入，改善县乡互联网服务，建设高速畅通、覆盖城乡、质优价廉、服务便捷的宽带网络基础设施和服务体系。继续深化和扩大电子商务进农村综合示范县工作，推动信息入户。提升农村广播电视覆盖能力和服务能力，加快推进广播电视村村通向户户通升级。创新农村基础设施投融资体制机制，探索并推行农村小型公共基础设施村民自选、自建、自管和政府监管服务相结合的民主管理新机制，建立农村基础设施管护长效机制。

二、提升农村公共服务水平

把社会事业发展的重点放在农村和接纳农业转移人口较多的城镇，加快推动城镇公共服务向农村延伸。全面改善农村义务教育薄弱学校基本办学条件，加快发展农村学前教育，完善农村学前教育服务网络。推进中等职业教育和职业技能培训全覆盖，逐步分类推进中等职业教育免除学杂费。推进基础教育数字教育资源开发与应用，扩大农村地区优质教育资源覆盖面，提高农村学校教学质量。整合城乡居民基本医疗保险制度，健全全民医保体系。全面开展城乡居民大病保险，加快推进基本医保异地就医结算。加强农村基层基本医疗、公共卫生能力和乡村医生队伍建设，发展惠及农村的远程会诊系统。拓展重大文化惠民项目服务“三农”内容，丰富农村公共文化产品和服务供给。建立健全临时救助制度，巩固完善城乡居民基本养老保险制度，逐步提高服务能力和保障水平。建立健全农村留守儿童、妇女和老人关爱服务体系。加强农村敬老院建设和改造，推进农村幸福院建设，深入推进农村社区建设试点工作，健全农村社区服务设施和服务体系，整合利用现有资源，推进农村基层综合性公共服务设施建设。

三、推进农村人居环境整治

科学编制县域乡村建设规划，探索建立驻村规划师制度，因地制宜制定村庄规划，明确农村人居环境整治的重点和时序，保持村庄整体风貌与自然环境相协调。继续实行“以奖促治”政策，推进农村环境综合整治。推行县域统一规划、统一建设、统一运行、统一管理的城乡污水垃圾治理，实现90%的行政村生活垃圾得到治理。采取城镇管网延伸、集中处理和分散处理等多种形式，加快农村生活污水处理。普遍建立村庄保洁制度，深入开展城乡环境卫生整洁行动。加快推进生态清洁小流域建设，积极推进农村河道综合治理，推行“河长制”等管理机制，改善农村河流生态。推动农村家庭改厕，全面完成无害化卫生厕所改造任务。强化农村工业企业污染和固体废物排放监管，禁止工业和城市污染向农村扩散。开展农村环境保护体制机制综合改革与创新试点，鼓励社会资本参与农村环境综合整治。

四、加强城乡一体化管理

加强城乡规划、产业布局、基础设施建设、公共服务一体化管理。以主体功能区规划为基础，统筹土地、城乡、生态环境等空间性规划，合理安排市县域城镇生产生活、农业生产生活、生态保护等空间布局。统筹城乡产业发展，引导城市资金、技术、人才、管理等生产要素向农村流动。统筹城乡基础设施建设和公共服务，促进城乡基础设施互联互通、共建共享。坚持走中国特色新型城镇化道路，加快发展中小城市，有重点、有特色地发展小城镇，积极培育一批特色鲜明、产业发展、绿色生态、美丽宜居的特色小镇。有序推进城乡结合部综合整治，促进大中小城市和小城镇协调发展。推进户籍制度改革，促进有能力在城镇稳定就业和生活的1亿农业转移人口进城落户定居，引导1亿人在中西部地区就近城镇化。全面实施居住证制度，建立健全与居住年限等条件相挂钩的基本公共服务提供机制。落实和完善农民工随迁子女相关政策，将符合条件的农民工纳入城镇社会保障和城镇住房保障实施范围。健全财政转移支付同农业转移人口市民化挂钩机制，建立城镇建设用地增加规模同吸纳农业转移人口落户数量挂钩机制，建立财政性建设资金对城市基础设施补贴数额与城市吸纳农业转移人口落户数量挂钩机制。维护进城落户农民土地承包权、宅基地使用权、集体收益分配权，支持引导依法自愿有偿转让。

专栏6 美丽宜居乡村建设重大工程

（一）农村饮水安全巩固提升工程

在距离城镇供水管网较近的农村，通过扩容改造和管网延伸，改善农村供水条件。对部分规模较小、设施简陋的单村供水工程进行配套改造，推进联村并网集中供水。对人口相对分散区域，进行小型和分散式供水工程标准化建设。对易地扶贫搬迁农村安置点，新建或改善供水设施。完善净水工艺、配备消毒和水质检测设备。

续表

（二）新一轮农村电网升级改造工程 加快新型小城镇、中心村电网、易地扶贫搬迁农村安置点和农业生产供电设施改造升级，稳步推进农村电网投资多元化，推进东中部地区城乡供电服务均等化，解决西部地区和贫困地区电压不达标、架构不合理、不通动力电等问题，加快藏区和新疆农村电网建设攻坚。 （三）农村清洁可再生能源工程 支持建设生物天然气工程和大型农村沼气工程，向小城镇和新农村社区集中供应高品质生物质清洁燃气，开展多余燃气高值高效利用。因地制宜发展太阳能、小型风能、农村绿色小水电、省柴节煤炉灶炕。 （四）农村公路畅通工程 全面推进通建制村硬化路建设，加强农村公路安全生命防护工程建设和危桥改造。推进较多人口聚居的易地扶贫搬迁安置点通硬化路建设。加强旅游路、资源路、产业园区路和新型村镇出口路等县乡公路改造。 （五）农村危房改造及农房抗震安居工程 改造农村危房1600万户左右，基本完成存量危房改造任务，统筹开展农房抗震改造。 （六）农村污水垃圾治理工程 建设农村地区污水垃圾收集处理利用设施。推行垃圾源头分类、就地减量、资源化利用。实行农村生活垃圾"户分类、村收集、镇转运、县处理"。将城镇周边村庄纳入城镇污水管网处理，在离城镇较远且人口居住较集中的村庄建设村级污水集中处理设施，在人口分散的村庄建设户用污水处理设施。 （七）宽带乡村工程 较发达地区推进光纤到行政村、宽带到自然村，欠发达地区重点解决行政村宽带覆盖。边远地区、山区以及海岛等推广应用移动、卫星等无线宽带技术。新规划建设的成片新农村、农牧民安居工程，推进光纤到楼和光纤到户建设。到2020年，实现约5万个未通宽带行政村通宽带、3000多万农村家庭宽带升级，使宽带覆盖98%的行政村，并逐步实现无线宽带覆盖。

第七章　有效保护自然生态系统
构建生态安全屏障

牢固树立尊重自然、顺应自然、保护自然的生态文明理念，着力发挥生态系统自我修复能力，加强重点区域山水林田湖综合治理，构建生态安全屏障，努力从源头上扭转生态环境恶化趋势，防范生态风险，增强生态承载力。

一、落实生态空间用途管制

（一）划定并严守生态保护红线。发挥主体功能区作为国土空间开发保护基础制度的作用，全面落实主体功能区规划，划定生态保护红线。落实目标考核责任制，严格征占用管理，将生态保护红线落到实处。努力从源头上扭转生态环境恶化趋势，为构建绿色生态屏障、确保国土生态安全提供支撑，为实现经济社会全面协调可持续发展提供生态保障。

（二）健全资源环境有偿使用制度和生态补偿机制。建立覆盖森林、草原、湿地、荒漠、海洋、水流、耕地等重点领域和禁止开发区域、重点生态功能区等重要区域的生态保护补偿机制。推进耕地、河湖、草原休养生息，完善以政府购买服务为主的公益林管护机制，扩大退牧还草工程实施范围，提高补助标准，稳步推进退耕还湿、沙化土地封禁保护试点，完善捕捞渔民转产转业补助政策，提高转产转业补助标准。在江河源头区、集中式饮用水水源地、重要河流敏感河段和水生态修复治理区、水产种质资源保护区、水土流失重点预防区和重点治理区，全面开展生态保护补偿，提高补偿标准。完善耕地保护补偿制度，对在地下水漏斗区、重金属污染区、生态严重退化地区实施耕地轮作休耕的农民给予资金补助。

二、推进自然生态系统保护和修复

（一）开展大规模国土绿化行动。加强重点防护林体系等林业重点工程建设，推动重要江河源头区和重要区域水源涵养林建设，开展退化防护林修复，加强森林抚育和低产低效林改造。在25度以上坡耕地、严重沙化耕地和重要水源地15—25度坡耕地开展新一轮退耕还林还草。完善天然林保护制度，全面停止天然林商业性采伐。发挥国有林区、国有林场在绿化国土中的带动作用。严禁移植天然大树进城。

（二）强化水资源管理与保护。严格落实水资源开发利用总量、用水效率和水功能区限制纳污总量“三条红线”，实行水资源消耗总量和强度双控行动，以水定产、以水定城，大力建设节水型社会。严格地下水年度用水计划管理，核定并公布地下水禁采和限采范围，实施地下水开采总量和水位双控制。加强水功能区监督管理。建立健全水权制度，积极培育水市场，充分运用市场机制合理配置水资源。严格河湖生态空间管控，加强对水源涵养区、蓄洪滞涝区、滨河滨湖带等水生态空间的保护，严禁围湖造地、围垦河道。科学确定和维持河湖生态流量和生态水位，将生态用水纳入流域水资源管理的重要内容。依法划定饮用水水源保护区，加强对周边排污口的清理和整治。

（三）进一步强化草原保护建设。依法推进基本草原划定，建立草原休养生息制度，严格执行禁牧休牧和草畜平衡制度。加大天然草原退牧还草力度，启动已垦撂荒草原治理，继续加强“三化”草原治理、草原鼠虫害治理和草原防火，推进南方重点地区草地保护建设。

（四）推动河湖、湿地生态系统恢复与治理。加强重要河湖、国际重要湿地、国家级湿地自然保护区、国家重要湿地、国家湿地公园保护与恢复，有计划推进退耕还湿、退田还湖、退养还滩。通过合理调整区域水土资源开发规模、生态补水、湿地植被恢复、有害生物防控等措施，开展重要河湖、湿地综合治理，保障重要河湖和湿地生态用水。

（五）强化海洋生态修复。严格执行自然岸线控制指标制度，加强岸线整治修复。严格执行围填海管理制度，严控围填海造地规模。开展蓝色海湾整治行动，加强海洋保护区建设，推进海岸带、近岸海域、典型海岛、重要河口和海湾区域红树林、珊瑚礁等受损典型海洋生态系统修复。

（六）加大水生生物资源养护力度。建设一批水生生物保护区和水产种质资源保护区，实施水生生物湿地、重要鱼类栖息地及渔业经济物种保护。完善海洋渔业资源总量管理制度，发展人工鱼礁和海洋牧场，严格控制近海捕捞强度。扩大水生生物资源增殖放流规模，加大伏季休渔禁渔力度，研究适当延长休渔期，严厉打击非法捕鱼，促进渔业资源永续利用。

（七）加强生物多样性保护。强化自然保护区建设与管理，探索建立以自然生态资源保护为核心的国家公园体制。加强已建自然保护区整合，建立生态廊道，增强自然保护区间的联通性。加强极小种群、极度濒危物种和大熊猫、亚洲象、虎、豹等重要野生动植物生境和栖息地保护和恢复，以及林木种质资源保护，实施濒危野生动植物抢救性保护和修复，建设救护繁育中心和基因库。加强涉及自然保护区开发建设项目管理，强化监督检查。充分发挥自然保护区的生态环境保护宣传教育、自然科学普及平台功能，加强自然保护区科研、管理等专业人员培训。

三、强化重点区域综合治理

（一）围绕“三大战略”实施山水林田湖综合治理。坚持保护优先、自然恢复为主，因地制宜、多措并举，增强京津冀、长江经济带等重点区域生态系统稳定性。促进京津冀协同发展生态建设率先突破，加强京津保地区营造林、“六河五湖”等重要河湖生态治理与修复，共建坝上高原生态防护区、燕山—太行山生态涵养区，着力扩大区域环境容量和生态空间。将修复长江生态环境、打造长江绿色生态廊道作为推进长江经济带发展的首要任务，强化自然湿地保护恢复及濒危野生动植物抢救性保护，大力实施长江经济带森林提升重大工程和湿地修复重大工程，着力增强全流域生态承载力和服务功能，使母亲河永葆生机活力。服务“一带一路”重大战略，积极推进国家生态安全屏障建设，加强与有关国家在生物多样性保护、防沙治沙、应对气候变化、跨界河流等领域合作，为全球生态安全做出新贡献。

（二）继续开展重点区域综合治理工程。在黄土高原、京津风沙源区、岩溶石漠化区、西藏、青海三江源、三峡库区、祁连山、川西藏区等重点区域开展综合治理，协调推进工程措施、生物措施和农艺措施，大力实施林草植被保护与恢复、退耕还林还草、退牧还草、水资源合理配置、水土流失治理、草食畜牧业和后续产业发展、易地扶贫搬迁、农村能源建设等工程，逐步遏制生态退化趋势。

专栏7　生态系统保护与修复重大工程

（一）国土绿化行动

开展大规模植树增绿活动，集中连片建设森林，加强三北、沿海、长江和珠江流域等防护林体系建设，加快国家储备林及用材林基地建设，推进退化防护林修复，建设大尺度绿色生态保护空间和连接各生态空间的绿色廊道，形成国土绿化网络。

（二）天然林资源保护

将天然林和可以培育成为天然林的未成林封育地、疏林地、灌木林地等全部划入天然林保护范围，对难以自然更新的林地通过人工造林恢复森林植被。

（三）新一轮退耕退牧还林还草

实施25度以上坡耕地、严重沙化耕地和重要水源地15—25度坡耕地退耕还林还草。扩大退牧还草范围，合理布局草原围栏和退化草原补播改良，恢复天然草原生态和生物多样性。开展毒害草、黑土滩和农牧交错带已垦草原治理。

（四）农牧交错带已垦草原治理

大力推广多年生优良牧草品种及其旱作栽培技术，在农牧交错带已垦撂荒草原区建设多年生旱作人工牧草地1750万亩，植被覆盖率达到90%以上。

（五）湿地保护与恢复

加强长江、黄河沿线等重点区域自然湿地保护，对过度利用、遭受破坏或其他原因导致功能降低、生物多样性减少的湿地，进行综合治理，适度开展湿地可持续利用示范，保障全国湿地面积不低于8亿亩。

（六）野生动植物保护及自然保护区建设

保护和改善大熊猫、朱鹮、虎、豹、亚洲象、兰科、农作物近缘野生植物等珍稀濒危野生动植物栖息地，扩展拯救繁育和野化放归。加强野外生存繁衍困难的极小种群和极度濒危物种拯救。强化自然保护区建设和管理。

（七）防沙治沙和水土流失综合治理

实施北方防沙带、黄土高原区、东北黑土区、西南岩溶区等重点区域水土流失综合防治，加强坡耕地综合治理、侵蚀沟整治和生态清洁小流域建设。新增水土流失治理面积27万平方公里。

（八）生态保护及支撑体系

建设森林防火基础设施，推广先进实用防扑火设备和技术，启动重点地区森林防火应急道路建设试点。强化林业有害生物防控。加强林木种质资源调查收集与保存利用，建设原地保存、异地保存、设施保存相结合的国家林木种质资源保护体系。

（九）水生态治理与保护

加强水生态保护，系统整治江河流域，因地制宜恢复江河湖库水系连通，推进重点区域、流域水土流失防治和水污染治理，改善水生态环境。加强地下水超采区综合治理，逐步压减地下水超采量。

第八章　全面深化农村改革　激发农村发展活力

不断完善和巩固农村基本经济制度，深化农村集体产权、农业支持保护制度、农村金融等改革，着力破除城乡一体化的体制障碍，为加快推进中国特色农业农村现代化提供制度保障。

一、加快农村集体产权制度改革

（一）深化农村土地承包经营制度改革。稳定农村土地承包关系，落实集体所有权，稳定农户承包权，放活经营权，完善“三权”分置办法。基本完成土地承包经营权确权登记颁证工作，妥善解决农户承包地块面积不准、四至不清等问题。在有条件的地方开展农民土地承包经营权有偿退出试点。稳定完善草原承包经营制度，规范草原承包行为和管理方式。引导农村集体所有的荒山、荒沟、荒丘、荒滩使用权有序流转。

（二）稳妥推进农村土地征收、集体经营性建设用地入市、宅基地制度改革试点。缩小征地范围，规范土地征收程序，建立兼顾国家、集体、个人的土地增值收益分配机制，合理提高个人收益，完善对被征地农民合理、规范、多元保障机制。加快推进房地一体的农村集体建设用地和宅基地使用权确权登记颁证。允许符合规划和用途管制的农村集体经营性建设用地与国有建设用地享有同等权利，赋予出让、租赁、入股权能，完善入市交易规则、服务监管制度和土地增值收益的合理分配机制。保障农户宅基地的用益物权和住房财产权，改革农民住宅用地取得方式，探索农民住房保障新机制，探索宅基地有偿使用制度和自愿有偿退出机制。

（三）分类推进农村集体资产管理改革。确认农村集体经济组织成员身份、全面核实农村集体资产。重点抓好土地等资源性资产确权登记颁证工作，探索有利于提高公共服务能力的非经营性资产集体统一运营管理有效机制，将经营性资产折股量化到本集体经济组织成员，赋予农民对集体资产更多权能，发展多种形式的股份合作。健全农村集体资金、资产、资源管理监督和收益分配制度。明确集体经济组织市场主体地位。建立符合实际需求的农村产权流转交易市场，保障农村产权依法自愿公开公正有序交易。开展赋予农民对集体资产股份权能改革试点。

（四）深化林业体制改革。建立健全归属清晰、权责明确、监管有效的森林资源产权制度和监管体制。严格实行林地用途管制。实行森林分类经营，完善林木采伐管理，管好公益林、放活商品林，调动林农和社会力量发展林业的积极性。以放活经营权、落实处置权、保障收益权为重点，完善集体林权制度，引导林权规范有序流转，鼓励发展家庭林场、股份合作林场。深入推进国有林场、国有林区改革，积极推动政事企分开，创新资源管护方式，完善配套政策体系，化解金融债务，加强基础设施建设。

二、健全农业支持保护制度

（一）建立农业农村投入稳定增长机制。把农业农村作为财政支出的优先保障领域，加快建立投入稳定增长机制，持续增加财政农业农村支出，中央预算内投资继续向农业农村倾斜。优化财政支农支出结构，重点支持农民增收、农村重大改革、农业基础设施建设、农业结构调整、农业可持续发展、农村民生改善。加大对粮食主产区的投入支持力度，完善利益补偿机制。创新农业农村投融资机制，创新财政资金投入方式，通过政府与社会资本合作、政府购买服务、担保贴息、以奖代补、民办公助、风险补偿等措施，引导金融和社会资本投向农业农村，发挥财政资金的引导和杠杆作用。加大专项建设基金对“三农”重点项目和工程的支持力度，研究设立产业投资基金。发挥规划统领作用，多层次深入推进涉农资金整合。合理划分中央与地方支农事权，明确政府间支出责任，推进各级政府支农事权规范化、法律化。

（二）完善农产品市场调控政策。坚持市场化改革取向和保护农民利益并重，采取分品种施策、渐进式推进的办法，完善农产品价格形成机制和粮食等重要农产品收储制度。在东北地区积极稳妥推进玉米收储制度改革，完善“市场化收购加补贴”机制，保持优势产区玉米种植收益基本稳定。继续执行并完善稻谷、小麦最低收购价政策，增强政策的灵活性。总结评估棉花和大豆目标价格改革试点，调整完善补贴政策。改进农产品市场调控方式，搞活市场流通，增强市场活力。稳步有序消化超量库存，合理确定中央储备规模，完善中央和地方储备管理制度，提高储备安全性和轮换吞吐有效性。

（三）改进农业补贴制度。盘活存量，用好增量，调整改进黄箱支持政策，逐步扩大绿箱支持政策实施规模和范围，提高精准性、指向性和政策效能。将种粮农民直接补贴、良种补贴、农资综合补贴合并为农业支持保护补贴，重点支持耕地地力保护和粮食产能提升。完善农机购置补贴政策。优化补贴支持方向，重点向粮食等重要农产品生产倾斜，向种粮大户、农民专业合作社、家庭农场等新型经营主体倾斜。创新管理机制，健全快捷高效的补贴资金发放办法，鼓励有条件的地方探索对农民实行直接收入补贴。探索建立国家补贴与农户责任挂钩的办法。实施粮油糖生产大县、粮食作物制种大县、生猪调出大县、牛羊养殖大县财政奖励补助政策。

三、建立现代农村金融制度

（一）健全农村金融体系。坚持商业性金融、合作性金融、政策性金融相结合，加快建立多层次、广覆盖、可持续的现代农村金融体系。鼓励国有和股份制金融机构拓展“三农”业务。完善农村信用社治理结构，开展农村信用社省联社改革试点。创新村镇银行设立模式，扩大覆盖面。坚持社员制、封闭性原则，以具备条件的农民合作社为依托，稳妥开展农民合作社内部资金互助试点。强化国家开发银行、中国农业发展银行职能定位，加大中长期“三农”信贷投放力度。引导互联网金融、移动金融在农村规范发展。

（二）推进农村金融服务创新和产品创新。推动金融资源继续向“三农”倾斜，确保农业信贷总量持续增加、涉农贷款比例不降低，健全金融机构农村存款主要用于农业农村的制度。开展信贷资产质押再贷款试点，提供更优惠的支农再贷款利率。推进农村信用体系建设，开展新型农业经营主体信用评级与授信。鼓励开展“三农”融资担保业务，建立健全农村信贷损失补偿机制。稳妥开展农村承包土地的经营权和农民住房财产权抵押贷款试点，创新和完善林权抵押贷款机制。发展农村金融租赁业务，开展大型农机具融资租赁。支持涉农企业依托多层次资本市场融资，加大债券市场服务“三农”力度。开展农产品期权试点。探索开展农业投资抵押融资试点。

（三）完善农业保险制度。扩大农业保险覆盖面，增加保险品种，提高风险保障水平。积极开发适应新型农业经营主体需求的保险品种。探索开展重要农产品目标价格保险，以及收入保险、天气指数保险。加大中央、省级财政对主要粮食作物及重要农产品保险的保费补贴力度。支持地方发展特色优势农产品保险、渔业保险、设施农业保险、农机保险。完善森林保险制度。探索建立农业补贴、涉农信贷、农产品期货和农业保险联动机制。积极探索农业保险保单质押贷款和农户信用保证保险。稳步扩大“保险+期货”试点。进一步完善农业保险大灾风险分散机制，研究建立国家农业再保险基金。

第九章 切实加强组织协调 强化规划实施保障

保障规划有效实施，必须坚持党总揽全局、协调各方的领导核心作用，明确政府主体责任，科学制定政策和配置公共资源，加大强农惠农富农政策落实力度，广泛动员全社会力量，共同推动规划顺利实施。

一、加强组织领导

有关部门和地方要按照规划的总体部署，勇于担当、善于作为，切实加强组织领导，制定有关强农惠农富农政策实施方案，出台具体办法。对有关重大工程项目要抓紧启动，加快实施。对有关改革任务和试点工作要积极推进，加强指导，及时总结可复制、可推广的经验。要不断完善农村经济发展工作的领导体制和工作机制，切实增强部门协作，加强农村法治建设，完善农村产权保护、农产品市场规范运行、农业支持保护、农业资源环境等方面的法律法规。

二、加强规划衔接协调

有关部门编制指导行业发展的专项规划时，要加强与本规划的衔接和协调，有关专项规划提出的发展目标和发展战略要与本规划相协调，提出的重大工程和重要举措要与本规划相衔接。地方在编制本地区农业农村发展规划时，也要加强与本规划的衔接，贯彻本规划的总体部署，落实本规划的总体要求，特别是要加强约束性指标的衔接。

三、加强考核评价

加强规划实施情况动态监测，及时发现规划实施存在的问题，开展规划实施中期评估和末期评估。按照正确政绩观要求，把粮食生产、农民增收、耕地保护、农产品质量安全和食品安全、农村环境治理等作为考核地方特别是县(市)领导班子绩效的重要内容，尽快制定指标，严格监督检查。进一步完善和落实粮食省长负责制和“菜篮子”市长负责制，完善具体工作方案。严格地方政府耕地保护责任目标履行情况的检查与考核，落实好耕地和基本农田保护领导干部离任审计制度。

四、充分调动全社会积极性

本规划提出的预期性指标和产业发展、结构调整等任务，主要依靠市场主体的自主行为实现。要充分发挥各级政府、社会各界的积极性、主动性和创造性，汇聚社会各界特别是广大农民的力量和智慧，健全规划实施情况公开机制、社会监督机制和公众评议机制，形成群策群力、共建共享的生动局面。

粮油加工业“十三五”发展规划

国粮储〔2016〕278号

粮油加工业关系到国计民生和国民营养健康安全保障，产业关联度高、涉及面广。为深入推进粮食行业供给侧结构性改革，落实《国民经济和社会发展第十三个五年规划纲要》《粮食行业“十三五”发展规划纲要》（发改粮食〔2016〕2178号），满足全面建成小康社会城乡居民消费结构升级的需要，充分发挥粮油加工业对产业发展的引擎作用和对粮食供求的调节作用，加快发展现代粮食产业经济，推动加工业转型升级，促进粮食“产购储加销”一体化和一二三产业融合发展，保障国家粮食安全，特制定本规划。

一、面临形势

（一）加工业稳步发展

“十二五”期间，我国粮油加工业总体保持平稳较快发展。一是产业规模和经济效益平稳增长。2015年，全国粮油加工业总产值2.5万亿，比2010年增长59.5%。大米、小麦粉、食用植物油、淀粉等产量保持稳步增长。二是产业发展内生动力持续增强，形成了以民营企业为主体、多元化市场主体充分竞争发展的市场格局。民营企业所占比例为91%，外资企业3%，国有企业6%。三是产业规模化集约化水平不断提高、产业结构和布局逐渐优化。食用植物油、玉米深加工业前十位企业产业集中度超过45%，稻谷、小麦加工业前十位企业产业集中度在10%左右。16家企业集团主营业务收入达到100亿元以上，其中2家企业集团达千亿元以上，跨区域龙头企业融合发展趋势加快，竞争力显著提升。湖北、山东、江苏、安徽、广东、河南、湖南、四川等8省粮油加工业主营业务收入超过千亿元。粮油加工园区建设推进较快，布局加速向粮食主产区集聚。四是产品结构及质量安全水平明显提高。河南、山东、安徽、广西、陕西、四川等省（区）主食产业化快速推进。“十二五”期间制修订了一批粮油产品质量标准，建立了较为完善的质量保障技术标准体系。五是粮食科技创新能力显著增强。中央财政加大粮食行业公益性科研投入，企业研发投入稳步增长，科技创新能力显著增强，大米、小麦粉、食用油和饲料等加工成套装备居于国际先进水平。

（二）面临挑战加大

“十三五”产业发展面临的形势依然严峻。一是谷物供求阶段性过剩问题突出。高产量、高库存量和高进口量“三高”叠加问题短期内仍然突出，特别是玉米、稻谷阶段性过剩特征十分明显，原粮与成品粮、国内与国际、产区与销区粮食价格“三个倒挂”，消化粮食库存任务艰巨。二是粮食种植结构和加工发展与居民消费需求不相适应。居民消费结构升级背景下，部分品种粮食供求结构性失衡问题凸显，大豆供给严重依赖国际市场，优质化、专用化、多元化粮食原料发展相对滞后，中高端产品供给不足，知名品牌少。加工企业转型升级相对滞后，产加销脱节，加工业布局与粮食生产布局不匹配，优质优价专收专储能力不足。三是粮油产品质量安全、营养健康和节能环保问题依然存在。全产业链食品质量安全保障体系还不健全。单位产品能耗、水耗和污染物排放仍然较高，与资源节约型和环境友好型社会水平要求还有较大差距，节能减排和环保治理任务艰巨。四是加工企业面临更大竞争压力。经济发展进入新常态，发展面临资源环境约束加大、要素成本上升等挑战，融资难、用地难现象仍存在，人工、水电、流通、市场等运行成本上升较快，盈利空间不断压缩。五是粮油加工业发展方式粗放、大而不强问题更加突出。产能结构性过剩与优质产能不足并存，深加工转化能力不足与成品粮油过度加工并存，产业链条短，成品率低、副产物综合利用率低、附加值低，创新能力不强，部分品种盲目无序低水平发展等矛盾亟待有效疏解。

（三）迎来重要机遇

“十三五”时期，是全面建成小康社会的决胜阶段，是深化改革全面释放粮食产业经济活力的战略机遇期，也是粮油加工业加速整合升级的新阶段。一是粮油健康消费需求升级创造市场新空间。随着主食品的消费需求升级和城镇化进程加快，安全优质、营养健康和多元化、个性化、定制化、品牌化的中高端粮油产品消费潜力将逐步释放，将推动加工企业向高附加值产品方向转型。二是国家“三大战略”的实施将扩展粮油加工业发展空间。国家实施共建“一带一路”、京津冀协同发展和长江经济带发展战略，有利于加工企业充分利用全球资源，开展产能国际合作和转移，带动粮机装备与工程服务“走出去”。三是深化改革为产业健康发展提供制度性保障。坚持市场化改革取向与保护农民利益并重的玉米等粮食收储制度改革的深化完善，有利于理顺粮食市场价格形成机制，激发市场主体活力，为发展“产购储加销”一体化模式提供坚强的政策保障。四是农业现代化加速推进有利于保证粮食供给数量和质量。新型粮食生产经营主体规模化快速发展，有利于优化粮食品种结构，为企业提质增效、做强做优品牌、转化增值提供了坚实基础。五是科技创新给粮食产业发展带来新支撑。新一轮科技革命和产业变革蓄势待发，新技术、新产品、新模式、新业态、新主体不断涌现，生物技术、信息技术、装备技术等加快发展应用将催生新供给。

二、指导思想、基本原则和发展目标

（一）指导思想

全面贯彻党的十八大和十八届三中、四中、五中、六中全会精神，深入贯彻习近平总书记系列讲话精神，牢固树立创新、协调、绿色、开放、共享的发展新理念，落实新形势下的国家粮食安全战略，以推进粮食行业供给侧结构性改革为主线，以满足人民群众日益增长和不断升级的安全优质营养健康粮油产品消费需求为目标，把增加绿色优质粮油产品供给放在突出位置，以提高粮油加工业供给质量效益和保障粮食安全为中心，以改革创新为动力，以推动全产业链融合发展为路径，充分发挥加工转化对粮食产业发展的引擎作用和粮食供求的调节作用，着力调结构、提品质、创品牌、延链条、促升级、增效益，为保障国家粮食安全奠定坚实基础。

（二）基本原则

市场主导，政策引导。充分发挥市场在资源配置中的决定性作用，突出企业主体地位，更好发挥政府在政策引导、宏观调控、公共服务等方面的作用，营造促进公平竞争的市场环境。

创新驱动，两侧发力。坚持创新是引领发展的第一动力，大力推进体制创新、产业创新、技术创新、商业模式创新。坚持问题导向，需求引领，供给创新，促进供需匹配和放心消费，突出科学理念引领消费，消费引导流通和种植。

协调推进，突出重点。统筹粮食流通与种植、数量与质量的关系，协调发展粮食初加工、精深加工和副产物综合利用，提高加工转化率和附加值。支持主产区发展粮食深加工，形成一批特色优势产业集群。培育全产业链模式，推进一二三产业融合发展，促进加工业转型升级。

质量安全，绿色发展。坚守食品安全底线，处理好加快发展与节粮减损、节能减排、环境保护、绿色可持续的关系，推动粮油加工业建立循环经济产业体系。

深化改革，开放共享。鼓励引导企业采用股份合作制、混合所有制等形式，建立现代企业制度和产权制度，形成利益共同体。统筹利用好全球资源和国内国际两个市场，深化粮食产销合作，加强产业国际交流合作，推动形成优势互补、合作共赢新格局。

（三）发展目标

到2020年，形成“安全营养、绿色生态、布局合理、协调发展、链条完整、效益良好”的现代粮油加工产业体系，供给质量和效益稳步增长，科技创新能力明显增强，引领粮食产业发展作用更加明显，集约化和规模化水平及产业融合发展程度明显提高，产品优质化和主食产业化比重大幅提升，质量安全水平明显提升，节能减排和节粮减损成效显著。

——产业规模和效益稳步增长。产能结构进一步优化，深加工转化能力明显增强。集约化和规模化水平明显提高，产业集中度稳步提升，形成30家以上主营业务收入过100亿元的骨干粮油企业。培育一批特色突出的优势产业集群（园区、基地）。主食工业化率提高到25%左右。粮油加工业主营业务收入保持9%年均增速，工业增加值保持年均7%以上增速，利润水平稳步提升。

——科技创新能力明显增强。规模以上粮油加工企业研发投入占主营业务收入的比例提高到0.6%以上，领军企业研发投入的比例达到3%以上。以企业为主体的技术创新体系进一步健全，制造模式、管理模式、商业模式和服务模式创新加快推进。粮油加工成套技术和装备水平不断提升，关键设备自主化率提高到80%以上。

——质量安全水平明显提升。粮油加工业标准体系日趋完善，大米、小麦粉、食用植物油抽查检验合格率达97%以上。

——节能减排和节粮减损成效显著。单位工业增加值二氧化碳排放比2015年下降18%、能耗下降15%，主要污染物排放总量减少10%以上。大米和小麦粉出品率提高2~3个百分点，食用植物油出品率提高0.5个百分点，米糠等副产物综合利用率达到50%以上，玉米深加工原料利用率达到98%以上。每年节粮400万吨以上。

——加工应急保障能力明显增强。应对突发事件成品粮应急加工保障能力明显提升,供应网络布局合理、功能完善。

专栏1 粮油加工业“十三五”发展目标指标

类别	序号	具体指标	单位	2015年	2020年	年均增速［累计］	属性
产业规模	1	粮油加工业主营业务收入	万亿元	2.7	4.1	9%	预期性
	2	工业增加值增速	%	7	—	7%	预期性
	3	主营业务收入过100亿元企业数量	家	16	30	[14]	预期性
	4	主食品工业化率	%	15	25	[10]	预期性
科技创新	5	规模以上粮油加工企业研发投入占主营业务收入的比例	%	0.3	0.6	[0.3]	预期性
	6	产业联盟、技术创新联盟	个	3	6	[3]	预期性
	7	关键设备自主率	%	70	80	[10]	预期性
质量安全	8	大米、小麦粉、食用植物油抽样检查总体合格率	%	96	97	[2]	预期性
	9	制修订粮油加工业标准	项	194	312	[118]	预期性
绿色发展	10	米糠等副产物综合利用率达到	%	15	50	[35]	预期性
	11	玉米深加工原料利用率	%	97	98	[1]	预期性
	12	单位工业增加值能耗下降	%	—	—	[15]	约束性
	13	单位工业增加值二氧化碳排放下降	%	—	—	[18]	约束性
应急保障	14	粮油应急加工企业数量达到	家	5815	6000	[185]	约束性
	15	遴选认定保供应急主食产业化示范单位	家		50	—	预期性

注:[]内为五年累计数。

三、主要任务

(一)增加绿色优质粮油产品供给

优化产品结构。适应城乡居民膳食结构及营养健康水平日益提高的需求,增加满足不同人群需要的优质化、多样化、个性化、定制化粮油产品供给。实施“绿色健康谷物口粮工程”,推广大米、小麦粉和食用植物油适度加工,明显提高出品率,增加优质米、食品专用米、专用粉、专用油和营养功能性新产品供给;大力发展全谷物及食品,加强市场培育,增加糙米、全麦粉、杂粮和薯类及其制品等绿色优质营养健康中高端新产品供给,丰富品种,提升产品品质,提高优、新、特产品的比例。大力推进主食产业化,实施“主食产业化提升行动”。

专栏2 绿色健康粮食产品供给行动

全面推进绿色健康谷物生产、收储、加工和供应等产业体系建设。加快制修订全谷物及大米、小麦粉等加工技术标准与规程,支持全谷物加工共性关键技术装备的研发与应用,推动系列化全谷物新产品的创制。加强谷物营养健康科普知识的宣传与消费引导。加快建立绿色健康谷物产业联盟等,推广绿色健康谷物标识,建立一批绿色健康谷物食品生产示范企业或园区。

专栏 3 主食产业化提升行动

支持工业化米粉(线)、米饭、米粥、馒头、挂面、鲜湿面、速冻主食、杂粮及薯类主食产业化项目建设,建立健全相关标准和规范。结合应急供应体系建设,建立一批应急主食生产基地。改造建设一批规范化、机械化、规模化的大型主食生产加工配送中心或主食厨房,建立一体化主食销售供应网点、放心主食店,开展冷链物流配送体系试点。推广城市和县区主食产业化发展新模式,遴选一批现代化保供应急主食产业化示范单位。支持示范企业带动城乡广大小作坊规范化发展和提升,以市场化方式推动主食工业化生产、社会化供应和产业化经营。

增加品牌粮油供给。实施优质粮食品牌培育行动,发挥品牌引领作用,瞄准国际同行业标杆,开展绿色优质粮食产品品质评价和推介活动,培育和创建一批质量好、消费者认可度高、市场占有率高、市场竞争力强的全国性粮油产品优质名牌。支持优质粮油产区以优势骨干龙头企业为主体,组建全国性或区域性的粮食产业联盟。通过品牌建设,整合种植、收储、加工、销售等环节的资源,引导原粮标准化生产,建立一批规模化优质特色专用原粮生产基地。突出标准引领作用,加快大米、小麦粉、食用植物油及主食等重要产品国家标准的制修订,加大行业标准、地方标准研制力度,开展团体标准研制试点。鼓励企业发展个性定制标准,引导建立标准自我声明制度,试点建立优质粮油产品标准领跑者制度。

强化质量安全保障。加快建立健全从农田到餐桌的产品质量和食品安全监管体系,健全风险监测评估和检验检测体系。鼓励和支持加工企业加强全产业链食品质量安全检测能力建设,按照食品安全、绿色生态、营养健康等要求,完善原料检验、在线检测、成品质量等检测功能。推动大米、小麦粉、食用植物油等生产企业建立覆盖生产经营全过程的食品质量安全信息追溯体系。加强粮油质量安全监测能力建设,提升食品安全保障水平。完善粮油食品安全企业信用体系,形成失信联合惩戒、守信联合激励机制。

保障“放心粮油”供应。依托骨干企业、应急加工以及主食加工企业,生产质量安全、营养健康、品种丰富的“放心粮油”产品,完善标准规程,落实责任,加强监管。大力发展仓储物流及冷链设施,延伸营销网络,建设“放心粮油”配送中心,推动网点与龙头企业合作扩大销售渠道,提升“放心粮油”加工产品质量安全保障水平。

(二)优化调整产业结构

培育壮大龙头企业。支持企业做大做强、做优做精。引导和推动企业强强联合、跨地区跨行业跨所有制兼并重组,培育一批布局优、效益好、竞争力强的国家级、省级龙头企业。鼓励有特色的中小企业发挥地方粮油资源优势,积极提升技术装备水平和创新经营方式,主动拓展发展新空间,形成大、中、小型企业合理分工、协调发展的格局。

加快淘汰落后产能。坚持市场倒逼机制和企业主体责任,强化食品质量安全、环保、能耗、安全生产等约束作用,加强规划、标准和政策引导,依法依规加快淘汰工艺落后、设备陈旧、卫生质量安全和环保不达标、能耗粮耗高的落后产能,实现优胜劣汰,减少无效产能和低端产品供给。

促进产业集聚。实施粮食产业集群集聚行动,支持主产区发展粮食深加工转化,形成一批优势产业集群。坚持产业升级与转移相结合,引导产销区产业合作,按照布局合理、特色鲜明、集约高效、绿色生态的原则,以全产业链为纽带,推动建设资源要素集聚的粮油加工产业园区或集群。依托粮食主产区、重要粮食物流节点和区域经济带等形成横向、纵向和综合集聚格局,着力打造一批粮油加工仓储物流一体化产业园区、绿色粮油食品加工示范基地和产业集群。重点培育哈尔滨、长春、大连、济南、郑州、合肥、长沙、成都、西安、天津滨海新区临港、江苏张家港、浙江舟山、广东东莞麻涌、广西防城港等现代粮油食品加工产业集聚区。加强研发设计、成果对接、知识产权保护和运用、检测认证、信息检索与咨询、展销及物流、质量品牌等公共服务平台建设。

实施"走出去"战略。支持有条件的企业,加强与"一带一路"沿线国家在农业投资、贸易、科技、产能、粮机装备等领域的合作。培育一批具有国际竞争力的大粮商和粮食企业集团,支持农业生产、加工、仓储和港口等环节开展跨国全产业链布局,逐步建立境外粮油产销加工储运基地,提高国际市场竞争力和资源供给保障能力。

(三)推进一二三产业融合发展

向产业链上游延伸。支持构建"产购储加销"一体化全产业链经营模式,开展多种类型的一二三产业融合发展示范,培育一批粮油加工产业融合领军企业,发展优质专用特色粮食产业。鼓励龙头企业与种粮大户、家庭农场、农民合作社结成粮食产业化经营联合体和利益共同体,以品牌为载体,发展规模化种植和标准化生产,通过订单农业、土地流转、土地经营权入股等方式建立稳定的原料生产基地,提供良种供给、技术指导、订单收购、烘干、储存、加工、销售等一条龙服务。探索开展分品种收购、分品种储存试点示范,促进优质优价,实现全链条增值,让农民分享增值收益。实施粮食产后服务工程,鼓励加工企业面向新型经营主体发展代烘代收代储代加代销专业化服务、农村电商等新业态。

专栏4 粮食产后服务工程

创新粮食产后服务新模式,支持粮油加工、仓储等企业为新型经营主体和农户,提供粮食烘干整理、储存、检测、加工、销售等多种形式的专业化、全方位服务,推广合作式、托管式、订单式等服务模式。支持新型经营主体建设以烘干清理、简易周转仓储设施等为主要内容的"粮食产后服务中心",形成与农业新型生产方式相适应的、覆盖主要产粮县的粮食产后服务新体系。

向产业链下游拓展。加强产区优质粮食收储、检验分级、运输通道、物流配送、信息等基础设施建设,支持企业建立"产购储加销"等环节的全程现代物流体系和营销网络,延长产业链条,增强企业的盈利能力。推进建立优质粮食的全国和区域性平台交易体系,采取直采、直供、直销等方式,扩大粮企、商超对接等产销衔接方式,降低物流成本。引导企业建立直营店、销售专柜等,扩大销售渠道和中高端产品销量。鼓励企业改建、扩建和新建必要的原料和成品仓储能力,提升安全储粮、保鲜物流等设施功能。大力推广成品粮低温储存、"四散"和集装化物流方式,提高粮油食品物流系统化水平。

拓展粮油加工产业功能。鼓励企业不断丰富和发展粮食文化,用文化引领产品开发、品牌培育和技术创新,提升品牌资产价值。鼓励企业在粮食种植、加工环节与农耕体验、旅游休闲、文化教育、健康养生等领域深度融合。支持加工企业挖掘传统主食品文化内涵,充分发挥"老字号"品牌效应。

(四)强化科技创新支撑引领

加快技术改造升级。加快推动高新技术产业化示范,推广先进实用、安全可靠、经济节约新技术新装备,支持改造升级节粮节能加工成套装备生产线,开展新型营养健康产品开发、主食产业化、副产物综合深度利用,采用新型清洁生产技术。

加强全产业链科技创新。强化企业技术创新的主体地位,构建“产学研用”紧密结合的行业科技创新体系。加强基础研究,强化集成创新。支持在特色和重点产业领域建设产业创新中心、创新平台和众创平台。鼓励企业加大科研投入,建立技术研发中心,与高校或科研院所联合开展技术创新示范企业、重点实验室、示范基地、工程(技术)研究中心、技术创新或产业联盟、“米袋子”众创空间等建设。

专栏5 粮油加工业科技创新工程

加快推进粮油营养成分保持与营养健康新产品精准创制、成品粮油加工、全谷物食品加工技术与品质评价及系统识别标准、主食产业化、高效低耗节粮节能加工智能装备、生物基及降解材料深度开发、精准营养饲料、低糊化度杂粮(马铃薯)全粉加工关键技术等研发及产业化示范,在营养优化、智能加工、保鲜物流、全程控制、真伪识别等技术领域实现重大突破。

加速科技成果转化对接推广。开展全国粮食科技成果转化对接推介活动,搭建科技成果及科技人才对接信息服务平台。鼓励科研院所通过市场化定价方式转化科技成果,支持粮食科研院所科技人员依规到企业兼职。加快建立粮油加工科技创新成果集成示范基地。

加快“两化融合”。推动信息化和工业化深度融合,推进粮油加工制造向智能化发展,推动生产方式向柔性、智能、精细、绿色转变。提高企业管理信息化水平,提升改造原粮和成品粮出入库、库存管理、质量安全追溯、保供应急等业务信息系统。鼓励企业建设数据中心,加快应用大数据、云计算和物联网技术,实现产品全生命周期绿色管理、精细生产和精准营销。

(五)培育新的产业经济增长点

加快发展粮食深加工。鼓励大型加工企业发展创新型导向的粮油加工产业模式,充分挖掘副产物潜在价值,最大程度延长产业链。支持玉米等精深加工业向优势产区和关键物流节点转移,加快消化库存。开发新型功能性淀粉糖和新型酶制剂、聚谷氨酸、聚赖氨酸等大宗发酵产品的衍生新产品。鼓励向营养健康、新材料、生物化工、生物医药等领域拓展新空间,加快推进生物基及生物降解材料的产业化,鼓励在食品包装材料、一次性餐具等产品中优先使用安全绿色环保生物基材料。推进稻壳、米糠、麦麸、饼粕、玉米皮、玉米蛋白、玉米胚、玉米芯和油料皮壳等副产物深度综合利用试点,鼓励支持企业探索多元化途径实现副产物循环、全值和梯次利用,提升产品附加值。鼓励企业或第三方机构建立副产物收集、处理的绿色通道,开展专业化副产物综合利用技术、经营服务。

构建绿色加工体系。以绿色产品、绿色工厂、绿色园区为重点,建立绿色粮油产业供应链,从节能减排行动中寻找新的经济增长点。支持企业节粮技术改造升级,完善成品粮油加工技术标准和规程,研究产品能耗限额标准。建立粮油加工业节能、节水等技术标准体系,加大推进实施节粮减损、节能减排行动的力度,加强节能环保低碳等新技术新设备的推广应用,确保废弃物排放和节能降耗达到国家相关标准要求。

创新现代营销模式。推进实施“互联网+粮食”行动,发展“网上粮店”,推广“网订店取”“网订店送”等零售新业态、新模式,促进线上线下融合发展。发挥全国粮食统一竞价交易平台连接产区和销区,服务于种粮农民、购粮企业和消费者的重要作用,逐步完善产业链质量安全追溯网络查询等功能，创新粮食购销模式，延伸产销服务链条，开展专用特色粮食代销代购对接，搭建物流配送和互联网金融服务平台。

（六）加强应急加工供应保障体系建设

提升应急保障能力。健全应急供应网络，完善成品粮油应急加工和供应网点体系，对于承担应急保供任务的加工企业给予必要支持。加强特大城市及重点地区配送中心和网点建设。优化应急储备粮油产品结构，建立以成品粮油和小包装为主的应急保障体系，保留特大城市必备的应急加工产能，明显提高边远地区应急保障水平。加快保供应急救灾主食品及团餐的产业化开发。

深化产销合作。搭建产销平台，促进产销衔接和市场有序流通，推动建立产销合作长效机制，加强产销区粮源组织和运输衔接，增强对市场异常波动的应急调控能力。支持加工企业到主产区投资建设粮源基地和现代仓储物流设施。加强加工与仓储物流设施建设布局的统筹衔接，降低社会物流成本。

专栏6 粮油应急加工供应保障体系建设

升级改造粮油应急加工企业与供应网点设施，提升粮食接收、仓储、发送等设施的机械化和信息化水平；升级改造铁路专用线、码头等粮油应急加工企业物流配套设施；提升信誉好的超市、商场、连锁店等零售网点服务销售功能，改造军粮供应站（点）、放心粮油配送中心（店）等基础设施，探索应急供应与“放心粮油”、主食品供应、军粮供应、成品粮储备“五位一体”融合发展。

四、产业布局

（一）成品粮油加工及主食产业化

加快粮油加工业调结构、去产能，以营养功能为重点，大力发展成品粮油适度加工和主食产业化。严格控制加工精度，提高产品纯度。

1. 稻谷加工业。积极发展优质米、专用米、发芽糙米、改性糙米、留胚米、免淘米、营养强化米及各类米制主食品等，鼓励生产和消费免抛光大米。在长江中下游、东北等稻谷主产区，长三角、珠三角、川渝地区、海峡西岸等大米主销区以及重要物流节点，发展稻谷加工产业集聚区或集群，形成优质米、米制主食品、方便食品、米糠、稻壳和碎米等综合利用的循环经济模式。鼓励大中型稻谷加工企业或与油脂加工企业合作，采用“米糠保鲜”“分散榨油”“集中精炼”等成熟技术发展米糠制油，利用稻壳发电或提取热能、生产环保材料。通过兼并重组或改扩建等，引导培育一批年处理稻谷20万吨以上的大型产业化龙头企业、年处理稻谷50万吨以上的骨干集团企业。

2. 小麦加工业。积极发展专用粉、全麦粉、预拌粉及各类面制主食品等。在华北、华中、华东、西北等主产区和津冀鲁、珠三角等地区，发展小麦加工产业集聚区或集群，优化新疆、甘肃、陕西、广东等特色食品区域产业布局，形成小麦粉、面制食品及其副产物综合利用的循环经济模式。培育一批年处理小麦50万吨以上的大型产业化龙头企业、年处理小麦100万吨以上的骨干集团企业。

3. 食用植物油加工业。坚持多油并举，增加和改善国产油菜籽油、花生油、大豆油、棉籽油、葵花籽油、芝麻油等食用油供应。积极开发米糠油、玉米油等，大力发展油茶籽油、核桃油、橄榄油、牡丹籽油、文冠果油、梾木果油等新型健康木本食用油，增加胡麻籽油、红花籽油、紫苏籽油等特色小品种油供应，积极开发起酥、煎炸等专用油脂。

（1）大豆油加工。鼓励东北地区利用国产大豆生产大豆油、蛋白等产品。（2）菜籽油加工。在湖北、四川、安徽、江苏等油菜籽主产区，升级改造特色双低油菜籽加工；在贵州、青海、陕西、甘肃等西部油菜籽集中产地，升级改造油菜籽油加工；推广菜籽膨化制油、负压蒸发、热能自平衡利用、低消耗蒸汽真空系统等技术，提高菜籽蛋白利用价值。（3）花生油加工。在山东、河南、河北和广东等省，发展高含油花生加工，改扩建一批年处理5万吨及以上的花生油加工项目；适度开发花生蛋白制品，形成花生加工产业集群。（4）棉籽油加工。在新疆、湖北、河北等棉籽主产区和山东、河南、安徽、湖南、江苏、陕西等棉籽集中产区，升级改造一批棉籽油加工项目，并淘汰落后产能；开发用于煎炸食品的专用棉籽油，推广棉籽脱酚技术，提高棉籽蛋白利用价值。（5）玉米油加工。在鲁豫冀、东北老工业基地等玉米加工带，发展玉米胚鲜榨加工，改扩建一批玉米油加工项目。（6）油茶籽油加工。在湖南、江西、广西等油茶籽主产区，改造提升油茶籽加工项目，支持企业配套建设原料基地。

4. 主食产业化。开发适宜不同消费群体、不同营养功能、不同区域的优质米粉（米线）、糙米粉、米粥、馒头、挂面、鲜湿及冷冻面等大众主食品和区域特色主食品及品牌，增强市场竞争力，丰富常温、冷冻冷藏营养型主食品种和方便食品，提升安全性、方便性、即食性。创新主食流通方式，提高配送能力。在北京、天津、山东、河南、河北、陕西、甘肃和新疆等省（区、市）发展优质面制主食品产业化示范基地；在上海、湖南、安徽、广东、江西、湖北、云南、四川和广西等省（区、市）发展优质米制主食品产业化示范基地；在内蒙古等地发展薯类主食加工示范基地；在玉米主产区积极开发玉米主食品和方便食品，大力倡导推动玉米主食消费。

5. 杂粮加工业。积极发展优质特色杂粮产业，提高杂粮、豆类的适口性、营养性和方便性，加快推进杂粮食品工业化、产业化和品牌化。在西北、西南地区建设荞麦、青稞主食品加工基地；在西北、内蒙古等地区建设燕麦片、燕麦米、燕麦主食等加工基地；在东北、华北和西北地区建设谷子、糜子、杂豆类主食面粉和红小豆、绿豆等杂豆加工基地；在东北和华北等地区建设高粱米和高粱等主食面粉加工基地。

6. 薯类加工业。积极开发馒头、面条、面包等大众马铃薯主食品，推进马铃薯饼、馕和年糕等地域特色主食品，以及菜肴等多样化方便食品开发，研发薯片、薯条等新型休闲食品，以及马铃薯膳食纤维等功能性产品，适度发展马铃薯全粉和淀粉、甘薯粉丝等。在东北、华北、西北和西南地区等马铃薯、甘薯主产区，重点完善薯类收购、储运销售与流通体系，建立一批特色突出的加工基地。

（二）深加工转化及副产物综合利用

在确保口粮、饲料用粮和种子用粮供给安全的前提下，发展玉米等粮食深加工，促进库存陈粮深加工转化，推动发展高附加值产品，带动产业上下游协调发展。

1. 玉米深加工业。鼓励玉米深加工企业拓展有效消费新途径，明显提高玉米深加工转化率。深入挖掘玉米的食用价值、饲用价值、工业价值和能源价值，积极发展高技术含量的氨基酸及核苷、新型有机酸、淀粉糖、多元醇、新型酶制剂等功能性新型发酵制品，以及食用、造纸用、纺织用、精细化工用特种变性淀粉等，鼓励发展聚乳酸等生物基和生物降解材料。东北三省一区、黄淮海等主产区要加大推动对玉米加工淀粉及淀粉糖、酒精、味精、柠檬酸等产品生产企业的兼并重组、淘汰落后产能、环保达标和清洁生产情况核查力度，鼓励行业技术进步创新和改造升级。全面抓好节能减排，降低能耗和水耗，推进清洁生产和循环发展。鼓励通过合作联营等激活闲置产能。打造一批绿色环保、资源节约、技术进步和可持续发展的玉米深加工产业园区或集群。综合利用玉米芯、玉米秸秆，发展玉米"全株产业"。建立质量安全不达标粮食定向加工转化机制，适度发展燃料乙醇，保障食（饲）粮品质安全。

2. 大豆食品加工业。积极开发大豆新食品新领域，明显提高大豆制食品的比重。加快推进豆粉类、发酵类、蛋白类等新兴豆制品产业化，以非转基因大豆为原料生产功能性浓缩蛋白、分离蛋白、组织蛋白和传统豆制食品等，加快开发改性大豆蛋白、活性蛋白粉、大豆肽粉等新兴食品基料。鼓励在东北三省、内蒙古东部和黄淮海等大豆主产区建设特色产业集群，发展非转基因大豆食品深加工，加强大豆蛋白加工副产物和废水综合利用；在沿海地区和大城市主销区，提高食品专用豆加工产品的比重，发展建设一批大豆食品深加工基地。

3. 粮油副产物综合利用。依托大型企业大力发展米糠制油和米糠多糖类活性物质，利用碎米、米胚加工米粉、米线、高品质米蛋白、高纯度米淀粉等食品或食品原料。重点开发功能性膳食纤维、功能活性物质等食品配料和营养健康食品新技术，开发小麦麸皮功能保健产品、小麦胚油和小麦胚食品。加大玉米加工副产物如玉米浸泡水、玉米皮、蛋白粉等生物转化生产多糖、生物饲料酵母产品、益生元、膳食纤维、玉米黄色素、玉米肽等。充分利用稻壳和油料皮壳发电、生产白炭黑、活性炭和助滤剂等，推动秸秆等纤维素乙醇产业示范。

（三）以粮油为原料的饲料加工业

提高饲料原料保障能力和加工水平，发展安全高效环保饲料产品，引导饲料生产企业增加玉米饲用消费。强化科技创新，提高饲料用粮转化利用效益，开发高效生物转化和精准营养调控配方技术，为有效消化库存粮食等提供技术支持。对粮油、食品加工副产物如饼粕、糟渣等进行优质化处理，缓解我国蛋白饲料原料不足压力。在东南沿海地区和大城市郊区重点发展高档次、高附加值、节能环保的饲料；在中部地区大力发展以粮食为原料的饲料加工业，促进粮食等饲料资源就地转化增值；在东北等地区大力发展饲料原料和饲草产业，稳定发展浓缩饲料产品，支持发展青贮玉米；在西部地区加快发展浓缩饲料。

（四）粮机装备制造业

以专业化、大型化、成套化、智能化、绿色环保、安全卫生为导向，发展高效节粮节能营养型大米、小麦粉、食用植物油、特色杂粮等加工装备，提高关键设备的可靠性、使用寿命和智能化水平，支持建立高水平的粮机装备制造基地。鼓励研发全自动主食方便食品加工、特色杂粮、木本油料加工、饲料加工成套设备，定制机器人应用、智能工厂、立体仓库，粮食收购现场质量品质快速检测及质量控制设备、智能仓储及输送等关键设备。在江苏、湖北、浙江和湖南等省重点发展稻谷加工成套装备制造基地；在广东、广西、上海、湖北、河南、江苏等省（区、市）发展米粉（米线）、方便米饭和挂面、馒头加工成套设备；在江苏、河北、河南和陕西等省发展小麦粉加工、面制品、焙烤食品、速冻食品等成套设备；在江苏、湖北、河南等省发展大型化、自动化、智能化成套油脂装备；在江苏、安徽、河南等省重点发展粮食仓储、物流、烘干等装备基地。

五、保障措施

（一）完善财税引导扶持政策

研究利用现有政策和资金渠道，重点支持龙头企业与新型经营主体建立利益联系机制，支持开展优质特色专用粮食产业试点示范和深加工转化与产业园区建设。鼓励和支持社会资本发起设立粮食产业发展基金。落实加工企业最低最高库存制度，建立“粮食安全社会责任企业机制”，充分发挥骨干粮食企业在粮食收购、加工转化以及市场供应等方面的作用。探索建立地方储备粮或成品粮油动态管理及轮换与符合条件的加工企业对接机制。探索开展优质专用特色粮食产业化试点，实行订单生产，分品种专收专储和分级管理，推动实现优质优价。通过现有政策渠道，对符合条件的重大节粮技术改造升级、特色粮食产业加工示范基地建设、科技创新等提供支持。

落实减轻企业负担各项规定。争取粮油初加工生产环节用电享受农业生产用电价格优惠政策。企业开发新技术、新产品、新工艺发生的研究开发费用，符合税法规定条件的，可以在计算应纳税所得额时按规定加计扣除。

（二）加大金融服务支持政策

拓宽企业融资渠道，中国农业发展银行、国家开发银行要结合职能定位和业务范围，加大对符合条件的产业化龙头企业的信贷支持；鼓励商业性金融机构为有市场前景和经营效益的产业化龙头企业加大信贷支持，为企业转型升级、粮食收购、成果推广转化示范应用、拓展市场等提供新的金融产品和服务。鼓励具备条件的省区加快农业信贷担保体系建设，为加工企业提供担保服务。积极拓宽企业直接融资渠道，支持企业通过发行短期融资券等非金融企业债务融资工具筹集资金，支持符合条件的龙头企业上市融资和发行企业债券、公司债。引导加工企业参与期货市场的套期保值，提高粮油加工企业的风险管理意识和管理水平。鼓励和支持保险机构支持企业开展对外贸易和“走出去”保险服务。

（三）加强产业政策和标准指导

落实国务院化解产能过剩、淘汰落后产能、促进企业兼并重组等一系列政策措施，贯彻《产业结构调整指导目录》《外商投资产业指导目录》，适当提高淘汰落后产能的标准，用市场的办法引导落后产能有序退出，区分优劣产能、分类支持帮扶，研究制定加快发展粮食产业经济等指导意见。研究制定粮油加工业进入的节能、节粮、环保、质量安全、安全生产等规范条件。抓紧制修订粮油加工业产品、原料、方法、过程等技术标准体系和规程。鼓励企业制订严于国家标准和行业标准的企业标准，加大对口粮产品及主食、方便食品和现代生物发酵食品等新产品标准的研制力度。提供标准实施咨询服务，积极引导企业正确、有效执行标准。加强粮食质量安全检测监测体系能力建设，加强粮食质量安全监管。支持在山东、河南、黑龙江等省开展发展粮食产业经济、消化库存等示范试点。加强宣传引导，通过举办世界粮食日和全国爱粮节粮宣传周、粮食科技活动周活动，吸引社会力量积极参与粮食产业开发，加大全社会公益性科学用粮和健康消费知识宣传普及力度。

（四）加强行业信息监测预警与服务

国家粮食局会同有关部门建立健全粮食产业经济统计体系，完善全面、准确的国家粮食流通统计信息报告制度和发布平台，提高加工企业统计信息的质量和公信力，加强粮油加工业统计信息公共服务。依法开展粮食供需平衡情况调查，加强重点企业生产运行形势分析。理顺粮食市场价格形成机制，为企业创造公平竞争的发展环境。

（五）积极发挥行业组织作用

贯彻中央关于行业协会商会改革精神，充分发挥涉粮社团和有关中介组织联系政府和企业的桥梁纽带作用，加强信息沟通、标准制（修）订、专业培训、技术咨询等方面的服务，宣传贯彻国家产业政策和行业规划，推进行业自律和诚信体系建设，强化企业责任意识，及时反映行业发展动态，提出发展建议。

（六）加强人才支撑保障

营造吸引培育专业人才的环境和条件，加强国内培养和国外引智，依托国家科技计划（专项、基金等）、产业技术创新联盟等，建成一批粮油加工业专业化人才培训基地，加快培育高水平行业科技人才队伍，建立粮食产业科技人才库。开展职工技术培训、技能鉴定及行业职业技能大赛，打造门类齐全、技艺精湛的技能人才队伍。引进和培养一批懂技术、懂市场的高端复合型管理人才，培养和造就大批优秀企业家。充分研究分析国内国际市场和资源，培养国际化人才。

（七）加强规划实施和评估

国家粮食局统筹负责本规划的组织实施，加强组织领导，深化体制机制改革，发挥市场主导作用，强化服务体系建设，逐步将粮食产业发展纳入粮食安全省长责任制考核内容之一，加强与相关部门政策统筹协调和信息沟通，做好规划宣传贯彻，建立健全规划实施的评价评估机制，推动各项任务和措施落到实处。各省级粮食行政管理部门要加强与发展改革、财政、工信、环保、食品药品监督、科技等相关部门的沟通协调，结合本地实际制定本地区粮油加工业“十三五”发展规划（或指导意见）并组织实施，落实工作责任，健全工作机制，切实履行规划指导、行业管理、协调服务等职能。

（三）产业体系

智能制造发展规划

（2016—2020年）

工信部联规〔2016〕349号

智能制造是基于新一代信息通信技术与先进制造技术深度融合，贯穿于设计、生产、管理、服务等制造活动的各个环节，具有自感知、自学习、自决策、自执行、自适应等功能的新型生产方式。加快发展智能制造，是培育我国经济增长新动能的必由之路，是抢占未来经济和科技发展制高点的战略选择，对于推动我国制造业供给侧结构性改革，打造我国制造业竞争新优势，实现制造强国具有重要战略意义。

根据《中华人民共和国国民经济和社会发展第十三个五年规划纲要》《中国制造2025》和《国务院关于深化制造业与互联网融合发展的指导意见》，编制本规划。

一、发展现状和形势

全球新一轮科技革命和产业变革加紧孕育兴起，与我国制造业转型升级形成历史性交汇。智能制造在全球范围内快速发展，已成为制造业重要发展趋势，对产业发展和分工格局带来深刻影响，推动形成新的生产方式、产业形态、商业模式。发达国家实施“再工业化”战略，不断推出发展智能制造的新举措，通过政府、行业组织、企业等协同推进，积极培育制造业未来竞争优势。

经过几十年的快速发展，我国制造业规模跃居世界第一位，建立起门类齐全、独立完整的制造体系，但与先进国家相比，大而不强的问题突出。随着我国经济发展进入新常态，经济增速换挡、结构调整阵痛、增长动能转换等相互交织，长期以来主要依靠资源要素投入、规模扩张的粗放型发展模式难以为继。加快发展智能制造，对于推进我国制造业供给侧结构性改革，培育经济增长新动能，构建新型制造体系，促进制造业向中高端迈进、实现制造强国具有重要意义。

随着新一代信息技术和制造业的深度融合，我国智能制造发展取得明显成效，以高档数控机床、工业机器人、智能仪器仪表为代表的关键技术装备取得积极进展;智能制造装备和先进工艺在重点行业不断普及,离散型行业制造装备的数字化、网络化、智能化步伐加快,流程型行业过程控制和制造执行系统全面普及,关键工艺流程数控化率大大提高;在典型行业不断探索、逐步形成了一些可复制推广的智能制造新模式,为深入推进智能制造初步奠定了一定的基础。但目前我国制造业尚处于机械化、电气化、自动化、数字化并存,不同地区、不同行业、不同企业发展不平衡的阶段。发展智能制造面临关键共性技术和核心装备受制于人,智能制造标准/软件/网络/信息安全基础薄弱,智能制造新模式成熟度不高,系统整体解决方案供给能力不足,缺乏国际性的行业巨头企业和跨界融合的智能制造人才等突出问题。相对工业发达国家,推动我国制造业智能转型,环境更为复杂,形势更为严峻,任务更加艰巨。我们必须遵循客观规律,立足国情、着眼长远,加强统筹谋划,积极应对挑战,抓住全球制造业分工调整和我国智能制造快速发展的战略机遇期,引导企业在智能制造方面走出一条具有中国特色的发展道路。

二、总体要求

(一) 指导思想

深入贯彻党的十八大及十八届三中、四中、五中全会精神,牢固树立创新、协调、绿色、开放、共享的发展理念,全面落实《中国制造 2025》和推进供给侧结构性改革部署,将发展智能制造作为长期坚持的战略任务,分类分层指导,分行业、分步骤持续推进,"十三五"期间同步实施数字化制造普及、智能化制造示范引领,以构建新型制造体系为目标,以实施智能制造工程为重要抓手,着力提升关键技术装备安全可控能力,着力增强基础支撑能力,着力提升集成应用水平,着力探索培育新模式,着力营造良好发展环境,为培育经济增长新动能、打造我国制造业竞争新优势、建设制造强国奠定扎实的基础。

(二) 基本原则

坚持市场主导、政府引导。充分发挥市场在配置资源中的决定性作用,强化企业市场主体地位,以需求为导向,激发企业推进智能制造的内生动力。发挥政府在规划布局、政策引导等方面的积极作用,形成公平市场竞争的发展环境。

坚持创新驱动、开放合作。建立健全创新体系,推进产学研用协同创新,激发企业创新创业活力,加强智能制造技术、装备与模式的创新突破。坚持互利共赢,扩大对外开放,加强在标准制定、人才培养、知识产权等方面国际交流合作。

坚持统筹规划、系统推进。统筹整合优势资源,加强顶层设计,调动各方积极性,协调推进。针对制造业薄弱与关键环节,系统部署关键技术装备创新、试点示范、标准化、工业互联网建设等系列举措,推进智能制造发展。

坚持遵循规律、分类施策。立足国情,准确把握智能制造的发展规律,因势利导,引导行业循序渐进推进智能化。针对不同地区、行业、企业发展基础、阶段和水平差异,加强分类施策、分层指导,加快推动传统行业改造、重点领域升级、制造业转型。

(三) 发展目标

2025 年前,推进智能制造发展实施"两步走"战略:第一步,到 2020 年,智能制造发展基础和支撑能力明显增强,传统制造业重点领域基本实现数字化制造,有条件、有基础的重点产业智能转型取得明显进展；第二步，到2025年，智能制造支撑体系基本建立，重点产业初步实现智能转型。

2020年的具体目标：

——智能制造技术与装备实现突破。研发一批智能制造关键技术装备，具备较强的竞争力，国内市场满足率超过50%。突破一批智能制造关键共性技术。核心支撑软件国内市场满足率超过30%。

——发展基础明显增强。智能制造标准体系基本完善，制（修）订智能制造标准200项以上，面向制造业的工业互联网及信息安全保障系统初步建立。

——智能制造生态体系初步形成。培育40个以上主营业务收入超过10亿元、具有较强竞争力的系统解决方案供应商，智能制造人才队伍基本建立。

——重点领域发展成效显著。制造业重点领域企业数字化研发设计工具普及率超过70%，关键工序数控化率超过50%，数字化车间/智能工厂普及率超过20%，运营成本、产品研制周期和产品不良品率大幅度降低。

三、重点任务

（一）加快智能制造装备发展

聚焦感知、控制、决策、执行等核心关键环节，推进产学研用联合创新，攻克关键技术装备，提高质量和可靠性。面向《中国制造2025》十大重点领域，推进智能制造关键技术装备、核心支撑软件、工业互联网等系统集成应用，以系统解决方案供应商、装备制造商与用户联合的模式，集成开发一批重大成套装备，推进工程应用和产业化。推动新一代信息通信技术在装备（产品）中的融合应用，促进智能网联汽车、服务机器人等产品研发、设计和产业化。

专栏1　智能制造装备创新发展重点

创新产学研用合作模式，研发高档数控机床与工业机器人、增材制造装备、智能传感与控制装备、智能检测与装配装备、智能物流与仓储装备五类关键技术装备。重点突破高性能光纤传感器、微机电系统（MEMS）传感器、视觉传感器、分散式控制系统（DCS）、可编程逻辑控制器（PLC）、数据采集系统（SCADA）、高性能高可靠嵌入式控制系统等核心产品，在机床、机器人、石油化工、轨道交通等领域实现集成应用。

依托优势企业，开展智能制造成套装备的集成创新和应用示范，加快产业化。促进智能网联汽车、智能工程机械、智能船舶、智能照明电器、服务机器人等研发和产业化，开展远程无人操控、运行状态监测、工作环境预警、故障诊断维护等智能服务。

到2020年，研制60种以上智能制造关键技术装备，达到国际同类产品水平，国内市场满足率超过50%。

（二）加强关键共性技术创新

围绕感知、控制、决策和执行等智能功能的实现，针对智能制造关键技术装备、智能产品、重大成套装备、数字化车间/智能工厂的开发和应用，突破先进感知与测量、高精度运动控制、高可靠智能控制、建模与仿真、工业互联网安全等一批关键共性技术，研发智能制造相关的核心支撑软件，布局和积累一批核心知识产权，为实现制造装备和制造过程的智能化提供技术支撑。

专栏 2　智能制造关键共性技术创新方向

建设若干智能制造领域的制造业创新中心，开展关键共性技术研发。整合现有各类创新资源，引导企业加大研发投入，突破新型传感技术、模块化/嵌入式控制系统设计技术、先进控制与优化技术、系统协同技术、故障诊断与健康维护技术、高可靠实时通信、功能安全技术、特种工艺与精密制造技术、识别技术、建模与仿真技术、工业互联网、人工智能等关键共性技术。引导企业、高校、科研院所、用户组建智能制造创新联盟，推动创新资源向企业集聚。

加快研发智能制造支撑软件，突破计算机辅助类（CAX）软件、基于数据驱动的三维设计与建模软件、数值分析与可视化仿真软件等设计、工艺仿真软件，高安全高可信的嵌入式实时工业操作系统、嵌入式组态软件等工业控制软件，制造执行系统（MES）、企业资源管理软件（ERP）、供应链管理软件（SCM）等业务管理软件，嵌入式数据库系统与实时数据智能处理系统等数据管理软件。

到 2020 年，建成较为完善的智能制造技术创新体系，一批关键共性技术实现突破，部分技术达到国际先进水平；核心支撑软件市场满足率超过 30%。

（三）建设智能制造标准体系

依据国家智能制造标准体系建设指南，围绕互联互通和多维度协同等瓶颈，开展基础共性标准、关键技术标准、行业应用标准研究，搭建标准试验验证平台（系统），开展全过程试验验证。加快标准制（修）订，在制造业各个领域全面推广。成立国家智能制造标准化协调推进组、总体组和专家咨询组，形成协同推进的工作机制。充分利用现有多部门协调、多标委会协作的工作机制，形成合力，凝聚国内外标准化资源，扎实构建满足产业发展需求、先进适用的智能制造标准体系。

专栏 3　智能制造标准提升专项行动

组织开展参考模型、术语定义、标识解析、评价指标、安全等基础共性标准和数据格式、通讯协议与接口等关键技术标准的研究制定，探索制定重点行业智能制造标准。强化方法论、标准库和标准案例集等实施手段，以培训、咨询等方式推进标准宣贯与实施。推进智能制造标准国际交流与合作。

到 2020 年，国家智能制造标准体系基本建立，制（修）订智能制造国家标准 200 项以上，建设试验验证平台 100 个以上，公共服务平台 50 个以上。

（四）构筑工业互联网基础

研发新型工业网络设备与系统，构建工业互联网试验验证平台和标识解析系统。推动制造企业开展工厂内网络升级改造。鼓励电信运营商改良工厂外网络，开展工业云和大数据平台建设。研发安全可靠的信息安全软硬件产品，搭建面向智能制造的信息安全保障系统与试验验证平台，建立健全工业互联网信息安全风险评估、检查和信息共享机制。

专栏 4　工业互联网建设重点

研发融合 IPv6、4G/5G、短距离无线、WiFi 技术的工业网络设备与系统，构建工业互联网试验验证平台及标识解析系统、企业级智能产品标识系统。开发工业互联网核心信息通信设备、工业级信息安全产品及设备。支持工业企业利用光通信、工业无线、工业以太网、SDN、OPC-UA、IPv6 等技术改造工业现场网络，在工厂内形成网络联通、数据互通、业务打通的局面。利用 SDN、网络虚拟化、4G/5G、IPv6 等技术实现对现有公用电信网的升级改造，满足工业互联网网络覆盖和业务开展的需要。面向智能制造发展需求，推动工业云计算、大数据服务平台建设。推动有条件的企业开展试点示范，推进新技术、产品及系统在重点领域的集成应用。

到 2020 年，在重点领域制造企业建设新技术实验网络并开展应用创新。

（五）加大智能制造试点示范推广力度

在基础条件好和需求迫切的重点地区、行业，选择骨干企业，围绕离散型智能制造、流程型智能制造、网络协同制造、大批量定制、远程运维服务、工业云平台、众包众创等方面，开展智能制造新模式试点示范，形成有效的经验和模式。围绕设计、研发、生产、物流、服务等全生命周期，遴选智能制造标杆企业，在相关行业进行移植、推广。

专栏5　智能制造试点示范及推广应用专项行动

第一阶段，聚焦制造过程关键环节，在基础条件较好、需求迫切的地区和行业，遴选一批智能制造试点示范项目，总结形成有效经验和模式。第二阶段，围绕产品全生命周期，研究制定智能制造标杆企业遴选标准，在实施智能制造成效突出的企业中，遴选确定一批标杆企业，在相关行业大规模移植、推广所形成的经验和模式。

到2020年，建成300个以上智能制造试点示范项目，数字化车间/智能工厂试点示范项目实施前后实现运营成本降低20%，产品研制周期缩短20%，生产效率提高20%，产品不良品率降低10%，能源利用率提高10%；遴选确定150个以上智能制造标杆企业。

（六）推动重点领域智能转型

围绕《中国制造2025》十大重点领域，试点建设数字化车间/智能工厂，加快智能制造关键技术装备的集成应用，促进制造工艺仿真优化、数字化控制、状态信息实时监测和自适应控制。加快产品全生命周期管理、客户关系管理、供应链管理系统的推广应用，促进集团管控、设计与制造、产供销一体、业务和财务衔接等关键环节集成。针对传统制造业关键工序自动化、数字化改造需求，推广应用数字化技术、系统集成技术、智能制造装备，提高设计、制造、工艺、管理水平，努力提升发展层次，迈向中高端。加强传统制造业绿色改造，推动产业间绿色循环链接，提升重点制造技术绿色化水平。

专栏6　重点领域智能转型重点

围绕新一代信息技术、高档数控机床与工业机器人、航空装备、海洋工程装备及高技术船舶、先进轨道交通装备、节能与新能源汽车、电力装备、农业装备、新材料、生物医药及高性能医疗器械、轻工、纺织、石化化工、钢铁、有色、建材、民爆等重点领域，推进智能化、数字化技术在企业研发设计、生产制造、物流仓储、经营管理、售后服务等关键环节的深度应用。支持智能制造关键技术装备和核心支撑软件的推广应用，不断提高生产装备和生产过程的智能化水平。在基础条件较好的领域，开展数字化车间/智能工厂的集成创新与应用示范。支持地方、园区、龙头企业等建设一批公共服务平台，开展技术研发、产品设计、软件服务、数据管理、测试验证等服务。

到2020年，量大面广、有基础、有条件的重点领域数字化研发设计工具普及率达到70%以上，关键工序数控化率达到50%以上，数字化车间/智能工厂普及率达到20%以上。

（七）促进中小企业智能化改造

引导有基础、有条件的中小企业推进生产线自动化改造，开展管理信息化和数字化升级试点应用。建立龙头企业引领带动中小企业推进自动化、信息化的发展机制，提升中小企业智能化水平。整合和利用现有制造资源，建设云制造平台和服务平台，在线提供关键工业软件及各类模型库和制造能力外包服务，服务中小企业智能化发展。

专栏7 中小企业智能化改造专项行动

支持第三方机构提供分析诊断、创新评估等服务,鼓励系统集成商、装备供应商、软件供应商等,针对中小企业实际需求,研究制定简便易行的智能化改造方案,推广一批成熟使用的单元装备和先进技术。推进"互联网+"小微企业,推广适合中小企业发展需求的信息化产品和服务,促进互联网和信息技术在生产制造、经营管理、市场营销各个环节中的应用。推进云制造,构建云制造平台和服务平台。推动中小企业与大企业协同创新,鼓励有条件的大企业搭建信息化服务平台,向中小企业开放入口、数据信息、计算能力。

到2020年,有基础、有条件的中小企业生产自动化程度大幅提高,管理信息化和数字化水平明显提升。

(八)培育智能制造生态体系

面向企业智能制造发展需求,推动装备、自动化、软件、信息技术等不同领域企业紧密合作、协同创新,推动产业链各环节企业分工协作、共同发展,逐步形成以智能制造系统集成商为核心、各领域领先企业联合推进、一大批定位于细分领域的"专精特"企业深度参与的智能制造发展生态体系。加快培育一批有行业、专业特色系统解决方案供应商;大力发展具有国际影响力的龙头企业集团;做优做强一批传感器、智能仪表、控制系统、伺服装置、工业软件等"专精特"配套企业。

专栏8 智能制造系统解决方案供应商培育专项行动

支持以技术和资本为纽带,组建产学研用联合体或产业创新联盟,鼓励发展成为智能制造系统解决方案供应商。支持装备制造企业以装备智能化升级为突破口,加速向系统解决方案供应商转变。支持规划设计院以车间/工厂的规划设计为基础,延伸业务链条,开展数字化车间/智能工厂总承包业务。支持自动化、信息技术企业通过业务升级,逐步发展成为智能制造系统解决方案供应商。研究制定智能制造系统解决方案供应商标准或规范,发布智能制造系统解决方案供应商推荐目录。

到2020年,主营业务收入超10亿元的智能制造系统解决方案供应商达到40家以上,系统集成能力明显提升,基本满足制造业智能转型的需要。

(九)推进区域智能制造协同发展

打造智能制造装备产业集聚区。积极推动以产业链为纽带、资源要素集聚的智能制造装备产业集群建设,完善产业链协作配套体系。加强规划引导,提升信息网络、公共服务平台等基础设施水平,促进产业集聚区规范有序发展。

促进区域智能制造差异化发展。结合《中国制造2025分省市实施指南》,紧密依靠本区域智能制造发展基础,聚焦重点。大力推进制造业发展水平较好的地区率先实现优势产业智能转型,积极促进制造业欠发达地区结合实际,加快制造业自动化、数字化改造,逐步向智能化发展。

加强区域智能制造资源协同。搭建基于互联网的制造资源协同平台,不断完善体系架构和运行规则,加快区域间创新资源、设计能力、生产能力和服务能力的集成和对接,推进制造过程各环节和全价值链的并行组织和协同优化,实现区域优势资源互补和资源优化配置。

(十)打造智能制造人才队伍

构建多层次人才队伍。大力弘扬工匠精神,突出职业精神培育。加强智能制造人才培训,培养一批能够突破智能制造关键技术、带动制造业智能转型的高层次领军人才,一批既擅长制造企业管理又熟悉信息技术的复合型人才,一批能够开展智能制造技术开发、技术改进、业务指导的专业技术人才,一批门类齐全、技艺精湛、爱岗敬业的高技能人才。

健全人才培养机制。创新技术技能人才教育培训模式,促进企业和院校成为技术技能人才培养的“双主体”。鼓励有条件的高校、院所、企业建设智能制造实训基地，培养满足智能制造发展需求的高素质技术技能人才。支持高校开展智能制造学科体系和人才培养体系建设。建立智能制造人才需求预测和信息服务平台。

四、保障措施

（一）加强统筹协调

发挥国家制造强国建设领导小组作用，有效统筹中央、地方和其他社会资源，协调解决智能制造发展中遇到的问题，形成资源共享、协同推进的工作格局。发挥国家制造强国建设战略咨询委员会作用，为把握技术发展方向提供咨询建议。加强规划与其他专项、工程有机衔接。

（二）完善创新体系

在智能制造领域研究建立若干制造业创新中心，建立市场化的创新方向选择机制和鼓励创新的风险分担、利益共享机制，解决技术研究与产业化应用的鸿沟。围绕重点领域智能制造发展需求，建设重大科学研究和实验设施。支持智能制造公共服务平台建设，增强为行业服务能力。鼓励企业加大研发投入力度，加强智能制造关键技术与装备创新。

（三）加大财税支持力度

充分利用现有资金渠道对智能制造予以支持。按照深化科技计划（专项、基金等）管理改革的要求，统筹支持智能制造关键共性技术的研发。完善和落实支持创新的政府采购政策。推进首台（套）重大技术装备保险补偿试点工作。落实税收优惠政策，企业购置并实际使用的重大技术装备符合规定条件的，可按规定享受企业所得税优惠政策。企业为生产国家支持发展的重大技术装备或产品，确有必要进口的零部件、原材料等，可按重大技术装备进口税收政策有关规定，享受进口税收优惠。

（四）创新金融扶持方式

发挥国家财政投入的引导作用，吸引企业、社会资本，建立智能制造多元化投融资体系。鼓励建立按市场化方式运作的各类智能制造发展基金，鼓励社会风险投资、股权投资投向智能制造领域。搭建政银企合作平台，研究建立产融对接新模式，引导和推动金融机构创新产品和服务方式。依托重点工程项目，推动首台（套）重大技术装备推广应用，完善承保理赔机制。支持装备制造企业扩大直接融资，发展应收账款融资，降低企业财务成本。

（五）发挥行业组织作用

发挥行业协会熟悉行业、贴近企业优势，推广先进管理模式，加强行业自律，防止无序和恶性竞争。各相关行业协会要指导企业深化改革、苦练内功，抓好技术创新、人才培养，及时反映企业诉求，反馈政策落实情况，积极宣传和帮助企业用足用好各项政策。鼓励行业协会、产业联盟提升服务行业发展的能力，引导企业推进智能制造发展。

（六）深化国际合作交流

在智能制造标准制定、知识产权等方面广泛开展国际交流与合作，不断拓展合作领域。支持国内外企业及行业组织间开展智能制造技术交流与合作，做到引资、引技、引智相结合。鼓励跨国公司、国外机构等在华设立智能制造研发机构、人才培训中心，建设智能制造示范工厂。鼓励国内企业参与国际并购、参股国外先进的研发制造企业。

五、组织实施

规划是指导未来5年智能制造发展的纲领性文件，工业和信息化部、发展改革委、科技部、财政部联合印发的《智能制造工程实施指南(2016—2020年)》明确的重点任务是规划的核心内容。工业和信息化部、财政部负责规划的组织实施，加强领导，精心组织，及时解决规划实施过程中遇到的问题，推动各项任务和措施落到实处。建立规划实施动态评估机制，适时对目标和任务进行必要的调整。

各地工业和信息化、财政主管部门要按照职责分工，抓紧制定与规划相衔接的实施方案，落实相关配套政策，做好信息反馈工作。相关行业协会和中介组织要充分发挥桥梁和纽带作用，协同推动本规划的贯彻落实。

信息化和工业化融合发展规划

（2016—2020年）

工信部规〔2016〕333号

“十三五”时期是我国全面建成小康社会的决胜阶段，是适应把握引领经济发展新常态的关键时期，是抢占全球新一轮产业竞争制高点的战略机遇期。大力推进信息化和工业化深度融合，加快新旧发展动能和生产体系转换，提高供给体系的质量效率层次，对于推动我国制造业转型升级、重塑国际竞争新优势具有重大战略意义。根据《中华人民共和国国民经济和社会发展第十三个五年规划纲要》，为深入贯彻落实《国务院关于深化制造业与互联网融合发展的指导意见》，协同推进《中国制造2025》和“互联网+”行动计划，编制本规划。

一、发展形势

“十二五”期间，我国两化融合顶层设计逐步加强，整体意识日益提高，发展成效不断显现，为制造强国建设奠定了坚实基础。一是两化融合政策体系日臻完善。党中央、国务院先后出台《中国制造2025》、《关于积极推进“互联网+”行动的指导意见》、《关于深化制造业与互联网融合发展的指导意见》、《国家信息化发展战略纲要》等系列文件，两化融合内涵思路不断丰富和创新，覆盖国家、行业、地区的两化融合协同工作机制正在形成。二是两化融合对传统产业提升作用显著。信息技术在企业研发、生产、经营、管理等环节的渗透不断加深，数字化研发设计工具普及率达61.1%，关键工序数控化率达45.4%，制造企业在精益管理、风险管控、供应链协同、市场快速响应等方面的竞争优势不断扩大。三是制造业智能化发展取得新进展。制造企业生产设备智能化改造步伐加快，综合集成水平持续提高，一批企业初步具备了探索智能制造的条件，智能机器人、增材制造、智能家电、智能汽车、可穿戴智能产品、移动智能终端等产业快速发展。四是基于互联网的新模式新业态不断涌现。互联网与制造业的融合发展，催生了网络协同制造、个性化定制、服务型制造等新模式，工业云、工业大数据、工业电子商务等新业态蓬勃发展。五是信息技术产业支撑服务能力进一步夯实。全球规模最大的宽带通信网络基本建成，自主研发的EPA实时以太网、WIA—PA工业无线网络等被纳入工业控制网络国际标准;集成电路、高性能计算、网络通信、基础软件等领域取得突破,云计算、大数据、物联网、移动互联网在重点行业应用不断加深。同时,我国两化融合发展仍存在整体水平不高、第三方公共服务平台支撑不足、核心技术薄弱、融合发展生态环境尚不健全等问题。

“十三五”时期,我国两化融合发展环境日益复杂,发展条件和动力发生深刻变革,面临的机遇与挑战并存。一是国际产业格局面临重大调整,围绕抢占制造业发展制高点的竞争愈演愈烈,两化融合发展迎来新空间。为应对新一轮科技革命和产业变革带来的挑战和机遇,以美国工业互联网、德国工业4.0为代表,发达国家纷纷实施以重振制造业为核心的“再工业化”战略,对高端制造业进行再调整再布局,以打造国家制造业竞争新优势。二是产业结构升级和供给结构优化需求迫切,对两化融合发展提出新需求。我国经济发展进入新常态,制造业发展面临资源环境约束强化、要素成本上升、投资出口放缓等挑战,“十三五”时期亟须推动两化深度融合,优化企业资源配置,提升生产经营效率,改善产品品种结构,提高供给结构适应性和灵活性,形成经济增长新动力。三是信息技术高速发展,成为构建新型制造体系的重要力量,给两化融合发展带来新支撑。以云计算、大数据、物联网、移动互联网为代表的新一代信息技术正在向制造业加速渗透融合,工业云、工业互联网、智能设备逐步成为制造业发展新基础,个性化定制、服务型制造成为生产方式变革新趋势,融合创新、系统创新、迭代创新、大众创新等正在成为制造业转型升级新动力。四是工业领域信息安全形势日益严峻,对两化融合发展提出新要求。随着两化融合发展进程不断深入,工业信息系统逐步从单机走向互联、从封闭走向开放,为网络安全威胁向其加速渗透提供了条件,工业领域面临的信息安全形势日益紧迫,急需加速完善工业信息系统安全保障体系。

综合判断,我国两化融合发展仍处于大有可为的重要战略机遇期,正进入向纵深发展的新阶段。“十三五”期间,准确把握战略机遇,有效应对各种风险和挑战,通过大力推进两化深度融合,重塑制造业竞争新优势,加快制造强国建设,促进经济社会转型发展,显得尤为重要和紧迫。

二、指导思想和发展目标

(一)指导思想

全面贯彻党的十八大和十八届三中、四中、五中全会精神,牢固树立创新、协调、绿色、开放、共享的发展理念,围绕供给侧结构性改革需求,以激发制造业创新活力、发展潜力和转型动力为主线,大力促进信息化和工业化深度融合发展,着力打造支撑制造业转型的创业创新平台,积极培育新产品、新技术、新模式、新业态,加快构建支撑融合发展的基础设施体系,增强制造业转型升级新动能,构筑精细、柔性、智能、绿色的新型制造体系,不断提升中国制造全球竞争优势,推动制造强国建设。

(二)基本原则

*创新驱动,转型发展。*充分发挥新一代信息通信技术聚集、整合、优化要素资源的优势,应用互联网创新理念、创新要素和创新体系,带动制造业技术、产品、模式、机制创新,提高供给质量和效率,激发制造业发展新动能。

*跨界融合,互动发展。*推动制造业与信息产业在发展理念、技术产业、生产体系、业务模式等方面全面融合,以两化融合带动信息产业加速发展,以信息产业支撑两化深度融合。协同推进军工和

民用领域的两化融合，加强成果的相互转化和共享利用。

分类施策，协调发展。把握新技术在不同环节、行业、领域的扩散规律和应用模式，针对不同企业、行业、区域两化融合发展基础、阶段和水平差异，加快形成方法科学、机制灵活、政策精准的分类推进体系。

市场主导，循序发展。把市场对资源配置的决定性作用和更好发挥政府作用有机结合起来，积极完善两化融合政策举措，突出企业主体地位，形成促进公平竞争、激发创新活力、保障循序发展的两化融合市场环境。

（三）发展目标

到2020年，信息化和工业化融合发展水平进一步提高，提升制造业创新发展能力的“双创”体系更加健全，支撑融合发展的基础设施和产业生态日趋完善，制造业数字化、网络化、智能化取得明显进展，新产品、新技术、新模式、新业态不断催生新的增长点，全国两化融合发展指数达到85，比2015年提高约12，进入两化融合集成提升与创新突破阶段的企业比例达30%，比2015年提高约15个百分点。

——基于互联网的制造业“双创”体系不断完善。“双创”成为制造业转型发展的新引擎，“双创”服务平台体系支撑能力显著提升，创新资源和服务在线化、平台化和共享水平显著提升。

——新型生产模式在重点行业广泛普及。生产方式精细化、柔性化、智能化水平显著提升，关键工序数控化率达50%，网络协同制造、个性化定制、服务型制造成为引领制造业高端化的重要模式，制造企业组织管理模式进一步趋向扁平开放。

——基于互联网的服务业态成为新增长点。产品全生命周期管理、工业电子商务等服务新模式新业态蓬勃发展，工业电子商务交易额突破10万亿元。

——智能装备和产品自主创新能力快速提升。智能制造关键技术装备、智能制造成套装备、智能产品研发和产业化取得重大突破，新型智能硬件产品和服务市场规模突破万亿元，智能制造系统解决方案能力显著提升。

——支撑融合发展的基础设施体系基本建立。自动控制与感知技术研发和产业化取得突破，工业软硬件供给能力稳步提高，工业云与智能服务平台逐步成为智能制造关键应用基础设施，低时延、高可靠、广覆盖、更安全的网络服务支撑能力进一步增强。

三、主要任务

（一）构建基于互联网的制造业“双创”新体系，激发创业创新活力

推动大企业“双创”发展。支持大型制造企业建立基于互联网的创业孵化、协同创新、网络众包和投融资等“双创”平台，推动构建基于平台的新型研发、生产、管理和服务模式，激发企业创业创新活力。鼓励大企业面向社会开放平台资源，不断丰富创业孵化、专业咨询、人才培训、检验检测、投融资等服务，促进创新要素集聚发展。围绕打造产业链竞争新优势，推动大企业加强与中小企业的专业分工、服务外包、订单生产等多种形式协作，形成资源富集、创新活跃、高效协同的产业创新集群。

构建面向中小企业的“双创”服务体系。完善中小企业“双创”服务体系，支持小型微型企业创

业创新基地建设,引导基地向平台化、智慧化、生态化方向发展。完善中小企业公共服务平台网络,发挥国家中小企业公共服务示范平台作用,开展基于互联网的技术创新、智能制造、质量品牌等服务,发展面向中小微企业创业创新的信息化应用服务。支持建设"创客中国"创业创新平台。积极发展众创、众包、众扶、众筹等新模式,以及创客空间、创新工场、开源社区等新型众创空间,培育形成低门槛、广覆盖、有活力的"双创"生态系统,促进生产与需求对接、传统产业与新兴产业融合、大企业与中小企业合作。

发展新型研发创新服务。加快制造业创新中心建设,推动共性和前沿技术研发、转移扩散和首次商业化应用,打造贯穿创新链、产业链的创新生态系统。推动检验检测、测试认证、知识产权、技术交易等专业研发服务的在线化和平台化,促进研发成果转化和市场拓展。加强产学研合作,利用移动互联网、云计算、大数据等新一代信息技术及平台,发展虚拟在线、敏捷高效、按需供给的新型研发服务。

(二)推广网络化生产新模式,引领生产方式持续变革

大力发展智能工厂。加快机械、船舶、汽车、家电等离散行业生产装备智能化改造,推动全面感知、设备互联、数据集成、智能管控,促进生产过程的精准化、柔性化、敏捷化。加强石化化工、钢铁、有色、建材等流程行业先进过程控制和制造执行系统的全面部署和优化升级,推进能源管理中心建设,实现生产过程的集约高效、动态优化、安全可靠和绿色低碳。

推进网络协同制造。加快网络、控制系统、管理软件和数据平台的纵向集成,促进研发设计、智能装备、生产制造、检验验证、经营管理、市场营销等环节的无缝衔接和综合集成,实现全流程信息共享和业务协同。推动企业间研发设计、客户关系管理、供应链管理和营销服务等系统的横向集成,推进协同制造平台建设,提升产业链上下游企业间设计、制造、商务和资源协同能力。

推广个性化定制。推动家电、家具、服装、家纺、建材家居等行业发展动态感知、实时响应消费需求的大规模个性化定制模式。鼓励飞机、船舶等行业提升高端产品和装备模块化设计、柔性化制造、定制化服务能力。支持发展面向中小企业的工业设计、快速原型、模具开发和产品定制等在线服务,培育"互联网+"新型手工作坊等小批量个性化定制模式。

发展服务型制造。积极发展工业设计,推动国家级工业设计中心建设,不断提高面向产品、工艺和服务的自主创新设计能力。鼓励有条件的企业从主要提供产品向提供产品和服务转变。引导轨道交通装备、海洋工程装备、能源电力装备等行业拓展总集成总承包、交钥匙工程和租赁外包等新业务,提高为用户提供专业化系统解决方案能力。推动制造企业开展信息技术、物流、金融等服务业务剥离重组,鼓励合同能源管理、产品回收和再制造、排污权交易、碳交易等专业服务网络化发展。

(三)培育平台化服务新业态,推动产业价值链向高端跃升

培育基于互联网的产品服务。围绕提升智能产品在线服务能力,推动数字内容、电子商务、应用服务等业务资源整合,培育智慧家庭、智能家电、智能穿戴等领域的服务新业态。深化物联网标识解析、工业云服务、工业大数据分析等在重点行业应用,支持食品、药品、危险品、特种设备、绿色建材等行业发展基于产品全生命周期管理的追溯监管、质量控制等服务新模式,构建智能监测监管体系,支持机械、汽车等行业发展产品在线维护、远程运维、智能供应链、协同研发等服务新业态。

大力发展工业电子商务。引导大型制造企业采购销售平台向行业电子商务平台转型,提高企业供应链协同水平。引导第三方工业电子商务平台向网上交易、加工配送、技术服务、支付结算、供

应链金融、大数据分析等综合服务延伸，提升平台运营服务能力。鼓励发展跨境工业电子商务，完善通关、检验检疫、结汇、退税等关键环节“单一窗口”综合服务体系。推动建设集信息发布、在线交易、数据分析、跟踪追溯等功能为一体的智能物流平台，提高面向工业领域供应链协同需求的物流响应能力。

（四）营造跨界融合新生态，提高行业融合创新能力

提升系统解决方案能力。开展信息物理系统（CPS）架构、模型、数据和数据链等基础关键标准研究，突破物理仿真、实时传感、智能控制、人机交互、系统自治等关键核心技术。构建信息物理系统（CPS）应用测试验证平台及具有综合验证能力的试验床，组织开展信息物理系统（CPS）行业应用试点示范。面向重点行业智能制造单元、智能生产线、智能车间、智能工厂建设，加快培育本土系统解决方案提供商，加强适应重点行业特点和需求的优秀解决方案研发和推广普及。

创新跨界融合发展模式。支持互联网企业与制造企业合作，构建智能汽车、智能家电、数控机床、智能机器人等领域新的技术体系、标准规范、商业模式和产业生态。推动中小企业制造资源与互联网平台全面对接，实现研发设计、生产制造和物流配送等能力的在线发布、协同和交易，提升中小企业精准、柔性、高效的供给能力。支持制造企业与电子商务企业、物流企业、金融企业开展战略投资、品牌培育、网上销售、物流配送、供应链金融等领域的合作，整合线上线下交易资源，打造制造、商贸、物流、金融等高效协同的生产流通一体化新生态。

加快智慧集群建设。围绕制造业集聚区的集约化、网络化、品牌化提升改造，加快电网、管网、交通、安防和通信网络等配套设施改造，实施“互联网+”产业集群行动，鼓励和支持有条件的地区开展智慧集群建设和试点，推动产品研发设计工具、生产设备及零配件等资源共享，实现制造业产业集群制造资源在线化、产能柔性化、产业链协同化，打造智慧集群。支持有条件的地方开展制造业与互联网融合政策创新试点，探索行业监管、数据开放、公共服务、人才培养等推进机制，形成制造业区域发展新模式。

（五）普及两化融合管理体系标准，创新企业组织管理模式

加快两化融合管理体系标准普及推广。完善两化融合管理体系基础标准，制定分类标准、组织管理变革工具和方法等新标准，研究制定引导企业互联网转型的新型能力框架体系和参考模型。组织实施两化融合管理体系实施与推广，分行业、分领域培育一批示范企业，加快构建开放式、扁平化、平台化的组织管理新模式，打造基于标准引领、创新驱动的企业核心竞争力。完善两化融合管理体系市场化服务体系，建立线上线下协同推进机制，加强政策引导和资金支持，加快形成两化融合管理体系评定结果的市场化采信机制。

持续开展两化融合评估诊断和对标引导。结合智能制造和“互联网+”新趋势，优化企业两化融合评估指标体系和评估模型，完善国家、地方政府、企业等多层次的两化融合评估协同工作体系。建设企业两化融合评估大数据平台，周期性组织开展企业两化融合自评估、自诊断、自对标，围绕两化融合现状识别、效益分析、问题诊断、趋势预测等，形成区域、行业、企业等两化融合数据地图，提高政府精准施策、机构精准服务、企业精准决策水平。

（六）发展智能装备和产品，增强产业核心竞争力

加快发展智能新产品。围绕构建支撑智能硬件产业化发展的技术体系，推动低功耗 CPU、高精度传感器、新型显示器件、轻量级操作系统等智能产业共性关键技术攻关，促进创新成果快速转化。支持重点领域智能产品、集成开发平台和解决方案的研发和产业化，支持虚拟现实、人工智能

核心技术突破以及产品与应用创新。发展智能汽车、智慧医疗、智慧交通、智能建材家居等新型智能产品的测试验证环境、示范运行场景和基础数据平台,提升检测认证公共服务能力。

做强智能制造关键技术装备。加快推动高档数控机床、工业机器人、增材制造装备、智能检测与装配装备、智能物流与仓储系统装备等关键技术装备的工程应用和产业化。优先支持航空航天、海洋工程、新材料等重点领域智能制造成套装备的研发和产业化,加快传统制造业生产设备的数字化、网络化和智能化改造。

(七)完善基础设施体系,提升支撑服务能力

夯实自动控制与感知技术基础。加强传感器关键技术研发和产业化发展,提升传感器智能化、微型化和集成化水平。突破工业控制系统中核心芯片、伺服电机、驱动器、现场总线、工业以太网等关键器件和技术的发展瓶颈,加快推动可编程逻辑控制器、分布式控制系统、工控机系统以及数据采集与监视控制系统等研发和产业化。加快工艺过程控制、特殊控制模块等核心芯片产业化,推进相关领域嵌入式处理器的研发和规模应用。

发展核心工业软硬件。突破虚拟仿真、人机交互、系统自治等关键共性技术发展瓶颈,夯实核心驱动控制软件、实时数据库、嵌入式系统等产业基础。提升计算机辅助设计与仿真、制造执行系统、企业资源计划、供应链管理、客户关系管理、产品全生命周期管理等系统软件的研发和产业化能力,加强软件定义和支撑制造业的基础性作用。支持信息物理系统(CPS)关键技术、网络、平台、应用环境的兼容适配、互联互通和互操作测试验证,推动工业软硬件与工业大数据平台、工业互联网、工业信息安全系统和智能装备的集成应用。

提升工业云与大数据服务能力。围绕智能装备接入工业云的数据采集、网络连接和调度管理等重点环节,突破通信协议、数据接口、数据分析等关键技术,提升工业云平台系统解决方案供给能力。创新工业云服务内容与模式,推动工业设计模型、数字化模具、产品和装备维护知识库等制造资源集聚、开放和共享,鼓励培育基于工业云的新型生产组织模式。加快基于接口协议开放、数据全面集成、行业应用模型和开发工具共享的工业数据服务平台研发和推广应用,推动大数据在工业设计、生产制造、售后服务等产品全生命周期的应用,形成一批工业大数据解决方案,构建以新型工业操作系统和工业 APP 架构为核心的智能服务生态。

推动工业互联网建设。提升宽带网络能力,积极部署全光网,推进 5G 规模试验网建设和试商用进程。以下一代互联网示范城市、LTEv6 工程为抓手,推动 IPv6 在物联网、移动互联网中的应用。持续优化互联网骨干网,实现国内骨干直联点与交换中心协同发展,扩大内容分发网络覆盖范围,提升内容分发能力。推动工业互联网创新发展,开展工业互联网技术试验验证、工业互联网标识解析系统建设、工业互联网 IPv6 应用部署、工业互联网管理支撑平台等工作。加快推进工业以太网、短距离无线通信、4G/5G 等新一代工业互联网设备、技术研发与产业化。研究制定工业互联网网络安全防护标准,加强工业互联网网络侧安全技术手段建设,建立健全工业互联网网络安全保障体系。

逐步完善工业信息安全保障体系。围绕工控安全监管和企业工控安全防护水平提升,健全政策标准体系,研制工控安全审查、分级评估、智能产品关键信息安全标准及其验证平台。支持国家工业信息安全信息采集报送、在线监测以及测试、评估、验证等平台建设,加快形成工业信息安全信息采集、分析、评估和通报工作体系,建立工业信息安全监管体系。支持研发工业信息系统、产品检测技术和工具,开展社会化工业信息安全测评服务,提高智能工业产品的漏洞可发现、风险可防范

能力，建立工业信息安全技术保障体系。推动企业建立工业信息安全保障工作机制。

四、重点工程

（一）制造业“双创”培育工程

依托重点行业优势企业，在研发创新、协同制造、产品全生命周期管理等领域开展“双创”平台建设及应用推广。支持基础电信企业、大型互联网企业联合共建资源开放、数据共享、创业孵化、在线测试、创业咨询等服务平台，为中小企业及个人开发者开展制造领域创新提供普惠服务。推动有条件的国家新型工业化产业示范基地和产业集聚区结合国家战略布局和产业发展实际，与众创、众包、众扶、众筹等服务资源对接，建设各具特色、虚实结合的众创空间。建设若干国家制造业创新中心，提供虚拟在线、敏捷高效、按需供给的专业化服务。

（二）制造业与互联网融合发展工程

选择有条件的地区、行业、企业，建设多功能、集成化的工业云平台，开展工业云服务创新应用，培育社会化、共享化、网络化服务新模式。聚焦能源精细化管理、供应链金融服务、产品全生命周期质量管理等，开展大数据智能分析平台、开放服务平台等建设及应用，发展大数据智能服务新模式。推动具有行业知名度的大企业开放集采集销平台，实现与供应链上下游企业间的互联互通，发展供需精准对接服务。建设行业性和综合性电子商务平台，支持平台服务向多元化方向延伸，建立和完善工业电子商务运行形势监测分析体系。组织典型案例和经验的总结与推广，大力宣传各地区、各行业和典型企业在推进制造业与互联网融合方面的成功经验和做法。

（三）系统解决方案能力提升工程

研制信息物理系统（CPS）综合标准体系，并进行行业推广应用。以提升系统架构设计、系统集成、综合服务能力为重点，建设信息物理系统（CPS）开发工具、知识库、组件库等通用平台。建设信息物理系统（CPS）测试验证平台和综合验证实验床，开展多元异构数据、网络、平台的兼容适配、互联互通和互操作测试验证。以船舶、机械、汽车等行业为重点，研制精益研发解决方案，建立研发与制造一体化平台，推广虚拟环境中的系统研发设计和验证服务。聚焦石化化工、钢铁、有色、建材、航空、汽车、船舶、家电等行业，研制智能工厂解决方案，完善企业智能化生产体系。针对装备、消费品等行业，研制供应链协同管控解决方案，为企业构建系统化、柔性化、智能化供应链体系提供支撑。

（四）企业管理能力提升工程

分行业、分领域开展两化融合管理体系贯标示范，总结提炼贯标成果和经验，鼓励和推动各地开展省市级贯标试点示范工作，组织开展各类宣贯和培训活动，推动两化融合管理体系贯标由试点推广向全面普及转变。推动企业以管理体系贯标为牵引实现管理模式创新和管理现代化水平提升，培育和提升精益管理、大规模个性化定制、供应链协同、市场快速响应、精准营销等核心竞争能力。培育壮大贯标评定的市场服务队伍，推动完成贯标企业开展评定。健全面向互联网化和智能化发展需求的两化融合评估体系，依托中国两化融合服务平台建设两化融合大数据平台，每年推动各省级单位组织辖区内企业开展周期性两化融合自评估、自诊断与自对标。

（五）核心技术研发和产业化工程

围绕重大装备和产品智能化需求，搭建技术联合攻关平台，支持自动控制和智能感知设备及系统、核心芯片技术以及新型显示系统的研发和产业化。重点扶持安全可控的工业基础软硬件、高端行业应用软件、嵌入式系统、新型工业APP应用平台、工业互联网网络设备、工控安全防护产品发展。支持企业探索工业互联网应用创新，开展工厂内外网络技术及互联互通、无线工厂、标识解析、IPv6等方面的应用示范。支持信息技术服务在个性化定制、产品全生命周期管理、网络精准营销和在线支持等领域的应用。

（六）工业信息安全保障工程

围绕提升智能装备和产品应用安全水平和智能工厂信息安全保障能力，支持搭建智能产品及装备信息安全测评平台。进一步推动工业防火墙、访问控制等工业信息安全产品在机械、石化化工、钢铁、有色、建材等行业的应用推广，提升工业行业信息安全防护能力。鼓励行业组织、科研机构、骨干企业在重点行业联合开展工业信息安全应急和攻防演练试点，提升工业领域信息系统安全漏洞可发现和风险可防范能力。针对工业领域信息系统的高级可持续威胁，建设工业云、工业大数据信息安全检测和预警平台。

五、保障措施

（一）健全组织实施机制

建立健全政府、行业、企业、科研院所和第三方咨询服务机构的两化融合协同推进机制，加强相关部门在两化融合发展重大问题、重大政策和重大工程等方面的协调配合。加强组织领导，统一认识，明确职责分工，制定出台配套政策措施，落实规划总体要求、目标和任务。建立两化融合发展的跟踪监测、统计分析、绩效评估、动态调整和监督考核机制，定期开展规划实施的评估考核工作，确保规划得到有效贯彻落实。

（二）加大财税金融支持

充分利用科技重大专项、技术改造资金、工业转型升级资金、专项建设基金等渠道，加大对两化融合共性技术开发、公共平台建设、试点示范项目及两化融合管理体系贯标的支持。完善和落实研发费用加计扣除、高新技术企业、科技企业孵化器等税收优惠政策。积极发挥政策性金融、开发性金融和商业金融的优势，加大对高端装备、智能制造、工业互联网等重点领域的支持力度。引导中央企业创新投资基金、地方产业投资基金和社会资本，支持成套装备、高端智能产品、工业软硬件、工业互联网等重大技术研发、成果转化和并购重组。

（三）建立健全标准体系

整合工业、信息技术、通信领域的标准化资源，加快建立适应制造业与互联网融合发展的标准体系，推动建立跨界融合标准化技术组织。按照急用先行、成熟先上、重点突破的原则，面向重点行业和细分领域制定行业应用规范和实施指南。发挥企业在标准制定中的重要作用，支持组建重点领域标准推进联盟，鼓励制定团体标准，协同推进标准研制。支持骨干企业主导或实质参与国际标准制定，提升国际标准话语权。

（四）完善人才培养体系

完善激励创新的股权、期权等风险共担和收益分享机制，创造有利于两化融合优秀人才脱颖而出的环境。围绕两化融合急需短缺人才，在重点院校、大型企业和产业园区，建设一批产学研相结合的专业人才培训基地。支持高校围绕两化融合人才培育设立相关学科，把两化融合人才培养作为专业技术人员知识更新工程、企业经营管理人才素质提升工程等国家人才培养计划的优先领域。加强中西部地区两化融合人才培养和引进。推广企业首席信息官制度，鼓励企业引入和培养复合型人才，提升信息化与业务部门之间的协同对接能力。

（五）加强国际合作交流

围绕两化融合相关技术研发、标准研制、人才培养、行业应用等领域，积极开展双边、多边国际交流合作。结合“一带一路”等国家重大战略，支持和鼓励制造企业联合互联网、信息通信、金融等领域企业率先“走出去”。支持行业协会、产业联盟与企业在全球范围内共同推广两化融合相关产品、技术、标准、服务，推动两化融合全链条“走出去”。

消费品标准和质量提升规划

（2016—2020年）

国办发〔2016〕68号

当前，我国已成为全球消费品生产、消费和贸易大国，消费对经济增长的基础作用明显增强。但是，消费品标准和质量还难以满足人民群众日益增长的消费需求，呈现较为明显的供需错配，消费品供给结构不合理，品牌竞争力不强，消费环境有待改善，国内消费信心不足，制约国内消费增长，甚至造成消费外流。为深化消费品供给侧结构性改革，提升消费品标准和质量水平，确保消费品质量安全，扩大有效需求，提高人民生活品质，夯实消费品工业发展根基，推动"中国制造"迈向中高端，有力推动"中国制造2025"顺利实施，为经济社会发展增添新动力，制定本规划。

一、总体要求

（一）指导思想

以党的十八大和十八届三中、四中、五中全会精神为指导，按照"四个全面"战略布局和党中央、国务院决策部署，牢固树立创新、协调、绿色、开放、共享的发展理念，紧紧围绕推进供给侧结构性改革，以先进标准引领消费品质量提升，倒逼装备制造业转型升级，扩大有效供给满足新需求，改善消费环境释放新动能，创新体制机制激发新活力，以科技创新支撑标准化和质量提升，突出标准引领，创新质量供给，着力增品种、提品质、创品牌，不断满足人民群众日益增长的消费需求。

（二）基本原则

坚持市场导向。发挥市场机制作用，强化企业市场主体地位，激发企业标准和质量提升内生动力，瞄准当前消费品市场的薄弱环节，以质量提升满足传统消费升级需求，以技术、产品、产业模式创新满足并创造消费新需求，保障基本消费、增加优质消费、抓住高端消费，以消费升级引领产业升级。

坚持改革创新。加大推进简政放权、放管结合、优化服务改革力度，加快标准化和质量提升的科技创新、制度创新和机制创新，破除制度性障碍，最大限度取消市场准入限制，净化消费市场环境，发挥创新对标准化和质量提升的倍增效应。

坚持标准引领。提高标准供给能力和水平，推动主要消费品标准由跟随者向创新者、领跑者转变。保障质量安全，推动质量提升，带动产业转型升级。

坚持质量为本。深化质量为本理念，引导企业增强质量、品牌和营销意识，弘扬企业家精神和工匠精神，实施精细化质量管理，树立追求卓越的质量文化，推广先进标准应用体系和先进质量管理模式，打造中国优质品牌，推动消费品工业走以质取胜的发展道路。

坚持开放融合。鼓励行业协会、社会组织和消费者更好地参与标准化和质量工作。加强国际交流与合作，积极参与国际标准化和质量管理工作，加快消费品质量安全标准与国际标准接轨。

（三）总体目标

——消费品标准体系基本完善，政府主导与市场自主制定的标准协调配套，标准供给基本满足日益增长的消费需求，标准制定和实施的整体水平显著提升，重点领域的主要消费品与国际标准一致性程度达到95%以上。

——消费品整体质量明显提升，质量安全突出问题得到有效治理，重点领域消费品质量达到或接近国际先进水平，出口产品质量溢价水平明显提升，消费品质量国家监督抽查合格率稳定在90%以上。

——企业质量发展内生动力持续增强，企业质量主体意识显著提高，质量管理体系不断完善，企业员工职业素质、技术装备水平大幅提升，品牌文化附加值、市场营销能力不断增强，消费品质量竞争力指数稳定在84以上。

——知名品牌培育成效明显，具有较强品牌培育能力的消费品生产企业大量涌现，具有国际影响力的消费品品牌数量明显增多，质量竞争型消费品出口占比居全球前列，知名消费品品牌价值大幅提升。

二、主要任务

（一）改革标准供给体系。加快建立政府主导制定标准与市场自主制定标准协同发展、协调配套的新型消费品标准体系，健全统一协调、运行高效的消费品标准化运行机制。

夯实消费品质量安全标准基础。紧扣消费品质量安全要素，加快制定一批强制性国家标准，整合精简现行强制性国家标准、行业标准和地方标准，消除跨行业、跨地区的技术差异，建立广覆盖、保安全的消费品安全强制性国家标准体系。完善与强制性国家标准协调配套的推荐性标准体系，推动消费品标准由生产型向消费型、服务型转变。强化政府政策措施与标准的有效衔接，形成协同推动标准实施的工作合力。

提高消费品标准市场供给能力。支持社会团体和企业快速响应创新和市场需求，大力发展高于国家标准和行业标准的团体标准和企业标准，增加标准有效供给。重点扶持一批具有行业影响力、运行规范、消费者认可的社会团体制定团体标准，推动技术水平高的团体标准转化为国家标准、国际标准。

加快国内外标准接轨。建立消费品标准比对与报告制度，加强对主要贸易国家和“一带一路”沿线重点国家标准分析研究，充分利用技术性贸易措施，促进我国标准水平持续提升，提高消费品国内国际标准一致性程度，推动实现内外销产品“同线同标同质”。加快中国标准“走出去”，积极主导和参与国际标准制修订，推动我国优势产业技术标准成为国际标准。

专栏1 消费品国内外标准接轨工程

针对重点消费类产品和大宗进出口产品，组织开展消费品质量标准与国际标准和出口标准的比对工作，开展国内外标准关键技术指标和试验方法比对验证，加快消费品国内外标准比对数据资源建设。加快转化重要国际标准，积极引进国际标准和国外先进标准，全面推进与主要贸易国家的标准互认工作，发布外文版的中国消费品标准。在重点领域建设一批消费品标准化示范区，推动我国消费品标准达到国际先进水平。

到2020年，完成1000项以上重点消费品标准比对工作，建立消费品标准比对数据共享系统，重点领域消费品与国际标准一致性程度达到95%以上。

推动标准与科技协同。加强消费品领域科技、专利、标准一体化研究，鼓励将拥有自主知识产权的关键技术纳入标准，推动技术创新、标准研制和产业化协调发展。开展科技成果转化技术标准试点，加大新技术、新工艺、新材料、新产品等创新成果的标准转化力度，加强新型消费品制造装备研发和标准制定，以科技创新促进标准升级。选择重要消费品领域，加强技术标准创新基地和标准试验验证实验室建设。

（二）优化标准供给结构。增加高水平、高质量、有特色的标准供给，服务消费新热点、新模式发展，满足消费结构升级的需求。

发展个性定制标准。紧盯消费品市场细分的发展趋势，从提高产品功效、性能、适用性、可靠性和外观设计水平入手，结合消费品生产、制造的模块化与集成化特征，开展个性定制消费品标准体系建设，制定引领个性设计、规模定制、组合组装等消费品发展的通用标准，满足多样化、多层次、个性化消费需求。

制定绿色产品标准。建立绿色产品标准、认证、标识等体系，制定绿色产品评价通则，各有关行业主管部门共同参与、共同推动消费品领域开展绿色消费品认证、标识工作。建立绿色产品标准、标识与认证信息平台，公开发布相关政策法规、标准、规则程序、认证结果及采信信息。在重点行业制定碳排放管理等标准，引导绿色低碳消费。

健全智能消费品标准。开展智能家电、智能照明电器等标准体系建设，加快智能终端产品的安全性、可靠性、功能性等标准研制。开展家具、服装等传统消费品智能化升级的综合标准化工作。在可穿戴产品、智能家居、数字家庭等新兴消费品领域，引领标准制定。

完善售后服务标准。研制消费品安装调试、维修检测、二手交易、回收再利用等服务标准。加强检验检测、售后服务等标准化公共服务，探索消费品远程跟踪、即时技术支持服务，推进消费品售后服务标准化、专业化，向价值链高端延伸，扩大优质服务供给。

优化物流标准体系。完善消费品仓储配送、供应链管理、线上线下协同服务等标准体系，促进消费品流通模式创新。加大面向农村地区的消费品流通基础设施标准化改造力度，推动物流配送标准实施推广，大力支持快递物流发展。

（三）发挥企业质量主体作用。强化企业质量意识，严格落实企业质量主体责任，引导和鼓励企业把握市场需求，健全质量管理体系，加强全员、全过程、全方位的质量管理，提高质量创新能力，有效激发质量提升内生动力，推动消费品标准和质量提升。

倡导工匠精神。建立和完善技能人才荣誉制度，树立“大国工匠”标杆，营造尊重技术、推崇质量的良好社会氛围。引导企业把工匠精神和企业家精神纳入质量文化建设，使工匠精神成为企业决策者、经营者和全体员工共同的价值取向和行为准则。加强质量标准化职业素质教育，多方培养职业技术工人。广泛开展职业技能竞赛、岗位练兵和质量标兵等活动，鼓励企业员工学习新知识、钻研新技术、使用新方法，加快培育紧缺型、创新型的高素质质量人才队伍。

推广精益制造。鼓励和引导企业实施精细化质量管理，建立低碳、高效的消费品生产经营模式。积极推广和运用精益制造、全面质量管理、卓越绩效等先进质量管理技术和方法，广泛开展质量比对、质量攻关、质量改进等活动。支持企业提高质量在线监测、在线控制和产品全生命周期质量追溯能力。以消费市场向中高端发展引导带动装备制造业主动提高设备产品的性能、功能和工艺水平，促进“中国制造”全产业链升级。

推动企业标准自我声明。放开搞活企业标准，取消企业标准备案制度，引导企业自我声明公开执行的标准，公开产品质量承诺，提高消费品标准信息的透明度。鼓励第三方机构评估公开标准的水平，发布企业标准排行榜。建立企业标准领跑者制度，引导消费者更多选择标准领跑者产品，满足市场对高品质产品和高质量服务的消费需求。开展以随机检查、比对评估为主的企业标准公开事中事后监管，将标准实施情况纳入质量信用记录，促进企业主动实施高标准、追求高质量，推动形成优质优价、优胜劣汰的质量竞争机制。

专栏2　消费品企业标准自我声明公开和监督工程

落实企业质量主体责任，引导企业通过公开标准不断提升企业标准化水平，倒逼企业制定高于国家标准、行业标准、地方标准的企业标准。加快研究产品和服务标准水平评价指标体系和评价方法，以市场为导向，运用社会力量，建立并实施企业标准关键指标排行榜制度，培育一批消费品企业标准领跑者。利用大数据技术，完善企业标准信息公共服务平台，满足政府、企业和消费者对质量标准的信息服务需求。畅通消费者举报渠道，强化社会对企业标准自我公开及实施情况的监督。建立健全企业执行标准随机抽查制度，将企业自我声明公开标准、标准的实施及产品质量等情况纳入企业质量信用记录。

到2020年，基本实现主要消费品生产企业标准自我声明公开全覆盖，建立健全企业标准自我声明与质量提升的协同互动机制，形成一批技术水平领先、具有国际竞争力的消费品企业标准领跑者，带动产品和服务质量水平整体提升。

加快培育标准创新型企业。建立标准创新型企业培育机制，鼓励行业龙头企业加大标准研制投入，瞄准国际新技术和市场新需求，制定和实施先进标准，发挥标准创新对技术创新、管理创新和商业模式创新的支撑引领作用。加强指导，提升中小企业标准创新能力。

（四）夯实消费品工业质量基础。质量基础建设是抓质量的紧要之举，也是长远之策。要坚持改革创新，加强政策引导，夯实质量基础，为提升消费品质量提供有力支撑。

加强质量技术基础建设。建立完善消费品领域国家计量测试服务体系，加快建立新一代国际计量基准、消费品工业急需的社会公用计量标准和标准物质。完善消费品产业共性技术标准体系，重点研制一批消费品制造的核心基础零部件（元器件）、关键基础工艺、关键基础材料、产业技术基础和先进制造装备领域急需标准。改革和创新消费品领域认证认可体系，开展消费品安全、绿色认证。突破检验检测技术瓶颈，提高现场快速、智能识别检测监测能力。构建国家质量技术基础国际合作互认机制，开展国家质量技术基础跨境合作建设，增强“中国制造”质量信任。

提升质量技术创新能力。开展重点行业工艺优化行动，组织质量提升关键共性技术攻关，支持企业积极应用新技术、新工艺、新材料。鼓励有条件的企业建立技术中心、检测中心、产业化基地，培育集研发、设计、制造和系统集成于一体的创新型企业。推动企业加大质量技术创新投入，加快科技成果转化，促进创新成果的标准化和专利化。

加强质量公共服务。建设质量技术基础公共服务平台，培育标准化服务、品牌咨询、质量责任保险等新兴质量服务业态，为消费品生产企业和各类科技园、孵化器、创客空间等提供全生命周期质量技术支持。培育标准化事务所，为企业特别是中小企业提供标准信息、标准体系构建、标准编制及标准化技术解决方案等服务。创新“互联网+质量服务”模式，推进质量技术资源、信息资源、人才资源、设备设施向社会开放共享。融合国内外标准、技术法规及合格评定信息，加强技术性贸易措施通报咨询。

专栏3　消费品质量技术基础“一站式”服务工程

运用“互联网+”质量技术基础模式，整合政府部门、行业协会等质量技术基础资源，建立跨部门、跨区域、跨行业的质量技术基础服务信息平台，对企业开展“一站式”质量服务。建立多方协作、精准服务的国家质量技术基础服务新模式，为产业集聚区和区域经济发展提供全方位、全过程质量技术支撑。开展国家质量技术基础国际比对提升，突破我国计量、标准、检验检测、认证认可等质量基础协同集成关键技术，形成全链条的“标准—计量—认证认可—检验检测”整体技术解决方案，在重点消费品产业推动质量技术集成化示范应用。

到2020年，建成15个具有示范引领作用的国家质量技术基础“一站式”服务示范项目，促进国家质量技术基础供给能力明显提升。

（五）加强消费品品牌建设。引导企业增强品牌和营销意识，夯实品牌发展基础，完善质量奖励制度，实施消费品精品工程，推动中国产品向中国品牌转变，提高中国消费品知名度和美誉度，打造中国制造金字品牌。

加强品牌培育。开展消费品生产企业品牌培育和产业集群品牌试点，推动知名品牌创建。加强商标品牌保护，提高消费品商标公共服务水平。制定消费品品牌管理和评价国家标准，开展品牌价值提升应用示范，指导企业提升品牌价值。建立国际知名消费品品牌指标库，推动品牌评价国际标准制定实施。开展品牌标杆示范活动，提升企业品牌意识，推动企业实施品牌战略，走品牌发展之路。

提升品牌形象。指导企业加强品牌文化建设，强化品牌研究、品牌设计、品牌定位和品牌沟通，完善品牌经营管理体系。加强国内消费品高端品牌的广告策划和宣传推广，设立国家品牌日，在主要国家和重要新兴市场举办中国品牌展览推介和宣传活动，推动中国品牌走向世界。

强化品牌保护。建立健全品牌保护机制，坚持品牌建设与知识产权保护相结合，加大对消费品商标、专利等知识产权的保护力度。推动建立企业自我保护、行政保护和司法保护三位一体的品牌保护体系，发挥行业协会自律作用，加大打击假冒伪劣违法行为力度。

专栏4　消费品精品培育工程

鼓励企业加强从设计研发、生产制造到售后服务等产品全生命周期的质量管理，推广先进质量管理方法与模式。发挥终端产品生产制造企业的倒逼作用，强化对原材料、零部件、装配服务等重要环节的质量管控，促进全产业链质量管理水平整体提升。以产业聚集区、国家自主创新示范区、高新技术产业园区等为重点，开展知名品牌创建。针对市场需求旺盛、技术创新活跃的主要消费品领域，组织实施企业标准领跑者制度。支持企业加大品牌宣传投入，提升品牌策划营销能力。建立与国际接轨的品牌价值评价体系，引导消费品企业建立质量品牌创新中心，提高中国消费品品牌美誉度和忠诚度，打造中国精品。

续表

到2020年，推动标准领跑者企业的产品和服务质量接近或达到国际先进水平，培育形成一批质量水平高、市场竞争力强、国际知名的消费品精品，打造一批品牌形象突出、质量管理一流的现代企业和产业集群。

（六）改善优化市场环境。建立和完善全国统一开放、公平竞争、优质优价、优胜劣汰的市场，打破地方保护主义，积极营造良好营商环境，进一步明确政府在质量管理中的职能定位，进一步创新政府监管体制机制，进一步激发市场活力和消费潜力。

创新质量监管制度。建立消费品生产经营负面清单管理制度，除强制性标准和法律法规明确规定外，取消消费品生产经营其他市场准入限制。建立统一规范的监督检查机制，实行“随机抽查企业、随机抽检产品、随机选择检测机构”制度，对产品质量国家监督抽查合格的同一企业的同一规格型号产品，6个月内任何地方、部门和机构不得重复抽查。推进消费品质量监督抽查结果信息共享，实现“一个标准、一次检验、结果互认、全国通行”。规范检验认证行为，建立检验认证机构对产品质量承担连带责任制度。规范涉企收费，取消一切不在政府公开清单内的收费项目。

加强质量信息公共服务。增加消费品质量信息供给，减少市场信息不对称。搭建统一的消费品质量信息公共服务平台，为消费者提供消费品质量监督检查、质量比对、消费警示等产品质量信息，为消费品生产经营企业提供质量信息大数据查询服务。鼓励第三方社会组织提供专业化、个性化和多样化的质量信息服务。

专栏5　消费品质量信息公共服务工程
围绕消费品生产经营企业和消费者质量信息需求，加快建设跨部门、跨行业的消费品质量信息公共服务平台，集成、发布和共享标准、计量、认证认可、检验检测等质量基础信息以及质量监督检查、质量比对等产品质量信息，提高大数据采集和查询服务能力，实现单一要素、单一周期信息服务向“一站式”信息综合服务转变，消除消费品质量信息孤岛和信息不对称现象，更好地满足消费信息需求。 到2020年，基本建成消费品质量信息公共服务平台，实现与企业信息公示平台、信用信息共享交换平台的对接。

加大知识产权保护力度。实行严格的知识产权保护制度，建立消费品知识产权快速维权机制，加大消费品国际展会、电子商务等领域知识产权执法力度，加强消费品市场知识产权管理和保护工作。鼓励消费品生产经营企业规范知识产权管理，推动专利联盟建设。

强化消费维权保护。建立消费品质量安全惩罚性赔偿、质量担保、销售者先行赔付和产品质量安全责任保险等制度。在消费集中的重点场所建立消费争议快速处理绿色通道，促进消费纠纷就近投诉化解。鼓励乡镇（街道）设立消费维权窗口，促进城乡消费维权公共服务均等化。明确消费者诉讼简易处理程序，完善公益诉讼制度，扩大公益诉讼主体范围，支持社会中介组织和第三方机构为消费者提供维权援助，降低消费维权成本。

优化网购消费环境。完善电子商务领域标准体系，引导和帮助电子商务平台经营者提高质量管理水平。建立和完善风险监测、网上抽查、源头追溯、属地查处、信用管理的电子商务产品质量监管机制。建立健全政府部门间协同监管和失信行为联合惩戒机制，严厉打击电子商务活动中侵权假冒违法行为以及平台经营者包庇、纵容违法违规经营行为。加强跨境电子商务质量安全监管，建立和完善跨境消费售后维权保障机制。

（七）保障消费品质量安全。适应消费品质量安全新形势，不断创新监管模式，完善消费品质量安全治理体系，加快实现治理能力现代化。

强化质量安全风险管理。完善消费品质量安全风险监控体系，建立以预防为主、风险管理为核心的消费品质量安全监管机制。推广应用物品编码和射频识别等技术手段，建立主要消费品质量安全追溯体系，实现来源可查、去向可追、责任可究。推进缺陷消费品召回常态化，把涉及人身、财产安全的消费品纳入召回范围。开展消费品质量安全标准"筑篱"专项行动，完善消费品质量安全标准体系，提升消费品质量安全标准水平。统一国内和进出口消费品质量监管规制，建立监管协调机制，提高内外销消费品质量安全水平的一致性。

专栏6 消费品质量安全风险管理工程

以早发现、早研判、早预警、早处置为目标，推进建立以风险信息采集为基础、风险监测为手段、风险评估为支撑、风险处置为结果的消费品质量安全风险管理体系。围绕重点领域消费品和智能制造、新材料、新兴业态等领域的共性需求，开展消费品质量安全风险评估关键技术研发和成果应用示范，建立消费品质量安全风险评估试验体系，研制风险评估标准、程序和方法，完善消费品质量安全风险和产品伤害监测体系。建立消费品质量安全风险快速预警系统和快速联动处置机制，快速处置发生在消费者身边的质量安全风险。

到2020年，建立覆盖主要社区、乡镇和学校的消费品质量安全风险信息监测点，在医院建立100个以上产品伤害监测点，系统采集产品风险和伤害信息，推广应用消费品质量安全风险快速预警系统，发布消费预警和风险通报。

严厉打击制假售假行为。健全执法协作机制，推进综合行政执法。完善行政执法与刑事司法衔接机制，加大对生产经营假冒伪劣产品行为的刑事处罚力度。深入开展执法打假行动，严查彻办质量违法大案要案。实现质量违法案件信息全公开，加大对质量违法行为的震慑力度。

加快质量信用体系建设。实施企业质量信用信息统一归集、依法公示、联合惩戒、社会监督。完善企业质量信用档案数据库，建立消费品市场主体经营异常名录、产品质量失信"黑名单"等制度，对企业实施分类监管。支持、引导第三方信用服务机构对消费品生产企业开展质量信用评价。实现多部门、跨地区质量信用联合奖励和联合惩戒，营造"守信者处处受益，失信者寸步难行"的社会环境。

构建消费品质量共治格局。深入开展消费者质量安全教育，激发公众质量安全意识，提高公众消费维权能力。健全公众参与监督激励机制，完善有奖举报制度。建立商会、协会、中介组织和新闻媒体共同参与的社会监督机制，形成企业规范、行业自律、政府监管和社会监督的多元共治格局。

（八）提升进出口消费品质量。实施外贸优进优出战略，建立质量监管与贸易便利化相统一的进出口消费品质量安全监管体系，提升进出口消费品质量安全水平。

构建进出口商品风险预警体系。建成覆盖全国口岸的进出口商品质量安全监测网络，畅通覆盖消费者投诉和企业报告的进出口商品风险信息监测渠道，推动建立跨国境、跨部门、跨行业的进出口商品风险和伤害信息监测与交流平台。加快进出口商品质量安全大数据处理与评价中心建设，搭建统一的智能化预警平台，提高风险预警和快速反应处置能力。

强化技术性贸易措施。完善世界贸易组织技术性贸易壁垒和动植物检疫措施（WTO/TBT—SPS）通报咨询工作机制，加强对国外重要技术性贸易措施的跟踪、研究、评议，做好预警、咨询、技术帮扶，提升企业特别是中小企业应对国外技术性贸易措施能力，促进企业按照更高标准提升质量。加大多边、双边评议和交涉力度，减少贸易壁垒影响。

严把进口消费品质量关。建立以问题为导向，以风险管理、口岸管控、事中事后监管为主线的进口消费品监管体系，强化动态监管和缺陷消费品召回。创新监管机制，落实企业主体责任，促进跨境电子商务进口消费品规范发展。

促进出口消费品提质升级。推进出口产品质量安全示范区与示范企业创建，加快培育以技术、标准、品牌、质量、服务为核心的对外经济新优势。打击出口假冒伪劣商品，推动建设海外打假维权监测网。搭建国际交流与磋商对话平台，强化消费品质量安全国际合作。

提高贸易便利化水平。推进检验检疫一体化建设，加强数据共享，优化通关流程。复制推广自贸试验区改革经验，加大实施第三方采信工作，完善进口企业诚信管理，优化检验监管工作方式，提高监管的有效性和通关效率。

专栏 7　进出口消费品质量提升工程

服务优进优出，提升进出口消费品质量安全水平。完善进出口消费品质量安全风险预警监管体系，建设覆盖全国范围的进出口消费品风险监测网络。完善进口消费品监管体系，推动缺陷进口消费品召回工作常态化，预防和减少不安全消费品进入国内市场，保护消费者权益。提升企业主体责任意识，促进跨境电商等新业态发展。发挥示范区引领作用，打击出口假冒伪劣商品，提升中国制造形象。

到 2020 年，创建国家级出口产品质量安全示范区 60 家、国家级示范企业 400 家，海外打假维权监测网在境外国家或地区的覆盖面达到 30%；每年定期向社会公布重点进口消费品质量安全状况白皮书。

三、重点领域

围绕消费需求旺盛、与群众日常生活息息相关的一般消费品领域，充分发挥市场机制与企业主体作用，加快构建满足市场需求的新型消费品标准体系，加大消费品标准供给力度，加强行业管理、质量监督等政策措施与标准的衔接配套，形成以创新助推标准制定、以标准实施促进质量提升、以质量升级推动品牌建设的良性循环。

（一）家用电器。适应家用电器高端化、智能化发展趋势，加大团体标准和高水平企业标准的供给力度。开展家用电器产品分等分级和评价标准化工作，改善电子坐便器、空气净化器、家用清洁机器人等新兴家电产品的性能和消费体验，提高空调器、电冰箱、洗衣机等传统大家电的产品舒适性、智能化水平，优化电饭锅、剃须刀等传统厨用、个人护理用小家电产品的外观和功能设计。提升多品种、多品牌家电产品深度智能化水平，推动智能家居快速发展。针对新型城镇化进程中居民生活方式的转变和农村家电消费的普及，加快制修订强制性国家标准，全面提高家电产品安全、节能节水、使用年限、安装维修等要求。

（二）消费类电子产品。针对消费类电子产品网络化、创新化的发展特点，结合云计算、大数据、物联网等新一代信息技术，推动人工智能、智能硬件、智慧家庭、虚拟现实、物联网等创新技术产品化、专利化、标准化。加快高质量产品生产线及智能工厂建设，引导生产企业不断开发新技术、新产品、新应用。从安全性、稳定性、可靠性角度，进一步完善消费类电子产品技术标准体系。制定智能手机、可穿戴设备、新型视听产品等智能终端产品标准，强化信息安全、个人隐私保护要求，开展人体舒适性、易用性评估评价，规范众包众筹产品市场、线上线下销售市场。

（三）家居装饰装修产品。围绕居民提高生活水平、改善家居环境的消费需求，促进家居装饰装修健康化、集成化发展。针对家具、照明电器、厨卫五金、涂料、卫生陶瓷、壁纸、地毯等家居装饰装修产品，加快构建强制性国家标准体系，严格有毒有害物质、挥发性有机物限量要求，健全配套检测方法、检测设备、检测能力。开展家居装饰装修综合标准化工作，鼓励有条件的企业发挥技术、资金、品牌等优势，延伸服务链条，由单一产品生产制造向“产品+产品”、“产品+服务”转变，建设家居装饰装修标准综合体，支撑企业提供家居装饰装修整体解决方案，满足消费者需求。

（四）服装服饰产品。适应个性消费、时尚消费、品质消费、品牌消费的发展需求，巩固纺织服装鞋帽、皮革箱包等产业的传统优势地位，加快首饰、钟表、眼镜、发制品等产业的技术创新和产业升级，加大知识产权保护力度，提升创新创意设计能力。推进三维人体测量、数字化试衣、产品追溯、可穿戴服装等新技术产业推广，制定规范定制流程全过程服务和产品质量的通用标准，引导服装服饰产品生产企业注重发挥本土优势，壮大个性定制、规模定制和高端定制产业，以精准设计、精准生产、精准服务赢得消费市场。优化完善标准体系，研制关键技术标准，提高新型纤维、优质棉麻毛、高端羊绒丝绸皮革等材料质量要求，规范纺织产品防水、防风、保温、抗菌等功能性要求，制造高端精品。

（五）妇幼老年及残疾人用品。针对妇幼用品、老年人用品和残疾人用品市场快速发展，健全跨领域、跨行业的通用标准体系，强化消费品针对特殊人群的安全要求和功能设计，规范特殊人群使用产品的标识、宣传和评价。进一步加大婴幼儿、少年儿童生活用品和中小学生学习用品标准化力度，严格儿童玩具、婴儿纸尿裤、婴儿安抚用品、儿童家具、儿童服装鞋帽等儿童用品安全标准，严格儿童产品标识标注。促进儿童用品生产设计与国产动漫文化产品跨界融合，增强产品趣味性、娱乐性和吸引力，培育和壮大一批自主品牌企业。加快开展妇女用哺育用品、卫生用品、家用美容美发用品等标准化工作，提升自主品牌的质量水平。推动老年人用品标准和质量提升，扩大老年人文化娱乐、健身休闲用品市场。加快康复辅助器具产业发展，完善标准体系，重点推进老年人和伤病人护理照料、残疾人生活教育和就业辅助、残疾儿童抢救性康复等产品的标准化发展，加强质量管理。

（六）化妆品和日用化学品。适应消费者对产品功效的多样化需求，完善化妆品、口腔护理用品、洗涤用品、蜡制品、家用卫生杀虫用品标准体系，制定基础通用、重要产品和检测方法等标准，防止有毒有害物质超标。重点制定儿童等特殊群体使用化妆品、口腔护理用品等产品标准。加快特殊用途化妆品中限用组分和中草药牙膏中有效成分等检测方法标准研究。加强日用化学品相关标准样品（物质）研制。

（七）文教体育休闲用品。针对居民转变生活方式、丰富文娱生活的要求，推动文教体育休闲用品多样化发展，加快系统协调、重点突出、覆盖全面的文体用品标准体系和质量保障体系建设。严格有毒有害物质限量标准，大力提高学生用品的安全水平。引导生产企业加强质量管控，全面提高零部件（元器件）、制造工艺、基础材料整体质量水平，促进文具、制笔、乐器等制成品品质提升。加快全民健身器材、冬季运动器材、户外休闲运动（水上、登山、钓具和自行车等）器材、民族传统运动器材及防护装备等标准的制定，加强体育用品新材料、新技术的研发和应用。

（八）传统文化产品。弘扬中华传统文化，加强对中华老字号、地理标志产品等传统文化产品的品牌培育和保护，引导具有自主知识产权、传承民族传统文化和技艺的文化产品生产企业，加快质量提升、打造知名品牌、增加品牌文化附加值、提升质量竞争力，推动传统文化产品产业化、规模化发展。针对文房四宝、烟花爆竹、竹藤、丝绸、瓷器、漆器等产业发展需求，加快安全、环保等强制性标准制定，加大旅游景区销售产品的质量监管力度。开展文化创意、传统工艺、评价测试标准化工作，推动国际国内标准同步发展，加大传统文化产品宣传展示力度，促进传统文化产品出口，促进中外文明互学互鉴。

（九）食品及相关产品。完善食品安全标准体系，继续开展食品中农药残留、兽药残留、重金属等危害人体健康物质的限量及检测方法、婴幼儿食品、食品添加剂、食品营养强化剂和食品生产经营过程卫生要求等强制性安全标准制修订工作。重点制定传统食品产品质量标准，推动传统食品产业化进程。加大对方便食品、速冻食品、焙烤食品和现代生物发酵食品等新产品标准的研制力度，制定网络食品信息描述规范，满足新兴群体等对食品消费多样化的需求。提高食品容器、包装材料以及智能化食品包装生产线标准水平，不断完善食品相关产品质量标准体系。加大食品和食品相关产品质量监督抽查力度，强化食品相关产品风险与伤害监测，根据不同材质开展食品相关产品风险评估，并视评估情况调整许可目录和许可实施细则，逐步提升准入门槛，及时发布消费预警，调动行业协会、消费者等多方力量，共同参与食品安全监管，形成全社会共治格局，有效遏制食品安全事件，确保放心消费，促进健康中国建设。

四、保障措施

（一）加强法律法规建设。完善消费品质量安全法律法规，加快推进标准化法修订以及消费品安全法、质量促进法等立法工作，完善质量激励政策，强化质量多元共治，为消费品标准和质量提升提供法制保障。坚持依法行政，保持消费品质量监管的高压态势。组织开展消费品行政执法人员专题培训和实务培训，提高执法人员综合素质和执法水平。强化消费品执法层级监督，严格落实行政执法责任制。加强消费品质量提升法治宣传教育，普及消费品质量法律知识，引导消费者通过司法、人民调解等途径解决消费品侵权问题，提升依法维权、理性消费能力。

（二）加强财税政策扶持。统筹利用现有资金渠道，鼓励社会资本以市场化方式设立消费品标准和质量提升专项基金，重点支持消费品领域的标准化建设、质量基础能力提升、质量技术创新和应用推广，引导社会资源向质量品牌优势企业聚集，完善优标优质优价的市场机制，鼓励更多企业走优质发展之路。实施结构性减税，落实研发费用加计扣除政策和股权激励税收政策，全面推开营业税改增值税试点，打通增值税抵扣链条，增强企业经营活力。探索建立标准创新融资增信制度，完善对企业标准创新和参与制定国际标准的激励机制，推动企业积极参加国际标准化活动。对消费品标准和质量提升示范区、技术标准创新基地，比照高新技术产业园区，享受出口贸易便利等政策优惠。在政府采购、招投标活动中，纳入有关标准技术条件和质量安全要求。

（三）加强质量人才培养。深化教育教学制度改革，强化职业教育与技能培训，建立健全应用型人才和技术技能人才培养机制。实施全员质量素质提升工程，加大企业经营管理人员和一线职工培训力度。引导和鼓励大中型企业实施首席质量官制度，培养企业质量领军人才。完善质量专业技术人员职称评价办法。探索建立企业和高等学校、职业学校、标准化与质量科研机构联合培养人才的机制，推行校企联合培养的企业新型学徒制，建立学校和企业“双元”的技术人才培养机制，培养更多满足市场需求的职业技术工人。加大力度引进国外标准、计量、认证认可、检验检测等领域人才智力，加强国际质量人才交流。鼓励和支持行业协会、高等院校设立标准化和质量管理相关研究机构，培养高素质标准化和质量人才。推出体现技工价值的薪酬制度，健全收入分配激励机制和“五险一金”等社会保障制度，提高技能人才福利待遇，促进劳动者由普通工人向技能人才转变。

（四）加强宣传教育和舆论引导。建设具有中国特色的先进质量文化，大力弘扬精益求精的工匠精神。广泛推广先进质量管理理念和方法，深入开展群众性质量活动。加强标准化和质量知识宣传教育和政策解读，倡导优标优质优价和绿色安全健康的消费理念。加大质量信息公开力度，正确引导社会舆论，树立中国标准、中国质量的良好形象，提振市场消费信心。

（五）加强组织领导和部门协作。各地区、各有关部门要加强对本规划实施工作的组织领导，在消费品工业升级、科技创新、质量监管、市场监管、职业教育、财税金融等方面，加强沟通协调，密切协作配合。各级政府要建立健全质量激励和约束制度，将消费品标准和质量提升工作纳入政府质量工作考核范围，出台相关配套政策措施，确保各项政策措施落实到位。质检总局和国家标准委要会同有关部门加强对本规划实施情况的监督检查，重大事项及时向国务院报告。

全国海洋经济发展“十三五”规划

发改地区〔2017〕861号

前 言

海洋是我国经济社会发展的重要战略空间，是孕育新产业、引领新增长的重要领域，在国家经济社会发展全局中的地位和作用日益突出。党中央、国务院高度重视海洋经济发展，党的十八大作出了建设海洋强国的重大战略部署。壮大海洋经济、拓展蓝色发展空间，对于实现“两个一百年”奋斗目标、实现中华民族伟大复兴的中国梦具有重大意义。

“十二五”时期，我国海洋经济总体保持良好发展态势，结构调整步伐加快，海洋经济在拓展发展空间、建设生态文明、加快动力转换、保持经济持续稳定增长中发挥了重要作用。“十三五”时期是我国海洋经济结构深度调整、发展方式加快转变的关键时期，要坚持陆海统筹，紧紧抓住“一带一路”建设的重大机遇，推进海洋经济持续健康发展。

根据《中华人民共和国国民经济和社会发展第十三个五年规划纲要》，编制本规划。规划涉及区域包括我国管辖海域以及海洋经济发展所依托的相关陆域（未包括港、澳、台地区）。规划期至2020年。

一、总体要求

“十二五”期间，我国海洋经济发展成就显著。“十三五”时期，我国海洋经济发展面临重大机遇和挑战。

（一）发展成就

海洋经济总体实力进一步提升。“十二五”期间，我国海洋经济继续保持总体平稳的发展势头，年均增长8.1%，依然是拉动国民经济发展的有力引擎。2015年海洋经济总量接近6.5万亿元，比“十一五”期末增长了65.5%；海洋生产总值占国内生产总值比重达9.4%;涉海就业人员3589万人,较“十一五”期末增加239万人。

海洋经济布局进一步优化。“十二五”期间,发挥环渤海、长江三角洲和珠江三角洲的引领作用,北部、东部和南部三个海洋经济圈基本形成,一些内陆省份海洋经济逐步发展,浙江舟山群岛、广州南沙、大连金普、青岛西海岸等国家级新区以及福建平潭、珠海横琴、深圳前海等重要涉海功能平台相继获批设立。山东、浙江、广东、福建、天津等全国海洋经济发展试点地区工作取得显著成效,重点领域先行先试取得良好效果,海洋经济辐射带动能力进一步增强。一批跨海桥梁和海底隧道等重大基础设施相继建设和投入使用,促进了沿海区域间的融合发展,海洋经济布局进一步优化。

海洋经济结构加快调整。“十二五”期间,海洋产业结构调整出现积极变化,海洋经济三次产业结构由2010年的5.1∶47.7∶47.2,调整为2015年的5.1∶42.5∶52.4。传统海洋产业加快转型升级,海洋油气勘探开发进一步向深远海拓展,海水养殖比重进一步提高,高端船舶和特种船舶完工量有所增加。新兴海洋产业保持较快发展,年均增速达到19%。海洋服务业增长势头明显,滨海旅游业年均增速达15.4%,邮轮游艇等旅游业态快速发展,涉海金融服务业快速起步。

海洋科技创新与应用取得新成效。“十二五”期间,一批海洋关键技术取得重大突破,“蛟龙”号载人潜水器、深海遥控无人潜水器作业系统海试成功,海洋深水工程重大装备及配套工程、3000米水深半潜式钻井平台通过验收,南极深冰芯钻探第一次试钻成功。海洋科技成果转化率超过50%,海水淡化设备国产化率显著提升,兆瓦级海洋潮流能装备正式并网发电,200千瓦波浪能装备初步具备远海岛礁应用能力。

海洋管理与公共服务能力进一步提升。首次全国海洋经济调查正式启动,海洋生态环境保护与修复取得明显成效。海域使用管理深入推进,海域空间资源全面保障沿海地区经济社会发展。海洋公共服务能力显著增强,海洋预报区域从我国近海延伸到全球大洋和两极,海洋灾害预警发布频率显著提高,海洋渔业生产安全和海上搜救环境保障服务系统投入试运行,管辖海域巡航执法时空覆盖率进一步提高。抵御风暴潮灾害能力进一步增强,建成海堤约1.4万公里。

海洋经济对外开放不断拓展。“十二五”期间,上海、天津、广东、福建自由贸易试验区相继设立。涉海企业通过对外投资建港、承接海洋工程项目、收购涉海公司等方式,拓宽了海洋产业合作模式和领域。“一带一路”建设战略顺利实施,我国与“21世纪海上丝绸之路”沿线国家在基础设施建设、经贸合作、环境保护、人文交流、防灾减灾等领域展开务实合作,对外贸易和直接投资显著增长。

(二)面临形势

“十三五”时期,海洋经济发展面临重大机遇。全球治理体系深刻变革,生产要素在全球范围的重组和流动进一步加快,新一轮科技革命和产业变革正在全球范围内孕育兴起,为我国海洋经济转型升级和“走出去”提供了良好条件和重要支撑,“一带一路”建设战略加快实施,为我国海洋经济在更广范围、更深层次上参与国际竞争合作拓展了新空间。我国经济长期向好基本面没有改变,综合国力稳步提升,科技实力明显增强,为海洋经济加快发展提供有力支撑;经济发展方式加快转变,新的增长动力正在孕育形成,制造业实力显著提高,服务业增长势头明显,为海洋产业加速转型升级奠定了重要基础;全面深化改革持续推进,大众创业、万众创新深入实施,为海洋经济发展注入新的动能和活力。

同时也要看到，世界经济仍处于深度调整期，全球经济仍未摆脱低迷，国际市场需求依旧乏力，地缘政治关系复杂多变，给我国海洋经济相关领域对外投资、拓展海洋经济发展空间带来诸多不确定性。我国经济发展进入新常态，海洋经济发展不平衡、不协调、不可持续问题依然存在，海洋经济发展布局有待优化，海洋产业结构调整和转型升级压力加大，部分海洋产业存在产能过剩问题，自主创新和技术成果转化能力有待提高，海洋生态环境承载压力不断加大，海洋生态环境退化，陆海协同保护有待加强，海洋灾害和安全生产风险日益突出，保障海洋经济发展的体制机制尚不完善等，这些因素仍制约着我国海洋经济的持续健康发展。

（三）指导思想

全面贯彻党的十八大和十八届三中、四中、五中、六中全会精神，深入贯彻落实习近平总书记系列重要讲话精神，紧紧围绕统筹推进“五位一体”总体布局和协调推进“四个全面”战略布局，坚持创新、协调、绿色、开放、共享的新发展理念，树立海洋经济全球布局观，主动适应并引领海洋经济发展新常态，加快供给侧结构性改革，着力优化海洋经济区域布局，提升海洋产业结构和层次，提高海洋科技创新能力，推进海洋生态文明建设，科学统筹海洋开发与保护，扩大海洋经济领域开放合作，推动海洋经济由速度规模型向质量效益型转变，为拓展蓝色经济空间、建设海洋强国做出更大贡献。

（四）基本原则

改革创新、提质增效。以创新为手段激发市场活力，着力推动海洋经济体制机制改革，引导海洋新技术转化应用和海洋新产业、新业态形成，依托“智慧海洋”工程等培育海洋经济增长新动力，提升海洋经济发展质量和效益。

陆海统筹、协调发展。统筹陆海资源配置、产业布局、生态保护、灾害防治协调发展，统筹沿海各区域间海洋产业分工与布局协调发展，统筹海洋经济建设与国防建设融合发展。

绿色发展、生态优先。坚持开发与保护并重，加强海洋资源集约节约利用，强化海洋环境污染源头控制，切实保护海洋生态环境。

开放拓展、合作共享。主动参与国际海洋经济合作，构建利益共同体，逐步提升我国海洋产业在全球价值链中的地位与作用。以增进人民福祉为目的，共享海洋经济发展成果。

（五）发展目标

到2020年，我国海洋经济发展空间不断拓展，综合实力和质量效益进一步提高，海洋产业结构和布局更趋合理，海洋科技支撑和保障能力进一步增强，海洋生态文明建设取得显著成效，海洋经济国际合作取得重大成果，海洋经济调控与公共服务能力进一步提升，形成陆海统筹、人海和谐的海洋发展新格局。

表1 “十三五”海洋经济发展主要目标

指标名称		2015	2020	指标属性
综合实力	海洋生产总值年均增长（%）	8.1	7	预期性
	海洋生产总值占国内生产总值的比重（%）	9.4	9.5	预期性
科技创新	海洋研究与试验发展经费投入强度（%）	2	>2.5	指导性
	海洋科技成果转化率（%）	>50	>55	预期性
产业结构	海洋新兴产业增加值年均增速（%）	19.8	（>20）	预期性
	海洋服务业增加值占海洋生产总值比重（%）	52	>55	预期性

续表

指 标 名 称		2015	2020	指标属性
社会民生	新增涉海就业人员数(万人)	[239]	[250]	预期性
	海洋科普与教育基地(个)	[206]	[400]	指导性
资源环境	近岸海域水质优良(一、二类)比例(%)	68	70	约束性
	大陆自然岸线保有率(%)		>35	约束性
注:[ ]内为五年累计数,( )内为五年平均数。				

二、优化海洋经济发展布局

按照全国海洋主体功能区规划,根据不同地区和海域的自然资源禀赋、生态环境容量、产业基础和发展潜力,以区域发展总体战略和“一带一路”建设、京津冀协同发展、长江经济带发展重大战略为引领,进一步优化我国北部、东部和南部三个海洋经济圈布局,加大海岛及邻近海域保护力度,合理开发重要海岛,推进深远海区域布局,加快拓展蓝色经济空间,形成海洋经济全球布局的新格局。

(一) 北部海洋经济圈

北部海洋经济圈由辽东半岛、渤海湾和山东半岛沿岸及海域组成。该区域海洋经济发展基础雄厚,海洋科研教育优势突出,是我国北方地区对外开放的重要平台,是我国参与经济全球化的重要区域,是具有全球影响力的先进制造业基地和现代服务业基地、全国科技创新与技术研发基地。

辽东半岛沿岸及海域。该区域发展的功能定位是东北地区对外开放的重要平台、东北亚重要的国际航运中心、全国先进装备制造业和新型原材料基地、重要的科技创新与技术研发基地、重要的海洋生态休闲旅游目的地、生态环境优美和人民生活富足的宜居区。“十三五”时期,重点是积极拓展深水网箱等离岸养殖,支持工厂化循环水养殖,加强人工鱼礁和海洋牧场建设。重点推进东北亚国际海洋海岛旅游、海滨避暑度假旅游区建设,大力培育邮轮旅游发展,打造东北亚地区邮轮旅游基地。优化港口资源配置与布局。建设大连、盘锦、葫芦岛高技术船舶和海洋工程产业基地。加强海洋生物技术研发与成果转化。建设大连海水淡化与综合利用示范区,推进海水利用在沿海产业基地、沿海城镇的应用。严格控制入海污染物总量,加强辽河流域和近岸海域污染防治。加强与完善海洋保护区体系建设,建立并实施海洋生态红线制度。

渤海湾沿岸及海域。该区域发展的功能定位是京津冀协同发展和环渤海合作发展的重点地区,是区域整体协同发展改革引领区、全国创新驱动经济增长新引擎、生态修复环境改善示范区。“十三五”时期,重点是依托京津冀协同发展和天津自由贸易试验区建设优势,着力优化港口资源配置与整合,完善集疏运体系,加快现代航运服务业发展,加快推进天津北方国际航运核心区建设。积极发展高端旅游,打造天津北方国际邮轮旅游中心。稳步推进渤海油气资源开发,提高现有油气田采收率,推进生态石化产业基地建设。推进天津滨海新区、河北曹妃甸海水淡化与综合利用基地建设。积极发展海盐化工。加快发展海洋高端船舶和装备制造业。发展航运金融,建设全国性融资租赁资产平台和北方(天津)航运交易所。依托国家海洋博物馆、极地海洋馆等场馆,建设国家海洋文化展示集聚区和创意产业示范区。加强渤海湾海域污染防治,强化陆源污染控制,实施严格的海洋生态红线制度,推进海洋生态环境整治与修复。

山东半岛沿岸及海域。该区域发展的功能定位是具有较强国际竞争力的现代海洋产业集聚区、具有世界先进水平的海洋科技教育核心区、海洋经济改革开放先行区、全国重要的海洋生态文明示范区。“十三五”时期,重点是打造“海上粮仓”,培育完善渔业资源保护修复、良种繁育、健康养殖、精深加工、远洋渔业产业链条。实施水产基因库项目,建设海洋综合性样本、资源和数据中心。着力打造现代港口集群,完善港口物流服务网络,打造立足东北亚、服务“一带一路”建设的航运枢纽。发展国际滨海休闲度假、邮轮游艇、海上运动等高端海洋旅游业。加速推进海洋装备自主化、高端化、智能化、集成化发展。持续壮大海洋药物与生物制品、海洋新能源、海水利用等海洋新兴产业规模,打造全国重要的海洋高新技术产业基地。推进青岛蓝谷建设,推进威海国家浅海综合试验场建设。推进海洋能深水网箱养殖综合利用。推进莱州湾、胶州湾等海湾污染治理和生态环境修复,有效防范赤潮、绿潮等海洋灾害。

(二)东部海洋经济圈

东部海洋经济圈由江苏、上海、浙江沿岸及海域组成。该区域港口航运体系完善,海洋经济外向型程度高,是“一带一路”建设与长江经济带发展战略的交汇区域,也是我国参与经济全球化的重要区域、亚太地区重要的国际门户、具有全球影响力的先进制造业基地和现代服务业基地。

江苏沿岸及海域。该区域发展的功能定位是“丝绸之路经济带”与“21 世纪海上丝绸之路”的重要交汇点,新亚欧大陆桥经济走廊重要战略节点,陆海统筹和江海联动发展先行区,东中西区域合作示范区,生态环境优美、人民生活富足的宜居区。“十三五”时期,重点是充分发挥江苏地处“一带一路”重要交汇点的独特区位优势,实施陆海统筹、江海联动,建设以连云港港、南通港及沿江主要港口为主枢纽,覆盖投融资、航运交易服务、调度功能的现代航运服务体系。积极研发海洋高端船舶及配套设备。合理利用滩涂资源,因地制宜适度发展滩涂农林业。优化海上风电开发布局。推进海洋药物与生物制品、海水利用产业、海洋旅游业发展,积极培育海洋文化创意产业。统筹陆海环境保护与防治,强化海洋生态建设,加大滨海湿地、海州湾、吕四渔场海洋生态修复与保护。

上海沿岸及海域。该区域发展的功能定位是国际经济、金融、贸易、航运和科技创新中心。“十三五”时期,重点是加快推进上海国际航运中心建设,加强与“21 世纪海上丝绸之路”沿线国家的交流与合作,提升国际枢纽港对长江流域的服务能力,优化现代航运集疏运体系,努力使上海成为“21 世纪海上丝绸之路”的重要节点。依托上海自由贸易试验区的改革创新,完善以船舶融资租赁、航运保险、海事仲裁、航运咨询和航运信息服务等航运现代服务业体系,推进国际航运发展综合试验区建设。加快邮轮游艇经济发展,支持邮轮游艇出入境管理等政策试点。发展海洋工程装备和大型邮轮等高技术船舶设计建造。完善邮轮生产与服务配套产业链,进一步提升上海邮轮产业的国际地位和竞争力。加强长江口、杭州湾近海海域污染综合治理及生态保护,实施奉贤、崇明岛、大金山岛生态整治与修复。

浙江沿岸及海域。该区域发展的功能定位是我国重要的大宗商品国际物流中心、海洋海岛开发开放改革示范区、现代海洋产业发展示范区、海洋渔业可持续发展示范区、海洋生态文明和清洁能源示范区。“十三五”时期,重点是推进舟山江海联运中心建设,以宁波—舟山枢纽港为依托,建设大宗商品储备加工交易基地和国际海事航运服务基地,构建综合交通运输体系,努力打造“一带一路”和长江经济带战略支点。依托舟山自由贸易港区,推进舟山绿色石化产业基地建设。加强大洋与深海科学研究开发基地建设，支持开展深海装备研制。稳步发展远洋渔业，积极推进深水抗风浪网箱养殖，加强海洋生物技术研究，建设国内重要的远洋渔业基地、渔业转型发展先行区和海洋生物产业基地。加快高技术船舶和海工装备研发制造。积极发展海水利用业，建设具有国内领先水平的海水资源开发利用工程研究平台、产品中试与产业化基地。积极开发海洋潮流能资源，推进舟山国家潮流能试验场建设。继续办好海洋文化节，建成我国知名的海洋文化和休闲旅游目的地。统筹陆海环境保护与污染防治，加强红树林和湿地保护与修复工程建设，维护重点港湾、湿地水动力和生态环境。

（三）南部海洋经济圈

南部海洋经济圈由福建、珠江口及其两翼、北部湾、海南岛沿岸及海域组成。该区域海域辽阔、资源丰富、战略地位突出，是我国对外开放和参与经济全球化的重要区域，是具有全球影响力的先进制造业基地和现代服务业基地，也是我国保护开发南海资源、维护国家海洋权益的重要基地。

*福建沿岸及海域。*该区域发展的功能定位是两岸人民交流合作先行先试区域，“21世纪海上丝绸之路”建设核心区，东部沿海地区先进制造业的重要基地，我国重要的自然和文化旅游中心，生态文明试验区。“十三五”时期，重点是加强与“21世纪海上丝绸之路”沿线国家和地区的交流合作，全面提升“海丝旅游”“海峡旅游”品牌，深化海洋渔业、港口、航运等领域全方位合作。深化闽台海洋经济合作，构建两岸海洋开发深度合作平台。加快发展现代渔业，建设现代种业和海洋牧场，推进健康养殖示范场建设，稳步发展远洋渔业。加大港口资源整合力度，加强沿海大型深水专业泊位、公共航道建设，建设高端航运服务业集聚区，打造厦门东南国际航运中心。培育海洋药物和生物制品业和海洋可再生能源，大力发展海水利用产业。建设国家深海海底生物资源库及服务平台。加快厦门邮轮旅游业发展，加强邮轮游艇研发制造。加快发展涉海金融服务业。积极培育海洋文化创意产业。加强重点流域环境整治，构建以沿岸河口、海湾、海岛等生态系统及海洋自然保护区条块交错的生态格局。

*珠江口及其两翼沿岸及海域。*该区域发展的功能定位是全国新一轮改革开放先行地、我国海洋经济国际竞争力核心区、“21世纪海上丝绸之路”重要枢纽、促进海洋科技创新和成果高效转化集聚区、海洋生态文明建设示范区、南海资源保护开发的重要基地、海洋综合管理先行区。“十三五”时期，重点是携手港澳共同打造粤港澳大湾区，加快建设开放包容的世界级城市群。积极发展海上运动、邮轮游艇，开辟海上丝绸之路旅游专线。统筹推进珠三角港口协调发展，打造世界级港口群，构建现代航运服务体系。加快深海油气资源勘探开发和综合加工利用。大力发展工厂化循环水养殖和深水抗风浪网箱养殖，推进远洋渔业的海外布局。优化布局海洋船舶和海洋工程装备产业，建设广州、江门船舶配套基地，珠海、东莞、中山等游艇制造基地。充分利用南海海洋生物资源优势，重点发展海洋药物和生物制品。积极开发海洋波浪能资源，推进万山国家波浪能试验场建设。推进沿海地区电力、化工、钢铁等行业直接利用海水作为循环冷却水等工业用水。加强泛珠三角区域海洋污染防治，完善跨区域协作和联防机制，加强海洋生物多样性和重要海洋生境保护，完善伏季休渔和禁渔期、禁渔区制度，完善海洋环境污染事故应急响应机制。

*广西北部湾沿岸及海域。*该区域发展的功能定位是构建西南地区面向东盟的国际出海主通道、打造西南中南地区开放发展新的战略支点、形成“丝绸之路经济带”与“21世纪海上丝绸之路”有机衔接的重要门户。“十三五”时期，重点是提升发展现代渔业，推动海洋渔业集约节约、高端型转变，推动国家级海洋牧场示范区建设，提升“南珠”品牌知名度。积极发展远洋渔业生态养殖和

渔港经济区，提升海水产品精深加工和冷链仓储能力，建设国家级水产品加工贸易集散中心。深化与“21世纪海上丝绸之路”沿线国家海洋交流合作，加快远洋渔业基地建设，将广西北部湾港建成面向东盟的区域性国际航运枢纽。积极开发多层次的海洋旅游精品，发展邮轮和游艇产业，构建中国—东盟海洋旅游合作圈。引进国内船舶修造及海洋工程装备制造龙头企业，发展高端船舶修造和海洋工程装备制造业。继续加强对北部湾盆地油气勘探开发力度，提高油气加工存储能力。积极推进近岸海域污染防治，强化船舶污染治理，加强珍稀濒危物种、水产种质资源及沿海红树林、海草床、河口、海湾、滨海湿地等保护。

海南岛沿岸及海域。该区域发展的功能定位是我国旅游业改革创新的试验区、世界一流的海岛休闲度假旅游目的地、全国生态文明建设示范区、国际经济合作和文化交流的重要平台、南海资源开发和服务基地、国家热带现代农业基地。“十三五”时期，重点是做精做强特色滨海旅游，加快发展邮轮旅游，积极开发帆船、游艇旅游。全面推进渔业结构优化和转型升级，加强渔港基础设施建设，大力发展深水网箱养殖，发展海洋牧场、休闲渔业、远洋渔业、热带水产种苗及水产品精深加工。推进港口码头建设与功能完善，加快发展国际物流和保税物流。继续加强油气勘探开发力度，提高油气加工存储能力。推进能源勘探、生产、加工、交易、储备、输送及配套码头建设，形成大型石油储备中转基地。推进海洋药物与生物制品、海水利用、海洋可再生能源产业等海洋新兴产业发展。划定海洋生态红线，加强对海口湾、三亚湾、洋浦等近岸湾口污染总量控制和动态监测，加强红树林、珊瑚礁、水产种质资源、海草床等保护，加大海洋保护区选划与建设力度。

（四）海岛开发与保护

推进重点海岛开发建设。继续推进浙江舟山群岛新区、福建平潭综合实验区和广东横琴岛的开发建设。浙江舟山群岛新区重点发展港口物流业、高端船舶和海洋工程装备制造业、海洋旅游业、海洋资源综合开发利用产业、现代海洋渔业和海洋旅游业，加快推进舟山自由贸易港区和绿色石化园区建设，打造我国大宗商品储运中转加工交易中心、东部地区重要的海上开放门户、重要的现代海洋产业基地、海洋海岛综合保护开发示范区、陆海统筹发展先行区。福建平潭综合实验区重点发展旅游业、高新技术产业、海洋产业和现代服务业，积极开展两岸人文交流、互联互通、产业合作、社会融合，全力打造两岸共同家园，加快建设平潭国际旅游岛、海峡西岸高新技术产业基地、现代服务业集聚区、海洋经济示范基地和国际知名的海岛旅游休闲目的地。广东横琴岛重点发展旅游休闲健康、商务金融服务、文化科教和高新技术等产业，建设文化教育开放先导区和国际商务服务休闲旅游基地，打造促进澳门经济适度多元发展新载体。

合理开发近岸海岛。以保护为核心，集约节约利用近岸海岛资源，控制海岛及周边海域的开发规模和强度，因岛制宜发展特色海岛生态经济，支持海岛海水淡化与综合利用工程建设，鼓励海岛太阳能、波浪能、潮流能等可再生能源开发，促进绿色、循环和低碳发展。在保护资源环境的前提下，加快推进有条件海岛的对外开放。

支持边远海岛发展。根据边远岛礁区位和发展条件，发展海洋渔业、邮轮旅游、生态旅游等。加强边远海岛港口码头、机场、道路、通讯、供水供电、污水处理等基础设施和学校、医院等公共服务设施建设，改善居民生活条件和居住环境。建设海洋观测与科学试验站。

严格海岛资源保护和开发管理。保护海岛生态系统，维护海岛及其周边海域生态平衡，对开发利用程度较高、生态环境遭受破坏的海岛，实施生态修复。规范海岛新建工程项目，在重点海岛实行产业准入负面清单。严格规范无居民海岛利用活动，制定可开发利用无居民海岛名录，建立完善无居民海岛有偿使用相关制度。鼓励沿海各省结合实际探索推进经营性用岛市场化方式出让。加强对建有导航、观测等公益性设施海岛的保护与管理。

（五）深远海空间拓展

持续开展国际海底矿产资源调查与评估，积极推动新矿区申请。加强对国际海域勘探区、通航区及典型区域的环境调查与评价。着力提升深海技术装备能力，实施“蛟龙探海”工程，深入开展深海生物资源调查和评价，建设国家深海生物资源库及服务平台。推进深海矿业、深海装备制造、深海生物资源利用产业化。创新国际海域管理机制，推进国际海域资源调查与开发由国家为主体向国家主导、社会广泛参与转变。开展极地环境综合考查与资源潜力评估，实施“雪龙探极”工程。

专栏 1　雪龙探极和蛟龙探海

在北极合作新建岸基观测站，在南极新建科考站，新建先进破冰船，提升南极航空能力，初步构建极地区域的陆—海—空观测平台。研发适用于极地环境的探测技术及装备，建立极地环境与资源潜力信息和业务化应用与服务平台。

突破“龙宫一号”深海实验平台建造关键技术，建造深海移动式和坐底式实验平台。研发集深海环境监测和活动探测于一体的深海探测系统。推进深海装备应用共享平台建设。

三、推进海洋产业优化升级

推进海洋传统产业转型升级，促进海洋新兴产业加快发展，提高海洋服务业规模和水平，促进海洋产业集群发展，提升海洋产业标准化水平，增强海洋产业国际竞争力。

（一）调整优化海洋传统产业

海洋渔业。严格控制近海捕捞强度，实行近海捕捞产量负增长政策，严格执行伏季休渔制度和捕捞业准入制度。加快调整和改革渔业油价补贴政策，积极推进渔业减船转产，压减国内捕捞生产能力。推进以海洋牧场建设为主要形式的区域性综合开发，建设以人工鱼礁为载体，增殖放流、底播增殖为手段的海洋牧场示范区，实现海洋渔业可持续发展。发展远洋渔业，完善加工、流通、补给等配套环节，延长产业链，提高远洋渔业设施装备水平，建造海外渔业综合服务基地，鼓励远洋渔业企业通过兼并重组做大做强。合理调整海水养殖布局，大力发展海水健康养殖，支持深水抗风浪网箱养殖和工厂化循环水养殖。实施种业提升工程，支持海洋渔业育种研究，构建现代化良种繁育体系。完善水产疫病防控体系，规范养殖饲料和药物的生产与使用，建设水产品质量检测中心，创建出口水产品质量安全示范区。提升水产品精深加工能力，建设水产品仓储、运输等冷链物流。发展水产品交易市场。在有条件的滨海城市发展水产品期货市场，提高国际大宗水产品定价权。大力发展多元化休闲渔业。加强渔政渔港等基础设施建设，推动渔港经济区和渔区城镇融合发展。开展“互联网+”现代渔业行动，提升海洋渔业信息化水平。

海洋油气业。建立油气开发用海协调机制，继续推进近海油气勘探开发。支持深远海油气勘探开发，推进海洋油气资源开发与服务等综合性保障基地建设。进一步加大对海上稠油、低渗等难动用油气储量开发的支持力度。到 2020 年，新增探明海洋油气地质储量较快增长，海洋油气产量稳步增长。积极加强国际合作,推动深远海油气合作开发。加强沿海 LNG 接卸能力建设,提高周转调配能力。支持社会资本通过参股等形式,参与海洋油气资源勘探开发。

海洋船舶工业。加快海洋船舶工业产能调整,推进企业兼并重组与转型转产,通过市场供需,淘汰落后产能。调整优化船舶产品结构,提升高技术船舶的自主设计建造能力。培育提升船舶设计开发研究机构的能力和水平,引导和支持重点骨干企业建设在国内具有影响力的研发中心。推进军民船舶装备科研生产融合发展和成果共享。推进重点船用设备集成化、智能化、模块化发展,促进船舶配套业由设备加工制造向系统集成转变。鼓励有实力的企业建立海外销售服务基地。

海洋交通运输业。推动海运企业转型升级,加快兼并重组,促进规模化、专业化经营。优化海运船队结构,提高集装箱班轮运输国际竞争力。进一步优化沿海港口布局,统筹协调各港口的发展规模,优化调整各港口的发展方向和功能定位,强化主要港口枢纽功能。建设区域港口联盟,推动资源整合优化。加强专用码头资源整合,优先发展公用码头。促进港口与城市协调发展,集约利用港口岸线、土地、海域等资源。加快水路与铁路、公路、航空运输协同发展,推进多式联运。发展以港口为枢纽的物流体系,开展冷链、汽车、化工等专业物流业务,加快建设港口信息公共服务平台。强化安全责任制,加强应急处置能力。

海洋盐业及化工业。科学规划原盐生产布局,加快盐田改造。重点发展海洋精细化工,加强系列产品开发和精深加工。推进“水—电—热—盐田生物—盐—盐化”一体化,形成一批重点海洋化学品和盐化工产业基地。重点开发生产海洋防腐涂料、海洋无机功能材料、海洋高分子材料等新产品,建设一批海洋新材料产业基地。积极开发海藻化工新产品。推进石化产业结构调整和优化升级,建设安全、绿色的石化基地,形成具有国际竞争力的产业集群。

(二) 培育壮大海洋新兴产业

海洋装备制造业。面向深远海资源开发,开展关键共性技术和工程设备的自主设计与制造,重点突破浮式钻井生产储卸装置、液化天然气浮式生产储卸装置、浮式液化天然气储存和再气化装置、3600 米以上超深水钻井平台等装备的研发设计和建造技术,提升海工装备设计和建造能力,形成总装建造能力。推动海洋工程装备测试基地、海上试验场建设,形成全球高端海洋工程装备主要供应基地。加强 5 兆瓦、6 兆瓦及以上大功率海上风电设备研制,突破离岸变电站、海底电缆输电关键技术,延伸储能装置、智能电网等海上风电配套产业,提升潮汐能、波浪能及潮流能施工安装与发电装备的研发和制造能力。发展大中型海水淡化工程高效节能核心装备,建设海水淡化装备制造基地。

海洋药物和生物制品业。重点支持具有自主知识产权、市场前景广阔的、健康安全的海洋创新药物,开发具有民族特色用法的现代海洋中药产品。开发绿色、安全、高效的新型海洋生物功能制品,重点发展药物酶、工具酶、工业用酶、饲料用酶等海洋特色酶制剂产品,微生态制剂、饲料添加剂、高效生物肥料等绿色农用制品,海洋生物基因工程制品以及海洋功能食品。发展海洋生物来源的医学组织工程材料,新型功能纺织材料、药用辅料、生物纤维材料、生物分离材料、生物环境材料、生物防腐材料等海洋生物材料。在具备海洋生物技术研发优势和生物产业发展基础的城市,组建产学研相结合的创新战略联盟。

海水利用业。在确保居民身体健康和市政供水设施安全运行的前提下,推动海水淡化水进入市政供水管网,积极开展海水淡化试点城市、园区、海岛和社区的示范推广,实施沿海缺水城市海水淡化民生保障工程。在滨海地区严格限制淡水冷却,推动海水冷却技术在沿海电力、化工、石化、冶金、核电等高用水行业的规模化应用。支持城市利用海水作为大生活用水的示范。推进海水化学资源高值化利用,加快海水提取钾、溴、镁等系列化产品开发,开展示范工程建设。

海洋可再生能源业。因地制宜、合理布局海上风电产业,鼓励在深远海建设离岸式海上风电场,调整风电并网政策,健全海上风电产业技术标准体系和用海标准。加快海洋能开发应用示范,突破工程设计等瓶颈,建设2—3个兆瓦级潮流能、百千瓦级波浪能和1个50千瓦级海洋温差能示范工程。建设海岛多能互补示范工程。重点加强山东海洋能试验区、浙江潮流能潮汐能示范区、广东潮流能波浪能示范区、南海海洋能综合利用示范基地等示范电站建设。

(三)拓展提升海洋服务业

海洋旅游业。适应消费需求升级趋势,发展观光、度假、休闲、娱乐、海上运动为一体的海洋旅游。推进以生态观光、度假养生、海洋科普为主的滨海生态旅游。利用滨海优质海岸、海湾、海岛,加强滨海景观环境建设,规划建设一批海岛旅游目的地、休闲度假养生基地。统筹规划邮轮码头建设,对国际海员、国际邮轮游客实行免签或落地签证,推进上海、天津、深圳、青岛建设“中国邮轮旅游发展实验区”。发展邮轮经济,拓展邮轮航线。在滨海城市加快发展游艇经济,推进游艇码头建设,创新游艇出入境管理模式。支持沿海地区开发建设各具特色的海洋主题公园。在有条件的滨海城市建设综合性海洋体育中心和海上运动产业基地,发展海上竞技和休闲运动项目。

航运服务业。加快国际航运中心建设与布局。鼓励港口联盟建设,增强港口群协同发展能力,提升服务功能。丰富上海国际航运中心指数,发展指数衍生品。支持企业参与国际海运标准规范制定,推进航运交易信息共享和服务平台建设。积极发展各类所有制航运服务企业,在自由贸易试验区稳步推进外商独资船舶管理公司、控股合资海运公司等试点,进一步探索国际航运发展综合试验区示范政策。以国际航运中心发展为契机,吸引各类大型涉海企业总部入驻,引进涉海行业组织、中介机构、高等院校、科研机构等,建设海洋服务业集聚区,推进涉海金融、航运保险、船舶和航运经纪、海事仲裁等业态发展,形成国际航运中心的核心功能区和总部经济。

海洋文化产业。加大海洋意识与海洋科技知识的普及与推广力度,结合基本公共文化服务体系建设,建立一批海洋科普与教育示范基地,促进海洋文化传播。严格保护海洋文化遗产,开展重点海域水下文化遗产调查和海洋遗址遗迹的发掘与展示,积极推进“海上丝绸之路”文化遗产专项调查和研究。推动国家水下文化遗产保护基地建设。继续办好世界海洋日暨全国海洋宣传日、中国海洋经济博览会、世界妈祖文化论坛、中国海洋文化节、厦门国际海洋周、中国(象山)开渔节等活动。挖掘具有地域特色的海洋文化,发展海洋文化创意产业。规范建设一批海洋特色文化产业平台,支持海洋特色文化企业和重点项目发展。依托相关地域海洋传统文化资源,重点推进“21世纪海上丝绸之路”海洋特色文化产业带建设。

涉海金融服务业。加快构建多层次、广覆盖、可持续的海洋经济金融服务体系。发挥政策性金融在支持海洋经济中的示范引领作用。鼓励各类金融机构发展海洋经济金融业务,有条件的银行业金融机构在风险可控、商业可持续前提下,为海洋实体经济提供融资服务。鼓励金融机构探索发展以海域使用权、海产品仓单等为抵(质)押担保的涉海融资产品。引进培育并规范发展若干涉海融资担保机构,加快发展航运保险业务,探索开展海洋环境责任险。壮大船舶、海洋工程装备融资租赁,探索发展海洋高端装备制造、海洋新能源、海洋节能环保等新兴融资租赁市场。

海洋公共服务业。加快互联网、云计算、大数据等信息技术与海洋产业的深度融合,加强海洋信息化体系建设,推进信息资源的统筹利用和共享。统筹规划和整合海洋观测资源,建设我国全球海洋立体观测网。提升海洋环境专项预报水平，丰富海洋安全生产、环境保障、气象预报等专题服务产品。加快海洋咨询与论证机构建设，提高海洋工程环境影响评价、海域使用论证、海洋工程勘察等服务水平。推动海洋测绘工程建设，构建现代海洋测绘基准体系，建设海洋地理信息多层次应用服务系统。健全海洋标准计量服务体系，建设全国海洋标准信息服务平台。对海上渔船安全实行实时监控，完善海上搜救应急服务，积极推进搜救活动的双边、多边和区域合作。

专栏 2　全球海洋立体观测网工程
统筹规划国家海洋观（监）测网布局，推进国家海洋环境实时在线监控系统和海外观（监）测站点建设，逐步形成全球海洋立体观（监）测系统，加强对海洋生态、洋流、海洋气象等观测研究。

（四）促进产业集群化发展

创新体制机制，加大支持力度，促进产业集聚，以海洋经济发展示范区为引领，培育壮大一批海洋特色鲜明、区域品牌形象突出，产业链协同高效、核心竞争力强的优势海洋产业集群和特色产业链。

专栏 3　重点海洋产业集群培育
海洋渔业：支持大连、威海、烟台、青岛等沿海适宜地区建设海洋牧场，依托大连、威海、舟山、福建、广西等发展水产品加工业等产业集群，依托大连、舟山、福州、北海等发展远洋渔业集群。 海洋装备制造业：加快推进海洋装备产业发展，重点建设以大连、天津、烟台、青岛为主的环渤海地区，以上海、苏中地区、浙东地区为主的长江三角洲地区，以广州、深圳、珠海为主的珠江三角洲地区三大海洋工程装备制造业集群。 海洋船舶工业：优化海洋船舶产业产品结构，支持海洋高端船舶发展，重点打造以大连、青岛为主的环渤海地区，以上海、苏中地区、舟山地区为主的长江三角洲地区和以广州为主的珠江三角洲地区三大造船基地。 海洋油气业：以天津、上海、深圳、广西、海南为依托，推进海洋油气开发基地建设，构建海洋油气资源开发带和油气产业集群。 海洋药物和生物制品业：大力发展海洋生物医药、海洋生物制品、海洋生物材料，建设以上海、青岛、厦门、广州为中心的海洋生物技术和海洋药物研究中心。 海洋可再生能源业：依托资源优势和技术能力，建设威海、青岛海洋能装备制造基地以及舟山、万山海洋能试验场和示范区。 海水利用业：推进天津、青岛、大连、唐山、舟山等地建设海水淡化及综合利用示范基地。 海洋旅游业：推进上海、天津、深圳、青岛建设“中国邮轮旅游发展实验区”，大力发展邮轮产业。构建中国—东盟海洋旅游合作圈。 航运服务业：推进上海、天津、大连、厦门等国际航运中心建设，把广西北部湾港建成面向东盟的区域性国际航运枢纽。

四、促进海洋经济创新发展

强化海洋重大关键技术创新，促进科技成果转化，提升海洋科技创新支撑能力和国际竞争力，深化海洋经济创新发展试点，推动海洋人才体制机制创新。

（一）支持海洋重大科技创新

围绕深水、绿色、安全等重大需求，加快推进海洋资源开发、海洋经济转型升级亟需的核心技术和关键共性技术的产业化和国产化。在深海关键技术与装备领域，重点突破全海深潜水器和载人装备研制、深远海核动力浮动平台技术等关键技术，建设深海空间站，开展深海能源矿产开发核心技术装备研发及运用。在深水油气资源开发领域，突破深水钻井设施、深水平台及系泊等核心关键技术。在海水养殖与海洋生物技术领域，发展深远海养殖装备与技术，加强海洋候选药物成药技术研究，攻克海洋药物先导化合物发现技术。在海水淡化领域，加快推进海水淡化反渗透膜材料及元件等核心部件和关键设备的研发应用，开展新型海水淡化关键技术研究。在船舶与海洋工程装备制造领域，进一步加强绿色环保船舶、高技术船舶、海洋工程装备设计建造的基础共性技术、核心关键技术、前瞻先导性技术研发，加强船舶与海洋工程装备配套系统和设备等研制。

（二）推动海洋科技成果转化

强化企业创新主体地位和主导作用，支持涉海科技型中小企业发展，鼓励企业开展海洋技术研发与成果转化。推进海洋重大科技创新平台建设，促进海洋科技资源优化整合、协同创新。加快构建以市场为导向、金融为纽带、产学研相结合的海洋产业创新联盟。大力发展海洋众创平台建设，扶持培育新型创业创新服务机构，加快与互联网融合创新打造众创、众包、众扶、众筹空间。继续推进海洋经济创新发展示范工作、海洋高技术产业示范基地和国家科技兴海产业示范基地的试点工作。建设海洋科技成果交易和转化的公共服务平台，支持涉海高等学校、科研院所、重点实验室向社会开放，共享科研仪器设备、科技成果。鼓励社会资本投资国家深海生物基因库、深海矿产样品库等，通过企业化运作，为社会科学研究与产业发展提供服务。

（三）深化海洋经济发展试点

继续深入推进全国海洋经济发展试点建设，围绕优化海洋经济空间发展格局、构建现代海洋产业体系、强化涉海基础设施建设、完善海洋公共服务体系、构建蓝色生态屏障、创新海洋综合管理体制机制等重点任务，选择有条件地区建设一批海洋经济示范区，进一步优化海洋经济发展布局，提高海洋经济综合竞争力，探索海洋资源保护开发新路径和海洋综合管理新模式，打造海洋经济发展重要增长极，总结可复制、可推广的经验，为全国海洋经济发展提供示范借鉴。

（四）创新海洋人才体制机制

加快海洋人才培养模式创新，紧密结合重大项目和关键技术攻关，引导推动海洋人才培养链与产业链、创新链有机衔接。加强多层次、跨行业、跨专业的海洋人才培养，支持一批综合性大学、海洋大学和涉海科研院所组建海洋科技创新团队。落实涉海科研人员离岗创业政策，建立健全科研人员双向流动机制。健全海洋科技创新和人才培养机制，引导和鼓励涉海企业建立创新人才培养、引进和股权激励制度，支持科研单位和科研人员分享科技成果转化收益。提升海洋产业人才信息服务，促进海洋人才资源合理流动。

五、加强海洋生态文明建设

坚持以节约优先、保护优先、自然恢复为主方针，加强海洋环境保护与生态修复力度，推进海洋资源集约节约利用与产业低碳发展，提高海洋防灾减灾能力，建设海洋生态文明。

（一）强化海洋生态保护修复

加强海洋生态保护。建立海洋生态保护红线制度，实施强制保护和严格管控。实施沿海防护林体系建设工程，加大沿海基干林带建设和修复力度。加快海洋自然保护区、水产种质资源保护区、海洋公园等海洋类保护区的选划与建设，加大保护区规范化建设投入，加强海洋类保护区生态监控，实现国家级海洋类保护区管理全覆盖。加快建立陆海统筹的生态系统保护修复和污染防治区域联动机制，建立健全环渤海、长三角区域海洋生态环境保护机制。加强海岸带生态保护与修复，在滨海城市实施“蓝色海湾”工程。防范海洋生态损害与生物入侵，加强入境船舶检疫监管。完善海洋生态环境补偿制度与机制，探索多元化生态补偿方式。完善海洋生态环境保护责任追究和损害赔偿制度，加强海洋生态环境损害评估，落实生态环境损害修复责任。

推进海洋生态整治修复。在湿地、海湾、海岛、河口等重要生境，开展生态修复和生物多样性保护。实施“南红北柳”湿地修复工程，构筑沿海地区生态安全屏障。实施“生态岛礁”修复工程，选取典型海岛开展植被、岸线、沙滩及周边海域等修复，恢复受损海岛地貌和生态系统。

专栏4 “蓝色海湾”整治

在胶州湾、辽东湾、渤海湾、杭州湾、厦门湾、北部湾等开展水质污染治理和环境综合治理，增加人造沙质岸线，恢复自然岸线、海岸原生风貌景观，在辽东湾、渤海湾等围填海区域开展补偿性环境整治和人工湿地建设。

（二）加强海洋环境综合治理

加强污染源监控的数据共享，实施联防联治，建立并实施重点海域排污总量控制制度，确定主要污染物排海总量控制指标。沿海地方政府要加强对沿海城镇入海直排口的监督与管理。严格海洋石油开采、海水养殖、海洋船舶等海上污染检查执法，加强沿海地区生活垃圾收集、储运和安全处置。推进国内船舶环境保护责任延伸制度建设。提升国家海洋环境监测能力，推进国家海洋环境实时在线监控系统建设，进一步完善海洋环境观测网。继续加强渤海环境综合整治。开展区域海洋资源环境承载能力监测预警，推进近岸海域水质评估考核，实施海上污染物排放许可证制度，开展重大工程建设、海洋倾废全过程监管。建立海洋环境通报制度，沿海地方政府要向同级人大报告海洋环境状况。沿海各级政府要建立海洋环境信息公开发布制度，完善公众参与程序。

（三）集约节约利用海洋资源

严格执行《围填海管控办法》、《围填海计划管理办法》，对围填海面积实行约束性指标管理，引导新增建设项目向区域用海规划范围内聚集，完善围填海管理制度，加强围填海开发建设管理。制定出台加强沿海滩涂保护与开发管理的政策意见。严格落实海洋主体功能区规划，依法执行海洋功能区划、海域权属管理、海域有偿使用制度，实施差别化用海政策，保障国家重大基础设施、海洋新兴产业、绿色环保低碳与循环经济产业、重大民生工程等建设项目用海需求。根据《海岸线保护与利用管理办法》，实行海岸线严格保护、限制开发和优化利用制度，严格限制改变海岸自然属性的开发利用活动。统筹实施退养还滩、退养还湿、岸线整护、增殖放流、人工鱼礁等综合整治修复工程，到2020年整治和修复的海岸线不少于2000公里。严格无居民海岛管理，禁止炸岛、采挖砂石、采伐林木，严格限制实体坝连岛工程等损害岛屿及周围海域自然生态的活动。

（四）促进海洋产业低碳发展

加快海洋产业能耗结构调整，鼓励发展低耗能、低排放的海洋服务业和高技术产业，强化能评环评约束作用，对海洋油气、海洋化工、海洋交通运输等高耗能产业实施节能减排，加快淘汰落后、过剩产能。鼓励清洁能源发展，因地制宜发展海岛太阳能、海上风能、潮汐能、波浪能等可再生能源。围绕海水养殖、海洋药物与生物制品、海水利用、海洋化工、海洋盐业等领域，继续开展循环利用示范。依托海洋产业园区，促进企业间建立原料、动力综合利用的产业联合体。鼓励开展海洋产业节能减排、低碳发展的信息咨询和技术推广活动。

（五）提高海洋防灾减灾能力

加强防灾减灾基础设施建设和海洋灾害风险评估，危险品生产企业严格执行预警信息发布和上报制度，提高防灾标准，努力实现从减少海洋自然灾害损失向降低海洋自然灾害风险转变。加强海洋灾害和海洋气象灾害的监测预报，完善海洋预警报产品发布系统。加强渔业生产、海洋航线、海上工程、海上搜救等专项预报保障能力。充分发挥海洋碳汇作用，启动蓝色碳汇行动。建立海洋环境灾害和重大突发事件风险评估体系，针对赤潮（绿潮）高发区、石油炼化、油气储运、核电站等重点区域，开展海洋环境风险源排查和综合性风险评估。加强海洋气象综合保障，完善海洋气象综合观测、预报预警和公共服务系统，提高海洋气象防灾减灾能力。加强海上石油勘探开发溢油风险实时监测及预警预报，防范海上石油平台、输油管线、运输船舶等发生泄漏，完善海上溢油应急预案体系，建立健全溢油影响评价机制。提高灾害信息服务水平，深化灾害应急联动协作机制。建立专业应急救援队伍，发展应对灾害的救援产品与特种装备，研究制定海洋应急处置管理办法。

六、加快海洋经济合作发展

围绕“21世纪海上丝绸之路”建设，打造国际国内海上支点，加强海洋产业投资合作和海洋领域国际合作，建立健全海洋经济对外投资服务保障体系，拓展海洋经济合作发展新空间。

（一）推进海上互联互通建设

推进国内航运港口建设。整合国内沿海港口资源，构筑“21世纪海上丝绸之路”经济带枢纽和对外开放门户。推进深圳、上海等城市建设全球海洋中心城市，在投融资、服务贸易、商务旅游等方面进一步提升对外开放水平和国际影响力，打造成为“21世纪海上丝绸之路”的排头兵和主力军。继续推进环渤海、长三角、珠三角、东南沿海、西南沿海等区域港口群建设，拓展开发国际航线和出海通道，对接全球互联互通大格局。

推进海外航运港口支点建设。加强国际港口间合作，支持大型港航企业实施国际化发展战略，结合市场需求，通过收购、参股、租赁等方式，参与海外港口管理、航道维护、海上救助，为远洋渔业、远洋运输、海外资源开发等提供商业服务。

（二）促进海洋产业有效对接

实施“走出去”战略，引导涉海企业按照市场化原则建立境外生产、营销和服务网络。鼓励涉海企业、科研院所与国外相关机构开展联合设计与技术交流，建立产业技术创新联盟，推动海洋工程建筑、海洋船舶、海洋工程装备制造等海洋先进制造业对外合作。加快推进海水养殖、海水淡化与综合利用、海洋能开发利用等产业的产能合作和技术输出，支持渔业企业在海外建立远洋渔业和水产品加工物流基地。开展国际邮轮旅游，与周边国家建立海洋旅游合作网络，促进海洋旅游便利化。依托海外港口支点建设，与周边国家合作建设临港海洋产业园区，吸引国内涉海企业到园区落户，规避投资风险，提高投资效率，优化产业链条，提升配套能力，促进产业集群发展。

（三）推动海洋经济交流合作

海洋科技教育。结合海洋科技重点需求、国际科技合作总体布局，支持海外联合研究中心（实验室）建设，开展海洋与气候变化研究及预测评估合作。推动形成国际区域海洋科技产业联盟，促进海洋技术产业化。开展涉海职业培训合作、涉海资格互认。推动建立并完善海洋科技教育合作机制和海洋科技论坛，联合举办各类海洋教育培训班。加强中外海洋教育机构合作办学，提供中国政府奖学金资助国外相关专业学生来华学习。

海洋生态环保。开展典型海洋生态系统和生物多样性保护、海洋濒危物种保护和外来入侵物种监测与防范合作，建立海洋生物样品库和重要海洋生物种质资源库。发起和开展联合航次调查，提高深远海海洋观测能力。开展基于生态系统的海洋综合管理研究，合作研发海洋环境保护与生态修复技术，联合实施海洋生态监测和环境灾害管理。拓展海洋预报预警系统研制的区域合作。搭建海洋保护区交流平台，开展海洋保护区管理经验交流和技术分享。

海洋防灾减灾。加强与沿海国家特别是“21世纪海上丝绸之路”沿线国家海上救援国际合作，进一步完善海上救援合作机制。在南海及其他重要海域建设海上救援基地，加强海上救援联合演练。强化区域海洋灾害、海洋气象灾害的观测预警基础能力，提升南海区域海啸预警能力，推动“21世纪海上丝绸之路”沿线国家灾害信息共享。

（四）健全对外合作支撑体系

加强政府指导与服务。推动与重点国家商签政府间投资合作协议。充分发挥丝路基金、中国—东盟海上合作基金及亚洲基础设施投资银行等作用，鼓励政策性银行对符合条件的涉海项目提供信贷支持，推动商业性投资基金和社会资本共同参与国际海洋经济合作。发挥中国—东盟海洋合作中心、东亚海洋合作平台等作用，提升海洋对外交流合作水平。建立海洋产业海外投资信息库，定期发布各国投资环境信息报告，引导投资主体或中介机构建立行业细分信息交流平台。建立沿线国家对外合作风险评估与预警机制，降低企业海外投资风险。支持沿海地方发挥优势，积极引导企业开展国际合作，广泛参与“21世纪海上丝绸之路”建设。

完善市场化服务。完善对外投资社会中介服务体系，发展金融服务、信息咨询、法律咨询和援助、会计审计、税务咨询、市场调查和营销咨询等服务功能。完善海外投资保险业务，鼓励和引导国内保险机构结合实际自主开发涉海企业海外投资风险险种。鼓励在海外投资的涉海企业利用海外资本市场，推动符合条件的跨国涉海企业发行不同期限的债务与股权融资工具。

七、深化海洋经济体制改革

发挥市场配置资源的决定性作用和更好发挥政府作用，推动海洋经济重点领域与关键环节改革，形成有利于海洋经济发展的体制机制。

（一）健全现代海洋经济市场体系

加快形成统一开放、竞争有序的现代海洋经济市场体系，促进海洋经济要素自由有序流动。建立归属清晰、权责明确、保护严格、流转顺畅的海洋产权制度，在沿海中心城市推动建立海洋产权交易服务平台，开展海域使用权抵押及交易，探索海洋碳排放交易试点，实现海洋各类资源与要素的市场化配置。加快培育海洋领域技术市场，健全知识产权运用体系和技术转移机制。加快涉海科研事业单位改革步伐，加强与社会资本合作。加快海洋公共服务领域开放，扩大海洋环境专项预报、海上搜救服务、海洋地理信息服务、重大科研设施等面向社会的服务功能。建立海洋公共服务有偿使用制度，推进调查船队、海洋装备测试基地、深海生物资源样品库等市场化应用。

（二）理顺海洋产业发展体制机制

推进重点产业结构性改革，加速海洋产业结构调整。整合优化各类中央财政涉渔专项资金，引导渔民减船转产。重点推进海水淡化供给体制改革，将海水淡化水作为沿海地区水资源的重要补充和战略储备，纳入水资源统一配置，在天津、青岛、舟山等一批沿海缺水城市和海岛，统筹规划、建设、管理海水淡化供给的市政配套设施，制定海水淡化水入网水价政府补贴政策。

（三）加快海洋经济投融资体制改革

创新财政资金投入方式，利用现有资金对海洋产业发展予以适当支持，鼓励和引导金融资金和民间资本进入海洋领域，支持涉海高技术中小企业在产业化阶段的风险投资、融资担保。支持有条件的地区建立各类投资主体广泛参与的海洋产业引导基金。分类引导政策性、开发性、商业性金融机构，各有侧重地支持和服务海洋经济发展。引导海洋产业与多层次资本市场对接，拓展涉海企业融资渠道。

（四）推动海洋信息资源共享

建立跨领域、跨行业、跨地区的海洋信息共享机制和军民联动机制，推动涉海部门、行业内部海洋信息整合及部门间核心业务系统的互联互通，开发智能化的海洋综合管控、开发利用与公共智慧应用服务，推动海洋信息互联互通，实现国家海洋信息的有效共享。加快建立海洋数据资料的社会化和公开性服务机制，逐步实现政府海洋数据面向社会的安全有效开放。形成与建设海洋强国要求相适应的国家海洋信息保障体系。

八、保障措施

加强统筹协调与沟通合作，健全涉海法律法规制度体系，强化财政、投融资等政策的协调配合，健全规划实施与评估机制，提高对海洋经济发展的管理和调节能力。

（一）加强宏观指导

充分发挥促进全国海洋经济发展部际联席会议作用，加强对全国海洋经济发展规划实施的指导、监督和评估，协调解决海洋经济发展政策与机制创新中的重大问题。国务院各有关部门要按照职责分工，落实责任，提高行政管理效能，制定促进海洋经济发展的政策措施。提高中央与地方海洋经济管理工作的联动性，健全完善跨区域协调机制，建立促进军民融合发展的工作机制。沿海地方政府加大对海洋经济发展的支持力度，研究制定促进本地区海洋经济发展的政策措施。发挥企业在海洋经济领域的主导作用，在产业集中度较高的城市，支持组建各类涉海行业协会、商会，增强行业自律、信息互通、资源共享和产业合作。

（二）完善制度体系

切实发挥海洋主体功能区规划的基础性和指导性作用，加快编制与实施沿海省级海洋主体功能区规划。严格执行海洋功能区划制度，加强海洋功能区划实施的跟踪与评估。编制实施海岛保护、国际海域资源调查与开发、海洋科技创新、海水利用、海洋工程装备等专项规划，加强专项规划的环境影响评价。推进海洋基本法、南极立法相关工作,加强海洋防灾减灾、海洋科研调查、海水利用等方面的立法,完善深海海底矿产资源开发法、海域使用管理法、海洋环境保护法、海岛保护法、海上交通安全法、矿产资源法、渔业法等法律法规的配套制度。加强对地方海洋立法工作的指导,支持沿海地区进行制度创新和改革。加强行政决策程序建设,完善海洋行政许可制度,强化执法监督检查。实施海洋督察制度,开展常态化海洋督察。健全海洋普法宣传教育机制。建立海洋质量技术监督体系,加强海洋标准化、计量、检验检测和认证认可,建立海洋质量考核评价制度和质量事故责任追究制度。

(三)强化政策调节

财政政策。合理保障海洋领域节能减排、海洋生态环境保护、防灾减灾等经费需求。通过国家科技计划(专项、基金等),统筹支持符合条件的海洋基础科学和关键技术研发。积极支持海水利用、海水养殖、海洋可再生能源、海洋药物与生物制品、海洋装备制造、海洋文化等海洋产业的发展。鼓励符合条件的海洋重大技术装备制造企业,按规定申请首台(套)重大技术装备保费补贴。继续落实企业从事远洋捕捞、海水养殖、符合条件的海水淡化和海洋能发电项目的所得,免征、减征企业所得税。

投融资政策。鼓励多元投资主体进入海洋产业,研究制定海洋产业投资指导目录,确定国家鼓励类、限制类和淘汰类海洋产业。整合政府、企业、金融机构、科研机构等资源,共同打造海洋产业投融资公共服务平台。推进建立项目投融资机制,通过政府和社会资本合作,设立产业发展基金、风险补偿基金、贷款贴息等方式,带动社会资本和银行信贷资本投向海洋产业。积极发展服务海洋经济发展的信托投资、股权投资、产业投资和风险投资等各类投融资模式,为涉海中小微企业提供专业化、个性化服务。

用海用岛政策。建立健全海域和无居民海岛开发利用市场化配置及流转管理制度,推进海域使用权和无居民海岛开发利用招拍挂,支持开展无居民海岛保护开发试点,探索无居民海岛开发模式。严格控制重点养殖区和捕捞区的建设用海和围填海,完善渔业水域补偿制度。完善海域和海岛使用金制度,加强海域整治、保护和管理。加强海域海岛集约节约利用,加强项目用海用岛的监督管理。

(四)开展监测评估

加强海洋经济监测评估,提升海洋经济管理的能力和水平。推进国家和省级海洋经济运行监测与评估能力建设,定期发布海洋经济发展报告、海洋经济统计公报、海洋发展指数、海洋经济景气指数等产品,引导社会预期。健全海洋经济统计制度,完善海洋经济核算体系,推进国家、省(自治区、直辖市)、市海洋经济核算工作。开展全国海洋经济调查。加强海洋经济运行分析和海洋经济重大问题研究,为各级政府海洋经济的调控与调节提供支撑。

(五)健全实施机制

国务院有关部门要建立规划实施与政策落实责任制,加强对本规划实施的指导、检查和监督。沿海地方各级人民政府要根据本规划确定的发展方向和重点,制定本地区海洋经济发展规划,创新机制,明确责任,加强领导,确保规划提出的各项任务落到实处。规划实施中涉及的重大政策、改革试点和建设项目按规定程序另行报批。国家发展改革委、国家海洋局会同有关部门建立健全规划评估机制,加强对本规划实施情况的评估,对政策落实进行督促检查,研究解决实施过程中出现的新情况、新问题,重大问题及时报告国务院。

服务贸易发展“十三五”规划

商服贸发〔2017〕76号

《服务贸易发展“十三五”规划》,根据《中华人民共和国国民经济和社会发展第十三个五年规划纲要》和《商务发展第十三个五年规划纲要》编制。

一、发展形势

(一)发展基础

“十二五”时期,在党中央、国务院的坚强领导下,我国加快建立开放型经济新体制,深入推进服务业改革开放,服务贸易发展各项目标任务圆满完成,服务贸易在国民经济中的地位显著提升。

贸易规模快速扩大。“十二五”期间,我国服务进出口年均增长15.7%,世界排名由“十一五”末的第四位上升至第二位,其中服务出口年均增长11%,服务进口年均增长19.4%。2015年,服务进出口达7529亿美元。其中,服务出口2867亿美元,世界排名第三;服务进口4662亿美元,世界排名第二。服务贸易占我国外贸(货物和服务进出口之和)的比重和我国服务出口、服务进口全球占比实现“三提升”,2015年分别增至16%、6%、10.1%,比“十一五”末分别提高5.1、2和5.2个百分点。

行业结构持续优化。运输、旅游、建筑等传统领域保持较快增长,技术、文化、计算机和信息服务、咨询服务、金融、中医药服务等新兴领域优势逐步积累、发展加快。2015年,计算机和信息服务、保险服务出口分别为245.5亿美元、50亿美元,占比分别为8.6%、1.8%,比“十一五”末分别提高1.8和0.7个百分点。服务外包高速发展,2015年承接国际服务外包执行金额646.4亿美元,“十二五”期间年均增长28.3%,成为世界第二大服务接包国。

区域发展渐趋协调。以北京、上海、广东为中心的东部沿海地区是我国服务贸易发展最为集中的区域,中西部地区是拉动服务贸易快速增长的新生力量。2015年东部和中西部服务进出口占比分别为85.8%和14.2%,中西部地区占比比“十一五”末提高6个百分点。重点区域服务贸易增势良好，“十二五”期间长江经济带11个省市、京津冀地区和东北地区服务进出口分别增长77.1%、64.6%、133.1%。

市场开拓成效明显。服务贸易市场集中度进一步提升，2015年我国前十大服务贸易伙伴服务进出口占比为62.4%，比“十一五”末提高2.1个百分点。承接国际服务外包的国家或地区达197个，比“十一五”末增加29个。截至目前，我国与7个国家和地区签署了服务贸易合作备忘录，建立了服务贸易促进工作机制，开展双边务实合作。

（二）发展前景

1.面临的机遇

从国际看，一是服务业和服务贸易战略地位更加突出。服务业与其他产业融合趋势增强。作为全球价值链的核心环节，技术和知识密集型服务成为影响国际分工和贸易利益分配的关键因素，传统制造领域的跨国公司纷纷向服务提供商转型。二是服务贸易与投资合作的广度和深度不断拓展。2015年，世界服务出口47540亿美元，占货物和服务出口之和的比重升至22.4%。服务业投资占全球直接投资存量的比重超过60%，服务业跨境并购占比超过50%。三是数字化时代服务贸易创新不断加快。大数据、云计算、物联网、移动互联等技术运用，极大提高了服务的可贸易性，服务贸易企业形态、商业模式、交易方式发生深刻变革。

从国内看，一是服务贸易发展的产业基础更加坚实。供给侧结构性改革深入推进，有利于生产要素加快向服务领域集聚。2015年服务业增加值占比首次超过50%，预计到2020年提高到56%。二是对外经贸合作形成的国际市场网络优势更加明显。我国与230个国家和地区建立了贸易联系，货物贸易大国地位有利于相关服务贸易发展。海外投资合作加快发展，商业存在模式服务贸易具有较大发展潜力。三是服务贸易发展环境不断优化。服务贸易领域改革开放步伐加快，自贸试验区、北京扩大服务业开放试点以及面向全球的高标准自贸区网络建设，都将拓展服务贸易发展新空间。服务贸易创新发展试点深入推进，政策体系更趋完善。

2.面临的挑战

从国际看，一是世界经济复苏缓慢。国际金融危机深层次影响依然存在，世界经济持续调整、增速放缓。我国服务贸易发展面临外需不振、贸易保护主义抬头等不利因素。二是服务贸易国际竞争加剧。发达国家力争巩固服务贸易国际竞争制高点地位。发展中国家纷纷加大支持服务贸易力度，努力迈向全球价值链和国际服务业分工中高端。三是服务贸易领域的国际经贸规则面临重构。发达国家积极推进服务贸易规则谈判，不断提高服务业开放标准，服务贸易领域国际规则制定权争夺更加激烈。

从国内看，一是我国经济发展仍面临一些制约因素。劳动力、土地等要素成本持续攀升，资源和生态环境约束趋紧，竞争新优势尚待培育。二是服务业特别是生产性服务业发展相对滞后。生产性服务业与发达国家差距明显，服务贸易发展的产业基础仍然较弱。三是服务贸易发展面临突出问题。服务贸易逆差较大，服务出口规模和质量有待提升。服务贸易结构亟须优化，新兴行业发展滞后。服务贸易促进体系有待健全，政策框架还不够完善。

综合判断，“十三五”时期我国服务贸易面临的国际国内环境总体有利，发展机遇大于挑战。要认清当前服务贸易发展的历史方位，全面提升服务贸易战略地位，更加积极有效应对各种风险挑战，努力推动服务贸易迈向新台阶。

二、发展思路

（一）指导思想

全面贯彻党的十八大和十八届三中、四中、五中、六中全会精神，深入贯彻习近平总书记系列重要讲话精神，牢固树立和贯彻落实创新、协调、绿色、开放、共享发展理念，坚持市场在资源配置中起决定性作用和更好发挥政府作用，以推进服务贸易领域供给侧结构性改革为主线，夯实服务贸易产业基础，完善服务贸易体制机制、政策框架、促进体系，提高服务贸易开放程度和便利化水平，增强服务出口能力，扩大服务贸易规模，优化服务贸易结构，促进服务贸易与货物贸易、服务贸易与对外投资联动协调发展。

（二）发展理念

一是坚持创新发展。全面贯彻创新驱动发展战略，积极推动服务贸易技术创新和商业模式创新。拓展服务贸易发展领域，提升传统服务的可贸易性。大力发展跨境电子商务、供应链管理、服务外包和云众包等新型服务。推动服务业与制造业、服务贸易与货物贸易融合发展。加快形成人力资源、技术、品牌、知识产权、标准、市场网络等综合竞争新优势。

二是坚持协调发展。注重服务贸易与服务业、货物贸易、国际投资合作协调发展，不断夯实服务贸易发展的产业基础和国际经贸合作基础。努力扩大服务出口，促进服务出口与进口协调发展，缓解服务贸易逆差。突出各地服务贸易优势和特色领域，着力培育服务贸易中心城市，带动各地服务贸易协调发展。推进服务贸易各领域协调发展，大力促进知识技术密集型服务出口，着力优化服务贸易结构。

三是坚持绿色发展。把绿色发展理念贯穿服务贸易发展各领域、各环节。积极推进服务贸易数字化。鼓励服务贸易企业绿色采购和销售，推动服务贸易企业节能减排，大力发展绿色低碳型服务贸易。鼓励和推动绿色低碳型服务贸易企业国际化发展。

四是坚持开放发展。推进服务领域有序开放，放宽投资准入，全面实行准入前国民待遇加负面清单管理模式，打破地区封锁和行业垄断，破除服务业发展的体制机制障碍。加强服务贸易领域多边、区域和双边合作，努力开拓国际市场。支持企业和公共服务机构走出去开展全球市场网络布局，积极利用自由贸易协定等加强重点国别市场的开拓。

五是坚持共享发展。要牢固树立共享发展理念，充分发挥服务贸易对稳增长、扩就业的作用。支持电子商务、服务外包等领域创新创业。加快发展生活性服务贸易，着力提高养老、医疗、教育等与人民群众紧密相关的服务品质，增进社会福利。

（三）发展目标

服务贸易大国地位进一步巩固，服务贸易强国建设加快。"十三五"期间力争服务贸易年均增速高于全球服务贸易平均增速。技术、知识密集型和高附加值服务出口占比持续提升，人力资源密集型和中国特色服务出口优势进一步巩固，服务贸易在开放型经济发展中的战略地位显著提升。

三、战略布局

统筹利用国际国内两个市场两种资源，着力优化境外市场布局、境内区域布局，形成内外联动、开放发展的服务贸易新格局。

（一）优化境内布局

围绕国家区域发展总体战略，打造北京、上海、广东服务贸易核心区和环渤海、长三角、泛珠三角服务贸易集聚圈，在此基础上积极发展“两横一纵”服务贸易辐射带，努力形成三核引领、区域集聚、纵横辐射、全面发展的服务贸易地域布局。

1. 打造三个服务贸易核心区

打造北京服务贸易核心区，以北京市服务业扩大开放综合试点为契机，努力探索适应服务业和服务贸易发展的体制机制，培育“北京服务”世界品牌，带动京津冀服务贸易协同发展。打造上海服务贸易核心区，支持上海建设面向全球的服务贸易中心城市，加快上海服务贸易创新发展试点，对接高标准国际贸易投资规则，构建公平竞争的市场环境，完善政策支持体系，促进服务业各领域双向投资。打造广东服务贸易核心区，以广州、深圳服务贸易创新发展试点建设为重要抓手，发挥中国（广东）自由贸易试验区平台优势，深入推进粤港澳服务贸易自由化，提升广东对区域服务贸易发展的辐射带动力。

2. 打造三大服务贸易集聚圈

打造环渤海服务贸易集聚圈。增强北京服务贸易核心区对京津冀区域服务贸易交流合作的带动作用。推进天津服务贸易创新发展试点建设，加快济南、青岛、威海对日、韩服务贸易投资合作，吸引文化贸易、技术贸易、运输、旅游、教育、医疗保健、生态环保、环境服务、服务外包等领域的国际国内服务贸易资源在环渤海及其周边集聚，提升区域服务贸易国际化水平。

打造长三角服务贸易集聚圈。充分发挥上海服务贸易核心区的引领带动作用，推动江苏南京（江北新区）、苏州以及浙江杭州服务贸易创新发展试点先行先试，完善物流运输、旅游、跨境电子商务、金融服务、信息服务、文化贸易、技术贸易、服务外包、中医药服务等优势领域在长三角发展布局，促进长三角中心城市区域联动、协同发展，带动长三角地区全面参与国际竞争与合作，扩大长三角服务贸易集聚效应。

打造泛珠三角服务贸易集聚圈。突出广东服务贸易核心区与港澳服务贸易合作的定位，促进穗港澳之间资金、信息和人员的便捷流动，推动专业服务、金融服务、文化贸易、研发设计、服务外包等领域服务贸易资源向广东及其周边地区集聚，努力把泛珠三角建设成为引领华南、携手港澳、辐射东南亚、面向全球的服务贸易发展高地和综合服务枢纽。

3. 打造“两横一纵”服务贸易辐射带

以环渤海、长三角、泛珠三角服务贸易集聚圈为中心，向南向北延伸贯通东北地区、海峡西岸经济区等，打造东部沿海服务贸易辐射带。着力加快沈阳、大连、长春和哈尔滨（新区）科技服务业支撑高端制造业发展，加强与东北亚地区服务贸易合作。积极推动福州（平潭）、厦门等海峡西岸城市群承接台湾服务业转移，努力打造对台服务业合作示范区。海南围绕建设国际旅游岛，积极探索扩大旅游服务出口新路径。广西南宁等城市以中国—东盟自由贸易区升级建设为契机，加强与东盟各国的服务贸易合作。

以长江经济带沿线服务贸易创新发展试点地区和中心城市为支撑，打造长江沿线服务贸易辐射带。发挥长三角服务贸易集聚圈在东部沿海服务贸易辐射带、长江沿线服务贸易辐射带中的叠加辐射效应，加快推动湖北以武汉为重点、重庆以两江新区为重点、四川以成都为重点、贵州以贵安新区为重点积极扩大服务出口。支持贵州以贵安新区电子信息产业园大数据基地、中关村贵阳科技园大数据基地、黔南州超算中心等产业基地为载体，努力打造贵州大数据服务品牌优势。

以西北地区服务贸易创新发展试点地区和中心城市为重点，打造面向中亚西亚的“一带一路”服务贸易辐射带。推动陕西以西安和西咸新区为重点，紧扣“一带一路”发展主题，大力发展文化旅游、国际物流运输等服务贸易。支持兰州、乌鲁木齐依托丝绸之路经济带，发挥特色优势，大力发展服务贸易。

充分发挥“两横一纵”辐射带作用，在辐射带内外依托现有国家级经济技术开发区、国家高新技术产业开发区、战略性新兴产业基地等平台和载体，规划建设特色服务贸易集聚区，积极推动服务贸易全面发展。

（二）优化境外布局

1. 开拓“一带一路”沿线市场

积极与“一带一路”沿线重点国家和地区签订服务贸易合作协议，扩大服务业相互开放。与有关国家共同开辟新航线和运输线路，大力发展国际运输服务。推动企业在沿线重点国家的交通枢纽和节点城市，建立仓储物流基地和分拨中心，完善区域营销和售后服务网络。推动与有关国家扩大建筑服务资质、建筑服务市场准入等领域开放，提升建筑服务贸易水平，鼓励工程设计、施工建设、运营维护等建营一体化服务输出。鼓励境外经贸合作区、跨境经济合作区引进更多服务业和服务贸易项目。鼓励与“一带一路”沿线国家和地区加强服务外包合作，积极拓展发包市场，带动中国服务、标准、技术、品牌走出去。鼓励符合条件的金融机构在“一带一路”沿线国家和地区开设分支机构，为企业贸易结算和投融资创造条件。积极发展与“一带一路”沿线国家和地区文化贸易，扩大图书、影视剧、动漫、网络游戏等文化产品与服务出口，提升中华文化影响力。积极引导我国服务贸易企业争取亚洲基础设施投资银行、丝路基金、金砖国家新开发银行、中国—东盟银行联合体、上海合作组织银行联合体的融资支持。

加大对东盟各国开展服务业贸易投资合作的力度。发挥广西对东盟合作优势，利用中国—东盟博览会等平台，重点加强与新加坡、印度尼西亚、马来西亚、泰国、菲律宾、越南等国服务贸易合作，在基础设施建设、旅游、文化、医疗保健、技术和知识产权、跨境电子商务、服务外包、港口等领域加大合作力度，提高我国在东盟地区商业存在规模。发挥云南对南亚合作优势，办好中国—南亚博览会，加强云南与南亚服务贸易合作。

2. 巩固传统市场

进一步提升与港澳台服务贸易合作水平。落实内地与香港、澳门《关于建立更紧密经贸关系的安排》（CEPA）及《CEPA服务贸易协议》，巩固与港澳服务贸易合作，不断提高合作层次。以现代服务业合作为重点，加强内地与港澳在金融、会计、法律、市场推广、物流、设计、知识产权等领域合作。不断拓展内地与港澳服务业合作新空间，支持内地企业与港澳企业携手开拓“一带一路”沿线国家和地区市场。鼓励香港金融机构、商务服务机构和专业服务人才，联合内地企业开拓国际市场。加强两岸服务业合作，积极承接台湾服务业转移，重点加强与制造业相配套的服务业合作，不断提高两岸经贸互利合作水平。

加强与发达国家服务贸易合作。进一步加强与欧美发达国家在旅游、运输、建筑等传统服务贸易领域合作,着力引进先进技术,开展研发设计合作,发展节能环保、环境服务等先进生产性服务贸易。有针对性开展城市规划开发建设、城市运营管理、节能环保、城市治污治堵、智慧城市、海绵城市建设等领域合作。持续提升承接欧美发达国家服务外包业务能力,提高承接知识密集型的高附加值服务外包和提供系统解决方案的能力。积极推动大数据、中医药、健康养老等新兴服务贸易合作。

深化与周边国家服务贸易合作。实施好中韩自由贸易协定相关条款,进一步提升中韩服务贸易自由化和便利化水平。加强与韩国在文化贸易、服装设计等领域合作,扩大服务业双向投资。积极推进中日韩自由贸易协定谈判,加强与日本在工业设计、技术服务、节能环保、运输、旅游、文化等领域的合作。

3. 培育新兴市场

加强与具有独特产业优势国家的服务贸易往来。从优势互补、互利合作出发,进一步加强与丹麦、爱尔兰、以色列和瑞士等国的经贸合作关系,在知识产权、工业设计、机器人技术、环保技术、农业技术等领域促进双方合作,促进我国产业升级。

积极发展与拉美服务贸易。依托中国—拉美和加勒比共同体论坛,强化中拉服务领域贸易投资合作,不断丰富中拉经贸合作内涵。充分发挥中国在计算机与信息、其他商业服务方面的比较优势,扩大对拉美出口。通过拉美产能合作带动中拉技术贸易、金融、保险和通讯等领域合作。推动中国对拉美服务业投资,积极开展对拉商业存在形式的服务贸易。加强与巴西等新兴经济体服务贸易合作。以中国与哥斯达黎加、智利、秘鲁等国家自由贸易协定为依托,促进双边服务贸易开放,不断提升中拉服务贸易自由化和便利化水平。

以中非十大合作计划带动中非服务贸易发展。依托中非合作论坛,积极落实"中非十大合作计划",带动中非服务贸易合作。加强与南非等新兴经济体服务贸易合作。以中非工业化合作计划和中非基础设施合作计划带动中国建筑、设计、技术、运营服务输出,通过中非公共卫生合作计划和中非人文合作计划带动旅游、建筑、文化、中医药、中文教育、中华特色餐饮等服务输出。

四、主要任务

(一) 完善发展体制

加快完善服务贸易管理协调机制。充分发挥国务院服务贸易发展部际联席会议作用,加强对服务贸易工作的宏观指导和部门间的协调配合,统筹服务业对内对外开放,促进产业政策、贸易政策、投资政策的良性互动,形成政策合力。建立健全服务贸易法律体系,完善与服务贸易特点相适应的口岸通关管理模式、跨境人民币业务管理制度和外汇管理制度。推动各服务行业主管部门加强与行业协会、专业统计机构的协调,形成政府管理、行业自律、统计监测以及消费者监督的多层次服务贸易监管机制。健全政府、贸易促进机构、协会、企业协同配合的服务贸易促进和服务体系,建立全国服务贸易重点联系企业制度以及国家层面的服务贸易综合监管服务平台。

加快推进服务贸易创新发展试点。充分发挥试点地区在发展服务贸易中的积极性和创造性,

推进服务贸易领域供给侧结构性改革，探索适应服务贸易创新发展的管理体制、促进机制、政策体系、监管模式，打造服务贸易制度创新高地。加强对试点工作的指导、督促推动和政策协调，及时总结成功经验做法并在全国复制推广。研究建立试点地区的评估机制，推动部分试点效果好的地区升级成为服务贸易创新发展示范区。

（二）优化行业结构

稳步提升传统服务出口。进一步扩大旅游、运输、建筑等服务出口，着力增强传统服务贸易国际竞争力。加快传统服务贸易创新发展，运用互联网等现代技术手段改造提升传统服务贸易。加快培育品牌优势，着力推动传统服务贸易品牌化发展。积极推动传统服务贸易行业跨界融合发展，打造跨界融合发展的产业集团和产业联盟。加强国际和区域合作，积极培育国际市场网络和渠道网点优势，支持有条件的服务贸易企业在境外建立服务网络，增强国际市场开拓能力，提高服务出口效益和附加值。

积极扩大新兴服务出口。利用互联网等现代信息技术，推进服务贸易数字化和交易模式创新。发挥我国人力资本、创新资源丰富的优势，全面贯彻落实国家创新驱动发展战略，加强技术创新、管理创新、业态创新和商业模式创新，提升服务质量和技术含量。重点培育通信、金融、保险、计算机和信息服务、咨询、研发设计、知识产权、节能、检验检测认证、环境、会展等资本、技术和知识密集型服务出口。加大科技创新投入，支持新兴服务领域企业原始创新，增强集成创新和消化吸收再创新能力，提高国际化经营水平。着力培育新兴服务贸易行业标准方面的优势，支持通信、互联网、物联网等领域的技术标准在海外推广应用，推动通信、计算机和信息服务、金融等领域企业积极参加国际标准和规范制修订。积极推动文化艺术、广播影视、新闻出版、教育等承载中华文化核心价值的文化服务出口，大力促进文化创意、数字出版、动漫游戏等新兴文化服务出口，努力培育我国中华特色文化贸易优势。

继续提升服务进口质量。鼓励对国民经济和社会发展影响深远、促进效应明显的重点服务进口，增加有效供给，满足日益增长的国内生产、生活需求，推进创业创新和经济结构优化升级。积极扩大国内急需的咨询、研发设计、节能环保、环境服务等知识、技术密集型生产性服务进口。有序发展运输、旅游服务进口。加强人员流动、资格互认、行业标准制定等方面的国际磋商与合作，为促进重要服务进口创造便利化环境。

（三）壮大市场主体

打造影响力大、国际竞争力强的服务贸易领军企业。依据企业规模、国际化程度、主营业务等指标，在金融、运输、工程承包、通讯等领域培育一定数量占据全球价值链高端地位的服务贸易领军企业。鼓励和支持服务贸易领军企业积极开展跨国投资合作，参与投资、建设和管理境外经贸合作区，带动国内劳务输出和货物、服务、技术、标准输出。支持领军企业开展全球服务贸易市场网络布局，通过新设、并购、合作等方式，加快建设境外研发中心和营销网络，积极开拓新业务、新领域和新市场。支持领军企业开展知识产权境外登记注册，完善知识产权海外布局。

做强主业突出、国内领先的服务贸易企业中间梯队。在互联网、电信、保险等领域培育一批具有区域和行业影响力的服务贸易大型企业。鼓励大型企业瞄准国际技术前沿和新型商业模式，推动迈向全球价值链中高端。推动大型企业强强联合，开展跨地区、跨行业兼并重组，整合区域和行业价值链，形成服务贸易品牌，提高核心竞争力。

积极扶持特色明显、善于创新的服务贸易中小型企业。在专业服务、旅游、文化、信息技术、检验检测认证、教育、医疗等服务贸易行业和细分领域，积极培育外向度高、具有独特竞争优势的中小型服务贸易企业。积极支持中小型企业参与服务贸易国际分工，找准定位，融入全球价值链。鼓励创新型、创业型服务贸易中小微企业发展，支持企业走"专、精、特、新"发展道路，加强与龙头、大型企业协作，形成服务贸易企业完整健康生态链。通过建立产业联盟、搭建公共服务平台、开展服务贸易知识和政策培训等方式，提高中小型企业国际市场开拓能力。

（四）培植创新动力

推动服务贸易交易模式创新。积极鼓励技术贸易、通信服务、计算机信息服务发展，着力扩大跨境交付服务贸易规模。加快国际营销网络和境外交付中心建设，促进服务业双向投资和商业存在模式的服务贸易发展。运用信息技术提升服务的可贸易性，重点支持远程医疗、在线教育等新型业态，促进金融与互联网深度融合，不断提高服务贸易的跨境交付能力。增强我国电子商务发展优势，创新境外消费服务贸易发展。依托大数据、物联网、移动互联网、云计算等新技术，打造新型服务贸易促进和交易平台。

加快服务贸易发展业态创新。顺应产业跨界融合发展新趋势，大力发展"制造+服务"、"文化+旅游"、"中医药+健康旅游"等，推动服务贸易新领域、新业态发展。抓住数字技术革命新机遇，大力发展数字内容服务、社交网站服务、搜索引擎服务等，积极参与相关国际规则制定。顺应全球价值链分工新趋势，大力发展国际供应链管理服务，着力打造国际绿色供应链，提高供应链管理控制能力和业务发展水平，着力增强国际商务服务能力和全球商务运营能力。支持云众包平台建设，构建开放式创新体系，提升我国企业整合国内外资源发展服务贸易的能力。

（五）扩大开放合作

积极推进对外开放，提升服务市场国际化新水平。推动服务业扩大开放，进一步推进金融、电信、教育、文化等服务业领域开放，逐步放开育幼养老、建筑设计、会计审计、商贸物流等服务业领域外资准入限制。以北京市服务业扩大开放综合试点为契机，大力推动服务业领域开放力度。充分利用自贸试验区对外开放先行先试平台和载体作用，总结评估并在全国范围内复制推广对外商投资实行准入前国民待遇加负面清单管理模式。提高服务业利用外资的质量和水平，鼓励引进全球服务业跨国公司，大力推动商业存在模式的服务贸易发展。加强与国际服务企业战略联盟合作，吸引世界500强企业、境外大型企业设立运营总部、研发中心、采购中心、分销中心、物流中心、品牌培育中心、外包中心、清算中心等贸易营运和管理功能总部。依托自由贸易区战略实施，进一步推动相关国家服务领域市场开放，加快推进我与自贸伙伴之间的服务贸易自由化。积极与主要服务贸易合作伙伴和"一带一路"沿线重点国家和地区签订服务贸易合作协议，深化服务贸易合作。创新边境地区服务贸易发展，在服务市场准入、人员出入境管理、服务提供人员资质互认等方面建立和完善与边境服务贸易相配套的服务贸易自由化、便利化政策体系，探索沿边和边境地区发展服务贸易的新模式，在旅游、分销、医疗保健、娱乐等领域发展边境特色服务贸易。

积极稳妥"走出去"，拓展服务贸易发展新前沿。以海外投资和国际产能合作带动服务贸易发展。引导企业在境外项目规划、设计咨询、系统集成、运营维护、技术合作、检测维修等环节开展增值服务，建立境外分销、售后服务基地和全球维修体系，加快服务环节国际化。促进对外承包工程转型升级，推动承包工程与技术服务和运营管理相结合，推动业务向项目融资、设计咨询、运营管理等服务领域拓展。支持各类服务业企业通过新设、并购、合作等方式，开展境外投资合作。支持在境外开展技术研发投资合作，创建国际化营销网络和知名品牌，增加境外商业存在。支持服务业企业参与投资、建设和管理境外经贸合作区。探索建设服务外包境外合作区。鼓励企业在海外设立符合当地条件和规定的保税仓库,服务"走出去",积极构建跨境产业链,带动劳务输出和服务、技术出口。

积极参与规则制定,主动融入国际服务贸易新格局。积极参与多边、区域服务贸易谈判和全球服务贸易规则制定。积极维护多边贸易体制在国际服务贸易发展中的主渠道作用,切实反映发展中国家特别是新兴经济体的贸易利益诉求。努力在气候变化与环境保护、知识产权等领域参与规则制定。充分利用二十国集团、金砖国家、亚太经合组织、自贸协定等机制和平台,引领国际服务贸易规则走向。积极争取中医药等中华传统服务领域的技术标准制定主动权和主导权。积极推动中美、中欧投资协定谈判。深入挖掘自贸协定框架下加强双边服务贸易合作的潜力。

(六)健全监管体系

完善事中事后监管体系。创新监管举措,建立涵盖服务贸易领域业务流程记录、统计监测分析、信用综合评价、政策支持保障、事中事后监管等功能为一体的服务贸易综合监管服务平台。建立分类风险管理机制,完善以随机抽查、重点检查、举报核查为主的日常监管制度,对有失信记录的企业加大检查频次。建立定期分析和风险研判机制。做好跨部门国际服务贸易数据协调与共享,完善投诉举报管理制度,规范处理流程。强化企业主体责任,引导企业增强法律意识、诚信意识和自律意识。充分发挥行业协会和企业商会在规范行业行为、调解矛盾纠纷、促进行业自律、维护行业公平等方面的积极作用。加强社会监督和舆论监督,引导社会公众参与市场监管,形成各部门信息共享、协同监管和社会公众参与监督的监管体系。

加强信用监督体系建设。构建信用评价指标体系,建立服务贸易市场主体信用记录,纳入全国信用信息共享平台,加大服务贸易企业信用信息公示力度,促进行政许可、资质审查备案、行政处罚、日常监管、消费投诉、行业自律、司法裁决执行等信息的归集共享。推广市场准入前信用承诺制度、守信激励和失信惩戒典型案例发布制度。构建守信激励机制,对守信主体实行业务优先办理、简化程序等激励政策。建立服务贸易企业"黑名单"制度。

五、保障措施

(一)优化营商环境

优化服务贸易法制化环境。研究制修订服务贸易、技术进出口等方面的法律制度,逐步建立和完善服务贸易各领域法律体系。规范服务贸易市场准入、经营秩序、投资促进等相关政策。清理和规范服务贸易相关行业规章,推进服务行业基础性法律的制修订工作,鼓励有条件的地方出台服务贸易地方性法规。制订服务贸易重点专项领域促进办法。加快形成与国际接轨的高标准贸易投资规则体系,促进国内与国际服务贸易投资规则衔接。推动建立与国际接轨的服务业标准化体系。提高服务贸易政策措施的透明度。

推动服务领域市场化改革。加强对重点领域的支持引导,编制重点服务领域专项发展规划,制订发布服务出口、进口目录。探索建立符合国际惯例的服务贸易管理新模式,完善重点服务行业资质与认证管理,建立行业竞争自律公约机制。发挥市场在服务贸易领域资源配置中的决定性作用,激发市场主体新活力。完善社会资本公平参与相关行业发展的政策,破除制约服务业发展的体制机制障碍。简化服务领域行政审批程序，培育各类市场主体依法平等进入、公平竞争的营商环境。加大服务贸易领域版权、专利、商标等知识产权的执法监管力度。完善服务贸易企业诚信体系建设。

（二）完善促进体系

落实完善服务贸易财税政策。研究发挥财政资金的引导作用，营造良好的外部环境，促进服务贸易新兴领域发展，创新支持方式，加大对服务贸易发展的支持力度。扩大对离岸服务外包和技术出口支持的产业领域，加大对研发设计、节能环保和环境服务等国内急需的生产性服务进口支持，设立服务贸易创新发展引导基金，引导更多社会资金加大对符合产业导向服务贸易企业的支持力度。对符合条件的出口服务按现行规定享受增值税零税率或免税政策，落实技术先进型服务企业税收优惠政策，推进境外旅客购物离境退税政策实施，鼓励扩大服务出口。

加强金融服务体系建设。鼓励金融机构在风险可控和财务可持续的前提下创新金融产品和服务，鼓励开发性、政策性金融机构结合自身业务范围，在市场化运作的基础上加大对服务贸易企业开拓国际市场、开展国际并购等业务的支持力度，支持服务贸易重点项目建设。出台金融支持服务贸易发展的指导意见。推动扩大服务贸易领域人民币计价和结算。加强金融基础设施建设，便利跨境人民币结算，鼓励境内银行机构和支付机构扩大跨境支付服务范围。拓宽服务贸易企业的融资渠道，积极支持符合条件的服务贸易企业在资本市场融资。鼓励保险公司针对服务贸易企业的风险特点，有针对性地创新开发保险产品，提高服务贸易企业的出口信用保险覆盖面。以信用保险和保证保险为重点抓手，充分发挥信用保证保险在服务贸易领域的作用，为服务贸易企业提供损失补偿和增信融资等服务。

完善服务贸易外汇政策。完善服务贸易外汇收支管理，不断提升服务贸易外汇收支和融资便利化水平，降低汇率风险。加强服务贸易外汇形势监测分析，强化服务贸易跨境资金流动风险防控，做好跨境资金异常流动应对工作。加快推进外汇和国际收支法律法规修订，建立外汇管理负面清单制度。

创新服务贸易便利化政策。建立和完善与服务贸易特点相适应的口岸通关模式。创新服务贸易海关监管模式，完善符合跨境电子商务业态发展的工作机制，积极参与跨境电子商务国际规则和标准构建。发挥海关特殊监管区域和保税监管场所政策优势，大力发展国际转口贸易、国际物流、中转服务、研发、维修、国际结算、分销等服务贸易。探索对会展、拍卖、快递等服务企业所需通关的国际展品、艺术品、快件等特殊物品的监管模式创新，完善跨境电子商务通关服务。加强人员流动、资格互认、标准化等方面的国际磋商与合作，为专业人才和专业服务引进来、走出去提供便利。

健全服务贸易促进平台。通过政府购买服务的方式整体宣传"中国服务"，提升中国服务贸易品牌和企业形象。积极培育服务贸易交流合作平台，形成以中国（北京）国际服务贸易交易会（"京交会"）为龙头、以各类专业性展会论坛为支撑的服务贸易会展格局，鼓励其他投资贸易类展会增设服务贸易展区。支持企业赴境外参加国际知名服务贸易展览展示活动，在境外重点展览会上增设服务贸易展区。支持在境外举办服务贸易综合类展会和专业性展会。鼓励服务贸易领军企业搭建行业公共服务平台，支持行业内中小企业服务企业融入全球价值链。

（三）健全合作机制

深化政府间交流合作，开展与主要服务贸易伙伴的对话与磋商。落实已签署的双边服务贸易合作协议，积极开展与美国等发达经济体的服务贸易合作对话，建立中国与金砖国家、中国与"一带一路”沿线重点国家和地区的服务贸易促进工作机制，确立双方共同关注的重点服务贸易领域，推动开展互利共赢合作。加快推进我国与自由贸易区伙伴国之间的服务贸易自由化进程。

（四）强化人才支撑

加大人才培育与引进力度。创新服务贸易人才培养模式，加快形成政府部门、科研院所、高校、企业联合培养人才的新机制。推动高校和科研院所加强服务贸易相关学科建设，鼓励和支持高校国际经济与贸易等学科专业开设服务贸易课程，加大服务贸易领域专业人才的培养力度。完善服务贸易人才“政府引导、机构主导、企业支持”的培训体系建设，开展多层次各行业服务贸易专项培训。建立健全人才激励机制，加快在有条件的地方建立服务贸易人才培训基地。支持企业引进海外服务贸易高端人才，为外籍高端人才在华永久居留、工作提供便利。

加强服务贸易战略研究和智库建设。建立服务贸易专家库，培养一批具有国际视野的服务贸易领域专家人才队伍，加强对服务贸易理论和实践问题研究，注重发达国家先进经验和成功实践的研究总结与借鉴，强化服务贸易国际规则动态追踪和谈判策略研究。支持国内智库加强与国际知名智库交流合作。成立服务贸易专家咨询委员会，为服务贸易发展提供咨询和智力支持。

（五）加强统计考核

完善统计体系。健全服务贸易统计指标体系，加强与国际组织、行业协会的数据信息交流，定期发布服务贸易统计数据。按创新服务贸易统计方法，拓宽数据来源渠道，建立以服务贸易综合监管服务平台数据为基础、以各部门行业数据为参考、以重点领域调查为依托、以专家学者研判为补充的服务贸易统计分析体系，提高服务贸易统计数据准确性、时效性和权威性。加强对地方服务贸易统计工作的指导和数据支持。提高月度服务贸易数据发布的及时性和权威性。不断扩大服务贸易直报覆盖面和统计范围。做好《国际服务贸易统计监测制度》的修订和落实工作。建立不同层级的服务贸易重点企业联系制度，针对具体行业建立重点项目库和企业库，形成企业诉求反馈机制。

强化考核评估。加强规划实施监督，分解任务、落实责任，开展规划落实的督查与中期评估等。完善服务贸易发展评价与考核机制，将加快发展服务贸易作为稳定外贸增长和培育外贸竞争新优势的重要工作内容。及时对服务贸易创新发展试点进行评估与总结，形成可复制、可推广的经验。研究服务贸易创新发展试点地区向示范区升级的举措，谋划好支持服务贸易发展的长期制度安排。

附件　服务贸易发展重要领域

一、物流运输服务

（一）海运港口

加强国际海运立法工作，研究推进《国际海运条例》修订。加强海运企业与货主的紧密合作，推动签订长期运输合同，有序发展以资本为纽带的合资经营。进一步完善鼓励性措施，引导中资方便旗船舶在国内登记，扩大国轮船队规模。大力推动海运企业兼并重组，促进规模化、专业化经营，支持符合条件的中资海运企业开展对外投资和跨国经营。做好自贸试验区海运政策创新成果经验复制推广工作。完善港口功能体系，加强与区域内产业互动，注重港口与保税、临港物流园区经济融合，加快发展港口物流服务功能。建成高效、便捷、经济、安全、绿色的现代化海运系统，船队装备水平全面提升，服务网络进一步拓展，现代国际航运服务体系基本建立，关联产业协调联动发展，国际竞争力增强。

（二）航空运输

完善国际航线网络布局，统筹制定国际航空运输开放政策，构建通达全球的航线网络，建立通畅的空中丝绸之路，积极推进周边区域航空一体化进程。打造国际枢纽，着力提升北京、上海、广州机场国际枢纽竞争力，加快成都、昆明、深圳、重庆、西安、乌鲁木齐、哈尔滨等国际枢纽建设。合理配置航权和时刻资源，统筹推进国际枢纽地位和航空公司国际竞争力的同步提升。鼓励各类航空公司通过联营合作、资产并购、布局海外基地等方式拓展国际市场，加快全球市场布局。不断推进航权开放和航空合作，倡导和推动“一带一路”沿线国家和地区区域航空运输自由化，大力推进“中非区域航空合作计划”，积极参与非洲区域航空网络建设。推进中国民航走出去，促进中国民航标准、管理、技术、产品、服务输出。形成多层次、广覆盖、差异化的国际航空运输服务体系，枢纽网络辐射范围和强度逐步强化，运输质量和效率大幅提升，国际竞争力和影响力不断提高。

（三）铁路运输

积极推进铁路在技术咨询、勘察设计、建设施工、装备制造、运输管理、人才培训及技术标准等领域的对外贸易合作。加快推进中俄、中巴、中印、中蒙等双边铁路合作。优化提升中欧、中亚国际班列功能。深度参与和承担铁路国际标准的研究制订，提高我国铁路标准的国际使用能力和使用率。支持铁路行业相关企业技术装备进出口。基本形成路网布局优化完善，装备水平先进适用，运营管理现代科学，运输能力和服务品质全面提升，市场竞争力和国际影响力明显增强的铁路网络，形成功能完善、衔接顺畅的对外铁路运输通道，对外经济和技术合作迈上新台阶。

（四）邮政快递

推进快递市场对外开放。支持跨境寄递发展，完善国际邮件处理中心布局，支持建设一批国际快件转运中心和海外仓，因地制宜加强各类口岸国际邮件互换局（交换站）和国际快件监管区建设。支持邮政企业开展国际小包业务。推动开展国际航空快件中转集拼业务。支持快递企业通过设立分支机构、合资合作、委托代理等方式拓展国际服务网络，依托“一带一路”国家和地区国际骨干通道建设，开辟中国与南亚、中亚、东南亚、欧洲跨境邮件、快件运输通道。推进完善邮政快递领域服务贸易相关政策，完善邮件、快件在通关、检验检疫、结汇等方面的管理体制机制。努力实现邮政、快递企业国际市场份额稳步提升；国际邮件、快件出口量稳步增长；跨境寄递服务与跨境电子商务联动效应明显，打造联通亚太、辐射全球的航空快递货运枢纽，构建联通国际的邮政快递服务网络，国际邮政快递服务通达范围更广，速度更快。

（五）国际货运代理

修订相关法律法规，健全行业统计制度和诚信体系建设，支持行业标准建设和宣贯协同推进。推进订舱平台、报关报检、港口中转、海陆空货运代理、会展运输、集运（拼）等传统货代业务的集约化和专业化水平。支持有条件的企业参与中欧和中亚班列的开通运行，经营海铁联运、多式联运等增量业务。开展工程物流、保税物流、电商物流、国际采购等相对高端专业的国际物流，提升国际竞争力。支持企业走出去，加快海外网络布局，投资并购海外物流项目，参与境外产业园区建设，开展境外属地化物流服务，提升国际化经营水平。促进国际货运代理市场规模明显扩大，从业人员数量有较大增长，支持一批具有较强竞争力的大型国际货代物流企业，培育发展一批功能完善、网络体系完备、专业物流突出的区域性大中型货运代理服务商。基本形成结构合理、业态多样、服务优质、运转有序的国际货代市场。

二、旅游服务

逐步优化旅游产品结构,提升国内旅游消费品质,采取综合手段吸引境外旅游消费回流。提升中国国际旅游竞争力,推动入境旅游品牌建设。重点打造丝绸之路旅游带、长江国际黄金旅游带、黄河华夏文明旅游带、长城生态文化旅游带等国家精品旅游带,推出一批入境旅游品牌和精品线路。不断提升丝绸之路旅游节、国际旅游博览会、大型体育赛事等旅游节庆、会展活动的知名度和影响力。努力实现中国旅游产品国际竞争力和吸引力进一步提升,中国旅游业"走出去"步伐加快。

三、建筑与工程服务

推动我国工程设计咨询企业走出去,鼓励有实力的勘察设计、招标代理、监理企业向工程咨询及全过程项目管理发展,拓展国际市场。进一步加强国际多边、双边谈判并商签自贸协定,争取其他世贸组织成员取消对我国建筑企业和相关技术人员走出去的限制,消除壁垒,放宽对我国企业的准入要求。在海外建设一批能源资源基地和物流集散中心。通过对外投资合作促进国内装备、技术、标准和服务走出去,引导企业开展售后运营维护和技术服务。推动对外承包工程向项目融资、设计咨询、后续运营维护管理等高附加值领域拓展,引导和鼓励企业开展投资、建设和运营相结合的建营一体化项目。鼓励企业提升跟随性服务水平,引导企业在海外建立加工组装、分销网络、售后服务基地和全球维修体系。努力实现建筑服务贸易额进一步增长,质量和效益进一步提升。建立统一开放、竞争有序的建筑市场。对外承包工程进一步转型升级,一批拥有知名品牌、具有较强国际竞争力的大型建筑业企业进入国际工程承包市场,并带动我国建造技术出口。

四、节能环保服务

健全和完善环境服务贸易定义、分类、统计和技术标准体系。加快培育壮大环境服务业,增强环境服务国际竞争力,推动我国环境服务企业服务"一带一路"沿线国家和地区。引导节能服务公司应用先进节能技术,开拓国际市场,带动节能产品、标准、技术和装备走出去。扩大环境治理、生态保护及修复、野生动植物保护等领域的对外援助。着力培育国际环境服务贸易领域的专业咨询服务机构,扩大环境服务贸易规模,优化环境服务贸易结构。鼓励国内企业到境外进行环境投资和并购,逐步提升我国环境服务业国际竞争能力。努力实现环境服务出口额比"十二五"时期翻一番。环境综合服务业发展模式不断创新,环境服务贸易管理制度和政策体系更加完善,环境服务贸易自由化和便利化水平进一步提升,环境服务贸易规模和国际竞争力稳步提高。

五、能源服务

拓展重点区域市场,促进能源相关服务出口。结合国内标准体系建设,逐步推动相关国际标准收集和关键性标准对标及翻译推广工作,推动中国能源相关服务标准、规范走出去。推动完善能源企业"联合出海"模式,支持高技术服务企业为我国投资项目、技术援助项目提供配套的技术服务。建立和完善能源企业走出去信息系统,为海外项目开发建设提供信息服务和技术支撑。建立能源企业国际市场信息沟通制度，搭建信息和交流共享平台。加强国际化人才、管理队伍建设，提升国际竞争力和精细化管理服务水平。推进核电领域在重点国家实现项目突破。能源信息统计、标准制定、绿色发展等方面的国际影响力提升。能源企业在项目、服务产品、技术出口等方面的综合能力稳步提升。

六、金融服务

（一）银行

进一步提升外商投资金融业的开放度和透明度。鼓励符合条件的中资金融机构根据需要完善境外分支机构和服务网点布局。完善信贷政策，推动服务贸易结算与融资发展，支持银行在风险可控、商业可持续的前提下，帮助企业参与海外并购、重大项目建设。继续完善人民币汇率市场化形成机制，有序实现人民币资本项目可兑换。拓宽人民币跨境使用和投融资渠道，稳步开展双边货币合作。努力实现金融业双向开放水平稳步提升，金融机构境外布局更加完善。跨境贸易金融产品开发、贸易金融服务水平进一步提升。

（二）证券

积极稳妥推进对外开放，逐步放宽外资参股境内证券期货经营机构的持股比例和业务范围限制，鼓励境内证券期货经营机构实施走出去战略，增强国际竞争力。基本形成结构合理、功能完善、规范透明、稳健高效、开放包容、具有一定国际竞争力的多层次资本市场体系。

（三）保险

鼓励中资保险公司尝试多形式、多渠道走出去，为我国海外企业提供风险保障，支持中资保险公司通过国际资本市场筹集资金，多渠道进入海外市场，努力扩大保险服务出口。努力实现保险业对外开放水平稳步提升，保险市场进一步对内对外开放，引进来和走出去更好结合，保险产品不断创新、承包理赔效率提高，保险服务质量和效率进一步提升。

七、信息通信服务

加强下一代国家信息基础设施发展的国家战略指导，明确国家战略性公共基础设施顶层架构，深入实施“互联网+”行动计划，稳步推进市场开放和国际合作。力争“宽带中国”战略各项目标全面实现，基本建成高速、移动、安全、泛在新一代信息基础设施。信息通信服务国际合作和交流顺利开展，在设备制造、业务运营、工程设计与工程施工等领域向更多国家和地区拓展业务，影响力显著增强。积极发展软件和信息技术服务贸易，围绕技术研发、标准研制、行业人才培养、应用推广等领域，积极开展双边、多边国际交流与合作。支持软件和信息技术服务企业与其他行业企业加强协作联动，发挥产业链协同竞争优势，创新业务模式和形态，扩大软件产品和服务出口，推动提升信息技术服务外包升级，打造产业国际竞争优势。

八、技术贸易

积极支持和引导各方科技力量通过引进技术、创新促进实现国际竞争力提升，重点扶持专利和专有技术对外许可、技术资讯和服务，推动有条件的企业走出去，把先进和成熟的实用技术推向国际市场。通过多双边合作、搭建技术贸易促进平台等多种方式，加强政府、非政府组织、企业间的交流与合作，拓展技术贸易渠道，健全技术贸易促进体系，为企业进入国际技术贸易市场提供综合性政策支撑。努力实现我国技术贸易总量和质量显著提升，技术进出口服务和管理体系逐步完善，基本形成覆盖技术进出口全链条的服务体系。

九、知识产权服务

放宽知识产权服务业准入，提升对外开放水平，承接境外高端服务业转移。提高知识产权服务机构涉外事务处理能力，培育一批市场化、专业化、品牌化、国际化的知识产权服务机构。鼓励知识产权服务机构在产品出口、服务外包、境外设展、海外投资、品牌输出等活动中提供专业化服务。研究发布主要贸易目标国、对外投资目的地知识产权环境信息。形成一批具有国际竞争力和影响力的知识产权服务品牌机构，为中国企业走出去提供全方位、高品质的知识产权服务。

十、商务服务

（一）会计服务

健全行业法规制度体系，深化对外开放与交流合作，有序扩大会计服务市场开放，支持会计师事务所更好更快走出去；引进新的国际服务项目和技术，加快构建公共部门注册会计师审计制度，鼓励国内会计师事务所拓展业务范围，走多元化发展道路；强化行业人才体系建设，全面提升注册会计师从业队伍的国际化执业能力职业道德和专业素质；完善会计服务信息系统，形成智能化、即时化、远程化的注册会计师行业管理服务与业务应用信息化体系。着力实现行业法规制度和管理体系逐步完善，会计师事务所规模结构更加合理，国际化发展取得重要突破，注册会计师专业胜任能力显著提高，行业信息化水平大幅提升。

（二）法律服务

深入开展专项法律服务，发展涉外法律服务，完善调解、仲裁等多元化纠纷解决服务，培养一批在业务领域、服务能力方面具有较强国际竞争力的涉外法律服务机构，组织开展诉讼和非诉讼代理、公证等多种形式的服务。努力实现法律服务领域进一步拓展，国际服务能力稳步提升，服务结构明显优化，执业环境切实改善，法律服务队伍专业化、国际化素质不断提高。

（三）展览服务

健全展览业管理体制，加强展览业法律体系建设，推进简政放权，充分发挥促进展览业改革发展部际联席会议制度作用，强化部门间协作关系。健全展览业标准体系、诚信体系、统计监测体系和知识产权保护体系，加强人才体系建设。培育品牌展会和龙头展览企业。优化展品出入境监管方式方法，提高展品出入境通关效率。支持官方贸易促进机构整合国内外展览资源，搭建展览机构相互协作的平台。用好世博会等国际展览平台，培育境外展览项目，改善境外办展结构，构建多元化、宽领域、高层次的境外参展办展新格局。努力实现国际招商招展能力、规模和水平大幅提升。培育品牌展会，打造有较强国际竞争力的展览企业。

（四）人力资源服务

加强顶层设计，营造外国人才引进的良好环境。完善人才引进体制机制，建立标准统一、程序规范的外国人来华工作许可制度，实现工作许可、签证与居留有机衔接。整合外国人才引进管理服务资源，优化机构与职能配置，建立统一、权威、高效的人才管理体制。服务国家重大发展战略和需求，以“高精尖缺”为导向，优化引才结构，着力吸引和集聚一批具有重大创新能力的科学家、科技领军人才、企业家人才和其他急需紧缺人才。创新引进外国人才方式，建立科学合理的外国人才评价办法。选择若干重大创新领域和地区对各项重点改革举措先行先试，引领示范和推进人才对外开放。深化国际人才和智力交流合作，加强政府间合作，强化驻外使领馆和中国国际人才交流协会驻外机构的公共服务功能。发挥市场在人才资源配置中的决定性作用和政府引导作用，健全中国国际人才市场的服务功能，制定市场服务标准，健全市场服务规则。努力使我国成为世界优秀人才集聚高地，较好满足我国经济社会发展对外国人才和智力的需求。

十一、个人、文化和娱乐服务

（一）文化服务

加强对中华优秀传统文化的凝炼萃取和对外推介，坚持创造性转化和创新性发展，做好中国文学、戏曲、书画、民乐等传统经典的现代呈现和译介推广，加强对我国世界文化遗产和非物质文化遗产的活态展示和国际推介。深度挖掘中医药、中餐、中华武术、传统曲艺等特色优势，支持中华特色服务贸易企业建立海外机构和服务网点，融合协同走出去。鼓励和引导文化企业加大内容创新力度，创作开发体现中华优秀文化、展示当代中国形象、面向国际市场的文化产品和服务。支持文化企业拓展文化出口平台和渠道，鼓励各类企业通过新设、收购、合作等方式，在境外开展文化领域投资合作。推动对外文化贸易优化升级，稳定传统优势文化产品出口，利用跨境电子商务等新兴贸易方式，提高数字文化产品的国际竞争力。尽快培育国家文化出口重点企业成为海关高信用企业，享受海关便捷通关措施。减少对文化出口的行政审批事项，简化手续，缩短时限。加强相关知识产权保护，支持文化企业开展涉外知识产权维权工作。加强老字号商标保护，在传承传统技艺的基础上，运用现代理念和技术创新服务方式，开发面向海内外的特色服务。培育一批具有国际竞争力的外向型文化企业，形成一批具有核心竞争力的文化产品，打造一批具有国际影响力的文化品牌；培育一批竞争力较强的中华传统服务企业，打造一批享誉海外的中华传统服务品牌。搭建若干具有较强辐射力的文化交易平台，使对外文化贸易额在对外贸易总额中的比重提高，我国文化产品和服务在国际市场的份额进一步扩大，中华文化影响力持续扩大。

（二）体育服务

制订体育服务贸易产品指导目录，鼓励各类运动项目，尤其是我国的优势项目和民族特色项目服务出口，以人才、版权、技术等多种方式输出体育资源。大力支持各地根据自身自然资源和人文优势，结合相关运动项目特点，培育具有国际影响力的体育品牌赛事，探索建立体育服务贸易出口聚集区。加强体育服务标准化工作，完善体育职业技能鉴定体系，提升体育服务行业整体竞争力，有选择地引导和规范体育服务进入我国市场。加强体育行业展会的国际化、市场化运作，整合相关展会资源，建设体育服务贸易推介平台，开展体育服务贸易推介活动。努力实现竞赛表演、健身休闲、场馆服务、体育中介、体育培训、体育传媒加快发展，体育服务规模逐步扩大，我国体育服务业在国际上的竞争力进一步提升。

（三）教育服务

以优质资源请进来和教育走出去为重点，深化与发达国家教育合作交流，以教育走出去为重点，扩大与发展中国家教育合作交流。提升中外合作办学质量，加强中外合作办学管理、完善准入制度建设；建立合作办学成功经验共享机制；重点围绕国家急需的自然科学与工程科学类专业建设，引进国外优质教育资源，建设一批示范性机构和项目；鼓励职业院校和社会力量配合企业走出去，积极参与境外办学。努力实现教育合作交流更加深化，培养一大批服务贸易专门人才，为加快发展服务贸易提供更加有力的人才和智力支撑。

（四）医疗服务

提高对外开放合作水平，积极推动在境外设立医疗机构。推动国际健康医疗旅游发展，建设健康医疗旅游示范基地，促进上下游产业集群发展。推动卫生应急产业发展并走向国际。积极推进中医药服务标准的国际化进程。健全国际谈判机制，降低中医药服务的准入。建立中医药服务贸易促进体系，完善境内外营销网络。设立由金融和产业资本共同筹资的健康产业投资基金，支持各类优秀中医药机构通过新设、并购、合作等方式，开展境外投资合作，搭建国际化公共服务平台，加大支持开拓国际市场。强化知识产权保护，加强海外专利战略布局。有利于健康服务业发展的体制机制进一步健全，打造一批医疗服务知名品牌和产业集群，形成一定国际竞争力。中医药服务贸易多元化发展，促进体系基本建立。培育一批境内外中医药服务贸易示范区域和示范机构（企业），打造一批具有国际影响力的知名品牌。

十二、国际服务外包

健全服务外包创新机制，培育创新环境，促进创新合作。建立服务外包企业信用记录和信用评价体系，完善知识产权保护体系，加强事中事后监管，营造法治化国际化的营商环境。积极支持有条件的企业走出去，加大对企业开拓国际市场、开展境外并购等业务的支持力度，提高离岸接包能力。发挥东部先发引领作用，培育中西部发展新动力，促进区域协调发展。以中国服务外包示范城市为基础，重点支持主导产业突出、创新能力强、体制机制先行先试的服务外包产业集聚区。努力实现我国服务外包产业规模日益扩大，产业结构明显优化，企业创新和专业服务水平显著提升，国际竞争力进一步增强。我国企业承接离岸外包执行额1000亿美元以上，年均增长10%左右，产业结构更加优化，数字化、智能化的高技术含量、高附加值服务外包比重明显提升。

对外贸易发展“十三五”规划

商贸发〔2016〕484 号

对外贸易发展“十三五”规划，根据《中华人民共和国国民经济和社会发展第十三个五年规划纲要》和《商务发展第十三个五年规划纲要》编制，主要阐明“十三五”时期我国外贸发展的指导思想和基本理念，明确外贸发展的奋斗目标、主要任务和保障措施。该规划是指导各级外贸主管部门履行职责的重要依据，为外贸企业开展经营活动提供参考。

一、外贸发展“十二五”回顾与“十三五”形势

“十二五”时期，国际金融危机深层次影响持续显现，外需持续低迷，国内要素成本大幅上升，外贸形势十分复杂严峻，下行压力明显加大。面对错综复杂的国际环境和国内传统优势减弱等多重挑战，各地区、各部门认真贯彻落实党中央、国务院决策部署，迎难而上、开拓创新，扎实推进外贸稳增长、调结构各项工作，取得积极成效。“十三五”时期，我国外贸发展的国际环境和国内发展条件已经发生深刻变化，必须深刻认识、准确把握外贸发展的新形势新特征，抢抓机遇，务实应对挑战。

（一）“十二五”外贸发展回顾

成为世界第一货物贸易大国。“十二五”期间，我国累计进出口总额19.9万亿美元，是“十一五”期间的1.7倍，年均增长5.9%，年度进出口规模从不到3万亿美元增长到4万亿美元的水平。2013年，我国进出口总额达到4.16万亿美元，超过美国成为世界第一货物贸易大国，这是我国开放型经济发展的重要里程碑，是我国坚持改革开放和参与经济全球化的重大成果。2013—2015年，我国连续三年保持世界第一货物贸易大国地位。

国际市场份额持续提升。“十二五”期间，我国出口年均增速达6.5%，远高于世界贸易平均增速。据世界贸易组织统计，2013、2014年我国国际市场份额分别提高了0.6个百分点，2015年我国出口增速远好于全球和主要经济体，国际市场

份额升至约13.8%,提高了1.5个百分点,是5年来我国国际市场份额上升最快的一年,比"十一五"末提高3.5个百分点。

新的发展动能正在集聚。民营企业成为外贸发展的重要力量,在我国出口中的比重首次超过外资企业,由2001年的7.3%提高到2015年的45.2%,比"十一五"末提高14.7个百分点。外贸企业创新能力、品牌建设、营销能力不断增强,具有自主品牌、自主知识产权、自主营销渠道以及高技术、高附加值、高效益的产品出口增速高于传统商品。跨境电子商务、市场采购贸易等新型商业模式成为新的外贸增长点,2015年增幅分别超过30%和60%。

结构调整取得积极成效。近几年国际市场结构更加多元,2015年,发展中国家和新兴市场占外贸出口的比重达到45.8%,比"十一五"末提高5.1个百分点,对"一带一路"沿线国家的进出口突破了1万亿美元,占我国外贸总额的比重超过四分之一。国内区域布局更加均衡,中西部地区占全国外贸出口的比重达到16.5%,比"十一五"末提高7.8个百分点。一般贸易快速发展,占出口的比重提高到53.5%,比"十一五"末提高7.9个百分点。出口商品结构由消费品为主向消费品和资本品并重转变,资本品出口总额比"十一五"末增长超过30%。

进出口质量和效益提高。"十二五"期间,我铁路、通信、船舶、航天航空等大型成套设备出口年均增速保持在10%以上,出口总额超过5000亿美元。进口商品价格下降,出口价格相对上升,贸易条件不断改善。原油、铁矿石、大豆、铜精矿、天然气等大宗商品进口量增价跌,2014—2015年减少付汇2365亿美元,有利于企业提高效益、提升国际竞争力、增加国民福利。

对国民经济贡献增强。据估算,外贸直接或间接带动就业人数达到1.8亿左右,约占全国就业总数的23%。"十二五"期间,关税和进口环节增值税、消费税超过8万亿元,是国家财政的重要来源。先进技术设备大量引进、高端产品出口快速增加,对国民经济提质增效升级发挥了重要作用。此外,"中国制造"增加了全球消费者福利,"中国市场"带动了相关国家的经济发展。

外贸体制机制不断完善。"十二五"期间,进一步完善支持外贸发展的政策体系。坚持远近结合,既注重稳增长,也注重调结构、转方式,推动出台了培育外贸竞争新优势、促进进出口稳增长调结构、推进大通关建设、改进口岸工作、促进跨境电子商务发展、加强进口等政策文件,在完善出口退税分担机制、加大信保支持力度、减轻企业负担、提高贸易便利化水平、加快外贸新业态发展、支持先进装备和技术进口等方面出台一系列政策措施,为企业减负助力,营造良好环境。政策支持力度空前,效果明显。

对外贸易是我国开放型经济体系的重要组成部分和国民经济发展的重要推动力量。"十二五"时期,面对各种困难和挑战,外贸工作逆势进取,成绩来之不易。

(二)"十三五"外贸发展形势

改革开放以来,我国充分利用内外部有利条件和机遇,外贸实现快速发展,取得举世瞩目的成就。"十三五"时期,世界经济在深度调整中曲折复苏,我国经济发展进入新常态、传统比较优势减弱,我国外贸发展的国际环境和国内发展条件已经发生深刻变化,对外贸发展带来广泛、深刻、持久、复杂的影响。

从外部需求看,国际金融危机前,美国IT革命和金融创新助推世界经济长周期繁荣,国际市场空间扩张很快;危机后,世界经济深度调整、增长乏力,发达经济体和新兴市场潜在增长率普遍下降,国际有效需求不足,大宗商品市场和金融市场动荡不稳,世界经济下行风险较大,短期难以恢复至金融危机前的高增长,长周期繁荣已转变为当前的低速增长,全球贸易持续低迷。"十三五"时期，国际金融危机冲击和深层次影响将依然存在，人口加速老龄化、通用技术创新难有新突破、发达经济体宏观政策空间大幅收窄、新兴市场国家债务风险上升、主要经济体结构性问题难以根本解决，将继续抑制消费、投资和供给，世界经济预计维持弱增长态势，再次进入上行周期尚需时日，世界贸易难以恢复至金融危机前增长水平。

从产业转移看，国际金融危机前，国际产业加速向我转移，使我快速形成出口能力；危机后，发达国家转向大力推动“产业回归”和“再工业化”，部分产业向发达国家转移，发达国家部分制造业恢复竞争力，新兴经济体纷纷加快工业化进程，加快承接产业转移，国际招商引资竞争更加激烈，我承接国际产业转移已明显放缓，出口订单和产业向外转移加快，从跨国公司直属工厂蔓延到代工厂和配套企业，从劳动密集型产业发展到部分资本技术密集型产业。跨国投资并购日趋活跃，国际生产和产品供应不断向本地化方向发展，全球价值链扩张趋势放慢，促进国际贸易增长的作用减弱。3D 打印技术、互联网技术应用、地缘政治风险等因素也影响了原有全球价值链分工模式，国际产业分工体系面临重构。

从国际经贸关系看，过去，在关税与贸易总协定及世界贸易组织的推动下，全球贸易与投资不断自由化与便利化。危机后，世界贸易投资自由化进程放缓。国际投资贸易规则体系加快重构，多边贸易体制受到区域性高标准自由贸易体制挑战，世界贸易组织多哈回合谈判进展缓慢，发达国家通过超大型区域自贸协定加快推行高标准国际贸易规则，涵盖环境、劳工、国企、竞争、反腐败、监管一致性等领域，围绕国际经贸规则主导权争夺日益加剧。局部地区地缘博弈更加激烈，传统安全威胁和非传统安全威胁交织，国际关系更加复杂，增加了世界贸易的风险和不确定性。贸易保护主义持续升温，经贸摩擦政治化倾向抬头，我国遭遇贸易救济调查案件涉及产品从传统行业向新兴行业延伸，发起国家从发达国家向发展中国家延伸，争执点从法律层面向政策和制度层面延伸。

从比较优势看，过去，我国农村富余劳动力充裕，生产要素价格低是最大优势；当前，我国劳动力、土地等要素成本不断上升，结构性短缺问题突出，一些地区生态环境承载能力接近极限。与此同时，我国技术追赶发达国家的空间收窄，生产效率提升速度放缓。我国制造业成本与部分发展中国家、甚至与发达国家部分地区相比都几乎没有明显优势，传统比较优势明显弱化，但新的竞争优势尚未完全形成，外贸产业主要处在全球产业链、价值链中低端环节，技术含量和附加值不高。此外，国内经济增速换挡、结构调整、动能转换困难交织，有效需求乏力和有效供给不足并存，企业效益下滑，转型升级任务艰巨。

同时也要看到，我国外贸发展依然存在许多有利条件。和平发展仍然是时代主题，合作共赢是大势所趋，相互联系、相互开放、相互依存是大潮流；我国综合国力和国际地位持续上升，在世界经济中的重要性和影响力显著上升，参与国际事务的能力明显增强，比以往更有条件为外贸发展营造良好的外部环境；我国供给侧结构性改革深入推进，产业创新升级步伐明显加快，为外贸发展和结构调整增添新动能；我国与发达国家、发展中国家产业结构具有较强的互补性，基础设施完善、产业配套完备、人力素质较高，具有较强的综合竞争优势；具有一大批有国际竞争力的行业、企业和有国际视野的企业家队伍，积累了开拓市场和国际化经营的宝贵经验，拥有技术、标准、品牌、质量、服务等核心竞争力的企业蓬勃发展；简政放权、放管结合、优化服务改革向纵深推进，贸易便利化水平显著提高，投资准入门槛大幅降低，法治化、国际化、便利化的营商环境日益完善。特别是党的十八大和十八届三中、四中、五中、六中全会作出的一系列重大决定，实施“一带一路”战略，推进国际产能合作，促进我国与相关国家全方位合作，为外贸发展注入了新动力，外贸发展空间依然广阔。因此，我国外贸发展长期向好的基本面没有改变，与发达国家、发展中国家的产业互补优势没有改变，外贸结构调整和动力转换加快的趋势没有改变。

综合判断，“十三五”时期，我国外贸发展仍具有坚实基础，但也面临严峻挑战。要深刻认识世界贸易的普遍规律、一般规律和我国外贸的特殊规律，准确把握我国外贸发展趋势，既要增强做好外贸工作的紧迫感，也要坚定做好外贸工作的信心，主动适应我国经济发展新常态。

二、指导思想、发展理念和主要目标

（一）指导思想

以马克思列宁主义、毛泽东思想、邓小平理论、“三个代表”重要思想、科学发展观为指导，全面贯彻党的十八大和十八届三中、四中、五中、六中全会精神，深入贯彻习近平总书记系列重要讲话精神，统筹推进“五位一体”总体布局和协调推进“四个全面”战略布局，牢固树立创新、协调、绿色、开放、共享的发展理念，以推进供给侧结构性改革为主线，以推进“一带一路”建设统领对外开放，大力实施优进优出战略，加快转变外贸发展方式，调结构转动力，巩固和提升外贸传统竞争优势，培育以技术、标准、品牌、质量、服务为核心的外贸竞争新优势，推动外贸向优质优价、优进优出转变，巩固贸易大国地位，推进贸易强国进程。

（二）践行新发展理念

坚持创新发展，增强外贸发展动能。创新是引领发展的第一动力，必须把创新摆在外贸发展的核心位置，走创新驱动的外贸发展道路。深化外贸体制机制改革，营造创新发展环境。增强科技创新能力，创新商业模式和贸易业态，壮大装备制造业等新的出口主导产业，促进引进消化吸收再创新，集成新的竞争优势，增强外贸发展的内生动力。

坚持协调发展，优化外贸发展格局。协调是可持续发展的内在要求。坚持内外需协调，推动进出口平衡发展，外贸与内贸有效互补，实现货物贸易与服务贸易、贸易与投资、传统产业与新兴产业互动发展。完善对外开放战略布局，按照国家重点产业布局，加快内陆沿边开放和承接转移，提升沿海开放水平，推动外贸转型升级，促进东中西互动开放。

坚持绿色发展，提高外贸持续发展能力。绿色是永续发展的必要条件和人民对美好生活追求的重要体现。要坚持节约资源和保护环境的基本国策，抑制高污染、高耗能和资源类产品出口，鼓励紧缺型资源类产品进口，努力打造绿色贸易。加强节能环保国际合作，积极参与绿色发展国际规则制订。

坚持开放发展，着力实现合作共赢。开放是国家繁荣发展的必由之路。要以更大范围、更广领域、更高层次的开放，通过“走出去”与“引进来”相结合带动贸易增长，扩大与贸易伙伴利益汇合点，形成更加和谐稳定的发展环境，共创更大市场空间。完善法治化、国际化、便利化的营商环境，健全有利于合作共赢并同国际贸易投资规则相适应的体制机制。

坚持共享发展，强化外贸服务民生的功能。共享是中国特色社会主义的本质要求。要把共享发展作为外贸工作的出发点和落脚点，让人民群众在外贸发展中有更多获得感。稳定劳动密集型产品出口，促进加工贸易创新发展，充分发挥外贸扩大就业功能。畅通消费品进口渠道，合理增加一般消费品进口，促进人民群众品质消费。

（三）主要目标

外贸结构进一步优化，发展动力加快转换，外贸发展的质量和效益进一步提升，贸易大国地位巩固，贸易强国建设取得重要进展。

外贸结构进一步优化。努力推进“五个优化”。一是优化国际市场布局。在巩固传统市场的同时，提高“一带一路”沿线国家等新兴市场在全国外贸中的比重。二是优化国内区域布局。在巩固东部沿海地区外贸的同时，更加发挥中西部地区在全国外贸中的作用。三是优化商品结构。在稳定传统优势产品出口的同时，提高出口品牌、高技术含量产品在全国外贸中的比重。四是优化外贸经营主体。在坚持外贸大中小企业并重、多种所有制企业共同发展的同时，培育一批具有较强创新能力和国际竞争力的跨国公司。五是优化贸易方式。不断创新贸易方式，做强一般贸易，提升加工贸易，发展其他贸易方式。

外贸发展动力加快转换。努力实现五个转变：一是推动出口由货物为主向货物、服务、技术、资本输出相结合转变；二是推动竞争优势由价格优势为主向技术、标准、品牌、质量、服务为核心的综合竞争优势转变；三是推动增长动力由要素驱动为主向创新驱动转变；四是推动营商环境由政策引导为主向制度规范和法治化国际化转变；五是推动我在全球经济治理的地位由遵守、适应国际经贸规则为主向主动参与国际经贸规则制订转变。

三、外贸发展的主要任务

（一）加快培育外贸竞争新优势

加快提升出口产品技术含量。着力构建以企业为主体、市场为导向、产学研贸相结合的技术创新体系。加大科技创新投入，支持企业原始创新。鼓励企业以进口、境外并购、国际招标、招才引智等方式引进先进技术，促进消化吸收再创新。支持国内企业通过自建、合资、合作等方式设立海外研发中心。鼓励跨国公司和境外科研机构在我国设立研发机构。

加快提升国际标准制订能力。支持企业、行业组织参与国际标准制订，大力推动我国标准国际化。支持大型成套设备出口，重点支持能够带动中国标准“走出去”的项目。

加快培育外贸品牌。鼓励企业创立品牌，支持有实力的企业收购品牌。支持企业开展商标和专利的国外注册保护，开展海外维权。研究建立品牌商品出口统计制度。推动有条件的地区、行业和企业建立品牌推广中心，推介自主研发、拥有核心技术的品牌产品，大力培育区域性、行业性品牌。采取多种方式，加大中国品牌海外推介力度，培育一批重点行业专业性境外品牌展。

加快提高出口产品质量。建立国际认可的产品检测和认证体系，鼓励企业按照国际标准组织生产和质量检验。推动出口产品质量安全示范区建设。加快推进与重点出口市场检验检测、认证认可体系和证书互认。加强重要产品追溯体系建设，完善产品质量安全风险预警与快速反应机制，建立完善出口产品质量检测公共平台，支持出口企业开展质量管理体系认证。加强出口食品、农产品质量提升工作，加大对外技术质量磋商谈判力度。

加快建立出口产品服务体系。鼓励企业建立境外服务保障体系，支持重点企业建设汽车、机床、工程机械、通信、轨道交通、航空、船舶和海洋工程等境外售后维修服务中心及备件生产基地和培训中心。积极运用信息技术发展远程监测诊断、运营维护、技术支持等售后服务新业态。发展生产性服务贸易，顺应我国装备制造业走出去的趋势，鼓励维修、咨询、检验检测等服务出口，促进服务贸易与货物贸易紧密结合、联动发展。

（二）推动出口迈向中高端

运用现代技术改造传统产业。加大科技创新投入，积极采用国际先进质量标准，提升产品检测和认证体系，提升轻工、纺织、家电、建材、化工等出口产品质量、档次和技术含量。继续巩固和提升劳动密集型产品在全球的主导地位，提升农产品精深加工能力和特色发展水平。

壮大装备制造业等新的出口主导产业。发挥我装备产品性价比高的优势，强化电力、轨道交通、通信设备、船舶、工程机械、航空航天等装备制造业和大型成套设备出口的综合竞争优势，推动国内金融机构为大型成套设备出口项目提供融资保险支持，着力扩大资本品出口。

鼓励战略性新兴产业开拓国际市场。强化双边高技术领域经贸合作机制，推动战略性新兴产业有关行业组织、地方、基地和企业间的合作，进一步提高节能环保、新一代信息技术、新能源等战略性新兴产业的国际竞争力，扩大高新技术产品出口。

（三）提升外贸企业跨国经营能力

积极培育跨国公司。鼓励有实力的公司延长产业链，开展跨国并购，获取优质品牌、核心技术和营销渠道，提高国际化经营水平。推动优势企业强强联合、跨地区兼并重组和对外投资合作。在监管便利化、行业推介、广交会品牌展位、金融保险等方面对信用良好的跨国企业给予系统支持，加快形成一批在全球范围内配置要素资源、布局市场网络的具有跨国经营能力的大企业。

鼓励中小外贸企业发展。提高外贸公共服务水平，鼓励创新型、创业型和劳动密集型中小企业发展，支持中小微企业走“专精特新”和与大企业协作配套发展的道路，提升其参与国际分工、开拓国际市场的能力。创造良好的发展环境，支持有创新能力的外向型民营企业国际化发展。

（四）提升与“一带一路”沿线国家贸易合作水平

深化与“一带一路”沿线国家贸易合作。稳定劳动密集型产品等优势产品对沿线国家出口，抓住沿线国家基础设施建设机遇，推动大型成套设备及技术、标准、服务出口。顺应沿线国家产业转型升级趋势，加快机电产品和高新技术产品出口。加快与相关国家开展食品农产品检验检疫合作及准入谈判，扩大与沿线国家食品农产品贸易，加快与相关国家的食品农产品认证国际互认合作。扩大自沿线国家进口，促进贸易平衡。

推动市场多元化。推动进出口市场结构从传统市场为主向多元化市场全面发展转变。深耕发达国家传统市场。加大新兴市场开拓力度，综合考虑经济规模、发展速度、资源禀赋、风险程度等因素，选择若干个新兴市场重点开拓。扩大先进技术设备进口，促进质量好、档次高、具有比较优势的产业和产品出口。

（五）促进加工贸易和边境贸易创新发展

发挥沿海地区转型升级示范带动作用。继续发展传统劳动密集型加工贸易产业，鼓励电子信息、移动通信等辐射和技术溢出能力强的先进制造业加工贸易发展，促进提质增效。促进沿海地区加工贸易转型升级，向品牌、研发、分拨和结算中心等产业链高端延伸。加快珠三角加工贸易转型升级示范区建设，总结推广东莞、苏州加工贸易转型升级试点城市以及示范企业经验。

支持内陆地区承接产业转移。稳妥推进国内外企业将整机生产、零部件、原材料配套和研发结算环节向内陆沿边地区转移，形成产业集群。对海关特殊监管区域设立向中西部倾斜，培育和建设一批加工贸易转移重点承接地，加大对加工贸易梯度转移重点承接地的支持力度，重点加强承接地的公共服务平台建设、员工技能培训、招商引资、就业促进等工作。在严禁污染产业和落后产能转入的前提下，结合国家重点产业布局，综合运用财政、土地、金融等差异化政策，支持加工贸易向中西部地区转移。

大力发展边境贸易。将边贸政策与扶贫政策、民族政策相结合。完善边境贸易政策措施，提高贸易便利化水平，促进边境贸易及企业发展。通过中央财政对边境地区转移支付资金，继续支持边境贸易和边境小额贸易企业能力建设，并督促地方规范资金使用，确保将资金落实到基层一线地区，大力促进边境小额贸易企业发展。

（六）积极发展外贸新业态

促进跨境电子商务健康快速发展。推进跨境电子商务综合试验区建设。加快建立适应跨境电子商务特点的政策体系和监管体系，提高贸易各环节便利化水平。鼓励设立海外仓储，推进B2B业务创新发展。总结评估并复制推广各综合试验区经验，推动全国跨境电子商务持续健康发展。推进“网上丝绸之路”经济合作试验区建设，推动与“一带一路”沿线国家和地区开展电子商务合作。深入参与或发起跨境电子商务规则交流和谈判，积极发挥建设性推动作用。发展跨境电子商务产业链。支持各地引导本地跨境电子商务产业向规模化、标准化、集群化、规范化方向发展。

促进市场采购贸易发展。继续推进浙江义乌、江苏叠石桥家纺城、浙江海宁皮革城、江苏常熟服装城、广州花都皮革皮具市场、山东临沂商城工程物资市场、武汉汉口北国际商品交易中心、河北白沟箱包市场等市场采购贸易试点，完善“一划定、三备案、一联网”的管理体制，复制推广市场采购贸易方式经验。

培育一批外贸综合服务企业。积极研究开展试点工作，认定培育一批外贸综合服务试点企业。加快建立与外贸综合服务企业发展相适应的管理模式，进一步优化外贸综合服务企业退（免）税管理，加强其通关、物流、退税、金融、保险等综合服务能力。

（七）实行积极的进口政策

鼓励先进技术设备和关键零部件进口。完善进口贴息政策，及时调整《鼓励进口技术和产品目录》，加大进口信贷支持力度，扩大先进技术、关键设备及零部件等进口，鼓励企业引进消化吸收再创新，促进国内产业结构调整和优化升级，提高国际竞争能力。在风险可控、商业可持续的前提下，支持融资租赁和金融租赁企业开展进口设备融资租赁业务。

稳定资源性产品进口。完善深化大宗商品进口体制改革，鼓励能源资源商品贸易持续稳定增长，保障国内市场供应。落实“一带一路”战略，支持有实力的企业“走出去”，开展境外资源能源开发和加工生产，鼓励有需求的半成品或成品回运国内。加快建设能源国际化平台，推动能源资源国际贸易人民币结算，增强我在能源资源国际市场战略买家的力量，提升在国际大宗商品市场的影响力。

合理增加一般消费品进口。继续采取有效措施，引导境外消费回流。加快与相关国家就水产品、水果等产品签订检验检疫协议，积极推动合格的加工企业和产品备案注册认证。切实推进汽车平行进口试点，促进汽车进口多元化发展。

（八）扎实推进“三项建设”

加快外贸转型升级基地建设。培育一批综合型、专业型基地，加强公共服务和宣传引导，突出扶优扶强，增强基地创新发展能力，使之切实发挥示范带动作用。

加快推进贸易平台建设。进一步培育若干个国际知名度高、影响力大的会展平台，深入推进内外贸结合商品市场、电子商务平台建设,培育一批带动功能强、服务优质的进口促进平台,发挥其带动促进作用。

加快推进国际营销网络建设。鼓励企业在境外建设一批品牌推广效果好的展示中心、集散配送功能强的分拨中心、区域辐射半径大的批发市场、市场渗透能力强的零售网点、服务能力强的售后服务网点和备件基地、区域辐射能力强的临港经贸合作区等商贸物流性经贸合作区。

四、外贸发展的保障措施

(一)完善外贸政策体系

深化外贸管理体制改革。推进简政放权、放管结合、优化服务,完善符合开放型经济发展需要、有利于发挥市场配置资源基础性作用的外贸管理体制。完善外贸政策协调机制,加强财税、金融、产业、贸易等政策之间的衔接和配合。完善外贸促进政策。根据安全标准、环保标准、社会责任等要求,完善对敏感商品的进出口管理。加强外贸行政审批事项下放后的监管体系建设,强化事中事后监管。加强“两用”物项和技术的出口管制,维护国家安全,履行国际义务。优化通关、质检、退税、外汇等管理方式,支持新型贸易方式发展。

完善财税政策。完善外经贸发展专项资金等现有财政支持政策,突出资金支持重点,丰富支持方式,加强对社会资金的引导,改善公共服务,推动中西部地区承接加工贸易梯度转移,推动外贸产品研发、品牌培育、标准制定、引进消化吸收再创新、国际营销和售后服务体系建设、跨境电子商务发展,促进外贸稳增长、调结构、转型升级、创新发展。完善支持服务贸易发展的政策促进体系。推动进一步优化进出口关税结构,完善出口退税政策。

改进金融服务。在风险可控、商业可持续的前提下,大力支持外贸企业融资,通过差别准备金、利率、再贷款、再贴现等政策,引导金融机构加大对小微企业的支持力度。鼓励和支持金融机构灵活运用流动资金贷款、对外担保等方式,对有订单、有效益的外贸企业贷款。加强银贸合作,鼓励和支持金融机构进一步扩大出口信用保险保单融资和出口退税账户质押等贸易融资规模。充分发挥出口信用保险作用,对大型成套设备出口融资应保尽保。扩大人民币在跨境贸易和投资中的使用,鼓励金融机构开发适应外贸发展需要的避险产品和风险管理工具,帮助企业有效规避汇率风险。鼓励金融机构完善海外机构布局,提高为外贸企业服务的能力。

提高公共服务能力。加强对重点市场相关法律、准入政策、技术法规等收集发布。加快技术性贸易措施公共信息服务平台建设,提高外贸企业防范和应对国际技术性贸易壁垒的能力和水平。发挥驻外使领馆在提供市场信息、应对贸易摩擦、市场准入交涉等方面的作用。深化商协会管理体制改革,推动其在行业信息交流、行业标准体系建设、组织企业开展贸易促进活动、推进行业自律、完善产业贸易政策等方面发挥更大作用。加强外贸人才培养,发展外贸职业教育,营造良好的外贸人才发展环境。

(二)发挥双向投资对贸易的促进作用

推动对外投资合作和贸易相结合。深化对外投资管理体制改革,提高对外投资便利化水平。创新对外投资合作方式,支持开展绿地投资、联合投资等,大力推动中国装备“走出去”,推进国际产能合作,带动我国产品、技术、标准、服务出口。推动有实力、有条件的企业加快国际产能合作,积极稳妥开展境外技术和营销网络等并购。深化国际能源资源开发和加工互利合作，稳步推进境外农业投资合作，带动相关产品进出口。

提高利用外资的质量和水平。加大招商引资力度，提高国家级经济技术开发区和各类园区的发展水平，进一步放开一般制造业。将承接国际制造业转移和促进国内产业转型升级相结合，引导外资投向现代农业、新能源、新材料、生物医药、信息通信、节能环保、智能制造、现代服务业等领域。鼓励外商投资地区性总部、研发中心等功能性机构，鼓励外资研发中心升级为全球研发中心和开放式创新平台，支持外资研发机构参与国内研发公共服务平台建设。引导外资投向中西部地区，提高中西部地区承接产业转移能力，促进东中西地区产业链互动合作。

（三）营造法治化、国际化、便利化的营商环境

完善外贸法律法规体系。坚持依法行政，坚持外贸工作法治化，完善符合我国国情和国际惯例的外贸法律法规体系。以《对外贸易法》为基础，加强各部门制定、实施涉及外贸领域政策措施的协调。健全和完善货物进出口、服务贸易、出口管制、贸易调查、贸易救济、贸易促进以及与外贸有关的投资合作、知识产权、信用管理等领域的法律法规，加强各项外经贸立法之间的衔接。加强外贸及产业政策的合规性评估。

优化公平竞争的市场环境。加强外贸领域诚信体系建设，建立部门协调机制，加强对进出口企业信用评价体系的优化和推广应用，打造进出口新型监管体制，推动实施联合奖惩措施，以适当方式对外公布或推荐我信用状况良好的企业。加强反垄断执法，依法开展经营者集中反垄断审查工作，防范通过并购获取垄断地位损害市场竞争，维护公平竞争的市场秩序。加强外贸知识产权保护，持续开展外贸领域打击侵权假冒专项行动，加强境外知识产权争端解决和维权援助机制建设，健全多双边知识产权交流和执法协作机制，切实支持进出口企业应对境外知识产权纠纷。完善重点行业进出口资质管理和竞争自律公约机制，探索建立规范外贸经营秩序新模式。加强双边对话与合作，促美欧等发达国家放宽对华出口管制。

提高贸易便利化水平。积极履行世界贸易组织《贸易便利化协定》。推进大通关建设，全面实现口岸管理相关部门信息互换、监管互认、执法互助。加快全国通关一体化改革，建立高效便捷的通关制度，改善通关便利化的技术条件，全面推进通关作业无纸化，加强出口企业分类指导，对信用好的降低查验率，增强海关查验的针对性和有效性。加快电子口岸建设，推广国际贸易"单一窗口"建设，建立标准体系。建立完善国际贸易供应链管理机制，推动实施"经认证的经营者"（AEO）国际互认。规范经营服务性涉企收费，落实收费目录清单制度，加大对电子政务平台收费查处力度，合理规范港口、保险、运输、银行等收费，着重打破垄断，加强和创新收费监管，建立打击违规收费机制。

（四）深化合作共赢的国际经贸关系

加快实施自贸区战略。不断扩大我国自由贸易区网络覆盖范围，逐步形成立足周边、辐射"一带一路"、面向全球的高标准自由贸易区网络。加快有关自贸区谈判，推进与"一带一路"相关国家和地区的自贸区建设，推动亚太自贸区进程。研究推动商建新的自贸区，推进与相关国家自贸区升级。落实好现有自由贸易协定。积极推动货物、服务、投资等领域双向开放，加快推进知识产权保护、环境保护、电子商务、竞争政策、政府采购等新议题谈判，提高我国自贸区建设的标准和质量。

提升国际经贸规则话语权。积极参与全球经济治理，维护世界贸易组织在全球贸易投资自由化中的主渠道地位，坚持多哈回合发展授权，推动多边贸易谈判进程，推进《环境产品协定》谈判、

加入世界贸易组织《政府采购协定》谈判。积极推进中美、中欧投资协定谈判，推动制定多边投资规则。积极参与相关争端解决机制改革完善工作，积极参加贸易政策审议，广泛参与出口管制国际规则和管制清单制订。加强贸易增加值核算体系建设，建立健全全球价值链规则制订与利益分享机制。

积极应对贸易摩擦。强化商务部、地方、商协会、企业“四体联动”的综合应对机制，综合运用交涉、磋商、谈判、法律抗辩、业界合作等方法，妥善解决贸易摩擦，有效维护我正当经贸利益和企业合法权益。积极应对反补贴和反倾销调查，解决好调查中对我政治化、歧视性做法。通过对话磋商妥善解决与发展中国家的贸易摩擦。充分运用世界贸易组织争端解决机制、有关成员国司法诉讼等程序，纠正其滥用贸易保护及其他涉嫌违反规则的措施做法。加强产业损害预警，依法发起贸易救济调查，维护国内产业安全和对外贸易秩序。

（五）加强组织领导和工作保障机制

加强党对外贸工作的领导。发挥商务系统各级党委（党组）领导核心作用，完善党委（党组）研究外贸发展战略、分析外贸形势、研究重大措施的工作体制机制，提高对重大外贸问题的科学决策、科学管理水平。优化领导班子知识结构和专业结构，加强政治、经济、法律、外交、管理等方面的学习，注重培养选拔政治强、懂专业、善治理、敢担当、作风正的党员领导干部，加强外贸人才队伍建设，增强党领导外贸工作专业化能力和法治化水平。落实全面从严治党主体责任，健全改进作风的长效机制，强化权力运行制约和监督。强化外贸领域基层党组织整体功能，发挥战斗堡垒作用和党员先锋模范作用，更好推进外贸事业发展。

强化工作机制。建立从组织领导、目标导向、形势研判、出台政策、狠抓落实、检查督导和舆论宣传的全链条外贸工作机制。科学合理制定进出口规模目标，建立结构调整和质量效益提升的评价指标。建立重点产业和重点企业联系制度，跟踪分析外贸运行情况，加强形势研判。充分利用国家智库等社会研究力量，做好外贸重大理论和政策的研究。深入基层和企业调研，坚持问题导向，积极研究提出对策建议。细化工作责任制，明确时间节点，严格督导检查，纳入绩效考核体系。加强舆论宣传引导，及时通过各种媒体解读外贸政策，大力宣传外贸发展的好经验、好做法，提振企业信心，鼓励创新发展。

完善规划实施机制。加强对本规划实施的组织、协调和督导。动态监测规划实施情况，扎实开展评估工作。加强外贸领域各专项规划、地方规划与本规划的衔接协调。制定年度工作计划要参照本规划，出台和调整外贸重大政策措施要有规划依据。对规划提出的目标和任务，要制定具体落实措施。在本规划执行期间，如国际环境和国内形势出现重大变化，在深入调研的基础上，依照相关程序，适当调整本规划的预期目标。

（四）基础设施

水利改革发展“十三五”规划

发改农经〔2016〕2674号

前　言

水利是国民经济社会发展的重要基础设施，不仅直接关系防洪安全、供水安全、粮食安全，而且关系到经济安全、生态安全、国家安全。“十二五”时期，党中央、国务院高度重视水利工作，出台了加快水利改革发展的决定，把水安全上升为国家战略，实行了最严格水资源管理制度，作出了加快推进重大水利工程建设的决策部署，制定了水污染防治行动计划，水利改革发展取得重大成就，治水兴水进入一个新的阶段。五年来，水利基础设施建设全面加快，水利改革全面推进，依法治水管水得到加强，圆满完成了“十二五”规划确定的主要目标和任务。

“十三五”时期是我国全面建成小康社会的决胜阶段，是加快推进“四个全面”战略布局的关键五年。随着经济社会快速发展和气候变化影响加剧，在水资源时空分布不均、水旱灾害频发等老问题仍未根本解决的同时，水资源短缺、水生态损害、水环境污染等新问题更加凸显，新老水问题相互交织，已成为我国经济社会可持续发展的重要制约因素和面临的突出安全问题。落实中央决策部署，提升国家水安全保障能力，加快推进水利现代化，需要统筹谋划好“十三五”时期的水利改革发展工作。根据《中共中央关于制定国民经济和社会发展第十三个五年规划的建议》和《国民经济和社会发展第十三个五年规划纲要》，按照国家关于“十三五”规划编制工作的总体要求，国家发展改革委会同水利部、住房城乡建设部组织编制了《水利改革发展“十三五”规划》（以下简称《规划》）。《规划》紧紧围绕实现全面建成小康社会这个奋斗目标，从全局和战略的高度，研究提出了“十三五”时期水利改革发展的总体思路、发展目标、主要任务、总体布局和政策措施。

本《规划》是指导今后五年水利改革发展的重要依据。

一、发展基础

（一）主要成就

“十二五”时期，党中央、国务院相继作出加快水利改革发展、保障国家水安全、推进重大水利工程建设等一系列决策部署，水安全上升为国家战略，治水理念不断升华，治水兴水进入一个新的阶段。五年来，重大水利等工程建设全面提速，最严格水资源管理制度加快实施，水生态环境稳步改善，水利改革深入推进，圆满完成了规划确定的主要目标和任务，投资规模大、建设进度快、改革力度强、综合效益好、群众受益多，为稳增长调结构促改革惠民生防风险等发挥了重要作用，在我国治水史上写下了浓墨重彩的一笔。

1. 防汛抗旱减灾取得重大胜利。成功应对了2012年长江三峡水库建库以来最大洪水、黄河上游干流洪水和2013年黑龙江、松花江、嫩江发生的流域性大洪水，有效防御了“菲特”“海燕”“威马逊”“苏迪罗”等强台风和洪涝灾害，最大程度减轻了2011年北方冬麦区、长江中下游和西南地区大范围严重干旱影响，以及2014年黄淮、华北和西北干旱损失。全国防洪减淹耕地近1.86亿亩，累计避免城市进水受淹551座次，解决了7000多万城乡居民因旱临时饮水困难，完成抗旱浇地面积12.9亿多亩。与“十一五”相比，洪涝灾害死亡失踪人数、受灾人口、农作物受灾面积分别减少64%、38%、28%，因洪灾死亡失踪人数为新中国成立以来最少。

2. 重大水利等工程建设全面提速。国务院确定的172项重大水利工程已开工85项。南水北调东中线一期工程建成通水，大江大河大湖防洪体系、流域区域水资源配置格局不断完善。全面完成“十二五”农村饮水安全工程规划任务，3.04亿农村居民和4133万农村学校师生喝上安全水，农村饮水安全问题基本解决。实施了156条主要支流和4500多条中小河流重要河段治理，全面推进病险水库水闸除险加固，基本建成2058个县级山洪灾害监测预警系统和群测群防体系。推进大中型灌区、大型灌排泵站改造与建设，加快东北节水增粮、华北节水压采、西北节水增效、南方节水减排等区域规模化高效节水灌溉，开展小型农田水利重点县建设，基本覆盖农业大县。继续推进牧区水利建设。实施水电新农村电气化县和小水电代燃料、农村水电增效扩容改造建设。“十二五”期间，全国水利建设完成总投资达到2万亿元，年均投资4000亿元，是“十一五”年均投资的2.9倍。

3. 最严格水资源管理制度初步建立。制定并落实水资源开发利用控制、用水效率控制、水功能区限制纳污“三条红线”，并将指标逐级分解到省市县三级行政区，建立水资源管理责任制，开展最严格水资源管理制度考核工作。开展53条主要江河水量分配方案制订工作。开展大型煤电基地、城市新区等规划水资源论证，强化重大建设项目水资源论证。制定南水北调东中线一期工程水量调度方案并启动水量调度工作，继续推进黄河、黑河、塔里木河、石羊河等重点流域水量统一调度。制定《全国重要江河湖泊水功能区划》，完成全国重要水功能区纳污能力核定，提出了限制排污总量意见。启动重要饮用水水源地安全达标建设，按照《地表水环境质量评价标准》，2014年全国175个重要饮用水水源地水质达到或优于Ⅲ类标准的占98.8%。

4. 水生态文明建设加快推进。开展了105个全国水生态文明城市建设试点工作。加强河湖生态补水和重要江河水量调度，实施引江济太、珠江压咸补淡、南四湖和白洋淀应急补水等，改善河湖水生态环境。强化地下水保护和管理，完成全国地下水超采区评价，实施南水北调工程受水区、汾渭盆地等地区地下水超采治理，开展河北省地下水超采区综合治理试点，启动实施国家地下水监测工程。推进长江上中游等重点区域水土流失治理，加快坡耕地综合整治和生态清洁小流域建设。太湖水环境综合治理初见成效，主要水质指标明显改善。塔里木河近期治理、石羊河重点治理任务基本完成，加强敦煌水资源合理利用与生态保护，流域生态环境得到初步改善。

5. *重点领域改革取得积极进展。*创新水利投融资机制，增加财政水利投入，落实计提土地出让收益用于农田水利建设政策，发放专项建设基金和过桥贷款，加大金融支持力度，开展社会资本参与重大水利工程建设运营试点，鼓励和引导社会资本投入。大幅减少水行政审批事项，精简重大水利项目审批程序。调整水资源费征收标准，各地区最低标准平均提高约45%。在27个省份120个县开展农业水价综合改革试点。实行城市居民生活用水阶梯式水价制度。开展水权确权和水权交易试点，水权水市场建设稳步推进。推进水利工程建设管理体制改革，项目招投标全面进入公共资源交易市场，率先开展水利建设市场主体信用体系建设。深化国有水管单位体制改革和小型水利工程管理体制改革，开展农田水利设施产权制度改革和创新运行管护机制试点。基层水利服务体系建设得到加强，全国基层水利服务机构达到29351个，发展8.34万个农民用水合作组织和2000多支县级抗旱服务队。

专栏1　“十二五”规划主要指标完成情况

序号	指　　标	指标完成情况	
		规划指标	完成情况
1	解决农村饮水安全人口（亿人）	2.98	3.45
2	水利工程新增年供水能力（亿立方米）	400	380
	其中：新增城市年供水能力（亿立方米）	260	250
3	新增农田有效灌溉面积（万亩）	4000	7500
4	新增高效节水灌溉面积（万亩）	5000	12000
5	全国用水总量（亿立方米）	[6350]	[<6350]
6	农田灌溉水有效利用系数	[0.53]	[0.532]
7	单位工业增加值用水量降低（%）	30	35
8	新增水土流失综合治理面积（万平方公里）	25	26.6
9	新增小水电装机容量（万千瓦）	1000	1400

注：1. 带[ ]为期末达到数，其余为5年累计数。
　　2. 单位工业增加值用水量采用2010年不变价计算。

6. *依法治水管水得到加强。*水法规体系进一步健全，修订后的《水土保持法》正式施行，《太湖流域管理条例》《南水北调工程供用水管理条例》颁布实施。大力推进水利综合执法，开展河湖管理范围划定及水利工程确权划界，启动河湖管护体制机制创新试点，加强河道采砂、河湖管理等监督执法。水利规划体系不断完善，国务院先后批复七大流域综合规划（修编）、水资源综合规划、水土保持规划等重大规划，组织编制全国水中长期供求规划、水资源保护规划、现代灌溉发展规划、地下水利用与保护规划等一批重要规划。第一次全国水利普查工作圆满完成。水利信息化水平加快提升，全国防汛抗旱指挥系统、水资源监控系统、水土保持监测系统初步建成。水利科技创新能力不断加强，引进、推广水利先进实用技术，建成一批国家重点实验室和工程技术研究中心。水利国际交流与合作不断深化。

总体上看，经过多年来持续大规模的投入，全国大江大河防洪减灾体系基本建成，流域和区域水资源配置格局不断优化，农田灌排体系基本建立，水土资源保护能力明显提高，为国民经济和社会发展提供了有力支撑。

（二）发展形势

“十三五”时期是全面建成小康社会的决胜阶段，是全党全社会加快推进“四个全面”战略布局的关键五年，经济社会发展对水利提出了新的更高的要求。实现全面建成小康社会目标，加快新型工业化、城镇化、信息化和农业现代化发展，实施“一带一路”建设、京津冀协同发展、长江经济带建设等重大战略，要求加快完善水利基础设施网络体系，更加精准有力地发挥对区域协同发展的先行引导作用，强化水资源管理，全面提升水利保障经济社会发展的能力。实现人民生活水平和质量普遍提高，让全体人民共同迈入小康社会，需要着力解决好水利发展中不平衡、不协调、不可持续的问题，加快推进水利公共服务均等化，强化保障和改善民生。大力推进生态文明建设，实现生态环境质量总体改善，建设美丽中国，要求坚持人水和谐，加快转变用水方式，着力缓解水资源水环境约束趋紧的矛盾，在推进水利绿色发展、可持续发展方面迈出新的步伐。全面深化改革，使市场在资源配置中起决定性作用和更好发挥政府作用，需要加快构建充满活力、富有效率、创新引领、法治保障的水利体制机制，推进水治理体系和治理能力现代化。

与经济社会发展要求和各方面需求相比，目前，我国的水安全保障能力还存在不少差距，推进供给侧结构性改革，需要补齐水利这个短板。随着经济社会快速发展和气候变化影响加剧，在水资源时空分布不均、水旱灾害频发等老问题仍未根本解决的同时，水资源短缺、水生态损害、水环境污染等新问题更加凸显，新老水问题相互交织。洪涝干旱灾害仍是心腹之患，流域性大洪水、局部强降雨、强台风、山洪、城市内涝、区域干旱等灾害时有发生，防汛抗旱仍面临严峻挑战。特别是受超强厄尔尼诺影响，2016 年全国发生多次大范围强降雨过程，一些流域和区域遭受严重洪涝灾害，暴露出防洪排涝减灾体系仍存在不少薄弱环节，需要着力补齐中小河流治理、小型病险水库除险加固、城市排水防涝等“短板”，增强防洪排涝减灾能力。一些地区水供求紧张态势凸显，部分城市水源单一，水资源约束趋紧矛盾尚未有效缓解。农田水利基础仍较薄弱，农田灌溉“最后一公里”问题仍然存在。全国废污水排放量居高不下，一些河流污染物入河量超过其纳污能力。全国水土流失面积 295 万平方公里，约占国土面积的 30%。部分地区水资源过度开发，生态用水被严重挤占，水生态环境恶化趋势尚未得到根本扭转。最严格水资源管理制度有待进一步落实，水资源要素对转变经济发展方式的倒逼机制尚未形成。河湖管理、水利工程管理、洪涝干旱风险管理亟待加强。

当前和今后一段时期，水利改革发展也面临诸多有利条件和难得机遇。党中央、国务院作出加快水利改革发展一系列决策部署，把水安全上升为国家战略，要求加快重大水利工程建设，特别是党的十八届五中全会提出完善水利基础设施网络、实行水资源消耗总量和强度双控行动、防范水资源风险、大规模推进农田水利、加强水生态保护、系统整治江河流域、连通江河湖库水系、建立健全用水权初始分配制度等任务要求，为“十三五”水利改革发展指明了方向，提供了强有力的政策支持和保障。我国经济发展前景和市场空间广阔，全社会对水利高度关注，各地持续大规模兴修水利，公众节水洁水意识不断增强，为加快水利改革发展营造了良好氛围。

总体来看，“十三五”时期水利仍处于补短板、破瓶颈、增后劲、上水平的发展阶段，是加快完善水利基础设施网络、全面深化水利改革、有效破解新老水问题、构建国家水安全保障体系、加快推进水利现代化进程的关键时期。要立足国情水情，紧扣国计民生，着眼发展需要，按照中央关于保障水安全和加快水利改革发展的总体部署，进一步深化水利改革，加快水利发展，着力构建适应时代发展要求和人民群众期待的水安全保障体系。

二、总体要求

（一）指导思想

全面贯彻党的十八大和十八届三中、四中、五中、六中全会精神，深入学习贯彻习近平总书记系列重要讲话精神，紧紧围绕统筹推进“五位一体”总体布局和协调推进“四个全面”战略布局，坚持创新、协调、绿色、开放、共享发展的理念，按照党中央、国务院决策部署，坚持节水优先、空间均衡、系统治理、两手发力，以全面提升水安全保障能力为主线，突出目标和问题导向，以落实最严格水资源管理制度、实施水资源消耗总量和强度双控行动为抓手，全面推进节水型社会建设；以全方位推动水利体制机制创新为突破口，深化水利改革、强化依法治水、加强科技兴水；以推进重大水利工程建设、增强防汛抗旱减灾和水资源配置能力为重点，加快完善水利基础设施网络；以江河流域系统整治和水生态保护修复为着力点，把山水林田湖作为一个生命共同体，大力推进水生态文明建设，为经济社会持续健康发展、如期实现全面建成小康社会目标提供更加坚实的水利支撑和保障。

（二）基本原则

以人为本，服务民生。坚持人民主体地位，把增进人民福祉、促进人的全面发展作为水利工作的出发点和落脚点，着力解决人民群众最关心最直接最现实的防洪、供水、水生态改善等问题，加大水利扶贫攻坚力度，使广大人民群众共享水利改革发展成果，让广大人民群众有更多的获得感。

节约用水，高效利用。把节约用水贯穿于经济社会发展和群众生活生产全过程，严格落实用水总量控制和定额管理制度，建设节水型社会，不断提高用水效率和效益，加快实现从粗放用水向节约集约用水的根本转变，形成有利于水资源节约利用的空间格局、产业结构、生产方式和消费模式。

人水和谐，绿色发展。坚持以水定产、以水定城，量水而行、因水制宜，强化需水管理，合理控制水资源开发程度，努力维护河湖健康，加强水资源安全风险防控和监测预警，实现水资源可持续利用，促进经济社会发展与水资源水环境承载能力相协调。

统筹兼顾，系统治理。树立山水林田湖是一个生命共同体的思想，以流域为单元强化整体保护、系统修复、综合治理，发挥水资源综合利用效益。围绕推进供给侧结构性改革，进一步完善水利基础设施体系，补齐水利发展短板，协调解决水灾害、水资源、水环境、水生态等问题。

深化改革，创新驱动。坚持政府与市场两手发力，着力推进水利重要领域和关键环节改革攻坚，进一步推动治水思路创新、制度创新、科技创新、实践创新，引导全社会积极支持和参与水利建设与管理，实现更高质量、更有效率、更加公平、更可持续的水利发展。

依法治水，科学管水。进一步健全完善水法治体系，依法加强河湖监督管理和水资源水环境管控，强化规划对涉水活动的指引约束作用，有效协调涉水利益，规范水事行为，不断提高水利工作的科学化、法治化水平，提高水利社会管理和公共服务水平。

（三）主要目标

到2020年，基本建成与经济社会发展要求相适应的防洪抗旱减灾体系、水资源合理配置和高效利用体系、水资源保护和河湖健康保障体系、有利于水利科学发展的制度体系，水利基础设施网络进一步完善，水治理体系和水治理能力现代化建设取得重大进展，国家水安全保障综合能力显著增强。

防洪抗旱减灾。健全防汛抗旱指挥调度体系。大江大河重点防洪保护区达到流域规划确定的防洪标准，城市防洪排涝设施建设明显加强，主要海堤达到国家规范设定的标准，中小河流重要河段防洪标准达到10—20年一遇，主要低洼易涝地区排涝标准达到5—10年一遇，山洪灾害重点区域基本形成非工程措施与工程措施相结合的综合防御体系。重点区域和城乡抗旱能力明显增强。全国洪涝灾害和干旱灾害年均直接经济损失占同期GDP的比重分别控制在0.6%和0.8%以内。

节约用水。全国年供用水总量控制在6700亿立方米以内。万元国内生产总值用水量、万元工业增加值用水量较2015年分别降低23%和20%。全国城市公共供水管网漏损率控制在10%以内，城镇和工业用水计量率达到85%以上。农田灌溉水有效利用系数提高到0.55以上，大型灌区和重点中型灌区农业灌溉用水计量率达到70%以上。

城乡供水。全国新增供水能力270亿立方米。城镇供水保证率和应急供水能力进一步提高，城镇供水水源地水质全面达标，推动城镇供水设施向农村延伸。农村自来水普及率达到80%以上，农村集中式供水工程供水率85%以上，水质达标率和供水保障程度进一步提高。

农村水利。完成434处大型灌区续建配套和节水改造规划任务。新增农田有效灌溉面积3000万亩，全国农田有效灌溉面积达到10亿亩以上。发展高效节水灌溉面积1亿亩。新增小水电装机容量500万千瓦。

水生态环境保护。全国重要江河湖泊水功能区水质达标率达到80%以上。河湖生态环境水量基本保障，河湖水域面积不减少，水生态环境状况明显改善。新增水土流失综合治理面积27万平方公里。地下水超采得到严格控制，严重超采区超采量得到有效退减。

水利改革和管理。水权水价水市场改革取得重要进展，基本建立用水权初始分配制度，基本形成水利工程良性运行机制。依法治水全面强化，水利创新能力明显增强，水利工程管理水平显著提升。健全最严格水资源管理制度，实行水资源消耗总量和强度双控行动，用更加完善的制度保护好水生态环境。

专栏2 “十三五”水利发展主要指标

序号	指标	“十二五”规划指标	“十二五”末完成	“十三五”规划指标	备注
1	洪涝灾害年均损失率(%)	—	(0.4)	(<0.6)	预期性
2	干旱灾害年均损失率(%)	—	(0.15)	(<0.8)	预期性
3	用水总量控制(亿立方米)	[6350]	[6350]	[6700]	约束性
4	万元国内生产总值用水量下降(%)	—	31	23	约束性
5	万元工业增加值用水量下降(%)	30	35	20	约束性
6	农田灌溉水有效利用系数	[0.53]	[0.532]	[0.55]	预期性
7	水利工程新增年供水能力(亿立方米)	400	380	270	预期性
8	农村自来水普及率(%)	—	[76]	[80]	预期性
9	农村集中式供水人口比例(%)	—	[82]	[85]	预期性
10	新增农田有效灌溉面积(万亩)	4000	7500	3000	预期性

续表

序号	指　　标	“十二五”规划指标	“十二五”末完成	“十三五”规划指标	备　注
11	新增高效节水灌溉面积(万亩)	5000	12000	10000	预期性
12	新增小水电装机容量(万千瓦)	1000	1400	500	预期性
13	新增水土流失综合治理面积(万平方公里)	25	26.6	27	预期性
14	重要江河湖泊水功能区水质达标率(%)	—	[68]	[80]	约束性
15	城镇和工业用水计量率(%)	—	[70]	[85]	预期性
16	农业灌溉用水计量率(%)	—	[55]	[70]	预期性

注:1. 指标带( )为5年平均值,带[ ]为期末达到数,其余为5年累计数。
2. 重要江河湖泊水功能区水质评价指标包括COD、氨氮两项。
3. 城镇和工业用水计量率是指有计量设施的取水量占城镇和工业用水总取水量比例,农业灌溉用水计量率是指大型灌区和重点中型灌区有计量设施的农业取水口灌溉取水量占总取水量的比例。

三、全面推进节水型社会建设

以落实最严格水资源管理制度、实行水资源消耗总量和强度双控行动、加强重点领域节水、完善节水激励机制为重点,加快推进节水型社会建设,强化水资源对经济社会发展的刚性约束,构建节水型生产方式和消费模式,基本形成节水型社会制度框架,进一步提高水资源利用效率和效益。

(一)落实最严格的水资源管理制度

强化节水约束性指标管理。严格落实水资源开发利用总量、用水效率和水功能区限制纳污总量“三条红线”,实施水资源消耗总量和强度双控行动,健全取水计量、水质监测和供用耗排监控体系。加快制定重要江河流域水量分配方案,细化落实覆盖流域和省市县三级行政区域的取用水总量控制指标,严格控制流域和区域取用水总量。实施引调水工程要先评估节水潜力,落实各项节水措施。健全节水技术标准体系。将水资源开发、利用、节约和保护的主要指标纳入地方经济社会发展综合评价体系,县级以上地方人民政府对本行政区域水资源管理和保护工作负总责。加强最严格水资源管理制度考核工作,把节水作为约束性指标纳入政绩考核,在严重缺水的地区率先推行。

强化水资源承载能力刚性约束。加强相关规划和项目建设布局水资源论证工作,国民经济和社会发展规划以及城市总体规划的编制、重大建设项目的布局,应当与当地水资源条件和防洪要求相适应。严格执行建设项目水资源论证和取水许可制度,对取用水总量已达到或超过控制指标的地区,暂停审批新增取水。强化用水定额管理,完善重点行业、区域用水定额标准。严格水功能区监督管理,从严核定水域纳污容量,严格控制入河湖排污总量,对排污量超出水功能区限排总量的地区,限制审批新增取水和入河湖排污口。强化水资源统一调度。

强化水资源安全风险监测预警。健全水资源安全风险评估机制,围绕经济安全、资源安全、生态安全,从水旱灾害、水供求态势、河湖生态需水、地下水开采、水功能区水质状况等方面,科学评估全国及区域水资源安全风险,加强水资源风险防控。以省、市、县三级行政区为单元,开展水资源承载能力评价,建立水资源安全风险识别和预警机制。抓紧建成国家水资源管理系统,健全水资源监控体系,完善水资源监测、用水计量与统计等管理制度和相关技术标准体系,加强省界等重要控制断面、水功能区和地下水的水质水量监测能力建设。

（二）大力推进重点领域节水

加大农业节水力度。继续把农业节水作为主攻方向，调整农业生产和用水结构，加强灌区骨干渠系节水改造、田间工程配套、低洼易涝区治理和农业用水管理，实现输水、用水全过程节水，提高农业灌溉用水效率，逐步降低农业用水比重，优化用水结构。积极推广使用喷灌、微灌、低压管道输水灌溉等高效节水技术，推进区域规模化高效节水灌溉发展。积极推行灌溉用水总量控制、定额管理，配套农业用水计量设施，加强灌区监测与管理信息系统建设，提高精准灌溉水平。推广农机、农艺和生物技术节水措施。

深入开展工业节水。积极推进重点用水行业水效领跑者引领行动。加快火电、石化、钢铁、纺织、造纸、化工、食品发酵等高耗水工业行业节水技术改造。大力推广工业水循环利用、高效冷却、热力系统节水、洗涤节水等通用节水工艺和技术，依法依规淘汰落后用水工艺和技术，加强非常规水资源利用，提高工业用水效率。强化重点用水单位监督巡查，开展节水型企业创建工作，鼓励产业园区统一供水、废水集中处理和循环利用，规模以上工业企业重复用水率达到91%以上。

加强城镇节水。加快城乡供水管网建设和改造，降低公共供水管网漏损率。全面推广使用生活节水器具，加快换装公共建筑中不符合节水标准的用水器具，引导居民淘汰现有不符合节水标准的生活用水器具，城市节水器具普及率达到90%以上。基本实现城市供水“一户一表”改造全覆盖。推进服务业节水改造，对非人体接触用水强制实行循环利用。深入开展节水型单位和居民小区建设活动，推进机关、学校、医院、宾馆、家庭等节水。到2020年，地级及以上缺水城市全部达到国家节水型城市标准要求，京津冀、长三角、珠三角等区域提前一年完成。

（三）建立健全节水激励机制

完善节水支持政策。合理制定水价，充分运用价格机制促进节约用水。健全水资源有偿使用制度，推进水资源税改革试点。修订《节能节水专用设备企业所得税优惠目录》，落实节水税收优惠政策。积极发挥银行、保险等金融机构作用，优先支持节水工程建设、节水技术改造、非常规水源利用等项目。推行合同节水管理，建立市场融资、利益分享的运行机制，扶持培育一批专业化节水服务企业，开展合同节水管理示范试点。进一步优化农机具购置补贴目录，扩大节水灌溉设备购置补贴范围，带动农业节水产业发展。

培育发展节水产业。规范节水产品市场，提高节水产品质量。加强节水技术创新，建立以企业为主体的节水技术创新体系，鼓励节水技术研发和装备产业化发展，推广应用节水科技成果，支持节水产品设备制造企业做大做强。建立完善节水市场准入标准和强制性认证管理制度，鼓励产品生产者或者销售者使用节水产品认证标志。

强化节水监督管理。强化节水产品认证，严格市场准入。制订国家鼓励和淘汰的用水技术、工艺、产品和设备目录。健全各行业用水定额标准体系，强化先进用水定额管理。严格建设项目节水设施与主体工程同时设计、同时施工、同时投产使用。建立重点监控用水单位名录，严厉查处违法取用水行为。

（四）培养公民节水洁水意识

积极开展节水宣传教育。充分利用各种平台和媒体，加强国情水情教育，开展节水公益性活动，大力宣传节水和洁水观念，树立节约用水就是保护生态、保护水资源就是保护家园的意识，强化公民节水义务和责任，普及节水知识和技能。建设国家水情教育基地。支持依托大中型水利水电工程建设教育展馆，为公众提供水情教育实践平台。

扩大社会参与。鼓励和引导公众增强节约水、爱护水的意识，营造全社会亲水、惜水、节水的良好氛围，推动形成全社会用水自觉、绿色消费。广泛发挥社会组织和志愿者参与节水的积极作用，强化节水的社会监督。

四、改革创新水利发展体制机制

加大水利重点领域和关键环节改革攻坚力度，推进水价、水权、工程投融资机制和建管体制改革，着力构建系统完备、科学规范、运行有效的水管理体制机制。

（一）改革完善水治理体制

完善流域管理与行政区域管理相结合的水资源管理体制。进一步明晰流域与区域、中央和地方的水利事权划分，加快建立各方参与、民主协商、科学决策、分工负责的流域议事协调机制和高效执行机制，协调好流域水资源开发利用与保护、防洪安全保障与水能资源、航道岸线等开发利用的关系。推进以流域为单元的水资源综合管理，依法发挥流域机构在流域规划管理、防洪和水资源统一调度、河湖管理、“三条红线”控制指标考核评估、流域综合执法等方面的职能和作用。加强城乡统筹，推动城镇基础设施和公共服务向农村延伸，促进基本公共服务均等化。引导和扩大社会参与，提高水资源管理透明度，建立健全社会监督机制。

（二）全面推进水价改革

稳步推进农业水价综合改革。完善农业供水计量设施，建立农业水权制度，提高农业供水效率和效益，加强农业用水需求管理，探索创新终端用水管理方式，夯实农业水价改革基础。分级制定农业水价，探索实行分类水价，逐步推行分档水价，建立健全合理反映供水成本、有利于节水和农田水利体制机制创新、与投融资体制相适应的农业水价形成机制。建立农业用水精准补贴和节水奖励机制，多渠道筹集精准补贴和节水奖励资金。

全面推进城镇供水水价改革。全面实行城镇居民用水阶梯价格制度、非居民用水超定额累进加价制度，拉开高耗水行业与其他行业的水价差价。建立鼓励非常规水资源利用的价格激励机制。

（三）积极探索建立水权制度

加快建立用水权初始分配制度。开展水流产权确权试点，研究制定国家水权制度改革总体方案。完善区域用水总量控制指标体系，抓紧制定跨省主要江河水量分配方案，确定区域取用水总量和权益。完善取水许可制度，稳步推进水权确权工作。健全水资源用途管制制度。

积极培育和发展水市场。推动水权交易制度建设，开展水权交易试点，鼓励和引导地区间、流域间、流域上下游、行业间、用水户间开展水权交易，探索多种形式的水权流转方式。统筹建立水权交易机制，推动水权交易平台建设，研究建立水权抵质押制度，加强水权交易监管，维护水市场良好秩序。探索建立流域上下游、重要水源地、重要水生态修复治理区等水生态保护补偿机制。

（四）创新水利投融资机制

继续将水利作为公共财政支持的重点。优化投资结构，创新资金使用方式。落实好土地出让收益计提农田水利建设资金政策。落实水利建设基金筹集和使用管理政策，发挥好政府性水利基金对水利改革发展的支持作用。

鼓励和引导社会资本参与水利工程建设运营。健全政府和社会资本合作机制，积极发展 BOT（建设-经营-转交）、TOT（转让经营权）、BOO（建设-拥有-经营）等水利项目融资模式，完善投资补助、财政补贴、贷款贴息、收益分配、价格支持等优惠政策，鼓励和引导社会资本通过资产收购、特许经营、参股控股等多种形式参与水利工程建设和运营。

加大金融支持水利工程建设。充分发挥各类金融机构作用，用好开发性金融、政策性金融等优惠政策，拓宽水利项目融资渠道，缓解地方筹资压力。积极争取拓宽水利建设项目的抵（质）押物范围和还款来源，允许以水利、水电资产及其相关收益权等作为还款来源和合法抵押担保物。鼓励和支持符合条件的水利企业上市和发行企业债券，扩大直接融资规模。

（五）深化水利工程建设与管理改革

推进水利工程建设管理体制改革。落实建设项目法人责任制、招标投标制、建设监理制、合同管理制，推行水利工程建设项目代建制。因地制宜推行水利工程项目法人招标、设计施工总承包等模式，推动水利工程专业化、市场化、社会化建设管理。创新小型农田水利工程建设管理模式，完善财政补助、价格机制、市场准入等相关支持政策，鼓励农民、村组集体、农民用水合作组织、新型农业经营主体等参与农田水利工程建设、管理、经营。探索水利工程移民新型安置方式，健全移民安置监督管理机制。

创新水利工程运行管护机制。推行水利工程企业化、物业化管理。积极推进水利工程管养分离，通过政府购买服务方式，鼓励专业化队伍承担工程维修养护和河湖管护。深化小型水利工程管理体制和产权制度改革，明确工程所有权和使用权，落实管护主体、责任和经费，探索“以大带小、小小联合”的水利工程集中管理模式，促进工程良性运行。

优化水利工程调度运用方式。综合考虑上下游、干支流、左右岸，兼顾防洪保安和蓄水兴利，按照安全第一、风险可控、效益最大的原则，合理制订各类水利工程调度运用方案，不断提高调度的科学化、精细化和规范化水平。积极推进梯级水库群联合调度，促进流域水资源综合利用效益最大化。稳步实施水库汛限水位动态控制，完善优化洪水预报，提高预报精度，延长预见期，合理利用雨洪资源。开展长江、海河等流域蓄滞洪区布局调整研究。

提高水利工程管理现代化水平。划定国有水利工程管理与保护范围。加强水利工程管理制度化、规范化和信息化建设，建立水利基础设施管理信息网络，健全水利工程管理标准规范体系。加强大坝安全监测、水情测报、通信预警和远程控制系统建设，提高水利工程管理信息化、自动化水平。大力推进安全生产标准化建设，完善水利安全生产应急预案体系，建立重大安全隐患防范和应急机制。

五、加快完善水利基础设施网络

以完善江河流域防洪体系、优化水资源配置格局为重点，按照“确有需要、生态安全、可以持续”的原则，在科学论证的前提下，集中力量建设一批打基础、管长远、促发展、惠民生的重大水利工程，加强突出薄弱环节建设，完善水利基础设施网络。

（一）完善江河综合防洪减灾体系

加强江河治理骨干工程建设。以东北三江治理、进一步治理太湖等为重点，进一步完善大江大河大湖防洪减灾体系，提高抵御洪涝灾害的能力。加强长江中下游河势控制和崩岸治理、上游干流治理、洞庭湖鄱阳湖综合整治和蓄滞洪区工程建设。继续实施黄河下游、宁蒙河段和上游河道治理，开工建设黄河古贤、陕西东庄等水利枢纽工程，深入开展黑山峡河段开发工程前期论证。加快淮河出山店水库、平原洼地排涝治理、行蓄洪区调整与建设等治淮骨干工程建设，推进淮河入海水道二期工程前期工作。推进海河流域蓄滞洪区建设与调整，加强重要河道治理。加快西江大藤峡水利枢纽、西江干流河道治理工程建设。全面完成黑龙江、松花江、嫩江干流防洪治理，整体提高东北地区防洪排涝能力。加快太湖流域水环境综合治理和防洪重点工程建设。加快新疆叶尔羌河防洪治理以及阿尔塔什、卡拉贝利等水利枢纽工程建设，推进大石峡水利枢纽等工程前期工作。

*进一步加强防洪薄弱环节建设。*加快列入规划的流域面积3000平方公里以上的中小河流治理，使治理河段基本达到规划确定的防洪标准。在完成原有规划任务的基础上，扩大流域面积200—3000平方公里中小河流治理实施范围。继续开展山洪灾害防治，完善山洪灾害监测预警系统和群测群防体系，对重点山洪沟进行防洪治理。加强重点易涝区治理，对东北平原、淮河流域、长江中下游、珠江三角洲、闽浙沿海平原等涝灾问题突出的重点圩垸和涝区进行治理，加强区域应急排涝设施建设。加快实施大中型病险水闸除险加固，继续推进病险水库及病险淤地坝除险加固，结合2016年防洪抢险情况，进一步推进小型病险水库除险加固。开展水库清淤试点。开展重点海堤达标建设，以保护沿海地区重要城市、重要经济区、重要基础设施为重点，逐步构筑完善的沿海防潮减灾体系。加快建成国家防汛抗旱指挥系统，形成覆盖地市和重点县区的异地视频网络、覆盖重要水库和水电站的防汛抗旱调度体系。完善水文监测站网体系，提高自动化监测水平。

（二）优化水资源配置格局

*加快重点水源工程建设。*加快西藏拉洛、贵州马岭、重庆观景口、湖南莽山、黑龙江奋斗、云南德厚等在建水库的建设步伐，力争在“十三五”期间建成发挥效益，着力提高水资源调蓄能力。新开工建设安徽江巷、四川李家岩、贵州黄家湾、云南阿岗、福建霍口、浙江朱溪等一批重点水源工程。继续加强西南等工程性缺水地区中型水库工程建设，增强城乡供水保障和应急能力。

*实施一批重大引调水工程。*加快陕西引汉济渭、甘肃引洮供水二期、贵州夹岩水利枢纽及黔西北供水、鄂北水资源配置等在建工程建设进度。坚持“三先三后”（先节水后调水、先治污后通水、先环保后用水）原则，深入做好引调水工程前期论证工作，深化引江济淮、滇中引水、引绰济辽等工程前期工作，推进工程尽快开工建设，疏通水资源调控动脉，提高区域水资源水环境承载能力，保障重要经济区和城市群供水安全。加快南水北调东中线一期受水区配套工程建设，充分发挥工程效益。推进南水北调东中线后续工程建设。根据经济社会发展新形势、新理念、新要求和黄河流域水沙变化等情况，进一步深化南水北调西线工程前期论证。

*加快抗旱水源工程建设。*以干旱易发区、永久基本农田集中区、粮食主产区等为重点，因地制宜建设一批蓄引提调抗旱水源工程，通过科学配置和优化调度，发挥各类水源调节互补的抗旱作用。在中西部山丘区，以水窖、水池、塘坝等为重点，提高雨水集蓄能力，解决干旱期群众生活生产用水问题。

*鼓励非常规水源利用。*加大雨洪资源、海水、再生水、矿井水、微咸水等开发利用力度，把非常规水源纳入区域水资源统一配置。以缺水及水污染严重地区为重点，加快建设再生水利用设施，工业生产、城市绿化、生态景观等优先使用再生水。加大海水淡化和直接利用力度。完善雨洪资源利

用设施,增加对雨洪径流的滞蓄利用能力。积极实施人工增雨(雪),科学开发利用空中云水资源。

六、提高城市防洪排涝和供水能力

(一)提高城市排水防涝和防洪能力

保障城市排水出路通畅。保护山、水、林、田、湖等自然生态要素的完整性,结合自然生态空间格局,构建和完善城市泄洪排水通道。加强对城市坑塘、河湖、湿地等水体自然形态的保护和恢复,禁止填湖造地、截弯取直、过度渠化硬化河道等侵占河湖、破坏水生态的行为。加强河道系统整治,因势利导改造渠化河道,恢复和保持河湖水系的自然连通,构建城市良性水循环系统,保障城市排水出路。

加快城市排水防涝和防洪设施建设。结合城市未来发展规模,统筹市政建设、环境整治、生态保护与修复等需要,综合确定城市河道防洪排涝标准,完善城市防洪排涝体系。通过城市规划引领,推进海绵城市建设,推广海绵型公园和绿地,推进海绵型建筑和相关基础设施建设;推进城市排水防涝工程建设,完善地下综合管廊及排水管网、泵站等设施,着力解决城市内涝问题。

加强预警预报系统建设。加强城市气象和水文信息监测和预警系统建设,提高暴雨、洪水预测预报的时效性和准确率。完善排涝和防洪应急预案,加强城市内涝和洪水风险管理,增强群众防灾避灾意识,最大限度减轻灾害损失。

(二)完善城市供水结构

加快污水再生利用设施建设。以缺水及水污染严重地区城市为重点,加快建设污水再生利用设施,按照“优水优用,就近利用”的原则,在工业生产、城市绿化、道路清扫、车辆冲洗、建筑施工及生态景观等领域优先使用污水再生水。到2020年,缺水城市再生水利用率达到20%以上,京津冀地区达到30%以上。

加强雨水和海水利用。加强城镇雨水收集、处理和资源化利用,恢复城市雨水的自然循环,涵养城市水源,科学布局建设雨水调蓄设施。雨水调蓄设施应结合城市用地情况,合理安排建设形式,尽量与绿地、水系相结合。因地制宜建设海水淡化或直接利用工程,鼓励沿海地区和工矿企业开展海水淡化水利用示范工作,将海水淡化水优先用于适用的工业企业。

(三)加强城市应急和备用水源建设

加快城市应急备用水源工程建设。对水源单一、应对突发事件能力不足的城市,要在对现有供水水源挖潜改造的基础上,统筹考虑在建和规划水源,合理确定城市应急备用水源方案,加快推进城市应急备用水源建设,完善城市水源格局,增强城市应急供水能力。单一水源供水的地级及以上城市应于2020年底前基本完成备用水源或应急水源建设,有条件的地方可以适当提前。

提高城市供水水源安全保障能力。对现状地下水超采的城市,在充分挖掘节水潜力的前提下,因地制宜开展替代水源工程建设,通过开辟新水源或外调水置换压采地下水,逐步修复地下水生态环境。对水源水质较差的城市,要针对特征污染物,实施精准治污和加强水源保护;加快城市中自然本底浓度超标的地下水水源的置换,确保城市供水水质安全。严格划定应急和备用水源保护区,确保城市应急和备用水源水质安全。

七、进一步夯实农村水利基础

大兴农田水利，加强农村供水设施改造与建设，因地制宜发展小水电，进一步提高粮食生产水利保障能力，改善农村生活条件和人居环境，提升农村水利基本公共服务水平。

（一）大规模推进农田水利建设

完成434处大型灌区续建配套和节水改造任务，推进中型灌区节水改造，开展大中型灌区现代化改造试点，完善灌排设施体系，提高输配水效率。全面完成列入规划的251处大型灌排泵站的更新改造任务，启动实施重点中型灌排泵站更新改造。在水土资源条件具备的地区，加快建设嫩江尼尔基、吉林松原、湖南涔天河、海南红岭、四川向家坝等一批节水型、生态型大型灌区，提高粮食产能和农业综合生产能力。在重点灌区全面开展规模化高效节水灌溉行动，以西北节水增效、华北节水压采、南方节水减排等区域规模化高效节水灌溉建设为重点，因地制宜发展低压管道输水灌溉、喷灌和微灌，突出抓好粮食主产区、生态环境脆弱区、水资源开发过度区等重点地区高效节水灌溉工程建设。着力加强农业灌溉计量设施建设，完善灌区计量设施体系，加强灌溉试验站网建设和成果应用。加强中小型农田水利设施建设，打通农田水利“最后一公里”。稳步推进牧区水利建设。

在南疆叶尔羌河、和田河等流域，以及甘肃河西走廊、吉林白城等严重缺水区域，实施专项节水行动计划。

（二）实施农村饮水安全巩固提升工程

推进农村饮水安全巩固提升，综合采取改造、配套、升级、联网等方式，进一步提高农村集中供水率、自来水普及率、供水保证率、水质达标率。在距离城镇供水管网较近的农村，通过扩容改造和管网延伸，改善农村供水条件。对部分规模较小、设施简陋的单村供水工程进行配套改造，推进联村并网集中供水。对人口相对分散区域，进行小型和分散式供水工程标准化建设。因地制宜采取适宜的水处理技术，提高水质达标率和供水保障程度，有条件的地区可实行分质供水。加强农村饮用水水源保护。加强水质检测能力建设，完善农村饮水工程水质检测监测体系，提升农村饮水安全监管水平。按照国家打赢脱贫攻坚战、全面建成小康社会的目标要求，做好贫困地区农村饮水安全巩固提升与建档立卡贫困村贫困户的精准对接，全面解决全国建档立卡贫困人口存在的饮水问题。

（三）有序发展小水电

重点扶持中西部地区、贫困地区、革命老区、偏远地区和民族地区的农村水电发展，引导农村水能资源科学、合理、有序开发。实施农村小水电扶贫工程，促进贫困地区脱贫致富。在以河流为单元进行生态修复和开展梯级联合调度的前提下，对部分具备条件的农村水电站实施增效扩容改造，巩固农村水电发展成果、提高综合能效和安全性能。开展农村水电安全生产标准化建设，推动农村水电直供电片区电网改造，推进绿色小水电建设。

八、加强水生态治理与保护

坚持节约与保护优先、自然恢复与治理修复相结合的方针，加强水生态保护和修复，推进水土流失综合治理，加快实施水污染防治行动计划，改善河湖和地下水生态环境。

（一）加大水资源保护力度

加强水功能区监督管理，建立健全水功能区分级分类监督管理体系，强化入河湖排污总量管理。优化调整沿河湖排污口、取水口布局，编制相关整治规划，对入河排污布局问题突出、威胁饮水安全或水质严重超标区域的排污口实施综合整治。落实饮用水水源地核准和安全评估制度，把供水人口20万人以上的水源地纳入全国重要饮用水水源地名录，加强监督保护。全面开展重要饮用水水源地安全保障达标建设，实施水源地安全警示、隔离防护、水源涵养和修复措施。推动科学划定饮用水水源保护区，依法清理水源保护区内违法建筑、排污口和各类养殖户。加强集中式地下水饮用水水源地保护。

（二）科学确定和维持河湖生态流量

科学确定重要江河湖泊生态流量和生态水位，将生态用水纳入流域水资源统一配置和管理。协调好上下游、干支流关系，深化河湖水系连通运行管理和优化调度。合理安排重要断面下泄水量，维持重要河湖、湿地及河口基本生态需水，重点保障枯水期生态基流。积极推进北方及水资源过度开发地区退减被挤占的河道内生态环境水量，对东北、华北及西北地区等重要湿地和湖泊实施生态补水。继续加强塔里木河、黑河、石羊河等流域水量统一调度，巩固生态综合治理成果。

（三）加强重点河湖水生态修复与治理

严格河湖生态空间管控，划定河湖管理和保护范围，加强河湖水域岸线保护，严格限制占用水域，系统整治江河流域，有序推动河湖休养生息，保护和恢复河湖生态系统及功能。通过退耕还湖还湿、退养还滩、封育保护、水源涵养等措施，强化重要生态功能区、江河源头区、自然保护区生态保护。以京津冀“六河五湖”（永定河、滦河、北运河、大清河、潮白河、南运河和白洋淀、衡水湖、七里海、南大港、北大港）、西北内陆河、重要湿地等为重点，综合运用强化水资源统一配置与管理、河道治理、清淤疏浚、生物控制、自然修复、截污治污等措施，推进生态敏感区、生态脆弱区、重要生境和生态功能受损河湖的生态修复。因势利导改造渠化河道，重塑健康自然的弯曲河岸线，营造自然深潭浅滩和泛洪漫滩，为生物提供多样性生境，加强水生生物资源养护。加强农村河道堰塘整治，改善农村人居环境和河流生态。尊重自然规律和经济规律，在保护生态的前提下，以自然河湖水系、调蓄工程和引排工程为依托，科学规划、合理布局，因地制宜实施河湖水系连通工程。

（四）加强水土保持生态建设

坚持预防为主、防治结合，注重封育保护和自然修复，加强西北黄土高原区、东北黑土区、西南岩溶区等重要江河源头区、重要水源地和水蚀风蚀交错区，以及革命老区、民族地区、边疆地区、贫困地区等重点区域水土流失防护和治理。在水土流失严重区域开展以小流域为单元的山水田林路综合治理，实施清洁小流域建设，加强坡耕地、侵蚀沟及崩岗综合整治。建立健全水土保持监管体系，强化水土保持动态监测，提高水土保持信息化水平和综合监管能力。

（五）加强地下水保护和超采区综合治理

严格地下水水量和水位双控制，强化地下水资源开发利用管理。通过加强农业、工业等各领域节水，优化城镇发展和产业布局，实行有利于地下水限采的水价政策，采取划定限采禁采范围、水源置换、休耕、试行退地减水等措施，对地下水超采较严重的京津冀晋等地区开展地下水超采区治理与修复，压减地下水超采量，逐步实现地下水采补平衡。进一步加强地下水保护和涵养，提高地下水战略储备能力。加快国家地下水监测工程建设，完善地下水监控体系，建立国家地下水管理信息系统。

（六）推进重点流域水污染防治

全面实施水污染防治行动计划，到2020年，长江、黄河、珠江、松花江、淮河、海河、辽河等七大重点流域水质优良（达到或优于Ⅲ类）比例总体达到70%以上。全面控制污染物排放，狠抓工业污染防治，实施重点行业清洁生产水平提升工程，推广清洁生产先进适用技术，实施清洁化改造。强化城镇生活污染治理，实现城镇生活污水、垃圾处理设施全覆盖和稳定达标运行，县城、城市污水处理率分别达到85%、95%。推进农业农村污染防治，在全国梯次推进农村生活污水治理，重点整治水源保护区畜禽养殖、围网养殖，控制农业面源污染，在大中型灌区和生态环境敏感区域，通过建设生态沟渠、污水净化塘、地表径流集蓄等设施，净化农田排水和地表径流。完善突发水污染事件应急预案，提高突发水污染事件应急处置能力。

九、优化流域区域水利发展布局

围绕国家区域发展总体战略，统筹流域和区域水利改革发展，明确发展重点，着力解决突出水问题，为塑造要素有序自由流动、主体功能约束有效、基本公共服务均等、资源环境可承载的区域协调发展新格局提供水利支撑和保障。

（一）加强重要流域治理开发与保护

长江流域。以三峡建成后长江中下游河势控制、洞庭湖鄱阳湖综合整治、蓄滞洪区建设为重点，加强防洪薄弱环节建设，优化调整长江中下游分蓄洪区；以滇中引水、鄂北水资源配置等工程为重点，完善流域水资源调配格局；把保护水生态环境放在更加突出的位置，加强流域生态系统修复和综合治理，强化长江水生生物多样性保护，构建绿色生态廊道；统筹防洪、供水、灌溉、生态、航运、发电等调度需求，协调水库群蓄泄时机与方式，实施长江三峡及上中游干支流控制性水库群联合调度；强化南水北调等重点水源地保护，确保水源地水质安全。

黄河流域。加快推进古贤水利枢纽等工程建设，深化黑山峡河段开发方案前期论证，进一步完善水沙调控体系；加大节水力度，强化流域水资源统一调度和用水管理，加快引汉济渭等工程建设，优化水资源配置格局；加强水土保持生态工程建设，推进黄河粗泥沙集中来源区水土流失治理，减少入黄泥沙；加强黄河下游及滩区治理，完成下游标准化堤防建设。

淮河流域。加快出山店水库、前坪水库、行蓄洪区调整与建设等在建工程建设；加快淮河入海水道二期、引江济淮等工程前期工作，完善水资源配置格局；以淮河干流、南水北调东线输水干线及城镇供水水源地为重点，加强水资源保护与水污染防治。

海河流域。全面推进节水型社会建设，构建多源联调的水资源配置体系，加强京津冀“六河五湖”综合治理和生态修复，多措并举推进地下水超采区治理与修复，完善中下游防洪减灾体系，着力解决水资源短缺、水生态恶化、地下水超采等突出问题。

珠江流域。加快推进大藤峡、西江干流治理等骨干工程建设，不断完善流域防洪减灾体系；加快珠江三角洲水资源配置等工程前期工作，进一步优化水资源配置格局；深入推进重点水生态保护与修复工程建设，建设绿色珠江，打造流域水生态文明建设典范。

松辽流域。以发展现代化高效节水农业为重点，加快灌区续建配套与节水改造，优化配置流域水资源，合理开发利用地下水；继续开展黑龙江、松花江等重要河段和重要支流治理，加快蓄滞洪区安全建设，着力解决水利基础设施建设滞后、供水保障能力不足等问题。

太湖流域。推进太湖流域水环境综合治理，进一步完善利用太湖调蓄、北向长江引排、东出黄浦江供排、南排杭州湾的流域综合治理格局；加强水资源保护和水生态修复，积极推进重点水源工程建设，全面实现城乡供水一体化；着力解决水污染严重、生态环境恶化、防洪减灾和水资源调配能力不足等突出问题，加快推进智慧太湖建设，率先实现水利现代化。

（二）强化"三大战略"实施的水利支撑

"一带一路"。围绕丝绸之路经济带和21世纪海上丝绸之路建设总体战略部署，以改善提升水利基础设施、加强水生态环境保护与修复为重点，深化与周边国家跨界水合作，充分发挥我国在水利规划、勘测设计、施工、科技等方面的优势，实施水利"走出去"战略，加强水利双边多边合作。在水资源开发利用方面，加快建设一批江河治理、重点水源等工程，保障区域防洪、供水安全。在生态建设方面，加大西部地区水生态保护与修复，合理开发和有效保护地下水，构建生态安全屏障。

京津冀协同发展。根据京津冀协同发展战略总体部署，强化水资源水环境承载能力刚性约束，推进水资源优化配置，加强河湖水系综合整治和水生态环境保护修复，构建现代水安全保障体系，在全国率先全面建成节水型社会。加快实施灌区节水改造，大力推广高效节水灌溉技术，压缩高耗水作物面积。制定严格的产业准入、退出政策，禁止发展新增高耗水产业项目，重点压减淘汰高耗水行业落后产能。大力推进海水淡化和直接利用，持续增加再生水、微咸水等非常规水资源利用量。加快配套工程建设和水源置换进度，充分发挥南水北调工程效益。推进地下水超采区综合治理，实施南水北调受水区地下水压采方案。加强密云、潘家口、大黑汀、于桥等重要水库水资源保护，推进永定河等绿色生态河流廊道建设，实施湖泊湿地生态保护与修复。加快制定跨省河流水量分配方案，进一步明晰三省市水权，建立水权交易平台。建立京津冀水资源协调联动机制。

长江经济带。坚持生态优先、绿色发展，把保护和修复长江生态环境摆在首要位置，共抓大保护，不搞大开发。协调处理好江河湖泊、上中下游、干流支流等关系，保护和改善流域生态服务功能。加强饮用水水源地保护，优化沿江取水口和排污口布局，建设沿江河湖水资源保护带、生态隔离带等绿色生态廊道，加强水土流失治理，增强水源涵养和水土保持能力。加强流域水资源统一管理和调度，深入开展长江流域控制性工程联合调度。加强干支流河道及中下游崩岸重点治理，尽快完成长江干堤重点薄弱环节和连江支堤达标建设，实施长江口综合治理，推进三峡库区防洪护岸和重要蓄滞洪区建设，加强城市防洪排涝体系建设，强化中小河流治理和山洪灾害防治。充分发挥流域机构在保护长江生态环境中的作用，加强省界断面水质监测与考核，强化流域水资源统一管理和调度。统筹规划和集约利用长江岸线资源，科学划分岸线功能区，强化保护区和保留区岸线保护力度，严厉打击河道和湖泊非法采砂。

（三）着力推进水利扶贫攻坚

加强贫困地区水利基础设施建设，在集中连片特困地区规划实施一批重点水利骨干工程。滇西边境山区、滇桂黔石漠化区、乌蒙山区、武陵山区等西南贫困区，重点加强水资源配置和水源工程建设，加强灌区和农村"五小水利"工程建设，加快中小河流治理和石漠化水土流失防治；燕山—太行山区、吕梁山区、六盘山区、大兴安岭南麓等北方贫困区，重点加强灌区节水改造与水生态修复，加强水土流失治理，改善和修复生态环境；大别山、秦巴山、罗霄山等中部贫困区，重点开展防洪、供水工程建设，改善贫困群众生活生产条件。加快推进南疆农业节水、山区水库、生态治理与保护等工程建设。统筹推进西藏民生水利建设，着力实施一批重大水利工程。加强四省藏区重点水源和高效节水灌溉、牧区水利、农村水电等工程建设。

按照“六个精准”的要求，瞄准贫困村、贫困户水利需求，健全完善水利精准扶贫机制。针对供水问题突出的贫困村镇，加快水源工程建设，实施农村饮水安全巩固提升工程，提升当地饮水安全保障水平；对于灌溉设施滞后的贫困地区，要重点支持灌区建设、节水灌溉、“五小水利”和小型农田水利建设；针对水旱及山洪灾害频发的贫困地区，统筹加快防汛抗旱工程措施和非工程措施建设，重点加强中小河流治理、山洪灾害防治和抗旱水源工程建设；对于水土流失严重生态脆弱的贫困地区，加强水生态保护与修复，深入开展坡耕地综合治理等水土保持建设；对于水能资源丰富的贫困地区，积极推进小水电扶贫工程和农村水电增效扩容改造，试行给原住居民集体股权方式进行补偿。

十、全面强化依法治水、科技兴水

适应水利建设、改革和管理需要，全面加强水利法治建设，加快水行政管理职能转变，强化涉水事务社会管理，切实提高依法治水管水能力。

（一）全面加强水法治建设

推进重点领域立法。完善水法规体系，加快出台《节约用水条例》《地下水管理条例》，推进河道采砂、流域管理、农村饮水安全保障、水权交易管理、农村水电等重点领域立法，开展《水法》《防洪法》修订前期研究。着力推动大中型水利水电工程建设征地补偿和移民安置、河道管理、水库大坝安全管理等法规修订工作。建立健全公开征求意见、专家咨询、立法后评估等制度，提高水利立法质量。

加强水行政综合执法。全面推进水行政综合执法，集中水行政执法职权，下移执法重心，加强基层专职水政监察队伍建设，充实基层执法力量。健全水政监察人员持证上岗和资格管理制度。全面落实执法责任制。推进执法能力和信息化建设，落实执法经费保障，实施遥感遥测工程，建设视频监控、巡查办案、统计监督等执法信息平台。完善行政执法程序，健全执法裁量基准制度，建立执法全过程记录制度和重大处罚决定合法性审查机制。加大日常执法巡查和现场执法力度，严厉打击和依法惩处水事违法行为。

有效化解水事矛盾纠纷和涉水行政争议。坚持预防为主、预防与调处相结合的原则，完善属地为主、条块结合的水事矛盾纠纷预防调处机制。加强源头控制和隐患排查化解，建立跨行政区域水事活动协商制度，加大重大水事纠纷调解力度，维护社会和谐稳定。健全水利行政复议案件审理机制，坚决纠正违法或不当行政行为，努力化解涉水行政争议，提高政府公信力。

全面加强水利依法行政。推行政府水管理权力责任清单制度。持续推进简政放权、放管结合、优化服务，进一步精简涉水审批事项和审批程序，加强事中事后监管。健全水利依法决策机制，严格执行公众参与、专家论证、风险评估、合法性审查和集体讨论决定的水利重大决策法定程序，建立水利重大决策终身责任追究制度和责任倒查机制。依法推进水利政务公开，强化对水行政权力的制约和监督。减少水利资质资格认定，适合行业组织承担的由其自律管理。

（二）切实加强涉水事务管理

加强河湖水域管理与保护。加强规划对河湖管理的指导和约束，落实河湖水域空间用途管制，明确河湖利用和保护要求，严格分区管理。开展河湖管理范围划定工作，创新河湖管护体制机制，落实河湖管护主体、责任和经费，推行河长制等管理机制。研究建立岸线资源占用补偿和有偿使用制度。强化涉河建设项目和活动监管。

加强防汛抗旱应急管理。全面落实防汛抗旱地方行政首长负责制，建立防汛抗旱责任追究制度。完善防汛抗旱物资储备制度。编制完善主要江河防御洪水方案和洪水调度方案，以及重点防洪区域洪水风险图，明确洪水风险管理目标并强化相应措施，完善防洪抗旱预案。做好洪泛区、蓄滞洪区内非防洪建设项目的洪水影响评价工作。抓紧制定江河湖库旱警水位（流量）及地下水旱警水位。强化汛旱灾情预测预报，健全预警发布服务体系。

加强水利建设市场监管。加强水利建设项目全过程质量管理，完善质量管理制度和质量标准体系，健全水利工程质量责任体系，强化政府质量监督，严格水利建设质量工作考核，实行工程质量终身责任追究制。严格落实水利工程建设安全生产管理规定，执行安全设施与主体工程同时设计、同时施工、同时投入生产使用的制度。加快水利建设市场信用体系建设，建立水利建设市场守信激励失信惩戒机制。

（三）强化水利科技创新

完善水利科技创新体系。按照国家科技改革的部署和要求，加快构建布局合理、功能完备、运转高效、支撑有力的水利科技创新体系。围绕保障国家水安全，实施一批水利重大科技项目，重点在水资源节约利用、水生态保护与修复、重大水工程、水灾害防治与风险管理、应对气候变化等方面，深入开展水利科学研究，加强综合节水与非常规水资源利用、水循环信息精准监测与预报技术、水资源系统多目标智能化调度、水旱灾害防治与风险管理、复杂条件下大型水工程建设与安全运行、河湖综合整治与水沙调控等关键技术攻关。加强先进实用技术示范和应用，推进水工产品和装备科技创新。积极组建水利国家实验室和工程技术研究中心。引导构建水利产业技术创新联盟，推动跨领域跨行业协同创新，加强水利科技资源平台共享。完善水利技术标准体系，加强水利技术监督工作。

加强水文监测服务能力建设。充实调整各类水文测站，优化完善水文站网布局和功能，加强水土保持监测网络、重要水功能区和主要省界断面水质水量监测体系建设。加强水文监测中心建设，提高水文技术装备整体水平，提升水文巡测、水质分析和水文信息处理服务能力，建立手段先进、准确及时的水资源、水环境、水生态以及城市水文监测体系。丰富水文信息产品，建设国家水文数据库，促进水文信息共享和应用，提升水文信息服务的能力和水平。

推进水利信息化建设。结合网络强国战略、“互联网+”行动计划、国家大数据战略等，全面提升水利信息化水平，以水利信息化带动水利现代化。完成水资源监控管理系统建设，建立覆盖城镇和规模以上工业用水户、大中型灌区的取水计量设施和在线实时监测体系。加快推进国家防汛抗旱指挥系统、山洪灾害监测预警系统、大型水库大坝安全监测监督平台、覆盖大中小微水利工程管理信息系统和水利数据中心等应用系统建设，提高水利综合决策和管理能力。大力推进水利信息化资源整合与共享，建立国家水信息基础平台，提升水利信息的社会服务水平。加强水利信息网络安全建设，构建安全可控的水利网络与信息安全体系。

十一、环境影响评价

《国民经济和社会发展第十三个五年规划纲要》(以下简称《纲要》)对节水型社会建设、加强水利基础设施网络建设、水生态保护与修复等方面提出了明确要求,本规划按照《纲要》的要求,从目标指标、重点任务、工程项目和政策措施等方面作了进一步统筹谋划和布局,细化相关工作措施,各项任务指标均与《纲要》保持一致。用水总量控制、水资源利用效率、水生态环境保护等方面的具体目标指标和相关任务已与国务院出台的实行最严格水资源管理制度、水污染防治行动计划等进行了衔接。列入《规划》的重大工程项目符合已批复的七大流域综合规划、水资源综合规划、流域防洪规划等规划和流域治理、开发、保护总体要求。

“十三五”水利建设任务主要包括重大水利工程、农村水利、水生态治理与保护等。规划实施后,可进一步完善水利基础设施网络,提高水资源配置利用和水土资源保护修复能力。

一是重大水利工程建设可以进一步完善水利基础设施网络,增强水安全保障能力。基本完成重大农业节水工程建设,将初步建成与水土资源条件、现代农业发展要求相适应的节水灌溉体系。科学实施一批重大引调水工程建设,将为提高区域水资源配置能力、促进区域协调发展打下基础。基本完成重点水源工程建设,可有效提高城乡供水安全保障程度和抗旱应急能力。加快江河湖泊治理骨干工程建设,实施重要河流支流和中小河流治理、病险水闸水库除险加固,不断推进海堤达标建设、山洪灾害防治工程建设和城市防洪排涝工程建设,将全面提升大江大河、重要支流和区域的防洪减灾能力,有力保障重点地区防洪安全和人民群众生命财产安全。完成一批新建大型灌区建设,将进一步提高重点地区粮食产能和农业综合生产能力,有效保障国家粮食安全。通过规划实施,预计可新增供水能力270亿立方米,新增农田有效灌溉面积3000万亩,发展高效节水灌溉面积1亿亩,主要海堤达到国家规范设定的标准,经治理的中小河流重要河段防洪标准达到10—20年一遇,进一步提升水利基础设施保障水平,增强我国水安全保障能力。

二是农村水利设施工程建设可以巩固提升农村饮水保障程度,完善农村水利基础设施体系,改善农村水生态环境质量,推动城镇供水设施向农村延伸。实施农村饮水巩固提升工程,将进一步改善农村供水条件,提高农村饮水水源稳定性,改善供水水质,提升农村供水安全监管水平。加强农田水利建设,打通农田水利“最后一公里”,将为构建系统完善的农田水利基础设施体系打下基础。推进抗旱水源建设,可进一步有力提升区域抗旱应急供水能力。加快农村小水电建设,探索形成水能资源开发新模式、管理新途径,将有效改善边远地区农村用电条件。推进农村河塘整治,将为提高农村地区水源调配能力、防灾减灾能力、河湖保护能力,改善农村生活环境和河流生态奠定基础。通过规划实施,预计农村自来水普及率可达到80%以上,农村集中式供水工程供水率达到85%以上,新增小水电装机容量500万千瓦,不断提升农业现代化和农村居民生活水平。

三是水生态治理与保护工程将有力改善河湖生态健康,推进水土流失治理。加强水资源保护,有效控制入河湖污染排放,强化饮用水水源地管理,将有效改善水环境质量,促进保障饮水安全。推进水土保持生态建设,将有效控制和减少重点防治地区水土流失。加强重点河湖生态环境治理保护,强化地下水超采区综合治理,将有效改善河湖生态环境,遏制地下水超采局面。通过规划的实施,全国重要江河湖泊水功能区水质达标率将提高到80%以上,新增水土流失综合治理面积27

万平方公里，地下水严重超采区超采量得到有效退减，水生态系统健康和水生态环境质量得到进一步改善。

“十三五”时期是重大工程建设的关键时期，水利工程建设可能对局部带来一些不利环境影响。重大水利工程建设将在一定程度上改变陆域水循环过程、河湖水文情势及水生态环境；工程蓄水可能产生滑坡塌岸，诱发水库地震，并可能对自然景观和文物、水生生物栖息繁衍环境、生物多样性等产生影响。同时，部分水库建设淹没损失较大，占地移民问题复杂，可能引发一些社会问题。农业节水工程建成运行后，减少了沿程和田间的渗漏，可能对输水渠沿途的植物生长和地下水的补给带来不利影响，特别是干旱半干旱地区灌区地下水补给量的减少，会对灌区植物生长带来不利影响；灌区退水的减少，可能对灌区盐分平衡带来一定的影响。灌区扩建和取水可能导致河流和地下水循环状况的改变，产生土壤潜育化和次生盐碱化，并对河道生态环境造成一定的不利影响。

为此，要高度重视水利工程建设的不利环境影响，依法加强相关规划和建设项目环境影响评价等工程前期工作，强化相应的生态环境保护措施，并根据生态环境对规划实施的响应及时优化调整实施方式，强化对工程规划、设计、建设、管理全过程的监管，最大程度地减免规划实施的不利环境影响。

一是坚持节约和绿色发展。加强流域和区域用水总量控制，减少对水资源的过度消耗，逐步退还挤占的河道内生态环境用水和超采的地下水。水资源配置要保障河流的基本生态环境用水要求，维护河流合理流量，维持湖库和地下水的合理水位。水资源开发要高度重视对河流生态环境和地下水系统的保护。水资源利用要按照减量化、再利用、资源化的原则，加快建立全社会的水资源高效循环利用体系，提高水资源的利用效率和效益，推进水资源可持续利用，努力形成节约水资源和保护水环境的产业结构、增长方式和消费模式，促进保护生态环境。

二是坚持用法律和制度保护水生态环境。认真落实工程建设项目环境影响评价制度和各项环境保护措施，严格执行“三同时”管理制度。在水利工程前期论证中，要深入分析工程建设可能对自然保护区、重要湿地等生态敏感保护目标的影响，采取必要措施保护水生生物资源、重要景观和历史文化遗产等。坚决避免中小河流治理中束窄河道、减少行洪断面，以及河流渠道化的倾向，尽量保持河道自然形态，提倡采用生态型河道治理措施，注意与城市景观、生态环境的协调。在保护生态环境的前提下适度有序发展小水电，严格工程建设管理和环境监管，在保障生态基流的基础上维护河流生态系统结构和功能。依法加强相关专项规划环境影响评价工作，提高规划的科学性，努力从源头预防环境污染和生态破坏。

三是妥善做好移民安置工作。坚持节约集约用地，切实做好工程征地补偿、搬迁安置和水库移民后期扶持工作，确保被征地居民生活水平逐步提高，保障其合法权益，维护社会稳定。农村移民集中安置的农村居民点、城(集)镇、工矿企业以及专项设施等基础设施的迁建或者复建选址，应当依法做好环境影响评价、水文地质与工程地质勘察、地质灾害防治和地质灾害危险性评估。

四是加强对规划实施的监测评估和管理。加强规划实施后可能影响的重要生态环境敏感区和重要目标的监测与保护，及时掌握环境变化，采取相应的对策措施。对直接影响重要生态环境敏感区域和重要目标的规划和项目，应优化调整规划项目布局和选址，严格依法落实保护要求。加强规划实施的环境风险评价与管理，针对可能发生的重大环境风险问题，制定突发环境事件的风险应急管理措施。

五是优化工程设计减缓对生态环境不利影响。要优化工程设计，落实各项环境保护措施，减缓和控制水利工程建设可能产生的不利影响。水库工程要明确最小生态流量目标和调度要求，满足下游生态环境保护要求；通过加强治污、截污措施保护库区水源地水质安全；通过采取适宜的鱼类保护措施等，保护珍稀鱼类等重要生态保护目标。引调水工程要满足“三先三后”的要求，严格落实对调出区和调水沿线的各项保护措施；优化工程线路，避免或减缓工程建设对敏感保护目标的影响。河道整治工程要在确保防洪安全的基础上，充分考虑水生态环境保护和修复的需要，采取生态友好型的工程方案、材料和施工工艺。灌区工程要加强农业节水和面源污染控制，对退水采取生态净化处理等措施，减轻退水对受纳河流的不利影响。

十二、保障措施

（一）加强组织领导

强化地方各级政府的水利工作责任，切实加强对水利工作的组织领导，把水利改革发展纳入重要议事日程，形成逐级落实推动的工作格局。地方各级发展改革、水行政、住房城乡建设主管部门要切实增强责任意识，认真履行职责，具体抓好水利改革发展各项任务的落实工作。国家有关部门要各司其职，密切协作配合，形成工作合力，同时加强对地方工作的指导和支持，推动落实好《规划》各项任务。

（二）落实目标责任

各地要根据国家“十三五”水利改革发展总体部署和要求，结合本地实际，组织编制好区域水利改革发展规划，把《规划》确定的主要目标、重点任务、重大举措进一步细化落实到相关部门和地区，明确分工，精心组织，加强协调，强化政策支撑，增强要素保障，严格落实防汛抗旱、饮水安全保障、水资源管理、水库安全管理等行政首长负责制，切实做好组织实施工作。健全完善《规划》实施机制，加强对《规划》确定水利改革发展主要目标指标完成情况的考核监督，适时开展《规划》执行情况总结评估，分析实施效果，及时研究解决问题。

（三）深化前期工作

《规划》所列项目，是“十三五”期间选择建设项目的控制范围和审批、核准项目建设的前提条件，不是必须完成的约束性任务。要认真履行建设程序，逐项扎实做好各项目前期工作，妥善解决好工程建设中的生态环境保护、移民征地、区域水量分配、利益协调等问题，合理确定建设方案，加强项目储备，科学有序实施。项目单位和项目所属地方政府要保证前期工作经费投入，建立项目前期工作责任制，严格执行工程建设有关强制性标准和规程规范，确保项目前期工作质量和深度。继续推进简政放权、放管结合、优化服务，加快项目审批核准进度，明确标准，规范流程，强化监管，提高效率。对建设条件、移民占地、用水总量指标、生态环境影响以及省际矛盾等方面存在较多问题，经论证协调仍难以有效解决的项目，不得审批和建设。

（四）提高质量效益

切实落实水利工程质量管理和安全生产责任，加强项目实施全过程监管和社会监督，确保工程建设质量和效益。大力提升水利工程的文化内涵和品位，体现先进设计理念，展示建筑美学，营造水利景观，加强文化传承。鼓励各地特别是基层在水行政审批、水利工程建设和管理、水价水权水市场改革、基层水利服务体系建设等重要领域和关键环节大胆探索，勇于创新，及时总结有效做法和成功经验，加大推广力度，发挥典型示范带动作用。

（五）凝聚社会力量

加大国情水情宣传教育力度，把水情教育纳入国民素质教育体系、中小学教育课程体系，作为各级领导干部和公务员教育培训的重要内容。持久开展水利法治宣传教育，提高全社会的水忧患和亲水、护水意识，凝聚社会共识，激发发展热情，为水利又好又快发展营造良好的社会环境。加强水利人才、队伍和能力建设，构建完善的基层水利专业化服务体系。积极引导全社会参与规划实施和水利建设管理，形成治水兴水合力。

能源发展“十三五”规划

发改能源〔2016〕2744 号

前　言

能源是人类社会生存发展的重要物质基础，攸关国计民生和国家战略竞争力。当前，世界能源格局深刻调整，供求关系总体缓和，应对气候变化进入新阶段，新一轮能源革命蓬勃兴起。我国经济发展步入新常态，能源消费增速趋缓，发展质量和效率问题突出，供给侧结构性改革刻不容缓，能源转型变革任重道远。“十三五”时期是全面建成小康社会的决胜阶段，也是推动能源革命的蓄力加速期，牢固树立和贯彻落实创新、协调、绿色、开放、共享的发展理念，遵循能源发展“四个革命、一个合作”战略思想，深入推进能源革命，着力推动能源生产利用方式变革，建设清洁低碳、安全高效的现代能源体系，是能源发展改革的重大历史使命。

本规划根据《中华人民共和国国民经济和社会发展第十三个五年规划纲要》（以下简称“十三五”规划纲要）编制，主要阐明我国能源发展的指导思想、基本原则、发展目标、重点任务和政策措施，是“十三五”时期我国能源发展的总体蓝图和行动纲领。

第一章　发展基础与形势

一、发展基础

“十二五”时期我国能源较快发展，供给保障能力不断增强，发展质量逐步提高，创新能力迈上新台阶，新技术、新产业、新业态和新模式开始涌现，能源发展站到转型变革的新起点。

能源供给保障有力。能源生产总量、电力装机规模和发电量稳居世界第一，长期以来的保供压力基本缓解。大型煤炭基地建设取得积极成效，建成一批安全高效大型现代化煤矿。油气储采比稳中有升，能源储运能力显著增强，油气主干管道里程从7.3万公里增长到11.2万公里，220千伏及以上输电线路长度突破60万公里，西电东送能力达到1.4亿千瓦，资源跨区优化配置能力大幅提升。

结构调整步伐加快。非化石能源和天然气消费比重分别提高2.6和1.9个百分点，煤炭消费比重下降5.2个百分点，清洁化步伐不断加快。水电、风电、光伏发电装机规模和核电在建规模均居世界第一。非化石能源发电装机比例达到35%，新增非化石能源发电装机规模占世界的40%左右。

节能减排成效显著。单位国内生产总值能耗下降18.4%，二氧化碳排放强度下降20%以上，超额完成规划目标。大气污染防治行动计划逐步落实，重点输电通道全面开工，成品油质量升级行动深入实施，东部11个省(市)提前供应国五标准车用汽柴油，散煤治理步伐加快，煤炭清洁高效利用水平稳步提升。推动现役煤电机组全面实现脱硫，脱硝机组比例达到92%，单位千瓦时供电煤耗下降18克标准煤，煤电机组超低排放和节能改造工程全面启动。

科技创新迈上新台阶。千万吨煤炭综采、智能无人采煤工作面、三次采油和复杂区块油气开发、单机80万千瓦水轮机组、百万千瓦超超临界燃煤机组、特高压输电等技术装备保持世界领先水平。自主创新取得重大进展，三代核电“华龙一号”、四代安全特征高温气冷堆示范工程开工建设，深水油气钻探、页岩气开采取得突破，海上风电、低风速风电进入商业化运营，大规模储能、石墨烯材料等关键技术正在孕育突破，能源发展进入创新驱动的新阶段。

体制改革稳步推进。大幅取消和下放行政审批事项，行政审批制度改革成效明显。电力体制改革不断深化，电力市场建设、交易机构组建、发用电计划放开、售电侧和输配电价改革加快实施。油气体制改革稳步推进。电煤价格双轨制取消，煤炭资源税改革取得突破性进展，能源投资进一步向民间资本开放。

国际合作不断深化。“一带一路”能源合作全面展开，中巴经济走廊能源合作深入推进。西北、东北、西南及海上四大油气进口通道不断完善。电力、油气、可再生能源和煤炭等领域技术、装备和服务合作成效显著，核电国际合作迈开新步伐。双多边能源交流广泛开展，我国对国际能源事务的影响力逐步增强。

专栏1 “十二五”时期能源发展主要成就

指标	单位	2010年	2015年	年均增长
一次能源生产量	亿吨标准煤	31.2	36.2	3%
其中：煤炭	亿吨	34.3	37.5	1.8%
原油	亿吨	2	2.15	1.1%
天然气	亿立方米	957.9	1346	7.0%
非化石能源	亿吨标准煤	3.2	5.2	10.2%
电力装机规模	亿千瓦	9.7	15.3	9.5%
其中：水电	亿千瓦	2.2	3.2	8.1%
煤电	亿千瓦	6.6	9.0	6.4%
气电	万千瓦	2642	6603	20.1%
核电	万千瓦	1082	2717	20.2%

续表

指　　标	单位	2010年	2015年	年均增长
风电	万千瓦	2958	13075	34.6%
太阳能发电	万千瓦	26	4318	177%
能源消费总量	亿吨标准煤	36.1	43	3.6%
能源消费结构 其中:煤炭	%	69.2	64	〔-5.2〕
石油	%	17.4	18.1	〔0.7〕
天然气	%	4	5.9	〔1.9〕
非化石能源	%	9.4	12	〔2.6〕

注:〔 〕内为五年累计值。

二、发展趋势

从国际看,"十三五"时期世界经济将在深度调整中曲折复苏,国际能源格局发生重大调整,围绕能源市场和创新变革的国际竞争仍然激烈,主要呈现以下五个趋势。

能源供需宽松化。美国页岩油气革命,推动全球油气储量、产量大幅增加。液化天然气技术进一步成熟,全球天然气贸易规模持续增长,并从区域化走向全球化。非化石能源快速发展,成为能源供应新的增长极。世界主要发达经济体和新兴经济体潜在增长率下降,能源需求增速明显放缓,全球能源供应能力充足。

能源格局多极化。世界能源消费重心加速东移,发达国家能源消费基本趋于稳定,发展中国家能源消费继续保持较快增长,亚太地区成为推动世界能源消费增长的主要力量。美洲油气产能持续增长,成为国际油气新增产量的主要供应地区,西亚地区油气供应一极独大的优势弱化,逐步形成西亚、中亚—俄罗斯、非洲、美洲多极发展新格局。

能源结构低碳化。世界能源低碳化进程进一步加快,天然气和非化石能源成为世界能源发展的主要方向。经济合作与发展组织成员国天然气消费比重已经超过30%,2030年天然气有望成为第一大能源品种。欧盟可再生能源消费比重已经达到15%,预计2030年将超过27%。日本福岛核事故影响了世界核电发展进程,但在确保安全的前提下,主要核电大国和一些新兴国家仍将核电作为低碳能源发展的方向。

能源系统智能化。能源科技创新加速推进,新一轮能源技术变革方兴未艾,以智能化为特征的能源生产消费新模式开始涌现。智能电网加快发展,分布式智能供能系统在工业园区、城镇社区、公用建筑和私人住宅开始应用,新能源汽车产业化进程加快,越来越多的用能主体参与能源生产和市场交易,智慧能源新业态初现雏形。

国际竞争复杂化。能源国际竞争焦点从传统的资源掌控权、战略通道控制权向定价权、货币结算权、转型变革主导权扩展。能源生产消费国利益分化调整,传统与新兴能源生产国之间角力加剧,全球能源治理体系加速重构。

从国内看,"十三五"时期是我国经济社会发展非常重要的时期。能源发展将呈现以下五个趋势。

能源消费增速明显回落。未来五年,钢铁、有色、建材等主要耗能产品需求预计将达到峰值,能源消费将稳中有降。在经济增速趋缓、结构转型升级加快等因素共同作用下，能源消费增速预计将从“十五”以来的年均9%下降到2.5%左右。

能源结构双重更替加快。“十三五”时期是我国实现非化石能源消费比重达到15%目标的决胜期，也是为2030年前后碳排放达到峰值奠定基础的关键期。煤炭消费比重将进一步降低，非化石能源和天然气消费比重将显著提高，我国主体能源由油气替代煤炭、非化石能源替代化石能源的双重更替进程将加快推进。

能源发展动力加快转换。能源发展正在由主要依靠资源投入向创新驱动转变，科技、体制和发展模式创新将进一步推动能源清洁化、智能化发展，培育形成新产业和新业态。能源消费增长的主要来源逐步由传统高耗能产业转向第三产业和居民生活用能，现代制造业、大数据中心、新能源汽车等将成为新的用能增长点。

能源供需形态深刻变化。随着智能电网、分布式能源、低风速风电、太阳能新材料等技术的突破和商业化应用，能源供需方式和系统形态正在发生深刻变化。“因地制宜、就地取材”的分布式供能系统将越来越多地满足新增用能需求，风能、太阳能、生物质能和地热能在新城镇、新农村能源供应体系中的作用将更加凸显。

能源国际合作迈向更高水平。“一带一路”建设和国际产能合作的深入实施，推动能源领域更大范围、更高水平和更深层次的开放交融，有利于全方面加强能源国际合作，形成开放条件下的能源安全新格局。

三、主要问题和挑战

“十三五”时期，我国能源消费增长换档减速，保供压力明显缓解，供需相对宽松，能源发展进入新阶段。在供求关系缓和的同时，结构性、体制机制性等深层次矛盾进一步凸显，成为制约能源可持续发展的重要因素。面向未来，我国能源发展既面临厚植发展优势、调整优化结构、加快转型升级的战略机遇期，也面临诸多矛盾交织、风险隐患增多的严峻挑战。

传统能源产能结构性过剩问题突出。煤炭产能过剩，供求关系严重失衡。煤电机组平均利用小时数明显偏低，并呈现进一步下降趋势，导致设备利用效率低下、能耗和污染物排放水平大幅增加。原油一次加工能力过剩，产能利用率不到70%，但高品质清洁油品生产能力不足。

可再生能源发展面临多重瓶颈。可再生能源全额保障性收购政策尚未得到有效落实。电力系统调峰能力不足，调度运行和调峰成本补偿机制不健全，难以适应可再生能源大规模并网消纳的要求，部分地区弃风、弃水、弃光问题严重。鼓励风电和光伏发电依靠技术进步降低成本、加快分布式发展的机制尚未建立，可再生能源发展模式多样化受到制约。

天然气消费市场亟需开拓。天然气消费水平明显偏低与供应能力阶段性富余问题并存，需要尽快拓展新的消费市场。基础设施不完善，管网密度低，储气调峰设施严重不足，输配成本偏高，扩大天然气消费面临诸多障碍。市场机制不健全，国际市场低价天然气难以适时进口，天然气价格水平总体偏高，随着煤炭、石油价格下行，气价竞争力进一步削弱，天然气消费市场拓展受到制约。

能源清洁替代任务艰巨。部分地区能源生产消费的环境承载能力接近上限，大气污染形势严峻。煤炭占终端能源消费比重高达20%以上，高出世界平均水平10个百分点。“以气代煤”和“以电代煤”等清洁替代成本高，洁净型煤推广困难，大量煤炭在小锅炉、小窑炉及家庭生活等领域散烧使用，污染物排放严重。高品质清洁油品利用率较低，交通用油等亟需改造升级。

能源系统整体效率较低。电力、热力、燃气等不同供能系统集成互补、梯级利用程度不高。电力、天然气峰谷差逐渐增大,系统调峰能力严重不足,需求侧响应机制尚未充分建立,供应能力大都按照满足最大负荷需要设计,造成系统设备利用率持续下降。风电和太阳能发电主要集中在西北部地区,长距离大规模外送需配套大量煤电用以调峰,输送清洁能源比例偏低,系统利用效率不高。

跨省区能源资源配置矛盾凸显。能源资源富集地区大都仍延续大开发、多外送的发展惯性,而主要能源消费地区需求增长放缓,市场空间萎缩,更加注重能源获取的经济性与可控性,对接受区外能源的积极性普遍降低。能源送受地区之间利益矛盾日益加剧,清洁能源在全国范围内优化配置受阻,部分跨省区能源输送通道面临低效运行甚至闲置的风险。

适应能源转型变革的体制机制有待完善。能源价格、税收、财政、环保等政策衔接协调不够,能源市场体系建设滞后,市场配置资源的作用没有得到充分发挥。价格制度不完善,天然气、电力调峰成本补偿及相应价格机制较为缺乏,科学灵活的价格调节机制尚未完全形成,不能适应能源革命的新要求。

第二章　指导方针和目标

一、指导思想

全面贯彻党的十八大和十八届三中、四中、五中、六中全会精神,更加紧密地团结在以习近平同志为核心的党中央周围,认真落实党中央、国务院决策部署,紧紧围绕统筹推进"五位一体"总体布局和协调推进"四个全面"战略布局,牢固树立和贯彻落实创新、协调、绿色、开放、共享的发展理念,主动适应、把握和引领经济发展新常态,遵循能源发展"四个革命、一个合作"的战略思想,顺应世界能源发展大势,坚持以推进供给侧结构性改革为主线,以满足经济社会发展和民生需求为立足点,以提高能源发展质量和效益为中心,着力优化能源系统,着力补齐资源环境约束、质量效益不高、基础设施薄弱、关键技术缺乏等短板,着力培育能源领域新技术新产业新业态新模式,着力提升能源普遍服务水平,全面推进能源生产和消费革命,努力构建清洁低碳、安全高效的现代能源体系,为全面建成小康社会提供坚实的能源保障。

二、基本原则

——革命引领,创新发展。把能源革命作为能源发展的核心任务,把创新作为引领能源发展的第一动力。加快技术创新、体制机制创新、商业模式创新,充分发挥市场配置资源的决定性作用,增强发展活力,促进能源持续健康发展。

——效能为本,协调发展。坚持节约资源的基本国策,把节能贯穿于经济社会发展全过程,推行国际先进能效标准和节能制度,推动形成全社会节能型生产方式和消费模式。以智能高效为目标,加强能源系统统筹协调和集成优化,推动各类能源协同协调发展,大幅提升系统效率。

——清洁低碳,绿色发展。把发展清洁低碳能源作为调整能源结构的主攻方向,坚持发展非化石能源与清洁高效利用化石能源并举。逐步降低煤炭消费比重，提高天然气和非化石能源消费比重，大幅降低二氧化碳排放强度和污染物排放水平，优化能源生产布局和结构，促进生态文明建设。

——立足国内，开放发展。加强能源资源勘探开发，增强能源储备应急能力，构建多轮驱动的能源供应体系，保持能源充足稳定供应。积极实施“一带一路”战略，深化能源国际产能和装备制造合作，推进能源基础设施互联互通，提升能源贸易质量，积极参与全球能源治理。

——以人为本，共享发展。按照全面建成小康社会的要求，加强能源基础设施和公共服务能力建设，提升产业支撑能力，提高能源普遍服务水平，切实保障和改善民生。坚持能源发展和脱贫攻坚有机结合，推进能源扶贫工程，重大能源工程优先支持革命老区、民族地区、边疆地区和集中连片贫困地区。

——筑牢底线，安全发展。树立底线思维，增强危机意识，坚持国家总体安全观，牢牢把握能源安全主动权。增强国内油气供给保障能力，推进重点领域石油减量替代，加快发展石油替代产业，加强煤制油气等战略技术储备，统筹利用“两个市场，两种资源”，构建多元安全保障体系，确保国家能源安全。

三、政策取向

更加注重发展质量，调整存量、做优增量，积极化解过剩产能。对存在产能过剩和潜在过剩的传统能源行业，“十三五”前期原则上不安排新增项目，大力推进升级改造和淘汰落后产能。合理把握新能源发展节奏，着力消化存量，优化发展增量，新建大型基地或项目应提前落实市场空间。尽快建立和完善煤电、风电、光伏发电设备利用率监测预警和调控约束机制，促进相关产业健康有序发展。

更加注重结构调整，加快双重更替，推进能源绿色低碳发展。抓住能源供需宽松的有利时机，加快能源结构双重更替步伐。着力降低煤炭消费比重，加快散煤综合治理，大力推进煤炭分质梯级利用。鼓励天然气勘探开发投资多元化，实现储运接收设施公平接入，加快价格改革，降低利用成本，扩大天然气消费。超前谋划水电、核电发展，适度加大开工规模，稳步推进风电、太阳能等可再生能源发展，为实现 2030 年非化石能源发展目标奠定基础。

更加注重系统优化，创新发展模式，积极构建智慧能源系统。把提升系统调峰能力作为补齐电力发展短板的重大举措，加快优质调峰电源建设，积极发展储能，变革调度运行模式，加快突破电网平衡和自适应等运行控制技术，显著提高电力系统调峰和消纳可再生能源能力。强化电力和天然气需求侧管理，显著提升用户响应能力。大力推广热、电、冷、气一体化集成供能，加快推进“互联网+”智慧能源建设。

更加注重市场规律，强化市场自主调节，积极变革能源供需模式。适应跨省区能源配置需求减弱的新趋势，处理好能源就地平衡与跨区供应的关系，慎重研究论证新增跨区输送通道。用市场机制协调电力送、受双方利益，发挥比较优势，实现互利共赢。坚持集中开发与分散利用并举，高度重视分布式能源发展，大力推广智能化供能和用能方式，培育新的增长动能。

更加注重经济效益，遵循产业发展规律，增强能源及相关产业竞争力。以全社会综合用能成本较低作为能源发展的重要目标和衡量标准，更加突出经济性，着力打造低价能源优势。遵循产业发展趋势和规律，逐步降低风电、光伏发电价格水平和补贴标准，合理引导市场预期，通过竞争促进技术进步和产业升级，实现产业健康可持续发展。

更加注重机制创新，充分发挥价格调节作用，促进市场公平竞争。放开电力、天然气竞争性环节价格，逐步形成及时反映市场供求关系、符合能源发展特性的价格机制，引导市场主体合理调节能源生产和消费行为。推动实施有利于提升清洁低碳能源竞争力的市场交易制度和绿色财税机制。

四、主要目标

按照“十三五”规划《纲要》总体要求，综合考虑安全、资源、环境、技术、经济等因素，2020年能源发展主要目标是：

——能源消费总量。能源消费总量控制在50亿吨标准煤以内，煤炭消费总量控制在41亿吨以内。全社会用电量预期为6.8~7.2万亿千瓦时。

——能源安全保障。能源自给率保持在80%以上，增强能源安全战略保障能力，提升能源利用效率，提高能源清洁替代水平。

——能源供应能力。保持能源供应稳步增长，国内一次能源生产量约40亿吨标准煤，其中煤炭39亿吨，原油2亿吨，天然气2200亿立方米，非化石能源7.5亿吨标准煤。发电装机20亿千瓦左右。

——能源消费结构。非化石能源消费比重提高到15%以上，天然气消费比重力争达到10%，煤炭消费比重降低到58%以下。发电用煤占煤炭消费比重提高到55%以上。

——能源系统效率。单位国内生产总值能耗比2015年下降15%，煤电平均供电煤耗下降到每千瓦时310克标准煤以下，电网线损率控制在6.5%以内。

——能源环保低碳。单位国内生产总值二氧化碳排放比2015年下降18%。能源行业环保水平显著提高，燃煤电厂污染物排放显著降低，具备改造条件的煤电机组全部实现超低排放。

——能源普遍服务。能源公共服务水平显著提高，实现基本用能服务便利化，城乡居民人均生活用电水平差距显著缩小。

专栏2 “十三五”时期能源发展主要指标

类别	指　　标	单　位	2015年	2020年	年均增长	属　性
能源总量	一次能源生产量	亿吨标准煤	36.2	40	2.0%	预期性
	电力装机总量	亿千瓦	15.3	20	5.5%	预期性
	能源消费总量	亿吨标准煤	43	<50	<3%	预期性
	煤炭消费总量	亿吨原煤	39.6	41	0.7%	预期性
	全社会用电量	万亿千瓦时	5.69	6.8—7.2	3.6—4.8%	预期性
能源安全	能源自给率	%	84	>80		预期性
能源结构	非化石能源装机比重	%	35	39	〔4〕	预期性
	非化石能源发电量比重	%	27	31	〔4〕	预期性
	非化石能源消费比重	%	12	15	〔3〕	约束性
	天然气消费比重	%	5.9	10	〔4.1〕	预期性
	煤炭消费比重	%	64	58	〔-6〕	约束性
	电煤占煤炭消费比重	%	49	55	〔6〕	预期性

二、其他专项规划

续表

类别	指　　标	单　位	2015年	2020年	年均增长	属　性
能源效率	单位国内生产总值能耗降低	%	—	—	〔15〕	约束性
	煤电机组供电煤耗	克标准煤/千瓦时	318	<310		约束性
	电网线损率	%	6.64	<6.5		预期性
能源环保	单位国内生产总值二氧化碳排放降低	%	—	—	〔18〕	约束性

注:〔 〕内为五年累计值。

第三章　主要任务

一、高效智能,着力优化能源系统

以提升能源系统综合效率为目标,优化能源开发布局,加强电力系统调峰能力建设,实施需求侧响应能力提升工程,推动能源生产供应集成优化,构建多能互补、供需协调的智慧能源系统。

优化能源开发布局。根据国家发展战略,结合全国主体功能区规划和大气污染防治要求,充分考虑产业转移与升级、资源环境约束和能源流转成本,全面系统优化能源开发布局。能源资源富集地区合理控制大型能源基地开发规模和建设时序,创新开发利用模式,提高就地消纳比例,根据目标市场落实情况推进外送通道建设。能源消费地区因地制宜发展分布式能源,降低对外来能源调入的依赖。充分发挥市场配置资源的决定性作用和更好发挥政府作用,以供需双方自主衔接为基础,合理优化配置能源资源,处理好清洁能源充分消纳战略与区域间利益平衡的关系,有效化解弃风、弃光、弃水和部分输电通道闲置等资源浪费问题,全面提升能源系统效率。

加强电力系统调峰能力建设。加快大型抽水蓄能电站、龙头水电站、天然气调峰电站等优质调峰电源建设,加大既有热电联产机组、燃煤发电机组调峰灵活性改造力度,改善电力系统调峰性能,减少冗余装机和运行成本,提高可再生能源消纳能力。积极开展储能示范工程建设,推动储能系统与新能源、电力系统协调优化运行。推进电力系统运行模式变革,实施节能低碳调度机制,加快电力现货市场及电力辅助服务市场建设,合理补偿电力调峰成本。

实施能源需求响应能力提升工程。坚持需求侧与供给侧并重,完善市场机制及技术支撑体系,实施“能效电厂”、“能效储气库”建设工程,逐步完善价格机制,引导电力、天然气用户自主参与调峰、错峰,增强需求响应能力。以智能电网、能源微网、电动汽车和储能等技术为支撑,大力发展分布式能源网络,增强用户参与能源供应和平衡调节的灵活性和适应能力。积极推行合同能源管理、综合节能服务等市场化机制和新型商业模式。

实施多能互补集成优化工程。加强终端供能系统统筹规划和一体化建设,在新城镇、新工业园区、新建大型公用设施(机场、车站、医院、学校等)、商务区和海岛地区等新增用能区域,实施终端一体化集成供能工程，因地制宜推广天然气热电冷三联供、分布式再生能源发电、地热能供暖制冷等供能模式，加强热、电、冷、气等能源生产耦合集成和互补利用。在既有工业园区等用能区域，推进能源综合梯级利用改造，推广应用上述供能模式，加强余热余压、工业副产品、生活垃圾等能源资源回收及综合利用。利用大型综合能源基地风能、太阳能、水能、煤炭、天然气等资源组合优势，推进风光水火储多能互补工程建设运行。

专栏3　能源系统优化重点工程

综合能源基地建设工程：统筹规划、集约开发，优化建设山西、鄂尔多斯盆地、内蒙古东部地区、西南地区和新疆五大国家综合能源基地。稳步推进宁夏宁东、甘肃陇东区域能源基地开发，科学规划安徽两淮、贵州毕节、陕西延安、内蒙古呼伦贝尔、河北张家口等区域能源基地建设，促进区域能源协调可持续发展。

优质调峰机组建设工程：加快推进金沙江龙盘、岗托等龙头水电站建设，建设雅砻江两河口、大渡河双江口等龙头水电站，提高水电丰枯调节能力和水能利用效率。合理规划抽水蓄能电站规模与布局，完善投资、价格机制和管理体制，加快大型抽水蓄能电站建设，新增开工规模6000万千瓦，2020年在运规模达到4000万千瓦。在大中型城市、气源有保障地区和风光等集中开发地区优先布局天然气调峰电站。

风光水火储多能互补工程：重点在青海、甘肃、宁夏、四川、云南、贵州、内蒙古等省区，利用风能、太阳能、水能、煤炭、天然气等资源组合优势，充分发挥流域梯级水电站、具有灵活调节能力火电机组的调峰能力和效益，积极推进储能等技术研发应用，完善配套市场交易和价格机制，开展风光水火储互补系统一体化运行示范，提高互补系统电力输出功率稳定性和输电效率，提升可再生能源发电就地消纳能力。加快发展储电、储热、储冷等多类型、大容量、高效率储能系统，积极建设储能示范工程，合理规划建设供电、加油、加气与储能（电）站一体化设施。

终端一体化集成供能工程：在新增用能区域加强终端供能系统统筹规划和一体化建设，因地制宜实施传统能源与风能、太阳能、地热能、生物质能、海洋能等能源的协同开发利用，统筹规划电力、燃气、热力、供冷、供水管廊等基础设施，建设终端一体化集成供能系统。在既有用能区域推广应用上述供能模式，同时加快能源综合梯级利用改造，建设余热、余压综合利用发电机组。建成北京城市副中心、福建平潭综合实验区、山西大同经济技术开发区等终端一体化集成供能示范工程，余热、余压综合利用规模达到1000万千瓦，建设一批智慧能源示范园区。

“能效电厂”建设工程：全国范围内扩大实施峰谷、季节、可中断负荷等价格制度，推广落实气、电价格联动机制。在四川、云南、湖北、湖南、广西、福建等水电比重大的省份实施丰枯电价。鼓励发展咨询、诊断、设计、融资、改造、托管等“一站式”合同能源管理服务，积极开展合同能源管理示范工程。

*积极推动“互联网+”智慧能源发展。*加快推进能源全领域、全环节智慧化发展，实施能源生产和利用设施智能化改造，推进能源监测、能量计量、调度运行和管理智能化体系建设，提高能源发展可持续自适应能力。加快智能电网发展，积极推进智能变电站、智能调度系统建设，扩大智能电表等智能计量设施、智能信息系统、智能用能设施应用范围，提高电网与发电侧、需求侧交互响应能力。推进能源与信息、材料、生物等领域新技术深度融合，统筹能源与通信、交通等基础设施建设，构建能源生产、输送、使用和储能体系协调发展、集成互补的能源互联网。

二、节约低碳，推动能源消费革命

坚持节约优先，强化引导和约束机制，抑制不合理能源消费，提升能源消费清洁化水平，逐步构建节约高效、清洁低碳的社会用能模式。

*实施能源消费总量和强度“双控”。*把能源消费总量和能源消费强度作为经济社会发展重要约束性指标，建立指标分解落实机制。调整产业结构，综合运用经济、法律等手段，切实推进工业、建筑、交通等重点领域节能减排，通过淘汰落后产能、加快传统产业升级改造和培育新动能，提高能源效率。加强重点行业能效管理，推动重点企业能源管理体系建设，提高用能设备能效水平，严格钢铁、电解铝、水泥等高耗能行业产品能耗标准。

开展煤炭消费减量行动。严控煤炭消费总量，京津冀鲁、长三角和珠三角等区域实施减煤量替代，其他重点区域实施等煤量替代。提升能效环保标准，积极推进钢铁、建材、化工等高耗煤行业节能减排改造。全面实施散煤综合治理，逐步推行天然气、电力、洁净型煤及可再生能源等清洁能源替代民用散煤，实施工业燃煤锅炉和窑炉改造提升工程，散煤治理取得明显进展。

拓展天然气消费市场。积极推进天然气价格改革，推动天然气市场建设，探索建立合理气、电价格联动机制，降低天然气综合使用成本，扩大天然气消费规模。稳步推进天然气接收和储运设施公平开放，鼓励大用户直供。合理布局天然气销售网络和服务设施，以民用、发电、交通和工业等领域为着力点，实施天然气消费提升行动。以京津冀及周边地区、长三角、珠三角、东北地区为重点，推进重点城市“煤改气”工程。加快建设天然气分布式能源项目和天然气调峰电站。2020 年气电装机规模达到 1.1 亿千瓦。

实施电能替代工程。积极推进居民生活、工业与农业生产、交通运输等领域电能替代。推广电锅炉、电窑炉、电采暖等新型用能方式，以京津冀及周边地区为重点，加快推进农村采暖电能替代，在新能源富集地区利用低谷富余电实施储能供暖。提高铁路电气化率，适度超前建设电动汽车充电设施，大力发展港口岸电、机场桥电系统，促进交通运输“以电代油”。到 2020 年电能在终端能源消费中的比重提高到 27%以上。

开展成品油质量升级专项行动。2017 年起全面使用国五标准车用汽柴油，抓紧制定发布国六标准车用汽柴油标准，力争 2019 年全面实施。加快推进普通柴油、船用燃料油质量升级，推广使用生物质燃料等清洁油品，提高煤制燃料战略储备能力。加强车船尾气排放与净化设施改造监管，确保油机协同升级。

创新生产生活用能模式。实施工业节能、绿色建筑、绿色交通等清洁节能行动。健全节能标准体系，大力开发、推广节能高效技术和产品，实现重点用能行业、设备节能标准全覆盖。推行重点用能行业能效“领跑者”制度和对标达标考核制度。积极创建清洁能源示范省（区、市）、绿色能源示范市（县）、智慧能源示范镇（村、岛）和绿色园区（工厂），引导居民科学合理用能，推动形成注重节能的生活方式和社会风尚。

专栏 4 能源消费革命重点工程

天然气消费提升行动：扩大城市高污染燃料禁燃区范围，加快实施“煤改气”。以京津冀及周边地区、长三角、珠三角、东北地区为重点，推进重点城市“煤改气”工程，增加用气 450 亿立方米，替代燃煤锅炉 18.9 万蒸吨。提高天然气发电利用比重，鼓励发展天然气分布式多联供项目，支持发展燃气调峰电站，结合热负荷需求适度发展燃气热电联产项目。扩大交通领域天然气利用，推广天然气公交车、出租车、物流配送车、环卫车、重型卡车和液化天然气船舶。

充电基础设施建设工程：建设“四纵四横”城际电动汽车快速充电网络，新增超过 800 座城际快速充电站。新增集中式充换电站超过 1.2 万座，分散式充电桩超过 480 万个，满足全国 500 万辆电动汽车充换电需求。

节能行动：大力推广应用高效节能产品和设备，发展高效锅炉、高效内燃机、高效电机和高效变压器，推进高耗能通用设备改造，推广节能电器和绿色照明，不断提高重点用能设备能效。提高建筑节能标准，加快推进建筑节能改造，推广供热计量，完善绿色建筑标准体系，推广超低能耗建筑。实施工业园区节能改造工程，加强园区能源梯级利用。大力发展城市公共交通，提高绿色出行比例。

清洁能源示范省区建设工程：着眼于提高非化石能源和天然气消费比重，控制煤炭消费，提高清洁化用能水平，加快推进浙江清洁能源示范省，宁夏新能源综合示范区，青海、张家口可再生能源示范区建设，支持四川、海南、西藏等具备条件的省区开展清洁能源示范省建设，支持日喀则等地区发挥资源综合比较优势，推进绿色能源示范区建设，在具备资源条件和发展基础的地区建设一批智慧能源示范城市（乡镇、园区、楼宇）。

三、多元发展，推动能源供给革命

推动能源供给侧结构性改革，以五大国家综合能源基地为重点优化存量，把推动煤炭等化石能源清洁高效开发利用作为能源转型发展的首要任务，同时大力拓展增量，积极发展非化石能源，加强能源输配网络和储备应急设施建设，加快形成多轮驱动的能源供应体系，着力提高能源供应体系的质量和效率。

着力化解和防范产能过剩。坚持转型升级和淘汰落后相结合，综合运用市场和必要的行政手段，提升存量产能利用效率，从严控制新增产能，支持企业开展产能国际合作，推动市场出清，多措并举促进市场供需平衡。加强市场监测预警，强化政策引导，主动防范风险，促进产业有序健康发展。

——煤炭。严格控制审批新建煤矿项目、新增产能技术改造项目和生产能力核增项目，确需新建煤矿的，实行减量置换。运用市场化手段以及安全、环保、技术、质量等标准，加快淘汰落后产能和不符合产业政策的产能，积极引导安全无保障、资源枯竭、赋存条件差、环境污染重、长期亏损的煤矿产能有序退出，推进企业兼并重组，鼓励煤、电、化等上下游产业一体化经营。实行煤炭产能登记公告制度，严格治理违法违规煤矿项目建设，控制超能力生产。“十三五”期间，停缓建一批在建煤矿项目，14 个大型煤炭基地生产能力达到全国的 95%以上。

专栏 5　煤炭发展重点

严格控制新增产能：神东、陕北、黄陇和新疆基地，在充分利用现有煤炭产能基础上，结合已规划电力、现代煤化工项目，根据市场情况合理安排新建煤矿项目；蒙东（东北）、宁东、晋北、晋中、晋东和云贵基地，有序建设接续煤矿，控制煤炭生产规模；鲁西、冀中、河南和两淮基地压缩煤炭生产规模。

加快淘汰落后产能：尽快关闭 13 类落后小煤矿，以及开采范围与自然保护区、风景名胜区、饮用水水源保护区等区域重叠的煤矿。2018 年前淘汰产能小于 30 万吨/年且发生过重大及以上安全生产责任事故的煤矿，产能 15 万吨/年且发生过较大及以上安全生产责任事故的煤矿，以及采用国家明令禁止使用的采煤方法、工艺且无法实施技术改造的煤矿。

有序退出过剩产能：开采范围与依法划定、需特别保护的相关环境敏感区重叠的煤矿，晋、蒙、陕、宁等地区产能小于 60 万吨/年的非机械化开采煤矿，冀、辽、吉、黑、苏、皖、鲁、豫、甘、青、新等地区产能小于 30 万吨/年的非机械化开采煤矿，其他地区产能小于 9 万吨/年的非机械化开采煤矿有序退出市场。

——煤电。优化规划建设时序，加快淘汰落后产能，促进煤电清洁高效发展。建立煤电规划建设风险预警机制，加强煤电利用小时数监测和考核，与新上项目规模挂钩，合理调控建设节奏。“十三五”前两年暂缓核准电力盈余省份中除民生热电和扶贫项目之外的新建自用煤电项目，采取有力措施提高存量机组利用率，使全国煤电机组平均利用小时数达到合理水平；后三年根据供需形势，按照国家总量控制要求，合理确定新增煤电规模，有序安排项目开工和投产时序。民生热电联产项目以背压式机组为主。提高煤电能耗、环保等准入标准，加快淘汰落后产能，力争关停 2000 万千瓦。2020 年煤电装机规模力争控制在 11 亿千瓦以内。

全面实施燃煤机组超低排放与节能改造，推广应用清洁高效煤电技术，严格执行能效环保标准，强化发电厂污染物排放监测。2020 年煤电机组平均供电煤耗控制在每千瓦时 310 克以下，其中新建机组控制在 300 克以下，二氧化硫、氮氧化物和烟尘排放浓度分别不高于每立方米 35 毫克、50 毫克、10 毫克。

专栏 6 煤电发展重点

优化建设时序：取消一批，缓核一批，缓建一批和停建煤电项目，新增投产规模控制在 2 亿千瓦以内。

淘汰落后产能：逐步淘汰不符合环保、能效等要求且不实施改造的 30 万千瓦以下、运行满 20 年以上纯凝机组、25 年及以上抽凝热电机组，力争淘汰落后产能 2000 万千瓦。

节能减排改造："十三五"期间完成煤电机组超低排放改造 4.2 亿千瓦，节能改造 3.4 亿千瓦。其中：2017 年前总体完成东部 11 省市现役 30 万千瓦及以上公用煤电机组、10 万千瓦及以上自备煤电机组超低排放改造；2018 年前基本完成中部 8 省现役 30 万千瓦及以上煤电机组超低排放改造，2020 年前完成西部 12 省区市及新疆生产建设兵团现役 30 万千瓦及以上煤电机组超低排放改造。不具备改造条件的机组实现达标排放，对经整改仍不符合要求的，由地方政府予以淘汰关停。东部、中部地区现役煤电机组平均供电煤耗力争在 2017 年、2018 年实现达标，西部地区到 2020 年前达标。

——煤炭深加工。按照国家能源战略技术储备和产能储备示范工程的定位，合理控制发展节奏，强化技术创新和市场风险评估，严格落实环保准入条件，有序发展煤炭深加工，稳妥推进煤制燃料、煤制烯烃等升级示范，增强项目竞争力和抗风险能力。严格执行能效、环保、节水和装备自主化等标准，积极探索煤炭深加工与炼油、石化、电力等产业有机融合的创新发展模式，力争实现长期稳定高水平运行。"十三五"期间，煤制油、煤制天然气生产能力达到 1300 万吨和 170 亿立方米左右。

鼓励煤矸石、矿井水、煤矿瓦斯等煤炭资源综合利用，提升煤炭资源附加值和综合利用效率。采用先进煤化工技术，推进低阶煤中低温热解、高铝粉煤灰提取氧化铝等煤炭分质梯级利用示范项目建设。积极推广应用清洁煤技术，大力发展煤炭洗选加工，2020 年原煤入选率达到 75%以上。

专栏 7 煤炭深加工建设重点

煤制油项目：宁夏神华宁煤二期、内蒙古神华鄂尔多斯二三线、陕西兖矿榆林二期、新疆甘泉堡、新疆伊犁、内蒙古伊泰、贵州毕节、内蒙古东部。

煤制天然气项目：新疆准东、新疆伊犁、内蒙古鄂尔多斯、山西大同、内蒙古兴安盟。

煤炭分质利用示范项目：陕西延长榆神煤油电多联产、陕煤榆林煤油气化多联产、龙成榆林煤油气多联产，江西江能神雾萍乡煤电油多联产等。

——炼油。加强炼油能力总量控制，淘汰能耗高、污染重的落后产能，适度推进先进产能建设。严格项目准入标准，防止以重油深加工等名义变相增加炼油能力。积极开展试点示范，推进城市炼厂综合治理，加快产业改造升级，延长炼油加工产业链，增加供应适销对路、附加值高的下游产品，提高产业智能制造和清洁高效水平。

推进非化石能源可持续发展。统筹资源、环境和市场条件，超前布局、积极稳妥推进建设周期长、配套要求高的水电和核电项目，实现接续滚动发展。坚持集中开发与分散利用并举，调整优化开发布局，全面协调推进风电开发，推动太阳能多元化利用，因地制宜发展生物质能、地热能、海洋能等新能源，提高可再生能源发展质量和在全社会总发电量中的比重。

——常规水电。坚持生态优先、统筹规划、梯级开发，有序推进流域大型水电基地建设，加快建设龙头水电站，控制中小水电开发。在深入开展环境影响评价、确保环境可行的前提下，科学安排金沙江、雅砻江、大渡河等大型水电基地建设时序，合理开发黄河上游等水电基地，深入论证西南水电接续基地建设。创新水电开发运营模式，探索建立水电开发收益共享长效机制，保障库区移民合法权益。2020年常规水电规模达到3.4亿千瓦,“十三五”新开工规模6000万千瓦以上。

发挥现有水电调节能力和水电外送通道、周边联网通道输电潜力,优化调度运行,促进季节性水电合理消纳。加强四川、云南等弃水问题突出地区水电外送通道建设,扩大水电消纳范围。

——核电。安全高效发展核电,在采用我国和国际最新核安全标准、确保万无一失的前提下,在沿海地区开工建设一批先进三代压水堆核电项目。加快堆型整合步伐,稳妥解决堆型多、堆型杂的问题,逐步向自主三代主力堆型集中。积极开展内陆核电项目前期论证工作,加强厂址保护。深入实施核电重大科技专项,开工建设CAP1400示范工程,建成高温气冷堆示范工程。加快论证并推动大型商用乏燃料后处理厂建设。适时启动智能小型堆、商业快堆、60万千瓦级高温气冷堆等自主创新示范项目,推进核能综合利用。实施核电专业人才队伍建设行动,加强核安全监督、核电操作人员及设计、建造、工程管理等关键岗位人才培养,完善专业人才梯队建设,建立多元化人才培养渠道。2020年运行核电装机力争达到5800万千瓦,在建核电装机达到3000万千瓦以上。

——风电。坚持统筹规划、集散并举、陆海齐进、有效利用。调整优化风电开发布局,逐步由“三北”地区为主转向中东部地区为主,大力发展分散式风电,稳步建设风电基地,积极开发海上风电。加大中东部地区和南方地区资源勘探开发,优先发展分散式风电,实现低压侧并网就近消纳。稳步推进“三北”地区风电基地建设,统筹本地市场消纳和跨区输送能力,控制开发节奏,将弃风率控制在合理水平。加快完善风电产业服务体系,切实提高产业发展质量和市场竞争力。2020年风电装机规模达到2.1亿千瓦以上,风电与煤电上网电价基本相当。

——太阳能。坚持技术进步、降低成本、扩大市场、完善体系。优化太阳能开发布局,优先发展分布式光伏发电,扩大“光伏+”多元化利用,促进光伏规模化发展。稳步推进“三北”地区光伏电站建设,积极推动光热发电产业化发展。建立弃光率预警考核机制,有效降低光伏电站弃光率。2020年,太阳能发电规模达到1.1亿千瓦以上,其中分布式光伏6000万千瓦、光伏电站4500万千瓦、光热发电500万千瓦,光伏发电力争实现用户侧平价上网。

专栏8　风能和太阳能资源开发重点

稳步推进内蒙古、新疆、甘肃、河北等地区风电基地建设。在青海、新疆、甘肃、内蒙古、陕西等太阳能资源和土地资源丰富地区,科学规划、合理布局、有序推进光伏电站建设。在四川、云南、贵州等水能资源丰富的西南地区,借助水电站外送通道和灵活调节能力,推进多能互补形式的大型新能源基地开发建设,充分发挥风电、光伏发电、水电的互补效益,重点推进四川省凉山州风水互补、雅砻江风光水互补、金沙江风光水互补、贵州省乌江与北盘江“两江”流域风水联合运行等基地规划建设。

鼓励“三北”地区风电和光伏发电参与电力市场交易和大用户直供,支持采用供热、制氢、储能等多种方式,扩大就地消纳能力。大力推动中东部和南方地区分散风能资源的开发,推动低风速风机和海上风电技术进步。

推广光伏发电与建筑屋顶、滩涂、湖泊、鱼塘及农业大棚及相关产业有机结合的新模式,鼓励利用采煤沉陷区废弃土地建设光伏发电项目,扩大中东部和南方地区分布式利用规模。

——生物质能及其他。积极发展生物质液体燃料、气体燃料、固体成型燃料。推动沼气发电、生物质气化发电,合理布局垃圾发电。有序发展生物质直燃发电、生物质耦合发电,因地制宜发展生物质热电联产。加快地热能、海洋能综合开发利用。2020年生物质能发电装机规模达到1500万千瓦左右,地热能利用规模达到7000万吨标煤以上。

夯实油气资源供应基础。继续加强国内常规油气资源勘探开发,加大页岩气、页岩油、煤层气等非常规油气资源调查评价，积极扩大规模化开发利用，立足国内保障油气战略资源供应安全。

——石油。加强国内勘探开发，促进石油增储稳产。深化精细勘探开发，延缓东部石油基地产量衰减，实现西部鄂尔多斯、塔里木、准噶尔三大石油基地增储稳产。加强海上石油基地开发，积极稳妥推进深水石油勘探开发。支持鄂尔多斯、松辽、渤海湾等地区超低渗油、稠油、致密油等低品位资源和页岩油、油砂等非常规资源勘探开发和综合利用。“十三五”期间，石油新增探明储量50亿吨左右，年产量2亿吨左右。

——天然气。坚持海陆并进，常非并举。推进鄂尔多斯、四川、塔里木气区持续增产，加大海上气区勘探开发力度。以四川盆地及周缘为重点，加强南方海相页岩气勘探开发，积极推进重庆涪陵、四川长宁—威远、云南昭通、陕西延安等国家级页岩气示范区建设，推动其他潜力区块勘探开发。建设沁水盆地、鄂尔多斯盆地东缘和贵州毕水兴等煤层气产业化基地，加快西北煤层气资源勘查，推进煤矿区瓦斯规模化抽采利用。积极开展天然气水合物勘探，优选一批勘探远景目标区。2020年常规天然气产量达到1700亿立方米，页岩气产量达到300亿立方米，煤层气（煤矿瓦斯）利用量达到160亿立方米。

补齐能源基础设施短板。按照系统安全、流向合理、优化存量、弥补短板的原则，稳步有序推进跨省区电力输送通道建设，完善区域和省级骨干电网，加强配电网建设改造，着力提高电网利用效率。科学规划、整体布局，统筹推进油气管网建设，增强区域间协调互济供给能力和终端覆盖能力。加强能源储备应急体系建设。

——电网。坚持分层分区、结构清晰、安全可控、经济高效的发展原则，充分论证全国同步电网格局，进一步调整完善电网主网架。根据目标市场落实情况，稳步推进跨省区电力输送通道建设，合理确定通道送电规模。有序建设大气污染防治重点输电通道，积极推进大型水电基地外送通道建设，优先解决云南、四川弃水和东北地区窝电问题。探索建立灵活可调节的跨区输电价格形成机制，优化电力资源配置。进一步优化完善区域和省级电网主网架，充分挖掘既有电网输送潜力，示范应用柔性直流输电，加快突破电网平衡和自适应等运行控制技术，着力提升电网利用效率。加大投资力度，全面实施城乡配电网建设改造行动，打造现代配电网，鼓励具备条件地区开展多能互补集成优化的微电网示范应用。“十三五”期间新增跨省区输电能力1.3亿千瓦左右。

——油气管网。统筹油田开发、原油进口和炼厂建设布局，以长江经济带和沿海地区为重点，加强区域管道互联互通，完善沿海大型原油接卸码头和陆上接转通道，加快完善东北、西北、西南陆上进口通道，提高管输原油供应能力。按照“北油南下、西油东运、就近供应、区域互联”的原则，优化成品油管输流向，鼓励企业间通过油品资源串换等方式，提高管输效率。按照“西气东输、北气南下、海气登陆、就近供应”的原则，统筹规划天然气管网，加快主干管网建设，优化区域性支线管网建设，打通天然气利用“最后一公里”，实现全国主干管网及区域管网互联互通。优化沿海液化天然气（LNG）接收站布局，在环渤海、长三角、东南沿海地区，优先扩大已建LNG接收站储转能力，适度新建LNG接收站。加强油气管网运行维护，提高安全环保水平。2020年，原油、成品油管道总里程分别达到3.2万和3.3万公里，年输油能力分别达到6.5亿和3亿吨；天然气管道总里程达到10万公里，干线年输气能力超过4000亿立方米。

——储备应急设施。加快石油储备体系建设，全面建成国家石油储备二期工程，启动后续项目前期工作，鼓励商业储备，合理提高石油储备规模。加大储气库建设力度，加快建设沿海LNG和城市储气调峰设施。推进大型煤炭储配基地和煤炭物流园区建设,完善煤炭应急储备体系。

专栏9 能源基础设施建设重点	
电力	**跨省区外送电通道:**建成内蒙古锡盟经北京天津至山东、内蒙古蒙西至天津南、陕北神木至河北南网扩建、山西盂县至河北、内蒙古上海庙至山东、陕西榆横至山东、安徽淮南经江苏至上海、宁夏宁东至浙江、内蒙古锡盟至江苏泰州、山西晋北至江苏、滇西北至广东等大气污染防治重点输电通道以及金沙江中游至广西、观音岩水电外送、云南鲁西背靠背、甘肃酒泉至湖南、新疆准东至华东皖南、扎鲁特至山东青州、四川水电外送、乌东德至广东、川渝第三通道、渝鄂背靠背、贵州毕节至重庆输电工程。 开工建设赤峰(含元宝山)至华北、白鹤滩至华中华东、张北至北京、陕北(神府、延安)至湖北、闽粤联网输电工程。 结合电力市场需求,深入开展新疆、东北(呼盟)、蒙西(包头、阿拉善、乌兰察布)、陇彬(陇东、彬长)、青海、金沙江上游等电力外送通道项目前期论证。 **区域电网:**依托外送通道优化东北电网500千伏主网架;完善华北电网主网架,适时推进蒙西与华北主网异步联网;完善西北电网750千伏主网架,覆盖至南疆等地区;优化华东500千伏主网架;加快实施川渝藏电网与华中东四省电网异步联网,推进实施西藏联网工程;推进云南电网与南方主网异步联网,适时开展广东电网异步联网。
石油	**跨境跨区原油输配管道:**完善中哈、中缅原油管道,建设中俄二线、仪长复线仪征至九江段、日仪增输、日照—濮阳—洛阳等原油管道,完善长江经济带管网布局,实施老旧管道改造整改。论证中哈原油管道至格尔木延伸工程。 **跨区成品油输配管道:**建设锦州至郑州、樟树至株洲、洛阳至三门峡至运城至临汾、三门峡至西安管道,改扩建格尔木至拉萨等管道。
天然气	**跨境跨区干线管道:**建设中亚天然气管道D线、西气东输三线(中段)四线五线、陕京四线、中俄东线、中俄西线(西段)、川气东送二线、新疆煤制气外输、鄂安沧煤制气外输、蒙西煤制气外输、青岛至南京、青藏天然气管道等。 **区域互联互通管道:**建成中卫至靖边、濮阳至保定、东先坡至燕山、武清至通州、建平至赤峰、海口至徐闻等跨省管道,建设长江中游城市群供气支线。
储气库	**已建项目扩容达容:**大港库群、华北库群、金坛盐穴、中原文96、相国寺等。 **新建项目:**华北兴9、华北文23、中原文23、江汉黄场、河南平顶山、江苏金坛、江苏淮安等。

四、创新驱动,推动能源技术革命

深入实施创新驱动发展战略,推动大众创业、万众创新,加快推进能源重大技术研发、重大装备制造与重大示范工程建设,超前部署重点领域核心技术集中攻关,加快推进能源技术革命,实现我国从能源生产消费大国向能源科技装备强国转变。

加强科技创新能力建设。加强能源科技创新体系顶层设计,完善科技创新激励机制,统筹推进基础性、综合性、战略性能源科技研发,提升能源科技整体竞争力,培育更多能源技术优势并加快转化为经济优势。深入推进能源领域国家重大专项工程。整合现有科研力量,建设一批能源创新中心和实验室。进一步激发能源企业、高校及研究机构的创新潜能,推动大众创业、万众创新,鼓励加强合作,建立一批技术创新联盟,推进技术集成创新。强化企业创新主体地位,健全市场导向机制,加快技术产业化应用,打造若干具有国际竞争力的科技创新型能源企业。依托现有人才计划,强化人才梯队建设,培育一批能源科技领军人才与团队。

推进重点技术与装备研发。坚持战略导向,以增强自主创新能力为着力点,围绕油气资源勘探开发、化石能源清洁高效转化、可再生能源高效开发利用、核能安全利用、智慧能源、先进高效节能等领域,应用推广一批技术成熟、市场有需求、经济合理的技术,示范试验一批有一定技术积累但工艺和市场有待验证的技术,集中攻关一批前景广阔的技术,加速科技创新成果转化应用。

加强重点领域能源装备自主创新，重点突破能源装备制造关键技术、材料和零部件等瓶颈，加快形成重大装备自主成套能力，推动可再生能源上游制造业加快智能制造升级，提升全产业链发展质量和效益。

实施科技创新示范工程。发挥我国能源市场空间大、工程实践机会多的优势，加大资金、政策扶持力度，重点在油气勘探开发、煤炭加工转化、高效清洁发电、新能源开发利用、智能电网、先进核电、大规模储能、柔性直流输电、制氢等领域，建设一批创新示范工程，推动先进产能建设，提高能源科技自主创新能力和装备制造国产化水平。

专栏 10　能源科技创新重点任务	
关键技术	**推广应用：**页岩气水平井分段压裂、蒸汽辅助重力泄油、煤层气井高效排水降压、百万吨级煤炭间接液化、生物柴油、高效低成本晶体硅电池、大容量特高压直流输电、智能电网、第三代核电技术、能源装备耐热耐腐蚀材料、新型高效储能材料。 **示范试验：**非常规油气评价、干热岩资源勘查与开发利用、新一代煤炭气化、规模化煤炭分质利用、非粮燃料乙醇、生物质集中高效热电联产、柔性直流输电、先进超超临界火电机组高温金属材料研制与部件制造、大功率电力电子器件制造及应用、精细陶瓷、石墨烯储能器件、光伏电池材料。 **集中攻关：**煤炭绿色无人开采、深井灾害防治、非常规油气精确勘探和高效开发、深海和深层常规油气开发、新型低阶煤热解分质转化、绿色煤电、生物航空燃油、核电乏燃料后处理、新型高效低成本光伏发电、光热发电、超导直流输电、基于云技术的电网调度控制系统、新能源并网技术、微网技术、新型高效电池储能、氢能和燃料电池。
重大装备	**煤炭：**薄煤层机械化开采装备、重大事故应急抢险技术装备、大型空分装置、超大型煤炭气化装置、大型煤炭液化装置、大型合成气甲烷化装置。 **油气：**旋转导向钻井系统、国产水下生产系统、万吨级半潜式起重铺管船、海上大型浮式生产储油系统、非常规油气勘探开发技术装备、重大海上溢油应急处置技术装备。 **电力：**节能/超低排放型超临界循环流化床锅炉、燃气轮机、百万千瓦级水电机组、核电主泵和爆破阀等关键设备、低速及 7—10 兆瓦级风电机组、光热发电核心设备、高效锅炉、高效电机、超大规模可再生能源集成装备、大规模储能电池。
重大示范工程	**煤炭：**智慧煤矿、煤制芳烃、煤基多联产、百万吨级煤油共炼、煤油气资源综合利用、煤电铝一体化、煤制清洁燃料。 **油气：**非常规油气开发、深层稠油开发、1500 米以下深海油气开发。 **电力：**清洁高效燃煤发电、自主知识产权重型 F 级燃气轮机发电、华龙一号、CAP1400、60 万千瓦高温气冷堆、CFR600 快堆、模块化小型堆、智能电网、大规模先进储能。 **新能源：**大型超大型海上风电、大型光热发电、多能互补分布式发电、生物质能梯级利用多联产、海岛微网、深层高温干热岩发电、海洋潮汐发电、天然气水合物探采。

五、公平效能，推动能源体制革命

坚持市场化改革方向，理顺价格体系，还原能源商品属性，充分发挥市场配置资源的决定性作用和更好发挥政府作用，深入推进能源重点领域和关键环节改革，着力破除体制机制障碍，构建公平竞争的能源市场体系，为提高能源效率、推进能源健康可持续发展营造良好制度环境。

完善现代能源市场。加快形成统一开放、竞争有序的现代能源市场体系。放开竞争性领域和环节，实行统一市场准入制度，推动能源投资多元化，积极支持民营经济进入能源领域。健全市场退出机制。加快电力市场建设，培育电力辅助服务市场，建立可再生能源配额制及绿色电力证书交易制度。推进天然气交易中心建设。培育能源期货市场。开展用能权交易试点，推动建设全国统一的碳排放交易市场。健全能源市场监管机制，强化自然垄断业务监管，规范竞争性业务市场秩序。

推进能源价格改革。按照“管住中间、放开两头”的总体思路，推进能源价格改革，建立合理反映能源资源稀缺程度、市场供求关系、生态环境价值和代际补偿成本的能源价格机制，妥善处理和逐步减少交叉补贴，充分发挥价格杠杆调节作用。放开电力、油气等领域竞争性环节价格，严格监管和规范电力、油气输配环节政府定价，研究建立有效约束电网和油气管网单位投资和成本的输配价格机制，实施峰谷分时价格、季节价格、可中断负荷价格、两部制价格等科学价格制度，完善调峰、调频、备用等辅助服务价格制度，推广落实气、电价格联动机制。研究建立有利于激励降低成本的财政补贴和电价机制，逐步实现风电、光伏发电上网电价市场化。

深化电力体制改革。按照“准许成本加合理收益”的原则，严格成本监管，合理制定输配电价。加快建立相对独立、运行规范的电力交易机构，改革电网企业运营模式。有序放开除公益性调节性以外的发用电计划和配电增量业务，鼓励以混合所有制方式发展配电业务，严格规范和多途径培育售电市场主体。全面放开用户侧分布式电力市场，实现电网公平接入，完善鼓励分布式能源、智能电网和能源微网发展的机制和政策，促进分布式能源发展。积极引导和规范电力市场建设，有效防范干预电力市场竞争、随意压价等不规范行为。

推进油气体制改革。出台油气体制改革方案，逐步扩大改革试点范围。推进油气勘探开发制度改革，有序放开油气勘探开发、进出口及下游环节竞争性业务，研究推动网运分离。实现管网、接收站等基础设施公平开放接入。

加强能源治理能力建设。进一步转变政府职能，深入推进简政放权、放管结合、优化服务改革，加强规划政策引导，健全行业监管体系。适应项目审批权限下放新要求，创新项目管理机制，推动能源建设项目前期工作由政府主导、统一实施，建设项目经充分论证后纳入能源规划，通过招投标等市场机制选择投资主体。

深入推进政企分开，逐步剥离由能源企业行使的管网规划、系统接入、运行调度、标准制定等公共管理职能，由政府部门或委托第三方机构承担。强化能源战略规划研究，组织开展能源发展重大战略问题研究，提升国家能源战略决策能力。

健全能源标准、统计和计量体系，修订和完善能源行业标准，构建国家能源大数据研究平台，综合运用互联网、大数据、云计算等先进手段，加强能源经济形势分析研判和预测预警，显著提高能源数据统计分析和决策支持能力。

六、互利共赢，加强能源国际合作

统筹国内国际两个大局，充分利用两个市场、两种资源，全方位实施能源对外开放与合作战略，抓住“一带一路”建设重大机遇，推动能源基础设施互联互通，加大国际产能合作，积极参与全球能源治理。

推进能源基础设施互联互通。加快推进能源合作项目建设，促进“一带一路”沿线国家和地区能源基础设施互联互通。研究推进跨境输电通道建设，积极开展电网升级改造合作。

加大国际技术装备和产能合作。加强能源技术、装备与工程服务国际合作，深化合作水平，促进重点技术消化、吸收再创新。鼓励以多种方式参与境外重大电力项目，因地制宜参与有关新能源项目投资和建设，有序开展境外电网项目投资、建设和运营。

积极参与全球能源治理。务实参与二十国集团、亚太经合组织、国际能源署、国际可再生能源署、能源宪章等国际平台和机构的重大能源事务及规则制订。加强与东南亚国家联盟、阿拉伯国家联盟、上海合作组织等区域机构的合作,通过基础设施互联互通、市场融合和贸易便利化措施,协同保障区域能源安全。探讨构建全球能源互联网。

七、惠民利民,实现能源共享发展

全面推进能源惠民工程建设,着力完善用能基础设施,精准实施能源扶贫工程,切实提高能源普遍服务水平,实现全民共享能源福利。

完善居民用能基础设施。推进新一轮农村电网改造升级工程,实施城市配电网建设改造行动,强化统一规划,健全技术标准,适度超前建设,促进城乡网源协调发展。统筹电网升级改造与电能替代,满足居民采暖领域电能替代。积极推进棚户区改造配套热电联产机组建设。加快天然气支线管网建设,扩大管网覆盖范围。在天然气管网未覆盖地区推进液化天然气、压缩天然气、液化石油气直供,保障民生用气。推动水电气热计量器具智能化升级改造,加强能源资源精细化管理。积极推进城市地下综合管廊建设,鼓励能源管网与通信、供水等管线统一规划、设计和施工,促进城市空间集约化利用。

精准实施能源扶贫工程。在革命老区、民族地区、边疆地区、集中连片贫困地区,加强能源规划布局,加快推进能源扶贫项目建设。调整完善能源开发收益分配机制,增强贫困地区自我发展"造血功能"。继续强化定点扶贫,加大政府、企业对口支援力度,重点实施光伏、水电、天然气开发利用等扶贫工程。

提高能源普遍服务水平。完善能源设施维修和技术服务站,培育能源专业化服务企业,健全能源资源公平调配和应急响应机制,保障城乡居民基本用能需求,降低居民用能成本,促进能源军民深度融合发展,增强普遍服务能力。提高天然气供给普及率,全面释放天然气民用需求,2020年城镇气化率达到57%,用气人口达到4.7亿。支持居民以屋顶光伏发电等多种形式参与清洁能源生产,增加居民收入,共享能源发展成果。

大力发展农村清洁能源。采取有效措施推进农村地区太阳能、风能、小水电、农林废弃物、养殖场废弃物、地热能等可再生能源开发利用,促进农村清洁用能,加快推进农村采暖电能替代。鼓励分布式光伏发电与设施农业发展相结合,大力推广应用太阳能热水器、小风电等小型能源设施,实现农村能源供应方式多元化,推进绿色能源乡村建设。

专栏11 民生工程建设重点

配电网:建成20个中心城市(区)核心区高可靠性供电示范区、60个新型城镇化配电网示范区。基本建成结构合理、技术先进、灵活可靠、经济高效、环境友好的新型配电网,中心城市(区)用户年均停电时间不超过1小时;城镇地区用户年均停电时间不超过10小时。乡村地区用户年均停电时间不超过24小时,综合电压合格率达到97%,动力电基本实现全覆盖。

农村电网:开展西藏、新疆以及四川、云南、甘肃、青海四省藏区农村电网建设攻坚,加强西部及贫困地区农村电网改造升级,推进东中部地区城乡供电服务便利化进程。到2017年底,完成中心村电网改造升级,实现平原地区机井用电全覆盖,贫困村全部通动力电。到2020年,全国农村地区基本实现稳定可靠的供电服务全覆盖,供电能力和服务水平明显提升,农村电网供电可靠率达到99.8%,综合电压合格率达到97.9%,户均配变容量不低于2千伏安。

光伏扶贫:完成200万建档立卡贫困户光伏扶贫项目建设。

离网式微电网工程:在海岛、边防哨卡等电网未覆盖地区建设一批微电网工程。

第四章　保障措施

一、健全能源法律法规体系

建立健全完整配套的能源法律法规体系，推动相关法律制定和修订，完善配套法规体系，发挥法律、法规、规章对能源行业发展和改革的引导和约束作用，实现能源发展有法可依。

二、完善能源财税投资政策

完善能源发展相关财政、税收、投资、金融等政策，强化政策引导和扶持，促进能源产业可持续发展。

加大财政资金支持。继续安排中央预算内投资，支持农村电网改造升级、石油天然气储备基地建设、煤矿安全改造等。继续支持科技重大专项实施。支持煤炭企业化解产能过剩，妥善分流安置员工。支持已关闭煤矿的环境恢复治理。

完善能源税费政策。全面推进资源税费改革，合理调节资源开发收益。加快推进环境保护费改税。完善脱硫、脱硝、除尘和超低排放环保电价政策，加强运行监管，实施价、税、财联动改革，促进节能减排。

完善能源投资政策。制定能源市场准入“负面清单”，鼓励和引导各类市场主体依法进入“负面清单”以外的领域。加强投资政策与产业政策的衔接配合，完善非常规油气、深海油气、天然铀等资源勘探开发与重大能源示范项目投资政策。

健全能源金融体系。建立能源产业与金融机构信息共享机制，稳步发展能源期货市场，探索组建新能源与可再生能源产权交易市场。加强能源政策引导，支持金融机构按照风险可控、商业可持续原则加大能源项目建设融资，加大担保力度，鼓励风险投资以多种方式参与能源项目。鼓励金融与互联网深度融合，创新能源金融产品和服务，拓宽创新型能源企业融资渠道，提高直接融资比重。

三、强化能源规划实施机制

建立制度保障，明确责任分工，加强监督考核，强化专项监管，确保能源规划有效实施。

增强能源规划引导约束作用。完善能源规划体系，制定相关领域专项规划，细化规划确定的主要任务，推动规划有效落实。强化省级能源规划与国家规划的衔接，完善规划约束引导机制，将规划确定的主要目标任务分解落实到省级能源规划中，实现规划对有关总量控制的约束。完善规划与能源项目的衔接机制，项目按核准权限分级纳入相关规划，原则上未列入规划的项目不得核准，提高规划对项目的约束引导作用。

建立能源规划动态评估机制。能源规划实施中期，能源主管部门应组织开展规划实施情况评估，必要时按程序对规划进行中期调整。规划落实情况及评估结果纳入地方政府绩效评价考核体系。

创新能源规划实施监管方式。坚持放管结合，建立高效透明的能源规划实施监管体系。创新监管方式，提高监管效能。重点监管规划发展目标、改革措施和重大项目落实情况，强化煤炭、煤电等产业政策监管，编制发布能源规划实施年度监管报告，明确整改措施，确保规划落实到位。

全国城市市政基础设施建设"十三五"规划

建城〔2017〕116号

前　言

城市市政基础设施是新型城镇化的物质基础,也是城市社会经济发展、人居环境改善、公共服务提升和城市安全运转的基本保障。构建布局合理、设施配套、功能完备、安全高效的城市市政基础设施体系,对于扎实推进新型城镇化、确保"十三五"时期全面建成小康社会具有重要意义。

根据《中华人民共和国国民经济和社会发展第十三个五年规划纲要》《国家新型城镇化规划(2014—2020年)》《中共中央国务院关于进一步加强城市规划建设管理工作的若干意见》《国务院关于深入推进新型城镇化建设的若干意见》和《住房和城乡建设事业"十三五"规划纲要》,住房城乡建设部会同国家发展改革委等有关部门组织编制了《全国城市市政基础设施建设"十三五"规划》(以下简称《规划》),规划范围为全国设市城市及县城。《规划》统筹城市交通系统、城市地下管线系统、城市水系统、城市能源系统、城市环卫系统、城市绿地系统、智慧城市7个方面,提出"十三五"时期发展目标、规划任务和重点工程,以指导各地城市市政基础设施建设有序发展。

一、规划基础和面临形势

(一)"十二五"主要成就

市政设施能力普遍提高,支撑了城镇化快速发展。"十二五"时期,我国城市市政基础设施投入力度持续加大,累计完成投资9.5万亿,比"十一五"时期投资增长近90%。市政基础设施建设与改造稳步推进,设施能力和服务水平不断提高,城市人居环境显著改善,城市综合承载力不断增强,城市安全保障能力明显提高,有力支撑了新型城镇化进程。

基本公共服务水平稳步提高，惠及更多城乡居民。市政基础设施建设坚持以人为本、服务民生，着力提高基本公共服务均等化水平。供水、排水、燃气、垃圾处理等服务已经基本普及，设市城市（县城）公共供水普及率达到93.1%（85.1%）、污水处理率达到91.9%（85.2%），燃气普及率达到95.3%（75.9%），生活垃圾无害化处理率达到94.1%（79.0%）。东中西部地区市政基础设施水平差异逐渐缩小，市政基础设施公共服务城乡统筹、区域共建共享有序推进。

低碳绿色智慧理念创新，引领市政基础设施转型发展。“十二五”时期，市政基础设施建设积极探索运用新理念、新技术，引导市政基础设施向集约、智能、绿色、低碳的方向发展。启动了海绵城市、地下综合管廊、智慧城市建设试点，形成一批可推广、可复制的建设模式，并通过以点带面、示范引领，促进基础设施整体水平的提升。市政基础设施建设更加注重系统性，更加注重发展的质量和内涵。

创新建设和运营模式，激发市场主体活力。“十二五”时期，为推动市政基础设施领域供给侧结构性改革，拓宽市政基础设施投融资渠道，国家陆续出台了政府和社会资本合作（PPP）的相关政策，在城市供水、污水处理、垃圾处理、供热、供气、公共交通、公共停车场、海绵城市、黑臭水体、地下综合管廊等市政公用领域鼓励开展政府和社会资本合作，提高了社会资本参与市政基础设施投资、建设和运营的积极性，增强了市政公用产品和服务的有效供给。

表1 “十二五”时期全国设市城市市政基础设施建设主要进展

设施类别	指　　标	2010年	2015年	增长幅度
01 道路交通	人均城市道路面积（平方米）	13	16	18%
	道路长度（万公里）	29	37	24%
	开通运营城市轨道交通的城市（个）	12	25	108%
	轨道交通运营里程（公里）	1429	3300	131%
02 地下管线（廊）	供排水、供热、燃气地下管线长度（万公里）	136	198	46%
03 供水、排水	公共供水普及率（%）	89.5	93.1	3.6个百分点
	公共供水能力（万立方米/日）	20071	23101	15%
	污水处理能力（万立方米/日）	10436	14028	34%
	污泥无害化处置率（%）	—	53	
04 燃气、供热	城市燃气普及率（%）	92.0	95.3	3.3个百分点
	城市集中供热面积（亿平方米）	44	67	54%
	城市热源供热能力（万兆瓦）	39	53	36%
05 环境卫生	生活垃圾无害化处理能力（万吨/日）	39	58	49%
	生活垃圾无害化处理率（%）	77.9	94.1	16.2个百分点
	生活垃圾焚烧处理能力占比（%）	21.9	38.0	16.1个百分点
06 公园绿地	建成区绿地面积（万公顷）	144	191	32%
	建成区绿地率（%）	34.5	36.4	1.9个百分点
	人均公园绿地面积（平方米/人）	11	13	19%

表2 “十二五”时期全国县城市政基础设施建设主要进展

设施类别	指标	2010年	2015年	增长幅度
01 道路交通	道路长度(万公里)	10.6	13.4	26%
	人均道路面积(平方米)	12.7	16.0	26%
02 地下管线(廊)	供排水、供热、燃气地下管线长度(万公里)	34.1	53.9	58%
03 供水、排水	公共供水普及率(%)	78.8	85.1	6.3个百分点
	公共供水能力(万立方米/日)	3865	4675	21%
	污水处理能力(万立方米/日)	2040.3	2999.1	47%
04 燃气、供热	燃气普及率(%)	64.9	75.9	11个百分点
	集中供热面积(亿平方米)	6.1	12.3	102%
	热源供热能力(万兆瓦)	7.9	13.5	71%
05 环境卫生	生活垃圾无害化处理能力(万吨/日)	6.9	18.1	161%
	生活垃圾无害化处理率(%)	27.4	79.0	51.6个百分点
	生活垃圾焚烧处理能力占比(%)	6.8	8.9	2.1个百分点
06 公园绿地	建成区绿地面积(万公顷)	33.03	54.22	64%
	建成区绿地率(%)	19.92	27.05	7.1个百分点
	人均公园绿地面积(平方米/人)	7.7	10.47	36%

（二）面临的主要问题

与扎实推进新型城镇化进程的发展需求相比，市政基础设施依然是今后一个时期影响我国城市健康发展的短板，与此同时，建设水平偏低、发展不均衡和产业集中度低等问题也日益突出，成为新的约束瓶颈。

一是投入不够，总量不足。市政基础设施供需矛盾缺口大仍是今后一个时期的主要矛盾。长久以来，我国市政基础设施建设的投入远低于合理水平，历史欠账巨大。“十二五”时期的投入总量有了很大增长，但设市城市市政基础设施投资占基础设施投资和全社会固定资产投资的比例持续下降。同时，市政基础设施服务需求持续扩大，服务标准不断提高，进一步加剧了市政基础设施总量不足的形势，影响和制约了城镇化的健康发展。

二是设施水平偏低，“城市病”问题突出。市政基础设施建设水平低是导致“城市病”普遍的根本原因。城市路网级配不合理，路网密度普遍低于7公里/平方公里，尤其是作为城市“毛细血管”的支路网，密度不足国家标准要求的1/2。城市污水的收集与处理达不到水生态环境质量要求，城市排水管网现状水平大大低于新修订的国家设计标准要求。“十三五”时期将有300多座垃圾填埋场面临“封场”，新建垃圾处理设施选址困难，“人地矛盾”日益凸显。城市开发建设用地挤占山水林田湖生态空间，导致城市生态功能严重退化。总体来看，城市市政基础设施老化，旧账未还、又欠新账，一些城市的市政基础设施建设距离绿色、低碳和循环理念要求差距很大，由此引发的城市内涝、水体黑臭、交通拥堵、“马路拉链”“垃圾围城”、地下管线安全事故频发等各类“城市病”呈现出集中爆发、叠加显现的趋势，严重影响城市人居环境和公共安全。

三是发展不均衡，服务水平差异较大。中西部地区市政基础设施发展水平总体上仍落后于东部地区。西部地区污水处理率仍然落后东部地区10个百分点左右；中西部地区建成及在建轨道交通密度为10.5公里/百万人，不足东部地区的1/2；西部地区垃圾焚烧处理占比仅为24%，与东部地区55%的水平仍有较大差距。老城区市政基础设施由于建成历史长、建设标准低、改造难度大等原因，设施水平明显低于城市新区，尤其是供水、排水、供热、燃气等设施的"最后一公里"，改造和维护长期不到位，严重影响老城区居民生活品质的提升。

四是产业集中度低，服务效率和质量参差不齐。市政公用企业"小、散、弱、差"成为制约服务水平提高的瓶颈。以供水行业为例，对858个县城的抽样调查表明，共有891家供水企业，供水能力前10位的供水企业只占调查总供水能力的13%，84%的供水企业供水能力不超过5万立方米/日，24%的供水企业供水能力不超过1万立方米/日，距离成熟的产业发展模式差距较大。由于缺乏专业化、规范化、规模化的建设和运营管理，城市市政基础设施的运行效率、服务质量难以有效提高，设施效能不能得到有效发挥，同时安全隐患也较多。另一方面，由于市政基础设施监管信息化水平普遍偏低，监管手段缺乏，难以实现对大量、分散的小企业的有效监管，距离规范化、精细化和智慧化管理仍有较大差距。

（三）"十三五"形势与展望

"十三五"时期是我国全面建成小康社会的决胜阶段，深入推进以人为核心的新型城镇化是全面建成小康社会的必由之路和重要动力。市政基础设施是新型城镇化的物质基础，也是"实现1亿左右农业转移人口和其他常住人口在城镇落户，完成约1亿人居住的棚户区和城中村改造，引导约1亿人在中西部地区就近城镇化"（"三个1亿人"）城镇化目标的重要保障。

经过长期的努力，我国城市市政基础设施发展已具有一定基础，全社会对市政基础设施的认识不断深化，对提高市政基础设施保障服务能力的期盼也更加强烈，为进一步加强市政基础设施建设提供了良好环境。近年来，移动互联网与大数据、云计算等现代信息技术，以及绿色低碳技术不断取得突破，用现代信息技术改造提升市政基础设施，构建绿色低碳的市政基础设施体系，成为国内外城市吸引高端要素、不断提升竞争力的有效方式。面对日趋激烈的竞争态势，加快构建布局合理、设施配套、功能完备、安全高效的现代市政基础设施体系，将成为我国城市的必然选择，而国家综合国力的显著提升，也为进一步加强市政基础设施建设提供了现实可能。

二、指导思想、基本原则和发展目标

（一）指导思想

全面贯彻落实党的十八大和十八届三中、四中、五中、六中全会精神，深入学习贯彻习近平总书记系列重要讲话精神及中央城镇化工作会议和中央城市工作会议精神，按照"五位一体"总体布局和"四个全面"战略布局的要求，把市政基础设施建设作为深化供给侧结构性改革的重要举措，作为支撑"十三五"时期城镇化健康发展和国家基础设施建设的优先领域，树立城市系统思维，着眼长远、统筹规划，加快补齐短板，优化空间布局，提高运行效率，促进市政基础设施的增量、提质、增效，为推进新型城镇化和全面建成小康社会提供坚实的基础。

（二）基本原则

1. 系统规划、分类施策。充分认识市政基础设施的系统性、整体性，坚持先规划、后建设，切实加强规划的科学性、权威性和严肃性。发挥规划的控制和引领作用，有序推进市政基础设施建设，使其既要满足当前一段时间的需要，又能为未来发展预留空间。坚持问题导向与目标导向相结合，从市政基础设施系统层面进行统筹，提高管控措施的针对性、有效性，不断增强市政基础设施的承载能力和辐射作用。

2. 补齐短板、安全运行。重点加强对短板市政基础设施的建设力度，保障市政基础设施有效供给，提高设施水平和服务质量。优先加强涉及城市安全市政基础设施建设，着力提高市政基础设施应对各种风险的能力，提升市政基础设施运营标准和管理水平，消除安全隐患，保障城市健康运行。

3. 绿色低碳、提质增效。全面落实“创新、协调、绿色、开放、共享”五大发展理念，节约集约利用土地、水、能源等资源，强化环境保护和生态修复，减少对自然的干扰和影响，推动形成绿色低碳的生产生活方式和城市建设运营模式。优化和调整市政基础设施网络结构，科学确定各类市政基础设施的规模和布局，形成规模合理、等级有序、联系密切的市政基础设施网络，提高市政基础设施服务水平。

4. 统筹协调、开放共享。做好市政基础设施系统与局部、建设与管理、需求与时序、地上与地下、生产与生活、投资与融资等各方面的统筹协调工作，促进市政基础设施建设的均衡发展，逐步缩小地区差异。突出重点区域、重大项目建设，以京津冀、长三角、珠三角、长江中游等城市群（圈）为主体，拓展市政基础设施资源的区域及城乡配置空间，实现市政基础设施的共建共享，提高市政基础设施运行效率和建设水平。

5. 机制创新、多管齐下。促进市政基础设施全国统一大市场的建立与发展，消除地方性的市场壁垒，提高产业集中度。拓宽资金来源渠道，鼓励社会资本参与市政基础设施的投资、建设与运营，深化市政基础设施的供给方式改革。进一步完善公用事业服务价格形成、调整和补偿机制。建立城市市政基础设施项目库制度，发挥项目库的基础支撑作用。

（三）发展目标

积极适应把握引领经济发展新常态，着力完善城市市政基础设施网络、推进城市市政基础设施领域基本公共服务均等化，到2020年，建成与小康社会相适应的布局合理、设施配套、功能完备、安全高效的现代化城市市政基础设施体系，基础设施对经济社会发展支撑能力显著增强。

——基本民生需求充分保障。以基本民生需求为中心，提高居民的幸福感、获得感。建立互联互通的道路交通网络，城市建成区路网密度达到8公里/平方公里以上，逐步缓解交通拥堵以及停车难问题。进一步扩大公共供水服务范围，全国设市城市公共供水普及率达到95%以上，县城90%以上。建立从“源头到龙头”的饮用水安全保障体系，保障龙头水水质稳定达标。扩大天然气的应用领域与应用规模，全国设市城市燃气普及率达到97%以上，县城燃气普及率达到80%以上。提高北方地区集中供热质量，让老百姓身暖、心暖。重点解决水、电、气、热设施“最后一公里”问题，提高市政基础设施的整体保障水平。

——城市人居环境持续改善。加强城市生态文明建设，营造天蓝水清、城绿地净的城市人居环境。城市水环境质量得到明显改善，污染严重水体较大幅度减少，地级及以上城市建成区黑臭水体均控制在10%以内。改善城市大气环境质量，基本完成分散采暖燃煤小锅炉的撤并改造，能源利用效率大幅提升。按照“300米见绿，500米见园”的要求推进城市公园绿地建设，公园绿地服务半径覆盖率不低于80%。提升市容市貌，建立完善的垃圾分类及回收利用体系，推广绿色照明。

——城市安全水平显著提升。牢固树立安全发展观，健全市政基础设施公共安全体系。单一水源供水的地级及以上城市基本完成备用水源或应急水源建设。加强城市内涝防治，基本消除城区内涝积水点。加强地下管线综合管理，有序推动重大隐患点的筛查和整改，有效降低事故率。建立市政基础设施突发事件总体预案，完善预防为主、预防与应急相结合的体制机制。

——绿色智慧引领转型发展。把握城市发展趋势，提升市政基础设施智慧化水平和绿色发展水平。有序推进综合管廊建设，至2020年，全国城市道路综合管廊综合配建率力争达到2%左右，并建成一批布局合理、入廊完备、运行高效、管理有序的具有国际先进水平的地下综合管廊并投入运营。加快海绵城市建设，20%城市建成区达到海绵城市建设要求。全面摸清市政基础设施家底，完成全国城市市政基础设施大调查。推进智慧城市建设，提高城市安全运行管理水平。

——城市承载能力全面增强。积极发挥市政基础设施在去产能、去库存、去杠杆、降成本、补短板中的积极作用，为"三个1亿人"提供必要的市政基础设施支撑条件，提高市政基础设施对拉动经济增长、促进社会繁荣的支撑能力。

表3 "十三五"时期城市市政基础设施主要发展指标

设施类别	指标名称	设市城市		县城	
		2015年	2020年	2015年	2020年
交通系统	建成区平均路网密度(公里/平方公里)	—	8	—	—
	建成区道路面积率(%)	14.3	15		
	城市公共交通出行分担率	—	超大、特大城市达到40%以上，大城市达到30%以上，中小城市达到20%以上	—	—
综合管廊	城市新区新建道路综合管廊建设率(%)	—	30	—	—
	城市道路综合管廊综合配建率(%)	—	2	—	—
水系统	公共供水普及率(%)	93	95	85	90
	公共供水管网漏损率(%)	15	10	14	10
	污水处理率	91.9%	95%，其中地级及以上城市建成区基本实现全处理	85.2%	85%，东部(1)地区县城力争达到90%
	再生水利用率	10.4%	京津冀区域达到30%以上，缺水城市达到20%以上，其他城市力争达到15%	4.9%	力争达到15%
	污泥无害化处置率	53%	90%/75%(地级市/县级市)	25%	力争达到60%
	海绵城市建设	—	20%城市建成区达到海绵城市建设要求	—	—
	黑臭水体治理	—	地级及以上城市建成区黑臭水体均控制在10%以内	—	—
能源系统	燃气普及率(%)	95.3	97	75.9	80
	热电联产集中供热率	—	北方(2)采暖地区大中型以上城市达到60%以上	—	20万人口以上县城全覆盖
	可再生能源消费比重(%)	—	13	—	13
	城市照明节电率(%)	—	10	—	—
环卫系统	生活垃圾无害化处理率	94.1%	95%，直辖市、计划单列市和省会城市(建成区)达到100%	79%	80%
	生活垃圾回收利用率	—	重点城市(3)35%	—	—
	生活垃圾焚烧处理能力占比	38.0%	50%	—	—

续表

设施类别	指 标 名 称	设市城市		县 城	
		2015 年	2020 年	2015 年	2020 年
绿地系统	建成区绿地率(%)	36.4	38.9	27.1	34
	人均公园绿地面积(m^2/人)	13.4	14.6	10.5	11.4
	公园绿地服务半径覆盖率(%)	—	≥80	—	≥80
智慧城市	城市市政基础设施监管平台覆盖率	—	地级及以上城市全覆盖	—	—
	智慧市政基础设施占基础设施投资比例(%)	—	1	—	—

注:(1)东部包括:北京、天津、辽宁、上海、江苏、浙江、福建、山东和广东。
(2)北方包括:黑龙江、吉林、辽宁、北京、天津、河北、山西、内蒙古、河南、山东、陕西、甘肃、青海、宁夏、新疆和新疆生产建设兵团。
(3)重点城市包括:直辖市、省会城市和计划单列市,共计 36 个。

三、规划任务

(一) 加强道路交通系统建设,提高交通综合承载能力

树立“窄马路、密路网”的城市道路布局理念,优化城市道路网络功能和级配结构,建设快速路、主干路、次干路和支路等级配合理的道路网络系统,强化次干路、支路建设,进一步提高建成区路网密度。打通“断头路”,提高道路通达性。加强城市道路与桥梁的养护、改造,通过盘活存量,提高既有路网的承载能力和运行水平。

加快停车设施建设,坚持差别化供给原则,形成以配建停车为主体、路外公共停车为辅助、路内停车为补充的停车设施供给模式。以居住区、大型综合交通枢纽、城市轨道交通外围站点、医院、学校、旅游景区等特殊地区为重点,通过内部挖潜改造建设停车场,并在有条件的周边区域增建公共停车场。加强城市建筑物非机动车、机动车车位配建,鼓励建设停车楼、地下停车场、机械式立体停车库等集约化停车设施,并按一定比例配建电动汽车充电设施。有序发展公共自行车服务系统,加强人行道、自行车道建设,倡导绿色出行。

(二) 推进城市轨道交通建设,促进居民出行高效便捷

充分发挥城市轨道交通在城市公共交通中的骨干作用,超大城市和特大城市应积极建设城市轨道网络,优化轨道交通功能层次;符合条件的大城市,应当结合城市发展和交通需求,因地制宜地建设城市轨道交通系统,构建覆盖主客流走廊的城市轨道交通骨架。

注重城市轨道交通与城市土地利用开发的有机结合,促进城市轨道交通建设与土地开发时序、强度相匹配,实现城市轨道交通与城市土地利用开发协调互动发展。加强城市轨道交通与其他交通方式的衔接,构建一体化的城市综合交通体系,围绕城市轨道交通站点,构建步行、自行车、公共汽(电)车等多种交通方式与城市轨道交通的有机衔接。

(三) 有序开展综合管廊建设,解决“马路拉链”问题

加强地下管线建设改造,保障城市运行的“生命线”。全面改造使用年限超过 50 年、材质落后、漏损严重、瓶颈管段的供水管网,降低管网漏损率和事故率。因地制宜推进雨污分流管网改造

和建设,对暂不具备分流改造条件的,要建设截流干管,适当加大截流倍数。对存在事故隐患的供热、燃气、电力、通信等地下管线进行维修、更换和升级改造。对存在塌陷、火灾、水淹等重大安全隐患的电力电缆通道进行专项治理改造,推进城市电网、通信网架空线入地改造工程。推进老旧小区水电气热及二次供水设施的改造,打通市政基础设施的“最后一公里”。推进地下空间“多规合一”,统筹布局各类地下设施。

合理布局综合管廊,集约利用城市地下空间。在城市新区、各类园区和成片开发区域,新建道路必须同步建设地下综合管廊,老城区因地制宜推动综合管廊建设,逐步提高综合管廊配建率。在交通流量较大、地下管线密集的城市道路、轨道交通、地下综合体等地段,城市高强度开发区、重要公共空间、主要道路交叉口、道路与铁路或河流的交叉处,以及道路宽度难以单独敷设多种管线的路段,优先建设地下综合管廊。至2020年,建成一批具有国际先进水平的地下综合管廊并投入运营,“马路拉链”问题得到明显改变。

规划建设地下综合管廊的区域,所有管线必须入廊,合理安排各类管线的入廊顺序。健全入廊、有偿使用、收费保障和监管等制度,形成入廊完备、收费合理、运行顺畅、保障充分、监管有力的综合管廊长效运行管理机制。

（四）构建供水安全多级屏障,全流程保障饮用水安全

推进供水设施改造与建设,满足城市新增人口的用水需求。建立从“源头到龙头”的全流程饮用水安全保障体系,加快对水源污染、设施老化落后等导致的供水水质不能稳定达标的水厂、管网和二次供水设施的更新改造。针对因原水污染导致出厂水高锰酸盐指数和臭味等指标超标的水厂,应采用强化常规工艺,或采用预处理或深度处理工艺等方式进行升级改造;针对现有工艺不完善导致出厂水铁、锰、氟化物、砷等指标超标的水厂,应以增加除铁、锰、氟、砷工艺为主进行升级改造。水厂改造要设置水质在线监测,并综合考虑应急处理的要求。加强应急水源、备用水源供水工程建设,提高安全供水保障能力。

扩大公共供水管网覆盖范围,有序关停公共供水管网覆盖范围内的自备井,提高公共供水有效供给。开展供水管网分区计量管理,加强供水管网漏损检查和改造,降低供水管网漏损率。实施城市节水综合改造,推进城市再生水、雨水、海水淡化水等非常规水源的利用,全面建设节水型城市。

（五）全面整治城市黑臭水体,强化水污染全过程控制

以黑臭水体治理带动城市水环境改善,提高水体的生态、景观、游憩和文化功能,促进城市品质提升。按照因地制宜、一河一策的原则,综合采取控源截污、内源治理、生态修复、活水保质等措施,科学整治城市黑臭水体。地方政府根据所公布黑臭水体名单、总体整治计划及各黑臭水体整治工作进展情况,定期公布水体整治效果,避免“一年一治、反复治理”。

对黑臭水体及其支流汇流范围内的城中村、老旧城区和城乡结合部,因地制宜开展污水收集和处理设施的建设与改造,力争做到全收集、全处理、全达标排放。要通过雨污分流、污水管网的建设与改造提高污水管网质量,逐步使污水处理厂的进水浓度达到设计要求。合理确定污水处理厂污染物排放标准,对出水不能达到水生态环境质量要求的污水处理厂,要进行相应的提标改造。对雨季溢流频率高的污水处理厂,要根据实际情况进行管网雨污分流改造或污水处理厂增容扩容改造。敏感区域的污水处理设施应尽快提标改造,达到国家相关要求。加快城市排水与污水监测能力建设,所有设市城市应具备排水与污水处理监测能力。

强化污泥无害化处理处置,按照“绿色、循环、低碳”原则建设污泥处置设施。现有不达标的污

泥处理处置设施应加快完成达标改造，优先解决污泥产生量大、存在二次污染隐患地区的污泥处置问题。污泥处置设施布局应“集散结合、适当集中”，提高处理的规模效应。因地制宜选择污泥处理处置措施，拓展达到稳定化、无害化标准污泥制品的使用范围，尽可能回收污泥中的资源、能源。

（六）建立排水防涝工程体系，破解“城市看海”难题

保障排水防涝安全，坚持自然与人工相结合、地下与地上相结合，构建“源头减排、雨水收排、排涝除险、超标应急”的城市排水防涝体系，并与城市防洪做好衔接。

加快对城市易涝点整治，使经整治的超大城市和特大城市的易涝点防涝能力达到50年一遇以上，大城市达到30年一遇以上，中小城市达到20年一遇以上。对城市易涝点的雨水口和排水管渠进行改造，科学合理设置大型排水（雨水）管廊。在城市易涝点汇水区范围内，建设雨水滞渗、收集利用等削峰调蓄设施，增加雨水花园、下凹式绿地、植草沟，对道路、停车场和广场进行透水性改造，将区域内屋顶以及其他不透水表面上的雨水就近引入，通过雨水滞、蓄实现源头减排。对城市易涝点的排水防涝泵站进行升级改造或增设机排能力，充分利用绿地、广场、立交桥区空间建设雨水调蓄设施，配套建设雨水泵站自动控制系统和遥测遥控及预警预报系统。结合自然地形地貌、城市内河、次干道路、大型排水明渠干沟建设，建设雨洪行泄通道。根据应急预案，按需储备应急抢险移动泵车、发电机等设施设备。建设暴雨内涝监测体系，提高内涝预报预警能力。

（七）加快推进海绵城市建设，实现城市建设模式转型

转变传统的城市建设理念，按照规划引领、生态优先、安全为重、因地制宜的原则，综合采取“渗、滞、蓄、净、用、排”等措施，建设自然积存、自然渗透、自然净化的海绵城市。统筹推进新老城区海绵城市建设，城市新区建设以目标为导向，全面落实海绵城市建设要求；老城区以问题为导向，结合城市棚户区、城中村、老旧小区改造等，以治理城市内涝与黑臭水体为突破口，有序推进海绵城市建设，实现“小雨不积水、大雨不内涝、水体不黑臭、热岛有缓解”的目标。

推广海绵型建筑与小区，因地制宜采取屋顶绿化、雨水调蓄与收集利用、微地形等措施，提高建筑与小区的雨水积存和蓄滞能力；推进海绵型道路与广场建设，改变雨水快排、直排的传统做法，增强道路绿化带对雨水的消纳功能，在非机动车道、人行道、停车场、广场等扩大使用透水铺装，推行道路与广场雨水的收集、净化和利用，减轻对市政排水系统的压力。推广海绵型公园和绿地，通过建设雨水花园、下凹式绿地、人工湿地等措施，增强公园和绿地系统的城市海绵体功能，消纳自身雨水，并为蓄滞周边区域雨水提供空间。

（八）优化供气供热系统建设，提高设施安全保障水平

增加天然气供应，提高管道天然气覆盖率。稳步发展居民和工商业用气，新增天然气应优先保障居民生活和替代分散燃煤。稳步推进电能替代，推广电锅炉、电窑炉、电采暖等新型用能方式。

大力发展热电联产集中供热和天然气、电能、可再生能源等清洁能源供热。加大现有热电联产机组供热潜力挖掘。实施燃煤锅炉节能改造，取消集中供热管网覆盖范围内分散采暖燃煤小锅炉，将其供热面积接入城市集中供热系统，对集中供热管网暂未覆盖的分散采暖燃煤小锅炉，因地制宜采用电能、浅层地能及其他清洁能源供热方式进行热源替代。

加大供热系统老旧基础设施改造力度，加强对供热一次网系统中存在事故隐患的基础设施进行维修、更换和升级改造的同时，对供热二次网系统和用户户内系统中使用年限超过15年、材质落后并存在漏损隐患的管网与设施进行改造。加快新建供热管网工程建设力度。对存在多个热源的大型供热系统，应具备联网运行条件，实现事故时的相互保障。加强供热、燃气系统监控能力建设。

大力推行采暖地区住宅供热分户计量，新建住宅必须全部实现分户计量，既有住宅要逐步实施热计量改造。

以满足交通安全、视觉舒适的基本功能需求为前提，推进城市道路照明设施建设。加强景观照明的规范化建设，控制范围和规模，防控光污染。因地制宜开展包含充电桩、无线网络等技术的多功能灯杆建设，拓展照明设施的复合功能。

（九）完善垃圾收运处理体系，提升垃圾资源利用水平

大力推行垃圾分类制度，遵循“减量化、资源化、无害化”原则，加快建立分类投放、分类收集、分类运输、分类处理的垃圾处理系统。推进生活垃圾收运体系与再生资源回收利用体系的有效衔接，提高设施运行管理水平。

加快生活垃圾处理新增设施建设及现有设施改造，优化西部地区垃圾无害化处理能力结构，进一步缩小地区间生活垃圾处理水平差距。逐步限制原生垃圾直接进入垃圾填埋场填埋，鼓励因地制宜的生活垃圾协同处置模式。在土地相对紧缺、经济发展水平较高的城市，推广垃圾焚烧处理方式，统筹飞灰、残渣处理处置设施建设，推进区域处理处置设施共建共享。

推广餐厨垃圾收运处理一体化服务，提升餐厨垃圾处理技术水平，探索餐厨垃圾、园林垃圾、粪便等有机垃圾一体化处理和资源化利用模式。力争到2020年，基本建立城市餐厨垃圾回收利用体系。

加强建筑垃圾源头减量与控制。加强建筑垃圾资源回收利用设施及消纳设施建设，积极拓展建筑垃圾再生利用产品市场利用渠道，鼓励建筑垃圾回用于道路及海绵设施建设。开展建筑垃圾存量排查及安全隐患整治，建立建筑垃圾数字化管理平台。

（十）促进园林绿地增量提质，营造城乡绿色宜居空间

优化城市绿地布局结构，提高园林绿地空间分布系统性与均衡性。加强城市综合公园、社区公园及植物科普、体育健身等各类专类公园建设。结合新区建设、旧城更新、综合整治、拆违还绿，扩大园林绿地规模。拓展城市中心区、老城区绿色公共空间，挖潜增绿，围绕老百姓需求，建设“小、多、匀”公园绿地体系。鼓励老旧社区附属绿地改造升级。加强园林养护管理，推进城市园林绿化由重建轻管向建管并重转变。

推行生态绿化方式，完善绿地系统功能。加速推进城市园林绿化从单一功能向生态、景观、游憩、文化传承、科教、防灾等多种复合功能协调发展。改造提升存量绿地，健全绿地配套设施，强化绿地服务居民日常活动的功能，增强绿地系统的海绵体功能。加强生物多样性保护，推广应用乡土及本地适生植物，保护古树名木资源。积极推广立体绿化，实现多元增绿。

统筹区域城乡生态空间，推进城乡一体绿地系统建设。强化城市绿地与山水林田湖等生态要素的联系，将森林、湿地等生态系统合理融入城市空间，增加城市绿色元素，构建覆盖城乡的自然生态网络，提升绿色公共空间的连通性。推进环城绿带、生态廊道、大型防护绿地等各类结构性绿带绿廊绿楔建设。加强城市周边和城市群绿化，推进绿道建设，构建城乡绿道网络体系。推进郊野公园、湿地公园建设，提升城乡郊野游憩功能。建成一批示范性绿色城市、生态园林城市、森林城市。

（十一）全面实施城市生态修复，重塑城市生态安全格局

修复城市自然生态系统，有计划有步骤地修复被破坏的山体、水体、湿地、植被，推进城市废弃地修复和再利用，治理污染土地。对城市受损山体，利用修坡整形、矿坑回填等工程技术恢复山体自然形态，种植乡土适生植物、逐步重建山体植被群落。对河流、湖泊、湿地及海岸，禁止明河改暗渠、填湖造地、截弯取直、违法取砂等破坏行为，通过水体生态修复、重塑自然岸线，修复生境、提高

水体自净能力,提升城市水体生态功能。对工业废弃地、采矿废弃地、垃圾填埋场等各类城市污染废弃地进行生态修复,防控污染风险,将生态修复与城市景观、游憩和改造利用相结合,恢复植被与生境,提升废弃地利用价值。

(十二) 推进市政设施智慧建设,提高安全运行管理水平

实施“互联网+”市政基础设施计划,加强通信光缆、局房、基站等信息通信设施建设,促进大数据、物联网、云计算等现代信息技术与市政基础设施的深度融合。

发展智慧道路,建立道路设施与通行主体之间信息交互机制,提高通行效率。发展智慧水务,构建覆盖供排水全过程,涵盖水量、水质、水压、水设施的信息采集、处理与控制体系。发展智慧管网,实现城市地下空间、地下综合管廊、地下管网管理信息化和运行智能化。发展智慧环卫,合理设计规划环卫管理模式,提升环卫作业质量。发展智慧能源,对能源供需实施精细化控制,促进节能减排,提高能源供应安全保障水平。发展智慧园林,实现园林绿化监测、管控与公众服务的智能化。加强各类市政设施管理数字化平台建设和功能整合,建设综合性城市运行管理数据库,实现多源信息整合和共享,逐步消除“信息孤岛”。探索建立全国城市市政基础设施数字化监管体系。

四、重点工程

(一) 城市路网加密缓堵工程

新增(含道路挖潜新增的路面宽度在 3.5 米及以上各种铺装道路、道路新建)城市道路 10.4 万公里,新增道路面积 19.5 亿平方米。

(二) 城市轨道交通建设工程

500 万人口以上特大、超大城市,加大轨道交通网络覆盖率,300—500 万 I 型大城市加快建设城市轨道交通骨干网络,100—300 万 II 型大城市积极推进轻轨等城市轨道交通系统建设,共新增城市轨道交通运营里程 3000 公里以上。

(三) 城市综合管廊建设工程

结合道路建设与改造、新区建设、旧城更新、河道治理、轨道交通、地下空间开发等,建设干线、支线地下综合管廊 8000 公里以上。

(四) 城市供水安全保障工程

新建水厂规模共计 0.45 亿立方米,新建供水管网长度共计 9.30 万公里。对出厂水水质不能稳定达标的水厂全面进行升级改造,总规模 0.65 亿立方米/日。对受损失修、落后管材和瓶颈管段的供水管网进行更新改造,共计 8.08 万公里。对不符合技术、卫生和安全防范要求的二次供水设施进行改造,总规模 1282 万户。在 100 个城市开展分区计量、漏损节水改造。

(五) 城市黑臭水体治理工程

在全国 36 个重点城市开展初期雨水污染治理,新增处理能力 831 万立方米/日。全国地级及以上城市治理黑臭水体 2026 个,总长度 5798 公里。

新建污水管网 9.5 万公里,改造老旧污水管网 2.3 万公里,改造合流制管网 2.9 万公里。新增污水处理能力 3927 万立方米/日,污水处理设施升级改造 4220 万立方米/日。新增污泥处理处置能力 5.6 万吨/日。新增再生水处理能力 1504 万立方米/日。

建设国家排水与污水处理监测站，包括 1 座国家站，38 座省级站，288 座地市级站，361 座县级站。

（六）海绵城市建设工程

通过海绵型建筑与小区、海绵型道路与广场、海绵型公园与绿地、雨水蓄排与净化利用等设施建设，使满足海绵城市建设要求的城市建成区达到 1.1 万平方公里。建立海绵城市监测评估技术评价体系。

（七）排水防涝设施建设工程

建设城市雨水管道 11.24 万公里、大型雨水管廊/箱涵 0.99 万公里，机排泵站建设总规模 2.87 万立方米/秒，调蓄设施总容积 2.37 亿立方米，行泄通道整治与建设总长 1.74 万公里，临时（应急）排水装备总规模 2996 立方米/秒。

（八）燃气供热设施建设工程

改造分散采暖燃煤小锅炉热源总供热能力 1.5 万兆瓦；改造供热一次网老旧管网 3.0 万公里，供热二次网 2.0 万公里；改造市政燃气管网 3.1 万公里，庭院燃气设施 3.0 万公里。

新建集中供热热源供热能力 17.1 万兆瓦，与之配套的新建集中供热管网 4.1 万公里。新建燃气管道 13.7 万公里，新建燃气、供热系统监控平台 555 座。

在 200 个设市城市、县城实施道路照明节能改造。

（九）城市垃圾收运处理工程

新增生活垃圾处理设施规模 50.97 万吨/日，新增转运设施规模 31.59 万吨/日，新增市容环卫车辆 9.27 万辆。

新增餐厨垃圾处理能力 3.44 万吨/日。新增建筑垃圾资源化利用能力 108.29 万吨/日，新增建筑垃圾消纳能力 97.46 万吨/日。

（十）园林绿地增量提质工程

新建城市综合公园、社区公园、专类公园和游园等各类公园绿地面积 16 万公顷，提质改造现存公园绿地 23 万公顷。

新增绿道 2 万公里，新增郊野公园 5 万公顷，新增城市绿廊 10 万公顷。

（十一）城市生态修复工程

对破损山体、城市废弃地开展生态修复，共计 4 万公顷。新增屋顶绿化总面积不低于 1500 公顷，垂直绿化投影总长度不少于 3000 公里。

（十二）市政设施智慧建设工程

在全国 656 个城市全面开展城市市政基础设施调查，开展市政基础设施信息化、智慧化建设与改造，建立全国城市市政基础设施数据库。依托已有基础，建设完善全国城市市政基础设施监管平台。

五、保障措施

（一）明确责任主体

省级人民政府要充分认识城市市政基础设施的重要性和紧迫性，把城市市政基础设施建设纳入重要议事日程，加大监督、指导和协调力度，结合已有规划和各地实际，出台具体政策措施并抓好落实。

城市人民政府是市政基础设施建设的责任主体，要切实履行职责，抓好项目落实，科学确定项目规模和投资需求，公布城市市政基础设施建设具体项目和进展情况，接受社会监督，做好城市基础设施建设各项具体工作。

国务院有关部门按职能分工，完善相关制度和政策，加强对规划实施的指导和监督。

（二）科学实施规划

城市人民政府要尽快按照《规划》的目标和总体要求，依据当地城市总体规划和土地利用规划，编制或完善本地的城市市政基础设施建设规划，落实建设项目，制定投融资方案和年度实施计划，建立滚动项目库。加快对落实项目的可研、立项、初步设计、土地、环评等必要前期准备和审批工作。

优先保障城市市政基础设施的用地需求，纳入土地利用年度计划。禁止以城市开发或其他理由侵占城市市政基础设施规划用地，禁止随意更改市政基础设施用地性质。设施建设用地要严格执行国家关于节约和集约用地的要求。

推动建立市政基础设施全国统一大市场，各地要开放市场，打破地域垄断，鼓励省域选择并支持若干家实力较强的省内外专业企业，采用并购、重组等方式，通过有效打包整合提升收益能力，提高投资效益，提高产业集中度。打破以项目为单位的分散运营模式，实行规模化经营；鼓励厂网一体、站网一体、收集处理一体、建设养护一体的投资建设运营。

（三）保障资金投入

各级政府要把加强和改善城市市政基础设施建设作为重点工作，确保必要投入。强化地方政府对城市市政基础设施建设的资金保障，加大对造成城市内涝、交通拥堵、水体黑臭、垃圾围城等城市病的“短板型”以及海绵城市、综合管廊等市政基础设施建设的投资。充分发挥中央财政资金的引导作用，重点向中西部等市政基础设施总量严重不足的地区倾斜。

大力推广政府和社会资本合作（PPP），充分发挥市场机制决定性作用，形成政府投资和社会资本的有效合力。城市政府通过规划确定发展目标、任务和建设需求，采取公开招标、邀请招标、竞争性谈判等方式竞争择优选择社会资本合作伙伴，通过合同管理、绩效考核、按效付费，实现全产业链和项目全生命周期的PPP合作，积极引导社会资本有序参与城市市政基础设施建设、运行维护和服务，提高市政公用领域的投资效率和服务质量。

推进价格机制改革，统筹运用税收、费价政策，按照补偿成本、合理收益、公平负担的原则，清晰界定政府、企业和用户的权利义务，建立健全公用事业和公益性服务财政投入与价格调整相协调机制，促进政府和社会资本合作，保证行业可持续发展，满足多元化需求。

努力拓宽PPP项目的融资渠道，充分调动各类金融机构的积极性，鼓励其为符合条件的PPP项目提供融资支持。鼓励银行业金融机构在风险可控、商业可持续的前提下，加快创新金融产品和服务方式，积极开展特许经营权、收费权、购买服务协议预期收益等担保创新类贷款业务，拓宽PPP项目的融资渠道，推进建立多元化、可持续的PPP项目资金保障机制。

支持符合条件的企业发行企业债券，扩大债券支持范围和发行规模，在有效控制企业债券市场风险的前提下，充分发挥企业债券对城市基础设施建设的支持作用。支持市政基础设施建设相关企业和项目发行短期融资券、中期票据、资产支持票据、项目收益票据等非金融企业债务融资工具，拓宽市场化资金来源。

（四）加强科技支撑

建立以市政公用企业主导的产业技术创新机制，激发企业创新内生动力；健全技术创新的市场导向机制和政府引导机制，加强产学研协同创新，引导各类创新要素向市政公用企业集聚，培育市政公用企业新的增长点，促进经济转型升级提质增效。

针对市政基础设施建设中存在的关键技术问题，组织实施关键技术与设备研发及关键装备产业化示范。加强国家相关科技成果对规划实施的科技支撑，进一步扩大“十二五”重大科技成果的应用范围，推动海绵城市建设、黑臭水体治理、城市生态修复、智慧城市建设等相关技术及理论创新，积极推广适用技术，建立完善城市市政基础设施强制性标准体系和质量评价体系。

加强市政基础设施专业技术人才、管理人才建设和培养，大力发展职业教育和职业培训，加强岗前和岗中职业培训，提高从业人员的职业技能水平。

（五）强化监督管理

省级住房城乡建设主管部门会同同级发展改革等有关部门，加强对本行政区域城市贯彻落实《规划》的指导和监督，建立评估考核制度，并纳入城市人民政府考核体系，对工作成绩突出的城市予以表彰奖励；对《规划》贯彻实施不力的政府负责人进行约谈，限期整改；对发生重大事故的政府负责人，依法追究相关责任。

依法规划、建设和管理城市。城市规划建设管理要保持城市市政基础设施的整体性、系统性，避免条块分割、多头管理，建立健全地上和地下统筹协调的基础设施管理体制机制，推进城市管理向服务群众生活转变，促进城市公共服务、生态环保、节能减排、防灾减灾等综合能力和功能的提升。

城市公共交通“十三五”发展纲要

交运发〔2016〕126号

前　言

城市公共交通是满足人民群众基本出行需求的社会公益性事业，与人民群众生产生活息息相关，是政府应当提供的基本公共服务和重大民生工程。党中央、国务院高度重视城市公共交通发展，2012年12月，国务院发布《国务院关于城市优先发展公共交通的指导意见》（国发〔2012〕64号），进一步确立了城市公共交通优先发展战略，并提出了一系列优先发展公共交通的重大政策措施。《中华人民共和国国民经济和社会发展第十三个五年规划纲要》明确提出：实行公共交通优先，加快发展城市轨道交通、快速公交等大容量公共交通，鼓励绿色出行。党中央、国务院关于城市公交优先发展的重大战略决策，为城市公交优先发展指明了方向。

“十三五”时期是我国全面建成小康社会的决胜阶段，新型城镇化建设快速推进，城市公共交通发展将迎来重要的战略机遇期和攻坚期。为深入贯彻落实城市公共交通优先发展战略，充分发挥城市公共交通对改善城市交通状况、促进经济社会协调和可持续发展的作用，特编制《城市公共交通“十三五”发展纲要》（以下简称《纲要》）。《纲要》在总结“十二五”期城市公共交通发展成绩和主要问题的基础上，分析了“十三五”期面临的新形势和新要求，明确了城市公共交通发展的总体思路、发展目标和重点任务，是“十三五”期推进城市公共交通优先发展的指导性文件。

一、现状与形势

（一）发展基础

1. 城市公交发展政策体系建设取得新突破。2012年12月，国务院发布《国务院关于城市优先发展公共交通的指导意见》（国发〔2012〕64号），提出一系列优先发展公共交通的重大政策措施，标志着我国城市公交发展进入了新的历史时期。2013 年，交通运输部出台《交通运输部关于贯彻落实〈国务院关于城市优先发展公共交通的指导意见〉的实施意见》（交运发〔2013〕368 号），明确了落实城市公交优先发展战略的具体举措。推动出台了免征城市公交车辆购置税和场站土地使用税等优惠政策。各地积极贯彻国务院文件精神及部实施意见，60%以上的中心城市出台了落实城市公共交通优先发展战略的实施意见及政策措施，城市公共交通优先发展由部门行为上升为政府行为，公交优先发展理念逐步得到广泛认同。

2. 城市公交服务保障能力再上新台阶。截至“十二五”末，全国共有城市公共汽电车运营车辆超过 63 万标台，运营线路总长度约 90 万公里，较 2010 年分别增长 38%和 41%。全国有 25 个城市开通了城市轨道交通线路，城市轨道交通运营线路总长度超过 3200 公里，较 2010 年增长超过一倍。城市快速公共交通系统运营线路总长度超过 3000 公里，较 2010 年增长约六倍。全国共设置公交专用车道超过 8500 公里，较 2010 年增长超过一倍。

3. 城市公交服务质量取得新提升。全国城市公共交通年客运量超过 900 亿人次，比 2010 年增长约 25%。全国城市建成区公交站点 500 米覆盖率已达 85%，公共汽电车中空调车比例超过 50%。城市公共交通智能化调度、动态监控和实时信息服务水平不断提升，定制公交、商务快巴、旅游专线、社区巴士等特色公共交通服务遍地开花，一大批“星级服务”文明线路、“青年文明号”先进班组和模范个人不断涌现。

4. 城市公交行业改革取得新进展。交通运输大部制改革不断深化，各省、自治区、直辖市将指导城市客运的职责整体划入交通运输管理部门。全国 98%的地级以上城市将公共交通管理职能划归交通运输部门。各地积极探索城市公共交通发展改革，推进运营主体整合和管理模式创新，探索实施城市公共交通服务质量招投标制度、公共财政保障制度、社会满意度调查制度等，有效提升了城市公共交通综合治理能力。

5. 公交都市建设活动得到广泛认可。“十二五”期，交通运输部组织在 37 个城市开展了公交都市建设示范工程，倡导“公共交通引导城市发展”理念，支持各城市在落实公交优先发展战略、缓解城市交通拥堵等方面先行先试。交通运输部发布了《城市公共交通规划编制指南》，指导各地强化城市公交规划与城市总体规划、城市控制性详细规划的衔接，发挥规划的先导作用。80%以上省会城市和 50%以上的地级城市编制完成了城市公共交通发展规划。通过开展公交都市建设，各地优先发展城市公交的政策体系进一步完善，城市公交基础设施、运营保障能力和服务水平稳步提升，并形成了一批可复制、可推广的典型案例。

尽管“十二五”期城市公共交通发展成绩显著，但与我国经济社会发展和人民群众的出行需求相比，城市公共交通发展总体滞后的局面仍没有彻底改变，还存在一些亟待解决的问题。主要体现在：

一是城市公交在城市交通中的主体地位尚未确立，在缓解城市交通拥堵等“城市病”方面的重要作用没有充分发挥。全国多数城市公交机动化出行分担率不足 40%，与国外同类城市相比差距较大。二是城市公交供给模式单一、服务质量不高、吸引力不强。“等车时间长、行车速度慢、乘车环境差、换乘不方便”等问题仍然较为突出。三是公交基础设施不足。城市公交枢纽场站、公交专用道等设施建设滞后，制约了城市公交运营调度效率和服务质量提升。四是行业政策制度不完善。行业法规和标准规范建设滞后，公交定价调价机制和补贴补偿制度不健全，公交设施用地综合开发、城市建设项目交通影响评价等重要制度尚未有效落实。五是行业可持续发展能力不足。公交企业经营普遍比较困难，改善服务动力不足，职工待遇低，队伍不稳定。

（二）形势要求

1. 适应人民群众基本出行需要，城市公交应加强供给侧结构性改革。据测算，“十三五”末全国城市公交年出行总量将达1200亿人次左右。同时，城市交通出行结构和运行方式发生了显著变化，出行需求将更趋多元化和个性化，客观上要求城市公交在持续提升保障能力的基础上，进一步加强供给侧改革，优化供给结构，提升服务针对性和精准性，实现量质并举、全面发展。

2. 适应新型城镇化建设需要，城市公交应发挥好导向作用。“十三五”期，是新型城镇化建设的加速时期。《国家新型城镇化规划（2014—2020年）》明确，“城市发展模式科学合理。密度较高、功能混用和公交导向的集约紧凑型模式成为主导”。为适应新型城镇化建设需要，必须加快建立公交导向的城市发展模式，改变城市公交被动追随城市发展的局面。

3. 适应城市交通科学发展需要，城市公交应发挥好主体作用。我国城市人口总量大，居住密度高、土地资源匮乏，同时私人小汽车以年均20%以上的速度增长，城市交通拥堵状况日益严重。国内外经验和实践证明，城市公交具有容量大、效率高、能耗少、污染小的比较优势。缓解城市交通拥堵、推进城市交通科学发展，要求充分发挥公共交通的主体作用，大力发展低碳、高效、大容量的公共交通系统。

4. 适应城乡公共服务均等化建设需要，城市公交应发挥好带动作用。建设资源共享、相互衔接、布局合理、方便快捷的城乡客运一体化服务网络，是推进城乡客运基本公共服务均等化的重要依托。城市公交作为居民出行的最主要、最基本方式，应当发挥以城带乡作用，通过将公交服务逐步延伸到城市周边或市域，不断提升公交服务的广度和深度，全力带动城乡客运资源融合、服务衔接。

二、总体思路

（一）指导思想

紧紧围绕全面建成小康社会的奋斗目标，牢固树立“创新、协调、绿色、开放、共享”的发展理念，深入贯彻落实公交优先发展战略，以公交都市建设为抓手，以改革创新为动力，全力推进城市公交体制机制改革和供给侧结构性改革，加快提升城市公交引导城市发展能力、服务保障能力、可持续发展能力和综合治理能力，努力打造高效便捷、安全舒适、经济可靠、绿色低碳的城市公交系统，不断满足人民群众基本出行需要，实现好、维护好、发展好人民群众的基本出行权益。

（二）基本原则

——以人为本，提质增效。坚持以公交优先促进公交优秀，不断提高城市公交的吸引力与竞争力，让公众主动优选城市公交出行；坚持绿色发展、安全发展、共享发展，有效发挥科技支撑作用，努力提升城市公交系统的供给能力、服务质量和综合效能，缓解城市交通拥堵和资源环境压力。

——政府主导，市场运作。坚持城市公交的公益属性，落实城市公交资源配置、服务质量监管、票制票价制定及调整等政府主导责任；落实城市公交服务提供、安全生产、成本控制等企业主体责任，鼓励企业规模经营、适度竞争。推动城市公交基础设施建设、维护与运营市场化改革。

——规划引导，统筹发展。科学编制城市公交规划，加强城市公交规划与城市总体规划和控制性详细规划的衔接，充分发挥城市公交对城市发展的引导作用。坚持以城带乡，统筹规划城乡及都市圈、城市群公交发展。

——深化改革,依法治理。加快行业管理体制机制改革,推进城市公交票制票价、政府购买服务、用地综合开发等关键制度创新。完善行业综合治理体系,加强行业法规政策和标准规范体系建设,发挥中介组织作用,畅通社会监督渠道。

——因地制宜,分类指导。引导各地结合城市规模、经济发展水平、资源环境条件、自然地理特点等因素,因地制宜选择城市交通出行结构和公交发展模式。指导各地按照不同类型城市对城市公交出行需求的差异,分类确定发展目标、发展重点和发展政策。

(三) 发展目标

1. 发展愿景

城市公共交通发展的愿景是,全面建成适应经济社会发展和公众出行需要,与我国城市功能和城市形象相匹配的现代化城市公共交通体系。主要体现在:

——群众出行满意。实现城乡客运基本公共服务均等化,群众出行更加高效便捷、安全舒适、经济可靠、绿色低碳,公共交通成为群众出行的优先选择。

——行业发展可持续。实现城市公交综合治理体系和治理能力现代化;城市公交对城市空间结构和功能布局的引导作用充分发挥,成为城市交通的主体,实现城市公共资源利用效率与城市交通承载力的科学匹配;公交企业实现规模化、集约化发展,更具活力和竞争力,公交职工具有强烈的职业荣誉感和行业归属感。

2. 具体目标

到2020年,初步建成适应全面建成小康社会需求的现代化城市公共交通体系。城市公交行业体制机制改革深入推进,政府购买城市公交服务等重点领域的制度建设和落实取得实质进展;行业发展活力和可持续发展能力显著增强;城市公交供给侧改革取得突破,服务针对性和精准性显著提升,优选公交成为出行习惯,广大群众出行更安全、更高效、更舒适、更便捷。

根据不同人口规模对城市进行分类,按照"数据可采集、同类可比较、群众可感知"原则,分别提出"十三五"期各类城市公交发展指标(见下表,相关指标说明详见附件)。

"十三五"期各类城市公交发展指标表

	城区常住人口500万以上	城区常住人口300万—500万	城区常住人口100万—300万	城区常住人口100万以下
城市公共交通出行分担率(城市公共交通机动化出行分担率)	40%以上(60%左右)	30%以上(60%左右)	30%以上	20%以上
城市交通绿色出行分担率	75%左右	80%左右	80%左右	85%左右
城市公共交通乘客满意度	85%以上	85%以上	85%以上	85%以上
城市公共交通站点500米覆盖率	100%	100%	100%	80%以上
城市公共交通站点300米覆盖率	80%以上	70%以上	—	—
城市公共汽电车正点率	75%以上	75%以上	80%以上	85%以上
城市公共汽电车责任事故死亡率	不超过0.04人/百万车公里	不超过0.04人/百万车公里	不超过0.04人/百万车公里	不超过0.05人/百万车公里
城市轨道交通责任事故死亡率	不超过0.01人/百万车公里	不超过0.01人/百万车公里	不超过0.01人/百万车公里	—
城市公共交通来车信息预报服务	建成区内全覆盖	建成区内基本全覆盖	主要客运通道全覆盖	主要客运通道基本全覆盖

三、全面推进公交都市建设

（一）建立城市公交引导城市发展新机制。全面推进公交都市建设，引导建立城市公共交通规划与城市总体规划全过程的协同工作机制，增强城市公交对城市发展的引导作用。加快建立健全多部门共同参与的城市公共交通规划协调和落实机制，以城市公交“一张网”的理念，对城市轨道交通和公共汽电车进行统一规划、统筹建设和运营管理，确保相互衔接、协同服务。

（二）总结推广公交都市建设工作经验。总结公交都市在城市公交规划、建设、运营、管理等方面的成功案例和经验，并通过编制发放案例资料、组织交流宣讲等方式，在全国范围内推广应用，实现公交优先发展分类推进、共同提升。

（三）丰富公交都市建设内涵。围绕规划引领、智能公交、快速通勤、综合衔接、绿色出行和都市圈交通一体化等方面，重点面向地市级城市，兼顾城市群和都市圈发展，分主题、分类型进行建设。

公交都市建设专项行动

1. **扩大建设范围。**“十三五”期，在地市级以上城市，全面推进公交都市建设专项行动，交通运输部对各公交都市建设城市内符合条件的综合客运枢纽建设给予支持。通过5年左右的建设，实现中心城区500米上车，城市交通绿色出行比例达到75%以上。

2. **新能源城市公交车推广应用。**指导各公交都市建设城市按照“统筹规划、分步实施”的原则，编制新能源城市公交车推广应用实施方案。创新推广应用模式，鼓励“融资租赁”、“车电分离”和“以租代售”等多种运营模式先行先试，分类推广。到2020年，公交都市建设城市新能源公交车比例不低于35%。

3. **“互联网+城市公交”发展。**指导各公交都市建设城市编制“互联网+城市公交”行动计划，推动利用互联网整合城市公交运输资源，发展定制公交等新型服务模式，提供丰富的公众出行信息服务，并通过大数据采集和分析为公交规划、决策及运营管理等方面提供支撑。

四、深化城市公交行业体制机制改革

（一）推进城市公交管理体制改革。深化行业管理体制改革，推动建立规划、建设、运营、管理一体化的城市公交管理体制；完善城市公交发展跨部门协调机制，形成综合协调、运转高效的工作机制。在城市群、都市圈范围内探索建立跨行政区域的公交发展协调机制。

（二）推进城市公交企业改革。结合国有企业分类改革，按照“规模经营、适度竞争”原则，适度整合城市公交经营主体；完善现代企业制度和国有资产管理体制，提高城市公交服务效率和能力；引入市场机制，提高城市公交服务效率和能力；强化监督，建立健全权责对等、运转协调、有效制衡的决策执行监督机制；鼓励城市公交企业适度开展与运输服务主业相关的其他经营业务，改善企业财务状况。

（三）建立政府购买城市公交服务机制。在城市公交领域建立政府购买服务制度，指导各地科学制定与公众基本出行需求及公共财政保障能力相适应的城市公交服务购买方案，并依法采取特许经营等方式确定经营主体。制定并落实城市公交服务质量考评标准,指导各城市定期考核城市公交企业服务质量,并将考核结果作为衡量城市公交企业运营绩效、发放财政补贴、实施市场准入与退出的重要依据。

(四)建立票制票价制定和调节机制。制定城市公交企业运营成本核算规范,建立城市公交成本票价制度。依据城市公交成本票价,并综合考虑城市居民生活水平、公共财政能力、企业可持续发展等因素,确定合理的城市公交票制和执行票价。建立城市公交票价动态调节机制,基于劳动力成本、燃料价格等影响因素的变化,及时测算、调整城市公交成本票价和执行票价。对执行票价低于成本票价的部分,建立完善公共财政补贴机制。会同价格、财政、审计等部门建立城市公交成本费用监审制度,对城市公交企业成本和费用进行评审,合理界定和核算盈亏,为财政补贴补偿提供必要依据。

(五)健全公共交通用地综合开发政策落实机制。细化城市公交用地综合开发政策,优先满足和节约集约利用城市公交用地。推动城市公交枢纽周边和城市轨道交通、快速公共交通系统等城市公交走廊沿线土地的综合开发利用,促进城市公交与周边区域协同发展。建立健全城市公交用地综合开发增值效益反哺机制,保障用地综合开发收益用于城市公交基础设施建设和弥补运营亏损。

案例1:香港“地铁+物业”的土地综合开发模式

香港政府在地铁场站上或周围划出一定面积的土地,协议出让给地铁公司,与地铁场站同步规划、设计与实施。地铁公司按未建设地铁时的市场估价向政府缴纳地租,并公开招标确定房地产合作开发商。在1975—1986年建设的3条地铁线上,香港地铁公司开发了18处房地产,收益约14亿港元,约占地铁建设总成本的16%。

五、全面提升城市公交服务品质

(一)提升公交出行快捷性。一是构建城市公交快速通勤系统。加快推进城市轨道交通建设,根据客流需求选择合适的城市轨道交通制式,鼓励采用政府和社会资本合作(PPP)投融资模式进行建设和运营管理。按照公交专用道设置条件等国家标准要求,合理制定并有效落实公交专用道规划,推动公交专用道连续、成网。到2020年,城区常住人口300万以上的城市基本建成公交专用道网络,与城市轨道交通、快速公共交通系统等共同构成城市快速通勤系统。二是推进都市圈、城市群快速通勤系统建设。都市圈内快速通勤系统以市郊铁路为主体,城市群内快速通勤系统以城际轨道交通为主体。加快推进城际轨道交通建设,在长三角、珠三角、京津冀、长江中游、成渝、中原等主要城市群形成以城际轨道交通网络为主骨架的城际客运快速通勤系统。

(二)扩大公交服务广度和深度。科学规划、调整城市公交线网,加强城市轨道交通、公共汽电车等多种方式网络的融合衔接,扩大线网覆盖范围;在提高城市公交站点覆盖率的基础上,提升公共交通网络通达深度,并合理提高发车频率,适当延长城市公交运营时间。有条件的城市,逐步将城市公交线路向城市郊区或全域延伸,提升城乡客运基本公共服务均等化水平。

(三)完善多元化公交服务网络。不断推进城市公共交通供给侧改革,丰富城市公交服务形式,鼓励开行大站快车、区间车等多种运营组织形式,积极发展商务班车、定制公交、社区公交、旅游专线等多种形式的特色服务,更好满足上班、上学、就医、旅游、购物等多样化出行需求。完善城市慢行交通出行环境,引导群众选择自行车和步行等绿色交通方式出行。

案例 2:定制公交服务快速发展

定制公交是根据乘客特殊需求设定的线路,采用"一人一座、一站直达"的公共交通服务模式,以多人共同乘用交通工具的形式,为相对处于相同区域、具有相同出行时间和相同出行需求的人群量身定做的公共交通服务。目前,北京、天津、哈尔滨、济南、青岛、西安、成都、深圳、大连、厦门、福州和泉州等城市相继开通了定制公交线路,开创了城市公交差异化服务的新局面。

(四)提升公交出行便利性。加强城市公交与城市对外运输方式在基础设施、运营管理和信息服务等方面的衔接,优化乘客换乘条件,提升城市公交集疏运效能和换乘便利性。加快城市综合客运枢纽建设,促进城市各种运输方式客运枢纽场站的统一规划、统一设计、统筹建设、统一管理。建立城市公共汽电车枢纽场站配建机制和规范,引导大型公共活动场所、居民区合理配建相适应的城市公共汽电车枢纽场站设施,方便群众就近乘车。引导在城乡结合部的轨道交通主要站点建设停车换乘系统,引导群众放下小汽车换乘城市公交进城。

案例 3:城市公交基础设施建设模式不断创新

哈尔滨市颁布了《城市公交基础设施规划建设使用管理办法》(市政府 4 号令)和《城市公交基础设施规划建设管理规定》,通过市场化运作机制,将公交首末站用地和投资统一纳入新建小区建设规划,同步设计、同步实施。合肥市采用"建设—运营分离"模式,政府负责公交场站投资及建设,并移交城市公交企业使用。

(五)提升公交出行舒适性。加大城市公交运力投放,科学配置运力,科学提升城市轨道交通发车频率。合理控制高峰时段车辆满载率,提高空调车比例,让公众乘车更舒适。积极推广应用无障碍化城市公交车辆,完善无障碍设施,方便残疾人乘用。落实扶持政策,加快推进新能源和清洁能源车辆推广应用,科学规划建设充换电站、加气站等配套设施,落实对新能源公交车运营补贴政策。

(六)提升公交出行安全性。一是落实城市公交企业安全生产主体责任。指导城市公交企业健全安全生产管理机构,加大安全经费保障,深入推进安全生产标准化建设,加强对所属驾驶员、公交车辆和场站的动态管理,落实企业安全生产主体责任。二是提升城市公交安全防范和应急处置能力。指导各地建立源头管理、动态监控和应急处置相结合的安全防范体系;制定城市公交应急预案编制规范,指导各地加快建立统一管理、多网联动、快速响应、处置高效的城市公交应急反应系统。三是提升城市轨道交通运营安全监管能力。建立分级管理和互联互通的城市轨道交通运营安全监管体系和平台,实现城市轨道交通运营安全管理"上下联动、协同发展、信息共享、监管有力";建立完善城市轨道交通从业人员培训考核管理、关键设备设施运营技术条件准入、试运营基本条件评审、第三方运营安全评估、运营统计分析等制度,夯实安全基础。

六、建设与移动互联网深度融合的智能公交系统

（一）建设城市公交智能化应用系统。深化城市公交智能化应用示范工程，加快推进城市公交信息资源的深度开发和综合利用，为管理部门和运营企业科学决策提供支撑。到2020年，城区常住人口100万以上的城市全面建成城市公共交通运营调度管理系统、安全监控系统、应急处置系统。建设全面、可感知的城市公交数据采集体系，完善信息统计上报制度，加快建立部、省、市联动的城市公交数据资源交换体系与机制，建设部级城市公交数据库和城市公交发展水平绩效评价系统，实现对全国重点城市公交发展水平的定期评价。鼓励以中心城市为节点集中建设区域级公交智能调度与服务云平台系统。

（二）推进“互联网+城市公交”发展。充分利用社会资源和企业力量，大力推进大数据、云计算、移动互联网技术在城市公交出行信息服务领域的广泛应用，推动具有城市公交便捷出行引导的智慧型综合出行信息服务系统建设，向公众提供全链条、全方式、跨区域的综合交通“一站式”信息服务。大力推广城市公交一卡通、移动支付、电子客票等技术在城市公交领域的应用，更好地实现统一便捷支付。鼓励和规范移动互联网技术在个性化公交服务中的推广应用，推进多元化公交服务网络建设。研究制定城市交通运行状况评价规范，充分利用移动互联网技术加强对城市交通运行状况监测、分析和预判，定期发布重点城市公共交通运行指数。

七、缓解城市交通拥堵

（一）合理选择交通疏导措施。充分考虑城市人口规模、地理形态、空间布局和交通发展阶段的差异性，引导各地依法建立以经济手段为主、行政手段为辅的差异化交通拥堵治理措施。依据城市交通状况，适时研究推进城市交通拥堵收费政策。加强出租汽车运营调度和管理，充分利用移动互联技术，有效降低出租汽车空驶率。谨慎采取机动车限购、限行的“两限”政策，避免“两限”政策常态化；已经实行的城市，适时研究建立必要的配套政策或替代措施。

案例4：浙江省建立“未堵先治”三级联动机制

2013年，浙江省将治理城市交通拥堵列为省政府为民办实事之首，写入省政府工作报告，提出了“未堵先治”的理念，全省同步开展城市交通拥堵治理。省、市、县（市、区）政府均成立了治理城市交通拥堵工作领导小组，形成了条块结合、三级联动的良好态势。每年省政府向各市下达“年度治理城市交通拥堵工作任务书”，并对各市城市交通拥堵治理工作进行专项考核。根据考核结果，给予相应奖惩，并向社会公布。

（二）改善慢行交通出行环境。构建“安全、公平、便捷、连续、舒适、优美”的步行、自行车等慢行交通系统，引导公众选择绿色方式出行。因地制宜编制城市公共自行车交通系统专项规划，明确城市公共自行车的发展定位、设施网络、运营模式和保障机制。科学建设城市公共自行车道及停放设施，在城市公交场站、商业办公场所和社区等提供充足、便捷的城市公共自行车停车位。完善城

市公共自行车运营服务机制，建立城市公共自行车智能调度系统。

案例5：公共自行车与公共交通无缝衔接

巴黎积极推广建设公共自行车系统，首批投放了1万多辆自行车，设立了750个租车站，至2007年底已有2.06万辆自行车散布在全市1450个租车站，平均每200米就设置一个联网租车站，使用者可以方便租赁，使用完毕后在所有联网租车站均可归还。同时，巴黎市在铁路站点附近均配建了小汽车和自行车停车场站，实现与公共交通网络的无缝衔接。

（三）加强城市静态交通管理。科学规划建设停车设施，支持对中心城区实行分区域、分时段、分标准的差别化停车收费政策。对道路供需矛盾突出、城市公交相对发达的区域，可适当限制停车位供给，并推行时间累进制停车费率政策；对停车换乘枢纽停车场免费或低收费，鼓励群众换乘城市公交进入中心城区。

（四）落实城市建设项目交通影响评价制度。对规划建设航空港、铁路客运站、水路客运码头、公路客运站、居住区、商务区等大型建设项目，组织开展交通影响评价。督促建设单位严格落实城市公交配套设施建设标准，并确保配套设施与城市建设项目主体工程同步设计、同步建设、同步验收、同步使用。

八、保障措施

（一）加快城市公交法规标准建设。逐步形成以行政法规为龙头、以部颁规章为基础、以地方立法为支撑的法规体系，为城市公交规划、建设、运营、管理、安全和政策扶持等提供法制保障。加强对地方城市公交立法工作的指导，鼓励各地在立法权限内积极制定出台符合当地实际的城市公交法规和规章。加快推进运营服务、设施设备、城市轨道交通运营安全、信息化等城市客运行业发展急需标准的制修订工作。加强城市客运标准化宣贯和培训力度，完善标准监督实施机制。

（二）制定和落实城市公交财税扶持政策。通过示范工程等方式，完善相关政策，加大对综合客运枢纽、信息化建设等项目的支持力度。各地交通运输部门要在本级政府的统一领导下，争取有关部门支持，研究制定城市公交投资政策和财政保障制度，争取将城市公交投入作为改善民生工程支出，纳入公共财政支出范围，并探索建立城市公交基础设施建设与地区经济社会协同发展。对公交都市建设城市，各有关省份和城市交通运输主管部门应当将城市公交重要基础设施建设项目纳入交通固定资产投资计划。

案例6：美国保障城市公交资金投入的做法

美国于1962年在联邦政府“高速公路信托基金”下设立公交账户，专项用于城市公交基础设施建设和运营补贴。1991年，联邦政府进一步增加资金来源，并将使用范围拓展到提升城市公交节能、安全和综合运输效能等方面。2013年美国公共交通总投资（含资本投资和运营投资）612.6亿美元。其中，联邦政府投资106.1亿美元，占比17%。

（三）优化城市公交从业人员政策环境。建立平等公开和竞争择优的制度环境，加强城市公交人才建设与培养，提升管理人员素质。加强公共交通从业人员职业教育，拓宽培养途径，在职业院校、技工学校等建立城市公交驾驶员订单式培养机制。引导城市公交企业加快完善职工工资体系，并建立与当地社会平均工资水平相适应的收入正常增长机制。

附件　城市公交“十三五”发展指标说明

1. 城市公共交通出行分担率（城市公共交通机动化出行分担率）

（1）指标定义：城市公共交通出行分担率为统计期内，中心城区居民选择城市公共交通的出行量与全方式出行总量之比。城市公共交通机动化出行分担率为统计期内，中心城区居民选择城市公共交通的机动化出行量与机动化出行总量之比。（单位：%）

（2）计算方法：

$$\text{城市公共交通出行分担率} = \frac{\text{城市公共交通出行量}}{\text{全方式出行总量}} \times 100\%$$

$$\text{城市公共交通机动化出行分担率} = \frac{\text{城市公共交通出行量}}{\text{机动化出行总量}} \times 100\%$$

其中：城市公共交通出行量包括采用公共汽电车、轨道交通、城市轮渡等（不含出租汽车）交通方式的出行量；全方式出行总量为城市内各类交通方式出行量之和；机动化出行总量是指使用公共汽电车、轨道交通、城市轮渡、小汽车、出租汽车、摩托车、通勤班车、公务车、校车等各种以动力装置驱动或者牵引的交通工具的出行量。

2. 城市交通绿色出行分担率

（1）指标定义：统计期内，中心城区城市公共交通、自行车、步行等绿色出行量与全方式出行总量之比。（单位：%）

（2）计算方法：

$$\text{城市交通绿色出行分担率} = \frac{\text{城市公共交通出行量} + \text{自行车出行量} + \text{步行出行量}}{\text{全方式出行总量}} \times 100\%$$

3. 城市公共交通乘客满意度

（1）指标定义：统计期内，城市公共交通服务质量乘客满意度调查有效调查问卷的平均得分率。（单位：%）

（2）计算方法：

$$\text{城市公共交通乘客满意度} = \frac{\sum \text{单份有效调查问卷得分}}{\text{有效调查问卷总数} \times 100} \times 100\%$$

其中：

$$\text{单项有效调查问卷得分} = \sum (\text{单项调查内容得分} \times \text{调查内容权重})$$

问卷调查内容包括候车时间长度、换乘便捷度、服务态度、出行信息服务、乘车舒适度、候车环境、车内卫生环境等。

4. 城市公共交通站点500米覆盖率

(1)指标定义:统计期内,中心城区的建成区内城市公共交通站点500米半径覆盖面积与中心城区的建成区面积之比。(单位:%)

(2)计算方法:

$$\text{城市公共交通站点500米覆盖率}=\frac{\text{城市公共交通站点500米半径覆盖面积}}{\text{中心城区的建成区面积}}\times 100\%$$

其中,城市公共交通站点包括公共汽电车站点和轨道交通站点,轨道交通站点位置按照进出站口位置计算。

5. 城市公共交通站点300米覆盖率

(1)指标定义:统计期内,中心城区的建成区内城市公共交通站点300米半径覆盖面积与中心城区的建成区面积之比。(单位:%)

(2)计算方法:

$$\text{城市公共交通站点300米覆盖率}=\frac{\text{城市公共交通站点300米半径覆盖面积}}{\text{中心城区的建成区面积}}\times 100\%$$

其中,城市公共交通站点包括公共汽电车站点和轨道交通站点,轨道交通站点位置按照进出站口位置计算。

6. 城市公共汽电车正点率

(1)指标定义:统计期内,城市公共汽电车始发到站正点班次与计划班次之比。(单位:%)

(2)计算方法:

$$\text{城市公共汽电车正点率}=\frac{\sum(\text{始发正点班次}+\text{末站到站正点班次})}{\sum(\text{计划发车班次}\times 2)}\times 100\%$$

7. 城市公共汽电车责任事故死亡率

(1)指标定义:统计期内,城市公共汽电车每行驶相应里程发生的同等及以上责任的交通事故死亡人数。(单位:人/百万车公里)

(2)计算方法:

$$\text{城市公共汽电车责任事故死亡率}=\frac{\text{城市公共汽电车责任事故死亡人数}}{\text{城市公共汽电车运营总里程}}$$

8. 城市轨道交通责任事故死亡率

(1)指标定义:统计期内,城市轨道交通每行驶相应里程发生的同等及以上责任的交通事故死亡人数。(单位:人/百万车公里)

(2)计算方法:

$$\text{城市轨道交通责任事故死亡率}=\frac{\text{城市轨道交通责任事故死亡人数}}{\text{城市轨道交通运营总里程}}$$

9. 城市公共交通来车信息预报服务

指标定义:统计期内,通过电子站牌、手机、网站等各种智能化方式,提供来车信息实时预报服务的城市公共交通线路覆盖情况。

中国民用航空发展第十三个五年规划

民航发〔2016〕138号

民航业是我国经济社会发展重要的战略产业。中国民用航空发展第十三个五年规划，是全面建成小康社会决胜阶段和实现民航强国战略关键阶段的行业发展规划。本规划依据《国民经济和社会发展第十三个五年规划纲要》、《国务院关于促进民航业发展的若干意见》以及《"十三五"现代综合交通运输体系规划》编制，阐明民航行业未来五年发展的指导思想、基本原则、目标要求、重大举措，是未来一段时期指导全行业发展的纲领性文件。

第一章　发展环境和指导思想

第一节　"十二五"发展成就

"十二五"以来，面对国内外环境的复杂变化和各种风险挑战，全行业确保持续安全，增强保障能力，提升发展质量，较好地服务了经济和社会发展，为建设民航强国奠定了坚实的基础。

一是发展质量稳步提升。"十二五"以来，全行业未发生运输航空重大安全事故，安全水平世界领先。航班客座率、载运率和飞机日利用率持续处于较高水平，2015年分别达到82.1%、72.2%和9.5小时。节能减排效果显著，吨公里油耗和二氧化碳排放五年平均下降4.2%。

二是保障能力不断增强。2015年，民航运输机场数量达到207个（不含3个通勤机场），通用机场310个，运输飞机2650架，保障安全起降857万架次，航油储备能力300万立方米，不重复航线里程达到531.7万公里，较好地支撑了行业规模的持续增长。2015年，运输总周转量、旅客运输量和货邮运输量分别是2010年的1.6、1.6、1.1倍。通用航空生产作业小时年均增长15.5%。

三是战略地位日益凸显。国务院出台《关于促进民航业发展的若干意见》，明确民航重要战略产业地位。航空运输在综合交通运输体系中的地位不断提升，

2015年民航旅客运输周转量所占比重达到24.2%。民航业加快与区域经济融合发展，临空经济成为推动地区转变发展方式的新亮点。

四是国际影响力逐步扩大。2015年，我国航空公司通航55个国家和地区的137个城市，国际航线较2010年增加358条，达到660条；我国承运人市场份额大幅提升，与外航差距由2010年的14个百分点减少到只差2个百分点。我国继续高票当选国际民航组织一类理事国，我国候选人首次当选国际民航组织秘书长。

五是行业管理能力不断提高。持续安全理念持续深化，安全工作法治化进程不断深入，民航价格改革稳妥推进，市场管理手段不断丰富，行业财经政策逐步完善。适航审定能力实现突破，三大审定中心相继运行，颁发ARJ21国产支线飞机型号合格证，C919飞机型号审定有序推进。

同时，行业发展中不平衡、不协调、不可持续的问题依然突出。一是制约民航发展的体制环境没有根本性改善，空域资源不足依然是制约民航发展的突出瓶颈。二是大中型机场保障能力不足，建设速度滞后于发展需求。三是服务质量有待提高，航班正常率不高，航班平均延误时间增加。四是行业治理能力不适应发展需要，体现在创新能力不强、专业人才短缺、行业资源配置不平衡、监管能力不足等问题突出。

专栏1 “十二五”时期民航发展指标完成情况

类别	指标	2010年	2015年目标	年均增长	2015年	年均增长
业务规模	航空运输总周转量(亿吨公里)	538	830	9.0%	852	9.6%
	旅客运输量(亿人)	2.68	4.5	10.9%	4.4	10.4%
	货邮运输量(万吨)	563	670	3.5%	629	2.2%
	通用航空生产作业(万小时)	14	30	16.5%	28.8	15.5%
	旅客周转量在综合交通中的比重(%)	14.5	16	—	24.2	—
发展质量	运输飞行百万小时重大事故率	[0.05]	<[0.20]	—	[0.00]	—
	航班正常率(%)	75	>80	—	67	—
	载运率(%)	71.6	>70	—	72.2	—
	运输飞机日利用率(小时/天)	9.4	≥9.6	—	9.5	—
	吨公里燃油消耗(公斤)	[0.306]	<[0.294]	—	[0.293]	—
保障能力	保障起降架次(万)	605	1040	11.4%	857	7.2%
	全国民用运输机场(个)	175	≥230	—	207*	—
	运输机队规模(架)	1597	2750	11.5%	2650	10.7%
	通用机队规模(架)	1010	>2000	—	1904	13.5%
	全年航油供应(万吨)	1600	2850	12.2%	2580	10.0%
	飞行员数量(万人)	2.4	4	10.8%	4.6	13.9%
	民航院校在校生(万人)	5.0	6.3	4.7%	6.3	4.7%

注：带[ ]的数据为5年累计数；*不含3个通勤机场。

第二节 发展形势和要求

“十三五”时期是全面建成小康社会的决胜阶段，“四个全面”战略布局和“五位一体”总体布局深入推进，创新、协调、绿色、开放、共享五大发展理念牢固树立，国内外形势呈现新趋势新特点。民航发展进入新的历史阶段，发展环境和任务要求都发生了新的变化，民航强国建设进入关键时期。

国际环境复杂多变，影响民航发展的不确定因素增多。世界经济在深度调整中曲折复苏，国际金融危机深层次影响依然存在，全球经济贸易增长乏力，保护主义抬头，地缘政治关系复杂变化，全球范围内的民航运输服务竞争和博弈更加激烈，安全压力依然突出。

经济发展步入新常态对民航发展产生深远影响。“十三五”时期，经济发展呈现速度换挡、结构优化、动力转换新特点，转变发展方式进入重要机遇期，消费结构升级成为我国经济增长新动力。综合交通体系不断完善，各种交通方式相互促进、融合发展，交通出行条件持续改善、不断升级。随着居民收入持续增加和人民群众生活水平不断提高，居民的航空出行支付意愿和支付能力将显著提高，个性化、多样化消费渐成主流。电商、快递、现代物流迅猛增长，航空货运需求的市场基础进一步扩大。市场对航空运输服务产品创新和结构优化的要求更加迫切，对安全性、舒适性、便捷性等提出了更高要求。

国家对外开放、区域发展新战略对民航发展带来新机遇。推进“一带一路”建设、京津冀协同发展、长江经济带等战略将推动沿海、内陆、沿边互动互补开放，促进国际国内要素有序流动、资源高效配置、市场深度融合，为我国民航开拓国内国际两个市场和行业能力“走出去”提供重大机遇。抓住战略机遇期，发挥独特的战略支撑和引领作用，加快塑造国际竞争优势，已成为未来一段时期民航的重要任务之一。

资源环境约束对民航加快转变增长方式提出新要求。随着航空运输规模的不断扩大，民航在空域资源、基础设施、人力资源等方面的制约更加凸显，确保持续安全和提升服务质量的压力加剧。国家深入推进生态文明建设，改善生态环境，实行能源、资源消耗和建设用地的总量和强度双控行动，民航节能环保压力进一步加大，转变行业发展方式、实现绿色低碳发展的任务更加繁重。

综合判断，“十三五”时期，影响民航发展的环境和条件将发生深刻变化，机遇前所未有，挑战前所未有。必须准确把握战略机遇期内涵的深刻变化，妥善应对各种风险挑战，顺势而为，筑牢发展基础，不断开创发展新境界。

第三节 指导思想和基本原则

全面贯彻党的十八大和十八届三中、四中、五中、六中全会精神，按照“五位一体”总体布局和“四个全面”战略布局，牢固树立创新、协调、绿色、开放、共享的发展理念，以发展为人民为宗旨，以确保安全为前提，以建设民航强国为主线，以深化改革为动力，以创新发展为途径，推进法治建设，增强保障能力，强化科技支撑，着力提升运输质量和国际竞争力，按照适度超前的原则，构建安全、便捷、高效、绿色的现代民用航空系统，充分发挥民航战略产业作用，更好服务国家战略，更好满足广大人民群众需求，为实现民航强国奠定更加坚实的基础。

民航发展必须坚持以下原则：

坚持安全第一。牢固树立持续安全理念，不断提高安全管理综合能力，全面筑牢安全发展基础，正确处理安全与发展的关系，确保飞行安全、空防安全、网络信息安全和廉政安全，保障行业健康发展。

坚持改革创新。树立创新发展理念，转变政府职能，深化管理体制改革，破除体制机制障碍，不断推进理论创新、体制创新、科技创新、管理创新，全面增强民航自主创新能力，创造新供给释放新需求，为行业发展提供持续动力。

坚持全面协调。树立协调发展理念，更加注重发展的全面性，积极推进运输航空和通用航空的协调，构建国家综合机场体系，促进地空资源协调发展，提升机场群协同发展水平，推进军民深度融合，在协调中拓展发展空间，在补齐短板中增强发展后劲。

坚持绿色发展。树立绿色发展理念，节约集约建设用地，高效利用资源能源，优化航空节能运行环境，着重提高运输生产效率，实施绿色机场建设，推动民航装备绿色改造，控制碳排放，减少对环境负面影响，推进资源节约型和环境友好型民航建设。

坚持开放共享。充分利用国内国际两个市场、两种资源，通过对内主动放开支撑对外有序开放，扩大资源供给和有效配置，形成国内国际有机联动。大力推进大众化战略，大力提高普遍服务能力，大力发展航空经济，与综合交通一体化发展，有效支撑新型城镇化建设和航空产业链发展。

第四节　发展思路

按照建设民航强国战略“两步走”的推进方案，至2020年我国将初步建成民航强国。“十三五”时期是实现民航强国战略构想的重要时期，是全面夯实民航强国建设基础的关键阶段。必须牢固树立“发展为了人民”的理念，实现运输航空和通用航空“两翼齐飞”，始终坚守“飞行安全、廉政安全、真情服务”三条底线，构建功能完善的机场网、高效通畅的航路航线网、空天地一体化的运行信息监控网等“三张网络”，补齐空域资源、民航服务、适航审定能力、应急处置等“四个短板”，夯实民航可持续发展的根基，精准发力，推动空域资源管理改革，着力提升航班正常率，全面实施适航攻关，加快提升应急和调查能力，在行业发展动力、发展结构和发展方式等方面取得新突破，为实现民航强国战略目标奠定坚实基础。

第五节　主要目标

到2020年，基本建成安全、便捷、高效、绿色的现代民用航空系统，满足国家全面建成小康社会的需要。航空运输持续安全，航空服务网络更加完善，基础设施保障能力全面增强，行业治理能力明显加强，运输质量和效率大幅提升，国际竞争力和影响力不断提高，创新能力更加突出，在国家综合交通运输体系中的作用更加凸显。

——安全水平保持领先。全面建成具有中国特色的民航安全管理体系和运行机制，运输航空每百万小时重大及以上事故率低于0.15。

——战略作用持续增强。民航对国民经济贡献不断提高，航空运输在综合交通中的比重进一步提升，旅客周转量比重达到28%。运输总周转量达到1420亿吨公里，旅客运输量7.2亿人次，货邮运输量850万吨，年均分别增长10.8%、10.4%和6.2%。

——保障能力全面提升。运输机场数量达到260个左右，基本建成布局合理、功能完善、安全高效的机场网络。空域不足的瓶颈制约得到改善，空管保障能力稳步提高，年起降架次保障能力达到1300万。

——服务品质明显改善。全面提升运行质量，航班正常率力争达到80%，全面提升服务水平，打造民航“真情服务”品牌，增进旅客对民航真情服务的获得感。

——通用航空蓬勃发展。基础设施大幅增加，标准体系基本建立，运营环境持续改善，服务领域不断扩展。通用机场达到500个以上，通用航空器达到5000架以上，飞行总量达到200万小时。

——绿色发展深入推进。建成绿色民航标准体系，资源节约、环境保护和应对气候变化取得明显成效，吨公里能耗和二氧化碳排放量五年平均比“十二五”下降4%以上。

专栏2 “十三五”时期民航发展主要预期指标

类别	指标	2015年	2020年	年均增长
行业规模	航空运输总周转量（亿吨公里）	852	1420	10.8%
	旅客运输量（亿人）	4.4	7.2	10.4%
	货邮运输量（万吨）	629	850	6.2%
	通用航空飞行量（万小时）	77.8	200	20.8%
	旅客周转量在综合交通中的比重（%）	24.2	28	—
发展质量	运输飞行百万小时重大及以上事故率	[0.00]	<[0.15]	—
	航班正常率	67%	80%	—
	平均延误时间（分钟）	23	20	—
	中国承运人占国际市场份额	49%	>52%	—
保障能力	保障起降架次（万）	857	1300	8.7%
	民用运输机场（个）	207*	≥260	—
	运输机场直线100km半径范围内覆盖地级市	87.2%	93.2%	—
绿色发展	吨公里燃油消耗（公斤）	[0.293]	[0.281]	—
	吨公里二氧化碳排放（公斤）	[0.926]	[0.889]	—

注：带[ ]的数据为5年累计数；* 不含3个通勤机场。

第二章 确保航空持续安全

安全是民航发展的根本。保持行业安全发展战略定力，坚持问题导向，以全面落实安全责任和提高综合治理能力为主线，以风险管控为抓手，创新行业监管模式，提高保障能力，依法推进民航持续安全发展。

第一节 完善安全监管体系

健全安全法规标准体系。跟踪评估运行单位的环境、条件和复杂程度的差异性，制定与市场需求相适应的规章标准，加快修订和完善通用航空、危险品运输、机场应急救援、高高原机场运行、外航监管等领域的规章标准，提高适用性和时效性。研究制定与规章配套的管理文件和咨询通告，发挥规章协同效能。加快建设行业安全监管执法系统，推进行政执法案例库建设。

创新安全管理机制。推进《中国民航航空安全方案》建设，制定实施路线图和配套措施，持续完善安全监管体系和安全管理体系。建立与地方政府及安全管理部门的长效协调机制，协同解决保障投入、净空管理、安全内保、无人机、电磁环境、鸟害防治和应急救援等问题。加快建立第三方评估机制，加强评估机构资质能力管理，有效弥补安全监管力量不足。推广适航检查委任代表管理模式。坚持安全专项检查与日常安全监管并行，突出对重点环节、重点单位和重点人员的监管，提高安全监管效能。建立跨部门、跨领域的通用航空联合监管机制，形成全过程、可追溯的通用航空安全监管体系。加强对外航的安全监管工作。坚持安全诚信，推动安全管理向“人文内涵”式转变。

加强监管队伍建设。根据行业发展需求，合理配置监管队伍，提高专业人员比例。加快培养通用航空、危险品、搜救等专业的监察员。加强监管业务能力和依法行政能力培训。强化主任监察员制度，推进监察员分级制度落实。加强人力、物力和信息等资源保障，切实提高工作能动性和监管能力。

改进监管模式和手段。推进民航安全绩效分析系统、飞行标准监督管理系统（FSOP）二期项目、机场安全监管平台、航空安全信息系统升级、无线飞行品质监控系统等建设，制定统一的民航运行信息资源管理政策，加快形成信息开放、资源共享、协调决策的运行信息监控网络，应用大数据等先进技术，实现智能化分析、监控和预警。探索航空公司合格证管理运行模式，提升“大运行”体系下的安全监管效能。在全行业推广安全绩效管理，不断强化安全管理体系（SMS）实施效能，推进安全监管体系评估。加快建设通用航空安全监管平台。推进建立民航安全保障财务考核管理长效机制。

第二节　提升安全运行能力

夯实安全运行基础。加强航空公司、机场、空管等民航运行主体单位之间的协同联动，提升安全运行效率。强化落实民航企事业单位的安全主体责任，严格落实各级主要负责人、分管负责人和安全生产关键岗位的安全责任。全面推进专业人员资质管理，完善专业人员职业技能鉴定体系，加强各专业岗位的人才储备。实施企事业单位主要负责人和部门负责人的安全培训制度化建设，加强动态管理。提高机场现场运行控制和协调能力，保障机坪运行安全有序，持续开展机场鸟击防范和净空保护工作，提升备降航班服务保障能力和水平。明确航油供应安全管理权责，提升航油供应安全水平。

强化重点风险管控。加强高高原机场运行安全管理，强化合格审定准入，提升航空公司运行控制系统风险防控能力和高高原机场运行保障能力。加强危险品运输链条各环节的监管，构建较为完善的危险品航空运输安全信用体系，提高对危险品航空运输的风险控制能力。加大空中相撞、跑道入侵等重大风险的管控力度。积极拓展军民航融合发展的广度和深度，深入开展军民航标准差异研究，推动相关标准逐步协调趋同，降低运行风险。

提升安全技术支撑。实施科技兴安工程。提高基于性能导航飞行程序（PBN）执行率，推进电子飞行包（EFB）、平视显示器（HUD）、自动相关监视广播系统（ADS-B）、地基增强系统（GBAS）、地空数据链等新技术的运用。进一步深化协同决策系统（CDM）的应用，提高空中交通态势监视和特情应急处置能力。提升重点机场Ⅱ、Ⅲ类盲降运行保障能力。推动机场跑道拦阻系统、飞机地空宽带系统等研发与应用。加快推动“北斗”系统在通用航空、飞行运行监视和机载导航系统等方面的应用。

加强网络与信息安全。完善网络与信息安全管理制度，制定相应安全标准规范，提高监管和应急处置能力。严格落实网络安全责任制，全面实施网络安全等级保护制度，建立网络与信息安全信息通报机制。按照管理与技术并重的原则，提高重要网络信息系统安全运行能力、网站防攻击能力以及重要信息防泄露能力。实施民航重要信息系统安全可控试点示范项目，推进信息技术设施设备安全可控和国产化替代。建立覆盖全行业重要网络和信息系统的实时在线安全监测和通报预警平台，加强实时监测。

第三节 加强安保体系建设

全面建设平安民航。深入开展安保体系建设，建立民航与地方情报共享、执法协同的工作机制，提高民航空防安全保障和反恐怖防范能力。完善航空安保法规标准体系，深化航空安保管理体系（SeMS）建设和航空安保审计，推进民航安保绩效管理。增强内部人员管控能力。加强安保人员和装备配备，完善安保培训体系。巩固机场治安防控和空防安全基础，强化安检核心作用，推进安检新技术和新设备应用。改进和加强空中安保能力建设，严格执行空中安保力量配备标准，提升空中实战水平。进一步明确货运安保责任，推行管制代理人和已知托运人制度，加大货运安保链条管理和执法力度。加快构建与通用航空发展阶段相适应的安保体系。提升民航安保大数据建设，推进全国民航安全保卫信息综合应用平台建设，建立信息和风险预警机制。深化国际合作，推进国际和地区安保措施互认，加强外航监管，开展境外安保评估。

第四节 提升应急和调查能力

完善民航空管系统搜寻救援协调机制，建立国际间搜寻救援合作机制。加强民航各级行政执法部门突发事件应对能力建设，完善应急处置预案。有效整合行业内外资源，推动将机场应急预案纳入地方应急预案，强化应急处置协同机制，加强应急演练，提高实战能力。依托航空运输企业、通用航空企业加快构建民航应急运输和搜救力量，完善政府补贴和政府购买服务机制。开展中国民航航空器追踪监控体系建设。着力加强地形复杂和高原地区的民航应急处置能力建设。完善航空事故调查的法规标准和程序，建立调查员队伍及专家库，加强技术装备配备，加强事故预防研究，提升事故调查能力。

第五节 全面实施适航攻关

提升型号审定能力。加强上海航空器适航审定中心建设，完善大飞机型号合格审定能力。做好 ARJ21-700 飞机和新舟 60 系列飞机的型号合格证证后管理，开展国产大型客机 C919 飞机等型号合格审定工作。加强沈阳航空器适航审定中心能力建设，提升旋翼航空器型号合格审定能力。推进航空发动机适航审定中心建设，培育航空发动机和螺旋桨型号合格审定能力。加强小飞机、涡轮螺旋桨飞机型号合格审定能力。创新型号合格证持证人管理机制。创新型号合格审定工作方式。扩大委任代表和委任单位代表的应用范围。实施航行新技术机载设备的技术标准发布和机载设备审定工作，促进国产航电设备应用。

规范生产管理要求。推进设立航空器生产监督处。完善与生产管理相关的适航法规，健全生产管理法规体系。完善外国民用航空产品在华生产的适航管理要求，建立外国航空产品在华生产活动的网络化管理机制。完善生产批准证件及其持证人监管工作。构建民用航空产品安全生产信用体系，实现生产批准持证人安全诚信评价分级管理模式。

实施适航管理全覆盖。完善单机适航检查机制。合理布局民用航空器适航检查委任代表组，完善并推广委任代表组工作制度。加强航空产品和零部件证后管理，提高监管的质量和效率。引导工业部门建立健全技术支持和售后服务体系。完善航空产品加改装、修理设计批准和零部件适航管理程序。推进航油航化审定中心建设。开展国产航空油料等适航管理，促进航空油料供应市场化。完善轻型航空器和无人航空器系统适航审定政策。实施套材组装、自制航空器的适航管理，开展无人航空器系统适航管理政策研究。

健全适航审定基础条件。统筹规划建设适航审定信息化工作平台，集成现有适航审定信息系统各功能模块，实现数据互联互通和共享，提升信息化工作水平。开展适航培训体系建设，开发专业技术课程，提高监察员业务水平。实施航空产品、机载设备和系统等重大适航审定科研项目和实验室建设。拓展双边适航合作，创新多边适航合作机制。

第三章　构建国家综合机场体系

机场布局和建设是引导配置航空资源的重要手段，是支撑民航强国的重要基础。统筹协调民用运输机场和通用机场布局建设，构建覆盖广泛、分布合理、功能完善、集约环保的国家综合机场体系，发挥整体网络效应，为民航可持续发展奠定基础。

第一节　完善机场布局体系

完善机场布局。坚持共享发展理念，按照全面建成小康社会总体要求，主动适应“一带一路”建设、京津冀协同发展、长江经济带三大战略，继续增加机场数量，扩大覆盖范围，优化网络结构，构建国际枢纽、区域枢纽功能定位完善和大中小型枢纽、非枢纽运输机场、通用机场层次结构明晰的现代机场体系。至2020年，完善华北、东北、华东、中南、西南、西北六大机场群，新增布局一批运输机场，建成机场超过50个，运输机场总数达260个左右。按照实际需求，研究以货运功能为主的机场布局及运行机制。积极有序布局建设一批通用机场，达到500个以上。

打造国际枢纽。着力提升北京、上海、广州机场国际枢纽竞争力，推动与周边机场优势互补、协同发展，建设与京津冀、长三角、珠三角三大城市群相适应的世界级机场群，明确区域内各机场分工定位，与其他交通运输方式深度融合、互联互通。逐步提升成都、昆明、深圳、重庆、西安、乌鲁木齐、哈尔滨等机场的国际枢纽功能。接近终端容量且有条件的城市研究论证第二机场建设方案。

巩固和培育区域枢纽。积极推动天津、石家庄、太原、呼和浩特、大连、沈阳、长春、杭州、厦门、南京、青岛、福州、济南、南昌、温州、宁波、合肥、南宁、桂林、海口、三亚、郑州、武汉、长沙、贵阳、拉萨、兰州、西宁、银川等机场形成各具特色的区域枢纽。

稳步推进新增运输机场布局。增加中西部地区机场数量，提高机场密度，扩大航空运输服务覆盖。

构建通用机场网络。通用机场是民航基础设施的重要组成，也是运输机场的重要补充。鼓励非枢纽机场增加通用航空设施，提供通用航空服务，初步形成覆盖全国的通用航空机场网络。支持在年旅客吞吐量1000万人次以上的枢纽机场周边建设通用机场，疏解枢纽机场非核心业务。鼓励在偏远地区、地面交通不便地区建设通用机场，开展短途运输，改善交通运输条件；支持建设各类通用机场，满足工农林作业、空中游览、飞行培训、抢险救灾、医疗救护、反恐处突等需求。

第二节　加快机场设施建设

着力加快枢纽机场建设。完善国际、区域枢纽机场功能，着力提升大型机场的容量，增强中型、小型机场保障能力。加快推进北京新机场建设,积极探索区域多机场协同发展,提升机场群整体效率。坚持超前谋划,加快上海、广州等机场的改扩建工程,完善中转设施和服务流程,提升国际枢纽功能;加快成都新机场建设和青岛、厦门、大连等机场的整体迁建,开展珠三角枢纽(广州新)机场和三亚新机场前期研究工作。按照适度超前原则,加快实施深圳、昆明、重庆、西安、乌鲁木齐、哈尔滨等机场改扩建工程,推进长沙、武汉、郑州、海口、沈阳、贵阳、南宁、福州等机场的新跑道工程建设,优化机场多跑道运行方案,推进天津、杭州、南京等机场改扩建;加快呼和浩特机场迁建工程,开展拉萨新机场前期研究工作。实施太原、长春、南昌、桂林、温州、兰州、宁波、合肥、石家庄等机场改扩建工程,按照业务发展需要,改扩建飞行区跑滑系统、航站楼和停机坪设施。

加强非枢纽机场建设。新增布局一批运输机场,鼓励利用现有军用机场和通用机场升级改造为运输机场,提高航空服务均等化水平。加强新建机场的前期论证工作,做好项目储备。需求较少的地区宜建设通用机场,预留未来升级空间。实施一批机场改扩建工程,提升机场安全运行保障能力。在民用机场建设中兼顾国防建设需求,推进军民融合发展。机场航站楼建设要坚持简朴实用原则,不搞豪华装修等形象工程。

强化机场集疏和转运能力。注重机场与其他交通方式的高效衔接,构建以机场为核心节点的综合交通枢纽。民用运输机场应同步建设高等级公路,同场建设城市公共交通设施和道路客站场等换乘设施,大中型枢纽机场尽可能引入高速铁路、城际铁路或市郊铁路。以服务需求为导向,建立公共信息平台,实现与其他交通方式信息互联互通。

加快通用航空基础设施建设。贯彻落实国务院办公厅《关于促进通用航空业发展的指导意见》,完善通用机场建设标准,由省级政府组织编制本地区通用航空机场布局规划,民航地区管理局加强与各省级发展改革部门、军队部门的工作协调,简化通用机场建设审批程序。鼓励社会资本参与通用机场、飞行服务站、油料供应、固定运营基地等建设,完善通用航空维修服务体系,提升通用航空运营保障能力。

加强航油保障基础设施建设。完善成品油储运配送基地和战略储备库建设,优化供油网络。结合机场建设项目,加强北京新机场等航空油料的存储、加注和输油管线等专用基础设施建设,完善机场航油保障设施。鼓励航油供应设施建设投资主体多元化。

第三节　提高机场运营水平

深化机场管理改革。以提升机场安全和运行效率为导向,充分发挥各类管理体制优势,鼓励通过混合所有制改革等方式激发企业活力,提升机场管理水平。贯彻落实《民用机场管理条例》,构建公平、优质、高效的公共服务平台。深入推进特许经营,提高机场专业化服务水平。

提升机场运行效率。优化新建枢纽机场的平面布局,注重与机场地面集疏运体系和周边机场衔接,减少旅客步行距离和航空器地面滑行时间。完善枢纽机场运行方案,依托机场 CDM,发挥机场运行控制中心(AOC)管理效能。提升机坪运行效率与安全,推动枢纽机场航空器机坪运行管理移交。优化既有机场航站楼资源,适应自助设备等新技术的全面应用,改进旅客进出港流程,实现“内涵式”扩容。

努力打造智慧机场。实施智慧机场示范工程,以枢纽机场为重点,加强智慧机场关键技术产品的研发应用,综合运用大数据、云计算、物联网、移动互联网等技术,推动机场安全防范、生产运行、旅客服务和商业运营等业务环节的集成创新,实现机场管理的精细化,提升旅客出行体验,培育新供给，创造新需求。

鼓励引导临空经济区发展。贯彻落实《关于临空经济示范区建设发展的指导意见》，鼓励地方政府在业务规模较大的机场周边规划设立临空经济区，引导各临空经济区差异化发展，在“机场—产业—城镇”一体化协调发展方面先试先行。对临空经济区实行分类指导，突出特色，发挥示范效应和引领带动作用。加快形成珠三角、长三角、京津冀临空产业集聚区和示范区。

专栏3　“十三五”时期运输机场建设项目

性　质		机　场　名　称
续建机场（30个）		北京新机场； 承德、临汾、霍林郭勒、扎兰屯、乌兰察布、松原、白城、建三江、五大连池、三明、上饶、信阳、十堰、武冈、岳阳、琼海、西沙、南沙、巫山、巴中、仁怀、沧源、澜沧、陇南、果洛、祁连、莎车、若羌、图木舒克
新建机场（44个）		成都新机场； 邢台、朔州、正蓝旗、林西/克什克腾、阿拉善左旗、东乌旗、四平、绥芬河、丽水、嘉兴、芜湖/宣城、亳州、瑞金、蚌埠、菏泽、枣庄、商丘、安阳、鲁山、荆州、鄂州/黄冈、郴州、湘西、娄底、韶关、玉林、武隆、乐山、甘孜、威宁、黔北、红河、元阳、怒江、府谷、宝鸡、定边、平凉、共和、石嘴山、昭苏、于田、塔什库尔干
改扩建机场（139个）		广州、浦东、虹桥、深圳、成都、昆明、重庆、西安、杭州、长沙、武汉、乌鲁木齐、南京、郑州、三亚、海口、大连、沈阳、贵阳、哈尔滨、天津、南宁、福州、济南、太原、长春、南昌、兰州、宁波、合肥、石家庄、银川、西宁、拉萨； 唐山、张家口、长治、大同、包头、鄂尔多斯、赤峰、锡林浩特、通辽、二连浩特、巴彦淖尔、阿尔山、朝阳、长海、鞍山、吉林、长白山、通化、齐齐哈尔、佳木斯、黑河、漠河、鸡西、大庆、伊春、无锡、常州、徐州、南通、淮安、盐城、扬州泰州、温州、义乌、舟山、衢州、台州、黄山、安庆、阜阳、九华山、泉州、连城、赣州、景德镇、井冈山、宜春、威海、临沂、东营、洛阳、南阳、宜昌、襄阳、邯郸、张家界、常德、怀化、珠海、揭阳、惠州、桂林、柳州、万州、黔江、九寨、绵阳、南充、广元、西昌、铜仁、兴义、黎平、荔波、安顺、遵义、毕节、六盘水、西双版纳、丽江、大理、德宏、保山、临沧、普洱、文山、腾冲、林芝、昌都、榆林、敦煌、嘉峪关、庆阳、金昌、格尔木、固原、喀什、伊宁、库尔勒、阿勒泰、和田、阿克苏、塔城、哈密、吐鲁番
迁建机场（19个）		秦皇岛、呼和浩特、延吉、连云港、厦门、武夷山、青岛、潍坊、济宁、湛江、梧州、宜宾、泸州、达州、昭通、延安、安康、天水、且末
前期工作（51个）	新建类（46个）	珠三角枢纽（广州新）机场、三亚新机场、拉萨新机场； 桓仁、辽源、敦化、白山、通榆、榆树、珲春、饶河、虎林、鹤岗、尚志亚布力、宿州、滁州、莆田、漳州、宁德、平潭、抚州、聊城、云浮、阳江、贺州、防城港/钦州、儋州、阆中、盘县、罗甸、勐腊、丘北、宣威、亚东、普兰、隆子、华山、临夏、武威、黄南、阿拉尔、和布克赛尔、和静、乌苏/奎屯、巴里坤、准东
	迁建类（5个）	大连、梅县、永州、海拉尔、牡丹江
注：新建类机场项目（含前期工作）以国务院批复《全国民用运输机场布局规划》为准；所有项目以国家正式批复意见为准。		

第四章　全面提升航空服务能力

提升航空服务能力是民航发展的基本要求。坚持协调和开放发展理念，以对内放开促进对外有序开放，统筹推进国内国际、客运货运、干线支线协调发展，加强产品创新，拓展服务空间，构建以运输航空和通用航空为两翼、覆盖广泛、通达通畅的航空服务网络，实现运输能力显著增强、通用航空规模快速扩大、运输质量明显提升。

第一节　完善航线网络

科学构建国内航线网络。以国际枢纽和区域枢纽机场为支点，构建高联通、广覆盖、便捷经济的国内航线网络，不断提升网络整体效应。大力构建空中大通道，引导航空公司优化航班编排，完善运力配置，改善服务体验，提升“空中快线”的数量和质量。积极实施“基本航空服务计划”，提高航线网络通达性，特别是对老少边穷和地面交通不便地区的覆盖，使更多人民共享高效、便捷的现代航空运输服务。提高行业资源整体利用效率，鼓励航空公司间分工协作，加强干线与支线、国内与国际中转衔接。在与高铁线路重合的骨干运输通道和运输节点上，加快建立与高铁合作共赢、有效竞争的发展新机制。优化内地与港澳台的航线航班结构，加强两岸三地航空运输联系。

扎实拓展国际航线网络。按照“一带一路”战略和全面对外开放新格局的要求，统筹制定国际航空运输开放政策。构建通达全球的航线网络，建立通畅的空中丝绸之路，实现“一带一路”沿线国家互联互通。重点增加至欧美航线航班密度，积极推进周边区域航空一体化进程，扩大与南亚、中亚、西亚等地区的航空联系，增加南美、非洲国际航线。以建设国际枢纽为目标，培育网络型航空公司与低成本航空公司共同发展的多层次、广覆盖、差异化国际航空运输服务体系，提高国际航空枢纽竞争力。大型网络型航空公司发挥“走出去”的主力军作用，鼓励各类航空公司通过联营合作、资产并购、布局海外基地等方式拓展国际市场，积极参与国际竞争。

合理配置运输机队。以市场需求为基础，优化机队结构，鼓励航空公司增加宽体机、支线机和货机。综合考虑民航资源环境承载能力，合理把握“十三五”期间运输机队引进速度。支持使用国产民机。支持建立航空公司航材资源共享平台。

第二节　推进航空物流发展

鼓励航空物流做大做强。把握快递物流、跨境电商、即时生产等市场发展趋势，完善航空货运发展的政策体系，以市场为导向，促进航空货运企业转型发展。积极发展航空快递业，引导航空货运企业与快递企业通过兼并重组、协作联盟等方式实现纵向一体化的全过程物流服务，提升航空快递专业化水平。鼓励传统航空货运企业通过运营合作、联合重组、发展混合所有制等方式实现规模化、网络化、专业化发展，创新航空货运产品体系和业务模式，满足多样化市场需求。

改善航空货运发展环境。针对货运航班运行和货物分拨处理的实际要求，制定与之相对应的航权、时刻等配套政策，促进航空货运企业构筑完善的航空货运网络。在机场货运经营管理中引入市场竞争机制，打造货运公共服务平台。充分利用信息化手段，加快航空物流信息共享。规范航空货运代理市场秩序。推动航空物流标准化建设，简化货运操作环节，提升货运地面服务效率。积极协调相关部门，完善航空货运关务服务。

第三节　提升运输服务质量

着力提升航班正常率。围绕资源能力、信息畅通、协同联动、快速处置等要害节点，完善航班延误综合治理手段，稳步提升航班正常率。强化资源保障，以提升大型繁忙机场航班正常率为着力点，系统评估机场保障能力，积极推动机场保障能力同机场容量挂钩，根据机场实际保障能力增加或调减机场容量，引导航空公司合理布局运力。优化航班运行链条，系统提升航班协同运行能力。加强气象预报和航班运行控制能力，不断完善航班大面积延误预警和处置机制。加强与军航沟通协作，积极优化繁忙空域及航路使用条件，提高管制效率。完善机场现场应急处置能力，充分运用移动互联网、综合交通等手段，提高航班不正常情况下旅客服务水平。落实航空公司保障航班正常的主体责任，实施停机坪长时间延误应急预案和旅客服务计划，实施大型繁忙机场运力和机组强制备份制度。加快航班正常规章标准建设，进一步完善航班正常督查和绩效考核机制，多渠道公开航空公司、机场正常率和平均延误时间的月度信息。正面引导舆论和媒体报道。

完善服务质量体系。以消费者服务为核心，打造民航“真情服务”品牌。加强民航运输质量管理顶层设计，完善服务质量规章标准，全面推进民航服务质量管理体系建设。鼓励航空公司、机场对标国际，持续优化客货运输服务链条。行业协会提升自治水平，激励航空服务主体改进服务。定期开展航空公司、机场用户服务质量评价，实施民航服务质量绩效管理，实现运输质量监管常态化，定期发布“运输质量指数”。鼓励第三方独立开展服务质量评价活动。加强消费者权益保护，修订《公共航空运输服务消费者投诉管理办法》，完善旅客投诉渠道和处理机制。

加强航空服务产品创新。鼓励航空市场主体通过组织创新和业态创新，推广“互联网+”产品，延伸服务价值链条，努力拓展民航与关联产业的互动，形成“航空+X”系列产品，构建现代航空服务生态圈。完善运输服务组织，打破民航与其他交通方式的信息和服务边界，充分发挥航空运输先进分销结算体系优势，率先实现航空与城市轨道、高铁等方式“一票到底”和“行李直挂”，实现综合运输服务一体化发展。鼓励航空服务的精细化、个性化、品牌化发展，满足日益丰富多元的航空市场需求。

第四节　大力发展通用航空

转变通用航空管理方式。实现通航发展从部门行为向政府行为、从行业行为向社会行为的观念转变，放开市场，激活社会资本活力，调动各方面积极性，形成促进通航发展的合力。持续推进放管结合，以改善市场环境和规范市场秩序释放发展新空间。在确立地方政府安全管理和产业发展主体地位的基础上，加快建立与通用航空发展阶段相适应、区别于运输航空的安全监管和市场监管体系。推进通用航空分级分类监管，强化运营人安全主体责任。加快完善通用航空法规体系，建设通用航空管理平台，提高监管能力和效率，规范市场准入退出机制，加强事中事后监管。在企业设立、运力引进等环节简化手续。建立通用航空企业诚信记录档案和运营评价体系，加大“黑飞”查处力度。引导建立通用航空产品供求信息和价格发布机制，逐步形成统一规范、竞争有序的通用航空市场。

拓展通用航空服务领域。以扩大有效供给和品质提升满足新需求。强化交通服务，在偏远地区、地面交通不便地区发展短途运输，提供多样化机型服务，实现常态化运输。扩大通用航空公益服务范围、提升民生服务功能，鼓励和加强通用航空在抢险救灾、医疗救护等领域的应用。扩大通用航空农林作业面积，基本实现主要林区航空护林。推广通用航空在工业、能源、国土等领域应用。鼓励有条件的地区发展公务航空，健康有序地拓展公务航空发展空间。鼓励航空消费，推进低空旅游、航空运动、航空教育、航空娱乐发展，积极发展私人飞行等非经营性通用航空。鼓励发展飞行驾驶执照培训。推动通用航空与互联网、创意经济融合,拓展通用航空新业态。在医疗救护、短途运输等社会公共服务飞行领域着力培养骨干企业。

第五章 提升空管保障服务水平

空中交通管理是保障民用航空安全高效运行的中枢。建设以空中交通管理现代化与绩效型组织为目标的运行机构,全面夯实空管基础设施,全面提升运行精细化水平,全面应用成熟航行新技术,努力实现从被动适应向主动支撑行业发展的战略转变。

第一节 提升航路网络容量

军民航空管融合发展。紧密围绕法规标准、空域资源、信息资源、运行协同等关键环节,健全军民航空管融合发展的组织管理体系、工作运行体系、政策制度体系。加强军民航空管设施设备统筹规划建设,优化全国空域结构,实现空管信息共享,完善运行协同机制,统一人员培训标准,形成资源共享、协调顺畅的军民航空管保障体系。

科学合理规划空域。推动建立国家空域体系,按照国际标准实施空域分类划设。制定并组织实施全国民航干线航路网规划,优化缓解繁忙地区空域矛盾。按照"东部扩展、西部延伸、南部分流、北部拉直和中部疏通"的思路,优化航路网结构,均衡干支线飞行流量,改善空域结构性矛盾。推进京沪、京广、中韩、沪哈、沪昆、沪广、沪兰、胶昆等单向循环大通道建设,基本形成以单向运行为主的民航干线航路网格局。推进我国航路网与亚太航路网的协同发展,稳妥推动国际航路航线优化整合,适应国际航空的快速增长需求。优化繁忙机场空域结构,实现中高密度机场进离场航线分离运行,高密度机场终端区结构简洁顺畅。优化终端区与骨干航路间的过渡区航路结构,提升空域资源配置精细化水平。

灵活高效使用空域。构建国家、地区和运行三级空域管理单元,完善基于国家空域政策与结构、空域逐日分配以及空域实时使用的三级空域管理体系。完善空域灵活使用机制,推进临时航线划设和使用,推动空域整体高效使用。全面实现航班 PBN 运行。持续优化管制扇区构型。建立空域常态协调机制,完善动态灵活的单双向航路运行模式。建立空域使用评估机制,建成空域运行监控评估系统,精准分析空域利用情况,准确评估调整方案实施效能。有效缓解北京、上海、广州、成渝昆、西安、大连等地区空域紧张问题,协同做好中南地区空域精细化管理改革试点。

加快空管基础设施建设。实施空管强基工程。建成民航运行管理中心、气象中心、情报管理中心、空域管理中心,完善区域管制中心、终端管制中心、塔台管制室以及各类培训设施建设。完善甚高频覆盖,构建安全高效的通信传输网络,提供可靠地空通信服务。补充完善陆基导航设施,满足传统导航及最低 PBN 运行需求。加快完善雷达、ADS-B、场面监视雷达及多点定位系统布局,实现自动化系统联网运行。新建、改扩建机场同步建设空管工程。

专栏4 “十三五”时期空管强基工程项目

性质	项 目 名 称
重点实施项目	〔重大项目〕北京新机场空管工程(含北京终端管制中心);民航运行管理中心和气象中心工程、民航情报管理中心工程、民航空域运行监控及空域评估系统工程、民航通信网工程,东部、西部地区民航广播式自动相关监视(ADS-B)工程。 〔终端管制〕上海、广州、湛江、武汉、三亚、终端管制中心工程。 〔区域管制〕乌鲁木齐区管中心,北京、上海、广州区管中心改造工程。 〔局站改造〕安徽、山东等空管分局设施完善工程。 〔综合保障〕各地区雷达工程、强对流天气短临预报系统。 〔机场配套〕成都、青岛、厦门新机场空管工程;湛江机场迁建空管工程;配合机场改扩建工程,同步建设浦东四五跑道、郑州、武汉、乌鲁木齐、昆明三跑道等配套空管工程。
前期研究项目	民航空管数据中心、基于GRIMS的GNSS性能监测与增强系统;昆明、杭州、南京、长沙、郑州终端管制中心工程;三亚、成都、西安区管中心改造工程,北京、上海、广州第二区管工程,无锡管制中心工程;东北、中南地区空管局设施完善工程;江西、温州、兰州、宁夏、西宁、呼伦贝尔、华北空管局、山西、河北、天津、宁波、桂林空管设施完善工程;民航空管设备运行管理系统、空管技术保障测试基地二期、民航空管信息化三期、地区级流量管理系统;配合机场改扩建工程,同步推进大连新机场、三亚机场迁建、沈阳机场二跑道、长沙、南宁、广州四五跑道、珠海、重庆四跑道、深圳三跑道、呼和浩特迁建、西宁、阿克苏、宁波机场改扩建空管工程前期工作。

第二节 提高空管运行效能

推进空管运行一体化。在管制单位设置空域管理和流量管理席位,完善运行程序,初步实现空域管理、流量管理、管制服务一体化运行。建立全国空中交通流量管理中心,完善与航空公司、机场之间协同决策程序。建设中央协同决策系统,与各地区流量管理系统有效衔接,基本具备战术流量管理功能,整合机场离场管理功能,实现进离场、场面管理等运行信息共享。引接各地综合航迹及飞行动态数据,实现全国航班运行态势集中监控。

提高空中交通管制水平。推进相邻管制单位间实现数据通信应用,提高管制协调移交可靠性和工作效率。全面建设管制运行现场管理系统,建立管制运行安全与效率评价体系。中高密度机场统筹建设进场管理与离场管理系统、塔台集成自动化系统。实施新型尾流间隔标准,提高跑道容量和进离场效率。推进多跑道机场运行模式、管制策略的优化。在具备条件的机场终端区,继续推动实施目视间隔和目视进近运行。

提高航空气象和情报服务能力。建设新一代航空气象服务体系。完善中高密度机场自动气象观测系统配置、天气雷达配备和高性能机场气象雷达建设。建设区域航路天气探测信息综合处理平台。建设区域飞行气象支持系统,完成气象信息与航路管制运行信息、航迹信息融合。初步建立全球数值预报系统和覆盖全国及亚太的区域数值预报系统。稳步提高重要天气预报预警及气象信息共享能力。建设航空情报自动化系统。升级改造现有航空情报系统,打造一体化航空情报生产平台。实施国际民航组织航空情报管理过渡路线图。提高航空数据和信息质量。

提高应急容灾能力。合理控制超大型管制中心规模,降低集中运行风险;建立大型区域管制中心应急容灾互备模式和区域管制中心对终端/进近管制中心的备份模式;加强主要设施设备的应急备份系统建设,完善移动应急系统。加强设备设施运行管理,建设全国统一的三级设备运行管理系统,实现运行态势集中分析和运行风险评估。完善设备技术标准规范。

第三节 强化空管科技支撑

推进空管新技术应用。统筹推进航空系统组块(ASBU)升级计划与亚太无缝空管计划。研发验证多星座、多频率卫星导航信号地基完好性监测评估和信号增强系统。开发应用航空气象与航空情报新技术,发展航空数值预报技术,建设航空气象四维数据库。基于航空情报交换模型建立航空资料数据库。

加强运行信息融合。引接航班、情报、气象以及雷达、ADS-B、多点定位等信息,应用大数据等新技术,构建航班与流量协同信息环境(FF-ICE)示范平台。开展全系统信息管理(SWIM)示范应用,建设一体化数据平台,通过网络安全保障、标准规范及运维体系,实现飞行数据、监视数据、流量、情报、气象、现场管理等运行综合信息高效集成。

提高空管设备国产化。支持国内制造业和科研机构对空管设施设备的研发和改造,积极推动新型设备的研发、试验、认证和应用。依托现有院校、科研机构以及设备合格审定机构,对国产设备开展评估、验证、测试等工作,推进空管装备国产化。

第四节 构建通航空管服务体系

优化通航运行环境。研究提出国家各类空域管理主体、责权利关系和管理程序。推动完善空域分类标准、划设方法、工作程序及运行要求,构建基于分类管理、有利于通用航空快速发展的运行环境。向社会发布各类低空空域航空情报资料,明确各类低空空域管理办法、飞行要求和服务内容。积极协调军方简化通用航空飞行任务审批、飞行计划申请和审批(备案)程序,提高审批效率,建立应急救助飞行审批绿色通道。

构建空管服务保障体系。建立通用航空气象信息处理服务平台,提供通航用户定制气象服务产品。结合国家空域分类改革,制定目视航图标准,研究开发全国目视航图产品,纳入现行民用航行情报管理体系。加强飞行服务产品能力建设,研究制定飞行服务站标准规范。逐步建立可全面提供飞行计划、航空气象、航空情报、飞行支持以及告警等服务且覆盖有效的飞行服务站体系。

第六章 改革创新推动转型发展

必须坚持创新发展理念,着力转变发展方式,全面贯彻落实《关于进一步深化民航改革工作的意见》,加强专业人才培养,积极建设绿色民航,不断提高国际竞争力,加速推进民航行业提质增效和转型升级。

第一节 全面提升创新能力

加强科技创新平台建设。民航科学技术研究院以科技创新重要基地、实验验证权威机构和民航发展一流智库为建设目标,建成航空安全实验基地。民航二所以工程技术创新及应用验证基地为发展目标,建成民航工程技术研究院。民航院校各自发挥自身学科和资源优势,加强应用性和基础性研究。激发整合行业创新能力,以企业为主体推动民航科技创新,培养有国际影响力的行业领军企业。在航空安全、空中交通管理、机场建设运行、适航攻关等重大关键领域建设一批民航重点实验室(工程技术中心),加快建设以实验室为引领的科技创新基础平台。充分利用行业内外科技资源,通过开放共享合作机制,培育形成2—3个学科交叉融合、综合集成的国家实验室,优化配置人财物资源,加速形成民航科技协同创新的新格局。筹建民航战略研究机构,提升民航宏观政策制定和行业决策支持能力。

加强科研团队和领军人才建设。建立更为灵活的人才管理机制,用好用活科技人才,释放创新潜能。加快科研项目管理、科研评价和人才评价机制改革,打通人才流动、使用、发挥作用中的体制机制障碍,营造勇于创新、鼓励成功、宽容失败的良好氛围。扩大高校和科研院所自主权,赋予领军人才更大的科研决策权。推动高端科技人才队伍建设,稳步、有序实施民航中青年科技领军人才与重点领域创新团队建设,围绕民航重点领域培养50位左右的中青年科技领军人才,形成10个左右的重点领域创新团队。面向全球引进民航重点领域高层次科技创新优秀人才。

加强重大科技项目研发。实施一批重大专项和重大工程示范项目。以重大关键技术开发和集成应用为主,依托重大工程建设,在持续安全保障能力、航空器全寿命维修、飞行员生理心理健康评估与人为因素、高原高寒机场建设与安全运行、旅客诉求分析及服务等方面取得突破,着力开展星基导航、智能安防、智慧机场、旅客精准服务、应急保障服务、数字化维修等主要方向基础性研究和前沿技术攻关,着力开展航空器与发动机适航审定、航班全球跟踪、"北斗"技术运用、综合交通运输等支撑国家重大战略的自主创新与技术攻关,力争形成一批拥有核心自主知识产权、技术水平国际领先的重大科技成果。

推动科技成果转化应用。落实国家促进科技成果转化的有关政策,引入风险投资,搭建民航科技成果转化平台,通过实施重大技术应用和示范工程项目,加强成果推广应用。建立健全鼓励优先使用自主创新成果机制。在行业内单位开展试点,稳步推进行业科技成果产权制度、收益分配制度和转化机制改革。以解决民航安全生产运行实际问题为导向,以重大工程建设和科技项目为依托,促进产学研用贯通,推进产业链与创新链融合,使创新成果加快转化为现实生产力。

大力推进行业标准化工作。落实国家标准化体系建设发展规划,加快完善民航标准化体系,夯实标准化技术基础,提升民航标准化水平。重点完善基础设施、安全运行、适航管理、应急救援、节能环保、运输服务、信息化、危化品运输等技术标准,推动民航参与综合交通一体化运输的标准研制。鼓励企业和社会组织制定严于国家标准、行业标准的企业标准和团体标准。建立标准实施的监督和评估制度,完善标准实施信息反馈渠道。积极参与国际民航组织的标准化工作,深化标准化国际合作。

第二节 全面深化民航改革

完善民航法规体系。编制和落实民航"十三五"立法规划,探索建立立法规划动态调整机制。推动《民用航空法》修订,开展《航空法》制定研究,完善基础法律制度。重点强化航空安全、行业发展等领域的法规规章立法工作,优化民航法规体系结构。完善民航规章制定程序,提高立法工作质量。建设开发民航行业监管执法系统。深度参与民航国际公约的制定和修订。

提升民航行政管理能力。按照统一、精简、高效的原则,进一步优化民航行政机关机构设置、职能配置和工作流程。进一步推进简政放权,清理中介服务事项,制定并公布行政审批"权力清单",完善行政审批事项承接落实和协调机制,加强事中事后监管。建立行政审批大厅,积极推行网上申请和在线审批。进一步优化民航扶持政策,有效保障行业发展重点领域和关键环节的资金需求,盘活存量资金。

创新和完善宏观调控。完善航空公司筹建评审机制,科学调控新设公司市场准入,使之与各类资源人员保障能力相适应。继续施行航线资源分级分类管理,逐步实施国内登记航线和国内核准航线航班备案管理,最终不再审批具体航班计划。与建设国际枢纽和完善国家综合机场体系相结合,加强系统谋划,有序开放国际航空运输市场,充分挖掘航线、航权资源价值。进一步深化机场收费、空管服务收费、航油销售价格改革。扩大民航国内航线客运经营者自主定价范围。完善航班时刻资源市场配置模式和调控机制。加快航空油料供应市场开放,进一步放松民航订座、离港、结算等信息产品准入。

加快民航基础设施领域开放。大力推动民用机场建设和运营市场开放,鼓励有资质和能力的企业进入民用机场设计、建设、运营、维护等领域,扩大民航专业领域从业主体规模,提高市场竞争度。出台民用机场领域推广政府和社会资本合作模式的实施意见,创新民航投融资模式,加大对政府和社会资本合作的政策支持,吸引社会资本,拓宽融资渠道。

全面深化空管体制改革。按照国家空管委《空管调整改革工作总体方案》要求,扎实推进改革总体方案、法律法规、空域规划、解决繁忙地区空域紧张问题、"低慢小"飞行管理、空管委办公室实体化论证、中南地区空域精细化改革试点等七个方面的具体工作,推动空管委加快推进低空空域开放进程。推进空管系统体制机制改革,逐步建立符合空管实际、适应民航发展需要的企业化管理体制。创新空管系统薪酬制度、定岗定编和用工制度,优化人员收入分配的激励机制。建立民航运行效率考核激励机制,切实提高民航现有可用空域使用效率。

深化企事业单位改革。贯彻落实《关于深化国有企业改革的指导意见》,积极开展混合所有制改革试点,推动国有大型航空企业不断增强国有经济活力,提高国际竞争力。不断深化民航局直属企业改革,完善国有资产监管体制,防止国有资产流失,进一步为企业松绑,做强做优做大国有企业。稳步实施直属事业单位分类改革,推进经营类后勤事业单位转企改制。积极稳妥推进行业协会与行政机关脱钩工作,支持行业协会充分发挥社会中介组织和行业自律的作用。

第三节 加强专业人才培养

推动实施重大人才工程。加强公务员队伍能力建设,全面提升公务员队伍的专业知识水平、执法能力和综合素养。实施"重点专业人才培养计划",加强飞行、机务、空管、机场等紧缺专门人才培养。实施"重点区域人才支持计划",支持中西部及东北等地区中小机场、特别是新疆、西藏地区民航人才队伍建设。实施"国际化人才培养计划",培养一批熟悉国际民航规则、能够参与国际竞争的复合型人才。依托民航企事业单位推进实习实训基地建设,建设若干民航空管培训基地。积极推进行业在线教育培训。

完善现代民航教育培训体系。以行业需求为导向,建成与民航持续安全和民航强国建设相匹配的教育和培训体系。强化民航专业学科建设,拓宽飞行、机务、空管、机场等专业人才培养渠道,扩大办学规模,提高办学质量。建立多层次的教育培训体系。民航大学以建设支持行业发展的高层次人才培养体系和技术支持体系为目标,着重加强民航特色重点学科、教师培养与发展、大学生创新创业、校企联合协同创新等方面建设。民航飞行学院以建设民航特色高水平大学为目标,着力培养以飞行技术为主的各类民航专业技术人才。民航管理干部学院重点推进成人学历教育向高等职业教育转型和相关教学园区建设。继续推动管理素质提升,创新干部培训工作。广州民航职业技术学院以民航局与广东省人民政府共建为契机，积极申办本科层次的职业教育。上海民航职业技术学院努力参与构建现代民航教育体系，推动与上海市共建上海职院，着力加强高等职业教育能力建设。积极推进民航行业职业教育集团化办学。鼓励地方职业院校积极举办航空运输类专业，培养适应区域民航业发展需求的技术技能人才。

强化行业人才培养基础条件建设。推进行业院校基础设施建设，满足与未来培养规模相适应的教学基本条件需求。支持高水平专家引进平台建设。完善专业实验实训条件，满足教学研究及培训发展需要。推动建设民航教师发展中心，培养一批高素质教师队伍。鼓励支持企业创办行业发展所需要的专业化培训机构。

第四节　加快建设绿色民航

创新体制机制。建立健全民航行业节能减排法规体系，建立行业节能减排监管机制，促进用能与排放责任主体履行节能减排降碳责任义务。建立健全行业节能减排标准体系，制定出台绿色机场建设标准，全面开展行业能效“领跑者”行动。建立行业节能减排监督和考核体系，出台行业节能减排考核管理办法；强化约束性指标管理，鼓励推动企业建立内部节能减排考核激励机制。研究建立空管部门节能减排考核激励机制。研究建立航空公司、机场等民航排放主体节能减排年度评价机制。聚焦行业节能减排重大专项，加强资金支持，完善节能减排项目管理，建立“项目审核—项目建设—效果评估”全链条监管机制。

运用市场化机制促进绿色民航建设。建设行业节能减排产品服务信息交流平台，提高市场供求信息透明度。积极参与全国碳市场建设。大力推进合同能源、合同节水管理节能减排模式，综合提升行业节能减排精细化专业化水平。着力培育民航专业节能服务、碳排放交易咨询服务等企业主体。加快推动第三方核查等制度建设。

强化主体责任。推动行业生产单位减排。支持航空公司建立基于数据的飞行运行全过程管理。积极推进航空生物燃料研发应用。支持机场等单位开展节能减排改造，着力推广能源管理系统建设。全面实施地面车辆“油改电”，不断提高清洁能源在机场能耗中占比，稳步提升机场固体废弃物、污水、垃圾、化学制剂等处理能力；采取措施减缓大型机场飞机发动机噪声影响。行业各级行政机关要发挥带头作用，推进本单位节能降耗。

增进开放交流。推进建立民航绿色发展国际合作长效机制，“引进来”与“走出去”并重，提升绿色发展能力水平。积极参与国际民航组织航空减排政策和技术标准制定，建设性参与国际多边双边应对气候变化谈判，增强我国民航在国际航空减排政策和规则制定中的影响力，承担与国情和发展阶段相符的减排责任。

第五节　着力提升国际竞争力

着力提升企业实力。合理配置航权和时刻资源，实施主基地优先和枢纽运营优先的原则，统筹推进国际枢纽地位和航空公司国际竞争力的同步提升。通过放开国内市场激发市场活力，鼓励企业联合重组，形成合力，促进航空企业不断提高竞争能力。加快航空公司全球市场布局，鼓励开展海外投资并购，坚持扩大规模和做深做精并举，积极开拓国际市场，推动国际客运市场竞争优势提升，提高国际货运市场份额。

构建对外开放新格局。顺应我国经济深度融入世界经济的趋势，奉行互利共赢的开放战略，紧跟国家加快自贸区建设战略及构建开放型经济新体制要求，坚持国内国际市场协同发展，坚持积极渐进有序的原则，不断提高航权开放效率和航空合作深度。积极参与全球民航治理，发展更高层次的国际航空服务体系。主动发挥航空运输的先导性作用，加强与“一带一路”沿线国家和地区的民航全面合作，倡导和推动“一带一路”上的区域航空运输自由化。

推进中国民航“走出去”。积极参与国际民航组织事务，推动中国民航标准上升为国际标准，提升中国民航的国际影响力。推进与欧美适航标准互认互信。以落实国家“一带一路”重要战略为抓手，整合行业资源，搭建全方位、多层次的合作交流平台，建立和不断完善“走出去”工作机制。积极推动建立与“一带一路”沿线国家和地区的合作平台，形成广泛的利益共同体，促进中国民航标准、管理、技术、产品、服务输出，着力支持民航机场设计建设及运行管理、航空公司安全运营、国产飞机和机场装备、空管设施设备等组团走出去。大力推进中非航空合作，积极参与非洲区域航空网建设。

第七章　保障措施

第一节　全面加强党的领导

坚持发挥各级党委党组领导核心作用，提高领导能力和水平，为实现“十三五”规划提供坚强保证。坚持把加强党的领导贯穿到推动民航安全、改革、发展、稳定的全过程，确保行业发展的正确方向。坚持全面从严治党，落实“三严三实”要求，不断加强各级领导班子、基层党组织和党员干部队伍建设，大力加强民航局党校建设。深入推进党风廉政建设，构建不敢腐、不能腐、不想腐的长效机制，营造民航系统风清气正的政治生态。切实加强党的群团工作，充分发挥工会、共青团组织的作用，构建和谐劳动关系，激发广大干部职工建设民航强国的主人翁意识。以社会主义核心价值观为引领，培育和践行当代民航精神，大力推进行业文化和精神文明建设，增强行业凝聚力，提升行业软实力。加强和改进民航新闻宣传工作，为推动行业发展营造良好舆论氛围。

第二节　加强国家政策协同

认真落实习近平总书记重要批示精神以及《国务院关于促进民航业发展若干意见》、《全国民用运输机场布局规划》，加强与发改、财政、国土、环保等相关部门联系，推动各项重点任务落地。主动建立与工业、旅游、贸易、交通等关联产业和部门的业务合作机制，以建设国际航空枢纽为重点，加强与各联检单位协调，争取更广泛支持，营造有利于民航发展的外部环境。从国家层面引导全社会正确认识民航基础设施公益属性，更加重视民航重要战略产业作用。

第三节　健全规划实施机制

建立规划实施台账。规划确定的任务、目标要分解到有关部门和单位，落实到部门年度工作计划，建立规划和重大项目实施联络员制度和工作机制，规划实施、财务预算、行政监督要协调一致，做好年度跟踪。每年 11 月跟踪规划重点工作落实情况，完成评估报告并在行业内通报，规划落实情况要纳入部门和个人绩效考核体系。及时把握行业发展中出现的新情况、新问题，研究新政策，做好中期评估。

第四节 强化政策资金保障

深入实践新一轮国家财税金融改革，按照“整合资源、优化配置；总体稳定、适当微调；突出重点，注重绩效”的原则，整合优化民航基金配套政策，有力支撑规划落实。深化民航部门预算管理改革，努力建立编制科学完整、执行规范有效、监督公开透明的民航部门预算管理体系，推进预算编制与发展规划紧密衔接，实施三年滚动、加强项目管理、制定支出定额标准、强化预算执行、开展绩效评价。推进民航发展基金征收法制化工作，保证征收持续稳定。积极争取财税优惠政策支持。

“十三五”时期是中国民航落子当下、收获未来的重要战略窗口期，实现“十三五”时期发展目标，责任重大，任务繁重。全行业要进一步统一思想，增强责任意识和担当意识，科学高效地谋划改革创新之路，给行业发展植入与民航强国相匹配的先进基因，扎实工作，攻坚克难，努力开创民航发展新局面。

通用航空发展“十三五”规划

民航发〔2016〕132 号

通用航空“十三五”发展规划，以《中华人民共和国国民经济和社会发展第十三个五年规划纲要》《国务院办公厅关于促进通用航空业发展的指导意见》《中国民用航空发展第十三个五年规划》为指导，围绕民航强国战略目标，阐明发展思路，明确主要目标，确定重点任务，引导市场主体，指导政府行为，是通用航空发展的重要指导文件，对于促进我国通用航空持续健康发展具有重要意义。

一、“十二五”发展回顾

“十二五”时期，全行业深入贯彻落实科学发展观，以改善通用航空发展环境为重点，着力推进基础设施建设、扩大通用航空规模、完善规章标准，较好地完成了“十二五”规划中的主要目标和任务。经过五年发展，我国通用航空保障能力逐步夯实、管理能力较快提升、发展质量明显改善、服务能力快速增强，行业发展迈上新台阶。

（一）取得的成绩

1. 发展规模较快增长

“十二五”以来，我国通用航空作业总量、在册航空器、通航企业年均增长率分别为 14.8%、17.2%、17.9%，2015 年分别达到 77.9 万小时、2235 架和 281 家，通用航空从业人员达到 12970 人。其中，工农林作业保持稳步增长，航空培训维持主要地位，公务航空企业数量、机队规模、飞行总量均年均增幅 20%以上；医疗救护快速发展，全国多个重点旅游城市和著名旅游景区开展了航空旅游业务；内蒙古呼伦贝尔市根河短途运输拓展至内蒙古全境，新疆开展了“阿勒泰—博乐—伊宁”通用航空短途运输运营，东中部部分地区开始发展通用航空短途运输，为通用航空公共服务均等化提供了较好的示范效应。

2. 保障能力逐步提升

截至 2015 年，我国共有 210 个运输机场，300 余个通用机场，“十二五”时期通用机场数量年均增长4%左右,通用航空保障机场1.5小时车程覆盖了全国94%的GDP、79%的人口、75%的国土面积,机场保障能力稳步提升。开展了沈阳法库、深圳南头、珠海三灶、海南东方4个飞行服务站建设试点,重庆、青岛、烟台、成都等地区飞行服务站加快建设,北京、上海、深圳、珠海等地建成10个FBO,通用航空综合保障能力不断夯实。

3. 管理能力稳步增强

"十二五"时期,民航系统大力推进通用航空组织机构建设和政策规章建设,极大提升了通用航空管理能力。各地区管理局基本建立了通用航空专业管理机构,企业委任代表制度不断完善。出台了《通用航空发展专项资金管理暂行办法》,累计下发补贴资金8.6亿元;颁布了《关于加强公务航空管理和保障工作的若干意见》、《引进通用航空器管理暂行办法》、《通用机场建设规范》、《轻型运动航空器适航管理政策指南》、《私用驾驶员执照申请人和持有人体检鉴定及体检合格证管理》、《航空器驾驶员、飞行教员和地面教员执照理论考试》、《驾驶员和飞行教员实践考试标准》等系列政策规章及行业标准,进一步简政放权、降低准入门槛,促进了行业规范化发展。

4. 发展环境不断优化

"十二五"时期是我国通用航空政策出台密集期。《中共中央关于制定国民经济和社会发展第十三个五年规划的建议》中提出完善通用航空基础设施网络;《关于促进民航业发展的若干意见》提出促进通用航空规模化发展、培育经济增长点的目标;《"十二五"国家战略性新兴产业发展规划》明确了通用航空战略性与新兴产业定位;民航局与总参谋部联合下发《通用航空飞行任务审批与管理规定》,修订了《低空空域分类标准》,进一步理顺军民航职责,开展了低空空域管理改革试点地区低空目视航图技术规范编制工作,有序推进低空空域改革进程。民航局与各省(区、市)签订了系列会谈纪要,20多个省区制定了通用航空发展规划或通用机场布局建设规划,通用航空发展环境加快改善。

(二) 存在的问题

1. 发展基础依然薄弱

通用航空发展总体规模小,运营规模仅为巴西的1/3,机队规模为南非的1/6、墨西哥的1/3;通用机场数量少,难以满足东部地区消费型通用航空和中西部地区作业转场需要。低空空域依然是制约通用航空发展的重要瓶颈,飞行服务站建设缓慢,航空情报、气象服务、告警服务等功能缺失。航空汽油储运配送体系仍未建立,FBO、MRO等保障能力发展滞后,高层次管理人员、通用航空驾驶员、维修人员等仍然紧缺,通用航空基础保障能力亟待提升。

2. 发展结构有待优化

目前我国通用航空交通功能和消费属性远没有得到发挥,未能满足多样化、个性化的社会服务需求。航空培训类业务占60%以上,生产性服务占20%左右,适应于消费导向的应急救援、医疗救助、短途运输、私人飞行等新兴服务比例小。运营企业和通用航空器增长速度远高于通用航空生产规模,要素快速增量没有转化为实际运营增量,区域通用航空发展差距较大,发展中的不平衡、不匹配、不协调情况仍然突出。

3. 发展动力亟待增强

"十二五"时期,我国通用航空运营总体处于盈亏平衡,在持续性的行业补贴条件下,仍然有60%左右的企业处于亏损,少量盈利性较好的企业主要来自门槛较高,具有垄断效应、较大市场占有率、较好盈利模式的小众行业。企业小而全、规模效应缺失，没有形成高效集约的发展模式，外来扰动影响明显，整体抗风险能力弱、自我发展能力较差，行业发展内生动力不强。

现阶段通用航空发展中存在问题的主要原因包括：①制度成本较高。多头管理、空域资源使用不便捷、行业内部管理能力不强、规章标准不健全等，导致行业发展具有较高的制度成本、时间成本和经济成本。②市场化发展滞后。要素市场不健全、缺乏航材/油料/维修等供需交易平台、信息化建设滞后、要素社会化流动体制机制不健全等，间接提高了企业发展成本。其中，体制机制不适应成为制约发展的根本性问题，保障能力不足和要素市场不健全是通用航空发展滞后的基础性问题。

二、“十三五”发展环境分析

“十三五”时期，是全面落实国家治理体系与治理能力现代化的推进期，是经济增长模式转换的攻坚期。我国民航大众化、多样化发展趋势明显，快速增长仍是阶段性基本特征，通用航空作为我国新经济的重要战略构成，其产业链条长、服务领域广、带动效应强的优势将进一步显现。

从国际看，世界经济面临的短期金融风险将逐步缓解，处于稳固复苏阶段，预计增速将回升至3.5%—4%，全球贸易量增长将保持在5%—6%。发达国家私人飞行人群规模持续缓慢下降趋势仍然存在，新兴国家通用航空将维持较快增长态势，低端通用航空制造领域的颓势短期难以突破，有利于我国活塞类、涡桨类通用航空器的国际产能收购，促进我国通用航空服务多样化发展和服务输出，加快拓展发展空间。

从国内看，《国务院办公厅关于促进通用航空业发展的指导意见》标志通用航空业成为国家战略性新兴产业体系，提出“建成布局合理、便利快捷、制造先进、完全规范、应用广泛、军民兼顾的通用航空体系”，为我国通用航空“十三五”发展提出发展路线。“一带一路”、长江经济带、京津冀协同发展等重大战略加快实施，有利于加快我国通用航空充分利用两种资源和两个市场进程，夯实我国通用航空发展基础，拓展内外需求，催生系列新兴业态，提升通用航空发展规模和水平。

“十三五”时期我国经济将保持6.5%左右中高速增长，为通用航空发展带来持续增量。“大众创业、万众创新”将极大释放通用航空企业发展潜能；个性化、多层次、大众化等消费趋势，促进通用航空文化、旅游、休闲娱乐等消费业态蓬勃发展。加强保障和改善民生，通用航空应急救援、短途运输迎来重要发展机遇。“互联网+通用航空”发展，深刻改变通用航空发展模式和路径。北斗导航、ADS-B、遥感、先进测绘等新技术的应用，通用航空基础保障能力提升与信息化建设等，进一步促进供给侧的升级，提升低空空域的管理效率和作业效率，促进通用航空与二三产业融合。同时，也面临诸多挑战，新常态下经济存在一定的下行风险，部分生产性行业的发展转型升级将给通用航空发展带来不确定性；通用航空改革进入深水区，面临诸多的变革阻力。

综上所述，“十三五”时期我国通用航空处于发展战略机遇期，机遇大于挑战，动力大于阻力。必须尊重通用航空发展规律和国情，夯实发展根基，着力在优化结构、补齐短板、增强动力上取得突破，努力开拓通用航空发展新局面。

三、发展思路与目标

（一）指导思想

深入贯彻党的十八大和三中、四中、五中、六中全会精神，围绕“四个全面”战略布局和民航强国战略，以满足经济社会发展需求为导向，以改革创新为动力，以简政放权、放管结合、优化服务为核心，以完善服务支持体系和基础保障设施为突破口，着力供给侧结构性改革，推动政策、技术、管理、服务创新，确保持续安全，加快提升通用航空公共服务和消费能力，促进我国通用航空实现社会化、规模化、信息化、规范化发展，培育通用航空成为国民经济新的增长点。

（二）发展原则

安全第一、创新驱动。牢固树立持续安全理念，确保飞行和空防安全，以安全保发展、以安全促发展。深化改革创新驱动，加快破除制约通用航空发展的深层次体制机制障碍，培育通用航空成为国家创新型经济的重要组成部分。

市场主导、政府引导。以充分发挥通用航空社会性功能为重点，健全市场机制，清除市场壁垒，营造企业自主经营、公平竞争、商品和要素自由流动、平等交换的现代市场体系。更好发挥政府统筹谋划、规划引导和政策支持的作用，提升服务能力。

统筹推进、重点突破。统筹规划，加快顶层设计，整合行业资源，协调相关部委，全面推进通用航空发展。以解除制约通用航空发展的瓶颈因素为突破口，加快基础设施建设、促进低空空域开放、推动新兴领域的通用航空业务发展。

协同融合、高效集约。把汇聚发展合力作为解决制约发展瓶颈的重要举措，保持与军方、林业、农业等部门的合作热情和力度，推动通用航空与公共运输航空、其他交通方式、关联产业的协同发展；充分发挥现有基础设施的通用航空服务能力，拓展紧缺、关键增量，推进节能环保，实现绿色集约发展。

（三）发展目标

到2020年，通用航空安全保障能力、行业服务能力与质量明显提升，初步建成功能齐全、服务规范、类型广泛的通用航空服务体系，培育一批示范性骨干企业，实现发展规模、质量、效益全面提升，较好适应国民经济社会发展需要。

安全水平持续提升。加强通用航空安全管理，优化体制机制，确保持续安全，重大以上飞行事故万时率小于0.09，安全水平在全球领先。

保障能力显著增强。初步建成安全可靠、布局合理、功能相对完善的通用机场体系，低空空域管理改革深入推进，建成便捷可靠的通用航空飞行服务体系和维修服务支持体系。

发展质量不断提升。到2020年，通用航空飞行总量达到200万小时，机队规模达到5000架以上，公共服务业务加快提升，新兴消费不断增强，发展结构不断优化。

专栏1 “十三五”时期通用航空主要发展指标

指　　标	2015 年	2020 年	年均增长
总飞行量(万小时)	77.9	200	20.8%
通用航空器(架)	2235	5000	17.5%
重大飞行事故万时率	—	<0.09	—
通用机场(个)	300	500	10.8%
飞行员数量(人)	3402	7000	15.5%

四、深化体制机制改革

全面实施安全管理、市场管理改革，推进通用航空分类监管，加快建立符合通用航空发展规律、区别于运输航空的安全监管和市场监管体系，破除制约通用航空发展的制度瓶颈，激发市场活力，创造良好的制度环境。

（一）加强法律规章标准建设

推进通用航空法规体系建设。修订《中华人民共和国民用航空法》及《民用机场管理条例》中的通用航空部分，论证修订《国务院关于通用航空的暂行管理规定》，完善通用航空基本法律法规制度。修订《通用航空经营许可管理规定》，进一步降低经营许可门槛、通用航空器引进门槛，推动经营许可和运行许可的统一。修订《非经营性通用航空登记管理规定》，简化登记手续，支持单位或个人以自用、私用或专业飞机租赁等形式开展非经营性通用航空活动。修订 CCAR-91 部运行规则，规范通用航空持续监督检查，简化通用航空运行合格审定环节和流程。

加强通用航空标准体系建设。完善通用机场建设标准，简化通用机场建设审批程序。规范通用航空加注程序，在航空油料运输、检测方法、油料监测人员资格等方面开展标准化建设。研究制定无人机的法规标准和监管体系，组织开展兼容“北斗”卫星导航系统的 ADS-B 机载设备适航审定标准规范研究和编制。促使适航、飞标、经济管理等部门规章标准保持一致。

推进通用航空运营分类管理。研究制定通用航空运营管理办法，对载人飞行、作业飞行、个人或企业自用飞行等实施差异化管理，放宽对个人和企业自用等非经营性飞行活动的限制，促进普及型通用航空消费发展。

（二）加快提升安全监管能力

健全通用航空器适航审定体系。优化通用航空器和零部件的适航标准和审定程序，形成完整的通用航空器适航标准的符合性验证方法，提升通用航空器型号审定能力。持续开展国产航空器型号审定工作和用于通用航空产品认可审定工作，重点推进初教7、海鸥300、农5B、沈阳航空工业公司23部固定翼飞机、中航通飞公司23部固定翼教练机、AC310、AC311A、AC312C、AC312E、AC352、直15、直9高原型直升机、中直公司3吨直升机、重型直升机等国产航空器型号合格审定工作及现有型号的改进改型工作。

提升通用航空维修服务支持能力。针对国内在役机型，推动通用航空维修资源的整合利用，建设以通用航空维修实施中心、通用航空维修人员培训中心为主线的维修服务和支持体系,配套推进维修工程外委和异地维修。

加强通用航空安全评估与调查。建立通用航空安全评估机制,根据业务类别进行安全监管定级,对通用航空企业、监管人员等开展定期或动态跟踪检查和绩效评估。建立通用航空安全信息平台,规范和完善通用航空生产经营活动,提高监管能力和工作效率,为通航安全评估提供信息保障。加强通用航空作业事故调查体系建设,完善作业事故调查处理机制,提升事故调查能力。

优化安全监管手段和方式。采取联合检查、交叉检查、专项检查等方式,提升通用航空持续监管及执行保障能力。优化监管手段,建设通用航空安全监管平台,提升通用航空器机载安全设备的安装普及率,提升信息化安全监管能力。强化运营人的安全主体责任,提高通用航空企业安全自律意识及法律法规执行力度,分类引导通用航空企业建立安全管理体系。

(三)积极推进市场管理改革

大力发展要素市场。建立驾驶员、机务维修人员和通航管理人员等人力资源市场,培育二手机、飞机租赁、航材等供应市场,壮大信息技术及中介服务等保障性市场,鼓励企业和社会中介搭建通航运营资源平台,促进市场要素流动。

健全市场机制。引导建立通用航空产品供求信息和价格发布机制,完善市场定价机制,完善监管体系,逐步形成统一规范、竞争有序的通用航空市场。提升自主运营能力,支持企业间的联合、兼并、重组,完善市场退出机制。鼓励产业规模适度集中,鼓励优势企业整合优化价值链、供应链,优化行业资源配置。支持国内通航企业通过国际化合作引入先进运营模式和理念,深化技术合作。

提升“事中、事后”监管能力。依托通用航空行业管理信息系统,通航企业设立实现网上申请、网上受理、网上审批,提升管理效能,加强通用航空器地面和空中活动监控与追踪能力,实现飞行动态实时监控。建立通用航空企业诚信记录档案和运营评价体系。研究论证由行业协会组织承担部分行业管理职能,激发社会组织活力,加强行业自律。

(四)促进扩大低空空域开放

加快推动低空空域开放进程,研究提出国家各类空域管理主体、责权利关系和管理程序。重点推动实现真高3000米以下监视空域和报告空域无缝衔接,并根据通用航空实际需求及空域环境,适当调整空域高度,划设低空目视飞行航线,方便通用航空器快捷机动飞行。积极参与研究制定空域分类标准并组织实施。推动空管委统筹各类用户空域使用需求,合理确定低空空域范围,科学配置低空空域资源,避免一次飞行跨越不同属性的空域,全部空域实现差异化空管保障服务。促进出台《低空空域使用管理规定》等管理法规。

理顺军民空域管理机制。加强民航与军方部门的沟通协调,理顺通用航空企业飞行任务审批流程,逐步建立联合监管工作机制和信息沟通渠道,在航路航线设计、安全管理、飞行服务保障设施建设、空域管理等具体业务方面实现协调管理,加强民航与军航的条块融合。简化通用航空飞行计划申请和审批(报备)程序,实现通用航空用户仅向一个空管单位申请或报备飞行计划。积极协调军方,推动飞行计划管理改为备案制或核准制。推动建立空域使用与飞行申请的“负面清单”制度,通航用户使用非管制空域仅需报备即可自主飞行,自行承担安全主体责任;空管部门公布低空空域划设情况,实时发布非管制空域飞行动态、天气条件情况,提供差异化空中交通服务。建立应急救助飞行审批绿色通道。

提高空域资源配置效率。以行业管理部门为主导,加快推进低空空域航行保障体系建设,利用第三方公共平台提高通用航空飞行申请的效率,研究建立低空空域的资源使用补偿机制。建立第三方评估机制,评估空域分类划设、空域使用管理模式、服务保障、运行实效等,确保符合通用航空发展需求。

专栏2 “十三五”时期通用航空深化改革重点任务

方向	任务
法规标准	修订《中国民用航空法》等法规中通用航空内容,降低经营性企业准入许可、航空器引进门槛,简化非经营性许可登记;实施通用运营分类管理改革等。
安全管理	建立通用航空安全分类管理体系,支持通用航空安全信息分析机构建设,加强通用航空安全设施建设,建设安全信息系统,推进通用航空事故调查机构建设。
市场管理	支持建立航材、人力资源交流平台,培育通用航空资本市场和服务保障市场。

五、夯实基础保障能力

以通用机场网络建设为重点,配套飞行服务站、航油储运设施、空管设施、维修设施等建设,加快提升保障能力。

（一）推进通用机场建设

立足市场需求和发展实际,引导通用机场布局建设,纳入国家综合机场体系。鼓励枢纽运输机场所在城市建设综合性通用机场,缓解枢纽运输机场非核心业务。加快建设具有区域辐射功能、公益性服务功能的通用机场,支持建设具有产业培育和集聚功能的通用机场,优先支持支线机场增设通用航空设施,拓展业务范围,兼顾区域通用航空运营服务综合保障。优先利用既有通用机场,鼓励相邻地区打破行政区划,共建共用通用机场,逐步形成布局合理、功能协调、兼容互补的通用机场系统。

1. 优化通用机场布局

东北地区:改造升级农林作业通用机场体系,提升大小兴安岭林业通用机场和北大荒农业通用机场功能,支持在沈阳、大连、哈尔滨等疏缓机场建设,推进公务机运营基地建设,探索区域通用机场联合管理模式,充分发挥通用航空在振兴东北中的重要作用。

华北地区:加快建设京津冀地区综合性通用机场,培育北京通用机场的全国航空应急救援体系核心功能,发挥在华北通用机场群的中心辐射功能。建设适应于京津冀一体化发展的通用机场网络,建设天津等公务机运营基地,完善京津冀现代综合交通运输体系。完善满足内蒙古通用航空短途运输功能的通用机场,改善偏远地区的综合交通水平。

华东地区:推进长三角地区综合性通用机场规划与建设,提升长三角国际城镇群核心竞争力。培育镇江大路、滨州大高、建德千岛湖、福清等通用机场的区域性服务功能,支持利用江河湖海优势建设水上机场,探索镇江大路通用机场开展运输与通用机场管理共享新模式,提升通用机场在长江经济带、长三角、海西地区、山东半岛蓝色经济区中的支持功能。

中南地区:开展广州通用机场的选址研究等前期工作,推进珠三角地区综合性通用机场建设,促进粤港澳公务航空一体化发展。加快建设珠海、上街、株洲、钦州等区域性通用机场,满足海上丝绸之路、国家航空经济区、北部湾地区等发展需要。充分发挥张家界、桂林等通用机场的旅游功能,提升航空旅游与短途运输保障能力。探索深圳通用机场可持续发展新模式。

西南地区:培育重庆、昆明等地区通用机场的区域性功能,推动枢纽机场、干线机场公务机运营基地建设,服务于海上丝绸之路、长江经济带、云南桥头堡、贵阳国家级新区等战略。完善西南航空护林通用机场网络,推动西藏、四川、云南等省区的短途运输与应急救援通用机场体系建设。

西北地区:培育阎良、银川月牙湖等通用机场的区域性功能,成为新丝绸之路经济带通用航空产业发展重要支点。推动西安、兰州等地区公务机运营基地建设,新建中卫、白银、安康等通用机场,建设偏远地区、老少边穷地区通用航空公共服务网络。增强天水、黄南等通用机场的旅游支持功能,充分利用支线机场提供通用航空服务,研究青海通用机场的“通廉航空”发展模式,满足公益性通用航空发展需要。

新疆地区:改造提升新疆通用机场保障能力,推进乌鲁木齐疏缓机场建设,支持乌鲁木齐建设公务航空运营基地,打造面向西亚、中亚的新丝绸之路经济带通用航空产业基地,发挥通用机场对短途运输、应急救援、农林航空和工业航空等保障功能,成为新疆民生航空体系的重要组成部分。

简化通用机场建设审批程序,理顺通用机场建设机制。支持支线运输机场建设通用航空设施,开展通用航空业务。民航地区管理局协调各省发展改革委、地区空军,指导省级政府编制和修订通用机场布局规划,与《全国民用运输机场布局规划(2030年)》有效衔接,发挥好通用机场对民用运输机场的补充作用,完善综合交通体系。

2. 加快设施设备建设

对具有容量资源的运输机场,鼓励建设通用航空保障设施,完善现有通用机场的供油、机库及机务维修等保障设施,提升通用航空保障能力。鼓励具有通用航空保障容量的干线机场、旅游机场等新建FBO,推动通用机场FBO建设,提升通用航空器维修、保养等综合服务能力。支持具有实力的维修企业建设MRO。

(二)提升飞行服务能力

1. 加快建设飞行服务站

在通用航空活动需求旺盛、民航空管基础设施设备完善的地区试点建设自动飞行服务站(AFSS),结合已有的FSS建设试点经验,形成飞行服务站建设规范。

制定飞行服务站布局建设规划,在通用航空飞行活动相对集中区域推进FSS和AFSS建设。依托民航现有空管系统,按照安全优先、点面结合、分步实施、控制成本、提升效益原则,推进全国通用航空飞行服务管理中心、区域通用航空飞行服务单位、省级行政区通用航空飞行服务单位以及作业区(临时)飞行服务单位等四级通用航空飞行服务保障体系建设,“十三五”形成覆盖全国主要通用航空作业区域的飞行服务保障框架体系。

提升通用航空信息服务能力。整合民航以及国家各级气象机构气象信息资源和服务,结合通用航空活动空域特征,建立气象信息查询和服务平台,推进通用航空气象服务研究和资源共享利用。推动建立基础性航空情报资料体系,制定并发布目视航图,持续提升低空空域航空情报、航空气象、飞行情报服务与告警服务能力。

2. 全面推广ADS-B

实施《中国民用航空ADS-B实施规划》。依据国家低空空域分类改革工作总体部署,推进通用机场 ADS-B 或等效设备地面站建设，在管制空域、监视空域全面实现 ADS-B 监视，实现监视服务信息需求较大报告空域的 ADS-B 监视覆盖。在教学训练、海上石油服务、农化飞行、航空护林等作业区域与时间相对固定、飞行活动较为密集、对监视服务信息需求较大的通用航空活动区域优先建设和应用。

推进 ADS-B 地面站与数据应用系统建设，加快引入“北斗”卫星导航系统作为定位数据源，为通用航空自主飞行提供安全与技术保障手段。加快信息服务建设，向机场、航空公司、航空保障企业、运行监管部门提供 ADS-B 信息，为社会公众和机构提供信息服务。

（三）提升油料保障能力

鼓励新型航空油料研发。支持航空油料的自主国产化，开展新型无铅汽油的研发，支持使用国产环保型航空油料，鼓励民营资本进入航空油料的生产环节。

建立存储与供应体系。依据生产作业集中状况、交通运输网络体系分布，分地区建立通用航空油料储备配送系统，建设若干个航空油料配送中心。

完善质量管理体系。健全航空油料技术岗位的培训体系，建立油料储备、运输、加注和管理等培训大纲和证照体系，实现航空油料规范化、制度化管理。开展对小型储油罐、桶装等存储方式进行安全性及经济性评价。

（四）着力培养人力资源

全面落实《民航业人才队伍建设中长期规划（2010—2020 年）》，培养规模适度、结构优化、素质优良的通用航空人才队伍，加大人力资源培养和开发力度，增强人力资源支持能力。

加强专业人才培养。支持加强飞行、维修、安全、通用机场运营等急需紧缺专业人才培养。组建“通用航空专家库”，加快选拔培养一批优秀年轻人才、中青年专家和行业拔尖人才。

加快管理人才培养。改善通用航空行业监管人员的工作条件，适度增加人员力量，开展定期培训。大力培养市场管理、营销等高级人才，加强市场与运行管理等专业培训和产业发展培训，为培育行业市场提供高素质人才保障。

加快人力资源培养平台建设。支持建设通用航空人才培养基地，支持院校及相关科研机构建立通用航空教学与科研实验室，建设通用航空实验验证基地，推进通用航空机载作业设备检测中心建设。

鼓励高校结合自身优势和特点设立通用航空课程，培养通用航空职业经理人、金融人才、市场人才、管理人才等。鼓励高校和培训机构开设通用航空企业管理课程，支持社会资本投资通用航空人才培养项目，鼓励采用在线学习平台等远程教育方式，支持建立国际交流平台，拓宽人才培养渠道。

专栏 3　“十三五”时期通用航空保障能力建设重点任务

方向	任务
飞行服务	推进飞行服务站建设，实施通用航空 ADS-B 计划。
航油保障	建设航空油料配送网络。
维修保障	建设一批能力强、设施完善、管理水平高的通用航空维修实施中心和通用航空维修人员培训中心。
人才培养	加强管理人员培训。组建“通用航空专家库”，实施“高新尖人才培养计划”。
科研平台	建设通用航空重点实验室、实验验证基地和通用航空机载作业设备检测中心。

六、提升产业发展水平

以提升通用航空公共服务能力为重点，引导消费型通用航空发展，积极发展航空培训等行业服务，稳步发展通用航空工农林作业，做优存量、拓展增量，以扩大有效供给和品质提升满足新需求，促进适应于我国社会经济发展水平的通用航空产业体系发展。

（一）加快发展公益性服务

大力发展通用航空应急救援和短途运输服务，培育航空医疗、通用航空行政管理等服务，鼓励开展交通疏导、环境监测、灾情监测、通信中继等业务，将公益性通用航空打造成我国“十三五”通用航空规模化发展的突破口。

1. 大力发展短途运输

以实际需求为导向，推广内蒙古试点经验，在内蒙古、新疆、青海、云南等偏远、地面交通不便地区加快推进短途运输公共服务。推广政府主导型、社会主导型、“政府+社会”合作型等通用航空短途运输发展模式，引导具有实力的企业开展通用航空短途运输业务，促进行业管理部门和地方政府出台通用航空短途运输设施建设、航空器引进、航班航线开辟等扶持政策。

2. 提升应急救援能力

建设通用航空应急救援体系。全面落实《国家航空应急救援体系建设规划》，将我国通用航空建设成国家航空应急救援体系的社会化基础和重要力量。推进建设民航“一个中心、两个主基地、多个辅助基地”通用航空应急救援发展格局。

提升设备设施保障能力。加快应急救援型大中型直升机配置，增强 Mi-26、Mi-8、直 9、直 8、AC313 等直升机救援能力；合理配置机载空投装置、外挂灭火吊桶、医用设备等装备，建设应急救援物资与人员运输、紧急救援综合服务平台。积极推进训练基地建设，加快建设通用航空应急救援综合服务基地。

加大扶持力度。加强军民在通用航空应急救援方面的协作和协调，推动地方政府购买通用航空应急救援服务。鼓励具有实力的通用航空企业积极参与通用航空应急救援，对航空应急救援的体制机制、安全管理和培训演练给予支持。出台优化通用航空应急救援运营补贴政策，促进国家部委出台对通用航空应急救援航空器购置的贴息补贴政策。

3. 发展航空医疗救护

鼓励符合条件的通用航空企业积极开展医疗救护作业，培育医疗救护骨干企业。支持推广“政府支持、通航企业运营、保险业及医疗机构等参与”的商业模式，促进行业管理部门与医疗管理部门的协作，出台促进通用航空企业参与医疗救助、发展医疗救助的扶持政策。引导社会相关机构和资本（保险、红十字会、基金等）开发医疗救助业务。

（二）积极培育消费型服务

加快发展以公务航空、私人飞行、空中游览、航空运动、航空教育等为代表的消费型飞行服务，满足多样化、多层次消费需求，培育消费型通用航空成为通用航空社会化发展基础。

1. 规范发展公务航空

支持公务航空在商业活动中的应用，促进以自用为目的购置公务机的企业、单位，选择具有资质的通用航空企业为其代管公务机。引导社会资本有序进入公务航空领域，支持中小型公务机应用，引导公务航空多层次发展。鼓励公务航空企业行业内实施联合、兼并、重组，推动专业化、市场化进程。

制定公务航空运营管理办法。制定对公务机运营者运行合格审定和持续监督检查的标准，鼓励公务机运营者参照国际公务航空安全运行标准，提升安全水平。加强对境外来华公务航空企业的管理，杜绝国外公务航空企业在国内违规载客经营。

加强时刻资源保障，统筹安排航空运输与公务航空、国内与国外（境外）来华公务飞行时刻资源。规范公务机运营和通用航空作业使用机场服务收费项目和标准。建立公务航空运营服务标准和地面保障服务标准，推动建立公务航空服务质量评价制度。

2. 加快发展航空旅游

结合《国务院关于促进旅游业改革发展的若干意见》，鼓励开发“多样化、特色化”航空旅游产品。支持企业丰富航空旅游产品，在世界自然与文化遗产、5A与4A级景区等旅游资源丰富地区发展航空旅游。鼓励采用水上飞机开发江河湖海、湿地等航空旅游产品，支持采用电动飞机在噪声、尾气排放敏感区域开展业务。

联合国家旅游局开展航空旅游试点，在行业内示范推广，引导航空旅游与短途运输融合发展新模式。以“降低准入门槛、提升服务质量、强化安全监管”为核心，推动民航管理部门和旅游管理部门积极出台航空旅游管理办法。

3. 有序发展私人飞行

引导个人使用、企业自用等非经营性通用航空活动发展，支持开展航空体育活动，鼓励公民使用自制航空器、套材组装类轻型运动航空器等开展教育、娱乐与体验飞行。建设航空俱乐部成为培育私人飞行的重要载体，在私人飞行较为活跃的区域加快俱乐部发展。研究制定航空俱乐部服务质量管理办法。

（三）巩固发展工农林航空

支持通过政府购买服务，不断提升农业航空作业面积，力争在我国主要林区基本实现航空护林。鼓励通用航空在工业与能源建设、国土及地质资源勘查、人工影响天气等领域应用，规范无人机在农林业、航拍等领域发展，积极推广港口引航、直升机吊装等业务。

探索简化工农业固定作业区域内空域审批程序。在东北、西南、新疆、中南等工农林作业集中区域建设实践基地，鼓励“互联网+通用航空”在工农林业作业中应用，实施服务技术创新。优化工农林航空作业的补贴政策，研究采用生产资料直补等方式，扩大补贴范围，提升补贴效率。

（四）着力发展飞行培训

加快提升飞行培训能力。建设区域性飞行培训基地。完善市场化飞行培训机制，鼓励运营企业与培训机构联合办学，创新培训模式。支持社会资本进入飞行培训领域，扩大培训容量。

分类建立飞行培训质量管理体系，完善培训质量评价制度。健全飞行员递进式培养机制，拓宽军转民飞行员和国外飞行员引进的渠道。优化飞行员培训补贴制度，研究飞行员培训学校补贴管理办法。

（五）大力培育低空经济

支持建设一批具有示范效应和影响力的通用航空产业集聚区，适时开展综合改革配套试点。围绕国家开放型经济建设，支持国外制造商在我国开展航空维修和备件支持服务，积极吸纳和对接国际通用航空产业优质资源，加强通用航空制造、运营管理、飞行培训领域的合作。创新国际合作模式，鼓励创建通用航空国际研发合作平台及国际化通用航空工程中心。鼓励和支持通用航空企业依托“一带一路”战略、自贸区等政策优势，促进具备比较优势的通用航空产品“走出去”，建设离岸通用航空器交付中心。鼓励开展通用航空会展、航空运动、航空教育等活动。支持通用航空与互联网、创意经济等融合，拓展通用航空新业态。

<table>
<tr><th colspan="3">专栏 4 “十三五”时期通用航空产业发展重点任务</th></tr>
<tr><th>方 向</th><th colspan="2">任 务</th></tr>
<tr><td>应急救援</td><td>建设通用航空应急救援网络，建立“一中心两主基地多辅助基地”通用航空应急救援体系。</td><td rowspan="4">开展不同类型通用航空业态试点，培育若干骨干示范企业。</td></tr>
<tr><td>短途运输</td><td>总结试点经验，支持在偏远地区、地面交通不便地区推广通用航空短途运输。</td></tr>
<tr><td>医疗救护</td><td>支持和引导各类机构和社会资本促进医疗救护发展。</td></tr>
<tr><td>公务航空</td><td>参照 IS-BAO 等，推进安全能力建设。</td></tr>
<tr><td>低空经济</td><td colspan="2">建设珠海、西安等通用航空产业集聚区。</td></tr>
</table>

七、保障措施

（一）加强组织协调

加强军民航协调，统筹协调民航局内部和各部委间关系，督促通用航空发展宏观战略与规划的组织落实。加强跨行业的部门合作，建立通用航空与航空工业、农林、商业、旅游、贸易、邮政等部门的协调合作机制。充分发挥行业协会的中介服务与协调功能，提升服务支持能力。

（二）加大资金支持

落实通用航空基础设施建设投资补助政策，鼓励企业和个人投资建设通用机场、飞行服务及航油保障设施。支持公益性通用航空作业和服务支持保障、人力资源培养等项目。拓宽融资渠道，采用吸收投资、PPP 及股权投资基金等多种方式吸引社会资本参与通用航空设施建设和经营。鼓励金融机构对飞机购租、通用机场及配套设施建设提供优惠的信贷支持。

（三）推动科研创新

鼓励通用航空领域的新技术引进与合作创新，提升行业管理效率。加快通用航空信息系统的开发与应用，提升行业管理效率。加快促进通信导航监视新技术、物联网等在通用航空领域的应用，提升行业安全水平。鼓励通航企业引进先进管理经验、运营模式、作业技术，提升运营效率和效益。支持科研机构和通用航空企业在通用航空基础和前沿应用技术领域开展国际合作研究。

（四）推广航空文化

鼓励各界参与通用航空的宣传、教育和推广，扩大通用航空爱好和消费群体。加强航空文化普及教育，在中、小学开展通用航空科普以及飞行爱好培养活动。培育社会公众参与通用航空的热情，支持通用航空文化体验馆、展览馆等文化基础设施建设，建设通用航空展示宣传与交流平台。

充分发挥行业协会和航空俱乐部的平台作用，组织开展多种形式的通用航空文化宣传、实践体验活动，普及通用航空知识，提升社会对通用航空的认知水平。

（五）加强实施保障

各级行业管理部门编制工作计划落实好本规划，建立督促检查机制，确保任务实施。加强对各省（区、市）通用航空发展的支持和指导，落实好规划编制、安全保障、基础设施、运营服务等任务。充分发挥行业政府与地方政府联动作用，统筹协调，促进通用航空持续快速健康发展。

卫星测绘"十三五"发展规划

国测科发〔2016〕7号

卫星测绘是基于各类测绘卫星获取地理信息和提供地理信息服务的重要手段,卫星测绘能力和应用水平是国家对地观测能力的直接反映。加强卫星测绘能力建设,提升卫星测绘应用水平,对于抢占对地观测制高点、满足经济社会发展对地理信息技术和应用的迫切需求、推进测绘地理信息事业改革创新发展具有重要意义。当前,国际上卫星测绘快速发展,卫星性能不断提升,空间、时间和光谱分辨率、敏捷机动能力、定位精度等均实现质的飞跃,应用水平和商业模式不断升级创新,与大数据、云计算等技术的深度融合趋势明显。近年来,我国卫星测绘工作取得了长足进展,卫星性能显著提升,应用成效显著,与国际先进水平的差距不断缩小。但是,我国卫星测绘工作仍存在应用系统整体能力不足、制度标准不完善、应用广度深度不够、产业化和国际化进程缓慢等问题。

"十三五"时期,我国卫星测绘工作面临良好发展机遇。"一带一路"建设、京津冀协同发展、长江经济带建设等国家重大战略实施,以及生态文明建设等重大改革事项对卫星测绘工作提出明确需求;推进新型基础测绘、地理国情监测、航空航天遥感测绘、全球地理信息资源开发、应急测绘(以下简称"五大业务")以及发展地理信息产业、维护国家地理信息安全等对加强卫星测绘工作提出新要求。为进一步加强卫星测绘应用能力建设,完善测绘卫星体系,开创我国卫星测绘工作新局面,根据《中华人民共和国国民经济和社会发展第十三个五年规划纲要》《全国基础测绘中长期规划纲要(2015—2030年)》《国家民用空间基础设施中长期发展规划(2015—2025年)》和《测绘地理信息事业"十三五"规划》,编制本规划。

一、总体思路

(一)指导思想

全面贯彻党的十八大和十八届三中、四中、五中、六中全会精神,以习近平总书记系列重要讲话精神为指导,深入贯彻落实"四个全面"战略布局和创新、协调、绿色、开放、共享的发展理念,紧密围绕"加强基础测绘,监测地理国情,强化公共服务,壮大地信产业,维护国家安全,建设测绘强国"的事业发展战略,主动适应经济发展新常态,坚持自主创新、跨越发展,大力推进测绘卫星体系建设,加强卫星测绘应用和服务,健全卫星测绘应用工作体制机制,推动测绘地理信息事业改革创新发展。

(二)基本原则

1. 创新驱动,自主发展

坚持自主发展,通过创新体制机制,加强产品创新、管理创新、制度创新和服务创新,不断释放卫星测绘应用工作的发展活力,推动高新技术成果尽快转化为现实生产力,增强支撑卫星测绘未来发展的核心竞争力。

2. 立足需求,统筹发展

以服务测绘地理信息行业应用为出发点和落脚点,统筹建立"一星多用、多星组网、多网协同"的测绘卫星体系。面向国家需求,以应用牵引发展,以发展促进应用,最终形成科学、高效的卫星测绘应用体系。

3. 支撑产业,共享发展

紧扣地理信息产业对卫星测绘应用的迫切需求,加快发展高分辨率光学遥感卫星、干涉雷达卫星、激光测高卫星、重力卫星等测绘卫星,推进北斗卫星民用化进程,抢占国产测绘卫星在产业发展中的市场份额,坚持共享发展,服务于地理信息产业的发展壮大。

4. 着眼全球,开放发展

围绕"一带一路"、"走出去"等国家重大发展战略对地理信息的需求,推进全球地理信息资源建设,站在保障国家地理信息安全的高度,坚持开放发展,牢固掌握核心关键技术,逐步形成国产测绘卫星服务全球地理信息资源建设的能力,为建设测绘强国打下坚实的基础。

(三)发展目标

以国产高分辨率测绘遥感卫星、北斗卫星为主,推进相关商业遥感卫星发展,大力加强卫星测绘能力建设,构建1:5万—1:1万比例尺多类型多型号自主卫星测绘对地观测体系,形成以0.7米—2米分辨率为主的立体测绘能力,使高分辨率遥感影像自给率达到80%;建立集测绘卫星总体设计、仿真、检校、数据处理、服务和质量控制于一体的卫星测绘技术、产品和标准体系,生产1:5万—1:1万比例尺卫星影像产品和基础地理信息产品;推进商业遥感卫星测绘能力建设,形成多分辨率、多比例尺的地理信息产品生产和应用服务能力,支撑"五大业务"和地理信息产业发展。

二、重点任务

根据测绘地理信息事业发展的实际需要,全面推进,重点保障,合理布局。围绕光学、雷达、激光、重力、导航等系列测绘卫星,开展顶层设计、统筹谋划、技术创新、应用系统建设和应用推广,构建卫星测绘的政策标准体系、对地观测体系、技术体系、产品体系和服务体系。

(一)完善卫星测绘政策标准体系

1. 加强卫星测绘应用政策制定

根据卫星测绘数据类型和应用范围,建立卫星测绘数据使用、分发服务机制。研究建立卫星测绘数据知识产权保护和管理办法。联合有关部门，建立适合于社会、公众以及境外的卫星测绘数据安全应用和密级评价机制，提高市场监督管理能力。进一步优化我国民用遥感卫星测绘数据业务化运营、商业化服务和国际化发展的政策环境。

2. 完善军民融合的卫星测绘发展机制

深入贯彻落实中共中央国务院中央军委印发的《关于经济建设和国防建设融合发展的意见》，形成军民融合的卫星测绘发展机制，逐步建立平时和战时兼容兼顾、军队和地方互利互赢的军民卫星测绘协作框架。加强军民卫星测绘数据资源共享和科技创新协同，建立应急测绘保障协调机制、重大测绘项目协作机制和科技成果军民两用双向转移共享机制。

3. 加强卫星测绘应用标准体系建设

逐步建立完善光学、雷达、激光等多类测绘卫星几何检校、数据处理、产品生产、质量监督检验、产品分发服务的系列标准规范，制定专题应用、信息提取、变化检测等增值产品及其技术标准。制定国产测绘遥感卫星数据获取和技术服务的标准化流程及规范。将北斗应用标准体系建设纳入测绘地理信息标准化建设规划，研究建立北斗应用标准体系框架，着力推进行业应用急需、共性和基础性标准的制修订。

（二）建设卫星测绘对地观测体系

1. 构建 0.7 米—2 米分辨率光学测绘卫星星座

围绕“五大业务”和地理信息产业发展的需求，加快发展 1∶5 万和 1∶1 万光学立体测绘卫星，实现长期在轨稳定业务化运行。加快高分七号卫星工程实施，实现全球 1∶1 万地形测绘能力。积极推进资源三号 03 和 04 星、高分七号业务星的立项，为我国 1∶5 万—1∶1 万测绘提供稳定的卫星数据源。

2. 发展干涉雷达卫星

结合我国空间基础设施建设相关规划，加快 L 波段差分干涉 SAR 卫星（L-SAR）等卫星测绘应用研究，实现国产卫星的干涉测量和多云多雨地区的影像获取，支撑全球 1∶5 万数字高程模型数据获取以及区域地表形变监测。

3. 建设其他测绘卫星

加快推进超高分辨率光学、激光测高、重力梯度测量等测绘卫星建设，提高卫星测高和全球重力场模型精度。积极推进我国自主高分光学卫星、高端光学卫星组成的商业遥感卫星系统建设。加快构建种类齐全、功能互补、尺度完整的测绘卫星对地观测体系，逐步形成光学、雷达、激光、重力等合理配置、多种观测技术优化组合的综合高效全球观测数据获取能力。

（三）完善卫星测绘应用技术体系

1. 开展星地一体化指标论证与仿真验证

研究超高分辨率光学、0.3—0.5 米分辨率干涉雷达、多波束及单光子激光测高、重力梯度测量等多类型测绘遥感卫星的测绘工作模式，开展星地一体化指标论证研究，建立测绘卫星指标设计与仿真验证系统，加快推进新型测绘遥感卫星的指标论证与立项实施。

2. 开展国产高分辨率遥感卫星几何检校技术研究

开展多类型卫星地面检校技术研究，构建多类型遥感卫星内外参数一体化几何检校技术体系，拓展新型传感器的高精度在轨检校技术，提升高分辨率卫星的业务化几何检校能力。研发新型几何检校装备，开展多类型地面检校场建设。构建卫星检校精度验证技术平台，提高对国产高分辨率遥感卫星业务化检校及几何校正处理能力。

3. 加强多星多载荷遥感数据综合处理技术研究

发展针对超高分辨率光学及敏捷卫星、干涉雷达、激光测高等多类型测绘卫星的摄影测量新理论和新方法。研发多星、多载荷、多时相遥感数据的协同测绘处理技术及其软硬件一体化测图系统。研究高分辨率光学卫星辐射处理技术。研究海量遥感影像数据管理与挖掘技术，开展基于大数据的隐藏信息搜索及地表变化发现技术、基于卫星测高和卫星重力等多种观测技术的全球高程基准构建技术研究。

4. 完善测绘卫星数据产品监管和质量监督检验技术

开展高分辨率光学、干涉雷达、激光测高、重力等各类卫星测绘数据和产品的质量监督检验技术攻关，实现快速、准确及高度自动化的测绘卫星数据质量检查与评价能力，研究构建卫星测绘产品质量认证体系。加强卫星连续运行参考站建设监管、北斗导航与定位服务产品质量检测与监管技术研究，建立权威的地图导航定位产品质量综合测评体系。

5. 加强测绘遥感卫星和北斗导航卫星应用技术研究

开展基于高分辨率测绘遥感的应用技术研究，拓展测绘遥感卫星数据在农林、水利、土地、地矿、环保等领域的应用能力。积极支持开展多领域、跨学科、基于位置的大数据及物联网科技创新和技术攻关。开展基于北斗的动态时空基准构建、动态高精度定位、局域/广域差分定位等技术研究。加快推进高精度高动态时空基准信息应用服务、室内外无缝定位服务和智能位置服务等应用研究。

（四）形成卫星测绘产品体系

1. 完善卫星测绘应用系统建设与运行

加快推进卫星测绘应用系统的规模化、业务化运行，形成面向多星组网的在轨检校、数据处理、产品生产、质量控制、数据管理和分发服务能力，支撑高分七号、L-SAR 等测绘遥感卫星的数据产品业务化生产和同期其他在轨测绘遥感卫星的数据生产。

2. 构建面向多星多载荷的卫星测绘产品体系

开展卫星测绘产品分级和分类方法研究，构建卫星测绘产品分级分类体系和面向超高分辨率敏捷光学、干涉雷达、激光测高、重力等多类卫星测绘的标准产品和增值产品，形成多类型卫星的新型基础测绘产品。

3. 建设标准化几何空间信息产品数据库

形成不同精度水平的标准化影像数据库和产品，构建全国 2 米分辨率正射影像数据库和三维影像数据库、全国重点地区亚米级分辨率正射影像数据库、"一带一路"沿线区域及全球热点地区 2 米分辨率正射影像数据库、全国及国外重点地区 10—15 米格网数字表面模型数据库等标准化几何空间信息产品数据库，实现数据库的定期更新。

4. 开发面向测绘及相关行业应用的新型服务产品

研制基准统一的全球多尺度遥感影像控制点数据库，服务多级精度水平的标准化遥感影像几何处理。建立基于激光测高数据的全球广义高程控制点库，支撑国家基础地理信息快速更新和全球三维地理信息的获取。按需构建高分辨率卫星光谱应用数据库、光学遥感影像数据解译样本及专家先验知识库，为遥感影像地物分类识别、变化检测和定量化应用等提供支撑。

5. 研发省级和重点城市卫星测绘应用系统

按照“资源共享、优势互补”的原则，研发建设省级和重点城市卫星测绘应用系统，优化布局卫星测绘生产组织结构，提升各级测绘地理信息部门卫星测绘业务生产和应用服务能力，形成覆盖全链路的专业化、规模化、自动化、网络化卫星测绘产品生产体系和应用服务保障体系。

（五）构建卫星测绘服务体系

1. 推进国产测绘卫星为重大战略和重大工程服务

综合利用多类型测绘遥感卫星数据资源，实现多源遥感信息的持续获取和综合应用，为“一带一路”、生态文明建设等国家重大战略实施，经济社会发展和“五大业务”提供卫星影像以及综合信息服务，推进卫星测绘数据应用。结合“一带一路”沿线国家和地区的实际需求，深度挖掘和推广北斗卫星应用。

2. 推动国产测绘卫星公益性应用和商业化服务

面向政府、行业和公众服务，加强高分辨率测绘遥感卫星影像获取，建立健全卫星数据共建共享与应急服务机制和常态化的高分辨率遥感影像测绘应用效果评价机制。结合“双创”和“互联网+”行动计划，研究主动服务、智能服务和一站式服务等多种服务模式，搭建卫星测绘增值服务平台，推进面向产业和公众的卫星测绘增值服务。

3. 建立新型卫星测绘保障服务模式

打造“1+31+X”测绘卫星影像云服务平台，建设1个国家主中心、31个省级分中心、X个行业部门服务中心及其他企事业服务节点，国家主中心负责统筹数据获取、产品生产与分发服务，实现云服务环境下卫星数据产品全天候不间断自动推送；省级服务分中心开展省级基础测绘、省内各行业各部门的卫星测绘遥感应用服务，实现省级节点部署及运行；行业部门服务中心及其他企事业服务节点开展行业和区域的遥感应用服务。

4. 构建卫星测绘全球化服务网络

开展测绘遥感卫星数据中心、共享网络等平台建设，扩大全球数据覆盖，探索建立国外合作数据节点，推进国产测绘遥感卫星数据的全球化接收与服务。整合国内外资源，建立全球化的卫星测绘遥感数据产品销售与技术服务网络，推进国际合作、全球科学研究和商业化服务，形成卫星测绘全球化应用服务体系。

5. 提高北斗地面应用服务能力

加快推进现有国家卫星导航连续运行基准站网改造，开展“一带一路”沿线国家和地区的北斗导航卫星地面站建设，增强北斗应用和全球化服务能力。研发全国性、高精度的位置数据综合服务系统，为各类用户提供综合性的位置数据综合服务。开展卫星导航领域的国际合作，鼓励在境外合作建立北斗卫星导航研发中心和服务网络，鼓励国外企业开发利用北斗卫星系统，大力开拓国际市场。

三、保障措施

（一）加强组织领导

按照国家公益性遥感卫星用户管理委员会负责制的部署要求，积极主动履行好相关职能。强化卫星测绘应用工作统筹协调，处理好部门之间、系统上下、军地融合的关系，密切协作，形成合力，共同推进卫星测绘应用持续协调快速发展。抓好卫星测绘发展规划的组织实施，把卫星测绘应用能力建设作为本地区测绘地理信息工作的重要内容加快推进。

（二）增加投入力度

在整合现有政策资源、充分利用现有资金渠道的基础上，积极争取多渠道投人，支持业务卫星体系建设、科研卫星研制、关键技术研发及生产性试验，促进成果转化，支持和引导行业与区域的重大应用示范。鼓励创新金融支持方式，拓宽融资渠道，促进民间投资，鼓励商业资本参与测绘卫星发展建设。争取各类科技项目，加大对卫星测绘科技创新的支持力度。

（三）加强人才培养

加强卫星测绘人才队伍建设，充分利用国际国内两个资源，重视高层次人才和创新型人才的培养。充分发挥现有创新团队的优势，培养能够跟踪国际发展前沿、开展国际合作与交流的人才队伍。坚持卫星测绘技术的自主创新，在创新实践中发现人才，在创新活动中培育人才，在创新事业中凝聚人才。重视引进和使用海外优秀人才，确保人才培养进入良性循环。

（四）深化合作交流

全面深化国际国内战略合作，扎实推进部门之间的战略合作，促进技术融合，实现互利共赢发展。推进测绘地理信息高等院校、科研机构和企事业单位的合作交流，倡导产学研用联合共建研发基地和创新平台。完善军民测绘分工协作、信息共享、应急联动等机制。抓好国产卫星测绘应用技术培训工作，提升我国卫星测绘国际影响力。

（五）生态环境

全国土地利用总体规划纲要（2006—2020年）调整方案

国土资发〔2016〕67号

为更好地保障“十三五”时期经济社会发展，确保我国实有耕地数量稳定、质量不下降，提高土地利用节约集约水平，维护土地利用总体规划的严肃性、权威性和可操作性，根据第二次全国土地调查（以下简称二次调查）成果，经国务院同意，对《全国土地利用总体规划纲要（2006—2020年）》（以下简称《纲要》）进行调整完善。

一、指导思想

全面贯彻党的十八大和十八届三中、四中、五中全会精神，按照“五位一体”总体布局和“四个全面”战略布局，牢固树立创新、协调、绿色、开放、共享的新发展理念，认真落实党中央、国务院决策部署，坚持最严格的耕地保护制度和最严格的节约用地制度，通过土地利用总体规划调整，强化规划管理和用途管制，加快生态文明建设，促进经济持续健康发展和社会和谐稳定。

二、调整原则

（一）总体稳定、局部微调。坚持《纲要》确定的指导原则、规划目标和主要任务基本不变，继续实施《纲要》确定的土地分区引导原则、土地整治重大工程和规划实施管理制度。局部调整完善《纲要》，增加耕地保护任务，优化建设用地布局。

（二）应保尽保、量质并重。耕地是我国最为宝贵的资源。既要守住18亿亩耕地数量，更要保证耕地质量不下降，对二次调查查明增加的耕地，除根据国家统一部署纳入生态退耕规划和根据国家相关规划需要占用的以外，均予以保护；优质耕地除实施国家重大发展战略、“十三五”重点建设项目难以避让的以外，均划入基本农田，实行永久保护。

（三）节约集约、优化结构。按照坚定不移地推进节约用地的总要求，遏制建设用地过度外延扩张，有效控制建设用地总量；统筹建设用地增量与存量，合理调整优化建设用地结构和布局，降低工业用地比例，优化国土空间开发格局；适当增加新增建设用地规模，保障新型城镇化用地需求。

（四）统筹兼顾、突出重点。正确处理开发与保护、当前与长远、局部与全局的关系，重点做好耕地和基本农田调整、建设用地结构与布局优化，制定完善政策措施，切实解决影响耕地保护、节约集约用地和科学发展的突出问题。

（五）加强协调、充分衔接。坚持科学论证、标准统一、民主决策，强化国民经济和社会发展规划、城乡规划和生产力、交通布局等相关专项规划的协调，做好其对下级规划的控制，完善土地用途管制制度。

三、调整的主要内容

（一）关于耕地调整。按照坚守 18 亿亩耕地保护红线，确保实有耕地数量稳定、质量不下降的要求，到 2020 年，全国耕地保有量为 18. 65 亿亩。

（二）关于基本农田调整。按照基本农田数量和布局基本稳定、优质耕地优先保护的原则，规划期内，确保全国 15. 46 亿亩基本农田数量不减少，质量有提高。

（三）关于建设用地调整。按照严守底线、调整结构、深化改革的思路，严控增量，盘活存量，优化结构，提升效率，切实提高城镇建设用地集约化程度，到 2020 年，全国建设用地总规模为 4071. 93 万公顷（61079 万亩）。

（四）关于土地利用结构和布局优化。

基本农田结构和布局优化。在落实基本农田保护任务和保持现有基本农田布局总体稳定的前提下，各地可依据二次调查和耕地质量等别评定成果，对基本农田布局作适当调整。将现状基本农田中林地、草地等非耕地调出，原则上 25 度以上坡耕地不作为基本农田，不得将各类生态用地划入基本农田，同时将城市周边、道路沿线和平原坝区应当划入而尚未划入的优质耕地划入基本农田，做到基本农田保护数量基本稳定、布局更加优化，切实提高基本农田质量。

建设用地结构和布局优化。适应生态文明建设、新型城镇化和新农村建设的要求，各地要对建设用地结构和布局进行适当调整，促进形成合理的区域、城乡用地格局。一是以资源环境承载力评价为基础，加强与新型城镇化、城镇体系、生态环境等相关规划和环境功能区划的协调衔接，认真落实国家主体功能区环境政策，引导人口和产业向资源环境承载力较高的区域集聚。二是坚持保护优先，建设用地安排要避让优质耕地、河道滩地、优质林地，严格保护水流、森林、山岭、草原、荒地、滩涂等自然生态空间用地，合理安排生产、生活、生态用地空间。三是严格控制超大城市、特大城市用地规模，合理安排大中小城市用地，报国务院审批土地利用总体规划的超大和特大城市中心城区建设用地规模原则上不增加，以布局优化为主，促进串联式、组团式、卫星城式发展。京津冀、长三角、珠三角等区域逐年减少建设用地增量，推动产业结构向高端高效发展，防治“城市病”。四是适应城乡统筹发展和新农村建设需要，以农村土地综合整治为抓手，在具备条件的地方对农村建设用地按规划进行土地整治、产权置换，促进农民住宅向集镇、中心村集中。五是合理调整产业用地结构,保障水利、交通、能源、通信、国防等重点基础设施用地,优先安排社会民生、脱贫攻坚、战略性新兴产业,以及国家扶持的产业发展用地,严禁为产能严重过剩行业新增产能项目安排用地。

四、保障措施

(一)自上而下完成各级土地利用总体规划调整完善工作。各省(区、市)要按照《纲要》调整方案确定的指标、布局优化原则和有关政策要求,以二次调查和规划中期评估成果为基础,编制省级土地利用总体规划调整方案,确保上下级规划之间的协调衔接,其他主要指标如需调整,于2016年底前报国务院审批。报国务院审批土地利用总体规划的城市,规划有关指标如需调整,由各省(区)人民政府于2017年6月底前报国务院审批。其他各级土地利用总体规划调整方案,由原规划审批机关审批。调整工作完成后,以省(区、市)为单位,将调整结果报国土资源部。城市土地利用总体规划调整完善和城市总体规划要做好协调衔接,城市建设用地规模和布局发生变化的,应当依法同步修改城市总体规划。

(二)完善耕地保护政策和机制。健全耕地保护补偿制度,充分调动农民保护耕地的积极性与主动性。加强和改进耕地占补平衡,综合运用多种政策平台,多措并举,严格落实耕地占一补一、占优补优,严格耕地占补平衡实施监管,坚决防止补充数量质量不到位的问题。以提高耕地产能为目标,总结地方经验、完善政策措施,全面推进建设占用耕地耕作层土壤剥离再利用工作。实施耕地质量保护与提升行动,加强耕地内在质量建设,实现"藏粮于地"。要依据土地利用总体规划,编制实施各级土地整治规划,大力推进高标准农田建设。

(三)健全土地节约集约利用机制。加强相关规划与土地利用总体规划的协调衔接,相关规划在土地利用上的安排应符合土地利用总体规划确定的用地规模和总体布局。以二次调查成果、土地利用总体规划和城市(镇)总体规划为基础,加快划定永久基本农田、城市开发边界和生态保护红线,推进"多规合一"。加强批而未征、征而未供土地的盘活利用,对近五年平均供地率小于60%的市、县,除国家重点项目和民生项目外,暂停安排新增建设用地指标。总结完善并推广有关经验模式,全面实行城镇建设用地增加与农村建设用地减少相挂钩的政策。建立城镇低效用地再开发激励机制,规范推进工矿废弃地复垦利用和低丘缓坡荒滩等未利用地开发利用,严禁随意侵占或破坏林地、草地等生态用地。

(四)加大生态保护力度。把节约放在优先位置,进一步严格土地用途管制,控制耕地、林地、草地等转为建设用地,以最少的土地资源消耗支撑经济社会持续发展。在土地利用总体规划实施管理中,把生态文明建设放在突出位置,优化国土空间开发格局,统筹协调城乡结构和空间布局,继续推进退耕还林还草、天然林保护等生态建设工程,加快实施国土综合整治,统筹考虑山水林田湖,按照宜耕则耕、宜林则林、宜草则草、宜荒则荒的原则,全面做好保护和修复,促进各类自然生态系统安全稳定。

(五)同步更新规划数据库。各地要结合土地利用总体规划调整完善,统筹安排、同步更新规划数据库,重点更新规划图层。做好质量核查,确保耕地保有量、基本农田保护面积、建设用地规模等符合要求,做到图、数和实地相一致,保持规划数据库的现势性。国土资源部将组织技术力量,对各省(区、市)规划数据库进行审核,确保符合相关要求和技术标准。

（六）加强规划实施管理制度建设。进一步协调研究相关标准的衔接统一，建立土地利用总体规划定期评估修改制度，完善编制和审批程序，严格实施管理，提高规划的科学性和权威性，切实发挥规划对土地利用的统筹管控作用。

附表：调整后的2020年土地利用主要指标

附表：调整后的2020年土地利用主要指标

地区	耕地保有量		基本农田保护面积		建设用地总规模	
	万公顷	万亩	万公顷	万亩	万公顷	万亩
全国	12433.33	186500	10306.67	154600	4071.93	61079
北京	11.07	166	10.00	150	37.20	558
天津	33.40	501	28.47	427	44.07	661
河北	605.33	9080	515.00	7725	224.80	3372
山西	383.80	5757	325.93	4889	109.80	1647
内蒙古	766.60	11499	620.00	9300	170.06	2551
辽宁	460.13	6902	368.13	5522	170.07	2551
吉林	606.67	9100	492.00	7380	113.20	1698
黑龙江	1387.13	20807	1109.73	16646	169.20	2538
上海	18.80	282	16.60	249	32.00	480
江苏	456.87	6853	389.60	5844	236.13	3542
浙江	187.87	2818	159.87	2398	134.53	2018
安徽	582.40	8736	491.87	7378	205.60	3084
福建	126.33	1895	107.27	1609	88.00	1320
江西	292.73	4391	246.20	3693	133.60	2004
山东	752.53	11288	638.93	9584	291.40	4371
河南	802.33	12035	680.40	10206	268.47	4027
湖北	482.87	7243	390.80	5862	177.73	2666
湖南	397.07	5956	329.67	4945	171.00	2565
广东	247.93	3719	210.93	3164	208.53	3128
广西	436.40	6546	365.40	5481	129.13	1937
海南	71.47	1072	60.60	909	36.67	550
重庆	190.60	2859	161.60	2424	72.00	1080
四川	629.87	9448	519.53	7793	190.47	2857
贵州	419.07	6286	350.47	5257	74.40	1116
云南	584.53	8768	489.40	7341	115.40	1731
西藏	39.47	592	31.60	474	16.47	247
陕西	360.93	5414	306.00	4590	100.27	1504
甘肃	498.47	7477	399.00	5985	94.87	1423
青海	55.40	831	44.40	666	37.00	555
宁夏	116.53	1748	93.27	1399	34.13	512
新疆 #兵团	428.73	6431	354.00	5310	185.73 35.33	2786 530

全国矿产资源规划

（2016—2020年）

国函〔2016〕178号

矿产资源是发展之基、生产之要，矿产资源保护与合理开发利用事关国家现代化建设全局。为保障矿产资源安全供应，推进资源利用方式根本转变，加快矿业转型升级和绿色发展，全面深化矿产资源管理改革，促进矿业经济持续健康发展，依据《中华人民共和国矿产资源法》、《中华人民共和国国民经济和社会发展第十三个五年规划纲要》和《全国主体功能区规划》，制定《全国矿产资源规划（2016—2020年）》（以下简称《规划》）。

《规划》是落实国家资源安全战略、加强和改善矿产资源宏观管理的重要手段，是依法审批和监督管理地质勘查、矿产资源开发利用和保护活动的重要依据。涉及矿产资源开发利用活动的相关行业规划，应当与本《规划》做好衔接。

《规划》以2015年为基期，以2020年为目标年，展望到2025年。

第一章　规划基础

第一节　主要成效

我国是矿产资源大国，也是矿业大国，已发现矿产172种，探明资源储量的162种，品种较为齐全，勘查开发体系完整，主要矿产品产量和消费量居世界前列。《全国矿产资源规划（2008—2015年）》实施以来，找矿不断取得重大突破，资源供应能力明显增强，开发秩序全面好转，矿产资源管理改革逐步深化，管理能力和水平大幅提升，有效应对了国内外环境的复杂变化和国际金融危机的深层次影响，为保障国民经济持续快速发展做出了重要贡献。

地质找矿取得重大进展。2008年以来，累计投入地质勘查经费8000多亿元，新发现大中型矿产地1708处，找矿突破战略行动取得重大进展。石油、天然气新增探明地质储量保持高位增长，北方砂岩型铀矿、页岩气、天然气水合物勘探取得重大突破，铜、铝、铅、锌、金、钨、钼等金属矿产发现一批世界级大矿床，主要矿产资源储量在开采强度持续加大情况下实现普遍增长。完成全国矿产资源潜力评价、矿业权实地核查、矿产资源利用现状调查等三项矿产资源国情调查，摸清了油气和25种重要固体矿产资源潜力，掌握了资源开发利用基本情况，完成22种重要矿产利用效率调查评价。

矿业经济发展壮大。2008年以来，全国采矿业固定资产投资累计达9万亿元以上，原矿产量累计达700亿吨以上，煤炭、油气、金属、非金属采选及压延加工销售产值累计超过160万亿元。资源税、探矿权采矿权价款和资源补偿费累计收入9000亿元。因矿而兴的城市达到240座，现矿业从业人员1100余万。煤炭、十种有色金属、黄金等产量连续多年居世界第一，矿业经济规模不断增长。

矿业秩序加快好转。持续整顿规范矿产资源开发秩序，开展全国稀土专项整治等重大行动，强化规划布局和资源开发整合，实现了矿业投资热潮下开发秩序明显好转。全国矿山数量较规划基期减少3.3万个，其中小矿减少2.8万个，大中型矿山比例由7.8%提高到11.6%，违法违规案件总体下降近一半，一批重大矿业纠纷得到协调解决，基本形成规模开发、集约利用、安全生产、秩序良好的资源开发新局面。

资源环境保护水平稳步提高。推进矿产资源补偿费与资源储量消耗挂钩，组织实施矿产资源节约与综合利用专项，40个国家级综合利用示范基地建设成效显著，发布160余项矿产资源节约和综合利用标准。全面实施矿山地质环境治理恢复保证金制度。累计投入矿山地质环境治理资金773亿元，治理恢复面积32.5万公顷。推进661个国家级绿色矿山建设试点，矿业绿色转型升级步伐加快。

国际合作取得新进展。与100多个国家和地区建立矿业合作关系。矿产品贸易保持高速增长，2014年贸易总额达到1.1万亿美元，连续多年占全国商品进出口总额四分之一，2015年因价格因素下降为8000多亿美元，但进出口实物量仍然保持增长。健全境外矿业投资合作支撑服务体系，推动国有企业、地勘单位、民营公司多元投资，与80多个国家和地区合作开展能源资源勘查开发。

矿产资源管理逐步规范。坚持简政放权，转变职能，持续推进审批制度改革，完善矿产资源分级分类管理制度。健全矿业权市场交易体系，建成296个省级、市级矿业权交易机构。全面实行矿业权有偿取得制度。新疆油气改革试点顺利推进，油气资源领域改革不断深化，页岩气探矿权招标全面推行。坚持阳光行政，完善管理制度，社会主义市场经济条件下的勘查开发监督管理体系基本建立。

第二节 面临形势

“十三五”时期，是我国全面建成小康社会的决胜阶段，经济保持中高速增长，产业迈上中高端水平，“四化”深入发展，新的增长动力正在孕育形成，新的增长点、增长极、增长带不断成长壮大，蕴藏巨大需求空间。同时，经济发展进入新常态，国内外资源形势发生深刻变化，供给侧结构性改革任务繁重，矿业结构调整、转型升级和管理改革十分紧迫。国际矿业市场波动加剧，地缘政治日趋复杂，矿业国际合作面临新的机遇和挑战。

资源安全始终是国家可持续发展的核心问题。我国资源总量大，人均少，资源禀赋不佳。多数大宗矿产储采比较低，石油、天然气、铁、铜、铝等矿产人均可采资源储量远低于世界平均水平，资源基础相对薄弱。当前，我国仍处于工业化中期阶段，能源资源需求增速放缓，但需求总量仍将维持高位运行，预计到2020年，我国一次能源消费量约为50亿吨标准煤，铁矿石7.5亿吨标矿，精炼铜1350万吨，原铝3500万吨。受国际矿业市场影响，国内勘查投入趋于下行，增大了我国矿产资源安全供应风险。

*矿业形势深刻变化倒逼矿业结构调整和转型升级。*受世界经济低迷、需求放缓、能源结构调整，以及前期高强度投资所形成的产能集中释放等因素影响，全球矿产品供应总体过剩，价格急剧下跌。国内矿产品价格竞争力不强，矿业企业普遍经营困难，煤炭、钢铁、水泥等行业产能严重过剩。同时，世界新能源、新材料等战略性新兴产业迅猛发展，非常规能源、稀土、铌、钽、锂、晶质石墨等战略性新兴产业矿产需求逐步凸显，我国相关矿产资源虽有比较优势，但产业发展层次低，资源保护力度有待加强。矿业发展必须适应市场变化，坚持创新发展，加快矿业结构调整和转型升级，增强可持续发展能力。

*绿色发展要求资源开发利用方式加快转变。*我国矿产开发集约化规模化程度不够，小型及以下矿山占比88.4%，但产能占比不足40%。部分矿山采富弃贫、采易弃难，资源浪费现象仍然存在。长年积累的矿山环境问题突出，采矿累计占用损毁土地超过375万公顷。加快转变资源开发利用方式，推动矿业绿色低碳循环发展的任务十分繁重。

*发展更高层次开放型经济亟待提升矿业国际合作能力与水平。*世界经济深度调整、复苏乏力，国际贸易增长低迷，全球矿业市场更加复杂多变，资源竞争和垄断不断加剧。推进“一带一路”建设，加强产能合作和基础设施、装备制造、国际金融等领域的广泛合作，为我国拓展矿业国际合作提供了新的发展空间和平台。但总体上看，我国企业参与国际矿业市场竞争的能力不够强，配套政策、人才队伍还不能满足矿业全球化和现代化的要求。

*全面深化改革要求加快矿产资源管理体制机制创新。*当前，矿业经济下行、企业经营困难、国际竞争加剧，矿业发展的活力动力不足；同时，资源约束趋紧、生态问题突出、民生诉求多元等相互交织，矿产资源管理领域深层次矛盾亟待解决。特别是资源配置政府干预仍然较多，矿业权市场规则不完善，现代矿业市场体系尚不健全，资源开发经济调节和利益分配机制不够合理。随着全面深化改革、全面依法治国的深入推进，必须进一步解放思想，理顺体制机制，释放改革红利，增强矿业发展活力动力。

第二章　指导思想、原则与目标

第一节　指导思想

高举中国特色社会主义伟大旗帜，全面贯彻党的十八大和十八届三中、四中、五中、六中全会精神，以马克思列宁主义、毛泽东思想、邓小平理论、“三个代表”重要思想和科学发展观为指导，深入贯彻习近平总书记系列重要讲话精神，按照“五位一体”总体布局和“四个全面”战略布局，牢固树立和贯彻落实创新、协调、绿色、开放、共享的发展理念，落实节约资源和保护环境的基本国策，坚持尽职尽责保护国土资源、节约集约利用国土资源、尽心尽力维护群众权益，以保障资源安全为目标，以提升矿业发展质量和效益为中心，强化资源保护和合理利用，正确处理政府与市场、当前与长远、局部与整体、资源与环境、国内市场与国际市场的关系，推进供给侧结构性改革，优化资源开发保护格局，加快矿业绿色转型升级，推动矿业国际务实合作，实现资源开发惠民利民，为全面建成小康社会提供可靠能源资源保障。

第二节　基本原则

——立足国内，守住资源安全底线。突出影响全局的能源矿产、大宗矿产和战略性新兴产业矿产，加快找矿突破，增加资源储量，扩大资源基础，加强资源保护与合理开发利用，完善矿产储备体系，稳定国内资源安全保障水平。

——改革创新，增强矿业发展动力。深入实施创新驱动发展战略，大力推进科技创新、管理创新和机制创新。加快推进行政审批制度改革，坚持简政放权、放管结合、优化服务，充分发挥市场在资源配置中的决定性作用和更好发挥政府作用，增强国内矿业的科技实力、发展活力和竞争力。

——优化布局，促进矿业协调发展。着力推动资源开发与区域发展、产业升级、环境保护、城乡建设相协调，实行矿种差别化、区域差别化管理，统筹矿产勘查开发布局与时序，形成协调有序的资源开发保护新格局。

——加快转型，推进矿业绿色发展。坚持生态保护第一，充分尊重群众意愿，促进资源开发与环境保护协调发展。树立节约集约循环利用的资源观，加强全过程节约管理，推动资源利用方式根本转变，加快发展绿色矿业，大力推进生态文明建设。

——互利共赢，深化国际矿业合作。深入推进“一带一路”矿业国际合作，加强境外矿产资源勘查开发，提升利用外资质量和水平，引进先进技术和管理经验，积极参与全球矿业治理，推动形成深度交融的互利合作格局。

——惠民利民，共享矿业发展成果。按照国家脱贫攻坚的总体部署，支持集中连片特困地区矿产资源开发利用，加快资源优势转化为经济发展优势。完善收益分配机制，推进中央、地方、企业、矿区群众资源开发收益共享，服务区域发展和民生改善。

第三节　主要目标

到2020年，基本建立安全、稳定、经济的资源保障体系，基本形成节约高效、环境友好、矿地和谐的绿色矿业发展模式，基本建成统一开放、竞争有序、富有活力的现代矿业市场体系，显著提升矿业发展的质量和效益，塑造资源安全与矿业发展新格局。

——国内资源保障基础进一步夯实。找矿突破行动取得新成效，形成一批重要矿产资源战略接续区。重要矿产资源储量保持稳定增长，力争新发现5—8个亿吨级油田和5—10个千亿方级气田，新发现和评价大中型矿产地300—400处。石油储采比保持在12以上，天然气储采比达到30。

——矿产资源供应保持安全稳定。建设103个能源资源基地，划定267个国家规划矿区，铁、铜、铝土矿、钾盐等战略性矿产国内安全供应能力得到巩固。划定28个对国民经济具有重要价值的矿区，强化重要矿产保护与储备。

——资源环境保护和合理利用水平显著提高。开发利用布局进一步优化，矿山规模化集约化程度明显提高，大中型矿山比例超过12%。节约与综合利用水平显著提高，主要矿产资源产出率提高15%。绿色矿业发展新格局基本形成。矿产资源开发的环境影响得到有效控制，开发区域生态环境不退化、环境质量不下降。矿山地质环境得到有效保护和及时治理，完成50万公顷历史遗留矿山地质环境治理恢复任务。

专栏 1　矿产资源勘查主要指标

序号	矿　种	新增查明资源储量	
		单　位	2016—2020 年
1	石　油	亿吨	50
2	天然气	万亿立方米	3
3	页岩气	万亿立方米	1
4	煤　炭	亿吨	1000
5	煤层气	亿立方米	4200
6	铀　矿	铀吨	××
7	铁　矿	矿石亿吨	80
8	锰　矿	矿石亿吨	9
9	铜　矿	金属万吨	800
10	铝土矿	矿石亿吨	6
11	镍　矿	金属万吨	80
12	铅　矿	金属万吨	2000
13	锌　矿	金属万吨	3000
14	钨　矿	WO_3(65%)万吨	100
15	锡　矿	金属万吨	70
16	锑　矿	金属万吨	80
17	金　矿	金属吨	3000
18	锂　矿	Li_2O 万吨	60
19	石　墨	矿物万吨	600
20	磷　矿	矿石亿吨	8
21	钾　盐	KCl 亿吨	1

注：以上指标均为预期性指标。石油、天然气、页岩气和煤层气为新增探明地质储量。

——*矿业国际合作开创新局面*。与基础设施建设、国际产能合作相配套，合作推动境内外石油、铁、铜、铝土矿、钾盐等大型矿产地勘查开发。培育一批具有国际竞争力的大型跨国矿业集团，健全矿业国际合作平台和服务保障机制，初步形成与我国经济发展相适应的全球矿业合作体系。

——*矿业创新发展能力全面提升*。有序放开油气勘探开发市场，进一步扩大矿业权竞争性出让范围，大幅下放矿业权审批权限，建立矿产资源国家权益金制度，健全矿业权人信用约束监管制度。矿业资本市场、矿业权交易市场等现代市场体系更加健全。矿产资源法律法规体系更加完善，矿产资源治理体系和治理能力现代化取得重大进展。资源开发利用科技创新取得新突破。

2025 年远景目标：

稳定开放的资源安全保障体系全面建立，资源开发与经济社会发展、生态环境保护相协调的发展格局基本形成，资源保护更加有效，矿业实现全面转型升级和绿色发展，现代矿业市场体系全面建立,参与全球矿业治理能力显著提升。

专栏 2 矿产资源开发利用与保护主要指标

指标		单位	2020 年	属性
矿产资源年开采量	原油	亿吨	2	预期性
	天然气	亿立方米	1700	
	页岩气	亿立方米	300	
	原煤	亿吨	39	
	煤层气	亿立方米	160	
	铁矿	矿石亿吨	12	
	锰矿	矿石万吨	3000	
	铜矿	金属万吨	260	
	铝土矿	矿石万吨	7300	
	镍矿	金属万吨	16	
	铅矿	金属万吨	350	
	锌矿	金属万吨	625	
	钼矿	折合纯钼 45%万吨	31	
	锑矿	金属万吨	16	
	锡矿	金属万吨	15	
	金矿	金吨	550	
	晶质石墨	矿物万吨	95	
	磷矿	矿石亿吨	1.5	
	钨矿	WO_3(65%)万吨	12	约束性
	稀土	REO 万吨	14	
矿业转型与绿色发展	资源保护与储备地	处	28	预期性
	大中型矿山比例	%	>12	
	矿产资源产出率提高比例	%	15	
	历史遗留矿山地质环境治理恢复面积	万公顷	50	约束性

注:1. 矿产资源产出率是指主要矿产资源实物量的单位投入所产出的经济量,其内涵是经济活动使用矿产资源的效率。矿产资源产出率=地区生产总值(GDP 不变价)/主要矿产资源消费量。主要矿产包括石油、煤炭、天然气、铁、铜、铝、铅、锌、镍、磷、石灰岩等 11 种。2. 煤层气指标是指煤层气(煤矿瓦斯)利用量。

第三章 坚持创新发展增强矿业发展新动力

着力深化勘查开发体制机制改革,完善现代矿业市场体系,深入实施创新驱动发展战略,增强矿业发展活力与动力。

第一节 全面深化矿产资源管理改革

一、开放油气、铀勘探开发市场

依据油气体制改革总体方案,按照“放开市场、盘活区块、激发活力、加强监管”的思路,加快新疆改革试点及其经验总结推广,稳步推进油气勘查开采体制机制改革,逐步放开上游勘探开发市场，引入社会资本，加快勘探开发进程。完善勘查区块退出机制，促进区块流转，建立进退有序的勘查开采市场，激活勘查潜力。健全油气地质资料公开和共享机制，建立油气资源动态监管信息平台，向社会公示矿业权信息、勘探进程和勘探开发方案。探索建立一级登记、中央地方协同监管的油气资源管理新体制。加强国家油气督察员制度建设，推进督察工作常态化、规范化。

加大铀矿勘查开发体制改革。按照勘查社会化、矿业权市场化、投资多元化、开采专业化的原则，加大铀矿勘查开发体制改革，有序放开铀矿勘查开发市场，积极引导社会资本进入铀矿勘查领域，通过合资合作、入股、签订协议等方式，构建主体责任落实、多方投资合作的铀矿开发体系，加快铀矿勘查开发进程。推进油煤铀资源叠置区合作勘查、综合勘查，鼓励采取煤铀、油铀兼探和合作开发模式，实现资源综合开发利用。

二、扩大矿业权竞争性出让范围

坚持市场竞争取向，建立符合市场经济要求和矿业规律的矿业权出让方式。探索扩大矿业权竞争性出让范围，进一步推进探矿权采矿权实行招标拍卖挂牌方式出让，着力破解制度性障碍，充分调动市场各类主体的积极性，吸引社会资本和风险投资。严格限制和规范非竞争性出让行为，从严控制协议出让，规范探矿权转采矿权和财政全额出资探矿权出让。将矿业权出让竞争性环节纳入公共资源交易平台，推进全国统一的矿业权交易平台建设，建立全国联网的矿业权出让信息公开查询系统，进一步完善矿业权交易规则。

三、推进矿业权审批权限下放

持续推进简政放权，深化矿业权审批制度改革。根据国务院要求，调整下放矿业权审批权限，出台相关配套文件，细化下放权限管理措施。推进权力清单制度，简化审批程序，优化审批流程，推进矿业权审批管理精细化、标准化、公开化，统一规范全国矿业权审批登记行为。创新行政审批服务方式，扩大网上审批范围，加大矿业权出让转让公示公开力度。进一步升级完善矿业权统一配号系统，强化在线监管，制止违规行为。做好涉矿类行政审批中介服务的清理，降低行政审批成本，减轻企业负担。

四、推进矿产资源税费制度改革

推进矿产资源有偿使用制度改革。理清有偿取得、占用和开采中所有者、投资者、使用者的产权关系，建立矿产资源国家权益金制度，完善相关配套制度，保障国家所有者权益。调整探矿权采矿权使用费标准，建立动态调节机制，完善最低勘查投入制度。实施矿产资源税从价计征改革，合理确定资源税税率水平。全面清理涉及矿产资源的收费基金，规范征收行为。加强矿产资源税收优惠政策管理，提高资源综合利用效率。建立评估机制，将资源所有者权益和生态环境损害等纳入自然资源及其产品开发利用成本。

五、改革矿产资源监管方式

强化诚信体系建设，改革监管方式。全面推行矿业权人勘查开采信息公开制度，建立矿业权人"黑名单"制度，完善社会监督、政府抽查、失信退出相配套的矿产资源监管体系。加强矿产资源储量登记管理，健全符合我国国情并与国际对比互认的资源储量管理制度体系，加强资源储量动态监测。建立完善矿产资源勘查开发综合监管平台，开展动态巡查和全天候遥感监测，强化对无证勘查、无证开采等行为的执法监察及对浪费资源、破坏环境等行为的专项督查。

六、强化矿产资源宏观管理

制定战略性矿产目录。为保障国家经济安全、国防安全和战略性新兴产业发展需求，将石油、天然气、煤炭、稀土、晶质石墨等24种矿产列入战略性矿产目录，作为矿产资源宏观调控和监督管理的重点对象，并在资源配置、财政投入、重大项目、矿业用地等方面加强引导和差别化管理，提高资源安全供应能力和开发利用水平。

专栏3　战略性矿产目录（24种）	
能源矿产	石油、天然气、页岩气、煤炭、煤层气、铀
金属矿产	铁、铬、铜、铝、金、镍、钨、锡、钼、锑、钴、锂、稀土、锆
非金属矿产	磷、钾盐、晶质石墨、萤石

建立战略性矿产监测预警机制。加强监测预警能力建设，建立预警指标、安全临界值及综合评价模型，系统开展国内外矿产品供需和资源形势分析，强化应对国际重大冲突资源安全预警能力。建立战略性矿产监测预警报告制度，支撑政府决策，引导行业发展，加强政策储备，建立风险处置预案，增强风险防控能力。

专栏4　矿产资源信息化和安全预警工程

开展矿产资源开发利用水平调查评估，加强矿产资源战略形势分析，建设战略性矿产安全供应监测预警分析系统，建设矿业权、资源储量、开发利用和规划等核心数据库，定期发布矿产资源开发利用关键指标、安全供应研究成果和专题信息产品。

完善矿产资源宏观调控政策体系。配合完成《矿产资源法》及其配套法规修订工作。加强国家矿产资源安全战略研究。强化矿产资源规划管控，严格规划分区管理、总量调控和开采准入制度。着力推进矿业供给侧结构性改革，培育产业发展新动能。实施矿种差别化、区域差别化管理，对紧缺矿产，实施鼓励性勘查开发政策；对传统优势矿产，合理调控开发利用总量；对产能过剩类矿产，严格控制新增产能，坚决淘汰落后产能，有序退出过剩产能；对战略性新兴产业矿产，保障资源供应，强化高端应用。

七、健全现代矿业市场体系

按照产权明晰、规则完善、调控有力、运行规范的要求，建立健全矿业权有形市场，加快发展矿业资本市场和中介服务市场，形成统一开放、竞争有序的矿业市场体系。支持国有矿业企业改革，积极稳妥发展混合所有制企业，培育具有市场竞争力的矿业市场主体。培育资源型产品期货市场，发展商品期权、商品指数期货等交易工具，发挥期货市场价格发现和风险管理功能，增强服务实体经济能力。

第二节　创新机制推进找矿突破战略行动

深入实施找矿突破战略行动。将地质勘查作为立足国内保障资源安全的重要基础性工作，持续稳定予以加强。调整勘查重点，优化工作布局，以能源、紧缺及战略性新兴产业矿产为重点，在鄂尔多斯等16个含油气盆地勘查薄弱地区、东昆仑等26个重点成矿区带，部署开展1∶5万地质矿产调查，查清成矿条件、预测资源潜力，圈定新的找矿靶区。划定297个重点勘查区，引导各类资金投入，加大找矿力度，发现一批可供开发利用的矿产地。加强新区、新层系、新领域、新类型油气资源基础性调查和评价。开展全国煤层气、油页岩、油砂、煤系矿产等资源潜力评价，摸清资源家底和开发利用条件。优先安排成矿地质条件有利、找矿潜力大和市场需求量大的危机矿山接替资源勘查，加快矿山密集区和老矿山外围的勘查进程。

完善找矿突破政策措施。着力打造以市场为导向的多元投资平台，鼓励和引导社会资本投入地质找矿。支持公益性地质工作，实行财政出资项目信息公开制度，服务和引导商业性矿产勘查。改革中央地质勘查基金，弥补矿业资本市场不足。推动建立符合我国国情的风险勘查资本市场，拓展风险勘查和矿业发展融资渠道。

第三节　大力推进能源资源基地建设

一、建设国家能源资源基地

综合考虑资源禀赋、开发利用条件、环境承载力和区域产业布局等因素，建设103个能源资源基地，作为保障国家资源安全供应的战略核心区域，纳入国民经济和社会发展规划以及相关行业发展规划中统筹安排和重点建设，在生产力布局、基础设施建设、资源配置、重大项目安排及相关产业政策方面给予重点支持和保障，大力推进资源规模开发和产业集聚发展。到2020年，大型煤炭基地生产能力达到全国的95%以上，石墨、稀土等资源基地超过80%，钨、锡、锑、磷、钾盐等资源基地达到50%左右。

二、强化重点矿区开发利用监管

以战略性矿产为重点，划定267个国家规划矿区，作为重点监管区域，打造新型现代化资源高效开发利用示范区，实行统一规划，优化布局，提高门槛，优化资源配置，推动优质资源的规模开发集约利用，支撑能源资源基地建设。保护性开采的特定矿种等实行总量调控矿种的矿业权投放及开采指标优先向国家规划矿区配置。划定28个对国民经济具有重要价值的矿区，作为储备和保护的重点区域。重点加强稀土等保护性开采的特定矿种、产能严重过剩矿种、自然保护区内已探明的大中型以上规模矿产地的储备和保护。探索建立多渠道投入机制，支持提高储备矿产地的勘查程度，严格保护和监管，防止压覆或破坏。建立动态调整机制，经严格论证和批准后，转为国家规划矿区进行统一规划、规模开发。

第四节　加快资源开发利用科技创新

一、打造地质矿产技术创新平台

推进地球深部观测与实验系统重大科学基础设施建设，统筹利用现有资源，加强矿产资源领域科研平台能力建设。加强矿产资源领域科技人才培养，建设新型矿业发展智库。强化企业的主体地位，鼓励科研单位与企业合作，形成多元化的科技投入体系，加速科技成果转化，打造政产学研用相结合的地质矿产科技创新平台。建立重大科技攻关、成果示范推广和产业化发展的联合推进机制，提高解决资源问题的科技支撑能力。

二、创新资源勘查开发技术

研究推进万米深地科学钻探，加强深部地质找矿重大科技问题攻关。拓展万米空间资源探测前沿技术，发展深部找矿立体综合勘查体系，形成3000米以浅勘探、2000米以浅开采成套技术能力，储备一批5000米以深勘查技术，油气勘探技术能力扩展到6500—10000米。实施主要油气盆地、胶东、长江中下游、南岭深部找矿示范工程，推动先进技术工艺装备产业化应用。突破深海进入、深海探测、深海开发关键技术，加大海洋矿产基础理论研究和关键技术攻关，建立深海地质调查、勘查理论和技术体系，推进海底富钴结壳、锰结核、稀土软泥等资源调查与开发利用研究。大力发展对地观测技术，推进国土资源业务卫星、科研卫星和卫星应用系统建设，强化自主、连续、稳定的高分辨率卫星数据保障能力，提高资源环境调查监测水平。按照绿色开发、节约集约、智能发展的思路，推动形成矿产资源精细高效勘查、智慧矿山技术装备、生态矿山与资源节约、矿山绿色开采与选冶、稀贵资源提取关键技术、煤炭提质与综合利用和典型二次资源循环利用等矿业技术体系。推动先进成熟技术转化为标准，鼓励社会团体、企业参与标准化建设，加强矿产资源领域标准研究。

三、大力推进“互联网+矿业”发展

建设矿业电商平台，创新矿业金融服务，促进资源、资本、技术、设备、服务等有机结合，形成上游与下游、传统与网络、线上与线下、场内与场外、商品与金融、国内与国外有效对接的多层次市场体系和完整产业链，提高资源配置效率，形成新的矿业经济增长点。加强行业标准化建设，加快建设智慧矿山，促进企业组织结构和管理模式变革，加快传统矿业转型升级。

专栏5 科技创新重大工程

（一）深地资源勘查开采工程。

开展深部地质成矿理论研究、勘探开发技术装备研发和大深度立体探测与深部找矿示范，突破3000米深地资源勘查技术，实现万米钻探技术能力。加快“透明地球”技术体系建设，实施重要含油气盆地和主要矿集区三维透明化工程，形成一批深地资源战略储备基地。

（二）深海资源勘查开采工程。

研制深远海油气及水合物勘探开发技术装备，推进大洋海底矿产勘探及海洋天然气水合物试采工程，加快“透明海洋”技术体系建设，为深海资源开发利用提供支撑。

（三）对地观测卫星重大工程。

整装建设3颗2米/8米光学业务卫星星座和1颗5米光学业务卫星，推进L波段差分干涉SAR和高分辨率多模综合成像科研卫星建设，形成高分辨率国土资源卫星观测体系基础能力，统筹推进国土资源卫星业务应用体系建设。

第四章 坚持协调发展优化矿产开发保护格局

大力推进矿产资源开发利用结构布局调整，加强供给侧结构性改革，促进资源开发与区域发展、产业转型、环境保护、资源保护相协调，着力构建协调有序的矿产开发保护格局。

第一节　推动资源开发与区域发展相协调

一、优化矿产资源勘查开发区域布局

落实国家区域发展总体战略和主体功能区战略，构建区域资源优势互补、勘查开发定位清晰、资源环境协调发展的空间格局。推进西部地区矿产开发与环境保护相协调，优先选择资源条件好、环境承载力高的地区，加强勘查开发，有序承接中东部产业转移，促进资源优势转化为经济优势。加快中部、东部、东北地区矿业转型升级，促进资源产业上下游协调发展，延伸产业链条，提高资源开发综合效益。引导"一带一路"国内沿线优势资源有序开发。推动长江经济带上中下游矿产资源互动合作，优势互补。合理控制京津冀地区资源开发强度，加快矿业转型升级与协同发展。

二、加快海域矿产资源勘查开发

落实海洋强国战略，维护国家海洋权益，大力加强海洋基础地质调查，加快研发深海资源勘查开采技术，积极推进海域油气勘探开发，开展天然气水合物资源勘查与商业化试采。积极参与国际海底矿产资源综合调查，加快推进大洋矿产资源勘查开发，持续开展南北极环境综合考察与资源潜力评估。统筹陆地和海洋资源利用，有序推进近岸、近海、深远海资源开发，着力发挥海洋在资源环境保障中的重要作用。

三、严格矿产资源规划分区管理

构建统一衔接、功能互补、相互协调的规划分区管理体系，明确政策导向，优化资源开发空间格局。全面落实规划确定的勘查开发保护工作布局，重点调查评价区、矿山地质环境重点治理区，主要作为财政资金投入和政策支持的重点区域。划定重点勘查区，鼓励和引导商业性勘查投入。强化规划功能分区的管控作用，加强重点矿区矿产资源开发利用监管，严格禁止、限制勘查开采区管理，明确勘查开采准入条件，严格控制矿业权数量和开采规模。

四、实施矿业权设置区划制度

各级规划应按要求开展矿业权设置区划，优化矿山布局，原则上一个勘查开采规划区块一个主体，严禁将矿产地化大为小和分割出让。对高风险矿产，原则上不划定勘查规划区块，达到详查以上（含详查）勘查程度的应划定开采规划区块。对低风险矿产，要依据资源赋存状况和地质构造条件，划定勘查开采规划区块。对砂石粘土等无风险矿产，划定集中区、备选区，也可根据管理需要划定开采规划区块，明确准入条件和矿山地质环境治理恢复措施，实行有偿出让。

第二节　推动资源开发与产业发展相协调

一、优化能源矿产开发利用布局结构

加快清洁、高效能源矿产勘查开发，控制煤炭资源开采总量，大力推进绿色开采和清洁利用，促进清洁低碳、安全高效能源矿产供应体系建设。

（一）稳定国内石油供应。强化东部老油区挖潜，加大中西部油气开发力度，加快海域石油增

储上产，力争石油年产量保持在2亿吨左右。东部地区以松辽盆地、渤海湾盆地为重点，加强精细勘探开发，积极发展先进采油技术，增储挖潜，努力减缓老油田产量递减。西部以塔里木、鄂尔多斯、准噶尔等盆地为重点，探明优质资源储量，实现增储稳产、力争上产。做强渤海、拓展南海、加快东海、探索黄海及其他海域，加快海洋石油勘探开发，保持老油田持续稳产，加快新区产能建设，大力提升海域石油产量。

（二）大力发展天然气。做大西部、做强中部、发展海域，加大天然气勘查开发力度。陆域以塔里木盆地、柴达木盆地、鄂尔多斯盆地、四川盆地等为重点，海域以南海为重点，力争获得重大突破，保持资源储量产量高位增长，增强天然气供应基础。加强西部低品位、东部深层、海域深水三大领域科技攻关，力争获得规模产量。

（三）加快煤炭结构调整与转型升级。按照严控增量、优化存量、清洁利用的要求，将积极稳妥化解过剩产能与结构调整、转型升级相结合，推进煤炭行业健康发展。限制东部、控制中部和东北、优化西部地区煤炭资源开发，推进神东、陕北等大型煤炭基地绿色化开采和改造。规划期内不再新建年产30万吨以下煤矿、90万吨以下煤与瓦斯突出矿井，限期淘汰年产15万吨及以下且发生较大及以上安全生产责任事故的煤矿、年产30万吨以下且发生重大及以上安全生产责任事故的煤矿，引导年产30万吨以下煤矿加快退出。鼓励煤炭企业兼并重组和资源整合，培育大型煤炭企业集团。到2020年底，煤炭矿山数量减少到6000家。积极推进煤炭资源从燃料向燃料与原料并重转变，促进煤炭分级分质和清洁利用。提高煤炭洗选比重，加大煤矸石、矿井水等资源综合利用力度。

（四）大力推进铀矿勘查开发。以鄂尔多斯、伊犁、二连、松辽、吐哈、巴音戈壁等盆地为重点，加大砂岩型铀矿勘查力度，到2020年，新发现铀矿产地20—25处。以江西相山、广东诸广山、广西苗儿山等为重点，加强深部及外围地区勘查，巩固硬岩型铀矿资源基础。在新疆伊犁盆地南缘、鄂尔多斯盆地北部、松辽盆地西南部、相山、诸广山南部等地区划定一批铀矿国家规划矿区。重点建设伊犁、鄂尔多斯、通辽铀矿基地，推动全国铀矿产能向北方砂岩型铀矿调整。

（五）加快推进煤层气开发利用。继续实行煤层气（煤矿瓦斯）开发利用中央财政补贴政策，健全完善煤层气、煤炭协调开发机制，推动山西保德等12个煤层气国家规划矿区规模开发，建设沁水盆地、鄂尔多斯盆地东缘煤层气产业化基地。统筹协调煤炭、煤层气开发时序，做好采气采煤施工衔接，煤炭规划5年内建井采煤的区域，优先保证煤炭资源开发，有效利用煤层气资源；5年后建井采煤的区域，坚持先采气、后采煤。新设煤层气或煤炭探矿权，必须对煤炭、煤层气资源进行综合勘查、评价和储量评审备案。支持煤炭矿业权人变更增加矿种，对煤层气进行综合开发。

（六）推进页岩气规模开发利用。加强页岩气调查评价与勘查，获取优质规模储量。开展四川长宁—威远、重庆涪陵、贵州遵义—铜仁、云南昭通、陕西延安等地区页岩气勘查开发示范，发展适合我国地质特点的页岩气勘查开发关键技术和装备，继续实行页岩气开发利用补贴政策，推动低成本规模开发。强化页岩气开发环境保护。

（七）积极开发利用油页岩等能源矿产。加强松辽、鄂尔多斯、柴达木、准噶尔等盆地油页岩和油砂勘查，开展辽宁抚顺、吉林桦甸和扶余、山东龙口、甘肃窑街和新疆吉木萨尔等地区油页岩开发利用示范。加大天然气水合物勘探开发技术攻关力度，培育具有自主知识产权的核心技术，加快实施南海北部天然气水合物试采工程，突破安全开采技术瓶颈。

（八）因地制宜开发地热资源。开展地热水资源、干热岩和浅层地温能潜力评价。推进东南沿海、京津冀、西南等地区地热资源调查与开发利用示范工程建设，推进梯级利用及循环利用工艺研究与示范。加强地热资源开发利用监测和管理，健全标准规范。实行扶持政策，创新开发利用模式，提高地热能利用比重。

二、保障重要金属矿产有效供给

以铁、锰、铜、铝、镍、铅、锌、钨、锡、锑、金、银等为重点，在资源条件好、环境承载力强、配套设施齐全、区位优势明显的地区，集中建设具有市场竞争力的大中型矿山，稳定国内有效供给水平。

（一）稳定国内铁矿供应能力。结合钢铁工业布局，重点建设鞍本、冀东、攀西、包白、忻州—吕梁、宁芜庐枞等铁矿基地，引导区内资源向大型矿业集团集中。新建西鞍山、马城等一批大型矿山。推进公平税负，减轻铁矿企业负担，提高国内铁矿企业的竞争力。加强桂西南、湖南永州等地区锰矿资源勘查开发。适度控制千米以深矿井和小规模低品位铁矿的开发，不再新建年产20万吨以下露天铁矿、10万吨以下地下铁矿、5万吨以下锰矿。

（二）适度扩大铜铝镍等矿产开发规模。巩固长江中下游、内蒙古乌努格吐山、甘肃金川、新疆阿勒泰等现有铜镍生产基地，建设铜产业集群，稳定铜矿生产能力在60—70万吨/年，保持镍矿生产能力在9—10万吨/年。新建青海野马泉—夏日哈木等铜镍基地，力争新增铜矿供应能力8—10万吨/年。鼓励大型矿业企业参与晋中、豫西北、桂西南、黔中北等铝土矿基地资源开发整合，力争新形成2000—3000万吨/年铝土矿供应能力。

（三）适当控制铅锌钼矿产开发利用强度。以南疆、甘肃南部、湘南—粤北、滇中—川南、滇西南等地区为重点，推进资源整合，鼓励资源向骨干企业集中。提高铅锌等矿山规模和环保准入门槛，加强现有矿山周边和深部找矿与资源储量升级工作，力争到2020年铅锌矿开采能力分别控制在350万吨/年、625万吨/年以内。建设豫西、陕西渭南、黑龙江伊春等钼矿基地，控制新增产能，有序开发利用。

（四）保护性开发钨锡锑等矿产。巩固赣南、湖南郴州等钨矿资源基地，稳定开采规模，合理利用共伴生钨、低品位钨和含钨尾矿资源。稳定锡锑开发格局，重点提升滇东南、广西河池、湖南安化冷水江等资源基地开采和供给能力，加强对藏南、藏北等地区锑矿资源管理和保护。

（五）鼓励金银等贵金属矿产勘查开发。加强贵金属矿产勘查，建设山东招远—莱州等资源基地，进一步提高安全、环保、能耗、工艺等办矿标准和生产水平，稳定国内金银等贵金属供给。鼓励企业按照市场规律开展兼并重组和资源整合，形成一批具有核心竞争力的大型黄金企业集团。不再新建地下开采规模低于3万吨、露天开采规模低于6万吨的黄金矿山。

三、推进非金属矿产合理开发利用

稳定磷硫钾等重要农用矿产资源供给，服务粮食安全战略。加强膨润土等重要功能性非金属矿产的保护和精深加工利用，开辟矿产资源利用新领域。严格砂石粘土、建筑石材等非金属矿产管理，规范开发秩序。

（一）保障磷硫钾矿产供给。建设滇中、贵州开阳—瓮福、湖北宜兴保等磷矿资源基地，发展先进采选技术，加强中低品位矿利用，磷矿石开采总量保持1.5亿吨/年左右，保障磷复肥供应能力。巩固青海察尔汗、新疆罗布泊钾盐基地，保持国内55%—60%的自给率。加强鄂尔多斯盆地等地区油钾综合勘查。鼓励固体钾盐和高承压卤水综合开发利用，提高锶、锂、硼、钠等综合回收水平。适度控制钾盐开采强度和新增产能，延长钾盐可持续供给年限。加强伴生硫、油气中硫资源的综合回收，年产量保持在1800万吨。

（二）推进重要功能性非金属矿产高效利用。开展重要功能性非金属矿产调查评价，查明资源家底，建设一批重要非金属开发利用示范基地。以辽宁建平、新疆夏子街、内蒙古赤峰等地区膨润土，江苏盱眙、安徽明光、甘肃临泽等地区凹凸棒石粘土，吉林临江、长白硅藻土，湖南湘潭海泡石等优质粘土资源为重点，强化引导与监管，促进资源合理开发利用，鼓励发展高端吸附环保材料、海上钻井泥浆材料、药用辅料产业，鼓励萤石、硼矿、高岭土、滑石、重晶石、硅灰石等矿产规模开发、绿色开发以及上下游产业结合发展。

（三）规范建材非金属矿产管理。适当控制水泥用灰岩、玻璃硅质材料开发利用规模。优化砂石粘土开发空间布局，引导集中开采、规模开采、绿色开采。探索在市、县域范围内实行砂石粘土采矿权总量控制，提高规模化集约化开采准入门槛，强化矿山地质环境治理恢复责任和监管。完善砂石粘土类采矿权出让管理办法，从严控制协议出让范围。

四、保障战略性新兴产业矿产供应

对我国战略性新兴产业发展具有重要支撑保障作用的矿产有50余种，重点加强资源基础好、市场潜力大、具有国际市场竞争力的稀土、稀有、稀散、石墨、锂等矿产的合理开发与有效保护，提升高端产业国际竞争力。

（一）有序开发稀土资源。加强稀土资源调查评价、勘查、开发利用的统一规划和监督管理，优化稀土开发和保护格局，强化稀土国家规划矿区管理，规范勘查开发秩序。建设内蒙古包头、四川凉山、江西赣州等6大稀土资源基地，巩固大型稀土企业集团主导的勘查开发和资源配置格局。

（二）保障稀有稀散金属资源供应。加大财政支持力度，提高地质调查程度，摸清稀有稀散金属资源家底。鼓励对西南三江、大兴安岭等成矿带进行稀有稀散金属综合评价与勘查，力争发现铌钽、锆铪等新的独立矿床。完善综合勘查技术方法和政策体系，强化对钨锡、铜、铅锌、铝、煤等矿产中共伴生稀散金属资源的综合评价与开发利用，实现有用组分梯级回收。加强尾矿库稀有稀散金属调查评价，鼓励开展矿山尾砂、煤矸石、熔炼渣等废弃物中稀散元素的综合回收。

（三）鼓励锂能源金属矿产开发利用。加强青海察尔汗、西藏扎布耶等盐湖锂资源评价，突破盐湖卤水提锂关键技术。推进四川甘孜锂辉石矿、新疆阿勒泰锂矿、江西宜春锂云母矿资源勘查开发。划定国家规划矿区，建设四川甲基卡等锂矿新型能源资源基地，强化北疆、川西、武夷山等地区锂资源保护与合理利用。

（四）强化优质石墨资源保护和合理利用。完成全国石墨资源评价，划定一批国家规划矿区，强化石墨资源的合理开发利用与有效保护。加强黑龙江鹤岗与鸡西、内蒙古兴和与阿拉善、四川巴中等优质石墨资源的再评价，打造一批石墨资源基地。鼓励石墨资源高效开发、优质优用，确保上游资源开发与高端新能源负极材料、石墨烯材料、油泄漏环保材料、渗硅石墨、生物医药材料等下游产业协同发展。

第三节　推动资源开发与环境保护相协调

一、强化矿产开发源头管控

依法严格控制采矿活动对生态环境的影响。坚持科学规划论证，提高矿产勘查、采选等准入条件。限制开采高硫、高灰、高砷、高氟煤炭和湿地泥炭，以及砂金、砂铁等重砂矿物。禁止开采蓝石棉、可耕地砖瓦用粘土等矿产。不再新建汞矿山，逐步停止汞矿开采。严格砂石粘土矿开采布局管控，避免滥采滥挖破坏环境。严格控制海砂（砾）和河砂（砾）开采，合理确定开采范围、开采时段和开采量。依法依规做好规划环评工作，加强与规划方案的互动衔接，强化环境问题的源头预防。

二、严格各类保护地矿产开发管理

全面落实主体功能区规划和生态保护要求，在自然保护区内严禁开展不符合功能定位的开发活动。在国家地质公园等地区，依法严格准入管理。全面清理各类保护地内已有矿产资源勘查开发项目，由各地区别情况，分类处理，研究制定退出补偿方案，在维护矿业权人合法权益的前提下，依法有序退出，及时治理恢复矿区环境，复垦损毁土地；确需保留的极少数国家战略性矿产开发项目，按程序批准后，实行清单式管理，明确资源环境保护要求和措施，严格监管。

三、强化矿山生产过程环境监管

加强矿产资源开发过程的环境保护，最大限度减少或避免因矿产开发而引发的矿山环境问题。建立国家、省、市、县四级地质环境动态监测体系，强化矿山生产全过程的环境影响监测。加强对采矿权人履行矿山地质环境保护和治理恢复义务情况的监督检查，对造成重大环境影响的，限期禁采限采，及时消除影响；对拒不履行治理恢复任务的，纳入企业经营异常名录管理；情节严重的，纳入严重违法名单，在国有土地出让和矿业权申请审批中依法予以禁入。将矿山地质环境保护与治理恢复责任落实情况，作为矿业企业信息社会公示和抽检的重要内容，强化社会监督和政府监管。

四、加强废弃矿山矿井监管

严格废弃矿山矿井后续处理处置，防止废弃尾矿、建设设施等污染土壤地下水等周边环境，对于煤矿等矿井矿坑，要实施封井回填，防止污染地下水，对废弃矿山实施生态修复。

第四节　推动资源开发与资源保护相协调

一、加强矿产资源保护

坚持在保护中开发，在开发中保护，采取有力措施，提升资源保护能力。建立保护性开采特定矿种动态调整机制，完善年度开采总量指标控制管理，合理调控钨、稀土等开采规模，严防过度开发。加强焦煤肥煤等稀缺和特殊煤种、晶质石墨、稀有稀散金属等战略性新兴产业矿产的保护，明确资源开发利用效率准入条件，确保优质优用。在资源分布集中地区，探索优势资源勘查、保护与合理利用新模式。对当前技术经济条件下无法合理利用的矿产和尾矿资源，严格限制开发，避免资源破坏和浪费。

二、探索建立矿产资源储备制度

建立国家和企业共同参与，矿产品和矿产地相结合的战略储备体系，保障矿产资源供应安全和代际公平。加大原油储备力度，科学合理确定有色金属、稀贵金属等国家战略储备规模、品种、结构，完善储备制度。健全矿产地储备机制，加强对钨、稀土、晶质石墨等战略性矿产重要矿产地的储备，探索采储结合新机制。以储备为目的，探索在自然保护区内由国家财政出资、市场化运作方式进行勘查，已探明和新发现的大中型矿产地纳入储备管理。建立储备矿产地的动态调整机制，根据经济社会发展需要适时动用。

专栏6　矿产资源保护和储备工程
科学确定储备的矿种、规模、布局，实施一批保护与储备项目，加强对钨、锡、锑、稀土、锂、晶质石墨、铬、特殊和稀缺煤种、铀等重要矿种，以及自然保护区内重要矿产地勘查，提高勘查程度，成果纳入储备管理。建立矿产地保护与储备的监管体系，加强保护和监管。

第五节　推进重要盆地多矿种协调开发

一、优化大型盆地资源开发布局和时序

加强鄂尔多斯、四川盆地等大型沉积盆地资源赋存规律研究，开展资源综合区划。按照空间划开、时序错开、急需先上、综合利用、合理避让的原则，统筹协调油气、铀矿、煤炭、煤层气、岩盐、铝土矿等资源的勘查开采布局、时序、规模和结构，明确准入条件，促进多种资源的科学开发、有序开发和综合开发。

二、创新多矿种协调开发机制和模式

完善矿业权管理制度，落实探矿权人综合勘查综合评价的责任。加强复合矿区开发的统筹协调，推动不同矿业权人合作开采，创新开发利用模式。加大政策扶持力度，对综合勘查开采取得显著成效的矿山企业，依法减免税费。探索建立中央、地方管理部门和相关矿业权人的定期联席会议制度，妥善解决有关问题，推动多矿种资源的联合开发。

第六节　统筹协调矿产开发与城乡建设

一、统筹地上地下资源开发

统筹规划布局，避免建城压矿或建矿废城，促进城市发展与矿产资源开发相协调。地上地下资源开发矛盾突出地区，在编制城镇建设、交通发展、土地利用等相关规划时，要考虑矿产资源禀赋状况，充分论证，为矿产开发留出空间。矿产资源规划编制应与城镇建设规划、土地利用总体规划等做好相互衔接。在重要工业区、大型水利工程设施、城镇市政工程设施、重大线性工程沿线等一定范围内，开采矿产资源要按照有关规定严格管理。

二、严格压覆矿产资源管理

完善压覆矿产资源管理制度，建设基础设施、建筑物或者建筑群、城镇发展区，未经科学论证和省级以上国土资源主管部门批准，不得压覆重要矿产资源。对于压覆重要矿产资源的建设项目，要

严格论证，协调好经济补偿，尽量做到不压、少压，同时也要采取有效措施保障建设项目的顺利进行。

设置自然保护区、世界文化与自然遗产、森林公园、风景名胜区等范围时，涉及查明重要矿产资源的，有关主管部门应与国土资源主管部门进行充分衔接，严格论证。

第五章　坚持绿色发展强化资源节约集约循环利用

坚持节约优先，有度有序利用矿产资源，推动形成绿色开发方式，全面节约和高效利用资源，加强矿山地质环境治理恢复与矿区土地复垦，以资源利用方式转变推动经济发展方式转变。

第一节　合理调控能源资源开发利用总量

一、加快清洁能源开发利用

在稳定石油产量的基础上，大力发展天然气、煤层气、页岩气、地热等清洁能源，加快清洁能源供应，优化能源开发利用结构。到2020年，年产天然气1700亿立方米，煤层气（煤矿瓦斯）利用量160亿立方米，力争形成300—500亿立方米页岩气产能，地热能开发利用量达到5000万吨标准煤。

二、全力化解煤炭过剩产能

规划期内，前三年除符合减量置换要求的项目外，停止审批煤炭划定矿区范围，严格审批煤炭采矿权新立和变更扩大生产规模申请，未经项目核准（产能核增），不予受理采矿权新立和变更扩大生产规模申请；后两年结合产能过剩化解效果和市场情况，有序新立采矿权。积极引导资源枯竭、赋存条件差、环境污染重、长期亏损的煤矿产能有序退出，关闭不具备安全生产条件和煤与瓦斯突出等灾害隐患严重的煤矿。用3至5年时间，退出产能5亿吨，减量重组5亿吨。到2020年，全国煤炭产量控制在39亿吨。

三、严格稀土等矿产开采管控

继续实施钨矿、稀土矿开采总量控制制度。建立稀土矿开采消耗储量与新增储量、退出开采能力与新增开采能力动态平衡机制。加快追溯体系建设，实现稀土矿产品从开采、冶炼分离到流通、出口全过程的追溯管理，实现来源可查、去向可追、责任可究。到2020年，稀土矿开采总量（稀土氧化物REO）控制在14万吨/年。鼓励伴生钨矿综合利用，纳入开采总量指标管理，钨矿开采总量指标控制在12万吨/年。限制钼矿等产能过剩矿产开发，新增产能要严格论证。

第二节　严格矿产开发准入条件

一、实行矿山最低开采规模设计标准

坚持矿山设计开采规模与矿区资源储量规模相适应的原则，严格执行矿山最低开采规模设计

标准，严禁大矿小开、一矿多开。涉及民生建设的小矿开发，各省可根据实际情况明确矿山设计开采规模准入门槛，严格规范管理。产业政策准入门槛高于设计标准的，以产业政策为准。

二、严格矿产资源开发利用效率准入

完善重要矿产资源开采回采率、选矿回收率、综合利用率等标准。将矿产资源节约与综合利用指标纳入开采准入条件，严格禁止高耗能、高污染、严重浪费资源和缺乏资源综合利用设计的矿山建设立项。定期发布《矿产资源节约与综合利用鼓励、限制、淘汰技术目录》，强化技术政策引导。

三、强化矿产资源绿色勘查开发

加快制订绿色勘查开发标准规范，加强绿色勘查开采新技术、新方法和新工艺研发与推广，积极推进绿色勘查与开发。发展采前有规划、采中能控制、采后可恢复的绿色采矿体系。构建绿色勘查开采新模式，因地制宜推广充填开采、保水开采、减沉开采等技术方法，推广区域矿山建矿模式、多井一场油田井工厂模式和边开采边复垦边归还采矿用地模式，推广节能减排绿色采选冶技术。

第三节　强化矿产资源节约与综合利用

一、提高矿产资源节约与综合利用水平

鼓励开采主要矿产的同时，对具有工业价值的共伴生、低品位矿产，进行综合开采、综合利用。鼓励煤炭与煤层气、铝土矿、油页岩、铀矿等共伴生资源综合利用。扩大煤矸石发电及生产建材、井下充填等利用规模，加快提高煤矸石综合利用率。提高黑色、有色金属共伴生资源综合利用水平，加强尾矿、固体废弃物和废水等资源化利用。建立矿产资源开发利用水平调查评估制度，实施动态评价与监测。矿山企业应当采取科学的开采方法和选矿工艺，减少尾矿、矸石、废石等矿业固体废物的产生量和贮存量。尾矿、矸石、废石等矿业固体废物贮存设施停止使用后，矿山企业应当按照国家有关环境保护规定进行封场，防止造成环境污染和生态破坏。

二、开展节约与综合利用关键技术攻关与推广示范

搭建产学研平台，充分发挥矿山企业技术创新的主体作用，加强技术攻关，突破石油天然气高效开采、固体矿产安全绿色采矿、低品位矿经济合理利用、复杂共伴生矿综合利用、尾矿及固体废弃物回收利用、非传统资源与替代资源创新利用等关键技术。实施一批矿产资源节约与综合利用示范工程，支持矿山企业技术、工艺和装备改造，加快转化推广应用。

专栏7　矿产资源节约与综合利用示范工程
开展煤炭、油气、铀矿、金属矿产、重要非金属矿产的安全高效采选技术攻关和综合利用，加强尾矿及固体废弃物高效利用、煤炭清洁利用，以及复杂共伴生矿高效利用等方面的技术攻关和推广应用。

三、完善矿产资源节约与综合利用激励约束机制

加大政策支持力度，优先向资源高效利用、技术先进、实施综合勘查开采的矿山企业供地。建立矿山企业高效和综合利用信息公示制度。健全准入、激励、监管、考核等机制和办法，形成覆盖勘查、评价、开发、闭坑全过程的矿产资源节约与综合利用制度体系。

第四节　大力推进矿山地质环境治理与矿区土地复垦

一、加快历史遗留矿山地质环境问题治理

全面开展矿山地质环境现状调查，摸清主要问题，明确治理责任。构建政府主导、政策扶持、社会参与、开发式治理、市场化运作的治理新模式，加大历史遗留矿山地质环境问题治理力度。实施重大工程，解决严重影响人居环境、工农业生产、城市发展的矿山地质环境突出问题。完善用地用矿政策，鼓励多元投入开展历史遗留矿山地质环境问题治理。

专栏8　历史遗留矿山地质环境治理恢复重大工程

加快推进闭坑矿山、废弃矿山、政策性关闭矿山和国有老矿山等历史遗留矿山地质环境问题治理，改善矿区及周边地区生态环境，完成治理恢复面积50万公顷。

二、积极开展矿区土地复垦

严格落实《土地复垦条例》，按照不欠新账、快还旧账的原则，采取有效措施，全面推进矿区损毁土地复垦。落实边开采、边保护、边复垦的要求，使新建、在建矿山损毁土地得到全面复垦。积极开展山水林田湖系统综合治理，提高历史遗留损毁土地复垦利用程度。按照谁投资谁受益的原则，逐步建立以政府资金为引导的多元化投入融资渠道，鼓励各方力量开展历史遗留损毁土地复垦。建立土地复垦监测和后评价制度，强化监管。加强土地复垦研究和先进技术推广应用，全面提升矿区土地复垦水平。

三、健全完善治理恢复长效机制

坚持企业所有、政府监管、专款专用，完善矿山地质环境治理恢复保证金制度。落实企业责任，建立矿山地质环境责任追究制度、环境损害赔偿与恢复制度，构建源头预防、过程控制、损害赔偿、责任追究的制度体系。加快矿山地质环境保护立法进程，严格落实各级政府矿山地质环境监管和历史遗留矿山地质环境问题治理的主体责任。

第五节　大力发展矿业领域循环经济

一、推进矿业循环经济发展

建立评价指标体系，科学评价矿业企业循环经济发展状况。加大矿产资源领域循环经济发展

支持力度，鼓励矿业企业形成减量化、再利用、资源化的生产过程，创新有利于节约资源、保护环境的资源开发利用模式，树立矿业企业循环经济发展示范典型。

二、提升矿业企业节能减排水平

鼓励矿业企业开展系统节能，减少电耗、水耗和介质消耗，加强工序能耗管理，淘汰老旧设备和采选工艺，鼓励使用节能采选装备、三废资源化与无害化处置装备、选冶中间物料资源化与无害化处置设备。到2020年，力争重点企业选矿废水实现“零排放”，危险固废无害化处置率达到100%，矿业企业节能减排总体达到国际先进水平。

三、推进再生资源回收利用

开展钢铁、有色金属、稀贵金属等城市矿产的循环利用、规模利用和高值利用，开展二次资源分类、技术和产品可再生性评价，鼓励废旧金属保质和梯级利用、二次资源与原生矿协同冶炼，限制新建单一再生铅冶炼项目，防止金属再生过程二次污染，力争实现金属再生比例提高5—10%，缓解原生矿产资源利用的瓶颈约束。实施原料替代战略，鼓励企业提高再生金属的使用比例。

第六节　加快发展绿色矿业

一、推动绿色矿山和绿色矿业发展示范区建设

推进国家、省、市、县级绿色矿山建设，加强示范引领，培育矿业发展新动力。按照政府组织、部门协作、企业主体、公众参与、共同推进的原则，发挥地方政府积极性，落实企业责任，建设一批绿色矿业发展示范区，由点到面、集中连片推动绿色矿业发展，着力打造布局合理、集约高效、生态优良、矿地和谐、区域经济良性发展的样板区。

专栏9　绿色矿山和绿色矿业发展示范区建设重大工程
建设一批国家级绿色矿山，推进技术、产业和管理模式创新，引领传统矿业转型升级。选择浙江湖州、河北承德、安徽芜湖、江苏沛县、江西赣州、湖南郴州、甘肃金昌等资源富集、管理创新能力强的地区，建设50个以上绿色矿业发展示范区。

二、构建绿色矿业发展长效机制

建立健全分地域、分行业的绿色矿山标准体系，将建设绿色矿山的要求贯穿于矿山规划、设计、建设、运营、闭坑全过程。完善配套支持政策，在用地、用矿等方面对绿色矿山建设予以倾斜。改革完善矿山环境治理恢复保证金制度，盘活资金使用。在高新技术企业认定等方面予以支持。全面落实资源综合利用、矿山环境保护、节能减排等相关优惠政策，逐步形成有利于绿色矿业发展的政策体系。

第六章　坚持开放发展促进全球矿业合作共赢

以“一带一路”建设为统领，充分发挥互补优势与潜力，加强能源资源合作，努力形成深度融合的互利合作格局，开创矿业对外开放新局面。

第一节　全面推进“一带一路”矿业合作

一、推进“一带一路”矿业合作共赢

实施“一带一路”基础地质调查与信息服务计划，加强周边国家重点成矿区带对比研究，开展乌拉尔—蒙古和环太平洋等成矿带的潜力评价。发挥基础地质调查的支撑服务作用，促进中资企业与“一带一路”沿线国家开展矿业投资合作。以油气、铁、铜、铝等矿产为重点，探索“矿电水路港”联合投资模式，推进勘查—开发—冶炼—加工—制造全链条产能合作，建设一批绿色环保的石油化工、钢铁、有色等产能合作示范项目。

二、搭建矿业国际合作平台

办好中国国际矿业大会和中国—东盟、中俄、中蒙矿业合作论坛，完善中国中亚矿业合作论坛，打造具有国际影响力的矿业合作交流平台。加强援外对境外地质矿产资源调查的支持，搭建“一带一路”地区、中国—拉丁美洲、中国—非洲等区域性多边与双边合作平台，加强能源资源对话与沟通。与亚太经合组织、世界银行、国际地质科学联合会等多边机构开展务实合作，积极推进政策对话、经验交流、能力建设。加强矿业国际科技合作，共建地学领域联合实验室，加大对“一带一路”沿线国家地质矿产管理和技术人员培训力度。

第二节　提高矿业领域对外开放水平

一、营造良好的矿业投资营商环境

全面实行准入前国民待遇加负面清单管理制度，促进内外资企业一视同仁、公平竞争。放宽外商投资准入限制，推进外商投资管理信息化建设。积极实施促进矿业贸易投资自由化、便利化的政策措施，鼓励国外矿产资源勘查开发中介、技术和咨询服务公司等在中国执业经营。

二、积极有效引进境外资金和先进适用技术

坚持引资、引技、引智并举，完善政策措施，鼓励引进先进的勘查开发技术、管理经验和高素质人才。鼓励外资参与页岩气煤层气等资源开发、尾矿利用、矿山环境治理和生态修复等新技术开发应用项目。鼓励引入先进适用的节能降耗工艺、技术和设备。

三、促进矿业资本市场互联互通

积极培育公开透明、健康发展的资本市场，对矿产勘查、矿山建设、矿产开发全周期给予多渠道融资支持。加强与境外矿业资本市场的互联互通，推进矿业资本市场双向开放。发展区域性矿产资源市场平台和矿业金融资本中心。加快资本市场服务体系建设，为矿业企业提供专业化服务。

第三节　加快矿业"走出去"步伐

一、培育具有国际竞争力的一流矿业集团

优化政策环境，引导兼并、联合、重组，着力打造一批具有跨国经营能力的现代化矿业集团。增强文化包容与合作意识，推动矿业企业本土化经营，处理好与当地政府、社区关系，有效解决环境、原住民等问题，树立良好形象。创新境外矿业投资合作模式，鼓励企业采取股权收购、合资参股、私募基金、供销协议等方式开展多元投资。

二、健全矿业"走出去"服务保障机制

健全完善境外矿产资源勘查开发协调机制，加强经贸、外汇、海关、外交等政策协调和支持。加快平台建设，加大境外地质矿产信息和矿业投资项目的发布与共享力度。加强境外矿产资源勘查开发风险监测预警。积极培养复合型高级管理人才和矿业技术人才，保障境外矿业投资人才需求。

第四节　积极参与全球矿业治理

积极参与联合国、亚太经合组织、上海合作组织等重要国际组织关于矿业倡议的研究制定。主动参与多边、双边矿产资源合作规则制定，加强与各国矿业市场、政策、标准等领域对接，推动全球矿业一体化发展。引导行业协会、科研机构积极参与矿产贸易谈判和投资规则修订。推动建立区域性矿产品交易中心。加快实施自由贸易区战略，推动我矿业企业"走出去"，为我矿业企业对外投资合作创造更好的国际环境。

第七章　坚持共享发展实现资源惠民利民

发挥资源优势助力精准扶贫，完善资源开发收益分配机制，切实提高公益性地质调查服务水平，推动资源型城市转型发展，共享矿业发展福利。

第一节　发挥资源优势助力脱贫攻坚

坚持矿产开发与扶贫相结合，支持贫困地区依托资源优势，推动矿业经济、地质旅游等特色优势产业发展，促进脱贫致富。实行倾斜政策，在找矿突破重大工程部署、资源开发工作布局、矿业权投放等方面，优先向革命老区、民族地区、边疆地区、集中连片贫困地区安排。加大对贫困地区基础性公益性地质矿产调查支持力度。开展集中连片特殊困难地区地下水综合调查，解决人畜饮水困难。加大地质灾害防治和矿山地质环境治理等项目的支持力度，用好地质灾害避让搬迁政策，切实保障人民群众生命财产安全，改善当地居民生产生活条件。

第二节　完善资源开发收益分配机制

完善收益分配制度，矿产开发收益分配比例进一步向原产地倾斜。建立资源收益转换机制，加大资源收益在学历教育、技能培训、科技研发、培育替代产业等方面的投入。构建矿山企业与矿区群众利益共享机制，对贫困地区开发矿产资源占用集体土地的，试行给原住居民集体股权方式进行补偿。强化矿业企业社会责任意识，改善矿区所在地基础设施和矿区周边群众生产生活条件，优先吸纳本地劳动力，形成开一方资源、惠一方百姓、促一方发展的良好局面。

第三节　增强公益性地质调查服务供给

坚持需求驱动，强化服务，加快传统地质矿产工作向大地质、大资源、大环境转型，实施地质矿产调查计划，服务生态文明建设、防灾减灾、新型城镇化工业化农业现代化、重大工程、海洋强国建设五大需求。推动信息技术、地质科技创新与地质工作深度融合，建立基础地质调查数据汇聚、共享与更新机制，建设国家地质大数据服务平台，开发多元信息服务产品，促进地质矿产领域信息化深度应用。推动跨层级、跨部门信息共享、业务协同和制度对接。积极培育信息技术服务市场，引导信息服务机构发展，鼓励企业、公众和其他社会力量采取多种方式提供公益性地质矿产信息服务。

专栏10　基础性公益性地质矿产调查重大工程

（一）陆域能源矿产地质调查

开展油气、页岩气、北方砂岩型铀矿资源调查评价，开展全国煤层气、特殊用煤、油页岩、油砂等资源国情调查，开展地热、干热岩资源调查。

（二）重要矿产资源调查

开展重要成矿区带、重点勘查区1∶5万矿产地质调查，圈定新的找矿靶区。

（三）重要经济区和城市群地质环境综合调查

开展京津冀、长三角、泛珠三角和海岸带、长江经济带等综合地质调查。

（四）地质灾害防治和地质环境保护支撑

开展重要城镇、重大工程规划区地质灾害调查示范，开展重要经济区带区域工程地质调查，开展西部生态脆弱区、集中连片特困区水文地质调查。

（五）国土开发保护基础地质支撑

开展采煤沉陷区等重点地区矿山地质环境调查，开展全国自然资源遥感综合调查与监测，开展矿产资源集中区资源环境综合地质调查。

（六）地质调查科技支撑

开展成矿环境、构造、沉积、岩浆和前寒武纪变质基底等专项调查与研究，实施深部地质调查工程。

（七）“一带一路”基础地质调查与信息服务

建立“一带一路”国家和地区地质矿产和矿业投资环境信息系统。

（八）地质数据更新与应用服务

开展国家地质数据库建设与整合、地学情报综合研究与产品开发，建设地质大数据支撑服务平台。

续表

（九）海洋基础性公益性地质调查 开展重点海域1∶25万海洋区域地质调查和中大比例尺海岸带综合地质调查，建立海岸带地质环境综合监测体系，构建我国“数字海洋地质”基本格架和社会化服务体系。 （十）天然气水合物勘查与试采 开展天然气水合物资源调查，实施海域天然气水合物试采工程。更新建造天然气水合物调查船和装备，建设天然气水合物勘查开发基地。 （十一）全国油气资源勘查开采监管监测系统建设 建设油气动态监管监测信息平台，提供油气资源信息产品与社会化服务。

第四节 促进资源型城市可持续发展

支持资源型城市发展壮大矿业经济，加快经济结构调整和转型升级，增强可持续发展能力。加大成长型资源型城市矿产勘查力度，规范开发秩序，形成一批能源资源基地。推进成熟型资源型城市矿产高效开发，鼓励规模化经营，延伸产业链条，加快转型升级。继续支持衰退型资源型城市接替资源找矿，加大历史遗留矿山地质环境治理力度，改善人居环境。创新投融资体制，借助资本市场化运作手段，实现产业的柔性改造和服务型转变。

第八章 规划实施与管理

第一节 加强组织领导

国务院各有关部门要按照职能分工，加强协调配合，搞好政策衔接，形成推动规划实施的合力。国土资源部要与发展改革委、工业和信息化部、财政部、环境保护部、商务部、能源局加强协调，及时研究解决规划实施中的重大问题。各地区要切实加强组织领导，全面落实全国矿产资源规划目标任务，抓紧组织和推进各级矿产资源规划编制工作。要明确规划实施责任分工，制定规划目标实施考核办法，对主要目标指标、重大工程、重大政策和重要改革任务落实情况加强考核，考核结果纳入绩效评价体系，确保规划确定的各项任务落到实处。

第二节 实施重大工程

创新重大工程投入机制。国家财政重点保障基础性公益性地质调查、战略性矿产勘查和重要矿产资源储备与保护。健全政府和社会资本合作（PPP）模式，积极引导社会资金投入，保障重要矿产资源开发利用、矿产资源节约与综合利用、绿色矿山和绿色矿业发展示范区建设、历史遗留矿山地质环境治理恢复、矿产资源储备与保护等项目实施。加强重大项目实施领导和组织协调，建立审批绿色通道，确保项目顺利推进。

第三节 强化监测评估

建立规划实施监测和动态评估机制，国土资源部会同有关部门加强矿业形势分析、产业发展的统计和监测，强化对规划实施和环境影响跟踪分析和动态评估，掌握总量调控、布局结构调整等主要目标和任务完成进度，针对规划实施中出现的新形势新问题，及时提出解决办法。

第四节　严格监督管理

完善规划实施监督管理机制，明确监管的重点内容、工作部署和具体监管手段。健全规划监督检查制度，实行专项检查与经常性监督检查相结合，采用卫星遥感等技术手段，扩大规划实施情况的监测范围，强化对规划重点区域矿产勘查开发活动的监督管理。及时纠正违反规划行为，必要时会同有关部门开展联合督查。

附表1　能源资源基地（103个）

矿类	矿种	名　　称
能源矿产（26）	油气（9）	松辽盆地、渤海湾、鄂尔多斯盆地、塔里木盆地、准噶尔盆地、四川盆地、鄂西、南海北部、东海
	煤炭（14）	神东、晋北、晋中、晋东、蒙东（东北）、云贵、河南、鲁西、两淮、黄陇、冀中、宁东、陕北、新疆
	铀矿（3）	新疆伊犁、内蒙古鄂尔多斯、内蒙古通辽
黑色金属矿产（15）	铁矿（10）	辽宁鞍本、四川攀西、河北冀东、内蒙古包白、宁芜庐枞、山西忻州—吕梁、山东鲁中—鲁西、安徽霍邱、新疆天山、新疆西昆仑
	锰矿（5）	黔东—湘西、桂西南、新疆阿克陶—乌恰、湖南永州、滇东南蒙自—砚山—丘北
有色金属矿产（43）	铜矿（7）	安徽铜陵—芜湖、江西德兴—九江、内蒙古呼伦贝尔、山西侯马—垣曲、滇西北、西藏驱龙、西藏玉龙
	铝土矿（6）	晋中、晋南、晋西、豫西北、黔中北、桂西南
	镍矿（2）	甘肃金川、青海野马泉—夏日哈木
	铅锌矿（10）	内蒙古乌拉特后旗、内蒙古赤峰北、青海滩涧山—锡铁山、甘肃陇南、广东韶关、滇中—川南、滇西南、新疆乌恰、新疆和田火烧云、湘西花垣
	钨锡锑多金属（7）	江西武宁—修水、赣南、滇东南个旧—马关都龙、广西河池、湖南郴州、湖南安化冷水江、甘肃张掖—酒泉
	钼矿（4）	黑龙江伊春、豫西、陕西渭南、安徽金寨
	金矿（7）	山东招远—莱州、河南小秦岭—熊耳山、福建龙岩紫金山、贵州贞丰—普安、青海东昆仑、甘肃甘南、湖南平江—醴陵
非金属矿产（5）	磷矿（3）	滇中、贵州开阳—瓮福、湖北宜兴保
	钾盐（2）	青海察尔汗、新疆罗布泊
战略性新兴产业矿产（14）	稀土（6）	内蒙古包头、四川凉山、江西赣州、湖南江华、广西贺州、闽西南
	石墨（6）	黑龙江鸡西、黑龙江鹤岗、内蒙古兴和—包头、内蒙古阿拉善、四川巴中、攀枝花
	锂矿（2）	川西甲基卡、青海一里坪—东台

附表 2　国家规划矿区（267 个）

矿种	序号	名　　称	位　　置
煤炭（162）	1	开滦矿区	河北唐山市
	2	邯郸矿区	河北邯郸市
	3	邢台矿区	河北邢台市
	4	峰峰矿区	河北邯郸市
	5	平原矿区	河北廊坊市、沧州市
	6	大同矿区	山西大同市、朔州市
	7	轩岗矿区	山西忻州市
	8	岚县矿区	山西太原市、忻州市、吕梁市
	9	平朔矿区	山西朔州市
	10	朔南矿区	山西朔州市
	11	河保偏矿区	山西忻州市
	12	西山矿区	山西太原市、吕梁市
	13	东山矿区	山西太原市
	14	霍东矿区	山西长治市、临汾市
	15	霍州矿区	山西临汾市、晋中市
	16	离柳矿区	山西吕梁市
	17	乡宁矿区	山西临汾市、运城市
	18	晋城矿区	山西晋城市
	19	潞安矿区	山西长治市
	20	阳泉矿区	山西阳泉市、晋中市
	21	汾西矿区	山西晋中市、吕梁市
	22	石隰矿区	山西吕梁市、临汾市
	23	武夏矿区	山西长治市、晋中市
	24	五九矿区	内蒙古呼伦贝尔市
	25	准哈诺尔矿区	内蒙古锡林郭勒盟
	26	查干淖尔矿区	内蒙古锡林郭勒盟
	27	吉日嘎郎矿区	内蒙古锡林郭勒盟
	28	哈日高毕矿区	内蒙古锡林郭勒盟
	29	赛汗塔拉矿区	内蒙古锡林郭勒盟
	30	绍根矿区	内蒙古赤峰市
	31	纳林希里矿区	内蒙古鄂尔多斯市
	32	纳林河矿区	内蒙古鄂尔多斯市
	33	呼吉尔特矿区	内蒙古鄂尔多斯市
	34	台格庙矿区	内蒙古鄂尔多斯市
	35	新街矿区	内蒙古鄂尔多斯市

续表

矿种	序号	名　　　称	位　　　置
煤炭（162）	36	扎赉诺尔矿区	内蒙古呼伦贝尔市
	37	胡列也吐矿区	内蒙古呼伦贝尔市
	38	宝日希勒矿区	内蒙古呼伦贝尔市
	39	伊敏矿区	内蒙古呼伦贝尔市
	40	五一牧场矿区	内蒙古呼伦贝尔市
	41	诺门罕矿区	内蒙古呼伦贝尔市
	42	霍林河矿区	内蒙古锡林郭勒盟、通辽市
	43	农乃庙矿区	内蒙古锡林郭勒盟
	44	贺斯格乌拉矿区	内蒙古锡林郭勒盟
	45	白音华矿区	内蒙古锡林郭勒盟
	46	高力罕矿区	内蒙古锡林郭勒盟
	47	道特淖尔矿区	内蒙古锡林郭勒盟
	48	乌尼特矿区	内蒙古锡林郭勒盟
	49	五间房矿区	内蒙古锡林郭勒盟
	50	巴彦胡硕矿区	内蒙古锡林郭勒盟
	51	巴其北矿区	内蒙古锡林郭勒盟
	52	吉林郭勒矿区	内蒙古锡林郭勒盟
	53	白音乌拉矿区	内蒙古锡林郭勒盟
	54	那仁宝力格矿区	内蒙古锡林郭勒盟
	55	胜利矿区	内蒙古锡林郭勒盟
	56	准格尔矿区	内蒙古鄂尔多斯市
	57	准格尔中部矿区	内蒙古鄂尔多斯市
	58	神东矿区东胜区	内蒙古鄂尔多斯市
	59	万利矿区	内蒙古鄂尔多斯市
	60	高头窑矿区	内蒙古鄂尔多斯市
	61	塔然高勒矿区	内蒙古鄂尔多斯市
	62	上海庙矿区	内蒙古鄂尔多斯市
	63	乌海矿区	内蒙古乌海市
	64	白彦花矿区	内蒙古包头市、巴彦淖尔市
	65	巴彦宝力格矿区	内蒙古锡林郭勒盟
	66	阜新矿区	辽宁阜新市、锦州市
	67	沈阳矿区	辽宁沈阳市、辽阳市
	68	鸡西矿区	黑龙江鸡西市
	69	鹤岗矿区	黑龙江鹤岗市
	70	双鸭山矿区	黑龙江双鸭山市
	71	七台河矿区	黑龙江七台河市
	72	淮北矿区	安徽淮北市、宿州市、亳州市
	73	淮南矿区	安徽淮南市、阜阳市
	74	巨野矿区	山东菏泽市、济宁市
	75	济宁矿区	山东济宁市、泰安市、菏泽市
	76	黄河北矿区	山东聊城市、济南市、德州市
	77	永夏矿区	河南商丘市
	78	郑州矿区	河南郑州市、洛阳市
	79	平顶山矿区	河南平顶山市、许昌市
	80	义马矿区	河南三门峡市、洛阳市
	81	焦作矿区	河南焦作市、新乡市、济源市

续表

矿种	序号	名　　称	位　　置
煤炭（162）	82	鹤壁矿区	河南鹤壁市、安阳市
	83	古叙矿区	四川泸州市
	84	筠连矿区	四川宜宾市
	85	六枝黑塘矿区	贵州六盘水市、安顺市
	86	普兴矿区	贵州黔西南州
	87	黔北矿区	贵州遵义市、毕节市
	88	织纳矿区	贵州毕节市
	89	水城矿区	贵州六盘水市
	90	发耳矿区	贵州六盘水市
	91	盘江矿区	贵州六盘水市
	92	恩洪矿区	云南曲靖市
	93	镇雄矿区	云南昭通市
	94	庆云矿区	云南曲靖市
	95	老厂矿区	云南曲靖市
	96	跨竹矿区	云南红河州
	97	小龙潭矿区	云南红河州
	98	昭通矿区	云南昭通市
	99	神东矿区神府区	陕西榆林市
	100	榆神矿区	陕西榆林市
	101	榆横矿区	陕西榆林市
	102	彬长矿区	陕西咸阳市
	103	永陇矿区	陕西宝鸡市、咸阳市
	104	韩城矿区	陕西渭南市
	105	澄合矿区	陕西渭南市
	106	蒲白矿区	陕西渭南市
	107	铜川矿区	陕西铜川市、渭南市
	108	古城矿区	陕西榆林市
	109	吴堡矿区	陕西榆林市
	110	黄陵矿区	陕西延安市
	111	旬耀矿区	陕西铜川市、咸阳市
	112	府谷矿区	陕西榆林市
	113	宁正矿区	甘肃庆阳市
	114	红沙岗矿区	甘肃武威市
	115	华亭矿区	甘肃平凉市
	116	灵台矿区	甘肃平凉市
	117	甜水堡矿区	甘肃庆阳市
	118	沙井子矿区	甘肃庆阳市
	119	吐鲁矿区	甘肃酒泉市
	120	木里矿区	青海海西州、海北州
	121	鱼卡矿区	青海海西州
	122	马家滩矿区	宁夏银川市、吴忠市
	123	积家井矿区	宁夏银川市、吴忠市
	124	韦州矿区	宁夏吴忠市
	125	灵武矿区	宁夏银川市
	126	鸳鸯湖矿区	宁夏银川市
	127	红墩子矿区	宁夏银川市

续表

矿种	序号	名　　称	位　　置
煤炭（162）	128	萌城矿区	宁夏吴忠市
	129	大南湖矿区	新疆哈密市
	130	淖毛湖矿区	新疆哈密市
	131	沙尔湖矿区	新疆哈密市
	132	三塘湖矿区	新疆哈密市
	133	艾丁湖矿区	新疆吐鲁番市
	134	库木塔格矿区	新疆吐鲁番市
	135	五彩湾矿区	新疆昌吉州
	136	大井矿区	新疆昌吉州
	137	将军庙矿区	新疆昌吉州
	138	西黑山矿区	新疆昌吉州
	139	老君庙矿区	新疆昌吉州
	140	和什托洛盖矿区	新疆塔城地区
	141	阜康矿区	新疆昌吉州
	142	硫磺沟矿区	新疆乌鲁木齐市、昌吉州
	143	黑山矿区	新疆吐鲁番市
	144	伊宁矿区	新疆伊犁州
	145	尼勒克矿区	新疆伊犁州
	146	玛纳斯塔西河矿区	新疆昌吉州
	147	四棵树矿区	新疆塔城地区
	148	沙湾矿区	新疆塔城地区
	149	昌吉白杨河矿区	新疆昌吉州
	150	阿艾矿区	新疆阿克苏地区
	151	阳霞矿区	新疆巴音郭楞州
	152	克布尔碱矿区	新疆吐鲁番市
	153	三道岭矿区	新疆哈密市
	154	巴里坤矿区	新疆哈密市
	155	塔城白杨河矿区	新疆塔城地区
	156	艾维尔沟矿区	新疆乌鲁木齐市、吐鲁番市
	157	喀木斯特矿区	新疆阿勒泰地区
	158	北塔山矿区	新疆昌吉州
	159	昭苏矿区	新疆伊犁州
	160	俄霍布拉克矿区	新疆阿克苏地区
	161	拜城矿区	新疆阿克苏地区
	162	塔什店矿区	新疆巴音郭楞州
煤层气（12）	163	沁水—屯留矿区	山西晋城市、长治市
	164	左权—昔阳矿区	山西晋中市、阳泉市
	165	沁源—安泽矿区	山西长治市、临汾市
	166	古交—交城矿区	山西太原市、吕梁市
	167	保德—兴县矿区	山西忻州市、吕梁市、陕西府谷县
	168	柳林—石楼矿区	山西吕梁市
	169	乡宁—吉县矿区	山西临汾市
	170	两淮矿区	安徽淮南市、淮北市
	171	焦作—新乡矿区	河南焦作市、新乡市
	172	恩洪—老厂矿区	云南曲靖市
	173	盘县矿区	贵州盘县

续表

矿种	序号	名称	位置
煤层气(12)	174	纳雍—平坝矿区	贵州织金县、纳雍县
铀(11)	175	蒙其古尔矿区	新疆察布查尔县
	176	库捷尔太矿区	新疆察布查尔县
	177	十红滩矿区	新疆吐鲁番市
	178	钱家店矿区	内蒙古通辽市
	179	大营矿区	内蒙古鄂尔多斯市
	180	纳岭沟矿区	内蒙古鄂尔多斯市
	181	皂火壕矿区	内蒙古鄂尔多斯市东胜区、伊金霍洛旗
	182	巴赛齐矿区	内蒙古苏尼特左旗、苏尼特右旗、二连浩特市
	183	相山矿区	江西乐安县
	184	长江矿区	广东韶关市
	185	龙首山矿区	甘肃永昌县
铁(4)	186	鞍本矿区	辽宁鞍山市、本溪市、辽阳市
	187	冀东司家营矿区	河北滦县、滦南县
	188	攀枝花钒钛磁铁矿区	四川攀枝花市
	189	白马钒钛磁铁矿区	四川攀枝花市
镍铜钴(9)	190	白家嘴子铜镍矿区	甘肃金昌市
	191	大宝山铜多金属矿区	广东韶关市
	192	紫金山铜金矿区	福建上杭县
	193	德兴铜矿区	江西德兴市
	194	城门山铜矿区	江西九江县
	195	大红山铜矿区	云南新平县
	196	普朗铜矿区	云南迪庆州
	197	驱龙铜矿区	西藏拉萨市
	198	玉龙铜矿区	西藏昌都市
铝土矿(5)	199	平果铝土矿区	广西平果县
	200	兴县铝土矿区	山西兴县、临县、岢岚县
	201	宁武—原平铝土矿区	山西宁武县、原平市、朔州市朔城区
	202	汾阳—孝义铝土矿区	山西汾阳市、孝义市、交口县
	203	交口—汾西铝土矿区	山西吕梁市、晋中市、临汾市
锡多金属(3)	204	个旧锡矿区	云南个旧市
	205	都龙锡矿区	云南马关县
	206	大厂锡铅锌多金属矿区	广西南丹县
金(17)	207	新城金矿	山东莱州市
	208	三山岛金矿	山东莱州市
	209	焦家金矿	山东莱州市
	210	玲珑金矿	山东招远市
	211	海域金矿	山东莱州市
	212	莱州纱岭金矿	山东莱州市
	213	夏甸金矿	山东招远市
	214	大尹格庄金矿	山东招远市
	215	山东中矿玲南—阜山金矿	山东招远市
	216	早子沟金矿	甘肃合作市
	217	甘肃大桥金矿	甘肃西和县
	218	沃溪金锑钨矿	湖南怀化市

续表

矿种	序号	名　　称	位　　置
金(17)	219	江西金山	江西德兴市
	220	乌拉山—哈德门金矿	内蒙古包头市、巴彦淖尔市
	221	金厂沟梁金矿	内蒙古赤峰市
	222	毕力赫金矿	内蒙古苏尼特
	223	浩尧尔忽洞金矿	内蒙古乌拉特中旗
稀土(24)	224	龙南重稀土矿区(1)	江西龙南县
	225	龙南重稀土矿区(2)	江西龙南县
	226	寻乌轻稀土矿区	江西寻乌县
	227	定南中稀土矿区	江西定南县
	228	赣县(北)中稀土矿区	江西赣县
	229	赣县(中)重稀土矿区	江西赣县
	230	赣县(南)中稀土矿区	江西赣县
	231	安远中、重稀土矿区	江西安远县
	232	信丰(北)中稀土矿区	江西信丰县
	233	信丰(南)中、重稀土矿区	江西信丰县
	234	全南中稀土矿区	江西全南县
	235	新丰遥田稀土矿区	广东韶关市
	236	八尺稀土矿区	广东梅州市
	237	清远鱼湾稀土矿区	广东清远市
	238	敬梓稀土矿区	广东河源市
	239	博石稀土矿区	广东河源市
	240	江华稀土矿区	湖南江华县
	241	钟山—富川花山稀土矿区	广西钟山县、富川县
	242	平南六陈　大洲稀土矿区	广西平南县
	243	江州稀土矿区	广西江州区
	244	大青山稀土矿区	广西龙州县
	245	糯洞稀土矿区	广西岑溪市
	246	兴业稀土矿区	广西兴业县
	247	牦牛坪稀土矿区	四川凉山州
磷(3)	248	安宁—晋宁磷矿区	云南昆明市
	249	宜昌磷矿北部磷矿区	湖北神农架林区、保康县、兴山县
	250	德阳—马边—雷波磷矿区	四川德阳市、马边县、雷波县
钨(5)	251	小柳沟钨钼矿区	甘肃肃南县
	252	大湖塘钨矿区	江西武宁县
	253	珊瑚钨锡矿区	广西钟山县、八步区
	254	博白三叉冲—油麻坡钨矿区	广西博白县、陆川县
	255	云浮钨锡矿区	广东云浮市
锑(1)	256	冷水江锡矿山锑矿区	湖南冷水江市
石墨(6)	257	鸡西石墨矿区	黑龙江鸡西市
	258	萝北石墨矿区	黑龙江鹤岗市
	259	巴中石墨矿区	四川巴中市
	260	平度—莱西石墨矿区	山东青岛市
	261	郴州石墨矿区	湖南郴州市
	262	南阳石墨矿区	河南南阳市
铅锌(4)	263	厂坝—向阳山铅锌矿区	甘肃徽县、成县
	264	韶关凡口铅锌矿区	广东韶关市

续表

矿种	序号	名称	位置
铅锌(4)	265	兰坪铅锌矿区	云南兰坪县
	266	和田火烧云铅锌矿区	新疆和田县
锂(1)	267	甲基卡锂矿区	四川甘孜州

附表3 对国民经济具有重要价值的矿区(28个)

矿种	序号	名称	位置
铀矿(8)	1	青龙铀矿区	河北青龙县、辽宁省建昌县
	2	沽源铀矿区	河北沽源县
	3	努和廷铀矿区	内蒙古二连浩特市
	4	塔木素铀矿区	内蒙古阿拉善右旗
	5	大洲铀矿区	浙江衢州市
	6	鹿井铀矿区	江西崇义县
	7	下庄铀矿区	广东翁源县
	8	苗儿山铀矿区	广西资源县
铁钒钛(1)	9	红格南矿区	四川盐边县
铜多金属(5)	10	峡山—岩山铜矿区	安徽池州市
	11	大碑铜矿区	江西彭泽县
	12	河西银铜多金属矿区	云南兰坪县
	13	多龙铜矿区	西藏阿里地区
	14	堆龙德庆县松多握铜钼矿区	西藏堆龙德庆县
铅锌(2)	15	东莫扎抓铅锌矿区	青海杂多县
	16	虎山城—老君山铅锌锡矿区	云南文山县
锑(1)	17	哈蒙西—亚路沟锑金矿区	青海兴海县、同德县
铝土矿(2)	18	浣溪向斜北部铝土矿区	贵州道真县
	19	马鬃岭铝土矿区	贵州正安县
钨锡(3)	20	朱溪外围钨铜矿区	江西浮梁县、乐平县
	21	万洋山—诸广山钨锡矿区	江西崇义县、桂东县
	22	吞多玛锡多金属矿区	西藏类乌齐县
钼(1)	23	武山温泉钼矿区	甘肃武山县
稀土(5)	24	关西稀土矿区	江西龙南县
	25	南桥稀土矿区	江西寻乌县
	26	河岭稀土矿区	江西寻乌县
	27	沙头稀土矿区	江西定南县
	28	梁山—古楼稀土矿区	福建武平县、上杭县

附表4 重点矿种最低开采规模设计标准(35种)

矿产名称	单位/年	大型	中型	小型
煤(地下开采/露天开采)	原煤万吨	120/400	45/100	30/30
铁(地下开采/露天开采)	矿石万吨	100/200	30/60	5/5

续表

矿 产 名 称	单位/年	大型	中型	小型
锰	矿石万吨	10	5	2
铬	矿石万吨	10	5	2
铜	矿石万吨	100	30	3
铅	矿石万吨	100	30	3
锌	矿石万吨	100	30	3
钨	矿石万吨	80	40	5
锡	矿石万吨	100	30	3
钼	矿石万吨	100	30	3
铝土矿	矿石万吨	100	30	10
镍	矿石万吨	100	30	3
锑	矿石万吨	100	30	3
轻稀土	矿石万吨	100	50	15
重稀土	矿石万吨	100	50	10
金（岩金）	矿石万吨	15	6	3
磷（地下开采/露天开采）	矿石万吨	100/100	50/50	10/15
钾盐	矿石万吨	30	5	3
硫铁矿	矿石万吨	50	20	5
硼（B_2O_3）	矿石万吨			5
重晶石	矿石万吨	10	5	3
萤石（CaF_2）	矿石万吨	10	8	3
石灰岩（水泥用/其他）	矿石万吨	100/100	50/50	30/20
冶金、水泥用天然石英砂	矿石万吨	60	20	10
玻璃、陶瓷等用石英岩、石英砂	矿石万吨	30	10	5
高岭土	矿石万吨	10	5	3
石膏	矿石万吨	30	20	5
滑石	矿石万吨	10	8	3
石墨（晶质/隐晶质）	矿物/矿石万吨	1/10	0.6/8	0.3/5
云母（工业原料云母）	吨			2
石棉	石棉万吨	2	1	0.5
膨润土	矿石万吨	10	5	3
砖瓦用粘土	矿石万吨	30	13	6
建筑用石材	万立方米	10	5	1.5
饰面用石材	万立方米	1	0.5	0.3

附表5 重要矿产资源重点勘查区(297个)

矿种	名称
铀矿(29)	内蒙古东胜、通辽、二连盆地中北部、塔木素、红山子;新疆伊犁盆地南缘、吐哈盆地西南部、雪米斯坦、准噶尔盆地东部;辽宁连山关;甘肃龙首山;陕西蓝田、彬县—麟游、商州—丹凤—商南;江西相山、桃山、白面石、河草坑、贵溪盛源、修水董坑—保峰源;湖南诸广山中部;广东诸广山南部、河源、贵东;广西苗儿山;浙江双桥—新路;河北沽源、青龙;四川若尔盖
铁矿(30)	河北冀东地区;山西岚县—娄烦、繁峙一代县;辽宁鞍山—本溪、建平—宁城—肖家营子;吉林白山市板石沟;江苏宁镇;安徽霍邱、马鞍山—芜湖、庐江—枞阳;福建龙岩马坑—大田汤泉;江西赣中;山东德州—莱芜—淄博;河南舞阳—新蔡;湖北鄂州莲花山—黄石铁山、黄梅;四川攀西;西藏措勤尼雄;云南勐海西定—澜沧—景洪、陕西勉略宁、洋县毕机沟;甘肃北山营毛沱—玉石山、肃北塔尔沟—小柳沟;青海小沙龙—扎麻什、卡尔却卡—尕林格;新疆西天山阿吾拉勒、阿尔金山喀腊大湾、祁曼塔格、西昆仑塔什库尔干、天湖
锰矿(11)	辽宁凌源市太平沟—瓦房;广西天等龙原—德保那温;湖南花垣;四川长阳;重庆城口、秀山;贵州铜仁松桃、遵义、长兴—万山;新疆波兹果尔、西南天山玛尔坎土—穆呼
铬铁矿(2)	西藏扎囊—朗县;新疆萨尔托海
铜矿(46)	安徽铜陵;内蒙古呼伦贝尔乌努格吐山—甲乌拉、大兴安岭中段、大兴安岭南麓、乌拉特后旗霍各乞、白乃庙—别鲁乌图—毕力赫;辽宁清原红透山;黑龙江多宝山—大新屯;福建龙岩紫金山;江西东乡—德兴、九瑞地区、东岗山—铜山、塔前—朱溪—赋春;湖北大冶—阳新;湖南安化—怀化;广东阳春、雪山嶂;云南东川汤丹、香格里拉格咱、巍山—永平、兰坪白秧坪;西藏昂仁—谢通门、米拉山、山南、尼木、多龙、玉龙;甘肃金川白家嘴子、公婆泉、白银厂;青海德尔尼—上贡麻、多彩—东莫扎抓;新疆哈密卡拉塔格、索尔库都克—扎河坝、西天山那拉提山、哈密黄山—镜儿泉、乌恰萨瓦亚尔顿—萨热克、库木塔格、阔勒萨依、阿希铜、包古图、喀拉通克、阿舍勒—多拉纳萨依、哈密土屋—延东、琼河坝、三岔口
铝土矿(8)	山西原平—宁武、霍西—河东、阳泉—昔阳;河南渑池礼庄寨—平顶山;重庆武隆—南川;贵州务正道、清镇—修文;云南广南—丘北—砚山
铅锌矿(42)	内蒙古呼伦贝尔三河、东乌旗、白音查干;辽宁青城子;吉林天宝山—开山屯;河南卢氏潘河、栾川;湖北长阳—宣恩;湖南花垣—凤凰、永顺;广东韶关凡口;广西环江北山、武宣—象州大瑶山西缘、大新泗城岭—隆安西大明山;四川宁南—会东、白玉呷村;贵州普定那雍枝、都匀牛角塘—南寨;云南兰坪金顶、鲁甸—巧家、保山—龙陵、镇康芦子园—云高井槽;西藏芒康、查个勒、强龙、赵发涌—干中雄、浦桑果、工布江达金达、山南扎西康;甘肃厂坝;陕西南郑碑坝、凤太地区、镇安—宁陕;青海绿梁山—锡铁山、沱沱河;新疆和田县火烧云、西昆仑岔路口—甜水海、蒙库—可可塔勒、西昆仑宝塔山、小土尔根—库马苏、乌拉根、哈密彩霞山
钨矿(10)	江西崇—余—犹、修水大湖塘、香炉山—黄竹坪、于都盘古山;西藏拉荣;甘肃小柳沟;新疆祁曼塔格—白干湖、沙垅;陕西镇安县;云南麻栗坡南秧田
锡矿(14)	湖南茶陵锡田、香花岭—骑田岭、天龙山—锡矿山、衡阳盆地西南缘—大义山;广东莲花山断裂带南西段、韶关梅花、厚婆坳;广西富川—贺州—钟山、元宝山、南丹大厂—芒场;云南马关都龙、腾冲—梁河、金平—个旧;新疆祖鲁洪
锑矿(2)	陕西旬阳公馆—青铜沟;新疆盼水河
钼矿(10)	河北丰宁、兴隆太平村、宣化贾家营;黑龙江松岭区岔路口、伊春鹿鸣—小西林、延寿(滨东);安徽金寨沙坪沟;陕西小秦岭、宁陕碾子砰—镇安木王坪;新疆裕民苏尤河—哈密白山—东戈壁
镍矿(4)	吉林红旗岭—漂河川;新疆若羌北山、白鑫滩—路北;青海夏日哈木
锂矿(7)	四川康定—道孚—雅江、马尔康—金川、扎乌龙;西藏龙木错—布尔错、别若则错—达瓦错、半岛湖—雅根错、若水泉—硕尔湖
金矿(57)	内蒙古赤峰南部;辽宁盖州—岫岩、丹东五龙、北票宝国老;吉林珲春小西南岔—农坪、海沟—夹皮沟、六道沟、集安古马岭;黑龙江漠河砂宝斯、塔河宝兴沟、老柞山—羊鼻山、东宁、东安—汤旺河;浙江遂昌龙游;安徽休宁—歙县;福建德化双旗山—东洋;江西于都银坑—宁都青塘;山东牟平—乳山、莱州—招远;河南小秦岭、熊耳山—外方山、桐柏;湖南连云山、浏阳—醴陵官庄;湖北黄陵、嘉鱼蛇屋山—黄陵、郧西湖北口—高桥坡;广东河台;广西平南—昭平、凤山金牙;海南昌江—东方;贵州贞丰烂泥沟—册亨丫他、贞丰—普安;云南镇沅—墨江、鹤庆北衙、绿春牛孔;陕西镇安金龙山、安康北部;甘肃岷县寨上—马坞、崖湾—大桥、两当—成县、加甘滩—早子沟、玛曲大水—碌曲拉尔玛;青海沟里—抗得弄舍、五龙沟—开荒北、秋智—扎麻、昆仑河—雪水河;新疆鄯善康古尔塔格、阿沙哇义、梧桐沟、双泉、雅江—北喜马拉雅、阿尔金山喀腊大湾、西天山那拉提山、卡特巴阿苏、野马泉、红十井—八一泉

续表

矿种	名　　称
银矿（5）	吉林四平山门；江西贵溪冷水坑；新疆维权、加满特、琼库都克
金刚石（2）	辽宁瓦房店；山东蒙阴
石墨矿（1）	内蒙古阿拉善右旗扎木敖包—特拜
钾盐（8）	湖北荆州江陵；四川亭子铺、龙会、板桥；陕北盐盆；青海尕斯库勒—冷湖、一里坪—霍布逊；新疆罗布泊
磷矿（9）	辽宁抚顺—清原；江苏连云港—泗洪；湖南鹤峰—东山峰；四川马边—雷波；贵州开阳、瓮安—福泉；新疆库鲁克塔格、科尔古琴、柯坪塔格

附表6　矿山地质环境重点治理区（524个）

省份	所在县（区、市）
天津（1）	蓟县
河北（10）	石家庄市井陉矿区；唐山市古冶区、滦县；秦皇岛市抚宁区、青龙满族自治县、昌黎县；张家口市宣化区、下花园区、怀来县；廊坊市三河市
山西（27）	太原市古交市；大同市左云县、浑源县、灵丘县；朔州市平鲁区、山阴县；忻州市原平市、宁武县、保德县；阳泉市盂县、平定县；晋中市寿阳县、灵石县、介休市；长治市长治县、襄垣县、潞城市；晋城市泽州县、阳城县、高平市；吕梁市柳林县、孝义市、岚县；临汾市乡宁县、蒲县、洪洞县；运城市河津市
内蒙古（26）	呼和浩特市新城区、回民区、十默特左旗；包头市土默特右旗、石拐区、白云鄂博区、达尔罕茂名安联合旗；乌海市海勃湾区、乌达区、海南区；赤峰市元宝山区；通辽市霍林郭勒市；满洲里市扎赉诺尔区；鄂尔多斯市东胜区、达拉特旗、伊金霍洛旗、准格尔旗、鄂托克旗；锡林郭勒盟锡林浩特市、西乌珠穆沁旗；乌兰察布市丰镇市、兴和县、察哈尔右翼后旗、集宁区；巴彦淖尔市乌拉特后旗；阿拉善盟阿拉善左旗
辽宁（15）	沈阳市康平县；辽阳市灯塔市、弓长岭区；阜新市；抚顺市；本溪市平山区、溪湖区；葫芦岛市南票区、连山区；丹东市振安区、凤城市；朝阳市北票市；鞍山市千山区、海城市；营口市大石桥市
吉林（7）	延边朝鲜族自治州敦化市、珲春市；长春市二道区；白山市江源区、长白县；通化市辉南县；吉林市蛟河市
黑龙江（25）	哈尔滨市阿城区；黑河市嫩江县；鸡西滴道区、城子河区、恒山区、梨树区、麻山区、鸡东县；双鸭山岭东区、四方台区、集贤县、宝山区、宝清县；伊春市翠峦区、友好区、美溪区、五营区；鹤岗市兴安区、工农区；七台河市新兴区；牡丹江市林口县；大兴安岭地区漠河县、呼玛县、加格达奇区、塔河县
江苏（19）	徐州市沛县、铜山区、贾汪区、睢宁县；连云港市海州区、连云区、灌云县；淮安市盱眙县；南京市六合区、浦口区、栖霞区、江宁区；镇江市丹徒区、丹阳区、句容市；常州市金坛区、溧阳市；无锡市宜兴市、江阴市
安徽（23）	淮北市杜集区、相山区、烈山区、濉溪县；马鞍山市雨山区、博望区、当涂县；淮南市谢家集区、大通区、八公山区、潘集区、凤台县；宿州市埇桥区、萧县；阜阳市颍上县、颍东区；铜陵市铜官山区、狮子山区、铜陵县；亳州市蒙城县、涡阳县、利辛县；安庆市怀宁县
福建（17）	宁德市古田县；福州市罗源县、连江县、晋安区；龙岩市新罗区、永定区、漳平市、连城县、长汀县；泉州市石狮市、南安市、晋江市、安溪县、德化县；三明市大田县、永安市、尤溪县
江西（25）	景德镇乐平市；新余市分宜县；萍乡市湘东区、上栗县、芦溪县；宜春市袁州区、丰城市、高安市；吉安市吉水县、永新县、安福县；鹰潭市贵溪市；上饶市德兴市、万年县、铅山县；九江市星子县、瑞昌市；抚州市东乡县；赣州市赣县、信丰县、大余县、安远县、龙南县、于都县、寻乌县
山东（21）	青岛市黄岛区、莱西市、平度市；淄博市张店区、周村区；枣庄市滕州市、薛城区；烟台市牟平区、福山区；潍坊市安丘市、青州市；济宁市嘉祥县、邹城市；泰安市新泰市、肥城市；威海市环翠区；日照市莒县；莱芜市莱城区；临沂市蒙阴县、平邑县；菏泽市巨野县

续表

省份	所在县(区、市)
河南(23)	南阳市淅川县、桐柏县、方城县;鹤壁市;许昌禹州市、襄城县;洛阳市新安县;郑州市巩义市、新密市、登封市;安阳市安阳县、林州市;新乡市凤泉区、辉县市;焦作市;三门峡市陕县、渑池县、义马市;商丘市永城市;信阳市;平顶山市汝州市、舞钢市;驻马店市泌阳县
湖北(26)	武汉市东湖新技术开发区;黄石市大冶市、阳新县;鄂州市鄂城区;宜昌市夷陵区、兴山县、远安县、长阳县、宜都市;襄阳市襄城区、保康县;荆门市东宝区、掇刀区;十堰市茅箭区、丹江口市;恩施州恩施市、建始县、咸丰县;孝感市云梦县、应城市、大悟县、孝昌县;咸宁市赤壁市;黄冈市武穴市;荆州市松滋市;神农架林区
湖南(25)	永州市零陵区、冷水滩区;湘潭市湘潭县、雨湖区;邵阳市邵东县、邵阳县;郴州市临武县、桂阳县、宜章县;娄底市涟源市、新化县、冷水江市;常德市临澧县、石门县;衡阳市常宁市、横山县;岳阳市平江县;益阳市安化县、赫山区;长沙市浏阳市;湘西自治州花垣县;株洲市攸县;怀化市会同县、溆浦县;张家界市慈利县
广东(7)	韶关市仁化县、曲江区;云浮市云城区、云安县;清远市阳山县、英德市;河源市连平县
广西(32)	桂林市雁山区、兴安县、全州县、恭城县、荔浦县、阳朔县;柳州市柳南区、城中区、鱼峰区、鹿寨县、融安县;崇左市江洲区、大新县、凭祥市、天等县、扶绥县;贺州市平桂管理区、钟山县;河池市大化县、巴马县、南丹县;贵港市港北区、桂平市、平南县;来宾市武宣县、象州县、合山市;玉林市玉州区、陆川县;百色市靖西县、田阳县;北海市合浦县
海南(4)	昌江黎族自治县;三亚市;海口市;定安县
重庆(17)	北碚区;九龙坡区;沙坪坝区;大渡口区;渝北区;綦江区;南川区;荣昌区;秀山县;城口县;南岸区;巴南区;永川区;奉节县;合川区;长寿区;开县
四川(22)	广安市华蓥市、泸州市古蔺县、叙永县;宜宾市筠连县、兴文县、珙县;乐山市犍为县;广元市旺苍县;攀枝花市西区、米易县、盐边县;凉山州会理县、会东县、冕宁县;阿坝州九寨沟县;甘孜州康定市;德阳市绵竹市;雅安市宝兴县、石棉县;自贡市大安区、贡井;绵阳市江油市
贵州(20)	贵阳市开阳县;遵义市红花岗区、新浦区、务川县;铜仁市碧江区、万山区;毕节市七星关区、大方县、威宁县、赫章县、织金县、纳雍县;六盘水市水城县、钟山区、盘县、六枝特区;安顺市西秀区、平坝县;黔南州瓮安县、福泉市
云南(20)	昆明市东川区、晋宁县;曲靖市麒麟区;玉溪市易门县、澄江县、元江县;保山市隆阳区、腾冲市;昭通市镇雄县;普洱市澜沧县;红河州个旧市、开远市、元阳县;文山州麻栗坡县、马关县、广南县、富宁县;德宏州梁河县;怒江州兰坪县;迪庆州香格里拉市
西藏(8)	拉萨市城关区、堆龙德庆区、柳梧新区;日喀则市昂仁县、桑珠孜区;昌都市卡若区;林芝市巴宜区;山南地区乃东县
陕西(25)	榆林市榆阳区、神木县、府谷县、横山县;渭南市蒲城县、白水县、合阳县、澄城县、韩城市、潼关县、华阴市;延安市黄陵县;铜川市王益区、耀州区;咸阳市彬县、泾阳县;宝鸡市凤县、太白县;汉中市略阳县、宁强县、勉县;安康市旬阳县;商洛市山阳县、柞水县、镇安县
甘肃(20)	兰州市红古区、七里河区;金昌市永昌县;白银市平川区;武威市天祝县;张掖市山丹县;平凉市华亭县、崆峒区、崇信县;酒泉市玉门市;定西市岷县;陇南市成县、徽县、文县、礼县、西和县、两当县;甘南州玛曲县、合作市、碌曲县
青海(12)	西宁市湟中县;海东市乐都区;海北州祁连县、门源县、刚察县;海南州泽库县;玉树州曲麻莱县、称多县、治多县;海西州天峻县、德令哈市、格尔木市
宁夏(13)	银川市兴庆区、西夏区、灵武市、永宁县、贺兰县;吴忠市利通区、青铜峡市、盐池县;固原市彭阳县;中卫市中宁县;石嘴山市大武口区、惠农区、平罗县
新疆(34)	乌鲁木齐市米东区、乌鲁木齐县、达坂城区;伊犁州察布查尔县、尼勒克县、伊宁县、巩留县、霍城县;巴州库尔勒市、和静县、轮台县;阿勒泰地区阿勒泰市、富蕴县、青河县;塔城地区乌苏市、沙湾县、扎里县、额敏县、和布克赛尔县;昌吉州阜康市、昌吉市、吉木萨尔县;吐鲁番市托克逊县、高昌区、鄯善县;哈密地区哈密市、巴里坤县;和田地区和田市、和田县、皮山县;克州乌恰县;阿克苏温宿县、库车县、拜城县

全国土地整治规划

（2016—2020年）

国土资发〔2017〕2号

前　　言

深入贯彻党中央、国务院的战略部署，紧密围绕全面建成小康社会新的目标要求，坚持创新、协调、绿色、开放、共享的发展理念，落实最严格的耕地保护制度和最严格的节约用地制度，规范有序推进土地整治，促进"五化"同步发展，依据《土地管理法》，遵循《国民经济和社会发展第十三个五年规划纲要》和《全国土地利用总体规划纲要（2006—2020年）》，编制《全国土地整治规划（2016—2020年）》（以下简称《规划》）。

《规划》提出未来五年国家土地整治战略部署，确定土地整治的指导思想、基本原则、目标任务和方针政策，统筹安排各项土地整治活动和高标准农田建设任务，明确土地整治重点区域和重大工程，提出规划实施保障措施。《规划》是开展土地整治活动的基本依据和行动指南。

《规划》以2015年为基期，2020年为规划目标年。规划范围未包括香港特别行政区、澳门特别行政区和台湾省。

第一章　土地整治面临的形势

第一节　"十二五"土地整治工作成效

"十二五"时期，各地各部门全面贯彻落实党中央、国务院关于加强土地管理的一系列重要决策部署，依据《全国土地整治规划（2011—2015年）》，密切配合、上下联动，大力推进土地整治，加强高标准农田建设，全面完成了"十二五"时期各项土地整治目标任务，在促进耕地保护和节约集约用地、推动城乡统筹发展和生态文明建设中发挥了不可替代的作用；同时，逐步形成了规划体系健全、建设标准完备、资金保障到位、产权保护有力、监测监管全覆盖、队伍支撑可靠的工作格局，为规范有序开展土地整治奠定了坚实基础。

——*大规模开展高标准农田建设，巩固了国家粮食安全基础。*2011 年以来，按照“划得准、调得开、建得好、保得住”的要求，大力开展高标准农田建设取得了较好成效。全国整理农用地 5.3 亿亩，建成高标准农田 4.03 亿亩。补充耕地 2767 万亩，其中，土地开发补充耕地 822 万亩，土地整理、土地复垦补充耕地 1755 万亩，增减挂钩补充耕地 190 万亩，新增耕地面积超过同期建设占用和自然灾害损毁的耕地面积，保证了全国耕地数量基本稳定；补充耕地 70%来源于土地整理复垦，土壤熟化程度较高。据统计，经整治后的耕地质量平均提高 1 个等级、亩产平均提高 10%—20%，提高了耕地生产能力，新增粮食产能 373.68 亿公斤。同时，通过土地整理复垦，大量零碎、分散的土地得到适当归并，农业基础设施配套建设得到加强，提高了机械化耕作水平和排灌抗灾能力，降低了农业生产成本，增加了农民收入水平。通过土地整治，保障了规划期间耕地数量基本稳定、质量有提高，对“十二五”期间的连年增产发挥了重要作用。

——*调整优化土地利用结构布局，提高了土地综合承载能力。*“十二五”期间，通过开展城乡建设用地增减挂钩、工矿废弃地复垦利用、城镇低效用地再开发等，全国共整理农村闲置、散乱、粗放建设用地 233.7 万亩，复垦历史遗留工矿废弃地 936.6 万亩，改造开发城镇低效用地 150 万亩，优化了城乡用地结构和布局，促进了节约集约用地，整理复垦后土地利用率提高 9.83%，为新型城镇化和县域经济发展拓展了空间。

——*带动农村投入和农民就业，促进了农民增收、农业增效和农村发展。*“十二五”期间，各地土地整治累计投入资金 5500 多亿元，农民参加土地整治劳务所得合计超过 1100 亿元，惠及 1.01 亿农民，项目区农民人均新增年收入 900 多元。通过开展增减挂钩，投入农村资金 6000 亿元，加大对农村散乱、闲置、低效建设用地整理，改善了农村人居环境，促进了美丽乡村建设。同时，支持贫困地区开展土地整治，100 个国家扶贫开发工作重点县被纳入全国 500 个高标准农田建设示范县范围，有效引导土地整治项目和资金向贫困地区倾斜，推动老、少、边、穷地区农村脱贫致富。

——*加大土地生态环境整治，促进了生态文明建设。*“十二五”期间，开展农用地整理，加强农田基础设施建设，建成田间道路 886.8 万公里，修建排灌沟渠 867.4 万公里，种植农田生态防护林 1.1 亿株；采取工程、生物等措施，开展沙化、盐碱化和石漠化等土地治理，治理水土流失面积 413 万亩；加大工矿废弃地复垦和矿山生态环境治理，“十二五”期间土地复垦率提高了 12.5%。全国通过土地整治修复和保护生态系统，基本实现了生态安全和粮食安全有机结合，有效促进了生态环境质量提升。

——*加强土地整治基础能力建设，形成了良好工作格局。*建立健全土地整治工作机制；修订完善了土地整治专项资金管理政策措施、建立完善了土地整治监测监管体系、加快土地整治技术标准体系建设；加强土地整治机构队伍建设，基本建立了国家—省—市—县四级土地整治机构，为土地整治事业发展提供了强有力的支撑。

第二节　“十三五”时期面临形势

“十三五”时期是全面建成小康社会的决胜阶段，经济长期向好基本面没有改变，但土地资源的基本国情没有根本改变，资源约束趋紧趋势未得到根本扭转。党中央、国务院明确要求坚持最严格的耕地保护制度，坚守耕地红线，实施藏粮于地战略；坚持最严格的节约用地制度，调整优化建设用地结构布局，推动城乡区域协调发展；坚持保护环境的基本国策，划定并严守生态保护红线，筑牢生态安全屏障，促进人与自然和谐共生。面对新形势新要求，必须用新的发展理念全面推进土地整治，切实发挥土地整治的综合效益。

——推进农业现代化，要求加强耕地数量保护和质量建设。耕地是保障国家粮食安全的资源基础。随着“五化”同步加快推进，“十三五”期间因生态退耕、农业结构调整、建设占用等预计耕地面积将减少7000多万亩。同时，我国耕地后备资源总面积约8000万亩，其中集中连片的耕地后备资源仅2800多万亩，中低等耕地比例达70%，有灌溉条件的耕地只占51.5%，耕地数量质量现状与推进农业现代化的要求存在较大差距。因此，必须大力推进土地整治，努力补充优质耕地，加强基本农田建设，全面提升耕地质量，提高粮食产能，切实落实藏粮于地战略。

——推进新型城镇化，要求提高土地利用效率和优化用地结构布局。城镇化是现代化必由之路，十八届五中全会明确提出要推进以人为核心的新型城镇化。到2020年我国户籍人口城镇化率将达到45%左右，每年将有1600多万人进城落户，同时协同推进四大板块、实施三大战略，需要提供建设用地保障，预计“十三五”期间全国新增建设用地需求达到3200多万亩；为了确保国家粮食安全、筑牢生态安全屏障，需要划定农业空间和生态保护红线，土地供需矛盾将进一步凸显，传统粗放利用土地资源的方式不可持续。适应新型城镇化和经济社会发展新特点，亟需加大盘活存量建设用地，节约集约用地，以较少的土地资源消耗支撑经济社会可持续发展。

——推进新农村建设，要求加大农村人居环境整治和改善农村生产生活条件。当前我国农村居民点布局散、乱、空现象比较普遍，农田细碎化比较严重，全国农村居民点270万个，占地面积为2.87亿亩，农村人口人均居民点用地达到317平方米，农村地区教育、医疗、卫生等公共服务设施和基础设施十分薄弱。十八届五中全会提出要开展农村人居环境整治，加强农村基础设施建设，促进城乡公共资源均衡配置；到2020年，我国现行标准下农村贫困人口实现脱贫。必须适应新农村建设要求，大力推进农村土地综合整治，着力改善农业生产条件和农村人居环境，促进美丽宜居乡村建设；按照精准扶贫、精准脱贫的要求，采取超常规政策措施，全力助推脱贫攻坚。

——推进生态文明建设，要求加强土地生态保护和修复。我国生态文明建设水平总体上仍滞后于经济社会发展，自然生态系统脆弱，土地退化和污染严重，资源环境承载能力面临巨大压力。全国水土流失面积和荒漠化土地面积约占陆地国土面积31%和30%，耕地退化面积占耕地总量40%以上，据研究，每年因自然灾害和生产建设活动损毁土地约400万亩。要按照生态文明建设要求，开展山水林田湖综合整治，推进荒漠化、石漠化、水土流失综合治理，开展损毁土地复垦，加强土地生态建设和保护，不得造成森林、草原损害和生态破坏，推动形成绿色发展方式和绿色生活方式。

——推进依法治国，要求加强土地整治法治建设。中央明确提出要坚持依法治国，建设社会主义法治国家。目前，土地整治法律法规建设总体滞后于发展需要，影响了土地整治事业健康发展。必须按照“科学立法、严格执法、公正司法、全民守法”的要求，加快推进土地整治法制化建设，尽快推动制定土地整治条例等法律法规，建立完善土地整治规章制度，保障土地整治工作依法依规开展。

第二章　指导思想与主要目标

第三节　指导思想

指导思想：全面贯彻落实党的十八大和十八届三中、四中、五中、六中全会精神，深入贯彻习近平总书记系列重要讲话精神和治国理政新理念新思想新战略，紧紧围绕统筹推进"五位一体"总体布局和协调推进"四个全面"战略布局，牢固树立创新、协调、绿色、开放、共享的发展理念，按照党中央、国务院决策部署，坚持最严格的耕地保护制度和最严格的节约用地制度，实施藏粮于地和节约优先战略，以提升粮食产能为目标，大力推进农用地整理和高标准农田建设，夯实农业现代化基础；以促进城乡统筹发展为导向，大力推进城乡散乱、闲置、低效建设用地整理，推动美丽宜居乡村建设和新型城镇化发展；以精准扶贫、精准脱贫为要求，大力推进贫困地区土地综合整治，加大政策、项目、资金支持，助力脱贫攻坚；以保护生态环境为前提，大力推进废弃、退化、污染、损毁土地的治理、改良和修复，促进土地资源永续利用。

土地整治遵循以下基本原则：

——坚守耕地红线。围绕落实国家粮食安全战略，坚持最严格的耕地保护制度，以大规模建设高标准农田为重点，合理安排土地整治重点区域和重大工程，全面划定永久基本农田，大规模推进土地整治、中低产田改造和高标准农田建设，确保耕地数量和质量有提升，夯实农业现代化和粮食安全基础。

——促进城乡统筹。坚持区域协同、城乡一体，以节约集约用地为核心，统筹安排农村建设用地整理、城乡建设用地增减挂钩、工矿废弃地复垦利用、城镇低效用地再开发等活动，调整优化城乡建设用地结构布局，促进土地要素在城乡间有序流转，助推一二三产业融合发展，推进城乡基本公共服务均等化，促进新型城镇化发展和美丽乡村建设。

——加强生态保护。落实生态文明建设要求，实施山水林田湖综合整治，加强生态环境保护和修复，坚持保护优先、自然修复为主，加强对水土流失、石漠化、沙化等严重的环境敏感区、脆弱区土地生态环境整治，提高土地生态服务功能，筑牢生态安全屏障。

——维护群众权益。坚持农民主体地位，尊重农民意愿，保障农民的知情权、参与权、监督权和受益权，切实维护农村集体经济组织和农民合法权益；坚持工业反哺农业、城市支持农村，加大新增建设用地土地有偿使用费、耕地开垦费和增减挂钩收益对农村的投入，鼓励社会资本投向农村，改善农民生产生活条件，保证农民共享工业化、城镇化发展成果。

——坚持政府主导。坚持政府主导、国土搭台、部门协同、上下联动、公众参与的工作机制，加强政府的组织领导，强化部门合作，有效发挥整体联动的综合效应；建立健全激励机制，充分调动社会各方和农民的积极性、主动性，推进土地综合整治。

——坚持因地制宜。立足地方经济社会发展水平，顺应人民群众改善生产生活条件的期待，统筹安排、突出重点、循序渐进推进各项土地整治活动，避免不顾实际大拆大建，增加人民生活负担。

第四节　规划目标

根据《国民经济和社会发展第十三个五年规划纲要》、《全国主体功能区规划》、《全国土地利用总体规划纲要（2006—2020 年）》、《国家新型城镇化规划（2014—2020 年）》、《全国高标准农田建设总体规划（2011—2020 年）》和《国土资源“十三五”规划纲要》等，提出规划期土地整治的主要目标：

——*高标准农田建设加快推进*。落实藏粮于地战略，积极推进高标准农田建设，确保“高标准建设、高标准管护、高标准利用”。在“十二五”期间建成 4 亿亩高标准农田的基础上，“十三五”时期全国共同确保建成 4 亿亩、力争建成 6 亿亩高标准农田，其中通过土地整治建成 2.3—3.1 亿亩，经整治的基本农田质量平均提高 1 个等级，国家粮食安全基础更加巩固。

——*耕地数量质量保护全面提升*。落实最严格的耕地保护制度，努力补充优质耕地，加强耕地质量建设。通过土地整治补充耕地 2000 万亩，其中农用地整理补充耕地 900 万亩，损毁土地复垦补充耕地 360 万亩，宜耕未利用地开发补充耕地 510 万亩，农村建设用地整理补充耕地 230 万亩；通过农用地整理改造中低等耕地 2 亿亩左右，开展农田基础设施建设，建成排灌渠道 900 万公里，建成田间道路 600 万公里，耕地保护基础更加牢固。

——*城乡建设用地整理取得积极成效*。落实最严格的节约用地制度，稳妥规范推进城乡建设用地整理。有序开展城乡建设用地增减挂钩，整理农村建设用地 600 万亩，城乡土地利用格局不断优化，土地利用效率明显提高；稳步推进城镇建设用地整理，改造开发 600 万亩城镇低效用地，促进单位国内生产总值的建设用地使用面积降低 20%，节约集约用地水平进一步提高。

——*土地复垦和土地生态整治力度加大*。落实生态文明建设要求，切实加强土地修复和土地生态建设。按照宜耕则耕、宜林则林、宜草则草的原则，生产建设活动新损毁土地全面复垦，自然灾害损毁土地及时复垦，大力推进历史遗留损毁土地复垦，复垦率达到 45% 以上，努力做到“快还旧账、不欠新账”；积极开展土地生态整治，加强农田生态建设，土地资源得到合理利用，生态环境得到明显改善。

——*土地整治制度和能力建设进一步加强*。落实全面依法治国战略，大力加强土地整治法律制度和基础能力建设。推动制定土地整治条例，完善土地整治规章制度，土地整治制度机制更加健全；加强技术规范标准和人才队伍建设，技术标准体系和人才队伍结构更加完善合理，基础能力明显增强，支撑作用更加有力。

专栏 1 “十三五”全国土地整治规划控制指标

指　　标	2020 年
高标准农田建设规模*	4—6 亿亩
经整治的耕地质量提高程度	1 个等级
补充耕地总量	2000 万亩
农用地整理补充耕地	900 万亩
土地复垦补充耕地	360 万亩
宜耕未利用地开发补充耕地	510 万亩
农村建设用地整理补充耕地	230 万亩
农村建设用地整理规模	600 万亩
城镇低效用地再开发规模	600 万亩

注：* 以土地整治为平台，各有关部门共同投入、共同建设

第三章 实施藏粮于地战略 大力推进农用地整理

坚守耕地保护红线，全面划定永久基本农田，大规模开展农用地整理，加快推进高标准农田建设，加强耕地数量质量保护，改善农田生态环境，夯实农业现代化基础，落实藏粮于地战略。

第五节 加快推进高标准农田建设

大规模建设高标准农田。建立完善农业灌溉水源、灌溉输配水和排水等水利保障体系，整合完善建设规划，统一建设标准、统一监管考核、统一上图入库，“十三五”时期确保全国建成4亿亩、力争建成6亿亩高标准农田，全国基本农田整治率达到60%。积极实施粮食主产区、东北黑土区、黄河故道淤泛区基本农田整治工程和西部生态建设区土地整治工程。加大粮食生产功能区和大豆、棉花、油料、糖料蔗等重要农产品生产保护区高标准农田建设，改善农业基础设施条件，提高农用地质量；加大革命老区、贫困地区高标准农田建设，改善农业生产条件，提高农民生活水平。

专栏2 基本农田整治重大工程

粮食主产区基本农田整治工程：以高标准农田建设为重点，大力实施山水林田湖综合整治，完善农田基础设施，增强防洪、排涝等抵御自然灾害的能力，全面提高农田质量、增加有效耕地面积、改善生态环境。涉及13个粮食主产省和山西、海南、云南、陕西共17个省602个县（市、区）。通过工程实施，增加有效耕地面积约221万亩，提高耕地质量1个等级。工程总投资约需536亿元。

西部生态建设地区农田整治工程：围绕筑牢生态安全屏障的要求，加大农用地整理力度，加强农田基础设施建设和生态保护修复，提高耕地质量，改善生产条件，全面提升农田生态系统稳定性和生态服务功能。涉及11个省（区、市）的131个县（市、区）。通过工程实施，增加有效耕地面积约57万亩，荒漠化和石漠化土地、水土流失治理面积达到148万亩，提高西部地区人均粮食产量，增加农民收入。工程总投资约需157亿元。

集中连片特殊困难地区土地整治工程：按照解决贫困地区的口粮田、生态环境脆弱、地质灾害频发问题的要求，根据集中连片特殊困难地区耕地情况、水土平衡情况、空间分布规律等，结合各地区的经济社会状况，分区域、分类型开展土地整治，改善土壤及耕种条件，完善农田基础设施，提高耕地质量，增强抵御自然灾害的能力，增加粮食产能。涉及21个省（区、市）680个县（市、区），工程建设规模为1000万亩，增加有效耕地面积约77万亩，总投资约需300亿元。

优化基本农田结构布局。依据土地利用总体规划，按照现代农业发展要求，调整优化农田结构布局，形成集中连片、设施配套的基本农田格局。粮食主产区，将高标准农田建设与新农村建设相结合，引导农民适度集中居住，推进田水路林村综合整治，建成规模成片的高标准农田，促进农业适度规模经营；城市近郊区，加强优质耕地特别是菜地建设和保护，强化农田景观和绿隔功能，促进现代都市农业和休闲农业发展；生态脆弱区，着力提升耕地生态功能，建成集水土保持、生态涵养、特色农产品生产于一体的生态型基本农田；交通、水利等重大基础设施沿线，加大损毁耕地整理复垦，与周边耕地连片配套建设，提高土地利用效率，改善农田生态景观。

完善基本农田基础设施。开展土地平整归并，实现田块集中连片，降低基础设施占地率，增加农田耕作层厚度。加强灌溉水源、农田水利设施建设，配套建设机井、农田排灌等设施，增加有效灌溉面积，大力发展高效节水灌溉，提高灌溉保证率和用水效率。完善田间道路，提高道路通达度和荷载标准，满足农业机械通行要求。加强农田防护工程建设，提高农田防御风蚀能力，减少水土流失，改善农田生态环境。完善农田电网，配备必要的输配电设施，满足灌排设施电力需求。

加强高标准农田建后管护。严格执行高标准农田建设评定标准，将整治后的耕地划为永久基本农田，统一命名、统一标识、统一监管，纳入国土资源综合监管平台，实行永久保护，严禁建设占用。

第六节　切实加强耕地数量保护和质量建设

科学合理补充耕地。加大农用地整理，增加有效耕地面积，确保耕地面积基本稳定；加强耕地质量建设，全面实施耕作层剥离再利用，着力改善耕作条件，增加耕地土壤有机质含量，提高补充耕地质量。积极推进低效、损毁和废弃建设用地整理还耕，恢复耕地生产功能。以新一轮的全国后备耕地资源调查评价成果为基础，在做好土地适宜性评价和保护改善生态环境的前提下，合理开发耕地后备资源，实施耕地后备资源集中区补充耕地等工程，禁止毁林、毁草开荒、破坏生态环境。生态建设、国家重大工程建设占用耕地，经国务院批准，可由国家统筹安排。

专栏3　耕地后备资源集中区补充耕地工程

坚持“在保护中开发，在开发中保护”的原则，注重生态环境的保护和改善，禁止违背自然规律搞过度开发，在查清耕地后备资源数量、质量和分布状况的基础上，科学合理的制定规划，加强国家的宏观调控措施，协调各部门用地矛盾，因地制宜安排各业用地，做到社会效益、经济效益、生态效益相统一。涉及10个省（区）172个县（市、区）。通过实施该工程，增加有效耕地面积约234万亩，总投资约需148亿元。

加强耕地质量建设和产能提升。按照取之于土、用之于土的要求，积极开展耕地质量建设和保护，全面提高耕地生产能力。依据耕地质量等级等别调查与评定技术规范、标准和成果，健全耕地质量等级评价制度，加强中低产田改造和农田基础设施建设，切实提高耕地质量；积极实施旱改水、坡改梯工程，完善排灌沟渠网络，建设旱涝保收农田；推进农田防护与生态环境建设，完善农田防护林体系，稳步提高农田抗灾减灾能力。经整治的耕地应达到高标准农田建设标准。规划期末，全国农田灌溉水有效利用系数达到0.55，整治后农田田间工程配套率达到80%以上，实现耕地提质增效。

积极开展特色农业土地整理。挖掘区域特色资源利用潜力，提高农用地质量，推动特色农业资源的开发与保护，促进名特优农产品生产，增加农民收入。开展重要农业文化遗产保护与建设，加强生态保护和修复。

加强耕地全方位管护。依托国土资源综合监管平台，并结合相关部门管理信息系统，将土地整治项目和高标准农田建设信息及时、全面、准确上图入库，实现相关部门信息共享，实行耕地实时动态监测。明确管护主体，落实管护责任，保障管护经费，加强农田基础设施维护，提高设施设备的利用水平。建立耕地质量等级定期更新和动态监管制度，加强耕地质量等别变化评价与监测。强化新增耕地监管，确保有效利用，防止撂荒抛荒。

第七节　实行耕地修复养护

加强退化土地修复。开展农田防护与生态环境建设，加强小流域综合治理，实施堤岸和坡面防护等水土保持工程，增强农田抵抗自然灾害的能力。沙漠化地区，按照以水定地的原则，合理利用耕地资源，加强农田防护林建设，增强防风固沙能力。石漠化地区，加大保水保肥保土能力建设，禁止乱砍滥伐，提高水土资源涵养能力。盐碱化地区，将土地整治与盐碱化改良相结合，加强水资源利用管理，多途径改良盐碱地。东北黑土地，综合治理水土流失，实行建设占用耕地表土剥离，实施保护性耕作,有效保护黑土地生产能力。

积极治理污染土地。加强污灌区域、工业用地周边地区污染土地防治,积极推进污染土地综合治理。建设农田生态沟渠、污水净化池塘等设施,净化地表径流及农田灌排水,开展典型流域农业面源污染综合治理。加强重金属污染土地治理,修建植物隔离带或人工湿地缓冲带,优化种植结构。按照“谁治理、谁受益”的要求,积极鼓励和引导社会资源参与污染土地治理。

第八节　推进其他农用地整理

合理引导农业结构调整。坚持保护生态、农地农用,合理配置其他农用地,促进优势农产品发展。整理利用农村建设用地和非耕地,积极推进设施农业、休闲农业建设。合理开发荒地、荒山、滩地、滩涂等未利用地,综合整治养殖池塘,促进农业多种经营。

加强园地整理。积极开展中低产园地整理,完善配套基础设施,促进园地集约利用、规模生产,发展特色品种、农产品加工和休闲农业,提高园地综合效益。

加强林地改造。全面停止天然林商业性采伐,通过生态自我修复和充分利用宜林荒山荒坡、沙荒地造林,扩大林地面积,有效改善生态环境。

推进草地综合治理。加强天然草原的保护建设,落实草原禁牧和草畜平衡制度,合理利用草地资源。通过草原围栏、补播改良、人工种草、棚圈建设等措施,减轻天然草原压力,提高草原生产力。积极开展退牧还草、农牧交错带已垦草原治理等草原保护建设,恢复草原植被,促进草原生态和草原畜牧业协调发展。

第四章　围绕美丽乡村建设　规范开展农村建设用地整理

按照城乡统筹发展要求,规范开展农村建设用地整理,优化城乡建设用地布局,促进城乡要素平等交换和公共资源均衡配置,改善农村人居环境和农业生产条件,促进美丽宜居乡村建设和城乡发展一体化。

第九节　优化农村建设用地布局

统筹乡村土地利用。以新农村建设和城乡发展一体化为目标,以经济社会发展规划和土地利用总体规划为依据,按照生产发展、生活宽裕、乡风文明、村容整洁、管理民主的要求,探索编制乡村土地利用规划,并做好与村镇建设规划等相关规划协调衔接。乡村土地利用规划要坚持维护农民权益,以充分尊重农民意愿为前提,以改善农民生产生活条件为目标,做到农民愿意、农民参与、农民受益、农民满意;坚持城乡统筹发展,合理安排生产、生活、生态用地,促进农村地区全面发展;坚持节约集约用地,引导农民适当集中居住,盘活利用农村闲置、低效建设用地;坚持公共服务均等化,合理配置公共服务设施和基础设施,推动城乡一体化发展;坚持乡村风貌保护,加强村庄风貌设计,加强人文历史景观、地质遗存等保护,实现自然环境和人文环境的和谐。

优化农村居民点布局。要按照发展中心村、保护特色村、整治空心村的要求,建设规模适度、设施完善、生活便利、产业发展、生态环保、管理有序的新型农村社区,合理引导农民居住向集镇、中心村集中，优化用地结构布局，提高节约集约用地水平。在规划城镇建设范围内，鼓励农民有偿腾退宅基地，实施农村居民点社区化建设，稳妥推进城乡发展一体化。通过村庄建设用地调整优化，形成功能结构协调有序、空间布局合理的农村居民点体系，全面改善农村整体面貌。

第十节　推进农村闲置低效土地整理

优先开展“空心村”等土地整理。按照节约用地、改善民生、因地制宜的要求，以“空心村”和“危旧房”整治改造为重点，推进农村建设用地整理。村内有空闲地或宅基地总面积已超出标准的，原则上不增加宅基地规模，依法引导农村闲置宅基地在本集体经济组织成员之间合理流转，提高宅基地利用效率。结合高标准农田建设，尽可能与周边耕地集中连片，推进村庄内废弃、闲置建设用地治理，增加有效耕地面积、提高耕地质量。同时加强基础设施建设，完善农村道路、水电及生活垃圾和污水处理、休闲绿地、防护林带等基础设施，改善农村人居环境，改变农村脏、乱、差面貌。

专栏 4　城乡统筹区域农村建设用地整治示范工程

城乡统筹区域农村建设用地整治示范工程：主要围绕工业化、城镇化水平比较高的区域，开展农村建设用地整理，并与周边农用地整理相结合，改善农村生活环境质量、推进城乡发展一体化，促进农业规模化、机械化经营，涉及 28 个省（区、市）549 个县（市、区），建设总规模 1170 万亩，新增耕地 90 万亩，预计建成高标准农田 504 万亩，投资总额 316 亿元。

加强缩并村庄土地整理。依据规划安排，科学划定农村居民点扩展边界，加强中心村建设，逐步缩并分散、零星居民点，防止农村建设用地盲目扩张。同时按照尊重农民意愿、充分考虑农民实际承受能力的要求，鼓励农民搬迁腾退出原有宅基地，并优先复垦为耕地，腾出的建设用地优先用于农民新居、农村基础和公益设施建设，并支持发展农村非农产业，为农民创业和就近就业提供空间。

专栏 5　全国村庄基本情况

2015 年末，全国共有行政村 58 万个，自然村 270 万个，村庄建设用地面积 2.87 亿亩，平均每个村庄建设用地面积 106 亩。村庄内道路长度 234 万公里，其中硬化路 72 万公里。村庄内排水管道沟渠长度 54.2 万公里。全国 62.5%的行政村有集中供水，9.98%的行政村对生活污水进行了处理，63.98%的行政村有生活垃圾收集点，48.18%的行政村对生活垃圾进行了处理。

加强乡村特色景观保护。开展农村土地整治，要注重保留当地传统农耕文化和民俗文化的特色，保护自然环境和人文景观，促进自然环境与人文环境相和谐。遵循历史传承，对具有历史、艺术、科学价值的传统村落，少数民族特色村寨、民居等进行建设性保护。按照尊重自然、顺应自然、保护自然的理念，依托当地山水脉络、气象条件，整治利用土地，减少对自然的干扰和破坏。实施传统村落保护性整治工程，农村新居建设要保持当地农村特色和风貌。

专栏 6　传统村落保护性整治工程

入选中国传统村落名录的 2555 个村落，对历史文化底蕴深厚、保护状况较好、有较大旅游开发潜力的传统村落，开展保护性整治工作。

第十一节 稳妥推进城乡建设用地增减挂钩

全面实行城乡建设用地增减挂钩政策，推进农村土地综合整治。开展城乡建设用地增减挂钩，要以促进新农村建设和城乡统筹发展为导向，以改善农村人居环境和农业生产条件为根本出发点，按照严格保护耕地和节约集约用地的要求，以增减挂钩为抓手，因地制宜、循序渐进，统筹推进田水路林村综合整治，加强高标准农田建设，优化城乡建设用地结构布局，促进美丽乡村建设和新型城镇化发展。

坚持规划统筹引导，调整优化城乡建设用地布局。依据新型城镇化规划、土地利用总体规划和城乡规划等，根据新型城镇化发展和农村人口转移实际，统筹安排增减挂钩的规模、布局和时序，推动城乡土地要素合理配置和平等交换，促进土地城镇化与人口城镇化相协调。

切实维护农民权益，确保农民共享发展成果。在增减挂钩选点布局、住房建设、补偿安置、收益分配等方面，充分保障农民的知情权、参与权、受益权、监督权；加强整治土地的权属管理，做好权属调查，依法确权登记颁证，保障农民土地权益；加强收益管理，增减挂钩取得的收益，按规定用于改善农民生产生活条件；统筹安排农村和城镇用地，留足农村发展空间，保证农民共享工业化、城镇化发展成果。

拓展增减挂钩范围，支持脱贫攻坚和易地扶贫搬迁。按照精准扶贫、精准脱贫的要求，增减挂钩指标安排向贫困地区、革命老区，以及灾后重建等重点地区倾斜，支持当地运用增减挂钩政策推动扶贫开发和易地扶贫搬迁等工作。对集中连片特困地区、国家扶贫开发重点县、开展易地扶贫搬迁的贫困老区，可将增减挂钩节余指标在省域范围内流转使用，其他因灾后重建、生态移民等需要，经国务院同意，在保障农民安置和农村发展用地的前提下，可适当扩大增减挂钩节余指标挂钩使用范围，充分显化土地增值收益，促进贫困地区脱贫致富，推动生态移民灾后恢复重建工作。

加强监督管理，确保增减挂钩规范有序开展。开展增减挂钩要严格加强管理，确保及时拆旧复垦还耕，保证增减挂钩实施后建设用地面积不扩大，耕地面积有增加、质量有提高；加强预算资金使用监管，确保增减挂钩取得的收益按规定用于农村，规范安排使用，接受社会监督；加强乡村风貌保护，防止对具有人文传承价值村落的破坏。

第五章 落实节约优先战略 有序推进城镇工矿建设用地整理

坚持最严格的节约用地制度，积极推进城镇低效用地再开发和旧工矿改造，优化城镇用地结构，提高城镇综合承载能力，推动产业转型升级，改善城镇人居环境，促进新型城镇化发展。

第十二节 积极推进城镇低效用地再开发

合理确定再开发范围。坚持以人为本，按照有利于提高节约集约用地和提升城镇发展质量的要求，围绕城市产业结构调整、功能提升和人居环境改善，合理确定城镇低效用地再开发范围。重点对老城区、城中村、棚户区、旧工厂、老工业区进行改造开发，加大对国家产业政策规定的禁止类、淘汰类产业用地，不符合安全生产和环保要求的用地，"退二优二"、"退二进三"产业用地整治利用。加强对历史文化遗产的保护。

加强规划统筹引导。要充分利用土地调查成果，开展城镇存量建设用地调查，摸清城镇低效用地的现状和再开发潜力，查清土地权属关系，了解土地权利人意愿。在此基础上，依据城市、镇规划和土地利用总体规划，编制城镇低效用地再开发专项规划，明确改造利用的目标任务、性质用途、规模布局和时序安排，优先安排基础设施、公益设施等用地，统筹城市功能再造、产业结构调整、生态环境保护、历史人文传承等，确保再开发健康有序推进。

完善城镇低效用地再开发激励机制。按照统筹兼顾、多方共赢的要求，协调好参与改造开发各方的利益，建立完善激励机制。在符合规划的前提下，鼓励原国有土地使用权人通过自主、联合、转让等多种方式对其使用的国有建设用地进行改造开发。充分尊重土地权利人意愿，鼓励采取自主开发、联合开发、收购开发等模式，分类推动"城中村"等集体建设用地改造开发。鼓励和引导社会资本参与，调动市场主体参与改造开发的积极性。

专栏7　城镇低效用地再开发工程

实施城镇低效用地再开发工程，要围绕促进新型城镇化发展，提高城镇综合承载能力，提升土地对经济社会发展的持续保障能力；优化土地利用结构，促进产业转型升级，增强经济发展动力；改善城镇人居环境，提高城镇发展质量。

到2020年，完成600万亩城镇低效建设用地再开发，重点开展3类20个高度城市化地区的城镇低效建设用地再开发，包括1类：长江三角洲城市群、珠江三角洲城市群、长江中游城市群、京津冀城市群、成渝城市群；2类：哈长城市群、山东半岛城市群、辽中南城市群、海峡西岸城市群、关中城市群、中原城市群、江淮城市群、北部湾城市群、天山北坡城市群；3类：呼包鄂榆城市群、晋中城市群、宁夏沿黄城市群、兰西城市群、滇中城市群、黔中城市群。

第十三节　积极推进旧工矿用地改造

充分挖掘利用旧工矿用地。条件适宜地区，积极实施工矿用地功能置换，在调查评价和治理修复的基础上，结合周边环境将低效工矿用地转型改造利用，提高土地利用效率和综合效益。改善工矿区配套设施以及环境景观，盘活土地资产，提高工业用地经济密度，实现从粗放型向集约型转变。加强工业用地使用监管，严格落实闲置土地处置办法，防止土地闲置、低效和不合理利用。

优化工矿用地结构和布局。完善工矿用地投资评价机制，促进淘汰效益低、占地多、污染高的落后产业。根据产业链发展需要，建立协调推动机制，科学配置不同类型、不同规模的企业用地，促进产业整体协同发展，提升产业用地综合效益。

加强工矿用地生态修复和景观建设。对土壤、水体污染严重的区域，采取工程技术、生物修复等措施进行专项治理，防止污染扩散。探索污染土壤分类修复改良，提升土壤功能。加强腾退土地有机物污染治理，鼓励采用先进适用技术，引入社会资本参与污染土地治理。鼓励修复和合理开发利用废弃工矿用地，可因地制宜建设公园、绿地、科普基地等。

第十四节　强化节地建设和生态建设

改进城镇建设用地整理方式。按照"区域—单元—项目"多层次，依据城市规划，科学划定整治单元，合理安排开发时序，有序推进土地整治，优化用地结构布局，并着力完善市政基础设施和公共服务设施,加强绿化和市容卫生建设,创造舒适宜人的城镇环境,提升城镇发展质量。

积极探索推行节地技术。总结各类节约集约用地技术和模式,建立健全节约用地激励机制和政策,鼓励充分利用地上地下空间,立体开发综合利用,推广标准厂房等节地技术和模式,降低工业项目占地规模,推动城市内涵发展,提高城镇土地综合承载能力。

提升城镇土地景观生态功能。优化城镇用地结构,提高生态用地比例,扩大城市生态空间,并加强绿心、绿道、绿网等建设,提升城市系统自我循环和净化能力;控制生产用地规模,减少碳排放,推进循环发展、绿色发展、低碳发展;保障生活用地,按照功能分区,合理配套建设居住用房、生活设施、公共服务设施等,创造宜居环境,提高城市生活质量。

加强城镇历史文化保护。城镇建设用地整理,要加强历史文化名城名镇、历史文化街区、民族风情小镇文化资源整体保护,防止大拆大建破坏城镇历史风貌;在新城新区建设中,注重挖掘文化内涵,融入传统文化元素,延续历史文脉,保存地域人文魅力空间。

第六章　贯彻保护环境基本国策　积极推进土地复垦和土地生态整治

坚持绿色发展理念,加大损毁土地复垦力度,努力做到“快还旧账、不欠新账”,保障土地可持续利用,改善土地生态环境,推动形成绿色发展方式,促进人与自然和谐共生。

第十五节　推进土地复垦

加大历史遗留损毁土地复垦。开展损毁土地复垦潜力调查评价,按照宜耕则耕、宜林则林、宜水则水、宜牧则牧的原则,统筹安排复垦土地利用方向、规模和时序,确定复垦的重点区域,确保土地复垦规范有序开展。按照“谁投资、谁受益”的原则,吸引社会投资进行复垦,土地权利人明确的,可采取扶持、优惠措施,鼓励土地权利人自行复垦。稳妥开展工矿废弃地复垦利用试点,在有条件的地区全面实行工矿废弃地复垦利用政策,促进工矿废弃地复垦,改善矿山生态环境。

及时复垦生产建设活动新损毁土地。加强生产建设用地节约集约利用管理,减少损毁面积,降低损毁程度。对新损毁土地,按照“谁损毁、谁复垦”的原则,坚持土地复垦和生产建设相结合,编制土地复垦方案,将土地复垦各项要求落实到生产工艺和建设流程中,确保新损毁土地及时复垦,促进矿产资源开发的生态恢复。确定的复垦任务纳入生产建设计划,土地复垦费用列入生产成本或者建设项目总投资。

专栏 8　生产建设活动损毁土地复垦重大工程

重点煤炭基地土地复垦工程:以矿区土地复垦为主,涉及 13 个省(区)180 个县(市、区)。通过工程实施,补充耕地面积约 225 万亩。

国家高速公路网和“四纵四横”高铁沿线土地复垦工程:在国家高速公路网和“四纵四横”高铁沿线开展土地整治,涉及全国 31 个省(区、市)1404 个县(市、区)。通过工程实施,补充耕地面积约 7.5 万亩。

南水北调水利工程沿线土地整治工程:在南水北调工程中线和东线区域开展土地整治,涉及 8 个省(市)96 个县(市、区)。通过工程实施,可补充耕地面积约 124 万亩。

加快复垦自然灾害损毁土地。利用已有土地调查成果，开展自然灾害损毁土地评价，对损毁土地进行分类，对可复垦利用的土地，及时采取措施进行复垦。对灾毁程度较轻的土地，鼓励受灾农户和土地权利人自行复垦，有条件的地方政府可对农户进行适当补贴；对灾毁程度较重的土地，可制定灾毁土地复垦规划，由地方政府组织复垦。充分尊重当地群众意愿，结合生态农业发展和生态环境建设，对地处偏远、地质环境较差的灾毁土地，因地制宜实施复垦。

严格控制土地复垦质量。支持土地复垦科学研究和技术创新，推广应用土地复垦先进技术，全面提升土地复垦水平，提高复垦土地质量。加强复垦土地后期管护，有针对性地采取培肥地力等措施，稳步提升复垦土地产能，切实防止复垦土地撂荒。注重土地复垦与生态恢复、景观建设相结合，促进复垦土地景观与周边自然环境相协调。

第十六节　加强生态保护和修复建设

促进生态安全屏障建设。按照生态文明建设要求，实施山水林田湖综合整治，加强生态环境保护和修复，大力建设生态国土。在开展土地整治中，切实加强对国家禁止开发区、重点生态功能区、生态环境敏感区和脆弱区等区域的保护，严格控制对天然林、公益林地、天然草地、河湖、湿地等的开发，生态保护红线原则上按禁止开发区域的要求进行管理，严禁开垦林地、草地等不符合主体功能定位的各类开发活动，严禁任意改变用途，不得在重点国有林区、国有林场内开展土地整治；加强对江河湖库水系、重要交通干道、天然林和草原等的土地生态修复和建设；提高土地生态服务功能，筑牢生态安全屏障。

加强农田生态防护和建设。建立生态保护补偿机制，全面加强农田生态设施建设，增强农田生态服务功能。快速城镇化地区，鼓励城市组团式发展，促进组团间农田和绿色隔离带建设，改善城市生态环境，美化城市景观。平原农业地区，加强耕地保护和基本农田建设，优化农田生态系统，发挥农田的基础生态作用。山地丘陵地区，要大力推进国土综合整治，严格控制非农建设活动，加强坡耕地治理，改善农业生产条件，提高生态系统稳定性。

开展土地生态环境整治示范建设。坚持保护优先、自然恢复为主，针对水土流失、土地沙化、土地盐碱化、土壤污染和土地生态衰退严重的区域，结合退耕还林还草、退耕还湿，治理水土流失，实施土地生态环境综合整治，提高退化土地生态系统的自我修复能力，遏制土地生态环境恶化趋势。

第七章　突出区域特色　分区分类开展土地整治

坚持区域协同、城乡一体，适应区域土地利用特点，按照区域发展总体战略，科学划分土地整治区域，明确区域土地整治方向，因地制宜推进土地整治。

第十七节　区域土地整治方向

——东北地区：以高标准农田建设为主要方向，完善农田水利配套设施，增加有效耕地面积，提高耕地质量，建设生态良田，加强黑土地保护，建设粮食生产基地；禁止毁林、毁草开垦，对已开垦的林地、草原开展退耕还林还草；资源枯竭型城市要加快工矿废弃地复垦，促进城市转型发展。

——京津冀鲁地区：以土地综合整治为主要方向，大力开展生态良田建设，改造盐碱地和中低产田，加强耕地质量建设，提高土地利用集约度；规范推进城乡建设用地增减挂钩，稳步开展城镇建设用地整理，优化城乡用地结构和布局。

——晋豫地区：以恢复矿山生态环境为主要方向，重点加强工矿废弃地复垦、污染防治和采煤沉陷区治理；大力推进农用地整理，加强农田基础设施建设，提升耕地质量，提高粮食综合生产能力；积极开展农村居民点整理，提高土地集约利用水平；开展小流域综合治理和风沙防治综合治理，重点开展山西黄土山地丘陵和豫西山地生态退耕，加强豫东黄河故道沙化土地治理。

——苏浙沪地区：以建设用地整理为主要方向，大力推进城乡建设用地整理，优化用地结构布局，推动美丽宜居乡村建设，促进工业化、新型城镇化发展，率先实现现代化；积极开展农用地整理，建设集中连片、高产稳产良田；加强污染土地的治理改造，合理开展山地综合开发和沿海滩涂开发利用。不得以耕地占补平衡、低丘缓坡开发为名开垦林地。

——湘鄂皖赣地区：以农用地整理为主要方向，完善农田配套设施，大规模建设旱涝保收高标准农田，积极开展生态良田建设；因地制宜开展农村居民点和零星闲散地综合整治，提高土地利用效率，改善农村人居环境；积极开展小流域综合治理，防治水土流失；拓展增减挂钩范围，支持革命老区、贫困地区精准扶贫、精准脱贫。

——闽粤琼地区：以城乡建设用地整理为主要方向，积极推进旧城镇、旧厂房、旧村庄等低效用地改造开发，稳妥开展农村建设用地整理，优化城乡用地结构和布局，大力改善城乡人居环境，促进新型城镇化发展；加强珠江三角洲、福建沿海等地区污染土地的治理，合理开展山地综合开发，发展特色林果茶产业，增加农民收入。

——西南地区：以建设生态安全屏障和提高农用地利用效益为主要方向，加强生态环境保护和修复，限制对生态环境脆弱地区的土地开发；将农田整理与陡坡退耕还林还草，以及荒漠化、石漠化治理等政策有效结合，加大基本农田建设力度，对山地丘陵区不宜退耕的缓坡耕地进行坡改梯；积极复垦损毁土地，改善生态环境。

——青藏地区：以保护和改善区域生态环境为主要方向，在适宜耕种的地区，重点是西藏"一江两河"（雅鲁藏布江、拉萨河、年楚河）和青海省东部等地区开展生态农田建设，加强农田水利和生态设施建设，增强耕地抵御自然灾害的能力；加强草原保护建设，开展围栏封育和退化草原治理。防止过度开发，注重水源地保护。

——西北地区：以改善和保护土地生态环境为主要方向，加强平原、旱塬和绿洲的耕地和基本农田建设，建设生态良田，大力发展节水灌溉，重点提高农田渠系利用系数和水资源利用率，防治土地盐碱化；坚持以水定地，因地制宜适度开发宜耕后备土地，限制对生态环境脆弱地区的土地开发，限制对灌木林地、草原开发。

第十八节　实施差别化土地整治

——不同区域土地整治对策。

平原区：支持粮食主产区和基本农田保护区建设，集中连片建设高标准农田，确保农田基础设施的配套和完善；合理引导土地流转，实现土地适度规模经营，提高农业生产效率；农田林网控制率宜不低于80%；加大耕地污染的防治力度，改善农田生态环境，提高粮食综合生产能力，促进农业现代化，保障国家粮食安全。

丘陵山地区：将土地整治与生态环境保护相结合，在开发中保护，在保护中开发，实现绿色发展。根据实际情况，适当放宽农田整理项目立项的连片面积规模标准，因地制宜确定新增耕地指标，强化通过改善农业生产条件和生态环境提高耕地质量；调整土地利用结构，加大退耕还林还草力度，加强荒山荒坡治理，防止水土流失；不得以耕地占补平衡、低丘缓坡开发为名开垦林地、草原；鼓励生态脆弱、经济落后、交通不便的地区，运用增减挂钩政策，合理引导移民搬迁，开展农村居民点整理复垦还林还耕还草和调整使用，将增减挂钩取得的收益按规定用于农村，促进新农村建设。

——不同区位土地整治对策。

城镇空间：对城镇空间内的土地，纳入城市整体开发和管理，与中心城区进行整体规划和整治，加强城中村改造开发，鼓励建设新型居住社区；开展城乡结合部土地整治，优化用地结构布局，加强基础设施建设，改善人居环境，促进同城化、实现市民化。

农业空间：对农业空间内的土地，按照方便生产生活的原则，以促进农业现代化为目标，大力推进农用地整理；按照新农村建设的要求，切实搞好乡村规划，合理引导农民住宅相对集中建设，促进自然村落适度撤并，开展旧村庄整理复垦，提高土地利用效率。

生态空间：在生态空间范围内，开展土地整治活动应着重加强土地生态修复和建设，对依法划定的生态保护红线范围内的土地，实行严格保护，确保生态功能不降低、面积不减少、性质不改变；对生态退化严重的区域，可按照自然恢复为主的原则开展土地整治和保护工程，提高退化土地生态系统的自我修复能力，遏制土地生态环境恶化趋势。

第八章　资金供需和效益分析

合理测算土地整治投资需求，多渠道、多途径筹措资金，加大投入力度，大力推进土地整治，全面完成各项土地整治目标任务，发挥土地整治综合效益。

第十九节　资金供需

高标准农田建设资金需求与供给。规划期内建成4—6亿亩高标准农田，根据以往实际投入测算，亩均投资1800元，总投资需7200—10800亿元。根据现行法律政策规定，用于高标准农田建设资金主要包括新增建设用地土地有偿使用费和用于农业土地开发的土地出让金收入、新增千亿斤粮食产能规划田间工程投资、农业综合开发资金、现代农业生产发展资金、农田水利设施建设补助资金、大型灌区续建配套与节水改造投资等。规划期内，预计可征收新增建设用地土地有偿使用费约2800—4100亿元；根据《国务院关于将部分土地出让金用于农业土地开发有关问题的通知》（国发〔2004〕8号）和有关管理办法，土地出让平均纯收益中用于农业土地开发的比例不低于15%，预计可征收1300—1500亿元，两项合计可征收4100—5600亿元，按投入标准计算，可建成高标准农田2.3—3.1亿亩。为确保建成4亿亩高标准农田，需其他渠道资金投入1600—3100亿元，在此基础上，如建成6亿亩高标准农田，还需其他渠道资金投入3600亿元。再考虑历年新增千亿斤粮食产能规划田间工程投资、农业综合开发、现代农业生产发展、农田水利设施建设、大型灌区续建配套与节水改造等资金投入情况，能保障建成4亿亩高标准农田资金需求，同时通过积极探索奖补机制和激励措施，引导地方政府和社会各方投入，力争建成6亿亩高标准农田。

其他土地整治资金需求与供给。农用地整理和宜耕未利用地开发补充耕地资金主要来源于耕地开垦费，按照“占一补一”的要求，由占用耕地的单位缴纳耕地开垦费，对建设占用耕地进行补充。农村建设用地整理资金主要来源于增减挂钩收益；依据《土地复垦条例》，生产建设活动损毁土地由土地复垦义务人负责复垦，由于历史原因无法确定土地复垦义务人的，由县级以上人民政府负责组织复垦，或者按照“谁投资、谁受益”的原则，吸引社会投资进行复垦；同时，通过制定激励措施，充分调动社会各方加大土地整治投入，广泛参与土地整治。

第二十节　预期效益

经济效益。通过土地整治和高标准农田建设，有效补充耕地面积，提高耕地质量，改善农业生产条件，充分发挥土地资源的价值，到2020年补充耕地面积2000万亩，新建4—6亿亩高标准农田，耕地质量提高1个等，增加粮食产能400亿公斤；盘活城镇低效用地600万亩，整理农村建设用地600万亩，提高节约集约用地水平，促进单位国内生产总值建设用地使用面积下降20%，有效降低生产生活成本；增加整治区农民收入，带动农村消费，有效拉动内需，促进相关行业、产业发展，规划期内农民人均年收入增加750元左右。

社会效益。通过土地整治和高标准农田建设，提高土地资源的保护能力和合理利用水平，确保建成4亿亩、力争建成6亿亩高标准农田，有效改善农业生产条件，促进现代农业发展，保障国家粮食安全和食品安全；进一步优化土地利用格局，提高土地节约集约利用水平和单位用地产出水平，实现城乡生产要素有序流动，增强农村发展活力；促进贫困地区、边疆区域经济社会发展，支撑国家扶贫战略落地；加强农村基础设施和公共服务设施建设，改善农村村容村貌，保护传统村落文化，促进城乡一体化。

生态效益。通过土地整治和高标准农田建设，开展山水林田湖综合整治，有利于强化土地生态系统功能，促进生态文明建设。通过污染、退化土地治理，有利于清洁土壤环境，提高土地安全生产能力；通过小流域综合治理、农业面源污染治理等，有利于减少水环境污染，加强水生态保护；通过荒漠化土地治理、农田防护林等建设，有利于防风固沙，营造局地小气候，改善大气环境；通过农村人居环境整治，加强传统村落民居和历史文化名村名镇保护，有利于构建景观优美、人与自然和谐的美丽宜居乡村。

第九章　规划实施保障措施

建立健全制度，完善体制机制，加强改革创新，强化基础能力建设，确保规划目标任务全面实现。

第二十一节　加强土地整治制度建设

加快制定《土地整治条例》。按照全面推进依法治国要求，全面总结土地整治实践，充分借鉴国内外土地整治法制建设有益经验，研究制定《土地整治条例》，从土地整治定位、规划编制实施、群众权益保障、项目资金管理等方面进行规定，促进土地整治法制化、制度化、规范化，确保土地整治活动依法依规推进。

完善土地整治规章制度。建立完善土地整治规划管理、项目管理、资金管理、验收管理等制度，全面规范土地整治各环节工作；制定完善土地整治技术标准，研究提出土地整治技术标准体系，出台《土地整治技术标准体系》，不断完善土地整治规划编制、高标准农田建设、项目规划设计等技术标准，各地可结合实际情况细化相关规章制度和建设标准，保证土地整治工作依规范、按标准有序运行。

建立完善共同责任机制。按照国家监管、省级负总责的要求，建立形成政府领导、部门合作、上下联动、公众参与的工作机制，进一步明确职责分工，各有侧重、形成合力共同推进土地整治工作。

第二十二节　加强土地整治政策统筹

做好政策资金整合。国务院有关部门和地方各级人民政府要切实发挥规划统筹作用，加强政策整合，以推进土地综合整治为目标，将高标准农田建设、城乡建设用地增减挂钩、工矿废弃地复垦利用、城镇低效用地再开发等政策手段进行统筹整合，发挥政策组合的整体效应，整体推进山水林田湖综合整治；加强资金整合，以土地整治为平台，以新增建设用地土地有偿使用费、用于农业土地开发的土地出让金收入、耕地开垦费和土地复垦费等资金为主体，有效推进涉农涉地资金统筹使用，发挥资金综合效益。

鼓励和引导社会资本参与土地整治。加大土地整治、增减挂钩力度，拓展耕地占补平衡渠道；探索建立高标准农田建设奖补机制，调动地方政府和社会各方参与土地整治和高标准农田建设的积极性。按照"政府主动引导、社会积极参与、政策加以保障"的原则，鼓励政府和社会资本合作（PPP）模式参与土地整治；鼓励农民合作社、家庭农场、专业大户、农业企业等新型经营农业主体投资农用地整理；鼓励和引导社会资本投资城乡建设用地整理和土地复垦等，拓宽土地整治投资渠道，加快土地整治工作。

鼓励群众自主开展土地整治。支持农村集体经济组织或农民群众自主开展土地整治，包括开展"小块并大块"农用地整理，提高土地利用效率；开展农田基础设施建设，改善农业生产条件等。

第二十三节　加强土地整治机制探索创新

完善土地整治激励机制。完善现有财政转移支付方式，鼓励地方加强基本农田保护和补充耕地工作；完善耕地保护经济补偿机制，调动农民保护耕地积极性；采取"以补代投、以补促建"的方式，鼓励农村集体经济组织和农民自主开展土地整治和高标准农田建设；探索土地复垦激励机制，对历史遗留工矿废弃地，按照"谁投资、谁受益"的原则，鼓励和引导社会资金参与整理复垦；建立生态型土地整治的激励机制，加大对生态型土地整治项目的资金支持力度。

探索土地整治市场化机制。探索推进土地整治市场化，建立多元化的土地整治投融资渠道，形成以政府资金为主导，吸引社会资金投入的土地整治资金保障体系；建立健全社会资本准入和退出机制，推进土地整治市场化运作；规范土地整治市场服务，加强市场运作监管，保障土地整治市场健康发展。

完善公众参与制度。创新土地整治决策、投入、建设和运行监督机制，发挥农民主体作用，鼓励各地因地制宜成立土地整治理事会，明确公众参与方式，完善公众参与程序，提高民主决策水平，切实做到整治前农民自愿、整治中农民参与、整治后农民满意。

第二十四节　加强土地整治规划实施管理

完善土地整治规划体系。县级以上地方人民政府应根据当地经济社会发展情况，依据土地利用总体规划等，按照上级土地整治规划确定的目标要求，编制本级土地整治规划，统筹确定本区域各项土地整治活动和年度安排，形成国家、省、市、县四级土地整治规划体系，把逐级分解落实高标准农田建设任务作为地方各级土地整治规划的重要内容，确保高标准农田建设任务在县级土地整治规划中落实到项目、地块和图上，保证土地整治规划有效实施。乡（镇）、村可根据需要，组织编制乡（镇）土地整治规划和村土地利用规划，统筹安排生产、生活、生态用地，整体推进农村土地综合整治。土地整治规划应与主体功能区规划、林地保护利用规划、草原保护建设利用规划、生态保护红线等相衔接。

加强土地整治规划实施监管。依托国土资源监管系统，建设土地整治规划数据库，将土地整治规划成果数据及时入库进行信息化管理，为规划有效实施提供依据。土地整治项目立项审批必须依据土地整治规划，各类土地整治活动必须符合土地整治规划。实行规划实施定期评估制度，对土地整治规划确定的目标任务落实情况进行考核评价，确保规划有效实施。依托国土资源遥感监测“一张图”和综合监管平台，将建成的高标准农田统一上图入库，实行统一监管考核。

强化土地整治项目资金管理。制订完善土地整治项目管理办法，规范土地整治项目管理，严格执行项目法人制、招投标制、合同制、工程监理制、公告和审计制等制度，确保土地整治活动依法依规开展。制订完善土地整治资金管理办法，加强各类土地整治资金收缴使用管理，确保资金按时到位、合理使用、有效监管。建立健全土地整治年度稽查、例行检查和重点督察三位一体的监管体系，实行专项检查与日常督察相结合，确保土地整治规范开展，提高项目工程质量。

加强经整治耕地的后期管护。建立健全土地整治项目建后日常管护制度，明确管护主体，落实管护责任；建立奖补机制，引导和激励农户、村集体经济组织和农民专业合作社参与管护；结合实际积极筹措和安排管护资金，提高资金使用效率，确保经整治耕地高效可持续利用。

第二十五节 加强基础能力建设

加强土地整治队伍建设。建立健全土地整治机构，进一步明确职责定位，调整充实工作职能，确定工作重点和方向，充分发挥土地整治机构的政策研究、咨询建议、科技创新、技术服务和实施监管作用。开展土地整治从业单位和人员信用管理，规范从业单位及人员依法依规从事土地整治活动。加强对土地整治工程专业技术人员的培养和继续教育，切实提高土地整治管理和技术人员的专业素质，为提高土地整治工作水平奠定扎实基础。

加强土地整治科技服务支撑和保障。加强土地整治科技创新能力建设，组织实施一批土地整治重大科技专项，开展技术集成与应用示范攻关；进一步加强国家土地工程科技创新平台建设，集聚土地科技创新人才，加强服务保障和组织建设；加快推进科技成果转化，积极推广土地整治技术示范和应用；全面提升土地整治工程技术研发能力，努力缩小土地科技创新与发达国家的差距，改变目前的跟踪模仿状况，为土地整治工作提供新的工程技术支撑。

加强土地整治信息化建设。做好土地整治规划成果的信息化管理，及时汇交各级土地整治规划成果，纳入国土资源“一张图”管理，依托国家政务信息共享交换平台，实现与相关部门的数据共享；强化土地整治规划管控，以土地整治规划数据库为依据，加强土地整治项目立项、审批管理；建立完善土地整治监测监管系统，及时报备土地整治项目的审批、实施、竣工验收和后评价等信息，实现土地整治活动全程动态监管；依托国土资源综合监管平台，提高土地整治信息化服务水平。

附表1　高标准农田建设规模和土地整治补充耕地指标

地　区	高标准农田建设规模（万亩）	土地整治补充耕地（万亩）
全　国	40000—60000	2000.00
北京市	23—30	12.25
天津市	112—180	21.90
河北省	2258—2740	89.36
山西省	1081—1823	81.44
内蒙古自治区	2577—3997	41.01
辽宁省	1166—1931	58.91
其中:大连	98—163	4.99
吉林省	1513—2588	41.99
黑龙江省	3431—4989	60.30
上海市	23—60	13.95
江苏省	1910—2963	104.19
浙江省	961—1150	74.15
其中:宁波	113—135	8.76
安徽省	2039—491	89.53
福建省	851—974	50.65
其中:厦门	8—9	0.52
江西省	1448—1869	68.82
山东省	2478—3928	104.79
其中:青岛	177—312	7.57
河南省	2869—3920	118.13
湖北省	1357—1968	97.17
湖南省	1821—2551	76.50
广东省	1046—1429	57.00
其中:深圳	0	0.05
广西壮族自治区	1389—2201	58.41
海南省	248—443	16.08
重庆市	563—819	54.42
四川省	1934—2827	92.72
贵州省	1035—1790	64.14
云南省	1113—2185	97.76
西藏自治区	30—53	5.71
陕西省	1025—1822	76.61
甘肃省	932—1512	45.95
青海省	270—296	13.69
宁夏回族自治区	478—579	21.97
新疆维吾尔自治区	2019—2892	190.50
其中:新疆兵团	248—452	31.00

注:以各省区市"十二五"期间高标准农田建设情况为基础,并与《全国高标准农田建设总体规划》确定的分省任务相衔接。

附表 2　农用地整理重点区域

序号	区域名称	所辖县（市、区）
1	华北平原区	北京：大兴区 天津：宝坻区、宁河区
		山东：茌平县、东阿县、高唐县、冠县、惠民县、济阳县、临邑县、德州市陵城区、平原县、齐河县、商河县、寿光市、莘县、阳谷县、禹城市、安丘市、兰陵县、昌乐县、昌邑市、东平县、肥城市、费县、高密市、即墨市、莒南县、莒县、莱西市、莱阳市、莱州市、临沭县、蒙阴县、宁阳县、平度市、平邑县、平阴县、曲阜市、泗水县、郯城县、滕州市、五莲县、新泰市、沂南县、沂水县、章丘市、邹城市、邹平县、曹县、单县、嘉祥县、微山县、汶上县、济宁市兖州区、青州市、诸城市、乐陵市、无棣县、菏泽市牡丹区、郓城县、东明县
		河北：保定市徐水区、保定市满城区、保定市清苑区、涿州市、高碑店市、定兴县、容城县、雄县、安新县、望都县、高阳县、定州市、安国市、博野县、蠡县、廊坊市安次区、固安县、永清县、大城县、文安县、沧州市运河区、任丘市、肃宁县、河间市、青县、献县、沧县、黄骅市、泊头市、南皮县、孟村回族自治县、盐山县、海兴县、东光县、吴桥县、石家庄市鹿泉区、石家庄市栾城区、石家庄市藁城区、新乐市、正定县、无极县、深泽县、晋州市、辛集市、赵县、高邑县、衡水市桃城区、安平县、饶阳县、武强县、武邑县、阜城县、枣强县、冀州市、深州市、景县、故城县、新河县、巨鹿县、南宫市、任县、南和县、沙河市、平乡县、广宗县、清河县、威县、临西县、邯郸市峰峰矿区、永年县、鸡泽县、曲周县、广平县、邱县、馆陶县、成安县、临漳县、魏县、大名县、肥乡县、涞水县、易县、涞源县、顺平县、唐县、曲阳县、阜平县、行唐县、灵寿县、井陉县、邢台县、宁晋县、柏乡县、隆尧县、内丘县、武安市、涉县、唐山市丰润区、唐山市丰南区、元氏县、滦县、滦南县、乐亭县、卢龙县、邯郸县、磁县、平山县、玉田县、遵化市、昌黎县、临城县、香河县、霸州市、三河市
		河南：濮阳县、南乐县、清丰县、范县、台前县、安阳县、内黄县、滑县、林州市、汤阴县、新乡县、卫辉市、辉县市、延津县、封丘县、原阳县、长垣县、获嘉县、淇县、修武县、武陟县、沁阳市、博爱县、温县、孟州市、郸城县、淮滨县、鹿邑县、平舆县、确山县、汝南县、遂平县、息县、永城市、正阳县、虞城县、杞县、通许县、兰考县、浚县、襄城县、禹州市、舞阳县、民权县、柘城县、夏邑县、扶沟县、商水县、西平县、上蔡县、睢县、西华县、太康县、商丘市梁园区、临颍县、宝丰县、舞钢市
		安徽：蚌埠市淮上区、砀山县、凤台县、阜阳市颍东区、固镇县、亳州市谯城区、怀远县、灵璧县、蒙城县、泗县、宿州市埇桥区、濉溪县、太和县、五河县、萧县、颍上县、霍邱县、利辛县、明光市、淮北市烈山区、界首市、临泉县、阜南县、淮南市潘集区、涡阳县
		江苏：东海县、连云港市赣榆区、淮安市淮安区、涟水县、沭阳县、响水县、徐州市贾汪区、宿迁市宿豫区、灌南县、灌云县、泗阳县
2	长江中下游平原区	河南：邓州市、方城县、固始县、光山县、潢川县、罗山县、泌阳县、内乡县、社旗县、唐河县、桐柏县、新野县、镇平县、南召县、西峡县、淅川县
		江苏：宝应县、滨海县、东台市、阜宁县、高邮市、洪泽县、建湖县、金湖县、射阳县、兴化市、邳州市、新沂市、徐州市铜山区、睢宁县、沛县、丰县、泗洪县、盱眙县、盐城市大丰区、海安县、如皋市、如东县、扬州市江都区、仪征市、泰州市姜堰区、泰兴市、靖江市、南京市江宁区、南京市六合区、南京市溧水区、南京市高淳区、常熟市、张家港市、太仓市、苏州市吴江区、无锡市锡山区、无锡市惠山区、江阴市、宜兴市、常州市金坛区、溧阳市、丹阳市、扬中市、句容市、镇江市丹徒区、南京市浦口区、常州市武进区、常州市新北区、苏州市吴中区、苏州市相城区、昆山市、南通市通州区、海门市、启东市、淮安市淮阴区、盐城市盐都区、扬州市邗江区、镇江市镇江新区、泰州市高港区
		湖北：武汉市黄陂区、武汉市新洲区、武汉市江夏区、大冶市、阳新县、宜昌市夷陵区、当阳市、枝江市、枣阳市、襄阳市襄州区、宜城市、老河口市、南漳县、谷城县、鄂州市华容区、沙洋县、京山县、钟祥市、孝感市孝南区、应城市、汉川市、云梦县、安陆市、孝昌县、大悟县、荆州市荆州区、监利县、江陵县、洪湖市、公安县、石首市、松滋市、麻城市、浠水县、黄梅县、蕲春县、团风县、武穴市、咸宁市咸安区、赤壁市、崇阳县、嘉鱼县、随州市曾都区、随县、广水市、仙桃市、潜江市、天门市、利川市、建始县
		江西：安义县、鄱阳县、东乡县、丰城市、高安市、进贤县、乐平市、抚州市临川区、南昌县、彭泽县、万年县、南昌市新建区、永修县、余干县、余江县、樟树市、九江县、湖口县、德安县、星子县、都昌县、瑞昌市、武宁县、修水县、上饶县、铅山县、弋阳县、横峰县、玉山县、上饶市广丰区、德兴市、浮梁县、贵溪市、上高县、万载县、崇仁县、乐安县、金溪县、宜黄县、黎川县、南丰县、南城县、广昌县、分宜县、兴国县、赣县、大余县、龙南县、定南县、全南县、信丰县、上犹县、瑞金市、崇义县、石城县、会昌县、赣州市南康区、宁都县、于都县、安远县、吉安县、新干县、峡江县、永丰县、吉水县、永新县、安福县、泰和县、万安县、遂川县、井冈山市、莲花县、上栗县、芦溪县、宜春市袁州区、奉新县、靖安县、宜丰县、铜鼓县、新余市渝水区、寻乌县、吉安市青原区

续表

序号	区域名称	所辖县(市、区)
2	长江中下游平原区	安徽：滁州市南谯区、天长市、全椒县、来安县、定远县、凤阳县、合肥市包河区、肥东县、肥西县、长丰县、巢湖市、庐江县、六安市裕安区、寿县、舒城县、马鞍山市博望区、含山县、和县、芜湖市三山区、芜湖县、南陵县、繁昌县、无为县、铜陵市郊区、铜陵县、池州市贵池区、东至县、宣城市宣州区、郎溪县、桐城市、枞阳县、怀宁县、望江县、宿松县、太湖县、当涂县、潜山县、休宁县
		湖南：常德市鼎城区、澧县、津市市、临澧县、桃源县、安乡县、汉寿县、益阳市赫山区、南县、沅江市、岳阳市君山区、岳阳县、临湘市、华容县、汨罗市、湘阴县、长沙市望城区、长沙县、宁乡县、邵阳县、新邵县、邵东县、湘潭县、韶山市、湘乡市、涟源市、株洲县、醴陵市、攸县、茶陵县、衡阳市南岳区、衡阳县、衡山县、衡东县、衡南县、祁东县、耒阳市、常宁市、安仁县、永兴县、永州市零陵区、东安县、祁阳县、浏阳市、隆回县、洞口县、石门县、双峰县、平江县、慈利县、道县、新化县、溆浦县、永顺县、武冈市、新田县、桃江县、安化县、新宁县、蓝山县、宜章县、桂阳县、宁远县、江永县、沅陵县、芷江侗族自治县、龙山县、凤凰县、桑植县、花垣县、麻阳苗族自治县、辰溪县
		浙江：湖州市南浔区、长兴县、德清县、嘉兴市秀洲区、嘉善县、平湖市、海盐县、海宁市、桐乡市、杭州市余杭区、杭州市萧山区、绍兴市上虞区、宁波市鄞州区、慈溪市、余姚市、奉化市、宁海县、象山县、开化县、常山县、江山市、龙游县、兰溪市、武义县、永康市、磐安县、东阳市、义乌市、浦江县、临安市、安吉县、诸暨市、嵊州市、衢州市衢江区
		上海：崇明县、金山区
3	东北平原区	黑龙江：黑龙江省农垦各管理局、哈尔滨市呼兰区、哈尔滨市双城区、五常市、巴彦县、方正县、木兰县、通河县、依兰县、佳木斯市郊区、桦川县、桦南县、汤原县、富锦市、绥化市北林区、肇东市、安达市、海伦市、庆安县、绥棱县、望奎县、兰西县、青冈县、明水县、齐齐哈尔市梅里斯达斡尔族区、龙江县、甘南县、泰来县、富裕县、讷河市、克山县、依安县、大庆市让胡路区、肇源县、杜尔伯特蒙古族自治县、林甸县、肇州县、集贤县、饶河县、宝清县、密山市、虎林市、绥滨县、萝北县、林口县、宁安市、穆棱市、东宁县、黑河市爱辉区、嫩江县、孙吴县、北安市、五大连池市、伊春市南岔区、铁力市、嘉荫县、延寿县、海林市、尚志市、宾县、友谊县
		吉林：敦化市、桦甸市、蛟河市、白城市洮北区、长春市九台区、公主岭市、长岭县、大安市、德惠市、东丰县、东辽县、扶余市、吉林市丰满区、梨树县、辽源市西安区、梅河口市、农安县、磐石市、乾安县、舒兰市、双辽市、松原市宁江区、通榆县、伊通满族自治县、永吉县、榆树市、镇赉县、洮南市、前郭尔罗斯蒙古族自治县、柳河县、辉南县、龙井市
		内蒙古：扎兰屯市、阿荣旗、莫力达瓦达斡尔族自治旗、科尔沁右翼前旗、科尔沁右翼中旗、扎赉特旗、突泉县、开鲁县、扎鲁特旗、赤峰市松山区、巴林右旗、阿鲁科尔沁旗、林西县、翁牛特旗、喀喇沁旗、宁城县、敖汉旗、额尔古纳市
		辽宁：新民市、康平县、法库县、黑山县、阜新市清河门区、阜新蒙古族自治县、彰武县、西丰县、沈阳市苏家屯区、辽中县、海城市、台安县、北镇市、凌海市、义县、大石桥市、灯塔市、辽阳县、盘山县、大洼县、开原市、铁岭县、昌图县、岫岩满族自治县、东港市
4	华南丘陵平原区	广西：金秀瑶族自治县、来宾市兴宾区、柳城县、柳江县、柳州市鱼峰区、隆林各族自治县、鹿寨县、象州县、忻城县、宜州市、上林县、宾阳县、横县、凭祥市、隆安县、天等县、大新县、崇左市江州区、扶绥县、龙州县、宁明县、贵港市港北区、贵港市港南区、桂平市、平南县、玉林市福绵区、陆川县、北流市、容县、博白县、蒙山县、藤县、岑溪市、苍梧县、南宁市武鸣区、南宁市邕宁区、钦州市钦南区、钦州市钦北区、灵山县、浦北县、防城港市防城区、上思县、合浦县、田阳县、田东县、平果县、德保县、靖西市、那坡县、百色市右江区、凌云县、乐业县、田林县、西林县、河池市金城江区、南丹县、天峨县、凤山县、东兰县、罗城仫佬族自治县、环江毛南族自治县、巴马瑶族自治县、都安瑶族自治县、大化瑶族自治县、南宁市江南区、桂林市临桂区、贵港市覃塘区、全州县、兴业县、平乐县
		广东：饶平县、揭西县、惠来县、普宁市、海丰县、陆河县、陆丰市、大埔县、丰顺县、五华县、平远县、兴宁市、紫金县、龙川县、连平县、和平县、东源县、博罗县、惠东县、龙门县、始兴县、仁化县、翁源县、乳源瑶族自治县、新丰县、乐昌市、南雄市、佛冈县、阳山县、连山壮族瑶族自治县、连南瑶族自治县、英德市、连州市、台山市、开平市、鹤山市、恩平市、广宁县、怀集县、封开县、德庆县、四会市、新兴县、郁南县、罗定市、阳西县、阳春市、高州市、化州市、信宜市、遂溪县、徐闻县、廉江市、雷州市、吴川市
		海南：海口市秀英区、琼海市、文昌市、澄迈县、临高县、定安县、乐东黎族自治县、东方市、海口市龙华区、海口市琼山区、海口市美兰区、万宁市、屯昌县、昌江黎族自治县

续表

序号	区域名称	所辖县(市、区)
5	浙闽丘陵平原区	福建:连江县、长乐市、福清市、平潭县、罗源县、惠安县、南安市、晋江市、石狮市、厦门市同安区、龙海市、漳浦县、云霄县、诏安县、东山县、长泰县、平和县、福鼎市、柘荣县、福安市、霞浦县、仙游县、浦城县、光泽县、邵武市、南平市建阳区、建瓯市、松溪县、顺昌县、泰宁县、将乐县、宁化县、清流县、明溪县、沙县、尤溪县、屏南县、古田县、建宁县、武夷山市、长汀县、上杭县、武平县、连城县
		浙江:台州市黄岩区、三门县、临海市、温岭市、玉环县、温州市瓯海区、乐清市、瑞安市、平阳县、苍南县
6	云贵高原区	贵州:贵阳市观山湖区、贵阳市乌当区、修文县、开阳县、息烽县、清镇市、六盘水市六枝特区、盘县、水城县、遵义县、湄潭县、余庆县、桐梓县、绥阳县、习水县、赤水市、正安县、道真仡佬族苗族自治县、务川仡佬族苗族自治县、凤冈县、仁怀市、安顺市西秀区、安顺市平坝区、普定县、镇宁布依族苗族自治县、关岭布依族苗族自治县、紫云苗族布依族自治县、毕节市七星关区、大方县、金沙县、纳雍县、黔西县、织金县、威宁彝族回族苗族自治县、赫章县、铜仁市碧江区、铜仁市万山区、江口县、玉屏侗族自治县、石阡县、思南县、印江土家族苗族自治县、德江县、沿河土家族自治县、松桃苗族自治县、黄平县、施秉县、三穗县、镇远县、岑巩县、天柱县、锦屏县、剑河县、台江县、黎平县、榕江县、从江县、雷山县、麻江县、丹寨县、都匀市、福泉市、贵定县、龙里县、惠水县、长顺县、荔波县、瓮安县、独山县、平塘县、罗甸县、三都水族自治县、兴义市、兴仁县、普安县、晴隆县、贞丰县、望谟县、册亨县、安龙县
		云南:保山市隆阳区、昌宁县、凤庆县、富宁县、富源县、耿马傣族佤族自治县、广南县、河口瑶族自治县、景东彝族自治县、景谷傣族彝族自治县、梁河县、临沧市临翔区、龙陵县、泸西县、陆良县、芒市、罗平县、马关县、马龙县、弥勒市、墨江哈尼族自治县、南涧彝族自治县、丘北县、曲靖市麒麟区、师宗县、施甸县、双江拉祜族佤族布朗族傣族自治县、腾冲市、文山市、西畴县、宣威市、砚山县、永德县、云县、沾益县、镇康县、镇沅彝族哈尼族拉祜族自治县、安宁市、禄劝彝族苗族自治县、富民县、嵩明县、寻甸回族彝族自治县、宜良县、石林彝族自治县、晋宁县、昆明市东川区、会泽县、新平彝族傣族自治县、峨山彝族自治县、易门县、玉溪市红塔区、通海县、江川县、绥江县、华宁县、元江哈尼族彝族傣族自治县、南华县、楚雄市、大姚县、姚安县、双柏县、牟定县、永仁县、元谋县、禄丰县、武定县、建水县、石屏县、个旧市、蒙自市、元阳县、绿春县、屏边苗族自治县、红河县、开远市、金平苗族瑶族傣族自治县、昭通市昭阳区、鲁甸县、巧家县、盐津县、大关县、永善县、镇雄县、彝良县、威信县、祥云县、洱源县、澜沧拉祜族自治县、勐海县、陇川县
7	黄土高原区	陕西:定边县、府谷县、靖边县、神木县、大荔县、富平县、蒲城县、三原县、渭南市临渭区、西安市高陵区、西安市长安区、安塞县、佳县、绥德县、吴起县、延安市宝塔区、榆林市榆阳区、志丹县、子洲县、宝鸡市陈仓区、澄城县、合阳县、陇县、子长县、延川县、铜川市耀州区、长武县、旬邑县、彬县、淳化县、永寿县、乾县、武功县、礼泉县、泾阳县、蓝田县、周至县、凤翔县、岐山县、扶风县、兴平市、横山县、清涧县、延长县、甘泉县、富县、宜川县、宜君县、宝鸡市金台区、麟游县、眉县、千阳县、西安市临潼区、户县、华阴市、潼关县、华县、白水县、韩城市
		宁夏:固原市原州区、海原县、彭阳县、同心县、西吉县、盐池县、隆德县、永宁县、贺兰县、灵武市、石嘴山市惠农区、平罗县、吴忠市利通区、青铜峡市、中卫市沙坡头区、中宁县、吴忠市红寺堡区、泾源县
		甘肃:定西市安定区、岷县、漳县、陇西县、渭源县、通渭县、平凉市崆峒区、泾川县、庄浪县、灵台县、华亭县、崇信县、静宁县、庆阳市西峰区、正宁县、宁县、镇原县、合水县、庆城县、华池县、天水市麦积区、武山县、甘谷县、清水县、秦安县、张家川回族自治县、临夏县、广河县、和政县、康乐县、东乡族自治县、永靖县、积石山保安族东乡族撒拉族自治县、环县、徽县、成县、西和县、礼县、榆中县、古浪县、临洮县、永登县、皋兰县、天水市秦州区、白银市白银区、白银市平川区、景泰县、靖远县、会宁县、天祝藏族自治县、临潭县、卓尼县、武威市凉州区、民乐县、酒泉市肃州区、山丹县
		青海:互助土族自治县、门源回族自治县、大通回族土族自治县、湟中县、湟源县、海东市乐都区、民和回族土族自治县、海东市平安区
		山西:保德县、河曲县、岢岚县、临县、偏关县、神池县、五寨县、兴县、吉县、乡宁县、蒲县、朔州市朔城区、太谷县、平遥县、运城市盐湖区、万荣县、闻喜县、芮城县、永济市、忻州市忻府区、静乐县、原平市、临汾市尧都区、襄汾县、洪洞县、繁峙县、代县、应县、怀仁县、山阴县、寿阳县、曲沃县、霍州市、河津市、绛县、新绛县、清徐县、广灵县、长子县、泽州县、汾阳市
		河南:登封市、新密市、荥阳市、巩义市、渑池县、三门峡市陕州区、三门峡市湖滨区、灵宝市、义马市、偃师市、孟津县、新安县、宜阳县、洛宁县、汝阳县、伊川县、嵩县、栾川县

续表

序号	区域名称	所辖县(市、区)
8	四川盆地及盆周山地区	四川:安岳县、苍溪县、达州市达川区、大英县、大竹县、富顺县、古蔺县、广安市广安区、合江县、华蓥市、简阳市、剑阁县、江安县、开江县、阆中市、乐至县、邻水县、隆昌县、泸县、内江市东兴区、南部县、南充市嘉陵区、宜宾市南溪区、蓬安县、蓬溪县、平昌县、渠县、仁寿县、三台县、江油市、射洪县、遂宁市安居区、武胜县、西充县、兴文县、叙永县、盐亭县、仪陇县、营山县、岳池县、中江县、资中县、郫县、崇州市、荣县、沐川县、马边彝族自治县、宜宾县、屏山县、通江县、普格县、布拖县、金阳县、昭觉县、喜德县、越西县、美姑县、雷波县、邛崃市、蒲江县、井研县、犍为县、眉山市东坡区、汉源县、巴中市巴州区、米易县、西昌市、德昌县、冕宁县
		重庆:长寿区、大足区、垫江县、丰都县、涪陵区、綦江区、铜梁区、忠县、潼南区、万州区、南川区、荣昌区、璧山区、梁平县、石柱土家族自治县、武隆县、开县、云阳县、奉节县、巫山县、巫溪县、永川区、合川区、江津区、彭水苗族土家族自治县、黔江区、秀山土家族苗族自治县、酉阳土家族苗族自治县、城口县
		陕西:汉中市汉台区、勉县、南郑县、城固县、西乡县、洋县、宁强县、安康市汉滨区、汉阴县、旬阳县、平利县、商洛市商州区、丹凤县、商南县
		甘肃:陇南市武都区、两当县、康县、宕昌县、文县
9	内蒙古高原区	内蒙古:科尔沁左翼后旗、科尔沁左翼中旗、库伦旗、奈曼旗、通辽市科尔沁区、达拉特旗、杭锦旗、和林格尔县、土默特右旗、土默特左旗、托克托县、乌拉特前旗、乌拉特中旗、巴彦淖尔市临河区、五原县、巴林左旗
		辽宁:朝阳县、建平县
		河北:沽源县、康保县、尚义县、张北县、张家口市宣化区、张家口市下花园区、承德市双滦区、承德市鹰手营子矿区、承德县、兴隆县、平泉县、滦平县、隆化县、宽城满族自治县、宣化县、涿鹿县、阳原县、蔚县
10	新疆南北疆山麓绿洲区	新疆:巴里坤哈萨克自治县、吐鲁番市高昌区、昌吉市、阜康市、奇台县、伊宁县、巩留县、察布查尔锡伯自治县、昭苏县、特克斯县、塔城市、沙湾县、额敏县、裕民县、阿勒泰市、福海县、吉木乃县、布尔津县、博乐市、精河县、温泉县、且末县、沙雅县、巴楚县、叶城县、英吉沙县、泽普县、墨玉县、呼图壁县、玛纳斯县、吉木萨尔县、木垒哈萨克自治县、霍城县、新源县、尼勒克县、乌苏市、和布克赛尔蒙古自治县、托里县、富蕴县、青河县、哈巴河县、库尔勒市、焉耆回族自治县、轮台县、博湖县、和静县、和硕县、尉犁县、阿克苏市、库车县、温宿县、阿瓦提县、拜城县、新和县、乌什县、阿图什市、阿合奇县、阿克陶县、乌恰县、喀什市、莎车县、疏附县、疏勒县、麦盖提县、岳普湖县、伽师县、和田市、和田县、于田县、民丰县、策勒县、洛浦县、皮山县、包括兵团部分团场
11	青藏高原区	西藏:扎囊县、洛隆县、南木林县、曲水县、日喀则市桑珠孜区、乃东县

附表3 土地复垦重点区域

序号	区域名称	所辖县(市、区)
1	冀东煤炭钢铁基地	河北:唐山市曹妃甸区、玉田县、滦县、滦南县、迁安市、张家口市宣化区、赤城县、涞源县、兴隆县、蔚县
2	黑吉辽煤炭钢铁有色金属基地	黑龙江:鹤岗市兴山区、双鸭山市宝山区、集贤县、宝清县、七台河市新兴区、勃利县、鸡西市麻山区、密山市、萝北县、绥滨县、鸡东县、鹤岗市向阳区、鹤岗市工农区、鹤岗市兴安区、鹤岗市东山区、双鸭山市尖山区、双鸭山市岭东区、双鸭山市四方台区、七台河市桃山区、七台河市茄子河区、鸡西市鸡冠区、鸡西市恒山区、鸡西市滴道区、鸡西市梨树区、鸡西市城子河区
		吉林:珲春市、龙井市、前郭尔罗斯蒙古族自治县、长春市九台区、舒兰市、蛟河市、桦甸市、磐石市、梅河口市、辽源市西安区、白山市江源区、通化县、东辽县、抚松县、临江市、靖宇县、长白朝鲜族自治县、长春市双阳区、图们市、敦化市、集安市、辉南县、通化市二道江区、德惠市、双辽市、通榆县、白城市洮北区、松原市宁江区
		辽宁:建昌县、葫芦岛市连山区、葫芦岛市南票区、锦州市太和区、北票市、阜新蒙古族自治县、法库县、调兵山市、铁岭县、清原满族自治县、抚顺县、沈阳苏家屯区、灯塔市、辽阳县、本溪满族自治县、海城市、凤城市、岫岩满族自治县、桓仁满族自治县、凌海市、黑山县、义县、彰武县

续表

序号	区域名称	所辖县(市、区)
3	冀南晋南豫北煤炭钢铁基地	河北:平山县、石家庄市鹿泉区、井陉县、赞皇县、临城县、柏乡县、宁晋县、隆尧县、内丘县、任县、邢台县、南和县、平乡县、武安市、涉县、永年县、邯郸县、肥乡县、成安县、磁县、邯郸市峰峰矿区、沙河市
		山西:太原市万柏林区、太原市晋源区、古交市、清徐县、交城县、柳林县、吕梁市离石区、中阳县、汾阳市、孝义市、交口县、介休市、灵石县、汾西县、霍州市、蒲县、洪洞县、临汾市尧都区、吉县、乡宁县、河津市、五台县、寿阳县、阳泉市郊区、平定县、昔阳县、和顺县、左权县、襄垣县、屯留县、潞城市、长治县、长子县、高平市、沁水县、阳城县、晋城市城区、垣曲县、平陆县、泽州县、娄烦县、岚县、盂县、长治市郊区、沁源县
		河南:鹤壁市鹤山区、辉县市、焦作市马村区、修武县、三门峡市陕州区、渑池县、新安县、义马市、宜阳县、伊川县、沁阳市、博爱县
4	晋陕蒙甘煤炭化工基地	山西:大同县、右玉县、左云县、怀仁县、山阴县、朔州市朔城区、朔州市平鲁区、原平市、宁武县、河曲县、保德县、兴县
		陕西:府谷县、神木县
		内蒙古:鄂尔多斯市东胜区、准格尔旗、达拉特旗、包头市白云鄂博矿区、固阳县、伊金霍洛旗、鄂托克旗、土默特右旗、乌海市海勃湾区、乌海市乌达区、包头市石拐区、陈巴尔虎旗、鄂温克族自治旗、通辽市科尔沁区、霍林郭勒市、扎鲁特旗、锡林浩特市、赤峰市元宝山区
		甘肃:兰州市红古区、兰州市七里河区、白银市平川区、环县、华池县、靖远县、景泰县、庆阳市西峰区、庆城县、合水县、正宁县、宁县、镇原县、泾川县、灵台县、华亭县、崇信县、山丹县、天祝藏族自治县
5	苏鲁皖煤炭钢铁有色金属基地	江苏:南京市高淳区、南京市玄武区、南京市秦淮区、南京市建邺区、南京市鼓楼区、南京市浦口区、南京市栖霞区、南京市雨花台区、南京市江宁区、南京市六合区、南京市溧水区、徐州市贾汪区、徐州市铜山区、邳州市、沛县
		安徽:淮南市潘集区、凤台县、阜阳市颍泉区、安庆市宜秀区、怀宁县、淮北市烈山区、濉溪县、宿州市埇桥区、萧县、砀山县、霍邱县、金寨县、庐江县、涡阳县、蒙城县、利辛县、繁昌县、南陵县、池州市贵池区、祁门县
		山东:济宁市任城区、郓城县、微山县、邹城市、济宁市兖州区、滕州市、枣庄市市中区、巨野县、金乡县、新泰市、汶上县、龙口市、嘉祥县、曲阜市、鱼台县、齐河县、肥城市、莱芜市莱城区、单县、宁阳县、枣庄市薛城区、梁山县、济阳县
6	豫中煤炭基地	河南:登封市、新密市、新郑市、鲁山县、宝丰县、郏县、襄城县、平顶山市石龙区、叶县、永城市、禹州市
7	鄂赣闽有色金属钢铁煤炭基地	江西:萍乡市湘东区、宜春市袁州区、分宜县、新余市渝水区、丰城市、东乡县、鹰潭市月湖区、贵溪市、铅山县、泰和县、兴国县、于都县、石城县、瑞昌市、德兴市、大余县、全南县、龙南县、定南县、莲花县、上栗县、芦溪县、武宁县、修水县、安福县、赣县、安远县、会昌县、赣州市南康区、寻乌县、宁都县、崇义县
		湖北:武汉市江夏区、黄石市铁山区、大冶市、阳新县、鄂州市鄂城区、鄂州市华容区、十堰市郧阳区、郧西县、竹山县、丹江口市、竹溪县、宜都市、当阳市、宜昌市夷陵区、远安县、兴山县、秭归县、长阳土家族自治县、五峰土家族自治县、南漳县、保康县、宜城市、枣阳市、荆门市东宝区、京山县、钟祥市、应城市、安陆市、大悟县、云梦县、松滋市、武穴市、黄梅县、浠水县、蕲春县、赤壁市、嘉鱼县、通城县、崇阳县、通山县、随县、随州市曾都区、恩施市、利川市、建始县、巴东县、鹤峰县、来凤县、潜江市、神农架林区
		福建:南平市延平区、永安市、龙岩市永定区、建瓯市、顺昌县、浦城县、光泽县、松溪县、政和县、长汀县、连城县、武平县、古田县、上杭县、德化县、安溪县、宁化县、大田县、尤溪县
8	湘粤有色金属建材基地	湖南:临湘市、冷水江市、娄底市娄星区、湘乡市、攸县、新邵县、耒阳市、郴州市北湖区、桂阳县、资兴市、宜章县、临武县、常宁市、永兴县、新化县、涟源市、花垣县、益阳市资阳区、汉寿县、桃江县、隆回县、武冈市、安乡县、石门县、凤凰县
		广东:仁化县、韶关市曲江区、乐昌市、新丰县、肇庆市高要区、四会市、兴宁市、蕉岭县、梅州市梅县区、阳春市、云浮市云城区、连南瑶族自治县、英德市、连州市、连平县、连山壮族瑶族自治县、龙门县、化州市、信宜市、怀集县、封开县、广宁县、平远县、阳山县、罗定市
9	广西有色金属建材煤炭基地	广西:南丹县、平果县、大新县、钟山县、象州县、来宾市兴宾区、平乐县、恭城瑶族自治县、河池市金城江区、环江毛南族自治县、罗城仫佬族自治县、田东县、德保县、靖西市、那坡县、天等县、扶绥县、贺州市八步区、富川瑶族自治县、合山市

续表

序号	区域名称	所辖县(市、区)
10	川滇黔渝有色金属钢铁化工基地	四川:米易县、盐边县、高县、筠连县、攀枝花市仁和区、兴文县、珙县、旺苍县
		云南:昆明市东川区、兰坪白族普米族自治县、大姚县、牟定县、禄丰县、易门县、开远市、个旧市、安宁市、晋宁县、江川县、禄劝彝族苗族自治县、武定县、峨山彝族自治县、元江哈尼族彝族傣族自治县、新平彝族傣族自治县、富民县、会泽县、大理市、鹤庆县、剑川县、洱源县、澜沧拉祜族自治县、普洱市思茅区、建水县、蒙自市、屏边苗族自治县、文山市、砚山县、西畴县、麻栗坡县、马关县
		贵州:开阳县、清镇市、六盘水市六枝特区、盘县、水城县、务川仡佬族苗族自治县、普定县、镇宁布依族苗族自治县、织金县、铜仁市万山区、江口县、石阡县、思南县、德江县、玉屏侗族自治县、印江土家族苗族自治县、沿河土家族自治县、松桃苗族自治县、福泉市、瓮安县
		重庆:永川区、荣昌区、綦江区、巴南区、南川区、合川区、奉节县
11	豫西金属矿基地	河南:灵宝市、栾川县
12	新疆绿洲区	新疆:乌鲁木齐县、乌鲁木齐市米东区、石河子市、吐鲁番市高昌区、鄯善县、托克逊县、昌吉市、阜康市、呼图壁县、玛纳斯县、吉木萨尔县、木垒哈萨克自治县、奇台县、克拉玛依市克拉玛依区、克拉玛依市独山子区、克拉玛依市白碱滩区、克拉玛依市乌尔禾区、博乐市、精河县、温泉县

附表4　宜耕后备土地开发重点区域

序号	区域名称	所辖县(市、区)
1	东部沿海滩涂区	山东:寿光市、广饶县、无棣县、利津县、垦利县、东营市河口区、滨州市沾化区、东营市东营区、昌邑市
		浙江:余姚市、慈溪市、奉化市、宁海县、象山县、台州市路桥区、台州市椒江区、临海市、三门县、玉环县、温州市龙湾区、温州市洞头区、乐清市、瑞安市、平阳县、苍南县
		江苏:连云港市赣榆区、响水县、滨海县、射阳县、盐城市大丰区、东台市、海安县、如东县、海门市、启东市
2	河套银川平原区	内蒙古:巴彦淖尔市临河区、五原县、乌拉特前旗、土默特右旗、土默特左旗、托克托县
		宁夏:永宁县、中卫市沙坡头区
3	滇西南地区	云南:保山市隆阳区、腾冲市、昌宁县、施甸县、龙陵县、楚雄市、永仁县、宾川县、漾濞彝族自治县、祥云县、永平县、巍山彝族回族自治县、弥渡县、南涧彝族自治县、盈江县、梁河县、陇川县、芒市、个旧市、红河县、元阳县、凤庆县、云县、永德县、镇康县、耿马傣族佤族自治县、双江拉祜族佤族布朗族傣族自治县、沧源佤族自治县、临沧市临翔区、景东彝族自治县、墨江哈尼族自治县、景谷傣族彝族自治县、普洱市思茅区、镇沅彝族哈尼族拉祜族自治县、新平彝族傣族自治县、元江哈尼族彝族傣族自治县、宁洱哈尼族彝族自治县、江城哈尼族彝族自治县、澜沧拉祜族自治县、孟连傣族拉祜族佤族自治县、西盟佤族自治县、景洪市、勐海县、勐腊县
4	川西南地区	四川:会理县、昭觉县、布拖县、雷波县、普格县、冕宁县、宁南县、马边彝族自治县、美姑县、邻水县、古蔺县、汉源县、峨边彝族自治县、绵竹市、会东县、越西县、岳池县、西昌市、理县、什邡市、宣汉县、喜德县、盐边县、宜宾县、江油市、武胜县、德昌县、米易县、盐源县
5	吉林中西部地区	吉林:榆树市、农安县、德惠市、长春市九台区、白城市洮北区、镇赉县、大安市、通榆县、洮南市、公主岭市、双辽市、梨树县、松原市宁江区、前郭尔罗斯蒙古族自治县、乾安县、长岭县、扶余市
6	三江平原区	黑龙江:依兰县、鹤岗市兴安区、绥滨县、萝北县、鸡西市梨树区、虎林市、密山市、鸡东县、佳木斯市郊区、抚远县、同江市、富锦市、汤原县、桦川县、桦南县、七台河市新兴区、勃利县、双鸭山市宝山区、饶河县、宝清县、集贤县、友谊县
7	新疆南北疆山麓绿洲区	新疆:霍城县、巩留县、察布查尔锡伯自治县、阿勒泰市、吉木乃县、青河县、哈巴河县、布尔津县、莎车县、疏附县、巴楚县、疏勒县、叶城县、泽普县、麦盖提县、和田市、岳普湖县、策勒县、洛浦县、且末县、福海县、富蕴县、皮山县、于田县
8	甘肃河西走廊及中部沿黄灌区	甘肃:瓜州县、酒泉市肃州区、玉门市、金塔县、敦煌市、古浪县、景泰县、靖远县、永登县、榆中县、白银市平川区、皋兰县、张掖市甘州区、高台县、临泽县、民乐县、山丹县、肃南裕固族自治县、武威市凉州区、天祝藏族自治县

续表

序号	区域名称	所辖县(市、区)
9	青藏地区	青海:同德县、贵南县、共和县、格尔木市、德令哈市、都兰县、乌兰县、海晏县、刚察县 西藏:扎囊县、谢通门县、萨迦县、隆子县、林周县、拉孜县、贡嘎县

附表5　土地整治重大工程

工程名称	涉及省份	涉及县(市、区)数量(个)	建设规模(万亩)	新增耕地(万亩)	资金需求(亿元)
粮食主产区基本农田整治工程	河北省、山西省、内蒙古自治区、辽宁省、吉林省、黑龙江省、江苏省、安徽省、江西省、山东省、河南省、湖北省、湖南省、海南省、四川省、云南省、陕西省	602	3818	221	536
重点煤炭基地土地复垦工程	山西省、内蒙古自治区、辽宁省、吉林省、黑龙江省、江苏省、安徽省、山东省、河南省、陕西省、贵州省、云南省、新疆维吾尔自治区	180	570	225	365
西部生态建设地区农田整治工程	广西壮族自治区、重庆市、四川省、贵州省、云南省、西藏自治区、陕西省、甘肃省、青海省、宁夏回族自治区、新疆维吾尔自治区	131	739	57	157
集中连片特殊困难地区土地整治工程	河北省、山西省、内蒙古自治区、吉林省、黑龙江省、安徽省、江西省、河南省、湖北省、湖南省、广西壮族自治区、重庆市、四川省、贵州省、云南省、西藏自治区、陕西省、甘肃省、青海省、宁夏回族自治区、新疆维吾尔自治区	680	1000	77	300
国家高速公路网和“四纵四横”高铁沿线土地复垦工程	31个省(区、市)	1404	75	7.5	16
“南水北调”水利工程沿线土地整治工程	北京市、天津市、河北省、江苏省、安徽省、山东省、河南省、湖北省	96	3575	124	846
耕地后备资源集中区补充耕地工程	内蒙古自治区、吉林省、黑龙江省、江苏省、山东省、四川省、云南省、甘肃省、宁夏回族自治区、新疆维吾尔自治区	172	689	234	148
城乡统筹区域农村建设用地整治示范工程	北京市、天津市、河北省、山西省、辽宁省、吉林省、黑龙江省、上海市、江苏省、浙江省、安徽省、福建省、山东省、河南省、湖北省、湖南省、广东省、广西壮族自治区、海南省、重庆市、四川省、贵州省、云南省、陕西省、甘肃省、青海省、宁夏回族自治区、新疆维吾尔自治区	549	1170	90	316
传统村落保护性整治工程	31个省(区、市)	100	1	0.01	10
城镇低效用地再开发工程	31个省(区、市)	2800	40		36000
合　　计			11677	1035.51	38694

附表6　土地整治重大工程实施区域及项目备选区域

重大工程名称	实施区域	项目备选区域
粮食主产区基本农田整治工程	东北平原区（三江平原、松嫩平原、辽河平原）、华北平原区（冀中南平原、河北太行山山麓平原、山东黄淮平原及胶东丘陵区、河南黄淮海平原、南阳盆地）、长江中下游平原区（江西鄱阳湖平原、湖北江汉平原、湖南洞庭湖平原、安徽淮河平原及皖中南山圩地区、苏沪地区、江苏黄淮海平原、杭嘉湖平原、浙江萧绍宁地区）、四川盆地区（成都平原区、川中丘陵区）、陕西渭河流域、陕北黄土高原沟壑区、山西汾河谷地、上党盆地和大同盆地、河套平原区、海南丘陵平原台地区、鄂中鄂北丘陵岗地区、攀西安宁河谷地区、甘肃河西走廊及沿黄地区、娄邵盆地、滇中地区	太行山山麓平原区、冀中南平原区、冀东滨海平原区、嫩江右岸流域区、西辽河流域地区、阴山北麓区、辽东半岛区、辽西北区、辽宁中部平原区、辽宁东部低山丘陵区、松辽平原区、松嫩平原区、三江平原东南部山区、小兴安岭山区、里下河区、太湖区、淮北平原区、江淮丘陵区、皖南低山丘陵区、赣北丘陵平原区、赣西北丘陵山地区、赣东北丘陵低山地区、赣中丘陵平原地区、赣中南丘陵盆地区、赣南山丘盆地区、鲁北黄泛平原区、鲁西南黄淮平原区、鲁中南山前平原区、胶东丘陵区、豫北平原区、豫东平原区、豫南沿淮平原区、江汉平原及沿江平原区、鄂东丘陵低山区、鄂东南低山丘陵区、环洞庭湖区、涔天河流域、成都平原区、川中丘陵区、汾河谷地区、大同盆地、上党盆地、陕北黄土高原沟壑区、渭北黄土台塬区、关中平原区、河套平原区、海南环岛丘陵平原台地区、海口市南渡江流域、陕北黄土高原沟壑区、甘肃陇中黄土高原沟壑区
重点煤炭基地土地复垦工程	东北老工业基地、晋陕蒙半干旱区、鲁豫皖粮煤复合区、冀东煤炭基地、冀南煤炭基地、靖远煤矿复垦区、滇东北-滇中东部煤炭区、鹤—焦煤炭基地区和永夏煤炭基地区、徐州煤矿复垦区、豫北煤矿区	晋西北煤矿区、吕梁煤矿区、太原煤矿区、晋中煤矿区、晋东南煤矿区、晋南煤矿区、晋陕蒙煤炭化工基地区、郑—平煤炭基地区、陕—洛煤炭基地区、兖州煤炭基地区、鸡西煤矿区、长城沿线风沙滩地煤矿区、陕北黄土丘陵沟壑煤矿区、阜新煤矿区、抚顺煤矿区、铁法煤矿区、北票煤矿区、南票煤矿区、沈阳煤矿区、珲春煤矿区、通化煤矿区、舒兰煤矿区、辽源煤矿区、淮南—淮北煤矿区、华亭煤矿复垦区
西部生态建设地区农田整治工程	广西桂中南地区、广西桂西地区、四川盆地丘陵和盆周山地区、重庆渝中南丘陵地区、贵州黔中地区、云南滇中地区和滇西南中低山地区、宁夏银川平原地区、宁夏中南部黄土丘陵区、青海湟水流域、西藏"一江三河"流域滇东南地区、甘肃东部黄土丘壑区、秦巴山地区、黔中中部溶丘盆地谷地区、黔中西部中山高原区、黔中南部山原区、黔中东部中低山丘陵区、黔中北部溶丘盆地中低山区、新疆南北疆山麓绿洲区	浔江平原区、南宁盆地区、钦江三角洲地区、南流江三角洲地区、秦巴山地区、川西南山地区、滇中南部高原盆地区、滇西中部丘陵和盆地区、滇中东部丘陵区、滇中方山丘陵区、滇中平行岭谷丘陵低山区、滇中中低山区、宁夏引黄灌区、盐灵同台地区、银川地区、宁夏中部扬黄灌区、青海湟水流域、青海海西柴达木盆地区、青海海南台地、西藏"一江三河区"流域、崇左与百色边境地区、盆周山地和川西北地区、滇东南中低山岩溶山原区、滇东南褶皱带中山峰丛谷地区、滇东南岩溶盆地区、秦巴山地区、昆仑—阿尔金山山麓绿洲区、天山南北山麓绿洲区
集中连片特殊困难地区土地整治工程	六盘山区、秦巴山区、武陵山区、乌蒙山区、滇桂黔石漠化区、滇西边境山区、大兴安岭南麓山区、燕山—太行山区、吕梁山区、赣南等原中央苏区、大别山区、罗霄山区、西藏、四川藏区、新疆南疆、黄河滩区河南段、甘肃藏区、兵团团场	
国家高速公路网和"四纵四横"高铁沿线土地复垦工程	国家高速公路网和"四纵四横"沿线涉及地区	
"南水北调"水利工程沿线土地整治工程	苏北平原区、江苏沿江平原区、皖北平原区、鲁东半岛与鲁中丘陵山地区、鲁东滨海冲积平原区、鲁西平原区、冀中南平原区、冀东滨海平原区、冀中南平原区、冀西山地丘陵区、鄂西北山地区、鄂北丘岗区、鄂中平原区、豫南平原区、豫西山地丘陵区、北京平原区、津滨海平原区	苏北黄泛区、苏东盐化平原区、苏北里下河平原区、江苏沿江平原区、皖北平原区、安徽沿江平原区、安徽江淮平原区、皖西南山地丘陵区、鲁东半岛与鲁中丘陵山地区、鲁东滨海冲积平原区、鲁西平原区、冀中南山麓平原区、冀东滨海平原区、鄂西北山地区、鄂北丘岗区、鄂中平原区、豫南平原区、豫中平原区、豫西山地丘陵区、豫西河谷盆地区、北京平原区、津西平原区、津滨海平原区

续表

重大工程名称	实施区域	项目备选区域
战略后备区 集中补充耕地工程	东部沿海区、河套银川平原区、滇西南地区、川西南地区、吉林西部地区、三江平原地区、甘肃河西走廊地区、新疆南北疆山麓绿洲区	东部沿海区、河套银川平原区、滇西南地区、川西南地区、吉林西部地区、三江平原地区、甘肃河西走廊地区、新疆南北疆山麓绿洲区(包括兵团部分团场)
城乡统筹区域农村 建设用地整治示范工程	辽东半岛、黄淮海平原、山东半岛、长江三角洲平原、珠江三角洲平原、冀中南地区、太原城市群地区、呼包鄂榆地区、哈长地区、东陇海地区、江淮地区、海峡西岸经济区、中原经济区、长江中游地区、北部湾地区、成渝地区、黔中地区、滇中地区、关中—天水地区、兰州—西宁地区、宁夏沿黄经济区、天山北坡地区、徐州—盐城黄河故道流域	京西北区、京东南区、津西南区、冀东沿海区、冀南区、冀北区、鲁东半岛及黄河三角洲地区、辽宁沿海经济区、上海市、苏南环太湖地区、江苏沿江区、江苏沿运河区、江苏沿海区、浙江沿海区、沪宁杭沿线区、杭宁湖沿线区、温州金华区、广州佛山肇庆区、深圳东莞惠州区、珠海中山江门区、长吉图开发开放先导区、黄淮海平原
传统村落保护性整治工程	100个民风淳厚、保存较好、历史文化气息浓厚、且有较大旅游开发潜力的传统村落,重点是历史文化名村	全国2555个中国传统村落
城镇低效用地再开发工程	长江三角洲城市群、珠江三角洲城市群、长江中游城市群、京津冀城市群、成渝城市群、哈长城市群、山东半岛城市群、辽中南城市群、海峡西岸城市群、关中城市群、中原城市群、江淮城市群、北部湾城市群、天山北坡城市群、呼包鄂榆城市群、晋中城市群、宁夏沿黄城市群、兰西城市群、滇中城市群、黔中城市群	

核安全与放射性污染防治“十三五”规划及2025年远景目标

国函〔2017〕29号

发展核能对优化能源结构、保障能源安全、促进污染减排和应对气候变化具有重要作用,核安全是我国核能与核技术利用事业发展的生命线。党中央、国务院高度重视核安全与放射性污染防治工作,党的十八大以来,以习近平同志为核心的党中央提出理性、协调、并进的中国核安全观,并将核安全纳入国家总体安全体系,写入《国家安全法》,进一步明确了核安全与放射性污染防治工作的战略定位和重大任务。“十二五”期间,我国核安全与放射性污染防治工作取得明显进展,核能与核技术利用事业保持良好的安全业绩。“十三五”时期我国核电仍将进一步发展,放射源和射线装置数量将进一步增加,核安全保障任务更加繁重。为落实国家安全战略,全面统筹“十三五”时期核安全与放射性污染防治工作,依据《国民经济和社会发展第十三个五年规划纲要》以及相关文件制定本规划。

一、现状与形势

（一）核安全与放射性污染防治取得积极成效

“十二五”期间,我国核设施与核技术利用装置安全水平进一步提高,辐射环境安全风险可控,全国辐射环境水平保持在天然本底水平,未发生放射性污染环境事件,基本形成综合配套的事故防御、污染治理、科技创新、应急响应和安全监管能力,核安全、环境安全和公众健康得到有效保障。

核设施安全水平进一步提高。汲取国际核事故经验教训,开展综合安全大检查,实施安全改进行动,核电安全达到国际先进水平。运行核电机组安全性能指标位于国际同类机组前列,在建机组质量受控,新建核电机组设计指标满足国际最新核安全标准,具备完善的严重事故预防和缓解措施。研究堆处于安全运行或停堆状态,核燃料循环设施保持良好安全记录。

放射性污染防治取得阶段性进展。完成一批早期核设施退役任务,重点核设施退役工作取得阶段性成果。历史遗留放射性废物治理取得成效。建成一座中低放固体废物处置场,形成西北、西南、华南区域处置格局。完成一批铀矿冶设施的退役任务,基本完成重点地区铀地质勘探设施的退役和治理任务。

放射源辐射事故发生率持续降低。开展综合检查专项行动,落实改进要求,加强对核技术利用单位和活动的辐射安全管理,放射性同位素和射线装置全部落实许可证管理要求,放射源辐射事故年发生率下降到历史最低水平,由“十一五”时期的平均每万枚源 2.5 起下降至 2 起以内,未发生特别重大辐射事故,各类废旧放射源及时得到收贮,确保了公众和环境安全。

核安全保障体系不断健全。《核安全法》列入十二届全国人大常委会五年立法规划,出台《放射性废物安全管理条例》,发布一批核安全法规文件。核安全管理机构和人员队伍进一步扩充,核安全监管水平不断提高。开工建设国家核与辐射安全监管技术研发基地。核与辐射安全现场检查和执法技术装备进一步完善,基本建成全国辐射环境监测网络。建成 21 个重大科技创新平台,开展 200 余项核安全相关技术研究并取得重点突破。应急体系进一步完善,修订《国家核应急预案》,实施国家核应急联合演习,开展核应急能力建设,形成统一调度的核事故应急工程抢险力量,成功应对日本福岛核事故,完成南京放射源丢失事故等核与辐射事件和事故应急工作。

(二) 核安全与放射性污染防治面临的新挑战和新机遇

核安全与放射性污染防治面临新挑战。按照核电中长期发展规划,到“十三五”末,我国在运核电装机容量将达到5800 万千瓦,在建机组达到 3000 万千瓦以上,机组总数达到世界第二,对人才培养、核电设备制造和安全监管能力提出更高要求,新机型核电机组将投入运行,放射源、射线装置数量将不断增加,核技术利用活动更加广泛,保障核安全的任务更加繁重。早期核设施和历史遗留放射性废物风险不容忽视,乏燃料集中贮存设施不足。周边核安全形势将更加复杂,对我国核与辐射监测、应急保障能力提出更大挑战。

核安全与放射性污染防治面临新机遇。党中央、国务院高度重视核安全与放射性污染防治工作,顶层设计更加完善,体制机制更加顺畅,将为开展“十三五”核安全与放射性污染防治工作提供前所未有的引领和指导。五大发展理念牢固树立,生态文明建设和改革加快推进,将释放巨大政策红利,有力推进“十三五”核安全与放射性污染防治工作。“一带一路”及核电“走出去”战略不断深入,核安全国际交流合作日趋频繁、领域更加广阔,将为“十三五”工作提供强大的外部动力。

二、指导思想、基本原则和目标

(一) 指导思想

全面贯彻党的十八大和十八届三中、四中、五中、六中全会精神,以邓小平理论、“三个代表”重要思想、科学发展观为指导,深入贯彻习近平总书记系列重要讲话精神和治国理政新理念新思想新战略,认真落实党中央、国务院决策部署,统筹推进“五位一体”总体布局和协调推进“四个全面”战略布局,牢固树立和贯彻落实创新、协调、绿色、开放、共享的发展理念,坚持理性、协调、并进的核安全观,坚持安全第一、质量第一的根本方针,以风险防控为核心,以依法治核为根本,以核安全文化为引领,以改革创新为驱动,以能力建设为支撑,落实安全主体责任,持续提升安全水平,不断推进放射性污染防治,保障我国核能与核技术利用事业安全高效发展。

（二）基本原则

依法治核，严格监管。健全核安全法治体系，完善法律法规，严格依法监管。坚持审评从严、许可从严、监督从严、执法从严，实现源头严防、过程严管、违法严惩。

预防为主，纵深防御。强化技术和管理手段，保障核设施各种防御措施的有效性和多道屏障的完整性，有效预防核事故，并在一旦发生事故时减轻其后果，确保不会对公众和环境造成不可接受的影响。

标本兼治，持续改进。新老并重，统筹解决早期核设施退役和历史遗留放射性废物治理问题，按照最新标准建造各类核设施，提高设施固有安全水平，从源头减少废物产生。充分汲取国际国内经验教训，持续开展评估和改进行动，不断提高安全绩效。

改革创新，内外兼顾。深化管理体制改革和行政许可改革，提高核安全治理的有效性，促进核安全科技创新，夯实科技支撑。确保国内核电安全，强化核安全国际合作，支撑核电技术输出，推进核电“走出去”战略实施。

公开透明，文化引领。坚持“中央督导、地方主导、企业作为、公众参与”，落实责任，完善机制，强化公众沟通，依法保障公众的知情权和参与权。坚持以核安全文化建设促安全水平提升，推动核行业从业者将中国核安全观作为工作的基本价值观。

（三）规划目标

2020年目标：运行和在建核设施安全水平明显提高，核电安全保持国际先进水平，放射源辐射事故发生率进一步降低，早期核设施退役及放射性污染治理取得明显成效，不发生放射性污染环境的核事故，辐射环境质量保持良好，核应急能力得到增强，核安全监管水平大幅提升，核安全、环境安全和公众健康得到有效保障。

在核设施安全水平提高方面，运行核电厂安全业绩持续提升；在建机组质量受控，重大建造事件得到妥善处理；新建核电机组保持国际先进水平，从设计上实际消除大量放射性物质释放。研究堆、核燃料循环设施安全风险进一步得到消除，应对自然灾害的能力不断增强，运行安全得到有效保障，环境影响进一步降低，核燃料循环设施避免发生临界事故。

在核技术利用装置安全水平提高方面，高风险移动放射源在线跟踪监控能力基本形成，废旧放射源实现安全收贮。放射源辐射事故年发生率进一步降低，避免发生重特大放射源辐射事故。

在放射性污染防治水平提高方面，早期核设施退役取得明显成效，基本消除历史遗留中低放废物安全风险，形成与我国核工业发展相适应的放射性废物处理处置能力。基本完成2010年前关停的铀矿山的退役治理和环境恢复工作，全面完成重点地区历史遗留铀地质勘探设施的环境治理。

在安全保卫方面，核设施抵御新威胁的能力进一步提升，核电厂抵御网络安全威胁能力明显增强，核安保机制进一步完善，有效应对突发事件。

在应急响应方面，基本建成适应我国核能事业发展的国家核应急体系，形成复杂条件下重特大核与辐射事故应急响应能力。

在安全监管方面，核安全监管体系进一步完善，建成国家核与辐射安全监管技术研发基地，具备较强的校核计算和试验验证能力。全面建成全国辐射环境监测体系，中央和地方辐射环境监测能力明显提升。

2025年远景目标：

核电厂安全保持国际先进水平，其他核设施安全达到国际先进水平，放射源辐射事故发生率保持在较低水平，早期核设施退役取得重大进展，放射性废物及时得到安全处理处置，辐射环境质量持续保持良好。核与辐射安全监管体系和监管能力实现现代化。核安全、环境安全和公众健康继续得到有效保障。

三、重点任务

（一）持续改进，保持核电厂高安全水平

提高运行核电厂安全业绩。开展日本福岛核事故后安全改进措施有效性评估，持续推进核电厂安全改进，提升应对极端自然灾害等外部事件的防御能力。强化对日本福岛核事故后安全改进所配置的应急设备的运行和维护，确保应急情况下可用；采取转换连接等各种措施，提高各核电集团间移动式应急设备接口的匹配性。加强核电厂老化与寿命管理。对部分核电机组依法开展运行许可证延续申请的安全评价。加强演练，开展同行评议，提高严重事故管理指南质量，提升严重事故应对能力。制定《维修规则政策声明》，提高维修活动有效性。加强核电厂辐射防护管理，降低人员受照剂量。建立核电厂人因管理体系，完善操纵人员等重要岗位人员定期心理健康测评制度。逐步完善概率安全分析基础数据，推动行业概率安全分析技术交流，选择具备条件的核电厂，在技术规格书修订和在役检查等方面开展概率安全分析试点应用。

确保在建核电厂质量和安全。进一步落实营运单位对工程建造质量的管理责任，加强对核电工程总承包单位及各级分包单位的管理，强化对重要安全设备监造、大宗物件和大宗材料的供货质量监督检查，加强对常规工业安全的监督管理。完善建造事件报告制度和处理程序，妥善处理核电厂建造事件。开展AP1000、华龙一号、EPR、高温气冷堆等新机型调试和首堆试验，重点做好非能动系统调试与验证，提高调试质量。加强新机型的调试经验反馈和共享，建立快速经验反馈机制。

保持新建核电厂高安全水平。科学开展核电厂选址，做好厂址特性的安全评价，保护已选核电厂址，必要时开展厂址复核。汲取日本福岛核事故经验教训，修订《核动力厂设计安全规定》，将安全改进项纳入新建机组标准设计，提高机组设计安全水平。新建核电机组实现从设计上实际消除大量放射性物质释放。

（二）强化管控，降低研究堆、核燃料循环设施风险

提升研究堆安全水平。完善研究堆安全管理要求，推进研究堆分类管理，完善研究堆厂址安全评价、设计、运行、长期停堆和定期安全审查等方面的安全规定。编制小型模块式动力堆、熔盐堆、高温堆、浮式反应堆、加速器驱动次临界洁净核能系统法规体系和安全审评原则。开展研究堆安全改进，对长期停运研究堆重新启堆前开展全面评估检查和安全改进，确保满足运行要求。对49-2反应堆、高通量工程试验堆、岷江试验堆、脉冲堆等研究堆开展定期安全审查，根据审查结论实施安全改进。跟踪老化效应，对研究堆老化的系统和设备进行安全改进或升级。强化研究堆运行事件信息共享。

提高核燃料循环设施安全水平。参照地震区划调整，对早期建造的核燃料循环设施继续开展安全鉴定、评估和加固。开展核燃料循环设施物项安全分级研究，深入开展核燃料循环设施事故分析，完善对临界、火灾、爆炸、泄漏等风险的预防、监控和缓解措施，增加核燃料循环设施化工事故消防等应急支援接口。实施六氟化铀密封系统安全改进，完善氟化氢在线监测系统和六氟化铀操作

规程,强化倒料安全,推动贫化六氟化铀再利用和稳定化处理。加强个人内照射剂量管理,降低核燃料循环设施从业人员职业照射水平。

推进乏燃料安全贮存和处理。编制和发布核电厂乏燃料处置规划,推进乏燃料贮存和处理。依法明确核电厂乏燃料近堆干法贮存设施的安全审评要求,加快乏燃料离堆贮存能力建设。加强乏燃料后处理产学研一体化顶层设计,建立保障机制,优化运行管理,积极推动大型商用后处理厂选址和建设,缓解核电厂乏燃料在堆贮存压力。

保障放射性物品运输安全。推动公—铁联运放射性物品,提高乏燃料和六氟化铀等运输容器的设计能力和制造质量。规范在役Ⅰ类放射性物品运输容器定期安全性能评价,强化放射性物品运输活动安全监督。建立乏燃料等Ⅰ类放射性物品运输在线实时监控系统。提高放射性物品运输装置安全防护水平,强化运输过程中安全保障措施。

(三)统筹推进,加快早期核设施退役及放射性废物处理处置

加快早期核设施退役和废物治理。加快重点单位早期反应堆、核燃料循环设施、科研设施、三废处理设施的退役进程,完成一批核设施退役项目。加快放射性废物处理能力建设,基本完成历史遗留中低放废液固化处理,处置一批中低放固体废物,探索创新核燃料循环前端中低放固体废物的处置方式。

推动核电放射性固体废物处理处置。发布实施《中低水平放射性固体废物处置场规划》,开展5座中低放固体废物处置场选址、建设,形成中低放固体废物处置的合理布局,推进核电废物外运处置。建设秦山、大亚湾核电基地放射性废物集中处理示范工程,推广可燃放射性固体废物焚烧、放射性污染金属熔炼技术应用,推进核电厂放射性废物减容与清洁解控。

加快高放废物处置研究。开工建设高放废物地质处置地下实验室。推进高放废物地质处置场选址与场址调查,开展工程屏障、处置工艺技术、处置化学、安全评价等研究,完成2—3个地质处置场重点候选场址的筛选。明确高放废物地质处置安全目标和原则,研究我国高放废物地质处置选址技术安全准则。

(四)规范管理,减少核技术利用辐射事故发生

实施放射源安全行动计划。完善放射性药品生产、运输、销售、使用等环节辐射安全管理制度,实行放射性药品运输事后备案,优化放射性药品进出口管理。修订《射线装置分类办法》,细化和优化Ⅰ、Ⅱ、Ⅲ类射线装置分类原则。全面升级国家核技术利用辐射安全监管系统,完成各省份核技术利用系统与国家系统数据对接。开展放射源安全专项检查行动,核实放射源生产、销售、使用情况,排查安全风险。强化高风险移动源辐射监管,制定规范性文件,明确移动γ射线探伤装置固有安全性和实时监控要求,在国家核技术利用辐射安全监管系统中开发高风险移动源实时跟踪数据系统模块,结合地方试点经验,优化实时监控系统。加强对大型科研加速器装置、质子重离子等医疗装置以及使用Ⅰ类源的辐照装置的安全管理。

加强废旧放射源辐射安全管理。推动高风险放射源生产单位配套建设废旧放射源长期贮存设施,基本形成国内高风险废旧放射源的长期贮存能力,保障钴-60等废旧放射源回收后的长期安全。完善废旧放射源循环再利用、收贮、处理处置辐射安全管理,开展废放射源近地表处置接收准则、整备标准及处置安全研究。完善废旧金属回收熔炼辐射安全管理制度,督促企业自主开展辐射监测,在废旧金属再利用的制品产品验收标准中加入放射性指标要求。

（五）综合整治，保障铀矿冶及伴生放射性矿辐射环境安全

加强铀矿冶排放管理和辐射防护。优化铀矿冶生产“三废”处理技术及废水排放管理。落实铀矿冶企业监测责任，加强企业流出物和周边环境监测。加强地下铀矿山在役矿井通风，完善防尘降氡措施，开展井下消防系统等安全改造，提高铀矿山和在役矿井的安全性。强化铀矿冶辐射防护最优化管理，规范职业照射剂量管理措施，铀矿冶个人职业照射剂量不断降低。

推进铀矿冶设施安全整治和退役。按年度开展尾矿库现状评价，监测铀矿山尾矿（渣）坝的安全状态，对发现安全隐患的尾矿（渣）库进行安全整治。推进硬岩铀矿退役治理工作，基本完成2010年前关停的铀矿冶设施退役治理和环境恢复。全面完成位于敏感地区的铀矿地质勘探设施退役治理。安全关闭“十二五”期间关停的铀矿冶设施，维护环保设施正常运行，启动退役治理。进一步依法明确铀矿冶设施退役治理后长期监护责任主体，建立长期监护机制，落实长期监护资源保障。制定地浸铀矿山退役治理计划，及时开展退役环境治理。

加强伴生放射性矿辐射环境管理。完成伴生放射性矿现状调查和辐射现状普查，推进伴生放射性矿产资源分类管理。开展锆及氧化锆、石煤、稀土等伴生放射性矿开发利用辐射安全监管和辐射环境标准研究。督促伴生放射性矿开采、利用企业加强周边辐射环境监测和流出物监测。研究控制人为活动引起的天然放射性水平提高。

（六）强化管理，提高核安全设备质量可靠性

强化对核安全设备监管。适时更新民用核安全设备目录，动态调整重点监管的核安全设备。优化核安全设备许可审批流程，按设备类别明确核安全设备许可的条件，建立量化评价指标，对持证单位进行动态管理。制定和完善核安全设备鉴定管理要求和制造活动关键工艺要求，建立核安全设备独立验证手段，持续完善核电厂在役检查无损检验技术能力验证体系。严格执法，严肃查处违规操作和弄虚作假行为，处罚结果及时向社会公开和行业通报，建立责任人终身追究制度。强化过程监督，严格重大不符合项安全审评。强化经验反馈，完善关键部件材料可靠性数据库。依法加强对进口民用核安全设备审评监督及安全检验。

落实企业核安全设备质量责任。加强营运单位对核安全设备的监造管理，强化出厂验收。民用核安全设备持证单位持续提高核安全文化水平及质量保证体系有效性，建立关键工艺、关键岗位责任人制度，提高设备质量和可靠性。

（七）防控结合，提升核安保水平

提高核设施安保水平。开展核电厂出入口控制、监控视频系统、低空飞行物及海面探测等实物保护系统改造。提高核电厂网络安全水平，对核电厂网络威胁进行评估和风险分析，合理配置工具，建立和强化核电厂防范网络攻击、数据操纵或篡改的能力。开展研究堆周界围墙、视频监控系统、控制区铁丝网等改造。对核燃料循环设施构筑围栏，升级现有的保密技防或监控系统。对重点放射性废物处理设施开展实物保护能力建设，整体提升实物保护水平。

提高核技术利用安保水平。发布《城市放射性废物库安全防范系统要求》，升级改造国家放射源集中贮存库和省级城市放射性废物库安保系统。完成部分地区城市放射性废物库废旧放射源库的清库工作。

维护国际核不扩散体系。不断完善核进出口管制体系，加强核两用品出口管制，积极打击核走私活动。加强信息共享，提高边境核辐射探测和处置能力，加强进出境口岸放射性物品检测。推广减少高浓铀合作模式，研究推进高浓铀微堆改造，协助相关国家改造高浓铀微堆，推广

使用低浓铀。

（八）常备不懈，加强核与辐射应急响应

完善应急预案和指挥体系。适时修订《国家核应急预案》和各级应急预案，有效衔接国家其他相关应急预案。制定发布《核应急预案管理办法》，动态管理各级核应急预案，完善核应急预案执行程序，对各级核应急预案落实情况进行检查评估。优化核应急专网，实现国家核应急响应（指挥）中心与相关部门和各级应急指挥中心互联互通，加强应急信息交流和共享。完善监管部门核与辐射事故应急平台建设，整合集成指挥、监测、协调、信息报送等功能。完善重点省份和涉核集团公司（院）核应急指挥中心建设。加强有关省份核应急前沿指挥所（联合指挥所）以及核应急机动指挥平台建设。

强化应急救援和技术支持体系。完成国家核应急救援队组建，加强救援队能力建设，研发应急救援设备，具备执行重特大核事故处置任务的能力。完成国家核事故应急支援基地和核电集团核事故场内应急支援队伍建设。加强重点省份核应急救援力量建设，建成适合本区域的核应急救援体系。开展重点地区核与辐射应急能力建设，具备有效应对突发核污染事件的预警、应急监测和应急处置能力。核设施营运单位加强应急队伍建设，提高应急救援能力和水平。实施国家核应急大数据战略，建立完善核应急资源管理等数据系统。“十三五”末完成各核电集团公司层面核应急资源储备。加强核应急各专业技术支持中心能力建设，完善工作机制，开展协同演练。省级核应急组织和核设施营运单位完善核应急技术支持手段。

加强应急演习和培训。突出实战，适时组织实施“神盾”系列国家核应急联合演习，加强核应急技术支持力量协同演习，开展军地联合应急监测演练，完善演习评估机制。每年开展一次国家辐射事故综合应急演习，“十三五”时期完成各省（区、市）综合性辐射应急演习任务，各省（区、市）定期组织开展专项应急演习。完善国家核应急管理培训体系，定期组织应急指挥决策层参加应急管理培训，加强对各级核应急组织管理人员的专业培训。完善国家级核应急培训基地建设。

（九）创新驱动，推进核安全科技研发

推进重大专项核安全科研实施。充分利用国家科技重大专项、核能开发科研及退役治理专项等现有科研资金及渠道，进一步建立和完善核安全科技研发平台，继续推进一批核安全技术研发，并取得突破。

推进核安全重点技术研发。按照夯实基础、突破瓶颈、提升水平、拓展领先的总体思路，针对“十三五”期间需要重点关注的12个领域，推动技术研发。开展严重事故分析研究、设备材料老化评估及运行许可证延续关键技术研究、风险指引型核安全监管技术研究、新型反应堆安全评价验证研究、安全分析软件研发、非能动安全技术研究、数字化仪控系统失效模式和可靠性研究、核电厂网络安全研究、内陆核电安全技术及环境影响评价技术研究、应急去污洗消技术研究、放射性废物中等深度和近地表处置技术研究、高放废物处理处置技术研究。推动科研成果的工程应用，为提升我国核安全整体水平提供有力支撑。

（十）提升能力，推进核安全监管现代化建设

不断提高审评技术能力。全面建成国家核与辐射安全监管技术研发基地。在堆芯及事故分析、概率安全分析、力学计算、临界安全分析、辐射防护计算、厂址选择、环境影响评价及应急工作中进一步提高校核计算能力。开展压水堆非能动安全系统性能验证，核安全设备、管道系统力学分析

验证,数字化仪控系统验证,放射性废物安全验证。推进标准化审评方式,优化核电项目及新型核能技术安全审评,完善审评方法。

完善监督监控能力。强化地区核与辐射安全监督站能力建设,改善监督站业务用房、现场检查和执法技术装备。加大概率安全分析技术成果应用,研究并试点开展风险指引型监督检查。统一各类核设施、铀矿冶设施从业人员职业照射剂量统计标准,实现归口化管理,建立全国统一的个人剂量管理系统。建设全国放射性废物管理信息系统。建立涵盖核电厂、研究堆、核燃料循环设施、核安全设备等要素在内的经验反馈信息平台,完善相关数据库,强化运行、建造事件反馈和信息经验共享。

加强辐射环境监测能力。完善国家辐射环境质量监测网,推进国控辐射环境质量自动监测站建设。完善海洋辐射监测网络,强化核电厂放射性流出物对海洋生态环境影响监测。开展中央本级辐射监测能力建设,系统提升地区核与辐射安全监督站辐射监测水平,强化中央本级技术支持单位辐射监测能力。推进快速应急监测系统建设,全国所有地级市具备核与辐射应急监测快速响应能力。强化核设施外围环境监督性监测,提升监督性监测系统整体配置与性能。完善省级辐射环境监测网络建设,依法开展辐射环境监测实验室计量认证工作,省级辐射环境监测机构全部通过辐射监测能力评估和计量认证,加强重点地市级区域辐射环境监测能力建设,国家、省、区域辐射监测数据实现网络互联。

四、重点工程

为确保完成规划目标,"十三五"安排核安全改进、核设施退役及放射性废物治理、核安保与反恐升级、核事故应急保障、核安全科技创新、核安全监管能力建设等6项重点工程,通过重点工程实施有效推进规划重点任务落实。

(一)核安全改进工程

开展技术升级、工程改造等重大项目,排除安全隐患,持续提高核电厂、研究堆、核燃料循环等核设施的安全水平,保障核安全。

专栏1　核安全改进工程

1. 核电厂安全改进,包括开展日本福岛核事故后核电厂安全改进行动计划长期项目,开展核电厂数字化仪控系统、乏燃料水池、冷源安全、应急电源、安注系统、放射性废物处理系统等安全改进;在核岛厂房控制区增加视频监视系统。

2. 秦山320MW机组许可证延续评估,包括评估执照基准变化对机组安全状况的影响,开展系统、设备及重要零部件时限老化分析和整体性评估,开展机组安全改进。

3. 研究堆安全改进,包括中国先进研究堆安全棒驱动机构改造及其他辅助系统安全改造、中国实验快堆辐射防护系统升级改造,高通量工程试验堆、岷江试验堆、中国脉冲堆等研究堆老化系统设备技术改造。

4. 核燃料循环设施安全改进,包括部分燃料元件制造设施、铀浓缩工程辅助配套等设施鉴定、评估及加固改造。

(二)核设施退役及放射性废物治理工程

推进核设施退役及放射性污染治理,开展放射性废物处理设施和放射性废物处置场建设,对关停的铀地质勘探设施与铀矿冶设施实施退役治理。

专栏2　核设施退役及放射性废物治理工程

1. 早期核设施退役,包括重点单位早期反应堆、核燃料循环设施、科研设施、三废处理等设施的退役。

2. 放射性废物处理能力建设,包括高、中、低放废液处理设施的建设,放射性固体废物压缩减容、焚烧、暂存能力建设。

3. 放射性废物处置能力建设,包括5座中低放固体废物处置场建设;西北中低放固体废物处置场扩建;新建成的中低放固体废物处置场废物接收检测能力建设;高放废物地质处置地下实验室建设。

4. 铀矿冶设施和铀地质勘探设施退役治理,包括完成部分关停的铀矿冶设施退役治理和环境恢复,安全关闭部分铀矿冶设施,及时启动退役治理;开展铀矿地质勘探矿床(点)的退役治理和环境恢复。

（三）核安保与反恐升级工程

对已运行核设施开展实物保护安全性能评价,推进核设施和城市放射性废物库实物保护系统升级和改造,提升设施核安保水平。

专栏3　核安保与反恐升级工程

1. 核电厂实物保护改造,包括部分核电厂实物保护系统整体升级改造、视频监控系统改造、门禁等出入口控制改造,增加入侵探测和生物智能识别系统、低空飞行物管控工具和设备、海面探测系统设备。

2. 核电厂网络安全能力建设,包括建立核电厂网络安全实验室,搭建核电厂工控系统测试平台,配备核电厂网络安全监控工具,开展网络计算机关键系统技术控制措施研究及相关基础设施的建设。

3. 研究堆实物保护改造,包括重点单位实物保护系统运行保障能力建设;重点单位实物保护系统工程改造。

4. 核燃料循环设施实物保护改造,包括部分核燃料循环设施实物保护系统改造、核安全监控体系升级改造和整体安保能力建设。

5. 城市放射性废物库实物保护系统升级改造,包括部分城市放射性废物库安保系统升级改造;对个别地区城市放射性废物库废旧放射源和放射性废物开展清库。

6. 高浓铀研究堆低浓化改造,包括对部分研究堆开展低浓化改造,协助相关国家开展低浓铀改造。

（四）核事故应急保障工程

按照国家三级应急体系,通过加强国家、省级和重点核设施单位核事故应急和支援能力建设,提高应急准备和响应水平,有效应对核事故。

专栏4　核事故应急保障工程

1. 国家核事故应急救(支)援体系建设,包括国家核事故应急救援队能力建设;浙江秦山、广东大亚湾(阳江)、山东烟台3个支援基地建设,核电培训、物资储备和技术支持等基础设施建设,配备运输车辆、信息通讯、运行维修、远程遥控、辐射监测与防护、后勤保障等设备;国家级核应急专业技术支持中心和救援分队建设,各支力量达到相应能力要求。

2. 边境及周边地区应急监测能力建设,在边境及周边地区配置固定及可移动自动监测装置,建设前沿中心实验室和后方实验室,研究布设水体辐射自动监测站,加强无人机辐射应急航测能力建设,研发针对核试验的多尺度放射性后果评价系统。

3. 省级应急能力建设,包括江苏、浙江、广东、福建、广西、辽宁、山东、海南等各核电省份应急指挥、救援能力建设并完善应急物资储备,省级核应急医学救援队伍建设,配备现场医学救援装备。

4. 重点单位和核电集团公司应急能力建设,包括各核电集团公司和重点单位核事故应急能力、指挥协调、技术支持、救援分队等能力建设,配备必要应急物资及装备。

（五）核安全科技创新工程

围绕核电厂严重事故、设备材料老化等重点领域，开展提升核安全水平的科研攻关，建立一批平台，突破一批关键技术。

专栏5 核安全科技创新工程

1. 严重事故分析研究，对典型严重事故开展风险评估，对严重事故分析工具、应对措施开展试验验证。
2. 设备材料老化评估及许可证延续关键技术研究，建立评估模型，评估长期工况下设备材料老化行为，建立核设施运行许可证延续论证技术体系。
3. 风险指引型核安全监管技术研究，制定适用于我国监管要求的风险指引型核安全监管框架，制定具体行动实施程序，开发数据库平台。
4. 新型反应堆安全评价验证研究，对加速器驱动次临界洁净核能系统、模块化小堆、示范钠冷快堆、高温堆、浮式反应堆等建立安全评价验证模型，开展安全评价技术研究。
5. 安全分析软件研发，开发具有自主知识产权的大型先进压水堆安全分析核心软件，建立核安全分析软件评价数据库、综合计算分析应用平台。
6. 非能动安全技术研究，对核电厂重要非能动安全系统开展非能动机理、设计优化和试验验证等研究工作，提升核电厂非能动系统安全性。
7. 数字化仪控系统失效模式和可靠性研究，开展数字化仪控系统失效机理和故障模式等研究，建立数字化仪控系统安全评估框架和模型，完善核电厂数字化仪控系统安全评估。
8. 核电厂网络安全研究，开展核电厂工业控制系统等级保护和测评要求、安全评估标准和规范研究，构建核电厂信息安全技术体系和信息安全监控管理与运维体系平台。
9. 内陆核电安全技术及环境影响评价技术研究，开展内陆核电安全目标、机组放射性废液处理与监测、大气扩散规律和冷却塔等重要系统环境影响评价技术、场外应急技术、流域环境容量等研究，建立内陆核电厂大气、水等生态环境影响评价计算方法和模型。
10. 应急去污洗消技术研究，开展放射性去污剂配方及适应性实验研究，研发应急去污洗消系统，研究污水、固体废弃物处理与处置方法。
11. 放射性废物中等深度和近地表处置技术研究，开展中低放废物分类及处置技术路线研究，开展中等深度处置安全技术路线和目标研究，建立中等深度处置设施安全分析技术体系和平台。开展岩洞近地表处置技术研究。
12. 高放废物处理处置技术研究，重点突破高放废液玻璃固化技术，开发高放废物地质处置多屏障系统安全性能评价模型和计算软件，开展多屏障系统安全性能验证。

（六）核安全监管能力建设工程

开展国家、省、地级市核安全监管能力建设，全面加强核安全审评、监督、监测能力，构建核安全监管技术支撑平台，不断提升我国核安全监管水平。

专栏6 核安全监管能力建设工程

1. 国家核与辐射安全监管技术研发基地建设，包括建设压水堆安全性技术试验平台、核安全监控预警与应急响应平台、核安全国际合作交流平台、核电厂运行安全仿真分析技术实验室、放射性废物安全管理技术验证实验室、辐射环境监测技术实验室。
2. 全国辐射环境监测网络建设，包括国控大气辐射环境自动监测站建设，对接近运行寿期、设备老化的自动监测站进行系统优化和升级改造；对5家重点核设施单位共21个国控点位的外围环境监督性监测系统进行升级；省级辐射环境监测网建设，覆盖重点监管的核设施周边地区、边境及其他敏感地区。
3. 中央和地方辐射环境监测能力建设，包括全国6个地区核与辐射安全监督站、2个技术支持中心监测能力建设，提高大规模样品实验室分析能力、质量控制能力以及信息汇总和评价能力；补齐省级核与辐射应急监测调度平台及地市级快速应急监测系统，有核电省份事故早期预警及污染区快速划定能力建设，重点地市开展区域性监测分析实验室建设。
4. 核与辐射安全监督站基础能力建设，包括全国6个地区核与辐射安全监督站执法装备配备、人员培训。监督站业务用房、华东地区核电模拟机控制室及其配套设施等相关能力建设。
5. 核与辐射安全监管信息系统建设和升级，包括国家核技术利用辐射安全管理系统全面升级，具体涵盖核技术利用网络化监督检查系统、放射性药品进出口及转让业务系统、核技术利用经验反馈系统开发；建立高风险移动放射源在线实时跟踪监控平台；建立全国放射性废物管理信息系统，对核设施、核技术利用活动中放射性废物产生、处理、贮存和处置实现全过程信息化管理。
6. 海洋辐射监测能力建设，包括在我国沿海核电厂附近海域建设辐射监测系统，完善海洋辐射监测预警体系。

二、其他专项规划

五、保障措施

（一）完善法律法规，强化法治基础

积极推进核安全立法。推动出台核安全法、原子能法。研究修订《放射性同位素与射线装置安全和防护条例》《核电厂核事故应急管理条例》。指导和规范地方核与辐射安全法规制修订工作，做好与国家法律法规体系的衔接。

完善部门规章和导则。制定工作计划，有序推进核安全部门规章和技术导则的制修订工作。制定放射性废物分类办法等 2 项部门规章。修订核动力厂质量保证安全规定等 5 项部门规章。制定核动力厂营运单位核应急演习等 19 项导则，修订核设施实物保护等 15 项导则。

推进核安全标准系统化。加强核安全标准顶层设计与管理，建立核与辐射安全标准体系，加快制修订一批核安全标准，强化核安全标准立项审查，提高标准与法规的衔接性。

（二）强化政策配套，推进重点工作

建立系统的核安全与放射性污染防治政策体系。制定国家放射性废物管理战略。依法落实核电站乏燃料处理处置基金制度。制定放射性废物清洁解控和最小化政策，优化放射性同位素与射线装置管理政策。探索制定研究堆审批立项阶段的设施运维和退役费用安排政策。研究建立核保险巨灾责任准备金制度，调整核事故第三方损害最高赔偿限额，研究商业保险参与国家核应急工作机制。推动高风险放射源辐射安全责任保险试点工作，推动在Ⅲ类以上放射源放射性测井和工业移动探伤领域建立责任保险。研究建立职业人员健康损害赔偿制度。

（三）优化体制机制，提高管理效率

优化核安全监督管理制度。建立监管独立、部门协作、权责分明、运转高效、分工负责的核安全管理体系，优化核事故应急协调机制。初步建立核设施退役和放射性废物治理企业化、市场化、专业化管理模式和运行机制。积极引入行业组织、第三方机构参与核安全监督管理。

推进行政许可改革。加快推进核安全人员资质、核安全设备、放射性物品运输等方面的行政许可改革论证，加强核安全事中事后监管。引导、鼓励核电集团公司申请核安全许可证，落实集团公司核安全管理责任。

推进辐射环境监测体制改革。按照中央关于省以下环保机构监测监察执法垂直管理制度改革试点的有关精神，做好辐射环境监测体制调整工作，省级环保部门统一负责本行政区域内辐射环境质量监测、调查评价和考核工作，按照核设施与核技术利用活动分布情况，在重点区域增强监测力量，配备相应监测装备，开展本行政区域内辐射环境监测工作。完善辐射环境安全管理督查工作机制，加大对地方核与辐射安全监管工作的督查和指导，推进督查工作规范化和制度化。进一步完善核与辐射安全监管对口援藏、援疆的政策和技术支持机制。

（四）加快人才培养，夯实人才保障

完善核安全人才培养培训体系。制定核安全人才发展计划，建立健全高校、科研机构与企业的人才联合培养机制，“十三五”末实现核与辐射安全等相关专业人才增长 1 万人左右。加大涉核领域严重事故分析、公众沟通、人因分析、核法律等方向的人才培养力度，解决人才稀释及紧缺问题。积极拓宽人才培训渠道，通过实施人员交流、非全日制研究生教育、国际培训、导师计划等，开展多类型多方位的交流培训,鼓励企业开展人员培训。编制实施《核与辐射安全监督检查人员中长期业务培训规划》,拓展培训领域,优化课程设置,扩大培训范围,强化核与辐射安全监管人员培训。

建立良好的人才管理机制。探索建立政府管理部门与企业、企业与企业间均衡的人才流动机制,吸引高素质人才进入核安全监管领域,强化核燃料循环产业前端和后端人才配置。形成有利于各类专业人才充分施展才能的选人用人机制,提高核安全从业人员的薪酬待遇,完善以绩效为核心的人才考核与激励机制,培养核安全学术和技术引领者、专业领域技术带头人等。

(五) 强化文化培育,提高安全意识

全方位开展核安全文化宣贯。制定核安全文化建设实施方案和年度工作计划。建立核安全文化宣贯队伍,完善宣贯教材,推动核安全文化宣传培训工作深入开展。在核设备领域以及特种工艺人员资格考核领域建立核安全文化示范基地,并推动向其他领域延伸。在行业内树立核安全文化典型单位和个人,汇编核安全文化建设良好实践,强化经验交流,充分发挥引领作用,推动各单位将核安全文化的理念和要求纳入规章制度。

建立核安全文化评估机制。完善核安全文化检查机制,将核安全文化融入日常核安全监督检查。制定核安全文化评估标准和程序,建立评估体系,在核动力厂、核设备领域开展核安全文化试点评估活动,在核技术利用、核燃料循环领域探索核安全文化评估工作。推动行业协会开展核安全文化同行评估。

(六) 加强公众沟通,推进公众参与

推进“四位一体”的核安全公众沟通工作。完善以政府为主导的公众沟通制度,推进公众沟通能力建设。将核安全基础知识纳入教育和培训体系,推动核与辐射知识进社区、中小学及干部培训课堂,依托企业,建设10个国家级核与辐射安全科普宣教基地,强化网络平台和新媒体宣传功能,加强与媒体的沟通交流。完善信息公开方案和指南,加强信息公开平台建设,企业在不同阶段依法公开项目建设信息,政府主动公开许可审批、监督执法、环境监测、事故事件等信息,加强公开信息解读。保障在核设施建设过程中公众依法参与的权利。

(七) 深化国际合作,借鉴先进经验

积极参与国际核安全体系建设。学习国际先进理念和先进技术,汲取国际经验和教训。分享我国良好实践,推动建立公平、合作、共赢的国际核安全体系。推广国家核电安全监管体系,依托核与辐射安全监管技术研发基地,推动建设核与辐射安全国际合作交流平台,帮助有需要的国家提升监管能力,分享我国良好实践。加强国际履约,促进履约成果转化,强化核安全双多边国际交流与合作。

(八) 完善投入机制,落实支持政策

支持国家核与辐射安全监管技术研发基地、国家辐射环境监测网的建设和设施运维,地区核与辐射安全监督站能力建设,战略性、公益性、基础性核安全科技研发。加大地方投入,保障省、地市级辐射监测与应急能力建设经费,省级辐射环境监测网建设、运维经费,地方监管执法经费,城市放射性废物库的改造资金。企业加大投入,保障安全改造、技术升级、应急抢险、运行管理、安全保卫经费。有效使用乏燃料处理处置基金和核电厂退役基金。

六、组织实施

明确责任主体。各部门、各级地方政府和相关企事业单位要按照职责分工和规划确定的目标

要求，将工作任务纳入到年度工作计划，在各自现有资金渠道中给予优先安排，制定实施方案，落实主体，明晰责任，严格管理，加强考核。

加强沟通协调。环境保护部、发展改革委、财政部、能源局、国防科工局作为规划主要实施部门要加强组织协调，中央、地方和军队有关部门、相关企事业单位要相互配合，积极制定配套政策，切实推动规划实施。

强化监督评估。环境保护部等规划主要实施部门对本规划实施情况加强跟踪分析和监督检查，组织开展规划中期和期末评估，评估结果向国务院汇报。

丹江口库区及上游水污染防治和水土保持"十三五"规划

发改地区〔2017〕1002号

前　　言

南水北调工程是实现我国水资源优化配置、促进经济社会可持续发展、保障和改善民生的战略性基础设施。丹江口库区及上游是南水北调中线工程水源区(以下简称"水源区"),为确保南水北调中线调水水质安全,协调推进水源区经济社会发展与水源保护,国务院先后批复了《丹江口库区及上游水污染防治和水土保持规划》、《丹江口库区及上游水污染防治和水土保持"十二五"规划》。规划实施以来,水源区生态环境和水质持续改善,水源涵养能力不断增强,经济社会发展逐步加快,为南水北调中线按期实现通水水质目标提供了有力的保障。

南水北调中线供水是京津两城市的主要饮用水源,为持续深化水质保护、增强水源涵养、强化风险管控、促进绿色发展,确保"一泓清水永续北送",特编制本规划。

规划范围涉及河南、湖北、陕西3省的14市、46县(市、区)以及四川省万源市、重庆市城口县、甘肃省两当县部分乡镇,面积9.52万平方公里。规划基准年为2015年,规划期至2020年。

第一章　现状与形势

一、基本情况

水源区位于秦岭巴山之间,主要河流为汉江和丹江,除汉中盆地外,地貌多为山地、丘陵和河谷,属于北亚热带季风区的温暖半湿润气候,四季分明,降水分布不均,立体气候明显。

2015 年,水源区总人口约 1374 万人,国内生产总值 4873 亿元,常住人口城镇化率约 46.8%,城镇居民可支配收入 25457 元,农民人均纯收入 8541 元,均低于全国平均水平。水源区位于秦巴山集中连片贫困地区,现有贫困人口 257 万人,国家扶贫工作重点县 26 个,省级扶贫工作重点县 8 个,经济社会发展总体水平较低。

2015 年,水源区主要污染物化学需氧量排放量 17 万吨,氨氮 2.23 万吨,总氮 5.96 万吨,其中农业和农村的污染贡献比例分别为 49%、43%、74%,已成为水源区主要污染源。

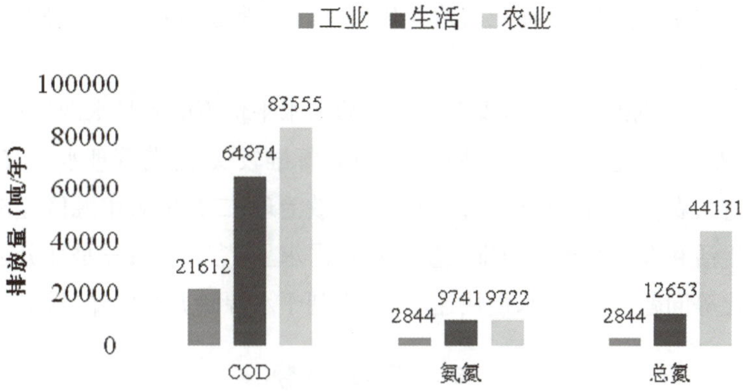

2015 年,《丹江口库区及上游水污染防治和水土保持"十二五"规划》确定的 49 个考核断面中,Ⅰ类水质断面 3 个,占 6.1%;Ⅱ类水质断面 39 个,占 79.6%;Ⅲ类水质断面 3 个,占 6.1%;Ⅳ类水质断面 1 个,占 2.1%;劣Ⅴ类水质断面 3 个,占 6.1%。丹江口水库为中营养水平,总氮浓度在 1.3 毫克/升以上,入库河流总氮浓度在 2~10 毫克/升之间。

二、工作成效

国务院高度重视中线水源区水质保护工作,批准建立了丹江口库区及上游水污染防治和水土保持部际联席会议制度,明确目标责任、加强监督考核。"十二五"期间,水源保护取得了明显成效:一是污染源进一步得到控制,污染物减排能力大幅提升,污水和垃圾处理处置设施覆盖县级和水库周边重点乡镇,关停规模以上污染严重的企业 500 多家,取缔"十小"企业千余家,同时叫停和否决了新上项目 300 多个,重污染企业基本关停或实现达标排放。二是生态建设成效明显,累计治理水土流失面积超过 2 万平方公里,森林、灌木面积比 2010 年增加 1.9 万公顷,水源涵养能力有所增强。三是部分流经城区的重污染河流治理力度不断加大,黑臭水体明显减少。四是严格丹江口库区及周边地区水资源管理,完成丹江口库区水功能区划,将水源区纳入第一批全国重要饮用水水源地保护目录。通过"十二五"的努力,水源区的水质考核断面的达标率提高到 90%以上。

此外,国务院批复实施了《丹江口库区及上游地区经济社会发展规划》,明确了水源区的功能定位、发展方向和目标,同时还制订了中央财政重点生态功能区转移支付、受水区与水源区对口协作等政策,支持开展水源保护工作。截至 2015 年,中央财政已累计安排重点生态功能区转移支付 200 多亿元;北京、天津安排财政资金用于对口协作 14.3 亿元,拉动总体项目投资逾百亿元。水源区生态建设、产业结构调整得到有效推动,公共服务水平不断提升。

"十二五"期间,水源区国民生产总值年均增幅 10.17%,人均国民生产总值增幅 9.7%,财政预算收入年均增幅 6.65%。城镇居民可支配收入年均增幅 10.44%,农民人均纯收入年均增幅

12.77%。城乡居民收入比缩小到2.98∶1。贫困人口大幅下降,由2012年的380万人减少到257万人,年均减贫人口41万人。城镇化率由2012年的41.3%提高到46.8%。水源区经济社会发展呈现明显上升趋势,与全国的相对差距正逐步缩小。

三、存在问题

当前,水源保护工作存在一些薄弱环节,神定河、老灌河、丹江等部分河段水质尚未达标或未稳定达标,水源区总氮浓度总体偏高,存在富营养化风险。此外近年来丹江口水库正值枯水期,入库水量较历史偏少。

存在上述问题的主要原因是:一是现有水污染防治水平仍不能满足水源保护需要,表现在一些污水收集管网建设滞后、环境基础设施规模不足、处理标准较低、运营管理水平有待提高等,治污设施尚未充分发挥效益,农业农村污染尚未得到全面有效治理;二是随着水源区经济快速发展和城镇化进程加快,城镇生活和农业生产污染排放量和处理需求呈扩大趋势;三是部分区域仍存在不同程度水土流失、石漠化等问题,城乡耗水量快速增加,不利于水源涵养和保障丹江口水库入库水量。

四、面临形势

"十三五"时期是我国全面建成小康社会的决胜阶段,《生态文明体制改革总体方案》、《水污染防治行动计划》等一系列重要文件的出台实施和供给侧结构性改革等工作的推进,为水源区深化水质保护、促进产业转型升级、推进绿色发展提供了重要战略机遇。与此同时,持续做好水源保护工作也面临巨大挑战:

一是水源保护面临更严格的要求。随着中线工程配套设施的完善,中线供水已成为京津两市城区的主要饮用水源,对水质、水量保障和风险防控提出了更高的要求,需要深化水污染防治、水源涵养和生态建设,加强突发性污染风险防范和应急处置能力建设。

二是发展方式转变面临更急迫的需要。水源区人口相对密集,发展愿望强烈,按传统发展模式势必对水源保护带来更大的压力。同步实现调水工程长期稳定运行和水源区的全面发展,需要加快转变发展方式,大力推进绿色转型,促进经济社会与生态环境协调持续发展。

第二章　总体要求

一、指导思想

全面落实党的十八大以及十八届三中、四中、五中、六中全会精神,深入贯彻习近平总书记系列重要讲话精神和治国理政新理念、新思想、新战略,统筹推进"五位一体"总体布局和协调推进"四个全面"战略布局,牢固树立和贯彻落实新发展理念,从确保南水北调中线工程长期稳定供水、维护国家水安全的大局出发,紧扣水源区生态优先、绿色发展的功能定位,着力综合治理、切实保障水质稳定达标,着力山水林田湖整体保护、切实增强水源涵养能力,着力提高风险防控能力、切实保障供水稳定运行,进一步深化与受水区的对口协作,协调推进水源区经济社会发展与水源保护,确保"一泓清水永续北送"。

二、基本原则

(一)政府主导、综合治理

发挥政府在中线水源保护工作中的主导作用,加强部门协调,动员全社会力量,统筹相关政策、规划和资金开展综合治理,使水源区水污染防治、水源涵养、风险管控紧密结合,与经济社会发展相互补充、相互支持、协调推进,形成政府统领、多方努力、公众参与的工作格局。

(二)分区施策、分类指导

妥善处理局部与整体的关系,按照水源保护敏感程度实施分区控制,划分控制单元,全面推行河长制。针对分区管理要求和控制单元存在的突出问题,分类制定目标和任务,合理安排规划措施。

(三)统筹兼顾、突出重点

统筹水源保护与经济社会发展、水源区与受水区之间的关系,协调推进水质与水量保护、污染治理与生态建设、点源与面源防治、常规治理与突发环境风险防范等工作。以不达标河流整治、总氮控制、风险防范、水土流失治理为重点,确定优先控制单元,采取多种措施精准施策,选择部分河流开展流域治理与可持续发展试点。

(四)落实责任、鼓励创新

落实地方政府水源保护的主体责任,转变单纯依赖政府投入的传统观念,充分发挥市场在资源配置中的决定性作用,创新机制,拓宽投融资渠道,调动各方面的积极性和主动性,提高水污染治理和生态建设的管理和技术水平。

三、规划目标

到2020年,中线水源区总体水质进一步改善,丹江口水库营养水平得到控制,水源涵养能力进一步增强,节水型社会建设初见成效,水环境监测、预警与应急能力得到提升,经济社会发展与水源保护协调性增强。

(一)水质目标

丹江口水库和中线取水口水质稳定并保持Ⅱ类,库区总氮浓度不劣于现状水平;到2020年,汉江和丹江干流断面水质为Ⅱ类,其他直接汇入丹江口水库的主要河流水质达到水功能区水质目标。

(二)水源涵养目标

到2020年,水源区新增治理区林草覆盖率提高5~10个百分点,年均减少土壤侵蚀量0.2~0.3亿吨,增加水源涵养量12亿立方米。

(三)风险控制目标

实现南水北调中线丹江口水库饮用水水源保护区规范化、制度化管理,水源区生态环境监测网络和突发环境事件应急能力满足中线工程调水长期安全运行要求。

第三章 规划布局

根据不同区域对丹江口水库水质的影响和作用,对水源区进行总体分区,实施差异化管理。在此基础上，结合水质监测断面，划分控制单元，实施分区分类管控，合理布局水污染防治、水源涵养、风险管控任务，提升精细化管理水平。

一、总体分区

水源区总体划分为水源地安全保障区、水质影响控制区、水源涵养生态建设区三类区域。

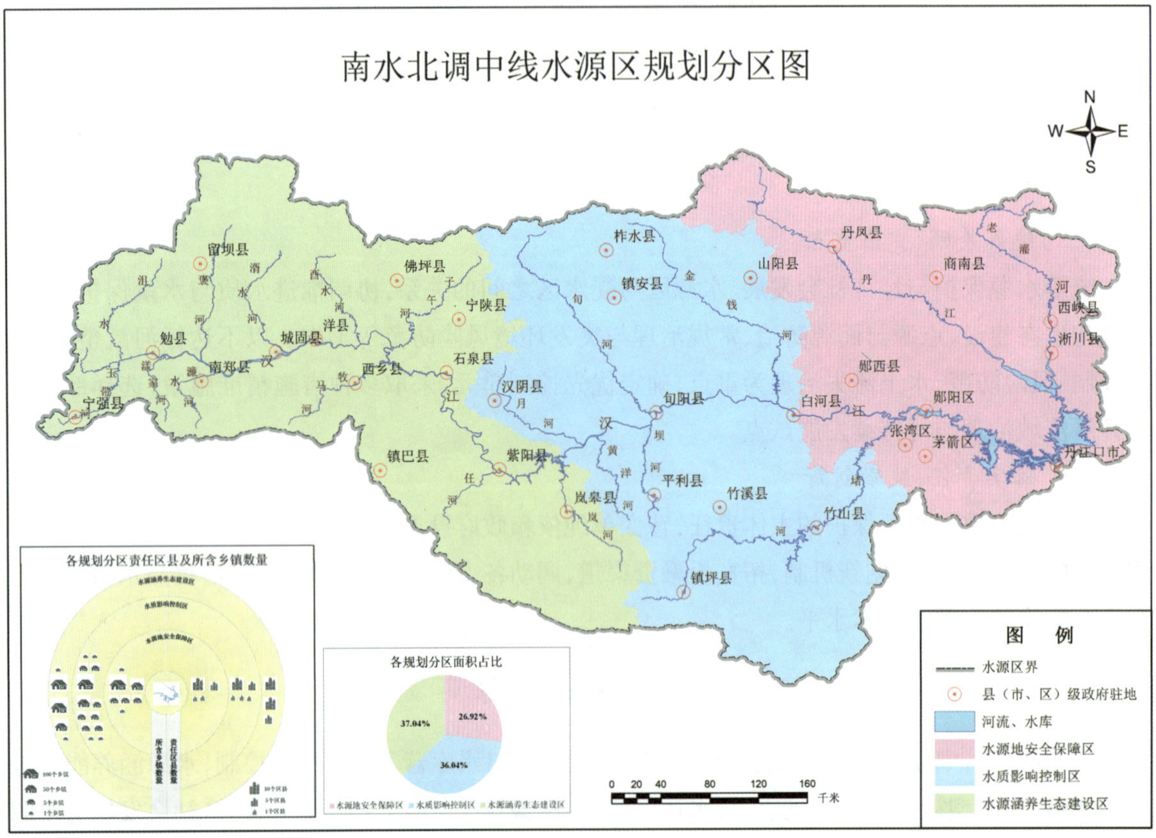

水源地安全保障区，涉及丹江口水库水域、水库周边区域以及老灌河、淇河、丹江、滔河、天河、堵河、泗河、神定河、剑河、官山河、浪河等流域。该区以丹江口水库饮用水水源保护区为核心，重点开展饮用水水源保护区规范化建设，全面削减各类污染负荷，治理不达标入库河流，强化水污染风险管控。

水质影响控制区，涉及湖北黄龙滩水库以上堵河流域、汉江陕西白河县以上和安康水库以下的汉江流域。该区重点围绕总氮负荷的削减，加强畜禽养殖污染治理，减少农药化肥施用量，完善城镇环境基础设施。

水源涵养生态建设区，涉及安康水库及以上的汉江流域，主要任务是治理水土流失，开展退耕还林还草，稳步推进重点镇、汉江干流沿岸建制镇及以上行政区的城镇环境基础设施建设，增强水源涵养能力。

二、控制单元

在总体分区基础上，按照流域汇水产污特征，兼顾乡（镇）行政区划完整性，进一步细分划定43个控制单元，明确各控制单元水质目标，将治理任务和责任落实到各级行政区，全面推行河长制。

已经达到水质目标的要保持并持续向好,未达到水质目标的要加大治理力度。

控制单元划分及水质现状和目标表

序号	控制单元	水体	控制断面		水质现状	水功能区划	水质目标
			名称	省份			
Ⅰ 水源地安全保障区							
1	Ⅰ-1 老灌河卢氏栾川控制单元	老灌河	三道河	河南省	Ⅲ	老灌河西峡自然保护区	Ⅱ*
2	Ⅰ-2 老灌河西峡控制单元	老灌河	西峡水文站	河南省	Ⅲ	老灌河西峡自然保护区	Ⅱ*
3	Ⅰ-3 老灌河淅川控制单元	老灌河	淅川张营	河南省	Ⅲ	老灌河淅川保留区	Ⅲ
4	Ⅰ-4 淇河卢氏控制单元	淇河	上河	河南省	Ⅱ	淇河西峡源头水保护区	Ⅱ
5	Ⅰ-5 淇河西峡控制单元	淇河	淅川高湾	河南省	Ⅱ	淇河西峡源头水保护区	Ⅱ
6	Ⅰ-6 丹江商州源头区控制单元	丹江	构峪口	陕西省	Ⅱ	丹江商州保留区	Ⅱ
7	Ⅰ-7 丹江商州控制单元	丹江	张村	陕西省	Ⅲ	丹江商州开发利用区	Ⅱ*
8	Ⅰ-8 丹江丹凤控制单元	丹江	丹凤下	陕西省	Ⅲ	丹江丹凤开发利用区;丹江商州、丹凤保留区	Ⅱ*
9	Ⅰ-9 丹江陕西省界控制单元	丹江	淅川荆紫关	陕西省	Ⅱ	丹江陕豫缓冲区;丹江丹凤、商南保留区	Ⅱ
10	Ⅰ-10 丹江入库前控制单元	丹江	淅川史家湾	河南省	Ⅲ	丹江淅川自然保护区	Ⅱ*
11	Ⅰ-11 滔河陕西省界控制单元	滔河	滔河水库	陕西省	Ⅱ	滔河商南源头水保护区、滔河陕鄂缓冲区	Ⅱ
12	Ⅰ-12 滔河湖北控制单元	滔河	王河电站	湖北省	Ⅱ	滔河保留区	Ⅱ
13	Ⅰ-13 库周南阳控制单元	丹江口水库	宋岗 陶岔	河南省	Ⅱ	丹江口水库调水水源保护区	Ⅱ
14	Ⅰ-14 库周十堰控制单元	丹江口水库	坝上中 何家湾 江北大桥 五龙泉	湖北省	Ⅱ	丹江口水库调水水源保护区	Ⅱ
15	Ⅰ-15 天河陕西省界控制单元	天河	水石门(照川)	陕西省	Ⅱ	天河陕鄂缓冲源头水保护区	Ⅱ
16	Ⅰ-16 天河湖北控制单元	天河	天河口	湖北省	Ⅲ	天河郧西保留区	Ⅲ
17	Ⅰ-17 库尾湖北控制单元	汉江	陈家坡	湖北省	Ⅱ	丹江口调水水源保护区	Ⅱ
18	Ⅰ-18 浪河控制单元	浪河	浪河口	湖北省	Ⅱ	无	Ⅱ
19	Ⅰ-19 剑河控制单元	剑河	剑河口	湖北省	Ⅳ	无	Ⅲ
20	Ⅰ-20 官山河控制单元	官山河	孙家湾	湖北省	Ⅲ	无	Ⅱ*
21	Ⅰ-21 泗河控制单元	泗河	泗河口	湖北省	劣Ⅴ	无	Ⅳ*
22	Ⅰ-22 神定河控制单元	神定河	神定河口	湖北省	劣Ⅴ	无	Ⅲ*
23	Ⅰ-23 犟河控制单元	犟河	东湾桥	湖北省	劣Ⅴ	无	Ⅲ*
24	Ⅰ-24 堵河下游控制单元	堵河	焦家院	湖北省	Ⅱ	堵河十堰、郧县保留区	Ⅱ
Ⅱ 水质影响控制区							
25	Ⅱ-1 夹河陕西控制单元	金钱河	玉皇滩	陕西省	Ⅱ	夹河(金钱河)陕鄂缓冲区	Ⅱ
26	Ⅱ-2 夹河湖北控制单元	金钱河	夹河口	湖北省	Ⅲ	夹河郧西保留区	Ⅱ*
27	Ⅱ-3 旬河控制单元	旬河	旬河口	湖北省	Ⅲ	旬河旬阳开发利用区	Ⅲ
28	Ⅱ-4 汉江陕西省界控制单元	汉江	羊尾(白河)	陕西省	Ⅱ	汉江陕鄂缓冲区	Ⅱ
29	Ⅱ-5 月河控制单元	月河	月河	陕西省	Ⅲ	无	Ⅲ

续表

序号	控制单元	水体	控制断面		水质现状	水功能区划	水质目标
			名称	省份			
30	II-6 汉江安康城区控制单元	汉江	老君关	陕西省	Ⅱ	汉江安康开发利用区	Ⅱ
31	II-7 坝河控制单元	坝河	坝河口	陕西省	Ⅲ	无	Ⅲ
32	II-8 南江河控制单元	堵河	界牌沟	陕西省	Ⅱ	堵河源头水保护区	Ⅱ
33	II-9 汇湾河控制单元	汇湾河	新洲	湖北省	Ⅱ	堵河竹溪竹山保留区	Ⅱ
34	II-10 官渡河神农架控制单元	官渡河	洛阳河九湖	湖北省	Ⅱ	无	Ⅱ
35	II-11 官渡河控制单元	潘口水库	潘口水库坝上	湖北省	Ⅱ	堵河竹溪竹山保留区	Ⅱ
36	II-12 堵河黄龙滩水库控制单元	黄龙滩水库	黄龙 1	湖北省	Ⅱ	黄龙滩水库饮用水保护区	Ⅱ
			黄龙 2	湖北省			
III 水源涵养生态建设区							
37	III-1 任河重庆控制单元	任河	水寨子	重庆市	Ⅱ	任河渝川缓冲区；任河城口保留区	Ⅱ
38	III-2 汉江安康水库控制单元	瀛湖	瀛湖坝前	陕西省	Ⅱ	汉江石泉、紫阳保留区	Ⅱ
39	III-3 汉江石泉水库控制单元	汉江	小钢桥	陕西省	Ⅱ	汉江石泉、紫阳保留区	Ⅱ
40	III-4 汉江城固洋县控制单元	汉江	黄金峡	陕西省	Ⅱ	汉江石泉、紫阳保留区	Ⅱ
41	III-5 汉江汉中控制单元	汉江	南柳渡	陕西省	Ⅱ	汉江汉中保留区	Ⅱ
42	III-6 汉江源头控制单元	汉江	梁西渡	陕西省	Ⅱ	汉江勉汉保留区	Ⅱ
			烈金坝	陕西省	Ⅰ	无	Ⅰ
43	III-7 褒河控制单元	褒河	石门水库	陕西省	Ⅲ	无	Ⅲ

注：水质目标根据国务院批复的《南水北调工程总体规划》、《全国重要江河湖泊水功能区划（2011—2030年）》、《丹江口库区及上游水污染防治和水土保持规划》（2006年）确定；带＊的断面，“十三五”期间按国家签订的责任书目标执行。

三、优先控制单元

对43个控制单元逐一核定面积、水资源、污染源、人口、耕地、水土流失等情况，将未达到或未稳定达到水质目标、总氮浓度高、水土流失较重、环境风险较高的24个控制单元作为优先控制单元，明确治理方向和治理任务，加大治理力度。其中，达标治理类11个，水土流失治理类19个，总氮控制类10个，风险防范类3个（部分优先控制单元涉及多个重点治理方向）。

优先控制单元及其重点治理方向

序号	单元名称	省份	重点治理方向
1	Ⅰ-1 老灌河卢氏栾川控制单元	河南	达标治理、水土流失治理
2	Ⅰ-2 老灌河西峡控制单元	河南	达标治理、总氮控制
3	Ⅰ-3 老灌河淅川控制单元	河南	总氮控制、水土流失治理
4	Ⅰ-10 丹江入库前控制单元	河南	达标治理、水土流失治理
5	Ⅰ-13 库周南阳控制单元	河南	总氮控制、水土流失治理
6	Ⅰ-12 滔河湖北控制单元	湖北	水土流失治理
7	Ⅰ-14 库周十堰控制单元	湖北	总氮控制、水土流失治理
8	Ⅰ-17 库尾湖北控制单元	湖北	风险防范、总氮控制、水土流失治理

续表

序号	单元名称	省份	重点治理方向
9	Ⅰ-19 剑河控制单元	湖北	达标治理、总氮控制、水土流失治理
10	Ⅰ-20 官山河控制单元	湖北	达标治理
11	Ⅰ-21 泗河控制单元	湖北	达标治理
12	Ⅰ-22 神定河控制单元	湖北	达标治理
13	Ⅰ-23 犟河控制单元	湖北	达标治理
14	Ⅱ-2 夹河湖北控制单元	湖北	达标治理、水土流失治理
15	Ⅱ-9 汇湾河控制单元	湖北	水土流失治理
16	Ⅰ-7 丹江商州控制单元	陕西	达标治理、水土流失治理
17	Ⅰ-8 丹江丹凤控制单元	陕西	达标治理、水土流失治理
18	Ⅰ-9 丹江陕西省界控制单元	陕西	总氮控制、风险防范、水土流失治理
19	Ⅱ-4 汉江陕西省界控制单元	陕西	总氮控制、风险防范、水土流失治理
20	Ⅱ-5 月河控制单元	陕西	总氮控制、水土流失治理
21	Ⅱ-6 汉江安康城区控制单元	陕西	总氮控制、水土流失治理
22	Ⅲ-2 汉江安康水库控制单元	陕西	水土流失治理
23	Ⅲ-4 汉江城固洋县控制单元	陕西	水土流失治理
24	Ⅲ-5 汉江汉中控制单元	陕西	水土流失治理

第四章 水污染防治

按照《水污染防治行动计划》要求，分区域采取针对性措施，全面提高水源区污染防治水平。对优先控制单元分类施策，进一步采取强化治理措施。

一、整体推进水环境治理

（一）工业污染防治

加强工业企业监管力度，促进实现全面达标排放。对《水污染防治行动计划》规定的重点行业，制定专项治理方案，鼓励企业在稳定达标排放的基础上，建设污水深度处理设施和实施清洁化改造。新建、改建、扩建上述行业项目实行主要污染物等量或减量置换。严格落实国家产业政策，鼓励各地根据主体功能区规划要求和流域水质目标，制定实施差别化的环境准入政策。大力发展绿色产业，防止造纸、化工、电镀、印染等高污染行业向水源区转移。积极推进工业集聚区生态化改造，优化产业布局和结构。新建、升级工业集聚区应同步规划、建设环境基础设施。2017 年底前，有关行业按要求完成相关技术改造，工业集聚区应建设污水集中处理设施，安装自动在线监控装置并实现与市县环保部门联网；集聚区内工业废水必须经预处理达标后，再进入污水集中处理设施。严格环境准入，符合准入条件的新建工业企业原则上应建在工业集聚区。

（二）城镇生活污染防治

1. 城镇生活污水治理

一是完善城镇污水处理厂配套管网。加快完善已建污水厂配套管网，充分发挥治污效益。城镇新建区实行管网雨污分流。整治雨污水管道接口、检查井等渗漏，解决管网清污混流造成的溢流污染、初期雨水污染等问题。试点推进水源地安全保障区内县级以上城市初期雨水收集、处理和资源化利用。到 2020 年，城市建成区污水基本实现全收集、全处理，基本消除城市黑臭水体。

二是完善城镇污水处理能力。按照填平补齐、因地制宜的原则，合理扩充污水处理能力。加快现有城镇污水处理设施提标改造，提升脱氮除磷能力。到 2020 年，县城、城市污水处理率分别达到 85%、95%左右。2017 年底前，水源地安全保障区新建城镇污水处理设施要达到一级 A 排放标准；水质影响控制区、水源涵养生态建设区城镇污水处理厂不低于一级 B 排放标准。有条件的地区，要采取人工湿地等生态措施，进一步提高出水水质标准。全面开展城镇污水处理设施总氮、总磷排放的监测与统计，将总氮、总磷作为日常监管指标。

2. 城镇污泥与生活垃圾处理处置

污水处理设施产生的污泥应进行稳定化、无害化和资源化处理处置。加快完成非法污泥堆放点排查并予以取缔。2017 年底前，现有污泥处理处置设施基本完成达标改造。到 2020 年，地级及以上城市污泥无害化处理处置率不低于 90%，县城和建制镇不低于 60%，避免二次污染。加强垃圾渗滤液处理，完善垃圾收集转运系统，积极推进垃圾分类。因地制宜规划建设垃圾、污泥的收集、预处理、转运、焚烧发电等工程，促进城镇污泥与生活垃圾的减量化、资源化、无害化。

3. 河道水环境综合治理

以入库河流和污染负荷重、总氮浓度高、黑臭问题突出的城镇及郊区河流为重点，结合污水处理厂建设，有针对性地系统规划实施沿河截污、河道水质净化、排污口整治、人工湿地建设、垃圾清理、河（湖）滨生态护坡和污染底泥清理等工程，削减污染负荷，增加河道水环境容量，提高水体自净能力。

（三）农业农村污染防治

农业农村污染防治要以小流域为单元，按照“种养平衡、循环发展”的理念，因地制宜、整体设计，采取畜禽养殖废弃物资源化利用、种植业污染防治、农村生活污染治理等综合措施，全过程减少污染物排放。

1. 畜禽养殖污染防治

科学划定畜禽养殖禁养区，2017 年底前，依法取缔禁养区内的畜禽养殖。推进畜禽粪污资源化利用。新建、改建、扩建规模化畜禽养殖场（小区）要实施干湿分离、雨污分流、粪便污水资源化利用。2017 年底前，现有畜禽养殖场（小区）要建成粪便污水贮存、处理、利用等配套设施，或委托有能力的单位代为处理畜禽养殖废弃物。到 2020 年，规模化畜禽养殖场粪便综合利用率达到 85% 以上，农村畜禽粪便基本实现资源化利用。

2. 种植业污染防治

一是调整种植业结构与布局。推进水源区传统种植业向“种养平衡”的生态种植业转变，以发展生态农业、有机农业为方向，引导农业清洁生产。鼓励从坡耕地到库岸河岸形成由旱地逐渐向水田过渡的梯级耕作格局。到 2020 年，汉江、丹江、堵河、老灌河等主要入库河流两岸 1 公里范围内，禁止发展施肥量高的露地蔬菜等种植模式，规划建设生物缓冲带等工程。

二是减少农药化肥使用量。大力推广测土配方施肥技术，降低化肥施用量，推进有机肥使用，支持发展高效缓（控）释肥等新型肥料。鼓励农民使用生物农药或高效、低毒、低残留农药，推行精准施药和科学用药，推广病虫害综合防治、生物防治等技术。采用秸秆覆盖、免耕法、少耕法等保护性耕作措施，实现化肥、农药施用量零增长。

三是种植业废弃物资源化利用与污染防治。在优先控制单元内推进生态沟渠、污水净化塘、地表径流集蓄池等设施建设,净化农田排水及地表径流,削减氮磷负荷。大力推广秸秆粉碎还田、过腹还田等资源化利用技术。推广使用加厚和可降解地膜,促进地膜回收与再利用。到2020年,力争化肥利用率提高到40%以上,全区域农作物秸秆综合利用率达到85%以上,农膜回收率达到80%以上。

3. 农村生活污染治理

开展农村环境综合整治,以县级行政区为单元,统一规划农村生活垃圾和污水处理设施。推进农村生活污水处理与资源化利用,因地制宜采取城镇管网延伸、集中与分散处理等多种方式,加强农村污水治理,积极推动处理达标污水用于农田灌溉、生态修复与景观等。推进农村生活垃圾分类收集,易降解垃圾就地还田,难降解垃圾建立“户分类、村集中、镇中转、县处理”机制,禁止在河流、水库岸边堆放。建立健全农村污水垃圾处理设施运行管理长效机制。到2020年,90%以上村庄的生活垃圾和污水得到有效收集与处理利用。

二、强化优先控制单元污染治理

水质不达标或不稳定达标、总氮浓度高的19个优先控制单元,主要集中在水质安全保障区,面积占比约28%,污染排放量占比约50%,治理难度大,在整体推进水环境治理的同时,根据水功能区划确定的河流水域纳污容量和限制排污总量,落实污染物达标排放要求,建立污染物排放与水质变化的输入响应关系,采取强化措施精准治理。在城镇污水处理方面,完善库周区域乡镇污水处理体系,建设污水收集处理设施。在农业农村污染治理方面,2017年底前,根据《畜禽养殖禁养区划定技术指南》在库周划定禁养区、限养区范围,防止养殖污染直接入库;开展农业面源综合治理,推进生态清洁小流域建设示范、小流域生态循环农业与面源污染综合治理试点;库周村庄因地制宜全面建设污水处理设施。

水质不达标或不稳定达标的11个优先控制单元,“十三五”期间,污染物排放量削减不得低于下表要求,实现治理达标。

达标治理优先控制单元污染物削减任务表

(单位:吨/年)

序号	控制单元名称	COD排放量	氨氮排放量	COD新增量	氨氮新增量	COD最低削减量	氨氮最低削减量
1	Ⅰ-1老灌河卢氏栾川控制单元	1757.1	166.5	37.9	4.7	364.5	4.7
2	Ⅰ-2老灌河西峡控制单元	1892.6	206.7	104.5	13.1	199	13.1
3	Ⅰ-7丹江商州控制单元	5591.6	579.6	115.6	14.4	855	59.5
4	Ⅰ-8丹江丹凤控制单元	5904.6	528.4	66.1	8.3	453	41.7
5	Ⅰ-10丹江入库前控制单元	740	88.8	17	0.8	180	1
6	Ⅰ-19剑河控制单元	283.5	44	18.5	2.3	103.9	13.1
7	Ⅰ-20官山河控制单元	178.5	19.6	3.6	0.4	63.4	6.4
8	Ⅰ-21泗河控制单元	1901.1	367.9	46.4	5.8	588.4	117.7
9	Ⅰ-22神定河控制单元	5770.8	1156.9	199.3	24.9	1211.8	383.6
10	Ⅰ-23犟河控制单元	1557.8	35.1	4.1	0.5	600.7	6.9
11	Ⅱ-2夹河湖北控制单元	1161	178.5	28	3.2	28	4.2

注:“新增”是指“十三五”期间城镇生活污染可能增加的排放量。

第五章　水源涵养和生态建设

加强水源地生态建设，保护水土资源，提高林草覆盖率，增强水源涵养能力，推进节水型社会建设，实现山水林田湖系统治理和保护。

一、库区周边生态隔离带建设

继续巩固“十二五”期间建设的丹江口水库库周生态隔离带，在库区海拔165米至172米的库周消落区，大力开展人工造林；在库区海拔172米以上的第一道山脊线以内，建设生态隔离带。加强自然保护区建设与管理，开展村庄绿化，鼓励在主要入库河流两岸建设植物过滤带，减少农村生产生活污染直接入库。

二、水土流失综合治理

按照国家级水土流失重点预防区的防治要求，全面加强预防保护和监督管理。在人口相对集中、坡耕地较多、植被覆盖率低的区域，以小流域为单元，综合采取营造水土保持林、坡改梯及配套坡面水系工程，发展特色经济林果、封育保护、沟道防护、溪沟和塘堰整治等措施，以19个水土流失治理类优先控制单元为重点，实施小流域水土流失综合治理工程。

三、林业生态建设

丹江口水库饮用水水源保护区（含准保护区）范围内15度以上坡耕地，全面实施退耕还林还草还湿，纳入省级耕地保有量和基本农田保护指标的调整方案。对石漠化严重地区实行综合治理，实施长江流域防护林体系工程建设，采取封山育林、人工造林、草地建设等植被恢复措施，限制土地过度开发，加强石漠化地区的植被建设，增强水源涵养能力。

加强河南省南阳市、湖北省十堰市、陕西省商洛市等环库周地区的天然林保护，全面停止商业性采伐，推进退化林和人工纯林修复，增加复层异龄混交林比重，构建稳定的环库森林生态系统，形成水库生态屏障。

四、节水型社会建设

实施最严格水资源管理，建立健全政府调控、市场引导、公众参与相结合的节水机制，加大重大规划和建设项目水资源论证，全面推进农业、工业和城镇节水，提高用水效率。充分考虑水资源和水环境承载能力，加快调整经济结构和布局，加强高耗水行业用水定额管理，严格控制高耗水产业发展，依法依规淘汰现有高耗水行业产能。加大农业产业结构调整力度，转变农业用水方式，大力发展节水农业，切实提高农田灌溉水有效利用系数。到2020年，节水型社会建设初见成效，社会节水意识和用水效率明显提高，农业用水、工业用水量有所下降，再生水利用率达到15%以上，总体用水量基本实现零增长。

第六章 风险管控

围绕南水北调中线调水，开展区域突发水污染事件风险评估，针对中高风险点和区域，实施“污染源→支流→库区→陶岔取水口”全过程风险管理，提升管控水平，开展饮用水水源保护区规范化建设，加强监测分析和应急处置能力建设，有效防范水源区突发水污染事件风险，保障调水水质安全。

一、丹江口水库水源地规范化建设

严格落实重要饮用水水源地核准和安全评估制度，全面推进水源地达标建设和实时监控。规范饮用水水源保护区标识设置和隔离防护，依法开展保护区环境综合整治。加快推进准保护区内高风险污染源搬迁或关停，现有污染源执行最严格排放标准，废弃物不能全部资源化利用或有效处置的规模化畜禽养殖场（小区）一律关停，垃圾填埋场、工业企业、污水处理厂实行在线监测。

加强丹江口水库消落区管理。对大坝加高新增淹没范围的消落区进行监管，严防消落区污染。加强消落区生态修复工作，形成阻隔库周直接污染的生态隔离带。

加强丹江口库区水产养殖污染风险管控。2018 年底前，一级、二级饮用水水源保护区取缔网箱养殖，库区全面禁止投饵网箱养殖。在维持和改善生态系统健康的前提下，发展生态健康养殖，开展增殖放流设施建设和滤食性鱼类等净化水质的水生生物增殖放流，削减水体氮磷等营养物质，加强水生态系统健康监测与评估。开展渔业“三品一标”认证工作。延长禁渔期，扩大禁渔区，控制捕捞强度。

强化饮用水水源日常监测。进一步提升县级监测站基础监测能力，提升市级站有机污染物和有毒有害物质的监测能力。试点开展农业面源、移动源等监测与统计工作。每年至少开展一次饮用水水源地全指标监测，适时开展持久性有机污染物、内分泌干扰物等新型污染物及藻毒素监测。

二、风险源识别与监管

针对工业源、市政污水处理厂、垃圾填埋场、尾矿库等固定风险源进行详细排查，按照“一源一档”的原则建立风险源档案，并实施动态化管理。定期开展风险评估和环境安全隐患排查，落实各类风险源风险防范主体责任，着重治理重大环境安全隐患，完善风险防范体系建设，科学制定应急预案并开展应急演练，降低风险水平。

加强尾矿库风险管控。落实有主尾矿库风险防范主体责任，督促企业落实环境风险隐患排查和治理。对隐患突出又未能有效整改的，要依法实行停产整治或予以关闭。2017 年底前，三等及以上尾矿库，应建成在线监测系统并与行业主管部门联网；重点针对伴生重金属等有毒有害物质、可能给南水北调中线水源区水质带来严重威胁的尾矿库，强化日常监管。各地要落实资金、明确职责、强化措施，扎实开展无主尾矿库隐患综合治理。

积极开展航运污染治理与风险管控。全面排查流域内现有船舶，依法强制报废超过使用年限的船舶。规范船舶水上拆解行为，禁止船舶冲滩拆解。对不符合环保标准的船舶应配备或改造相关设施、设备。到 2020 年底前，所有城市的港口、码头、装卸站具备船舶含油污水、化学品洗舱水、生活污水和垃圾等废弃物的接收能力，全面实现船舶污染物上岸集中处置。港口、码头、装卸站应制定应急预案。

切实加强道路运输安全管理。运输有毒有害物质、油类、粪便的船舶和车辆一般不准进入保护区，若出现无法回避的情况，应事先申请并经有关部门批准、登记并配备押运人员及应急处置设施。穿越水源保护区的路段应设置防护栏、溢流沟、沉淀池等必要的防护设施并加强日常巡护。

三、监测预警和应急能力建设

优化部门和地方现有监测资源，科学合理布设监测网络，陶岔渠首、湖北十堰、陕西商洛、安康、汉中建立突发环境事件预警和应急指挥中心，与南水北调中线工程运行管理机构建立常规和应急信息共享机制，推进管理联动，构建“天地一体化”生态环境集成监控系统平台，实现水源区生态环境监控的空间化、动态化、远程化。流域水资源保护工作机构负责监测省界断面的水环境质量状况，并将监测结果报国务院环境保护主管部门和水行政主管部门。建立水源区突发环境事件应急管理机制，开展区域突发环境事件风险评估和应急资源调查，编制应急处置预案，储备必要的应急物资、配备必要的应急装备，提高应急指挥和科学决策水平，及时响应和处置水污染突发事件，保障工程调度运行需要，确保供水安全。

第七章　投资估算和效益分析

一、建设任务及投资估算

围绕规划目标，规划实施污染防治、水源涵养与生态建设、风险管控 3 大类建设任务，估算总投资 196 亿元。其中：

工业污染防治项目 26 项，估算投资 6.00 亿元；城镇污水处理新增污水处理能力 526830 吨/日，新增管网 3317 公里，提标改造能力 650000 吨/日，估算投资 43.17 亿元；垃圾和污泥采取收集、预处理、转运、焚烧进行综合处理，新增垃圾和污泥处理处置能力 8000 吨/日，估算投资 35.62 亿元；养殖污染防治新增 217.8 万头猪当量治理能力，估算投资 10.94 亿元；农村环境综合整治新增建制村 1052 个，估算投资 15.76 亿元；生态清洁小流域治理面积 1126.6 平方公里，估算投资 11.27 亿元；生态循环农业与面源污染综合治理试点 48 个，估算投资 14.50 亿元；河道综合整治（含人工湿地）11 个控制单元，估算投资 5.25 亿元；综合治理水土流失面积 3210 平方公里，估算投资 25.68 亿元；退耕还林还草和石漠化治理、天然林保护工程，估算投资 16.4 亿元；水源地规范化建设项目 9 个，估算投资 5.93 亿元；监测和应急能力建设项目 8 个，估算投资 1.14 亿元；尾矿库综合治理 3 个，估算投资 4.35 亿元。

按任务类型分，污染防治类投资 142.51 亿元，水源涵养生态建设类投资 42.07 亿元，风险管控类投资 11.42 亿元。

按行政区划分，河南省27.87亿元，湖北省59.22亿元，陕西省104.22亿元，重庆市0.98亿元，四川省0.62亿元。此外，水源公司3.09亿元。

建设任务量统计表

规划任务	任务类型	单位	建设任务量				
			河南	湖北	陕西	其他	合计
污染防治	工业污染治理	个	3	6	17	0	26
	城镇污水处理	新增（吨/日）	50000	129500	347330	0	526830
		提标（吨/日）	55000	429000	166000	0	650000
		管网（公里）	860.7	811.2	1644.7	0	3316.6
	城镇垃圾与污泥处理	焚烧处理厂（个）	1	1	3		5
		预处理厂（个）	2	5	19		26
		中转站（个）	2	1	9		12
		收集站（个）	24	53	343		420
	养殖污染防治	万头猪当量	32	55	130.8	0	217.8
	农村环境整治	村	173	385	494	0	1052
	生态清洁小流域	平方公里	144.6	340.8	641.2	0	1126.6
	生态循环农业	个	8	17	23	0	48
	河道水环境整治	控制单元	3	5	3	0	11
水源涵养生态建设	水土流失治理	平方公里	285.3	770.1	1954.3	200.7	3210.4
	退耕还林还草	平方公里	140	686.7	72	0	898.7
	天然林保护	平方公里	1380	1602.7	1566.7	0	4549.4
	石漠化治理	平方公里	0	300	0	0	300
风险管控	水源地规范化建设	个	4	4	0	1	9
	监测和应急能力建设	个	1	2	4	1	8
	尾矿库综合治理	个	0	1	2	0	3

建设任务投资估算表

规划任务	项目类型	投资（亿元）						
		河南	湖北	陕西	四川	重庆	中线水源公司	合计
污染防治	工业污染治理	0.45	1.14	4.41				6
	城镇污水处理	8.04	13.27	21.86				43.17
	城镇垃圾与污泥处理	3.93	8.52	23.17				35.62
	养殖污染防治	1.6	2.8	6.54				10.94
	农村环境整治	3.46	2.42	9.88				15.76
	生态清洁小流域	1.45	3.41	6.41				11.27
	生态循环农业	2.4	5.2	6.9				14.5
	河道水环境整治	0.9	2.9	1.45				5.25
水源涵养生态建设	水土流失治理	2.28	6.16	15.63	0.62	0.98		25.67
	退耕还林还草	1.05	5.15	0.54				6.74
	天然林保护	0.87	3.91	3.85				8.63
	石漠化治理	0	1.03	0				1.03
风险管控	水源地规范化建设	1.35	1.58				3	5.93
	监测和应急能力建设	0.09	0.23	0.73			0.09	1.14
	尾矿库综合治理		1.5	2.85				4.35
总计		**27.87**	**59.22**	**104.22**	**0.62**	**0.98**	**3.09**	**196**

二、效益分析

通过全面实施规划，夯实南水北调中线长期稳定调水的基础。一是水源区的污染防治进一步深化，基本消除水质不达标断面，丹江口水库水质继续保持优良且营养水平得到控制；二是生态建设水平稳步提高，水源涵养能力持续增强；三是饮用水水源地的规范化建设、监测应急能力建设得到加强，有效降低突发性污染风险。

（一）治污效益

一是通过对涉水工业企业及工业集聚区污染治理，促进工业污染源全面达标排放。二是城镇污水处理实际处理能力由104万吨/天提高到159.03万吨/天，其中提标改造污水处理65.5万吨，污水处理率从现状80%提高到90%。增加污染物削减能力化学需氧量33913吨/年、氨氮4201吨/年、总氮3683吨/年、总磷501吨/年。三是新增垃圾和污泥焚烧发电处理能力4000吨/天，新增污泥（含水率80%）处理能力439吨/天，基本实现资源化、无害化，减少二次污染和突发性污染事件风险。四是农业农村治理区，增加污染物削减能力化学需氧量22415吨/年、氨氮1232吨/年、总氮7903吨/年、总磷146吨/年。

（二）水源涵养和生态建设效益

在水库周边及城区段河流深化生态建设，修复库周河口生态，减轻库周污染。开展小流域综合治理，治理水土流失3210平方公里，建设生态清洁小流域1127平方公里。开展退耕还林还草和石漠化治理，增加森林草原植被1200平方公里，天然林保护面积4549平方公里。新增治理区林草覆盖率提高5~10个百分点，年均减少土壤侵蚀量0.2~0.3亿吨，增加涵养水量12亿立方米。

（三）风险防范效益

通过实施丹江口水库饮用水水源地规范化建设，加强水库消落区管理，开展尾矿库等重点风险源综合整治，构建跨部门跨行政区域的生态环境监测信息的互联互通和应急管理平台，可有效降低水源地突发性污染风险，提高应急能力，提升南水北调中线供水安全保障水平。

第八章　规划实施

一、发展与保护协调推进

充分与《丹江口库区及上游地区经济社会发展规划》和《丹江口库区及上游地区对口协作方案》实施做好衔接，建立保护与发展同步推进、整体联动的体制机制。动员各方力量，加大资源整合力度，选择有代表性的典型流域开展试点，集中进行农业农村污染治理、产业结构调整，着力解决对经济社会可持续发展制约性强、群众反映强烈的突出问题。

（一）整体推进水源区产业结构调整

坚持节约优先、保护优先，绿色发展、循环发展，形成节约资源和保护环境的空间格局、产业结构、生产方式。按照保护生态环境、发挥比较优势的原则，推进产业结构调整和优化升级。全面推进生态循环农业，优化种植养殖结构，通过“种养平衡”，实现控制农业用水总量、减少化肥和农药施用量、基本农作物秸秆、畜禽粪便、农膜资源化利用的目标。加快传统产业改造，优先发展低排放产业，实现绿色转型。坚持绿色化、生态化开发，有序发展具有地方特色的生态旅游业。

(二)开展流域水环境综合治理与可持续发展试点

针对水源区总氮浓度偏高的问题以及总氮来源复杂的特点,先期选择流域面积适当、污染突出的若干典型控制单元开展试点示范,探索流域综合治理和经济社会协调发展的模式。试点流域要以水环境治理改善和可持续发展为目标,坚持治理与发展并重、结构调整与设施建设并重、节水与治污并重、工程与管理并重,从源头、过程到末端全过程控制,充分发挥地方政府统筹作用,科学编制并实施相关方案。

(三)协作促进水源区绿色发展

不断深化制度改革和科技创新,逐步建立适合水源区的生态文明制度体系,率先形成勤俭节约、绿色低碳、文明健康的生活方式和消费模式。以保水质、强民生、促转型为主线,积极开展受水区与水源区的对口协作,促进区域协调发展。发挥京津经济技术人才优势,帮助水源区发展生态型特色产业,培训水源区的专业技术骨干,引进先进适用的环境治理和管控技术,增强水源区的环境管理和风险防范能力,引导、动员京津社会力量到水源区开展生态环境建设、发展循环经济和推进相关合作,增强水源区的绿色发展能力。

二、保障措施

(一)落实责任主体,健全考核体系

河南、湖北、陕西三省人民政府对本行政区水源保护负总责,是规划实施的责任主体。地方各级政府要以控制单元为基础,全面推行河长制,将规划目标和任务逐级分解到相关市、县、乡镇及企事业单位,层层签订责任状,将水源保护工作纳入干部政绩考核体系,做到责任到位、措施到位、工作到位。国务院有关部门要组织实施水质目标浓度、饮用水水源地水质、水功能区达标率、节水型社会建设等指标考核,国务院南水北调办与水源区省级政府签订水源保护目标责任书,会同有关部门对规划实施情况进行考核。

(二)加强统筹协调,形成工作合力

以丹江口库区及上游水污染防治和水土保持部际联席会议、对口协作领导小组为平台,统筹国务院有关部门和三省的工作,加强规划实施的组织协调,分析研究解决新情况、新问题,重大问题及时向国务院报告。国务院有关部门要加强对规划实施的领导和协调,指导地方做好规划任务落实、项目前期工作、部门项目储备库申报等,对符合条件的项目(建设任务)及时下达由本部门负责的专项资金,并加强监督检查。南水北调办承担部际联席会议办公室日常事务,定期会商,及时通报工作进展,组织有关部门开展规划实施的考核,督促规划任务和措施的落实、做好规划实施进度统计、水质信息收集整理等工作。

(三)强化实施监管,提高治理效益

发展改革委、南水北调办会同有关部门加强指导,河南、湖北、陕西三省编制规划实施方案以及优先控制单元治理方案,落实规划任务,加强对各类项目、各渠道资金的统筹,因地制宜应用先进适用技术,综合运用工程措施与非工程措施,充分发挥综合治理效益。省级政府主管部门要根据规划建设内容与国务院有关部门储备项目库或行业规划进行衔接,指导做好项目储备和前期论证工作并实行动态化管理。落实省级审核和监督负责制,严格履行项目申报、审批、实施、竣工验收程序,做好项目建成后的移交和运行管护,切实提高项目效益。进一步完善城镇污水、垃圾处理收费政策,确保项目高效运行发挥效益。

（四）多方筹集资金，创新治理模式

地方各级政府要认真贯彻国务院关于推进环境污染第三方治理、重点建设领域投融资体制改革要求，建立“政府引导，地方为主，市场运作，社会参与”多元化投入机制，拓宽资金筹集渠道，吸引社会资本参与水源保护相关项目的投资、建设和运营管理。对于基础性和公益性强的项目，要充分发挥地方财政资金引导作用，合理利用一般性财政转移资金，保障规划重点任务建设。对于具有收益的项目，要充分发挥市场作用，积极引导社会资金参与治理。国务院有关部门通过节能环保与生态建设中央预算内投资、水污染防治专项资金、农村环境综合整治资金、农业面源治理及循环农业试点资金，以及退耕还林、天然林保护、石漠化治理等现有资金渠道，对符合国家支持方向的建设任务及项目予以支持。对水土流失治理相关项目，其投资由地方通过加大财政投入、积极吸引社会资本等渠道落实，在此基础上积极争取中央财政相关专项资金支持。积极推行控制单元整体水环境综合治理服务专业化、社会化，集中“打包”分类推进项目实施，切实提高资金使用效率，提升治污设施运营效益和管理水平。

（五）加强生态保护补偿，建立长效机制

强化生态保护红线、环境质量底线、资源利用上线和环境准入负面清单管控，强化生态环境保护要求对区域开发的约束。充分考虑水源区水质保护要求，完善基本公共服务和全面实现小康社会的需要，为充分调动地方政府的积极性，要进一步加大转移支付力度，健全生态保护成效与转移支付资金分配挂钩的约束激励机制。推进省级区域内横向补偿，深化受水区对水源区的对口支援协作，支持水源区调整产业结构发展绿色产业，促进水源区与受水区互利共赢。

（六）严格标准体系，坚持依法保护

落实南水北调中线丹江口水库饮用水水源保护区制度，推进水源保护法制化、制度化和常态化建设。鼓励各地根据水质改善需求，针对氮、磷等特征污染指标，研究制定严于国家标准的地方水污染物排放标准。建立覆盖所有固定污染源的排污许可制，完善监管执法依据。加强环保、水利、林业等部门监管执法能力建设，充实一线执法队伍，保障执法装备。全面落实“河长制”，积极探索按流域设置环境监管和行政执法机构、跨地区环保机构，构建国家、省、市、县、乡镇“五级”协同联动机制，推进联合执法、区域执法、交叉执法，强化执法监督和责任追究。依法严厉打击违法排污、取水、取土、挖砂、采石、陡坡开垦、破坏林地等活动，切实保护水源区水质、水量和生态环境安全。

（七）开展科研攻关，实现精准施治

以问题为导向加强科研攻关，提高水源保护的针对性、科学性、系统性和前瞻性。重点针对丹江口水库总氮问题通过科研攻关进行追根溯源；研究气候变化与人类活动对水源区入库水量的影响，开展人工增雨等增加入库水量的对策研究与探索；对恢复污染河流的生态健康建立评价体系和提出对策措施；研究水源区水资源、水环境与经济社会发展演变过程和规律，为构建水源保护与区域经济社会协调发展的长效机制和政策措施奠定基础。

（八）鼓励公众参与，加强社会监督

完善中线水源保护政务信息公开制度，确保信息畅通和准确，及时向社会发布水源区生态环境状况。推进企业环境信息公开，公布流域内重点污染企业污染排放情况。建立舆论监督和公众监督机制，鼓励公众参与水源区的生态环境监督，维护广大民众的知情权、参与权和监督权，坚持电视、广播、报纸和网络等新闻媒介的正确舆论导向，发挥公众和媒体舆论监督的作用。加强环境宣传与教育，倡导绿色生活，合理引导公众对生态环境的需求与预期。

附表 1　控制单元基本情况

序号	控制单元	行政区域	人口 万人	水量 亿 m^3	面积 km^2	耕地 km^2	坡耕 km^2	水土流失 km^2	污染排放量(吨/年)		
									COD	氨氮	总氮
合　计			1374	476	95256	12472	8042	21861	170042	22308	59628
1	I-1 老灌河卢氏栾川控制单元	**河南省**:**栾川县**三川镇、冷水镇、叫河镇;**卢氏县**五里川镇、朱阳关镇、双槐树乡、汤河乡	14.25	2.43	910	86	54	215	1757	166.5	876
2	I-2 老灌河西峡控制单元	**河南省**:**西峡县**白羽街道、紫金街道、莲花街道、双龙镇、回车镇、丁河镇、桑坪镇、米坪镇、五里桥镇、太平镇、二郎坪镇、军马河镇、石界河镇	42.47	6.62	2449	155	88	551	1893	206.7	703
3	I-3 老灌河淅川控制单元	**河南省**:**淅川县**龙城街道、商圣街道、金河镇、上集镇、毛堂乡,**西峡县**丹水镇、田关乡,**内乡县**桃溪镇	36.17	2.74	938	292	171	217	4573	530.2	1773
4	I-4 淇河卢氏控制单元	**河南省**:**卢氏县**瓦窑沟乡、狮子坪乡	2.59	1.86	488	20	15	101	87	15.3	100
5	I-5 淇河西峡控制单元	**河南省**:**西峡县**西坪镇、重阳镇、寨根乡,**淅川县**西簧乡	13.05	3.45	835	84	50	173	1579	1079.1	1314
6	I-6 丹江商州源头区控制单元	**陕西省**:**商州区**麻街镇、牧护关镇、三岔河镇	9.07	0.62	551	62	45	109	579	86.3	265
7	I-7 丹江商州控制单元	**陕西省**:**商州区**城关街道、大赵峪街道、陈塬街道、刘湾街道、沙河子镇、杨峪河镇、杨斜镇、大荆镇、腰市镇、板桥镇、金陵寺镇,**洛南县**四皓街道办事处	41.04	1.71	1547	275	187	343	5592	579.6	2008
8	I-8 丹江丹凤控制单元	**陕西省**:**商州区**夜村镇、北宽坪镇,**洛南县**景村镇,**丹凤县**龙驹寨镇、蔡川镇、商镇、棣花镇	26.88	1.51	1420	226	151	302	5905	528.4	1857
9	I-9 丹江陕西省界控制单元	**陕西省**:**丹凤县**庾岭镇、峦庄镇、铁峪铺镇、武关镇、竹林关镇、土门镇、寺坪镇、资峪镇、月日镇、桃坪镇、花瓶子镇、北赵川镇,**商南县**城关镇、富水镇、湘河镇、白浪镇、金丝峡镇、过风楼镇、试马镇、清油河镇、青山镇、魏家台镇、水沟镇,**山阳县**高坝店镇、中村镇、银花镇、双坪镇、两岭镇	58.33	10.38	3845	295	210	720	7321	788.5	2012
10	I-10 丹江入库前控制单元	**河南省**:**淅川县**荆紫关镇、寺湾镇、大石桥乡	12.01	0.36	452	117	63	105	740	88.8	468
11	I-11 滔河陕西省界控制单元	**陕西省**:**商南县**赵川镇、十里坪镇	3.7	1.42	636	43	32	91	1003	96.7	313
12	I-12 滔河湖北控制单元	**湖北省**:**郧阳区**南化塘镇、白浪镇、刘洞镇、谭山镇、梅铺镇、大柳乡	17.05	3.78	1155	257	184	270	1784	131.2	605

续表

序号	控制单元	行政区域	人口 万人	水量 亿 m^3	面积 km^2	耕地 km^2	坡耕 km^2	水土流失 km^2	污染排放量（吨/年）		
									COD	氨氮	总氮
13	Ⅰ-13 库周南阳控制单元	**河南省：淅川县**老城镇、香花镇、九重镇、盛湾镇、仓房镇、马蹬镇、滔河乡，**内乡县**瓦亭镇、峠岖乡，**邓州市**彭桥镇	39.88	3.21	1764	666	230	319	22927	1574.1	11783
14	Ⅰ-14 库周十堰控制单元	**湖北省：丹江口**市均州路街道、大坝街道、丹赵路街道、三官殿街道、土关垭镇、丁家营镇、六里坪镇、均县镇、习家店镇、蒿坪镇、石鼓镇、凉水河镇、龙山镇，**郧阳区**安阳镇、白桑关镇、青山镇	38.13	10.39	2608	410	275	520	5358	557.4	1878
15	Ⅰ-15 天河陕西省界控制单元	**陕西省：山阳县**西照川镇、王阎镇、天桥镇、石佛寺镇	3.66	3.37	513	35	27	92	334	54.3	116
16	Ⅰ-16 天河湖北控制单元	**湖北省：郧西县**城关镇、土门镇、观音镇、香口乡、安家乡	9.66	1.3	1172	117	80	280	1143	171.4	345
17	Ⅰ-17 库尾湖北控制单元	**湖北省：郧阳区**城关镇、杨溪铺镇、青曲镇、茶店镇、柳陂镇、鲍峡镇、胡家营镇、谭家湾镇、五峰乡，**郧西县**羊尾镇、马安镇、河夹镇、涧池乡	38.02	18.69	2395	360	262	551	4214	434.8	1126
18	Ⅰ-18 浪河控制单元	**湖北省：丹江口市**浪河镇、盐池河镇、白杨坪乡、丁家营镇	2.42	1.3	446	26	18	94	338	37.2	136
19	Ⅰ-19 剑河控制单元	**湖北省：丹江口市**武当山街道	6.61	0.78	289	12	9	57	284	44	115
20	Ⅰ-20 官山河控制单元	**湖北省：丹江口市**官山镇	1.54	0.73	306	14	11	63	179	19.6	73
21	Ⅰ-21 泗河控制单元	**湖北省：茅箭区**武当路街道、白浪街道、大川镇、茅塔乡、鸳鸯乡	10.29	1.45	502	12	8	88	1901	367.9	304
22	Ⅰ-22 神定河控制单元	**湖北省：张湾区**花果街道、红卫街道、车城街道、汉江街道，**茅箭区**二堰街道、五堰街道	40.35	0.73	276	15	8	51	5771	1156.9	796
23	Ⅰ-23 犟河控制单元	**湖北省：张湾区**柏林镇、西沟乡	1.89	0.6	218	6	4	47	1558	35.1	40
24	Ⅰ-24 堵河下游控制单元	**湖北省：张湾区**黄龙镇、方滩乡	3.24	13.78	189	12	7	43	148	36	49
25	Ⅱ-1 夹河陕西控制单元	**陕西省：山阳县**城关镇、天竺山镇、漫川关镇、南宽坪镇、户家塬镇、杨地镇、牛耳川镇、小河口镇、色河铺镇、板岩镇、元子街镇、十里铺镇、延坪镇、法官镇，**柞水县**小岭镇、凤凰镇、红岩寺镇、曹坪镇、蔡玉窑镇、杏坪镇、瓦房口镇、柴庄镇、丰北河镇，**镇安县**大坪镇、米粮镇、茅坪回族镇，**商州区**黑山镇、砚池河镇、闫村镇	57.5	8.04	4274	479	356	981	6577	756.1	1637

续表

序号	控制单元	行政区域	人口 万人	水量 亿 m^3	面积 km^2	耕地 km^2	坡耕 km^2	水土流失 km^2	污染排放量(吨/年)		
									COD	氨氮	总氮
26	II-2 夹河湖北控制单元	**湖北省:郧西县**上津镇、店子镇、夹河镇、关防乡、湖北口回族乡、景阳乡、六郎乡	22.29	9.46	1673	227	172	420	1161	178.5	440
27	II-3 旬河控制单元	**陕西省:镇安县**永乐镇街道办、回龙镇、铁厂镇、西口回族镇、高峰镇、青铜关镇、柴坪镇、达仁镇、木王镇、云盖寺镇、庙沟镇、月河镇,**旬阳县**小河镇、赵湾镇、麻坪镇、甘溪镇、白柳镇、桐木镇、仁河口镇,**柞水县**乾佑镇、营盘镇、下梁镇、石瓮镇,**宁陕县**江口回族镇、广货街镇、金川镇、丰富镇	45.61	21.66	6269	528	409	1414	5029	637.2	1427
28	II-4 汉江陕西省界控制单元	**陕西省:白河县**城关镇、中厂镇、构扒镇、卡子镇、茅坪镇、宋家镇、西营镇、仓上镇、冷水镇、双丰镇、小双镇、麻虎镇,**旬阳县**城关镇、棕溪镇、关口镇、蜀河镇、双河镇、吕河镇、段家河镇、仙河镇、构元镇、红军镇,**汉滨区**张滩镇、关家镇、县河镇、关庙镇、早阳镇、共进镇、石梯镇,**平利县**老县镇、大贵镇、洛河镇	72.69	28.61	3528	722	560	730	8188	1100.6	2273
29	II-5 月河控制单元	**陕西省:汉滨区**五里镇、大同镇、恒口镇、茨沟镇、大河镇、沈坝镇、叶坪镇、中原镇、双溪镇、谭坝镇、紫荆镇,**汉阴县**城关镇、涧池镇、蒲溪镇、平梁镇、双乳镇、铁佛寺镇、龙垭镇、酒店镇、双河口镇、观音河镇	54.43	9.13	2815	597	414	654	6644	927.6	1796
30	II-6 汉江安康城区控制单元	**陕西省:汉滨区**老城街道、建民街道、新城街道、江北街道、吉河镇、瀛湖镇,**平利县**三阳镇	26.45	6.47	1560	295	212	353	2720	427.2	1042
31	II-7 坝河控制单元	**陕西省:旬阳县**神河镇、赤岩镇、金寨镇、石门镇、铜钱关镇,**平利县**城关镇、兴隆镇、广佛镇、长安镇、西河镇、女娲山镇,**汉滨区**坝河镇	19	5.07	1872	242	185	401	2764	349	970
32	II-8 南江河控制单元	**陕西省:镇坪县**城关镇、曾家镇、牛头店镇、钟宝镇、洪石镇、上竹镇、曙坪镇、小曙河镇、华坪镇	6.37	7.48	1490	49	37	341	1305	142	382
33	II-9 汇湾河控制单元	**湖北省竹溪县**城关镇、蒋家堰镇、中峰镇、水坪镇、县河镇、泉溪镇、丰溪镇、龙坝镇、兵营镇、汇湾镇、鄂坪乡、天宝乡、新洲乡,**竹山县**擂鼓镇、秦古镇、得胜镇、竹坪乡、大庙乡	52.5	16.89	3270	438	308	816	4906	477.1	1580
34	II-10 官渡河神农架控制单元	**湖北省:神农架林区**大九湖镇	8.67	1.59	336	8	5	81	105	7.4	11

续表

序号	控制单元	行政区域	人口万人	水量亿 m^3	面积 km^2	耕地 km^2	坡耕 km^2	水土流失 km^2	污染排放量(吨/年)		
									COD	氨氮	总氮
35	II-11 官渡河控制单元	**湖北省:竹山县**溢水镇、麻家渡镇、宝丰镇、上庸镇、官渡镇、深河乡、柳林乡,**房县**上龛乡、中坝乡、九道乡,**竹溪县**桃源乡、向坝乡	25.03	20.7	4330	313	231	1107	2612	330	990
36	II-12 堵河黄龙滩水库控制单元	**湖北省:房县**大木厂镇、门古寺镇、窑淮镇、姚坪乡、回龙乡,竹山县城关镇、潘口乡、双台乡、楼台乡、文峰乡,**郧阳区**叶大乡	25.87	13.97	2615	247	184	579	3680	432.1	1093
37	III-1 任河重庆控制单元	**重庆市:城口县**葛城街道、复兴街道、巴山镇、坪坝镇、庙坝镇、修齐镇、高观镇、高燕镇、龙田乡、北屏乡、高楠乡、左岚乡、沿河乡、治平乡、岚天乡、厚坪乡、河鱼乡、东安乡	17.46	11.65	2361	282	216	606	786	88.4	155
38	III-2 汉江安康水库控制单元	**陕西省:紫阳县**城关镇、蒿坪镇、汉王镇、焕古镇、向阳镇、洞河镇、洄水镇、斑桃镇、双桥镇、高桥镇、红椿镇、高滩镇、毛坝镇、瓦庙镇、麻柳镇、双安镇、东木镇、界岭镇、广城镇、绕溪镇、联合镇,**岚皋县**城关镇、佐龙镇、花里镇、滔河镇、官元镇、石门镇、民主镇、大道河镇、蔺河镇、溢河镇、四季镇、孟石岭镇、横溪镇、堰门镇、铁炉镇,**汉滨区**流水镇、大竹园镇、洪山镇、双龙镇、田坝镇、晏坝镇、新坝镇、牛蹄镇,**石泉县**城关镇、迎丰镇、池河镇、后柳镇、喜河镇、熨斗镇、云雾山镇、中池镇、饶峰镇,**镇巴县**观音镇、巴庙镇、兴隆镇、碾子镇、巴山镇、平安镇,**汉阴县**漩涡镇、汉阳镇、上七镇、双坪镇,**西乡县**高川镇、两河口镇、五里坝镇,**宁陕县**龙王镇、太山庙镇,**平利县**八仙镇、正阳镇。**四川省:万源市**大竹镇、庙坡乡、紫溪乡、庙子乡、钟停乡、白果乡	112.89	46.17	9197	1100	840	2360	10780	1596.6	4630
39	III-3 汉江石泉水库控制单元	**陕西省:西乡县**城关镇、杨河镇、柳树镇、沙河镇、私渡镇、桑园镇、白龙塘镇、峡口镇、堰口镇、茶镇、大河镇、罗镇、骆家坝镇、子午镇、白勉峡镇,**佛坪县**袁家庄镇、陈家坝镇、大河坝镇、西岔河镇、长角坝镇、十亩地镇、石墩河镇、岳坝镇,**宁陕县**城关镇、四亩地镇、筒车湾镇、皇冠镇、梅子镇、新场镇,**洋县**黄金峡镇、金水镇、桑溪镇,**镇巴县**泾洋镇、小洋镇、杨家河镇,**石泉县**两河镇、曾溪镇	54.64	55.93	7413	581	399	1758	8624	1536.2	2823

续表

序号	控制单元	行政区域	人口 万人	水量 亿 m^3	面积 km^2	耕地 km^2	坡耕 km^2	水土流失 km^2	污染排放量(吨/年)		
									COD	氨氮	总氮
40	Ⅲ-4 汉江城固洋县控制单元	**陕西省：城固县**博望镇、龙头镇、沙河营镇、文川镇、柳林镇、老庄镇、桔园镇、原公镇、上元观镇、天明镇、二里镇、五堵镇、双溪镇、小河镇、三合镇、董家营镇、莲花办事处，**洋县**洋州镇、戚氏镇、龙亭镇、谢村镇、马畅镇、溢水镇、磨子桥镇、黄家营镇、黄安镇、槐树关镇、华阳镇、茅坪镇、白石镇、长溪镇、四郎镇、关帝镇、八里关镇，**太白县**黄柏塬镇，**周至县**厚畛子镇	113.44	41.63	5839	1110	481	1390	12726	2151.5	3409
41	Ⅲ-5 汉江汉中控制单元	**陕西省：汉台区**鑫源街道、北关街道、东大街街道、汉中路街道、中山街街道、东关街道、龙江街道、七里街道、铺镇、武乡镇、宗营镇、老君镇、汉王镇、徐望镇，**南郑县**汉山镇、圣水镇、大河坎镇、协税镇、梁山镇、阳春镇、高台镇、新集镇、濂水镇、黄官镇、青树镇、红庙镇、牟家坝镇、法镇、湘水镇、小南海镇、两河镇、胡家营镇	105	14.45	2125	762	308	493	6550	1142.7	2939
42	Ⅲ-6 汉江源头控制单元	**陕西省：勉县**勉阳镇、武侯镇、周家山镇、同沟寺镇、新街子镇、老道寺镇、褒城镇、金泉镇、定军山镇、温泉镇、元墩镇、阜川镇、新铺镇、青羊驿镇、茶店镇、镇川镇、长沟河镇、张家河镇、漆树坝镇，**宁强县**汉源镇、高寨子镇、大安镇、铁锁关镇、胡家坝镇、庙坝镇，**略阳县**两河口镇、硖口驿镇、接官亭镇、黑河镇、观音寺镇、仙台坝镇，**南郑县**黎坪镇，**凤县**留凤关镇，**留坝县**留侯镇。**甘肃省：两当县**云屏乡。	67.16	35.63	4995	804	479	1170	7240	1115.8	2737
43	Ⅲ-7 褒河控制单元	**陕西省：留坝县**城关镇、马道镇、武关驿镇、江口镇、青桥驿镇、火烧店镇、玉皇庙镇，**太白县**嘴头镇、靖口镇、太白河镇、王家堎镇，**凤县**河口镇、平木镇、坪坎镇，**汉台区**河东店镇	14.65	28.22	3392	92	57	803	682	125.9	243

注：1. 上述数据为2015年现状。
2. 污染排放数据来自环境统计，其中：农业农村污染统计重点规模化畜禽养殖场和小区，种植业和其他养殖为估算。

附表 2　建设任务

单元名称	建　设　内　容
I-1 老灌河卢氏栾川控制单元	3 家矿产企业污染治理；新增 4 个建制镇污水管网 101km；养殖密集区 5 万头猪当量粪污资源化利用；5 个生态清洁小流域治理面积 38.26km^2；42 个村环境综合整治；1 个水土流失综合治理项目治理面积 15km^2。
I-2 老灌河西峡控制单元	提标改造污水处理能力 3 万 t/d，新增污水处理能力 1 万 t/d，新增污水管网 466km；垃圾收集站 7 处；西峡县老灌河支流水环境综合治理工程，养殖密集区 1.7 万头猪当量粪污资源化利用，2 个生态清洁小流域治理面积 24.45km^2，2 个生态循环农业与面源污染治理工程；2 个村环境综合整治；2 个水土流失综合治理项目治理面积 57.62km^2。
I-3 老灌河淅川控制单元	提标改造污水处理能力 2.5 万 t/d，新增污水处理能力 4 万 t/d，新增污水管网 113.6km，老灌河支流水环境综合治理；垃圾收集站 6 处；养殖密集区 4.7 万头猪当量粪污资源化利用；2 个生态清洁小流域治理面积 12.1km^2，2 个生态循环农业与面源污染治理工程；18 个村环境综合整治。
I-4 淇河卢氏控制单元	完善污水管网 32km；养殖密集区 4 万头猪当量粪污资源化利用；1 个生态清洁小流域治理面积 5.3km^2；12 个村环境综合整治；1 个水土流失综合治理项目治理面积 29.42km^2。
I-5 淇河西峡控制单元	完善污水管网 13km；养殖密集区 4.6 万头猪当量粪污资源化利用；1 个生态循环农业与面源污染治理工程；淇河支流水环境综合治理。
I-6 丹江商州源头区控制单元	新建 2 个建制镇污水处理能力 0.15 万 t/d，新增配套管网 20km，垃圾收集站 5 处；养殖密集区 2 万头猪当量粪污资源化利用；1 个生态循环农业与面源污染治理工程。
I-7 丹江商州控制单元	新建 4 个建制镇污水处理能力 0.44 万 t/d，新增配套管网 53km；垃圾收集站 10 处；养殖密集区 2 万头猪当量粪污资源化利用；3 个生态清洁小流域治理面积 42.08km^2；1 个生态循环农业与面源污染治理工程；2 个水土流失综合治理项目治理面积 63km^2。
I-8 丹江丹凤控制单元	新建 1 个建制镇污水处理能力 0.24 万 t/d，新增配套管网 20km，铺建 3 个片区雨污分流管网 142km；垃圾收集站 7 处、垃圾压缩中转站 1 处；养殖密集区 13 万头猪当量粪污资源化利用；1 个生态清洁小流域治理面积 12.1km^2；1 个生态循环农业与面源污染治理工程；2 个水土流失综合治理项目治理面积 58.03km^2。
I-9 丹江陕西省界控制单元	提标改造污水处理能力 1 万 t/d，新增 13 个建制镇污水处理能力 1.74 万 t/d，新增污水管网 210km；垃圾收集站 27 处；丹凤县丹江支流水环境综合治理工程，养殖密集区 8.5 万头猪当量粪污资源化利用，3 个生态清洁小流域治理面积 40.73km^2，2 个生态循环农业与面源污染治理工程；5 个水土流失综合治理项目治理面积 131.76km^2。
I-10 丹江入库前控制单元	新建污水管网 41km；建设垃圾收集站 3 处；养殖密集区 3 万头猪当量粪污资源化利用；1 个生态循环农业与面源污染治理工程；15 个村环境综合整治；1 个水土流失综合治理项目治理面积 90.46km^2。
I-11 滔河陕西省界控制单元	新建 1 个建制镇污水处理能力 0.06 万 t/d，新增污水管网 8km；垃圾收集站 2 处；养殖密集区 0.4 万头猪当量粪污资源化利用，1 个生态循环农业与面源污染治理工程。
I-12 滔河湖北控制单元	新建 3 个建制镇污水管网 13.6km；垃圾收集站 5 处；养殖密集区 2 万头猪当量粪污资源化利用；1 个生态循环农业与面源污染治理工程；24 个村环境综合整治；1 个水土流失综合治理项目治理面积 41.55km^2。
I-13 库周南阳控制单元	新建污水管网 93.7km；垃圾收集站 7 处；养殖密集区 9 万头猪当量粪污资源化利用；7 个生态清洁小流域治理面积 64.52km^2；2 个生态循环农业与面源污染治理工程；68 个村环境综合整治；2 个水土流失综合治理项目治理面积 92.78km^2。
I-14 库周十堰控制单元	提标改造污水处理能力 7 万 t/d，新增 1 个乡镇污水管网 0.5km；垃圾收集站 8 处；养殖密集区 11 万头猪当量粪污资源化利用；9 个生态清洁小流域治理面积 90.6km^2；2 个生态循环农业与面源污染治理工程；111 个村环境综合治理；7 个水土流失综合治理项目治理面积 191.32km^2。
I-15 天河陕西省界控制单元	垃圾收集站 4 处；养殖密集区 0.4 万头猪当量粪污资源化利用；1 个生态循环农业与面源污染治理工程。
I-16 天河湖北控制单元	新建建制镇污水管网 12.5km，新增污水处理能力 0.3 万 t/d，扩容污水处理能力 2.5 万 t/d，提标改造污水处理能力 2.5 万 t/d；垃圾收集站 2 处；3 个生态清洁小流域治理面积 35.37km^2；1 个生态循环农业与面源污染治理工程；40 个村环境综合治理；天河流域水环境综合治理工程；1 个水土流失综合治理项目治理面积 23.55km^2。

续表

单元名称	建设内容
I-17 库尾湖北控制单元	提标改造污水处理能力 5 万 t/d,新增污水处理能力 0.05 万 t/d,建制镇污水管网 255.6km;垃圾收集站 8 处;4 个生态清洁小流域治理面积 44.23km²;2 个生态循环农业与面源污染治理工程;20 个村环境综合整治;3 个水土流失综合治理项目治理面积 27.27km²。
I-18 浪河控制单元	垃圾收集站 2 处;1 个生态清洁小流域治理面积 9.52km²;1 个生态循环农业与面源污染治理工程;1 个水土流失综合治理项目治理面积 16.38km²。
I-19 剑河控制单元	新增污水处理能力 0.3 万 t/d,提标改造污水处理能力 1.4 万 t/d;垃圾压缩中转站 1 处;剑河流域河道水环境综合治理工程,养殖密集区 5 万头猪当量粪污资源化利用;2 个生态循环农业与面源污染治理工程;1 个水土流失综合治理项目治理面积 10.73km²。
I-20 官山河控制单元	新增污水处理能力 0.3 万 t/d;垃圾收集站 1 处;养殖密集区 3.4 万头猪当量粪污资源化利用;1 个生态清洁小流域治理面积 10.13km²;1 个生态循环农业与面源污染治理工程。
I-21 泗河控制单元	新增污水处理能力 5.3 万 t/d,新增污水管网 132km;垃圾收集站 3 处;泗河流域河道水环境综合治理工程;2 个生态清洁小流域治理面积 22.54km²,1 个生态循环农业与面源污染治理工程;20 个村环境综合整治;3 个水土流失综合治理项目治理面积 28.72km²。
I-22 神定河控制单元	提标改造污水处理能力 16.5 万 t/d,新增污水处理能力 4.5 万 t/d,新增污水管网 50km;垃圾收集站 27 处;神定河流域河道水环境综合治理工程;2 个生态清洁小流域治理面积 29.17km²;40 个村环境综合整治;1 个水土流失综合治理项目治理面积 12.9km²。
I-23 犟河控制单元	5 家工业企业污染治理;提标改造污水处理能力 5 万 t/d,新增污水管网 156km;垃圾收集站 3 处、垃圾压缩中转站 1 处;犟河流域水环境综合治理工程;2 个生态清洁小流域治理面积 19.79km²,1 个生态循环农业与面源污染治理工程;1 个水土流失综合治理项目治理面积 3.65km²。
I-24 堵河下游控制单元	垃圾收集站 2 处;1 个生态清洁小流域治理面积 14.69km²。
II-1 夹河陕西控制单元	提标改造污水处理能力 1 万 t/d,新建 1 座镇污水处理能力 0.1 万 t/d,新增污水管网 14km;垃圾收集站 29 处;养殖密集区 13 万头猪当量粪污资源化利用;2 个生态清洁小流域治理面积 26.1km²;1 个生态循环农业与面源污染治理工程;4 个水土流失综合治理项目治理面积 152.66km²。
II-2 夹河湖北控制单元	垃圾收集站 3 处;1 个生态循环农业与面源污染治理工程;30 个村环境综合整治;1 个水土流失综合治理项目治理面积 51.73km²。
II-3 旬河控制单元	提标改造污水处理能力 1.4 万 t/d,新增污水处理能力 1.47 万 t/d,新增污水管网 39.5km;垃圾压缩中转站 2 处、收集站 25 处、垃圾分类就地处理示范 4 处;养殖密集区 19 万头猪当量粪污资源化利用;5 个生态清洁小流域治理面积 57.35km²;1 个生态循环农业与面源污染治理工程;12 个村环境综合整治;4 个水土流失综合治理项目治理面积 110.66km²。
II-4 汉江陕西省界控制单元	2 个工业园区污染治理;提标改造污水处理能力 4.9 万 t/d,新增污水处理能力 4.9 万 t/d,新增污水管网 223.45km;垃圾收集站 22 处;5 个生态清洁小流域治理面积 49.75km²,2 个生态循环农业与面源污染治理工程;28 个村环境综合整治;6 个水土流失综合治理项目治理面积 183.7km²。
II-5 月河控制单元	1 个工业园区污水治理;提标改造污水处理能力 1 万 t/d,新增污水处理能力 0.38 万 t/d,新增污水管网 13.34km;垃圾压缩中转站 1 处、收集站 19 处;养殖密集区 18 万头猪当量粪污资源化利用;3 个生态清洁小流域治理面积 30.05km²,1 个生态循环农业与面源污染治理工程;45 个村环境综合整治;4 个水土流失综合治理项目治理面积 98.59km²。
II-6 汉江安康城区控制单元	提标改造污水处理能力 6 万 t/d,新增污水处理能力 3.15 万 t/d,新增污水管网 45km;垃圾收集站 8 处;汉江支流河道水环境综合治理工程;1 个生态循环农业与面源污染治理工程;1 个水土流失综合治理项目治理面积 34.53km²。
II-7 坝河控制单元	提标改造污水处理能力 0.8 万 t/d,新增污水处理能力 1.17 万 t/d,新增污水管网 31km;垃圾收集站 10 处;养殖密集区 26 万头猪当量粪污资源化利用;2 个生态清洁小流域治理面积 20.7km²,1 个生态循环农业与面源污染治理工程;1 个水土流失综合治理项目治理面积 27.1km²。

续表

单元名称	建设内容
II-8 南江河控制单元	工业废水深度治理；提标改造污水处理能力 0.5 万 t/d，新增污水处理能力 0.09 万 t/d，新增污水管网 8.5km；垃圾分类与就地处理示范 9 处；养殖密集区 2 万头猪当量粪污资源化利用；2 个生态清洁小流域治理面积 20.02km²，30 个村环境综合整治；2 个水土流失综合治理项目治理面积 41.23km²。
II-9 汇湾河控制单元	提标改造污水处理能力 3 万 t/d；垃圾收集站 9 处；养殖密集区 26 万头猪当量粪污资源化利用；2 个生态清洁小流域治理面积 19.91km²；1 个生态循环农业与面源污染治理工程；2 个水土流失综合治理项目治理面积 80.15km²。
II-10 官渡河神农架控制单元	1 个生态清洁小流域治理面积 5.41km²；3 个水土流失综合治理项目治理面积 51.81km²。
II-11 官渡河控制单元	新增 9 个建制镇污水管网 50km；垃圾压缩中转站 1 处；养殖密集区 15 万头猪当量粪污资源化利用；1 个生态清洁小流域治理面积 9.27km²，1 个生态循环农业与面源污染治理工程；20 个村环境综合整治；6 个水土流失综合治理项目治理面积 178.13km²。
II-12 堵河黄龙滩水库控制单元	提标改造污水处理能力 2.5 万 t/d；垃圾收集站 4 处；养殖密集区 16.6 万头猪当量粪污资源化利用；3 个生态清洁小流域治理面积 30.16km²；1 个生态循环农业与面源污染治理工程；70 个村环境综合整治；3 个水土流失综合治理项目治理面积 52.22km²。
III-1 任河重庆控制单元	3 个水土流失综合治理项目治理面积 123km²。
III-2 汉江安康水库控制单元	紫阳县工业废渣治理、岚皋县石泉县工业园区污水治理；新增污水处理能力 3.63 万 t/d，新增污水管网 130km；垃圾收集站 65 处、垃圾分类就地处理示范 2 处；养殖密集区 3 万头猪当量粪污资源化利用；9 个生态清洁小流域治理面积 90.7km²；1 个生态循环农业与面源污染治理工程；155 个村环境综合整治；陕西 9 个水土流失综合治理项目治理面积 292.83km²、四川 2 个水土流失综合治理项目治理面积 77.66km²。
III-3 汉江石泉水库控制单元	西乡县工业园区污水垃圾治理；新增 7 镇污水处理能力 0.7 万 t/d，新增污水管网 47km；垃圾压缩中转站 1 处、收集站 22 处、垃圾分类就地处理示范 14 处；养殖密集区 4 万头猪当量粪污资源化利用；5 个生态清洁小流域治理面积 54.21km²；1 个生态循环农业与面源污染治理工程；78 个村环境综合整治；5 个水土流失综合治理项目治理面积 145.46km²。
III-4 汉江城固洋县控制单元	洋县工业企业污水治理；新增 10 镇污水处理能力 1.45 万 t/d，新增污水管网 158km；垃圾压缩中转站 2 处、收集站 34 处；养殖密集区 5 万头猪当量粪污资源化利用；5 个生态清洁小流域治理面积 52.39km²；2 个生态循环农业与面源污染治理工程；5 个水土流失综合治理项目治理面积 159.51km²。
III-5 汉江汉中控制单元	南郑县工业园区污水治理；新增 5 座污水处理能力 11.6 万 t/d，新增污水管网 284km；垃圾压缩中转站 2 处、收集站 23 处；养殖密集区 6 万头猪当量粪污资源化利用；3 个生态清洁小流域治理面积 29km²；2 个生态循环农业与面源污染治理工程；35 个村环境综合整治；3 个水土流失综合治理项目治理面积 76.35km²。
III-6 汉江源头控制单元	新增 21 座污水处理能力 2.45 万 t/d，新增污水管网 146km；垃圾压缩中转站 1 处、收集站 30 处；养殖密集区 6.5 万头猪当量粪污资源化利用；7 个生态清洁小流域治理面积 70.47km²；2 个生态循环农业与面源污染治理工程；45 个村环境综合整治；7 个水土流失综合治理项目治理面积 274.69km²。
III-7 褒河控制单元	太白县工业园区污水治理；新增 2 座污水处理能力 1.1 万 t/d，新增污水管网 53km；垃圾收集站 1 处、分类及就地处理示范 7 处；养殖密集区 4 万头猪当量粪污资源化利用；5 个生态清洁小流域治理面积 45.53km²；1 个生态循环农业与面源污染治理工程；18 个村环境综合整治；5 个水土流失综合治理项目治理面积 104.21km²。
跨控制单元垃圾处理	在十堰、商洛、安康、汉中、淅川建设 5 座垃圾焚烧处理厂，建设垃圾和污泥预处理厂 26 座，分别收集附近县垃圾进行无害化处置。

附图 1 水源区范围图

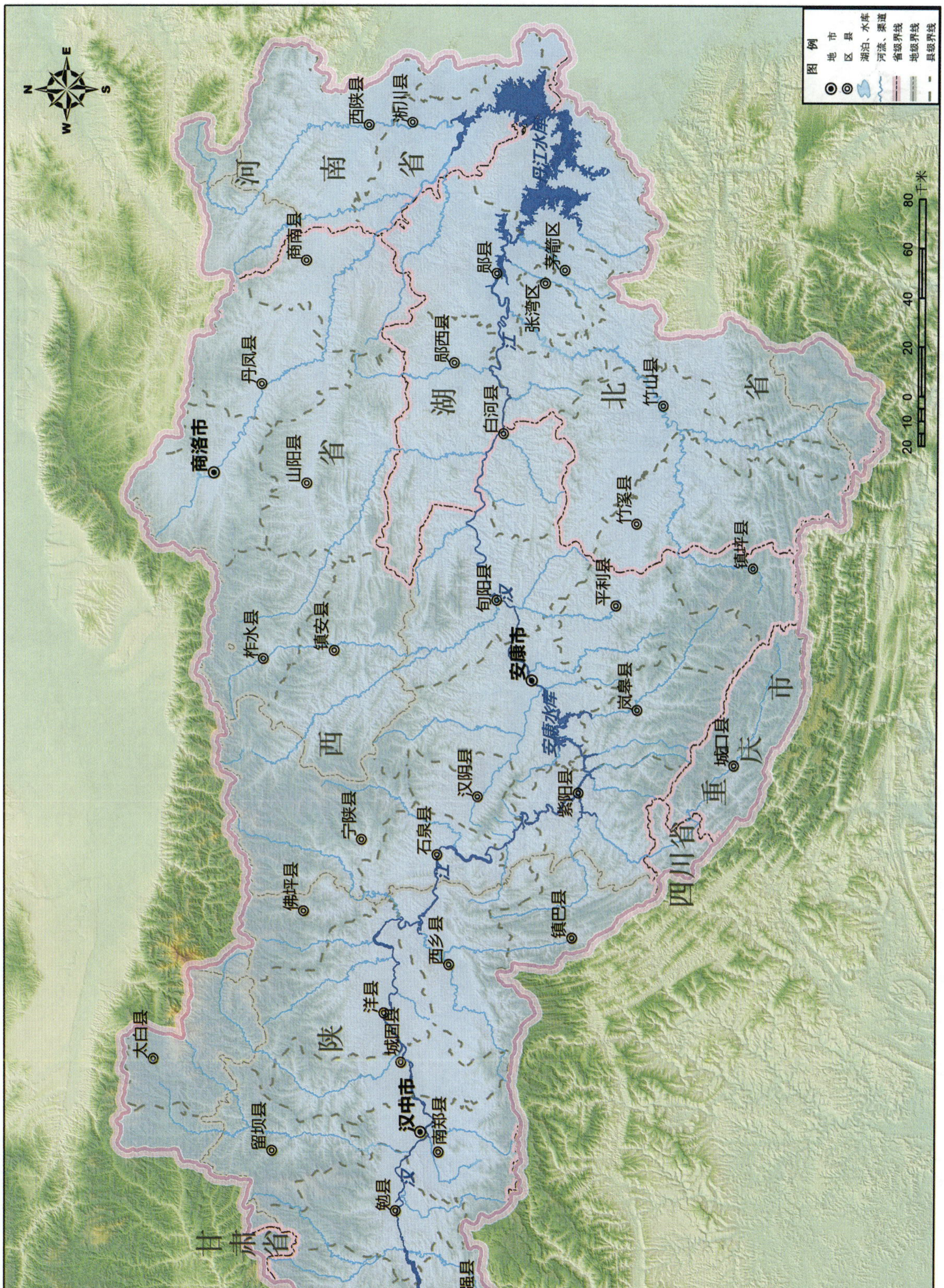
图例
地市
区县
湖泊、水库
河流、渠道
省级界线
地级界线
县级界线
20 10 0 20 40 60 80 千米
N
E
S
W
河南省
西峡县
淅川县
丹江水库
商南县
郧县
茅箭区
张湾区
郧西县
丹凤县
商洛市
山阳县
湖北省
白河县
竹山县
竹溪县
平利县
镇坪县
旬阳县
安康市
镇安县
柞水县
岚皋县
安康水库
重庆市
城口县
紫阳县
汉阴县
宁陕县
石泉县
四川省
佛坪县
镇巴县
西乡县
洋县
城固县
陕西省
太白县
汉中市
南郑县
留坝县
勉县
甘肃省
宁强县
汉江

附图 2　水环境质量状况图（2015 年）

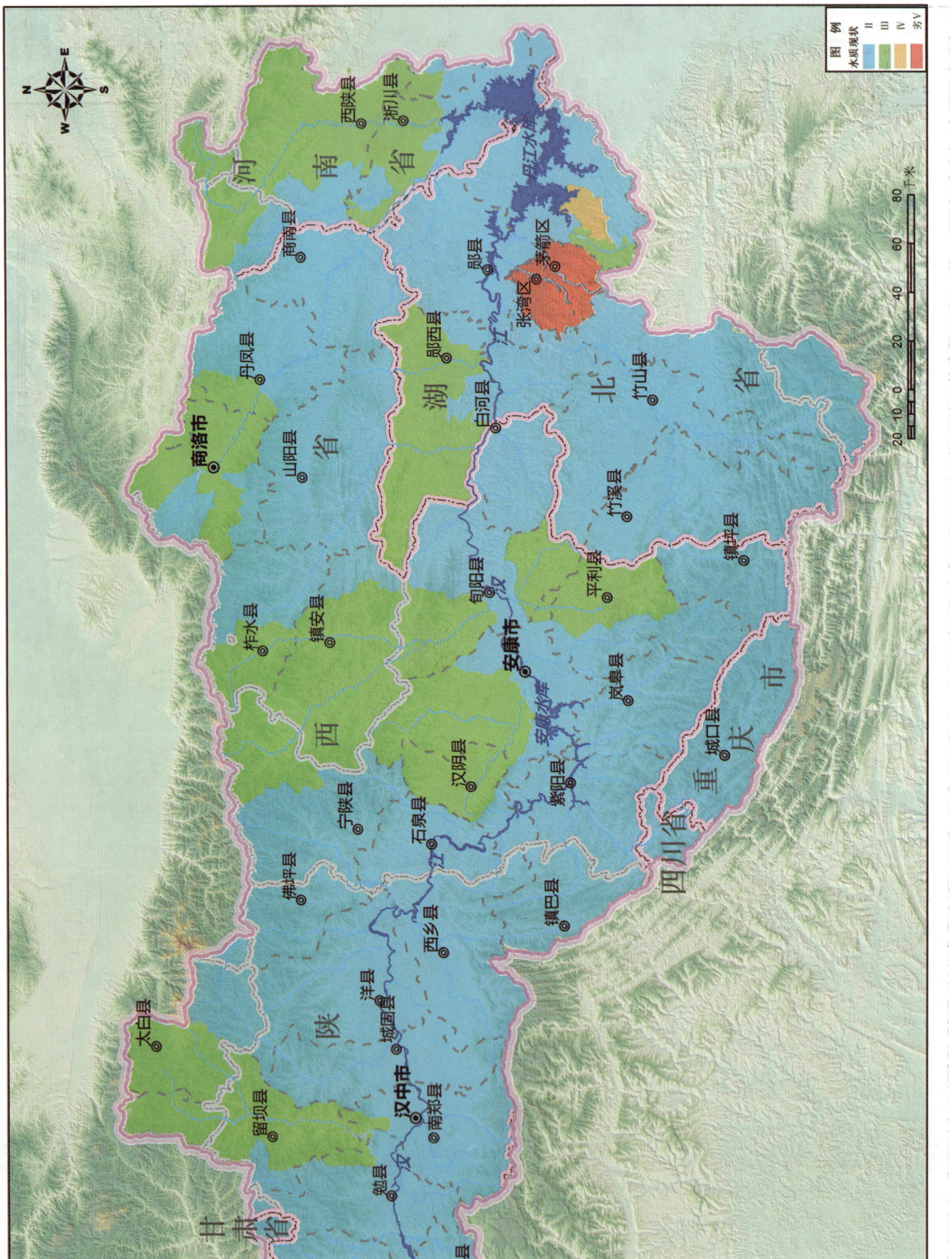

附图 3　水源区总氮浓度分布图(2015 年)

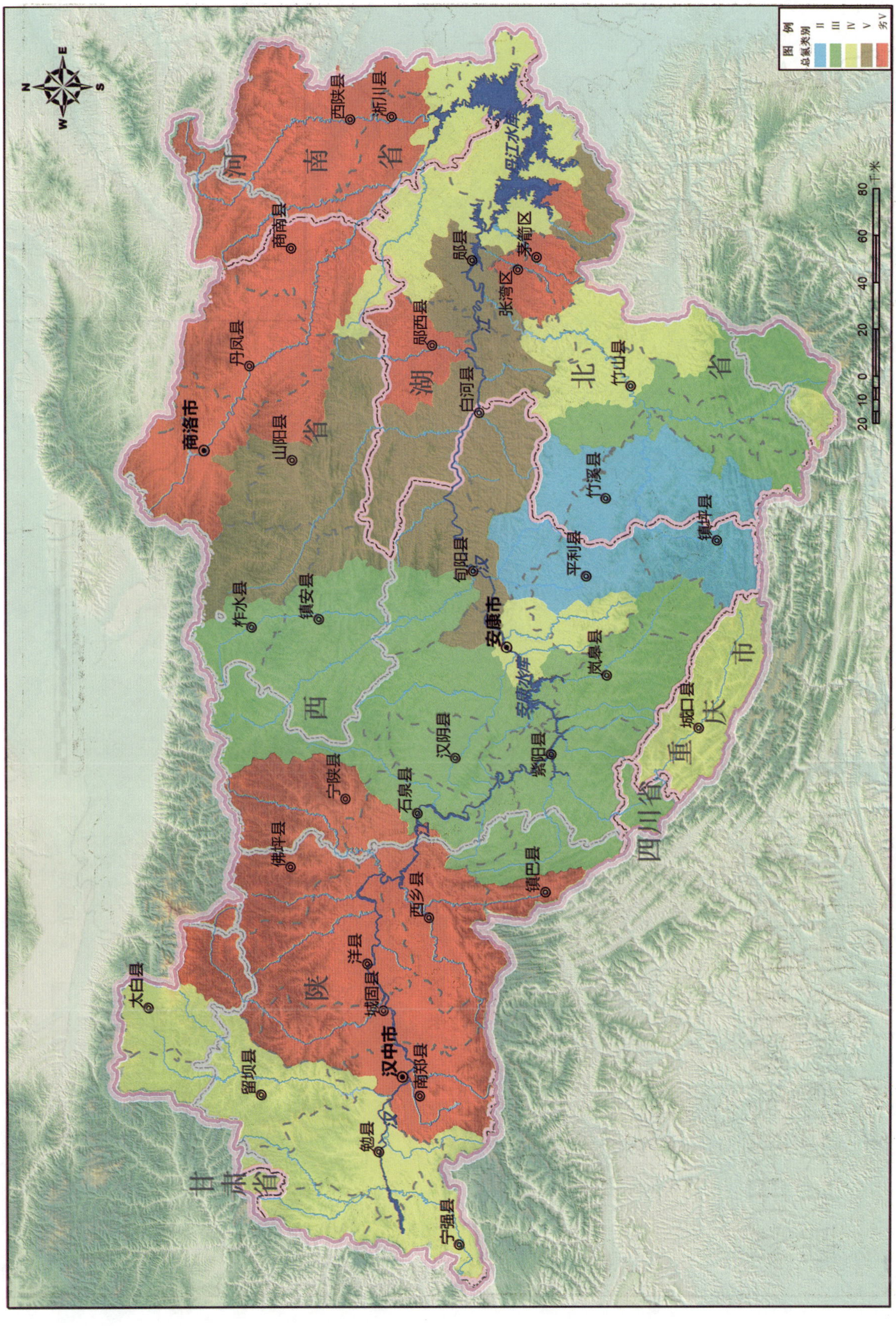

附图 4　丹江口水库饮用水水源保护区示意图

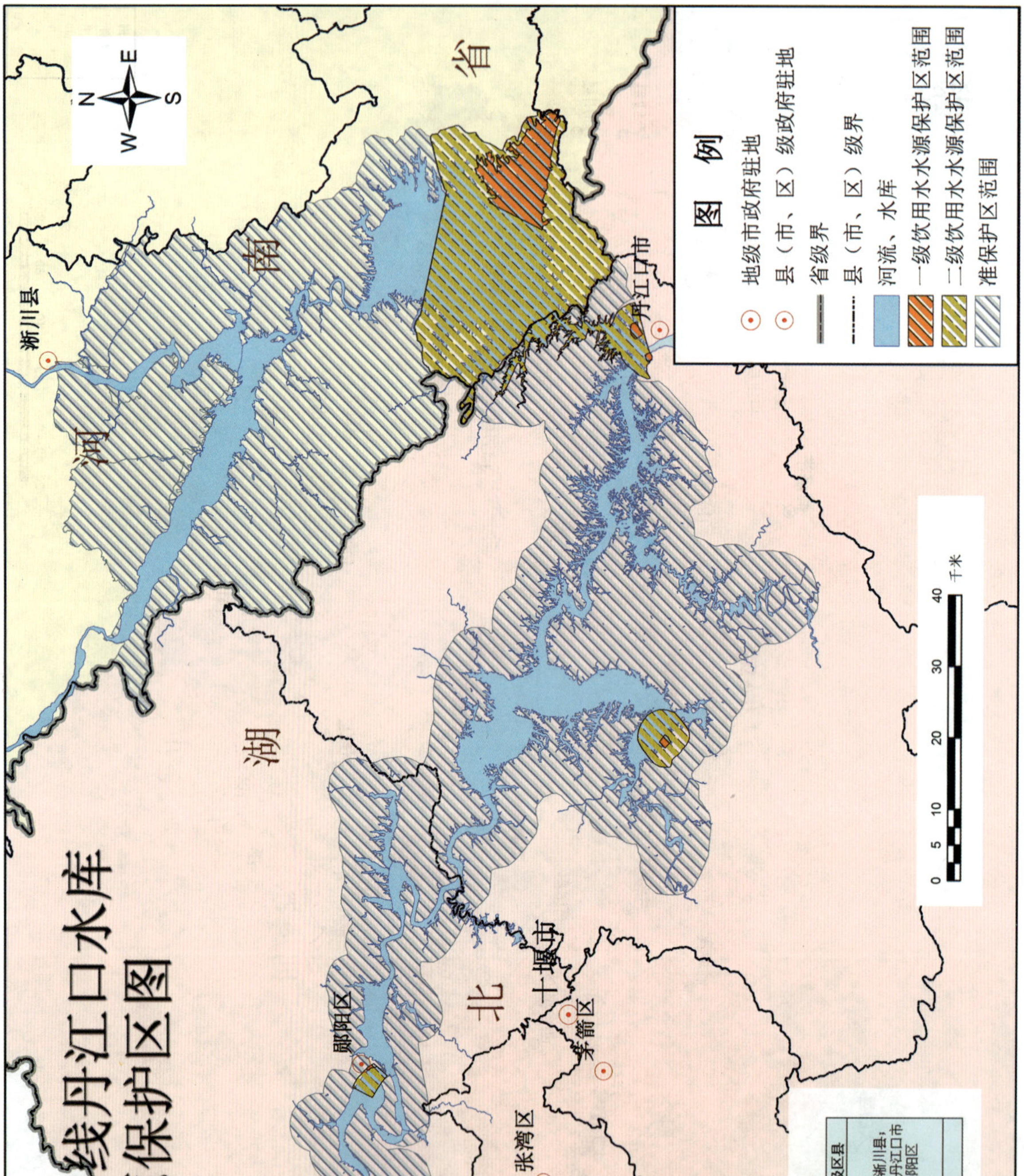

保护区级别	面积（平方公里）	涉及区县
一级保护区	49.58	河南省淅川县，湖北省丹江口市、郧阳区
二级保护区	332.92	
准保护区	2980.69	
总计	3363.19	

附图 5　控制单元划分图

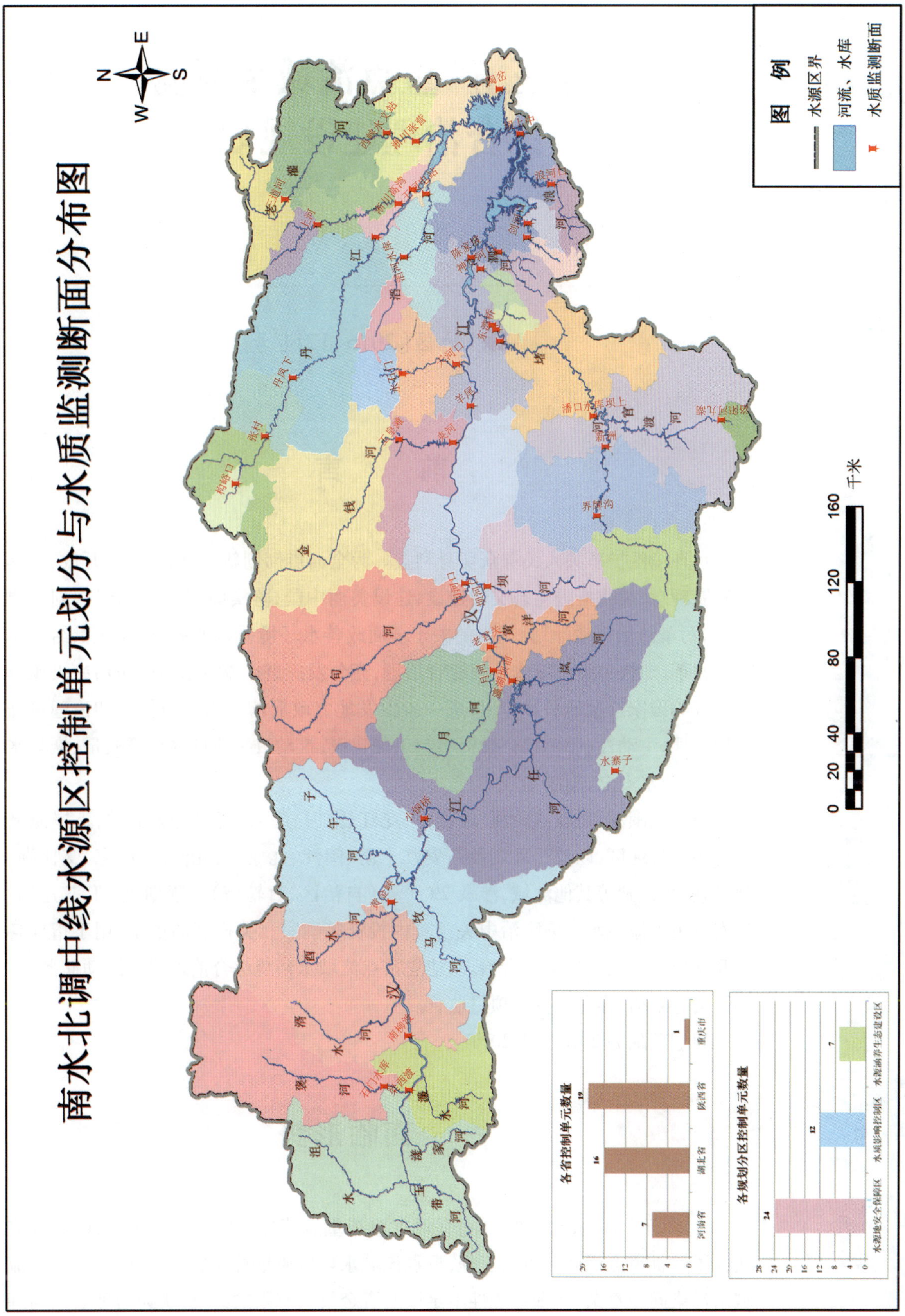
南水北调中线水源区控制单元划分与水质监测断面分布图
图例
水源区界
河流、水库
水质监测断面
N
E
S
W
0 20 40 80 120 160
千米
各省控制单元数量
河南省 7
湖北省 16
陕西省 19
重庆市 1
各规划分区控制单元数量
水源地安全保障区 24
水质影响控制区 12
水源涵养生态建设区 7

“十三五”重点流域水环境综合治理建设规划

发改地区〔2016〕1711号

前　　言

水环境保护事关人民群众切身利益。为全面贯彻创新、协调、绿色、开放、共享的发展理念，加快推进生态文明建设，建设美丽中国，落实国家“十三五”规划纲要和《水污染防治行动计划》提出的关于全面改善水环境质量的要求，深化供给侧结构性改革，加快重点流域水环境综合治理，充分发挥重点流域水污染防治中央预算内投资等国家资金的引导作用，进一步激发地方政府落实水环境保护和治理责任的积极性、主动性，吸引社会投资参与工程建设，推动改善流域水环境质量、恢复水生态、保障水安全，编制本规划。

规划范围涵盖长江、黄河、珠江、松花江、淮河、海河、辽河七大流域，近岸海域中的环渤海地区，以及千岛湖及新安江上游、闽江、九龙江、九洲江、洱海、艾比湖、呼伦湖、兴凯湖等其他流域，涉及29个省（自治区、直辖市）。规划是“十三五”时期安排重点流域水污染防治中央预算内投资等国家相关投资的依据，用于指导各地开展重点流域水环境综合治理，建立重点流域水环境综合治理项目滚动储备库，加强资金筹措，强化投资和项目监管。

规划期限为2016—2020年。

一、面临形势

“十二五”时期，党中央、国务院高度重视重点流域水污染防治工作，国家推进实施了一批重点规划和重大工程，重点流域水环境质量总体稳定向好。但是，受流域水污染问题复杂、治理系统性不足以及资金投入有限的约束，实际治理效果与理想目标还存在一定差距。“十三五”时期，随着《水污染防治行动计划》实施，进一步加大水污染防治资金投入力度,加快推进生态文明建设,全面推进重点流域水环境综合治理迎来良好的环境。

（一）"十二五"成效

"十二五"时期,国家安排重点流域水污染防治中央预算内投资约340亿元,推进实施了一批重点专项规划、重大治理工程,开展流域综合治理模式创新,加强水环境综合治理制度建设,重点流域水环境质量总体保持稳定向好,为经济社会可持续发展提供了有力支撑。据估算,"十二五"期间全社会水污染防治投资超过万亿元,有效促进了水环境质量改善。与2010年相比,2015年河流国控监测断面Ⅰ~Ⅲ类断面比例增加12.2%,劣Ⅴ类水质的断面比例下降7.5%。

虽然水污染防治取得了阶段性成果,但重点流域水环境状况仍未得到根本改善,结构型、复合型、压缩型水污染不断凸显,面源污染日益突出,存量水污染治理和新增水污染负荷压力将在一段时间内长期并存,氮磷等主要污染物排放量仍处于高位,水环境状况对经济社会发展的约束依然突出,与社会公众的期待仍有较大差距,流域水污染防治形势依然严峻。

（二）机遇与挑战

党中央确立五大发展理念,习近平总书记提出"山水林田湖是一个生命共同体",为水环境综合治理指明了方向,提出了更高要求。国务院印发《水污染防治行动计划》,对防治水污染作出了全面部署,强调实施综合治理,系统推进水污染防治、水生态保护和水资源管理;强调落实各方责任,严格目标任务考核。流域水环境综合治理工作迎来了良好的战略机遇和发展环境。

"十三五"时期重点流域水环境治理面临对象日益复杂、效益依然较低等挑战。一方面,点源污染逐步得到削减,面源污染等逐渐成为流域水污染防治的主要对象,治理难度不断增大,环境风险不容忽视。另一方面,水环境治理的针对性、系统性有待增强,水污染综合防治配套设施有待完善,工程与项目管理有待进一步规范,资金使用效益有待进一步提高。

二、总体要求

（一）治理思路

全面贯彻党的十八大和十八届三中、四中、五中全会精神,深入贯彻落实习近平总书记系列重要讲话精神,按照"五位一体"总体布局和"四个全面"战略布局,坚持创新、协调、绿色、开放、共享的发展理念,坚持维护山水林田湖生命共同体,着力推进重点流域水环境综合治理,强化源头控制、水陆统筹、河海兼顾、河湖(库)联动;着力发挥地方政府在流域水污染治理中的主体作用,切实增加和改善环境基本公共服务供给;着力加强部门联动和协作,形成水污染综合防治新机制;着力发挥国家相关投资的引导作用,推进市场化融资,吸引社会投资,分步实施重大工程,推动流域水环境质量阶段性改善、污染严重水体大幅减少,促进流域可持续发展。

（二）基本原则

统筹兼顾,综合治理。统筹考虑水环境与水资源、水生态以及与经济社会发展的关系,以流域为单元,统筹干支流、上下游、左右岸、地表水和地下水关系,强化水功能区监督管理,制定并实施工程措施与非工程措施结合的综合治理方案。

量力而行、稳步推进。妥善处理建设需求与投资规模的关系，发挥重点流域水污染防治中央预算内投资等国家投资的引导作用，积极培育多种形式环境治理市场主体，拓宽重点流域水污染防治资金筹措渠道，并根据资金筹措情况和前期工作进展，分年度组织实施。

突出重点，远近结合。发挥政府统筹作用，加强政策引导和资金项目整合，提高资金使用效益。紧扣制约水环境改善的关键因素，统筹规划近远期任务，合理安排建设项目，优先解决突出问题。建立规划项目储备库，滚动推进实施。

明确责任，部门联动。充分发挥地方政府主体作用，建立完善“政府统领、企业施治、市场驱动、公众参与”的机制，搭建合作平台。建立从方案制定、技术指导到项目实施的综合治理协调管理体制，落实分流域、分区域的工作目标监督考核制度和责任追究制度。

（三）规划目标

到2020年，基本形成健全的城镇水污染防治体系，更加完善的综合治理运行机制。重点流域水环境质量得到阶段性改善，污染严重水体大幅减少，重要江河湖泊水功能区水质达标率提高，集中式生活饮用水水源地安全保障水平持续提升，近岸海域环境质量稳中趋好，促进《水污染防治行动计划》目标实现。

三、重点治理方向

对于规划范围内复合型污染特征突出、综合治理任务较重的地区，以及水质面临威胁较严重、环境功能较重要的地区，列为重点治理区域，并根据流域水环境综合治理状况适时进行调整。重点治理区域针对流域水环境的突出问题，推行分类施策，按照重要河流、重要湖库、重大调水工程沿线、近岸海域、城市黑臭水体等五大重点治理方向，实行有限目标的综合治理。

（一）重要河流水环境综合治理

增强河道周边城镇污水治理能力，着力削减化学需氧量、氨氮、总磷等重点污染物排放量，推进河道水生态修复，在重点城市周边地区，加强污染物防渗处理，避免威胁地下水水质安全。储备项目主要包括：污水处理和提标改造、再生利用、污水管网建设和改造、河道水环境治理工程，并推进建设污水管网、污泥处置、垃圾处理和渗滤液处理等工程。

（二）重要湖库水环境综合治理

切断污染物直排湖库通道，加大生态修复力度，改善入湖河流水质，提高水体自净能力，实施饮用水水源地保护，控制污染源头，着力削减化学需氧量、总氮、氨氮、总磷等污染物排放量。储备项目主要包括：污水管网、垃圾处理和转运、饮用水水源地治理工程，并推进建设污水处理和入湖河道水环境治理等工程。

（三）重大调水工程沿线水环境综合治理

在南水北调东线沿线开展重点湖泊水环境治理，推进周边水污染防治，增强水质保障能力；在南水北调中线沿线周边加快推进水污染防治，开展饮用水水源地保护，对沿线垃圾实施转运和污染物防渗处理，对水源地直接入库河流开展水环境综合治理，对库周农业农村面源污染开展综合治理，维护水质安全。储备项目主要包括：河道水环境治理、农业农村面源污染防治、垃圾处理和转运工程，并推进建设污水处理等工程。

（四）近岸海域水环境综合治理

对于沿海地区，开展陆海统筹，提高陆域与入海河流，特别是环渤海地区污染治理能力，优化沿海城市和乡镇污水和垃圾处理设施的布局和规模，加快重点城市已有设施提标升级，着力削减无机氮和活性磷酸盐等污染物排放量。储备项目主要包括：污水处理、污水管网、污水处理提标改造、污泥处置和垃圾处理工程，并推进建设重点入海河道水环境治理等工程。

（五）城市黑臭水体治理

开展重点城市黑臭河流和湖泊治理试点，实施城镇河道排污口整治，污水处理设施建设，河道水生态修复等措施，削减河道外源和内源污染。储备项目主要包括：污水处理、污水管网、排污口整治、人工湿地、垃圾清理等城市黑臭水体综合整治工程，并推进建设垃圾收转运等工程。

专栏　重点治理区域

1. 长江流域：（1）**三峡库区及上游**。四川省岷江（含岷江中下游河段以及思蒙河、茫溪河、越溪河）、沱江、嘉陵江（含嘉陵江州河、仪陇河、西充河），云南省普渡河、牛栏江、漾弓江—汤满河、龙川江、横江，重庆市花溪河、綦河、临江河、龙溪河、大溪河、澎溪河、大宁河、龙河，湖北省三峡库周地区、郁江、童庄河、神农溪，贵州省草海、赤水河，以及乌江重点支流（含息烽河、瓮安河、湘江、六冲河、清水河）等。（2）**丹江口库区及上游**。湖北省十堰市库周地区、十堰五河、天河，陕西省汉江干流汉中和安康段、丹江干流商洛段、金钱河、褒河、濂水河，河南省老灌河—淇河等。（3）**长江中下游**。湖北省竹皮河、汉北河、襄阳五河、东荆五河、四口河系，湖南省洞庭湖、湘江干流、蒸水、耒水、涟水、浏阳河、沩水，江西省抚河下游、饶河、赣江（含赣江干流南昌和赣州段及袁河），安徽省菜子湖、惠溪河、采石河、扁担河、郎川河、滁河（含襄河、清流河、来河），江苏省秦淮河、仪扬河，贵州省清水江（含重安江、松桃河），河南省唐河—白河等。（4）**滇池**。云南省盘龙江、宝象河、东大河重点入湖河流等。（5）**巢湖**。安徽省南淝河、派河、十五里河、双桥河、柘皋河、白石天河重点入湖河流等。（6）**太湖**。江苏省京杭运河常州段、漕桥河，浙江省苕溪（含湖州段和京杭运河杭州段）、嘉兴河网平原区，上海市淀山湖等。

2. 黄河流域：青海省黄河源头、湟水河、大通河，甘肃省黄河干流兰州和白银段、渭河干流定西和天水段、泾河干流平凉段、蒲河、大夏河，宁夏回族自治区黄河干流中卫至石嘴山段、清水河，内蒙古自治区总排干（含乌梁素海）、都思图河、昆都仑河、大黑河，山西省汾河中下游、涑水河，陕西省渭河干流下游、延河、无定河，山东省东平湖等。

3. 珠江流域：云南省右江、南盘江中上游，贵州省马岭河—白水河，广西壮族自治区桂江、龙江—刁江、郁江，广东省石马河、淡水河、茅洲河、广佛跨界河，江西省东江源头等。

4. 松花江流域：黑龙江省讷谟尔—乌裕尔河、牡丹江、安邦河、呼兰河、肇兰新河、阿什河，吉林省松花江源头（含松花江干流源头和辉发河）、第二松花江（含第二松花江干流及饮马河和伊通河）、霍林河和洮儿河下游，内蒙古自治区霍林河和洮儿河上游、甘河等。

5. 淮河流域：河南省沙颍河、洪河、涡河上游、浍河上游，安徽省浍河下游、萧濉新河、谷河、渒河支流（含东渒河、西渒河、渒河总干渠）、涡河下游，山东省南四湖、沂河、沭河，江苏省奎河、西盐大浦河、白马湖等。

6. 海河流域：天津市海河干流、北三河、大清河—子牙河，河北省滦河承德段、永定河张家口段、白洋淀（含大清河）、衡水湖、滹沱河石家庄段、滏阳河邯郸和邢台段、北三河廊坊段，河南省卫河、徒骇河—马颊河上游，山东省徒骇河—马颊河下游、德惠新河，山西省桑干河大同段、绵河、浊漳河南源，内蒙古自治区闪电河、洋河等。

7. 辽河流域：内蒙古自治区乌力吉木仁河、教来河、老哈河、西拉木伦河，吉林省东辽河—招苏台河，辽宁省辽河沈阳段、浑河沈抚段、太子河、大凌河朝阳及上游等。

8. 近岸海域—环渤海地区：河北省北戴河、黑龙港沧州段，辽宁省大旱河、五里河、复州河等。

9. 其他流域：（1）**千岛湖及新安江上游**。浙江省千岛湖库周地区，安徽省新安江（含率水、横江、练江）等。（2）**闽江流域**。福建省沙溪永安—沙县段、富屯溪邵武—顺昌段、崇阳溪武夷山—建阳段、闽江干流福州段和水口水库周边地区等。（3）**九龙江流域**。福建省北溪等。（4）**九洲江流域**。广西壮族自治区九洲江上游，广东省九州江下游等。（5）**洱海流域**。云南省苍山十八溪、弥苴河—罗时江入湖河流等。（6）**兴凯湖流域**。黑龙江省穆棱河和兴凯湖周边地区等。（7）**呼伦湖流域**。内蒙古自治区呼伦湖周边地区等。（8）**艾比湖流域**。新疆维吾尔自治区博尔塔拉河、精河等。

五大治理方向储备项目初步匡算工程量为，污水处理约3890万吨/日，污水处理提标改造约1130万吨/日，再生利用约400万吨/日，污水管网约9.1万公里，河道水环境治理约1.6万公里，垃圾处理约20.4万吨/日。

四、项目类型

围绕促进实现重点流域水环境综合治理目标，针对各地突出问题，因地制宜，开展水污染防治、水生态修复等项目建设。

（一）城镇污水处理及相关工程

污水处理工程。建设重点由大中城市逐步向中小城镇倾斜，加快推进经济相对发达、居民集中的建制镇污水处理设施建设，适度向城镇周边农村延伸，逐步推进城镇生活污水处理设施全覆盖。对污染严重、环境容量较低以及环境影响较大的流域，优化污水处理设施布局，适当增加建设密度。

污水管网工程。根据污水处理设施规模和运行要求，合理确定管网规模，切实提高污水收集率和污水处理厂进水浓度，优先解决环境敏感地区污水配套管网不足和管网改造问题。其中，对于城市周边地下饮用水水源受威胁的重点地区，加快推进污水管网防渗处理和改造，避免污染地下水。对于有条件的地区，可自行试点推进初期雨水处理。

污水处理提标改造和再生利用工程。优先推进重点库区、湖泊、重污染河流、重要水源地等敏感地区污水处理设施的提标改造，提高出水排放标准，提高水资源利用程度，进一步增强对主要污染物的削减能力。

污泥处置工程。优先解决污泥产生量大、污染隐患严重和对流域水环境威胁较大地区的污泥处置问题。加强对污泥中资源的回收和利用，努力遏制污泥二次污染发生。

（二）城镇垃圾处理及配套工程

垃圾处理工程。坚持集中处理与分类减量相结合的垃圾处理方式。完善大中城市生活垃圾处理设施，大力推进县城垃圾处理设施建设，逐步推进重点乡镇设施建设。

垃圾收转运工程。完善城市垃圾收运系统，逐步推进垃圾密闭化转运，城乡结合部可依托城镇垃圾处理系统，探索路线优化、成本合理、高效环保的收转运模式。

渗滤液处理工程。优先开展重点治理区域、饮用水水源保护区老旧垃圾处理设施改造，加快渗滤液处理设施建设，严格控制填埋场污染物排放。

（三）流域水环境综合治理工程

河道（湖库）水环境综合治理工程。有针对性地实施入河（湖）排污口整治、污水管渠、人工湿地、河（湖）滨生态护坡和污染底泥清理工程，特别要在威胁饮水安全和水质严重超标区域提高工程的系统性，切实削减污染物排放量，增加河道水环境容量及水体自净能力。

城市黑臭水体综合整治工程。以城市重污染河道为重点，开展黑臭水体综合治理试点，根据实际情况分类实施污水处理和再生利用、污水管渠、排污口整治、截污系统、内源治理、人工湿地、垃圾清理等工程，逐步恢复城市黑臭水体环境质量。

（四）其他工程

饮用水水源地治理工程。对集中式饮用水水源地开展人工生态湿地建设，适度开展污染底泥清理，并对水源保护区及周边的生活污水和垃圾进行收集处理，在人口较密集的村庄建设小型生态治污系统，避免污染地表和地下饮用水。

农村面源污染防治工程。重点治理河湖周边农业农村面源污染。实施农业面源污染处理、农村生活污水和垃圾处理等综合治理工程，减少农业面源污染和村落生活污染排放。农村生活垃圾治理应推进政府主导、村民自治、市场参与的长效机制，坚持就近分类减量，充分消纳可腐垃圾和灰渣，减量后的垃圾视情况就近转运至城镇处理设施。农村生活污水处理设施应选择投资少、运行费用低、管理简单的分散型技术，做到稳定运行。农业面源污染治理应选择工程投资小、简单有效的生态净化综合防控措施。

五、投资安排和项目储备

（一）中央预算内投资

规划项目投资由中央、地方政府投资、企业自筹和社会融资共同解决。对于规划内环境公益属性明显，且存在一定资金缺口，未申请其他中央预算内专项投资的水污染防治项目，重点流域水污染防治中央预算内投资可考虑予以适当支持，并按照《重点流域水污染防治项目管理办法》有关规定进行管理。“十三五”时期，重点流域水污染防治中央预算内投资安排规模力争较“十二五”时期有所增加。

（二）项目储备和实施

重点流域水环境综合治理项目储备库入库项目按照构想、前期和计划三个阶段滚动开展储备，并分层纳入投资项目在线审批监管平台、三年滚动投资计划和相关信息系统。其中，构想项目主要指各地有规划意向的项目；前期项目主要指各地已启动项目前期工作，但尚未建设的项目；计划项目主要指已开工建设，并纳入地方实施计划的项目。进入计划阶段的项目可作为中央预算内投资支持的备选项目。

重点流域水环境综合治理储备库项目由地方自主推进实施。地方应根据项目进展和投资情况逐年确定年度建设项目。国家发展改革委鼓励各地加强资金统筹，创新融资方式，吸引社会投资，推进相关工程建设。对于纳入中央预算内投资计划的项目，各地要加大资金筹措力度，按照《重点流域水污染防治项目管理办法》加强项目管理，确保建成发挥效益。

储备库实行动态化管理。经初步匡算，储备库项目投资需求超过万亿元。地方可根据年度实施情况，对入库项目执行情况进行评估，并对入库项目申请调整。实施条件已经发生变化的项目，可申请调出储备库；有建设必要的项目，可申请补充调入储备库。申请调出和调入的项目，由省级发展改革委审核后，按照要求向国家发展改革委申报调整。

（三）效益分析

环境效益。“十三五”时期，通过推进重点流域水环境综合治理项目建设，加快解决一批热点、难点环境问题，大大降低或消除水污染造成的环境损害及风险，推进流域水环境质量改善。

经济社会效益。通过实施重点流域水环境综合治理项目，完善环境基础设施，提高环境质量，保障人民群众用水安全，改善人民生活环境，促进经济社会可持续发展。

六、保障措施

（一）加强组织领导

地方政府要高度重视重点流域水环境综合治理，加强组织领导，明确部门职责，逐级落实规划治理目标和任务；要将治理任务落实到具体项目，纳入地方国民经济和社会发展“十三五”规划；要建立健全水污染防治联动协作机制，切实加强流域治理上下游之间、左右岸之间的协调互动。地方发展改革部门要切实提高统筹协调能力，加强部门衔接，合理分解任务，提高工作质量，确保规划实施进度和效果。

（二）编制治理方案

地方政府作为规划实施和落实流域水环境综合治理责任的主体，要制定和完善流域综合治理方案，加强对方案实施情况的考核。对于重点治理区域，省级发展改革委要指导相关地市编制和批复重点治理区域水环境综合治理方案，强化前期研究和论证，合理确定治理目标、任务和措施，落实相关保障措施，因地制宜应用先进适用技术，统筹治理需求和可用资金规模，集中“打包”分类推进项目实施，努力解决项目碎片化问题，切实提高资金使用效率。

（三）加大资金筹措

各地要建立政府、企业、社会多元化投入机制，拓宽投资渠道。对于基础性和公益性强的项目，要充分发挥地方财政资金引导作用，合理利用一般性财政转移资金，保障规划重点储备工程建设。对于具有收益的项目，要充分发挥市场作用，积极引导社会资金参与治理。鼓励采用产业化投资运营模式，引导股权与创业投资机构、大型企业等投资重大项目。鼓励金融机构通过绿色债券、绿色信贷等绿色金融产品，增加水污染防治信贷资金和基金规模。拓宽直接融资渠道，探索现有污水处理设施资产证券化等多种社会融资方式。

（四）促进模式创新

地方政府要坚持以水质改善为目标，推行“控源、治污、修复、管理”综合施策，促进政府、企事业以及社会等各方面之间的良性互动与合作。调整单独依靠政府推进环境改善的治理模式，改变过去单纯依靠工程技术、一味上项目的治理方式，转变重点源轻面源、重建设轻管理、重末端轻源头的治理思路。进一步发挥中央预算内投资的引导作用，鼓励地方政府采用特许经营等模式开展PPP运营，引导社会资本参与环境治理，统筹工程、非工程措施，多管齐下推进流域综合治理。国家发展改革委将选取部分流域为先行区，指导编制流域综合治理可持续发展规划，开展试点示范。

（五）强化监督管理

各级发展改革部门要严格执行建设项目投资管理程序，加大行业审查力度，合理确定项目建设规模、技术方案和投资。要落实省级审核和监督负责制，做好投资计划申报、下达和执行管理。要强化规范和标准引领，逐步研究制定水环境综合治理工程技术标准和建设规范，分类研究提出治理模式和投资标准，提高项目治污效益。要做好项目储备和筛选，加强部门间衔接，有序推进规划项目实施和滚动调整。要落实项目监管责任，健全项目监督管理制度，定期开展检查和稽查。

（六）推进信息公开

建立完善信息公开制度，维护公众的环境知情权和参与权。开展多种形式的宣传教育和公益活动，提高全社会水环境保护意识。对涉及公众环境权益的重大问题，可通过公开征集等多种形式，充分听取公众意见。对水环境综合治理项目，要建立信息披露机制，及时公布项目建设和资金使用情况，积极发挥公众和舆论监督作用，为加快水环境综合治理和规范项目实施营造良好的外部环境。

附表　规划范围表

省　份	范　　围
1. 长江流域	
(1)长江源头区	
青海省	**果洛藏族自治州**班玛县；**玉树藏族自治州**玉树市、称多县、治多县、曲麻莱县；**海西蒙古族藏族自治州**格尔木市(唐古拉山镇)
(2)三峡库区及上游流域	
湖北省	**宜昌市**夷陵区、西陵区、伍家岗区、点军区、猇亭区、秭归县、兴山县、远安县；**恩施土家族苗族自治州**利川市、巴东县、咸丰县、恩施市(盛家坝乡、白果乡)、建始县(龙坪乡、茅田乡、长梁乡)；**神农架林区**(不含红坪镇、大九湖乡)
重庆市	所辖区县
四川省	**成都市**、**自贡市**、**攀枝花市**、**泸州市**、**德阳市**、**绵阳市**、**广元市**、**遂宁市**、**内江市**、**乐山市**、**南充市**、**眉山市**、**宜宾市**、**广安市**、**达州市**、**雅安市**、**巴中市**、**资阳市**、**阿坝藏族羌族自治州**、**甘孜藏族自治州**、**凉山彝族自治州**辖区
贵州省	**贵阳市**、**遵义市**、**毕节市**辖区；**六盘水市**钟山区、水城县；**黔南布依族苗族自治州**福泉市、瓮安县、龙里县、贵定县；**铜仁市**石阡县、印江土家族苗族自治县、德江县、沿河土家族自治县、思南县；**安顺市**西秀区、平坝县、普定县
云南省	**迪庆藏族自治州**、**丽江市**、**昭通市**辖区；**昆明市**东川区、安宁市、富民县、嵩明县、禄劝彝族苗族自治县、寻甸回族彝族自治县；**大理白族自治州**祥云县、宾川县、鹤庆县；**楚雄彝族自治州**楚雄市、大姚县、姚安县、牟定县、南华县、永仁县、元谋县、禄丰县、武定县；**曲靖市**会泽县、马龙县
陕西省	**宝鸡市**凤县
甘肃省	**陇南市**辖区；**甘南藏族自治州**舟曲县、迭部县
(3)丹江口库区及上游流域	
陕西省	**汉中市**、**安康市**、**商洛市**辖区
河南省	**三门峡市**卢氏县(朱阳关镇、双槐树乡、五里川镇、汤河镇、瓦窑沟镇、狮子坪镇)；**洛阳市**栾川县(冷水镇、三川镇、叫河乡)；**南阳市**西峡县、淅川县、邓州市(彭桥镇)、内乡县(西庙岗乡、瓦亭镇、乍曲乡)
湖北省	**十堰市**辖区；**神农架林区**(红坪镇、大九湖乡)
(4)长江中下游流域	
安徽省	**安庆市**、**铜陵市**、**池州市**辖区；**芜湖市**镜湖区、弋江区、鸠江区、三山区、芜湖县、繁昌县、南陵县；**马鞍山市**博望区、花山区、雨山区、当涂县、和县；**黄山市**黄山区(不含汤口镇、黄山风景区核心区)、祁门县(不含凫峰乡、金字牌镇)；**滁州市**琅琊区、南谯区、来安县、全椒县；**宣城市**宣州区、宁国市、郎溪县、广德县、泾县、旌德县
江西省	**南昌市**、**景德镇市**、**九江市**、**萍乡市**、**吉安市**、**宜春市**、**抚州市**、**上饶市**、**鹰潭市**、**新余市**辖区；**赣州市**章贡区、南康区、瑞金市、赣县、信丰县、大余县、上犹县、崇义县、龙南县、全南县、宁都县、于都县、兴国县、会昌县、石城县
湖北省	**武汉市**、**黄石市**、**鄂州市**、**孝感市**、**荆州市**、**黄冈市**、**咸宁市**、**随州市**、**襄阳市**、**荆门市**辖区；**天门市**；**仙桃市**；**潜江市**；**宜昌市**宜都市、当阳市、枝江市、长阳土家族自治县、五峰土家族自治县；**恩施土家族苗族自治州**宣恩县、来凤县、鹤峰县、恩施市(不含盛家坝乡、白果乡)、建始县(不含龙坪乡、茅田乡、长梁乡)
江苏省	**南京市**辖区；**南通市**崇川区、港闸区、通州区、启东市、海门市；**扬州市**仪征市；**镇江市**扬中市；**泰州市**高港区、靖江市、泰兴市
上海市	黄浦区、徐汇区、长宁区、静安区、普陀区、虹口区、杨浦区、闵行区、宝山区、嘉定区、浦东新区、金山区、松江区、奉贤区、崇明县、青浦区(不含练塘镇、金泽镇、朱家角镇)

续表

省 份	范 围
河南省	**南阳市**宛城区、卧龙区、南召县、方城县、镇平县、社旗县、唐河县、新野县、邓州市(不含彭桥镇)、内乡县(不含西庙岗乡、瓦亭镇、乍曲乡);**驻马店市**泌阳县
贵州省	**铜仁市**碧江区、万山区、江口县、玉屏县、松桃苗族自治县;**黔南布依族苗族自治州**都匀市;**黔东南苗族侗族自治州**凯里市、黄平县、施秉县、三穗县、镇远县、锦屏县、岑巩县、天柱县、剑河县、台江县、黎平县、雷山县、麻江县、丹寨县
湖南省	**长沙市、株洲市、湘潭市、衡阳市、邵阳市、岳阳市、常德市、张家界市、怀化市、益阳市、永州市、娄底市、湘西土家族苗族自治州**辖区;**郴州市**北湖区、苏仙区、资兴市、桂阳县、永兴县、嘉禾县、汝城县、桂东县、安仁县
广西壮族自治区	**桂林市**全州县、兴安县、灌阳县、资源县
(5)滇池流域	
云南省	**昆明市**五华区、盘龙区、官渡区、西山区、呈贡区、晋宁县
(6)巢湖流域	
安徽省	**合肥市**庐阳区、蜀山区、包河区、瑶海区、巢湖市、肥东县、肥西县、庐江县;**六安市**舒城县;**芜湖市**无为县;**马鞍山市**含山县
(7)太湖流域	
江苏省	**苏州市、无锡市、常州市**辖区;**镇江市**京口区、润州区、丹徒区、丹阳市、句容市
浙江省	**嘉兴市、湖州市**辖区;**杭州市**上城区、下城区、江干区、拱墅区、西湖区、余杭区、临安市
上海市	青浦区(练塘镇、金泽镇、朱家角镇)
2. 黄河流域	
青海省	**西宁市、海东市、海北藏族自治州、海南藏族自治州、黄南藏族自治州**辖区;**果洛藏族自治州**达日县、甘德县、久治县、玛多县、玛沁县;**玉树藏族自治州**曲麻莱县
甘肃省	**兰州市、白银市、定西市、临夏回族自治州、平凉市、天水市、庆阳市**辖区;**甘南藏族自治州**合作市、临潭县、碌曲县、玛曲县、夏河县、卓尼县;**武威市**天祝藏族自治县、古浪县
宁夏回族自治区	**银川市、石嘴山市、吴忠市、中卫市、固原市**辖区
内蒙古自治区	**呼和浩特市、巴彦淖尔市、鄂尔多斯市、乌海市**辖区;**包头市**东河区、九原区、昆都仑区、青山区、石拐区、固阳县、土默特右旗;**阿拉善盟**阿拉善左旗;**乌兰察布市**卓资县、察哈尔右翼中旗、四子王旗
陕西省	**西安市、咸阳市、铜川市、渭南市、延安市、榆林市**辖区;**杨凌示范区**;**宝鸡市**陈仓区、金台区、渭滨区、凤翔县、扶风县、麟游县、陇县、眉县、岐山县、千阳县、太白县
山西省	**太原市、临汾市、吕梁市、运城市**辖区;**长治市**沁源县;**晋城市**城区、高平市、沁水县、阳城县、泽州县;**晋中市**榆次区、介休市、灵石县、平遥县、祁县、太谷县、寿阳县;**朔州市**右玉县;**忻州市**保德县、河曲县、静乐县、岢岚县、偏关县、神池县、五寨县、宁武县
河南省	**焦作市**孟州市、沁阳市、温县、武陟县;**洛阳市**瀍河回族区、吉利区、涧西区、老城区、西工区、偃师市、洛宁县、孟津县、嵩县、新安县、伊川县、宜阳县、栾川县(不含冷水镇、三川镇、叫河乡);**濮阳市**范县、濮阳县、台前县;**三门峡市**湖滨区、陕州区、灵宝市、义马市、渑池县、卢氏县(不含朱阳关镇、双槐树乡、五里川镇、汤河镇、瓦窑沟镇、狮子坪镇);**新乡市**长垣县、封丘县、延津县、原阳县;**安阳市**滑县;**郑州市**上街区、巩义市;**济源市**
山东省	**泰安市、莱芜市**辖区;**济南市**长清区、槐荫区、市中区、平阴县
3. 珠江流域	
云南省	**昆明市**宜良县、石林彝族自治县、阳宗海风景名胜区;**玉溪市**红塔区、江川区、澄江县、通海县、华宁县、峨山彝族自治县;**红河哈尼族彝族自治州**蒙自市、开远市、个旧市、弥勒市、建水县、石屏县、泸西县;**曲靖市**麒麟区、沾益区、宣威市、陆良县、师宗县、罗平县、富源县;**文山壮族苗族自治州**砚山县、丘北县、广南县、富宁县
贵州省	**黔西南布依族苗族自治州**辖区;**六盘水市**六枝特区、盘县;**安顺市**镇宁布依族苗族自治县、关岭布依族苗族自治县、紫云苗族布依族自治县;**黔南布依族苗族自治州**荔波县、独山县、平塘县、罗甸县、长顺县、惠水县、三都水族自治县;**黔东南苗族侗族自治州**榕江县、从江县

续表

省 份	范 围
湖南省	**郴州市**宜章县、临武县
江西省	**赣州市**安远县、定南县、寻乌县
广东省	**广州市**、**河源市**、**惠州市**、**深圳市**、**清远市**、**韶关市**、**佛山市**；**珠海市**、**江门市**、**肇庆市**、**云浮市**辖区；**东莞市**；**中山市**
广西壮族自治区	**南宁市**、**柳州市**、**梧州市**、**崇左市**、**贵港市**、**百色市**、**贺州市**、**河池市**、**来宾市**辖区；**桂林市**秀峰区、叠彩区、象山区、七星区、雁山区、临桂区、阳朔县、灵川县、永福县、平乐县、荔浦县、龙胜各族自治县、恭城瑶族自治县；**防城港市**上思县；**玉林市**北流市、容县、兴业县；**钦州市**灵山县
4. 松花江流域	
内蒙古自治区	**通辽市**霍林郭勒市、扎鲁特旗；**呼伦贝尔市**扎兰屯市、牙克石市、鄂伦春自治旗、阿荣旗、莫力达瓦达斡尔族自治旗；**兴安盟**乌兰浩特市、突泉县、科尔沁右翼中旗、科尔沁右翼前旗、扎赉特旗、阿尔山市（不含天池镇、白狼镇）
吉林省	**长春市**、**吉林市**、**松原市**、**白城市**辖区；**四平市**公主岭市（响水镇、大岭镇、范家屯镇、陶家屯镇）、伊通满族自治县（不含大孤山镇、小孤山镇、靠山镇）；**辽源市**东丰县；**通化市**梅河口市、辉南县、柳河县；**白山市**江源区、临江市、抚松县、靖宇县；**延边朝鲜族自治州**敦化市、安图县；**长白山管委会**池北区、池西区、池南区
黑龙江省	**哈尔滨市**、**齐齐哈尔市**、**鹤岗市**、**大庆市**、**绥化市**、**七台河市**辖区；**双鸭山市**尖山区、岭东区、集贤县；伊春市伊春区、南岔区、友好区、西林区、翠峦区、新青区、美溪区、金山屯区、五营区、乌马河区、汤旺河区、带岭区、乌伊岭区、红星区、上甘岭区、铁力市；**佳木斯市**向阳区、前进区、东风区、郊区、富锦市、同江市、桦川县、桦南县、汤原县；**牡丹江市**爱民区、东安区、阳明区、西安区、海林市、宁安市、林口县；**黑河市**北安市、五大连池市、嫩江县；**大兴安岭地区**加格达奇区、松岭区
5. 淮河流域	
河南省	**信阳市**、**开封市**、**周口市**、**商丘市**、**许昌市**、**漯河市**、**平顶山市**辖区；**郑州市**惠济区、中原区、管城回族区、二七区、金水区、荥阳市、新密市、新郑市、登封市、中牟县；**驻马店市**驿城区、汝南县、新蔡县、上蔡县、平舆县、正阳县、确山县、西平县、遂平县；**洛阳市**汝阳县；**南阳市**桐柏县
安徽省	**蚌埠市**、**亳州市**、**阜阳市**、**淮北市**、**淮南市**、**宿州市**辖区；**滁州市**天长市、明光市、定远县、凤阳县；**合肥市**长丰县；**六安市**金安区、裕安区、叶集区、金寨县、霍邱县、霍山县
山东省	**菏泽市**、**临沂市**、**枣庄市**、**济宁市**辖区；**日照市**莒县；**淄博市**沂源县
江苏省	**淮安市**、**宿迁市**、**盐城市**、**连云港市**、**徐州市**辖区；**南通市**如皋市、海安县、如东县；**泰州市**海陵区、姜堰区、兴化市；**扬州市**邗江区、广陵区、江都区、高邮市、宝应县
6. 海河流域	
北京市	所辖区
天津市	和平区、河西区、河东区、河北区、南开区、红桥区、北辰区、津南区、西青区、东丽区、武清区、宝坻区、宁河区、静海区、蓟州区
河北省	**石家庄市**、**承德市**、**张家口市**、**廊坊市**、**衡水市**、**保定市**、**邢台市**、**邯郸市**辖区
山西省	**大同市**、**阳泉市**辖区；**长治市**城区、郊区、潞城市、长子县、长治县、壶关县、平顺县、屯留县、襄垣县、沁县、武乡县、黎城县；**朔州市**朔城区、平鲁区、怀仁县、山阴县、应县；**忻州市**忻府区、原平市、繁峙县、代县、定襄县、五台县；**晋中市**昔阳县、和顺县、左权县、榆社县；**晋城市**陵川县
河南省	**鹤壁市**辖区；**安阳市**文峰区、北关区、殷都区、龙安区、林州市、安阳县、汤阴县、内黄县；**新乡市**红旗区、卫滨区、牧野区、凤泉区、卫辉市、辉县市、获嘉县、新乡县；**焦作市**解放区、中站区、马村区、山阳区、修武县、博爱县；**濮阳市**华龙区、清丰县、南乐县
山东省	**德州市**、**聊城市**辖区；**济南市**历城区、天桥区、历下区、章丘市、商河县、济阳县；**淄博市**张店区、临淄区、淄川区、博山区、周村区、桓台县、高青县
内蒙古自治区	**锡林郭勒盟**多伦县、正蓝旗、太仆寺旗、正镶白旗；**乌兰察布市**集宁区、丰镇市、兴和县、凉城县、察哈尔右翼前旗
7. 辽河流域	
内蒙古自治区	**赤峰市**辖区；**通辽市**科尔沁区、开鲁县、库伦旗、奈曼旗、科尔沁左翼中旗、科尔沁左翼后旗

续表

省 份	范 围
吉林省	**四平市**铁西区、铁东区、双辽市、梨树县、公主岭市(不含响水镇、大岭镇、范家屯镇、陶家屯镇)、伊通满族自治县(大狐山镇、小狐山镇、靠山镇);**辽源市**龙山区、西安区、东辽县
辽宁省	**沈阳市**、**朝阳市**、**阜新市**、**铁岭市**、**抚顺市**、**本溪市**、**鞍山市**、**辽阳市**辖区
8. 近岸海域—环渤海地区	
辽宁省	**大连市**、**营口市**、**盘锦市**、**锦州市**、**葫芦岛市**辖区
河北省	**唐山市**、**秦皇岛市**、**沧州市**辖区
山东省	**滨州市**、**东营市**、**潍坊市**辖区;**烟台市**芝罘区、福山区、牟平区、莱山区、龙口市、莱州市、蓬莱市、招远市、栖霞市、长岛县
天津市	滨海新区
9. 其他流域	
(1)千岛湖及新安江上游流域	
浙江省	**杭州市**建德市、淳安县
安徽省	**黄山市**屯溪区、徽州区、歙县、休宁县、黟县、黄山区(汤口镇、黄山风景区核心区)、祁门县(凫峰乡、金字牌镇);**宣城市**绩溪县
(2)闽江流域	
福建省	**南平市**、**三明市**辖区;**福州市**鼓楼区、台江区、仓山区、马尾区、晋安区、长乐市、闽侯县、闽清县、永泰县;**宁德市**古田县;**龙岩市**连城县;**泉州市**德化县
(3)九龙江流域	
福建省	**龙岩市**新罗区、漳平市;**漳州市**芗城区、龙文区、龙海市、长泰县、南靖县、平和县、华安县
(4)九洲江流域	
广西自治区	**玉林市**陆川县(温泉镇、大桥镇、横山镇、乌石镇、滩面镇、良田镇、古城镇、沙坡镇)、博白县(宁潭镇、文地镇)
广东省	**湛江市**廉江市(和寮镇、塘蓬镇、长山镇、石颈镇、石岭镇、雅塘镇、营仔镇、石角镇、河唇镇、吉水镇、石城镇、新民镇、横山镇、安铺镇、青平镇)
(5)洱海流域	
云南省	**大理白族自治州**大理市、洱源县
(6)兴凯湖流域	
黑龙江省	**鸡西市**辖区;**牡丹江市**穆棱市
(7)呼伦湖流域	
内蒙古自治区	**呼伦贝尔市**扎赉诺尔区、满洲里市、新巴尔虎左旗、新巴尔虎右旗;**兴安盟**阿尔山市(天池镇、白狼镇);**锡林郭勒盟**东乌珠穆沁旗(满都胡宝拉格苏木)
(8)艾比湖流域	
新疆维吾尔自治区(含兵团)	**博尔塔拉蒙古自治州**辖区;**伊犁哈萨克自治州**奎屯市;**克拉玛依市**独山子区;**塔城地区**乌苏市、托里县;**第五师**双河市、第81团、82团、83团、84团、85团、86团、87团、88团、89团、90团、91团;**第七师**第123团、124团、125团、126团、127团、128团、129团、130团、131团、奎东农场

节水型社会建设“十三五”规划

发改环资〔2017〕128号

一、现状与形势

（一）主要成效

“十二五”时期，党中央国务院相继出台了关于实行最严格水资源管理制度、保障国家水安全等一系列决策部署，推动一批节水供水重大水利工程项目建设。习近平总书记提出了“节水优先、空间均衡、系统治理、两手发力”的新时期水利工作方针，从观念、意识、措施等各方面把节水放在优先位置。全面推进以水资源管理体系、经济结构体系、工程技术体系、行为规范体系等“四大体系”为重点的节水型社会建设工作，水资源利用效率和效益显著提高，基本完成“十二五”规划确定的主要目标和任务。

一是节水制度建设逐步完善。国务院发布《关于实行最严格水资源管理制度的意见》、《水污染防治行动计划》，明确水资源管理“三条红线”，强化经济社会用水取水全过程管控。加强城镇节水，公共供水管网漏损管控。农业水价综合改革积极推进，在全国27个省的80个县实施农业水价综合改革试点。水权制度和水权交易平台建设逐步完善，在内蒙古等7个地区开展水权确权和交易试点工作。

二是节水管理能力不断加强。发布《计划用水管理办法》、《关于严格用水定额管理的通知》、《关于进一步加强城市节约用水工作的通知》、《城市节水评价标准》，进一步强化用水管理，为全面推进节水工作提供支撑。发布了19项高耗水行业取水定额国家标准，为高耗水行业制定供水、节水规划提供依据。建立健全水资源论证制度，开展大型煤电基地、城市新区等规划水资源论证。严格取水许可审批与监管，加快取水许可台账建设。完善城镇居民用水阶梯价格制度，推行非居民用水超定额累进加价制度，水资源有偿使用制度进一步落实。完成国家水资源监控能力建设一期项目，水资源监控能力得到不断加强。

三是节水设施建设取得重大进展。实施336处大型、637处重点中型灌区续建配套和节水改造，区域规模化高效节水灌溉工程建设持续推进，高效节水灌溉面积达到1.2亿亩，农田灌溉水有效利用效率显著提高。对钢铁、石化等七大高耗水行业进行节水技术改造，缺水地区和工业园区加大中水回用和循环用水力度。加快推进城镇供水管网改造，积极推广节水型用水器具，加大污水处理力度，城市污水处理率从2010年的82.3%提高到2015年的90.2%。非常规水源利用力度不断加大，年污水处理再生利用量从27.6亿m^3提高到52.2亿m^3，年集雨工程集水量从5.1亿m^3提高到9.6亿m^3，年海水淡化水量从4000万m^3提高到7400万m^3。

四是节水实践创新发展取得新突破。各地积极探索各具特色的节水型发展模式，华北地区突出总量控制、节水压采，西北能源化工基地推进水权转换、节水增效，东南沿海经济发达地区推行清洁生产、节水治污，东北地区结合转型升级、节水增粮，南方丰水地区严格准入门槛、节水减排。节水技术从着眼于“节约”转向系统性资源回收和循环再利用，由单一设施、单一技术使用向用水系统集成优化、智能化方向发展。缺水地区开展污水深度处理，将再生水、收集雨水等用于生产及生态环境改善。海水淡化和海水直接利用规模持续扩大。城镇再生水、建筑中水利用能力不断提升，分区计量和压力调控等供水管网检漏损控制技术稳步推广。累计推进100个国家级节水型社会和200多个省级节水型社会试点、69个国家级节水型城市建设、近100个省级节水型城市建设，推动一大批节水型企业、单位、居民小区和节水教育基地载体建设，带动和引领各地区各行业节水工作。试点地区万元GDP用水量和万元工业增加值用水量年均下降9%以上，远高于同期全国平均水平。

“十二五”期间，我国国内生产总值提高46%（按不变价计算），用水量仅增长1.3%，以用水微增长保障了社会各行业高速发展，全国万元GDP用水量下降31%，万元工业增加值用水量下降35%，农田灌溉水有效利用系数提高到0.532。

表1 “十二五”期间主要规划指标完成情况

指　　标	2010年	规划指标	指标完成情况
用水总量（亿m^3）	[6022]	[6350]	[6103]
万元国内生产总值用水量下降（%）	—	30	31
万元工业增加值用水量下降（%）	—	30	35
农田灌溉水有效利用系数	[0.502]	[0.530]	[0.532]
新增高效节水灌溉面积（万亩）	—	5000	12000

注：1.带[ ]为期末达到数，其余为5年累计数。
2.万元国内生产总值用水量，万元工业增加值用水量采用2010年不变价计算。

（二）存在问题

当前我国水资源形势依然十分严峻，用水效率仍然不高，存在的主要问题为：

一是节水制度建设有待完善。节水立法及政策制度尚不完善，已有法规的执行难度大、监管手段少。水资源对经济社会发展的刚性约束不强，尚未发挥应有的倒逼作用。节水职责不明确，节水措施落实不到位。

二是节水内生动力不足。水资源总量控制、定额管理制度亟待进一步完善，尚未形成完善的财税引导和激励政策，部分地区水价形成机制尚不能全面客观反映水资源的稀缺性和供水成本，难以激发用水户的自主节水投入和创新意识。

三是节水设施水平有待提升。农业节水规模化发展程度不高，高效节水灌溉率仅约25%。部分工业行业的生产工艺和关键环节普遍存在用水浪费现象，万元工业增加值用水量约为世界先进水平的2倍。城镇管网漏损率仍居高不下，2015年全国城市公共供水管网平均漏损率达15.2%。

四是节水监管能力还需加强。取用水计量与监控能力不足，城镇和工业用水计量率①约70%，农业灌溉用水计量率②仅约55%。强制性的节水产品技术标准体系还不完善，节水产品和设施质量良莠不齐，市场监管薄弱。基层节水管理机构和队伍能力不足，节水社会服务体系尚未形成。

五是节水理念意识还不强。社会公众对我国国情水情认识不足，节水及“洁水”宣传仍需进一步加强。重开源轻节约的惯性做法尚未根本转变，部分地区过多依赖引调水解决缺水问题的思路亟需改变。

（三）面临形势

党中央、国务院提出了全面建成小康社会、坚持五大发展理念、适应经济发展新常态等一系列决策方针政策。未来五年是全面建成小康社会的决胜阶段，是大力推进生态文明建设、转变发展方式的重要战略机遇，也是落实“节水优先”方针、破除国家水安全制约瓶颈的重要时期。国家“十三五”规划纲要明确提出“实行最严格的水资源管理制度，以水定产、以水定城，建设节水型社会”等要求。必须准确把握节水型社会建设的新内涵、新要求，增强忧患意识、责任意识，尊重规律、尊重实际，强化城市建设管理，集中力量着力调整用水结构、提高用水效率，促进经济发展方式加快转变，推动绿色发展，破解水资源水环境制约问题，保障国家水安全，推进生态文明建设。

二、总体思路

（一）指导思想

全面落实党的十八大和十八届三中、四中、五中、六中全会精神，深入学习贯彻习近平总书记系列重要讲话精神，紧紧围绕统筹推进“五位一体”总体布局和协调推进“四个全面”战略布局，牢固树立创新、协调、绿色、开放、共享发展理念，坚持节水优先方针，充分发挥政府引导作用和市场调节作用，强化水资源承载能力刚性约束，严控水资源消耗总量和强度，提升全社会节水意识，把节水贯穿于经济社会发展和生态文明建设全过程，大力提高水资源利用效率和效益，以水资源可持续利用促进经济社会可持续发展。

（二）基本原则

坚持总量控制、效率优先。强化水资源刚性约束，实行最严格水资源管理，严格控制用水总量，合理开发利用用水资源，大幅提高水资源利用效率。

坚持政府引导、市场调节。加强政府对节水的引导和规制作用，落实目标责任，完善监督考核机制。充分发挥市场对水资源的配置作用，不断增强全社会节约用水的内生动力。

坚持制度创新、科技引领。加强节水制度建设，形成促进高效用水的制度体系。以科技创新为

---

① 城镇和工业用水计量率是指有计量设施的取水量占城镇和工业用水总取水量的比例。

② 农业灌溉用水计量率指大型灌区和重点中型灌区有计量设施的农业取水口灌溉取水量占总取水量的比例。

动力,推动各行业节水,建立全社会水资源循环利用体系。

坚持因地制宜、适水发展。根据水资源条件、产业结构和用水水平,因地制宜确定节水目标、方向和重点任务。以水资源承载力为依据,进行产业结构调整、城市规模控制和功能布局优化,构建适水的产业和城镇发展格局。

坚持全民参与、自觉节水。树立节约集约循环利用的资源观,加强节水及"洁水"宣传,增强全民水忧患意识,形成节约用水的社会风尚。

(三) 规划目标

1. 总体目标

——控总量:全国用水总量控制在 6700 亿 m^3 以内,非常规水源利用量显著提升。

——提效率:万元国内生产总值用水量、万元工业增加值用水量较 2015 年分别降低 23%和 20%,农田灌溉水有效利用系数提高到 0.55 以上。

——健体制:水资源管理制度进一步完善,节水约束与考核机制逐步优化,水权水价水市场改革取得重要进展。

——强能力:水资源监控能力显著提高,城镇和工业用水、农业灌溉用水计量率分别达到 85%、70%以上,用水计量准确度、可靠性显著提升;节水标准体系进一步完善;研发推广一批先进适用节水技术。

——增意识:提高公众对我国水情的认知,加强公众参与水资源节约保护的能力。

全国北方 40%以上,南方 20%以上的县级行政区达到节水型社会标准。

2. 分领域目标

(1)农业节水

节水灌溉工程面积达到 7.0 亿亩左右,节水灌溉率达到 63%;新增高效节水灌溉面积 1.0 亿亩,高效节水灌溉率达到 31%;大中型灌区和井灌区节水措施全覆盖;缺水地区大型及重点中型灌区达到国家节水型灌区标准要求。

(2)工业节水

万元工业增加值用水量降低 20%;规模以上工业企业(年用水量 1 万 m^3 及以上)用水定额和计划管理全覆盖;缺水地区的工业园区达到节水型工业园区标准要求。

(3)城镇节水

城市公共供水管网漏损率控制在 10%以内,缺水城市再生水利用率达到 20%以上;新建公共建筑和新建小区节水器具全覆盖;地级及以上缺水城市全部达到国家节水型城市标准要求。

表 2 "十三五"全国节水型社会建设主要指标

指标	"十二五"末完成	"十三五"规划指标	备注
用水总量控制(亿 m^3)	[6103]	[6700]	约束性
万元国内生产总值用水量下降(%)	31	23	约束性
万元工业增加值用水量下降(%)	35	20	约束性
农田灌溉水有效利用系数	[0.532]	[0.55]	预期性
新增高效节水灌溉面积(万亩)	12000	10000	预期性
城市公共供水管网漏损率(%)	[15.2]	[10]	预期性

续表

指　　标	"十二五"末完成	"十三五"规划指标	备　注
缺水城市再生水利用率(%)		[20]	预期性
规模以上工业水循环利用率(%)		[91]	预期性
城镇和工业用水计量率(%)	[70]	[85]	预期性
农业灌溉用水计量率(%)	[55]	[70]	预期性
注:带[ ]为期末达到数,其余为5年累计数。			

三、重点任务

(一) 加强制度建设,完善节水降耗机制

强化水资源承载能力刚性约束。建立水资源承载能力监测预警机制,强化水资源承载能力在区域发展、城镇建设、产业布局等方面的刚性约束,促进经济社会发展与水资源条件相适应。在水资源短缺和生态环境脆弱地区,地下水超采、地表水过度开发地区,探索实行耕地轮作休耕制度,调整种植结构,试行退地减水,扩大耐旱作物种植比例。严格落实主体功能区规划,生态脆弱区、严重缺水区、地下水超采区实行负面清单管理,坚决压缩产业规模,调整产业结构,限制或禁止发展高耗水产业。坚持集约发展,制定与当地水资源条件相适应的统一空间规划,科学划定城镇开发边界,优化城镇空间布局和发展规模。

建立健全规划和建设项目水资源论证制度。推进重大产业布局、各类开发区等重大规划水资源论证,城市总体规划的编制应充分考虑当地水资源条件,建立严格的项目水资源论证和取水许可管理制度,从严从紧核定许可水量。对取水许可总量已达到或超过控制指标的地区,暂停审批新增取水。

拧紧水资源管理阀门。严格用水定额管理,强化行业和产品用水强度控制。建立先进的用水定额体系,到2020年全面覆盖主要农作物、工业产品和生活服务行业。加大计划用水管理,加强水资源统一调度,对纳入取水许可管理的单位和其他用水大户全部实行计划用水管理。落实节水"三同时"制度,对违反"三同时"制度的企业,责令停止取用水并限期整改。建立节水部门联动执法机制,加强执法检查。

(二) 激活市场活力,促发节水内生动力

推进合同节水管理。建立健全激励机制,通过完善相关财税政策、鼓励金融机构提供优先信贷服务等方式,引导社会资本参与投资节水服务产业。落实推行合同节水管理,促进节水服务产业发展,发布操作指南和合同范本。在重点领域和水资源紧缺地区,建设合同节水管理示范试点。

实施水效领跑者行动。定期公布同类可比范围内用水效率最高的用水产品、重点用水企业和灌区名录。带动全行业、全社会向领跑者学习,适时将水效领跑者有关指标纳入强制性国家标准。

完善水资源有偿使用制度。全面推进农业水价综合改革,实行农业用水总量控制、定额管理制度,健全农业水价形成机制,建立农业用水精准补贴和节水奖励机制。合理调整城镇居民生活用水价格,全面推行阶梯水价和超定额累进加价制度。推进水资源税费改革,逐步扩大试点范围。

积极探索建立水权水市场制度。建立健全水权初始分配制度，加快明晰区域的用水初始水权，稳步推进确权，加强用途管制，进一步完善水权交易规则。总结水权试点经验，推进区域间、流域间、流域上下游、行业间、用水户间等多种形式的水权交易。

建立用水产品水效标识制度。发布《水效标识管理办法》，对节水潜力大、适用面广的用水产品实行水效标识制度。依据水效强制性国家标准，开展产品水效检测，确定产品水效等级。做好水效标识制度的社会宣传和市场监督。

严格节水市场准入和监管。完善相关技术标准和节水等绿色产品认证制度；积极推动节水产品认证；编制国家鼓励发展的节水产品（设备）目录和不符合节水标准的淘汰及禁止目录；明确节水认证产品优惠激励机制。对重要节水产品实施年度国家质量监督抽查，依法向社会公告抽查结果。对抽查结果不合格产品的生产企业建立负面信用记录，并纳入全国统一的信用信息共享平台。

（三）加强科技创新，鼓励节水产业发展

攻关研发前瞻技术。整合科技资源，推进《水资源高效开发利用》、《国家水安全创新工程实施方案》（2015—2020 年）和《水体污染控制与治理科技重大专项》等重点专项实施，加快研发高耗水行业用水工艺、废水深度处理、城市公共供水分区计量、供水管网漏损监测与控制、建筑中水利用、海水淡化等技术及装备。

推广示范适用技术。推动高耗水企业、污水处理企业、科研院所、高等学校等组建产学研技术创新战略联盟，示范推广控源减排和清洁生产先进技术。依据《节水治污水生态修复先进适用技术指导目录》，加快技术成果推广应用，重点推广节水、水污染治理及循环应用、雨水收集利用、城镇污水再生利用等适用技术，促进技术成果转化。

建设节水创新示范区。开展节水型社会创新试点建设，按照科技创新、制度创新与管理创新相结合的原则，以水资源严重短缺、水生态脆弱地区为重点，集中开展全区域、多行业的综合节水集成创新与应用示范。

支持节水产业发展。组织具有先进加工水平和较强技术开发能力的大中型企业发展节水工业，形成规范化和规模化生产能力，建立节水设备和设施的生产加工基地。支持节水产品设备制造企业做大做强，提升节水产品设备的市场竞争力。

完善节水标准体系。完善各省级行政区农业、工业、服务业和城镇生活行业用水定额标准，加快制修订高耗水工业、服务业取水定额国家标准，推行取水定额强制性标准。定期组织开展用水定额评估，指导和推动各地适时修订行业用水定额。抓紧制订节水基础管理、节水评价等国家标准，健全节水标准体系。到 2020 年完成节水国家标准制修订 112 项。

专栏 1 “十三五”拟制（修）订的节水标准

农业领域。拟编制（5 项）：园林绿地灌溉设计规范、节水灌溉数据库表结构与标识符、节水型灌区评价导则、灌溉设备节水技术要求、喷灌机运行管理规范。

工业领域。拟修订（21 项）：工业用水节水术语，工业企业产品取水定额编制通则，工业企业用水管理导则，火力发电、钢铁联合企业、石油炼制、纺织染整产品、造纸产品、啤酒制造、酒精制造、味精制造、医药产品、选煤、氧化铝生产、乙烯生产、毛纺织产品、白酒制造、电解铝生产等 15 项取水定额，用水单位水计量器具配备和管理通则，企业用水统计通则，企业水平衡测试通则。

续表

拟编制(52项):企业水量平衡图绘制方法,纯碱行业、白酒行业、酒精行业、毛纺织行业、长丝织造行业、丝绸行业、涤纶行业、铁合金行业等8项节水型企业评价标准,节水型工业园区评价导则,节水评估技术通则,火力发电节水导则,可持续水管理规范,合同节水管理技术通则,项目节水量计算导则,钛白粉、有机硅、精对苯二甲酸、对二甲苯、醋酸乙烯、饮料制造、酵母制造、黄酒制造、罐头加工、制糖、乳制品、皮革和毛皮加工、羽毛(绒)加工、锌冶炼、离子型稀土矿生产、铜选矿、镍冶炼、多晶硅生产、炼铁、炼钢、热轧、冷轧、铁合金冶炼、涤纶、氨纶、再生聚酯、锦纶、维纶、服务业等29项取水定额,冷却塔运行管理规范,炼油企业、造纸企业、化纤长丝制造企业、粘胶纤维企业、酒精企业水系统集成优化实施指南,节水监测通用技术要求,钢铁联合企业、火力发电企业水平衡测试及评价方法。 **城镇生活领域。拟修订(7项)**:节水型社区评价导则,服务业节水型单位评价导则,水嘴、小便器、淋浴器、便器冲洗阀、蹲便器水效限定值及水效等级。 **拟编制(14项)**:坐便洁身器能效水效限定值及等级,自动洗车机、洗菜机水效限定值及等级,水嘴限流节水器,公共机构、游泳场所、宾馆、餐饮场所、商场、公共纺织品洗涤节水技术规范,水嘴、便器、淋浴器、便器冲洗阀水效指标测试及性能评价方法。 **非常规水资源领域。拟编制(13项)**:海水淡化用于饮用水、工业用水水质标准,蒸馏法海水淡化系统设计规范,海水冷却排放要求,反渗透海水淡化药剂动态阻垢性能测试方法,矿井水用于景观环境用水、生活用水、工业用水、城市杂用水技术规范,焦化、造纸、冶炼、矿山酸性废水处理与回用技术规范。

(四) 强化监管考核,规范用水节水行为

健全节水法规和考核制度。加快推进《节约用水条例》出台,健全节水法律法规。实施水资源消耗总量和强度双控行动,加快建立国家水资源督查制度。推进江河流域水量分配,加快完成53条跨省重要江河流域水量分配。逐级建立用水总量控制和强度控制目标责任制,全面实施最严格水资源管理制度考核。加大节水考核力度,在缺水地区试行把节水作为约束性指标纳入政绩考核。

加快计量监控能力建设。加快国家水资源监控能力建设,对年实际取水量100万 m^3 及以上工业取用水户、公共供水取水户、灌溉面积大于5万亩的重点中型以上灌区渠首实行在线监控。健全水资源计量体系,完善中央、流域和省域水资源管理系统三级平台建设,加强信息共享、互联互通和业务协同。实现城镇供水“一户一表”改造全覆盖,结合农田水利工程建设大力推进农业灌溉用水计量监控,加强取水、用水计量器具配备和管理,鼓励重点高耗水行业建立用水实时监测管控系统,大幅提高工业用水效率及农业灌溉、城镇用水计量率。加强重点监控用水单位监督管理,发布国家重点监控用水单位名录,初步建立重点监控用水单位管理体系和信用体系。

(五) 加大宣传力度,提升公众节水意识

加强节水“洁水”宣传。实施《全国水情教育规划(2015—2020年)》,构建“人人参与、人人收益”的全民水情教育体系。建设全国水情教育基地。充分利用各种公共教育资源和新闻媒体,广泛发挥民间组织与志愿者作用,鼓励和引导公众自觉参与爱水、节水、护水行动,形成有利于节约用水的生活和生产方式。

强化公众参与。依法公开水资源信息,及时发布水资源管理政策。健全听证、举报等公众参与制度,对涉及群众用水利益的发展规划和建设项目,充分听取公众意见,强化社会监督。

专栏2　公众节水意识提升工程
开展“节水中国行”、“节水·在路上”、“人人节水行动”等主题宣传教育活动。建设多层级水情教育基地。建设一批水情教育网络平台、运营微信公众平台、开发推广移动APP、开发智能游戏等;撰写出版一批通俗易懂、图文并茂、形式多样的全国性水情教育指导读物;拍摄制作一批纪录片、专题片、微电影、公益广告、影视剧、动画片音频等不同形式的作品。实施水情教育专题团队计划、志愿者招募培训计划、社会骨干师资培训计划等,加强水情教育智库和人才储备建设。

四、重点领域

(一) 加强农业高效节水,促进农业现代化

优化配置农业用水。按照"先节水、后用水,先挖潜、后扩大,先改建、后新建"的原则,进一步优化供用水结构,完善灌溉供水工程体系,提高灌溉供水保障能力。充分利用天然降水,合理配置地表水和地下水,重视利用非常规水源。在渠灌区因地制宜实行蓄水、引水、提水相结合。在井渠结合灌区实行地表水和地下水联合调度。在井灌区严格控制地下水开采。在不具备常规灌溉条件的地区,利用当地水窖、水池、塘坝等多种手段集蓄雨水,发展非常规旱作节水灌溉。

加快节水灌溉工程建设和技术推广。除有回灌补源和防护林生态保护要求的渠段以外,要对渠道进行防渗处理。在地面灌的灌区,平整土地,合理调整沟畦规格,推广抗旱坐水种和移动式软管灌溉等地面灌水技术,提高田间灌溉水利用率。在井灌区和有条件的渠灌区,大力推广高效节水灌溉。在水资源短缺、经济作物种植和农业规模化经营等地区,积极推广喷灌、微灌等高效节水灌溉。在南方水资源丰富尤其是水网地区,大力推广水稻控制灌溉技术,在节水的同时,减轻农业面源污染。

积极推广农业和生物技术节水措施。合理安排耕作和栽培制度,选育和推广优质耐旱高产品种,提高天然降水利用率。大力推广深松整地、中耕除草、镇压耙耱、覆盖保墒、增施有机肥以及合理施用生物抗旱剂、土壤保水剂等技术,提高土壤吸纳和保持水分的能力。在经济作物、蔬菜、果木种植方面,配套和完善节水补灌设备,推广水肥一体化技术,促进现代节水型农业体系的建立。在干旱和易发生水土流失地区,加快推广保护性耕作技术。

实施养殖业节水。加快草原围栏、牧道、棚圈和牧区水利建设,配套发展节水高效灌溉饲草基地,研究和推广草原改良、补播技术,对有灌溉设施的人工草地实施节水灌溉。支持规模化养殖场的标准化改造和建设,实施养殖业节水工程,推进养殖污水无害化处理和适度再生利用,提高畜禽饮水、畜禽养殖场舍冲洗、粪便污水资源化等用水效率,发展节水渔业,推进工厂化循环水养殖和池塘生态循环水养殖。

积极推进农村节水工作。结合新型城镇化和新农村建设,以县级行政区域为单元,实施农村污水处理统一规划、统一建设、统一管理。推动农村节水行动,实施集中供水和污水处理工程,保障农村饮用水安全。安装计量设施,推广使用节水器具。开展宣传活动,树立节水标兵,有条件的地区鼓励开展农村再生水利用,提高水资源重复利用率。

专栏 3　节水强农工程

大中型灌区节水改造。根据 2011 年中央一号文件的有关部署,到 2020 年,完成规划内 434 处大型灌区、2157 处重点中型灌区续建配套与节水改造任务,全国大型灌区灌溉面积达到 3.02 亿亩,重点中型灌区灌溉面积达到 1.53 亿亩。

规模化高效节水灌溉项目。以西北节水增效、华北节水压采、华中节水减排等区域规模化高效节水灌溉为重点,因地制宜发展管道输水灌溉、喷灌和微灌,突出抓好粮食主产区、生态环境脆弱区、水资源开发过度区等重点地区高效节水灌溉工程建设。到 2020 年,基本建成与水土资源条件、现代农业发展要求相适应的节水灌溉体系。

续表

农业环境突出问题治理节水工程。根据水利部印发《农业环境突出问题地表水过度开发和地下水超采治理专项规划》明确的目标任务，在河北、山东、河南、甘肃、新疆等5省区30个地市开展试点治理工作。2018年，通过实施高效节水改造1540万亩等措施，退减地下水超采和地表水过度开发量，有效缓解地表水挤占和地下水超采问题，有序实现耕地、河湖休养生息。

（二）加强工业节水，促进转型升级

优化高耗水行业空间布局。推动火电、钢铁、造纸等高耗水行业沿江、沿海布局，促使已有高耗水项目转移搬迁。严格控制黄淮海平原、西北地区等资源型缺水地区发展造纸工业及灌溉型造纸原料林，引导和鼓励造纸产能向水资源丰富的南方地区转移。西北、华北等地区新建电厂应优先利用非常规水源，鼓励采用空气冷却技术。推动高耗水企业向工业园区集中，推广串联式循环用水布局。促进可利用再生水的企业与城市污水处理厂、再生水厂就近布局。

推进高耗水工业结构调整。按照推进供给侧结构性改革、化解过剩产能的总体部署，依法依规淘汰高耗水行业中用水超出定额标准的产能，促进产业转型升级。严格实行用水定额管理，合理分配工业企业及项目的用水定额，并根据水资源变化和节水效果定期调整，倒逼企业提高节水能力。引导钢铁、石油和化工、电力、煤炭、造纸、纺织、食品等高耗水行业的既有产能向高效节水方向调整。对重点工业用水户开展水平衡测试，提出节水整改优化方案，测试结果作为取水许可审批的重要参考。

加大高耗水行业节水改造力度。实施重点用水企业水效领跑者引领行动，推进水效对标达标。实行强制性节水用水措施与标准，完善国家鼓励类和淘汰类工业用水工艺、技术和设备目录，加快对钢铁等高耗水企业实施节水工艺改造。鼓励企业依靠科技进步，积极研发先进适用节水技术。大力推广高效用水工艺、高效冷却工艺、高效洗涤工艺、高效循环用水、污（废）水再生利用、高盐水资源化利用等节水工艺和技术。

专栏4　高耗水行业节水改造重点项目

钢铁　制定钢铁水效标准和炼铁、炼钢、轧钢等工序用水定额；开展节水优化技术改造，推动水质优化集成技术、高效循环用水集成技术、综合污水脱盐深度处理和高盐废水资源化利用集成技术、焦化酚氰废水和冷轧废水再生回用集成技术、雨水利用技术、蒸汽系统优化、水系统智能管理专家系统的应用。到2020年，重点统计钢铁企业吨钢取水量降至3.2m^3/t，水重复利用率提高到98%以上，外排废水总量下降10%。

煤炭　在西部缺水矿区，鼓励推广干法选煤工艺，降低洗选用水量；改进压滤系统，提升压滤能力，提高尾煤压缩机效率；发展节水型煤化工，降低煤化工产品水单耗；继续推动矿井水综合利用，煤炭矿区及周边工业用水优先考虑采用矿井水，支持和鼓励大水矿区发展矿井水产业化利用。到2020年，矿井水综合利用率达到80%左右。

火力发电　开展节水优化运行试验和技术改造，提高循环水浓缩倍率，开展雨污分流、梯级利用、分类处理、充分回用，提高火电行业水务管理水平，减少外排水量；研发推广高级氧化和膜处理耦合的污水回用技术，电絮凝及膜处理集成技术，动态水平衡优化技术，循环水高浓缩倍率运行技术，水务自动化管理系统等。到2020年，火电厂每千瓦时发电量耗水降至1千克左右，消耗水量（不含直流冷却水量）比2015年下降8%左右。

石油和化工　制定合成氨、甲醇、氯碱等取水定额标准；推动企业实施“清浊分流”改造，建立多层次的废水回用系统；强化水的内部循环，有效提高循环水浓缩倍数。到2020年，万元增加值用水量比2015年降低18%，废水实现稳定达标排放，水重复利用率提高到93%以上。

纺织　采用工艺用水梯级利用、冷凝水和冷却水回收利用等方式，推动生产过程中水的清污分流和分质回用；推广高效短流程前处理、低浴比染色等节水工艺；推广实施纺织废水膜法深度处理与回用、喷水织机废水处理回用等技术。到2020年，总取水量年降幅在1.8%左右，行业总取水量控制在29亿吨左右。

续表

制浆造纸 推广多段逆流洗涤封闭式洗筛系统；中高浓技术和过程智能化控制技术；制浆造纸术循环使用工艺系统优化技术；中段废水物化生化多级深度处理技术；纸机用水封闭循环利用及白水回用、碱回收及蒸发站污冷凝水的分级及回用等技术等。到2020年，造纸工业吨浆、纸及纸板平均取用水量由2015年的68m^3降至58m^3，减少14.7%。行业总取用水量减少约8%。 **食品** 重点加强冷凝水、清洗水的回收利用，推动工艺节水集成技术、发酵行业水质优化集成技术、清污分流技术、用水梯级利用技术。发酵行业将降温水、冷凝水、锅炉用水、生产洗涤水等进行统筹集成，分质使用；味精工业部分“废液”转化为氨基酸植物营养液，成为发展绿色有机农业的独特肥料资源。到2020年，吨产品用水降至10.2m^3。

建设节水型园区。新建园区在规划布局时要统筹供排水、水处理及水梯级循环利用设施建设，实现公共设施共建共享，鼓励企业间的串联用水，分质用水、一水多用和循环利用。已有园区应将节水作为产业结构优化和循环改造的重点内容，推动企业间水资源利用，强化节水及水循环利用设施建设。建立园区节水、废水处理及资源化专业技术支撑体系。

建设节水型企业。严格实行用水定额管理，根据各地区用水总量红线，科学合理分配企业及项目的用水定额，并根据水资源变化和节水效果定期调整，对日用水量大于500m^3的企业逐步开展水循环与梯级利用效率评估，确定改造任务。引导高耗水行业建立用水超定额产能淘汰制度，制定淘汰方案，分年度淘汰落后产能。对重点工业用水户开展用水审计，将审计结果作为取水许可审批的重要参考。加大节水型企业建设力度，通过整体设计、过程控制和深化管理挖掘节水潜力。

（三）加强城镇节水，提高城镇生活用水效率

推进城镇供水管网改造。加快对使用年限超过50年、材质落后和受损失修的供水管网进行更新改造，减少供水管网“跑冒滴漏”和“爆管”等情况的发生，到2020年全国城市公共供水管网漏损率控制在10%以内。完善供水管网检漏制度，通过供水管网独立分区计量（DMA）和水平衡测试等方式，加强漏损控制管理，在漏损严重或缺水城市开展供水管网DMA管理示范工程。

推广节水器具使用。加大力度研发和推广应用节水型设备和器具，禁止生产、销售不符合节水标准的产品、设备。推进节水产品企业质量分类监管，以生活节水器具和农业节水设备为监管重点，逐步扩大监督范围，推进节水产品推广普及。公共建筑和新建民用建筑必须采用节水器具，限期淘汰公共建筑中不符合节水标准的水嘴、便器水箱等生活用水器具。鼓励居民家庭选用节水器具，引导居民淘汰现有不符合节水标准的生活用水器具。

加强服务业节水。合理限制高耗水服务业用水，对洗浴、洗车、高尔夫球场等行业实行特种用水价格。强制要求使用节水产品，加快节水技术改造，对非人体接触用水强制实行循环利用。缺水地区严禁盲目扩大用水景观、娱乐的水域面积。

推广建筑中水应用。开展绿色建筑行动，面积超过一定规模的新建住房和新建公共建筑应当安装中水设施，老旧住房也应当逐步实施中水利用改造。鼓励引导居民小区中水利用，城市居住小区建筑中水主要用于冲厕、小区绿化等生活杂用；公共建筑中水主要用于冲厕。缺水地区的城镇应积极采用建筑中水回用技术。

大力推进节水型城市建设。各地要制定节水型城市建设实施方案，加大规划调控指导力度，落实各部门目标、责任和任务期限。健全城市节水法规制度体系、推进实施节水统计等城市节水工作制度和措施，建立城市节水的数字化管理平台和社会参与机制。积极开展节水型单位和居民小区

创建活动。

专栏5　城镇节水工程

节水器具进万家行动。 建立节水型生活用水器具补贴机制，对通过节水认证、符合规定用水效率等级的生活用水器具实行节水财政补贴，以节水型坐便器为试点，逐步扩展到淋浴器、水嘴等。

供水管网改造工程。 在漏损严重的缺水城市，以分区计量和漏损管网改造为重点，形成一套可复制、可推广的漏损控制技术和管理体系，带动全国公共供水管网漏损改造，到2020年，全国城市公共供水管网漏损率降低到10%左右。

公共机构节水行动。 以政府机关、学校、医院等为重点，推进节水技术改造，组织开展节水型单位和节水标杆单位创建，全部省直机关和50%以上的省属事业单位、中央国家机关所属在京公共机构建设成节水型单位。

建筑中水利用示范。 以京津冀等北方缺水地区为重点，选择10个城市，实施公共建筑和居民小区2类建筑中水利用示范工程。

（四）推进非常规水源利用，构建多元用水格局

加大雨洪资源、海水、中水、矿井水、微咸水等非常规水源开发利用力度，实施再生水利用、雨洪资源利用、海水淡化工程，把非常规水源纳入区域水资源统一配置。到2020年，全国非常规水源利用量超过100亿m^3，占总供水量的比重由2015年的1.0%提高到2020年的1.6%。

促进再生水利用。以缺水及水污染严重地区城市为重点，加大污水处理力度，完善再生水利用设施，逐步提高再生水利用率。工业生产、农业灌溉、城市绿化、道路清扫、车辆冲洗、建筑施工及生态景观等领域优先使用再生水。具备使用再生水条件但未充分利用的钢铁、火电、化工、造纸、印染等高耗水项目，不得批准其新增取水许可。

推动雨水集蓄与利用。结合海绵城市建设，新建小区、城市道路、公共绿地要完善雨洪资源利用设施，增加对雨洪径流的滞蓄能力，推进雨洪资源化利用。在有条件的山丘区，大力推广雨水集蓄利用，发展集雨节灌。

大力发展海水直接利用和海水淡化。推动沿海地区的高耗水行业开展海水直接利用，支持高耗水工业项目利用海水淡化水作锅炉补给水和工艺用水，大力推进以海水直接利用和采取热电联合淡化海水的方式解决大规模工业用水水源。鼓励有条件的沿海缺水城市，将海水淡化水作为市政新增供水以及应急备用水源的来源之一。推广海水淡化在海岛地区供水保障的应用，鼓励太阳能、风能、潮汐能等非并网新能源耦合海水淡化装置建设。

加大矿井水和苦咸水利用。在大水矿区，推进富余矿井水收集，拓宽矿井水的利用途径；在缺水矿区，重点推进矿井水资源化利用。因地制宜修建矿井水利用和净化设施，把矿井水利用与矿区及周边生活、生产、生态用水有机结合。新建煤炭开采项目要尽量利用矿井水作为工业用水。推进饮用苦咸水水质改良工程，加强苦咸水淡化利用研发，建立苦咸水改良产业体系。

专栏6　节水补源示范工程

开展城市污水再生利用综合示范，开展县城雨水、废污水、苦咸水等非常规水源综合利用示范，开展典型矿区矿井水资源化综合利用示范，开展海岛海水淡化应用及改造示范，实施饮水特困乡镇苦咸水淡化和雨水集蓄利用，推进渔船海水淡化利用。

五、区域布局

根据我国不同地区水资源禀赋、水资源和生态环境的压力负荷，未来区域水资源需求、节水潜力以及区域水资源调配和可持续发展对节约用水的要求，按照东北、华北、西北、西南、华中、东南六大区，分区确定节水型社会建设的重点方向和任务。

（一）东北地区：着力提高用水效率

辽宁、吉林、黑龙江3省是我国重要的原材料、装备制造业基地和粮食生产基地。区域水资源分布不均，由东南向西北递减，供水保障程度和灌溉水利用率不高。全区2015年GDP约5.78万亿元，总人口1.1亿人，城镇化率61%；2015年耕地面积4.2亿亩，灌溉面积1.4亿亩，其中节水灌溉面积约4700万亩，高效节水灌溉面积约4200万亩；2015年用水总量630亿m^3。

围绕全面振兴东北地区老工业基地和国家商品粮基地建设的要求，通过节水改造提高粮食生产能力，促进区域产业结构调整。结合资源枯竭、产业衰退地区转型发展，加快高耗水工业节水技术改造，淘汰属于《产业结构调整指导目录(2011年本)(2013年修正)》淘汰类的工艺设备和产品，促进产业转型升级。推进城市老旧供水管网改造，降低漏损；推进城镇污水处理再生利用；大力实施城镇节水改造。到“十三五”末，全区约130个县级行政区达到国家节水型社会标准要求，15个地级及以上缺水城市达到国家节水型城市标准要求。推进规模化节水增粮，中西部地区合理发展滴灌喷灌，积极采用深松整地、抗旱坐水种等措施，具备规模化耕作条件的地区集中连片发展高效节水灌溉。东部三江平原等地区加大水田节水改造力度，减少地下水开采。到2020年，全区新增高效节水灌溉面积约1100万亩。

（二）华北地区：以结构调整促节水

北京、天津、河北、山西、山东、河南6省市是我国政治文化中心和小麦主产区。区域水资源严重紧缺，许多地区水资源开发利用过度，已成为制约经济社会发展的主要因素。全区2015年GDP约18.21万亿元，总人口3.4亿人，城镇化率56%；耕地面积4.0亿亩，灌溉面积2.7亿亩，其中节水灌溉面积约1.4亿亩，高效节水灌溉面积约10700万亩；2015年用水总量760亿m^3。

围绕京津冀协同发展和中原经济区、山东半岛、太原城市群等发展要求，优化供用水结构，大力推进节水型社会建设，严格控制灌溉规模，降低水资源消耗总量和强度。压减钢铁等行业过剩产能，优化产业布局和结构，发展循环经济，推进清洁生产。推进城镇节水改造，加大污水再生利用、雨水集蓄、海水淡化、矿井水等非常规水源利用力度。到“十三五”末，全区约270个县级行政区达到国家节水型社会标准要求，52个地级及以上缺水城市达到国家节水型城市标准要求，缺水城市再生水利用率达到30%以上，区域非常规水源利用量达到25亿m^3，占比由7.4%提高到8.4%。大力推进华北节水压采，以京津冀地区为重点，发展高效节水、实施水源置换、调整种植结构、适度压减灌溉面积，逐步退减地下水超采量和挤占河湖生态用水。到2020年，全区新增高效节水灌溉面积约2980万亩，压减灌溉面积约450多万亩。

（三）西北地区：以水定发展

内蒙古、陕西、甘肃、青海、宁夏、新疆6省区是我国重要的能源基地和生态屏障区。区域水资源短缺，生态环境十分脆弱，水资源利用效率和效益低，生产与生态环境用水矛盾尖锐。全区2015

年 GDP 约 5.73 万亿元，总人口 1.3 亿人，城镇化率 52%；耕地面积 3.9 亿亩，灌溉面积 1.9 亿亩，其中节水灌溉面积约 1.1 亿亩，高效节水灌溉面积约 7000 万亩，2015 年用水总量 1070 亿 m^3。

围绕“丝绸之路经济带”及重要经济区、能源基地等发展要求，以区域水资源承载能力为控制，加强水资源节约集约利用，保障生态基本用水需求，促进资源环境逐步休养生息。严控高耗水行业发展，提高能源化工等重点行业用水效率准入门槛，新建项目或转移产能必须配套先进节水工艺和设备；在重点行业推广空冷、一水多用等节水技术改造，发展循环经济。积极推进城镇节水改造，到“十三五”末，全区约 200 个县级行政区达到国家节水型社会标准要求，26 个地级及以上缺水城市达到国家节水型城市标准要求。加快实施饮用苦咸水水质改良工程，改善苦咸水地区人民的生活质量。根据水资源承载能力合理确定水土开发和灌溉发展规模，限制和压缩高耗水作物种植面积。推进西北节水增效改造，加快骨干渠道防渗改造，因地制宜推广管灌、滴灌、喷灌，内陆河区、传统井灌区优先发展微灌。在草原牧区合理发展高效节水灌溉饲草料地。到 2020 年，全区新增高效节水灌溉面积约 3570 万亩，压减灌溉面积约 1200 万亩。

（四）西南地区：促进人水和谐

广西、重庆、四川、贵州、云南、西藏 6 省区经济社会发展相对滞后。区域水资源丰沛，水资源开发利用率、耕地灌溉率较低，水土资源开发利用潜力较大。全区 2015 年 GDP 约 8.77 万亿元，总人口 2.5 亿人，城镇化率 47%；耕地面积 3.7 亿亩，灌溉面积 1.3 亿亩，其中节水灌溉面积约 5700 万亩，高效节水灌溉面积约 930 万亩；2015 年用水总量 922 亿 m^3。

围绕构建西南生态安全屏障和成渝、滇中、黔中等重要经济区发展要求，加快水利基础设施建设，通过节水促进产业发展水平提升，带动特色农业规模化发展，实现节水脱贫。加快淘汰落后高耗水工艺、设备和产品，推进高耗水行业节水技术改造，提升产业发展水平，加强重点行业取水定额管理，提高工业用水重复利用率，严格控制污染物排放量。积极支持城镇节水改造，到“十三五”末，全区约 130 个县级行政区达到国家节水型社会标准要求，5 个地级及以上缺水城市达到国家节水型城市标准要求。重点改造已有灌区，完善灌排设施，扩大灌溉面积，提高耕地灌溉率。加强节水灌溉、“五小水利”工程建设，重点支持贫困地区基本口粮田、特色林果业规模化发展，提高农业综合生产能力。到 2020 年，全区新增高效节水灌溉面积约 1325 万亩；其中，贫困地区新增和改善灌溉面积近 2200 万亩，新增高效节水灌溉面积约 460 万亩。

（五）华中地区：促进节水减排

安徽、江西、湖北、湖南 4 省区域河湖众多、水网密布，水资源相对丰富，灌排设施基础较好，但降水时空分配不均，灌溉水利用率不高，水污染问题突出，且未来水资源需求增长较快。全区 2015 年 GDP 约 9.72 万亿元，总人口 2.3 亿人，城镇化率 52%；耕地面积 2.8 亿亩，灌溉面积 1.9 亿亩，其中节水灌溉面积约 3200 万亩，高效节水灌溉面积近 900 万亩；2015 年用水总量 1166 亿 m^3。

围绕长江经济带建设及武汉城市圈、长株潭城市群、皖江城市带和鄱阳湖生态经济区等发展要求，以节水促减排，加强污染治理，减少污染物入河量，修复水生态环境。充分发挥沿长江地区产业发展潜力，推动产业结构升级，大力发展循环经济，全面推行清洁生产，提升工业用水循环利用水平，从源头减少用水量和污染物排放量。加快实施城镇节水改造，到“十三五”末，全区约 100 个县级行政区达到国家节水型社会标准要求，8 个地级及以上缺水城市达到国家节水型城市标准要求。加大现有灌区续建配套与节水改造力度，大力推进水稻灌区综合节水技术，因地制宜发展管道输水灌溉。推广水稻控制灌溉与田间水肥高效利用技术，减少灌溉排水，强化农业面源污染的源头控制。在水土适宜地区适度扩大灌溉面积。到2020年,全区新增高效节水灌溉面积约560万亩。

（六）东南沿海地区:节水治污并重

上海、江苏、浙江、福建、广东、海南6省市是我国改革开放和现代化建设的先行地区。区域水资源丰沛,水土资源总体较为匹配,但水污染问题突出,部分地区未来用水增长空间有限。全区2015年GDP约24.06万亿元,总人口3.2亿人,城镇化率68%;耕地面积1.7亿亩,灌溉面积1.5亿亩,其中节水灌溉面积约6800万亩,高效节水灌溉面积约1400万亩;2015年用水总量1555亿m^3。

围绕“海上丝绸之路”及长三角、珠三角等相关发展要求,强化节水,促进产业升级换代,积极推进海水淡化利用。加强高耗水行业节水改造,推进火电、核电直流冷却水循环改造。积极推行城镇节水改造,到“十三五”末,全区约100个县级行政区达到国家节水型社会标准要求,23个地级及以上缺水城市达到国家节水型城市标准要求。重点改造已有灌区,因地制宜推广渠道衬砌技术,适度发展管道输水技术。丘陵山区加强坡耕地改造,充分利用小型水源工程进行灌溉。结合水资源承载能力和城镇化布局,合理调整灌溉面积。到2020年,全区新增高效节水灌溉面积约465万亩。

六、组织实施

（一）健全部门协作机制

建立健全各级节约用水相关部门协作工作机制,按职责分工落实目标责任,完善工作规程,统筹和协调解决节水工作中的重大问题。

（二）建立评估考核机制

加强规划实施的督查及跟踪评估,引入第三方评估机制,根据评估结果对实施责任主体进行考核,确保各项措施落到实处。

（三）完善节水奖励机制

建立完善节水财税奖励机制,对节水型社会建设过程中的先进典型予以奖励。健全节水器具财政补贴政策,完善节水税收金融优惠政策。

（四）建立多元投入机制

建立节水投入稳定增长机制,加大社会投资引导力度,积极引进民营资本投资节水领域,大力推广合同节水、公私合营等模式,研究建立节水奖励基金,逐步形成多元化的投入机制。

（五）健全公众参与机制

建立公开透明的参与机制,保证公众广泛参与各项节水工作的管理和监督。鼓励曝光浪费水资源、破坏节水设施、污染水环境等不良行为。加强节水培训,普及节水知识,提升公众参与能力。

全国海水利用“十三五”规划

发改环资〔2016〕2764号

海水是重要的资源，海水利用是解决我国沿海水资源短缺的重要途径，是沿海水资源的重要补充和战略储备。为推进海水利用规模化应用，促进海水利用产业健康、快速发展，支撑节水型社会建设，拓展蓝色经济空间，依据《中华人民共和国国民经济和社会发展第十三个五年规划纲要》、《“十三五”国家科技创新规划》，制订《全国海水利用“十三五”规划》。规划涉及的海水利用包括：海水淡化、海水直接利用、海水化学资源利用以及海水利用工程技术服务等领域。规划期2016—2020年。

一、总体要求

（一）发展现状与形势

“十二五”期间，国家高度重视海水利用发展。国务院办公厅、国家发展改革委、科技部、国家海洋局相继出台了发展海水淡化产业的意见和专项规划，促进了海水利用迅速发展、工程规模进一步扩大。到2015年底，全国海水淡化工程总规模达到100多万吨/日，其中海岛海水淡化工程规模为11万吨/日。最大反渗透海水淡化工程规模达到10万吨/日，最大低温多效蒸馏海水淡化工程规模达到20万吨/日。年冷却用海水量达到1125亿吨，海水循环冷却循环量达到94万吨/小时。形成了具有自主知识产权的万吨级海水淡化技术，开展了10万吨级海水循环冷却技术的示范应用，发布了40项海水利用国家及行业标准。新增了一批从事海水利用关键材料和设备、产品的研发和生产企业。实施了“以电补水”、“供电价格优惠”等政策，探索建立了海水淡化循环经济发展、工业园区“点对点”海水淡化供水、控制用水指标促进海水淡化应用、海水淡化与自来水公司一体化运营等助推模式。海水淡化装备出口海外，开展了对外技术支持、技术咨询、培训服务等。

“十三五”时期是我国海水利用规模化应用的关键时期。国际上，海水淡化继续保持快速发展态势，主流技术日趋成熟，新技术研发活跃；海水利用产业朝着工程大型化、环境友好化、低能耗、低成本等方向发展。全球海水淡化年增长率达到8%,淡化工程规模已达8655万吨/日,60%用于市政用水,可以解决2亿多人的用水问题。一批沿海国家加强政策制定、加大资金投入、抢占技术制高点,不断扩大海水淡化应用规模。"十三五"期间,水资源短缺依然是制约我国经济社会发展的主要因素之一。"十三五"规划纲要明确提出要"以水定产、以水定城"和"推动海水淡化规模化应用",以此在一定程度上缓解水资源短缺的压力。随着沿海经济社会的快速发展,在沿海形成了一批钢铁、石化等产业园区、示范基地,高耗水行业呈现向沿海集聚的趋势,海岛保护性开发出现了新的态势。与此同时,沿海部分地区存在地下水超采和水质性缺水严重等问题,水资源的压力越来越大,急需寻找新的水资源增量。"一带一路"倡议及西部开发战略的实施为海水利用带来新的机遇和更广阔的市场空间。"海洋强国"建设需要加快提高海水利用创新能力和装备国产化水平,增强海水利用产业实力。

面对新形势、新要求,目前海水利用仍存在着诸多问题。我国海水淡化规模偏小,利用量较少,且多为分散供水,海水利用涉及管理部门较多,协调协作机制尚不健全,淡化装置产能闲置与城市缺水并存。产业国际竞争能力偏弱,部分关键部件和材料仍依赖于进口,核心技术亟待突破。因此要抓住机遇,突破核心技术和体制机制瓶颈,大力推进海水利用规模化应用,全面推进海水利用产业健康、快速发展。

(二) 指导思想

深入贯彻党的十八大和十八届三中、四中、五中、六中全会和习近平总书记系列重要讲话精神,牢固树立并贯彻落实创新、协调、绿色、开放、共享的新发展理念,深化体制机制创新,以扩大海水利用规模、培育壮大产业为主线,提升海水利用创新能力和国际竞争力,提高关键装备材料的配套能力,完善产业链条,发展蓝色经济,提高海水利用对国家水安全、生态文明建设的保障能力。

(三) 基本原则

坚持创新驱动。加强海水利用创新链和产业链紧密融合,推进以企业为主体的创新体系建设,突破产业化核心技术,提升关键装备自主创新率,增强海水利用技术创新能力。鼓励应用和商业模式创新,引领海水利用规模化应用。

坚持统筹协调。从需求和供给两侧入手,统筹国家和地方、部门间的政策、资金等资源,建立促进海水利用规模化应用的综合协调机制,提高海水利用全过程管理水平,为海水利用产业发展创造良好的环境。

坚持分类推进。处理好政府和市场的关系,充分发挥政府在用水安全、民生保障和公共服务等方面的作用,推进公益性海水利用基础设施和工程建设。充分发挥市场在资源配置中的主体作用,推进商业化海水利用工程建设。

坚持开放共享。围绕"一带一路"建设,依托国际合作平台,建立海水利用合作研发合作机制,开展协同创新。鼓励自主技术装备开拓国际市场,全面提升我国海水利用的国际竞争力。

(四) 总体目标

到2020年,海水利用实现规模化应用,自主海水利用核心技术、材料和关键装备实现产品系列化,产业链条日趋完备,培育若干具有国际竞争力的龙头企业,标准体系进一步健全,政策与机制更加完善,国际竞争力显著提升。

"十三五"末,全国海水淡化总规模达到220万吨/日以上。沿海城市新增海水淡化规模105万吨/日以上,海岛地区新增海水淡化规模14万吨/日以上。海水直接利用规模达到1400亿吨/年以上，海水循环冷却规模达到 200 万吨/小时以上。新增苦咸水淡化规模达到 100 万吨/日以上。海水淡化装备自主创新率达到 80%及以上，自主技术国内市场占有率达到 70%以上，国际市场占有率提升 10%。

（五）整体布局

结合沿海地区海水利用产业基础，引导研发、设计、制造、施工、测试、运维等海水利用上下游相关机构集聚发展，形成实验室、工程中心、平台、基地、企业等统筹联动的协同创新体系，支撑海水利用规模化应用。推进沿海缺水城市、海岛、产业园区海水利用规模化应用，推动海水利用技术应用于西部苦咸水地区，促进海水利用走进“一带一路”沿线国家，最终形成城市保障、海岛示范、园区率先、行业深化、苦咸水拓展、“一带一路”延伸的新格局。

二、扩大海水利用应用规模

在沿海缺水城市、海岛、产业园区和西部苦咸水地区等重点领域和电力、钢铁、石化等重点行业大力推进海水利用的规模化应用，开展海水利用示范城市、示范海岛、示范园区等的建设，推广可复制的海水利用典型模式。

（一）建设沿海缺水城市海水淡化民生保障工程

在沿海缺水城市，集中支持建设 2—5 个海水利用示范城市，增强沿海城市供水保障能力，保障民生基本淡水需求和应急供水需要，降低淡水供应风险，增强沿海城市供水保障能力。开展技术政策试点示范，探索海水淡化水进入城市市政供水管网的模式及投资、运营和管理机制，建设与城市最低民生用水相适应的海水淡化厂，建设区域大型海水淡化民生保障工程及配套管网。加强城市水源建设方案比选，对远程调水、开采地下水和海水淡化从工程经济性、适用性和生态环境影响等方面进行综合比较。在有条件的沿海城市，加快推进海水淡化水作为生活用水补充水源。探索海水淡化水为近海特大城市供水的有效方式，优化城市用水结构，多渠道保障水资源供给。

专栏 1　区域海水淡化保障工程

通过改造、新建，在天津、大连、青岛等沿海城市，建设 5 万吨/日及以上的区域海水淡化保障工程，地方配套建设海水淡化水输水管网，开展海水淡化水进入城市市政供水管网的技术政策示范，逐步提高海水淡化水占区域用水量的比例。

（二）保障沿海海岛及船舶用水安全

针对海岛经济社会发展和保护性开发以及船舶作业生产对淡水资源的迫切需求，实施海水淡化“百岛工程”、“进岛上船”计划。大力推进海岛和船舶海水淡化自主技术应用，示范建设一批以解决海岛军民饮用水和船舶补给为目的的海水淡化工程。在面积较大的有居民海岛，发展大中型海水淡化工程，保障驻岛居民饮水安全。在面积较小、人口分散的有居民海岛和具有战略及旅游价值的无居民海岛，建设小型海水淡化装置，促进旅游开发、生态岛礁建设，服务海岛开发与经济发展。支持海洋渔船加装海水淡化装置，提升船舶作业生产能力。推进海岛周边深层海水的利用及产品开发。

专栏2 海岛及海洋渔船海水淡化应用工程

海岛大中型海水淡化工程。在人数较多、经济发达、已形成稳定电网、淡水资源匮乏的一些海岛和拟规模开发的无居民海岛，如：舟山群岛、平潭岛、万山群岛等，开展大中型海水淡化工程建设。

海岛海水淡化装置升级改造。对一些岛屿上已建时间较久、能耗高、运行状况欠佳的海水淡化装置，如：烟台小钦岛淡化装置、大连獐子岛淡化装置等，进行技术改造，提升海岛供水保障能力。

海岛（海洋渔船）小型海水淡化装置制备。针对地理位置偏远、人口较少、具有战略意义和旅游开发价值的海岛和12米以上、没有淡化设施的海洋渔船，推广不同规格的小型反渗透海水淡化、余热蒸馏海水淡化装置。

（三）扩大产业园区海水利用规模

在新建或在建沿海产业园区，规划建设大型海水淡化工程，配套建设输送管网，向园区内企业供应不同品质的海水淡化水，实现园区内供水。重点建设天津临港经济区海水淡化、福建漳州古雷经济开发区海水淡化、青岛西海岸经济区海水淡化等。

鼓励电力、化工、石化、钢铁等企业配套自建或通过第三方投资建设海水淡化厂和专用输水管线，满足企业用水的同时，推进以“点对点”方式向周边用户供水。重点建设大连红沿河核能海水淡化、河北曹妃甸京唐钢铁海水淡化、浙江舟山国际绿色石化基地海水淡化等。

结合电力、化工、石化、钢铁等高耗水行业新建、改扩建项目，推进海水循环冷却技术大规模应用，重点开展滨海电厂河口复杂海水体系和海水循环代直流等工程示范，拓展应用领域。鼓励具备条件的地区开展大生活用海水示范。在符合国家相关政策前提下，鼓励海水脱硫、海水源热泵等技术应用。

鼓励海水综合利用，完善产业链。利用海水开展钾、溴、镁等海洋化学资源提取和工厂化制盐，推进高值化利用，提高产品附加值；探索浓海水养殖、海水用于耐盐作物培育等多用途产业化利用模式，实现循环发展。开展浓海水排放对环境影响的研究。

（四）拓展西部苦咸水地区应用

将淡化技术用于苦咸水，在新疆、西藏、内蒙古、青海、宁夏、甘肃等西部苦咸水地区，建设3—5个苦咸水提质达标示范工程。根据地区饮用水困难程度、水质特点和能源供给情况，推进中大型规模超滤/纳滤苦咸水淡化市政供水项目、低压反渗透淡化和风能、光能等新能源耦合淡化项目建设。在饮水特困乡镇优先计划实施苦咸水淡化工程，重点推进中大型规模超滤、纳滤等苦咸水淡化市政供水项目建设。在沙漠干旱地区规划建设新能源耦合淡化装置；在地下水高氟、高砷地区重点推广应用低压反渗透淡化装置。在盐碱地区，结合盐碱地改良项目，建设排碱水处理工程。开展中小型或便携式苦咸水淡化装置研发，实现装置的产品化定型、生产及市场化应用。因地制宜推进淡化后浓盐水的综合利用。

三、提升海水利用创新能力

加强海水利用技术创新与研发，开展自主核心材料、技术装备研制及应用，建设公共服务平台，提升装备自主创新率和工程服务能力，使我国海水利用技术装备水平与国际接轨。

（一）推进核心材料装备国产化

持续增强海水利用核心材料、关键装备的国产化能力。推进自主海水淡化膜材料、新型传热材料等材料的开发，研制海水水处理绿色药剂，提高海水利用核心材料的国产化率。突破海水利用规模化设计、加工和制造技术，开发系列化成套装备和产品，提高关键装备的可靠性、稳定性和竞争能力，重点突破膜法和热法海水淡化用关键装备系列产品制造技术、一体化海岛或舰船用海水淡化装备制造技术。开展自主技术成果转化与应用，鼓励应用首台套自主创新产品装备，为规模化应用奠定基础。

专栏3　海水利用装备国产化

海水利用核心材料。(1)海水反渗透膜、纳滤膜、超(微)滤膜量产和自主材料达到100万平米级应用规模，膜压力容器在国际市场上占有率提高10%，钛合金反渗透高压管阀、正渗透膜实现批量制造和系统应用。(2)薄壁钛合金和高耐蚀铝合金管等热法淡化传热材料达到100万平米级应用规模。(3)海水阻垢剂等绿色药剂和其他环境友好型综合利用关键材料。材料成本降低10%、寿命提高20%，技术指标国际先进并形成标准体系。(4)研发2—4种海水微量元素提取新材料，支撑海洋战略性微量元素提取。

海水利用关键装备。(1)海水淡化用高压泵、能量回收等膜法淡化关键装备系列产品制造；(2)蒸发器、蒸汽喷射泵等热法淡化关键装备系列产品制造；(3)膜法或热法一体化海岛或舰船用海水淡化装备生产，小型反渗透淡化装置的吨水电耗降低40%，形成多种形式的系列化成套装备。(4)海水提钾提溴及浓海水综合利用、海水直接利用等关键装备制造。装备自主创新率达到80%及以上，形成与100万吨/日工程配套能力并批量出口，技术指标国际先进，部分国际领先。

（二）提升工程服务能力

加强海水利用工程服务能力建设，以培育新市场、新业态和创新商业模式为导向，培育2—3个集工程总体设计、加工、建设、运营、管理于一体的具有国际竞争力的海水利用工程总包公司和一批从事海水利用创新应用与工程服务的中小型企业。以科技进步和市场需求为先导，依托具有行业竞争优势海水利用技术和产品，打造一批自主创新能力强、加工水平高、处于行业领先地位的海水利用龙头企业，引领行业发展。利用国际国内两个市场，拓展工程服务范围，提升承接大型工程服务能力。

（三）建设公共服务平台

构建开放共享的产业共性技术支撑服务平台。建设海水淡化与综合利用检测、试验与验证平台，为海水利用装备整机、关键设备、部件、材料和工艺技术提供性能评估、装备检测等服务，推进海水利用新产品定型和技术升级，为规范管理、市场准入提供技术支撑。

建设创新及产业化基地。选择有条件的沿海地区，联合技术研发、工程设计、装备制造等单位建设创新基地，在政府的推动支持下，形成装备制造、新材料制造、工程服务、海水综合利用产业集群，提升自主创新和竞争力。与创新基地配套建设大型海水淡化试验场，为关键设备研发定型提供公共试验平台。

推进产学研用协同创新。发挥政产学研用各自优势，完善合作机制建设，组建海水利用行业协会、产业技术创新联盟；加强与电力、石化、钢铁等行业协会的协作，有效推进海水利用。

专栏4　海水利用产业化基地及试验场

海水利用创新及产业化基地。 推进建设海水利用创新及产业化基地，形成科研开发、检测评价、孵化转化、勘察设计、交流培训、信息集成等功能，发挥科技引领、创新示范、集聚产业、开放合作的作用。

大型海水淡化试验场。 建设大型海水淡化试验场，加强万吨级及以上海水淡化关键装备的测试能力，为大型装备的国产化定型、技术升级提供公共试验平台。

（四）推进技术持续创新

围绕海水利用的全流程技术创新，充分发挥国家科技计划（专项、基金等）作用，持续支持开展海水利用关键技术攻关，开展海水利用战略性、基础性、前瞻性技术研发，重点突破新工艺、新产品、新装备、新技术研发。

突破低成本、高效能海水淡化系统优化设计、成套和施工各环节的核心技术。开展海水淡化新技术、新型海水淡化与海水利用集成技术、新能源与海水淡化耦合模式及装备研发，开展安全、高效、绿色的海水取水技术、预处理技术、后处理技术、排放技术研究。开发海水淡化水新产品，鼓励生产海水淡化瓶装水、桶装水。开展高浓缩海水循环冷却水处理技术、高效海水冷却塔技术、新型海水循环冷却水处理技术研究。开发高端海水功能产品，研发高值化深加工成套技术与装备，建成专用分离材料和装备生产基地。探索战略性微量元素提取技术。

专栏5　海水利用新产品、新工艺和新技术研发

研发新一代海水淡化混合基质渗透膜、新型全流程药剂、高压泵能量回收一体机等新产品；开展正渗透、电容去离子、膜蒸馏、石墨烯膜制备等海水淡化技术研发；研发电驱动—压力驱动耦合、LNG冷能海水淡化、多能耦合海水淡化集成、小型堆核能海水淡化等新工艺和新技术；开展浓缩倍率高于2.5的高浓缩海水循环冷却水处理技术研发、研究基于正渗透补水技术的海水循环冷却水处理新技术；探索氘、氚、铀等微量元素提取技术等。

四、健全综合协调管理机制

针对制约我国海水利用发展的政策机制问题，充分发挥海水淡化部际协调机制，建立海水利用产业发展协调机制、完善海水利用财政投入与激励政策、加强海水利用全过程管理、健全海水利用标准体系。

（一）建立海水利用产业发展协调机制

建立国家和地方统筹联动海水利用产业发展协调机制，推进海水利用立法及政策研究。在国家层面，在海水淡化部际协调机制领导下，各部委按照部门职责分工协同推进。研究制定海水淡化水进入城镇市政供水系统的审批制度、评价方法、水质监管等有关制度及水价形成机制。在地方层面，由沿海地方政府牵头，发改、海洋等相关部门共同组成地方海水利用协调机制。在沿海严重缺水城市，地方政府根据区域水源构成、水资源配置状况、用水需求和政策条件，逐步提高纳入当地水资源中的海水淡化水供水比例，将一定比例的海水淡化水作为应急保障水源。沿海各地因地制宜，在充分论证和试验的基础上，允许经检验合格的海水淡化水进入城市市政供水管网。沿海近岸新建工业园区、大型住宅区以及工业项目的新增用水原则上优先使用海水。凡是具备使用淡化海水或直接利用海水的电力、石化、冶金、印染等高耗水行业新建、扩建项目，应充分开展水资源论证，优先采用海水淡化或海水循环冷却等海水利用技术；鼓励沿海电厂、化工厂等进行海水直流冷却改建循环冷却的技术升级和改造。

（二）完善海水利用财政投入与激励政策

充分利用现有各方面的财政投入渠道，围绕海水淡化工程和强化技术创新，完善财政投入机制。加大中央及地方政府投入，支持区域海水淡化保障等公益类海水（苦咸水）淡化民生工程以及输水管网建设。支持海水淡化装备研发制造。鼓励沿海地方政府对海水淡化水的生产运营企业给予适当补贴。探索实行政府和社会资本合作（PPP）模式。

创新海水利用优惠、激励政策。在用好所得税“三免三减半”政策下，落实和完善有关海水淡化税收优惠政策。加快推进新技术新成果转化，对符合条件的海水利用首台（套）重大技术装备保险保费进行补贴。支持海水淡化制水参与电力用户直接交易等电力市场化交易，降低海水淡化制水成本。

（三）加强海水利用全过程管理

建立推进海水规模化和可持续利用的运行机制，对海水利用全过程实施科学管理。进一步完善和出台海水淡化工程取水和浓盐水排放制度。在沿海各级海洋功能区划中纳入海水利用工程用海等重要内容，加强饮用海水淡化水水源地的选划和保护管理。建立海水利用运行监测评估平台，实施运行能耗、产水量、产水水质、取排水量及水质等监测，加强生产运营、后处理、供水等环节监管。建设重要产品装备监督检验和质量抽查制度，对海水利用重大项目、工程和产品装备实施质量控制。研究海水利用产品装备认证规则，推进认证管理。

（四）健全海水利用标准体系

围绕产业发展需求，完善海水利用技术、产品和管理标准体系，从资源开发、环境保护、安全供给和产业发展等方面对海水利用产业发展进行引导和规范。制定和出台海水淡化分用途供水水质标准，海水淡化浓盐水及温排水排放、能耗限值、关键装备及材料、系统设计及运行监测等国家和行业标准。鼓励企业、社会团体围绕提高产业竞争力来制定企业和团体标准。推进国内标准与国际标准接轨，积极参与国际海水利用标准制订工作。

五、推动海水利用开放发展

围绕“一带一路”建设，构建海水利用国际合作机制，引入全球创新资源、打造国际合作新平台、拓展海水利用技术服务新空间。

（一）引入全球创新资源

开展海水利用技术成果的国际交流和产学研合作，促进引进消化吸收与再创新，鼓励国内机构与国外先进研发团队、跨国公司、国际组织等开展多方位合作研发，联合承揽工程项目。鼓励国内企业跨境并购，加大海水利用海外人才引进力度。

（二）打造国际合作新平台

加强海水利用国际交流与合作，在已有的国际合作机制基础上，推动签署和落实政府、非政府组织间合作协议，推动双边资质、标准、认证认可结果互认。推进与国际先进的科研机构、一流企业之间的人员交流、科技合作和信息分享，推进合作基地、联盟、中心、联合实验室等建设，促进海水利用产业合作与技术联合创新。

（三）开拓技术服务新空间

充分利用丝路基金、中印尼海上合作基金、中国—东盟海上合作基金等现有基金政策，促进自主海水利用技术装备转移输出。推进中国—阿曼工业园区海水淡化供水项目、中印尼供水供电海水淡化一体化项目等建设。开展海水利用自主技术、产品、装备、工程“走出去”对策研究，针对重点国别地区研究确定不同推进方式和实施路径，提升应用服务能力。

六、强化规划实施保障

“十三五”期间，要进一步统筹各方力量，强化规划组织与实施、建立多元投入保障体系、加强人才队伍建设、加大舆论宣传引导，全面营造海水利用产业发展的良好环境。

（一）强化规划组织与实施

定期召开部际协调会议，明确各部门任务分工，制定并完善相关制度和规范，积极推动开展试点示范，及时总结模式经验。地方政府根据规划制定实施方案，分解工作任务，加强协调配合，落实工作责任，将规划任务列入地方年度发展计划。建立专项规划实施的定期检查、定期交流等过程管理制度，开展规划实施的年度监测和评估。加强海水利用统计能力建设，编制年度海水利用报告。充分发挥企事业单位在规划实施中的重要作用，确保规划实施的质量和效果。

（二）建立多元投入保障体系

加大财政投入力度，拓宽投融资渠道。有效发挥开发性和政策性金融的引导作用，在业务范围内积极为符合条件的海水淡化项目提供信贷支持。鼓励政府引导金融资本、民间资本等设立海水淡化产业投资基金，各级政府投融资平台可通过认购基金份额的方式予以支持。鼓励创业投资基金和私募股权投资基金投资海水淡化和利用业，鼓励符合条件的海水淡化企业采取发行股票、债券等多种方式筹集资金。

（三）加强人才队伍建设

制定海水利用创新创业人才激励和吸引政策。加快培养海水利用领军人才和一批具有国内外影响力的核心专家。加强专业技术人才队伍建设，锻炼培养中青年科技骨干。加大岗位技能培训力度，打造集科研、开发、设计、管理等于一体的技术创新队伍。

（四）加大舆论宣传引导

营造推进海水利用规模化应用的良好社会氛围。充分利用广播、电视、报刊、互联网等各种宣传媒体，开展形式多样的宣传活动，发挥科普教育基地作用，提高公众的水资源忧患意识和海水利用的战略认识。普及海水淡化知识，公开海水利用相关信息，加强海水淡化技术及成功示范案例的宣传，消除公众对海水淡化水作为饮用水源的疑虑，提高对海水淡化水的接受程度。

林业发展“十三五”规划

林规发〔2016〕22号

第一章　林业进入改革发展新阶段

林业建设是事关经济社会可持续发展的根本性问题。“十二五”以来，党中央、国务院对林业建设的重视前所未有，广大人民群众对良好生态的期待前所未有，林业承担绿色发展的历史重任前所未有，保护和修复三个系统一个多样性、发展生态林业民生林业取得重大成就。站在新起点，肩负新使命，面临新挑战，我国林业进入推进现代化建设新阶段。

第一节　“十二五”建设主要成就

全国林业系统深入贯彻落实党中央、国务院的战略部署，紧紧围绕保护和修复三个系统一个多样性、发展生态林业民生林业，“十二五”规划主要任务全面完成，约束性指标顺利实现，集体林权制度改革深入推进，国有林区、国有林场改革全面启动。全国造林面积比“十一五”增长20%，达到3000万公顷；森林抚育全面展开，达到3968万公顷；林业棚户区改造任务基本完成，惠及林区167万户、500万人口；林业产业产值年增速超过20%，达到5.94万亿元；林业政策体系不断完善，林业投入达到1.77万亿元，其中中央投入达到4948亿元。

一、生态建设成效显著

造林绿化加快推进，天然林资源保护、退耕还林、防护林体系建设、湿地保护与恢复、防沙治沙、石漠化治理、野生动植物保护及自然保护区建设等一批重大林业生态保护与修复工程稳步实施。根据第八次全国森林资源清查（2009—2013年），全国森林面积2.08亿公顷，活立木总蓄积164.33亿立方米，森林蓄积151.37亿立方米。与第七次清查相比，森林面积增加了1223万公顷，其中，天然林面积增加了215万公顷。全国森林植被总生物量170.02亿吨，总碳储量84.27亿吨，顺利完成“十二五”森林覆盖率21.66%、森林蓄积量143亿立方米两个约束性指标任务。根据第二次全国湿地资源调查(2009—2013年),全国湿地面积5360.26万公顷,与第一次调查相比,受保护的湿地面积增加525.94万公顷,达到2324.32万公顷。全国完成沙化土地治理面积1000万公顷,土地沙化趋势整体得到初步遏制。全国林业系统累计建立各级各类自然保护区2189处,面积1.25亿公顷,其中,国家级自然保护区359处,面积7874万公顷,大熊猫、东北虎、朱鹮、藏羚羊、扬子鳄等野外种群数量稳中有升。

“十二五”期间年度完成造林和森林抚育面积图

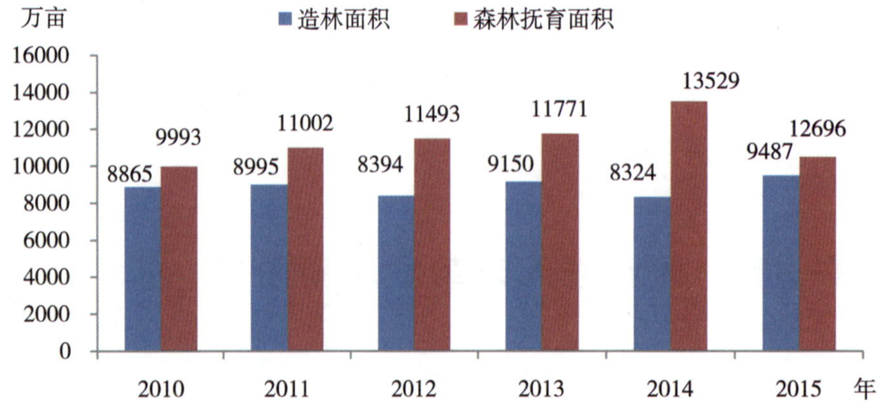

天然林人工林面积蓄积比较图

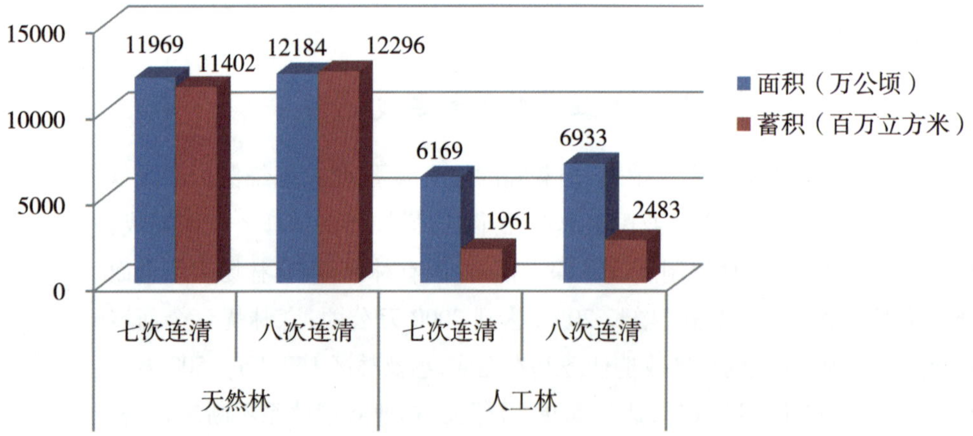

二、林业改革稳步推进

集体林权制度改革深入推进,集体林地确权登记工作基本完成,各地已确权集体林地面积27亿亩,占纳入集体林权制度改革面积的99%。全国已建立县级以上林权管理服务机构1600多个,建立林业合作组织15万个,涉及农户1400多万户。国有林区、国有林场改革全面启动,中共中央、国务院印发了《国有林场改革方案》和《国有林区改革指导意见》,明确了改革底线和改革任务,国家和地方出台了一系列扶持保障政策,中央安排了专项改革资金,内蒙古、吉林、黑龙江制定了重点国有林区改革方案,河北、浙江、江西、山东、湖南、甘肃完成了国有林场改革试点,广东、北京、辽宁等22个省(自治区、直辖市)制定了国有林场改革方案。2014年,在黑龙江重点国有林区开展停止天然林商业性采伐试点,停止采伐天然林145.9万立方米;2015年,天然林停伐范围扩大到内蒙古、吉林重点国有林区，东北、内蒙古重点国有林区全部停止天然林商业性采伐 390.2 万立方米。参与制定中共中央、国务院《关于加快推进生态文明建设的意见》和《生态文明体制改革总体方案》，提出林业治理体系制度框架，出台国家储备林制度方案，开展建立国家公园体制试点和编制自然资源资产负债表。取消下放和调整行政审批事项 64 项，比例达 67%，提前完成改革任务。

三、林业产业快速发展

林业产业继续保持快速增长势头，产业规模不断扩大，产值不断增加，林产品贸易跃居世界首位。全国林业产业总产值由 2010 年的 2.28 万亿元增长到 2015 年的 5.94 万亿元，林业一、二、三产业结构由 2010 年的 39 ∶ 52 ∶ 9 调整为 2015 年的 34 ∶ 50 ∶ 16。林业主要产业带动就业人数 5247 万人。木材加工产能持续扩大，年均人造板产量 2.5 亿立方米，木地板产量 6.9 亿平方米。经济林产业快速发展，年均提供干鲜果品、木本粮油等特色经济林产品 1.5 亿吨，年产值突破万亿元，其中油茶种植面积达到 382 万公顷，年产茶油 55 万吨，实现年产值 600 亿元。森林等自然资源旅游蓬勃发展，建立各级森林公园、湿地公园、沙漠公园 4300 多个，面积 2300 万公顷，2015 年林业旅游与休闲人数达到 23 亿人次，实现旅游收入 6700 亿元。林产品进出口额从 2010 年 963 亿美元增长到 2015 年 1385 亿美元。

“十二五”期间年度全国林业产业总产值图

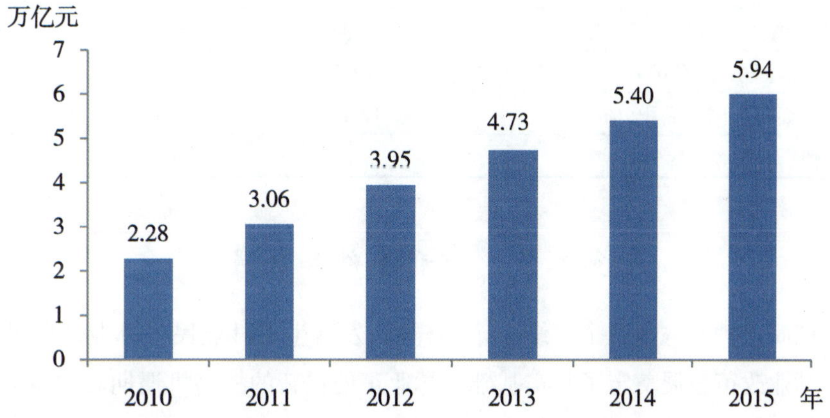

四、林区棚户区及基础设施逐步改善

林业棚户区改造成效显著。国有林场危旧房改造如期完成，国有林区棚户区改造进入收尾阶段。截至 2015 年底，累计安排中央投资 397 亿元，基本建成 167 万户。林业棚户区改造相当于林区过去 50 年住房建设总和，已惠及林区 500 万人口，真正解决了长期生活在低矮、阴暗、潮湿、几代人共居一室林区职工的“住有所居”问题。棚户区改造围绕保生态调整了林区生产力布局，建成了一批林业新区和森林小镇，林区生活环境焕然一新。国有林区林场新建道路 9000 公里，解决了 1300 个林场道路通畅问题，林区林场职工居住、供电、给排水、医疗、教育等难题正在逐步缓解。

五、保障能力不断增强

林业法制建设进一步加强。“十二五”期间，颁布林业法律 1 部，林业部门规章 14 件，野生动物保护法修订草案已提请全国人大常委会审议。林业科技支撑能力逐步提高。新建生态定位站 86 个、国家林业科技示范园区 5 个、工程技术研究中心 40 个、生物产业基地 12 个和林产品质量检验检测中心 28 个;发布实施林业标准 661 项,成立 ISO 竹藤技术委员会;组织实施林业科技推广项目 2200 多项;森林认证体系得到 42 个国家认可;制定并印发了《中国林业遗传资源保护与可持续利用行动计划》。林业防灾应急能力明显增强。全国森林火灾受害率控制在 1‰以下,林业有害生物成灾率控制在 4.5‰以下。林业执法力度不断加大,组织开展“天网”、“利剑”等十余次全国专项行动,查处涉林刑事案件 14 万起。林业种苗建设不断加强。建设国家重点林木良种基地 226 处,林木良种使用率达到 61%,累计提供林木良种 1.3 亿公斤,生产合格苗木 1500 多亿株。林业基层站所建设成效显著。全国乡镇林业工作站保持在 2.5 万多个、职工队伍 11 万多人,覆盖全国乡镇数量的 92%,管理指导了乡村护林员 65 万余人,基层林业管理服务网络进一步强化。林业信息化全面快速推进。发布全国林业信息化建设纲要和技术指南、智慧林业指导意见,林业卫星遥感等核心业务建成上线,建成智能办公系统和新一代智慧门户,互联互通基本形成。林业宣传和生态文化体系进一步完善。出台《中国生态文化发展纲要》,开展“地球绿飘带”“最美湿地”“生态中国”等大型宣传活动,完成《中华大典·林业典》,国家森林城市达到 96 个,国家生态文明教育基地达到 76 个。

林业“十二五”规划主要指标实现情况表

指　　标	2010 年	规划目标	2015 年
森林覆盖率(%)	20.36	21.66	21.66
森林蓄积量(亿立方米)	137	>143	151
林地保有量(亿公顷)	3.04	3.09	3.11
新增沙化土地治理面积(万公顷)	1081	1000	1000
林业自然保护区面积占国土面积(%)	12.88	13	13
林业产业总产值(万亿元)	2.28	3.5	5.94

第二节　有利条件和机遇

“十二五”期间保护和修复三个系统一个多样性、发展生态林业民生林业取得的重大成就,为“十三五”时期林业改革发展奠定了坚实基础。林业正处在新的战略机遇期和黄金发展期,林业改革发展具备了很多有利条件和积极因素。

一、党中央国务院高度重视林业发展

十八大以来,党中央、国务院更加重视林业,习近平总书记对生态文明建设和林业改革发展作出了一系列重要指示批示,特别指出,林业建设是事关经济社会可持续发展的根本性问题。在 2016 年 1 月 26 日中央财经领导小组第十二次会议上,习近平总书记强调,森林关系国家生态安全,要加强森林生态安全建设,着力推进国土绿化,着力提高森林质量,着力开展森林城市建设,着力建设国家公园。4 月 5 日,习近平总书记在参加首都义务植树活动时指出,发展林业是全面建成小康社会的重要内容,是生态文明建设的重要举措;要多种树、种好树、管好树,让大地山川绿起来,让人民群众生活环境美起来。森林作为陆地生态的主体、自然生态系统的顶层、国家民族最大的生存资本,在全面建成小康社会和建设生态文明中的地位作用更加凸显。党的十八届五中全会提出了创新、协调、绿色、开放、共享的发展理念,林业是践行五大发展理念、转变发展方式的重要体现,是新常态下转型升级的重要环节,是构建生态安全屏障的重要支柱,是建设美丽中国的重要内容。

围绕保生态守红线、兴林富民惠民，党中央、国务院制定出台了一系列政策措施，每年中央 1 号文件和 2015 年中央 6 号、12 号、25 号等重要文件，着重强调或专门部署了生态文明建设和林业改革工作，有力推动了林业发展。森林覆盖率和蓄积量成为了国家经济社会发展的约束性指标，林业建设和生态保护成为了党政领导干部政绩考核的重要内容。

二、绿色发展赋予了林业发展新使命

坚持绿色发展，是我国发展理论的重大创举，是对我国国情和世界发展潮流准确深刻把握作出的战略抉择。绿色发展迫切要求林业承担起筑牢生态安全屏障、夯实生态根基的重大使命，加大力度保护和修复自然生态系统，从根本上扭转生态环境恶化趋势，保障国家生态安全，增强减缓和适应气候变化能力。绿色发展迫切要求林业承担起创造绿色财富、积累生态资本的重大使命，提供更多优质的生态产品，不断提高森林、湿地、荒漠、生物多样性等生态服务价值和公共服务能力。绿色发展迫切要求林业承担起引领绿色理念、繁荣生态文化的重大使命，大力提升保护森林、爱护动物、亲近自然的生态意识，培育公民生态价值观，推动全社会形成绿色循环低碳的发展方式和生活方式，努力创造人与自然和谐共生的人文财富，为建设美丽中国作出新贡献。

三、全面建成小康社会提出了林业发展新任务

良好生态环境是提高人民生活水平、改善人民生活质量、提升人民幸福感的基础和保障，是最公平的公共产品和最普惠的民生福祉，是全面建成小康社会的必然要求。广大人民群众由过去“求生存”到现在“求生态”，由过去“盼温饱”到现在“盼环保”，由过去“要硬化”到现在“要绿化”。这就要求，林业建设要把保护生态环境、提供优质生态产品、增加生态福祉作为出发点和落脚点，充分发挥涵养水源、净化水质、保持水土、固碳释氧、吸霾滞尘、调节气候、美化环境、休闲游憩、健康养生等强大生态功能，努力为人民群众营造天蓝、地绿、水净的美好家园。全面建成小康社会的难点重点在山区林区沙区，这些地区属于集中连片特殊困难地区，也是重点生态功能区，依靠传统产业脱贫难。林业具有进入门槛低、产业链条长、就业容量大、收益可持续的优势，脱贫增收潜力巨大。这就要求，加强生态建设，发展生态产业，实行生态补偿，对生态特别重要和脆弱的实行生态保护扶贫，实现林业精准扶贫、精准脱贫，补齐短板。

四、供给侧结构性改革明确了林业发展新要求

我国经济发展已经进入了由高速增长转向中高速增长的新常态，以“一带一路”建设、京津冀协同发展、长江经济带建设为引领的区域发展空间逐步形成，贯彻落实新发展理念、适应把握引领经济发展新常态，坚持以人民为中心的发展思想，推进供给侧结构性改革，其中一项重大任务就是为人民提供更多优质生态产品。当前，林业建设进入数量增速换挡、质量亟待提高的转型升级关键时期，加强供给侧改革和生态提速增质是新时期对林业改革发展的新要求，林业要主动适应把握引领。供给侧改革要求林业增加多元投入，加强生态保护修复，大力发展绿色产业，既要切实打好还欠账、增容量、提质量的生态攻坚战，也要增加经济总量、丰富优质生态产品和林产品供应，为稳增长、满足社会需求作出积极贡献。供给侧改革要求林业强化创新驱动，培育发展新动力，拓展发展新空间，构建发展新体制，实现提质增效。供给侧改革要求林业加快建立生态文明法律制度，用严格的法律制度保护生态环境。供给侧改革要求林业厘清政府和市场权责，加强中央事权和支出责任，更好地发挥政府在生态建设中的重要作用，充分发挥市场在资源配置中的决定性作用。

五、全球生态治理带来了林业发展新机遇

构建生态命运共同体是应对气候变化、维护全球生态安全、推进全球生态治理的必然选择。重视森林、保护生态已经成为国际社会的广泛共识和各国发展的重大战略，生态环境已成为综合国力竞争的新筹码，林业在提升国家生态环境实力、展示国家形象方面发挥着越来越大的作用。联合国《2030 年可持续发展议程》明确将保护森林、湿地、荒漠生态系统和生物多样性作为独立完整的目标之一；2015 年联合国森林论坛讨论了未来 15 年全球森林政策，对森林在消除贫困以及应对气候变化方面的关键作用达成共识。党的十八大和十八届五中全会明确提出我国要为维护全球生态安全作出新贡献，习近平总书记在气候变化巴黎大会上明确指出“中国 2030 年森林蓄积量比 2005 年增加 45 亿立方米左右”，这就要求林业在全球生态治理格局中扮演更加重要角色。当前，我国林业的国际地位和影响力不断提高，具备了加快发展、为国家外交战略和对外开放战略作出更大贡献的条件和机遇。以应对气候变化、履行国际公约和处理国际热点问题为主的国际事务参与能力不断增强，与许多国家特别是周边国家双边合作成效显著，为林业拓宽了外部发展空间，为开展“森林外交”“生态外交”奠定了良好基础。我国林业发展战略与国际社会可持续发展的主流思想一致，有利于林业在统筹国际国内两个大局中，占据主动，趋利避害，积极而为。

第三节　困难和挑战

我国生态资源稀缺，生态系统退化严重，偿还欠债、守住存量、扩大增量的任务十分艰巨。

一、生态修复难度增大

经过 30 多年大规模造林绿化，可造林地的结构和分布发生了显著变化。全国宜林地、疏林地以及需要退耕的坡耕地、严重沙化耕地等潜在可造林地 4946 万公顷，其中，3958 万公顷宜林地中，有 67%分布在华北、西北干旱、半干旱地区，有 12%分布在南方岩溶石漠化地区，自然立地条件差，造林成林越来越困难，土地已经成为加快林业建设的主要制约因素；加之传统的劳动力、土地等投入要素优势逐步丧失，造林抚育用工短缺，劳动力和用地成本不断上涨，一些地方甚至出现了造林任务分解难、落实难问题。同时，林业发展方式较为粗放，重面上覆盖、轻点上突破，重挖坑栽树、轻经营管理，重数量增长、轻质量提升，重单一措施、轻综合治理，造成森林结构纯林化、生态系统低质化、生态功能低效化、自然景观人工化趋势加剧。全国森林单位面积蓄积量只有全球平均水平的 78%，纯林和过疏过密林分所占比例较大，森林年净生长量仅相当于林业发达国家的一半左右。

全国宜林地结构图

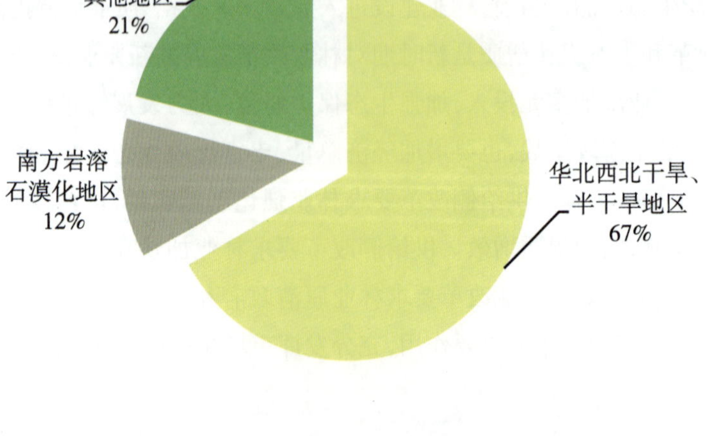

天然林和人工林组成结构图

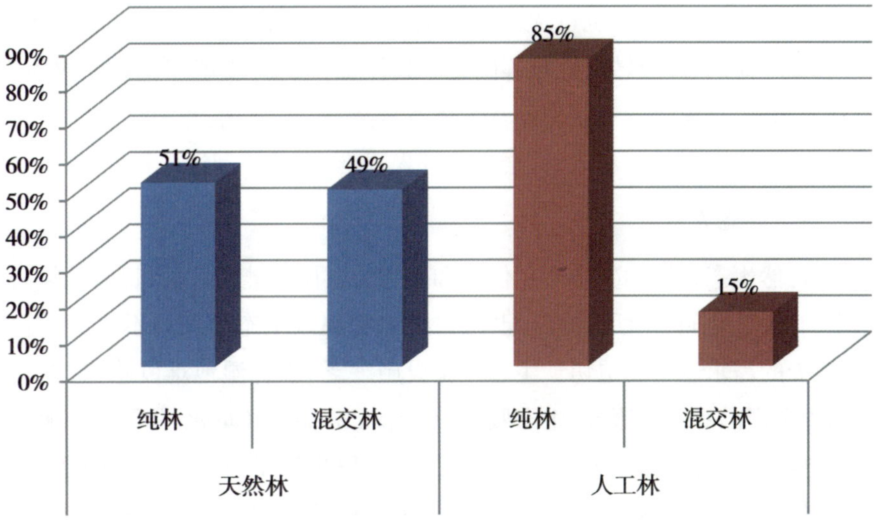

各龄组面积蓄积比例图

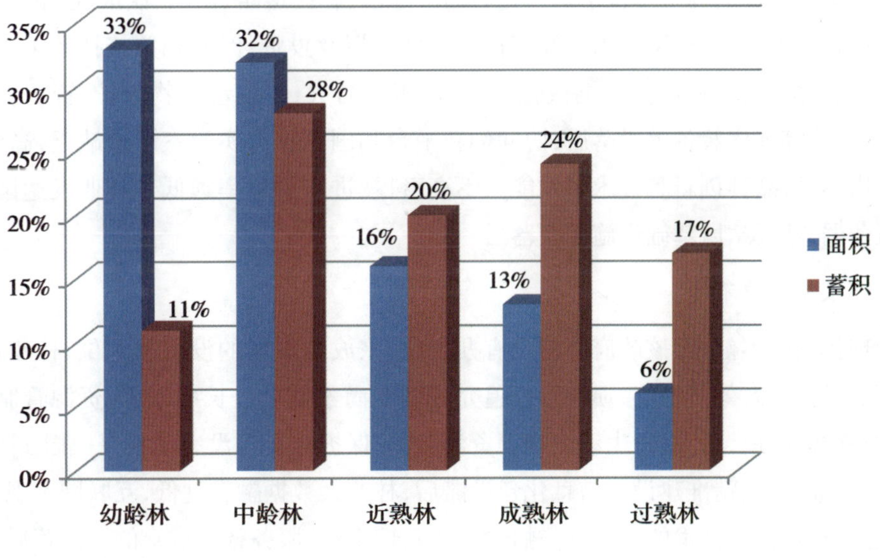

二、资源保护压力加大

随着经济社会发展和城镇化推进，一些地区林业资源破坏严重，保护的压力持续增加，出现了森林破碎化、湿地消失、物种灭绝等生态问题。2009—2013年间违法违规侵占林地年均200万亩，2004—2013年间湿地面积年均减少510万亩，沙化和石漠化土地占国土面积近20%，有900多种脊椎动物、3700多种高等植物受到生存威胁，过去十年年均发生森林火灾7600多起，森林病虫害发生面积1.75亿亩以上。全面保护天然林的任务十分繁重。生态空间受到严重挤压，生态承载力已经接近或超过临界点。生态危机不仅导致越来越多的健康问题、经济问题，还成为引发社会矛盾的燃点。生态破坏严重、生态灾害频繁、生态压力巨大已成为全面建成小康社会的最大瓶颈。

三、体制机制缺乏活力

体制不顺、机制不活、产权界定不清是制约林业发展的深层次问题。国有林区和国有林场改革刚刚起步，面临困难较多，历史包袱沉重，改革动力不足，融入当地经济社会发展进程滞后，存在职工收入偏低、社会保障薄弱、产业转型困难等问题。集体林权制度改革存在经营权落实不到位、处置权设置不完整等问题，规模经营和新型经营主体发育迟缓，集约化、专业化、组织化、社会化程度不高。产权模式落后，投融资机制不活，社会资本进入困难，改革红利远未释放。

四、林业产品供给能力不足

森林、湿地等自然生态系统的生态产品供给和生态公共服务能力，与人民群众期盼相比还有很大差距。生态空间、生产空间、生活空间错配突出，人口密集区生态承载力不足，人们对身边增绿、社区休憩、森林康养的需求越来越迫切。生态体验设施缺乏，森林湿地难以感知，生态资源还未有效转化为优质的生态产品和公共服务，生态服务价值未充分显化和量化，我国生态服务已经成为与发达国家的最大差距。木材作为国家经济社会发展和人民生活不可或缺的战略物资，国内供应能力严重不足，对外依存度高，木本油料、森林食品、道地林药等非木林产品供需矛盾突出，高附加值产品比重低，林业巨大的生产潜力没有充分发挥。

五、基础设施装备落后

我国相对集中连片的林区多位于老少边穷岛等地区，林区道路、供电、饮水、通讯等基础设施建设和公共事业长期落后，多未纳入当地经济社会发展规划及投资计划，相关扶持政策难以落实，自我发展和更新能力丧失。林业生产机械化程度低，森林防火、野生动植物保护、资源管理、林业执法、有害生物防治等现代装备手段落后，协同创新平台和国家重点实验室严重缺乏，高新实用技术成果推广应用不足，品种创新和技术研发能力不高，科技进步贡献率远低于林业发达国家水平，林业人才队伍薄弱，基层站所基础设施装备落后。

六、管理服务水平不高

林业治理体系尚不健全，该政府办的没有办到位，该放给市场的没有放到位，林业自然资源保护、公共资源配置、生态效益补偿、损害责任追究等制度尚不健全。长期以来，资源管制、营造林管理较为粗放，森林、湿地、荒漠、野生动植物等资源监测、保护修复等没有落在"一张图"和山头地块上，难以做到精准保护、精准建设。信息化建设滞后，林业大数据融合度低，互联网等现代先进技术应用不足，运用现代信息技术的主动性、融合性、创新性不够，服务林农群众的手段落后。

第二章 "十三五"林业发展总体思路

第一节 指导思想

高举中国特色社会主义伟大旗帜，全面贯彻党的十八大和十八届三中、四中、五中全会精神，深入贯彻习近平总书记系列重要讲话精神，牢固树立创新、协调、绿色、开放、共享的发展理念，深入实施以生态建设为主的林业发展战略，以维护森林生态安全为主攻方向，以增绿增质增效为基本要求，深化改革创新，加强资源保护，加快国土绿化，增进绿色惠民，强化基础保障，扩大开放合作，加快推进林业现代化建设,为全面建成小康社会、建设生态文明和美丽中国作出更大贡献。

林业是经济社会可持续发展的根基,发展林业是全面建成小康社会的一项重大任务,"十三五"推进林业现代化建设的基本要求是:

——*始终坚持把改善生态作为林业发展的根本方向。*保护生态环境就是保护生产力,改善生态环境就是发展生产力。坚持保护优先、自然修复为主,坚持数量和质量并重、质量优先,加强森林生态安全建设,加快国土绿化进程,开展山水林田湖生态治理,开展森林城市建设,加强林业生态资源科学经营,全面提升自然生态系统稳定性和生态服务功能。

——*始终坚持把做强产业作为林业发展的强大活力。*绿水青山就是金山银山,发挥森林是水库、钱库和粮库的重要功能,深刻认识生态和产业、公益和经济的辩证关系,发展林业特色和新兴产业,改造提升传统产业,增强林业发展活力,实现林业精准扶贫,在国土上创造和积累生态资本和绿色财富,促进绿色富国、绿色惠民。

——*始终坚持把保护资源和维护生物多样性作为林业发展的基本任务。*全面保护天然林、湿地、沙地植被,以及典型生态系统、生物物种及遗传基因的多样性,实施森林质量精准提升工程,严格保护林地、湿地。加快珍稀濒危野生动植物抢救性保护,建设国家公园,强化野生动植物进出口管理。培养公民生态价值观,促进人与自然和谐共生。

——*始终坚持把改革创新作为林业发展的关键动力。*加强林业改革顶层设计,健全国有林和集体林管理体制,创新产权模式,广泛调动全社会力量发展林业的主动性和创造性。发挥科技创新的引领作用,实现由要素驱动向创新驱动转变,推动大众创业、万众创新,不断释放改革红利、创新红利,全面提升林业生态效益、经济效益、社会效益。

——*始终坚持把依法治林作为林业发展的可靠保障。*加快林业科学立法、民主立法,加强林业执法和普法,形成完备的林业法律规范体系、高效的法治实施体系、严密的法治监督体系、有力的法治保障体系,保护产权、规范公权,不断完善林业治理体系和提高治理能力。

——*始终坚持把开放合作作为林业发展的重要路径。*以国际履约和合作交流为平台,以"一带一路"为契机,深度参与全球应对气候变化、林业合作和生态治理,积极服务国家政治外交大局,统筹国际国内两种资源、两个市场,形成全方位林业对外开放新格局,为维护全球生态安全作出新贡献。

第二节 规划目标

"十三五"时期,我国林业要加快推进功能多样化、经营科学化、管理信息化、装备机械化、服务优质化,为到2050年基本实现林业现代化奠定坚实基础。到2020年,我国林业发展的主要目标是:

——*国土生态安全屏障更加稳固。*林业生产力布局进一步优化,生态承载力明显提升,生态环境质量总体改善,生态安全屏障基本形成。天然林、湿地、重点生物物种资源得到全面保护,森林覆盖率提高到23.04%,森林蓄积量增加14亿立方米,湿地保有量稳定在8亿亩,林业自然保护地占国土面积稳定在17%以上,新增沙化土地治理面积1000万公顷。

——*林业生态公共服务更趋完善。*绿色惠民、公平共享、服务水平不断增强,优质生态产品和林产品更加丰富。森林年生态服务价值达到15万亿元,林业年旅游休闲康养人数力争突破25亿人次,国家森林城市达到200个以上,人居生态环境显著改善。生态文化更加繁荣,生态文明理念深入人心。

——林业民生保障更为有力。林业产业转型升级，林业职工和林农收入不断提高，生产生活条件逐步改善，吸纳就业能力不断增强，国内木材储备供应能力显著提高，林业产业总产值达到 8.7 万亿元，生态补偿脱贫一批。

——林业治理能力明显提升。林业改革稳步推进，国有林区、国有林场成为绿化国土和林业建设的主力军，集体林业活力进一步释放，科技创新和依法治林进一步增强，基础设施和装备条件进一步改善，人才队伍进一步优化，林业制度体系更加健全。

“十三五”林业发展主要指标表

指 标 名 称	2015 年	2020 年	属 性
生态保护			
(1)森林覆盖率(%)	21.66	23.04	约束性
(2)森林蓄积量(亿立方米)	151	165	约束性
(3)林地保有量(万公顷)	31100	31230	约束性
(4)湿地保有量(万公顷)	5342	5342	约束性
(5)国家重点保护野生动植物保护率(%)	90	95	约束性
(6)新增沙化土地治理面积(万公顷)	1000	1000	约束性
(7)*林业自然保护地面积占国土比例(%)	15	17	约束性
(8)混交林占比(%)	39	45	约束性
(9)单位面积森林蓄积量(立方米/公顷)	89.79	95	预期性
(10)*生态服务价值(万亿元/年)	13.84	15	预期性
(11)森林植被碳储量(亿吨)	84.27	95	预期性
经济民生			
(12)林业产业总产值(万亿元/年)	5.94	8.7	预期性
(13)林业就业人数(万人)	5247	6000	预期性
(14)林业在岗职工收入年增长率(%)	10	12	预期性
(15)国家森林城市数量(个)	96	200	预期性
(16)林业旅游休闲康养人次(亿人次/年)	23	25	预期性
基础保障			
(17)林业科技进步贡献率(%)	48	55	预期性
(18)林木良种使用率(%)	61	75	预期性
(19)森林火灾受害控制率(‰)	<1	<0.9	预期性
(20)林业有害生物成灾控制率(‰)	<4.5	<4	预期性
(21)林业信息化率(%)	62	80	预期性
(22)林业机械化率(%)	45	55	预期性

注:生态服务价值，现阶段特指森林生态系统每年提供的生态服务价值，包括涵养水源、保育土壤、固碳释氧、净化大气环境、森林防护、生物多样性保护、森林游憩 7 类生态服务价值。
林业自然保护地，指林业系统建立的国家公园、自然保护区、森林公园、湿地公园、沙漠公园、沙化土地封禁保护区。

第三节 发展格局

以国家“两屏三带”生态安全战略格局为基础，以服务京津冀协同发展、长江经济带建设、

"一带一路"建设三大战略为重点，综合考虑林业发展条件、发展需求等因素，按照山水林田湖生命共同体的要求，优化林业生产力布局，以森林为主体，系统配置森林、湿地、沙区植被、野生动植物栖息地等生态空间，引导林业产业区域集聚、转型升级，加快构建"一圈三区五带"的林业发展新格局。

"一圈"为京津冀生态协同圈，打造京津保核心区并辐射到太行山、燕山和渤海湾的大都市型生态协同发展区，增强城市群生态承载力，改善人居环境，提升国际形象。

"三区"为东北生态保育区、青藏生态屏障区、南方经营修复区，作为我国国土生态安全的主体，是全面保护天然林、湿地和重要物种的重要阵地，也是保障重点地区生态安全和木材安全的战略基地。

"五带"为北方防沙带、丝绸之路生态防护带、长江（经济带）生态涵养带、黄土高原—川滇生态修复带、沿海防护减灾带，作为我国国土生态安全的重要骨架，是改善沿边、沿江、沿路、沿山、沿海自然环境的生态走廊，也是扩大生态空间、提高区域生态承载力的绿色长城。

一、京津冀生态协同圈

京津冀生态协同圈是京津冀协同发展战略的生态空间，范围包括北京、天津、河北三省市全部，以及山西东部、内蒙古中段南部、辽宁西南部、山东西北部，生态建设以构建环首都生态屏障为中心，辐射太行山、燕山、坝上高原和渤海湾地区。该区域西靠太行，北枕燕山，东临渤海，南接华北大平原，地缘相接、人缘相亲，地域一体、文化一脉，将发展为人口超亿的国际化城市群。因地处北方农牧交错带前缘的生态过渡区，生态极为脆弱，长期的过度开发、地下水超采，造成生态空间严重不足，生态承载力已临近或超过阈值，大气污染、土地退化、人口资源环境矛盾凸显。

本圈林业建设主攻方向是扩大环境容量和生态空间，缩小区域内生态质量梯度，提高生态承载力，把京津冀生态协同圈打造成为全国生态保护的中心区和样板区。划定生态保护红线，实施分区管理，全面保护森林湿地绿地资源，营造成片森林、联通水系和恢复洼淀湖沼湿地，建设永定河等生态廊道。加大京津保地区营造林和白洋淀、衡水湖等湖泊湿地恢复力度，建设太行山、燕山和坝上生态防护区和水源涵养区，加强水源地、风沙源区和环渤海盐碱地生态治理。加强环首都国家公园、森林公园、湿地公园建设，推动生态公共服务设施在城区均衡布局并贯通到周边地区，建设高品质的城市森林，优化美化城乡人居环境，打造国家重要绿色增长极。

二、东北生态保育区

东北生态保育区是国家"两屏三带"生态格局中东北森林带的空间载体，范围涉及黑龙江、吉林全部，辽宁东部和内蒙古东部，分布有广阔的森林、草原和湿地，是北半球世界三大温带森林带之一，世界三大黑土带之一，也是我国沼泽湿地最集中、最丰富的地区，森林面积和蓄积量占全国的1/5，是我国木材战略储备基地和重要粮仓及东北华北平原的重要生态屏障。

本区林业建设主攻方向是全面加强森林、湿地和重要野生生物保护，休养生息，提高生态功能。全面停止天然林商业性采伐，加强森林管护；强化森林经营，调整和优化森林结构，培育优质材、大径材和珍贵材，建成国家木材战略储备基地；充分发挥森林、湿地等生态服务功能，建设完善相关服务设施，强化生态公共服务；加强退化湿地修复和退耕还湿，遏制沼泽湿地消失退化和黑土层变瘠变薄；建设东北虎豹等重点物种国家公园和自然保护区、森林公园、湿地公园，建立中俄蒙朝联合保护机制，保护珍稀物种野外种群及其栖息地；发展森林旅游等生产性服务业，积极发展种养等接续产业，开展对外森林资源开发合作，建立一批进口木材资源储备加工交易基地；加快林区基础设施和现代装备建设。

三、青藏生态屏障区

青藏生态屏障区是国家“两屏三带”生态格局中青藏高原生态屏障的空间载体，范围涉及青海、西藏大部，新疆、甘肃、四川部分地区，地貌以高原为主，海拔3000米以上，自然资源丰富，自然环境类型多样，是长江、黄河、澜沧江、雅鲁藏布江等重要河流的发源地，是世界高原特有生物的集中分布区，也是维持我国乃至全球气候稳定的“生态源”和“气候源”。

本区林业建设主攻方向是保护青藏高原特有生态环境，促进区域经济社会可持续发展，维护我国乃至南亚江河流域的生态平衡。全面保护高原湿地、江河源头原生植被，维持雪山、冰川、河流和高原生态系统的稳定，加强沙化土地治理，形成以原生植被为主体、功能稳定、类型齐全的自然生态系统，增强水源涵养等生态功能；建设藏羚羊等重点物种国家公园，维系联通大型自然保护地，强化国家森林公园、湿地公园、沙漠公园建设；加强高原湖泊和野生动物活动区、迁徙沿线的生态公共服务设施建设。

四、南方经营修复区

南方经营修复区是国家“两屏三带”生态格局中南方丘陵山地带的空间载体，范围包括长江以南、横断山脉以东的南方地区，横跨亚热带、热带气候带，水热同季，自然条件优越，是我国传统的集体林区，也是常绿阔叶林、热带雨林相对集中分布的区域，纯林和人工林比重大，用材林和经济林相对集中，杉、松、桉、竹种植规模大，栽培经验丰富。

本区林业建设主攻方向是全面保护天然林，大力培育混交林，全面提高林地生产力，加快退耕还林，治理水土流失，防治石漠化。全面保护常绿阔叶林、热带雨林和自然湿地，建设亚洲象等重点物种国家公园，保护珍稀濒危物种及其栖息地，强化国家森林公园、湿地公园建设；开展绕城、绕村、绕湖防护林体系建设，建设森林城市群，提升珠三角等城市群生态质量。集约经营用材林、竹林、油茶及其他特色经济林、花卉等，加快国家储备林建设，以国有林场为主体，大力培育珍贵用材和大径材；加快退化林修复，培育针阔混交林。因地制宜发展林下经济，培育新兴产业，加快传统木材加工业转型升级，打造制浆造纸、家具制造等林产品深加工产业集群。

五、北方防沙带

北方防沙带是国家“两屏三带”生态格局中北方防沙带的空间载体，范围包括新疆、甘肃、宁夏、内蒙古、辽宁、吉林等部分地区及新疆生产建设兵团有关团场，与东北西北部、华北北部和西北北部的风沙带走向、范围基本一致，古尔班通古特、巴丹吉林、腾格里、乌兰布和、库布其、毛乌素、浑善达克、科尔沁、呼伦贝尔等沙地和沙漠沿带分布，干旱缺水，土壤瘠薄、次生盐渍化严重，林草植被覆盖率低，生态非常脆弱，是我国主要的风沙策源区和灾害严重区。

本带林业建设主攻方向是保护荒漠生态系统，加强防沙治沙，增加林草植被。加强沙化土地封禁保护区建设；强化国家森林公园、湿地公园、沙漠公园建设；加强风沙源生态修复和退化林带修复，禁止滥开垦、滥放牧和滥樵采，实施保护性造林，增加地表秸草覆盖，减少造林地风蚀，成片构建乔灌草相结合的防风固沙林；保证合理生态用水，积极发展节水林业和沙产业。

六、丝绸之路生态防护带

丝绸之路生态防护带是“一带一路”战略丝绸之路经济带的生态空间，范围包括新疆、青海、甘肃、陕西、湖北、河南、安徽、山东、江苏等部分地区及新疆生产建设兵团有关团场，与东起连云港、西至阿拉山口出境的新欧亚大陆桥和喀什出境的中巴经济走廊走向一致，是丝绸之路经济带的重要通道，沿陇海、兰新线两侧设置生态屏障，从东向西分布有鲁南苏北湿地、伏牛山地、秦岭、六盘山、祁连山、青海湖、河西走廊、柴达木盆地、天山南北、塔里木河流域和塔里木盆地南缘等重要生态节点，地貌多样、地形复杂，生态环境多变。

本带林业建设主攻方向是以节点治理为主、分段施策，加强重要节点的自然保护与生态修复，沿路形成绿色珠链。东段以湿地保护为重点，保护和修复淮河中下游河湖湿地；中段侧重山地水土流失治理和水源地保护，加强山地生态修复，增加森林植被，提高森林质量；西段以防沙治沙和绿洲防护为重点，构建乔灌草相结合的防护林体系。以保护塔里木河、艾比湖、天山、祁连山、青海湖、六盘山、秦岭、微山湖、洪泽湖等重点区域生物多样性为目的，建设一批国家公园、自然保护区、森林公园、湿地公园、沙漠公园；利用充足的土地、光热条件发展特色林果业。

七、长江（经济带）生态涵养带

长江（经济带）生态涵养带是长江经济带战略的生态空间，范围包括云南、四川、贵州、重庆、湖北、湖南、江西、安徽、浙江、上海、江苏等部分地区，与长江经济带走向和范围基本一致，人口和经济总量均超过全国的40%，是具有全球影响力的内河经济带。北界沿秦巴山地往南，南界延伸到鄱阳湖、洞庭湖和太湖等丘陵湖区 线，坡耕地多，人均耕地少，森林、湿地、山地草场、生物物种和水资源极为丰富，武陵山地是我国乃至全球生物多样性最丰富的地区之一，中下游湖泊群是我国重要的淡水湖泊湿地集中分布区和候鸟栖息地与驿站。

本带林业建设主攻方向是加快保护与修复沿江生态系统，建设沿江绿色生态廊道，实施长江防护林体系建设、沿江重要湿地保护等重大生态修复工程，增强水源涵养、水土保持功能，全面保护和恢复湿地资源，提升天然林整体功能，保护野生动植物及生物多样性，加强流域重点生态功能区保护和修复。建立重要水库、湖泊、河流闸坝生态水量联合调度机制，大力实施退耕退垸还湖还湿，改善河湖连通性，修复长江沿线湖泊湿地生态功能。建设一批国家自然保护区、森林公园、湿地公园。加强源头区和湖泊、河流周边防护林建设，对陡坡耕地和山洪地质灾害易发区耕地实行退耕还林，提高林草植被质量；对石漠化严重地区实行综合治理；加强退化林和人工纯林修复，增加复层异龄混交林比重，构建绿色生态走廊。大力发展森林旅游、林下经济和木竹产品加工园区。

八、黄土高原—川滇生态修复带

黄土高原—川滇生态修复带是国家“两屏三带”生态格局中黄土高原—川滇生态屏障的空间载体，范围包括山西、陕西、甘肃、宁夏、四川、云南、青海和西藏等省（区）部分地区，地理单元为黄土高原和横断山脉的高山峡谷地带，是我国地势第一、二级阶梯的分界线。黄土高原东西千余公里，是世界上黄土覆盖面积最大的高原，气候干旱，降水集中，植被稀疏，水土流失非常严重；横断山脉南北纵贯900余公里，是全球生物多样性热点地区，东西骈列，江河并流，山高谷深，古冰川侵蚀与堆积地貌广布，重力作用致山崩、滑坡、泥石流乃至地震频繁，水土流失严重，生态十分脆弱。

本带林业建设主攻方向是全面保护自然生态系统和生物多样性，以自然修复为主，加强水土流失和石漠化综合治理。严格保护天然林和湿地，加强珍稀物种和生物多样性保护，建设大熊猫等国家公园，强化自然保护区、森林公园、湿地公园建设，提高重点物种栖息地质量；加快退耕还林，加大退化林分、退化湿地修复，增加自然生态资源总量，逐步形成功能稳定、类型齐全的高原生态系统；加强地质灾害损毁林地修复，实施林业治山；加强高山峡谷、高原湖泊和野生动物活动区的生态公共服务设施建设，推动生态体验；积极发展珍贵用材、特色林果、木本粮油基地和生态产业园区。

九、沿海防护减灾带

沿海防护减灾带是“一带一路”战略海上丝绸之路的生态空间，范围包括辽宁、山东、江苏、上海、浙江、福建、广东、广西等省（区、市）的沿海地区及海南省、沿海诸岛屿，是我国经济总量最大、对外开放程度最高、人口最密集的地区。大陆岸线长 1.8 万公里，有大于 500 平方米的岛屿 6900 多个，纵贯我国热带、亚热带、温带三个气候带，自然条件多变，生态系统多样，灾害性台风、赤潮、海啸和风暴潮频发。

本带林业建设主攻方向是加强海洋生态灾害防治，建设以红树林、海岸基干林带和纵深防护林构成的生态防护体系，强化风口综合治理和基干林带断带补齐合拢。开展滨海湿地、红树林、珊瑚礁、海草床、河口、海湾等典型生态系统保护与修复，实施“南红北柳”湿地修复工程，强化自然保护区、森林公园、湿地公园建设，开展岸线整治与生态景观恢复，加强退化林带修复、森林经营及人居环境优化美化，防控外来有害生物；开展海岛生态保护与建设、典型受损生态系统修复。依托沿海口岸辐射和临港工业能力，建设一批国家进口木材资源储备加工交易基地和地板、家具、木结构建筑等木竹加工产业集群。

第三章 战略任务

紧紧围绕推进林业现代化建设的总体目标，按照“一圈三区五带”的林业发展格局，加快国土绿化，提升林业产业，深化改革创新，加强依法治林，强化保护经营，发展公共服务，强化基础保障，扩大开放合作。完成营造林任务 7333 万公顷，其中：造林 3333 万公顷，包括人工造林、封山育林、飞播造林、退化林修复、人工更新；森林抚育 4000 万公顷。新增森林蓄积量 14 亿立方米。完成湿地修复 14 万公顷；沙化土地治理 1000 万公顷。

第一节 加快推进国土绿化行动

开展大规模国土绿化行动，加强林业重点工程建设，系统修复森林、湿地、荒漠生态系统，增加森林、湿地面积和森林蓄积量，巩固和扩大生态空间，增强自然生态功能，构筑国土绿色生态安全屏障。

一、加快造林绿化

坚持全民义务植树，发动全社会力量大规模植树增绿，绿化美化国土空间。坚持封山育林、人工造林并举,宜封则封、宜造则造,宜林则林、宜灌则灌、宜草则草。加强三北、沿海、长江、珠江、太行山、平原、血防等林业重点工程建设,打通连接重点生态功能区的绿色廊道;加大干旱半干旱地区封禁保护和自然修复力度,推行节水造林,加快建设一批百万亩集中连片的森林植被带;稳定和扩大新一轮退耕还林,加快25度以上坡耕地、严重沙化耕地和重要水源地15—25度坡耕地退耕还林进程,探索地下水严重超采、土壤污染严重耕地造林试点。加快开展乡镇村屯造林绿化示范建设。建设树种配置合理、结构稳定、功能完善的森林生态系统,形成沿海、沿江、沿线、沿边、沿湖(库)、沿岛的国土绿化网格,促进山脉、平原、河湖、城市、乡村绿化协同。举办第四届中国绿化博览会。

二、推进沙漠化石漠化等重点生态区域系统修复

加强沙漠化、石漠化土地治理,全面落实全国防沙治沙规划,将防沙治沙任务逐级分解落实到各地,签订责任书;优先将主要风沙源区、风沙口、沙尘路径、沙化扩展活跃区和岩溶石漠化地区"一片两江"作为重点突破区域,以自然修复为主,生物措施与工程措施相结合,增加林草植被,推进沙化土地封禁保护,加强防沙治沙示范区建设,推进水土流失综合治理,强化风沙源头和水源涵养区生态保护。稳步推进重点生态功能区、生态脆弱区的生态系统修复,自然修复与人工促进相结合,以点带面,综合治理,提升生态服务功能。加强退化森林和残次林修复,封补抚改并举,逐步培育为混交林、复层林、异龄林,增加珍贵树种、乡土树种、长周期树种比重,提高生态系统稳定性;加快工矿废弃地、破损山体和灾毁林地生态治理和植被恢复,兴林与治山相结合,着力拓展生态空间。

三、加快国家储备林建设

以保障木材安全、稳定市场供给、调剂市场需求为主要目的,按照"市场主导、政府扶持,金融支持、主体担保,企业经营、林农受益"原则,在水土光热条件较好的南方省区和其他适宜地区,借鉴林业世界银行项目契约式和造林模型管理经验,利用好国家开发性、政策性和商业性金融渠道,完善财政贴息激励机制,推广政府和社会资本合作模式,吸引社会资本参与储备林投资、运管和管理,加快推进国家储备林建设。在东北、内蒙古重点国有林区加强木材战略储备基地建设。采取人工林集约栽培、现有林改培、抚育及补植补造等措施,发展短中长周期乡土大径级和珍贵树种用材林为主体的储备基地。建立国家储备林制度,制定包括契约管理、代储代管、动用轮换、验收评估、融资创新等制度方案,保障储备总量稳定和运行安全。到2020年建设国家储备林2.1亿亩,基地建成后每年新增木材供应能力9500万立方米以上。

第二节 做优做强林业产业

充分挖掘林业产业在绿色发展中的优势和潜力,以政策引导、示范引领、龙头带动为抓手,发展特色产业,扶持新兴产业,提升传统产业,打造产业品牌,优化产业结构,培育龙头企业,壮大产业集群,推进林业一二三产业融合发展。

一、加强特色林业基地建设

加快木本粮油产业发展,推进油茶、核桃等木本粮油高产稳产基地建设;大力发展林木种苗、花卉、竹藤、生物药材、木本调料等基地,推进布局区域化、栽培品种化、生产标准化、经营产业化;大力

发展林下经济,增加生态资源和林地产出。

二、加快产业优化升级

加快提升林产加工业,强化木竹加工、林产化工、制浆造纸和林业装备制造业转型升级,全面构建技术先进、生产清洁、循环节约的新业态,提高资源综合利用水平和产品质量安全。大力扶持战略性新兴产业发展,培育木结构绿色建筑产业、林业生物产业、生物质能源和新材料产业,加强林业生物产业高效转化和综合利用。做大做强森林等自然资源旅游,大力推进森林体验和康养,发展集旅游、医疗、康养、教育、文化、扶贫于一体的林业综合服务业。

三、发展优势产业集群

促进产业聚集和融合发展,培育林业国家级现代林业产业示范园区和木材加工贸易区。优化人造板、家具、木浆造纸、林业装备制造和林业循环经济等产业布局,依托资源禀赋和口岸,打造一批精深加工产业集群,发挥重点产业聚集效应和区域产业竞争优势。依托特色林产品基地、森林食品基地及竹藤示范区,建设特色林业精品园等现代产业示范园区。大力培育林业龙头企业。

四、完善产业服务体系

加快健全林业产业和林产品标准体系,逐步建立林产品产前、产中、产后的全系列标准规范,把无公害、“绿色”标准的推广与优质林产品基地、现代林业标准化科技示范园建设紧密结合起来,建立健全林产品质量检测认证体系和林业产业信用体系,制定林业产业和市场准入负面清单。积极推进产销监管链、竹林经营和生态产品服务认证机制。淘汰落后产能,压缩疏导过剩产能,进一步优化产业结构。加强林业产业和林产品市场监测预警工作。加快实施林业品牌发展战略,建设国家森林标志性产品体系。建设林产品电子商务交易平台,鼓励森林产品连锁超市、新型电商企业和仓储物流业发展。

第三节　全面提高森林质量

按照因地制宜、分类施策、造管并举、量质并重的森林可持续经营原则,强化系统管理,实施科学经营,加快培育多目标多功能的健康森林。

一、分类促进科学经营

科学开展天然林经营。保育结合,人工促进天然更新和森林演替,调整林分层次结构,优化树种组成,大力培育天然复层异龄林。“原生林”要充分利用自然演替和更新能力,以天然更新为主,维护良好的森林结构和功能。“次生林”要加强中幼龄林抚育和退化林修复,调整和优化林分树种结构、龄组结构、径级结构和密度结构,使森林生态系统的结构和功能更加稳定。“稀疏林”要实行封育和补植补造,增加珍贵树种、乡土树种混交和深根系树种比重,恢复森林环境。

加快开展人工林经营。大力推进人工商品林集约经营,提高森林经营强度,积极改造低效退化林分,提高森林质量和林地产出。在自然条件适宜地区,建设一批集约化、规模化森林经营基地。推进人工公益林近自然经营,优先选择乡土树种、深根系树种作为目标树,大力培育混交、复层森林结构,根据林分生长状况和自然分化情况科学实施抚育经营,适时调整林分密度,促进林木生长。

适度开展灌木林经营。根据自然条件确定灌木林经营方向、方式和经营强度，科学开展平茬复壮、间密留疏，增强灌木林的稳定性，有条件的地区开展适度培育乔木林，形成乔灌混交，提高防护等综合效能。

大力开展林地立体复合经营。在满足森林主导功能和经营主体目标的前提下，积极开展立体种植、复合经营，综合发展森林培育和林下种植养殖，按照森林可持续经营和生态原产地认证要求生产森林产品。

二、强化森林经营管理

构建国家、省、县三级森林经营规划体系，进一步强化森林经营的法律地位、法律约束。在做好二类调查及各项专业调查基础上，重点国有林区以森林可持续经营为突破口，以林业局为单元科学编制和实施森林经营方案，重点培育长周期、多目标、多功能的复层异龄混交林。国有林场以提供森林生态服务为主线，以林场为单元编制和实施森林经营方案，重点培育珍贵树种、大径级优质良材和优美森林景观。集体林以推进规模经营为抓手，鼓励经营主体单独编制和实施简明森林经营方案，将经营措施落实到山头地块，组建专业化的森林经营队伍。构建以全国性标准为指导、区域和地方标准为补充、涵盖不同森林类型的森林经营技术标准体系。大力推广典型森林经营模式与技术，构建符合我国实际的森林作业法体系。建立森林经营成效监测评价体系，加强对森林经营活动的管理监督，明确各级林业部门推进森林经营工作的主体责任。强化森林二类调查、土壤普查、分类与质量评价，进行立地分类区划，编制林业基础数表，建立主要森林类型的生长收获模型，建设模式林、样板林体系，构建森林经营成效监测网络。

三、推进混交林培育

新规划造林地应优先营造混交林，现有人工纯林逐渐采取森林抚育措施调整树种结构，退化林、残次林修复采取补植改造、树种替换等方式修复为混交结构，积极推行针叶与阔叶树种混交、先锋树种与演替后期树种混交、乔木与灌木树种混交，大力发展乡土树种、珍贵树种、深根系树种、演替后期树种为建群种的混交林，形成层次多、冠层厚、生态位错落有致的森林结构，提高森林质量和生态系统稳定性，增强森林生态、经济与社会效益。

第四节　强化资源和生物多样性保护

林业资源和生物多样性是大自然赋予人类的宝贵财富，是人类赖以生存的基本条件，是经济社会可持续发展的基础，保护生态首先要保护资源和生物多样性，构建生态廊道和生物多样性保护网络。

一、全面保护天然林资源

完善天然林保护制度，把 1.3 亿公顷天然乔木林全面保护起来。全面停止 7053 万公顷国有天然林商业性采伐；协议停止集体和个人天然林商业性采伐，鼓励、引导集体和个人停伐，对于自愿停伐的，由县级政府与林权权利人签订停伐协议，中央财政比照国家级公益林生态效益补偿政策给予停伐奖励补助，逐步实现 5907 万公顷集体和个人天然林停伐。加强 6813 万公顷天然灌木林地、未成林封育地、疏林地管护。健全和落实天然林管护体系，形成远山设卡、近山巡护的合理布局，加强管护基础设施建设，实现管护区域全覆盖。对典型的天然林生态系统集中分布区域建立自然保护区和森林公园。全面保护天然林实行省级人民政府负总责，目标、任务、资金、责任"四到省"，实行国有天然林资源总量管控。到2020年，天然林保护的法律制度体系、监测评价体系基本完备，天然林保护能力全面提高。

二、严格保护林地资源

调整修改土地分类标准，把林地作为提供生态产品的"耕地"看待，实行严格保护。适时修编《全国林地保护利用规划纲要(2010—2020年)》，强化全国林地"一张图"建设、应用和维护更新，分级分类进行林地用途管制，严格控制林地转化为其他用途土地。综合应用遥感和样地调查技术，完善森林资源与生态状况、造林地监测系统，积极探索按年度或动态发布调查监测成果。建立以森林经营方案为基础、总量与强度双控的森林采伐管理新机制，健全国家级公益林管理和政策体系。加强执法体系建设，严格实施森林资源监督和林政稽查，严厉打击违法违规破坏林地和沙区植被行为。加强古树名木保护和复壮，严禁移植天然大树进城。

三、全面保护湿地资源

建立湿地保护制度，实行湿地资源总量管理，将总量控制任务逐级分解落实到各地，明确各级政府和管护主体的保护责任；推进甘肃、宁夏湿地产权确权试点；探索中央政府对生态功能重要的湿地直接行使所有权；将国际重要湿地、国家重要湿地和湿地公园纳入禁止开发区域，对江河源头、水源涵养区以及滨海湿地、高原湿地、鸟类迁飞网络湿地给予重点保护，构建适应全面保护要求的湿地保护体系；开展退耕(牧)还湿、退养还滩、生态补水，保障重要河湖湿地及河口生态水位，稳定和扩大湿地面积；连通江河湖泊湿地水系，开展污染和有害生物防控，保护生物多样性，改善湿地生态质量，维护湿地生态系统的完整性和稳定性；开展跨区域、跨国界湿地保护与利用合作；进一步完善湿地资源调查监测、科普宣教和技术培训体系，构建统一的湿地监测、评估和预警平台；开展湿地可持续利用示范、社区扶持共建和湿地生态效益补偿。

四、全面保护野生动植物资源

保护、修复和扩大珍稀濒危野生动植物栖息地，建设生态廊道，改善栖息地碎片化、孤岛化、种群交流通道阻断的状况，设立专门保护站点。开展濒危野生动植物抢救性保护，优先实施极度濒危野生动物和极小种群野生植物保护工程，科学进行珍稀濒危野生动植物再引入。优化全国野生动物救护网络，完善布局并建设一批野生动植物救护繁育中心，加强珍稀濒危野生动植物救护繁育和野化放归。强化野生动植物基因保护保存体系，建设国家野生动植物基因设施库，建设一批区域性基因库，开展林木种质资源普查摸底，收集、保护、引进一批珍贵种质资源，建设一批林木种质资源原地、异地和设施保存库。建立全国统一协调的野生动植物及栖息地监测、评价和预警系统，完善野生动物疫源疫病监测防控体系。整合设立一批国家公园，保护自然生态系统的原真性和完整性，构建以自然保护区和国家公园为主体、其他保护地和自然保护小区为补充的自然保护体系，完善生物多样性保护网络，加强典型生态系统、珍稀濒危野生动植物种的就地保护、近地保护、迁地保护，建设一批大熊猫、东北虎豹、亚洲象、藏羚羊等重要物种国家公园。加强森林公园、湿地公园、沙漠公园等保护地管理和建设。有步骤对居住在自然保护区核心区与缓冲区居民实施生态移民。开展生物多样性本底调查与评估，完善观测体系。强化野生动植物及其制品繁育、利用监管，开展野生动植物繁育利用及其产品制品的认证标识，严格监管乱捕滥猎、乱采滥挖、乱食滥用野生动植物等不文明行为。建设执法查没野生动植物制品储存和展示中心，开展野生动植物保护警示教育。调整修订国家重点保护野生动植物名录。

五、强化野生动植物进出口管理

加强野生动植物及其制品进出口管理，建立全国相关部门信息共享、联防联控的工作机制，建立和完善进出口电子信息网络系统，探索建立指定口岸和口岸特派检查员制度。停止象牙制品商业性贸易，构建履约执法情报信息分析研究和共享平台，组建打击非法交易犯罪同盟，严厉打击象牙等野生动植物制品非法交易，严控特有、珍稀、濒危野生动植物种质资源和基因流失。加强动植物检疫，严防严控外来有害物种入侵，强化联合跨境保护。

第五节　全面深化林业改革

全面推进国有林区和国有林场改革，进一步完善集体林权制度改革，发挥国有林区林场在绿化国土中的带动作用，增加林业发展内生动力。

一、全力推动重点国有林区改革

坚持国有林区维护国家生态安全和木材战略储备的功能定位，推进政企、政事、事企和管办“四分开”，加快林区转型。一是全面建成林区小康社会。林区职工工资性收入显著增加，发展林区特色产业增收凸显，林区社会保障水平不断提高，妥善安置富余职工转岗就业，教育、文化、社保、医疗等公共服务与地方差距逐步缩小，林区人口素质和社会文明程度显著提高。二是完善改革政策。国家逐步提高天保工程森林管护费、社会保险补助费、政策性社会性支出等各项补助标准。采取停息挂账、转增资本金、豁免等多项措施，分类化解国有林区金融机构债务。加快落实“4555”人员提前退休政策。开发适合国有林区的金融产品和金融服务，加大财政贴息力度。三是健全森林资源监管体制。组建精简高效的国有林管理机构，实行“横向到边、纵向到底”的垂直监管体制，切实加强对停止天然林商业性采伐和森林、湿地、野生动植物及其他林区资源的监督。四是提高森林资源经营管理水平。科学编制和实施森林经营规划和经营方案，加强森林资源培育和抚育经营。按照管办分开原则，由国有林管理机构采取政府购买服务方式，将部分森林经营事务交由剥离企业承接，搭建林业职工就业平台。五是加强林区基础设施建设。将林区防火道路、安全饮水、电网、管护站点用房等基础设施，与地方同步规划、同步投入、同步建设。六是大力扶持林区特色产业。支持森林旅游、特色养殖种植、加工等一二三产业融合发展；建立产业发展基金，创新投融资模式，支持产业园区、集聚区等平台建设，支持境外森林资源开发合作，大众创业、万众创新，推动产业转型发展。

二、全面推进国有林场改革

合理界定国有林场保护培育森林资源、维护国家生态安全的主体功能定位，推进国有林场改革。一是创新国有林场管理体制。将国有林场明确为生态公益服务事业单位，核定机构、编制、人员，经费纳入同级地方政府财政预算。加快分离国有林场各类社会职能，逐步理顺国有林场与代管乡镇、村的关系，落实国有林场法人自主权，经营活动实行市场化运作、“收支两条线”管理。加强森林资源监管，形成国家、省、市三级监管体系。加强森林资源培育和抚育经营，探索建立一批森林类型国家公园。二是妥善安置富余职工。按照“内部消化为主，多渠道解决就业”和“以人为本，确保稳定”的原则，通过政府购买服务实现再就业。加大对国有林场的支持力度，逐步提高公益林管护费补助标准，切实增加职工收入。在保持林场生态系统完整性和稳定性的前提下，积极开展森林多种经营，发展森林旅游等特色产业。三是加强基础设施建设。加快林场供电、饮水、道路、管护站点用房等基础设施建设，提高与城镇发展的融合度。四是化解金融债务。采取多种方式分类化解国有林场金融机构债务，加大金融扶持力度。五是加强国有林场森林资源保护和培育，强化地方政府和党政领导干部森林资源保护、生态建设等职责，提高生态指标考核约束力。

三、继续深化集体林权制度改革

在明晰产权、承包到户的基础上，稳定承包权，放活经营权，培育新型经营主体，促进适度规模经营。一是加快形成集体林地三权分置和互惠共赢的权利关系。按照产权规律和林业经营特点分置三权，落实集体所有权，稳定农户承包权，放活经营权，加强承包经营合同管理。二是扶持培育新型经营主体。鼓励发展各类专业大户、家庭林场、股份制林场，加快发展合作经营，鼓励组建林业合作社，推进集体林权有序流转，支持多种形式的林业适度规模经营。三是推动各种资本进入集体林发展。加大对造林、林木良种、森林抚育的财政支持力度；全面取消育林基金；支持工商资本投资林产业，总结推广林权出资注册制度；引导金融机构完善针对新型集体林经营主体的信贷、保险支持机制，创新金融产品和服务；探索通过置换、赎买、租赁、入股等形式收储重点区位商品林。四是加快发展绿色富民产业。大力发展林下经济，建设国家林下经济示范基地，加快森林旅游示范区和“森林人家”建设，推动农村经济社会发展和产业结构调整，促进农民增收致富。五是完善社会化服务体系。加快建立林权管理服务中心、林权交易平台、森林资源资产评估、林业融资担保、林权收储等服务机构；指导农户制订适合家庭经营的简易森林经营方案；加强承包经营纠纷调处，积极推进县级林地承包经营纠纷仲裁体系建设，探索建立林业法律援助机制。

第六节　大力推进创新驱动

在全社会林业需求旺盛和林业建设任务更加繁重的形势下，必须强化科技新引领、拓宽发展新模式、培育发展新动力，推动大众创业、万众创新，用创新驱动引领林业发展再上新水平。

一、实施科技引领新战略

全面深化林业科技体制改革，紧扣支撑生态建设、引领产业升级、服务绿色发展三大主题，充分发挥科技第一生产力、创新第一驱动力的作用，把满足林业现代化建设的重大需求、解决关键问题作为林业科技工作的出发点和落脚点，组织多学科、跨地域的科技协同创新，实施一批对经济社会发展和全行业科技进步有带动性、标志性、突破性的重大科技项目。通过加强基础研究、关键技术攻关以及技术集成示范推广与应用，获得拥有自主知识产权的重大科技成果，提高林业自主创新能力，实现基础研究、应用开发、成果转化、产业发展的协同，问题链、创新链、价值链和产业链的协同。加强林业科研机构能力建设。完善林业科研评价和激励机制，强化理论创新与国际前沿对接、技术创新与现实生产力对接、研发人员创新劳动与个人利益对接。加强人才队伍建设，保护林业知识产权。加强林业植物新品种保护，积极推进森林认证，强化林业生物安全和遗传资源管理。加强重点实验室、生态定位观测研究站网等林业科技条件平台建设。

二、培育国土绿化新机制

积极培育新型营造林主体，鼓励家庭林场、林业专业合作组织、企业、社会团体、个人开展专业化规模化造林绿化，认捐、认养林木。大力推动国有林区、国有林场开展多种形式的场外合作造林和森林保育经营，新建一批担负区域国土绿化和生态修复主体任务的国有林场。创新产权模式，引导各方面资金投入植树造林，对营造商品林的造林主体赋予林木占有、使用、收益、处置（采伐）等权利，对营造公益林的造林主体赋予依托公益林生态功能开展特许经营的优先权，探索国家赎买重要生态区位公益林相关政策。探索实行林木良种苗木国家专供，以政府购买服务形式向种苗生产主体购买优质种苗，免费向营造林主体提供。创新中央财政造林补贴政策，由事前以计划为主向事后以绩效为主转变，对新造已成林地给予补助。建立政策性金融、商业性金融、开发性金融、合作性金融分工合理、相互补充的金融支持林业新体系。积极鼓励私营企业、民营资本与政府合作，大力推广国家储备林 PPP 建设模式，增加中国绿化基金和中国绿色碳汇基金总量。丰富义务植树实现形式，提高义务植树尽责水平。

三、构建林业管理新模式

加快林业部门职能转变，进一步规范和改革林业行政审批行为，制定权力清单和责任清单，公开权力运行流程。减少林业行政审批事项，加强取消和下放审批事项的事中事后监督及考核问责。转变职能，加强生态安全监测和预警制度建设，服务国家生态安全战略。规范创新林业社会组织建设，建立政府承担、定向委托、合同管理、评估兑现的新型政社关系，推进政府向协会购买服务。鼓励探索建立林业创新驱动综合试验区。

四、打造“互联网+”林业发展新引擎

应用新一代信息技术，与林业各项业务深度融合，推动“互联网+”绿色生态行动，全面提升林业现代化水平。建立林业网上审批平台，搭建林业数据开发和智慧决策平台，建设林业资源数据库和动态监管系统、智慧林区综合服务平台、智慧营造林管理系统等，为林业核心业务提供精准信息服务和智慧化解决方案。加强林业网站群建设，完善优化综合办公系统，实现政务管理公开透明、智能协同。建设林业云平台、物联网、移动互联网、大数据、“天网”、信息灾备中心等，夯实和提升林业信息化基础支撑能力，形成立体感知、互联互通、协同高效、安全可靠的“互联网+”林业发展新动力。

第七节　切实加强依法治林

完善林业法治体系，提高林业法治水平，用最严格的制度、最严密的法治为推进林业现代化提供可靠保障。

一、完善林业法律体系

加强林业重点领域立法，用严格的法律制度保护生态环境，通过立改废，主动适应林业全面深

化改革需要,确保重大改革于法有据。以修订森林法和野生动物保护法、制定湿地保护条例等为重点,着力完善覆盖森林、湿地、荒漠生态系统和生物多样性的林业法律法规体系。强化林业立法与改革决策衔接,坚持在法治下推动改革,在改革中完善法制,实现立法和改革相统一。坚持科学立法、民主立法,建立基层林业立法联系点,加快推进林业法制队伍建设,培养林业公职律师,加强林业法律顾问制度建设。加强林业规范性文件审查制度建设,加大林业规范性文件合法性审查工作力度,及时开展规范性文件实施评估,定期开展规范性文件清理,及时立新废旧,实现动态管理。

二、强化林业执法体系

加强林业行政执法队伍建设,严格执法主体资格管理,落实行政执法责任制,稳步推进林业综合行政执法改革,调整执法职能,整合执法资源,建立健全林业行政执法监督机制。加强森林资源监督机构队伍和能力建设,在有条件的省(区、市)逐级派驻森林资源监督机构。加强森林公安基础信息化、警务实战化、执法规范化、队伍正规化建设,探索开展省级以下垂直管理试点,加大基础设施建设、执法办案场所改造、教育训练基地完善和警用装备配置力度,建立健全涉林案件快速查处机制,加强林区治安视频监控系统建设,全面夯实完善林区治安综合防控和反恐维稳体系,提升森林公安人防、技防、物防水平。依法严肃查处高发多发、社会敏感度高、影响恶劣的违法案件,追究相关人员、单位责任,提高震慑效果。

三、健全林业普法体系

提高林业干部队伍运用法治思维和法治方式来推动工作的能力水平。在全社会深入开展林业普法宣传教育活动,用法治意识构筑全社会保护生态的无形红线。健全林业普法体制机制,创新形式手段,丰富内容载体,提高普法宣传的实际效果。把法律意识培养与生态道德培养有机结合起来,让尊重自然、保护森林成为公众精神信仰和道德风尚。

第八节　发展生态公共服务

满足广大人民群众对良好生态的新期待,努力把良好的生态成果和生态效益有效地转化为生态公共服务,构建内容丰富、规模适度、布局合理、满足不同群体需要的生态公共服务网络。

一、大力发展森林城市

让森林走进城市,让城市拥抱森林,以自然为美,把好山好水好风光融入城市,充分发挥森林在改善城市宜居环境和城市现代风貌方面的独特作用,增加城市绿色元素,使城市森林、绿地、水系、河湖、耕地形成完整的生态网络。加强城市内绿化,建设城市绿廊,推进屋顶绿化,使城市适宜绿化的地方都绿起来;疏解城市功能腾退的土地,优先用于绿化。加强城市周边和城市群绿化,实行"退工还林",利用城市周边闲置土地、荒山荒坡、污染土地,开展植树造林,成片建设城市森林、湿地和永久性公共绿地,为城市戴上"绿色项链"。大力提高城市特别是建成区绿化覆盖率,提升森林景观,建设林水相依、林路相依、林居相依的城市森林复合生态系统,让城市再现绿水青山,为城市营造绿色安全的生产空间、健康宜居的生活空间、优美完备的生态空间。加快推进国家森林城市群、森林城市、森林乡镇、森林村庄建设,初步形成符合国情、具有特色、类型丰富的森林城市格局。

二、着力建设美丽乡村

积极稳妥推进新农村生态建设，加快改善农村人居环境。开展美丽乡村、生态乡村示范建设活动，按照道路林荫化、庭院花果化的要求，建设一条进村景观路，保留一处公共休憩绿地，保护一片民俗风水林，配置一块排污净水湿地，房前屋后见缝插绿，田间地头造林增绿，实现村庄绿化靓化，形成沿河风景林、房前屋后花果林、村中空地休憩林、村庄周围护村林的美丽乡村绿化格局。

三、加快推进生态保护扶贫

对生态特别重要和脆弱地区的贫困人口实行生态补偿脱贫，加大林业重点生态工程在贫困地区的实施力度，通过森林湿地管护和沙化土地封禁补助、退耕还林补助、营造林投资补助、生态补偿等林业补贴方式，让有劳动能力的贫困人口就地转为护林员、防火专业队员等生态保护人员，直接增加参与林业建设的贫困人口收入，实现生态补偿脱贫一批。鼓励引导贫困农民、林区贫困职工利用当地生态资源，大力发展特色经济林、森林旅游等绿色产业。加强技术推广和技能培训，丰富培训形式，提高贫困人口和林业职工有效就业和自主创业能力素质，拓宽林业特色产业扶贫的路径。加强滇桂黔等集中连片特困区、林业定点扶贫县和国有林区林场扶贫力度，实现山区林区沙区精准扶贫、精准脱贫。

四、加快构建生态公共服务网络

加大自然保护地、生态体验地的公共服务设施建设力度，开发和提供优质的生态教育、游憩休闲、健康养生养老等生态服务产品。加快发展生态标识系统、绿道网络、环卫、安全等公共服务设施，营造生态优美、景观多样、绿色宜人的生态空间。精心设计打造以森林、湿地、沙漠、野生动植物栖息地、花卉苗木为景观依托的生态体验精品线路，集中建设一批公共营地、生态驿站，开展空气负氧离子监测发布，提高生态体验产品档次和服务特色，让广大人民群众亲近森林、感知森林、享受森林。

五、大力繁荣生态文化

丰富和完善生态博物馆、科技馆、标本馆和植物园、野生动物园等生态文化载体，加强生态文化传播体系平台建设，为人们提供丰富多样的生态文化创意产品与服务。加强生态价值观教育，以植树节、森林日、湿地日、荒漠化日、爱鸟周等重要节日为契机，集中开展主题宣传教育活动，将自然生态教育纳入义务教育体系，从小培养爱护森林、保护自然的生态文明理念。积极开展“国家生态文明试验区”、“生态文明先行示范区”、“生态文明示范工程试点市（县）”、“生态保护与建设示范区”、“全国生态文化示范县”建设，发掘保护原生态文化。

第九节　夯实林业基础保障

重点解决林业装备落后、管理手段粗放、应急能力不足、信息化薄弱、科技含量低等突出问题，全面提升林业设施装备保障能力，提高生态风险防控能力，奠定林业现代化基础。

一、加强林业基层站所建设

推进林业基层站所标准化、规范化建设，提高林业工作站、木材检查站、科技推广站、森林管护站及森林公安派出所的执法、服务、管理能力。因地制宜，调整优化林业基层站所布局，整合功能，强化设施设备配置，推进多功能综合型站所建设，基本形成布局合理、手段完备的现代化林业基层站网体系，打通林业管理服务基层“最后一公里”。修订基层站所人员、护林员配备标准，稳定机构队伍。进一步探索林业基层站所管理服务模式和运行机制。加强林木种苗保障能力建设，加快推进种质资源和良种繁育体系建设，满足生态建设和造林绿化的良种壮苗需求。

二、加强森林防火和有害生物防治

切实加强森林防火，坚持“预防为主、积极消灭”的工作方针，按照“科学分区、分类施策”的治理原则，推进传统防火和科学防火相结合、风力灭火和以水灭火相结合、人力灭火和机械灭火相结合，加强专业森林消防队伍、武警森林部队和应急扑火队伍建设，强化森林防火基础设施建设，提高装备技术水平，加大依法治火力度，建立健全长效机制，推动预警响应规范化、火源管理法制化、火灾扑救科学化、队伍建设专业化、装备建设机械化、基础工作信息化，全面提升森林火灾综合防控能力。全面加强林业有害生物治理，坚持“预防为主、科学治理、依法监管、强化责任”的方针，采取“突出重点、分级管理、分类施策、分区治理”的防治策略，加强监测预警、检疫御灾和应急除治，大力推行森林健康、工程治理、无公害防治等治理措施，积极应对突发林业生物灾害，压缩主要林业有害生物发生范围和危害程度，控制危险性有害生物扩散蔓延。

三、加强生态监测评价体系建设

深化遥感、定位、通信技术全面应用，构建天空地一体化监测预警评估体系，实时掌握全国生态资源状况及动态变化，及时发现和评估重大生态灾害、重大生态环境损害情况。实施林业航天航空应用工程，综合运用大系统、大样地、定位观测、视频监控、北斗导航、自动传感、人工智能等先进技术，推进森林、湿地、荒漠化土地与野生动植物栖息地调查监测业务与空间技术的深度融合，完善沙尘暴灾害监测预警。研究建立系统科学、准确快捷的生态监测评价标准，为推行生态政绩考核和生态损害责任追究制度提供科学依据。

四、加快林区装备现代化建设

加强国有林区林场防火道路、饮水、供电、通信等基础设施建设，巩固国有林区林场棚户区改造成果，完善配套基础设施和社会保障体系。大力推进数字化、机械化、航空等现代装备在森林经营、森林防火、有害生物防治、野生动植物保护上的应用，配备一批适应林区特点的陆水空巡护运输监测交通工具，以及营造林机械设备，推进林区装备现代化。全面完成林业棚户区改造任务，对国有林区和国有林场生活在深山远山地区、周边无乡镇和村屯的职工开展移民搬迁。

第十节 扩大林业开放合作

充分发挥林业独特优势和作用，拓宽林业发展的外部空间和环境，提升发展水平，服务国家外交战略和对外开放战略。

一、建立健全林业国际合作体系

增强林业国际合作的全局性、主动性和前瞻性。突出亚太、立足周边、巩固拉美、面向全球，按照“一带一路”战略总体布局，拓展中亚、澜沧江—湄公河、中东欧等区域和次区域林业合作机制。积极履行涉林国际公约，参与全球森林治理体系顶层设计，提高国际合作的主动权、话语权。落实国家应对气候变化承诺目标，发挥大熊猫、朱鹮等作为对外友好使者的独特作用，增强林业生态外交，为“一带一路”提供软实力和绿色支撑，树立良好国际形象。拓展林业资源开发合作。深化中美、中俄、中欧、中非等林业务实合作，创新经济技术合作与民间交流。继续支持国际竹藤组织和亚太森林组织发挥作用，积极参与全球林业治理体系构建。加强与涉林非政府组织合作，规范管理。拓展林业援外领域，丰富林业援外内容和形式，培训与项目结合、技术与资金并用，建立林业援外长效机制，带动我国先进理念、优秀人才、创新模式走出去。扩大野生动植物保护领域对外合作和援助，建立打击野生动植物非法交易和木材非法采伐的国际合作机制。加强林业国际合作重大问题研究。推进森林认证体系建设及国际合作。办好世界园艺博览会和世界湿地大会。

二、建立健全林业对外开放体系

加快提升林业对外贸易和利用外资水平，创新林产品贸易方式，优化林产品对外贸易结构。促进林业出口产品由初级产品、低附加值为主向精深加工产品、高附加值转变，加快推进多元化贸易战略，加强林产品国际贸易预警体系建设，建立健全安全有效的林产品对外贸易体系。抓好世行、亚行、欧投行在建项目管理，积极争取扩大利用国际金融组织和外国政府贷款规模，优化和规范外商直接投资，助推内外资项目融合发展。制定完善自贸区及“一带一路”贸易政策措施，支持国内企业走出去，在俄罗斯、东南亚、中东欧、拉美、大洋洲及非洲等具备条件的国家开展森林资源开发利用合作，转移和利用国内木材加工、林业机械制造等优质产能，建成一批集森林资源采伐、加工、贸易与物流于一体的境外木材加工园区。依托我国主要进口木材口岸，建设进口木材资源储备加工交易基地。依托亚太区域林业企业合作与交流平台机制，积极推动林业调查规划、勘察、设计、标准、认证等服务和技术、设备、管理模式走出去，深化与俄罗斯、马来西亚、新西兰、新加坡等国现代林业服务贸易合作。

三、建立健全林业应对气候变化体系

实施《国家应对气候变化规划（2014—2020年）》和《国家适应气候变化战略（2013—2020年）》，增加森林和湿地碳汇，大力发展林业生物能源，支持发展绿色清洁能源，倡导木质林产品绿色生产和绿色消费，减少林业碳排放。建立健全林业碳汇计量与监测体系，开展林业碳汇调查和连续动态监测，完善森林、湿地、木质林产品各类碳库现状及动态数据库，加强林业碳汇计量监测中心基础设施建设，完善林业碳汇技术标准体系，开展国家自主贡献林业目标进展评估。积极推进林业碳汇项目减排量交易试点，促进林业融入国家碳排放权交易体系。开展林业适应气候变化试点，鼓励社会资本参与碳汇林业建设，指导开展碳汇造林。加强林业应对气候变化研究和培训、宣传及人才队伍建设。深化林业应对气候变化国际合作交流，积极推进“减少毁林和森林退化造成的碳排放，并通过森林保护、森林可持续管理增加森林面积而增加森林碳汇”（REDD+）项目试点。

第四章　林业重点工程项目

林业重点工程项目是推进山水林田湖生态保护和修复、维护生物多样性的基础，是实现绿色发

展、推进林业现代化的战略途径，是有效解决长期困扰和阻碍我国经济社会可持续发展问题的发力点。“十三五”时期，实施一批、谋划一批、储备一批林业重点工程项目。

第一节 国家重大工程

在国家层面，谋划和实施对筑牢屏障和富国惠民作用显著、对经济发展和结构调整全局带动性强的 9 项林业重大工程。

一、国土绿化行动工程

开展大规模植树造林活动，集中连片建设森林，形成大尺度绿色生态保护空间和连接各生态空间的绿色廊道，构建国土绿化网络。在北方防沙带，加快建设科尔沁、毛乌素等百万亩防风固沙林。在东北生态保育区，推进松辽、松嫩平原农田防护林体系建设。在京津冀生态协同圈，以京津保核心区过渡带为重点建设成片森林，在燕山、太行山水源涵养区、海河流域、坝上高原建设水源涵养林和防风固沙林。在丝绸之路生态防护带，加快建设西安至乌鲁木齐绿色通道、泾渭河流域水土保持林、六盘山和祁连山水源涵养林、天山北坡防风固沙林、南疆河谷荒漠绿洲锁边林、桐柏山和大别山保水固土林等区域性防护林体系。在黄土高原—川滇生态修复带，加快开展黄土高原综合治理林业示范建设、横断山脉水源涵养林建设和六盘山生态修复。沿海地区，以提升防灾减灾能力为重点，加快红树林等海岸基干林带建设。沿长江(经济带)生态涵养带，以水源涵养林、水土保持林、护岸林为重点，加快中幼林抚育和混交林培育。在南方经营修复区，以水源涵养林建设和水土流失及石漠化治理为重点，加强南北盘江、左右江、东江、红水河等流域防护林和珠江—西江经济带生态建设。在南方血吸虫病流行区继续实施林业血防工程。开展破损山体修复和农田防护林建设。到 2020 年，完成营造林 2108 万公顷。

专栏 1 国土绿化行动工程建设重点

三北防护林建设→在三北地区乔灌草、封飞造改相结合，突出重点、规模治理、整体推进，营造林 729 万公顷，退化林修复 66.7 万公顷。

长江防护林建设→在长江流域营造林 426 万公顷，加大森林经营力度，推进退化林修复，提高森林质量，构建“两湖一库”防护林体系。

珠江防护林建设→在珠江流域营造林 221 万公顷，推进退化林修复，提高森林整体生态功能，遏制水土流失。

沿海防护林建设→在沿海地区营造林 130 万公顷，推进海岸基干林带和消浪林建设，修复退化林，完善沿海防护林体系和防灾减灾体系。

农田防护林建设→在粮食主产区营造农田林网和村镇绿化 350 万公顷，提高平原农区防护林体系综合功能。

太行山绿化→在太行山脉营造林 116 万公顷，增加森林资源，优化林分结构。

林业血防建设→在血吸虫病易发区营造及修复抑螺防病林 36 万公顷，降低钉螺密度和人畜血吸虫病感染率。

盐碱地造林→在全国不同区域选育盐碱地适生树种和研究造林技术，开展营造林试点示范。

干热河谷造林→在西南干热河谷地区选育适生树种和研究造林技术，开展营造林试点示范。

山体生态修复→对全国受自然灾害、大型建设项目破坏的山体、矿山废弃地等，采取固坡填土、恢复植被等治山措施，修复破损山体，固坡复土 50 万公顷、造林 100 万公顷。

二、森林质量精准提升工程

加快推进森林经营，强化森林抚育、退化林修复等措施，精准提升大江大河源头、重点国有林区、国有林场和集体林区森林质量，促进培育健康稳定优质高效的森林生态系统。加强森林生态效益补偿，落实公益林管护责任。加大林木良种壮苗培育。加快推进森林城市、森林城市群和美丽乡村建设，把森林、绿地、湿地、花卉作为重要生态基础设施，建设城市绿道网络、森林公园、郊野公园、湿地公园。加强古树名木保护。在京津冀生态协同圈、东北生态保育区、青藏生态屏障区、南方经营修复区、北方防沙带、丝绸之路生态防护带、长江（经济带）生态涵养带、黄土高原—川滇生态修复带、沿海防护减灾带构筑国家生态安全屏障。

专栏 2　森林质量精准提升工程建设重点

国家生态安全屏障保护修复→推进"两屏三带"森林保护与修复，加强森林抚育、补植补造、退化林修复，集中连片建设高质量生态防护林带、林网，搭建国家生态安全的骨架。

大江大河源头生态保护修复→推进大江大河源头森林保育，提高区域森林覆盖率；调整林分结构，优化树种组成，大力培育混交林和复层异龄林，提升涵养水源、保持水土功能。

森林经营→推进建立全国、省、县森林经营规划体系和各类经营主体森林经营方案体系，完善森林经营技术规程和建设标准，实施国有林场森林保护和培育工程。完成森林抚育 4000 万公顷，退化林修复 900 万公顷。

公益林管护→强化国有、集体和个人所有公益林管护责任，落实管护主体，完善森林生态效益补偿政策，逐步提高补偿标准，保障和维护公益林所有者、管护者权益。

林木良种培育→推进林木种质资源保存和良种选育推广、种苗生产供应、种苗行政执法和社会化服务体系建设。建设林木种质资源保存库 485 处，国家林木育种中心 90 处，重点林木良种基地 200 处、采种基地 100 处，保障性苗圃 300 处。

森林城市建设→建设大尺度森林、大面积湿地、大型绿地和花卉场所，完善城市绿道、生态文化传播等生态服务设施网络。建成 200 个国家森林城市，在京津冀、长三角、珠三角、长株潭、中原、关中—天水等区域建成 6 个国家级森林城市群。

美丽乡村建设→建设乡村围村林、庭院林、风水林、公路林、水系林，保护古树名木，完善乡村绿道、生态文化传承等生态服务设施。

古树名木保护→严格保护古树名木树冠覆盖区域、根系分布区域，科学设置标牌和保护围栏，对衰弱、濒危古树名木采取促进生长、增强树势措施，抢救古树名木 60 万株、复壮 300 万株。

三、天然林资源保护工程

全面停止国有天然林商业性采伐，协议停止集体和个人天然林商业性采伐。将天然林和可以培育成为天然林的未成林封育地、疏林地、灌木林地等全部划入天然林保护范围，对难以自然更新的林地通过人工造林恢复森林植被。在东北生态保育区、青藏生态屏障区、南方经营修复区、长江（经济带）生态涵养带、京津冀生态协同圈、黄土高原—川滇生态修复带等天然林集中分布区域，重点开展天然林管护、修复和后备资源培育，适宜地区继续开展公益林建设。

专栏 3　天然林资源保护工程建设重点

全面停止天然林商业性采伐→停止国有林区、国有林场等国有天然林商业性采伐，协议停止集体和个人天然林商业性采伐。

强化天然林管护→加强 1.3 亿公顷天然乔木林和 6813 万公顷天然灌木林地、未成林封育地、疏林地管护，建立分级管护体系，创新管护机制，强化管护手段。

推进天然林修复→以自然恢复为主，对退化、过密过疏的天然林采取退化林修复、抚育、补植补造等措施，促进天然林顶级群落演替，提升生态功能。营造公益林 300 万公顷，抚育中幼林 877 万公顷，后备资源培育 163 万公顷。

四、新一轮退耕还林工程

稳定和扩大新一轮退耕还林范围和规模，在黄土高原—川滇生态修复带、京津冀生态协同圈、北方防沙带、长江（经济带）生态涵养带等区域的15片重点水源涵养、水土流失、岩溶石漠化和风沙地区，将具备条件的25度以上坡耕地、严重沙化耕地、重要水源地15—25度坡耕地和严重污染耕地退耕还林，增加林草植被，治理水土流失。到2020年，实施退耕还林534万公顷，项目区水土流失和土地沙化严重的局面明显扭转。

专栏4　新一轮退耕还林工程建设重点

陡坡耕地退耕还林→对25度以上坡耕地实施退耕还林。
沙化耕地退耕还林→对严重沙化耕地实施退耕还林。
重要水源地15—25度坡耕地退耕还林→对三峡库区、丹江口库区等重要水源地15—25度坡耕地实施退耕还林。
严重污染耕地退耕还林→按照国家有关土地污染防治要求，在充分调查认定的基础上，开展严重污染耕地退耕还林。

五、湿地保护与恢复工程

对全国重点区域的自然湿地和具有重要生态价值的人工湿地，建立比较完善的湿地保护管理体系、科普宣教体系和监测评估体系，实行优先保护和修复，恢复原有湿地，扩大湿地面积。对东北生态保育区、长江（经济带）生态涵养带、京津冀生态协同圈、黄土高原—川滇生态修复带和沿海防护减灾带的国际重要湿地、湿地自然保护区和国家湿地公园，及其周边范围内非基本农田耕地实施退耕（牧）还湿、退养还滩。到2020年，修复退化湿地14万公顷。

专栏5　湿地保护与恢复工程建设重点

湿地保护修复→在以国际重要湿地、湿地自然保护区和国家湿地公园为主的重点湿地分布区内，开展湿地补水、水生植被恢复、水位调控、富营养化治理、外来入侵物种防控等建设。
退耕（牧）还湿→对重要湿地及其周边范围内可退耕地实施退耕还湿、退养还滩，采取地形改造、栖息地营造、引水蓄水、清淤疏浚等措施，增加湿地面积，退耕（牧）还湿规模10万公顷。
湿地保护管理能力建设→构建全国统一的湿地资源监测、评估和监管平台，加强国家湿地监测中心基础设施建设，建设一批湿地科普宣教中心、湿地博物馆、宣教基地和湿地野外研究基地。

六、濒危野生动植物抢救性保护及自然保护区建设工程

开展野生动物重要栖息地区划，优化完善自然保护体系，推进自然保护区、保护小区管护、宣教等基础设施和能力建设，在保护薄弱和空缺地带划建自然保护区、保护小区，建设关键地带生态廊道。以大熊猫、东北虎豹、亚洲象、藏羚羊等珍稀物种为代表，建立一批国家公园、国际观鸟基地、世界珍稀野生动植物种源基地，开展自然保护和生态体验基础设施建设。实施极度濒危野生动物和极小种群野生植物拯救保护，改善和扩大栖息地，开展野外种群复壮。建设野生动植物救护繁育中心和基因库、执法查没野生动植物制品储存展示中心。开展国家级自然保护区生态本底调查，构建

自然保护区和野生动植物监测、监管与评价预警系统。建设野生动物疫源疫病监测防控体系。到2020年,全国林业系统自然保护区数量达到2240处。

专栏6 濒危野生动植物抢救性保护及自然保护区建设工程建设重点

珍稀濒危野生动植物抢救性保护→对大熊猫、朱鹮、虎、豹、亚洲象等70余种极度濒危野生动物和兰科等120种极小种群野生植物实施抢救性保护,开展就地、迁地、种源保护和野化放归回归,建设世界珍稀野生动植物种源基地。

野生动物救护繁育→新建、扩建和完善10处野生动物救护中心和10处珍稀濒危野生动物繁育基地。

国家野生动植物基因设施库建设→建设国家野生动植物基因设施保存库,逐步收集保存全国野生动植物的种子、器官、组织、细胞、胚胎、精子、卵子、DNA等遗传基因材料。

自然保护区体系建设→新建一批自然保护区和自然保护小区,提升一批国家级自然保护区,加强自然保护区基础设施和能力建设,完成国家级自然保护区资源本底和社区普查,构建动态监测监管平台。

重点物种国家公园建设→在大熊猫、东北虎豹、亚洲象、藏羚羊等重点物种栖息地,依托国家级自然保护区,整合建立重点物种国家公园,建设可食植物及猎物基地、生态廊道、宣教和生态体验等基础设施。

野生动物疫源疫病监测防控→新建野生动物疫病监测预警站223处、国家野生动物疫病研究中心2处、样品库3处、疫情应急物资储备库2处、区域性流行病学调查中心6处、候鸟迁徙调查研究中心1处。

七、防沙治沙工程

以北方防沙带和丝绸之路生态防护带西段为重点,开展固沙治沙,加强防沙治沙综合示范区和沙化土地封禁保护区建设,开展国家沙漠公园试点建设,坚持分区化、规模化、基地化治理,努力建成10个百万亩、100个十万亩、1000个万亩防沙治沙基地。京津冀生态协同圈,加强林草植被保护和退耕退牧还林还草,提高现有植被质量。南方经营修复区、长江(经济带)生态涵养带,重点加大对大江大河上游或源头、生态区位特殊地区石漠化治理力度,保护和恢复森林植被,减轻风沙危害,减少水土流失,增加土地生态承载力。

专栏7 防沙治沙工程建设重点

京津风沙源治理→在北京、天津、河北、山西、内蒙古和陕西6个省(区、市)的138个县区,继续加强植被保护和建设,人工造林146万公顷,飞播造林34万公顷,封山育林115万公顷,工程固沙18万公顷。

石漠化治理→对位于南方岩溶石漠化地区的贵州、云南、广西、湖南、湖北、四川、重庆、广东8省(区、市),恢复林草植被,治理石漠化,林草植被建设与保护面积195万公顷。

丝绸之路防沙治沙→在新疆、内蒙古、甘肃等10个省(区)和新疆生产建设兵团,开展工程固沙治沙200万公顷。

沙化土地封禁保护→在主要沙尘源和沙尘暴主要路径区,依法划建沙化土地封禁保护区,开展封禁保护200万公顷。

国家沙漠公园建设→依托沙漠和沙化土地、石漠化地区的自然景观特点,建设国家沙漠(石漠)公园150处。

八、林业产业建设工程

在自然条件适宜地区和东北、内蒙古重点国有林区,建设国家储备林和木材战略储备基地。加强林业资源基地建设,加快产业转型升级,促进产业高端化、品牌化、特色化、定制化,满足人民群众对优质绿色产品的需求。建设一批具有全国影响力的花卉苗木示范基地,发展一批增收带动能力强的木本粮油、特色经济林、林下经济、林业生物产业、沙产业、野生动物驯养繁殖利用示范基地,加快发展和提升森林旅游休闲康养、湿地度假、沙漠探秘、野生动物观赏产业，加快林产工业、林业装备制造业技术改造、自主创新，打造一批竞争力强、特色鲜明的产业集群和示范园区，建立林业产业和全国重点林产品市场监测预警体系。

专栏8　林业产业建设工程建设重点

国家储备林基地建设→在东南沿海地区、长江中下游地区、黄淮海地区、西南适宜地区、京津冀地区、东北地区6大区域，集约培育速丰林、珍贵树种和大径级用材林1400万公顷。

木本粮油产业→建设油茶、核桃、油用牡丹、油橄榄、文冠果、长柄扁桃、枣、板栗等一批木本油料林和木本粮食林基地，推进加工产业发展，到2020年，种植面积1800万公顷，年产量2450万吨。

森林旅游休闲康养产业→构建以森林公园为主体，湿地公园、自然保护区、沙漠公园、森林人家等相结合的森林旅游休闲体系，大力发展森林康养和养老产业。到2020年，各类林业旅游景区数量达到9000处，森林康养和养老基地500处，森林康养国际合作示范基地5—10个。

特色经济林产业→建设杏、山楂、松子、榛子、蓝莓、樱桃、杨梅、花椒、八角、杜仲、辣木、枸杞、金银花等一批特色杂果、木本调料、木本药材基地，推进规模化、产业化、标准化生产，到2020年，种植面积达到667万公顷。

林下经济→发展林菌、林药、林禽、林畜等林地立体复合经营，促进林下种植养殖业、采集与景观等资源共享、协调发展，林下种植面积达到1800万公顷。

花卉苗木产业→发展种植面积基本稳定、产业结构更趋合理的花卉苗木产业。建设国家花卉种质资源库90个、重点花卉良种繁育生产示范基地100个、花卉市场58个、物流中心14个，培育产值超亿元的花卉苗木企业100个。

竹产业→发展优质、高产、高效竹林，强化竹产业发展重点县建设，加强竹林资源定向培育，大力发展竹子加工产业，提高竹产业集约化经营水平，到2020年，竹产业总产值达到3000亿元。

林业生物产业→加强南药、北药以及其他特色生物制药产业发展，建设油料、木质、淀粉等新能源林基地1500万公顷，支持林业纳米材料、聚合复合材料、三维结构纤维板等新型生物质材料研发。

沙产业→大力培育沙棘、肉苁蓉等植物资源，延长产业发展链条，发展沙漠森林湿地景观旅游，引导建立一批加工企业和沙产业示范园区，发展沙产业基地100万公顷。

林产工业→推进林浆纸一体化、林板一体化建设，延长产业链和价值链，引导人造板、家具、木浆造纸、林化产品等产业集聚发展，培育30个具有国际影响力的示范产业集群，淘汰落后产能80%以上。

林业装备制造业→构建林业机械技术创新和制造体系，加强研发基地建设和示范推广，自主研发智能联合采育机、大型全天候森林防火运兵车等重大装备，培育30—50家能够参与国际分工的专业化生产企业。

重点林业产业园区建设→集聚林业资源基地、林产品加工、家具制造、制浆造纸、产品营销、电子商务、金融服务、技术支持以及物流配送等企业，建设50个产值200亿元以上的林业产业示范园区。

全国重点林产品市场监测预警体系建设→建设林产品信息长期跟踪监测网络，对主要林产品产量、库存、流通、消费等经济状况及产业发展形势进行监测、分析、预测与发布。建设林产品品牌公众查询和质量追溯平台。

九、林业支撑保障体系建设工程

强化森林火灾预防、扑救、保障三大体系，开展森林消防队伍、航空消防、大型装备、以水灭火、林火阻隔系统、防火应急道路、林火预警监测、通信和信息指挥系统建设。完善有害生物监测预警、检疫御灾、防治减灾三大体系，加强重大有害生物以及重点生态区域有害生物防治。加强国有林区林场道路、饮水、供电、棚户区改造等基础设施建设，提升装备现代化水平。加强林业基层站所标准化建设，推进机构队伍稳定化、管理体制顺畅化、站务管理制度化、基础设施现代化、履行职责规范化、服务手段信息化、人才发展科学化、示范效益最大化。开展森林公安基础设施和警用装备达标建设。推进林业科技支撑能力建设，系统研发重大共性关键技术，加强科技成果转化应用，健全林业标准体系，建设林业智库。开展“互联网+”林业建设，构建林业立体感知体系、智慧林业管理体系、智慧林业服务体系。

专栏9　林业支撑保障体系建设工程建设重点

森林防火→在全国装备大型装备队伍90支、风力灭火机械化队伍1834支、以水灭火机械化队伍690支，新建航站13个、升级改造16个，建设生物防火隔离带3.9万公里，完善预警监测和信息指挥系统建设，加强专业森林消防队伍营房和实训基地建设。

林区防火应急道路建设→在国有林区和国有林场，新建"断头路"连接道路和桥涵，升级改造现有路况较差道路，新建8960公里，升级改造2.1万公里，改造桥梁892座。

林业有害生物防治→加强京津冀、三峡库区、秦巴山区、黄山、张家界、武夷山、祁连山等重点区域和松材线虫病、美国白蛾、林业鼠(兔)害、薇甘菊、蛀干性与食叶性等重大有害生物监测预警、检疫御灾、应急防治，合理布局应急防控物资储备库和除害处理场。

重点国有林区公益性基础设施建设→区划调整610个中心林场，改扩建森林经营管护用房166万平方米，新建和改造供水厂271处，硬化局场址道路398万平方米。

国有林区棚户区改造及深山远山林区职工搬迁→完成国有林区棚户区改造剩余任务5万户；推进东北、内蒙古重点国有林区生活在深山远山地区、周边无乡镇和村屯的职工群众搬迁。

国有林区林场装备现代化建设→配备航空护林、无人机、视频监控等现代化装备，推进生态保护、营林生产、巡护监测、园林绿化、林果生产和林业生物质能源等装备设施现代化。

林业基层站所建设→强化7000个林业工作站、65个生态定位站、1000个基层林业科技推广站、1000个林木种苗站标准化、规范化建设。

森林公安执法能力建设→新建森林公安业务技术用房、派出所、看守所、拘留所和强制戒毒所2700个，改造执法办案场所3000个，建设全国森林公安数据中心和国家警用物资储备库，配备现代警用设备，建设省、市级森林公安指挥情报中心。

林业科技支撑能力建设→开展基础研究、关键技术研发，组织实施重大科技推广项目2000项，制修订林业标准1000项；建设国家重点实验室1个、局重点实验室50个，工程技术研究中心50个，国家级林产品质检站31个，科技示范园区10个。

"互联网+"林业建设→全力推进"互联网+"政务服务、改革创新、资源监管、生态修复等林业重点领域建设，开展全国林业网上行政审批平台、林权交易综合服务平台、生态红线监测、重大生态工程智能监管决策系统等建设。

林业空间基础设施建设→推进林业卫星应用，建设卫星数据和产品管理设施，建立卫星综合实验场和真实性检验站，构建机载平台和机载系统。加强森林、湿地、荒漠及生物多样性监测预警评估体系建设，综合应用无人机、北斗定位、自动传感、无线传输、人工智能等设施设备。

第二节　区域重点生态保护修复项目

依托"一圈三区五带"的发展格局，在实施国家林业重点工程基础上，按照主导功能，部署一批区域重点生态保护修复项目，将生态建设任务落实到重点区域，突出全面保护、系统修复、科学经营、强化服务，充分调动地方积极性，中央和地方形成合力，实行区域集中、政策组合、资金整合、重点突出、绩效优先、责任考核，发挥整体效益，使"十三五"的林业发展目标和主要任务更加聚焦、更加明确、更加有针对性。

"十三五"期间，全国规划区域重点生态保护修复项目100个，按照主导功能分为涵养水源、保持水土、防沙治沙、生物多样性保护、森林质量提升、生态功能提升六大类。各项目的主导功能、建设目标、实施范围和建设任务，详见附表7。

第五章　制度体系

按照深化生态文明体制改革和推进林业现代化的任务要求，建立健全以自然生态保护为主体的林业制度体系，为林业改革发展提供强大保障。

第一节　建立健全林业资源资产产权制度

对国土空间内的林业资源明确产权主体，明晰产权关系，使林业资源的占有、使用、收益、处置，做到权有其主、主有其利、利有其责。

——明晰国家所有的林业资源产权。中央政府对重点国有林区、生态功能重要湿地、珍稀野生动植物种和部分国家公园直接行使所有权。重点国有林区的资源由国务院林业主管部门代表国家行使所有权、履行出资人职责，负责对林区内的山水林田湖等所有生态资源进行系统规划和综合治理，或经国务院批准，由国务院林业主管部门委托地方进行管理。探索对湿地、荒漠开展确权登记，明晰权能。对国有林场、森林公园、湿地公园、沙漠公园，建立由国家所有、省级政府行使所有权并承担主体责任、由地方政府分级管理的体制。

——强化集体林地经营权能。健全集体所有、集体经济组织成员或农户行使承包权的集体林地产权体系，稳定承包权、放活经营权，依法赋予农民对承包林地占有、使用、收益、流转及经营权抵押、担保权能，对经营权实行依法有偿流转。

第二节　建立健全林业资源用途管制制度

严格保护自然生态系统，科学促进生态系统修复，维护生态文明建设的空间载体。

——加强生态红线管控。制定生态红线区划技术规范，尽快把林地和森林、湿地、物种、沙区植被等 4 条生态红线落实到山头地块。制定最严格的管理办法，实行生态红线总量管控。加强林地、湿地、沙化土地用途管制，实行规划管理、定额管理和用途管制，划定封禁保护区。

——完善自然保护制度。在自然保护区基础上，将具有典型意义的生态资源纳入国家公园保护范围，制定国家公园功能区类型和划分标准，建立重要生物物种等国家公园保护机制。

——强化森林资源监督专项机制。强化森林资源监督派出机构职能，将督查督办破坏森林资源案件作为第一要务，建立健全监督与执法相结合、监督与监测相结合、职能监督与社会监督相结合、考核评价与责任追究相结合的工作机制，建立健全约谈制度、报告与反馈制度以及曝光与通报制度等制度机制。

第三节　建立健全林业自然资源资产负债表编制制度

编制林地、湿地、林木等林业自然资源资产负债表，为实行领导干部林业生态资源资产责任和离任审计提供科学依据。

——编制自然资源资产负债表。按照森林、湿地、林木等林业自然资源保护和管控需要，开展具有重要生态功能的自然资源核算，建立自然资源资产账户，编制资源存量及变动表和资源质量及变动表。改进统计调查方法，加强统计调查全过程质量控制，确保编表所需基础数据真实可靠。

——建立自然资源资产核算制度。完善林业资源资产实物量和价值量核算体系，推动建立林业资源核算与国民经济核算相衔接。深入开展生态系统服务价值评估。

第四节　建立健全生态环境损害责任追究制度

对林业资源实施最严格的监管制度，确保自然生态系统中的“最大变量”释放“最大能量”。

——建立生态资源监测和评估机制。建立定期清查与年度监测相衔接、国家监测与地方调查相协调、抽样调查与区划调查相结合，覆盖森林、湿地、荒漠生态系统和野生动植物资源的全国连续清查调查监测评估机制。国家层面定期发布国家和区域生态状况和林业绿色经济发展动态变化信息，开展风险评估、生态安全评价和生态与产业安全预警，地方层面建立相应机制。

——推行生态政绩考核机制。强化省级政府林业有害生物防治、防沙治沙目标责任考核。探索建立将资源消耗、生态破坏、生态效益纳入经济社会发展的新型绿色考核评价体系，增加生态相关指标权重，建立科学的评价标准，成立权威、独立的生态绩效评价机构。

——严格生态损害责任追究。根据《党政领导干部生态环境损害责任追究办法(试行)》要求，制定破坏林地和森林、湿地、物种、沙区植被等责任追究细则，制定生态损害责任追究标准和管理办法，加大生态环境损害赔偿和生态破坏处罚力度。

——建立生态资源社会监督机制。增强公众生态意识，畅通群众监督、舆论监督渠道，健全举报和处置机制，把生态资源置于全社会监督之下，提高生态资源监管成效。

第五节　建立健全生态保护补偿制度

实行生态补偿，调动利益相关方保护生态的积极性，促进生态保护和修复。

——完善生态保护补偿标准。根据生态区位、资源状况、保护难度等，实行森林、湿地、沙区封禁等差别化补偿机制，探索建立与国家财力增长、工资物价水平、生态服务价值等相挂钩的动态补偿机制，研究探索荒漠生态补偿和防沙治沙奖补制度。

——完善重点生态功能区转移支付政策。严格落实自然保护区、森林公园等国家禁止开发区转移支付资金，加大转移支付资金支持生态保护与修复的力度。在生态区位极为重要区域，探索政府赎买(租赁)非国有林地、湿地、水源地试点，建立永久性保护区域。

——建立地区间横向和流域生态保护补偿机制。探索实行受益地区补偿保护地区、流域下游补偿上游的区域补偿机制，对因保护生态而造成单位和个人损失的给予其相应经济补偿。

第六节　建立健全公共财政投入制度

充分体现林业公益属性，加大公共财政投入力度，推动林业深化改革、转型升级、提质增效。

——建立中央主导、差别化的营造林投资机制。增加营造林投资规模，通过整合用好现有财政性资金提高造林补助标准。中央财政性资金集中力量办大事，更多用于"两屏三带"、大江大河源头的保护修复。创新营造林生产计划管理，编制三年滚动营造林生产计划，统筹安排、滚动实施。完善重点领域和薄弱环节投资政策，在林区民生、森林保护、资源管理、科技支撑等重点领域和薄弱环节，适度加强中央事权和支出责任，重点支持国有林区林场路、水、电、卫生、医疗、通讯等基础设施建设，加大林业重大技术装备投资力度。

——完善林业补助制度。重点支持营造混交林，将新造林抚育纳入林业补助范围，并按照抚育措施实行差别化的补贴政策。将以野生动植物物种保护为主要内容的国家公园纳入补贴范围，并实施濒危物种保护政策。探索建立林下经济补助扶持机制。加大对林业灾害监测和防治的投入力度。对国有林区防火应急道路的维护给予补贴。完善财政林业补助资金监管体系。

——探索推进百万亩人工林基地建设项目化管理。按项目建立营造林模型，按模型开展作业设计，按作业设计足额投入并组织实施，按设计目标监督考核。建立百万亩人工林基地建设投资标准与物价变化联动的动态调整机制。探索实行工程项目、技术标准、支持政策"三位一体"的生态修复管理模式。

——建立投资执行监管稽查制度。推进投资安排和执行的统筹协调，建立健全投资、项目、监管三位一体的投资管理体系，实现重点地区、重大项目在线监管，加大林业资金稽查力度，确保中央投资的有效落实和效益发挥。

第七节　建立健全金融保险服务制度

创新金融扶持政策，发展绿色金融，着力解决融资难、融资贵问题，释放林业发展潜力，将林业的资源优势转变为发展优势。

——加大金融扶持力度。积极引导金融机构开发贷款期和宽限期长、利率优惠、手续简便、服务完善等适应林业特点的金融产品。鼓励建立合作社信用联盟、探索开展林区微型金融和农户互助金融。

——完善林权抵押贷款管理。建立林权抵押贷款风险保证金制度，降低金融机构的贷款风险，建立健全林权抵押物的担保收储平台。完善森林资源资产抵押与交易平台，规范森林资源资产评估行为，培育林业信托机构，建立公平、透明、高效的林权交易市场。

——完善林业贷款贴息政策。推进实施贴息期限与林业贷款周期相一致、贴息范围与林业发展领域相适应的财政贴息政策，加大贴息投入力度，建立健全财政、林业、金融管理部门共同参与的林业贴息贷款协同监管机制。

——完善森林保险制度。引导保险机构完善投保程序、简化投保手续、降低保险费率，积极支持保险机构建立森林保险专业查勘定损平台，提高森林出险后的理赔效率，推动建立森林巨灾保险基金、巨灾再保险等。

——积极推广政府与社会资本合作(PPP)模式。在国家储备林、国家公园、森林公园、湿地公园、沙漠公园、绿道、城郊公园、休闲游憩设施以及林区公共服务设施等领域优先探索实施 PPP 项目，加快制定《林业政府和社会资本合作项目指南》和财政资金管理办法。

第六章　加强组织领导

按照党中央、国务院的决策部署和全国林业工作总体要求，全力抓好“十三五”规划的实施，确保取得成效。

第一节　落实规划实施责任

林业建设社会性、公益性、系统性很强，推动林业工作需要充分发挥党总揽全局、协调各方的政治优势，摆上各级党委、政府的重要日程。各级林业部门要主动作为，当好各级地方党委、政府的参谋，积极争取建立党政主要负责人牵头的林业建设领导机制，完善发展战略制定、重大方针政策执行、健全决策咨询、建设成效评价等制度。按照中央“党政同责”、“一岗双责”的要求，实行党政领导林业生态建设目标责任制，解决好“一把手”关键少数问题。各省林业主管部门要组织编制好省(自治区、直辖市)林业“十三五”规划，将规划任务逐级分解到各个地区。明确各级地方政府实施规划的主体责任，通过层层签订责任状将责任落实到人，使“十三五”规划抓住关键，任务落地，责任到人，确保实效。

第二节　健全林业机构队伍

林业建设点多面广线长，任务繁重，条件艰苦，机构队伍建设十分必要。强化各级林业行政管理机构职能，统一行使对森林、湿地、荒漠和野生动植物等自然生态系统的保护与修复职责。明确基层林业工作站的公益属性，解决好身份编制问题，改善基层工作和生活条件，稳定健全林业基层生产、技术、管理队伍。提升林业队伍整体素质。建立健全全国林业人才发展规划体系，深入实施全国林业“百千万人才”工程和《高端人才引进行动计划》，多渠道引进和培养高水平专业技术和经营管理人才，建立高层次人才库。加强林业职业教育，完善基层林业专业技术人才继续教育体系，加快实施专业技术人才知识更新工程，激励人才向基层流动、到一线创业，优化基层森林经营人才配置机制。加强林业教育院校工作，推进部部、省部共建，科学确定院校定位，改进完善专业和课程设置，大力培养具有现代林业理念的专业技术和经营管理人才。探索实施“林业基层场、站大学生计划”，争取在招生、助学、就业等方面政策支持。

第三节　强化规划实施监督

本规划是指导林业改革发展、实现未来五年发展蓝图的纲领性文件，各级林业部门要切实履行职责，加大工作力度，确保完成规划提出的各项任务和保障措施。要加强统筹各类林业生态空间规划，做好政策和任务的相互衔接，做到集中发力，重点突破，切实解决生态保护与修复存在的突出问题。强化对规划实施情况跟踪分析，建立规划实施评估机制，开展规划中期评估和终期考核，加强对规划执行情况的监督和检查，定期公布重点工程项目进展情况和规划目标完成情况。国家林业局有关部门要组织编制一批落实本规划的重点专项规划。地方林业部门要切实贯彻国家战略意图，结合地方实际，突出地方特色，做好地方规划与本规划提出的发展战略、主要目标和重点任务的衔接协调。加强年度计划与本规划的衔接，确保本规划提出的发展目标和主要任务落地、实施、见效。

全国气象发展“十三五”规划

气发〔2016〕62号

前　言

气象事业是经济建设、国防建设、社会发展和人民生活的科技型基础性公益事业，在我国经济社会发展中的地位和作用日益重要。“十三五”时期是我国全面建成小康社会的决胜阶段和全面深化改革的攻坚期，也是全面推进气象现代化的冲刺期。根据《中共中央关于制定国民经济和社会发展第十三个五年规划的建议》、《中华人民共和国国民经济和社会发展第十三个五年规划纲要》和《国务院关于加快气象事业发展的若干意见》的总体部署和要求，结合“十三五”气象事业发展实际，中国气象局和国家发展改革委联合编制了《全国气象发展“十三五”规划》（以下简称《规划》）。

《规划》编制过程中充分征求了有关部门和地方意见，并与相关规划进行了衔接。2016年7月11日召开了专家论证会，听取专家意见。根据部门、地方和专家意见，对《规划》进行了修改完善。《规划》提出了“十三五”时期全国气象事业发展的指导思想、发展目标、主要任务和重点工程，是未来五年我国气象事业发展的行动纲领，是“十三五”时期气象基础设施建设的重要依据。

第一章　发展环境

一、“十二五”时期气象发展取得显著成绩

“十二五”时期，气象为保障经济社会发展和人民福祉安康作出重要贡献，气象“十二五”规划提出的总体目标成功实现，各项任务圆满完成。

气象防灾减灾能力明显提升。气象防灾减灾组织体系不断完善，“政府主导、部门联动、社会参与”的气象防灾减灾机制基本形成。国家预警信息发布中心成立

运行，突发事件预警信息发布能力得到加强。农业防灾减灾、农业生产和粮食安全、产量预测、农业病虫害防治等气象保障水平明显提升，气象为我国粮食实现“十二连增”作出积极贡献。人工影响天气作业在抗旱防雹、森林草原防火等方面效益显著。有效应对甘肃岷县特大冰雹山洪泥石流、北京等大城市暴雨内涝、“威马逊”超强台风等气象重大灾害。因气象灾害死亡人数从“十一五”时期的年均2956人下降到“十二五”时期的1293人，灾害损失占国内生产总值(GDP)比重从1.02%下降到0.59%。气象预警信息公众覆盖率接近80%，暴雨预警准确率达到60%以上，强对流天气预警时间提前到15—30分钟。

气象监测预报水平稳步提高。与“十一五”时期相比，24小时晴雨、温度预报准确率分别提高了1.8%和13%，台风路径预报误差缩小26%，达到同期国际先进水平。我国自主研发的全球数值天气预报模式北半球可用预报时效达到7.3天。综合气象观测系统更加完善，气象卫星实现多星在轨和组网观测，181部新一代天气雷达组网运行，国家级地面观测站基本实现观测自动化，区域自动气象站乡镇覆盖率从85%提高到96%。重建1951年以来高质量基础气象数据集，1700万亿次/秒的高性能计算机系统投入业务运行。

应对气候变化支撑和生态文明服务能力不断提升。气候变化科学研究水平进一步提升，气候变化影响评估和气候资源开发利用为推动生态文明建设作出积极贡献。发布《国家适应气候变化战略》、《第三次气候变化国家评估报告》和《中国极端天气气候事件和灾害风险管理与适应国家评估报告》。圆满完成政府间气候变化专门委员会(IPCC)第五次评估报告的政府评审、谈判和宣讲，为参加全球气候治理提供积极的科技支撑。加强了气候可行性论证技术体系建设，建立了论证技术集成系统。强化了全国环境气象业务，积极参与大气污染防治行动计划，为国家防治空气污染和推行节能减排行动发挥积极作用。

重大活动和突发事件气象保障水平大幅提高。圆满完成建党90周年系列庆祝、深圳大运会、APEC会议、南京青奥会、中国人民抗日战争暨世界反法西斯战争胜利70周年纪念、冬奥会申办等重大活动，以及“天宫一号”、“神舟八号”发射，“天宫一号”与“神舟九号”、“神舟十号”载人交会对接等多项重大工程的气象服务保障。为“东方之星”翻沉事件调查、天津港特别重大火灾爆炸事故等救援处置及云南鲁甸地震、尼泊尔特大地震的抗震救灾等提供优质应急气象保障服务。气象军民融合发展取得新进展。

气象科技创新和人才队伍建设稳步推进。启动实施国家气象科技创新工程。推进第三次青藏高原大气科学试验、干旱气象、南海季风强降水科学试验。推进气象科技体制改革，推动科技成果中试平台和转化机制建设，5项科技成果获国家科技进步奖，10项成果获气象科技成果转化奖。制定实施气象部门人才发展规划，深入实施气象人才工程，气象人才素质稳步提高。

气象发展环境明显改善。气象法律法规和标准体系逐步完善，公共气象服务和气象社会管理职能明显增强，多边和双边气象科技合作与交流活动更加活跃。气象行政审批制度改革和防雷减灾体制改革取得明显成效，气象业务科技、服务和管理等多项改革深入推进。气象财政投入机制更加完善，各级财政对气象事业的投入力度不断加大。

二、“十三五”时期气象发展面临新的形势

“十二五”期间，气象发展虽然取得了显著的成绩，但仍然存在着一些亟待解决的突出问题。

气象关键领域核心技术薄弱，科技创新能力不强，科技领军人才短缺，预报预测准确率和精细化水平有待提高，气象综合观测能力和自动化水平、气象资料标准化和共享能力仍不强，气象业务服务能力与经济社会发展和人民生产生活日益增长的需求不相适应的矛盾依然存在，气象管理体制还未达到转变政府职能和创新行政管理方式的要求，全面推进气象现代化的挑战和压力依然很大。“十三五”时期，是气象保障我国顺利实现全面建成小康社会伟大目标的关键阶段，也是我国基本实现气象现代化目标的决胜阶段。在我国经济发展进入新常态背景下，气象发展将面临新的挑战和机遇。

*天气气候复杂多变对气象防灾减灾提出新挑战。*我国是世界上气象灾害最严重的国家之一，灾害种类多、分布地域广、发生频率高、造成损失重，与极端天气气候事件有关的灾害占自然灾害的70%以上，且近年来极端天气气候事件呈现频率增加、强度增大的趋势。未来，受全球气候变化影响，中国区域气温将继续上升，暴雨、强风暴潮、大范围干旱等极端事件的发生频次和强度还将增加，洪涝灾害的强度呈上升趋势，海平面将继续上升，引发的气象灾害及次生灾害所造成的经济损失和影响不断加大。新时期，人类活动和经济发展与天气气候关系更加紧密，气候安全形势日益复杂多变，我国经济安全、生态环境安全等传统与非传统安全将面临重大威胁和严峻挑战，需要努力实现从注重灾后救助向注重灾前预防转变，从应对单一灾种向综合减灾转变，从减少灾害损失向减轻灾害风险转变，全面提升全社会抵御自然灾害的综合防范能力。这些都对我国气象防灾减灾能力提出新的更高的要求。

*经济社会发展和人民生活水平提高对气象服务提出新需求。*一方面，我国经济进入新常态，发展方式加快转变，结构不断优化，新型城镇化和农业现代化进程加快，社会财富日益积累，气象工作赖以发展的经济基础、体制环境、社会条件正在发生深刻变化。另一方面，气象灾害潜在威胁和气候风险更加突出，各行各业对气象服务的依赖越来越强，行业气象发展呈现蓬勃之势，人民群众更加注重生活质量、生态环境和幸福指数，对高质量气象服务的需求更加多样化，气象服务需求逐步呈现出多层次、多元化特点，这些都对气象工作的开放、多元化发展，对气象服务供给侧结构适应需求变化等提出了新的更高要求。

*气象现代化跟上科技发展新步伐亟需新突破。*当今世界科技进步日新月异，信息化步伐明显加快。我国实施网络强国战略、“互联网+”行动计划、国家大数据战略，加快建设智能制造工程、“中国制造2025”等一系列重大政策举措，蕴藏着推动科技第一生产力的巨大潜能和经济发展、社会变革的巨大动力，有利于激发大众创业、万众创新的巨大活力，这是全面推进气象现代化的新机遇、新动力和新潜力。欧洲中期天气预报中心、美英德日韩等各国气象机构都在积极谋划下一轮发展战略，争夺新的气象科技制高点，我国气象科技创新实现突破面临巨大的压力和挑战。

*全面深化改革进入深水区对气象改革提出新要求。*随着国家各项改革举措的不断出台和深入推进，改革已进入攻坚期和深水区，要啃“硬骨头”，特别是涉及到利益调整的改革，力度和深度会明显加大。改革有利于促进国家行政管理体制更加合理高效，事权与责任体系更加清晰协调，依法治国和服务型政府建设更具成效，这些都对深化气象各项改革和转变政府职能提出更高要求，同时带来提质增效的发展机遇。

第二章 “十三五”时期气象发展的指导思想和主要目标

一、指导思想

全面贯彻党的十八大和十八届三中、四中、五中全会精神，深入贯彻习近平总书记系列重要讲话精神，按照“五位一体”的总体布局和“四个全面”的战略布局，牢固树立和贯彻落实创新、协调、绿色、开放、共享的发展理念，坚持公共气象发展方向，坚持发展是第一要务，坚持全面推进气象现代化、全面深化气象改革、全面推进气象法治建设、全面加强气象部门党的建设，突出科技创新和体制机制创新的双轮驱动，以气象核心技术攻关、气象信息化为突破口，以有序开放部分气象服务市场、推进气象服务社会化为切入点，推动气象工作由部门管理向行业管理转变，加快完善综合气象观测系统，全面提升气象预报预测预警水平，不断提高开发利用气候资源能力，构建智慧气象，建设具有世界先进水平的气象现代化体系，确保到2020年基本实现气象现代化目标，不断提升气象保障全面建成小康社会的能力和水平。

二、基本原则

坚持公共气象发展方向。把增进人民福祉、保障人民生命财产安全作为谋划气象工作的根本出发点，把服务国家重大战略、气象防灾减灾、应对气候变化作为气象发展的重要着力点，坚持大力发展公共气象、安全气象、资源气象，更好地发挥气象对人民生活、国家安全、社会进步的基础性作用。

坚持气象现代化不动摇。发展是第一要务，要将气象现代化作为气象改革发展各项工作的中心，始终发挥科技第一生产力、人才第一资源的巨大潜能，持续推进气象业务现代化、气象服务社会化、气象工作法治化，加快转变发展方式，实现气象发展质量、效益和可持续的有机统一。

坚持深化改革。围绕气象服务保障国家治理体系和治理能力现代化的总目标，全面深化气象改革，发挥好改革的突破性和先导性作用，增强改革创新精神，提高改革行动能力，加快完善适应全面推进气象现代化的体制机制，破解影响和制约气象发展的体制机制难题，着力激发气象发展活力和内生动力，为气象发展提供持续动力。

坚持统筹开放。积极主动开展全方位、宽领域、多层次、高水平的国内外务实交流合作，统筹中央、地方、社会和市场的力量，加大“走出去”发展的开放力度，构建气象发展新格局，推进气象信息资源更好地共享和应用。

三、发展理念

气象发展必须遵循以下发展理念：

突出创新发展，着力激发气象发展的活力。切实把创新作为引领发展的第一动力，坚持科技引领，突出科技创新和体制机制创新的双轮驱动，以科技创新为核心带动全面创新。充分利用云计算、大数据、物联网、移动互联网等技术，大力推进气象信息化，着力构建智慧气象。更加依靠科技和人才，努力在关键科学领域及核心业务技术方面实现新突破。着力构建开放的气象服务体系，培育气象服务市场，优化气象服务发展环境。

推进协调发展，着力补齐气象发展的短板。统筹推进区域、流域和海洋气象协调发展，统筹推进东中西部气象事业协调发展，统筹协调国家、省、地（市）、县气象工作，统筹推进气象业务现代化、气象服务社会化、气象工作法治化，统筹推进气象硬实力与软实力的协调发展。强化气象服务区域发展总体战略，统筹推进行业气象协调发展，统筹推进气象与相关部门协调发展，加快形成气象服务协调发展新格局。

重视绿色发展，着力引领气象发展的新领域。把保障生态文明建设、促进绿色发展贯彻到气象发展各方面和全过程。围绕加快建设主体功能区、推动低碳循环发展、全面节约和高效利用资源、加大环境治理力度等开展工作，科学应对气候变化，有序开发利用气候资源，高度重视气候安全，为国家应对气候变化和生态文明建设提供坚实科技支撑。

坚持开放发展，着力拓展气象发展的新空间。主动适应、深度融入、全面服务国家对外开放总体战略。以战略思维和全球眼光，加强全球监测、全球预报和全球服务。深化国际双向开放交流合作，发挥科技优势，努力提升我国在气象领域的国际影响力和话语权。

强化共享发展，着力增进广大人民群众的福祉。把握公共气象发展方向，牢固树立防灾减灾红线意识，坚持发展为了人民、发展依靠人民、发展成果由人民共享，作出更有效的制度安排。全面加强气象防灾减灾，有力保障国家实施脱贫攻坚工程，加强国民经济重点领域气象服务，加大部门间气象数据共享，推进公共气象服务城乡全覆盖和均等化，让广大人民群众共享更高质量的气象服务成果。

四、主要目标

到 2020 年，基本建成适应需求、结构完善、功能先进、保障有力的以智慧气象为重要标志，由现代气象监测预报预警体系、现代公共气象服务体系、气象科技创新和人才体系、现代气象管理体系构成的气象现代化，初步具备全球监测、全球预报、全球服务的业务能力，气象整体实力接近同期世界先进水平，若干领域达到世界领先水平，气象保障全面建成小康社会的能力和水平显著提升。具体目标包括：

综合先进的现代气象监测预报预警。综合气象观测系统实现自动化、综合化和适度社会化。气象预报预警的准确率和精细化水平稳步提升。基于影响的预报和风险预警取得明显进展。

集约共享的气象信息化。气象数据资源开放共享程度和开发利用效益明显提高。气象信息系统集约化水平和应用协同能力显著提升。新一代信息技术在气象领域得到充分应用。

效益显著的气象防灾减灾。气象防灾减灾机制进一步完善。气象灾害预警精细化水平、及时发布能力和公众覆盖率大幅提高，气象灾害损失占 GDP 的比重持续下降。气象防灾减灾知识城乡普及。

高效普惠的公共气象服务。公共气象服务效益显著提高，公民气象科学素养明显增强，全国公众气象服务满意度稳中有增。气象保障国家重大发展战略能力明显提升。

功能完善的生态文明保障。环境气象观测体系和区域生态气象观测布局不断完善。生态气象灾害预测预警水平明显提升。人工增雨（雪）、防雹作业能力及效益进一步提高。

科学应对和适应气候变化。气候变化科学研究取得明显进展，极端天气气候事件应对能力和气候安全、粮食安全保障能力不断提升。气候资源开发利用效率明显提高。在适应方面深度参与全球气候治理支撑保障能力不断增强。

优先发展的科技人才体系。气象科技创新驱动业务现代化能力显著增强，重大气象科技创新取得明显突破，科技对气象现代化发展的贡献率显著提高。气象教育培训能力明显增强，气象人才素质显著提高，高层次领军人才的科技影响力稳步提升。

科学法治的现代气象管理。气象法律法规体系和标准体系逐步健全。气象标准完备率和应用率稳步提高。与气象管理体制相适应的预算和财务制度进一步健全。气象服务市场管理有序，依法管理气象事务水平明显提升。

“十三五”时期气象发展主要指标

序号	指标		现状值	目标值
1	全国公众气象服务满意度(分)		87.3	>86
2	气象预警信息公众覆盖率(%)		83.4	>90
3	人工增雨(雪)作业年增加降水量(亿立方米)		502	>600
4	人工防雹保护面积(万平方千米)		47	54
5	全球气候变化监测水平(%)		46.9	80
6	24小时气象要素预报精细度	空间分辨率(公里)	5	1
		时间分辨率(小时)	3	1
7	24小时气象预报准确率	晴雨(%)	81	88
		气温(%)	72	84
8	24小时台风路径预报误差(公里)		75.3**	<65
9	24小时暴雨预报准确率(%)		56	65
10	强对流天气预警提前量(分钟)		15—30	>30
11	气候预测准确率	汛期降水(分)	69.4***	80
		月降水(分)	67.5***	72
		月气温(分)	77.5***	80
12	全球数值天气预报水平	可用预报时效(天)	7.3	8.5
		水平分辨率(公里)	25	10
		气象卫星资料同化量占比率(%)	70	80
13	国家人才工程人选(人次)		26	35

注：** 为近三年平均值
*** 为近五年平均值

第三章　改革创新　提升气象现代化水平

“十三五”时期，要全面深化气象改革，强化气象技术创新，以体制机制改革激发创新活力，以科技创新为核心带动全面创新，实现气象关键领域核心技术突破，切实提升气象监测预报科技水平与服务能力，有效履行气象行政管理职能，积极培育气象服务市场，实现气象部门管理向行业管理转变。

一、全面深化气象改革

深化气象服务体制改革。以提升公共气象服务能力和效益为导向，创新气象服务体制，建立开放、多元、有序的气象服务体系，推进气象服务社会化。积极培育气象服务市场，制定气象服务负面清单，明确气象服务市场开放领域，加强基于信用评价的气象信息服务管理与监督。引导和规范气象增值服务。规范全社会气象活动，制定鼓励气象中介组织发展的政策措施，规范和引导中介组织参与气象社会管理。

创新气象业务科技体制改革。以提高气象核心竞争力和综合业务科技水平为导向，深化气象业务科技体制改革。以突破重大气象业务核心技术为主线深化气象科技体制改革，建立长期稳定的财政投入机制、有序竞争的人才保障机制、科学合理的考核评价机制，调整优化气象业务职责，建立集约高效的业务运行机制，完善科技驱动和支撑现代气象业务发展的体制机制。

推进气象行政管理体制改革。全面正确履行气象行政管理职能，推进机构、职能、权力、责任、程序法定化，实现由部门管理向行业管理转变，建立市场准入制度、负面清单制度等，提高气象管理效能。坚持和完善双重计划财务体制，进一步明确气象事权和相应的支出责任，建立完善与之相适应的财政资金投入机制。

二、实现气象核心业务技术新突破

推进数值预报自主研发实现突破。发展全球/区域数值模式动力框架等核心技术，改进全球和区域高分辨率资料同化业务系统，完善高分辨率数值天气预报业务系统。大力发展面向台风、环境、海洋和核应急响应等的专业数值预报业务系统，建成基于 GRAPES 的全球/区域集合数值预报业务系统。完善月—季—年预测一体化的海—陆—冰—气耦合的高分辨率气候预测模式，建立耦合物理、化学、生态等多种过程的地球系统模式。

构建无缝隙精细化气象预报业务。完善一体化现代天气气候业务，推进现代天气气候业务向无缝隙、精准化、智慧型方向发展。建成从分钟到年的无缝隙集约化气象监测预报业务体系，发展精细化气象格点预报业务，强化短时临近预警和延伸期到月、季气候预测业务，提升灾害性天气中短期预报和气候事件预报预测业务能力。提高台风、暴雨(雪)、寒潮、大风(沙尘暴)、低温、高温、干旱、雷电、冰雹、霜冻和大雾等灾害性天气的预报准确率。发展基于影响的预报和气象灾害风险预警业务，实现从灾害性天气预报预警向气象灾害风险预警转变。建立以高分辨率数值模式为基础的客观化精准化技术体系。

发展精细化气象服务技术。建立集高时空分辨率天气实况和天气预报、点对点预警推送、基于用户请求响应、自动适配、人工智能为一体的精细化气象服务系统。研发集气象灾害区划、灾情收集与监测、灾害风险预估与预警、灾害风险转移以及气象防灾增效服务效益评估为一体的灾害风险管理业务系统。研发精细化的专业气象服务数值模式、多种类数值模式产品的解释应用等核心技术，建立一体化的专业气象服务指标、模型、典型案例和相关技术方法等的知识库，实现专业气象服务的互动性、融合式和可持续发展。

发展先进高效的综合气象观测系统。构建全社会统筹气象观测、天地空一体、实现“一网多用”的综合气象观测网。建立健全观测标准质量体系，加强气象观测质量管理，推进气象观测标准化。发展智能观测，推进观测装备的智能化和观测手段的综合化，实现观测业务的信息化。增强观测业务稳定运行能力，提升观测业务运行保障能力，加强计量检定能力建设，完善观测业务运行机制，实现观测业务运行集约化。提升观测数据质量和应用水平，加强观测数据质量控制业务，完善观测产品加工制作业务，提升遥感数据综合应用能力，建立观测数据质量与应用评价制度。

三、提高气象信息化水平

加强气象数据资源整合与开放共享。统一观测设备数据格式标准，制定统一的各类观测数据传输及存储规范，建立健全覆盖气象数据全流程的标准化体系。完善气象数据资源开放机制，构建国家级数据资源共享体系。依托国家数据共享开放平台，建设面向民生的公共气象数据资源池，定期更新基本气象资料和产品共享目录，制定基础气象数据服务开放清单。建立与政府部门、科研机构、企业、社会间数据共享协作体制机制，满足跨学科、跨行业的数据融合、综合分析及信息服务的需求。

建立安全集约的气象信息系统。建设资源集约、流程高效、标准统一的信息化业务体系。按照气象信息化标准规范，构建统一架构、统一标准、统一数据和统一管理的集约化气象云平台，增强对气象业务、服务、科研、教育培训、政务和综合管理的支撑，提升气象信息化技术水平。建立符合国家要求的安全可控的电子政务内网和基于互联网的集约型门户网站群。提高气象信息网络安全性和智能化程度。

推进信息新技术在气象领域应用。积极跟踪国内外信息新技术进展，注重新技术的应用效益，落实国家“互联网+”行动和大数据发展战略，推进云计算、大数据、物联网、移动互联网等技术的气象应用。构建数据产品加工处理流水线，实现集约发展。基于标准、高效、统一的数据环境，建立天气预报、气候预测、综合观测、公共气象服务、教育培训以及行政管理等智能化、集约化、标准化的气象业务和管理系统。以信息化为基础，满足不同用户需求，加快构建和发展智慧气象，实现观测智能、预报精准、服务高效、管理科学的气象现代化发展模式。

实施气象信息化三大战略。实施“互联网+”气象战略，构建“云+网+端”的气象信息化发展新形态。实施互联网气象平台战略，为气象领域“大众创业、万众创新”提供支撑，汇聚众智实现创新发展，提升公共气象服务的有效供给能力。实施气象大数据战略，统筹布局全国气象大数据中心，加强数据安全保障体系建设，充分挖掘和发挥气象数据的应用价值，实现“用数据说话、用数据管理、用数据决策”。

四、强化科技引领和人才优先发展

完善创新驱动体制机制。把科技创新作为推进现代气象业务发展的根本动力，贯穿到气象现代化建设的全过程，加快推进适应气象现代化发展需求、支撑有力的气象科技创新体系建设。健全以科技突破和业务贡献为导向的科技分类评价体系，完善有利于激发创新活力的科技激励机制，营造良好科技创新环境。加强评价专家队伍建设，积极探索并加快实施第三方气象科技评价。着力发挥评价激励导向作用，引导和激励创新主体、科技人员通力合作、协同创新。加强知识产权创造、运用、保护和管理。建立健全科技成果认定和业务准入制度，完善科技成果、知识产权利益分享机制，促进自主创新和成果转化。推进气象重点领域科技成果转化中试基地建设，建立科技成果管理与信息发布系统，建立气象科技报告制度。打通科技成果向业务服务能力转化通道，提升科技对气象现代化发展的贡献度。

组织重点领域科技攻关。围绕气象业务发展需求聚焦主攻目标，集中资源，凝聚力量，组织协同攻关，实现高分辨率资料同化与数值天气模式、气象资料质量控制及多源数据融合与再分析、气候系统模式和次季节至季节气候预测，以及天气气候一体化数值预报模式系统等重大关键技术的突破。组织台风、暴雨、强对流等高影响天气监测预报预警、中期延伸期预报、极端天气气候事件监测预测等关键领域研发。开展气候变化影响、农业气象灾害防御、人工影响天气、气候资源开发利用、环境气象监测预报、空间天气监测预警等重点领域研发，形成一批集成度高、带动性强的重大技术系统。

实施气象人才优先发展战略。以高层次领军人才和青年人才建设为重点，统筹推进各类人才资源开发和协调发展。优化人才队伍结构，引进和培养在气象现代化建设关键领域急需的人才，着力加强科技研发、业务一线和基层人才队伍建设。造就高水平科技创新团队，发挥好团队集中优势攻关和人才培养的作用，激发人才创新活力。根据气象现代化建设需要，制定人才培养规划。健全气象培训体系，加强气象培训能力建设，开展全方位、多层次的气象教育培训，推进气象教育培训现代化。深化省部合作和局校合作，加强气象学科和专业建设，推进基础人才培养。不断优化人才成长的政策、制度环境，形成尊重人才、尊重知识、公平竞争的良好氛围。加快人才发展体制机制创新，建立和完善科学的人才工作评估、人才评价发现、选拔使用、编制管理、流动配置、职称评聘、待遇分配、激励等机制，构建充满生机和活力的气象人才体系。

专栏1　气象创新发展项目

01 气象卫星探测工程

继续开展气象卫星工程建设，推进风云三号、四号系列卫星系统建设及业务应用，发展晨昏轨道气候卫星、降水测量雷达卫星以及静止轨道微波探测卫星，实现多星组网观测业务格局。统筹建设卫星地面接收站网，完善遥感卫星地面辐射校正场与真实性检验系统。发展卫星应用技术，建立卫星遥感综合应用体系，实现一星多用和资源共享，综合满足相关领域业务需求。

02 气象雷达探测工程

编制完成气象雷达发展专项规划，优化完善天气雷达网布局，实施新一代天气雷达技术升级改造，开展风廓线雷达等新型气象雷达的研发与业务应用试验。健全雷达技术支撑体系，着力提高雷达资料的应用水平和效益。建立强对流天气综合观测基地。

03 气象综合观测设备设施建设工程

建成并完善自动化、网络化、标准化、天地空一体化的现代综合气象观测系统。加快观测自动化、技术装备保障系统和仪器装备虚拟现实培训系统建设。强化气象观测仪器设备检定维护，确保气象观测系统稳定运行，提高数据质量。

04 气象信息化系统工程

构建气象信息化标准体系，基于物联网技术升级气象通信系统，建立开放互联的气象大数据平台与集约共享的基础设施云平台。建设气象管理信息系统支撑科学决策，搭建开放的应用系统吸引众智众创，构建气象与经济社会高度融合发展的智慧气象，为社会公众提供更高质量的普惠气象服务。

05 气象科技创新工程

建设高分辨率全球资料同化系统，完善全球数值天气模式，完善面向月—季—年尺度的海—陆—冰—气耦合的高分辨率气候预测模式，构建重大核心技术成果中试平台，开展气象资料质量控制及多源数据融合与再分析，在气象核心业务技术方面实现新突破。

第四章　统筹协调　促进气象可持续发展

树立协调发展理念，依法依规，统筹推进气象区域、气象行业、气象与经济社会的协调，实现气象可持续发展。

一、加快气象事业协调发展

统筹推进气象各领域协调发展。推进气象业务现代化、气象服务社会化、气象工作法治化协调发展。统筹气象业务与科研、人才队伍之间的协调发展。统筹推进业务系统内部协调发展，强化气象预报、观测、服务业务之间的协调发展，统筹天气、气候业务的协调发展。加强业务系统一体化总体设计，优化业务分工、完善业务布局、调整业务结构、整合各种资源，实现气象预报、观测、服务、资料等各业务领域的科学管理和集约高效。

统筹推进区域气象事业协调发展。根据国家区域发展战略和主体功能区规划，有计划有步骤地推进全国气象现代化。切实做好“一带一路”、京津冀协同发展、长江经济带的气象保障工作。推动东部沿海地区率先实现气象现代化，不断提高中西部地区气象现代化水平。发挥好江苏、上海、北京、广东、重庆等地在全国的现代化试点示范作用及河南、陕西两省在中西部的试点示范作用，加强试点地区经验和成果总结推广。提升东部地区预报预警能力建设，特别是高分辨率区域数值预报的研发和应用。推进中西部地区科技、人才、基础设施和财政投入等保障支撑能力建设。调整优化区域气象中心功能定位和流域气象服务内容。鼓励专项气象服务跨区域、规模化、差异化发展。合理布局各类海洋气象业务，高效集约配置气象资源，避免重复建设。

统筹推进国家、省、地(市)、县四级气象事业协调发展。国家级气象机构围绕气象核心技术突破提升气象业务综合实力，地方气象机构注重加强地区特色的气象服务保障能力建设。夯实基层发展基础，重点推进基层综合气象业务并强化实时监测和临近预警能力建设，优化基层气象机构设置和业务布局。着力加大对边远贫困地区、边疆民族地区和革命老区气象事业发展的支持力度。深化内地和港澳、大陆和台湾地区气象信息共享、气象科技发展、气象灾害联防合作发展。

二、推进气象资源统筹利用

改进气象行业管理，通过建立协调机制，将各部门自建的气象探测设施纳入国家观测网络的总体布局，由气象主管机构实行统一监督、指导。推进气象行业资源优化配置，建立完善全行业的互动合作机制，促进气象资料的共享共用。引导和激励行业部门优势资源参与气象业务重大核心任务协同攻关，强化气象部门在行业领域的技术创新与应用主体地位。健全行业间科研业务深度融合机制，强化行业间知识流动、人才培养、科技和信息资源共享，推动跨领域跨行业协同创新。

三、强化部门间协作机制

加强气象与国土、环保、住建、交通、水利、农业、林业、工信、安监、国防等相关部门间的沟通协调和数据信息共享，开展气象多部门、多学科合作，共同推进气象基础设施、信息资源、服务体系的融合发展，以多种形式完善工作机制，提高预报预测准确度和精细化水平。推进智慧气象与智慧交通、智慧海洋、智慧旅游等的融合发展，在国家智慧城市建设中充分发挥气象的支撑保障作用。

四、依法依规推进气象协调发展

统筹推进气象硬实力与软实力的协调发展，在强化气象基础设施建设、气象科技等硬实力的同时，重视气象法制、标准、科学素养和文化等气象软实力提升，加强气象智库建设。统筹推进气象法律法规建设,依法全面履行气象行政管理职能。依法规范全社会的气象活动,提高气象普法实效,推动全社会树立气象法治意识。推进气象标准化工作,加快制修订气象业务、服务和管理标准,加强气象数据开放共享和气象服务社会化管理等方面的规章标准建设,实现气象标准在基础业务领域的全覆盖。完善和优化气象标准修订程序,强化标准的质量控制。

专栏 2　气象协调发展项目

01 区域协调发展气象保障能力建设项目

重点围绕区域协调发展战略规划、重大区域性开发建设和活动等实施气象保障能力提升工程。强化数值预报模式对区域及相邻省(区)气象科研业务的支持能力。继续推进和深化省部合作相关工作,共同提升气象服务保障能力。

02 基层台站基础设施建设项目

重点围绕贫困地区、中西部地区和边疆民族地区基层台站实施业务支撑和配套保障条件建设。建成布局合理、结构完善、功能齐全的标准化气象台站,有序推进基层气象机构现代化进程,不断夯实基层基础设施保障能力。

第五章　绿色发展　保障生态建设和气候安全

坚持绿色发展,加强环境气象与生态气象保障能力建设,强化应对气候变化科技支撑作用,提高应对气候变化能力和气候安全保障能力,有序开发利用气候资源,积极参与和保障生态文明建设。

一、加强生态建设和环境保护气象保障能力建设

服务大气污染防治行动计划。开展和完善以城镇化气候效应、区域大气污染治理、流域生态环境、脆弱区生态环境保护等为重点领域的国土气候容量和气候质量监测评估。加强极端天气气候事件风险评估,结合国家主体功能区建设布局和各地社会经济和自然条件,绘制气象灾害风险区划图。完善重点生态功能区、生态环境敏感区和脆弱区等区域生态气象观测布局,提升对森林、草原、荒漠、湿地等生态区域的气象监测能力,建立生态气象灾害预测预警系统,加强气候变化影响下的极端气候事件、水土流失和土地荒漠化、大气污染等生态安全事件的气象预警。

二、强化应对气候变化支撑

加强气候变化系统观测和科学研究,提高应对极端天气和气候事件能力。推进气候变化事实、驱动机制、关键反馈过程及其不确定性等研究,着力提升地球系统模式和区域气候模式研发应用能力,完善气候变化综合影响评估模式,集中在气候变化检测归因、极端气候事件及其变化规律、极端事件风险评估、气候承载力评估等关键技术上,形成一批集成度高、带动性强的科技成果。做好全球和区域气候变化的监测、检测、预测和预估,加强对温室气体、气溶胶等大气成分的监测分析,发布具有国际影响力的全球和区域基本气候变量长序列数据集产品,建立综合性观测业务,加强资料共享,开展华南区域大气本底观测试验,增强温室气体本底浓度联网观测能力。

三、积极应对气候变化

推进传统气候服务与各行业气候变化应对需求的融合，围绕国家适应气候变化战略，完善以基础综合数据库和气候模式系统为支撑，以农业与粮食安全、灾害风险管理、水资源安全、生态安全和人体健康为优先领域的气候服务。加强国家、区域、省在气候服务上的分工协作。初步建成中国气候服务系统。围绕气候变化对粮食安全、能源安全、水资源安全、森林碳汇、湿地保护与恢复、生态环境、生产安全、人体健康和旅游等重点领域与特色产业的影响开展评估，完成国家气候安全评估。强化气候服务意识，积聚跨部门智库资源，围绕气候安全保障、应对气候变化战略部署提供决策支撑。

四、有序开发利用气候资源

以促进城镇空间布局合理均衡为出发点，开展气候承载力分析和可行性论证，完善论证制度和标准。建立重点领域评估报告滚动发布制度。加强风能、太阳能资源的精细评估和气候风险论证。建立较为完善的人工影响天气工作体系，全面提升人工影响天气业务能力、科技水平和服务效益，合理开发利用空中云水资源，基本形成东北、西北、华北、中部、西南和东南六大区域发展格局，提高人工增雨(雪)和人工防雹作业效率，推进人工消减雾、霾试验，加强协调指挥和安全监管。科学开展人工影响天气活动，重点做好粮食主产区、生态脆弱区、森林草原防火重点区、重大活动等气象保障服务。

专栏3　气象绿色发展项目

01 生态文明建设气象保障工程

完善生态气象观测布局，建成覆盖全国主要生态安全屏障区和生态环境脆弱区的以生态气象地面观测站为核心的气象观测网络。建立生态气象灾害预测预警系统，绘制气象灾害风险区划图，形成国家、省两级业务服务体系，建立统一共享的生态气象保障服务业务平台，强化生态气象评估和生态文明气象保障。

02 人工影响天气能力建设工程

完善全国人工影响天气业务布局，实施东北、西北、华北、中部、西南、东南6个区域人工影响天气能力建设工程，重点开展飞机作业能力建设，提高作业装备现代化水平及科技支撑能力，充分发挥人工影响天气在促进农业增产增收、改善生态环境等方面的作用。

03 应对气候变化科技支撑能力建设项目

强化气候系统监测评估及气候资源开发服务能力。紧扣气候安全，加强气候变化事实和规律的科学认识和研究。完善气候资源开发利用保护方面的法律制度，营造好的政策环境。加强基础研究，充分发挥科技进步在适应气候变化中的先导性和基础性作用，为应对气候变化、增强可持续发展能力提供强有力的科技支撑。

04 粮食生产气象保障能力建设项目

建成上下协调、分级服务的粮食气象保障服务业务体系。推进气象和农业部门联合科研攻关，强化气象为农服务适用技术研发。加强自动化农业气象观测能力建设，完善农业气象观测仪器和设备保障系统。建立完善国家、省、市、县四级农业气象服务信息处理和发布系统。加强专业化农业气象技术支撑能力建设，深化特色农业、设施农业气象服务，强化保障粮食安全和重要农产品供给气象服务。加强农业气候资源调查和精细化区划工作，合理开发农业气候资源。

第六章　开放合作　构建气象发展新格局

以战略思维和全球眼光，主动融入国家开放发展新布局，研究制定气象全球战略，深化国际双向开放交流合作，构建气象对外开放发展新格局。

一、融入国家开放发展新布局

牢固树立并切实贯彻国家开放发展理念，制定与国家开放发展战略有效对接的气象保障专项规划，主动适应、深度融合、全面服务，切实做好“一带一路”的气象保障工作，重点加强与“一带一路”沿线国家和地区的气象部门沟通协作。积极开展与中亚、西亚、南亚气象科技合作交流，推进中国—中亚极端天气预报预警合作、中国—东南亚极端天气联合监测预警合作和海洋气象联合监测、人工影响天气合作等项目建设。

二、深化国际气象合作

积极承担相关国际责任和义务，提升气象领域国际影响力和话语权。完善国际气象信息交换与共享机制，实现无缝隙获取全球综合气象观测信息，大力发展全球数值模式动力框架等核心技术，开展全球预报。积极参与全球气候治理国际标准和规则制定，参与应对气候变化谈判，提升全球规避气候风险和应对气候变化的服务能力。

加强全方位、宽领域、多层次、合作共赢的气象国际交流与合作格局，推动双向开放、信息交互、资源共享。有效扩大气象对外开放领域，放宽准入限制，积极有效引进境外资金和先进技术。加强国际赛事和活动气象服务保障交流，增强气象服务保障能力。加强气象国际合作示范项目建设，广泛开发利用国际气象科技资源，推动相关领域研究。加强智力引进、人才交流培养和国际培训力度。推动气象技术、标准、装备、服务等的输出，扩大对外合作和援助。

第七章　共享共用　提高以人民为中心的气象服务能力

把推进基本公共气象服务均等化作为实现气象共享发展的首要任务，强化气象防灾减灾，加强面向国民经济重点行业和领域的气象服务，实现气象服务共享共用。

一、提高气象防灾减灾保障能力

强化气象防灾减灾保障体系建设。进一步完善“政府主导、部门联动、社会参与”的气象灾害防御机制，建成自上而下、覆盖城乡的气象灾害防御组织体系，不断完善气象灾害应急响应体系。统筹城乡气象防灾减灾体系建设，推动气象防灾减灾体系融入式发展，突出强化“政府主导、资源融合、科技支撑、依法运行”的气象防灾减灾发展模式。健全基层气象防灾减灾组织管理体系，建立以预警信号为先导的应急联动和响应机制，扩大贫困地区气象灾害监测网络覆盖面，提高气象灾害预报预警能力，提升防范因灾致贫和因灾返贫的气象保障能力。推动气象防灾减灾融入地方公共服务和综合治理体系。依法将气象防灾减灾工作纳入公共财政保障和政府考核体系，推动气象防灾减灾标准体系建设，引导社会和公众依法参与气象灾害防御，保障气象防灾减灾工作长效发展。

提升气象灾害预警能力。建立预警信息快速发布和运行管理制度，健全横向联接各部门、纵向贯通省市县、相互衔接、规范统一的国家突发事件预警信息发布系统，扩大气象预警信息公众覆盖面。建设及时性强、提前量大、覆盖面广的气象预警业务,充分发挥新媒体和社会传播资源作用,形成气象灾害等突发事件预警信息发布与传播的立体网络,消除预警信息接收“盲区”。

强化气象灾害风险管理。加强气象灾害风险调查和隐患排查,建成分灾种、精细化的气象灾害风险区划业务,强化对台风、暴雨洪涝、干旱等主要灾种的气象灾害风险评估和预警服务,建立规范的气象灾害风险管理业务,全面实施气象灾害风险管理。充分发挥金融保险的作用,推进气象灾害风险分散机制,建立气象类巨灾保险制度。

二、推进公共气象服务均等化

完善公共气象服务供给方式。以更好地满足经济社会发展需要和人民群众生产生活需求为出发点,巩固和加强公共气象服务,优化气象服务格局。强化政府在出台公共气象服务发展政策法规、健全公共保障机制和督导考核中的主导作用,将基本公共气象服务纳入国家相关规划和各级财政保障体系。加强气象部门在公共气象服务供给中的基础作用,建成适应需求、快速响应、集约高效的新型公共气象服务业务体系。推进气象服务供给侧结构性改革,注重供给的产品、业务、渠道、主体和治理结构的改革创新,增强供给结构对需求变化的适应性和灵活性。积极培育和规范气象服务市场,激发气象行业协会、社会组织以及公众参与公共气象服务的活力,探索建设气象服务应用众创平台和气象服务技术产权交易平台。逐步形成公共气象服务多元供给格局,有效发挥市场机制作用。

推进城乡公共气象服务全覆盖和均等化。提高城市防灾减灾精细化气象服务水平,将气象服务纳入城乡网格化管理。提高城市防御内涝、雷电、风灾、雪灾、高温等气象灾害的能力,完善城市“生命线”和重大活动气象服务管理运行机制。加大农村气象基础设施建设,提高气象灾害监测预报预警水平和防御能力,完善农村气象服务,加强“幸福家园”和“美丽乡村”建设的气象保障,将农村防灾减灾和气象服务融入乡村治理,逐步实现城乡公共气象服务全覆盖和均等化。大力实施精准气象助力精准扶贫行动,实现贫困地区气象监测精准到乡镇、预报精准到村(屯)、服务精准到户、科技精准到产业,发挥气象服务在精准扶贫、精准脱贫中趋利避害、减负增收的作用。

加强气象文化建设,增强公民气象科学素养。弘扬气象人精神,树立气象人形象,营造团结和谐、开拓创新的良好氛围,树立科学、高效的管理理念,加强气象文化基础设施建设,促进全国气象事业持续、快速、健康发展。加强和改进气象科普工作,广泛借助社会资源提高气象科学知识社会普及程度,增强公众气象防灾减灾和应对气候变化意识与能力,促进全民气象科学素质提升。

三、加快发展专业气象服务

发展农业气象服务。加强研发统计、遥感、作物生长模拟模型相结合的作物产量集成预报与服务。推进气象为农服务信息融合与应用,深化气象为农服务“两个体系”建设。开展草地、森林生态质量的气象综合监测评估。

发展环境气象服务。建立并完善环境气象数值预报业务系统,加强霾、沙尘和空气污染气象条件,以及光化学烟雾等环境气象中期预报和气候趋势预测业务。

发展交通气象服务。开展高影响天气交通气象预报和灾害风险预警,逐步实现以“点段线”为特征的高分辨率交通气象预报。加强交通气象服务与交通管理、调度的联动,提高道路、内河等综合交通气象服务能力。

发展海洋气象服务。建立全球海洋气象监测分析业务，实现全球关键海区海洋气候要素的实时监测，重点关注全球关键海区海温异常监测。建立1—7天全球10公里分辨率、我国责任海区5公里分辨率的海洋气象格点预报业务，建立责任海区海上大风、海雾概率预报业务和全球海域8级以上大风概率预报业务。提高海洋气象灾害监测预警的精度和覆盖度，建立多手段、高时效、广覆盖的海洋气象灾害预警信息发布系统，提高海上气候资源调查评估和开发利用气象服务能力。发展船舶海洋导航气象服务技术，建立海洋经济气象服务指标体系，形成海洋气象灾害应急联动服务体系。

发展水文和地质气象服务。开展流域雨情实时监测分析业务，强化流域强对流天气监测预警业务，提高流域精细化面雨量和致灾暴雨预报预测能力。发展国家级精细化水文、地质灾害气象风险预警技术与模型，建立集约化的水文、地质灾害气象风险预警上下一体化业务体系。推进山洪地质灾害防治等气象保障建设。

发展航空气象服务。完善航空气象监测和预报业务系统，建立机场和航路危险天气指导产品体系。推进亚洲航空气象中心建设，开展全球主要航路和我国机场天气指导预报业务，加强通用航空气象保障能力建设。

发展空间天气和航天气象服务。推进空间天气业务建设，发展和完善空间天气预报模式，加强太阳活动态势分析能力，提高空间天气爆发事件的短时临近预报水平，提升空间天气定量化预报能力。加强航天气象保障科研与服务。

发展能源、林业、旅游、安全生产、健康等专业气象服务。完善风能、太阳能资源预报业务。推进风能、太阳能资源利用气象服务标准体系和服务机制建设。加强森林草原火险及重大林业有害生物发生趋势气象预报服务。搭建多部门跨行业的旅游气象服务综合信息数据支持库。发展完善气象景观天气预报、旅游气象指数预报和景区气候评价等旅游气象服务。发展安全生产专业气象服务，严防重大气象灾害引发生产安全事故。加强健康气象服务。发展基于物联网技术的物流气象服务。

专栏4　气象共享发展项目

01 气象防灾减灾预报预警工程

全面实施现代气象预报业务发展规划，建成无缝隙、集约化的现代气象预报业务系统，发展客观化、精准化技术体系，完善城市、生态、环境等专业气象预报预警业务系统，进一步加强农村气象灾害防御能力建设，加大农村气象灾害防御的科普宣传力度。健全覆盖全国内陆和邻近海域的国家突发事件预警信息发布系统，显著提升气象预报预警时效、精细化水平和气象防灾减灾能力。

02 海洋气象综合保障工程

全面实施海洋气象发展规划，建设海洋气象观测站网，维护领土主权和海洋权益。发展海洋气象综合监测业务，建立责任海区海上大风、海雾概率预报业务，同时推进重要航道和大型水体的水上交通安全气象保障能力建设。发展全球海洋气象预报模式，建设海洋气象灾害防御体系，显著提升远洋气象保障能力。

03 山洪地质灾害防治气象保障工程

建成山洪地质灾害防御气象监测预报预警服务体系，进一步提高观测系统自动化水平，做好防治区局地突发性强降水及其引发的中小河流洪水、山洪、地质灾害等的气象监测、预警和风险评估工作，加大地质灾害高易发区气象监测站网建设，基本消除气象监测盲区。加强气象灾害信息管理业务标准体系建设。

04 基层气象防灾减灾能力建设项目

以灾害风险预警服务建设为重点不断完善基层气象灾害防御体系。加强与地方政府部门的合作，联合推进基层防灾减灾能力建设。加强基层防灾减灾队伍建设，做好灾害信息员培训工作。

05 现代气象服务能力建设项目

构建面向不同行业和领域的专业气象服务系统。拓展气象服务领域，发展和培育气象中介和气象服务市场，扩大气象数据和模式产品服务，增强气象保障经济转型升级能力。

第八章 强化保障 为实现气象现代化提供坚强支撑

一、加强组织领导

加强规划实施的组织领导和统筹协调，建立健全规划有效实施的保障机制，采取多种有效措施，形成工作合力，确保规划发展目标和各项重点任务顺利完成。做好本规划与国民经济和社会发展规划之间的衔接，做好省级规划、专项规划、区域规划与总体规划的协调，确保总体要求一致，空间配置和时序安排协调有序，形成定位清晰、功能互补、统一衔接的规划体系。完善规划实施的监测评估制度，健全规划实施评价标准，将规划约束性指标分解到年度进行督促检查考核，加强规划实施的咨询和论证工作，规范气象工程项目的建设程序，提高决策的科学化和民主化水平。

二、建立多元化的投入机制

落实国家支持气象发展有关政策，坚持和发展气象部门与地方政府双重领导、以气象部门领导为主的管理体制，完善与之相适应的双重计划财务体制，进一步明确气象事权和相应的支出责任，破解资金要素制约，着力优化资金来源结构，建立健全与之相适应的财政资金投入机制。积极争取各级政府对气象的支持力度，推动将公共气象服务纳入各级政府购买公共服务的指导性目录，建立政府购买公共气象服务机制和清单，积极改善投资环境，创新公平准入条件，拓宽以政府投入为主、社会投入为辅的多元化投入渠道，充分利用市场机制，引导社会资本投入气象事业。继续实施重大工程和项目带动战略，以增量投资促进结构调整，加大向中西部地区和革命老区、民族地区、边疆地区、贫困地区的气象投资倾斜力度，推动气象事业均衡发展。

三、加强党的建设

以落实全面从严治党为主线，全面加强党的思想、组织、作风、反腐倡廉和制度建设，不断增强党员干部的政治意识、大局意识、核心意识、看齐意识，不断强化基层党组织整体功能，充分发挥党组织的战斗堡垒作用和党员的先锋模范作用。发挥各级党组的领导核心作用，特别要加强基层气象机构党组织建设，推动全面从严治党向基层党组织延伸。充分发挥党组织和广大党员在完成气象规划各项重点任务中的重要作用。

全国海岛保护工作“十三五”规划

国海岛字〔2016〕691号

前　言

海岛是保护海洋环境、维护海洋生态平衡的基础平台，是壮大海洋经济、拓宽发展空间的重要依托，是捍卫国家海洋权益、保障国防安全的战略前沿。健康的海岛生态系统是国家生态安全的重要组成部分，是经济社会可持续发展的重要支撑。为落实《中华人民共和国国民经济和社会发展第十三个五年规划纲要》和《全国海岛保护规划》，指导“十三五”期间我国海岛保护与管理工作，制定本规划，规划期限为2016—2020年。

规划总结回顾了“十二五”期间海岛保护与管理工作取得的成效和存在的主要问题，按照海洋强国、生态文明、21世纪海上丝绸之路等国家重大战略部署要求，对《全国海岛保护规划》进行了细化与深化，提出了“十三五”期间全国海岛保护与管理工作的总体要求、主要任务、重大工程和保障措施，是“十三五”期间全国海岛保护与管理工作的指导性文件。

一、现状与形势

（一）“十二五”期间海岛保护与管理工作进展

“十二五”期间，全国海岛保护与管理工作以《中华人民共和国海岛保护法》（以下简称《海岛保护法》）为依据，以《全国海岛保护规划》提出的各项任务为抓手，在海岛生态保护、海岛经济发展和管理能力提升等方面取得了一定的成效，在海岛地名普查、权益岛礁保护等方面取得了重大突破。

第一，海岛管理能力不断加强。首次完成了全国海岛地名普查，摸清了我国海岛数量，设置了3647个海岛名称标志，编制了《中国海域海岛标准名录》并获国务院批准；实施了远岸岛礁调查；启动了海岛监视监测系统建设，获取了高精度海岛遥感数据,建立了国家海岛数据库;建立并实施了海岛统计调查制度;地方海岛保护与管理队伍不断增强,初步构建了全国海岛保护与管理业务支撑体系。

第二,权益岛礁保护取得突破。公布了钓鱼岛及其附属岛屿的标准名称、领海基点及领海基线,公布了钓鱼岛等岛屿及其周边海域部分地理实体的标准名称及位置示意图;选划了22个领海基点保护范围并经省级人民政府批准,建成7个领海基点所在海岛视频监控系统。权益岛礁保护得到了国家和社会各界的广泛关注和肯定。

第三,海岛生态保护稳步加强。基本建立了海岛保护规划体系;推进了海岛生物多样性及重要生境的保护,新建8个涉岛自然保护区、17个涉岛特别保护区,涵盖海岛309个。截至2015年底,我国已建成各类涉岛保护区180个,涵盖海岛2300多个;实施了169个海岛整治修复与保护项目,一批生态受损海岛得到修复,开展了海岛基础设施建设和边远海岛开发利用等工程,截至2015年底,723个海岛实现电力供应,建成污水处理厂118座,年污水处理量25258万吨;建成垃圾处理厂68个,年垃圾处理量231万吨;我国12个海岛县(区)的城镇污水处理率超过了74%,海岛生态环境不断改善,得到了社会各界的支持和广泛认可。

第四,海岛开发利用不断推进。初步构建了无居民海岛管理制度体系,陆续制订了无居民海岛有偿使用、无居民海岛权属管理和监督检查等配套办法;海岛执法不断推进,巡查覆盖率达到75%;建立了国家和地方无居民海岛分级管理体系,无居民海岛开发利用秩序进一步规范,全国共颁发无居民海岛使用权证书16本;支持了浙江舟山群岛新区、平潭综合实验区等国家重大海岛开发平台建设以及其他涉岛项目的开发利用,有力地促进了海岛地区经济和社会发展。

(二)存在问题

我国的海岛保护与管理工作虽然取得了重要进展,但也存在一些问题,与全面深化改革、生态文明建设、海岛治理体系和治理能力现代化的要求尚有一定差距,主要是:海岛生态保护尚需加强,生态破坏事件仍有发生,部分典型生态系统退化严重;海岛对经济发展的促进作用尚需提升,海岛开发利用约束和引导不够,历史遗留用岛还没有纳入有效管理,高品质、精细化海岛开发利用方式尚未形成;部分领海基点所在海岛稳定性受到威胁;海岛业务支撑能力尚需提高,法律法规及标准体系仍需完善,海岛资料系统性不够,基础研究不深入;海岛分级保护和管理体系尚需完善,一些地方海岛管理能力和力量不足,保护合力尚未形成等。

(三)面临形势

从国际上看,海岛地区应对气候变化和绿色发展转型正成为全球性关注的议题;以生态系统为基础的海岛综合管理正成为当今全球海岛保护管理的发展趋势;国际地缘政治关系更加复杂多变,岛礁生态保护问题正成为各方角力的重要内容,海洋权益维护出现新动向。

从国内看,党中央、国务院高度重视生态文明建设,就生态环境、资源保护和产权制度改革做出了一系列重要决策部署,习近平总书记就海岛工作多次做出重要指示,为海岛生态文明建设指明了方向;21世纪海上丝绸之路建设对海岛工作参与全球海洋治理提出了新要求;供给侧结构改革对发展海岛生态旅游、生态渔业以及重点海岛的开发开放提出了新需求;公众对生态产品需求不断增长,海岛生态保护逐步成为全社会共识;重点海岛开发正在成为沿海地区转型发展的新支点,海岛逐渐成为新时期促进海洋经济发展的新动力。

总体上看,我国海岛保护与管理既面临着全面深化改革和生态文明建设的机遇,也面临着保障海岛生态安全、权益安全和提升海岛对经济社会发展贡献率的挑战,必须实施以生态系统为基础的海岛综合管理，才能确保海岛生态和权益安全，保障海岛地区经济社会可持续发展。

二、总体要求

（一）指导思想

全面贯彻党的十八大和十八届三中、四中、五中、六中全会精神，以习近平总书记系列重要讲话精神为指导，以“五位一体”总体布局要求和“五大发展理念”为指引，深入落实《海岛保护法》和《全国海岛保护规划》，立足于海岛治理体系和治理能力现代化，以促进海岛生态文明建设和海岛地区经济社会可持续发展为核心，以全面深化改革和体制机制创新为动力，将“生态+”的思想贯穿于海岛保护全过程，建立健全基于生态系统的海岛综合管理体系，不断强化海岛生态保护，切实推进无居民海岛管理，积极拓展国际合作与交流，助力开创海洋强国建设新局面。

（二）基本原则

坚持保护优先。按照尊重自然、顺应自然、保护自然的要求，以自然修复为主，推进生态修复与整治，加强特殊用途海岛的保护，维护海岛生态系统的完整性和安全性。

坚持绿色发展。按照人与自然和谐发展的要求，推进重点海岛的合理利用，建立基于生态系统的海岛开发利用约束和引导机制，防止人类活动对自然生态系统的破坏。

坚持惠民共享。按照发展与民共享的要求，将海岛保护与改善海岛地区生产生活条件相结合，将海岛开发与促进海岛地区经济社会发展相结合，引导公众和社区广泛参与，提高海岛保护与管理惠民成效。

坚持改革创新。按照全面深化改革的要求，深入推进海岛生态文明制度建设，探索资源产权制度改革，坚持示范带动，加强考核监督，构建权责一致的海岛保护与管理运行机制。

（三）规划目标

“十三五”期间海岛保护工作的总体目标是：海岛生态文明建设取得新成效，海岛对地区社会经济发展贡献率进一步提高，符合生态文明要求的海岛治理体系基本形成。具体目标如下：

海岛生态保护开创新局面。形成分类分级海岛保护制度，10%的海岛纳入国家海岛保护名录；完成生态红线划定；新建10个国家级涉岛保护区，构建依托海岛的生态廊道；实施50个生态岛礁工程；发布海岛生态指数。

海岛开发利用水平跨上新台阶。培育一批宜居宜游海岛，探索形成旅游、渔业与工业等海岛生态化开发利用模式，海岛对经济社会的贡献率提高；创建100个和美海岛；发布海岛发展指数。

领海基点所在海岛的保护进一步增强。完成51个领海基点保护范围的选划。

海岛综合管理取得新进展。基本构建海岛保护的约束与引导制度体系，完成15项标准规范的制修订；海岛生态监视监测能力大幅提升，国家和地方分工协作的监视监测工作机制基本形成；提高海岛生态系统的科学认知水平；增强国际合作与交流水平。

（四）总体部署

“十三五”期间，以推动海岛生态文明建设为根本宗旨，以促进海岛发展成果与民共享为基本任务，以维护海洋权益为关键使命，以拓展国际合作与交流为重要方向，以提升海岛治理能力为基础保障，助推21世纪海上丝绸之路和智慧海洋建设，发挥我国海岛在全球海洋治理中的重要作用。

总体部署如下：

表1 "十三五"海岛保护工作主要指标

类别	序号	指　　标	2015年现状值	2020年目标值	属　性
生态保护	1	新增涉岛国家级保护区(个)	/	10	预期性
	2	国家保护名录中海岛数量(%)	/	10	约束性
	3	海岛自然岸线保有率	—	各省达标(附表1)	约束性
	4	生态岛礁工程(个)	/	≥50	预期性
绿色用岛	5	有居民海岛垃圾污水处置率(%)	>74	≥80	约束性
	6	新增的开发利用无居民海岛垃圾污水处置率(%)	100	100	约束性
	7	和美海岛(个)	/	100	预期性
	8	绿色用岛示范(个)	/	10	预期性
权益海岛保护	9	新增监视监测领海基点所在海岛的数量(个)	/	10	预期性
	10	领海基点保护范围选划(个)	22	73	约束性
综合管理能力	11	标准规范体系制修订(项)	—	15	预期性
	12	具备海岛监视监测能力的站点(个)	/	121	预期性
	13	海岛生态本底调查海岛(个)	/	200	预期性
	14	巡查海岛覆盖率(%)	75	≥80	约束性

一是建设海岛生态文明。以建立实施生态红线和海岛保护名录制度、加强涉岛保护区建设和生态修复为抓手，完善海岛保护体系，保护海岛自然岸线、生物多样性，修复海岛生态系统，推动社区参与，防止开发利用活动对生态系统的破坏，推进海岛生态环境保护从末端治理向维护生态系统健康和生态安全转变。

二是促进海岛经济发展。以创建和美海岛、规范无居民海岛利用为抓手，建立无居民海岛开发利用的引导和约束机制，探索用岛模式，推进海岛地区经济社会发展，合理开发近岸海岛，支持边远海岛发展，推进海岛资源开发利用由注重生产要素向注重消费要素和生态功能转变。

三是严格保护领海基点所在海岛。加强领海基点保护范围及领海基点所在海岛的监督管理，修制订领海基点监视监测与保护范围标志设置标准规范，完成51个领海基点保护范围的选划。

四是拓展国际合作与交流。以21世纪海上丝绸之路建设为契机，以联合国2030年可持续发展目标为指导，拓展合作交流领域，开展海岛治理新理念、海岛生态保护新方法等经验分享与交流，促进全球海岛可持续发展。

五是完善业务体系。围绕海岛保护管理能力提升需求，以海岛监视监测、统计调查、科学研究和标准规范为抓手，完善数据收集分析体系，加强执法监督，为海岛治理体系的建设提供业务支撑。

三、主要任务

（一）保护海岛生态系统

1. 强化海岛生态空间保护

构建由整岛保护和局部区域保护相结合的海岛生态空间保护体系。建立海岛保护名录制度，实施整岛保护，探索开展封岛保育。加强已建涉岛保护区的监督管理和保护能力建设，适时开展调整升级工作；选取具有典型生态系统和重要物种栖息、迁徙路线上的海岛及其周边海域，划定为保护区。加强对海岛自然岸线、自然和历史人文遗迹的保护，确定开发利用海岛保护区域和保护对象，防止开发利用对自然生态系统的破坏。全面划定海洋生态红线，实施红线保护制度，加强考核与评估。

专栏1　海岛保护名录

制定海岛保护名录的确定标准，将领海基点所在无居民海岛、典型生态系统分布海岛、珍稀濒危和特有物种分布无居民海岛、典型历史人文遗迹分布无居民海岛、以及其他具有特殊保护价值的海岛纳入保护名录，开展保护名录中海岛监视监测和保护效果考核。到2020年，10%以上的海岛纳入国家名录，各省20%以上的海岛纳入本地名录。

2. 保护海岛生物多样性

分步开展海岛生态本底调查，摸清重点海岛生物多样性；开展海岛物种登记，建立物种数据库和重要物种基因库，构建海岛生物物种信息共享平台，发布我国海岛珍稀濒危和特有物种清单。加强海岛外来物种防控，开展外来入侵物种调查和生态影响评价，探索推进海岛生物安全和外来物种管理制度化进程。支持建设海岛生物多样性长期观测样地，开展生物多样性和外来物种监测与评价。维护依托海岛的生态廊道，保护典型物种及其生境。建立并发布海岛生态指数，引导社会提升对海岛保护的认知和预期。

专栏2　海岛生态廊道

海岛生态廊道系指依托海岛生态系统的典型物种迁移、繁殖、栖息的廊道，包括“东亚—澳大利亚”鸟类迁徙路线、斑海豹和绿海龟产卵场、典型经济鱼类“三场一通道（产卵场、越冬场、索饵场、洄游通道）”等所在海岛。开展资料收集和补充调查，摸清廊道沿线海岛的分布、位置和生态系统特征，将关键无居民海岛纳入保护名录，维护海岛生态廊道。以迁飞鸟类为纽带，开展生态廊道沿线海岛国际合作和调查研究。

3. 修复海岛生态系统

开展海岛生态系统受损状况调查与评估，推进生态受损海岛的修复。实施珊瑚礁、红树林、海草（藻）床等典型海洋生态系统修复，支持海岛周边渔业资源养护，开展海岛重要自然和历史人文遗迹保护。开展鸟类栖息地保护；优先选择乡土物种，推进植被恢复与修复，防治水土流失，构建水下、海岸和岛陆层级贯通的植被景观体系。采用恢复海岸沙丘、人工补沙、木质丁坝等亲和性手段开展海岛海岸和沙滩修复。加强海岛地区环境整治，提高垃圾污水处理能力。建立海岛生态修复效果评估机制，加强对海岛整治修复的引导和管理。

4. 推动社区共建共享

完善海岛管理信息系统公共服务功能，开展多样化的海岛基础地理信息和保护状况信息服务。开展休闲旅游、灾害预警预报等与居民生活有关的定制化信息服务。完善海岛保护与管理的社区参与机制，明确社区居民的权利、责任和义务，鼓励社区居民参与海岛保护与管理决策和行动，发挥涉岛保护区建设、生物多样性保护和海岛生态修复工程对当地居民生产生活条件、职业技能、就业和收入等方面的提升作用，形成社区参与海岛保护"共建、共管、共享"的良好局面。探索推进海岛生态保护认养制度和海岛保护社会捐赠制度，支持公益组织和社会团体开展多种形式的海岛保护行动，共同推进海岛保护与管理。

专栏 3　海岛保护社区参与示范
选择若干典型海岛，加强海岛居民生态保护知识和技能培训，提高居民参与海岛保护能力。依托生态岛礁工程和和美海岛建设，扩大居民在保护区管理、宣传、生态修复、环境整治和生态旅游方面的就业，提高居民收入；明确海岛居民的生态保护和环境整治责任与义务，引导社区自觉参与海岛保护。

（二）合理利用海岛自然资源

1. 推进无居民海岛开发利用管理

主动适应生态文明体制改革形势，建立健全无居民海岛开发利用管理制度。国家出台《无居民海岛开发利用审批办法》及其配套制度，沿海地区制定出台配套文件。探索海岛审批与海岛周边海域围填海审批衔接等制度。严格实施无居民海岛有偿使用制度，明确无居民海岛有偿使用范围、条件、程序和权利体系，探索赋予无居民海岛使用权依法转让和出租等权能。修订《无居民海岛使用金征收使用管理办法》，建立完善无居民海岛使用权出让价格评估管理制度和出让最低价标准的动态调整机制；制定无居民海岛有偿使用的意见。研究出台无居民海岛使用权招标、拍卖和挂牌出让指导意见，鼓励地方结合实际推进无居民海岛旅游娱乐、工业等经营性用岛市场化方式出让。

2. 规范无居民海岛开发利用

制定可开发利用无居民海岛名录，明确开发利用对植被、自然岸线及其他保护对象的保护要求，研究提出海岛建筑物设施总量、高度和离岸距离等限制指标；研究提出石化、旅游、渔业等产业用岛控制性指标。进一步强化可开发利用无居民海岛保护与利用规划的控制性与引导性作用，强化分类分区管理，落实用途管制制度。开展海岛自然资产负债表编制技术研究，选择3个县级区域开展试点；按照有关规定，积极推进将海岛资源资产变动情况纳入领导干部离任审计范围，探索建立对地方无居民海岛保护和开发利用考核监管机制。开展海岛生态服务功能价值评估、生态损害和生态补偿研究，推进实施海岛资源环境承载力监测预警机制。

3. 推进海岛地区经济社会发展

主动对接海洋经济发展示范区建设，保障重大项目用岛需求，支持海南国际旅游岛和舟山、平潭、横琴等国家级涉岛新区的开发开放；扶持辽宁长兴岛、上海长兴岛、浙江大榭岛、浙江玉环岛、浙江洞头岛、福建东山岛和广东南澳岛等重点海岛产业集聚区发展。研究总结海岛成功开发经验，支持水资源综合利用和废弃物资源化利用，开展海岛海水利用示范，扩大可再生能源利用规模，加强海岛防灾减灾能力建设。推动国家出台支持海岛经济发展政策，鼓励近岸海岛多元化保护利用，扶持边远海岛发展；推动边远海岛交通体系发展，支持码头、桥梁道路等交通基础设施建设。加强对石化和核电等重大用岛项目的引导，推进以产业链延伸和集约节约用岛为主要目标的绿色用岛示范基地建设。推进在海岛地区开展生态文明示范区建设示范。创建和美海岛，制定发布海岛发展指数。

专栏4　和美海岛

和美海岛系指生态健康、环境优美、特色鲜明、乡风文明的有居民海岛或已开发利用的无居民海岛。建立和美海岛创建标准、考核与退出机制，引导建设100个和美海岛，多方位开展和美海岛建设成果的宣传和推介。

4. 培育宜居宜游海岛

落实与国家旅游局的合作协议，依托丰富的海岛旅游资源和海上丝绸之路文化资源，发展观光、运动、休闲度假、生态渔业、休闲渔业、观赏渔业等生态旅游产品。支持码头、游步道、海水淡化、垃圾污水处理、电力供应、海洋牧场、景观保护与修复等基础设施建设，改善海岛生产生活条件，防止基础设施建设破坏海岛原始景观和生态系统；加强海洋文化保护与挖掘。保障生态旅游用岛需求，培育一批海岛生态旅游目的地和精品海岛生态旅游线路。探索建立基于资源环境承载力的海岛生态旅游开发模式，促进海岛旅游产业健康发展。打造岛群经济网络，形成现代化服务体系，建成一批宜居、宜业、宜游的魅力海岛。

专栏5　生态旅游岛

培育11个海岛旅游片区，分别为长山群岛、芝罘岛群、庙岛群岛、觉华岛、灵山岛及周边海岛、海州湾岛群、舟山群岛、平潭岛、横琴岛、海陵岛和大洲岛。培育8条涉岛旅游线路，分别为环渤海海洋海岛线路、海上丝路线路、南中国海线路、山东仙境海岸海岛线路、海州湾海岛线路、浙东沿海海洋海岛线路、海西海洋海岛线路和海南海岛热带风情线路。吸收国内外发展经验，探索总结生态旅游岛发展模式。

（三）严格保护领海基点所在海岛

加强领海基点保护范围及领海基点所在海岛的监督管理，开展领海基点及其所在海岛保护技术研究，修制订领海基点监视监测与保护范围标志设置标准规范。完成51个领海基点保护范围的选划。开展领海基点保护范围标志的巡查，修复或设置部分领海基点保护范围标志；新建10个领海基点所在海岛监视监测系统；依托领海基点所在海岛，开展爱国主义和科普教育。

（四）拓展国际合作与交流

1. 拓展国际合作与交流领域

以21世纪海上丝绸之路沿线国家为重点，加强与泰国、马来西亚、印度尼西亚、巴基斯坦、斯里兰卡、马尔代夫、莫桑比克、马达加斯加、斐济和瓦努阿图等国家和地区的合作与交流，办好中国—小岛屿国家海洋部长圆桌会议。提出21世纪海上丝绸之路绿色海岛与蓝色经济合作的倡议，在海岛生态保护、开发利用、经济发展和治理经验等方面与沿线国家开展交流与务实合作。加大与美国、欧盟、韩国等发达国家，以及联合国教科文组织、开发计划署等国际组织的合作力度，借鉴国际海岛保护与管理成功经验。培养选送优秀人才到国际合作组织或平台任职，支持科技人才牵头承担或参与国际科学计划和科学工程，适时发起海岛领域的国际合作计划，引导形成以我为主的项目合作机制。依托中国政府海洋奖学金项目，资助国外海岛保护与管理人才来华学习。

2. 做大做强国内合作平台

鼓励依托海岛建立国际旅游岛以及国际中转、补给和仓储基地，开展旅游、贸易和港口物流合作与服务。提升国内现有海岛论坛和海岛科教基地的国际影响力。将平潭国际海岛论坛建设成为全球海岛保护与发展政策和数据权威发布平台;将舟山国际海岛旅游大会打造成旅游发展经验交流和合作平台;将唐山湾海岛发展论坛打造成国内外海岛发展经验的交流平台。继续引导APEC等国际组织中的海洋合作方向,推动东亚海洋合作平台黄岛论坛、厦门国际海洋周等国际交流平台增加涉岛议题。支持舟山摘箬山岛、宁波梅山岛、平潭海坛岛建设国家海洋教育示范基地,开展海岛教育培训、合作与交流。

3. 促进全球海岛可持续发展

开展国外海岛资料、法律制度、管理政策等方面的信息收集研究,构建全球海岛信息网,为国内外海岛保护与管理提供决策信息支撑服务。开展海岛治理新理念、海岛生态保护新方法等经验分享与交流。引导相关科研机构、社会团体积极介入,主动参与多边、双边涉岛合作项目和计划,促进全球海岛可持续发展。

(五)完善业务体系

1. 开展监视监测

在"十二五"基础上,依托智慧海洋工程,推进监视监测系统建设,开展智慧海岛建设研究。开展海岛数据的采集、收集和整合,建设海岛管理信息系统和大数据系统,加强数据挖掘与应用,建立统一的无居民海岛监视监测业务平台,实现对无居民海岛开发利用及生态保护状况的常态化和业务化监视监测。完善工作机制,国家负责对全国无居民海岛遥感监测,地方按照统一要求具体负责辖区内海岛监视监测工作,并就国家发现的"疑点疑区"予以核实。建立实施海岛监视监测年度工作任务目标制和责任制,对各单位、各地区年度工作完成情况及质量进行考核评估。建立监视监测与执法联动机制,强化监视监测在预防和预判中的作用。加强监视监测人员培训。

专栏6 智慧海岛

智慧海岛是智慧海洋在海岛领域的应用与实践。根据智慧海洋建设的总体思路,研究构建智慧海岛体系框架,搭建信息感知、数据互联与普适计算体系,建立国家海岛大数据中心;建立综合管控智能服务系统、海上丝绸之路智能服务系统和公众服务智能服务系统,实现海岛信息融合、知识发现与智能应用。开展智慧海岛建设试点。

2. 实施统计调查

全面实施海岛统计报表制度,适时设立海岛专项统计调查制度。加强统计调查指标体系、技术和范围研究,探索统计调查由县级行政区向岛群和重点海岛延伸。各地要结合本地实际需求,开展区域性特色指标、内容的设计与统计调查,推动形成"全国统一框架、区域特色明显"的统计调查体系。编制和发布《海岛统计调查公报》,开展信息分析技术研究,强化统计调查政策建议功能。保障海岛统计信息系统业务化运行和维护,实现海岛统计数据联网直报。加强统计调查队伍建设,加大人员培训力度。

专栏7 以生态系统为基础的海岛综合管理

以生态系统为基础的海岛综合管理是一种跨学科的海岛管理方法,要求以科学理解海岛生态系统的演变规律为基础,将人类活动纳入生态系统管理,以海岛生态系统范围为管理边界,以维护生态系统健康和服务功能、达到海岛可持续利用为目标。继续开展以生态系统为基础的海岛综合管理内涵、边界、原则、目标、体系构成、管理工具与方法、实现途径等的研究,不断完善理论和方法体系,以指导全国海岛保护与管理工作。

3. 强化科技标准支撑

加强海岛基础调查与数据收集，开展海岛生态系统结构、功能、过程与服务以及海岛脆弱性形成机制、人类活动对海岛生态系统的影响及机理研究。围绕以生态系统为基础的海岛综合管理，开展生态保护与评价、无居民海岛开发利用、海岛监视监测、海洋生态红线中海岛保护措施研究、典型海岛水资源形态及对海岛生态系统的影响规律等管理技术研究。围绕生态岛礁工程、和美海岛和监视监测系统建设，突破一批关键技术、装备，开展集成和应用。研究制订一批标准规范，完成15项标准规范制修订，包括以生态化利用为重点的无居民海岛开发利用管理标准规范、以生态岛礁建设和生态系统综合评估为重点的海岛保护管理标准规范、以监测内容和监测方法为重点的海岛监视监测标准规范。推动建立全国海洋标准化委员会海岛保护分技术委员会。

专栏8　标准规范

制修订无居民海岛开发利用管理标准规范，包括无居民海岛开发利用具体方案、开发利用项目论证报告大纲和技术要求、集约节约利用、重点生态要素保护及使用权价值评估等。完善海岛保护标准规范体系，包括各级海岛保护规划大纲、生态岛礁建设指南、生态修复与效果评估、海岛生态系统评价等。健全监视监测标准体系，包括自然形态、岸线、开发利用和植被等四项基本要素以及鸟类等典型物种监视监测规程、生态本底调查技术规程和监视监测数据质量控制规范等。

4. 加强执法监督

加强海岛行政执法，清理非法用岛活动，依法查处各类海岛违法案件。开展严重破坏地形地貌、未批先用等海岛违法行为的专项执法；探索建立海陆空立体联动的执法巡查模式，重点加强无居民海岛和特殊用途海岛的执法检查，巡查海岛覆盖率达到80%以上。加大对临时用岛活动的监督管理；开展海岛名称监督管理以及名称标志的巡查与修复。理顺海区与地方海岛执法机构的关系，加强与驻岛军队、海事、通信、气象等部门的沟通和协调，建立信息共享和长效协调机制。提升执法能力，强化执法人员监督管理，提高执法人员综合素质。加强对无居民海岛开发利用和保护情况的督察工作。

四、重大工程

（一）生态岛礁工程

贯彻落实《中华人民共和国国民经济和社会发展第十三个五年规划纲要》和《全国生态岛礁工程“十三五”规划》，到2020年，至少在50个海岛实施生态岛礁工程。在具有重要生态价值的海岛上实施生态保育类工程，在我国领海基点所在海岛和其他重要权益类海岛上实施权益维护类工程，在具有典型或重要自然和历史人文遗迹的海岛实施生态景观类工程，在有居民海岛和拟开展生态旅游的无居民海岛上实施宜居宜游类工程，在开展生态实验基地建设和生态监测站（点）建设的海岛实施科技支撑类工程。通过生态岛礁工程的实施，使我国海岛生态系统完整健康，生态服务功能彰显；海岛人民生产生活水平和品质大幅提升，建成一批国际知名的宜居宜游海岛;权益海岛保持稳定并有效管控;我国海岛基本实现“生态健康、环境优美、人岛和谐、监管有效”。形成各具特色的生态岛礁建设模式、标准和长效的建设与管理机制,引领全国生态岛礁建设。

(二)海岛监视监测系统建设工程

主要包括监视监测、评价、研究、标准与业务监管、信息系统支撑和保障等六大体系建设。监视监测体系依托“智慧海洋”、“一站多能”、“全球海洋立体观测网”、海洋生态环境在线监测、空间基础设施和海洋信息化建设,实施121个海岛生态监测站点升级与建设,监测能力基本能够覆盖我国海岛,开展每年2次的我国海岛数量、岛体形态、开发利用和植被覆盖等四项基本要素的常态化监视监测,并逐步拓展监测内容和要素,开展保护名录中海岛、生态红线内海岛及其他重要海岛生态监测。评价体系主要开展海岛生态系统状况综合评价和单岛评价,定期编制监视监测公报。研究体系主要开展监视监测理论、技术和方法研究,突破典型海洋生态系统在线监测技术,提出一批海岛生态系统关键影响因子。标准与业务监管体系主要构建系列监测和数据质量标准。信息系统支撑体系主要是开展数据采集、数据分析、信息服务、业务监管、成果展示等应用系统的建设和运维。保障体系主要是监视监测管理制度建设,保障体系业务化运转。

(三)海岛生态本底调查与物种登记试点工程

开展全国海岛岸线、植被与土壤、沙滩和水资源等调查,摸清全国海岛岸线、沙滩、植被覆盖、水资源等状况;实施200个海岛的调查,摸清其生态本底状况,识别海岛生物多样性和保护对象,为确定海岛生态系统范围及界限,保护海岛生物多样性、维护海岛生态系统健康提供科学依据。在“十二五”工作和本底调查基础上,全面搜集有关海岛调查成果,按照统一标准进行整编和同化处理,形成数据集和数据库;以浙江海岛为试点,研究海岛植被型、群系和分布特征,进一步确定控制海岛植被分布的关键因子,构建植被型分布与气候关系模型,开展海岛自然区划示范和部分海岛植物物种登记。

(四)历史遗留用岛调查与管理工程

在国家统一部署下,由省级海洋行政主管部门组织开展历史遗留用岛调查与管理工作。全面查清我国历史遗留用岛的基本情况,包括用岛类型与用岛面积、构筑物的面积和高度、权属现状及其来源和费用缴纳情况等;以海岛为单元,建立历史遗留用岛数据库,作为管理的基础依据。开展分类处置与管理试点,符合规定的,简化相关手续与程序,鼓励用岛单位和个人按照《海岛保护法》及有关配套制度,补办无居民海岛开发利用许可;在历史遗留用岛上,《海岛保护法》实施后新增的开发利用行为,应依法办理无居民海岛用岛手续。

五、保障措施

(一)加强组织领导

国家海洋局建立统筹谋划、系统部署、协调推进的长效机制,广泛动员各地和社会力量,推进规划实施。沿海各级政府及其海洋主管部门要按照《海岛保护法》、《全国海岛保护规划》和本规划的要求,加强组织领导,明确各级任务的责任主体和实施进度,确保规划提出的各项目标的实现。鼓励有条件的地区,结合地方实际,编制和实施“十三五”海岛保护工作规划。建立规划实施情况的监督和考核机制，考核结果作为安排海岛相关资金、改进海岛保护与管理工作的重要参考。

（二）增强多元投入

利用好中央财政资金、海洋开发性金融，支持《全国海岛保护规划》和本规划确定的重点任务与重大工程。沿海地方各级人民政府要加大对海岛保护的投入。各级海洋行政主管部门要会同本级发展改革和财政等部门，做好规划项目的储备、申报和资金筹措，加强对项目实施的监管。建立多渠道、多元化的投融资机制，充分发挥财政性资金的引领和示范作用，积极推广政府与社会资本合作（PPP）模式，引导和鼓励社会资金参与海岛保护。

（三）强化队伍建设

在进一步明确中央和地方海岛管理事权划分的基础上，推进国家海洋局系统和地方队伍建设。充分发挥现有海岛业务支撑单位作用，支持涉海科研院所开展海岛科技研究，参与海岛治理，稳定支持10支海岛科技创新队伍。利用“海洋人才港”工程，与涉海高校联合培养人才；利用“蓝海导航人才”工程，开展继续教育，每年至少组织500人次的人员培训，提升海岛管理与研究人员的业务水平和创新能力，形成一批支撑海岛保护与管理的人才队伍。

（四）深化军民融合

建立健全海岛保护与利用军民融合协调机制，充分发挥军地双方优势，加强信息交流，创建高效有力的军地合作模式。研究废弃国防用途海岛及其设施转为民用机制。

（五）推进宣传教育

将海岛保护作为生态文明理念的传播途径。完善中国海岛网功能，建设平潭海岛博物馆和海岛三维展示平台，应用全媒体手段及时发布海岛有关信息，宣传海岛保护成就。继续实施海岛知识“进学校、进课堂、进教材”活动，培育青少年海岛意识。编纂《中国海岛志》；与有关媒体合作，摄制系列海岛宣传片；编制一批海岛保护知识材料，广泛开展宣传普及，在全社会营造保护海岛、爱护海岛的氛围。

附表1　沿海部分省（区、市）海岛自然岸线保有率控制指标

海　区	省　　份	海岛自然岸线保有率（%）
北海区	辽宁省（黄海部分）	≥80
	山东省（黄海部分）	≥85
东海区	江苏省	≥25
	上海市	≥20
	浙江省	≥78
	福建省	≥75
南海区	广东省	≥85
	广西壮族自治区	≥85
	海南省（本岛）	≥55

注：海岛自然岸线是指海岸相互作用自然形成的海岸线，以及经整治修复后具有自然属性的海岸线，见《国家海洋局关于全面建立实施海洋生态红线制度的意见》（国海发〔2016〕4号）。

附表 2　全国海岛保护“十三五”重点工作一览表

序号	工作类别	主要任务	任务方向	任务内容	责任主体
1	主要任务	保护海岛生态系统	强化海岛生态空间保护	1. 发布海岛保护名录。 2. 保护区管理和新建 10 个涉岛国家级自然保护区。 3. 划定海洋生态红线，加强管理。	国家海洋局和地方海洋主管部门 地方海洋主管部门 地方海洋主管部门
2			保护海岛生物多样性	1. 维护生态廊道。 2. 开展海岛生态指数的研究和试点。	国家海洋局和地方海洋主管部门 国家海洋局
3			修复海岛生态系统	1. 开展海岛生态系统受损状况调查与评估。 2. 海岛整体性修复示范。	地方海洋主管部门 地方海洋主管部门
4			推动社区共建共享	海岛保护社区参与示范。	地方海洋主管部门
5		合理利用海岛资源	推进无居民海岛开发利用管理	1. 出台无居民海岛申请审批办法、有偿使用及其配套制度。 2. 地方完善配套制度或实施细则并探索无居民海岛市场化出让。	国家海洋局 地方海洋主管部门
6			规范无居民海岛开发利用	1. 制定可开发利用无居民海岛名录。 2. 探索建立无居民海岛保护与利用考核制度。 3. 开展无居民海岛生态服务功能价值评估、损害评估和推进实施海岛资源环境承载力监测预警机制。	国家海洋局和地方海洋主管部门 国家海洋局和地方海洋主管部门 国家海洋局
7			支持重点海岛开发利用	1. 开展海岛发展指数研究与试点。 2. 创建 100 个和美海岛。 3. 探索边远海岛宜居保障模式。	国家海洋局 地方海洋主管部门 地方海洋主管部门
8			培育宜居宜游海岛	培育生态旅游岛	地方海洋主管部门
9		严格保护领海基点所在海岛	严格保护领海基点所在海岛	1. 完成领海基点保护范围的选划。 2. 新建 10 个领海基点所在海岛的监视监测系统。	地方海洋主管部门 国家海洋局和地方海洋主管部门
10		国际合作与交流	拓展合作交流领域	办好平潭海岛国际论坛平台暨中国—小岛屿国家海洋部长圆桌会议。	地方海洋主管部门和国家海洋局
11			参与全球海洋治理	1. 建设全球海岛信息网。 2. 开展海岛经验分享与交流。	国家海洋局
12		业务体系建设	监视监测	1. 四项基本要素遥感监测。 2. 本辖区内海岛生态监测。 3. 建立管理制度与工作机制。	国家海洋局和地方海洋主管部门 地方海洋主管部门 国家海洋局
13			统计调查	1. 实施统计调查报表制度，编制统计调查公报。 2. 探索开展重点海岛统计调查。 3. 统计调查信息系统运行维护和人员培训。	地方海洋主管部门和国家海洋局 国家海洋局和地方海洋主管部门 国家海洋局和地方海洋主管部门
14			科技标准	1. 以生态系统为基础的海岛综合管理研究。 2. 关键技术研发与推广应用。 3. 制定出台 15 项标准规范。	国家海洋局 地方海洋主管部门和国家海洋局 国家海洋局
15			执法监督	1. 加强对无居民海岛开发利用和保护情况的督察。 2. 开展常态化行政执法。	国家海洋局 国家海洋局和地方海洋主管部门

二、其他专项规划

续表

序号	工作类别	主要任务	任务方向	任务内容	责任主体
16	重大工程	生态岛礁工程		详见《全国生态岛礁工程“十三五”规划》	地方海洋主管部门和国家海洋局
17		海岛监视监测系统		1. 海岛生态监视监测站（点）能力提升与建设。 2. 数据传输系统建设。	国家海洋局和地方海洋主管部门
18		海岛生态本底调查与物种登记试点		1. 海岛区划与植物登记试点。 2. 200 个海岛生态本底调查。	国家海洋局和地方海洋主管部门 地方海洋主管部门
19		历史遗留用岛调查与管理		1. 查清历史遗留用岛的现状。 2. 建立历史遗留用岛的数据库。 3. 开展历史遗留用岛分类管理。	地方海洋主管部门和国家海洋局

（六）民生保障

国家综合防灾减灾规划

（2016—2020年）

国办发〔2016〕104号

防灾减灾救灾工作事关人民群众生命财产安全，事关社会和谐稳定，是衡量执政党领导力、检验政府执行力、评判国家动员力、彰显民族凝聚力的一个重要方面。为贯彻落实党中央、国务院关于加强防灾减灾救灾工作的决策部署，提高全社会抵御自然灾害的综合防范能力，切实维护人民群众生命财产安全，为全面建成小康社会提供坚实保障，依据《中华人民共和国国民经济和社会发展第十三个五年规划纲要》以及有关法律法规，制定本规划。

一、现状与形势

（一）“十二五”时期防灾减灾救灾工作成效

“十二五”时期是我国防灾减灾救灾事业发展很不平凡的五年，各类自然灾害多发频发，相继发生了长江中下游严重夏伏旱、京津冀特大洪涝、四川芦山地震、甘肃岷县漳县地震、黑龙江松花江嫩江流域性大洪水、“威马逊”超强台风、云南鲁甸地震等重特大自然灾害。面对复杂严峻的自然灾害形势，党中央、国务院坚强领导、科学决策，各地区、各有关部门认真负责、各司其职、密切配合、协调联动，大力加强防灾减灾能力建设，有力有序有效开展抗灾救灾工作，取得了显著成效。与“十五”和“十一五”时期历年平均值相比，“十二五”时期因灾死亡失踪人口较大幅度下降，紧急转移安置人口、倒塌房屋数量、农作物受灾面积、直接经济损失占国内生产总值的比重分别减少22.6%、75.6%、38.8%、13.2%。

“十二五”时期，较好完成了规划确定的主要目标任务，各方面取得积极进展。一是体制机制更加健全，工作合力显著增强。统一领导、分级负责、属地为主、社会力量广泛参与的灾害管理体制逐步健全，灾害应急响应、灾情会商、专家咨询、信息共享和社会动员机制逐步完善。二是防灾减灾救灾基础更加巩固，综合防范能力明显提升。制定、修订了一批自然灾害法律法规和应急预案，防灾减灾救灾队伍建设、救灾物资储备和灾害监测预警站网建设得到加强，高分卫星、北斗导航和无人机等高新技术装备广泛应用,重大水利工程、气象水文基础设施、地质灾害隐患整治、应急避难场所、农村危房改造等工程建设大力推进,设防水平大幅提升。三是应急救援体系更加完善,自然灾害处置有力有序有效。大力加强应急救援专业队伍和应急救援能力建设,及时启动灾害应急响应,妥善应对了多次重大自然灾害。四是宣传教育更加普及,社会防灾减灾意识全面提升。以“防灾减灾日”等为契机,积极开展丰富多彩、形式多样的科普宣教活动,防灾减灾意识日益深入人心,社会公众自救互救技能不断增强,全国综合减灾示范社区创建范围不断扩大,城乡社区防灾减灾救灾能力进一步提升。五是国际交流合作更加深入,“减灾外交”成效明显。与有关国家、联合国机构、区域组织等建立了良好的合作关系,向有关国家提供了力所能及的紧急人道主义援助,并实施了防灾监测、灾后重建、防灾减灾能力建设等援助项目,积极参与国际减灾框架谈判、联合国大会和联合国经济及社会理事会人道主义决议磋商等,务实合作不断加深,有效服务了外交战略大局,充分彰显了我负责任大国形象。

（二）“十三五”时期防灾减灾救灾工作形势

“十三五”时期是我国全面建成小康社会的决胜阶段,也是全面提升防灾减灾救灾能力的关键时期,面临诸多新形势、新任务与新挑战。一是灾情形势复杂多变。受全球气候变化等自然和经济社会因素耦合影响,“十三五”时期极端天气气候事件及其次生衍生灾害呈增加趋势,破坏性地震仍处于频发多发时期,自然灾害的突发性、异常性和复杂性有所增加。二是防灾减灾救灾基础依然薄弱。重救灾轻减灾思想还比较普遍,一些地方城市高风险、农村不设防的状况尚未根本改变,基层抵御灾害的能力仍显薄弱,革命老区、民族地区、边疆地区和贫困地区因灾致贫、返贫等问题尤为突出。防灾减灾救灾体制机制与经济社会发展仍不完全适应,应对自然灾害的综合性立法和相关领域立法滞后,能力建设存在短板,社会力量和市场机制作用尚未得到充分发挥,宣传教育不够深入。三是经济社会发展提出了更高要求。如期实现“十三五”时期经济社会发展总体目标,健全公共安全体系,都要求加快推进防灾减灾救灾体制机制改革。四是国际防灾减灾救灾合作任务不断加重。国际社会普遍认识到防灾减灾救灾是全人类的共同任务,更加关注防灾减灾救灾与经济社会发展、应对全球气候变化和消除贫困的关系,更加重视加强多灾种综合风险防范能力建设。同时,国际社会更加期待我国在防灾减灾救灾领域发挥更大作用。

二、指导思想、基本原则与规划目标

（一）指导思想

全面贯彻党的十八大和十八届三中、四中、五中、六中全会精神,深入学习贯彻习近平总书记系列重要讲话精神,落实党中央、国务院关于防灾减灾救灾的决策部署,紧紧围绕统筹推进“五位一体”总体布局和协调推进“四个全面”战略布局,牢固树立和贯彻落实新发展理念,坚持以人民为中心的发展思想,正确处理人和自然的关系,正确处理防灾减灾救灾和经济社会发展的关系,坚持以防为主、防抗救相结合,坚持常态减灾和非常态救灾相统一,努力实现从注重灾后救助向注重灾前预防转变、从应对单一灾种向综合减灾转变、从减少灾害损失向减轻灾害风险转变,着力构建与经济社会发展新阶段相适应的防灾减灾救灾体制机制,全面提升全社会抵御自然灾害的综合防范能力,切实维护人民群众生命财产安全,为全面建成小康社会提供坚实保障。

（二）基本原则

以人为本，协调发展。坚持以人为本，把确保人民群众生命安全放在首位，保障受灾群众基本生活，增强全民防灾减灾意识，提升公众自救互救技能，切实减少人员伤亡和财产损失。遵循自然规律，通过减轻灾害风险促进经济社会可持续发展。

预防为主，综合减灾。突出灾害风险管理，着重加强自然灾害监测预报预警、风险评估、工程防御、宣传教育等预防工作，坚持防灾抗灾救灾过程有机统一，综合运用各类资源和多种手段，强化统筹协调，推进各领域、全过程的灾害管理工作。

分级负责，属地为主。根据灾害造成的人员伤亡、财产损失和社会影响等因素，及时启动相应应急响应，中央发挥统筹指导和支持作用，各级党委和政府分级负责，地方就近指挥、强化协调并在救灾中发挥主体作用、承担主体责任。

依法应对，科学减灾。坚持法治思维，依法行政，提高防灾减灾救灾工作法治化、规范化、现代化水平。强化科技创新，有效提高防灾减灾救灾科技支撑能力和水平。

政府主导，社会参与。坚持各级政府在防灾减灾救灾工作中的主导地位，充分发挥市场机制和社会力量的重要作用，加强政府与社会力量、市场机制的协同配合，形成工作合力。

（三）规划目标

1. 防灾减灾救灾体制机制进一步健全，法律法规体系进一步完善。

2. 将防灾减灾救灾工作纳入各级国民经济和社会发展总体规划。

3. 年均因灾直接经济损失占国内生产总值的比例控制在1.3%以内，年均每百万人口因灾死亡率控制在1.3以内。

4. 建立并完善多灾种综合监测预报预警信息发布平台，信息发布的准确性、时效性和社会公众覆盖率显著提高。

5. 提高重要基础设施和基本公共服务设施的灾害设防水平，特别要有效降低学校、医院等设施因灾造成的损毁程度。

6. 建成中央、省、市、县、乡五级救灾物资储备体系，确保自然灾害发生12小时之内受灾人员基本生活得到有效救助。完善自然灾害救助政策，达到与全面小康社会相适应的自然灾害救助水平。

7. 增创5000个全国综合减灾示范社区，开展全国综合减灾示范县（市、区）创建试点工作。全国每个城乡社区确保有1名灾害信息员。

8. 防灾减灾知识社会公众普及率显著提高，实现在校学生全面普及。防灾减灾科技和教育水平明显提升。

9. 扩大防灾减灾救灾对外合作与援助，建立包容性、建设性的合作模式。

三、主要任务

（一）完善防灾减灾救灾法律制度

加强综合立法研究，加快形成以专项法律法规为骨干、相关应急预案和技术标准配套的防灾减灾救灾法律法规标准体系，明确政府、学校、医院、部队、企业、社会组织和公众在防灾减灾救灾工作中的责任和义务。

加强自然灾害监测预报预警、灾害防御、应急准备、紧急救援、转移安置、生活救助、医疗卫生救援、恢复重建等领域的立法工作，统筹推进单一灾种法律法规和地方性法规的制定、修订工作，完善自然灾害应急预案体系和标准体系。

（二）健全防灾减灾救灾体制机制

完善中央层面自然灾害管理体制机制，加强各级减灾委员会及其办公室的统筹指导和综合协调职能，充分发挥主要灾种防灾减灾救灾指挥机构的防范部署与应急指挥作用。明确中央与地方应对自然灾害的事权划分，强化地方党委和政府的主体责任。

强化各级政府的防灾减灾救灾责任意识，提高各级领导干部的风险防范能力和应急决策水平。加强有关部门之间、部门与地方之间协调配合和应急联动，统筹城乡防灾减灾救灾工作，完善自然灾害监测预报预警机制，健全防灾减灾救灾信息资源获取和共享机制。完善军地联合组织指挥、救援力量调用、物资储运调配等应急协调联动机制。建立风险防范、灾后救助、损失评估、恢复重建和社会动员等长效机制。完善防灾减灾基础设施建设、生活保障安排、物资装备储备等方面的财政投入以及恢复重建资金筹措机制。研究制定应急救援社会化有偿服务、物资装备征用补偿、救援人员人身安全保险和伤亡抚恤政策。

（三）加强灾害监测预报预警与风险防范能力建设

加快气象、水文、地震、地质、测绘地理信息、农业、林业、海洋、草原、野生动物疫病疫源等灾害地面监测站网和国家民用空间基础设施建设，构建防灾减灾卫星星座，加强多灾种和灾害链综合监测，提高自然灾害早期识别能力。加强自然灾害早期预警、风险评估信息共享与发布能力建设，进一步完善国家突发事件预警信息发布系统，显著提高灾害预警信息发布的准确性、时效性和社会公众覆盖率。

开展以县为单位的全国自然灾害风险与减灾能力调查，建设国家自然灾害风险数据库，形成支撑自然灾害风险管理的全要素数据资源体系。完善国家、区域、社区自然灾害综合风险评估指标体系和技术方法，推进自然灾害综合风险评估、隐患排查治理。

推进综合灾情和救灾信息报送与服务网络平台建设，统筹发展灾害信息员队伍，提高政府灾情信息报送与服务的全面性、及时性、准确性和规范性。完善重特大自然灾害损失综合评估制度和技术方法体系。探索建立区域与基层社区综合减灾能力的社会化评估机制。

（四）加强灾害应急处置与恢复重建能力建设

完善自然灾害救助政策，加快推动各地区制定本地区受灾人员救助标准，切实保障受灾人员基本生活。加强救灾应急专业队伍建设，完善以军队、武警部队为突击力量，以公安消防等专业队伍为骨干力量，以地方和基层应急救援队伍、社会应急救援队伍为辅助力量，以专家智库为决策支撑的灾害应急处置力量体系。

健全救灾物资储备体系，完善救灾物资储备管理制度、运行机制和储备模式，科学规划、稳步推进各级救灾物资储备库（点）建设和应急商品数据库建设，加强救灾物资储备体系与应急物流体系衔接，提升物资储备调运信息化管理水平。加快推进救灾应急装备设备研发与产业化推广，推进救灾物资装备生产能力储备建设，加强地方各级应急装备设备的储备、管理和使用，优先为多灾易灾地区配备应急装备设备。

进一步完善中央统筹指导、地方作为主体、群众广泛参与的灾后重建工作机制。坚持科学重建、民生优先，统筹做好恢复重建规划编制、技术指导、政策支持等工作。将城乡居民住房恢复重建摆在突出和优先位置，加快恢复完善公共服务体系，大力推广绿色建筑标准和节能节材环保技术，加大恢复重建质量监督和监管力度，把灾区建设得更安全、更美好。

（五）加强工程防灾减灾能力建设

加强防汛抗旱、防震减灾、防风抗潮、防寒保畜、防沙治沙、野生动物疫病防控、生态环境治理、生物灾害防治等防灾减灾骨干工程建设，提高自然灾害工程防御能力。加强江河湖泊治理骨干工程建设，继续推进大江大河大湖堤防加固、河道治理、控制性枢纽和蓄滞洪区建设。加快中小河流治理、病险水库水闸除险加固等工程建设，推进重点海堤达标建设。加强城市防洪防涝与调蓄设施建设，加强农业、林业防灾减灾基础设施建设以及牧区草原防灾减灾工程建设。做好山洪灾害防治和抗旱水源工程建设工作。

提高城市建筑和基础设施抗灾能力。继续实施公共基础设施安全加固工程，重点提升学校、医院等人员密集场所安全水平，幼儿园、中小学校舍达到重点设防类抗震设防标准，提高重大建设工程、生命线工程的抗灾能力和设防水平。实施交通设施灾害防治工程，提升重大交通基础设施抗灾能力。推动开展城市既有住房抗震加固，提升城市住房抗震设防水平和抗灾能力。

结合扶贫开发、新农村建设、危房改造、灾后恢复重建等，推进实施自然灾害高风险区农村困难群众危房与土坯房改造，提升农村住房设防水平和抗灾能力。推进实施自然灾害隐患点重点治理和居民搬迁避让工程。

（六）加强防灾减灾救灾科技支撑能力建设

落实创新驱动发展战略，加强防灾减灾救灾科技资源统筹和顶层设计，完善专家咨询制度。以科技创新驱动和人才培养为导向，加快建设各级地方减灾中心，推进灾害监测预警与风险防范科技发展，充分发挥现代科技在防灾减灾救灾中的支撑作用。

加强基础理论研究和关键技术研发，着力揭示重大自然灾害及灾害链的孕育、发生、演变、时空分布等规律和致灾机理，推进"互联网+"、大数据、物联网、云计算、地理信息、移动通信等新理念新技术新方法的应用，提高灾害模拟仿真、分析预测、信息获取、应急通信与保障能力。加强灾害监测预报预警、风险与损失评估、社会影响评估、应急处置与恢复重建等关键技术研发。健全产学研协同创新机制，推进军民融合，加强科技平台建设，加大科技成果转化和推广应用力度，引导防灾减灾救灾新技术、新产品、新装备、新服务发展。继续推进防灾减灾救灾标准体系建设，提高标准化水平。

（七）加强区域和城乡基层防灾减灾救灾能力建设

围绕实施区域发展总体战略和落实"一带一路"建设、京津冀协同发展、长江经济带发展等重大战略，推进国家重点城市群、重要经济带和灾害高风险区域的防灾减灾救灾能力建设。加强规划引导，完善区域防灾减灾救灾体制机制，协调开展区域灾害风险调查、监测预报预警、工程防灾减灾、应急处置联动、技术标准制定等防灾减灾救灾能力建设的试点示范工作。加强城市大型综合应急避难场所和多灾易灾县（市、区）应急避难场所建设。

开展社区灾害风险识别与评估，编制社区灾害风险图，加强社区灾害应急预案编制和演练，加强社区救灾应急物资储备和志愿者队伍建设。深入推进综合减灾示范社区创建工作，开展全国综合减灾示范县（市、区）创建试点工作。推动制定家庭防灾减灾救灾与应急物资储备指南和标准，鼓励和支持以家庭为单元储备灾害应急物品，提升家庭和邻里自救互救能力。

（八）发挥市场和社会力量在防灾减灾救灾中的作用

发挥保险等市场机制作用，完善应对灾害的金融支持体系，扩大居民住房灾害保险、农业保险覆盖面，加快建立巨灾保险制度。积极引入市场力量参与灾害治理，培育和提高市场主体参与灾害治理的能力，鼓励各地区探索巨灾风险的市场化分担模式，提升灾害治理水平。

加强对社会力量参与防灾减灾救灾工作的引导和支持，完善社会力量参与防灾减灾救灾政策，健全动员协调机制，建立服务平台。加快研究和推进政府购买防灾减灾救灾社会服务等相关措施。加强救灾捐赠管理，健全救灾捐赠需求发布与信息导向机制，完善救灾捐赠款物使用信息公开、效果评估和社会监督机制。

（九）加强防灾减灾宣传教育

完善政府部门、社会力量和新闻媒体等合作开展防灾减灾宣传教育的工作机制。将防灾减灾教育纳入国民教育体系，推进灾害风险管理相关学科建设和人才培养。推动全社会树立“减轻灾害风险就是发展、减少灾害损失也是增长”的理念，努力营造防灾减灾良好文化氛围。

开发针对不同社会群体的防灾减灾科普读物、教材、动漫、游戏、影视剧等宣传教育产品，充分发挥微博、微信和客户端等新媒体的作用。加强防灾减灾科普宣传教育基地、网络教育平台等建设。充分利用“防灾减灾日”、“国际减灾日”等节点，弘扬防灾减灾文化，面向社会公众广泛开展知识宣讲、技能培训、案例解说、应急演练等多种形式的宣传教育活动，提升全民防灾减灾意识和自救互救技能。

（十）推进防灾减灾救灾国际交流合作

结合国家总体外交战略的实施以及推进“一带一路”建设的部署，统筹考虑国内国际两种资源、两个能力，推动落实联合国2030年可持续发展议程和《2015—2030年仙台减轻灾害风险框架》，与有关国家、联合国机构、区域组织广泛开展防灾减灾救灾领域合作，重点加强灾害监测预报预警、信息共享、风险调查评估、紧急人道主义援助和恢复重建等方面的务实合作。研究推进国际减轻灾害风险中心建设。积极承担防灾减灾救灾国际责任，为发展中国家提供更多的人力资源培训、装备设备配置、政策技术咨询、发展规划编制等方面支持，彰显我负责任大国形象。

四、重大项目

（一）自然灾害综合评估业务平台建设工程

以重大自然灾害风险防范、应急救助与恢复重建等防灾减灾救灾决策需求为牵引，建立灾害风险与损失评估技术标准、工作规范和模型参数库。研发多源异构的灾害大数据融合、信息挖掘与智能化管理技术，建设全国自然灾害综合数据库管理系统。建立灾害综合风险调查与评估技术方法，研发系统平台，并在灾害频发多发地区开展灾害综合风险调查与评估试点工作，形成灾害风险快速识别、信息沟通与实时共享、综合评估、物资配置与调度等决策支持能力。建立并完善灾害损失与社会影响评估技术方法，突破灾害快速评估和综合损失评估关键技术，建立灾害综合损失评估系统。建立重大自然灾害灾后恢复重建选址和重建进度评估技术体系，建设灾后恢复重建决策支持系统。基本形成面向中央及省级救灾决策与社会公共服务的多灾种全过程评估的数据和技术支撑能力。

（二）民用空间基础设施减灾应用系统工程

依托民用空间基础设施建设，面向国家防灾减灾救灾需求，建立健全防灾减灾卫星星座减灾应用标准规范、技术方法、业务模式与产品体系。建设防灾减灾卫星星座减灾应用系统，实现军民卫星数据融合应用，具备自然灾害全要素、全过程的综合监测与研判能力，提高灾害风险评估与损失评估的自动化、定量化和精准化水平。在重点区域开展“天空地”一体化综合应用示范，带动区域和省级卫星减灾应用能力发展。建立卫星减灾应用信息综合服务平台，具备产品定制和全球化服务能力，为我国周边及“一带一路”沿线国家提供灾害遥感监测信息服务。

（三）全国自然灾害救助物资储备体系建设工程

采取新建、改扩建和代储等方式，因地制宜，统筹推进，形成分级管理、反应迅速、布局合理、规模适度、种类齐全、功能完备、保障有力的中央、省、市、县、乡五级救灾物资储备体系。科学确定各级救灾物资储备品种及规模，形成多级救灾物资储备网络。进一步优化中央救灾物资储备库布局，支持中西部多灾易灾地区的地市级和县级救灾物资储备库建设，多灾易灾城乡社区视情设置救灾物资储存室，形成全覆盖能力。

通过协议储备、依托企业代储、生产能力储备和家庭储备等多种方式，构建多元救灾物资储备体系。完善救灾物资紧急调拨的跨部门、跨区域、军地间应急协调联动机制。充分发挥科技支撑引领作用，推进救灾物资储备管理信息化建设，实现对救灾物资入库、存储、出库、运输和分发等全过程的智能化管理，提高救灾物资管理的信息化、网络化和智能化水平，救灾物资调运更加高效快捷有序。

（四）应急避难场所建设工程

编制应急避难场所建设指导意见，明确基本功能和增强功能，推动各地区开展示范性应急避难场所建设，并完善应急避难场所建设标准规范。结合区域和城乡规划，在京津冀、长三角、珠三角等国家重点城市群，根据人口分布、城市布局、区域特点和灾害特征，建设若干能够覆盖一定范围，具备应急避险、应急指挥和救援功能的大型综合应急避难场所。结合人口和灾害隐患点分布，在每个省份分别选择若干典型自然灾害多发县（市、区），新建或改扩建城乡应急避难场所。建设应急避难场所信息综合管理与服务平台，实现对应急避难场所功能区、应急物资、人员安置和运行状态等管理与评估，面向社会公众提供避险救援、宣传教育和引导服务。

（五）防灾减灾科普工程

开发针对不同社会群体的防灾减灾科普读物和学习教材，普及防灾减灾知识，提升社会公众防灾减灾意识和自救互救技能。制定防灾减灾科普宣传教育基地建设规范，推动地方结合实际新建或改扩建融宣传教育、展览体验、演练实训等功能于一体的防灾减灾科普宣传教育基地。建设防灾减灾数字图书馆，打造开放式网络共享交流平台，为公众提供知识查询、浏览及推送等服务。开发动漫、游戏、影视剧等防灾减灾文化产品，开展有特色的防灾减灾科普活动。

五、保障措施

（一）加强组织领导，形成工作合力

国家减灾委员会负责本规划实施的统筹协调。各地区、各有关部门要高度重视，加强组织领导,完善工作机制,切实落实责任,确保规划任务有序推进、目标如期实现。各地区要根据本规划要求、结合本地区实际,制定相关综合防灾减灾规划,相关部门规划要加强与本规划有关内容的衔接与协调。

(二) 加强资金保障,畅通投入渠道

完善防灾减灾救灾资金投入机制,拓宽资金投入渠道,加大防灾减灾基础设施建设、重大工程建设、科学研究、人才培养、技术研发、科普宣传和教育培训等方面的经费投入。完善防灾减灾救灾经费保障机制,加强资金使用的管理与监督。按照党中央、国务院关于打赢脱贫攻坚战的决策部署,加大对革命老区、民族地区、边疆地区和贫困地区防灾减灾救灾工作的支持力度。

(三) 加强人才培养,提升队伍素质

加强防灾减灾救灾科学研究、工程技术、抢险救灾和行政管理等方面的人才培养,强化基层灾害信息员、社会工作者和志愿者等队伍建设,扩充人才队伍数量,优化人才队伍结构,提高人才队伍素质,形成一支结构合理、素质优良、专业过硬的防灾减灾救灾人才队伍。

(四) 加强跟踪评估,强化监督管理

国家减灾委员会建立规划实施跟踪评估制度,加强对本规划实施情况的跟踪分析和监督检查。国家减灾委员会各成员单位和各省级人民政府要加强对本规划相关内容落实情况的评估。国家减灾委员会办公室要制定本规划实施分工方案,明确相关部门职责,并做好规划实施情况总体评估工作,将评估结果报国务院。

“十三五”深化医药卫生体制改革规划

国发〔2016〕78号

为全面深化医药卫生体制改革，推进健康中国建设，根据《中华人民共和国国民经济和社会发展第十三个五年规划纲要》、《中共中央　国务院关于深化医药卫生体制改革的意见》和《“健康中国2030”规划纲要》，编制本规划。

一、规划背景

“十二五”以来特别是党的十八大以来，在党中央、国务院的坚强领导下，各地区、各有关部门扎实推进医改各项工作，取得了重大进展和明显成效。全民医保体系加快健全，基本医保参保率保持在95%以上，城乡居民医保制度逐步整合，筹资和保障水平进一步提高，城乡居民大病保险、重特大疾病医疗救助、疾病应急救助全面推开，商业健康保险快速发展。县级公立医院综合改革全面实施，城市公立医院综合改革试点持续拓展深化，医疗服务和药品价格改革有序推进，公立医院管理体制和运行机制不断完善。分级诊疗制度建设加快推进，基层医疗卫生机构综合改革持续深化，医疗卫生机构分工协作逐步加强，基本公共卫生服务均等化水平稳步提高。国家基本药物制度得到巩固完善，药品流通领域改革力度不断加大，药品供应保障体系逐步健全。医教协同深化临床医学人才培养改革，住院医师规范化培训制度初步建立，以全科医生为重点的人才队伍建设不断加强，医务人员积极性得到进一步调动。医药卫生监管持续加强，信息化建设积极推进。中医药发展政策机制逐步完善，作用得到更好发挥，惠民效果进一步放大。健康服务业政策环境显著改善，社会办医加快发展。以省为单位实施综合医改试点，积累了有益经验。经过努力，2015年居民人均预期寿命比2010年提高了1.51岁，个人卫生支出占卫生总费用比重由35.29%下降到29.27%，80%以上的居民15分钟内能够到达最近的医疗点，人民健康水平总体上优于中高收入国家平均水平，医药费用不合理过快增长势头得到初步遏制，基本医疗卫生服务公平性、可及性显著提升。实践证明，深化医改方向正确、路径清晰、措施得力、成效显著，用较少的投入取得了较高的健康绩效，群众看病难、看病贵问题得到明显缓解，获得感不断增强，深化医改在国民经济和社会发展中的重要作用日益显现。

“十三五”时期是我国全面建成小康社会的决胜阶段，也是建立健全基本医疗卫生制度、推进健康中国建设的关键时期。当前，人民生活水平不断提高，健康需求日益增长，但我国卫生资源总量不足、结构不合理、分布不均衡、供给主体相对单一、基层服务能力薄弱等问题仍比较突出，维护和促进人民健康的制度体系仍需不断完善。特别是随着医改进入攻坚期和深水区，深层次体制机制矛盾的制约作用日益凸显，利益格局调整更加复杂，改革的整体性、系统性和协同性明显增强，任务更为艰巨。同时，我国经济发展进入新常态，工业化、城镇化、人口老龄化进程加快，以及疾病谱变化、生态环境和生活方式变化、医药技术创新等，都对深化医改提出了更高要求。面对新的形势和挑战，需要在巩固前期改革成果、认真总结经验的基础上，进一步统一思想、坚定信念、增强定力，进一步加强组织领导、制度创新和重点突破，推动医改由打好基础转向提升质量、由形成框架转向制度建设、由单项突破转向系统集成和综合推进，用中国式办法破解医改这个世界性难题，为保障人民健康、促进经济社会发展增添新动力。

二、指导思想、基本原则和主要目标

（一）指导思想。高举中国特色社会主义伟大旗帜，全面贯彻党的十八大和十八届三中、四中、五中、六中全会精神，以马克思列宁主义、毛泽东思想、邓小平理论、“三个代表”重要思想、科学发展观为指导，深入学习贯彻习近平总书记系列重要讲话精神，紧紧围绕统筹推进“五位一体”总体布局和协调推进“四个全面”战略布局，认真落实党中央、国务院决策部署，牢固树立和贯彻落实创新、协调、绿色、开放、共享的发展理念，坚持以人民为中心的发展思想，坚持正确的卫生与健康工作方针，树立大健康理念，全力推进卫生与健康领域理论创新、制度创新、管理创新、技术创新，加快建立符合国情的基本医疗卫生制度，实现发展方式由以治病为中心向以健康为中心转变，推进医药卫生治理体系和治理能力现代化，为推进健康中国建设、全面建成小康社会、实现“两个一百年”奋斗目标和中华民族伟大复兴中国梦提供坚实基础。

（二）基本原则。

坚持以人民健康为中心。把人民健康放在优先发展的战略地位，以公平可及、群众受益为目标，坚守底线、补齐短板，作出更有效的制度安排，维护基本医疗卫生服务的公益性，使全体人民在共建共享中有更多获得感。

坚持保基本、强基层、建机制。将基本医疗卫生制度作为公共产品向全民提供，推动医疗卫生工作重心下移、医疗卫生资源下沉，提升基层医疗卫生的职业吸引力和服务能力，以问题为导向推动制度创新和攻坚突破。

坚持政府主导与发挥市场机制作用相结合。在基本医疗卫生服务领域，坚持政府主导，落实政府责任，适当引入竞争机制。在非基本医疗卫生服务领域，发挥市场活力，加强规范引导，满足多样化、差异化、个性化健康需求。

坚持推进供给侧结构性改革。实行政事分开、管办分开、医药分开、营利性和非营利性分开，优化供给侧治理能力和要素配置，提升服务效率和质量。对需求侧进行科学引导，合理划分政府、社会、个人责任,促进社会共治。

坚持医疗、医保、医药联动改革。按照腾空间、调结构、保衔接的要求,统筹推进管理、价格、支付、薪酬等制度建设,提高政策衔接和系统集成能力。落实部门责任,解放思想、主动作为,以自我革命的精神推进改革,形成强大合力。

坚持突出重点、试点示范、循序推进。理清改革内在逻辑,突出重要领域和关键环节,及时总结推广地方经验,发挥重点改革的突破性作用和试点的带动效应。把握好改革的力度和节奏,注重统筹兼顾,积极稳妥推进改革。

(三)主要目标。到 2017 年,基本形成较为系统的基本医疗卫生制度政策框架。分级诊疗政策体系逐步完善,现代医院管理制度和综合监管制度建设加快推进,全民医疗保障制度更加高效,药品生产流通使用政策进一步健全。到 2020 年,普遍建立比较完善的公共卫生服务体系和医疗服务体系、比较健全的医疗保障体系、比较规范的药品供应保障体系和综合监管体系、比较科学的医疗卫生机构管理体制和运行机制。经过持续努力,基本建立覆盖城乡居民的基本医疗卫生制度,实现人人享有基本医疗卫生服务,基本适应人民群众多层次的医疗卫生需求,我国居民人均预期寿命比 2015 年提高 1 岁,孕产妇死亡率下降到 18/10 万,婴儿死亡率下降到 7.5‰,5 岁以下儿童死亡率下降到 9.5‰,主要健康指标居于中高收入国家前列,个人卫生支出占卫生总费用的比重下降到 28%左右。

三、重点任务

"十二五"期间,要在分级诊疗、现代医院管理、全民医保、药品供应保障、综合监管等 5 项制度建设上取得新突破,同时统筹推进相关领域改革。

(一)建立科学合理的分级诊疗制度。坚持居民自愿、基层首诊、政策引导、创新机制,以家庭医生签约服务为重要手段,鼓励各地结合实际推行多种形式的分级诊疗模式,推动形成基层首诊、双向转诊、急慢分治、上下联动的就医新秩序。到 2017 年,分级诊疗政策体系逐步完善,85% 以上的地市开展试点。到 2020 年,分级诊疗模式逐步形成,基本建立符合国情的分级诊疗制度。

1. 健全完善医疗卫生服务体系。优化医疗卫生资源布局,明确各级各类医疗卫生机构功能定位,加强协作,推动功能整合和资源共享。合理控制公立综合性医院数量和规模。大力推进面向基层、偏远和欠发达地区的远程医疗服务体系建设,鼓励二、三级医院向基层医疗卫生机构提供远程服务,提升远程医疗服务能力,利用信息化手段促进医疗资源纵向流动,提高优质医疗资源可及性和医疗服务整体效率。推进大医院与基层医疗卫生机构、全科医生与专科医生的资源共享和业务协同,健全基于互联网、大数据技术的分级诊疗信息系统。鼓励社会力量举办医学检验机构、病理诊断机构、医学影像检查机构、消毒供应机构和血液净化机构,鼓励公立医院面向区域提供相关服务,实现区域资源共享。加强医疗质量控制,推进同级医疗机构间以及医疗机构与独立检查检验机构间检查检验结果互认。

实施中医药传承与创新工程,推动中医药服务资源与临床科研有机结合,加强中医适宜技术的应用,充分发挥中医药在"治未病"、重大疾病治疗和疾病康复中的重要作用。在基层中医药服务体系不健全、能力较弱的地区,将中医医院中医门诊诊疗服务纳入首诊范围。按照军民融合发展战略，将军队医疗机构全面纳入分级诊疗体系。建立健全突发急性传染病医疗救治网络，推进构建陆海空立体化的紧急医学救援网络。

2. 提升基层医疗卫生服务能力。以常见病、多发病的诊断和鉴别诊断为重点，强化乡镇卫生院、社区卫生服务中心基本医疗服务能力建设。提升乡镇卫生院开展急诊抢救、二级以下常规手术、正常分娩、高危孕产妇初筛、儿科、精神疾病、老年病、中医、康复等医疗服务能力。加强县级公立医院综合能力建设和学科建设，重点加强县域内常见病、多发病相关专业科室以及紧缺专业临床专科建设，进一步降低县域外就诊率。规范社区卫生服务管理，推动实施社区卫生服务提升工程。促进先进适宜技术的普及普惠。建立与开展分级诊疗工作相适应、能够满足基层医疗卫生机构实际需要的药品供应保障体系，实现药品使用的上下联动和相互衔接。通过鼓励大医院医师下基层、退休医生开诊所以及加强对口支援、实施远程医疗、推动建立医疗联合体等，把大医院的技术传到基层。实施基层中医药服务能力提升工程“十三五”行动计划。到 2020 年，力争所有社区卫生服务机构和乡镇卫生院以及 70%的村卫生室具备中医药服务能力，同时具备相应的医疗康复能力。

完善基层管理和运行机制。强化基层医疗卫生机构法人主体地位，落实人事、经营、分配等方面自主权。进一步完善基层医疗卫生机构绩效工资制度，收支结余部分可按规定提取职工福利基金、奖励基金。巩固完善多渠道补偿机制，落实基层医疗卫生机构核定任务、核定收支、绩效考核补助的财务管理办法，加强绩效考核，既调动基层医疗卫生机构和医务人员积极性，又防止出现新的逐利行为。建立基层医疗卫生机构及负责人绩效评价机制，对机构负责人实行任期目标责任制，对其他人员突出岗位工作量、服务质量、行为规范、技术难度、风险程度和服务对象满意度等内容。鼓励有条件的地方实施乡村一体化管理。

3. 引导公立医院参与分级诊疗。进一步完善和落实医保支付和医疗服务价格政策，调动三级公立医院参与分级诊疗的积极性和主动性，引导三级公立医院收治疑难复杂和危急重症患者，逐步下转常见病、多发病和疾病稳定期、恢复期患者。鼓励打破行政区域限制，推动医疗联合体建设，与医保、远程医疗等相结合，实现医疗资源有机结合、上下贯通。以资源共享和人才下沉为导向，将医疗联合体构建成为利益共同体、责任共同体、发展共同体，形成责、权、利明晰的区域协同服务模式。探索通过医师多点执业、加强基层医疗卫生机构药物配备、对纵向合作的医疗联合体等分工协作模式实行医保总额付费等方式，引导医疗联合体内部形成顺畅的转诊机制。

4. 推进形成诊疗—康复—长期护理连续服务模式。明确医疗机构急慢分治服务流程，建立健全分工协作机制，畅通医院、基层医疗卫生机构、康复医院和护理院等慢性病医疗机构之间的转诊渠道，形成“小病在基层、大病到医院、康复回基层”的合理就医格局。城市大医院主要提供急危重症和疑难复杂疾病的诊疗服务，将诊断明确、病情稳定的慢性病患者、康复期患者转至下级医疗机构以及康复医院、护理院等慢性病医疗机构。基层医疗卫生机构和慢性病医疗机构为诊断明确、病情稳定的慢性病患者、康复期患者、老年病患者、晚期肿瘤患者、残疾人等提供治疗、康复、护理服务。显著增加慢性病医疗机构提供康复、长期护理服务的医疗资源。完善相关政策措施，逐步推行日间手术。探索建立长期护理保险制度。加强残疾人专业康复机构建设，建立医疗机构与残疾人专业康复机构密切配合、相互衔接的工作机制。

5. 科学合理引导群众就医需求。建立健全家庭医生签约服务制度，通过提高基层服务能力、医保支付、价格调控、便民惠民等措施，鼓励城乡居民与基层医生或家庭医生团队签约。到 2017 年，家庭医生签约服务覆盖率达到 30%以上，重点人群签约服务覆盖率达到 60%以上。到 2020 年，力争将签约服务扩大到全人群，基本实现家庭医生签约服务制度全覆盖。

遵循医学科学规律，结合功能定位，明确县、乡两级医疗机构的医疗服务范围，对于超出功能定位和服务能力的疾病，为患者提供相应转诊服务。完善双向转诊程序，建立健全转诊指导目录，重点畅通向下转诊渠道，逐步实现不同级别、不同类别医疗机构之间有序转诊。完善不同级别医疗机构的医保差异化支付政策，适当提高基层医疗卫生机构医保支付比例，合理引导就医流向。对符合规定的转诊住院患者连续计算起付线。合理制定和调整医疗服务价格，对医疗机构落实功能定位、患者合理选择就医机构形成有效激励。

（二）建立科学有效的现代医院管理制度。深化县级公立医院综合改革，加快推进城市公立医院综合改革。到2017年，各级各类公立医院全面推开综合改革，初步建立决策、执行、监督相互协调、相互制衡、相互促进的管理体制和治理机制。到2020年，基本建立具有中国特色的权责清晰、管理科学、治理完善、运行高效、监督有力的现代医院管理制度，建立维护公益性、调动积极性、保障可持续的运行新机制和科学合理的补偿机制。

1. 完善公立医院管理体制。妥善处理医院和政府关系，实行政事分开和管办分开，推动医院管理模式和运行方式转变。加强政府在方向、政策、引导、规划、评价等方面的宏观管理，加大对医疗行为、医疗费用等方面监管力度，减少对医院人事编制、科室设定、岗位聘任、收入分配等的管理。逐步取消公立医院行政级别。合理界定政府作为出资人的举办监督职责和公立医院的自主运营管理权限。健全政府办医体制，积极探索公立医院管办分开的多种有效实现形式。采取有效措施，统筹协调政府办医职能，形成合力。加强对政府、军队和企事业单位等各类主体举办公立医院的全行业监管，明确各方职责、权利和义务。落实公立医院独立法人地位。健全公立医院法人治理机制，落实内部人事管理、机构设置、收入分配、副职推荐、中层干部任免、年度预算执行等自主权。实行院长负责制，完善院长选拔任用制度，实行院长任期制和任期目标责任制。公立医院依法制订章程。建立健全公立医院全面预算管理制度、成本核算制度、财务报告制度、总会计师制度、第三方审计制度和信息公开制度。

2. 建立规范高效的运行机制。取消药品加成（不含中药饮片），通过调整医疗服务价格、加大政府投入、改革支付方式、降低医院运行成本等，建立科学合理的补偿机制。逐步建立以成本和收入结构变化为基础的医疗服务价格动态调整机制，按照“总量控制、结构调整、有升有降、逐步到位”的原则，降低药品、医用耗材和大型医用设备检查治疗和检验等价格，重点提高诊疗、手术、康复、护理、中医等体现医务人员技术劳务价值的项目价格，加强分类指导，理顺不同级别医疗机构间和医疗服务项目的比价关系。通过规范诊疗行为、医保控费等降低药品、耗材等费用，严格控制不合理检查检验费用，为调整医疗服务价格腾出空间，并与医疗控费、薪酬制度、医保支付、分级诊疗等措施相衔接。放开特需医疗服务和其他市场竞争比较充分、个性化需求比较强的医疗服务价格，由医疗机构自主制定。继续推进公立医院后勤服务社会化。在公立医院综合改革中统筹考虑中医药特点，建立有利于中医药特色优势发挥的运行新机制。推进军队医院参与地方公立医院综合改革。规范公立医院改制，推进国有企业所属医院分离移交和改制试点，原则上政府举办的传染病院、精神病院、职业病防治院、妇幼保健院和妇产医院、儿童医院、中医医院（民族医院）等不进行改制。力争到2017年试点城市公立医院药占比（不含中药饮片）总体降到30%左右，百元医疗收入（不含药品收入）中消耗的卫生材料降到20元以下。

3. 建立符合医疗卫生行业特点的编制人事和薪酬制度。创新公立医院编制管理方式，完善编制管理办法,积极探索开展公立医院编制管理改革试点。在地方现有编制总量内,确定公立医院编制总量,逐步实行备案制,在部分大中城市三级甲等公立医院开展编制管理改革、实行人员总量管理试点。落实公立医院用人自主权,对急需引进的高层次人才、短缺专业人才以及具有高级专业技术职务或博士学位人员,可由医院采取考察的方式予以公开招聘。完善医疗机构与医务人员用人关系。

地方可以按国家有关规定,结合实际合理确定公立医院薪酬水平,逐步提高人员经费支出占业务支出的比例,并建立动态调整机制。对工作时间之外劳动较多、高层次医疗人才集聚、公益目标任务繁重、开展家庭医生签约服务的公立医疗机构在核定绩效工资总量时予以倾斜。在绩效工资分配上,重点向临床一线、业务骨干、关键岗位以及支援基层和有突出贡献的人员倾斜,做到多劳多得、优绩优酬。按照有关规定,公立医院可以探索实行目标年薪制和协议薪酬。公立医院主管部门对院长年度工作情况进行考核评价,确定院长薪酬水平,院长薪酬与医院工作人员绩效工资水平保持合理比例关系。

4. 建立以质量为核心、公益性为导向的医院考评机制。健全医院绩效评价体系,机构考核应涵盖社会效益、服务提供、质量安全、综合管理、可持续发展等内容,重视卫生应急、对口支援以及功能定位落实和分级诊疗实施情况等体现公益性的工作。将落实医改任务情况列入医院考核指标,强化医院和院长的主体责任。医务人员考核突出岗位工作量、服务质量、行为规范、技术难度、风险程度和服务对象满意度等指标,负责人考核还应包括职工满意度等内容。考核结果与政府投入、医保支付、人员职业发展等挂钩。

5. 控制公立医院医疗费用不合理增长。逐步健全公立医院医疗费用控制监测和考核机制。设定全国医疗费用增长控制目标,各省(区、市)根据不同地区医疗费用水平和增长幅度以及不同类别医院的功能定位等,分类确定控费要求并进行动态调整。以设区的市为单位向社会公开辖区内各医院的价格、医疗服务效率、次均医疗费用等信息,对医疗机构费用指标进行排序,定期公示排序结果。落实处方点评制度。卫生计生等有关部门对公立医院药品、高值医用耗材、大型医用设备检查等情况实施跟踪监测。到2017年,全国公立医院医疗费用增长幅度力争降到10%以下,到2020年,增长幅度稳定在合理水平。

(三)建立高效运行的全民医疗保障制度。按照保基本、兜底线、可持续的原则,围绕资金来源多元化、保障制度规范化、管理服务社会化三个关键环节,加大改革力度,建立高效运行的全民医疗保障体系。坚持精算平衡,完善筹资机制,以医保支付方式改革为抓手推动全民基本医保制度提质增效。建立起较为完善的基本医保、大病保险、医疗救助、疾病应急救助、商业健康保险和慈善救助衔接互动、相互联通机制。

1. 健全基本医保稳定可持续筹资和报销比例调整机制。完善医保缴费参保政策,厘清政府、单位、个人缴费责任,逐步建立稳定可持续的多渠道筹资机制,同经济社会发展水平、各方承受能力相适应。在继续加大财政投入、提高政府补助标准的同时,强化个人参保意识,适当提高个人缴费比重。逐步建立城乡居民医保个人缴费标准与居民收入相挂钩的动态筹资机制,使筹资标准、保障水平与经济社会发展水平相适应。到2020年,基本医保参保率稳定在95%以上。

健全与筹资水平相适应的基本医保待遇动态调整机制。明确医保待遇确定和调整的政策权限、调整依据和决策程序,避免待遇调整的随意性。明确基本医保的保障边界。合理确定基本医保待遇标准。结合医保基金预算管理全面推进付费总额控制。改进个人账户,开展门诊费用统筹。

按照分级管理、责任共担、统筹调剂、预算考核的基本思路,加快提高基金统筹层次。全面巩固市级统筹,推动有条件的省份实行省级统筹。加快建立异地就医直接结算机制,推进基本医保全国联网和异地就医直接结算,加强参保地与就医地协作,方便群众结算,减少群众"跑腿"、"垫资"。建立健全异地转诊的政策措施,推动异地就医直接结算与促进医疗资源下沉、推动医疗联合体建设、建立分级诊疗制度衔接协调。到 2017 年,基本实现符合转诊规定的异地就医住院费用直接结算。到 2020 年,建立医保基金调剂平衡机制,逐步实现医保省级统筹,基本医保政策范围内报销比例稳定在 75%左右。

2. 深化医保支付方式改革。健全医保支付机制和利益调控机制,实行精细化管理,激发医疗机构规范行为、控制成本、合理收治和转诊患者的内生动力。全面推行按病种付费为主,按人头、按床日、总额预付等多种付费方式相结合的复合型付费方式,鼓励实行按疾病诊断相关分组付费(DRGs)方式。对住院医疗服务主要按病种付费、按疾病诊断相关分组付费或按床日付费;对基层医疗服务可按人头付费,积极探索将按人头付费与高血压、糖尿病、血液透析等慢病管理相结合;对一些复杂病例和门诊费用可按项目付费、按人头付费。有条件的地区可将点数法与预算管理、按病种付费等相结合,促进医疗机构之间有序竞争和资源合理配置。健全各类医疗保险经办机构与医疗卫生机构之间公开、平等的谈判协商机制和风险分担机制。建立结余留用、合理超支分担的激励约束机制。建立健全支付方式改革相关的管理规范、技术支撑和政策配套,制定符合基本医疗需求的临床路径等行业技术标准,规范病历及病案首页的书写,全面夯实信息化管理基础,实现全国范围内医疗机构医疗服务项目名称和内涵、疾病分类编码、医疗服务操作编码的统一。继续落实对中医药服务的支持政策,逐步扩大纳入医保支付的医疗机构中药制剂和针灸、治疗性推拿等中医非药物诊疗技术范围,探索符合中医药服务特点的支付方式,鼓励提供和使用适宜的中医药服务。到 2017 年,国家选择部分地区开展按疾病诊断相关分组付费试点,鼓励各地积极完善按病种、按人头、按床日等多种付费方式。到 2020 年,医保支付方式改革逐步覆盖所有医疗机构和医疗服务,全国范围内普遍实施适应不同疾病、不同服务特点的多元复合式医保支付方式,按项目付费占比明显下降。

3. 推动基本医疗保险制度整合。在城乡居民基本医保实现覆盖范围、筹资政策、保障待遇、医保目录、定点管理、基金管理"六统一"的基础上,加快整合基本医保管理机构。理顺管理体制,统一基本医保行政管理职能。统一基本医保经办管理,可开展设立医保基金管理中心的试点,承担基金支付和管理,药品采购和费用结算,医保支付标准谈判,定点机构的协议管理和结算等职能。加大改革创新力度,进一步发挥医保对医疗费用不合理增长的控制作用。加快推进医保管办分开,提升医保经办机构法人化和专业化水平。创新经办服务模式,推动形成多元化竞争格局。

4. 健全重特大疾病保障机制。在全面实施城乡居民大病保险基础上,采取降低起付线、提高报销比例、合理确定合规医疗费用范围等措施,提高大病保险对困难群众支付的精准性。完善职工补充医疗保险政策。全面开展重特大疾病医疗救助工作,在做好低保对象、特困人员等医疗救助基础上,将低收入家庭的老年人、未成年人、重度残疾人、重病患者等低收入救助对象,以及因病致贫家庭重病患者纳入救助范围,发挥托底保障作用。积极引导社会慈善力量等多方参与。逐步形成医疗卫生机构与医保经办机构间数据共享的机制,推动基本医保、大病保险、医疗救助、疾病应急救助、商业健康保险有效衔接,全面提供"一站式"服务。

5. 推动商业健康保险发展。积极发挥商业健康保险机构在精算技术、专业服务和风险管理等方面的优势，鼓励和支持其参与医保经办服务，形成多元经办、多方竞争的新格局。在确保基金安全和有效监管的前提下，以政府购买服务方式委托具有资质的商业保险机构等社会力量参与基本医保的经办服务，承办城乡居民大病保险。按照政府采购的有关规定，选择商业保险机构等社会力量参与医保经办。加快发展医疗责任保险、医疗意外保险，探索发展多种形式的医疗执业保险。丰富健康保险产品，大力发展消费型健康保险，促进发展各类健康保险，强化健康保险的保障属性。鼓励保险公司开发中医药养生保健等各类商业健康保险产品，提供与其相结合的中医药特色健康管理服务。制定和完善财政税收等相关优惠政策，支持商业健康保险加快发展。鼓励企业和居民通过参加商业健康保险，解决基本医保之外的健康需求。

（四）建立规范有序的药品供应保障制度。实施药品生产、流通、使用全流程改革，调整利益驱动机制，破除以药补医，推动各级各类医疗机构全面配备、优先使用基本药物，建设符合国情的国家药物政策体系，理顺药品价格，促进医药产业结构调整和转型升级，保障药品安全有效、价格合理、供应充分。

1. 深化药品供应领域改革。通过市场倒逼和产业政策引导，推动企业提高创新和研发能力，促进做优做强，提高产业集中度，推动中药生产现代化和标准化，实现药品医疗器械质量达到或接近国际先进水平，打造中国标准和中国品牌。建立更加科学、高效的药品审评审批体系。加快推进仿制药质量和疗效一致性评价，鼓励创制新药，鼓励以临床价值为导向的药物创新。加快防治艾滋病、恶性肿瘤、重大传染病、罕见病等临床急需新药及儿童用药等的审评审批。淘汰疗效不确切、风险大于效益的品种。加强医疗器械创新，严格医疗器械审批。建立药品上市许可持有人制度。加快重大传染病用药、儿童用药的研发和生产。在国家基本药物目录（2012 年版）中，2007 年 10 月 1 日前批准上市的化学药品仿制药口服固体制剂应在 2018 年底前完成一致性评价。

解决好低价药、“救命药”、“孤儿药”以及儿童用药的供应问题。扶持低价药品生产，保障市场供应，保持药价基本稳定。建立健全短缺药品监测预警和分级应对机制，加快推进紧缺药品生产，支持建设小品种药物集中生产基地，继续开展用量小、临床必需、市场供应短缺药品的定点生产试点。完善儿童用药、卫生应急药品保障机制。对原料药市场供应不足的药品加强市场监测，鼓励提高生产能力。

2. 深化药品流通体制改革。加大药品、耗材流通行业结构调整力度，引导供应能力均衡配置，加快构建药品流通全国统一开放、竞争有序的市场格局，破除地方保护，形成现代流通新体系。推动药品流通企业兼并重组，整合药品经营企业仓储资源和运输资源，加快发展药品现代物流，鼓励区域药品配送城乡一体化。推动流通企业向智慧型医药服务商转型，建设和完善供应链集成系统，支持流通企业向供应链上下游延伸开展服务。应用流通大数据，拓展增值服务深度和广度，引导产业发展。鼓励绿色医药物流发展，发展第三方物流和冷链物流。支持药品、耗材零售企业开展多元化、差异化经营。推广应用现代物流管理与技术，规范医药电商发展，健全中药材现代流通网络与追溯体系，促进行业结构调整，提升行业透明度和效率。力争到 2020 年，基本建立药品出厂价格信息可追溯机制，形成 1 家年销售额超过 5000 亿元的超大型药品流通企业，药品批发百强企业年销售额占批发市场总额的 90%以上。

3. 完善药品和高值医用耗材集中采购制度。完善以省（区、市）为单位的网上药品集中采购机制，落实公立医院药品分类采购，坚持集中带量采购原则，公立医院改革试点城市可采取以市为单位在省级药品集中采购平台上自行采购，鼓励跨区域联合采购和专科医院联合采购。做好基层和公立医院药品采购衔接。推进公共资源交易平台整合。每种药品采购的剂型原则上不超过 3 种，每种剂型对应的规格原则上不超过 2 种。实施药品采购"两票制"改革（生产企业到流通企业开一次发票，流通企业到医疗机构开一次发票），鼓励医院与药品生产企业直接结算药品货款、药品生产企业与配送企业结算配送费用，严格按合同回款。进一步提高医院在药品采购中的参与度，落实医疗机构药品、耗材采购主体地位，促进医疗机构主动控制药品、耗材价格。完善药品价格谈判机制，建立统分结合、协调联动的国家、省两级药品价格谈判制度。对部分专利药品、独家生产药品进行公开透明、多方参与的价格谈判，逐步增加国家谈判药品品种数量，并做好医保等政策衔接。将加快药品注册审批流程、专利申请、药物经济学评价等作为药品价格谈判的重要内容。对实行备案采购的重点药品，明确采购数量、开具处方的医生，由医疗机构负责人审批后向药品采购部门备案。加强国家药品供应保障综合管理信息平台和省级药品集中采购平台规范化建设，提高药品集中采购平台服务和监管能力，健全采购信息采集共享机制。

开展高值医用耗材、检验检测试剂、大型医疗设备集中采购。规范和推进高值医用耗材集中采购，统一高值医用耗材编码标准，区别不同情况推行高值医用耗材招标采购、谈判采购、直接挂网采购等方式，确保高值医用耗材采购各环节在阳光下运行。

4. 巩固完善基本药物制度。巩固政府办基层医疗卫生机构和村卫生室实施基本药物制度成果，推动基本药物在目录、标识、价格、配送、配备使用等方面实行统一政策。加强儿童、老年人、慢性病人、结核病人、严重精神障碍患者和重度残疾人等特殊人群基本用药保障。探索在基本药物遴选调整中纳入循证医学和药物经济学评价方法。在国家基本药物目录中坚持中西药并重。完善基本药物优先和合理使用制度，坚持基本药物主导地位。完善基本药物供应体系。

5. 完善国家药物政策体系。健全管理体制，建立国家药物政策协调机制。推动医药分开，采取综合措施切断医院和医务人员与药品、耗材间的利益链。医疗机构应按照药品通用名开具处方，并主动向患者提供，不得限制处方外流。探索医院门诊患者多渠道购药模式，患者可凭处方到零售药店购药。推动企业充分竞争和兼并重组，提高市场集中度，实现规模化、集约化和现代化经营。调整市场格局，使零售药店逐步成为向患者售药和提供药学服务的重要渠道。

进一步完善药品价格形成机制，强化价格、医保、采购等政策的衔接，坚持分类管理，实行不同的价格管理方式，逐步建立符合我国药品市场特点的药价管理体系。建立健全医保药品支付标准，结合仿制药质量和疗效一致性评价工作，逐步按通用名制定药品支付标准。完善国家医药储备体系，在应急保障的基础上，完善常态短缺药品储备。完善中药政策，加强中药材质量管理，鼓励中药饮片、民族药的临床应用。探索建立医院总药师制度，完善医疗机构和零售药店药师管理制度，结合医疗服务价格改革，体现药事服务价值。建立药物临床综合评价体系和儿童用药临床综合评价机制，提高合理用药水平。

（五）建立严格规范的综合监管制度。健全医药卫生法律体系，加快转变政府职能，完善与医药卫生事业发展相适应的监管模式，提高综合监管效率和水平，推进监管法制化和规范化，建立健全职责明确、分工协作、运行规范、科学有效的综合监管长效机制。

1. 深化医药卫生领域"放管服"改革。按照简政放权、放管结合、优化服务的要求，推进医药卫生领域行政审批制度改革。对确需保留的行政审批事项，建立清单制度并向社会公示。转变监管理念，创新监管机制和监管方式，更加注重加强事中事后监管，提升监管效能。优化政府服务，提高服务水平。促进医疗卫生机构转变服务模式，改善服务质量。

2. 构建多元化的监管体系。完善政府监管主导、第三方广泛参与、医疗卫生机构自我管理和社会监督为补充的多元化综合监管体系。加强部门联动,加大监管力度,切实防止和减少损害群众健康权益的违法违规行为。引导第三方依法依规参与监管工作。建立医疗卫生机构自我管理制度,加强内涵管理。利用信息化手段对所有医疗机构门诊、住院诊疗行为和费用开展全程监控和智能审核。加强医保智能审核技术应用,推动全国所有统筹地区应用智能监控系统,逐步实现对门诊、住院、购药等各类医疗服务行为的全面、及时、高效监控。健全全国药品信息公共服务平台,公开价格、质量等信息。建立健全社会共治机制,加大信息公开和宣传教育力度,拓宽公众参与监管的渠道,主动接受社会监督。

3. 强化全行业综合监管。健全医药卫生法律法规和标准,推动监管重心转向全行业监管。加快出台基本医疗卫生法,建立健全中医药法规,完善相关标准规范。实行属地化监督,加强基层监督机构规范化建设和能力建设,建立健全综合监管保障机制。开展综合监管试点。推行随机抽取检查对象、随机选派执法检查人员的"双随机"抽查,依法查处违法违规行为,抽查情况及查处结果及时向社会公开。建立违法违纪"黑名单"制度,对进入"黑名单"的机构和人员依法依规严肃处理,情节严重的坚决曝光。健全医疗机构绩效考评制度,对医疗机构的基本标准、服务质量、技术水平、管理水平等进行综合评价,确保各医疗机构的功能任务符合医疗机构设置规划要求。强化临床路径管理,完善技术规范,提高诊疗行为透明度。加强对非营利性社会办医疗机构产权归属、财务运营、资金结余使用等方面的监督管理,加强对营利性医疗机构盈利率的管控,加强医疗养生类节目和医疗广告监管,促进社会办医健康发展。到 2020 年,对各级各类医疗卫生机构监督检查实现100%覆盖。

完善基本医保基金监管制度,加大对骗保欺诈等医保违法行为的惩戒力度。完善医疗保险对医疗服务的监控机制,将监管对象由医疗机构延伸至医务人员。强化药品质量监管,进一步规范药品市场流通秩序。加强药品注册申请、审批和生产、销售的全程监管,建立完善药品信息追溯体系,形成全品种、全过程完整追溯与监管链条。加强药品有效期和包装材料管理,规范过期药品等废弃药品及包装材料的处置。严控药品购销渠道,严格票据管理,减少流通环节,净化流通环境。加强部门之间的配合,依法依规严厉打击药品注册申请中数据造假、制售假劣药品、挂靠经营、"走票"、商业贿赂、非法经营等违法犯罪行为。强化药品价格行为监管,建立健全药品价格信息监测预警和信息发布制度,积极引导行业组织和市场主体加强诚信建设,自觉维护市场价格秩序。加强对市场竞争不充分的药品和高值医用耗材的价格监管。对价格变动频繁、变动幅度较大的,适时开展专项调查,对价格垄断、欺诈、串通等违法行为依法予以查处。

4. 引导规范第三方评价和行业自律。完善相关政策制度,鼓励符合条件的第三方积极开展或参与评价标准的咨询、技术支持、考核评价等工作,推动医疗机构考核评价由政府主导逐步向独立第三方评价转变。充分发挥行业协会学会、高等院校、科研院所等作用,积极培育第三方评价机构。强化行业自律,推动行业组织建立健全行业管理规范和准则,规范成员行为。引导和规范医疗机构建立内审制度,加强自我管理和自查自纠,提高医疗服务质量,保障医疗安全。加强全国医疗卫生行业监管信息管理,为医疗机构开展业务以及提升服务质量、服务效率、满意度等提供有效监控依据。

(六)统筹推进相关领域改革。

1. 健全完善人才培养使用和激励评价机制。从提升和改善薪酬待遇、发展空间、执业环境、社会地位等方面入手，调动广大医务人员积极性、主动性和创造性，发挥医务人员改革主力军作用。健全医务人员培训培养制度，使每名医务人员都有接受继续教育和职业再培训的机会。创新人才培养机制，基本建成院校教育、毕业后教育、继续教育三阶段有机衔接的标准化、规范化临床医学人才培养体系。完善医学教育质量保障机制，到2020年，完成本科临床医学专业首轮认证工作，建立起具有中国特色与国际医学教育实质等效的医学专业认证制度。深化医学教育改革，深入推进卓越医生教育培养计划，加强医学相关专业人才培养。继续开展农村订单定向医学生免费培养工作。完善毕业后教育制度，到2020年，所有新进医疗岗位的本科及以上学历临床医师均接受住院医师规范化培训，初步建立专科医师规范化培训制度，重点为县级医疗机构和边远地市医院培养一批专科医师。推进基层药学人员培养使用。大力推进全科医生制度建设，加强以全科医生为重点的基层人才队伍建设，通过规范化培训、助理全科医生培训、转岗培训等多种途径加大全科医生培养培训力度。到2020年，初步建立起充满生机和活力的全科医生制度，基本形成统一规范的全科医生培养模式，城乡每万名居民有2—3名合格的全科医生，全科医生总数达到30万人以上。实施中医药传承与创新人才工程，促进中医药传承与发展，建立健全中医药师承教育制度。

创新卫生人才使用机制，完善岗位设置管理制度，推行公开招聘制度，实行全员聘用制度，实现人员分类管理。改善从业环境和薪酬待遇，促进医疗资源向中西部地区倾斜、向基层和农村流动。在总结评估的基础上，继续实施全科医生特岗计划。允许医疗卫生机构突破现行事业单位工资调控水平，允许医疗服务收入扣除成本并按规定提取各项基金后主要用于人员奖励，其中医疗服务收入的内涵和与绩效工资制度衔接的具体办法另行研究制定。合理确定医疗卫生机构编外人员待遇，逐步实现同岗同薪同待遇，激发广大医务人员活力。严禁给医务人员设定创收指标，医务人员薪酬不得与药品、耗材、检查、化验等业务收入挂钩。基层医疗卫生机构内部绩效分配可采取设立全科医生津贴等方式，向承担签约服务等临床一线任务的人员倾斜。落实艰苦边远地区津贴、乡镇工作补贴政策，绩效工资分配向基层倾斜。创新人才评价机制，改革完善以岗位职责要求为基础，以品德、能力、业绩为导向，符合卫生人才特点的科学化、社会化评价机制。完善职称晋升体系和职称晋升办法，增加医疗卫生机构中高级岗位比例并向基层倾斜，拓宽医务人员职业发展空间。关心重视村医队伍建设，合理提高待遇，结合实际建立乡村医生退出机制。鼓励医师到基层、边远地区、医疗资源稀缺地区和其他有需求的医疗机构多点执业。

建立卫生人员荣誉制度，弘扬广大卫生与健康工作者“敬佑生命、救死扶伤、甘于奉献、大爱无疆”的精神，做好“人民好医生”称号评选宣传工作，通过多种形式增强医务人员职业荣誉感。依法严厉打击涉医违法犯罪行为特别是伤害医务人员的暴力犯罪行为，坚决从严查处涉医突发案件，维护正常医疗秩序，保护医务人员安全。完善医疗纠纷调解机制，健全院内调解、人民调解、司法调解、医疗风险分担机制有机结合的“三调解一保险”制度体系，构建和谐医患关系。到2020年，医疗责任保险覆盖全国所有公立医院和80%以上的基层医疗卫生机构。

2. *加快形成多元办医格局*。持续开展健康领域大众创业、万众创新。鼓励社会力量兴办健康服务业，扩大健康服务相关支撑产业规模，优化健康服务业发展环境。健全非营利性和营利性医疗机构分类管理制度。进一步优化政策环境，督促各地落实在市场准入、社会保险定点、重点专科建设、职称评定、学术地位、医院评审等方面对所有医疗机构同等对待的政策措施。完善医师多点执业政策，改革医师执业注册制度。完善医疗资源规划调控方式，加快社会办医发展。允许公立医院根据规划和需求，与社会力量合作举办新的非营利性医疗机构，支持社会办医疗机构与公立医院加强合作，共享人才、技术、品牌。控制公立医院特需服务规模，提供特需服务的比例不超过全部医疗服务的10%。探索社会力量办营利性医院综合评价机制，鼓励社会力量投向满足群众多元需求的服务领域。鼓励和引导金融机构增加健康产业投入，探索无形资产质押和收益权质押贷款业务，鼓励发展健康消费信贷。支持符合条件的企业利用资本市场直接融资、发行债券和开展并购，鼓励引导风险投资。发挥商业健康保险资金长期投资优势，引导商业保险机构以出资新建等方式兴办医疗、养老、健康体检等健康服务机构。促进医疗与养老融合，发展健康养老产业。支持基层医疗卫生机构为老年人家庭提供签约医疗服务，建立健全医疗卫生机构与养老机构合作机制，支持养老机构开展康复护理、老年病和临终关怀服务，支持社会力量兴办医养结合机构。促进医疗与旅游融合，完善准入、运营、评价、监管等相关配套政策，加快推进健康旅游产业发展。促进互联网与健康融合，发展智慧健康产业。积极发展基于互联网的健康服务，促进云计算、大数据、移动互联网、物联网等信息技术与健康服务深度融合，为健康产业植入“智慧之芯”。促进中医药健康服务发展，推进中医药与养老、旅游等融合发展，实现中医药健康养生文化的创造性转化、创新性发展。到2017年，80%以上的医疗机构开设为老年人提供挂号、就医等便利服务的绿色通道，50%以上的养老机构能够以不同形式为入住老年人提供医疗卫生服务。到2020年，按照每千常住人口不低于1.5张床位为社会办医院预留规划空间，同步预留诊疗科目设置和大型医用设备配置空间；符合国情的医养结合体制机制和政策法规体系基本建立，所有医疗机构开设为老年人提供挂号、就医等便利服务的绿色通道，所有养老机构能够以不同形式为入住老年人提供医疗卫生服务。

3. 推进公共卫生服务体系建设。建立专业公共卫生机构与医疗机构、基层医疗卫生机构分工协作机制，健全基本公共卫生服务项目和重大公共卫生服务项目遴选机制。到2020年，基本公共卫生服务逐步均等化机制基本完善。推进政府购买公共卫生服务。完善公共卫生服务项目经费分配方式以及效果评价和激励约束机制，发挥专业公共卫生机构和医疗机构对项目实施的指导和考核作用，考核评价结果与服务经费拨付挂钩。建立健全专业公共卫生人员激励机制，人员和运行经费根据人员编制、经费标准、服务任务完成及考核情况由政府预算全额安排。鼓励防治结合类专业公共卫生机构通过提供预防保健和基本医疗服务获得合理收入，建立有利于防治结合的运行新机制。推进妇幼保健机构内部改革重组，实现保健和临床有机融合。在合理核定工作任务、成本支出的基础上，完善对医疗机构承担公共卫生服务任务的补偿机制。大力推进残疾人健康管理，加强残疾人社区康复。将更多成本合理、效果确切的中医药服务项目纳入基本公共卫生服务。完善现有药品政策，减轻艾滋病、结核病、严重精神障碍等重大疾病以及突发急性传染病患者的药品费用负担。推进居民健康卡、社会保障卡等应用集成，激活居民电子健康档案应用，推动预防、治疗、康复和健康管理一体化的电子健康服务。升级改造卫生应急平台体系，提升突发公共卫生事件早期发现水平。深入开展爱国卫生运动。

四、保障措施

（一）强化组织领导。各地要高度重视医改工作，由党委和政府主要负责同志或一位主要负责同志担任医改领导小组组长，亲自负责医改工作，充分发挥医改领导小组的统筹协调作用，统一推进医疗、医保、医药联动改革。坚持党总揽全局、协调各方，发挥各级党委（党组）领导核心作用，把医改纳入全面深化改革中同部署、同要求、同考核，为完成规划任务提供坚强保证。各地要依据本规划，结合实际制定具体实施方案，细化政策措施，精心组织实施。各有关部门要及时制定细化配套措施，加强协作配合，指导督促地方落实规划任务。

（二）强化责任落实。落实各级政府的领导责任、保障责任、管理责任、监督责任，建立责任落实和考核的刚性约束机制。加大政府卫生投入力度，到2020年，全面落实政府对符合区域卫生规划的公立医院投入政策，建立公立医院由服务收费和政府补助两个渠道补偿的新机制，细化落实政府对中医医院（民族医院）投入倾斜政策，逐步偿还和化解符合条件的公立医院长期债务。加强各级各类医药卫生机构党组织建设，强化基层党组织整体功能，在医改中发挥基层党组织战斗堡垒作用和党员先锋模范作用，增强改革执行力。

（三）强化改革探索。尊重和发扬基层首创精神，充分放权，鼓励地方锐意进取、因地制宜大胆探索，特别是针对一些矛盾和问题多、攻坚难度大的改革，主动作为、勇于攻坚，创造性开展工作。以省为单位深入实施综合医改试点，区域联动推进改革。建立完善常态化调研机制，加强对地方的指导，总结推广改革经验，及时将成熟经验上升为政策，努力做到下有所呼、上有所应。

（四）强化科技支撑。加强国家医药卫生科技创新体系建设，继续组织国家科技重大专项和重点研发计划项目，提升科技创新能力。依托各类重点实验室、国家临床医学研究中心和协同研究网络，大力推进临床诊疗指南和技术规范的研究和推广。加快科技成果转化和应用，提供更多满足人民群众健康需求的医药卫生技术和健康产品。

（五）强化国际合作。制订实施中国全球卫生战略，结合“一带一路”建设，建立完善国际交流合作机制，加强多双边交流合作，深入参与全球卫生治理，交流借鉴改革发展有益经验。搭建国际化公共服务平台，大力推进医疗卫生服务贸易发展，加快医疗卫生机构走出去步伐，扩大境外人员来华接受医疗卫生服务的规模。以中医药服务贸易为重点，以服务贸易标准为引领，提高中医药的全球影响力。

（六）强化督查评估。建立健全督查评估制度，充分发挥第三方评估作用，强化结果运用和激励问责。增强监测实时性和准确性，将监测结果运用到政策制定、执行、督查、整改全过程。国务院医改办会同相关部门对规划落实总体情况进行监督检查和评估分析，统筹研究解决规划实施过程中的重要问题，重大情况及时向国务院报告。支持民主党派、无党派人士围绕深化医改建言献策，就重要改革任务的落实开展民主监督。

（七）强化宣传引导。坚持正确的舆论导向，加强正面宣传和舆论引导，大力宣传医改进展成效、典型经验和先进人物，加强政策解读，及时回应社会关切，合理引导社会预期，提高群众对改革的知晓率和参与度，提高医务人员投身改革的积极性和能动性，营造全社会关心、理解和支持医改的良好氛围。发展健康文化，净化传播环境，加强健康知识传播，引导公众正确认识医学发展规律，树立正确的生命观念和就医理念，提升公众健康素养水平。加强思想政治工作，进一步引导树立良好医德医风，发扬医务人员职业精神。发挥统一战线优势，最大限度凝聚共识，推动医改向纵深发展。

附件：1. 到2017年深化医药卫生体制改革主要目标

2. 到2020年深化医药卫生体制改革主要目标

附件1 到2017年深化医药卫生体制改革主要目标

序号	指标内容
1	基本形成较为系统的基本医疗卫生制度政策框架
2	85%以上的地市开展分级诊疗试点，政策体系逐步完善
3	家庭医生签约服务覆盖率达到30%以上，重点人群签约服务覆盖率达到60%以上
4	各级各类公立医院全面推开综合改革，初步建立决策、执行、监督相互协调、相互制衡、相互促进的管理体制和治理机制
5	试点城市公立医院药占比（不含中药饮片）总体降到30%左右，百元医疗收入（不含药品收入）中消耗的卫生材料降到20元以下
6	公立医院医疗费用控制监测和考核机制逐步建立健全，全国公立医院医疗费用增长幅度力争降到10%以下
7	基本实现符合转诊规定的异地就医住院费用直接结算
8	国家选择部分地区开展按疾病诊断相关分组付费试点，鼓励各地积极完善按病种、按人头、按床日等多种付费方式

附件2 到2020年深化医药卫生体制改革主要目标

序号	指标内容
1	居民人均预期寿命比2015年提高1岁，孕产妇死亡率下降到18/10万，婴儿死亡率下降到7.5‰，5岁以下儿童死亡率下降到9.5‰
2	个人卫生支出占卫生总费用的比重下降到28%左右
3	分级诊疗模式逐步形成，基本建立符合国情的分级诊疗制度
4	力争所有社区卫生服务机构和乡镇卫生院以及70%的村卫生室具备中医药服务能力，同时具备相应的医疗康复能力
5	力争将签约服务扩大到全人群，基本实现家庭医生签约服务制度全覆盖
6	基本建立具有中国特色的权责清晰、管理科学、治理完善、运行高效、监督有力的现代医院管理制度，建立维护公益性、调动积极性、保障可持续的运行新机制和科学合理的补偿机制
7	公立医院医疗费用增长幅度稳定在合理水平
8	基本医保参保率稳定在95%以上
9	建立医保基金调剂平衡机制，逐步实现医保省级统筹，基本医保政策范围内报销比例稳定在75%左右
10	医保支付方式改革逐步覆盖所有医疗机构和医疗服务，全国范围内普遍实施适应不同疾病、不同服务特点的多元复合式医保支付方式，按项目付费占比明显下降
11	基本建立药品出厂价格信息可追溯机制
12	形成1家年销售额超过5000亿元的超大型药品流通企业，药品批发百强企业年销售额占批发市场总额的90%以上
13	对各级各类医疗卫生机构监督检查实现100%覆盖
14	完成本科临床医学专业首轮认证工作，建立起具有中国特色与国际医学教育实质等效的医学专业认证制度

续表

序号	指 标 内 容
15	所有新进医疗岗位的本科及以上学历临床医师均接受住院医师规范化培训,初步建立专科医师规范化培训制度
16	城乡每万名居民有2—3名合格的全科医生,全科医生总数达到30万人以上
17	医疗责任保险覆盖全国所有公立医院和80%以上的基层医疗卫生机构
18	基本公共卫生服务逐步均等化的机制基本完善
19	全面落实政府对符合区域卫生规划的公立医院投入政策,建立公立医院由服务收费和政府补助两个渠道补偿的新机制,细化落实政府对中医医院(民族医院)投入倾斜政策,逐步偿还和化解符合条件的公立医院长期债务

老年教育发展规划

（2016—2020 年）

国办发〔2016〕74 号

老年人是国家和社会的宝贵财富。老年教育是我国教育事业和老龄事业的重要组成部分。发展老年教育，是积极应对人口老龄化、实现教育现代化、建设学习型社会的重要举措，是满足老年人多样化学习需求、提升老年人生活品质、促进社会和谐的必然要求。为贯彻落实《中华人民共和国老年人权益保障法》、《国家中长期教育改革和发展规划纲要（2010—2020 年）》，促进老年教育事业科学发展，制定本规划。

一、规划背景

当前我国已进入老龄化社会，2015 年底我国 60 岁以上老年人口已经达到 2.22 亿，占总人口的 16.1%，预计 2020 年老年人口将达到 2.43 亿，未来 20 年我国人口老龄化形势将更加严峻，"未富先老"的特征日益凸显，对我国社会主义现代化进程产生全面而深远影响，特别是老年人的精神文化和学习需求增长较快，发展老年教育的形势和任务更加紧迫。

世界上较早进入老龄化社会的国家和地区普遍出台终身教育、老年教育领域法律法规，并将老年教育政策作为重要的社会政策。许多国家通过兴办第三年龄大学、推动社区老年人互助学习、倡导老年人利用网络自主学习等多种形式发展老年教育。

党和国家高度重视老龄工作，积极推动老年教育事业发展。目前有 700 多万老年人在老年大学等机构学习，有上千万老年人通过社区教育、远程教育等各种形式参与学习，初步形成了多部门推动、多形式办学的老年教育发展格局。同时必须清醒地看到，我国老年教育还存在资源供给不足，城乡、区域间发展不平衡，保障机制不够健全，部门协调亟待加强，社会力量参与的深度和广度需进一步拓展等问题。解决这些问题，推动老年教育持续健康发展，是当前和今后一个时期积极应对人口老龄化、大力发展老龄服务事业和产业的迫切任务。

二、总体要求

（一）指导思想

全面贯彻党的十八大及十八届三中、四中、五中全会精神和习近平总书记系列重要讲话精神，落实党中央、国务院决策部署，按照“五位一体”总体布局和“四个全面”战略布局，牢固树立和贯彻落实创新、协调、绿色、开放、共享的新发展理念，坚持“党委领导、政府主导、社会参与、全民行动”的老龄工作方针，以扩大老年教育供给为重点，以创新老年教育体制机制为关键，以提高老年人的生命和生活质量为目的，整合社会资源、激发社会活力，提升老年教育现代化水平，让老年人共享改革发展成果，进一步实现老有所教、老有所学、老有所为、老有所乐，努力形成具有中国特色的老年教育发展新格局。

（二）基本原则

保障权益、机会均等。保障老年人受教育权利，努力让不同年龄层次、文化程度、收入水平、健康状况的老年人均有接受教育的机会。充分利用各种资源，统筹加强组织管理，实现资源共享和协调发展，提高老年教育的可及性，最大限度满足各类老年群体学习需求。

政府主导、市场调节。发挥政府在制定规划、营造环境、加大投入等方面的作用，统筹协调各部门老年教育工作。激发社会活力，继续探索和完善政府购买服务机制，引导社会力量积极参与，带动相关产业发展。

优化布局、面向基层。在办好现有老年教育的基础上，将老年教育的增量重点放在基层和农村，形成以基层需求为导向的老年教育供给结构，优化城乡老年教育布局，促进老年教育与经济社会协调发展。

开放便利、灵活多样。促进各类教育机构开放，运用互联网等科技手段开展老年教育，为全体老年人创造学习条件、提供学习机会、做好学习服务。畅通学习渠道，方便就近学习，办好家门口的老年教育。

因地制宜、特色发展。从区域发展不平衡的实际和多样化的学习需求出发，因地制宜开展老年教育。鼓励结合当地历史、人文资源和民俗民风等特点，推动老年教育特色发展。

（三）主要目标

到2020年，基本形成覆盖广泛、灵活多样、特色鲜明、规范有序的老年教育新格局。老年教育法规制度逐步健全，职责明确、主体多元、平等参与、管办分离的管理体制和运行机制得到完善。老年教育基础能力有较大幅度提升，教育内容不断丰富，形式更加多样。各类老年教育机构服务能力进一步提升，全社会关注支持老年教育、参与举办老年教育的积极性显著提高。以各种形式经常性参与教育活动的老年人占老年人口总数的比例达到20%以上。

三、主要任务

（一）扩大老年教育资源供给

优先发展城乡社区老年教育。完善基层社区老年教育服务体系，整合利用现有的社区教育机构、县级职教中心、乡镇成人文化技术学校等教育资源,以及群众艺术馆、文化馆、体育场、社区文化活动中心(文化活动室)、社区科普学校等,开展老年教育活动。建立健全"县(市、区)—乡镇(街道)—村(居委会)"三级社区老年教育网络,方便老年人就近学习。发展农村社区老年教育,有效整合乡村教育文化资源,以村民喜爱的形式开展适应农村老年人需求的教育活动。加强对农村散居、独居老人的教育服务。推进城乡老年教育对口支援,鼓励发达地区以建立分校或办学点、选送教师、配送学习资源、提供人员培训等方式,为边远地区和农村社区老年教育提供支援。

促进各级各类学校开展老年教育。推动各级各类学校向区域内老年人开放场地、图书馆、设施设备等资源,为他们便利化学习提供支持,积极接收有学习需求的老年人入校学习。探索院校利用自身教育资源举办老年教育(学校)的模式。推动普通高校和职业院校面向老年人提供课程资源,特别是艺术类、医药卫生类、师范类院校和开设有养生保健、文化艺术、信息技术、家政服务、社会工作、医疗护理、园艺花卉、传统工艺等专业的职业院校,应结合学校特色开发老年教育课程,为社区、老年教育机构及养老服务机构等积极提供支持服务,共享课程与教学资源。推动开放大学和广播电视大学举办"老年开放大学"或"网上老年大学",并延伸至乡镇(街道)、城乡社区,建立老年学习网点。

推动老年大学面向社会办学。部门、行业企业、高校等举办的老年大学要树立新的办学理念,积极创造条件,采取多种形式,提高办学开放度,逐步从服务本单位、本系统离退休职工向服务社会老年人转变。省、市两级老年大学在开展教育教学工作的同时,要在办学模式示范、教学业务指导、课程资源开发等方面对区域内老年教育发挥带动和引领作用,将老年大学集聚的教育资源向基层和社区辐射。加强老年大学与社会教育机构的合作,组建老年教育联盟(集团)。

(二)拓展老年教育发展路径

丰富老年教育内容和形式。积极开展老年人思想道德、科学文化、养生保健、心理健康、职业技能、法律法规、家庭理财、闲暇生活、代际沟通、生命尊严等方面的教育,帮助老年人提高生活品质,实现人生价值。创新教学方法,将课堂学习和各类文化活动相结合,积极探索体验式学习、远程学习、在线学习等模式,引导开展读书、讲座、参观、展演、游学、志愿服务等多种形式的老年教育活动。鼓励老年人自主学习,支持建立不同类型的学习团队。

探索养教结合新模式。整合利用社区居家养老资源,在社区老年人日间照料中心、托老所等各类社区居家养老场所内,开展形式多样的老年教育。积极探索在老年养护院、城市社会福利院、农村敬老院等养老服务机构中设立固定的学习场所,配备教学设施设备,通过开设课程、举办讲座、展示学习成果等形式,推进养教一体化,推动老年教育融入养老服务体系,丰富住养老人的精神文化生活。关注失能失智及盲聋等特殊老人群体,提供康复教育一体化服务。

积极开发老年人力资源。用好老年人这一宝贵财富,充分发挥老年人的智力优势、经验优势、技能优势,为其参与经济社会活动搭建平台、提供教育支持。发挥老年人在传承中华优秀传统文化、引导全社会特别是青少年培育和践行社会主义核心价值观等方面的积极作用,彰显长者风范。鼓励老年人利用所学所长,在科学普及、环境保护、社区服务、治安维稳等方面积极服务社会、奉献社会。

(三)加强老年教育支持服务

运用信息技术服务老年教育。加强数字化学习资源跨区域、跨部门共建共享,开展对现有老年教育课程的数字化改造,开发适合老年人远程学习的数字化资源。通过互联网、数字电视等渠道,加强优质老年学习资源对农村、边远、贫困、民族地区的辐射。推动信息技术融入老年教育教学全过程，推进线上线下一体化教学，支持老年人网上学习。运用信息化手段，为老年人提供导学服务、个性化学习推荐等学习支持。

整合文化体育科技资源服务老年教育。推动美术馆、图书馆、文化馆（站、中心）、科技馆、博物馆、纪念馆、公共体育设施、爱国主义示范基地、科普教育基地等向老年人免费开放。鼓励有条件的地区发挥文化、教育、体育、科技等资源优势，结合区域实际，建设不同主题、富有特色的老年教育学习体验基地。充分发挥广播电视、报刊杂志、门户网站等媒体作用，开设贴近老年人生活的专栏专题。

（四）创新老年教育发展机制

鼓励社会力量参与老年教育。充分激发市场活力，推进举办主体、资金筹措渠道的多元化，通过政府购买服务、项目合作等多种方式，支持和鼓励各类社会力量通过独资、合资、合作等形式举办或参与老年教育。运用市场机制调节供需关系，进一步优化老年教育的市场结构、内容和布局。加强规划指导和外部监管，营造平等参与、公平竞争的市场环境。充分发挥社会组织在老年教育中的作用，鼓励其通过提供师资、开发课程等方式支持开展老年教育。支持老年教育领域社会组织和老年志愿服务团队发展。

促进老年教育与相关产业联动。扩大老年教育消费，发掘与老年教育密切相关的养老服务、旅游、服装服饰、文化等产业价值，促进生活性服务业提档升级，拉动内需，推动投资增长和相关产业发展。

（五）促进老年教育可持续发展

加强学科建设与人才培养培训。鼓励综合类高校、师范类院校、职业院校开设老年教育相关专业，其他高校也要加强老年教育相关专业建设。支持有条件的高校开展老年教育方向的研究生教育，加快培养老年教育教学、科研和管理人才。鼓励老年教育机构的专任教师和管理人员在职进修老年教育专业课程，攻读相关专业学位。

加强理论与政策研究。依托有关高校、科研院所、老年教育机构等建立若干个老年教育研究基地，开展老年教育基础理论研究、政策研究和应用研究，探讨和解决老年教育发展中的重大理论和实践问题。加强老年教育学术期刊建设，搭建优秀成果共享和推广平台。鼓励社会组织开展老年教育优秀研究成果交流活动。

加强国际交流合作。积极参与有关国际教育组织的活动，加强与国外老年教育机构的交流与合作，借鉴国外老年教育先进理念和做法，宣传推广我国发展老年教育的经验与成果，扩大我国老年教育的国际影响力。

四、重点推进计划

（一）社会主义核心价值观培育计划。将培育和践行社会主义核心价值观作为老年教育的重要内容，编写相关读本，设计形式多样的教育活动项目，将社会主义核心价值观融入老年人学习和活动之中。积极推进校园文化建设，培育优良校风、教风、学风，打造一批在培育和践行社会主义核心价值观方面具有示范作用的老年学校、老年学习团队。

(二)老年教育机构基础能力提升计划。整合资源,改善基层社区老年教育机构设施设备,建设一批在本区域发挥示范作用的乡镇(街道)社区老年人学习场所,建设好村(居委会)老年社区学习点。改善现有老年大学办学条件,提升其教学场所和设施的现代化、规范化水平,进一步增强其社会服务能力。到2020年,全国县级以上城市原则上至少应有一所老年大学,50%的乡镇(街道)建有老年学校,30%的行政村(居委会)建有老年学习点。探索“养、医、体、文”等场所与老年人学习场所的结合,推出一批创新老年教育办学模式的典型。各省(区、市)选取若干个养老服务机构,开展养教结合试点。

(三)学习资源建设整合计划。研究制定老年人学习发展指南,为不同年龄层次的老年人提供包括学习规划在内的咨询服务。探索建立老年教育通用课程教学大纲,促进资源建设规范化、多样化。遴选、开发一批通用型老年学习资源,整合一批优秀传统文化、非物质文化遗产、地方特色老年教育资源,推介一批科普知识和健康知识学习资源,引进一批国外优质学习资源,形成系列优质课程推荐目录。定期举办老年学习资源建设交流活动。到2020年,各省(区、市)都应初步建立起支撑区域内老年教育发展的老年学习资源库。

(四)远程老年教育推进计划。探索以开放大学和广播电视大学为主体建设老年开放大学,开发整合远程老年教育多媒体课程资源。支持国家开放大学率先建设在全国发挥示范作用的老年健康艺术教育体验基地。推动有条件的省(区、市)老年大学、开放大学和广播电视大学建设具有地方特色的示范性老年教育体验基地。到2020年,力争全国50%的县(市、区)可通过远程教育开展老年教育工作。

(五)老有所为行动计划。组织引导离退休老干部、老同志讲好中国故事、弘扬中国精神、传播中国好声音。积极搭建服务平台,建立由离退休干部、专业技术人员及其他有所专长的老同志组成的老年教育兼职教师队伍。推动各类老年社会团体与大中小学校合作,发挥老年人在教育引导青少年继承优良传统、培育科学精神等方面的积极作用。广泛开展老年志愿服务活动,到2020年,力争每个老年大学培育1—2支老年志愿者队伍,老年学校普遍建有志愿者服务组织。

五、保障措施

(一)加强组织实施。建立健全党委领导、政府统筹,教育、组织、民政、文化、老龄部门密切配合,其他相关部门共同参与的老年教育管理体制。各相关部门要按照职责分工,加强沟通协调,通过规划编制、政策制定、指导监督,共同研究解决老年教育发展中的重大问题。老年教育工作要纳入对各级政府相关部门绩效考评内容。各省(区、市)要把老年教育纳入本地区经济社会发展规划和教育事业发展规划,结合实际,提出落实本规划、加快发展老年教育的具体实施方案和举措,分阶段、分步骤组织实施。对各地区在实施本规划中好的做法和经验,要及时总结推广。

(二)推动法规制度建设。研究完善涉及老年教育的相关制度。支持鼓励有条件的地区通过制定相关地方法规促进老年教育事业规范健康发展。在老龄事业相关政策措施中重视支持发展老年教育。探索开展老年教育发展情况调查统计工作,支持社会组织等第三方开展老年教育发展状况评估和研究。

(三)加强队伍建设。鼓励普通高校、职业院校相关专业毕业生及相关行业优秀人才到老年教育机构工作。各级各类学校要鼓励教师参与老年教育相关工作，并纳入本校工作考核，支持教师到校外老年教育机构兼职任教或从事志愿服务。建立老年教育教师岗位培训制度，支持老年教育机构教师、技术和管理人员的专业发展。专职人员在薪酬福利、业务进修、职务（职称）评聘、绩效考核等方面享有同类学校工作人员的同等权利和待遇。鼓励专业社工等参与从事老年教育工作。建立老年教育师资库。加快培养一支结构合理、数量充足、素质优良，以专职人员为骨干、与兼职人员和志愿者相结合的教学和管理队伍。

（四）完善经费投入机制。各地区要采取多种方式努力增加对老年教育的投入，切实拓宽老年教育经费投入渠道，形成政府、市场、社会组织和学习者等多主体分担和筹措老年教育经费的机制。老年教育经费应主要用于老年教育公共服务。鼓励和支持行业企业、社会组织和个人设立老年教育发展基金，企业和个人对老年教育的公益性捐赠支出按照税收法律法规规定享受所得税税前扣除政策。

（五）营造良好氛围。各地区各部门要广泛宣传党和国家关于发展老年教育的方针政策，广泛宣传老年教育发展中的典型经验、案例、做法和成效，努力使全社会关心、支持和参与老年教育的氛围更加浓厚。要充分调动老年人参与学习的积极性和主动性，积极培育老年学习文化，使学习风尚融入老年人生活，使老年教育成为增进老年人福祉的重要内容。

中国遏制与防治艾滋病“十三五”行动计划

国办发〔2017〕8号

为落实《“健康中国2030”规划纲要》和深化医药卫生体制改革部署，进一步推进艾滋病防治工作，切实维护广大人民群众身体健康，制定本行动计划。

一、防治现状

“十二五”期间，各地区、各部门认真贯彻党中央、国务院决策部署，落实艾滋病防治各项措施，取得了显著进展。艾滋病检测力度持续加大，经注射吸毒传播、输血传播和母婴传播得到有效控制，艾滋病病毒感染者和病人（以下简称感染者和病人）发现率提高68.1%，病死率降低57.0%，重点地区疫情快速上升势头得到基本遏制，全国整体疫情控制在低流行水平，受艾滋病影响人群生活质量不断提高，社会歧视进一步减轻，基本实现了《中国遏制与防治艾滋病“十二五”行动计划》总体目标。

目前，我国艾滋病流行形势依然严峻，防治工作中新老问题和难点问题并存，防治任务更加艰巨。尚有一定数量的感染者和病人未被检测发现，性传播成为最主要传播途径，男性同性性行为人群感染率持续升高，青年学生感染人数增加较快，卖淫嫖娼等违法犯罪活动、合成毒品滥用及不安全性行为在一定范围存在等诸多因素加大了艾滋病传播风险，社交新媒体的普遍使用增强了易感染艾滋病行为的隐蔽性，人口频繁流动增加了预防干预难度。部分地区和部门对防治工作重视不足，政策落实不到位，防治技术手段有限，防治能力尚不能满足工作需要，社会组织等社会力量参与防治的作用发挥还不够充分，仍需要长期不懈做好艾滋病防治各项工作。

二、总体要求

（一）指导思想

全面贯彻党的十八大和十八届三中、四中、五中、六中全会精神，深入学习贯彻习近平总书记系列重要讲话精神，紧紧围绕统筹推进"五位一体"总体布局和协调推进"四个全面"战略布局，认真落实党中央、国务院决策部署，牢固树立和贯彻落实创新、协调、绿色、开放、共享的发展理念，坚持正确的卫生与健康工作方针，全面落实法定防治职责，巩固当前防治成果，充分利用新技术、新方法，进一步提高防治成效，不断降低艾滋病疫情流行水平，保障人民群众身体健康，奋力推进健康中国建设。

（二）工作原则

坚持政府组织领导、部门各负其责、全社会共同参与；坚持预防为主、防治结合、依法防治、科学防治；坚持综合治理、突出重点、分类指导。

（三）工作目标

最大限度发现感染者和病人，有效控制性传播，持续减少注射吸毒传播、输血传播和母婴传播，进一步降低病死率，逐步提高感染者和病人生存质量，不断减少社会歧视，将我国艾滋病疫情继续控制在低流行水平。

1. 居民艾滋病防治知识知晓率达85%以上。流动人口、青年学生、监管场所被监管人员等重点人群以及易感染艾滋病危险行为人群防治知识知晓率均达90%以上。

2. 男性同性性行为人群艾滋病相关危险行为减少10%以上，其他性传播危险行为人群感染率控制在0.5%以下。参加戒毒药物维持治疗人员年新发感染率控制在0.3%以下。

3. 夫妻一方感染艾滋病家庭的配偶传播率下降到1%以下。艾滋病母婴传播率下降到4%以下。

4. 经诊断发现并知晓自身感染状况的感染者和病人比例达90%以上。符合治疗条件的感染者和病人接受抗病毒治疗比例达90%以上，接受抗病毒治疗的感染者和病人治疗成功率达90%以上，累计接受中医药治疗的人数比2015年增加一倍。

三、防治措施

（一）提高宣传教育针对性，增强公众艾滋病防治意识

加强艾滋病防治宣传教育，根据不同人群特点，开发适宜的宣传材料，提高信息针对性和可接受性。充分发挥社会公众人物影响和互联网、微博、微信等新媒体作用，开展艾滋病疫情信息交流与警示、感染风险评估、在线咨询等活动，增强宣传效果。

1. 深入开展大众人群宣传教育。强化社会主义核心价值观宣传，弘扬中华民族传统美德，引导大众自觉抵制卖淫嫖娼等社会丑恶现象，营造不歧视感染者和病人的社会氛围。宣传、网信、新闻出版广电、卫生计生等部门要充分发挥新闻媒体作用，指导将艾滋病防治宣传列入日常工作计划，每月至少开展1次艾滋病防治公益宣传。各级党校、行政学院、团校等要让学员在校期间接受艾滋病防治知识和政策专题培训。民族事务管理、文化、农业、科技等部门要结合少数民族风俗习惯和社会主义新农村建设以及支农、惠农等活动，开展艾滋病防治宣传教育工作。居（村）民委员会要利用城乡社区综合服务设施，采取大众喜闻乐见的方式开展艾滋病防治宣传，引导健全村规民约，倡导公序良俗。工会、共青团、妇联、红十字会、工商联等单位要深入开展"职工红丝带健康行动"、"青春红丝带"、"妇女'面对面'宣传教育"和"红丝带健康包"等专项行动。

2. 持续加强重点人群宣传教育。对于流动人口、青年学生、老年人、出国劳务人员、监管场所被监管人员等重点人群，应当强化艾滋病感染风险及道德法治教育，提高自我防护能力，避免和减少易感染艾滋病行为。教育、卫生计生和共青团等部门和单位要将性道德、性责任、预防和拒绝不安全性行为作为教育重点，督促学校落实预防艾滋病专题教育任务，积极发挥学生社团、青年志愿者和学生家长的作用，加强学校预防艾滋病和性健康的宣传教育。建立健全学校艾滋病疫情通报制度和定期会商机制，开展高校预防艾滋病教育试点工作并逐步推广。卫生计生、民政、工商和工商联等部门和单位要重点加强流动人口集中的用工单位和居住社区的艾滋病防治宣传工作。人力资源社会保障部门要将艾滋病防治宣传纳入农村劳动力转移培训等职业培训内容。交通运输、质检等部门要利用机场、车站、码头、口岸等场所进行多种形式的艾滋病防治宣传。公安、司法行政等部门要将艾滋病防治宣传纳入监管场所教育内容。公安、司法行政、卫生计生、食品药品监管等部门要将预防艾滋病与禁毒工作相结合，加强合成毒品和滥用物质危害的宣传教育。民政、文化、卫生计生等部门要进一步丰富老年人业余文化生活。

（二）提高综合干预实效性，有效控制性传播和注射吸毒传播

1. 强化社会综合治理。要依法严厉打击卖淫嫖娼、聚众淫乱、吸毒贩毒等违法犯罪活动，加大城乡结合部、农村等薄弱地区打击力度，依法从重处罚容留与艾滋病传播危险行为相关活动的场所和人员。公安部门要落实与艾滋病有关案件的举报和立案处理程序，严厉打击利用感染者身份的违法犯罪活动。公安、卫生计生、食品药品监管等部门要密切监测药物滥用情况，及时将易促进艾滋病传播的滥用物质纳入合成毒品管控范围，依法打击滥用物质的生产、流通和使用行为。宣传、文化、公安、新闻出版广电、网信及通信主管部门要加强网络管理，结合打击网络传播淫秽色情信息等专项行动，及时清理传播色情信息、从事色情和毒品交易的网络平台和社交媒体。

2. 着力控制性传播。加强易感染艾滋病危险行为人群的警示教育和法制宣传，突出疫情和危害严重性、有效防治措施等，促使其避免和减少易感染艾滋病危险行为。工商、质检、旅游、文化、卫生计生等部门要全面落实宾馆等公共场所摆放安全套有关规定，采取措施提高安全套可及性和使用率。男性同性性传播疫情上升较快的大中城市应加强疫情和危险因素监测，开展信息互通、协同干预等联防联控工作，采取医学、心理、社会、文化等手段，探索适合国情的综合干预策略。卫生计生部门要对夫妻一方感染艾滋病家庭全面实施综合干预措施，降低家庭内传播。要加强性病防治，及时对性病病人进行规范化诊断治疗，为性病就诊者提供艾滋病检测咨询服务，对感染者和病人开展性病筛查。

3. 持续减少注射吸毒传播。保持禁毒工作的高压态势，进一步减缓新吸毒人员的增加速度，将艾滋病防治与禁毒工作紧密结合，减少注射吸毒传播艾滋病。公安、卫生计生、司法行政、民政、人力资源社会保障等部门要创新吸毒人员服务管理，最大限度地有效管控吸毒人员，开展针对性的戒毒治疗、康复指导和救助服务，帮助他们戒断毒瘾回归社会。对于适合戒毒药物维持治疗的吸毒人员，应当及时转介到戒毒药物维持治疗机构。卫生计生、公安、食品药品监管等部门要进一步做好戒毒药物维持治疗工作的组织协调、信息交流和监督管理，维护治疗机构秩序，提高服务质量和防治效果。注射吸毒人员相对集中地区应当根据实际情况，增设戒毒药物维持治疗门诊或延伸服药点。戒毒药物维持治疗难以覆盖的地区应当继续开展清洁针具交换工作。

（三）提高检测咨询可及性和随访服务规范性，最大限度发现感染者和减少传播

1. 扩大检测服务范围。卫生计生、质检、公安、司法行政、发展改革、财政等部门要支持进一步健全实验室网络，构建布局合理、方便快捷的艾滋病自愿咨询检测网络，根据需要设置艾滋病确证检测实验室，提高检测能力。县级以上医疗机构、妇幼保健机构、疾病预防控制机构应当具备实验室艾滋病检测能力，疫情严重地区的社区卫生服务机构和乡镇卫生院应当具备快速检测能力。各地级市和疫情严重的县（市、区）应当具备确证检测能力。有条件的监管场所和检验检疫机构应当设立艾滋病检测实验室或快速检测点。检测机构要主动为有感染艾滋病风险人员提供检测咨询服务。疫情严重地区要将艾滋病、性病检测咨询纳入婚前自愿医学检查和重点公共场所服务人员健康体检。公安、司法行政、卫生计生部门要加强合作，为打击卖淫嫖娼、聚众淫乱、吸毒贩毒活动中抓获人员以及监管场所被监管人员提供艾滋病检测服务。检测机构要创新服务方式，强化主动服务意识，通过网络、电话预约等多种手段，方便有意愿人群接受检测服务。探索通过药店、网络销售检测试剂等方式开展艾滋病自我检测，建立健全与随访服务等工作衔接的机制。

2. 提高随访服务质量。卫生计生部门要按照常住地管理原则，组织疾病预防控制机构、医疗机构、基层医疗卫生机构和社会组织开展随访服务。要切实提高首次随访工作质量，强化对感染者和病人的心理支持、行为干预及检测、医学咨询和转介等工作，告知其合法权益、责任义务和相关政策法规，督促他们及时将感染情况告知与其有性关系者，并动员开展检测。结合定期随访工作，对感染者和病人的行为及健康状况进行科学评估，提供针对性的随访干预服务。做好流动感染者和病人随访服务，建立健全流出地、流入地疾病预防控制机构转介机制。公安、司法行政、卫生计生等部门要做好监管场所感染者和病人告知及医学咨询、心理支持、出入监管场所转介等随访服务。卫生计生、外交、教育、公安、质检、外专等部门要完善对在华外籍感染者的宣传教育、检测咨询、随访干预、治疗管理等相关防治政策。

3. 加强疫情监测研判。医疗卫生机构要严格依法及时报告艾滋病疫情。卫生计生部门要根据艾滋病疫情和危险因素情况，及时调整、优化监测点设置，加强数据收集，提高监测数据质量。质检部门要对出入境人员开展艾滋病监测，及时向卫生计生部门通报疫情。卫生计生部门要强化艾滋病疫情和耐药监测、信息分析和利用，及时向有关部门提供相关信息，为科学决策提供依据，做好疫情和政务信息公开，回应社会关切。

（四）全面落实核酸检测和预防母婴传播工作，持续减少输血传播和母婴传播

1. 落实血液筛查核酸检测工作。卫生计生、发展改革、财政等部门要完善血站服务体系，合理规划设置血站核酸检测实验室，供应临床的血液全部按规定经过艾滋病病毒、乙肝病毒、丙肝病毒核酸检测。做好核酸检测实验室质量控制，加强信息化建设，有效降低血液残余风险度。建立健全无偿献血长效工作机制，提高固定无偿献血者比例，采取有效措施减少易感染艾滋病危险行为人群献血。公安、卫生计生等部门要依法严厉打击非法采供血液（血浆）和组织他人出卖血液（血浆）活动。出入境检验检疫机构要加强对入出境人体组织、血液、血液制品和生物制品检疫。卫生计生部门要加强对各类医疗卫生机构院内感染控制的培训和管理，做好艾滋病职业暴露处置和调查工作，加强工作人员安全防护。

2. 落实预防母婴传播工作。卫生计生部门要以妇幼健康服务网络为平台，将预防艾滋病、梅毒和乙肝母婴传播工作与妇幼健康服务工作有机结合，重点提高经济发展落后、偏远、少数民族地区开展预防母婴传播服务的能力，促进孕产妇及时接受孕期检查和住院分娩，在预防母婴传播工作全

面覆盖的基础上提高服务质量。医疗卫生机构应当结合婚前保健、孕前保健、孕产期保健、儿童和青少年保健、性病防治等常规医疗保健服务开展预防艾滋病、梅毒和乙肝母婴传播的健康教育和咨询指导，引导新婚人群、孕产妇尽早接受相关检测，对感染艾滋病、梅毒和乙肝的孕产妇及所生儿童提供治疗、预防性用药、监测、随访、转介等系列干预服务。

（五）全面落实救治救助政策，挽救感染者和病人生命并提高生活质量

1. 全力推进抗病毒治疗工作。卫生计生部门要对有意愿且无治疗禁忌症的感染者和病人实施抗病毒治疗。按照就近治疗原则，科学合理设置抗病毒治疗定点医疗机构，优化艾滋病检测、咨询、诊断、治疗等工作流程，提高感染者和病人治疗可及性和及时性。疫情严重地区要推广从诊断到治疗“一站式”服务。抗病毒治疗定点医疗机构要严格执行有关诊疗指南，进一步规范治疗管理，加强耐药检测和病情监测，及时更换药物和处理药物不良反应，提高治疗质量和效果。要加强感染者和病人中结核病等机会性感染疾病的筛查、诊断和治疗工作。传染病防治机构、公共卫生机构、承担感染者和病人综合医疗服务的定点医疗机构等要建立健全与抗病毒治疗定点医疗机构的转诊制度，保障感染者和病人得到及时、规范的抗病毒治疗。加强流动人口中感染者和病人治疗工作，探索建立异地治疗工作机制和保障机制。公安、司法行政、卫生计生等部门要密切配合，为监管场所内符合条件的感染者和病人提供规范化治疗。

2. 逐步扩大中医药治疗规模。中医药、卫生计生等部门要充分发挥中医药在防治艾滋病工作中的作用，健全中医药参与艾滋病防治诊疗工作机制，研究形成中西医综合治疗方案，扩大中医药治疗覆盖面。疫情严重地区和有较好工作基础地区要开展中西医综合治疗试点，逐步扩大试点规模。

3. 加强合法权益保障。要依法保障感染者和病人就医、就业、入学等合法权益。卫生计生部门要根据艾滋病疫情变化，适时调整承担综合医疗服务工作的定点医疗机构。疫情严重地区要适当增加定点医疗机构数量，优化布局，保障感染者和病人就医需要。医疗卫生机构要强化首诊（问）负责制，对诊疗服务中发现的感染者和病人，做好接诊、转诊和相关处置工作，不得以任何理由推诿或者拒绝诊治。民政、人力资源社会保障、卫生计生、财政等部门要认真落实社会保障政策，加强相关社会福利、社会保险、社会救助等政策衔接，确保感染者和病人基本医疗、基本养老、基本生活保障等权益。教育、卫生计生等部门要密切配合，保障受艾滋病影响儿童接受教育的合法权益。

4. 强化救助政策落实。要建立孤儿基本生活最低养育标准自然增长机制，为艾滋病致孤儿童和感染儿童及时、足额发放基本生活费，并加强规范管理和信息化建设，鼓励有条件地区为受艾滋病影响儿童提供必要保障。民政、卫生计生、红十字会、工商联等部门和单位要加强对生活困难感染者和病人生活救助，将政府救助与社会关爱相结合，加强对感染者和病人爱心帮扶、情感支持、临终关怀等工作。扶贫、卫生计生等部门要将艾滋病防治与扶贫开发相结合，按照精准扶贫要求，对艾滋病疫情严重的贫困地区加大扶贫开发力度，支持符合扶贫条件、有劳动能力的感染者和病人开展力所能及的生产活动，共享经济和社会发展成果。公安、司法行政、卫生计生、民政等部门要做好违法犯罪感染者和病人回归社会后的治疗、救助等衔接工作。

（六）全面落实培育引导措施，激发社会组织参与活力

1. 发挥社会组织独特优势。要按照创新社会治理体制总体要求，发挥社会组织易于接触特殊人群、工作方式灵活等优势，将社会力量参与艾滋病防治工作纳入整体防治工作计划。卫生计生、财政、民政等部门要鼓励、支持社会组织在易感染艾滋病危险行为人群干预、感染者和病人随访服

务、关怀救助等领域开展工作。医疗卫生机构要与社会组织密切合作，加强技术指导，建立信息沟通、业务考核等工作制度，实现防治工作有效衔接。社会组织应当在医疗卫生机构指导下，在易感染艾滋病危险行为人群中开展健康教育、安全套推广、艾滋病咨询和动员检测、艾滋病性病诊疗和戒毒药物维持治疗转介等服务，在感染者和病人中开展心理支持、安全性行为教育和治疗依从性教育等服务，动员感染者和病人的配偶或与其有性关系者主动检测。

2. 发挥社会组织参与艾滋病防治基金引导作用。卫生计生、财政、民政等部门要通过多渠道筹资，扩大社会组织参与艾滋病防治基金规模并完善管理。依据公平、公开、公正原则，通过择优竞争方式，支持具备条件、信誉良好的社会组织开展工作，发挥社会组织孵化基地的作用，培育并支持社区社会组织参与艾滋病防治工作。加强基金项目管理，建立监督评价机制，确保资金安全，提高项目成效。要组织、动员和支持社会组织申请基金项目，合理设置社会组织孵化基地，加强培训和扶持，促进符合条件的社会组织登记，强化对社会组织的监督与管理，逐步提高社会组织参与艾滋病防治的工作能力。要引导社会组织不断加强自身能力建设，积极申请地方政府的购买艾滋病防治服务项目，并做好项目实施。

3. 动员社会力量广泛参与。发挥工会、共青团、妇联、红十字会、工商联等单位在艾滋病防治工作中的作用。制定并实施优惠政策，动员和支持企业、基金会、有关组织和志愿者开展与艾滋病防治相关的社会宣传、捐款捐物、扶贫救助等公益活动。

四、保障措施

（一）强化组织领导，落实防治责任

各地区要对本行政区域内的艾滋病综合防治工作负总责，进一步加强组织领导，将防治工作纳入政府工作重要议事日程和考核内容，制定符合本地区疫情特点和工作实际的防治规划，定期分析和研判艾滋病流行形势，落实管理责任制，明确部门职责、工作目标和工作任务。要充分发挥地方各级防治艾滋病工作委员会等协调机制作用，加强对防治工作的统筹协调，形成防治合力。疫情严重地区要实行政府一把手负责制，进一步完善艾滋病防治工作机制，有效控制疫情。要认真开展艾滋病综合防治示范区建设工作，探索适合我国不同流行水平、不同传播特点的工作模式，着力解决重点难点问题，增强防治效果。各有关部门要落实防治职责，将艾滋病防治纳入本部门日常工作，制定年度工作计划，建立考核制度。

（二）加强队伍建设，提高防治能力

各地区要根据本地艾滋病防治需要，进一步优化医院、基层医疗卫生、疾病预防控制、妇幼保健、采供血等机构的职责分工和衔接机制，提高整体防治水平。加强艾滋病防治专业队伍建设，提高疾病预防控制机构的疫情分析研判和防治效果评价能力，配齐配强专业人员，加强培训，提高防治能力。要完善承担艾滋病防治任务定点医院补偿机制，按照国家有关规定，落实艾滋病防治人员卫生防疫津贴、医疗卫生津贴等特殊岗位津贴补贴，在绩效工资分配上适当进行倾斜，为防治队伍正常履职尽责提供保障。

（三）加大投入力度，保障防治经费和药品供应

各级政府要根据卫生投入政策，合理安排艾滋病防治经费，逐步加大投入力度，提高资金使用

效益。要探索通过政府购买服务等方式支持开展艾滋病防治工作。卫生计生、财政、发展改革等部门要对疫情严重地区、中西部贫困地区的艾滋病防治工作给予重点支持，对中医药治疗艾滋病工作给予扶持。卫生计生、工业和信息化、科技、商务、食品药品监管、知识产权、发展改革、中医药等部门要建立会商机制，加强艾滋病防治药物研发，促进专利实施与运用，加快注册审批，保障药品生产供应。卫生计生、财政、税务、海关等部门要依据相关政策规定适时调整免费抗病毒治疗药品目录，落实相关税收优惠政策。逐步将艾滋病药品采购纳入公共资源交易平台，通过招标采购或国家药品价格谈判机制完善采购供应模式，创新支付、配送服务方式，确保价格合理、配送及时、保障供应、质量安全。

（四）加强科研与国际合作，提升防治水平

科技、卫生计生等部门要按照科技计划管理改革要求，统筹研究部署艾滋病相关重点科研工作。结合“艾滋病和病毒性肝炎等重大传染病防治”、“重大新药创制”科技重大专项和自然科学基金项目等实施，组织科研攻关，重点开展艾滋病疫苗、新型诊断试剂及耐药检测技术、预防母婴传播技术及易感染艾滋病危险行为人群感染预防控制策略、创新药物及二线药物仿制、临床及中西医综合治疗方案优化等研究，力争在防控关键环节取得突破。加大以问题为导向的应用性研究力度，加快成果转化及推广应用，为防治工作提供技术支撑。卫生计生等部门要加强国际合作，借鉴和吸收国际先进理念和防治经验。建立健全与周边国家的合作机制，及时交流疫情及防控信息，共同做好边境地区艾滋病防治工作。开展与国际组织、其他发展中国家的合作交流，通过提供技术支持等方式，推广中国艾滋病防治经验，扩大国际影响。

五、督导与评估

国务院防治艾滋病工作委员会办公室要制订本行动计划督导与评估方案，组织相关部门开展督导检查，在“十三五”末组织或委托第三方开展评估工作。各地区、各有关部门要对本行动计划实施进展、质量和成效进行督导与评估，将重点任务落实情况作为督查督办的重要事项，确保本行动计划各项任务得到贯彻落实。

国家残疾预防行动计划

（2016—2020年）

国办发〔2016〕66号

残疾风险伴随每个人，残疾预防与个人健康、家庭幸福、经济社会健康发展息息相关。我国有8500多万残疾人，数量多，负担重，采取适当措施可以有效预防多数残疾的发生。近年来，在党和政府的高度重视以及全社会共同努力下，我国医疗卫生、安全生产、交通安全、残疾人康复等工作不断加强，传染性疾病、营养不良、药物中毒等造成的残疾大幅减少，残疾预防工作取得显著成效。但同时，我国残疾预防工作体系尚不健全，残疾预防公共服务能力、科技创新能力、公众参与能力仍待提高。我国正处于人口老龄化、工业化、城镇化进程中，遗传性、先天性残疾尚未有效控制，慢性病、精神障碍、意外伤害等导致残疾的风险在显著增加，进一步采取措施加大残疾预防工作力度十分紧迫、必要。

为贯彻落实《中共中央　国务院关于促进残疾人事业发展的意见》、《国务院关于加快推进残疾人小康进程的意见》（国发〔2015〕7号），进一步加强残疾预防工作，有效减少、控制残疾的发生、发展，推进健康中国建设，制定本行动计划。

一、总体要求

（一）指导思想

全面贯彻落实党的十八大和十八届二中、三中、四中、五中全会精神，以邓小平理论、“三个代表”重要思想、科学发展观为指导，深入贯彻习近平总书记系列重要讲话精神，认真落实党中央、国务院决策部署，按照“五位一体”总体布局和“四个全面”战略布局，牢固树立和贯彻落实创新、协调、绿色、开放、共享的新发展理念，以维护人民群众健康、保障经济社会健康发展为根本出发点和落脚点，坚持关口前移、预防为主、重心下沉、全民动员、依法推进、科学施策，努力提高全社会残疾风险综合防控能力，有效控制和减少残疾发生。

（二）基本原则

坚持政府主导，全民参与。强化政府责任，建立健全残疾预防政策法规体系，加强残疾预防知识宣传教育和社会动员，形成政府、单位、个人各负其责、协调联动的防控工作体系。

坚持立足基层，综合干预。广泛开展以社区和家庭为基础、以一级预防为重点的三级预防，综合运用医学、经济、法律、社会等手段，着力针对主要致残因素、高危人群，采取专门措施，实施重点防控。

坚持立足实际，科学推进。立足基本国情和各地实际，充分发挥现代科技作用，选择推广适宜有效的预防措施和技术，提高残疾预防工作的专业化、信息化、科学化水平。

（三）工作目标

到2020年，残疾预防工作体系和防控网络更加完善，全社会残疾预防意识与能力显著增强，可比口径残疾发生率在同等收入国家中处于较低水平。

二、主要行动

（一）有效控制出生缺陷和发育障碍致残

加强婚前、孕前健康检查。积极推进婚前医学检查，加强对严重遗传性疾病、指定传染病、严重精神障碍的检查并提出医学意见。实施孕前优生健康检查，为计划怀孕夫妇提供健康教育、医学检查、风险评估、咨询指导等孕前优生服务，推进补服叶酸预防神经管缺陷。孕前健康检查率达80%以上。（国家卫生计生委牵头，全国妇联、中国残联按职责分工负责）

做好产前筛查、诊断。落实《产前诊断技术管理办法》，资助开展唐氏综合症、严重体表畸形重大出生缺陷产前筛查和诊断，逐步实现怀孕妇女孕28周前在自愿情况下至少接受1次出生缺陷产前筛查。产前筛查率达60%以上。（国家卫生计生委负责）

加强新生儿及儿童筛查和干预。落实《新生儿疾病筛查管理办法》，普遍开展新生儿疾病筛查，逐步扩大疾病筛查病种和范围。做好儿童保健工作，广泛开展新生儿访视、营养与喂养指导、生长发育监测、健康咨询与指导，建立新生儿及儿童致残性疾病和出生缺陷筛查、诊断、干预一体化工作机制，提高筛查覆盖率及转诊率、随访率、干预率。新生儿及儿童残疾筛查率达85%以上，干预率达80%以上。（国家卫生计生委、中国残联按职责分工负责）

（二）着力防控疾病致残

有效控制传染性疾病。加强传染病监测，开展疫情报告、流行病学调查等预防控制措施，做好传染病患者的医疗救治。全面实施国家免疫规划，继续将脊髓灰质炎、流行性乙型脑炎等致残性传染病的疫苗接种率维持在较高水平，适时调整纳入国家免疫规划的疫苗种类。落实《疫苗流通和预防接种管理条例》，保证疫苗使用安全。适龄儿童国家免疫规划疫苗接种率达90%以上。（国家卫生计生委负责）

有效控制地方性疾病。针对地方病流行状况，实施补碘、改炉改灶改水、移民搬迁、食用非病区粮食、学龄儿童异地养育等防控措施，基本消除碘缺乏病、大骨节病等重大地方病致残。控制和消除重大地方病的县（市、区）达95%以上。（国家卫生计生委牵头，各省级人民政府按职责分工负责）

加强慢性病防治。开展全民健康生活方式行动，推动科学膳食、全民健身、控烟限酒。倡导居民定期健康体检，引导鼓励政府机关、企事业单位、社会组织等建立健康体检制度。开展脑卒中、心血管病等高危人群筛查，提供健康咨询、干预指导，做好高血压、糖尿病规范治疗及管理。开展致聋、致盲性疾病早期诊断、干预。已管理高血压、糖尿病患者的规范管理率达到60%以上；百万人口白内障复明手术率(CSR)达到2000以上。（国家卫生计生委、体育总局、中国残联按职责分工负责）

加强精神疾病防治。积极开展心理健康促进工作，加强对精神分裂症、阿尔茨海默症、抑郁症、孤独症等主要致残性精神疾病的筛查识别和治疗康复，重点做好妇女、儿童、青少年、老年人、残疾人等群体的心理健康服务。将心理援助纳入突发事件应急预案，为遭遇突发公共事件群体提供心理援助服务。加强严重精神障碍患者救治救助工作，落实监管责任。登记在册的严重精神障碍患者管理率达80%以上。（国家卫生计生委牵头，中央综治办、公安部、民政部、中国残联按职责分工负责）

（三）努力减少伤害致残

加强安全生产监管。强化工作场所职业安全健康管理，开展职业安全健康教育，提高劳动者安全健康防护能力。重点做好待孕夫妇、孕期妇女劳动保护，避免接触有毒有害物质，减少职业危害。开展工矿商贸企业安全生产隐患排查治理，提高事故风险防范、事故救援和应急处置能力，预防工伤、尘肺病、职业中毒及其他职业病致残。加强消防安全管理，排查整治易燃易爆单位和养老院、敬老院、福利院、医院、未成年人保护中心、救助管理站、中小学校、幼儿园等人员密集场所火灾隐患。生产安全事故发生起数、伤亡人数均下降10%以上。（安全监管总局、公安部牵头，教育部、民政部、人力资源社会保障部、国家卫生计生委按职责分工负责）

加强道路交通安全管理。开展道路隐患排查治理，确保公路及其附属设施始终处于良好技术状况。优化机动车产品结构，提升车辆安全标准。加强驾驶人教育培训，普及中小学生交通安全宣传教育，推广使用汽车儿童安全座椅。加强旅游包车、班线客车、危险品运输车、校车及接送学生车辆安全管理，严格落实运输企业主体责任。依法严厉查处严重交通违法行为。完善道路交通事故应急救援机制，提高施救水平。道路交通万车死亡率下降6%。（教育部、工业和信息化部、公安部、交通运输部、国家卫生计生委、质检总局、安全监管总局、国家旅游局按职责分工负责）

加强农产品和食品药品安全监管。加强对农产品和食品中致病性微生物、农药残留、兽药残留、重金属、污染物质以及其他危害人体健康物质的检测和监管力度，有效防范、妥善应对食品安全事件。严肃查处制售假药、劣药行为，规范临床用药，加强药物不良反应监测。（食品药品监管总局、国家卫生计生委、农业部、质检总局按职责分工负责）

加强饮用水和空气污染治理干预。严格保护良好水体和饮用水水源，全面加强全国城乡饮用水卫生监测，及时掌握全国饮用水水质基本状况，确保达到生活饮用水卫生标准。实施农村饮水安全巩固提升工程，指导涉水病区改水。开展空气污染等环境污染对人群健康影响监测，及时治理干预。（环境保护部、水利部、国家卫生计生委按职责分工负责）

增强防灾减灾能力。健全气象、洪涝、海洋、地震、地质灾害等监测和预警预报系统，发挥国家突发事件预警信息发布系统作用，提高突发自然灾害现场应急处置能力和水平。完善社区、学校、医院、车站、工厂等人员密集场所灾害防御设施、措施。加强疏散逃生和自救互救等防灾减灾宣传培训、应急演练及救治。（民政部牵头，教育部、国土资源部、交通运输部、水利部、国家卫生计生

委、中国地震局、中国气象局等按职责分工负责)

减少儿童意外伤害和老年人跌倒致残。开展儿童意外伤害社区、家庭综合干预,创造儿童安全生活环境。积极开展儿童步行、乘车、骑车和防范溺水、跌落、误食等风险的安全教育。完善产品风险和伤害监测体系,实施产品安全预警和风险通报等干预措施,减少儿童意外伤害发生。加强对玩具、电子产品的质量监督和分级管理,减少对儿童青少年视力、听力、精神等方面的伤害。改造易致跌倒的危险环境,提高老年人及其照料者预防跌倒的意识和能力。(教育部、公安部、民政部、质检总局、全国妇联按职责分工负责)

(四)显著改善康复服务

加强康复服务。建立残疾儿童康复救助制度,普遍开展残疾儿童早期康复。推广疾病早期康复治疗,减少残疾发生,减轻残疾程度。将残疾人健康管理和社区康复纳入国家基本公共服务清单,为残疾人提供登记管理、健康指导、康复指导、定期随访等服务。制定残疾人基本康复服务目录,实施精准康复服务行动。残疾人基本康复服务覆盖率达80%以上。(教育部、民政部、国家卫生计生委、中国残联按职责分工负责)

推广辅助器具服务。开展残疾人辅助器具个性化适配,重点普及助听器、助视器、假肢等残疾人急需的辅助器具。将贫困残疾人基本型辅助器具补贴纳入基本公共服务项目清单,鼓励有条件的地方对残疾人基本型辅助器具适配给予补贴。开展辅助器具租赁和回收再利用等社区服务,就近就便满足残疾人短期及应急辅助器具需求。残疾人基本型辅助器具适配率达80%以上。(民政部、中国残联按职责分工负责)

推进无障碍环境建设。推进政府机关、公共服务、公共交通、社区等场所、设施的无障碍改造,新(改、扩)建道路、建筑物和居住区严格执行国家无障碍设计规范。有条件的地方对贫困残疾人家庭无障碍改造给予补贴。加强信息无障碍建设,鼓励省(区、市)、市(地)电视台开设手语栏目,市(地)级以上政府网站无障碍服务能力建设达到基本水平。(中央网信办、工业和信息化部、住房城乡建设部、交通运输部、新闻出版广电总局、中国残联等按职责分工负责)

三、保障措施

(一)加强组织领导,完善工作机制

将残疾预防工作纳入经济社会发展总体规划及相关部门工作职责。相关部门负责在各自职责范围内做好遗传和发育、疾病、伤害等因素致残的预防工作。各级政府残疾人工作委员会负责组织开展残疾预防和残疾人康复工作,统筹实施本行动计划。(各级残疾人工作委员会及其成员单位、各省级人民政府按职责分工负责)

(二)健全法规政策,加大投入力度

加强残疾预防相关立法,推动完善母婴保健、疾病防控、安全生产、道路交通安全、食品药品安全、环境保护、残疾康复等重点领域的法律法规。制定完善残疾预防相关技术规范、标准。不断完善工伤保险辅助器具管理制度。落实好将康复综合评定等20项医疗康复项目纳入基本医疗保险支付范围的政策。加强对重大致残性疾病患者群体的救治救助,将符合条件的贫困严重精神障碍患者全部纳入医疗救助。实施重点康复项目,为城乡贫困残疾人、重度残疾人提供基本康复服务。

在安排重大公共卫生服务项目时适当向残疾预防领域倾斜。（国家发展改革委、教育部、科技部、民政部、财政部、人力资源社会保障部、国家卫生计生委、质检总局、安全监管总局、国务院法制办、中国残联按职责分工负责）

（三）完善服务体系，强化人才队伍

以基层为重点加强公共卫生、卫生应急、医疗服务、安全保障和监管、应急救援、环境污染防治、农产品和食品药品安全监管、康复服务等体系建设，改善基础设施条件，提高服务能力。充分发挥专业服务机构的重要作用，指导社区、家庭做好残疾预防，形成综合性、社会化的残疾预防服务网络。加强医务人员残疾预防知识技能教育培训，加大残疾预防相关人才培养力度，做好相关专业人员的学历教育和继续教育。加快残疾预防领域学科带头人、创新型人才及技术技能人才培养，支持高等学校和职业学校开设康复相关专业。加强专业社会工作者、助残志愿者培训，打造适应残疾预防工作需要的人才队伍。（国家发展改革委、教育部、民政部、人力资源社会保障部、国家卫生计生委、安全监管总局、食品药品监管总局、中国残联按职责分工负责）

（四）优化支持政策，引导社会参与

推广政府和社会资本合作模式，吸引社会资本参与残疾预防项目投资、运营管理，提高残疾预防服务供给能力和效率。推进民办公助，通过补助投资、贷款贴息、运营补贴等方式，支持社会力量举办医疗、康复、辅助器具等相关服务机构，并鼓励其参与承接政府购买服务，在学科建设、人才培养等方面，享受与公立机构同等政策待遇。鼓励各类创业投资机构和融资担保机构对残疾预防领域创新型新业态、小微企业开展业务。鼓励老年人、残疾人、高风险职业从业者等群体投保健康保险、长期护理保险、意外伤害保险等人身保险产品，鼓励和引导商业保险公司开展相关业务。倡导各类企业、社会组织开展形式多样的慈善活动，通过捐款捐赠、志愿服务、设立基金会等方式，支持和参与残疾预防工作。（国家发展改革委、民政部、财政部、人力资源社会保障部、国家卫生计生委、保监会、中国残联按职责分工负责）

（五）加强科学研究，实施重点监测

加强科技部署，按照科技计划（专项、基金等）管理改革要求，统筹布局残疾预防相关科研工作。鼓励高校、科研机构等积极开展致残原因、机理、预防策略与干预技术等方面研究，促进先进、适宜技术及产品在残疾预防领域的应用推广。推进残疾预防综合试验区试点，加强对残疾预防基础信息的收集、分析和研究，建立统一的残疾报告制度，利用互联网、物联网等信息技术，提升残疾预防大数据利用能力，及时掌握残疾发生的特点特征和变化趋势，有针对性地采取应对措施。对出生缺陷、慢性病、意外伤害、环境污染、食品药品安全等重点领域实施动态监测，及时发布预警信息。（中央网信办、教育部、科技部、民政部、财政部、人力资源社会保障部、国家卫生计生委、安全监管总局、食品药品监管总局、中国残联按职责分工负责）

（六）加强宣传教育，提高预防意识

推动设立“全国残疾预防日”。加强残疾预防法治宣传教育，提高政府部门、医疗卫生机构、企事业单位、社会组织、家庭和个人的残疾预防法治观念、责任意识。利用全国爱耳日、全国爱眼日、国际减灾日、全国防灾减灾日、全国中小学生安全教育日、全国消防日、全国交通安全日等宣传节点，发布残疾预防信息，宣讲残疾预防知识，广泛开展残疾预防“进社区、进校园、进家庭”宣传教育活动，增强全社会自我防护的意识和能力。采取针对性措施，做好残疾高发地区、领域及围孕围产期妇女、儿童、青少年、老年人、高风险职业从业者等重点群体的宣传教育工作。（中央宣传部、中央网信办、教育部、工业和信息化部、公安部、民政部、人力资源社会保障部、环境保护部、国家卫生计生委、新闻出版广电总局、安全监管总局、全国总工会、共青团中央、全国妇联、中国残联按职责分工负责)

四、督导检查

国务院残疾人工作委员会适时组织开展督导检查,2020 年实施终期检查。地方各级残疾人工作委员会负责做好本地的督导检查。

“十三五”全国结核病防治规划

国办发〔2017〕16号

为进一步减少结核病危害，加快推进健康中国建设，根据《中华人民共和国传染病防治法》，结合深化医改要求，制定本规划。

一、防治现状

结核病以肺结核为主，是严重危害人民群众身体健康的重大传染病之一。“十二五”期间，各地区、各有关部门认真贯彻党中央、国务院决策部署，依法履行结核病防治职责，落实各项防治措施，进一步健全结核病防治服务体系，取得了明显成效。全国结核病疫情呈逐年下降趋势，共发现并治疗管理活动性肺结核患者427万例，成功治疗率保持在85%以上，肺结核报告发病率、死亡率明显下降，基本实现了“十二五”规划目标。

同时，我国结核病防治工作还面临着诸多问题与挑战。目前我国仍是全球30个结核病高负担国家之一，每年新发结核病患者约90万例，位居全球第3位。结核病发病人数仍然较多，中西部地区、农村地区结核病防治形势严峻。但我国现行结核病防治服务体系和防治能力还不能满足新形势下防治工作需要，部分结核病定点医疗机构诊治条件较差，防治所需设施设备不足，基层防治力量薄弱，流动人口结核病发现和治疗管理难度大，公众对结核病防治知识认知度不高，防范意识普遍不强。“十三五”时期是我国结核病防治的关键时期，需要各地区、各有关部门采取有效可行措施，坚决防控疫情，保障人民群众身体健康。

二、总体要求

（一）指导思想

全面贯彻党的十八大和十八届三中、四中、五中、六中全会精神，深入贯彻习近平总书记系列重要讲话精神和治国理政新理念新思想新战略，认真落实党中央、国务院决策部署,按照“五位一体”总体布局和“四个全面”战略布局,牢固树立和贯彻落实创新、协调、绿色、开放、共享的发展理念,坚持正确的卫生与健康工作方针,以深化医药卫生体制改革为动力,强化结核病患者发现报告、诊断治疗和随访服务等全环节管理,全面推进结核病防治工作,提升全民健康素质,为推进健康中国建设、全面建成小康社会奠定坚实基础。

（二）工作原则

坚持以人民健康为中心,坚持预防为主、防治结合、依法防治、科学防治,坚持政府组织领导、部门各负其责、全社会协同,坚持突出重点、因地制宜、分类指导,稳步推进结核病防控策略。

（三）规划目标

到2020年,政府领导、部门合作、全社会协同、大众参与的结核病防治机制进一步完善。疾病预防控制机构、结核病定点医疗机构、基层医疗卫生机构分工明确、协调配合的服务体系进一步健全,结核病防治服务能力不断提高,实现及早发现并全程规范治疗,人民群众享有公平可及、系统连续的预防、治疗、康复等防治服务。医疗保障政策逐步完善,患者疾病负担进一步减轻。肺结核发病和死亡人数进一步减少,全国肺结核发病率下降到58/10万以下,疫情偏高地区肺结核发病率较2015年下降20%。

1. 报告肺结核患者和疑似肺结核患者的总体到位率达到95%以上。病原学检查阳性肺结核患者的密切接触者筛查率达到95%。肺结核患者病原学阳性率达到50%以上。耐多药肺结核高危人群耐药筛查率达到95%以上。

2. 肺结核患者成功治疗率达到90%以上。基层医疗卫生机构肺结核患者规范管理率达到90%以上。

3. 学生体检结核病筛查比例明显提高。艾滋病病毒感染者的结核病检查率达到90%以上。公众结核病防治核心知识知晓率达到85%以上。

4. 所有地市级定点医疗机构具备开展药敏试验、菌种鉴定和结核病分子生物学诊断的能力。所有县级定点医疗机构具备痰涂片和痰培养检测能力。东中部地区和西部地区分别有80%和70%的县(市、区)具备开展结核病分子生物学诊断的能力。

5. 实现基本医疗保险、大病保险、医疗救助等制度与公共卫生项目的有效衔接。增加抗结核药品供给,提高患者门诊和住院医疗费用保障水平,减少患者因经济原因终止治疗,减轻患者负担,避免因病致贫、因病返贫。

三、防治措施

（一）完善防治服务体系

1. 健全服务网络。各地区要明确省、市、县三级结核病定点医疗机构,并予以公布。各县(市、区)要根据当地疫情、地理、交通、人口等因素确定1家或多家定点医疗机构,改善诊疗条件,方便患者就医,基本实现普通肺结核患者诊治不出县。每个地市至少确定1家定点医疗机构负责诊治耐多药和疑难重症肺结核患者。鼓励三级医院承担定点医疗机构防治任务,重点收治基层转诊特殊病例。所有定点医疗机构要达到呼吸道传染病诊疗和防护条件。

2. 加强队伍建设。各级疾病预防控制机构、定点医疗机构和基层医疗卫生机构要配备专人负责结核病防治工作。加强人员培训,提高承担结核病诊疗和防治管理工作人员的服务能力。各地区要落实传染病防治人员卫生防疫津贴政策,对工作期间患结核病的防治人员按规定给予治疗和相应的工伤或抚恤待遇。建立健全结核病防治工作考核激励机制,调动防治人员的积极性,稳定防治队伍。做好疾病预防控制机构、定点医疗机构和基层医疗卫生机构结核病防治人员和相关实验室检测人员的防护工作,降低防治人员结核病感染率。

3. 推进防治结合。各地区要完善结核病分级诊疗和综合防治服务模式,健全疾病预防控制机构、结核病定点医疗机构、基层医疗卫生机构分工明确、协调配合的服务体系。进一步强化结核病报告和登记管理制度。各级各类医疗卫生机构发现肺结核患者和疑似患者要按照传染病报告要求进行网络直报,并将其转诊至当地定点医疗机构。定点医疗机构负责对肺结核患者进行诊断、治疗、登记、定期复诊检查和健康教育等,要具备结核病痰涂片检测、痰培养检测及结核病分子生物学诊断能力,地市级定点医疗机构还要具备药敏试验、菌种鉴定能力。基层医疗卫生机构负责转诊、追踪肺结核患者或疑似患者及有可疑症状的密切接触者,并根据定点医疗机构制定的治疗方案,对患者居家治疗期间进行督导管理,对患者及其家属进行健康教育等。疾病预防控制机构负责结核病疫情监测与处置,组织开展肺结核患者密切接触者流行病学调查和筛查,开展信息收集与分析,组织落实转诊追踪和患者治疗期间的规范管理,组织开展结核病高发和重点行业人群的防治工作,开展结核病防治宣传教育、技术指导及实验室质量控制等工作。

(二) 多途径发现患者

1. 加大就诊人群中患者发现力度。各级各类医疗卫生机构应当在诊疗和健康体检工作中,加强对有咳嗽、咳痰两周以上或痰中带血等肺结核可疑症状者的排查,发现肺结核疑似患者应转诊到当地定点医疗机构进行规范诊治,并及时报告。

2. 开展重点人群主动筛查。疾病预防控制机构、定点医疗机构和基层医疗卫生机构要相互配合,做好对病原学检查阳性肺结核患者的密切接触者、艾滋病病毒感染者和病人、65岁以上老年人、糖尿病患者等结核病重点人群的主动筛查工作。加强出入境人员结核病主动筛查工作,做好相应的医疗和防控措施。将结核病筛查纳入学校入学、监管场所(监狱、看守所、拘留所、收容教育所、强制隔离戒毒所、强制医疗所等场所)入监(所)和流动人口等人群的健康体检项目,早期发现传染源。疫情高发的县、乡、村要开展肺结核普查。

3. 及时发现耐多药肺结核患者。县级定点医疗机构负责对所有肺结核患者进行痰涂片和痰培养检测,对病原学检查阳性肺结核患者和耐多药肺结核高危人群进行耐药筛查,并将耐多药肺结核疑似患者转至地市级定点医疗机构进行耐药检测和诊断。积极推广耐多药快速检测技术,缩短诊断时间。开展耐药监测工作,掌握结核病流行传播规律和菌株变异情况,优化防治政策。

(三) 规范诊疗行为

1. 实施结核病诊疗规范。各级定点医疗机构要根据肺结核门诊诊疗规范、临床路径和结核病防治工作规范等有关技术指南要求,对肺结核患者进行诊疗,推广使用固定剂量复合制剂。注重发挥中医药在结核病治疗、康复中的作用。定点医疗机构要为基层医疗卫生机构和非定点医疗机构转诊患者建立绿色通道,及时安排就诊。病情稳定的患者要转回基层,由基层医疗卫生机构提供健康管理服务,确保患者接受全程规范治疗。规范医务人员诊疗行为,落实定点医疗机构处方点评、抗结核药品使用、辅助用药等跟踪监控制度。

2. 探索实施传染性肺结核患者住院治疗。有条件的地区要开展传染性肺结核患者住院治疗试点，逐步实现传染期内患者住院治疗。落实结核病感染控制措施，防止医院内交叉感染。

3. 规范耐多药肺结核患者诊疗和管理。定点医疗机构要规范耐多药患者住院治疗，患者出院后纳入门诊登记管理。各地区可因地制宜设立耐多药患者住院治疗点，对病情平稳但仍具有传染性的患者进行规范的住院治疗。疾病预防控制机构要加强对耐多药患者登记管理、诊疗随访和全疗程督导服药等工作的监管和指导。

4. 完善儿童结核病防治措施。提高卡介苗接种覆盖率和接种质量。各省（区、市）应当专门指定儿童结核病定点医疗机构，对儿科医生开展结核病防治技术培训，规范儿童结核病诊断和治疗服务。对传染性肺结核患者的儿童密切接触者中发现的潜伏期感染者进行重点观察。

5. 加强结核病医疗质量控制。各地区要完善结核病医疗质量管理工作机制，根据本地实际制定结核病医疗质量管理相关制度、规范和具体实施方案，将结核病诊疗纳入医疗质量控制工作体系。各省（区、市）要指定1家省级定点医疗机构负责组织有关专家对本省（区、市）结核病诊疗质量进行评估，并将评估结果作为对医院评价的重要依据。

（四）做好患者健康管理服务

要按照国家基本公共卫生服务项目要求做好肺结核患者健康管理服务，并将服务质量纳入对基层医疗卫生机构的考核内容。疾病预防控制机构、定点医疗机构和基层医疗卫生机构要做到患者转诊追踪、治疗管理等工作全程无缝衔接。疾病预防控制机构和定点医疗机构要加强对基层医疗卫生机构的培训、技术指导和督导。推行结核病患者家庭医生签约服务制度。创新方法和手段，充分利用移动互联网等新技术为患者开展随访服务，提高患者治疗依从性。

（五）做好医疗保险和关怀救助工作

要将临床必需、安全有效、价格合理、使用方便的抗结核药品按规定纳入基本医保支付范围。各地区要因地制宜逐步将肺结核（包括耐多药肺结核）纳入基本医疗保险门诊特殊病种支付范围。推进医疗保险支付方式改革，发挥医疗保险对医疗行为和费用的引导制约作用。按照健康扶贫工作要求，对符合条件的贫困结核病患者及时给予相应治疗和救助，患者治疗费用按规定经基本医疗保险、大病保险支付后，发挥医疗救助和其他补助的制度合力，切实降低患者自付比例，避免患者家庭发生灾难性支出而因病致贫返贫。充分发挥社会组织特别是慈善组织等社会力量的作用，开展对贫困结核病患者的关怀和生活救助。

（六）加强重点人群结核病防治

1. 加强结核菌/艾滋病病毒双重感染防控。对艾滋病病毒感染者和病人进行结核病筛查，在艾滋病流行重点县（市、区），为结核病患者提供艾滋病病毒检测服务。负责结核病和艾滋病诊疗的定点医疗机构要建立健全合作机制，共同做好结核菌/艾滋病病毒双重感染者的筛查、诊治和管理工作。

2. 强化学校结核病防控。加强部门合作，建立卫生计生、教育等部门定期例会和信息通报制度。全面落实新生入学体检、因病缺课登记、病因追踪、健康教育等综合防控措施，对学校中的肺结核患者密切接触者开展筛查，及早发现肺结核患者，加强治疗管理，防止学校出现聚集性疫情。进一步加强学校结核病疫情监测和处置，为学校开展结核病防控工作提供专业培训、技术指导等。

3. 加强流动人口结核病防控。按照属地管理原则，做好流动人口结核病患者诊断、报告、转诊追踪、信息登记和治疗、随访服务等工作。对跨区域治疗的患者，做好信息衔接。做好基本医保异地就医直接结算工作。加强流动人口聚集场所宣传教育，提高流动人口结核病防控意识和能力。

4. 加强监管场所被监管人员结核病防控。开展入监(所)体检结核病筛查和日常监测,落实肺结核患者治疗管理,对即将出监(所)的尚未治愈的肺结核患者,监管场所应当及时做好转介工作,将有关信息报送监管场所所在地和被监管人员户籍地(或居住地)疾病预防控制机构,由地方定点医疗机构继续完成治疗。

(七) 保障抗结核药品供应

完善药品采购机制,根据药品特性和市场竞争情况,实行分类采购,确保采购药品质量安全、价格合理、供应充足。鼓励各省(区、市)药品采购机构探索开展抗结核药品联合采购。对临床必需、市场价格低、临床用量小的抗结核药品实行集中挂网,由医院与企业议价采购,保障治疗用药需求。加强抗结核药品质量抽检,重点加强固定剂量复合制剂和二线抗结核药品注射制剂质量控制,确保药品质量。规范抗结核药品临床使用,加强不良反应报告监测和管理。

(八) 提高信息化管理水平

进一步加强结核病防治工作信息化建设。依托全民健康保障信息化工程,提高结核病管理信息的及时性、完整性和准确性,规范结核病信息报告。将定点医疗机构纳入国家结核病防治信息管理系统,及时掌握肺结核患者登记、诊断治疗和随访复查等情况。结合区域人口健康信息平台建设,充分利用定点医疗机构和基层医疗卫生机构现有信息系统收集数据,加强信息整合。逐步实现结核病患者筛查、转诊追踪、诊断治疗、随访复查、治疗管理等全流程信息化管理,实现疾病预防控制机构、医疗卫生机构、基本医保经办机构之间纵向、横向的信息共享。利用远程医疗和远程教育网络,开展结核病防治技术指导和培训。

四、组织实施

(一) 加强组织领导

地方各级人民政府要进一步加强组织领导,将结核病防治工作作为重要民生建设内容,纳入当地经济社会发展规划和政府目标管理考核内容,结合工作实际制定本辖区结核病防治规划及实施方案,落实各项防治责任,完成规划任务。要支持驻地部队开展结核病防治工作。

(二) 落实部门职责

国家卫生计生委要充分发挥国务院防治重大疾病工作部际联席会议办公室的统筹协调作用,会同有关部门共同组织实施本规划并开展监督评估;加大贫困地区结核病防治力度,对农村贫困结核病患者进行分类救治;将结核病防治作为传染病防治监督执法的重要内容;协调完善全国结核病防治服务网络和专业队伍;建立健全结核病防治信息管理和共享机制。中央宣传部、新闻出版广电总局等部门要配合国家卫生计生委开展结核病防治工作公益宣传,大力普及结核病防治知识。国家发展改革委负责加强结核病防治机构等专业公共卫生基础设施建设,改善结核病防治设施条件。教育部负责加强学校结核病防治知识宣传教育,组织落实新生入学体检等学校结核病防控措施,创建良好学校卫生环境,督导学校在疾病预防控制机构指导下做好疫情报告,严防结核病疫情在校园内蔓延。科技部负责加强结核病疫苗、诊断试剂、治疗药物和方案等新技术研究的科技布局,推进科技重大专项等科研项目对结核病防治研究工作的支持;将结核病防治知识宣传纳入科普宣传工作计划。工业和信息化部负责组织协调抗结核药品、试剂的生产供应,完善相关产业政策,支持企业加快技术改造，增强抗结核药品创新和生产能力。公安部、司法部负责会同国家卫生计生委对监狱、看守所、拘留所、收容教育所、强制隔离戒毒所、强制医疗所等场所的被监管人员开展结核病检查和治疗管理；将结核病防治知识纳入监管场所干警和医务人员的岗位培训和教育内容，纳入被监管人员的入监（所）和日常教育内容。民政部负责拟订社会救助政策，对符合条件的贫困结核病患者按规定给予基本生活救助和医疗救助。财政部要根据结核病防治需要、经济发展水平和财力状况，合理安排补助资金并加强资金监管，保障防治工作开展，切实减轻肺结核患者就医负担。人力资源社会保障部和国家卫生计生委负责完善医保政策，推行医保支付方式改革，提高结核病患者医疗保障水平；将结核病防治知识纳入农村劳动力转移培训内容。质检总局负责加强口岸结核病防治知识宣传教育，组织各直属出入境检验检疫机构落实口岸结核病疫情监测和管理工作。食品药品监管总局负责加强对抗结核药品的审批和质量监管，完善药品质量抽验机制。国家中医药局负责指导各地区运用中医药技术方法在结核病诊疗中发挥作用，组织开展中医药防治结核病研究，发挥中医药在防治耐多药肺结核等方面的优势。国务院扶贫办负责加大对建档立卡贫困人口中已治愈、有劳动能力的结核病患者的扶贫开发支持力度，做到精准帮扶、无一遗漏。中国红十字会总会等社会团体负责为贫困结核病患者提供人道主义救助，开展健康教育和关爱活动。

（三）加强宣传教育

关注结核病预防、治疗全过程，不断创新方式方法，充分发挥“12320”公共卫生热线、微博微信、移动客户端等宣传平台作用，全方位、多维度开展宣传工作，推动形成广大群众积极支持、关注和参与结核病防治的良好社会氛围。以世界防治结核病日为契机，集中开展宣传活动。深入开展百千万志愿者结核病防治知识传播行动，把结核病防治知识纳入中小学健康教育内容，将结核病防治宣传教育工作常态化、持续化。对结核病患者及其家属、密切接触者和结核菌/艾滋病病毒双重感染者、学生、流动人口、老年人、糖尿病患者等重点人群，有针对性地开展宣传教育，增强宣传教育实效。

（四）加强科研与国际合作

开展多层次多形式的学术交流和医学教育，培养结核病防治人才，提升防治人员工作能力和研究水平。支持结核病防治研究，在结核病新型诊断试剂、疫苗和药物研发，中医药防治方案以及耐多药肺结核优化治疗方案等方面给予重点支持。加强结核病防治工作国际交流与合作，及时总结推广科研成果和国际合作经验，为我国结核病防治工作提供技术支撑。

五、监督与评估

地方各级人民政府要定期组织对本地区结核病防治工作的监督检查，发现问题及时解决，并通报检查结果和工作改进情况，可引入第三方机构参与考核评价，探索将考核结果作为财政投入、医保支付、职称评聘等重要依据。国家卫生计生委要会同有关部门不定期开展对各地区执行本规划情况的监督检查，于2020年组织开展规划执行情况总结评估，结果报国务院。

全民健身计划

（2016—2020 年）

国发〔2016〕37 号

全民健康是国家综合实力的重要体现，是经济社会发展进步的重要标志。全民健身是实现全民健康的重要途径和手段，是全体人民增强体魄、幸福生活的基础保障。实施全民健身计划是国家的重要发展战略。在党中央、国务院正确领导下，过去五年，经过各地各有关部门和社会各界的共同努力，覆盖城乡、比较健全的全民健身公共服务体系基本形成，为提供更加完备公共体育服务、建设体育强国奠定坚实基础。今后五年，面对人民群众日益增长的体育健身需求、全面建成小康社会的目标要求、推动健康中国建设的机遇挑战，需要更加准确把握新时期全民健身发展内涵的深刻变化，不断开拓发展新境界，使其成为健康中国建设的有力支撑和全面建成小康社会的国家名片。为实施全民健身国家战略，提高全民族的身体素质和健康水平，制定本计划。

一、总体要求

（一）指导思想。全面贯彻党的十八大和十八届三中、四中、五中全会精神，紧紧围绕“四个全面”战略布局和党中央、国务院决策部署，牢固树立和贯彻落实创新、协调、绿色、开放、共享的发展理念，以增强人民体质、提高健康水平为根本目标，以满足人民群众日益增长的多元化体育健身需求为出发点和落脚点，坚持以人为本、改革创新、依法治体、确保基本、多元互促、注重实效的工作原则，通过立体构建、整合推进、动态实施，统筹建设全民健身公共服务体系和产业链、生态圈，提升全民健身现代治理能力，为全面建成小康社会贡献力量，为实现中华民族伟大复兴的中国梦奠定坚实基础。

（二）发展目标。到 2020 年，群众体育健身意识普遍增强，参加体育锻炼的人数明显增加，每周参加 1 次及以上体育锻炼的人数达到 7 亿，经常参加体育锻炼的人数达到 4.35 亿，群众身体素质稳步增强。全民健身的教育、经济和社会等功能充分发挥，与各项社会事业互促发展的局面基本形成，体育消费总规模达到 1.5 万亿元,全民健身成为促进体育产业发展、拉动内需和形成新的经济增长点的动力源。支撑国家发展目标、与全面建成小康社会相适应的全民健身公共服务体系日趋完善,政府主导、部门协同、全社会共同参与的全民健身事业发展格局更加明晰。

二、主要任务

(三)弘扬体育文化,促进人的全面发展。普及健身知识,宣传健身效果,弘扬健康新理念,把身心健康作为个人全面发展和适应社会的重要能力,树立以参与体育健身、拥有强健体魄为荣的个人发展理念,营造良好舆论氛围,通过体育健身提高个人的团队协作能力。引导发挥体育健身对形成健康文明生活方式的作用,树立人人爱锻炼、会锻炼、勤锻炼、重规则、讲诚信、争贡献、乐分享的良好社会风尚。

将体育文化融入体育健身的全周期和全过程,以举办体育赛事活动为抓手,大力宣传运动项目文化,弘扬奥林匹克精神和中华体育精神,挖掘传承传统体育文化,发挥区域特色文化遗产的作用。树立全民健身榜样,讲述全民健身故事,传播社会正能量,发挥体育文化在践行社会主义核心价值观、弘扬中华民族传统美德、传承人类优秀文明成果和提升国家软实力等方面的独特价值和作用。

(四)开展全民健身活动,提供丰富多彩的活动供给。因时因地因需开展群众身边的健身活动,分层分类引导运动项目发展,丰富和完善全民健身活动体系。大力发展健身跑、健步走、骑行、登山、徒步、游泳、球类、广场舞等群众喜闻乐见的运动项目,积极培育帆船、击剑、赛车、马术、极限运动、航空等具有消费引领特征的时尚休闲运动项目,扶持推广武术、太极拳、健身气功等民族民俗民间传统和乡村农味农趣运动项目,鼓励开发适合不同人群、不同地域和不同行业特点的特色运动项目。

激发市场活力,为社会力量举办全民健身活动创造便利条件,发挥网络等新兴活动组织渠道的作用,完善业余体育竞赛体系。鼓励举办不同层次和类型的全民健身运动会,设立残疾人组别,促进健全人与残疾人体育运动融合开展。支持各地、各行业结合地域文化、农耕文化、旅游休闲等资源,打造具有区域特色、行业特点、影响力大、可持续性强的品牌赛事活动。推动各级各类体育赛事的成果惠及更多群众,促进竞技体育与群众体育全面协调发展。重视发挥健身骨干在开展全民健身活动中的作用,引导、服务、规范全民健身活动健康发展。

(五)推进体育社会组织改革,激发全民健身活力。按照社会组织改革发展的总体要求,加快推动体育社会组织成为政社分开、权责明确、依法自治的现代社会组织,引导体育社会组织向独立法人组织转变,推动其社会化、法治化、高效化发展,提高体育社会组织承接全民健身服务的能力和质量。

积极发挥全国性体育社会组织在开展全民健身活动、提供专业指导服务等方面的龙头示范作用。加强各级体育总会作为枢纽型体育社会组织的建设,带动各级各类单项、行业和人群体育组织开展全民健身活动。加强对基层文化体育组织的指导服务,重点培育发展在基层开展体育活动的城乡社区服务类社会组织,鼓励基层文化体育组织依法依规进行登记。推进体育社会组织品牌化发展并在社区建设中发挥作用,形成架构清晰、类型多样、服务多元、竞争有序的现代体育社会组织发展新局面。

（六）统筹建设全民健身场地设施，方便群众就近就便健身。按照配置均衡、规模适当、方便实用、安全合理的原则，科学规划和统筹建设全民健身场地设施。推动公共体育设施建设，着力构建县（市、区）、乡镇（街道）、行政村（社区）三级群众身边的全民健身设施网络和城市社区15分钟健身圈，人均体育场地面积达到1.8平方米，改善各类公共体育设施的无障碍条件。

有效扩大增量资源，重点建设一批便民利民的中小型体育场馆，建设县级体育场、全民健身中心、社区多功能运动场等场地设施，结合基层综合性文化服务中心、农村社区综合服务设施建设及区域特点，继续实施农民体育健身工程，实现行政村健身设施全覆盖。新建居住区和社区要严格落实按“室内人均建筑面积不低于0.1平方米或室外人均用地不低于0.3平方米”标准配建全民健身设施的要求，确保与住宅区主体工程同步设计、同步施工、同步验收、同步投入使用，不得挪用或侵占。老城区与已建成居住区无全民健身场地设施或现有场地设施未达到规划建设指标要求的，要因地制宜配建全民健身场地设施。充分利用旧厂房、仓库、老旧商业设施、农村“四荒”（荒山、荒沟、荒丘、荒滩）和空闲地等闲置资源，改造建设为全民健身场地设施，合理做好城乡空间的二次利用，推广多功能、季节性、可移动、可拆卸、绿色环保的健身设施。利用社会资金，结合国家主体功能区、风景名胜区、国家公园、旅游景区和新农村的规划与建设，合理利用景区、郊野公园、城市公园、公共绿地、广场及城市空置场所建设休闲健身场地设施。

进一步盘活存量资源，做好已建全民健身场地设施的使用、管理和提档升级，鼓励社会力量参与现有场地设施的管理运营。完善大型体育场馆免费或低收费开放政策，研究制定相关政策鼓励中小型体育场馆免费或低收费开放。确保公共体育场地设施和符合开放条件的企事业单位、学校体育场地设施向社会开放。

（七）发挥全民健身多元功能，形成服务大局、互促共进的发展格局。结合“健康中国2030”等总体发展战略，以及科技、教育、文化、卫生、养老、助残等事业发展，统筹谋划全民健身重大项目工程，发挥全民健身在促进素质教育、文化繁荣、社会包容、民生改善、民族团结、健身消费和大众创业、万众创新等方面的积极作用。

充分发挥全民健身对发展体育产业的推动作用，扩大与全民健身相关的体育健身休闲活动、体育竞赛表演活动、体育场馆服务、体育培训与教育、体育用品及相关产品制造和销售等体育产业规模，使健身服务业在体育产业中所占比重不断提高。鼓励发展健身信息聚合、智能健身硬件、健身在线培训教育等全民健身新业态。充分利用“互联网+”等技术开拓全民健身产品制造领域和消费市场，使体育消费在居民消费支出中所占比重不断提高。

（八）拓展国际大众体育交流，引领全民健身开放发展。坚持“请进来、走出去”，拓展全民健身理论、项目、人才、设备等国际交流渠道，推动全民健身向更高层次发展。

搭建全民健身国际交流平台，加强国际间互动交流。传播和推广全民健身发展过程中的中国理念、中国故事、中国人物、中国标准、中国产品，发出中国声音，提升国际影响力，有效发挥全民健身在推广中国文化、提升国家形象和增强国家软实力等方面的独特作用。

（九）强化全民健身发展重点，着力推动基本公共体育服务均等化和重点人群、项目发展。依法保障基本公共体育服务，推动基本公共体育服务向农村延伸，以乡镇、农村社区为重点促进基本公共体育服务均等化。坚持普惠性、保基本、兜底线、可持续、因地制宜的原则，重点扶持革命老区、民族地区、边疆地区、贫困地区发展全民健身事业。

将青少年作为实施全民健身计划的重点人群，大力普及青少年体育活动，提高青少年身体素质。加强学校体育教育，将提高青少年的体育素养和养成健康行为方式作为学校教育的重要内容，保证学生在校的体育场地和锻炼时间，把学生体质健康水平纳入工作考核体系，加强学校体育工作绩效评估和行政问责。全面实施青少年体育活动促进计划，积极发挥“青少年阳光体育大会”等青少年体育品牌活动的示范引领作用，使青少年提升身体素质、掌握运动技能、培养锻炼兴趣，形成终身体育健身的良好习惯。推进老年宜居环境建设，统筹规划建设公益性老年健身体育设施，加强社区养老服务设施与社区体育设施的功能衔接，提高使用率，支持社区利用公共服务设施和社会场所组织开展适合老年人的体育健身活动，为老年人健身提供科学指导。进一步加大对国家全民健身助残工程的支持力度，采取优惠政策，推动残疾人康复体育和健身体育广泛开展。开展职工、农民、妇女、幼儿体育，推动将外来务工人员公共体育服务纳入属地供给体系。加大对社区矫正人员等特殊人群的全民健身服务供给，使其享受更多社会关爱，在融入社会方面增加获得感和满足感。

加快发展足球运动和冰雪运动。着力加大足球场地供给，把建设足球场地纳入城镇化和新农村建设总体规划，因地制宜鼓励社会力量建设小型、多样化的足球场地。广泛开展校园足球活动，抓紧完善常态化、纵横贯通的大学、高中、初中、小学四级足球竞赛体系。积极倡导和组织行业、社区、企业、部队、残疾人、中老年、五人制、沙滩足球等形式多样的民间足球活动，举办多层级足球赛事，不断扩大足球人口规模，促进足球运动蓬勃发展。大力推广普及冰雪运动，利用筹备和举办北京 2022 年冬奥会和冬残奥会的契机，实施群众冬季运动推广普及计划。支持各地建设和改建多功能冰场和雪场，引导社会力量进入冰雪运动领域，推进冰雪运动进景区、进商场、进社区、进学校，扶持花样滑冰、冰球、高山滑雪等具有一定群众基础的冰雪健身休闲项目，打造品牌冰雪运动俱乐部、冰雪运动院校和一系列观赏性强、群众参与度高的品牌赛事活动。积极培育冰雪设备和运动装备产业，推动其发展壮大。鼓励各地依托当地自然人文资源开展形式多样的冰雪运动，实现 3 亿人参与冰雪运动，使冰雪运动的群众基础更加坚实。

三、保障措施

（十）完善全民健身工作机制。通过强化政府主导、部门协同、全社会共同参与的全民健身组织架构，推动各项工作顺利开展。政府要按照科学统筹、合理布局的原则，做好宏观管理、政策制定、资源整合分配、工作监督评估和协调跨部门联动；各有关部门要将全民健身工作与现有政策、目标、任务相对接，按照职责分工制定工作规划、落实工作任务；智库可为有关全民健身的重要工作、重大项目提供咨询服务，并在顶层设计和工作落实中发挥作用；社会组织可在日常体育健身活动的引导、培训、组织和体育赛事活动的承办等方面发挥作用，积极参与全民健身公共服务体系建设。以健康为主题，整合基层宣传、卫生计生、文化、教育、民政、养老、残联、旅游等部门相关工作，在街道、乡镇层面探索建设健康促进服务中心。

（十一）加大资金投入与保障。建立多元化资金筹集机制，优化投融资引导政策，推动落实财税等各项优惠政策。县级以上地方人民政府应当将全民健身工作相关经费纳入财政预算，并随着国民经济的发展逐步增加对全民健身的投入。安排一定比例的彩票公益金等财政资金，通过设立体育场地设施建设专项投资基金和政府购买服务等方式，鼓励社会力量投资建设体育场地设施，支持群众健身消费。依据政府购买服务总体要求和有关规定，制定政府购买全民健身公共服务的目录、办法及实施细则，加大对基层健身组织和健身赛事活动等的购买比重。完善中央转移支付方式，鼓励和引导地方政府加大对全民健身的财政投入。落实好公益性捐赠税前扣除政策，引导公众对全民健身事业进行捐赠。社会力量通过公益性社会组织或县级以上人民政府及其部门用于全民健身事业的公益性捐赠，符合税法规定的部分，可在计算企业所得税和个人所得税时依法从其应纳税所得额中扣除。

（十二）建立全民健身评价体系。制定全民健身相关规范和评价标准，建立政府、社会、专家等多方力量共同组成的工作平台，采用多层级、多主体、多方位的方式对全民健身发展水平进行立体评估，注重发挥各类媒体的监督作用。把全民健身评价指标纳入精神文明建设以及全国文明城市、文明村镇、文明单位、文明家庭和文明校园创建的内容，将全民健身公共服务相关内容纳入国家基本公共服务和现代公共文化服务体系。进一步明确全民健身发展的核心指标、评价标准和测评方法，为衡量各地全民健身发展水平提供科学依据。出台全国全民健身公共服务体系建设指导标准，鼓励各地结合实际制定全民健身公共服务体系建设地方标准，推进全民健身基本公共服务均等化、标准化。鼓励各地依托特色资源，积极创建体育特色城市、体育生活化街道（乡镇）和体育生活化社区（村）。继续完善全民健身统计制度，做好体育场地普查、国民体质监测以及全民健身活动状况调查数据分析，结合卫生计生部门的营养与慢性病状况调查等，推进全民健身科学决策。

（十三）创新全民健身激励机制。搭建更加适应时代发展需求的全民健身激励平台，拓展激励范围，有效调动城乡基层单位和个人的积极性，发挥典型示范带动作用。推行《国家体育锻炼标准》，颁发体育锻炼标准证书、证章，有条件的地方可通过试行向特定人群或在特定时段发放体育健身消费券等方式，建立多渠道、市场化的全民健身激励机制。鼓励对体育组织、体育场馆、全民健身品牌赛事和活动等的名称、标志等无形资产的开发和运用，引导开发科技含量高、拥有自主知识产权的全民健身产品，提高产品附加值。对支持和参与全民健身、在实施全民健身计划中作出突出贡献的组织机构和个人进行表彰。

（十四）强化全民健身科技创新。制定并实施运动促进健康科技行动计划，推广"运动是良医"等理念，提高全民健身方法和手段的科技含量。开展国民体质测试，开发应用国民体质健康监测大数据，研究制定并推广普及健身指导方案、运动处方库和中国人体育健身活动指南，开展运动风险评估，大力开展科学健身指导，提高群众的科学健身意识、素养和能力水平。推动移动互联网、云计算、大数据、物联网等现代信息技术手段与全民健身相结合，建设全民健身管理资源库、服务资源库和公共服务信息平台，使全民健身服务更加便捷、高效、精准。利用大数据技术及时分析经常参加体育锻炼人数、体育设施利用率，进行运动健身效果综合评价，提高全民健身指导水平和全民健身设施监管效率。推进全民健身场地设施创新，促进全民健身场地设施升级换代，为群众提供更加便利、科学、安全、灵活、无障碍的健身场地设施。积极支持体育用品制造业创新发展，采用新技术、新材料、新工艺，提高产品科技含量，增加产品品种，提升体育用品的质量水平和品牌影响力。鼓励企业参与全民健身科技创新平台和科学健身指导平台建设，加强全民健身科学研究和科学健身指导。

（十五）加强全民健身人才队伍建设。树立新型全民健身人才观，发挥人才在推动全民健身中的基础性、先导性作用，努力培养适应全民健身发展需要的组织、管理、研究、健康指导、志愿服务、宣传推广等方面的人才队伍。创新全民健身人才培养模式，加大对民间健身领军示范人物的发掘和扶持力度，重视对基层管理人员和工作人员中榜样人物的培育。将全民健身人才培养与综治、教育、人力资源社会保障、农业、文化、卫生计生、工会、残联等部门和单位的人才教育培训相衔接，畅通各类人才培养渠道。加强竞技体育与全民健身人才队伍的互联互通，形成全民健身与学校体育、竞技体育后备人才培养工作的良性互动局面，为各类体育人才培养和发挥作用创造条件。发挥互联网等科技手段在人才培训中的作用，加大对社会化体育健身培训机构的扶持力度。

（十六）完善法律政策保障。推动在《中华人民共和国体育法》修订过程中进一步完善全民健身的相关内容，依法保障公民的体育健身权利。推动加快地方全民健身立法，加强全民健身与精神文明、社区服务、公共文化、健康、卫生、旅游、科技、养老、助残等相关制度建设的统筹协调，完善健身消费政策，将加快全民健身相关产业与消费发展纳入体育产业和其他相关产业政策体系。建立健全全民健身执法机制和执法体系，做好全民健身中的纠纷预防与化解工作，利用社会资源提供多样化的全民健身法律服务。完善规划与土地政策，将体育场地设施用地纳入城乡规划、土地利用总体规划和年度用地计划，合理安排体育用地。鼓励保险机构创新开发与全民健身相关的保险产品，为举办和参与全民健身活动提供全面风险保障。

四、组织实施

（十七）加强组织领导与协调。各地要加强对全民健身事业的组织领导，建立完善实施全民健身计划的组织领导协调机制，确保全民健身国家战略深入推进。要把全民健身公共服务体系建设摆在重要位置，纳入当地国民经济和社会发展规划及基本公共服务发展规划，把相关重点工作纳入政府年度民生实事加以推进和考核，构建功能完善的综合性基层公共服务载体。

（十八）严格过程监管与绩效评估。县级以上地方人民政府要制定本地《全民健身实施计划（2016—2020年）》，做好任务分工和监督检查，并在2020年对《全民健身实施计划（2016—2020年）》实施情况进行全面评估。建立全民健身公共服务绩效评估指标体系，定期开展第三方评估和社会满意度调查，对重点目标、重大项目的实施进度和全民健身实施计划推进情况进行专项评估，形成包括媒体在内的多方监督机制。

安全生产“十三五”规划

国办发〔2017〕3号

为贯彻落实党中央、国务院关于加强安全生产工作的决策部署，根据《中华人民共和国安全生产法》等法律法规和《中华人民共和国国民经济和社会发展第十三个五年规划纲要》，制定本规划。

一、面临的形势

（一）新进展

“十二五”期间，党中央、国务院高度重视、大力加强和改进安全生产工作，推动经济社会科学发展、安全发展。党的十八大以来，习近平总书记作出一系列重要指示，深刻阐述了安全生产的重要意义、思想理念、方针政策和工作要求，强调必须坚守发展决不能以牺牲安全为代价这条不可逾越的红线，明确要求“党政同责、一岗双责、齐抓共管、失职追责”。李克强总理多次作出重要批示，强调要以对人民群众生命高度负责的态度，坚持预防为主、标本兼治，以更有效的举措和更完善的制度，切实落实和强化安全生产责任，筑牢安全防线。习近平总书记和李克强总理的重要指示批示，为我国安全生产工作提供了新的理论指导和行动指南。各地区、各有关部门和单位坚决贯彻落实党中央、国务院决策部署，进一步健全安全生产法律法规和政策措施，严格落实安全生产责任，全面加强安全生产监督管理，不断强化安全生产隐患排查治理和重点行业领域专项整治，深入开展安全生产大检查，严肃查处各类生产安全事故，大力推进依法治安和科技强安，加快安全生产基础保障能力建设，推动了安全生产形势持续稳定好转，全面完成了安全生产“十二五”规划目标任务。全国生产安全事故总量连续5年下降，2015年各类事故起数和死亡人数较2010年分别下降22.5%和16.8%，其中重特大事故起数和死亡人数分别下降55.3%和46.6%。

（二）新挑战

“十三五”时期，我国仍处于新型工业化、城镇化持续推进的过程中，安全生产工作面临许多挑战。一是经济社会发展、城乡和区域发展不平衡，安全监管体制机制不完善，全社会安全意识、法治意识不强等深层次问题没有得到根本解决。二是生产经营规模不断扩大，矿山、化工等高危行业比重大，落后工艺、技术、装备和产能大量存在，各类事故隐患和安全风险交织叠加，安全生产基础依然薄弱。三是城市规模日益扩大，结构日趋复杂，城市建设、轨道交通、油气输送管道、危旧房屋、玻璃幕墙、电梯设备以及人员密集场所等安全风险突出，城市安全管理难度增大。四是传统和新型生产经营方式并存，新工艺、新装备、新材料、新技术广泛应用，新业态大量涌现，增加了事故成因的数量，复合型事故有所增多，重特大事故由传统高危行业领域向其他行业领域蔓延。五是安全监管监察能力与经济社会发展不相适应，企业主体责任不落实、监管环节有漏洞、法律法规不健全、执法监督不到位等问题依然突出，安全监管执法的规范化、权威性亟待增强。

（三）新机遇

“十三五”时期，安全生产工作面临许多有利条件和发展机遇。一是党中央、国务院高度重视安全生产工作，作出了一系列重大决策部署，深入推进安全生产领域改革发展，为安全生产提供了强大政策支持；地方各级党委政府加强领导、强化监管，狠抓安全生产责任落实，为安全生产工作提供了有力的组织保障。二是随着“四个全面”战略布局持续推进，五大发展理念深入人心，社会治理能力不断提高，全社会文明素质、安全意识和法治观念加快提升，安全发展的社会环境进一步优化。三是经济社会发展提质增效、产业结构优化升级、科技创新快速发展，将加快淘汰落后工艺、技术、装备和产能，有利于降低安全风险，提高本质安全水平。四是人民群众日益增长的安全需求，以及全社会对安全生产工作的高度关注，为推动安全生产工作提供了巨大动力和能量。

二、指导思想、基本原则和规划目标

（一）指导思想

全面贯彻党的十八大和十八届三中、四中、五中、六中全会精神，深入学习贯彻习近平总书记系列重要讲话精神，认真落实党中央、国务院决策部署，紧紧围绕统筹推进“五位一体”总体布局和协调推进“四个全面”战略布局，弘扬安全发展理念，遵循安全生产客观规律，主动适应经济发展新常态，科学统筹经济社会发展与安全生产，坚持改革创新、依法监管、源头防范、系统治理，着力完善体制机制，着力健全责任体系，着力加强法治建设，着力强化基础保障，大力提升整体安全生产水平，有效防范遏制各类生产安全事故，为全面建成小康社会创造良好稳定的安全生产环境。

（二）基本原则

改革引领，创新驱动。坚持目标导向和问题导向，全面推进安全生产领域改革发展，加快安全生产理论创新、制度创新、体制创新、机制创新、科技创新和文化创新，推动安全生产与经济社会协调发展。

依法治理，系统建设。弘扬社会主义法治精神，坚持运用法治思维和法治方式，完善安全生产法律法规标准体系，强化执法的严肃性、权威性，发挥科学技术的保障作用，推进科技支撑、应急救援和宣教培训等体系建设。

预防为主，源头管控。实施安全发展战略，把安全生产贯穿于规划、设计、建设、管理、生产、经营等各环节，严格安全生产市场准入，不断完善风险分级管控和隐患排查治理双重预防机制，有效控制事故风险。

社会协同，齐抓共管。完善“党政统一领导、部门依法监管、企业全面负责、群众参与监督、全社会广泛支持”的安全生产工作格局，综合运用法律、行政、经济、市场等手段，不断提升安全生产社会共治的能力与水平。

（三）规划目标

到2020年，安全生产理论体系更加完善，安全生产责任体系更加严密，安全监管体制机制基本成熟，安全生产法律法规标准体系更加健全，全社会安全文明程度明显提升，事故总量显著减少，重特大事故得到有效遏制，职业病危害防治取得积极进展，安全生产总体水平与全面建成小康社会目标相适应。

专栏1 “十三五”安全生产指标

序号	指 标 名 称	降幅
1	生产安全事故起数	10%
2	生产安全事故死亡人数	10%
3	重特大事故起数	20%
4	重特大事故死亡人数	22%
5	亿元国内生产总值生产安全事故死亡率	30%
6	工矿商贸就业人员十万人生产安全事故死亡率	19%
7	煤矿百万吨死亡率	15%
8	营运车辆万车死亡率	6%
9	万台特种设备死亡人数	20%

注：降幅为2020年末较2015年末下降的幅度。

三、主要任务

（一）构建更加严密的责任体系

1. 强化企业主体责任

落实企业主要负责人对本单位安全生产和职业健康工作的全面责任，完善落实混合所有制、境外中资企业安全生产责任。督促企业依法设置安全生产管理机构，配备安全生产管理人员和注册安全工程师。严格实行企业全员安全生产责任制，明确各岗位的责任人员、责任范围和考核标准，加强对安全生产责任制落实情况的监督考核。完善企业从业人员安全生产教育培训制度。严格执行新建改建扩建工程项目安全设施、职业健康“三同时”（同时设计、同时施工、同时投入生产和使用）制度。制定安全风险辨识与管理指南，完善重大危险源登记建档、检测、评估、监控制度。健全隐患分类分级标准，建立隐患排查治理第三方评价制度以及隐患自查自改自报的管理制度。严格落实企业安全生产条件，保障安全投入，推动企业安全生产标准化达标升级，实现安全管理、操作行为、设备设施、作业环境标准化。鼓励企业建立与国际接轨的安全管理体系。

2. 落实安全监督管理责任

坚持“党政同责、一岗双责、齐抓共管、失职追责”和“管行业必须管安全、管业务必须管安全、管生产经营必须管安全”，强化地方各级党委、政府对安全生产工作的领导，把安全生产列入重要议事日程，纳入本地区经济社会发展总体规划，推动安全生产与经济社会协调发展。厘清安全生产综合监管与行业监管的关系，依法依规制定安全生产权力和责任清单，明确省、市、县负有安全生产监督管理职责部门的执法责任和监管范围，落实各有关部门的安全监管责任。完善矿山、危险化学品、道路交通、海洋石油等重点行业领域安全监管体制。落实开发区、工业园区、港区、风景区等功能区安全监管责任。健全联合执法、派驻执法、委托执法等机制，消除监管盲区和监管漏洞，解决交叉执法、重复执法等问题。

3. 严格目标考核与责任追究

实行党政领导干部任期安全生产责任制，严格各级人民政府对同级安全生产委员会成员单位和下级政府的安全生产工作责任考核。把安全生产纳入经济社会发展和干部政绩业绩考核评价体系，加大安全生产工作的考核权重，严格落实“一票否决”制度。建立安全生产巡查制度，督促各部门和下级政府履职尽责。加快企业安全生产诚信体系建设，完善安全生产不良信用记录及失信行为惩戒机制，在项目核准、政府供应土地、资金政策等方面加大对失信企业的惩治力度。建立生产安全事故重大责任人员职业禁入制度。推动企业建立安全生产责任量化评估结果与薪酬挂钩制度。

（二）强化安全生产依法治理

1. 完善法律法规标准体系

加强安全生产立法顶层设计，制定安全生产中长期立法规划，增强安全生产法制建设的系统性。建立健全安全生产法律法规立改废释并举的工作协调机制，实行安全生产法律法规执行效果评估制度。加强安全生产与职业健康法律法规衔接融合。加快制修订社会高度关注、实践急需、条件相对成熟的重点行业领域专项和配套法规。加强安全生产地方性法规建设，推动将生产经营过程中极易导致重特大生产安全事故的违法行为纳入刑事追究范围，提高违法成本。完善安全生产法律法规解读、公众互动交流信息平台，健全普法宣传教育机制。

专栏2　安全生产法律法规制修订重点

推动危险化学品安全法、安全生产法实施条例、生产安全事故应急条例、高危粉尘作业与高毒作业职业卫生监督管理条例、电梯安全条例等制定工作，以及矿山安全法、道路交通安全法、海上交通安全法、消防法、铁路法、安全生产许可证条例、煤矿安全监察条例、烟花爆竹安全管理条例、生产安全事故报告和调查处理条例、道路交通安全法实施条例、内河交通安全管理条例、水库大坝安全管理条例等修订工作。

建立以强制性标准为主体、推荐性标准为补充的安全生产标准体系。根据安全生产执法结果、事故原因分析和新工艺技术装备应用等情况，及时制修订相关技术标准。鼓励有条件的地区、协会、企业率先制定新产品、新工艺、新业态的安全生产技术标准。支持企业制定高于国家、行业、地方标准的安全生产标准。建立与“一带一路”沿线国家安全生产标准的对标衔接机制。

专栏3　安全生产标准制修订重点

煤矿、非煤矿山、危险化学品、金属冶炼、新型煤化工、高铁运输、城市轨道交通、海洋石油、太阳能发电、地热发电、海洋能发电、城市地下综合管廊、安全防护距离、交通安全设施、个体防护装备、页岩气和煤层气开发、重大事故隐患判定、安全风险分级管控、职业病危害控制、安全生产应急管理、粉尘防爆、化工新工艺准入、油气输送管网建设与运行、风电建设与运行、人工影响天气作业等方面的安全生产标准。

2. 加大监管执法力度

完善安全监管监察执法的制度规范，确定执法的主体、方式、程序、频次和覆盖面。统一安全生产执法标志标识和制式服装。健全执法标准，规范执法文书。建立安全生产行政执法裁量基准制度。建立定区域、定人员、定责任的安全监管监察执法机制。加强对安全生产强制性标准执行情况的监管监察执法。实行安全生产与职业卫生一体化监管执法。完善安全生产行政执法与刑事司法衔接机制，健全线索通报、案件移送、协助调查等制度，依法惩治安全生产领域的违法行为。全面落实行政执法责任制，建立执法行为审议和重大行政执法决策机制，评估执法效果，防止滥用职权。健全执法全过程记录和信息公开制度，公开执法检查内容、过程和结果，定期发布重点监管对象名录。改进事故调查处理工作，完善事故调查处理规则，加强技术与原因分析，强化事故查处挂牌督办、提级调查等措施，落实事故整改措施监督检查和总结评估制度。

3. 健全审批许可制度

深化行政审批和安全准入改革，简化程序，严格标准。编制安全生产行政审批事项服务指南，制定审查工作细则，规范行政审批的程序、标准和内容，及时公开行政审批事项的受理、进展情况和结果。推动安全生产同类审批事项合并审查。改革安全生产专业技术服务机构资质管理办法，明晰各级安全监管监察部门、生产经营单位和专业技术服务机构的职责。加快培育安全生产专业技术服务机构，严格专业技术服务机构和人员从业规范。健全专业技术服务机构服务信息公开、资质条件公告、守信激励和失信惩戒等制度，加强日常监督检查。建立政府购买安全生产服务制度，引入第三方提供安全监管监察执法技术支撑。实行企业自主选择专业技术服务机构。专业技术服务机构依法执业并对技术服务结果负责。

4. 提高监管监察执法效能

制定安全监管监察能力建设标准，实施安全监管监察能力建设规划。完善各级安全监管监察部门执法工作条件，加快形成与监督检查、取证听证、调查处理全过程相配套的执法能力。建立与经济社会发展、企业数量、安全形势相适应的执法力量配备以及工作经费和条件保障机制。严格执法人员资格管理，制定安全监管监察执法人员选拔和专业能力标准，建立以依法履职为核心的执法人员能力评价体系。定期开展安全监管监察执法效果评估。强化安全生产基层执法力量，优化安全监管监察执法人员结构。开展以现场实操为主的基层执法人员实训，每3年对全国安全监管监察执法人员轮训一遍。

（三）坚决遏制重特大事故

加快构建风险等级管控、隐患排查治理两条防线，对重点领域、重点区域、重点部位、重点环节和重大危险源，采取有效的技术、工程和管理控制措施，健全监测预警应急机制，切实降低重特大事故发生频次和危害后果，最大限度减少人员伤亡和财产损失。

煤矿：依法推动高瓦斯、煤与瓦斯突出、水文地质条件复杂且不清、冲击地压等灾害严重的不安全矿井有序退出。完善基于区域特征、煤种煤质、安全生产条件、产能等因素的小煤矿淘汰退出机制。新建、改扩建、整合技改矿井全面实现采掘机械化。优化井下生产布局,减少井下作业人员。推进煤矿致灾因素排查治理。强化煤矿安全监测监控和瓦斯超限风险管控,优先推行瓦斯抽采、区域治理,促进煤矿瓦斯规模化抽采利用。构建水害防治工作体系,落实“防、堵、疏、排、截”五项综合治理措施,提升基础、技术、现场和应急管理水平。强化煤矿粉尘防控,推进煤矿粉尘“抑、减、捕”等源头治理。加强对爆炸性粉尘的管理和监测监控,严格对明火、自燃及机电设备等高温热源的排查管控,杜绝重大灾害隐患的牵引叠加。推动企业健全矿井风险防控技术体系,建立矿井重大灾害预警、设备故障诊断系统。

专栏4 煤矿重大灾害治理重点

瓦斯:通风系统不完善、不可靠,抽采系统能力不足,瓦斯治理不到位,防突措施不落实,瓦斯超限作业,监控系统功能不全等。

水害:水文地质条件不清,探放水未落实“三专”(专业人员、专用设备、专门队伍)要求,承压水超前治理不到位,未按规定留设或开采防隔水煤柱等。

冲击地压:冲击地压矿井采掘布局不合理,未进行冲击地压预测预报,未有效实施解危措施等。

粉尘:粉尘防控体系落实不到位,粉尘检测检验和防治标准不健全,粉尘监测监控系统不完善,粉尘防治技术措施实施不到位等。

非煤矿山:完善非煤矿山隐患排查治理体系,开展采空区、病危险库和“头顶库”专项治理。开展非煤矿山安全生产基本数据普查,推动非煤矿山图纸电子化。制定危险性较大设备检测检验、风险分级监管、尾矿库注销等制度。严格执行主要矿种最小开采规模、最低服务年限准入标准。实行矿山外包用工安全责任清单化管理。鼓励地下矿山采空区实施超前探测、大水矿山实施井下帷幕注浆、高陡边坡开展安全监测。推广尾矿井下充填、干式排尾,开展尾矿综合利用,建设无尾矿山。探索建立海域采矿安全风险防范体系。

危险化学品:推进重点地区制定化工行业安全发展规划。加快实施人口密集区域危险化学品和化工企业生产、仓储场所安全搬迁工程。开展危险化学品专项整治和综合治理。推进化工园区和涉及危险化学品的重大风险功能区区域定量风险评估,科学确定风险容量,推动实现区域安全管理一体化。强化高风险工艺、高危物质、重大危险源管控。健全危险化学品生产、储存、使用、经营、运输和废弃处置等环节的信息共享机制。建立危险化学品发货和装载查验、登记、核准制度。加强危险化学品建设项目立项、规划选址、设计、建设、试生产和运行监管。完善危险化学品分类分级监管机制。推进新工艺安全风险分析和评估。建立化工安全仪表系统安全标志认证制度。推行全球化学品统一分类和标签制度。

专栏5 危险化学品事故防范重点

重点部位:化学品仓储区、城区内化学品输送管线、油气站等易燃易爆剧毒设施;大型石化、煤化等生产装置;国家重要油气储运设施等重大危险源。

重点环节:动火、受限空间作业、检维修、设备置换、开停车、试生产、变更管理。

烟花爆竹:严格烟花爆竹生产准入条件,完善烟花爆竹生产企业关闭转产扶持奖励政策,坚决淘汰不具备安全生产条件的烟花爆竹生产企业,推动安全生产基础薄弱的非主产区企业退出生产。推动烟花爆竹生产企业开展"三库四防"(中转库、药物总库、成品总库以及防爆、防火、防雷、防静电)建设,实现关键危险场所智能化监控。推动骨干、优势企业升级改造,实现重点涉药工序机械化生产和人机、人药隔离操作。严格执行产品流向登记和信息化管理制度,加强黑火药等A级产品管控。推动烟花爆竹产销融合、经营连锁和运输专业化。

工贸行业:推动工贸企业健全安全管理体系,实行分类分级差异化监管。完善受限空间、交叉检修等作业安全操作规范。深化金属冶炼、粉尘防爆、涉氨制冷等重点领域环节专项治理。在冶金企业、涉危涉爆场所推广高危工艺智能化控制和在线监测监控。推动劳动密集型企业作业场所科学布局,实施空间物理隔离和安全技术改造。

专栏6 工贸行业事故防范重点

粉尘涉爆:除尘系统、作业场所积尘。
金属冶炼:高温液态金属吊运、冶金煤气。
涉氨制冷:快速冻结装置、氨直接蒸发制冷空调系统。

道路交通:开展道路交通安全隐患专项治理。落实新建、改扩建道路建设项目安全设施"三同时"制度,推广新建、改扩建道路建设项目安全风险评估制度。加强班线途经道路的安全适应性评估。完善客货运输车辆安全配置标准。开展车辆运输车、液体危险货物运输车等安全治理。强化电动车辆生产、销售、登记、上路行驶等环节的安全监管,严禁未经许可非法生产低速电动车等车辆。加强对道路运输重点管控车辆及其驾驶人的动态监管。完善危险货物运输安全管理和监督检查体系。落实接驳运输、按规定时间停车休息等制度。规范非营运大客车注册登记管理,严厉打击非法改装、非法营运、超速超员、超限超载等违法行为。改革大中型客货车驾驶人职业培训考试机制,加强营运客货车驾驶人职业教育。

专栏7 道路交通事故防范重点

重点管控的车辆类型:危险货物运输车辆、长途客车、旅游包车、校车、重型载货汽车、低速载货汽车和面包车。
事故防范的重点路段:急弯陡坡、临水临崖、连续下坡、团雾多发路段,隧道桥梁,"公跨铁"立交、平交道口。

城市运行安全:统筹城市地上地下建设规划,落实安全保障条件。实施城市安全风险源普查,开展城市安全风险评估。完善城市燃气等各类管网,以及排水防涝、垃圾处理、交通、气象等基础设施建设、运行和管理标准。建设供电、供水、排水、供气、道路桥梁、地下工程等城市重要基础设施安全管理平台。加强对城市隐蔽性设施、地上地下管廊、渣土消纳场等的监测监控。建立大型工程安全技术风险防控机制,开展城市公共设施、老旧建筑隐患综合治理。加强轨道交通设备设施状态和运营状况监测,合理控制客流承载量。严格审批、管控大型群众性活动,完善人员密集场所避难逃生设施。

消防:推动城市、县城、全国重点镇和经济发达镇制修订城乡消防规划。开展消防队标准化建设,配齐配足灭火和应急救援车辆、器材和消防员个人防护装备。推动乡镇按标准建立专职或志愿消防队,构建覆盖城乡的灭火救援力量体系。开展易燃易爆单位、人员密集场所、高层建筑、大型综合体建筑、大型批发集贸市场、物流仓储等区域火灾隐患治理。推行消防安全标准化管理。提升大中小学、幼儿园、医院、养老机构、客运站(码头)等人员密集场所消防安全水平。依法推广家庭火灾报警和逃生装置。

建筑施工:完善建筑施工安全管理制度,强化建设、勘察、设计、施工和工程监理安全责任。加强施工现场安全管理,严厉打击建筑施工转包、违法发包分包和违反工程建设强制性标准等行为。强化深基坑、高支模等危险性较大的分部分项工程安全管理。严格建筑勘察、设计、施工和监理单位资质管理,严禁无资质或超越资质等级范围承揽业务。建立市场准入、违规行为查处、诚信体系建设、施工事故处罚相结合的管理制度。

专栏8 建筑施工事故防范重点

重点部位:大跨度桥梁及复杂隧道、高边坡及高挡墙、高架管线、围堰等。
关键环节:基坑支护及降水工程、结构拆除、土石方开挖、脚手架及模板支撑、起重吊装及安装拆卸工程、爆破拆除等。

水上交通:在重点航运海域、流域、内湖、水库、旅游景区建立极端气象、海洋、地质灾害综合预警防控机制。提高客船稳性、消防逃生等方面安全技术标准,严禁在客船改造中降低稳性。完善船岸通信导航监控系统布局,建设集约化、协同化、智能化的综合指挥系统。加强水上安全监管、应急处置、人员搜救和航海保障能力建设。

渔业船舶:严格渔船初次检验、营运检验和船用产品检验制度。开展渔船设计、修造企业能力评估。推进渔船更新改造和标准化。完善渔船渔港动态监管信息系统,对渔业通信基站进行升级优化。推动海洋渔船(含远洋渔船)配备防碰撞自动识别系统、北斗终端等安全通信导航设备,提升渔船装备管理和信息化水平。

特种设备:创新企业主体责任落实机制,健全分类安全监管制度,实施重点监督检查制度。完善特种设备隐患排查治理和安全防控体系,开展高风险和涉及民生的电梯、起重机械、大型游乐设施等特种设备隐患专项治理。以电梯、气瓶、移动式压力容器等产品为重点,建立生产单位、使用单位、检验检测机构特种设备数据报告制度,实现特种设备质量安全信息全生命周期可追溯。建立特种设备风险预警与应急处置平台,提升特种设备风险监测、预警和应急处置能力。

民用爆炸物品:加强民爆物品生产、流通、使用等关键环节的安全管控。推广民爆物品生产、销售、运输、储存、爆破作业、清退或炸药现场混装等一体化服务模式。以工业炸药、工业雷管为重点,推进机器人和智能成套装备在民爆行业的应用,减少民爆物品生产危险作业场所操作人员和危险品储存数量。

电力:推进电力企业安全风险预控体系建设,建立安全风险分级预警管控制度。建立电力安全协同管控机制,加强电力建设安全监管,落实电力设计单位、施工企业、工程监理企业以及发电企业、电网企业、电力用户等各方面的安全责任。健全电网安全风险分级、分类、排查管控机制,完善电网大面积停电情况下应急会商决策和社会联动机制。健全电力事故警示通报和约谈制度。加强水电站大坝的安全风险预控。强化煤电超低排放和节能改造安全监管。

铁路交通：推进铁路线路安全保护区划定和管理工作。加强“公跨铁”立交桥和铁路沿线安全综合治理。严格铁路施工、维修、设备制造、新线开通、危险货物运输等环节安全管控。加快铁路道口“平改立”，消除城区铁路平交道口，推进线路封闭工作。强化高铁设备运行状态数据的监测、采集和运用，严控高速铁路、长大桥梁、长大隧道安全风险。

民航运输：加快航空安全保障体系建设，提高航空安全监控、技术装备支撑和应急处置等能力。推进《中国民航航空安全方案》实施，完善民航业安全绩效评估系统，健全航空安全预警预防机制。规范通用航空作业管理，完善安全管理机制。健全适航审定组织体系。强化危险品运输安全管理。开展安保审计和航空安保管理体系建设。

农业机械：深入开展“平安农机”创建活动。完善农机注册登记制度。改革农机安全检验制度。加强农机驾驶操作人员安全培训和考核，逐步提高驾驶人员持证率。加强对重点农业机械、重要农时、农机合作社和农机大户的安全监管。推广先进适用的农机安全执法、检验、驾驶人考试、事故调查处理装备。

（四）推进职业病危害源头治理

1. 夯实职业病危害防护基础

开展职业病危害基本情况普查。完善职业病危害项目申报信息网络，构建职业病危害信息动态更新机制，健全职业卫生信息监测和统计制度。将职业病危害防治纳入企业安全生产标准化范围，推进职业卫生基础建设。加大职业病危害防治资金投入，加大对重点行业领域小微型企业职业病危害治理的支持和帮扶力度。加快职业病防治新工艺、新技术、新设备、新材料的推广应用。强化用人单位职业卫生管理，推动企业建立职业卫生监督员制度。完善职业卫生监管执法基本装备指导目录。严格执行职业病危害项目申报、工作场所职业病危害因素检测结果和防护措施公告制度，到2020年重点行业用人单位主要负责人和职业卫生管理人员的职业卫生培训率均达到95%以上。

2. 加强作业场所职业病危害管控

突出作业场所高危粉尘和高毒物质危害预防和控制，有效遏制尘肺病和职业中毒。开展职业病危害风险评估，建立分类分级监管机制，强化职业病危害高风险企业重点监管。建立职业病危害防治名录管理制度，依法限制或淘汰职业病危害严重的技术、工艺、设备、材料，推动职业病危害严重企业技术改造、转型升级或淘汰退出。开展矿山、化工、金属冶炼、建材、电子制造等重点行业领域职业卫生专项治理。严格落实作业场所职业病危害告知、日常监测、定期报告、防护保障和健康体检等制度措施。

专栏9　职业病危害治理重点

重点行业：矿山、化工、金属冶炼、陶瓷生产、耐火材料、电子制造。
重点作业：采掘、粉碎、打磨、焊接、喷涂、刷胶、电镀。
重点因素：煤（岩）尘、石棉尘、矽尘、苯、正己烷、二氯乙烷。

3. 提高防治技术支撑水平

构建国家、省、市、县四级职业病危害防治技术支撑网络。开展职业病危害因素鉴别分析、人体损伤鉴定等基础性研究，研发推广典型职业病危害作业的预防控制关键技术与装备，加快培育职业病危害防治专业队伍。加强职业病危害因素现场识别、职业病诊断鉴定技术保障、职业病综合治疗和康复能力建设。建设全国职业卫生大数据平台。建立国家职业卫生管理人员服务管理网络。

（五）强化安全科技引领保障

1. 加强安全科技研发

制定安全生产科技创新规划，建立政府、企业、社会多方参与的安全技术研发体系。组建基础理论研究协同创新团队，强化重特大事故防控理论研究。通过国家科技计划（专项、基金等）统筹支持安全科技研发工作，推进重大共性关键技术及装备研发。加快提升安全生产重点实验室和技术创新中心自主创新能力。完善安全生产智库体系。健全重点科技资源共享机制，强化安全生产关键成果储备。建立企业与科研院校联合实施的安全技术创新引导机制，形成产学研用战略联盟。

专栏 10　安全生产科技研发重点方向

煤矿重大灾害风险判识及监控预警；超大规模矿山提升运输系统及自动化控制；露天矿山高陡边坡安全监测预警；深海石油天然气安全开采；危险货物港口、化工园区多灾害耦合风险评估与防控；化工工艺装备监测预警与事故防控；危险化学品火灾高效灭火材料及装备；在役油气输送管道风险动态快速监测预警；危险化学品泄漏高灵敏快速检测；危险化学品水上应急处置技术；重点车辆危险驾驶行为辨识与干预；道路交通事故检验鉴定与综合重建技术；高铁运行安全监测监控、防破坏和灾害预警；尘肺病与职业中毒防治；粉尘爆炸事故防控；高危作业场所人员安全行为自动识别；安全监管监察智能化。

2. 推动科技成果转化

继续开展安全产业示范园区创建，制定安全科技成果转化和产业化指导意见以及国家安全生产装备发展指导目录，加快淘汰不符合安全标准、安全性能低下、职业病危害严重、危及安全生产的工艺技术和装备，提升安全生产保障能力。完善安全科技成果转化激励制度，健全安全科技成果评估和市场定价机制，建立市场主导的安全技术转移体系。健全安全生产新工艺、新技术、新装备推广应用的市场激励和政府补助机制。建设安全生产科技成果转化推广平台和孵化创新基地。在矿山、危险化学品等高危行业领域实施“机械化换人、自动化减人”，推广应用工业机器人、智能装备等，减少危险岗位人员数量和人员操作，到2020年底矿山、危险化学品等重点行业领域机械化程度达到80%以上。建立中小企业安全生产和职业病危害防治技术推广服务体系，鼓励研发机构与企业共建安全生产工艺技术协同创新联盟。

专栏 11　安全生产工艺技术推广重点

大型矿山自动化开采；中小型矿山机械化开采；井下大型固定设施无人值守；矿山地压灾害监测与治理；中小型金属非金属矿山采掘设备；油气田硫化氢防护监测；高含硫油品加工安全技术；危险化学品库区雷电预警系统；高陡边坡坝体位移监测预警系统；柔性施压快速封堵技术与装备；水电站大坝安全在线监控；尘源自动跟踪喷雾降尘、吹吸式通风等尘毒危害治理技术装备；高毒物质替代技术；小型移动应急指挥系统；高铁、长大铁路隧道和桥梁专用铁路救援设备；客运车辆、危险化学品运输车辆安全防控技术；高速公路重大交通事故应急指挥决策系统。

3. 推进安全生产信息化建设

推进信息技术与安全生产的深度融合，统一安全生产信息化标准，依托国家电子政务网络平台，完善安全生产信息基础设施和网络系统。全面推进安全监管监察部门安全生产大数据等信息技术应用,构建国家、省、市、县四级重大危险源管理体系,实现跨部门、跨地区数据资源共享共用,提升重大危险源监测、隐患排查、风险管控、应急处置等预警监控能力。推动矿山、金属冶炼等高危企业建设安全生产智能装备、在线监测监控、隐患自查自改自报等安全管理信息系统。推进危险化学品、民爆物品、烟花爆竹等企业建设全过程信息化追溯体系。鼓励中小企业通过购买信息化服务提高安全生产管理水平。

（六）提高应急救援处置效能

1. 健全先期响应机制

建立企业安全风险评估及全员告知制度。完善企业、政府的总体应急预案和重点岗位、重点部位现场应急处置方案。加强高危企业制度化、全员化、多形式的应急演练,提升事故先期处置和自救互救能力。推动高危行业领域规模以上企业专兼职应急救援队伍建设及应急物资装备配备。建设应急演练情景库,开展重特大生产安全事故情景构建。建立企业内部监测预警、态势研判及与政府、周边企业的信息通报、资源互助机制。落实预案管理及响应责任,加强政企预案衔接与联动。建立应急准备能力评估和专家技术咨询制度。

2. 增强现场应对能力

完善事故现场救援统一指挥机制,建立事故现场应急救援指挥官制度。建立应急现场危害识别、监测与评估机制,规范事故现场救援管理程序,明确安全防范措施。推进安全生产应急救援联动指挥平台建设,强化各级应急救援机构与事故现场的远程通信指挥保障。加强应急救援基础数据库建设,建立应急救援信息动态采集、决策分析机制。健全应急救援队伍与装备调用制度。建立京津冀、长江经济带、泛珠三角、丝绸之路沿线等地区应急救援资源共享及联合处置机制。

3. 统筹应急资源保障

加快应急救援队伍和基地建设,规范地方骨干、基层应急救援队伍建设及装备配备,加强配套管理与维护保养。健全安全生产应急救援社会化运行模式,培育市场化、专业化应急救援组织。强化安全生产应急救援实训演练,提高安全生产应急管理和救援指挥专业人员素养。完善安全生产应急物资储备与调运制度,加强应急物资装备实物储备、市场储备和生产能力储备。

专栏 12 应急救援体系建设重点

行业领域:危险化学品、油气输送管道、矿山、高速铁路、高速公路、高含硫油气田、城市输供电系统、城市燃气管网等。

救援能力:人员快速搜救、大型油气储罐灭火、大功率排水、大口径钻进、大负荷稳定供电、仿真模拟、实训演练、通信指挥及决策、事故紧急医疗救援、应急物资及装备储备和调运等。

（七）增强全社会安全文明程度

1. 强化舆论宣传引导

深化安全生产理论研究。建立行业领域、区域安全生产综合评价体系。定期发布国家安全生产白皮书。鼓励主流媒体开办安全生产节目、栏目,加大安全生产公益宣传、知识技能培训、案例警示教育等工作力度。加强微博、微信和客户端建设,形成新媒体传播模式。推动传统媒体与新兴媒体融合发展,构建以"传媒云集市、信息高速路、卫星互联网"为标志的安全生产新闻宣传渠道。开展"安全生产月"、"安全生产万里行"等宣传活动。制定实施安全生产新闻宣传专业人才成长规划,加强新闻发言人、安全生产理论专家、通讯员和社会监督员等队伍建设。加强舆论引导,坚持正确舆论导向,规范网上信息传播技术,建立重特大事故舆情收集、分析研判和快速响应机制。

2. 提升全民安全素质

将安全知识普及纳入国民教育体系,加强中小学安全教育。完善安全生产现代职业教育制度。支持高等学校和中等职业学校加强安全相关学科专业建设。引导有关企业、高等学校构建供需互动的安全主体专业毕业生安全岗位就业机制。实施安全生产卓越工程师培养计划,加强安全科技领军人才队伍建设,建立体现安全智力劳动价值的薪酬分配机制。构建责任明确、载体多样、管理规范的安全培训体系,完善安全生产考试考核基础条件,健全安全培训专业师资库,完善培训教材和考核标准。推进领导干部安全培训办学体制、运行机制、内容方式、师资管理改革,持续开展党政领导干部安全生产专题培训。建立高危企业主要负责人、安全生产管理人员定期复训考核制度。加强高危行业生产一线技能人才安全生产培训,建立健全全覆盖、多层次、经常性的产业工人安全生产培训制度。建立高危行业农民工岗前强制性安全培训制度。

3. 大力倡导安全文化

鼓励和引导社会力量参与安全文化产品创作和推广。广泛开展面向群众的安全教育活动,推动安全知识、安全常识进企业、进学校、进机关、进社区、进农村、进家庭。深化与“一带一路”沿线国家的安全文化交流合作,建立多渠道、多层次的沟通交流机制。推动安全文化示范企业、安全发展示范城市等建设。强化汽车站、火车站、大型广场、大型商场、重点旅游景区等公共场所的安全文化建设。创新安全文化服务设施运行机制,推动安全文化设施向社会公众开放。

四、重点工程

(一) 监管监察能力建设工程

为各级安全监管监察部门补充配备执法装备、执法车辆以及制式服装,完善基础工作条件。建立国家、区域安全监管监察执法效果综合评估考核机制。建设完善国家安全监管监察执法综合实训华北、中南、西南、华南基地。建设安全生产行政审批“一库四平台”(行政审批项目库,网上审批运行平台、政务公开服务平台、法制监督平台、电子监察平台)和安全生产诚信系统。

(二) 信息预警监控能力建设工程

建设全国安全生产信息大数据平台。推动矿山等高危行业企业建设安全生产数据采集上报与信息管理系统,改造升级在线监测监控系统。完善国家主干公路网交通安全防控监测信息系统。建设渔船渔港动态监管、海洋渔业通信、应急救助和海洋渔船(含远洋渔船)船位监测系统。完善渔船集中检验监察平台。推进航空运输卫星通信信息监控能力建设。

(三) 风险防控能力建设工程

推动企业安全生产标准化达标升级。推进煤矿安全技术改造;创建煤矿煤层气(瓦斯)高效抽采和梯级利用、粉尘治理,兼并重组煤矿水文地质普查,以及大中型煤矿机械化、自动化、信息化和智能化融合等示范企业;建设智慧矿山。实施非煤矿山采空区和“头顶库”隐患治理;推动开采深度超过800米的矿井建设在线地压监测系统。开展油气输送管道安全隐患整治攻坚,建设国家油气输送管道地理信息系统;实施危险化学品重大危险源普查与监控。创建金属冶炼、粉尘防爆、液氨制冷等重点领域隐患治理示范企业。推进公路安全生命防护工程建设。加快深远海搜救、探测、打捞和航空安全保障能力建设。实施重点水域、重点港口、重点船舶以及重要基础设施隐患治理。加强高速铁路安全防护。完善内河重要航运枢纽安全设施。

（四）职业病危害治理能力建设工程

开展全国职业病危害状况普查、重点行业领域职业病危害检测详查。实施以高危粉尘作业和高毒作业职业病危害为重点的专项治理。建设区域职业病危害防治平台。完善职业病危害基础研究平台、省级职业病危害检测与物证分析实验室。

（五）城市安全能力建设工程

实施危险化学品和化工企业生产、仓储安全搬迁，到2020年现有位于城镇内人口密集区域的危险化学品生产企业全部启动搬迁改造，完成大型城市城区内安全距离不达标的危险化学品仓储企业搬迁。建设城市安全运行数据综合管理系统。实施区域火灾隐患综合治理。完善城镇建成区消防站、消防装备、市政消火栓等基础设施。推动老旧电梯更新改造。

（六）科技支撑能力建设工程

在高危行业领域创建“机械化换人、自动化减人”示范企业。建设完善国家矿山、危险化学品、职业病危害、城市安全、应急救援等行业领域重大事故防控技术支撑基地。建设安全监管监察执法装备创新研发基地和矿山物联网安全认证与检测平台。完善矿用产品安全准入验证分析中心实验室。建设具备宣传教育、实操实训、预测预警、检测检验和应急救援功能的省级综合技术支撑基地。

（七）应急救援能力建设工程

建设国家安全生产应急救援综合指挥平台和应急通信保障系统。建设重点行业和区域安全生产应急救援联动指挥决策平台。建成国家安全生产应急救援综合实训演练基地，建设危险化学品和油气输送管道应急救援基地，完善国家、区域矿山应急救援基地，健全国家矿山医疗救护体系。推进国家陆地搜寻与救护基地建设和高危行业应急救援骨干队伍、基层应急救援队伍建设，加强安全生产应急救援物资储备库建设。

（八）文化服务能力建设工程

建设国家安全生产新闻宣传数字传播系统和安全生产新闻宣传综合平台。建成安全生产网络学院和远程教育培训平台。完善“安全科学与工程”一级学科。实施全民安全素质提升工程和企业产业工人安全生产能力提升工程。建设安全生产主题公园、主题街道、安全体验馆和安全教育基地。

五、规划实施保障

（一）落实目标责任

加强组织领导，明确分工责任，强化规划实施的协调管理。各地区、各有关部门要制定规划实施方案，分解落实规划的主要任务和目标指标，明确责任主体，确定工作时序和重点，出台配套政策措施，推动实施规划重点工程。要以规划为引领，推动生产经营单位安全生产主体责任到位、安全投入到位、安全培训到位、安全管理到位、应急救援到位。各级安全生产委员会要充分发挥协调作用，及时掌握本地区规划目标和任务完成进度，研究解决跨部门、跨行业的安全生产重大问题。

（二）完善投入机制

积极营造有利于各类投资主体公平有序竞争的安全投入环境，促进安全生产优势要素合理流动和有效配置。加强中央、地方财政安全生产预防及应急等专项资金使用管理，重点支持油气输送管道隐患治理、安全生产信息体系建设、应急救援基地建设等相关工作。鼓励采用政府和社会资本合作、投资补助等多种方式，吸引社会资本参与有合理回报和一定投资回收能力的安全基础设施项目建设和重大安全科技攻关。鼓励金融机构对生产经营单位技术改造项目给予信贷支持。

（三）强化政策保障

统筹谋划安全生产政策措施，着力破解影响安全发展的重点难点问题。完善淘汰落后产能及不具备安全生产条件企业整顿关闭、重点煤矿安全升级改造、重大灾害治理、烟花爆竹企业退出转产政策。支持加快非煤矿山企业实施采空区治理、尾矿综合利用、油气输送管道隐患治理等方面工作。拓宽渔业互助保险和渔业保险覆盖范围。完善安全生产专用设备企业所得税优惠目录。健全企业安全生产费用提取与使用管理制度，建立企业安全生产责任保险制度。完善工伤保险与工伤事故及职业病预防相结合的机制，合理确立工伤保险基金工伤预防费的提取比例，充分发挥工伤保险浮动费率机制的作用。制定应急救援社会化有偿服务和应急救援人员因救援导致伤亡的人身保险保障、伤亡抚恤、褒奖等政策，探索研究应急救援物资装备征用补偿机制。

（四）加强评估考核

做好有关国家专项规划、部门规划和地方规划与本规划的衔接，确保规划目标一致、任务统一、工程同步、政策配套。各地区、各有关部门要制定规划实施考核办法及执行评价指标体系，加强对规划实施情况的动态监测。健全规划实施的社会监督机制，鼓励社会公众积极参与规划实施评议。安全监管总局要在 2018 年牵头开展规划中期评估，并根据评估结果，及时对规划范围、主要目标、重点任务进行动态调整，优化政策措施和实施方案；在 2020 年对规划最终实施情况进行评估并向社会公布结果。

“十三五”国家食品安全规划

国发〔2017〕12 号

保障食品安全是建设健康中国、增进人民福祉的重要内容，是以人民为中心发展思想的具体体现。为实施好食品安全战略，加强食品安全治理，根据《中华人民共和国国民经济和社会发展第十三个五年规划纲要》，制定本规划。

一、现状和形势

“十二五”期间，各地区、各部门进一步加大工作力度，食品安全形势总体稳定向好，人民群众饮食安全得到切实保障。

（一）食品产业快速发展。到“十二五”末，全国获得许可证的食品生产企业13.5 万家、流通企业 819 万家、餐饮服务企业 348 万家；规模以上食品工业企业主营业务收入 11.35 万亿元，年均递增 12.5%。进出口食品贸易额增长 23.9%。

（二）监管力度持续加大。无公害农产品种植面积增加 2000 万亩。查处食品安全违法案件 95.8 万起，侦破食品安全犯罪案件 8 万余起。2015 年国家食品安全监督抽检 17.2 万批次，合格率为 96.8%。进出口食品安全水平持续稳定。实行“明厨亮灶”的餐饮服务企业 41.8 万家，实行量化分级管理的餐饮服务企业 275 万家。在 100 个城市开展餐厨废弃物资源化利用和无害化处理试点。

（三）支撑保障能力稳步加强。实施食品安全检（监）测能力建设项目，安排中央基建投资 184.5 亿元。食品安全科技创新体系逐步完善。食品监测覆盖范围不断扩大，食源性疾病监测网络哨点医院达 3883 家，食品污染物和有害因素监测点达 2656 个。成立了国家食品安全风险评估中心，建立了 100 家农产品质量安全风险评估实验室。

（四）监管体制不断完善。国务院成立食品安全委员会，组建食品药品监管总局，各级政府普遍建立了食品安全综合协调机制并明确办事机构，统一权威监管体制建设取得显著进展。

（五）法律法规标准体系进一步健全。修订食品安全法、兽药管理条例等 10

部法律法规，制修订20余部食品安全部门规章，6个省（区、市）出台了食品生产加工小作坊和食品摊贩管理地方性法规。最高人民法院、最高人民检察院出台关于办理危害食品安全刑事案件适用法律若干问题的解释，最高人民法院出台审理食品药品纠纷案件适用法律若干问题的规定。国家卫生计生委清理食品标准5000项，整合400项，发布新的食品安全国家标准926项、合计指标1.4万余项。农业部新发布农药残留限量指标2800项，清理413项农药残留检验方法。

（六）社会共治格局初步形成。连续5年举办“全国食品安全宣传周”活动，累计覆盖7亿多人次。食品生产经营者诚信守法意识、公众食品安全意识和社会参与度进一步提高。开通“12331”全国食品药品投诉举报电话，推行有奖举报制度。开展食品安全信用体系建设试点，获得诚信管理体系评价证书的食品企业600余家，婴幼儿配方乳粉企业全部建立诚信管理体系。

在肯定成绩的同时，必须清醒认识到，我国仍处于食品安全风险隐患凸显和食品安全事件集中爆发期，食品安全形势依然严峻。一是源头污染问题突出。一些地方工业“三废”违规排放导致农业生产环境污染，农业投入品使用不当、非法添加和制假售假等问题依然存在，农药兽药残留和添加剂滥用仍是食品安全的最大风险。二是食品产业基础薄弱。食品生产经营企业多、小、散，全国1180万家获得许可证的食品生产经营企业中，绝大部分为10人以下小企业。企业诚信观念和质量安全意识普遍不强，主体责任尚未完全落实。互联网食品销售迅猛增长带来了新的风险和挑战。三是食品安全标准与发达国家和国际食品法典标准尚有差距。食品安全标准基础研究滞后，科学性和实用性有待提高，部分农药兽药残留等相关标准缺失、检验方法不配套。四是监管能力尚难适应需要。监管体制机制仍需完善，法规制度仍需进一步健全，监管队伍特别是专业技术人员短缺，打击食品安全犯罪的专业力量严重不足，监管手段、技术支撑等仍需加强，风险监测和评估技术水平亟待提升。

“十三五”时期是全面建成小康社会的决胜阶段，也是全面建立严密高效、社会共治的食品安全治理体系的关键时期。尊重食品安全客观规律，坚持源头治理、标本兼治，确保人民群众“舌尖上的安全”，是全面建成小康社会的客观需要，是公共安全体系建设的重要内容，必须下大力气抓紧抓好。

二、总体要求

（一）指导思想

全面贯彻党的十八大和十八届三中、四中、五中、六中全会精神，以马克思列宁主义、毛泽东思想、邓小平理论、“三个代表”重要思想、科学发展观为指导，深入贯彻习近平总书记系列重要讲话精神，认真落实党中央、国务院决策部署，紧紧围绕统筹推进“五位一体”总体布局和协调推进“四个全面”战略布局，牢固树立和贯彻落实创新、协调、绿色、开放、共享的发展理念，坚持最严谨的标准、最严格的监管、最严厉的处罚、最严肃的问责，全面实施食品安全战略，着力推进监管体制机制改革创新和依法治理，着力解决人民群众反映强烈的突出问题，推动食品安全现代化治理体系建设，促进食品产业发展，推进健康中国建设。

（二）基本原则

1. 预防为主。坚持关口前移，全面排查、及时发现处置苗头性、倾向性问题，严把食品安全的源头关、生产关、流通关、入口关，坚决守住不发生系统性区域性食品安全风险的底线。

2. 风险管理。树立风险防范意识，强化风险评估、监测、预警和风险交流，建立健全以风险分析为基础的科学监管制度，严防严管严控风险隐患，确保监管跑在风险前面。

3. 全程控制。严格实施从农田到餐桌全链条监管，建立健全覆盖全程的监管制度、覆盖所有食品类型的安全标准、覆盖各类生产经营行为的良好操作规范，全面推进食品安全监管法治化、标准化、专业化、信息化建设。

4. 社会共治。全面落实企业食品安全主体责任，严格落实地方政府属地管理责任和有关部门监管责任。充分发挥市场机制作用，鼓励和调动社会力量广泛参与，加快形成企业自律、政府监管、社会协同、公众参与的食品安全社会共治格局。

（三）发展目标

到2020年，食品安全治理能力、食品安全水平、食品产业发展水平和人民群众满意度明显提升。主要实现以下目标：

1. 食品安全抽检覆盖全部食品类别、品种。国家统一安排计划、各地区各有关部门分别组织实施的食品检验量达到每年4份/千人。其中，各省（区、市）组织的主要针对农药兽药残留的食品检验量不低于每年2份/千人。

2. 农业源头污染得到有效治理。主要农作物病虫害绿色防控覆盖率达到30%以上，农药利用率达到40%以上，主要农产品质量安全监测总体合格率达到97%以上。

3. 食品安全现场检查全面加强。职业化检查员队伍基本建成，实现执法程序和执法文书标准化、规范化。对食品生产经营者每年至少检查1次。实施网格化管理，县、乡级全部完成食品安全网格划定。

4. 食品安全标准更加完善。制修订不少于300项食品安全国家标准，制修订、评估转化农药残留限量指标6600余项、兽药残留限量指标270余项。产品标准覆盖包括农产品和特殊人群膳食食品在内的所有日常消费食品，限量标准覆盖所有批准使用的农药兽药和相关农产品，检测方法逐步覆盖所有限量标准。

5. 食品安全监管和技术支撑能力得到明显提升。实现各级监管队伍装备配备标准化。各级食品安全检验检测能力达到国家建设标准，进出口食品检验检测能力保持国际水平。

三、主要任务

（一）全面落实企业主体责任

食品生产经营者应当严格落实法定责任和义务。遵守相关法律法规和标准，采取多种措施，确保生产过程整洁卫生并符合有关标准规范，确保生产经营各环节数据信息采集留存真实、可靠、可溯源。建立健全食品安全管理制度，配备食品安全管理人员。主动监测已上市产品质量安全状况，及时报告风险隐患，依法召回、处置不符合标准或存在安全隐患的食品。

开展食品安全师制度试点。鼓励食品生产经营企业建设规模化原辅材料和食品加工、配送基地，加强供应链管理，发展连锁经营、集中采购、标准化生产、统一配送等现代经营方式。加强冷链物流基础设施建设，提升冷链物流管理标准和管理水平。鼓励企业按照良好生产经营规范组织生产，实施危害分析和关键控制点体系、良好生产规范、食品安全管理体系、食品防护计划等自愿性质量管理规范，通过相关认证的可以在其产品包装上予以标识。鼓励和支持食品生产经营小作坊、小摊贩、小餐饮改善生产经营条件。加强食品品牌建设。

（二）加快食品安全标准与国际接轨

建立最严谨的食品安全标准体系。加快制修订产业发展和监管急需的食品基础标准、产品标准、配套检验方法标准、生产经营卫生规范等。加快制修订重金属、农药残留、兽药残留等食品安全标准。密切跟踪国际标准发展更新情况，整合现有资源建立覆盖国际食品法典及有关发达国家食品安全标准、技术法规的数据库，开展国际食品安全标准比较研究。加强标准跟踪评价和宣传贯彻培训。鼓励食品生产企业制定严于食品安全国家标准、地方标准的企业标准，鼓励行业协会制定严于食品安全国家标准的团体标准。依托现有资源，建立食品安全标准网上公开和查询平台，公布所有食品安全国家标准及其他相关标准。整合建设监测抽检数据库和食品毒理学数据库，提升标准基础研究水平。将形成技术标准作为组织实施相关科研项目的重要目标之一，并列入食品科研重要考核指标，相关成果可以作为专业技术资格评审依据。

专栏 1　食品安全国家标准提高行动计划

（一）制修订食品安全国家标准

制修订不少于 300 项食品安全国家标准，加快生产经营卫生规范、检验方法等标准制定。制修订农药残留限量指标 3987 项，评估转化农药残留限量指标 2702 项，清理、修订农药残留检验方法 413 项，研究制定农药残留国家标准技术规范 7 项，建立农业残留基础数据库 1 个。制定食品中兽药最大残留限量标准，完成 31 种兽药 272 项限量指标以及 63 项兽药残留检测方法标准制定。

（二）加强食品安全国家标准专业技术机构能力建设

依托国家和重点省份食品安全技术机构，设立若干标准研制核心实验室。

（三）完善法律法规制度

加快构建以食品安全法为核心的食品安全法律法规体系。修订农产品质量安全法、食品安全法实施条例、农药管理条例、乳品质量安全监督管理条例。推进土壤污染防治法、粮食法、肥料管理条例等立法进程。推动各地加快食品生产加工小作坊和食品摊贩管理等地方性法规规章制修订。制修订食品标识管理、食品安全事件调查处理、食品安全信息公布、食品安全全程追溯、学校食堂食品安全监督管理等配套规章制度。完善国境口岸食品安全规章制度。

（四）严格源头治理

深入开展农药兽药残留、重金属污染综合治理。开展化肥农药使用量零增长行动，全面推广测土配方施肥、农药精准高效施用。加快高效、低毒、低残留农药新品种研发和推广，实施高毒、高残留农药替代行动。实施兽用抗菌药治理行动，逐步淘汰无残留限量标准和残留检测方法标准的兽药及其制剂。严格落实农药兽药登记和安全使用制度，推行高毒农药定点经营和实名购买制度。推进重金属污染源头治理，摸清土壤污染分布情况，开展污染耕地分级分类治理。

提高农业标准化水平。实施农业标准化推广工程，推广良好农业规范。继续推进农业标准化示范区、园艺作物标准园、标准化规模养殖场（小区）、水产健康养殖场建设。支持良好农业规范认证品牌农产品发展，提高安全优质品牌农产品比重。建立健全畜禽屠宰管理制度，加快推进病死畜禽无害化处理与养殖业保险联动机制建设，加强病死畜禽、屠宰废弃物无害化处理和资源化利用。

加强粮食质量安全监测与监管，推动建立重金属等超标粮食处置长效机制。推动农产品生产者积极参与国家农产品质量安全追溯管理信息平台运行。开展肉类、蔬菜等产品追溯体系建设的地区要加快建立高效运行长效机制。

专栏2　食用农产品源头治理工程

（一）农药残留治理工程

主要农作物病虫害绿色防控覆盖率达到30%以上，专业化统防统治覆盖率达到40%以上，农药利用率达到40%以上。

（二）兽药残留治理工程

新研发和推广低毒、低残留新兽药产品100种，淘汰高风险兽药产品100种。动物产品兽药残留合格率保持在97%以上。

（三）测土配方施肥推广工程

测土配方施肥技术覆盖率达到90%以上，畜禽粪便养分还田率达到60%以上，水肥一体化技术推广面积达到1.5亿亩，机械施肥面积占主要农作物种植面积的40%以上，主要农作物化肥利用率达到40%以上。

（四）农业标准化推广工程

标准化生产示范园（场）全部通过“三品一标”（无公害农产品、绿色食品、有机农产品和农产品地理标志）认证登记，有机农产品种植基地面积达到300万公顷，绿色食品种植基地面积达到1200万公顷。

（五）农产品质量安全保障工程

完善国家农产品质量安全追溯管理信息平台，健全农产品质量安全监管体系，提高基层监管能力。

（五）严格过程监管

严把食品生产经营许可关。对食品（含食品添加剂）生产、直接接触食品的包装材料等具有较高风险的相关产品、食品经营（不含销售食用农产品）依法严格实施许可管理。深化“放管服”改革，优化许可流程，提高审批效率。整合现有资源，建立全国统一的食品生产经营许可信息公示系统。落实地方政府尤其是县级政府责任，实施餐饮业质量安全提升工程。获得许可证的餐饮服务单位全面推行“明厨亮灶”。推进餐厨废弃物资源化利用和无害化处理试点城市建设。

严格生产经营环节现场检查。食品生产经营企业应当认真履行法定义务，严格遵守许可条件和相关行为规范。科学划分食品生产经营风险等级，加强对高风险食品生产经营企业的监督检查。科学制定国家、省、市、县级食品检查计划，确定检查项目和频次。国务院食品安全监管有关部门负责建立和完善食品生产经营监督检查制度和技术规范，依据职责监督抽查大型食品生产经营企业；省级食品安全监管部门负责制定本省（区、市）年度监督管理计划，抽查本行政区域内大型食品生产经营企业，督导核查市、县级监督管理工作；市、县级食品安全监管部门负责日常监督检查，在全覆盖基础上按照“双随机、一公开”原则开展日常检查。现场检查应按照年度监督检查计划进行，覆盖所有生产经营者，重点检查农村、学校、幼儿园等重点区域，小作坊、小摊贩、小餐饮等重点对象，冷链贮运等重点环节，以及中高风险食品生产经营者。大力推进学校食堂、幼儿园食堂实时监控工作。

严格特殊食品监管。推进保健食品注册与备案制改革，完善保健食品保健功能目录，科学调整功能表述。制定保健食品原料目录、可用和禁用于保健食品物品名单。严厉打击保健食品虚假宣传、商业欺诈、诱骗消费者购买等违法行为。严格特殊医学用途配方食品、婴幼儿配方乳粉产品配方注册管理。

严格网格化监管。科学划定县、乡级行政区域内食品安全网格，合理配备监管协管力量，做到“定格、定岗、定员、定责”。建立健全责任包干、信息管理、上下联动、社会协作、协调处理、宣传引导、考核评价等制度,有效消除各类风险隐患。到“十三五”末,县、乡级100%完成食品安全网格划定。

严格互联网食品经营、网络订餐等新业态监管。加强互联网食品经营网上监测能力建设。落实网络平台食品经营资质审核责任,完善网上交易在线投诉和售后维权机制。

严格食品相关产品监管。通过安全评估确定风险等级,对高风险的食品相关产品实施生产许可,逐步形成以监督检查为手段,以风险监测和抽样检验为验证的事中事后监管体系。

严格进出口食品安全监管。实施进口食品安全放心工程,强化口岸检验检疫。实施进出口食品安全风险预警和进出口企业信誉记录制度,建立风险预警平台,大力加强境外体系检查。完善进出口食品质量安全检验检测,制定进口食品安全监督抽检计划和风险监测计划。严格实施进口食品境外生产企业注册。加强跨境电子商务进口食品检验检疫监管。

推动特色食品加工示范基地建设。在原料资源丰富地区,选择一批地方特色突出的食品产业园区,以知名品牌和龙头企业为引领,开展集食品研发创新、检测认证、包装印刷、冷链物流、人才培训、工业旅游、集中供热、污水集中处理等于一体的现代食品工业基地建设示范,提高基础设施和公共服务水平,开展集中监管,发挥示范引领作用,带动食品产业转型升级和食品质量安全管理水平整体提升。

(六) 强化抽样检验

食品安全抽样检验覆盖所有食品类别、品种,突出对食品中农药兽药残留的抽检。科学制定国家、省、市、县级抽检计划。国务院食品安全监管有关部门主要承担规模以上或产品占市场份额较大食品生产企业的产品抽检任务,省级食品安全监管部门主要承担本行政区域内所有获得许可证的食品生产企业的产品抽检任务,市、县级食品安全监管部门主要承担本行政区域内具有一定规模的市场销售的蔬菜、水果、畜禽肉、鲜蛋、水产品农药兽药残留抽检任务以及小企业、小作坊和餐饮单位抽检任务。市、县级食品安全监管部门要全面掌握本地农药兽药使用品种、数量,特别是各类食用农产品种植、养殖过程中农药兽药使用情况,制定的年度抽检计划和按月实施的抽检样本数量要能够覆盖全部当地生产销售的蔬菜、水果、畜禽肉、鲜蛋和水产品,每个品种抽样不少于20个,抽样检验结果及时向社会公开。将食品安全抽检情况列为食品安全工作考核的重点内容。

专栏3 食品安全监管行动计划

(一)食品安全监督抽检工程

到2020年,国家统一安排计划、各地区各有关部门分别组织实施的食品检验量达到每年4份/千人。其中,各省(区、市)组织的主要针对农药兽药残留的食品检验量不低于每年2份/千人。探索开展国家食品安全评价性抽检工作。

(二)特殊食品审评能力建设

加强特殊食品审评工作,加强专职审评员队伍建设,依法按时完成保健食品、特殊医学用途配方食品和婴幼儿配方乳粉产品配方技术审评任务。

(三)进出口食品安全监管提升计划

对50个主要对我国出口食品的国家(地区)开展食品安全体系评估和回顾性检查。严格实施进口食品监督抽检,监督抽检产品种类实现全覆盖。建设20个进口食品进境检验检疫指定口岸。新建100个国家级出口食品安全示范区。

(四)餐饮业质量安全提升工程

推进餐饮业实施餐饮服务食品安全操作规范,加强餐饮食品安全员考核,完善餐饮服务食品安全标准。落实地方政府尤其是县级政府责任,实现餐饮食品安全监管全覆盖。

（七）严厉处罚违法违规行为

整治食品安全突出隐患及行业共性问题。重点治理超范围超限量使用食品添加剂、使用工业明胶生产食品、使用工业酒精生产酒类食品、使用工业硫磺熏蒸食物、违法使用瘦肉精、食品制作过程违法添加罂粟壳等物质、水产品违法添加孔雀石绿等禁用物质、生产经营企业虚假标注生产日期和保质期、用回收食品作为原料生产食品、保健食品标签宣传欺诈等危害食品安全的“潜规则”和相关违法行为。完善食品中可能违法添加的非食用物质名单、国家禁用和限用农药名录、食用动物禁用的兽药及其他化合物清单，研究破解“潜规则”的检验方法。

整合食品安全监管、稽查、检查队伍，建立以检查为统领，集风险防范、案件调查、行政处罚、案件移送于一体的工作体系。各级公安机关进一步加强打击食品安全犯罪的专业力量建设，强化办案保障。加强行政执法与刑事司法的衔接，建立证据互认、证据转换、法律适用、涉案食品检验认定与处置等协作配合机制。推动出台食品安全违法行为处罚到人的法律措施。完善政法委牵头、政法部门和监管部门共同参与的协调机制。

（八）提升技术支撑能力

提升风险监测和风险评估等能力。全面加强食源性疾病、食品污染物、食品中有毒物质监测，强化监测数据质量控制，建立监测数据共享机制。完善食品安全风险评估体系，通过综合分析监测数据及时评估并发现风险。建立食品安全和农产品质量安全风险评估协调机制，将“米袋子”、“菜篮子”主要产品纳入监测评估范围。食品污染物和有害因素监测网络覆盖所有县级行政区域并延伸到乡镇和农村，食源性疾病监测报告系统覆盖各级各类医疗机构。

健全风险交流制度。按照科学、客观、及时、公开的原则，定期组织食品生产经营者、食品检验机构、认证机构、食品行业协会、消费者协会以及新闻媒体等，就食品安全风险评估信息和食品安全监督管理信息进行交流沟通。规范食品安全信息发布机制和制度。建立国家、省、市、县四级食品安全社会公众风险认知调查体系和国家、省、市三级风险交流专家支持体系。鼓励大型食品生产经营企业参与风险交流。

专栏4　风险监测预警、评估能力提升项目

（一）食品安全风险监测能力

依托现有资源建设风险监测区域重点实验室和省级参比实验室。进一步完善国家食源性疾病监测系统，建立覆盖全部医疗机构并延伸到农村的食源性疾病监测报告网络。依托现有资源构建地方各级食源性疾病监测溯源平台。建立覆盖全国的食品安全风险预警系统和重点食品品种风险预警模型。建立健全覆盖主要贸易国家（地区）的进出口食品安全信息监测网络和进出口食品安全数据库。

（二）食品安全风险评估能力

建立国家农产品质量安全风险评估实验室。加快国家食品安全风险评估中心分中心建设，建设风险评估区域重点实验室。实施食物消费量调查、总膳食和毒理学研究计划。建立完善国家食品安全风险评估基础数据库。构建进出口食品安全风险评估分级模型。

加快建设食品安全检验检测体系。构建国家、省、市、县四级食品安全检验检测体系。国家级检验机构具备较强的技术性研究、技术创新、仲裁检验、复检能力和国际合作能力；省级检验机构能够完成相应的法定检验、监督检验、执法检验、应急检验等任务，具备一定的科研能力，能够开展有机污染物和生物毒素等危害物识别及安全性评价、食源性致病微生物鉴定、食品真实性甄别等基础性、关键性检验检测技术，能够开展快速和补充检验检测方法研究；市级检验机构具备对食品安全各项目参数较全面的常规性检验检测能力；食品产业大县和人口大县要具备对常见微生物、重金属、农药兽药残留等指标的实验室检验能力及定性快速检测能力。加强检验检测信息化建设。鼓励大专院校、企业检验机构承担政府检验任务。组织开展食品快速检测方法评价，规范快速检测方法应用。

提高食品安全智慧监管能力。重点围绕行政审批、监管检查、稽查执法、应急管理、检验监测、风险评估、信用管理、公共服务等业务领域，实施“互联网+”食品安全监管项目，推进食品安全监管大数据资源共享和应用，提高监管效能。

加强基层监管能力建设。各级食品安全监管机构业务用房、执法车辆、执法装备配备实现标准化，满足监督执法需要。

加强应急处置能力建设。完善国家、省、市、县四级应急预案体系，健全突发事件跟踪、督查、处理、报告、回访和重大事故责任追究机制。强化食品安全舆情监测研判。开展应急演练。

专栏5　监管能力建设项目

（一）检验检测能力建设项目

实施食品安全检验检测能力达标工程。根据国家建设标准建设食品安全检验检测机构。依托现有资源建设一批食品安全监管重点实验室，在相应特色领域具备国内一流检验水平和技术攻关能力。全面推进县级食品安全检验检测资源整合。鼓励通过建设省、市级检验机构区域分中心的方式开展跨层级整合。做好与药品、医疗器械检验检测项目的统筹衔接。

实施食用农产品和进出口食品检验机构改造项目。升级改造农产品质量安全风险评估实验室、粮食质量安全检验监测机构。建设进出口食品质量检（监）测基准实验室。升级改造部分省级进出口食品质量安全检（监）测重点实验室。

（二）“互联网+”食品安全监管项目

继续推进实施国家食品安全监管信息化工程建设项目。依托现有机构，整合现有资源，重点建设全国食品生产经营许可信息公示系统，以及食品生产经营监管、检验监测、信用管理、应急管理、风险评估和移动执法系统；完善婴幼儿配方乳粉、生鲜农产品和酒类食品追溯信息管理平台；建设进出口食品安全监管信息化工程和粮食质量安全监管信息化平台；构建食品安全监管数据中心和监管信息资源数据库。

（三）基层监管能力标准化建设项目

合理保障食品安全监管机构执法基本装备、执法取证装备、快检装备配备和基础设施建设需要，到“十三五”末，实现各级监管队伍装备配备标准化。

（四）提升突发事件应对能力

加强应急能力培训，提升调查分析能力、风险防控能力、信息公开能力和舆论引导能力。建立以中国食品药品检定研究院为龙头，以7—10个区域性应急检验检测重点实验室为支撑的应急检验检测体系。加强食品安全突发事件流行病学调查和卫生学处置能力建设，整合建立重大食品安全突发事件病因学实验室应急检测技术平台。

强化科技创新支撑。利用国家科技计划（专项、基金等）、企业投入、社会资本等统筹支持食品安全创新工作。重点支持研发冷链装备关键技术、过程控制技术、检验检测技术等。

专栏6　食品安全重点科技工作

（一）建立科学、高效的过程控制技术体系

开展农药兽药、持久性有机污染物、重金属、微生物、生物毒素等食品原料中危害物迁移转化机制与安全控制机理等技术研究。提出相应控制规范，研发控制新工艺和新设备。研发质量安全控制新技术30—50项。

（二）建立全覆盖、组合式、非靶向检验检测技术体系

研发食品中化学性、生物性、放射性危害物高效识别与确证关键技术及产品，研发生化传感器、多模式阵列光谱、小型质谱、离子迁移谱等具有自主知识产权的智能化快速检测试剂、小型化智能离线及在线快速检测装备30—50台（套），制定检验规程120—150项，研制食品安全基体标准物质60—80种。开展食品安全第三方检验检测体系建设科技示范。

续表

(三)建立科学合理的食品安全监测和评价评估技术体系 开展体外替代毒性测试、混合污染物毒性评价及风险评估等食品安全危害识别与毒性机制等研究。研发新一代毒性测试方法技术20—30项。 (四)研发急需优先发展的冷链装备关键技术 研究和开发高效、环保、精准冷链装备,研究氨制冷系统安全技术,研究基于信息技术的绿色冷链物流系统优化技术。 (五)整合现有资源加强食品安全监督执法智慧工作平台研发 研究食品安全风险分级评价与智能化现场监管、网络食品安全监控等技术。研发致病微生物全基因溯源、食品安全突发事件应急演练模拟仿真模型等应急处置新技术30—40项,研发风险预警模型和可视化决策支持的云服务平台,形成监督管理新技术20—30项。 (六)强化食品安全国家标准制修订 研究农药和兽药的关键限量标准不少于20种,新发毒素、污染物标准不少于5种。 (七)综合示范应用 通过研究成果转化、应用和集成研究,提出食品安全解决方案。开展区域和产业链综合示范,发挥科技成果在服务产业发展和支撑食品安全监管方面的重要作用。

(九)加快建立职业化检查员队伍

依托现有资源建立职业化检查员制度,明确检查员的资格标准、检查职责、培训管理、绩效考核等要求。加强检查员专业培训和教材建设,依托现有资源设立检查员实训基地。采取多种合理有效措施,鼓励人才向监管一线流动。

专栏7　专业素质提升项目
(一)建立职业化检查员队伍 加强培训考核,使职业化检查员符合相应的工作要求。 (二)加强人才培养 推进网络教育培训平台建设。依托现有省级教育培训机构建立专业教学基地。加强跨学科高端人才培养。 监管人员专业化培训时间人均不低于40学时/年,新入职人员规范化培训时间人均不低于90学时。对地方各级政府分管负责人进行分级培训。对各级监管机构相关负责人进行国家级调训。本科以上学历专业技术人员达到食品安全监管队伍总人数的70%以上,高层次专业人才占技术队伍的15%以上。食品安全一线监管人员中,食品相关专业背景的人员占比每年提高2%。

(十)加快形成社会共治格局

完善食品安全信息公开制度。各级监管部门及时发布行政许可、抽样检验、监管执法、行政处罚等信息,做到标准公开、程序公开、结果公开。将相关信息及时纳入食品生产经营企业信用档案、全国信用信息共享平台及国家企业信用信息公示系统,开展联合激励和惩戒。

畅通投诉举报渠道,严格投诉举报受理处置反馈时限。鼓励食品生产经营企业员工举报违法行为,建立举报人保护制度,落实举报奖励政策。加强舆论引导,回应社会关切,鼓励新闻媒体开展食品安全舆论监督。食品安全新闻报道要客观公正,重大食品安全新闻报道和信息发布要严格遵守有关规定。

支持行业协会制订行规行约、自律规范和职业道德准则,建立健全行业规范和奖惩机制。提高食品行业从业人员素质,对食品生产经营企业的负责人和主要从业人员,开展食品安全法律法规、职业道德、安全管控等方面的培训。

加强消费者权益保护,增强消费者食品安全意识和自我保护能力,鼓励通过公益诉讼、依法适用民事诉讼简易程序等方式支持消费者维权。继续办好“全国食品安全宣传周”，将食品安全教育纳入国民教育体系，作为公民法制和科学常识普及、职业技能培训等的重要内容。加强科普宣传，推动食品安全进农村、进企业、进社区、进商场等，鼓励研究机构、高校、协会等参与公益宣传科普工作，提升全民食品安全科学素养。

专栏8　社会共治推进计划

（一）建设投诉举报业务系统

建成覆盖国家、省、市、县四级的投诉举报业务系统，实现网络24小时接通，电话在受理时间内接通率不低于90%。

（二）扩大食品安全责任保险试点

完善食品安全责任保险政策，充分发挥保险的风险控制和社会管理功能，探索建立行业组织、保险机构、企业、消费者多方参与、互动共赢的激励约束机制和风险防控机制。

（三）开展食品行业从业人员培训提高项目

食品生产经营企业每年安排食品安全管理人员、主要从业人员接受不少于40小时的食品安全法律法规、科学知识和行业道德伦理的集中培训。有关部门要加强指导，培养师资力量，制定培训大纲和教材，利用大专院校、第三方机构等社会资源开展培训。鼓励行业协会对从业人员开展培训。

（四）开展食品安全状况综合评价

研究建立食品安全状况综合评价体系，开展食品安全指数评价和发布试点工作。

（五）实施立体化科普宣传计划

整合现有资源，加强科普示范基地建设，建立完善统一的食品安全科普知识库。充实宣传力量。推广“两微一端”新媒体平台。深入开展“全国食品安全宣传周”等科普宣传活动。将食品安全教育内容融入有关教育教学活动。

（十一）深入开展“双安双创”行动

继续开展国家食品安全示范城市创建和农产品质量安全县创建（即“双安双创”）行动，实施食品安全和农产品质量安全示范引领工程，鼓励各地分层次、分步骤开展本区域食品安全和农产品质量安全示范创建行动，提升食品安全监管能力和水平。

专栏9　食品安全和农产品质量安全示范引领工程

（一）食品安全示范城市创建

在4个直辖市、27个省（区）的省会（首府）城市、计划单列市和其他部分条件成熟的地级市（共约100个），开展国家食品安全示范城市创建行动。

（二）农产品质量安全县创建

在具备条件的“菜篮子”产品主产县（共约1000个）开展国家农产品质量安全县创建行动。

四、保障措施

（一）加强组织领导

地方各级政府要根据本规划确定的发展目标和主要任务，将食品安全工作纳入重要议事日程和本地区经济社会发展规划，切实落实监管有责、有岗、有人、有手段，履行日常监管、监督抽检责任。实行综合执法的地方要充实基层监管力量，将食品药品安全监管作为首要职责。

（二）合理保障经费

按照《国务院关于推进中央与地方财政事权和支出责任划分改革的指导意见》（国发〔2016〕49号）要求，落实财政投入政策。继续安排中央基建投资对食品安全监管基础设施和装备给予支持。完善执法能力建设投入机制，讲求效益，注重资源共享。制定完善各类项目支付标准，探索通过政府购买服务等方式提高食品安全监管投入效益。资金投入向基层、集中连片特困地区、国家扶贫开发工作重点县以及对口支援地区等适当倾斜。

（三）强化综合协调

加强各级食品安全委员会及食品安全办建设，健全食品安全委员会各成员单位工作协同配合机制以及信息通报、形势会商、风险交流、协调联动等制度，统筹协调、监督指导各成员单位落实食品安全职责，加大督查考评力度，形成监管合力。乡镇（街道）要完善食品安全监管体制，加强力量建设，确保事有人做、责有人负。

（四）深化国际合作

加强与发达国家食品安全监管机构及重要国际组织合作，积极参与国际规则和标准制定，应对国际食品安全突发事件，提高全球食品安全治理能力和水平。加强食品安全国际化人才培养，鼓励支持我国专家在食品相关国际机构任职。做好我国作为国际食品法典添加剂委员会和农药残留委员会主席国的相关工作。

（五）严格考核评估

各有关部门要按照职责分工，细化目标，分解任务，制订实施方案，落实各项规划任务。要健全完善考核评估和监督机制，并将本规划任务落实情况纳入对各相关部门和下一级政府的考核评价内容。国务院食品安全办牵头对本规划执行情况及时进行中期评估和终期考核，确保各项任务落实到位。

“十三五”国家药品安全规划

国发〔2017〕12号

保障药品安全是建设健康中国、增进人民福祉的重要内容，是以人民为中心发展思想的具体体现。为提高药品质量安全水平，根据《中华人民共和国国民经济和社会发展第十三个五年规划纲要》，制定本规划。

一、现状和形势

“十二五”时期，在各方面共同努力下，我国药品安全形势稳定向好，人民群众用药得到保障，药品安全工作取得积极进展。

（一）公众需求得到进一步满足。及时出台政策，优先审评审批部分临床急需的仿制药，加快审评审批对重大疾病、罕见病、老年人和儿童疾病有更好疗效的创新药及医疗器械。一批在治疗肿瘤、艾滋病、罕见病、儿童手足口病、脊髓灰质炎等领域具有自主知识产权的创新药，以及国产生物材料、高端影像类产品、心脏血管支架等医疗器械加快上市，满足群众需求。

（二）审评审批制度改革扎实推进。按照《国务院关于改革药品医疗器械审评审批制度的意见》（国发〔2015〕44号）要求，推进仿制药质量和疗效一致性评价，在10省（市）开展上市许可持有人制度试点，改进临床试验审批，提高审评审批质量，公开审评审批信息，推动建立科学高效的审评审批体系。

（三）法规标准体系不断完善。修订公布《医疗器械监督管理条例》及药品生产质量管理规范、药品经营质量管理规范等。提升药品医疗器械标准，制修订药品标准4368项、药包材标准130项、医疗器械标准566项。制定公布《中华人民共和国药典（2015年版）》。

（四）全过程监管制度基本形成。药物非临床研究质量管理规范、药物医疗器械临床试验质量管理规范、药品医疗器械生产质量管理规范、药品医疗器械经营质量管理规范稳步实施，从实验室到医院的全过程监管制度基本形成，覆盖全品种、全链条的药品追溯体系正在建立。

（五）违法违规行为受到严厉打击。出台食品药品行政执法与刑事司法衔接工作办法。对群众反映强烈的虚假注册申报、违规生产、非法经营、夸大宣传、使用无证产品及制售假劣药品等违法违规行为，持续开展专项打击。查处药品医疗器械行政案件75万起，公安机关侦破危害药品安全案件4.6万余起。对申报生产或进口的药品注册申请，全面开展临床试验数据自查核查。

（六）支撑保障能力稳步加强。各级财政支持力度持续加大，监管能力得到提升。完善药品医疗器械审评、检查和检验检测体系，建成国家药品不良反应监测系统。执业药师数量不断增长。

在肯定成绩的同时，必须清醒认识到，影响我国药品质量安全的一些深层次问题依然存在，药品质量安全形势依然严峻。药品质量总体水平有待提高，部分产品质量疗效与国际先进水平存在差距，一些临床急需产品难以满足公众治病的实际需求，近3/4的药品批准文号闲置。执业药师用药服务作用发挥不到位，不合理用药问题突出。药品监管基础仍较薄弱，统一权威监管体制尚未建立，监管专业人员不足，基层装备配备缺乏，监管能力与医药产业健康发展要求不完全适应。

“十三五”时期是全面建成小康社会的决胜阶段，也是全面建立严密高效、社会共治的药品安全治理体系的关键时期。要尊重药品安全规律，继续加大工作力度，坚持把药品安全作为关系民生的政治任务来落实，确保广大人民群众用药安全。

二、总体要求

（一）指导思想

全面贯彻党的十八大和十八届三中、四中、五中、六中全会精神，以马克思列宁主义、毛泽东思想、邓小平理论、“三个代表”重要思想、科学发展观为指导，深入贯彻习近平总书记系列重要讲话精神，认真落实党中央、国务院决策部署，紧紧围绕统筹推进“五位一体”总体布局和协调推进“四个全面”战略布局，牢固树立和贯彻落实创新、协调、绿色、开放、共享的发展理念，坚持最严谨的标准、最严格的监管、最严厉的处罚、最严肃的问责，加快建成药品安全现代化治理体系，提高科学监管水平，鼓励研制创新，全面提升质量，增加有效供给，保障人民群众用药安全，推动我国由制药大国向制药强国迈进，推进健康中国建设。

（二）基本原则

1. 维护公众健康，保障公众需求。坚持以人民健康为中心，把人民健康放在优先发展战略地位，保障公众用药安全、有效、可及，防止药品安全事件发生，切实维护人民群众身体健康和生命安全。

2. 深化审评审批改革，提升监管水平。持续深化“放管服”改革，寓监管于服务之中，优化程序、精简流程、公开透明，完善科学监管机制，提升监管效率和水平。

3. 鼓励研发创新，提高产品质量。以解决临床问题为导向，落实创新驱动发展战略，瞄准国际先进水平，破除制约创新发展的思想观念和制度藩篱，促进提升研发创新水平，推动企业强化质量安全控制，切实提升药品质量和疗效。

4. 加强全程监管，确保用药安全有效。完善统一权威的监管体制，推进药品监管法治化、标准化、专业化、信息化建设，提高技术支撑能力，强化全过程、全生命周期监管，保证药品安全性、有效性和质量可控性达到或接近国际先进水平。

（三）发展目标

到2020年，药品质量安全水平、药品安全治理能力、医药产业发展水平和人民群众满意度明显提升。

1. 药品质量进一步提高。批准上市的新药以解决临床问题为导向，具有明显的疗效；批准上市的仿制药与原研药质量和疗效一致。分期分批对已上市的药品进行质量和疗效一致性评价。2018年底前，完成国家基本药物目录（2012年版）中2007年10月1日前批准上市的289个化学药品仿制药口服固体制剂的一致性评价；鼓励企业对其他已上市品种开展一致性评价。

2. 药品医疗器械标准不断提升。制修订完成国家药品标准3050个和医疗器械标准500项。

3. 审评审批体系逐步完善。药品医疗器械审评审批制度更加健全，权责更加明晰，流程更加顺畅，能力明显增强，实现按规定时限审评审批。

4. 检查能力进一步提升。依托现有资源，使职业化检查员的数量、素质满足检查需要，加大检查频次。

5. 监测评价水平进一步提高。药品不良反应和医疗器械不良事件报告体系以及以企业为主体的评价制度不断完善，监测评价能力达到国际先进水平，药品定期安全性更新报告评价率达到100%。

6. 检验检测和监管执法能力得到增强。药品医疗器械检验检测机构达到国家相应建设标准。实现各级监管队伍装备配备标准化。

7. 执业药师服务水平显著提高。每万人口执业药师数超过4人，所有零售药店主要管理者具备执业药师资格、营业时有执业药师指导合理用药。

三、主要任务

（一）加快推进仿制药质量和疗效一致性评价

药品生产企业是一致性评价工作的主体，应按相关指导原则主动选购参比制剂，合理选用评价方法，开展研究和评价。食品药品监管部门加强对药品生产企业一致性评价工作的指导，制定完善相关指导原则，及时公布参比制剂信息，逐步建立我国仿制药参比制剂目录集。

细化落实医保支付、临床应用、药品集中采购、企业技术改造等方面的支持政策，有效解决临床试验资源短缺问题，鼓励企业开展一致性评价工作。自首家品种通过一致性评价后，其他药品生产企业的相同品种原则上应在3年内完成一致性评价。完善一致性评价工作机制，充实专业技术力量，严格标准、规范程序，按时审评企业提交的一致性评价资料和药品注册补充申请。

（二）深化药品医疗器械审评审批制度改革

1. 鼓励研发创新。完成药品上市许可持有人制度试点，及时总结经验、完善制度，力争尽快全面推开。鼓励具有临床价值的新药和临床急需仿制药研发上市，对具有明显临床价值的创新药及防治艾滋病、恶性肿瘤、重大传染病、罕见病等疾病的临床急需药品，实行优先审评审批。对创新药临床试验申请，重点审查临床价值和受试者保护等内容，加快临床试验审批。鼓励临床机构和医生参与创新药和医疗器械研发。对拥有产品核心技术发明专利、具有重大临床价值的创新医疗器械，以及列入国家重点研发计划、科技重大专项的临床急需药品医疗器械，实行优先审评审批。制定并定期公布限制类和鼓励类药品审批目录，及时公开注册申请信息，引导企业减少不合理申报。

2. 完善审评审批机制。健全审评质量控制体系。建立以临床为核心的药品医疗器械审评机制,完善适应症团队审评、项目管理人、技术争议解决、沟通交流、优先审评、审评信息公开等制度,逐步形成以技术审评为核心、现场检查和产品检验为支撑的药品医疗器械疗效和安全保障制度。建立健全药品数据保护制度,鼓励研发创新。

3. 严格审评审批要求。全面提高药品审批标准,创新药突出临床价值,改良型新药体现改良优势,仿制药要与原研药质量和疗效一致。

4. 推进医疗器械分类管理改革。健全医疗器械分类技术委员会及专业组,建立医疗器械产品风险评估机制和分类目录动态更新机制。制定医疗器械命名术语指南,逐步实施按医疗器械通用名称命名。制定医疗器械编码规则,构建医疗器械编码体系。

专栏 1　审评审批制度改革

(一)仿制药质量和疗效一致性评价

制定或转化一致性评价所需的相关技术指南和指导原则,推进一致性评价能力建设,按照工作需要,依托现有资源,配备一定数量的专业人员。

(二)解决药品注册申请积压

按国务院要求,尽快实现注册申请和审评数量年度进出平衡,按规定时限审批。

(三)加快医疗器械分类管理改革

组建 16 个分类技术专业组,优化调整分类目录框架及结构,发布新版《医疗器械分类目录》,按专业领域设置研究制定 22 个命名术语指南,建立医疗器械分类、命名及编码数据库。

(三)健全法规标准体系

1. 完善法规制度。推动修订药品管理法。修订化妆品卫生监督条例。基本完成药品、医疗器械、化妆品配套规章制修订。根据药品安全形势发展和法律法规制修订情况,清理规章和规范性文件,基本建成科学完备的药品安全法规制度体系。

2. 完善技术标准。对照国际先进水平编制《中华人民共和国药典(2020 年版)》,化学药品标准达到国际先进水平,生物制品标准接近国际先进水平,中药(材)标准处于国际主导地位。提高药用辅料、药包材标准整体水平,扩大品种覆盖面,稳步提高民族药(材)标准。建立药品标准淘汰机制,全面清理历版药典未收载品种标准和各类局(部)颁标准,提升一批,淘汰一批。加快医疗器械国际标准研究转化,优先提高医疗器械基础通用标准和高风险类产品标准。制修订化妆品相关标准。

3. 完善技术指导原则。修订药物非临床研究、药物临床试验、处方药与非处方药分类、药用辅料安全性评价、药品注册管理、医疗器械注册技术审查等指导原则,修订药品生产、经营质量管理规范附录和技术指南。制定医疗器械生产经营使用以及不良事件监测技术指南。

专栏 2　标准提高行动计划

(一)药品标准提高行动计划

制修订国家药品标准 3050 个,包括中药民族药标准 1100 个、化学药品标准 1500 个、生物制品标准 150 个、药用辅料标准 200 个、药包材标准 100 个。

制修订药品注册技术指导原则 350 项。制修订药典收载的检测方法、通则(总论)以及技术指导原则 100 项。根据需要及时制定发布一批药品补充检验方法。

研制中药民族药和天然药物标准物质,包括化学对照品 200 种、对照药材 150 种、对照提取物 100 种。研制药用辅料和药包材标准物质,包括药用辅料对照品 150 种、药包材对照物质 10 种。

续表

(二)医疗器械标准提高行动计划 制修订医疗器械标准500项,包括诊断试剂类标准80项、有源医疗器械标准200项、无源医疗器械和其他标准220项。 制修订医疗器械技术审查和临床试验指导原则200项。研制体外诊断试剂标准物质150种。 建立健全医疗器械标准化管理体系,依托现有资源,加强国家医疗器械标准管理中心建设,配备满足需要的标准管理人员。 (三)化妆品标准提高行动计划 制修订化妆品禁用、限用物质检验检测方法30—50项。

(四)加强全过程监管

1. 严格规范研制生产经营使用行为。

加强研制环节监管。全面实施药物非临床研究质量管理规范、药物临床试验质量管理规范、医疗器械临床试验质量管理规范。依托现有资源,建立临床试验数据管理平台,加强临床试验监督检查,严厉打击临床数据造假行为,确保临床试验数据真实可靠。

加强生产环节监管。全面实施药品生产质量管理规范、中药材生产质量管理规范和中药饮片炮制规范、医疗器械生产质量管理规范。对药用原辅料和药包材生产企业开展延伸监管。对疫苗、血液制品等生物制品以及血源筛查诊断试剂全面实施批签发管理。加强无菌和植入性医疗器械生产监管。完善企业生产工艺变更报告制度,对生产工艺重大变更依法实行审评审批。严肃查处药品生产偷工减料、掺杂使假、擅自改变工艺生产劣药等违法违规行为。

加强流通环节监管。全面实施药品经营质量管理规范、医疗器械经营质量管理规范,加强冷链运输贮存质量监管。实行生产经营企业购销业务人员网上备案与核查制度。按照“十三五”深化医改要求,推行药品采购“两票制”,鼓励药品生产企业与医疗机构直接结算货款。

加强使用环节监管。严格落实医疗机构药品监督管理办法、医疗器械使用质量监督管理办法,严把购进、验收、贮存、养护、调配及使用各环节质量关,及时报告药品不良反应和医疗器械不良事件。严格落实凭处方销售处方药的规定,加强麻醉药品、精神药品处方管理。加强植入性等高风险医疗器械使用管理。

建立实施全生命周期管理制度。建立药品档案。全面落实药物医疗器械警戒和上市后研究的企业主体责任,生产企业对上市产品开展风险因素分析和风险效益评价,及时形成产品质量分析报告并于每年1月底前报送食品药品监管总局。加强上市后再评价,根据评价结果,对需要提示患者和医生安全性信息的,及时组织修改标签说明书。淘汰长期不生产、临床价值小、有更好替代品种的产品,以及疗效不确切、安全风险大、获益不再大于风险的品种。

2. 全面强化现场检查和监督抽验。按照“双随机、一公开”原则,加强事中事后监管。重点围绕行为规范、工艺合规、数据可靠等方面,对企业开展质量管理全项目检查,严厉打击弄虚作假等各类违法行为,督促企业严格执行相关质量管理规范。加大注册检查、飞行检查和境外检查频次,提高检查能力。加大对无菌、植入性医疗器械和体外诊断试剂的检查力度。加强化妆品原料使用合规性检查。合理划分国家和地方抽验品种和项目,加大对高风险品种的抽验力度,扩大抽验覆盖面。

3. 加大执法办案和信息公开力度。加强国家级稽查执法队伍能力建设,组织协调大案要案查处,强化办案指导和监督,探索检查稽查合一工作机制,初步建成全国统一、权威高效的稽查执法体系。加强各级公安机关打击药品犯罪的专业力量建设,强化办案保障。深化行政执法与刑事司法衔接，推动出台药品违法行为处罚到人的法律措施，加大对违法犯罪行为的打击力度。加快投诉举报体系建设，畅通投诉举报渠道，鼓励社会监督。按规定全面公开行政许可、日常监管、抽样检验、检查稽查、执法处罚信息。

专栏3　安全监管行动计划

（一）加强药品检查

国家级每年检查300—400个境内药品生产企业，每年全覆盖检查血液制品和疫苗生产企业。每年对40—60个进口药品品种开展境外生产现场检查。

（二）加强医疗器械检查

国家级每年对所有第三类医疗器械生产企业和第二类无菌医疗器械生产企业进行一次全项目检查。2018年起，每两年对其余第二类医疗器械生产企业和所有第一类医疗器械生产企业进行一次全项目检查。每年对30—40家境外医疗器械生产企业质量管理体系情况开展检查，"十三五"期间实现对进口高风险医疗器械产品全覆盖检查。每年全覆盖检查对储运有特殊要求的经营企业，"十三五"期间实现对经营无菌、植入性医疗器械及体外诊断试剂的企业全覆盖检查。每年全覆盖检查三级甲等医疗机构医疗器械使用情况，"十三五"期间实现对其他使用单位全覆盖检查。

（三）加强化妆品检查

国家级每年检查20个化妆品生产企业，省级每年检查30个化妆品生产经营企业。

（四）加强监督抽验

国家级每年对120—140个高风险药品开展监督抽验，省级对本行政区域内生产企业生产的基本药物实行全覆盖抽验。

国家级每年对40—60种医疗器械产品开展监督抽验。

每年开展15000批次化妆品监督抽验和1000批次化妆品风险监测。

4. 加强应急处置和科普宣传。建立健全应急管理体系，加强应急预案管理，开展应急演练和技能培训，推动企业完善突发事件应对处置预案方案。强化舆情监测研判，妥善处置突发事件。加强舆论引导，按规定发布药品安全信息，及时回应社会关切。支持新闻媒体开展舆论监督，客观公正报道药品安全问题。建立国家、省、市、县四级科普宣传工作体系，构建立体化新闻宣传平台，加大科普宣传力度，提升全民安全用药科学素养。

专栏4　应急处置和科普宣传能力提升项目

（一）应急处置能力建设

合理保障应急队伍履职需要，加强应急信息平台、突发事件信息直报网络、应急检验检测能力建设。

（二）立体化科普宣传计划

实施药品安全科普宣传项目，依托现有资源加强科普示范基地、宣传站和科普知识库建设，充实宣传力量，推广"两微一端"新媒体平台，深入开展"全国安全用药月"活动。

（五）全面加强能力建设

1. 强化技术审评能力建设。加强审评科学基础建设，完善审评质量管理制度，建立药品电子化申报和审评过程管理制度。探索政府购买服务机制，改革绩效工资分配管理。

2. 强化检查体系建设。提升检查能力，规范开展药品、医疗器械、化妆品检查。

3. 强化检验检测体系建设

加强国家、省、市三级药品检验检测体系能力建设，加强国家、省两级医疗器械检验检测机构和市级分中心能力建设。国家级检验机构具备较强的科学研究、技术创新、仲裁检验、复检等能力；省级检验机构能够完成相应的法定检验、监督检验、执法检验、应急检验等任务，具备一定的科研能力,能够开展基础性、关键性检验检测技术以及快速和补充检验检测方法研究;市级检验机构能够完成常规性监督执法检验任务;县级检验机构具备快速检验能力。加强检验检测信息化建设。鼓励大专院校、企业检验机构承担政府检验任务。

加强重点实验室和口岸检验机构建设。重点实验室在相关领域具备国内一流检验水平和技术攻关能力,口岸药品检验机构具备依据法定标准进行全项检验的能力和监测进口药品质量风险的能力。

加强疫苗等生物制品批签发体系和检验检测能力建设。国家级具备生物制品标准制定和标准物质制备能力,能够依据法定标准进行生物制品全项检测;省级能够依据法定标准对本行政区域内企业生产的生物制品进行全项检测。加强国家微生物标准物质库建设和疫苗检验检测技术研发。

4. 强化监测评价体系建设。完善药品不良反应和医疗器械不良事件监测机制、药物滥用监测机制,建立监测哨点并开展重点产品监测预警。创新监测评价手段,扩大监测覆盖面。督促企业落实监测主体责任。

专栏5 技术支撑能力建设项目

(一)国家级审评中心建设

探索创新药品医疗器械审评机构体制机制和法人治理模式。改革事业单位用人机制,建立合理的激励约束机制,与科研院所、医院联合培养审评人员。健全完善药品医疗器械审评审批数据库。

(二)检查能力建设

合理保障检查工作需要,确保具备完成药品医疗器械日常检查、注册检查、飞行检查、境外检查任务的能力。

保障各级审评、检查、监测评价等技术支撑业务用房。

(三)检验检测能力建设

1. 检验检测能力达标工程。

编制药品医疗器械检验检测能力建设标准,根据标准建设各级药品医疗器械检验检测机构。依托中国食品药品检定研究院建设国家级药品医疗器械检验检测机构。改造升级省级和口岸药品检验机构、省级医疗器械检验机构。依托现有资源,建设一批药品、医疗器械和化妆品监管重点实验室。

2. 疫苗批签发体系建设工程。

完善以中国食品药品检定研究院为核心、省级疫苗批签发机构参与的国家疫苗批签发体系。依托现有资源,建立符合国际标准的细胞资源库、干细胞资源库、菌(毒)种库,建立完善生物制品标准物质研究和供应平台、质量评价标准和技术平台。

(四)不良反应和不良事件监测能力建设

依托现有资源,建设国家药品不良反应监测系统(二期)和国家化妆品不良反应监测系统。利用医疗机构电子数据,建立药品医疗器械安全性主动监测与评价系统。在综合医院设立300个药品不良反应和医疗器械不良事件监测哨点。在精神疾病专科医院及综合医院设立100个药物滥用监测哨点。药品不良反应县(市、区)报告比例达到90%以上。对100个医疗器械产品开展重点监测。医疗器械不良事件县(市、区)报告比例达到80%以上。化妆品不良反应报告数达到50份/百万人。

5. 形成智慧监管能力。加强顶层设计和统筹规划,围绕药品医疗器械化妆品行政审批、监管检查、稽查执法、应急管理、检验监测、风险分析、信用管理、公共服务等重点业务,实施安全监管信息化工程,推进安全监管大数据资源共享和应用,提高监管效能。

专栏6 安全监管信息化工程

继续推进监管信息化建设,依托国家统一电子政务网络和现有资源,建设国家、省两级药品安全监管大数据中心,以及药品安全监管信息平台,完善药品监管信息化标准体系、药品监管信息资源管理体系、政务服务信息化体系、网络安全体系、信息化绩效评价体系,建设互联协同、满足监管需求的行政审批、监管检查、稽查执法、应急管理、检验监测、风险分析、信用管理、公共服务等应用系统。

6.提升基层监管保障能力。推进各级监管业务用房、执法车辆、执法装备配备标准化建设，满足现场检查、监督执法、现场取样、快速检测、应急处置需要。

专栏7　基层监管能力标准化建设项目

加强市、县级监管机构及乡镇（街道）派出机构执法基本装备、取证装备、快速检验装备配备和基础设施建设。

7.加强科技支撑。研究攻关适宜技术，为监管和产业发展服务。开展药品安全基础、质量控制、安全评价与预警、检验检测新技术、标准和质量提高研究，强化提升药品纯度等方面的技术支撑。依托现有资源设立一批药品安全研究基地，培养药品安全科技人才。

专栏8　药品医疗器械安全科技支撑任务

（一）药品检验检测关键技术研究

开展药品快速检验新技术及装备、应急检验方法、补充检验方法等研究。加强药品研发生产及质量控制关键技术研究。

（二）药品安全性、有效性评价技术研究

开展化学药品、新型生物制品、毒性中药材、疫苗、新型药物和特殊药物剂型等的安全性、有效性评价技术研究，加强药包材和药用辅料安全性评价研究。

（三）检验检测研究平台、数据库等建设

建立中药注射剂、中药材检验检测数据库以及多糖类药物和多组分生化药质量控制技术平台，开展药品安全大数据分析研究。

（四）医疗器械检验检测关键技术研究

开展各类数字诊疗装备、个体化诊疗产品、生物医用材料的质量评价、检测技术及检测规范研究，加强常用医疗器械快速检验系统、高风险医疗器械检验检测平台研究。开展在用医疗器械现场检验方法、检测平台及装备研究。

（五）医疗器械安全性评价体系研究

加强医疗器械安全性评价技术及标准体系研究，系统开展植入性等高风险医疗器械安全性研究，开展医用机器人、医用增材制造等创新医疗器械标准体系研究。

8.加快建立职业化检查员队伍。依托现有资源建立职业化检查员制度，明确检查员的岗位职责、条件要求、培训管理、绩效考核等要求。加强检查员专业培训和教材建设。在人事管理、绩效工资分配等方面采取多种激励措施，鼓励人才向监管一线流动。

专栏9　专业素质提升项目

（一）职业化检查员队伍建设

加强培训考核，使职业化检查员符合相应的工作要求。

（二）人才培养

推进网络教育培训平台建设。在省级教育培训机构建立专业教学基地。

监管人员专业化培训时间人均不低于40学时/年。新入职人员规范化培训时间不低于90学时。对地方各级政府分管负责人进行分级培训。对各级监管机构相关负责人进行国家级调训。

本科以上学历人员达到药品安全监管队伍总人数的70%，高层次专业人才占技术队伍的比例超过15%。药品安全一线监管人员中，药品相关专业背景的人员占比每年提高2%。

（三）执业药师队伍建设

健全执业药师制度体系。建立执业药师管理信息系统。实施执业药师能力与学历提升工程，强化继续教育和实训培养。

四、保障措施

（一）加强政策保障

坚持部门协同，全链条发动，将保障药品安全与进一步改革完善药品生产流通使用政策更好统筹起来，通过深化改革，破除影响药品质量安全的体制机制问题。结合深入推进药品医疗器械审评审批制度改革，制定细化药品价格、招标采购、医保支付、科技支撑等方面的配套政策，建立健全激励机制，督促企业主动提高产品质量。完善短缺药品供应保障和预警机制，保证临床必需、用量不确定的低价药、抢救用药和罕见病用药的市场供应。建立药品价格信息可追溯机制，建立统一的跨部门价格信息平台，做好与药品集中采购平台（公共资源交易平台）、医保支付审核平台的互联互通。鼓励药品生产流通企业兼并重组、做大做强。将企业和从业人员信用记录纳入全国信用信息共享平台，对失信行为开展联合惩戒。探索建立药品医疗器械产品责任保险及损害赔偿补偿机制。

（二）合理保障经费

按照《国务院关于推进中央与地方财政事权和支出责任划分改革的指导意见》（国发〔2016〕49号）要求，合理确定中央和地方各级政府在药品监管经费上的保障责任。继续安排中央基建投资对药品安全监管基础设施和装备给予积极支持，资金投入向基层、集中连片特困地区、国家扶贫开发工作重点县以及对口支援地区等适当倾斜。推进药品医疗器械注册审评项目政府购买服务改革试点。有关计划（项目、工作）中涉及技术研发相关内容，确需中央财政支持的，通过国家科技计划（专项、基金等）统筹考虑予以支持。

（三）深化国际合作

推进政府间监管交流，加强多边合作，积极加入相关国际组织。开展国际项目合作，搭建民间国际交流平台。加大培训和国外智力引进力度。积极参与国际标准和规则制定，推动我国监管理念、方法、标准与国际先进水平相协调。

（四）加强组织领导

地方各级政府要根据本规划确定的发展目标和主要任务，将药品安全工作纳入重要议事日程和本地区经济社会发展规划。实行综合执法的地方要充实基层监管力量，将食品药品安全监管作为首要职责。各有关部门要按照职责分工，细化目标，分解任务，制订具体实施方案。食品药品监管总局牵头对本规划执行情况进行中期评估和终期考核，确保各项任务落实到位。

“十三五”加快残疾人小康进程规划纲要

国发〔2016〕47 号

为贯彻落实党中央、国务院关于残疾人事业发展的一系列重要部署，全面实施《国务院关于加快推进残疾人小康进程的意见》（国发〔2015〕7 号），进一步保障和改善残疾人民生，帮助残疾人和全国人民共建共享全面小康社会，依据《中华人民共和国残疾人保障法》和《中华人民共和国国民经济和社会发展第十三个五年规划纲要》，制定本纲要。

一、编制背景

党中央、国务院高度重视残疾人民生改善，推动残疾人事业与经济社会协调发展。“十二五”时期特别是党的十八大以来，残疾人权益保障制度不断完善，基本公共服务体系初步建立，残疾人生存发展状况显著改善。588 万农村贫困残疾人脱贫，950 多万困难和重度残疾人得到生活补贴或护理补贴。残疾人就业稳中向好，收入较快增长。1000 多万残疾人得到康复服务，残疾儿童少年义务教育入学率持续提高，残疾人文化体育服务不断拓展，无障碍环境建设加快推进。人道主义思想深入人心，扶残助残的社会氛围更加浓厚。残疾人社会参与日益广泛，各行各业涌现出一大批残疾人自强自立典型，越来越多的残疾人实现了人生和事业的梦想。

但与此同时，目前我国仍有相当数量的农村贫困残疾人、近 200 万城镇残疾人生活还十分困难，残疾人就业还不够充分，城乡残疾人家庭人均收入与社会平均水平差距仍然较大。康复、教育、托养等基本公共服务还不能满足残疾人的需求，残疾人事业城乡区域发展还很不平衡，基层为残疾人服务的能力尤其薄弱，专业服务人才相当匮乏。残疾人平等参与社会生活还面临不少困难和障碍。残疾人群体仍然是全面建成小康社会的难中之难、困中之困。

“十三五”时期是全面建成小康社会的决胜阶段。残疾人是一个特殊困难群体，需要格外关心、格外关注。残疾人既是全面小康社会的受益者，也是重要的参与者和建设者。没有残疾人的小康,就不是真正意义上的全面小康。“十三五”时期,必须补上残疾人事业的短板,加快推进残疾人小康进程,尽快缩小残疾人状况与社会平均水平的差距,让残疾人和全国人民共同迈入全面小康社会。

二、总体要求

(一)指导思想

高举中国特色社会主义伟大旗帜,全面贯彻党的十八大和十八届三中、四中、五中全会精神,以邓小平理论、“三个代表”重要思想、科学发展观为指导,深入贯彻习近平总书记系列重要讲话精神,认真落实党中央、国务院决策部署,围绕“四个全面”战略布局,牢固树立和贯彻创新、协调、绿色、开放、共享的发展理念,把加快推进残疾人小康进程作为全面建成小康社会决胜阶段的重点任务,聚焦农村、贫困地区和贫困、重度残疾人,健全残疾人权益保障制度和扶残助残服务体系,增加残疾人公共产品和公共服务供给,让改革发展成果更多、更公平、更实在地惠及广大残疾人,使残疾人收入水平明显提高、生活质量明显改善、融合发展持续推进,让广大残疾人安居乐业、衣食无忧,生活得更加殷实、更有尊严。

(二)基本原则

坚持普惠与特惠相结合。既要通过普惠性制度安排给予残疾人公平待遇,保障他们的基本生存发展需求,又要通过特惠性制度安排给予残疾人特别扶助和优先保障,解决好他们的特殊困难和特殊需求。

坚持政府主导与社会参与、市场推动相结合。既要突出政府责任,确保残疾人公平享有基本民生保障和基本公共服务,依法维护好残疾人平等权益,又要充分发挥社会力量、残疾人组织和市场机制作用,满足残疾人多层次、多样化的需求,为残疾人就业增收和融合发展创造便利化条件和友好型环境。

坚持增进残疾人福祉和促进残疾人自强自立相结合。既要解决好残疾人最关心、最直接、最现实的利益问题,不断增进残疾人福祉,又要充分发挥残疾人的积极性、主动性和创造性,提高残疾人自我发展能力,帮助残疾人通过自身努力创造更加幸福的生活。

坚持统筹兼顾与分类指导相结合。既要加强对农村、老少边穷地区和贫困、重度残疾人的重点扶持,统筹推进城乡区域和不同类别残疾人小康进程,又要充分考虑城乡和地区差异,使残疾人小康进程与当地全面小康进程相协调、相适应。

(三)主要目标

到2020年,残疾人权益保障制度基本健全、基本公共服务体系更加完善,残疾人事业与经济社会协调发展;残疾人社会保障和基本公共服务水平明显提高,共享全面建成小康社会的成果。

农村贫困残疾人实现脱贫,力争城乡残疾人家庭人均可支配收入年均增速比社会平均水平更快一些,残疾人普遍享有基本住房、基本养老、基本医疗、基本康复,生活有保障,居家有照料,出行更便利。

残疾人平等权益得到更好保障,受教育水平明显提高,就业更加充分,文化体育生活更加丰富活跃,自身素质和能力不断增强,社会参与更加广泛深入。

残疾人基本公共服务基础条件明显改善，服务质量和效益不断提高，基层残疾人综合服务能力显著增强，形成理解、尊重、关心、帮助残疾人的良好社会环境。

专栏1 加快残疾人小康进程主要指标

指标	目标值	属性
1. 残疾人家庭人均可支配收入年均增速	>6.5%	预期性
2. 困难残疾人生活补贴目标人群覆盖率	>95%	约束性
3. 重度残疾人护理补贴目标人群覆盖率	>95%	约束性
4. 残疾人城乡居民基本养老保险参保率	90%	预期性
5. 残疾人城乡居民基本医疗保险参保率	95%	预期性
6. 农村建档立卡贫困残疾人脱贫率	100%	约束性
7. 农村贫困残疾人家庭存量危房改造率	100%	约束性
8. 残疾人基本康复服务覆盖率	80%	约束性
9. 残疾人辅助器具适配率	80%	约束性
10. 残疾儿童少年接受义务教育比例	95%	约束性

三、主要任务

（一）保障残疾人基本民生

1. 提高残疾人社会救助水平。将符合条件的残疾人家庭及时纳入最低生活保障范围。生活困难、靠家庭供养且无法单独立户的成年无业重度残疾人，经个人申请，可按照单人户纳入最低生活保障范围。对以老养残、一户多残等特殊困难家庭中因抚养（扶养、赡养）人生活困难、事实无力供养的残疾人，符合特困人员救助供养有关规定的，纳入救助供养范围。对纳入城乡医疗救助范围的残疾人，稳步提高救助水平。加强严重精神障碍患者救治救助工作，建立严重精神障碍患者防治管理和康复服务机制。对精神障碍患者通过基本医疗保险支付医疗费用后仍有困难，或者不能通过基本医疗保险支付医疗费用的，应当优先给予医疗救助。对生活无着的流浪、乞讨残疾人给予及时救助，健全流浪、乞讨残疾人返乡保障制度，对因无法查明身份信息而长期滞留的流浪、乞讨残疾人给予妥善照料安置。有条件的地方可将困难残疾人纳入惠民殡葬政策范围。

2. 建立完善残疾人基本福利制度。全面实施困难残疾人生活补贴制度和重度残疾人护理补贴制度，适时调整补贴标准，有条件的地方可逐步扩大补贴范围。建立残疾儿童康复救助制度，逐步提高残疾儿童少年福利保障水平。有条件的地方可对残疾人基本型辅助器具适配和贫困残疾人家庭无障碍改造予以补贴。落实已出台的低收入残疾人家庭生活用水、电、气、暖等基本生活支出费用优惠和补贴政策，制定实施盲人、聋人特定信息消费支持政策。各地对残疾人搭乘市内公共交通工具给予便利和优惠。公园、旅游景点和公共文化体育设施对残疾人免费或者优惠开放。

3. 确保城乡残疾人普遍享有基本养老保险和基本医疗保险。落实符合条件的贫困和重度残疾人参加城乡居民社会保险个人缴费资助政策，有条件的地方可扩大资助范围、提高资助标准，帮助残疾人按规定参加各项社会保险。完善重度残疾人医疗报销制度，逐步扩大基本医疗保险支付的医疗康复项目范围。支持商业保险机构对残疾人实施优惠保险费率，鼓励开发适合残疾人的补充养老、补充医疗等商业保险产品。鼓励残疾人个人参加相关商业保险。

4. 优先保障残疾人基本住房。对符合住房保障条件的城镇残疾人家庭给予优先轮候、优先选房等政策。农村危房改造同等条件下优先安排经济困难的残疾人家庭。按照农村危房改造政策要求，采取制定实施分类补助标准等措施，对无力自筹资金的残疾人家庭给予倾斜照顾。到2020年完成农村贫困残疾人家庭存量危房改造任务。有条件的地方可采用集体公租房、过渡房等多种方式解决贫困残疾人家庭的基本住房问题。

5. 加快发展残疾人托养照料服务。建立健全以家庭为基础、社区为依托、机构为支撑的残疾人托养服务体系，实现与儿童、老年人护理照料服务体系的衔接和资源共享。逐步提高残疾人托养服务能力，扩大受益面。继续实施“阳光家园计划”，提高托养机构规范化服务水平。为盲、聋、智障等残疾老人提供养老服务，提升专业化服务水平。对收养残疾儿童的家庭给予更多政策优惠支持，使更多的残疾儿童回归家庭生活。充分考虑少数民族残疾人的风俗习惯，健全惠及各族残疾人的托养照料服务体系。

专栏2　残疾人民生兜底保障重点政策

1. 最低生活保障制度

将符合条件的残疾人家庭及时纳入最低生活保障范围。生活困难、靠家庭供养且无法单独立户的成年无业重度残疾人，经个人申请，可按照单人户纳入最低生活保障范围。

2. 困难残疾人生活补贴制度和重度残疾人护理补贴制度

为低保家庭中的残疾人提供生活补贴，有条件的地方可逐步扩大到低收入残疾人及其他困难残疾人。为一级、二级且需要长期照护的各类重度残疾人提供护理补贴，有条件的地方可扩大到非重度智力、精神残疾人或其他残疾人。

3. 残疾儿童康复救助制度

逐步实现0—6岁视力、听力、言语、智力、肢体残疾儿童和孤独症儿童免费得到手术、辅助器具适配和康复训练等服务。

4. 残疾人基本型辅助器具补贴

有条件的地方对残疾人适配基本型辅助器具给予补贴。

5. 贫困残疾人家庭无障碍改造补贴

有条件的地方对贫困残疾人家庭无障碍改造给予补贴。

6. 困难残疾人社会保险个人缴费资助

对符合条件的贫困和重度残疾人参加城乡居民基本养老保险、基本医疗保险个人缴费予以资助。

7. 重度残疾人医疗报销制度

积极做好符合条件的重度残疾人医疗救助工作，鼓励地方探索提高重度残疾人大病保障水平，完善残疾人医保结算、救助流程。

8. 盲人、聋人特定信息消费支持

对盲人、聋人有线（数字）电视费用、宽带和手机上网流量费用等给予优惠照顾。

9. 阳光家园计划

支持日间照料机构和专业托养服务机构为100万人次就业年龄段智力、精神、重度肢体残疾人提供护理照料、生活自理能力和社会适应能力训练、职业康复、劳动技能培训、辅助性就业等服务。

（二）大力促进城乡残疾人及其家庭就业增收

1. 确保农村贫困残疾人如期脱贫。制定实施《贫困残疾人脱贫攻坚行动计划（2016—2020年）》。将农村贫困残疾人全部纳入精准扶贫建档立卡范围，强化分类施策和精准帮扶，政策、项目向贫困残疾人倾斜。加强实用技术培训、社会化生产服务和金融信贷支持，充分发挥农民专业合作社、龙头企业和残疾人扶贫基地的辐射带动作用，确保农村贫困残疾人家庭至少参与一项养殖、种植、设施农业等增收项目。有序组织农村残疾人转移就业。在资产收益扶贫工作中,财政专项资金形成的资产可折股量化优先配置给贫困残疾人家庭。积极引导贫困残疾人家庭采取土地托管或林权、农村土地承包经营权入股等方式,实现家庭资产增值增收。第一书记等驻村干部要将残疾人贫困户作为重点帮扶对象,选好配强帮扶责任人。将残疾人减贫成效纳入地方各级政府扶贫开发工作成效考核范围。持续实施"农村基层党组织助残扶贫工程",依托"光伏扶贫"、"农家书屋"、"农村电商"等项目搭建社会力量参与残疾人扶贫开发平台。

2. 依法大力推进残疾人按比例就业。研究建立用人单位按比例安排残疾人就业公示制度。各级党政机关、事业单位、国有企业应当带头招录(聘)和安置残疾人就业。各级党政机关在坚持具有正常履行职责的身体条件的前提下,对残疾人能够胜任的岗位,在同等条件下要鼓励优先录用残疾人。切实维护残疾人平等报考公务员的权利,为残疾人考生创造良好的考试环境。未安排残疾人就业的事业单位申请使用空编招聘时,应优先招聘符合条件的残疾人。加大对超比例安排残疾人就业用人单位的奖励力度。将安排残疾人就业情况纳入全国信用信息共享平台,列为企业履行社会责任内容。各类医疗机构要积极吸纳符合条件的盲人医疗按摩人员就业执业。积极做好残疾军人退役安置工作。培育残疾人就业辅导员队伍,发展支持性就业。加强残疾人就业保障金管理,建立征收使用情况公示制度。

3. 稳定发展残疾人集中就业。落实税收优惠政策,完善残疾人集中就业单位资格认定管理办法。福利企业、盲人按摩机构和残疾人辅助性就业机构等残疾人集中就业单位参照社会福利机构享受城市建设与公用事业收费优惠。搭建残疾人集中就业单位产品和服务展销平台,制定政府采购残疾人集中就业单位产品和服务的有关政策。培育残疾人集中就业产品和服务品牌,扶持带动残疾人就业能力强的龙头企业。继续开展"千企万人就业行动"。支持盲人按摩业发展,鼓励盲人按摩规模化、品牌化。扶持残疾人文化创意产业基地建设。

4. 多渠道扶持残疾人自主创业和灵活就业。完善对残疾人自主创业、灵活就业和为残疾人提供就业岗位的个体工商户的扶持政策。对符合条件的自主创业、灵活就业残疾人,按规定给予税费减免和社会保险补贴,帮助安排经营场所、提供启动资金支持。建立完善残疾人创业孵化机制,扶持残疾人创业致富带头人。对符合条件的残疾人全面做好创业担保贷款支持和配套金融服务。借助"互联网+"行动,鼓励残疾人利用网络就业创业,给予设施设备和网络资费补助。扶持残疾人社区就业、居家就业。支持残疾人参与非物质文化遗产传承、振兴传统工艺、家庭手工业等项目。促进残疾妇女就业创业,拓宽盲人、聋人就业渠道。

5. 大力发展残疾人辅助性就业和多种形式就业。东部地区基本满足精神、智力和重度肢体残疾人等适宜人群的辅助性就业需求,中西部地区每个县(市、区)至少建有一所辅助性就业机构。为辅助性就业残疾人提供工资性补贴和社会保险补贴,对辅助性就业机构设施设备、无障碍改造等给予补助。政府开发的公益性岗位优先安排符合就业困难人员条件的残疾人。扶持残疾人亲属就业创业,实现零就业残疾人家庭至少有一人就业。

6. 加强残疾人就业服务和劳动权益保护。为有就业意愿和相应能力的残疾人普遍提供职业技能培训、岗位技能提升培训、创业培训和就业创业服务。为就业困难残疾人提供就业援助和就业补助。实现城镇新增50万残疾人就业。公共就业服务机构和基层网点将残疾人作为重点服务对象。各级残疾人就业服务机构加强绩效管理,提高服务的针对性和有效性,发挥服务示范作用。加强残疾人教育机构、就业服务机构和用人单位之间的转衔服务。完善残疾人就业创业网络服务平台,加快推进残疾人就业创业服务信息化，实现部门间和区域内残疾人就业信息互联互通。建立高校残疾人毕业生数据库，推进就业见习、实习，提供重点帮扶。继续举办全国残疾人职业技能竞赛暨全国残疾人展能节，组团参加国际残疾人职业技能竞赛。消除影响残疾人平等就业的制度障碍。加强劳动保障监察，依法查处违法行为。

专栏3 残疾人就业增收重点项目

1. 残疾人职业技能提升计划

有就业意愿和相应能力的残疾人普遍得到就业创业培训；技能岗位的残疾人普遍得到岗位技能提升培训。

2. 农村残疾人“阳光扶贫基地”和实用技术培训项目

扶持一批带动辐射能力强、经营管理规范、具有一定规模的农村残疾人“阳光扶贫基地”，安置和带动残疾人稳定就业、生产增收；为中西部地区50万名农村贫困残疾人提供实用技术培训。

3. 农村基层党组织助残扶贫工程

全国农村基层党组织结对帮扶贫困残疾人家庭，帮助改善基本生活条件，扶持发展生产，实现稳定脱贫。

4. 党政机关按比例安排残疾人就业推进项目

推动各级党政机关、政府残工委成员单位及其所属单位（机构）普遍按比例安排残疾人就业。

5. 残疾人创业孵化示范基地和文化创意产业基地建设项目

建立一批残疾人创业孵化示范基地，为残疾人创业者提供低成本、便利化、全要素、开放式的综合服务平台和发展空间。扶持一批吸纳较多残疾人从业、具有较好市场发展前景的残疾人文化创意产业基地。

6. 残疾人辅助性就业示范机构建设项目

扶持100所残疾人辅助性就业示范机构，为有就业意愿和相应能力的残疾人提供辅助器具和无障碍环境支持，促进职业重建，辐射带动各县（市、区）普遍建立一所残疾人辅助性就业机构。

7. 支持性就业推广项目

扶持建设残疾人就业辅导员培训专业机构，培训2500名就业辅导员，帮助更多智力、精神残疾人实现支持性就业。

8. 低收入残疾人就业补助项目

对公益性岗位就业、辅助性就业、灵活就业及就业年龄段内暂时未能就业，收入达不到最低工资标准、生活确有困难的残疾人予以救济补助。

（三）提升残疾人基本公共服务水平

1. 强化残疾预防。制定实施国家残疾预防行动计划。加强残疾预防工作组织领导，加大残疾预防人才培养、设施设备和工作经费投入力度。广泛开展以社区和家庭为基础、以一级预防为重点的三级预防工作。推动建立完善筛查、诊断、随报、评估一体化的残疾监测网络，形成统一的残疾报告制度。针对遗传、疾病、意外伤害等主要致残因素，实施重点干预工程。加强出生缺陷综合防治，建立覆盖城乡居民，涵盖孕前、孕期、新生儿各阶段的出生缺陷防治服务制度。加强残疾预防宣传，广泛开展残疾预防“进社区、进校园、进家庭”宣传教育活动，增强全社会残疾预防和康复的意识与能力。探索建立残疾风险识别和预防干预技术体系，制定完善相关技术规范和标准。

2. 保障残疾人基本康复服务需求。制定实施《残疾预防和残疾人康复条例》。以残疾儿童和持证残疾人为重点，采取多种形式，实施精准康复，为残疾人提供基本康复服务。继续实施残疾儿童抢救性康复、贫困残疾人辅助器具适配、防盲治盲、防聋治聋等重点康复项目。加强康复医疗机构建设，健全医疗卫生、特殊教育等机构的康复服务功能。加强残疾人专业康复机构建设，建立医疗机构与残疾人专业康复机构双向转诊制度。加强残疾人健康管理和社区康复，依托专业康复机构指导社区和家庭为残疾人实施康复训练，推动基层医疗卫生机构普遍开展残疾人医疗康复。建设康复大学，加快康复高等教育发展和专业人才培养。

3. 加强辅助器具推广和适配服务。扶持便利、经济、实用、舒适、环保、智能辅助器具研发生产，推广个性化辅助器具适配服务，普及助听器、助视器、假肢、轮椅、拐杖等残疾人急需的辅助器具。充分发挥残联、民政、卫生等系统和社会力量的作用，构建多元化的辅助器具服务网络。发挥国家及区域残疾人辅助器具服务资源中心作用，提升残疾人辅助器具服务机构规范化水平。鼓励高等院校、科研机构、企业、社会组织等参与辅助器具研发、生产、流通、适配、租赁和转借服务。

4. 提高残疾人受教育水平。贯彻实施《残疾人教育条例》，依法保障残疾人受教育权利。为家庭经济困难的残疾儿童、青少年提供包括义务教育、高中阶段教育在内的 12 年免费教育。鼓励特殊教育学校实施学前教育。鼓励残疾儿童康复机构取得办园许可，为残疾儿童提供学前教育。鼓励普通幼儿园接收残疾儿童。进一步落实残疾儿童接受普惠性学前教育资助政策。继续采取“一人一案”方式解决好未入学适龄残疾儿童少年义务教育问题。规范为不能到校学习的重度残疾儿童送教上门服务。加快发展以职业教育为主的残疾人高中阶段教育。各地要加大残疾学生就学支持力度，对符合资助政策的残疾学生和残疾人子女优先予以资助；建立完善残疾学生特殊学习用品、教育训练、交通费等补助政策。大力推行融合教育，建立随班就读支持保障体系，在残疾学生较多的学校建立特殊教育资源教室，提高普通学校接收残疾学生的能力，不断扩大融合教育规模。完善中高等融合教育政策措施，中等职业学校、普通高校在招生录取、专业学习、就业等方面加强对残疾学生的支持保障服务。制定实施残疾青壮年文盲扫盲行动计划，全面开展残疾青壮年文盲扫盲工作。

5. 巩固特殊教育发展基础。落实好特殊教育提升计划。继续改善特殊教育学校办学条件，依托现有具备条件的特殊教育学校，加强对普通学校实施融合教育的指导和支持。加强残疾人中高等特殊教育职业院校建设。各省（区、市）要在现有编制总量内，落实特殊教育学校开展正常教学和管理工作所需编制，配足配齐教职工。对适合社会力量提供的教学辅助和工勤等服务，鼓励探索采用政府购买服务等方式解决。改革特教教师培养模式，培养一批复合型特教教师。鼓励有条件的师范院校开设特殊教育必修课程，加强高等院校特殊教育专业建设，发挥南京特殊教育师范学院和北京师范大学、华东师范大学的特殊教育院系等骨干特教师资培养作用。完善特教教师收入分配激励机制。深化特殊教育课程改革，组织编写新课程标准教材，提高特殊教育教学质量和水平。提高特殊教育信息化水平，利用网络远程教育资源，为残疾人提供方便快捷的受教育机会。组织实施《国家手语和盲文规范化行动计划（2015—2020 年）》，推广国家通用手语和通用盲文，提高手语、盲文信息化水平。支持国家手语盲文研究中心和推广中心发挥作用。开展听力、视力残疾人普通话水平测试工作，加强手语主持研究和人才培养。建立手语翻译培训、认证、派遣服务制度。

6. 丰富残疾人文化体育生活。将残疾人作为公共文化体育服务的重点人群之一，公共文化惠民工程、全民健身工程、全民阅读工程、公共文化体育服务机构和基层综合性文化服务中心要提供适合残疾人的服务内容和活动项目。有条件的市（地）、县（市、区）公共图书馆设立盲人阅览室，配置盲文图书、有声读物、大字读物及阅读辅助设备。开展残疾人文化周、残疾人阅读推广等群众性文化活动。扶持盲文读物、有声读物、残疾人题材图书和音像制品出版。继续建设中国残疾人数字图书馆和移动数字图书馆，通过建设中国盲人数字图书馆构建盲文数字出版和数字有声读物资源平台。开展残疾人特殊艺术项目发掘保护，加强特殊艺术人才培养，扶持特殊艺术团体建设和创作演出。支持创作、出版残疾人文学艺术精品力作，培育残疾人文化艺术品牌。

实施“残疾人体育健身计划”，推动残疾人康复体育和健身体育广泛开展。创编、推广残疾人

二、其他专项规划

康复体育和健身体育项目，研发适合不同类别和等级残疾人使用的小型体育器材，推动残疾人体育进社区、进家庭。加强特教学校体育教学和课外体育锻炼。促进残奥、特奥、聋奥运动均衡发展。办好全国第十届残运会暨第七届特奥会。加强残疾人运动员队伍培养、管理、教育和保障，提高残疾人体育竞技水平，力争在巴西里约热内卢、日本东京残奥会等重大国际赛事中再创佳绩。实施"冬季残奥项目振兴计划"，推动残疾人冰雪运动发展，提高残疾人冬季残奥运动项目的参与率和竞技水平。积极备战北京 2022 年冬季残奥会。

7. 全面推进无障碍环境建设。贯彻落实《无障碍环境建设条例》，完善无障碍环境建设政策和标准，加强无障碍通用产品和技术的研发应用。确保新（改、扩）建道路、建筑物和居住区配套建设无障碍设施，加快推进政府机关、公共服务、公共交通、社区等场所设施的无障碍改造。公共交通工具逐步配备无障碍设备，公共停车区按规定设立无障碍停车位。加强无障碍设施日常维护管理和监督使用，改进方便残疾人交通出行的服务举措。制定推广家居无障碍通用设计。加大贫困重度残疾人家庭无障碍改造工作力度。开展无障碍环境市县村镇创建工作。

大力推进互联网和移动互联网信息服务无障碍，鼓励支持服务残疾人的电子产品、移动应用软件（APP）等开发应用。推进政府信息以无障碍方式发布，地市级以上政府新闻发布会逐步增加通用手语服务，公共服务机构、公共场所和公共交通工具为残疾人提供语音和文字提示、手语、盲文等信息交流无障碍服务。鼓励省（区、市）、市（地）电视台开设手语栏目，逐步推进影视剧和电视节目加配字幕。加快推进食品药品信息识别无障碍。扶持导盲犬业发展。特殊教育、托养等残疾人集中的机构和相关行业系统制定自然灾害和紧急状态下残疾人无障碍应急管理办法，加强残疾人无障碍应急救助服务。

8. 建立残疾人基本公共服务标准体系。加快制定残疾人基本公共服务国家标准体系。制定实施残疾人康复、辅助器具、教育、就业服务、托养、盲人医疗按摩等服务机构设施建设、设备配置、人员配备、服务规范、服务质量评价等标准，加强绩效考评，提高服务制度化、均等化、专业化水平。培育建立残疾人服务品牌。

专栏 4　残疾人基本公共服务重点项目

1. 残疾人社区康复服务项目

为有需求的残疾人普遍建立康复服务档案，提供康复评估、训练、心理疏导、护理、生活照料、辅具适配、咨询、指导和转介等服务。

2. 残疾儿童、青少年教育项目

逐步提高残疾儿童学前教育普及水平，适龄听力、视力、智力残疾儿童少年接受义务教育比例达到 95%，完成义务教育且有意愿的残疾学生都能接受适宜的中等职业教育。

3. 残疾人中等职业教育和高中阶段教育示范项目

依托现有特殊教育和职业教育资源，每个省（区、市）集中力量办好至少一所面向全省（区、市）招生的残疾人中等职业学校、一所盲生高中、一所聋生高中；改善残疾人中等职业学校办学条件，加强实训基地建设，提高教育教学质量。

4. 残疾青壮年文盲扫盲项目

依托特殊教育、成人教育和残疾人集中就业等机构，结合残疾人职业培训、农村残疾人实用技术培训、托养服务和辅助性就业服务等开展残疾青壮年文盲扫盲工作。

5. 国家通用手语和通用盲文研究推广项目

开展国家通用手语和通用盲文研究与推广，建立国家通用手语、通用盲文语料库与标准化协同工作平台。

6. 文化进家庭"五个一"项目

帮助中西部和农村地区 10 万户贫困、重度残疾人家庭每年读一本书、看一次电影、游一次园、参观一次展览、参加一次文化活动。

续表

7. 残疾人体育健身计划 建成一批残疾人体育健身示范点，创编普及一批适合残疾人的体育健身项目，巩固培养残疾人社会体育指导员队伍，为10万户重度残疾人家庭提供康复体育器材、方法和指导进家庭服务。 8. 信息无障碍促进项目 加强政府和公共服务机构网站无障碍改造，推进电信业务经营者、电子商务企业等为残疾人提供信息无障碍服务；窗口服务行业开展学习通用手语活动，推动在全国大中城市建设聋人信息中转服务平台。

（四）依法保障残疾人平等权益

1. 完善残疾人权益保障法律法规体系。社会建设和民生等领域立法过程应听取残疾人和残疾人组织意见。加快残疾人保障法配套行政法规立法进程，研究修订《残疾人就业条例》，开展残疾人社会福利、教育、盲人按摩、反残疾歧视等立法研究。促进地方残疾人权益保障立法和优惠扶助政策制定。建立残疾人权益保障法律、法规、规章信息公开系统。

2. 加大残疾人权益保障法律法规的宣传执行力度。将残疾人保障法等相关法律法规宣传教育作为国家“七五”普法重要任务。积极开展议题设置，运用互联网和新媒体加大普法宣传力度。开展残疾人学法用法专项行动，提高残疾人对相关法律法规政策的知晓度和维权能力。政府部门要带头落实残疾人权益保障法律法规，依法开展残疾人工作，依法维护残疾人权益。企事业单位、社会组织和公众要认真履行扶残助残的法定义务。配合各级人大、政协开展执法检查、视察和调研，促进残疾人权益保障法律法规的有效实施。严厉打击侵犯残疾人合法权益的违法犯罪行为。

3. 创新残疾人权益保障机制。推动建立残疾人权益保障协商工作机制。拓宽残疾人和残疾人组织民主参与渠道，有效发挥残疾人、残疾人亲友和残疾人工作者人大代表、政协委员在国家政治生活中的重要作用。大力推进残疾人法律救助，帮助残疾人及时获得法律援助、法律服务和司法救助，扩大残疾人法律援助范围。办好12385残疾人服务热线和网络信访平台，实现12110短信报警平台的全覆盖和功能提升。建立完善残疾人权益保障应急处置机制。

（五）凝聚加快残疾人小康进程的合力

1. 大力发展残疾人慈善事业。倡导鼓励公众、企事业单位、社会组织和群团组织帮扶贫困残疾人、捐助残疾人事业，兴办医疗、康复、特殊教育、托养照料、社会工作等服务机构和设施。积极培育扶持助残社会组织健康发展，支持引导其开展助残活动。培育壮大“集善工程”等残疾人慈善事业品牌，建立调动社会力量帮扶残疾人的机制和平台。进一步鼓励和规范网络助残慈善活动。

2. 有效开展志愿助残服务。开展“志愿助残阳光行动”、“邻里守望”等群众性助残活动，为残疾人提供扶贫解困、生活照料、支教助学、社区导医、文化体育、出行帮助等服务。完善助残志愿者招募注册、服务记录、组织管理、评价激励、权益维护和志愿服务供需对接等机制，推行结对接力等服务方式，促进志愿助残服务常态化、制度化、专业化和有效化。

3. 加快发展残疾人服务业。完善落实残疾人服务业的市场准入、用地保障、投融资、人才引进等扶持政策。着力推动残疾人辅助器具、康复护理、托养照料、生活服务、无障碍产品服务等产业发展，使残疾人康复护理、托养照料和生活服务产业形成一定规模；辅助器具、无障碍产品研发制造水平有较大提升，具有自主知识产权产品、自主品牌市场占有率大幅提高。针对残疾人面临的意外伤害、康复护理、托养等问题，鼓励信托、保险公司开发符合残疾人需求的金融产品。大力发展残疾人服务中小企业，扶持一批残疾人服务龙头企业。加强残疾人服务行业管理，健全行业管理制度，依法成立行业组织，营造公平有序的市场环境。支持有条件的地方探索建立残疾人服务业支持政策和服务标准。

4. 加大政府购买助残服务力度。将残疾人基本公共服务作为政府购买服务的重点领域，以残疾人康复护理、托养照料、生活服务、扶贫解困、职业培训、就业创业服务、专业社会工作服务、家居无障碍环境改造等为重点，逐步完善政府购买助残服务指导性目录，扩大购买规模。强化事前、事中和事后监管，加强对政府购买助残服务的质量监控和绩效考评，实现政府购买服务促进专业服务组织发展、扩大服务供给、提高服务质量效益的综合效应。

5. 营造良好的扶残助残社会环境。结合培育和践行社会主义核心价值观，进一步加强和改进残疾人事业宣传工作。充分利用报刊、广播、电视和互联网等媒体，鼓励支持残疾人组织借助微博、微信和移动客户端及有关移动新媒体，大力弘扬人道主义思想、扶残助残的中华民族传统美德和残疾人“平等、参与、共享、融合”的现代文明理念，营造理解、尊重、关心、帮助残疾人的社会环境。加强对残疾儿童家长的指导支持，为残疾儿童成长提供良好的家庭环境。

6. 加强残疾人事务国际交流合作。广泛传播《残疾人权利公约》的理念，完善履约工作机制。主动参与落实联合国2030年可持续发展议程。支持康复国际等国际残疾人组织发展。充分发挥亚太经济合作组织（APEC）残疾人事务合作机制作用，继续在亚欧会议框架下推动残疾人事务合作，围绕“一带一路”发展战略加强南北合作、深化南南合作，促进残疾人事务的对外开放与交流合作，学习借鉴国际残疾人事务的有益经验，助力残疾人小康进程。

四、保障条件

（一）充分发挥政府主导作用

地方各级政府要将加快残疾人小康进程纳入全面建成小康社会大局、纳入重要议事日程，列为政府目标管理和绩效考核内容。主要领导负总责，分管领导具体负责，政府常务会议每年至少研究一次推进残疾人小康进程工作。坚持政府主导、社会参与、残疾人组织充分发挥作用的工作机制，各级政府残疾人工作委员会加强统筹协调，各部门、各单位进一步明确责任，形成齐抓共管、各负其责、密切配合的工作局面。

（二）建立多元投入格局

各级财政继续加大对残疾人民生保障和残疾人事业的投入力度，按照支出责任合理安排所需经费。充分发挥社会力量作用，鼓励采用政府和社会资本合作模式，形成多渠道、全方位的残疾人事业资金投入格局。

（三）加强基础设施和服务机构建设

统筹规划城乡残疾人服务设施建设，新型城镇化进程中要配套建设残疾人服务设施，实现合理布局。继续实施残疾人康复和托养设施建设项目，扩大覆盖范围。加强残疾人就业、盲人医疗按摩等设施建设和设备配置。研究制定残疾人服务机构用地、资金、技术、人才、管理等优惠扶持政策。加强残疾人服务机构能力建设，开展资质等级评估，建立可持续发展的管理运行机制。

（四）加快专业人才队伍和基础学科建设

完善残疾人服务相关职业和职种，完善残疾人服务专业技术人员和技能人员职业能力评价办法，加快培养残疾人服务专业人才队伍。按照国家有关规定落实对为残疾人服务工作人员的工资待遇倾斜政策。加强残疾人口学、康复医学、特殊教育、手语、盲文、残疾人体育、残疾人社会工作等基础学科建设。深化中国特色残疾人事业理论与实践研究。

（五）强化科技创新和信息化建设

通过国家科技计划（专项、基金等）支持符合条件的残疾人服务科技创新应用，实施"互联网+科技助残"行动。提高残疾人事业信息化水平，加强对残疾人人口基础数据、服务状况和需求专项调查数据、残疾人事业统计数据、残疾人小康进程监测数据的综合管理和动态更新，加强与国家人口基础信息、相关政府部门数据资源的交换共享。加强"中国残疾人服务网"建设，推动"互联网+助残服务"模式的创新应用。加快推进智能化残疾人证试点。

（六）增强基层综合服务能力

实施县域残疾人服务能力提升项目，构建县（市、区）、乡镇（街道）、村（居）三级联动互补的基层残疾人基本公共服务网络。建立健全县级残疾人康复、托养、职业培训、辅助器具适配、文化体育等基本公共服务平台，辐射带动乡镇（街道）、村（居）残疾人工作开展。以社区为基础的城乡基层社会管理和公共服务平台加强对残疾人的权益保障和基本公共服务。加强残疾人社会工作和残疾人家庭支持服务。严格规范残疾等级评定和残疾人证发放管理，进一步简化办证流程。支持各类社会组织、社会工作服务机构、志愿服务组织到城乡社区开展助残服务。

（七）协调推进城乡区域残疾人小康进程

在城乡发展一体化进程中加快促进农村残疾人增收，切实改善农村残疾人基本公共服务，鼓励引导城市残疾人公共服务资源向农村延伸。新型城镇化进程中确保把符合条件的农业转移人口中的残疾人转为城镇居民，确保进城残疾人享有社会保障、基本公共服务并做好就业扶持。逐步实现残疾人基本公共服务由户籍人口向常住人口扩展。加大对革命老区、民族地区、边疆地区和贫困地区残疾人事业的财政投入和公共资源配置力度，政策、资金、项目向西藏和四省藏区、新疆等地倾斜。促进京津冀残疾人社会保障和基本公共服务协同创新发展，鼓励长三角、珠三角等发达地区发挥先行先试和引领示范作用。将残疾人工作作为重点内容纳入对口支援总体部署，加大支援力度。

（八）充分发挥残疾人组织作用

残疾人组织是推进残疾人小康进程不可或缺的重要力量。各级残联要按照《中共中央关于加强和改进党的群团工作的意见》的要求，进一步加强自身建设，切实增强政治性、先进性、群众性，自觉防止机关化、行政化、贵族化、娱乐化，依法依章程切实履行"代表、服务、管理"职能。建立残疾人基本服务状况和需求信息动态更新机制，反映残疾人的呼声愿望，协助政府做好有关法规、政策、规划、标准的制定和行业管理。实施残疾人组织建设"强基育人工程"，进一步扩大残疾人组织覆盖面，提升县域残疾人组织治理能力，改善工作条件，解决好待遇问题。支持残疾人专门协会和村（社区）残疾人协会开展服务残疾人和维护残疾人合法权益工作，加强经费、场地、人员等工作保障。壮大专兼结合的残联干部队伍，加大对残联干部的培养、交流和使用力度，提升残联干部思想政治素质和代表、服务、管理能力。探索通过设立残疾人公益性岗位等方式，加强基层残疾人专职委员队伍建设，改善保障条件，充分发挥其作用。广大残疾人工作者要恪守"人道、廉洁、服务、奉献"的职业道德，增强服务意识，强化职业素质，做残疾人的贴心人，全心全意为残疾人服务。鼓励广大残疾人自尊、自信、自强、自立，不断增强自我发展能力，积极参与和融入社会，在全面建成小康社会进程中建功立业，与全国人民一道创造更加幸福美好的生活。

专栏5　保障条件和服务能力建设重点项目

1. 残疾人服务设施建设项目

支持省、市、县级残疾人康复设施和市、县级残疾人托养设施建设；尚未建设残疾人综合服务设施的县(市、区)，可随康复和托养设施配建县级残疾人综合服务设施。

2. 残疾人服务专业人才培养项目

加快建立残疾人康复、特殊教育、就业服务、托(供)养服务、文化体育、维权和社会工作等方面的专业人才队伍，培养一批残疾人服务领域的领军人才、实用型专业人才和创新型团队。

3. "互联网+科技助残"行动

加强残疾预防和康复相关科研基地(平台)建设；开展基于大数据和互联网的残疾人服务平台及示范应用、新一代智能辅具装备与产品研发示范、主要致残原因机理及预防干预技术等研究。

4. "互联网+助残服务"平台建设项目

完善残疾人人口基础信息和残疾人基本服务需求信息数据管理系统；依托"中国残疾人服务网"，以全国残疾人就业创业网络服务平台为重点，逐步建立残疾人基本公共服务"网上受理—协同办理—监督评价"的新型服务模式。

5. 志愿助残服务示范项目

实施1000个志愿助残服务示范项目，支持助残志愿服务组织与残疾人、残疾人家庭和残疾人服务机构开展长期结对服务，推动志愿助残服务的项目化运作和制度化管理，提升专业化水平。

6. 助残社会组织培育项目

采取政府购买服务、设立公益性岗位、提供管理和人员培训等方式，对符合条件的助残社会组织和专业服务组织给予扶持培育。

7. 县域残疾人服务能力提升项目

完善县域残疾人工作机制，落实残疾人优惠扶持政策，建立健全残疾人基本公共服务平台，全面开展残疾人基本服务需求信息动态更新、服务提供、转介和监督评估等工作，为基层提供人员培训、技术指导等支持。

8. "温馨家园"社区服务示范项目

依托社区综合服务设施，建立一批"温馨家园"残疾人社区服务站，开展残疾人康复、照料、助学、辅助性就业、无障碍改造、文化体育、社会工作等服务。

9. 中国特色残疾人事业研究项目

通过国家社科基金、留学基金和高等院校社科项目等支持残疾人事业理论与实践研究，系统总结中国特色残疾人事业发展经验，不断推进残疾人事业理论创新和成果转化，为加快残疾人小康进程提供理论支撑。

五、纲要实施和监测评估

实施好本纲要是各级政府和全社会义不容辞的责任。各地区要依据本纲要制定当地残疾人事业"十三五"规划或加快残疾人小康进程规划，各部门要根据职责制定配套实施方案。各地区、各部门要将本纲要的主要任务指标纳入当地国民经济和社会发展总体规划及专项规划，统筹安排、同步实施，确保纲要确定的各项任务落到实处。

各级政府残疾人工作委员会及相关部门要对纲要执行情况进行督查、监测和跟踪问效，开展第三方评估，及时发现和解决执行中的问题。省级以上人民政府残疾人工作委员会在"十三五"中期和期末对纲要实施情况进行考核、绩效考评，并将结果向社会公开，对先进典型予以表彰。

附件:重点任务分工

附件 重点任务分工

序号	工作任务	负责单位
1	生活困难、靠家庭供养且无法单独立户的成年无业重度残疾人,经个人申请,可按照单人户纳入最低生活保障范围	民政部、财政部、中国残联
2	全面实施困难残疾人生活补贴制度和重度残疾人护理补贴制度	民政部、财政部、中国残联
3	建立残疾儿童康复救助制度	中国残联、民政部、财政部、国家卫生计生委、教育部
4	制定实施盲人、聋人特定信息消费支持政策	中国残联、工业和信息化部、财政部
5	落实符合条件的贫困和重度残疾人参加城乡居民社会保险个人缴费资助政策,帮助残疾人按规定参加各项社会保险	人力资源社会保障部、国家卫生计生委、财政部、民政部、中国残联
6	优先保障残疾人基本住房。到2020年完成农村贫困残疾人家庭存量危房改造任务	住房城乡建设部、财政部、中国残联
7	继续实施"阳光家园计划"。为盲、聋、智障等残疾老人提供养老服务	中国残联、财政部、民政部
8	确保农村贫困残疾人如期脱贫,将残疾人减贫成效纳入地方各级政府扶贫开发工作成效考核范围	国务院扶贫办、财政部、民政部、中国残联
9	各级党政机关、事业单位、国有企业带头招录(聘)和安置残疾人就业。研究建立用人单位按比例安排残疾人就业公示制度	中国残联、人力资源社会保障部、财政部、国务院国资委
10	落实税收优惠政策,稳定发展残疾人集中就业	财政部、税务总局、民政部、中国残联
11	建立一批残疾人创业孵化示范基地。鼓励残疾人利用网络就业创业。扶持残疾人社区就业、居家就业	中国残联、人力资源社会保障部、工业和信息化部、商务部、民政部
12	大力发展残疾人辅助性就业和多种形式就业。发展残疾人支持性就业。扶持残疾人亲属就业创业,实现零就业残疾人家庭至少有一人就业	中国残联、人力资源社会保障部、财政部
13	实施残疾人职业技能提升计划。为就业困难残疾人提供就业援助和就业补助。推进高校残疾人毕业生就业见习、实习	人力资源社会保障部、教育部、财政部、中国残联
14	制定实施国家残疾预防行动计划。广泛开展三级预防,实施重点干预工程	中国残联、国家卫生计生委、公安部、人力资源社会保障部、民政部、财政部等
15	继续实施残疾儿童抢救性康复、贫困残疾人辅助器具适配、防盲治盲、防聋治聋等重点康复项目。加强残疾人健康管理和社区康复	中国残联、财政部、国家卫生计生委、民政部
16	建设康复大学,加快康复高等教育发展和专业人才培养	中国残联、人力资源社会保障部、国家发展改革委、财政部、国家卫生计生委、教育部、有关地方政府
17	扶持辅助器具研发生产,推广个性化辅助器具适配服务,普及残疾人急需的辅助器具	中国残联、民政部、科技部、国家卫生计生委、工业和信息化部、财政部
18	为家庭经济困难的残疾儿童、青少年提供包括义务教育、高中阶段教育在内的12年免费教育。继续改善特殊教育学校办学条件,完善特教教师收入分配激励机制,提高特殊教育教学质量和水平	教育部、人力资源社会保障部、民政部、国家发展改革委、财政部、中国残联
19	制定实施残疾青壮年文盲扫盲行动计划,全面开展残疾青壮年文盲扫盲工作	中国残联、教育部
20	组织实施《国家手语和盲文规范化行动计划(2015—2020年)》,推广国家通用手语和通用盲文	中国残联、教育部、新闻出版广电总局、国家语委
21	扶持盲文读物、有声读物、残疾人题材图书和音像制品出版。实施文化进家庭"五个一"项目	文化部、新闻出版广电总局、中国残联

续表

序号	工　作　任　务	负责单位
22	实施“残疾人体育健身计划”和“冬季残奥项目振兴计划”	中国残联、体育总局
23	公共交通工具逐步配备无障碍设备,改进方便残疾人交通出行的服务举措。制定推广家居无障碍通用设计。大力推进互联网和移动互联网信息服务无障碍	住房城乡建设部、工业和信息化部、公安部、交通运输部、中央网信办、中国残联
24	建立残疾人基本公共服务标准体系,培育建立残疾人服务品牌	中国残联、国家发展改革委、质检总局、民政部
25	研究修订《残疾人就业条例》,开展残疾人社会福利、教育、盲人按摩、反残疾歧视等立法研究	中国残联、人力资源社会保障部、教育部、民政部、国务院法制办
26	将残疾人保障法等法律法规纳入国家“七五”普法规划。开展残疾人学法用法专项行动	司法部、中国残联
27	扩大残疾人法律援助范围。办好 12385 残疾人服务热线和网络信访平台。建立完善残疾人权益保障应急处置机制	司法部、公安部、中国残联
28	大力发展残疾人慈善事业,有效开展志愿助残服务,积极培育扶持助残社会组织健康发展,建立调动社会力量帮扶残疾人的机制和平台。鼓励和规范网络助残慈善活动	民政部、中央网信办、共青团中央、中国残联
29	完善落实残疾人服务业扶持政策,推动残疾人辅助器具、康复护理、托养照料、生活服务、无障碍产品服务等产业发展。加强残疾人服务行业管理	中国残联、国家发展改革委、民政部
30	逐步完善政府购买助残服务指导性目录,扩大购买规模。强化事前、事中和事后监管	财政部、民政部、中国残联
31	大力弘扬人道主义思想、扶残助残的中华民族传统美德和残疾人“平等、参与、共享、融合”的现代文明理念,营造理解、尊重、关心、帮助残疾人的社会环境。为残疾儿童成长提供良好的家庭环境	中央宣传部、文化部、新闻出版广电总局、中央网信办、共青团中央、全国妇联、中国残联
32	支持省、市、县级残疾人康复设施和市、县级残疾人托养设施建设;尚未建设残疾人综合服务设施的县(市、区),可随康复和托养设施配建县级残疾人综合服务设施	国家发展改革委、民政部、中国残联、财政部、地方各级政府
33	研究制定残疾人服务机构优惠扶持政策,开展资质等级评估	中国残联、民政部、国家发展改革委
34	通过国家科技计划(专项、基金等)支持符合条件的残疾人服务科技创新应用,实施“互联网+科技助残”行动	科技部、财政部、民政部、中国残联
35	完善残疾人人口基础信息和残疾人基本服务需求信息数据管理系统,推动“互联网+助残服务”模式的创新应用	中国残联、国家发展改革委、工业和信息化部、国家统计局
36	建立健全县级残疾人基本公共服务平台,构建县(市、区)、乡镇(街道)、村(居)三级联动互补的基层残疾人基本公共服务网络	中国残联、国家发展改革委、教育部、民政部、人力资源社会保障部、国家卫生计生委、文化部、财政部、地方各级政府

注:负责单位中列第一位者为牵头单位,其余为主要参与单位。

防震减灾规划

（2016—2020年）

发改地区〔2016〕2449号

为贯彻党中央、国务院关于加强防震减灾工作的决策部署，落实《中华人民共和国防震减灾法》和《中华人民共和国国民经济和社会发展第十三个五年规划纲要》精神，全面提高抵御地震灾害综合防范能力，健全防震减灾救灾机制，最大限度减轻地震灾害损失，按照国务院防震减灾工作联席会议要求，制定本规划。规划期为2016—2020年。

一、发展环境

（一）主要成就

在党中央、国务院的领导下，近十年来，特别是"十二五"期间我国防震减灾工作取得了显著成就。建成了覆盖我国大陆的综合地震观测系统，地震监测技术和地震速报时效达到世界先进水平，中长期预测能力稳步提升。城乡建设工程抗震能力明显提高，社会公众防震减灾意识普遍加强，地震应急避险技能不断提升。地震科学技术取得长足进步，对防震减灾的支撑作用得到强化。基本建成了国家地震应急救援体系，受灾民众24小时内可得到基本救助。完善了分级负责、相互协同的抗震救灾和灾后恢复重建工作机制，取得了汶川、玉树、芦山、鲁甸等重特大地震灾害抗震救灾工作的伟大胜利。基本形成了防震减灾法律法规和标准体系，建立了政府主导、军地联动、专群结合、社会参与的工作格局，全社会防震减灾能力显著增强，防震减灾工作呈现新的发展局面，在保障公共安全和服务经济社会发展方面发挥了重要作用。

（二）"十三五"时期面临的新形势

"十三五"时期是全面建成小康社会决胜阶段。推进国家防震减灾治理体系和治理能力现代化，全面提升地震安全保障能力面临新要求，防震减灾事业发展面临新形势。

公共安全提出新要求。党的十八大以来，党中央、国务院将公共安全体系建设放在更加突出位置，要求牢固树立安全发展观念，建设平安中国。我国地震频度高、强度大、分布广、灾害重。地震灾害对人民生命财产安全和社会稳定的威胁严峻，社会公众对地震安全的要求更加迫切。“十三五”期间，我国西部地区仍然处于7级以上强震的活跃时段，东部地区存在发生6级以上地震的可能。而我国地震观测台网布局和功能仍有欠缺，地震预警能力尚不具备。大部分农村民居、部分城市老旧建筑、“城中村”建筑和基础设施抗震能力薄弱，地震灾情快速获取和应急救援能力尚有不足，上述状况不改变，必将影响平安中国建设进程。

经济发展提出新挑战。适应经济发展新常态要求，国家大力推进供给侧结构性改革，实施“一带一路”建设、京津冀协同发展和长江经济带发展三大战略，推进新型城镇化建设、生态文明建设等，着力打造引领经济发展新常态的体制机制和发展方式。国家新型城镇化规划中的部分城市群涉及7级或7级以上强震潜在震源区域，三大战略实施的部分重点区域以及一些支撑经济发展和产业结构调整的重要基础设施、重大项目、重点科研设施和装备等面临地震灾害风险，特别是如核电、大型石化基地、高坝大库等所在区域，一旦发生地震危险，其损失和影响不可低估。“十三五”时期，迫切需要进一步提高地震灾害防范能力，更好地服务经济发展全局。

社会治理提出新任务。党的十八届三中、四中全会提出了全面深化改革和全面推进依法治国的总要求，明确了健全防灾减灾救灾体制的新任务。新时期，社会组织和人民群众更加广泛地参与防震减灾工作，防震减灾主体更加多元，统筹协调要求更高，迫切需要构建主体明确、权责清晰、运行高效的治理体系，依法规范各级政府、社会组织和公众的防震减灾责任和义务，提高政府防震减灾公共服务水平，有针对性地提升社会组织和公众的防震减灾意识和技能，形成地震灾害群防共治的局面。

创新驱动提出新课题。实施创新驱动发展战略，是党中央、国务院做出的重大战略决策部署，习近平总书记多次强调实施创新驱动发展战略，党的十八届五中全会将创新发展放在新发展理念首位，强调创新是引领发展的第一动力。科技创新是推动防震减灾事业持续发展的动力源泉。“十三五”时期，迫切需要聚焦防震减灾关键技术、重大科技问题和基础科学研究，持续开展技术和理论创新，推动地震预测预报、防震技术研发应用和地震灾情快速获取等取得实质性进展，全面增强地震科技创新对防震减灾事业的带动支撑能力，更加有力有效保障人民群众生命财产安全。

二、总体要求

（一）指导思想

全面贯彻落实党的十八大，十八届三中、四中、五中、六中全会和习近平总书记系列重要讲话精神，紧紧围绕“五位一体”的总体布局和“四个全面”的战略布局，遵循创新、协调、绿色、开放、共享发展理念，坚持以防为主、防抗救相结合的方针，坚持最大限度减轻地震灾害损失的宗旨，坚持走防震减灾与经济社会融合发展的道路，着力提升地震领域科技创新水平，推动防震减灾治理体系和治理能力现代化，增强全社会防震减灾意识和技能，全面提高地震灾害综合防范和公共服务能力，为全面建成小康社会提供安全保障。

（二）发展目标

围绕服务保障全面建成小康社会的目标要求，“十三五”时期防震减灾工作的目标是：

地震监测预报、震灾预防、应急救援体系效能显著。公共服务能力全面提高，科技创新驱动更加有力，公众防震减灾素质普遍提高。现代化防震减灾治理体系初步形成，城乡抗震能力显著提升。地震灾害对国家经济社会、公共安全、生态环境的影响明显减轻，满足国家经济社会发展和国防建设的需求。

——全国地震监测能力达到2.0级、中东部地区震中定位精度优于5千米，提供重点地区分钟级仪器地震烈度速报和秒级地震预警服务，重点监视防御区地震速报信息公众覆盖率达到90%。建成地震监测预报科学实验平台，地震中长期预测水平持续提升，震后趋势判定的时效性和服务能力稳定提高，力争实现有减灾实效的短临预报。

——基本查明重点地区地震构造及重点城市和城市群活断层分布。地震区划、地震小区划、震害预测、活断层探测和重大工程地震安全性评价等成果广泛服务于空间规划、国土利用和重大工程建设。减隔震、重大工程紧急处置、工程结构健康监测诊断等技术得到推广应用。

——震后1小时内提供震灾快速评估结果，2小时内提供人员伤亡、房屋破坏初步信息和辅助决策建议，12小时内救援队伍能抵达灾区实施搜救，3—5天内完成灾区地震烈度评定。应急指挥技术体系、应急救援队伍建设与培训体系、物资储备体系进一步完善。

——形成体现我国地域特色、具有重要国际影响的地震科技优势领域，在大陆强震机理与预测技术、地震监测预警技术、地震成灾机理与减灾技术等方面取得突破性进展，达到国际先进水平。形成完善的地震科技创新体系，建立一支有国际影响的地震科技队伍。防震减灾国际交流与合作有效服务"一带一路"建设等国家战略。

——防震减灾法律法规和标准体系基本健全，防震减灾多元责任主体的权责和义务明确清晰，政府主导、多元共治、协调规范、运行高效的防震减灾工作机制基本形成，社会组织、基层自治组织和公众在防震减灾中的作用显著提升，防震减灾行政执行、社会动员、资源共享能力大幅提升。

——社会公众防震减灾意识显著提升，各级各类地震应急演练实现常态化，地震重点监视防御区社会公众基本具备自救互救技能。地震高风险地区农村民居抗震能力大幅提升，城市地震灾害风险水平有效降低。地震造成的人员伤亡、经济损失占比明显下降，对重要基础设施和服务设施的影响明显减轻。

三、主要任务

"十三五"时期，防震减灾工作要紧紧围绕三大战略、新型城镇化、生态文明建设、脱贫攻坚等国家重大战略实施需要，以地震重点监视防御区和强震多发区为重点，针对农村抗震能力薄弱、部分城市和城市群及重大工程地震风险高、海域工作基础差等问题和短板，着力提升地震监测预测预警、地震灾害防御和地震应急救援三大能力，推进防震减灾法治、公共服务体系和防震减灾文化三大建设，强化地震科技创新、人才队伍和信息化三大支撑。

（一）提升三大能力

提升地震监测预测预警能力。建设国家地震烈度速报与预警系统，提升地震预警能力。建设地震电磁、重力、热红外等卫星空间技术及地面应用，提升空间对地地震观测能力。完善地球物理场观测手段，开展全国综合地球物理场常态化流动复测。建设京津冀、长三角和珠三角等城市群井下地震综合观测系统，强化城市群地震监测。建设川滇地震监测预报实验场，建成开放型地震监测和预测研究的野外基地。建设我国近海海域和南海海域地震观测系统。加强火山、水库、大型油气田等地震专用台网和观测仪器研发，以及台网运维体系建设。加强震情监视跟踪和分析研判，推进会商机制改革，提高地震预测预报能力。

提升地震灾害防御能力。以地震高风险地区为主，实施农村民居地震安全工程，提升农村民居抗震能力。开展城市老旧建筑抗震性能普查和加固改造，提高学校、医院等人员密集场所抗震能力。全面实施第五代地震区划图，加强城乡抗震设防监管，推动抗震设防要求城乡一体化管理。完成南北地震带、郯庐地震带、天山地震带等重点区域主要活断层填图和城市活断层探测，开展地震高风险地区防灾地理信息系统建设。开展重点地区和海洋地震区划、地震小区划和震害预测。推广减隔震、重大工程紧急处置、工程结构健康监测及诊断等新技术。创建一批国家级防震减灾示范城市、县、社区、工程和企业。

提升地震应急救援能力。加强各级抗震救灾指挥机构建设，完善国家重大地震灾害事件处置和协调机制。各级政府及有关部门、基础设施和人口密集场所实现地震应急预案全覆盖。开展地震高风险地区的重特大地震灾害情景构建和对策研究，强化地震应急准备。建设国家、省、市、县四级联动的地震灾情速报平台，发挥测绘、电信等行业应急资源优势，提升地震灾害信息快速获取和研判、处置能力。健全完善与各方面充分对接的灾情信息共享和应急联动机制，深化军地双方在防震减灾和应急救援等方面合作。加强应急避难场所建设，健全地震应急救援装备物资储备体系。加强地震应急救援训练基地建设，完善救援队和地震现场应急队装备配备。提升应急救援队伍的专业化、规范化、标准化水平，组织开展基层应急队伍和志愿者队伍常态化演练培训。鼓励开展搜索、营救等应急救援装备研发，推进地震应急救援产业发展。

（二）推进三大建设

推进防震减灾法治建设。修订《中华人民共和国防震减灾法》、《地震安全性评价管理条例》等相关法律法规，制定地震应急救援条例、建设工程抗震管理条例，研究制定震后恢复重建条例、建立地震预警相关法律制度，加快地震标准体系、工程建设抗震标准体系建设。完善防震减灾工作联席会议等工作机制，制定防震减灾权力清单和责任清单，明确各级政府及部门防震减灾职责。健全企事业单位、社会团体、公众等依法有序参与防震减灾的政策措施和协同工作机制。建立地震重点监视防御区常态化、制度化工作机制。强化基层防震减灾工作基础，提升从业人员素质、加强基础设施和技术能力建设。

推进公共服务体系建设。建立健全覆盖城乡的防震减灾公共服务网络和服务机制，提高公共服务效能。提供活断层分布、地震重点监视防御区、地震重点危险区、地震区划图、地震小区划、地震安全性评价、震害预测、灾害情景构建等地震风险与应急准备信息服务。提供地震预警、地震烈度速报等预警信息服务。提供地震速报、地震灾情速报、震动图、地震背景等应急信息服务。提供地震、重力、地磁、空间电磁等地球物理专业观测数据服务。提供减隔震、结构损伤探测、工程抗震性能鉴定等抗震设防技术服务。制定防震减灾公共服务产品清单，明确服务范围和服务质量，发挥公共媒介作用，完善信息服务渠道，扩大公共服务受众面。

推进防震减灾文化建设。树立以人为本、生命至上的理念，坚持以防为主、防抗救相结合的防震减灾方针，弘扬伟大的抗震救灾精神和地震行业精神，丰富防震减灾文化内涵。发挥防震减灾典型示范作用，加强对具有典型性和较高社会教育价值的地震遗迹遗址、活断层、地震观测文物的保护。创作和推广一批优质的防震减灾科教作品，推动防震减灾知识进入国民教育和干部培训体系。利用主流媒体强化防震减灾政策法规宣传，利用新媒体、科普基地传播防震减灾知识，通过“互联网+”加强公众防震减灾行为引导和技能训练。因地制宜，适当建设防震减灾科普教育基地，加强各级各类学校对地震知识的科普。在1000个城市开展“平安中国”防灾宣导系列公益活动。

（三）强化三大支撑

强化科技支撑。发挥科技应对重大自然灾害协调机制作用，抓紧实施《科技应对重大自然灾害工作方案》。加强地震基础理论前沿探索，深化基于活动块体及其边界断层的地震发生及成灾机理研究，开展基于动力过程的地震预测探索，开展地震监测新技术实验研究与应用示范。研发重大工程的地震预警与应急处置技术、基于震源过程的地震危险性分析和地震区划技术、城镇建设工程抗灾设防准则与防灾关键技术，研发大城市及城市群震害情景模拟、地震灾情快速获取和动态评估等关键技术。建设开放合作、资源共享、布局合理、特色鲜明的地震科学创新体系。完善地震科研基础设施，加强国家重点实验室、行业重点实验室、地震传感器中试和检测平台、工程技术研究中心建设。紧紧围绕“一带一路”建设战略实施，加强防震减灾国际交流合作，积极参与国际防震减灾事务，扩大国家防震减灾国际影响。

强化人才队伍支撑。加强地震科技创新队伍建设，建设多个国家和行业优秀科技创新团队及创新基地，引进和培养国家级科技领军人才，培养一批在国内外具有较强竞争力的学术带头人和一大批青年科技骨干。加强各相关部门、行业的合作，强化灾害管理、科技服务、社会宣传等防震减灾社会治理和公共服务人才队伍建设。全面提升地震行业人才队伍素质，“十三五”末，地震系统本科以上学历从业人员达到75%，全员培训率达90%以上。分级分类实施市县基层防震减灾工作人员培训。构建有利于人才队伍协调发展、激发创造活力的人才发展环境，完善人才培养、使用、评价、引进和激励机制。加强防震减灾相关学科（专业）基地、继续教育培训基地和网络教育平台建设。

强化信息化支撑。实施“互联网+”行动计划，拓展物联网、云计算、大数据、移动互联网、地理信息系统等新技术应用。依托国家信息系统和公共信息资源，加强部门间信息共享与集成，提高政府部门抗震救灾应急决策能力。升级改造防震减灾信息基础设施，加强网络安全，建设全国统一的分布式数据存储、处理和信息服务云平台，形成国家地震数据中心、备份中心和专业数据中心一体化的业务系统，实现防震减灾信息互联互通。完善防震减灾社会服务平台，实现常态化、便捷化公共服务。

四、重点工程和重点项目

实施重点工程和重点项目，推动规划目标的实现和主要任务的完成。

（一）国家地震烈度速报与预警工程

建设国家地震烈度速报与预警网络系统，实现地震烈度速报和预警功能，提供全国分钟级仪器地震烈度速报和重点地区秒级地震预警服务。

充分利用现有地震观测台站、台网资源，新建和改造地震烈度速报和预警台站，建设通信网络、数据处理、地震烈度速报与预警服务、技术支撑四大系统。通过地震预警骨干台网建设，在南北地震带、华北、新疆西北部、东南沿海四个重点地震预警区内形成破坏性地震预警能力。通过地震烈度速报骨干台网建设，在全国范围内实现烈度速报能力。及时向社会公众和政府部门等提供地震烈度速报等紧急地震信息服务。

地震、教育、气象、铁路、核电、石化、水利等部门密切合作，建立和行业结合的专用地震预警系统，推进核电、高铁、油气管线和大型石化企业、高坝大库、调水设施等重大工程的地震紧急预警及处置系统建设，完善相关设施防灾减灾应急预案。支持各级地方政府依托国家地震烈度速报与预警工程，建设本地地震烈度速报与预警台站，进一步提升本地地震烈度速报速度与预警能力。

（二）农村民居地震安全工程

按照突出重点、分步实施的原则，统筹新农村建设、移民搬迁等涉农项目，结合农村危旧房改造，帮助和引导广大农民通过新建、改造和加固等多种方式，采用抗震实用技术，建造抗震性能好，造价合理的房屋，提高抗御地震灾害的能力，力争用10—15年时间，扭转农村不设防的状况。

“十三五”期间，以全国地震重点监视防御区和Ⅷ度以上地震高烈度区所在地为主，重点对1800多万户农居进行抗震加固或新建，提高农居抗震防灾能力。在中西部地区，适度加大财政资金扶持力度；在东部地区，重点加强政策引导，在建房补助、税收、贷款等方面落实扶持政策，发挥和调动农民积极性。

建立国家、省、市、县四级农居工程技术服务网络，针对各地农村民房和建筑材料的特点，充分考虑农民的经济承受能力和风俗习惯，编制建造图集，广泛开展工匠培训，强化宣传引导，加大农居抗震新技术和节能环保建材的研发应用，为农居建设选址、设计、施工等提供全面便捷的服务。建立城乡一体化抗震设防管理制度，把农村民居建设逐步纳入法制化、规范化管理轨道。

（三）防震减灾基础设施建设与公共服务项目

以综合地震观测系统、地震灾害应急救援设施、防震减灾信息化和公共服务平台为重点，强化防震减灾基础设施建设，提升防震减灾基础能力和公共服务能力。

1.综合地震观测系统升级扩建

建设电磁、重力、合成孔径雷达干涉等卫星地震观测技术应用系统，研究北斗卫星地震观测技术，拓展空地一体化地震监测手段。升级改造地磁、地下流体、空间对地观测、重力、水准、地倾斜、地应力等地球物理场观测系统，加密重要活动地块边界和关键构造部位的电磁、流体、形变等固定观测台网，使全国观测手段密度平均达到每万平方公里3个，提高地震前兆信息获取能力。

在京津冀、珠三角及长江经济带重要城市群建设基于抗干扰能力强、分辨率高、连续稳定的新型传感器网络深井综合观测系统，开展断层与地震活动的综合监控。在川滇地震监测预报实验场建设测震、形变、电磁、流体等观测系统、地震观测实验基地和实验场中心，开展地震观测新技术新方法实验。在我国近海海域和南海海域建设地震监测台网，提升海域地震监测能力。在“一带一路”沿线部分国家建设测震、强震动及空间对地观测等地震监测台站和区域数据中心，提升我国周边区域地震监测能力。

2.地震灾害应急救援基础设施建设

完善国家地震灾害紧急救援训练基地功能，扩充训练设施。针对地域特点，建设高海拔、高寒、高温地区地震救援专业训练场地。推进重庆、兰州、平顶山等8个国家陆地搜寻与救护基地功能提升，完善训练设施，增配救援直升机等远程投送装备。整合现有资源，建设能满足多支地震应急和救援队伍开展工作的分布式专业装备物资库，配备专业装备器材，建成国家地震应急救援专业装备物资储备系统。

3. 防震减灾信息化和公共服务体系建设

提升以中国地震台网中心、地震速报备份中心为核心，覆盖到县级行政单位、地震台站、观测点的行业专用通信系统和信息化基础设施功能。在整合现有国家中心、分中心、区域中心的基础上，以北京、西安和部分区域中心为核心节点，建立防震减灾大数据云中心。建立涵盖地震监测预报、震灾预防、应急救援以及政务、新闻宣传等的地震行业管理信息化平台。

建设满足震情发布与预警、地震灾情获取与预判、灾损调查与评估、应急救援指挥与决策的防震减灾服务系统，为社会公众和行业部门提供统一权威、高效快捷的防震减灾综合信息服务。完善全国应急广播体系，发挥在防震减灾中动员指挥、协调救援、信息服务、心理疏导等方面的作用。建立国家级防震减灾网络科普教育平台和防震减灾数字科普馆。建设防震减灾科普教育基地和科普示范学校，提升全民防震减灾素质与防震避险能力。建立国家地震信息中心，形成地震文献、数据、成果的存储、管理、服务能力。

（四）防震减灾基础探查与科技创新项目

以活动断层探测、综合地球物理场观测、地震科学台阵观测、重点区域基础探测为重点，强化防震减灾基础性工作。围绕地震科技核心问题和关键技术开展创新研究，强化地震科技对防震减灾的支撑和引领作用。

1. 基础调查探测

开展活动断层探测。对南北地震带北段、新疆天山地区、东北地震区、东南沿海地区等50余条主要活断层进行1∶5万填图和关键构造部位深部地球物理探测，编制中国大陆1∶100万活断层分布图，判定具备发生6.5级以上地震背景的发震断层、震级上限、发震概率及其地震危害性。以京津冀和珠江三角洲两大城市群为工作区，协同开展20个地级城市的活断层探测，研究断裂活动行为特征，评价其发震能力，识别大震危险源。

开展综合地球物理场观测。完成5000点次相对重力测量、100点次绝对重力测量、1500点次三分量地磁测量、1000点次地磁总场强观测，获取中国大陆及重点构造边界带的重力场变化图像和中国大陆基本地磁场图。开展地壳应力观测，获取中国大陆地壳应力背景场图像。开展重要构造活动区流动地球化学组分测定，获取地球化学背景场信息及活断层地球化学时空分布特征。在华北、东北和西北地区开展地壳垂直和水平运动观测，完成12000公里水准测量、2000点次流动空间对地观测，获取重点构造边界带地壳运动速度场图像。开展重点强震危险区（段）综合地球物理场加密观测。提高地球物理场动态变化观测能力，获取可能的地震中、短期前兆信息。

开展地震科学台阵观测。在华北地区和东北地区布设约1500个站点组成的流动台阵，进行滚动观测，获取华北地区和东北地区高分辨的壳幔速度结构、密度结构、电性结构、介质各向异性分布等，研究壳幔结构和地震活动关系，深化对区域地震发生构造背景的认识。

开展重点区域基础探测。在川滇地震监测预报实验场进行地震地质调查和地球物理探测，建立实验场区地震构造运动与动力学模型。开展两岸三地地震科技合作，在珠江口、福建及台湾海峡开展深部构造陆海联合探测，分析活动构造分布、地壳结构特征及其与地震活动的关系。启动南海海域地下结构探测工作，提高对海洋地震发生构造背景的认识。

2. 地震科技创新

地震发生及成灾机理研究。以鄂尔多斯周边、华北和川滇为重点地区，开展基于块体及其边界断层活动的地震孕育发生过程及其成灾机理研究。开展多学科、多手段深部地球物理探测,研究地球深部动力学过程,研究基于深部行为和多尺度物理模式的地震孕育发生过程。研究基于震源过程、地下精细结构和复杂场地的地震动传播特性、大型新型工程及高坝大库整体动力作用效应和成灾机理。

地震监测预测预警关键技术研究。研发天空地一体化立体地震监测和地表形变监测技术,研究断裂失稳过程及破裂成灾机理与成灾模式,研发基于大数据的地震统计预测新方法、基于精细动力学模型和震源模型的地震物理预测方法,研发地震预警和重大工程应急处置关键技术、地震应急救援技术、面向公众的减灾技术服务系统。

地震危险性和灾害风险评估关键技术研究。研发基于震源结构及过程的地震危险性分析方法和地震区划技术,基于物联网的工程结构破坏监测传感器及组网技术,高性能抗震结构体系和减隔振及主动控制技术,城市重大工程与基础设施地震风险监测评估、防灾综合模拟分析技术。在京津冀、珠三角等城市群开展大震巨灾情景构建和地震风险动态监测评估系统应用示范。

地震灾害应急备灾与处置关键技术研究。研发地震应急备灾能力指标体系和评价技术,研发地震重点区域损失预估技术。研发区域建筑物易损性修正技术,研发地震灾情信息快速获取和极重灾区快速研判技术,研发次生地质灾害人员伤亡分析模型,研发生命线工程功能失效快速分析技术,研发地震现场烈度快速评定技术。在川滇、新疆开展大震应急备灾与处置关键技术的应用示范。

地震监测探测技术装备研发与集成。研制深井地震与地球物理综合观测系统,研制高精度地下水化学连续监测仪器、自动化地磁绝对观测仪等,研究基于光纤传感的多参量综合观测系统、绝对应力测量仪等原理样机。

五、实施保障

(一)加强组织领导

各级政府和相关部门加强对规划实施的组织领导,在制定经济社会发展相关规划和安排重大项目、重大基础设施建设时,要高度重视和统筹考虑防震减灾要求,将防震减灾工作纳入经济社会发展全局中统筹谋划,推动规划任务和项目落地。各级发展改革部门、地震工作主管部门和建设、民政、卫生、公安等相关部门,要按照职责分工,各负其责,密切配合。充分发挥国务院防震减灾工作联席会议和抗震救灾指挥部的指导协调作用,帮助解决规划实施中的相关问题,加强部门与地方的合作,促进军民融合,共同做好抗震减灾工作。

(二)深化体制改革

按照全面深化改革的总体要求,从国家安全和公共安全的战略高度,谋划防震减灾事业改革。完善政府主导、军地联动、专群结合、社会参与的防震减灾管理体制,健全防震减灾联合指挥体系。发挥社会组织、企事业单位和志愿者的积极性和主动性,强化市场在防震减灾资源配置中的作用。理顺国家、省和市县防震减灾的职责和事权,充分发挥市县地震工作部门的作用。深化科技体制改革、事业单位分类改革、人才发展体制机制改革,保障规划的顺利实施,推进防震减灾融入经济社会发展全过程。

（三）完善保障机制

优化防震减灾财政资金投入，健全资源统筹、投入持续、绩效为先的预算、投资管理机制，保障国家防震减灾基础设施的建设、更新与运维，支持市县防震减灾基础能力建设。明确各级地方政府对防震减灾的投入责任，建立与经济社会发展水平相适应的投入机制。引导社会资源更多更好地向防震减灾聚集，推动建立地震巨灾保险制度。

（四）强化跟踪检查

中国地震局牵头，建立规划实施监测评估制度，加强对规划实施情况的跟踪分析，适时组织开展规划实施评估工作，加强评估结果的应用。国家发展改革委、中国地震局、民政部、公安部等国务院抗震救灾指挥部成员单位要结合年度地震应急检查督查，督促地方防震减灾规划实施。强化规划实施的日常检查，充分发挥各级人大防震减灾执法检查、各级政府地震应急等行政检查和部门联合专项检查的作用，促进规划目标任务的全面实现。

全民阅读“十三五”时期发展规划

新广出发〔2016〕80号

为深入贯彻落实党中央、国务院关于开展全民阅读的重要部署，提升国民素质和社会文明程度，共同建设书香社会，根据《中共中央关于制定国民经济和社会发展第十三个五年规划的建议》《中华人民共和国国民经济和社会发展第十三个五年规划纲要》和《国家“十三五”时期文化改革发展规划纲要》，编制本规划。

序　　言

阅读是人类获取知识、增长智慧的重要方式，是一个国家、一个民族精神发育、文明传承的重要途径。中华民族有着优良的读书传统，崇尚读书、诗书继世之风绵延数千年。

党的十八大以来，以习近平同志为核心的党中央高度重视全民阅读。2012年11月，党的十八大报告提出“开展全民阅读活动”。2014年以来，“倡导全民阅读”连续3年写入国务院政府工作报告。《中华人民共和国国民经济和社会发展第十三个五年规划纲要》要求“推动全民阅读”，并将全民阅读工程列为“十三五”时期文化重大工程之一，将全民阅读提升到国家战略高度。

“十三五”时期，是全面建成小康社会的决胜阶段，是实现“两个一百年”宏伟目标、实现中华民族伟大复兴中国梦的关键时期。在新的历史条件下，深入开展全民阅读对于提高公民的思想道德素质和科学文化素质，培育和践行社会主义核心价值观，传承中华优秀传统文化，满足人民群众日益增长的精神文化需求，都具有重大而深远的意义。

一、指导思想、基本原则和主要目标

（一）指导思想

高举中国特色社会主义伟大旗帜，以邓小平理论、“三个代表”重要思想、科学发展观为指导，全面贯彻党的十八大和十八届三中、四中、五中、六中全会精神，深入贯彻习近平总书记系列重要讲话精神和治国理政新理念新思想新战略，紧紧围绕“五位一体”总体布局和“四个全面”战略布局，牢牢把握“两个巩固”根本任务，按照全面建成小康社会的总体要求，以满足人民群众精神文化需求为出发点和落脚点，完善体制机制，创新方式方法，将丰富阅读活动内容与提升思想文化内涵相结合，将出版精品与推荐精品相结合，将公益活动和市场推广相结合，将传统阅读与数字阅读相结合，将服务与管理相结合，全面提升全民阅读质量和水平，推动国民素质和社会文明程度显著提高，为实现“两个一百年”奋斗目标和中华民族伟大复兴中国梦提供强大的精神动力和文化支撑。

（二）基本原则

——坚持政府主导，社会参与。全民阅读功在当代、利在千秋。必须强化政府责任，完善机制，健全制度，加强宏观指导和政策推动。开展全民阅读，每个人既是参与者，也是推动者。必须充分调动社会各界的积极性、主动性和创造性，鼓励、动员和引导社会力量共同参与，加强理念创新、制度创新、方式创新，推动全民阅读长期深入开展。

——坚持重在内容，提升质量。全民阅读的核心是阅读内容。必须加强优秀作品的创作生产，进一步完善创作出版扶持和激励机制，加强对精品力作的宣传推广，拓宽传播渠道，为全民阅读提供更多优质阅读内容，充分发挥引领示范作用，不断提升全民阅读的质量和水平。加强对数字化阅读的规范和引导，推动传统阅读和数字阅读相融合。

——坚持少儿优先，保障重点。少儿阅读是全民阅读的基础。必须将保障和促进少年儿童阅读作为全民阅读工作的重点，从小培育阅读兴趣、阅读习惯、阅读能力。要着力保障农村留守儿童、城市流动儿童和贫困家庭儿童的基本阅读需求。要着力保障残疾人、进城务工人员等困难群体、特殊群体的基本阅读需求。

——坚持公益普惠，深入基层。全民阅读具有典型的公益性。必须加快推进全民阅读推广服务体系城乡一体化建设，坚持公益性、基本性、均等性和便利性相统一，面向基层、面向群众，保障全民平等享有基本阅读权益。

（三）主要目标

本规划期限为2016年到2020年。主要目标是：各类全民阅读活动蓬勃开展，全民阅读氛围更加浓厚，全民阅读理念更加深入人心，优质阅读内容供给能力显著提升，全民阅读基础设施建设更加完善，阅读推广人队伍更加壮大，各类阅读推广机构不断涌现，全民阅读法制化建设取得积极进展，全民阅读工作体制机制更加健全，基本形成与全面建成小康社会发展要求相适应的以人为本、面向基层、惠及群众、兼顾重点的全民阅读推广服务体系，推动国民素质和社会文明程度显著提高。

二、重点任务

（一）举办重大全民阅读活动

开展全国范围的“书香中国”系列活动，动员各方力量，加强品牌建设，办好各类读书节、读书周、读书月、读书季等全民阅读活动，提升群众参与度、平台辐射面和品牌号召力。

在世界读书日、“六一”儿童节及其他重要节庆期间开展内容丰富、形式多样的全民阅读活动，各级领导干部带头参加，引领示范，不断扩大全民阅读的社会影响力。

围绕党和国家工作大局和重大节庆活动，组织开展主题演讲、经典诵读、读书征文、知识竞赛等丰富多彩的主题阅读活动，弘扬主旋律、传播正能量。

办好全国书博会、书展、书市等各种行业展会，通过论坛讲座、评书荐书、名家签售等人民群众喜闻乐见的形式，将之打造成为连接作者、读者、出版者和书店、媒体的阅读桥梁，充分发挥其推动全民阅读的功能和作用。

专栏1 全民阅读品牌活动

（一）“书香中国”系列活动

打造“书香中国”系列活动品牌，培育和巩固“书香中国·北京阅读季”、“书香江苏”、“书香荆楚·文化湖北”、“书香中国·上海周”、“书香岭南”、“书香湖南”、“书香八闽”、“书香辽宁”、“书香龙江”、“海南书香节”、“书香八桂”、“书香燕赵”、“书香赣鄱”、“三秦书月”、“书香安徽阅读季”、“书香天府”、“书香齐鲁”、“书香陇原”、“书香天津”、“书香天山”、“书香宁夏”、“书香青海”以及“深圳读书月”、“苏州读书节”等全国各地书香活动品牌。到2020年，所有省（自治区、直辖市）、计划单列市、地级市都有品牌活动，80%以上的县（区）有品牌活动。

（二）举办主题读书活动

结合传承和弘扬中华优秀传统文化、加强中国特色社会主义和中国梦宣传教育、弘扬社会主义核心价值观、民族团结进步、迎接党的十九大召开、庆祝建军90周年、纪念改革开放40周年、新中国成立70周年、全面建成小康社会、中国共产党成立100周年等重大主题，广泛开展各类主题读书活动。

（三）行业展会服务全民阅读

充分发挥全国图书交易博览会、北京国际图书博览会等行业展会推广全民阅读的重要功能，举办“读者大会”等全民阅读活动。

（二）加强优质阅读内容供给

完善创作出版扶持引导机制，引导广大作者和出版者自觉践行社会主义核心价值观，传承和弘扬中华优秀传统文化。发挥国家出版基金的积极作用，实施重大出版工程等，出版更多在文化传承上有新的突破、学术水平上有新的超越的精品力作。充分发挥“五个一工程”奖、中国出版政府奖、中华优秀出版物奖等奖项的导向作用。

进一步完善针对不同读者群体的优秀出版物推荐机制，提升推荐出版物的权威性和影响力。坚持价值导向、专家意见、市场表现、群众口碑、质量标准相统一的原则，向读者推荐更多思想精深、艺术精湛、制作精良的优秀出版物。继续开展面向青少年、老年人、少数民族等不同群体的优秀出版物推荐活动，推动精品出版物宣传推介常态化、制度化。加强和改进书评机制，加强图书评论工作，加强对各类图书排行榜的引导和管理。

专栏2 全民阅读优质内容建设工程

（一）重点出版物出版工程

“十三五”时期推出重点主题出版物、重大出版工程、文艺原创精品、未成年人出版物、少数民族文字出版物、古籍、辞书、社会科学与人文科学出版物、自然科学与工程技术出版物等3000种左右。

（二）优秀出版物推荐工程

进一步完善推荐机制，做好“中国好书”、“向全国青少年推荐百种优秀出版物”、“优秀老年人出版物”、“大众喜爱的50种图书”、“优秀民族图书”、“中华优秀传统文化普及图书”、“优秀少儿报刊”、“精品文学期刊”、“优秀网络文学原创作品”等推荐工作。

(三) 推动全民阅读深入基层、深入群众

大力推进全民阅读进农村、进社区、进家庭、进学校、进机关、进企业、进军营,使阅读活动真正深入基层、深入群众。倡导党员干部带头读书,建立和完善党员干部读书学习制度,激发广大党员干部读书学习的热情,带领本单位、本系统、本地区大兴读书之风。倡导在高校大学生和中青年人群中建立读书会,开展读书活动。充分利用农家书屋、社区书屋、职工书屋等各类阅读设施,开展各种形式的基层读书活动。开展书香军营活动,服务强军建设。完善“书香之家”、“书香之乡(镇、街道)”等的推荐机制,发挥典型榜样的引领示范作用,展现基层群众的读书传统和读书风采。

强化公益性文化单位在全民阅读工作中的重要作用,文化馆(站)、公共图书馆、科技馆、工人文化宫、青少年宫、妇女儿童活动中心等各级公益性文化单位要常年开展主题读书活动、荐书送书活动、读书交流会等。鼓励政府机关、社会组织和企事业单位开展公益性阅读活动。实施市民阅读发放计划。完善全民阅读示范单位、先进个人和优秀项目推荐机制。

专栏3 全民阅读“七进”工程

(一)“书香之家”、“书香之村(社区)”、“书香之乡(镇、街道)”、书香企业、书香机关推荐活动

“十三五”期间推荐3000家“书香之家”、500个“书香之村(社区)”、200个“书香之乡(镇、街道)”、1000个“书香企业”、500个“书香机关”,向全社会展现基层群众读书风采,引领阅读风尚。

(二)开展“书香中国·全民阅读大讲堂”、“强素质·作表率”读书讲坛

邀请文化名家、社会名人深入群众,引导党员干部和群众认真读书学习、开阔文化视野、全面增强素质,有效推动学习型党组织建设、学习型社会建设。

(三)“书香军营”系列活动

组织一批文化界、艺术界的名家大家深入基层部队,举办“书香军营”讲坛,并广泛开展“主题读书日”、“月读一书”、“名家荐书”、“军营读书节”等活动,营造浓厚的军营阅读氛围。

(四) 大力促进少年儿童阅读

大力倡导家庭阅读、亲子阅读,发挥父母和未成年人监护人言传身教的重要作用,推动全社会共同创造、维护少年儿童良好阅读环境。鼓励幼儿园开展与学龄前儿童的年龄和心理状况相适应的阅读活动,着力培养阅读兴趣、阅读习惯。

加强中小学书香校园文化建设,完善中小学图书馆等校园阅读设施,开展多种形式的校园阅读活动。充分利用少年儿童图书馆、农家书屋、职工书屋、社区书屋、基层综合性文化服务中心以及青少年活动中心、少年宫等青少年活动场所,支持和帮助中小学生参加校外阅读活动,开展少儿阅读推广活动。

加强对少儿阅读规律的研究和运用,科学研究不同年龄、不同群体、不同性别少年儿童的智力、心理、认知能力和特点,借鉴国外阅读能力测试、分级阅读等科学方法,探索建立中国儿童阶梯阅读体系,加快提高我国少年儿童的整体阅读水平。

重点保障农村留守儿童、城市流动儿童、贫困家庭儿童等儿童群体的基本阅读需求。鼓励学校、全民阅读设施管理单位、阅读推广人及阅读推广机构等对其进行定期阅读指导和服务。将本行政区域内的外来务工人员随居子女纳入当地全民阅读服务保障范围。有条件的地方可以积极探索开展农村地区学龄前儿童基础阅读促进工作。

专栏4　少年儿童阅读工程

（一）家庭阅读·亲子阅读工程

开展丰富多彩、喜闻乐见的亲子阅读活动，通过推荐优秀读物、开展阅读指导、开展爱心捐赠、阅读推广展示等，传递家庭教育科学理念，引领亲子阅读风尚，营造书香氛围，培育良好家风，促进儿童健康成长。

（二）少儿阶梯阅读推广

建立符合中国儿童特点的阶梯阅读体系，开展我国少儿阶梯阅读工程的研发及推广应用工作。开展我国少儿阅读能力测试项目的研发工作，建设少儿阅读能力监测体系，科学推动整体提高少儿阅读能力。

（三）“书香校园”建设

通过创造浓郁的阅读氛围，整合丰富的阅读资源，开展多彩的读书活动，让阅读成为师生最日常的生活方式，进而推动书香校园的形成。

（四）“少儿报刊阅读季”活动

广泛开展各种内容丰富、形式多样的少儿报刊阅读活动，充分利用“4·23世界读书日”、“六一”国际儿童节等重要时间节点，开展组织捐赠优秀少儿报刊、“好报刊伴我成长”等专题宣传推广活动。

（五）保障困难群体、特殊群体的基本阅读需求

切实加强针对残障人士、外来务工人员、贫困地区居民等困难群体、特殊群体的阅读服务，保障其基本阅读需求。加快将进城务工人员阅读服务纳入常住地全民阅读服务体系，鼓励以社会文化机构、用工企业等为主体，满足进城务工人员的基本阅读需求，继续扩大“书香中国e阅读”工程的覆盖范围。

鼓励全民阅读设施管理单位及阅读推广人等进行定期阅读指导和服务，有针对性地向残疾人提供盲文出版物、有声读物等阅读资源、设施与服务。各类全民阅读设施应加强无障碍设施建设。建立和完善社会各界为特殊群体、困难群体开展志愿者助读、发放购书券、组织出版物捐赠等捐助和服务的渠道。

专栏5　重点群体阅读促进工程

（一）盲文出版物出版与阅读推广工程

加强盲文出版基地建设，实施盲文出版工程，支持有声读物开发，扩大各类盲人读物有效供给，完善盲文出版物、有声出版物邮寄借阅平台，推动各级图书馆开设视障阅览室，面向视力障碍人群，提供阅读服务。

（二）“书香中国e阅读”推广工程

以政府购买服务的方式，定期向全国进城务工人员、边疆民族地区手机用户推送国家新闻出版广电总局组织推荐的各类优秀图书、报刊等。2016年覆盖人群1000万人，到2020年覆盖5000万人。

（六）完善全民阅读基础设施和服务体系

统筹规划，合理布局，进一步加大城乡基层全民阅读设施建设力度。制定和完善公共图书馆、基层综合性文化服务中心、农家书屋等公共文化服务设施建设标准和资源配置标准，推进全民阅读公共文化设施建设的规范化、标准化。

加快促进城乡基本公共文化服务均等化，实现农村、城市社区公共文化服务资源整合和互联互通，以创新管理机制、提升服务效能为重点，探索长效管理机制。充分发挥各级各类图书馆在阅读推广中的重要作用。加强出版物发行网点建设，特别是农村和社区网点建设，支持实体书店、书报亭、高校书店等各类阅读设施的发展，发挥其促进全民阅读的公益功能。在充分利用现有设施基础上，统筹建设社区阅读中心、数字农家书屋、公共数字阅读终端等设施。

专栏6 全民阅读设施建设重点工程

(一)农家书屋提升工程

建立健全农家书屋管理员队伍,完善出版物补充机制,加大少年儿童出版物配备比例,推动数字(卫星)农家书屋建设,推动农家书屋和基层图书馆、基层综合性文化服务中心资源整合,培育“我的书屋·我的梦”农村少年儿童阅读活动品牌,更好发挥农家书屋作为农村阅读活动和阅读服务主阵地的作用。

(二)支持实体书店发展

坚持改革创新,发挥市场作用,加强政府引导,注重统筹协调,推动实体书店与社会经济协调发展,到2020年,基本形成布局合理、功能完善、主业突出、多元经营的实体书店发展格局。

(三)城乡阅报栏(屏)建设工程

在车站、商场、广场、社区、学校、医院等人流密集地点新增建设一批阅报栏(屏)和全民阅读数字触摸屏,完善数字阅读屏维护更新机制。

(七)提高数字化阅读的质量和水平

适应数字化新趋势,充分利用数字技术,大力推进数字化阅读发展,建立全民阅读数字资源平台,推进数字化阅读服务。建立内容丰富的数字阅读资源库群,加强公共电子阅览室建设计划和全国文化信息资源共享工程网络建设,加强数字图书馆建设。形成覆盖全国的全民阅读数字服务网络。

加快推进传统出版单位数字化转型升级,通过制订配套政策、专项资金资助、推介示范单位等多种方式,推动出版与科技融合发展。实施网络文艺精品创作和传播计划,加强网络文学出版传播的管理和引导,推出更多网络原创精品力作。加强数字出版内容投送平台建设和管理,改善数字出版内容消费服务方式,提升公众数字阅读消费满意度。深入探索读者阅读行为和阅读习惯的数字化转型,提供更便捷、人性化的数字化阅读技术服务,全面推进全民阅读的多媒体、多平台融合。

专栏7 数字化阅读建设重点工程

(一)全民数字化阅读推广工程

组织开展系列专题数字化阅读活动,大力提升全民数字化阅读率;支持建设一批数字化阅读服务平台,助力全民阅读普及,提升数字出版在公共文化服务体系建设中的支撑能力。

(二)国家全民阅读数字化平台建设

建设3至4家国家级公益性数字化阅读推广、优质阅读内容数字化传播、移动阅读数字化传播平台,与各类图书馆、农家书屋等终端联网,向读者提供数字化阅读服务。

(三)网络文学精品出版工程

用3至5年时间,使创作导向更加健康,创作质量明显提升,推出一批思想精深、艺术精湛、制作精良、深受群众喜爱的原创网络文学精品,在网络内容建设和文艺创新中的作用更加突出。

(八)组织引导社会各方力量共同参与

鼓励和吸引社会力量建设全民阅读公共设施、提供全民阅读服务。充分发挥热心阅读推广的社会名人、文化名家的阅读引领作用。鼓励和支持公务员、教师、新闻出版工作者、大学生等加入阅读推广人队伍,定期培训,提升阅读推广人队伍的整体素质和服务能力。鼓励和支持文化团体、教育机构和其他社会组织开展阅读推广并提供公益阅读服务。成立各级全民阅读促进协会。鼓励和支持高等院校和科研单位进行阅读研究,鼓励从跨学科的角度研究阅读理论,创新研究方法,加强阅读学学科建设,促进全民阅读工作的开展。

专栏 8 社会力量参与机制

(一)建立阅读推广人队伍

制定阅读推广人培养方案及管理办法,建立基层全民阅读工作者队伍培训机制,对全国各级全民阅读工作人员、图书馆馆员、农家书屋管理员、阅读推广人等进行系统培训,提高全民阅读推广能力,支持开展各类基层读书活动。

(二)培育阅读推广机构

充分发挥各类绘本馆、阅读空间、读书会等的重要作用,提升阅读推广专业性、阅读服务规范性,培育一批在社会上具有广泛影响力的阅读推广机构。

(三)成立全民阅读促进协会

汇聚相关部门、群团组织、阅读推广机构、出版发行单位、公共图书馆、基层阅读组织、知名作家学者以及其他热心全民阅读推广的社会人士,组建各级全民阅读促进协会,开展全民阅读推广工作。到 2020 年,全国所有省(自治区、直辖市)都应成立全民阅读促进协会,50%的地级市应成立全民阅读促进协会。

(九) 加强全民阅读宣传推广

重视和发挥中央媒体和地方媒体、传统媒体和新兴媒体、主流媒体和各类媒体的重要作用,形成强大宣传合力,营造全民阅读的良好氛围。进一步做好理念创新、手段创新、载体创新,把创新的重心放在基层一线,从围绕相关节庆、重点事件报道向常态化、持续化发展,从书评、书摘、书讯等传统栏目向典型报道、深度报道、专题报道、系列报道扩展,从报刊读书栏目、广播电视读书节目向公益广告、户外传媒、新媒体等全媒介多元化发展。

鼓励和支持各类媒体、组织全民阅读媒体联盟和全民阅读百网联盟成员单位深入街道、社区和乡镇、农村等基层,抓取第一手新闻素材,把鲜活读书故事、先进读书人物传递给广大读者。要充分发挥正面宣传鼓舞人、激励人的作用,多宣传读书陶冶情操、读书改变命运、读书成就人生等感人故事,让全民阅读理念春风化雨,润物无声。

专栏 9 全民阅读宣传推广

(一)全民阅读媒体联盟和全民阅读百网联盟

充分发挥各类媒体的特点,适应分众化、差异化传播趋势,实现传统宣传推广形式与新媒体宣传推广形式深度融合,以全民阅读官方网站和全民阅读工作网站为平台和纽带,利用官方微博、微信公众号和新闻客户端“两微一端”,资源共享、信息互通、资讯互联,形成合力,共同向广大读者宣传推广全民阅读。

(二)书香中国万里行

组织全民阅读媒体联盟、全民阅读百网联盟成员单位深入街道、社区和乡镇、农村等基层,宣传报道全民阅读先进典型和感人事迹,营造开展全民阅读的良好氛围。

三、加强组织领导和统筹实施

加强全民阅读工作的组织领导和统筹协调,建立相关部门共同参与的协商推进机制,形成合力,共同承担全民阅读工作的职责。加强全民阅读法制建设,制订发布《全民阅读促进条例》,鼓励和推动地方开展全民阅读立法工作。

建立书香社会指标体系,定期评估和发布。鼓励将全民阅读指数纳入社会发展指标体系,纳入创建文明城市指标体系,将工作情况纳入目标管理和考核体系。

专栏10 全民阅读长效机制建设工程

（一）制订《全民阅读促进条例》

将全民阅读纳入法制化轨道，规范政府责任，保障公民基本阅读权利，促进全民阅读服务体系建设。推动地方全民阅读立法工作。到2020年，推动全国所有省（自治区、直辖市）出台本地的全民阅读地方性法规、地方政府规章及政策性文件等。

（二）建立全民阅读指导委员会

建立国家全民阅读指导委员会和地方各级全民阅读指导委员会，形成各部门综合协调机制，共同研究全民阅读工作中的重大问题，制订全民阅读公共服务基本标准，协调全民阅读基础设施建设与资源配置，促进阅读相关机构和组织合作。

（三）书香社会指标体系

定期开展全国国民阅读调查，建设全民阅读监测体系，监测全民阅读发展水平、阅读服务公众满意度、阅读服务标准实现程度；对全民阅读活动、工程效果进行第三方测评，收集群众反馈意见，对活动进行科学评估。

国家突发事件应急体系建设“十三五”规划

国办发〔2017〕2号

根据《中华人民共和国突发事件应对法》、《中华人民共和国国民经济和社会发展第十三个五年规划纲要》等法律法规和相关文件，制定本规划。

一、现状与形势

（一）“十二五”期间建设成效

“十二五”期间，我国突发事件应急体系建设取得重要进展，防范和应对突发事件综合能力显著提升。

——健全中央统筹指导、地方就近指挥，分级负责、相互协同的抗灾救灾应急机制，建立中央统筹指导、地方作为主体、灾区群众广泛参与的灾后恢复重建机制，确立党政同责、一岗双责、齐抓共管、失职追责的安全生产责任体系，制修订各类应急预案550余万件，应急管理体系进一步完善。

——成立国家预警信息发布中心和国家应急广播中心，实施自然灾害防灾减灾工程、隐患排查治理工程，建立网络舆情和各类突发事件监测预警体系，突发事件防范能力明显增强。

——初步建成国家应急平台体系；99%的县级政府依托公安消防部队等成立综合性应急救援队伍，武警专业救援力量纳入国家应急体系，组建国家核应急救援队、国家卫生应急队伍、国家矿山应急救援队、国家应急测绘保障队，应急救援和保障能力快速提升。

——成功研制AG600大型灭火/水上救援水陆两栖飞机、移动式生物安全三级实验室、救援现场大型及多功能破拆救援一体化等重大应急设施和装备，开展国家应急产业示范基地建设，成立中国应急管理学会、中国安全产业协会等一批相关社会组织，科技和产业支撑能力得到加强。

——推进综合减灾示范社区、安全示范社区、卫生应急综合示范区等基层示范项目建设，国家应急新媒体平台初步建立，科普宣教和应急演练活动广泛开展，社会公众防灾避险意识进一步增强。

——积极参与国际应急救援和人道主义紧急援助，成功组织实施我在利比亚人员大规模撤离行动、援助西非国家抗击埃博拉出血热疫情等；充分利用上海合作组织、亚太经合组织、东盟地区论坛等框架和机制，不断深化应急管理国际交流合作，中国应对大灾巨灾的政治优势和组织优势得到国际社会广泛赞同，在国际和地区应急事务中发挥越来越重要的建设性作用。

与“十一五”期间相比，全国自然灾害造成的因灾死亡失踪人数和直接经济损失分别下降92.6%和21.8%，生产安全事故起数和死亡人数分别下降30.9%和25%，公共卫生事件起数和报告病例分别下降48.5%和68.1%。特别是，在党中央、国务院坚强领导下，我国成功应对了四川芦山、云南鲁甸、甘肃岷县漳县等地震灾害，东北松花江、黑龙江流域性大洪水和“东方之星”号客轮翻沉事件，青岛市“11·22”中石化东黄输油管道泄漏爆炸特别重大事故、天津港“8·12”瑞海公司危险品仓库特别重大火灾爆炸事故、深圳光明新区渣土受纳场“12·20”特别重大滑坡事故，有效防控了人感染H5N1禽流感、H7N9禽流感、中东呼吸综合征、埃博拉出血热和鼠疫等突发急性传染病疫情，妥善处置了“3·1”昆明火车站和“5·22”乌鲁木齐严重暴力恐怖袭击等一系列重特大突发事件，应急体系经受住了严峻考验，并在实践中不断加强和完善。

（二）“十三五”时期面临的形势

“十三五”时期是我国全面建成小康社会的决胜阶段。党中央、国务院把维护公共安全摆在更加突出的位置，要求牢固树立安全发展理念，把公共安全作为最基本的民生，为人民安居乐业、社会安定有序、国家长治久安编织全方位、立体化的公共安全网，我国突发事件应急体系建设面临新的发展机遇。同时也要看到，当前公共安全形势严峻复杂，深入推进应急体系建设面临风险隐患增多、诸多矛盾叠加的挑战。

从突发事件发生态势看，突发事件仍处于易发多发期。地震、地质灾害、洪涝、干旱、极端天气事件、海洋灾害、森林草原火灾等重特大自然灾害分布地域广、造成损失重、救灾难度大；生产安全事故总量仍然偏大，道路交通、煤矿等矿产开采、危险化学品等重点行业领域重大事故频发，部分城市建筑、生命线工程、地下管网等基础设施随着使用年限增长，事故隐患逐步显现，由于生产安全事故、污染物排放或者自然灾害等因素导致的突发环境污染事件多发，危及公众生命、健康和财产安全，威胁生态环境，造成重大社会影响；鼠疫、霍乱等法定报告传染病时有发生，突发急性传染病在全球不断出现，境外输入传染病以及生物技术误用滥用谬用风险不断增大，食品药品安全基础依然薄弱，公共卫生事件防控难度增大；社会利益关系错综复杂，诱发群体性事件因素较多，涉外安全风险日益增加，社会安全面临新的挑战。

从突发事件的复杂程度看，各种风险相互交织，呈现出自然和人为致灾因素相互联系、传统安全与非传统安全因素相互作用、既有社会矛盾与新生社会矛盾相互交织等特点。在工业化、城镇化、国际化、信息化推进过程中，突发事件的关联性、衍生性、复合性和非常规性不断增强，跨区域和国际化趋势日益明显，危害性越来越大；随着网络新媒体快速发展，突发事件网上网下呼应，信息快速传播，加大了应急处置难度。同时，在推进全面建成小康社会进程中，公众对政府及时处置突发事件、保障公共安全提出了更高的要求。

从我国应急体系发展现状看，与严峻复杂的公共安全形势还不相适应。主要表现在：重事后处置、轻事前准备，风险隐患排查治理不到位，法规标准体系不健全，信息资源共享不充分，政策保障措施不完善，应急管理基础能力亟待加强；应急队伍救援装备和核心能力不足，专业和区域分布结构不均衡；应急物资储备结构不合理、快速调运配送效率不高，资源共享和应急征用补偿机制有待健全，应急信息发布和传播能力不足，公共安全科技创新基础薄弱、成果转化率不高，应急产业市场潜力远未转化为实际需求，应急保障能力需进一步提升；我国城市发展已经进入新的时期，与城市安全保障相适应的应急管理体系建设压力加大；基层应急能力薄弱，公众参与应急管理的社会化组织程度较低，公共安全意识和自救互救能力总体薄弱，社会协同应对机制有待健全；随着“一带一路”战略的实施和全方位开放新格局的构建，保护我境外公民和机构安全的需求不断增长，参与国际应急的能力亟需提高。

二、指导思想、基本原则和建设目标

（一）指导思想

全面贯彻落实党的十八大和十八届三中、四中、五中、六中全会精神，以邓小平理论、“三个代表”重要思想、科学发展观为指导，深入贯彻习近平总书记系列重要讲话精神，认真落实党中央、国务院决策部署，牢固树立创新、协调、绿色、开放、共享的发展理念，按照编织全方位、立体化公共安全网络的要求，坚持目标和问题导向，着力补短板、织底网、强核心、促协同，推进应急管理工作法治化、规范化、精细化、信息化，最大程度减少突发事件及其造成的损失，为全面建成小康社会提供安全保障。

（二）基本原则

——坚持源头治理、关口前移。创新应急管理制度和方法，强化预防与应急并重、常态与非常态结合；加强风险识别、评估，最大限度地控制风险和消除隐患，推进应急管理由应急处置为重点向全过程风险管理转变。

——坚持底线思维、有备无患。着眼最严峻最复杂局面，深入研究突发事件发生发展的动态演化规律，以问题为导向，提出突发事件防范及应急能力建设需求，有针对性地做好各项应急准备，牢牢把握主动权。

——坚持资源整合、突出重点。在充分利用政府和社会已有应急救援和保障能力资源的基础上，梳理部门和地方需求，合理规划需进一步补充、完善和强化的建设内容，重点完善信息和资源共享机制，提高核心应急救援能力、社会协同应对能力和基层基础能力。

——坚持科学应对、法治保障。尊重自然、尊重规律，从实际出发，创新科技手段和方法，提升应急管理科学化水平；完善法规制度，强化标准规范，健全依法决策机制。

——坚持政府主导、社会协同。完善政府治理，更加注重发挥市场机制作用，充分调动群众的积极性、主动性和创造性，强化社会参与；完善各方联动机制，加强区域协同、城乡协同、行业领域协同、军地协同。

——坚持全球视野、合作共赢。服务于“一带一路”为引领的全方位开放新格局，提高对我境外公民和机构保护能力；加强应急管理国际交流合作，积极承担国际责任和义务，建设性参与国际应急事务。

（三）建设目标

1. 总体目标

到 2020 年，建成与有效应对公共安全风险挑战相匹配、与全面建成小康社会要求相适应、覆盖应急管理全过程、全社会共同参与的突发事件应急体系,应急管理基础能力持续提升,核心应急救援能力显著增强,综合应急保障能力全面加强,社会协同应对能力明显改善,涉外应急能力得到加强,应急管理体系进一步完善,应急管理水平再上新台阶。

2. 分类目标

与总体目标和主要任务相对应,按照相关性、针对性、综合性、可实现、可分解落实、定性与定量相结合的原则,确定“十三五”期间各重点建设领域的规划分类目标。

——应急管理基础能力持续提升。突发事件风险管控体系基本形成,完成公共安全风险评估并编制公共安全风险清单;城乡社区和基础设施抗灾能力稳步提升,应急避难场所满足常住人口紧急避难需求;乡镇(街道)应急管理能力标准化建设和行政村(社区)应急服务站(点)建设基本实现全覆盖。

——核心应急救援能力显著增强。国家级应急救援队伍的人员和装备配备与实际工作需要相适应,突发急性传染病防治体系基本健全,陆海空立体化医学救援网络基本形成。

——综合应急保障能力全面加强。应急平台保障能力进一步增强,天地一体、互通共享的立体化应急通信服务保障网络基本形成,应急物资综合保障能力快速提升。

——社会协同应对能力明显改善。专业性应急志愿者队伍快速发展,应急产业产值大幅增长,物联网、大数据、北斗导航等新技术在应急领域广泛应用。

——应急管理体系进一步完善。应急管理法律法规和标准体系进一步健全;突发事件预防与应急准备、监测与预警、应急处置与救援、恢复与重建等各环节应急管理工作机制更加完善;应急预案管理更加规范,预案的针对性和可操作性进一步提高;适应区域协同发展和公共安全形势需要的跨区域应急管理合作格局基本形成。

三、主要任务

(一) 加强应急管理基础能力建设

健全完善突发事件风险管控体系,加强城乡社区和基础设施抗灾能力,完善监测预警服务体系,强化城市和基层应急管理能力建设,提升应急管理基础能力和水平。

1. 完善突发事件风险管控体系

(1)建立健全突发事件风险评估标准规范,开展突发事件风险评估,建立完善重大风险隐患数据库,实现各类重大风险和隐患的识别、评估、监控、预警、处置等全过程动态管理。积极推进村、社区、企业、工业园区突发事件风险管控标准化建设,做到有人员、有制度、有预案、有演练、有保障,逐步实现全国突发事件风险网格化管理。

(2)开展全国自然灾害综合风险调查,编制国家、省、市及灾害频发易发地区县级行政单元自然灾害风险图和自然灾害综合区划图。推进大城市和城市群、重大工程项目建设区的自然灾害风险、综合减灾能力调查与评估。

(3)加强安全生产风险管控和隐患排查治理体系、安全生产监管信息化和监察监管能力建设。强化石油天然气管道、高压输电线路、特种设备等重要设施设备和铁路运输、水路运输、道路交通、城市公交和轨道交通、危险化学品、煤矿、非煤矿山和烟花爆竹等行业领域安全监管及风险管控。

(4)构建全过程、多层级环境风险防范体系,实施环境风险全过程管理。加强有毒有害化学物质环境和健康风险评估能力建设;强化重污染天气、重点流域海域水污染、饮用水水源污染、耕地污染、危险废物污染、放射性污染、有毒有害气体释放等重点领域风险预警与防控;完善工业园区环境风险预警和防控体系。

(5)健全公共卫生、食品药品安全检验检测和风险防控体系,提高突发急性传染病、重大动植物疫情、食品安全突发事件、药品不良反应和医疗器械不良事件、农产品质量安全突发事件等早期预防和及时发现能力,强化风险沟通。

(6)完善立体化社会治安防控体系,建设基础综合服务管理平台;健全利益协调机制、诉求表达机制和矛盾调处制度,完善重大决策社会稳定风险评估机制。

(7)完善国家网络安全保障体系,提高关键信息基础设施的风险防控能力,保障金融、电力、通信、交通等基础性行业业务系统安全平稳运行。

2. 提升城乡社区和基础设施抗灾能力

(1)按照安全性和经济性兼顾的原则,完善城乡综合防灾规划,提升关键基础设施灾害设防标准,统筹推进交通、水利、通信、供水、供电、供气、供热、广播电视等基础设施的抗损毁和快速恢复保障能力建设。

(2)深入推进农村危房改造、城市老旧小区改造等工程,加强隐患治理和抗震加固工作,提升安全性能。

(3)实施《防灾避难场所设计规范》国家标准,结合区域和城乡建设发展规划,根据灾害特点、人口分布和城乡布局,加快推进各级各类应急避难场所建设。

(4)严格水功能区限制纳污管理和入河湖排污口监管,加强重大引调水工程、重点水源工程、江河湖泊治理骨干工程建设,强化重大引调水工程和跨省重要江河流域水量应急调度管理,进一步推进中小河流治理、中小型水库和其他小型水利设施建设,提高防洪抗旱和水安全保障能力。

(5)加强铁路、公路、港口、航道和输变电线等重要基础设施防灾能力建设,提高抵御台风、冰冻、暴雨(雪)、雷电、大风、大雾等极端天气的能力。

(6)加强森林草原防火应急道路和阻隔系统建设,推进沙尘暴风沙源区和沙尘路径区沙化土地治理、林业有害生物防治等基础能力建设。

(7)加强农牧渔业防灾减灾体系建设,完善农业生产设施防灾标准,提升农牧渔业防灾减灾能力和应对气候变化能力。

(8)加强农村、山区特别是地震、塌方、泥石流等自然灾害易发地区道路的建设、管理、养护和风险评估,完善交通安全风险发布机制,提高道路基础设施灾害防御和保通能力。

(9)严格落实企业生产设施规划、设计、建设安全标准,科学规划布局矿山、危险化学品生产储存与装卸区域、油气输送管道;实施城镇人口密集区和环境敏感区的危险化学品企业生产、仓储安全环保搬迁工程,依法整顿关闭安全保障条件差的小煤矿、小金属非金属矿山、小烟花爆竹企业等,从源头上消除安全隐患。

3. 完善突发事件监测预警服务体系

(1)加强重点区域气象、水文监测预报基础设施建设,提高对中小尺度强对流天气、台风、暴雨等及其可能引发的地质灾害、洪涝灾害和其他次生灾害的预测预警能力。

(2)进一步完善地震台网,提升震情跟踪监视能力;实施国家地震烈度速报与预警工程,大力推进核设施、油气管线、大型石化企业、高铁、城市轨道交通等重大工程设施地震预警和紧急处置技术应用;加强我国管辖海域海底地震监测能力建设。

(3)充分利用已有项目和资源,完善卫星、飞机、船舶、台站等监视监测手段,建立海洋环境实时在线监控系统,提高海洋灾害、海洋平台溢油和海洋污染监测预警能力。

(4)完善农林灾害监测网络,建立覆盖全国的有害生物监测站点及野生动物疫源疫病监测站点,完善动植物检验检疫和疫情监测预警系统。建立外来入侵生物监测预警网络,健全出入境生物安全查验机制,有效防范外来生物入侵。

(5)加快推进森林草原火灾瞭望台和视频监测系统建设,提高卫星遥感火情监测、航空巡护及地面巡护能力。

(6)建立健全国家环境安全动态监测预警体系,推进实时在线环境监测监控系统和环境保护大数据建设。完善突发环境事件信息报告和公开机制。

(7)实施安全生产信息化建设工程,实现政府监管监察执法、企业在线监测和预警防控信息一体化,提升重大危险源监测监控能力。

(8)加强国家主干公路网、高速铁路网、内河高等级航道网、航空运输、卫星通信等交通安全信息监控能力建设,实现对运行状态的动态监控。加强对公共交通和人员密集场所的大客流监控。

(9)强化突发急性传染病预防预警措施,不断改进监测手段,健全风险评估和报告制度,推进突发急性传染病快速检测技术平台建设,提高及时发现和科学预警能力。

(10)健全食品安全突发事件信息直报和舆情监测网络体系,整合食品安全风险监测、监督抽检和食用农产品风险监测、监督抽检数据,建立完善预警分析模型和系统,提高食品安全监测预警能力。

(11)建立健全金融风险动态监测预警体系,加强对互联网金融、私募投资基金等新兴市场领域监控,强化新兴金融业态突发事件应急处置能力建设,完善防范和处置非法集资工作机制,优化跨市场数据交换平台的风险隐患识别与预警功能,确保国家金融体系稳定运行。

(12)完善"分类管理、分级预警、平台共享、规范发布"的突发事件预警信息发布体系,拓宽预警信息发布渠道,强化针对特定区域、特定人群的精准发布能力,提升预警信息发布的覆盖面、精准度和时效性。

(13)推进国家应急广播体系建设,升级改造传输覆盖网络,布置应急广播终端,提高容灾抗毁能力;完善应急信息采集与发布机制,实现与突发事件预警信息发布系统的有效对接,健全国家应急广播体系运行制度和相关标准规范,提升面向公众的突发事件应急信息传播能力。

4. 强化城市公共安全风险管理

(1)推进城市公共安全风险评估,鼓励编制城市公共安全风险清单,形成基于地理信息系统的城市风险"一张图",并对重大风险源进行实时监控。

(2)推进生命线工程全生命周期风险管理,做好房屋建筑、城市桥梁、建筑幕墙、斜坡(高切坡)、城市轨道交通(隧道、高架结构)、地下综合管廊和管线、电梯、大型游乐设施等运行使用的风险评估与安全监管。

(3)积极有序推进海绵城市、城市地下综合管廊、人民防空工程、城市应急水源等城市基础设施建设,健全风险管理、监测预警与应急响应机制,提高城市综合防灾能力。

(4)推行常态与应急管理相结合的城市网格化管理模式,建立健全城市应急管理单元,规范网格巡查标准化操作流程。结合智慧城市建设，完善网格管理信息平台，强化突发事件预测预警功能，及时发现突发事件苗头，提高先期处置时效。

(5)探索完善城市应急联动综合应急管理模式，加强城市应急指挥调度平台和应急联动工作机制建设，提高多部门联合协调行动能力，实现统一调度、部门联动、资源共享、快速响应、高效处置。

5. 强化基层应急管理能力

(1)继续推进基层应急队伍建设。依托地方优势救援力量和民兵等，推进“专兼结合、一队多能”的综合性乡镇应急队伍建设，加强通信等装备配备和物资储备。发展灾害信息员、气象信息员、群测群防员、食品药品安全联络员、网格员等应急信息员队伍，加强综合性业务培训，鼓励“一员多职”，给予必要经费补助。加强民兵应急力量建设。

(2)开展以有班子、有机制、有预案、有队伍、有物资、有培训演练等为主要内容的乡镇(街道)基层应急管理能力标准化建设，推进以有场地设施、有装备物资、有工作制度等为主要内容的行政村(社区)应急服务站(点)建设，推动面向公众和基层应急人员的移动客户端软件开发与推广应用，强化基层风险评估、隐患排查、预警信息传播、信息报告和先期处置能力。

(3)规范“安全社区”、“综合减灾示范社区”、“消防安全社区”、“地震安全示范社区”、“卫生应急综合示范社区”、“平安社区”等创建工作，完善相关创建标准规范，提高社区应急规范化水平。

(二) 加强核心应急救援能力建设

强化公安、军队和武警突击力量应急能力建设，支持重点行业领域专业应急队伍建设，形成我国突发事件应对的核心力量，承担急难险重抢险救援使命。

1. 强化应急救援突击力量建设

(1)开展省、市、县三级综合应急救援队伍标准化建设，强化救援人员配置、装备配备、日常训练、后勤保障及评估考核，健全快速调动机制，提高队伍综合应急救援能力。

(2)加强公安特警队伍建设，强化防暴制暴、攻击防护等装备配备，提高公安特警应急处突、反恐维稳能力。加强城市重点公安派出所应急处突队伍建设。

(3)加强海警应急能力建设，完善海上通信和应急指挥系统，提高海上突发事件处置能力。

(4)加强公安消防和武警水电、交通、森林部队及防化力量建设，强化在各种特殊环境和复杂条件下遂行多样化、专业化应急救援任务能力。

2. 提高重点行业领域专业应急救援能力

(1)依托大型企业、工业园区、公安消防应急救援力量，建设国家级危险化学品应急救援基地和队伍，推进区域性危险化学品应急救援队伍建设，加强危险化学品生产储运企业应急救援队伍建设，配备专家人才和特殊装备器材，强化应急处置技战术训练演练，提高危险化学品泄漏检测、物质甄别、堵漏、灭火、防爆、输转、洗消等应急处置能力。加强油气输送管道应急救援基地和队伍建设。

(2)加强水上应急救助和抢险打捞能力建设。着力强化“一带一路”、京津冀、长江经济带等沿海和内河监管救助基地建设，大力推进南海等深海远海海上搜救和航海保障能力建设，完善空间布局；加强通信监控指挥系统、航空器船舶等机动力量、抢险打捞装备配置，增加保障深度500米的饱和潜水工作母船，以及可参与全球海上搜救和国际救援行动的海洋救助船及深海扫测打捞设备。

(3)加快国家海上溢油应急能力建设。完善海上溢油应急队伍体系；建设沿岸溢油应急物资设备库，配备专业溢油应急船舶，提高溢油应急清除能力。

(4)建成国家核事故应急救援队,形成复杂条件下重特大核事故突击抢险和紧急处置能力;指导推进核电企业核事故应急救援队伍建设和省级核应急能力标准化建设。建设国家级核应急专业技术支持中心和国家级核应急培训基地,推动军民共用核安全实验室建设和技术研发,基本形成专业齐全、功能完备、支撑有效的核应急技术支持体系。

(5)建设国家铁路应急救援基地,提升铁路救援装备水平和救援能力,并逐步将铁路救援纳入社会应急救援体系。

(6)加强突发急性传染病防控队伍建设;推广实验室快速检测,推动生物安全四级实验室建设,完善国家级突发急性传染病检测平台和高等级生物安全实验室网络,强化对突发急性传染病已知病原体全面检测和未知病原体快速筛查能力。

(7)推进国家紧急医学救援基地和区域紧急医学救援中心建设,构建陆海空立体化、综合与专科救援兼顾的紧急医学救援网络。健全各级紧急医学救援队伍,优化国家卫生应急队伍布局,建立队伍运维保障长效机制;推进帐篷化现场卫生应急处置中心建设,强化远程航空投送能力和极端条件下的自我保障能力;完善国家卫生应急现场处置指导专家库,逐步建设国家和省级突发事件心理干预救援队伍。鼓励加强航空医疗救援和转运能力建设。

(8)加强食品安全应急检验检测能力建设,依托现有机构确定一批食品安全应急检验检测中心(实验室),加强装备配备,建立应急检验检测绿色通道,提升快速检测能力。

(9)加强核生化物质监测、现场筛查和实验室分析能力建设,提高生物威胁监测预警、检测鉴定、应急处置和预防控制能力。

(三) 加强综合应急保障能力建设

统筹利用社会资源,加快新技术应用,推进应急协同保障能力建设,进一步完善应急平台、应急通信、应急物资和紧急运输保障体系。

1. 提升应急平台支撑能力

(1)继续推进政府综合应急平台体系建设。完善应急平台体系建设标准规范;加强应急基础数据库建设;推动应急平台之间互联互通、数据交换、系统对接、信息资源共享;加强应急平台应用软件开发,提升应急平台智能辅助指挥决策等功能;加强基层应急平台终端信息采集能力建设,实现突发事件视频、图像、灾情等信息的快速报送。推进“互联网+”在应急平台中的应用。

(2)加强部门专业应急平台建设。推进国家应急地理信息共享平台、危险化学品监管信息平台、特种设备风险预警与应急处置信息平台、环保举报综合管理平台、卫生应急指挥中心等专业应急平台建设,提高突发事件专业信息汇集、应急决策和指挥调度能力。

(3)推进以“天地图”为基础的应急信息资源“一张图”建设。以测绘地信系统“天地图”为基础,制定相关应急信息资源目录和技术标准规范,开发应急地理信息可视化展示系统,建立有关部门共同参与、各负其责的数据交换、维护、更新长效工作机制,对基础地理信息和专业部门的风险隐患、防护目标、队伍、物资等数据进行空间化整合,探索建立应急信息资源“一张图”。

2. 强化应急通信保障能力

(1)基于国家民用空间基础设施建设,构建公用应急卫星通信系统;加强各部门卫星应急专网的统筹规划,统筹使用应急体系所需卫星资源,提升卫星应急通信服务保障能力与集约化水平。

(2)加强公众通信网络多路由、多节点和关键基础设施的容灾备份体系建设,在灾害多发易发地区、重要城市及核设施周边区域建设一定数量的塔架坚固抗毁、供电双备份、光缆卫星双路由的超级基站，提升公众通信网络防灾抗毁能力。

(3)完善国家应急通信专业保障队伍装备配置，支持基层各类专业救援队伍和应急机构配备小型便携应急通信终端。

(4)制定不同类别通信系统的现场应急通信互联互通标准，研发基于4G/5G的应急通信手段，加快城市基于1.4G频段的宽带数字集群专网系统建设，加强无线电频率管理，满足应急状态下海量数据、高宽带视频传输和无线应急通信等业务需要。

3. 完善应急物资保障体系

(1)加强应急物资保障体系建设，健全应急物资实物储备、社会储备和生产能力储备管理制度；推进应急物资综合信息管理系统建设，完善应急物资紧急生产、政府采购、收储轮换、调剂调用机制，提高应急物资综合协调、分类分级保障能力。

(2)探索依托现有设施，在交通便利、辐射范围广的地区，建设或认证一批综合应急物资储备库，逐步实现仓储资源、应急物资的整合、共建共享和快捷调运。

(3)探索利用预签合同、灾害保险、落实税收政策、设立基金等多种经济手段，建设社会化应急物资保障体系，实现社会资源的综合利用。鼓励企业、社会组织和家庭储备应急物资。

(4)完善中央、地方救灾物资储备库体系，加快形成国家、省、市、县四级救灾物资储备网络；加强安全生产应急救援装备物资、地震应急救援专业装备物资、公安应急装备物资等应急物资保障能力建设。

(5)建立健全城市应急物资储备标准，加强城市防洪、排水防涝、生命线系统抢修、应急供水、生活保障等应急物资和装备储备，结合各地风险和灾情特点，补充储备品种、增加储备数量。

4. 提高紧急运输保障能力

(1)继续完善铁路、公路、水路、民航等应急运力储备，建立健全调运和征用等应急运输补偿机制，加强交通应急抢通能力建设，进一步提高紧急运输能力。

(2)依托军队、武警、海上搜救等空运资源，健全国家级空中紧急运输服务队伍体系，提升人员物资紧急运输能力。加强灾害多发易发地区航空应急服务基地建设。

(3)研究探索航空运输能力社会化储备机制，通过委托代建、能力共建、购买服务、保险覆盖等方式，支持鼓励通用航空企业增加具有应急救援能力的直升机、固定翼飞机、无人机及相关专业设备，发挥其在抢险救灾、医疗救护等领域的作用。

(4)建立健全应急物流体系，充分利用国家储备现有资源及各类社会物流资源，加强应急物流基地和配送中心建设，逐步建立多层级的应急物资中转配送网络；大力推动应急物资储运设备集装单元化发展，加快形成应急物流标准体系，逐步实现应急物流的标准化、模块化和高效化。充分利用物流信息平台和互联网、大数据等技术，提高应急物流调控能力。

(四)加强社会协同应对能力建设

强化公众自防自治、群防群治、自救互救能力，支持引导社会力量规范有序参与应急救援行动，完善突发事件社会协同防范应对体系。

1. 提升公众自救互救能力

(1)推进公共安全宣传教育工作进企业、进社区、进学校、进农村、进家庭；开展交通运输、旅游、教育等行业从业人员救援能力专业培训；强化大中小学公共安全知识和技能培养；充分发挥“全国中小学生安全教育日”、“5·12防灾减灾日”、“世界急救日”、“119全国消防日”、“122全国交通安全日”和“安全生产月”等公共安全宣传活动作用，组织形式多样的身边风险隐患识别活动，开展公共安全知识普及，提升公众突发事件防范意识和自救互救能力。

(2)创建群众性应急救护培训标准化基地，加强以自救互救为核心的应急技能培训；推动社区、企业、学校、人员密集场所普遍开展疏散逃生、应急避险等方面的群众性应急演练。

(3)依托科技场馆、灾害遗址公园、应急培训演练基地、人民防空宣传教育场所、游乐体验设施等现有科普及教育培训等设施，建设一批公共安全教育基地；支持企业建设面向公众的培训演练和自救互救体验馆。

(4)依托国家应急广播体系和科普中国服务云等资源，采用大数据、云计算等信息技术手段，建设网上科普宣教平台和应急虚拟体验馆；建设标准化应急知识科普库。

(5)充分发挥广播、电视、报刊、杂志等传统媒体和微信、微博等新媒体的宣传教育作用，鼓励开发制作电视专题片、公开课、微视频、公益广告、动漫游戏等，增强应急科普宣教的知识性、趣味性、交互性，提高公众安全应急文化素质。

2. 支持引导社会应急力量发展

(1)鼓励发展社会化应急救援。支持专业化社会应急救援力量发展，鼓励专业社会工作者和企业自建的应急救援队伍提供社会化救援有偿服务；完善政府与社会救援力量的协同机制，通过政府购买服务、与企业签订“服务协议”、搭建协作服务平台等形式，支持引导社会力量有序有效参与应急救援行动。

(2)鼓励发展应急管理社会中介服务。建立由行业协会、安全评估机构、技术咨询机构、保险机构等共同参与的社会中介服务体系，支持其开展风险评估、隐患监测治理、管理咨询、应急检测检验、教育培训等活动；支持创办专业化应急管理服务企业。

(3)加强应急志愿服务法规制度建设，明确应急志愿服务范围和志愿者的权利义务；健全志愿者和志愿服务组织参与应急的工作机制，完善志愿者招募、注册、技能培训与管理，引导志愿者和志愿服务组织有序参与应急救援与服务；鼓励发展专业性应急志愿者队伍，提升我国应急志愿服务能力和专业化水平。

(4)建立健全应急响应社会动员机制，发挥社会公众在信息报告和协助救援等方面的作用，引导社会公众有序参与重特大突发事件应急救援行动。

(5)研究开展应急管理信用体系建设。在应急物资采购、紧急征用、志愿捐助、灾害救助和恢复重建等方面建立诚信制度和各类主体信用记录，纳入全国信用信息共享平台，以守信激励和失信惩戒促进社会应急力量健康发展。

3. 强化应急管理科技支撑能力

(1)加强应急管理相关学科建设，加大师资培养力度，完善课程设置；发展应急管理学历教育、在职教育，培养应急管理专业人才队伍。

(2)完善公共安全科技支撑体系，面向应急管理重大需求，加强相关重点实验室、工程中心、研究中心、评估中心、检测检验中心等科技支撑条件平台能力建设。

(3)加大公共安全与应急管理科研投入力度，加强公共安全与应急管理共性基础科学问题研究，开展城镇公共安全风险防控与治理、安全生产保障与重大事故防控、紧急医学救援与突发急性传染病防治、国家重大基础设施安全保障、综合应急技术装备、智能应急等重点方向的科技攻关、装备研制和应用示范。

4. 大力推进应急产业健康发展

(1)建立应急产业统计制度和运行监测分析指标体系;建立应急产业联系点机制,对应急产业发展情况开展动态监测。

(2)建立健全应急产品和应急服务标准体系;完善矿山、危险化学品生产经营场所、高层建筑、学校、医院、应急避难场所、交通运输工具应急设施设备配备标准;完善各类应急救援基地和队伍的装备配备标准。

(3)积极推动应急科技资源和信息资源开放共享,鼓励引导有关企业、高校和科研院所等搭建大众创业、万众创新平台,实现应急服务、技术和产品与市场需求更好对接。

(4)制定应急产业发展培育计划。支持首台(套)应急专用设备研发生产和推广应用;组织重大应急产品和服务推广示范,大力推动北斗导航系统在监测预警、应急救援等方面的应用;在化解过剩产能中积极引导企业发展应急产业;建设一批国家应急产业示范基地,支持应急产业大型企业集团“安全谷”建设,形成区域性应急产业链,引领国家应急技术装备研发、应急产品生产制造和应急服务聚集发展。

(5)采用目录、清单等形式明确应急产品和服务的发展方向,引导社会资源投向先进适用、安全可靠的应急产品和服务;制定推进政府购买应急服务指导意见,推动应急服务专业化、市场化和规模化。

(6)加强应急产业宣传推广,通过展览、论坛和专题宣传片等形式,交流推介应急产品和服务。

(7)成立中国应急产业协会,积极发展应急产业联盟等社团组织,强化行业自律。

(五)进一步完善应急管理体系

继续推进以“一案三制”为核心的应急管理体系建设,完善应急管理标准体系。

1. 完善应急管理法律法规和标准体系

(1)研究制定《中华人民共和国突发事件应对法》相关配套法规制度和规范性文件,健全自然灾害、事故灾难、公共卫生事件和社会安全事件应急相关法律法规体系,完善地方性应急管理法规,加大执法力度,实现依法应急。

(2)构建应急管理标准体系。着力加强应急标志标识、风险隐患识别评估、预警信息发布、应急队伍及装备配置、公共场所应急设施设备配置、应急避难场所建设、物资储备、应急通信、应急平台、应急演练等相关标准研制。积极参与国际应急管理标准制定。推动应急管理标准实施应用,促进应急管理工作规范化和应急技术装备标准化。

2. 进一步完善应急管理组织体系

(1)完善“统一领导、综合协调、分类管理、分级负责、属地管理为主”的应急管理体制,鼓励地方政府创新应急管理机构设置模式,强化综合协调职能;加强城市应急管理组织体系建设,强化城市应急管理机构辅助决策指挥职能;推动社区和企事业单位落实应急管理责任,配备专兼职工作人员。

(2)规范突发事件应急处置现场组织指挥,探索推行现场应急指挥官制度,强化应急指挥能力培训,提高应急处置的规范化、专业化水平。

(3)强化领导干部应急管理能力培训,加强应急管理干部队伍建设。

3. 进一步完善应急管理工作机制

(1)完善信息报告机制。对政府值守应急信息系统进行改造升级;拓展信息获取渠道,探索建立社会公众报送突发事件信息平台；丰富信息报送内容和手段，逐步增加图片、视频信息报送；依托各类基层信息员队伍，建立基层信息报送网络。

（2）健全应急联动机制。在突发事件防范与应对的各个环节，加强部门间应急联动机制建设，强化信息共享会商和应急协作；服务国家区域发展战略，建立健全“一带一路”、京津冀、长江经济带区域性应急协调联动机制，完善首都公共安全保障机制，深入推进环渤海、泛珠三角、西部地区、东北地区等应急协调联动机制建设，有效整合和共享区域内应急资源，实现区域优势互补。

（3）加强应急新闻工作体制机制建设。建立健全党委政府统一领导、实际工作部门分工负责、宣传部门组织协调、新闻媒体积极参与的突发事件应急新闻工作体系。建设一支专业的应急新闻记者队伍，提升应急报道的专业化水平。

（4）完善信息发布机制。加强新媒体应用，及时回应社会关切，并根据事态进展动态发布信息；强化信息发布人员的专业性和权威性；加强领导干部和政府新闻发言人突发事件信息发布能力培训。

（5）规范恢复重建机制。加强灾害损失评估，完善评估标准和流程；落实“中央统筹指导、地方作为主体、灾区群众广泛参与”的要求，规范开展重特大自然灾害恢复重建规划编制和资金管理等工作。

（6）建立应急评估机制。建立委托第三方专业机构开展的突发事件应急处置评估制度，根据评估结果改进应急管理、健全应急体系。

（7）健全资金投入机制。按照预算法有关要求，加快资金拨付速度，提高财政应急保障效率；建立健全紧急情况下社会物资、运输工具、设施装备等应急资源的征用补偿机制，鼓励发展应急保理服务；引导社会资金参与应急体系项目建设。

（8）完善风险分担机制。加快推进巨灾保险制度，推动地震巨灾保险立法进程，逐步形成多层次的巨灾风险分散机制；推行安全生产、环境污染和食品安全责任保险，结合灾害风险和应急需求，不断丰富保险品种；加强应急救援人员人身安全保险保障。指导保险机构参与公共安全风险评估与预防。

（9）加强应急管理智库建设。

4. 进一步完善应急预案体系

（1）加强应急预案评估，强化重要目标物、重大危险源、重大活动保障等专项应急预案编制和管理，制定区域性、流域性突发事件联合应急预案，完善应急预案体系。

（2）组织编写应急预案编制指南，完善风险评估和应急资源调查流程，指导规范各级各类应急预案编制工作。“十三五”期间全面完成一轮应急预案评估修订。

（3）充分利用互联网、大数据、智能辅助决策等新技术，在应急管理相关信息化系统中推进应急预案数字化应用。

（4）完善应急预案演练机制，鼓励开展形式多样、节约高效的应急演练，加强演练后评估工作；国家级专项应急预案在“十三五”期间至少开展一次综合应急演练。

四、重点建设项目

“十三五”期间，依托现有资源，着重强化综合应急能力和社会协同应急能力，提出 8 个具有综合性、全局性，需要多个部门和地区统筹推进的重点建设项目。

（一）国家突发事件预警信息发布能力提升工程

在国家突发事件预警信息发布系统前期建设基础上，打造基于云架构的国家突发事件预警信息发布系统，健全国家、省、市、县四级一体化预警信息发布平台；建设突发事件综合风险分析与预警决策支持系统，实现对突发事件影响区域、影响人群预警信息的精准定向发布；加强预警信息发布渠道和手段建设，充分利用各部门和社会媒体现有资源和新技术，重点加强偏远农村、牧区、山区、海区等区域的预警信息传播和接收能力建设，并发挥各类应急信息员队伍作用；建立突发事件预警信息发布标准体系，完善实时监控、安全保障和运行维护体系，保障系统稳定、可靠、高效运行。积极运用“互联网+”理念，开发支持文字、声音、图片、视频的突发事件信息报送手机客户端及配套管理系统，实现事发现场智能终端与政府应急平台的联通及现场多媒体信息直报，提供应急科普宣教和交流平台。

（二）国家应急平台体系完善提升工程

在国家应急平台体系一期工程建设成果基础上，推进国务院应急平台和部门、省级应急平台的升级改造，完善平台功能，提升可靠性、易操作性和实战化水平。推进国务院应急平台与部门、省级应急平台的互联互通和系统对接，按照区域联动机制设立应急平台体系视频会议系统分中心，进一步扩大视频会议和图像接入等系统的覆盖范围，汇聚整合互联网相关信息资源；规范基础数据接入标准，推动地方和部门建立完善风险、隐患、应急队伍、应急物资等基础数据库并接入国务院应急平台；依托有关专业力量和信息资源，加强辅助决策系统建设，强化信息集成、事态预判和应急演练等功能；完善平台运行技术保障机制。通过平台体系化升级改造，实现图像传输高清化、视频会商多极化、辅助决策智能化、技术保障多样化。

（三）国家航空医学救援基地建设

依托现有优质医疗卫生资源和通航企业等，在全国分区域建设一批国家航空医学救援基地，重点强化航空医学救援、航空器加改装、直升机起降点、培训演练等设施装备建设，承担重特大突发事件伤病员空中转运、途中救治、卫生防疫、医疗人员现场输送、紧急药品器械调用等应急任务。建立健全通航企业、保险机构等参与的航空医学救援机制，带动形成社会化航空医学救援体系。

（四）国家应急资源保障信息服务系统建设

建设国家应急资源保障信息服务系统，整合全国应急物资储备、社会生产能力、应急物流资源、应急专业服务等保障信息，加强跨部门、跨地区、跨行业的协同保障和信息共享，作为国务院应急平台的应急资源支撑系统，并向有关部门、地方和企业提供供需衔接、调度指挥、决策参考、科学评估等服务，提高各类应急资源的综合协调、科学调配和有效利用水平。

（五）国家应急通信保障能力建设

充分利用卫星通信、公众通信和相关专网现有资源及最新发展成果，建设公用应急卫星通信专业系统，整合和完善我国空间和地面应急通信网络资源，提升公众通信网络防灾抗毁能力和应急服务能力，形成天地一体、互通共享的公用应急通信保障能力；建设“互联网+应急通信”指挥调度和服务管理云平台，为应急管理提供通信、预警、决策、调度支撑服务，满足突发事件处置中各部门、各行业的应急通信需求。

（六）国家公共安全应急体验基地建设

依托中央企业现有资源，模拟地震、海啸、洪涝、地质灾害、火灾、溺水、交通事故、电梯事故、危险化学品事故、矿山事故、紧急救护、突发急性传染病疫情、家居安全等灾害和应急场景，并采用声光电和多媒体等技术，建设基于真实三维环境的突发事件模拟仿真设施、沉浸式体验设施、应急装备模拟操作设施、应急自救互救技能演示和训练设施等，建成科普展示、虚拟体验和实训演练的公共安全应急体验基地。

（七）国家应急管理基础标准研制工程

组织开展应急管理标准体系研究，建立统一的应急管理标准体系框架，推进应急管理基础标准研制，协调不同领域专业标准研制；重点研制一批风险评估、隐患治理、突发事件预警、应急资源建设及管理、应急通信与信息、应急组织与指挥、应急培训与演练等关键基础标准，并开展相关标准的推广应用示范，提升应急管理标准化水平。

（八）中欧应急管理学院建设

依托国家行政学院应急管理培训中心（中欧应急管理学院），在充分利用现有培训设施和资源基础上，结合培训疗养机构改革，加强校区建设，完善必要的教育、培训基础设施，配备教学科研设备，充实师资力量，开发系列课程，形成具有国际影响的应急管理教育、高端智库和国际合作交流平台。

五、保障措施

（一）强化组织领导

加强规划实施的组织领导。国务院办公厅、国家发展改革委要加强规划实施的统筹协调。牵头单位要切实履行组织协调职责，参与单位积极配合，细化落实工作责任和建设任务。各地区要根据本规划并结合本地实际制定相关应急体系建设规划，相关部门规划在主要目标、建设任务和重点项目方面要与本规划做好衔接。重点建设项目牵头单位要抓紧开展项目可行性研究和项目申报工作，加强项目建设管理，确保项目顺利实施。

（二）强化财力保障

按照事权与支出责任相适应的原则，各级财政对规划实施予以合理保障。统筹资金使用，整合优化资源，形成政策合力。发挥政策导向作用，引导多元化资金投入。重点建设项目建成后需由政府安排日常运行和维护资金的，按预算管理规定申请办理。

（三）强化监督与评估

建立健全规划实施评估制度，将规划任务落实情况作为对部门和地方工作督查和考核评价的重要内容。国务院办公厅、国家发展改革委要组织开展本规划实施情况中期评估，及时发现问题并提出改进措施。地方政府要加强对本地区实施规划情况的监督检查。

组　　稿:张振明
责任编辑:池　溢
装帧设计:东昌文化
责任校对:马　婕

图书在版编目(CIP)数据

“十三五”国家级专项规划汇编/国家发展和改革委员会 编. —北京:人民出版社,2017.12
ISBN 978－7－01－018675－7

Ⅰ.①十…　Ⅱ.①国…　Ⅲ.①中国经济-经济规划-专题-汇编-2016－2020　Ⅳ.①F123.8

中国版本图书馆 CIP 数据核字(2017)第 304649 号
审图号:GS(2017)3867 号

“十三五”国家级专项规划汇编

SHISANWU GUOJIA JI ZHUANXIANG GUIHUA HUIBIAN

国家发展和改革委员会　编

人民出版社 出版发行
(100706　北京市东城区隆福寺街 99 号)

北京盛通印刷股份有限公司印刷　新华书店经销

2017 年 12 月第 1 版　2017 年 12 月北京第 1 次印刷
开本:889 毫米×1194 毫米 1/16　印张:67.5
字数:1703 千字

ISBN 978－7－01－018675－7　定价:278.00 元(上、下册)

邮购地址 100706　北京市东城区隆福寺街 99 号
人民东方图书销售中心　电话 (010)65250042　65289539